2010年国家社科基金重大项目
"20世纪中国人物传记资源整理与数据库建设研究"成果

20世纪中国人物传记文献目录

姜义华　傅德华◎主编

复旦大学出版社

谨以此书献给

复旦大学历史学系建系100周年

（1925—2025）

总 目 录

前言 ·· 1
中文卷 ··· 1
日文卷 ·· 799
英文卷 ··· 1041
俄文卷 ··· 1369
后记 ··· 1591

前　言

奉献给学术界的这本三百余万字的《20世纪中国人物传记文献目录》（以下简称《传记文献目录》），是以姜义华为首席专家的国家社科基金重大项目"20世纪中国人物传记资源整理与数据库建设研究"（10&ZD097）的最终成果之一。本项目共有六个子项目，自2010年11月27日立项，迄2017年11月27日准予结项，直至项目成果付梓出版，前后历时十余载。这是复旦大学历史系资料室编纂出版的汇集海内外研究20世纪中国人物传记文献的一部有重要学术价值的工具书。

20世纪80年代，改革开放初始，学术界呈现一片欣欣向荣的景象，历史系资料室原主任王明根先生带领资料室的同仁，历时八年，于1990年编纂出版了《辛亥以来人物传记资料索引》（以下简称《辛亥人物索引》），得到海内外学界的广泛好评。此书曾荣获全国图书情报学会优秀成果三等奖。嗣后，傅德华先生接过王明根先生的接力棒，又经过20年的努力，在前书的基础上，于2010年编纂出版了《20世纪中国人物传记资料索引》（以下简称《世纪人物索引》），为学术界检索和查阅20世纪中国人物传记资料提供了极大的便利，并于当年获得了国家社科基金重大项目的立项。这是历史系资料室得到周谷城、吴浩坤、陈匡时、余子道、姜义华、黄美真等教授关心与支持的结果，同时也是历史系资料室参与前两本书编辑同仁集体智慧的结晶。《世纪人物索引》获中国索引学会成立20周年优秀索引成果一等奖，是改革开放后中国索引学会成立以来取得的丰硕成果之一。

本书与《世纪人物索引》相比，有如下几个特点：

第一，本书收录的中国人物传记在内容上有新突破，不仅收录港澳台学术界的研究成果21 100余条，涉及人物8 000余人，还收录了日本、美国以及俄罗斯（含原苏联）学术界有关研究中国20世纪人物传记文献目录，且日文、英文、俄文三种文字都译成了中文。其中，日文近3 200条、英文3 700余条、俄文2 400余条，涉及历史人物近5 000人。这些文献被收录整理后，大大丰富了20世纪中国人物传记的研究范围，拓展了人们的研究视野。将其与2010年出版的《世纪人物索引》研究成果相比较，即可发现一些新资料、新观点和新的有待进一步研究的问题。尤其是日文、英文、俄文三种文字刊载的传记文献，除少数被译成中文收录到《世纪人物索引》中外，以往都是鲜为人知的。诸如1917年由美国人汤姆斯·密勒（Thomas F. F. Millard）在上海以他名字命名创办的 The China Weekly Review（《密勒氏评论报》1917—1953）中所收录的《中国名人录》，共收录了1 500余位中国人，其中三分之一是《世纪人物索引》未收录的，每人均配有照片和小传，图文结合，更具文献价值。还有如1912年由英国人伍德海（H. G. W. Woodhead）和贝尔（H. T. Montague Bell）创刊的 The China Year Book（《中华年鉴》1912—1939),原拟在中国出版,后改在伦敦出版,共收录了660余位中国人的传记,其中不乏被忽略的中国人,不少资料为国内报刊所罕见。本《传记文献目录》所收录的英文人物传记资料,亦包括部分英语国家以及国内出版的英文传记文献资料。这些新增的资料来源,极大丰富了本书的学术价值和文献价值。

第二,在一部工具书中同时用四种文字即可检索到20世纪中国人物传记文献目录,这不仅在国内难寻,在国外也同样是绝无仅有。本《传记文献目录》涉及的三种外国文字分别为日文、英文和俄文。使用多语种在一部工具书内查找到需要的中国人物传记的文献资源,有利于对所涉及的人物进行比较研究,再将其与中国本土的学者研究成果加以比对,更益于对历史人物活动做出更全面的观察、认识与把握,亦易于发现其中的异同及其焦点问题的所在。这是本书与其他同类工具书所不同的地方,也是本书的最大亮点所在。

第三,本书各卷后附有"作者索引",这是《世纪人物索引》和《辛亥人物索引》都不曾有的,这是本书的又一大亮点所在。"作者索引"除以单位署名外,共收录9 000余位以个人署名的作者,每位作者有多少篇人物传记的文章,以及收录在何种报纸和杂志上,包括年月日、年卷期等,通过检索,一目了然。

第四,本书分为中文卷、日文卷、英文卷、俄文卷,涉及四种文字和多个国家与地区,将搜集到的三种外文文献的每一条资料编辑成中外文对应的文本,难度极大。经过本项目工作组成员,包括各子项目的负责人和主要参与者,群策群力,排除万难,终于将其收官,赢得了评审专家们的一致好评。

最后要说明的是,由于本书收编范围较广,收录的传主众多,直接参编人员较少,我们的水平有限,其中仍然会有一些差错,敬请读者批评指正。

项目工作组

2018年9月28日初稿

2019年1月9日修改

2021年12月14日第3次修改

中文卷

本卷编委会

主　编：章　清　吴建中
副主编：李春博　黄显功
编　委：于翠艳　刘鸿庆　李　旻　李春博
　　　　吴建中　陈永英　陈果嘉　姜义华
　　　　黄显功　章　清　傅德华　蒋凌慧
　　　　樊兆鸣

目　录

凡例 …………………………………………………………………………… 7
笔画索引 ……………………………………………………………………… 9
正文 …………………………………………………………………………… 43
附录一　参考文献一览表 …………………………………………………… 704
附录二　作者索引 …………………………………………………………… 718

凡　例

一、本卷所收人物的范围，以复旦大学历史系资料室编纂的《20世纪中国人物传记资料索引》（以下简称《索引》）为依据，凡活动于1900年至1999年并有传记资料的人物（包括仍健在者），一律收录。

二、本卷收录传主8 000余人、人物传记资料21 000余条。这些资料取材于1900至1999年在中国香港、澳门、台湾出版的中文专著、论文集、报刊、年鉴、索引、百科全书、资料集，包括部分硕士、博士学位论文。内容包括传记、年谱、回忆录、日记、讣闻、悼词等，除重点选录传主的生平事略外，还适当收录了有关人物思想论述等方面的资料。凡1949年后出版，在中国香港、澳门、台湾重印的出版物、辞典类工具书，以及评论传主本人作品、演讲稿，一般不予收录。

三、本卷所收传主以卒于1900年以后（含1900年）为限，按传主的姓氏笔画为序排列，与《索引》保持一致。各传主的资料，以专著、报纸、期刊、论文集顺序分类编排，专著、报刊文章及论文集中所收录的篇目，均以出版和发表时间为序，论文集只标页码。所收硕士、博士学位论文作为期刊论文置于发表年份之末。

四、著者栏中除保留"主编"等著作方式外，凡编、著、原作、遗稿、遗著、编委会、编纂组和资料室等著作方式，不予保留。

五、篇名与作者之间用单斜线，作者与篇名出处之间用双斜线，如未载作者，篇名与出处之间仅保留单斜线。

六、凡出现篇名、作者相同，而出处不同时，酌情予以合并。对于少数珍贵而原书未载出版信息的专著和纪念文集，则予以保留。

七、凡篇目中一个人同时出现两个名字的，将通行称谓列为传主，字号和笔名等作为参见条。对于少数知名人物若干常见的字号，虽未在篇目中出现，也酌情增列参见条。如：大华烈士（见简又文）、马少云（见马鸿逵）、麒麟童（见周信芳）。

八、本卷所收录的人物传记资料，有三个以上作者的，只著录第一作者，并在第一作者后加"等"字表示，如"魏希文等"。

九、本卷后附有参考文献一览表、作者索引，以供读者查检。

十、本卷所著录之文献条目，均以顺序编号。本卷序号单独排列。

十一、为避免外界对本卷所收录文献的出处产生不必要的误解，凡1949年后中国台湾地区出版物前有"中央""国立""国史馆"等字眼，一律加引号，并在所引用出版物的左上角用＊号表示。对于1949年前中国台湾地区出版物出现的"中央""中央研究院""国立""国史馆"的字样,则不加引号。

十二、本卷繁体字、异体字统改为简体字,少数人名中的异体字予以保留。

十三、本书书眉处各姓氏之间不空格。

十四、本书与《世纪人物索引》体例保持一致,对所收录的专著除标注出版者和时间外,同时标注该书的总页码;报纸则标明年、月、日,期刊的卷、期前不加"第"字,但对收录的论文集中的文章,则在书名后的页码前加"第"字,以示区别。全书篇名出处的专著、报纸、期刊、论文集均不加书名号。

项目工作组

2018 年 8 月 28 日初稿

2019 年 1 月 9 日修改

2021 年 12 月 10 日第三次修改

笔画索引

（以姓氏笔画为序）

二 画

〔丶〕

丁　池 ……… 43
丁　玲 ……… 43
丁　盛 ……… 43
丁　淼 ……… 43
丁　聪 ……… 43
丁二仲 ……… 43
丁人杰 ……… 43
丁开嶂 ……… 43
丁仁长 ……… 43
丁文江 ……… 43
丁文渊 ……… 44
丁世峄　见
　丁佛言 ……… 45
丁石孙 ……… 44
丁石僧 ……… 44
丁亚中 ……… 45
丁西林 ……… 45
丁在君　见
　丁文江 ……… 43
丁仲祜　见
　丁福保 ……… 46
丁匡华 ……… 45
丁廷楣 ……… 45
丁志辉 ……… 45
丁更石 ……… 45
丁佛言 ……… 45
丁国镛 ……… 45
丁学舜 ……… 45
丁荣昌 ……… 45
丁厚扶 ……… 45
丁秋生 ……… 45
丁衍镛 ……… 45
丁炳权 ……… 45
丁济万 ……… 45
丁祖荫 ……… 46
丁象谦 ……… 46
丁惟汾 ……… 46
丁维栋 ……… 46
丁鼎丞　见

丁惟汾 ……… 46
丁超五 ……… 46
丁善德 ……… 46
丁福保 ……… 46
丁熊照 ……… 46
丁德隆 ……… 46
丁默村 ……… 46

〔丨〕

卜少夫 ……… 47
卜宝珩 ……… 47
卜道明 ……… 47

〔丿〕

八指头陀 ……… 47

〔乛〕

刀安仁 ……… 47
刁光昕 ……… 47
刁步云 ……… 47
刁培然 ……… 47

三 画

〔一〕

三　毛 ……… 48
干人俊 ……… 48
干国勋 ……… 48
于　力 ……… 48
于　伶 ……… 48
于　逢 ……… 48
于　斌 ……… 48
于　衡 ……… 49
于少卿　见
　于复先 ……… 52
于中和 ……… 49
于凤至 ……… 49
于右任 ……… 49
于占元 ……… 51
于兰洲 ……… 51
于式枚 ……… 51
于成泽 ……… 51
于廷枌 ……… 51

于兆龙 ……… 51
于沐尘 ……… 51
于玮文 ……… 51
于非暗 ……… 51
于国桢 ……… 51
于鸣皋 ……… 51
于治堂 ……… 51
于学忠 ……… 51
于春暄 ……… 51
于省吾 ……… 51
于复先 ……… 52
于洪起 ……… 52
于振吉 ……… 52
于浣非 ……… 52
于野声　见
　于　斌 ……… 48
于晦若　见
　于式枚 ……… 51
于清祥 ……… 52
于喜田 ……… 52
于景让 ……… 52
于赓虞 ……… 52
于源浦 ……… 52
于豪章 ……… 52
于德坤 ……… 52
大华烈士　见
　简又文 ……… 658
万　羽 ……… 52
万　里 ……… 52
万　骊 ……… 52
万　毅 ……… 52
万一鹏 ……… 52
万义田 ……… 52
万卓恒 ……… 52
万振西 ……… 52
万福华 ……… 53
万福来 ……… 53
万福麟 ……… 53
万墨林 ……… 53
万耀煌 ……… 53
兀　列 ……… 53
寸性奇 ……… 53

〔丨〕

上官云相 ……… 53
上官豆朝 ……… 53

〔丿〕

千家驹 ……… 53

〔丶〕

广　禄 ……… 53

〔乛〕

弓海亭 ……… 54
卫小堂 ……… 54
卫立煌 ……… 54
卫挺生 ……… 54
卫聚贤 ……… 54
小九九 ……… 54
小凤仙 ……… 54
小阿凤 ……… 54
习仲勋 ……… 54
马　龙 ……… 54
马　宁 ……… 54
马　英 ……… 54
马　侣 ……… 54
马　荣 ……… 55
马　良　见
　马相伯 ……… 59
马　浮 ……… 55
马　骏 ……… 55
马　烽 ……… 55
马　森 ……… 55
马　辉 ……… 55
马　湘 ……… 55
马　镇 ……… 55
马　聪 ……… 55
马　衡 ……… 55
马一浮　见
　马　浮 ……… 55
马士宏 ……… 55
马凡陀　见
　袁水拍 ……… 502
马卫华 ……… 55

马元利 ……… 55
马元亮 ……… 55
马元祥 ……… 55
马云龙 ……… 55
马云亭　见
　马福祥 ……… 61
马木轩　见
　马寿华 ……… 57
马五先生　见
　雷啸岑 ……… 657
马少云　见
　马鸿逵 ……… 60
马少波 ……… 55
马公愚 ……… 55
马文明 ……… 55
马文彩 ……… 56
马玉仁 ……… 56
马占山 ……… 56
马白山 ……… 56
马白水 ……… 56
马汉三 ……… 56
马幼伯 ……… 56
马有岳 ……… 56
马师恭 ……… 56
马师曾 ……… 56
马廷英 ……… 56
马伏尧 ……… 56
马仲英 ……… 56
马仲殊 ……… 57
马兆民 ……… 57
马约翰 ……… 57
马纪壮 ……… 57
马寿华 ……… 57
马连良 ……… 57
马步芳 ……… 57
马步青 ……… 58
马步祥 ……… 58
马秀明 ……… 58
马伯援 ……… 58
马希圣 ……… 58
马君武 ……… 58
马其昶 ……… 58
马国琳 ……… 59

马明方	59	王 松	63	王大任	66	王文显	70	王光美	75
马忠全	59	王 昌	63	王大桢 见		王文德 见		王光逖	75
马法五	59	王 昇(1)	63	王芃生	73	王思九	83	王同春	75
马宗汉	59	王 昇(2)	63	王万龄	66	王文藻	70	王先谦	75
马宗融	59	王 明	63	王凡西	66	王方仁	70	王廷元	75
马宗霍	59	王 斧	63	王广庆	66	王以仁	70	王廷俊	75
马绍文	59	王 净	63	王之钟	67	王以成	70	王廷烛	75
马荫芝	59	王 政	63	王之翰	67	王以哲	71	王伟侠	75
马相伯	59	王 俊	63	王小亭	67	王玉汝	71	王仲兰	75
马树礼	59	王 洸	63	王小航 见		王正廷	71	王仲裕	75
马星野	59	王 莹	64	王 照	65	王正宗	71	王任叔 见	
马思聪	60	王 烈	64	王飞雄	67	王正藩	71	巴 人	102
马叙伦	60	王 健	64	王子贞	67	王正黼	71	王任远	75
马彦祥	60	王 海	64	王子壮	67	王世中	71	王伦敦	75
马冠三	60	王 宽	64	王子步	67	王世龙	71	王华亭	76
马晓军	60	王 逸	64	王子芬	67	王世纹	71	王向辰	76
马骊珠	60	王 谋	64	王丰谷	67	王世杰	71	王后安	76
马培基	60	王 超	64	王丰镐	67	王世昭	72	王舟瑶	76
马彬龢	60	王 斌	64	王 孙	67	王世颖	72	王会元	76
马鸿逵	60	王 竣	64	王开化	67	王丕文	72	王会圭	76
马寅初	61	王 赓	64	王开节	67	王右家	72	王会鳌	76
马维昶	61	王 祺	64	王天纵	67	王平水	72	王兆离	76
马超俊	61	王 瑚	65	王天杰(1)	67	王平陵	72	王兆槐	76
马翔龙	61	王 蓝	65	王天杰(2)	67	王东保	72	王庆勋	76
马富禄	61	王 逢	65	王天保	68	王东原	72	王守愚	76
马登云	61	王 楷	65	王天铎	68	王占元	72	王军余	76
马福益	61	王 槐	65	王天鹏	68	王用之	72	王尽美	76
马福祥	61	王 照	65	王元龙	68	王用宾	73	王丞承	76
马增玉	61	王 新	65	王云五	68	王冬珍	73	王孝甫	76
马遵援	61	王 湜	65	王友竹 见		王立明 见		王志英	76
马瀞庐 见		王 群	65	王 松	63	刘王立明	180	王志信	76
马绍文	59	王 瑶	65	王壬秋 见		王礼锡	73	王志莘	76
四 画		王 璋	65	王闿运	84	王必成	73	王志超	76
		王 震	65	王中军	69	王永江	73	王芸生	76
〔一〕		王 震 见		王长水	69	王永盛	73	王克敏	77
		王一亭	66	王长林	69	王永福	73	王吾善	77
丰子恺	62	王 樾	65	王长春	69	王幼卿	73	王抚五	77
王 力	62	王 襄	65	王长海	69	王老九	73	王抚洲	77
王 亢	62	王 燮	66	王长简	69	王芃生	73	王作栋	77
王 平(1)	62	王 瀣	66	王公玙	69	王亚平	74	王作霖	77
王 平(2)	62	王一飞	66	王公弢	70	王亚权	74	王伯沆 见	
王 冬	62	王一亭	66	王公度	70	王亚南	74	王 瀣	66
王 汉	63	王人美	66	王公常	70	王西彦	74	王伯群	77
王 光	63	王九皋	66	王凤山	70	王有兰	74	王近山	77
王 休	63	王九锡	66	王凤仪	70	王有根	74	王余杞	77
王 任	63	王又西	66	王凤卿	70	王成桂	74	王应中	77
王 羽	63	王士英	66	王凤喈	70	王成章	74	王沛纶	77
王 均	63	王士珍	66	王六生	70	王贞吉	74	王汶石	78
王 克	63	王士选	66	王文兴	70	王光华	74	王况裴	78
王 灿	63	王士俊	66	王文华	70	王光英	74	王宏坤	78
王 珏	63	王士彬	66	王文秀	70	王光祈	74	王启明	78

王陆一	78	王建基	82	王恩茂	86	王冠三	85	王德彪	91
王者馨	78	王绍文	82	王铁汉	86	王揖唐	88	王德溥	91
王其梅	78	王绍南	82	王造时	86	王葆仁	89	王毅文	91
王若望	78	王绍桢	82	王健民	86	王紫峰	89	王鹤洲	91
王若僖	78	王绍清	82	王效禹	86	王紫宸	89	王踽臣	91
王枢元	78	王绍鏊	82	王海鳌	86	王辉球	89	王赞斌	91
王叔铭	78	王经明	82	王润生	86	王悲厂	89	王儒堂 见	
王卓吾	78	王贯一	82	王润波	86	王景岐	89	王正廷	71
王尚义	78	王贯英	82	王涌源	86	王景宋	89	王懋功	91
王尚荣	78	王春棠	82	王益霖	86	王景春	89	王鳌溪	91
王奉瑞	78	王荣光	82	王家驹	86	王景祥	89	王爵荣	91
王国华	78	王柏龄	82	王家修	86	王杰功	89	王缵绪	91
王国宾	78	王树声	83	王家祯	86	王集丛	89	王耀琨	91
王国维	79	王树枏	83	王家鸿	86	王集成	89	王麟书	91
王昆仑	79	王树常	83	王家善	86	王鲁生	89	井勿幕	92
王明灿	79	王映霞	83	王家槐	86	王鲁彦	89	井崧生	92
王明坤	79	王思九	83	王家襄	87	王道行	89	天　宝	92
王忠汉	79	王思源	83	王宾章	87	王寒生	89	天虚我生 见	
王鸣韶	79	王思蘐	83	王展如	87	王逿举	89	陈蝶仙	395
王和华	80	王品超	83	王陵基	87	王瑞娴	90	韦　玉	92
王和顺	80	王钟声	83	王继春	87	王幹卿	90	韦　灿	92
王季思	80	王重民	83	王培孙	87	王献唐	90	韦　杰	92
王秉文	80	王复安	83	王培菁	87	王锡光	90	韦　德	92
王秉钧	80	王泉笙	83	王菱舟	87	王锡奇	90	韦云卿	92
王秉璋	80	王禹廷	84	王梦白	87	王靖国	90	韦云淞	92
王使能	80	王俊卿	84	王梦兰	87	王新元	90	韦丛芜	92
王佩忱	80	王禹九	84	王梦庚	87	王新命	90	韦永成	92
王金铭	80	王剑岳	84	王梦鸥	87	王新亭	90	韦国清	92
王金璐	80	王独清	84	王梦笔	87	王新衡	90	韦荣初	92
王京岐	80	王亮畴 见		王捷俊	87	王福厂	90	韦树模	92
王法勤	80	王宠惠	81	王辅臣	87	王福山	90	韦统钤	92
王泽普	80	王闿运	84	王唯农	87	王静芝	90	韦统泰	92
王治平	80	王首道	84	王崇植	87	王静安 见		韦统淮	92
王治军	80	王炳章	85	王崇熙	87	王国维	79	韦素园	92
王治芗	80	王洪文	85	王铭章	87	王瑶卿	90	云　勉	93
王治增	80	王洪荣	85	王敏川	88	王誓师	90	云广英	93
王学文	80	王洪钧	85	王章祜	88	王毓文	90	云茂曦	93
王学仁	81	王洛宾	85	王惕吾	88	王毓芬	90	云振飞	93
王宗山	81	王济远	85	王焕卿	88	王毓嵩	90	艺风老人 见	
王宗琦	81	王举之	85	王谢长达	88	王韶生	90	缪荃孙	684
王宗槐	81	王宪章(1)	85	王鸿一	88	王漱芳	91	太虚法师	93
王宗义	81	王宪章(2)	85	王鸿策	88	王肇治	91	尤　民	93
王定华	81	王冠三	85	王淮湘	88	王肇震	91	尤太忠	93
王定圻	81	王语今	85	王淦昌	88	王蕴瑞	91	车　钺	93
王定烈	81	王祖信	85	王维舟	88	王稼祥	91	车向忱	93
王宠惠	81	王统照	85	王超凡	88	王德林	91	车鸣骧	93
王实味	82	王泰恭	85	王敬久	88	王德本 见		戈　矛	93
王宓文	82	王振祖	85	王敬芳	88	王子壮	67	戈公振	93
王诗琅	82	王振畿	85	王敬谋	88	王德宜	91	戈壁舟	93
王诚汉	82	王根元	85	王朝俊	88	王德贵	91	区寿年	93
王建安	82	王致盛	86	王植槐 见		王德钟	91	区建公	94

牙含章	94	文群	97	方君璧	100	邓华	103	邓逸凡	106
		文年生	97	方玮德	100	邓芬	103	邓萃英	106
〔l〕		文尚武	97	方杰人 见		邓英	103	邓散木	106
贝元澄	94	文经纬	97	方豪	98	邓拓	103	邓葆光	107
		文崇周	97	方国安	100	邓岳	103	邓翔海	107
〔丿〕		文焕章	97	方国南	100	邓钧	103	邓裕志	107
牛扶霄	94	文鸿搒	97	方国瑜	100	邓洸	103	邓嗣禹	107
牛怀龙	94	文廷式	97	方国藩	100	邓铿	103	邓锡侯	107
毛人凤	94	文朝籍	97	方定凡	100	邓斌	104	邓鹏程	107
毛万里	94	文道溥	97	方经纶	100	邓士俊	104	邓颖超	107
毛子水	94	方方	97	方珆舟 见		邓广铭	104	邓静华	107
毛凤书	94	方正	97	方璧	98	邓之诚	104	邓慕周	107
毛以亨	94	方刚	97	方奈何	100	邓小平	104	邓慕韩	107
毛世来	94	方纪	97	方树泉	100	邓飞黄	104	邓演达	107
毛邦初	94	方还	97	方觉慧	100	邓子恢	104	邓蕙芳	107
毛光翔	94	方谷	97	方振武	100	邓子瑜	104	孔庚	107
毛会义	94	方治	97	方象堃	100	邓艺孙	104	孔厥	107
毛庆祥	95	方闻	97	方液仙	100	邓公玄	104	孔埔	108
毛张苗	95	方铭	97	方鼎英	100	邓文仪	104	孔从周	108
毛和发	95	方敬	98	方瑞麟	100	邓文钊	105	孔可权	108
毛秉文	95	方策(1)	98	方楚囚	101	邓文明	105	孔石泉	108
毛岱钧	95	方策(2)	98	方蔚东	101	邓为仁	105	孔另境	108
毛泽东	95	方强	98	方骥龄	101	邓火土	105	孔令伟	108
毛泽民	95	方槐	98	计大伟	101	邓龙光	105	孔令甫	108
毛泽覃	95	方豪	98	计宗型	101	邓汉卿	105	孔令侃	108
毛承霖	95	方毅	98	计舜廷	101	邓汉锦	105	孔庆德	108
毛树清	95	方璧	98	心平法师	101	邓芝园 见		孔罗荪	108
毛俊臣	95	方子樵 见				邓萃英	106	孔宪荣	108
毛彦文	95	方觉慧	100	〔乛〕		邓仲元 见		孔宪铎	108
毛振翔	96	方之中	98	尹于忠	101	邓铿	103	孔祥熙	108
毛竞中	96	方中格	98	尹仲容	101	邓仲泽	105	孔庸之 见	
毛福梅	96	方升普	98	尹呈辅	101	邓兆祥	105	孔祥熙	108
毛懋卿	96	方正平	98	尹述贤	102	邓克明	105	孔雯掀 见	
升允	96	方本仁	98	尹昌龄	102	邓丽君	105	孔庚	107
仁思忠	96	方东美	98	尹昌衡	102	邓伯涵	105	孔瑞云	109
仇亮	96	方令孺	99	尹树模	102	邓伯曜	105	孔德成	109
仇庆云	96	方乐书	99	尹钟奇	102	邓初民	105	孔繁霱	109
仇冥鸿 见		方永蒸	99	尹屏东	102	邓青阳	105	水心	109
仇亮	96	方地山	99	尹雪曼	102	邓凯南	105		
公孙嬿	96	方亚凡	99	尹维俊	102	邓泽如	105	**五 画**	
乌目山僧 见		方亚初	99	尹锐志	102	邓宝珊	105		
黄宗仰	568	方先觉	99	尹静夫	102	邓诚璋	106	〔一〕	
乌兰夫	96	方兆鳌	99	尹德威	102	邓建中	106	甘乃光	110
凤子	96	方次石	99	尹赞勋	102	邓荣勋	106	甘丽初	110
		方远照	99	尹遵党	102	邓荫南	106	甘祠森	110
〔丶〕		方孝岳	99	巴人	102	邓彦芬	106	甘家馨	110
卞萧	96	方志敏	99	巴金	102	邓哲熙	106	甘渭汉	110
卞之琳	96	方声洞	99	巴一希	103	邓恩铭	106	甘鼎卿	110
卞寿孙	96	方声涛	99	巴玉藻	103	邓海秋	106	甘羡吾	110
文斐	96	方克猷	100	巴壶天	103	邓家彦	106	世续	110
文强	96	方君瑛	100	邓刚	103	邓家泰	106	艾伟	110

艾 芜	110	龙 云	114	帅 镛	117	叶惠钧	121	史鉴铭	125
艾 青	110	龙 璋	114	帅永治	见	叶揆初	见	史恩华	125
艾世菊	111	龙 潜	115	帅至馨	117	叶景葵	121	史悠厚	126
艾明之	111	龙天武	115	帅至馨	117	叶鼎洛	121	史得金	126
艾树池	111	龙文治	115	叶 飞	117	叶景葵	121	史惟亮	126
艾思奇	111	龙书金	115	叶 匡	117	叶遐庵	见	史量才	126
艾险舟	见	龙名登	115	叶 青	117	叶恭绰	121	史儒珍	126
艾 伟	110	龙鸣剑	115	叶 河	118	叶楚伧	121	史耀东	126
古 柏	111	龙显廷	115	叶 荃	118	叶锡沄	122		
古远兴	111	龙炳初	115	叶 挺	118	叶醉白	122	〔丿〕	
古应芬	111	龙济光	115	叶 逵	118	叶德辉	122	丘 戈	126
古应康	111	平 刚	115	叶 紫	118	叶霞翟	122	丘 哲	126
左 齐	111	平子青	115	叶 群	118	田 汉	122	丘 煖	126
左 明	111	平绍璜	见	叶 肇	118	田 间	123	丘飞龙	126
左 斌	111	平 刚	115	叶 曙	118	田 耘	123	丘元武	126
左干忱	111	平襟亚	115	叶开鑫	118	田 桐	123	丘仓海	见
左孝同	111	平江不肖生	见	叶元龙	118	田广文	123	丘逢甲	126
左秉隆	111	向恺然	156	叶长庚	118	田中玉	123	丘东平	126
左恒祥	111			叶公超	118	田化一	123	丘念台	126
左宪章	112	〔丨〕		叶以群	119	田文烈	123	丘逢甲	126
左舜生	112	卢 汉	115	叶石涛	119	田玉洁	123	丘海云	127
左曙萍	112	卢 前	见	叶永蓁	119	田永谦	123	白 羽	127
石 珊	112	卢冀野	116	叶加车	119	田光灿	123	白 采	127
石 挥	112	卢 胜	115	叶圣陶	119	田仲济	123	白 杨	127
石 觉	112	卢 斌	115	叶芗谷	120	田伯苍	见	白 莽	见
石 瑛	112	卢 弼	115	叶再鸣	120	田培林	124	殷 夫	533
石 鲁	113	卢 靖	115	叶夷冲	120	田君健	123	白 朗	127
石友三	113	卢 醒	115	叶仰高	120	田雨时	123	白 燕	128
石凤翔	113	卢干城	115	叶会西	见	田昆山	123	白 薇	128
石西民	113	卢于道	115	叶永蓁	119	田春来	123	白义生	128
石芷兰	113	卢广伟	116	叶企孙	120	田炯锦	123	白云梯	128
石延平	113	卢元骏	116	叶灵凤	120	田耕莘	124	白玉霜	128
石志本	113	卢世钟	116	叶运高	120	田润初	124	白世雄	128
石作衡	113	卢占魁	116	叶昌炽	120	田家凯	124	白汉香	128
石怀池	113	卢永春	116	叶季允	120	田培林	124	白苹洲	128
石评梅	113	卢永祥	116	叶季壮	120	田淑扬	124	白涤洲	128
石青阳	113	卢师谛	116	叶绍钧	见	田维扬	124	白崇禧	128
石建中	114	卢光诰	116	叶圣陶	119	田维新	125	白鸿亮	129
石信嘉	114	卢志豪	116	叶佩高	120	田镇南	125	白毓昆	129
石庭良	114	卢作孚	116	叶金川	120	田激扬	125	白镇瀛	见
石祖德	114	卢武超	116	叶浅予	120	冉 鹏	125	白涤洲	128
石振明	114	卢金山	116	叶荣钟	120	史 良	125	白德芬	129
石焕然	114	卢性正	116	叶剑英	120	史东山	125	丛环珠	129
石超庸	114	卢绍稷	116	叶泰椿	120	史志和	125	丛玢珠	129
石敬亭	114	卢致德	116	叶恭绰	121	史进前	125	丛玳珠	129
石新安	114	卢渭川	116	叶桂年	121	史坚如	125	丛珉珠	129
石静宜	114	卢慕贞	116	叶彧龙	121	史尚宽	125	丛树本	129
石德宽	114	卢冀野	116	叶盛长	121	史官洁	125	丛涟珠	129
石蘅青	见	卢缵祥	117	叶盛兰	121	史承志	125	丛培梓	129
石 瑛	112	卢耀峻	117	叶盛章	121	史绎如	125	丛琦珠	129
布耀庭	114	卢戆章	117	叶崇桀	121	史春森	125	丛珰珠	129

丛璐珠	129	冯永祯	134	母国安	137	张光年	333	朱绍良	148
印　顺	129	冯圣法	134			曲直生	141	朱一成	144
印光法师	129	冯有真	134	**六　画**		曲培楷	141	朱大枏	144
包天笑	129	冯成瑞	134	〔一〕		曲竟济	141	朱大昌	144
包尔汉	130	冯先铭	134			吕　复	141	朱大经	144
包华国	130	冯仲云	134	邢　泽	138	吕　超	141	朱之洪	144
包炎民	130	冯自由	134	邢士廉	138	吕　澄	141	朱子龙	144
包银德	130	冯全民	134	邢克勤	138	吕大森	141	朱天心	144
包震寰	130	冯汝骐	134	邢契莘	138	吕义灏	141	朱子桥　见	
包遵彭	130	冯安邦	134	邢颂文	138	吕云章	141	朱庆澜	147
乐　夔	130	冯沅君	134	邢鹏举	138	吕公望	141	朱云谦	144
乐以琴	130	冯启聪	135	邢肇棠	138	吕丹墀	141	朱云影	144
乐恕人	130	冯武越	135	邢璧贵	138	吕凤子	142	朱少屏	145
乐嘉藻	131	冯国璋	135	戎冠秀	138	吕凤章	142	朱少穆	145
		冯秉权	135	吉文尉	138	吕正操	142	朱介侯	145
〔丶〕		冯治安	135	吉世棠	138	吕东昇	142	朱凤蔚	145
		冯承钧	135	吉星文	138	吕兆瑞	142	朱文长	145
邝　林　见		冯轶裴	135	吉章简	138	吕志伊	142	朱文伯	145
邝佐治	131	冯钢百	135	吉鸿昌	138	吕佛庭	142	朱文祥	145
邝文卓	131	冯钦哉	135	老　舍	139	吕灿铭	142	朱正元	145
邝玉田	131	冯济川	135	巩震寰	139	吕苾筹	142	朱世漾	145
邝任农	131	冯家昇	135	西　戎	139	吕叔湘	142	朱生豪	145
邝佐治	131	冯特民	135	西　西	139	吕和音	142	朱印山	145
邝炳舜	131	冯雪峰	135	西山逸士　见		吕建荣	142	朱汇森	145
邝振翎	131	冯康侯	136	溥　儒	662	吕思勉	142	朱永镇	145
邝富灼	131	冯淑兰　见		达赖十三世	139	吕泉生	142	朱西庚	145
邝瑶普	131	冯沅君	134	达赖十四世	139	吕彦直	142	朱执信	145
宁调元	131	冯超骧	136	成　刚	139	吕炳安	142	朱光潜	146
冯　龙	131	冯道昌	136	成　钧	140	吕炳桂	142	朱屺瞻	146
冯　开	131	冯德实	136	成少甫	140	吕振羽	142	朱仰高	146
冯　至	131	冯德麟	136	成仿吾	140	吕基悼	143	朱自清	146
冯　如	131			成希超	140	吕渭生	143	朱兆莘	147
冯　牧	131	〔冖〕		成舍我	140	吕碧城	143	朱庆澜	147
冯　定	131			成建基	140			朱蒂煌	147
冯　庸	131	司马璐	136	匡　黄	140	〔丿〕		朱伯鸿	147
冯　铿	132	司元恺	136	匡互生	140			朱希祖	147
冯　煦	132	司徒乔	136	匡裕民	140	朱　山	143	朱怀冰	147
冯　简	132	司嗣芬	136	尧乐博士	140	朱　江	143	朱良才	147
冯乃超	132	司马文森	136	毕占云	141	朱　光	143	朱良庆	148
冯大轰	132	司马桑敦　见		毕永年	141	朱　杰	143	朱启钤	148
冯天权	132	王光逖	75	毕仲远	141	朱　洗	143	朱其慧	148
冯天籁	132	司徒美堂	136	毕如瀚	141	朱　基	143	朱松克	148
冯友兰	132	司徒慧敏	136	毕泽宇	141	朱　彪	143	朱叔痴　见	
冯文凤	132	尼庆鲁	136	毕松甫　见		朱　淇	143	朱之洪	144
冯文炳	132	弘一法师　见		毕永年	141	朱　深	143	朱国经	148
冯文彬	132	李叔同	237	过探先	141	朱　谌	143	朱国琛	148
冯玉祥	133	皮以书	136			朱　雯	143	朱明悠	148
冯平山	133	皮宗敢	136	〔丨〕		朱　湘	143	朱和中	148
冯白驹	134	皮定钧	136			朱　瑞	144	朱佩弦　见	
冯用民	134	边逢积	136	师　哲	141	朱　德	144	朱自清	146
冯尔和	134	台晓嵩	137	师则程	141	朱　霖	144	朱金山	148
冯汉卿	134	台静农	137	光未然　见		朱一民　见			

朱学范	148	乔曾劭	152	任景让	155	齐　熙	157	刘　衡	162
朱学曾	148	伍　五	152	任弼时	155	齐世英	157	刘一伟	162
朱宝熙	148	伍　达	152	任懋斋	155	齐白石	157	刘人熙	162
朱实夫	148	伍　英	152	伦　明	155	齐如山	159	刘土木	162
朱承培	148	伍东白	152	伦哲如　见		齐学启	159	刘士杰	163
朱绍云	148	伍汉持	152	伦　明	155	齐宗祐	159	刘士毅	163
朱绍良	148	伍在伍	152	华　山	155	齐树棠	159	刘士辙	163
朱绍清	149	伍光建	152	华　岗	155	齐铁恨	159	刘大元	163
朱经农	149	伍廷芳	152	华　林	155	齐镇华	159	刘大中	163
朱孟实　见		伍任钧	153	华寿嵩	155	齐燮元	159	刘大白	163
朱光潜	146	伍连德	153	华国锋	155	齐耀珊	160	刘大杰	163
朱春华	149	伍伯就	153	华罗庚	155	刘　三	160	刘大钧	163
朱树大	149	伍若泉	153	华金元	156	刘　飞	160	刘子云	163
朱思聪	149	伍叔傥	153	向　达	156	刘　丰	160	刘子亚	163
朱祖贵	149	伍法祖	153	向　逵　见		刘　公	160	刘开渠	163
朱祖谋	149	伍诚仁	153	向恺然	156	刘　凤	160	刘天成	164
朱起凤	149	伍修权	153	向　楚	156	刘　节	160	刘天华	164
朱致一	149	伍宪子	153	向传义	156	刘　汉	160	刘天恨	164
朱晖日	149	伍秩庸　见		向仲华	156	刘　屹	160	刘天喜	164
朱益藩	149	伍廷芳	152	向守志	156	刘　兴	160	刘元彤	164
朱家胜	149	伍家宥	153	向汝延	156	刘　克	160	刘元栋	164
朱家骅	149	伍博纯　见		向林冰	156	刘　英	160	刘元勋	164
朱培德	150	伍　达	152	向忠发	156	刘　忠	160	刘元俊	164
朱常显	150	伍朝枢	153	向宗鲁	156	刘　炜	160	刘云瀚	164
朱铭盘	150	伍道远	153	向绍洪	156	刘　诚	160	刘艺舟	164
朱谌之	150	伏　龙	154	向恺然	156	刘　参	160	刘少文	164
朱葆三	150	延国符	154	向培良	156	刘　政	160	刘少奇	164
朱葆诚	151	任　尹	154	向道存	156	刘　峙	160	刘升三	164
朱谦之	151	任　光	154	危文绣	156	刘　钧	161	刘从云	164
朱谦良　见		任　远	154	邬志陶	156	刘　复　见		刘月明	164
朱凤蔚	145	任　荣	154			刘半农	167	刘凤章	164
朱献文	151	任　钧	154	〔丶〕		刘　迹	161	刘凤楼	165
朱霁青	151	任　重	154	庄　田	156	刘　狮	161	刘文岛	165
朱肇洛	151	任　晨	154	庄　严	157	刘　真	161	刘文松	165
朱德海	151	任元鹏	154	庄万里	157	刘　桢	161	刘文典	165
朱德熙	151	任允中	154	庄长恭	157	刘　哲	161	刘文彦	165
朱霈霖	151	任可澄	154	庄则栋	157	刘　铁	161	刘文卿	165
朱履龢	151	任白戈	154	庄仲舒	157	刘　瑛	161	刘文辉	165
朱镜我	151	任永庆	154	庄希泉	157	刘　斐	161	刘方矩	165
朱耀华	151	任良弼	154	庄尚严　见		刘　鼎	161	刘心田	165
朱耀武	151	任茂如	154	庄　严	157	刘　锋	161	刘心武	165
朱耀章	151	任叔永　见		庄明理	157	刘　翔	161	刘心皇	165
朱疆村　见		任鸿隽	155	庄育民	157	刘　湘	161	刘以芬	166
朱祖谋	149	任卓宣　见		庄陔兰	157	刘　戡	162	刘以鬯	166
乔　宏	151	叶　青	117	庄银安	157	刘　福	162	刘以钟	166
乔大壮	151	任凯南	154	庄清泉　见		刘　群	162	刘允丞　见	
乔义生	151	任显群	154	庄万里	157	刘　横	162	刘守中	171
乔宜斋　见		任益珍	155	庄维道	157	刘　震	162	刘玉堂	166
乔义生	151	任鸿年	155	庄慕陵　见		刘　镇	162	刘玉章	166
乔宗淮	152	任鸿隽	155	庄　严	157	刘　霖	162	刘玉堤	166
乔冠华	152	任援道	155	庄蕴宽	157	刘　穆	162	刘玉麟	166

刘古香	166	刘华清	170	刘国栋	173	刘耕畲	176	刘瑞恒	179
刘丕生	166	刘行道	170	刘国钧	173	刘耿一	176	刘照祥	179
刘东岩	167	刘全富	171	刘昌毅	173	刘桂五	176	刘锡五	179
刘申叔 见		刘多荃	171	刘明德	173	刘桂棠	176	刘锡镐	179
刘师培	169	刘庆瑞	171	刘牧群	174	刘振东	176	刘锦平	179
刘北茂	167	刘汝明	171	刘和鼎	174	刘振策	176	刘锦藻	179
刘白羽	167	刘兴元	171	刘季洪	174	刘晖堂	176	刘廉一	179
刘尔炘	167	刘兴隆	171	刘秉哲	174	刘健群	176	刘廉克	179
刘尔崧	167	刘宇堂	171	刘岳耀	174	刘航琛	176	刘溥霖	179
刘半农	167	刘守中	171	刘依钧	174	刘浩天	176	刘殿华	179
刘汉全	167	刘安祺	171	刘金轩	174	刘海粟	176	刘殿坤 见	
刘汉柏	167	刘纪文	171	刘学询	174	刘涤平	177	刘宇堂	171
刘汉卿	167	刘远凯	171	刘宝全	174	刘家麟	177	刘韵章	179
刘宁一	167	刘远树	171	刘宗宽	174	刘培初	177	刘静庵	179
刘永生	167	刘攻芸	171	刘宜良	174	刘培绪	177	刘粹刚	179
刘永杰	168	刘志丹	171	刘建挺	174	刘培善	177	刘粹轩	179
刘永济	168	刘志坚	171	刘建绪	174	刘培源	177	刘镇华	179
刘永福	168	刘志陆	172	刘居英	174	刘著录	177	刘德才	179
刘圣斌	168	刘声元	172	刘承瑞	174	刘梦苇	177	刘德义	180
刘驭万	168	刘声鹤	172	刘孟廉	174	刘梅五	177	刘德全	180
刘亚楼	168	刘克强	172	刘绍文	174	刘梅村	177	刘德荣	180
刘西蝶	168	刘呐鸥	172	刘经庶 见		刘梅卿	177	刘澜涛	180
刘百舟	168	刘岐山	172	刘伯明	172	刘盛莲	177	刘燕当	180
刘百闵	168	刘佐人	172	刘春溪	174	刘雪庵	177	刘翰东	180
刘有光(1)	169	刘佐龙	172	刘珍年	174	刘鸿生	177	刘懋功	180
刘有光(2)	169	刘伯仁	172	刘莐章	175	刘鸿声	177	刘懋德	180
刘存厚	169	刘伯龙	172	刘迺仁	175	刘惕庐	177	刘翼飞	180
刘达人	169	刘伯轩	172	刘奎基	175	刘维华	177	刘耀勋	180
刘成志	169	刘伯明	172	刘咸荣	175	刘维信	177	刘麟书 见	
刘成禺	169	刘伯承	172	刘显世	175	刘维炽	178	刘 戡	162
刘成勋	169	刘伯骥	172	刘星涵	175	刘绵训	178	刘王立明	180
刘尧宸	169	刘希平	172	刘思复	175	刘琴五 见		羊 枣	180
刘师陶	169	刘亨云	172	刘思裕	175	刘师舜	169	关 汉	180
刘师培	169	刘宏扬	172	刘思源	175	刘超寰	178	关 良	180
刘师舜	169	刘启明	172	刘思慕	175	刘博平	178	关 露	180
刘光炎	169	刘启斌	173	刘钟群 见		刘敬安 见		关山月	180
刘光颐	169	刘启瑞	173	刘元栋	164	刘静庵	179	关仁甫 见	
刘光藜	169	刘纯仁	173	刘秋甫	175	刘揆一	178	关 汉	180
刘先胜	170	刘其光	173	刘复基	175	刘棠瑞	178	关吉玉	180
刘廷汉	170	刘若愚	173	刘保罗	175	刘景山	178	关雨东 见	
刘廷扬	170	刘茂恩	173	刘侯武	175	刘景熙	178	关麟征	181
刘廷芳	170	刘英士	173	刘衍淮	175	刘铸伯	178	关向应	180
刘廷琛	170	刘雨卿	173	刘剑如	175	刘阔才	178	关颂声	180
刘廷蔚	170	刘转连	173	刘恺钟	175	刘善本	178	关梦觉	181
刘伟民	170	刘贤权	173	刘炳彦	175	刘善祥	178	关景良	181
刘延涛	170	刘叔和 见		刘炳藜	175	刘善富	178	关蕙农	181
刘延陵	170	刘光颐	169	刘养愚	175	刘尊棋	178	关德兴	181
刘仲荻	170	刘尚清	173	刘冠三	176	刘道一	178	关德懋	181
刘任夫 见		刘昆涛	173	刘神仙 见		刘道元	178	关耀洲	181
刘士毅	163	刘国用	173	刘从云	164	刘道生	178	关麟征	181
刘华香	170	刘国运	173	刘结挺	176	刘湛恩	179	米义山	181

米文和	181	汤恩伯	185	许绍棣	189	孙　三	193	孙洪芬	208
冰　心	181	汤惠荪	185	许奏云	190	孙文 见		孙洪震	208
江　文	182	汤锦辉	186	许南英	190	孙中山	195	孙洵侯	208
江　杓	182	安　健	186	许奎元	190	孙　屹	193	孙起孟	208
江　青	182	安怀音	186	许钦文	190	孙　武	193	孙桂籍	208
江　枫	182	安志敏	186	许顺煌	190	孙　明	193	孙烈臣	208
江　涛	182	安春山	186	许恪士	190	孙　岳	193	孙振汉	208
江　庸	182	安树德	186	许炳成	190	孙　科	193	孙振森	208
江　谦	182	安顺谷	186	许祖悖	190	孙　眉	194	孙桐岗	208
江一平	182	祁芝田	186	许涤新	190	孙　陵	194	孙健初	208
江文也	182	祁志厚	186	许培华	190	孙　犁	194	孙哲生 见	
江亢虎	182	祁德隆	186	许崇清	190	孙　琬	194	孙　科	193
江心美	182	许　岚	186	许崇智	190	孙　渡	194	孙峻青 见	
江民风	183	许　杰(1)	186	许景澄	191	孙　瑜	194	峻　青	515
江光国	183	许　杰(2)	186	许新周	191	孙　震	194	孙铁人 见	
江兆申	183	许　明	186	许静仁 见		孙　毅	194	孙　镜	194
江志伊	183	许　珏	186	许世英	187	孙　镜	194	孙逢吉	208
江良规	183	许　济	186	许德珩	191	孙干卿	194	孙席珍	208
江雨涵	183	许　浩	186	许赞元	191	孙大雨	194	孙宽荣	208
江国栋	183	许　璇	186	许霭如	191	孙元良	195	孙家萧	208
江学珠	183	许士芳	187			孙元坡	195	孙继丁	208
江春霖	183	许广平	187	〔乛〕		孙元彬	195	孙继先	209
江显荣	183	许云樵	187	阮　平	191	孙云铸	195	孙菊仙	209
江屏藩	183	许日佩	187	阮　复	191	孙中山	195	孙盛武	209
江逢治	183	许凤藻	187	阮　洽	191	孙长兴	205	孙逸仙 见	
江继复	183	许文杰	187	阮　强	191	孙长海	205	孙中山	195
江雪山	183	许文顶	187	阮贤榜	191	孙凤璋	206	孙清波	209
江辅庭	183	许允白 见		阮寿荣	191	孙凤藻	206	孙谏声	209
江超西	183	许南英	190	阮性存 见		孙方杰	206	孙绳武	209
江朝宗	184	许世友	187	阮荀伯	191	孙本文	206	孙维世	209
江渭清	184	许世英	187	阮玲玉	191	孙可法	206	孙越崎	209
江腾蛟	184	许世贤	188	阮荀伯	191	孙东瀛	206	孙葆田	209
江拥辉	184	许世钜	188	阮梦桃	191	孙仪之	206	孙道仁	209
江燮元	184	许世瑛	188	阮章竞	192	孙立人	206	孙寒冰	209
池步洲	184	许世儒	188	阮德山	192	孙邦华	206	孙禄堂	209
池峰城	184	许地山	188	阮毅成	192	孙达华	206	孙瑞璜	209
汤　平	184	许有恒	188	阳翰笙	192	孙师武	206	孙楷第	209
汤　武	184	许光达	188	牟中珩	192	孙竹丹	206	孙靖尘 见	
汤　垚	184	许寿裳	189	牟世金	192	孙传芳	206	孙镜亚	210
汤　皋	184	许孝炎	189	牟立善	192	孙伏园	207	孙福全 见	
汤　叡	184	许芥昱	189	牟廷芳	192	孙多慈	207	孙禄堂	209
汤元吉	184	许克祥	189	牟宗三	192	孙运璇	207	孙福熙	209
汤化龙	184	许伯翔 见		牟润孙	192	孙连仲	207	孙殿英	209
汤玉麟	184	许凤藻	187	牟鸿勋	192	孙冶方	207	孙殿起	210
汤用彤	184	许卓然	189	红线女	193	孙尚清	207	孙慕韩 见	
汤尔和	185	许国璋	189	红豆馆主 见		孙国封	207	孙宝琦	207
汤芗铭	185	许季珂	189	溥侗	662	孙法民	207	孙碧奇	210
汤国黎	185	许金德	189	纪　弦	193	孙宝琦	207	孙蔚如	210
汤定之	185	许宝驹	189	纪　鸿	193	孙定超	207	孙毓埏	210
汤绚章	185	许宗衡	189	纪庭樹	193	孙俍工	207	孙毓棠	210
汤桂芬	185	许宗灏	189	纪鸿儒	193	孙洪伊	208	孙韶康	210

孙端夫	210	芦甸	214	杜羲	217	李济	221	李及兰	225
孙德谦	210	劳培	214	杜华宇	219	李觉	222	李广田	225
孙德操	210	劳榦	214	杜负翁	见	李振	222	李广顺	225
孙镜亚	210	劳乃宣	214	杜召棠	218	李哲	222	李小谷	225
孙穗芬	210	劳声寰	214	杜守信	219	李倜	222	李小峰	225
孙耀祖	210	劳君展	214	杜聿明	219	李真	222	李飞鹏	225
		劳建白	214	杜丽云	219	李涛	222	李子刚	225
七 画		苏进	214	杜国庠	219	李其	222	李子宽	225
		苏青	214	杜参天	219	李晚	222	李子佳	225
〔一〕		苏静	215	杜映江	219	李铣	222	李井泉	225
麦造周	211	苏子文	215	杜思牧	见	李铨	222	李天佑	225
麦焕章	211	苏友仁	215	杜聪明	219	李铭	222	李天钧	225
玛拉沁夫	211	苏甲荣	215	杜重远	219	李秾	222	李天焕	225
贡桑诺尔布	211	苏成德	215	杜海林	219	李瑛	222	李天德	225
芳信	211	苏乐群	215	杜焕竟	219	李琦	223	李元明	225
严光	211	苏玄瑛	见	杜韩甫	219	李超	223	李元勋	225
严安	211	苏曼殊	216	杜鹏程	219	李雄	223	李元鼎	225
严辰	211	苏芗雨	215	杜锡珪	219	李锐	223	李元簇	226
严明	211	苏克之	215	杜聪明	219	李斌	223	李云青	226
严政	211	苏村圃	215	巫启圣	220	李湛	223	李友梅	226
严重	211	苏廷芳	215	巫绍光	220	李猷	223	李少石	226
严复	211	苏启胜	215	李文	220	李静	223	李少南	见
严修	212	苏局仙	215	李汉	220	李嘉	223	李言容	235
严陵	212	苏金伞	215	李永	220	李蔚	223	李少陵	226
严鹏	212	苏炳文	215	李协	见	李熙	223	李曰秋	226
严文井	212	苏祖馨	215	李仪祉	230	李端	223	李中权	226
严东华	212	苏振华	215	李达	220	李璜	223	李中和	226
严立三	见	苏盛轼	215	李贞	220	李震	223	李中柱	226
严重	211	苏雪林	215	李伟	220	李寰	223	李中襄	226
严庆龄	212	苏曼殊	216	李任	220	李燊	223	李水清	226
严安清	213	苏景泰	217	李江	220	李瞻	223	李长之	226
严志达	213	苏熊瑞	217	李冰	220	李耀	223	李长林	226
严希纯	213	杜平	217	李彤	220	李一山	见	李长城	226
严良勋	213	杜刚	217	李玗	220	李汝谦	233	李长龄	226
严宝礼	213	杜英	217	李芬	220	李一氓	223	李化民	226
严范孙	见	杜南	217	李丽	220	李一球	224	李公朴	226
严修	212	杜镛	见	李纯(1)	220	李九仙	224	李公尚	226
严叔夏	213	杜月笙	218	李纯(2)	221	李三乐	224	李凤鸣	226
严国丰	213	杜羲	217	李坤	221	李千公	224	李凤官	227
严独鹤	213	杜上化	217	李林	221	李士伟	224	李凤莲	227
严耕望	213	杜义德	217	李奇	221	李士珍	224	李文华	227
严家淦	213	杜元载	217	李明	221	李大为	224	李文甫	227
严确廷	214	杜从戎	217	李季	221	李大本	224	李文范	227
严锄非	214	杜月笙	218	李实	221	李大壮	224	李文凯	227
严裕棠	214	杜心五	218	李弥	221	李大钊	224	李文卿	227
严幾道	见	杜玉兴	218	李挺	221	李大超	224	李文悌	227
严复	211	杜召棠	218	李钦	221	李大麟	224	李文清	227
严慎予	214	杜亚泉	218	李钧	221	李万正	224	李文楷	227
严演存	214	杜成章	219	李俨	221	李万居	224	李六如	227
严静波	见	杜光埙	219	李恢	221	李万春	225	李方桂	227
严家淦	213	杜仲虑	见	李洁	221	李凡夫	225	李心昂	227

李书华	227	李有幹	231	李求实	234	李昌汉	238	李炳南	242
李书茂	228	李存珍	231	李时良	234	李昌来	238	李炳辉	242
李书城	228	李存敬	231	李岐山	234	李明瑞	238	李炳智	242
李玉书	228	李达才	231	李秀文	234	李明灏	238	李济之 见	
李玉阶	228	李达海	232	李秀珍	234	李忠顺	238	李 济	221
李玉琴	228	李成芳	232	李何林	234	李鸣钟	238	李济民	242
李正乐	228	李成烈	232	李佐汉	234	李鸣鹤	238	李济臣	242
李正先	228	李光忱	232	李作鹏	234	李岷琛	238	李济深	242
李正韬	228	李光涛	232	李伯钊	235	李季贇	238	李祖恩	242
李世安	228	李光辉	232	李伯英 见		李金士	238	李费蒙	242
李世芳	228	李廷璧	232	李宗黄	240	李金发	238	李桂丹	242
李世明	228	李先念	232	李伯秋	235	李服膺	239	李桂岭	242
李世焱	228	李先闻	232	李佛舟	235	李学灯	239	李桂庭	242
李本仑	228	李竹年 见		李含芳	235	李学诗	239	李根源	242
李本楹	228	李何林	234	李迎希	235	李宗一	239	李烈钧	243
李可简	228	李伟森 见		李言容	235	李宗仁	239	李振东	243
李石安	228	李求实	234	李应元	235	李宗吾	239	李振清	243
李石岑	228	李传易	232	李应生	235	李宗侗	239	李振虞	243
李石曾	228	李传宗	232	李应林	235	李宗海	239	李振殿	243
李平心	229	李传谋	232	李应彪	235	李宗黄	240	李铁夫	243
李平书	229	李延年	232	李沛瑶	235	李宗绩	240	李健吾	243
李叶两	229	李仲三	233	李怀民	235	李实华	240	李爱黄	243
李田林	229	李仲辛	233	李宏达	235	李建兴	240	李烛尘	243
李四光	229	李仲麟	233	李良汉	235	李建和	240	李凌汉	244
李仙龄	230	李任仁	233	李良荣	235	李参育	240	李海山	244
李仪祉	230	李华侬	233	李初梨	235	李绍昌	240	李海云	244
李白虹	230	李华新	233	李君白	235	李经方	241	李海秋	244
李从瀛	230	李向荣	233	李际泰	236	李经迈	241	李海涵	244
李印农	230	李全春	233	李阿田	236	李经羲	241	李益之	244
李冬真	230	李旭初	233	李青崖	236	李春生	241	李浴日	244
李立三	230	李多奎	233	李劫人	236	李春光	241	李润沂	244
李立如	230	李兆三	233	李其煌	236	李春润	241	李家驹	244
李立柏	230	李庆丰	233	李抱一	236	李树芬	241	李润章 见	
李立侯 见		李次生	233	李抱忱	236	李树勋	241	李书华	227
李中襄	226	李汝谦	233	李苦禅	236	李树森	241	李家钰	244
李汉杰	230	李守维	233	李英儒	236	李树藩	241	李家鼎	244
李汉魂	231	李安陆	233	李松如	236	李厚基	241	李祥禄	244
李必蕃	231	李异材	233	李郁廷	237	李是男	241	李继广	244
李永治	231	李纪才	233	李叔同	237	李思浩	241	李继开	244
李永新	231	李纪堂	233	李卓峰	237	李品仙	241	李继侗	244
李民欣	231	李寿民	233	李卓皓	237	李峙山	241	李基鸿	244
李幼卿	231	李寿轩	233	李国平	237	李秋生	241	李乾立	244
李邦钦	231	李志民	234	李国杰	237	李保成	242	李梦彪	244
李邦藩	231	李志绥	234	李国明	237	李俊欣	242	李梅树	245
李亚农	231	李志鹏	234	李国柱	237	李俊承	242	李梅庵 见	
李再含	231	李劫夫	234	李国钦	238	李待琛	242	李瑞清	248
李朴生	231	李克农	234	李国彦	238	李剑农	242	李盛铎	245
李协和 见		李克俭	234	李国堂	238	李彦芷	242	李盛斌	245
李烈钧	243	李克敏	234	李国鼎	238	李炳仁 见		李盛藻	245
李有洪	231	李杜蘅	234	李国斌	238	李 弥	221	李雪生 见	
李有桃	231	李辰冬	234	李国铺	238	李炳尧	242	李根源	242

李雪三	245	李楚瀛	248	杨　桢	251	杨功超	254	杨虎城	257
李曼瑰	245	李聂熙	248	杨　晟	251	杨世尊	254	杨尚昆	257
李唯建	245	李嗣璁	248	杨　朔	251	杨丙辰	254	杨尚儒	257
李崇武	245	李锡九	248	杨　逵	251	杨石先	254	杨国夫	257
李铭鼎	245	李锡莹	248	杨　铨	见	杨东莼	254	杨昌济	257
李符桐	245	李锦纶	248	杨杏佛	256	杨仙逸	254	杨岳峰	258
李敏如	245	李煜堂	248	杨　维	251	杨白民	255	杨金枞	258
李敏周	245	李煜瀛	见	杨　琼	251	杨令茀	255	杨金虎	258
李康之	245	李石曾	228	杨　超	252	杨汉林	255	杨金第	258
李章达	245	李满红	249	杨　森	252	杨永泰	255	杨育才	258
李焕之	245	李满康	249	杨　骚	252	杨幼炯	255	杨性恂	258
李焕燊	246	李福林	249	杨　蔚	252	杨西昆	255	杨宝乾	258
李清胜	246	李群仙	249	杨　模	252	杨西岩	255	杨宝忠	258
李鸿文	246	李瑶屏	249	杨　蕙	252	杨成武	255	杨宝森	258
李鸿恩	246	李嘉诚	249	杨　潮	见	杨光泩	255	杨定襄	258
李鸿绪	246	李聚奎	249	羊　枣	180	杨光轸	255	杨宜绿	258
李鸿筹	246	李蔚仁	249	杨　骥	252	杨仲鲸	255	杨泽鸿	258
李鸿章	246	李熙谋	249	杨一鸣	253	杨企松	255	杨草仙	258
李淑一	246	李霁野	249	杨一峰	253	杨旭东	255	杨荣国	258
李淑卿	246	李毓九	249	杨千里	见	杨兆龙	255	杨荩诚	258
李涵秋	246	李精一	249	杨天骥	253	杨兆环	255	杨栋梁	258
李绮庵	246	李肇甫	249	杨之华	253	杨兆林	255	杨树达	258
李维汉	246	李镇淮	249	杨三郎	253	杨庆山	255	杨树庄	258
李维宁	246	李镇源	249	杨干才	261	杨宇霆	255	杨树青	258
李琴堂	246	李德山	249	杨大易	253	杨守仁	见	杨树诚	258
李琢如	246	李德生	250	杨小楼	253	杨笃生	259	杨持平	258
李超哉	246	李德全	250	杨王鹏	253	杨守敬	256	杨昭璧	259
李葆恂	246	李德富	250	杨天骥	253	杨寿祖	256	杨钟健	259
李敬亭	247	李德膏	250	杨元忠	253	杨志超	256	杨钟羲	259
李敬斋	247	李默庵	250	杨云史	253	杨杏佛	256	杨秋帆	见
李植生	247	李镜海	250	杨云竹	253	杨步伟	256	杨振鸿	260
李惠堂	247	李儒清	250	杨云萍	254	杨秀山	256	杨笃生	259
李雁南	247	李燮和	250	杨少川	见	杨秀文	256	杨保恒	259
李雅仙	247	李耀文	250	杨　晟	251	杨作芝	257	杨禹昌	259
李紫云	247	李馥荪	见	杨少岩	254	杨伯涛	257	杨俊生	259
李辉英	247	李　铭	222	杨少炯	见	杨伯谦	257	杨亮功	259
李鼎成	247	杨　生	250	杨熙绩	262	杨佛士	见	杨帝镜	259
李景沅	247	杨　让	250	杨日然	254	杨定襄	258	杨炽昌	259
李景林	247	杨　刚	250	杨中镇	254	杨希闵	257	杨觉民	259
李敦谦	247	杨　任	250	杨长海	254	杨希震	257	杨宣诚	259
李道之(1)	247	杨　圻	见	杨仁山(1)	见	杨怀中	见	杨振宁	260
李道之(2)	247	杨云史	253	杨文会	254	杨昌济	257	杨振声	260
李道源	247	杨　弃	250	杨仁山(2)	见	杨没累	257	杨振鸿	260
李富春	247	杨　枢	250	杨道霖	261	杨沧白	见	杨哲仙	260
李弼侯	248	杨　杰	250	杨公达	254	杨庶堪	261	杨耿光	260
李弼勤	248	杨　虎	250	杨公甫	254	杨宏胜	257	杨爱源	260
李登同	见	杨　迪	250	杨文会	254	杨启泰	257	杨玺章	260
李福林	249	杨　沫	251	杨引之	254	杨武之	257	杨效春	260
李登辉	248	杨　度	251	杨允中	254	杨松龄	257	杨海水	260
李瑞清	248	杨　勇	251	杨玉书	254	杨卓霖	257	杨家骆	260
李蓝丁	248	杨　绛	251	杨玉如	254	杨虎臣	257	杨家瑜	260

杨家骝 …… 260	郭安仁 …… 541	吴三连 …… 267	吴守钦 …… 270	吴俊才 …… 276
杨家麟 …… 260	来果禅师 …… 263	吴大洲 …… 267	吴安之 …… 270	吴俊升 …… 276
杨调元 …… 260	连横 …… 263	吴大桂 …… 267	吴运雄 …… 270	吴俊陞 …… 276
杨展云 …… 260	连士升 …… 264	吴大猷 …… 267	吴贡三 …… 270	吴俊卿 见
杨继荣 …… 260	连逸卿 …… 264	吴万谷 …… 268	吴志德 …… 270	吴昌硕 …… 272
杨继曾 …… 260	连雅堂 见	吴子玉 见	吴芳吉 …… 270	吴剑学 …… 276
杨梅水 …… 260	连横 …… 263	吴佩孚 …… 273	吴克仁 …… 271	吴胜树 …… 276
杨鲍安 …… 261	连震东 …… 264	吴子寿 …… 268	吴克华 …… 271	吴亮平 …… 276
杨盛春 …… 261		吴子垣 …… 268	吴旸谷 …… 271	吴美南 …… 276
杨得志 …… 261	〔丨〕	吴子深 …… 268	吴作人 …… 271	吴炳生 …… 276
杨庶堪 …… 261	时子周 …… 264	吴子谦 …… 268	吴作民 …… 271	吴炽寰 …… 276
杨维廉 …… 261	时伟廉 …… 264	吴子馨 见	吴伯超 …… 271	吴浊流 …… 276
杨绵仲 …… 261	时经训 …… 264	吴其昌 …… 271	吴伯箫 …… 271	吴冠中 …… 276
杨惠敏 …… 261	时昭函 …… 264	吴开先 …… 268	吴希真 …… 271	吴祖光 …… 276
杨揆一 …… 261	时昭瀛 …… 264	吴天民 …… 268	吴希庸 …… 271	吴祖坪 …… 276
杨遇春 …… 261	时象晋 …… 264	吴天任 …… 268	吴冷西 …… 271	吴振卿 …… 277
杨惺吾 见	时题杏 …… 265	吴元槩 …… 268	吴邵芝 …… 271	吴晓邦 …… 277
杨守敬 …… 256	吴 山 …… 265	吴化文 …… 268	吴其昌 …… 271	吴铁城 …… 277
杨道霖 …… 261	吴 石 …… 265	吴介璋 …… 268	吴若安 …… 271	吴健雄 …… 278
杨富森 …… 261	吴 永 …… 265	吴方正 …… 268	吴英荃 …… 272	吴奚真 …… 278
杨裕芬 …… 261	吴 华 …… 265	吴文龙 …… 269	吴直参 …… 272	吴效闵 …… 278
杨幹才 …… 261	吴 旭 …… 265	吴火狮 …… 269	吴雨僧 见	吴海轩 …… 278
杨献珍 …… 262	吴 兴 …… 265	吴玉良 …… 269	吴宓 …… 265	吴家元 …… 278
杨嗣轩 见	吴 若 …… 265	吴玉章 …… 269	吴奇伟 …… 272	吴祥骐 …… 278
杨伯谦 …… 257	吴 范 …… 265	吴世安 …… 269	吴尚鹰 …… 272	吴骏英 …… 278
杨粲三 …… 262	吴 昆 …… 265	吴世英 …… 269	吴国桢 …… 272	吴基福 …… 278
杨锡仁 …… 262	吴 忠 …… 265	吴世昌 …… 269	吴国铨 …… 272	吴梅村 …… 278
杨嘉瑞 …… 262	吴 宓 …… 265	吴石潜 …… 269	吴昌硕 …… 272	吴啸亚 …… 278
杨韵珂 …… 262	吴 恺 …… 265	吴申叔 …… 269	吴明美 …… 273	吴逸志 …… 278
杨源抄 …… 262	吴 俊 …… 265	吴仕宏 …… 269	吴忠信 …… 273	吴望伋 …… 278
杨熙绩 …… 262	吴 烈 …… 266	吴白屋 见	吴咏香 …… 273	吴焕全 …… 278
杨端六 …… 262	吴 涛 …… 266	吴芳吉 …… 270	吴佩孚 …… 273	吴清源 …… 278
杨管北 …… 262	吴 席 …… 266	吴主惠 …… 269	吴金鼎 …… 274	吴鸿哲 …… 278
杨肇嘉 …… 262	吴 浩 …… 266	吴礼卿 见	吴法宪 …… 274	吴渔川 见
杨慧珍 …… 262	吴 展 …… 266	吴忠信 …… 273	吴宗先 …… 274	吴 永 …… 265
杨增新 …… 262	吴 梅 …… 266	吴亚男 …… 269	吴承仕 …… 274	吴敬恒 见
杨震文 见	吴 晗 …… 266	吴芝瑛 …… 269	吴组缃 …… 274	吴稚晖 …… 281
杨丙辰 …… 254	吴 康 …… 266	吴协唐 …… 269	吴绍璲 …… 275	吴棣芬 …… 279
杨镇亚 …… 262	吴 淞 …… 266	吴在炎 …… 269	吴经熊 …… 275	吴辉生 …… 279
杨德西 …… 263	吴 鼎 …… 266	吴有训 …… 269	吴春台 …… 275	吴鼎昌 …… 279
杨德昆 …… 263	吴 斌 …… 267	吴有恒 …… 269	吴南如 …… 275	吴鼎新 …… 279
杨德亮 …… 263	吴 强 …… 267	吴达铨 见	吴南轩 …… 275	吴景超 …… 279
杨鹤年 …… 263	吴 楚 …… 267	吴鼎昌 …… 279	吴相湘 …… 275	吴景濂 …… 279
杨鹤龄 …… 263	吴 虞 …… 267	吴光田 …… 270	吴树青 …… 275	吴舜文 …… 279
杨懋春 …… 263	吴 德 …… 267	吴廷勋 …… 270	吴迺宪 …… 275	吴鲁芹 …… 279
杨瀚雯 …… 263	吴 静 …… 267	吴先梅 …… 270	吴思豫 …… 275	吴道镕 …… 280
杨衢云 …… 263	吴 樾 …… 267	吴伟康 …… 270	吴钦烈 …… 275	吴湖帆 …… 280
束云章 …… 263	吴 燻 …… 267	吴传基 …… 270	吴笃志 …… 275	吴富琴 …… 280
束衣人 见	吴 瀛 …… 267	吴兆牲 …… 270	吴顺椿 …… 275	吴富善 …… 280
石怀池 …… 113	吴 馨 …… 267	吴兆棠 …… 270	吴保初 …… 276	吴禄贞 …… 280
丽 尼 见	吴人初 …… 267	吴兆麟 …… 270	吴信泉 …… 276	吴祺芳 …… 280

吴瑞山	280	邱清泉	285	何卓非	290	佟麟阁	292	余培初	296
吴瑞英	280	邱维达	286	何卓侪	290	余 英	见	余清芳	296
吴瑞林	280	何 凡	286	何非凡	290	佘俊英	292	余博伦	296
吴楚帆	280	何 文	286	何南屏	290	佘俊英	292	余崆奇	见
吴雷川	280	何 东	286	何挺一	290	佘凌云	292	余汉谋	293
吴嵩庆	280	何 求	286	何柱成	290	余 拯	292	余楠秋	296
吴锡泽	281	何 彤	286	何柱国	290	余 通	292	余鉴明	296
吴锡祺	281	何 启	286	何显重	290	余又荪	292	余程万	296
吴锡爵	281	何 宣	286	何思敬	290	余上沅	293	余锡祺	296
吴稚晖	281	何 晏	286	何思源	290	余井塘	293	余嘉锡	296
吴新荣	284	何 容	286	何香凝	290	余日章	293	余樾园	见
吴碧柳	见	何 紫	286	何剑吴	290	余心清	293	余绍宋	294
吴芳吉	270	何 棠	286	何炳松	290	余玉贤	293	余肇康	296
吴嘉隆	284	何 絮	287	何炳麟	290	余东雄	293	谷 牧	296
吴嘉棠	284	何 鲁	287	何济林	291	余立金	293	谷正伦	296
吴觐周	284	何 键	287	何祚炘	291	余汉谋	293	谷正纲	296
吴蕴初	284	何 廉	287	何珮瑢	291	余光茂	293	谷正鼎	297
吴震春	见	何干之	287	何振亚	291	余邦宪	294	谷如墉	297
吴雷川	280	何卫明	287	何竞武	291	余纪忠	294	谷纪常	见
吴徽眉	284	何天炯	287	何浩若	291	余寿浩	294	谷正伦	296
吴徽椿	284	何友发	287	何家产	291	余作民	294	谷杏斋	297
吴公敢	284	何公敢	287	何家槐	291	余伯泉	294	谷良民	297
吴鹤龄	284	何凤翱	287	何雪竹	见	余际唐	294	谷剑尘	297
吴醒汉	284	何玉莲	287	何成浚	288	余青松	294	谷景生	297
吴鲲化	284	何正文	287	何淬廉	见	余叔岩	294	谷锡五	297
吴瞿安	见	何世礼	287	何 廉	287	余国桢	294	谷霁光	297
吴 梅	266	何世统	287	何基沣	291	余和鸿	294	谷陈白坚	297
吴耀宗	284	何本寿	288	何联奎	291	余季豫	见	犹国才	297
别廷芳	284	何龙庆	288	何敬之	见	余嘉锡	296	狄 膺	297
岑仲勉	284	何再来	288	何应钦	289	余秉权	294	狄君武	见
岑学吕	284	何成浩	288	何葵明	见	余育之	294	狄 膺	297
岑春煊	284	何成浚	288	何 彤	286	余诚格	294	狄超白	297
		何师程	288	何雄飞	291	余建勋	294	邹 杰	297
〔丿〕		何光宇	288	何翙高	见	余承尧	294	邹 炎	297
利铭泽	285	何任之	288	何藻翔	292	余绍宋	294	邹 洪	297
邱 炜	285	何自新	288	何辉燕	291	余南庚	295	邹 容	298
邱 楠	285	何名忠	288	何景寮	291	余昭常	295	邹 梅	298
邱大年	285	何义质	288	何集生	291	余秋里	295	邹 琳	298
邱义质	285	何运洪	288	何鲁之	291	余俊贤	295	邹 鲁	298
邱开基	285	何孝元	289	何善垣	292	余洪远	295	邹子良	299
邱文江	285	何志远	289	何善衡	292	余洪元	295	邹文海	299
邱玉成	285	何志洪	289	何嗣焜	292	余既成	295	邹去病	299
邱丕振	285	何志浩	289	何锡蕃	292	余莲青	295	邹亚云	299
邱仰浚	285	何芸生	289	何嘉禄	292	余振翼	295	邹光辅	299
邱会作	285	何芸樵	见	何德全	292	余致泉	295	邹志奋	299
邱旭升	285	何 键	287	何燏时	292	余健光	295	邹作华	299
邱言曦	285	何克夫	289	何藻翔	292	余逢时	295	邹范陶	299
邱雨庵	见	何应钦	289	但 焘	292	余家菊	295	邹绍孟	299
邱清泉	285	何孟雄	289	佟迪功	292	余祥琴	295	邹树文	299
邱荧世	285	何绍周	289	佟捷三	见	余祥辉	见	邹荻帆	300
邱昌渭	285	何其巩	289	佟麟阁	292	余健光	295	邹海滨	见
邱望湘	285	何其芳	290	佟麟阁	292				

邹 鲁	298	汪亚尘	302	沈中和	307	沈崇海	312	宋伯鲁	315
邹斌元	300	汪光尧	302	沈从文	307	沈鸿英	312	宋希濂	315
邹湘乔	300	汪仲贤	303	沈文蔚	308	沈鸿烈	312	宋飏裘	316
邹嘉来	300	汪兆铨	303	沈尹默	308	沈维翰	313	宋郁文	316
邹韬奋	300	汪兆铭 见		沈世启	308	沈淑薇	313	宋明轩 见	
〔丶〕		汪精卫	304	沈玄庐	308	沈斯庵	313	宋哲元	317
		汪兆镛	303	沈发藻	308	沈敬裕	313	宋肯堂	316
言菊朋	300	汪汲青	303	沈西苓	308	沈雁冰 见		宋佩璋	316
言敦源	300	汪声玲	303	沈有乾	308	茅 盾	401	宋育仁	316
言慧珠	300	汪时璟	303	沈成章 见		沈翔云	313	宋居仁	316
况周颐	300	汪典存	303	沈鸿烈	312	沈曾植	313	宋承志	316
况庭芳	300	汪宗翰	303	沈刚伯	308	沈寐叟 见		宋绍唐	316
应 威	300	汪承钊	303	沈仲九	309	沈曾植	313	宋春舫	316
应云卫	300	汪荣宝	303	沈向奎	309	沈瑞麟	313	宋垣忠	316
应未迟	300	汪树屏	303	沈亦云	309	沈瑜庆 见		宋思一	316
应时杰	300	汪振华	303	沈亦珍	309	沈敬裕	313	宋选铨	316
应昌期	300	汪振声	303	沈观泰	309	沈端先 见		宋衍文	316
应修人	300	汪笑侬	303	沈志远	309	夏 衍	510	宋美龄	316
冷 欣	300	汪润生	303	沈芷芳	310	沈缦云	313	宋哲元	317
冷 波	301	汪康年	303	沈苇窗	310	沈慧莲	313	宋教仁	317
冷 融	301	汪家道	304	沈时可	310	沈觐鼎	313	宋渔父 见	
庐 隐	301	汪焕章	304	沈应时	310	沈毅民	313	宋教仁	317
庐锡勤	301	汪敬熙	304	沈汪度	310	沈懋昭 见		宋渊源	318
辛 劳	301	汪厥明	304	沈君怡 见		沈缦云	313	宋绮云	319
辛仿苏 见		汪曾祺	304	沈 怡	306	沈翼世	313	宋维栻	319
辛耀文	301	汪静之	304	沈青尘	310	沉 樱	313	宋景恭	319
辛际周	301	汪精卫	304	沈松泉	310	宋 文	313	宋殿选	319
辛国治	301	汪憬吾 见		沈卓吾	310	宋 达	313	宋德珠	319
辛耀文	301	汪兆镛	303	沈昌焕	310	宋 烈	314	宋鹤庚	319
闵尔昌	301	汪馥泉	305	沈岭南	310	宋 振	314	宋霭龄	319
闵俊杰	301	汪穰卿 见		沈知方	310	宋 淇	314	宏 来	319
闵剑梅	301	汪康年	303	沈秉钧	310	宋 越	314	罕裕卿	319
汪 东	301	汪彝定	305	沈泊尘	310	宋之的	314		
汪 怡	302	沙 汀	305	沈泽民	310	宋子文	314	〔乛〕	
汪 洋	302	沙 淦	305	沈宗琳	310	宋子靖 见		迟浩田	319
汪 震	302	沙 鸥	305	沈宗瀚	310	宋渊源	318	张 弓	319
汪 镕	302	沙千里	305	沈定一 见		宋开元	314	张 云	319
汪一庵 见		沙可夫	305	沈玄庐	308	宋元恺	314	张 文	319
汪 怡	302	沙学浚	305	沈钧儒	311	宋云彬	314	张 贞	319
汪大燮	302	沙恭顺	306	沈剑虹	311	宋长庚	314	张 刚	319
汪日章	302	沈 寿	306	沈炳光	311	宋心濂	314	张 兆	319
汪公纪	302	沈 怡	306	沈兹九	311	宋玉琳	314	张 冲(1)	319
汪凤图	302	沈 茇	306	沈祖荣	311	宋汉章	315	张 冲(2)	320
汪凤藻	302	沈 浮	306	沈祖懋	312	宋邦荣	315	张 弛	320
汪凤瀛	302	沈 鸿	306	沈起予	312	宋任穷	315	张 佑	320
汪文铭	302	沈 雄	306	沈柔坚	312	宋庆龄	315	张 怀	320
汪以道	302	沈 策	306	沈恩孚	312	宋聿修	315	张 纯	320
汪世衡	302	沈 锜	306	沈兼士	312	宋志先	315	张 英	320
汪石青	302	沈 醉	306	沈家本	312	宋芸子 见		张 明(1)	320
汪东兴	302	沈之岳	306	沈家铭	312	宋育仁	316	张 明(2)	320
汪汉溪	302	沈云龙	306	沈骊英	312	宋时轮	315	张 昆	320

张 忠 …… 320	张士秀 …… 325	张予昕 …… 330	张廷休 …… 333	张伯苓 …… 337
张 侠 …… 320	张才千 …… 326	张书旂 …… 330	张廷芝 …… 333	张伯驹 …… 338
张 周 …… 320	张大千 …… 326	张正阳 …… 330	张廷孟 …… 333	张伯铣 …… 338
张 忞 …… 320	张大卓 …… 327	张世英 …… 330	张廷谔 …… 333	张佛千 …… 338
张 庚 …… 320	张大春 …… 327	张世禄 …… 330	张廷镛 …… 333	张希为 …… 338
张 弧 …… 320	张万春 …… 327	张世膺 …… 330	张竹友 …… 333	张希圣 …… 338
张 威 …… 320	张广才 …… 328	张玉华 …… 330	张竹君 …… 334	张希春 …… 338
张 轸 …… 320	张义纯 …… 328	张本清 …… 331	张乔龄 …… 334	张希钦 …… 339
张 勋 …… 320	张义安 见	张厉生 …… 331	张廷祉 …… 334	张希哲 …… 339
张 钫 …… 321	张养诚 …… 349	张石川 …… 331	张仲实 …… 334	张谷年 …… 339
张 剑 …… 321	张之江 …… 328	张丕介 …… 331	张仲瀚 …… 334	张谷若 …… 339
张 炯 …… 321	张之洞 …… 328	张石侯 见	张任飞 …… 334	张亨嘉 …… 339
张 洪 …… 321	张子田 …… 328	张辉瓒 …… 355	张任民 …… 334	张怀九 见
张 珩 …… 321	张子良 …… 328	张龙翔 …… 331	张自忠 …… 334	张知本 …… 343
张 恭 …… 321	张子武 见	张东荪 …… 331	张自铭 …… 335	张怀芝 …… 339
张 峻 见	张其锽 …… 341	张申府 …… 331	张向华 见	张怀理 …… 339
张直夫 …… 341	张子奇 …… 328	张仕霖 …… 331	张发奎 …… 332	张沌谷 见
张 继 …… 321	张子柱 …… 328	张仪尊 …… 331	张兆辰 …… 335	张相文 …… 348
张 晦 …… 322	张子高 …… 328	张令彬 …… 331	张庆澄 …… 335	张宏锡 …… 339
张 菊 …… 322	张子缨 见	张尔田 …… 331	张江霖 …… 335	张良弼 …… 339
张 彪 …… 322	张忠绂 …… 343	张立恭 …… 331	张池明 …… 335	张君劢 …… 339
张 鸿 …… 322	张开基 …… 328	张兰臣 …… 331	张守魁 …… 335	张君泽 …… 340
张 渊 …… 322	张开儒 …… 328	张汇滔 …… 331	张如川 …… 335	张君秋 …… 340
张 续 …… 322	张天云 …… 328	张汉生 …… 332	张寿镛 …… 335	张灵甫 …… 340
张 维 见	张天佐 …… 328	张汉光 …… 332	张远亭 …… 335	张纯一 …… 340
张鸿汀 …… 353	张天翼 …… 328	张永正 …… 332	张孝才 …… 335	张纯如 …… 340
张 超 …… 322	张元良 …… 329	张永富 …… 332	张孝若 …… 335	张纯青 …… 340
张 朝 …… 322	张元济 …… 329	张永福 …… 332	张孝骞 …… 335	张纯明 …… 340
张 鲁 …… 322	张云龙 …… 329	张民权 …… 332	张志广 …… 335	张其中 …… 340
张 溉 …… 322	张云逸 …… 329	张民达 …… 332	张志让 …… 335	张其昀 …… 340
张 谦 …… 323	张太雷 …… 329	张发奎 …… 332	张志民 …… 335	张其锽 …… 341
张 瑄 …… 323	张友渔 …… 329	张圣容 …… 332	张志安 …… 335	张英才 …… 341
张 煦 …… 323	张巨忠 …… 329	张邦翰 …… 332	张志智 …… 335	张英华 …… 341
张 詧 …… 323	张少华 …… 329	张百春 …… 332	张克侠 …… 335	张英辉 …… 341
张 群 …… 323	张日清 …… 329	张百祥 …… 332	张克瑶 …… 336	张英麟 …… 341
张 榕 …… 323	张仁初 …… 329	张百熙 …… 332	张丽门 见	张直夫 …… 341
张 熙 …… 323	张公权 见	张百麟 …… 332	张兹闿 …… 350	张雨亭 见
张 璜 …… 323	张嘉璈 …… 358	张达志 …… 333	张来庭 …… 336	张作霖 …… 336
张 震 …… 324	张凤九 …… 329	张成和 …… 333	张秀川 …… 336	张贤约 …… 342
张 镇 …… 324	张凤台 …… 329	张成清 …… 333	张秀龙 …… 336	张贤金 …… 342
张 澜 …… 324	张文艺 …… 330	张列五 见	张秀亚 …… 336	张国华 …… 342
张 謇 …… 324	张文光 …… 330	张培爵 …… 352	张秀全 …… 336	张国忱 …… 342
张 翼 …… 325	张文庆 …… 330	张扬明 …… 333	张秀君 …… 336	张国柱 …… 342
张 藩 …… 325	张文环 …… 330	张师渠 …… 333	张我军 …… 336	张国焘 …… 342
张一清 …… 325	张文炳 …… 330	张光年 …… 333	张我佛 …… 336	张国基 …… 342
张一鹏 …… 325	张文烈 …… 330	张光宇 …… 333	张作相 …… 336	张国淦 …… 342
张一麐 …… 325	张文彬 …… 330	张同伯 见	张作霖 …… 336	张国疆 …… 342
张人杰 见	张文裕 …… 330	张 恭 …… 321	张伯纯 见	张明生 …… 342
张静江 …… 357	张文碧 …… 330	张同普 …… 333	张通典 …… 352	张明炜 …… 342
张九如 …… 325	张为邦 …… 330	张先培 …… 333	张伯英 见	张明诚 见
张三世 …… 325	张心洽 …… 330	张廷发 …… 333	张 钫 …… 321	张金鉴 …… 344

张明烈 …… 342	张荫麟 …… 348	张奚若 …… 351	张惠良 …… 355	张镜影 …… 360
张明德 …… 342	张南生 …… 348	张资平 …… 351	张雯泽 …… 355	张懋隆 …… 360
张忠仁 …… 342	张相文 …… 348	张竞生 …… 351	张鼎丞 …… 355	张翼翔 …… 360
张忠民 …… 343	张树三 …… 348	张浩若 …… 351	张景月 …… 355	张彝鼎 …… 360
张忠绂 …… 343	张树才 …… 348	张海平 …… 351	张景辉 …… 355	张耀明 …… 360
张鸣岐 …… 343	张树芝 …… 348	张海楼 …… 352	张辉瓒 …… 355	陆 平 …… 360
张知本 …… 343	张树声 …… 348	张润苍 …… 352	张鲁德 …… 355	陆 蠡 …… 361
张知竞 …… 343	张树贤 …… 348	张家树 …… 352	张善子 …… 355	陆小曼 …… 361
张季直 见	张洒更 …… 348	张通典 …… 352	张善琨 …… 355	陆久之 …… 361
张 謇 …… 324	张研田 …… 348	张难先 …… 352	张道藩 …… 355	陆玉璋 …… 361
张季鸾 …… 343	张显扬 …… 348	张继高 …… 352	张曾畴 …… 357	陆丕谟 …… 361
张岳军 见	张星舫 见	张骏祥 …… 352	张弼士 见	陆圣泉 见
张 群 …… 323	张 炯 …… 321	张培梅 …… 352	张振勋 …… 350	陆 蠡 …… 361
张金印 …… 344	张星烺 …… 348	张培爵 …… 352	张瑞贵 …… 357	陆亚东 …… 361
张金廷 …… 344	张昭芹 …… 348	张基埠 …… 352	张瑞亭 …… 357	陆匡文 …… 361
张金彩 …… 344	张贵永 …… 348	张菊生 见	张幹之 见	陆光宇 …… 361
张金鉴 …… 344	张思德 …… 349	张元济 …… 329	张 贞 …… 319	陆仲安 …… 361
张采真 …… 344	张勋亭 …… 349	张梦九 …… 352	张煦本 …… 357	陆华元 …… 361
张鱼书 …… 344	张钟端 …… 349	张梦白 …… 352	张照发 …… 357	陆庆颢 …… 361
张炎茂 …… 344	张香谱 …… 349	张雪门 …… 352	张锡銮 …… 357	陆运涛 …… 361
张治中 …… 344	张衍洪 …… 349	张雪中 …… 352	张锡璜 …… 357	陆志韦 …… 361
张学华 …… 345	张彦勋 …… 349	张辅邦 …… 353	张锦绅 …… 357	陆志鸿 …… 362
张学良 …… 345	张闾林 …… 349	张唯圣 …… 353	张锦鸿 …… 357	陆志棠 …… 362
张学思 …… 346	张恨水 …… 349	张啸林 …… 353	张锦湖 …… 357	陆伯鸿 …… 362
张学济 …… 346	张闻天 …… 349	张得成 …… 353	张简斋 …… 357	陆劭荣 见
张学铭 …… 346	张养诚 …… 349	张象山 …… 353	张鹏翼 …… 357	陆宠廷 …… 362
张学龄 …… 346	张兹闿 …… 350	张焕池 …… 353	张溥泉 见	陆昌荣 …… 362
张法乾 …… 346	张洁之 …… 350	张焕纶 …… 353	张 继 …… 321	陆咏黄 …… 362
张泽霖 …… 346	张宣武 …… 350	张清源(1) …… 353	张煜南 …… 357	陆侃如 …… 362
张宝寅 …… 346	张宪良 …… 350	张清源(2) …… 353	张福林 …… 357	陆京士 …… 362
张宗良 …… 346	张祖荫 …… 350	张鸿汀 …… 353	张静江 …… 357	陆宗舆 …… 362
张宗昌 …… 346	张祖荣 …… 350	张鸿南 …… 353	张静庐 …… 358	陆定一 …… 362
张宗绍 …… 347	张莘夫 …… 350	张鸿钧 …… 353	张静愚 …… 358	陆宠廷 …… 362
张宗祥 …… 347	张真如 …… 350	张鸿烈 …… 353	张嘉璈 …… 358	陆建章 …… 362
张宗逊 …… 347	张纯沤 见	张深切 …… 353	张慕仙 …… 359	陆荣廷 …… 362
张定璠 …… 347	张维翰 …… 354	张谐行 …… 353	张慕陶 …… 359	陆钟琦 …… 362
张诚德 …… 347	张桐轩 见	张维亚 …… 353	张竭诚 …… 359	陆俨少 …… 362
张建成 …… 347	张荫梧 …… 348	张维华 …… 353	张肇元 …… 359	陆费逵 …… 362
张驾英 …… 347	张振玉 …… 350	张维屏 …… 354	张蕴珊 …… 359	陆爱唐 …… 363
张承樾 …… 347	张振声 …… 350	张维翰 …… 354	张震东 …… 359	陆润庠 …… 363
张绚伯 …… 347	张振武 …… 350	张维藩 …… 354	张震寰 …… 359	陆维源 …… 363
张绍曾 …… 347	张振勋 …… 350	张琴秋 …… 354	张髯农 …… 359	陆晶清 …… 363
张春礼 …… 347	张振祥 …… 350	张琼华 …… 354	张需芝 …… 359	陆征祥 …… 363
张春桥 …… 347	张振鹭 …… 351	张彭春 …… 354	张镇芳 …… 359	陆费伯鸿 见
张春霆 …… 347	张晓峰 见	张森楷 …… 354	张德良 …… 359	陆费逵 …… 362
张荣茂 …… 347	张其昀 …… 340	张敬尧 …… 354	张德能 …… 359	阿 英 …… 363
张荣晋 …… 347	张恩溥 …… 351	张敬塘 …… 354	张鹤峰 见	阿 炳 …… 363
张荣田 …… 347	张铁君 …… 351	张植平 见	张培梅 …… 352	阿沛·阿旺晋美
张荭忱 见	张积慧 …… 351	张泽霖 …… 346	张履寿 …… 359	…… 363
张自忠 …… 334	张爱玲 …… 351	张惠长 …… 354	张履勋 …… 359	陈 干 …… 363
张荫梧 …… 348	张爱萍 …… 351	张惠民 …… 355	张默君 …… 359	陈 才 …… 364

陈 云	364	陈 德	368	陈公亮	372	陈协之	376	陈伯南 见	
陈 介	364	陈 毅(1)	368	陈公博	372	陈百年 见		陈济棠	388
陈 方 见		陈 毅(2)	368	陈月村	372	陈大齐	369	陈伯钧	379
陈芷町	378	陈 融 见		陈丹初	372	陈达元	376	陈伯陶	379
陈 龙	364	陈协之	376	陈丹诚	372	陈成功	376	陈伯康	379
陈 仪	364	陈 潮	368	陈凤庭	372	陈尧祖	376	陈伯稼 见	
陈 达	364	陈 燮	368	陈六使	372	陈此生	376	陈天锡	371
陈 光	364	陈二庵 见		陈文友	372	陈师曾 见		陈希曾	379
陈 芬	364	陈 宦	366	陈文图	372	陈衡恪	396	陈含光	379
陈 时	364	陈力雄	368	陈文彬	373	陈存仁	376	陈应龙 见	
陈 怀	364	陈三才	369	陈文惠	373	陈光中	376	陈 龙	364
陈 良	364	陈三立	369	陈文褒	373	陈光甫	376	陈序经	380
陈 劲	364	陈士文	369	陈文翰	373	陈屺怀	377	陈怀民	380
陈 武	364	陈士伯	369	陈以义	373	陈先沅	377	陈宏生	380
陈 范	364	陈士法	369	陈以忠	373	陈先瑞	377	陈宏亮	380
陈 直	364	陈士榘	369	陈以情	373	陈乔年	377	陈启川	380
陈 诚	364	陈大庆	369	陈孔达	373	陈乔生	377	陈启天	380
陈 春	366	陈大齐	369	陈孔伯	373	陈延年	377	陈劭先	380
陈 垣	366	陈大复	370	陈水逢	373	陈仲经	377	陈武鸣 见	
陈 荆	366	陈大悲	370	陈去病	373	陈仲辉	377	陈继承	390
陈 挺	366	陈广沅	370	陈甘亨	373	陈华堂	377	陈君葆	380
陈 衍	366	陈之迈	370	陈正湘	373	陈名侃	377	陈纯廉	380
陈 洵	366	陈之佛	370	陈世藩	373	陈兆端	377	陈其业	380
陈 烈	366	陈义顺 见		陈世骧	373	陈企霞	377	陈其采	380
陈 桢	366	陈哲生	389	陈可玨	373	陈旭麓	377	陈其美	380
陈 铁	366	陈小蝶	370	陈可钧(1)	373	陈亦门	377	陈其通	381
陈 宧	366	陈子立	370	陈可钧(2)	373	陈庆云	377	陈其斌	381
陈 琏	367	陈子和	370	陈石遗 见		陈庆瑜	377	陈其瑗	381
陈 铨	367	陈子昭	370	陈 衍	366	陈齐贤	378	陈昔凡	382
陈 铭	367	陈子展	370	陈布雷	373	陈宇书	378	陈茂辉	382
陈 康	367	陈子镛	370	陈白尘	374	陈安宝	378	陈茂榜	382
陈 章	367	陈开钊	370	陈外欧	374	陈纪滢	378	陈英士 见	
陈 渊 见		陈天华	370	陈立夫	375	陈寿民	378	陈其美	380
陈伯平	379	陈天池	371	陈立峰	375	陈孝威	378	陈英竞	382
陈 绵	367	陈天听	371	陈兰生	375	陈芷町	378	陈述经	382
陈 瑛 见		陈天鸥	371	陈半丁	375	陈芦荻	378	陈奇涵	382
沉 樱	313	陈天锡	371	陈汉平(1)	375	陈坊仁	378	陈非侬	382
陈 森	367	陈天煊	371	陈汉平(2)	375	陈克恢	378	陈叔通	382
陈 雄	367	陈云龙	371	陈汉章	375	陈更新	378	陈尚文	382
陈 鼎	367	陈元鉴	371	陈汉清	375	陈励耘	379	陈果夫	382
陈 策	367	陈友仁	371	陈训正 见		陈抗日	379	陈国才	383
陈 赓	367	陈巨来	371	陈屺怀	377	陈步堃	379	陈国础	383
陈 源	367	陈少白	371	陈礼江	375	陈时英	379	陈昌奉	383
陈 滔	368	陈中坚	371	陈训念	375	陈时杰	379	陈昌祖	383
陈 福	368	陈中凡	372	陈训增	375	陈秀英	379	陈明义	383
陈 群	368	陈长乐	372	陈永贵	375	陈作新	379	陈明仁	383
陈 模	368	陈长捷	372	陈发炎	376	陈作霖	379	陈明侯 见	
陈 槃	368	陈仁炳	372	陈发洪	376	陈伯平	379	陈 干	363
陈 漳	368	陈仁麒	372	陈再道	376	陈伯达	379	陈固亭	383
陈 磊	368	陈介生	372	陈西滢 见		陈伯庄	379	陈忠梅	383
陈 箓	368	陈公甫	372	陈 源	367	陈伯吹	379	陈季良	384

陈季博	384	陈素农	389	陈敬如	392	陈精文	395	幸华铁	399
陈佳洱	384	陈耿夫	389	陈敬贤	392	陈梓芬	395	苦瓜散人	见
陈质平	384	陈桂清	389	陈敬岳	392	陈肇英	395	钱歌川	519
陈金元	384	陈顾远	389	陈雄夫	见	陈肇基	395	苗丕一	399
陈金城	384	陈振夫	389	陈肇英	395	陈瑾昆	395	苗世平	399
陈金钰	384	陈振新	389	陈援庵	见	陈蝶仙	395	苗可秀	399
陈泮岭	384	陈哲三	389	陈 垣	366	陈德俊	395	苗启平	399
陈波儿	384	陈哲生	389	陈紫枫	392	陈德谋	395	苗得雨	399
陈学良	384	陈桂昌	389	陈鼎元	393	陈德馨	395	英 华	见
陈学昭	384	陈致平	389	陈鼎勋	393	陈遵妫	396	英敛之	400
陈宝泉	384	陈晓峰	390	陈景华	393	陈鹤桥	396	英千里	399
陈宝琛	384	陈恩元	390	陈景浩	393	陈鹤琴	396	英倚泉	399
陈宝璐	384	陈铁伍	390	陈景润	393	陈翰珍	396	英敛之	400
陈宝麟	384	陈逢源	390	陈锐霆	393	陈醒支	396	范 金	400
陈宗一	385	陈竞存	见	陈舜耕	393	陈衡恪	396	范 模	400
陈宗进	385	陈炯明	388	陈舜德	393	陈衡哲	396	范 燮	400
陈宗妫	385	陈悔叟	390	陈翔鹤	393	陈凝秋	396	范天恩	400
陈宗莹	385	陈兼善	390	陈湛铨	393	陈廲祺	397	范长江	400
陈宗熙	385	陈海澄	390	陈谦贞	393	陈辩感	397	范文澜	400
陈宜贵	385	陈润霖	390	陈登科	393	陈璧君	397	范汉杰	400
陈宜禧	385	陈涌波	390	陈登恪	393	陈骥彤	397	范光启	400
陈绍贤	385	陈家康	390	陈瑞林	见	陈耀祖	397	范当世	400
陈绍昆	385	陈家鼎	390	陈悔叟	390	陈夔龙	397	范传甲	400
陈绍宽	385	陈调元	390	陈勤士	见	邵 光	397	范阳春	401
陈绍笙	385	陈通伯	见	陈其业	380	邵力子	397	范旭东	401
陈绍馨	385	陈 源	367	陈楚楠	393	邵元冲	397	范运焜	401
陈荒煤	385	陈陶遗	390	陈辑五	394	邵月好	397	范其务	401
陈荣衮	385	陈能信	390	陈锡珖	394	邵式平	397	范奇浚	401
陈荣捷	385	陈继承	390	陈锡恩	394	邵百昌	397	范肯堂	见
陈茹玄	385	陈继德	390	陈锡联	394	邵贯虹	397	范当世	400
陈树人	385	陈彬和	391	陈锦涛(1)	394	邵荃麟	397	范国辉	401
陈厚封	386	陈梦坡	见	陈锦涛(2)	394	邵洵美	398	范绍增	401
陈残云	386	陈 范	364	陈舆荣	394	邵冠华	398	范爱农	401
陈省身	386	陈梦家	391	陈舆燊	394	邵虚白	398	范朝利	401
陈映真	386	陈雪屏	391	陈辞修	见	邵瑞彭	398	范筑先	401
陈昭汉	386	陈辅臣	391	陈 诚	364	邵毓麟	398	范锦员	401
陈钦仁	386	陈铭枢	391	陈新政	见	邵飘萍	398	范源濂	401
陈香梅	386	陈铭德	391	陈文图	372	邵翼如	见	范静生	见
陈重光	386	陈逸云	391	陈廉伯	394	邵元冲	397	范源濂	401
陈重威	386	陈望道	391	陈慎言	394	邵麟勋	398	范鹤言	401
陈笃周	386	陈清义	391	陈福祥	394			茅 盾	401
陈独秀	386	陈清文	391	陈静波	394	**八 画**		茅以升	402
陈美藻	387	陈清畴	391	陈静涛	394	〔一〕		茅延桢	402
陈炳焜	387	陈鸿逵	391	陈嘉庚	394			林 山	402
陈炯明	388	陈寅恪	391	陈嘉祐	394	武士敏	399	林 文	402
陈洁如	388	陈博生	392	陈嘉骧	395	武汉卿	399	林 尹	402
陈济棠	388	陈斯恺	392	陈慕贞	395	武经筠	399	林 平	402
陈宪法	389	陈联腾	392	陈蔼士	见	武泉远	399	林 圭	402
陈冠灵	见	陈散原	见	陈其采	380	武冠雄	399	林 灯	402
陈宝麟	384	陈三立	369	陈霆锐	395	武新宇	399	林 佐	402
陈祖康	389	陈敬之	392	陈毓祥	395	幸元林	399	林 纾	402

林 英 …… 403	林自西 …… 407	林逸民 …… 411	欧阳毅 …… 416	罗 淑 …… 419
林 苑 …… 403	林守盘 …… 407	林逸圣 …… 412	欧阳爵 …… 416	罗 联 …… 419
林 林 …… 403	林如稷 …… 407	林蓹庄 …… 412	欧阳予倩 …… 416	罗 敬 …… 419
林 虎 …… 403	林寿椿 …… 407	林淮琛 …… 412	欧阳持平 …… 416	罗 鼎 …… 419
林 庚 …… 403	林芳年 …… 407	林谋盛 …… 412	欧阳竟无 …… 416	罗 裕 …… 419
林 政 …… 403	林克多 …… 408	林维先 …… 412	欧雨新 …… 416	罗 楚 …… 419
林 挺 …… 403	林肖庄 …… 408	林琴南 见	欧叔礼 …… 416	罗 群 …… 420
林 损 …… 403	林呈禄 …… 408	林 纾 …… 402	欧致富 …… 416	罗 鑫 …… 420
林 彪 …… 403	林秀军 …… 408	林喜尊 …… 412	欧槃甲 …… 416	罗一安 …… 420
林 琦 …… 404	林伯渠 …… 408	林斯琛 …… 412		罗乃琳 …… 420
林 森 …… 404	林伯铸 …… 408	林散之 …… 412	〔丨〕	罗大佺 …… 420
林 翔 …… 404	林佛性 …… 408	林葆怿 …… 412	卓三姑 见	罗子云 …… 420
林 叠 …… 405	林直勉 …… 408	林朝荣 …… 412	卓国华 …… 416	罗元发 …… 420
林 熙 …… 405	林述庆 …… 408	林景伊 见	卓还来 …… 416	罗元伟 …… 420
林 蔚 …… 405	林顶立 …… 408	林 尹 …… 402	卓国华 …… 416	罗云平 …… 420
林 豪 …… 405	林卓夫 …… 408	林惠祥 …… 412	卓秋元 …… 417	罗友伦 …… 420
林 震 …… 405	林国英 …… 408	林道乾 …… 412	尚 钺 …… 417	罗文幹 …… 420
林 遵 …… 405	林忠照 …… 408	林渭访 …… 412	尚小云 …… 417	罗文漠 …… 420
林一士 …… 405	林征祁 …… 408	林献堂 …… 412	尚和玉 …… 417	罗心冰 见
林一民 …… 405	林庚白 …… 408	林锡钧 …… 413	尚振声 …… 417	罗尔瞻 …… 420
林义顺 …… 405	林宗孟 见	林德扬 …… 413	尚性初 …… 417	罗正钧 …… 420
林之江 …… 405	林长民 …… 406	林默涵 …… 413	明 灿 …… 417	罗世勋 …… 420
林子超 见	林贯道 …… 409	林衡道 …… 413	易 文 …… 417	罗尔纲 …… 420
林 森 …… 404	林建同 …… 409	林徽因 …… 413	易 宣 …… 417	罗尔瞻 …… 420
林丰炳 …… 405	林绍年 …… 409	林翼中 …… 413	易 瑜 …… 417	罗永年 …… 420
林天茂 …… 405	林绍楠 …… 409	林攀龙 …… 413	易 简 …… 417	罗吉眉 …… 420
林天祐 …… 405	林南金 …… 409	林灌园 见	易 瑾 …… 417	罗百庸 见
林云龙 …… 405	林相侯 …… 409	林献堂 …… 412	易大厂 …… 417	罗群英 …… 425
林云陔 …… 405	林柏森 …… 409	杭立武 …… 413	易白沙 …… 417	罗扬鞭 …… 421
林支宇 …… 406	林树艺 …… 409	杭辛斋 …… 413	易安华 …… 417	罗芝轩 …… 421
林少甫 …… 406	林畏庐 见	郁 华 …… 413	易君左 …… 417	罗师杨 …… 421
林长民 …… 406	林 纾 …… 402	郁 浩 …… 413	易明道 …… 418	罗竹风 …… 421
林公铎 见	林秋梧 …… 409	郁仁治 …… 413	易宗羲 …… 418	罗仲霍 …… 421
林 损 …… 403	林修梅 …… 409	郁达夫 …… 414	易实甫 见	罗守经 见
林风眠 …… 406	林炳章 …… 409	郁昌经 …… 415	易顺鼎 …… 418	罗 经 …… 419
林文庆 …… 406	林洋港 …… 409	郁敦惠 …… 415	易秋潭 …… 418	罗华生 …… 421
林文英 …… 406	林觉民 …… 409	欧 铸 …… 415	易顺鼎 …… 418	罗旭龢 …… 421
林尹民 …… 406	林冠慈 …… 409	欧 震 …… 415	易培基 …… 418	罗贡华 …… 421
林孔唐 …… 406	林语堂 …… 410	欧阳山 …… 415	易耀彩 …… 418	罗志希 见
林玉山 …… 406	林祖密 …… 411	欧阳文 …… 415	罗 干 …… 418	罗家伦 …… 423
林巧稚 …… 406	林珠浦 …… 411	欧阳平 …… 415	罗 机 …… 418	罗志渊 …… 421
林可胜 …… 406	林桂圃 …… 411	欧阳明 …… 415	罗 列 …… 418	罗时实 …… 421
林本元 …… 407	林宰平 …… 411	欧阳驹 …… 415	罗 光 …… 419	罗应怀 …… 421
林北丽 …… 407	林砺儒 …… 411	欧阳勋 …… 415	罗 刚 …… 419	罗良骏 …… 421
林业明 …… 407	林振成 …… 411	欧阳俊 …… 415	罗 进 …… 419	罗良鉴 …… 421
林白水 …… 407	林致平 …… 411	欧阳渐 见	罗 杰 …… 419	罗启疆 …… 421
林永伦 …… 407	林修明 …… 411	欧阳竟无 …… 416	罗 坤 …… 419	罗君强 …… 421
林永梁 …… 407	林资修 见	欧阳琳 …… 415	罗 奇 …… 419	罗英伯 …… 421
林幼春 …… 407	林幼春 …… 407	欧阳煜 …… 415	罗 经 …… 419	罗叔章 …… 421
林西惠 …… 407	林海音 …… 411	欧阳豪 …… 416	罗 荣 …… 419	罗卓英 …… 422
林则彬 …… 407	林继庸 …… 411	欧阳醇 …… 416	罗 庸 …… 419	罗坤山 …… 422

罗侃亭	422	包天笑	129	金素琴	428	周书楷	431	周国琛	434
罗泽闿	422	季 方	426	金润棠	428	周玉山 见		周昌芸	434
罗宗洛	422	季 怡	426	金维系	428	周 馥	430	周佩箴	434
罗定川	422	季雨霖	426	金葆宜	429	周玉冠	431	周炜良	434
罗春驭	422	季羡林	426	金雄白	429	周世平	431	周学本	434
罗荣桓	422	季源溥	426	金湘帆 见		周世辅	431	周学昌	434
罗南英	422	竺可桢	426	金曾澄	429	周用行	431	周学章	434
罗树苍	422	竺鸣涛	426	金曾澄	429	周尔璧	431	周学熙	435
罗昱华	422	竺绍康	426	金勤伯	429	周立波	431	周宗莲	435
罗峙云 见		竺培风	426	金满成	429	周发田	431	周定鼎	435
罗 杰	419	竺培英	426	金德洋	429	周幼海	431	周实丹 见	
罗贵波	422	秉 志	426	周 文	429	周邦道	431	周 实	429
罗香林	422	岳日骞	426	周 达	429	周西成	431	周建人	435
罗首庶	422	岳文标	426	周 扬	429	周百炼	431	周树人 见	
罗炳辉	422	岳佐坤	426	周 华	429	周而复	432	鲁 迅	639
罗济南	423	岳维峻	427	周 岐	429	周至柔	432	周贯五	435
罗振玉	423	征 军	427	周 杰	429	周光彝	432	周荫人	435
罗根泽	423	金 山	427	周 实	429	周伟龙	432	周树声	435
罗辀重	423	金 军	427	周 复	429	周传炳	432	周厚枢	435
罗浩忠	423	金 城	427	周 桢	429	周自齐	432	周厚复	435
罗家伦	423	金 晔	427	周 彪	429	周全平	432	周贻白	435
罗恕人	424	金 梁	427	周 崧	429	周兆棠	432	周钟岳	435
罗盛志	424	金 雯	427	周 硕	429	周庆云	432	周保中	435
罗雪堂 见		金 焰	427	周 暠	430	周寿臣 见		周信华	435
罗振玉	423	金天翮	427	周 璇	430	周长龄	431	周信芳	436
罗常培	424	金少山	427	周 增	430	周寿昌	432	周美玉	436
罗章龙	424	金世鼎	427	周 镇	430	周赤萍	432	周兹绪	436
罗惇㬊	424	金仲华	427	周 霍	430	周孝庵	432	周炼霞	436
罗惇曧	424	金华衮	427	周 澜	430	周志先	432	周浑元	436
罗鸿恩	424	金兆梓	427	周 馥	430	周志坚	432	周祖晃	436
罗隆基	424	金问泗	427	周 鑫	430	周志道	432	周恭寿	436
罗绳彦	424	金汝柏	428	周士第	430	周扶九	432	周恩来	436
罗维道	424	金阳镐	428	周大烈	430	周佐尧	432	周浩然	437
罗遇坤	424	金纯孺 见		周小舟	430	周作人	433	周祥骏	437
罗黑芷	424	金问泗	427	周开庆	430	周伯良	433	周梦坡 见	
罗舜初	425	金芳蓉	428	周开泰	430	周佛海	433	周庆云	432
罗敦伟	425	金里仁	428	周木斋	430	周希汉	433	周骏彦	437
罗湘琳	425	金佛庄	428	周太玄	430	周谷城	434	周晞颜	437
罗瑞卿	425	金松岑 见		周止庵 见		周应时	434	周培源	437
罗福苌 见		金天翮	427	周学熙	435	周辛铄	434	周崇淑	437
罗 楚	419	金国栋	428	周少宾	430	周诒春	434	周象贤	437
罗福星	425	金国治	428	周日宣 见		周纬黄	434	周寄梅 见	
罗群英	425	金岳霖	428	周淡游	437	周纯全	434	周诒春	434
罗毓雄	426	金宝善	428	周长宁	430	周纶阁 见		周逸群	437
罗霞夫	426	金绍先	428	周长胜	431	周鸿经	437	周鸿经	437
罗膺中 见		金绍城	428	周长龄	431	周奉璋 见		周鸿勋	437
罗 庸	419	金树仁	428	周仁杰	431	周 暠	430	周淡游	437
罗翼群	426	金拱北 见		周文江	431	周贤言	434	周隆礼	437
		金绍城	428	周文辅	431	周贤颂	434	周隆庠	437
〔丿〕		金禹民	428	周文富	431	周国治	434	周维城	438
钏影楼主人 见		金祖年	428	周予同	431	周国祥	434	周维桢	438

周越然 ………… 438	郑　道 ………… 440	郑玺瑸 ………… 444	屈映光 ………… 448	赵无极 ………… 452
周朝宗 ………… 438	郑　谦 ………… 440	郑通和 ………… 444	屈翼鹏　见	赵少昂 ………… 452
周惠龢 ………… 438	郑　骞 ………… 440	郑继成 ………… 445	屈万里 ………… 448	赵中鹄 ………… 452
周景涛 ………… 438	郑三生 ………… 441	郑培明 ………… 445	孟　浩 ………… 448	赵毛臣 ………… 452
周惺庵　见	郑士良 ………… 441	郑曼青 ………… 445	孟　森 ………… 448	赵仁虎 ………… 452
周钟岳 ………… 435	郑子彬 ………… 441	郑唯心 ………… 445	孟　超 ………… 449	赵凤昌 ………… 452
周善培 ………… 438	郑子瑜 ………… 441	郑逸梅 ………… 445	孟小冬 ………… 449	赵文进 ………… 452
周道万 ………… 438	郑天挺 ………… 441	郑维山 ………… 445	孟广厚 ………… 449	赵文庆 ………… 453
周瑞麟 ………… 438	郑天锡 ………… 441	郑超麟 ………… 445	孟心史　见	赵文灿 ………… 453
周献臣 ………… 438	郑少东 ………… 441	郑惠明 ………… 445	孟　森 ………… 448	赵心田 ………… 453
周献廷　见	郑少愚 ………… 441	郑智勇　见	孟汉霖 ………… 449	赵尺子 ………… 453
周国治 ………… 434	郑长华 ………… 441	郑　丰 ………… 440	孟发成 ………… 449	赵允治 ………… 453
周榆瑞 ………… 438	郑介民 ………… 441	郑弼臣　见	孟庆第 ………… 449	赵玉璋 ………… 453
周蜀云 ………… 438	郑文焯 ………… 442	郑士良 ………… 441	孟步云 ………… 449	赵正文 ………… 453
周锦朝 ………… 438	郑文蕃 ………… 442	郑瑞麟 ………… 445	孟佐夫 ………… 449	赵正平 ………… 453
周靖波 ………… 438	郑为元 ………… 442	郑颖孙 ………… 445	孟宗辉 ………… 449	赵世光 ………… 453
周雍能 ………… 438	郑正秋 ………… 442	郑毓秀 ………… 445	经亨颐 ………… 449	赵世炎 ………… 453
周福成 ………… 439	郑玉成 ………… 442	郑震宇 ………… 445		赵世洵 ………… 453
周静吾 ………… 439	郑用之 ………… 442	郑毅庵 ………… 445	**九　画**	赵本山 ………… 453
周蔚生 ………… 439	郑汉清 ………… 442	郑鹤声 ………… 446	〔一〕	赵石农 ………… 453
周毓英 ………… 439	郑在邦 ………… 442	郑赞承 ………… 446	封季壬　见	赵龙文 ………… 453
周瘦鹃 ………… 439	郑在常 ………… 442	郑螺生 ………… 446	凤　子 ………… 96	赵平复　见
周肇祥 ………… 439	郑有忠 ………… 442	单洪培 ………… 446	封永顺 ………… 450	柔　石 ………… 496
周镇中 ………… 439	郑贞文 ………… 442	单喆渊 ………… 446	项　英 ………… 450	赵东书 ………… 453
周毅军 ………… 439	郑先声 ………… 442	单锦云 ………… 446	项士元 ………… 450	赵占魁 ………… 453
周鹤鸣 ………… 439	郑行果 ………… 442	单鹏彦 ………… 446	项方强 ………… 450	赵尔丰 ………… 453
周鲸文 ………… 439	郑亦同 ………… 442	性愿法师 ……… 446	项传远 ………… 450	赵尔巽 ………… 453
周辨明 ………… 439	郑观应 ………… 442	法舫法师 ……… 446	项致庄 ………… 450	赵西山 ………… 453
周璧阶 ………… 439	郑孝胥 ………… 442	冼玉清 ………… 446	赵　丹 ………… 450	赵达源 ………… 453
周麟昆 ………… 439	郑志士 ………… 442	冼宝干 ………… 446	赵　讷 ………… 450	赵夷午　见
	郑志声 ………… 443	冼星海 ………… 446	赵　声 ………… 450	赵恒惕 ………… 456
〔丶〕	郑志春 ………… 443	冼恒汉 ………… 446	赵　芬 ………… 450	赵尧生　见
庞　雄 ………… 439	郑芳荪　见	宗白华 ………… 446	赵　杰 ………… 450	赵　熙 ………… 451
庞汉祯 ………… 439	郑赞承 ………… 446	宗孝忱 ………… 446	赵　侗 ………… 450	赵兴元 ………… 453
庞希德 ………… 440	郑佐衡 ………… 443	宗舜年 ………… 446	赵　俊 ………… 450	赵守钰 ………… 454
庞炳勋 ………… 440	郑作民 ………… 443	官文森 ………… 446	赵　恭 ………… 451	赵如珂 ………… 454
庞晶如 ………… 440	郑伯奇 ………… 443	官峻亭 ………… 446	赵　雪 ………… 451	赵观涛 ………… 454
郑　丰 ………… 440	郑坤廉 ………… 443	官惠民 ………… 446	赵　琛 ………… 451	赵寿山 ………… 454
郑　平 ………… 440	郑国材 ………… 443		赵　熙 ………… 451	赵寿安 ………… 454
郑　发 ………… 440	郑学稼 ………… 443	〔乛〕	赵　镕 ………… 451	赵抢元 ………… 454
郑　权 ………… 440	郑荃荪 ………… 443	郎静山 ………… 447	赵　缭 ………… 451	赵志垚 ………… 454
郑　异　见	郑挺锋 ………… 443	居　正 ………… 447	赵　魏 ………… 451	赵志华 ………… 454
郑亦同 ………… 442	郑品聪 ………… 443	居励今 ………… 447	赵　膺 ………… 451	赵志忠 ………… 454
郑　坤 ………… 440	郑修元 ………… 443	居伯强 ………… 448	赵又新 ………… 451	赵丽莲 ………… 454
郑　贤 ………… 440	郑保兹 ………… 443	居觉生　见	赵大光 ………… 451	赵连元 ………… 454
郑　果 ………… 440	郑彦棻 ………… 443	居　正 ………… 447	赵万里 ………… 451	赵连芳 ………… 454
郑　国 ………… 440	郑振文 ………… 444	居载春 ………… 448	赵广心 ………… 451	赵伯先　见
郑　波 ………… 440	郑振铎 ………… 444	居浩然 ………… 448	赵子立 ………… 451	赵　声 ………… 450
郑　起 ………… 440	郑桐荪 ………… 444	屈　武 ………… 448	赵天清 ………… 451	赵伯阶 ………… 454
郑　亮 ………… 440	郑恩普 ………… 444	屈万里 ………… 448	赵元任 ………… 451	赵应秦 ………… 454
郑　烈 ………… 440	郑健生 ………… 444	屈凤梧 ………… 448		赵灿垣 ………… 454

赵宏甫	454	赵景深	458	胡 庸	467	胡克敏	472	胡家祺	475
赵启霖	454	赵锄非	458	胡 绳	467	胡秀松 见		胡继成	476
赵君迈	455	赵曾珏	458	胡 瑛	467	胡家凤	475	胡展堂 见
赵君豪	455	赵滋蕃	458	胡 森	467	胡伯玉 见		胡汉民	469
赵松泉	455	赵颍光	458	胡 蛟	467	胡 琏	467	胡鄂公	476
赵叔愚	455	赵登禹	458	胡 谦	467	胡伯翰	472	胡康民	476
赵国贤	455	赵蓝田	458	胡 蝶	467	胡应文	472	胡商岩	476
赵昌燮	455	赵锡九	458	胡 毅 见		胡应昇	472	胡寄尘	476
赵秉钧	455	赵锡田	458	胡毅生	477	胡怀琛 见		胡惟德	476
赵金漳	455	赵锦龙	458	胡山源	467	胡寄尘	476	胡绩伟	476
赵炎午 见		赵鹏飞	458	胡义宾	468	胡良辅	472	胡维藩	476
赵恒惕	456	赵旒麟	458	胡也频	468	胡灵雨	472	胡博渊	476
赵宝桐	455	赵聚钰	459	胡子良	468	胡杰民	472	胡敬端	476
赵宗濂	455	赵毓政	459	胡子昂	468	胡雨人	472	胡厥文	476
赵孟完 见		赵德全	459	胡子萍	468	胡奇才	472	胡景翼	476
赵聚钰	459	赵德安	459	胡子靖 见		胡雨岚 见		胡敦复	476
赵荣忠	455	赵鹤亭	459	胡元倓	468	胡 峻	467	胡献群	476
赵树理	455	赵燕翼	459	胡天秋	468	胡国伟	472	胡韫玉 见
赵酒传	456	赵戴文	459	胡元倓	468	胡明远	472	胡朴安	471
赵复兴	456	赵灊园 见		胡云翼	468	胡明复	472	胡愈之	477
赵保原	456	赵启霖	454	胡木兰	468	胡季藻	472	胡毓坤	477
赵信亭	456	赵耀东	459	胡长青	468	胡秉柯	473	胡鞍钢	477
赵炳伦	456	郝亚雄	459	胡仁源	468	胡侗清	473	胡德明	477
赵恒惕	456	郝庆麟	459	胡今虚	468	胡受谦	473	胡毅生	477
赵觉民	456	郝寿臣	459	胡月村	469	胡宗南	473	胡耀邦	477
赵冠英	456	郝更生	459	胡文臣	469	胡宗铎	474	荫 昌	477
赵晋卿	456	郝忠云	460	胡文虎	469	胡定安	474	茹富蕙	477
赵振洲	456	郝采莲	460	胡文豹	469	胡定伯 见		南 萍	477
赵桂森	456	郝培芸	460	胡允恭	469	胡应文	472	南风薰	477
赵铁桥	456	郝梦龄	460	胡玉珍	469	胡绍轩	474	南汉宸	477
赵铁寒	456	郝盛旺	460	胡玉缙	469	胡经甫	474	南兆丰 见
赵效沂	456	郝瑞桓	460	胡世泽	469	胡经武	474	南雪亭	477
赵家璧	457	郝鹏举	460	胡世勋	469	胡春冰	474	南雪亭	477
赵家骧	457	郝履成	460	胡世桢	469	胡政之	474	柯 灵	477
赵继可	457	草 明	460	胡兰成	469	胡耐安	474	柯汉资	477
赵萝蕤	457	荀慧生	460	胡汉民	469	胡思敬	474	柯仲平	477
赵梅伯	457	荣 庆	460	胡汉昌	470	胡品清	474	柯远芬	478
赵雪峰	457	荣 寿	460	胡礼垣	470	胡适之 见		柯劭忞	478
赵崇正	457	荣光兴	460	胡朴安	471	胡 适	461	柯蓼园 见
赵敏恒	457	荣宗敬	460	胡光麃	471	胡秋原	474	柯劭忞	478
赵章成	457	荣德生	460	胡先骕	471	胡修道	475	查云彪	478
赵清阁	457	荣耀先	460	胡廷翼	471	胡炳云	475	查玉升	478
赵惜梦	457	胡 风	460	胡乔木	471	胡亮天	475	查光佛	478
赵琴堂 见		胡 可	461	胡伟克	471	胡祖玉	475	查良钊	478
赵伯阶	454	胡 奇	461	胡传厚	471	胡荸农	475	查良鉴	478
赵超常	457	胡 适	461	胡旭光	471	胡晋接	475	查显琳	478
赵植芝	457	胡 炜	466	胡庆育	471	胡晓岑	475	查勉仲 见
赵棣华	457	胡 洛	466	胡齐勋	472	胡健中	475	查良钊	478
赵紫阳	458	胡 素	467	胡远浚	472	胡竞先	475	柏 杨	478
赵紫宸	458	胡 峻	467	胡均鹤	472	胡家凤	475	柏 堃	478
赵景龙	458	胡 琏	467	胡志伊	472	胡家骅	475	柏文蔚	479

柏惠民 …… 479	钟明光 …… 482	侯鸿铗 …… 486	施剑翘 …… 490	宣侠父 …… 494
柳 青 …… 479	钟明志 …… 482	侯喜瑞 …… 486	施觉民 …… 490	宣铁吾 …… 494
柳 湜 …… 479	钟鸣世 …… 482	侯德榜 …… 486	施蛰存 …… 490	祝秀侠 …… 494
柳人环 …… 479	钟荣光 …… 482	律鸿起 …… 486	施鼎莹 …… 490	祝绍周 …… 494
柳大纲 …… 479	钟宪鬯 见	俞 珊 见	施肇基 …… 490	祝绍南 …… 494
柳大颂 …… 479	钟观光 …… 481	俞子章 …… 487	施襄能 …… 490	
柳开先 …… 479	钟理和 …… 482	俞大纲 …… 487	闻 捷 …… 490	〔¬〕
柳元麟 …… 479	钟期光 …… 482	俞大绂 …… 487	闻一多 …… 490	贺 中 …… 494
柳无忌 …… 479	钟敬文 …… 482	俞大维 …… 487	闻兰亭 …… 491	贺 龙 …… 494
柳亚子 …… 479	钟鼎文 …… 482	俞飞鹏 …… 487	闻国新 …… 491	贺 英 …… 494
柳安昌 …… 480	钟筱筠 …… 483	俞子章 …… 487	姜 贵 …… 491	贺元靖 见
柳克述 …… 480	钟德馨 …… 483	俞正声 …… 487	姜 琦 …… 491	贺国光 …… 495
柳诒徵 …… 480	钟麟同 …… 483	俞平伯 …… 487	姜文培 …… 491	贺 诚 …… 494
柳际明 …… 480	钮永建 …… 483	俞同奎 …… 487	姜丕烈 …… 491	贺 麟 …… 494
柳哲生 …… 480	钮先铭 …… 483	俞阶云 …… 487	姜立夫 …… 491	贺子珍 …… 494
柳森严 …… 480	钮惕生 见	俞叔平 …… 487	姜伯彰 …… 492	贺公侠 …… 494
柳潜植 见	钮永建 …… 483	俞国华 …… 488	姜启夏 …… 492	贺庆积 …… 495
柳藩国 …… 480	郜子举 …… 483	俞秋华 …… 488	姜证禅 …… 492	贺扬灵 …… 495
柳翼谋 见	香士心 …… 483	俞作柏 …… 488	姜国珉 …… 492	贺其燊 …… 495
柳诒徵 …… 480	香翰屏 …… 483	俞剑华 …… 488	姜绍谟 …… 492	贺国光 …… 495
柳藩国 …… 480	秋 瑾 …… 483	俞济时 …… 488	姜树玖 …… 492	贺昌群 …… 495
	秋灿之 …… 484	俞振飞 …… 488	姜亮夫 …… 492	贺炳煌 …… 495
〔丨〕	段 雄 …… 484	俞鸿钧 …… 488	姜桂题 …… 492	贺晋年 …… 495
冒广生 见	段书贻 见	俞寰澄 …… 488	姜超岳 …… 492	贺衷寒 …… 495
冒鹤亭 …… 480	段锡朋 …… 485	郗恩绥 …… 488	姜登选 …… 492	贺绿汀 …… 495
冒舒湮 …… 480	段芝贵 …… 484	逢化文 …… 488	姜椿芳 …… 492	贺敬之 …… 495
冒鹤亭 …… 480	段希文 …… 484	饶子键 …… 489	娄学政 …… 492	贺粹之 …… 495
蚁光炎 …… 481	段承泽 …… 484	饶正锡 …… 489	洪 中 …… 492	贺德霖 …… 495
思 果 …… 481	段武浚 …… 484	饶世忠 …… 489	洪 业 …… 492	贺耀祖 …… 495
	段茂澜 …… 484	饶汉祥 …… 489	洪 深 …… 492	柔 石 …… 496
〔丿〕	段承泽 见	饶芝祥 …… 489	洪 缋 见	骆成骧 …… 496
钟 动 …… 481	段绳武 …… 485	饶守坤 …… 489	洪弃生 …… 493	骆健郎 …… 496
钟 伟 …… 481	段辅尧 …… 485	饶国华 …… 489	洪为法 …… 492	骆宾基 …… 496
钟 松 …… 481	段绳武 …… 485	饶国梁 …… 489	洪世宝 …… 492	骈锦芳 …… 496
钟 奇 …… 481	段祺瑞 …… 485	饶孟侃 …… 489	洪业润 …… 493	费 巩 …… 496
钟 洪 …… 481	段锡朋 …… 485	饶辅廷 …… 489	洪兰友 …… 493	费 骅 …… 496
钟 健 …… 481	段德彰 …… 486	饶毓泰 …… 489	洪汉杰 …… 493	费孝通 …… 496
钟 彬 …… 481	段霖茂 …… 486	饶漱石 …… 489	洪全福 …… 493	费起鹤 …… 496
钟 毅 …… 481	保君健 …… 486	饶潜川 …… 489	洪兆麟 …… 493	费振东 …… 496
钟义均 …… 481	禹之谟 …… 486		洪汝霖 …… 493	费鉴照 …… 496
钟文法 …… 481	侯郁 见	〔丶〕	洪应灶 …… 493	费彝民 …… 496
钟汉华 …… 481	侯孝先 …… 486	奕 劻 …… 490	洪弃生 …… 493	姚 华 …… 496
钟汉屏 …… 481	侯 曜 …… 486	施士浩 …… 490	洪灵菲 …… 493	姚 克 …… 496
钟观光 …… 481	侯文蔚 …… 486	施从云 …… 490	洪述祖 …… 493	姚 杰 …… 497
钟贡勋 …… 481	侯外庐 …… 486	施今墨 …… 490	洪学智 …… 493	姚 桢 …… 497
钟孝先 …… 481	侯西反 …… 486	施丹萍 …… 490	洪炎秋 …… 493	姚 健 …… 497
钟赤兵 …… 482	侯孝先 …… 486	施北衡 …… 490	洪钧培 …… 493	姚 黄 …… 497
钟应梅 …… 482	侯克圣 …… 486	施存统 见	洪逊欣 …… 493	姚 琮 …… 497
钟国珍 …… 482	侯宝林 …… 486	施复亮 …… 490	洪煨莲 见	姚 喆 …… 497
钟国楚 …… 482	侯宝斋 …… 486	施汝德 …… 490	洪 业 …… 492	姚士雄 …… 497
钟昌祚 …… 482	侯家源 …… 486	施复亮 …… 490	恽代英 …… 493	姚万瑜 …… 497

姚子青	497	秦履安	501	袁履登	506	贾书芳	509	顾 璜	512
姚中英	497	班麟书	501	都如晶	506	贾幼慧	509	顾一樵 见	
姚从吾	497	班禅九世	501	耿 介	506	贾廷申	509	顾毓琇	515
姚文元	498	载 洋	501	耿 丹	506	贾多才	509	顾子扬	513
姚文林	498	载 润	502	耿 直	506	贾亦斌	509	顾少川 见	
姚文枏	498	载 涛	502	耿 飚	506	贾拓夫	509	顾维钧	514
姚文倬	498	袁 殊	502	耿世昌	506	贾若瑜	509	顾长卫	513
姚永朴	498	袁 俊 见		耿占元	506	贾振琨	509	顾文魁	513
姚仲年 见		张骏祥	352	耿济之	506	贾植芳	509	顾正秋	513
姚崧龄	499	袁 犀	502	耿煜曾	506	贾景德	509	顾仲彝	513
姚名达	498	袁 静	502	聂 耳	506	贾煜如 见		顾均正	513
姚冶诚	498	袁 震	502	聂云台	506	贾景德	509	顾希平	513
姚奉坦	498	袁子闵	502	聂凤智	507	贾德耀	509	顾汝非	513
姚雨平	498	袁子英	502	聂其杰 见		夏 威	510	顾青瑶	513
姚忠诚	498	袁子钦	502	聂云台	506	夏 衍	510	顾郁斋	513
姚依林	498	袁五之	502	聂绀弩	507	夏 炯	510	顾孟余	513
姚茫父 见		袁文轩	502	聂荣臻	507	夏 超	510	顾祝同	513
姚 华	496	袁水拍	502	聂济峰	507	夏 雷	510	顾耕野	513
姚洪业	498	袁玉廷	502	聂振东	507	夏之时	510	顾振黄	514
姚晋圻	498	袁世凯	502	聂海帆	507	夏之栩	510	顾维钧	514
姚雪垠	498	袁世威	504	聂缉槼	507	夏之麒	510	顾颉刚	514
姚崧龄	499	袁永馥	504	聂鹤亭	507	夏元瑜	510	顾献梁	514
姚蓬子	499	袁同礼	504	莫 言	507	夏丏尊	510	顾锡九 见	
姚锦春	499	袁任远	505	莫文骅	507	夏仁虎	510	顾振黄	514
姚德胜	499	袁兆铃	505	莫纪彭	507	夏斗寅	510	顾毓琇	515
		袁守和 见		莫伯骥	507	夏尔玛	511	顾墨三 见	
十 画		袁同礼	504	莫荣新	507	夏光宇	511	顾祝同	513
〔一〕		袁守谦	505	莫柳忱 见		夏寿华	511	顾麟士	515
		袁观澜 见		莫德惠	507	夏别士 见		顿星云	515
秦 礼	500	袁希涛	505	莫德宏	507	夏曾佑	512	哲卜尊丹巴	515
秦 似	500	袁芳炳	505	莫德惠	507	夏坤藩	511		
秦 牧	500	袁克文	505	莎 菲 见		夏伯勋	511	〔丨〕	
秦 炳	500	袁克定	505	陈衡哲	396	夏国璋	511	柴连复	515
秦 霖	500	袁希洛	505	桂永清	508	夏季屏	511	晏 起	515
秦力山	500	袁希涛	505	桂仲纯	508	夏征农	511	晏安澜	515
秦印西	500	袁国祥	505	桂华山	508	夏重民	511	晏阳初	515
秦兆阳	500	袁昌英	505	桂佑德	508	夏济安	511	晏勋甫	515
秦启荣	500	袁昇平	505	桂伯华 见		夏晋麟	512	晏福生	515
秦明堂	500	袁牧之	505	桂念祖	508	夏康农	512	晏海澄 见	
秦炬冬	501	袁祖成	505	桂念祖	508	夏维堂	512	晏安澜	515
秦绍文 见		袁祖铭	506	桂绍彬	508	夏维崧	512	圆瑛法师	515
秦德纯	501	袁涛泉	506	桂崇基	508	夏敬民	512	峻 青	515
秦载赓	501	袁家骅	506	桂率真 见		夏敬观	512		
秦润卿	501	袁家骝	506	桂永清	508	夏道平	512	〔丿〕	
秦基伟	501	袁梦丹	506	格桑泽仁	508	夏曾佑	512	钱 宁	516
秦曼卿	501	袁道丰	506	栗 直	508	夏瑞芳	512	钱 权	516
秦毓鎏	501	袁寒云 见		栗天杰	509	夏震武	512	钱 刚	516
秦瘦鸥	501	袁克文	505	贾 英(1)	509	原景辉	512	钱 钧	516
秦慧伽	501	袁蔚生	506	贾 英(2)	509	顾 伟	512	钱 鼎 见	
秦德纯	501	袁睽九	506	贾士毅	509	顾 昭	512	钱定三	519
秦濛生	501	袁赛鹏	506	贾公谔	509	顾 臧	512	钱 震	516

钱 穆	516	倪祖耀	520	徐仲可	524	徐柏园	528	徐耀庭	533
钱乙垣	516	倪嗣冲	520	徐仲年	524	徐树铮	528	殷 夫	533
钱三强	516	倓虚法师	520	徐自华	524	徐思平	529	殷 同	533
钱大钧	516	徐 飞	520	徐血儿	524	徐钟佩	529	殷志鹏	533
钱天鹤	517	徐 讦	520	徐向前	524	徐复观	529	殷海光	533
钱公来	517	徐 旭	521	徐会之	524	徐信符	见	奚文焕	533
钱文选	517	徐 迟	521	徐旭生	525	徐绍榮	528	翁文灏	534
钱用和	517	徐 杰	521	徐庆钟	525	徐庭瑶	529	翁同龢	534
钱玄同	517	徐 保	521	徐汝诚	525	徐洪学	530	翁俊明	534
钱永铭	517	徐 炯	521	徐进焰	525	徐恒禄	530	翁独健	534
钱廷幹	517	徐 盈	521	徐志汉	525	徐宪臣	530	翁偶虹	534
钱仲山	517	徐 速	521	徐志道	525	徐祖正	530	翁照垣	534
钱自严	518	徐 润	521	徐志摩	525	徐祖诒	530		
钱守尧	518	徐 堪	521	徐芸书	见	徐振泉	530	〔丶〕	
钱阶平	518	徐 谟	521	徐高阮	530	徐致靖	530	高 兰	534
钱如一	518	徐 谦	522	徐克成	见	徐恩平	530	高 旭	534
钱杏村	见	徐 勤	522	徐源泉	532	徐凌云	530	高 岗	534
阿英	363	徐 滚	522	徐抚辰	526	徐特立	530	高 亨	534
钱伯起	见	徐 舆	522	徐秀钧	526	徐高阮	530	高 明	535
钱 震	516	徐 端	522	徐秀寰	526	徐海东	530	高 信	535
钱沧硕	518	徐 蒲	522	徐佐周	526	徐调孚	531	高 峻	535
钱君匋	518	徐 箎	522	徐伯昕	526	徐继庄	531	高 梓	535
钱纳水	518	徐又铮	见	徐近之	526	徐继泰	531	高 鲁	535
钱其琛	518	徐树铮	528	徐希麟	526	徐培添	531	高 谟	535
钱松岩	518	徐乃昌	522	徐启明	527	徐梦岩	见	高 嶙	535
钱国选	518	徐士达	见	徐君虎	527	徐卓呆	527	高 歌	535
钱昌祚	518	徐 箎	522	徐君勉	见	徐雪村	531	高 燮	535
钱昌照	518	徐上致	522	徐 勤	522	徐焕昇	531	高一涵	535
钱学森	518	徐千田	522	徐忍茹	527	徐清和	531	高又宜	见
钱宗泽	518	徐中舒	522	徐其孝	527	徐深吉	531	高祖宪	538
钱宗堡	518	徐凤鸣	523	徐枕亚	527	徐森玉	531	高士其	535
钱定三	519	徐文礼	523	徐叔谟	见	徐悲鸿	531	高士俊	535
钱思亮	519	徐文烈	523	徐 谟	521	徐晴岚	531	高子铭	535
钱钟书	519	徐文镜	523	徐卓呆	527	徐鼎康	531	高天成	535
钱剑秋	519	徐为光	523	徐国夫	527	徐铸成	531	高云览	536
钱能训	519	徐玉诺	523	徐国贤	527	徐傅霖	532	高云峰	536
钱骏祥	519	徐世大	523	徐国珍	527	徐傍兴	532	高不凡	见
钱基博	519	徐世平	523	徐国泰	527	徐道邻	532	高天成	535
钱新之	见	徐世安	523	徐咏平	527	徐愚斋	见	高长虹	536
钱永铭	517	徐世昌	523	徐鸣时	527	徐 润	521	高仁山	536
钱歌川	519	徐本生	523	徐佳士	527	徐锡麟	532	高月明	536
钱慕尹	见	徐可亭	见	徐佩瑶	527	徐新六	532	高凤谦	见
钱大钧	516	徐 堪	521	徐金龙	527	徐满凌	532	高梦旦	538
钱端升	519	徐龙骧	523	徐学诗	527	徐源泉	532	高去寻	536
铁 砧	519	徐东藩	523	徐宝山	527	徐嘉瑞	532	高丕儒	536
倪 超	520	徐立清	523	徐宝谦	527	徐慕兰	532	高平子	536
倪文亚	520	徐永昌	523	徐宗汉	528	徐蔚南	533	高吉人	536
倪永强	520	徐光耀	524	徐绍华	528	徐镜心	533	高名凯	536
倪纯义	520	徐回天	524	徐绍桢	528	徐赞周	533	高庆奎	536
倪映典	520	徐廷瑚	524	徐绍榮	528	徐霞村	533	高寿恒	536
倪贻德	520	徐延钟	524	徐春浩	528	徐懋庸	533	高志荣	536

高志航	536	郭 澄	540	郭乾辉	544	唐有壬	547	涂 哲	551
高芳先	537	郭 霖	540	郭鸿声	见	唐延杰	547	涂长望	551
高步瀛	537	郭 骥	540	郭秉文	542	唐自起	547	涂羽卿	551
高吹万	537	郭大力	540	郭寄峤	544	唐关荣	547	涂怀楷	551
高启圭	537	郭广文	540	郭琳爽	544	唐守治	547	涂弼垣	551
高君宇	537	郭小川	540	郭量宇	见	唐伯岳	547	涂墅堦	551
高奇峰	见	郭小庄	540	郭廷以	541	唐君铂	547	宾洪福	551
高尚志	537	郭天民	540	郭景鸾	544	唐君毅	547	容 闳	551
高宗武	537	郭化若	540	郭聘帛	544	唐虎周	548	容 庚	552
高树敏	537	郭公接	540	郭楚茅	544	唐国安	548	容有略	552
高拜石	537	郭文元	540	郭德权	544	唐秉玄	548	容祺年	552
高剑父	537	郭文萱	540	郭履洲	544	唐金龙	548	容肇祖	552
高恩洪	538	郭永彪	541	郭镜秋	见	唐绍仪	548	诸宗元	552
高祖宪	538	郭有守	541	郭 澄	540	唐思达	见	谈社英	552
高桂滋	538	郭成柱	541	席正铭	544	唐虎周	548	谈荔孙	552
高致嵩	538	郭廷以	541	席成元	544	唐修刚	548		
高峰五	见	郭兆华	541	席兴群	544	唐俊德	548	〔㇇〕	
高 峻	535	郭汝栋	541	席建侯	见	唐冠英	548	陶 广	552
高笏之	见	郭安仁	541	席德懋	545	唐牺支	548	陶 勇	552
高鸿缙	539	郭克悌	541	席德进	544	唐浦珠	549	陶 铸	552
高凌百	538	郭坚忍	541	席德懋	545	唐继尧	549	陶 湘	552
高凌霨	538	郭秀峰	541	效坦斋	545	唐淮源	549	陶一珊	552
高海廷	538	郭希仁	541	唐 云	545	唐景崇	549	陶元庆	553
高理文	538	郭希鹏	541	唐 兰	545	唐锡晋	549	陶元珍	553
高梦旦	538	郭英夫	541	唐 级	545	唐聚伍	549	陶汉章	553
高梓才	538	郭松龄	541	唐 纳	545	唐蔚芝	见	陶百川	553
高盛麟	538	郭国基	542	唐 纵	545	唐文治	546	陶成章	553
高崇民	538	郭明昆	542	唐 发	545	唐肇谟	549	陶行知	553
高逸鸿	538	郭典三	542	唐 驼	545	唐德刚	549	陶寿伯	553
高惜冰	539	郭忠田	542	唐 亮	545	凌 钺	549	陶声洋	553
高鸿缙	539	郭秉文	542	唐 钺	545	凌 虚	549	陶希圣	553
高渔山	539	郭沫若	542	唐 雄	545	凌 寘	549	陶峙岳	554
高维嵩	539	郭宝钧	543	唐 循	546	凌 霄	549	陶桂林	554
高维廉	539	郭绍虞	543	唐 智	546	凌 毅	549	陶涤亚	554
高彭年	539	郭春山	543	唐 新	546	凌九霄	550	陶晶孙	554
高智远	539	郭春光	543	唐 蟒	546	凌汉舟	见	陶履谦	554
高照林	539	郭春涛	543	唐一禾	546	凌 霄	549	姬振铎	554
高魁元	539	郭栋臣	543	唐士煊	546	凌竹铭	见	姬鹏飞	554
高锦花	539	郭树械	543	唐乃建	见	凌鸿勋	550	能海法师	555
高鹏云	539	郭思演	543	唐 纵	545	凌纯声	550	桑 弧	555
高鹏翼	539	郭勋祺	543	唐才常	546	凌英贞	550	继识一	555
高新华	539	郭复初	见	唐义精	546	凌叔华	550		
高福相	539	郭泰祺	543	唐子安	546	凌承绪	550	**十一画**	
高觐昌	539	郭俊卿	543	唐天际	546	凌剑秋	550		
郭 忏	539	郭炳坤	543	唐文治	546	凌鸿勋	550	〔一〕	
郭 坚	539	郭美丞	543	唐玉瑞	546	凌道扬	551	黄 方	556
郭 泉	539	郭冠杰	543	唐平铸	546	浦大邦	551	黄 节	556
郭 斌	540	郭泰祺	543	唐生明	546	浦江清	551	黄 尧	556
郭 强	540	郭恩智	544	唐生智	546	浦熙修	551	黄 伟	556
郭 筠	540	郭润轩	544	唐尔镛	547	浦薛凤	551	黄 华	556
郭 鹏	540	郭继枚	544	唐式遵	547	海灯法师	551	黄 自	556

黄　旭……… 556	黄方白……… 562	黄伯耀……… 565	黄昭明……… 569	黄楚九……… 571
黄　兴……… 556	黄火星……… 562	黄佛青……… 565	黄思沛……… 569	黄锡铨……… 571
黄　杰……… 558	黄为基　见	黄希周……… 565	黄贻荪　见	黄辟尘……… 571
黄　岱……… 558	黄远生……… 564	黄谷柳……… 565	黄昌谷……… 566	黄新庭……… 572
黄　侃……… 558	黄丑和……… 562	黄庐隐　见	黄钟瑛……… 569	黄福寿……… 572
黄　秋……… 559	黄玉昆……… 562	庐隐……… 301	黄秋岳　见	黄慕如……… 572
黄　复……… 559	黄正铭……… 562	黄怀觉……… 565	黄　浚……… 560	黄慕松……… 572
黄　郛……… 559	黄世仲　见	黄启瑞……… 565	黄秋耘……… 569	黄毓成……… 572
黄　扈……… 559	黄小配……… 561	黄君璧……… 565	黄复生……… 569	黄毓英……… 572
黄　桓……… 559	黄北寿……… 562	黄际隆……… 566	黄保德……… 569	黄毓峻……… 572
黄　莺……… 559	黄占魁……… 563	黄际遇……… 566	黄衍裳……… 569	黄震遐……… 572
黄　钺……… 560	黄仙谷……… 563	黄阿烈……… 566	黄炳南　见	黄镇中……… 572
黄　浚……… 560	黄白薇　见	黄纯青……… 566	黄纯青……… 566	黄镇球……… 572
黄　通……… 560	白　薇……… 128	黄现璠……… 566	黄冠伟……… 569	黄鹤鸣……… 572
黄　敬……… 560	黄乐眠……… 563	黄若瑛……… 566	黄冠南……… 569	黄樵松……… 572
黄　强……… 560	黄立生……… 563	黄茂松……… 566	黄般若……… 570	黄醒洲……… 572
黄　骚……… 560	黄立清……… 563	黄国梁……… 566	黄祖宪……… 570	黄膺白　见
黄　源……… 560	黄兰亭……… 563	黄昌谷……… 566	黄怒涛……… 570	黄　郛……… 559
黄　福……… 560	黄永安……… 563	黄明邦……… 566	黄莫京　见	黄麟书……… 572
黄　震……… 560	黄永胜……… 563	黄明星……… 566	黄　强……… 560	萧　力……… 572
黄　镇……… 560	黄加持……… 563	黄明堂……… 567	黄格君……… 570	萧　三……… 572
黄　骥……… 560	黄亚生……… 563	黄明清……… 567	黄振华……… 570	萧　平……… 572
黄一平……… 560	黄百韬……… 563	黄典诚……… 567	黄造雄……… 570	萧　达……… 573
黄一浩……… 560	黄百器……… 563	黄忠干……… 567	黄离明　见	萧　华……… 573
黄人杰……… 560	黄伟卿……… 563	黄忠诚……… 567	黄建中……… 568	萧　军……… 573
黄乃裳……… 560	黄仲玉……… 563	黄忠炳……… 567	黄竞白……… 570	萧　红……… 573
黄三德……… 560	黄仲苏……… 563	黄咏商……… 567	黄海山……… 570	萧　克……… 574
黄土水……… 560	黄仲涵……… 564	黄季刚　见	黄家骊……… 570	萧　勃……… 574
黄大受……… 560	黄任恒……… 564	黄　侃……… 558	黄家麟……… 570	萧　前……… 574
黄大壎……… 561	黄华表……… 564	黄季陆……… 567	黄宾虹……… 570	萧　铁……… 574
黄及时……… 561	黄仰山……… 564	黄秉衡……… 567	黄读山　见	萧　乾(1)… 574
黄之萌……… 561	黄汲清……… 564	黄秉彝……… 567	八指头陀…… 47	萧　乾(2)… 574
黄小配……… 561	黄旭初……… 564	黄侠毅……… 567	黄展云……… 570	萧　铮……… 574
黄子祥……… 561	黄远生……… 564	黄金荣……… 567	黄梦麟……… 570	萧　锋……… 574
黄天石……… 561	黄远庸　见	黄炎培……… 568	黄梅兴……… 570	萧　瑜……… 574
黄天迈……… 561	黄远生……… 564	黄泽霖……… 568	黄曼士……… 570	萧　赣……… 574
黄天鹏……… 561	黄均毅……… 564	黄宝实……… 568	黄晦闻　见	萧一山……… 575
黄云水……… 561	黄志大……… 564	黄宗仰……… 568	黄　节……… 556	萧山令……… 575
黄友棣……… 561	黄志勇……… 564	黄宗识……… 568	黄逸光……… 570	萧之楚……… 575
黄少谷……… 561	黄芸苏……… 564	黄宗霭……… 568	黄焕文……… 570	萧子昇　见
黄少祖……… 562	黄克诚……… 564	黄建中……… 568	黄婉君……… 570	萧　瑜……… 574
黄少梅……… 562	黄克强　见	黄孟圭……… 568	黄琪翔……… 570	萧友梅……… 575
黄少强……… 562	黄　兴……… 556	黄绍丞……… 568	黄朝天……… 571	萧长华……… 575
黄日葵……… 562	黄体荣……… 564	黄绍诚……… 569	黄朝琴……… 571	萧公权……… 575
黄仁霖……… 562	黄佐临……… 564	黄绍竑……… 569	黄鼎臣……… 571	萧文玖……… 575
黄仍瑞……… 562	黄作孚……… 564	黄绍祖……… 569	黄景南……… 571	萧文铎……… 575
黄凤岐……… 562	黄作珍……… 565	黄经耀……… 569	黄曾源……… 571	萧石斋……… 576
黄文山(1)… 562	黄伯度(1)… 565	黄珍吾……… 569	黄尊生……… 571	萧龙友……… 576
黄文山(2)… 562	黄伯度(2)… 565	黄荣海……… 569	黄禅侠……… 571	萧兰池……… 576
黄文明……… 562	黄伯惠……… 565	黄药眠……… 569	黄弥臣……… 571	萧吉珊……… 576
黄文高……… 562	黄伯樵……… 565	黄树芬……… 569	黄蒙田……… 571	萧而化……… 576

萧师毅 …… 576	梅汝琅 …… 580	曹靖华 …… 583	常燕生 …… 587	章 杰 …… 591
萧同兹 …… 576	梅伯显 …… 580	曹福林 …… 583	眭宗熙 …… 587	章 泯 …… 591
萧先荫 …… 576	梅治威 …… 580	曹聚仁 …… 583	崔 讳 …… 587	章 钰 …… 591
萧自诚 …… 576	梅树南 …… 580	曹德宣 …… 584	崔子信 …… 587	章 嵚 …… 591
萧向阳 …… 576	梅思平 …… 580	曹馆承 …… 584	崔文藻 …… 587	章乃器 …… 591
萧向荣 …… 576	梅贻宝 …… 580	曹缦蕙 见	崔书琴 …… 587	章士钊 …… 592
萧竹漪 见	梅贻琦 …… 580	曹经沅 …… 583	崔田民 …… 588	章之汶 …… 592
萧奕先 …… 577	梅龚彬 …… 581	曹达诺夫·扎伊尔	崔贡琛 …… 588	章太炎 见
萧全夫 …… 576	梅焯敏 …… 581	…… 584	崔沧海 …… 588	章炳麟 …… 593
萧汝霖 …… 576	梅嘉生 …… 581	盛 文 …… 584	崔启勋 …… 588	章元善 …… 592
萧佛成 …… 576	曹 孚 …… 581	盛 成 …… 584	崔谷忱 …… 588	章文晋 …… 592
萧应棠 …… 577	曹 禺 …… 581	盛世才 …… 584	崔金柱 …… 588	章汉夫 …… 592
萧际峰 …… 577	曹 铁 …… 581	盛世骐 …… 584	崔冠贤 …… 588	章亚若 …… 592
萧劲光 …… 577	曹 谟 …… 581	盛丕华 …… 584	崔建功 …… 588	章廷谦 …… 592
萧其章 …… 577	曹 瑚 …… 581	盛延祺 …… 584	崔载阳 …… 588	章行严 见
萧贤俊 …… 577	曹 锟 …… 581	盛国辉 见	崔真吾 …… 588	章士钊 …… 592
萧国宝 …… 577	曹二庚 …… 581	盛 文 …… 584	崔培珍 …… 588	章衣萍 …… 592
萧忠贞 …… 577	曹大中 …… 581	盛昇颐 …… 585	崔唯吾 …… 588	章孝彪 …… 592
萧学堃 …… 577	曹万顺 …… 581	盛宣怀 …… 585	崔通约 见	章孝慈 …… 592
萧建初 …… 577	曹广桢 …… 581	盛澄华 …… 585	崔沧海 …… 588	章克标 …… 593
萧思明 …… 577	曹之骅 …… 581	龚 浩 …… 585	崔蕴兰 …… 588	章伯钧 …… 593
萧钟英 …… 577	曹子平 …… 582	龚 楚 …… 585	崔震华 …… 588	章雨苍 …… 593
萧选进 …… 577	曹天戈 …… 582	龚 愚 …… 585	崔德聚 …… 588	章宗祥 …… 593
萧俊岭 …… 577	曹日晖 …… 582	龚 澎 …… 585	崇德老人 见	章炳麟 …… 593
萧奕先 …… 577	曹凤岐 …… 582	龚心湛 …… 585	曾纪芬 …… 643	章润田 …… 595
萧美成 …… 577	曹玉清 …… 582	龚光宗 …… 585	〔丿〕	章遏云 …… 595
萧美琪 …… 577	曹东扶 …… 582	龚自沅 …… 586		章斯以 …… 595
萧振瀛 …… 577	曹圣芬 …… 582	龚向农 见	符气云 …… 589	章煦东 …… 595
萧健九 …… 577	曹亚伯 …… 582	龚道耕 …… 586	符必久 …… 589	章锡绶 …… 595
萧健之 …… 577	曹传赞 …… 582	龚冰庐 …… 586	符克白 …… 589	章锡琛 …… 595
萧涛英 …… 577	曹向经 …… 582	龚芳涵 …… 586	〔丶〕	章魁智 …… 595
萧家鸿 …… 578	曹汝英 …… 582	龚国煌 …… 586		章微颖 …… 595
萧楚女 …… 578	曹汝霖 …… 582	龚宝铨 …… 586	康 生 …… 589	章毓金 …… 595
萧瘐麓 见	曹克人 …… 582	龚孟希 见	康 讴 …… 589	章翠凤 …… 595
萧 赣 …… 574	曹克明 …… 582	龚 浩 …… 585	康 泽 …… 589	章瀚章 …… 595
萧新槐 …… 578	曹里怀 …… 582	龚春台 …… 586	康 濯 …… 589	章嘉呼图克图
萧毅肃 …… 578	曹叔实 …… 583	龚道耕 …… 586	康心如 …… 589	…… 595
萧翼鲲 …… 578	曹承德 …… 583	龚镇洲 …… 586	康白情 …… 589	商衍鎏 …… 596
萧赞育 …… 578	曹孟君 …… 583	龚稼农 …… 586	康乐三 …… 589	商鸿达 …… 596
萧耀南 …… 578	曹经沅 …… 583	龚德柏 …… 586	康有为 …… 589	阎一士 …… 596
萨本栋 …… 578	曹荫稗 …… 583	龚霞初 …… 586	康兆民 见	阎世喜 …… 596
萨师俊 …… 578	曹树勋 …… 583	〔丨〕	康 泽 …… 589	阎世善 …… 596
萨孟武 …… 578	曹保颐 …… 583		康志强 …… 591	阎百川 见
萨福锵 …… 578	曹俊英 …… 583	虚云和尚 …… 586	康芷林 …… 591	阎锡山 …… 596
萨镇冰 …… 578	曹振武 …… 583	常乃德 见	康克清 …… 591	阎红彦 …… 596
梅公任 …… 578	曹荻秋 …… 583	常燕生 …… 587	康明震 …… 591	阎宝航 …… 596
梅月涵 见	曹勉青 …… 583	常东昇 …… 587	康南海 见	阎振兴 …… 596
梅贻琦 …… 580	曹浩森 …… 583	常任侠 …… 587	康有为 …… 589	阎海文 …… 596
梅兰芳 …… 579	曹葆华 …… 583	常荫槐 …… 587	康健民 …… 591	阎梦松 …… 596
梅光迪 …… 579	曹富章 …… 583	常乾坤 …… 587	康景濂 …… 591	阎揆要 …… 596
梅乔林 …… 579	曹锡圭 …… 583	常德普 …… 587	鹿钟麟 …… 591	

阎锡山	596	梁实秋	602			董 霖	611	蒋纬国	621

阎锡山 …… 596
阎慧卿 …… 597
盖文华 …… 597
盖叫天 …… 597
淡宅旸 见
　淡春谷 …… 597
淡春谷 …… 597
梁　广 …… 597
梁　希 …… 597
梁　诚 …… 597
梁　济 …… 598
梁　涛 …… 598
梁　斌 …… 598
梁　渡 …… 598
梁　镇 …… 598
梁又铭 …… 598
梁干乔 …… 598
梁士诒 …… 598
梁子衡 …… 599
梁天喜 …… 599
梁中玉 …… 599
梁中铭 …… 599
梁化之 见
　梁敦厚 …… 605
梁文洲 …… 599
梁节庵 见
　梁鼎芬 …… 604
梁必业 …… 599
梁永燊 …… 599
梁在平 …… 599
梁廷栋 …… 599
梁任公 见
　梁启超 …… 599
梁华振 …… 599
梁华盛 …… 599
梁庆桂 …… 599
梁兴初 …… 599
梁如浩 …… 599
梁均默 见
　梁寒操 …… 605
梁序昭 …… 599
梁启超 …… 599
梁国一 …… 602
梁国树 …… 602
梁昌浚 …… 602
梁忠甲 …… 602
梁和钧 见
　梁敬錞 …… 602
梁季亭 …… 602
梁金山 …… 602
梁宗岱 …… 602

梁实秋 …… 602
梁栋英 …… 603
梁栋新 …… 603
梁思永 …… 603
梁思成 …… 603
梁修身 …… 603
梁剑韬 …… 603
梁彦明 …… 603
梁冠英 …… 603
梁倚神 …… 603
梁容若 …… 603
梁鸿志 …… 603
梁鸿标 …… 603
梁密庵 …… 603
梁敬钊 …… 603
梁敬錞 …… 604
梁朝玑 …… 604
梁鼎芬 …… 604
梁鼎铭 …… 604
梁遇春 …… 604
梁敦厚 …… 605
梁敦彦 …… 605
梁善济 …… 605
梁寒操 …… 605
梁瑞昇 …… 606
梁辑卿 …… 606
梁鉴堂 …… 606
梁嘉彬 …… 606
梁漱溟 …… 606
梁鋆立 …… 606
梁德山 …… 606
梁燕孙 见
　梁士诒 …… 598
梁醒波 …… 606
梁镜尧 …… 607
梁镜斋 见
　梁鉴堂 …… 606
梁燊南 …… 607
梁耀汉 …… 607
梁黎剑虹 见
　黎剑虹 …… 686
谛闲法师 …… 607

〔丨〕

尉素秋 …… 607
屠　寄 …… 607
隋钟昆 …… 607
续范亭 …… 607
续桐溪 …… 607
绿漪女士 见
　苏雪林 …… 215

十二画

〔一〕

彭　飞 …… 608
彭　冲 …… 608
彭　林 …… 608
彭　勃 …… 608
彭　真 …… 608
彭　慧 …… 608
彭　濮 …… 608
彭士量 …… 608
彭子冈 …… 608
彭元仁 …… 608
彭世安 …… 608
彭丕昕 …… 608
彭汉章 …… 608
彭邦栋 …… 608
彭光昶 …… 608
彭寿松 …… 608
彭述之 …… 608
彭国柱 …… 608
彭明治 …… 609
彭学俊 …… 609
彭泽民 …… 609
彭孟缉 …… 609
彭绍辉 …… 609
彭战存 …… 609
彭素民 …… 609
彭家珍 …… 609
彭家煌 …… 609
彭继儒 …… 609
彭善承 …… 609
彭道宗 …… 609
彭遂良 …… 609
彭楚藩 …… 609
彭嘉庆 …… 609
彭醇士 …… 610
彭德怀 …… 610
彭德明 …… 610
彭镜芙 …… 610
葛　琴 …… 610
葛　谦 …… 610
葛开祥 …… 610
葛成勋 …… 610
葛青凡 …… 610
葛贤宁 …… 610
葛钟山 …… 610
董　钊 …… 610
董　威 …… 610
董　康 …… 610

董　霖 …… 611
董介生 见
　董　钊 …… 610
董从善 …… 611
董汉槎 …… 611
董必武 …… 611
董同龢 …… 611
董纯才 …… 611
董作宾 …… 611
董其武 …… 612
董英斌 …… 612
董和亭 …… 612
董泽长 …… 612
董显光 …… 612
董修武 …… 613
董彦堂 见
　董作宾 …… 611
董耕云 …… 613
董振五 见
　董　威 …… 610
董浩云 …… 613
蒋　堃 …… 613
蒋　彝 …… 613
蒋一苇 …… 613
蒋大同 …… 613
蒋天禄 …… 614
蒋中正 见
　蒋介石 …… 614
蒋介石 …… 614
蒋介民 …… 618
蒋介卿 …… 618
蒋月泉 …… 618
蒋方震 …… 618
蒋丙然 …… 619
蒋百里 见
　蒋方震 …… 618
蒋光慈 …… 619
蒋光鼐 …… 619
蒋先云 …… 619
蒋廷黻 …… 619
蒋伏生 …… 620
蒋孝文 …… 620
蒋孝先 …… 620
蒋孝武 …… 620
蒋孝勇 …… 620
蒋志英 …… 620
蒋克诚 …… 620
蒋坚忍 …… 620
蒋作宾 …… 621
蒋伯诚 …… 621
蒋君章 …… 621

蒋纬国 …… 621
蒋雨岩 见
　蒋作宾 …… 621
蒋金林 …… 621
蒋法贤 …… 621
蒋建白 …… 621
蒋孟邻 见
　蒋梦麟 …… 624
蒋经国 …… 621
蒋南翔 …… 623
蒋复璁 …… 623
蒋衍升 …… 624
蒋洗凡 见
　蒋衍升 …… 624
蒋彦士 …… 624
蒋继尹 …… 624
蒋梦麟 …… 624
蒋硕杰 …… 625
蒋翊武 …… 625
蒋雁行 …… 625
蒋鼎文 …… 625
蒋锄欧 …… 625
蒋尊篪 …… 626
蒋道平 …… 626
蒋渭水 …… 626
蒋碧微 …… 626
蒋默掀 …… 626
蒋慕谭 见
　蒋大同 …… 613
蒋慰堂 见
　蒋复璁 …… 623
落花生 见
　许地山 …… 188
韩　伟 …… 626
韩　杰 …… 626
韩　衍 …… 626
韩　恢 …… 626
韩　浚 …… 626
韩士顿 …… 626
韩云超 …… 627
韩文举 …… 627
韩文源 …… 627
韩石泉 …… 627
韩东山 …… 627
韩东征 …… 627
韩汉英 …… 627
韩印符 …… 627
韩权华 …… 627
韩光第 …… 627
韩先楚 …… 627
韩名涵 …… 627

韩兆鹗 …… 627	程十发 …… 631	傅汝霖 …… 635	舒适存 …… 639	曾志仁 …… 643
韩佐治 …… 627	程子华 …… 631	傅安明 …… 635	舒新城 …… 639	曾克林 …… 643
韩伯棠 …… 627	程天固 …… 631	傅连暲 …… 635	鲁迅 …… 639	曾克明 …… 643
韩国钧 …… 627	程天放 …… 631	傅作义 …… 635	鲁易 …… 640	曾时岳 …… 644
韩忠谟 …… 628	程世才 …… 632	傅良弼 见	鲁岱 …… 640	曾伯兴 …… 644
韩金荣 …… 628	程世清 …… 632	傅慈祥 …… 638	鲁珉 …… 640	曾伯猷 …… 644
韩练成 …… 628	程民元 …… 632	傅启学 …… 635	鲁彦 见	曾希圣 …… 644
韩幽桐 …… 628	程发轫 …… 632	傅抱石 …… 635	王鲁彦 …… 89	曾启新 …… 644
韩复榘 …… 628	程仲苏 见	傅国英 …… 635	鲁藜 …… 640	曾劭勋 见
韩宪元 …… 628	程汝怀 …… 632	傅秉勋 …… 635	鲁英麐 …… 640	曾伯猷 …… 644
韩耆伯 见	程远茂 …… 632	傅秉常 …… 635	鲁实先 …… 640	曾国华 …… 644
韩 衍 …… 626	程仰秋 …… 632	傅京孙 …… 636	鲁荡平 …… 640	曾泽生 …… 644
韩振纪 …… 628	程汝怀 …… 632	傅泾波 …… 636	鲁桂珍 …… 640	曾宝荪 …… 644
韩菁清 …… 628	程汝球 …… 632	傅学文 …… 636	鲁涤平 …… 640	曾宝堂 …… 644
韩彬如 …… 628	程旨云 见	傅孟真 见	鲁道源 …… 640	曾孟朴 见
韩魁林 …… 628	程发轫 …… 632	傅斯年 …… 637	鲁瑞林 …… 640	曾 朴 …… 641
韩慎先 …… 628	程克祥 …… 632	傅绍甫 …… 636	鲁潼平 …… 640	曾绍山 …… 644
韩慕荆 …… 628	程连璧 …… 632	傅思义 …… 636		曾树帜 …… 644
韩增栋 …… 628	程步高 …… 632	傅秋涛 …… 636	〔丶〕	曾省三 …… 644
韩德彩 …… 629	程时煃 …… 632	傅晋卿 …… 636	童 毅 …… 640	曾省斋 …… 644
韩麟春 …… 629	程沧波 …… 632	傅哲民 …… 636	童世纲 …… 640	曾昭抡 …… 644
辜汤生 见	程其保 …… 633	傅晓峰 …… 636	童芷苓 …… 641	曾昭森 …… 645
辜鸿铭 …… 629	程泽湘 见	傅狷夫 …… 636	童国贵 …… 641	曾昭墟 …… 645
辜鸿铭 …… 629	程钟汉 …… 633	傅家选 …… 636	童洁泉 …… 641	曾昭燧 …… 645
惠广仁 …… 629	程宝航 …… 633	傅继泽 …… 636	童冠贤 …… 641	曾思玉 …… 645
惠师温 …… 629	程宗仁 …… 633	傅彬然 …… 636	童家娴 …… 641	曾养甫 …… 645
覃 振 …… 629	程宗阳 …… 633	傅晨光 …… 636	童第周 …… 641	曾恩波 …… 645
覃子豪 …… 629	程砚秋 …… 633	傅崇碧 …… 636	道 安 …… 641	曾祥煌 …… 645
粟 裕 …… 630	程奎光 …… 633	傅斯年 …… 637	曾 生 …… 641	曾戛初 …… 645
	程思远 …… 633	傅筱庵 …… 638	曾 朴 …… 641	曾虚白 …… 645
〔ㅣ〕	程钟汉 …… 633	傅慈祥 …… 638	曾 美 …… 641	曾蛰庵 见
斐福龙 …… 630	程家柽 …… 633	傅增渚 …… 638	曾 贯 …… 641	曾习经 …… 642
戢翼翘 …… 630	程继尧 …… 634	傅增湘 …… 638	曾 琦 …… 641	曾景文 …… 645
戢翼翚 …… 630	程善之 …… 634	傅儒材 见	曾 熙 …… 642	曾锡珪 …… 645
景定成 见	程锡文 …… 634	傅晋卿 …… 636	曾万里 …… 642	曾雍雅 …… 645
景梅九 …… 630	程毓斌 …… 634	焦 莹 …… 638	曾习经 …… 642	曾静涛 …… 645
景梅九 …… 630	程菊蒸 …… 634	焦凤林 …… 638	曾日全 …… 642	曾慕韩 见
景耀月 …… 630	程德全 …… 634	焦玉山 …… 638	曾今可 …… 642	曾 琦 …… 641
喻英奇 …… 630	程德藩 …… 634	焦达峰 …… 638	曾文俊 …… 643	曾潜英 …… 645
喻培伦 …… 630	程懋筠 …… 634	焦华堂 …… 638	曾石泉 …… 643	曾鲲化 …… 646
喻缦云 …… 630	程璧光 …… 634	焦红光 …… 638	曾扩情 …… 643	温 生 …… 646
喻耀离 …… 631	程耀臣 …… 634	焦步辕 …… 638	曾达生 …… 643	温 和 …… 646
	税钟麟 …… 634	焦沛澍 …… 638	曾传范 …… 643	温 肃 …… 646
〔丿〕	税联三 …… 634	焦易堂 …… 639	曾仲鸣 …… 643	温 涛 …… 646
程 克 …… 631	傅 钟 …… 634	焦菊隐 …… 639	曾农髯 见	温玉成 …… 646
程 良 …… 631	傅 雷 …… 634	焦景文 …… 639	曾 熙 …… 642	温生才 …… 646
程 烈 …… 631	傅小山 …… 634	储南强 …… 639	曾如清 …… 643	温志飞 …… 646
程 彬 …… 631	傅正模 …… 635	舒 鸿 …… 639	曾约农 …… 643	温应星 …… 646
程 强 …… 631	傅东华 …… 635	舒 湮 …… 639	曾纪芬 …… 643	温宗尧 …… 646
程 潜 …… 631	傅亚夫 …… 635	舒舍予 见	曾纪筑 …… 643	温炳臣 …… 646
程一鸣 …… 631	傅传作 …… 635	老 舍 …… 139	曾孝纯 …… 643	温崇信 …… 646

温梓川 …… 646	谢洪赍 …… 650	蒲大义 …… 654	雷昭性 见	解 方 …… 660
温朝钟 …… 646	谢觉哉 …… 650	蒲伯英 见	雷铁崖 …… 657	解固基 …… 660
温辉祖 …… 646	谢冠生 …… 650	蒲殿俊 …… 654	雷起云 …… 657	
游 寿 …… 646	谢振华 …… 651	蒲良柱 …… 654	雷铁崖 …… 657	〔丶〕
游好扬 …… 646	谢晋元 …… 651	蒲殿俊 …… 654	雷海宗 …… 657	
游弥坚 …… 646	谢家祥 …… 651	蒙文通 …… 654	雷润生 …… 657	廉 泉 …… 661
谢 扶 …… 647	谢家鸿 …… 651	蒙裁成 …… 654	雷啸岑 …… 657	廉南湖 …… 661
谢 持 …… 647	谢雪红 …… 651	楚图南 …… 654	雷崧生 …… 657	新凤霞 …… 661
谢 梁 …… 647	谢雪畴 …… 651	楚崧秋 …… 654	雷铸寰 …… 657	新艳秋 …… 661
谢 震 见	谢逸桥 …… 651	楚溪春 …… 654	雷震远 …… 657	阙 龙 …… 661
谢飞麟 …… 647	谢维周 …… 651	楼光来 …… 654	雷翼龙 …… 658	阙汉骞 …… 661
谢八尧 …… 647	谢维屏 …… 651	楼适夷 …… 654		阙宪焜 …… 661
谢人堡 …… 647	谢葆璋 …… 651	楼秉国 …… 654	〔丨〕	慈瑞泉 …… 661
谢飞麟 …… 647	谢铸陈 …… 651	楼桐孙 …… 655		慈航法师 …… 661
谢元恺 …… 647	谢然之 …… 652	裘开明 …… 655	虞 舜 …… 658	慈禧太后 …… 661
谢元骥 …… 647	谢富治 …… 652	裘可桴 见	虞 愚 …… 658	溥 仪 …… 661
谢无量 …… 647	谢新周 …… 652	裘廷梁 …… 655	虞洽卿 …… 658	溥 杰 …… 662
谢长达 见	谢端元 …… 652	裘廷梁 …… 655	路 扬 …… 658	溥 侗 …… 662
王谢长达 …… 88	谢稚柳 …… 652	裘盛戎 …… 655	路 翎 …… 658	溥 儒 …… 662
谢仁钊 …… 647	谢慧生 见	赖 和 …… 655	路友于 …… 658	溥心畬 见
谢六逸 …… 647	谢 持 …… 647	赖 琳 …… 655	路易士 见	溥 儒 …… 662
谢心准 …… 648	谢澄平 …… 652	赖 鼎 见	纪 弦 …… 193	褚玉璞 …… 663
谢玉岑 …… 648	谢翰周 …… 652	赖振华 …… 655	路景荣 …… 658	褚民谊 …… 663
谢甘盘 …… 648	谢铿忠 …… 652	赖 毅 …… 655		褚问鹃 …… 663
谢东闵 …… 648	谢瀛洲 …… 652	赖心辉 …… 655	〔丿〕	褚序民 …… 663
谢北亭 …… 648	谢缵泰 …… 652	赖世璜 …… 655		褚宗元 …… 663
谢永存 …… 648	缘督庐主人 见	赖在得 …… 655	锡 良 …… 658	褚炳堃 …… 663
谢幼伟 …… 648	叶昌炽 …… 120	赖传湘 …… 655	简又文 …… 658	褚辅成 …… 663
谢幼甫 …… 648		赖名汤 …… 655	简玉阶 …… 658	褚德彝 …… 664
谢有法 …… 648	**十三画**	赖际熙 …… 655	简尔康 …… 659	
谢刚杰 …… 648		赖振华 …… 655	简竹居 见	**十四画**
谢刚哲 …… 648	〔一〕	赖崇德 …… 655	简朝亮 …… 659	
谢仲仁 …… 648		赖景瑚 …… 655	简明景 …… 659	〔一〕
谢冰莹 …… 648	瑞 洵 …… 653	甄一怒 …… 656	简绣山 …… 659	
谢寿康 …… 649	瑞 澄 …… 653	甄士仁 …… 656	简朝亮 …… 659	碧 野 …… 665
谢扶雅 …… 649	瑞光和尚 …… 653	雷 加 …… 656	简照南 …… 659	蔡 仪 …… 665
谢利恒 …… 649	鄢树藩 …… 653	雷 迅 …… 656	詹 蒙 …… 659	蔡 永 …… 665
谢伯昌 …… 649	靳 以 见	雷 忠 …… 656	詹才芳 …… 659	蔡 昉 …… 665
谢希安 …… 649	章靳以 …… 595	雷 恒 …… 656	詹大南 …… 659	蔡 畅 …… 665
谢良牧 …… 649	靳云鹏 …… 653	雷 殷 …… 656	詹大悲 …… 659	蔡 锷 …… 665
谢启中 …… 649	靳仲云 …… 653	雷 冕 …… 656	詹天佑 …… 659	蔡 德 …… 666
谢奉琦 …… 649	靳来川 …… 653	雷 震 …… 656	詹化雨 …… 660	蔡 毅 …… 666
谢英伯 …… 650	蓝 妮 …… 653	雷天眷 …… 656	詹仙侠 …… 660	蔡乃煌 …… 666
谢奋程 …… 650	蓝天蔚 …… 653	雷发声 …… 656	詹纯鉴 …… 660	蔡大辅 …… 666
谢国光 …… 650	蓝公武 …… 653	雷沛鸿 …… 657	鲍 刚 …… 660	蔡万春 …… 666
谢国城 …… 650	蓝文征 …… 653	雷补同 …… 657	鲍少游 …… 660	蔡及时 …… 666
谢和庚 …… 650	蓝文彬 …… 653	雷英夫 …… 657	鲍心增 …… 660	蔡子民 见
谢宝胜 …… 650	蓝亦农 …… 653	雷茂林 …… 657	鲍先志 …… 660	蔡元培 …… 666
谢建华 …… 650	蓝荫鼎 …… 653	雷昌龄 …… 657	鲍事天 …… 660	蔡天予 …… 666
谢贯一 …… 650	蓝啸声 …… 654	雷法章 …… 657	鲍宗汉 …… 660	蔡元培 …… 666
谢秋崖 …… 650	蓝毓昌 …… 654	雷宝华 …… 657	鲍贵卿 …… 660	蔡仁杰 …… 670
	蒲 风 …… 654		鲍朝柽 …… 660	蔡公时 …… 670
			鲍薰南 …… 660	蔡文华 …… 670

蔡以典 …… 670	裴昌会 …… 673	谭 扬 …… 677	熊 奎 …… 681	缪崇群 …… 684
蔡功南 …… 670	裴周玉 …… 674	谭 进 …… 677	熊 恢 …… 681	**十五画**
蔡丙炎 …… 670	裴景福 …… 674	谭 政 …… 677	熊 晃 …… 681	
蔡东藩 …… 670		谭 胜 …… 677	熊 琨 …… 681	〔丨〕
蔡廷幹 …… 670	〔丿〕	谭 淑 …… 677	熊 雄 …… 681	
蔡廷锴 …… 670	管 桦 …… 674	谭 赞 …… 677	熊 斌 …… 681	暴式彬 …… 685
蔡庆华 …… 671	管 鹏 …… 674	谭 馥 …… 677	熊 毅 …… 681	
蔡阿仕 …… 671	管曙东 …… 674	谭人凤 …… 677	熊十力 …… 681	〔丿〕
蔡松坡 见		谭之澜 …… 678	熊公哲 …… 682	黎 明 …… 685
蔡 锷 …… 665	〔丶〕	谭小培 …… 678	熊世藩 …… 682	黎 杰 …… 685
蔡尚思 …… 671	廖 平 …… 674	谭开云 …… 678	熊式一 …… 682	黎 原 …… 685
蔡孟坚 …… 671	廖 磊 …… 674	谭云山 …… 678	熊式辉 …… 682	黎 澍 …… 685
蔡树藩 …… 671	廖 慷 …… 674	谭云波 …… 678	熊成基 …… 682	黎元洪 …… 685
蔡顺礼 …… 671	廖方池 …… 674	谭元寿 …… 678	熊光焰 …… 682	黎东方 …… 686
蔡举旺 …… 671	廖平子 …… 674	谭正岩 …… 678	熊兆仁 …… 682	黎民伟 …… 686
蔡炳臣 …… 671	廖汉生 …… 674	谭平山 …… 678	熊庆来 …… 682	黎民望 …… 686
蔡派恭 …… 671	廖汉臣 …… 674	谭立官 …… 678	熊志伟 …… 682	黎怀瑾 …… 686
蔡济民 …… 671	廖成美 …… 674	谭兰卿 …… 678	熊克武 …… 682	黎尚莹 …… 686
蔡济武 …… 671	廖传仪 …… 674	谭邦定 …… 678	熊伯涛 …… 682	黎昭常 …… 686
蔡冠生 …… 671	廖传玿 …… 674	谭西庚 …… 678	熊佛西 …… 682	黎剑虹 …… 686
蔡屏藩 …… 671	廖传祺 …… 674	谭贞林 …… 678	熊希龄 …… 682	黎桂苏 …… 686
蔡哲夫 …… 671	廖仲恺 …… 674	谭延闿 …… 678	熊应堂 …… 683	黎烈文 …… 686
蔡培火 …… 671	廖安祥 …… 675	谭孝曾 …… 679	熊启琳 …… 683	黎照寰 …… 686
蔡焕文 …… 672	廖运泽 …… 675	谭甫仁 …… 679	熊纯如 见	黎锡福 …… 686
蔡清琳 …… 672	廖步云 …… 675	谭何易 …… 679	熊育锡 …… 683	黎锦明 …… 686
蔡鸿文 …… 672	廖苹盦 见	谭伯羽 …… 679	熊秉坤 …… 683	黎锦晖 …… 687
蔡敬明 …… 672	廖平子 …… 674	谭希林 …… 679	熊育锡 …… 683	黎锦熙 …… 687
蔡惠如 …… 672	廖季平 见	谭启龙 …… 679	熊笑三 …… 683	德 龄 …… 687
蔡锐霆 …… 672	廖 平 …… 674	谭其茌 …… 679	熊崇铺 …… 683	樊钟秀 …… 687
蔡智堪 …… 672	廖沫沙 …… 675	谭其骧 …… 680	熊得山 …… 683	樊崧甫 …… 687
蔡策元 …… 672	廖宗纶 …… 675	谭明辉 …… 680	熊绶云 …… 683	樊毓秀 …… 687
蔡钜猷 …… 672	廖宗泽 …… 675	谭知耕 …… 680	熊绶春 …… 683	樊增祥 …… 687
蔡滋浬 …… 672	廖定藩 …… 675	谭岳泉 …… 680	熊琢如 见	樊耀南 …… 687
蔡婷莉 …… 672	廖承志 …… 675	谭革心 …… 680	熊 恢 …… 681	滕 固 …… 687
蔡楚生 …… 672	廖政国 …… 675	谭思义 …… 680	熊越山 …… 684	滕若渠 见
蔡聚五 …… 673	廖柏春 …… 675	谭冠三 …… 680	熊朝霖 …… 684	滕 固 …… 687
蔡毓如 …… 673	廖树勋 …… 675	谭冠英 …… 680	熊紫云 …… 684	滕海清 …… 687
蔡德辰 …… 673	廖冠贤 …… 676	谭浩明 …… 680	熊嗣鬻 …… 684	滕楚莲 …… 687
蔡璧珩 …… 673	廖海光 …… 676	谭家述 …… 680	熊新民 …… 684	
臧广恩 …… 673	廖容标 …… 676	谭常恺 …… 680	熊德基 …… 684	〔丶〕
臧式毅 …… 673	廖梦醒 …… 676	谭善和 …… 680	熊嶰然 见	颜 红 …… 687
臧在新 …… 673	廖梓祥 …… 676	谭富英 …… 680	熊 英 …… 681	颜 森 …… 687
臧克家 …… 673	廖喜郎 …… 676	谭嗣襄 …… 680	翟淑珍 …… 684	颜 幹 …… 687
臧启芳 …… 673	廖湘芸 …… 676	谭震林 …… 680	翟韶武 …… 684	颜文梁 …… 688
臧哲先 见	廖鼎祥 …… 676	谭曙卿 …… 680	缪 斌 …… 684	颜文斌 …… 688
臧启芳 …… 673	廖耀湘 …… 676	谭鑫培 …… 680	缪云台 …… 684	颜廷阶 …… 688
	端 方 …… 676		缪凤林 …… 684	颜芸枢 …… 688
〔丨〕	端木恺 …… 676	〔𠃌〕	缪永顺 …… 684	颜承烈 …… 688
裴文中 …… 673	端木蕻良 …… 676	熊 丸 …… 681	缪金源 …… 684	颜金生 …… 688
裴志耕 …… 673	赛金花 …… 676	熊 伟 …… 681	缪荃孙 …… 684	颜惠庆 …… 688
裴鸣宇 …… 673	赛福鼎 …… 677	熊 英 …… 681	缪培南 …… 684	颜福庆 …… 688

颜德明 …… 688	潘漠华 …… 691	穆时英 …… 694	戴雨农 见	魏伯益 …… 701
翦伯赞 …… 688	潘馨航 见	穆济波 …… 694	戴　笠 …… 695	魏希文 …… 701
潘　贯 …… 688	潘　复 …… 688	穆湘玥 见	戴季陶 …… 698	魏金龙 …… 701
潘　复 …… 688	**十六画**	穆藕初 …… 694	戴金川 …… 699	魏金枝 …… 701
潘　菽 …… 688		穆藕初 …… 694	戴荣钜 …… 699	魏金亭 …… 701
潘　焱 …… 688	〔一〕	**十七画**	戴炳南 …… 699	魏重庆 …… 701
潘大道 …… 688			戴恩赛 …… 699	魏泽寰 …… 701
潘才浩 …… 688	燕化棠 …… 692	〔一〕	戴爱莲 …… 699	魏宗铨 …… 701
潘天寿 …… 689	薛　岳 …… 692		戴逸青 …… 699	魏建功 …… 701
潘公展 …… 689	薛　哲 …… 692	璩济吾 …… 695	戴高翔 …… 700	魏炳文 …… 701
潘公弼 …… 689	薛　鑫 …… 692	戴　笠 …… 695	戴望舒 …… 700	魏景蒙 …… 701
潘文安 …… 689	薛卜五 …… 692	戴　戡 …… 696	戴润生 …… 700	魏道明 …… 702
潘玉良 …… 689	薛仙舟 …… 692	戴　戟 …… 696	戴愧生 …… 700	魏嗣銮 …… 702
潘尔伯 …… 689	薛成华 …… 692	戴广进 …… 696	戴静山 见	魏献楚 …… 702
潘汉年 …… 689	薛光前 …… 692	戴之奇 …… 696	戴君仁 …… 698	魏毓兰 …… 702
潘达微 …… 689	薛仲述 …… 693	戴子安 …… 696	戴聚五 …… 700	魏镇华 …… 702
潘光旦 …… 690	薛伯陵 …… 693	戴子良 …… 696	戴粹伦 …… 700	
潘秀仁 …… 690	薛国珊 …… 693	戴天鹏 …… 696	戴德发 …… 700	〔、〕
潘序伦 …… 690	薛金吾 …… 693	戴元一 …… 696	戴麟经 …… 700	
潘其武 …… 690	薛笃弼 …… 693	戴云峰 …… 697	檀自新 …… 700	濮舜卿 …… 702
潘国聪 …… 690	薛觉先 …… 693	戴文赛 …… 697		寒先艾 …… 702
潘季野 …… 690	薛鸿猷 …… 693	戴传贤 见	〔丿〕	糜文开 …… 702
潘泽筠 …… 690	薛道枢 …… 693	戴季陶 …… 698		**十八画及以上**
潘宜之 …… 690	薄一波 …… 693	戴仲甫 见	魏　杰 …… 700	
潘承厚 …… 690	薄子明 …… 693	戴运轨 …… 697	魏　巍 …… 700	〔丨〕
潘承弼 见	薄有棱 …… 693	戴华堂 …… 697	魏大铭 …… 700	
潘景郑 …… 690	霍宝树 …… 693	戴安国 …… 697	魏化杰 …… 700	瞿秋白 …… 703
潘贯能 …… 690	霍揆彰 …… 694	戴安澜 …… 697	魏凤楼 …… 700	瞿银祥 …… 703
潘家洵 …… 690	霍嵩山 见	戴运轨 …… 697	魏火曜 …… 700	瞿鸿禨 …… 703
潘培敏 …… 690	霍揆彰 …… 694	戴克林 …… 697	魏有猛 …… 701	瞿韶华 …… 703
潘梓年 …… 690		戴克明 …… 697	魏廷荣 …… 701	鄺　悌 …… 703
潘维新 …… 690	〔丨〕	戴克崇 见	魏传连 …… 701	鄺文翰 …… 703
潘朝英 …… 690		戴杜衡 …… 697	魏汝谋 …… 701	
潘景郑 …… 690	冀朝鼎 …… 694	戴杜衡 …… 697	魏汝霖 …… 701	〔、〕
潘景吾 见		戴君仁 …… 698	魏来国 …… 701	
潘达微 …… 689	〔丿〕		魏佑铸 …… 701	麒麟童 见
潘廉方 …… 691	穆木天 …… 694			周信芳 …… 436

二　　画

〔一〕

丁　池
00001　丁　池／黄震遐／／＊中共军人志第1页

丁　玲
00002　丁玲与中共文学／周芬娜／／＊成文出版社1980年216页
00003　恩怨沧桑:沈从文与丁玲／李　辉／／＊业强出版社1992年221页
00004　陈登科与丁玲／曾宪光／／＊万人日报1975年11月22日
00005　丁玲的身世与作品／长　风／／＊文坛1962年23期
00006　丁玲小传／李立明／／＊展望1971年222期
00007　传奇的文学女强人——访丁玲／刘文勇／／＊中报月刊1980年3期
00008　记丁玲(三十年代作家印象记之一)／王映霞／／＊传记文学1993年62卷4期
00009　毛泽东与丁玲／孙琴安／／＊传记文学1997年71卷2期
00010　丁　玲／李雪纯等／／＊中共人名录(附录三)第55页
00011　丁　玲／林曼叔等／／＊中国当代作家小传第1辑第20页
00012　丁　玲／贺玉波／／中国现代女作家第89页
00013　丁　玲／李立明／／中国现代六百作家小传第1页
00014　丁玲和她的女儿／方　予／／＊中国现代作家资料选辑2集第61页
00015　数不尽风浪险的丁玲／彦　火／／当代中国作家风貌第164页
00016　丁玲／环华百科全书第5册第554页
00017　丁　玲／赵　聪／／＊现代中国作家列传第290页
00018　丁　玲／陈敬之／／＊现代文学早期的女作家第149页
00019　中央文化教育委员会委员丁玲／／＊新中国人物志(下)第212页

丁　盛
00020　丁　盛／黄震遐／／＊中共军人志第3页

丁　淼
00021　丁　淼／李立明／／中国现代六百作家小传第3页

丁　聪
00022　丁聪漫画插图速写集／＊(香港)三联书店1983年

丁二仲
00023　丁二仲和齐白石／邓散木／／＊艺林丛录(2)第178页

丁人杰
00024　丁人杰／＊革命人物志第1集第1页

丁开嶂
00025　丁开嶂(1870—1945)／丁迈鸿／／＊传记文学1974年25卷1期，＊民国人物小传第1册第4页
00026　丁开嶂／丁绪鸿、丁文隽／／＊革命人物志第1集第32页

丁仁长
00027　丁仁长(1860—1926)／周邦道／／＊近代教育先进传略(初集)第371页
00028　丁仁长行状／张学华／／＊碑传集三编第2册第559页
00029　丁仁长墓志铭／朱祖谋／／＊碑传集三编第2册第565页

丁文江
00030　丁文江的传记／胡　适／／＊"中央"研究院院刊编委会印行1956年版121页

00031　丁文江这个人／胡适等∥＊传记文学杂志社印行1967年230页
00032　丁文江与丁文渊／寄余生∥＊"中央"日报1958年1月15日
00033　丁故总干事文江逝世二十周年纪念刊／＊"中央"研究院院刊1956年3期
00034　丁文江与"中央"研究院／朱家骅∥＊"中央"研究院院刊1956年3期,朱家骅先生言论集第745页
00035　我和在君／董显光∥＊"中央"研究院院刊1956年3期
00036　现代学人丁在君先生的一角／罗家伦∥＊"中央"研究院院刊1956年3期
00037　我所记得的丁在君／蒋廷黻∥＊"中央"研究院院刊1956年3期,蒋廷黻选集第6集第1083页
00038　丁文江留英纪实／胡　适∥＊自由中国1956年15卷5期
00039　忆丁文江先生／凌鸿勋∥＊畅流1957年15卷1期
00040　千古文章未尽才——谈梁启超丁在君之死／陈　三∥＊畅流1960年21卷3期
00041　胡适与丁文江(上、下)／朱文伯∥＊民主潮1962年12卷11、12期
00042　丁文江先生二三事／蒋君章∥＊中外杂志1970年8卷4期
00043　现代徐霞客:丁文江(1—4)／徐慎缄∥＊中外杂志1971年9卷6期—10卷3期
00044　丁文江(1887—1936)／＊传记文学1973年23卷1期,＊民国人物小传第1册第1页
00045　地质学的启蒙人——丁文江／＊科学月刊1977年8卷5期
00046　中国地质界先驱——丁文江／蔡学忠∥＊近代中国1977年2期
00047　丁文江——一个中国科学家的画像／杨肃献∥＊仙人掌杂志1978年2卷4期
00048　丁文江——介于东西方之间的理性主义者／费侠莉(CharlotteFurth)∥＊仙人掌杂志1978年2卷4期
00049　丁文江、黄郛与大上海／朱沛莲∥＊中外杂志1978年23卷4期
00050　地质学家丁在君／杨挹光∥＊江苏文物1978年12期
00051　丁文江先生百年诞辰纪念／阮维周∥＊传记文学1987年50卷6期
00052　丁文江二三事／蒋君章∥＊中外人物专辑第1辑第79页
00053　丁文江／李日章∥＊中国现代思想家第6辑第3页
00054　丁文江走遍全国探宝藏／吴相湘∥＊民国百人传第1册第271页
00055　丁文江／谭慧生∥＊民国伟人传记第264页
00056　科学播种者丁文江先生／李德安∥＊当代名人风范(4)第1203页
00057　丁文江的故事／晓　恬∥＊当代名人故事第2辑
00058　丁文江(1887—1936)／戴晋新∥＊环华百科全书第4册第557页
00059　我所认识的丁文江先生／傅斯年∥＊傅斯年全集第7册第8页
00060　丁文江一个人物的几片光彩／傅斯年∥＊傅斯年全集第7册第20页

丁文渊
00061　悼丁文渊／徐道邻∥＊"中央"日报1958年1月12日
00062　丁文江与丁文渊／寄余生∥＊"中央"日报1958年1月15日
00063　悼丁文渊先生／朱文伯∥＊民主潮1958年8卷2期
00064　悼丁文渊先生／王世昭∥＊民主潮1958年8卷3期
00065　敬悼丁文渊先生／王　道∥＊人生1958年15卷5期
00066　石友三与丁文渊／雷啸岑∥＊中外杂志1970年8卷4期
00067　丁文渊(1897—1957)／关志昌∥＊传记文学1980年36卷6期,＊民国人物小传第4册第1页

丁石孙
00068　从校务委员会主席汤用彤到校长陈佳洱——续记北大百年后期八位负责人／关国煊∥＊传记文学1998年72卷5期

丁石僧
00069　追随总理献身革命实录／丁石僧口述、丁中江恭录∥＊春秋1964年1卷5期

00070 随侍国父琐怀／丁石僧∥＊春秋1965年3卷5期
00071 丁石僧革命余生录／＊春秋1967年7卷6期
00072 哀念父亲／丁中江∥＊春秋1968年8卷6期
00073 先君丁公石僧事略／丁中江等∥＊春秋1968年8卷6期,＊革命人物志第18集第10页
00074 丁石僧／＊传记文学1981年39卷5期,＊民国人物小传第5册第1页
00075 丁石僧／甘春煌／＊革命人物志第18集第1页

丁亚中
00076 丁亚中／＊革命人物志第1集第7页

丁西林
00077 独幕剧作家丁西林／李立明∥＊当代文艺1974年107期
00078 丁西林(1893—1974)／关志昌∥＊传记文学1979年35卷5期,＊民国人物小传第4册第3页
00079 丁西林／方雪纯等∥＊中共人名录第1页
00080 丁西林／李立明∥＊中国现代六百作家小传第4页,＊现代中国作家评传(一)第91页
00081 丁西林(1893—1974)／＊环华百科全书第4册第555页

丁匡华
00082 随军入越被困记／丁匡华∥＊报学1957年2卷1期
00083 十八年记者生活回忆(上、下)／丁匡华∥＊晨光1957年5卷8、9期

丁廷楣
00084 丁廷楣／刘绍唐主编∥＊传记文学1993年62卷6期

丁志辉
00085 丁志辉／黄震遐／＊中共军人志第1页
00086 人民政协代表丁志辉／董 边∥＊新中国人物志(下)第234页

丁更石
00087 丁更石／杨应锟／＊革命人物志第1集第3页

丁佛言
00088 记丁世峄／耕 农∥＊民主潮1954年3卷16期
00089 丁世峄、魏毓兰合传／魏懋杰∥＊山东文献1976年2卷2期

丁国铼
00090 丁国铼／丁雨卿∥＊革命人物志第1集第26页

丁学舜
00091 丁学舜／丁惟汾∥＊革命人物志第19集第1页

丁荣昌
00092 丁荣昌／黄震遐∥＊中共军人志第2页

丁厚扶
00093 丁厚扶传／邹 鲁∥＊民国四川人物小传第131页
00094 丁厚扶传／＊革命人物志第1集第8页

丁秋生
00095 丁秋生／黄震遐∥＊中共军人志第3页

丁衍镛
00096 张大千、丁衍镛、程十发／金嘉伦∥＊明报月刊1977年11期
00097 丁衍镛／关国煊∥＊传记文学1979年34卷6期,＊民国人物小传第3册第1页

丁炳权
00098 丁炳权／于翔麟∥＊传记文学1983年43卷6期

丁济万
00099 丁济万／关志昌∥＊传记文学1983年42卷2期,＊民国人物小传第6册第1页

丁祖荫

00100 张一麐推重丁祖荫／晚　禾∥﹡"中央"日报1963年1月4日

00101 丁祖荫湘素楼／﹡近代藏书三十家第81页

丁象谦

00102 丁象谦／丁哲生∥﹡革命人物志第1集第38页

丁惟汾

00103 刚毅木讷的学者革命家——丁惟汾传／杨仲揆∥﹡近代中国出版社1983年

00104 访丁惟汾先生话当年／王理璜∥﹡"中央"日报1953年11月4日

00105 丁惟汾先生事略／﹡"中央"日报1954年5月13日

00106 诂雅堂主自述／丁惟汾﹡"中央"日报1969年5月12日

00107 清刚耿介的丁惟汾先生／楚　厂∥﹡艺文志1966年12月

00108 丁惟汾／思　渝∥﹡古今谈1968年39期

00109 丁惟汾与《山东革命党史稿》／李云汉∥﹡山东文献1975年1卷2期

00110 鲁省教育先进传略（上）：丁惟汾／周邦道∥﹡山东文献1977年3卷2期

00111 革命穷书生——丁惟汾／杨仲揆∥﹡传记文学1983年43卷5期

00112 丁惟汾传／张国柱∥﹡中外杂志1985年37卷1期

00113 丁惟汾（1874—1954）／﹡民国人物小传第1册第2页

00114 丁惟汾（1874—1954）／周邦道∥﹡近代教育先进传略（初集）第290页

00115 丁惟汾（1874—1954）／甘丽珍∥﹡环华百科全书第4册第556页

00116 丁惟汾先生／程其恒∥﹡台湾政治大学第122页

00117 丁惟汾／﹡革命人物志第1集第9页

00118 丁鼎丞先生对于学术之贡献／屈万里∥﹡革命人物志第1集第15页

00119 追忆丁教育长／马星野∥﹡革命人物志第1集第19页

丁维栋

00120 掌握现在 贡献自己——丁维栋的人生观与记者生涯／周安仪∥﹡中国新闻从业人员群象（上册）第185页

丁超五

00121 丁超五／刘绍唐主编∥﹡传记文学1998年73卷2期

丁善德

00122 东方的旋律——中国著名作曲家丁善德的音乐生涯／茅于润、赵家圭∥（香港）上海书局有限公司1983年9月

丁福保

00123 丁仲祜先生百龄纪念／林光灏∥﹡畅流1975年50卷11期

00124 丁福保（1874—1952）／周卓怀∥﹡传记文学1977年31卷3期，﹡民国人物小传第3册第2页

00125 丁福保老师教我致富之道／陈存仁∥﹡传记文学1999年74卷3期

00126 丁福保诂林精舍／﹡近代藏书三十家第117页

00127 丁福保（1874—1952）／﹡环华百科全书第4册第551页

丁熊照

00128 丁熊照（1903—1976）／周卓怀∥﹡传记文学1978年32卷6期，﹡民国人物小传第3册第3页

丁德隆

00129 丁德隆／刘绍唐主编∥﹡传记文学1996年68卷5期

丁默村

00130 我与郑如苹行刺丁默村／孙　扬∥﹡艺文志1968年30期

00131 丁默村／刘绍唐主编∥﹡传记文学1999年74卷6期

00132 丁默村／胡遐园∥﹡贤不肖列传第114页

〔丨〕

卜少夫

00133　卜少夫这个人／刘绍唐∥﹡远景出版社1980年

00134　当仁不让——卜少夫／罗超华∥﹡中国一周1968年974期

00135　君子之交淡如水——卜少夫兄与我／戎马书生∥﹡大成1981年80期，﹡古今谈1981年195期

00136　卜少夫／李立明∥﹡中国现代六百作家小传第5页

00137　卜少夫／李德安∥﹡访问学林风云人物（上集）第264页

卜宝珩

00138　卜宝珩／卢懋原∥﹡革命人物志第1集第40页

卜道明

00139　卜道明和《苏俄百科全书》／阮君实∥﹡"中央"日报1965年5月22日

00140　卜道明先生的平生与事功／方雪纯∥﹡湖南文献1976年4卷3期

〔丿〕

八指头陀

00141　三湘四奇人（下）：黄读山／胥端甫∥﹡畅流1959年20卷1期

00142　湘绮门下三畸人（黄读山）／薛月庵∥﹡畅流1968年37卷10期

00143　诗僧八指头陀的故事／关志昌∥﹡传记文学1985年46卷5期

〔┐〕

刀安仁

00144　刀安仁／王　度∥﹡革命人物志第2集第1页

刁光昕

00145　刁光昕／﹡革命人物志第15集第1页

刁步云

00146　刁步云／丁惟汾∥﹡革命人物志第18集第16页

刁培然

00147　刁培然／﹡革命人物志第12集第1页

三　画

〔一〕

三　毛
00148　三　毛／刘绍唐主编∥*传记文学1993年63卷3期

干人俊
00149　干人俊／李立明∥*中国现代六百作家小传第9页

干国勋
00150　北伐前后——我的戎马生活／干国勋∥*中外杂志1976年19卷3期
00151　干国勋与力行社／乔家才∥*中外杂志1983年34卷1期，*湖北文献1983年69期
00152　悼念干国勋先生／刘贻晴∥*湖北文献1983年69期

于　力
00153　人民政协代表于力／*新中国人物志（下）第120页

于　伶
00154　于　伶／刘绍唐主编∥*传记文学1997年71卷3期
00155　于伶其人其事／宜荆容∥*三十年代文艺论丛第165页
00156　于　伶／林曼叔等∥*中国当代作家小传第82页
00157　于　伶／李立明∥*中国现代六百作家小传第7页

于　逢
00158　于　逢／李立明∥*中国现代六百作家小传第9页

于　斌
00159　于斌枢机主教逝世周年纪念特刊／*康宁杂志社编辑委员会编印1979年版202页
00160　一代完人于斌枢机／李霜青、麦　菁∥*野星1983年
00161　发起自由太平洋运动的于斌总主教／雷震远∥*中国一周1960年527期
00162　于斌总主教的生平／穆　超∥*自由太平洋1961年5卷4期
00163　于斌总主教与青年教育／黎正甫∥*恒毅1961年11卷2期
00164　于斌总主教年谱／穆　超∥*恒毅1961年11卷2期
00165　于总主教与天主教刊物／牛若望∥*恒毅1961年11卷2期
00166　于总主教与益世报／牛若望∥*恒毅1961年11卷2期
00167　我的亲家于枢机／程德受∥*中外杂志1978年24卷6期
00168　于枢机主教——最伟大最成功的国民外交家／周光世∥*宪政论坛1978年24卷6期
00169　圣哲不朽　道范长存——追念一位伟大的哲学、思想家／蒋耀祖∥*宪政论坛1978年24卷6期
00170　于斌枢机传（上、中、下）／张兴唐∥*中外杂志1978年24卷4—6期
00171　于野声枢机事略／方　豪∥*近代中国1978年7期
00172　永怀于野声枢机主教专刊／刘宇声等∥*恒毅1978年28卷4、5期
00173　于斌枢机主教逝世纪念特辑（上、下）／缪澄流等∥*传记文学1978年33卷3、4期
00174　于斌枢机与辅大永远同在／毛振翔∥*传记文学1978年33卷5期
00175　敬悼于枢机特辑／周鲸文等∥*时代批评1978年34卷11期
00176　于斌二三事／王醒魂∥*中外杂志1979年25卷2期
00177　于斌总主教小史／雷震远∥*宪政论坛1979年25卷5期—1980年25卷9期
00178　于枢机与世界语／王大任∥*建设1979年28卷7期
00179　于斌（1901—1978）／关志昌∥*传记文学1979年34卷4期，*民国人物小传第3册第4页

00180　于枢机野声先生传／张兴唐／／＊华学月刊1979年87期
00181　于斌枢机与中华文化／韩剑琴／／＊恒毅1980年29卷10期
00182　于枢机逝世三周年纪念专栏／蒋宋美龄等／／＊恒毅1981年31卷1、2期
00183　思想家的于斌——于枢机野声逝世三周年纪念／张其昀／／文艺复兴1981年126期
00184　我所认识的于斌枢机／周书楷／／＊中外杂志1983年34卷2期
00185　于斌／戴晋新／／＊环华百科全书第20册第260页
00186　第二任校长于斌枢机主教／王绍桢／／＊学府纪闻·私立辅仁大学第68页
00187　悼念于斌枢机／蒋宋美龄／／＊学府纪闻·私立辅仁大学第75页

于　衡

00188　采访十八年／于　衡／／＊传记文学1963年2卷2期
00189　采访二十五年（1—30）／于　衡／／＊传记文学1972年20卷1期—1974年25卷1期

于中和

00190　于中和／栗　直／／＊革命人物志第15集第2页

于凤至

00191　早年女佣回忆张学良与于凤至／赵云声／／＊传记文学1993年63卷4期

于右任

00192　我的青年时期／于右任／／＊正中书局1953年31页
00193　于右任传／张云家／／＊中外通讯社1958年版136页
00194　于右任先生创办革命报刊之经过及其影响／陈祖华／／＊于右任先生纪念馆管理委员会印行1964年
00195　于右任先生悼念专辑／＊京杭出版社编辑委员会编印1965年254页
00196　于右任纪念照片墨宝诗文传记悼念文联合专集／张云家／／＊中国长虹出版社1965年
00197　于右任年谱／刘凤翰／／＊传记文学出版社1967年8月版265页
00198　于右任先生年谱及陕西近代名人小志／＊于右任先生纪念馆、陕西同乡会文献委员会同编印1969年版63页
00199　于右任传／王成圣／／＊中外图书出版社1973年6月216页
00200　于右任的一生／李云汉／／＊新闻记者工会印行1973年9月版274页
00201　半哭半笑楼主——于右任传／张　健／／＊近代中国出版社1980年12月版168页
00202　于右任先生年谱／刘延涛／／＊商务印书馆1981年版286页
00203　于右老先生对报业的贡献／陈固亭／／＊"中央"日报1953年5月3日
00204　于右老二三事／龚选舞／／＊"中央"日报1954年4月20日
00205　于右任先生之早年事业／朱宗良／／＊"中央"日报1954年4月20日
00206　于髯公琐记／刘延涛／／＊"中央"日报1955年4月10、11日
00207　于右老与上海大学／尹　若／／＊"中央"日报1956年4月30日
00208　于右任与靖国军／陈固亭／／＊"中央"日报1957年4月21日，＊陕西文献1980年42期
00209　于右任先生二三事／筼　庐／／＊新生报1958年5月8日
00210　于右老的文坛地位／许君武／／＊"中央"日报1958年5月8日
00211　元老记者于右任／刘延涛／／＊自立晚报1961年9月4—10日
00212　元老记者于右老／吴益寿／／＊新闻报1962年4月24日
00213　于右老创行沪宁夜车／思　圣／／＊"中央"日报1962年11月18日
00214　牧羊儿的自述／于右任／／＊中华日报1963年4月13日，＊"中央"日报1964年11月17日
00215　右老生平／欧阳醇／／＊新闻报1964年11月11日
00216　于右任事略／＊"中央"日报1964年11月11日
00217　于右任先生二三事／石　敏／／＊"中央"日报1964年11月12日
00218　从于先生日记中看于右任先生／刘延涛／／＊"中央"日报1964年11月12日

00219　于右老的一生 / 刘凤翰 // ＊联合报 1964 年 11 月 12—15 日
00220　元老记者于右任 / 贺照礼 // ＊"中央"日报 1964 年 11 月 15 日
00221　于右任先生与新诗 / 钟鼎文 // ＊联合报 1964 年 11 月 17 日
00222　历历往事念右老 / 丁中江 // ＊自立晚报 1964 年 11 月 17 日
00223　于故院长墓表 / ＊"中央"日报 1965 年 7 月 16 日
00224　监察院之父——于右任 / 刘延涛 // ＊"中央"日报 1965 年 7 月 17 日
00225　第一任交通部长于右任 / 王 洸 // ＊"中央"日报 1965 年 7 月 26 日
00226　于右任先生与监察院 / 刘延涛 // ＊"中央"日报 1968 年 4 月 17、18 日
00227　于右老对于监察权之贡献 / 朱宗良 // ＊"中央"日报 1974 年 5 月 8 日
00228　三原于先生的教育事业 / 杨亮功 // ＊畅流 1953 年 7 卷 6 期
00229　于右任先生的亡命时期与诗（上、下） / 刘延涛 // ＊畅流 1953 年 8 卷 1、2 期
00230　于右老与新闻自由 / 赵君豪 // ＊中国一周 1954 年 209 期
00231　于右老在诗学上的成就 / 成场轩 // ＊中国一周 1954 年 209 期
00232　于右任先生的标准草书 / 潘重规 // ＊中国一周 1954 年 209 期
00233　元老记者于右任先生 / 刘延涛 // ＊报学 1955 年 1 卷 8 期，＊中国一周 1962 年 626 期
00234　于右任先生的革命事功 / 陈固亭 // ＊中国一周 1955 年 259 期
00235　于右老的教育文化事业 / 张庆桢 // ＊中国一周 1955 年 259 期
00236　于先生与《民立报》 / 朱宗良 // ＊畅流 1960 年 21 卷 5 期
00237　于右任先生年表 / 刘凤翰 // ＊幼狮学志 1963 年 2 卷 4 期
00238　于右老与马相伯先生 / 方 豪 // ＊传记文学 1964 年 5 卷 6 期
00239　从牧羊儿到监察院院长——于右任先生传略 / 吴相湘 // ＊传记文学 1964 年 5 卷 6 期
00240　监察院院长三原于公行状 / 程沧波 // ＊传记文学 1964 年 5 卷 6 期
00241　于右任先生对天主教文献的贡献 / 方 豪 // ＊恒毅 1964 年 14 卷 5 期
00242　于右任的青年时代 / 陈其铨 // ＊畅流 1964 年 29 卷 4 期
00243　追思于先生二三事 / 张目寒 // ＊畅流 1964 年 30 卷 8 期
00244　于右老的奋斗人生 / 孙圣源 // ＊中国一周 1964 年 731 期
00245　我认识于右老 / 张佛千 // ＊传记文学 1965 年 6 卷 1 期
00246　三位卯字号人物（蔡子民、于右任、胡适之） / 杨亮功 // ＊传记文学 1965 年 6 卷 3 期
00247　忆监察之父的于右老 / 何人斯 // ＊古今谈 1966 年 21 期
00248　于右任先生创办《三民报》之研究 / 陈祖华 // ＊台湾政治大学新闻研究所 1966 年硕士学位论文
00249　记于右老二三事 / 宋希尚 // ＊中国一周 1967 年 892 期
00250　于右老晚年的故事 / 于 衡 // ＊中外杂志 1969 年 6 卷 5 期
00251　三十载亲炙怀右老（上、下） / 乐恕人 // ＊中外杂志 1969 年 6 卷 5、6 期
00252　于右任先生（上、下） / 抑 盦 // ＊中华国学 1977 年 1 卷 8、9 期
00253　于故乡长右任先生百龄冥诞纪念专号 / 杨亮功等 // ＊陕西文献 1978 年 33 期
00254　元老记者——于右任 / 罗逸诚 // ＊畅流 1979 年 59 卷 6 期
00255　元老记者于右任先生 / 石 尘 // ＊明道文艺 1979 年 34 期
00256　布衣卿相于右任 / 刘凤翰 // ＊明道文艺 1979 年 40 期
00257　于右任的故事（1—9） / 于凌波 // ＊中外杂志 1982 年 36 卷 1 期—1985 年 37 卷 4 期
00258　于右任生前在苏州预择墓地 / 蔡贵三 // ＊传记文学 1993 年 63 卷 2 期
00259　于右任于与吴家元之死 / 王孝敏 // ＊传记文学 1997 年 71 卷 6 期
00260　悼书画名家美髯翁刘延涛——兼记与草圣于右任老的一段师生情谊 / 麦凤秋 // ＊传记文学 1999 年 74 卷 4 期
00261　于右任 / 惜 秋 // ＊民初风云人物（下）第 669 页
00262　于右任（1879—1964） / 邱奕松 // ＊民国人物小传第 1 册第 5 页

00263　于右任 / 吴相湘 // ＊民国百人传第 2 册第 43 页
00264　于右任 / 谭慧生 // ＊民国伟人传记第 565 页
00265　于右老的风范 / 李德安 // ＊当代名人风范（2）第 509 页
00266　于郎能复旧悲慷 / 陈　凡 // ＊尘梦集第 206 页
00267　悼念于右任先生 / 孙　科 // ＊孙科文集第 3 册第 1265 页
00268　于右任(1879—1964) / 戴晋新 // ＊环华百科全书第 20 册第 261 页
00269　于右任 / ＊革命人物志第 1 集第 42 页
00270　于右任墓表 / ＊革命人物志第 1 集第 44 页
00271　于右任先生与监察院 / 田炯锦 // ＊荆荫斋选集第 583 页
00272　我所认识的于右老 / 田炯锦 // ＊荆荫斋选集第 583 页

于占元
00273　"师父"于占元速写 / 薛俊枝 // ＊大成 1981 年 95 期

于兰洲
00274　于兰洲 / ＊革命人物志第 12 集第 4 页

于式枚
00275　于晦若槁死昆山 / 南　湖 // ＊"中央"日报 1962 年 5 月 17 日
00276　于式枚 / 刘绍唐主编 // ＊传记文学 1999 年 74 卷 2 期
00277　于式枚 / 邵镜人 // ＊近代中国史料丛刊续编第九十五辑（总 950）・同光风云录第 179 页
00278　于式枚(1853—1915) / 周邦道 // ＊近代教育先进传略（初集）第 394 页

于成泽
00279　于成泽 / 李立明 // ＊中国现代六百作家小传第 10 页

于廷枌
00280　于廷枌 / ＊革命人物志第 2 集第 2 页

于兆龙
00281　陆军中将于兆龙将军事略 / 陈康直 // ＊山东文献 1983 年 8 卷 4 期
00282　于兆龙(1902—1963) / 刘绍唐主编 // ＊传记文学 1993 年 62 卷 6 期

于沐尘
00283　于沐尘 / 于江东 // ＊革命人物志第 1 集第 49 页

于玮文
00284　于玮文与南京《新中华报》 / 曹一帆 // ＊中外杂志 1976 年 20 卷 6 期

于非暗
00285　于非暗和瘦金书 / 凯　风 // ＊艺林丛录（二）第 157 页
00286　花鸟画家于非暗 / 朱省斋 // ＊艺林丛录（二）第 363 页

于国桢
00287　传奇怪杰于国桢 / 冯世欣 // ＊传记文学 1994 年 65 卷 3 期

于鸣皋
00288　于鸣皋 / 知　希 // ＊革命人物志第 2 集第 3 页

于治堂
00289　于故代表治堂先生事略 // ＊山东文献 1980 年 5 卷 4 期
00290　于治堂 / ＊革命人物志第 21 集第 1 页

于学忠
00291　于学忠(1889—1964) / 于翔麟 // ＊传记文学 1979 年 35 卷 1 期，＊民国人物小传第 4 册第 7 页

于春暄
00292　于春暄 / 赵泮馨 // ＊革命人物志第 1 集第 52 页

于省吾
00293　于省吾 / 刘绍唐主编 // ＊传记文学 1987 年 50 卷 1 期

于复先
00294 挽于复先同志兄／李　璜／／＊民主潮 1980 年 30 卷 7 期
00295 敬悼于复先（少卿）先生／朱文伯／／＊民主潮 1980 年 30 卷 7 期
00296 于复先先生生平事略／王师曾／／＊民主潮 1980 年 30 卷 7 期
00297 敬悼军医长才于少卿博士（上下）／张　建／／＊传记文学 1980 年 37 卷 6 期—1981 年 38 卷 1 期

于洪起
00298 于洪起／于可长／／＊革命人物志第 3 集第 1 页

于振吉
00299 于振吉／＊革命人物志第 3 集第 3 页

于浣非
00300 浣　非／陈纪滢／／＊三十年代作家记第 177 页

于清祥
00301 于清祥／＊革命人物志第 12 集第 4 页

于喜田
00302 于喜田／黄震遐／／＊中共军人志第 5 页

于景让
00303 悼于景让先生／王梓良／／＊大陆杂志 1977 年 55 卷 5 期
00304 于景让教授行状／洪亦渊／／＊江苏文献 1979 年 12 期
00305 记植物学家于景让教授／毕中本／／＊传记文学 1995 年 67 卷 5 期

于赓虞
00306 于赓虞／刘绍唐主编／／＊传记文学 1999 年 74 卷 2 期
00307 于赓虞／李立明／／＊中国现代六百作家小传第 11 页
00308 于赓虞／舒　兰／／＊北伐前后诗作家和作品第 115 页

于源浦
00309 于源浦（？—1926）／周邦道／／＊近代教育先进传略（初集）第 409 页

于豪章
00310 陪侍于豪章将军赴美就医纪要／林克承／／＊传记文学 1999 年 75 卷 1 期

于德坤
00311 于德坤传／平　刚／／＊革命人物志第 1 集第 53 页

万羽
00312 万　羽／＊革命人物志第 7 集第 78 页

万里
00313 万　里（1916—）／朱新民／／＊环华百科全书第 20 册第 120 页

万骊
00314 万　骊／张　溉／／＊革命人物志第 13 集第 251 页

万毅
00315 万　毅／黄震遐／／＊中共军人志第 511 页

万一鹏
00316 记山水画家万一鹏／薛慧山／／＊大成 1981 年 95 期

万义田
00317 万义田／刘希和／／＊革命人物志第 11 集第 79 页

万卓恒
00318 忆万卓恒教授／高　翰／／＊学府纪闻·国立武汉大学第 117 页

万振西
00319 万振西／黄震遐／／＊中共军人志第 510 页

万福华

00320　万福华／＊革命人物志第 7 集第 79 页

万福来

00321　万福来／黄震遐／／＊中共军人志第 510 页

万福麟

00322　追忆万福麟将军／刘润川／／＊传记文学 1976 年 29 卷 2 期

00323　万福麟（1880—1951）／关志昌／／＊传记文学 1977 年 30 卷 3 期，＊民国人物小传第 3 册第 285 页

00324　万福麟／＊革命人物志第 22 集第 330 页

万墨林

00325　沪上往事（1—4 册）／万墨林／／＊中外图书出版社 1973 年 6 月

00326　万墨林在日本／（日）后藤一夫著、冯永材译／／＊中外杂志 1977 年 21 卷 1 期

万耀煌

00327　万耀煌将军日记（2 册）／＊湖北文献社 1978 年

00328　万耀煌谈当年革命／＊"中央"日报 1970 年 10 月 10 日

00329　西安事变身历记（上、下）／万耀煌／／＊中外杂志 1967 年 2 卷 1—2 期

00330　主持陆军大学时期的回忆（1—5）／万耀煌／／＊传记文学 1973 年 23 卷 5 期—1974 年 24 卷 5 期

00331　忆舅丈万耀煌先生／潘光建／／＊中外杂志 1977 年 21 卷 5 期

00332　万耀煌（1891—1977）／林抱石等／／＊传记文学 1980 年 36 卷 5 期，＊民国人物小传第 4 册第 344 页

00333　我所熟知的万耀煌先生／刘弘坚／／＊湖北文献 1980 年 57 期

00334　万耀煌／＊革命人物志第 17 集 296 页

00335　武公世伯生平事略／李志新／／＊革命人物志第 17 集第 299 页

尢　列

00336　尢列事略／冼　江／／（香港）中国文化学院 1951 年 9 月 71 页

00337　尢　列（1865—1936）／关国煊／／＊传记文学 1980 年 37 卷 2 期，＊民国人物小传第 4 册第 9 页

00338　尢　列／＊革命人物志第 1 集第 60 页

00339　尢列预作之遗嘱／革命人物志第 1 集第 67 页

寸性奇

00340　寸性奇／诸祖耿／／＊革命人物志第 1 集第 67 页

〔丨〕

上官云相

00341　上官云相（1895—1969）／于翔麟／／＊传记文学 1980 年 37 卷 4 期，＊民国人物小传第 4 册第 5 页

00342　上官云相／孙建庸／／＊革命人物志第 15 集第 7 页

上官豆朝

00343　上官豆朝／＊革命人物志第 18 集第 191 页

〔丿〕

千家驹

00344　七十年的经历／千家驹／／（香港）香港镜报文化企业有限公司 1986 年 343 页

00345　千家驹论胡适（附千家驹简介）／唐德刚序、千家驹函／／＊传记文学 1985 年 46 卷 6 期

〔丶〕

广　禄

00346　广禄回忆录／＊文星书局 1964 年 181 页，＊传记文学出版社 1970 年版

00347　广　禄／＊革命人物志第 12 集第 436 页

〔丨〕

弓海亭
00348　弓海亭／＊革命人物志第1集第69页

卫小堂
00349　卫小堂／黄震遐／／＊中共军人志第647页

卫立煌
00350　卫立煌与陈明仁／潘际坰、洛　翼／／（香港）大公报社1955年版34页
00351　东北见闻录——莫德惠、卫立煌、梁华盛、董彦平／赵世洵／／＊大成1977年49期
00352　卫立煌／于翔麟／＊传记文学1980年36卷6期，＊民国人物小传第4册第386页
00353　从纽约新居忆立煌往事／马联芳／＊传记文学1980年37卷6期
00354　卫立煌怎样送掉东北／赵荣声／／＊传记文学1993年62卷2期
00355　卫立煌续弦妻子结褵的经过／赵荣声／＊传记文学1993年62卷2期
00356　卫立煌与韩权华／郭　桐／＊国共风云名人录第4集第87页
00357　梅贻琦与卫立煌的亲属／郭　桐／＊国共风云名人录第4集第100页

卫挺生
00358　卫挺生自传／卫挺生／／＊中外图书出版社1977年2月版218页
00359　我的早年／卫挺生／／＊中外杂志1975年17卷1期
00360　清末民初留美九年／卫挺生／／＊中外杂志1975年17卷4期
00361　从讲堂到银行／卫挺生／＊中外杂志1975年17卷6期
00362　从政闲话／卫挺生／／＊中外杂志1975年18卷2期
00363　重返书生生活／卫挺生／／＊中外杂志1975年18卷6期
00364　追忆卫挺生先生／程石泉／＊中外杂志1978年24卷3期
00365　卫挺生（1890—1977）／谢扶雅／＊传记文学1978年32卷3期，＊民国人物小传第3册第330页
00366　怀念经济学人卫挺生／闵湘帆／／＊中外杂志1983年33卷3期

卫聚贤
00367　卫聚贤书生报国／丁中江／＊春秋1977年22卷5期

小九九
00368　小九九／胡遯园／／＊贤不肖列传第155页

小凤仙
00369　蔡松坡和小凤仙／丁中江／＊春秋1965年2卷5、6期
00370　赛金花与小凤仙／曾虚白／／＊大成1984年127期，（无）＊曾虚白自选集第196页
00371　名妓小凤仙的出身和下落／金承艺／／＊传记文学1987年50卷3期
00372　有关小凤仙的一点小补充（书简）／赵志邦／／＊传记文学1987年50卷6期

小阿凤
00373　王克敏继室小阿凤（书简）／朱　桂／／＊传记文学1987年50卷3期

习仲勋
00374　访问习仲勋／关　诺／／＊国共风云名人录第2辑第5页

马龙
00375　马　龙／黄震遐／／＊中共军人志第270页

马宁
00376　马　宁／黄震遐／＊中共军人志第268页
00377　传奇式作家马宁／彦　火／／＊当代中国作家风貌（续编）第120页

马英
00378　马　英／＊革命人物志第10集第269页

马　侣
00379　马侣传／邹　鲁／／＊革命人物志第 4 集第 135 页
马　荣
00380　马　荣／张难先／／＊革命人物志第 4 集第 136 页
马　浮
00381　马一浮、沈尹默、王造时、孙大雨——记四位大学者的不幸遭遇／重　威／／＊中报 1980 年 8 期
00382　谈熊十力与马一浮／敬　园／／＊畅流 1960 年 21 卷 10 期
00383　从"尔雅台答问"谈马浮先生／马兆宽／／＊文史学报 1972 年 9 期
00384　马　浮(1883—1967)／关国煊／／＊传记文学 1981 年 39 卷 5 期，＊民国人物小传第 5 册第 207 页
马　骏
00385　马　骏／／＊革命人物志第 10 集第 272 页
马　烽
00386　山西作家马烽与西戎／待　旦／／＊万人杂志周刊 1971 年 180 期
00387　马　烽／张大军／／＊中共人名录第 97 页
00388　马　烽／林曼叔等／／＊中国当代作家小传第 136 页
00389　马　烽／李立明／／＊中国现代六百作家小传第 309 页
马　森
00390　马　森／黄震遐／／＊中共军人志第 268 页
马　辉
00391　马　辉／黄震遐／／＊中共军人志第 269 页
马　湘
00392　马　湘／刘绍唐主编／／＊传记文学 1994 年 65 卷 5 期
马　锳
00393　马　锳／刘绍唐主编／／＊传记文学 1994 年 65 卷 4 期
马　骢
00394　马　骢／周鳌山／／＊革命人物志第 10 集第 272 页
马　衡
00395　马　衡(1881—1955)／关国煊／／＊传记文学 1980 年 37 卷 1 期，＊民国人物小传第 4 册第 183 页
马士宏
00396　马士宏／／＊革命人物志第 10 集第 275 页
马卫华
00397　马卫华／黄震遐／／＊中共军人志第 270 页
马元利
00398　马元利／／＊革命人物志第 20 集第 137 页
马元亮
00399　梨园鬼才马元亮／齐　崧／／＊传记文学 1975 年 26 卷 6 期
马元祥
00400　马元祥／／＊革命人物志第 19 集第 137 页
马云龙
00401　马云龙／／＊革命人物志第 4 集第 136 页
马少波
00402　剧作家马少波的艺术道路／荣　庆／／＊中报月刊 1985 年 61 期
马公愚
00403　马公愚(1893—1969)／关国煊／／＊传记文学 1983 年 42 卷 3 期，＊民国人物小传第 6 册第 165 页
马文明
00404　马文明／蔡屏藩／／＊革命人物志第 10 集第 275 页

马文彩
00405 马文彩／＊革命人物志第10集第276页
马玉仁
00406 马玉仁／刘绍唐主编／／＊传记文学1996年68卷1期
马占山
00407 耿耿孤忠——马占山传／藏冠华／／＊近代中国杂志出版社1983年144页
00408 回忆马占山将军／刘健群／／＊传记文学1962年1卷4期
00409 马占山和江桥之战／栗 直／／＊中外杂志1972年12卷1期
00410 记马占山将军重返东北／陈嘉骥／／＊传记文学1972年21卷1期
00411 马占山(1885—1950)／关国煊／／＊传记文学1980年36卷4期，＊民国人物小传第4册第186页
00412 我的父亲马占山／马玉文／／＊传记文学1993年62卷4期
00413 在苏联如何安置在困境中的马占山／师哲／／＊传记文学1993年62卷4期
00414 马占山投效蒋委员长的经过(节录)——马占山将军亲送"兰谱"与我"拜把子"结异姓兄弟追记／刘健群／／＊传记文学1993年62卷4期
00415 马占山亲笔函件吴洽民／吴洽民／／＊传记文学1993年63卷1期
00416 马占山在北平和平解放中所扮演的角色／蔡莲生／／＊传记文学1993年63卷2期
00417 马占山(1887—1950)／甘丽珍／／＊环华百科全书第2册第293页
马白山
00418 马白山／黄震遐／／＊中共军人志第265页
马白水
00419 马白水水彩画集序／张其昀／／＊中国一周1965年805期
00420 水彩画大师马白水教授／李道显／／＊中国一周1965年807期
马汉三
00421 毛人凤升官与马汉三之死／文 强／／＊传记文学1993年62卷1期
马幼伯
00422 马幼伯／＊革命人物志第12集第216页
马有岳
00423 马有岳／革命人物志第12集第221页、第15集第180页
马师恭
00424 马师恭／＊革命人物志第19集第138页
马师曾
00425 马师曾(1900—1964)／关国煊／／＊传记文学1982年40卷6期，＊民国人物小传第5册第215页
00426 云鬟玉腿马师曾／陈 凡／／尘梦集第317页
马廷英
00427 马廷英先生之研究工作及其成就／周昌云／／＊教育与文化1955年7卷7期
00428 悼马廷英先生／王梓良／／＊大陆杂志1979年59卷6期
00429 马廷英(1900—1979)／林 泉／／＊传记文学1980年36卷2期，＊民国人物小传第4册第188页
00430 千秋事业存尺土 万古玄机得寸心——地质学家马廷英先生平生事略／马国光／／＊书评书目1981年99期
00431 马廷英／＊环华百科全书第2册第248页
00432 马廷英是性情中人／应平书／／＊学人风范第227页
马伏尧
00433 我与共产党／马伏尧／／(香港)自由出版社1952年版197页
马仲英
00434 哈密民变与马仲英／尧乐博士／／＊传记文学1968年13卷1期

00435 马仲英天山扬威记／尧乐博士／／＊传记文学1968年13卷2期
00436 马仲英瞭墩大捷／尧乐博士／／＊传记文学1968年13卷3期
00437 盛世才与马仲英／尧乐博士／／＊中外杂志1969年5卷5期
00438 马仲英逃俄之迷——《盖棺论盛世才》之十一／张大军／／＊传记文学1972年21卷4期
00439 马仲英是被苏俄绑架而去的(书简)／黄大受／／＊传记文学1972年21卷6期
00440 新疆变乱中的人与事:马仲英误上贼船／李郁塘／／＊中外杂志1979年26卷4期
00441 马仲英、盛世骐惨死内幕／李郁塘／／＊中外杂志1980年28卷2期

马仲殊
00442 马仲殊／李立明／／＊中国现代六百作家小传第310页
00443 马仲殊／谢冰莹／／＊作家印象记第87页

马兆民
00444 马兆民／黄震遐／／＊中共军人志第265页

马约翰
00445 马约翰(1882—1966)／关志昌／／＊传记文学1981年39卷5期,＊民国人物小传第5册第210页
00446 关于《马约翰小传》／关志昌／／＊传记文学1983年42卷6期

马纪壮
00447 马纪壮／刘绍唐主编／／＊传记文学1998年73卷4期
00448 马纪壮／＊环华百科全书第2册第285页

马寿华
00449 马寿华先生纪念集／＊马寿华先生纪念集编委会编印1978年版252页
00450 诗、书、画三绝马寿华／王柳敏／／＊自立晚报1970年11月15日
00451 马寿华先生的学问道德／陈海涛／／＊中国一周1962年628期
00452 画坛名贤马寿华／＊美哉中华1969年4期
00453 书画温润的马寿华／姚梦谷／／＊"中央"月刊1978年10卷8期
00454 马寿华(1893—1977)／赵子瑜、邱奕松／／＊传记文学1983年43卷1期,＊民国人物小传第103页
00455 访书画名家马寿华先生／李德安／／＊当代名人风范(4)第1259页
00456 马木轩先生小传／＊学府纪闻·国立河南大学第202页
00457 马寿华／＊革命人物志第20集第139页
00458 功在国家　艺重士林——敬悼马木轩先生／王　昇／／＊革命人物志第20集第142页

马连良
00459 马连良南来种种／易　金／／＊联合报1962年10月14、15日
00460 马连良独树一帜(上、下)／丁秉鐩／／＊传记文学1977年31卷2、3期
00461 马连良挑班二十年／丁秉鐩／／＊传记文学1977年31卷4期
00462 马连良剧艺评介(上、下)／丁秉鐩／／＊传记文学1977年31卷5、6期
00463 马连良少年时／包缉庭／／＊大成1977年39期
00464 马连良(1901—1966)／关志昌／／＊传记文学1982年40卷6期,＊民国人物小传第5册第212页
00465 忆马连良老师／李世济／／＊大成1984年1期
00466 回忆马连良之死／王吟秋／／＊传记文学1994年65卷2期
00467 记名伶马连良两次在香港／沈苇窗／／＊传记文学1996年69卷3期
00468 马连良／甘丽珍／／＊环华百科全书第2册第268页

马步芳
00469 在马步芳兄弟统治下的青海／何尔丰／／＊春秋1968年8卷2期
00470 马步芳(1903—1975)／于翔麟／／＊传记文学1980年37卷1期,＊民国人物小传第4册第190页
00471 马鸿达、马步芳、马步青三杰／蔡孟坚／／＊传记文学1996年69卷5期

00472　马步芳的"海外皇宫" / ＊国共风云名人录第 2 辑第 117 页

马步青

00473　马鸿达、马步芳、马步青三杰 / 蔡孟坚 // ＊传记文学 1996 年 69 卷 5 期

00474　马步青(1898—1977) / 于翔麟 // ＊民国人物小传第 4 册第 191 页

马步祥

00475　马步祥 / ＊革命人物志第 18 集第 131 页

马秀明

00476　回忆马秀明教授 / 徐兆镛 // ＊学府纪闻·私立燕京大学第 132 页

马伯援

00477　马伯援传略 / 谢扶雅 // ＊传记文学 1974 年 25 卷 2 期

00478　马伯援(1884—1936) / 谢扶雅 // ＊传记文学 1975 年 26 卷 2 期，＊民国人物小传第 2 册第 112 页，＊革命人物志第 15 集第 184 页

00479　《三十三年的剩话》前记——先父马公伯援百岁诞辰纪念 / 尹马必宁 // ＊传记文学 1984 年 44 卷 3 期

00480　民初人物印像记(选载)——选自马伯援遗稿"三十三年的剩话" / 马伯援 // ＊传记文学 1984 年 44 卷 3 期

马希圣

00481　马希圣 / 黄震遐 // ＊中共军人志第 266 页

马君武

00482　马君武先生百年诞辰纪念特刊 / ＊马君武先生百年诞辰纪念会特刊编委会编印 1981 年版 195 页

00483　马君武博士生平事迹 / 李道坚 // ＊1980 年印行

00484　马君武先生轶事 / 李　里 // ＊自立晚报 1963 年 5 月 20—22 日

00485　马君武博士的韵事 / 王　康 // ＊"中央"日报 1964 年 6 月 5 日

00486　马君武其人其文 / 少　康 // ＊春秋 1964 年 1 卷 1 期

00487　忆老朋友马君武 / 邓家彦 // ＊艺文志 1965 年 2 期

00488　记马君武 / 文　雷 // ＊中外杂志 1967 年 2 卷 2 期

00489　马君武轶事补遗 / 梦　九 // ＊春秋 1968 年 8 卷 4 期

00490　马君武(1880—1940) / ＊传记文学 1973 年 22 卷 4 期，＊民国人物小传第 1 册第 121 页

00491　马君武名士风流 / 畏　之 // ＊春秋 1975 年 22 卷 2 期

00492　回忆马君武先生 / 谢　康 // ＊中外杂志 1976 年 20 卷 1 期

00493　马君武传略 / 周邦道 // ＊华学月刊 1976 年 59 期

00494　树木树人的马君武先生 / 孙元曾 // ＊教育 1976 年 308 期

00495　马君武与中国公学 / 江厚垲 // ＊江苏文物 1978 年 10 期

00496　马君武追随国父革命纪略 / 邓铭煌 // ＊近代中国 1980 年 17 期

00497　我的父亲马君武先生和我的生活忆往 / 马保之 // ＊大成 1980 年 80 期

00498　马君武的早期思想与言论 / 黄嘉谟 // ＊"中央"研究院近代史研究所集刊 1981 年 10 期

00499　一个苦学生的自述(附:马君武诗与联语) / ＊大成 1981 年 94 期

00500　民初人物印象记 / 马伯援 // ＊传记文学 1984 年 44 卷 5 期

00501　马君武 / 王世祯 // ＊民国人豪图传第 295 页

00502　追念大夏首任校长马君武博士 / 卢绍稷 // ＊学府纪闻·私立大夏大学第 33 页

00503　马君武 / 周邦道等 // ＊近代教育先进传略(初集)第 398 页

00504　省长诗人马君武 / 陈敬之 // ＊首创民族主义文艺的"南社"第 53 页

00505　马君武 / ＊革命人物志第 4 集第 129 页

马其昶

00506　马其昶(1855—1930) / 何广棪 // ＊传记文学 1976 年 28 卷 3 期，＊民国人物小传第 2 册第 115 页

马国琳

00507 马国琳 / 刘绍唐主编 // *传记文学 1996 年 69 卷 2 期

马明方

00508 马明方 / 刘绍唐主编 // *传记文学 1999 年 75 卷 3 期

马忠全

00509 马忠全 / 黄震遐 // *中共军人志第 267 页

马法五

00510 马法五 / 刘绍唐主编 // *传记文学 1992 年 60 卷 4 期

马宗汉

00511 马宗汉 / 马燮钧 // *革命人物志第 4 集第 133 页

马宗融

00512 记马宗融 / 毛一波 // *四川文献 1966 年 44 期

马宗霍

00513 马宗霍 / 刘绍唐主编 // *传记文学 1995 年 67 卷 1 期

马绍文

00514 记马绍文先生 / 丘斌存 // *中华日报 1968 年 12 月 10 日

00515 八朋画友小传 / *畅流 1963 年 27 卷 10 期

00516 悼马绍文先生 / 王壮为 // *畅流 1968 年 38 卷 9 期

00517 清风亮节的马瀞庐先生 / 方延豪 // *艺文志 1979 年 163 期

马荫芝

00518 马荫芝 / *革命人物志第 10 集第 278 页

马相伯

00519 马相伯先生年谱 / 张若谷 // *文海出版社近代中国史料丛刊第六十七辑(总 664)影印本 296 页

00520 辛亥革命时期之马相伯先生 / 方　豪 // *"中央"日报 1965 年 10 月 10—11 日

00521 马相伯先生的生平及其思想(1—7) / 方　豪 // *民主评论 1955 年 6 卷 8—15 期

00522 马相伯先生印象的片断 / 高平子 // *新时代 1963 年 3 卷 12 期

00523 于右老与马相伯先生 / 方　豪 // *传记文学 1964 年 5 卷 6 期

00524 马相伯先生事略 / 方　豪 // *传记文学 1969 年 15 卷 1 期，*马相伯先生文集·续编·新篇第 1 页

00525 中兴人瑞马相伯(上、下) / 王培尧 // *中外杂志 1972 年 12 卷 5、6 期

00526 马　良(1840—1939) / 刘绍唐主编 // *传记文学 1973 年 23 卷 1 期，*民国人物小传第 1 册第 118 页

00527 马相伯先生与《圣经》 / 方　豪 // *东方杂志 1976 年 9 卷 7 期

00528 百龄人瑞马相伯先生的"邮缘"——从邮政档案和赫德信探索当代史料 / 博　闻 // *交通建设 1984 年 33 卷 3 期

00529 马　良 / 刘绍唐主编 // *传记文学 1999 年 75 卷 2 期

00530 马　良 / 方　豪 // *中国天主教史人物传第 3 册第 292 页

00531 国之大老马相伯 / 刘榮琮 // *民国人物纪闻第 217 页

00532 马　良 / 谭慧生 // *民国伟人传记第 312 页

00533 马　良(1840—1939) / 周邦道 // *近代教育先进传略(初集)第 44 页

00534 马　良(1840—1939) / 戴晋新 // *环华百科全书第 2 册第 270 页

马树礼

00535 勇者的画像——为报纸、广播、外交贡献一切的马树礼 / 周安仪 // *中国新闻从业人员群像(上册)第 201 页

马星野

00536 我的留学生活 / 马星野等 // *中华日报社 1981 年版 226 页

00537　忆马星野先生主持《中央日报》的经过 / 张力耕 // *"中央"日报 1957 年 3 月 12 日
00538　马星野先生重返新闻界 / 郑贞铭 // *"中央"日报 1964 年 12 月 1 日
00539　我在南京办报的回忆 / 马星野 // *中华日报 1966 年 2 月 21 日
00540　马星野记者本色 / 王洪钧 // *中国一周 1959 年 483 期
00541　教授·报人马星野 / 郑贞铭 // *中国一周 1964 年 761 期
00542　我从事新闻教育经过 / 马星野 // *报学 1965 年 3 卷 4 期，*传记文学 1965 年 6 卷 5 期
00543　追念马星野先生 / 谢然之 // 传记文学 1992 年 60 卷 1 期
00544　中国新闻事业的老兵——马星野 / 周安仪 // *中国新闻从业人员群像(上册)第 1 页
00545　访名报人马星野先生 / 李德安 // *当代名人风范(3)第 841 页
00546　马星野 / *环华百科全书第 2 册第 292 页

马思聪

00547　马思聪虎口余生 / 姚立夫 // (香港)春秋出版社 1967 年版 40 页
00548　逃亡曲 / 马思聪 // (香港)自联出版社 1967 年 9 月 41 页
00549　马思聪其人其事 / 蔡天予 // *新闻报 1967 年 5 月 4 日
00550　马思聪的故事 / 韦蜀游、赵慕嵩 // *联合报 1968 年 4 月 2 日
00551　访马思聪先生 / 殷允芃 // *"中央"日报 1970 年 4 月 2 日
00552　马思聪先生访问记 / 淦　金 // *中华杂志 1968 年 6 卷 4 期
00553　驰誉世界乐坛的名音乐家马思聪教授 / 李永刚 // 中国一周 1968 年 939 期
00554　我的老师——民族音乐家马思聪先生 / 张锦鸿 // *中国一周 1968 年 939 期
00555　马思聪的生平及其造诣 / 颜文雄 // *中国一周 1968 年 940 期
00556　音乐诗人马思聪 / 杨立达 // *传记文学 1987 年 51 卷 1 期
00557　马思聪 / 乔　佩 // *中国现代音乐家第 47 页
00558　马思聪先生心系祖国 / 李德安 // *当代名人风范(1)第 89 页

马叙伦

00559　马叙伦(1884—1970) / 关国煊 // *传记文学 1979 年 35 卷 5 期，*民国人物小传第 4 册第 193 页
00560　政务院教育部部长马叙伦 // *新中国人物志(上)第 52 页

马彦祥

00561　马彦祥 / 方雪纯等 // *中共人名录第 307 页
00562　马彦祥 / 李立明 // *中国现代六百作家小传第 311 页

马冠三

00563　马冠三 / 黄震遐 // *中共军人志第 267 页

马晓军

00564　马晓军(1881—1959) / 于翔麟 // *传记文学 1981 年 39 卷 1 期，*民国人物小传第 5 册第 217 页
00565　马晓军 / 白崇禧 // *革命人物志第 12 集第 225 页

马骊珠

00566　再披歌衫重上氍毹 / 马骊珠 // *传记文学 1981 年 38 卷 5 期
00567　幼年学戏的痛苦回忆 / 马骊珠 // *传记文学 1982 年 40 卷 1 期
00568　再去龙吟，前度伶人今又来 / 马骊珠 // *传记文学 1984 年 44 卷 2 期
00569　演戏惊魂记 / 马骊珠 // *传记文学 1984 年 44 卷 3 期

马培基

00570　马培基 / *革命人物志第 18 集第 132 页

马彬龢

00571　抗战奇人马彬龢(上、下) / 曾虚白 // *传记文学 1963 年 2 卷 3、4 期

马鸿逵

00572　马少云将军回忆录 / 马鸿逵 // (香港)文艺书屋 1984 年 1 月版 339 页

00573　马鸿逵(1892—1970) / 蒋永敬 // *传记文学 1975 年 27 卷 2 期, *民国人物小传第 2 册第 116 页
00574　马鸿达、马步芳、马步青三杰 / 蔡孟坚 // *传记文学 1996 年 69 卷 5 期
00575　马鸿逵 / *革命人物志第 10 集第 278 页

马寅初

00576　一生诚实敢言的马寅初 / 吕　华 // *镜报 1984 年 86 期
00577　马寅初(1882—1982) / 关国煊 // *传记文学 1982 年 41 卷 1 期, *民国人物小传第 6 册第 168 页
00578　重大校长叶元龙亲历马寅初事件 / 叶元龙原作、戴朴庵选注 // *传记文学 1992 年 60 卷 3 期
00579　从校务委员会主席汤用彤到校长陈佳洱——续记北大百年后期八位负责人 / 关国煊 // *传记文学 1998 年 72 卷 5 期
00580　北大首任校长马寅初平反前后 / 杨建华 // *传记文学 1998 年 73 卷 1 期
00581　马寅初(1882—1982) / 甘丽珍 // *环华百科全书第 2 册第 313 页
00582　中央人民政府委员马寅初 / *新中国人物志(上)第 90 页

马维昶

00583　马维昶 / *革命人物志第 4 集第 137 页

马超俊

00584　马超俊先生简史 / 任治沅 // *1955 年版
00585　中国工运之父马超俊传 / 朱慧大 // 近代中国杂志社 1988 年 196 页
00586　工运导师马超俊先生 / 张其昀 // *"中央"日报 1965 年 10 月 14 日
00587　上海工运的鼻祖马超俊先生 / 祝秀侠 // *中国一周 1955 年 262 期
00588　马超俊先生八秩大庆祝贺专辑 / 高　信等 // *中国一周 1965 年 806 期
00589　追怀马超俊先生 / 陈士诚 // *中外杂志 1977 年 22 卷 5 期
00590　革命元老马超俊 / 易笑侬 // *畅流 1977 年 56 卷 7 期
00591　马超俊先生与工运 / 陈士诚 // *传记文学 1978 年 32 卷 2 期
00592　马超俊(1886—1977) / 关国煊 // *传记文学 1979 年 34 卷 1 期, *民国人物小传第 3 册第 121 页
00593　马超俊 / 王世祯 // *民国人豪图传第 319 页
00594　马超俊(1886—1977) / 甘丽珍 // *环华百科全书第 2 册第 296 页
00595　马超俊 / *革命人物志第 17 集第 158 页

马翔龙

00596　马翔龙 / *革命人物志第 10 集第 276 页

马富禄

00597　马富禄 / 丁秉鐩 // *传记文学 1979 年 34 卷 3 期
00598　哀梨园二名丑——萧长华与马富禄之死 / 司马不平 // *戏曲艺术 1980 年 1—4 期, *传记文学 1981 年 38 卷 6 期, *大成 1981 年 89 期

马登云

00599　马登云 / *革命人物志第 18 集第 135 页

马福益

00600　马福益 / *革命人物志第 4 集第 138 页

马福祥

00601　马福祥(1876—1932) / 于翔麟 // *传记文学 1979 年 35 卷 4 期, *民国人物小传第 4 册第 197 页
00602　马福祥 / 周邦道 // *近代教育先进传略(初集)第 335 页
00603　马福祥 / 张　维 // *革命人物志第 12 集第 222 页

马增玉

00604　马增玉 / *革命人物志第 10 集第 277 页

马遵援

00605　马遵援 / *革命人物志第 12 集第 228 页

四　画

〔一〕

丰子恺

00606　丰子恺先生年表／潘文彦／／＊香港时代图书有限公司 1979 年 5 月版 59 页
00607　访丰子恺先生／黄顺华／＊新生报 1948 年 10 月 15 日
00608　艺术家丰子恺／李立明／＊星岛日报 1976 年 7 月 18 日
00609　丰子恺先生二三事／明　川／／＊明报月刊 1973 年 3 期
00610　记丰子恺／刘以鬯／＊文林月刊 1973 年 6 期
00611　丰子恺（1898—1975）／关国煊／／＊传记文学 1976 年 29 卷 2 期，＊民国人物小传第 2 册第 320 页
00612　怀先师丰子恺／何葆兰／／＊当代文艺 1976 年 5 期
00613　"护生画集"画主丰子恺居士略传／蒯通林／／＊慧炬 1980 年 188—189 期
00614　忆我的父亲丰子恺的晚年生活／丰华瞻／／＊中报月刊 1980 年 2 期
00615　诚恳朴实的画家——丰子恺／亮　轩／／＊香港佛教 1982 年 270 期
00616　丰子恺的人和画／廖雪芳／／＊香港佛教 1982 年 270 期
00617　一代漫画大师丰子恺／蒋健飞／／＊香港佛教 1982 年 270 期
00618　丰子恺先生晚年的遭遇及其遗作／一　吟／／＊浙江月刊 1983 年 15 卷 9 期
00619　丰子恺与日本文学／丰华瞻／／＊中报月刊 1984 年 48 期，文汇月刊 1984 年 9 期
00620　丰子恺与白居易／丰华瞻／／＊中报月刊 1985 年 65 期
00621　丰子恺／赵景深／＊文人印象第 142 页
00622　丰子恺／康培初／＊文学作家时代第 165 页
00623　丰子恺／李立明／／＊中国现代六百作家小传第 561 页
00624　丰子恺／颖　子／＊中国新学术人物志第 111 页
00625　丰子恺／陶元德／＊自传之一章第 118 页
00626　丰子恺／陈敬之／＊早期新散文的重要作家第 123 页
00627　丰子恺／齐志尧／＊作家的青少年时代第 49 页
00628　丰子恺／方　青／＊现代文坛百象第 61 页
00629　丰子恺／赵　聪／＊现代中国作家列传第 175 页

王　力

00630　关于王力／唐柱国／／＊"中央"日报 1967 年 7 月 31 日—8 月 1 日
00631　王力（祥汉）之谜／汪学文／／＊"中央"日报 1967 年 8 月 13 日
00632　再谈王力／唐柱国／／＊"中央"日报 1967 年 8 月 24 日
00633　我也谈王力／郭　书／／＊"中央"日报 1967 年 9 月 2 日
00634　王　力／方雪纯等／／＊中共人名录第 10 页
00635　王　力／李立明／／＊中国现代六百作家小传第 13 页

王　兀

00636　王　兀／黄震遐／／＊中共军人志第 11 页

王　平(1)

00637　王　平（1896—1979）／席涵静／／＊传记文学 1980 年 36 卷 1 期，＊民国人物小传第 4 册第 17 页

王　平(2)

00638　王　平／黄震遐／／＊中共军人志第 11 页

王　冬

00639　王冬原为中训团教育长／郁鼎彝／／＊传记文学 1992 年 60 卷 3 期

王 汉
00640　王　汉／＊革命人物志第1集第162页
王 光
00641　王　光／＊革命人物志第9集第8页
王 休
00642　王休事略／曾昭鲁∥＊民国四川人物传记第133页，＊革命人物志第1集第107页
王 任
00643　王　任／程士毅∥＊革命人物志第2集第16页
王 羽
00644　"独臂"王羽五十岁壮心未已／宇业荧∥＊中国时报1993年12月27日
王 均
00645　王　均(1891—1936)／传记文学1984年39卷3期，＊民国人物小传第5册第4页
00646　王　均／＊革命人物志第5集第2页
王 克
00647　社会福利制度的拓荒者——忆念王克先生／张　维∥＊中外杂志1968年3卷4期
00648　王　克／张　维∥＊革命人物志第21集第3页
王 灿
00649　王　灿／＊革命人物志第5集第15页
王 玨
00650　王　玨／蔡屏藩∥＊革命人物志第9集第9页
王 松
00651　新竹诗人王松／吴　蕤∥＊畅流1966年34卷1期
00652　沧海遗民王友竹／方延豪∥＊艺文志1977年136期
王 昌
00653　王　昌／陈衮尧∥＊华侨名人传第455页
00654　王　昌／马少汉∥＊革命人物志第1集第119页
00655　王昌墓表／刘震寰∥＊革命人物志第1集第123页
王 昇(1)
00656　王　昇／＊革命人物志第3集第13页
王 昇(2)
00657　我所知道的王昇／李白江∥＊镜报1984年8月总85期(创刊七周年特大号)
00658　王　昇／＊环华百科全书第20册第238页
王 明
00659　陈绍禹(1904—1974)／传记文学1984年45卷1期
00660　陈绍禹(1904—1974)／戴晋新∥＊环华百科全书第14册第467页
王 斧
00661　王斧生平及其"斧军说部"／陈哲三∥＊广东文献1977年7卷4期
王 诤
00662　王　诤／黄震遐∥＊中共军人志第44页
00663　人民政协代表王诤／＊新中国人物志(上)第247页
王 政
00664　王　政／＊革命人物志第9集第11页
王 俊
00665　王　俊(1894—1976)／于翔麟∥＊传记文学1982年41卷2期，＊民国人物小传第6册第4页
王 洸
00666　我与航运／王　洸∥＊1968年290页

00667　我的公教写作生活／王　洸／／＊1977年470页
00668　王洸先生纪念集／＊台湾航运学会编印1980年版
00669　海运学专家——王洸／刘家济／／＊中国一周1959年454期
00670　海学大师王洸教授的风范／谢君韬／／＊中国一周1965年793期
00671　俞飞鹏先生与我／王　洸／／＊中外杂志1978年24卷3期，＊革命人物志第19集第114页
00672　出国考察航政回忆／王　洸／／＊中外杂志1979年25卷4期
00673　历任交通部长与我／王　洸／／＊中外杂志1979年26卷3期
00674　王　洸(1906—1979)／刘绍唐／／＊传记文学1979年35卷6期，＊民国人物小传第4册第19页
00675　王洸教授行述／＊江苏文献1979年12期
00676　敬悼王洸教授／阮毅成／／＊传记文学1980年36卷2期
00677　王　洸(1906—1979)／＊环华百科全书第20册第216页

王　莹
00678　王　莹(1913—1974)／关国煊／／＊传记文学1983年42卷5期，＊民国人物小传第6册第9页
00679　作家明星王莹／李立明／／＊传记文学1984年45卷5期
00680　王莹是怎样"回国"的／唐德刚／／＊传记文学1985年46卷3期
00681　王莹与"放下你的鞭子"／魏绍征／／＊传记文学1985年46卷5期
00682　谢和庚和影剧明星王莹的生死恋／孙晓鸥／／＊传记文学1997年71卷3期
00683　我与女明星王莹／王映霞／／＊传记文学1997年71卷6期
00684　王　莹／李立明／／中国现代六百作家小传第15页
00685　怀念王莹／赵清阁／／＊沧海泛忆第178页

王　烈
00686　王　烈／刘绍唐主编／／＊传记文学1993年63卷4期

王　健
00687　王健传略／彦　实／／＊革命人物志第2集第32页

王　海
00688　王　海／黄震遐／／＊中共军人志第30页

王　宽
00689　王　宽(1848—1919)／周邦道／／＊近代教育先进传略(初集)第430页

王　逸
00690　王逸、姚勇忱合传／陈去病／／＊革命人物志第1集第152页

王　谋
00691　王　谋／＊革命人物志第9集第28页

王　超
00692　王　超／卢懋原／／＊革命人物志第1集第149页

王　斌
00693　王　斌／＊革命人物志第15集第11页

王　竣
00694　王　竣／＊革命人物志第9集第23页

王　赓
00695　陆小曼的第一丈夫——王赓／刘心皇／／＊畅流1963年27卷10期
00696　忠厚英迈的王赓将军／周芳世／／＊艺文志1966年8期
00697　王　赓(1896—1962)／关志昌／／＊传记文学1983年42卷1期，＊民国人物小传第6册第6页
00698　有关《王赓小传》之补正／于翔麟／／＊传记文学1983年43卷1期

王　祺
00699　我所知道的王淮君／周一鸥／／＊畅流1951年3卷1期

00700 天涯挥泪忆思翁／李少陵∥＊艺文志1969年40期
00701 王　祺／刘绍唐主编∥＊传记文学1995年66卷6期

王　瑚

00702 清末民初的廉吏王瑚／鲁　茛∥＊古今谈1966年22期
00703 王　瑚／林　泉∥＊传记文学1980年37卷2期，＊民国人物小传第4册第21页

王　蓝

00704 王蓝的故事／李广淮∥＊中国一周1965年792期
00705 作家兼画家王蓝∥＊美哉中华1969年5期
00706 王蓝和他的国剧人物画／汤熙勤∥＊大成1979年63期
00707 王蓝和他的绘画／刘其伟∥＊国魂1981年424期
00708 王　蓝／李立明∥＊中国现代六百作家小传第16页

王　蓬

00709 王　蓬／刘绍唐主编∥＊传记文学1992年60卷5期

王　楷

00710 王　楷∥＊革命人物志第3集第23页

王　槐

00711 王　槐∥＊革命人物志第9集第27页

王　照

00712 语言学家王小航／则　夫∥＊"中央"日报1959年1月4日
00713 王　照／竺　公∥＊畅流1952年5卷9期
00714 王　照（1859—1933）／陈哲三∥＊传记文学1975年27卷5期，＊民国人物小传第2册第1页
00715 王照、卢戆章、劳乃宣、吴敬恒／周邦道∥＊中外杂志1976年20卷1期
00716 王　照（1859—1933）／周邦道∥＊近代教育先进传略（初集）第265页
00717 语言学家王小航／何　默∥＊晚清及民国人物琐谈第167页

王　新

00718 王　新／黄震遐∥＊中共军人志第34页

王　淮

00719 王　淮／萧朗如∥＊革命人物志第1集第156页

王　群

00720 王群事略∥＊革命人物志第2集第34页

王　瑶

00721 王瑶教授访问记／德　隆∥＊中报月刊1981年20期

王　璋

00722 王　璋／究　实∥＊革命人物志第2集第39页

王　震

00723 中共国家副主席王震的一生／关国煊∥＊传记文学1993年62卷4期
00724 王　震／黄震遐∥＊中共军人志第37页
00725 访王震∥＊中国老一辈革命家第83页
00726 王震将军的五十年战斗史／郭　桐∥＊国共风云名人录第四集第46页
00727 人民解放军新疆军区司令员王震∥＊新中国人物志（上）第193页

王　樾

00728 王　樾／李立明∥＊中国现代六百作家小传第16页

王　襄

00729 王　襄／刘绍唐主编∥＊传记文学1987年51卷1期
00730 王　襄∥＊革命人物志第1集第177页

王燮
00731　王　燮／竺　公／／＊畅流1952年5卷9期
00732　王　燮(1868—1944)墓表／章　钰／／＊碑传集第三编第5册第1221页

王瀣
00733　王伯沆先生之行谊／张其昀／／＊思想与时代1962年101期
00734　王　瀣(1871—1944)／刘绍唐／／＊传记文学1973年23卷4期，＊民国人物小传第1册第7页

王一飞
00735　王一飞／刘绍唐主编／／＊传记文学1993年62卷1期

王一亭
00736　任伯年、吴昌硕、王一亭／王化棠／／＊艺文志1966年13期
00737　记上海慈善画家王震／高处寒／／＊艺文志1969年48期
00738　王一亭与沧浪外史／杨隆生／／＊大成1979年64期
00739　王一亭传略(上、下)／杨隆生／／＊艺坛1979年138—139期

王人美
00740　两个著名影剧演员的遭遇：王人美与舒绣文／郑仁佳／／＊传记文学1987年51卷3期

王九皋
00741　王烈士九皋事略／阙　名／／＊革命人物志第2集第8页

王九锡
00742　王九锡／李惺初／／＊革命人物志第21集第13页

王又西
00743　王又西／＊革命人物志第11集第1页

王士英
00744　王士英／＊革命人物志第3集第4页

王士珍
00745　王士珍(1861—1930)／蒋永敬／／＊传记文学1974年25卷4期，＊民国人物小传第1册第8页
00746　北洋之"龙"——王士珍／沈云龙／／＊传记文学1976年28卷4期
00747　北洋之龙王士珍／赵朴民／／＊北洋政府国务总理列传第58页
00748　王士珍(1861—1930)／戴晋新／／＊环华百科全书第20册第232页

王士选
00749　王士选／＊革命人物志第2集第9页

王士俊
00750　王将军学姜行状／王孝芳／／＊槐荫堂印行1974年版282页
00751　王士俊／孙　震／／＊革命人物志第3集第6页

王士彬
00752　伯纯王士彬先生纪念集／王宗亚等／／＊1979年再版

王大任
00753　王大任教授／＊中国一周1966年851期
00754　我从事文艺学习与写作的回忆／王大任／／＊艺文志1980年177期

王万龄
00755　王万龄／刘绍唐主编／／＊传记文学1994年65卷4期

王凡西
00756　双山回忆录／王凡西／／＊现代史料编刊社1980年11月版322页

王广庆
00757　王校长广庆先生传略／侯传勋／／＊中原文献1978年10卷3期
00758　王广庆／＊革命人物志第13集第15页

王之钟
00759　王上将之钟事略／孙　震／／＊川籍抗战忠烈录第75页，＊民国四川人物传记第92页

王之翰
00760　王之翰／／＊革命人物志第5集第1页

王小亭
00761　中国第一位新闻摄影记者——王小亭／北　巽／／＊今日中国1981年120期
00762　"新闻片王"王小亭／周安仪／／＊中国新闻从业人员群像（下册）第287页

王飞雄
00763　王飞雄／／＊革命人物志第9集第12页

王子贞
00764　抗战初期策反伪军记／王子贞／／＊中外杂志1977年22卷2期
00765　八十回忆（1—4）／王子贞／／＊民主潮1982年32卷12期、1983年33卷1—3期

王子壮
00766　王子壮（1900—1948）／陈哲三／／＊传记文学1976年28卷4期，＊民国人物小传第2册第2页
00767　王德本／王为铎、王为明／／＊革命人物志第1集第169页

王子步
00768　王子步／刘绍唐主编／／＊传记文学1995年66卷6期

王子芬
00769　王子芬／／＊革命人物志第3集第3页

王丰谷
00770　挽王丰谷先生／蒋君章／／"中央"日报1967年3月10日
00771　王丰谷先生及其书学阐微／蒋君章／／＊传记文学1972年20卷6期

王丰镐
00772　捐地创办光华大学的王丰镐／苏　精／／＊传记文学1985年47卷1期

王王孙
00773　王王孙和齐白石／史　青／／＊"中央"日报1954年1月30日
00774　艺术怪杰王王孙／万古存／／＊"中央"日报1961年1月20日
00775　金石家王王孙先生／陶木盦／／＊中国一周1956年323期
00776　王王孙为元首治印／周培敬／／＊春秋1975年23卷2期

王开化
00777　王委员开化先生事略／／＊湖北文献1976年39期，＊革命人物志第17集第23页

王开节
00778　杰出校友群像——现代交通史专家王开节校友／王绍桢等／／＊学府纪闻·私立辅仁大学第344页

王天纵
00779　记王天纵——记忆中的人物之一／陶希圣／／＊传记文学1963年3卷5期，＊革命人物志第12集第7页
00780　大侠王天纵与护国讨袁／段剑岷／／＊春秋1966年4卷4期
00781　王天纵／段剑岷／／＊革命人物志第12集第6页
00782　王天纵小史／李殿楹／／＊革命人物志第12集第12页

王天杰(1)
00783　王天杰传／／＊民国四川人物传记第52页
00784　王烈士子襄事略／／＊革命人物志第1集第87页

王天杰(2)
00785　王天杰／／＊革命人物志第1集第93页

王天保
00786 王天保 / 黄震遐 // *中共军人志第 10 页
王天铎
00787 王天铎 / 曹巽佛 // *革命人物志第 1 集第 94 页
王天鹏
00788 王天鹏 / 王宗祐 // *革命人物志第 2 集第 12 页
王元龙
00789 王元龙的生平与风格 / 刘榮琮 // *中外杂志 1967 年 2 卷 3 期
00790 王元龙生荣死哀（四十年剧影回忆之十二）/ 屠光启 // *大成 1975 年 15 期
王云五
00791 我的生活片断 / 王云五 // *华国出版社 1952 年版 112 页
00792 谈往事 / 王云五 // *传记文学杂志社编印 1964 年版 216 页
00793 十年苦斗记 / 王云五 // *商务印书馆 1966 年版 84 页
00794 岫庐八十自述 / 王云五 // *商务印书馆 1967 年版 1104 页
00795 我的生活与读书 / 王云五 // *进学书局 1970 年版 232 页
00796 我所认识的王云五先生 / 杨亮功等 // *商务印书馆 1975 年版 500 页
00797 访英日记 / 王云五 // *商务印书馆 1975 年版 109 页
00798 岫庐最后十年自述 / 王云五 // *云五图书馆 1977 年版 1185 页
00799 王云五先生哀思录 / 王寿南 // *商务印书馆 1980 年 772 页
00800 王云五先生与近代中国 / 蒋复璁等 // *商务印书馆 1987 年 378 页
00801 王云五先生年谱初稿 / 王寿南 // *商务印书馆 1987 年 4 册
00802 王云五自述挂冠经纬 / *自立晚报 1964 年 6 月 6—9 日
00803 王云五的功业 / 胡有瑞 // *"中央"日报 1967 年 7 月 8 日
00804 王云五逸事纪闻 / *自立晚报 1967 年 7 月 8 日
00805 博学弘文王云五 / 黄肇珩 // *中国时报 1969 年 11 月 30 日，*自由谈 1969 年 20 卷 11 期，*当代人物一席话第 1 页
00806 王云五老当益壮 / 周道济 // *自立晚报 1970 年 7 月 11—14 日
00807 王云五《四角号码》/ 王凤楼 // *工商日报 1974 年 8 月 3 日
00808 王云五大难不死 / 九大山人 // *星报 1974 年 8 月 16 日
00809 我的生活与读书——王云五先生述 / 王小涵 // *文星 1958 年 2 卷 6 期
00810 挂冠记 / 王云五 // *传记文学 1964 年 4 卷 6 期
00811 王云五弃政回商 / 何人斯 // *古今谈 1965 年 4 期
00812 王云五先生与出版事业 / 徐有守 // *出版月刊 1965 年 2 期
00813 五年附骥的回忆 / 王云五 // *传记文学 1965 年 6 卷 4 期
00814 参政会躬历记 / 王云五 // *传记文学 1965 年 6 卷 6 期—7 卷 3 期
00815 八年苦斗 / 王云五 // *出版月刊 1965 年 7 期—1966 年 10 期
00816 王云五先生的"路" / 林翠 // *政治评论 1967 年 19 卷 8 期
00817 张菊生、王云五与商务印书馆 / 林斌 // *畅流 1969 年 40 卷 7 期
00818 领导群论的王云五先生 / *美哉中华 1969 年 10 期
00819 当代具有多方面成就和贡献的奇人王云五先生 / 王寿南 // *中华文化复兴月刊 1975 年 8 卷 11 期
00820 我所认识的王云五先生 / 谷风翔 // *中华文化复兴月刊 1975 年 8 卷 11 期
00821 学术界的奇人——访王云五先生 / 胡有瑞 // *书评书目 1975 年 21 期
00822 岫老的十年再奋斗 / 彭桂芳 // *国魂 1977 年 375 期
00823 王云五与图书馆事业 / 张锦郎 // *图书与图书馆 1979 年 1 卷 1 期

00824 我所认识的王云五先生 / 蒋复璁 // *传记文学 1979 年 35 卷 3 期

00825 商务印书馆编译所见闻记——王云五先生的魄力与信心 / 陶希圣 // *传记文学 1979 年 35 卷 3 期

00826 为一件历史事实作证——敬悼王云五先生 / 黄季陆 // *传记文学 1979 年 35 卷 3 期

00827 王云五(1888—1979) / 关国煊 // *传记文学 1979 年 35 卷 3 期,*民国人物小传第 4 册第 35 页

00828 我所亲爱的王云五师 / 胡述兆 // *传记文学 1979 年 35 卷 4 期

00829 我的修养 / 王云五 // *自由青年 1979 年 62 卷 3 期

00830 王云五先生事略 / *出版之友 1979 年 10—11 期

00831 时代奇才王云五 / 诸葛黛 // *新闻天地 1979 年 1646 期

00832 王云五轶闻趣事 / 许正直 // *中外杂志 1980 年 28 卷 5 期

00833 王云五与金圆券的发行 / 吴相湘 // *传记文学 1980 年 36 卷 2 期,*古今谈 1981 年 188 期,*民国史纵横谈第 227 页

00834 翁文灏、王云五与金圆券的后遗症 / 白瑜 // *传记文学 1980 年 37 卷 2 期

00835 伟大的出版家王云五先生 / 徐有守 // *出版界 1980 年 1 期

00836 王云五先生对图书馆界的贡献 / 翁爱薇 // *书府 1983 年 4 期

00837 王云五的入党与脱党 / 郭学虞 // *传记文学 1984 年 44 卷 5 期

00838 王云五与袁世凯 / 阮毅成 // *传记文学 1999 年 74 卷 5 期

00839 王云五 / 李立明 // *中国现代六百作家小传第 35 页

00840 王云五 / 吴相湘 // *民国百人传第 4 册第 55 页

00841 王云五先生谈青年时期的奋斗 / 李德安 // *当代名人风范(1)第 315 页

00842 王云五 / 李德安 // *访问学林风云人物(上集)第 16 页

00843 王云五(1888—1979) / 戴晋新 // *环华百科全书第 20 册第 247 页

00844 王云五 / 刘葆 // *现代中国人物志第 318 页

00845 学术界的奇人——王云五先生 / 胡有瑞 // *现代学人散记第 1 页

00846 传奇老人王云五 / 应平书 // *学人风范第 217 页

王中军

00847 王中军 / 黄震遐 // *中共军人志第 10 页

王长水

00848 王长水 / 杨庆南 // *华侨名人传第 160 页

王长林

00849 王长林 / 丁秉鐩 // *传记文学 1978 年 33 卷 6 期,1979 年第 34 卷 2、3 期

王长春

00850 王长春先生其人其事 / 陆永明 // *畅流 1954 年 9 卷 5 期

王长海

00851 王长海 / 刘绍唐主编 // *传记文学 1992 年 60 卷 1 期

王长简

00852 王长简 / 李立明 // *中国现代六百作家小传第 32 页

00853 王长简 / 黄俊东 // *中国现代作家剪影第 177 页

王公玙

00854 王公玙先生纪念集 / *王公玙先生纪念集编辑小组编印 1984 年版

00855 悼念王公玙先生 / 范止安 // *传记文学 1983 年 43 卷 4 期

00856 王公玙 / 吴治民 // *传记文学 1983 年 43 卷 5 期

00857 东海大贤王公玙 / 张渊扬 // *中外杂志 1984 年 35 卷 2 期

00858 永忆王公玙先生 / 凌绍祖 // *中外杂志 1984 年 35 卷 6 期

00859 王公玙遗爱江淮 / 吴治民 // *中外杂志 1984 年 35 卷 6 期

王公弢
00860 新闻界奇人王公弢／刘成幹／／＊传记文学 1982 年 40 卷 5 期

王公度
00861 王公度／韦永成／／＊传记文学 1968 年 32 卷 1 期

王公常
00862 大节凛然的王公常县长／刘程远／／＊四川文献 1963 年 16 期
00863 王公常烈士传略／朱沛莲／／＊四川文献 1963 年 16 期，＊民国四川人物传记第 105 页
00864 悼王公常烈士／朱沛莲／／＊畅流 1967 年 36 卷 6 期
00865 王公常／朱沛莲／／＊革命人物志第 13 集第 1 页

王凤山
00866 王凤山／＊革命人物志第 18 集第 25 页

王凤仪
00867 王凤仪言行录／郑子东、郑宜时／／＊佛教印经馆 1979 年版 521 页，＊神风实业公司 1983 年 3 月版

王凤卿
00868 梨园世家王氏四卿——王瑶卿、王凤卿、王少卿、王幼卿／张象乾／／＊传记文学 1963 年 3 卷 5 期

王凤喈
00869 悼念王凤喈先生／程天放／／＊"中央"日报 1966 年 1 月 8 日
00870 念凤老谈往事／如　侗／／＊"中央"日报 1966 年 1 月 17 日
00871 凤喈先生的几件事／王天昌／／＊湖南文献 1976 年 4 卷 4 期
00872 敬悼王凤喈先生／万　骊／／＊孔孟月刊 1966 年 4 卷 5 期
00873 王凤喈（1896—1965）／邱奕松／／＊传记文学 1974 年 25 卷 1 期，＊民国人物小传第 1 册第 17 页

王六生
00874 王六生／黄震遐／／＊中共军人志第 9 页

王文兴
00875 王文兴重要作品年表／＊中国时报 1994 年 1 月 7 日

王文华
00876 王伯群与王文华（上、下）——贵州政坛忆往之十一／何辑五／／＊中外杂志 1980 年 28 卷 4—5 期，＊云南文献 1980 年 10 期
00877 王文华先生行状／赖景瑚／／＊传记文学 1981 年 38 卷 4 期
00878 王文华（1888—1921）／关志昌／／＊传记文学 1985 年 46 卷 1 期
00879 王文华／＊革命人物志第 1 集第 88 页

王文秀
00880 王文秀／＊革命人物志第 2 集第 11 页

王文显
00881 悼念戏剧大师王文显教授／周祖彭／／＊传记文学 1972 年 19 卷 2 期
00882 王文显／李立明／／＊中国现代六百作家小传第 18 页

王文藻
00883 王文藻／刘云逵／／＊革命人物志第 9 集第 7 页

王方仁
00884 鲁迅与王方仁／马蹄疾／／＊鲁迅与浙江作家第 145 页

王以仁
00885 谜样的人物王以仁——二十年代的一位失踪作家／张孟仁／／＊幼狮文艺 1980 年 51 卷 6 期
00886 王以仁／李立明／／＊中国现代六百作家小传第 19 页

王以成
00887 王以成／＊革命人物志第 1 集第 85 页

王以哲

00888　王以哲(1896—1937) / 王盛涛 // *传记文学 1974 年 25 卷 4 期, *民国人物小传第 1 册第 9 页

00889　悼念王以哲将军 / 王东原 // *传记文学 1987 年 51 卷 2 期

王玉汝

00890　王玉汝 / 温良儒 // *革命人物志第 2 集第 13 页

王正廷

00891　坛坫健者:王正廷传 / 张腾蛟 // *近代中国出版社 1983 年 8 月版 163 页

00892　褚辅成、王正廷、渔樵乐 / 宋书同 // *传记文学 1966 年 9 卷 1 期

00893　我所知道的王正廷博士 / 张朴民 // *传记文学 1969 年 14 卷 5 期, *革命人物志第 13 集第 5 页

00894　王正廷(1882—1961) / 李 猷 // *传记文学 1974 年 24 卷 3 期, *民国人物小传第 1 册第 11 页

00895　王正廷先生传略 / 李子瑜 // *宁波同乡 1976 年 100 期

00896　老外交家王正廷先生 / 侯中一 // *宁波同乡 1978 年 117 期

00897　"王正廷先生百年诞辰"口述历史座谈会纪实 / 胡有瑞等 // *近代中国 1982 年 29 期

00898　追忆王正廷博士 / 崔存璘著、张丽美译 // *近代中国 1982 年 29 期

00899　我所亲炙的王儒堂先生 / 傅安明 // *近代中国 1982 年 29 期

00900　王正廷博士的一生 / 张朴民 // *近代中国 1982 年 29 期, *艺文志 1983 年 218 期

00901　代理国务总理——王正廷 / 张朴民 // *北洋政府国务总理第 205 页

00902　王正廷 / 李 猷 // *革命人物志第 13 集第 3 页

王正宗

00903　王正宗 / *革命人物志第 2 集第 15 页

王正藩

00904　王正藩 / 周孚青 // *革命人物志第 1 集第 105 页

王正黼

00905　王正黼(1890—1951) / 关国煊 // *传记文学 1982 年 41 卷 2 期, *民国人物小传第 6 册第 15 页

王世中

00906　念王世中兄 / 吴大猷 // *传记文学 1985 年 46 卷 5 期

00907　一家人永远怀念的王世中先生 / 陶芳辰 // *传记文学 1985 年 46 卷 5 期

王世龙

00908　王世龙 / 张难先 // *革命人物志第 2 集第 17 页

王世纹

00909　王世纹 / *革命人物志第 2 集第 16 页

王世杰

00910　王世杰日记(1—10) / 王世杰 // *"中央"研究院近代史研究所 1990 年 3 月版

00911　我所敬仰的王世杰先生 / 王健民 // *中外杂志 1980 年 27 卷 3 期

00912　雪公校长在外交上之贡献 / 胡国材 // *湖北文献 1980 年 55 期

00913　雪艇先生与故宫文物二三事 / 潜 斋 // *湖北文献 1980 年 55 期

00914　王世杰(1891—1981) / 关国煊、于翔麟 // *传记文学 1981 年 38 卷 6 期, *民国人物小传第 5 册第 6 页

00915　王世杰雪艇先生逝世纪念文字专辑 / 杭立武等 // *湖北文献 1981 年 60 期

00916　《王世杰日记》中的史事与人物(1—4) / 蒋永敬 // *传记文学 1992 年 61 卷 5、6 期,1993 年 62 卷 1、4 期

00917　王雪艇先生与我 / 程时敦 // *传记文学 1995 年 66 卷 1 期

00918　王世杰(1891—1981) / *环华百科全书第 20 册第 233 页

00919　夫子春秋在典型——敬挽雪公老师 / 夏道平 // *学府纪闻·国立武汉大学第 213 页

00920　王世杰 / *革命人物志第 21 集第 27 页

王世昭
00921 王世昭 / 刘绍唐主编 // *传记文学 1995 年 67 卷 2 期
00922 王世昭 / 李立明 // *中国现代六百作家小传第 21 页
王世颖
00923 王世颖 / 李立明 // *中国现代六百作家小传第 22 页
王丕文
00924 王丕文 / *革命人物志第 5 集第 1 页
王右家
00925 忆一对欢喜冤家——王右家与罗隆基(上、下) / 吕孝信 // *传记文学 1973 年 23 卷 6 期—1974 年 24 卷 1 期
王平水
00926 王平水 / 黄震遐 // *中共军人志第 13 页
王平陵
00927 王平陵先生纪念集 / 王平陵遗著委员会 // *正中书局 1975 年版
00928 王平陵先生之死 / 谢冰莹 // *中华日报 1964 年 1 月 18 日
00929 自我写戏以来 / 王平陵 // *作品 1960 年 1 卷 3 期
00930 王平陵(上、下) / 陈敬之 // *畅流 1968 年 37 卷 3、4 期
00931 王平陵(1898—1964) / 郑孝颖 // *传记文学 1976 年 28 卷 4 期,*民国人物小传第 2 册第 3 页
00932 我的挚友王平陵 / 邵 父 // *江西文献 1977 年 4 期
00933 王平陵 / 李立明 // *中国现代六百作家小传第 19 页
00934 王平陵 / 李德安 // *访问学林风云人物(上集)第 123 页
00935 高风亮节为文艺鞠躬尽瘁——为名作家王平陵先生逝世一周年而写 / 李德安 // *当代名人风范(1)第 355 页,*革命人物志第 22 集第 24 页
00936 王平陵 / 谢冰莹 // *作家印象记第 1 页
00937 王平陵先生的生平 / *作家印象记第 8 页
00938 王平陵先生的著作目录 / *作家印象记第 12 页
00939 王平陵 / *革命人物志第 22 集第 23 页
王东保
00940 王东保 / 黄震遐 // *中共军人志第 23 页
王东原
00941 韩国十年——《浮生简述》 / 王东原 // *传记文学 1987 年 50 卷 1、2 期
00942 漫游名山大川——《浮生简述》之一二 / 王东原 // *传记文学 1987 年 50 卷 3 期
00943 环游世界——《浮生简述》之一三 / 王东原 // *传记文学 1987 年 50 卷 4 期
00944 王东原先生《浮生简述》读后感 / 蔡孟坚 // *传记文学 1987 年 50 卷 4 期
00945 对我大中华民族前途的构思(《浮生简述》之十五) / 王东原 // *传记文学 1987 年 51 卷 4 期
00946 王东原著《浮生简述》书后 / 吴俊升 // *传记文学 1987 年 51 卷 4 期
00947 悼念王东原将军 / 吴兴镛 // *传记文学 1995 年 66 卷 5 期
00948 王东原 / 刘绍唐主编 // *传记文学 1995 年 66 卷 5 期
00949 王东原将军脚部运动简介 / 吴兴镛 // *传记文学 1995 年 67 卷 1 期
00950 追随王东原将军浮图关三年回忆 / 董 熙 // *传记文学 1995 年 67 卷 5 期
00951 纪念王东原将军逝世周年 / 吴兴镛 // *传记文学 1996 年 68 卷 5 期
王占元
00952 王占元 / 于翔麟 // *传记文学 1981 年 38 卷 4 期,*民国人物小传第 5 册第 10 页
王用之
00953 王用之 / *革命人物志第 1 集第 95 页

王用宾

00954　王用宾(1881—1944) / 范廷杰 // ＊传记文学 1975 年 27 卷 2 期，＊民国人物小传第 2 册第 4 页

00955　"王用宾先生百年诞辰"口述历史座谈会纪实 / 胡有瑞等 // ＊近代中国 1981 年 25 期

00956　王用宾先生事略 / 邹　鲁 // ＊革命人物志第 1 集第 99 页

王冬珍

00957　王冬珍 / ＊革命人物志第 18 集第 19 页

王礼锡

00958　王礼锡(1901—1939) / 关志昌 // ＊传记文学 1983 年 43 卷 1 期

00959　王礼锡 / 李立明 // ＊中国现代六百作家小传第 43 页

00960　读书忏悔录 / 王礼锡 // ＊我的读书经验第 19 页

王必成

00961　王必成 / 黄震遐 // ＊中共军人志第 13 页

王永江

00962　王永江(1871—1927) / 王盛涛 // ＊传记文学 1975 年 29 卷 6 期，＊民国人物小传第 2 册第 6 页

00963　张作霖与王永江 / 陈嘉骥 // ＊中外杂志 1977 年 22 卷 5 期

00964　王永江 / 周邦道 // ＊近代教育先进传略(初集)第 410 页

王永盛

00965　王永盛 / ＊革命人物志第 1 集第 95 页

王永福

00966　王永福 / ＊革命人物志第 1 集第 98 页

王幼卿

00967　梨园世家王氏四卿——王瑶卿、王凤卿、王少卿、王幼卿 / 张象乾 // ＊传记文学 1963 年 3 卷 5 期

王老九

00968　王老九 / 林曼叔等 // ＊中国当代作家小传第 182 页

00969　王老九 / 李立明 // ＊中国现代六百作家小传第 22 页

王芃生

00970　王芃生先生纪念集 / 邵毓麟等 // ＊文海出版社近代中国史料丛刊第九十八辑(总 976)影印本 240 页

00971　略谈王芃生先生 / 张之淦 // ＊"中央"日报 1966 年 4 月 24 日

00972　"日本通"王芃生 / 吴相湘 // ＊传记文学 1966 年 8 卷 5 期

00973　追念王芃生先生 / 邵毓麟 // ＊传记文学 1966 年 8 卷 5 期

00974　我对芃生兄之追思 / 萧赞育 // ＊建设 1966 年 15 卷 1 期

00975　我所知道的王芃生先生 / 游弥坚 // ＊艺文志 1966 年 8 期

00976　忆王芃生先生 / 本下彪手记、杨君劢译 // ＊艺文志 1966 年 8 期

00977　我的回忆与自省(上、下) / 王芃生 // ＊艺文志 1966 年 8、9 期

00978　怀念对日情报的智星——王芃生先生(上、下) / 何凤山 // ＊畅流 1967 年 36 卷 5、6 期

00979　王家祯与王芃生 / 田雨时 // ＊传记文学 1975 年 26 卷 4 期

00980　王芃生(1893—1946) / 蒋永敬 // ＊传记文学 1975 年 26 卷 3 期，＊民国人物小传第 2 册第 7 页

00981　我与王芃生先生的关系 / 蔡培火 // ＊中外杂志 1976 年 19 卷 5 期

00982　追怀王芃生表叔 / 陈尔靖 // ＊中外杂志 1976 年 19 卷 5 期

00983　王芃生回忆录(上、下) / 王芃生 // ＊中外杂志 1976 年 19 卷 5、6 期

00984　王芃生不平凡的一生 / 陈敦正 // ＊传记文学 1979 年 35 卷 6 期，＊湖南文献 1980 年 8 卷 2 期

00985　王芃生五渡扶桑 / 陈敦正 // ＊艺文志 1979 年 169 期，＊湖南文献 1980 年 8 卷 1 期

00986　王芃生与李万居(上、下)——鲁莽书生李万居之四 / 钟杨瑞先 // ＊中外杂志 1980 年 27 卷 3、4 期

00987　"世界的日本通"王芃生 / 陈敦正 // ＊中外杂志 1982 年 32 卷 4、5 期

00988　王芃生／吴相湘／／＊民国百人传第2册第281页
00989　王大桢／＊革命人物志第1集第80页

王亚平
00990　王亚平／林曼叔等／／＊中国当代作家小传第42页
00991　王亚平／李立明／／＊中国现代六百作家小传第30页

王亚权
00992　王亚权／刘绍唐主编／／＊传记文学1994年65卷4期

王亚南
00993　王亚南(1901—1969)／关国煊／／＊传记文学1982年41卷4期，＊民国人物小传第6册第18页
00994　资本论中文版译者王亚南／王东原／／＊传记文学1992年60卷6期

王西彦
00995　王西彦／林曼叔等／／＊中国当代作家小传第116页
00996　王西彦／李立明／／＊中国现代六百作家小传第27页

王有兰
00997　王有兰先生事略／杨耕经／／＊江西文献1967年14期

王有根
00998　王有根／黄震遐／／＊中共军人志第15页

王成桂
00999　王成桂烈士传略／＊川籍抗战忠烈录第89页，＊革命人物志第18集第22页

王成章
01000　王成章先生生平事略／＊江西文献1967年15期

王贞吉
01001　王贞吉／蔡裕昆／／＊革命人物志第2集第29页

王光华
01002　王光华／黄震遐／／＊中共军人志第15页

王光英
01003　记王光英、王光美十一兄妹／王慧章／／＊传记文学1993年63卷3期
01004　王光英狱中八年记／王慧章／／＊传记文学1996年69卷5期

王光祈
01005　王光祈的一生与少年中国学会：五十四人的悲剧型像及其分析／郭正昭、林瑞明／／＊环宇出版社1974年364页
01006　王光祈先生二三事／陈锦忠／／＊"中央"日报1968年4月10日
01007　苦学的王光祈／筱　臣／／＊"中央"日报1968年4月19日
01008　艰苦学人王光祈／胥端甫／／＊畅流1961年24卷8期
01009　王光祈小传及其诗／文守仁／／＊四川文献1963年15期
01010　中国现代音乐的先烈学者——王光祈／许常惠／／＊东方杂志1967年1卷1期
01011　音乐先烈学人王光祈／胥端甫／／＊中华杂志1968年6卷4、5期
01012　王光祈与少年中国学会／郭正昭／／＊近代史研究所集刊1971年2期
01013　王光祈(1892—1936)／＊传记文学1973年23卷1期，＊民国人物小传第1册第13页
01014　近代中国音乐学先驱者——王光祈／李安和／／＊大学杂志1977年108期
01015　王光祈与少年中国学会／黄仲苏／／＊传记文学1979年35卷2期
01016　近代人物师生情谊与求学掌故(九)：留德殉学的王光祈／陈哲三／／＊国教辅导1980年19卷8、9期
01017　王光祈／＊中国近代学人像传(初辑)第13页
01018　王光祈／李立明／／＊中国现代六百作家小传第23页

01019　音乐理论家：王光祈／乔　佩／／＊中国现代音乐家第 13 页
01020　王光祈传略／文守仁／／＊民国四川人物传记第 23 页
01021　王光祈(1892—1936)／林良慧／／＊环华百科全书第 20 册第 216 页
王光美
01022　记王光英、王光美十一兄妹／王慧章／／＊传记文学 1993 年 63 卷 3 期
01023　王光美／朱新民／／＊环华百科全书第 20 册第 216 页
王光逖
01024　王光逖／江　南／／＊中报月刊 1981 年 20 期
01025　哭司马桑敦(王光逖)／韩道诚／／＊传记文学 1981 年 39 卷 4 期
01026　痛悼司马桑敦／黄天才／／＊传记文学 1981 年 39 卷 5 期
01027　追思王光逖兄／崔万秋／／＊新闻天地 1981 年 1749 期
01028　写在光逖远去的第一百八十天／金仲达／／＊传记文学 1982 年 40 卷 3 期
01029　王光逖(1918—1981)／关志昌／／＊传记文学 1982 年 40 卷 3 期，＊民国人物小传第 5 册第 14 页
01030　怀老友王光逖先生／梁肃戎／／＊传记文学 1982 年 41 卷 1 期
王同春
01031　王同春与河套的关系／申　伯／／＊公论报 1949 年 11 月 23 日
01032　王同春开发河套的故事／梁容若／／＊中国一周 1956 年 337 期
01033　开发"塞外江南"的王同春／彦　申／／＊畅流 1968 年 37 卷 6 期
王先谦
01034　葵园自订年谱(一题《王祭酒年谱》)三卷／王先谦／／＊广文书局 1971 年影印本 2 册
01035　清王葵园先生先谦自订年谱／王先谦／／＊商务印书馆 1978 年 12 月 594 页，＊文海出版社近代中国史料丛刊第五十一辑(总 504)影印本 595 页
01036　谈王先谦／容　若／／＊"中央"日报 1955 年 3 月 13 日
01037　王先谦先生文学名世／刘鹏佛／／＊湖南文献 1983 年 11 卷 1 期
01038　王先谦(1842—1918)／关国煊／／＊传记文学 1984 年 45 卷 2 期
01039　王先谦(1842—1918)墓志铭／吴庆坻／／＊碑传集三编第 2 册第 491 页
王廷元
01040　王廷元(1881—1939)／周邦道／／＊近代教育先进传略(初集)第 420 页
01041　王廷元／＊革命人物志第 12 集第 18 页
王廷俊
01042　王廷俊／丁恩波／／＊革命人物志第 1 集第 112 页
王廷烛
01043　王廷烛(1851—1923)／周邦道／／＊近代教育先进传略(初集)第 259 页
王伟侠
01044　忆伟侠／孙克宽／／＊传记文学 1963 年 3 卷 6 期
王仲兰
01045　王仲兰／＊革命人物志第 12 集第 17 页
王仲裕
01046　王仲裕／＊革命人物志第 21 集第 80 页
01047　革命党人王仲裕的生平／李云汉／／＊革命人物志第 21 集第 87 页
王任远
01048　《王任远司法六年回忆录》自序／王任远／／＊传记文学 1995 年 67 卷 2 期
01049　悼王任远／丁　伯／／＊传记文学 1996 年 69 卷 2 期
01050　王任远／刘绍唐主编／／＊传记文学 1996 年 69 卷 3 期
王伦敦
01051　王烈士伦敦传略／＊川籍抗战忠烈录第 98 页

王华亭
01052　王华亭／王恒吉／／＊革命人物志第1集第150页
王向辰
01053　补记王向辰／黄俊东／／＊中国学生周报1973年6月22日
01054　记老向／陈纪滢／／＊传记文学1980年36卷4期，＊三十年代作家记第31页
01055　王向辰／李立明／／＊中国现代六百传家小传25页
01056　王向辰／黄俊东／／现代中国作家剪影第53页
王后安
01057　纪念两个革命的伙伴——哭后安兄之死／蒋经国／／＊传记文学1963年2卷5期
王舟瑶
01058　王舟瑶家传／汪兆镛／／＊碑传集三编第8册第1911页
01059　王舟瑶墓志铭／章　梫／／＊碑传集三编第8册第1918页
王会元
01060　王会元／＊革命人物志第2集第34页
王会圭
01061　王会圭／王建中／／＊革命人物志第3集第23页
王会釐
01062　王会釐（1854—1913）墓志铭／林　纾／／＊碑传集（三编）第2册第537页
王兆离
01063　王兆离／＊革命人物志第2集第18页
01064　扶风王伯明先生纪念碑文／温良儒／／＊革命人物志第2集第22页
王兆槐
01065　王兆槐勇于任事／乔家才／／＊戴笠将军和他的同志第2集第17页
王庆勋
01066　朴朴风尘奏琴音／吴英玉／／＊综合月刊1977年98期
王守愚
01067　王守愚／汪兆铭／／＊革命人物志第1集第110页
王军余
01068　追念先父王军余先生／王国华／／＊传记文学1970年16卷3期
王尽美
01069　两棵不老松——中共一大代表王尽美和邓恩铭的零星史料／唐之人／／＊南北报1980年121期
王丞承
01070　王丞承／＊革命人物志第15集第11页
王孝甫
01071　王孝甫／丁象谦／／＊革命人物志第3集第10页
王志英
01072　王志英／＊革命人物志第9集第8页
王志信
01073　王志信／刘绍唐主编／／＊传记文学1999年75卷3期
王志莘
01074　王志莘／刘绍唐主编／／＊传记文学1999年75卷4期
王志超
01075　王志超先生事略／＊山东文献1980年5卷4期
01076　王志超入死出生／乔家才／／＊戴笠将军和他的同志第2集第181页
王芸生
01077　王芸生一书成名／佚　名／／＊明报1973年4月23日

01078 王芸生(上、下) / 陈纪滢 // *传记文学 1980 年 37 卷 3、4 期
01079 王芸生(1901—1980) / 关国煊 // *传记文学 1980 年 37 卷 5 期,*民国人物小传第 4 册第 23 页
01080 我所知道的王芸生 / 李秋生 // *传记文学 1981 年 38 卷 2 期
01081 《大公报》阴魂不散　王芸生死不瞑目 / 朱传誉 // *传记文学 1998 年 73 卷 1 期
01082 王芸生 / 方雪纯等 // *中共人名录第 25 页
01083 王芸生 / 李立明 // *中国现代六百作家小传第 30 页

王克敏

01084 民国初年的几任财政总长(六) / 贾士毅 // *传记文学 1965 年 6 卷 3 期
01085 王府井大街刺王克敏 / 文　修 // *中外杂志 1967 年 2 卷 2 期
01086 王克敏(1873—1945) / 秦贤次 // *传记文学 1981 年 39 卷 3 期,*民国人物小传第 5 册第 17 页
01087 王克敏赢得小阿凤 / 王一知 // *传记文学 1995 年 67 卷 2 期
01088 王克敏 / 贾士毅 // *民国初年的几任财政总长第 71 页
01089 王克敏知悔斋 / *近代藏书三十家第 113 页
01090 王克敏(1873—1945) / 戴晋新 // *环华百科全书第 20 册第 217 页

王吾善

01091 王吾善 / *革命人物志第 5 集第 3 页

王抚五

01092 我所知道的王抚五先生 / 殷正慈 // *学府纪闻·国立武汉大学第 58 页

王抚洲

01093 王抚洲(1900—1978) / 席涵静、林抱石 // *传记文学 1980 年 37 卷 5 期,*民国人物小传第 4 册第 43 页
01094 怀念王抚洲先生 / 徐哲甫 // *中外杂志 1984 年 36 卷 3 期
01095 王抚洲 / *革命人物志第 18 集第 26 页

王作栋

01096 王作栋 / *革命人物志第 12 集第 18 页

王作霖

01097 王作霖 / 阮西震 // *中外杂志 1980 年 28 卷 4 期

王伯群

01098 忆王伯群校长 / 周彤华 // *传记文学 1965 年 7 卷 3 期
01099 王伯群与王文华(上、下)——贵州政坛忆往之十一 / 何辑五 // *中外杂志 1980 年 28 卷 4—5 期,*云南文献 1980 年 10 期
01100 王伯群的生平 / 王保志宁 // *中外杂志 1983 年 34 卷 2 期
01101 王伯群先生生平 / 关国煊 // *传记文学 1985 年 47 卷 4 期
01102 王故校长伯群百龄纪念 / 冯正仪 // *传记文学 1985 年 47 卷 4 期
01103 无限深情怀念王校长伯群 / 冯正仪 // *学府纪闻·私立大夏大学第 40 页
01104 王伯群 / *革命人物志第 3 集第 11 页

王近山

01105 王近山 / 黄震遐 // *中共军人志第 21 页

王余杞

01106 王余杞 / 李立明 // *中国现代六百作家小传第 28 页

王应中

01107 王应中 / 黄震遐 // *中共军人志第 46 页

王沛纶

01108 王沛纶 / 颜文雄 // *中国一周 1966 年 855 期
01109 王沛纶(1909—1972) / 程其恒 // *传记文学 1975 年 27 卷 6 期,*民国人物小传第 2 册第 9 页

01110　王沛纶 / 乔　佩 // ＊中国现代音乐家第 98 页
王汶石
01111　王汶石 / 林曼叔等 // ＊中国当代作家小传第 225 页
01112　王汶石 / 李立明 // ＊中国现代六百作家小传第 29 页
王况裴
01113　王况裴（1893—1971）/ 张　珂 // 传记文学 1984 年 44 卷 1 期
王宏坤
01114　王宏坤 / 黄震遐 // ＊中共军人志第 16 页
王启明
01115　王启明 / 黄震遐 // ＊中共军人志第 32 页
王陆一
01116　述吾友王陆一先生 / 张目寒 // ＊畅流 1958 年 18 卷 9 期
01117　王陆一及其诗词 / 刘象山 // ＊文艺复兴 1978 年 96 期
01118　王陆一 / ＊革命人物志第 3 集第 20 页
01119　王陆一先生神道碑 / 叶楚伧 // ＊革命人物志第 3 集第 21 页
王者馨
01120　王者馨 / ＊革命人物志第 3 集第 16 页
王其梅
01121　王其梅 / 黄震遐 // ＊中共军人志第 22 页
王若望
01122　王若望 / 林曼叔等 // ＊中国当代作家小传第 539 页
王若僖
01123　王若僖 / ＊革命人物志第 9 集第 14 页
王枢元
01124　王枢元 / 平　刚 // ＊革命人物志第 1 集第 169 页
王叔铭
01125　空军"老虎"王叔铭 / 关志昌 // ＊传记文学 1998 年 73 卷 6 期
01126　王叔铭 / ＊环华百科全书第 20 册第 238 页
王卓吾
01127　王卓吾 / 殷梦熊 // ＊革命人物志第 1 集第 113 页
王尚义
01128　荒野流泉——王尚义的日记 / 王尚义 // ＊水牛出版社 1967 年 183 页
王尚荣
01129　王尚荣 / 黄震遐 // ＊中共军人志第 17 页
王奉瑞
01130　王奉瑞（1897—1981）/ 关志昌 // 传记文学 1983 年 42 卷 1 期，＊民国人物小传第 6 册第 20 页
王国华
01131　悼念王国华先生 / 梁实秋 // ＊传记文学 1973 年 23 卷 1 期
01132　级友王国华与我 / 刘冀章 // ＊传记文学 1973 年 23 卷 1 期
01133　怀念王国华先生 / 樊　琪 // ＊传记文学 1974 年 24 卷 3 期
01134　追忆先伯父王国华先生——一位清华老留学生与交通界老兵 / 王爱生 // ＊传记文学 1983 年 43 卷 1 期
01135　王国华（1900—1973）/ 樊　琪 // 传记文学 1983 年 43 卷 6 期
王国宾
01136　王国宾 / ＊革命人物志第 2 集第 33 页

王国维

01137　王静安先生纪念号 / ＊文海出版社近代中国史资料丛刊续编第八十三辑（总824）影印本 239页
01138　王国维年谱 / 王德毅 // ＊中国学术著作奖助委员会1967年6月版 473页
01139　王静安先生年谱 / 赵万里 // ＊广文书局1971年影印本，商务印书馆1978年4月版 54页
01140　王国维学述 / 陈光宪 // ＊帕米尔书店1974年版 130页
01141　民国王静安先生国维年谱 / 赵万里 // ＊商务印书馆1978年 54页
01142　王国维及其文学批评 /（加）叶嘉莹 // 中华书局香港分局1980年6月 491页
01143　王国维著述编年提要 / 洪国梁 // ＊大安出版社1989年 162页
01144　王国维先生事略 / 王德毅 // ＊图书馆学报1967年8期
01145　关于王国维 / 觉　堂 // ＊新生报1970年3月19、23、26、30日
01146　王国维先生 / 曾克耑 // ＊大学生活1957年2卷11期
01147　王国维先生学行述略 / 王国华 // ＊大陆杂志1961年23卷2期
01148　一代畸人王静安 / 刘太希 // ＊畅流1964年29卷6期
01149　记海宁王国维先生 / 王德毅 // ＊传记文学1966年8卷6期
01150　王国维何以自沉昆明湖 / 王孝廉 // ＊艺文志1966年11期
01151　王静安的学术思想 / 刘太希 // ＊畅流1969年39卷10期
01152　王国维（1887—1927）/ ＊传记文学1973年23卷2期 ＊民国人物小传第1册第14页
01153　曲学功臣王国维 / 黄丽贞 // ＊幼狮月刊1977年45卷5期
01154　王国维先生及其自杀 / 林　熙 // ＊大成1978年51期
01155　闲话海宁王国维 / 维　思 // ＊浙江月刊1979年11卷3期
01156　从王国维一封重要的信札说起 / 金承艺 // ＊传记文学1987年51卷4期
01157　王国维与郭沫若 / ＊文坛五十年正编 186页
01158　王国维 / 虞君质 // ＊中国文学史论集第4集第1249页
01159　王国维 / 陈敬之 // ＊中国新文学运动的前驱第189页
01160　王国维 / 民　仲 // ＊民初四大国学家（三）
01161　厌世自沉的王国维 / 左舜生　＊近代中国史料丛刊第五辑（总49—50）万竹楼随笔第222页
01162　王国维 / 邵镜人 // ＊近代中国史料丛刊续编第九十五辑（总950）·同光风云录第289页
01163　从性格与时代论王国维治学途径的转变 /（加）叶嘉莹 // ＊近代中国思想人物论——保守主义第183页
01164　王国维 / 周邦道 // ＊近代教育先进传略（初集）第80页
01165　王国维 / 张之杰 // ＊环华百科全书第20册第213页
01166　王国维传 / 罗振玉 // ＊碑传集三编第7册第1689页
01167　王国维别传 / 罗振玉 // ＊碑传集三编第7册第1701页

王昆仑

01168　王昆仑 / 刘绍唐主编 // ＊传记文学1993年62卷1期
01169　王昆仑 / 方雪纯等 // ＊中共人名录第22页
01170　王昆仑 / 李立明 // ＊中国现代六百作家小传第33页
01171　政务院委员王昆仑 / ＊新中国人物志（下）第13页

王明灿

01172　王明灿 / ＊革命人物志第9集第11页

王明坤

01173　王明坤 / 黄震遐 // ＊中共军人志第19页

王忠汉

01174　王忠汉 / 刘绍唐主编 // ＊传记文学1997年71卷3期

王鸣韶

01175　王鸣韶 / 丁惟汾 // ＊革命人物志第20集第11页

王和华
01176　王和华／刘绍唐主编／／＊传记文学1999年75卷3期
王和顺
01177　王和顺／刘绍唐主编／／＊传记文学1993年63卷4期
王季思
01178　王季思／刘绍唐主编／／＊传记文学1996年69卷5期
王秉文
01179　王秉文／胡遯园／／＊贤不肖列传第66页
王秉钧
01180　王秉钧先生七秩华诞纪念集／＊吴延环编印1957年版56页
01181　八十回忆概述／＊王秉钧撰印1967年版170页
01182　革命耆宿王秉钧先生／王大任／／＊中国一周1955年264期
01183　王秉钧先生的风范／林　翠／／＊政治评论1968年20卷6期
01184　王秉钧(1888—1978)／林　泉／／＊传记文学1980年37卷6期，＊民国人物小传第4册第25页
01185　王秉钧／＊革命人物志第19集第12页
王秉璋
01186　王秉璋／黄震遐／／＊中共军人志第20页
王使能
01187　王使能／何其俊／／＊革命人物志第9集第10页
王佩忱
01188　王佩忱／＊革命人物志第5集第4页
王金铭
01189　王金铭传／邹　鲁／／＊革命人物志第1集第132页
王金璐
01190　访名武生王金璐／邵　芑／／＊中报月刊1985年71期
王京岐
01191　王京岐／＊革命人物志第1集第108页
王法勤
01192　高阳酒徒王法勤／牛马走／／＊"中央"日报1958年9月6日
01193　王法勤(1870—1941)／关志昌／／＊传记文学1985年46卷2期
01194　王法勤／＊革命人物志第1集第130页
王泽普
01195　王泽普／＊革命人物志第1集第161页
王治平
01196　王治平／＊革命人物志第2集第23页
01197　何玉莲报告王治平先烈事迹函／＊革命人物志第2集第27页
王治军
01198　王治军／＊革命人物志第1集第116页
王治芗
01199　王治芗／赵承谦／／＊革命人物志第3集第14页
王治增
01200　王治增／＊革命人物志第5集第5页
01201　王治增、王丞承、杨兆林、张文炳、雷茂林、王斌、蔡德辰／＊革命人物志第15集第11页
王学文
01202　王学文／刘绍唐主编／／＊传记文学1993年74卷3期

王学仁

01203　王学仁／　＊革命人物志第3集第32页

王宗山

01204　王宗山(1897—1977)／卓遵宏／／　＊传记文学1977年30卷5期，＊革命人物志第17集第1页

01205　我的回忆／王宗山述／／　近代中国1977年1期，＊革命人物志第17集第5页

01206　王宗山先生事略／　革命人物志第17集第3页

王宗琦

01207　王宗琦／顾子扬／／　＊革命人物志第1集第117页

王宗槐

01208　王宗槐／黄震遐／／　＊中共军人志第20页

王宗羲

01209　王烈士宗羲传／陈起凤／／　＊湖南文献1976年4卷1期，＊革命人物志第19集第16页

01210　王宗羲英年昭大节／陈起凤／　＊艺文志1976年125期

王定华

01211　吾生鸿印——王定华回忆录／王定华／／　＊华冈出版社1976年179页

王定圻

01212　王定圻／冯钦哉／　＊革命人物志第1集第114页

王定烈

01213　王定烈／黄震遐／／　＊中共军人志第24页

王宠惠

01214　民国第一位法学家：王宠惠传／段彩华／／　＊近代中国出版社1982年1月版294页

01215　王宠惠与近代中国／余伟雄／／　文史哲出版社1987年318页

01216　王宠惠博士与北洋大学／张玉麟／　＊畅流1955年12卷4期

01217　追思亮老略述其二三事／马寿华／　＊政论周刊1957年167期

01218　王宠惠先生传略／谢瀛洲／／　＊政论周刊1958年167期

01219　王公宠惠墓表／张　群／　＊畅流1958年18卷3期

01220　谈王亮老／何佐治／　＊法学丛刊1959年13期

01221　法学泰斗王宠惠的生平／何人斯／　＊古今谈1967年28期

01222　由王宠惠谈到郑毓秀／吴俟庵／　＊艺文志1968年34期

01223　法学泰斗王宠惠／　美哉中华1969年5期

01224　王宠惠(1881—1958)／　＊传记文学1974年24卷2期，＊民国人物小传第1册第21页

01225　王宠惠先生的硕学丰功／张文伯／／　宪政时代1977年2卷3期

01226　记东莞王宠惠先生／王绍通／　＊广东文献1977年7卷2期

01227　驰名世界之法学家王宠惠博士／蒲薛凤／／　宪政时代1980年6卷2期，＊近代中国1980年20期

01228　亮老对五权宪法理论与实施之贡献——王亮畴先生百年诞辰纪念／郑彦棻／／　＊宪政时代1980年6卷2期，＊广东文献1980年10卷4期，＊建设1981年29卷9期

01229　"王宠惠先生百年诞辰"口述历史座谈会纪实／胡有瑞等／／　近代中国1980年20期

01230　典型元老学人王宠惠／蒲薛凤／　中外杂志1981年29卷2期

01231　王宠惠对民主法治的贡献／郑彦棻／／　＊中外杂志1981年29卷2期，＊法令月刊1981年29卷2期

01232　怀念王亮老／王之珍／　＊传记文学1981年38卷1期

01233　忆王宠惠博士及其英译《德国民法》／蒲薛凤／／　＊传记文学1981年38卷3期

01234　顾少川先生与王亮老／王之珍／　＊传记文学1985年47卷6期

01235　悼王宠惠博士／顾维钧／　＊传记文学1985年47卷6期

01236　法学名家王宠惠／赵朴民／　＊北洋政府国务总理列传第92页

01237　王宠惠(1881—1958)／戴晋新∥﹡环华百科全书第20册第230页
01238　王宠惠／﹡革命人物志第1集第179页

王实味
01239　王实味事件之研究／马励撰印1975年版223页
01240　王实味／李立明∥﹡中国现代六百作家小传第39页
01241　王实味／赵　聪／﹡现代中国作家列传第324页

王宓文
01242　敬悼王宓文先生／苏莹辉∥﹡传记文学1972年21卷1期
01243　王宓文(1903—1972)／周邦道∥﹡近代教育先进传略(初集)第446页

王诗琅
01244　王诗琅先生作品年表初稿——并事略年谱／张良泽∥﹡风物1978年28卷3期
01245　我所认识的王诗琅先生／李南衡∥﹡文季1983年1卷4期
01246　王诗琅印象记(附王诗琅著作目录)／钟丽慧∥﹡文讯月刊1983年1期
01247　台湾老作家王诗琅／毛一波∥﹡传记文学1985年46卷1期
01248　王诗琅(1908—1984)／林子候∥﹡传记文学1985年46卷4期

王诚汉
01249　王诚汉／黄震遐∥﹡中共军人志第33页

王建安
01250　王建安／黄震遐∥﹡中共军人志第24页

王建基
01251　王建基／张淑珠∥﹡革命人物志第1集第136页

王绍文
01252　王绍文／﹡革命人物志第1集第147页

王绍南
01253　王绍南／黄震遐∥﹡中共军人志第31页

王绍桢
01254　"功在辅仁"的王绍桢校友／张振玉等∥﹡学府纪闻·私立辅仁大学第383页

王绍清
01255　追忆初识龚稼农与王绍清／马芳踪∥﹡传记文学1996年68卷5期

王绍鏊
01256　政务院财政部副部长：王绍鏊／﹡新中国人物志(下)第25页

王经明
01257　王经明／﹡革命人物志第2集第37页

王贯一
01258　王贯一／﹡革命人物志第9集第22页

王贯英
01259　王贯英／刘绍唐主编∥﹡传记文学1999年74卷3期
01260　王贯英／张之杰∥﹡环华百科全书第24册第214页

王春棠
01261　王春棠／﹡革命人物志第9集第13页

王荣光
01262　王荣光／渭　生∥﹡革命人物志第1集第164页

王柏龄
01263　记王柏龄／柳　絮∥﹡"中央"日报1958年11月29日
01264　王柏龄京杭国道及其他／包明叔∥﹡中外杂志1969年6卷2期

01265　黄埔军校开创之回忆(选载) / 王柏龄译著 // *传记文学 1969 年 15 卷 6 期

01266　先父王公柏龄的生平 / 王文漪 // *传记文学 1969 年 15 卷 6 期,*革命人物志第 5 集第 7 页

01267　王柏龄(1898—1942) / 于翔麟 // *传记文学 1979 年 34 卷 2 期,*民国人物小传第 3 册第 8 页

01268　先父茂如公事略 / 王文漪 // *江苏文献 1983 年 25 期

01269　王柏龄 / *革命人物志第 5 集第 5 页

01270　王故委员柏龄事略 / *革命人物志第 5 集第 14 页

王树声

01271　王树声 / 黄震遐 // *中共军人志第 42 页

王树枏

01272　新城王公墓志铭(王树枏) / 尚秉和 // *碑传集三编第 5 册第 1227 页

01273　王树枏(1851—1936) / 关国煊 // *传记文学 1984 年 45 卷 1 期

王树常

01274　王树常 / 刘绍唐主编 // *传记文学 1987 年 51 卷 3 期

王映霞

01275　郁达夫与王映霞 / 孙百刚 // (香港)宏业书局 1962 年 12 月初版、1978 年 7 月 3 版

01276　郁达夫与王映霞 / 刘心皇 // (香港)港明书店 1978 年 6 月版 332 页

01277　王映霞自传 / 王映霞 // *传记文学出版社 1990 年 304 页

01278　郁达夫与王映霞(1—14) / 刘心皇 // *畅流 1961 年 23 卷 1 期—24 卷 2 期

01279　关于《郁达夫与王映霞》的十个问题 / 刘心皇 // *畅流 1962 年 26 卷 1 期

01280　郁达夫与王映霞(选载) / 刘泳娴 // *中外杂志 1969 年 6 卷 2 期

01281　王映霞永远不肯吃亏 / 伍竹君 // *中外杂志 1971 年 10 卷 4 期

01282　郁达夫与王映霞 / 维　思 // *浙江月刊 1980 年 12 卷 6 期

01283　王映霞今昔及其《川中杂咏》 / 池春水 // *大成 1980 年 85 期

01284　郁达夫前妻王映霞自白(选载) / *传记文学 1984 年 45 卷 4 期

01285　郁达夫与王映霞的悲剧 / 刘心皇 // *传记文学 1984 年 45 卷 6 期

01286　王映霞老人近况 / 钟嘉利 // *传记文学 1999 年 74 卷 1 期

王思九

01287　王文德 / *革命人物志第 3 集第 9 页

王思源

01288　王思源 / *革命人物志第 2 集第 30 页

王思菓

01289　王思菓 / *革命人物志第 9 集第 17 页

王品超

01290　王品超 / *革命人物志第 1 集第 140 页

王钟声

01291　王钟声 / 卢懋原 // *革命人物志第 1 集第 182 页

王重民

01292　王重民 / 刘绍唐主编 // *传记文学 1987 年 51 卷 2 期

01293　有关《王重民小传》的补充(书简) / 关国煊 // *传记文学 1987 年 51 卷 3 期

王复安

01294　纪念两个革命的伙伴 / 蒋经国 // *传记文学 1963 年 2 卷 5 期

王泉笙

01295　王泉笙(1886—1956) / 周邦道 // *近代教育先进传略(初集)第 442 页,*革命人物志第 20 集第 8 页

01296　王泉笙 / 蔡景福 // *华侨名人传第 86 页

王禹廷
01297 八十自述与感言／王禹廷／／*传记文学 1996 年 68 卷 1 期

王俊卿
01298 王俊卿(1860—1924)／周邦道／／*近代教育先进传略(初集)第 298 页

王禹九
01299 王禹九／*革命人物志第 2 集第 28 页

王剑岳
01300 王剑岳／*革命人物志第 9 集第 31 页

王独清
01301 诗人王独清／谢冰莹／／*作品 1961 年 2 卷 8 期
01302 独身诗人王独清／李立明／／*文坛月刊 1972 年 324 期
01303 王独清(1898—1940)／关志昌／／*传记文学 1983 年 43 卷 1 期
01304 王独清(1898—1940)／李立明／／*中国现代六百作家小传第 42 页
01305 王独清／舒　南／／*北伐前后新诗作家作品第 265 页
01306 王独清／谢冰莹／／*作家印象记第 17 页
01307 王独清／姚乃麟／／*现代中国文学家传记第 110 页
01308 王独清／贺玉波／／*现代中国作家论第 2 卷第 91 页

王闿运
01309 湘绮府君年谱／王代功／／*广文书局 1971 年影印本 348 页，*商务印书馆 1978 年 12 月版 348 页，*近代中国史料丛刊第六十辑(总 596)影印本 350 页
01310 湘绮楼日记／王闿运／／*商务印书馆 1973 年 8 册，*广文书局 1973 年影印本
01311 王湘绮二三事／赵佛重／／*"中央"日报 1959 年 1 月 3 日
01312 王湘绮与尊经书院／胥端甫／／*民主评论 1960 年 11 卷 2 期
01313 清末民初四大诗人(王闿运)／／*畅流 1962 年 25 卷 1 期
01314 王湘绮与湘军志／阮文达／*春秋 1965 年 2 卷 3 期
01315 记近代大儒与奇士的王壬秋／何人斯／／*古今谈 1966 年 15 期
01316 记湘绮老人王闿运／陈　彰／／*艺文志 1967 年 24 期
01317 曾国藩目为狂妄的王闿运／罗石补／／*春秋 1969 年 10 卷 3 期
01318 王闿运／何　商／／*春秋 1969 年 11 卷 2 期
01319 王闿运(1832—1916)／*传记文学 1973 年 23 卷 1 期，*民国人物小传第 1 册第 18 页
01320 王湘绮自负霸才／高伯雨／／*大成 1974 年 4 期
01321 由《湘绮楼日记》探论王湘绮／和　重／／*公保月刊 1975 年 16 卷 11、12 期
01322 补谈湘绮老人王壬秋／胡乐翁／／*艺文志 1975 年 117 期
01323 记近代大儒与大奇士的王壬秋／吴伯卿／／*湖南文献 1978 年 6 卷 2 期
01324 由《湘绮楼日记》看王湘绮的生平／和　重／／*湖南文献 1978 年 6 卷 3 期
01325 王湘绮与谭畏公／张达人／／*艺文志 1978 年 157 期，*湖南文献 1980 年 8 卷 4 期
01326 如是我闻王湘绮／袁同畴／／*湖南文献 1981 年 9 卷 4 期
01327 湘绮老人及其门下三匠／易恕孜／／*中外人物专辑第 1 辑第 69 页
01328 王闿运／吴万谷／／*中国文学史论集(4)第 1183 页
01329 王壬秋传／唐祖培／／*民国名人小传第 36 页
01330 王闿运(1832—1916)／戴晋新／／*环华百科全书第 24 册第 218 页
01331 文人兼经师的王闿运／左舜生／／*近代中国史料丛刊第五辑(总 49)·万竹楼随笔第 123 页
01332 王闿运／邵镜人／／*近代中国史料丛刊续编第九十五辑(总 950)·同光风云录第 192 页

王首道
01333 访王首道／*中国老一辈革命家第 66 页

01334 湖南省临时政府副主席王首道 / *新中国人物志(上)第 196 页

王炳章

01335 王炳章 / *革命人物志第 3 集第 18 页

王洪文

01336 王洪文的几个历史镜头 / 叶永烈原作、张子华节录 // *传记文学 1992 年 61 卷 3 期

01337 "四人帮"之首王洪文的窜升与死亡 / 郑仁佳 // *传记文学 1992 年 61 卷 3 期

王洪荣

01338 王洪荣 / 黄震遐 // *中共军人志第 47 页

王洪钧

01339 生于忧患 / 王洪钧 // *传记文学出版社

01340 我所知道的王洪钧局长 / 高　梁 // *中国一周 1968 年 924 期

王洛宾

01341 老情歌手王洛宾生前死后 / 伍　石 // *传记文学 1996 年 68 卷 5 期

01342 王洛宾 / 刘绍唐主编 // *传记文学 1997 年 71 卷 6 期

王济远

01343 悼念王济远教授 / 杨裕芬 // *传记文学 1975 年 26 卷 4 期

01344 敬悼王济远先生 / 薛光前 // *传记文学 1975 年 26 卷 4 期, *故人与往事第 105 页

王举之

01345 王举之 / *革命人物志第 1 集第 175 页

王宪章(1)

01346 王君宪章传 / 邹　鲁 // *革命人物志第 1 集第 174 页

王宪章(2)

01347 王宪章 / 黄恭石 // *革命人物志第 9 集第 33 页

王冠三

01348 王植槐 / 钱　权 // *革命人物志第 1 集第 151 页

王语今

01349 记王语今(三十年代作家直接印象记之十一) / 陈纪滢 // *传记文学 1982 年 41 卷 4 期

王祖信

01350 王祖信 / *革命人物志第 9 集第 18 页

王统照

01351 王统照的一生事略 / 李立明 // *文坛月刊 1970 年 308 期

01352 王统照(1900—1958) / 秦贤次 // *传记文学 1974 年 25 卷 1 期, *民国人物小传第 1 册第 16 页

01353 王统照 / 李立明 // *中国现代六百作家小传第 34 页

01354 王统照 / 章　刚 * 文坛史料第 189 页

01355 王统照(1900—1958) / *环华百科全书第 20 册第 217 页

王泰恭

01356 王泰恭 / 武旭如 // *革命人物志第 15 集第 14 页

王振祖

01357 我所认识的王振祖 / 关文蔚 // *中外杂志 1982 年 32 卷 2 期

01358 王振祖戏剧生涯(上、下) / 费云文 // *中外杂志 1982 年 32 卷 4、5 期

01359 王振祖(1914—1980) / 关国煊 // *传记文学 1983 年 42 卷 2 期, *民国人物小传第 6 册第 22 页

王振畿

01360 王振畿传 / *碑传集三编第 7 册第 1667 页

王根元

01361 王根元 / 黄震遐 // *中共军人志第 31 页

王致盛
01362　王致盛／＊革命人物志第9集第21页
王恩茂
01363　王恩茂／黄震遐／／＊中共军人志第27页
王铁汉
01364　"九一八"抗命抵抗的王铁汉将军／郭冠英／／＊传记文学1996年68卷1期
01365　王铁汉小传／于翔麟／／＊传记文学1996年68卷1期
01366　王铁汉／刘绍唐主编／／＊传记文学1996年68卷1期
王造时
01367　马一浮、沈尹默、王造时、孙大雨——记四位大学者的不幸遭遇／重　威／／＊中报月刊1980年8期
01368　谈王造时与罗隆基（上、下）／李　璜／／＊传记文学1981年39卷2、3期，＊民主潮1981年31卷8期
01369　王造时（1903—1971）／关国煊／／＊传记文学1981年39卷3期，＊民国人物小传第5册第20页
王健民
01370　王健民教授的治学与为人／周世辅／／＊传记文学1980年37卷3期
01371　王健民（1904—1980）／林　泉／／＊传记文学1980年37卷6期，＊民国人物小传第4册第27页
王效禹
01372　王效禹／黄震遐／／＊中共军人志第26页
王海鳌
01373　王海鳌／＊革命人物志第1集第146页
王润生
01374　王润生／＊革命人物志第9集第30页
王润波
01375　王烈士润波传略／＊川籍抗战忠烈录第86页
王涌源
01376　鞠躬尽瘁死而后已的王涌源／续伯雄／／＊传记文学1996年69卷5期
王益霖
01377　王益霖（1856—1913）／周邦道／／＊近代教育先进传略（初集）第153页
王家驹
01378　王家驹／王民一／／＊革命人物志第3集第18页
01379　王家驹／＊革命党小传第6册第51页
王家修
01380　裹伤再战壮烈成仁王家修烈士／冷　欣／／＊"中央"日报1965年3月22日
01381　王家修／冯守道／／＊革命人物志第1集第144页
王家祯
01382　王家祯与王芃生／田雨时／／＊传记文学1975年26卷4期
01383　老外交家王家桢／宁恩承／／＊传记文学1999年75卷5期
王家鸿
01384　王家鸿博士／＊中国一周1966年847期
01385　王家鸿博士访问记／李道显／／＊中国一周1966年847期
01386　由坛坫至学府（1—3）／王家鸿／／＊湖北文献1981年59期—61期
王家善
01387　王家善／黄震遐／／＊中共军人志第29页
王家槐
01388　王家槐／＊革命人物志第19集第28页

王家襄
01389 王家襄(1871—1928) / *传记文学 1975 年 26 卷 3 期，*民国人物小传第 2 册第 10 页

王宾章
01390 王宾章(1889—1936) / 周邦道 // *传记文学 1981 年 38 卷 6 期，*民国人物小传第 5 册第 26 页，*近代教育先进传略(初集)第 412 页
01391 王宾章 / 栗　直 // *革命人物志第 15 集第 41 页

王展如
01392 记王展如先生及其画作 / 苏雪林 // *畅流 1955 年 11 卷 6 期
01393 八朋画友小传 / *畅流 1963 年 27 卷 10 期

王陵基
01394 刘湘与王陵基 / 雷啸岑 // *中外杂志 1969 年 5 卷 4 期
01395 王陵基与戴笠 / 乔家才 // *中外杂志 1982 年 32 卷 3 期
01396 四川省主席王陵基被俘记 / 李怀荣 // *传记文学 1996 年 68 卷 2 期

王继春
01397 纪念两个革命的伙伴(王继春) / 蒋经国 // *传记文学 1963 年 2 卷 5 期

王培孙
01398 王培孙(1871—1952) / 周邦道 // *近代教育先进传略(初集)第 48 页

王培菁
01399 王培菁事略 / 秉　公 // *民国四川人物传记第 58 页
01400 王培菁 / *革命人物志第 1 集第 148 页

王菱舟
01401 王菱舟 / *革命人物志第 12 集第 20 页

王梦白
01402 忆梦白师 / 王雪涛遗著 // *大成 1983 年 111 期

王梦兰
01403 王梦兰 / *革命人物志第 1 集第 168 页

王梦庚
01404 王梦庚 / *革命人物志第 2 集第 32 页

王梦鸥
01405 访王梦鸥先生 / 林佩芬 // *文讯月刊 1983 年 6 期

王梦笔
01406 王梦笔 / *革命人物志第 9 集第 27 页

王捷俊
01407 王捷俊 / *革命人物志第 20 集第 10 页

王辅臣
01408 王辅臣烈士事略 / *太原五百完人第 160 页

王唯农
01409 王唯农(1934—1980) / 林　泉 // *传记文学 1980 年 37 卷 3 期，*民国人物小传第 4 册第 28 页
01410 哀悼王唯农先生 / 念　琼 // *自由青年 1980 年 64 卷 2 期
01411 敬悼王唯农先生 / 汪大华 // *自由青年 1980 年 64 卷 2 期

王崇植
01412 王崇植(1897—1958) / 秦贤次 // *传记文学 1975 年 26 卷 1 期，*民国人物小传第 2 册第 11 页

王崇熙
01413 八十自述 / 王崇熙 // *政治评论 1981 年 39 卷 9 期

王铭章
01414 王烈士铭章传 / *四川文献 1963 年 11、12 期

01415　王上将铭章流芳百世／张　群∥＊四川文献1965年35期，＊川籍抗战忠烈录第77页
01416　王铭章／＊革命人物志第3集第27页
01417　王师长在滕县殉难之经过／＊革命人物志第3集第31页

王敏川
01418　台湾教师的先觉者——王敏川与蔡培火／蔡宪崇、谢德锡∥＊文艺1983年81期

王章祜
01419　王章祜传／＊民国四川人物传记第156页

王惕吾
01420　办报十五年／王惕吾∥＊报学1964年3卷3期
01421　报人王惕吾／关国煊∥＊传记文学1996年68卷6期
01422　王惕吾为理想奋斗不懈／周安仪∥＊中国新闻从业人员群像（上册）第107页

王焕卿
01423　烈士王焕卿君节略／阙名∥＊革命人物志第2集第38页

王谢长达
01424　王谢长达传略（1849—1934）／周邦道∥＊东方杂志1976年10卷5期
01425　王谢长达（1849—1934）／周邦道∥＊近代教育先进传略（初集）第41页

王鸿一
01426　关于王鸿一先生的传记资料／杨展云等∥＊山东文献1977年3卷2期

王鸿策
01427　王鸿策／＊革命人物志第3集第33页

王淮湘
01428　王淮湘／黄震遐∥＊中共军人志第31页

王淦昌
01429　关于"596"工程的回忆（附王淦昌小档案）／王淦昌∥＊传记文学1995年66卷6期
01430　在沙漠中隐姓埋名十七年领导研发并试爆第一颗原子弹成功的王淦昌／关国煊∥＊传记文学1999年75卷3期

王维舟
01431　西安自卫军司令员王维舟／＊新中国人物志（上）第191页

王超凡
01432　悼王超凡将军／褚舒华∥＊中兴评论1966年13卷2期
01433　王超凡与生教所／褚问鹃∥＊中外杂志1976年19卷1期

王敬久
01434　王敬久（1902—1964）／于翔麟∥＊传记文学1979年35卷4期，＊民国人物小传第4册第41页

王敬芳
01435　王敬芳先生传略／周邦道∥＊中原文献1967年8卷7期
01436　王敬芳（1876—1933）／周邦道∥＊近代教育先进传略（初集）第313页

王敬谋
01437　王敬谋／＊革命人物志第15集第40页

王朝俊
01438　王朝俊（1872—1930）／周邦道∥＊近代教育先进传略（初集）第284页

王揖唐
01439　王揖唐（1877—1946）／秦贤次∥＊传记文学1981年39卷3期，＊民国人物小传第5册第23页
01440　王揖唐之死／＊军阀现形记第391页
01441　王揖唐／戴晋新∥＊环华百科全书第20册第242页

王葆仁
01442　王葆仁／刘绍唐主编∥＊传记文学 1993 年 62 卷 4 期

王紫峰
01443　王紫峰／黄震遐∥＊中共军人志第 35 页

王紫宸
01444　王紫宸部举义事略／＊革命人物志第 10 集第 64 页

王辉球
01445　王辉球／黄震遐∥＊中共军人志第 37 页

王悲厂
01446　王悲厂／邂　园∥＊畅流 1951 年 3 卷 10 期
01447　蓬岛忆悲厂／车之林∥＊畅流 1953 年 7 卷 3 期
01448　漫画大师王悲厂／胡乐翁∥＊艺文志 1976 年 126 期

王景岐
01449　王景岐（1882—1941）／关国煊∥＊传记文学 1983 年 43 卷 1 期

王景宋
01450　王景宋／刘绍唐主编∥＊传记文学 1992 年 60 卷 3 期
01451　王景宋／＊革命人物志第 12 集第 21 页

王景春
01452　王景春（1882—1956）／姚崧龄∥＊传记文学 1978 年 33 卷 4 期，＊民国人物小传第 3 册第 21 页

王景祥
01453　王景祥／＊革命人物志第 2 集第 33 页

王杰功
01454　王杰功／＊革命人物志第 1 集第 158 页

王集丛
01455　"方开始"的王集丛先生／任卓宣∥＊政治评论 1976 年 34 卷 4 期
01456　我所认识的王集丛先生／吴曼君∥＊政治评论 1976 年 34 卷 4 期
01457　值得敬仰的现代文艺理论家王集丛先生／马　璧∥＊政治评论 1976 年 34 卷 4 期

王集成
01458　王集成／黄震遐∥＊中共军人志第 33 页

王鲁生
01459　章草名家王鲁生／令狐聪∥＊"中央"日报 1958 年 11 月 24 日

王鲁彦
01460　鲁彦琐记／湘　渠∥＊乡土 1975 年 1 卷 14 期
01461　王鲁彦（1901—1944）／关国煊∥＊传记文学 1977 年 30 卷 2 期，＊民国人物小传第 3 册第 12 页
01462　王鲁彦／李立明∥＊中国现代六百作家小传第 40 页
01463　王鲁彦／赵　聪∥＊现代中国作家列传 149 页
01464　王鲁彦／黄俊东∥＊现代中国作家剪影第 48 页
01465　王鲁彦（1901—1944）／＊环华百科全书第 20 册 212 页
01466　鲁迅与鲁彦／马蹄疾∥＊鲁迅与浙江作家第 121 页

王道行
01467　王道行／＊革命人物志第 2 集第 36 页

王寒生
01468　王寒生／刘绍唐主编∥＊传记文学 1997 年 71 卷 4 期

王遐举
01469　敬悼胞兄书法家王遐举／王铁猛∥＊传记文学 1996 年 68 卷 1 期

王瑞娴
01470　一位伟大的母亲／王慎之∥＊传记文学 1967 年 10 卷 5 期

王幹卿
01471　王幹卿／＊革命人物志第 1 集第 159 页

王献唐
01472　王献唐先生事略／屈万里∥＊大陆杂志 1964 年 29 卷 8 期
01473　王献唐（1897—1960）／＊传记文学 1974 年 24 卷 3 期，＊民国人物小传第 1 册第 20 页

王锡光
01474　王锡光（附王锡龄）／＊革命人物志第 1 集第 172 页

王锡奇
01475　王锡奇／颜文雄∥＊中国一周 1966 年 849 期

王靖国
01476　王靖国／刘绍唐主编∥＊传记文学 1992 年 60 卷 4 期

王新元
01477　政务院轻工业部副部长王新元／＊新中国人物志（下）第 129 页

王新命
01478　新闻圈里四十年／王新命∥＊"中央"日报营业组发行 1957 年版
01479　王新命先生的风范／陶百川∥＊"中央"日报 1961 年 5 月 17 日
01480　新闻圈里漫游录(1—5)／王新命∥＊报学 1951 年 1 卷 1 期—1953 年 1 卷 5 期
01481　纪念王新命先生特辑／陶希圣等∥＊报学 1961 年 2 卷 8 期

王新亭
01482　王新亭／黄震遐∥＊中共军人志第 35 页

王新衡
01483　痛失良友王新衡／蔡孟坚∥＊传记文学 1987 年 50 卷 2 期
01484　敬悼"身兼儒侠"的王新衡先生／沈云龙∥＊传记文学 1987 年 50 卷 2 期
01485　遥祭王新衡先生／田雨时∥＊传记文学 1987 年 50 卷 6 期
01486　与王新衡和李叶两先生的交往／赵世洵∥＊传记文学 1987 年 51 卷 2 期

王福厂
01487　悼念王福厂老先生／马国权∥＊艺林丛录（二）第 185 页

王福山
01488　王福山／丁秉鐩∥＊传记文学 1978 年第 33 卷 6 期—1979 年第 34 卷 2、3 期

王静芝
01489　文坛奇才王静芝教授／王绍桢等∥＊学府纪闻·私立辅仁大学第 361 页

王瑶卿
01490　梨园世家王氏四卿——王瑶卿、王凤卿、王少卿、王幼卿／张象乾∥＊传记文学 1963 年 3 卷 5 期

王誓师
01491　王誓师／陈　陶∥＊革命人物志第 1 集第 166 页

王毓文
01492　王毓文（1902—1984）／于翔麟∥＊传记文学 1985 年 47 卷 4 期

王毓芬
01493　王毓芬／＊革命人物志第 3 集第 25 页

王毓嵩
01494　王毓嵩／周邦道∥＊近代教育先进传略（初集）第 402 页

王韶生
01495　王韶生／刘绍唐主编∥＊传记文学 1998 年 72 卷 5 期

王漱芳
01496　王漱芳／刘健群／／＊传记文学 1966 年 8 卷 2 期
01497　王漱芳／＊革命人物志第 3 集第 25 页
王肇治
01498　王肇治／刘绍唐主编／／＊传记文学 1994 年 65 卷 2 期
王肇震
01499　王肇震墓表／林　纾／／＊碑传集三编第 10 册第 2401 页
王蕴瑞
01500　王蕴瑞／黄震遐／／＊中共军人志第 46 页
王稼祥
01501　王稼祥（1906—1974）／关国煊／／＊传记文学 1985 年 47 卷 3 期
01502　外交部副部长兼驻苏联大使王稼祥／＊新中国人物志（上）第 216 页
王德林
01503　民族英雄王德林将军／苏文奇／／＊山东文献 1975 年 1 卷 2 期
01504　王德林／栗　直／／＊革命人物志第 21 集第 104 页
王德宜
01505　记三位名扬海外的中国医生／沈　锜／／＊传记文学 1999 年 75 卷 2 期
王德贵
01506　王德贵／黄震遐／／＊中共军人志第 32 页
王德钟
01507　王德钟／陈去病／／＊革命人物志第 2 集第 41 页
王德彪
01508　人民政协代表王德彪／毓　珂／／＊新中国人物志（下）第 194 页
王德溥
01509　王德溥／刘绍唐主编／／＊传记文学 1992 年 60 卷 2 期
王毅文
01510　王毅文／＊革命人物志第 2 集第 40 页
王鹤洲
01511　王鹤洲／＊革命人物志第 2 集第 43 页
王踽臣
01512　王踽臣／＊革命人物志第 5 集第 15 页
王赞斌
01513　王赞斌（1889—1976）／于翔麟／／＊传记文学 1981 年 39 卷 1 期，＊民国人物小传第 5 册第 28 页
01514　王赞斌／＊革命人物志第 20 集第 14 页
王懋功
01515　王懋功（1891—1961）／于翔麟／／＊传记文学 1979 年 35 卷 3 期，＊民国人物小传第 4 册第 46 页
王鳌溪
01516　记王鳌溪／华　生／／＊民国四川人物传记第 272 页
王爵荣
01517　王爵荣／刘绍唐主编／／＊传记文学 1987 年 50 卷 5 期
王缵绪
01518　王缵绪忆语／马五先生／／＊中外杂志 1968 年 3 卷 3 期
王耀焜
01519　王耀焜／颜文雄／／＊中国一周 1967 年 897 期
王麟书
01520　王麟书／秦光玉／／＊革命人物志第 1 集第 184 页

井勿幕
01521 井勿幕(1886—1918) / 赵立成 // *传记文学 1977 年 30 卷 3 期，*民国人物小传第 3 册第 13 页
01522 井勿幕 / 李贻燕 // *革命人物志第 1 集第 185 页

井崧生
01523 井崧生 / *革命人物志第 1 集第 192 页

天 宝
01524 中央民族事务委员会委员：天宝 / *新中国人物志（下）第 163 页

韦 玉
01525 韦 玉 / 刘绍唐主编 // *传记文学 1992 年 60 卷 3 期

韦 灿
01526 韦 灿 / *革命人物志第 19 集第 110 页

韦 杰
01527 韦 杰 / 黄震遐 // *中共军人志第 224 页

韦 德
01528 韦 德 / *革命人物志第 5 集第 35 页

韦云卿
01529 韦云卿 / *革命人物志第 5 集第 34 页

韦云淞
01530 韦云淞 / 刘绍唐主编 // *传记文学 1994 年 65 卷 3 期

韦丛芜
01531 韦丛芜 / 李立明 // *中国现代六百作家小传第 272 页

韦永成
01532 谈往事(1—11) / 韦永成 // *传记文学 1977 年 31 卷 2 期—1978 年 32 卷 6 期
01533 新桂系核心人物韦永成 / 廖富荪 // *传记文学 1998 年 73 卷 1 期

韦国清
01534 韦国清 / 黄震遐 // *中共军人志第 226 页
01535 韦国清 / 朱新民 // *环华百科全书第 24 册第 36 页

韦荣初
01536 韦树模、韦荣初、韦统铃、韦统淮合传（附：韦姓四烈士殉难记）/ 邹 鲁 // *革命人物志第 5 集第 37 页

韦树模
01537 韦树模、韦荣初、韦统铃、韦统淮合传（附：韦姓四烈士殉难记）/ 邹 鲁 // *革命人物志第 5 集第 37 页

韦统铃
01538 韦树模、韦荣初、韦统铃、韦统淮合传（附：韦姓四烈士殉难记）/ 邹 鲁 // *革命人物志第 5 集第 37 页

韦统泰
01539 韦统泰 / 黄震遐 // *中共军人志第 226 页

韦统淮
01540 韦树模、韦荣初、韦统铃、韦统淮合传（附：韦姓四烈士殉难记）/ 邹 鲁 // *革命人物志第 5 集第 37 页

韦素园
01541 鲁迅与韦素园 / 杜一百 // *大公报 1977 年 7 月 6 日，鲁迅和他的同时代人（上卷）第 347 页
01542 韦素园(1902—1932) / 关国煊 // *传记文学 1985 年 47 卷 2 期
01543 韦素园 / 李立明 // *中国现代六百作家小传第 271 页

云 勉
01544　云　勉／ ＊革命人物志第 9 集第 271 页

云广英
01545　广东省人民政府秘书长：云广英／ ＊新中国人物志（上）第 272 页

云茂曦
01546　云茂曦／ ＊革命人物志第 9 集第 272 页

云振飞
01547　云振飞／ ＊革命人物志第 9 集第 273 页

太虚法师
01548　太虚大师年谱／（释）印　顺／／ ＊印顺印行 1973 年版 554 页，＊天华出版事业公司 1978 年版 356 页
01549　缙云山访太虚记／凡　庸／／ ＊畅流 1951 年 3 卷 10 期
01550　太虚大师评传／续　明／／ ＊主义与国策 1956 年 74 期
01551　太虚大师的精神／东　初／／ ＊海潮音 1957 年 38 卷 3 期
01552　太虚大师生平事迹／续　明／ ＊海潮音 1957 年 38 卷 3 期
01553　忆太虚大师／章斗航／／ ＊海潮音 1957 年 38 卷 10 期
01554　太虚大师评传（上、下）／圣　严／／ ＊海潮音 1965 年 46 卷 3、5 期
01555　太虚大师在现代中国思想史上之地位及其价值／瞻　思／／ ＊海潮音 1967 年 48 卷 4 期
01556　中兴佛教太虚大师传／ ＊佛教文化 1968 年 11 期
01557　太虚大师（1889—1947）／关国煊／／ ＊传记文学 1980 年 36 卷 1 期，＊民国人物小传第 4 册第 11 页
01558　太　虚／慧　严／／ ＊中国历代思想家第 10 册第 6501 页
01559　太　虚（1889—1947）／张之杰／／ ＊环华百科全书第 5 册第 260 页
01560　记太虚法师／阮毅成／／ ＊前辈先生第 1 页

尤 民
01561　尤　民／ ＊革命人物志第 1 集第 196 页

尤太忠
01562　尤太忠／黄震遐／／ ＊中共军人志 58 页
01563　尤太忠／朱新民／／ ＊环华百科全书第 19 册第 65 页

车 钺
01564　车钺传／邹　鲁／／ ＊革命人物志第 2 集第 383 页

车向忱
01565　车向忱／刘绍唐主编／／ ＊传记文学 1999 年 75 卷 2 期

车鸣骧
01566　车鸣骧／ ＊革命人物志第 2 集第 385 页

戈 矛
01567　戈　矛／林曼叔等／／ ＊中国当代作家小传第 108 页

戈公振
01568　谈报界耆宿戈公振／马五先生／／ ＊快报 1977 年 7 月 16 日
01569　戈公振（1890—1935）／关志昌／／ ＊传记文学 1978 年 32 卷 4 期，＊民国人物小传第 3 册第 14 页
01570　杨杰、戈公振、何启等小传的补充及卒年正误／关国煊／／ ＊传记文学 1981 年第 39 卷第 6 期
01571　戈公振／李立明／／ ＊中国现代六百作家小传第 53 页

戈壁舟
01572　戈壁舟／林曼叔等／／ ＊中国当代作家小传第 107 页

区寿年
01573　区寿年／刘绍唐主编／／ ＊传记文学 1992 年 60 卷 4 期

区建公
01574 区建公 / 刘绍唐主编 // *传记文学 1995 年 66 卷 4 期
牙含章
01575 牙含章 / 刘绍唐主编 // *传记文学 1993 年 63 卷 4 期

〔丨〕

贝元澄
01576 贝元澄（1866—1929）/ 周邦道 // *近代教育先进传略（初集）第 221 页

〔丿〕

牛扶霄
01577 牛扶霄 / *革命人物志第 1 集第 219 页
牛怀龙
01578 牛怀龙 / 黄震遐 // *中共军人志第 6 页
毛人凤
01579 毛人凤先生哀思录 / *上海印刷厂 1957 年版
01580 祭亡夫毛人凤将军 / 毛向新 // *"中央"日报 1959 年 10 月 14 日
01581 毛人凤（1898—1956）/ 范廷杰 // *传记文学 1975 年 28 卷 1 期，*民国人物小传第 2 册第 19 页
01582 毛人凤其人其事——为毛人凤将军逝世二十周年作 / 杜若平 // *中外杂志 1976 年 20 卷 4 期
01583 记毛君人凤二三事 / 姜超岳 // *传记文学 1976 年 29 卷 4 期
01584 戴笠接班人毛人凤升官图 / 徐好文、胡必林 // *传记文学 1992 年 61 卷 6 期
01585 毛人凤升官与马汉三之死 / 文强 // *传记文学 1993 年 62 卷 1 期
01586 毛人凤 / *革命人物志第 1 集 76 页
毛万里
01587 执法队长毛万里 / 乔家才 // *戴笠将军和他的同志第 2 集第 69 页
毛子水
01588 关于买书的一些回忆 / 毛子水 // *传记文学 1963 年 2 卷 1 期
01589 买书余记 / 毛子水 // *传记文学 1963 年 3 卷 4 期
01590 "五四"五十年 / 毛子水 // *传记文学 1969 年 14 卷 5 期
01591 务实循序的毛子水先生 / 林振春 // *教育 1984 年 398 期
01592 毛子水不知老之将至 / 应平书 // *学人风范第 208 页
毛凤书
01593 毛凤书 / *革命人物志第 1 集第 78 页
毛以亨
01594 俄蒙回忆录 / 毛以亨 // *文海出版社近代中国史料丛刊续编第十一辑（总 108）影印本 245 页
01595 毛以亨（1895—1968）/ 关国煊 // *传记文学 1983 年 43 卷 2 期
毛世来
01596 花旦毛世来 / 齐崧 // *传记文学 1975 年 26 卷 6 期
毛邦初
01597 四十年前轰动中美的毛邦初案（1—7）/ 顾维钧遗稿、赵家铭提供 // *传记文学 1992 年 60 卷 1—6 期，1992 年 61 卷 1 期
01598 毛邦初的生前死后 / 郁鼎彝、张文奇 // *传记文学 1993 年 62 卷 1 期
毛光翔
01599 毛光翔 / 刘绍唐主编 // *传记文学 1999 年 75 卷 1 期
毛会义
01600 毛会义 / 黄震遐 // *中共军人志第 6 页

毛庆祥
01601 父亲毛庆祥的生平和事业／毛兰苓／／＊传记文学 1999 年 74 卷 6 期
毛张苗
01602 毛张苗／黄震遐／／＊中共军人志第 5 页
毛和发
01603 毛和发／黄震遐／／＊中共军人志第 6 页
毛秉文
01604 毛秉文(1891—1970)／＊传记文学 1977 年 30 卷 2 期，＊民国人物小传第 3 册第 16 页
毛岱钧
01605 毛岱钧／＊革命人物志第 18 集第 34 页
毛泽东
01606 毛主席传记／(香港)中文书刊社 1968 年 6 月版 48 页
01607 毛主席的光辉事迹(1—6 辑)／(香港)周末报 1968 年 1 辑 69 页、2 辑 62 页、3 辑 37 页、4 辑 48 页、5 辑 84 页、6 辑 37 页
01608 毛泽东自传／(香港)现代出版公司 1969 年版 130 页
01609 毛泽东生平资料简编／黄雨川／(香港)友联研究所 1970 年版 644 页
01610 毛泽东与周恩来同志／司马长风／／(香港)南青艺社 1976 年 2 版 241 页
01611 怀念毛泽东／(美)韩素音等／／(香港)万源图书公司 1977 年 1 月版 227 页，1977 年 5 月 2 版 227 页
01612 毛泽东与我／萧瑜著、郝供年译／／＊艺文志 1966 年 15 期—1967 年 20 期
01613 李达和毛泽东／唐之人／／＊南北极 1980 年 117 期
01614 毛泽东(1893—1976)／关国煊／／＊传记文学 40 卷 2 期 1982 年 2 期，＊民国人物小传第 5 册第 36 页
01615 毛泽东、斯大林会谈随行记／师哲／／＊传记文学 1992 年 61 卷 3 期
01616 预言书中的蒋、毛／唐德刚／／＊传记文学 1993 年 63 卷 2 期
01617 蒋介石与毛泽东——为毛泽东百岁周年而作／王文成／／＊传记文学 1993 年 63 卷 6 期
01618 黎锦熙、毛泽东的师生情谊／黎风／／＊传记文学 1993 年 62 卷 6 期
01619 毛泽东、高岗、饶漱石的恩怨(书简)／吴明山／／＊传记文学 1993 年 62 卷 6 期
01620 毛泽东在西安事变中主张杀蒋与释蒋的过程／叶永烈／／＊传记文学 1994 年 65 卷 6 期
01621 毛泽东、周恩来在"大跃进"中的分歧／袁永松／／＊传记文学 1995 年 65 卷 1 期
01622 《我的第一张大字报》点燃"文革"的战火／黑雁男／／＊传记文学 1996 年 68 卷 5 期
01623 毛泽东与丁玲／孙琴安／／＊传记文学 1997 年 72 卷 2 期
01624 德军侵苏前毛泽东向史达林示警／Johnny·Erling／／＊传记文学 1999 年 75 卷 6 期
01625 毛泽东／戴晋新／／＊环华百科全书第二册第 528 页
毛泽民
01626 我判处毛泽民死刑的经过(选载)／王德溥／／＊传记文学 1976 年 29 卷 5 期
毛泽覃
01627 毛泽覃／刘绍唐主编／／＊传记文学 1987 年 50 卷 1 期
毛承霖
01628 毛承霖墓表／张学华／／＊碑传集三编第 5 册第 1269 页
毛树清
01629 从环球采访到大学教授——访毛树清谈新闻生涯四十年／周安仪／／＊中国新闻从业人员群像(下册)第 505 页
毛俊臣
01630 毛俊臣先生及其《君子馆日记》／张佛千／／＊传记文学 1965 年 6 卷 6 期
毛彦文
01631 熊希龄娶毛彦文的故事／林熙／／＊大成 1978 年 60 期

01632　吴宓与毛彦文之恋 / 刘心皇 // *自由谈 1979 年 30 卷 11 期

毛振翔
01633　毛振翔传 / 范韶诗 // *新闻天地社 1956 年版 202 页
01634　毛振翔神父 / *美哉中华 1969 年 14 期

毛竞中
01635　毛竞中 / *革命人物志第 1 集第 80 页

毛福梅
01636　毛福梅悲剧的一生 / 薛家柱、王月曦 // *传记文学 1996 年 69 卷 3—6 期

毛懋卿
01637　蒋公为离婚致妻兄毛懋卿函(书简) / 杨一新 // *传记文学 1992 年 60 卷 4 期

升 允
01638　升 允 / 刘绍唐主编 // *传记文学 1995 年 66 卷 6 期

仁思忠
01639　仁思忠 / 黄震遐 // *中共军人志第 74 页

仇 亮
01640　仇亮(附录:仇冥鸿入狱始末记) / *革命人物志第 1 集第 220 页

仇庆云
01641　摸骨盲相士仇庆云轶事 / 张天心 // *传记文学 1987 年 50 卷 3 期

公孙嬿
01642　公孙嬿 / 舒 兰 // *抗战时期的新诗作家和作品第 145 页

乌兰夫
01643　乌兰夫 / 黄震遐 // *中共军人志第 240 页
01644　乌兰夫 / 朱新民 // *环华百科全书第 19 册第 470 页
01645　中国人民政府委员乌兰夫 / *新中国人物志(上)第 122 页

凤 子
01646　凤子舞台、文艺生活五十年 / 陈珍幹 // *镜报 1984 年 86 期
01647　封季壬 / 李立明 // *中国现代六百作家小传第 280 页

〔、〕

卞 鼐
01648　卞烈士传 / 曾祥坦 // *革命人物志第 1 集第 230 页
01649　卞鼐传 / 刘泽嘉 // *民国四川人物传第 8 页

卞之琳
01650　卞之琳 / 秦贤次 // *诗学 1976 年 2 辑
01651　卞之琳 / 李立明 // *中国现代六百作家小传第 50 页
01652　卞之琳 / 黄俊东 // *现代中国作家剪影第 92 页
01653　卞之琳 / 舒 兰 // *北伐前后新诗作者和作品第 211 页
01654　诗人、翻译家卞之琳 / *当代中国作家风貌第 142 页

卞寿孙
01655　先君伯眉公与民初的中国银行 / 卞柏年 // *传记文学 1972 年 21 卷 2 期
01656　卞寿孙(1884—1968) / 姚崧龄 // *传记文学 1975 年 27 卷 6 期,*民国人物小传第 2 册第 13 页

文 斐
01657　文 斐 / 周 鳞等 // *革命人物志第 2 集第 52 页

文 强
01658　文强将军回忆录 / 文 强 // (香港)香港文化教育出版社有限公司 1990 年 251 页

01659　记原国民党中将文强父子／夏　宁／／＊镜报1984年84期

文　群

01660　民二浦东记／文　群／／＊传记文学1962年1卷3期
01661　萍乡文群先生事略／＊江西文献1969年37期
01662　文群(1884—1969)／林　泉／／＊传记文学1980年37卷3期，＊民国人物小传第4册第15页
01663　文群先生史事专访／方鹏程／／＊近代中国1983年35期
01664　文　群／吴相湘／／＊民国百人传第3册第309页

文年生

01665　文年生／黄震遐／／＊中共军人志第7页

文尚武

01666　文尚武／＊革命人物志第3集第35页

文经纬

01667　文经纬／＊革命人物志第1集第227页

文崇周

01668　文崇周事略／阙　名／／＊革命人物志第2集第51页

文焕章

01669　文焕章／杨庶堪／／＊革命人物志第1集第225页

文鸿揆

01670　文鸿揆／李鸿祥／／＊革命人物志第3集第36页

文廷式

01671　记梁鼎芬与文廷式／林　熙／／＊艺文志1976年128期

文朝籍

01672　文朝籍(1897—1979)／于翔麟／／＊传记文学1981年42卷2期，＊民国人物小传第6册第3页
01673　文朝籍／＊革命人物志第20集第16页

文道溥

01674　文道溥／＊革命人物志第3集第36页

方　方

01675　方　方／刘绍唐主编／／＊传记文学1987年50卷6期
01676　广东省人民政府副主席方方／＊新中国人物志(上)第203页

方　正

01677　方　正／黄震遐／／＊中共军人志第51页

方　刚

01678　方　刚／＊革命人物志第1集第201页

方　纪

01679　方　纪／林曼叔等／／＊中国当代作家小传第142页
01680　方　纪／李立明／／＊中国现代六百作家小传第44页

方　还

01681　方　还(1867—1932)／周邦道／／＊近代教育先进传略(初集)第39页

方　谷

01682　方　谷／＊革命人物志第1集第209页

方　治

01683　早年的方治／刘敬坤／／＊传记文学1994年65卷4期

方　闻

01684　美术史学家方闻先生／刘若熙／／＊中国一周1957年379期

方　铭

01685　方　铭／黄震遐／／＊中共军人志第58页

方 敬
01686　方　敬／李立明／／＊中国现代六百作家小传第45页

方 策(1)
01687　方　策／刘绍唐主编／／＊传记文学1987年51卷6期
01688　方　策／平　刚／／＊革命人物志第2集第48页

方 策(2)
01689　方　策／范　任／／＊传记文学1976年28卷6期

方 强
01690　方　强／黄震遐／／＊中共军人志第55页

方 槐
01691　方　槐／黄震遐／／＊中共军人志第58页

方 豪
01692　方杰人院士蒙席哀思录／＊台湾政治大学1981年版309页
01693　回首二十年／方　豪／／＊"中央"日报1961年9月28日
01694　方豪对台湾文献的研究／毛一波／／＊"中央"日报1969年9月22、23日
01695　方豪(1910—1980)／林　泉／／＊传记文学1981年38卷3期，＊民国人物小传第5册第29页
01696　方豪先生的一生——悼方豪先生／王梓良／／＊大陆杂志1981年62卷1期
01697　怀三位研究中西交通史的学者——方豪先生在北平辅仁／甲　凯／／＊传记文学1983年43卷4期
01698　方　豪(1910—1980)／＊环华百科全书第3册第450页
01699　史学家方豪教授／李幹甫／／＊学府纪闻·私立辅仁大学第137页

方 毅
01700　方　毅／刘绍唐主编／／＊传记文学1997年71卷6期

方 璧
01701　方　璧／＊革命人物志第11集第2页
01702　方珆舟烈士事略／＊革命人物志第11集第4页

方之中
01703　方之中／黄震遐／／＊中共军人志第51页

方中格
01704　方中格／陈英东／／＊华侨名人传第93页

方升普
01705　方升普／黄震遐／／＊中共军人志第53页

方正平
01706　方正平／黄震遐／／＊中共军人志第52页

方本仁
01707　关于方本仁这个人／刘心皇／／＊传记文学1987年50卷5期
01708　关于方本仁这个人(书简)／刘涛／／＊传记文学1987年51卷4期
01709　方本仁／刘绍唐主编／／＊传记文学1993年62卷2期

方东美
01710　贞纯清直的哲人方东美／郑彦棻／／＊传记文学1977年31卷3期
01711　方东美与少年中国学会／秦贤次／／＊传记文学1977年31卷3期
01712　哲学教授方东美轶事／席广益／＊大成1977年46期
01713　方东美先生小传／许　逖／／＊哲学与文化1981年8卷7期
01714　一代哲人——方东美先生／杨士毅／／＊哲学与文化1981年8卷7期
01715　真正的哲学家——方东美先生／高怀民／／＊哲学与文化1981年8卷7期
01716　方东美(1899—1977)／秦贤次／／＊传记文学1981年39卷4期，＊民国人物小传第5册第32页

01717 方东美先生传略 / ＊中国文化月刊 1981 年 20 期
01718 方东美先生大事年表 / 陈 明 // ＊中国文化月刊 1981 年 24 期
01719 我所知道的方东美先生 / 鲁傅鼎 // ＊传记文学 1987 年 51 卷 4 期
01720 方东美辩才无碍 / 应平书 // ＊学人风范第 169 页
01721 方东美(1899—1977) / 刘崇儒 // ＊环华百科全书第 3 册第 448 页
01722 方东美 / 秦贤次 // ＊革命人物志第 22 集第 1 页
01723 学生时代的方东美先生 / 孙智燊 // ＊革命人物志第 22 集第 4 页

方令孺
01724 方令孺 / 李立明 // ＊中国现代六百作家小传第 46 页

方乐书
01725 方乐书 / ＊革命人物志第 12 集第 22 页

方永蒸
01726 一生尽瘁教育的方永蒸先生 / 贺照礼 // ＊"中央"日报 1962 年 6 月 24 日
01727 躬行实践的教育家方永蒸 / 王大任 // ＊教育与文化 1962 年 295 期
01728 方永蒸 / 刘绍唐主编 // ＊传记文学 1994 年 65 卷 4 期

方地山
01729 方地山轶事 / 刘 嗣 // ＊"中央"日报 1954 年 3 月 7 日
01730 记"联圣"方地山 / 王 芝 // ＊畅流 1964 年 30 卷 9 期

方亚凡
01731 方亚凡 / ＊革命人物志第 3 集第 34 页

方亚初
01732 方亚初 / ＊革命人物志第 1 集第 200 页

方先觉
01733 方先觉与衡阳保卫战 / 胡养之 // ＊湖南文献 1975 年 3 卷 2 期
01734 抗日名将方先觉 / 殷卓伦 // ＊中外杂志 1985 年 37 卷 3 期
01735 方先觉 / 刘绍唐主编 // ＊传记文学 1987 年 51 卷 2 期

方兆鳌
01736 方兆鳌 / 谢复初 // ＊革命人物志第 2 集第 44 页

方次石
01737 方次石 / 方瑞麟 // ＊革命人物志第 1 集第 198 页

方远照
01738 方远照 / ＊革命人物志第 2 集第 49 页

方孝岳
01739 方孝岳 / 刘绍唐主编 // ＊传记文学 1999 年 75 卷 4 期

方志敏
01740 方志敏(1899—1935) / 关国煊 // ＊传记文学 1985 年 47 卷 5 期

方声洞
01741 方声洞、林觉民烈士合传 / 乐茞军 // ＊近代中国出版社 1979 年 8 月版 118 页
01742 黄花冈烈士的壮语与悲歌 / 易大德 // ＊中国一周 1968 年 936、937 期
01743 举族赴义的方声洞烈士 / 心 园 // ＊今日中国 1976 年 66 期
01744 方声洞慷慨赴义始末记——纪念三二九黄花冈之役 / ＊艺文志 1983 年 210 期
01745 方声洞 / ＊革命人物志第 1 集第 210 页

方声涛
01746 方声涛(1885—1934) / 蒋永敬 // ＊传记文学 1975 年 5 卷 26 期，＊民国人物小传第 2 册第 15 页
01747 方声涛 / ＊革命人物志第 1 集第 216 页

方克猷
01748　方克猷／刘绍唐主编／／*传记文学 1993 年 63 卷 6 期

方君瑛
01749　辛亥革命先进方君瑛女士／李又宁／／*传记文学 1981 年 38 卷 5 期
01750　同盟会女杰方君瑛／蔡德金／／*传记文学 1996 年 68 卷 2 期

方君璧
01751　我所知道的方君璧女史／竹　溪／／*畅流 1966 年 34 卷 9 期

方玮德
01752　薄命诗人方玮德／谢冰莹／／*作品 1961 年 2 卷 11 期
01753　方玮德／李立明／／*中国现代六百作家小传 1977 年 47 页
01754　方玮德／舒　兰／／*北伐前后新诗作家和作品第 149 页
01755　方玮德／谢冰莹／／*作家印象记第 22 页
01756　方玮德／秦贤次／／*诗学第 2 辑第 406 页

方国安
01757　方国安／黄震遐／／*中共军人志第 54 页

方国南
01758　方国南／黄震遐／／*中共军人志第 54 页

方国瑜
01759　方国瑜／刘绍唐主编／／*传记文学 1996 年 68 卷 4 期

方国藩
01760　方国藩／方步初／／*革命人物志第 11 集第 6 页

方定凡
01761　方定凡将军七十自述／／*慈利旅台文献委员会印行 1972 年版 133 页

方经纶
01762　方经纶／周孚青／／*革命人物志第 1 集第 207 页

方奈何
01763　方奈何／李立明／／*中国现代六百作家小传第 47 页

方树泉
01764　方树泉回忆录／方树泉／／*方树福堂基金秘书处编印 1982 年版 64 页

方觉慧
01765　悼方公子樵先生／杨敦三／／*中兴评论 1958 年 5 卷 11 期
01766　方子樵先生二三事／杨一峰／／*畅流 1958 年 18 卷 8 期
01767　爱国老人方觉慧／干国勋／／*中外杂志 1981 年 30 卷 3 期
01768　方觉慧／／*革命人物志第 2 集第 50 页

方振武
01769　方振武／刘绍唐主编／／*传记文学 1987 年 51 卷 3 期
01770　我所知道的方振武／阮玄武／／*传记文学 1998 年 72 卷 3 期

方象堃
01771　方象堃／／*革命人物志第 1 集第 205 页

方液仙
01772　方液仙／刘绍唐主编／／*传记文学 1999 年 74 卷 2 期

方鼎英
01773　方鼎英(1888—1976)／于翔麟／／*传记文学 1981 年 38 卷 6 期，*民国人物小传第 5 册第 34 页

方瑞麟
01774　方瑞麟／方修德／／*革命人物志第 20 集第 18 页

方楚囚
01775　方楚囚／＊革命人物志第1集第206页

方蔚东
01776　方蔚东先生七秩大庆纪念集／艾弘毅／／＊长伯师范学院旅台校友会印行1962年版162页
01777　方蔚东先生的学养和教育事业／艾弘毅／／＊教育辅导月刊1962年12卷7期

方骥龄
01778　纪念摩顶放踵全身奉献的方骥龄先生／王梓良／／＊大陆杂志1980年60卷6期
01779　方骥龄先生事略／高永祖／／＊江苏文献1980年第15期

计大伟
01780　计大伟／颜文雄／／＊中国一周1966年849期

计宗型
01781　计宗型／周邦道／／＊近代教育先进传略（初集）第83页，＊革命人物志第22集第150页

计舜廷
01782　计舜廷任南京电信局长／王正元／／＊传记文学1993年63卷6期

心平法师
01783　心平法师／刘绍唐主编／／＊传记文学1995年67卷2期

〔㇐〕

尹于忠
01784　尹于忠／周邦道／／＊近代教育先进传略（初集）第406页

尹仲容
01785　尹仲容先生年谱初稿／沈云龙／／＊传记文学出版社1972年5月版682页
01786　尹仲容先生二三事／凤　之／／＊新闻报1963年1月25日
01787　择善固执的尹仲容／姜白鸥／／＊"中央"日报1963年1月25日
01788　尹仲容二三事／张其昀／／＊"中央"日报1963年4月27日
01789　尹仲容先生事略／＊中华日报1963年1月30日
01790　台湾工业化与尹仲容／李　刚、林笑峰／／＊联合报1963年1月28—30日
01791　尹仲容与金融政策／黄耀鏻／／＊联合报1963年1月31日
01792　尹仲容先生的生平／沈　怡／／＊联合报1963年1月31日
01793　先兄仲容琐忆／尹叔明／／＊传记文学1963年2卷4期
01794　仲容德行加工厂考察记（1—3）／张九如／／＊民主潮1963年13卷6—8期
01795　身后但余书满架——追忆尹仲容先生／周君亮／／＊中国一周1963年673期
01796　我与尹仲容先生／陆尤进／／＊现代政治1964年11卷1期
01797　尹仲容二三事／刘贤甫／／＊湖南文献1975年3卷1期
01798　尹仲容与郭崧焘／吴伯卿／／＊湖南文献1977年5卷1期
01799　怀念尹仲容先生／蔡孟坚／／＊传记文学1978年32卷4期
01800　忆尹仲容、朱一成两先生／陈琅予／／＊中外杂志1979年25卷3期
01801　我所认识的尹仲容先生／张　骏／／＊传记文学1984年45卷6期
01802　尹仲容先生战时旅美二三事／言木彬／／＊传记文学1985年46卷3期
01803　陈辞修与尹仲容／冯世欣／／＊传记文学1987年50卷4期
01804　尹仲容（1903—1963）／刘绍唐／／＊民国人物小传第2册第17页
01805　尹仲容（1903—1963）／＊环华百科全书第19册第280页
01806　尹仲容／＊革命人物志第14集第1页

尹呈辅
01807　尹呈辅（1892—1976）／林　泉／／＊传记文学1976年28卷6期，＊民国人物小传第2册第16页，

＊革命人物志第 17 集第 29 页

尹述贤
01808　尹述贤(1897—1980)／席涵静／／＊传记文学 1980 年 36 卷 5 期,＊民国人物小传第 4 册第 49 页

尹昌龄
01809　尹昌龄传／＊民国四川人物传记第 274 页

尹昌衡
01810　记尹昌衡／古　狂／／＊畅流 1957 年 16 卷 9 期
01811　记尹昌衡／周开庆／／＊畅流 1964 年 29 卷 6 期,＊民国四川人物传记第 252 页
01812　尹昌衡／关志昌／／＊民国人物小传第 4 册第 47 页

尹树模
01813　尹树模／＊革命人物志第 2 集第 60 页

尹钟奇
01814　一位成功的工程学者——尹钟奇将军访问记／江光芬／／＊中国一周 1966 年 823 期

尹屏东
01815　典狱生涯四十年／尹屏东／／＊商务印书馆 1971 年版 118 页

尹雪曼
01816　创作三十年的尹雪曼／穆中南／／＊文坛 1966 年 69 期
01817　尹雪曼其人其文／李秋云／／＊中国一周 1967 年 898 期
01818　尹雪曼著作年表／知　言／／＊中原文献 1977 年 9 卷 5 期
01819　尹雪曼／李立明／／＊中国现代六百作家小传第 54 页

尹维俊
01820　尹维俊女士／＊革命人物志第 18 集第 34 页

尹锐志
01821　尹锐志女士行状／＊"中央"日报 1948 年 1 月 22 日,＊革命人物志第 18 集第 30 页
01822　尹锐志女士小传／＊革命人物志第 18 集第 33 页

尹静夫
01823　尹静夫／刘绍唐主编／／＊传记文学 1996 年 68 卷 5 期

尹德威
01824　尹德威／卢懋原／／＊革命人物志第 1 集第 229 页

尹赞勋
01825　尹赞勋／刘绍唐主编／／＊传记文学 1999 年 75 卷 3 期

尹遵党
01826　尹遵党事略／＊太原五百完人第 147 页
01827　尹遵党／＊革命人物志第 17 集第 30 页

巴人
01828　王任叔(1901—1972)／关志昌／／＊传记文学 1984 年 45 卷 3 期
01829　巴　人／林曼叔等／／＊中国当代作家小传第 1 辑第 25 页
01830　王任叔／李立明／／＊中国现代六百作家小传第 25 页
01831　王任叔／黄俊东／／＊现代中国作家剪影第 209 页
01832　鲁迅与王任叔／马蹄疾／／鲁迅与浙江作家第 161 页
01833　关于巴人／＊遵命集第 112 页

巴金
01834　生活的回忆／巴　金／／(香港)原野书店 1955 年版 129 页
01835　作家巴金／余思牧／／(香港)南国出版社 1964 年 1 月版 334 页
01836　巴　金／柳存仁／／＊人物谭第 47 页

01837　巴　　金／陈敬之∥＊三十年代文坛与左翼联盟第 173 页
01838　巴　　金／方雪纯等∥＊中共人名录第 70 页
01839　巴　　金／林曼叔等∥＊中国现代作家小传第 2 辑第 46 页
01840　巴　　金／李立明∥＊中国现代六百作家小传第 51 页
01841　巴　　金／钟岳年、曹思彬∥＊世界文学家像传第 15 页
01842　文坛之星巴金／彦　　火∥＊当代中国作家风貌第 27 页
01843　巴　　金／齐志尧∥＊作家的青少年时代第 17 页
01844　巴　　金／孙　　陵∥＊我熟识的三十年代作家第 65 页
01845　巴　　金／贺玉波∥＊现代中国作家论第 2 卷第 1 页
01846　巴　　金／赵　　聪∥＊现代中国作家列传第 136 页
01847　巴　　金／黄俊东∥＊现代中国作家剪影第 76 页
01848　巴　　金／＊环华百科全书第 1 册第 117 页

巴一希
01849　四十五年会计工作回顾与一些怀念／巴一希∥＊中国会计 1983 年 30 卷 11、12 期

巴玉藻
01850　记中国杰出飞机制造者巴玉藻／陈正茂∥＊传记文学 1998 年 73 卷 6 期

巴壶天
01851　巴壶天／刘绍唐主编∥＊传记文学 1987 年 51 卷 6 期

邓刚
01852　邓　　刚(1891—1984)／于翔麟∥＊传记文学 1985 年 47 卷 2 期

邓华
01853　邓　　华／刘绍唐主编∥＊传记文学 1995 年 67 卷 3 期
01854　邓　　华／黄震遐∥＊中共军人志第 597 页

邓芬
01855　邓　　芬／刘绍唐主编∥＊传记文学 1998 年 72 卷 6 期

邓英
01856　邓　　英／邓立参∥＊革命人物志第 7 集第 317 页

邓拓
01857　邓　　拓(1912—1966)／关志昌∥＊传记文学 1982 年 40 卷 5 期，＊民国人物小传第 5 册第 410 页
01858　记邓拓／闲云外史∥＊明报月刊 1984 年 6 期
01859　邓　　拓／李立明∥＊中国现代六百作家小传第 525 页
01860　邓　　拓／林曼叔等∥＊中国当代作家小传第 158 页
01861　邓　　拓(1912—1966)／张之杰∥＊环华百科全书第 4 册第 269 页

邓岳
01862　邓　　岳／黄震遐∥＊中共军人志第 756 页

邓钧
01863　邓　　钧／邹　　鲁∥＊革命人物志第 7 集第 321 页

邓洸
01864　邓　　洸／＊革命人物志第 7 集第 318 页

邓铿
01865　邓　　铿／吕芳上∥＊传记文学 1975 年 27 卷 6 期，＊民国人物小传第 2 册第 264 页
01866　身可死党不可负的邓铿烈士／心　　园∥＊今日中国 1979 年 96 期
01867　继承邓仲元先生忠勇的精神／孙　　科∥＊孙科文集第 3 册第 1259 页
01868　邓公仲元传／邹　　鲁∥＊革命人物志第 7 集第 333 页
01869　邓仲元先生革命史事节略／＊革命人物志第 7 集第 343 页

01870 悼念邓仲元先生 / 胡汉民 // *革命人物志第7集第346页
01871 陆军上将邓仲元墓表 / 胡汉民 // *革命人物志第7集第350页

邓 斌
01872 邓 斌 / 董清峻 // *革命人物志第9集第372页

邓士俊
01873 邓士俊 / 黄震遐 // *中共军人志第594页

邓广铭
01874 史学家邓广铭 / 关国煊 // *传记文学1998年72卷3期
01875 邓广铭先生与他的精神世界 / 欧阳哲生 // *传记文学1998年72卷4期

邓之诚
01876 怀燕园诸老——邓之诚先生 / 陈熙橡 // *学府纪闻·私立燕京大学第156页

邓小平
01877 邓小平(资料选辑) / (香港)新中国图书公司1977年8月版123页
01878 邓小平 / 周 迅等 // (香港)广角镜出版社1979年1月版、1983年10月版210页
01879 邓小平复职始末 / 司马长风 // (香港)波文书局出版1980年8月221页
01880 邓小平传 / (日)和田武司、田中信一著, 龙翔译 // (香港)天地图书有限公司1980年8月版221页
01881 邓小平评传 / 寒山碧 // (香港)东西文化事业出版公司1984年8月版242页
01882 记与邓小平会晤 / 陈香梅 // *传记文学1992年61卷6期
01883 周恩来癌症缠身力保邓小平复出 / 学 文 // *传记文学1993年62卷2期
01884 邓文明与邓小平的两代家庭 / 侯兆水 // *传记文学1996年68卷1期
01885 邓小平 / 朱新民 // *环华百科全书第4册第271页
01886 刘邓与刘邓大军 / 郭 桐 // *国共风云名人录第4集第1页

邓飞黄
01887 我们六个人(华北视察散记之一) / 梁实秋 // *传记文学1963年2卷3期

邓子恢
01888 邓子恢(1896—1972) / 关志昌 // *传记文学1985年47卷2期

邓子瑜
01889 邓子瑜 / 眭云章 // *革命人物志第7集第312页

邓艺孙
01890 邓艺孙 / 周邦道 // *传记文学1980年37卷5期, *民国人物小传第4册第371页, *近代教育先进传略(初集)第125页

邓公玄
01891 邓公玄自订年谱(上、中、下) / 邓公玄 // *东方杂志1978年11卷10—12期
01892 由南京到台北 / 邓公玄 // *中外杂志1979年26卷6期
01893 邓公玄(1901—1977) / 林 泉 // *传记文学1979年35卷4期, *民国人物小传第4册第368页
01894 邓公玄 // *革命人物志第18集第301页
01895 鄗县邓公玄先生简传 / 萧遯叟 // *革命人物志第18集第306页

邓文仪
01896 冒险犯难记(上、下册) / 邓文仪 // *学生书局1973年3月版221页
01897 投考黄埔记——为纪念黄埔创校四十六周年作 / 邓文仪 // *传记文学1970年16卷6期
01898 莫斯科中山大学留学前后 / 邓文仪 // *东方杂志1976年10卷5期
01899 留学俄国的回忆 / 邓文仪 // *传记文学1976年28卷1期
01900 少年游 / 邓文仪 // *中外杂志1978年23卷6期
01901 随从蒋公困学记 / 邓文仪 // *艺文志1980年173期

01902　雪泥鸿爪忆前尘／邓文仪／／﹡新动力 1981 年 33 卷 9 期
邓文钊
01903　邓文钊／刘绍唐主编／／﹡传记文学 1998 年 72 卷 4 期
邓文明
01904　邓文明与邓小平的两代家庭／侯兆水／／﹡传记文学 1996 年 68 卷 1 期
邓为仁
01905　纪念邓为仁学长之逝／吴相湘／／﹡传记文学 1996 年 68 卷 3 期
邓火土
01906　一个水产工作者的回忆／邓火土／／﹡传记文学 1978 年 32 卷 4 期
01907　邓火土(1911—1978)／张渝役／／﹡传记文学 1978 年 34 卷 4 期，﹡民国人物小传第 3 册第 310 页
01908　邓火土先生事略／李灿然／／﹡中国水产 1978 年 306 期
01909　邓火土(1911—1978)／甘丽珍／／﹡环华百科全书第 4 册第 271 页
邓龙光
01910　邓龙光／于翔麟／／﹡传记文学 1983 年 42 卷 6 期，﹡民国人物小传第 6 册第 402 页
邓汉卿
01911　邓汉卿／邓华卿／／﹡革命人物志第 7 集第 322 页
邓汉锦
01912　邓汉锦／颜文雄／／﹡中国一周 1966 年 864 期
邓仲泽
01913　邓仲泽／邓炽源／／﹡革命人物志第 14 集第 397 页
邓兆祥
01914　邓兆祥／刘绍唐主编／／﹡传记文学 1998 年 73 卷 5 期
01915　邓兆祥／黄震遐／／﹡中共军人志 595 页
邓克明
01916　邓克明／黄震遐／／﹡中共军人志 596 页
邓丽君
01917　邓丽君／刘绍唐主编／／﹡传记文学 1998 年 72 卷 4 期
邓伯涵
01918　邓伯涵／／﹡革命人物志第 12 集第 491 页
邓伯曜
01919　谢八尧、邓伯曜、郑行果、谭胜、范运焜／胡汉民／／﹡革命人物志第 8 集第 284 页
01920　谢八尧、邓伯曜、郑行果、谭胜、范运焜五烈士碑记／／﹡革命人物志第 8 集第 286 页
邓初民
01921　邓初民／刘绍唐主编／／﹡传记文学 1992 年 60 卷 4 期
01922　山西大学校长邓初民／／﹡新中国人物志(下)第 94 页
邓青阳
01923　邓青阳／邓萃功等／／﹡革命人物志第 7 集第 314 页
邓凯南
01924　忆念邓凯南／仲　候／／﹡民主潮 1951 年 1 卷 15 期
邓泽如
01925　邓泽如(1869—1934)／陈哲三／／﹡传记文学 1975 年 27 卷 4 期，﹡民国人物小传第 2 册第 266 页
01926　邓泽如／谭惠泉／／﹡革命人物志第 7 集第 328 页
01927　恭祝邓泽如先生五十寿序／胡汉民／／﹡革命人物志第 7 集第 330 页
邓宝珊
01928　劝降傅作义的邓宝珊／关志昌／／﹡传记文学 1992 年 51 卷 2 期

01929　我党对邓宝珊的统战工作 / 金城 // *传记文学 1992 年 60 卷 1 期

邓诚璋
01930　邓诚璋 / 周邦道 // *近代教育先进传略(初集)第 426 页

邓建中
01931　悼邓建中兼忆刘廷芳 / 谢扶雅 // *传记文学 1975 年 26 卷 6 期

邓荣勋
01932　美国华裔议员邓荣勋的成功史 / 张弘毅 // *中国一周 1969 年 985 期
01933　邓荣勋 / 阮君慈、黄　俊 // *华侨名人传第 398 页

邓荫南
01934　邓荫南 / 郑冠英 // *海外文库出版社 1954 年版 25 页
01935　邓上将荫南先生墓表 / 胡汉民 // *革命人物志第 7 集第 326 页

邓彦芬
01936　邓彦芬小传 / 熊十力 // *四川文献 1967 年 54 期

邓哲熙
01937　邓哲熙 / 刘绍唐主编 // *传记文学 1995 年 67 卷 2 期

邓恩铭
01938　两棵不老松——中共"一大"代表王尽美和邓恩铭的零星史料 / 唐之人 // *南北极 1980 年 121 期
01939　邓恩铭 / 刘绍唐主编 // *传记文学 1992 年 61 卷 6 期

邓海秋
01940　邓海秋 / *革命人物志第 14 集第 402 页

邓家彦
01941　邓家彦先生访问记录 / 郭廷以等访问,谢文孙 刘凤翰记录 // *近代史研究所 1990 年 5 页
01942　邓家彦 / 莫德成 // *自立晚报 1963 年 8 月 10 日
01943　邓家彦(1883—1966) / 林　泉 // *传记文学 1980 年 37 卷 1 期,*民国人物小传第 4 册第 369 页
01944　"邓家彦先生百年诞辰"历史座谈会纪实 / 胡有瑞等 // *近代中国 1982 年 30 期
01945　邓家彦孟硕先生的宏范高风 / 郑彦棻 // *近代中国 1982 年 30 期
01946　邓家彦口述革命珍闻录 / 姚蒸民 // *中外人物专辑第 2 辑第 69 页
01947　邓家彦 / *革命人物志第 12 集第 492 页

邓家泰
01948　邓家泰 / 黄震遐 // *中共军人志第 597 页

邓逸凡
01949　邓逸凡 / 黄震遐 // *中共军人志第 596 页

邓萃英
01950　邓芝园先生七秩荣庆录 / *北平师范大学旅台校友会编印 1955 年版 91 页
01951　当代大师邓芝园先生 / 张其昀 // *"中央"日报 1965 年 7 月 27 日,*教育与文化 1965 年 332 期
01952　老教育家邓萃英先生 / 雷善湘 // *中国一周 1955 年 249 期
01953　厦门大学的创立与邓校长的风范 / 章于天、彭超飏 // *中国一周 1967 年 879 期
01954　访邓芝园先生 / 吴嵩庆 // *中国一周 1969 年 1015 期
01955　追念邓芝园先生 / 张其昀 // *华学月刊 1975 年 47 期
01956　邓萃英(1885—1972) / 张渝役 // *传记文学 1978 年 33 卷 4 期,*民国人物小传第 3 册第 312 页
01957　邓萃英 / 周邦道 // *近代教育先进传略(初集)第 356 页
01958　邓故校长萃英传 / *学府纪闻·国立河南大学第 175 页
01959　邓萃英 / *革命人物志第 12 集第 515 页

邓散木
01960　邓散木 / 刘绍唐主编 // *传记文学 1987 年 51 卷 5 期

01961　印人邓散木 / 于　勤 // ＊艺林丛录(二)第187页

邓葆光
01962　从邓葆光获奖到他投工始末 / 鹿　原 // ＊传记文学1996年68卷6期

邓翔海
01963　七十浮生尘影录 / 邓翔海 // ＊文海出版社近代中国史料丛刊续编第八十四辑(总836)影印本75页
01964　服务沭阳县政之回忆 / 邓翔海 // ＊江苏文献1979年12期
01965　服务吴县县政之回忆 / 邓翔海 // ＊江苏文献1980年27期

邓裕志
01966　邓裕志 / ＊新中国人物志(下)第262页

邓嗣禹
01967　去国记(七七战起自平津绕道日本赴日记) / 邓嗣禹 // ＊传记文学1963年3卷4期—1964年4卷1期
01968　邓嗣禹先生简历及著作年表 / 黄　培等 // ＊邓嗣禹先生学术论文集第1页

邓锡侯
01969　邓锡侯(1889—1964) / 于翔麟 // ＊传记文学1982年40卷5期，＊民国人物小传第5册416页

邓鹏程
01970　邓鹏程 / ＊革命人物志第7集第332页

邓颖超
01971　邓颖超影集 / 杜修贤 // (香港)香港大公报社1987年378页
01972　周恩来与邓颖超 / 周　坦 // ＊明报月刊1977年2期
01973　中共六届政协主席周恩来未亡人邓颖超辞世 / 赵志邦 // ＊传记文学1992年61卷2、3期
01974　给邓颖超的公开信 / 宋美龄 // ＊传记文学1992年61卷2期
01975　邓颖超 / 朱新民 // ＊环华百科全书第4册第272页
01976　中央政治法律委员会委员邓颖超 / ＊新中国人物志(下)第205页

邓静华
01977　邓静华 / ＊革命人物志第18集第311页

邓慕周
01978　邓慕周 / ＊革命人物志第7集第323页

邓慕韩
01979　追随国父革命之回忆 / 邓慕韩 // ＊艺文志1977年145期

邓演达
01980　邓演达(1895—1931) / 关国煊 // ＊传记文学1977年31卷3期，＊民国人物小传第3册第313页
01981　邓演达暴起急落 / 袁宙宗 // ＊中外杂志1980年27卷2期
01982　中国共产党的亲密战友邓演达 / 吴恩壮等 // ＊今昔谈1981年3期
01983　邓演达 / 吴相湘 // ＊民国百人传第3册125页

邓蕙芳
01984　邓蕙芳 / ＊革命人物志第16集第315页

孔　庚
01985　孔　庚 / 关志昌 // ＊传记文学1981年39卷5期，＊民国人物小传第5册第2页
01986　孔雯掀 / ＊革命人物志第16集第1页

孔　厥
01987　夫妻作家孔厥与袁静 / 杨　翼 // ＊当代文艺1975年117期
01988　孔　厥 / 林曼叔等 // ＊中国当代作家小传第130页
01989　孔　厥 / 李立明 // ＊中国现代六百作家小传第48页

孔 埔
01990 孔 埔 / ＊革命人物志第 5 集第 22 页

孔从周
01991 孔从周 / 黄震遐 // ＊中共军人志第 49 页

孔可权
01992 孔可权 / 周务成 // ＊革命人物志第 20 集第 1 页

孔石泉
01993 孔石泉 / 黄震遐 // ＊中共军人志第 48 页

孔另境
01994 孔另境 / 刘绍唐主编 // ＊传记文学 1996 年 68 卷 4 期
01995 孔另境 / 李立明 // ＊中国现代六百作家小传第 49 页
01996 鲁迅与孔另境 / 马蹄疾 // ＊鲁迅与浙江作家第 237 页

孔令伟
01997 孔祥熙集团及令侃、令伟兄妹 / 谭 光 // ＊传记文学 1992 年 61 卷 4 期
01998 孔二小姐晚年在台北 / 池春水 // ＊传记文学 1995 年 67 卷 5 期
01999 孔二小姐与范绍增的恋情 / 马宣伟 // ＊传记文学 1995 年 66 卷 6 期

孔令甫
02000 孔令甫 / 黄震遐 // ＊中共军人志第 47 页

孔令侃
02001 喑"神秘人物"孔令侃并述所知其人其事 / 蔡孟坚 // ＊传记文学 1992 年 61 卷 4 期
02002 孔祥熙集团及令侃、令伟兄妹 / 谭光 // ＊传记文学 1992 年 61 卷 4 期
02003 胡鄂公致孔令侃密电三件 / ＊传记文学 1992 年 61 卷 4 期
02004 悼吾弟令侃 / 孔令仪 // ＊传记文学 1992 年 61 卷 5 期
02005 关于孔令侃香港电台被抄详情 / 王绍齐 // ＊传记文学 1992 年 61 卷 6 期
02006 宋霭龄、孔令侃母子掌握信托局 / 刘文清 // ＊传记文学 1999 年 75 卷 2 期

孔庆德
02007 孔庆德 / 黄震遐 // ＊中共军人志第 50 页

孔罗荪
02008 罗 荪 / 陈纪滢 // ＊三十年代作家记第 183 页

孔宪荣
02009 孔宪荣 / 栗 直 // ＊革命人物志第 20 集第 5 页

孔宪铎
02010 从纱厂小工到大学副校长 / 孔宪铎 // ＊传记文学 1996 年 68 卷 1 期

孔祥熙
02011 孔祥熙 / 瑜 亮 // 香港开源书店 1955 年版 307 页
02012 孔祥熙如何发迹 / (台南)海外出版社 247 页
02013 从政前之孔庸之先生 / 孟天祯 // ＊传记文学出版社 1969 年 2 月版 202 页
02014 孔庸之先生祥熙年谱 / 郭荣生 // ＊商务印书馆 1981 年 11 月版 246 页
02015 悼念孔庸之先生 / 徐柏园 // ＊"中央"日报 1967 年 9 月 2 日，＊现代政治 1967 年 14 卷 9 期
02016 抗日战争期间孔故资政对财经的贡献 / 高向杲 // ＊新生报 1967 年 9 月 2 日
02017 孔庸之先生事略 / 蒋中正 // ＊新生报 1967 年 9 月 2 日，＊革命人物志第 5 集第 18 页
02018 记功成身退的孔祥熙 / 何人斯 // ＊古今谈 1966 年 18 期
02019 谈孔祥熙的家务与器度 / 李骈庐 // ＊艺文志 1967 年 24 期
02020 孔庸之轶事补正 / 李清选 // ＊艺文志 1967 年 25 期
02021 孔庸之先生在北方 / 李毓万 // ＊传记文学 1968 年 13 卷 3 期

02022 孔祥熙(1880—1967)／张玉法∥＊传记文学1974年25卷3期，＊民国人物小传第1册第22页
02023 孔祥熙先生百年诞辰纪念专辑／＊近代中国1979年13期
02024 有功不居 受诬不辩——硬汉孔祥熙／乔家才∥＊中外杂志1981年29卷6期
02025 孔祥熙、费起鹤赴美求学被拒入境经过／周　谷∥＊传记文学1985年47卷6期
02026 孔祥熙集团及令侃、令伟兄妹／谭　光∥＊传记文学1992年61卷4期
02027 孔祥熙、宋子文郎舅关系与政治恩怨——从中枢重要职务彼此取代到老死不相往来／吴景平∥＊传记文学1995年66卷5期
02028 张门车马忆余痕／廖作琦∥＊传记文学1997年71卷1期
02029 孔祥熙(1880—1967)／＊环华百科全书第9册第323页

孔瑞云
02030 孔瑞云／黄震遐∥＊中共军人志第755页

孔德成
02031 孔圣奉祀官孔德成生平／曲克宽∥＊"中央"日报1958年9月21日
02032 记怡然于陋室十年的孔德成／张爵民∥＊"中央"日报1960年9月27日
02033 奉祀官孔德成和他的老师／丁龙垲∥＊春秋1967年6卷2期
02034 孔德成——至圣先师奉祀官／吴相湘∥＊大成1974年4期
02035 至圣先师奉祀官孔德成／吴相湘∥＊艺文志1981年192期
02036 我的弟弟孔德成／孔德懋∥＊大成1982年100期
02037 吾家大事／孔德成∥＊大成1982年104期
02038 孔德成／吴相湘∥＊民国百人传第4册第377页

孔繁霱
02039 孔繁霱／刘绍唐主编∥＊传记文学1995年67卷5期

水　心
02040 水　心／刘绍唐主编∥＊传记文学1987年50卷6期

五　画

〔一〕

甘乃光
02041　甘乃光(1897—1956)／于翔麟／／＊传记文学1979年35卷3期，＊民国人物小传第4册第50页

甘丽初
02042　甘丽初(1901—1950)／于翔麟／／＊传记文学1979年34卷4期，＊民国人物小传第3册第21页
02043　甘丽初／罗　奇／／＊革命人物志第20集第22页

甘祠森
02044　甘祠森／刘绍唐主编／／＊传记文学1999年75卷6期

甘家馨
02045　怀念甘家馨兄／王季高／／＊传记文学1977年30卷5期
02046　甘家馨(1904—1977)／＊传记文学1978年33卷3期，＊民国人物小传第3册第19页
02047　甘家馨／＊革命人物志第17集第36页

甘渭汉
02048　甘渭汉／黄震遐／／＊中共军人志第64页

甘鼎卿
02049　甘鼎卿／甘展才／／＊革命人物志第2集第104页

甘羡吾
02050　甘羡吾／＊革命人物志第1集第302页

世续
02051　世　续／刘绍唐主编／／＊传记文学1999年74卷1期

艾伟
02052　艾险舟先生行述／范冰心／／＊教育与文化1955年10卷4期
02053　追念亡友艾险舟先生／高鸿缙／／＊教育与文化1955年10卷4期
02054　险舟先生对中国测验学会之贡献／宗亮东／／＊教育与文化1955年10卷4期
02055　一代学人的几点行谊——艾伟／龚宝善／／＊教育与文化1955年10卷4期
02056　艾伟传略(1891—1955)／周邦道／＊湖北文献1977年45期
02057　艾　伟／周邦道／／＊传记文学1981年38卷1期，＊民国人物小传第5册第64页，＊近代教育先进传略(初集)第204页
02058　艾　伟／＊环华百科全书第18册第143页

艾芜
02059　三十年代两著名小说家沙汀与艾芜同年生同年死(上、下)／关国煊／／＊传记文学1993年62卷5、6期
02060　艾　芜／林曼叔等／＊中国当代作家小传第54页
02061　艾　芜／李立明／／＊中国现代六百作家小传第86页
02062　艾　芜／季　林／＊作家的生活第51页
02063　艾　芜／赵　聪／＊现代中国作家列传第350页
02064　艾　芜／黄俊生／／＊现代中国作家剪影第174页

艾青
02065　与丁玲同被打成"右派"的诗人艾青／关国煊／／＊传记文学1996年69卷2期
02066　诗人艾青与齐白石／艾　青／／＊传记文学1998年72卷3期

02067　艾　青／林曼叔等／／＊中国当代作家小传第 33 页
02068　艾　青／李立明／／＊中国现代六百作家小传第 84 页
02069　艾　青／康培初／／＊文学作家时代第 81 页
02070　关于诗人艾青之谜／＊当代中国作家风貌第 114 页
02071　艾青——时代的歌手／＊当代中国作家风貌第 125 页
02072　艾　青／舒　兰／／＊抗战时期的新诗作家和作品第 169 页
02073　艾　青／赵　聪／＊现代中国作家列传第 237 页
02074　艾　青／江云遐／／＊环华百科全书第 18 册第 139 页
02075　艾青和田间／闻一多／／＊闻一多全集·已集第 51 页

艾世菊
02076　武丑艾世菊／齐　崧／／＊传记文学 1975 年 26 卷 6 期

艾明之
02077　艾明之／林曼叔等／／＊中国当代作家小传第 192 页
02078　艾明之／李立明／／＊中国现代六百作家小传第 87 页

艾树池
02079　艾树池／平　刚／／＊革命人物志第 1 集第 417 页

艾思奇
02080　艾思奇(1910—1966)／关志昌／／＊传记文学 1982 年 41 卷 5 期，＊民国人物小传第 6 册第 36 页
02081　记近代中国的左倾幼稚病——并试为《大众哲学》作者艾思奇明冤白谤／唐德刚／／＊传记文学 1998 年 72 卷 1 期

古　柏
02082　共产主义的铺路石——古柏同志传略／夏道汉／／＊求实 1983 年 1 期

古远兴
02083　古远兴／黄震遐／／＊中共军人志第 64 页

古应芬
02084　古应芬其人其事／吴相湘／／＊传记文学 1966 年 9 卷 2 期
02085　古应芬(1873—1931)／蒋永敬／／＊传记文学 1974 年 25 卷 6 期，＊民国人物小传第 1 册第 27 页
02086　古应芬／吴相湘／／＊民国百人传第 2 册第 169 页
02087　古应芬／＊革命人物志第 1 集第 303 页

古应康
02088　古烈士应康传略／＊川籍抗战忠烈录第 105 页

左　齐
02089　左　齐／黄震遐／／＊中共军人志第 63 页

左　明
02090　左　明／李立明／／＊中国现代六百作家小传第 64 页
02091　左　明／莫　洛／／＊陨落的星辰第 13 页

左　斌
02092　左　斌／＊革命人物志第 1 集第 296 页

左干忱
02093　左干忱／刘绍唐主编／／＊传记文学 1995 年 67 卷 5 期

左孝同
02094　左孝同(1857—1924)神道碑／陈三立／／＊碑传集三编第 5 册第 1207 页

左秉隆
02095　左秉隆先生驻新政绩／陈育崧／／＊南洋学报 1959 年 15 卷 1 期

左恒祥
02096　左恒祥／＊革命人物志第 17 集第 32 页

左宪章
02097　左宪章／＊革命人物志第1集第297页

左舜生
02098　左舜生先生纪念集／＊中国青年党执行委员会编印1970年版308页
02099　近三十年见闻杂记／左舜生／／＊中国青年党党部1984年版，＊文海出版社近代中国史料丛刊第五辑（总49—50）影印本147页
02100　左舜生先生纪念册／周宝山／／＊文海出版社近代中国史料丛刊续编第八十一辑（总810）影印本308页
02101　左舜生先生二三事／张力行／／＊自立晚报1966年8月22日
02102　述我与蒋先生的几件事／左舜生／／＊"中央"日报1966年10月31日
02103　爱国书生左舜生／张作锦／／＊联合报1969年10月17日
02104　左舜生盖棺论定／大　林／／＊自立晚报1969年10月17日
02105　书生政治家左舜生／魏　瀚／／＊"中央"日报1969年10月17日
02106　从我的流亡生活说起／左舜生／／＊自由谈1954年5卷4期
02107　桔子洲畔忆儿时／左舜生／／＊艺文志1968年31期
02108　苦忆左舜生先生／方东美／／＊传记文学1969年15卷5期
02109　回忆左舜生兄／李　璜／／＊传记文学1969年15卷5期
02110　记左舜生先生／陶希圣／／＊传记文学1969年15卷5期
02111　生年不满百 常怀千岁忧——写在左舜生先生逝世纪念特刊的后面／刘绍唐／／＊传记文学1969年15卷5期
02112　述往事忆舜老／沈云龙／／＊传记文学1969年15卷5期
02113　左舜生先生行状／＊民主潮1969年19卷11期
02114　左舜生先生传略／＊中国一周1969年19期
02115　左舜生（1893—1969）／＊传记文学1973年23卷4期，＊民国人物小传第1册第33页
02116　历史学家左舜生／赵震鹏／／＊中外杂志1984年36卷3期
02117　左舜生／＊中国近代学人像传初辑第29页
02118　左舜生／李立明／／＊中国现代六百作家小传第65页
02119　左舜生／吴相湘／／＊民国百人传第3册第37页
02120　左舜生（1893—1969）／方光后／／＊环华百科全书第17册第34页
02121　记左舜生先生／阮毅成／／＊彼岸第1卷

左曙萍
02122　将军诗人左曙萍／乔家才／／＊中外杂志1984年36卷1期
02123　爱国诗人左曙萍／王成圣／／＊中外杂志1984年36卷4期
02124　左曙萍（1908—1984）／张　珂／／＊传记文学1985年46卷2期

石　珊
02125　石　珊／＊革命人物志第9集第50页

石　挥
02126　忆石挥／石增祥／／＊大成1981年92期

石　觉
02127　石　觉／刘绍唐主编／／＊传记文学1987年50卷6期

石　瑛
02128　石蘅青／邂　园／／＊畅流1951年4卷1期，＊贤不肖列传第31页
02129　石蘅青先生的外交轶事／熊亨灵／／＊畅流1952年5卷9期
02130　我所知道的石蘅青先生／力　斋／／＊畅流1952年5卷12期
02131　记石蘅青先生／赖景瑚／／＊传记文学1965年6卷5期

02132　石瑛——民国以来第一位清官 / 吴相湘 // *传记文学 1965 年 6 卷 5 期，*湖北文献 1976 年 38 期
02133　忆念石蘅青 / 刘培初 // *湖北文献 1967 年 3 期
02134　风骨棱棱的石瑛 / 林　斌 // *古今谈 1968 年 36 期
02135　石　瑛 / *传记文学 1973 年 23 卷 5 期，*民国人物小传第 1 册第 25 页
02136　石蘅青硬汉精神 / 晚　香 // *湖北文献 1975 年 36 期
02137　民国清官石瑛 / 胡耐安 // *中外杂志 1976 年 19 卷 1 期
02138　刚正廉明的石蘅青 / 刘征鸿 // *艺文志 1978 年 149 期
02139　石瑛风骨棱棱 / 林光灏 // *中外杂志 1985 年 37 卷 3 期
02140　嫉恶如仇的石瑛 / 刘荣琮 // *民国人物纪闻第 29 页
02141　石　瑛 / 吴相湘 // *民国百人传第 2 册第 77 页
02142　忆"湖北圣人"石蘅青师 / 高启圭 // *学府纪闻·国立武汉大学第 41 页
02143　石蘅青 / 吴敬恒 // *革命人物志第 1 集第 251 页

石　鲁
02144　石　鲁 / 刘绍唐主编 // *传记文学 1998 年 73 卷 5 期

石友三
02145　石友三与丁文渊 / 雷啸岑 // *中外杂志 1970 年 8 卷 4 期
02146　石友三(1891—1940) / 于翔麟 // *传记文学 1978 年 35 卷 6 期，*民国人物小传第 4 册第 52 页
02147　关于石友三在中原大战前后的反覆经过 / 王铁汉 // *传记文学 1987 年 51 卷 5 期
02148　石友三酝酿投敌和被捕杀的经过 / 高树勋 // *传记文学 1995 年 67 卷 2 期

石凤翔
02149　石凤翔先生事迹 / *湖北文献 1967 年 5 期

石西民
02150　石西民 / 刘绍唐主编 // *传记文学 1997 年 71 卷 4 期

石芷兰
02151　石芷兰 / *革命人物志第 1 集第 247 页

石延平
02152　石延平 / 刘绍唐主编 // *传记文学 1996 年 69 卷 4 期

石志本
02153　石志本 / 黄震遐 // *中共军人志第 66 页

石作衡
02154　石作衡 / *革命人物志第 19 集第 37 页
02155　陆军第七十师师长石作衡事略 / *革命人物志第 19 集第 39 页

石怀池
02156　石怀池 / 李立明 // *中国现代六百作家小传第 60 页
02157　怀念衣人石怀池 / 靳　以 // *靳以散文小说集第 160 页

石评梅
02158　为爱牺牲的石评梅 / 谢冰莹 // *传记文学 1975 年 27 卷 2 期
02159　五四时期女作家石评梅 / 李立明 // *传记文学 1984 年 44 卷 4 期
02160　石评梅(1902—1928) / 关志昌 // *传记文学 1984 年 45 卷 2 期
02161　石评梅 / 李立明 // *中国现代六百作家小传第 59 页

石青阳
02162　石青阳传 / *四川文献 1963 年 10 期，*民国四川人物传记第 158 页
02163　石青阳 / 蒋永敬 // *传记文学 1965 年 26 卷 2 期，*民国人物小传第 2 册第 20 页
02164　石青阳 / *革命人物志第 1 集第 244 页

石建中
02165 石建中(1913—1950) / 于翔麟 // *传记文学 1984 年 45 卷 2 期

石信嘉
02166 哀石信嘉先生 / 程沧波 // *中华日报 1954 年 11 月 8 日
02167 三十年记者石信嘉先生 / 罗敦伟 // *"中央"日报 1954 年 11 月 9 日，*革命人物志第 9 集第 52 页
02168 记湖北两报人——悼曹萌犟兼怀石信嘉 / 黄宝实 // *"中央"日报 1963 年 10 月 8 日
02169 石信嘉 / *革命人物志第 9 集第 51 页

石庭良
02170 石庭良 / *革命人物志第 2 集第 66 页
02171 同安石庭良君墓志铭 / 沈定一 // *革命人物志第 2 集第 68 页

石祖德
02172 石祖德(1900—1972) / 于翔麟 // *传记文学 1979 年 35 卷 5 期，*民国人物小传第 4 册第 54 页

石振明
02173 人民政协代表石振明 / 宇 光 // *新中国人物志(下)第 197 页

石焕然
02174 石焕然 / *革命人物志第 18 集第 41 页

石超庸
02175 石超庸先生挽词 / 陶希圣 // *"中央"日报 1968 年 9 月 12 日
02176 敬悼石超庸博士 / 薛光前 // *传记文学 1968 年 13 卷 5 期，*故人与往事第 51 页

石敬亭
02177 石敬亭(1886—1969) / 林 泉 // *传记文学 1978 年 33 卷 4 期，*民国人物小传第 3 册第 22 页
02178 冯玉祥的主要谋士石敬亭 / 宋聿修 // *传记文学 1999 年 74 卷 1 期
02179 石敬亭 / *革命人物志第 19 集第 40 页

石新安
02180 石新安 / 黄震遐 // *中共军人志第 66 页

石静宜
02181 蒋纬国前妻石静宜死因之谜 / 王愈文 // *传记文学 1997 年 71 卷 3 期

石德宽
02182 石德宽 / 张根仁 // *革命人物志第 1 集第 250 页

布耀庭
02183 布耀庭 / 白 希 // *革命人物志第 1 集第 306 页

龙 云
02184 龙云传 / 江 南 // (香港)星辰出版社 1987 年 229 页
02185 我与龙云 / 刘健群 // *传记文学 1962 年 1 卷 6、7 期
02186 龙 云 / 关国煊、于翔麟 // *传记文学 1980 年 36 卷 6 期，*民国人物小传第 4 册第 396 页
02187 又谈龙云——龙云与徐为光离合悲欢 / 马履诺 // *中外杂志 1981 年 29 卷 3 期
02188 龙云调离昆明经过 / 万辞辉 // *传记文学 1981 年 39 卷 6 期
02189 有关《傈僳军阀龙云》种种(上、下) / 廖位育 // *传记文学 1983 年 43 卷 6 期、1984 年 44 卷 1 期
02190 为拙作《傈僳军阀龙云》一文答江南先生 / 廖位育 // *传记文学 1985 年 46 卷 4 期
02191 龙云如何发迹 / 后希铠 // *传记文学 1985 年 46 卷 4 期
02192 关于《龙云如何发迹》几点补正 / 于翔麟 // *传记文学 1985 年 46 卷 5 期
02193 陈纳德协助龙云逃港的一段往事 / 陈香梅 // *传记文学 1995 年 67 卷 3 期
02194 龙 云 / 甘丽珍 // *环华百科全书第 7 册第 522 页

龙 璋
02195 龙 璋(1854—1918) / 周邦道 // *近代教育先进传略(初集)第 216 页

龙　潜
02196　龙　璋／龙祖同／／﹡革命人物志第 8 集第 217 页
龙　潜
02197　龙　潜／黄震遐／／﹡中共军人志第 649 页
龙天武
02198　龙天武／刘绍唐主编／／﹡传记文学 1995 年 67 卷 1 期
龙文治
02199　龙文治传略／周开庆／／﹡四川文献 1967 年 55 期，﹡革命人物志第 11 集第 380 页
龙书金
02200　龙书金／黄震遐／／﹡中共军人志第 648 页
龙名登
02201　龙教授名登先生行述／伏嘉谟／／﹡湖南文献 1983 年 11 卷 1 期
龙鸣剑
02202　龙鸣剑传／﹡民国四川人物传记第 28 页
龙显廷
02203　龙显廷／﹡革命人物志第 8 集第 223 页
龙炳初
02204　龙炳初／黄震遐／／﹡中共军人志第 648 页
龙济光
02205　龙济光／关国煊／／﹡传记文学 1981 年 38 卷 4 期，﹡民国人物小传第 5 册第 467 页
平　刚
02206　平绍璜与贵州革命／朱寿颐／／﹡革命人物志第 2 集第 69 页
平子青
02207　平子青／平　刚／／﹡革命人物志第 1 集第 232 页
平襟亚
02208　平襟亚／李立明／／﹡中国现代六百作家小传第 69 页

〔丨〕

卢　汉
02209　卢　汉(1895—1974)／关国煊／／﹡传记文学 1982 年 40 卷 5 期，﹡民国人物小传第 5 册第 455 页
02210　卢汉云南起义始末／沈　醉／／﹡传记文学 1998 年 73 卷 5 期
卢　胜
02211　卢　胜／黄震遐／／﹡中共军人志第 645 页
卢　斌
02212　卢　斌／﹡革命人物志第 8 集第 180 页
卢　弼
02213　卢　弼(1876—1967)／关志昌／／﹡传记文学 1983 年 42 卷 5 期，﹡民国人物小传第 6 册第 451 页
卢　靖
02214　卢　靖(1856—1948)／关志昌／／﹡传记文学 1982 年 41 卷 2 期，﹡民国人物小传第 6 册第 454 页
02215　卢靖知止楼／﹡近代藏书三十家第 19 页
卢　醒
02216　卢　醒／﹡革命人物志第 8 集第 182 页、第 15 集第 380 页
卢干城
02217　卢干城／﹡革命人物志第 8 集第 168 页
卢于道
02218　人民政协代表卢于道／金　特／／﹡新中国人物志(下)第 109 页

卢广伟
02219 卢广伟 / *革命人物志第 18 集第 345 页

卢元骏
02220 卢元骏教授行述 / 刘太希 // *教育 1978 年 325 期
02221 卢元骏先生事略 / 刘太希 *江西文献 1978 年 91 期,*革命人物志第 18 集第 343 页
02222 卢元骏先生生平 / 汤承业 *江西文献 1978 年 94 期
02223 卢元骏(1911—1977) / 席涵静 // 传记文学 1979 年 35 卷 1 期,*民国人物小传第 4 册第 391 页
02224 词典大师卢元骏 / 应平书 / *学人风范第 186 页

卢世钟
02225 卢世钟 / *革命人物志第 8 集第 171 页

卢占魁
02226 卢占魁 / *革命人物志第 8 集第 169 页

卢永春
02227 昔年故都三位名医(吴静、卢永春、崔谷忱) / 赵效沂 // *传记文学 1973 年 23 卷 5 期

卢永祥
02228 卢永祥(1867—1933) / 关国煊 // *传记文学 1981 年 38 卷 2 期,*民国人物小传第 5 册第 458 页

卢师谛
02229 卢师谛 / 刘绍唐主编 // *传记文学 1996 年 68 卷 6 期
02230 卢师谛传 / 徐 堪 // *民国四川人物传记第 149 页,*革命人物志第 11 集第 339 页

卢光诰
02231 卢光诰 / *革命人物志第 8 集第 171 页

卢志豪
02232 卢志豪 / *革命人物志第 8 集第 174 页

卢作孚
02233 记卢作孚自杀经过 / 健 庐 // *四川文献 1968 年 73 期
02234 卢作孚 / 秦贤次 // *传记文学 1975 年 27 卷 4 期,*民国人物小传第 2 册第 296 页
02235 记卢作孚之死 / 左舜生 *近代中国史料丛刊第五辑(总 49—50)万竹楼随笔影印本第 304 页
02236 卢作孚 / 胡遐园 // *贤不肖列传第 149 页

卢武超
02237 卢武超 / *革命人物志第 8 集第 179 页

卢金山
02238 卢金山 / 刘绍唐主编 // *传记文学 1992 年 61 卷 4 期

卢性正
02239 卢性正 / 夏寿华 // *革命人物志第 8 集第 176 页

卢绍稷
02240 一个中学教员的自述 / 卢绍稷 // *淡江书店印行 1965 年版 301 页

卢致德
02241 忆卢致德先生——图云关·江湾水源地 / 杨岑福 // *传记文学 1980 年 36 卷 1 期
02242 卢致德(1901—1979) / 林 泉 // *传记文学 1980 年 36 卷 6 期,*民国人物小传第 4 册第 392 页
02243 近五十年来几位军医先进 / 陈 韬 // *传记文学 1982 年 40 卷 2 期

卢渭川
02244 国际享名的考古鉴赏家卢渭川 / 田雨时 // *传记文学 1987 年 50 卷 6 期

卢慕贞
02245 孙中山元配卢慕贞的故事 / 唐仕进 // *传记文学 1993 年 62 卷 1 期

卢冀野
02246 卢冀野的人和词 / 邵 父 // *"中央"日报 1954 年 5 月 3 日

02247 卢冀野小传 / 李立明 // *华侨日报 1971 年 6 月 17 日
02248 卢冀野 / 遯园 // *畅流 1951 年 3 卷 11 期
02249 卢冀野之死 / 易君左 // *畅流 1951 年 4 卷 2 期
02250 白璧之瑕 / 吴恺玄 // *畅流 1951 年 4 卷 7 期
02251 记卢冀野先生 / 胥端甫 // *畅流 1959 年 19 卷 6 期
02252 记卢冀野先生 / 谢冰莹 // *传记文学 1963 年 2 卷 5 期
02253 再记江南才子卢前 / 张佛千 // *传记文学 1963 年 3 卷 2 期
02254 江南才子卢冀野 / 李立明 // *文坛月刊 1973 年 343 期
02255 卢前(1905—1951) / 秦贤次 // *传记文学 1974 年 25 卷 4 期, *民国人物小传第 1 册第 270 页
02256 卢冀野 / 李立明 // *中国现代六百作家小传第 535 页, *现代中国作家评传(一)第 113 页
02257 卢　前 / 胡遯园 // *贤不肖列传 89 页
02258 卢冀野 / 谢冰莹 // *作家印象记第 157 页
02259 卢冀野 / 许　逖 // *近代学人印象记第 171 页

卢缵祥
02260 怀故宜兰县长卢缵祥先生 / 张其昀 // *中国一周 1957 年 386 期

卢耀峻
02261 卢耀峻 / *革命人物志第 8 集第 186 页

卢戆章
02262 王照、卢戆章、劳乃宣、吴敬恒 / 周邦道 // *中外杂志 1976 年 20 卷 1 期
02263 卢戆章(1854—1928) / 周邦道 // *近代教育先进传略(初集)第 348 页
02264 卢戆章(1854—1928) / 关国煊 // *传记文学 1983 年 43 卷 3 期

帅　镛
02265 帅　镛 / *革命人物志第 21 集第 264 页
02266 五车书室见闻录 / 帅学富 // *革命人物志第 21 集第 267 页

帅至馨
02267 帅永治 / *革命人物志第 10 集第 239 页

叶　飞
02268 叶　飞 / 刘绍唐主编 // *传记文学 1999 年 75 卷 5 期
02269 叶　飞 / 黄震遐 // *中共军人志第 513 页
02270 福建省人民政府副主席叶飞 / *新中国人物志(上)第 201 页

叶　匡
02271 叶匡传略补遗 / 玄　楼 // *革命人物志第 7 集第 95 页

叶　青
02272 叶青思想的纠正 / 张盖弘 // *恬然书会 1964 年版 171 页
02273 任卓宣学术思想论 / 魏希文等 // *帕米尔书店印行 1965 年版 674 页
02274 任卓宣评传 / *帕米尔书店编辑部编印(正集)1965 年 670 页、(续集)1975 年版 852 页
02275 任卓宣先生的学术贡献 / 周弘然 // *政治评论 1965 年 14 卷 2 期
02276 我所认识的任卓宣先生 / 郑学稼 // *政治评论 1965 年 14 卷 2 期
02277 一个对政治与学术思想有贡献的人 / 李焰生 // *政治评论 1965 年 14 卷 7 期
02278 任卓宣先生印象记 / 林桂圃 // *革命思想 1965 年 18 卷 4 期
02279 我对任卓宣先生的几点认识 / 王任超 // *革命思想 1965 年 18 卷 4 期
02280 一位典型的学者 / 曾亚东 // *革命思想 1965 年 18 卷 4 期
02281 著作如林的文化老兵任卓宣 / 黄肇珩 // *中国一周 1965 年 782 期
02282 任教中正大学的回忆 / 任卓宣 // *艺文志 1967 年 20 期
02283 任卓宣先生近十年来的学术贡献 / 李世厚 // *政治评论 1975 年 33 卷 3 期

02284　任卓宣先生十年来的著作／徐　瑜　∥　＊革命思想 1975 年 38 卷 5 期
02285　扎根于现实的学者——任卓宣先生／孙桂芝　∥　＊中华文化复兴月刊 1976 年 9 卷 2 期
02286　我与《扫荡报》底文字关系／任卓宣　∥　＊艺文志 1977 年 141 期
02287　我底文学撰述之回忆／任卓宣　∥　＊文讯月刊 1984 年 7、8 期合刊
02288　任卓宣／＊环华百科全书第 16 册第 447 页

叶河
02289　叶　河／＊革命人物志第 11 集第 154 页

叶荃
02290　叶　荃／刘绍唐主编　∥　＊传记文学 1993 年 63 卷 4 期
02291　叶　荃／＊革命人物志第 15 集第 269 页

叶挺
02292　叶　挺（1896—1946）／关国煊　∥　＊传记文学 1979 年 34 卷 5 期，＊民国人物小传第 3 册第 258 页

叶遂
02293　叶　遂（1859—1936）／周邦道　∥　＊近代教育先进传略初集第 43 页

叶紫
02294　叶　紫／刘绍唐主编　＊传记文学 1998 年 73 卷 1 期
02295　叶　紫／李立明　∥　＊中国现代六百作家小传第 455 页
02296　叶紫小传／叶　紫　∥　＊叶紫创作集第 1 页
02297　叶　紫／黄俊东　∥　＊现代中国作家剪影第 50 页

叶群
02298　叶　群／黄震遐　∥　＊中共军人志第 746 页

叶肇
02299　叶　肇／刘绍唐主编　∥　＊传记文学 1987 年 51 卷 4 期

叶曙
02300　病理卅三年／叶　曙　∥　＊传记文学杂志社印行 1970 年版 464 页
02301　医科受奖者叶曙先生／杜聪明　∥　＊教育与文化 1957 年 16 卷 2 期
02302　叶曙教授对病理学之贡献／严智钟　∥　＊教育与文化 1957 年 16 卷 2 期
02303　业师叶曙先生之素描／林文士人　∥　＊教育与文化 1957 年 16 卷 2 期
02304　叶曙教授对医学的贡献／芮荩臣　∥　＊中国一周 1957 年 36 卷 4 期
02305　我与学生（上、下）／叶　曙　∥　＊传记文学 1969 年 15 卷 5、6 期
02306　我与四"家"私立医学院的关系／叶　曙　∥　＊传记文学 1987 年 50 卷 2 期
02307　我一生所经历的重病／叶　曙　∥　＊传记文学 1996 年 68 卷 1 期
02308　叶曙／＊环华百科全书第 19 册第 43 页

叶开鑫
02309　叶开鑫／于翔麟　∥　＊传记文学 1985 年 46 卷 4 期
02310　叶开鑫／＊革命人物志第 7 集第 107 页

叶元龙
02311　重大校长叶元龙亲历马寅初事件／叶元龙原作、戴朴庵选注　∥　＊传记文学 1992 年 60 卷 3 期

叶长庚
02312　叶长庚／黄震遐　∥　＊中共军人志第 513 页

叶公超
02313　叶公超其人其文其事／秦贤次　∥　＊传记文学社 1983 年 7 月版 490 页
02314　叶公超与黄少谷／萧大树　∥　＊自立晚报 1963 年 8 月 7 日
02315　叶公超氏幽兰图／万　叟　∥　＊畅流 1962 年 26 卷 8 期
02316　我与郑健生大使／叶公超　∥　＊传记文学 1974 年 24 卷 2 期，＊中外杂志 1985 年 37 卷 3 期

02317　叶公超先生与毛公鼎／徐宾远／／＊传记文学 1982 年 40 卷 1 期
02318　"我的师友"叶公超／乐恕人／／＊传记文学 1982 年 40 卷 2 期
02319　叶公超先生与针灸／钟　杰／／＊传记文学 1982 年 40 卷 2 期
02320　叶公超（1904—1981）／关志昌／／＊传记文学 1982 年 40 卷 3 期，＊民国人物小传第 5 册第 347 页
02321　记叶公超先生二三事／赵世洵／／＊传记文学 1982 年 40 卷 4 期
02322　万里云天忆公超／曹志源／／＊传记文学 1982 年 40 卷 4 期
02323　追怀叶师公超（上、下）／杨联陞／／＊传记文学 1982 年 41 卷 1、2 期
02324　关于公超被免之事／李朴生／／＊传记文学 1982 年 41 卷 3 期
02325　忆叶公超先生／陆闰成／／＊传记文学 1982 年 41 卷 4 期
02326　叶公超次长最后撤离南京／陈衡力／／＊明报月刊 1983 年 18 卷 3 期
02327　忆恩师叶公超／王学曾／／＊传记文学 1983 年 42 卷 3 期
02328　文采风流音容宛在——叶师公超侧论／艾　山／／＊传记文学 1983 年 42 卷 5 期
02329　身世苍凉有谁知——《叶公超纪念集》书后／阮毅成／／＊大成 1983 年 110 期
02330　初识叶公超先生／程时敦／／＊传记文学 1994 年 62 卷 2 期
02331　叶公超家传文物与幼年文章／程时敦／／＊传记文学 1994 年 65 卷 6 期
02332　记叶公超先生二三事／顾毓琇／／＊传记文学 1995 年 61 卷 6 期
02333　沈昌焕密电叶公超去职／黄天才／／＊传记文学 1998 年 73 卷 3 期
02334　宝矿出土的谠言——记叶公超从未公开的政论／漆高儒／／＊传记文学 1998 年 73 卷 5 期
02335　叶公超／李立明／／＊中国现代六百作家小传第 456 页
02336　寄情书画的叶公超先生／李德安／／＊当代名人风范（2）第 559 页
02337　叶公超（1904—1981）／＊环华百科全书第 19 册第 39 页
02338　叶公超／＊革命人物志第 23 集第 234 页
02339　怀念叶公超先生／王之珍／／＊革命人物志第 23 集第 240 页
02340　叶公超／秦贤次／／＊诗学 1976 年第 2 辑第 424 页

叶以群

02341　叶以群／林曼叔等／／＊中国当代作家小传第 160 页
02342　叶以群／李立明／／＊中国现代六百作家小传第 457 页

叶石涛

02343　叶石涛重要作品年表／＊中国时报 1994 年 1 月 5 日
02344　老兵还在火线上——访叶石涛／彭瑞金／／＊中国时报 1994 年 1 月 5 日
02345　论小说家叶石涛／高天生／／＊文学界 1983 年 8 期
02346　叶石涛年表／＊叶石涛自选集第 1 页

叶永蓁

02347　叶会西（1908—1976）／于翔麟／／＊传记文学 1981 年 39 卷 4 期，＊民国人物小传第 5 册第 352 页
02348　鲁迅与叶永蓁／马蹄疾／／＊鲁迅与浙江作家第 185 页

叶加车

02349　叶加车／＊革命人物志第 11 集第 154 页

叶圣陶

02350　见到了叶圣陶先生／夏尚早／／＊文艺伴侣 1966 年 3 期
02351　教育家叶绍钧／李立明／／＊新天地 1974 年 78 期
02352　作家、教育家叶圣陶／李立明／／＊时代批评 1978 年 34 卷 10 期
02353　叶圣陶／林曼叔等／／＊中国当代作家小传第 1 辑第 15 页
02354　叶绍钧／李立明／／中国现代六百作家小传第 458 页
02355　叶绍钧／陈敬之／／＊文学研究会与创造社第 49 页
02356　笔耕逾半个世纪的叶圣陶／彦　火／／＊当代中国作家风貌第 48 页

02357 叶绍钧／＊环华百科全书第 19 册第 42 页
02358 政务院出版总署副署长叶圣陶／＊新中国人物志（下）第 77 页

叶芗谷
02359 叶芗谷／＊革命人物志第 15 集第 270 页

叶再鸣
02360 叶再鸣／刘健群／／＊传记文学 1966 年 8 卷 4 期

叶夷冲
02361 文武全才的叶夷冲将军／虞　庸／／＊浙江月刊 1984 年 16 卷 1 期

叶仰高
02362 叶仰高／＊革命人物志第 11 集第 156 页

叶企孙
02363 叶企孙／刘绍唐主编／／＊传记文学 1995 年 66 卷 1 期

叶灵凤
02364 作家叶灵凤逝世／司马长风／／＊明报 1975 年 12 月 2 日
02365 叶灵凤／关国煊／／＊传记文学 1985 年 47 卷 5 期
02366 叶灵凤／李立明／／＊中国现代六百作家小传第 461 页

叶运高
02367 叶运高／黄震遐／／＊中共军人志第 517 页

叶昌炽
02368 《缘督庐日记钞》十六卷／叶昌炽／／＊学生书局影印本 1 册
02369 缘督庐主人叶昌炽／苏　精／／＊传记文学 1980 年 36 卷 4 期
02370 叶昌炽(1849—1917)／关国煊／／＊传记文学 1980 年 37 卷 6 期，＊民国人物小传第 4 册第 329 页
02371 叶昌炽治廧室／＊近代藏书三十家第 7 页
02372 叶侍讲墓志铭／曹元弼／／＊碑传集三编第 2 册第 541 页

叶季允
02373 南洋第一报人叶季允／陈育崧／／＊报学 1957 年 2 卷 2 期

叶季壮
02374 叶季壮／刘绍唐主编／／＊传记文学 1997 年 71 卷 2 期

叶佩高
02375 叶佩高／刘绍唐主编／／＊传记文学 1992 年 61 卷 2 期

叶金川
02376 叶金川小档案／张明祚／／＊中国时报 1993 年 12 月 14 日

叶浅予
02377 彩绘一生叶浅予／郑仁佳／／＊传记文学 1995 年 67 卷 1 期
02378 忆叶浅予／张佛千／／＊传记文学 1996 年 68 卷 2 期

叶荣钟
02379 叶荣钟先生回忆录／叶荣钟／／＊文季 1983 年 1 卷 3 期
02380 叶荣钟／刘绍唐主编／／＊传记文学 1998 年 72 卷 1 期

叶剑英
02381 遭"四人帮"炮轰的叶剑英／关国煊／／＊传记文学 1987 年 50 卷 1 期
02382 叶剑英／黄震遐／／＊中共军人志第 517 页
02383 叶剑英／朱新民／／＊环华百科全书第 19 册第 40 页
02384 中央人民政府委员、广东省人民政府主席——叶剑英／程国柱／／＊新中国人物志（上）第 150 页

叶泰椿
02385 叶泰椿墓表／陈　毅／／＊碑传集三编第 3 册第 681 页

叶恭绰
02386　叶恭绰(1881—1968)／张国柱 ∥ ＊传记文学 1976 年 29 卷 5 期，＊民国人物小传第 2 册第 233 页
02387　谈交通系掌门人叶恭绰／水一亨 ∥ ＊艺文志 1977 年 137、138 期
02388　清末民初交通界领导者——叶恭绰／凌鸿勋 ∥ ＊传记文学 1978 年 32 卷 3、4 期
02389　叶恭绰(遐庵)／胡遐园 ∥ ＊贤不肖列传第 126 页

叶桂年
02390　叶桂年墓表／陈　衍 ∥ ＊碑传集三编第 6 册第 1445 页

叶彧龙
02391　大哥彧龙／叶蝉贞 ∥ ＊传记文学 1966 年 8 卷 3 期

叶盛长
02392　富连成点将录(上)：叶氏昆仲三大贤(叶盛章、叶盛兰、叶盛长)／齐　崧 ∥ ＊传记文学 1975 年 26 卷 5 期

叶盛兰
02393　富连成点将录(上)：叶氏昆仲三大贤(叶盛章、叶盛兰、叶盛长)／齐　崧 ∥ ＊传记文学 1975 年 26 卷 5 期
02394　小生难忘叶盛兰／江上舟 ∥ ＊大成 1977 年 43 期
02395　富连成时期的叶盛兰／包缉庭 ∥ ＊大成 1977 年 45 期
02396　小生隽才叶盛兰／丁秉鐩 ∥ ＊传记文学 1979 年 35 卷 1 期
02397　怀念小生叶盛兰——纪念小生叶盛兰七十生辰／李观承 ∥ ＊南北报 1984 年 171 期

叶盛章
02398　富连成点将录(上)：叶氏昆仲三大贤(叶盛章、叶盛兰、叶盛长)／齐　崧 ∥ ＊传记文学 1975 年 26 卷 5 期
02399　叶盛章／丁秉鐩 ∥ ＊传记文学 1979 年 34 卷 3 期

叶崇榘
02400　叶崇榘／＊革命人物志第 11 集第 158 页

叶惠钧
02401　叶惠钧／胡继兴 ∥ ＊革命人物志第 11 集第 159 页
02402　叶惠钧先生小传／革命人物志第 11 集第 161 页

叶鼎洛
02403　叶鼎洛／李立明 ∥ ＊中国现代六百作家小传第 460 页
02404　叶鼎洛／谢冰莹 ∥ ＊作家印象记第 128 页

叶景葵
02405　叶揆初先生事略／陈铁凡 ∥ ＊大陆杂志 1965 年 31 卷 6 期
02406　叶景葵(1874—1949)／姚崧龄 ∥ ＊传记文学 1975 年 26 卷 2 期，＊民国人物小传第 2 册第 235 页
02407　银行藏书家叶景葵／苏　精 ∥ ＊传记文学 1981 年 39 卷 2 期
02408　叶景葵卷盫 ∥ ＊近代藏书三十家第 123 页

叶楚伧
02409　笔雄万夫：叶楚伧传／刘萍华 ∥ ＊近代中国出版社 142 页
02410　追念叶楚伧先生／程沧波 ∥ ＊"中央"日报 1956 年 8 月 20 日
02411　叶楚伧先生二三事／辛　庐 ∥ ＊中华日报 1957 年 4 月 11 日
02412　不求有功但求无过——追念叶楚伧先生／张廷林 ∥ ＊畅流 1957 年 14 卷 10 期
02413　叶楚伧先生的文采雅致／思　渝 ∥ ＊古今谈 1966 年 21 期
02414　叶楚伧先生墓碑／于右任 ∥ ＊革命人物志第 7 集第 104 页
02415　叶楚伧(上、下)／陈敬之 ∥ ＊畅流 1968 年 36 卷 11、12 期
02416　叶楚伧(1883—1936)／＊传记文学 1974 年 24 卷 2 期，＊民国人物小传第 1 册第 226 页

02417　忆叶楚伧先生／阮毅成／／＊传记文学1999年75卷3期
02418　叶楚伧(1883—1936)／戴晋新／／＊环华百科全书第19册第42页
02419　叶楚伧／＊革命人物志第7集第97页

叶锡沄

02420　叶锡沄／＊革命人物志第11集第163页

叶醉白

02421　画家叶醉白访菲的两个序幕／蔡维雄／／＊中国一周1965年784期
02422　画马名家叶醉白／＊美哉中华1969年14期
02423　海外重逢叶醉白／朱朝钦／／＊大成1977年45期
02424　天马龙书展自叙——国际文化运动十五年、文武战场五十年回顾展／叶醉白／／＊文艺复兴1982年137期

叶德辉

02425　关于叶德辉／觉　堂／／＊新生报1970年3月9、12、16日
02426　湖南硕儒叶德辉／李振华／／＊畅流1955年12卷2期
02427　玩世不恭的叶德辉／孟　源／／＊畅流1967年35卷3期
02428　叶德辉、俞秋华被杀记恸／曾省斋／／＊艺文志1968年29期
02429　名士风流叶德辉／胡耐安／／＊传记文学1970年17卷4期
02430　民初怪人叶德辉／刘心皇／／＊中外杂志1975年18卷5期
02431　怪人叶德辉／赵宗鼎／／＊中外杂志1976年19卷1期
02432　叶德辉(1864—1927)／关国煊／／＊传记文学1977年30卷5期，＊民国人物小传第3册第261页
02433　世谈怪人叶德辉／张世炎／／＊中外杂志1979年25卷3期
02434　游戏召祸的叶德辉／左舜生／／＊近代中国史料丛刊第五辑(总49—50)·万竹楼随笔影印本第150页
02435　叶德辉墓志铭／许崇熙／／＊碑传集三编第9册第2203页
02436　叶德辉事略／失　名／／＊碑传集三编第9册第2207页

叶霞翟

02437　叶霞翟博士与胡宗南将军／黎　芹／／＊自由谈1981年32卷10期
02438　叶霞翟／关志昌／／＊传记文学1985年47卷1期
02439　叶霞翟／＊革命人物志第23集第249页

田　汉

02440　田汉及"神童"吴祖光／长　风／／＊文坛1962年30期
02441　田汉评传／李立明／／＊时代批评1971年32卷4期
02442　田　汉／关国煊／／＊传记文学1979年35卷1期，＊民国人物小传第4册第55页
02443　田汉与周信芳／邵　苣／／＊中报月刊1984年58期
02444　田　汉／康培初／／＊文学作家时代第145页
02445　田　汉／方雪纯等／／＊中共人名录第76页
02446　田　汉／林曼叔等／／＊中国当代作家小传第1辑第27页
02447　田　汉／季　林／／＊中国作家剪影
02448　田　汉／李立明／／＊中国现代六百作家小传第57页
02449　田　汉／司马文森／／＊作家印象记第421页
02450　田　汉／孙　陵／／＊我熟识的三十年代作家第55页
02451　田　汉／方　青／／＊现代文坛百象第19页
02452　田　汉／姚乃麟／／＊现代中国文学家传记第113页
02453　田　汉／赵　聪／／＊现代中国作家列传第87页
02454　田　汉／黄俊东／／＊现代中国作家剪影第108页

02455 田　汉／＊环华百科全书第5册第511页
02456 中央文化教育委员会委员：田汉／＊新中国人物志（下）第83页

田　间
02457 田　间／刘绍唐主编∥＊传记文学1993年62卷4期
02458 田　间／林曼叔等∥＊中国当代作家小传第2辑第35页
02459 田　间／李立明∥＊中国现代六百作家小传56页
02460 艾青和田间／闻一多∥＊闻一多全集·己集第51页

田　耘
02461 田　耘／＊革命人物志第14集第63页

田　桐
02462 英风烈骨：田桐传／姜龙昭∥近代中国出版社1984年版202页
02463 田　桐／蒋永敬∥＊传记文学1974年25卷5期，＊民国人物小传第1册第28页
02464 田　桐／＊革命人物志第1集第260页
02465 田桐事略补／冯自由∥＊革命人物志第1集第267页

田广文
02466 田广文／黄震遐∥＊中共军人志第61页

田中玉
02467 田中玉／秦贤次∥＊传记文学1981年38卷5期，＊民国人物小传第5册第50页

田化一
02468 田化一／黄震遐∥＊中共军人志第743页

田文烈
02469 田文烈／刘绍唐主编∥＊传记文学1994年65卷4期

田玉洁
02470 田玉洁／蔡屏藩∥＊革命人物志第10集第1页

田永谦
02471 吴国桢与田永谦／彭远芳∥＊大成1974年11期

田光灿
02472 田光灿／＊革命人物志第10集第2页

田仲济
02473 田仲济／李立明∥＊中国现代六百作家小传第59页

田君健
02474 田君健／＊革命人物志第18集第39页

田雨时
02475 我办北平晨报／田雨时∥＊传记文学1975年26卷4期
02476 一点之差／田雨时∥＊传记文学1975年26卷6期

田昆山
02477 田昆山（1891—1959）／林抱石∥＊传记文学1982年41卷2期，＊民国人物小传第6册第25页
02478 田昆山／＊革命人物志第19集第41页

田春来
02479 田春来／林亨佳∥＊革命人物志第1集第259页、第14集第67页

田炯锦
02480 服务桑梓的回忆／田炯锦∥＊传记文学1963年3卷6期，＊荆荫斋选集第606页
02481 青年时代的我／田炯锦∥＊中外杂志1967年2卷6期—1968年3卷1期
02482 陇上往事／田炯锦∥＊中外杂志1968年3卷6期、1969年4卷1期
02483 四十年来我的自述／田炯锦∥＊中外杂志1971年10卷1—4期，1972年11卷1期

02484 北大六年琐忆 / 田炯锦 // *传记文学 1973 年 22 卷 1 期
02485 记田炯锦先生 / 谢松涛 // *中外杂志 1977 年 22 卷 6 期
02486 追忆司法院长田炯锦先生二三事 / 刘锡五 // *民主宪政 1977 年 49 卷 8 期
02487 我对田炯锦老师的追思 / 周道济 // *东方杂志 1978 年 11 卷 11 期
02488 我所认识的田炯锦先生 / 郑彦棻 // *中外杂志 1978 年 23 卷 1 期
02489 田炯锦先生逝世周年特辑 / 赵 佩等 // *中外杂志 1978 年 23 卷 3 期
02490 田炯锦先生二三事 / 郭 骥 // *中外杂志 1978 年 23 卷 6 期
02491 难忘的老长官——云青先生左右二十年 / 程德受 // *中外杂志 1978 年 24 卷 5 期
02492 追思蒙藏委员会前委员长田炯锦先生 / 白晓楼 // *中国边政 1978 年 61、62 期
02493 田炯锦先生的志操 / 王成圣 // *中外杂志 1984 年 35 卷 3 期
02494 田炯锦(1899—1977) / 林 泉 // *民国人物小传第 3 册第 23 页
02495 平易谦和的田炯锦先生 / 李德安 // *当代名人风范(4)第 1329 页
02496 田炯锦 / *革命人物志第 17 集第 34 页
02497 我的青年时代 / 田炯锦 // *荆荫斋选集第 590 页

田耕莘

02498 田耕莘其人其事 / *中华日报 1960 年 3 月 2 日
02499 慈祥的老人田枢机 / 丛静文 // *"中央"日报 1960 年 10 月 23 日
02500 枢机主教田耕莘传略 / 刘铁铮 // *新生报 1967 年 7 月 25 日
02501 远东第一位枢机北平总主教田耕莘 / 赵宾实 // *恒毅 1957 年 7 卷 3 期
02502 我所认识的田耕莘枢机 / 郑鸿志 // *自由太平洋 1960 年 4 卷 3 期
02503 田枢机主教简史 / 牛若望 // *自由太平洋 1960 年 4 卷 3 期
02504 田耕莘枢机总主教传略 / 赵宾实 // *恒毅 1967 年 17 卷 2 期
02505 记田耕莘枢机 / 宋希尚 // *畅流 1968 年 36 卷 11 期
02506 田耕莘(1890—1967) / 张玉法 // *传记文学 1974 年 25 卷 6 期,*民国人物小传第 1 册第 29 页
02507 田耕莘 / 方 豪 // *中国天主教史人物传第 3 册第 341 页
02508 田耕莘 / 谭慧生 // *民国伟人传记第 602 页
02509 田耕莘(1890—1967) / 方光后 // *环华百科全书第 5 册第 511 页

田润初

02510 田润初 / *革命人物志第 1 集第 277 页

田家凯

02511 青春不留白生命垂永恒——忆大儿家凯:这一代青年在战乱中艰苦成长的缩影 / 田雨时 // *传记文学 1992 年 61 卷 2 期

田培林

02512 田培林(1893—1975) / 陈哲三 // *传记文学 1975 年 28 卷 2 期,*民国人物小传第 2 册第 21 页
02513 田故院长培林与我 / 林 本 // *师友 1975 年 96 期
02514 田培林先生与大陆杂志 / 方志懋 // *大陆杂志 1976 年 52 卷 5 期
02515 田培林传略 / 周邦道 // *大陆杂志 1976 年 53 卷 5 期
02516 追念田伯苍先生 / 雷国鼎 // *教育 1976 年 305 期
02517 田培林(1893—1975) / 周邦道 // *近代教育先进传略(初集)第 320 页
02518 田故校长培林传略 / *学府纪闻·国立河南大学第 183 页
02519 田培林 / 叶祖灏 // *革命人物志第 15 集第 46 页
02520 悼念田培林先生 / 戚长诚 // *革命人物志第 15 集第 50 页

田淑扬

02521 田淑扬、田激扬 / 高亚宾 // *革命人物志第 1 集第 275 页

田维扬

02522 田维扬 / 黄震遐 // *中共军人志第 62 页

田维新
02523　田维新／黄震遐∥＊中共军人志第 62 页
田镇南
02524　田镇南／刘绍唐主编∥＊传记文学 1996 年 68 卷 1 期
田激扬
02525　田淑扬、田激扬／高亚宾∥＊革命人物志第 1 集第 275 页
冉　鹏
02526　冉　鹏／刘绍唐主编∥＊传记文字 1992 年 60 卷 3 期
史　良
02527　"救国会七君子"后死者史良／关国煊∥＊传记文学 1985 年 47 卷 5 期
02528　政务院司法部部长史良／＊新中国人物志（下）第 72 页
史东山
02529　史东山（1902—1955）／关志昌∥＊传记文学 1984 年 44 卷 2 期
02530　史东山／李立明∥＊中国现代六百作家小传第 62 页
史志和
02531　史志和／＊革命人物志第 2 集第 64 页
史进前
02532　史进前／黄震遐∥＊中共军人志第 65 页
史坚如
02533　史坚如传／＊台中 1949 年版 16 页
02534　史坚如／李光群∥＊儿童书局 1957 年版 54 页
02535　浩气英风：史坚如传／吴东权／＊近代中国出版社 1983 年版
02536　为共和殉难的第二健将——史坚如／侯　悟∥＊励进 1977 年 376 期
02537　史坚如烈士史料辑录／＊近代中国 1978 年 7 期
02538　追怀史坚如烈士／王绍通∥＊广东文献 1980 年 10 卷 4 期
02539　史坚如／刘子青∥＊中国历代人物评传（下）第 294 页
02540　史坚如君／（日）宫崎滔天著、陈鹏仁译∥＊论中国革命与先烈第 165 页
02541　史坚如事略／邓慕韩∥＊革命人物志第 1 集第 289 页
02542　史坚如传／＊革命人物志第 1 集第 280 页
史尚宽
02543　史尚宽先生言行及其治学一斑／赵　琛∥＊教育与文化 1956 年 11 卷 12 期
02544　史尚宽／范廷杰∥＊传记文学 1976 年 28 卷 2 期，＊民国人物小传第 2 册第 19 页
02545　史尚宽／史光华等∥＊革命人物志第 10 集第 5 页
史官洁
02546　史官洁／＊革命人物志第 1 集第 279 页
史承志
02547　史承志／＊革命人物志第 10 集第 4 页
史绎如
02548　史绎如／＊革命人物志第 10 集第 7 页
史春森
02549　一位杰出的情报员——山西勇士史春森／乔家才∥＊中外杂志 1976 年 19 卷 3 期
02550　史春森抢运食盐／乔家才∥＊戴笠将军和他的同志第 2 集第 251 页
史鉴铭
02551　史鉴铭／周孚青∥＊革命人物志第 1 集第 295 页
史恩华
02552　史恩华／＊革命人物志第 14 集第 81 页

史悠厚
02553　史悠厚传／钱振锽　//　*碑传集三编第10册第2407页
史得金
02554　史得金／丁惟汾　//　*革命人物志第19集第48页
史惟亮
02555　史惟亮创作中国民俗音乐／张步仁　//　*中国一周1968年950期
02556　史惟亮　//　*环华百科全书第15册第253页
史量才
02557　史量才与申报／于　文　//　*自立晚报1964年11月17、18日
02558　史量才(1880—1934)／关志昌　//　*传记文学1979年34卷5期，*民国人物小传第3册第17页
02559　史量才被刺窥秘(上、下)／司马夫　//　*中外杂志1984年36卷6期—1985年37卷1期
02560　报业巨子史量才／张　放　//　*传记文学1994年65卷4期
02561　史量才与上海申报／胡憨珠　//　*传记文学1994年65卷4—6期，1995年66卷1—6期，1995年67卷1—6期，1996年68卷1—6期，1996年69卷1—3期
史儒珍
02562　史儒珍　//　*革命人物志第2集第65页
史耀东
02563　史耀东　//　*革命人物志第15集第55页

〔J〕

丘　戈
02564　丘　戈／丘式如　//　*革命人物志第2集第61页
丘　哲
02565　中南军政委员会委员丘哲　//　*新中国人物志(下)第34页
丘　煖
02566　丘　煖／丘式如　//　*革命人物志第19集第35页
丘飞龙
02567　丘飞龙／洪剑雄　//　*革命人物志第1集第233页
丘元武
02568　丘元武　//　*革命人物志第1集第232页
丘东平
02569　丘东平／李立明　//　*中国现代六百作家小传第68页
02570　东平琐记／聂绀弩　//　*沉吟第103页
丘念台
02571　我的奋斗史／丘念台　//　*"中央"日报出版1981年版472页
02572　念兹在兹——丘念台传／苏云青　//　近代中国出版社1984年版
02573　爱国老人丘念台　//　*"中央"日报1967年1月14日
02574　悼念三伯丘念台／丘秀亚　//　*"中央"日报1967年1月18日
02575　忆爱国老人丘念台／翁　铃　//　*"中央"日报1967年2月18—19日
02576　"台湾孔夫子"丘念台／张　迅　//　*春秋1968年10卷5期
02577　丘念台(1894—1967)／范廷杰　//　*传记文学1974年25卷4期，*民国人物小传第1册第23页
02578　爱国老人丘念台先生／蒋君章　//　*传记文学1975年26卷1—6期
02579　海外飘风丘念台／太史公　//　*畅流1975年50卷10期
02580　丘念台　//　*革命人物志第12集第22页
丘逢甲
02581　丘逢甲／陈说义　//　*海外文库出版社1957年版28页

02582　丘逢甲的一生 / 蒋君章等 // ＊中外图书出版社 1975 年 5 月版 150 页
02583　丘仓海先生年谱初稿 / ＊郑喜夫编印 1975 年版 164 页
02584　剖云行日——丘逢甲传 / 丘秀芷 // ＊近代中国出版社 1978 年 8 月版 252 页
02585　丘逢甲先生的生平 / 郭兆华 // ＊逢甲工商学院印行 1980 年版
02586　《新编中国名人年谱集成》第 15 辑——丘仓海先生逢甲年谱 / 郑喜夫 // ＊商务印书馆 1981 年 271 页
02587　丘逢甲与易顺鼎 / 意　园 // ＊畅流 1951 年 3 卷 11 期
02588　台湾爱国诗人丘仓海 / 楚　厂 // ＊畅流 1966 年 33 卷 5 期
02589　丘逢甲与台湾义师 / 周燕谋 // ＊艺文志 1966 年 10 期
02590　抗日护台的丘逢甲 / 庐嘉兴 // ＊古今谈 1966 年 12 期
02591　丘逢甲和广州光复 / 王俊士 // ＊中外杂志 1971 年 9 卷 2 期，＊中外人物专辑第 2 集第 55 页
02592　丘逢甲海天孤愤 / 冯国璘 // ＊中外杂志 1972 年 12 卷 6 期
02593　丘逢甲(1864—1912) / ＊传记文学 1973 年 22 卷 6 期，＊民国人物小传第 1 册第 24 页
02594　邹鲁与丘逢甲的师生情谊 / 陈哲三 // ＊传记文学 1975 年 26 卷 1 期
02595　节劲风高的丘逢甲 / 郑彦棻 // ＊广东文献 1977 年 7 卷 3 期
02596　民族志士丘逢甲 / 唐润钿 // ＊"中央"月刊 1977 年 9 卷 5 期
02597　连雅堂与丘仓海 / 沈云龙 // ＊传记文学 1977 年 30 卷 5 期
02598　丘沧海先生与台湾 / 方延豪 // ＊建设 1977 年 26 卷 1 期
02599　抗日护台志士丘逢甲 / 林宗霖 // ＊励进 1978 年 388 期
02600　丘逢甲先生生平 / 郭兆华 // ＊逢甲学报 1979 年 12 期
02601　老故事(丘逢甲家族之事) / 丘秀芷 // ＊台北文献 1980 年 51、52 期
02602　仓海先生(丘逢甲)二三事 / 丘秀芷 // ＊台北文献 1980 年 51、52 期
02603　台湾大诗人丘仓海 / 杜　若 // ＊合肥月刊 1983 年 24 卷 10 期
02604　剖云行日——丘逢甲传 / 廖隆盛 // ＊近代中国 1985 年 48 期
02605　黄遵宪与丘仓海 / 曹思彬 // ＊艺林丛录(三)第 196 页
02606　丘逢甲(1864—1912) / 周邦道 // ＊近代教育先进传略(初集)第 358 页
02607　丘逢甲 / 邵镜人 // ＊近代中国史料丛刊续编第九十五辑(总 950)同光风云录影印本第 162 页
02608　丘逢甲(1864—1912) / 戴晋新 // ＊环华百科全书第 12 册第 131 页
02609　丘逢甲 / 曾养甫 // ＊革命人物志第 1 集第 238 页

丘海云
02610　丘海云 / ＊革命人物志第 1 集第 236 页

白　羽
02611　"倒洒金钱"论白羽 / 叶洪生 // ＊明报月刊 1983 年 7 期

白　采
02612　怪诗人白采 / 慧　庵 // ＊华侨日报 1974 年 9 月 16 日
02613　白　采(1894—1926) / 关国煊 // ＊传记文学 1983 年 42 卷 4 期，＊民国人物小传第 6 册第 26 页
02614　白　采 / 李立明 // ＊中国现代六百作家小传第 60 页
02615　白　采 / 悦　华、杨一鸣 // ＊文坛史料第 141 页
02616　白　采 / 朱自清 // ＊现代中国文学家传记第 100 页

白　杨
02617　白杨的影剧生涯 / 郑仁佳 // ＊传记文学 1999 年 74 卷 1 期

白　朗
02618　民初匪祸话白狼(一、二) / 王天从 // ＊中原文献 1978 年 10 卷 2、3 期
02619　"白狼"史话 / 程玉凤 // ＊中原文献 1978 年 10 卷 4—9 期
02620　白　朗(1873—1914) / 关志昌 // ＊传记文学 1983 年 43 卷 6 期

白 燕
02621 白 燕 / 刘绍唐主编 // *传记文学 1987 年 51 卷 2 期

白 薇
02622 白薇小传 / 李立明 // *星岛日报 1969 年 8 月 26 日
02623 才多命苦的黄白薇 / 李立明 // *当代文艺 1974 年 109 期
02624 黄白薇 / 贺玉波 // *中国现代女作家第 197 页
02625 黄白薇 / 李立明 // 中国现代六百作家小传第 410 页
02626 黄白薇 / 谢冰莹 // *作家印象记第 118 页
02627 黄白薇 / 赵 聪 // 现代中国作家列传第 141 页
02628 黄白薇 / 刘 葆 // 现代中国人物志第 333 页
02629 黄白薇 / 姚乃麟 // *现代中国文学家传记第 219 页

白义生
02630 白义生事略 / *革命人物志第 1 集第 299 页

白云梯
02631 我在开国那一天 / 白云梯 // *"中央"日报 1971 年 1 月 1 日
02632 悼一代巨人的遽逝——蒙古族国之大老白云梯先生之一生 / 陈纪滢 // *中外杂志 1980 年 28 卷 4 期
02633 漠南豪杰白云梯 / 吴云鹏 // *中外杂志 1980 年 28 卷 4 期
02634 白云梯与蒙藏政务 / 周昆田 // *中外杂志 1980 年 28 卷 6 期
02635 白云梯（1894—1980）/ 于翔麟 // *传记文学 1980 年 37 卷 5 期，*民国人物小传第 4 册第 60 页
02636 白云梯 / 吴相湘 // *民国百人传第 4 册第 169 页

白玉霜
02637 我当小演员的时候——并记我印象中的评剧前辈艺人白玉霜与芙蓉花 / 新凤霞 // *传记文学 1998 年 73 卷 2 期

白世雄
02638 张敬尧故都服法——白世雄锄奸记 / 乔家才 // *中外杂志 1975 年 17 卷 6 期
02639 白世雄一弹安华北 / 乔家才 // *戴笠将军和他的同志第 1 集第 145 页

白汉香
02640 白汉香 / 平 刚 // *革命人物志第 1 集第 300 页

白苹洲
02641 白苹洲 / 钟广兴 // *海外文库出版社 1962 年 27 页

白涤洲
02642 白镇瀛（1900—1934）/ *传记文学 1974 年 24 卷 3 期，*民国人物小传第 1 册第 32 页

白崇禧
02643 白崇禧先生访问记录 / 白崇禧 // *"中央"研究院近代史研究所 1984 年版
02644 《白崇禧先生访问记录》上、下册 / 白崇禧 // *"中央"研究院近代史研究所 1985 年版 950 页
02645 白崇禧传 / 程思远 // （香港）南粤出版社 1989 年 346 页
02646 小诸葛白崇禧 / 王 康 // *中外杂志 1967 年 1 卷 1 期
02647 白崇禧将军二三事 / 卢辛甫 // *春秋 1967 年 6 卷 1 期
02648 白崇禧早期崛起广西的经纬 / 向 隅 // *艺文志 1967 年 16 期
02649 谈"小诸葛"白崇禧 / 刘 弼 // *传记文学 1972 年 20 卷 3 期
02650 白崇禧（1893—1966）/ 牟甲铢 // *传记文学 1974 年 25 卷 6 期，*民国人物小传第 1 册第 30 页
02651 南北两"小诸葛"轶事——言敦源与白崇禧 / 胡光麃 // *传记文学 1975 年 27 卷 5 期
02652 白崇禧别传（1—6）/ 谢 康 // *中外杂志 1978 年 25 卷 2—6 期，1979 年 26 卷 1 期
02653 白崇禧的功过——闲话桂系人物之二 / 邓以彭 // *中外杂志 1980 年 27 卷 4 期

02654　白崇禧将军回忆录／白崇禧口述、马天纲等整理／／＊中报月刊 1980 年创刊号—1985 年 62 期

02655　李宗仁、白崇禧和谈前与中共的接触／黄启汉／／＊传记文学 1992 年 61 卷 1 期

02656　白崇禧身边的地下党员／周献明／／＊传记文学 1993 年 62 卷 3 期

02657　白崇禧是怎样逼退蒋介石／宋希濂／／＊传记文学 1993 年 62 卷 6 期

02658　白崇禧的毁誉／杨却俗／／＊中外人物专辑第 1 辑第 49 页

02659　白崇禧（1893—1966）／戴晋新／／＊环华百科全书第 1 册第 218 页

白鸿亮

02660　怀白鸿亮先生／张柏亭／／＊传记文学 1996 年 68 卷 3 期

白毓昆

02661　白毓昆传／邹　鲁／／＊革命人物志第 1 集第 300 页

白德芬

02662　白德芬烈士事略／＊太原五百完人第 160 页

丛环珠

02663　丛环珠／文山居士／／＊革命人物志第 15 集第 462 页

丛玢珠

02664　丛玢珠／汪　基／／＊革命人物志第 15 集第 453 页

丛玳珠

02665　丛玳珠／汪　基／／＊革命人物志第 15 集第 454 页

丛珉珠

02666　丛珉珠／汪　基／／＊革命人物志第 15 集第 455 页

丛树本

02667　丛树本／丛树桢／／＊革命人物志第 15 集第 461 页

丛涟珠

02668　鲁省教育先进传略（上）：丛涟珠／周邦道／／＊山东文献 1977 年 3 卷 2 期

02669　丛涟珠（1871—1940）／周邦道／／＊近代教育先进传略（初集）第 286 页

丛培栩

02670　丛培栩／于本桢／／＊革命人物志第 15 集第 457 页

丛琦珠

02671　丛琦珠／不夜居士／／＊革命人物志第 15 集第 460 页

丛瑄珠

02672　丛瑄珠／不夜居士／／＊革命人物志第 15 集第 459 页

丛璐珠

02673　丛璐珠／丛树桢／／＊革命人物志第 15 集第 462 页

印　顺

02674　印顺导师学谱（附当代佛教思想家印顺导师）／郑寿彭／／天华出版事业公司 1981 年版 121 页

02675　印顺／张之杰／／＊环华百科全书第 19 册第 353 页

印光法师

02676　印光大师永思集／陈海量／／＊经济画刊总社 1969 年版 263 页

02677　印光大师永思集续编／乐建吾／／＊华严莲社菩提佛堂同印行 1970 年版 151 页

02678　印光祖师传略／陈煌林／／＊菩提树 1960 年 97 期

02679　印光大师／刘绍唐主编／／＊传记文学 1987 年 50 卷 1 期

包天笑

02680　钏影楼回忆录正续编／包天笑／／（香港）大华出版社 1971 年 6 月正编 451 页、1973 年 9 月版 316 页，＊文海出版社近代中国史料丛刊续编第五辑（总 48）影印本（一）451 页、（二）177 页

02681　钏影楼回忆录／包天笑／／＊龙文出版社股份有限公司 1990 年 754 页

02682　悼包天笑老先生／丝　韦／／＊新晚报 1973 年 11 月 25 日
02683　悼苏州作家包天笑／彼　岸／／＊明报 1973 年 12 月 1 日
02684　关于钏影楼主人／丝　韦／／＊新晚报 1973 年 12 月 14 日
02685　包天笑先生／易　文／／＊明报 1973 年 12 月 15 日
02686　包天笑先生二三事／湛　为／／＊文汇报 1973 年 12 月 18 日
02687　记最老的作家包天笑先生／高伯雨／／＊大成 1974 年 2 期
02688　包天笑与《留芳记》(上、中、下)／陈敬之／／＊畅流 1980 年 61 卷 5—7 期
02689　商务印书馆与我／包天笑／／＊大成 1982 年 109 期
02690　包天笑／李立明／／＊中国现代六百作家小传第 67 页
02691　包天笑(1876—1973)／＊民国人物小传第 5 册第 43 页

包尔汉

02692　包尔汉／刘绍唐主编／／＊传记文学 1997 年 71 卷 6 期

包华国

02693　记包华国先生／蔡麟笔／／＊"中央"日报 1963 年 12 月 21 日
02694　包华国先生事略／文守仁／／＊四川文献 1964 年 18 期，＊民国四川人物传记第 198 页，＊革命人物志第 14 集第 83 页
02695　怀念包华国、陈乔生两先生／罗才荣／／＊传记文学 1973 年 22 卷 4 期
02696　包华国(1902—1963)／关国煊／／＊传记文学 1984 年 45 卷 4 期

包炎民

02697　包炎民／＊革命人物志第 9 集第 37 页
02698　包将军炎民成仁实录／非　之／／＊革命人物志第 9 集第 46 页

包银德

02699　包银德／＊革命人物志第 2 集第 72 页

包震寰

02700　包震寰／唐大荒／／＊革命人物志第 9 集第 49 页

包遵彭

02701　包遵彭先生纪念集／＊包遵彭先生逝世三周年纪念集编辑委员会编印 1973 年版 206 页
02702　忆包师遵彭／吴国材／／＊"中央"日报 1970 年 2 月 26 日
02703　我所认识的包遵彭馆长／类　思／／＊联合报 1970 年 3 月 7 日
02704　包遵彭先生与历史博物馆／＊中国一周 1964 年 869 期
02705　包遵彭壮志未酬／吴相湘／／＊传记文学 1970 年 16 卷 3 期
02706　逝者已矣(1—2)／包赵瑛阶／／＊传记文学 1973 年 22 卷 1—2 期
02707　包遵彭／林　泉／／＊传记文学 1981 年 38 卷 1 期，＊民国人物小传第 5 册第 46 页
02708　包遵彭先生与"中央"图书馆／张锦郎／／＊"中央"图书馆馆刊 1983 年 16 卷 1 期
02709　包遵彭／＊革命人物志第 21 集第 107 页

乐夔

02710　乐夔／＊革命人物志第 11 集 264 页

乐以琴

02711　乐烈士以琴传略／＊川籍抗战忠烈录第 91 页，＊民国四川人物传记第 91 页
02712　乐以琴／王子经／／＊革命人物志第 15 集第 353 页

乐恕人

02713　十八年记者生涯／乐恕人／／＊报学 1955 年 1 卷 7 期
02714　入缅随军前后／乐恕人／／＊中外杂志 1967 年 2 卷 6 期—1968 年 3 卷 1 期
02715　检点生涯三十年／乐恕人／／＊中外杂志 1968 年 4 卷 3—5 期
02716　我的朋友乐恕人／言　曦／／＊大成 1981 年 86 期

乐嘉藻
02717　乐嘉藻／姚崧龄／／＊传记文学 1974 年 24 卷 4 期，＊民国人物小传第 1 册第 263 页

〔丶〕

邝文卓
02718　邝文卓／＊革命人物志第 9 集第 435 页
邝玉田
02719　邝玉田事略／＊革命人物志第 9 集第 435 页
邝任农
02720　邝任农／黄震遐／／＊中共军人志第 708 页
邝佐治
02721　最近在美逝世的邝佐治先生／＊"中央"日报 1953 年 3 月 22 日
02722　邝　林／冯自由／／＊革命人物志第 9 集第 436 页
邝炳舜
02723　邝炳舜／刘伯骥／／＊华侨名人传第 322 页
邝振翎
02724　邝振翎／周邦道／／＊江西文献 1976 年 86 期
02725　邝振翎（1885—1932）／周邦道／／＊近代教育先进传略（初集）第 164 页
邝富灼
02726　邝富灼博士纪念集／＊邝均永编印 1966 年版 56 页
02727　邝富灼／刘绍唐主编／／＊传记文学 1996 年 69 卷 4 期
邝瑶普
02728　邝瑶普／孙甄陶／／＊华侨名人传第 415 页
宁调元
02729　太一诗魂：宁调元传／杨震夷／／＊近代中国出版社 1985 年 220 页
02730　诗魂热血宁调元／王卫民／／＊近代中国 1982 年 28 期
02731　宁调元／刘　谦／／＊革命人物志第 9 集第 352 页
冯　龙
02732　冯　龙／刘绍唐主编／／＊传记文学 1996 年 69 卷 1 期
冯　开
02733　冯开行状／沙文若／／＊碑传集三编第 9 册第 2273 页
冯　至
02734　十四行诗人——冯至／关国煊／／＊传记文学 1993 年 63 卷 1 期
02735　冯　至／方雪纯等／／＊中共人名录第 511 页
02736　冯　至／＊中国当代作家小传第 1 辑第 12 页
02737　冯　至／李立明／／＊中国现代六百作家小传 417 页
02738　冯　至／舒　兰／／＊抗战时期的新诗作家和作品第 157 页
冯　如
02739　冯　如／郑仁佳／／＊传记文学 1985 年 47 卷 2 期
冯　牧
02740　冯　牧／刘绍唐主编／／＊传记文学 1996 年 68 卷 6 期
冯　定
02741　冯　定／刘绍唐主编／／＊传记文学 1993 年 62 卷 6 期
冯　庸
02742　我师冯庸／刘毅夫／／＊"中央"日报 1970 年 10 月 11 日

冯 铿

02743　冯庸被囚与冯大学生军／刘毅夫／／＊传记文学 1977 年 30 卷 1 期
02744　冯庸的故事——东北壮游之六／陈嘉骥／／＊中外杂志 1981 年 29 卷 4 期
02745　哀悼老友冯庸先生／周鲸文／／＊时代批评 1981 年 35 卷 9 期
02746　哀悼吾师冯庸／刘毅夫／／＊传记文学 1981 年 38 卷 3 期
02747　冯　庸（1901—1981）／郭易堂／／传记文学 1981 年 38 卷 6 期，＊民国人物小传第 5 册第 313 页
02748　哀悼老友冯庸先生——兼忆热河失守一段国事公案／周鲸文／／＊传记文学 1981 年 39 卷 1 期，＊古今谈 1981 年 196 期

冯 铿

02749　冯岭梅资料补遗／司马长风／／＊明报 1976 年 3 月 25 日
02750　冯　铿／李立明／／＊中国现代六百作家小传 418 页

冯 煦

02751　冯煦怆赋精忠柏／南　湖／／＊"中央"日报 1962 年 3 月 3 日

冯 简

02752　伟大学人——冯简／石　敏／／＊"中央"日报 1962 年 6 月 1 日
02753　为我国防科学增光——冯简教授访问记／刘若熙／／＊中国一周 1958 年 402 期
02754　北极探险谈往（第一位到达极区的中国人冯简教授访问记）／黄仰山／／文星 1959 年 5 卷 1 期
02755　敬悼冯简先生／雷宝华／／＊中国一周 1962 年 639 期
02756　冯简先生逝世追念专辑（1—2）／雷宝华等／／＊中国一周 1962 年 639、640 期
02757　记悼科学界的伟人冯简先生／南怀瑾／／＊中国一周 1962 年 640 期
02758　冯简先生传／张其昀／／＊中国一周 1962 年 642 期，＊革命人物志第 6 集第 198 页
02759　冯简先生年谱／叶桂馨／／＊中国一周 1962 年 654 期
02760　冯　简（1897—1962）／＊传记文学 1975 年 26 卷 4 期，＊民国人物小传第 2 册第 203 页
02761　冯　简（1897—1962）／方光后／／＊环华百科全书第 3 册第 509 页

冯乃超

02762　冯乃超／刘绍唐主编／／＊传记文学 1996 年 69 卷 2 期
02763　冯乃超／李立明／／＊中国现代六百作家小传第 418 页

冯大轰

02764　冯大轰／韩克温／／＊革命人物志第 17 集第 255 页

冯天权

02765　先父冯天权传／冯先煌／／＊湖南文献 1975 年 3 卷 2 期

冯天籁

02766　川剧名角天籁／魏炯若／／＊大成 1984 年 129 期

冯友兰

02767　冯友兰笔下的黄季刚／赵志邦／／＊传记文学 1985 年 47 卷 2 期
02768　冯友兰／＊环华百科全书第 3 册第 510 页

冯文凤

02769　女画家冯文凤／居长安／／＊艺林丛录（2）第 368 页

冯文炳

02770　冯文炳／陈敬之／／＊畅流 1975 年 51 卷 12 期—52 卷 1 期
02771　冯文炳（1901—1967）／关志昌／／＊传记文学 1984 年 45 卷 4 期
02772　冯文炳／李立明／／＊中国现代六百作家小传 419 页
02773　冯文炳／＊环华百科全书第 3 册第 511 页
02774　冯文炳／赵　聪／／＊现代中国作家列传第 121 页

冯文彬

02775　中央最高人民法院委员冯文彬／金　凤／／＊新中国人物志（上）第 232 页

冯玉祥

02776 冯玉祥传(2册)／简又文／／＊传记文学出版社1982年6月版523页

02777 冯玉祥将军纪念册／(香港)嘉华印刷公司出版168页

02778 冯玉祥杀害徐树铮的原因／江 平／／＊春秋1965年2卷1期

02779 从徐树铮被刺谈冯玉祥与张之江／王悟明／／＊春秋1967年7卷6期

02780 "倒戈将军"冯玉祥／章君谷／／＊中外杂志1970年7卷2、3期，＊军阀现形记第163页

02781 我对汪精卫、冯玉祥的印象／田炯锦／／＊中外杂志1971年10卷4期

02782 冯玉祥／李云汉／／＊传记文学1975年27卷3期，＊民国人物小传第2册第204页

02783 冯玉祥与西北军——西北军史话之七／王禹廷／／＊中外杂志1976年20卷2期

02784 冯玉祥和鲍罗廷／王禹廷／／＊中外杂志1978年24卷3期

02785 记冯玉祥在美国的那一年(1—3)／章元羲／／＊传记文学1978年33卷3—5期

02786 冯玉祥自述"基督将军"之由来／陈皓如／／＊艺文志1978年149期

02787 也谈冯玉祥(1—3)／张或弛／／＊中外杂志1979年25卷1—3期

02788 我所见的冯玉祥／刘汝曾／／＊中外杂志1979年25卷4期

02789 冯玉祥传(1—19)／简又文／／＊传记文学1979年35卷6期—1981年38卷6期

02790 冯玉祥逼宫"劫宝"内幕／王念康／／＊中外杂志1980年27卷2期

02791 杂记冯玉祥／赵同信／／＊中外杂志1980年27卷4期

02792 韩复榘与冯玉祥(上、下)／王念康／／＊中外杂志1980年27卷6期—28卷1期

02793 鲜为人知的冯玉祥轶事／张守初／／＊中外杂志1981年29卷3期

02794 我所认识的冯玉祥／傅瑞瑗／／＊中外杂志1982年31卷2期

02795 韩复榘、冯玉祥恩仇记／张守初／／＊中外杂志1982年31卷4期

02796 冯玉祥枪毙李彦青／张守初／／＊中外杂志1984年36卷6期

02797 郑州会议与徐州会议——冯玉祥在两次会议中所扮演的角色／陈哲三／／＊传记文学1984年45卷4期

02798 冯玉祥将军与"三户书社"／王倬如／／＊春秋1985年4期

02799 冯玉祥西安事变日记／＊传记文学1987年51卷6期

02800 我是冯玉祥形影不离的卫士(4—5)／冯纪法口述、侯鸿绪整理／／＊传记文学1992年60卷1、2期

02801 中原大战前夕冯玉祥日记／冯玉祥／＊传记文学1992年61卷4期

02802 冯玉祥武穴通电与常德练兵／张之江、鹿钟麟口述／／＊传记文学1993年62卷3期

02803 冯玉祥和他的共产党副官／翟耀、袁水才／＊传记文学1995年66卷6期

02804 孙中山与冯玉祥／石学胜／／＊传记文学1996年69卷5期

02805 冯玉祥两跋总理亲书建国大纲原迹／冯玉祥／／＊传记文学1996年69卷5期

02806 蒋冯书简新编／陶英惠／／＊传记文学1998年73卷6期,1999年74卷1、2、5期

02807 冯玉祥与英国的关系／史特赖姆斯基／／＊中国现代史论集第5辑第233页

02808 冯玉祥察省抗日事件始末／李云汉／／＊中国现代史论和史料(中册)第427页

02809 冯玉祥／李云汉／／＊民国人物小传第2册第204页

02810 冯玉祥与抗日同盟军／＊国共风云名人录第2辑第31页

02811 冯玉祥／冯明珠／／＊环华百科全书第3册第512页

冯平山

02812 冯平山先生自编年谱稿本／冯平山／／(香港)中山图书公司1971年影印本54页

02813 冯平山记事册／沈云龙主编／／＊文海出版社近代中国史料丛刊正编第七十五辑(总748)影印本52页

02814 冯平山及其记事册／恽茹辛／／＊大成1979年64期

02815 冯平山(1860—1931)／关志昌／／＊传记文学1979年第35卷5期，＊民国人物小传第4册第308页

冯白驹

02816　冯白驹／刘绍唐主编∥＊传记文学1995年67卷6期
02817　中南军政委员会委员冯白驹／＊新中国人物志（上）第262页

冯用民

02818　冯用民／＊革命人物志第18集第212页

冯尔和

02819　冯尔和／黄宣义∥＊革命人物志第23集第205页
02820　我的自传／冯尔和／＊革命人物志第23集第208页

冯汉卿

02821　冯汉卿／＊革命人物志第19集第210页

冯永祯

02822　冯永祯／＊革命人物志第18集215页

冯圣法

02823　冯圣法／刘绍唐主编∥＊传记文学1992年61卷3期

冯有真

02824　冯有真的崛起与最后遭遇／袁义勤∥＊传记文学1997年71卷2期

冯成瑞

02825　钟仲山（附高士俊、冯成瑞）／＊革命人物志第8集第202页

冯先铭

02826　悼陶瓷专家冯先铭／庄良有∥＊传记文学1993年63卷4期

冯仲云

02827　冯仲云／刘绍唐主编∥＊传记文学1999年74卷2期

冯自由

02828　冯自由二三事／安怀音∥＊"中央"日报1958年4月21日
02829　革命报人冯自由／简又文∥＊中华日报1963年5月29—31日
02830　革命元老冯自由／方强原∥＊中国一周1956年307期
02831　国父与先父冯自由先生／冯成仁∥＊出版月刊1965年6期
02832　冯自由及其革命逸史／林　斌∥＊畅流1969年40卷4期
02833　冯自由（1882—1958）／蒋永敬∥＊传记文学1975年27卷2期，＊民国人物小传第2册第206页
02834　革命元勋冯自由／简又文∥＊广东文献1977年7卷4期
02835　革命史家冯自由／罗有桂∥＊中国历史学会集刊1978年10期
02836　革命童子冯自由先生／江　汉∥＊今日中国1979年104期
02837　冯自由与香港中国日报／史宜桢∥＊近代中国1982年27期
02838　"冯自由先生百年诞辰"口述历史座谈会纪实／黄肇珩等∥＊近代中国1982年27期
02839　革命史家冯自由／吴文星∥＊近代中国1982年27期，＊艺文志1983年210期
02840　革命斗士冯自由／郑彦棻∥＊中外杂志1984年35卷1期
02841　冯自由（1882—1958）／戴晋新∥＊环华百科全书第3册第510页
02842　冯自由／简又文∥＊革命人物志第6集第162页

冯全民

02843　冯全民／黄震遐∥＊中共军人志第432页

冯汝骙

02844　戊戌维新人物记（冯汝骙）／竺　公∥＊畅流1952年5卷9期

冯安邦

02845　冯安邦／＊革命人物志第12集372页

冯沅君

02846　作家、教授冯淑兰／李立明∥＊明报1974年7月15日

02847　冯沅君(1900—1974)／关国煊／／＊传记文学1982年40卷5期,＊民国人物小传第5册第315页
02848　冯淑兰／李立明／／＊中国现代六百作家小传第421页
02849　淦女士／陈敬之／／＊现代文学早期女作家第95页

冯启聪
02850　冯启聪／刘绍唐主编／／＊传记文学1994年65卷3期
02851　关于冯启聪小传／周励桐／／＊传记文学1995年66卷4期
02852　抗战期间冯启聪并没有去美国接舰／杨元忠／／＊传记文学1995年67卷4期

冯武越
02853　冯武越与张学良(选载)／许姬传／／＊传记文学1987年50卷5、6期

冯国璋
02854　云南起义时的冯国璋／刘生炎／／＊公论报1950年9月27日
02855　冯国璋／李少陵／／＊艺文志1966年6期
02856　冯国璋(1859—1919)／／＊传记文学1974年25卷5期,＊民国人物小传第1册205页
02857　冯国璋(1859—1919)／冯明珠／／＊环华百科全书第3册第508页

冯秉权
02858　冯秉权／刘绍唐主编／／＊传记文学1993年62卷2期冯秉铨

冯治安
02859　冯治安(1896—1954)／蒋永敬／／＊传记文学1976年28卷2期,＊民国人物小传第2册第208页
02860　毕生尽瘁教育之冯治安／漆高儒／／＊传记文学1994年65卷4期
02861　冯治安／刘绍唐主编／／＊传记文学1999年75卷3期
02862　冯治安／姚　琮／／＊革命人物志第6集第186页
02863　陆军上将冯公治安将军事略／王国栋／／＊革命人物志第6集第188页

冯承钧
02864　纪念冯承钧先生／朱杰勤／／＊南洋学报1946年4卷1期
02865　史地学家冯承钧先生之生平及其译著／马幼垣／／＊书目季刊1967年1卷4期
02866　冯承钧／何广棪／／＊传记文学1978年32卷6期,＊民国人物小传第3册第238页

冯轶裴
02867　冯轶裴(1891—1931)／于翔麟／／＊传记文学1985年46卷6期

冯钢百
02868　冯钢百／刘绍唐主编／／＊传记文学1998年73卷3期

冯钦哉
02869　戴笠将军的幕僚长:冯钦哉斗杨虎臣／徐思贤／／＊中外杂志1975年18卷6期—1976年19卷1期

冯济川
02870　冯济川／周邦道／／＊近代教育先进传略(初集)第296页

冯家昇
02871　冯家昇／刘绍唐主编／／＊传记文学1999年75卷5期

冯特民
02872　冯特民／欧阳瑞骅／／＊革命人物志第6集第195页

冯雪峰
02873　徐懋庸与冯雪峰／长　风／／＊文坛1962年27期
02874　冯雪峰／方雪纯等／／＊中共人名录第78页
02875　冯雪峰／林曼叔等／／＊中国当代作家小传第1辑第7页
02876　冯雪峰／李立明／／＊中国现代六百作家小传第420页
02877　鲁迅与冯雪峰／马蹄疾／／＊鲁迅与浙江作家第129页

冯康侯
02878 冯康侯(1901—1983)／关国煊∥＊传记文学1984年44卷3期
02879 冯康侯先生逸事／范　甲∥＊大成1984年122期

冯超骧
02880 将门虎子冯超骧烈士／心　园∥＊今日中国1976年68期
02881 冯超骧／＊革命人物志第6集第192页

冯道昌
02882 冯道昌事略／＊革命人物志第6集第197页

冯德实
02883 冯德实／＊革命人物志第6集第197页

冯德麟
02884 张作霖、冯德麟、汤玉麟恩仇记／田布衣∥＊春秋1965年3卷1期
02885 张作霖、冯德麟、汤玉麟恩仇记的史料订正／黄恒浩∥＊春秋1965年3卷5期

〔﹁〕

司马璐
02886 斗争十八年／司马璐∥（香港）亚洲出版社1953年版288页

司元恺
02887 司元恺／刘绍唐主编∥＊传记文学1993年63卷2期

司徒乔
02888 我的丈夫司徒乔／冯伊湄∥（香港）上海书局1977年2月版276页

司嗣芬
02889 司嗣芬／颜文雄∥＊中国一周1966年853期

司马文森
02890 司马文森／林曼叔∥＊中国当代作家小传第121页
02891 司马文森／李立明∥＊中国现代六百作家小传第63页

司徒美堂
02892 司徒美堂(1868—1955)／关志昌∥＊传记文学1981年38卷3期，＊民国人物小传第5册第48页
02893 中央人民政府委员司徒美堂／＊新中国人物志（上）第120页

司徒慧敏
02894 司徒慧敏／刘绍唐主编∥＊传记文学1999年75卷4期

尼庆鲁
02895 尼庆鲁／＊革命人物志第12集第26页

皮以书
02896 谷正鼎先生、皮以书夫人纪念集／＊谷正鼎先生、皮以书夫人纪念集编委会编印1976年版336页
02897 皮以书女士／郑秀卿∥＊四川文献1967年58期
02898 皮以书／林抱石∥＊传记文学1980年36卷1期，＊民国人物小传第4册第62页
02899 皮以书／＊革命人物志第14集第68页
02900 记皮以书女士／张朴民∥＊革命人物志第14集第71页

皮宗敢
02901 皮宗敢(1912—1984)／张　珂∥＊传记文学1985年46卷1期

皮定钧
02902 皮定钧／黄震遐∥＊中共军人志第60页

边逢积
02903 边逢积／黄震遐∥＊中共军人志第710页

台晓豁

02904　台晓豁／＊革命人物志第11集第174页

台静农

02905　台静农在台避谈与鲁迅的友谊／李正西／／＊传记文学1996年69卷4期

02906　台静农／李立明／／＊中国现代六百作家小传第485页

02907　学人风范的台静农教授／李德安／／＊当代名人风范（2）第493页

02908　台静农使台大中文系茁壮／应平书／／＊学人风范第39页

02909　精于书艺两老友／应平书／／＊学人风范第222页

母国安

02910　母国安事略／＊革命人物志第1集第279页

六　画

〔一〕

邢　泽
02911　邢　泽／黄震遐／／＊中共军人志第109页

邢士廉
02912　邢士廉／刘绍唐主编／／＊传记文学1992年60卷1期

邢克勤
02913　邢克勤／＊革命人物志第9集第68页

邢契莘
02914　邢契莘／李　猷／／＊传记文学1976年28卷5期，＊民国人物小传第2册第101页

邢颂文
02915　在印度尼西亚办报八年／邢颂文／／＊报学1960年2卷7期
02916　邢颂文／苏惠良／／＊革命人物志第12集第189页

邢鹏举
02917　邢鹏举／李立明／／＊中国现代六百作家小传第181页
02918　新月诗派及作者列传：邢鹏举／秦贤次／／＊诗学第2辑第413页

邢肇棠
02919　宁夏省人民政府副主席邢肇棠／＊新中国人物志（下）第158页

邢璧贵
02920　邢璧贵／王子经／／＊革命人物志第9集第69页

戎冠秀
02921　人民政协代表戎冠秀／陆　灏／／＊新中国人物志（下）第248页

吉文尉
02922　吉文尉／韩克温／／＊革命人物志第17集第84页

吉世棠
02923　吉世棠／黄震遐／／＊中共军人志第79页

吉星文
02924　访吉星文将军／力　耕／／＊"中央"日报1950年7月7日
02925　敬悼赵家骧、吉星文、章杰三将军／＊"中央"日报1959年3月28日
02926　七七前夕忆抗日三名将——宋哲元、张自忠、吉星文／秦德纯／／＊自立晚报1962年7月6—8日
02927　吉星文将军殉国周年忆往／王贤忠／＊民主宪政1959年16卷8期
02928　吉星文将军小传／段剑岷／／＊中兴评论1959年第6卷8期
02929　吉星文／刘绍唐／／＊传记文学1974年25卷2期，＊民国人物小传第1册第37页
02930　吉星文／谭慧生／／＊民国伟人传记第514页
02931　吉星文／甘丽珍／／＊环华百科全书第11册第57页
02932　吉星文／段剑岷／／＊革命人物志第8集第1页
02933　时逢七七忆将军——吉星文在卢沟桥浴血抗敌史实／吴钦贵／／＊革命人物志第8集第5页

吉章简
02934　吉章简／刘绍唐主编／／＊传记文学1992年60卷6期

吉鸿昌
02935　吉鸿昌（1895—1934）／关国煊／／＊传记文学1981年39卷5期，＊民国人物小传第5册第53页

老　舍

02936　老舍小识／黄东涛∥（香港）世界出版社 1979 年版 144 页
02937　老舍生活与创作自述／胡絜青∥（香港）三联书店 1980 年版 562 页
02938　老舍和赵树理／胡絜青∥＊文汇报 1980 年 10 月 18 日
02939　老舍和他的作品／胡金铨∥＊明报月刊 1973 年 8 卷 12 期，＊明报月刊 1975 年 10 卷 4 期
02940　我所认识的老舍／（苏联）爱·鲁地富特林哥著、沈西城译述∥＊明报月刊 1975 年 10 卷 3 期
02941　忆老舍／梁实秋∥＊纯文学月刊 1976 年 1 卷 7 期
02942　老舍在美国／乔志高∥＊明报月刊 1977 年 12 卷 8 期
02943　舒舍予（1899—1966）／关国煊∥＊传记文学 1978 年 32 卷 4 期，＊民国人物小传第 3 册第 272 页
02944　记老舍——三十年代作家直接印象之一／陈纪滢∥＊传记文学 1980 年 36 卷 3 期
02945　老舍殉难考据／程靖宇∥＊大成 1981 年 88 期
02946　关于老舍／梁实秋∥＊大成 1982 年 106 期
02947　老舍并非投水自杀而死（书简）／胡秋塘∥＊传记文学 1987 年 50 卷 2 期
02948　我和老舍说相声／梁实秋∥＊传记文学 1999 年 74 卷 2 期
02949　老　舍／林曼叔等∥＊中国当代作家小传第 1 辑第 22 页
02950　老　舍／方雪纯等∥＊中共人名录第 87 页
02951　谈老舍及其文体／林海音∥＊中国近代作家与作品第 298 页
02952　老　舍／李立明∥＊中国现代六百作家小传第 94 页
02953　老　舍／康培初∥＊文学作家时代第 187 页
02954　老舍永在／臧克家∥＊回忆与悼念——中国现代作家资料选辑第 1 集第 16 页
02955　老舍如果今天还健在／胡絜青∥＊回忆与悼念——中国现代作家资料选辑第 1 集第 31 页
02956　自传之一章——老舍／＊自传之一章第 111 页
02957　老　舍／舒　兰∥＊抗战时期的新诗作家和作品第 229 页
02958　老　舍／方　青∥＊现代文坛百象第 43 页
02959　老　舍／赵　聪∥＊现代中国作家列传第 133 页
02960　老　舍／黄俊东∥＊现代中国作家剪影第 56 页
02961　老　舍（1899—1966）／＊环华百科全书第 6 册第 510 页
02962　忆老舍／梁实秋∥＊看云集第 73 页

巩震寰

02963　巩震寰／＊革命人物志第 20 集第 267 页

西　戎

02964　山西作家马烽与西戎／待　旦∥＊万人杂志周刊 1971 年 180 期
02965　西　戎／林曼叔等∥＊中国当代作家小传第 135 页
02966　西　戎／李立明∥＊中国现代六百作家小传第 97 页

西　西

02967　认知的过程——作家自述／西　西∥＊中国时报 1994 年 1 月 8 日
02968　西西重要作品年表／＊中国时报 1994 年 1 月 8 日

达赖十三世

02969　赛珍珠笔下的西藏达赖喇嘛／李永久∥＊古今谈 1965 年 9 期
02970　西藏风云录（达赖喇嘛的故事）／康　侨∥＊中外杂志 1971 年 10 卷 2—6 期
02971　达赖十三世的悲剧／王成圣∥＊中外人物专辑第 2 辑第 139 页

达赖十四世

02972　达赖喇嘛访问记／（法）约富亚著，刘志侠译∥＊南北极 1981 年 135 期
02973　达赖逃亡记／李　约∥＊国共风云名人录第 3 辑第 122 页

成　刚

02974　成　刚／刘绍唐主编∥＊传记文学 1993 年 63 卷 3 期

成　钧
02975　成　钧 / 黄震遐 // ＊中共军人志第 78 页

成少甫
02976　成少甫 / 黄震遐 // ＊中共军人志第 77 页

成仿吾
02977　谈谈成仿吾、刘白羽 / 丝　韦 // ＊新晚报 1975 年 10 月 2 日
02978　成仿吾（1897—1984）/ 关国煊 // 传记文学 1984 年 45 卷 1 期
02979　成仿吾 / 李立明 // ＊中国现代六百作家小传 97 页
02980　成仿吾 / 陈敬之 // ＊文学研究会与创造社 1980 年第 195 页
02981　成仿吾 / 方光后 // ＊环华百科全书第 14 册第 520 页
02982　成仿吾 / 方　青 // ＊现代文坛百象第 45 页

成希超
02983　成希超 / 　　　 // ＊革命人物志第 12 集第 35 页

成舍我
02984　我有过三次值得追忆的笑——《记者四十年》资料之一 / 成舍我 // ＊中华日报 1953 年 9 月 2—12 日
02985　怪老头子成家有道——成舍我和他的五个儿女 / 孙松堂 // ＊中国时报 1993 年 12 月 13 日
02986　记者四十年 / 成舍我 // ＊报学 1953 年 1 卷 5 期
02987　中国自由史上一位独立记者——成舍我先生 / 程沧波 // ＊报学 1957 年 2 卷 1 期
02988　追思成舍我先生 / 张佛千 // ＊传记文学 1998 年 73 卷 2 期
02989　成舍我 / 李立明 // ＊中国现代六百作家小传第 99 页
02990　老当益壮的报人兼学人成舍我 / 周安仪 // ＊中国新闻从业人员群像（下册）第 461 页
02991　成舍我 / 吴相湘 // ＊民国百人传第 4 册第 269 页
02992　报人兼学者的成舍我先生 / 李德安 // ＊当代名人风范（3）第 859 页
02993　成舍我 / 　　　 // ＊环华百科全书第 14 册第 523 页
02994　成舍我 / 刘　葆 // ＊现代中国人物志第 308 页

成建基
02995　成建基 / 　　　 // ＊革命人物志第 9 集第 66 页

匡　黄
02996　匡　黄 / 平　刚 // ＊革命人物志第 1 集第 416 页

匡互生
02997　匡互生（1891—1933）/ 刘绍唐 // ＊传记文学 1977 年 31 卷 3 期，＊民国人物小传第 3 册第 27 页
02998　湘轶名人易白沙与匡互生 / 白　瑜 // ＊传记文学 1983 年 43 卷 5 期
02999　匡互生 / 李立明 // ＊中国现代六百作家小传第 92 页

匡裕民
03000　匡裕民 / 黄震遐 // ＊中共军人志第 80 页

尧乐博士
03001　尧乐博士回忆录 / 尧乐博士 // ＊传记文学出版社 1969 年版 162 页
03002　介绍尧乐博士 / 　　　 // ＊"中央"日报 1951 年 5 月 2 日
03003　"尧乐博士"的由来 / 尧乐博士 // ＊传记文学 1967 年 10 卷 5 期，＊革命人物志第 23 集第 194 页
03004　由卖瓜小贩到王府大都统 / 尧乐博士 // ＊传记文学 1967 年 11 卷 2 期
03005　新疆四一二政变前后 / 尧乐博士 // ＊传记文学 1969 年 14 卷 2 期
03006　尧乐博士奇人奇事 / 李郁塘 // ＊中外杂志 1971 年 10 卷 5 期
03007　尧乐博士 / 林　泉 // ＊传记文学 1980 年 37 卷 5 期，＊民国人物小传第 4 册第 306 页
03008　尧乐博士传（1—20）/ 李郁塘 // ＊中外杂志 1983 年 33 卷 4 期—1984 年 36 卷 6 期

03009　尧乐博士／ ＊革命人物志第 23 集第 184 页
毕占云
03010　毕占云／黄震遐／／ ＊中国军人志第 321 页
毕永年
03011　革命阵营中又一和尚——毕松甫／湘　江／／ ＊艺文志 1966 年 4 期
03012　毕永年君／（日本）宫崎滔天著、陈鹏仁译／／ ＊论中国革命与先烈第 183 页
03013　毕永年／ ＊革命人物志第 5 集第 290 页
毕仲远
03014　毕仲远／ ＊革命人物志第 5 集第 293 页
毕如瀚
03015　毕如瀚／梁国常／／ ＊革命人物志第 11 集第 82 页
毕泽宇
03016　毕泽宇／ ＊革命人物志第 12 集第 362 页
过探先
03017　过探先／ ＊传记文学 1974 年 24 卷 6 期，＊民国人物小传第 1 册第 200 页
03018　过探先／周邦道／／ ＊近代教育先进传略（初集）第 31 页

〔｜〕

师　哲
03019　秦城监狱"文革"第一号要犯师哲／师　哲／／ ＊传记文学 1992 年 61 卷 6 期
师则程
03020　师则程传／ ＊太原五百完人第 145 页
03021　师则程／ ＊革命人物志第 14 集第 279 页
曲直生
03022　平庸集／曲直生／／ ＊商务印书馆 1968 年 6 月版 280 页
曲培楷
03023　曲培楷／王　翌／／ ＊革命人物志第 1 集第 415 页
曲竟济
03024　曲竟济／黄震遐／／ ＊中共军人志第 96 页
吕　复
03025　吕　复／周邦道／／ ＊传记文学 1983 年 43 卷 3 期，＊近代教育先进传略（初集）第 423 页
吕　超
03026　吕　超／刘绍唐主编／／ ＊传记文学 1992 年 61 卷 4 期
吕　澄
03027　吕　澄／刘绍唐主编／／ ＊传记文学 1999 年 74 卷 3 期
吕大森
03028　吕大森／张难先／／ ＊革命人物志第 1 集第 419 页
吕义灏
03029　吕义灏／ ＊革命人物志第 18 集第 110 页
吕云章
03030　吕云章／李又宁／／ ＊革命人物志第 22 集第 48 页
吕公望
03031　记吕公望先生／阮毅成／／ ＊传记文学 1970 年 17 卷 4 期，＊彼岸第 25 页
吕丹墀
03032　吕丹墀／ ＊革命人物志第 3 集第 192 页

吕凤子
03033　徐炯、吕凤子传略／周邦道∥ *大陆杂志1976年53卷2期
03034　吕凤子(1886—1959)／周邦道∥ *近代教育先进传略(初集)第53页
03035　吕凤子／廖雪芳∥ *环华百科全书第7册第526页
吕凤章
03036　纺织专家吕凤章先生／李德安∥ *当代名人风范(1)第229页
吕正操
03037　吕正操／黄震遐∥ *中共军人志第97页
吕东昇
03038　吕东昇／王惟英∥ *革命人物志第10集第181页
吕兆瑞
03039　杨圣铭(附吕兆瑞)／ *革命人物志第9集第318页
吕志伊
03040　吕志伊／吕焕生、吕寿全∥ *革命人物志第3集第192页
吕佛庭
03041　半僧传／吕佛庭∥ *国语日报1966年2月12日
03042　菩提寺里作半僧／吕佛庭∥ *畅流1965年31卷3期，*中原文献1981年13卷9、10期
03043　吕佛庭绘横贯公路长卷／ 美哉中华1969年12期
吕灿铭
03044　吕灿铭轶事／梁寒操∥ *"中央"日报1954年12月9日
03045　吕灿铭其人其艺／孙　旗∥ *畅流1963年27卷12期
吕苾筹
03046　运筹帷幄吕苾筹／胡耐安∥ *民初三湘人物第114页
03047　吕苾筹／胡遜园∥ *贤不肖列传第61页
吕叔湘
03048　吕叔湘／方雪纯等∥ *中共人名录第202页
03049　吕叔湘／李立明∥ *中国现代六百作家小传第173页
吕和音
03050　吕和音／ *革命人物志第22集第46页
吕建荣
03051　吕建荣(附许元琛、姜清雨、袁相仪、潘孝春、王维祥)／ *革命人物志第10集第184页
吕思勉
03052　吕思勉(1884—1957)／关国煊∥ *传记文学1982年41卷6期，*民国人物小传第6册第61页
03053　通贯的断代史家:吕思勉／严耕望∥ *大陆杂志1984年68卷1期
吕泉生
03054　吕泉生／颜文雄∥ *中国一周1966年856期
03055　音乐教育家:吕泉生／乔　佩∥ *中国现代音乐家第121页
吕彦直
03056　吕彦直／刘绍唐主编∥ *传记文学1987年50卷6期
吕炳安
03057　吕炳安／黄震遐∥ *中共军人志第100页
吕炳桂
03058　吕炳桂／黄震遐∥ *中共军人志第99页
吕振羽
03059　吕振羽(1900—1980)／关国煊∥ *传记文学1982年41卷5期，*民国人物小传第6册第63页

吕基悙
03060　李桂丹、吕基悙——我空军李吕两大队长殉国／　＊革命人物志第 10 集 124 页
吕渭生
03061　吕渭生／　＊革命人物志第 22 集第 52 页
吕碧城
03062　吕碧城女居士／本　际／／＊畅流 1957 年 15 卷 8 期
03063　吴敛之笔下的吕碧城四姐妹（上、中、下）／方　豪／／＊传记文学 1965 年 6 卷 6 期—7 卷 2 期
03064　记吕碧城女居士／林　斌／／＊艺文志 1969 年 42 期
03065　吕碧城（1883—1943）／＊传记文学 1973 年 23 卷 1 期，＊民国人物小传第 1 册第 62 页
03066　吕碧城传略（1883—1943）／周邦道／／＊东方杂志 1977 年 10 卷 11 期
03067　吕碧城／＊中国近代学人像传（初辑）第 52 页
03068　吕碧城／李立明／／＊中国现代六百作家小传 174 页
03069　吕碧城（1883—1943）／周邦道／／＊近代教育先进传略（初集）第 136 页

〔丿〕

朱山
03070　辛亥四川保路运动三志士（朱山、朱国琛、阎一士）／蜀　侠／／＊四川文献 1981 年第 179 期
03071　朱　山／＊革命人物志第 2 集第 73 页
朱江
03072　朱江墓志铭／陈　毅／／＊碑传集三编第 7 册第 1709 页
朱光
03073　朱　光／刘绍唐主编／／＊传记文学 1992 年 61 卷 1 期
朱杰
03074　朱　杰／＊革命人物志第 9 集第 57 页
朱洗
03075　朱　洗／张之杰／／＊环华百科全书第 14 册第 158 页
朱基
03076　朱　基／邓慕韩／／＊革命人物志第 1 集第 327 页
朱彪
03077　朱　彪／黄震遐／／＊中共军人志第 84 页
朱淇
03078　朱淇和《北京日报》／朱传誉／／＊"中央"日报 1963 年 11 月 26 日
03079　朱　淇（1858—1931）／＊传记文学 1975 年第 26 卷第 1 期，＊民国人物小传第 2 册第 22 页
朱深
03080　朱　深／刘绍唐主编／／＊传记文学 1999 年 74 卷 5 期
朱谌
03081　朱　谌／＊革命人物志第 17 集第 41 页
朱雯
03082　朱　雯／李立明／／＊中国现代六百作家小传第 72 页
朱湘
03083　朱湘和他的随笔／朱　湘／／＊中华艺林文物出版公司 1976 年版
03084　追念朱湘／谢冰莹／／＊畅流 1960 年 22 卷 8 期
03085　新月派诗人朱湘／张秀亚／／＊纯文学 1968 年 3 卷 6 期，＊中国近代作家与作品第 489 页
03086　朱　湘／陈敬之／／＊畅流 1969 年 39 卷 3 期，＊"新月"及其主要作家第 153 页

03087　朱　湘(1904—1933)／秦贤次／／﹡传记文学1974年24卷5期，﹡民国人物小传第1册第43页
03088　诗人朱湘之死／朱海士(小沅)口述、朱细林笔录／／﹡南北极1984年169—171期
03089　朱湘和他的诗／周良沛／﹡中报月刊1985年62期
03090　朱　湘／李立明／／﹡中国现代六百作家小传第71页
03091　朱　湘／舒　兰／／﹡北伐前后新诗作家和作品第55页
03092　朱　湘／﹡作家印象记第32页
03093　朱　湘／赵　聪／／﹡现代中国作家列传第218页
03094　朱　湘(1904—1933)／﹡环华百科全书第14册第158页

朱　瑞
03095　辛亥攻克南京朱瑞其人其事／朗　毅／﹡古今谈1966年19期
03096　朱瑞(1883—1916)／关志昌／﹡传记文学1979年34卷2期，﹡民国人物小传第3册第26页
03097　朱瑞／贾逸君／﹡中华民国名人传(上册)·军事第7页

朱　德
03098　朱德传／(美)史沫特莱著、尤其译／／(香港)1957年8月版518页
03099　朱　德／章　民／／(香港)广角镜出版社1976年版176页
03100　伟大的道路——朱德的生涯和时代／(美)史沫特莱著、龚念年译／／(香港)七十年代杂志社1977年版553页
03101　朱德、刘文辉／马五先生／／﹡大成1976年33期
03102　朱　德(1886—1976)／关国煊／／﹡传记文学1982年40卷2期，﹡民国人物小传第5册第55页
03103　朱德最后的痛苦岁月／刘其光／﹡传记文学1993年63卷5期
03104　朱　德／黄震遐／﹡中共军人志第87页
03105　朱　德(1886—1976)／戴晋新／／﹡环华百科全书第14册第151页
03106　中央人民政府副主席、中国人民解放军总司令／﹡新中国人物志(上)第11页

朱　霖
03107　朱　霖(1896—1967)／郁彝鼎／／﹡传记文学1976年29卷5期，﹡民国人物小传第2册第23页

朱一成
03108　忆尹仲容、朱一成两先生／陈琅予／﹡中外杂志1979年25卷3期

朱大枏
03109　朱大枏／李立明／／﹡中国现代六百作家小传第73页
03110　朱大枏／﹡诗学1976年第2辑第403页

朱大昌
03111　朱大昌／刘绍唐主编／／﹡传记文学1998年73卷1期

朱大经
03112　朱大经先生哀思录／﹡朱大经先生哀思录编委会编印1968年版92页

朱之洪
03113　朱之洪先生传略／李　寰／﹡四川文献1962年1期
03114　记朱叔痴先生／周开庆／﹡民国四川人物传记第126页，﹡革命人物志第17集第43页

朱子龙
03115　朱子龙／﹡革命人物志第1集第307页

朱天心
03116　两尾逡巡洄游的鱼——我所知道的朱天心(上、下)／杨　照／／﹡中国时报1994年1月20、21日

朱云谦
03117　朱云谦／黄震遐／／﹡中共军人志第86页

朱云影
03118　朱云影／刘绍唐主编／／﹡传记文学1999年74卷4期

朱少屏
03119 朱少屏(1881—1942)／ ∗传记文学 1974 年 25 卷 2 期, ∗民国人物小传第 1 册第 47 页, ∗革命人物志第 17 集第 42 页

朱少穆
03120 朱少穆／刘绍唐主编／／ ∗传记文学 1992 年 60 卷 5 期
03121 朱少穆事略／冯自由／／ ∗革命人物志第 1 集第 310 页

朱介侯
03122 朱介侯(附陈德瑞)／卢懋原／／ ∗革命人物志第 1 集第 309 页

朱凤蔚
03123 老而惨死的报人——朱凤蔚／胡耐安／／ ∗中外杂志 1976 年 20 卷 3 期
03124 朱谦良／胡遜园／／ ∗贤不肖列传第 140 页

朱文长
03125 悼念朱文长学长／郅玉汝／／ ∗传记文学 1998 年 72 卷 6 期

朱文伯
03126 七十回忆／朱文伯／／ ∗民主潮社 1973 年版 274 页
03127 朱文伯(1904—1985)／张念尧／／ ∗传记文学 1985 年 47 卷 1 期

朱文祥
03128 朱文祥／程远大／／ ∗革命人物志第 2 集第 80 页

朱正元
03129 朱正元／ ∗革命人物志第 1 集第 314 页

朱世漾
03130 朱世漾／哀哀子／／ ∗革命人物志第 2 集第 81 页

朱生豪
03131 记朱生豪／王　康／／ ∗"中央"日报 1964 年 5 月 28 日
03132 再记朱生豪／吴　苇／／ ∗"中央"日报 1964 年 6 月 4 日
03133 朱生豪先生二三事／阮日宣／／ ∗联合报 1964 年 6 月 11 日
03134 记朱生豪／周纪梦／／ ∗热风 1954 年 18 期
03135 关于朱生豪先生／郑学稼／／ ∗中华杂志 1964 年 2 卷 8 期
03136 介绍生豪／清　如／／ ∗中华杂志 1964 年 2 卷 8 期
03137 莎剧译人朱生豪／张振玉／／ ∗中外杂志 1969 年 5 卷 2 期
03138 朱生豪／李立明／／ ∗中国现代六百作家小传第 74 页

朱印山
03139 朱印山／叶　汛／／ ∗革命人物志第 2 集第 82 页

朱汇森
03140 献身教育的朱汇森先生／李德安／／ ∗当代名人风范(1)第 179 页

朱永镇
03141 朱永镇／朱家轩／／ ∗"中央"日报 1956 年 5 月 27 日
03142 朱永镇教授遭杀害经过／／ ∗新生报 1956 年 5 月 31 日
03143 朱永镇／刘　星／／ ∗新闻报 1961 年 8 月 24 日
03144 朱永镇先生精神不死／何志浩／／ ∗中国一周 1956 年 320 期
03145 永怀朱永镇教授／郑彦棻／／ ∗中国地方自治 1976 年 29 卷 3 期
03146 追念全能的音乐家——怀老友朱永镇／李中和／／ ∗文坛 1976 年 194 期

朱西庚
03147 朱西庚／丁惟汾／／ ∗革命人物志第 19 集第 53 页

朱执信
03148 朱执信与中国革命／吕芳上／／ ∗私立东吴大学中国学术著作奖助委员会 1978 年版 388 页

03149　虎门遗恨——朱执信传／谢霜天∥﹡近代中国出版社 1979 年版 154 页
03150　朱执信的早年及其革命思想的萌芽／吕芳上∥﹡中华学报 1974 年 1 卷 2 期
03151　青年节怀先烈——朱执信／陈则东∥﹡建设 1964 年 12 卷 10 期,﹡中兴评论 1978 年 25 卷 3 期
03152　朱执信言行合一／吴相湘∥﹡传记文学 1965 年 6 卷 6 期,﹡民国政治人物第 2 集第 55 页
03153　革命先烈朱执信先生轶事／裴伯欣∥﹡民主宪政 1967 年 32 卷 5 期
03154　怀朱执信／戴季陶∥﹡艺文志 1967 年 24 期
03155　革命先烈朱执信先生／温茂华∥﹡建设 1974 年 23 卷 6 期
03156　朱执信（1885—1920）／﹡传记文学 1974 年 25 卷 3 期,﹡民国人物小传第 1 册第 54 页
03157　朱执信与中国革命／吕芳上∥﹡台湾师范大学历史研究所 1975 年硕士学位论文
03158　朱执信先生虎门殉难记／林恒齐∥﹡浙江月刊 1979 年 11 卷 3 期
03159　言行合一的革命家——朱执信／吕芳上∥﹡明道文艺 1979 年 34 期
03160　革命中的圣人朱执信烈士／心　园∥﹡今日中国 1979 年 95 期
03161　朱执信先生／凌志达∥﹡古今谈 1979 年 171 期
03162　革命圣人朱执信／郑彦棻∥﹡中外杂志 1981 年 30 卷 1 期,﹡古今谈 1981 年 195 期
03163　有革命圣人之誉的朱执信先生／﹡新动力 1981 年 33 卷 1 期
03164　革命先烈朱执信、陆皓东二先生懿行轶事／﹡近代中国 1981 年 24 期
03165　勇迈书生朱执信／林光灏∥﹡中外杂志 1983 年 33 卷 2 期
03166　革命理论家兼实行家朱执信／朱文原∥﹡国魂 1983 年 448 期
03167　我所景仰的朱执信先生／郑彦棻∥﹡传记文学 1984 年 45 卷 4 期
03168　朱执信／吴相湘∥﹡民国百人传第 1 册第 393 页
03169　朱执信／谭慧生∥﹡民国伟人传记第 126 页
03170　朱执信（1885—1920）／戴晋新∥﹡环华百科全书第 14 册第 159 页
03171　朱执信／﹡革命人物志第 1 集第 329 页
03172　先兄执信行状／朱秩如∥﹡革命人物志第 1 集第 344 页
03173　怀朱执信先生／季　陶∥﹡革命人物志第 1 集第 349 页
03174　朱执信别记／胡汉民∥﹡革命人物志第 1 集第 355 页

朱光潜
03175　老舍和朱光潜／兆　佳∥﹡"中央"日报 1958 年 6 月 15 日
03176　美学家朱光潜／李立明∥﹡中国学生周报 1971 年 10 月 15 日
03177　朱光潜教授访问记／中国新闻社记者∥﹡大公报 1976 年 1 月 22 日
03178　朱光潜的近况／李立明∥﹡明报 1976 年 4 月 5 日
03179　美学家朱光潜访问记／冬　晓∥﹡艺术家 1981 年 76 期
03180　朱光潜小传／﹡艺术家 1981 年 76 期
03181　访问朱光潜教授／谢绍文∥﹡明报月刊 1983 年 18 卷 4 期
03182　朱光潜／李立明∥﹡中国现代六百作家小传第 78 页
03183　朱光潜／蓝一呆∥﹡当代中国学人小品集第 87 页
03184　记朱孟实先生／于极荣∥﹡学府纪闻·国立武汉大学第 176 页
03185　朱光潜（1898—）／﹡环华百科全书第 14 册第 152 页

朱屺瞻
03186　一百零五岁画家朱屺瞻辞世／关国煊∥﹡传记文学 1996 年 68 卷 5 期

朱仰高
03187　记朱仰高医师／蒋君章∥﹡中外杂志 1980 年 28 卷 6 期

朱自清
03188　记朱自清先生／萧　林∥﹡中华日报 1953 年 10 月 20 日
03189　谈朱自清其人其文／阮日宣∥﹡新闻报 1962 年 11 月 20 日

03190　朱自清病逝前后／阮日宣／／＊联合报 1964 年 5 月 8 日

03191　朱自清和学术研究／于维杰／／＊国语日报 1967 年 2 月 25 日

03192　忆佩弦朱自清／陈竹隐／／＊大公报 1975 年 11 月 23 日

03193　谈谈朱自清先生／李辉英／／＊纯文学月刊 1967 年 1 卷 9 期

03194　简介朱自清／瑞　安／／纯文学月刊 1967 年 2 卷 5 期

03195　朱自清(上、中、下)／陈敬之／／＊畅流 1968 年 38 卷 1—3 期

03196　朱自清传略／李立明／／＊文坛月刊 1971 年 312 期

03197　朱自清(1898—1948)／秦贤次／／＊传记文学 1974 年 24 卷 3 期，＊民国人物小传第 1 册第 45 页

03198　朱自清的为人及其作品／周　锦／／＊中华文化复兴月刊 1979 年 12 卷 7 期

03199　朱自清对学术研究的贡献／于维杰／／＊今日中国 1981 年 122 期

03200　朱自清——一位最诚恳的教师／何　欣／／＊文季 1983 年 1 卷 2 期

03201　简介朱自清／林海音／／＊中国近代作家与作品第 398 页

03202　朱自清／＊中国近代学人像传第 39 页

03203　朱自清／李立明／／＊中国现代六百作家小传第 75 页

03204　朱自清／康培初／＊文学作家时代第 20 页

03205　朱自清／陈敬之／＊早期新散文的重要作家第 31 页

03206　朱自清／＊近代中国作家论第 60 页

03207　朱自清／谢冰莹／＊作家印象记第 26 页

03208　朱自清／许　逖／＊近代学人印象记第 109 页

03209　朱自清(1898—1948)／＊环华百科全书第 14 册第 161 页

朱兆莘

03210　朱兆莘(1879—1932)／＊传记文学 1974 年 25 卷 2 期，＊民国人物小传第 1 册第 48 页

朱庆澜

03211　朱庆澜(1874—1941)／＊传记文学 1973 年 22 卷 6 期，＊民国人物小传第 1 册第 59 页

03212　朱庆澜之选派留法学生及其治粤／陈述经／／＊广东文献 1974 年 4 卷 4 期

03213　风流省长朱子桥／＊军阀现形记第 403 页

朱芾煌

03214　记朱芾煌／周开庆／／＊畅流 1963 年 28 卷 3 期，＊民国四川人物传记第 222 页，＊革命人物志第 15 集第 57 页

03215　朱芾煌与辛亥南北议和／蒋永敬／／＊传记文学 1971 年 19 卷 2 期，＊近代人物史事第 1 页

03216　朱芾煌的秘密活动／吴相湘／／＊民国人和事第 92 页

朱伯鸿

03217　朱伯鸿／丁治磐／／＊革命人物志第 10 集第 20 页

朱希祖

03218　朱希祖先生传／罗香林／／＊国语日报 1966 年 5 月 21 日

03219　朱希祖(1879—1944)／＊传记文学 1974 年 24 卷 1 期，＊民国人物小传第 1 册第 48 页

03220　朱希祖郦亭／＊近代藏书三十家第 157 页

03221　朱希祖／朱　佑等／／＊革命人物志第 10 集第 8 页

朱怀冰

03222　记初次参加革命行列之一段／朱怀冰／／＊湖北文献 1967 年 3 期

03223　朱怀冰先生事略／＊湖北文献 1969 年 10 期，＊革命人物志第 14 集第 92 页

03224　忆念朱怀冰先生／谢　浩／／＊湖北文献 1975 年 34 期，＊革命人物志第 14 集第 96 页

03225　朱怀冰(1892—1968)／林　泉、于翔麟／／＊传记文学 1980 年 38 卷 2 期，＊民国人物小传第 5 册第 60 页

朱良才

03226　朱良才／黄震遐／／＊中共军人志第 82 页

朱良庆
03227　朱良庆／＊革命人物志第 1 集第 315 页

朱启钤
03228　朱启钤(1872—1962)／＊传记文学 1974 年 25 卷 2 期，＊民国人物小传第 1 册第 55 页
03229　以微员浔跻通显之朱启钤／姚崧龄／／＊传记文学 1976 年 28 卷 4 期
03230　先父朱启钤与风云变幻的北戴河／朱海北／／＊传记文学 1996 年 68 卷 1 期
03231　关于朱启钤的一点补充／马勺苍／／＊传记文学 1996 年 68 卷 6 期
03232　代理国务总理朱启钤／赵朴民／／＊北洋政府国务总理列传 172 页
03233　朱启钤(1872—1962)／戴晋新／／＊环华百科全书第 14 册第 155 页

朱其慧
03234　熊朱其慧传略(1876—1930)／周邦道／／＊东方杂志 1976 年 10 卷 6 期，＊近代教育先进传略(初集)第 34 页

朱松克
03235　朱松克／曾孟闻／／＊革命人物志第 19 集第 53 页

朱国经
03236　朱国经事略／＊革命人物志第 2 集第 85 页

朱国琛
03237　辛亥四川保路运动三志士(朱山、朱国琛、阎一士)／蜀　侠／／＊四川文献 1981 年第 179 期

朱明悠
03238　朱明悠／＊革命人物志第 9 集第 54 页

朱和中
03239　朱和中／刘绍唐主编／／＊传记文学 1999 年 75 卷 2 期
03240　朱和中／张难先／／＊革命人物志第 21 集第 112 页

朱金山
03241　英烈千秋又一页——记两位抗日殉国烈士／李国辉／／＊中外杂志 1975 年 17 卷 2 期

朱学范
03242　杜月笙门人朱学范／关国煊／／＊传记文学 1996 年 68 卷 2、3 期
03243　政务院邮电部部长：朱学范／＊新中国人物志(上)第 59 页

朱学曾
03244　朱学曾(1885—1924)／姚崧龄／／＊传记文学 1974 年 24 卷 4 期，＊民国人物小传第 1 册第 61 页

朱宝熙
03245　朱宝熙(1920—1982)／郑孝颖／／＊传记文学 1982 年 41 卷 3 期，＊民国人物小传第 6 册第 34 页

朱实夫
03246　朱实夫／＊革命人物志第 3 集第 43 页

朱承培
03247　朱承培／＊革命人物志第 9 集第 56 页

朱绍云
03248　朱绍云／＊革命人物志第 2 集第 84 页

朱绍良
03249　朱绍良先生年谱／周开庆／／＊商务印书馆 1973 年 10 月版 112 页
03250　朱上将绍良年谱／周开庆／／＊商务印书馆 1981 年版 56 页
03251　朱一民上将二三事／范诵尧／／＊"中央"日报 1963 年 12 月 30 日
03252　安边儒将朱一民(上、下)／张佛千／／＊春秋 1964 年 1 卷 5、6 期，＊中外杂志 1978 年 24 卷 2、3 期
03253　朱绍良先生与四川／周开庆／／＊四川文献 1965 年 30 期
03254　朱绍良将军在西北／李少陵／／＊艺文志 1966 年 11 期

03255 朱绍良(1891—1963)／陈哲三∥﹡传记文学 1976 年 28 卷 3 期,﹡民国人物小传第 2 册第 26 页
03256 怀朱绍良将军／陈　颐∥﹡中外杂志 1978 年 23 卷 1 期
03257 朱绍良／﹡革命人物志第 3 集第 38 页

朱绍清
03258 朱绍清／黄震遐∥﹡中共军人志第 85 页

朱经农
03259 朱经农(1887—1951)／朱文长∥﹡传记文学 1973 年 23 卷 2 期,﹡民国人物小传第 1 册第 56 页
03260 前湖南省教育厅长故朱经农先生简传初稿／朱文长∥﹡湖南文献 1983 年 11 卷 4 期,﹡革命人物志第 17 集第 79 页
03261 朱经农先生年谱初稿／张达人∥﹡湖南文献 1983 年 11 卷 4 期—1984 年 12 卷 45 期
03262 一代鸿儒朱经农／赖景瑚∥﹡传记文学 1983 年 42 卷 4 期
03263 前湖南省教育厅长故朱经农先生简传初稿／朱文长∥﹡湖南文献 1983 年 11 卷 4 期,﹡革命人物志第 17 集第 79 页
03264 关于朱经农与刘廷芳两函／唐德刚∥﹡传记文学 1987 年 50 卷 6 期
03265 朱经农(1887—1951)／戴晋新∥﹡环华百科全书第 14 册第 154 页
03266 朱经农(附朱经农先生著作一览表)／朱文长∥﹡革命人物志第 17 集第 67 页

朱春华
03267 访参加广州之役的朱春华／张作锦∥﹡联合报 1968 年 3 月 29 日

朱树大
03268 朱树大／﹡革命人物志第 1 集第 367 页

朱思聪
03269 朱思聪／景梅九∥﹡革命人物志第 1 集第 317 页

朱祖贵
03270 朱祖贵／﹡革命人物志第 2 集第 84 页

朱祖谋
03271 朱祖谋／江絜生∥﹡畅流 1958 年 17 卷 12 期
03272 朱祖谋(1857—1931)／﹡传记文学 1973 年 23 卷 4 期,﹡民国人物小传第 1 册第 53 页
03273 朱祖谋二三事／陈左高∥﹡艺林丛录(9)第 464 页
03274 朱祖谋／江絜生∥﹡中国文学史论集第 4 卷第 1223 页
03275 朱祖谋／邵镜人∥﹡近代中国史料丛刊续编第九十五辑(总 950)同光风云录第 282 页
03276 朱祖谋(1857—1931)／编纂组∥﹡环华百科全书第 14 册第 162 页

朱起凤
03277 朱起凤(1874—1948)／关志昌∥﹡传记文学 1985 年 46 卷 4 期

朱致一
03278 朱致一／刘绍唐主编∥﹡传记文学 1993 年 62 卷 4 期

朱晖日
03279 追怀朱晖日将军／侯中一∥﹡广东文献 1977 年 7 卷 2 期,﹡革命人物志第 17 集第 56 页

朱益藩
03280 从管学大臣孙家鼐到校长胡适——记百年北京大学前期的二十任十九位负责人／关国煊∥﹡传记文学 1998 年 72 卷 4 期

朱家胜
03281 朱家胜／黄震遐∥﹡中共军人志第 83 页

朱家骅
03282 朱家骅先生逝世纪念册／大陆杂志社编∥﹡家骅先生治丧委员会 1963 年版 48 页
03283 朱家骅先生年谱简编／胡颂平∥"中央"研究院历史语言研究所印行 1964 年版 66 页

03284　朱家骅年谱／胡颂平／／＊传记文学出版社 1969 年版 144 页
03285　中国现代化先驱朱家骅传／杨仲揆／／＊近代中国出版社 1984 年 11 月版 258 页
03286　朱家骅先生略传／＊中华日报 1963 年 1 月 4 日
03287　朱骝先先生对于中国图书馆及博物馆的贡献／蒋复璁／／＊中华日报 1963 年 1 月 7 日
03288　朱骝先先生的事迹和行谊／罗家伦／／"中央"日报 1963 年 1 月 9 日
03289　朱家骅先生的一生／陆翰芹／／＊"中央"日报 1963 年 1 月 9 日
03290　敬悼朱骝先先生／陶希圣／／＊"中央"日报 1963 年 1 月 9 日
03291　大义凛然的朱骝先夫子／罗敦伟／／"中央"日报 1963 年 1 月 10 日
03292　追记骝先先生／沈刚伯／／＊新生报 1963 年 1 月 8 日
03293　追记朱骝先先生言行二三事／沈刚伯／／＊中国一周 1963 年 664 期
03294　朱骝先先生的二三事／沈刚伯／／＊传记文学 1963 年 2 卷 2 期，＊沈刚伯先生文集（下册）第 710 页
03295　朱家骅事略／＊大陆杂志 1964 年 28 卷 1 期
03296　朱家骅先生年谱简编／胡颂平／／"中央"研究院历史语言研究所集刊 1964 年 35 期
03297　追记朱骝先先生言行二三事／杨树人／／＊传记文学 1964 年 4 卷 1 期
03298　朱家骅先生与中国文化／何应钦／／＊政治评论 1966 年 16 卷 4 期，＊大陆杂志 1966 年 32 卷 2 期
03299　记朱家骅先生／劳榦／／＊中外杂志 1971 年 9 卷 3 期
03300　朱骝先先生的二三事／马存坤／／传记文学 1971 年 19 卷 5 期
03301　朱家骅（1893—1963）／＊传记文学 1973 年 23 卷 3 期，＊民国人物小传第 1 册第 50 页
03302　朱家骅先生传略／周邦道／／＊大陆杂志 1975 年 51 卷 4 期
03303　朱家骅与"中央"研究院／杨树人／／＊中外杂志 1976 年 20 卷 4 期
03304　十二月号专题人物：朱家骅／沈刚伯等／／＊传记文学 1976 年 29 卷 6 期
03305　朱骝先先生对中国文化教育之贡献／蒋复璁／／＊传记文学 1976 年 29 卷 6 期
03306　难忘的长官：朱家骅与吴铁城／庄心在／／＊中外杂志 1983 年 33 卷 3 期
03307　朱家骅先生与中国地质学／关国煊／／＊传记文学 1983 年 43 卷 2 期
03308　记朱家骅先生／阮毅成／／＊浙江月刊 1984 年 16 卷 9 期，＊前辈先生第 5 页
03309　蒋公怒斥朱家骅献鼎／陈桂清／／＊传记文学 1992 年 60 卷 1 期
03310　朱家骅／谭慧生／／＊民国伟人传记第 546 页
03311　朱家骅（1893—1963）／周邦道／／＊近代教育先进传略（初集）第 110 页
03312　朱家骅（1893—1963）／戴晋新／／＊环华百科全书第 14 册第 153 页
03313　朱家骅／＊革命人物志第 1 集第 319 页

朱培德
03314　谦让容众的朱培德／吴相湘／／＊春秋 1965 年 2 卷 6 期，＊民国政治人物第 2 集第 68 页
03315　陆军一级上将朱培德将军传／张维翰／／＊云南文献 1976 年 6 期
03316　朱培德（1889—1937）／于翔麟／／＊传记文学 1976 年 28 卷 6 期，＊民国人物小传第 2 册第 25 页，＊革命人物志第 17 集第 48 页
03317　朱培德／吴相湘／／＊民国百人传第 2 册第 111 页

朱常显
03318　朱常显／郑越凡／／＊革命人物志第 3 集第 42 页

朱铭盘
03319　关于朱铭盘／沈云龙／／＊"中央"日报 1962 年 4 月 1 日
03320　通州三生——朱铭盘、张謇、范当世／沈云龙／／＊现代政治人物述评（下卷）第 61 页

朱谌之
03321　朱谌之与我无关／段承愈／／＊传记文学 1995 年 66 卷 2 期

朱葆三
03322　记朱葆三先生／舟子／／＊宁波同乡 1964 年 10 期

03323　朱葆三苦学成名／陈学之／／＊大成 1973 年 1 期

朱葆诚
03324　朱葆诚／＊革命人物志第 2 集第 85 页

朱谦之
03325　朱谦之／罗敦伟／／＊畅流 1953 年 7 卷 6 期
03326　朱谦之／李立明／／＊中国现代六百作家小传第 80 页

朱献文
03327　记朱献文先生／阮毅成／／＊传记文学 1970 年 17 卷 1 期，＊彼岸第 9 页

朱霁青
03328　朱霁青先生纪念集／＊朱霁青先生治丧委员会编印 1955 年版 115 页
03329　朱霁青先生事略／＊"中央"日报 1955 年 2 月 15 日
03330　我所认识的朱霁青先生／钱公来／／＊"中央"日报 1965 年 2 月 20、21 日
03331　朱霁青先生事略／祁　瑾／／＊公论报 1965 年 7 月 3 日
03332　朱霁青先生革命事略／钱公来／／＊中国一周 1955 年 253 期，＊政论周刊 1956 年 98 期，＊革命人物志第 1 集第 368 页
03333　记东北国民救国军——纪念朱霁青先生逝世十周年／赵尺子／／＊传记文学 1965 年 6 卷 3 期
03334　记朱霁青先生／陶希圣／／＊传记文学 1965 年 6 卷 3 期
03335　朱霁青(1882—1955)／范廷杰／／＊传记文学 1975 年 26 卷 5 期，＊民国人物小传第 2 册第 28 页
03336　"朱霁青先生百年诞辰"口述历史座谈会纪实／黄肇珩、卢申芳／／＊近代中国 1981 年 23 期
03337　朱霁青先生的生平与功业／王大任／／＊近代中国 1981 年 23 期

朱肇洛
03338　朱肇洛／李立明／／＊中国现代六百作家小传第 79 页

朱德海
03339　中央民族事务委员会委员：朱德海／＊新中国人物志（下）第 162 页

朱德熙
03340　朱德熙／刘绍唐主编／／＊传记文学 1994 年 65 卷 2 期

朱霈霖
03341　朱霈霖／平　刚／／＊革命人物志第 2 集第 86 页

朱履龢
03342　朱履龢／刘绍唐主编／／＊传记文学 1999 年 74 卷 5 期

朱镜我
03343　朱镜我／刘绍唐主编／／＊传记文学 1997 年 71 卷 6 期

朱耀华
03344　朱耀华／黄震遐／／＊中共军人志第 95 页

朱耀武
03345　朱耀武／＊革命人物志第 20 集第 27 页

朱耀章
03346　朱耀章／＊革命人物志第 9 集第 58 页

乔　宏
03347　乔　宏／刘绍唐主编／／＊传记文学 1999 年 75 卷 5 期

乔大壮
03348　乔大壮(1892—1948)／关国煊／／＊传记文学 1984 年 44 卷 3 期

乔义生
03349　"乔义生先生百年诞辰"口述历史座谈会纪实／方鹏程／／＊近代中国 1982 年 31 期
03350　乔义生先生生平与志节／赵采晨／／＊近代中国 1982 年 31 期，＊山西文献 1983 年 21 期

03351　乔义生先生生平略述／苗培成∥＊山西文献1983年21期
03352　乔义生／＊革命人物志第6集第235页
03353　乔宜斋先生墓表／苗培成∥＊革命人物志第6集第237页
03354　革命史实回忆／乔义生∥＊革命人物志第6集第238页

乔宗淮
03355　子承父业再谈乔冠华与乔宗淮／宗道一∥＊传记文学1996年68卷4期

乔冠华
03356　酒仙乔冠华其人其事／宗道一∥＊传记文学1996年68卷2期
03357　十年风雨祭冠华／章含之∥＊传记文学1996年68卷4、5期,1996年69卷1、2期
03358　乔冠华／方雪纯等∥＊中共人名录第532页
03359　乔冠华／李立明∥＊中国现代六百作家小传第442页
03360　乔冠华／朱新民∥＊环华百科全书第12册第117页

乔曾劬
03361　乔曾劬传／文守仁∥＊民国四川人物传记第236页

伍　五
03362　伍　五／刘绍唐主编∥＊传记文学1987年50卷5期

伍　达
03363　中国社教事业之最先倡导者伍博纯先生／伍稼青∥＊畅流1952年5卷10期
03364　伍　达(1880—1913)／伍稼青∥＊传记文学1964年4卷1期,＊民国人物小传第1册第38页

伍　英
03365　伍　英／平　刚∥＊革命人物志第2集第89页

伍东白
03366　敬悼伍东白先生／郑彦棻∥＊"中央"日报1962年5月12日
03367　追念旅泰故侨领伍东白先生／林　庄∥＊中国一周1962年635期

伍汉持
03368　行医救人议坛护法的伍汉持烈士／心　园∥＊今日中国1978年90期
03369　伍汉持／＊革命人物志第1集第396页
03370　伍汉持纪念碑／胡汉民∥＊革命人物志第1集第401页
03371　胡汉民撰伍汉持纪念碑考证／邓慕韩∥＊革命人物志第1集第403页

伍在伍
03372　伍在伍／伍井田∥＊革命人物志第2集第87页

伍光建
03373　伍光建(1867—1943)／关志昌∥＊传记文学1980年36卷4期,＊民国人物小传第4册第63页
03374　伍光建／李立明∥＊中国现代六百作家小传93页
03375　伍光建／刘　葆∥＊现代中国人物志第320页

伍廷芳
03376　伍廷芳与清末政治改革／张云樵∥＊联经出版事业公司1987年666页
03377　论伍廷芳／耘　农∥＊民主潮1958年8卷18期
03378　傅秉常所受伍廷芳的影响／罗香林∥＊传记文学1971年19卷1期
03379　伍廷芳(1842—1922)／孙　文∥＊传记文学1973年22卷5期,＊民国人物小传第1册第39页
03380　伍廷芳先生／钟正岩∥＊广东文献1975年5卷3期
03381　伍廷芳使美时的言论／张存武∥＊食货月刊1975年5卷2期
03382　伍廷芳／胡光麃∥＊传记文学1976年28卷2期
03383　谈伍廷芳的饮食经／陈敦正∥＊艺文志1980年183期
03384　伍廷芳先生事略／王绍通∥＊广东文献1983年13卷3期

03385　伍廷芳倡导新政／吴相湘∥＊传记文学1984年44卷2期
03386　代理国务总理伍廷芳／赵朴民∥＊北洋政府国务总理列传第178页
03387　伍廷芳／惜　秋∥＊民初风云人物（下）第479页
03388　伍廷芳谈鬼趣事／刘榮琮∥＊民国人物纪闻第21页
03389　伍廷芳／金　梁∥近世人物志第259页
03390　伍廷芳／＊近代中国史料丛刊第六十六辑（总652辑）影印本第122页
03391　记伍廷芳／沈云龙∥＊近代外交人物论评第122页，＊近代中国史料丛刊二辑（总20辑）影印本第132页，＊现代政治人物述评（中卷）第132页
03392　伍廷芳（1842—1922）／廖秀英∥＊环华百科全书第19册第577页
03393　伍秩庸博士墓表／孙中山∥＊革命人物志第1集第387页

伍任钧
03394　伍任钧／＊革命人物志第2集第88页

伍连德
03395　伍连德医生——抗疫斗士／姚崧龄∥＊传记文学1968年13卷6期
03396　我国早期医杰伍连德／祝秀侠∥＊广东文献1977年7卷3期
03397　伍连德（1879—1960）／关志昌∥＊传记文学1978年32卷3期，＊民国人物小传第3册第24页
03398　伍连德晚年二三事／关志昌∥＊传记文学1984年45卷4期
03399　伍连德／张无极∥＊环华百科全书第19册第577页

伍伯就
03400　伍伯就／颜文雄∥＊中国一周1966年854期
03401　悼杰出的声乐艺术家伍伯就先生／前　人∥＊大成1974年7期
03402　伍伯就的理想／陈晃相∥＊大成1974年7期

伍若泉
03403　伍若泉／陈衮尧∥＊广东文献1981年11卷3期
03404　伍若泉／陈衮尧∥华侨名人传第498页，＊革命人物志第9集第58页

伍叔傥
03405　追忆伍叔傥先生／胡颂平∥＊传记文学1966年9卷3期
03406　悼念诗人伍叔傥先生／徐　訏∥＊传记文学1966年9卷4期
03407　悼念伍叔傥教授／邵镜人∥＊建设1966年15卷4期

伍法祖
03408　伍法祖／＊革命人物志第9集第63页

伍诚仁
03409　伍诚仁（1896—1970）／于翔麟∥＊传记文学1983年43卷6期

伍修权
03410　伍修权／刘绍唐主编∥＊传记文学1998年72卷1期

伍宪子
03411　伍宪子先生传记／胡应汉∥（香港）1953年2月版103页
03412　伍宪子（1881—1959）／关国煊∥＊传记文学1982年41卷2期，＊民国人物小传第6册第28页

伍家宥
03413　伍家宥／罗友石∥＊革命人物志第23集第1页

伍朝枢
03414　伍朝枢（1886—1934）／＊传记文学1973年22卷4期，＊民国人物小传第1册第42页
03415　伍朝枢／陶履谦∥＊革命人物志第1集第390页

伍道远
03416　悼伍道远同志／沈云龙∥＊民主潮1950年1卷4期

03417　西昌会战与伍道远殉国 / 李中厚 // ＊民主潮 1951 年 1 卷 17 期
03418　敬悼伍道远先生并自述脱险经过 / 罗　列 // ＊民主潮 1952 年 2 卷 17 期
03419　怀念伍道远先生 / 罗　列 // ＊传记文学 1963 年 3 卷 5 期
03420　记伍道远先生 / 罗　列 // ＊民国四川人物传记第 113 页

伏　龙
03421　伏　龙 / ＊革命人物志第 1 集第 418 页
03422　阜宁臧在新、江雨涵、伏龙、顾锡九四烈士殉难事略 / ＊革命人物志第 9 集第 337 页

延国符
03423　延国符回忆录 / 延国符 // ＊传记文学 1976 年 25 卷 2 期
03424　延国符(1900—1975) / 于翔麟 // ＊传记文学 1979 年 35 卷 6 期，＊民国人物小传第 4 册第 77 页
03425　延国符 / 方剑云 // ＊革命人物志第 15 集第 67 页
03426　延国符的回忆录 / ＊革命人物志第 15 集第 69 页
03427　延委员的回忆录 / 陈纪滢 // ＊革命人物志第 15 集第 88 页

任　尹
03428　任　尹 / ＊革命人物志第 1 集第 403 页

任　光
03429　任　光 / 刘绍唐主编 // ＊传记文学 1992 年 61 卷 5 期

任　远
03430　悼念任远胞兄 / 王可男 // ＊传记文学 1996 年 69 卷 6 期

任　荣
03431　任　荣 / 黄震遐 // ＊中共军人志第 76 页

任　钧
03432　任　钧 / 李立明 // ＊中国现代六百作家小传第 88 页

任　重
03433　任　重 / 翔　天 // ＊民国 1914 年第 6 号, ＊革命人物志第 1 集第 406 页

任　晨
03434　任　晨 / 黄震遐 // ＊中共军人志第 75 页

任元鹏
03435　任元鹏 / ＊革命人物志第 2 集第 93 页

任允中
03436　任允中 / 黄震遐 // ＊中共军人志第 74 页

任可澄
03437　任可澄(1877—1945) / 姚崧龄 // ＊传记文学 1983 年 43 卷 4 期

任白戈
03438　任白戈 / 方雪纯等 // ＊中共人名录第 105 页
03439　任白戈 / 李立明 // ＊中国现代六百作家小传第 89 页

任永庆
03440　任永庆烈士事略 / ＊太原五百完人第 161 页

任良弼
03441　任良弼 / 詹松涛 // ＊革命人物志第 1 集第 408 页

任茂如
03442　任茂如 / 黄震遐 // ＊中共军人志第 75 页

任凯南
03443　石屋二老(任凯南) / 夏道平 // ＊学府纪闻·国立武汉大学第 92 页

任显群
03444　任显群的故事 / 袁　方 // ＊传记文学 1996 年 69 卷 5 期

任益珍
03445　任益珍／＊革命人物志第9集第65页

任鸿年
03446　任鸿年君传略／铁　卢／／＊革命人物志第2集第95页

任鸿隽
03447　任鸿隽小传及其诗／文守仁／／＊四川文献1964年23期
03448　任鸿隽与中国科学社／陶英惠／／＊传记文学1974年24卷6期
03449　任鸿隽(1886—1961)／刘绍唐／／＊传记文学1974年24卷6期,＊民国人物小传第1册第35页
03450　前尘琐记(上、下)／任鸿隽／／＊传记文学1975年26卷2、3期
03451　忆任叔永先生与莎菲女士／吴鲁芹／／＊传记文学1983年43卷1期,＊大成1983年120期
03452　任鸿隽／李立明／／＊中国现代六百作家小传第90页
03453　任鸿隽传略／文守仁／／＊民国四川人物传记第238页,＊革命人物志第15集第65页
03454　任鸿隽(1886—1961)／周邦道／／＊近代教育先进传略(初集)第250页
03455　任鸿隽(1886—1961)／戴晋新／／＊环华百科全书第16册第447页
03456　任鸿隽／刘　葆／／＊现代中国人物志第320页

任援道
03457　任援道／刘绍唐主编／／＊传记文学1999年75卷1期

任景让
03458　任景让将军传略／任时燮等／／＊任氏宗亲会印行1978年版31页
03459　任景让将军传略／任时燮／／＊中原文献1979年11卷11期

任弼时
03460　任弼时(1904—1950)／关国煊／／＊传记文学1981年39卷3期,＊民国人物小传第5册第51页

任懋斋
03461　任懋斋／＊革命人物志第1集第410页

伦　明
03462　伦明——书之伯乐／苏　精／／＊传记文学1980年37卷2期
03463　伦明(1875—1944)／关国煊／／＊传记文学1983年42卷6期,＊民国人物小传第6册第174页
03464　记大藏书家伦哲如／冼玉清／／＊艺林丛录第五编第324页

华　山
03465　关于作家华山／江山雪／／＊明报1973年3月16日
03466　华　山／林曼叔等／／＊中国当代作家小传第149页
03467　华　山／李立明／／＊中国现代六百作家小传第432页

华　岗
03468　华　岗／刘绍唐主编／／＊传记文学1993年62卷5期
03469　华　岗／李立明／／＊中国现代六百作家小传第433页

华　林
03470　华　林／李立明／／＊中国现代六百作家小传第433页

华寿嵩
03471　华寿嵩／刘绍唐主编／／＊传记文学1996年69卷1期

华国锋
03472　华国锋评传／丁　望／／(香港)明报月刊社1982年5月版268页
03473　华国锋／朱新民／／＊环华百科全书第10册第276页

华罗庚
03474　华罗庚自述一生中的"三劫"／李若松／／＊传记文学1983年43卷2期
03475　"华罗庚自述一生中的三劫"读后补述一二／蔡孟坚／／＊传记文学1983年43卷3期

03476 华罗庚与密电码(书简)／王学曾∥ ＊传记文学 1984 年 44 卷 3 期
03477 也谈华罗庚／关贝亮∥ ＊传记文学 1985 年 46 卷 3 期
03478 中国天才数学家华罗庚的一生／郑仁佳∥ ＊传记文学 1985 年 47 卷 2 期
03479 华罗庚系军政部选派赴美研究／吴大猷∥ ＊传记文学 1985 年 47 卷 3 期
03480 华罗庚(1912—1985)／ ＊环华百科全书第 14 册第 275 页

华金元
03481 华金元传／邹　鲁∥ ＊革命人物志第 5 集第 469 页

向　达
03482 向　达／刘绍唐主编∥ ＊传记文学 1987 年 50 卷 4 期

向　楚
03483 向楚传略／文守仁∥ ＊民国四川人物传记第 240 页，＊革命人物志第 12 集第 27 页

向传义
03484 向传义传／文守仁∥ ＊四川文献 1966 年 45 期，＊革命人物志第 12 集第 29 页

向仲华
03485 向仲华／黄震遐∥ ＊中共军人志第 81 页

向守志
03486 向守志／黄震遐∥ ＊中共军人志第 751 页

向汝延
03487 向汝延事略／ ＊革命人物志第 1 集第 411 页

向林冰
03488 向林冰／李立明∥ ＊中国现代六百作家小传第 82 页

向忠发
03489 向忠发／黄震遐∥ ＊传记文学 1987 年 50 卷 3 期

向宗鲁
03490 向宗鲁／刘绍唐主编∥ ＊传记文学 1993 年 62 卷 2 期

向绍洪
03491 向绍洪／ ＊革命人物志第 1 集第 412 页

向恺然
03492 平江不肖生向恺然／林　熙∥ ＊万象月刊 1975 年 2 期
03493 向恺然(1881—1951)／关志昌∥ ＊传记文学 1983 年 42 卷 3 期，＊民国人物小传第 6 册第 31 页
03494 我的父亲平江不肖生／向为霖∥ ＊明报月刊 1983 年 18 卷 4 期
03495 向　逵／李立明∥ ＊中国现代六百作家小传第 81 页
03496 向恺然(平江不肖生)／胡遯园∥ ＊贤不肖列传第 184 页

向培良
03497 向培良／李立明∥ ＊中国现代六百作家小传第 83 页

向道存
03498 向道存／卢懋原∥ ＊革命人物志第 1 集第 414 页

危文绣
03499 危文绣本事——中国一位"总统"的如夫人／陈澄之∥ (香港)南天书业公司 1967 年版 204 页

邬志陶
03500 邬志陶先生传略／李　寰∥ ＊四川文献 1969 年 84 期

[、]

庄　田
03501 庄　田／黄震遐∥ ＊中共军人志第 299 页

庄　严

03502　庄　严(1899—1980) / 张渝役 // *传记文学 1980 年 37 卷 2 期，*民国人物小传第 4 册第 279 页

03503　庄尚严先生事略 / *大陆杂志 1980 年 60 卷 3 期，*江苏文献 1980 年 16 期

03504　庄尚严先生事略及挽辞 / *艺坛 1980 年 145 期

03505　怀念一代书法家庄慕陵老师 / 王心均 // *传记文学 1982 年 40 卷 5 期

03506　庄　严(1899—1980) / *环华百科全书第 14 册第 216 页

03507　护宝金刚庄尚严 / 应平书 // *学人风范第 35 页

03508　精于书艺两老友 / 应平书 // *学人风范第 222 页

庄万里

03509　旅菲侨领庄万里 / 黎耀华 // *中国一周 1958 年 418 期

03510　旅菲侨领庄清泉 / 谢雄玄 // *中国一周 1959 年 474 期

03511　庄万里先生追念专辑 / 张其昀等 // *中国一周 1966 年 828 期

03512　庄万里先生事略 / *中国一周 1967 年 880 期

庄长恭

03513　著名有机化学家庄长恭简传 / 刘广定 // *传记文学 1981 年 39 卷 4 期

03514　庄长恭(1894—1962) / 关志昌 // *传记文学 1982 年 40 卷 3 期，*民国人物小传第 5 册第 288 页

庄则栋

03515　乒乓球王庄则栋从绚烂归于平淡 / 叶永烈 // *传记文学 1996 年 68 卷 1 期

庄仲舒

03516　庄仲舒 / 刘孝推 // *革命人物志第 16 集第 212 页

庄希泉

03517　庄希泉 / 刘绍唐主编 // *传记文学 1992 年 61 卷 5 期

庄明理

03518　中央华侨事务委员会委员庄明理 / *新中国人物志(下)第 53 页

庄育民

03519　庄育民医师七秩晋九华诞纪念册 / *卓播臣等编印 1981 年版 134 页

庄陔兰

03520　奉祀官孔德成和他的"人师" / 丁龙垲 // *春秋 1967 年 6 卷 3 期

庄银安

03521　庄银安(1855—1938) / 周邦道 // *近代教育先进传略(初集)第 439 页

03522　庄银安 / 张正藩 // *革命人物志第 9 集第 230 页

庄维道

03523　庄维道 / *革命人物志第 9 集第 238 页

庄蕴宽

03524　由知县到都督——庄蕴宽的生平 / 伍稼青 // *中外杂志 1979 年 25 卷 1 期

齐　熙

03525　齐　熙 / 刘绍唐主编 // *传记文学 1998 年 72 卷 5 期

03526　怀念三舅齐熙博士 / 贺宝善 // *传记文学 1999 年 74 卷 3 期

齐世英

03527　齐世英先生盖棺论 / 田雨时 // *传记文学 1987 年 51 卷 4 期

03528　我所知道的齐世英先生 / 宋文明 // *传记文学 1998 年 73 卷 3 期

齐白石

03529　齐白石年谱 / 胡　适、邓广铭 // *胡适纪念馆印行 1972 年版 52 页

03530　白石老人自传 / 齐　璜口述、张次溪笔录 // *传记文学出版社 1967 年版 168 页

03531　白石老人逸话 / 渺　之 // (香港)上海书局 1973 年 10 月版

03532　齐白石／王家诚／／＊巨流图书公司 1974 年版 179 页
03533　从齐白石题跋研究白石老人／李应强／／＊文史哲出版社 1977 年版 90 页
03534　齐白石：文人画最后的奇葩／蒋　勋／／＊雄狮图书公司 1982 年 2 月版 118 页
03535　齐白石外传／戚宜君／／＊世界文物出版社 1984 年 257 页，＊世界文物出版社 1987 年 257 页
03536　画家齐白石的生活及其风格／苏　民／／＊新生报 1949 年 3 月 10 日
03537　齐白石其人其艺／羊汝德／／＊联合报 1965 年 6 月 16 日
03538　倔强的齐白石／李叶霜／／＊"中央"日报 1966 年 8 月 14 日
03539　齐白石以印明志／王北岳／／＊联合报 1966 年 9 月 15 日
03540　记齐白石／寸　木／／＊畅流 1951 年 4 卷 6 期
03541　白石老人的苦学与成名／李振华／／＊畅流 1958 年 16 卷 10 期
03542　三湘四奇人／胥端甫／／＊畅流 1959 年 19 卷 12 期
03543　白石老人生平略记／易恕孜／／＊传记文学 1963 年 2 卷 1 期
03544　白石老人自述（上、中、下）／齐　璜口述、张次溪整理／／＊传记文学 1963 年 3 卷 1—3 期
03545　齐白石早期的印章／壮　为／／＊艺文志 1965 年 1 期
03546　张道藩师齐白石前前后后／马　璧／／＊艺文志 1965 年 3 期
03547　吴缶老与白石翁／匏　庐／／＊畅流 1966 年 34 卷 2 期
03548　白石老人及其题画／介　庵／／＊古今谈 1967 年 33 期
03549　吴昌硕、齐白石两位艺术家／历史博物馆／／＊学粹 1967 年 9 卷 3 期
03550　齐白石／刘　卿／／＊明报月刊 1973 年 8 卷 10 期
03551　齐白石老人略记／文垒山／／＊明报月刊 1973 年 8 卷 10 期
03552　白石老人／吕成好／／＊今日中国 1975 年 48 期
03553　齐如山先生百年冥诞纪念专辑／齐　熙等／／＊文艺复兴 1975 年 68 期
03554　齐白石（1863—1957）／邱奕松／／＊传记文学 1975 年 27 卷 2 期，＊民国人物小传第 2 册第 254 页
03555　木匠画家齐白石／胡耐安／／＊中外杂志 1976 年 19 卷 4 期
03556　齐白石和梅兰芳的交往／王方宇／／＊明报月刊 1977 年 12 卷 11 期
03557　我的父亲——白石老人／齐良怜／／＊艺文志 1979 年 167 期
03558　白石老人是吾师／杨隆生／／＊大成 1980 年 78 期
03559　忘不了吾师齐白石先生／杨隆生／／＊艺文志 1981 年 184 期
03560　齐白石其人其事／南　川／／＊今日生活 1983 年 206 期
03561　画坛怪杰：齐白石／罗征肇／／＊水利通讯 1983 年 30 卷 7、8 期
03562　谈谈齐白石／慧　子／／＊湖南文献 1983 年 11 卷 3 期
03563　试续编齐白石年谱——为白石老人诞生一百二十周年纪念而作／关国煊／／＊传记文学 1984 年 44 卷 2 期
03564　名画家齐白石是木匠出身／吴相湘／／＊传记文学 1984 年 45 卷 1 期
03565　齐白石未曾去法国／赵志邦／／＊传记文学 1992 年 60 卷 3 期
03566　齐白石身后风波／洪渭平／／＊传记文学 1992 年 61 卷 6 期
03567　抗战胜利后我与齐白石的交往／吕宜园／／＊传记文学 1997 年 71 卷 6 期
03568　诗人艾青与齐白石／艾　青／／＊传记文学 1998 年 72 卷 3 期
03569　白石老人的诗书画篆刻／易恕孜／／＊中外人物专辑第 2 辑第 13 页
03570　齐白石／贾逸君／／＊中华民国名人传（下册）艺术第 24 页
03571　丁二仲和齐白石／邓散水／／＊艺林丛录（二）第 178 页
03572　齐白石篆刻／李默存／／＊艺林丛录（二）第 180 页
03573　忆悼白石大师／马国权／／＊艺林丛录（二）第 342 页
03574　齐白石先生治印记／张次溪／／＊艺林丛录（五）第 122 页
03575　齐白石与广东人之关系／张次溪／／＊艺林丛录（六）第 281 页

03576　齐白石与瑞光和尚 / 张次溪 // ＊艺林丛录（八）第 238 页
03577　齐白石 / 谭慧生 // ＊民国伟人传记第 495 页
03578　一代画宗齐白石苦学的经过 / 李德安 // ＊当代名人风范（2）第 565 页
03579　齐白石的篆刻 / 陈　凡 // ＊尘梦集第 144 页
03580　记齐白石 / 左舜生 // ＊近代中国史料丛刊第五辑（总 49）·万竹楼随笔第 132 页
03581　齐　璜 / 胡遜园 // ＊贤不肖列传第 93 页
03582　齐白石（1863—1957）/ 廖雪芳 // ＊环华百科全书第 12 册第 17 页

齐如山

03583　齐如山回忆录 / 齐如山 // ＊"中央"文物供应社 1956 年版 388 页
03584　齐如老与梅兰芳 / 陈纪滢 // ＊传记文学出版社 1967 年版 311 页
03585　齐如山先生二三事 / 张大夏 // ＊"中央"日报 1955 年 12 月 21 日
03586　齐如山"戏剧人生" / 姚凤磐 // ＊联合报 1962 年 3 月 19 日
03587　编剧回忆 / 齐如山 // ＊中国一周 1960 年 546 期—1961 年 588 期
03588　如山学苑记 / 张其昀 // ＊中国一周 1963 年 675 期
03589　齐如山先生的家世与幼年 / 陈纪滢 // ＊传记文学 1963 年 2 卷 4 期
03590　齐如山先生戏剧研究与中年 / 陈纪滢 // ＊传记文学 1963 年 2 卷 5 期
03591　齐如山先生著述与晚年 / 陈纪滢 // ＊传记文学 1963 年 2 卷 6 期
03592　纪念先翁齐如山先生 / 齐黄媛珊 // ＊传记文学 1965 年 6 卷 4 期
03593　齐如老与梅兰芳 / 陈纪滢 // ＊传记文学 1965 年 6 卷 6 期—1966 年 8 卷 5 期
03594　齐如山与赛金花 / 林可如 // ＊中外杂志 1970 年 7 卷 4 期
03595　我所知道的齐如山先生 / 张大夏 // ＊大成 1976 年 26 期
03596　纪念一位首倡国剧学术的人——齐如老一〇五岁诞辰献文 / 陈纪滢 // ＊传记文学 1980 年 36 卷 1 期
03597　齐如山（1875—1962）/ 郑孝颖 // ＊传记文学 1982 年 40 卷 5 期，＊民国人物小传第 5 册第 400 页
03598　怀念外公齐如山 / 贺宝善 // ＊传记文学 1995 年 67 卷 3 期
03599　齐如山 / 李立明 // ＊中国现代六百作家小传第 481 页
03600　齐如山 / 谢冰莹 // ＊作家印象记第 140 页
03601　齐如山（1876—1962）/ 戴晋新 // ＊环华百科全书第 12 册第 23 页

齐学启

03602　齐学启烈士传略 / 王　之 // ＊湖南文献 1976 年 4 卷 1 期
03603　齐学启 // ＊革命人物志第 18 集 292 页

齐宗祐

03604　家兄与革命 / 齐如山 // ＊中国一周 1957 年 390 期

齐树棠

03605　齐树棠 / 丁惟汾 // ＊革命人物志第 14 集第 396 页

齐铁恨

03606　齐铁恨 / 梁容若 // ＊"中央"日报 1959 年 3 月 2 日
03607　齐铁恨 / 王孟武 // ＊新生报 1969 年 9 月 27 日
03608　齐铁恨先生 / 王天昌 // ＊"中央"月刊 1977 年 10 卷 2 期
03609　齐铁恨先生纪念专辑 / 邓绥宁等 // ＊中国语文 1977 年 41 卷 6 期
03610　齐铁恨（1892—1977）/ 张渝役 // ＊传记文学 1979 年 34 卷 2 期，＊民国人物小传第 3 册第 301 页

齐镇华

03611　齐镇华 // ＊革命人物志第 10 集第 550 页

齐燮元

03612　齐燮元（1885—1946）/ 关志昌 // ＊传记文学 1980 年 33 卷 4 期，＊民国人物小传第 3 册第 298 页

03613　北洋军阀汪伪汉奸齐燮元印象补述／陈桂根∥﹡传记文学 1996 年 69 卷 5 期
03614　军阀齐燮元／﹡军阀现形记第 385 页

齐耀珊
03615　齐耀珊／﹡"中央"日报 1954 年 2 月 22 日

刘　三
03616　大江南北两刘三(上、下)／陈敬之∥﹡畅流 1959 年 18 卷 12 期—19 卷 1 期
03617　风义千秋三侠人(刘三、吴芝瑛与潘达微)／陈敬之∥﹡畅流 1959 年 19 卷 4 期
03618　记革命志士江南刘三／林　斌∥﹡艺文志 1969 年 50 期
03619　刘　三(1890—1938)／关国煊∥﹡传记文学 1985 年 46 卷 3 期
03620　刘三与"南社"／陈敬之∥﹡首创民族主义文艺的"南社"第 27 页
03621　刘　三／陆丹林∥﹡革命人物志第 6 集第 364 页

刘　飞
03622　刘　飞／黄震遐∥﹡中共军人志第 624 页

刘　丰
03623　刘　丰／黄震遐∥﹡中共军人志第 640 页

刘　公
03624　刘　公／胡汉民∥﹡革命人物志第 6 集第 368 页

刘　风
03625　刘风事略／﹡革命人物志第 11 集第 192 页

刘　节
03626　刘　节／刘绍唐主编∥﹡传记文学 1993 年 62 卷 4 期

刘　汉
03627　刘　汉／黄震遐∥﹡中共军人志第 631 页

刘　屹
03628　刘　屹／﹡革命人物志第 11 集第 191 页

刘　兴
03629　刘　兴／刘伯骥∥﹡华侨名人传第 349 页

刘　克
03630　刘　克／黄震遐∥﹡中共军人志第 614 页

刘　英
03631　刘　英／孙　镜∥﹡革命人物志第 6 集第 402 页

刘　忠
03632　刘　忠／黄震遐∥﹡中共军人志第 615 页

刘　炜
03633　刘　炜(1907—1969)／于翔麟∥﹡传记文学 1985 年 46 卷 6 期

刘　诚
03634　刘　诚／刘祥五∥﹡革命人物志第 11 集第 194 页

刘　参
03635　刘　参／﹡革命人物志第 11 集第 192 页

刘　政
03636　刘　政／黄震遐∥﹡中共军人志第 619 页

刘　峙
03637　我的回忆／刘　峙∥﹡广隆文具公司经销 1966 年版，﹡文海出版社近代中国史料丛刊续编第八十七辑(总 870)影印本 313 页
03638　"可欺以方"的刘峙将军／傅亚夫∥﹡中外杂志 1971 年 10 卷 1 期

03639　刘　峙(1892—1971) / 于梅燕 // *传记文学 1975 年 29 卷 2 期，*民国人物小传第 2 册第 271 页
03640　我对刘峙、熊式辉、桂永清三上将的粗浅认识 / 周重韶 // *江西文献 1975 年 79 期
03641　刘上将经扶先生传略 / 傅亚夫 // *江西文献 1978 年 94 期
03642　刘峙的故事 / 王培尧 // *中外杂志 1985 年 37 卷 1 期
03643　刘　峙 / 吴相湘 // *民国百人传第 4 册第 133 页
03644　刘　峙(1892—1971) / 高文怡 // *环华百科全书第 7 册第 207 页
03645　刘　峙 / 傅亚夫 // *革命人物志第 19 集第 262 页

刘　钧

03646　刘　钧 / *革命人物志第 11 集第 193 页

刘　迹

03647　章太炎师徒三代剪影——章太炎、黄侃、刘迹 / 刘道平 // *春秋 1969 年 10 卷 4 期

刘　狮

03648　刘狮自述与其九叔刘海粟的叔侄情 / 刘　狮 // *传记文学 1999 年 74 卷 1 期

刘　真

03649　一个教育工作者的自述 / 刘　真 // *商务印书馆 1965 年版 168 页
03650　劳生自述 / 刘　真 // *中华书局 1979 年 2 月版 310 页
03651　我的青年时代(上、中、下) / 刘　真 // *自由青年 1978 年 60 卷 2—4 期
03652　教育家刘真先生 / 李德安 // *当代名人风范(4)第 1223 页

刘　桢

03653　刘　桢 / *革命人物志第 6 集第 431 页
03654　刘君元豪死义事略 / *革命人物志第 6 集第 432 页

刘　哲

03655　从管学大臣孙家鼐到校长胡适——记百年北京大学前期的二十任十九位负责人 / 关国煊 // *传记文学 1998 年 72 卷 4 期

刘　铁

03656　刘　铁 / 孙　镜 // *革命人物志第 6 集第 479 页

刘　瑛

03657　我和约旦王室 / 刘瑛 // *传记文学 1999 年 74 卷 3 期

刘　斐

03658　刘　斐(1898—1983) / 关国煊 // *传记文学 1983 年 42 卷 6 期，*民国人物小传第 6 册第 405 页
03659　我在两广六一事变中所扮演的角色 / 刘　斐 // *传记文学 1992 年 60 卷 3 期
03660　回忆父亲刘斐 / 刘沉刚 // *传记文学 1992 年 61 卷 3 期
03661　关于刘斐的下落 / 赵家铭 // *传记文学 1992 年 61 卷 3 期

刘　鼎

03662　西安事变前后中共地下党员刘鼎 / 路易·艾黎 // *传记文学 1992 年 60 卷 1 期
03663　刘　鼎 / 刘贵庆 // *革命人物志第 11 集第 198 页

刘　锋

03664　刘　锋 / *革命人物志第 6 集第 454 页

刘　翔

03665　挑灯挥泪哭刘翔 / 刘培初 // *艺文志 1968 年 30 期
03666　刘翔先生传稿 / 李正中等 // *高雄文献 1983 年 13 期
03667　刘翔先生传稿补记 / 李正中等 // *高雄文献 1983 年 13 期

刘　湘

03668　刘湘统一四川内幕 / 沈默士 // (香港)东南亚研究所 1968 年版 58 页
03669　刘湘先生年谱(附录:刘湘事略等七篇) / 周开庆 // *四川文献研究社 1975 年版，*四川文献研

究社 1976 年版 206 页

03670 新编中国名人年谱集成第 15 辑——民国刘甫澄先生湘年谱 / 周开庆 // *商务印书馆 1981 年版 172 页

03671 刘湘传 / 华 生 // *四川文献 1963 年 11 期，*川籍抗战忠烈录第 69 页

03672 稳定川局的刘湘 / 张润苍 // *畅流 1968 年 36 卷 12 期

03673 追忆刘湘到京患病情形 / 戴高翔 // *四川文献 1968 年 66 期

03674 刘湘出任第七战区长官经过 / 华 生 // *四川文献 1968 年 67 期

03675 刘湘与王陵基 / 雷啸岑 // *中外杂志 1969 年 5 卷 4 期

03676 刘 湘（1888—1936）/ *传记文学 1973 年 22 卷 4 期，*民国人物小传第 1 册第 255 页

03677 追怀刘湘先生 / 刘航琛 // *中外杂志 1976 年 19 卷 6 期

03678 怪人怪事——刘湘的"神仙"军师 / 江石江 // *中外杂志 1976 年 20 卷 6 期

03679 刘湘、刘文辉叔侄争霸经过及其对国共军力消长的影响 / 屈小强、田原 // *传记文学 1995 年 67 卷 3 期

03680 刘湘传 / 周开庆 // *民国四川人物传记第 245 页

刘 戡

03681 刘戡（麟书）上将传略 / *"中央"日报 1952 年 3 月 16 日

03682 追怀刘麟书将军 / 郭寄峤 // *"中央"日报 1952 年 3 月 16 日

03683 刘故上将戡传略 / *新生报 1952 年 3 月 16 日

03684 刘戡烈士行状忆述 / 龚 浩 // *"中央"日报 1959 年 3 月 1 日

03685 刘戡将军成仁瓦子街 / 克 刚 // *政治评论 1965 年 13 卷 11 期

03686 胡宗南口中的刘戡将军 / 胡乐民 // *艺文志 1966 年 4 期

03687 刘 戡（1907—1948）/ 于翔麟 // *传记文学 1979 年 35 卷 5 期，*民国人物小传第 4 册第 377 页

03688 刘 戡 / *革命人物志第 12 集第 407 页

刘 福

03689 刘 福 / 黄震遐 // *中共军人志第 638 页

刘 群

03690 刘 群 / 李立明 // *中国现代六百作家小传第 490 页

刘 横

03691 刘 横 / 叶 迈 // *革命人物志第 12 集第 416 页

刘 震

03692 刘 震 / 黄震遐 // *中共军人志第 632 页

刘 镇

03693 刘 镇 / 平 刚 // *革命人物志第 6 集第 476 页

刘 霖

03694 刘 霖 / *革命人物志第 6 集第 458 页

刘 穆

03695 刘 穆 / 李立明 // *中国现代六百作家小传第 491 页

刘 衡

03696 刘 衡 / *革命人物志第 11 集第 201 页

刘一伟

03697 刘一伟、刘汉全 / *革命人物志第 15 集第 288 页

刘人熙

03698 刘人熙（1842—1917）/ 周邦道 // *近代教育先进传略（初集）第 215 页

刘土木

03699 纪念刘土木先生 / 许云樵 // *南洋学报 1952 年 8 卷 2 期

03700 刘土木先生事略 / 张铭慈 // *南洋学报 1952 年 8 卷 2 期

03701　刘土木先生追悼纪／萧文增／／＊南洋学报1952年8卷2期

刘士杰
03702　刘士杰／＊革命人物志第6集第366页

刘士毅
03703　刘任夫先生传记／＊江西文献1975年79期
03704　刘士毅(1886—1982)／于翔麟、郭易堂／／＊传记文学1983年42卷3期，＊民国人物小传第6册第99页

刘士辙
03705　刘士辙／＊革命人物志第6集第367页

刘大元
03706　刘故陆军中将刘大元先生墓志铭／李　寰／／＊四川文献1968年68期，＊革命人物志第17集第319页

刘大中
03707　海天仙侣(刘大中博士抗癌始末)／刘威思／／＊陶声洋防癌基金会1975年版111页
03708　刘大中先生伉俪追思录／＊刘大中先生伉俪追思录编委会编印1975年版307页
03709　科学沙漠的绿化——为纪念刘大中博士而作／王世杰／／＊传记文学1975年27卷6期，＊王世杰先生论著选集第514页
03710　性格学人刘大中／彭垂铭／／＊海外文摘1975年278期
03711　一曲未完成的杰作——怀念大中兄及亚昭夫人／徐柏园／／＊中外杂志1976年19卷1期
03712　刘大中先生传略／刘泰英／＊中国学人1977年6期
03713　刘大中(1914—1975)／陈宏正／＊传记文学1978年32卷5期，＊民国人物小传第3册第319页
03714　一面之缘忆刘大中／朱文长／＊传记文学1978年32卷5期
03715　遥想公谨当年(刘大中先生十周年祭)／马逢华／／＊传记文学1985年47卷3期
03716　悼念刘大中兄与亚昭嫂／沈宗瀚／／＊沈宗瀚晚年文录第326页

刘大白
03717　刘大白／陈敬之／／＊畅流1969年39卷1期
03718　刘大白(1880—1932)／秦贤次／／＊传记文学1974年24卷5期，＊民国人物小传第1册第257页
03719　刘大白／李立明／／＊中国现代六百作家小传第491页
03720　刘大白／赵景深／／＊文人印象第111页
03721　刘大白(1880—1932)／周邦道／／＊近代教育先进传略(初集)第84页
03722　刘大白／谢冰莹／＊作家印象记第150页
03723　刘大白(1880—1932)／＊环华百科全书第7册第197页
03724　刘大白／朱邦达／／＊革命人物志第23集第278页

刘大杰
03725　刘大杰和他的作品／思　园／／＊明报1972年4月3日
03726　刘大杰(1904—1977)／关志昌／／＊传记文学1981年38卷1期，＊民国人物小传第5册第421页
03727　刘大杰／李立明／／＊中国现代六百作家小传第492页

刘大钧
03728　刘大钧(1891—1962)／姚崧龄／／＊民国人物小传第2册第273页

刘子云
03729　刘子云／黄震遐／／＊中共军人志第599页

刘子亚
03730　刘子亚与国父"钱币革命"运动／李义德／／＊湖南文献1976年4卷3期

刘开渠
03731　刘开渠／刘绍唐主编／／＊传记文学1996年69卷6期

刘天成
03732　刘天成事略／＊革命人物志第11集第202页

刘天华
03733　国乐大师——刘天华先生／梁在平／／＊国语日报1970年10月3日
03734　刘天华先生简明年表／梁容若／／＊国语日报1970年10月3日
03735　记刘天华先生／张研田／／＊传记文学1963年3卷6期
03736　一代国乐大师——刘天华／林金卿／／＊中国一周1969年1001期
03737　刘天华（1894—1932）／邱奕松／／＊传记文学1978年32卷3期，＊民国人物小传第3册第320页
03738　江阴刘氏三杰：刘半农、刘天华、刘北茂／朱钧侃／／＊传记文学1999年75卷5期
03739　国乐作曲家：刘天华／乔　佩／／＊中国现代音乐家第77页
03740　刘天华（1894—1932）／＊环华百科全书第7册第198页

刘天恨
03741　刘天恨／＊革命人物志第11集第204页

刘天喜
03742　刘天喜／＊革命人物志第11集第205页

刘元彤
03743　富连成点将台（下）——青衣刘元彤／齐　崧／／＊传记文学1975年26卷6期

刘元栋
03744　刘钟群／＊革命人物志第6集第472页

刘元勋
03745　刘元勋／刘绍唐主编／／＊传记文学1987年50卷5期

刘元俊
03746　刘元俊／＊革命人物志第11集第206页

刘云瀚
03747　刘云瀚（1910—1981）／＊传记文学1983年42卷2期，＊民国人物小传第6册第422页

刘艺舟
03748　登黄都督刘艺舟其人其事／章依吾／／＊春秋1964年1卷5期

刘少文
03749　刘少文／黄震遐／／＊中共军人志第601页

刘少奇
03750　刘少奇与刘少奇路线／许冠三著、何俊仁编／／（香港）中道出版社1980年440页
03751　刘少奇（1898—1969）／关国煊／／＊传记文学1982年40卷2期
03752　刘少奇第一次拜访岳家／江丽／／＊传记文学1993年63卷3期
03753　"复辟资本主义"是自己惹的祸／湘明／／＊传记文学1996年68卷6期
03754　刘少奇（1898—1969）／关国煊／／＊民国人物小传第5册第423页
03755　刘少奇（1898—1969）／戴晋新／／＊环华百科全书第7册第209页
03756　中央人民政府副主席刘少奇／＊新中国人物志（上）第15页

刘升三
03757　刘升三／＊革命人物志第15集第290页

刘从云
03758　"刘神仙"的真面目／刘航琛／／＊大成1976年34期
03759　怪人怪事——刘湘的"神仙"军师／江石江／＊中外杂志1976年20卷6期

刘月明
03760　刘月明／＊革命人物志第11集第203页

刘凤章
03761　当代教育先进传略：黄复、时象晋、刘凤章、姚晋圻、李熙／周邦道／／＊湖北文献1976年41期

03762　敬述先伯刘公文卿数事——鄂省教界耆宿儒学宗师风义 / 刘敦勤 // ＊传记文学 1977 年 30 卷 4 期
03763　怀念刘凤章先生 / 徐复观 // ＊传记文学 1981 年 39 卷 4 期
03764　刘凤章(1859—1935) / 周邦道 // ＊近代教育先进传略(初集)第 194 页

刘凤楼
03765　刘凤楼 / ＊革命人物志第 6 集第 453 页

刘文岛
03766　花甲青年刘文岛先生 / 卢中信 // ＊中国一周 1955 年 252 期
03767　首任驻意大使刘文岛 / 吴相湘 // ＊传记文学 1967 年 11 卷 2 期
03768　革命元老刘文岛先生 / 刘文焕 // ＊湖北文献 1967 年 2 期
03769　忆刘尘苏"文岛"先生 / 万耀煌 // ＊湖北文献 1967 年 4 期
03770　刘文岛先生的"得"与"失" / 故乐民 // ＊艺文志 1968 年 33 期
03771　苦学有为的刘文岛 / 沈仪永 // ＊畅流 1968 年 37 卷 7 期
03772　刘文岛(1893—1967) / ＊传记文学 1974 年 24 卷 6 期,＊民国人物小传第 1 册第 259 页
03773　刘文岛内交外务 / ＊湖北文献 1976 年 38 期
03774　悼念中华民国第一位大使刘文岛 / 斐于权 // ＊新万象 1979 年 35 期
03775　刘文岛 / 吴相湘 // ＊民国百人传第 3 册第 163 页
03776　刘文岛 / 万耀煌 // ＊革命人物志第 13 集第 358 页

刘文松
03777　刘文松 / ＊革命人物志第 6 集第 443 页
03778　刘公文松事略 / ＊革命人物志第 6 集第 445 页

刘文典
03779　说刘文典 / 觉　堂 // ＊新生报 1970 年 11 月 12 日
03780　我所知道的刘文典 / 石　佛 // ＊春秋 1964 年 1 卷 1 期
03781　忆刘文典师二三事 / 宋廷琛 // ＊传记文学 1984 年 44 卷 4 期
03782　刘文典 / 刘绍唐主编 // ＊传记文学 1987 年 50 卷 5 期

刘文彦
03783　刘文彦 / 丁惟汾 // ＊革命人物志第 19 集第 280 页

刘文卿
03784　敬述先伯刘公文卿数事——鄂省教界耆宿儒学宗师风义 / 刘敦勤 // ＊传记文学 1977 年 30 卷 4 期

刘文辉
03785　朱德、刘文辉 / 马五先生 // ＊大成 1976 年 33 期
03786　刘文辉(1895—1976) / 关国煊 // ＊传记文学 1981 年 39 卷 2 期,＊民国人物小传第 5 册第 428 页
03787　刘湘、刘文辉叔侄争霸经过及其对国共军力消长的影响 / 屈小强、田原 // ＊传记文学 1995 年 67 卷 3 期
03788　刘文辉与川康的最后一战 / 郭　桐 // ＊国共风云名人录第 4 集第 157 页

刘方矩
03789　刘方矩(1914—1981) / 张　源 // ＊传记文学 1981 年 39 卷 1 期,＊民国人物小传第 5 册第 429 页

刘心田
03790　刘心田 / ＊革命人物志第 11 集第 202 页

刘心武
03791　刘心武重要作品年表 / ＊中国时报 1994 年 1 月 10 日
03792　穿越八十年代——作家自述 / 刘心武 // ＊中国时报 1994 年 1 月 10 日

刘心皇
03793　我生活在这个大时代里 / 刘心皇 // ＊自由谈 1979 年 30 卷 3 期

03794　我在抗战时期的文学活动／刘心皇／／＊文讯月刊1984年7、8期合刊
03795　刘心皇／刘绍唐主编／／＊传记文学1996年68卷4期
03796　刘心皇／舒　兰／／＊抗战时期的新诗作家和作品第113页

刘以芬
03797　刘以芬先生生平事略／张健生／／＊公论报1961年2月10—11日
03798　诗坛耆旧感凋零／林倚楼／／＊畅流1961年23卷5期
03799　怀荔翁、谈钟远／林倚楼／／＊畅流1969年39卷1期
03800　百龄冥诞忆老师——福建大学校长刘以芬的风范／陈　颐／／＊中外杂志1985年37卷4期
03801　记民初国会议员刘以芬先生并追念其哲嗣故监察委员刘永济先生／林可玑／／＊传记文学1987年50卷5期

刘以鬯
03802　刘以鬯年表重要作品年表／＊中国时报1994年1月4日
03803　作家自述：客自香港来／刘以鬯／／＊中国时报1994年1月4日

刘以钟
03804　刘以钟(1889—1918)／周邦道／／＊近代教育先进传略(初集)第343页

刘玉堂
03805　刘玉堂／张难先／／＊革命人物志第6集第374页

刘玉章
03806　常胜将军刘玉章／刘毅夫／／＊黎明文化事业公司1984年12月版224页
03807　戎马五十年(1—14)／刘玉章／＊传记文学1978年33卷1期、1979年33卷1期—35卷5期
03808　八千里路云和月——敬悼刘玉章将军／徐哲甫／／＊中外杂志1981年29卷6期
03809　刘玉章戎马关山／魏汝霖／／＊中外杂志1981年29卷6期
03810　追怀刘玉章将军／王　洁／／＊中外杂志1981年29卷6期
03811　隔洋追念刘玉章／徐思贤／／＊中外杂志1981年30卷1期
03812　刘玉章将军二三事／赵宗鼎／／＊中外杂志1981年30卷1期
03813　百战骁将刘玉章／陈建中／／＊中外杂志1981年30卷2期
03814　盖棺论定刘玉章真乃是英雄虎将／刘毅夫／／＊传记文学1981年38卷6期
03815　刘玉章(1903—1981)／于翔麟／／＊传记文学1981年38卷6期，＊民国人物小传第5册第431页
03816　投笔从戎——刘玉章回忆录之一／＊陕西文献1981年44期
03817　陆军一级上将刘玉章先生哀荣专页／刘毅夫等／／＊陕西文献1981年46期
03818　刘上将玉章先生事功行述(1—5)／张晴光／＊陕西文献1981年47期—1983年53期
03819　一代名将刘玉章将军／魏汝霖／／＊军事杂志1981年49卷10期
03820　刘玉章与团旗——为刘将军逝世三周年而作／黄　杰／／＊传记文学1984年44卷5期
03821　忆勇将刘玉章谈其豪情逸事／蔡孟坚／／＊传记文学1996年69卷3期
03822　刘玉章／＊革命人物志第23集第280页
03823　戎马五十年(节录)／刘玉章／／＊革命人物志第23集第284页
03824　悼念刘玉章将军／谷凤翔／／＊革命人物志第23集第344页

刘玉堤
03825　刘玉堤／黄震遐／／＊中共军人志第601页

刘玉麟
03826　刘玉麟／刘绍唐主编／／＊传记文学1987年50卷3期

刘古香
03827　刘古香／＊革命人物志第6集第372页

刘丕生
03828　刘丕生／＊革命人物志第6集第371页

刘东岩
03829　刘东岩氏一生事略／＊民主潮 1976 年 26 卷 10 期
刘北茂
03830　江阴刘氏三杰：刘半农、刘天华、刘北茂／朱钧侃／／＊传记文学 1999 年 75 卷 5 期
刘白羽
03831　刘白羽／方雪纯等／／＊中共人名录第 610 页
03832　刘白羽／林曼叔等／／＊中国当代作家小传第 58 页
03833　刘白羽／李立明／／＊中国现代六百作家小传第 493 页
刘尔炘
03834　刘尔炘／刘绍唐主编／／＊传记文学 1992 年 61 卷 3 期
03835　刘尔炘(1866—1931)／周邦道／／＊近代教育先进传略(初集)第 333 页
刘尔崧
03836　刘尔崧／刘绍唐主编／／＊传记文学 1992 年 61 卷 3 期
刘半农
03837　刘半农与屠竟山／南　湖／／＊"中央"日报 1962 年 5 月 11 日
03838　江阴二刘侧记／方骥龄／／＊"中央"日报 1966 年 4 月 12 日
03839　刘半农之一生／刘心皇／／自立晚报 1968 年 6 月 28—30 日
03840　刘半农先生和国语学术／王天昌／＊国语日报 1970 年 10 月 3 日
03841　早春的播种者刘半农／瘂　弦／／快报 1974 年 12 月 14 日
03842　记刘半农／郭浩贤／／＊快报 1975 年 12 月 20 日
03843　记刘半农先生／方师铎／／＊传记文学 1963 年 3 卷 3 期
03844　刘　复／陈敬之／＊畅流 1964 年 30 卷 4 期
03845　刘半农与陈西滢／刘凤翰／／＊传记文学 1964 年 5 卷 5 期
03846　刘　复(1891—1934)／传记文学 1973 年 23 卷 1 期，＊民国人物小传第 1 册第 254 页
03847　刘　复／宜　益／＊民主宪政 1976 年 47 卷 10 期
03848　刘半农的面面观／秦贤次／／＊传记文学 1978 年 32 卷 2 期
03849　赵元任与刘半农／周　语／／＊夏声 1983 年 226 期
03850　江阴刘氏三杰：刘半农、刘天华、刘北茂／朱钧侃／／＊传记文学 1999 年 75 卷 5 期
03851　刘　复／赵景深／／＊文人印象第 67 页
03852　刘　复／＊中国近代学人象传初辑第 311 页
03853　刘　复／李立明／／＊中国现代六百作家小传第 489 页
03854　刘　复／陈敬之／＊中国新文学的诞生第 185 页
03855　刘　复／方　青／＊现代文坛百象第 86 页
03856　刘　复／赵　聪／＊现代中国作家列传第 32 页
03857　刘半农(1891—1934)／＊环华百科全书第 7 册第 194 页
刘汉全
03858　刘汉全／刘周少华／／＊革命人物志第 11 集第 253 页
03859　刘一伟、刘汉全／＊革命人物志第 15 集第 288 页
刘汉柏
03860　刘汉柏／＊革命人物志第 11 集第 254 页
刘汉卿
03861　刘汉卿／＊革命人物志第 15 集第 303 页
刘宁一
03862　人民政协代表刘宁一／＊新中国人物志(上)第 231 页
刘永生
03863　福建省人民政府委员——刘永生／＊新中国人物志(上)第 264 页

刘永杰
03864 刘永杰事略 / ＊革命人物志第 11 集第 207 页
刘永济
03865 刘永济(1887—1966) / 关志昌 // ＊传记文学 1985 年 47 卷 6 期
03866 记民初国会议员刘以芬先生并追念其哲嗣故监察委员刘永济先生 / 林可玑 // ＊传记文学 1987 年 50 卷 5 期
刘永福
03867 刘永福历史草 / 罗香林辑 / ＊正中书局 1957 年版
03868 刘永福 / 刘汝锡 // ＊联鸣文化公司 1981 年版 161 页
03869 刘永福传 / 李健儿 / ＊文海出版社 1985 年 244 页,＊文海出版社近代中国史料丛刊续编第三十八辑(总 378)影印本 244 页
03870 黑旗将军刘永福轶事 / 刘岱曦 // ＊畅流 1953 年 7 卷 1 期
03871 民族英雄刘永福 / 逸　名 // ＊畅流 1953 年 8 卷 9 期
03872 黑旗将军刘永福 / 陶英惠 // ＊中兴评论 1958 年 5 卷 11 期
03873 黑旗将军刘永福援台始末 / 李　吾 // ＊春秋 1966 年 4 卷 2 期
03874 纪援台抗日之刘永福 / 陈　彰 // ＊艺文志 1966 年 10 期
03875 刘永福传 / 王宇高 // ＊台湾史馆馆刊 1967 年 2 卷 1 期
03876 民族英雄刘永福 / 陈　彰 // ＊古今谈 1967 年 27 期
03877 刘永福援台始末 / 冠　雄 // ＊畅流 1967 年 35 卷 10、11 期
03878 刘永福与桦山资纪 / 沈　云 // ＊新万象 1976 年 8 期
03879 黑旗将军刘永福 / 王　一 // ＊民主宪政 1976 年 48 卷 1 期
03880 刘永福(1837—1917) / 关国煊、林汉楼 // ＊传记文学 1979 年 34 卷 4 期,＊民国人物小传第 3 册第 322 页
03881 刘永福与抗法战争 / 刘汝锡 // ＊明道文艺 1979 年 44 期
03882 刘永福别传(上、下) / 叶　英 // ＊台南文化 1982 年 14—16 期
03883 刘永福 / 高文怡 // ＊环华百科全书第 7 册第 215 页
刘圣斌
03884 追念刘圣斌先生 / 孙桂籍 // ＊政论周刊 1956 年 79 期
03885 刘圣斌 / ＊革命人物志第 2 集第 441 页
刘驭万
03886 悼刘大使驭万学长 / 李　榦 // ＊传记文学 1966 年 9 卷 1 期
03887 刘驭万先生的生平 / 雷法章 // ＊传记文学 1966 年 9 卷 2 期
03888 刘驭万"激动"逝世周年祭 / 沈仪永 // ＊艺文志 1967 年 21 期
03889 刘驭万 / 雷法章 // ＊革命人物志第 9 集第 373 页
刘亚楼
03890 刘亚楼 / 刘绍唐主编 // ＊传记文学 1999 年 75 卷 1 期
刘西蝶
03891 刘西蝶 / 刘绍唐主编 // ＊传记文学 1987 年 51 卷 5 期
刘百舟
03892 大兵发明家刘百舟 / 松　渔 // ＊"中央"日报 1953 年 3 月 1 日
刘百闵
03893 故友刘百闵兄悼辞 / 钱　穆 // ＊"中央"日报 1968 年 1 月 25、26 日
03894 刘百闵先生传略 / 程沧波 // ＊"中央"日报 1968 年 1 月 28 日
03895 刘百闵 / 程沧波 // ＊革命人物志第 23 集第 410 页
03896 记刘百闵先生 / 阮毅成 // ＊前辈先生第 93 页

刘有光(1)
03897　刘有光／黄震遐／／＊中共军人志第603页
刘有光(2)
03898　刘有光／／＊革命人物志第6集第394页
刘存厚
03899　刘存厚(1885—1960)／关志昌、于翔麟／／＊传记文学1981年38卷2期，＊民国人物小传第5册第434页
03900　刘上将积之小传／申　丙／／＊民国四川人物传记第261页
刘达人
03901　血汗理想勇气与毅力的凝积——记为学术牺牲奉献而终焉底成的刘达人先生／邓景衡／／＊文艺复兴1978年93期
刘成志
03902　交游日记／刘成志／／＊文海出版社1984年版
03903　新民堂日记／刘成志／／＊文海出版社1984年版
刘成禺
03904　刘成禺(1876—1953)／关国煊／／＊传记文学1982年40卷5期，＊民国人物小传第5册第436页
刘成勋
03905　刘成勋(1885—1945)／于翔麟／／＊传记文学1985年47卷5期
刘尧宸
03906　刘尧宸／／＊革命人物志第6集第389页
03907　陆军中将刘君尧宸墓碑(代传)／何　遂／／＊革命人物志第6集第392页
刘师陶
03908　醴陵乡贤刘师陶事略／何元文／／＊湖南文献1975年3卷1期
刘师培
03909　大江南北两刘三(上、下)／陈敬之／／＊畅流1959年18卷12期—19卷1期
03910　记刘师培／醒　呓／／＊畅流1967年35卷12期
03911　刘师培(1884—1919)／／＊传记文学1973年23卷1期，＊民国人物小传第1册第261页
03912　民国史上最早被"诱奸"的文人刘师培／经盛鸿／／＊传记文学1998年72卷2期
03913　刘师培失足成恨／林　斌／／＊中外人物专辑第4辑第91页
03914　刘师培左倾又右倾／吴相湘／／＊民国人和事第96页
03915　刘师培／邵镜人／／＊近代中国史料丛刊续编第九十五辑(总950)・同光风云录第269页
03916　刘师培(1884—1919)／戴晋新／／＊环华百科全书第7册第209页
03917　刘师培纾述／陈钟凡／／＊碑传集三编第8册第1935页
03918　刘君申叔事略／蔡元培／／＊蔡元培全集第673页
刘师舜
03919　出访加拿大回忆／刘师舜／／＊传记文学出版社1972年158页
03920　记外交耆宿刘琴五先生／李超哉／／＊江西文献1968年28期
03921　外交耆宿刘师舜／李超哉／／＊中国一周1968年950期
03922　五十年的一点小小回忆／刘师舜／／＊传记文学1970年16卷4期
03923　出访加拿大回忆(1—4)／刘师舜／／＊传记文学1971年18卷1—4期
刘光炎
03924　我怎样做新闻记者／刘光炎／／＊新生报1950年9月1日
刘光颐
03925　悼念三叔／刘渭平／／＊传记文学1971年18卷6期
刘光藜
03926　刘光藜／／＊革命人物志第11集第209页

刘先胜
03927 刘先胜／黄震遐∥＊中共军人志第603页

刘廷汉
03928 刘廷汉／＊革命人物志第11集第213页

刘廷扬
03929 刘廷扬／＊革命人物志第11集第212页

刘廷芳
03930 悼邓建中兼忆刘廷芳／谢扶雅∥＊传记文学1975年26卷6期
03931 悼念沈宗瀚先生——兼追忆两亡友徐宝谦与刘廷芳／谢扶雅∥＊传记文学1981年38卷5期
03932 刘廷芳（1891—1947）／周邦道∥＊传记文学1983年43卷1期
03933 刘廷芳传略——近代教育先进传略续集稿／周邦道∥＊华学月刊1983年140期
03934 记两广"六一事变"一段未曾公开的内幕——我说服蒋介石先生化解一场内战危机的经过／刘廷芳∥＊传记文学1987年50卷2期
03935 刘廷芳的"内幕"读后／吴相湘∥＊传记文学1987年50卷3期
03936 对刘廷芳、唐德刚"两广事变"大文的补充／张珂∥＊传记文学1987年50卷3期
03937 代刘廷芳先生说几句话（书简）／唐德刚∥＊传记文学1987年50卷5期
03938 对刘廷芳先生大文的一些补充／朱文长∥＊传记文学1987年50卷6期
03939 关于朱经农与刘廷芳两函／唐德刚∥＊传记文学1987年50卷6期
03940 再记晋京谒蒋事／刘廷芳口述、朱文长笔记∥＊传记文学1987年51卷1期
03941 刘廷芳传奇故事的题外话／赵效沂∥＊传记文学1987年51卷6期
03942 刘廷芳／李立明∥＊中国现代六百作家小传第495页

刘廷琛
03943 刘廷琛／刘绍唐主编∥＊传记文学1987年51卷2期
03944 从管学大臣孙家鼐到校长胡适——记百年北京大学前期的二十任十九位负责人／关国煊∥＊传记文学1998年72卷4期
03945 刘廷琛行状／刘希亮∥＊碑传集三编第2册第419页

刘廷蔚
03946 "昆虫博士"刘廷蔚其人其事／罗学濂∥＊传记文学1994年65卷2期

刘伟民
03947 追怀刘伟民先生／李　平等∥＊江西文献1975年82期
03948 刘伟民（1913—1974）／何广棪等∥＊传记文学1979年34卷6期，＊民国人物小传第3册第327页

刘延涛
03949 刘延涛先生人与画／吕佛庭∥＊畅流1959年20卷5期
03950 悼书画名家美髯翁刘延涛——兼记与草圣于右任老的一段师生情谊／麦凤秋∥＊传记文学1999年74卷4期

刘延陵
03951 刘延陵／刘绍唐主编∥＊传记文学1992年60卷5期

刘仲荻
03952 "前总统"府战略顾问刘仲荻将军事略（上、下）／廖学胥∥＊江西文献1967年20期—1968年22期
03953 刘仲荻（1905—1960）／于翔麟∥＊传记文学1983年42卷5期，＊民国人物小传第6册第411页

刘华香
03954 刘华香／黄震遐∥＊中共军人志第628页

刘华清
03955 刘华清／黄震遐∥＊中共军人志第628页

刘行道
03956 达县刘舍人墓志铭／潘梧冈∥＊革命人物志第11集第209页

刘全富
03957 中山先生的警卫——刘全富 / 朱稼轩 // ＊"中央"日报 1956 年 10 月 18 日
刘多荃
03958 刘多荃(1897—1985) / 于翔麟 // ＊传记文学 1985 年 47 卷 4 期
刘庆瑞
03959 悼刘庆瑞教授 / 甘立德 // ＊中华日报 1961 年 9 月 21 日
03960 追念刘庆瑞教授 / 彭明敏 // ＊传记文学 1962 年 1 卷 4 期
刘汝明
03961 刘汝明回忆录 / 刘汝明 // ＊传记文学出版社 1966 年版 191 页
03962 一个行伍军人的回忆(1—18) / 刘汝明 // ＊传记文学 1964 年 5 卷 3 期—1966 年 8 卷 6 期
03963 七七怀刘汝明将军 / 元之桐 // ＊传记文学 1976 年 29 卷 1 期
03964 刘汝明(1895—1975) / 于翔麟 // ＊传记文学 1979 年 34 卷 1 期，＊民国人物小传第 3 册第 325 页
刘兴元
03965 刘兴元 / 黄震遐 // ＊中共军人志第 635 页
刘兴隆
03966 刘兴隆 / 黄震遐 // ＊中共军人志第 635 页
刘宇堂
03967 刘宇堂 / 胡汉民 // ＊革命人物志第 6 集第 395 页
03968 陆军少将独立第二旅旅长刘烈士墓碣铭并序 / 谭延闿 // ＊革命人物志第 6 集第 397 页
03969 刘殿坤 / 刘锦堂 // ＊革命人物志第 11 集第 233 页
03970 宇堂刘烈士传 / 胡汉民 // ＊革命人物志第 11 集第 235 页
刘守中
03971 刘君墓志铭 / 张　继 // ＊革命人物志第 6 集第 380 页
03972 刘守中(1882—1941) / 蒋永敬 // ＊传记文学 1976 年 28 卷 5 期，＊民国人物小传第 2 册第 275 页
03973 关学巨擘革命元老刘守中先生 // ＊陕西文献 1981 年 44 期
03974 刘守中先生事略 / 邹　鲁 // ＊革命人物志第 6 集第 375 页
03975 刘允丞墓表 // ＊革命人物志第 6 集第 382 页
03976 六十自述 / 刘允丞 // ＊革命人物志第 6 集第 384 页
刘安祺
03977 刘安祺 / 刘绍唐主编 // ＊传记文学 1995 年 67 卷 4 期
刘纪文
03978 刘纪文的生平及其他 / 童轩荪 // ＊传记文学 1976 年 34 卷 6 期
03979 刘纪文(1890—1957) / 关国煊 // ＊传记文学 1983 年 43 卷 5 期
刘远凯
03980 刘远凯 / ＊革命人物志第 6 集第 452 页
刘远树
03981 刘远树事略 / ＊革命人物志第 11 集第 257 页
刘攻芸
03982 记侯官刘攻芸先生 / 赵世洵 // ＊传记文学 1980 年 36 卷 2 期
03983 刘攻芸(1900—1973) / 林抱石 // ＊传记文学 1980 年 36 卷 3 期，＊民国人物小传第 4 册第 378 页
刘志丹
03984 刘志丹的故事 / 董均伦 // (香港)新民主出版社 1949 年版 43 页
03985 高岗、饶漱石、刘志丹之死 / 王若望 // ＊传记文学 1994 年 65 卷 6 期
刘志坚
03986 刘志坚 / 黄震遐 // ＊中共军人志第 612 页

刘志陆
03987 刘志陆／刘绍唐主编／／＊传记文学1995年67卷4期
刘声元
03988 刘声元先生传略／李　寰／／＊四川文献1963年8期，＊民国四川人物传记第136页
刘声鹤
03989 刘声鹤／＊革命人物志第12集第433页
刘克强
03990 刘克强／杨志宇／／＊革命人物志第11集第211—212页
刘呐鸥
03991 刘呐鸥其人其事／翁灵文／／＊明报1976年2月10日
03992 刘呐鸥／李立明／／中国现代六百作家小传第495页
刘岐山
03993 刘岐山／＊革命人物志第6集第399页
刘佐人
03994 永怀清芬——刘佐人教授逝世十周年纪念集／＊1979年刊本80页
刘佐龙
03995 刘佐龙／刘绍唐主编／／＊传记文学1996年68卷2期
刘伯仁
03996 刘伯仁／＊革命人物志第6集第400页
刘伯龙
03997 刘伯龙／刘绍唐主编／／＊传记文学1995年66卷5期
刘伯轩
03998 刘伯轩／＊革命人物志第6集第401页
刘伯明
03999 刘伯明（1887—1923）／＊传记文学1974年25卷1期，＊民国人物小传第1册第260页
04000 刘伯明传略／周邦道／／＊华学月刊1976年52期
04001 追忆刘经庶先生／谢扶雅／／＊传记文学1980年37卷1期
04002 刘伯明（1887—1923）／周邦道／／＊近代教育先进传略（初集）第19页
刘伯承
04003 刘伯承／黄震遐／／＊中共军人志第604页
04004 刘伯承／朱新民／／环华百科全书第7册第192页
04005 刘邓与刘邓大军／郭　桐／／＊国共风云名人录第4集第1页
04006 中央人民政府委员、西南军政委员会主席刘伯承／周末报编委会／／＊新中国人物志（上）第137页
刘伯骥
04007 刘伯骥／刘绍唐主编／／＊传记文学1992年60卷4期
04008 刘伯骥／刘伟森／／华侨名人传第438页
刘希平
04009 刘希平／周邦道／／＊近代教育先进事略（初集）第127页
刘亨云
04010 刘亨云／黄震遐／／＊中共军人志第615页
刘宏扬
04011 刘宏扬／＊革命人物志第6集第401页
刘启明
04012 刘启明事略／文守仁／／＊四川文献1968年73期

刘启斌
04013　刘启斌／＊革命人物志第 11 集第 231 页
刘启瑞
04014　读刘启瑞先生《六十一自述》／敬　园／／＊畅流 1959 年 20 卷 9 期
04015　刘启瑞(1900—1974)／刘国瑞／／＊传记文学 1975 年 27 卷 2 期，＊民国人物小传第 2 册第 278 页
04016　刘启瑞／＊革命人物志第 15 集第 300 页
04017　总报告专家刘启瑞／乔家万／＊戴笠将军和他的同志(1)第 328 页
刘纯仁
04018　刘纯仁／＊革命人物志第 6 集第 417 页
刘其光
04019　刘其光／周邦道／／＊近代教育先进传略(初集)第 218 页
刘若愚
04020　怀念刘若愚教授／罗郁正／／＊传记文学 1987 年 50 卷 6 期
刘茂恩
04021　风起云扬忆中原／刘茂恩／／＊中原文献 1981 年 13 卷 3 期，＊艺文志 1981 年 184—187 期
04022　刘茂恩(1898—1981)／刘凤翰、于翔麟／／＊传记文学 1981 年 39 卷 1 期，＊民国人物小传第 5 册第 440 页
04023　刘茂恩／＊革命人物志第 23 集第 348 页
刘英士
04024　刘英士年表(上、下)／秦贤次／／＊传记文学 1987 年 50 卷 4、5 期
刘雨卿
04025　生活回忆／刘雨卿／／＊四川文献 1966 年 41 期
04026　刘雨卿(1892—1970)／于翔麟／／＊传记文学 1983 年 42 卷 5 期、民国人物小传第 6 册第 413 页
04027　刘雨卿／周开庆／／＊民国四川人物小传第 320 页，＊革命人物志第 17 集第 320 页
刘转连
04028　刘转连／黄震遐／／＊中共军人志第 639 页
刘贤权
04029　刘贤权／黄震遐／／＊中共军人志第 631 页
刘尚清
04030　刘尚清(1868—1945)／黄兴华／＊传记文学 1980 年 37 卷 2 期，＊民国人物小传第 4 册第 380 页
刘昆涛
04031　民初湖南革命军人刘昆涛／少　翁／／＊春秋 1976 年 24 卷 1 期
刘国用
04032　刘国用／谢右军等／／＊革命人物志第 17 集第 328 页
刘国运
04033　记空军上将刘国运先生／谢念湘／／＊湖南文献 1978 年 6 卷 3 期，＊革命人物志第 20 集第 262 页
04034　刘国运上将传略／谢力中／／＊传记文学 1987 年 51 卷 4 期
04035　从交长刘兆玄政声追念乃父刘国运将军战功与冤屈／蔡孟坚／／＊传记文学 1996 年 69 卷 2 期
刘国栋
04036　刘烈士国栋传略／＊川籍抗战忠烈录第 106 页
刘国钧
04037　刘国钧／刘绍唐主编／／＊传记文学 1996 年 69 卷 2 期
刘昌毅
04038　刘昌毅／黄震遐／／＊中共军人志第 619 页
刘明德
04039　刘明德／＊革命人物志第 11 集第 215 页

刘牧群
04040 刘牧群 / ＊革命人物志第 20 集第 258 页

刘和鼎
04041 刘和鼎（1895—1969）/ 于翔麟 // ＊传记文学 1985 年 46 卷 4 期

刘季洪
04042 访刘季洪校长 / 胡有瑞 // ＊"中央"日报 1965 年 5 月 19 日
04043 政治大学回忆记略（上、下）/ 刘季洪 // ＊江苏文献 1978 年 6—7 期
04044 刘季洪 / 刘绍唐主编 // ＊传记文学 1995 年 66 卷 6 期
04045 教育家刘校长季洪先生 / 徐有守 // ＊政治大学第 103 页
04046 刘季洪 / ＊环华百科全书第 7 册第 203 页

刘秉哲
04047 刘秉哲 / ＊革命人物志第 12 集第 418 页

刘岳耀
04048 刘岳耀 / ＊革命人物志第 11 集第 259 页

刘依钧
04049 刘依钧 / ＊革命人物志第 18 集第 296 页

刘金轩
04050 刘金轩 / 黄震遐 // ＊中共军人志第 617 页

刘学询
04051 漫谈湖上两异人（刘学询）/ 吴柳梧 // ＊畅流 1968 年 37 卷 4 期

刘宝全
04052 《刘宝全画像》补记 / 张佛千 // ＊传记文学 1996 年 69 卷 5 期
04053 刘宝全 / 胡逊园 // ＊贤不肖列传第 152 页

刘宗宽
04054 中共地下党在重庆布下的闲棋冷子——国军少将刘宗宽居"解放西南第一功" / 石湾 // ＊传记文学 1994 年 65 卷 4 期

刘宜良
04055 刘宜良 / 刘绍唐主编 // ＊传记文学 1994 年 65 卷 2 期

刘建挺
04056 刘建挺 / 黄震遐 // ＊中共军人志第 623 页

刘建绪
04057 刘建绪（1892—1978）/ 于翔麟 // ＊传记文学 1980 年 37 卷 4 期，民国人物小传第 4 册第 381 页

刘居英
04058 刘居英 / 黄震遐 // ＊中共军人志第 618 页

刘承瑞
04059 刘承瑞 / 苗启平 // ＊革命人物志第 15 集第 291 页
04060 刘烈士承瑞殉难事略 / 苗启平 // ＊革命人物志第 15 集第 292 页

刘孟廉
04061 刘孟廉 / ＊革命人物志第 12 集第 419 页

刘绍文
04062 刘绍文 / 黄震遐 // ＊中共军人志第 623 页

刘春溪
04063 刘春溪 / ＊革命人物志第 11 集第 220 页

刘珍年
04064 忆说"胶东王"刘珍年 / 刘一青 // ＊中外杂志 1981 年 29 卷 5 期

刘荩章
04065 刘荩章 / 刘绍唐主编 // ＊传记文学 1998 年 73 卷 5 期
刘迺仁
04066 刘迺仁（1904—1975）/ 陈嘉骧 // ＊传记文学 1975 年 27 卷 5 期，＊民国人物小传第 2 册第 276 页
刘奎基
04067 刘奎基 / 黄震遐 // ＊中共军人志第 619 页
刘咸荣
04068 刘咸荣事略 / 文守仁 // ＊民国四川人物传记第 234 页
刘显世
04069 刘显世任贵州督军始末记 / 张镜影 // ＊中外杂志 1976 年 20 卷 5 期
04070 刘显世（1870—1927）/ 关志昌 // ＊传记文学 1985 年 46 卷 1 期
刘星涵
04071 刘星涵 / 蔡屏藩 // ＊革命人物志第 11 集第 219 页
刘思复
04072 刘思复和他的思想 / 郑学稼 // ＊中华杂志 1965 年 3 卷 12 期
刘思裕
04073 刘思裕 / 刘振先 // ＊革命人物志第 11 集第 220 页
刘思源
04074 刘思源 / 贾士毅 // ＊民国初年的几任财政总长第 89 页
刘思慕
04075 刘思慕 / 刘绍唐主编 // ＊传记文学 1992 年 60 卷 6 期
刘秋甫
04076 刘秋甫 / 赵汉特 // ＊革命人物志第 11 集第 218 页
刘复基
04077 开国前夕的武昌三烈士——刘复基、彭楚藩、杨宏胜 / ＊新闻报 1970 年 10 月 10 日
04078 武昌首义殉难彭、刘、杨三烈士列传 / 张镜影 // ＊革命人物志第 6 集第 154 页
04079 刘复基 / 章裕昆 // ＊革命人物志第 6 集第 428 页
刘保罗
04080 刘保罗 / 李立明 // ＊中国现代六百作家小传第 496 页
刘侯武
04081 悼念两广监察使刘侯武 / 戎马书生 // ＊大成 1975 年 23 期
04082 刘侯武（1892—1975）/ 关志昌 // ＊传记文学 1980 年 36 卷 3 期，＊民国人物小传第 4 册第 384 页
刘衍淮
04083 刘故教授博士传略（1927—1982）/ ＊大气科学 1983 年 10 期
04084 我服膺气象学五十五年 / 刘衍淮 // ＊大气科学 1983 年 10 期，＊传记文学 1983 年 43 卷 1 期
刘剑如
04085 金里仁与刘剑如（书简）/ 王绍齐 // ＊传记文学 1987 年 51 卷 4 期
刘恺钟
04086 刘恺钟先生行谊略述 / 刘陈兰心 // ＊江西文献 1966 年 4 期，＊革命人物志第 11 集第 247 页
刘炳彦
04087 刘炳彦 / 黄震遐 // ＊中共军人志第 746 页
刘炳藜
04088 刘炳藜 / 夏寿华 // ＊革命人物志第 6 集第 415 页
刘养愚
04089 烈士刘养愚事略 / 彦　实 // ＊革命人物志第 11 集第 257 页

刘冠三
04090　刘冠三 / 刘绍唐主编 // *传记文学 1996 年 68 卷 3 期
04091　刘冠三 / 丁惟汾 // *革命人物志第 17 集第 342 页
刘结挺
04092　刘结挺 / 黄震遐 // *中共军人志第 629 页
刘耕畲
04093　刘耕畲 / *革命人物志第 6 集第 412 页
04094　刘耕畲烈士传略 / 刘炳昧 // *革命人物志第 6 集第 414 页
刘耿一
04095　迷雾里的刘耿一传奇 / 陆蓉之 // *中国时报 1993 年 12 月 15 日
刘桂五
04096　刘桂五 / 刘素贞 // *革命人物志第 6 集第 420 页
刘桂棠
04097　黑道奇才刘桂棠传奇 / 胡旦旦 // *艺文志 1975 年 119 期
刘振东
04098　刘振东 / 刘绍唐主编 // 传记文学 1987 年 51 卷 6 期
刘振策
04099　刘振策先生传略 / *"中央"日报 1950 年 2 月 5 日
刘晖堂
04100　刘晖堂 / *革命人物志第 11 集第 239 页
刘健群
04101　银河忆往 / 刘健群 // *传记文学杂志社 1966 年版 257 页
04102　艰困少年行 / 刘健群 // *商务印书馆印行 404 页
04103　我与宋哲元将军的几次交往 / 刘健群 // *传记文学 1962 年 1 卷 3 期
04104　我与龙云(上,下) / 刘健群 // *传记文学 1962 年 1 卷 6、7 期
04105　学潮回忆有感 / 刘健群 // 传记文学 1964 年 4 卷 6 期
04106　忆选举思故乡(上、下) / 刘健群 // 传记文学 1966 年 8 卷 6 期—9 卷 1 期
04107　我在北平 / 刘健群 // *中外杂志 1969 年 6 卷 2 期
04108　刘健群先生二三事 / 倪抟九 // *中外杂志 1972 年 11 卷 5 期
04109　追思刘健群并释"蓝衣社" / 干国勋 // *传记文学 1972 年 21 卷 3 期
04110　刘健群(1902—1972) / 曾克明、张　珂 // *传记文学 1975 年 27 卷 5 期, *民国人物小传第 2 册第 279 页, *革命人物志第 20 集第 264 页
04111　回忆刘健群先生与我的一段往事 / 宣介溪 // *传记文学 1985 年 47 卷 4 期
刘航琛
04112　刘航琛先生访问记录 / 沈云龙等访问,张朋园、刘凤翰记录 // *"中央"研究院近代史研究所 1990 年 288 页
04113　戎幕半生(附自定年谱) / 刘航琛口述、章君谷执笔 // *文海出版社近代中国史料丛刊续编第四十九辑(总 489 辑)影印本 316 页
04114　财经长才刘航琛 / 马五先生 // *大成 1976 年 32 期
04115　刘航琛的生平 / 周开庆 // *中外杂志 1976 年 19 卷 6 期, *革命人物志第 15 集第 295 页
刘浩天
04116　刘浩天 / 黄震遐 // *中共军人志第 620 页
刘海粟
04117　徐悲鸿与刘海粟的笔墨官司 / 林　熙 // *大成 1979 年 62 期
04118　刘海粟生平年表 / 吕理尚 // *雄狮美术 1981 年 128 期

04119 "艺术叛徒"刘海粟 / 关国煊 // *传记文学 1994 年 65 卷 6 期
04120 刘狮自述与其九叔刘海粟的叔侄情 / 刘　狮 // *传记文学 1999 年 74 卷 1 期
04121 刘海粟 / 廖雪芳 // *环华百科全书第 7 册第 201 页

刘涤平
04122 刘涤平 / *革命人物志第 11 集第 232 页

刘家麟
04123 刘家麟 / *革命人物志第 12 集第 42 页

刘培初
04124 北伐前后琐忆 / 刘培初 // *艺文志 1966 年 10—11 期
04125 六战区党政总队工作的一番回味 / 刘培初 // *艺文志 1968 年 29 期
04126 民运长才刘培初 / 乔家才 // *戴笠将军和他的同志第 1 集第 165 页

刘培绪
04127 刘培绪 / 刘绍唐主编 // *传记文学 1992 年 61 卷 1 期

刘培善
04128 刘培善 / 黄震遐 // *中共军人志第 621 页

刘培源
04129 刘培源 / 丁惟汾 // *革命人物志第 20 集第 260 页

刘著录
04130 刘著录 / *革命人物志第 6 集第 442 页

刘梦苇
04131 刘梦苇 / 李立明 // *中国现代六百作家小传第 498 页
04132 刘梦苇 / 舒　兰 // *北伐前后新诗作家作品第 227 页
04133 新月诗派及作者列传:刘梦苇 / 秦贤次 // *诗学第 2 辑第 403 页

刘梅五
04134 刘梅五 / *革命人物志第 11 集第 221 页

刘梅村
04135 刘梅村 / 黄震遐 // *中共军人志第 626 页

刘梅卿
04136 刘梅卿传 / 梅乔林 // *中华日报 1955 年 3 月 29 日，*革命人物志第 11 集第 222 页
04137 卓国华与刘梅卿革命奇缘 / 吴澄飞 // *艺文志 1967 年 19 期

刘盛莲
04138 富连成点将录(上)——花旦台柱刘盛莲 / 齐　崧 // *传记文学 1975 年 26 卷 5 期

刘雪庵
04139 "何日君再来"作者刘雪庵 / 姜成涛 // *传记文学 1987 年 51 卷 1 期
04140 震撼山城功在抗战的作曲家刘雪庵先生 / 杨鸿义 // *传记文学 1998 年 72 卷 1 期

刘鸿生
04141 火柴大王刘鸿生的盛衰史 / 毕如椽 // *艺文志 1978 年 138 期
04142 刘鸿生(1888—1956) / 关国煊 // *传记文学 1983 年 42 卷 3 期，*民国人物小传第 6 册第 425 页

刘鸿声
04143 我所知道的刘鸿声 / 徐兰沅 // *大成 1978 年 58 期

刘惕庐
04144 忆先师刘惕庐先生 / 戴　月 // *湖北文献 1978 年 46 期

刘维华
04145 刘维华 / *革命人物志第 11 集第 256 页

刘维信
04146 刘维信 / 毕忘忧 // *革命人物志第 12 集第 434 页

刘维炽
04147 刘维炽／刘绍唐主编／／＊传记文学1995年67卷6期

刘绵训
04148 刘绵训传／邹　鲁／／＊革命人物志第6集第456页

刘超寰
04149 刘超寰／刘绍唐主编／／＊传记文学1997年71卷4期

刘博平
04150 忆刘博平先生／殷正慈／／＊学府纪闻·国立武汉大学第154页

刘揆一
04151 刘揆一传／张益弘／／＊传记文学1982年第41卷2期，＊湖南文献1983年11卷1期，＊革命人物志第23集第360页
04152 刘揆一(1878—1950)／关国煊／／＊传记文学1984年44卷1期，＊民国人物小传第6册第414页

刘棠瑞
04153 刘棠瑞博士访谒记／周渊博／／＊江西文献1976年84期
04154 刘棠瑞／＊环华百科全书第7册第198页

刘景山
04155 介绍刘景山先生自撰回忆录稿／凌鸿勋／／＊传记文学1976年28卷4期
04156 刘景山自选回忆录(1—5)／刘景山／／＊传记文学1976年29卷3期—1977年30卷1期

刘景熙
04157 刘景熙先生传略——近代教育先进传略续集稿之一／周邦道／／＊江西文献1981年105期

刘铸伯
04158 刘铸伯／刘绍唐主编／／＊传记文学1992年60卷3期

刘阔才
04159 刘阔才／刘绍唐主编／／＊传记文学1993年63卷3期

刘善本
04160 刘善本／黄震遐／／＊中共军人志第629页

刘善祥
04161 刘善祥／＊革命人物志第6集第427页

刘善富
04162 刘善富／黄震遐／／＊中共军人志第637页

刘尊棋
04163 老报人、老党员刘尊棋坎坷路／恽　劳／／＊传记文学1995年67卷6期
04164 刘尊棋／刘绍唐主编／／＊传记文学1999年74卷4期

刘道一
04165 刘道一烈士殉难事／蛰　仙／／＊湖南文献1975年3卷2期
04166 为中国革命牺牲的第一位留学生——刘道一烈士／心　园／／＊今日中国1976年60期
04167 留学生中为革命牺牲的第一人——记刘道一烈士／刘本炎／／＊湖南文献1980年8卷3期
04168 刘道一传／湖南文献1980年8卷3期
04169 刘道一／＊革命人物志第6集第435页
04170 刘烈士道一像赞／黄季刚／／＊黄季刚诗文钞第28页

刘道元
04171 研究 写作 发展——公教五十年(在台湾学术研究部分)／刘道元／／＊中山学术文化集刊1978年22期
04172 大学教授与大学行政／刘道元／／＊中山学术文化集刊1979年24期

刘道生
04173 刘道生／黄震遐／／＊中共军人志第627页

刘湛恩

04174 先夫刘湛恩先生的死 / 刘王立明 // （香港）中华妇女节制协会 1939 年版 191 页

04175 当代教育先进传略：程发轫、刘湛恩 / 周邦道 // *湖北文献 1977 年 44 期

04176 刘湛恩（1895—1938） / 关国煊 // *传记文学 1985 年 46 卷 6 期

04177 刘湛恩（1896—1938） / 周邦道 // 近代教育先进传略（初集）第 200 页

刘瑞恒

04178 近五十年来几位军医先进 / 陈 韬 // *传记文学 1982 年 40 卷 2 期

04179 刘瑞恒医学博士其人其事 / 杨文达 // *传记文学 1984 年 45 卷 1 期

刘照祥

04180 刘照祥 / *革命人物志第 6 集第 439 页

刘锡五

04181 柳堂自传 / 刘锡五 // *民主宪政杂志社 1975 年版 161 页

04182 刘锡五先生行状述要 / 曹立清 // *中原文献 1978 年 10 卷 12 期

04183 刘锡五 / 刘绍唐主编 // *传记文学 1997 年 71 卷 3 期

刘锡镐

04184 刘锡镐 / *革命人物志第 6 集第 477 页

刘锦平

04185 刘锦平 / 黄震遐 // *中共军人志第 637 页

刘锦藻

04186 刘锦藻行状 / 吴郁生 // *碑传集第 3 集第 9 册第 2137 页

刘廉一

04187 刘廉一 / 刘绍唐主编 // *传记文学 1995 年 67 卷 5 期

刘廉克

04188 刘国策顾问廉克先生传 / 栗 直 // *中国边政 1979 年 65—66 期

04189 刘廉克 / 漠 南 // *革命人物志第 18 集第 298 页

刘溥霖

04190 刘溥霖 / 刘绍唐主编 // *传记文学 1996 年 68 卷 3 期

04191 刘溥霖 / *革命人物志第 11 集第 240 页

刘殿华

04192 刘殿华 / 郭易堂 // *革命人物志第 17 集第 329 页

刘韵章

04193 刘韵章 / 颜文雄 // *中国一周 1966 年 865 期

刘静庵

04194 普渡众生为己任的刘静庵烈士 / 心 园 // *今日中国 1976 年 61 期

04195 刘静庵 / 姚渔湘 // *革命人物志第 6 集第 460 页

04196 刘静庵传 / 欧阳瑞骅 // *革命人物志第 6 集第 470 页

04197 烈士刘静庵先生墓碑 / 张难先 // *革命人物志第 6 集第 465 页

刘粹刚

04198 刘粹刚 / *革命人物志第 6 集第 449 页

刘粹轩

04199 刘粹轩 / 蔡屏藩 // *革命人物志第 11 集第 255 页

刘镇华

04200 刘镇华与镇嵩军 / 刘凤翰 // *传记文学 1965 年 6 卷 2 期

04201 刘镇华（1882—1955） / 于翔麟 // *传记文学 1979 年 34 卷 6 期，*民国人物小传第 3 册第 328 页

刘德才

04202 刘德才 / 黄震遐 // *中共军人志第 634 页

刘德义
04203　刘德义 / 颜文雄 // *中国一周 1966 年 847 期
刘德全
04204　刘德全 / 唐子安 // *革命人物志第 12 集第 435 页
刘德荣
04205　刘德荣 / *革命人物志第 11 集第 259 页
刘澜涛
04206　刘澜涛 / 刘绍唐主编 // *传记文学 1998 年 72 卷 3 期
刘燕当
04207　刘燕当 / 颜文雄 // *中国一周 1966 年 855 期
刘翰东
04208　刘翰东(1894—1950) / 于翔麟 // *传记文学 1984 年 45 卷 2 期
刘懋功
04209　刘懋功 / 黄震遐 // *中共军人志第 638 页
刘懋德
04210　刘懋德 / *革命人物志第 6 集第 475 页
刘翼飞
04211　刘翼飞 / 刘绍唐主编 // *传记文学 1993 年 63 卷 3 期
刘耀勋
04212　刘耀勋 / *革命人物志第 11 集第 264 页
刘王立明
04213　王立明(1896—1970) / 关国煊 // *传记文学 1985 年 46 卷 6 期
羊　枣
04214　杨　潮(1900—1946) / 关志昌 // *传记文学 1985 年 46 卷 4 期
04215　羊　枣 / 李立明 // *中国现代六百作家小传第 96 页
关　汉
04216　开国元老关仁甫 / 凌　冰 // *广东文献 1983 年 13 卷 3 期
04217　关　汉 / *革命人物志第 23 集第 483 页
04218　开国元老关仁甫先生传记 / 斗　士 // *革命人物志第 23 集第 487 页
关　良
04219　访沈柔坚、关良、吕蒙、唐云、程十发 / 莫一点 // *明报月刊 1980 年 15 卷 3 期
04220　关　良 / 廖雪芳 // *环华百科全书第 8 册第 458 页
关　露
04221　关　露 / 刘绍唐主编 // *传记文学 1995 年 67 卷 2 期
04222　从胡均鹤想到关露 / 尹　骐 // *传记文学 1995 年 66 卷 2 期
关山月
04223　张大千、赵少昂和关山月的一段画缘 / 寒　山 // *明报月刊 1983 年 18 卷 10 期
关吉玉
04224　怀念辽阳关吉玉兄 / 董彦平 // *传记文学 1976 年 29 卷 4 期
04225　关吉玉(1899—1975) / 王盛涛 // *传记文学 1978 年 32 卷 5 期，*民国人物小传第 3 册第 378 页
关向应
04226　关向应 / 刘绍唐主编 // *传记文学 1993 年 62 卷 2 期
关颂声
04227　热心体育的关颂声 / 李　迪 // *中华日报 1956 年 8 月 2 日
04228　记马伯乐——关颂声 / 苏玉珍 // *"中央"日报 1956 年 9 月 7 日

04229 关颂声的生平 / 陈生益 // *中华日报 1960 年 11 月 28 日
04230 关颂声先生的一生 / 汪清澄 // *中华日报 1960 年 12 月 2 日
04231 田径界之父关颂声 / 苏玉珍 // *"中央"日报 1961 年 11 月 27 日
04232 关颂声 / 刘绍唐主编 // *传记文学 1998 年 73 卷 2 期

关梦觉
04233 关梦觉 / 刘绍唐主编 // *传记文学 1992 年 61 卷 6 期

关景良
04234 关景良 / 刘绍唐主编 // *传记文学 1997 年 71 卷 6 期

关蕙农
04235 关蕙农 / 刘绍唐主编 // *传记文学 1996 年 68 卷 5 期

关德兴
04236 演黄飞鸿四十年不衰的关德兴 / 关国煊 // *传记文学 1996 年 69 卷 3 期

关德懋
04237 烽火柏林的外交生活 / 关德懋 // *传记文学 1976 年 28 卷 3 期
04238 秦陇思旧录(上、下) / 关德懋 // *传记文学 1980 年 36 卷 1、2 期

关耀洲
04239 关耀洲 / 栗 直 // *革命人物志第 18 集第 406 页

关麟征
04240 抗日名将关麟征 / 张赣萍 // (香港)宇宙出版社 1969 年版 257 页
04241 关麟征遗恨昆明 / 卢 辛 // *春秋 1965 年 2 卷 1 期
04242 古北口之战与黄杰、关麟征 / 李诚毅 // *春秋 1966 年 5 卷 2 期
04243 忆关麟征 / 黄 尚 // *新万象 1979 年 43 期
04244 悼关雨东将军 / 黄 杰 // *传记文学 1980 年 37 卷 3 期, 陕西文献 1980 年 43 期, *革命人物志第 23 集第 496 页
04245 关麟征(1906—1980) / 关国煊、于翔麟 // *传记文学 1980 年 37 卷 3 期, *民国人物小传第 4 册第 423 页
04246 悼关雨东、戴海鸥两将军 / 梁 恺 // *传记文学 1980 年 37 卷 5 期
04247 悼抗日名将惋念关麟征 / 王禹廷 // *传记文学 1980 年 37 卷 6 期, 陕西文献 1981 年 44 期
04248 悼念关麟征将军 / 张晴光 // *传记文学 1980 年 37 卷 6 期
04249 "猛将"关麟征的一生 / 戎马书生 // *陕西文献 1980 年 43 期, *大成 1980 年 82 期
04250 鄠县关麟征将军小传 / 刘绍唐 // *陕西文献 1980 年 43 期
04251 关麟征将军传记(1—7) / 张赣萍 // *艺文志 1981 年 187—193 期
04252 追怀关麟征校长 / 刘 尊 // *中外杂志 1981 年 29 卷 6 期
04253 忆关麟征将军 / 黄 尚 // *陕西文献 1981 年 44 期
04254 我所知道的关麟征将军 / 张晴光 // *陕西文献 1981 年 45 期
04255 关麟征(1905—1980) / 刘绍唐 // *革命人物志第 23 集第 1493 页

米义山
04256 米义山 / 王兆鸿 // *革命人物志第 2 集第 97 页
04257 米义山先生行状 / 丁惟汾 // *革命人物志第 2 集第 99 页
04258 米义山自述参加庚子惠州工作大略记 // *革命人物志第 2 集第 100 页

米文和
04259 米文和 / 刘绍唐主编 // *传记文学 1997 年 71 卷 1 期

冰 心
04260 冰心小传 / 李立明 // *星岛日报 1976 年 9 月 16 日
04261 胡适与冰心 / 黄艾仁 // *传记文学 1995 年 66 卷 6 期

04262　百岁女作家谢冰心的一生／关国煊∥﹡传记文学1999年74卷4期
04263　追念冰心女士／赵淑敏∥﹡传记文学1999年74卷4期
04264　以《寄小读者》饮誉文坛百岁女作家谢冰心／关国煊∥﹡传记文学1999年74卷5期
04265　冰心晚年的一封信／李韦∥﹡传记文学1999年74卷6期
04266　梁实秋与冰心／克亮∥﹡传记文学1999年75卷2期
04267　忆冰心／梁实秋∥﹡看云集第31页

江　文
04268　江　文／黄震遐∥﹡中共军人志第67页

江　枃
04269　江　枃(1900—1981)／林抱石∥﹡传记文学1981年39卷1期，﹡民国人物小传第5册第62页
04270　江　枃／﹡革命人物志第21集第109页

江　青
04271　江青与大陆文艺界／习而思∥（香港）明报月刊社1981年210页
04272　江青外史／魏绍昌∥（香港）中原出版社1986年7月100页
04273　江青在上海滩／叶永烈∥（香港）明星出版社1988年206页
04274　江青怎样在医院吊颈自杀／安宫仁∥﹡传记文学1993年62卷4期
04275　江青与维特克／张颖∥﹡传记文学1995年67卷2—6期、1996年68卷1、2期
04276　江青如何在维特克面前塑造自己／Ross Terril原作、王莹译∥﹡传记文学1995年67卷2期
04277　辩护律师秦城监狱访江青／马龄国∥﹡传记文学1995年67卷3期
04278　"四人帮"中的二位舍亲／姚克∥﹡传记文学1996年69卷3期
04279　江　青／朱新民∥﹡环华百科全书第11册第532页

江　枫
04280　江　枫／黄震遐∥﹡中共军人志第70页

江　涛
04281　湖北汉川江涛先生生平事略／﹡湖北文献1976年39期

江　庸
04282　江　庸(1877—1960)／关国煊∥﹡传记文学1979年34卷4期，﹡民国人物小传第3册第30页

江　谦
04283　江谦传略(1876—1942)／周邦道∥﹡中外杂志1975年18卷5期，﹡近代教育先进传略(初集)第134页
04284　江　谦(1876—1942)／郑孝颍∥﹡传记文学1985年46卷6期

江一平
04285　江一平／﹡革命人物志第12集第33页

江文也
04286　还江文也应有的历史地位——悼念一位半生蒙尘的杰出音乐家／周凡夫∥﹡中报月刊1984年49期
04287　江文也盖棺论定／﹡音乐与音响1984年128期
04288　江文也／刘绍唐主编∥﹡传记文学1987年51卷3期

江亢虎
04289　洪水猛兽江亢虎／王成圣∥﹡中外杂志1976年20卷4、5期
04290　善变的政客江亢虎／王炳毅∥﹡传记文学1996年69卷6期
04291　江亢虎(1883—1954)／关国煊∥﹡民国人物小传第3册第32页
04292　江亢虎／吴相湘∥﹡民国百人传第3册第55页
04293　江亢虎与中国社会党／吴相湘∥﹡民国政治人物第1集第145页

江心美
04294　江心美／颜文雄∥﹡中国一周1966年845期

江民风
04295　江民风／黄震遐∥﹡中共军人志第750页
江光国
04296　江光国／张难先∥﹡革命人物志第2集第89页
江兆申
04297　江兆申／刘绍唐主编∥﹡传记文学1996年69卷3期
江志伊
04298　江志伊(1859—1929)／周邦道∥﹡近代教育先进传略(初集)第128页
江良规
04299　怀江良规教授／康　侨∥﹡中外杂志1971年10卷1期
04300　江良规博士逝世十周年特辑／徐　亨等∥﹡中外杂志1977年22卷1期
04301　怀念江良规兄／韦从序∥﹡中外杂志1977年22卷2期
04302　江良规(1914—1968)／关志昌∥﹡传记文学1978年33卷3期，﹡民国人物小传第3册第35页，﹡革命人物志第22集第32页
04303　悼良规／朱文长∥﹡革命人物志第22集第34页
04304　永念良规兄／刘　真∥﹡革命人物志第22集第36页
江雨涵
04305　江雨涵／﹡革命人物志第1集第384页
04306　阜宁臧在新、江雨涵、伏龙、顾锡九四烈士殉难事略／﹡革命人物志第9集第337页
江国栋
04307　江国栋／﹡革命人物志第1集第385页
江学珠
04308　献身教育半世纪的江学珠校长／胡有瑞∥﹡"中央"日报1971年2月21日
04309　怀念江学珠校长／乐以纯∥﹡"中央"日报1971年3月7日
04310　江学珠女士为教育而奉献／李德安∥﹡当代名人风苑(3)第887页
江春霖
04311　江春霖纠弹袁世凯／沈云龙∥﹡近代史事与人物第139页
04312　江春霖(1855—1918)墓志铭／林　纾∥﹡碑传集三编第3册第643页
江显荣
04313　江显荣／﹡革命人物志第2集第92页
江屏藩
04314　江屏藩／林　森∥﹡革命人物志第2集第91页
江逢治
04315　江逢治(1891—1930)／周邦道∥﹡近代教育先进传略(初集)第379页
江继复
04316　江继复／邹　鲁∥﹡革命人物志第1集第387页
04317　江继复、曾日全／眭云章∥﹡革命人物志第14集第139页
江雪山
04318　江雪山／黄震遐∥﹡中共军人志第68页
江辅庭
04319　江辅庭／颜文雄∥﹡中国一周1967年897期
江超西
04320　难忘的晚餐——忆以"伯仁"视我的江超西教授／方根寿∥﹡中外杂志1975年18卷4期
04321　忆浙大往事——怀江超西教授／方根寿∥﹡中外杂志1981年30卷2期
04322　也谈科技奇才江超西／陈雯禧∥﹡中外杂志1981年30卷4期

江朝宗
04323 江朝宗(1861—1943) / 关国煊 // *传记文学 1985 年 46 卷 6 期
04324 代理国务总理江朝宗 / 赵朴民 // *北洋政府国务总理列传第 187 页

江渭清
04325 江渭清 / 黄震遐 // *中共军人志第 69 页

江腾蛟
04326 江腾蛟 / 黄震遐 // *中共军人志第 72 页

江拥辉
04327 江拥辉 / 黄震遐 // *中共军人志第 70 页

江燮元
04328 江燮元 / 黄震遐 // *中共军人志第 73 页

池步洲
04329 池步洲对国家的贡献及其劳改生活 / 李一匡 // *传记文学 1997 年 71 卷 6 期

池峰城
04330 池峰城 / 刘绍唐主编 // *传记文学 1993 年 63 卷 3 期

汤平
04331 汤 平 / 黄震遐 // *中共军人志第 454 页

汤武
04332 汤武传志 / 汤成锦 // *传记文学 1976 年 29 卷 3 期

汤垚
04333 国民党在大陆撤守前最后一张王牌——汤垚自述从临危受命到被俘经过 / 汤垚口述 // *传记文学 1993 年 63 卷 6 期

汤皋
04334 汤 皋 / *革命人物志第 11 集第 147 页

汤叡
04335 汤 叡(1878—1916) / 姚崧龄 // *传记文学 1974 年 25 卷 5 期，*民国人物小传第 1 册第 204 页

汤元吉
04336 汤元吉先生传略 / 沈祖馨 // *传记文学 1994 年 65 卷 1 期
04337 追忆汤元吉先生——书《汤元吉先生传略》后 / 严演存 // *传记文学 1994 年 65 卷 1 期
04338 《汤元吉先生传略》补遗 / 沈祖馨 // *传记文学 1994 年 65 卷 2 期
04339 汤元吉 / 刘绍唐主编 // *传记文学 1996 年 69 卷 6 期

汤化龙
04340 蕲水汤先生遗念录 / *文海出版社近代中国史料丛刊续编第二十六辑(总 252)影印本第 122 页
04341 汤化龙及其悼亡诗 / 耘 农 // *"中央"日报 1962 年 8 月 21 日，*近代史事与人物第 161 页
04342 汤化龙其人其事(上、下) / 沈云龙 // *传记文学 1976 年 28 卷 2 期，*民国史事与人物论丛第 75 页
04343 汤化龙(1874—1918) / 关志昌 // *传记文学 1978 年 33 卷 5 期，*民国人物小传第 3 册第 236 页
04344 汤化龙的遗佚诗文(上、下) / 沈云龙 // *传记文学 1987 年 50 卷 4、5 期
04345 汤化龙痛斥洪宪国歌 / 沈云龙 // *近代史事与人物第 159 页
04346 汤化龙(1874—1918) / 戴晋新 // *环华百科全书第 5 册第 344 页

汤玉麟
04347 张作霖、冯德麟、汤玉麟恩仇记 / 田布衣 // *春秋 1965 年 3 卷 1 期
04348 张作霖、冯德麟、汤玉麟恩仇记的史料订正 / 黄恒浩 // *春秋 1965 年 3 卷 5 期

汤用彤
04349 汤用彤(1893—1964) / 关志昌 // *传记文学 1981 年 41 卷 6 期，*民国人物小传第 6 册第 354 页

04350 从校务委员会主席汤用彤到校长陈佳洱——续记北大百年后期八位负责人／关国煊／／＊传记文学 1998 年 72 卷 5 期

汤尔和
04351 汤尔和(1878—1940)／关志昌／／＊传记文学 1983 年 43 卷 3 期
04352 汤尔和／戴晋新／／＊环华百科全书第 5 册第 347 页

汤芗铭
04353 汤芗铭殃民记／雷啸岑／／＊传记文学 1972 年 21 卷 4 期
04354 汤芗铭(1887—1975)／关志昌／／＊传记文学 1984 年 45 卷 1 期

汤国黎
04355 章炳麟与汤国黎／姚渔湘／／＊新生报 1956 年 11 月 19 日
04356 汤国黎上书救夫／陶 怡／／＊艺文志 1966 年 8 期
04357 汤国黎(1883—1980)／关国煊／／＊传记文学 1985 年 46 卷 6 期
04358 记章太炎夫人汤国黎／王瑜孙、刘国葆／／＊传记文学 1996 年 69 卷 4 期

汤定之
04359 记当代书画家汤定之先生／恽茹辛／／＊传记文学 1975 年 26 卷 2 期
04360 汤定之其人其画／蜕 园／／＊艺林丛录(2)第 340 页

汤绚章
04361 我的一段不平凡的经历／汤绚章／／＊传记文学 1997 年 71 卷 3 期

汤桂芬
04362 人民政协委员汤桂芬／＊新中国人物志(下)第 240 页

汤恩伯
04363 奉行以德报怨国策的汤恩伯／吴相湘／／＊传记文学 1965 年 7 卷 2 期，＊民国政治人物第 2 集第 197 页
04364 记汤恩伯将军／李永久／／＊古今谈 1966 年 16 期
04365 汤恩伯将军与我／周遵时／／＊春秋 1966 年 4 卷 6 期
04366 汤恩伯与陈仪／刘道平／／＊传记文学 1967 年 10 卷 3 期
04367 汤恩伯将军轶事／吴锡钧／／＊浙江月刊 1968 年 1 卷 3 期
04368 汤恩伯(1899—1954)／张玉法／／＊传记文学 1975 年 26 卷 1 期，＊民国人物小传第 2 册第 200 页
04369 汤恩伯的一生(上、中、下)／孙运开／／中外杂志 1978 年 24 卷 4—6 期
04370 汤恩伯与上海／郑远钊／／＊中外杂志 1979 年 26 卷 5、6 期
04371 名满天下、谤满天下的汤恩伯——汤故上将恩伯三十年代大事述评／周自强／／＊自由谈 1979 年 30 卷 4 期
04372 我所认识的汤恩伯将军(上、下)／秦维藩／／＊新万象 1979 年 37、38 期
04373 我与汤恩伯一段不寻常的渊源／周遵时／／＊艺文志 1980 年 177 期
04374 汤恩伯与大上海之战／马戎生／／＊艺文志 1981 年 184 期
04375 汤恩伯的生平／汪治平／／＊中外杂志 1984 年 35 卷 6 期
04376 汤恩伯将军二三事／谢灏龄／／＊中外杂志 1984 年 36 卷 1 期
04377 汤恩伯的功过／姜寿臣／／＊中外杂志 1984 年 36 卷 6 期
04378 汤恩伯英雄末路／冯 夷／／＊中外杂志 1985 年 37 卷 3 期
04379 汤恩伯／＊民国百人传第 3 册第 307 页
04380 汤恩伯(1899—1954)／戴晋新／／＊环华百科全书第 5 册第 346 页
04381 汤恩伯／＊革命人物志第 17 集第 261 页

汤惠荪
04382 汤惠荪先生纪念集／＊汤惠荪先生纪念集编印委员会编印 1967 年版 127 页
04383 悼汤故校长惠荪／沈宗瀚／／＊"中央"日报 1966 年 11 月 25 日

04384 汤惠荪的生平德业／曹树勋∥＊中华日报1966年12月1日
04385 汤师活在人们的心头／汪仲毅∥＊"中央"日报1966年12月10日
04386 汤惠荪的故事／仲　立∥＊中华日报1970年11月20日
04387 汤惠荪（1900—1966）／＊传记文学1975年26卷4期，＊民国人物小传第2册第201页
04388 忆汤惠荪先生／黄季陆∥传记文学1967年11卷6期
04389 汤惠荪（1900—1966）／周邦道∥＊近代教育先进传略（初集）第57页，＊革命人物志第22集第324页

汤锦辉
04390 汤锦辉——抗日英雄／杨维硕∥＊中华日报1967年5月5日

安　健
04391 安　健／平　刚∥＊革命人物志第2集第95页

安怀音
04392 追思老报人安怀音先生／吕佛庭∥＊艺文志1977年138期

安志敏
04393 安志敏／黄震遐∥＊中共军人志第67页

安春山
04394 傅作义、楚溪春与安春山——记察绥军出援东北之役／陈嘉骥∥＊传记文学1975年26卷1期

安树德
04395 安树德／刘绍唐主编∥＊传记文学1997年71卷3期

安顺谷
04396 安顺谷上将传略／姚　琮等∥＊1976年线装1册

祁芝田
04397 祁芝田／＊革命人物志第3集第257页

祁志厚
04398 祁志厚／吴子我∥＊革命人物志第10集第177页

祁德隆
04399 祁德隆／李福恒∥＊革命人物志第2集第385页

许　岚
04400 许　岚／＊革命人物志第9集第191页

许　杰（1）
04401 许　杰／刘绍唐主编∥＊传记文学1994年65卷6期

许　杰（2）
04402 许　杰／刘绍唐主编∥＊传记文学1995年67卷4期
04403 许　杰／李立明∥＊中国现代六百作家小传第381页

许　明
04404 许　明（1919—1966）／＊中国百科年鉴（1980）第126页

许　珏
04405 许　珏（1843—1916）墓志铭／马其昶∥＊碑传集三编第4册第1019页

许　济
04406 许　济／刘绍唐主编∥＊传记文学1993年63卷6期

许　浩
04407 许　浩／＊革命人物志第9集第189页

许　璇
04408 许　璇（1876—1934）／周邦道∥＊传记文学1980年37卷3期，＊近代教育先进传略（初集）第87页

许士芳
04409 许士芳／ ＊革命人物志第7集第1页

许广平
04410 许广平(1898—1968)／关国煊／／ ＊传记文学1981年38卷6期，＊民国人物小传第5册第253页
04411 我与鲁迅许广平夫妇／王映霞／ ＊传记文学1993年62卷2期
04412 许广平／方雪纯／／ ＊中共人名录第442页
04413 许广平／李立明／ ＊中国现代六百作家小传第385页
04414 从鲁迅想到许广平／赵清阁／ ＊沧海泛忆第165页
04415 政务院副秘书长许广平／ ＊新中国人物志(下集)第219页

许云樵
04416 许云樵／程光裕／ ＊华侨名人传第209页

许日佩
04417 许日佩／林德三／／ ＊革命人物志第7集第2页

许凤藻
04418 海军许伯翔将军传略／钟 英／／ ＊江苏文献1980年15期
04419 许凤藻(1891—1953)／林抱石／／ ＊传记文学1981年39卷3期，＊民国人物小传第5册第251页

许文杰
04420 许文杰／ ＊革命人物志第7集第6页

许文顶
04421 许文顶／欧阳治／／ ＊华侨名人传第237页

许世友
04422 许世友／刘绍唐主编／／ ＊传记文学1994年65卷6期
04423 许世友／黄震遐／／ ＊中共军人志第305页
04424 许世友／朱新民／ ＊环球百科全书第13册第228页

许世英
04425 许世英回忆录／许世英口述、冷枫笔记／／ ＊人间世月刊社1966年版136页
04426 许世英先生纪念集／黄伯度／／ ＊文海出版社近代中国史料丛刊续编第四十九辑(总490)影印本285页
04427 笃行实践的许静仁先生／黄伯度／／ ＊"中央"日报1952年9月7—8日
04428 记许静老二三事／于 衡／／ ＊自立晚报1962年8月26日
04429 许世英宦海浮沉两袖清风／于 衡／／ ＊联合报1962年8月18日
04430 回忆许静老受任驻日大使一段史实／陈固亭／／ ＊"中央"日报1964年10月19日
04431 许静仁先生悼言／罗时实／ ＊"中央"日报1964年10月19日
04432 许世英先生事略／ ＊新生报1964年10月20日
04433 悼许世英先生／于 衡／／ ＊联合报1964年10月14日
04434 许世英先生和他的著作／黄锦鋐／／ ＊国语日报1967年10月7日
04435 耆年硕德的许世英／胡仲纾／ ＊中国一周1952年124期
04436 双溪老人燕居小传／周弃子／ ＊畅流1954年9卷5期
04437 记许世英长交通部的几件事／凌竹铭／ ＊畅流1960年22卷4期
04438 许世英先生二三事／于 衡／／ ＊春秋1964年1卷5期
04439 许世英的一生／吴相湘／ ＊传记文学1964年5卷5期
04440 "总统府"资政许世英先生年谱初稿／王国璠／／ ＊台北文献1966年13卷16期
04441 许世英先生使日随槎撷录／胡仲纾／／ ＊畅流1967年36卷2、3期
04442 双溪老人轶闻琐录／高处寒／ ＊春秋1969年11卷5期
04443 雪楼风凄记静老／林 斌／／ ＊畅流1969年40卷9期

04444　独来独往的双溪老人——许静仁先生百岁诞辰纪念／张佛千∥＊传记文学1972年21卷5期
04445　许世英(1873—1964)／赵立成∥＊传记文学1976年30卷6期,＊民国人物小传第3册第158页
04446　许世英轶闻趣事／许正直∥＊中外杂志1981年29卷2期
04447　忆许世英／龚德柏∥＊中外杂志1981年29卷2期
04448　不以富贵骄人的许世英先生／马五先生∥＊艺文志1981年192期
04449　许世英／吴相湘∥＊民国百人传第2册第233页
04450　法界耆宿许世英／赵朴民∥＊北洋军阀政府国务总理列传第132页
04451　许世英(1873—1964)／戴晋新∥＊环华百科全书第13册第289页

许世贤
04452　许世贤／林华勋∥＊畅流1969年995期
04453　许世贤(1908—1983)／林子候∥＊传记文学1985年47卷6期

许世钜
04454　悼念张祖棻、许世钜二兄／刘永楙∥＊传记文学1978年33卷5期

许世瑛
04455　我的中学时代／许世瑛∥＊"中央"日报1960年8月13日
04456　许世瑛教授／＊中国一周1966年853期
04457　纪念兄长许世瑛／许世瑮∥＊浙江月刊1983年15卷7期
04458　忆恩师哭师母——追念先师许世瑛教授及夫人／何庆华∥＊传记文学1992年60卷1期

许世儒
04459　许世儒／＊革命人物志第7集第7页

许地山
04460　追悼许地山先生纪念特刊／全港文化界追悼许地山先生大会筹备会∥香港1941年版43页
04461　许地山生平事略／＊国语日报1965年3月13日
04462　许地山与中国文化／筱　臣∥＊"中央"日报1968年5月15日
04463　许地山与学术文化／于维杰∥＊国语日报1969年2月28日
04464　许地山逝世三十周年／李立明∥＊华侨日报1971年8月23日
04465　许地山二三事／韩穗轩∥＊星岛晚报1971年9月20日
04466　许南英与许地山(上、下)／连景初∥＊台南文化1952年2卷2—3期
04467　许地山之生平及其著作／胥瑞甫∥＊文献1964年15卷1期
04468　记落花生——许地山／林光灏∥＊传记文学1966年8卷6期
04469　记许南英、许地山乔梓／林光灏∥＊畅流1966年34卷7期
04470　关于许地山／林海音∥＊纯文学1967年1卷2期
04471　我所认识的许地山先生／黄华节∥＊出版月刊1967年25期
04472　许地山(上、下)／陈敬之∥＊畅流1968年38卷4、5期
04473　许地山(1893—1941)／林汉楼∥＊传记文学1973年23卷2期,＊民国人物小传第1册第151页
04474　台湾前辈作家许地山／林光灏∥＊中外杂志1982年31卷6期
04475　关于许地山／林海音∥＊中国近代作家与作品第19页
04476　许地山／＊中国近代学人像传第231页
04477　许地山／李立明∥＊中国现代六百作家小传第382页
04478　许地山(1893—1941)／周邦道∥＊近代教育先进传略(初集)第360页
04479　关于许地山教授的二三事／傅仕世∥＊学府纪闻・私立燕京大学第145页
04480　许地山(1893—1941)／＊环华百科全书第13册第287页

许有恒
04481　许有恒／＊太原五百完人第150页

许光达
04482　许光达／刘绍唐主编∥＊传记文学1992年60卷2期

04483　许光达／黄震遐∥＊中共军人志第 308 页

许寿裳
04484　鲁迅和许寿裳／郑　林∥＊新晚报 1977 年 2 月 25 日
04485　许寿裳(1882—1948)／＊传记文学 1973 年 22 卷 6 期，＊民国人物小传第 1 册第 152 页
04486　许寿裳先生的追忆／杨云萍∥＊中外杂志 1981 年 30 卷 4 期
04487　前赣教育厅长许寿裳先生——近代教育先进传略庆集稿之一／周邦道∥＊江西文献 1981 年 106 期
04488　鲁迅与先父寿裳公的友情／许世瑮∥＊传记文学 1982 年 41 卷 4 期
04489　白头犹是一婴儿——挽许寿裳先生／谢似颜∥＊中外杂志 1983 年 34 卷 1 期
04490　许寿裳血案的真相——台湾二·二六周年前夕的第一次政治暗杀事件／陈鼓应∥＊中报月刊 1984 年 49 期
04491　许寿裳／＊中国近代学人像传第 235 页
04492　许寿裳／李立明∥＊中国现代六百作家小传第 384 页
04493　鲁迅与许寿裳／马蹄疾∥＊鲁迅与浙江作家第 1 页

许孝炎
04494　悼海外文化斗士许孝炎／王　梅∥＊湖南文献 1980 年 8 卷 3 期，＊革命人物志第 21 集第 405 页
04495　许孝炎先生行状／＊湖南文献 1980 年 8 卷 3 期，＊革命人物志第 21 集第 402 页
04496　许孝炎(1900—1980)／林　泉∥＊传记文学 1980 年第 37 卷 4 期，＊民国人物小传第 4 册第 225 页

许芥昱
04497　永不消隐的余韵:许芥昱印象集／葛浩文等∥(香港)广角镜出版社 1982 年 1 册
04498　许芥昱(1922—1982)／关国煊∥＊传记文学 1982 年 41 卷 1 期，＊民国人物小传第 6 册第 250 页

许克祥
04499　许克祥(1890—1964)／张　珂∥＊传记文学 1976 年 29 卷 6 期，＊民国人物小传第 2 册第 189 页，＊革命人物志第 20 集第 190 页

许卓然
04500　许卓然／＊革命人物志第 7 集第 8 页

许国璋
04501　许烈士国璋传／＊四川文献 1963 年 11 期，＊民国四川人物传记第 98 页
04502　许国璋烈士传／＊川籍抗战忠烈录第 80 页
04503　许国璋／＊革命人物志第 4 集第 514 页

许季珂
04504　许季珂(1896—1962)／应国庆∥＊传记文学 1980 年 36 卷 5 期，＊民国人物小传第 4 册第 226 页

许金德
04505　许金德／刘绍唐主编∥＊传记文学 1996 年 68 卷 2 期

许宝驹
04506　中央政治法律委员会委员许宝驹／＊新中国人物志(下)第 16 页

许宗衡
04507　许宗衡／杜逢甲∥＊革命人物志第 9 集第 178 页

许宗灏
04508　许宗灏／刘绍唐主编∥＊传记文学 1993 年 63 卷 5 期

许绍棣
04509　悼念许绍棣先生——特立独行的挚友超轶绝尘的诗人／赖景瑚∥＊传记文学 1980 年 37 卷 6 期
04510　许绍棣先生行状(1900—1980)／程沧波∥＊传记文学 1980 年 37 卷 6 期，＊民国人物小传第 5 册第 249 页

04511　诗翁许绍棣的周年祭 / 赖景瑚 // *传记文学 1981 年 39 卷 6 期

许奏云

04512　许奏云 / 许崇灏 // *革命人物志第 7 集第 13 页

许南英

04513　窥园先生自定年谱 / 许南英 // *文海出版社 1972 年 8 月版影印本
04514　窥园留草与许南英 / 梁容若 // *国语日报 1965 年 3 月 13 日
04515　许南英父子与我 / 吴守礼 // *国语日报 1965 年 3 月 13 日
04516　怆怀去国的诗人 / 雍　叔 // *中华日报 1966 年 6 月 23 日
04517　许南英与许地山（上、下）/ 连景初 // *台南文化 1952 年 2 卷 2、3 期
04518　协防台南抗日的许南英 / 卢嘉兴 // *古今谈 1966 年 15 期
04519　记许南英、许地山乔梓 / 林光灏 // *畅流 1966 年 34 卷 7 期
04520　台湾爱国诗人许允白先生 / 吴　蕤 // *畅流 1966 年 33 卷 10 期
04521　许南英的生平 / 毛一波 // *艺文志 1967 年 18 期
04522　台南诗人许南英先生 / 沈　骥 // *风物 1974 年 24 卷 3 期
04523　许南英先生及其诗词 / 关绿茵 // *台南文化 1976 年 2 期
04524　许南英（1855—1917）/ 关国煊 // *传记文学 1981 年 38 卷 3 期，*民国人物小传第 5 册第 247 页

许奎元

04525　记许奎元先生 / 君　亮 // *晨光 1953 年 1 卷 2 期

许钦文

04526　最近逝世的三十年代老作家胡风、张天翼、许钦文 / 关国煊 // *传记文学 1985 年 47 卷 1 期
04527　许钦文 / 李立明 // *中国现代六百作家小传第 383 页
04528　许钦文 / 赵景深 // *文人印象第 155 页，文坛忆旧第 29 页
04529　许钦文 / 陶元德 // *自传之一章第 140 页
04530　许钦文 / 姚乃麟 // *现代中国文学家传记第 55 页
04531　许钦文 / 赵　聪 // *现代中国作家列传第 145 页
04532　许钦文 / 黄俊东 // *现代中国作家剪影第 39 页
04533　鲁迅与许钦文 / 马蹄疾 // *鲁迅与浙江作家第 95 页

许顺煌

04534　金门抗日烈士许顺煌 / 杨树林 // *艺文志 1975 年 113 期

许恪士

04535　许恪士老师 / 薛人仰 // *"中央"日报 1968 年 10 月 2 日
04536　许恪士教授桃李盈门 / 乔　龄 // *中国一周 1955 年 291 期
04537　许恪士（1895—1967）/ 王珩生 // *传记文学 1977 年 30 卷 5 期，*民国人物小传第 3 册第 160 页
04538　许恪士 / 陈绳德 // *革命人物志第 19 集第 191 页

许炳成

04539　许炳成 / 刘绍唐主编 // *传记文学 1992 年 61 卷 1 期

许祖悙

04540　杰出校友群像——一个不平凡的校友许祖悙 / 王绍桢等 // *学府纪闻·私立辅仁大学第 353 页

许涤新

04541　上海财政经济委员会副主任许涤新 / *新中国人物志（上）第 253 页

许培华

04542　许培华 / *革命人物志第 7 集第 13 页

许崇清

04543　许崇清（1888—1969）/ 关国煊 // *传记文学 1984 年 45 卷 2 期

许崇智

04544　许崇智与政局 / 关玲玲 // *大安出版社 1991 年 222 页

04545　许崇智（1887—1965）／陈哲三／／＊传记文学 1976 年 29 卷 6 期，＊民国人物小传第 2 册第 191 页，＊革命人物志第 20 集第 192 页
04546　许崇智（1887—1965）／戴晋新／／＊环华百科全书第 12 册第 288 页
04547　许崇智将军史略／＊革命人物志第 20 集第 194 页

许景澄
04548　从管学大臣孙家鼐到校长胡适——记百年北京大学前期的二十任十九位负责人／关国煊／／＊传记文学 1998 年 72 卷 4 期

许新周
04549　许新周／刘逢魁／／＊革命人物志第 9 集第 192 页

许德珩
04550　中央法制委员会副主任委员许德珩／瑞　夫／／＊新中国人物志（下）第 58 页

许赞元
04551　许赞元／陈汉光／／＊革命人物志第 9 集第 194 页

许霭如
04552　记老报人许霭如之死／柳　絮／／＊"中央"日报 1957 年 11 月 15 日

〔ㄱ〕

阮　平
04553　阮　平／黄震遐／／＊中共军人志第 127 页

阮　复
04554　阮　复／＊革命人物志第 16 集第 41 页

阮　洽
04555　阮　洽／刘伯骥／／＊华侨名人传 363 页

阮　强
04556　阮　强（1863—1933）／周邦道／／＊近代教育先进传略（初集）第 126 页

阮贤榜
04557　阮贤榜／黄震遐／／＊中共军人志第 127 页

阮寿荣
04558　最苦难的三年（1—7）／阮寿荣／／＊传记文学 1980 年 36 卷 3 期—37 卷 4 期
04559　清末民初：童年回忆／阮寿荣／／＊中外杂志 1983 年 33 卷 2 期
04560　我的青年时代／阮寿荣／／＊中外杂志 1983 年 33 卷 3 期

阮玲玉
04561　阮玲玉与金焰／沈西城／／＊大成 1978 年 55 期
04562　阮玲玉（1910—1935）／关国煊／／＊传记文学 1981 年 38 卷 4 期，＊民国人物小传第 5 册第 125 页

阮荀伯
04563　先君荀伯公年谱／阮毅成／／＊文海出版社影印 1970 年 8 月版 74 页
04564　民国阮菊伯先生性存年谱／阮毅成／／＊商务印书馆 1978 年 136 页
04565　记阮荀伯先生／陶希圣／／＊传记文学 1964 年 4 卷 4 期
04566　先君年谱／阮毅成／／＊传记文学 1970 年 16 卷 5 期
04567　阮性存（1874—1928）／阮毅成／／＊传记文学 1973 年 23 卷 3 期，＊民国人物小传第 1 册第 82 页
04568　记先师阮荀伯先生／楼桐孙／／＊余姚史料 1978 年 3 期
04569　阮荀伯先生的风范／蒋君章／／＊东方杂志 1980 年 13 卷 12 期
04570　阮荀伯先生性存年谱读后记／黄立懋／／＊浙江月刊 1980 年 12 卷 5 期

阮梦桃
04571　阮烈士梦桃传／柳弃疾／／＊革命人物志第 2 集第 381 页

阮章竞
04572　阮章竞／林曼叔等∥＊中国当代作家小传第104页

阮德山
04573　阮德山传／邹　鲁∥＊革命人物志第2集第382页

阮毅成
04574　八十忆述(上、下册)／阮毅成∥＊联经出版事业公司1984年版
04575　暑期忆教书生活／阮毅成∥＊自由谈1961年12卷8期
04576　五四时代的我／阮毅成∥＊传记文学1962年1卷2期
04577　少年游踪／阮毅成∥＊传记文学1962年1卷4期
04578　我在巴黎／阮毅成∥＊传记文学1963年2卷6期
04579　我的青年时代／阮毅成∥＊中外杂志1970年8卷5期,＊自由青年1978年59卷2期
04580　我的童年时代／阮毅成∥＊中外杂志1971年9卷1、2期
04581　我在中大／阮毅成∥＊中外杂志1971年9卷6期
04582　我的先世／阮毅成∥＊余姚史料1980年5期
04583　我在《中央日报》工作的回忆／阮毅成∥＊报学1980年6卷5期
04584　我在台湾曾参加的大众传播事业／阮毅成∥＊中山学术文化集刊1980年25期
04585　我来台湾的第一年(上、下)／阮毅成∥＊传记文学1983年42卷2、3期
04586　民国二十七年武汉半年日记(上、下)／阮毅成∥＊传记文学1983年43卷2、3期
04587　我在处州／阮毅成∥＊传记文学1984年44卷3期
04588　阮毅成／刘绍唐主编∥＊传记文学1994年65卷1期

阳翰笙
04589　阳翰笙小史／李立民∥＊时代批评1971年32卷1期
04590　阳翰笙的浮沉／王集丛∥＊国魂1977年379期
04591　阳翰笙／方雪纯等∥＊中共人名录第537页
04592　阳翰笙／林曼叔等∥＊中国当代作家小传第75页
04593　阳翰笙／李立明∥＊中国现代六百作家小传第443页
04594　阳翰笙／赵　聪∥＊现代中国作家列传第279页

牟中珩
04595　牟中珩／刘绍唐主编∥＊传记文学1994年65卷1期

牟世金
04596　牟世金／刘绍唐主编∥＊传记文学1999年74卷4期

牟立善
04597　牟立善／黄震遐∥＊中共军人志第751页

牟廷芳
04598　牟廷芳／刘绍唐主编∥＊传记文学1995年67卷2期

牟宗三
04599　牟宗三先生的哲学与著作／牟宗三先生七十寿庆论文集编辑组∥＊学生书局1978年版962页
04600　客观的悲情与具体的解悟——综述牟宗三先生四十岁以后十年间的学思与著作／蔡仁厚∥＊鹅湖1978年3卷12期
04601　新儒学掌门人牟宗三／关国煊∥＊传记文学1995年66卷6期
04602　工作空洞呻吟的牟宗三／应平书∥＊学人风范第151页
04603　牟宗三／＊环华百科全书第2册第540页

牟润孙
04604　牟润孙／刘绍唐主编∥＊传记文学1996年69卷4期

牟鸿勋
04605　辛亥首义同志牟鸿勋事略／沈鸿烈∥＊湖北文献1967年5期,＊革命人物志第14集第87页

红线女

04606 红线女传奇之一独上高楼、之二蓦然回首／孔 茗／／（香港）博盖出版集团有限公司 1985 年 2 月版 193 页

04607 红线女小传、日记文选／（香港）影视出版社 1985 年版 89 页

04608 红线女自传／红线女／／（香港）星晨出版社 1986 年版

纪 弦

04609 纪 弦／李立明／／＊中国现代六百作家小传第 278 页

04610 周作人与路易士／胡蓝成／／＊文坛史料第 112 页

04611 路易士／舒 兰／／＊北伐前后新诗作家和作品第 291 页

纪 鸿

04612 纪鸿、胡康民／周邦道／／＊湖北文献 1977 年 42 期

04613 纪 鸿（1876—1930）／周邦道／／近代教育先进传略（初集）第 187 页

纪庭榭

04614 纪庭榭／黄震遐／／＊中共军人志第 219 页

纪鸿儒

04615 纪鸿儒／／＊革命人物志第 15 集第 159 页

孙 三

04616 孙 三／黄震遐／／＊中共军人志第 249 页

孙 屹

04617 孙 屹／／＊革命人物志第 3 集第 472 页

孙 武

04618 孙武与先君次生——辛亥革命七十周年纪念专稿之十二／李志新／／＊传记文学 1981 年 38 卷 6 期，＊湖北文献 1981 年 58 期

04619 孙 武（1897—1939）／林抱石／／＊传记文学 1981 年 39 卷 1 期，＊民国人物小传第 5 册第 234 页

04620 孙 武／张难先／／＊革命人物志第 10 集第 253 页

孙 明

04621 孙 明／／＊革命人物志第 3 集第 473 页

孙 岳

04622 孙 岳（1887—1928）／关国煊、于翔麟／／＊传记文学 1981 年 38 卷 6 期，＊民国人物小传第 5 册第 236 页

孙 科

04623 八十述略／孙 科／／＊孙哲生先生暨德配陈淑英夫人八秩双庆筹备委员会印行 1971 年版 44 页

04624 孙哲生先生纪念集／＊孙哲生先生治丧办事处编印 1974 年版 150 页

04625 八十述略／孙 科／／＊中华日报 1970 年 10 月 26 日，＊传记文学 1973 年 23 卷 4—6 期，＊革命人物志第 13 集第 35 页

04626 我所知道的孙哲生先生／梁寒操／／＊艺文志 1965 年 2 期

04627 广州市政忆述／孙 科／／＊广东文献 1971 年 1 卷 3 期，革命人物志第 13 集第 85 页

04628 孙科（1891—1973）／刘绍唐／／＊传记文学 1977 年 30 卷 3 期，＊民国人物小传第 3 册第 146 页

04629 孙科与广州市政建设（1921—1927）／赖泽涵／／＊传记文学 1978 年 33 卷 4 期

04630 孙科与民国政局（上、下）／庄 政／／＊传记文学 1980 年 37 卷 5、6 期

04631 记孙科博士／庄 政／／＊中外杂志 1982 年 32 卷 6 期

04632 孙科的故事／张丽华／／＊中外杂志 1983 年 33 卷 4 期

04633 我和父亲孙科／孙穗芳／／＊传记文学 1993 年 63 卷 6 期

04634 孙哲生／王世祯／／＊民国人豪图传 149 页

04635 孙 科／吴相湘／／＊民国百人传第 4 册第 117 页

04636　国父哲嗣孙科先生／李德安／／＊当代名人风范(1)第 325 页
04637　孙　科／＊革命人物志第 13 集第 19 页

孙 眉

04638　国父长兄孙眉公事略／冯自由口述、曾干域笔录／／＊"中央"日报 1956 年 11 月 12 日
04639　茂宜王孙眉公／苏锡文／／＊艺文志 1966 年 4 期
04640　孙　眉(1854—1915)／关国煊／／＊传记文学 1980 年 36 卷 3 期，＊民国人物小传第 4 册第 221 页
04641　孙眉公事略(孙德彰)／冯自由／／＊革命人物志第 3 集第 481 页

孙 陵

04642　孙陵的战斗精神／周　锦／／＊文讯月刊 1983 年 2 期
04643　孙陵先生有资格狂／姜　穆／／＊中华文艺 1983 年 26 卷 1 期
04644　三十年代作家直接印象记:记孙陵(上、中、下)／陈纪滢／／＊传记文学 1983 年 42 卷 5 期—43 卷 1 期
04645　悼孙陵兄／陈纪滢／／＊传记文学 1983 年 43 卷 1 期
04646　孙　陵／舒　兰／／＊抗日战争时期的新诗作家和作品第 63 页

孙 犁

04647　孙　犁／林曼叔等／／＊中国当代作家小传第 112 页
04648　孙　犁／李立明／／＊中国现代六百作家小传第 296 页

孙 琬

04649　孙琬一家的悲欢离合／集文／／＊传记文学 1992 年 60 卷 1 期
04650　孙琬两度婚姻及四子女分合纪实／沈飞德／／＊传记文学 1993 年 63 卷 4 期

孙 渡

04651　孙　渡／刘绍唐主编／／＊传记文学 1992 年 60 卷 1 期

孙 瑜

04652　孙　瑜／胡耘农／／＊革命人物志第 3 集第 479 页

孙 震

04653　八十年国事川事见闻录／孙　震／／＊四川文献出版社 1979 年版
04654　楸园随笔／孙　震／／＊川康文物馆 1983 年版
04655　回顾三十八年／孙　震／／＊四川文献 1963 年 16 期
04656　孙震先生／巴　人／／＊四川文献 1968 年 71 期
04657　孙德操先生的行谊／钟朗华／／四川文献 1980 年 177 期
04658　平凡的将军、伟大的将军——为孙德操先生九十秩诞辰作／罗才荣／／＊中外杂志 1981 年 29 卷 2 期
04659　孙　震(1892—1985)／于翔麟／／＊传记文学 1985 年 47 卷 5 期
04660　德操叔(选载)／孙元良／／＊传记文学 1985 年 47 卷 5 期

孙 毅

04661　孙　毅／黄震遐／／＊中共军人志第 252 页

孙 镜

04662　孙铁人先生事略／＊湖北文献 1968 年 8 期
04663　孙　镜(1883—1958)／林抱石／／＊传记文学 1982 年 41 卷 6 期，＊民国人物小传第 6 册第 238 页
04664　孙　镜／＊革命人物志第 3 集第 491 页

孙干卿

04665　孙干卿／黄震遐／／＊中共军人志第 248 页

孙大雨

04666　新月派诗人孙大雨／待　旦／／＊万人杂志 1971 年 185 期
04667　孙大雨／秦贤次／／＊诗学 1976 年 2 辑

04668	马一浮、沈尹默、王造时、孙大雨——记四位大学者的不幸遭遇 / 重　威 // ＊中报月刊 1980 年 8 期
04669	孙大雨 / 赵景深 // ＊文人印象第 149 页
04670	孙大雨 / 李立明 // ＊中国现代六百作家小传第 296 页
04671	孙大雨 / 舒　兰 // ＊北伐前后新诗作家和作品第 135 页

孙元良

| 04672 | 亿万光年中的一瞬——孙元良回忆录 / 孙元良 // ＊世界出版社 1974 年 2 月版 314 页 |

孙元坡

| 04673 | 富连成点将录（下）——花脸孙元坡 / 齐　崧 // ＊传记文学 1975 年 26 卷 6 期 |

孙元彬

| 04674 | 富连成点将录（下）——武生孙元彬 / 齐　崧 // ＊传记文学 1975 年 26 卷 6 期 |

孙云铸

| 04675 | 孙云铸 / 刘绍唐主编 // ＊传记文学 1998 年 73 卷 4 期 |

孙中山

04676	宋庆龄与孙中山 // ＊风云出版社 183 页
04677	孙中山先生传 / 胡去非、吴敬恒 // ＊商务印书馆 1965 年台 1 版 196 页
04678	国父事略 / 胡去非 // ＊商务印书馆 1971 年台 1 版 342 页
04679	孙大总统广州蒙难记 / 蒋中正 // ＊正中书局 1976 年 12 版
04680	国父之大学时代 / 罗香林 // ＊商务印书馆 1954 年版 124 页
04681	国父孙中山先生传 / 蒋星德 // ＊正中书店 1950 年版 151 页，＊文星书店 1962 年 60 页。
04682	国父民初革命纪略 / 叶夏声 // ＊孙总理侍卫同志社 1960 年 3 版 312 页
04683	国父与欧美之友好 / 罗香林 // ＊"中央"文物供应社 1951 年版 158 页
04684	国父年表 // ＊中国国民党党史史料编纂委员会编印 1952 年版 147 页
04685	国父系年及行谊 / 吴敬恒 // ＊帕米尔书店 1952 年版 31 页
04686	总理知难行易学说与阳明知行合一哲学之综合研究 / 蒋介石 // ＊"中央"文物供应社 1953 年版 22 页
04687	总理伟大之人格 / 张其昀 // ＊"中央"文物供应社 1953 年版 39 页
04688	总理在日本之革命活动 / 宋越伦 // ＊"中央"文物供应社 1953 年版 67 页
04689	孙中山 / 吴相湘 // ＊华国出版社 1953 年版 32 页
04690	国父画像 / 罗家伦主编 // ＊中国国民党党史史料编纂委员会 1954 年版 116 页
04691	国父在海外 / 郑彦棻 // ＊海外文廊出版社 1954 年版 46 页
04692	国父家世源流考 / 罗香林 // ＊商务印书馆 1954 年版 62 页
04693	孙中山与共产主义 / 崔书琴 // （香港）亚洲出版社 1954 年版 191 页，＊文星书店 1965 年版 250 页，＊传记文学出版社 1984 年 7 月版
04694	国父九十诞辰纪念论文集 / 于右任等 // ＊中华文化出版社委员会 1955 年
04695	国父教育学说 / 蒋纪周 // ＊复兴书局 1955 年版 53 页
04696	我们的国父 / 梁瑞琛 // ＊大同出版社 1955 年版 63 页
04697	国父与总统 / 张其昀 // ＊中国新闻出版公司 1956 年版 34 页
04698	国父学说与西方文化 / 林子勋 // ＊中华文化 1956 年 2 版 265 页
04699	奋斗 / 陈述仪 // （香港）亚洲出版社 1956 年版 87 页
04700	国父年谱初稿 / 罗家伦主编 // ＊中国国民党党史史料编纂委员会、台湾史馆史料编纂委员会印行 1958 年版
04701	国父孙中山本纪 / 黄光学 // ＊民防出版社 1958 年再版
04702	国父与儒家政治思想之比较研究 / 吕治平 // ＊"中央"文物供应社 1958 年版 32 页
04703	国父的治学精神与革命精神 / 郑彦棻 // ＊海外文库出版社 1959 年版 62 页

04704 国父孙中山先生新传 / ＊王昭然编印 1959 年版 224 页
04705 国父的青年时代 / 吴寿颐 // ＊"中央"文物供应社 1959 年版 130 页
04706 国父哲学研究 / 崔载阳 // ＊正中书店 1960 年版 529 页
04707 国父思想讲稿 / 张正藩 // ＊张正藩印 1960 年版
04708 国父孙中山先生全传初稿 / 陈健夫 // ＊新儒杂志社 1962 年版
04709 大革命家孙逸仙 / 黄中黄 // ＊文星书店 1962 年 76 页版
04710 国父十次革命战史 / 周光斗 // ＊明光出版社 1964 年版 360 页
04711 国父思想精义 / 汤灿华 // ＊大众时代出版社印行 1964 年版 251 页
04712 国父全传 / 陈健夫撰、段宏俊校 // ＊自由太平洋文化事业公司 1964 年版 534 页
04713 中华民国国父孙逸仙先生 / 吴相湘 // ＊文星书店 1965 年 11 月版 4 册，＊传记文学社 1971 年 5 月版
04714 国父革命逸史 / 黄光学 // ＊商务印书馆 1965 年版 205 页
04715 国父对华侨的遗教 / ＊海外出版社 1965 年版 160 页
04716 国父社会安全制度研究 / 廖　枢 // ＊幼狮书店 1965 年版 213 页
04717 国父实业计划之研究（稿）/ ＊实业计划研究会同编印 1965 年版
04718 国父思想与人格 / 梁寒操 // ＊幼狮书店 1965 年版 180 页
04719 国父思想教程 / 黄镇荃 // ＊文粹出版社 1965 年 8 月版 512 页
04720 国父年谱 / 中国国民党中央党史史料编纂委员会 // ＊各界纪念国父百年诞辰筹备委员会 1965 年 11 月版 1134 页（2 册）
04721 孙文主义论集 / 戴季陶等 // ＊文星书店 1965 年版 216 页
04722 国父画传 / 黄光学编、李灵伽图 // ＊民间知识社 1965 年版 54 页
04723 国父民生史观疏义 / 张铁君 // ＊幼狮书店 1965 年版 162 页
04724 国父权能区分学说 / 黄镇荃 // ＊幼狮书店 1965 年版 173 页
04725 国父地方自治之理论与实践 / ＊中国地方自治会编印 1965 年版 535 页
04726 国父思想纲要 / ＊张正藩撰印 1965 年版 60 页、1968 年再版 66 页
04727 国父百年诞辰纪念丛书 / 三民主义研究所主编 // ＊幼狮书店 1965 年版第 1 辑 12 册、第 2 辑 12 册
04728 孙中山 / 朱传誉 // ＊东方出版社 1965 年再版 261 页
04729 不朽的国父孙中山先生 / ＊井琴子撰印 1965 年 3 版 111 页
04730 国父的国防思想申论 / ＊易苏民撰印 1965 年版 210 页
04731 国父的国防学术思想研究集 / 林桂圃等撰、刘咏尧主编 // ＊边防丛刊社 1965 年版 356 页
04732 国父思想与中国文化 / 周世辅 // ＊政工干部学校 1965 年版 125 页
04733 国父教育哲学思想 / 崔载阳 // ＊幼狮书店 1965 年版 178 页
04734 国父思想与现代军事思想 / 赵振宇 // ＊政工干部学校 1965 年版 174 页
04735 国父军事思想之研究 / 罗　云 // ＊真知识月刊社 1965 年版 146 页
04736 国父元学思想发微 / 张铁君 // ＊幼狮书店 1965 年版 198 页
04737 国父思想与现代伦理思想 / 薛纯德 // ＊政工干部学校 1965 年版 154 页
04738 国父思想与现代哲学思想 / 马　璧 // ＊政工干部学校 1965 年版 168 页
04739 国父政治学说 / 杨幼炯 // ＊幼狮书店 1965 年版 191 页
04740 国父思想与现代政治思想 / 林桂圃 // ＊政工干部学校 1965 年版 160 页
04741 国父思想与近代学术 / 桂崇基等编、程天放主编 // ＊正中书店 1965 年版 987 页
04742 国父思想与现代科学思想 / 张维松 // ＊政工干部学校 1965 年版 148 页
04743 国父学术思想研究 / 陈固亭等 // ＊国父遗教研究会 1965 年版 502 页
04744 国父的经济思想 / 张　弦 // ＊帕米尔书店 1965 年版 79 页
04745 国父经济思想纲要 / 张　笙 // ＊自强出版社、企业家杂志社 1965 年版 117 页

04746　国父经济学说／周开庆∥＊幼狮书店1965年版190页
04747　国父思想与现代经济思想／吴演南∥＊政工干部学校1965年版176页
04748　国父与日本友人／陈固亭∥＊幼狮书店1965年版198页
04749　国父与越南／＊越华报编印1965年版32页
04750　国父与亚洲／陈固亭∥＊政工干部学校1965年96页，黎明文化事业股份有限公司1980年95页
04751　国父与世界／陈以令∥＊海外出版社1965年版88页
04752　国父与江苏／＊李鸿儒编印（2册）
04753　国父与中华民国／李方晨∥＊政工干部学校1965年版214页
04754　研究孙中山的史料／姚渔湘等∥＊文星书店1965年版250页
04755　关于孙中山的传记和考证／王英琦等∥＊文星书店1965年版224页
04756　国父思想概要（国父遗教概要）／张铁君∥＊三民书局1965年版231页
04757　国父思想要义／任卓宣∥＊帕米尔书店1965年版232页
04758　国父思想通论／王大任等撰、易苏民主编∥＊昌言出版社1965年增订4版546页
04759　国父的高明光大／罗香林∥＊文星书店1965年版188页
04760　国父百年诞辰纪念特刊／国父百年诞辰纪念特刊编辑委员会∥＊第一届国民大会代表全国联谊会1965年版90页
04761　国父百年诞辰纪念论文专辑／曾祥铎等∥＊大学学生纪念国父百年诞辰出版委员会1965年版455页
04762　纪念国父百年诞辰特刊／＊中国回教协会编印1965年版33页
04763　中华民国国父实录初稿（12卷）／罗　刚∥＊国民图书出版社1965年版
04764　我怎样认识国父孙先生／王云五等∥＊传记文学出版社1965年版480页
04765　孙中山先生感忆录／郑　照等∥＊文星书店1965年版227页
04766　国父的童年／林良撰、廖国林绘∥＊小学杂志社1965年版126页
04767　国父思想与现代社会思想／曾松友∥＊政工干部学校1965年版182页
04768　国父孙中山先生画传／周异斌等∥香港各界纪念孙中山先生百年诞辰大会1965年版11月版80页，九龙中国文化协会1965年版80页
04769　国父孙中山先生传／傅启学∥＊纪念国父百年诞辰委员会1965年600页
04770　国父思想／胡　轨∥＊正中书局1966年版474页
04771　国父法律思想论集／谢冠生、查良鉴主编∥＊中国文化学院法律研究所1966年再版976页
04772　国父哲学思想论／蒋一安∥＊商务印书馆1966年版412页
04773　国父思想要义／张遐民∥＊商务印书馆1966年版328页
04774　国父思想／方子霖、廖斗星∥＊维新书局1967年版447页
04775　国父思想／杨希震∥＊"中央"文物供应社1967年版672页
04776　国父学说之研究／梁寒操∥＊中兴山庄1967年版74页
04777　国父思想／周世辅∥＊三民书局1968年版421页
04778　孙中山传／海法特撰、王家鸿译∥＊商务印书馆1968年版155页
04779　国父思想论丛／高长明∥＊广文书局影印本1968年版209页
04780　国父思想七百题／杨荣川∥＊五南书庐1968年版2月431页
04781　国父思想新论／汪观纶∥＊水牛出版社1969年版416页
04782　国父年谱／罗家伦主编、黄季陆增订∥＊中国国民党委员会党史史料编纂委员会1969年增订本（2册）
04783　国父思想精义／成璞完、郑国裕∥＊大立书店1969年189页
04784　国父思想（六编）／廖与人∥＊大中国图书公司1969年版360页
04785　孙学体系新论——孙中山先生思想体系论纲／孙益弘∥＊中华大典编印会1969年3册

04786	国父革命思想 / 黄光学 // *新中国出版社 1969 年版 112 页
04787	国父思想通义 / *廖与人编印 1969 年版 448 页
04788	国父思想研究 / 金平欧 // *商务印书馆 1969 年版 115 页
04789	国父民权思想的概要 / 林桂圃 // *中华出版社 1969 年版 110 页
04790	国父的民权思想 / 张宇美 // *幼狮书店 1969 年版 202 页
04791	国父的大同思想 / 任卓宣 // *帕米尔书店 1969 年版 279 页
04792	国父学术思想新评价 / 马 璧 // *帕米尔书店 1969 年版 358 页
04793	孙中山哲学原理 / 任卓宣 // *帕米尔书店 1970 年订正本 387 页
04794	国父科学思想论 / 蒋一安 // *商务印书馆 1970 年版 329 页
04795	国父的民生思想 / 周开庆 // *商务印书馆 1970 年版 108 页
04796	国父传 / 张世禄 // *正大书局 1970 年再版 123 页
04797	国父思想大系 / *黎圣伦撰印 1971 年版 202 页
04798	国父思想研究 / 丁 迪 // *帕米尔书店 1971 年版 520 页、1978 年 6 版 119 页
04799	国父哲学思想与中国传统文化 / 宋峨卿 // *商务印书馆 1971 年版 185 页
04800	国父在香港之历史遗迹 / 罗香林 // (香港)珠海书院出版委员会 1971 年版 72 页
04801	国父传 / *人文出版社编印 1971 年版 93 页
04802	国父之家世与学养 / 罗香林 // *商务印书馆股份有限公司 1972 年版 124 页
04803	人生哲学导论——国父天人合一之革命人生哲学述原 / 李霜青 // *五洲出版社 1972 年版 461 页
04804	中山先生之教育思想 / *张正藩撰印 1972 年版 120 页
04805	国父思想 / 廖斗星 // 维新书局 1972 年修订再版(2 册)
04806	孙中山先生与日本友人 / 陈鹏仁 // *大林书店 1973 年 5 月版
04807	国父思想与先秦学说 / 周世辅 // *黎明文化事业公司 1973 年版 278 页
04808	国父思想与传统道德 / 田立华 // *商务印书馆 1973 年版 109 页
04809	国父道德思想研究 / 黄葵胜 // *国父遗教研究会 1973 年版 192 页
04810	国父思想阐微 / *张维仁撰印 1973 年(3 册)
04811	国父传 / 刘中和 // *益群书店 1973 年版 220 页
04812	国父思想 / 吴寄萍 // *五南图书出版公司 1974 年版 64 页
04813	国父的法律思想 / 耿云卿 // *大信图书公司 1974 年版 40 页
04814	国父思想概要 / *何适撰印 1974 年版 219 页
04815	国父之仁学 / 李溪后 // *帕米尔书店 1974 年版 131 页
04816	国父思想 / 马绍周 // *复兴书局 1975 年版
04817	国父思想 / 王 昇 // *黎明文化事业公司 1975 年版、1977 年 5 版 642 页
04818	国父革命运动史要及其思想之演进 / 蒋永敬 // *正中书店 1975 年版 170 页
04819	国父思想图说 / 张遐民 // *中华书局 1975 年
04820	研究中山先生的史料与史学 / *史料研究中心 1975 年版
04821	伟大的国父 / 蔡挺中 // *华兴书局 1975 年
04822	国父思想新论 / 周世辅 // *三民书店 1975 年版 501 页
04823	国父哲学思想的科学基础 / 王化岐 // *正中书局 1975 年版 151 页
04824	国父思想研究 / 政大国父思想研究社编 // *政治大学 1975 年版
04825	国父建党革命八十周年纪念册 / *中国国民党中央委员会编印 1975 年版(2 册)
04826	国父思想研究 / 秦惟镕 // *幼狮文化事业公司 1976 年版
04827	国父教育思想 / 侯健成 // *正中书局 1976 年版 254 页
04828	国父思想体系 / 田桂林 // *宪政论坛社 1976 年再版 415 页
04829	国父思想 / 私立中国文化学院 // 华冈出版公司 1976 年 3 版 378 页
04830	国父思想 / 吴曼君 // *中兴大学法商学系 1976 年版

04831	国父思想／＊省立北化工业专科学校国父思想教学研究会编印 1976 年版 660 页
04832	国父思想新论／王化岐／／＊中兴大学法商学系 1976 年版
04833	国父思想总论／宋　玺／／＊幼狮文化事业公司 1976 年版
04834	国父孙中山先生传／＊正中书局 1976 年版、1977 年版 153 页
04835	国父革命与中国统一运动／蒋永敬／／＊正中书局 1976 年版 161 页
04836	国父思想要义／周世辅／／＊三民书局 1976 年版
04837	国父之知行学说／赖新生／／＊青文出版社 1976 年版
04838	中山思想本义／傅启学／／国父遗教研究会 1976 年版 324 页
04839	国父学术思想／＊佘坚撰印 1976 年再版 993 页
04840	国父思想精义／＊林桂圃撰印 1977 年再版 808 页
04841	国父思想析微／叶廉勋／／＊世纪书局 1977 年版
04842	国父孙中山先生传／冯文质／／＊恒学出版社 1977 年版
04843	国父思想／单仲范／／＊经界出版社 1977 年版 436 页
04844	国父思想新论／廖斗星／／＊帕米尔书店 1977 年版
04845	国父进化论之研究／杜伯翰／／＊天才出版社 1977 年版 160 页
04846	国父哲学思想研究／林有土／／＊大学国父思想教学研究会 1977 年版 184 页
04847	国父中西文化观之研究／吴健民／／＊文物供应社 1977 年版 146 页
04848	宫崎滔天论孙中山与黄兴／陈鹏仁译／／＊正中书局 1977 年版 269 页
04849	国父思想精义／鲍家骢／／＊环球书局 1977 年版
04850	中国现代思想家第四辑：孙中山／王晓波／／＊巨人出版社 1978 年版
04851	我们的国父／吴敬恒等／／"中央"文物供应社 1978 年版 222 页
04852	国父政治学说研究／马　璧／／＊国父遗教研究会 1978 年版 147 页
04853	国父的人类进化论／邱有珍／／＊"中央"文物供应社 1978 年版 100 页
04854	国父与台湾的革命运动／曾乃硕／／＊幼狮文化事业公司 1978 年版
04855	国父思想／张益弘／／＊华冈出版公司 1978 年再版 454 页
04856	国父思想／龚　夏／／＊复兴书局 1978 年版 429 页
04857	国父伦理思想之研究／吴盛扬／／＊永吉出版社 1978 年版 193 页
04858	国父思想概要／周简文／／＊维新书局 1978 年版
04859	国父思想之哲学基础／柳岳生／／＊自由出版社 1979 年版 409 页
04860	孙中山先生对青年的启示和领导／李　焕／／＊正中书局 1979 年版
04861	国父思想探源／庄良珍／／＊复兴书局 1979 年版 293 页
04862	国父革命宣传志略／汤承业／／＊黎明文化事业公司 1979 年版（2 册）
04863	中山先生的民主理论／陈仪深／／＊商务印书馆 1980 年版 319 页
04864	国父的自由思想／陈添丁／／＊水牛出版社 1980 年版 210 页
04865	国父新自由论与穆勒自由论之比较／黄炎东／／＊正中书局 1980 年版
04866	国父传／刘中和／／＊益群书店 1980 年版 221 页
04867	国父与亚洲／陈固亭／／＊黎明文化事业公司 1980 年版 96 页
04868	国父孙中山先生思想概要／＊海外出版社编印 1980 年版 190 页
04869	国父革命与洪门会党／庄　政／／＊正中书局 1981 年 3 月初版 132 页
04870	国父教育思想体系的研究／杨亮功／／＊"中央"文物供应社 1981 年版 68 页
04871	孙文学说之哲学探微／王静原／／＊正中书局 1981 年版 254 页
04872	孙中山先生与辛亥革命／史料研究中心编印 1981 年 3 册
04873	国父进化论之研究／杜伯翰／／＊帕米尔书店 1981 年版 366 页
04874	国父思想大纲／周世辅／／＊三民书局 1981 年版 396 页
04875	我们的国父／李秉垚／／＊高雄炼油总厂励进出版社 1981 年版 204 页

04876	国父社会思想之研究／侯松茂／／＊正中书局 1981 年版 135 页
04877	国父联俄容共政策研究／谢信尧／／＊帕米尔书店 1981 年版 496 页
04878	国父思想体系与实践／高伟时／／＊正中书局 1981 年版 345 页
04879	孙中山先生与辛亥革命／黄季陆等／／＊史料研究中心 1981 年 3 册
04880	孙中山与华盛顿／马起华／／＊"中央"文物供应社 1982 年 1 月版 242 页
04881	国父七访美檀考述／项定荣／／＊时振文化出版事业有限公司 1982 年 3 月版 288 页
04882	国父生平与志业／庄　政／／＊"中央"日报出版部 1982 年 5 月版 452 页
04883	国父／杨祖慰／／＊名人出版事业有限公司 1982 年 8 月版 191 页
04884	孙逸仙先生传（二册）／吴相湘／／＊远东图书公司 1982 年 11 月初版 1783 页
04885	国父的道德学说／任卓宣／／＊"中央"文物出版社 1982 年版
04886	我怎样认识国父孙中山先生／王云五等著／／＊传记文学出版社 1982 年版 481 页
04887	孙中山先生／萧光邦／／＊正光书局 1982 年版 122 页
04888	国父思想渊源与实践／徐文珊／／＊商务印书馆 1983 年 3 月版 270 页
04889	国父年谱（上、下）／罗家伦／／＊中国国民党"中央"委员会党史委员 1985 年版
04890	研究孙中山先生的史料与史学：国父一百一十年诞辰纪念专辑／黄季陆等／／＊史料研究中心 1985 年版 580 页
04891	孙大总统广州家难记／蒋介石／／＊正中书局 1986 年版 169 页
04892	孙中山与中国革命的起源／史扶邻著，丘权政等译／／（中和）谷风出版社 1987 年版 341 页
04893	李敖论孙中山／李　敖／／＊全能出版社 1987 年版 312 页
04894	孙中山先生与日本友人／陈鹏仁／／＊水牛图书出版事业有限公司 1990 年版 399 页
04895	国父与威廉／叶　青／／＊中华日报 1950 年 7 月 20、21 日
04896	国父与日人南方熊楠的友谊／林宝树／／＊"中央"日报 1951 年 11 月 12 日
04897	总理北上及病逝经过／安怀音／／＊"中央"日报 1954 年 3 月 13 日
04898	国父与大英博物院图书馆／苏德用／／＊中华日报 1954 年 5 月 11 日
04899	国父与台湾、台湾与国父／方　豪／／＊"中央"日报 1954 年 11 月 12 日
04900	国父传记／＊"中央"日报 1954 年 11 月 12 日
04901	国父与犬养毅／陈固亭／／＊"中央"日报 1955 年 11 月 24 日，＊自由谈 1962 年 13 卷 5 期
04902	国父与头山满／陈固亭／／＊"中央"日报 1955 年 12 月 14 日
04903	国父与宫崎兄弟／陈固亭／／＊"中央"日报 1956 年 1 月 18 日
04904	国父与山田良政／陈固亭／／＊"中央"日报 1956 年 2 月 22 日
04905	国父与萱野长知／陈固亭／／＊"中央"日报 1956 年 3 月 21 日
04906	布引丸事件——国父助菲独立故事／陈固亭／／＊"中央"日报 1956 年 6 月 7 日
04907	国父与古岛一雄／陈固亭／／＊"中央"日报 1956 年 8 月 18 日
04908	国父与末永节／陈固亭／／＊"中央"日报 1956 年 9 月 25 日
04909	访冯自由先生谈国父往事／诗　铮／／＊新生报 1956 年 11 月 12 日
04910	国父与大隈重信／陈固亭／／＊"中央"日报 1957 年 1 月 27 日
04911	国父与寺尾亨／陈固亭／／＊"中央"日报 1957 年 6 月 1 日
04912	国父与犬塚信太郎／陈固亭／／＊"中央"日报 1957 年 7 月 6 日
04913	国父与梅屋庄吉／陈固亭／／＊"中央"日报 1957 年 8 月 17 日
04914	国父别号考／一　尘／／＊"中央"日报 1957 年 11 月 11 日
04915	国父别号考补遗／一　尘／／＊"中央"日报 1957 年 11 月 24 日
04916	国父来台史事考证／曾迺硕／／＊"中央"日报 1958 年 5 月 20 日
04917	国父署名"中山"之考证／王光仪／／＊"中央"日报 1958 年 6 月 14 日
04918	国父与华侨／陈清文／／＊"中央"日报 1959 年 11 月 12 日
04919	国父晤李鸿章的史料／卓英群／／＊"中央"日报 1960 年 12 月 18 日

04920	关于国父与李鸿章 / 丁　衣 //	*"中央"日报 1960 年 12 月 21 日
04921	国父在台湾 / 雍　叔 //	*中华日报 1964 年 11 月 12 日
04922	纪温炳口述国父革命轶事 / 陈固亭 //	*"中央"日报 1964 年 11 月 12 日
04923	国父与日本 / 何应钦 //	*"中央"日报 1965 年 11 月 8 日
04924	国父与菲律宾华侨 / 戴愧生 //	*中华日报 1965 年 11 月 10 日
04925	国父七次来台 / 方　豪 //	*"中央"日报 1965 年 11 月 12 日
04926	关于国父与李鸿章会晤问题 / 觉　堂 //	*新生报 1971 年 1 月 12、21 日
04927	总理的青年时代 / 张其昀 //	*中国一周 1950 年 32 期
04928	忆述总理言行二三事——为纪念总理八十六周年诞辰而作 / 吴铁城 //	*自由谈 1951 年 2 卷 11 期
04929	总理之北上与逝世 / 张其昀 //	*中国一周 1951 年 48 期
04930	总理伟大的人格 / 张其昀 //	*中国一周 1951 年 49 期
04931	国父与美国威尔逊总统 / 罗香林 //	*民主评论 1952 年 3 卷 13 期
04932	国父北上到逝世 / 罗敦伟 //	*畅流 1952 年 5 卷 2 期
04933	国父与吴稚晖先生(1—4) / 杨恺龄 //	*三民主义半月刊 1953 年 1—4 期
04934	国父与钮惕生先生(1—2) / 杨恺龄 //	*三民主义半月刊 1953 年 5、6 期
04935	国父的革命学问与革命人格 / 王宠惠 //	*畅流 1953 年 8 卷 7 期
04936	国父与邹海滨先生(1—2) / 杨恺龄 //	*三民主义半月刊 1953 年 12、13 期
04937	国父与于右任先生(1—2) / 杨恺龄 //	*中国一周 1954 年 209、210 期
04938	国父诞生时的家庭 / 睦云章 //	*政论周刊 1956 年 98 期
04939	国父十三年北上记 / 安怀音 //	*革命思想 1957 年 2 卷 3 期
04940	出类拔萃的孙中山先生 / 任卓宣 //	*畅流 1957 年 15 卷 3 期
04941	关于国父遗嘱之起草人与国父签署日期之考证 / 睦云章 //	*政论周刊 1957 年 113 期
04942	国父在日本之革命活动 / 陈固亭 //	*政论周刊 1957 年 149 期
04943	国父的诞生日期 / 睦云章 //	*政论周刊 1957 年 149 期
04944	国父与台湾 / 陈汉光 //	*中国一周 1957 年 394 期
04945	国父为什么辞临时总统 / 睦云章 //	*革命思想 1958 年 4 卷 1 期
04946	对国父年谱初稿的校正 / 沈云龙 //	*民主潮 1958 年 8 卷 24 期
04947	国父与三十三年之梦 / 许君武 //	*畅流 1958 年 17 卷 3 期
04948	国父名号 / 周开庆 //	*畅流 1958 年 18 卷 7 期
04949	国父与台湾 / 曾迪硕 //	*中国一周 1958 年 446 期
04950	民前一年正月国父行踪考证——一个阴错阳差的小问题 / 王昭然 //	*革命思想 1959 年 7 卷 6 期
04951	中山先生与约翰杜威 / 张铁君 //	*畅流 1959 年 20 卷 7 期
04952	国父与日本朝野友人的关系 / 陈固亭 //	*学宗 1960 年 1 卷 4 期
04953	国父年谱初稿之评议 / 于本芷 //	*革命思想 1960 年 8 卷 6 期
04954	国父生日考 / 安怀音 //	*革命思想 1960 年 9 卷 3 期
04955	国父上李鸿章书的经过及其价值 / 周开庆 //	*革命思想 1960 年 9 卷 6 期
04956	国父与山田兄弟 / 陈固亭 //	*自由谈 1960 年 11 卷 5 期
04957	国父何以能完成伟大事业 / 任卓宣 //	*中国地方自治 1960 年 13 卷 1 期
04958	国父之故乡与家世 / 耀　荆 //	*畅流 1960 年 22 卷 7 期
04959	美国史丹福大学所收藏的国父墨宝——十一封英文书翰 / 邵德渊 //	*新时代 1961 年 1 卷 10 期
04960	国父祖籍疑辨 / 祝　毓 //	*新时代 1961 年 1 卷 11 期
04961	我对孙中山先生的回忆 / (日)萱野长知 //	*政治评论 1961 年 6 卷 2 期
04962	国父在海外奋斗的史实 / 彦　之 //	*畅流 1961 年 20 卷 6 期
04963	国父六游檀香山 / 胖　僧 //	*畅流 1961 年 24 卷 6 期

04964 国父香港学医考 / 许家骥 // *畅流 1961 年 24 卷 6 期
04965 孙逸仙博士与基督教 / 哈格博士著、立人译 // *畅流 1961 年 24 卷 6 期
04966 国父香港学医考 / 许家骥 // *畅流 1961 年 24 卷 6 期
04967 日本人与孙逸仙 / 陈固亭 // *新思潮 1962 年 91 期
04968 我怎样认识国父孙先生 / 王云五 // *传记文学 1962 年 1 卷 7 期
04969 国父和台湾关系的史实 / 毛一波 // *学宗 1962 年 3 卷 3 期
04970 国父年谱丙午年纪事纠误 / 罗 刚 // *学宗 1962 年 3 卷 3 期
04971 国父与天南遁叟的一段渊源 / 陈敬之 // *畅流 1962 年 26 卷 6 期
04972 国父与台湾 / 林幸一 // *政治评论 1963 年 10 卷 11 期
04973 国父名号考 / 刘荣琮 // *畅流 1963 年 28 卷 6 期
04974 国父与日人的交往及忠告 / 仰 止 // *畅流 1963 年 28 卷 6 期
04975 国父奉安大典追忆 / 刘荣琮 // *国魂 1963 年 217 期
04976 随侍国父北上追忆 / 畸 翁 // *春秋 1964 年 1 卷 1 期
04977 国父伦敦蒙难的几则轶事 / 丁燕公 // *春秋 1964 年 1 卷 5 期
04978 匆匆四十年(追忆中山先生的音容) / 黄季陆 // *传记文学 1964 年 4 卷 1 期
04979 吴稚晖先生从维新派成为革命党的经过——兼述与中山先生初次晤面的时期与地点(上、下) / 李书华 // *传记文学 1964 年 4 卷 3—4 期
04980 蒋孟邻先生与国父的关系 / 黄季陆 // *传记文学 1964 年 5 卷 2 期
04981 蔡元培先生与国父的关系 / 黄季陆 // *传记文学 1964 年 5 卷 3 期, *蔡元培先生全集第 1405 页
04982 国父与台湾抗日运动 / 林幸一 // *革命思想 1964 年 16 卷 1 期
04983 国父在创立兴中会之前的政治运动 / 睦云章 // *革命思想 1964 年 17 卷 5 期
04984 记国父就任中华民国临时大总统 / 胖 僧 // *畅流 1964 年 30 卷 6 期
04985 我的老友孙逸仙先生 / 钟工宇 // *中国一周 1964 年 762 期
04986 国父权能划分学说之研究 / 乔宝泰 // 私立中国文化学院三民主义研究所 1964 年硕士学位论文
04987 国父的读书精神 / 何学流 // *中国一周 1965 年 811 期
04988 国父百年纪念中回忆二三事 / 凌鸿勋 // *中国一周 1965 年 812 期
04989 国父与东北关系 / 王大任 // *中国一周 1965 年 815 期
04990 国父讨伐陈炯明变乱琐记 / 郑星槎 // *古今谈 1965 年 8 期
04991 国父在长崎二三事 / 张鹤琴 // *现代学苑 1965 年 1 卷 11 期
04992 随侍国父琐怀 / 丁石僧 // *春秋 1965 年 3 卷 5 期
04993 国父三莅台湾 / 刘惠如 // *春秋 1965 年 3 卷 5 期
04994 国父北上(一个行武军人的回怀之六) / 刘汝明 // *传记文学 1965 年 6 卷 2 期
04995 国父逝世前后——纪念国父逝世四十周年 / 黄季陆 // *传记文学 1965 年 6 卷 3 期
04996 国父在艰危中的奋斗 / 黄季陆 // *传记文学 1965 年 6 卷 5 期
04997 国父在艰危中的外交奋斗 / 黄季陆 // *传记文学 1965 年 7 卷 5 期
04998 四十二年前国父经过香港盛况 / 周卓怀 // *传记文学 1965 年 7 卷 5 期
04999 国父伦敦蒙难真相的原始报告 / 陈乐桥译 // *传记文学 1965 年 7 卷 5 期
05000 研究国父来台次数之经过 / 方 豪 // *传记文学 1965 年 7 卷 6 期
05001 国父传记及其有关资料 / 黄季陆 // *传记文学 1965 年 7 卷 6 期
05002 孙中山先生与香港 / 罗汇荣 // *现代政治 1965 年 12 卷 11 期
05003 国父与广西 / 白崇禧 // *现代政治 1965 年 12 卷 11 期
05004 国父传记二三事 / 吴相湘 // *政治评论 1965 年 13 卷 10 期
05005 国父孙中山的时代和他的生平 / 郭湛波 // *文星 1965 年 16 卷 7 期
05006 国父在旧金山的遗爱 / 贾宝诚 // *自由谈 1965 年 16 卷 11 期
05007 国父在香港中央书院 / 林友兰 // *自由谈 1965 年 16 卷 11 期

05008	国父伦敦蒙难记／陈尧圣∥*自由谈 1965 年 16 卷 11 期
05009	中山先生年谱简述／*民主评论 1965 年 16 卷 17 期
05010	国父行谊与中国道统／晁介岭∥*民主宪政 1965 年 29 卷 1 期
05011	国父的治学精神／郑彦棻∥*建设 1965 年 14 卷 6 期
05012	国父与四川／华 生∥*四川文献 1965 年 39 期
05013	国父与辛亥革命／安怀音∥*畅流 1965 年 32 卷 4 期
05014	国父事迹与著作的考证／罗云家∥*畅流 1965 年 32 卷 6 期
05015	国父的文学、道统、文化思想／陈迈子∥*畅流 1965 年 32 卷 6 期
05016	国父与先父冯自由先生／冯成仁∥*出版月刊 1965 年 6 期
05017	国父对平均地权新土地制度之设计／毛再青∥三民主义研究所 1965 年硕士学位论文
05018	中山先生节制资本理论之研究／马育兴∥私立中国文化学院三民主义研究所 1965 年硕士学位论文
05019	国父在辛亥革命时的外交决策／黄季陆∥*传记文学 1966 年 8 卷 1 期
05020	国父遗嘱的定稿和签字／王化棠∥*畅流 1966 年 33 卷 2 期
05021	国父与江西之关系／守 诚∥*江西文献 1966 年 4 期
05022	国父三莅台湾渊源／陆汉斌∥*畅流 1966 年 34 卷 6 期
05023	国父与国民党之正式成立／陈松云∥*畅流 1966 年 34 卷 6 期
05024	国父的文学与艺事／王化棠∥*畅流 1966 年 34 卷 7 期
05025	国父首次漫游世界纪事／溯 澄∥*中国一周 1966 年 863 期
05026	国父与乔林初见之前后／梅乔林∥*中国一周 1966 年 867 期
05027	武昌起义前后国父之行踪／梅乔林∥*中国一周 1966 年 867 期
05028	国父北上与逝世纪实／李永久∥*艺文志 1967 年 18 期
05029	国父生辰考证的回忆——发生差异之原因和背景的一项推论／黄季陆∥*传记文学 1967 年 11 卷 2 期
05030	国父生辰的再考证／黄季陆∥*传记文学 1967 年 11 卷 3 期
05031	国父援助菲律宾独立运动与惠州起义／黄季陆∥*传记文学 1967 年 11 卷 4 期
05032	国父传记新资料／吴相湘∥*传记文学 1967 年 11 卷 5 期，*传记文学 1980 年 36 卷 3 期，*近代史事论丛第 3 册第 107 页，*民国史纵横谈第 7 页
05033	记民元国父湖北之行／李志新∥*春秋 1967 年 6 卷 2 期
05034	国父生辰再考订／睦云章∥*政治评论 1967 年 19 卷 5 期
05035	国父与台湾的关系／胡牧之∥*政治评论 1967 年 19 卷 5 期
05036	国父与香港华侨／林华平∥*政治评论 1967 年 19 卷 6 期
05037	国父与日本华侨的关系／陆侠兰∥*政治评论 1967 年 19 卷 7 期
05038	国父与马来西亚华侨／鲍 慧∥*政治评论 1967 年 19 卷 8 期
05039	生命和历史的凝结——国父生平（上、下）／罗家伦∥*革命思想 1967 年 22 卷 3、4 期
05040	国父与吴敬恒先生／陈松云∥*畅流 1967 年 35 卷 2 期
05041	国父联俄政策之研究／于德富∥三民主义研究所 1967 年硕士学位论文
05042	平凡的伟人——孙逸仙先生／刘道纯∥*读史札记 1968 年 2 期
05043	孙逸仙博士受洗奉教始末／喜嘉理∥*春秋 1968 年 8 卷 3 期
05044	孙总理信奉耶稣教之经过／冯自由∥*春秋 1968 年 8 卷 3 期
05045	杜南先生——国父孙中山先生的一位汉文教师／吴相湘∥*传记文学 1968 年 13 卷 5 期
05046	伟大的革命导师——孙中山先生／陈则东∥*中兴评论 1968 年 15 卷 11 期
05047	国父大同思想的体系／杜松伯∥*畅流 1968 年 38 卷 6 期
05048	国父平等理论之研究／徐清文∥三民主义研究所 1968 年硕士学位论文
05049	国父革命与日本关系之研究／陈哲燦∥三民主义研究所 1968 年硕士学位论文

05050 国父的知难行易学说之研究 / 陈淑美 // 哲学研究所 1968 年硕士学位论文
05051 我对国父生辰考证的看法 / 陈行夫 // ＊东方杂志复刊 1969 年 2 卷 7 期
05052 孙总理民国元年四月游鄂记 / 李志新 // ＊传记文学 1969 年 14 卷 5 期
05053 伟大的国父 / ＊美哉中华 1969 年 13 期
05054 云水苍茫一叶舟(二)——追随总理的一段回忆 / 周雍能 // ＊传记文学 1970 年 17 卷 1 期
05055 国父孙中山先生"大同思想"之研究 / 许博一 // 私立辅仁大学哲学研究所 1970 年硕士学位论文
05056 国父道德思想研究 / 黄奏胜 // 三民主义研究所 1971 年硕士学位论文
05057 国父的政治本质论研究 / 黄国昌 // 三民主义研究所 1971 年硕士学位论文
05058 孙中山先生联俄容共政策之研究 / 包奕洪 // 史学研究所 1971 年硕士学位论文
05059 国父发展国家实业理论的研究 / 陈延辉 // 三民主义研究所 1972 年硕士学位论文
05060 国父的政治有能论 / 陈蓉蓉 // 三民主义研究所 1972 年硕士学位论文
05061 孙中山先生大亚洲主义之研究 / 曾文昌 // 三民主义研究所 1972 年硕士学位论文
05062 国父与黄克强先生之关系与情义 / 黄季陆 // ＊传记文学 1973 年 23 卷 4 期
05063 孙中山先生之钱币革命 / 宋乾利 // 三民主义研究所 1973 年硕士学位论文
05064 国父民族主义与中国人口问题研究 / 陈顺珍 // 三民主义研究所 1973 年硕士学位论文
05065 国父人性论之比较研究 / 李常井 // 三民主义研究所 1974 年硕士学位论文
05066 国父中西文化观之研究 / 吴健民 // 三民主义研究所 1974 年硕士学位论文
05067 国父经济思想之研究 / 谢赞煌 // 三民主义研究所 1974 年硕士学位论文
05068 宫崎滔天著孙逸仙传未刊稿(上、下) / 陈鹏仁译 // ＊传记文学 1975 年 26 卷 3、4 期
05069 国父自由论与平等论之研析 / 江义德 // 三民主义研究所 1975 年硕士学位论文
05070 国父权能区分理论之研究 / 蒋君弼 // 三民主义研究所 1975 年硕士学位论文
05071 国父五权宪法与现行宪法的比较 / 戴丽华 // 三民主义研究所 1975 年硕士学位论文
05072 国父孙中山先生护法始末 / 陈大明 // 史学研究所 1975 年硕士学位论文
05073 追随国父革命之回忆 / 邓慕韩 // ＊艺文志 1977 年 145 期
05074 本刊所载有关孙中山先生文稿目录 / ＊传记文学 1978 年 32 卷 1 期
05075 孙中山先生发展航空事业略志(上、下) / 李德标 // ＊传记文学 1980 年 37 卷 5 期
05076 国父的先世与后裔(上、下) / 蒋 政 // ＊传记文学 1981 年 38 卷 3、4 期
05077 国父家族历史尚待考证(上、下) / 孙甄陶 // ＊传记文学 1981 年 38 卷 3、4 期
05078 国父与宋庆龄女士结婚 / 傅启学 // ＊传记文学 1981 年 39 卷 1 期
05079 国父与童洁泉父子 / 周冠华 // ＊艺文志 1981 年第 185、186 期
05080 亲承孙先生训诲的体认 / 黄季陆 // ＊传记文学 1982 年 41 卷 4 期
05081 关于罗香林"国父家世源流考"的辩证问题 / 祝秀侠 // ＊传记文学 1982 年 41 卷 5 期
05082 中山先生见李鸿章 / 桂崇基 // ＊传记文学 1983 年 42 卷 6 期
05083 话说"四大寇"——孙中山、陈少白、尤列、杨鹤龄 / 关国煊 // ＊传记文学 1983 年 43 卷 5 期
05084 国父北上前与张作霖张学良父子及东北有关人士来往函电选录 / ＊传记文学 1987 年 51 卷 2 期
05085 民元临时大总统孙、袁易位与北京兵变 / 沈云龙 // ＊传记文学 1987 年 51 卷 3 期
05086 孙逸仙先生言行研究近况 / 吴相湘 // ＊传记文学 1987 年 51 卷 5 期
05087 孙中山与列宁——孙中山晚年与苏俄关系史料的探索与重估 / 周 谷 // ＊传记文学 1992 年 60 卷 1 期
05088 孙中山与陈粹芬 / 庄 政 // ＊传记文学 1992 年 61 卷 3 期
05089 日本向袁世凯所提"二十一条"与新发现的孙中山"日中盟约" / 吴天威 // ＊传记文学 1992 年 60 卷 5 期
05090 先祖父谈孙中山与黄兴关系 / 周用敦 // ＊传记文学 1992 年 60 卷 5 期
05091 不符外交惯例的"孙越宣言"——孙中山晚年与苏俄关系史料的探索与重估 / 周 谷 // ＊传记文学 1992 年 60 卷 5 期

05092　国父与澳门——孙中山先生在澳门镜湖医院悬壶济世一百周年纪念／关国煊／／＊传记文学 1992 年 61 卷 5 期
05093　国父与北京——孙中山先生病逝北京六十八周年纪念／关国煊／／＊传记文学 1993 年 62 卷 3 期
05094　孙中山与陈炯明之间／毕　平／／＊传记文学 1993 年 62 卷 5 期
05095　我的祖父孙逸仙博士／孙穗芳／／＊传记文学 1993 年 63 卷 5 期
05096　孙中山与上海——孙先生第一次到上海从事革命活动一百周年纪念／关国煊／／＊传记文学 1994 年 65 卷 5 期
05097　孙中山与少数民族的近代化建设／吴相湘／／＊传记文学 1996 年 69 卷 5 期
05098　孙中山与冯玉祥／石学胜／／＊传记文学 1996 年 69 卷 5 期
05099　孙逸仙近代思想与郑观应、容闳、严复、胡适之比较／吴相湘／／＊传记文学 1996 年 69 卷 6 期
05100　国父与澳门／王允昌／／＊传记文学 1998 年 73 卷 2 期
05101　中山要做独裁党魁袁氏先做终身总统／唐德刚／／＊传记文学 1998 年 73 卷 3 期
05102　孙中山与越飞"谈"张作霖／蒋永敬／／＊传记文学 1999 年 74 卷 4 期
05103　孙中山／林怀卿／／＊中国历代名人 120 位第 362 页
05104　孙中山／蒋永敬／／＊中国历代思想家第 9 册第 5695 页
05105　孙文——提倡三民主义的中华民国国父／王世祯／／＊中国风云人物第 311 页
05106　总理史迹简编稿／／＊中国近代史论丛第 1 辑第 8 册第 1 页
05107　中山先生的史学修养／李云汉／／＊中国现代史论和史料（上册）第 1 页
05108　中山先生与菲律宾独立运动／李云汉／／＊中国现代史论和史料（上册）第 36 页
05109　中山先生辛亥游美史实的讨论／李云汉／／＊中国现代史论和史料（上册）第 82 页
05110　关于国父传记著述的评述／李云汉／／＊中国现代史论和史料（上册）第 99 页
05111　国父年谱应彻底改编／吴相湘／／＊历史与人物第 139 页
05112　国父与容闳／吴相湘／／＊民国人和事第 12 页
05113　国父、胡适、陆仲安／吴相湘／／＊民国人和事第 35 页
05114　孙中山先生与民初政府及其影响／沈云龙／／＊民国史事与人物论丛第 17 页
05115　孙中山先生北上逝世与奉安大典／沈云龙／／＊民国史事与人物论丛第 181 页
05116　孙中山传／唐祖培／／＊民国名人小传第 1 页
05117　国父孙中山先生／谭慧生／／＊民国伟人传记第 1 页
05118　国父孙中山／梁实秋／／＊名人伟人传记全集（101）第 191 页
05119　桂太郎与孙中山／（日）宫崎滔天、陈鹏仁译／／＊论中国革命与先烈第 151 页
05120　孙中山先生与我／（日）秋山定辅、陈鹏仁译／／＊论中国革命与先烈第 215 页
05121　孙逸仙在长江一带的声望／（日）水野梅晓、陈鹏仁译／／＊论中国革命与先烈第 227 页
05122　深沉大度的人物孙逸仙／（日）小川平吉、陈鹏仁译／／＊论中国革命与先烈第 231 页
05123　辛亥革命与孙中山的联盟／（日）山田纯三郎著、陈鹏仁译／／＊论中国革命与先烈第 233 页
05124　国父生平／孙　科／／＊孙科文集第 3 册第 1244 页
05125　国父与黄克强先生革命之追忆／孙　科／／＊孙科文集第 3 册第 1254 页
05126　国父与"蒋总统"／孙　科／／＊孙科文集第 3 册第 1277 页
05127　犬养毅与中山先生／彭泽周／／＊近代中日关系研究论集第 307 页
05128　国父伦敦蒙难再考证／吴相湘／／＊近代史事论丛第 3 册第 79 页
05129　国父初次莅临台湾时日新证／吴相湘／／＊近代史事论丛第 3 册第 97 页
05130　孙中山（附中山先生生平事迹简表）／／＊环华百科全书第 17 册第 480 页

孙长兴

05131　孙长兴／黄震遐／／＊中共军人志第 249 页

孙长海

05132　孙长海／／＊革命人物志第 3 集第 474 页

孙凤璋
05133　孙凤璋／黄震遐//＊中共军人志第 251 页
孙凤藻
05134　孙凤藻(1879—1932)／周邦道//＊近代教育先进传略(初集)第 264 页
孙方杰
05135　孙方杰／丛培坛//＊革命人物志第 10 集第 257 页
孙本文
05136　孙本文／刘绍唐主编//＊传记文学 1999 年 75 卷 1 期
孙可法
05137　孙可法／＊革命人物志第 3 集第 471 页
孙东瀛
05138　烈士孙东瀛事略／＊革命人物志第 3 集第 475 页
孙仪之
05139　孙仪之／黄震遐//＊中共军人志第 252 页
孙立人
05140　名将孙立人／＊风云出版社编辑委员会 289 页
05141　孙立人将军与缅战／方　宁//(香港)太玄出版社 1963 年版 33 页
05142　名将孙立人案外案／狄训场//＊群伦出版社 1988 年 254 页
05143　孙立人研究／李　敖//＊李敖出版社 1988 年 2 册
05144　孙立人冤案平反／孙立人、江南著,邓维贤编//＊新梅出版社 1988 年 323 页
05145　孙立人自述生平／(台南)风云丛书海外出版社 1988 年 322 页
05146　小兵之父:孙立人将军侧记／揭　钧//＊跃升文化出版公司 1991 年 479 页
05147　新陆军的"保姆"——孙立人／夏　冰//＊自由谈 1951 年 2 卷 4 期
05148　孙立人案件献疑／＊祖国 1955 年 148 期
05149　孙立人将军被黜／卜少夫//＊新闻天地 1955 年 393 期
05150　杜聿明、孙立人失和始末／陈嘉骥//＊传记文学 1972 年 21 卷 5 期
05151　孙立人在台兵变经过／＊七十年代 1974 年 9 期
05152　孙立人／＊环华百科全书第 17 册第 478 页
孙邦华
05153　追念孙邦华大使／赵允宜//＊传记文学 1992 年 61 卷 2 期
孙达华
05154　孙达华／＊革命人物志第 10 集第 260 页
孙师武
05155　孙师武／＊革命人物志第 3 集第 478 页
孙竹丹
05156　孙竹丹君／(日)宫崎滔天著、陈鹏仁译//＊论中国革命与先烈第 185 页
05157　孙君竹丹事略／柳弃疾//＊革命人物志第 10 集第 249 页
05158　孙竹丹传／柳弃疾//＊革命人物志第 10 集第 248 页
05159　孙竹丹被害始末／冯自由//＊革命人物志第 10 集第 252 页
孙传芳
05160　孙传芳与五省联孔／杨同慧//＊台湾政治大学 1985 年 270 页
05161　手刃杀父仇人孙传芳之施剑翘／钟仁杰//＊古今谈 1967 年 32 期
05162　孙传芳评传(上、中、下)／难　云//＊畅流 1968 年 37 卷 12 期—38 卷 2 期
05163　孙传芳杀校长／杜负翁//＊中外杂志 1969 年 6 卷 2 期
05164　"五省联帅"孙传芳／张朴民//＊中外杂志 1970 年 8 卷 1 期,＊军阀现形记第 295 页

05165　孙传芳、陈仪与夏超——"浙江省长"夏超惨死真相／高登云／／＊中外杂志 1976 年 20 卷 1 期
05166　孙传芳(1885—1935)／关国煊／／＊传记文学 1978 年 33 卷 5 期,＊民国人物小传第 3 册第 147 页
05167　孙传芳困蹙扬州／周秋如／／＊江苏文物 1980 年 3 卷 7 期
05168　孙传芳与"五省联军"(上、下)／张鹏扬／／＊中外杂志 1980 年 28 卷 4、5 期
05169　施剑翘刺孙传芳案之补充／刁抱石／／＊传记文学 1980 年 37 卷 5 期
05170　孙传芳／戴晋新／／＊环华百科全书第 17 册第 491 页

孙伏园

05171　孙伏园／陈敬之／／＊畅流 1966 年 33 卷 12 期
05172　记孙伏园／谢冰莹／／＊纯文学 1968 年 4 卷 6 期,＊中国近代作家与作品第 521 页
05173　孙伏园(1894—1966)／秦贤次／／＊传记文学 1974 年 25 卷 2 期,＊民国人物小传第 1 册第 145 页
05174　孙伏园／李立明／／＊中国现代六百作家小传第 297 页
05175　孙伏园(1894—1966)／／＊环华百科全书第 17 册第 478 页

孙多慈

05176　画家名教授孙多慈女士／／＊美哉中华 1969 年 5 期
05177　悼念我所景仰的孙多慈教授／吴承砚／／＊华学月刊 1975 年 42 期

孙运璇

05178　享誉国际的孙运璇先生／李德安／／＊当代名人风范(1)第 153 页
05179　孙运璇(1913—　)／／＊环华百科全书第 17 册第 494 页

孙连仲

05180　我与孙连仲将军(1—6)／罗毓凤／／＊艺文志 1969 年 41—46 期
05181　台儿庄胜利与孙连仲将军／韦永成／／＊传记文学 1981 年 38 卷 3 期
05182　孙连仲将军"耆龄景福"(上、下)／／＊艺文志 1981 年 190、191 期
05183　孙连仲先生年谱长篇前言／刘凤翰／／＊传记文学 1993 年 63 卷 1 期
05184　孙连仲／／＊环华百科全书第 17 册第 479 页

孙冶方

05185　孙冶方(1908—1983)／关国煊／／＊传记文学 1983 年 43 卷 3 期

孙尚清

05186　孙尚清／刘绍唐主编／／＊传记文学 1999 年 74 卷 1 期

孙国封

05187　孙国封(1889—1936)／周邦道／／＊近代教育先进传略(初集)第 414 页

孙法民

05188　孙法民／刘绍唐主编／／＊传记文学 1994 年 65 卷 5 期

孙宝琦

05189　孙宝琦／郑寿麟／／＊传记文学 1968 年 12 卷 4 期
05190　孙宝琦(1867—1931)／秦慧伽／／＊传记文学 1973 年 23 卷 5 期,＊民国人物小传第 1 册第 149 页
05191　孙宝琦宦海浮沉录／林　熙／／＊大成 1978 年 61 期
05192　孙宝琦的晚年／林　熙／／＊大成 1979 年 63 期
05193　外交起家孙宝琦／赵朴民／／＊北洋政府国务总理列传第 113 页
05194　孙慕韩先生碑铭手札集／杨恺龄／／＊近代中国史料丛刊续编第四十五辑(总 450)影印本第 225 页

孙定超

05195　孙定超／刘绍唐主编／／＊传记文学 1996 年 68 卷 6 期

孙俍工

05196　孙俍工／刘绍唐主编／／＊传记文学 1998 年 73 卷 6 期
05197　孙俍工／李立明／／＊中国现代六百作家小传第 299 页

孙洪伊
05198　段祺瑞、徐树铮与孙洪伊／张　谷∥＊中外杂志1970年7卷4期
05199　孙洪伊(1870—1936)／关志昌∥＊传记文学1984年45卷3期

孙洪芬
05200　孙洪芬先生逝世二周年纪念／＊1955年版10页
05201　记化学家孙洪芬先生／宋希尚∥＊国语日报1968年7月13日
05202　悼科学名家孙洪芬先生／宋希尚∥＊中国一周1953年185期
05203　追思孙洪芬先生／翁之镛∥＊传记文学1973年23卷3期
05204　孙洪芬(1889—1953)／秦贤次∥＊传记文学1974年25卷5期，＊民国人物小传第1册第147页
05205　孙洪芬(1889—1953)／周邦道∥＊近代教育先进传略(初集)第144页

孙洪震
05206　孙洪震(附陈王道、廖秋华)／＊革命人物志第3集第476页

孙洵侯
05207　孙洵侯／李立明∥＊中国现代六百作家小传第299页
05208　新月诗派及作者列传：孙洵侯／秦贤次∥＊诗学1976年第2辑第408页

孙起孟
05209　政务院副秘书长孙起孟／＊新中国人物志(下)第41页

孙桂籍
05210　哭孙桂籍兄兼忆张怀南先生／朱开来∥＊传记文学1976年29卷3期
05211　孙桂籍(1911—1976)／陈嘉骥∥＊传记文学1976年29卷6期，＊民国人物小传第2册第135页

孙烈臣
05212　孙烈臣(1872—1924)／于翔麟∥＊传记文学1981年38卷6期，＊民国人物小传第5册第238页

孙振汉
05213　孙振汉／＊革命人物志第10集第259页

孙振淼
05214　孙振淼／＊革命人物志第10集第259页

孙桐岗
05215　怀念孙桐岗表哥——六十年前独自驾机自德国返国飞航纪录的创造者／俞宽镛∥＊传记文学1992年61卷6期
05216　孙桐岗／刘绍唐主编∥＊传记文学1993年62卷2期

孙健初
05217　孙健初／刘绍唐主编∥＊传记文学1999年75卷6期

孙逢吉
05218　我所知道的孙逢吉先生／汤文通∥＊教育与文化1957年16卷2期
05219　农科得奖人孙逢吉先生／汤冠雄∥＊教育与文化1957年16卷2期
05220　孙逢吉先生的五大贡献／卢守耕∥＊中国一周1957年357期

孙席珍
05221　孙席珍／刘绍唐主编∥＊传记文学1997年71卷1期
05222　孙席珍／李立明∥＊中国现代六百作家小传第301页

孙宽荣
05223　孙宽荣事略／＊太原五百完人第155页

孙家鼐
05224　从管学大臣孙家鼐到校长胡适——记百年北京大学前期的二十任十九位负责人／关国煊∥＊传记文学1998年72卷4期

孙继丁
05225　九十回忆／孙继丁∥＊山东文献1975年1卷1期

孙继先

05226 孙继先／黄震遐// *中共军人志第 253 页

孙菊仙

05227 孙菊仙／刘绍唐、沈苇窗// *平剧史料丛刊 1974 年 1 辑

05228 孙菊仙(1841—1931)／关志昌// *传记文学 1984 年 44 卷 2 期

孙盛武

05229 富连成点将录(下)——文丑孙盛武／齐崧// *传记文学 1975 年 26 卷 6 期

05230 孙盛武／丁秉鐩// *传记文学 1979 年 34 卷 3 期

孙清波

05231 孙清波先生行状／ *中原文献 1976 年 8 卷 5 期

孙谏声

05232 孙谏声／ *革命人物志第 3 集第 490 页

孙绳武

05233 孙绳武先生纪念集／ *孙绳武先生纪念集编辑委员会编印 1976 年版 48 页

05234 抗战期间西北之行的一段回忆——悼念孙绳武先生并记追随共事经过／樊琪// *传记文学 1975 年 27 卷 6 期

05235 孙绳武(1894—1975)／樊琪// *传记文学 1978 年 33 卷 3 期，*民国人物小传第 3 册第 151 页

孙维世

05236 周恩来义女孙维世不幸遭遇／王若望// *传记文学 1993 年 63 卷 3 期

孙越崎

05237 我与资源委员会／孙越崎// *传记文学 1993 年 63 卷 6 期

孙葆田

05238 孙葆田传略／毛承霖// *碑传集三编第 8 册第 2053 页

孙道仁

05239 孙道仁／刘绍唐主编// *传记文学 1999 年 74 卷 5 期

孙寒冰

05240 孙寒冰／李立明// 中国现代六百作家小传第 301 页

05241 孙寒冰／黄俊东// 现代中国作家剪影第 132 页

孙禄堂

05242 孙禄堂先生传／赵锡民// *中国武术史料集刊 1976 年 3 期

05243 技击名家孙福全——武林人物之一／王止峻// *中外杂志 1980 年 27 卷 5 期

孙瑞璜

05244 忆清华辛酉级十位级友(下)：孙瑞璜／浦薛凤// *传记文学 1985 年 47 卷 3 期

孙楷第

05245 孙楷第／刘绍唐主编// *传记文学 1993 年 63 卷 2 期

孙福熙

05246 记孙福熙／谢冰莹// *中国近代作家与作品第 505 页

05247 孙福熙／李立明// *中国现代六百作家小传第 302 页

05248 孙福熙／谢冰莹// *作家印象记第 107 页

孙殿英

05249 单车冲围记／梁敬錞// *传记文学 1966 年 9 卷 1 期

05250 回忆与孙殿英的一段往事／王仲廉// *传记文学 1975 年 26 卷 1 期

05251 孙殿英投敌经过(上、中、下)／文强// *传记文学 1993 年 62 卷 6 期

05252 八路军在华北如何运用孙殿英／靖任秋// *传记文学 1996 年 68 卷 3 期

05253 孙殿英生平见闻录／李鸿庆、程一民// *传记文学 1998 年 72 卷 3 期

05254　盗墓军阀孙殿英 / ＊军阀现行记第 347 页

孙殿起
05255　孙殿起（1894—1958）／ 关志昌 // ＊传记文学 1984 年 45 卷 1 期

孙碧奇
05256　沧海浮生记 / 孙碧奇 // ＊传记文学出版社 1973 年版 133 页
05257　沧海浮生记（1—7）／ 孙碧奇 // ＊传记文学 1972 年 21 卷 6 期—1973 年 22 卷 6 期

孙蔚如
05258　孙蔚如（1895—1979）／ 于翔麟 // ＊传记文学 1982 年 40 卷 3 期，＊民国人民小传第 5 册第 241 页

孙毓堃
05259　富连成点将录（下）——武生泰斗孙毓堃 / 齐崧 // ＊传记文学 1975 年 26 卷 6 期

孙毓棠
05260　孙毓棠 / 刘绍唐主编 // ＊传记文学 1993 年 63 卷 4 期
05261　孙毓棠 / 李立明 // ＊中国现代六百作家小传第 303 页
05262　孙毓棠 / 黄俊东 // ＊现代中国作家剪影第 149 页

孙韶康
05263　三十三年之回忆（上、下）／ 孙韶康 // ＊中外杂志 1982 年 31 卷 1—2 期

孙端夫
05264　孙端夫 / 黄震遐 // ＊中共军人志第 250 页

孙德谦
05265　孙德谦（1873—1935）／ 何广棪 // ＊传记文学 1978 年 33 卷 2 期，＊民国人物小传第 3 册第 150 页

孙德操
05266　孙德操先生的行谊 / 钟朗华 // ＊四川文献 1980 年 177 期
05267　平凡的将军、伟大的将军——为孙德操先生九十秩诞辰作 / 罗才荣 // ＊中外杂志 1981 年 29 卷 2 期

孙镜亚
05268　敬悼孙靖尘先生 / 程天放 // ＊中国一周 1954 年 199 期
05269　孙镜亚 / ＊革命人物志第 10 集第 261 页
05270　革命前辈孙镜亚逝世 / ＊革命人物志第 10 集第 262 页

孙穗芬
05271　孙中山孙女被绑架经过——关于蓝妮、孙穗芬母女的一点补充资料 / 关国煊 // ＊传记文学 1993 年 63 卷 3 期

孙耀祖
05272　孙耀祖事略 / ＊革命人物志第 10 集第 92 页
05273　为孙耀祖等请邮文 / ＊革命人物志第 10 集第 93 页

七　　画

〔一〕

麦造周

05274　加拿大华侨勋旧录——麦造周(1887—1971)／陈衮尧　//　*广东文献1980年10卷3期

05275　麦造周／陈衮尧　//　*华侨名人传第516页

麦焕章

05276　麦焕章(1889—1940)　*传纪文学1982年40卷3期，*民国人物小传第5册第306页

05277　麦焕章　*革命人物志第8集第140页

玛拉沁夫

05278　蒙古作家玛拉沁夫／登　原　//　*明报1973年12月19日

05279　玛拉沁夫／林曼叔等　//　*中国当代作家小传第205页

贡桑诺尔布

05280　一代内蒙名王——贡桑诺尔布／吴希先　//　*中国边政1981年75期

芳　信

05281　芳　信／李立明　//　*中国现代六百作家小传第226页

严　光

05282　严　光／黄震遐　//　*中共军人志第738页

严　安

05283　严　安　*革命人物志第11集第382页

严　辰

05284　严　辰／林曼叔等　//　*中国当代作家小传第102页

严　明

05285　严　明／刘绍唐主编　//　*传记文学1993年63卷5期

05286　严　明／革命人物志第8集第478页

严　政

05287　严　政／黄震遐　//　*中共军人志第738页

严　重

05288　三道街前宁静楼／白如初　//　*湖北文献1967年3期

05289　严　重(1892—1944)／于翔麟、林抱石　//　*传记文学1980年37卷6期，*民国人物小传第4册第426页

05290　读《严立三先生遗稿汇编》书后／刘先云　//　*湖北文献1981年58期

05291　《严立三先生遗稿汇编》校读后记／华　实　//　*湖北文献1981年58期

05292　严　重／贺有年　//　*革命人物志第8集第479页

严　复

05293　严复思想述评／周振甫　//　*中华书局1964年版343页

05294　严几道晚年思想／存粹学社编　//　(香港)崇文书店1974年1月版290页

05295　严复的富强思想／刘富本　//　*文墨书局1977年版109页

05296　严几道先生复年谱／王蘧常　//　*商务印书馆1977年版138页

05297　严　复／史华哲著、沈文隆译　//　*长河出版社1977年版

05298　林纾、严复、辜鸿铭／杜滤水　//　*"中央"日报1954年12月13日

05299　严复别传／李　荆　//　*"中央"日报1958年10月19日

05300 海军先贤严几道先生传 / 章斗航 // *自立晚报 1963 年 5 月 29 日
05301 林琴南与严几道 / 尤光光 // *畅流 1952 年 4 卷 12 期
05302 严复先生之生平及其思想(上、下) / 郑家稼 // *民主评论 1954 年 5 卷 22—24 期
05303 严复(上、下) / 陈敬之 // *畅流 1963 年 28 卷 8、9 期
05304 严几道先生的生平(上、下) / 伍稼青 // *畅流 1965 年 32 卷 6、7 期
05305 严复的生平及其思想 / 李雍民 // *古今谈 1966 年 18 期
05306 翻译大师严复 / 黄大受 // *传记文学 1966 年 9 卷 4 期
05307 "天演宗哲学家"严复 / 吴相湘 // *传记文学 1970 年 17 卷 2 期
05308 严　复(1854—1921) / *传记文学 1973 年 23 卷 2 期，*民国人物小传第 1 册第 284 页
05309 严复与伊藤博文 / 王盛涛 // *艺文志 1976 年 131 期
05310 大翻译家严复 / 林宗霖 // *励进 1976 年 365 期
05311 严复晚年之政论(上、下) / 沈云龙 // *传记文学 1981 年 39 卷 1、2 期
05312 孙逸仙近代思想与郑观应、容闳、严复、胡适之比较 / 吴相湘 // *传记文学 1996 年 69 卷 6 期
05313 从管学大臣孙家鼐到校长胡适——记百年北京大学前期的二十任十九位负责人 / 关国煊 // *传记文学 1998 年 72 卷 4 期
05314 严　复 / 林怀卿 // *中国历代名人 120 位第 378 页
05315 严　复 / 郑正昭 // *中国历代思想家第 8 册第 5272 页
05316 严　复 / *中国近代学人像传(初辑)第 353 页
05317 严　复 / 李立明 // *中国现代六百作家小传 576 页
05318 严　复 / 陈敬之 // *中国新文学运动的前驱第 129 页
05319 严　复 / 赵景深 // *文人印象第 9 页
05320 严　复 / 吴相湘 // *民国百人传第 1 册第 335 页
05321 严　复 / 谭慧生 // *民国伟人传记第 164 页
05322 严　复 / 邵镜人 // *近代中国史料丛刊续编第九十五辑(总 950)·同光风云录第 228 页
05323 严复与自由主义 / 史华慈著、杨肃献译 // *近代中国思想人物论——自由主义第 99 页
05324 严　复(1853—1921) / 周邦道 // *近代教育先进传略(初集)第 344 页
05325 严　复 / 张之杰 // *环华百科全书第 19 册第 164 页
05326 清故资政大夫海军协都统严君墓志铭 / 陈宝琛 // *碑传集三编第 9 册第 2183 页

严　修
05327 蟫香馆使黔日记 / 严　修 // *文海出版社近代中国史料丛刊第二十辑(总第 198 辑)影印本 854 页
05328 严　修(1860—1929) / *传记文学 1973 年 22 卷 5 期，*民国人物小传第 1 册第 283 页
05329 严　修 / 周邦道 // *近代教育先进传略(初集)第 261 页
05330 记严范孙先生 / 童家祥 // *晚清及民国人物琐谈第 217 页

严　陵
05331 严　陵 / 居　正等 // *革命人物志第 8 集第 485 页

严　鹏
05332 七十浮生尘影录 / 严　鹏 // *严鹏撰印 1965 年版 74 页

严文井
05333 严文井 / 方雪纯等 // *中共人名录第 740 页
05334 严文井 / 林曼叔等 // *中国当代作家小传第 64 页
05335 严文井 / 李立明 // *中国现代六百作家小传第 577 页

严东华
05336 严东华 / *革命人物志第 11 集第 383 页

严庆龄
05337 献身工业的严庆龄 / *"中央"日报 1964 年 1 月 15 日

05338　自由中国的福特——严庆龄先生和他领导的裕隆机器厂 / 庄存庐 // *政论周刊 1957 年 109 期
05339　严庆龄(1909—1981) / 林抱石 // *传记文学 1981 年 39 卷 2 期，*民国人物小传第 5 册第 506 页
05340　怀念庆龄 / 吴舜文 // *中国经济评论 1982 年 79、80 期
05341　中国汽车大王严庆龄先生 / 李德安 // *当代名人风范第 623 页
05342　严庆龄 / *革命人物志第 23 集第 480 页

严安清
05343　严安清 / *革命人物志第 8 集第 478 页

严志达
05344　纪念几位数学朋友 / 陈省身 // *传记文学 1999 年 75 卷 2 期

严希纯
05345　人民政协代表严希纯 / *新中国人物志(下)第 116 页

严良勋
05346　严良勋墓志铭 / 陈三立 // *碑传集三编第 5 册第 1335 页

严宝礼
05347　严宝礼 / 刘绍唐主编 // *传记文学 1993 年 63 卷 4 期

严叔夏
05348　天涯何处哭先生——敬悼先师严叔夏先生 / 李尔康 // *畅流 1962 年 26 卷 8 期
05349　怀念严叔夏先生 / 李尔康 // *传记文学 1978 年 32 卷 6 期

严国丰
05350　谭馥、葛谦、严国丰三烈士碑文 / 邹　鲁 // *革命人物志第 8 集第 430 页

严独鹤
05351　化鹤记(严独鹤先生魂兮归来) / 刘嘉猷 // *大成 1980 年 81 期
05352　记严独鹤先生及其爱子毛毛 / 黄　尧 // *传记文学 1981 年 39 卷 1 期
05353　严独鹤 / 刘绍唐主编 // *传记文学 1997 年 71 卷 2 期

严耕望
05354　严耕望院士 / 黄宽重 // *汉学研究通讯 1984 年 3 卷 1 期
05355　严耕望 / 刘绍唐主编 // *传记文学 1998 年 72 卷 1 期

严家淦
05356　严"副总统"的求学与治事 / *联合报 1966 年 5 月 20 日
05357　严"前总统"昨晚逝世 / *中国时报 1993 年 12 月 25 日
05358　严家淦大事记 / 林熙真 // *中国时报 1993 年 12 月 25 日
05359　社论：悼念严"前总统"家淦先生 / *中国时报 1993 年 12 月 26 日
05360　稳定台湾财经发展的一双手——感怀严"前总统" / 王作荣 // *中国时报 1993 年 12 月 26 日
05361　为政以公待人诚，贤者风范留去思——静波先生三两事 / 叶明勋 // *中国时报 1994 年 1 月 8 日
05362　平心论严家淦先生及其风范 / 楚崧秋 // *中国时报 1994 年 1 月 21 日
05363　速写财经四巨头(严家淦) / 何人斯 // *古今谈 1965 年 6 期
05364　严静波先生成功之道 / 马　璧 // *艺文志 1966 年 8 期
05365　严家淦治事与做人 / 何人斯 // *古今谈 1966 年 13 期
05366　严家淦的日常生活 / *中国一周 1966 年 834 期
05367　追忆严静波先生 / 严演存 // *传记文学 1994 年 65 卷 2 期
05368　严家淦 / 刘绍唐主编 // *传记文学 1994 年 65 卷 3 期
05369　怀念"前总统"严静波先生 / 徐贤修 // *传记文学 1996 年 69 卷 5 期
05370　严"副总统"访美记 / 沈　锜 // *传记文学 1998 年 72 卷 1、2 期
05371　严家淦 / 吴相湘 // *民国百人传第 4 册第 355 页
05372　严家淦 / *环华百科全书第 19 册第 165 页

严确廷
05373 陈甫仁、严确廷两烈士殉难记／邹　鲁／／＊革命人物志第 4 集第 163 页

严锄非
05374 严锄非／＊革命人物志第 8 集第 488 页

严裕棠
05375 尽瘁棉铁救国的严裕棠／＊美哉中华 1969 年 14 期
05376 严裕棠／刘绍唐主编／／＊传记文学 1995 年 67 卷 6 期

严慎予
05377 记严慎予先生／沈毅成／／＊前辈先生第 111 页

严演存
05378 二·二八事变的亲历与分析／严演存／／＊传记文学 1987 年 50 卷 6 期

芦甸
05379 芦　甸／林曼叔等／／＊中国当代作家小传第 110 页
05380 芦　甸／李立明／／＊中国现代六百作家小传第 578 页

劳培
05381 劳培传／邹　鲁／／＊革命人物志第九集第 283 页

劳榦
05382 劳榦教授的自述／＊湖南文献 1967 年 6 卷 4 期
05383 大学时期以前的回忆录／劳　榦／／＊中外杂志 1968 年 4 卷 5 期
05384 劳　榦／＊环华百科全书第 6 册第 478 页
05385 汉简硕果——劳榦／应平书／／＊学人风范第 137 页

劳乃宣
05386 韧叟自订年谱(一题《韧叟老人自订年谱》)／劳乃宣／／＊文海出版社近代中国史料丛刊第 7 辑(总 65)1967 年影印本 67 页，＊广文书局 1971 年影印本 96 页
05387 劳韧叟先生乃宣自订年谱／劳乃宣／／＊商务印书馆 1978 年 60 页
05388 劳乃宣(1843—1921)／＊传记文学 1973 年 23 卷 4 期，＊民国人物小传第 1 册第 202 页
05389 王照、卢戆章、劳乃宣、吴敬恒／周邦道／／＊中外杂志 1976 年 20 卷 1 期
05390 从管学大臣孙家鼐到校长胡适——记百年北京大学前期的二十任十九位负责人／关国煊／／＊传记文学 1998 年 72 卷 4 期
05391 劳乃宣(1843—1921)／周邦道／／＊近代教育先进传略(初集)第 77 页
05392 劳乃宣(1843—1921)墓志铭／柯劭忞／／＊碑传集三编第 2 册第 397 页

劳声寰
05393 劳声寰先生访问记录／黄嘉谟、陈存恭访问，陈存恭记录／／＊"中央"研究院近代史研究所 1988 年 249 页
05394 记劳声寰将军／褚问鹃／／＊艺文志 1980 年 181 期

劳君展
05395 劳君展／刘绍唐主编／／＊传记文学 1998 年 72 卷 5 期

劳建白
05396 五十年前在黄埔／劳建白／／＊中外杂志 1975 年 18 卷 1 期
05397 劳建白忠诚正直／齐家才／／＊戴笠将军和他的同志第 2 集第 25 页

苏进
05398 苏　进／黄震遐／／＊中共军人志第 736 页

苏青
05399 关于我续结婚十年自序／苏　青／／＊大成 1983 年 112 期
05400 苏　青／李立明／／＊中国现代六百作家小传第 573 页

苏　静
05401　苏　静／黄震遐／／＊中共军人志第737页
苏子文
05402　苏子文烈士事略／／＊太原五百完人1979年第161页
苏友仁
05403　苏友仁志行高洁／陈　颐／／＊中外杂志1983年34卷1期
苏甲荣
05404　苏甲荣(1895—1945)／秦贤次／／＊民国人物小传第2册第334页
苏成德
05405　苏成德／刘绍唐主编／／＊传记文学1999年74卷6期
苏乐群
05406　苏乐群(1873—1929)／周邦道／／＊近代教育先进传略(初集)第395页
苏芗雨
05407　祖国廿五年回忆录(上、下)／苏芗雨／／＊传记文学1975年27卷1、2期
05408　台湾大学廿六年(上、下)／苏芗雨／／＊传记文学1976年29卷1、2期
苏克之
05409　苏克之／黄震遐／／＊中共军人志第733页
苏村圃
05410　苏村圃先生传略／陆远谟／／＊江西文献1976年84期
苏廷芳
05411　苏廷芳／简会元／／＊华侨名人传第127页
苏启胜
05412　苏启胜／黄震遐／／＊中共军人志第736页
苏局仙
05413　苏局仙／刘绍唐主编／／＊传记文学1992年60卷6期
苏金伞
05414　苏金伞／舒　兰／／＊抗战时期的新诗作家和作品第161页
苏炳文
05415　苏炳文(1892—1975)／关国煊／／＊传记文学1984年15卷4期
苏祖馨
05416　苏祖馨／刘绍唐主编／／＊传记文学1994年65卷3期
苏振华
05417　苏振华／黄震遐／／＊中共军人志第734页
苏盛轼
05418　富连成点将录(下)——幕后英雄苏盛轼／齐　崧／／＊传记文学1975年26卷6期
苏雪林
05419　我的生活／苏雪林／／＊文星书店1967年版
05420　庆祝苏雪林教授写作五十年暨八秩华诞专集(四集)／／＊安徽大学校友代表等主编发行1978年版
05421　浮生九四:雪林回忆录／苏雪林／／＊三民书局1991年260页
05422　我的生活自序／／＊中华日报1967年3月14日
05423　己酉自述——从五四到现在／苏雪林／／＊国语日报1967年4月15日
05424　绿漪小传／李立明／／＊时报1969年7月30日
05425　留法勤工俭学史的一页／苏雪林／／＊畅流1957年15卷1期
05426　儿时影事／苏雪林／／＊传记文学1962年1卷1期
05427　我的教书生活／苏雪林／／＊传记文学1967年10卷2期

05428 作家、学者、教授苏雪林 / 李立明 // *文坛月刊 1973 年 342 期
05429 记珞珈三杰(苏雪林、袁昌英、凌叔华) / 吴鲁芹 // *传记文学 1979 年 35 卷 4 期,*学府纪闻·国立武汉大学第 99 页
05430 苏雪林著作生涯 / 晓 钟 // *中国语文 1981 年 49 卷 1 期
05431 苏雪林笔耕一甲子 / 黄章明 // *文讯月刊 1983 年 1 期
05432 我在抗战时期的文学活动 / 苏雪林 // 文讯月刊 1984 年 7—8 合刊
05433 苏雪林 / 贺玉波 // *中国现代女作家第 115 页
05434 苏雪林 / 李立明 // *中国现代六百作家小传第 573 页
05435 诲人不倦著作等身的苏雪林教授 / 李德安 // *当代名人风范(4)第 1299 页
05436 苏雪林 / 刘 葆 // *现代中国人物志第 332 页
05437 苏雪林 / 赵 职 // *现代中国作家列传第 157 页
05438 苏雪林 / 李立明 // *现代中国作家评传(一)第 81 页
05439 苏雪林(原名小梅) / 陈敬之 // *现代文学早期的女作家第 103 页
05440 苏雪林 / 编纂组 // *环华百科全书第 17 册第 377 页
05441 我敬佩的苏老师 / 吴耀玉 // *学府纪闻·国立武汉大学第 99 页

苏曼殊

05442 断鸿零雁记 / 苏曼殊撰、梁维仁译 // *华联出版社印行 1973 年版 275 页
05443 革命诗僧——苏曼殊传 / 周润钿 // *近代中国出版社 1980 年版 214 页
05444 天女散花:民国诗人苏曼殊传 / 林佩芬 // *时报文化出版企业公司 1986 年 309 页
05445 从磨剑室到燕子龛:纪念南社两大诗人苏曼殊与柳亚子 / 柳无忌 // *时报文化出版公司 1986 年 296 页
05446 记苏曼殊 / 陶邦彦 // *公论报 1950 年 2 月 3 日
05447 苏曼殊其人其诗 / 毛一渡 // *"中央"日报 1956 年 3 月 14 日
05448 苏曼殊与康有为 / 李 里 // *自立晚报 1964 年 4 月 10 日
05449 苏曼殊二三事 / 赵明琇 // *新闻报 1965 年 11 月 30 日
05450 苏曼殊大师二三事 / 邹树人 // *"中央"日报 1970 年 8 月 8—9 日
05451 曼殊上人身世考(上、下) / 易持恒 // *畅流 1962 年 24 卷 11—12 期
05452 苏曼殊二三事 / 宜 庵 // *畅流 1964 年 29 卷 4 期
05453 苏曼殊出家的原因 / 覃适之 // *畅流 1964 年 30 卷 7 期
05454 革命阵营中的三个和尚——黄宗仰、苏曼殊、李叔同 / 芸 翁 // *艺文志 1965 年 2 期
05455 诗僧苏曼殊——革命阵营中的三个和尚 / 芝 翁 // *艺文志 1965 年 2 期
05456 诗人苏曼殊之浪漫生活 / 唐蕴玉 // *古今谈 1965 年 2 期
05457 革命诗僧苏曼殊 / 林 斌 // *畅流 1969 年 39 卷 12 期
05458 曼殊新传(选载) / 柳亚子 // *传记文学 1971 年 19 卷 3 期
05459 苏曼殊(1884—1918) / *传记文学 1974 年 24 卷 1 期,*民国人物小传第 1 册第 281 页
05460 亦诗亦画话苏曼殊 / 柳无忌著、刘昭明译 // *传记文学 1975 年 27 卷 6 期
05461 方外志士苏曼殊 / 刘棨琮 // *艺文志 1975 年 113 期
05462 苏曼殊在南洋及其浪漫生活 / 唐蕴玉 // *广东文献 1976 年 6 卷 1 期
05463 黄季刚师与苏曼殊的文字因缘 / 潘重规 // *大成 1976 年 28 期
05464 说苏曼殊 / 道 斌 // *畅流 1976 年 53 卷 7 期
05465 革命奇僧曼殊上人 / 蒋君章 // *中外杂志 1977 年 21 卷 4—6 期
05466 忆党人苏曼殊——并忆黄花岗之役总指挥赵声先烈 / 黄季陆 // *"中央"月刊 1978 年 10 卷 5 期
05467 杂话苏曼殊的身世与家族 / 柳无忌 // *传记文学 1978 年 32 卷 5 期
05468 曼殊新考 / 刘心皇 // *华冈佛学学报 1980 年 4 期
05469 苏曼殊出家之谜 / 罗建业 // *明报月刊 1980 年 15 卷 6 期

05470　苏曼殊的思想——苏曼殊评价之一 / 刘心皇 // ＊自由谈 1980 年 31 卷 7 期
05471　苏曼殊多情似无情 / 刘心皇 // ＊中外杂志 1980 年 28 卷 6 期
05472　论苏曼殊的血统和身世问题 / 刘心皇 // ＊自由谈 1980 年 31 卷 6 期
05473　行云流水一孤僧——苏曼殊的感情世界 / 王孝廉 // ＊海潮音 1981 年 62 卷 2 期
05474　天才文学家苏曼殊 / 王绍通 // ＊广东文献 1983 年 13 卷 4 期
05475　风流圣洁和尚苏曼殊 / 张三义 // ＊中华文艺 1983 年 26 卷 3 期
05476　苏曼殊诗酒入花丛 / 刘心皇 // ＊中外杂志 1983 年 33 卷 5 期
05477　"春雨楼头"的挽歌——苏曼殊的情结与诗才小识 / 萧　遥 // ＊自由谈 1983 年 34 卷 2 期
05478　记苏曼殊埋骨西湖 / 裴可权 // ＊浙江月刊 1983 年 15 卷 1 期
05479　民初诗人苏曼殊 / 禠梦庵 // ＊中外人物专辑第 6 辑第 25 页
05480　苏曼殊 / 李立明 // ＊中国现代六百作家小传 575 页
05481　苏玄瑛 / 邵镜人 // ＊近代中国史料丛刊续编第九十五辑（总 950）·同光风云录第 262 页
05482　苏曼殊（1884—1918）/ 张去非 // ＊环华百科全书第 17 册第 363 页
05483　革命僧人苏曼殊 / 陈敬之 // ＊中国现代文学研究丛刊（6）·首创民族主义文艺的"南社"第 111 页
05484　苏曼殊趣事 / 陈　凡 // ＊尘梦集第 37 页

苏景泰
05485　苏景泰 / ＊革命人物志第 18 集第 408 页

苏熊瑞
05486　苏熊瑞 / 刘绍唐主编 // ＊传记文学 1987 年 50 卷 3 期

杜　平
05487　杜　平 / 黄震遐 // ＊中共军人志第 110 页

杜　刚
05488　杜　刚 / ＊革命人物志第 3 集第 172 页

杜　英
05489　先姊回忆录 / 杜召堂 // ＊杜召堂 1963 年印行
05490　杜　英 / 唐　寿 // ＊革命人物志第 10 集第 23 页

杜　南
05491　杜南先生——国父孙中山先生的一位汉文教师 / 吴相湘 // ＊传记文学 1968 年 13 卷 5 期
05492　国父的一位汉文教师：杜南先生 / 吴相湘 // ＊近代史事论丛第 3 册第 71 页
05493　杜　南 / 陈占梅 // ＊革命人物志第 1 集第 484 页
05494　跋杜南先生事略 / 陈肇琪 // ＊革命人物志第 1 集第 489 页

杜　羲
05495　杜仲虔传（附：纪杜仲虔轶事）/ 邵元冲 // ＊革命人物志第 3 集第 175 页

杜上化
05496　杜上化 / ＊革命人物志第 1 集第 479 页

杜义德
05497　杜义德 / 黄震遐 // ＊中共军人志第 112 页

杜元载
05498　中国教育社会学倡导人杜元载先生 / 陈大络 // ＊教育 1975 年 294 期
05499　杜元载（1905—1975）/ 阮毅钊 // ＊传记文学 1975 年 26 卷 5 期，＊民国人物小传第 2 册第 42 页
05500　杜元载先生与台湾师范大学 / 阮毅钊 // ＊湖南文献 1977 年 5 卷 1 期
05501　杜元载 / ＊革命人物志第 14 集第 174 页

杜从戎
05502　杜从戎（1902—1979）/ 于翔麟 // ＊传记文学 1983 年 42 卷 2 期，＊民国人物小传第 6 册第 84 页

杜月笙

05503 杜月笙外传／拾　遗∥（香港）春秋杂志社 1965 年 2 月版 248 页

05504 杜月笙传（4 册）／章君谷∥＊传记文学出版社 1967 年 8 月版,1981 年 8 月再版

05505 杜月笙外传／杨　威∥＊学生书局 1968 年 3 月版 185 页,＊大华出版社 1978 年版 185 页,＊文翔图书公司 1979 年 1 月版 207 页

05506 杜月笙先生（镛）纪念集／恒社旅台同仁编∥文海出版社近代中国史料丛刊续编二十六辑（总260）影印本 249 页

05507 杜月笙先生纪念集／恒社旅台同仁编∥＊文海出版社 1976 年 252 页

05508 杜月笙外传／杨　盛∥＊文翔图书股份有限公司 1979 年 207 页

05509 杜月笙传／章君谷∥＊传记文学出版社 1981 年 4 册

05510 杜月笙传（第 1—4 册）／章君谷∥＊传记文学出版社 1986 年 337 页 314 页、332 页、333 页

05511 杜月笙传／章君谷∥＊传记文学出版社 1986 年 4 册

05512 杜月笙病逝香港／中央社∥"中央"日报 1951 年 8 月 17 日

05513 出九龙新记——忆杜月笙先生／陶希圣∥＊自由谈 1953 年 4 卷 8 期

05514 上海闻人杜月笙／刘荣琮∥＊新中国评论 1964 年 29 卷 11 期,＊畅流 1964 年 29 卷 11 期

05515 杜月笙传奇的一生（上、下）／李永久译∥＊古今谈 1967 年 32、33 期

05516 杜月笙传（1—24）／杜姚谷香口述、章君谷执笔∥传记文学 1967 年 10 卷 1 期—1968 年 13 卷 6 期

05517 关于美国亚洲学报所刊杜月笙政治小传／李光裕∥＊传记文学 1967 年 11 卷 1 期

05518 追忆陈果夫师——兼记杜月笙与顾墨三先生／顾竹淇∥＊传记文学 1971 年 18 卷 5 期

05519 沪上往事——戴笠将军与杜月笙先生（1—5）／万墨林∥＊中外杂志 1972 年 11 卷 2—6 期

05520 黄金荣与杜月笙／万墨林∥＊中外杂志 1975 年 17 卷 4 期

05521 杜月笙与香港报界／沈吉诚∥＊大成 1976 年 32 期

05522 抗战期中的杜月笙（1—5）／万墨林∥＊中外杂志 1976 年 19 卷 6 期—20 卷 4 期

05523 一代奇人杜月笙／章君谷∥＊夏潮 1976 年 1 期

05524 杜月笙的趣事／万墨林∥＊中外杂志 1977 年 21 卷 2 期

05525 杜　镛（1886—1951）／关国煊∥＊传记文学 1982 年 41 卷 3 期,＊民国人物小传第 6 册第 78 页

05526 杜月笙／姚玉兰等∥＊大成 1984 年 123 期

05527 我的父亲杜月笙（选载）／杜维潘∥＊传记文学 1987 年 51 卷 4 期

05528 记宣铁吾与杜月笙上海斗法内情片段／郑重为∥＊传记文学 1994 年 65 卷 6 期

05529 从拜师大侠杜心五说起——兼记我所认识的张锦湖、黄金荣、杜月笙／张佛千∥＊传记文学 1996 年 68 卷 6 期

05530 杜月笙（1888—1951）／戴晋新∥＊环华百科全书第 5 册第 42 页

杜心五

05531 从拜师大侠杜心五说起——兼记我所认识的张锦湖、黄金荣、杜月笙／张佛千∥＊传记文学 1996 年 68 卷 6 期

杜玉兴

05532 杜玉兴传／邹　鲁∥＊革命人物志第 1 集 482 页

杜召棠

05533 杜负翁先生八秩华诞纪念册／＊杜负翁先生八十荣庆征文办事处 1971 年编印 189 页

05534 杜负翁（召棠）先生八十荣庆寿言／包明叔∥＊"中央"日报 1970 年 8 月 26 日

杜亚泉

05535 杜亚泉（1873—1933）／＊传记文学 1973 年 22 卷 6 期,＊民国人物小传第 1 册第 70 页

05536 杜亚泉／李立明∥＊中国现代六百作家小传第 178 页

05537 杜亚泉（1873—1933）／周邦道∥＊近代教育先进传略（初集）第 86 页

杜成章
05538　杜成章／周邦道∥＊近代教育先进传略（初集）第 236 页
杜光埙
05539　杜故立法委员光埙先生事略／倪抟九∥＊山东文献 1975 年 1 卷 2 期
05540　杜光埙（1901—1975）／王冠吾∥＊传记文学 1975 年 33 卷 5 期，＊民国人物小传第 2 册第 43 页
05541　杜光埙（1901—1975）／周邦道∥＊近代教育先进传略（初集）第 292 页
05542　杜光埙／＊革命人物志第 18 集第 85 页
杜华宇
05543　杜华宇／丁惟汾∥＊革命人物志第 20 集第 65 页
杜守信
05544　杜守信／蔡屏藩∥＊革命人物志第 10 集第 28 页
杜聿明
05545　杜聿明、孙立人失和始末／陈嘉骥∥＊传记文学 1972 年 21 卷 5 期
05546　杜聿明（1905—1981）／关国煊∥＊传记文学 1981 年 39 卷 1 期，＊民国人物小传第 5 册 100 页
05547　杜聿明在东北的功过——东北壮游之十三／陈嘉骥∥＊中外杂志 1982 年 31 卷 1 期
05548　杜聿明与杨振宁的故事／黄济人∥＊传记文学 1998 年 72 卷 3 期
05549　杜聿明东北接收记／李　约∥＊国共风云名人录第 3 辑第 45 页
杜丽云
05550　蒋伯诚、杜丽云患难夫妻／钟一龙∥＊传记文学 1995 年 66 卷 1 期
杜国庠
05551　杜国庠其人其事／闻　叟∥＊天文台 1959 年 3 期
05552　杜国庠／刘绍唐主编∥＊传记文学 1993 年 63 卷 1 期
05553　杜国庠／李立明∥＊中国现代六百作家小传第 179 页
05554　广东省人民政府文教厅厅长杜国庠／苏　东∥＊新中国人物志（上）第 239 页
杜参天
05555　杜参天／＊革命人物志第 10 集第 29 页
杜映江
05556　杜映江／革命人物志第 1 集第 483 页，＊革命人物志第 10 集第 28 页
杜重远
05557　杜重远（1899—1943）／关国煊∥＊传记文学 1981 年 39 卷 4 期，＊民国人物小传第 5 册第 104 页
05558　张学良、杜重远新生周刊事件／许　斌、史慰慈∥＊传记文学 1992 年 60 卷 4 期
05559　追念杜重远先生／田雨时∥＊传记文学 1998 年 73 卷 2 期
杜海林
05560　杜海林／黄震遐∥＊中共军人志第 111 页
杜焕竟
05561　杜焕竟／黄震遐∥＊中共军人志第 220 页
杜韩甫
05562　杜韩甫事略／吕志伊∥＊革命人物志第 3 集第 180 页
杜鹏程
05563　杜鹏程／林曼叔等∥＊中国当代作家小传第 195 页
05564　杜鹏程／李立明∥＊中国现代六百作家小传第 180 页
杜锡珪
05565　杜锡珪（1874—1933）／郑仁佳∥＊传记文学 1985 年 47 卷 3 期
05566　代理国务总理杜锡珪／赵朴民∥＊北洋政府国务总理列传第 227 页
杜聪明
05567　杜聪明教授在职二十五周年祝贺纪念集／李镇源∥台北牧樟会 1947 年排印本

05568　南天的十字星——杜聪明博士传／叶炳辉撰、许成章译／／＊新民书局1960年版263页
05569　回忆录／杜聪明／／＊杜聪明博士奖学基金管理委员会1973年印行277页
05570　我所认识的杜思牧先生／叶　曙／／＊国语日报1965年6月5日
05571　杜聪明博士传／叶炳辉／／＊国语日报1965年6月5日，＊医界1975年18卷8期
05572　医学界的耆宿——杜聪明博士／崔　冈／／＊"中央"月刊1983年15卷7期
05573　杜聪明／刘绍唐主编／／＊传记文学1995年67卷2期
05574　杜聪明／＊环华百科全书第5册第39页

巫启圣

05575　五卅运动与巫启圣先生／傅启学／／＊传记文学1981年38卷第5期
05576　巫启圣／汪国霖／／＊革命人物志第9集第71页

巫绍光

05577　巫烈士绍光传／邹　鲁／／＊革命人物志第2集第379页

李文

05578　李　文／于翔麟／／＊传记文学1980年37卷3期，＊民国人物小传第4册第83页

李汉

05579　李　汉／黄震遐／／＊中共军人志第175页

李永

05580　人民政协代表李永／＊新中国人物志（下）第176页

李达

05581　中共建党前后的李达／唐之人／／＊南北极1980年116期
05582　李达和毛泽东／唐之人／／＊南北极1980年117期
05583　也说李达／吴　闻／／＊南北极1980年118期
05584　李　达（1890—1966）／关志昌／／＊传记文学1981年39卷4期，＊民国人物小传第5册第106页
05585　李　达／黄震遐／／＊中共军人志第172页
05586　湖南大学校长李达／瑞　夫／／＊新中国人物志（下）第96页

李贞

05587　李　贞／黄震遐／／＊中共军人志第165页

李伟

05588　李　伟／黄震遐／／＊中共军人志第171页

李任

05589　李　任／刘绍唐主编／／＊传记文学1994年65卷2期

李江

05590　李烈士江传略／＊川籍抗战忠烈录第106页

李冰

05591　李　冰／林曼叔等／／＊中国当代作家小传第103页

李彤

05592　我与贵阳医学院／李　彤／／＊传记文学1995年66卷6期

李玪

05593　李　玪／＊革命人物志第19集第63页

李芬

05594　李　芬／方友如／／＊革命人物志第1集第436页

李丽

05595　北平李丽的故事／定　公／／＊联合报1966年2月5日

李纯(1)

05596　李纯全史／＊文海出版社近代中国史料丛刊第六十七辑（总668）影印本

05597　民初苏督李纯自杀之谜／江　平／／＊春秋1965年3卷5期
05598　李纯(1875—1920)／关国煊／／＊传记文学1978年32卷5期,＊民国人物小传第3册第49页

李　纯(2)
05599　李　纯／张大义／／＊革命人物志第3集第98页

李　坤
05600　李　坤／＊革命人物志第2集第154页

李　林
05601　李　林／李立明／／＊中国现代六百作家小传第104页
05602　李　林／黄俊东／／＊现代中国作家剪影第297页

李　奇
05603　李　奇／李家仪／／＊革命人物志第19集第60页

李　明
05604　李明将军血染蛟湖／克　刚／／＊政治评论1964年12卷4期
05605　李　明／黄震遐／／＊中共军人志第167页
05606　李明(附有关文献)／＊革命人物志第14集第141页

李　季
05607　李　季／刘绍唐主编／／＊传记文学1999年74卷3期
05608　李　季／林曼叔等／／＊中国当代作家小传第97页
05609　李　季／李立明／／＊中国现代六百作家小传第103页

李　实
05610　李实传／邹　鲁／／＊革命人物志第1集第454页、第10集第30页

李　弥
05611　访边城虎将李弥／唐乃格／／＊中国一周1951年55期
05612　怀念李炳仁学长／裴存藩／／＊春秋1974年3卷5期
05613　李　弥(1902—1973)／关国煊／／＊传记文学1976年29卷6期,＊民国人物小传第2册第45页,
　　　　＊革命人物志第17集第87页

李　挺
05614　李　挺／＊革命人物志第12集第36页

李　钦
05615　李　钦／＊革命人物志第3集第111页

李　钧
05616　李　钧／黄元复／／＊革命人物志第3集第103页

李　俨
05617　李　俨(1892—1963)／＊环华百科全书第7册第66页

李　恢
05618　李　恢／刘　通等／／＊革命人物志第3集第95页

李　洁
05619　往事述感(1—10)／李　洁／＊中外杂志1982年32卷1期—34卷2期
05620　往事片断／李　洁／／＊传记文学1982年40卷6期

李　济
05621　李济先生在考古学、人类学上之贡献／芮逸夫／／＊教育与文化1957年16卷2期
05622　李济教授的学术地位／劳　榦／／＊教育与文化1957年16卷2期
05623　对于李济先生的简单叙述／劳　榦／／＊政论周刊1957年105期
05624　我所认识的李济先生／屈万里／／＊幼狮1958年7卷1期
05625　我在美国的大学生活(1—2)／李　济／＊传记文学1962年1卷5、6期

05626 李济:他的贡献和悲剧 / ＊文星1963年13卷1期
05627 我的初学时代——留学前所受的教育 / 李 济 // ＊传记文学1967年11卷3期
05628 李济是考古人类学的宗师 / 林香葵 // ＊湖北文献1977年42期
05629 六十年前清华大学的回忆 / 李 济 // ＊传记文学1978年32卷6期
05630 悼念李济之师 / 许倬云 // ＊传记文学1979年35卷3期
05631 李 济(1896—1979) / 关国煊 // ＊传记文学1979年35卷4期,＊民国人物小传第4册第86页
05632 李济之先生的追忆 / 蒋复璁 // ＊传记文学1979年35卷3期
05633 悼念李济之先生兼述其在体质人类学上的贡献 / 芮逸夫 // ＊人类与文化1979年13期
05634 李济之先生行述 / ＊湖北文献1979年53期
05635 忆三叔李济博士 / 黄英烈 // ＊中外杂志1983年33卷4期,＊故宫文物月刊1983年1卷9期,＊湖北文献1983年66期
05636 李 济 / 吴相湘 // ＊民国百人传第4册第229页
05637 李 济(1896—1979) / 戴晋新 // ＊环华百科全书第七册第40页
05638 直追远古的李济 / 应平书 // ＊学人风范第72页

李 觉

05639 关于李觉其人(书简) / 陈应潮 // ＊传记文学1987年50卷4期

李 振

05640 李 振 / 刘绍唐主编 // ＊传记文学1994年65卷3期

李 哲

05641 先烈李哲事略 / ＊革命人物志第1集第450页

李 侗

05642 李 侗 / ＊革命人物志第10集第30页

李 真

05643 李 真 / 黄震遐 // ＊中共军人志第169页

李 涛

05644 李 涛 / 黄震遐 // ＊中共军人志第180页
05645 李 涛 / ＊革命人物志第17集第85页

李 萁

05646 福群公司倡办人李萁 / 冯自由 // ＊革命人物志第3集第105页

李 晚

05647 黄花冈烈士的壮语和悲歌(上、下) / 易大德 // ＊中国一周1968年936、937期
05648 李晚传 / 邹 鲁 // ＊革命人物志第1集第457页

李 铣

05649 李 铣 / 刘绍唐主编 // ＊传记文学1997年71卷5期

李 铨

05650 李 铨 / 黄震遐 // ＊中共军人志第174页

李 铭

05651 张公权与陈光甫、李馥荪、钱新之相识及彼此合作经过 / 姚崧龄 // ＊传记文学1977年31卷2期
05652 李 铭(1887—1966) / 姚崧龄 // ＊传记文学1978年33卷5期,＊民国人物小传第3册51页
05653 李 铭(1887—1967) / 关国煊 // ＊传记文学1981年41卷6期
05654 关于李铭小传补正 / 高李梅卿 // ＊传记文学1983年43卷1期

李 秾

05655 李秾烈士传略 / ＊革命人物志第18集第43页

李 瑛

05656 李 瑛 / 李立明 // ＊中国现代六百作家小传第107页

05657　李　瑛／林曼叔等∥＊中国当代作家小传第165页
李　琦
05658　李琦的一户一鸡与杨韶华的三杆教育／张达人∥＊艺文志1976年128期
李　超
05659　李超传／胡　适∥＊胡适文存第1集第767页
05660　在李超女士追悼会上的演说词／蔡元培∥＊蔡元培先生全集第3卷第259页
李　雄
05661　李　雄／＊革命人物志第20集第30页
李　锐
05662　李锐重要作品年表／＊中国时报1994年1月11日
05663　走过吕梁山——李锐印象／张娟芬∥＊中国时报1994年1月13日
李　斌
05664　李　斌／张难先∥＊革命人物志第3集第113页
李　湛
05665　李　湛／＊革命人物志第3集第105页
李　猷
05666　学戏四十年／李　猷∥＊中外杂志1983年33卷6期
李　静
05667　李　静／黄震遐∥＊中共军人志第180页
李　嘉
05668　李嘉其人与其书／陈纪滢∥＊大成1981年96期
李　蔚
05669　李　蔚／李崇本∥＊革命人物志第1集第474页
李　熙
05670　当代教育先进传略：黄复、时象晋、刘凤章、姚晋圻、李熙／周邦道∥＊湖北文献1976年41期
05671　李　熙（1873—1923）／周邦道∥＊近代教育先进传略（初集）第185页
李　端
05672　李　端／邓天刺∥＊革命人物志第3集第125页
李　璜
05673　学钝室回忆录／李　璜∥＊传记文学出版社1973年229页版,（香港）明报月刊社1982年1月版（2册）
05674　我在法国的大学生活／李　璜∥＊大学生活1960年6卷2期
05675　记起西征鬓未霜／李　璜∥＊传记文学1968年13卷2、3期
05676　李　璜／编纂组∥＊环华百科全书第7册第38页
李　震
05677　李　震／黄震遐∥＊中共军人志第178页
李　寰
05678　自述／李　寰∥＊四川文献1966年50期
李　燊
05679　李　燊／刘绍唐主编∥＊传记文学1999年75卷3期
李　瞻
05680　新闻学术界的拓荒者——李瞻／任　歌∥＊中国一周1967年894期
李　耀
05681　李　耀／黄震遐∥＊中共军人志第183页
李一氓
05682　李一氓／刘绍唐主编∥＊传记文学1993年63卷5期

李一球
05683　李烈士一球传／邹　鲁／／＊革命人物志第 1 集第 421 页

李九仙
05684　李九仙／颜文雄／／＊中国一周 1966 年 849 期

李三乐
05685　李三乐／李超英／／＊革命人物志第 15 集第 91 页

李干公
05686　李干公／／＊革命人物志第 1 集第 469 页

李士伟
05687　李士伟／贾大毅／／＊民国初年的几任财政总长第 94 页

李士珍
05688　李士珍先生及夫人九秩华诞荣庆录／／＊1984 年印行
05689　李士群为"通共"被杀的种种瓜葛／唐德刚／／＊传记文学 1995 年 67 卷 5 期
05690　李士群／刘绍唐主编／／＊传记文学 1999 年 74 卷 6 期

李大为
05691　李大维乃李大为之误（书简）／马芳踪／／＊传记文学 1992 年 60 卷 1 期

李大本
05692　李大本（1880—1943）／张国柱／／＊传记文学 1976 年 29 卷 5 期，＊民国人物小传第 2 册第 46 页
05693　李大本（1880—1943）／周邦道／／＊近代教育先进传略（初集）第 272 页

李大壮
05694　张学良侄孙李大壮／李国强／／＊传记文学 1993 年 63 卷 4 期

李大钊
05695　李大钊先生传／张次溪／／（香港）神州图书公司 114 页
05696　中共始祖李大钊与陈独秀遗事／缙　山／／＊万人杂志周刊 1969 年 86 期
05697　李大钊（1888—1927）／／＊传记文学 1973 年 23 卷 1 期，＊民国人物小传第 1 册第 72 页
05698　中国共产党创始者之一李大钊／李立明／／＊时代批评 1973 年 33 卷 1 期
05699　李大钊青年时期思想的转变与政治活动／马建白／／＊东亚季刊 1980 年 11 卷 4 期
05700　李大钊／李立明／／＊中国现代六百作家小传第 108 页
05701　陈独秀、李大钊／吴相湘／／＊民国人和事第 137 页
05702　吴佩孚、李大钊／吴相湘／／＊民国人和事第 149 页
05703　李大钊／吴相湘／／＊民国百人传第 3 册第 97 页
05704　李大钊（1888—1927）／／＊环华百科全书第 7 册第 27 页

李大超
05705　李大超／刘绍唐主编／／＊传记文学 1993 年 63 卷 6 期

李大麟
05706　李大麟事略／／＊革命人物志第 2 集第 127 页

李万正
05707　台籍日兵李万正／钟　博／／＊传记文学 1998 年 73 卷 3 期

李万居
05708　珠沈沧海——李万居先生传／杨瑞先／／＊文海出版社近代中国史料丛刊续编第八十一辑（总 809）影印本 222 页
05709　李万居先生事略／陈启天／／＊民主潮 1966 年 16 卷 4 期
05710　李万居（1902—1966）／陈宏正／／＊传记文学 1979 年 35 卷 3 期，＊民国人物小传第 4 册第 118 页
05711　鲁莽书生李万居／杨瑞先／／＊中外杂志 1980 年 27 卷 3 期—28 卷 3 期
05712　王芃生与李万居（上、下）——鲁莽书生李万居之四／杨瑞先／／＊中外杂志 1980 年 27 卷 3、4 期

李万春

05713 我的童年戏剧生活／李万春／／＊大成 1986 年 150 期

李凡夫

05714 李凡夫／方雪纯等／／＊中共人名录第 116 页

05715 李凡夫／李立明／／＊中国现代六百作家小传第 109 页

李及兰

05716 李及兰(1904—1957)／于翔麟／／＊传记文学 1980 年 36 卷 3 期，＊民国人物小传第 4 册第 90 页

李广田

05717 李广田和他的著作／黄俊东／／＊中国学生周报 1971 年 9 月 17 日

05718 记李广田／幹 芝／／＊明报 1972 年 5 月 22 日

05719 李广田(1906—1968)／关志昌／／＊传记文学 1980 年 36 卷 1 期，＊民国人物小传第 4 册第 120 页

05720 李广田／林曼叔等／／＊中国当代作家小传第 1 辑第 9 页

05721 李广田／李立明／／＊中国现代六百作家小传第 127 页

05722 李广田／舒 兰／／＊北伐前后新诗作家和作品第 203 页

李广顺

05723 李广顺／寂 照／／＊革命人物志第 3 集第 131 页

李小谷

05724 李小谷／平 刚／／＊革命人物志第 2 集第 125 页

李小峰

05725 李小峰／李立明／／＊中国现代六百作家小传第 107 页

李飞鹏

05726 李飞鹏事略／／＊革命人物志第 2 集第 174 页

李子刚

05727 李子刚／／＊革命人物志第 2 集第 127 页

李子宽

05728 李子宽谈陈炯明叛变／王 康／／＊中外杂志 1967 年 1 卷 2 期

李子佳

05729 李子佳／／＊革命人物志第 10 集第 31 页

李井泉

05730 李井泉／黄震遐／／＊中共军人志第 151 页

李天佑

05731 李天佑／黄震遐／／＊中共军人志第 149 页

李天钧

05732 李天钧／／＊革命人物志第 2 集第 129 页

李天焕

05733 李天焕／黄震遐／／＊中共军人志第 145 页

李天德

05734 李天德／潘材雄／／＊革命人物志第 2 集第 130 页

李元明

05735 李元明／黄震遐／／＊中共军人志第 147 页

李元勋

05736 李元勋(1865—1922)／周邦道／／＊近代教育先进传略(初集)第 306 页

李元鼎

05737 我们六个人(华北视察散记之一)／梁实秋／／＊传记文学 1963 年 2 卷 3 期

05738 李元鼎／李 恂／／＊革命人物志第 3 集第 79 页

李元簇
05739 李元簇先生／倪抟九∥＊政治大学第109页

李云青
05740 李云青／＊革命人物志第14集第156页

李友梅
05741 陆军第一师二旅四团团长李友梅抗战殉国事略／＊革命人物志第12集第38页

李少石
05742 廖承志妹夫李少石重庆挨枪记／易迎晖∥＊中外杂志1982年36卷6期

李少陵
05743 李少陵(1898—1970)／毛一波∥＊传记文学1976年29卷4期，＊民国人物小传第2册第49页

李曰秋
05744 李曰秋／＊革命人物志第1集第422页

李中权
05745 李中权／黄震遐∥＊中共军人志第148页

李中和
05746 理论作曲家：李中和／乔　佩∥＊中国现代音乐家第117页

李中柱
05747 李中柱／＊革命人物志第3集第78页

李中襄
05748 怀念李中襄先生／周世辅∥＊"中央"日报1958年6月30日
05749 南昌李君立侯墓志铭／熊公哲∥＊江西文献1966年7期
05750 南昌李立侯先生自述／李立侯∥＊江西文献1969年41—45期
05751 李中襄(1896—1958)／＊传记文学1982年40卷5期，＊民国人物小传第5册第110页
05752 李中襄／＊革命人物志第3集第84页

李水清
05753 李水清／黄震遐∥＊中共军人志第754页

李长之
05754 李长之实大于名／司马长风∥＊明报1975年5月28日
05755 李长之／刘绍唐主编∥＊传记文学1996年68卷6期
05756 李长之／李立明∥＊中国现代六百作家小传第116页
05757 李长之／卓　立、吴　梵∥＊当代作家自传集第113页

李长林
05758 李长林／黄震遐∥＊中共军人志第166页

李长城
05759 李长城／＊革命人物志第3集第94页

李长龄
05760 李长龄／张难先∥＊革命人物志第2集第158页

李化民
05761 李化民／黄震遐∥＊中共军人志第148页

李公朴
05762 李公朴与闻一多二三事／陶希圣∥＊"中央"日报1965年5月24日

李公尚
05763 李公尚／＊革命人物志第10集第32页

李凤鸣
05764 李凤鸣／＊革命人物志第3集第128页

李凤官
05765　李凤官／丁惟汾／／＊革命人物志第 20 集第 48 页
李凤莲
05766　人民政协代表李凤莲／＊新中国人物志(下)第 255 页
李文华
05767　李文华／蔡屏藩／／＊革命人物志第 10 集第 33 页
李文甫
05768　李文甫／陈　融／／＊革命人物志第 1 集第 455 页
李文范
05769　李文范／蒋永敬／／＊传记文学 1975 年 26 卷 5 期，＊民国人物小传第 2 册第 48 页
05770　我所尊敬的李文范先生／郑彦棻／／＊广东文献 1983 年 13 卷 4 期
05771　李文范先生百龄冥诞纪念／郑彦棻／／＊传记文学 1983 年 43 卷 6 期
05772　李文范／＊革命人物志第 1 集第 423 页
李文凯
05773　李文凯／＊革命人物志第 2 集第 129 页
李文卿
05774　记几位中国的女数学家／陈省身、康润芳／／＊传记文学 1995 年 66 卷 5 期
李文悌
05775　李文悌／＊革命人物志第 21 集第 142 页
05776　子恺公逝世一周年纪念祭言／王介民／／＊革命人物志第 21 集第 145 页
李文清
05777　李文清／黄震遐／／＊中共军人志第 155 页
李文楷
05778　李文楷传／邹　鲁／／＊革命人物志第 1 集第 456 页
李六如
05779　李六如／林曼叔等／／＊中国当代作家小传第 186 页
05780　李六如／李立明／／＊中国现代六百作家小传第 110 页
李方桂
05781　李方桂是泰语研究权威／胡有瑞／／＊"中央"日报 1968 年 7 月 12 日
05782　李方桂的天地／李振清／／＊综合月刊 1980 年 138 期
05783　李方桂院士／何大安／／＊汉学研究通讯 1983 年 2 卷 3 期
05784　李方桂院士的语言学研究／李壬癸／／＊书和人 1983 年 463 期
05785　李方桂／＊环华百科全书第 7 册第 26 页
05786　非汉语语言学之父——李方桂博士／胡有瑞／／＊现代学人散记第 141 页
05787　语言学泰斗李方桂／应平书／／＊学人风范第 63 页
李心昂
05788　李心昂／＊革命人物志第 2 集第 128 页
李书华
05789　十年留法／李书华／／＊传记文学 1963 年 3 卷 4 期
05790　七年北大(上、下)／李书华／／＊传记文学 1965 年 6 卷 2、3 期
05791　二十年北平研究院(上、中、下)／李书华／／＊传记文学 1965 年 7 卷 4—6 期
05792　参加联合国教科文组织大会前后五次的回忆／李书华／／＊传记文学 1966 年 9 卷 4 期
05793　一年北平大学区／李书华／／＊传记文学 1967 年 11 卷 3 期
05794　一年教育部／李书华／／＊传记文学 1969 年 15 卷 3 期
05795　从书塾到学堂／李书华／／＊传记文学 1970 年 17 卷 4 期

05796 李润章(李书华)先生悼辞——在纽约李书华博士追悼会讲／陈和铣／／＊传记文学1979年35卷2期

05797 李书华(1890—1979)／关国煊／／＊传记文学1979年35卷4期,＊民国人物小传第4册第107页

李书茂
05798 李书茂／黄震遐／／＊中共军人志第169页

李书城
05799 李书城(1882—1965)／关国煊／／＊传记文学1983年43卷6期

李玉书
05800 李玉书事略／＊太原五百完人第148页

李玉阶
05801 李玉阶／刘绍唐主编／／＊传记文学1995年67卷1期

李玉琴
05802 我离开溥仪以后(中、下)／李玉琴原稿、高定国选注／／＊传记文学1987年50卷1、2期

李正乐
05803 李正乐／＊革命人物志第12集第43页

李正先
05804 李正先／刘绍唐主编／／＊传记文学1992年61卷4期

李正韬
05805 李正韬将军轶事／李牧老／／＊中原文献1982年14卷12期

李世安
05806 李世安／黄震遐／／＊中共军人志第156页

李世芳
05807 国剧学会和李世芳／包缉庭／／＊大成1973年1期
05808 富连成点将录(下)——"小梅兰芳"李世芳／齐崧／／＊传记文学1975年26卷6期

李世明
05809 体坛老将李世明／萧保源／／＊公论报1950年10月6日

李世焱
05810 李世焱／黄震遐／／＊中共军人志第156页

李本仑
05811 李本仑／东亚病夫／／＊革命人物志第2集第136页

李本榴
05812 李本榴／东亚病夫／／＊革命人物志第2集第139页

李可简
05813 李可简／＊革命人物志第2集第141页

李石安
05814 李石安／＊革命人物志第12集第39页

李石岑
05815 人生哲学教授李石岑情变万言书／许晚成／／(香港)龙文书店1964年版14页
05816 哲学家李石岑／古狂／／＊畅流1955年12卷2期
05817 哲学家李石岑／刘安／／＊畅流1959年20卷9期
05818 李石岑(1892—1934)／秦贤次／／＊传记文学1976年28卷2期,＊民国人物小传第2册第51页
05819 李石岑(1892—1934)／周邦道／／＊近代教育先进传略(初集)第224页

李石曾
05820 李石曾先生纪念集／＊李石曾先生治丧委员会1974年编印256页
05821 李石曾先生煜瀛年谱／杨恺龄／／＊商务印书馆1980年5月版200页(新编中国名人年谱集成第8辑)

05822 李石曾传 / 陈纪滢 // ＊近代中国出版社 1982 年 8 月版 350 页
05823 青年时代的李石曾先生 / 齐如山 // ＊中国一周 1955 年 290 期
05824 纪叔父李石曾先生的书画及我们的家世 / 李宗侗 // ＊中国一周 1960 年 527 期
05825 廿二岁出游四海 / 李石曾 // ＊作品 1960 年 1 卷 9 期
05826 半世纪曾历五洲 / 李石曾 // ＊作品 1960 年 1 卷 11 期
05827 记民国四老——吴敬恒、蔡元培、张人杰、李煜瀛 / 陶英惠 // ＊传记文学 1973 年 23 卷 4 期
05828 李石曾先生家世及少年时期 / 李书华 // ＊传记文学 1974 年 24 卷 1 期
05829 辛亥革命前后的李石曾先生 / 李书华 // ＊传记文学 1974 年 24 卷 2 期
05830 李煜瀛(1881—1973) / 李云汉 // ＊传记文学 1974 年 25 卷 4 期，＊民国人物小传第 1 册第 77 页，＊革命人物志第 12 集第 48 页
05831 永恒的怀念——追念李石曾先生 / 郑彦棻 // ＊传记文学 1974 年 25 卷 6 期
05832 忆李故校长石曾先生 / 赵明德 // ＊传记文学 1974 年 25 卷 6 期
05833 李石老与中国国际图书馆 / 萧 瑜 // ＊艺文志 1975 年 118 期
05834 党国元老李石曾 / 吴文蔚 // ＊艺文志 1978 年 149 期
05835 李石曾百年诞辰纪念活动与史料 / 李云汉 // 中国历史学会史学集刊 1980 年第 12 期第 393 页
05836 李石曾先生百年诞辰口述历史座谈会纪实 / 黄肇珩等 // 近代中国 1980 年 16 期
05837 我崇敬李石曾先生和追随之回忆 / 陈和铣 // ＊传记文学 1980 年 36 卷 5 期
05838 李石曾先生与故宫博物馆 / 蒋复璁 // ＊近代中国 1980 年 17 期，＊大成 1980 年 85 期
05839 李石曾、萧瑜与故宫盗宝案 / 白 瑜 // ＊传记文学 1981 年 38 卷 5 期
05840 李石曾先生一生事业平议 / 陈纪滢 // ＊近代中国 1982 年 29 期，＊河北平津文献 1983 年 9 期
05841 有关石曾先生片断回忆的两封信 / 田宝田 // ＊传记文学 1984 年 45 卷 3 期
05842 李石曾传未用两文补刊记 / 陈纪滢 // ＊传记文学 1984 年 45 卷 3 期
05843 我所认识的李煜瀛先生 / (法)邵可侣著、黄淑懿译 // ＊传记文学 1984 年 45 卷 3 期
05844 从管学大臣孙家鼐到校长胡适——记百年北京大学前期的二十任十九位负责人 / 关国煊 // ＊传记文学 1998 年 72 卷 4 期
05845 李石曾先生与高阳齐家 / 贺宝善 // ＊传记文学 1999 年 75 卷 6 期
05846 李煜瀛(1881—1973) / 方光后 // ＊环华百科全书第 7 册第 69 页
05847 世界社六十年吴、蔡、张三先生与我之关系 / 李石曾 // ＊蔡元培先生全集第 1375 页

李平心
05848 李平心 / 刘绍唐主编 // ＊传记文学 1996 年 68 卷 3 期

李平书
05849 且顽老人七十岁自叙(二册) / 李钟钰 // ＊文海出版社近代中国史料丛刊续编第五辑(总 45—46)影印本 648 页
05850 陈英士、李平书与上海光复——辛亥革命七十周年纪念专稿之四 / 沈云龙 // ＊传记文学 1980 年 37 卷 6 期
05851 李平书(1854—1927) / 关志昌 // ＊传记文学 1984 年 45 卷 3 期
05852 李平书与辛亥上海光复 / 沈云龙 // ＊近代中国史料丛刊第 2 辑(总 20)影印本第 110 页，＊近代史事与人物第 153 页，＊现代政治人物述评(中)第 298 页

李叶两
05853 与王新衡和李叶两先生的交往 / 赵世洵 // ＊传记文学 1987 年 51 卷 2 期

李田林
05854 伊人去成追忆悼亡周年祭 / 田雨时 // ＊传记文学 1996 年 68 卷 3 期

李四光
05855 李四光(1889—1971) / 关国煊 // ＊传记文学 1980 年 36 卷 2 期，＊民国人物小传第 4 册第 92 页
05856 李四光(1889—1971) / 刘昭民 // ＊环华百科全书第 7 册第 64 页

05857　政务院科学院副院长李四光 / 吴磊伯 // *新中国人物志(下)第 72 页

李仙龄
05858　李仙龄 / *革命人物志第 18 集第 47 页

李仪祉
05859　李仪祉传 / 宋希尚 // *"中央"文物供应社 1954 年版 50 页
05860　李仪祉的生平 / 宋希尚 // *中华丛书编写委员会 1964 年版 334 页
05861　近代两位水利导师合传——李仪祉传 / 宋希尚 // *商务印书馆 1977 年版 115 页
05862　记李仪祉 / 宋希尚 // *国语日报 1966 年 10 月 22 日
05863　李仪祉先生轶事 / 宋希尚 // *国语日报 1967 年 3 月 25 日
05864　李仪祉先生年表 / *国语日报 1967 年 3 月 25 日
05865　纪念水利导师李仪祉先生 / 宋希尚 // *畅流 1951 年 3 卷 4 期
05866　水利导师李仪祉先生 / 梁容若 // *中国地方自治 1954 年 3 卷 11 期
05867　水利大师李仪祉 / 李永久 // *春秋 1966 年 5 卷 1 期，*革命人物志第 9 集第 77 页
05868　怀念李仪祉先生 / 沈　恬 // *传记文学 1971 年 18 卷 6 期
05869　关于灶神李仪祉 / 宋希尚 // *中外杂志 1972 年 12 卷 1 期
05870　李仪祉(1883—1938) / *传记文学 1973 年 22 卷 5 期，*民国人物小传第 1 册第 80 页
05871　张季直与李仪祉——最难忘的两位老师 / 陈克诚 // *传记文学 1976 年 28 卷 6 期
05872　李协传略——当代教育先进传略初集稿之一 / 周邦道 // *华学月刊 1976 年 60 期
05873　陕西教育先进李协先生传略 / 周邦道 // *陕西文献 1977 年 28 期
05874　李仪祉 / 陈哲三 // *国教辅导 1981 年 20 卷 8 期
05875　水利大师李仪祉 / 陈克诚 // *中外杂志 1983 年 33 卷 1 期
05876　李仪祉(1882—1938) / 方光后 // *环华百科全书第 7 册第 65 页
05877　李仪祉传 / 冒鹤亭 // *革命人物志第 9 集第 76 页

李白虹
05878　从奋斗中追求理想的李白虹 / 周安仪 // *中国新闻从业人员群像(下册)第 481 页

李丛瀛
05879　李丛瀛 / *革命人物志第 10 集第 154 页

李印农
05880　敬悼李印农先生 / 陈咸威 // *民主潮 1967 年 17 卷 7 期
05881　敬悼印农主席(李不韪) / 朱文伯 // *民主潮 1967 年 17 卷 7 期
05882　印农宗兄与我 / 李满康 // *民主潮 1967 年 17 卷 7 期
05883　记印农大兄二三事 / 萧笠云 // *民主潮 1967 年 17 卷 8 期
05884　国事阽危哭印农 / 潘再中 // *民主潮 1967 年 17 卷 11 期

李冬真
05885　卢李冬真女史的艺事与生平 / 童轩荪 // *传记文学 1977 年 30 卷 3 期

李立三
05886　李立三(1899—1967) / 关国煊 // *传记文学 1980 年 36 卷 5 期，*民国人物小传第 4 册第 96 页
05887　李立三 / 戴晋新 // *环华百科全书第 7 册第 31 页

李立如
05888　李立如 / 林曼叔等 // *中国当代作家小传第 186 页

李立柏
05889　李立柏将军哀思录 / *李立柏将军治丧委员会 1974 年印行
05890　李立柏 / 周弃子 // *革命人物志第 14 集第 146 页

李汉杰
05891　李汉杰 / 卢　勉 // *革命人物志第 3 集第 127 页

李汉魂

05892　李汉魂将军日记／（香港）联艺公司 1975 年 4 月版

05893　李汉魂将军日记（上集 2 册）／朱振声编／／（香港）撰者印行 1975 年 5 月版

05894　关于李汉魂日记（旅美手记）／马森亮／／＊大成 1974 年 6 期

05895　梦回集（一、二）／李汉魂／／＊艺文志 1975 年 117、118 期

05896　李汉魂的一生／关志昌／／＊传记文学 1987 年 51 卷 3 期

李必蕃

05897　李必蕃／＊革命人物志第 18 集第 46 页

李永治

05898　李永治／＊革命人物志第 2 集第 135 页

李永新

05899　大漠风云汇中原（1—4）——记李永新毕生事迹／刘谦克口述、建瓴笔录／／＊传记文学 1973 年 23 卷 6 期—1974 年 24 卷 4 期

05900　李永新／＊革命人物志第 12 集第 40 页

李民欣

05901　中央财政经济委员会委员：李民欣／＊新中国人物志（下）第 20 页

李幼卿

05902　李幼卿／甘日畅等／／＊革命人物志第 2 集第 136 页

李邦钦

05903　李邦钦／焕　明／／＊革命人物志第 3 集第 91 页

李邦藩

05904　李邦藩／＊革命人物志第 12 集第 46 页

李亚农

05905　李亚农／刘绍唐主编／／＊传记文学 1999 年 75 卷 4 期

李再含

05906　李再含／黄震遐／／＊中共军人志第 157 页

李朴生

05907　回国升学五十年／李朴生／／＊海天出版社 1960 年版 172 页

05908　我经办侨生事务的供状／李朴生／／＊传记文学 1962 年 1 卷 1 期

05909　以志吾过／李朴生／＊传记文学 1962 年 1 卷 4 期

05910　在中泰协会服务了四年的感想／李朴生／／＊传记文学 1965 年 6 卷 4 期

05911　参加党务工作的甜酸况味（上、下）／李朴生／／＊传记文学 1966 年 8 卷 3、4 期

05912　我学历史的处世受用（上、下）／李朴生／／＊传记文学 1968 年 12 卷 2、3 期

05913　我最敬服的李朴生先生／雷镇宇／／＊新闻天地 1981 年 1752 期

李有洪

05914　忆同学李有洪将军序／郭　澄／／＊中外杂志 1980 年 27 卷 6 期

李有桃

05915　李有桃／平　刚／／＊革命人物志第 2 集第 145 页

李有幹

05916　李烈士有幹传略／＊川籍抗战忠烈录第 99 页

李存珍

05917　李存珍／丁惟汾／／＊革命人物志第 20 集第 36 页

李存敬

05918　李存敬／刘绍唐主编／／＊传记文学 1995 年 67 卷 4 期

李达才

05919　记河大森林系三位老师／黄甲臣、张庆思／／＊学府见闻·国立河南大河第 242 页

李达海
05920　忆未央歌里的大宴——少年李达海／鹿　桥／／＊传记文学1995年66卷3期
05921　记李达海暨中油人物／邓　启／／＊传记文学1995年66卷3期
05922　李达海／刘绍唐主编／／＊传记文学1995年66卷4期
李成芳
05923　李成芳／黄震遐／／＊中共军人志第158页
李成烈
05924　李烈士成烈传略／＊川籍抗战忠烈录第94页
李光忱
05925　李光忱／钱公来／／＊革命人物志第3集第87页
李光涛
05926　苦钻明清档案的李光涛／应平书／／＊学人风范第201页
李光辉
05927　李光辉的世界／赵慕嵩／／＊将军出版公司1975年版157页
05928　丛林挣扎三十年／李光辉口述、周盛渊笔记／／＊林白出版社1975年版
05929　丛林中的好汉——李光辉专辑／＊一汉出版社1975年72页
05930　三十载丛林独处李光辉无恙归来／＊海外文摘1975年版276期
李廷璧
05931　李廷璧／丁惟汾／／＊革命人物志第20集第37页
李先念
05932　中共第三任国家主席李先念／郑仁佳／／＊传记文学1992年61卷2期
05933　李先念／朱新民／／＊环华百科全书第7册第46页
05934　李先念与黄安起义／郭　相／／＊国共风云名人录第4集第69页
李先闻
05935　李先闻自传／李先闻／／＊商务印书馆1970年7月版269页
05936　献身遗传学的李先闻／卢申芳／／＊中华日报1968年1月9日
05937　植物园地中的丰收者——李先闻博士／胡有瑞／／＊中美月刊1968年13卷1期
05938　李先闻先生及其在科学上的成就／胡有瑞／／＊四川文献1968年67期
05939　一个农家子的奋斗（1—4）／李先闻／／＊传记文学1969年14卷5期—1970年17卷1期
05940　李先闻（1902—1976）／林抱石／／＊传记文学1980年37卷2期，＊民国人物小传第4册第99页
05941　矢志发展科学的李先闻／应平书／／＊学人风范第106页
05942　清华精华李先闻／李铁声／／＊学府纪闻·国立河南大学第225页
05943　李先闻教授的生平／＊学府纪闻·国立武汉大学第167页
05944　李先闻（1902—1976）／＊环华百科全书第7册第47页
李传易
05945　李传易事略／＊革命人物志第1集第470页
李传宗
05946　李传宗／＊革命人物志第20集第46页
李传谋
05947　李传谋／王子经／／＊革命人物志第3集第124页
李延年
05948　敬悼李延年将军／丁力之／／＊山东文献1975年1卷1期，＊传记文学1975年26卷6期，＊革命人物志第16集第51页
05949　李延年（1904—1974）／郭易堂／／＊传记文学1975年27卷3期，＊民国人物小传第2册第53页
05950　李延年／＊革命人物志第16集第49页

李仲三
05951 李仲三／＊革命人物志第10集第33页
李仲辛
05952 李仲辛／＊革命人物志第16集第48页
李仲麟
05953 李仲麟／申建藩／／＊革命人物志第2集第148页
李任仁
05954 中央华侨事务委员会副主任李任仁／商　恺／／＊新中国人物志（下）第7页
李华侬
05955 李华侬／＊革命人物志第10集第141页
李华新
05956 参加武昌起义的李华新其人其事／侯蔚萍／／＊中华日报1966年10月8日
05957 李华新血战武昌总督衙／陈汉杰／／＊艺文志1969年49期
李向荣
05958 李向荣／＊革命人物志第2集第140页
李全春
05959 李全春／黄震遐／／＊中共军人志第744页
李旭初
05960 中国第一位太空医学家李旭初先生／李迈先／／＊传记文学1966年9卷3期
李多奎
05961 我的老师李多奎之死／何佩森／／＊大成1981年93期，＊传记文学1981年39卷3期
李兆三
05962 李兆三／丁惟汾／／＊革命人物志第20集第35页
李庆丰
05963 李庆丰／＊革命人物志第10集第153页
李次生
05964 李次生／刘绍唐主编／／＊传记文学1987年50卷3期
李汝谦
05965 "洋翰林"清末才子李一山（上、下）／丁龙垲／／＊春秋1967年6卷4、5期
李守维
05966 李守维将军遗事／鲁同轩／／＊江苏文物1980年3卷8期
05967 李守维／＊革命人物志第17集第102页
李安陆
05968 李安陆／彭汝厘／／＊革命人物志第2集第146页
李异材
05969 李异材／蔡屏藩／／＊革命人物志第10集第136页
李纪才
05970 李纪才／＊革命人物志第10集第37页
李纪堂
05971 李纪堂（1873—1943）／关志昌／／＊传记文学1983年43卷2期，＊民国人物小传第104页
05972 李纪堂／冯自由／／＊革命人物志第1集第439页
李寿民
05973 李寿民／刘绍唐主编／／＊传记文学1995年66卷6期
李寿轩
05974 李寿轩／黄震遐／／＊中共军人志第176页

李志民
05975 李志民／黄震遐//＊中共军人志第 163 页
李志绥
05976 悼念毛泽东私人医生李志绥先生／吴兴镛//＊传记文学 1995 年 66 卷 3 期
05977 悼念父亲李志绥先生／李二重、李梅口述,邱秀文笔记//＊传记文学 1995 年 66 卷 3 期
05978 英译毛泽东私人医生回忆录的回忆／戴鸿超//＊传记文学 1995 年 66 卷 4 期
李志鹏
05979 前陆军二十三军李故军长志鹏将军事略／＊江西文献 1969 年 35 期
05980 记李志鹏将军／王成圣//＊中外杂志 1983 年 33 卷 6 期
05981 李志鹏(1908—1968)／于翔麟//＊传记文学 1983 年 42 卷 6 期,＊民国人物小传第 6 册第 86 页
李劫夫
05982 人民政协代表李劫夫／林　泉//＊新中国人物志(下)第 122 页
李克农
05983 李克农／刘绍唐主编//＊传记文学 1998 年 73 卷 3 期
李克俭
05984 李克俭／＊革命人物志第 3 集第 93 页
李克敏
05985 李克敏／＊革命人物志第 2 集第 151 页
李杜蘅
05986 李杜蘅／李宗淳//＊革命人物志第 1 集第 433 页
李辰冬
05987 红学权威李辰冬／君　左//＊新希望周刊 1954 年 14 期
05988 怀念一位可敬的长者李辰冬先生／郭中一//＊中原文献 1983 年 15 卷 10 期
05989 敬悼李辰冬教授／周宗盛//＊中原文献 1983 年 15 卷 10 期
05990 李辰冬博士的创见／王集丛//＊中国语文 1983 年 53 卷 5 期
05991 念李师辰冬／罗　盘//＊中国语文 1983 年 53 卷 5 期
05992 怀念李辰冬博士／＊中国语文 1983 年 53 卷 5 期
05993 李辰冬教授的学术里程(上、下)／罗　盘//＊中外杂志 1984 年 36 卷 6 期—1985 年 37 卷 1 期
05994 李辰冬／李立明//＊中国现代六百作家小传第 111 页
李求实
05995 李伟森／李立明//＊中国现代六百作家小传第 123 页
李时良
05996 人民政协代表李时良／梁　山//＊新中国人物志(下)第 185 页
李岐山
05997 李岐山／梅景九//＊革命人物志第 1 集第 426 页
李秀文
05998 李宗仁发妻的自白(1—4)／李秀文//＊传记文学 1987 年 51 卷 3—6 期
李秀珍
05999 李秀珍／＊新中国人物志(下)第 268 页
李何林
06000 李何林(李竹年)／李立明//＊中国现代六百作家小传第 113 页
李佐汉
06001 李佐汉／＊革命人物志第 1 集第 431 页
李作鹏
06002 李作鹏／黄震遐//＊中共军人志第 161 页

李伯钊

06003 李伯钊(1911—1985) / 关志昌 // *传记文学 1985 年 47 卷 1 期
06004 李伯钊 / 方雪纯等 // *中共人名录第 128 页
06005 李伯钊 / 林曼叔等 // *中国当代作家小传第 134 页
06006 李伯钊 / 李立明 // *中国现代六百作家小传第 112 页
06007 人民政协代表李伯钊 / *新中国人物志(下)第 214 页

李伯秋

06008 李伯秋 / 黄震遐 // *中共军人志第 160 页

李佛舟

06009 七十回忆 / 李佛舟 // *台北县板桥市撰者 1981 年印行

李含芳

06010 李含芳 / *革命人物志第 1 集第 430 页

李迎希

06011 李迎希 / 黄震遐 // *中共军人志第 167 页

李言容

06012 李言容 / 徐秀卿 // *革命人物志第 21 集第 151 页
06013 追怀先烈李少南先生 / 郭易堂 // *革命人物志第 21 集第 152 页

李应元

06014 李应元事略 / 翔　天 // 民国 1914 年第 1 年第 6 号，*革命人物志第 12 集第 121 页

李应生

06015 李应生先生的事迹 / 茧　卢 // 畅流 1953 年 7 卷 9 期
06016 李应生 / 孙雨航 // *革命人物志第 3 集第 142 页

李应林

06017 记前岭南大学校长李应林 / 谢琼孙 // *华侨日报 1984 年 8 月 17—22 日
06018 李应林(1892—1954) / 关国煊 // *传记文学 1985 年 46 卷 5 期

李应彪

06019 李应彪 / *革命人物志第 3 集第 150 页

李沛瑶

06020 李沛瑶 / 刘绍唐主编 // *传记文学 1996 年 68 卷 3 期

李怀民

06021 李怀民(1908—1984) / 王道彰 // *传记文学 1985 年 47 卷 1 期

李宏达

06022 李宏达 / *革命人物志第 12 集第 45 页

李良汉

06023 李良汉 / 黄震遐 // *中共军人志第 159 页

李良荣

06024 清康耿介李良荣 / 陈　颐 // *中外杂志 1975 年 17 卷 4 期
06025 传奇人物李良荣 / 杨长青 // *中外杂志 1977 年 21 卷 2 期
06026 我所知道的李良荣将军 / 丁丁之 // *传记文学 1979 年 35 卷 4 期
06027 李良荣(1909—1976) / 于翔麟 // *传记文学 1979 年 35 卷 6 期，*民国人物小传第 4 册第 100 页
06028 我所认识的李良荣将军 / 陶恒生 // *传记文学 1998 年 73 卷 4 期

李初梨

06029 李初梨 / 方雪纯等 // *中共人名录第 129 页
06030 李初梨 / 李立明 // *中国现代六百作家小传第 120 页

李君白

06031 李君白 / *革命人物志第 2 集第 150 页

李际泰

06032　李际泰／黄震遐／／＊中共军人志第177页

李阿田

06033　李阿田／黄震遐／／＊中共军人志第168页

李青崖

06034　专译莫泊桑的李青崖／黄俊东／／＊中国学生周报1973年10月5日

06035　李青崖／李立明／／中国现代六百作家小传第117页

06036　李青崖／谢冰莹／／＊作家印象记第40页

李劼人

06037　李劼人(1891—1962)／秦贤次／／传记文学1978年32卷3期，＊民国人物小传第3册第53页

06038　同学少年李劼人／李璜／／＊大成1982年106期

06039　李劼人／林曼叔等／／＊中国当代作家小传第31页

06040　李劼人／李立明／／中国现代六百作家小传第120页

06041　李劼人／黄俊东／／现代中国作家剪影第235页

李其煌

06042　李其煌／＊革命人物志第10集第36页

李抱一

06043　抱一纪念集／邱营／／＊电信界月刊社1947年版103页

李抱忱

06044　山木斋话当年／李抱忱／／＊传记文学杂志社1967年版248页

06045　雄浑的手势——李抱忱博士的音乐世界／何索／／＊多元文化事业公司1979年版253页

06046　李抱忱的音乐史和音乐观／彭虹星／／＊中国一周1958年403期

06047　北平教音乐六年的回忆／李抱忱／／＊传记文学1965年7卷6期—1967年10卷6期

06048　语言学院十四年的回忆／李抱忱／／＊传记文学1967年11卷1期

06049　花甲后的两年／李抱忱／／＊传记文学1970年16卷6期—17卷1期

06050　六五回瞻／李抱忱／／＊传记文学1972年20卷6期

06051　作曲回忆／李抱忱／／＊传记文学1972年21卷4期

06052　音乐旅程上的几段回忆／李抱忱／／＊传记文学1973年23卷3期

06053　音乐家李抱忱／赵琴／／＊海外文摘1976年301期

06054　李抱忱(1907—1979)／关国煊／／＊传记文学1979年35卷3期，＊民国人物小传第4册第102页

06055　纪念李抱忱博士专辑(上、下)／＊中国语文1979年44卷6期—45卷1期

06056　李抱忱博士行述／赵琴／／＊中国语文1979年44卷6期

06057　敬悼一位民族歌手——李抱忱先生／张佛千／／大成1979年67期

06058　敬悼李抱忱先生(1907—1979)／吴心柳／／＊音乐与音响1979年71期

06059　李抱忱唱出大汉天声／罗学濂／／＊学府纪闻·私立燕京大学第175页

李苦禅

06060　李苦禅生前命途多苦／童轩荪／／＊传记文学1983年43卷3期

06061　李苦禅(1899—1983)／关国煊／／＊传记文学1983年43卷5期

06062　历尽坎坷、倾心艺术的李苦禅／刘奇俊／／＊艺术家1983年8期

06063　哭苦禅／许麟庐／／大成1983年120期

李英儒

06064　李英儒／林曼叔等／／＊中国当代作家小传第140页

06065　李英儒／李立明／／＊中国现代六百作家小传第122页

李松如

06066　李松如／郭佐唐／／＊革命人物志第10集第35页

李郁廷
06067　李郁廷(1892—1977) / 郭显堂 // *传记文学 1978 年 32 卷 5 期，*民国人物小传第 3 册第 60 页
06068　李郁廷 / *革命人物志第 17 集第 104 页
李叔同
06069　弘一大师传 / 陈慧剑 // *仿俪书屋 1965 年版 572 页，*三民书局 1969 年再版
06070　弘一大师永怀录 / 徐槐生等 // *经济画刊总社 1969 年版 364 页
06071　弘一大师年谱 / 林子青 // *新文丰出版公司 1974 年版 237 页
06072　弘一大师永怀录 / 姜丹书等 // *新文丰出版公司 1975 年版 364 页
06073　弘一法师 / 刘心皇 // *联亚出版社 1977 年版
06074　李叔同的灵性 / 桑　桑 // *精美出版社 1985 年 285 页
06075　弘一法师新传 / 于还素 // *公论报 1965 年 6 月 8 日
06076　弘一法师其人其事 / 彭虹星 // *艺术杂志 1959 年 1 卷 5 期
06077　弘一大师(上、下) / 吕佛庭 // *畅流 1960 年 21 卷 10、11 期
06078　记弘一大师 / 白　鹤 // *香港佛教 1963 年 33 期
06079　追怀弘一大师 / 王平陵 // *海潮音 1963 年 44 卷 1 期
06080　弘一大师传略 / 坚　莲 // *香港佛教 1964 年 45 期
06081　弘一大师写经研究 / 陈慧剑 // *海潮音 1964 年 45 卷 7 期
06082　革命阵营中的三个和尚——黄宗仰、苏曼殊、李叔同 / 芸　翁 // *艺文志 1965 年 1 期
06083　记弘一大师 / 芝　翁 // *艺文志 1965 年 3 期
06084　弘一法师李叔同 / 容天圻 // *传记文学 1965 年 7 卷 5 期
06085　苦行法师李叔同 / 刘己达 // *中外杂志 1968 年 3 卷 5 期
06086　弘一大师与晚晴山房 / 吴锡钧 // *春秋 1969 年 10 卷 4 期
06087　冲突世界中的艺术先驱者 / 毕系舟 // *南北极 1973 年 43 期
06088　李叔同(1880—1942) / *传记文学 1974 年 24 卷 1 期，*民国人物小传第 1 册第 74 页
06089　李叔同其人其事其名 / 姚梦谷 // *海外学人 1976 年 48 期
06090　既狂且狷的李叔同——兼谈他的美术活动 / 桑　林 // *香港佛教 1982 年 269 期
06091　小记弘一法师 / 曹蒙田 // 山水人物集第 147 页
06092　李叔同 / *中国近代学人像传初辑第 83 页
06093　李叔同 / 李立明 // *中国现代六百作家小传第 118 页
06094　弘一法师的故事 / 陈　凡 // 尘梦集第 32 页
06095　弘一大师的生平 / 林子青 // *佛教古今人物谈第 179 页
06096　李叔同(1880—1942) / *环华百科全书第 7 册第 58 页
06097　弘一法师李叔同 / 陈敬之 // *首创民族主义文艺的"南社"第 191 页
李卓峰
06098　李卓峰 / *革命人物志第 1 集第 437 页
李卓皓
06099　李卓皓 / 刘绍唐主编 // *传记文学 1993 年 62 卷 5 期
李国平
06100　李国平 / 刘绍唐主编 // *传记文学 1996 年 68 卷 3 期
李国杰
06101　李国杰劾端方经纬 / 南　湖 // *"中央"日报 1962 年 6 月 17 日
06102　李国杰 / 刘绍唐主编 // *传记文学 1993 年 63 卷 1 期
李国明
06103　李国明 / *革命人物志第 19 集第 66 页
李国柱
06104　李国柱 / 雷啸岑 // *革命人物志第 10 集第 136 页

李国钦
06105 旅美工矿巨子李国钦／马光奎// ＊艺文志1966年10期
06106 李国钦(1892—1961)／张 源// ＊传记文学1982年40卷4期，＊民国人物小传第5册第112页
06107 李国钦／祝秀侠// ＊华侨名人传第102页

李国彦
06108 李国彦／常子鉴// ＊革命人物志第10集第139页

李国堂
06109 李国堂率舰南下护法／李雍民// ＊古今谈1966年16期

李国鼎
06110 速写财经四巨头(李国鼎)／何人斯// ＊古今谈1965年6期
06111 我求知的过程和经验／李国鼎// ＊夏声1983年225期
06112 爱国情殷的李国鼎先生／李德安// ＊当代名人风范(1)第163页
06113 李国鼎／＊环华百科全书第7册第33页

李国斌
06114 李国斌／李根源// ＊革命人物志第3集第102页

李国镛
06115 李国镛辛亥自述／＊春秋1968年9卷4期

李昌汉
06116 李昌汉／＊革命人物志第14集第151页

李昌来
06117 李昌来／刘绍唐主编// ＊传记文学1995年67卷2期

李明瑞
06118 李明瑞／刘绍唐主编// ＊传记文学1992年61卷1期

李明灏
06119 李明灏(1898—1980)／于翔麟// ＊传记文学1985年47卷1期

李忠顺
06120 李忠顺／黄震遐// ＊中共军人志第185页

李鸣钟
06121 李鸣钟／刘绍唐主编// ＊传记文学1993年63卷6期

李鸣鹤
06122 李鸣鹤／李 卓// ＊革命人物志第3集第129页

李岷琛
06123 李岷琛墓志铭／王乃征// ＊碑传集三编第5册第1199页

李季贇
06124 刘春溪、李季贇／＊革命人物志第11集第220页

李金士
06125 李金士／颜文雄// ＊中国一周1966年846期

李金发
06126 李金发(上、下)／陈敬之// ＊畅流1969年39卷6、7期
06127 象征派诗人李金发／李立明// ＊文坛月刊1971年316期
06128 李金发的文艺生活——记中国象征主义先驱／石彬室// ＊幼狮文艺1980年51卷3期
06129 李金发的评介之一、之二:谜一般的生平／杨允达// ＊明报月刊1982年17卷12期、1983年18卷2期
06130 李金发(1900—1976)／＊传记文学1983年42卷2期，＊民国人物小传第6册第103页
06131 李金发／李立明// ＊中国现代六百作家小传第119页

06132 李金发／舒　兰／／﹡北伐前后新诗作家作品第251页
06133 李金发(1900—1976)／﹡环华百科全书第7册第42页

李服膺
06134 李服膺(1896—1937)／于翔麟／／﹡传记文学1985年47卷6期

李学灯
06135 法学权威李学灯／程浩然／／﹡中国一周1958年453期

李学诗
06136 李学诗(1874—1930)墓志铭／章炳麟／／﹡革命人物志第3集第139页
06137 李学诗／金天羽／／﹡革命人物志第3集第136页

李宗一
06138 李宗一／刘绍唐主编／／﹡传记文学1992年61卷1期

李宗仁
06139 论李宗仁与中美反动派／怀　乡／／(香港)宇宙书局1948年版66页
06140 我与李宗仁／李秀文口述、谭明整理／／(香港)中原出版社1987年240页
06141 访张发奎、李宗仁／卜少夫／／﹡联合报1962年1月22日
06142 张自忠、李宗仁与台儿庄大捷／郭学虞／／﹡传记文学1977年31卷5期
06143 李宗仁(1891—1969)／关国煊、于翔麟／／﹡传记文学1983年42卷4期，﹡民国人物小传第6册第87页
06144 李宗仁白崇禧和谈前与中共的接触／黄启汉／／﹡传记文学1992年61卷1期
06145 阎锡山、李宗仁、蒋介石之间——阎锡山出任行政院长的前前后后／贾文波／／﹡传记文学1994年65卷6期
06146 李宗仁去国赴美前后与蒋介石之间的往来函电／陶希圣／／﹡传记文学1999年75卷2期
06147 李宗仁(1890—1969)／戴晋新／／﹡环华百科全书第7册第60页
06148 李宗仁这个人／﹡潘公展先生言论选集第295页

李宗吾
06149 厚黑教主李宗吾传／张默生／／(香港)周氏(兄弟)出版公司1946年版331页
06150 李宗吾传——厚黑教主别传／张默僧／／蓝灯出版社1970年版331页
06151 李卓吾与李宗吾／伍稼青／／﹡畅流1953年8卷6期
06152 厚黑学李宗吾和我／田布衣／／﹡春秋1975年22卷2期
06153 厚黑学与姑姑筵——怪才李宗吾和黄敬临／伍稼青／／﹡中外杂志1978年23卷5期
06154 李宗吾怪论异行／于令吾／／﹡中外杂志1978年24卷4期
06155 我所知道的厚黑教主李宗吾／孙伯蔚／／﹡大成1982年102期

李宗侗
06156 旅法杂忆／李宗侗／／﹡传记文学1962年1卷3期—1965年6卷4期
06157 我的童年／李宗侗／／﹡传记文学1963年3卷5期
06158 由曲阳到光州／李宗侗／／﹡传记文学1963年3卷6期
06159 由光州重回北京／李宗侗／／﹡传记文学1964年4卷1期
06160 从家塾到南开中学／李宗侗／／﹡传记文学1964年4卷6期
06161 辛亥革命与民元往法国／李宗侗／／﹡传记文学1964年5卷1期
06162 我的先世及外家／李宗侗／／﹡传记文学1964年5卷3、4期
06163 回国任教及祖母病逝／李宗侗／／﹡传记文学1966年1卷3期
06164 北大教书与办猛进杂志／李宗侗／／﹡传记文学1966年7卷4期
06165 我所认识的李玄老／沈刚伯／／﹡传记文学1974年25卷1期，﹡沈刚伯先生文集下册第732页
06166 追念玄伯先生／傅乐成／／﹡传记文学1974年25卷6期

李宗海
06167 李宗海／﹡革命人物志第2集第155页

李宗黄

06168　李宗黄评传／任卓宣等／／＊中国地方自治学会1969年印行278页

06169　李宗黄回忆录——八十三年奋斗史／李宗黄／／＊中国地方自治学会1972年印行1454页

06170　重返故乡记／李宗黄／／＊正中书局1977年378页

06171　李宗黄先生传论／申庆璧／／＊唯静出版社1979年版208页

06172　记李宗黄／刘心皇／／＊公论报1951年1月31日

06173　我所认识的李宗黄先生／杨一峰／／＊中国地方自治1959年11卷1期

06174　李宗黄先生传略／陈迈子／／＊中国地方自治1959年11卷10期

06175　讨袁之役中的李宗黄先生／张　笙／／＊艺文志1966年15期

06176　李宗黄先生／＊中国一周1966年842期

06177　烽火汴、宛行——随李宗黄先生从事河南战时工作一段经历（上、中、下）／申庆璧／／＊艺文志1967年23期—25期

06178　地方自治先进李宗黄先生／＊美哉中华1969年7期

06179　云南首义身历记（上、中、下）／李宗黄／＊传记文学1969年14卷2—4期

06180　地方自治与李宗黄先生／任卓宣／／＊中国地方自治1969年21卷9期

06181　李宗黄先生与国民大会／白云梯／／＊中国地方自治1969年21卷9期

06182　李宗黄先生与河南党务／刘锡五、张雨生／／＊中国地方自治1969年21卷9期

06183　李宗黄先生与昆明市政／陈玉科／／＊中国地方自治1969年21卷9期

06184　李宗黄先生与云南起义／戢翼翘／／＊中国地方自治1969年21卷9期，＊云南文献1980年10期

06185　李宗黄先生与中国地方自治／林　翠／＊政治评论1969年21卷11期

06186　李宗黄先生与中国地方自治／翁　钤／／＊中国地方自治1969年21卷9期

06187　李宗黄先生与中国国民党／张知本／／＊中国地方自治1969年21卷9期

06188　李宗黄先生传略／＊革命思想1969年26卷1期

06189　中国地方自治的开山大师／杨一峰／／＊艺文志1969年41期

06190　李宗黄先生的大事业／李道显／／＊中国一周1969年980期

06191　李宗黄先生传／申庆璧／／＊云南文献1978年8期，＊中外杂志1979年25卷4、5期

06192　李宗黄先生与云南起义／申庆璧／／＊自由谈1978年29卷12期

06193　李宗黄（1887—1918）／林　泉／／＊传记文学1979年34卷1期，＊民国人物小传第3册第56页

06194　李宗黄／＊革命人物志第18集第49页

06195　典型在夙昔——敬悼李伯英先生／原德汪／／＊革命人物志第18集第56页

李宗绩

06196　李宗绩／＊革命人物志第2集第156页

李实华

06197　李实华／李午云／／＊革命人物志第3集第126页

李建兴

06198　李建兴奋斗小史／沈嫄璋／／＊新闻报1961年12月18日

06199　传奇人物李建兴／吴国炳／＊中外杂志1983年33卷1期

06200　忆忘年至友李建兴／朱正宗／／＊中外杂志1983年33卷2期

李建和

06201　凌霄殿指南宫与李建和兄弟／向　诚／／＊艺文志1967年21期

06202　李建和／＊革命人物志第18集第61页

李参育

06203　李参育／刘绍唐主编／／＊传记文学1999年75卷3期

李绍昌

06204　半生杂记／李绍昌／／＊文海出版社近代中国史料丛刊续编第六十八辑（总675）影印本313页

李经方
06205　李经方之受谤 / 耘　农 // *"中央"日报1962年7月23日，*近代史事与人物第109页
06206　李经方(1855—1934) / *传记文学1982年40卷4期，*民国人物小传第5册第116页

李经迈
06207　李经迈(1877—1938) / *传记文学1982年40卷4期，*民国人物小传第5册第121页

李经羲
06208　李经羲(1860—1925) / *传记文学1982年40卷4期，*民国人物小传第5册第119页
06209　昙花一现李经羲 / 赵朴民 // *北洋政府国务总理列传第64页

李春生
06210　李春生(1838—1924) / 邱奕松 // *传记文学1983年42卷6期，*民国人物小传第6册第105页

李春光
06211　李君春光举义事略 / *革命人物志第10集第61页

李春润
06212　李春润——国民义勇军辽东总指挥李春润抗日殉国纪实 / *革命人物志第10集第40页

李树芬
06213　香港外科医生——六十年回忆录 / 李树芬 // (香港)李树芬医学基金会1965年241页

李树勋
06214　李树勋将军传 / 周开庆 // *四川文献1979年171期

李树森
06215　李树森 / 刘振平 // *湖南文献1979年3卷1期，*革命人物志第18集第67页
06216　李树森(1898—1964) / 于翔麟 // *传记文学1980年36卷3期，*民国人物小传第4册第122页

李树藩
06217　李树藩 / 李楚銮等 // *革命人物志第3集第140页

李厚基
06218　李厚基(1869—1942) / 关志昌 // *传记文学1985年47卷3期

李是男
06219　新小生李是男 / 冯自由 // *革命人物志第2集第170页

李思浩
06220　李思浩 / 贾士毅 // *传记文学1964年5卷6期
06221　李思浩(1882—1968) / 关志昌 // *传记文学1978年32卷6期，*民国人物小传第3册第58页
06222　李思浩的政治生涯——有关民国初年财政盐务内幕(上) / 林　熙 // *大成1980年76期
06223　李思浩与金法郎案——有关民国初年财政盐务内幕(中) / 林　熙 // *大成1980年77期
06224　李思浩的宦海生涯——晚年回忆民国政坛人物(下) / 林　熙 // *大成1980年78期
06225　李思浩其人其事 / 洪　书 // *传记文学1996年68卷6期
06226　李思浩的政治生涯 / 林　熙 // *传记文学1997年71卷1、3期
06227　李思浩 / 贾士毅 // *民国初年的几任财政总长第55页

李品仙
06228　李品仙回忆录 / 李品仙 // *中外图书出版社1975年259页
06229　李品仙 / 刘绍唐主编 // *传记文学1987年50卷5期

李峙山
06230　李峙山 / 谌小岑 // *革命人物志第2集第163页
06231　悼李峙山女士 / 崔震华 // *革命人物志第2集第165页

李秋生
06232　李秋生一生的历程——从早期共产党员到大半辈子报人 / 司马璐 // *传记文学1993年62卷5期

李保成
06233　李保成／黄震遐／／＊中共军人志第 175 页

李俊欣
06234　人民政协代表李俊欣／／＊新中国人物志(下)第 170 页

李俊承
06235　李俊承／许洁泉／／＊华侨名人传第 205 页

李待琛
06236　李待琛／刘绍唐主编／／＊传记文学 1992 年 61 卷 3 期

李剑农
06237　石屋二老／夏道平／／＊学府纪闻·国立武汉大学第 92 页

李彦芷
06238　李彦芷／李菱溪／／＊革命人物志第 3 集第 97 页

李炳尧
06239　李炳尧／邹　鲁／／＊革命人物志第 1 集第 448 页

李炳南
06240　雪楼风凄记静老／林　斌／／＊畅流 1969 年 40 卷 9 期

李炳辉
06241　黄花岗烈士的壮语与悲歌(上、下)：李炳辉／易大德／／＊中国一周 1968 年 936、937 期
06242　李炳辉传／邹　鲁／／＊革命人物志第 1 集第 459 页

李炳智
06243　李炳智／黄震遐／／＊中共军人志第 165 页

李济民
06244　李济民／邹　鲁等／／＊革命人物志第 10 集第 153 页

李济臣
06245　李济臣／张难先／／＊革命人物志第 3 集第 147 页

李济深
06246　李济深(1885—1959)／于翔麟、关国煊／／＊传记文学 1981 年 38 卷 2 期，＊民国人物小传第 5 册第 123 页
06247　李济深的自述／张克明笔录／／＊国共风云名人录第 2 辑第 153 页
06248　中央人民政府副主席李济深／＊新中国人物志(上)第 21 页

李祖恩
06249　李祖恩／＊革命人物志第 3 集第 99 页

李费蒙
06250　牛哥——台湾漫画拓荒者／柏　杨／／＊传记文学 1998 年 73 卷 5 期

李桂丹
06251　李桂丹、吕基淳——我空军李、吕两大队长殉国／＊革命人物志第 10 集第 124 页

李桂岭
06252　李桂岭／＊革命人物志第 10 集第 134 页

李桂庭
06253　李桂庭先生事略／杨恺龄／／＊宪政论坛 1977 年 22 卷 11 期
06254　李桂庭／＊革命人物志第 20 集第 41 页

李根源
06255　雪生年录(三卷)／李根源自编／／＊文海出版社近代中国史料丛刊第二辑(总 15)影印本 142 页
06256　政学系与李根源／周康燮主编／／(香港)大东图书公司 1980 年 10 月
06257　李雪生先生根源自撰年谱／李根源／／＊商务印书馆 1981 年 142 页

06258　李根源(1879—1965) / 陈哲三 // ＊传记文学 1976 年 28 卷 1 期, ＊民国人物小传第 2 册第 54 页
06259　李根源 / 吴相湘 // ＊民国百人传第 3 册第 293 页

李烈钧

06260　李烈钧将军自传 / 李烈钧 // ＊文海出版社近代中国史料丛刊第六十七辑(总 666)影印本 145 页
06261　李烈钧先生百年诞辰纪念集 / 李烈钧先生百年诞辰纪念集编委会 // ＊史料研究中心 1981 年印行 328 页
06262　李烈钧自卜葬地 / 孤　云 // ＊"中央"日报 1958 年 9 月 3 日
06263　李协和协和四方 / 吴相湘 // ＊春秋 1965 年 2 卷 2 期
06264　云南起义与唐继尧、蔡锷、李烈钧 / 李宗黄 // ＊中国一周 1965 年 818 期
06265　谭延闿致李烈钧的一封介绍信 / 湘　芬 // ＊中外杂志 1967 年 2 卷 4 期
06266　李烈钧失意始末 / 马五先生 // ＊中外杂志 1967 年 2 卷 6 期
06267　复成桥畔喋血记 / 刘博昆 // ＊传记文学 1968 年 13 卷 5 期
06268　《李烈钧将军自传》自序 // ＊江西文献 1969 年 36 期
06269　李烈钧(1882—1946) / 传记文学 1974 年 24 卷 5 期, ＊民国人物小传第 1 册第 75 页
06270　纪念李烈钧先生百年诞辰 / 黄季陆 // ＊近代中国 1981 年 21 期, ＊大成 1981 年 89 期, ＊江西文献 1981 年 104 期
06271　纪念李烈钧先生百年诞辰口述历史座谈会纪实 / 胡有瑞等 // ＊近代中国 1981 年 21 期
06272　李烈钧先生与二次革命 / 洪喜美 // ＊近代中国 1981 年 21 期, ＊江西文献 1981 年 104 期
06273　追怀乡先辈李公协和先生的风范 / 高子昂 // ＊江西文献 1981 年 103 期
06274　李协和先生四次开启国运的史事与云南起义首从的错觉 / 周仲超 // ＊江西文献 1981 年 104 期
06275　李烈钧先生百年冥辰追思 / 杨西翰 // ＊江西文献 1981 年 104 期
06276　民初人物印像记 / 马伯援 // ＊传记文学 1984 年 44 卷 5 期
06277　李烈钧 / 惜　秋 // ＊民初风云人物(下)第 603 页
06278　李烈钧 / 吴相湘 // ＊民国百人传第 2 册第 65 页
06279　李烈钧(1882—1946) / 戴晋新 // ＊环华百科全书第 7 册第 31 页
06280　李烈钧 / 熊公哲 // ＊革命人物志第 1 集第 451 页

李振东

06281　李振东 / ＊革命人物志第 2 集第 177 页

李振清

06282　李振清将军行述 / 李振清口述、王全吉笔记 // ＊吴延环等编辑印行 1977 年
06283　李振清(1901—1976) / 于翔麟 // ＊传记文学 1979 年 34 卷 4 期, ＊民国人物小传第 3 册第 62 页, ＊革命人物志第 20 集第 45 页

李振虞

06284　李振虞 / ＊革命人物志第 10 集第 133 页

李振殿

06285　李振殿 / 杨庆南 // ＊华侨名人传第 144 页

李铁夫

06286　李铁夫 / 刘绍唐主编 // ＊传记文学 1992 年 60 卷 3 期

李健吾

06287　李健吾(1906—1982) / 关志昌 // ＊传记文学 1984 年 44 卷 3 期
06288　李健吾 / 李立明 // ＊中国现代六百作家小传第 124 页

李爱黄

06289　李爱黄 / 陈肇英等 // ＊革命人物志第 3 集第 115 页

李烛尘

06290　中央人民政府委员:李烛尘 / ＊新中国人物志(上)第 113 页

李凌汉
06291 李凌汉 / *革命人物志第 3 集第 100 页

李海山
06292 蒙古抗日将军李海山传 / 赵尺子 // *传记文学 1971 年 19 卷 3 期

李海云
06293 李海云 / 胡毅生 // *革命人物志第 10 集第 130 页

李海秋
06294 李海秋 / 庄仲舒 // *革命人物志第 10 集第 127 页

李海涵
06295 怀念李海涵将军 / 乔家才 // *中外杂志 1972 年 12 卷 1 期

李益之
06296 李益之 / 平 刚 // *革命人物志第 2 集第 174 页

李浴日
06297 浴兄逝世十二周年纪念日感赋 / 唐耕诚 // *畅流 1967 年 36 卷 9 期
06298 李浴日与黄焕文 / 居浩然 // *传记文学 1969 年 15 卷 6 期
06299 傻人千古李浴日 / 胡遴园 // *广东文献 1976 年 6 卷 1 期

李润沂
06300 李润沂大法官的生平 / 翁岳生 // *中外杂志 1983 年 33 卷 1 期
06301 李润沂 / 刘绍唐主编 // *传记文学 1987 年 51 卷 3 期

李家驹
06302 从管学大臣孙家鼐到校长胡适——记百年北京大学前期的二十任十九位负责人 / 关国煊 // *传记文学 1998 年 72 卷 4 期

李家钰
06303 李家钰(1892—1944) / 于翔麟 // *传记文学 1980 年 36 卷 2 期，*民国人物小传第 4 册第 106 页
06304 李烈士家钰传 / *川籍抗战忠烈录第 82 页，*民国四川人物传记第 100 页
06305 李总司令精神存在 / 张 群 // *川籍抗战忠烈录第 84 页
06306 李家钰 / 李克熙等 // *革命人物志第 2 集第 178 页

李家鼎
06307 李家鼎与蒋鼎文 / 雷啸岑 // *中外杂志 1970 年 8 卷 2 期

李祥禄
06308 李祥禄(1877—1934) / 林抱石 // *传记文学 1983 年 42 卷 4 期，*民国人物小传第 6 册第 107 页

李继广
06309 李继广 / 李春萱 // *革命人物志第 3 集第 152 页

李继开
06310 李继开 / 黄震遐 // *中共军人志第 184 页

李继侗
06311 李继侗 / 刘绍唐主编 // *传记文学 1993 年 62 卷 6 期

李基鸿
06312 百年一梦记 / 李基鸿 // *文海出版社近代中国史料丛刊续编第四十三辑(总 423)影印本 477 页
06313 李长子宽八秩寿言 / 易大德 // *中国一周 1967 年 897 期
06314 李基鸿 / *革命人物志第 14 集第 152 页

李乾立
06315 李乾立 / *革命人物志第 3 集第 101 页

李梦彪
06316 李梦彪先生事略 / 于右任 // *"中央"日报 1957 年 6 月 29 日

06317 李梦彪先生其人其诗 / 胥端甫 // ＊畅流 1960 年 21 卷 5 期

李梅树

06318 艺术家李梅树教授 / ＊美哉中华 1969 年 8 期

06319 李梅树艺术生涯简介 / ＊艺术家 1983 年 16 卷 4 期

06320 李梅树先生小传(1902—1983) / 秦贤次 // ＊传记文学 1983 年 42 卷 4 期，＊民国人物小传第 6 册第 108 页

06321 忆念李梅树先生 / 陈景容 // ＊雄狮美术 1983 年 145 期

李盛铎

06322 李盛铎(1858—1937) / 关国煊 // ＊传记文学 1980 年 37 卷 5 期，＊民国人物小传第 4 册第 112 页

06323 李盛铎木犀轩 / ＊近代藏书三十家第 25 页

李盛斌

06324 富连成点将录(上)：富社的武生行(李盛斌、杨盛春、高盛麟) / 齐崧 // ＊传记文学 1975 年 26 卷 5 期

李盛藻

06325 富连成点将录(上)——当家老生李盛藻 / 齐崧 // ＊传记文学 1975 年 26 卷 5 期

李雪三

06326 李雪三 / 黄震遐 // ＊中共军人志第 169 页

李曼瑰

06327 戏剧作家李曼瑰 / 黎耀华 // ＊中国一周 1958 年 402 期

06328 "愚不可及"的角色——介绍李曼瑰教授 / 晓风 // ＊幼狮文艺 1975 年 42 卷 4 期

06329 李曼瑰教授及其重要剧本(上、中、下) / 苏雪林 // ＊畅流 1976 年 53 卷 1—3 期

06330 李曼瑰(1906—1975) / 郑孝颖 // ＊传记文学 1979 年 34 卷 5 期，＊民国人物小传第 3 册第 63 页

06331 薪尽火传——纪念李曼瑰教授 / 曹尚斌 // ＊幼狮文艺 1981 年 53 卷 4 期

06332 献身给戏剧的李曼瑰 / 罗学濂 // ＊学府纪闻・私立燕京大学第 179 页

李唯建

06333 李唯建 / 秦贤次 // ＊诗学 1976 年 2 辑

06334 李唯建 / 李立明 // ＊中国现代六百作家小传第 122 页

李崇武

06335 老教育家李崇武先生 / 徐哲甫 // ＊中外杂志 1977 年 21 卷 1 期

06336 记李崇武先生 / 侯传勋 // ＊学府纪闻・国立河南大学第 203 页

李铭鼎

06337 李铭鼎(1903—1948) / 于翔麟 // ＊传记文学 1985 年 47 卷 6 期

李符桐

06338 李符桐(1911—1984) / 林抱石 // ＊传记文学 1984 年 44 卷 3 期

李敏如

06339 李敏如 / ＊革命人物志第 10 集第 134 页

李敏周

06340 先父李公敏周与上海新新公司——一个澳洲华侨的奋斗史 / 李承基 // ＊传记文学 1979 年 35 卷 5 期

李康之

06341 李康之 / ＊革命人物志第 1 集第 464 页

李章达

06342 中央人民政府委员李章达 / ＊新中国人物志(上)第 99 页

李焕之

06343 李故立法委员焕之先生行述 / ＊江苏文献 1983 年 28 期

李焕燊
06344 "苦行僧"李焕燊 / 应平书 // *学人风范第 158 页
李清胜
06345 李清胜 / *革命人物志第 3 集第 101 页、第 10 集第 140 页
李鸿文
06346 李鸿文 / *革命人物志第 19 集第 74 页
李鸿恩
06347 李鸿恩 / 丁东第 // *革命人物志第 3 集第 149 页
李鸿绪
06348 李鸿绪 / *革命人物志第 1 集第 479 页
李鸿筹
06349 李鸿筹(1856—1930) / 周邦道 // *近代教育先进传略(初集)第 311 页
李鸿章
06350 李鸿章传 / 李守孔 // *学生书局 1978 年 401 页
06351 清李文忠公鸿章年谱 / (清)李书春 // *商务印书馆 1978 年 54 页
06352 李鸿章新传 / 雷禄庆 // *文海出版社 1983 年 2 册
06353 误国能臣:李鸿章 / 张家昀 // *久大文化公司 1989 年 236 页
06354 李鸿章:晚清政治灵魂人物 / 陈淑铼 // *幼狮文化事业公司 1990 年 111 页
06355 张謇与李鸿章 / 宋希尚 // *畅流 1963 年 27 卷 2 期
06356 中山先生见李鸿章 / 桂崇基 // *传记文学 1983 年 42 卷 6 期
06357 李鸿章游美植树的一点考证 / 汤晏 // *传记文学 1997 年 71 卷 1 期
李淑一
06358 李淑一其人 / 遯叟 // *"中央"日报 1967 年 4 月 6 日
李淑卿
06359 武昌首义佳人李淑卿 / 刘克南 // *艺文志 1967 年 25 期
李涵秋
06360 李涵秋 / 杜负翁 // *"中央"日报 1959 年 5 月 11 日
06361 李涵秋轶事 / 杜负翁 // *畅流 1962 年 24 卷 10 期
06362 大家的朋友李涵秋 / 曹圣芬 // *大成 1982 年 109 期
06363 "小说大王"李涵秋和他的小说 / 林熙 // *大成 1983 年 116 期
06364 李涵秋 / 刘绍唐主编 // *传记文学 1998 年 72 卷 5 期
李绮庵
06365 李绮庵(1882—1950) / 李荣宗 // *传记文学 1974 年 25 卷 6 期,*民国人物小传第 1 册第 79 页
李维汉
06366 政务院秘书长、中共民族事务委员会主任委员李维汉 / *新中国人物志(上)第 212 页
李维宁
06367 李维宁 / 乔佩 // *中国现代音乐家第 132 页
李琴堂
06368 李琴堂 / *革命人物志第 12 集第 46 页
李琢如
06369 李琢如 / *革命人物志第 10 集第 141 页
李超哉
06370 书法雅健的李超哉博士 / 胡岂凡 // *艺文志 1980 年 183 期
李葆恂
06371 李葆恂(1895—1915)墓表 / 陈三立 // *碑传集三编第 9 册第 2195 页

李敬亭
06372 李敬亭／赵　端／／﹡革命人物志第1集第470页
李敬斋
06373 整理我国文字的李敬斋／黎亚宣／／﹡中国一周1955年248期
06374 为中州人士寿李敬斋先生／成惕轩／／﹡学粹1961年3卷2期
06375 李敬斋／刘绍唐主编／／﹡传记文学1987年51卷6期
06376 李校长敬斋先生传／﹡学府纪闻·国立河南大学第213页
李植生
06377 李植生／张大义／／﹡革命人物志第1集第466页
李惠堂
06378 漫谈李惠堂／老　康／／﹡畅流1953年6卷11期
06379 再谈李惠堂／老　康／／﹡畅流1953年7卷12期
06380 记球王李惠堂／林斌文／／﹡古今谈1967年23期
06381 李惠堂／吴国煊／／﹡传记文学1979年35卷3期,﹡民国人物小传第4册第115页
06382 我所知道的李惠堂／李尔康／／﹡传记文学1979年35卷3期
06383 足球与我／李惠堂／／﹡传记文学1979年35卷3期
06384 一生儿爱好是足球／李惠堂／／﹡大成1979年69期
06385 关于李惠堂的家世／李尔康／／﹡传记文学1980年36卷1期
06386 李惠堂逝世五周年／李尔康／／﹡传记文学1984年45卷2期
李雁南
06387 李雁南传／邹　鲁／／﹡革命人物志第1集第458页
李雅仙
06388 九十自述／李雅仙／／﹡中原文献1981年13卷7期
李紫云
06389 李紫云烈士事略／﹡太原五百完人第155页
李辉英
06390 李辉英／李立明／／﹡文坛月刊1973年336期
06391 记李辉英、张周——三十年代作家直接印象记之七／陈纪滢／／﹡传记文学1981年38卷1期
06392 李辉英／李立明／／﹡中国现代六百作家小传第126页
李鼎成
06393 李鼎成／﹡革命人物志第3集第115页
李景沆
06394 李景沆传／语　罕／／﹡革命人物志第1集第468页
李景林
06395 李景林(1885—1932)／关国煊／／﹡传记文学1981年38卷2期,﹡民国人物小传第5册第113页
李敦谦
06396 简记李敦谦将军的战绩／唐子安／／﹡江西文献1969年39期
李道之(1)
06397 李道之／黄震遐／／﹡中共军人志第171页
李道之(2)
06398 李道之／黄震遐／／﹡中共军人志第171页
李道源
06399 李道源／﹡革命人物志第3集第120页
李富春
06400 李富春(1900—1975)／关国煊／／﹡传记文学1985年47卷3期

06401 李富春 / 朱新民 // ＊环华百科全书第 7 册第 26 页
06402 东北人民政府副主席李富春 / ＊新中国人物志（上）第 214 页

李弼侯
06403 教育的殉道者——李弼侯先生 / 包　册 // ＊教育辅导月刊 1952 年 2 卷 6 期

李弼勤
06404 李弼勤 / ＊革命人物志第 3 集第 114 页

李登辉
06405 悼念李登辉先生 / ＊新生报 1947 年 12 月 21 日
06406 李登辉（1873—1947）/ 传记文学 1973 年 23 卷 3 期，＊民国人物小传第 1 册第 76 页
06407 李登辉、姜琦、柳藩国 / 周邦道 // ＊中外杂志 1976 年 20 卷 4 期
06408 李登辉 / 姜琦等 // ＊中外杂志 1976 年 20 卷 4 期
06409 李登辉（1873—1947）/ 周邦道 // ＊近代教育先进传略（初集）第 353 页

李瑞清
06410 张大千的老师清道人逸事 / 胡瑞湖 // ＊春秋 1968 年 9 卷 6 期
06411 李瑞清 / 关国煊 // ＊传记文学 1983 年 42 卷 1 期
06412 李瑞清 / 关国煊 // ＊民国人物小传第 6 册第 111 页
06413 张大千的两位老师——李梅庵与曾农髯 / 曾克耑 // ＊艺文志 1976 年 2 期
06414 李瑞清 / 周邦道 // ＊江西文献 1976 年 86 期
06415 记梅痴清道人（李梅庵）/ 张千里 // ＊艺文志 1977 年 1 期
06416 沈寐叟与李梅庵——民初两大书家之隐事 / 恽茹辛 // ＊中外杂志 1977 年 7 期
06417 李瑞清（1867—1920）/ 周邦道 // ＊近代教育先进传略（初集）第 157 页
06418 李瑞清传略 / 蒋国榜 // ＊碑传集三编第 5 册第 1245 页
06419 李瑞清（1867—1920）传 / 柳肇嘉 // ＊碑传集三编第 5 册第 1253 页

李蓝丁
06420 李蓝丁 / 黄震遐 // ＊中共军人志第 184 页
06421 人民政协代表李蓝丁 / 汪　溪 // ＊新中国人物志（下）第 251 页

李楚瀛
06422 李楚瀛 / 李卢少珊 // ＊革命人物志第 10 集第 141 页

李晟熙
06423 李晟熙事略 / 李龙言 // ＊民国四川人物传记第 31 页
06424 李晟熙 / 赵　端 // ＊革命人物志第 3 集第 121 页

李嗣璁
06425 新任监察院院长李嗣璁 / 李　成 // ＊中国一周 1965 年 802 期
06426 李嗣璁（1898—1972）/ 刘维屏 // ＊传记文学 1975 年 27 卷 3 期，＊民国人物小传第 2 册第 57 页
06427 李嗣璁 / ＊革命人物志第 22 集第 38 页
06428 监察院院长李嗣璁先生墓表 / 张　群 // ＊革命人物志第 22 集第 43 页

李锡九
06429 中央人民政府委员李锡九 / ＊新中国人物志（上）第 101 页

李锡莹
06430 烈士李锡莹传略 / ＊革命人物志第 1 集第 478 页

李锦纶
06431 李锦纶 / 刘绍唐主编 // ＊传记文学 1999 年 74 卷 1 期

李煜堂
06432 李煜堂 / 刘绍唐主编 // ＊传记文学 1987 年 50 卷 1 期
06433 李煜堂事略 / 冯自由 // ＊革命人物志第 1 集第 471 页

李满红
06434 李满红／李立明／／＊中国现代六百作家小传第125页

李满康
06435 侨居日本三十六年生活之回忆／李满康／／＊民主潮1961年11卷20—22期

李福林
06436 李福林上将事略／＊"中央"日报1952年3月16日
06437 李故上将福林事略／＊新生报1952年3月16日
06438 李福林的出身与趣事／李立忠／／＊艺文志1976年124期
06439 李福林(1874—1952)／陈哲三／／＊传记文学1977年30卷6期,＊民国人物小传第3册第66页
06440 李福林其人其事／王绍通／／＊广东文献1981年11卷3期
06441 李福林／金平欧等／／＊革命人物志第12集第56页
06442 民国前之李登同(福林)／冯自由／／＊革命人物志第12集第56页
06443 李福林从事革命经过／＊革命人物志第12集第59页
06444 李福林革命史料／＊革命人物志第12集第66页

李群仙
06445 小怪李群仙(1—2)／刘健群／／＊传记文学1963年4卷1、2期

李瑶屏
06446 李瑶屏／若波／／＊艺林丛录(三)第92页

李嘉诚
06447 李嘉诚传／夏萍／／(香港)作家出版社1993年9月初版278页

李聚奎
06448 李聚奎／黄震遐／／＊中共军人志第172页

李蔚仁
06449 李蔚仁／＊革命人物志第10集第150页

李熙谋
06450 我所知道的李熙谋先生／盛庆珠／／＊传记文学1975年27卷2期
06451 追怀李熙谋博士／李乔苹／／＊中外杂志1976年19卷4期
06452 李熙谋(1896—1975)／郑孝颖／／＊传记文学1979年34卷4期,＊民国人物小传第3册第65页

李霁野
06453 李霁野／刘绍唐主编／／＊传记文学1997年71卷3期
06454 李霁野／李立明／／＊中国现代六百作家小传第130页
06455 忆良师李霁野先生／张振玉／／＊学府纪闻・私立辅仁大学第130页

李毓九
06456 李毓九／张溉／／＊革命人物志第18集第65页

李精一
06457 李精一／刘绍唐主编／／＊传记文学1996年69卷2期

李肇甫
06458 李肇甫传略／周开庆／／＊四川文献1965年40期,＊民国四川人物传记第120页,＊革命人物志第10集第148页

李镇淮
06459 李镇淮／＊革命人物志第3集第150页

李镇源
06460 李镇源／＊环华百科全书第7册第50页

李德山
06461 李德山传／邹鲁／／＊革命人物志第1集第460页

李德生
06462　李德生／黄震遐／／＊中共军人志第178页
06463　李德生／朱新民／／＊环华百科全书第7册第28页

李德全
06464　李德全(1896—1972)／关国煊／／＊传记文学1984年45卷4期
06465　政务院卫生部部长李德全／／＊新中国人物志(上)第79页

李德富
06466　李烈士德富传略／／＊川籍抗战忠烈录第99页

李德膏
06467　陈果夫、胡晋接、李德膏、周邦道／／＊中外杂志1976年19卷6期
06468　李德膏(1807—1941)／周邦道／／＊近代教育先进事略(初集)第132页
06469　李德膏／＊革命人物志第3集第133页

李默庵
06470　李默庵／傅润华／／＊中国当代名人传第61页

李镜海
06471　李镜海／郭易堂／／＊革命人物志第21集第165页

李儒清
06472　李儒清／席正铭／／＊革命人物志第1集第476页

李燮和
06473　光复军司令李燮和／冯自由／／＊革命人物志第2集第167页

李耀文
06474　李耀文／黄震遐／／＊中共军人志第183页

杨生
06475　杨　生／＊革命人物志第12集第379页

杨让
06476　杨　让／＊革命人物志第6集第305页

杨刚
06477　杨　刚(1905—1957)／关志昌／／＊传记文学1985年46卷4期
06478　杨　刚／李立明／／＊中国现代六百作家小传第449页
06479　人民政协代表杨刚／孙　棣／／＊新中国人物志(下)第257页

杨任
06480　杨　任／＊革命人物志第6集第253页

杨弃
06481　杨　弃／黄震遐／／＊中共军人志第539页

杨枢
06482　清末驻日公使杨枢与留日学生／苏　精／／＊传记文学1984年44卷2期

杨杰
06483　杨杰与国防新论／吴相湘／／＊传记文学1966年8卷6期
06484　杨　杰(1889—1949)／关国煊／／＊传记文学1976年29卷4期，＊民国人物小传第2册第236页
06485　杨杰、戈公振、何启等小传的补充及卒年正误／关国煊／／＊传记文学1981年第39卷第6期
06486　杨　杰／吴相湘／／民国百人传第3册第245页

杨虎
06487　杨虎轶事两则／陆冲鹏／／＊传记文学1967年11卷4期

杨迪
06488　杨　迪／黄震遐／／＊中共军人志第533页

杨沫

06489 杨　沫 / 刘绍唐主编 // ＊传记文学 1996 年 69 卷 4 期

06490 杨　沫 / 林曼叔等 // ＊中国当代作家小传第 190 页

06491 杨　沫 / 李立明 // ＊中国现代六百作家小传第 447 页

06492 杨沫的创作道路 / 彦　火 // ＊当代中国作家风貌续编第 87 页

06493 杨沫谈青春之歌和她的新作 / 中国新闻社 // ＊回忆与悼念——中国现代作家资料选粹第 1 集第 121 页

杨度

06494 杨　度（1875—1931）/ 关国煊 // ＊传记文学 1977 年 30 卷 5 期，民国人物小传第 3 册第 263 页

06495 杨度是老共产党员 / 王文基 // ＊传记文学 1983 年 43 卷 2 期

06496 洪宪六人帮的杨度 / 王觉源 // ＊中外杂志 1984 年 35 卷 6 期

06497 有关杨度与中共关系的补充 / 李秋生 // ＊传记文学 1984 年 44 卷 3 期

06498 筹安会会长杨度 / 林　熙 // ＊传记文学 1999 年 74 卷 2 期

06499 关于杨度 / 左舜生 // ＊近代中国史料丛刊第五辑（总 49）·万竹随笔影印本第 131 页

06500 杨　度 / 吴相湘 // ＊民国百人传第 3 册第 313 页

06501 旷代逸才杨度 / 吴相湘 // ＊民国政治人物第 1 集第 69 页

06502 杨　度（1875—1931）/ 戴晋新 // ＊环华百科全书第 19 册第 373 页

06503 汪凤瀛与杨度 / 沈云龙 // ＊现代政治人物述评（中卷）第 143 页

杨勇

06504 杨　勇 / 刘绍唐主编 // ＊传记文学 1995 年 67 卷 2 期

06505 杨　勇 / 黄震遐 // ＊中共军人志第 530 页

06506 杨　勇 / 朱新民 // ＊环华百科全书第 19 册第 386 页

杨绛

06507 杨　绛 / 秦贤次 // ＊诗学 1976 年 2 辑

06508 杨　绛 / 李立明 // ＊中国现代六百作家小传第 450 页

杨桢

06509 杨　桢 / 常子鉴 // ＊革命人物志第 9 集第 316 页

杨晟

06510 杨　晟 / 郑寿麟 // ＊传记文学 1968 年 12 卷 4 期

杨朔

06511 杨　朔 / 刘绍唐主编 // ＊传记文学 1993 年 63 卷 1 期

06512 杨　朔 / 林曼叔等 // ＊中国当代作家小传第 123 页

06513 杨　朔 / 李立明 // ＊中国现代六百作家小传第 448 页

杨逵

06514 杨逵画像 / 林　梵 // ＊仙人掌杂志 1977 年 1 卷 3 期

06515 杨逵早年画像 / 林　梵、林　边 // ＊中外杂志 1977 年 31 卷 1 期

06516 热血奔腾的青年——杨逵在日本的工读生涯 / 林　梵 // ＊夏潮 1978 年 5 卷 4 期

06517 杨逵的七十七年岁月：1982 年杨逵访问日本的谈话记录 / ＊文季 1983 年 1 卷 4 期

06518 台湾老作家杨逵坎坷的一生 / 秦贤次 // ＊传记文学 1985 年 46 卷 5 期

06519 杨逵绿岛十二年 / 胡子丹 // ＊传记文学 1985 年 46 卷 5 期

06520 杨　逵 / ＊乡土作家选集第 8 页

杨维

06521 杨维传 / ＊民国四川人物传记第 147 页，＊革命人物志第 15 集第 272 页

杨琼

06522 杨　琼 / 周邦道 // ＊近代教育先进传略（初集）第 401 页

杨　超
06523　杨　超／＊革命人物志第16集第292页
杨　森
06524　杨森将军纪念册／＊杨森将军纪念册编辑小组1979年编印526页
06525　九十忆往／杨　森∥龙文出版社股份有限公司1990年187页
06526　记杨森将军／无　为∥中华日报1961年3月5—8日
06527　护国之役参加松坡戎幕忆往／杨　森∥四川文献1962年4期
06528　八十忆往／杨　森＊四川文献1963年6期
06529　我与抗战／杨　森＊四川文献1963年11期
06530　贵州杂忆(1—4)／杨　森∥中外杂志1968年3卷2—5期
06531　我的青年时代(1—6)／杨　森＊中外杂志1968年4卷1—6期
06532　沙场二十年(1—5)／杨　森＊中外杂志1970年8卷1—3期、5—6期
06533　记杨森、胡琏二将军／戎马书生∥大成1977年45期
06534　杨森的故事／汪石江＊中外杂志1977年22卷1期
06535　忠义雄杰话杨森(上、下)／王成圣＊中外杂志1977年22卷1期
06536　杨森九十忆往(1—5)／杨森＊传记文学1977年31卷1—6期
06537　自强不息话杨森／王成圣等＊海外文摘1977年336期
06538　我的养生之道和我的家庭生活／杨森＊大成1979年68期
06539　马前卒忆老将军——追随杨公子惠五十八年往事／王联奎＊中外杂志1979年25卷5期
06540　盖世雄风忆杨森／刘昌博∥中外杂志1979年25卷5期
06541　悼念父亲／杨万运＊中外杂志1979年25卷5期
06542　杨森将军在重庆／吴熙祖∥中外杂志1979年26卷1期
06543　杨森与清潭国小(1—2)／丁永华＊中外杂志1979年26卷2、3期
06544　杨森(1884—1977)／于翔麟∥传记文学1979年34卷5期，＊民国人物小传第3册第264页
06545　我对杨森将军的认识(上、下)／何辑五∥＊中外杂志1980年27卷4、5期
06546　爱国老人杨森先生／陈翰珍∥中外杂志1980年27卷5期
06547　杨森与吴佩孚／范任宇∥＊中外杂志1984年35卷6期
06548　我的养生之道与家庭生活／杨　森＊传记文学1998年73卷5期
06549　杨　森／吴相湘∥＊民国百人传第4册第43页
06550　杨森的故事／晓　恬∥＊当代名人故事第1辑
06551　杨　森／＊革命人物志第19集第233页
杨　骚
06552　夫妇作家的哑谜(杨骚与白薇之离合)／＊文艺新闻1931年3期
06553　诗人杨骚／李立明∥＊当代文艺1974年108期
06554　杨　骚(1900—1956)／关志昌∥传记文学1985年46卷3期
06555　杨　骚／李立明∥＊中国现代六百作家小传第450页
06556　杨　骚／舒　兰∥＊北伐前后新诗作家和作品第321页
杨　蔚
06557　淞沪指挥官杨蔚／乔家才∥＊戴笠将军和他的同志第1集第53页
杨　模
06558　杨　模(1852—1915)／周邦道∥＊近代教育先进传略(初集)第12页
杨　蕙
06559　杨　蕙(1848—1918)／周邦道∥＊近代教育先进传略(初集)第326页
杨　骥
06560　杨　骥／颜炳元∥＊革命人物志第6集第316页

杨一鸣
06561 杨一鸣 / ＊革命人物志第 12 集第 379 页
杨一峰
06562 童年乐事 / 杨一峰 // ＊传记文学 1962 年 1 卷 5 期
06563 怀念老友杨一峰先生 / 刘锡五 // ＊民主宪政 1977 年 49 卷 4 期
06564 杨一峰 / ＊革命人物志第 13 集第 329 页
杨之华
06565 杨之华(1900—1973) / 关志昌 // ＊传记文学 1985 年 46 卷 1 期
06566 鲁迅与杨之华 / 马蹄疾 // ＊鲁迅与浙江作家第 221 页
杨三郎
06567 杨三郎 / 刘绍唐主编 // ＊传记文学 1995 年 67 卷 4 期
杨干才
06568 杨干才 / 刘绍唐主编 // ＊传记文学 1995 年 66 卷 1 期
杨大易
06569 杨大易 / 黄震遐 // ＊中共军人志第 523 页
杨小楼
06570 杨小楼评传(1—6) / 周志辅 // ＊中外杂志 1981 年 29 卷 1—6 期
06571 杨小楼(1877—1938) / 关志昌 // ＊传记文学 1984 年 44 卷 2 期
杨王鹏
06572 杨王鹏 / 关志昌 // ＊传记文学 1985 年 47 卷 1 期
06573 杨王鹏传 / 李翊东 // ＊革命人物志第 6 集第 247 页
杨天骥
06574 记杨千里先生 / 鲁 莨 // ＊古今谈 1967 年 3 卷 3 期
06575 故人杨千里 / 林 熙 // ＊大成 1978 年 55 期
06576 杨天骥(1882—1958) / 杨彦岐 // ＊民国人物小传第 2 册第 237 页
杨元忠
06577 三度旅美回忆 / 杨元忠 // ＊传记文学 1992 年 60 卷 5 期
杨云史
06578 杨云史纪恩掩父青 / 南 湖 // ＊"中央"日报 1961 年 12 月 28 日
06579 杨云史江东独步 / 叔 青 // ＊畅流 1951 年 3 卷 9 期
06580 江东诗人杨云史散记 / 味 根 // ＊古今谈 1965 年 5 期
06581 江东才子杨云史 / 邵镜人 // ＊中外杂志 1967 年 1 卷 2 期
06582 追忆先师杨云史先生 / 李 猷 // ＊传记文学 1967 年 11 卷 4 期
06583 杨云史别传 / 林 斌 // ＊畅流 1969 年 39 卷 1 期
06584 杨圻(1875—1941) / 刘绍唐 // ＊传记文学 1973 年 22 卷 6 期，＊民国人物小传第 1 册第 228 页
06585 江东才子杨云史之生平 / 伍稼青 // ＊中外杂志 1977 年 22 卷 6 期
06586 杨云史的生平 / 伍稼青 // ＊江苏文物 1978 年 2 卷 6 期
06587 忆杨云史 / 尝 牧 // ＊中外杂志 1983 年 32 卷 5 期
06588 民初两大诗人:冒鹤亭与杨云史 / 朱 彬 // ＊中外杂志 1983 年 33 卷 2 期
06589 吴佩孚与杨云史 / 褚问鹃 // ＊中外杂志 1984 年 35 卷 1 期
06590 江东才子杨云史(1875—1948) / 王觉源 // ＊中外杂志 1984 年 36 卷 4 期
06591 将军与诗人——吴佩孚、杨云史遇合悲欢 / 王培尧 // ＊中外人物专辑第 1 辑第 15 页
06592 杨云史 / 吴相湘 // ＊民国百人传第 3 册第 351 页
06593 杨 圻 / 邵镜人 // ＊近代中国史料丛刊续编第九十五辑(总 950)同光风云录影印本第 299 页
杨云竹
06594 哭先父杨公云竹(上、下) / 杨富森 // ＊传记文学 1968 年 13 卷 5、6 期

06595 忆战前赴日考察警政及结识老友杨云竹兄／蔡孟坚∥﹡传记文学1992年61卷6期

杨云萍
06596 杨云萍教授退休纪念辑／﹡风物1977年27卷3期
06597 研究南明史料的杨云萍／应平书∥﹡学人风范第165页

杨少岩
06598 关于杨少岩、杨揆一的一点补充／吴定伟∥﹡传记文学1981年39卷6期

杨日然
06599 杨日然／刘绍唐主编∥﹡传记文学1995年66卷1期

杨中镇
06600 杨中镇／栗　直∥﹡革命人物志第17集第281页

杨长海
06601 杨长海／﹡革命人物志第6集第260页

杨公达
06602 杨公达先生哀思录／﹡杨公达治丧委员会编印1973年80页
06603 杨公达／周开庆∥﹡革命人物志第17集第279页

杨公甫
06604 杨公甫事略／﹡革命人物志第9集第306页

杨文会
06605 我的祖父／赵杨步伟∥﹡传记文学1963年3卷3期

杨引之
06606 杨引之烈士传／舒君实∥﹡四川文献1964年24期，﹡民国四川人物传记第86页，﹡革命人物志第9集第301页
06607 杨引之／﹡革命人物志第9集第300页

杨允中
06608 杨允中／﹡革命人物志第9集第305页

杨玉书
06609 杨玉书／王子经∥﹡革命人物志第12集第381页

杨玉如
06610 杨玉如（1877—1961）／关志昌∥﹡传记文学1984年44卷1期

杨功超
06611 杨功超／﹡革命人物志第6集第252页

杨世尊
06612 杨世尊／聂炳晟∥﹡革命人物志第6集第249页

杨丙辰
06613 杨震文／李立明∥﹡中国现代六百作家小传第454页

杨石先
06614 怀念好友杨石先校长／柳无忌∥﹡传记文学1997年71卷3期

杨东莼
06615 杨东莼／刘绍唐主编∥﹡传记文学1998年73卷4期
06616 杨东莼／方雪纯等∥﹡中共人名录第549页
06617 杨东莼／李立明∥﹡中国现代六百作家小传第453页

杨仙逸
06618 杨仙逸事略／张爱同∥﹡革命人物志第6集第250页
06619 记革命空军之父杨仙逸先生／郑梓湘∥﹡艺文志1975年113期
06620 杨仙逸／祝秀侠∥﹡华侨名人传第54页

杨白民
06621 杨白民(1874—1924) / 周邦道 // ＊近代教育先进传略(初集)第23页

杨令茀
06622 清宫书画家杨令茀女士回忆录 / 杨令茀著、翟国瑾译 // ＊文艺 1977年94期
06623 杨令茀女士和她的自传 / 谢天儿 // ＊文艺 1977年94期

杨汉林
06624 杨汉林 / 黄震遐 // ＊中共军人志第541页

杨永泰
06625 杨永泰遇刺别记 / 马 五 // ＊中外杂志 1969年6卷2期
06626 杨永泰龙蛇起陆 / 雷啸岑 // ＊中外杂志 1971年9卷3期, ＊中外人物专辑第2辑第1页
06627 杨永泰遇难记 / 喻舲居 // ＊中外杂志 1972年12卷4期
06628 杨永泰遇难余波 / 向春霖 // ＊中外杂志 1972年12卷6期
06629 近代政治家杨永泰 / 刘太希 // ＊畅流 1975年51卷7期
06630 杨永泰(1880—1936) / 关志昌 // ＊传记文学 1978年33卷4期, ＊民国人物小传第3册第267页
06631 杨永泰的故事 / 晓 恬 // ＊当代名人故事第1辑

杨幼炯
06632 "慨当以歌"杨幼炯 / 胡乐翁 // ＊艺文志 1976年125期
06633 杨幼炯先生行述 // ＊革命人物志第18集第260页

杨西昆
06634 杨西昆与非洲 / 张力行 // ＊中华文物出版社 1969年117页
06635 杨西昆的非洲行 / 李 成 // ＊中国一周 1966年866期

杨西岩
06636 杨西岩 / 余斌臣等 // ＊革命人物志第7集第307页

杨成武
06637 杨成武 / 黄震遐 // ＊中共军人志第523页

杨光浧
06638 杨光浧 / 张兴唐 // ＊革命人物志第13集第340页

杨光轸
06639 杨光轸 // ＊革命人物志第6集第259页

杨仲鲸
06640 杨仲鲸 / 刘绍唐主编 // ＊传记文学 1998年72卷6期

杨企松
06641 杨企松 / 叶崇统 // ＊革命人物志第6集第257页

杨旭东
06642 杨旭东 // ＊革命人物志第6集第254页

杨兆龙
06643 杨兆龙说服李宗仁释放南京政治犯 / 水 静 // ＊传记文学 1995年66卷4期

杨兆环
06644 杨兆环 / 常子鉴 // ＊革命人物志第9集第314页

杨兆林
06645 王治增、王丞承、杨兆林、张文炳、雷茂林、王斌、蔡德辰 / ＊革命人物志第15集第11页

杨庆山
06646 洪帮"寨主"杨庆山的发迹与下场 / 萧志华、商若冰 // ＊传记文学 1994年65卷2期

杨宇霆
06647 杨宇霆之死是否"端纳告密"? / 吴相湘 // ＊传记文学 1983年42卷6期

06648 张学良、杨宇霆与少帅传奇 / 金长振 // *明报月刊 1984 年 19 卷 5 期
06649 东北易帜前后风云——谈杨宇霆、常荫槐之死 / 周　谷 // *中外杂志 1985 年 37 卷 1 期
06650 张学良改造兵工厂与杨宇霆之死 / 宁恩承 // *传记文学 1993 年 62 卷 2 期
06651 杨宇霆 / 刘绍唐主编 // *传记文学 1993 年 63 卷 2 期

杨守仁

06652 革命烈士杨守仁 / 陶英惠 // *幼狮月刊 1977 年 45 卷 6 期

杨守敬

06653 杨守敬年谱 / 杨守敬著、熊会贞补述 // *文海出版社影印本 1972 年
06654 杨守敬研究汇编 /（香港）崇文书店 1974 年 91 页
06655 杨惺吾先生年谱 / 吴天任 // *艺文印书馆 1974 年 467 页
06656 邻苏老人年谱 / 杨守敬 // *文海出版社近代中国史料丛刊第七十六辑（总 754—5—6）影印本 60 页
06657 中国地理学家杨惺吾 / 程　远 // *畅流 1969 年 39 卷 6 期
06658 杨守敬（1839—1914）/ 何广棪 // *传记文学 1976 年 28 卷 3 期，*民国人物小传第 2 册第 238 页
06659 杨守敬 / 邵镜人 // *近代中国史料丛刊续编第九十五辑（总 950 辑），同光风云录第 175 页
06660 杨守敬（1839—1914）/ *环华百科全书第 19 册第 381 页
06661 杨守敬传 / 陈　衍 // *碑传集三编第 9 册 2257 页

杨寿祖

06662 记杨寿祖教授 / 李耀生 // *"中央"日报 1959 年 7 月 3 日

杨志超

06663 杨志超 / 夏世鉴 // 新湖北日报 1944 年 5 月 24 日，*革命人物志第 17 集第 286 页

杨杏佛

06664 杨铨（1893—1933）/ *传记文学 1973 年 23 卷 1 期，*民国人物小传第 1 册第 230 页
06665 杨杏佛 / 李立明 // *中国现代六百作家小传第 451 页

杨步伟

06666 一个女人的自传 / 杨步伟 // *传记文学出版社 1967 年 217 页
06667 我们的结婚 / 杨步伟 // *传记文学 1964 年 4 卷 5、6 期
06668 蜜月跟蜜蜂 / 杨步伟 // *传记文学 1964 年 5 卷 4 期
06669 我们的结婚（上、下）/ 杨步伟 // *传记文学 1964 年 5 卷 5—6 期
06670 剑桥迁家（上、下）/ 杨步伟 // *传记文学 1964 年 5 卷 5—6 期
06671 四年的清华园 / 杨步伟 // *传记文学 1965 年 7 卷 4 期—1966 年 8 卷 1 期
06672 在华盛顿的一年半 / 杨步伟 // *传记文学 1967 年 10 卷 1 期
06673 一个女人的自传 / 杨步伟 // *传记文学 1967 年 10 卷 3 期—11 卷 2 期
06674 撤退后方（1—3）/ 杨步伟 // *传记文学 1969 年 14 卷 1—2 期、15 卷 3 期
06675 在耶鲁两年 / 杨步伟 // *传记文学 1971 年 18 卷 4 期
06676 三次到哈佛（上、中、下）/ 杨步伟 // *传记文学 1971 年 18 卷 5 期—19 卷 3 期
06677 八十年、五十年回忆 / 赵元任、杨步伟 // *传记文学 1971 年 18 卷 6 期
06678 就教加大（一）/ 杨步伟 // *传记文学 1971 年 19 卷 5 期—1972 年 20 卷 1 期
06679 就教加大（二、三）/ 杨步伟 // *传记文学 1971 年 19 卷 5 期—1972 年 20 卷 1 期
06680 记一代奇女杨步伟 / 汤　晏 // *传记文学 1981 年 39 卷 1 期，*古今谈 1981 年 196 期
06681 杨步伟（1889—1981）/ 关志昌 // *传记文学 1981 年 39 卷 4 期，*民国人物小传第 5 册第 353 页

杨秀山

06682 杨秀山 / 黄震遐 // *中共军人志第 529 页

杨秀文

06683 记杨秀文女士 / 曲拯民 // *传记文学 1982 年 41 卷 3 期

杨作芝
06684　杨作芝先生纪念集／陈俊慧∥＊杨作芝先生治丧委员会 1977年 142页
06685　杨作芝／＊革命人物志第17集第284页

杨伯涛
06686　从战犯到公民／杨伯涛∥＊传记文学 1994年 65卷 2期
06687　杨伯涛还在人间／李以劻∥＊传记文学 1994年 65卷 4期

杨伯谦
06688　杨嗣轩／余天遂∥＊革命人物志第9集第314页

杨希闵
06689　杨希闵／刘绍唐主编∥＊传记文学 1987年 50卷 5期

杨希震
06690　代理学长杨希震先生／雷震邦∥＊学府纪闻·台湾政治大学第93页

杨没累
06691　杨没累／李立明∥＊中国现代六百作家小传第452页

杨宏胜
06692　开国前夕的武昌三烈士——刘复基、彭楚藩、杨宏胜／沈　恕∥＊新闻报 1970年 10月 10日
06693　武昌首义殉难彭、刘、杨三烈士列传／张镜影∥＊革命人物志第6集第154页
06694　杨宏胜／张难先∥＊革命人物志第6集第259页

杨启泰
06695　悼念杨启泰先生／胡国材∥＊传记文学 1983年 43卷 2期
06696　杨启泰／鲍事天∥＊华侨名人传192页

杨武之
06697　杨武之／刘绍唐主编∥＊传记文学 1994年 65卷 5期

杨松龄
06698　杨松龄／＊革命人物志第15集第278页

杨卓霖
06699　铁血健儿博浪椎（杨卓林）／绩　苏∥＊畅流 1958年 16卷 10期

杨虎臣
06700　戴笠将军的幕僚长:冯钦哉斗杨虎臣／徐思贤∥＊中外杂志 1975年 18卷 6期—1976年 19卷 1期
06701　杨虎臣／崔彝尊∥＊革命人物志第11集第163页

杨虎城
06702　杨虎城传／米赞沉∥（香港）文化教育出版社 1991年 298页
06703　杨虎城(1893—1949)／关国煊∥＊传记文学 1979年 34卷 4期，＊民国人物小传第3册第269页
06704　杨虎城／戴晋新∥＊环华百科全书第19册第376页

杨尚昆
06705　访前中共主席杨尚昆的一些回忆／黄肇松∥＊传记文学 1998年 73卷 6期
06706　中共第四任国家主席杨尚昆／关国煊∥＊传记文学 1998年 73卷 6期

杨尚儒
06707　杨尚儒／黄震遐∥＊中共军人志第527页

杨国夫
06708　杨国夫／黄震遐∥＊中共军人志第535页

杨昌济
06709　杨怀中先生／萧　瑜∥＊"中央"日报 1967年 6月 10、11日，＊湖南文献 1978年 6卷 2期
06710　湘中理学大儒杨怀中／萧　瑜∥＊湖南文献 1975年 3卷 4期

杨昌济
06711 杨昌济(1871—1920)／秦贤次／／＊传记文学 1976 年 29 卷 4 期，＊民国人物小传第 2 册第 240 页

杨岳峰
06712 杨岳峰／陈若时／／＊革命人物志第 6 集第 300 页

杨金枞
06713 杨金枞／刘绍唐主编／／＊传记文学 1992 年 61 卷 6 期

杨金虎
06714 杨金虎的人生／叶志刚／／＊将军出版公司 1973 年 178 页
06715 杨金虎／刘绍唐主编／／＊传记文学 1995 年 66 卷 6 期

杨金第
06716 杨金第(1849—1922)／周邦道／／＊近代教育先进传略(初集)第 258 页

杨育才
06717 杨育才／黄震遐／／＊中共军人志第 527 页

杨性恂
06718 杨性恂／杨殿麟／／＊革命人物志第 12 集第 385 页

杨宝乾
06719 杨宝乾教授哀思录／＊林有土 1978 年编印 174 页
06720 纪念杨故理事长宝乾先生专号／宗亮东等／／＊辅导月刊 1978 年 14 卷 6—8 期
06721 杨宝乾(1910—1977)／／＊传记文学 1983 年 42 卷 1 期，＊民国人物小传第 6 册第 379 页

杨宝忠
06722 谈杨宝森和杨宝忠(上、中、下)／齐崧／／＊传记文学 1975 年 26 卷 1—3 期

杨宝森
06723 谈杨宝森和杨宝忠(上、中、下)／齐崧／／＊传记文学 1975 年 26 卷 1—3 期

杨定襄
06724 杨定襄(杨佛士先生传)／李獒／／＊革命人物志第 6 集第 264 页、第 15 集第 275 页

杨宜绿
06725 民初台南抗日诗人杨宜绿／卢嘉兴／／＊古今谈 1968 年 39 期

杨泽鸿
06726 杨泽鸿／邓飞鹏／／＊革命人物志第 6 集第 298 页

杨草仙
06727 民初游台的草书大名家杨草仙／卢嘉兴／／＊古今谈 1968 年 40 期

杨荣国
06728 杨荣国／刘绍唐主编／／＊传记文学 1994 年 65 卷 1 期

杨荩诚
06729 杨荩诚传略／文守仁／／＊四川文献 1966 年 41 期，＊民国四川人物传记第 142 页

杨栋梁
06730 杨栋梁／黄震遐／／＊中共军人志第 540 页

杨树达
06731 杨树达(1884—1956)／／＊传记文学 1974 年 24 卷 5 期，＊民国人物小传第 1 册第 231 页

杨树庄
06732 杨树庄(1882—1934)／于翔麟／／＊传记文学 1981 年 39 卷 1 期，＊民国人物小传第 5 册第 358 页

杨树青
06733 杨树青／冯自由／／＊革命人物志第 9 集第 319 页

杨树诚
06734 李宗仁的异姓兄弟杨树诚／侯鸿绪／／＊传记文学 1998 年 73 卷 2 期

杨持平
06735 杨持平／／＊革命人物志第 15 集第 280 页

杨昭璧
06736 杨昭璧 / ＊革命人物志第 12 集第 390 页

杨钟健
06737 杨钟健(1897—1979) / 关志昌 // ＊传记文学 1983 年 42 卷 5 期，＊民国人物小传第 6 册第 369 页
06738 杨钟健(1897—1979) / 刘绍民 // ＊环华百科全书第 19 册第 381 页

杨钟羲
06739 雪樵自订年谱 / 杨钟羲 // ＊台联国风出版社

杨笃生
06740 革命烈士杨守仁 / 陶英惠 // ＊幼狮月刊 1977 年 45 卷 6 期
06741 杨笃生 / ＊革命人物志第 6 集第 295 页
06742 杨笃生先生蹈海记 / 蔡元培 // ＊蔡元培全集第 582 页
06743 在林德杨君追悼会之演说——杨笃生先生事迹 / 蔡元培讲、陈北楠记 // ＊蔡元培先生全集第 788 页

杨保恒
06744 杨保恒(1873—1916) / 周邦道 // ＊近代教育先进传略(初集)第 16 页

杨禹昌
06745 杨禹昌传 / 民国四川人物传记第 42 页
06746 杨禹昌 / ＊革命人物志第 6 集第 266 页

杨俊生
06747 杨俊生 / 黄震遐 // ＊中共军人志第 533 页

杨亮功
06748 早期三十年的教学生活 / 杨亮功 // ＊传记文学出版社 1980 年 120 页
06749 杨亮功先生年谱 / 蒋永敬等 // ＊联经出版公司 1988 年 631 页
06750 杨亮功的志趣 / 胡有瑞 // ＊"中央"日报 1967 年 12 月 28 日
06751 杨亮功昨因心脏衰竭病逝 / ＊中国时报 1992 年 1 月 9 日
06752 吴淞江上——我在中国公学一段办学的经历 / 杨亮功 // ＊新时代 1961 年 1 卷 4 期，＊大成 1980 年 82 期
06753 梓桐阁一年 / 杨亮功 // ＊传记文学 1962 年 1 卷 3 期
06754 青灯家塾忆童年 / 杨亮功 // ＊传记文学 1962 年 1 卷 6 期
06755 百花亭两年 / 杨亮功 // ＊传记文学 1963 年 3 卷 1 期
06756 五年大学生活 / 杨亮功 // ＊传记文学 1964 年 4 卷 1 期
06757 在美求学六年的经过 / 杨亮功 // ＊传记文学 1980 年 36 卷 1 期
06758 亮老对五权宪法理论与实施之贡献 / 郑彦棻 // ＊传记文学 1981 年 38 卷 1 期
06759 杨亮功事迹补遗 / 张起钧 // ＊中外杂志 1984 年 36 卷 6 期
06760 敬悼杨亮功先生 / 叶明勋 // ＊传记文学 1992 年 60 卷 2 期
06761 杨亮功先生与"二・二八"事件 / 蒋永敬 // ＊传记文学 1992 年 60 卷 2 期
06762 杨亮功 / 刘绍唐主编 // ＊传记文学 1992 年 60 卷 3 期
06763 永怀杨亮功先生 / 李云汉 // ＊传记文学 1992 年 60 卷 6 期

杨帝镜
06764 杨帝镜传 / 冒鹤亭 // ＊革命人物志第 6 集第 268 页

杨炽昌
06765 访杨炽昌先生(附：杨炽昌先生年谱) / ＊文讯月刊 1984 年 9 期

杨觉民
06766 杨觉民 / 刘绍唐主编 // ＊传记文学 1992 年 60 卷 6 期

杨宣诚
06767 先君杨公朴园纪念集 / ＊杨隆景 1962 年辑印 79 页

06768　朴园老人杨宣诚／范叔寒∥＊中外杂志1978年24卷1期,＊湖南文献1979年7卷1期,海外文摘1979年379期

06769　赵夷午与杨宣诚——静远书屋杂记／阮毅成∥＊湖南文献1983年11卷3期

杨振宁

06770　杜聿明与杨振宁的故事／黄济人∥＊传记文学1998年72卷3期

杨振声

06771　杨振声／李立明∥＊中国现代六百作家小传第454页

杨振鸿

06772　杨秋帆先生墓表／赵　藩∥云南1909年1期,云南(上海)1913年1期民国第一年(1914年)第一号,＊革命人物志第6集第274页

06773　杨振鸿事略／冯自由∥＊革命人物志第6集第269页

杨哲仙

06774　谢夫人杨哲仙女士纪念集／谢鸣轩∥＊谢述德千联斋1981年264页

杨耿光

06775　顾维钧笔下的杨耿光与黄天迈／顾维钧∥＊传记文学1996年69卷5期

杨爱源

06776　杨爱源(1887—1959)／于翔麟∥传记文学1979年34卷2期,＊民国人物小传第3册第271页

06777　杨爱源／方　闻∥＊革命人物志第13集第346页

杨玺章

06778　杨玺章／张难先∥＊革命人物志第6集第303页

杨效春

06779　高梦旦、杨效春、程时煃／周邦道∥＊中外杂志1976年20卷2期

06780　杨效春(1897—1938)／周邦道∥＊近代教育先进传略(初集)第92页

杨海水

06781　杨海水／黄震遐∥＊中共军人志第534页

杨家骆

06782　杨家骆／刘绍唐主编∥＊传记文学1992年60卷1期

06783　杨家骆教授与《永乐大典》／李德安等∥＊当代名人风范(2)第487页

杨家瑜

06784　杨家瑜主持台电十年／姜联成∥＊"中央"日报1964年7月15日

06785　杨家瑜的生平／王道平∥＊中外杂志1984年36卷6期

杨家骝

06786　杨家骝／＊革命人物志第12集第389页

杨家麟

06787　杨家麟／刘绍唐主编∥＊传记文学1995年66卷1期

杨调元

06788　杨调元遗墨跋／罗振玉∥＊碑传集三编第7册第1675页

杨展云

06789　杨展云／刘绍唐主编∥＊传记文学1994年65卷5期

杨继荣

06790　英迈练达杨继荣／乔家才∥＊戴笠将军和他的同志第2集第145页

杨继曾

06791　追记轶事数则敬悼杨继曾先生／杨乃藩∥＊传记文学1993年62卷4期

杨梅水

06792　杨梅水／黄震遐∥＊中共军人志第534页

杨匏安
06793　杨匏安 / 刘绍唐主编 // ＊传记文学 1987 年 51 卷 1 期

杨盛春
06794　富连成点将录(上)：富社的武生行(李盛斌、杨盛春、高盛麟) / 齐　崧 // ＊传记文学 1975 年 26 卷 5 期

杨得志
06795　杨得志 / 刘绍唐主编 // ＊传记文学 1995 年 67 卷 1 期
06796　杨得志 / 黄震遐 // ＊中共军人志第 536 页

杨庶堪
06797　书生仗剑起西陲：杨庶堪传 / 廖　汀 // ＊近代中国出版社 1983 年 218 页
06798　革命诗人杨沧白 / 卓浩然 // ＊"中央"日报 1964 年 7 月 9 日
06799　记杨沧白先生 / 周开庆 // ＊畅流 1958 年 16 卷 10 期
06800　巴县杨公行状 / ＊四川文献 1964 年 27 期，＊革命人物志第 6 集第 280 页
06801　杨庶堪与永宁中学 / 蜀　侠 // ＊四川文献 1965 年 39 期
06802　杨庶堪先生百年诞辰口述历史座谈会纪实 / 胡有瑞 // ＊近代中国 1980 年 20 期
06803　杨庶堪先生的生平与功业 / 周开庆 // ＊近代中国 1980 年 20 期
06804　记开国名贤杨庶堪 / 马五先生 // ＊艺文志 1983 年 210 期
06805　杨庶堪(1881—1942) / 洪喜美 // ＊民国人物小传第 2 册第 241 页
06806　杨庶堪文采事功 / 刘榮琮 // ＊民国人物纪闻第 13 页
06807　杨沧白先生 / 黄季陆 // ＊革命人物志第 6 集第 290 页
06808　杨庶堪传 / 向　楚 // ＊革命人物志第 6 辑第 277 页

杨维廉
06809　杨维廉的前半生 / 夏悟亮 // ＊传记文学 1992 年 61 卷 3 期

杨绵仲
06810　酒徒传赞杨绵仲 / 胡耐安 // ＊中外杂志 1976 年 20 卷 5、6 期
06811　秘书人才杨绵仲 / 胡耐安 // ＊民初三湘人物第 120 页

杨惠敏
06812　八百壮士与我 / 杨惠敏 // ＊佛之光杂志社出版部 1979 年 153 页
06813　胡蝶毁了我的后半生 / 杨惠敏 // ＊传记文学 1992 年 60 卷 4 期

杨揆一
06814　关于杨少岩、杨揆一的一点补充 / 吴定伟 // ＊传记文学 1981 年 39 卷 6 期
06815　杨揆一 / 刘绍唐主编 // ＊传记文学 1999 年 75 卷 2 期

杨遇春
06816　杨遇春胆识过人 / 乔家才 // ＊戴笠将军和他的同志第 2 集第 207 页

杨道霖
06817　柳州府君年谱二卷 / 杨曾勗 // ＊文海出版社近代中国史料丛刊续编第十七辑(总 163)影印本 168 页
06818　杨仁山先生道霖年谱 / 杨曾勗 // ＊商务印书馆 1981 年 200 页

杨富森
06819　偷渡新黄河 / 杨富森 // ＊传记文学 1966 年 8 卷 1 期

杨裕芬
06820　自述(1—4) / 杨裕芬 // ＊传记文学 1974 年 24 卷 2 期—1975 年 25 卷 4 期
06821　杨裕芬家传 / 王舟瑶 // ＊碑传集三编第 8 册 1903 页
06822　杨裕芬墓志铭 / 张学华 // ＊碑传集三编第 8 册 1907 页

杨幹才
06823　悼杨幹才将军 / 汪剑魂 // ＊新生报 1950 年 4 月 28 日

06824　杨上将幹才传略／李　寰／／＊四川文献 1963 年 16 期，＊民国四川人物传记第 103 页
06825　杨幹才／＊革命人物志第 12 集第 391 页

杨献珍
06826　父亲杨献珍蒙冤廿年纪实／杨　欣／／＊传记文学 1998 年 72 卷 3 期

杨粲三
06827　杨粲三／刘绍唐主编／／＊传记文学 1999 年 74 卷 5 期

杨锡仁
06828　最早的一位纺织工业权威——记吴江杨锡仁先生／胡光麃／／＊传记文学 1975 年 27 卷 2 期

杨嘉瑞
06829　杨嘉瑞／黄震遐／／＊中共军人志第 542 页

杨韵珂
06830　杨烈士韵珂传／福建三烈士传第 1 页，＊革命人物志第 6 集第 302 页

杨源抄
06831　杨源抄／杨庆南／／＊华侨名人传第 148 页

杨熙绩
06832　杨少炯／遯　园／／＊畅流 1951 年 3 卷 6 期
06833　君子固穷杨少炯／胡乐翁／／＊艺文志 1975 年 115 期
06834　杨熙绩／胡遯园／／＊贤不肖列传第 24 页

杨端六
06835　杨端六／刘绍唐主编／／＊传记文学 1987 年 50 卷 4 期

杨管北
06836　杨管北先生行述／杨　麟／＊江苏文献 1977 年 4 期
06837　长念杨管北先生／陶百川／＊海潮音 1977 年 58 卷 9 期
06838　追念杨管北先生——并记战时抢运纱布一段往事／吴开先／／＊传记文学 1983 年 42 卷 6 期

杨肇嘉
06839　杨肇嘉回忆录(2 册)／杨肇嘉／／＊三民书局 1967 年
06840　杨肇嘉七十大庆／沈嫄璋／／＊新闻报 1961 年 11 月 19 日
06841　台湾同盟会会员杨肇嘉／杨　炜／＊自立晚报 1965 年 11 月 11 日
06842　"台湾狮"的怒吼——谈杨肇嘉先生对抗日民族运动的贡献／陈少廷／／＊中国论坛 1976 年 2 卷 4 期
06843　杨肇嘉盖棺论定／麦保春／／＊展望 1976 年 113 期
06844　故杨肇嘉先生生平事迹／王一刚／／＊风物 1977 年 27 卷 2 期
06845　杨肇嘉／刘绍唐主编／／＊传记文学 1993 年 63 卷 6 期

杨慧珍
06846　关于吴铁老如夫人杨慧珍女士／宁梅生／／＊传记文学 1987 年 50 卷 5 期

杨增新
06847　杨增新一枝秃笔治新疆／丁燕公／／＊春秋 1965 年 3 卷 3 期
06848　杨增新机折俄将／丁燕公／＊春秋 1965 年 3 卷 4 期
06849　杨增新、回胞、革命军／尧乐博士／／＊传记文学 1967 年 11 卷 6 期
06850　援科布多，平阿尔泰——(杨增新内忧外患)／尧乐博士／／＊传记文学 1968 年 12 卷 1 期
06851　三七之变／尧乐博士／／＊传记文学 1968 年 12 卷 2 期
06852　杨增新(1867—1928)／周卓怀／／＊传记文学 1976 年 29 卷 6 期，＊民国人物小传第 2 册第 243 页
06853　新疆风云人物志之一：杨增新才大识远(上、下)／李清如／／＊中外杂志 1983 年 33 卷 3、4 期，＊云南文献 1983 年 13 期

杨镇亚
06854　杨镇亚／＊革命人物志第 12 集第 393 页

杨德西
06855　杨德西 / ＊革命人物志第 11 集第 165 页

杨德昆
06856　杨烈士德昆传略 / ＊川籍抗战忠烈录第 97 页

杨德亮
06857　镇西将军杨德亮 / 李郁塘 // ＊中外杂志 1976 年 20 卷 2 期

杨鹤年
06858　杨鹤年(1872—1928) / 周邦道 // ＊近代教育先进传略(初集)第 327 页

杨鹤龄
06859　革命先进杨鹤龄传略 / 庄　政 // ＊书和人 1984 年 3 期
06860　杨鹤龄(1868—1934) / 关志昌 // ＊传记文学 1984 年 44 卷 1 期
06861　杨鹤龄 / 陈春生 // ＊革命人物志第 11 集第 166 页

杨懋春
06862　杨懋春老师与东吴大学的社会参与:恭祝杨懋春老师八十高寿而作 / 杨孝溁 // ＊东吴政治社会学报 1983 年 7 期
06863　杨懋春 / 刘绍唐主编 // ＊传记文学 1998 年 72 卷 6 期

杨瀚雯
06864　杨瀚雯 / ＊革命人物志第 6 集第 304 页

杨衢云
06865　杨衢云烈士之墓 / 黎晋伟 // ＊"中央"日报 1969 年 11 月 11 日
06866　乾亨行·杨衢云 / 陈　丸 // ＊尘梦集第 203 页
06867　杨衢云事略 / 冯自由 // ＊革命人物志第 6 集第 306 页
06868　兴中会首任会长杨衢云补述 / 冯自由 // ＊革命人物志第 6 集第 308 页

束云章
06869　老当益壮的束云章 / 倪鼎文 // ＊"中央"日报 1963 年 5 月 15 日
06870　实业家束云章 / 包明叔 // ＊中国一周 1955 年 275 期
06871　束云章与中国银行 / 朱沛莲 // ＊中外杂志 1975 年 18 卷 2 期
06872　怀念束云老 / 陆京士 // ＊中外杂志 1975 年 18 卷 6 期

来果禅师
06873　来果禅师年谱及其他(1881—1940) / 念　生 // ＊佛教古今人物谈第 129 页

连　横
06874　连雅堂先生横年谱 / 郑喜夫 // ＊风物杂志社 1975 年 186 页,＊商务印书馆 1980 年 298 页
06875　连雅堂传 / 郑喜夫 // ＊台湾省文献委员会 1978 年印行 146 页
06876　青山青史——连雅堂传 / 林文月 // ＊近代中国出版社 1978 年 10 月 212 页
06877　连横逝世十五周年 / ＊"中央"日报 1950 年 6 月 29 日
06878　台湾大儒连雅堂先生 / 张其昀 // ＊"中央"日报 1955 年 6 月 29 日,＊教育与文化 1955 年 8 卷 4 期
06879　爱国学人连雅堂先生 / 吴　蕤 // ＊畅流 1966 年 34 卷 9 期
06880　台湾的伟大史学家连雅堂 / 卢嘉兴 // ＊古今谈 1966 年 11 期
06881　连雅堂先生与台湾先史学 / 陈邦雄 // ＊古今谈 1967 年 29 期
06882　记外祖父连雅堂先生 / 林文月 // ＊中外杂志 1969 年 5 卷 3 期
06883　连横(1878—1936) / ＊传记文学 1973 年 22 卷 5 期,＊民国人物小传第 1 册第 150 页
06884　连雅堂先生年谱初稿 / 郑喜夫 // ＊风物 1974 年 24 卷 4 期
06885　连雅堂与王香禅 / 闻　乐 // ＊中外文学 1975 年 4 卷 2 期
06886　爱国诗人连雅堂 / 李文能 // ＊中外杂志 1975 年 17 卷 6 期

06887 连雅堂与徐仲可／方　豪∥＊东方杂志1977年10卷11期
06888 连　横／黄得时等∥＊传记文学1977年30卷4期
06889 连雅堂与丘仓海／沈云龙∥＊传记文学1977年30卷5期
06890 爱国史家连雅堂先生／林　泉∥＊自由青年1977年57卷3期
06891 台湾一代大儒连雅堂先生的生平／游醒民∥＊台南文化1977年4期
06892 爱国史家连雅堂／曹景云∥＊中国与日本1980年228期
06893 连横先生与台湾史／陈哲三∥＊国魂1982年445期
06894 曾漫游大陆的连雅堂先生(1—5)／刁抱石∥＊畅流1984年68卷11期—69卷3期
06895 连雅堂与中国革命／李云汉∥中国现代史论和史料(下册)第698页
06896 连　横／吴相湘∥民国百人传第1册第371页
06897 连　横／谭慧生∥民国伟人传记第280页
06898 连横(1878—1936)／方光后∥环华百科全书第7册第234页
06899 连雅堂／连震东∥革命人物志第5集第295页
06900 连雅堂先生的生平／梁容若∥＊革命人物志第5集第302页

连士升
06901 连士升先生去世了／丝　韦∥＊新晚报1973年7月10日
06902 连士升／刘绍唐主编∥＊传记文学1996年69卷3期
06903 连士升／李立明∥中国现代六百作家小传第405页

连逸卿
06904 连逸卿／＊革命人物志第11集第97页

连震东
06905 连震东／刘绍唐主编∥＊传记文学1987年50卷2期
06906 台籍元老政治家连震东先生／李德安∥＊当代名人风范(1)第263页

〔丨〕

时子周
06907 时子周／＊革命人物志第16集第96页

时伟廉
06908 时伟廉／＊革命人物志第11集第77页

时经训
06909 时经训(1874—1919)／周邦道∥＊近代教育先进传略(初集)第305页

时昭函
06910 时昭函／浦薛凤∥＊传记文学1985年47卷3期

时昭瀛
06911 悼时昭瀛先生／李　孙∥＊"中央"日报1956年7月29日
06912 悼念昭瀛师／濮德玠∥＊自由谈1956年7卷10期
06913 我所知道的时昭瀛先生／梁实秋∥＊政论周刊1956年80期
06914 记时昭瀛先生／姚崧龄∥＊传记文学1965年6卷2期
06915 时昭瀛(1901—1956)／姚崧龄∥＊传记文学1983年43卷4期
06916 时昭瀛和胡庆育／廖硕石∥＊传记文学1992年61卷1期
06917 忆时昭瀛师／詹行煦∥＊学府纪闻·国立武汉大学第124页

时象晋
06918 当代教育先进传略：黄复、时象晋、刘凤章、姚晋圻、李熙／周邦道∥湖北文献1976年41期
06919 时象晋／周邦道∥＊湖北文献1976年41期
06920 时象晋／周邦道∥＊近代教育先进传略(初集)第187页

时题杏

06921　时题杏／ ＊革命人物志第 11 集第 78 页

吴　山

06922　吴山的生平／陆丹林／／ ＊四川文献 1967 年 59 期, ＊革命人物志第 6 集第 1 页

吴　石

06923　吴石接受中共地下党指挥的故事／吴仲禧／／ ＊传记文学 1994 年 65 卷 5 期

06924　吴石间谍案破获始末／李资生／／ ＊传记文学 1994 年 65 卷 5 期

06925　我对吴石早年的印象／王大任／／ ＊传记文学 1994 年 65 卷 5 期

06926　关于吴石案的一些补充／谷正文／／ ＊传记文学 1995 年 66 卷 1 期

06927　吴　石／刘绍唐主编／／ ＊传记文学 1999 年 75 卷 1 期

吴　永

06928　吴　永(1865—1936)／邱奕松／／ ＊传记文学 1975 年 26 卷 3 期, ＊民国人物小传第 2 册第 62 页

06929　吴兴吴渔川其人其事／笠　夫／／ ＊浙江月刊 1977 年 9 卷 4、5 期

吴　华

06930　吴　华／黄震遐／／ ＊中共军人志第 140 页

吴　旭

06931　念吴旭／欧阳醇／／ ＊"中央"日报 1958 年 10 月 14 日

06932　怀念吴旭先生／曹圣芬／／ ＊新生报 1958 年 10 月 13 日, ＊中华日报 1958 年 10 月 13 日

吴　兴

06933　吴　兴／ ＊革命人物志第 2 集第 297 页

吴　若

06934　吴　若／舒　兰／／ ＊抗战时期的新诗作家和作品第 119 页

吴　范

06935　吴　范／王子经／／ ＊革命人物志第 2 集第 123 页

吴　昆

06936　吴君昆传／邹　鲁／／ ＊革命人物志第 2 集第 212 页

吴　忠

06937　吴　忠／黄震遐／／ ＊中共军人志第 135 页

吴　宓

06938　红学专家吴宓／沈　琴／／ ＊公论报 1950 年 11 月 23 日

06939　论吴宓(雨僧)先生／卓浩然／／ ＊"中央"日报 1963 年 5 月 14 日

06940　关于吴宓(雨僧)／觉　堂／／ ＊新生报 1970 年 10 月 1—22 日

06941　忆吴雨僧教授／杨树勋／／ ＊传记文学 1962 年 1 卷 5 期

06942　泾阳吴宓／李觐高／／ ＊传记文学 1964 年 4 卷 4 期

06943　吴　宓／陈敬之／／ ＊畅流 1965 年 31 卷 10 期

06944　情诗圣手吴宓恋史／王成圣／／ ＊中外杂志 1976 年 19 卷 3 期—20 卷 1 期

06945　吴宓与毛彦文之恋／刘心皇／／ ＊自由谈 1979 年 30 卷 11 期

06946　从吴宓先生再婚说起／汪荣祖／／ ＊传记文学 1987 年 51 卷 6 期

06947　晚境甚怜的著名文学家吴宓／关国煊／／ ＊传记文学 1995 年 66 卷 1 期

06948　吴　宓／李立明／／ ＊中国现代六百作家小传第 131 页

06949　浪漫诗人吴宓／宋　乔／／ ＊江南旧社第 103 页

吴　恺

06950　吴　恺／黄震遐／／ ＊中共军人志第 143 页

吴　俊

06951　吴　俊／ ＊革命人物志第 2 集第 210 页

吴 烈
06952　吴　烈／黄震遐∥＊中共军人志第138页

吴 涛
06953　吴　涛／黄震遐∥＊中共军人志第145页

吴 席
06954　吴　席／＊革命人物志第2集第114页、第6集第10页

吴 浩
06955　孙大总统的近卫军(吴浩)／季鹤年∥＊春秋1964年1卷5期

吴 展
06956　吴　展／＊革命人物志第18集第70页

吴 梅
06957　吴　梅／江经昌∥＊中国文学史论集1958年4期
06958　记吴瞿安先生数事／金　虑∥＊畅流1959年18卷12期
06959　吴梅(1884—1939)／＊传记文学1973年22卷6期,＊民国人物小传第1册第87页
06960　吴　梅／＊中国近代学人像传(初辑)第63页
06961　吴　梅／李立明∥＊中国现代六百作家小传第133页
06962　吴梅小传／龙榆生∥＊近三百年名家词选第220页
06963　吴　梅／邵镜人∥＊近代中国史料丛刊续编第九十五辑(总950期)・同光风云录第295页
06964　吴梅奢摩他室／＊近代藏书三十家第163页
06965　吴瞿安／＊革命人物志第12集第182页
06966　曲学巨擘吴梅／陈敬之∥＊首创民族主义文艺的"南社"第71页

吴 晗
06967　吴晗传／李义宁∥(香港)明报月刊社1973年112页
06968　记吴晗与袁震的爱情故事／林　林∥＊中报1981年18期
06969　清华时期的吴晗／李又宁∥＊明报月刊1973年8卷3期
06970　从胡适与吴晗来往函件中看他们的师生关系／汤　晏∥＊传记文学1980年37卷2期
06971　吴晗(1909—1969)／关国煊∥＊传记文学1980年37卷6期,＊民国人物小传第4册第123页
06972　吴　晗／方雪纯等∥＊中共人名录第169页
06973　吴　晗／林曼叔等∥＊中国当代作家小传第159页
06974　吴　晗／李立明∥＊中国现代六百作家小传第134页
06975　吴晗(1909—1969)／戴晋新∥＊环华百科全书第19册第494页
06976　吴　晗／＊新中国人物志(下)第44页

吴 康
06977　吴康博士事略／罗香林∥＊时报1976年7月11日
06978　五四人物纵横谈(吴康)／罗敦伟∥＊畅流1953年7卷6期
06979　学不厌教不倦的哲人吴康先生／郑彦棻∥＊中外杂志1976年19卷6期,＊革命人物志第22集第142页
06980　敬业好学的哲学家——怀念吴康、谢幼伟先生／张起钧∥＊鹅湖1977年2卷11期
06981　吴康(1897—1976)／廖英鸣∥＊传记文学1978年33卷5期,＊民国人物小传第3册第76页
06982　吴　康／李立明∥＊中国现代六百作家小传第131页
06983　吴康(1897—1976)／黄纯仁∥＊革命人物志第22集第135页

吴 淞
06984　吴　淞／周邦道∥＊近代教育先进传略(初集)第236页

吴 鼎
06985　吴　鼎／刘绍唐主编∥＊传记文学1995年67卷2期

吴斌

06986 吴 鼎／田礼绪∥ *革命人物志第3集第66页

吴斌

06987 吴 斌／刘绍唐主编∥ 传记文学1995年66卷4期

吴强

06988 吴 强／林曼叔等∥ *中国当代作家小传第69页
06989 吴 强／李立明∥ *中国现代六百作家小传第135页

吴楚

06990 吴楚传／梅际郁∥ *四川文献1966年46期，*革命人物志第2集第244页

吴虞

06991 儒教叛徒吴虞／井 研∥ *明报1973年11月22日
06992 吴虞(1872—1949)／关志昌∥ *传记文学1982年41卷3期，*民国人物小传第6册第114页
06993 吴 虞／李立明∥ *中国现代六百作家小传第136页

吴德

06994 吴德／朱新民∥ *环华百科全书第19册第487页

吴静

06995 昔年故都三位名医(吴静、卢永春、崔谷忱)／赵效沂∥ *传记文学1973年23卷5期

吴樾

06996 霹雳手段——吴樾传／林道存∥ *近代中国出版社1981年
06997 记吴樾与焦隐／南 湖∥ *"中央"日报1961年8月9日
06998 浩气长存的吴樾烈士／心 园∥ *今日中国1976年63期
06999 吴樾(1878—1905)／戴晋新∥ *环华百科全书第19册第508页
07000 吴樾(附吴樾遗书)／李宗邺∥ *革命人物志第2集第269页

吴壎

07001 吴烈士壎传略／ *川籍抗战忠烈录第103页

吴瀛

07002 吴 瀛(1891—1959)／ *传记文学1983年43卷6期

吴馨

07003 吴 馨(？—1919)／周邦道∥ *近代教育先进传略(初集)第18页

吴人初

07004 吴人初传／文守仁∥ *四川文献1967年57期，*革命人物志第10集第171页

吴三连

07005 吴三连先生七十寿序／蔡培火等∥ *自立晚报1968年12月1日
07006 七十春秋后叙／张煦本∥ *自立晚报1968年12月2日
07007 一颗炙热的文艺心灵——访吴三连先生／钟丽慧∥ *书评书目1981年78期
07008 吴三连豪情万丈／周安汉∥ *中国新闻从业人员群像(下册)第445页
07009 吴三连／ *环华百科全书第19册第503页

吴大洲

07010 吴大洲／ *革命人物志第2集第106页

吴大桂

07011 吴大桂／魏士榜∥ *革命人物志第3集第53页

吴大猷

07012 回忆／吴大猷∥ *联经出版事业公司1977年，(香港)中国友谊出版公司1984年7月78页
07013 八十述要／吴大猷∥ *远流出版事业股份有限公司1987年352页
07014 在台工作回忆／吴大猷∥ *远流出版事业股份有限公司1989年231页
07015 我的一生：学·研·教·建言／吴大猷∥ *远流出版事业公司1992年367页

07016 科学界的巨星——吴大猷／张天心∥﹡中国一周 1956 年 3 期
07017 抗战期中之回忆／吴大猷∥﹡传记文学 1964 年 5 卷 3 期
07018 物理学家吴大猷博士／黄肇珩∥﹡自由谈 1969 年 20 卷 8 期
07019 退而不休的吴大猷博士／程玉凤译∥﹡艺文志 1978 年 156 期
07020 中国当代学人访问录(1)：不妥协者——吴大猷博士素描／贾亦珍∥﹡新书月刊 1983 年 3 期
07021 吴大猷荣任"中研院"院长／李砚∥﹡海外学人 1983 年 137 期
07022 "质直好义"的吴大猷院长／程玉凤∥﹡艺文志 1983 年 219 期
07023 台湾的科学发展(个人廿余年的经历)／吴大猷∥﹡传记文学 1987 年 50 卷 2 期
07024 我在大学求学经历／吴大猷∥﹡传记文学 1987 年 51 卷 1 期
07025 物理学家吴大猷／黄肇珩∥﹡当代人物一席话第 105 页
07026 物理权威学家吴大猷先生／李德安∥﹡当代名人风范(3)第 1025 页
07027 十年的南开生活／吴大猷∥﹡吴大猷文选・博士文选第 257 页
07028 吴大猷／编纂组∥﹡环华百科全书第 19 册第 486 页
07029 科学家的生活——吴大猷博士／胡有瑞∥﹡现代学人散记第 27 页
07030 高瞻远瞩的吴大猷／应平书∥﹡学人风范第 14 页

吴万谷
07031 吴万谷先生逝世纪念特辑／范叔寒等∥﹡艺文志 1981 年 184 期
07032 追忆诗人吴万谷／李猷∥﹡中外杂志 1981 年 29 卷 5 期

吴子寿
07033 吴子寿／魏为佳∥﹡革命人物志第 2 集第 107 页
07034 先君吴公子寿行状／吴珏∥﹡革命人物志第 2 集第 108 页

吴子垣
07035 吴子垣／刘绍唐主编∥﹡传记文学 1999 年 74 卷 1 期
07036 吴子垣／吴翊麟∥﹡革命人物志第 3 集第 45 页

吴子深
07037 吴子深其人其事／杨宁∥﹡新闻报 1965 年 3 月 24 日
07038 艺苑名师吴子深∥﹡美哉中华 1969 年 13 期
07039 坚贞如一的吴子深／胡岂凡∥﹡"中央"月刊 1976 年 8 卷 10 期
07040 吴子深的画风人品／张舒白∥﹡中外杂志 1983 年 33 卷 5 期

吴子谦
07041 吴子谦／﹡革命人物志第 20 集第 50 页

吴开先
07042 吴开先／刘绍唐主编∥﹡传记文学 1998 年 73 卷 6 期

吴天民
07043 吴天民／栗直∥﹡革命人物志第 16 集第 39 页

吴天任
07044 吴天任撰康南海先生年谱后序／康保延∥﹡传记文学 1992 年 61 卷 6 期

吴元榘
07045 吴元榘／﹡革命人物志第 3 集第 56 页

吴化文
07046 吴化文与济南起义／纪征瑽∥﹡传记文学 1992 年 60 卷 1 期
07047 吴化文投共前所受妻子及地下党的影响／林世英∥﹡传记文学 1992 年 61 卷 4 期

吴介璋
07048 吴介璋／居正∥﹡革命人物志第 2 集第 183 页

吴方正
07049 吴火狮／刘绍唐主编∥﹡传记文学 1987 年 50 卷 4 期

吴文龙
07050　吴文龙／凌铁庵等／／＊革命人物志第 3 集第 57 页
吴火狮
07051　"永远不满现状"的吴火狮先生／李德安／／＊当代名人风范(4)第 1249 页
吴玉良
07052　吴玉良与军中谍报／乔家才／／＊中外杂志 1981 年 30 卷 1 期，＊戴笠将军和他的同志第 1 集第 265 页
吴玉章
07053　中央人民政府委员吴玉章／／＊新中国人物志(上)第 80 页
吴世安
07054　吴世安／黄震遐／／＊中共军人志第 128 页
吴世英
07055　吴世英／吴李允文／／＊革命人物志第 2 集第 185 页
吴世昌
07056　吴世昌／刘绍唐主编／／＊传记文学 1996 年 68 卷 3 期
07057　吴世昌／李贻燕／／＊革命人物志第 3 集第 58 页
吴石潜
07058　印人吴石潜／逸　千／／＊艺林丛录(二)第 183 页
吴申叔
07059　吴申叔画誉满巴黎／姚谷良／／＊中国一周 1957 年 373 期
07060　哭申叔(吴申叔)／居浩然／／＊传记文学 1967 年 11 卷 4 期
吴仕宏
07061　吴仕宏／黄震遐／／＊中共军人志第 128 页
吴主惠
07062　信仰与学问——吴主惠自传／吴主惠撰、陈播春译／／＊教会公报社 1972 年 224 页
07063　吴主惠先生／卓　然／／＊"中央"日报 1955 年 1 月 19 日
07064　勤奋自学的吴主惠博士／叶向阳／／＊政治评论 1955 年 282 期
吴亚男
07065　吴亚男／／＊革命人物志第 18 集第 71 页
吴芝瑛
07066　廉南湖与吴芝瑛／梦　茗／／＊畅流 1953 年 8 卷 7 期
07067　革命女杰秋瑾、吴芝瑛、徐忏慧之生死交／绮　翁／／＊中兴评论 1956 年 3 卷 8 期
07068　风义千秋三侠人(刘三、吴芝瑛与潘达微)／陈敬之／／＊畅流 1959 年 19 卷 4 期
07069　记吴芝瑛女士／姚崧龄／／＊大成 1975 年 14 期
07070　廉南湖与吴芝瑛／道载文／／＊大成 1979 年 66 期
吴协唐
07071　吴协唐／＊革命人物志第 12 集第 179 页
吴在炎
07072　略述吴在炎先生的生平与画展／王　恢／／＊人生 1956 年 12 卷 3 期
吴有训
07073　吴有训(1897—1977)／关国煊／／＊传记文学 1983 年 43 卷 4 期
吴有恒
07074　吴有恒——从司令员到作家／丁　逢／／＊文汇报 1980 年 7 月 30 日
07075　吴有恒／林曼叔等／／＊中国当代作家小传第 230 页
07076　吴有恒／李立明／／＊中国现代六百作家小传第 137 页

吴光田
07077　吴光田／＊革命人物志第 2 集第 186 页
07078　吴烈士事略／叶楚伧∥＊革命人物志第 2 集第 187 页
07079　吴光田殉难事略／吴前楣∥＊革命人物志第 2 集第 188 页

吴廷勋
07080　吴廷勋／丁惟汾∥＊革命人物志第 20 集第 51 页

吴先梅
07081　吴先梅／＊革命人物志第 3 集第 60 页

吴伟康
07082　吴伟康／姚雨平∥＊革命人物志第 2 集第 116 页

吴传基
07083　我的父亲（吴传基）／吴经熊∥＊现代学苑 1967 年 4 卷 1 期

吴兆牲
07084　吴兆牲／＊革命人物志第 2 集第 190 页

吴兆棠
07085　吴兆棠博士纪念集／＊吴兆棠博士逝世周年筹备委员会 1965 年印行 185 页
07086　实践教育家吴兆棠先生／王大任∥＊中华日报 1965 年 7 月 3 日
07087　两位吴先生（吴兆棠、吴绍璲）／张其昀∥＊中国一周 1964 年 745 期
07088　吴兆棠（1905—1964）／李云汉∥＊传记文学 1975 年 26 卷 3 期，＊民国人物小传第 2 册第 64 页
07089　怀念一位有为有守的教育家——吴兆棠／王大任∥＊新出路 1983 年 18 卷 11 期
07090　吴兆棠／＊革命人物志第 3 集第 62 页

吴兆麟
07091　吴兆麟／吴景明∥＊革命人物志第 2 集第 109 页

吴守钦
07092　吴守钦／＊革命人物志第 2 集第 191 页

吴安之
07093　吴安之铮铮铁汉／乔家才∥＊戴笠将军和他的同志第 2 集第 229 页

吴运雄
07094　吴运雄／＊革命人物志第 2 集第 119 页、第 6 集第 11 页

吴贡三
07095　吴贡三／张难先∥＊革命人物志第 2 集第 115 页

吴志德
07096　吴志德／蔡屏藩∥＊革命人物志第 10 集第 174 页

吴芳吉
07097　吴芳吉（白屋）诗人与湘潭女儿／周开庆∥＊"中央"日报 1960 年 12 月 2 日
07098　诗人白屋吴碧柳／黄季陆∥＊"中央"日报 1961 年 5 月 5—6 日，＊教育与文化 1966 年 260 期
07099　也谈吴白屋先生／唐　衡∥＊"中央"日报 1969 年 8 月 8 日
07100　吴芳吉传／觉　堂∥＊新生报 1970 年 9 月 10 日—28 日
07101　近代哲人吴芳吉／李大伦∥＊人生 1955 年 10 卷 6—7 期
07102　记白屋诗人吴芳吉／周开庆∥＊畅流 1957 年 16 卷 1 期
07103　白屋诗人吴芳吉／黄季陆∥＊传记文学 1962 年 1 卷 5 期
07104　白屋诗人吴芳吉／胥端甫∥＊畅流 1962 年 25 卷 9 期
07105　黑石山与白屋诗人（吴芳吉）／周开庆∥＊畅流 1962 年 25 卷 11 期
07106　吴芳吉传／文守仁∥＊四川文献 1964 年 28 期
07107　书吴碧柳先生二三事／钟容昭∥＊四川文献 1968 年 68 期

07108 中国文化所系之吴芳吉先生／梁寒操／／＊学粹1969年11卷5期
07109 吴芳吉(1896—1932)／何广棪／／＊传记文学1976年29卷2期,＊民国人物小传第2册第65页
07110 文采风流吴芳吉／袁宙宗／／＊中外杂志1979年26卷4期
07111 开国诗人吴芳吉／吴相湘／／＊传记文学1984年45卷6期
07112 吴芳吉／＊中国近代学人像传初辑第71页
07113 吴芳吉／李立明／／＊中国现代六百作家小传第139页
07114 吴芳吉／周开庆／／＊民国四川人物传记第204页
07115 吴芳吉(1896—1932)／周邦道／／＊近代教育先进传略(初集)第238页

吴克仁
07116 "八·一三"之役吴克仁军长殉国纪实／王公玛／／＊中外杂志1980年28卷3期
07117 忠烈泯没昭恤无闻的吴克仁将军／田雨时／／＊传记文学1981年39卷1期,＊古今谈1981年197期
07118 吴克仁／刘绍唐主编／／＊传记文学1997年71卷5期

吴克华
07119 吴克华／黄震遐／／＊中共军人志第130页

吴旸谷
07120 吴旸谷／惜　秋／／＊民初风云人物(下)第527页
07121 吴旸谷／＊革命人物志第2集第217页

吴作人
07122 吴作人／刘绍唐主编／／＊传记文学1997年71卷1期

吴作民
07123 哭老友吴作民兄／徐自昌／／＊传记文学1976年28卷1期

吴伯超
07124 忆抗战音乐与悼吴伯超／沈宜甲／／＊公论报1950年4月5日
07125 吴伯超的不朽乐章／郎玉衡／／＊"中央"日报1967年4月6日
07126 追悼吴伯超先生／罗家伦／／＊新生报1950年4月5日
07127 当代音乐家吴伯超先生传略／萧崇凯／／＊中国一周1967年920期
07128 敬悼吴伯超先生／孙多慈／／＊中国一周1968年948期
07129 颂赞我们乐坛的忠烈／戴粹伦／／＊中国一周1968年948期
07130 音乐的国殇吴伯超／黄　莹／／＊国魂1976年373期
07131 吴伯超(1904—1949)／邱奕松／／＊传记文学1978年32卷5期,＊民国人物小传第3册第78页

吴伯箫
07132 吴伯箫／李立明／／＊中国现代六百作家小传第140页

吴希真
07133 吴希真／＊革命人物志第3集第64页

吴希庸
07134 吴希庸／刘绍唐主编／／＊传记文学1992年61卷6期

吴冷西
07135 吴冷西／方雪纯等／／＊中共人名录第161页
07136 吴冷西／李立明／／＊中国现代六百作家小传第138页

吴邵芝
07137 记吴邵芝／苏　园／／＊畅流1951年3卷12期

吴其昌
07138 悼吴子馨先生(其昌)／陶元珍／／＊新中国评论1964年27卷6期
07139 吴其昌先生印象记／于极荣／／＊学府纪闻·国立武汉大学第164页

吴若安
07140 吴若安／刘绍唐主编／／＊传记文学1999年75卷6期

吴英荃

07141　怀念至友吴英荃先生／张起钧∥﹡新时代 1964 年 4 卷 8 期

07142　今之贤者——吴英荃先生／黄大受∥﹡新时代 1964 年 4 卷 8 期

07143　忆与英荃童年之交／胡献群∥﹡新时代 1964 年 4 卷 8 期

07144　执绋归来——悼英荃先生／卢元骏∥﹡新时代 1964 年 4 卷 8 期

07145　吴英荃先生事略／黄季陆等∥﹡江西文献 1966 年 6 期

07146　悼吴英荃先生／卢元骏∥﹡江西文献 1966 年 6 期

吴直参

07147　吴直参事略／﹡革命人物志第 10 集第 175 页

吴奇伟

07148　吴奇伟（1893—1953）／于翔麟∥﹡传记文学 1981 年 39 卷 5 期，﹡民国人物小传第 5 册第 132 页

吴尚鹰

07149　吴尚鹰／刘绍唐主编∥﹡传记文学 1998 年 73 卷 4 期

吴国桢

07150　吴国桢／李傑节译∥﹡"中央"日报 1950 年 8 月 8 日

07151　吴国桢一声霹雳／史无前∥﹡新闻天地 1954 年 3 期

07152　我所见的吴国桢／潘公展∥﹡新闻天地 1954 年 3 期，﹡潘公展先生言论集第 336 页

07153　吴国桢八十忆往／江　南∥﹡台湾与世界 1974 年 6、7 期

07154　吴国桢与田永谦／彭远芳∥﹡大成 1974 年 11 期

07155　吴国桢由崛起到下台／何　楚∥﹡艺文志 1980 年 178 期

07156　吴国桢与我在武汉任职七年及其后一些回忆／蔡孟坚∥﹡传记文学 1984 年 45 卷 1 期

07157　吴国桢其人其行／关国煊∥﹡传记文学 1984 年 45 卷 1 期

07158　吴国桢案有关资料汇辑／韩道诚∥﹡传记文学 1984 年 45 卷 3 期

07159　我所知道的吴国桢／蔡孟坚∥﹡大成 1984 年 128 期

07160　吴国桢和美国学术界的苦斗／朱炎辉∥﹡南北极 1984 年 175 期

吴国铨

07161　吴国铨／刘绍唐主编∥﹡传记文学 1993 年 62 卷 5 期

吴昌硕

07162　吴昌硕与齐白石／容天圻∥﹡新闻报 1966 年 8 月 16 日

07163　吴缶老与白石翁／匏　庐∥﹡畅流 1966 年 34 卷 2 期

07164　任伯年、吴昌硕、王一亭（王震）／王化棠∥﹡艺文志 1966 年 13 期

07165　吴昌硕、齐白石两位艺术家／﹡学粹 1967 年 9 卷 3 期

07166　吴昌硕之诗、字画、印／南　芸∥﹡畅流 1968 年 38 卷 8—9 期

07167　吴昌硕（1844—1927）／﹡传记文学 1973 年 23 卷 1 期，﹡民国人物小传第 1 册第 88 页

07168　吴昌硕传（1—9）／王家诚∥﹡故宫文物月刊 1983 年 1 卷 4 期—1984 年 1 卷 12 期

07169　吴昌硕生平及其艺术之研究／王家诚∥﹡台南师专学报 1983 年 16 期

07170　关于吴昌硕二三事／王家诚∥﹡艺术家 1983 年 17 卷 1 期

07171　吴昌硕先生晚年／王个簃∥﹡大成 1983 年 116 期

07172　吴昌硕传略／王个簃∥﹡艺林丛录（一）第 39 页

07173　从缶庐诗看吴昌硕／李默存∥﹡艺林丛录（一）第 45 页

07174　吴昌硕的治印／兰　父∥﹡艺林丛录（二）第 175 页

07175　吴昌硕与酸寒尉／王乙之∥﹡艺林丛录（二）第 333 页

07176　吴昌硕先生的艺术／褚乐三∥﹡艺林丛录（二）第 335 页

07177　吴昌硕的书法／吴东迈∥﹡艺林丛录（八）第 70 页

07178　吴昌硕刻印秘话／钱君匋∥﹡艺林丛录（九）第 372 页

07179 吴昌硕 / 王家诚 // *中国文人画家传第 179 页
07180 从缶庐诗看吴昌硕 / 陈 凡 // *尘梦集第 87 页
07181 吴昌硕(1844—1927) / 廖雪芳 // *环华百科全书第 19 册第 501 页
07182 吴俊卿行述 / 王 贤 // *碑传集三编第 9 册第 2225 页
07183 吴公昌硕墓表 / 冯 开 // *碑传集三编第 9 册第 2231 页

吴明美

07184 吴明美 / *革命人物志第 12 集第 178 页

吴忠信

07185 民国吴礼卿先生忠信年谱 / 刁抱石 // *商务印书馆 1988 年 280 页
07186 吴忠信先生轶事 / 汪有序 // "中央"日报 1959 年 12 月 18 日
07187 周昆田谈吴忠信先生生平 / 甘立德 // *中华日报 1959 年 12 月 18 日
07188 记吴礼卿(忠信)先生往事 / 李子宽 // *中华日报 1959 年 12 月 20 日
07189 吴礼卿先生生平二三事 / 崇 年 // "中央"日报 1959 年 12 月 20 日
07190 勇敢坚定的革命巨人——吴礼卿 / 姚谷良 // 中国一周 1959 年 505 期
07191 吴礼卿智取上杭城 / 金维击 // *中国一周 1960 年 529 期
07192 吴忠信在新疆的治绩 / 张大军 // *新时代 1961 年 1 卷 10 期
07193 怀念吴忠信先生 / 周昆田 // 中外杂志 1967 年 1 卷 2、3 期
07194 吴忠信先生轶闻录 / 刁抱石 // 中外杂志 1970 年 7 卷 3 期
07195 吴忠信(1884—1959) / 蒋永敬 // *传记文学 1975 年 26 卷 3 期,*民国人物小传第 2 册第 66 页
07196 吴忠信(礼卿)入藏始末 / 刁抱石 // 中外杂志 1980 年 28 卷 3 期
07197 吴忠信先生百年诞辰口述历史座谈会纪实 / 胡有瑞、方鹏程 // *近代中国 1983 年 34 期
07198 革命先进吴忠信先生的生平与事功 / 周昆田 // *近代中国 1983 年 34 期
07199 中华革命党时代的吴忠信先生 / 刁抱石 // 近代中国 1983 年 34 期
07200 吴忠信 / 王世祯 // *民国人豪图传 213 页
07201 吴忠信 / 吴相湘 // *民国百人传第 2 册第 97 页
07202 吴忠信安定边疆 / 吴相湘 // *民国政治人物第 2 集第 37 页
07203 吴忠信(1884—1959) / 戴晋新 // *环华百科全书第 19 册第 501 页
07204 吴忠信 / 周昆田 // *革命人物志第 2 集第 193 页

吴咏香

07205 吴师咏香的风范 / 王慕信 // 自立晚报 1970 年 9 月 1 日
07206 陈隽甫、吴咏香夫妇画展 / 张目寒 // *畅流 1953 年 7 卷 3 期
07207 敬悼吴咏香女士 / 薛光前 // 传记文学 1970 年 17 卷 3 期,*故人与往事第 71 页
07208 女画家吴咏香传 / 齐 松 // 传记文学 1974 年 25 卷 3—5 期
07209 情艺双修入丹青——追怀先室吴咏香女士 / 陈隽甫 // *中外杂志 1981 年 29 卷 2 期
07210 吴咏香(1912—1970) / 关志昌 // 传记文学 1983 年 43 卷 5 期

吴佩孚

07211 吴佩孚传 / *中华书局 1957 年 204 页、1963 年 204 页
07212 吴佩孚将军传 / 陈伦庆 // (香港)马昆杰文化事业公司 1971 年印行 211 页
07213 吴佩孚传 / 章君谷 // *传记文学出版社 1982 年影印本 2 册
07214 吴佩孚将军生平传 / 陶季玉著、廖启东译 // *王家出版社 1982 年影印本
07215 民国十年之吴佩孚(附得一斋主人编:吴佩孚战史) / 文海出版社近代中国史料丛刊(续编)第八十辑(总 795)影印本 274 页
07216 吴佩孚驻湘 / 太 玄 // "中央"日报 1959 年 3 月 23 日
07217 吴佩孚外传(一、二) / 朱 济 // *春秋 1964 年 1 卷 3、5 期
07218 吴佩孚与张其锽 / 邓 仇 // *畅流 1964 年 29 卷 2 期

07219　纪吴佩孚拒敌折奸／林光灏∥ ＊畅流 1965 年 32 卷 8 期
07220　吴子玉先生游川回忆录／杨　森∥ ＊传记文学 1966 年 8 卷 4 期
07221　吴佩孚受知于曹锟的经过／章君谷∥ ＊传记文学 1966 年 9 卷 5 期
07222　吴佩孚兵败入川记／李　寰∥ ＊中外杂志 1967 年 1 卷 4 期
07223　又谈吴佩孚／章君谷∥ ＊中外杂志 1967 年 2 卷 1 期
07224　我随吴大帅入川／毕泽宇∥ ＊中外杂志 1967 年 2 卷 3 期
07225　吴大帅游川／杨　森∥ ＊中外杂志 1967 年 2 卷 4 期
07226　记吴佩孚兴衰与劲节／何人斯∥ ＊古今谈 1967 年 27 期
07227　吴佩孚的患难之交——吴佩孚与张其锽／张　森∥ ＊中外杂志 1968 年 3 卷 2 期
07228　吴佩孚榆关丧师记／章君谷∥ ＊中外杂志 1968 年 4 卷 3—6 期
07229　我所认识的吴佩孚／司徒重石∥ ＊春秋 1968 年 8 卷 5 期
07230　吴佩孚撤防佳话／向　隅∥ ＊艺文志 1968 年 30 期
07231　吴佩孚当筵吟诗办外交／李满康∥ ＊春秋 1969 年 10 卷 3 期
07232　吴佩孚将军之事迹及其诗文／吴　蕤∥ ＊畅流 1969 年 38 卷 10—12 期、39 卷 1—3、5 期
07233　吴佩孚别纪／徐明月∥ ＊畅流 1969 年 40 卷 9 期
07234　洛阳西工与吴佩孚／方洪畴∥ ＊中原文献 1975 年 7 卷 8 期
07235　吴佩孚的晚年／张明凯∥ ＊中外杂志 1976 年 19 卷 6 期
07236　吴佩孚的一生／孙运开∥ ＊中外杂志 1977 年 22 卷 5 期
07237　我与吴佩孚的一段交情／杨　森∥ ＊新万象 1978 年 32 期
07238　吴佩孚（1874—1939）／关国煊∥ ＊传记文学 1980 年 36 卷 6 期，＊民国人物小传第 4 册第 128 页
07239　和平将军吴佩孚／笃　公∥ ＊古今谈 1980 年 177 期
07240　吴佩孚与四川／华　生∥ ＊四川文献 1981 年 179 期
07241　民国百人传第五册之三——吴佩孚保全晚节／吴相湘∥ ＊传记文学 1983 年 42 卷 6 期
07242　吴佩孚与杨云史／褚问鹃∥ ＊中外杂志 1984 年 35 卷 1 期
07243　杨森与吴佩孚／范任宇∥ ＊中外杂志 1984 年 35 卷 6 期
07244　吴佩孚死因又一说／马芳踪∥ ＊传记文学 1995 年 67 卷 5 期
07245　由重庆潜赴北平劝说吴佩孚经过／刘泗英∥ ＊传记文学 1995 年 67 卷 6 期
07246　吴佩孚的患难之交／张　森∥ ＊中外人物专辑第 1 辑第 29 页
07247　将军与诗人——吴佩孚、杨云史遇合悲欢／王培尧∥ ＊中外人物专辑第 1 辑第 15 页
07248　吴佩孚、李大钊／吴相湘∥ ＊民国人和事第 201 页
07249　"秀才将军"吴佩孚／ ＊军阀现形记第 281 页
07250　吴佩孚正传／ ＊近代中国史料丛刊第十辑（总 100）影印本第 57 页
07251　吴佩孚（1874—1939）／ ＊环华百科全书第 19 册第 483 页

吴金鼎
07252　吴金鼎（1901—1947）／关志昌∥ ＊传记文学 1984 年 45 卷 1 期

吴法宪
07253　吴法宪／黄震遐∥ ＊中共军人志第 133 页
07254　吴法宪／朱新民∥ ＊环华百科全书第 19 册第 484 页

吴宗先
07255　吴宗先／黄震遐∥ ＊中共军人志第 134 页

吴承仕
07256　记章太炎及其传人吴承仕／熊复光∥ ＊传记文学 1983 年 43 卷 4 期
07257　吴承仕（1881—1939）／关志昌∥ ＊传记文学 1983 年 43 卷 3 期

吴组缃
07258　吴组缃／刘绍唐主编∥ ＊传记文学 1995 年 66 卷 1 期

07259　吴组缃／李立明／／＊中国现代六百作家小传第 142 页

吴绍璲
07260　敬悼吴绍璲学长／王大任／／＊中华日报 1964 年 6 月 28 日
07261　悼吴绍璲／杨慧杰／／"中央"日报 1964 年 6 月 29 日
07262　吴绍璲夫妇周年祭／赵效沂／／＊中华日报 1965 年 6 月 19 日
07263　两位吴先生：吴兆棠、吴绍璲／张其昀／／＊中国一周 1964 年 745 期

吴经熊
07264　学贯中西的吴经熊博士／吕秋文／／＊中国一周 1959 年 480 期
07265　吴经熊博士／＊中国一周 1966 年 841 期
07266　记吴经熊博士／陈如一／／＊中国一周 1966 年 847 期
07267　翻译圣经的吴经熊／关国煊／／＊传记文学 1987 年 50 卷 2 期
07268　吴经熊／李立明／／＊中国现代六百作家小传第 144 页

吴春台
07269　吴春台事略／＊太原五百完人第 151 页
07270　吴春台／＊革命人物志第 10 集第 175 页

吴南如
07271　吴南如大使纪念集／吴朱碧霞辑／／＊辑者 1976 年印行 144 页
07272　二哥吴南如／吴崇兰／／＊中外图书出版社 1977 年 173 页
07273　敬悼吴南如大使／薛光前／／＊传记文学 1975 年 27 卷 1 期，＊故人与往事第 107 页
07274　哭二哥吴南如／吴崇兰／／＊传记文学 1975 年 27 卷 2 期
07275　吴南如(1898—1975)／吴崇兰／／＊传记文学 1976 年 28 卷 4 期，＊民国人物小传第 2 册第 68 页，＊革命人物志第 20 集第 51 页
07276　我最后一任的外交职务／吴南如／／＊文艺复兴 1976 年 72 期

吴南轩
07277　永忆吴南轩先生／程沧波／／＊传记文学 1981 年 38 卷 2 期
07278　吴南轩(1893—1980)／赵子瑜／／＊传记文学 1981 年 38 卷 3 期，＊民国人物小传第 5 册第 138 页

吴相湘
07279　三生有幸／吴相湘／／＊三民书局印行
07280　吴相湘求史下南洋／赵光裕／／＊自立晚报 1963 年 3 月 8 日
07281　从北平到台北／吴相湘／／＊传记文学 1971 年 18 卷 2 期
07282　南洋旅游与任教／吴相湘／／＊传记文学 1980 年 36 卷 4 期
07283　文章千古事得失寸心知／吴相湘／／＊传记文学 1980 年 36 卷 6 期
07284　三生有幸自序／吴相湘／／＊民国百人传第 4 册第 381 页

吴树青
07285　从校务委员会主席汤用彤到校长陈佳洱——续记北大百年后期八位负责人／关国煊／／＊传记文学 1998 年 72 卷 5 期

吴迺宪
07286　吴迺宪／＊革命人物志第 20 集第 53 页

吴思豫
07287　吴思豫／刘绍唐主编／／＊传记文学 1999 年 74 卷 3 期

吴钦烈
07288　兵工专家吴钦烈／周洪本／／＊传记文学 1984 年 44 卷 2 期

吴笃志
07289　永新吴笃志先生事略／＊江西文献 1969 年 39 期

吴顺椿
07290　吴氏顺椿公百岁诞辰纪念特刊／谢茂源、金中良编／／＊中国针灸学会 1983 年印行

吴保初
07291　吴保初盛气斥刚端／南　湖／／ *"中央"日报1963年1月13日

吴信泉
07292　吴信泉／黄震遐／／ *中共军人志第136页

吴俊才
07293　吴俊才／刘绍唐主编／／ *传记文学1996年69卷5期
07294　奋斗不息的吴俊才／周安仪／／ *中国新闻从业人员群像（下）第433页

吴俊升
07295　教育生涯一周甲／吴俊升／／ *传记文学出版社1976年116页
07296　教育学家吴俊升博士（上、下）／念　华／／ *大学生活1961年7卷6—7期
07297　教育生涯一周甲（1—5）／吴俊升／／ *传记文学1975年27卷2—6期

吴俊陞
07298　熊星下凡——黑督吴俊陞／马伯纲／／ *艺文志1967年22期
07299　吴俊陞（1863—1928）／于翔麟、关国煊／／ *传记文学1981年39卷4期，*民国人物小传第5册第135页

吴剑学
07300　湘乡三军长（吴剑学）／胡耐安／／ *传记文学1968年13卷1期
07301　四军军长吴剑学／胡耐安／／ *民初三湘人物第90页
07302　吴剑学／胡遯园／／ *贤不肖列传第74页

吴胜树
07303　吴胜树／谭子臻／／ *革命人物志第2集第214页

吴亮平
07304　访吴亮平／ *中国老一辈革命家第48页

吴美南
07305　悼亡女吴美南／吕孝信／／ *传记文学1996年69卷5期

吴炳生
07306　吴炳生／ *革命人物志第2集第113页

吴炽寰
07307　吴炽寰／ *革命人物志第3集第68页

吴浊流
07308　吴浊流先生生平事略／ *夏潮1976年1卷8期
07309　吴浊流与"台湾文艺"／赵天仪／／ *夏潮1976年1卷9期
07310　我所认识的吴浊流先生／黄灵芝／／ *夏潮1976年1卷9期
07311　吴浊流先生纪念专辑／巫永福等／／ *笠诗双月刊1976年76期
07312　吴浊流／李立明／／ *中国现代六百作家小传第145页
07313　吴浊流／ *乡土作家选集第45页

吴冠中
07314　点石成金——一个大陆老画家的心声／吴冠中／／ *传记文学1998年73卷6期

吴祖光
07315　剧作家吴祖光与新凤霞／刘正义／／ *明报1976年5月27日
07316　田汉及"神童"吴祖光／长　风／／ *文坛1962年30期
07317　吴祖光／李立明／／ *中国现代六百作家小传第141页
07318　戏剧家吴祖光／ *当代中国作家风貌第200页

吴祖坪
07319　杰出校友群象——纸业大王吴祖坪校友／王绍桢等／／ *学府纪闻·私立辅仁大学第305页

吴振卿

07320 吴振卿／ ＊革命人物志第 2 集第 211 页

吴晓邦

07321 我的艺术生活——舞蹈生涯五十年／吴晓邦／／（香港）草源出版社 1981 年 8 月

吴铁城

07322 吴铁城先生纪念文集／ ＊华侨协会总会编印 1955 年 184 页
07323 四十年来之我——吴铁城先生回忆录／吴铁城／／ ＊1957 年 90 页
07324 吴铁城先生逝世十周年纪念集／张群等／／ ＊1963 年 122 页
07325 吴铁城回忆录／吴铁城／／ ＊三民书局 1968 年初版，1971 年 2 月再版 284 页，1981 年再版 234 页
07326 吴铁城先生逝世二十周年纪念集／陈立夫等／／ ＊1973 年 188 页
07327 吴铁城先生纪念集／祝秀侠编／／ ＊文海出版社近代中国史料丛刊续编第十七辑（总 169）1984 年影印本 494 页
07328 纪念吴铁城先生／彭欣予／／ ＊中华日报 1957 年 3 月 9 日
07329 从小事中看吴铁城先生／陶百川／／ ＊"中央"日报 1963 年 11 月 19 日
07330 吴铁城先生的记者生涯／徐大笛／ ＊中华日报 1966 年 2 月 16 日
07331 吴铁老早年参加革命的工作／祝秀侠／／ ＊自由谈 1954 年 5 卷 1 期
07332 永远的感召和严正的策励——吴铁城／陈恩成／／ ＊中国一周 1962 年 708 期
07333 吴铁城与陈嘉庚间一段侨务公案／李朴生／ ＊传记文学 1963 年 3 卷 3 期
07334 铁老在上海／沈 怡／／ ＊自由谈 1963 年 14 卷 12 期
07335 我所认识的吴铁城先生／蒋匀田／／ ＊自由谈 1963 年 14 卷 12 期—1964 年 15 卷 4 期
07336 记吴铁老／李永久／ ＊艺文志 1966 年 11 期
07337 追怀吴铁老／汪公纪／／ ＊中外杂志 1968 年 4 卷 5 期，＊中外人物专辑第 1 辑第 11 页
07338 吴铁老与抗战期中的南洋／庄心在／／ ＊春秋 1968 年 8 卷 5 期
07339 记革命元勋吴铁老／何人斯／ ＊古今谈 1968 年 36 期
07340 林故主席子超与吴铁城之间的革命友谊／陈左弧／／ ＊畅流 1969 年 38 卷 12 期
07341 吴铁城（1888—1953）／ ＊传记文学 1974 年 24 卷 5 期，＊民国人物小传第 1 册第 93 页
07342 将军外长吴铁城／王成圣／／ ＊中外杂志 1975 年 18 卷 4 期
07343 吴铁城／黄天鹏／／ ＊中外杂志 1976 年 19 卷 6 期
07344 吴铁城、张群东北之行——中原大战的两个战场／陈嘉骥／／ ＊中外杂志 1976 年 20 卷 3 期
07345 终生为侨胞服务的铁老／郑彦棻／／ ＊传记文学 1976 年 29 卷 3 期
07346 吴铁老南洋之行／黄天爵／／ ＊传记文学 1976 年 29 卷 4 期
07347 吴铁城／郑彦棻等／／ ＊传记文学 1976 年 29 卷 4 期
07348 吴铁城先生的事迹与风范／金 铬／／ ＊生力 1977 年 10 卷 113—114 期
07349 吴铁老在重庆中国国民党秘书长任内协助韩国独立运动的经过略述／祝秀侠／／ ＊广东文献 1981 年 11 卷 1 期
07350 吴铁城战时访南洋／祝秀侠／／ ＊中外杂志 1982 年 31 卷 2 期
07351 吴铁城先生逝世卅周年纪念特辑／ ＊广东文献 1983 年 13 卷 3 期
07352 难忘的长官：朱家骅与吴铁城／庄心在／／ ＊中外杂志 1983 年 33 卷 3 期
07353 吴铁城的生平／黄百里／／ ＊中外杂志 1983 年 34 卷 2 期
07354 怀吴铁老／汪公纪／／ ＊中外杂志 1983 年 34 卷 3 期
07355 怀念吴铁老／王绍斋／／ ＊传记文学 1984 年 44 卷 3 期
07356 吴铁城先生东北之行（铁老百龄诞辰观言）／沈云龙／／ ＊传记文学 1987 年 50 卷 3 期
07357 我所敬仰的吴铁城先生／郑彦棻／／ ＊传记文学 1987 年 50 卷 3 期
07358 我记忆中的吴铁城先生／周书楷／／ ＊传记文学 1987 年 51 卷 2 期
07359 吴铁城的故事／晓 恬／／ ＊当代名人故事第 1 辑

07360 吴铁城（1888—1953）／戴晋新 // *环华百科全书第19册第489页
07361 吴铁城／张震西 // *革命人物志第2集第301页

吴健雄
07362 记女院士吴健雄／李青来 // *"中央"日报1962年2月21日
07363 中国的居礼夫人——吴健雄博士／孙多慈 // *中国一周1957年356期
07364 我心中的吴健雄博士／程崇道 // *中国一周1957年359期
07365 处处第一的吴健雄／钟华民 // *中美月刊1964年9卷5期
07366 科学皇后——吴健雄博士／吴子我 // *教育辅导月刊1965年15卷10期
07367 物理学界的女杰——吴健雄博士／吴子我 // *教育与文化1965年334期
07368 吴健雄博士第二次返国后记／吴子我 // *中国一周1965年801期
07369 吴健雄博士／正鸣 // *中国一周1965年776期
07370 旅美中国物理学家吴健雄博士／李德安 // *当代名人风范（1）第203页
07371 吴健雄 // *环球百科全书第19册第495页

吴奚真
07372 我的翻译生涯／吴奚真 // *传记文学1993年62卷3期
07373 悼念吴奚真先生／张先信 // *传记文学1996年68卷3期

吴效闵
07374 吴效闵／黄震遐 // *中共军人志第139页

吴海轩
07375 追怀同窗好友吴海轩学长／杨树人 // *传记文学1966年8卷6期

吴家元
07376 于右任与吴家元之死／王孝敏 // *传记文学1997年71卷6期

吴祥骐
07377 吴祥骐先生传略／王梓良 // *大陆杂志1978年57卷3期

吴骏英
07378 吴骏英 // *革命人物志第10集第176页

吴基福
07379 回忆录／吴基福 // *医界1984年27卷3期
07380 吴基福先生小传／苏墱基 // *传记文学1985年46卷3期

吴梅村
07381 吴梅村小传／陈忆华 // *传记文学1987年51卷3期

吴啸亚
07382 吴啸亚／刘绍唐主编 // *传记文学1993年63卷6期

吴逸志
07383 悼亡夫吴逸志将军／吴罗蕙英 // *"中央"日报1962年11月11日

吴望伋
07384 吴望伋／刘绍唐主编 // *传记文学1993年62卷4期

吴焕全
07385 吴焕全 // *革命人物志第20集第56页

吴清源
07386 吴清源／王康 // *"中央"日报1951年10月21日
07387 吴清源与中日围棋／林斌 // *畅流1969年40卷8期
07388 吴清源与林海峰／乐恕人 // *大成1977年48期

吴鸿哲
07389 悼吴鸿哲同志／沈云龙 // *民主潮1950年1卷5期

吴棣芬
07390　梦落星沉 / ＊吴棣芬 1965 年撰印 174 页

吴辉生
07391　吴辉生 / 刘绍唐主编 // ＊传记文学 1987 年 51 卷 2 期

吴鼎昌
07392　悼吴达铨先生 / 茹　茵 // ＊"中央"日报 1950 年 8 月 25 日
07393　吴鼎昌先生在贵州 / 陆宏絮 // ＊中外杂志 1968 年 3 卷 6 期
07394　记吴鼎昌先生 / 何辑五 // ＊中外杂志 1969 年 5 卷 2 期
07395　记五个卓越的金融家 / 曲　江 // ＊畅流 1969 年 39 卷 9 期
07396　吴鼎昌(1886—1949) / 姚崧龄 // ＊传记文学 1974 年 24 卷 2 期，＊民国人物小传第 1 册第 92 页
07397　清末民初的吴达铨(鼎昌)先生 / 沈云龙 // ＊传记文学 1979 年 34 卷 3 期
07398　我记忆中的吴鼎昌(达铨)先生 / 胡光麃 // ＊传记文学 1979 年 34 卷 3 期
07399　吴达铨先生与大公报 / 陈纪滢 // ＊传记文学 1979 年 34 卷 3 期
07400　吴达铨先生与革命渊源 / 黄季陆 // ＊传记文学 1979 年 34 卷 3 期，＊革命人物志第 20 集第 59 页
07401　吴达铨先生与农业 / 沈宗瀚 // ＊传记文学 1979 年 34 卷 3 期
07402　吴鼎昌小传 // ＊传记文学 1979 年 34 卷 5 期，＊革命人物志第 20 集第 57 页
07403　吴鼎昌传略 / 文守仁 // ＊民国四川人物传记第 191 页
07404　怀念吴达铨先生 / 沈宗瀚 // ＊沈宗瀚晚年文录第 341 页
07405　吴鼎昌 / 戴晋新 // ＊环华百科全书第 19 册第 488 页

吴鼎新
07406　吴鼎新 / 刘绍唐主编 // ＊传记文学 1987 年 50 卷 6 期
07407　吴鼎新(1876—1964) / 周邦道 // ＊近代教育先进传略(初集)第 391 页

吴景超
07408　纪念杰出的社会学家吴景超先生 / 李树青 // ＊传记文学 1985 年 46 卷 1 期，＊明报月刊 1985 年 1 期

吴景濂
07409　话说辛亥革命东北起义人物——兼记从开国一直在民初宪政史中打滚的吴景濂生平 / 李用林 // ＊传记文学 1973 年 23 卷 1、2 期
07410　吴景濂(1874—1944) / 关国煊 // ＊传记文学 1983 年 43 卷 2 期

吴舜文
07411　女企业家吴舜文 / 姜白鸥 // ＊"中央"日报 1962 年 5 月 15 日
07412　妇女界领袖吴舜文女士 / 李德安等 // ＊当代名人风范(2)第 635 页

吴鲁芹
07413　"马戏生涯"一年(1—2) / 吴鲁芹 // ＊传记文学 1972 年 20 卷 4,5 期
07414　我的"误人"与"误己"生活 / 吴鲁芹 // ＊传记文学 1975 年 26 卷 2 期
07415　"两句三年得"的"票写"生涯 / 吴鲁芹 // ＊传记文学 1975 年 26 卷 3 期
07416　虎虎生气的一条老汉：吴鲁芹其人其书 / 钟丽慧 // ＊新书月刊 1983 年 1 期
07417　爱弹低调的高手——远悼吴鲁芹先生 / 余光冲 // ＊明报月刊 1983 年 18 卷 9 期
07418　敬悼吴鲁芹先生 / 张佛千 // ＊传记文学 1983 年 43 卷 3 期
07419　鲁芹生平事略 / 郑通和 // ＊传记文学 1983 年 43 卷 3 期
07420　念鲁芹　谈往事 / 刘守宜 // ＊传记文学 1983 年 43 卷 3 期
07421　"泰岱鸿毛只等闲"——纪念吴鲁芹先生 / 汤　晏 // ＊传记文学 1983 年 43 卷 5 期
07422　我对吴鲁芹、吴嘉棠两先生的印象 / 石永贵 // ＊传记文学 1983 年 43 卷 5 期
07423　为纪念鲁芹逝世一周年而写 / 吴葆珠 // ＊传记文学 1984 年 45 卷 1 期
07424　我的大学生活 / 吴鲁芹 // ＊学府纪闻·国立武汉大学第 303 页

吴道镕
07425 吴道镕(1852—1936) / 关国煊 // *传记文学 1980 年 37 卷 5 期，*民国人物小传第 4 册第 131 页
07426 吴道镕与《广东文征》/ 陈洁 // *艺林丛录(4)第 300 页
07427 吴道镕行状 / 张学华 // *碑传集三编第 9 册第 2155 页

吴湖帆
07428 吴湖帆(1894—1968) / 关志昌 // *传记文学 1981 年 38 卷 3 期，*民国人物小传第 5 册第 140 页
07429 吴湖帆逝世十四周年 / 郑逸梅 // *大成 1982 年 104 期

吴富琴
07430 访吴富琴谈程砚秋 / 邵芑 // *中报月刊 1983 年 40 期

吴富善
07431 吴富善 / 黄震遐 // *中共军人志第 141 页

吴禄贞
07432 九边处处蹄痕：吴禄贞传 / 胡玉衡 // *近代中国杂志社 1982 年 130 页
07433 吴禄贞死亦大矣 / 黄亦孚 // *春秋 1967 年 6 卷 1 期
07434 吴禄贞遇刺始末 / 王培尧 // *中外杂志 1971 年 10 卷 6 期
07435 天挺人豪吴禄贞 / 曹文锡 // *湖北文献 1975 年 35 期
07436 陆军大将军吴禄贞烈士 / 心园 // *今日中国 1976 年 64 期
07437 壮志未酬的吴禄贞 / 侯悟 // *励进 1978 年 383 期
07438 吴禄贞传两篇 / 张相文、钱基博 // *传记文学 1980 年 37 卷 3 期
07439 吴禄贞与辛亥革命——武昌起义后清廷起用袁世凯的一幕政治暗斗 / 沈云龙 // *传记文学 1980 年 37 卷 3 期
07440 吴禄贞其人其诗 / 胡钝俞 // *夏声 1980 年 182 期
07441 天挺英豪吴禄贞 / 刘韵石 // *湖北文献 1981 年 59 期
07442 吴禄贞 / 惜秋 // *民初风云人物(上)第 245 页
07443 吴禄贞(1879—1911) / 戴晋新 // *环华百科全书第 19 册第 491 页
07444 吴禄贞 / *革命人物志第 2 集第 224 页，革命先烈传记第 231 页
07445 吴禄贞之出身与殉国 / 陈春生 // *革命人物志第 2 集第 238 页

吴祺芳
07446 吴祺芳 / 刘绍唐主编 // *传记文学 1992 年 60 卷 5 期

吴瑞山
07447 吴瑞山 / 黄震遐 // *中共军人志第 137 页

吴瑞英
07448 吴瑞英(1890—1943) / 于翔麟 // *传记文学 1985 年 47 卷 6 期

吴瑞林
07449 吴瑞林 / 黄震遐 // *中共军人志第 142 页

吴楚帆
07450 吴楚帆 / 刘绍唐主编 // *传记文学 1993 年 63 卷 1 期

吴雷川
07451 吴震春(1870—1944) / 周邦道 // *近代教育先进传略(初集)第 102 页

吴嵩庆
07452 嵩庆八十自述 / 吴嵩庆 // *中外图书出版社 1981 年 360 页
07453 教书 留学 从戎——八十回忆录 / 吴嵩庆 // *中外杂志 1981 年 29 卷 2 期
07454 吴嵩庆 / 刘绍唐主编 // *传记文学 1992 年 60 卷 1 期
07455 永怀公而忘私国而忘家的吴嵩庆先生 / 王东原 // *传记文学 1992 年 60 卷 4 期
07456 怀念吴嵩庆以基督精神从政彪炳一生 / 蔡孟坚 // *传记文学 1995 年 67 卷 6 期

吴锡泽
07457 家父吴嵩庆将军逝世五周年纪念 / 吴兴铺 // *传记文学 1996 年 69 卷 3 期

吴锡泽
07458 我的坎坷童年与求学经过 / 吴锡泽 // *传记文学 1994 年 65 卷 6 期

吴锡祺
07459 吴锡祺 / 刘绍唐主编 // *传记文学 1997 年 71 卷 1 期

吴锡爵
07460 吴锡爵 / *革命人物志第 3 集第 70 页

吴稚晖
07461 吴稚晖先生的生平 / *台省国语推行委员会 1951 年编印 91 页
07462 稚老闲话 / 张文伯 // *"中央"文物供应社 1952 年 154 页
07463 吴稚晖先生年谱初稿节录 / *杨恺龄 1953 年编印 22 页
07464 吴稚晖先生纪念集 / 杨恺龄等 // *"中央"文物供应社 1954 年编印 158 页, *文海出版社近代中国史料丛刊续编第十三辑(总 130)影印本 252 页
07465 吴稚晖先生纪念集(续集) / 杨恺龄 // *杨恺龄 1963 年印行 84 页
07466 千秋大老(吴敬恒先生百年诞辰纪念专辑) / *粥会 1964 年编印
07467 吴稚晖先生百年诞辰纪念专集 / *"中央"委员会第四组 1964 年辑印 152 页
07468 稚晖先生一篇重要回忆 / 吴则中 // *世界书局 1964 年 103 页
07469 吴敬恒先生传记 / 张文伯 // *传记文学出版社(上、下册)304 页, *中国国民党"中央"委员会党史史料编委会 1964 年 144 页, *文星书店 1965 年 1 月 304 页
07470 吴稚晖先生年谱 / *陈凌海 1971 年编印 126 页
07471 吴稚晖先生轶事 / 伍稼青 // *芬芳宝岛杂志社 1977 年 140 页, 圣林出版社 1977 年 5 月 140 页
07472 吴敬恒对中国现代政治的影响 / 李文能 // *正中书局 1977 年 7 月 310 页
07473 永远同自然同在——吴稚晖传 / 赵淑敏 // *近代中国出版社 1977 年 10 月 220 页、1980 年 220 页
07474 吴稚晖教育思想之研究 / *吴少芬 1979 年撰印
07475 吴敬恒 / 吕芳上 // *商务印书馆 1979 年再版(中国历代思想家第 49 册)
07476 吴稚晖先生敬恒年谱 / 杨恺龄 // *商务印书馆 1981 年 196 页
07477 吴稚晖先生纪念集(三集) / 杨恺龄 // *杨恺龄 1984 年印行 94 页, *文海出版社 1984 年
07478 五十年以来致力国语教育的吴稚晖先生 / 齐铁恨 // *新生报 1947 年 2 月 26 日
07479 九十高龄的吴稚老 / 龚选舞 // *"中央"日报 1953 年 3 月 16 日
07480 吴稚老与钮惕老 / 龚选舞 // *"中央"日报 1953 年 3 月 24 日
07481 吴稚晖先生事略 / *"中央"日报 1953 年 11 月 1 日
07482 吴稚晖先生与国语运动 / 梁容若 // *"中央"日报 1953 年 11 月 3 日, *新生报 1964 年 3 月 25 日
07483 吴稚晖先生的思想和人格 / 杨恺龄 // *新生报 1953 年 3 月 25 日
07484 追忆吴稚晖先生 / 蒋经国 // *新生报 1953 年 12 月 9 日
07485 回忆吴稚晖先生二三事 / 吕无畏 // *"中央"日报 1963 年 7 月 21 日
07486 吴稚晖与裘可桴 / 朱传誉 // *"中央"日报 1963 年 12 月 3 日
07487 吴稚晖参加粥会纪实 / *"中央"日报 1963 年 12 月 23 日
07488 平易近人吴稚老 / 容天圻 // *新闻报 1963 年 11 月 5 日
07489 辛亥革命时代的吴稚晖先生 / 陈 洪 // *中华日报 1964 年 3 月 22 日
07490 关于吴稚老 / 庄 练 // *中华日报 1964 年 3 月 24 日
07491 长忆吴师吴稚老 / 邓文仪 // *中华日报 1964 年 3 月 24 日
07492 吴稚晖先生事略 / 光 文 // *中华日报 1964 年 3 月 24 日
07493 吴稚晖先生言行掇拾 / 郑贞铭 // *"中央"日报 1964 年 3 月 24 日
07494 吴稚晖先生的伟大贡献 / *"中央"日报 1964 年 3 月 25 日
07495 国语之友吴敬恒 / 张其昀 // *"中央"日报 1964 年 3 月 25 日

07496	稚老在海外 / 陈　环 // *"中央"日报 1964 年 3 月 25 日
07497	吴稚晖先生光辉的一生 / 张文伯 // "中央"日报 1964 年 3 月 25 日
07498	吴稚晖先生的思想与事业 / 萧自诚 // *中华日报 1964 年 3 月 25 日
07499	李石曾谈吴稚老生平轶闻 / 王业崴 // *中华日报 1964 年 3 月 25 日
07500	大思想家吴稚晖先生 / 郭寿华 // *中华日报 1964 年 3 月 25 日
07501	吴稚老是一位标准记者 / 曾虚白 // *中华日报 1964 年 3 月 25 日
07502	中国近代思想界的超人 / 梁寒操 // *中华日报 1964 年 3 月 25 日
07503	吴稚晖先生二三事 / 章君谷 // *中华日报 1964 年 3 月 26 日
07504	吴稚晖与国语运动 / *中华日报 1964 年 3 月 26 日
07505	吴稚晖先生传略 / *新生报 1964 年 3 月 25 日
07506	特立独行的吴稚晖先生 / 胡　适 // *自立晚报 1964 年 3 月 24 日
07507	巨人的细事 / 李鸿球 // *自立晚报 1964 年 3 月 24—26 日
07508	吴稚晖——天下之大老 / 羊汝德 // *联合报 1964 年 3 月 23 日
07509	吴稚晖先生与清党运动 / 胡　适 // *联合报 1964 年 3 月 25 日
07510	稚晖先生的几个重要思想 / 陈　洪 // *联合报 1964 年 3 月 25 日，*中国一周 1964 年 723 期
07511	吴稚晖先生事略 / *联合报 1964 年 3 月 25 日
07512	稚老二三事 / 陈凌海 // *联合报 1964 年 3 月 25 日
07513	吴稚老在台的生活 / 于　衡 // *联合报 1964 年 3 月 25 日
07514	中国标准老人——吴稚晖 / 杨恺龄 // *中国一周 1950 年 23 期
07515	一个富有意义的人生——吴稚晖 / 杨恺龄 // *中国一周 1950 年 23 期
07516	吴稚晖先生的生平与思想(上、下) / 邵祖恭 // *畅流 1951 年 3 卷 9—10 期
07517	吴稚晖先生印象 / 罗敦伟 // *畅流 1953 年 8 卷 7 期
07518	吴稚晖先生言行录(1—4) / 杨恺龄 // *三民主义 1953 年 14 期—1954 年 31 期
07519	吴稚晖先生与现代中国 / 梁容若 // *中国一周 1953 年 152 期
07520	稚老对语文学的贡献 / 杨恺龄 // *中国一周 1953 年 152 期
07521	吴稚晖先生言行散记 / 俞昴成 // *中国一周 1954 年 197 期
07522	吴稚晖先生的思想 / 丁慰慈 // *三民主义 1954 年 35 期
07523	吴稚晖先生的特点 / 李书华 // *中国一周 1954 年 237 期
07524	追念吴稚晖先生 / 胡　适 // *自由中国 1954 年 10 卷 1 期，*传记文学 1964 年 4 卷 3 期，*革命人物志第 2 集第 256 页
07525	吴稚晖先生的思想 / 张文伯 // *大学生活 1957 年 2 卷 12 期
07526	谈吴稚晖、蔡子民二先生 / 李石曾 // *畅流 1960 年 21 卷 4 期
07527	吴稚晖先生与文学 / 梁容若 // *新时代 1961 年 1 卷 1 期
07528	吴稚晖与科学主义 / 郭颖颐 // *清华学报 1962 年 3 卷 1 期
07529	吴敬恒书简(并附吴先生小传) / 李玄伯 // *文星 1963 年 12 卷 5 期
07530	吴稚晖章太炎与苏报案 / 田布衣 // *春秋 1964 年 1 卷 2、3 期
07531	吴稚晖先生为北伐誓师授旗追忆 / 钱大钧 // *传记文学 1964 年 4 卷 3 期
07532	一个富有意义的人生——吴稚晖诞辰百周年纪念 / 蒋梦麟 // *传记文学 1964 年 4 卷 3 期
07533	吴稚晖先生从维新派成为革命党的经过——兼述与中山先生初次晤面的时期与地点(上、下) / 李书华 // *传记文学 1964 年 4 卷 3—4 期
07534	永远与自然同在 / 蒋经国 // *传记文学 1964 年 4 卷 3 期，*革命人物志第 2 集第 262 页
07535	吴稚晖先生与廉南湖 / 李书华 // *传记文学 1964 年 5 卷 3 期
07536	吴稚晖先生的生平(上、下) / 吴相湘 // *文星 1964 年 13 卷 6 期、14 卷 1 期
07537	我所纪念吴稚晖先生者 / 包明叔 // *中国语文 1964 年 14 卷 5 期
07538	稚晖楼记 / 张其昀 // *革命思想 1964 年 16 卷 3 期

07539　怀念伟大的哲人吴稚老 / 李宗黄 // ＊中国地方自治 1964 年 16 卷 11 期
07540　吴敬恒(上、下) / 陈敬之 // ＊畅流 1964 年 19 卷 3—4 期，＊中国新文学的诞生第 35 页
07541　吴敬恒 / 张其昀 // ＊中国一周 1964 年 727 期
07542　琐记稚老高风 / 吴万谷 // ＊艺文志 1966 年 5 期
07543　纪念大思想家吴敬恒先生 / 杨力行 // ＊政治评论 1967 年 18 卷 2 期
07544　国父与吴敬恒先生 / 陈松云 // ＊畅流 1967 年 35 卷 2 期
07545　千秋大老——吴敬恒先生 / 陈恒昇 // ＊国魂 1967 年 256 期
07546　缅怀先贤吴稚公 / 刘豁公 // ＊畅流 1969 年 40 卷 7 期
07547　一代伟人吴稚晖 / ＊美哉中华 1969 年 11 期
07548　谦冲淡泊的吴稚晖 / 温茂华 // ＊古今谈 1969 年 55 期
07549　记民国四老——吴敬恒、蔡元培、张人杰、李煜瀛 / 陶英惠 // ＊传记文学 1973 年 23 卷 4 期
07550　吴敬恒(1865—1953) / ＊传记文学 1973 年 23 卷 5 期，＊民国人物小传第 1 册第 89 页
07551　忆"吴老头子"稚晖师 / 谢　康 // ＊中外杂志 1976 年 19 卷 5 期
07552　吴稚晖西南行 / 丁慰慈 // ＊中外杂志 1976 年 20 卷 1 期
07553　吴稚晖与泰戈尔 / 尉天聪 // ＊国魂 1976 年 46 卷 372 期
07554　嫉恶如仇的吴稚晖革命家 / 孙若怡 // ＊仙人掌杂志 1977 年 1 卷 6 期
07555　吴稚晖先生生平及其思想 / 吕芳上 // ＊中华文化复兴月刊 1977 年 10 卷 11 期
07556　吴敬恒先生思想之探讨(上、下) / 李文能 // ＊革命思想 1977 年 43 卷 2—3 期
07557　记我所见所闻的吴稚老 / 丁慰慈 // ＊大成 1978 年 60 期
07558　吴稚晖西北行 / 胡博渊 // ＊中外杂志 1978 年 23 卷 2 期
07559　吴稚老的一生 / 李文能 // ＊江苏文物 1978 年 2 卷 1 期
07560　吴敬恒传略(1865—1953) / 周邦道 // ＊江苏文献 1978 年 8 期
07561　革命圣人吴稚晖先生 / 赵振宇 // ＊革命思想 1980 年 48 卷 2 期
07562　吴稚晖述传 / 汤承业 // ＊近代中国 1980 年 20 期
07563　实事求是莫作调人的吴稚晖先生 / 江　汉 // ＊今日中国 1980 年 114 期
07564　爱人助人之吴稚晖先生 / 汤承业 // ＊孔孟月刊 1981 年 20 卷 2 期
07565　吴稚晖先生最后的生命旅程 / 汤承业 // ＊幼狮月刊 1981 年 54 卷 1 期
07566　吴稚晖先生轶闻 / 储福兴 // ＊江苏文献 1981 年 18—19 期
07567　吴稚晖先生之寒微家世与寒凉身世——笃孝事亲与笃慈教子 / 汤承业 // ＊台湾编译馆馆刊 1981 年 10 卷 1 期
07568　思想界伟人吴稚晖先生 / 周颂贤 // ＊江苏文献 1983 年 25 期
07569　吴稚晖养生养性之护持与操持 / 汤承业 // ＊近代中国 1983 年 36 期
07570　风尘逸侠吴稚晖(上、下) / 袁宙宗 // ＊中外杂志 1984 年 36 卷 6 期—1985 年 37 卷 1 期
07571　吴稚晖妙喻性理 / 陈存仁 // ＊传记文学 1999 年 74 卷 1 期
07572　吴敬恒的一生 / 李文龙 // ＊中外人物专辑第 6 辑第 113 页
07573　吴敬恒 / 林怀卿 // ＊中国历代名人 120 位第 383 页
07574　吴敬恒 / ＊中国近代学人像传(初辑)第 77 页
07575　吴敬恒 / 李立明 // ＊中国现代六百作家小传第 143 页
07576　吴稚晖 / 王世祯 // ＊民国人豪图传第 103 页
07577　吴敬恒 / 吴相湘 // ＊民国百人传第 1 册第 403 页
07578　吴稚晖 / 谭慧生 // ＊民国伟人传记第 476 页
07579　国之大老吴稚晖先生 / 李德安 // ＊当代名人风范(3)第 909 页
07580　吴稚晖先生与大夏大学 / 侃　争 // ＊学府纪闻·私立大夏大学第 46 页
07581　吴敬恒(1865—1953) / 戴晋新 // ＊环华百科全书第 19 册第 495 页
07582　吴敬恒 / 刘　葆 // ＊现代中国人物志第 186 页

07583　吴稚晖／李日章∥ ＊现代中国思想家第 5 辑第 3 页
07584　吴稚晖／＊革命人物志第 2 集第 246 页
07585　世界社六十年来吴、蔡、张三先生与我之关系／李石曾∥＊蔡元培先生全集第 1375 页

吴新荣
07586　回忆当年／吴新荣∥＊自立晚报 1967 年 3 月 9、10 日
07587　吴新荣兄哀挽词／胥端甫∥＊自立晚报 1967 年 5 月 12 日，＊中国一周 1967 年 910 页
07588　悼文化志士吴新荣／林芳年∥＊自立晚报 1967 年 5 月 19 日
07589　追念台湾文学家吴新荣先生／＊中国一周 1967 年 910 期
07590　吴新荣先生逝世十周年纪念集／张良泽等∥＊夏潮 1977 年 2 卷 4 期
07591　吴新荣先生逝世十周年纪念／陈少廷等∥＊大学杂志 1977 年 105 期

吴嘉隆
07592　吴嘉隆／＊革命人物志第 2 集第 120 页
07593　吴嘉隆临难日记／＊革命人物志第 2 集第 121 页

吴嘉棠
07594　悼吴嘉棠——一位杰出的报人／沈剑虹∥＊传记文学 1983 年 43 卷 3 期
07595　我对吴鲁芹、吴嘉棠两先生的印象／石永贵∥＊传记文学 1983 年 43 卷 5 期
07596　吴嘉棠不想走的／卜少夫∥＊新闻天地 1983 年 39 卷 38 期
07597　吴嘉棠(1913—1983)／＊传记文学 1984 年 44 卷 3 期

吴觐周
07598　吴觐周／＊革命人物志第 2 集第 299 页

吴蕴初
07599　吴蕴初(1891—1953)／关国煊∥＊传记文学 1983 年 42 卷 3 期，＊民国人物小传第 6 册第 119 页

吴徵眉
07600　记几位中国的女数学家／陈省身、康润芳∥＊传记文学 1995 年 66 卷 5 期

吴徵椿
07601　吴徵椿／＊革命人物志第 18 集第 72 页

吴鹤龄
07602　蒙古族豪士吴鹤龄／胡格金台∥＊中外杂志 1981 年 29 卷 2 期，＊中外边政 1981 年 73 期

吴醒汉
07603　吴醒汉／＊革命人物志第 2 集第 297 页

吴鲲化
07604　吴鲲化／＊革命人物志第 2 集第 300 页

吴耀宗
07605　中央政治法律委员会委员吴耀宗／＊新中国人物志(下)第 118 页

别廷芳
07606　宛西怪杰别廷芳／赵同信∥＊中原文献 1980 年 12 卷 12 期，＊中外杂志 1980 年 28 卷 5 期

岑仲勉
07607　岑仲勉(1885—1961)／关志昌∥＊传记文学 1980 年 36 卷 3 期，＊民国人物小传第 4 册第 133 页

岑学吕
07608　岑学吕／刘绍唐主编∥＊传记文学 1993 年 62 卷 5 期

岑春煊
07609　清末民初之岑春煊(上、中、下)／耘农∥＊新中国评论 1957 年 12 卷 3—5 期，＊近代中国史料丛刊第二辑(总 20)·现代政治人物述评(上卷)第 121 页
07610　岑春煊与袁世凯半世恩仇／陈亨德∥＊春秋 1967 年 6 卷 5 期
07611　清末"贪黩之克星"岑春煊(上、下)／林斌∥＊畅流 1968 年 37 卷 34 期

07612　岑春煊(1861—1933) / 关国煊 // *传记文学 1976 年 29 卷 2 期, *民国人物小传第 2 册第 82 页
07613　岑春煊与袁世凯 / 篠　园 // 中国近代史论丛第二辑第 5 册第 163 页
07614　瞿鸿禨与岑春煊 / 庄　练 // *中国近代史上的关键人物(下)第 199 页
07615　岑春煊 / 吴相湘 // *民国百人传第 3 册第 259 页
07616　"项城劲敌"岑春煊 / 吴相湘 // *民国政治人物第 1 集第 87 页
07617　岑春煊与裴景福 / 沈云龙 // *近代史事与人物第 147 页
07618　岑春煊(1861—1933) / 戴晋新 // *环华百科全书第 17 册第 143 页

〔丿〕

利铭泽
07619　我所知道的利铭泽先生 / 贺宝善 // *传记文学 1999 年 74 卷 6 期

邱　炜
07620　献密电码起家的邱炜 / 王正元 // *传记文学 1995 年 67 卷 1 期

邱　楠
07621　邱楠:我的中学生活 / 邱言曦 // *"中央"日报 1960 年 12 月 3 日
07622　悼念邱楠兄 / 袁金书 // *江苏文献 1980 年 15 期

邱大年
07623　追念邱大年先生 / 宋益清 // *"中央"日报 1969 年 8 月 14 日
07624　忆在北大教书时的四位好友 / 李　璜 // *传记文学 1967 年 10 卷 5 期
07625　悼思同级好友邱大年兄 / 刘师舜 // 传记文学 1967 年 11 卷 2 期

邱义质
07626　悼爱国老人邱义质 / 陈克奋 // *公论报 1958 年 6 月 27 日

邱开基
07627　邱开基促龙云出兵抗战 / 齐家才 // *戴笠将军和他的同志第 1 集第 189 页

邱文江
07628　邱文江 / *革命人物志第 3 集第 211 页

邱玉成
07629　邱玉成 / *革命人物志第 2 集第 460 页

邱丕振
07630　邱丕振 / *革命人物志第 3 集第 213 页

邱仰浚
07631　邱仰浚(1896—1949) / 席涵静 // *传记文学 1980 年 36 卷 2 期, *民国人物小传第 4 册第 160 页

邱会作
07632　邱会作 / 黄震遐 // *中共军人志第 198 页

邱旭升
07633　忆战友邱旭升 / 俞谐 // *中外杂志 1980 年 27 卷 3 期

邱言曦
07634　南昌才子邱言曦和萍乡的"托洛斯基"张国焘 / 周仲超 // *江西文献 1980 年 100 期

邱荧世
07635　邱荧世 / 卿　珪 // *革命人物志第 2 集第 461 页

邱昌渭
07636　邱昌渭 / 刘绍唐主编 // *传记文学 1999 年 74 卷 6 期

邱望湘
07637　邱望湘 / 乔　佩 // *中国现代音乐家第 87 页

邱清泉
07638　民族战将邱清泉 / 邱子静 // *拔提书局 1959 年 226 页, *华新出版公司 1976 年 370 页

07639 邱清泉自撰年谱 / ＊邱清泉集第六卷 1968 年印行
07640 邱清泉将军传略 / 邱名栋 // ＊新生报 1950 年 1 月 10 日
07641 访邱清泉将军夫人 / 王理璜 // ＊"中央"日报 1951 年 1 月 10 日
07642 追念邱雨庵将军 / 何应钦 // ＊"中央"日报 1952 年 1 月 10 日，＊新生报 1952 年 1 月 10 日
07643 邱清泉将军及其遗诗 / 周开庆 // ＊畅流 1959 年 18 卷 10 期
07644 徐蚌会战中殉国的邱清泉将军 / 克 刚 // ＊政治评论 1965 年 14 卷 7 期
07645 邱清泉殉国记 / 董 熙 // ＊中外杂志 1972 年 11 卷 3 期
07646 邱清泉汗马黄沙 / 林可如 // ＊中外杂志 1972 年 11 卷 6 期，1972 年 12 卷 1 期
07647 邱清泉（1902—1949） / 张正法 // ＊传记文学 1975 年 26 卷 3 期，＊民国人物小传第 2 册第 74 页
07648 民族英雄邱清泉（上、下） / 邓文仪 // ＊政治评论 1981 年 3 卷 6、7 期
07649 记老长官邱清泉 / 骆希文 // ＊中外杂志 1982 年 32 卷 5 期
07650 当代名将邱清泉 / 费云文 // ＊中外杂志 1982 年 32 卷 6 期
07651 邱清泉将军的少年时代 / 邱子静 // ＊浙江月刊 1983 年 15 卷 12 期
07652 杰出将才邱清泉上将 / 陈家骥 // ＊国魂 1983 年 450 期，＊浙江月刊 1984 年 180、181 期
07653 邱清泉 / 谭慧生 // ＊中国伟人传记第 414 页
07654 邱清泉 / 吴思珂 // ＊民族英雄及革命先烈传记（下册）第 297 页，＊革命人物志第 8 集第 41 页
07655 邱清泉（1902—1949） / ＊环华百科全书第 12 册第 133 页

邱维达
07656 邱维达自传《沧桑集》（1—4） / 邱维达 // ＊传记文学 1992 年 60 卷 5、6 期，1992 年 61 卷 1、3 期

何凡
07657 何 凡 / 李立明 // ＊中国现代六百作家小传第 168 页

何文
07658 何 文 / ＊革命人物志第 3 集第 72 页

何东
07659 何 东（1862—1956） / 关国煊 // ＊传记文学 1981 年 38 卷 1 期，＊民国人物小传第 5 册第 66 页

何求
07660 何 求 / 林曼叔等 // ＊中国当代作家小传第 228 页
07661 何 求 / 李立明 // ＊中国现代六百作家小传第 169 页

何彤
07662 追忆何葵明先生 / 郑彦棻 // ＊传记文学 1973 年 23 卷 2 期
07663 何 彤（1892—1972） / 于翔麟 // ＊传记文学 1982 年 41 卷 6 期，＊民国人物小传第 6 册第 42 页

何启
07664 清末维新政论家何启与胡礼垣 / 方 豪 // ＊新时代 1963 年 3 卷 12 期
07665 何启（1859—1917） / 关志昌 // ＊传记文学 1978 年 32 卷 4 期，＊民国人物小传第 3 册第 36 页
07666 杨杰、戈公振、何启等小传的补充及卒年正误 / 关国煊 // ＊传记文学 1981 年第 39 卷第 6 期

何宣
07667 何宣（1893—1945） / 于翔麟 // ＊传记文学 1985 年 47 卷 4 期

何晏
07668 何晏事略 / 火 泉 // ＊革命人物志第 1 集第 497 页

何容
07669 写下抗战旧事忆过往 / 何容口述、李宗慈整稿 // ＊文讯月刊 194 年 7、8 合刊
07670 何 容 / 陈纪滢 // ＊三十年代作家记第 63 页

何紫
07671 何 紫 / 刘绍唐主编 // ＊传记文学 1999 年 74 卷 3 期

何棠
07672 烈士何棠传略 / 民 史 // ＊革命人物志第 3 集第 75 页

何絮
07673　何　絮／卢　勉∥＊革命人物志第1集第498页

何鲁
07674　何　鲁／刘绍唐主编∥＊传记文学1987年51卷6期

何键
07675　何芸樵先生与儒家思想／马　璧∥＊艺文志1966年7期
07676　"马日事变"与何键／应未迟∥＊艺文志1966年8期，＊湖南文献1976年4卷2期
07677　何键晚年生活及其他／马建中∥＊古今谈1966年14期
07678　何键与柳森严／胡养之∥＊大成1974年6期
07679　何键(1887—1956)／关国煊∥＊传记文学1978年33卷2期，＊民国人物小传第3册第41页
07680　何键和张治中——抗战时期在湖南的一点回忆／赖景瑚∥＊湖南文献1981年9卷1期
07681　代何芸樵夫人说几句话／何庆华∥＊传记文学1987年51卷4期
07682　何　键／吴相湘∥＊民国百人传第3册第151页
07683　何　键／＊革命人物志第8集第37页

何廉
07684　与好友何廉谈恩师周诒春校长／刘师舜∥＊传记文学1969年第15卷4期
07685　悼何淬廉先生／凌鸿勋∥＊传记文学1975年27卷3期
07686　书生报国的何淬廉先生／薛光前∥＊传记文学1975年27卷3期，＊故人与往事第121页
07687　记何廉兄生平／蒲薛凤∥＊传记文学1975年27卷4期
07688　悼念何淬廉先生／沈宗瀚∥＊传记文学1975年27卷4期，＊沈宗瀚晚年文录第323页
07689　悼念何淬廉兄／姚崧龄∥＊传记文学1975年27卷6期
07690　何　廉(1895—1975)／郑孝颖∥＊传记文学1977年30卷6期，＊民国人物小传第3册第39页
07691　何廉回忆录中的两点错误／柳无忌∥＊传记文学1993年63卷2期

何干之
07692　何干之／刘绍唐主编∥＊传记文学1995年66卷6期

何卫明
07693　忆何卫明兄——融通经济的财政学家／张宪秋∥＊传记文学1999年74卷6期

何天炯
07694　何天炯／胡汉民∥＊革命人物志第1集第491页

何友发
07695　何友发／黄震遐∥＊中共军人志第102页

何公敢
07696　何公敢／刘绍唐主编∥＊传记文学1999年74卷3期

何凤翱
07697　何凤翱／＊革命人物志第8集第41页

何玉莲
07698　王治平夫人何玉莲自传／＊革命人物志第2集第24页

何正文
07699　何正文／黄震遐∥＊中共军人志第103页

何世礼
07700　何世礼将军不平凡的一生／关国煊∥＊传记文学1998年73卷3期
07701　忆何世礼与我共患难故事／蔡孟坚∥＊传记文学1999年74卷2期
07702　何世礼将军二三事——纪念何世礼将军逝世周年／宁恩承∥＊传记文学1999年75卷4期

何世统
07703　何世统／刘绍唐主编∥＊传记文学1994年65卷6期

何本寿
07704　记何本寿先生／阮毅成／／＊前辈先生第17页

何龙庆
07705　何龙庆／＊革命人物志第18集第106页

何再来
07706　何再来／＊革命人物志第12集第155页

何成浩
07707　何成浩墓志铭／张学华／／＊碑传集三编第5册第1265页

何成浚
07708　八十自述／何成浚述／／＊文海出版社近代中国史料丛刊正编第六十七辑（总667）影印本37页
07709　"总统府"资政何成浚病逝／＊"中央"日报1961年5月8日
07710　隋县何成浚上将墓志铭／姚琮／／"中央"日报1961年6月27日
07711　我的父亲／何庆华／／＊"中央"日报1971年5月28日
07712　何成浚善作调人／吴相湘／／＊传记文学1966年9卷1期
07713　何成浚志事与生平（上、中、下）／楚厂／／＊畅流1966年33卷12期—34卷2期
07714　何成浚先生自传／＊湖北文献1967年5期
07715　何成浚（1882—1961）／蒋永敬／／＊传记文学1976年28卷3期，＊民国人物小传第2册第31页
07716　何成浚将军的大节与细行／马五先生／／＊艺文志1977年145期
07717　何成浚将军的自述与日记／沈云龙／／＊传记文学1980年37卷2期，＊湖北文献1981年59期
07718　忆双亲——写在发表先父雪竹公日记之前／何庆华／／＊传记文学1980年37卷2期，＊湖北文献1981年59期
07719　何成浚将军战时日记（1—34）／＊传记文学1980年37卷2期—1984年44卷5期，＊湖北文献1981年59期
07720　何成浚将军八十自述（上、下）／何成浚／／＊传记文学1980年37卷2—3期
07721　何上将军雪竹忆语／雷啸岑／／＊传记文学1980年37卷3期
07722　何成浚小传（增补稿）／于翔麟／／＊传记文学1980年37卷3期，＊湖北文献1981年59期
07723　"何成浚先生百年诞辰"口述历史座谈会纪实／黄肇珩、卢申芳／／＊近代中国1981年23期
07724　八十回忆／何成浚／／近代中国1981年23期，＊革命人物志第8集第9页
07725　我对何雪竹公性格的点滴了解／徐复观／／＊传记文学1981年39卷2期
07726　坐镇武汉的何成浚将军（书简）／董霖／／＊传记文学1987年51卷5期
07727　何成浚／吴相湘／／＊民国百人传第2册175页
07728　何成浚／＊革命人物志第8集第8页
07729　追思何雪竹成浚先生／陈启天／／寄园存稿第285页

何师程
07730　何师程传／钱振锽／／＊碑传集三编第7册1687页

何光宇
07731　何光宇／黄震遐／／＊中共军人志第103页

何任之
07732　何任之／＊革命人物志第3集第72页

何自新
07733　何自新传／邹鲁／／＊革命人物志第1集第494页

何名忠
07734　国乐家何名忠教授乐声震动美洲／冯爱西／／＊中国一周1968年964期
07735　五十年沧桑——从报人到世界乐坛／何名忠／／中外杂志1980年27卷1期

何运洪
07736　何运洪／黄震遐／／＊中共军人志第105页

何孝元

07737 何孝元先生行状 / ＊中兴法学 1976 年 10 期

07738 何孝元(1896—1976) / 周邦道 // ＊传记文学 1983 年 43 卷 3 期

07739 何孝元献身法学教育 / 应本书 // ＊学人风范第 49 页

何志远

07740 何志远 / 黄震遐 // ＊中共军人志第 104 页

何志洪

07741 何志洪 / 许朗轩 // ＊革命人物志第 18 集第 98 页

何志浩

07742 何志浩将军光彩耀人 / 林培深 // ＊中国一周 1956 年 328 期

07743 诗人何志浩将军 / ＊美哉中华 1969 年 6 期

07744 从军前后——革命时代革命新青年 / 何志浩 // ＊军事杂志 1978 年 46 卷 6 期

何芸生

07745 何芸生 / 阮西震 // ＊革命人物志第 3 集第 73 页

何克夫

07746 何克夫 / ＊革命人物志第 12 集第 155 页

何应钦

07747 何应钦将军九五纪事长编 / 何应钦将军九五纪事长编编辑委员会编 // ＊黎明文化事业股份有限公司 1984 年印行

07748 何应钦将军传略 / ＊"中央"日报 1948 年 6 月 1 日

07749 何应钦将军略历 / ＊"中央"日报 1949 年 3 月 13 日

07750 何应钦与冈村谈片 / ＊"中央"日报 1956 年 3 月 20—22 日

07751 何应钦将军七十寿辰谈往 / ＊"中央"日报 1959 年 3 月 21 日

07752 何敬之先生的风范与生活 / 张志韩 // ＊"中央"日报 1969 年 3 月 30—31 日

07753 我对何敬公将军的体认 / 林斯孝 // ＊畅流 1969 年 39 卷 3 期

07754 往事漫谈 / 何应钦 // ＊中外杂志 1976 年 19 卷 2 期

07755 "组阁议宪"回忆 / 何应钦 // ＊中外杂志 1978 年 24 卷 3 期

07756 何应钦上将传 / 倪搏九 // ＊中国与日本 1978 年 205 期

07757 何敬公的革命勋业 / 虞 奇 // ＊黄埔月刊 1981 年 346—348 期, ＊中国与日本 1981 年 246—248 期, ＊新动力 1981 年 33 卷 6 期

07758 何应钦上将文韬武略的一生 / 关国煊 // ＊传记文学 1987 年 51 卷 5 期

07759 何敬公威震维也纳森林 / 倪搏九 // ＊传记文学 1987 年 51 卷 5 期

07760 何应钦的四大奇功与三大憾事 / 周仲超 // ＊传记文学 1995 年 66 卷 4 期

07761 西安事变发生后的何应钦 / 熊宗仁 // ＊传记文学 1995 年 66 卷 6 期

07762 何应钦处置龙三公子 / 王正元 // ＊传记文学 1996 年 68 卷 3 期

07763 名将何敬公忆往片断 / 李德安 // ＊当代名人风范(3)第 783 页

07764 何应钦 / 吴相湘 // ＊民国百人传第 4 册第 97 页

何孟雄

07765 何孟雄 / 刘绍唐主编 // ＊传记文学 1997 年 71 卷 2 期

何绍周

07766 何绍周 / 刘绍唐主编 // 传记文学 1994 年 65 卷 4 期

何其巩

07767 何其巩轶事 / 张朴民 // ＊传记文学 1968 年 12 卷 1 期

07768 何其巩二三事 / 陈森甫 // ＊中外杂志 1975 年 17 卷 1 期

07769 何其巩(1898—1955) / 关志昌 // ＊传记文学 1983 年 43 卷 6 期

何其芳
07770 《何其芳评传》得失 / 梅　子 // ＊文汇报 1980 年 10 月 18 日,新华文摘 1981 年 1 期
07771 何其芳(1912—1977) / 关志昌 // ＊传记文学 1982 年 41 卷 5 期,＊民国人物小传第 6 册第 44 页
07772 何其芳 / 方雪纯等 // ＊中共人名录第 187 页
07773 何其芳 / 林曼叔等 // ＊中国当代作家小传第 1 辑第 10 页
07774 何其芳 / 李立明 // ＊中国现代六百作家小传第 169 页
07775 哭何其芳同志 / 余冠英 // ＊中国现代作家资料选粹第 1 集第 48 页
07776 何其芳 / 舒　兰 // ＊北伐前后新诗作家和作品第 199 页
07777 何其芳 / 赵　聪 // ＊现代中国作家列传第 251 页
07778 何其芳 / 黄俊东 // ＊现代中国作家剪影第 89 页

何卓非
07779 何卓非 / ＊革命人物志第 1 集第 492 页

何卓倬
07780 何卓倬 / 林亨佳 // ＊革命人物志第 1 集第 496 页

何非凡
07781 情憎何非凡 / 吕大吕 // ＊大成 1974 年 6 期

何南屏
07782 何南屏(附韩佐治) / 卢懋原 // ＊革命人物志第 1 集第 492 页

何挺一
07783 何挺一 / 黄震遐 // ＊中共军人志第 106 页

何柱成
07784 何柱成 / 黄震遐 // ＊中共军人志第 104 页

何柱国
07785 榆关抗日战役与何柱国将军 / 关邦杰 // ＊传记文学 1976 年 29 卷 5 期

何显重
07786 悲欣交集——写给最亲爱的父亲何显重先生 / 何美颐 // ＊中国时报 1993 年 12 月 14 日

何思敬
07787 何思敬 / 刘绍唐主编 // ＊传记文学 1996 年 68 卷 4 期

何思源
07788 何思源(1896—1982) / 关志昌 // ＊传记文学 1983 年 42 卷 5 期,＊民国人物小传第 6 册第 51 页
07789 何思源 / 李立明 // ＊中国现代六百作家小传第 171 页
07790 何思源 / 刘　葆 // ＊现代中国人物志第 221 页

何香凝
07791 何香凝先生与中国妇女运动 / 曹国智等 // (香港)妇女知识丛书出版社 1941 年 76 页,(香港)星群书局 1941 年 7 月
07792 我的母亲何香凝 / 廖梦醒 // (香港)朝阳出版社 1973 年 8 月 66 页,人民出版社 1984 年 6 月 89 页
07793 何香凝(1879—1972) / 关志昌 // ＊传记文学 1981 年 38 卷 4 期,＊民国人物小传第 5 册第 68 页
07794 中央华侨事务委员会主任委员何香凝 / 柏　生 // ＊新中国人物志第 68 页

何剑吴
07795 革命学府南武公学与何剑吴先生 / 张苏甫 // ＊广东文献 1976 年 6 卷 3 期

何炳松
07796 记何炳松先生 / 阮毅成 // ＊传记文学 1970 年 17 卷 2 期,彼岸第 45 页
07797 何炳松(1890—1946) / 秦贤次 // ＊传记文学 1976 年 28 卷 5 期,＊民国人物小传第 2 册第 32 页
07798 何炳松(1890—1946) / 周邦道 // ＊近代教育先进传略(初集)第 103 页

何炳麟
07799 教育家何炳麟先生 / 邓公玄 // ＊传记文学 1971 年 19 卷 1 期,＊中国宪政 1979 年 14 卷 4 期

何济林
07800 何济林／黄震遐／／＊中共军人志第 108 页
何祚炘
07801 悼工程界斗士何祚炘／蔡孟坚／／＊传记文学 1983 年 42 卷 1 期
何珮瑢
07802 何珮瑢／刘绍唐主编／／＊传记文学 1999 年 75 卷 2 期
何振亚
07803 何振亚／黄震遐／／＊中共军人志第 106 页
何竞武
07804 两个幸运的故人何竞武与钱宗泽／刘健群／／＊传记文学 1964 年 5 卷 2 期
07805 忆何竞武将军二三事／王正元／／＊传记文学 1995 年 66 卷 2 期
何浩若
07806 何浩若谈笑定西川／蒋丙英／／＊艺文志 1968 年 32 期
07807 何浩若／＊湖南文献 1972 年 1 卷 4 期，＊革命人物志第 12 集第 158 页
07808 何浩若先生传略／阮毅钊／／＊湖南文献 1976 年 4 卷 3 期
07809 学海人豪何浩若／陈绥民／＊中外杂志 1976 年 20 卷 4 期
07810 怀恩师何浩若教授／郑学稼／＊古今谈 1977 年 147 期
07811 怀恩师何浩若／郑学稼／／＊中外杂志 1978 年 23 卷 3 期
07812 何浩若(1899—1971)／＊传记文学 1979 年 34 卷 5 期，＊民国人物小传第 3 册第 42 页
07813 忆清华辛酉级十位级友(上)／蒲薛凤／／＊传记文学 1985 年 47 卷 2 期
07814 悼何浩若先生并记述他的思想／侯立朝／／＊革命人物志第 12 集第 161 页
何家产
07815 何家产／黄震遐／／＊中共军人志第 107 页
何家槐
07816 何家槐／李立明／／＊中国现代六百作家小传第 172 页
何基沣
07817 何基沣／刘绍唐主编／／＊传记文学 1987 年 51 卷 6 期
何联奎
07818 何联奎(1902—1977)／毛一波／／＊传记文学 1980 年 36 卷 2 期，＊民国人物小传第 4 册第 65 页
07819 何联奎先生在民族学上的贡献——《何联奎文集》序言／黄文山／／＊传记文学 1980 年 36 卷 3 期
07820 何联奎／＊革命人物志第 17 集第 112 页
何雄飞
07821 何雄飞／何秀安／／＊湖北文献 1972 年 19 期，＊革命人物志第 8 集第 33 页
何辉燕
07822 何辉燕／黄震遐／／＊中共军人志第 107 页
何景寮
07823 何景寮／＊革命人物志第 18 集第 101 页
何集生
07824 何集生／吴崇钦／／＊革命人物志第 1 集第 500 页
何鲁之
07825 悼念何鲁之先生／王师鲁／／＊新中国评论 1968 年 34 卷 6 期
07826 何鲁之先生二三事／星　照／／＊新中国评论 1968 年 34 卷 6 期
07827 敬悼老友何鲁之先生／陈启文／＊新中国评论 1968 年 34 卷 5 期
07828 追悼鲁之／张梦九／＊新中国评论 1968 年 34 卷 5 期
07829 何鲁之先生事略／黄欣周／／＊四川文献 1968 年 70 期

07830 何鲁之(1891—1968)／秦贤次∥＊传记文学 1975 年 26 卷 2 期，＊民国人物小传第 2 册第 34 页
07831 何鲁之先生(1891—1968)／周邦道∥＊近代教育先进传略(初集)第 252 页

何善垣
07832 浅述何善垣先生生前几件事／刘章富∥＊传记文学 1992 年 61 卷 4 期

何善衡
07833 何善衡／刘绍唐主编∥＊传记文学 1998 年 72 卷 2 期

何嗣焜
07834 何嗣焜／周邦道∥＊近代教育先进传略(初集)第 1 页

何锡蕃
07835 何锡蕃／＊革命人物志第 3 集第 77 页

何嘉禄
07836 何嘉禄／钮永建／＊革命人物志第 3 集第 76 页

何德全
07837 何德全／黄震遐∥＊中共军人志第 108 页

何燏时
07838 从管学大臣孙家鼐到校长胡适——记百年北京大学前期的二十任十九位负责人／关国煊∥＊传记文学 1998 年 72 卷 4 期

何藻翔
07839 清何翙高先生国炎年谱／吴天任∥＊商务印书馆 1981 年 12 月 170 页
07840 何翙高先生年谱／吴天任∥＊文海出版社近代中国史料丛刊第七十六辑(总 754—5—6)影印本 170 页
07841 何藻翔／刘绍唐主编∥＊传记文学 1996 年 69 卷 3 期

但焘
07842 但焘、植之伉俪八秩双庆／汪有序∥＊"中央"日报 1960 年 12 月 22 日
07843 但焘先生著作等身／黄振廷∥＊中国一周 1961 年 606 期
07844 但　焘(1881—1970)／林抱石∥＊传记文学 1982 年 41 卷 6 期，＊民国人物小传第 6 册第 40 页
07845 但　焘／＊革命人物志第 10 集第 167 页

佟迪功
07846 佟迪功先生纪念集／＊佟故代表迪功逝世周年纪念筹备会编印 1973 年 157 页

佟麟阁
07847 近代完人佟捷三／刘汝明∥＊传记文学 1969 年 15 卷 2 期
07848 佟麟阁上将生于一八九二年(书简)／郑仁佳∥＊传记文学 1987 年 51 卷 2 期
07849 佟麟阁／＊革命人物志第 20 集第 66 页
07850 二十九军副军长佟麟阁、一百三十二师师长赵登禹殉国事略／＊革命人物志第 20 集第 67 页

佘俊英
07851 佘俊英传／＊民国四川人物传记第 13 页
07852 佘俊英／＊革命人物志第 2 集第 377 页

佘凌云
07853 佘凌云／＊革命人物志第 22 集第 54 页

余拯
07854 永怀余拯先生／但昭文∥＊艺文志 1980 年 173 期
07855 余　拯／刘绍唐主编∥＊传记文学 1992 年 61 卷 5 期

余通
07856 余　通／冯自由∥＊革命人物志第 3 集第 205 页

余又荪
07857 余故教授又荪先生纪念集／＊台湾大学历史学系编印 1966 年 70 页

07858	余又荪先生挽词 / 陶希圣 //	*"中央"日报 1965 年 5 月 1 日
07859	哭又荪师 / 刘景辉 //	*"中央"日报 1965 年 5 月 4 日
07860	由北大到东大(余又荪兄学生生活的片断) / 张研田 //	*传记文学 1965 年 7 卷 3 期
07861	悼念又荪先生 / 毛一波 //	*四川文献 1965 年 34 期
07862	故大学教授余又荪先生墓志铭 / 沈刚伯 //	*四川文献 1966 年 46 期,*沈刚伯先生文集(下)第 790 页
07863	余又荪 / 刘绍唐主编 //	*传记文学 1987 年 50 卷 6 期
07864	余又荪先生事略 //	*民国四川人物传记第 242 页

余上沅

07865	余上沅尽瘁剧运 / 梁实秋 //	*大成 1983 年 119 期
07866	记戏剧艺术家余上沅 / 戴广德 //	*传记文学 1993 年 63 卷 2 期
07867	中国戏剧拓荒者余上沅 / 关国煊 //	*传记文学 1993 年 63 卷 2 期
07868	余上沅 / 李立明 //	*中国现代六百作家小传第 166 页

余井塘

07869	守正不阿的书生——余井塘 / 郑贞铭 //	*"中央"日报 1963 年 12 月 14 日
07870	余井塘(1896—1985) / 秦贤次、关国煊 //	*传记文学 1985 年 46 卷 6 期
07871	余井塘、黄季陆小传 / 秦贤次、关国煊 //	*传记文学 1985 年 46 卷 6 期
07872	追怀高风亮节的余井塘先生 / 沈云龙 //	*传记文学 1985 年 46 卷 6 期
07873	追怀余井塘先生 / 华仲麐 //	*传记文学 1985 年 46 卷 6 期
07874	余井塘先生墓表 / 程沧波 //	*传记文学 1985 年 47 卷 2 期

余日章

07875	略述余日章之一生 / 谢扶雅 //	*传记文学 1974 年 24 卷 1 期
07876	余日章传略 //	*湖北文献 1976 年 41 期
07877	余日章(1882—1936) / 周卓怀 //	*传记文学 1977 年 30 卷 5 期,*民国人物小传第 3 册第 44 页

余心清

07878	中央人民政府办公厅副主任余心清 //	*新中国人物志(下)第 66 页

余玉贤

07879	余玉贤 / 刘绍唐主编 //	*传记文学 1993 年 63 卷 3 期

余东雄

07880	余东雄传 / 邹 鲁 //	*革命人物志第 2 集第 356 页

余立金

07881	余立金 / 黄震遐 //	*中共军人志第 112 页

余汉谋

07882	余汉谋先生年谱初编 /	*黄仲文 1979 年编印 120 页
07883	余汉谋将军荣哀录 /	余汉谋上将治丧委员会 1982 年编印
07884	民国余上将汉谋年谱 / 黄仲文 //	商务印书馆 1990 年 149 页
07885	一代儒将余汉谋 / 赖景瑚 //	*大成 1982 年 101 期
07886	怀念余汉谋上将军 / 郑彦棻 //	*中外杂志 1982 年 32 卷 6 期
07887	战功彪炳气度恢弘的余汉谋将军 / 赖景瑚 //	*传记文学 1982 年 40 卷 3 期
07888	余汉谋(1896—1981) / 关志昌、于翔麟 //	*传记文学 1982 年第 41 卷 1 期,*民国人物小传第 6 册第 58 页
07889	余汉谋 /	*革命人物志第 21 集第 226 页
07890	悼念余幄奇上将军 / 郑彦棻 //	*革命人物志第 21 集第 229 页

余光茂

07891	余光茂 / 黄震遐 //	*中共军人志第 114 页

余邦宪
07892　余邦宪事略／奇　峰∥民国1914年第1年第6号，＊革命人物志第2集第352页

余纪忠
07893　行健不息的余纪忠／周安仪∥＊中国新闻从业人员群像(上)第123页

余寿浩
07894　悼余寿浩先生／连士升∥＊南洋学报1956年12卷2期

余作民
07895　哭老友吴作民兄／徐自昌∥＊传记文学1976年28卷1期

余伯泉
07896　余伯泉将军的剑术／＊美哉中华1969年4期
07897　余伯泉(1910—1982)／关国煊∥＊传记文学1982年41卷3期，＊民国人物小传第6册第53页
07898　我所认识的余伯泉(1—3)／钟　博∥＊传记文学1994年65卷3—5期
07899　忆军事学家余伯泉上将／温哈熊∥＊传记文学1995年66卷4期

余际唐
07900　余际唐／刘绍唐主编∥＊传记文学1993年62卷1期

余青松
07901　余青松／绍唐主编∥＊传记文学1995年66卷2期

余叔岩
07902　评余叔岩／齐如山∥＊中华日报1953年11月13—30日
07903　须生泰斗余叔岩／包缉庭∥＊中外杂志1976年19卷2期
07904　谈余叔岩——余氏生活及思想之种种／孙养农∥＊中外杂志1976年19卷3期
07905　九城争传余叔岩／胡耐安∥＊中外杂志1976年19卷6期
07906　余叔岩(1890—1943)／关志昌∥＊传记文学1982年40卷6期，＊民国人物小传第5册第22页
07907　余叔岩息影后的五次演出／宋廷琛∥＊传记文学1982年41卷1期
07908　我从余叔岩先生研究戏剧的回忆／张伯驹∥＊大成1985年135期
07909　余叔岩／胡遯园∥＊贤不肖列传第161页
07910　余叔岩(1890—1943)／＊环华百科全书第20册第263页

余国桢
07911　余国桢／＊革命人物志第2集第366页

余和鸿
07912　余和鸿／＊革命人物志第18集第92页

余秉权
07913　余秉权／刘绍唐主编∥＊传记文学1996年68卷3期

余育之
07914　余育之／冯自由∥＊革命人物志第2集第355页

余诚格
07915　满清最末一任湖南巡抚——余诚格因祸得福／罗石补∥＊春秋1967年8卷4期
07916　关于余诚格先生事／朱尔香∥＊春秋1968年8卷6期

余建勋
07917　记余建勋教授／陈纪滢∥＊"中央"日报1959年9月20日

余承尧
07918　"山村野老"余承尧／吴子丹∥＊传记文学1999年74卷5期

余绍宋
07919　我写余绍宋(樾园)／素　子∥＊畅流1951年4卷8期
07920　悼余樾园先生／吴玉良∥＊畅流1960年20卷11期

07921　记余绍宋先生（1—9）／阮毅成／／ ＊传记文学1971年18卷2期—19卷4期
07922　余庐谈往——余（樾园）、林（宰平）交谊特述／梁敬錞／／ ＊传记文学1974年23卷3期
07923　记余绍宋、溥心畬二先生：回忆两幅有纪念性的名画／阮毅成／／ ＊大成1982年109期
07924　余绍宋樾园先生先世考／阮毅成／／ ＊大成1983年121期
07925　余绍宋（1883—1949）／关国煊／／ ＊传记文学1983年42卷2期，＊民国人物小传第6册第55页
07926　记余樾园先生／阮毅成／／ ＊浙江月刊1983年15卷8期，＊彼岸第67页

余南庚
07927　余南庚／刘绍唐主编／／ ＊传记文学1992年61卷5期
07928　心脏科权威余南庚／应平书／／ ＊学人风范第205页

余昭常
07929　余昭常／平江居士／／ ＊革命人物志第2集第357页

余秋里
07930　余秋里／刘绍唐主编／／ ＊传记文学1999年74卷4期
07931　余秋里／黄震遐／／ ＊中共军人志第115页
07932　余秋里／朱新民／／ ＊环华百科全书第20册第263页

余俊贤
07933　谦和朴实的余俊贤先生／李德安／／ ＊当代名人风范（1）第61页

余洪远
07934　余洪远／黄震遐／／ ＊中共军人志第114页

余洪元
07935　汉剧大王余洪元／周弃子／／ ＊大成1977年46期

余既成
07936　余既成／冯自由／／ ＊革命人物志第2集第359页
07937　香港余既成之狱／冯自由／／ ＊革命人物志第2集第361页

余莲青
07938　余莲青先生家传／蔡元培／／ ＊蔡元培全集第480页

余振翼
07939　余振翼／／ ＊革命人物志第16集第43页

余致泉
07940　余致泉／黄震遐／／ ＊中共军人志第116页

余健光
07941　余祥辉／胡汉民／／ ＊革命人物志第3集第207页
07942　《余健光先生传》序／孙　文／／ ＊革命人物志第3集第210页
07943　《余健光先生传》跋／谢　持／／ ＊革命人物志第3集第211页

余逢时
07944　余逢时／吴尧恭／／ ＊革命人物志第3集第206页

余家菊
07945　我们六个人（华北视察散记之一）／梁实秋／／ ＊传记文学1963年2卷3期
07946　我的学生生活（1—9）／余家菊／／ ＊醒狮1968年6卷3—11期
07947　记少年中国学会时代的余家菊／秦贤次／／ ＊传记文学1976年29卷1期
07948　余家菊（1896—1976）／秦贤次／／ ＊传记文学1976年29卷5期，＊民国人物小传第2册第36页
07949　余家菊回忆录（1—4）／余家菊／／ ＊传记文学1976年28卷6期—29卷10期
07950　余家菊（1896—1976）／／ ＊环华百科全书第20册第262页

余祥琴
07951　上海沦陷期间四年地下工作追记（上、中、下）／余祥琴／／ ＊传记文学1978年33卷2—4期

余培初
07952　余培初先生行述 / 余心如 // ＊四川文献 1964 年 25 期，＊民国四川人物传记第 167 页

余清芳
07953　余清芳传 / 程大学 // ＊台湾省文献委员会 1978 年 274 页
07954　台湾反日英烈余清芳 / 温　暖 // ＊畅流 1967 年 36 卷 5 期
07955　台湾抗日英烈余清芳（上、下）/ 蒋君章 // ＊中外杂志 1972 年 11、12 期
07956　余清芳事件始末——纪念抗日英雄余清芳烈士百年冥诞怀念抗日诸烈士 / 李月霞 // ＊台南师范专科学校学刊 1979 年 1 期
07957　余清芳 / ＊革命人物志第 12 集第 188 页

余博伦
07958　余博伦 / 段昭文 // ＊革命人物志第 9 集第 73 页

余楠秋
07959　死于"文革"的教育家余楠秋教授 / 吴伯卿 // ＊传记文学 1989 年 54 卷 2 期

余鉴明
07960　余鉴明 / 刘绍唐主编 // ＊传记文学 1993 年 63 卷 5 期

余程万
07961　忆说余程万 / 谢应芬 // ＊中外杂志 1976 年 19 卷 4 期
07962　余程万（1902—1955）/ 关志昌 // ＊传记文学 1976 年 29 卷 6 期，＊民国人物小传第 2 册第 39 页
07963　余程万抗战回忆录 / 余程万 // ＊中外杂志 1977 年 21 卷 1 期

余锡祺
07964　余锡祺 / ＊革命人物志第 9 集第 75 页

余嘉锡
07965　余嘉锡（1883—1955）/ ＊传记文学 1974 年 24 卷 5 期，＊民国人物小传第 1 册第 63 页
07966　怀恩师余季豫先生 / 李国良 // ＊艺文志 1976 年 124 期
07967　余嘉锡 / 吴相湘 // ＊民国百人传第 1 册第 251 页
07968　忆余季豫先生 / 傅试中 // ＊学府纪闻·私立辅仁大学第 124 页
07969　忆恩师余嘉锡先生 / 林　辰 // ＊学府纪闻·私立辅仁大学第 148 页

余肇康
07970　余肇康行状 / 袁思亮 // ＊碑传集三编第 5 册第 1213 页

谷　牧
07971　谷　牧 / 朱新民 // ＊环华百科全书第 8 册第 243 页

谷正伦
07972　谷正伦 / ＊"中央"日报 1953 年 11 月 4 日，＊革命人物志第 2 集第 318 页
07973　崇法务实的谷纪常先生 / 祝　毓 // ＊"中央"日报 1953 年 11 月 5 日
07974　谷正伦 / 李永久 // ＊艺文志 1965 年 3 期
07975　谷正伦先生在甘肃 / 赵龙文 // ＊中外杂志 1967 年 1 卷 2 期
07976　我的丈夫谷正伦（1—7）/ 谷陈瑾口述、章君谷执笔 // ＊中外杂志 1967 年 2 卷 3 期—1968 年 3 卷 4 期
07977　谷正伦（1890—1953）/ 周剑心 // ＊传记文学 1976 年 28 卷 6 期，＊民国人物小传第 2 册第 29 页
07978　怀念谷正伦将军 / 蔡孟坚 // ＊大成 1979 年 71 期
07979　怀念铁腕将军谷正伦 / 蔡孟坚 // ＊传记文学 1979 年 35 卷 3 期
07980　追念谷大哥正伦（上、下）/ 何辑五 // ＊中外杂志 1980 年 28 卷 2、3 期
07981　谷氏三杰中的老大正伦先生——怀念谷纪常 / 向大为 // ＊艺文志 1983 年 209 期
07982　记谷正伦将军 / 张玉荪 // ＊传记文学 1985 年 47 卷 2 期

谷正纲
07983　谷正纲 / 编纂组 // ＊环华百科全书第 8 册第 243 页

谷正鼎

07984 谷正鼎先生、皮以书夫人纪念集 / ＊谷正鼎先生、皮以书夫人纪念集编委会编印 1976 年 336 页
07985 追忆正鼎、以书贤伉俪 / 何应钦 // ＊中外杂志 1975 年 18 卷 5 期
07986 海天风雨忆故人——怀念正鼎、以书伉俪 / 张岫岚 // ＊中外杂志 1976 年 20 卷 5 期
07987 谷正鼎（1903—1974）/ 林抱石 // ＊传记文学 1980 年 36 卷 1 期，＊民国人物小传第四册第 68 页
07988 谷正鼎 / ＊革命人物志第 14 集第 180 页

谷如墉

07989 谷如墉（1853—1916）/ 周邦道 // ＊近代教育先进传略（初集）第 295 页

谷杏斋

07990 谷杏斋 / 刘健群 // ＊传记文学 1966 年 8 卷 4 期

谷良民

07991 谷良民 / 刘绍唐主编 // ＊传记文学 1997 年 71 卷 3 期

谷剑尘

07992 谷剑尘 / 李立明 // ＊中国现代六百作家小传第 177 页

谷景生

07993 谷景生 / 黄震遐 // ＊中共军人志第 109 页

谷锡五

07994 谷锡五先生事略 / 周德伟 // ＊自由中国 1955 年 13 卷 1 期，＊革命人物志第 2 集第 320 页

谷霁光

07995 笃实的谷霁光 / 邹文海 // ＊传记文学 1963 年 2 卷 1 期
07996 谷霁光 / 刘绍唐主编 // ＊传记文学 1993 年 62 卷 6 期

谷陈白坚

07997 悼谷正伦夫人 / 傅 岩 // ＊传记文学 1987 年 50 卷 4 期

犹国才

07998 犹国才 / 刘绍唐主编 // ＊传记文学 1999 年 75 卷 4 期

狄 膺

07999 悼狄膺 / 杜贞翁 // "中央"日报 1964 年 3 月 19 日
08000 忆狄君武先生 / 罗家伦 // ＊传记文学 1965 年 6 卷 4 期
08001 台北粥会十年怀狄翁君武 / 林 斌 // ＊畅流 1969 年 38 卷 11 期
08002 平常老人狄君武先生（上、下）/ 蒋君章 // ＊传记文学 1973 年 22 卷 1、2 期
08003 狄 膺（1895—1964）/ 郭易堂 // ＊传记文学 1975 年 27 卷 2 期，＊民国人物小传第 2 册第 61 页
08004 平常老人狄君武 / 李 猷 // ＊大成 1978 年 52 期
08005 忆我父亲狄君武先生 / 狄原溟 // ＊传记文学 1992 年 61 卷 3 期
08006 记新竹青草湖狄君武墓园 / 张 珂 // ＊传记文学 1992 年 61 卷 6 期
08007 自传 / 狄君武 // ＊狄君武先生遗稿第 1 卷第 1 页
08008 十载追思 / 狄君武 // ＊狄君武先生遗稿第 1 卷第 10 页
08009 狄 膺 / ＊革命人物志第 9 集第 100 页

狄超白

08010 狄超白 / 刘绍唐主编 // ＊传记文学 1994 年 65 卷 6 期

邹 杰

08011 烈士邹杰墓表 / 黄云鹏 // ＊四川文献 1964 年 23 期
08012 邹 杰 / 黄云鹏 // ＊革命人物志第 17 集第 290 页

邹 炎

08013 邹 炎 / 黄震遐 // ＊中共军人志 520 页

邹 洪

08014 邹洪上将传略 / ＊"中央"日报 1955 年 4 月 16 日，＊革命人物志第 6 集第 327 页

08015　台湾革命军人邹洪传／＊公论报1955年4月15日
08016　邹　洪(1897—1945)／张　珂／／＊传记文学1977年30卷2期，＊民国人物小传第3册第276页

邹　容

08017　邹容传／杜呈祥／／＊帕米尔书店1952年96页
08018　青年之神——邹容／王文漪／／＊1953年38页
08019　邹　容／王宇靖／＊复兴书局1955年印行
08020　邹容传／张国雄／／＊帕米尔书店1973年印行
08021　邹容及其《革命军》／＊台北市四川同乡会编印1977年76页
08022　邹　容／钟　雷／＊金兰出版社1985年158页
08023　邹容留日的记录／毛一波／／＊"中央"日报1962年10月24日
08024　革命先烈邹容传补正／林呈祥／／畅流1955年11卷4期
08025　章炳麟与邹容／姚渔湘／／＊学粹1961年3卷5期
08026　邹容及其革命军／毛一波／／四川文献1962年2期
08027　邹　容(上、下)／陈敬文／／畅流1964年29卷5、6期
08028　赠大将军邹烈士容纪念碑／邹　鲁／／＊四川文献1966年50期，＊邹鲁全集第9册第397页，＊革命人物志第6集第336页
08029　邹容及其革命军／魏子云／／＊"中央"月刊1976年8卷12期
08030　革命军名著作者——邹容／侯　悟／／＊励进1977年378期
08031　革命军中马前卒——邹容／朱田慧／／＊近代中国1981年25期，＊艺文志1984年222期
08032　青年之神——邹容及其革命军(上、下)／骆志伊／／＊书和人1983年472、473期
08033　邹容传／＊民国四川人物传记第1页
08034　邹　容／胡　轨／／民族英雄及革命先烈传记(下)第42页
08035　邹　容(1885—1905)／／环华百科全书第16册第605页
08036　赠大将军邹君墓表(邹容)／章炳麟／／革命人物志第6集第330页

邹　梅

08037　邹梅队长非洲车祸前后／马联芳／／＊传记文学1994年65卷3期

邹　琳

08038　邹琳年谱／邹　琳／／＊传记文学出版社1975年201页
08039　邹琳年谱增补／邹　琳／／(香港)大成杂志社1975年增版73页
08040　邹琳先生之生平／刘师舜／／编著者1985年137页
08041　邹琳回忆录／邹　琳／＊传记文学1973年22卷5期
08042　邹琳先生小传(1888—1984)／关国煊／＊传记文学1985年46卷4期

邹　鲁

08043　回顾录／邹　鲁／／＊三民书局1974年7月789页
08044　邹鲁(海滨)先生传略／丘式如／／丘式如1979年印行49页
08045　邹鲁研究初探／陈哲三／／＊华世出版社1980年226页
08046　邹鲁与中国革命／许继峰／／＊正中书局1981年1月199页
08047　邹鲁与中国革命／许继峰／／正中书局1981年199页
08048　愈经霜雪愈精神——邹鲁传／戴书训／／＊近代中国出版社1983年177页
08049　我所认识的海滨先生／吴　康／／＊中华日报1954年1月9日
08050　革命教育者邹海滨先生／崔载阳／／＊"中央"日报1954年2月8日
08051　邹鲁先生几件事／王宠惠／／＊"中央"日报1954年2月17日
08052　邹海滨先生传／张镜影／／＊"中央"日报1956年1月31日、2月1日
08053　邹鲁先生与西山会议／张镜影／／＊"中央"日报1957年2月5日，革命人物志第6集第356页
08054　敬书邹海滨先生数事／张镜影／／＊"中央"日报1961年2月13日

08055 邹海滨先生与中山大学 / 谢东闵 // *中国一周 1954 年 198 期
08056 从事革命的教育家邹海滨先生 / 邹 达 // *政治周刊 1956 年 91 期
08057 邹 鲁(1885—1954) / *传记文学 1974 年 25 卷 4 期,*民国人物小传第 1 册第 232 页
08058 邹鲁与三民主义 / 陈哲三 // *中华文化复兴 1975 年 8 卷 8 期
08059 邹鲁与丘逢甲的师生情谊 / 陈哲三 // *传记文学 1975 年 26 卷 1 期
08060 日本友人——邹鲁先生革命逸事(上、下) / 郭寿华 // *中国与日本 1975 年 181、182 期
08061 邹鲁追随国父革命记 / 陈哲三 // *广东文献 1976 年 5 卷 4 期
08062 邹鲁与戴传贤的交谊及其共同志业 / 陈哲三 // *幼狮 1976 年 44 卷 1 期
08063 海滨先生之生平与著述(上、中、下) / 郑彦棻 // *中外杂志 1977 年 21 卷 3—5 期,*广东文献 1977 年 7 卷 1 期,*革命思想 1977 年 42 卷 3 期
08064 近代人物师生情谊与求学掌故(1—3) / 陈哲三 // *国教辅导 1978 年 17 卷 6—10 期
08065 邹鲁与广东大学的创办 / 陈哲三 // *中国历史学会史学集刊 1978 年 10 期
08066 邹鲁传略 / 周邦道 // *华学月刊 1978 年 77 期
08067 邹鲁先生的家世、青少年时代及其革命思想的萌芽 / 陈哲三 // *逢甲学报 1982 年 15 期
08068 敬述海师几桩革命史实——纪念邹鲁先生百龄冥诞 / 郑彦棻 // *传记文学 1984 年 44 卷 4 期
08069 邹海滨先生的生平 / 绍 萃 // *今日中国 1984 年 153 期
08070 邹 鲁 / 王世祯 // *民国人豪图传第 128 页
08071 邹 鲁(1884—1954) / 周邦道 // *近代教育先进传略(初集)第 388 页
08072 邹鲁传 / 张镜影 // *邹鲁全集第 1 册第 1 页,*革命人物志第 6 集 340 页
08073 我的读书处世谈 / 邹 鲁 // *邹鲁全集第 9 册第 235 页
08074 邹 鲁(1885—1954) / 戴晋新 // *环华百科全书第 16 册第 604 页

邹子良
08075 邹子良 / 蔡屏藩 // *革命人物志第 9 集第 289 页

邹文海
08076 我的中学时代 / 邹文海 // *传记文学 1962 年 1 卷 2 期,*革命人物志第 22 集第 380 页
08077 我与书 / 邹文海 // *传记文学 1963 年 2 卷 6 期,*革命人物志第 22 集第 389 页
08078 邹文海(1908—1970) / 秦贤次 // *传记文学 1976 年 28 卷 6 期,*民国人物小传第 2 册第 244 页
08079 邹文海 / *革命人物志第 22 集第 375 页

邹去病
08080 邹去病 / *革命人物志第 16 集第 297 页

邹亚云
08081 邹亚云传 / 柳亚子 // 公论 1913 年 1 卷 1 期,南社(南社编)1914 年第 9 集文录 39 页,国学丛选卷四,*革命人物志第 9 集第 291 页

邹光辅
08082 邹光辅 / *革命人物志第 6 集第 325 页

邹志奋
08083 邹志奋 / *革命人物志第 18 集第 274 页

邹作华
08084 邹作华(1894—1973) / 于翔麟 // *传记文学 1980 年 37 卷 6 期,*民国人物小传第 4 册第 334 页

邹范陶
08085 邹范陶 / *革命人物志第 6 集第 339 页

邹绍孟
08086 邹烈士绍孟传略 // *川籍抗战忠烈录第 92 页

邹树文
08087 北京大学最早期的回忆 / 邹树文 // *大陆杂志 1963 年 3 卷 6 期,*传记文学 1963 年 3 卷 6 期

邹荻帆
08088　邹荻帆／林曼叔等∥＊中国当代作家小传第 96 页
08089　邹荻帆／蒋心焕、朱德发∥＊中国当代作家小传第 102 页
08090　邹荻帆／李立明∥＊中国现代六百作家小传第 462 页

邹斌元
08091　邹斌元／＊革命人物志第 9 集第 290 页

邹湘乔
08092　书家邹湘乔先生／周邦道∥＊畅流 1965 年 30 卷 10 期

邹嘉来
08093　邹嘉来(1853—1921)神道碑／陈三立∥＊碑传集三编第 2 册第 373 页

邹韬奋
08094　邹韬奋／穆　欣∥（香港）三联书店 1959 年 1 月 355 页
08095　邹韬奋(1895—1944)／关国煊∥＊传记文学 1979 年 34 卷 6 期，＊民国人物小传第 3 册第 278 页
08096　邹韬奋／李立明∥＊中国现代六百作家小传第 463 页
08097　邹韬奋／刘　葆∥＊现代中国人物志第 336 页

〔丶〕

言菊朋
08098　言菊朋(1890—1942)／关志昌∥＊传记文学 1983 年 42 卷 2 期，＊民国人物小传第 6 册第 121 页
08099　言菊朋、言慧珠父女／许姬传∥＊大成 1984 年 129 期

言敦源
08100　北洋"小诸葛"言敦源——北洋人物研究之一／沈云龙∥＊传记文学 1975 年 26 卷 4 期
08101　南北两"小诸葛"轶事——言敦源与白崇禧／胡光麃∥＊传记文学 1975 年 27 卷 5 期

言慧珠
08102　言菊朋、言慧珠父女／许姬传∥＊大成 1984 年 129 期
08103　记一代红伶言慧珠"文革"自缢前的片段／许　寅∥＊传记文学 1996 年 68 卷 4 期

况周颐
08104　清末临桂两词人——况周颐／眉　生∥＊艺林丛录第 1 编第 37 页

况庭芳
08105　况庭芳先生事略／＊中原文献 1980 年 12 卷 5 期

应　威
08106　应　威／＊革命人物志第 10 集第 589 页

应云卫
08107　应云卫／刘绍唐主编∥＊传记文学 1998 年 72 卷 2 期

应未迟
08108　我的记者生涯／应未迟∥＊古今谈 1966 年 13 期—1969 年 48 期

应时杰
08109　应时杰／＊革命人物志第 10 集第 589 页

应昌期
08110　与围棋结缘的应昌期先生／李德安∥＊当代名人风范(2)第 645 页

应修人
08111　应修人／李立明∥＊中国现代六百作家小传第 542 页
08112　鲁迅与应修人／马蹄疾∥＊鲁迅与浙江作家第 151 页

冷　欣
08113　从参加抗战到目睹日本投降／冷　欣∥＊传记文学杂志社 1967 年 213 页

08114 黄埔生活追忆 / 冷　欣 // *自由谈 1964 年 1 卷 3 期
08115 从参加抗战到目睹日军投降 / 冷　欣 // *传记文学 1964 年 4 卷 3 期—1965 年 6 卷 3 期
08116 日本投降二十周年琐忆 / 冷　欣 // *传记文学 1965 年 7 卷 3 期
08117 几桩有趣的回忆 / 冷　欣 // *中外杂志 1967 年 2 卷 3 期
08118 冷　欣 / 刘绍唐主编 // *传记文学 1987 年 50 卷 4 期
08119 漫漫长夜,无尽哀思——追念先夫冷容庵(欣)将军 / 冷马邦贞 // *传记文学 1987 年 51 卷 2 期

冷　波
08120 冷　波 / *作家印象记第 36 页

冷　融
08121 冷融传略 / 蜀　侠 // *四川文献 1968 年 65 期
08122 冷　融 / *革命人物志第 9 集第 94 页
08123 行述 / 黄稺荃 // *革命人物志第 9 集第 95 页

庐　隐
08124 庐隐小传 / 李立明 // *时报 1967 年 7 月 7 日
08125 黄庐隐 / 刘大杰 // *二十今人志第 17 页
08126 忆早期女作家黄庐隐 / 周蜀云 // *中外人物专辑第 6 辑第 123 页
08127 关于庐隐 / 张秀亚 // *中国近代作家与作品第 119 页
08128 黄庐隐 / 李立明 // *中国现代六百作家小传第 415 页,现代中国作家评传(一)第 35 页
08129 黄庐隐(1898—1934) / *传记文学 1974 年 25 卷 3 期,*民国人物小传第 1 册第 223 页
08130 黄庐隐 / 苏雪林等 // *近代中国作家与作品第 1 集第 175 页
08131 黄庐隐 / 谢冰莹 // *作家印象记第 123 页
08132 黄庐隐 / 方　青 // *现代文坛百象第 32 页
08133 庐隐回忆录 / 刘大杰 // *现代中国文学家传记第 70 页
08134 黄庐隐 / 赵　聪 // *现代中国作家列传第 70 页
08135 黄庐隐(1898—1934) / 环华百科全书第 10 册第 451 页

庐锡勤
08136 庐锡勤 / 黄震遐 // *中共军人志第 646 页

辛　劳
08137 辛　劳 / 李立明 // *中国现代六百作家小传第 176 页

辛际周
08138 先严际周公行述 / 辛如珠 // *江西文献 1969 年 35 期

辛国治
08139 辛国治 / 黄震遐 // *中共军人志第 117 页

辛耀文
08140 广东鉴藏家辛耀文 / 高贞白 // *大成 1977 年 39 期
08141 鉴藏家顺德辛仿苏其人其事 / 祝秀侠 // *广东文献 1977 年 7 卷 1 期
08142 鉴藏家辛耀文 / 冼玉清 // *艺林丛录(六)第 336 页

闵尔昌
08143 闵尔昌传 / 金毓黻 // *台湾史馆馆刊 1967 年 2 卷 1 期

闵俊杰
08144 闵俊杰 / *革命人物志第 12 集第 377 页

闵剑梅
08145 我的生活——七十自述 / 闵剑梅 // *商务印书馆 1979 年 40 页

汪　东
08146 汪　东(1890—1963) / 秦贤次 // *传记文学 1978 年 32 卷 5 期,*民国人物小传第 3 册第 68 页

08147 敬怀汪东老师 / 王先汉 // *中外杂志 1981 年 30 卷 3 期

汪 怡
08148 汪一庵先生的生平 / 梁容若 // *国语日报 1965 年 11 月 20 日，*传记文学 1964 年 4 卷 1 期
08149 汪怡先生传略 / 董作宾 // *中国文学 1962 年 8 期
08150 汪 怡（1877—1960）/ 邱奕松 // *传记文学 1975 年 27 卷 4 期，*民国人物小传第 2 册第 58 页

汪 洋
08151 汪 洋 / 黄震遐 // *中共军人志第 100 页

汪 震
08152 汪 震 / *革命人物志第 3 集第 202 页、第 10 集第 158 页

汪 镕
08153 汪 镕 / *革命人物志第 10 集第 159 页

汪大燮
08154 汪大燮（1859—1929）/ 关志昌 // *传记文学 1981 年 39 卷 2 期，*民国人物小传第 5 册第 128 页
08155 颇得人望汪大燮 / 赵朴民 // *北洋政府国务总理列传第 100 页
08156 汪大燮 / 贾士毅 // *民国初年的几任财政总长第 93 页

汪日章
08157 蒋介石原侍从秘书汪日章闲话当年往事 / 王舜祁 // *传记文学 1998 年 72 卷 5 期

汪公纪
08158 读汪公纪被绑架回国事件——为老友汪公纪蒙冤受辱补述二三事 / 蔡孟坚 // *传记文学 1995 年 66 卷 6 期

汪凤图
08159 汪凤图 / *革命人物志第 3 集第 201 页

汪凤藻
08160 汪凤藻（1851—1918）/ 林抱石 // *传记文学 1981 年 38 卷 2 期，*民国人物小传第 5 册第 131 页

汪凤瀛
08161 汪凤瀛与杨度 / 沈云龙 // *现代政治人物述评（中卷）第 143 页

汪文铭
08162 范金、汪文铭传略 / 彦 实 // *民国四川人物传记第 34 页
08163 汪文铭传 / *民国四川人物传记第 36 页

汪以道
08164 汪以道 / 李宗邺 // *革命人物志第 10 集第 160 页

汪世衡
08165 汪世衡 / *革命人物志第 2 集第 349 页

汪石青
08166 汪石青（炳麟）先生传 / 胡嘉棠 // *传记文学 1978 年 32 卷 4 期

汪东兴
08167 汪东兴 / 黄震遐 // *中共军人志第 744 页
08168 汪东兴 / 朱新民 // *环华百科全书第 20 册第 200 页

汪汉溪
08169 汪汉溪先生哀挽录 / 汪伯奇 // *文海出版社近代中国史料丛刊续编第十七辑（总 165）影印本 205 页
08170 汪汉溪与上海新闻报 / 沈云龙 // *传记文学 1975 年 26 卷 5 期

汪亚尘
08171 书法名家汪亚尘先生简介 / 霍济光 // *中国一周 1968 年 957 期

汪光尧
08172 汪光尧（1910—1957）/ 于翔麟 // *传记文学 1983 年 43 卷 3 期

08173 汪光尧／方叔度 // *革命人物志第 3 集第 196 页

汪仲贤
08174 汪仲贤／李立明 // *中国现代六百作家小传第 157 页

汪兆铨
08175 汪兆铨(1858—1928)／周邦道 // *近代教育先进传略(初集)第 376 页

汪兆镛
08176 微尚老人自订年谱／汪兆镛 // *文海出版社近代中国史料丛刊第九十六辑(总 959—1960)影印本 68 页
08177 清汪微尚老人兆镛自订年谱:新编中国名人年谱集成第九辑／汪兆镛著、王云五编 // *商务印书馆 1980 年 38 页
08178 汪憬吾(兆镛)好饮善骂／南　湖 // *"中央"日报 1962 年 11 月 26 日
08179 记汪憬吾／伍稼青 // *畅流 1956 年 13 卷 3 期
08180 汪兆镛(1861—1939) // *传记文学 1973 年 23 卷 5 期，*民国人物小传第 1 册第 84 页
08181 汪兆镛行状／张学华 // *碑传集三编(附录)第 10 册第 2525 页
08182 汪兆镛墓志铭／张尔田 // *碑传集三编第 10 册第 2533 页，微尚斋诗文集

汪汲青
08183 汪汲青／ *革命人物志第 2 集第 351 页

汪声玲
08184 汪声玲(1866—1934)／刘凤翰 // *传记文学 1978 年 32 卷 6 期，*民国人物小传第 3 册第 74 页

汪时璟
08185 谈抗战时期华北伪政权财神爷——汪时璟／李　吾 // *世华金融 1977 年 31 期

汪典存
08186 悼念教育家汪典存先生／曹梦樵 // *教育通讯 1954 年 5 卷 12 期

汪宗翰
08187 汪宗翰／金荣华 // *华冈文科学报 1983 年 15 期

汪承钊
08188 汪承钊／ *革命人物志第 12 集第 187 页

汪荣宝
08189 清史讲义的著者——汪荣宝／元　中 // *春秋 1966 年 4 卷 5 期
08190 汪荣宝(1878—1933)／沈云龙 // *传记文学 1977 年 31 卷 3 期，*民国人物小传第 3 册第 71 页

汪树屏
08191 给张作霖当家教与秘书行走／汪树屏遗稿、汪纪泽整理 // *传记文学 1992 年 60 卷 4 期

汪振华
08192 汪振华／颜文雄 // *中国一周 1966 年 850 期

汪振声
08193 汪振声(1883—1945)／姚崧龄 // *传记文学 1975 年 26 卷 5 期，*民国人物小传第 2 卷第 60 页

汪笑侬
08194 汪笑侬／刘绍唐、沈苇窗 // *平剧史料丛刊 1974 年 1 辑
08195 伶隐汪笑侬／周信芳 // *大成 1975 年 18 期
08196 汪笑侬(1858—1918)／关志昌 // *传记文学 1984 年 44 卷 2 期

汪润生
08197 汪润生(附郭牧之)／卢懋原 // *革命人物志第 2 集第 351 页

汪康年
08198 汪穰卿先生传记七卷(附遗文一卷)／汪诒年 // *文海出版社近代中国史料丛刊续编第一辑(总 5)影印本 184 页

08199　汪康年与启蒙时期之中国报业／常崇宝∥＊台湾政治大学新闻研究所1962年硕士学位论文
08200　汪康年与启蒙时期的中国报业／常胜君∥＊报学1966年3卷6期
08201　汪康年与时务报／沈文骞∥＊艺文志1969年43期
08202　汪康年办报之心志与影响研究／赖光临∥＊中国近代报人与报业（上册）第274页
08203　汪康年及其报业经营／沈云龙∥＊近代史事与人物第149页
08204　梁启超与汪康年／沈云龙∥＊现代政治人物述论（上卷）第11页

汪家道
08205　汪家道／黄震遐∥＊中共军人志第101页

汪焕章
08206　四明山人汪焕章／王天从∥＊宁波同乡1978年1106期
08207　四明山人汪焕章／老　兵∥＊浙江月刊1979年11卷2期

汪敬熙
08208　悼念汪敬熙先生／陈省身∥＊传记文学1968年13卷4期
08209　悼汪敬熙先生／李书华∥＊传记文学1968年13卷6期
08210　汪敬熙（1897—1968）／＊传记文学1974年24卷4期，＊民国人物小传第1册第86页
08211　汪敬熙／李立明∥＊中国现代六百作家小传第158页

汪厥明
08212　汪厥明教授对我国科学研究之贡献／汤文通∥＊教育与文化1956年11卷12期
08213　谨介予所见汪厥明先生之言行与其治学精神／周　桢∥＊教育与文化1956年11卷14期

汪曾祺
08214　汪曾祺——人情与意境的追求者／吕正惠∥＊中国时报1994年1月9日
08215　汪曾祺重要作品年表／＊中国时报1994年1月9日

汪静之
08216　汪静之传／李立明∥＊星岛日报1970年8月17日
08217　汪静之／李立明∥＊中国现代六百作家小传第159页

汪精卫
08218　汪精卫恋爱史／李焰生∥（香港）万友出版社1961年256页
08219　汪精卫降敌卖国密史／龚德柏∥＊大立书店1970年163页
08220　汪精卫卖国秘史／古　龙∥＊文翔图书股份有限公司1979年4月246页
08221　汪精卫传／王美真∥＊国际文化事业公司1988年234页
08222　汪精卫传／闻少华∥＊李敖出版社1988年445页
08223　胡汉民与汪精卫（选载）／马五先生∥＊中外杂志1969年5卷5期
08224　黄秋岳与汪精卫／马五先生∥＊中外杂志1969年5卷1期
08225　袁世凯与汪精卫的因缘／林　斌∥＊畅流1969年39卷9期
08226　我对汪精卫、冯玉祥的印象／田炯锦∥＊中外杂志1971年10卷4期
08227　汪精卫这个人／陶菊隐∥＊中外杂志1971年10卷6期、1972年11卷1期，＊中外人物专辑第4辑第111页
08228　追随汪精卫的一段往事／刘文焕∥＊传记文学1973年12卷1期
08229　汪精卫生前身后识小录／胡耐安∥＊传记文学1973年23卷3期
08230　汪精卫悲剧终场的前因后果／石　康∥＊艺文志1974年111期
08231　袁世凯与汪精卫／林光灏∥＊中外杂志1974年16卷5期，＊中外人物专辑第6辑第81页
08232　我的家庭教师汪精卫／李景武∥＊中外杂志1975年17卷2期
08233　汪精卫与陈璧君／陈　言∥＊中外杂志1975年18卷1期
08234　汪精卫的一生（1—3）／费云文∥＊中外杂志1976年20卷4—6期
08235　从日方资料看汪逆精卫叛国经过／宋越伦∥＊华学月刊1976年53期

08236　武汉政权的两个首脑人物徐谦与汪精卫／李云汉∥＊传记文学1978年32卷5期
08237　清誉始、悲剧终的汪精卫／韵　农∥＊艺文志1980年176期
08238　河内汪案始末(1—8)／陈恭澍∥＊传记文学1982年40卷2期—41卷3期
08239　汪精卫勾结袁世凯的一段史实／周　新∥＊传记文学1982年40卷6期
08240　陈公博甘愿为汪精卫死／吴相湘∥＊传记文学1982年41卷6期
08241　汪兆铭其人其事／关志昌∥＊传记文学1987年51卷5期
08242　细说汪伪(上、中、下)／罗君强∥＊传记文学1993年62卷1—3期
08243　汪精卫从和平运动到投日／蒋永敬∥＊传记文学1993年62卷2期
08244　内戚说汪伪集团内幕(上、中、下)／陈春圃∥＊传记文学1993年62卷5—6、1993年63卷1期
08245　潘汉年晋见汪精卫与日本军头／王朝柱∥＊传记文学1996年69卷2期
08246　汪精卫之死／李一匡∥＊传记文学1999年75卷6期
08247　汪精卫／吴相湘∥＊民国百人传第3册第361页
08248　汪精卫的故事／晓　恬∥＊当代名人故事第1辑
08249　汪精卫(1883—1944)／戴晋新∥＊环华百科全书第20册第200页
08250　汪兆铭(精卫)／胡遯园∥＊贤不肖列传第101页

汪馥泉
08251　初期浪漫主义的代表人物汪馥泉／丁　淼∥＊当代文艺1970年50期
08252　汪馥泉／李立明∥＊中国现代六百作家小传第160页

汪彝定
08253　一颗文星的陨落——悼汪彝定兄／杨乃荡∥＊中国时报1993年12月16日
08254　那一段忘年相交的岁月——追念汪彝定先生的生活点滴／萧万长∥＊中国时报1993年12月16日
08255　敬悼一位可敬爱的长官／潘家声∥＊中国时报1993年12月16日
08256　汪彝定之丧昨公祭／＊中国时报1993年12月17日

沙汀
08257　三十年代两著名小说家沙汀与艾芜同年生同年死(上、下)／关国煊∥＊传记文学1993年62卷5、6期
08258　沙　汀／方雪纯等∥＊中共人名录第207页
08259　沙　汀／林曼叔等∥＊中国现代作家小传56页
08260　沙　汀／李立明∥＊中国现代六百作家小传第175页
08261　沙　汀／季　林∥＊作家的生活第90页
08262　沙　汀／施秀乔∥＊近代中国作家论第95页
08263　沙　汀／赵　聪∥＊现代中国作家列传第356页
08264　沙　汀／黄俊东∥＊现代中国作家剪影第171页

沙淦
08265　沙　淦／＊革命人物志第3集第203页
08266　沙烈士宝琛纪念碑／＊革命人物志第3集第204页

沙鸥
08267　沙　鸥／林曼叔等∥＊中国当代作家小传第94页
08268　沙　鸥／李立明∥＊中国现代六百作家小传第176页

沙千里
08269　沙千里(1901—1982)／关国煊∥＊传记文学1982年41卷5期，＊民国人物小传第6册第75页

沙可夫
08270　沙可夫／刘绍唐主编∥＊传记文学1995年67卷4期

沙学浚
08271　沙学浚／刘绍唐主编∥＊传记文学1999年74卷6期

沙恭顺

08272　沙恭顺 / ＊革命人物志第 3 集第 203 页

沈　寿

08273　张謇与沈寿 / 钱佚樵 // ＊畅流半月刊社 1965 年
08274　余沈寿夫人传 / 钱佚樵 // ＊"中央"日报 1955 年 1 月 10 日
08275　张謇与沈寿(1—17) / 钱佚樵 // ＊畅流 1963 年 28 卷 1 期—1964 年 29 卷 4 期
08276　绣圣——沈寿 / 依　岩 // ＊雄师 1979 年 95 期
08277　沈寿(1874—1921) / 关国煊 // ＊传记文学 1983 年 42 卷 4 期，＊民国人物小传第 6 册第 68 页
08278　近代刺绣圣手沈寿 / 宁　静 // ＊艺林丛录(2)第 244 页

沈　怡

08279　沈怡自述 / 沈　怡 // ＊传记文学出版社 1985 年 312 页
08280　从事西北水利一页史 / 沈　怡 // ＊传记文学 1969 年 15 卷 3 期
08281　上海市工务局十年(上、中、下) / 沈　怡 // ＊传记文学 1970 年 17 卷 2—4 期
08282　悼念南京市长沈君怡先生 / 蒋尚为 // ＊传记文学 1980 年 37 卷 4 期
08283　悼念沈君怡先生 / 杨继曾 // ＊传记文学 1981 年 38 卷 2 期，＊革命人物志第 22 集第 133 页
08284　沈　怡(1901—1980) / 林抱石等 // ＊传记文学 1981 年 38 卷 6 期，＊民国人物小传第 5 册第 90 页
08285　悼念沈君怡先生 / 关德懋 // ＊传记文学 1981 年 39 卷 2 期
08286　金婚忆往 / 沈怡 // ＊传记文学 1981 年 39 卷 4 期—1982 年 40 卷 1 期
08287　我对张季直先生的认识 / 沈　怡 // ＊传记文学 1980 年 37 卷 5 期
08288　参加联合国亚经会年会忆往 / 崔祖侃 // ＊传记文学 1995 年 67 卷 3 期
08289　沈　怡 / ＊革命人物志第 22 集第 58 页

沈　荩

08290　沈　荩 / 黄中黄 // ＊革命人物志第 12 集第 121 页

沈　浮

08291　沈　浮 / 李立明 // ＊中国现代六百作家小传第 146 页

沈　鸿

08292　人民政协代表沈鸿 / ＊新中国人物志(下)第 112 页

沈　雄

08293　沈　雄 / 林亨佳 // ＊革命人物志第 2 集第 373 页

沈　策

08294　沈策将军访问记 / 张素初 // ＊中报月刊 1985 年 65 期

沈　锜

08295　忆童年与求学 / 沈　锜 // ＊传记文学 1999 年 74 卷 5、6 期
08296　我做"总统"侍从秘书 / 沈　锜 // ＊传记文学 1999 年 75 卷 5、6 期

沈　醉

08297　我与沈醉 / 许诒光 // ＊传记文学 1996 年 68 卷 6 期

沈之岳

08298　沈之岳病逝 / ＊"中央"日报 1994 年 2 月 25 日

沈云龙

08299　四十年前中学时代的回忆 / 沈云龙 // ＊传记文学 1967 年 11 卷 6 期
08300　我的自白——为什么写《徐世昌评传》 / 沈云龙 // ＊传记文学 1975 年 26 卷 1 期
08301　惊闻胜利泪霑巾 / 沈云龙 // ＊传记文学 1975 年 27 卷 2 期
08302　我的童年 / 沈云龙 // ＊传记文学 1975 年 27 卷 3 期
08303　平生历险记 / 沈云龙 // ＊传记文学 1975 年 27 卷 4 期

08304 早年留学东瀛的经过／沈云龙／／＊传记文学1976年28卷3期
08305 我和罗家伦先生的文字论争／沈云龙／／＊传记文学1977年30卷3期
08306 我卷入"八·一九"币制改革的漩涡／沈云龙／／＊传记文学1977年31卷2期
08307 毕生难忘的一年——1949年／沈云龙／／＊传记文学1979年35卷4期
08308 忆王云五先生／朱文长／／＊传记文学1979年35卷6期
08309 沈云龙先生七秩寿庆特辑／／＊传记文学1979年35卷6期
08310 敬悼本刊编辑顾问沈云龙教授／刘绍唐／／＊传记文学1987年51卷5期
08311 为沈云龙兄身后所遗之史料说两句话／李璜／／＊传记文学1987年51卷5期
08312 史学家沈云龙传略及其著作（选载）／陈三井／／＊传记文学1987年51卷5期
08313 敬悼沈云龙先生并追述逝世经过／常胜君／／＊传记文学1987年51卷5期
08314 敬悼沈云龙先生／阮毅成／／＊传记文学1987年51卷5期
08315 悼沈云龙兄／王开节／／＊传记文学1987年51卷5期
08316 敬悼近代史学家沈云龙兄／陈纪滢／／＊传记文学1987年51卷5期
08317 云老与我／张佛千／／＊传记文学1987年51卷5期
08318 两面之缘遥祭云老／殷志鹏／／＊传记文学1987年51卷5期
08319 初到台湾——忆述四十年前的一些往事／沈云龙／／＊传记文学1987年51卷6期
08320 敬悼沈云龙先生／王禹廷／／＊传记文学1987年51卷6期
08321 追忆沈云龙老伯／何庆华／／＊传记文学1987年51卷6期
08322 丁卯岁首述感／沈云龙／／＊传记文学1987年51卷6期

沈中和

08323 沈中和／／＊革命人物志第10集第162页

沈从文

08324 沈从文自传／沈从文／／＊联合文学出版社1987年212页
08325 沈从文传／凌宇／／＊东大图书馆1991年617页
08326 恩怨沧桑：沈从文与丁玲／李辉／／＊业强出版社1992年221页
08327 记沈从文／祝秀侠／／＊中华日报1952年10月14日
08328 忆沈从文教授／晓晖／／＊中华日报1967年8月9日
08329 怀念沈从文教授／马逢华／／＊传记文学1963年2卷1期，＊自由中国1963年16卷3期，＊当代文艺1967年12期
08330 沈从文（上、下）／陈敬之／／＊畅流1966年34卷8—9期
08331 记沈从文／李辉英／／＊当代文艺1967年12期
08332 沈从文的创作与恋爱／林秀石／／＊艺文志1969年45期
08333 沈从文剪影／李立明／／＊东西风月刊1973年12期
08334 与沈从文会见记／许芥昱著、李国威译／／＊明报月刊1976年11卷3期
08335 记沈从文——三十年代作家直接印象记之八／陈纪滢／／＊传记文学1981年38卷4期
08336 沈从文还乡记／张玲麟／／＊传记文学1983年42卷2期
08337 重晤沈从文教授／马逢华／／＊传记文学1983年42卷2期
08338 悄然而逝的沈从文／吴立昌／／＊传记文学1996年69卷5期
08339 沈从文和他的作品／林海音／／＊中国近代作家与作品第223页
08340 沈从文／李立明／／＊中国现代六百作家小传第152页
08341 沈从文／颖子／／＊中国新学术人物志第71页
08342 沈从文与文史研究／彦火／／＊当代中国作家风貌续编第34页
08343 沈从文／季林／／＊作家的生活第19页
08344 沈从文／施秀乔／／＊近代中国作家论第83页
08345 沈从文／／＊环华百科全书第16册第65页

08346　沈从文／贺玉波／／＊现代中国作家论第 2 卷 115 页
08347　沈从文／赵　聪／／＊现代中国作家列传第 223 页
08348　沈从文／陈敬之／／＊"新月"及其重要作家第 125 页

沈文蔚
08349　沈文蔚／＊革命人物志第 3 集第 183 页

沈尹默
08350　书法名家沈尹默／沧海客／／＊工商日报 1974 年 5 月 25 日
08351　诗人厅长沈尹默——回国求学师长印象记之二／洪炎秋／／＊传记文学 1963 年 2 卷 6 期
08352　沈尹默及其诗词书法／沈云龙／／＊大成 1977 年 49 期
08353　沈尹默（1882—1971）／关国煊／／＊传记文学 1978 年 32 卷 5 期，＊民国人物小传第 3 册第 46 页
08354　马一浮、沈尹默、王造时、孙大雨——记四位大学者的不幸遭遇／重　威／／＊中报月刊 1980 年 8 期
08355　我和陈独秀／沈尹默／／＊中报月刊 1980 年 11 期
08356　勤奋学习、刻苦钻研的一生：忆父亲沈尹默／令年、令昕／／＊书画家 1983 年 11 卷 2 期
08357　书法大师沈尹默之死（选载）／周而复／／＊传记文学 1992 年 60 卷 6 期
08358　沈尹默／李立明／／＊中国现代六百作家小传第 147 页
08359　沈尹默／赵　聪／／＊现代中国作家列传第 28 页
08360　鲁迅与沈尹默／马蹄疾／／＊鲁迅与浙江作家第 13 页

沈世启
08361　武二花、沈世启／＊传记文学 1975 年 26 卷 6 期

沈玄庐
08362　沈定一（1892—1928）／秦贤次／／＊传记文学 1975 年 26 卷 1 期，＊民国人物小传第 2 册第 40 页
08363　沈玄庐／李立明／／＊中国现代六百作家小传第 148 页

沈发藻
08364　沈发藻（1904—1973）／于翔麟／／＊传记文学 1979 年 35 卷 5 期，＊民国人物小传第 4 册第 81 页
08365　沈发藻／＊革命人物志第 12 集第 153 页

沈西苓
08366　沈西苓（1904—1940）／关志昌／／＊传记文学 1984 年 44 卷 3 期
08367　沈西苓／李立明／／＊中国现代六百作家小传第 149 页

沈有乾
08368　一个国际公务员的回忆／沈有乾／／＊传记文学 1984 年 44 卷 2 页
08369　清末民初幼年生活回忆／沈有乾／／＊传记文学 1985 年 44 卷 2 期

沈刚伯
08370　我幼时所受的教育／沈刚伯／／＊传记文学 1962 年 1 卷 1 期，＊湖北文献 1984 年 70 期，＊沈刚伯先生文集（下册）第 742 页
08371　起义前后的见闻经历／沈刚伯／／＊传记文学 1963 年 2 卷 5 期，＊沈刚伯先生文集（下册）第 742 页
08372　"量才适性"的沈刚伯先生／逯耀东／／＊中华文化复兴月刊 1974 年 7 卷 12 期
08373　柏林一晤（为纪念沈刚伯先生而作）／杜西樵／／＊明报月刊 1977 年 12 卷 10 期
08374　忆沈刚伯师／汤　晏／／＊传记文学 1977 年 31 卷 4 期
08375　沈刚伯杏坛六十年／邱秀文／／＊大成 1977 年 46 期
08376　忆沈刚伯／张佛千／／＊大成 1977 年 48 期
08377　平正通达的实行家——悼念沈刚伯先生（1897—1977）／毛子水／／＊自由青年 1977 年 58 卷 3 期
08378　我与刚伯先生／蒋复璁／／＊中外杂志 1978 年 23 卷 6 期，＊湖北文献 1979 年 52 期
08379　追怀沈刚伯先生／吴锡泽／／＊中外杂志 1978 年 23 卷 6 期

08380 追忆沈刚伯老师 / 赵雅书 // ＊中外杂志 1978 年 24 卷 2 期
08381 乐教英才法孟轲——追念沈刚伯师 / 昌彼得 // ＊传记文学 1978 年 32 卷 5 期
08382 追念沈刚伯先生 / 杜　默 // ＊幼狮 1978 年 48 卷 6 期
08383 我与程旨云兄 / 沈刚伯 // ＊沈刚伯先生文集(下册)第 737 页，＊学府纪闻·国立武汉大学第 209 页
08384 "忘我"人生 / 沈刚伯 // ＊沈刚伯先生文集(下册)第 757 页
08385 悼念沈刚伯兄 / 沈宗瀚 // ＊沈宗瀚晚年文录第 336 页
08386 沈刚伯坚信教学相长 / 应平书 // ＊学人风范第 102 页
08387 沈刚伯(1897—1977) / 李元信 // ＊环华百科全书第 16 册第 59 页
08388 一头蓬发，一袭布衫，一杯清茶——访沈刚伯教授 / 胡有瑞 // ＊现代学人散记第 99 页，＊学府纪闻·国立武汉大学第 191 页

沈仲九
08389 福建龙——沈仲九 / 易　金 // ＊联合报 1964 年 1 月 28 日

沈向奎
08390 沈向奎(1905—1972) / 于翔麟 // ＊传记文学 1983 年 43 卷 3 期

沈亦云
08391 亦云回忆录(上下册) / 沈亦云 // ＊传记文学出版社 1980 年 682 页
08392 《亦云回忆》自序 / 沈亦云 // ＊传记文学 1964 年 4 卷 3 期
08393 亦云回忆(1—3) / 沈亦云 // ＊传记文学 1964 年 4 卷 4—6 期
08394 天津三年 / 沈亦云 // ＊传记文学 1964 年 5 卷 1 期
08395 首都革命 / 沈亦云 // ＊传记文学 1964 年 5 卷 2 期
08396 摄政内阁 / 沈亦云 // ＊传记文学 1964 年 5 卷 3 期
08397 滞京一年 / 沈亦云 // ＊传记文学 1964 年 5 卷 4 期
08398 塘沽停战协定 / 沈亦云 // ＊传记文学 1965 年 6 卷 1 期
08399 政整会 / 沈亦云 // ＊传记文学 1965 年 6 卷 3 期
08400 政整会补遗 / 沈亦云 // ＊传记文学 1965 年 6 卷 4 期
08401 分手与身后 / 沈亦云 // ＊传记文学 1965 年 6 卷 5 期
08402 抗日战起 / 沈亦云 // ＊传记文学 1965 年 6 卷 6 期
08403 辛亥革命知见 / 沈亦云 // ＊传记文学 1965 年 7 卷 1 期
08404 南屏十年 / 沈亦云 // ＊传记文学 1967 年 11 卷 4 期
08405 战后的莫干农村 / 沈亦云 // ＊传记文学 1967 年 11 卷 5 期
08406 迟迟吾行 / 沈亦云 // ＊传记文学 1967 年 11 卷 6 期
08407 亦云回忆与黄膺白先生 / 张佛千 // ＊传记文学 1968 年 12 卷 5 期
08408 悼黄膺白夫人 / 张　群 // ＊传记文学 1971 年 19 卷 6 期
08409 亦云大姐逝世周年悼念 / 钱用和 // ＊传记文学 1972 年 21 卷 5 期
08410 沈亦云(1894—1971) // ＊传记文学 1974 年 24 卷 3 期，＊民国人物小传第 1 册第 83 页
08411 沈亦云女士九十冥寿 / 王爱生 // ＊传记文学 1985 年 46 卷 1 期

沈亦珍
08412 苏浙公学十八年 / 沈亦珍 // ＊大成 1980 年 77 期
08413 教育家沈亦珍的一生 / 关国煊 // ＊传记文学 1994 年 65 卷 2 期
08414 怀近代教育家沈亦珍先生 / 余宗玲 // ＊传记文学 1998 年 73 卷 6 期

沈观泰
08415 沈观泰先生事略 / 黄大炟 // ＊传记文学 1987 年 51 卷 3 期
08416 念亡夫沈观泰 / 沈陈郁芬 // ＊传记文学 1987 年 51 卷 3 期

沈志远
08417 沈志远 / 刘绍唐主编 // ＊传记文学 1998 年 73 卷 4 期

08418 中央文化教育委员会委员沈志远 / ＊新中国人物志(下)第 48 页

沈芷芳
08419 沈芷芳 / 谢瀛洲 // ＊革命人物志第 14 集第 185 页

沈苇窗
08420 悼"大成"沈苇窗兄 / 马芳踪 // ＊传记文学 1995 年 67 卷 4 期

沈时可
08421 沈时可 / 刘绍唐主编 // ＊传记文学 1995 年 66 卷 6 期

沈应时
08422 沈应时 / ＊革命人物志第 3 集第 190 页

沈汪度
08423 沈汪度 / 夏思痛 // ＊革命人物志第 2 集第 368 页

沈青尘
08424 沈青尘 / 刘绍唐主编 // ＊传记文学 1992 年 61 卷 6 期

沈松泉
08425 沈松泉 / 李立明 // ＊中国现代六百作家小传第 150 页

沈卓吾
08426 为国父录音灌片的沈卓吾 / 邂园 // ＊畅流 1956 年 14 卷 1 期

沈昌焕
08427 沈昌焕密电叶公超去职 / 黄天才 // ＊传记文学 1998 年 73 卷 3 期
08428 沈昌焕 / 刘绍唐主编 // ＊传记文学 1998 年 73 卷 6 期

沈岭南
08429 沈岭南 / ＊革命人物志第 3 集第 190 页

沈知方
08430 文化事业中一段掌故——忆世界书局创办人沈知方 / 沈应文婵 // ＊浙江月刊 1980 年 12 卷 6 期

沈秉钧
08431 父亲与《辞源》/ 沈怡 // ＊传记文学 1979 年 34 卷 1 期

沈泊尘
08432 中国第一漫画家沈泊尘 / 陈定山 // ＊大成 1975 年 22 期
08433 沈泊尘及其同时的漫画家 / 黄苗子 // ＊大成 1982 年 108 期

沈泽民
08434 沈泽民小史 / 李立明 // ＊明报 1974 年 7 月 24 日
08435 沈泽民 / 李立明 ＊中国现代六百作家小传第 156 页

沈宗琳
08436 柏台八年 / 沈宗琳 // ＊传记文学 1982 年 41 卷 3 期
08437 沈宗琳 / 刘绍唐主编 // ＊传记文学 1992 年 61 卷 5 期
08438 沈宗琳为社会立言 / 周安仪 // ＊中国新闻从业人员群像(上册)第 221 页

沈宗瀚
08439 克难苦学记 / 沈宗瀚 // ＊正中书局 1954 年 12 月 91 页
08440 中年自述 / 沈宗瀚 // ＊正中书局 1957 年 215 页
08441 晚年自述 / 沈宗瀚 // ＊正中书局 1977 年 12 月 236 页
08442 沈宗瀚自述·克难苦学记 / 沈宗瀚 // ＊传记文学出版社印行
08443 沈宗瀚先生纪念集 / 沈宗瀚先生纪念集编印委员会 // 沈宗瀚先生纪念集编印委员会 1982 年 440 页
08444 锲而不舍——沈宗瀚先生的一生 / 沈君山、黄俊杰 // ＊时报文化事业有限公司 1981 年 9 月 386 页

08445　沈宗瀚先生年谱 / 黄俊杰 // *巨流图书公司 1990 年 528 页
08446　胜利后接受北平农场的回忆 / 沈宗瀚 // *传记文学 1962 年 1 卷 6 期
08447　参加中美农业合作团的经过 / 沈宗瀚 // *传记文学 1963 年 3 卷 6 期
08448　重建中农所与创办农复会的回忆 / 沈宗瀚 // *传记文学 1966 年 9 卷 1 期
08449　在台湾初期与出席粮农会议 / 沈宗瀚 // *传记文学 1969 年 15 卷 4 期
08450　我所亲炙的沈宗瀚先生 / 龚 弼 // *东方杂志 1977 年 10 卷 12 期，*沈宗瀚晚年文录第 29 页
08451　沈宗瀚的故事 / 胡有瑞 // *中国文选 1977 年 120 期，*沈宗瀚晚年文录第 38 页
08452　沈宗瀚先生与我国农业现代化运动 / 黄俊杰 // *传记文学 1981 年 38 卷 1 期
08453　沈宗瀚献身农业(上、下) / 吴相湘 // *传记文学 1981 年 38 卷 1、2 期
08454　沈宗瀚(1895—1980) / 林抱石 // *传记文学 1981 年 38 卷 2 期，*民国人物小传第 5 册第 92 页
08455　悼念沈宗瀚先生——兼追忆两亡友徐宝谦与刘廷芳 / 谢扶雅 // *传记文学 1981 年 38 卷 5 期
08456　记五十年前沈宗瀚博士几件事——兼记钱天鹤主持浙江农林局经过 / 朱沛莲 // *传记文学 1981 年 38 卷 5 期
08457　沈宗瀚自传及年谱评介 / 张朋园 // *传记文学 1983 年 43 卷 6 期，*历史学报 1983 年 11 期
08458　沈宗瀚与中国农业现代化 / 谢森中 // *中外杂志 1984 年 35 卷 3 期
08459　沈宗瀚 / 吴相湘 // *民国百人传第 4 册 201 页
08460　农业先进沈宗瀚博士 / 李德安 // *当代名人风范(4)第 1367 页
08461　记八十寿辰 / 沈宗瀚 // *沈宗瀚晚年文录第 3 页
08462　农事五十年 / 郭敏学 // *沈宗瀚晚年文录第 34 页
08463　慈父 / 沈慈源 // *沈宗瀚晚年文录第 52 页
08464　我的退休生活与工作 / 沈宗瀚 // *沈宗瀚晚年文录第 57 页
08465　沈宗瀚(1896—1980) *环华百科全书第 16 册第 64 页
08466　从农夫到学者——沈宗瀚的故事 / 胡有瑞 // *现代学人散记第 163 页
08467　沈宗瀚 / *革命人物志第 21 集 168 页
08468　默默行道的沈宗瀚博士 / 王 韵 // *革命人物志第 21 集第 220 页

沈钧儒
08469　沈钧儒(1875—1963) / 关国煊 // *传记文学 1981 年 39 卷 1 期，*民国人物小传第 5 册第 95 页

沈剑虹
08470　访美八年纪要——沈剑虹回忆录 / 沈剑虹 // *联经出版事业公司 1982 年 413 页
08471　半生忧患:沈剑虹回忆录 / 沈剑虹 // *联经出版事业公司 1989 年 281 页
08472　魏景蒙与我 / 沈剑虹 // *传记文学 1982 年 41 卷 5 期
08473　"六三"忆光华并回顾我中学的历程 / 沈剑虹 // *传记文学 1985 年 46 卷 6 期
08474　"七七"杂忆 / 沈剑虹 // *传记文学 1985 年 47 卷 6 期
08475　五年新闻岁月的回忆 / 沈剑虹 // *传记文学 1987 年 50 卷 3 期
08476　回想香港岁月 / 沈剑虹 // *传记文学 1987 年 50 卷 6 期
08477　贫苦出身的沈剑虹"大使" / 李德安 // *当代名人风范(4)第 1213 页

沈炳光
08478　沈炳光 / 颜文雄 // *中国一周 1966 年 864 期

沈兹九
08479　沈兹九 / 方雪纯等 // *中共人名录第 198 页
08480　沈兹九 / 李立明 // *中国现代六百作家小传第 151 页

沈祖荣
08481　沈祖荣(1883—1976) / 苏 精 // *传记文学 1983 年 42 卷 3 期，*民国人物小传第 6 册第 74 页
08482　图书馆教育之父沈祖荣先生——为其百龄冥寿纪念而作 / 严文郁 // *传记文学 1983 年 42 卷 5 期

08483　关于沈祖荣文之补正 / 严文郁 // *传记文学 1983 年 42 卷 6 期

沈祖懋
08484　沈祖懋 / *革命人物志第 10 集第 162 页
08485　哭沈祖懋先生 / 姚冬声 // *革命人物志第 10 集第 163 页

沈起予
08486　沈起予 / 李立明 // *中国现代六百作家小传第 150 页

沈柔坚
08487　访沈柔坚、关良、吕蒙、唐云、程十发 / 莫一点 // *明报月刊 1980 年 15 卷 3 期

沈恩孚
08488　沈恩孚（1864—1944） / 周邦道 // *传记文学 1980 年 37 卷 3 期，*民国人物小传第 4 册第 79 页，*近代教育先进传略（初集）第 46 页
08489　关于陈粹芬、沈恩孚的一点补充 / 沈云龙 // *传记文学 1981 年 39 卷 5 期

沈兼士
08490　忆沈兼士老师 / 张秀亚 // *中华日报 1968 年 5 月 4 日
08491　风流儒雅忆吾师 / 李维棻 // *传记文学 1964 年 4 卷 1 期
08492　沈兼士（1885—1947） / 关志昌 // *传记文学 1983 年 43 卷 2 期，*民国人物小传第 104 页
08493　文学院院长沈兼士先生 / 王静芝 // *学府纪闻·私立辅仁大学第 110 页
08494　敬怀沈兼士先生 / 公孙嬿 // *学府纪闻·私立辅仁大学第 152 页

沈家本
08495　晚清时代的法律思想大论战——记桐乡沈家本先生变法的一段经过 / 陆啸剑 // *文星 1965 年 16 卷 6 期
08496　沈家本先生行谊、法律思想及其影响（上、下） / 林咏荣 // *东方杂志 1979 年 13 卷 1 期

沈家铭
08497　沈家铭 / 刘绍唐主编 // *传记文学 1996 年 68 卷 2 期

沈骊英
08498　亡妻沈君骊英行述 / 沈宗瀚 // *沈宗瀚晚年文录第 263 页

沈崇诲
08499　沈崇诲烈士驾机撞毁日舰壮烈成仁记 / 刘本炎 // *湖北文献 1980 年 57 期
08500　记沈崇诲校友 / 黄中孚 // *学府纪闻·国立清华大学第 201 页
08501　沈崇诲 / *革命人物志第 3 集第 185 页

沈鸿英
08502　沈鸿英 / 刘绍唐主编 // *传记文学 1996 年 69 卷 1 期

沈鸿烈
08503　忆沈成章先生 / 李先闻 // "中央"日报 1970 年 1 月 4 日，*革命人物志第 15 集第 97 页
08504　沈鸿烈同江抗俄 / 李雍民 // *古今谈 1966 年 13 期
08505　天门沈成章先生 / 卢翼之 // *湖北文献 1967 年 2 期，*革命人物志第 15 集第 100 页
08506　沈鸿烈与山东 / 刘道平 // *革命思想 1969 年 27 卷 5—6 期，*革命人物志第 15 集第 115 页
08507　悼念沈先生鸿烈 / 李晴芳 // *湖北文献 1969 年 12 期
08508　追念沈鸿烈先生 / 刘兆璸 // *传记文学 1972 年 20 卷 6 期
08509　沈鸿烈卫护海权 // *湖北文献 1975 年 37 期，*革命人物志第 15 集第 128 页
08510　黄杰、戴笠、沈鸿烈 / 乔家才 // *中外杂志 1976 年 20 卷 4 期
08511　沈鸿烈（1882—1969） / 关国煊 // *传记文学 1977 年 30 卷 2 期，*民国人物小传第 3 册第 48 页
08512　怀念沈鸿烈先生 / 许正直 // *中外杂志 1980 年 28 卷 4 期，*湖北文献 1981 年 59 期
08513　记先岳父沈鸿烈先生一段往事 / 宫守义 // *传记文学 1983 年 43 卷 1 期，*湖北文献 1983 年 69 期

沈鸿烈
08514 沈鸿烈对东北江海防务之贡献 / 谭柏龄 // ＊传记文学 1987 年 50 卷 6 期
08515 沈鸿烈 / 吴相湘 // ＊民国百人传第 3 册第 171 页
08516 沈鸿烈(1882—1969) / ＊环华百科全书第 16 册第 60 页
08517 沈鸿烈 / 李晴芳 // ＊革命人物志第 15 集第 95 页

沈维翰
08518 书生法官沈维翰 / 齐家才 // ＊戴笠将军和他的同志第 1 集第 183 页

沈淑薇
08519 徐志摩、沈淑薇、郁达夫 / 徐讱三 // ＊中外杂志 1969 年 6 卷 4 期

沈斯庵
08520 忆沈斯庵 / 张默君 // ＊"中央"日报 1951 年 5 月 8 日
08521 旅台乡先贤沈光文斯庵传 / ＊宁波同乡 1976 年 94 期

沈敬裕
08522 沈敬裕公年谱 / 沈成式 // ＊文海出版社 1967 年 5 月影印本,＊广文书局 1971 年影印本
08523 沈瑜庆(1858—1918)墓志铭 / 陈三立 // ＊碑传集三编第 4 册第 927 页

沈翔云
08524 沈翔云 / 冯自由 // ＊革命人物志第 2 集第 371 页

沈曾植
08525 沈寐叟先生年谱 / 王蘧常 // ＊商务印书馆 1977 年 108 页
08526 沈寐叟学殖淹博 / 南　湖 // ＊"中央"日报 1962 年 5 月 3 日
08527 沈曾植是丁巳复辟的要角 / 刘筱石 // ＊春秋 1965 年 3 卷 2 期
08528 沈曾植(1850—1922) / ＊传记文学 1973 年 23 卷 1 期,＊民国人物小传第 1 册第 69 页
08529 沈寐叟与李梅盦——民初两大书家之隐事 / 恽茹辛 // ＊中外杂志 1977 年 7 期,＊中外杂志 1977 年 22 卷 1 期
08530 康南海与沈寐叟 / 贾讷夫 // ＊大成 1983 年 110 期
08531 沈曾植墓志铭 / 谢凤孙 // ＊碑传集三编第 2 册第 403 页

沈瑞麟
08532 沈瑞麟 / 郑寿麟 // ＊传记文学 1968 年 12 卷 7 期

沈缦云
08533 沈缦云 / 刘绍唐主编 // ＊传记文学 1998 年 72 卷 3 期
08534 沈懋昭 / 王蕴登 // ＊革命人物志第 2 集第 374 页

沈慧莲
08535 沈慧莲 / ＊革命人物志第 14 集第 187 页

沈觐鼎
08536 沈觐鼎三十年外交生活 / 王　康 // ＊"中央"日报 1956 年 4 月 4 日

沈毅民
08537 沈毅民 / ＊革命人物志第 3 集第 188 页

沈翼世
08538 沈翼世 / 邓飞鹏 // ＊革命人物志第 3 集第 188 页

沉樱
08539 沉　樱 / 刘绍唐主编 // ＊传记文学 1996 年 69 卷 6 期
08540 陈　瑛 / 李立明 // ＊中国现代六百作家小传第 342 页

宋文
08541 宋　文 / 黄震遐 // ＊中共军人志第 117 页

宋达
08542 宋达的贡献 / 刘修如 // ＊湖南文献 1976 年 4 卷 1 期

宋达
08543 宋达(1916—1975) / 于翔麟 // ＊传记文学 1980 年 37 卷 2 期，＊民国人物小传第 4 册第 69 页
08544 怀念尽忠典型的宋达将军 / 郑文光 // ＊传记文学 1985 年 47 卷 2 期
08545 宋 达 / ＊革命人物志第 14 集第 157 页

宋烈
08546 宋 烈 / 黄震遐 // ＊中共军人志第 125 页

宋振
08547 宋 振 / ＊革命人物志第 3 集第 161 页

宋淇
08548 宋 淇 / 刘绍唐主编 // ＊传记文学 1997 年 71 卷 6 期

宋越
08549 宋 越 / 李立明 // ＊中国现代六百作家小传第 161 页
08550 宋 越 / 黄俊东 // ＊现代中国作家剪影第 300 页

宋之的
08551 宋之的(1914—1956) / 关国煊 // ＊传记文学 1982 年 40 卷 6 期，＊民国人物小传第 5 册第 75 页
08552 宋之的 / 林曼叔等 // ＊文坛忆旧第 68 页
08553 宋之的 / 赵景深 // ＊文坛忆旧第 68 页
08554 宋之的 / 林曼叔等 // ＊中国当代作家小传第 78 页
08555 宋之的 / 李立明 // ＊中国现代六百作家小传第 162 页

宋子文
08556 宋子文秘史 / 艾 明 // (香港)环球内幕秘闻社 1965 年 122 页
08557 宋子文事略 / ＊"中央"日报 1971 年 4 月 27 日
08558 宋子文早年轶事(1—2) / 张或弛 // ＊中外杂志 1971 年 10 卷 2、3 期
08559 宋子文(1894—1971) / 于翔麟、林抱石 // ＊传记文学 1980 年 36 卷 3 期，＊民国人物小传第 4 册第 71 页
08560 宋子文的故事 / 侯正之 // ＊中外杂志 1983 年 33 卷 3 期
08561 宋子文(1894—1971) / 于翔麟、林抱石 // ＊传记文学 1980 年 36 卷 3 期，＊民国人物小传第 4 册第 71 页
08562 宋子文政海浮沉录 / 吴景平 // ＊传记文学 1992 年 61 卷 5 期
08563 孔祥熙、宋子文郎舅关系与政治恩怨——从中枢重要职务彼此取代到老死不相往来 / 吴景平 // ＊传记文学 1995 年 66 卷 5 期
08564 宋子文(1894—1971) / ＊环华百科全书第 17 册第 543 页
08565 宋子文 / 侯申一 // ＊革命人物志第 18 集第 73 页

宋开元
08566 宋开元 / 宋继成 // ＊革命人物志第 3 集第 168 页

宋元恺
08567 宋元恺 / 李元鼎 // ＊革命人物志第 3 集第 153 页

宋云彬
08568 宋云彬(1897—1979) / 关志昌 // ＊传记文学 1985 年 46 卷 5 期
08569 宋云彬 / 李立明 // ＊中国现代六百作家小传第 165 页
08570 宋云彬 / 黄俊东 // ＊现代中国作家剪影第 221 页

宋长庚
08571 宋长庚 / 黄震遐 // ＊中共军人志第 743 页

宋心濂
08572 宋心濂 / 刘绍唐主编 // ＊传记文学 1995 年 66 卷 2 期

宋玉琳
08573 黄花岗烈士宋玉琳就义如赴约 / 梁克章 // ＊艺文志 1975 年 115 期

08574　宋玉琳传 / 邹　鲁 // ＊革命人物志第 2 集第 330 页

宋汉章
08575　宋汉章(1872—1968) / ＊传记文学 1973 年 22 卷 5 期，＊民国人物小传 1 册第 67 页
08576　银行界的硬汉宋汉章 / 过雨青 // ＊艺文志 1977 年 138 期

宋邦荣
08577　宋邦荣(1900—1962) / 于翔麟 // ＊传记文学 1980 年 36 卷 1 期，＊民国人物小传第 4 册第 76 页

宋任穷
08578　宋任穷 / 黄震遐 // ＊中共军人志第 118 页

宋庆龄
08579　宋庆龄与孙中山 / ＊风云出版社 183 页
08580　宋庆龄 / (香港)广角镜出版社 1981 年 217 页
08581　宋庆龄纪念集 / (香港)文汇报编印 1981 年 113 页
08582　宋庆龄的一生 / 洪文山 // ＊中外杂志 1981 年 30 卷 1—2 期
08583　宋庆龄生前死后 / 陈绥民 // ＊中外杂志 1981 年 30 卷 2 期
08584　谈宋庆龄 / 庄　政 // ＊中外杂志 1981 年 30 卷 3 期
08585　我所认识的宋庆龄 / 杨树人 // ＊中外杂志 1981 年 30 卷 4 期
08586　"宋庆龄女士的一生"特辑 / 关国煊等 // ＊传记文学 1981 年 39 卷 1 期
08587　国父与宋庆龄女士结婚 / 傅启学 // ＊传记文学 1981 年 39 卷 1 期
08588　宋庆龄女士的"肺腑之言"——一九八〇年七月二十八日致中共中央建议信 / ＊传记文学 1981 年 39 卷 2 期
08589　宋庆龄的一生 / 洪文山 // ＊古今谈 1981 年 195—196 期
08590　宋庆龄之一生 / ＊国际现势 1981 年 1318 期
08591　从海外友人的信看宋庆龄的晚年 / 吴圳义 // ＊传记文学 1982 年 41 卷 4 期
08592　怀念庆龄 / 吴舜文 // ＊中国经济评论 1982 年 79、80 期
08593　洋人笔下的宋氏三姐妹 / 陈小菁、陈小萍译 // ＊中外杂志 1982 年 32 卷 1 期
08594　宋庆龄营救牛兰夫妇 / 张文奇 // ＊传记文学 1993 年 62 卷 5 期
08595　宋庆龄(1893—1981) / ＊民国人物小传第 5 册第 78 页
08596　宋庆龄 / 王新民 // ＊环华百科全书第 17 册第 519 页
08597　宋庆龄 / ＊新中国人物志(上)第 17 页

宋聿修
08598　宋聿修 / 刘绍唐主编 // ＊传记文学 1994 年 65 卷 1 期

宋志先
08599　宋志先 / 倪抟九 // ＊革命人物志第 21 集第 138 页

宋时轮
08600　宋时轮 / 黄震遐 // ＊中共军人志第 123 页
08601　人民解放军兵团司令员宋时轮 / 文　怡 // ＊新中国人物志(上)第 257 页

宋伯鲁
08602　交通四十年 / 宋希尚 // ＊国语日报 1969 年 11 月 29 日
08603　戊戌维新人物记 / 竺　公 // ＊畅流 1952 年 5 卷 9 期
08604　交通部里一老兵 / 宋希尚 // ＊艺文志 1968 年 29 期
08605　"水利国士"宋希尚 / 王　洸 // ＊中外杂志 1975 年 17 卷 6 期
08606　宋希尚与南通水利建设 / 张乐陶 // ＊江苏文物 1979 年 2 卷 8 期，＊江苏文献 1980 年 14—15 期
08607　宋希尚(1896—1982) / 赵子瑜 // ＊传记文学 1982 年 41 卷 3 期，＊民国人物小传第 6 册第 66 页
08608　敬悼宋师希尚 / 倪克定 // ＊文艺复兴 1983 年 140 期

宋希濂
08609　宋希濂怎样兵败被俘 / 陈宇原作、余亦麒提供 // ＊传记文学 1993 年 62 卷 5 期

08610　"鹰犬将军"宋希濂的一生 / 关国煊 // *传记文学 1993 年 63 卷 3 期

宋飏裘
08611　宋飏裘传 / 邹　鲁 // *革命人物志第 2 集第 347 页

宋郁文
08612　宋郁文(1917—1985) / 关国煊 // *传记文学 1985 年 47 卷 5 期

宋肯堂
08613　宋肯堂 / 刘绍唐主编 // *传记文学 1993 年 63 卷 2 期

宋佩璋
08614　宋佩璋 / 黄震遐 // *中共军人志第 121 页

宋育仁
08615　宋芸子先生传 / 萧月高 // *四川文献 1964 年 19 期，*民国四川人物传记第 208 页
08616　宋育仁 / 刘绍唐主编 // *传记文学 1993 年 62 卷 2 期
08617　宋育仁传 / 萧月高 // *碑传集三编第 8 册第 1941 页

宋居仁
08618　宋居仁 / 郑聪武 // *革命人物志第 3 集第 155 页

宋承志
08619　宋承志 / 黄震遐 // *中共军人志第 121 页

宋绍唐
08620　宋绍唐 / 周邦道 // *近代教育先进传略(初集)第 283 页

宋春舫
08621　宋春舫家庭及其祖老太爷 / 宋希尚 // *畅流 1968 年 36 卷 10 期
08622　宋春舫(1892—1939) / 关国煊 // *传记文学 1978 年 33 卷 2 期，*民国人物小传第 3 册第 45 页
08623　毛姆与我的父亲 / 宋　洪 // *中国近代作家与作品第 435 页
08624　宋春舫 / 李立明 // *中国现代六百作家小传第 163 页
08625　宋春舫 / 陶亢德 // *自传之一章第 135 页
08626　宋春舫 / 黄俊东 // *现代中国作家剪影第 114 页

宋垣忠
08627　俯仰在大时代中 / 宋垣忠 // *撰者 1961 年印行
08628　宋垣忠传 / 段剑岷 // *建设 1967 年 15 卷 12 期
08629　宋委员垣忠略传 / 段醒豫 // *民主宪政 1968 年 33 卷 7 期
08630　宋垣忠 / *革命人物志第 16 集第 63 页

宋思一
08631　宋思一与熊新民 // *国共风云名人录第 2 辑第 107 页

宋选铨
08632　宋选铨回忆录 / 宋选铨 // *传记文学出版社 1977 年 7 月 201 页
08633　纽约回忆录 / 宋选铨 // *传记文学 1975 年 27 卷 6 期
08634　日内瓦回忆录(上、中、下) / 宋选铨 // *传记文学 1975 年 27 卷 4 期
08635　台北回忆录 / 宋选铨 // *传记文学 1976 年 29 卷 2 期
08636　马德里回忆录 / 宋选铨 // *传记文学 1976 年 29 卷 3 期

宋衍文
08637　宋衍文 / *革命人物志第 9 集第 70 页

宋美龄
08638　宋美龄传 / 寇维勇 // *联丰书报社 299 页
08639　宋美龄传 / 李　桓 // (香港)海峡文化出版社 309 页
08640　中国第一夫人 / 高慧敏 // 全元书报社 223 页

08641 蒋夫人写真／陈晓林等／／＊风云论坛社 230 页
08642 第一夫人蒋宋美龄写真／辛慕轩等／／（香港）海峡文化事业公司 230 页
08643 蒋夫人与中国／黄伯平／／＊东南出版社 1962 年 626 页
08644 与鲍罗廷谈话的回忆录／蒋宋美龄／／＊源成文化图书供应社 1976 年 151 页
08645 蒋夫人与元老派／＊风云论坛社 1986 年 178 页
08646 宋美龄与台湾／李　达／／（香港）广角镜出版社 1988 年 185 页
08647 与鲍罗廷谈话的回忆（一、二）／宋美龄／／＊传记文学 1978 年 32 卷 5、6 期
08648 洋人笔下的宋氏三姐妹／陈小菁、陈小萍译／／中外杂志 1982 年 32 卷 1 期
08649 陈丕士笔下的宋美龄与陈洁如／关国煊／／＊传记文学 1992 年 60 卷 3 期
08650 蒋公与宋美龄结婚前在上海各报所刊启事／朱美慧／／＊传记文学 1992 年 60 卷 5 期
08651 为何只见故人哭，不见新人笑——蒋介石、宋美龄结婚的"明日""今日""昨日"／赵家铭辑／／＊传记文学 1992 年 61 卷 1 期
08652 蒋夫人一九四三年访美之行／陈　平／／＊传记文学 1995 年 67 卷 1 期
08653 宋美龄／＊环华百科全书第 17 册第 511 页

宋哲元

08654 宋哲元与七七抗战／李云汉／／＊传记文学出版社 1973 年 246 页
08655 卢沟风云：宋哲元传／张　放／／＊近代中国出版社 1982 年 102 页
08656 宋故上将哲元将军遗集／＊传记文学出版社 1985 年 2 册
08657 我所知道的宋哲元／孙必成／／"中央"日报 1950 年 7 月 9 日
08658 七七前夕忆抗日三名将——宋哲元、张自忠、吉星文／秦德纯／／＊自立晚报 1962 年 7 月 6—8 日
08659 我与宋哲元将军的几次交往／刘健群／／传记文学 1962 年 1 卷 3 期
08660 追念宋哲元将军／宣介溪／／＊传记文学 1965 年 7 卷 2 期
08661 宋哲元与廿九军／刘健群／／＊艺文志 1967 年 20 期
08662 冀察政委会成立前后的宋哲元／李云汉／／＊传记文学 1971 年 19 卷 1 期
08663 宋哲元与七七抗战（1—6）／李云汉／／＊传记文学 1972 年 21 卷 1—6 期
08664 宋哲元（1885—1940）／李云汉／／传记文学 1974 年 25 卷 4 期，＊民国人物小传第 1 册第 64 页
08665 七月号专题人物：宋哲元／刘汝珍等／／传记文学 1977 年 31 卷 1 期
08666 宋哲元主察政之遗闻补记／李培适／／＊传记文学 1977 年 31 卷 2 期
08667 对宋明轩上将的景仰与追念／王禹廷／／＊传记文学 1984 年 45 卷 4 期
08668 宋哲元将军生平事略／谭世麟／／＊传记文学 1985 年 47 卷 1 期
08669 平津沦陷后宋哲元的抗日活动（大陆来稿）／＊传记文学 1994 年 65 卷 1 期
08670 悼念民族英雄宋哲元上将／汪敬煦／／＊传记文学 1998 年 73 卷 1 期
08671 七七事变后宋哲元将军离平赴保一事的历史真相／张廉云等／／传记文学 1998 年 73 卷 1 期
08672 宋哲元／李云汉／／＊中国现代史论和史料（中册）第 507 页
08673 宋哲元（1885—1940）／戴晋新／／＊环华百科全书第 17 册第 521 页
08674 宋哲元／丁惟汾／／＊革命人物志第 3 集第 163 页

宋教仁

08675 宋渔父日记／宋教仁／／＊文星书店 1962 年 350 页
08676 宋教仁传／＊党史史料编纂委员会 1949 年 17 页
08677 宋教仁／彭楚珩／／＊儿童书局 1957 年 46 页
08678 宋渔父／叶楚伧等／／＊文星出版社 1963 年印行
08679 我之历史／宋教仁／／＊文星 1962 年 350 页
08680 宋教仁——民主宪政的先驱（上、下）／吴相湘／／＊传记文学 1971 年 5 月
08681 宋渔父先生传略、遗著、哀诔／徐血儿等编／／＊文海出版社近代中国史料丛刊第八十二辑（总 813）1972 年影印本

08682 三湘渔父——宋教仁传 / 方祖燊 // ＊近代中国出版社 1980 年 9 月 512 页

08683 宋教仁传 / 吴相湘 // ＊传记文学出版社 1985 年 301 页

08684 宋教仁二三事 / 安怀音 // ＊"中央"日报 1952 年 10 月 18 日

08685 宋教仁的克制功夫 / 安怀音 // ＊"中央"日报 1961 年 6 月 3 日

08686 宋教仁著《我之历史》/ 左舜生 // ＊"中央"日报 1967 年 6 月 7—9 日

08687 四十年前的血案——记宋教仁渔父先生被刺始末 / 定 山 // ＊自由谈 1951 年 2 卷 3 期

08688 宋教仁被刺秘史 / 秦保民 // ＊畅流 1963 年 27 卷 2 期

08689 为政党政治牺牲的宋教仁先生 / 李方晨 // ＊政治评论 1965 年 15 卷 1 期

08690 袁世凯暗杀宋教仁始末 // ＊春秋 1966 年 4 卷 3—4 期

08691 宋渔父的一生 / 李方晨 // ＊春秋 1966 年 5 卷 1 期

08692 为宪政而牺牲的两个湖南硬汉 / 陈敬之 // ＊艺文志 1966 年 4 期，＊湖南文献 1975 年 3 卷 4 期，＊中国宪政 1977 年 12 卷 1 期

08693 宋教仁评传(1—6) / 左舜生 // ＊新中国评论 1967 年 32 卷 2 期—33 卷 2 期，＊艺文志 1968 年 28—30 期

08694 革命硬汉宋教仁 / 周冠雄 // ＊畅流 1967 年 35 卷 3 期

08695 记宋教仁遇刺始末 / 施溪潭 // ＊古今谈 1967 年 26 期

08696 宋渔父的挽联与墓志 / 宾 彬 // ＊艺文志 1968 年 30 期

08697 宋教仁先生的外交认识 / 赵复中 // ＊政治评论 1969 年 22 卷 9 期

08698 宋教仁(1882—1913) / ＊传记文学 1974 年 24 卷 6 期，＊民国人物小传第 1 册第 66 页

08699 宋教仁为宪法牺牲 / 吴相湘 // ＊湖南文献 1975 年 3 卷 2 期，＊中国宪政 1975 年 10 卷 6 期，＊古今谈 1980 年 184 期，＊民国政治人物第 1 集第 1 页

08700 中国民主宪政的先驱宋教仁 / 吕芳上 // ＊明道文艺 1976 年 9 期

08701 宋教仁的革命人格 / 朱浤源 // ＊仙人掌杂志 1977 年 9 期，＊中国现代史论集第 3 辑第 141 页

08702 沉毅至性的宋教仁烈士(上、下) / 心 园 // ＊今日中国 1978 年 82—83 期

08703 为责任内阁而奋斗的宋教仁 / 侯 悟 // ＊励进 1978 年 384 期

08704 为推行政党政治而牺牲的宋教仁 / 宋 晞 // ＊湖南文献 1979 年 7 卷 2 期

08705 宋教仁被刺秘闻 / 余 青 // ＊中外杂志 1979 年 26 卷 1 期

08706 宋教仁与民初国会专题 / 沈云龙等 // ＊传记文学 1980 年 36 卷 2 期，＊民国史事与人物论丛第 57 页

08707 续论宋教仁与民初国会 / 程沧波 // ＊传记文学 1980 年 36 卷 3 期

08708 我国民主宪政先驱宋教仁烈士 / 刘本炎 // ＊湖南文献 1981 年 9 卷 1 期

08709 宋教仁与民主宪政 / 宋兰仪 // ＊近代中国 1981 年 22 期

08710 为民主捐躯的宋教仁 / 方祖荣 // ＊近代中国 1981 年 22 期

08711 有关宋教仁的史料及研究成果简介 / 吴志铿 // ＊近代中国 1981 年 22 期

08712 宋教仁被刺内幕 / 刁抱石 // ＊中外杂志 1985 年 37 卷 1 期

08713 民初被刺的宋教仁 / 左舜生 // ＊近代中国史料丛刊第五辑(总 49—50)万竹楼随笔影印本第 276 页

08714 宋教仁 / 惜 秋 // ＊民初风云人物(上)第 379 页

08715 宋教仁 / 吴相湘 // ＊民国百人传第 1 册第 381 页

08716 宋教仁 / 谭慧生 // ＊民国伟人传记第 54 页

08717 宋教仁 / 宋 晞 // ＊民族英雄及革命先烈传(下)第 163 页

08718 宋教仁 / ＊革命人物志第 2 集第 332 页

宋渊源

08719 宋子靖与福建革命军(上、中、下) / 楚 厂 // ＊畅流 1967 年 34 卷 10—12 期

08720 先严渊源公百龄冥诞感怀 / 宋廷琛 // ＊传记文学 1981 年 39 卷 1 期

宋渊源
08721 宋渊源／＊革命人物志第3集第166页

宋绮云
08722 与杨虎城同时被杀害的宋绮云系中共所派地下党员非杨之秘书／吴志明∥＊传记文学1997年71卷2期

宋维栻
08723 宋维栻／黄震遐∥＊中共军人志第126页

宋景恭
08724 宋景恭／梁宗翰／＊革命人物志第3集第170页

宋殿选
08725 前代金兰后辈友——宋殿选及宋、陈两代表谊续拾记／陈纪滢∥＊传记文学1969年14卷1期

宋德珠
08726 且说四小名旦(下)／燕京散人∥＊大成1974年4期

宋鹤庚
08727 湘乡三军长——"新湘军志"人物小传之一／胡耐安∥＊传记文学1968年13卷1期
08728 宋鹤庚／刘绍唐主编∥＊传记文学1995年67卷5期
08729 一军军长宋鹤庚／胡耐安／＊民初三湘人物第71页

宋霭龄
08730 洋人笔下的宋氏三姐妹／陈小菁、陈小萍合译∥＊中外杂志1982年32卷1期
08731 宋霭龄、孔令侃母子掌握信托局／刘文清∥＊传记文学1999年75卷2期

宏　来
08732 峨眉山伏虎寺奇僧宏来——(往事与敌人)之五／黄　尧∥＊传记文学1981年39卷2期

罕裕卿
08733 罕裕卿／＊革命人物志第19集第79页

〔丆〕

迟浩田
08734 迟浩田／黄震遐∥＊中共军人志第643页

张　弓
08735 张　弓／＊革命人物志第6集第26页

张　云
08736 张云(1896—1958)／陈哲三∥＊传记文学1976年28卷3期，＊民国人物小传第2册第152页

张　文
08737 中央政治法律委员会委员张文／＊新中国人物志(下)第21页

张　贞
08738 张干之先生之生平／蔡挺中／＊"中央"日报1964年1月7日
08739 张贞(1884—1963)／＊传记文学1981年38卷3期，＊民国人物小传第5册第261页
08740 张　贞／蔡挺中∥＊革命人物志第20集第161页

张　刚
08741 张　刚／＊湖北文献1978年46期，＊革命人物志第19集第149页

张　兆
08742 张　兆／周开庆∥＊革命人物志第17集第172页

张　冲(1)
08743 哭孙桂籍兄兼忆张怀南先生／朱开来∥＊传记文学1976年29卷3期
08744 怀念张淮南(冲)先生／朱开来∥＊传记文学1979年35卷2期
08745 周恩来悼张淮南先生文的考订／朱开来∥＊传记文学1979年35卷4期

张　冲
08746　张冲(1904—1941)／叶会西／／＊民国人物小传第2册第149页
08747　张　冲／＊革命人物志第13集第118页
08748　一颗巨星的损落:张冲先生逝世／＊革命人物志第13集第119页
张　冲(2)
08749　中央民族事务委员会委员张冲／＊新中国人物志(下)第160页
张　弛
08750　张弛中将自述革命历史(上、下)／张　弛／／＊江西文献1968年26、28期
08751　张弛(1891—1967)／于翔麟／／＊传记文学1983年43卷5期
张　佑
08752　罗福星与张佑／王成圣／／＊中外杂志1971年9卷6期
08753　英雄美女革命姻缘——辛亥台胞抗日怒潮终篇(罗福星与张佑)／王成圣／／＊中外杂志1971年9卷6期
张　怀
08754　抗日爱国的张怀教授／公孙嬿／／＊学府纪闻·私立辅仁大学第120页
张　纯
08755　七十自述(上、下)／张　纯／／＊湖南文献1979年7卷1、2期
08756　张纯(1907—1983)／于翔麟／／＊传记文学1984年44卷3期
张　英
08757　张　英／平　刚／／＊革命人物志第9集第151页
张　明(1)
08758　我的记者生涯／张　明／／＊中国一周1965年785期
张　明(2)
08759　张　明／黄震遐／／＊中共军人志第392页
张　昆
08760　张　昆／＊革命人物志第5集第48页
张　忠
08761　张　忠／黄震遐／／＊中共军人志第387页
张　侠
08762　张侠事略／翔　天／／民国1914年第1年第6号,＊革命人物志第12集第249页
张　周
08763　记李辉英、张周——三十年代作家直接印象记之七／陈纪滢／／＊传记文学1981年38卷1期
张　态
08764　张　态／平　刚／／＊革命人物志第4集第346页
张　庚
08765　张　庚／李立明／／＊中国现代六百作家小传第363页
张　弧
08766　民国初年的几位财政总长(张弧)／贾士毅／／＊传记文学1965年6卷4期
08767　张弧(1875—1937)／关志昌／／＊传记文学1983年43卷3期
08768　张　弧／贾士毅／／＊民国初年的几任财政总长第78页
张　威
08769　烈士张君镇夷墓表／向　楚／／＊民国四川人物传记第59页
张　轸
08770　张轸投共之谜／张守初／／＊中外杂志1985年37卷3期
张　勋
08771　张勋祸苏之实录／耘　农／／＊"中央"日报1962年7月2日,＊近代史事与人物第157页

08772 辫帅张勋政变十二日 / 田布衣 // *春秋 1965 年 2 卷 2 期
08773 从断简残篇中看张勋复辟 / 刘筱石 // *春秋 1965 年 3 卷 3 期
08774 辫子军统帅张勋 / 于 文 // *艺文志 1966 年 9 期
08775 张辫帅洗劫南京城 / 田布衣 // *春秋 1967 年 7 卷 1 期
08776 辫帅张勋与直督褚玉朴 / 丁龙垲 // *春秋 1967 年 7 卷 5 期
08777 张勋复辟与爱妾私奔的一幕 / 刘豁公 // *艺文志 1967 年 26 期
08778 张勋这个怪物 / 金 刀 // *新万象 1976 年 8 期
08779 张　勋 / 关志昌 // *传记文学 1980 年 36 卷 5 期，*民国人物小传第 4 册第 240 页
08780 奉新县"复辟辫帅"张勋的升沉和定论 / 周仲超 // *江西文献 1980 年 102 期
08781 张勋由书僮做到巡阅使 / 金 钊 // *艺文志 1981 年 184 期
08782 张勋 / 关志昌 // *传记文学 1980 年 36 卷 5 期，*民国人物小传第 4 册第 240 页
08783 复辟主谋"辫帅"张勋的一生 / 廖作琦 // *传记文学 1993 年 63 卷 4 期
08784 "辫子军统帅"张勋 / *军阀现形记第 191 页
08785 张勋墓志铭 / 陈三立 // *碑传集三编第 4 册第 939 页
08786 张勋神道碑 / 陈 毅 // *碑传集三编第 4 册第 945 页
08787 张勋别传 / 钱振锽 // *碑传集三编第 4 册第 953 页

张　钫

08788 张伯英先生事略 / *中原文献 1975 年 7 卷 8 期
08789 中州豪侠张钫（1—3） / 于凌波 // *中外杂志 1983 年 34 卷 1—3 期
08790 张钫（1886—1966） / 于翔麟 // *传记文学 1981 年 38 卷 2 期，*民国人物小传第 5 册第 263 页
08791 大书法家张伯英先生 / 张刘永淑 // *中外杂志 1979 年 25 卷 2 期
08792 张伯英先生与河南大学 / 李守孔 // *中原文献 1981 年 13 卷 8 期

张　剑

08793 张剑烈士事略 / *太原五百完人第 156 页

张　炯

08794 寿张星舫八秩诞辰 / 王理璜 // *"中央"日报 1958 年 7 月 17 日
08795 张星舫先生的生平 / 杨绵仲 // *"中央"日报 1958 年 8 月 20 日
08796 张星舫师传 / 石宏规 // *"中央"日报 1968 年 7 月 24、25 日
08797 革命家兼教育家张炯先生 / 吴伯卿 // *中国一周 1955 年 277 期
08798 张炯（1879—1959） / 张 珂 // *传记文学 1976 年 28 卷 1 期，*民国人物小传第 2 册第 150 页
08799 张炯 / 周邦道 // *近代教育先进传略（初集）第 230 页
08800 张　炯 / 喻焕生 // *革命人物志第 16 集第 129 页

张　洪

08801 张　洪 / 黄震遐 // *中共军人志第 396 页

张　珩

08802 张珩（葱玉）之死 / 易 金 // *联合报 1963 年 10 月 4、5 日

张　恭

08803 张同伯先生传 / 陈去病 // *革命人物志第 4 集第 356 页

张　继

08804 张溥泉先生百年诞辰纪念集 / 中华民国史事纪要编辑委员会编 // *中华民国史料研究中心 1981 年 8 月 141 页
08805 北方三强：张继传 / 徐文珊 // *近代中国出版社 1982 年 6 月 150 页
08806 张溥泉先生逝世二周年 / 吴敬恒 // *"中央"日报 1949 年 12 月 15 日，*新生报 1949 年 12 月 15 日
08807 溥老生平杂忆 / 冯志翔 // *中华日报 1950 年 12 月 15 日

08808　张继先生二三事／张　明／／＊新生报 1951 年 8 月 31 日
08809　中国革命党的典型人物——张继／梁寒操／／＊中华日报 1957 年 12 月 15 日
08810　张溥老争做老百姓／戆　翁／／＊"中央"日报 1960 年 9 月 9 日
08811　张继与梁启超／王先汉／＊畅流 1956 年 14 卷 9 期
08812　中国革命党人的典型人物——纪念张溥泉先生逝世十周年／梁寒操／／＊政论周刊 1957 年 154 期
08813　一代大哲张溥泉／＊美哉中华 1969 年 4 期
08814　忆张溥泉先生／张伯谨／／＊传记文学 1970 年 17 卷 6 期
08815　忆张继先生／赖景瑚／／＊传记文学 1973 年 23 卷 4 期
08816　张继（1882—1947）／刘绍唐／／＊传记文学 1974 年 25 卷 5 期，＊民国人物小传第 1 册第 162 页
08817　张溥泉先生的生平(上、下)／＊中国宪政 1976 年 11 卷 4、5 期
08818　近代人物师生情谊与求学掌故(1—4)／陈哲三／／＊国教辅导 1978 年 17 卷 6—10 期
08819　张溥泉先生及其遗诗／李　猷／／＊中华文化复兴月刊 1981 年 14 卷 10 期
08820　对张溥泉先生之回忆／任卓宣／／＊政治评论 1981 年 39 卷 8 期
08821　溥泉先生的性格／徐文珊／／＊近代中国 1981 年 24 期
08822　张继(溥泉)在联俄容共中扮演的角色／井泓莹／／＊近代中国 1981 年 24 期
08823　"张继(溥泉)先生百年诞辰"口述历史座谈会纪实／卢申芳等／／＊近代中国 1981 年 24 期
08824　张溥泉先生的革命风范／秦孝仪／／＊近代中国 1981 年 24 期，＊河北平津文献 1983 年 9 期
08825　张溥泉先生轶事／秦孝仪／／＊大成 1981 年 95 期
08826　张继先生二三事／马国琳／／＊河北平津文献 1983 年 9 期
08827　张继与辛亥革命／陈哲三／／＊逢甲学报 1983 年 16 期
08828　上海龙华寺邂逅张继／陈存仁／／＊传记文学 1999 年 74 卷 6 期
08829　张继（1882—1947）／戴晋新／／＊环华百科全书第 14 册第 81 页
08830　张　继／但焘等／／＊革命人物志第 4 集第 438 页
08831　张继先生年谱／＊革命人物志第 4 集第 450 页
08832　国民政府张委员继墓表／邹　鲁／／＊革命人物志第 4 集第 463 页

张　珺

08833　张　珺／＊革命人物志第 6 集第 43 页

张　菊

08834　关于张菊先生(书简)／张子文／／＊传记文学 1987 年 50 卷 6 期

张　彪

08835　"丫姑爷"张彪／林　熙／／＊大成 1976 年 36 期
08836　辛亥武昌起义前后的张彪／沈云龙／／＊传记文学 1984 年 45 卷 4 期

张　鸿

08837　《续孽海花》作者张鸿之生平及其诗词／李　猷／／＊传记文学 1982 年 40 卷 3 期

张　渊

08838　张　渊／＊革命人物志第 4 集第 382 页

张　续

08839　张　续／黄震遐／／＊中共军人志第 428 页

张　超

08840　张　超／＊革命人物志第 6 集第 45 页

张　朝

08841　张　朝／陆领、张炳／／＊革命人物志第 6 集第 45 页

张　鲁

08842　张鲁与我／罗敦伟／／＊畅流 1963 年 28 卷 4 期

张　溉

08843　张　溉／刘绍唐主编／／＊传记文学 1995 年 66 卷 1 期

张 谦
08844　张　谦／＊革命人物志第9集第167页

张 瑄
08845　杰出校友群象——古物评鉴家张瑄教授／王绍桢等／／＊学府纪闻·私立辅仁大学第393页

张 煦
08846　张　煦／＊革命人物志第6集第47页

张 謇
08847　张謇(1851—1939)／关国煊／／传记文学1983年42卷4期，＊民国人物小传第6册第262页

张 群
08848　张岳公闲话往事／张群口述、陈香梅笔记／／＊传记文学出版社1978年189页
08849　我与日本七十年／张　群／／＊中日关系研究会1981年356页
08850　张岳军先生传略／＊新生报1966年6月7日
08851　我对岳军先生言行的体认／唐振楚／／＊中华日报1968年5月9日
08852　张岳军年高八十／于　衡／／＊联合报1968年5月9日
08853　张岳军与云南／丁中江／／＊春秋1968年8卷5期
08854　张岳军先生主持川政经过／周开庆／／＊畅流1968年37卷6期
08855　张岳军先生几则小事／向开先／／＊艺文志1968年32期
08856　张岳军先生传略／＊四川文献1968年69期
08857　张岳军先生传略／＊中国一周1968年941期
08858　吴铁城、张群东北之行——中原大战的两个战场／陈嘉骥／／＊中外杂志1976年20卷3期
08859　与日本结下了不解之缘／张群口述、陈香梅笔记／／＊传记文学1977年31卷1期
08860　谈谈我的婚姻／张群口述、陈香梅笔记／／＊传记文学1977年31卷4期
08861　任外交部长的回忆(上、下)／张群口述、陈香梅笔记／／＊传记文学1977年31卷6期—1978年32卷1期
08862　张岳公生活琐事／周君亮／／＊大成1978年55期
08863　我的少年时代／张　群／／＊大成1979年66期
08864　我与日本七十年／张　群／／＊大成1980年79期
08865　随蒋公访日与田主义会谈／张　群／／＊大成1980年80期
08866　我和日本关系的开始／张　群／／＊中国与日本1980年233期
08867　断交前夕再访日本／张　群／／＊中国与日本1980年234期
08868　张群与川越茂谈判"三原则"／蒋永敬／／＊传记文学1992年60卷5期
08869　张群与北一辉——从轰动世界的"二二六事变"谈起／宋月伦／／＊传记文学1993年63卷3期
08870　张群与周恩来／邓　启／／＊传记文学1994年65卷5期
08871　张　群／吴相湘／／＊民国百人传第4册第73页
08872　致力改善中日关系的张岳公／李德安／／＊当代名人风范(2)第429页
08873　张群的故事／晓　恬／／＊当代名人故事第1辑
08874　张　群／＊环华百科全书第14册第87页

张 榕
08875　张　榕／＊革命人物志第4集第408页
08876　张榕传／＊革命人物志第4集第409页
08877　张英华辛亥被难记／＊革命人物志第4集第411页
08878　张榕暗杀别记／＊革命人物志第4集第412页

张 熙
08879　张　熙／＊革命人物志第6集第50页

张 璜
08880　张　璜／方　豪／／＊中国天主教史人物传第3册第266页

张　震
08881　张　震 / 黄震遐 // *中共军人志第 420 页

张　镇
08882　张镇(1899—1950) / 于翔麟 // *传记文学 1982 年 41 卷 6 期，*民国人物小传第 6 册第 266 页

张　澜
08883　中央人民政府副主席张澜 / *新中国人物志(上)第 24 页

张　謇
08884　南通张季直先生传记 / 张孝若 // *学生书局 1974 年 522 页，*文海出版社近代中国史料丛刊续编第八十辑(总 791)影印本 648 页

08885　张謇传 / 宋希尚 // *"中央"文物供应社 1954 年 50 页

08886　张謇的生平 / 宋希尚 // 中华丛书编委会 1963 年 498 页、1966 年 10 月再版 511 页

08887　张謇与沈寿 / 钱佚樵 // *畅流半月刊社 1965 年

08888　张季直传记(附年谱年表) / 张怡祖 // *文海出版社 1965 年 1 月 558 页

08889　张南通先生(謇)荣哀录 / 许彭年、孔容照 // 文海出版社近代中国史料丛刊续编第九十七辑(总 968)影印本 654 页

08890　张謇的教育思想 / 瞿立鹤 // *学生书局 1976 年 319 页

08891　近代两位水利导师合传——张季直传 / 宋希尚 // *商务印书馆 1977 年 115 页

08892　南通张季直先生逝世四十周年纪念集 / 李通甫 // 文海出版社近代中国史料丛刊续编第六十二辑(总 615)影印本 207 页

08893　张謇传记 / 刘　垣 // 文海出版社近代中国史料丛刊续编第十三辑(总 128)影印本 288 页

08894　张季直与范肯堂(当世)之交谊 / 耘　农 // "中央"日报 1962 年 6 月 29 日，*近代史事与人物第 84 页

08895　张季直与宿迁徐公roma / 蔡石如 // *"中央"日报 1966 年 9 月 10 日

08896　记张謇(季直) / 宋希尚 // *国语日报 1966 年 8 月 27 日

08897　张謇与中国水利 / 宋希尚 // *畅流 1951 年 3 卷 11 期

08898　张季直先生及其事业 / 沈燕谋 // *民主评论 1953 年 4 卷 6 期

08899　张季直在南通的地方建设 / 张正藩 // *中国地方自治 1953 年 1 卷 8 期

08900　张謇与大生纱厂之创立 / 朱昌崚 // *清华学报(新) 1960 年 2 卷 2 期

08901　张季直中状元的故事 / 半夏楼主 // *畅流 1962 年 25 卷 7 期

08902　张謇与李鸿章 / 宋希尚 // *畅流 1963 年 27 卷 2 期

08903　张謇与袁世凯 / 宋希尚 // *畅流 1963 年 27 卷 5 期

08904　张謇与沈寿(1—17) / 钱佚樵 // *畅流 1963 年 28 卷 1 期—1964 年 29 卷 4 期

08905　艰辛创业忆张謇 / 李咏湘 // *春秋 1964 年 1 卷 5 期

08906　一个不屈服的穷学生——追忆张南通父子(上、中、下) / 徐　白 // *文星 1964 年 14 卷 5 期—15 卷 1 期

08907　关于三本张季直的传记(1—2) / 逯耀东 // *民主评论 1964 年 15 卷 9、10 期

08908　张謇与沈寿补篇 / 钱佚樵 // *畅流 1964 年 29 卷 5 期

08909　辛亥苏州独立与张謇 / 沈云龙 // *艺文志 1965 年 1 期，*近代中国史料丛刊第二辑(总 20)现代政治人物述评(下卷)第 61 页

08910　张季直在开国前后 / 龙云海 // *春秋 1965 年 2 卷 1 期

08911　南通张季直先生事功与文学(上、下) / 邵镜人 // *民主宪政 1965 年 28 卷 10、11 期

08912　张謇与苏北经济建设 / 郁启明 // *畅流 1966 年 34 卷 3 期，*江苏文物 1978 年 11 期

08913　张季直与其南通事业 / 周天贤 // *古今谈 1966 年 11 期

08914　南通状元张謇 / 邵镜人 // *中外杂志 1967 年 2 卷 4 期

08915　张季直及其《柳西草堂日记》(上、下) / 沈云龙 // *传记文学 1967 年 11 卷 4、5 期

08916　我所亲炙的张季直先生 / 宋希尚 // *艺文志 1967 年 24 期

08917　张謇、袁世凯、梅兰芳／王培尧／／﹡中外杂志1970年7卷1期
08918　张　謇(1853—1926)／﹡传记文学1973年22卷6期
08919　在中国水利史上首先主张以科学治水的张謇／宋希尚／／﹡文艺复兴1975年66期
08920　张季直与李仪祉——最难忘的两位老师／宋希尚／／﹡中外杂志1976年19卷1期
08921　末代状元张謇的故事／东郭牙／﹡中外杂志1976年20卷2期
08922　南通状元张謇新传／邵镜人遗著、王成圣校订／﹡中外杂志1977年21卷6期
08923　张季直的风趣／宋希尚／﹡江苏文物1977年1期
08924　张謇在清末民初之政治活动／宋志謇／﹡东吴文史学报1977年2期
08925　张　謇／﹡民国人物小传第1册第160页
08926　中国近代教育家(二)张謇／﹡国教之友1977年426期
08927　张謇及其改良主义思想／林健发／／﹡史潮1978年4期
08928　张季直先生与江苏／程沧波／﹡江苏文物1979年2卷8期
08929　我对张季直先生的认识／沈　怡／﹡传记文学1980年37卷5期
08930　一代霸才张謇(1——4)／王成圣／﹡中外杂志1981年29卷1—4
08931　张謇传／唐祖培／﹡民国名人小传第151页
08932　张謇(1853—1926)／周邦道／﹡近代教育先进传略(初集)第24页
08933　辛亥革命前后张謇的转变／逯耀东／﹡近代中国思想人物论第687页
08934　通州三生——朱铭盘、张謇、范当世／沈云龙／﹡近代中国史料丛刊第二辑(总20)·现代政治人物述评(下卷)第61页
08935　张謇／邵镜人／﹡近代中国史料丛刊续编第九十五辑(总950)·同光风云录第306页
08936　张謇及其事业／左舜生／﹡近代中国史料丛刊第五辑(总49—50)万竹楼随笔第251页
08937　张謇(1853—1926)／﹡环华百科全书第14册第83页

张　翼
08938　张翼墓志铭／章钰／﹡碑传集三编第2册第435页

张　藩
08939　张　藩／黄震遐／﹡中共军人志第426页

张一清
08940　张一清(原名廷栋,别号翼青)／姜伯彰／／﹡"中央"日报1958年8月13日,﹡革命人物志第18集第141页
08941　公而忘私的张一清／尉素秋／﹡中国一周1958年435期
08942　张一清先生传略／姜伯彰／﹡江西文献1966年3期

张一鹏
08943　张一鹏与陆仲安——《抗战时代生活史》补篇／陈存仁／／﹡大成1983年116期

张一麐
08944　记张一麐／耘　农／／﹡民主潮1953年3卷15期
08945　张一麐(1867—1943)／﹡传记文学1973年22卷5期,﹡民国人物小传第1册第164页
08946　张一麐与袁世凯／沈云龙／﹡近代中国史料丛刊第二辑(总20)·现代政治人物述评(中卷)第81页

张九如
08947　解剖我这长毛胚的性癖／张九如／／﹡文星1958年3卷2期
08948　欢喜冤家文字缘／张九如／﹡传记文学1976年28卷1期
08949　故立委张九如先生行谊(家祭文)／王德箴／／﹡江苏文献1979年10期

张三世
08950　张三世／﹡革命人物志第6集第24页

张士秀
08951　张士秀／刘盥训／／﹡革命人物志第4集第307页

张才千
08952 张才千／黄震遐／／＊中共军人志第 375 页

张大千
08953 张大千的世界／谢家孝／／＊时报出版公司 1982 年 1 月 420 页，1983 年 420 页
08954 张大千先生纪念册／／＊故宫博物院 1983 年 488 页
08955 形象之外：张大千的生活与艺术／冯幼衡／／＊九歌出版社 1983 年 249 页
08956 梅丘生死摩耶梦／高阳著／／＊民生报社 1984 年版 272 页
08957 石涛与大千／鲍少游／／＊商务印书馆 1985 年 338 页
08958 张大千外传／戚宜君／／＊中外杂志社 1986 年 308 页
08959 张大千传奇／王成圣、乐恕人／／＊圣文书局 1989 年 449 页
08960 张大千二三事／李青来／／＊"中央"日报 1959 年 3 月 9 日
08961 张大千二三事／龚选舞／／＊"中央"日报 1959 年 8 月 5 日
08962 张大千与敦煌壁画／苏莹辉／／＊"中央"日报 1965 年 6 月 3 日
08963 张大千其人其画／张目寒／／＊联合报 1967 年 10 月 9 日
08964 记张大千先生的感人小故事／王　康／／＊"中央"日报 1969 年 3 月 10 日
08965 张大千的眼疾／胡有瑞／／＊"中央"日报 1970 年 7 月 3 日
08966 为国争光的张大千先生——荣获 1956 年世界美术金像奖／孙云生／／＊政论周刊 1957 年 112 期
08967 张大千／梅恕曾／／＊中美月刊 1965 年 10 卷 4 期
08968 张大千早年趣闻／杜　琦／／＊古今谈 1966 年 17 期
08969 大千居士轶事／于大成／／＊中国一周 1966 年 855 期
08970 大千居士命名记／张目寒／／＊中外杂志 1967 年 2 卷 3 期
08971 张大千的老师清道人逸事／胡瑞湖／／＊春秋 1968 年 9 卷 6 期
08972 童年老友，欢叙当年——有关张大千先生和我的一些回忆／黄季陆／／＊传记文学 1968 年 12 卷 4 期
08973 他乡遇故知——访"绿林豪侠"张大千／蔡孟坚／／＊中外杂志 1972 年 11 卷 4 期
08974 张大千早年逸事／杜　琦／／＊艺文志 1975 年 113 期
08975 张大千的两位老师——李梅庵与曾农髯／曾克耑／／＊艺文志 1976 年 2 期
08976 张大千传略／刘太希／／＊畅流 1976 年 54 卷 9 期
08977 张大千的两位老师——李梅庵与曾农髯／曾克耑／／＊艺文志 1976 年 125 期
08978 张大千、丁衍镛、程十发／金嘉伦／／＊明报月刊 1977 年 12 卷 11 期
08979 张大千三十年故国之思／羊汝德／／＊大成 1977 年 44 期
08980 张大千早年趣闻／黄玉芬／／＊艺文志 1980 年 175 期
08981 谢稚柳谈张大千与敦煌／夏令人／／＊大成 1981 年 90 期
08982 张大千与敦煌壁画／万里云／／＊大成 1981 年 91 期
08983 张善子、大千昆仲与曾鲁南／高伯雨／／＊大成 1981 年 92 期
08984 张大千的戏迷世界／谢家孝／／＊大成 1981 年 92 期
08985 大千居士赠宝记（及其与台静农教授的翰墨缘）／冯幼衡／／＊大成 1982 年 108 期
08986 我所知道的大千居士／李奇茂／／＊教与学 1983 年 4、5 期
08987 南张北溥两大师（张大千、溥心畬）／杜学知／／＊故宫文物月刊 1983 年 1 卷 8 期
08988 大艺术家的风范：记与大千居士相交的经过／楚　戈／／＊"中央"月刊 1983 年 15 卷 6 期
08989 《张大千先生行状》我述／南宫搏／／＊明报月刊 1983 年 18 卷 5 期
08990 追思／高美庆／／＊明报月刊 1983 年 18 卷 5 期
08991 张大千、赵少昂和关山月的一段画缘／寒　山／／＊明报月刊 1983 年 18 卷 10 期
08992 我怀高士——敬悼张大千居士／黄　杰／／＊传记文学 1983 年 42 卷 5 期
08993 "敦煌壁画"与张大千／蔡廷俊／／＊幼狮月刊 1983 年 58 卷 6 期

08994　画杰人豪—大千(1—5)——从大千诗词看大千心情与生活 / 乐恕人 // *中外杂志 1983 年 33 卷 5 期—34 卷 3 期
08995　席德进与张大千 / 王联奎 // *中外杂志 1983 年 33 卷 5 期
08996　热爱国族尽瘁艺术的大千先生 / 姚梦谷 // *近代中国 1983 年 34 期
08997　张大千先生在中国美术史上的地位 / 楚　戈 // *近代中国 1983 年 34 期
08998　画德、画才、千古一大千——张群细话张大千 / 黄肇珩 // *近代中国 1983 年 34 期，*大成 1983 年 117 期
08999　影响我一生最大的两个一百天(节录) / 张大千口述、谢家孝笔录 // *传记文学 1983 年 42 卷 5 期
09000　张大千多彩多姿的一生 / 关志昌 // *传记文学 1983 年 42 卷 5 期
09001　追忆张大千先生一些真言真事 / 蔡孟坚 // *传记文学 1983 年 42 卷 6 期
09002　张大千与顾亭林 / 周冠华 // *畅流 1983 年 67 卷 7 期
09003　大千居士事略 / *大成 1983 年 114 期
09004　大千先生千古 / 俞振飞 // *大成 1983 年 115 期
09005　千秋万岁名 寂寞身后事——记张大千先生 / 冯幼衡 // *大成 1983 年 115 期
09006　张大千小故事 / 苇　窗 // *大成 1983 年 115 期
09007　生离竟成永诀——忆我永远唤不回的张伯伯(张大千) / 郭小庄 // *大成 1983 年 115 期
09008　雅谈与戏言——敬悼张大千先生 / 张佛千 // *大成 1983 年 115 期
09009　一生最识江湖大——我对大千居士的印象与了解 / 王壮为 // *大成 1983 年 115 期
09010　雕宰三年师恩似海——记张大千先生 / 张家勤、谢稚柳 // *大成 1983 年 115 期
09011　大千居士光照艺坛 / 鲍少游 // *大成 1983 年 115 期，*艺坛 1983 年 184 期
09012　大千先生与国剧脸谱 / 张伯谨 // *大成 1983 年 115 期，*中外杂志 1983 年 33 卷 6 期
09013　张大千的生平和艺术 / 黄苗子 // *大成 1983 年 116 期
09014　直造古人不到处——忆张大千 / 汤修梅 // *大成 1983 年 116 期
09015　大千在敦煌 / 罗吉眉 // *大成 1983 年 117 期，*艺坛 1983 年 185 期
09016　国画大师张大千博士与华冈学园 / 潘维和 // *文艺复兴 1983 年 143 期
09017　张大千与历史博物馆 / 何浩天 // *艺坛 1983 年 187 期，*历史博物馆刊 1983 年 2 期
09018　张大千的一生 / 朱岐山 // *中外杂志 1984 年 35 卷 4 期
09019　张大千二三事 / 张法乾 // *中外杂志 1984 年 35 卷 4 期
09020　张大千外传(1—7) / 戚宜君 // *中外杂志 1984 年 36 卷 4 期—1985 年 37 卷 4 期
09021　我与大千先生 / 易大德 // *中外杂志 1984 年 36 卷 1 期
09022　画坛怪杰张大千(上、下) / 王成圣 // *中外杂志 1984 年 36 卷 2、3 期
09023　落难一百天 / 张大千自述、江达义整理 // *春秋 1985 年 2 期
09024　张大千先生两周年祭(一、二) / 张孟休 // *传记文学 1985 年 46 卷 4、5 期
09025　张大千二三事 / 黄大受 // *传记文学 1985 年 47 卷 1 期
09026　张大千儿子之死(选载) / 陈和平 // *传记文学 1987 年 51 卷 3 期
09027　追记张大千旅居卡迈尔逸事 / 陶鹏飞 // *传记文学 1993 年 63 卷 2 期
09028　张大千(1899—1983) / *民国人物小传第 6 册第 267 页
09029　蜚声中外的张大千先生 / 李德安 / *当代名人风范第 2 册第 453 页
09030　张大千 / *环华百科全书第 14 册第 73 页

张大卓

09031　张大卓 / *革命人物志第 5 集第 39 页

张大春

09032　张大春重要作品年表 / *中国时报 1994 年 1 月 11 日
09033　坦白从宽——作家自述 / 张大春 // *中国时报 1994 年 1 月 11 日

张万春

09034　张万春 / 黄震遐 // *中共军人志第 413 页

张广才
09035　张广才／黄震遐／／＊中共军人志第418页

张义纯
09036　张义纯／刘绍唐主编／／＊传记文学1993年62卷1期

张之江
09037　张之江与西北军／吴相湘／／＊春秋1965年2卷4期，＊民国百人传第3册第251页，＊民国政治人物第2集第28页
09038　从徐树铮被刺谈冯玉祥与张之江／王悟明／／＊春秋1967年7卷6期
09039　张之江(1882—1966)／于翔麟／／＊传记文学1981年39卷2期，＊民国人物小传第5册第268页

张之洞
09040　张文襄公年谱／许同莘／／＊商务印书馆1969年229页
09041　张之洞的外交政策／李国祁／／＊"中央"研究院近代史研究所1970年437页
09042　张之洞与广雅书院／周汉光／／＊中国文化大学出版部1983年674页
09043　章太炎与张之洞／易大军／／＊古今谈1968年40期

张子田
09044　加拿大华侨勋旧录(七)：张子田(1889—1969)／陈衮尧／／＊广东文献1981年11卷2期，＊华侨名人传488页

张子良
09045　张子良／＊革命人物志第12集第250页
09046　阳新六属守备区司令兼山东保安第六旅旅长五区专员张公子良史略／＊革命人物志第12集第253页
09047　阳新六属守备区司令兼山东独立保安第六旅旅长五区专员张公子良史料／＊革命人物志第12集第258页

张子奇
09048　抗日硬汉张子奇／乔家才／／＊戴笠将军和他的同志第1集第135页

张子柱
09049　张子柱(1896—1981)／＊传记文学1981年39卷1期，＊民国人物小传第5册第265页

张子高
09050　张子高(1886—1976)／关志昌／／＊传记文学1983年43卷5期

张开基
09051　张开基／黄震遐／／＊中共军人志第404页

张开儒
09052　张开儒／黄嘉梁／／＊革命人物志第4集第404页

张天云
09053　张天云／黄震遐／／＊中共军人志第379页

张天佐
09054　张天佐烈士殉国十周年纪念专刊／张天佐烈士殉国十周年纪念专刊编委会编／／＊光复杂志社1958年154页
09055　张天佐殉国四周年／王菁野／／＊"中央"日报1952年4月27日
09056　记潍阳双忠——张天佐与张髯农／刘仲康／／＊春秋1969年10卷6期
09057　张天佐／＊革命人物志第4集第312页

张天翼
09058　最近逝世的三十年代老作家胡风、张天翼、许钦文／关国煊／／＊传记文学1985年47卷1期
09059　张天翼／方雪纯等／／＊中共人名录第349页
09060　张天翼／林曼叔等／／＊中国当代作家小传第52页

09061　张天翼／李立明／／＊中国现代六百作家小传第 364 页
09062　张天翼及其创作／彦　火／／＊当代中国作家风貌续编第 67 页
09063　张天翼／施秀乔／／＊近代中国作家论第 88 页
09064　张天翼／＊作家印象记第 55 页
09065　张天翼／方　青／／＊现代文坛百象第 5 页
09066　张天翼／赵　聪／／＊现代中国作家列传第 345 页
09067　张天翼／黄俊东／／＊现代中国作家剪影第 291 页

张元良
09068　张元良传略／怀　襄／／＊四川文献 1969 年 79 期，＊革命人物志第 19 集第 153 页

张元济
09069　记张菊生先生／蜕　园／／＊循环日报 1959 年 10 月 18 日
09070　张菊生靠拢的前前后后／＊自由中国 1950 年 3 卷 4 期
09071　戊戌维新人物记（张元济）／竺　公／／＊畅流 1952 年 5 卷 4 期
09072　张菊老与商务印书馆／王云五／／＊传记文学 1964 年 4 卷 1 期
09073　张菊生与商务印书馆／朗　毅／／＊古今谈 1966 年 18 期
09074　张元济（1871—1965）／＊传记文学 1974 年 24 卷 1 期，＊民国人物小传第 1 册第 167 页
09075　张菊生、王云五与商务印书馆／林　斌／＊畅流 1969 年 40 卷 7 期
09076　纪念张元济先生／恽茹辛／／＊东方杂志 1975 年 9 卷 5 期
09077　藏书、校书、印书的张元济／苏　精／／＊传记文学 1982 年 40 卷 1 期
09078　关于张元济的生平（书简）／郑仁佳／＊传记文学 1987 年 51 卷 4 期
09079　张元济／＊中国近代学人像传初辑第 211 页
09080　张元济／李立明／／＊中国现代六百作家小传第 364 页
09081　张元济涉园／＊近代藏书三十家第 53 页
09082　人民政协代表张元济／＊新中国人物志（下）第 107 页

张云龙
09083　张云龙／黄震遐／／＊中共军人志第 409 页

张云逸
09084　张云逸／黄震遐／／＊中共军人志第 405 页
09085　广西省人民政府主席张云逸／再　樵／／＊新中国人物志（上）第 172 页

张太雷
09086　张太雷／刘绍唐主编／／＊传记文学 1987 年 50 卷 6 期

张友渔
09087　张友渔／刘绍唐主编／／＊传记文学 1993 年 62 卷 3 期
09088　北京市人民政府副市长张友渔／＊新中国人物志（上）第 229 页

张巨忠
09089　张巨忠／＊革命人物志第 9 集第 146 页

张少华
09090　张故司令事略／＊"中央"日报 1952 年 3 月 16 日，＊革命人物志第 18 集第 143 页

张日清
09091　张日清／黄震遐／／＊中共军人志第 380 页

张仁初
09092　张仁初／黄震遐／／＊中共军人志第 377 页

张凤九
09093　张凤九／＊革命人物志第 5 集第 105 页

张凤台
09094　河南省长张凤台传略／张金鉴／／＊中原文献 1980 年 12 卷 12 期

张文艺
09095 张文艺 / ＊革命人物志第 17 集第 175 页
张文光
09096 故大理提督总兵官陆军中将张君绍三(1884—1913)墓志铭 / 孙光庭 // ＊革命人物志第 4 集第 310 页
09097 张文光 / 李执中 // ＊革命人物志第 4 集第 308 页
张文庆
09098 张文庆 / 常子鉴 // ＊革命人物志第 12 集第 264 页
张文环
09099 台湾文学的奠基者——张文环专辑 / 张恒豪、廖清秀 // ＊文艺 1983 年 81 期
张文炳
09100 王治增、王丞承、杨兆林、张文炳、雷茂林、王斌、蔡德辰 / ＊革命人物志第 15 集第 11 页
张文烈
09101 张文烈 / ＊革命人物志第 5 集第 40 页
张文彬
09102 访张文彬 / ＊中国老一辈革命家第 258 页
张文裕
09103 张文裕 / 刘绍唐主编 // ＊传记文学 1993 年 62 卷 1 期
张文碧
09104 张文碧 / 黄震遐 // ＊中共军人志第 376 页
张为邦
09105 沉毅笃实张为邦 / 乔家才 // ＊戴笠将军和他的同志第 2 集第 139 页
张心洽
09106 张心洽先生纪念集 / ＊张心洽先生纪念集编委会编印 1972 年 238 页
09107 故友张心洽兄逝世十周年 / 程芥子 // ＊传记文学 1982 年 4 月 40 卷 4 期
09108 张心洽 / ＊革命人物志第 22 集第 228 页
09109 悼张心洽先生 / 张兹闿 // ＊革命人物志第 22 集第 231 页
张予昕
09110 记蕲春张予昕先生 / 倪抟九 // ＊畅流 1956 年 14 卷 1 期
张书旂
09111 艺术大师张书旂 / 秦百涛 // ＊中国一周 1953 年 160 期
09112 张书旂先生事略 / 张世汉 // ＊政论周刊 1957 年 143 期
09113 张书旂教授轶事 / 云 经 // ＊中国一周 1969 年 1019 期
09114 近代杰出花鸟画家张书旂 / 方延豪 // ＊建设 1978 年 26 卷 12 期
09115 张书旂 / 关志昌 // ＊传记文学 1983 年 43 卷 4 期
09116 张书旂 / 廖雪芳 // ＊环华百科全书第 14 册第 93 页
张正阳
09117 三湘四奇人(张正阳) / 胥端甫 // ＊畅流 1959 年 19 卷 11 期
张世英
09118 张世英(1844—1916) / 周邦道 // ＊近代教育先进传略(初集)第 332 页
张世禄
09119 张世禄 / 刘绍唐主编 // ＊传记文学 1999 年 75 卷 4 期
张世膺
09120 张世膺 / ＊革命人物志第 4 集第 317 页
张玉华
09121 张玉华 / 黄震遐 // ＊中共军人志第 382 页

张本清
09122　记一个独行特立的黄埔人——张本清将军三十 / 杨其力 // *湖南文学 1980 年 8 卷 2 期
张厉生
09123　悼张厉生 / 陈德仁 // *中华日报 1971 年 4 月 21 日
09124　张厉生先生的生平 / 张敬原 // *国语日报 1971 年 7 月 24 日
09125　追思张厉生先生 / 张敬原 // *传记文学 1973 年 22 卷 3 期
09126　张厉生(1901—1971) / 郭易堂 // *传记文学 1975 年 27 卷 4 期，*民国人物小传第 2 册第 167 页
09127　记张厉生的一段赁屋姻缘 / 王正元 // *传记文学 1995 年 67 卷 2 期
09128　张厉生主办两次选举 / *民国百人传第 4 册第 297 页
09129　张厉生 / 彭国栋 // *革命人物志第 11 集第 85 页
张石川
09130　张石川 / 刘绍唐主编 // *传记文学 1998 年 72 卷 3 期
张丕介
09131　选择的徬徨——我的大学生活(1—3) / 张丕介 // *大学生活 1955 年 1 卷 1—3 期
09132　杂忆 / 张丕介 // *大学生活 1955 年 1 卷 4 期
09133　张丕介传 / 熊复光 // *山东文献 1980 年 6 月 1 日
09134　张丕介(1905—1970) / *传记文学 1981 年 39 卷 5 期，*民国人物小传第 5 册第 271 页
张龙翔
09135　从校务委员会主席汤用彤到校长陈佳洱——续记北大百年后期八位负责人 / 关国煊 // *传记文学 1998 年 72 卷 5 期
张东荪
09136　怀念张东荪先生 / 谢扶雅 // *传记文学 1976 年 29 卷 6 期
09137　从"民盟秘书长"到"为和平解放北平立功"的哲学家张东荪以"通敌有据"而终的悲剧 / 王海波 // *传记文学 1999 年 74 卷 2 期
09138　忆燕园诸老——张东荪先生 / 陈熙橡 // *学府纪闻·私立燕京大学第 161 页
09139　中央人民政府委员张东荪 / *新中国人物志(上)第 93 页
张申府
09140　张申府 / 刘绍唐主编 // *传记文学 1993 年 62 卷 5 期
张仕霖
09141　张仕霖先生哀思录 / *1965 年 168 页
张仪尊
09142　张仪尊教授的治学精神与贡献 / 程崇道 // *教育与文化 1957 年 16 卷 2 期
09143　我所认识的张仪尊教授 / 苏林官 // *教育与文化 1957 年 16 卷 2 期
09144　有机化学家——张仪尊教授 / 那廉君 // *政论周刊 1957 年 106 期
张令彬
09145　张令彬 / 黄震遐 // *中共军人志第 381 页
张尔田
09146　张尔田(采田)艰屯投老 / 南　湖 // *"中央"日报 1961 年 8 月 20 日
09147　张尔田鄦厌金梁 / 南　湖 // *"中央"日报 1963 年 12 月 7 日
张立恭
09148　张立恭 / *革命人物志第 9 集第 147 页
张兰臣
09149　张兰臣 / 马天行 // *革命人物志第 20 集第 167 页
张汇滔
09150　张汇滔 / *革命人物志第 4 集第 406 页

张汉生
09151 张汉生 / ＊革命人物志第 5 集第 107 页

张汉光
09152 张汉光 / ＊革命人物志第 6 集第 51 页

张永正
09153 张永正事略 / 邹　鲁 // ＊革命人物志第 4 集第 315 页

张永富
09154 张永富 / 黄震遐 // ＊中共军人志第 381 页

张永福
09155 晚清主人的革命趣谈（张永福）/ 侯　畅 // ＊艺文志 1967 年 25 期

张民权
09156 君子行健——访追随父革命六十年的张民权先生 / 姚晓天 // ＊中华文艺 1983 年 26 卷 3 期
09157 张民权 / 刘绍唐主编 // ＊传记文学 1995 年 66 卷 4 期

张民达
09158 张民达 / 刘绍唐主编 // ＊传记文学 1995 年 67 卷 1 期
09159 张民达 / 邓泽如 // ＊革命人物志第 6 集第 27 页

张发奎
09160 访张发奎、李宗仁 / 卜少夫 // ＊联合报 1962 年 1 月 22 日
09161 抗战初期国军守浦东的回忆——并记我所知道的张发奎将军 / 王公玙 // ＊传记文学 1973 年 22 卷 2 期
09162 八一三淞沪战役回忆 / 张发奎 // ＊传记文学 1977 年 31 卷 3 期
09163 张发奎将军生平行状 / ＊广东文献 1980 年 10 卷 2 期
09164 敬悼"铁军将军"张向公 / 郑彦棻 // ＊中外杂志 1980 年 27 卷 5 期，＊广东文献 1980 年 10 卷 2 期
09165 我所认识与追随之张向华将军 / 何世礼 // ＊广东文献 1980 年 10 卷 2 期
09166 张发奎（1896—1980）/ 于翔麟、关国煊 // ＊传记文学 1980 年 36 卷 4 期，＊民国人物小传第 4 册第 258 页
09167 张发奎的一生 / 谢钟琏译 // ＊传记文学 1980 年 36 卷 5 期
09168 张发奎以"山大王"为荣 / 吴相湘 // ＊传记文学 1983 年 43 卷 4 期
09169 张发奎与广西（1—4）/ 邓以彭 // ＊传记文学 1996 年 68 卷 2—5 期
09170 张发奎在美国哥伦比亚大学访谈对话 / 杨天石 // ＊传记文学 1996 年 68 卷 2 期
09171 记张发奎将军在抗日战场的轶事 / 李以劻 // ＊传记文学 1996 年 69 卷 1 期
09172 张发奎（1896—1980）/ 戴晋新 // ＊环华百科全书第 14 册第 72 页

张圣容
09173 记几位中国的女数学家 / 陈省身、康润芳 // ＊传记文学 1995 年 66 卷 5 期

张邦翰
09174 张邦翰 / 张维翰 // ＊革命人物志第 4 集第 342 页

张百春
09175 张百春 / 黄震遐 // ＊中共军人志第 405 页

张百祥
09176 张百祥事略 / 邹　鲁 // ＊革命人物志第 4 集第 332 页

张百熙
09177 从管学大臣孙家鼐到校长胡适——记百年北京大学前期的二十任十九位负责人 / 关国煊 // ＊传记文学 1998 年 72 卷 4 期

张百麟
09178 张百麟 / ＊革命人物志第 4 集第 333 页

张达志
09179 张达志／黄震遐∥＊中共军人志第414页
张成和
09180 张成和记事／温　肃∥＊碑传集三编第7册第1713页
张成清
09181 张成清／章炳麟∥＊革命人物志第19集第155页
张扬明
09182 张扬明平反冤狱／乔家才∥＊戴笠将军和他的同志第1集第239页
张师渠
09183 张师渠／焦易堂等∥＊革命人物志第4集第384页
张光年
09184 记光未然（上、下）／陈纪滢∥＊传记文学1980年36卷5、6期
09185 记文光／陈纪滢∥＊三十年代作家记第233页
09186 张光年／方雪纯等∥＊中共人名录第353页
09187 张光年／中国现代作家与作品（沈阳）第45页
09188 张光年／李立明∥＊中国现代六百作家小传第365页
09189 张光年／林曼叔等∥＊中国当代作家小传第93页
09190 光未然／舒　兰∥＊抗战时期的新诗作家和作品第237页
张光宇
09191 张光宇的插图艺术／黄蒙田∥＊山水人物集第128页
张同普
09192 张同普／＊革命人物志第5集第46页
张先培
09193 凛烈万古：彭家珍 杨禹昌 张先培 黄之萌合传／宣建人∥＊近代中国出版社1982年114页
09194 张先培（1888—1912）／姚崧龄∥＊传记文学1974年24卷2期，＊民国人物小传第1册第169页
09195 张先培／＊革命人物志第4集第323页
张廷发
09196 张廷发／黄震遐∥＊中共军人志第385页
张廷休
09197 金陵求学记／张廷休∥＊畅流1956年14卷4期
09198 悼张廷休先生／罗时实∥＊中国一周1961年606期
09199 张君廷休事略／姜超岳∥＊中国一周1963年708期
09200 张廷休（1898—1961）／周邦道∥＊近代教育先进传略（初集）第407页
张廷芝
09201 张廷芝／＊革命人物志第6集第33页
张廷孟
09202 张廷孟将军与我／赵廷桂∥＊传记文学1985年46卷2期
张廷谔
09203 张廷谔（1890—1973）／＊传记文学1974年24卷2期，＊民国人物小传第1册第170页
09204 张廷谔先生其人其事（1—4）／张廷谔口述、李金洲校订∥＊传记文学1974年25卷1、2、3、5期
09205 记张廷谔先生／林锡珍∥＊中外杂志1976年19卷1期
张廷镛
09206 张廷镛／＊革命人物志第16集第171页
张竹友
09207 张竹友／＊革命人物志第5集第43页

张竹君

09208　武昌起义一佳人 / 克　南 // *畅流 1961 年 24 卷 4 期
09209　一代女杰张竹君 / 赵　衡 // *畅流 1964 年 29 卷 10 期
09210　记女革命家徐宗汉与张竹君 / 向　诚 // *艺文志 1966 年 13 期
09211　辛亥女杰张竹君(1—2) / 钮先铭 // *中外杂志 1971 年 10 卷 4—5 期
09212　女界之梁启超——张竹君 / 王明民 // *食货月刊 1980 年 10 卷 7 期

张乔龄

09213　张乔龄 / 刘绍唐主编 // *传记文学 1996 年 69 卷 3 期

张延祉

09214　张延祉 // *革命人物志第 9 集第 150 页

张仲实

09215　张仲实 / 刘绍唐主编 // *传记文学 1993 年 62 卷 3 期

张仲瀚

09216　张仲瀚 / 黄震遐 // *中共军人志第 383 页

张任飞

09217　尽瘁杂志事业的张任飞先生 / 万永贵 // *传记文学 1983 年 43 卷 1 期
09218　张任飞先生行述 / *江苏文献 1983 年 27 期
09219　张任飞先生纪念专辑 / *妇女杂志 1983 年 129 期

张任民

09220　张任民 / 刘绍唐主编 // *传记文学 1994 年 65 卷 6 期

张自忠

09221　张上将自忠画传 / 刘绍唐主编 // *传记文学出版社 1973 年 83 页
09222　英烈千秋：张自忠传 / 祝　康 // *近代中国出版社 1982 年 98 页
09223　书张荩忱将军殉职事 / 陈迈子 // "中央"日报 1959 年 5 月 16 日
09224　七七前夕忆抗日三名将——宋哲元、张自忠、吉星文 / 秦德纯 // *自立晚报 1962 年 7 月 6—8 日
09225　忆张荩忱老友 / 刘汝明 // *中华日报 1970 年 5 月 16 日
09226　张自忠将军与自忠县 / 王在君 // "中央"日报 1970 年 5 月 29 日
09227　张自忠将军与临沂大捷 / 田　义 // "中央"日报 1970 年 6 月 21 日
09228　忆张荩忱将军 / 刘汝明 // *新生报 1970 年 5 月 16 日
09229　我与张自忠 / 秦德纯 // *传记文学 1962 年 1 卷 2 期，*革命人物志第 15 集第 220 页
09230　记张自忠将军 / 梁实秋 // *传记文学 1962 年 1 卷 3 期
09231　纪念军人节追怀张自忠将军 / 李　吾 // *畅流 1968 年 38 卷 2 期
09232　张自忠的最后遗照及绝命书 / 郭学虞 // *传记文学 1970 年 16 卷 6 期
09233　张自忠(1891—1940) / 李云汉 // *传记文学 1974 年 25 卷 4 期，*民国人物小传第 1 册第 168 页
09234　张自忠重于泰山 / 戎马书生 // *大成 1974 年 12 期
09235　张故上将自忠家世及临清风光 / 孟　达 // *山东文献 1975 年 1 卷 1 期
09236　张、庞二将军临沂歼敌追记 / 王士元 // *山东文献 1975 年 1 卷 1 期
09237　张自忠(荩忱) / 刘振三等 // *传记文学 1977 年 31 卷 3 期
09238　张自忠小传 / 张子文 // *传记文学 1977 年 31 卷 4 期
09239　张自忠、李宗仁与台儿庄大捷 / 郭学虞 // *传记文学 1977 年 31 卷 5 期
09240　张自忠英烈千秋 / 谢应芬 // *中外杂志 1977 年 21 卷 5—6 期
09241　庞炳勋、张自忠两将军与临沂大捷 / 李凤鸣 // *传记文学 1978 年 32 卷 6 期
09242　纪念张自忠将军殉国五十八周年 / 何兹全 // *传记文学 1998 年 72 卷 5 期
09243　二十九军四位鲁籍将领简介(3)：张自忠 / 李云汉 // *中国现代史论和史料(中册)第 507 页
09244　张自忠 / 谭慧生 // *民国伟人传记第 351 页

09245 张自忠(1891—1940) / 戴晋新 // ＊环华百科全书第 14 册第 94 页
09246 张自忠之死 / 李 约 // ＊国共风云名人录第 3 辑第 70 页
09247 张自忠烈士传 / ＊国军忠烈传记第 10 册
09248 张自忠 / ＊革命人物志第 4 集第 326 页

张自铭
09249 悼念张自铭先生 / 王德芳 // ＊中华日报 1959 年 12 月 9 日
09250 革命报人张自铭 / 林大椿 // ＊"中央"日报 1959 年 12 月 9 日
09251 张自铭 / ＊革命人物志第 6 集第 29 页

张兆辰
09252 张兆辰 / 王惟英 // ＊革命人物志第 4 集第 317 页

张庆澄
09253 张庆澄 / 周芷畦 // ＊革命人物志第 5 集 123 页

张江霖
09254 张江霖 / 黄震遐 // ＊中共军人志第 382 页

张池明
09255 张池明 / 黄震遐 // ＊中共军人志第 382 页

张守魁
09256 张守魁先生事略 / 孙新科 // ＊中原文献 1980 年 12 卷 2 期

张如川
09257 张如川 / 革命人物志第 5 集第 40 页

张寿镛
09258 张寿镛创办光华大学与民族复兴运动的意义 / 张 迪 // ＊宁波同乡 1976 年 101 期
09259 张寿镛(1876—1945) / 苏 精 // ＊传记文学 1980 年 37 卷 4 期，＊民国人物小传第 4 册第 200 页
09260 张寿镛在财政、教育与藏书事业上的贡献 / 苏 精 // ＊传记文学 1983 年 43 卷 2 期
09261 张寿镛约园 / ＊近代藏书三十家第 141 页

张远亭
09262 记两位忠贞国剧老艺人——周麟昆与张远亭 / 马骊珠 // ＊传记文学 1983 年 43 卷 2 期

张孝才
09263 张孝才 / 黄震遐 // ＊中共军人志第 384 页

张孝若
09264 张孝若(1898—1935) / 关志昌 // ＊传记文学 1983 年 42 卷 4 期，＊民国人物小传第 6 册第 295 页

张孝骞
09265 张孝骞 / 刘绍唐主编 // ＊传记文学 1987 年 51 卷 6 期

张志广
09266 张志广(1893—1968) / 周邦道 // ＊近代教育先进传略(初集)第 424 页

张志让
09267 中共最高人民法院副院长张志让 / ＊新中国人物志(下)第 63 页

张志民
09268 张志民 / 林曼叔 // ＊中国当代作家小传第 106 页

张志安
09269 张志安 / ＊山东文献 1976 年 1 卷 4 期
09270 张志安 / ＊革命人物志第 16 集第 168 页

张志智
09271 灵魂人物张志智 / 李启元 // ＊中国边政 1976 年 55 期

张克侠
09272 潜伏最久、军阶最高的中共党员张克侠 / 郑仁佳 // ＊传记文学 1994 年 65 卷 2 期

张克瑶
09273　张克瑶／刘绍唐主编∥﹡传记文学 1995 年 67 卷 2 期
09274　张克瑶／张绍烈∥﹡革命人物志第 6 集第 35 页

张来庭
09275　张来庭／﹡革命人物志第 4 集第 347 页

张秀川
09276　张秀川／黄震遐∥﹡中共军人志第 391 页

张秀龙
09277　张秀龙／黄震遐∥﹡中共军人志第 387 页

张秀亚
09278　抗战时期中我的文艺生活／张秀亚∥﹡文讯月刊 1984 年 7—8 期
09279　张秀亚／李立明∥﹡中国现代六百作家小传第 367 页
09280　张秀亚／夏祖丽∥﹡她们的世界第 159 页
09281　杰出校友群象——蜚声文坛的张秀亚校友／王绍桢∥﹡学府纪闻·私立辅仁大学第 364 页
09282　小传／张秀亚∥﹡秀亚自选集第 1 页
09283　张秀亚／舒　兰∥﹡抗战时期的新诗作家和作品第 129 页
09284　张秀亚／齐志尧∥﹡作家的青少年时代第 71 页

张秀全
09285　张秀全／﹡革命人物志第 6 集第 30 页

张秀君
09286　张秀君坚定沉着／乔家才∥﹡戴笠将军和他的同志第 1 集第 107 页

张我军
09287　怀才不遇的张我军兄／洪炎秋∥﹡传记文学 1976 年 28 卷 4 期
09288　张我军（1902—1955）／秦贤次∥﹡传记文学 1980 年 36 卷 5 期，﹡民国人物小传第 4 册第 247 页
09289　张我军（1902—1955）／﹡环华百科全书第 14 册第 100 页

张我佛
09290　张我佛立功异域／乔家才∥﹡戴笠将军和他的同志第 1 集第 111 页

张作相
09291　张作相（1881—1949）／于翔麟∥﹡传记文学 1980 年 37 卷 5 期，﹡民国人物小传第 4 册第 242 页

张作霖
09292　张作霖外传（上、中）／郁　明／（香港）宇宙出版社 1965—1967 年印行（2 册）
09293　前事新评——张作霖、西安事变及其他／郭　桐∥（香港）七十年代杂志社 1977 年 6 月 191 页
09294　张老帅与张少帅／司马桑敦等∥传记文学出版社 1984 年 344 页
09295　我杀死了张作霖／（日）河本大作等著，陈鹏仁译∥﹡聚珍书屋出版社 1982 年 213 页
09296　张作霖外传／薛大可∥﹡畅流 1950 年 1 卷 7 期
09297　张作霖外传／柳　广∥﹡畅流 1963 年 27 卷 1 期
09298　张雨亭先生掌握东三省军政权的经过／王铁汉∥﹡传记文学 1964 年 5 卷 3 期
09299　我所知道的张作霖（1—2）／曹德宣∥﹡传记文学 1964 年 5 卷 6 期—1965 年 6 卷 1 期
09300　张雨亭先生的初年／王铁汉∥﹡传记文学 1964 年 5 卷 6 期
09301　张作霖、冯德麟、汤玉麟恩仇记／田布衣∥﹡春秋 1965 年 3 卷 1 期
09302　有关张作霖的史料／沈云龙∥﹡春秋 1965 年 3 卷 5 期
09303　张作霖、冯德麟、汤玉麟恩仇记的史料订正／黄恒浩∥﹡春秋 1965 年 3 卷 5 期
09304　张作霖被炸殒命经纬／赵庆升∥﹡春秋 1966 年 4 卷 3 期
09305　张作霖外传（1—17）／郁　明∥﹡春秋 1968 年 8 卷 3 期—1969 年 11 卷 1 期
09306　张作霖评传（上、下）／亦　云∥﹡畅流 1968 年 37 卷 5、6 期

09307　我所认识的张作霖／韦树屏∥﹡畅流 1968 年 37 卷 12 期
09308　张作霖之一生／养　之∥﹡新动力 1975 年 27 卷 6 期
09309　张作霖父子兄弟／陈嘉骥∥﹡新万象 1976 年 3 期
09310　张作霖的故事／高登云∥﹡中外杂志 1976 年 20 卷 5、6 期
09311　张作霖父子是非功过／陈嘉骥∥﹡中外杂志 1977 年 21 卷 6 期
09312　傀儡帝与东北王——溥仪与奉张之间／陈嘉骥∥﹡中外杂志 1977 年 22 卷 2 期
09313　张作霖崛起东北及其轶事／陈嘉骥∥﹡新万象 1977 年 13 期
09314　张作霖与王永江／陈嘉骥∥﹡中外杂志 1977 年 22 卷 5 期
09315　十月号专题人物：张作霖（雨亭）／冯庸∥﹡传记文学 1977 年 31 卷 4 期
09316　张雨亭将军草莽轶闻／何秀阁∥﹡传记文学 1978 年 32 卷 6 期
09317　有关张作霖的日文资料／王光逖∥﹡传记文学 1978 年 32 卷 6 期
09318　郭松龄倒张作霖真相——陈嘉骥《东北壮游》读后／丁沛涛∥﹡中外杂志 1981 年 29 卷 4 期
09319　张作霖兴亡记（1—3）／季庆云∥﹡中外杂志 1982 年 31 卷 2—4 期
09320　张老帅和张少帅（上、中、下）／司马桑敦∥﹡传记文学 1982 年 40 卷 1—3 期
09321　关于"张老帅与张少帅"／严光德∥﹡传记文学 1982 年 40 卷 3 期
09322　张作霖小传（1875—1928）／关国煊∥﹡传记文学 1982 年 41 卷 3 期，﹡民国人物小传第 6 册第 289 页
09323　有关张作霖小传之补正／谢　琦∥﹡传记文学 1982 年 41 卷 4 期
09324　张作霖小传资料来源／关国煊∥﹡传记文学 1982 年 41 卷 5 期
09325　张作霖小传资料来源的一点补充／林抱石∥﹡传记文学 1983 年 42 卷 3 期
09326　关于张作霖之死的一些补充／高　阳∥﹡传记文学 1983 年 42 卷 3 期
09327　回忆我父亲张作霖二三事／张怀英、张怀卿口述，俞志厚笔录整理∥﹡传记文学 1983 年 42 卷 4 期，天津文史资料选辑第 20 辑第 36 页
09328　关于张作霖的妻妾子女／李祖厚∥﹡传记文学 1983 年 43 卷 1 期
09329　张作霖被炸实录／王大任∥﹡中外杂志 1984 年 35 卷 3 期
09330　张作霖被炸案补遗／沈觐鼎∥﹡中外杂志 1934 年 36 卷 1 期
09331　张作霖的感情世界／王大任∥﹡中外杂志 1984 年 36 卷 2 期
09332　张作霖与日本关系微妙／吴相湘∥﹡传记文学 1984 年 44 卷 6 期
09333　《胡适日记》中的张作霖张学良父子／蒋永敬∥﹡传记文学 1992 年 60 卷 3 期
09334　给张作霖当家教与秘书行走／汪树屏遗稿、汪纪泽整理∥﹡传记文学 1992 年 60 卷 4 期
09335　在大帅府当家教与秘书行走（二）／汪树屏遗稿、汪纪泽整理∥﹡传记文学 1992 年 61 卷 5 期
09336　孙中山与越飞"谈"张作霖／蒋永敬∥﹡传记文学 1999 年 74 卷 4 期
09337　张作霖的故事／晓　恬∥﹡当代名人故事第 1 集
09338　张作霖被炸之原因与史实∥﹡革命文献第 21 辑第 1747 页
09339　张作霖（1875—1928）／冯明珠∥﹡环华百科全书第 14 册第 96 页

张伯苓

09340　张故校长伯苓先生八旬诞辰纪念册／﹡南开校友会编印 1956 年 67 页
09341　张伯苓与南开／王文田∥﹡传记文学出版社 1968 年 138 页
09342　张伯苓先生传／孙彦民∥﹡中华书局 1971 年 137 页
09343　张伯苓先生百年诞辰纪念册／﹡南开校友会编印 1975 年 247 页
09344　张伯苓先生纪念集／郭荣生、张　源∥﹡文海出版社近代中国史料丛刊续编第十八辑（总 180）影印本 247 页
09345　伯苓先生的爱国精神／崔书琴∥﹡中华日报 1951 年 3 月 31 日
09346　纪念张校长伯苓先生／沈鸿烈∥﹡中华日报 1951 年 3 月 31 日
09347　张伯苓先生年谱／赵光宸∥﹡中华日报 1951 年 3 月 31 日，﹡学府纪闻·国立南开大学第 142

页,*革命人物志第 13 集第 131 页

09348 倡导力行教育的张师伯苓／郑通和∥*中华日报 1951 年 3 月 31 日,*教育通讯 1951 年 2 卷 9 期
09349 忆张伯苓先生／杨鸿烈∥*民主评论 1953 年 4 卷 13 期
09350 张伯苓、严范荪与南开大学／高武之∥*艺文志 1967 年 22 期
09351 张伯苓先生与南开(上、中、下)／王文田∥*传记文学 1968 年 12 卷 5 期—13 卷 1 期,*革命人物志第 13 集第 141 页
09352 张伯苓／张源译∥*传记文学 1968 年 12 卷 5、6 期—13 卷 1 期
09353 张伯苓(1876—1951)／*传记文学 1973 年 23 卷 3 期,*民国人物小传第 1 册第 172 页
09354 追忆张故校长伯苓先生／田炯锦∥*中外杂志 1975 年 17 卷 5 期
09355 怀念伯苓先生／查良钊∥*传记文学 1975 年 26 卷 4 期
09356 一位戴墨晶眼镜的老人／黄仰山∥*传记文学 1975 年 26 卷 4 期
09357 "南开先生"张伯苓／丁履进∥*传记文学 1975 年 26 卷 4 期
09358 张伯苓传略／周邦道∥*华学月刊 1976 年 50 期
09359 张伯苓先生二三事／赵知人∥*艺文志 1977 年 137 期
09360 张伯苓、贾景德、莫德惠——三位考试院长的故事／许正直∥*中外杂志 1980 年 27 卷 4 期
09361 张、梅两校长印象记(张伯苓、梅贻琦)／柳无忌∥*传记文学 1980 年 36 卷 1 期,柳无忌散文选第 29 页
09362 张伯苓、贾景德、莫德惠——三位考试院长的故事／许正直∥*中外杂志 1980 年 27 卷 4 期
09363 南开大学和张伯苓——大学和大学校长的特色／吴大猷∥*传记文学 1987 年 50 卷 5 期
09364 怀张伯苓校长忆南渝中学／李定一∥*传记文学 1987 年 50 卷 6 期
09365 张伯苓／吴相湘∥*民国百人传第 1 册第 299 页
09366 张伯苓／谭慧生∥*民国伟人传记第 465 页
09367 张伯苓(1876—1951)／周邦道∥*近代教育先进传略(初集)第 275 页
09368 张伯苓传／胡 适∥*学府纪闻·国立南开大学第 81 页
09369 中国现代伟大的教育家张伯苓先生／宁恩承∥*学府纪闻·国立南开大学第 90 页
09370 张伯苓先生的修养与轶事／*学府纪闻·国立南开大学第 121 页
09371 张伯苓先生遗嘱／*学府纪闻·国立南开大学第 140 页,*革命人物志第 13 集第 129 页
09372 追念张校长伯苓先生／田炯锦∥*学府纪闻·国立南开大学第 154 页
09373 我所认识的张伯苓先生／雷法章∥*学府纪闻·国立南开大学第 160 页
09374 "南开先生"张伯苓／丁履进∥*学府纪闻·国立南开大学第 167 页
09375 张伯苓、彭春兄唱弟随／吴相湘∥*学府纪闻·国立南开大学第 214 页
09376 缅怀伯师——南开与我／查良鉴∥*学府纪闻·国立南开大学第 253 页
09377 张伯苓(1876—1951)／戴晋新∥*环华百科全书第 14 册第 70 页

张伯驹
09378 张伯驹(1897—1982)／关志昌∥*传记文学 1982 年 41 卷 1 期,*民国人物小传第 6 册第 283 页
09379 我从余叔岩先生研究戏剧的回忆／张伯驹∥*大成 1985 年 135 期

张伯铣
09380 张伯铣／*革命人物志第 6 集第 33 页

张佛千
09381 云老与我／张佛千∥*传记文学 1987 年 51 卷 5 期

张希为
09382 张故代表希为先生事略／*民主潮 1984 年 34 卷 3 期

张希圣
09383 张希圣／*革命人物志第 13 集第 170 页

张希春
09384 张希春／黄震遐∥*中共军人志第 386 页

张希钦
09385 张希钦 / 黄震遐 // *中共军人志第 385 页

张希哲
09386 张希哲与逢甲工商学院 / 林 翠 // *政治评论 1968 年 21 卷 6 期
09387 在惊涛骇浪中的一年——从事宣传工作回忆 / 张希哲 // *中外杂志 1981 年 29 卷 4 期

张谷年
09388 张谷年先生的画展 / 程石军 // *畅流 1952 年 6 卷 4 期
09389 名画家张谷年先生 / 杨恺龄 // *中国一周 1955 年 266 期

张谷若
09390 张谷若先生 / 张振玉 // *学府纪闻·私立辅仁大学第 140 页

张亨嘉
09391 从管学大臣孙家鼐到校长胡适——记百年北京大学前期的二十任十九位负责人 / 关国煊 // *传记文学 1998 年 72 卷 4 期

张怀芝
09392 张怀芝炮击使馆 / 耘 农 // "中央"日报 1962 年 9 月 8 日，*近代史事与人物第 125 页
09393 张怀芝(1861—1934) / 传记文学 1983 年 38 卷 4 期，*民国人物小传第 5 册第 280 页

张怀理
09394 张怀理 / 黄震遐 // *中共军人志第 427 页

张宏锡
09395 张宏锡 / *革命人物志第 9 集第 149 页

张良弼
09396 张良弼 / 周邦道 // *近代教育先进传略(初集)第 263 页

张君劢
09397 张君劢先生七十寿庆纪念论文集 / 王云五等 // *台北印刷厂 1956 年 1 月，*文海出版社近代中国史料丛刊续编第九十六辑(总 951)影印本 237 页
09398 张君劢先生九秩诞辰纪念册(上、下) / 孙亚夫、杨毓滋编 // *文海出版社近代中国史料丛刊续编第五十三辑(总 527)影印本 870 页
09399 张君劢在港深居简出 / 卜少夫 // *联合报 1963 年 10 月 16 日
09400 张君劢还是民社党领袖吗 / 张朝桅 // *自立晚报 1965 年 6 月 4 日
09401 天末凉风怀张君劢先生 / 郑小园 // *民主中国 1961 年 4 卷 23 期
09402 张君劢与梁任公 / 郑小国 // *民主中国 1962 年 5 卷 8 期
09403 追记君劢先生言行二三事 / 郑天杙 // *中华杂志 1969 年 7 卷 4 期
09404 家兄君劢遗言 / 张公权 // *传记文学 1969 年 14 卷 4 期
09405 敬悼张君劢先生 / 李 璜 // *传记文学 1969 年 14 卷 4 期
09406 师门忆往 / 苏莹辉 // *传记文学 1969 年 14 卷 4 期
09407 张君劢先生二三事 / 谢扶雅 // *传记文学 1969 年 14 卷 4 期
09408 张君劢先生一生大事记 / 蒋均田 // *传记文学 1969 年 14 卷 4 期
09409 我与家兄君劢 / 张公权 // *传记文学 1969 年 14 卷 4 期，*张君劢先生七十寿庆纪念论文集第 102 页
09410 君劢先生的一些小事 / 郑寿麟 // *民主潮 1969 年 19 卷 5 期
09411 民主党领袖张君劢先生 / *美哉中华 1969 年 7 期
09412 张君劢先生传 / *中国一周 1969 年 992 期
09413 在印度讲学时期的张君劢 / 杨允元 // *传记文学 1971 年 19 卷 1 期
09414 张君劢先生的"政治国"与"学问国" / 程文熙 // *再生 1974 年 4 卷 12 期
09415 张君劢先生与民主宪政 / 杨毓滋 // *民主宪政 1975 年 5 卷 6 期

09416　张君劢先生与英史学家陶尹皮氏 / 程文熙 // *再生 1975 年 5 卷 11 期
09417　张君劢思想评述 / 江勇振 // *台湾师范大学历史研究所 1975 年硕士学位论文
09418　张君劢先生与我 / 朱文伯 // *再生 1976 年 6 卷 1 期
09419　追忆君劢先生 / 王世宪 // *再生 1976 年 6 卷 1 期
09420　"新中国"的维新嘉士康有为、梁启超、张君劢三先生 / 程文熙 // *再生 1976 年 6 卷 1 期
09421　三月号专题人物：张君劢(张嘉森) / 王世宪等 // *传记文学 1976 年 28 卷 3 期
09422　记张君劢先生并述科学与人生观论战的影响 / 劳榦 // *传记文学 1976 年 29 卷 3 期
09423　张君劢先生与康南海先生 / 程文熙 // *再生 1977 年 7 卷 3—4 期
09424　张君劢先生年谱长编初稿 / 程文熙 // *民主潮 1979 年 29 卷 8 期—1981 年 31 卷 10 期
09425　张君劢先生研究与释著纪要——张君劢著《中西印哲学文集》编后记 / 程文熙 // *传记文学 1981 年 39 卷 1 期
09426　张君劢先生的追忆 / 蒋复璁 // *传记文学 1985 年 47 卷 4 期
09427　张君劢 / 江勇振 // *中国历代思想家第 10 册第 6232 页
09428　张君劢 / 吴相湘 // *民国百人传第 3 册第 1 页
09429　张君劢(1886—1969) / 周邦道 // *近代教育先进传略(初集)第 59 页
09430　童年时代的张君劢先生 / 金侯城 // *张君劢先生七十寿庆纪念论文集第 39 页
09431　张君劢 / 李日章 // *现代中国思想家第 6 集第 101 页
09432　张君劢 / 方光后 // *环华百科全书第 14 册第 84 页

张君泽
09433　张烈士君泽传略 // *川籍抗战忠烈录第 102 页

张君秋
09434　且说四小名旦(下) / 燕京散人 // *大成 1974 年 4 期
09435　我的学戏生活 / 张君秋 // *大成 1984 年 131 期

张灵甫
09436　张灵甫将军殉国经过 / 剑潭 // *"中央"日报 1951 年 5 月 16 日
09437　张灵甫将军轶闻 / 郭清江 // *"中央"日报 1951 年 5 月 16 日
09438　张灵甫将军轶事 / 剑津 // *"中央"日报 1952 年 5 月 16 日
09439　我认识的张灵甫 / 张廷镛 // *"中央"日报 1952 年 5 月 16 日
09440　张灵甫将军喋血孟良崮 / 刘克刚 // *政治评论 1964 年 13 卷 1 期
09441　张灵甫 // *革命人物志第 12 集第 271 页
09442　张灵甫(1903—1947) / 于翔麟 // *传记文学 1979 年 34 卷 6 期，*民国人物小传第 3 册第 183 页

张纯一
09443　汉阳张纯一先生行述 / 黄英烈 // *湖北文献 1983 年 69 期

张纯如
09444　华裔女作家著《南京大屠杀》震惊美国 / 宗鹰 // *传记文学 1998 年 73 卷 3 期

张纯青
09445　张纯青 / 黄震遐 // *中共军人志第 398 页

张纯明
09446　敬悼张纯明先生 / 周书楷 // *传记文学 1984 年 45 卷 3 期
09447　张纯明(1903—1984) / 吴德懋、赵子瑜 // *传记文学 1985 年 47 卷 6 期

张其中
09448　张其中 / 刘绍唐主编 // *传记文学 1993 年 62 卷 5 期

张其昀
09449　张其昀博士的生活和思想 / 潘维和主编 // *中国文化大学出版部 1982 年 2 册
09450　自述治学与著述的经过 / 张其昀 // *新生报 1953 年 12 月 5 日

09451　张其昀与浙东史学／黄大受∥＊"中央"日报 1961 年 7 月 20 日
09452　张其昀先生与出版事业／澎　湃∥＊中华日报 1967 年 7 月 3 日，＊中国一周 1967 年 900 期
09453　我的宇宙观／张其昀∥＊"中央"日报 1969 年 2 月 14、15 日
09454　我的幽默观／张其昀∥＊"中央"日报 1969 年 10 月 14 日
09455　我的宗教观／张其昀∥＊"中央"日报 1969 年 10 月 30 日
09456　我的思维观／张其昀∥＊"中央"日报 1970 年 1 月 2 日
09457　华冈九年继往开来／张其昀∥＊"中央"日报 1971 年 5 月 17 日
09458　自述著述的经过／张其昀∥＊中国一周 1953 年 190 期
09459　六十自述／张其昀∥＊自由谈 1961 年 12 卷 2 期，＊传记文学 1985 年 47 卷 3 期
09460　教授生活的一段／张其昀∥＊传记文学 1963 年 2 卷 4 期，＊中国一周 1963 年 677 期
09461　心平气和谈张晓峰先生／白　圭∥＊政治评论 1969 年 21 卷 12 期
09462　我所推服的张先生／陈祚龙∥＊中国一周 1969 年 1010 期
09463　我所认识的创办人张其昀先生／安密迩∥＊中国一周 1969 年 1013 期
09464　好大喜功的晓峰先生／梁实秋∥＊中外杂志 1980 年 28 卷 6 期
09465　书生本色——寿晓峰张先生／潘重规∥＊中外杂志 1980 年 28 卷 6 期
09466　张晓峰先生朴素／卜少夫∥＊传记文学 1985 年 47 卷 3 期
09467　鄞县张晓峰先生其昀行状∥＊传记文学 1985 年 47 卷 3 期
09468　晓峰先生立德、立功与立言／吴俊升∥＊传记文学 1985 年 47 卷 4 期
09469　张其昀／关国煊∥＊传记文学 1985 年 47 卷 4 期
09470　张其昀先生重视琉球与钓鱼台问题／杨仲揆∥＊传记文学 1985 年 47 卷 4 期
09471　纪念张晓峰吾友／钱　穆∥＊传记文学 1985 年 47 卷 6 期
09472　张其昀治学兴学／吴相湘∥＊民国百人传第 4 册第 315 页
09473　名史学家张其昀先生／李德安∥＊当代名人风范(4)第 1151 页
09474　张其昀／＊环华百科全书第 14 册第 85 页

张其锽

09475　吴佩孚与张其锽／邓　仇∥＊畅流 1964 年 29 卷 2 期
09476　我所知道的张子武先生／曾宝慈∥＊春秋 1965 年 2 卷 5、6 期
09477　张子武先生议婚经过补遗／曾宝慈∥＊春秋 1965 年 2 卷 6 期
09478　"近代诸葛"张子武／蔡　电∥＊畅流 1967 年 35 卷 12 期
09479　吴佩孚的患难之交——吴佩孚与张其锽／张　森∥＊中外杂志 1968 年 3 卷 2 期
09480　谭延闿与张其锽／胡耐安∥＊中外杂志 1970 年 8 卷 1 期
09481　张其锽(1877—1927)／关国煊∥＊传记文学 1984 年 45 卷 3 期

张英才

09482　张英才／黄震遐∥＊中共军人志第 393 页

张英华

09483　张英华／贾士毅∥＊民国初年的几任财政总长第 93 页

张英辉

09484　张英辉／黄震遐∥＊中共军人志第 395 页

张英麟

09485　张英麟墓志铭／章　梫∥＊碑传集三编第 2 册第 351 页

张直夫

09486　张直夫先生纪念集／＊张吴悚芬撰印 1961 年 373 页
09487　追忆张直夫先生／杨继曾∥＊"中央"日报 1961 年 10 月 9 日
09488　张峻／高焕云∥＊革命人物志第 4 集第 359 页
09489　纪念张直夫先生／赵萃年∥＊革命人物志第 4 集第 363 页

张贤约
09490　张贤约／黄震遐∥﹡中共军人志第421页

张贤金
09491　张贤金／张奋飞∥﹡革命人物志第19集第160页

张国华
09492　张国华／黄震遐∥﹡中共军人志第400页

张国忱
09493　抗俄志士张国忱事略／谢　琦∥﹡传记文学1982年41卷3期

张国柱
09494　孤儿心影录／张国柱∥﹡东大图书公司1981年372页
09495　北洋大学的回顾——兼记察籍同学的胜迹／张国柱∥﹡察哈尔省文献1979年4期
09496　抗战前后的经历／张国柱∥﹡中外杂志1979年25卷4期

张国焘
09497　我的回忆(3册)／张国焘∥(香港)明报月刊出版社1971—1974年第1351页,现代史料编刊社1980年3册438页
09498　张国焘的彷徨与觉醒／姜新立∥﹡幼狮文化事业公司1981年436页
09499　我参加"五四运动"的始末／张国焘∥﹡艺文志1968年32期
09500　细说张国焘(1—6)／费云文∥﹡中外杂志1980年28卷5期—1981年29卷4期
09501　戴笠将军与张国焘／洋　溢∥﹡自由谈1980年31卷3期
09502　张国焘夫人杨子烈女士笔下的《张国焘先生的略历》∥﹡传记文学1980年36卷1期
09503　张国焘小传／谢钟琏译∥﹡传记文学1980年36卷1期,﹡江西文献1980年100期
09504　我所认识的张国焘先生／雷啸岑∥﹡传记文学1980年36卷2期,﹡古今谈1981年188期
09505　张国焘先生饮恨以终／王健民∥﹡传记文学1980年36卷2期
09506　张国焘／关国煊∥﹡传记文学1980年36卷3期,﹡民国人物小传第4册第252页
09507　南昌才子邱言曦和萍乡的"托洛斯基"张国焘／周仲超∥﹡江西文献1980年100期
09508　张国焘／戴晋新∥﹡环华百科全书第14册第76页

张国基
09509　张国基／刘绍唐主编∥﹡传记文学1992年61卷6期

张国淦
09510　张国淦笑谈袁世凯／李漱石∥﹡春秋1965年3卷5期
09511　怀念乡贤张国淦先生／邓翔宇∥﹡湖北文献1968年8期
09512　张国淦／关国煊∥﹡传记文学1983年43卷4期

张国疆
09513　张国疆回忆录／张国疆口述、郭冠英笔记∥﹡传记文学1993年62卷1期

张明生
09514　张明生／王子终∥﹡革命人物志第12集第266页

张明炜
09515　痛悼新闻界老兵张明炜／赵效沂∥﹡传记文学1981年38卷3期
09516　张明炜(1903—1981)∥﹡传记文学1981年38卷5期,﹡民国人物小传第5册第273页

张明烈
09517　痛悼新闻贞士张明烈弟／刘光炎∥﹡"中央"日报1962年12月28日
09518　哭四弟张明烈／张明炜∥﹡"中央"日报1963年1月21日

张明德
09519　张明德／平　刚∥﹡革命人物志第6集第42页

张忠仁
09520　张忠仁／梁寒操等∥﹡革命人物志第13集第172页

张忠民

09521　张忠民将军二三事／李　才／／＊政治评论 1981 年 39 卷 9 期

张忠绂

09522　迷惘集——张忠绂回忆录／张忠绂／／＊双子星出版社 1971 年 197 页

09523　痛悼张忠绂兄／谢扶雅／／＊传记文学 1977 年 30 卷 5 期

09524　张忠绂（1901—1977）／姚崧龄／／＊传记文学 1977 年 30 卷 5 期，＊民国人物小传第 3 册第 172 页

09525　记张子缨先生一二事／陶希圣／／＊传记文学 1977 年 30 卷第 6 期

09526　八载清华／张忠绂／／＊学府纪闻·国立清华大学第 313 页

张鸣岐

09527　张鸣岐／刘绍唐主编／／＊传记文学 1992 年 60 卷 4 期

张知本

09528　张知本先生巡视台湾司法记／张知本／／＊中国宪法学会 1969 年 64 页

09529　张知本先生年谱／张文伯编述、郭骥校订／／＊张知本先生奖学金董事会 1975 年 111 页，＊商务印书馆《新编中国名人年谱集成》1980 年 11 月 56 页

09530　但开风气不为师：梁启超、张道藩、张知本／文讯杂志社／／文讯杂志社 1991 年 225 页

09531　我主持第一届国庆大典／张知本／／"中央"日报 1963 年 10 月 10 日

09532　张知本／力强原／／＊中国一周 1956 年 303 期

09533　宪法学权威张怀老／陈　灼／／＊中国一周 1960 年 513 期

09534　张怀九先生与近代法治运动／黄天鹏／／＊中国宪法学会年刊 1960 年 8 期

09535　张知本先生对于民主宪政的贡献／任卓宣／／＊中国宪法学会年刊 1960 年 8 期

09536　江陵张怀九先生／王钧章／／＊湖北文献 1966 年 1 期

09537　张怀九先生行谊／黄天鹏／／＊革命思想 1969 年 26 卷 2 期，＊宪法学报 1969 年 3 卷 4 期，＊中国一周 1969 年 987 期

09538　开国勋耆张知本先生／／＊美哉中华 1969 年 7 期

09539　张怀九（知本）先生事略／王钧章／／＊湖北文献 1969 年 11 期

09540　张怀九先生《巡视台湾司法记》后记／张文伯／／＊法学丛刊 1969 年 54 期

09541　张知本先生的风范／张文伯／／＊中国一周 1969 年 988 期

09542　张知本（1881—1976）／卓遵宏／／＊传记文学 1976 年 29 卷 4 期，＊民国人物小传第 2 册第 154 页

09543　毕生为法治而奋斗的张怀老／郑彦棻／／＊法律世界 1976 年 20 期，＊艺文志 1976 年 132 期

09544　永怀法学泰斗张怀九先生／王钧章／／＊湖北文献 1977 年 42 期

09545　张怀九先生的硕学丰功／王钧章／／宪政时代 1979 年 4 卷 4 期

09546　张知本先生百年诞辰纪念／功　仪／／＊宪政时代 1980 年 5 卷 4 期

09547　张怀老对国民大会历次会议的贡献／黄天鹏／／＊宪政论坛 1980 年 25 卷 10 期

09548　我所认识的张知本先生／刘咏尧／／＊宪政论坛 1980 年 25 卷 11 期，＊中外杂志 1980 年 27 卷 5 期

09549　我所认识的张怀九先生／郑彦棻／／＊传记文学 1980 年 36 卷 3 期

09550　黄季陆先生访问张知本先生录音纪录／／＊近代中国 1980 年 15 期

09551　张知本先生百年诞辰口述历史座谈纪实／黄肇珩等／／＊近代中国 1980 年 15 期

09552　怀九先生的大儒风范／张文伯／／＊近代中国 1980 年 15 期，＊湖北文献 1980 年 56 期，＊艺文志 1984 年 220 期

09553　怀九先生与我国宪法／张文伯／／＊"中央"月刊 1984 年 16 卷 4 期

09554　记张怀老二三事／刘昭晴／／＊艺文志 1984 年 222 期

09555　张知本／／＊革命人物志第 16 集第 175 页

张知竞

09556　张知竞／／＊革命人物志第 4 集第 348 页

张季鸾

09557　报人张季鸾／陈纪滢／／＊文友出版社 1957 年 110 页

09558　一代论宗哀荣余墨(张季鸾) / 陈纪滢 // *重光文艺出版社 1976 年 112 页
09559　张季鸾先生与中国报业 / 陈纪滢 // *"中央"日报 1957 年 3 月 12 日
09560　追念同学张季鸾君 / 王军余 // *传记文学 1962 年 1 卷 7 期
09561　蒋"总统"与报人张季鸾 / 安怀音 // *革命思想 1960 年 9 卷 4 期
09562　中国报人典型张季鸾先生 / 吴相湘 // *传记文学 1964 年 5 卷 3 期
09563　张季鸾之生平与影响 / 皇甫河旺 // *新闻学研究 1969 年 3 期
09564　敬悼张季鸾先生逝世三十一周年(上、下) / 陈纪滢 // *传记文学 1972 年 21 卷 3、4 期
09565　陈布雷与张季鸾 / 郭学虞 // *传记文学 1972 年 21 卷 5 期
09566　张季鸾(1886—1941) / *传记文学 1974 年 24 卷 1 期, *民国人物小传第 1 册第 173 页
09567　六月号专题人物:张季鸾(炽章) / 程沧波等 // *传记文学 1977 年 30 卷 6 期
09568　张季鸾先生的思想与轶事 / 张尔瑛 // *陕西文献 1977 年 31 期
09569　张季鸾先生的逝世——重庆时代大公报之十 / 陈纪滢 // *传记文学 1978 年 32 卷 4 期
09570　忆报人张季鸾先生 / 王学曾 // *传记文学 1983 年 43 卷 1 期
09571　张季鸾先生百年诞辰纪念 / 陈纪滢 // *传记文学 1987 年 50 卷 4 期
09572　我与张季鸾先生的一面之缘 / 阮毅成 // *传记文学 1987 年 50 卷 4 期
09573　张季鸾先生与先"总统"蒋公的关系 / 朱民威 // *传记文学 1987 年 50 卷 4 期
09574　张季鸾先生为"演不出的戏"在法庭抗辩 / 龚稼农 // *传记文学 1987 年 50 卷 4 期
09575　张季鸾先生公葬大典私记 / 张佛千 // *传记文学 1987 年 51 卷 2 期
09576　张季鸾 / *中国近代学人像传初辑第 225 页
09577　张季鸾办报之事功研究 / 赖光临 // *中国近代报人与报业(下册)第 568 页
09578　张季鸾 / 李立明 // *中国现代六百作家小传第 368 页
09579　张季鸾 / 吴相湘 // *民国百人传第 1 册第 435 页
09580　张季鸾 / 谭慧生 // *民国伟人传记第 374 页
09581　张季鸾 / 陈丽卿 // *环华百科全书第 14 册第 80 页

张金印
09582　张金印 / *革命人物志第 6 集第 38 页

张金廷
09583　先夫张金廷将军事略 / 张姚秀彦 // *中外杂志 1980 年 27 卷 3 期
09584　张金廷(1905—1978) / 于翔麟 // *传记文学 1980 年 36 卷 5 期, *民国人物小传第 4 册第 250 页

张金彩
09585　张金彩 / 刘　槭 // *革命人物志第 11 集第 83 页

张金鉴
09586　明诚七十自述 / 张金鉴 // *中国行政学会 1972 年 588 页
09587　张明诚(金鉴)先生八秩寿庆 / 邱剑焕等 // *中原文献 1982 年 14 卷 11 期

张采真
09588　张采真 / 李立明 // *中国现代六百作家小传第 366 页

张鱼书
09589　张鱼书传略 / 卢　燾 // *革命人物志第 5 集第 100 页

张炎茂
09590　张炎茂 / *革命人物志第 20 集第 163 页

张治中
09591　我所见到过的张治中 / 雷啸岑 // *传记文学 1971 年 19 卷 5 期
09592　长沙大火与张治中 / 潘公展 // *大成 1975 年 21 期
09593　记柔媚无骨之张治中 / 何人斯 // *新万象 1976 年 5 期
09594　张治中梦想西北王 / 李郁塘 // *中外杂志 1980 年 28 卷 5 期

09595 也谈鄢悌与张治中 / 曾　振 // ＊艺文志 1980 年 182 期
09596 何键和张治中——抗战时期在湖南的一点回忆 / 赖景瑚 // ＊湖南文献 1981 年 9 卷 1 期
09597 张治中（1891—1969）/ 关国煊 // ＊传记文学 1982 年 41 卷 2 期，＊民国人物小传第 6 册第 298 页
09598 张治中在"文革"中 / 余湛邦 // ＊传记文学 1993 年 63 卷 4 期
09599 一九四九年以前的张治中与蒋介石 / 余湛邦 // ＊传记文学 1994 年 65 卷 3 期
09600 张治中的故事 / ＊当代名人故事第 1 辑
09601 从吴国桢想到张治中 / ＊潘公展先生言论集第 345 页

张学华

09602 张学华（1863—1951）/ 关国煊 // ＊传记文学 1985 年 47 卷 4 期，＊民国人物小传第 129 页

张学良

09603 论张学良 / 鲁　泌 //（香港）时代批评社 1948 年 132 页
09604 张学良幽居生活实录 / 高山流 //（香港）香港春秋出版社 1971 年 127 页
09605 张老帅与张少帅 / 司马桑敦 // ＊传记文学出版社 1984 年 344 页
09606 张学良传奇 / 司马春秋 // ＊群伦出版社 1987 年 255 页
09607 张学良传奇 / 风云论坛社编辑委员会 // 风云论坛 1987 年 246 页
09608 张学良秘史 / 司马桑敦 // ＊金兰文化出版社 1988 年 396 页
09609 张学良研究续集 / 李　敖 // ＊李敖出版社 1988 年 374 页
09610 张学良外记 / 王益知 //（香港）南粤出版社 1989 年 276 页
09611 张学良与西安事变 /（美）傅虹林著、王海晨等译 //（香港）利文出版社 1989 年 402 页
09612 张学良与中国 /（日）松本一男著、林敏生译 // ＊林白出版社 1990 年 257 页
09613 张学良传 / 张魁堂 // ＊新潮社文化事业公司 1993 年 398 页
09614 "少帅"张学良近闻 / 张朝梡 // ＊自立晚报 1961 年 1 月 29 日
09615 张学良屈杀常荫槐 / 黄恒浩 // ＊春秋 1967 年 7 卷 3 期
09616 张学良突袭中东铁路——上海密勒氏评论报主持人包惠尔回忆录之十六 / 尹雪曼译 // ＊传记文学 1970 年 17 卷 4 期
09617 张学良的前半生 / 司马桑敦 // ＊春秋 1974 年 21 卷 5 期
09618 张学良杀杨宇霆、常荫槐 / 司马桑敦 // ＊春秋 1975 年 22 卷 6 期
09619 张少帅为什么要杀杨宇霆？/ 金人俊 // ＊艺文志 1977 年 141 期
09620 从"九一八"想到张学良 / 向　慕 // ＊艺文志 1981 年 192 期
09621 张学良访问记 / 于　衡 // ＊传记文学 1982 年 40 卷 1 期
09622 张学良驻武昌趣闻 / 蔡孟坚 // ＊传记文学 1982 年 40 卷 1 期
09623 张老帅和张少帅（上、中、下）/ 司马桑敦 // ＊传记文学 1982 年 40 卷 1—3 期
09624 关于"张老帅与张少帅" / 严光德 // ＊传记文学 1982 年 40 卷 3 期
09625 张学良、杨宇霆与少帅传奇 / 金长振 // ＊明报月刊 1984 年 19 卷 5 期
09626 蒋鼎文口中的张学良 / 赵同信 // ＊中外杂志 1984 年 35 卷 6 期
09627 风云变幻说少帅——张学良侍卫官陈大章一席谈 / 张　荣 // ＊中报月刊 1985 年 65 期
09628 为发表《张学良进关秘录》说几句话 / 刘绍唐 // ＊传记文学 1987 年 50 卷 3 期
09629 张学良进关秘录（1—11）/ 刘心皇辑注、王铁汉校订 // ＊传记文学 1987 年 50 卷 3—6 期，1987 年 51 卷 1—5 期
09630 马神庙·译学馆·汉花园——北京大学忆往 / 吴相湘 // ＊传记文学 1987 年 50 卷 5 期
09631 张学良与中原战争资料举要 / 蒋永敬 // ＊传记文学 1987 年 51 卷 5 期
09632 高等军法会审审判张学良的经过（选载）/ 李烈钧 // ＊传记文学 1987 年 51 卷 6 期
09633 胡适日记中的张作霖、张学良父子 / 蒋永敬 // ＊传记文学 1992 年 60 卷 3 期
09634 张学良、杜重远新生周刊事件 / 许斌、史慰慈 // ＊传记文学 1992 年 60 卷 4 期
09635 给张学良自由的人 / 高茂辰 // ＊传记文学 1992 年 60 卷 6 期

09636	我就是这样的一个人——"给张学良自由的人"(续) / 郭冠英 //	*传记文学 1992 年 61 卷 3 期
09637	张学良三次派我秘密去陕北共区 / 周相臣 //	*传记文学 1992 年 61 卷 4 期
09638	"张学良侧写"的侧写 / 田雨时 //	*传记文学 1992 年 61 卷 4 期
09639	张学良改造兵工厂与杨宇霆之死 / 宁恩承 //	*传记文学 1993 年 62 卷 2 期
09640	追访张学良三十年 / 卜少夫 //	*传记文学 1993 年 63 卷 3 期
09641	早年女佣回忆张学良与于凤至 / 赵云声 //	*传记文学 1993 年 63 卷 4 期
09642	最新发现张学良早年史料——普赖德助张调停直奉战争家书 / 王福时译注 //	*传记文学 1993 年 62 卷 5 期
09643	从藏书题款看张学良幽禁期间的读书生涯 / 黄文兴 //	*传记文学 1993 年 63 卷 5 期
09644	西安事变前的张学良与共产党 / 苏墱基 //	*传记文学 1995 年 67 卷 6 期
09645	也谈张学良：从陪读英文说起 / 李俊清 //	*传记文学 1996 年 68 卷 2 期
09646	张学良的手足情——二弟张学铭最后的日子 / 汪东林 //	*传记文学 1996 年 68 卷 6 期
09647	我信基督教的经过 / 张学良 //	*传记文学 1998 年 72 卷 4 期
09648	张学良檀岛度九十八岁生日 / 王良芬 //	*传记文学 1998 年 72 卷 6 期
09649	皇姑屯事件后的张学良 / 朱海北 //	*传记文学 1999 年 74 卷 5 期
09650	关于张学良、莫德惠的合影 / 郭 桐 //	*国共风云名人录第 4 集第 116 页
09651	张学良 /	*环华百科全书第 14 册第 88 页

张学思

09652	"九一八事变"主角张学良介弟张学思参加共产党及惨死的经过 / 范朝福 //	*传记文学 1981 年 39 卷 3 期
09653	追忆张学思同志 / 刘惠农 //	*春秋 1986 年 3 期
09654	张学思 / 黄震遐 //	*中共军人志第 422 页
09655	张学良的弟弟张学思 / 郭 桐 //	*国共风云名人录第 4 集第 121 页
09656	东北人民政府委员张学思 /	*新中国人物志(上)第 255 页

张学济

09657	张学济 / 覃 振 //	*革命人物志第 4 集第 432 页

张学铭

09658	张学铭(1908—1983) / 关国煊 //	*传记文学 1983 年 43 卷 2 期
09659	张学良的手足情——二弟张学铭最后的日子 / 汪东林 //	*传记文学 1996 年 68 卷 6 期

张学龄

09660	张学龄传 / 邹 鲁 //	*革命人物志第 4 集第 434 页

张法乾

09661	戎马关山二十年 / 张法乾 //	*中外杂志 1977 年 21 卷 4 期

张泽霖

09662	张泽霖 / 陈英士 //	*革命人物志第 5 集第 127 页
09663	张植平事略补述 / 张震西 //	*革命人物志第 5 集第 130 页

张宝寅

09664	张宝寅烈士事略 /	*太原五百完人第 159 页

张宗良

09665	张宗良 / 刘绍唐主编 //	*传记文学 1998 年 72 卷 2 期

张宗昌

09666	郑继成刺杀张宗昌始末 / 江 平 //	*春秋 1965 年 2 卷 4 期
09667	愚诚赣孝的张宗昌 / 丁龙垲 //	*春秋 1965 年 3 卷 5 期
09668	张宗昌的发迹及趣闻 / 周遵时 //	*传记文学 1965 年 7 卷 3 期
09669	张宗昌暗杀陈其美经纬 / 田布衣 //	*春秋 1967 年 6 卷 5 期

09670　张宗昌济南饮弹记／韦树屏∥＊畅流1967年35卷12期
09671　张宗昌的两段真事迹／丁龙垲∥＊春秋1969年10卷3期,＊山东文献1983年9卷2期
09672　谈谈张宗昌／高登云∥＊春秋1976年25卷2期
09673　张宗昌(1881—1932)／赵立成∥＊传记文学1976年29卷6期,＊民国人物小传第2册第156页
09674　我杀死张宗昌的经过／郑继成∥＊艺文志1977年146期
09675　张宗昌的真面貌／何秀阁∥＊中外杂志1978年24卷2期
09676　张宗昌外传(1—10)／戚宜君∥＊中外杂志1983年34卷第4期—1984年第36期第2期
09677　我杀死张宗昌之经过详情／郑继成∥＊山东文献1983年9卷2期
09678　"狗肉将军"张宗昌／＊军阀现形记第109页
09679　张宗昌(1881—1932)／戴晋新∥＊环华百科全书第14册第96页

张宗绍

09680　张宗绍／麦慕尧∥＊革命人物志第6集第40页

张宗祥

09681　我的父亲张宗祥／张珏∥＊明报月刊1983年10卷10期

张宗逊

09682　张宗逊／黄震遐∥＊中共军人志第388页

张定璠

09683　张定璠(1891—1944)／蒋永敬∥＊传记文学1976年28卷1期,＊民国人物小传第2册第153页
09684　悼念张定璠同志／梁实秋∥＊看云集第99页

张诚德

09685　我与张诚德将军及察哈尔部队／董　熙∥＊察哈尔省文献1978年2期

张建成

09686　英烈千秋又一页——记两位抗日殉国烈士／李国辉∥＊中外杂志1975年17卷2期

张驾英

09687　张驾英／＊革命人物志第12集第267页

张承榶

09688　张承榶／＊革命人物志第20集第164页

张绚伯

09689　人民政协代表张绚伯／＊新中国人物志(下)第156页

张绍曾

09690　张绍曾(1880—1928)／＊传记文学1982年40卷5期,＊民国人物小传第5册第274页
09691　一鸣惊人张绍曾／赵朴民∥＊北洋政府国务总理列传第105页

张春礼

09692　张春礼／黄震遐∥＊中共军人志第395页

张春桥

09693　张春桥／黄震遐∥＊中共军人志第394页
09694　张春桥／李立明∥＊中国现代六百作家小传第370页
09695　张春桥／朱新民∥＊环华百科全书第14册第92页

张春霆

09696　张春霆／蔡元培∥＊革命人物志第4集第354页

张荣茂

09697　沈阳市市长出缺,张荣茂任代市长／＊中国时报1994年1月21日

张荣晋

09698　张岳公慈祥风范(庆祝荣晋百龄华诞)／蔡孟坚∥＊传记文学1987年50卷5期

张荣田

09699　张荣田／宋兆莘、莫安夏∥＊革命人物志第16集第198页

张荫梧

09700 张荫梧之死 / 王 蓝 // *畅流 1953 年 8 卷 9 期

09701 当代民族教育实行家张荫梧先生 / 臧广恩 // *教育通讯 1954 年 5 卷 3 期

09702 河北张荫梧将军殉国始末 / 曲直生 // *中国一周 1954 年 200 期

09703 硬汉张荫梧 / 王 蓝 // *传记文学 1964 年 4 卷 2 期

09704 我所认识的张桐轩先生 / 杨蕙心 // *艺文志 1966 年 13 期

09705 张荫梧将军事略(上、下) / 李金洲 // *传记文学 1972 年 21 卷 1、2 期

09706 张荫梧(1891—1949) / 于翔麟 // *传记文学 1979 年 35 卷 1 期,*民国人物小传第 4 册第 273 页

09707 张荫梧孤忠壮怀 / 刘棨琮 // *民国人物纪闻第 189 页

09708 张荫梧 / *革命人物志第 21 集第 377 页

张荫麟

09709 张荫麟先生纪念专刊 / 钱穆等 // (香港)龙门书店 1967 年 60 页

09710 张荫麟(1905—1942) / 关国煊 // *传记文学 1978 年 32 卷 4 期,*民国人物小传第 3 册第 182 页

09711 怀念张荫麟先生 / 张效乾 // *传记文学 1981 年 39 卷 1 期,*古今谈 1981 年 197 期

张南生

09712 张南生 / 黄震遐 // *中共军人志第 396 页

张相文

09713 泗阳张沌谷居士年谱 / 张星烺 // *广文书局 1971 年 244 页

09714 张相文(1866—1933) / 郑恒萃 // *传记文学 1982 年 41 卷 6 期,*民国人物小传第 6 册第 302 页

张树三

09715 张树三传 / 梅际郇 // *民国四川人物传记第 268 页,*革命人物志第 6 集第 53 页

张树才

09716 张树才 / 黄震遐 // *中共军人志第 423 页

张树芝

09717 张树芝 / 黄震遐 // *中共军人志第 424 页

张树声

09718 张树声 / 刘绍唐主编 // *传记文学 1987 年 51 卷 5 期

张树贤

09719 熊希龄总理与先父季庭公 / 张锡龄 // *传记文学 1995 年 67 卷 2 期

张酒更

09720 张酒更 / 黄震遐 // *中共军人志第 400 页

张研田

09721 张研田 / 刘绍唐主编 // *传记文学 1992 年 61 卷 3 期

09722 淡泊名利的张研田先生 / 李德安 // *当代名人风范第 83 页

张显扬

09723 张显扬 / 黄震遐 // *中共军人志第 428 页

张星烺

09724 怀三位研究中西交通史的学者——张星烺先生与《中西交通史》/ 甲 凯 // *传记文学 1983 年 43 卷 4 期

张昭芹

09725 张昭芹与岭南四家诗 / 罗敦伟 // *畅流 1955 年 12 卷 3 期

09726 卷葹老人张昭芹先生 / 蒋镜湖 // *中国一周 1955 年 258 期

09727 卷葹老人及其诗 / 李渔叔 // *畅流 1965 年 31 卷 1 期

张贵永

09728 敬悼张贵永教授 / 张其昀 // *"中央"日报 1966 年 1 月 28、29 日,*中国一周 1966 年 825 期

09729　悼张贵永教授／艾　仪／／＊"中央"日报1966年2月1日
09730　张致远（贵永）先生给我的阅读指导／曾养志／／＊"中央"日报1966年11月4—6日
09731　敬悼张贵永老师／曾祥铎／／＊中国一周1966年825期
09732　张贵永教授／＊中国一周1966年825期
09733　张贵永师与我／魏煜孙／／＊传记文学1970年17卷6期
09734　张贵永（1908—1965）／陈哲三／／＊传记文学1976年28卷5期，＊民国人物小传第2册第161页

张思德
09735　为人民服务的张思德／（香港）三联书店1966年78页

张勋亭
09736　张勋亭（1908—1976）／于翔麟／／＊传记文学1983年43卷4期

张钟端
09737　张钟端／＊革命人物志第4集第437页

张香谱
09738　张香谱校长百龄大庆纪念集／朱荣业等／／＊广东国民大学台北校友会1984年

张衍洪
09739　张衍洪／＊革命人物志第4集第351页

张彦勋
09740　被遗忘的作家——记张彦勋的写作历程／叶石涛／／＊文艺1983年83期

张闾林
09741　张学良之子闾林两度回大陆探亲／毕万闻／／＊传记文学1996年68卷2期

张恨水
09742　回忆我的父亲张恨水／张明明／／（香港）广角镜出版社1979年233页
09743　张恨水／陈敬之／／＊畅流1969年40卷7期
09744　我的同事张恨水／司马小／／＊大人月刊1971年16期，＊艺文志1977年146期
09745　记章回小说作家张恨水／上官杰／／＊古今谈1975年124期
09746　我的父亲张恨水（附录"恨水"名字的来源）／张明明／／＊明报月刊1976年11卷12期
09747　我的生活和创作（1—2）／张恨水／／＊明报月刊1976年11卷12期—1977年12卷1期，全国文史资料选辑第70辑第150页，鸳鸯蝴蝶派研究资料（上册）第237页
09748　谈张恨水／顾沛君／／＊中外杂志1977年21卷2期
09749　张恨水（1894—1967）／关国煊／／＊传记文学1978年33卷2期，＊民国人物小传第3册第175页
09750　同船入川的张恨水——"往事与故人"之六／黄尧／／传记文学1981年39卷3期
09751　张恨水及其三部畅销小说／道载文／／＊大成1982年102期
09752　小说家张恨水的趣事／王觉源／／＊中外杂志1985年37卷1期
09753　张恨水的三次婚姻／张　钰／＊传记文学1995年67卷2期
09754　张恨水／李立明／／＊中国现代六百作家小传第369页
09755　张恨水（1894—1967）／＊环华百科全书第14册第77页

张闻天
09756　张闻天／方雪纯等／／＊中共人名录第377页
09757　张闻天／李立明／／＊中国现代六百作家小传第374页
09758　张闻天／刘　葆／／＊现代中国人物志第357页
09759　张闻天／赵　聪／／＊现代中国作家列传第75页

张养诚
09760　革命先烈张义安先生事略／＊陕西文献1975年22、23期
09761　张养诚／＊革命人物志第5集第108页
09762　张中将义安墓志铭／章炳麟／／＊革命人物志第5集第118页

张兹闿
09763 张兹闿(1900—1983) / 张　源 // *传记文学 1983 年 43 卷 2 期
09764 感念丽门丈赐函及其风范 / 祝秀侠 // *国教辅导 1983 年 22 卷 7 期
09765 "金融界老兵"张兹闿先生 / 张　骏 // *传记文学 1985 年 47 卷 2 期
09766 念张丽门兄 / 吴大猷 // *吴大猷文选·博士文选第 247 页

张洁之
09767 张洁之 / 巴　人 // *革命人物志第 16 集第 206 页

张宣武
09768 张宣武 / 刘绍唐主编 // *传记文学 1993 年 63 卷 5 期

张宪良
09769 张宪良 / *革命人物志第 6 集第 55 页

张祖荫
09770 忆清华辛酉级十位级友(下):张祖荫 / 浦薛凤 // *传记文学 1985 年 47 卷 3 期

张祖棻
09771 悼念张祖棻、许世巨二兄 / 刘永楙 // *传记文学 1978 年 33 卷 5 期

张莘夫
09772 张莘夫先生殉国永生 / 董彦平 // *"中央"日报 1952 年 1 月 16 日
09773 张莘夫烈士的日记 / 安怀音 // *"中央"日报 1952 年 1 月 16 日
09774 张莘夫烈士殉国六周年 / 安怀音 // *新生报 1952 年 11 月 16 日
09775 张莘夫先生殉国记 / 陈士廉 // *自由谈 1963 年 14 卷 4 期
09776 张莘夫死事之壮烈 / 侯绍文 // *政治评论 1966 年 17 卷 2 期
09777 张莘夫(1900—1946) / 蒋永敬 // *传记文学 1975 年 26 卷 2 期,*民国人物小传第 2 册第 158 页
09778 张莘夫殉国卅年(1—4) / 陈嘉骥 // *传记文学 1976 年 28 卷 2—5 期
09779 亡友张莘夫四十周年祭 / 董文琦 // *传记文学 1987 年 50 卷 1 期
09780 张莘夫血洒李石寨 / 刘榮琮 // *民国人物纪闻第 143 页
09781 张莘夫(附张烈士莘夫事迹) / 栗　直 // *革命人物志第 5 集第 49 页

张真如
09782 忆民国十五年在北大教书时的四位好友(张真如) / 李　璜 // *传记文学 1967 年 10 卷 5 期
09783 记张真如 / 李　璜 // *四川文献 1967 年 58 期
09784 张真如先生二三事 / 于极荣 // *学府纪闻·国立武汉大学第 120 页

张振玉
09785 杰出校友群像——翻译名家张振玉教授 / 王绍桢等 // *学府纪闻·私立辅仁大学第 366 页

张振声
09786 张秉钰 / *革命人物志第 17 集第 178 页

张振武
09787 黎元洪诬杀张振武始末记 / 刘蕙如 // *春秋 1965 年 3 卷 34 期
09788 张振武(1877—1912) / 关志昌 // *传记文学 1984 年 44 卷 1 期
09789 张振武 / 惜　秋 // *民初风云人物(上)第 223 页
09790 张振武传 / 仇　亮 // *革命人物志第 4 集第 372 页

张振勋
09791 张弼士君生平事略 / 郑官应 // *文海出版社近代中国史料丛刊正编第七十五辑(总 746—8)影印本 82 页
09792 张振勋(1841—1916) / 关志昌 // *传记文学 1985 年 46 卷 5 期
09793 张振勋 / 祝秀侠 // *华侨名人传第 153 页

张振祥
09794 张振祥 / *革命人物志第 9 集第 152 页

张振鹭
09795 张振鹭(1896—1971) / 于翔麟 // *传记文学 1983 年 43 卷 2 期

张恩溥
09796 道教的张天师恩溥 / 刘克铭 // *"中央"日报 1970 年 1 月 12 日

张铁君
09797 蓬然梦觉录 / 张铁君 // *阿波罗出版社 1972 年
09798 蓬然梦觉录(续集) / 张铁君 // *学园月刊社 1974 年 344 页
09799 我青年时代的思想 / 张铁君 // *中国一周 1958 年 435 期

张积慧
09800 张积慧 / 黄震遐 // *中共军人志第 421 页

张爱玲
09801 张爱玲贵族血液 / 某先生 // *真报 1972 年 12 月 31 日
09802 张爱玲 / 陈敬之 // *畅流 1975 年 52 卷 2 期—1976 年 52 卷 12 期
09803 最怪的女作家张爱玲 / 董千里 // *中国文选 1975 年 101 期
09804 私语张爱玲 / 林以亮 // *明报月刊 1976 年 11 卷 3 期
09805 民国女子张爱玲 / 胡兰成 // *大成 1981 年 94 期
09806 张爱玲与陈若曦 / 舒 非 // *中报月刊 1985 年 64 期
09807 细说张爱玲 / 郑仁佳 // *传记文学 1996 年 69 卷 4 期
09808 张爱玲记 / 胡兰成 // *今生今世第 167 页
09809 张爱玲 / 李立明 // *中国现代六百作家小传第 372 页

张爱萍
09810 张爱萍 / 黄震遐 // *中共军人志第 409 页
09811 张爱萍 / 朱新民 // *环华百科全书第 14 册第 98 页

张奚若
09812 中央人民政府委员张奚若 / *新中国人物志(上)第 95 页

张资平
09813 资平自传 / 张资平 // *龙文出版社 1989 年 98 页
09814 谈张资平与郁达夫 / 张 凤 // *文坛 1964 年 48 期
09815 张资平 / 陈敬之 // *畅流 1966 年 32 卷 12 期,*文学研究会与创造社第 181 页
09816 张资平小传 / 李立明 // *万人杂志 1970 年 138 期
09817 张资平评传 / 李立明 // *时代批评 1979 年 35 卷 1 期
09818 张资平(1893—1947) / 关国煊 // *传记文学 1982 年 42 卷 2 期,*民国人物小传第 6 册第 305 页
09819 张资平 / 李立明 // *中国现代六百作家小传第 371 页
09820 张资平 / 刘 葆 // *现代中国人物志第 315 页
09821 张资平 / 赵 聪 // *现代中国作家列传第 97 页

张竞生
09822 张竞生 / 罗敦伟 // *畅流 1953 年 7 卷 6 期
09823 张竞生老而不死 / 陈敬之 // *畅流 1963 年 27 卷 3 期
09824 我谈张竞生 / 萧遥天 // *大成 1974 年 10 期
09825 张竞生自传(1—4) / 张竞生 // *大成 1975 年 19—22 期
09826 中西性学两博士:张竞生与金赛 / 吴文蔚 // *中外杂志 1981 年 30 卷 4 期

张浩若
09827 章亚若悲剧中之张浩若 / 陈艺父 // *传记文学 1995 年 67 卷 2 期

张海平
09828 张海平(1900—1965) / 浦薛凤 // *传记文学 1976 年 29 卷 4 期,*民国人物小传第 2 册第 159 页

张海楼
09829　张海楼／张桂珊／／＊革命人物志第4集第394页
张润苍
09830　人海沧桑六十年／张润苍／／＊五洲出版社1971年167页
张家树
09831　张家树／刘绍唐主编／／＊传记文学1999年75卷6期
张通典
09832　张通典高风亮节／黎离尘／／＊"中央"日报1961年10月10日
09833　张通典传略／周邦道／／＊大陆杂志1976年52卷3期
09834　张通典(1861—1915)／周邦道／／＊近代教育先进传略(初集)第213页
09835　张通典／＊革命人物志第5集第91页
09836　张伯纯先生传略／邵元冲／／＊革命人物志第5集第97页
张难先
09837　张难先(1874—1968)／关国煊／／＊传记文学1981年39卷5期，＊民国人物小传第5册第282页
张继高
09838　痛念继高／张佛千／／＊传记文学1995年67卷5期
张骏祥
09839　袁俊／方雪纯等／／＊中共人名录第383页
09840　袁俊／李立明／／＊中国现代六百作家小传第304页
张培梅
09841　张培梅／＊革命人物志第4集第385页
09842　张鹤峰将军轶事(十则)／＊革命人物志第4集第391页
张培爵
09843　先君年谱／张钟芸编／／＊四川文献1967年60期
09844　记先烈张培爵／周开庆／／＊畅流1962年24卷10期
09845　张培爵小传／杨庶堪／／＊四川文献1963年15期，＊民国四川人物传记第69页
09846　记张君列五被难事／梅际郁／／＊四川文献1963年15期，＊革命人物志第4集第396页
09847　先烈张列五先生手札题辞／杨庶堪／／＊四川文献1963年15期
09848　张培爵(张列五)／向　楚／／＊四川文献1963年15期
09849　张培爵小传／杨庶堪／／＊四川文献1963年15期，＊民国四川人物传记第69页
09850　记张列五遗札题辞／夏之时／／＊四川文献1967年55期
09851　张培爵／惜　秋／／＊民初风云人物(下)第493页
09852　张培爵／杨庶堪／／＊革命人物志第4集第395页
张基埠
09853　张基埠／＊革命人物志第9集第153页
张梦九
09854　张梦九(1893—1974)／秦贤次／／＊传记文学1974年25卷6期，＊民国人物小传第1册第176页
张梦白
09855　蒋纬国、张梦白师生情／张同新／／＊传记文学1996年68卷3期
张雪门
09856　幼教老人张雪门／徐君武／／＊"中央"日报1960年4月18日
09857　悼念张雪门先生／徐　訏／／＊传记文学1973年23卷1期
09858　张雪门(1891—1973)／邱奕松／／＊传记文学1979年34卷4期，＊民国人物小传第3册第177页
09859　张雪门(1891—1973)／周邦道／／＊近代教育先进传略(初集)第116页
张雪中
09860　张雪中／刘绍唐主编／／＊传记文学1995年67卷3期

张辅邦
09861　张辅邦 / ＊革命人物志第 18 集第 155 页
张唯圣
09862　张唯圣 / ＊革命人物志第 9 集第 152 页
张啸林
09863　张啸林被杀真相 / 东郭牙 // ＊中外杂志 1976 年 19 卷 4 期
09864　张啸林 / 刘绍唐主编 // ＊传记文学 1992 年 60 卷 2 期
张得成
09865　张得成 // ＊革命人物志第 4 集第 384 页
张象山
09866　张象山 / 黄震遐 // ＊中共军人志第 405 页张象林
张焕池
09867　张焕池 / ＊革命人物志第 11 集第 84 页
张焕纶
09868　张焕纶 / 周邦道 // ＊近代教育先进传略（初集）第 1 页
张清源（1）
09869　张清源 / 刘绍唐主编 // ＊传记文学 1999 年 74 卷 1 期
09870　张清源 / ＊革命人物志第 5 集第 103 页
张清源（2）
09871　张清源自著年谱 / ＊张清源治丧委员会 1978 年 104 页
09872　张清源 / ＊革命人物志第 18 集第 146 页
张鸿汀
09873　张维与梁启超 / 王光汉 // ＊畅流 1956 年 14 卷 9 期
张鸿南
09874　张煜南、张鸿南 / 祝秀侠 // ＊华侨名人传第 257 页
张鸿钧
09875　张鸿钧 / 刘绍唐主编 // ＊传记文学 1987 年 51 卷 1 期
张鸿烈
09876　张故校长鸿烈传 / 祝　毓 // ＊学府纪闻·国立河南大学第 157 页，＊革命人物志第 22 集第 233 页
张深切
09877　我与我的思想（第 1 辑）/ 张深切 // ＊撰者印行 1965 年 229 页
09878　悼张深切兄 / 洪炎秋 // ＊风物 1965 年 15 卷 5 期
09879　一个"自由人"的形象的消失——悼张深切先生 / 徐复观 // ＊风物 1965 年 15 卷 5 期
09880　张深切兄及其著作 / 王锦江 // ＊风物 1965 年 15 卷 5 期
09881　张深切先生纪念专辑 / 杜载爵 // ＊夏潮 1977 年 3 卷 3 期
张谞行
09882　张上将谞行传记 / 陈亚芳 // ＊编者印行 1968 年 217 页
09883　张将军谞行烈士传 / 陈亚芳 // ＊撰者印行 1978 年 420 页
09884　张故上将谞行传略 / 钱卓纶 // ＊浙江月刊 1984 年 16 卷 1 期，＊革命人物志第 4 集第 417 页
09885　张谞行 / 刘绍唐主编 // ＊传记文学 1987 年 51 卷 1 期
张维亚
09886　新闻记者与经济学家张维亚 / 刘成干 // ＊传记文学 1982 年 41 卷 4 期
张维华
09887　张维华 / 刘绍唐主编 // ＊传记文学 1992 年 61 卷 3 期

张维屏

09888　张维屏(父世杰、叔子和附) / 邹　鲁 // ＊革命人物志第 4 集第 415 页

张维翰

09889　张莼沤先生纪念集 / ＊张鼎钟、张鼎钰同编印 1980 年 1 月 418 页
09890　永怀张维翰老师(附张维翰传略) / 何　敏 // ＊中外杂志 1979 年 26 卷 6 期
09891　张维翰(1886—1979) / ＊传记文学 1979 年 35 卷 6 期，＊民国人物小传第 4 册第 271 页
09892　张莼沤先生传略 / 李　猷 // ＊云南文献 1979 年 9 期
09893　怀念张维翰先生 / 阮毅成 // ＊中外杂志 1980 年 27 卷 1 期
09894　爱国诗人张维翰 / 陈　颐 // ＊中外杂志 1980 年 28 卷 1 期
09895　追忆张莼沤文并谈其诗 / 李　猷 // ＊传记文学 1980 年 36 卷 2 期，＊古今谈 1981 年 194 期
09896　张维翰先生与云南起义 / 丁中江 // ＊云南文献 1980 年 10 期
09897　怀莼沤先生 / 杨家麟 // ＊云南文献 1980 年 10 期
09898　忆张维翰莼沤先生 / 申庆璧 // ＊古今谈 1980 年 176 期
09899　纪念先父莼沤先生百龄诞辰 / 张鼎钟 // ＊近代中国 1985 年 50 期
09900　张莼沤先生的心事 / 简明勇 // ＊近代中国 1985 年 50 期
09901　张莼沤先生与我 / 杨亮功 // ＊近代中国 1985 年 50 期
09902　"张维翰先生百年诞辰"口述历史座谈会纪实 / 胡有瑞 // ＊近代中国 1985 年 50 期

张维藩

09903　张维藩 / 刘绍唐主编 // ＊传记文学 1997 年 71 卷 1 期

张琴秋

09904　政务院纺织工业部副部长张琴秋 / ＊新中国人物志(下)第 220 页

张琼华

09905　郭沫若元配妻子张琼华 / 魏奕雄 // ＊传记文学 1992 年 61 卷 3 期

张彭春

09906　张彭春(1892—1957) / 关志昌 // ＊传记文学 1978 年 33 卷 2 期，＊民国人物小传第 3 册第 180 页
09907　张彭春 / ＊民国百人传第 1 册第 299 页

张森楷

09908　记张森楷先生 / 方远尧 // ＊四川文献 1963 年 13 期
09909　史学家张森楷先生年谱 / 杨家骆 // ＊四川文献 1979 年 171 期
09910　张森楷先生 / 方远尧 // ＊民国四川人物传记第 201 页

张敬尧

09911　张敬尧故都伏法——白世雄锄奸记 / 乔家才 // ＊中外杂志 1975 年 17 卷 6 期
09912　张敬尧(1881—1933) / 于翔麟、关国煊 // ＊传记文学 1980 年 37 卷 2 期，＊民国人物小传第 4 册第 263 页

张敬塘

09913　张敬塘先生七秩荣庆录 / ＊烟福牟各级学校旅台校友编印 1971 年 118 页
09914　张敬塘先生行述 / 苑觉非 // ＊山东文献 1977 年 3 卷 2 期
09915　敬悼张敬塘老师 / 郑恒萃 // ＊山东文献 1980 年 5 卷 4 期

张惠长

09916　悼念首创革命空军耆宿张惠公(张惠长) / 祝秀侠 // ＊广东文献 1980 年 10 卷 3 期
09917　敬悼空军先进张惠长先生 / 郑梓湘 // ＊广东文献 1980 年 10 卷 3 期
09918　悼念创建革命空军耆宿张惠长将军 / 祝秀侠 // ＊传记文学 1980 年 37 卷 4 期
09919　张惠长(1899—1980) / 赵子瑜、李德标 // ＊传记文学 1980 年 37 卷 5 期，＊民国人物小传第 4 册第 256 页
09920　张惠长与我国空军 / 李德标 // ＊传记文学 1984 年 45 卷 2 期

张惠民
09921　张惠民／米义山∥＊革命人物志第6集第46页
张惠良
09922　记空军先进张惠良与陈庆云／郑梓湘∥＊艺文志1975年117期
张雯泽
09923　张雯泽将军纪念集／张雯泽将军纪念集编辑委员会编∥＊张雯泽将军纪念集编辑委员会1975年84页
张鼎丞
09924　张鼎丞(1898—1981)／郭易堂、关志昌∥＊传记文学1982年41卷1期,＊民国人物小传第6册第307页
09925　福建省人民政府主席张鼎丞／＊新中国人物志(上)第178页
张景月
09926　张景月(1904—1978)／郭易堂∥＊传记文学1978年33卷3期,＊民国人物小传第3册第179页
09927　张景月／＊革命人物志第18集第152页
张景辉
09928　张景辉／黄震遐∥＊中共军人志第408页
张辉瓒
09929　张辉瓒／牛马走∥＊"中央"日报1958年12月1日
09930　张石侯／遯　园∥＊畅流1951年3卷5期
09931　断头将军张石侯／南　芸∥＊湖南文献1975年3卷4期
09932　三湘名将张辉瓒／邹觉民∥＊中外杂志1984年36卷1期
09933　张辉瓒／于翔麟∥＊传记文学1985年47卷2期
09934　第九师长张辉瓒／胡耐安∥＊民初三湘人物第108页
09935　张辉瓒／胡遯园∥＊贤不肖列传第14页,＊革命人物志第9集第154页
09936　前头捉了张辉瓒／李　约∥＊国共风云名人录第3辑第170页
09937　张师长辉瓒／何应钦、鲁涤平∥＊革命人物志第9集第162页
张鲁德
09938　张鲁德／赵锡宝∥＊革命人物志第5集第120页
张善子
09939　爱国艺人张善子／胥端甫∥＊畅流1961年23卷6期,＊民国四川人物传记第215页,＊革命人物志第16集第201页
09940　张善子(1882—1940)／＊传记文学1973年22卷4期,＊民国人物小传第1册第174页
09941　二哥与虎／张大千∥＊大成1975年22期,＊艺坛1980年149期
09942　张善子的艺术生涯／佚名∥＊中外杂志1981年30卷1期,＊古今谈1981年196期
09943　爱国大画家张善孖先生／沈苇窗∥＊近代中国1981年25期
09944　张善子、大千昆仲与曾鲁南／高伯雨∥＊大成1981年92期
09945　张善子先生百年诞辰纪念及其题画诗／杨隆生∥＊大成1981年93期
09946　张善子先生百年诞辰纪念／沈苇窗∥＊大成1982年98期
09947　张善子(1882—1940)／关志昌∥＊传记文学1983年43卷1期
张善琨
09948　影界巨子张善琨／瑾　瑜∥＊古今谈1965年7期
09949　张善琨与"华影"／屠光启∥＊大成1974年8期
09950　张善琨(1909—1957)／关国煊∥＊传记文学1985年46卷2期
张道藩
09951　中国文艺斗士——张道藩先生哀思录／＊张道藩先生治丧委员会编印1968年335页

09952	酸甜苦辣的回味 / 张道藩 // *传记文学出版社 1968 年 10 月 125 页
09953	文坛先进张道藩 / 赵友培 // *重光文艺出版社 1975 年 6 月 613 页
09954	文艺斗士:张道藩传 / 程榕宁 // *近代中国出版社 1985 年 182 页
09955	但开风气不为师:梁启超、张道藩、张知本 / 文讯杂志社 // *文讯杂志社 1991 年 225 页
09956	张道藩与立法院 / *自立晚报 1961 年 2 月 25—28 日
09957	清风亮节的道藩先生 / 石敏 // "中央"日报 1966 年 7 月 11 日
09958	张道藩与义仆 / 华仲麐 // *"中央"日报 1966 年 7 月 11 日
09959	我与张道藩先生 / 东郭牙 // *自立晚报 1966 年 7 月 25 日
09960	文艺斗士张道藩先生 / 郎玉衡 // *"中央"日报 1968 年 6 月 17 日
09961	追念道藩先生 / 华仲麐 // *"中央"日报 1968 年 6 月 21 日
09962	在道公左右 / 唐仁民 // "中央"日报 1968 年 6 月 21 日
09963	哭道公怀往事 / 邢光祖 // 中华日报 1968 年 6 月 21 日
09964	我所敬重的道藩先生 / 商文立 // *"中央"日报 1968 年 6 月 22 日
09965	道藩先生与白石老人 / 易恕孜 // *"中央"日报 1968 年 6 月 21、22 日
09966	领导中国文艺界的第一人——梁实秋忆老友张道藩 / 黄肇珩 // *中华日报 1968 年 6 月 22 日
09967	徐蚌会战中之道藩先生 / 李嵩 // *"中央"日报 1968 年 6 月 23 日
09968	我所崇敬的长官张道藩先生 / 牟少玉 // *中华日报 1968 年 6 月 29 日
09969	疾风劲草张道藩 / 于衡 // *联合报 1968 年 6 月 22 日
09970	追怀文艺导师张道藩 / 赵友培 // *中华日报 1969 年 6 月 12 日
09971	道藩先生学画逸闻 / 赵友培 // *"中央"日报 1969 年 6 月 13 日
09972	张道藩先生的生平与著作 / 赵友培 // *国语日报 1971 年 5 月 29 日,*香港时报 1971 年 7 月 4 日
09973	酸甜苦辣的回味——我怎样的参加中国国民党 / 张道藩 // *传记文学 1962 年 1 卷 6 期
09974	张道藩师齐白石前前后后 / 马璧 // *艺文志 1965 年 3 期
09975	我所认识的张道藩先生 / 赵友培 // *文坛 1966 年 73 期
09976	我所知道的张道藩先生 / 陈纪滢 // *文坛 1966 年 73 期
09977	道藩先生对文化的贡献 / 胡一贯 // *文坛 1966 年 73 期
09978	记张道藩先生二三事 / 黄汉生 // *春秋 1968 年 9 卷 2 期
09979	张道藩先生编导《自救》的经过(选载) / 张道藩 // *传记文学 1968 年 13 卷 1 期
09980	张道藩(上、下) / 陈敬之 // *畅流 1968 年 37 卷 1、2 期
09981	从几件小事追思道藩先生 / 宋膺 // *文坛 1968 年 98 期
09982	道藩先生最后的话 / 张宣泽 // *文坛 1968 年 98 期
09983	文艺斗士张道藩先生 / 王蓝 // *文坛 1968 年 98 期
09984	文艺斗士张道藩先生 / *美哉中华 1969 年 10 期
09985	张道藩先生传——为张先生逝世周年而作 / 程沧波 // *传记文学 1969 年 14 卷 6 期,*革命人物志第 6 集第 48 页
09986	道藩先生轶事 / 赵友培 // *传记文学 1969 年 14 卷 6 期
09987	念人忆事 / 徐訏 // *传记文学 1969 年 15 卷 3 期
09988	文艺耆宿——张道藩先生逝世周年 / 张维仁 // *中国一周 1969 年 1003 期
09989	张道藩(1897—1968) / 邱奕松 // *传记文学 1975 年 26 卷 5 期,*民国人物小传第 2 卷第 162 页
09990	艺术家张道藩 / 李立明 // *时代批评 1976 年 34 卷 3 期
09991	文艺斗士张道藩 / 陈颐 // *中外杂志 1978 年 23 卷 6 期
09992	文艺斗士张道藩 / 方延豪 // *艺文志 1978 年 153 期
09993	张道藩先生对文艺的贡献 / 赵友培 // *近代中国 1982 年 30 期
09994	张道藩 / *中国近代学人像传初辑第 227 页
09995	张道藩 / 李立明 // *中国现代六百作家小传第 373 页

09996　张道藩／王世祯∥＊民国人豪图传第329页
09997　张道藩／吴相湘∥＊民国人物传记第3册第185页
09998　张道藩／厂　民∥＊当代中国人物志第267页
09999　张道藩／刘　葆∥＊现代中国人物志第269页
10000　张道藩先生／程其恒∥＊台湾政治大学第130页
10001　张道藩(1897—1968)／戴晋新∥＊环华百科全书第14册第74页

张曾畴
10002　张曾畴墓表／章　钰∥＊碑传集三集第7册1671页

张瑞贵
10003　张瑞贵(1891—1977)／于翔麟∥＊传记文学1983年43卷4期
10004　张瑞贵／＊革命人物志第19集第157页

张瑞亭
10005　张瑞亭／丁惟汾∥＊革命人物志第20集第167页

张煦本
10006　记者生涯四十年(1—9)／张煦本∥＊自由谈1979年30卷11期—1980年31卷7期

张照发
10007　张照发／＊革命人物志第4集第405页

张锡銮
10008　张锡銮(1843—1922)／＊传记文学1981年38卷4期，＊民国人物小传第5册第277页

张锡璜
10009　张锡璜／张桂珊∥＊革命人物志第9集第166页

张锦绅
10010　张锦绅／＊革命人物志第5集第126页

张锦鸿
10011　张锦鸿／颜文雄∥＊中国一周1966年850期

张锦湖
10012　从拜师大侠杜心五说起——兼记我所认识的张锦湖、黄金荣、杜月笙／张佛千∥＊传记文学1996年68卷6期
10013　青帮"大"字辈的张锦湖／洪维清∥＊传记文学1999年75卷6期

张简斋
10014　一代名中医张简斋／廖作琦∥＊传记文学1992年61卷1期
10015　张简斋／刘绍唐主编∥＊传记文学1998年73卷5期

张鹏翼
10016　张鹏翼／＊革命人物志第5集第131页

张煜南
10017　张煜南、张鸿南／祝秀侠∥＊华侨名人传257页

张福林
10018　人民政协代表张福林／陈　浚∥＊新中国人物志(下)第172页

张静江
10019　张静江先生百岁纪念集／世界社∥＊世界社1976年140页
10020　张静江人杰年谱／杨恺龄编∥＊商务印书馆1981年4月138页
10021　毁家忧国一奇人——张人杰传／张素贞∥＊近代中国出版社1981年5月96页
10022　张静江先生／于右任∥＊"中央"日报1950年9月16日
10023　吊耆硕,怀往迹／朱家骅∥＊"中央"日报1950年9月16日
10024　张静江先生事略／狄　膺∥＊"中央"日报1950年9月16日

10025 二兄行述／张久香∥＊"中央"日报1950年9月16日
10026 悼张静江先生／居　正∥＊"中央"日报1950年9月16日
10027 追悼张静江先生／吴敬恒∥＊"中央"日报1950年9月16日
10028 张静江先生与浙赣铁路／侯家源∥＊"中央"日报1950年9月16日
10029 中国新铁路之父——张静江先生／周贤颂∥＊"中央"日报1950年9月16日
10030 敬悼张静江先生／罗家伦∥＊新生报1950年9月9日
10031 张静江先生对煤矿事业之史迹／朱　谦∥＊新生报1950年9月19日
10032 张静江先生与铁路事业／侯家源∥＊新生报1950年9月19日
10033 我国近代最成功的建设家张静江先生／朱沛莲∥＊"中央"日报1965年9月5日
10034 李石曾谈张静江的"小事大观"／张力行∥＊自立晚报1966年9月19日
10035 我所知道的张静江先生／吴琢之∥＊畅流1950年2卷5期
10036 张静江先生的革命史迹／李石曾∥＊中国一周1950年31期
10037 张静江先生的贡献／杨恺龄∥＊三民主义1953年8期
10038 张静江先生八十一诞辰纪念／李石曾∥＊政论周刊1956年89期
10039 张人杰书简／李玄伯∥＊文星1963年13卷1期
10040 疏财仗义的张人杰／吴相湘∥＊传记文学1965年6卷2期
10041 记开国名贤张人杰／李少陵∥＊艺文志1967年16期
10042 廖仲恺、胡汉民、张人杰／雷啸岑∥＊中外杂志1971年2期
10043 记民国四老——吴敬恒、蔡元培、张人杰、李煜瀛／陶英惠∥＊传记文学1973年23卷4期
10044 革命圣人张静江／卢克彰∥＊"中央"月刊1974年7卷2期
10045 张人杰(1877—1950)／李云汉∥＊传记文学1974年25卷5期，＊民国人物小传第1册第165页
10046 张静江先生二三事／郁　青∥＊浙江月刊1976年8卷2期
10047 追怀"革命圣人"张人杰先生／高越天∥＊浙江月刊1976年8卷10期
10048 张人杰先生家传／姚　琮∥＊东方杂志1976年10卷5期
10049 张人杰先生年谱／杨恺龄∥＊东方杂志1976年10卷5期
10050 纪念张静江先生百岁冥诞／周贤颂∥＊文艺复兴1976年77期
10051 革命奇人张静江／孙运开∥＊中外杂志1978年23卷4期
10052 新世纪主人张静江先生／江　汉∥＊今日中国1979年100期
10053 革命奇人张静江／杨恺龄∥＊近代中国1982年28期，＊艺文志1984年220期
10054 张人杰／吴相湘∥＊民国百人传第1册第423页
10055 张人杰／谭慧生∥＊民国伟人传记第436页
10056 张人杰／王世祯∥＊民国人豪图传第269页
10057 张人杰(1877—1950)／戴晋新∥＊环华百科全书第14册第93页
10058 张静江／狄　膺∥＊革命人物志第4集第421页
10059 世界社六十年来吴、蔡、张三先生与我之关系／李石曾∥＊蔡元培先生全集第1375页

张静庐

10060 张静庐／李立明∥＊中国现代六百作家小传375页
10061 张静庐／刘绍唐主编∥＊传记文学1996年69卷5期

张静愚

10062 张静愚(1895—1984)／于翔麟∥＊传记文学1985年46卷1期

张嘉璈

10063 张公权先生年谱初稿(上、下)／姚崧龄∥＊传记文学出版社1983年1640页
10064 张公权先生对社会的贡献／薛光前∥＊中国一周1969年100期
10065 张公权先生谈往录(1—2)／袁道丰∥＊传记文学1970年16卷1、2期
10066 从事铁路工作的回忆／张公权∥＊传记文学1974年25卷2期

10067 张公权先生自述往事答客问／张公权∥﹡传记文学 1977 年 30 卷 2 期
10068 《张公权先生自述往事答客问》刊误补述／张公权∥﹡传记文学 1977 年 30 卷 4 期
10069 张公权与陈光甫、李馥荪、钱新之结识及彼此合作经过／姚崧龄∥﹡传记文学 1977 年 31 卷 2 期
10070 张嘉璈（公权）小传／谢锺琏译∥﹡传记文学 1979 年 35 卷 5 期
10071 张嘉璈在东北／陈嘉骥∥﹡传记文学 1979 年 35 卷 6 期
10072 敬悼张公权先生／姚崧龄∥﹡传记文学 1979 年 35 卷 6 期
10073 张嘉璈（1889—1979）／关国煊∥﹡传记文学 1980 年 36 卷 1 期，﹡民国人物小传第 4 册第 268 页
10074 张嘉璈先生之生平与志业／杨力行∥﹡畅流 1980 年 60 卷 11 期
10075 再谈张嘉璈先生之生平与志业／王月仙∥﹡畅流 1980 年 61 卷 3 期
10076 张公权先生的清廉典范／吴相湘∥﹡传记文学 1980 年 36 卷 4 期，﹡民国史纵横谈第 217 页
10077 张嘉璈（1889—1979）／关国煊∥﹡传记文学 1980 年 36 卷 1 期，﹡民国人物小传第 4 册第 268 页
10078 《张公权先生年谱初稿》评介／张朋远∥﹡传记文学 1982 年 41 卷 3 期

张慕仙
10079 张慕仙／﹡革命人物志第 18 集第 157 页

张慕陶
10080 二二八事件主要军政人员简历——张慕陶／曹郁芬辑∥﹡中国时报 1992 年 2 月 11 日
10081 张慕陶与"新右派事件"／司马璐∥﹡传记文学 1996 年 69 卷 3 期

张竭诚
10082 张竭诚／黄震遐∥﹡中共军人志第 417 页

张肇元
10083 张肇元回忆录／张肇元∥﹡正中书局 1976 年 12 月 206 页

张蕴珊
10084 张蕴珊／﹡革命人物志第 9 集第 168 页

张震东
10085 张震东／黄震遐∥﹡中共军人志第 419 页

张震寰
10086 张震寰／黄震遐∥﹡中共军人志第 419 页

张髯农
10087 记潍阳双忠——张天佐与张髯农／刘仲康∥﹡春秋 1969 年 10 卷 6 期
10088 张髯农／﹡革命人物志第 4 集第 416 页

张霈芝
10089 华侨谍报豪杰张霈芝／乔家才∥﹡中外杂志 1981 年 30 卷 4 期
10090 越南华侨张霈芝／乔家才∥﹡戴笠将军和他的同志第 2 集第 307 页

张镇芳
10091 张镇芳（1863—1933）／关志昌∥﹡传记文学 1982 年 41 卷 1 期，﹡民国人物小传第 6 册第 309 页
10092 张镇芳／贾士毅∥﹡民国初年的几任财政总长第 91 页

张德良
10093 杨圣铭（附张德良）／﹡革命人物志第 9 集第 318 页

张德能
10094 长沙沦陷与张德能之死／倪渭卿∥﹡传记文学 1993 年 62 卷 3 期

张履寿
10095 张履寿／周邦道∥﹡近代教育先生传略（初集）第 315 页

张履勋
10096 张履勋／﹡革命人物志第 6 集第 52 页

张默君
10097 张默老与大汉报／陈固亭∥﹡"中央"日报 1962 年 10 月 4 日

10098 我与国庆／张默君／／＊"中央"日报1963年10月10日
10099 六十自述／张默君／／＊中国文化1953年1期
10100 伟大的张默君先生／姚谷良／／＊中国一周1957年355期
10101 张默君委员的一生／正　鸣／／＊中国一周1965年773期
10102 忆邵元冲、张默君伉俪／黄季陆／／＊传记文学1965年7卷2期
10103 张默君先生家传／彭醇士／／＊考铨月刊1965年15卷10期
10104 张默君委员的一生／正　鸣／／＊中国一周1965年773期
10105 女诗人张默君遗事／林光灏／＊艺文志1966年9期
10106 张默君之生涯及其贡献／陈固亭／／自由谈1968年19卷1期
10107 玉尺量才之张默老／林　斌／／＊畅流1969年39卷8期
10108 开国清望张默君女士／＊美哉中华1969年9期
10109 张默君(1884—1965)／蒋永敬／／＊传记文学1975年26卷4期,＊民国人物小传第2册第168页
10110 怀念张默君女士／魏诗双／＊中外杂志1976年20卷6期
10111 革命先进张默君先生／李志新／／＊湖南文献1983年11卷4期
10112 慈晖永沐伟业长昭——纪念先义母张默君先生／本　慧／／＊近代中国1983年36期
10113 张默君先生百年诞辰口述历史座谈会纪实／胡有瑞／／＊近代中国1983年36期
10114 张默君女士遗札——张默君女士百年诞辰纪念／阮成毅／／＊大成1983年118期
10115 彤管衡文第一人(张默君)／思　圣／／＊湖南文献1984年12卷1期
10116 三湘女侠张默君／吴智梅／＊中外杂志1984年35卷4期
10117 追怀张默君先生／周蜀云／＊中外人物专辑第6辑第137页
10118 玉尺量才的张默老／李德安／／＊当代名人风范(4)第1361页
10119 张默君(1884—1965)／＊环华百科全书第14册第72页
10120 张默君／＊革命人物志第5集第124页

张镜影

10121 张镜影先生事略／＊政治评论1980年38卷1期
10122 敬悼张镜影先生／任卓宣／＊政治评论1980年38卷1期
10123 我所知道的张镜影先生／傅启学／／＊政治评论1980年38卷1期
10124 悼张镜影兄／张志韩／＊政治评论1980年38卷1期
10125 长留典型在人间——追怀张镜老／秦绶章／／＊政治评论1980年38卷1期
10126 张镜影先生逝世周年祭／陈敦正／／＊传记文学1980年37卷5期
10127 张镜影其人其事／陈敦正／＊艺文志1980年181期
10128 敬悼吾师——张镜影先生／张健生／＊现代国家1980年181期
10129 张镜影(1901—1979)／林抱石／／＊传记文学1981年38卷1期,＊民国人物小传第279页
10130 怀念张镜影先生／蔡爱仁／＊政治评论1981年39卷2期,＊江西文献1981年103期

张懋隆

10131 张懋隆传／杨庶堪／／＊四川文献1966年41期,＊民国四川人物传记第50页
10132 张懋隆传／＊革命人物志第4集第435页

张翼翔

10133 张翼翔／黄震遐／／＊中共军人志第425页

张彝鼎

10134 敬悼国际法学家张彝鼎先生／赵国材／＊传记文学1992年60卷5期

张耀明

10135 张耀明(1905—1972)／于翔麟／／＊传记文学1980年37卷3期,＊民国人物小传第4册第275页
10136 张耀明／＊革命人物志第12集第268页

陆　平

10137 从校务委员会主席汤用彤到校长陈佳洱——续记北大百年后期八位负责人／关国煊／／＊传记文

学 1998 年 72 卷 5 期

陆 蠡

10138　陆圣泉小传／李立明／／＊华侨日报 1970 年 8 月 24 日

10139　崇高的灵魂——散文作家陆蠡／秦贤次／／＊传记文学 1979 年 35 卷 6 期

10140　陆蠡（1908—1942）／关志昌／／＊传记文学 1980 年 37 卷 1 期，＊民国人物小传第 4 册第 300 页

10141　陆　蠡／李立明／／＊中国现代六百作家小传第 397 页

10142　陆　蠡／黄俊东／／＊现代中国作家剪影第 96 页

陆小曼

10143　徐志摩与陆小曼／刘心皇／／＊畅流半月刊 1965 年 192 页，＊大汉出版社 1978 年 216 页，（香港）港明书店 1978 年 6 月修订本

10144　小曼与我／徐志摩／／＊德华出版社 1976 年 218 页

10145　徐志摩与陆小曼（1—23）／刘心皇／／＊畅流 1962 年 25 卷 7 期—1963 年 27 卷 5 期

10146　陆小曼的第一丈夫——王赓／刘心皇／／＊畅流 1963 年 27 卷 10 期

10147　念人忆事（陆小曼）／徐　訏／／＊传记文学 1969 年 15 卷 2 期

10148　徐志摩与陆小曼／维　思／／＊浙江月刊 1979 年 11 卷 9 期

10149　忆陆小曼／王亦令／／＊大成 1980 年 84 期

10150　一生多采多姿的陆小曼／楚　广／／＊今日中国 1981 年 7 期

10151　陆小曼（1903—1965）／关国煊／／＊传记文学 1982 年 41 卷 6 期，＊民国人物小传第 6 册第 338 页

10152　民初名女人——陆小曼其人其画／凌　凤／／＊书画家 1983 年 12 卷 1 期

10153　徐志摩与陆小曼／褚问鹃／／＊中外杂志 1984 年 36 卷 6 期

陆久之

10154　陆久之谈岳母陈洁如／沈涯夫／／＊传记文学 1992 年 60 卷 4 期

陆玉璋

10155　陆玉璋／＊革命人物志第 9 集第 169 页

陆丕谟

10156　陆丕谟／钮永建／／＊革命人物志第 10 集第 450 页

陆亚东

10157　陆亚东／＊革命人物志第 4 集第 482 页

陆匡文

10158　陆匡文／欧钟岳／／＊革命人物志第 15 集第 252 页

陆光宇

10159　陆光宇／欧钟岳／／＊革命人物志第 15 集第 255 页

陆仲安

10160　张一鹏与陆仲安——《抗战时代生活史》补篇／陈存仁／／＊大成 1983 年 116 期

10161　国父、胡适、陆仲安／吴相湘／／＊民国人和事第 351 页

陆华元

10162　陆华元／许衍董／／＊革命人物志第 10 集第 451 页

陆庆颙

10163　陆庆颙／张　继／／＊革命人物志第 4 集第 492 页

陆运涛

10164　敬悼陆运涛先生／苏玉珍／／＊"中央"日报 1964 年 6 月 25 日

10165　陆运涛／沙　泽／／＊联合报 1964 年 2 月 5 日

10166　富甲马来的陆运涛／浪　鸟／／＊新闻报 1964 年 7 月 13 日

陆志韦

10167　陆志韦（1894—1970）／关国煊／／＊传记文学 1982 年 41 卷 5 期，＊民国人物小传第 6 册第 343 页

10168　记陆志韦教授／伯　客／／＊学府纪闻·私立燕京大学第 142 页
10169　忆燕园诸老——陆志韦先生／陈熙橡／／＊学府纪闻·私立燕京大学第 157 页

陆志鸿
10170　访陆志鸿教授／胡有瑞／／＊"中央"日报 1965 年 9 月 23 日
10171　当代师表陆志鸿教授／周广周／／＊教育与文化 1957 年 16 卷 2 期

陆志棠
10172　陆志棠／黄桐生等／／＊革命人物志第 9 集第 169 页

陆伯鸿
10173　陆伯鸿／方　豪／／＊中国天主教人物传第 3 册第 311 页

陆昌荣
10174　陆昌荣／黄震遐／／＊中共军人志第 429 页

陆咏黄
10175　陆咏黄／＊革命人物志第 15 集第 257 页

陆侃如
10176　陆侃如(1903—1978)／关国煊／／＊传记文学 1984 年 44 卷 3 期
10177　陆侃如／李立明／／＊中国现代六百作家小传第 398 页

陆京士
10178　追思陆京士先生／梁子衡／／＊中外杂志 1984 年 35 卷 2 期
10179　追忆陆京士先生／龙宝麒／／＊中外杂志 1984 年 35 卷 3 期
10180　追忆陆京士兄／水祥云／／＊中外杂志 1984 年 36 卷 4 期
10181　痛悼战友陆京士兄／吴开先／／＊传记文学 1984 年 44 卷 4 期
10182　敬悼陆京士先生／朱家骧／／＊传记文学 1984 年 44 卷 4 期
10183　申论公道 痛悼京士(选载)／陶百川／／＊传记文学 1984 年 44 卷 4 期
10184　陆京士先生行状／＊江苏文献 1984 年 29 期,＊生力 1984 年 17 卷 197—198 期
10185　敬悼陆京士兄／陈纪滢／／＊大成 1984 年 123 期

陆宗舆
10186　陆宗舆(1876—1958)／＊传记文学 1974 年 25 卷 3 期,＊民国人物小传第 1 册第 194 页
10187　曹汝霖、章宗祥、陆宗舆／吴相湘／／＊民国人和事第 125 页
10188　陆宗舆(1876—1958)／戴晋新／／＊环华百科全书第 7 册第 386 页

陆定一
10189　陆定一／刘绍唐主编／／＊传记文学 1996 年 69 卷 1 期
10190　陆定一／朱新民／／＊环华百科全书第 7 册第 371 页

陆宠廷
10191　陆劼荣／＊革命人物志第 4 集第 480 页

陆建章
10192　段祺瑞三度组阁与陆建章被杀／田布衣／／＊春秋 1968 年 9 卷 1 期
10193　陆建章／刘绍唐主编／／＊传记文学 1999 年 75 卷 3 期

陆荣廷
10194　陆荣廷护法运动(1—4)／黄旭初／／＊春秋 1969 年 11 卷 3—6 期
10195　陆荣廷(1856—1928)／关国煊／／＊传记文学 1978 年 32 卷 5 期,＊民国人物小传第 3 册第 213 页

陆钟琦
10196　陆钟琦父子同殉／沈云龙／／＊"中央"日报 1962 年 8 月 19 日,＊近代史事与人物第 151 页

陆俨少
10197　访问老画家陆俨少／李　邝／／＊中报月刊 1980 年 8 期

陆费逵
10198　陆费伯鸿先生年谱／郑子展／／1946 年 7 月油印本,＊近代中国史料丛刊续编第九十辑(总 899)影

印本 123 页

10199　陆费伯鸿先生年谱(2 册)／＊中华书局 1977 年 6 月 158 页
10200　陆卓(1886—1941)／周卓怀／／＊传记文学 1977 年 30 卷 3 期,＊民国人物小传第 3 册第 215 页
10201　陆费伯鸿先生年谱／周宪文／／＊教育 1978 年 325 期
10202　陆费逵／李立明／／＊中国现代六百作家小传第 400 页
10203　陆费逵(1886—1941)／周邦道／／＊近代教育先进传略(初集)第 100 页

陆爱唐

10204　陆爱唐／＊革命人物志第 9 集第 172 页

陆润庠

10205　清代最后的一位状元宰相——陆润庠／朱如松／／＊古今谈 1966 年 13 期
10206　陆润庠(1841—1915)墓志铭／叶昌炽／／＊碑传集三编第 1 册第 163 页

陆维源

10207　陆维源／＊革命人物志第 12 集第 354 页
10208　陆维源烈士(永兴舰中校舰长)／＊革命人物志第 12 集第 360 页

陆晶清

10209　记陆晶清／刘以鬯／／＊星岛日报 1976 年 5 月 4 日
10210　陆晶清／李立明／／＊中国现代六百作家小传第 399 页

陆征祥

10211　陆征祥传／罗　光／／香港真理学会 1949 年 301 页,＊商务印书馆 1967 年 8 月 301 页
10212　陆征祥／王　康／／＊"中央"日报 1966 年 10 月 4 日
10213　吊陆征祥先生／方　豪／／＊中国一周 1950 年 1 卷 12 期
10214　我经手签订二十一条约／陆征祥／／＊春秋 1964 年 1 卷 1 期
10215　追念陆征祥公私琐杂纪略／周国埙／／＊现代学苑 1966 年 3 卷 21 期
10216　由外交总长而作洋和尚的陆征祥／何大为／／＊艺文志 1967 年 22 期
10217　访问陆征祥神父日记(1—3)——六十述往之一章／罗　光／／传记文学 1971 年 19 卷 2、4—6 期
10218　陆征祥(1871—1949)／＊传记文学 1974 年 25 卷 3 期,＊民国人物小传第 1 册第 195 页
10219　许景澄与陆征祥／高伯雨／／＊大成 1974 年 6 期
10220　追忆陆征祥神父／郑揆一／／＊传记文学 1985 年 47 卷 6 期
10221　超然内阁陆征祥／张朴民／／＊北洋政府国务总理列传第 14 页
10222　陆征祥／戴晋新／／＊环华百科全书第 7 册第 386 页

阿英

10223　小记阿英／赵　旺／／＊新晚报 1977 年 7 月 1 日
10224　钱杏村(1900—1977)／关国煊／／＊传记文学 1982 年 41 卷 5 期,＊民国人物小传第 6 册第 447 页
10225　钱杏村／李立明／／＊中国现代六百作家小传第 528 页
10226　忆阿英／夏　衍／／＊回忆与悼念——中国现代作家资料选辑第 1 集第 62 页
10227　钱杏村／黄俊东／／＊现代中国作家剪影第 119 页

阿炳

10228　瞎子阿炳琴音传奇／杨谷芳／／＊中国时报 1994 年 1 月 19 日

阿沛・阿旺晋美

10229　阿沛・阿旺晋美／黄震遐／／＊中共军人志第 200 页

陈干

10230　记陈明侯／蘧　庐／／＊"中央"日报 1959 年 4 月 18 日
10231　陈明侯先生年谱／陈孝祖／／＊山东文献 1982 年 8 卷 3 期
10232　陈　干(1881—1927)／李云汉／／＊传记文学 1975 年 26 卷 2 期,＊民国人物小传第 2 册第 177 页
10233　陈　干／＊革命人物志第 4 集第 249 页

陈才

10234　陈才传／邹　鲁／／ *革命人物志第 4 集第 162 页

陈云

10235　陈　云／朱新民／／ *环华百科全书第 14 册第 473 页
10236　政务院副总理陈云／ *新中国人物志（上）第 37 页

陈介

10237　陈　介／郑寿麟／／ *传记文学 1968 年 12 卷 4 期
10238　陈　介（1885—1951）／ *传记文学 1981 年 39 卷 1 期，*民国人物小传第 5 册第 291 页
10239　陈介是社会贤达参与外交／吴相湘／／ *传记文学 1985 年 47 卷 2 期

陈龙

10240　七秩留痕／陈应龙／／ *大中华出版社 1981 年 233 页
10241　沪宁忆趣／陈应龙／／ *艺文志 1976 年 124 期

陈仪

10242　汤恩伯与陈仪／刘道平／／ *传记文学 1967 年 10 卷 3 期
10243　孙传芳、陈仪与夏超——"浙江省长"夏超惨死真相／高登云／／ *中外杂志 1976 年 20 卷 1 期
10244　陈仪（1883—1950）／于翔麟／／ *传记文学 1980 年 36 卷 6 期，*民国人物小传第 4 册第 282 页
10245　陈仪的悲剧／骆志伊／／ *中外杂志 1985 年 37 卷 2 期
10246　地下十五年与陈仪／胡允恭／／ *传记文学 1992 年 60 卷 6 期
10247　陈　仪（1883—1950）／甘丽珍／／ *环华百科全书第 14 册第 469 页

陈达

10248　浪迹十年／陈　达／／ *文海出版社近代中国史料丛刊续编第八十辑（总 800）影印本 470 页
10249　陈　达（1892—1975）／刘绍唐主编／ *传记文学 1993 年 62 卷 5 期

陈光

10250　陈　光／黄震遐／／ *中共军人志第 344 页

陈芬

10251　陈　芬／ *革命人物志第 9 集第 136 页

陈时

10252　陈　时（1889—1951）／周邦道／／ *近代教育先进传略（初集）第 190 页
10253　武昌中华大学校长陈时传略／陈启天／／ *寄园存稿第 289 页

陈怀

10254　怀念陈怀／黄湘杰／／ "中央"日报 1963 年 4 月 19 日
10255　我所知道的陈怀／寇世远／／ *"中央"日报 1963 年 4 月 27 日

陈良

10256　陈　良／刘绍唐主编／／ *传记文学 1994 年 65 卷 6 期

陈劲

10257　陈　劲／ *革命人物志第 6 集第 71 页

陈武

10258　陈　武（1906—1983）／于翔麟／／ *传记文学 1985 年 46 卷 1 期

陈范

10259　陈　范（1860—1913）／关国煊／／ *传记文学 1983 年 43 卷 4 期
10260　陈梦坡事略／冯自由／／ *革命人物志第 4 集第 262 页

陈直

10261　陈　直／刘绍唐主编／／ *传记文学 1998 年 72 卷 3 期

陈诚

10262　陈故"副总统"纪念集／ *"陈故副总统"治丧委员会编印 1965 年 242 页

10263	陈"副总统"纪念集 / 刘永年汇编 // ＊大江出版社 1965 年 7 月 441 页	
10264	陈诚与台湾 / 黄国书等 // ＊时代文化出版社 1965 年 8 月 280 页	
10265	陈诚先生传略 / ＊"中央"日报 1954 年 2 月 17 日	
10266	陈诚先生的性格和思想 / ＊"中央"日报 1954 年 3 月 25 日	
10267	陈诚先生的性格和思想 / ＊公论报 1954 年 3 月 25 日	
10268	陈"副总统"年表 / ＊新生报 1954 年 5 月 20 日	
10269	主台一年的回忆 / 陈　诚 / ＊"中央"日报 1956 年 10 月 24 日	
10270	陈辞修先生大事年表 / ＊"中央"日报 1965 年 3 月 6 日，＊新生报 1965 年 3 月 6 日，＊中华日报 1965 年 8 月 30 日	
10271	陈辞修先生世系纪要 / ＊"中央"日报 1965 年 3 月 6 日	
10272	陈"副总统"传略 / ＊"中央"日报 1965 年 3 月 6 日	
10273	陈"副总统"与新闻记者 / 王　康 // ＊"中央"日报 1965 年 3 月 8 日	
10274	记辞公琐事一则 / 曾约农 / ＊"中央"日报 1965 年 3 月 10 日	
10275	永怀辞公二三事 / 丘　誉 / ＊新生报 1965 年 3 月 10 日	
10276	陈辞公与台湾土革 / 汤惠荪 // ＊新生报 1965 年 4 月 11 日	
10277	陈"副总统"与台湾 / 罗　璜 / ＊联合报 1965 年 3 月 6 日	
10278	陈辞修先生年表 / ＊新闻报 1965 年 3 月 6 日、7 日	
10279	"副总统"与陆军官校 / 刘树远 / ＊新闻报 1965 年 3 月 20 日	
10280	哭辞公忆往事 / 张振国 / ＊新生报 1966 年 4 月 15 日，＊中国一周 1965 年 784 期	
10281	陈故"副总统"生平事迹 / 严家淦 / ＊新生报 1966 年 3 月 6 日	
10282	陈"副总统"轶事 / 桑　榆 // ＊畅流 1957 年 14 卷 11 期	
10283	我所了解的陈辞修先生 / 刘健群 / ＊艺文志 1965 年 1 期	
10284	几个难忘的印象——悼陈辞修"副总统" / 洪炎秋 // ＊传记文学 1965 年 6 卷 4 期	
10285	陈辞修先生生平大事纪要 / 吴相湘 // ＊传记文学 1965 年 6 卷 4 期	
10286	最后之一面——哀悼陈辞修先生 / 黄季陆 // ＊传记文学 1965 年 6 卷 4 期	
10287	陈故"副总统"与农业 / 沈宗瀚 // ＊传记文学 1965 年 7 卷 4 期，沈宗瀚晚年文录第 275 页	
10288	陈"副总统"大事年表 / ＊现代政治 1965 年 12 卷 3 期	
10289	悼念陈"副总统"专辑 / 张群等 // ＊现代政治 1965 年 12 卷 3 期	
10290	陈"副总统"生前的小故事 / 家　谷 // ＊自由谈 1965 年 16 卷 4 期	
10291	悼辞公怀往事 / 段剑岷 // ＊畅流 1965 年 31 卷 4 期	
10292	陈"副总统"与台湾 / 杨家铎 // ＊中国一周 1965 年 777 期	
10293	敬悼陈故"副总统"专辑 / 周至柔等 // ＊中国一周 1965 年 777 期	
10294	陈"副总统"的戎马生涯 / 潘健行 // ＊中国一周 1965 年 804 期	
10295	陈辞公之德泽风范（上、中、下） / 陈松云 // ＊畅流 1967 年 35 卷 2—4 期	
10296	陈诚（1898—1965） / 蒋永敬 // ＊传记文学 1974 年 25 卷 5 期，＊民国人物小传第 1 册第 181 页	
10297	存亡绝续的三十八年——追怀陈故"副总统"辞修先生 / 郭　骥 // ＊中外杂志 1975 年 17 卷 5 期	
10298	陈辞修重组新内阁——采访二十五年之三十七 / 于　衡 / ＊传记文学 1975 年 26 卷 5 期	
10299	中原大战前夕的陈辞公与我 / 宣介溪 // ＊传记文学 1980 年 37 卷 1 期	
10300	怀辞公忆恩施——怀念陈"副总统"逝世十六周年 / 程振粤 // ＊传记文学 1981 年 38 卷 3 期	
10301	忆陈诚将军 / 乐恕人 // ＊中外杂志 1984 年 35 卷 4 期	
10302	我所知道的陈诚 / 樊崧甫 // ＊传记文学 1987 年 71 卷 3、4 期	
10303	陈辞修与尹仲容 / 冯世欣 // ＊传记文学 1987 年 50 卷 4 期	
10304	陈辞修先生年谱简编初稿（1—4） / 吴锡泽 // ＊传记文学 1993 年 62 卷 5、6 期，1993 年 63 卷 1、2 期	
10305	陈诚主台政一年的回忆 / 陈诚口述、吴锡泽笔记 // ＊传记文学 1993 年 63 卷 5、6 期	

10306　关于《陈诚主台政一年的回忆》／吴锡泽∥＊传记文学 1993 年 63 卷 5 期

10307　陈诚反对张群访日巧荐董显光之内幕／蔡孟坚∥＊传记文学 1995 年 66 卷 2 期

10308　陈辞公轶事记闻——纪念陈诚"副总统"逝世三十周年／冯世欣∥＊传记文学 1995 年 66 卷 3 期

10309　我追随陈辞公的回忆／吴锡泽∥＊传记文学 1999 年 74 卷 3—6 期，1999 年 75 卷 1—5 期

10310　我所知道的有关陈诚的几桩小事／王　普∥＊传记文学 1999 年 74 卷 4 期

10311　任贤以救亡相地而择守——两广事变和平解决陈辞修先生对国事的建议／余传韬∥＊传记文学 1999 年 75 卷 6 期

10312　陈　诚／吴相湘∥＊民国百人传第 2 册第 187 页

10313　陈辞修生平大事／吴相湘∥＊民国政治人物第 2 集第 150 页

10314　陈　诚／厂　民∥＊当代中国人物志第 87 页

10315　鞠躬尽瘁的陈辞修先生／李德安∥＊当代名人风范（4）第 1469 页

10316　陈　诚（1898—1965）／＊环华百科全书第 14 册第 465 页

10317　陈　诚／＊革命人物志第 5 集第 201 页

陈　春

10318　陈春传／邹　鲁∥＊革命人物志第 4 集第 241 页

陈　垣

10319　对日抗战时期之陈援庵先生／方　豪∥＊传记文学 1971 年 19 卷 4 期

10320　陈　垣（1880—1971）／何广棪∥＊传记文学 1976 年 28 卷 1 期，民国人物小传第 2 册第 176 页

10321　怀三位研究中西交通史的学者——陈垣先生与宗教史／甲　凯∥传记文学 1983 年 43 卷 4 期

10322　史学二陈：陈垣、陈寅恪／严耕望∥＊大陆杂志 1984 年 68 卷 1 期

10323　我所认识的陈垣／玉　山∥＊国共风云名人录第 3 辑第 34 页

10324　陈　垣（1880—1971）／＊环华百科全书第 14 册第 472 页

陈　荆

10325　陈　荆／茝裳居士∥＊革命人物志第 4 集第 241 页

陈　挺

10326　陈　挺／黄震遐∥＊中共军人志第 360 页

陈　衍

10327　（侯官）陈石遗先生年谱（七卷）／陈声暨、王真续编、叶长青补订∥＊广文书局 1971 年 366 页，＊文海出版社近代中国史资料丛刊第二十八辑（总 277）影印本 366 页

10328　记陈石遗／农　盫∥＊新闻报 1963 年 5 月 11 日

10329　陈　衍（1856—1937）／关志昌∥＊传记文学 1985 年 47 卷 1 期

10330　陈　衍／邵镜人∥＊近代中国史料丛刊续编第九十五辑（总 950）·同光风云录第 233 页

陈　洧

10331　陈　洧／刘绍唐主编∥＊传记文学 1987 年 50 卷 1 期

陈　烈

10332　鞠躬尽瘁为国殉职的陈烈将军／刘树远∥＊建设 1977 年 25 卷 8 期

10333　陈　烈／＊革命人物志第 4 集第 243 页

陈　桢

10334　陈　桢／刘绍唐主编∥＊传记文学 1993 年 63 卷 5 期

陈　铁

10335　陈　铁／刘绍唐主编∥＊传记文学 1992 年 60 卷 5 期

陈　宧

10336　追忆陈宧参加倒袁运动的一幕／刘大元∥＊艺文志 1965 年 3 期

10337　安陆陈二庵的遭际／＊湖北文献 1975 年 34 期

10338　陈二庵先生其人其事／耿　心∥＊湖北文献 1975 年 35 期

10339　是非功过说陈宧 / 耿　心 // ＊中外杂志 1980 年 27 卷 4 期，＊湖北文献 1980 年 57 期
10340　陈　宧（1870—1943）/ 关志昌 // ＊传记文学 1980 年 37 卷 6 期，＊民国人物小传第 4 册第 280 页

陈　琎
10341　陈布雷女儿共谍案与叶翔之及其他——胡宗南身边工作十余年的电讯台长戴仲蓉也是中共地下党 / 章微寒 // ＊传记文学 1996 年 68 卷 3 期

陈　铨
10342　陈　铨 / 李立明 // ＊中国现代六百作家小传第 343 页

陈　铭
10343　陈　铭 / 萧猷然 // ＊革命人物志第 5 集第 286 页

陈　康
10344　哲学家陈康先生 / 崇　纬 // ＊幼狮 1957 年 6 卷 6 期
10345　醇孝学人陈康 / 张廷休 // ＊自由谈 1957 年 8 卷 6 期
10346　陈　康 / 黄震遐编 // ＊中共军人志第 361 页

陈　章
10347　陈　章 / 刘绍唐主编 // ＊传记文学 1995 年 66 卷 4 期
10348　陈　章 / ＊革命人物志第 12 集第 302 页、第 20 集第 172 页

陈　绵
10349　陈　绵 / 李立明 // ＊中国现代六百作家小传第 344 页

陈　森
10350　陈　森 / ＊革命人物志第 4 集第 248 页

陈　雄
10351　陈　雄 / 卢原懋 // ＊革命人物志第 10 集第 334 页

陈　鼎
10352　陈　鼎 / ＊革命人物志第 6 集第 106 页

陈　策
10353　陈策将军逝世十周年述其生平 / 祝秀侠 // ＊畅流 1959 年 20 卷 2 期
10354　陈策将军其人其事 / 林光灏 // ＊传记文学 1967 年 11 卷 1 期
10355　陈　策（1893—1949）/ 蒋永敬 // ＊传记文学 1975 年 26 卷 4 期，＊民国人物小传第 2 册第 177 页
10356　民族英雄陈策将军事迹 / 杨　群 // ＊文艺复兴 1976 年 76 期
10357　陈　策 / ＊革命人物志第 6 集第 86 页
10358　纪念陈策将军抗倭与香港突围经过 / 云实诚 // ＊革命人物志第 6 集第 92 页

陈　赓
10359　陈谢大军与陈赓 / 张　相 // ＊国共风云名人录第 4 集第 56 页
10360　人民解放军兵团司令员陈赓 / ＊新中国人物志（上）第 189 页

陈　源
10361　陈西滢 / 韦　真 // ＊"中央"日报 1952 年 10 月 20 日
10362　文坛老兵陈西滢 / 龚选舞 // ＊"中央"日报 1965 年 3 月 27 日
10363　回忆陈通伯 / 熊式一 // ＊"中央"日报 1970 年 4 月 4 日
10364　陈源教授的爱伦尼 / 苏雪林 // ＊"中央"日报 1970 年 4 月 28 日
10365　陈源其人其事 / 李立明 // ＊中国时报 1970 年 8 月 19 日
10366　刘半农与陈西滢 / 刘凤翰 // ＊传记文学 1964 年 5 卷 5 期
10367　陈西滢（上、下）/ 陈敬之 // ＊畅流 1968 年 38 卷 8、9 期，＊早期新散文的重要作家第 151 页
10368　再记陈通老——并谈中兴文学 / 陈祚龙 // ＊艺文志 1969 年 49 期
10369　哭吾师陈通伯先生 / 吴鲁芹 // ＊传记文学 1970 年 16 卷 6 期，＊学府纪闻·国立武汉大学第 75 页
10370　陈通伯先生一生的贡献 / 陈纪滢 // ＊传记文学 1970 年 16 卷 6 期

10371 忆念陈通伯先生 / 黎 明、林太乙 // *传记文学 1970 年 17 卷 1 期
10372 悼念通伯先生 / 梁实秋 // *传记文学 1970 年 17 卷 1 期
10373 我和陈通伯先生 / 钱 穆 / *传记文学 1970 年 17 卷 4 期
10374 回念陈通伯先生 / 薛光前 / *传记文学 1971 年 18 卷 2 期,*故人与往来第 83 页
10375 文章、思想与品格——追念通伯先生并题《陈西滢全集》/ 浦薛风 // *传记文学 1971 年 18 卷 4 期
10376 陈源(1896—1970) / *传记文学 1973 年 23 卷 3 期,*民国人物小传第 1 册第 179 页
10377 陈 源 / *中国近现代学人像传(初辑)第 191 页
10378 陈 源 / 李立明 // *中国现代六百作家小传第 341 页
10379 陈 源 / 阿 英 // 中国新文学大系史料索引第 220 页
10380 陈源(1896—1970) / *环华百科全书第 14 册第 472 页
10381 悼念陈通伯先生 / 梁实秋 // *看云集第 113 页

陈 滔
10382 陈 滔 / 张难先 // *革命人物志第 5 集第 201 页

陈 福
10383 陈福传 / 邹 鲁 // *革命人物志第 5 集第 285 页

陈 群
10384 陈群与正始中学 / 陈源来 // *传记文学 1987 年 50 卷 5 期
10385 陈群自杀前所遗自剖书 / 苏基燈 // *传记文学 1992 年 61 卷 4 期
10386 陈群泽存书库 / 苏 精 // *近代藏书三十家第 169 页

陈 模
10387 陈 模 / *革命人物志第 4 集第 269 页,福建三烈士传第 1 页

陈 槃
10388 挖掘先秦宝藏的陈槃 / 应平书 // *学人风范第 194 页

陈 漳
10389 陈 漳 / *革命人物志第 10 集第 336 页

陈 磊
10390 陈 磊 / 李翊东 // *革命人物志第 10 集第 337 页

陈 箓
10391 陈箓(1877—1939) / 关国煊 // *传记文学 1978 年 33 卷 5 期,*民国人物小传第 3 册第 188 页

陈 德
10392 陈 德 / 黄震遐 // *中共军人志第 364 页

陈 毅(1)
10393 陈 毅 / *革命人物志第 6 集第 107 页

陈 毅(2)
10394 陈 毅 / 谭震林等 // (香港)广角镜出版社 1978 年 1 月 262 页
10395 中国的"隆美尔"——陈毅元帅 / 贾羽春 // *中报月刊 1980 年 6 期
10396 陈毅(1901—1972) / 关国煊 // *传记文学 1982 年 40 卷 2 期,*民国人物小传第 5 册第 293 页
10397 陈 毅 / 黄震遐 // *中共军人志第 365 页
10398 陈 毅(1900—1972) / 戴晋新 // *环华百科全书第 14 册第 469 页
10399 陈 毅 / 读者出版社 // *新政协重要人物志第 23 页

陈 潮
10400 陈潮传 / 邹 鲁 // *革命人物志第 4 集第 268 页

陈力雄
10401 陈力雄 / 黄震遐 // *中共军人志第 375 页

陈三才

10402　为国舍身的陈三才同学 / 刘驭万 // *传记文学 1964 年 5 卷 4 期

10403　为国舍身的故同学陈三才 / 刘驭万 // *学府纪闻·国立清华大学第 204 页

陈三立

10404　陈三立小事糊涂 / 狷　士 // *"中央"日报 1954 年 12 月 23 日

10405　戊戌维新人物记（陈三立）/ 竺　公 // *畅流 1952 年 5 卷 9 期

10406　清末民初四大诗人（陈三立）/ 易君左 // *畅流 1962 年 25 卷 1 期

10407　义宁陈三立先生传略 / 袁帅南 // *大陆杂志 1963 年 27 卷 11 期

10408　陈三立（1853—1937）/ *传记文学 1973 年 22 卷 6 期

10409　陈散原其人其事 / 曾克瑞 // *大成 1975 年 24 卷 44 期

10410　怀念陈散原先生 / 杜　若 // *台肥月刊 1981 年 22 卷 2 期

10411　怀念诗坛泰斗陈散原先生 / 杜　若 // *自由谈 1981 年 32 卷 5 期

10412　怀念陈散原先生 / 杜若 // *江西文献 1981 年 104 期

10413　陈三立（1853—1937）/ *民国人物小传第 1 册第 182 页

10414　陈三立 / 彭醇士 // *中国文学史论集（4）第 1261 页

陈士文

10415　陈士文（1907—1984）/ 关国煊 // *传记文学 1985 年 47 卷 2 期

陈士伯

10416　陈士伯 / 王子经 // *革命人物志第 10 集第 339 页

陈士法

10417　陈士法 / 黄震遐 // *中共军人志第 335 页

陈士榘

10418　陈士榘 / 黄震遐 // *中共军人志第 335 页

陈大庆

10419　陈大庆将军 / *"中央"日报 1962 年 11 月 23 日

10420　真诚笃实的陈大庆主席 / 礼　言 // *古今谈 1969 年 54 期

10421　陈大庆（1905—1973）/ 薛寄梅 // *传记文学 1976 年 28 卷 3 期，*民国人物小传第 2 册第 180 页

10422　陈大庆将军二三事 / 袁子平 // *中外杂志 1977 年 22 卷 2 期

10423　怀念陈大庆将军 / 蒋纬国 // *中外杂志 1983 年 34 卷 2 期

10424　追怀陈大庆将军 / 郑远钊 // *中外杂志 1983 年 34 卷 3 期

10425　陈大庆 / *革命人物志第 12 集第 302 页

陈大齐

10426　经师、人师陈大齐传 / 周进华 // *商务印书馆 1986 年

10427　陈百年先生的生平与著作 / 梁容若 // *教育与文化 1956 年 11 卷 12 期

10428　海盐陈百年师略传 / 杨一峰 // *畅流 1964 年 30 卷 4 期，*陈百年先生执教五十周年暨八秩大寿纪念论文集第 1 页

10429　献身教育五十年的陈大齐教授 / 郑贞铭 // *中国一周 1965 年 786 期

10430　经师人师陈大齐 / 黄肇珩 // *中国一周 1969 年 1021 期，*当代人物一席话第 83 页

10431　陈百年先生宏扬孔孟思想之伟绩 / 陈立夫 // *孔孟月刊 1976 年 14 卷 12 期

10432　回忆陈百年先生：谦谦君子、恂恂学人 / 浦薛凤 // *传记文学 1983 年 42 卷 2 期

10433　陈大齐先生传略（1887—1983）/ 关国煊 // *传记文学 1983 年 40 卷 3 期，*民国人物小传第 6 册第 315 页

10434　八十二岁自述 / 陈大齐 // *教育 1983 年 385 期，*浙江月刊 1983 年 15 卷 4 期

10435　陈大齐先生的风范 / 罗　人 // *书和人 1983 年 483 期

10436　从管学大臣孙家鼐到校长胡适——记百年北京大学前期的二十任十九位负责人 / 关国煊 // *传

记文学 1998 年 72 卷 4 期
10437　记陈大齐校长／王世正／／＊台湾政治大学第 97 页
10438　陈大齐／＊革命人物志第 23 集第 80 页
10439　敬悼陈百年先生／陈立夫／／＊革命人物志第 23 集第 99 页

陈大复
10440　陈大复／少　华／／＊革命人物志第 5 集第 132 页

陈大悲
10441　陈大悲／丁　淼／／＊当代文艺月刊 1970 年 51 期
10442　陈大悲／李立明／／＊中国现代六百作家小传第 344 页
10443　陈大悲／＊环华百科全书第 14 册第 455 页

陈广沅
10444　壮游八十年／陈广沅／／＊中外图书出版社 1982 年 603 页
10445　抗战时期中国在华府的要员——赴美治运铁路器材记终篇／陈广沅／／＊中外杂志 1978 年 23 卷 5 期
10446　壮游八十年(1—19)——一个工程师的自述／陈广沅／／＊中外杂志 1978 年 24 卷 1 期—1981 年 29 卷 6 期
10447　避难香江十年(上、下)／陈广沅／／＊中外杂志 1981 年 30 卷 3、4 期
10448　一位老工程师的心声——由陈广沅先生自传想到半世纪前的老友／赖景瑚／／＊传记文学 1982 年 41 卷 2 期

陈之迈
10449　陈之迈先生逝世纪念特辑／端木恺等／／＊传记文学 1978 年 33 卷 6 期
10450　甘于寂寞的陈之迈先生／胡子丹／／＊传记文学 1979 年 34 卷 1 期
10451　追怀爱国书生陈之迈先生／沈云龙／／＊传记文学 1979 年 34 卷 1 期
10452　陈之迈(1908—1978)／关国煊／／＊传记文学 1979 年 34 卷 2 期，＊民国人物小传第 3 册第 190 页
10453　悼念陈之迈／刘渭平／／＊传记文学 1979 年 34 卷 4 期，＊革命人物志第 19 集第 165 页
10454　陈之迈在日本／黄天才／／＊传记文学 1995 年 67 卷 6 期

陈之佛
10455　陈之佛／刘绍唐主编／／＊传记文学 1999 年 74 卷 2 期

陈小蝶
10456　定山画展特辑——我识定山／张谷年／／＊畅流 1952 年 5 卷 11 期

陈子立
10457　陈子立传／周善培／／＊四川文献 1964 年 25 期，＊民国四川人物传记第 154 页

陈子和
10458　悼陈子和及其遗札／苇　窗／／＊大成 1983 年 121 期

陈子昭
10459　陈子昭及其书札／林　熙／／＊大成 1977 年 45 期

陈子展
10460　陈子展／李立明／／＊中国现代六百作家小传第 345 页

陈子镛
10461　抗日英雄:陈子镛先生／唐德堃／／＊史联杂志 1984 年 4 期

陈开钊
10462　陈开钊／＊革命人物志第 5 集第 199 页

陈天华
10463　作狮子吼:陈天华传／罗宗涛／／＊近代中国杂志社 1982 年 108 页
10464　陈天华(上、下)／陈敬之／／＊畅流 1964 年 29 卷 7、8 期

10465 陈天华与《猛回头》／卢克彰∥＊"中央"月报1975年7卷4期
10466 陈天华小传／＊夏潮1977年3卷4期
10467 《猛回头》的作者陈天华烈士／心　园∥＊今日中国1977年69期
10468 忠烈殉国的陈天华／郭凤明∥＊湖南文献1979年7卷3期，＊中国宪政1979年14卷10期
10469 陈天华回头狮吼／徐咏平∥＊湖南文献1980年8卷2期
10470 陈天华事略／冯自由∥＊湖南文献1980年8卷2期，革命人物志第4集第165页
10471 陈天华的政治思想(上、下)／黑井彦七郎著、吴文星译∥＊近代中国1981年24、25期

陈天池
10472 陈天池将军事略／李运辉∥＊江西文献1976年84期

陈天听
10473 陈天听／陈承昭等∥＊革命人物志第6集第65页
10474 福州同人为陈烈士开追悼事略／＊革命人物志第6集第67页

陈天鸥
10475 陈天鸥／＊革命人物志第15集第243页

陈天锡
10476 迟庄回忆录／＊陈天锡1973年编印，＊文海出版社近代中国史料丛刊第三辑(总24—27)影印本4册
10477 公务员的典型——陈伯稼先生／沈兼士∥＊中华日报1975年5月30日
10478 从政五十六年回顾／陈天锡∥＊中国一周1960年554期
10479 陈天锡(1885—1975)／陈哲三∥＊传记文学1976年29卷2期，＊民国人物小传第2册第183页
10480 陈天锡／沈兼士∥＊革命人物志第15集第241页

陈天煌
10481 陈天煌／＊革命人物志第5集第140页

陈云龙
10482 陈云龙／＊革命人物志第12集第310页

陈元鉴
10483 陈元鉴／袁承业∥＊革命人物志第6集第63页

陈友仁
10484 陈友仁(1879—1944)／关志昌∥＊传记文学1980年36卷4期，＊民国人物小传第4册第285页
10485 早年外交家陈友仁／王炳毅∥＊传记文学1995年67卷2期

陈巨来
10486 陈巨来／刘绍唐主编∥＊传记文学1997年71卷2期

陈少白
10487 陈少白先生哀思录／陈少白先生治丧委员会编∥＊文海出版社1972年3月影印本
10488 陈少白先生年谱／陈德芸∥＊文海出版社近代中国史料丛刊第75辑(总746—8)影印本24页
10489 是天民之先觉者:陈少白传／黄雍廉∥＊近代中国出版社1983年218页
10490 陈少白(1868—1934)／蒋永敬∥＊传记文学1975年27卷3期，＊民国人物小传第2册第182页
10491 陈少白先生与台湾／张明凯∥＊明道文艺1979年34期
10492 志行恬澹的陈少白先生／江　汉∥＊今日中国1979年99期
10493 不喜作官的陈少白先生／江　汉∥＊今日中国1979年103期
10494 陈少白的革命思想与事业／颜慧文∥＊近代中国1981年24期
10495 陈少白／戴晋新∥＊环球百科全书第14册第466页
10496 陈少白／＊革命人物志第5集第134页

陈中坚
10497 陈中坚／刘绍唐主编∥＊传记文学1994年65卷3期

陈中凡
10498　陈中凡／李立明∥＊中国现代六百作家小传第 362 页
10499　陈中凡／谢冰莹∥＊作家印象记第 89 页

陈长乐
10500　陈长乐博士传略／陈维龙∥＊南洋学报 1964 年 18 卷 1—2 期合刊

陈长捷
10501　陈长捷奋战傅作义——采访廿五年之九／于　衡∥＊传记文学 1962 年 21 卷 3 期

陈仁炳
10502　最后一个"不予改正"右派陈仁炳／叶永烈∥＊传记文学 1996 年 68 卷 4 期

陈仁麒
10503　陈仁麒／黄震遐∥＊中共军人志第 338 页

陈介生
10504　怀念包华国、陈介生两先生／罗才荣∥＊传记文学 1973 年 22 卷 4 期

陈公甫
10505　陈公甫先生事略／张寿贤∥＊传记文学 1976 年 29 卷 2 期
10506　陈公甫乐天长寿／陈存仁∥＊大成 1976 年 33 期

陈公亮
10507　陈公亮小传／汪公纪∥＊传记文学 1984 年 45 卷 6 期

陈公博
10508　陈公博、周佛海回忆录合编／陈公博、周佛海∥（香港）春秋出版社 1967 年 217 页
10509　苦笑录：陈公博回忆（1925—1936）／汪瑞炯等∥香港大学亚洲研究中心 1980 年 456 页，（香港）现代史料编刊社 1981 年 4 月 255 页
10510　陈公博玩火自焚／林光灏∥＊中外杂志 1976 年 19 卷 4 期
10511　陈公博一段秘辛／陈祖康∥＊中外杂志 1976 年 19 卷 5 期
10512　陈公博亡命日本记（上、中、下）／孙铁斋译∥＊传记文学 1976 年 29 卷 1—3 期
10513　陈公博（1892—1946）／关国煊∥＊传记文学 1978 年 33 卷 5 期，＊民国人物小传第 3 册第 193 页
10514　陈公博甘愿为汪精卫死／吴相湘∥＊传记文学 1982 年 41 卷 6 期
10515　陈公博判死刑前后的日记／陈公博∥＊传记文学 1993 年 62 卷 4 期
10516　陈公博／胡逊园∥＊贤不肖列传第 105 页
10517　陈公博（1892—1946）／戴晋新∥＊环华百科全书第 14 册第 458 页

陈月村
10518　陈月村烈士传略／＊川籍抗战忠烈录第 100 页

陈丹初
10519　陈丹初先生成仁二十五周年纪念刊／＊陈丹初先生成仁二十五周年纪念刊出版委员会编印 1969 年 122 页

陈丹诚
10520　八朋友画小传／＊畅流 1963 年 27 卷 10 期
10521　写意画家陈丹诚／＊美哉中华 1968 年 2 期

陈凤庭
10522　陈凤庭／＊革命人物志第 10 集第 353 页

陈六使
10523　陈六使与南洋华文教育／陶恒生∥＊传记文学 1999 年 74 卷 3 期

陈文友
10524　陈文友传（附陈甫仁、严确廷两烈士殉难记）／邹　鲁∥＊革命人物志第 4 集第 163 页

陈文图
10525　陈文图／吕渭生∥＊革命人物志第 6 集第 59 页

陈文彬
10526　陈文彬／＊革命人物志第5集第138页

陈文惠
10527　陈文惠／＊革命人物志第9集第135页

陈文褒
10528　陈文褒传／邹　鲁／／＊革命人物志第4集第173页

陈文翰
10529　陈文翰（1878—1912）／周邦道／／＊近代教育先进传略（初集）第401页

陈以义
10530　陈以义／野　僧／／＊革命人物志第6集第56页

陈以忠
10531　陈以忠／＊革命人物志第18集第162页

陈以情
10532　陈烈士以情传略／＊川籍抗战忠烈录第104页

陈孔达
10533　陈孔达／刘绍唐主编／／＊传记文学1997年71卷5期

陈孔伯
10534　陈孔伯事略／＊革命人物志第5集第137页

陈水逢
10535　陈水逢／刘绍唐主编／／＊传记文学1996年69卷2期

陈去病
10536　陈去病（1874—1933）／关国煊／／＊传记文学1985年46卷3期

陈甘亨
10537　陈甘亨／卢伟林／／＊华侨名人传第98页

陈正湘
10538　陈正湘／黄震遐／／＊中共军人志第339页

陈世藩
10539　陈世藩／＊革命人物志第18集第165页

陈世骧
10540　悼念陈世骧并试论其治学之成就／夏志清／／＊传记文学1971年19卷5期
10541　记与世骧的最后一聚／吴鲁芹／／＊传记文学1971年19卷5期
10542　追怀石湘／杨联陞／／＊传记文学1971年19卷6期
10543　三十年往事忆世骧／张研田／／＊传记文学1972年21卷3期、1974年25卷1期
10544　陈世骧与司卡拉匹诺一跋（司卡拉匹诺：陈世骧先生事略）／张研田／／＊幼狮1975年4卷1期
10545　陈世骧（1912—1971）／＊传记文学1978年33卷3期
10546　陈世骧（1912—1971）／何广棪／／＊传记文学1980年37卷1期，＊民国人物小传第3册第196页

陈可珏
10547　陈可珏／刘绍唐主编／／＊传记文学1992年60卷3期

陈可钧（1）
10548　黄花先烈记三陈／楚　厂／／＊畅流1960年33卷3期
10549　义薄云天的陈可钧烈士／心　园／／＊今日中国1978年94期
10550　陈可钧／＊革命人物志第4集第175页

陈可钧（2）
10551　陈可钧／袁良骅／／＊革命人物志第4集第178页

陈布雷
10552　陈布雷回忆录／陈布雷／／（香港）天行出版社1962年111页，＊传记文学出版社1967年1月217

页，*王家出版社 1967 年 8 月 225 页
10553 陈布雷先生传／徐泳平／／*正中书局 1977 年 344 页
10554 陈布雷回忆录／陈布雷／／*传记文学出版社 1981 年 217 页
10555 追忆陈布雷先生／陶希圣／／*"中央"日报 1949 年 11 月 13 日
10556 布雷先生的生平／／*中华日报 1950 年 11 月 13 日
10557 怀念亡兄陈布雷／陈训悆／／*新生报 1950 年 11 月 13 日
10558 布雷先生最后一席谈／蒋君章／／*新生报 1950 年 11 月 13 日
10559 重诉生平——纪念布雷先生逝世三周年／程沧波／／*新生报 1951 年 11 月 13 日
10560 布雷先生给我的信／蒋君章／／*新生报 1951 年 11 月 13 日
10561 我所敬佩的布雷先生／张道藩／／*"中央"日报 1958 年 11 月 26 日
10562 左舜生怀念陈布雷／／*自立晚报 1962 年 11 月 13 日
10563 布雷先生二三事／蒋君章／／*"中央"日报 1963 年 11 月 5 日
10564 陈布雷先生与报人／厚　庵／／*畅流 1957 年 15 卷 8 期，*中国文选 1975 年 101 页
10565 记陈布雷先生(上、中、下)／陶希圣／／*传记文学 1964 年 4 卷 5 期—5 卷 2 期
10566 追念陈布雷先生／张其昀／／*思想与时代 1965 年 126 期，*宁波同乡 1968 年 38 期
10567 布雷先生最后主持的一个小机构／蒋君章／／*传记文学 1968 年 13 卷 6 期
10568 陈布雷先生与"小机构"——蒋君章《布雷先生最后主持的一个小机构》读后／吴锡泽／／*传记文学 1969 年 14 卷 2 期
10569 陈布雷先生的一封信／徐复观／／*传记文学 1969 年 15 卷 2 期
10570 记陈训正先生——并记训悆(布雷)先生昆仲／阮毅成／／*传记文学 1970 年 17 卷 6 期，*彼岸第 151 页
10571 陈布雷与张季鸾／郭学虞／／*传记文学 1972 年 21 卷 5 期
10572 陈布雷(1890—1948)／／*传记文学 1974 年 25 卷 5 期，*民国人物小传第 1 册第 183 页
10573 陈布雷／陶希圣等／／*传记文学 1976 年 28 卷 4 期
10574 陈布雷其人其事／侯中一／／*宁波同乡 1976 年 101 期
10575 陈布雷(上、下)／费云文／／*中外杂志 1981 年 30 卷 6 期—1982 年 31 卷 1 期
10576 陈布雷先生逝世经过及其遗书／／*宁波同乡 1983 年 185 期
10577 陈布雷先生在胜利还都后的工作和生活／蒋君章／／*传记文学 1984 年 1 期
10578 宁静致远 淡泊明志——陈布雷先生／宋　晞／／*近代中国 1985 年 47 期
10579 陈布雷及其家中的中共地下党／吴江权／／*传记文学 1997 年 71 卷 1、2 期
10580 陈布雷先生及其家族近态／卜少夫／／*传记文学 1997 年 71 卷 2 期
10581 以身殉职的陈布雷／左舜生／／*近代中国史料丛刊第五辑(总 49—50)万竹楼随笔影印本第 286 页
10582 陈布雷／王世祯／／*民国人豪图传第 285 页
10583 陈布雷／戴晋新／／*环华百科全书第 14 册第 453 页
10584 陈布雷殉蒋的内幕／郭　桐／／*国共风云名人录第 4 集第 122 页
10585 陈布雷／沙文若／／*革命人物志第 13 集第 173 页

陈白尘
10586 陈白尘访问记／孙树宜／／*中报月刊 1980 年 2 期
10587 陈白尘／方雪纯等／／*中共人名录第 389 页
10588 陈白尘／林曼叔等／／*中国当代作家小传第 76 页
10589 陈白尘／李立明／／*中国现代六百作家小传第 346 页
10590 陈白尘／方　青／／*现代文坛百象第 50 页

陈外欧
10591 陈外欧／黄震遐／／*中共军人志第 340 页

陈立夫

10592 我的创造、倡建与服务 / 陈立夫 // ＊三民书局 1989 年 119 页

10593 陈立夫先生的生活情趣 / 姜联成 // ＊"中央"日报 1969 年 9 月 1 日

10594 一个用非所学的采矿工程师之自述 / 陈立夫 // ＊传记文学 1975 年 26 卷 6 期

10595 开采文化矿的陈立夫 / 黄雄珩 // ＊当代人物一席话 1976 年 9 期

10596 我与马歇尔将军 / 陈立夫 // ＊艺文志 1983 年 208 期

10597 中国调统机构之创始及其经过——专访中国调统机构创始人陈立夫先生 / 王禹廷 // ＊传记文学 1992 年 60 卷 6 期

10598 陈立夫早年哥大口述回忆残稿勾沉 / 唐德刚 // ＊传记文学 1995 年 67 卷 1 期

10599 我怎么会活到一百岁 / 陈立夫 // ＊传记文学 1999 年 75 卷 4 期

10600 陈立夫先生 / ＊台湾政治大学第 125 页

10601 陈立夫 / ＊环华百科全书第 14 册第 457 页

陈立峰

10602 哭小鲁——陈立峰 / 李灵均 // ＊自立晚报 1963 年 2 月 24 日，＊文星 1963 年 11 卷 5 期

10603 悼念陈立峰 / 张朝椒 // ＊自立晚报 1963 年 2 月 25 日

10604 陈立峰、胡适等 / 顾献梁 // ＊自立晚报 1963 年 3 月 17 日

10605 谦谦君子 / 朱介凡 // ＊联合报 1963 年 4 月 9 日

10606 悼陈立峰先生 / 冯志翔 // ＊文星 1963 年 11 卷 5 期

10607 悼念陈立峰先生 / 华　严 // ＊文星 1963 年 11 卷 5 期

10608 伤心"健士"——陈立峰 / 何　凡 // ＊文星 1963 年 11 卷 5 期

10609 倒在田里的笔耕者 / 夏承楹 // ＊文星 1963 年 11 卷 5 期

陈兰生

10610 陈兰生 / 平　刚 // ＊革命人物志第 6 集第 114 页

陈半丁

10611 陈半丁(1875—1963) / 廖雪芳 // ＊环华百科全书第 14 册第 453 页

陈汉平(1)

10612 陈汉平 / 刘绍唐主编 // ＊传记文学 1992 年 60 卷 4 期

陈汉平(2)

10613 陈汉平 / 刘绍唐主编 // ＊传记文学 1998 年 72 卷 1 期

陈汉章

10614 陈汉章先生传 / 何志浩 // ＊中国一周 1961 年 607 期，＊宁波同乡 1964 年 10 期

10615 陈汉章 / 邵镜人 // 近代中国史资料丛刊续编第九十五辑(总 950)・同光风云录影印本第 258 页

陈汉清

10616 八三忆往 / 陈汉清 // ＊宁波同乡 1980 年 146 期

陈礼江

10617 陈礼江与社会教育学院 / 廖作琦 // ＊传记文学 1999 年 74 卷 2、3 期

陈训悆

10618 我主持《中央日报》南京复刊的工作 / 陈训悆 // ＊"中央"日报 1957 年 3 月 12 日小传第 1 册第 188 页

10619 陈训悆 / ＊传记文学 1974 年 25 卷 5 期，＊民国人物小传第 1 册第 188 页

10620 追念陈训悆先生 / 蒋君章 // ＊传记文学 1977 年 31 卷 3 期

陈训增

10621 陈训增 / ＊革命人物志第 10 集第 349 页

陈永贵

10622 陈永贵 / 刘绍唐主编 // ＊传记文学 1994 年 65 卷 1 期

陈发炎
10623　陈发炎传 / 邹　鲁 // *革命人物志第 5 集第 197 页

陈发洪
10624　陈发洪 / 黄震遐 // *中共军人志第 362 页

陈再道
10625　陈再道 / 黄震遐 // *中共军人志第 343 页
10626　陈再道 / 朱新民 // *环华百科全书第 14 册第 468 页

陈协之
10627　陈协老与张纫诗一段情 / 林　斌 // *畅流 1969 年 39 卷 2 期
10628　我所知道的陈协之先生 / 林光灏 // *广东文献 1976 年 6 卷 3 期
10629　陈协之(融)与岭南才女 / 林光灏 // *中外杂志 1981 年 30 卷 4 期
10630　陈融(1876—1955) / 关国煊 // *传记文学 1982 年 41 卷 2 期，*民国人物小传第 6 册第 313 页

陈达元
10631　陈达元 / *革命人物志第 21 集第 407 页

陈成功
10632　陈成功 / *革命人物志第 6 集第 68 页

陈尧祖
10633　陈先沅、陈尧祖父子合传 / 李　寰 // *民国四川人物传记第 53 页

陈此生
10634　中央文化教育委员会委员陈此生 / *新中国人物志(下)第 17 页
10635　陈此生 / 刘绍唐主编 // *传记文学 1992 年 61 卷 6 期

陈存仁
10636　我的医务生涯(1—6) / 陈存仁 // *大成 1976 年 30—37 期
10637　胜利时代生活史 / 陈存仁 // *大成 1982 年 108 期—1983 年 113 期
10638　中医陈存仁发迹史 / 秦瘦鸥 // *传记文学 1992 年 60 卷 5 期，上海滩 1992 年 6 期
10639　我与秦瘦鸥 / 陈存仁 // *传记文学 1992 年 61 卷 2 期
10640　我为杜月笙写门生帖 / 陈存仁 // *传记文学 1994 年 65 卷 2 期
10641　游日本购买医书 / 陈存仁 // *传记文学 1999 年 75 卷 1 期

陈光中
10642　陈光中忠贞有后 / 张达人 // *艺文志 1976 年 130 期
10643　陈光中奇人奇事 / 粟　钟 // *湖南文献 1978 年 6 卷 2 期
10644　陈光中 / *革命人物志第 12 集第 309 页

陈光甫
10645　陈光甫先生传略 / 朱如堂 // 上海商业储蓄银行印行 1977 年 125 页
10646　陈光甫外传 / 高　阳 // *南京出版社 1981 年 524 页
10647　陈光甫的一生 / 姚崧龄 // *传记文学出版社 1984 年 205 页
10648　陈光甫与上海银行 / 姜白鸥 // *"中央"日报 1965 年 6 月 14 日
10649　中国金融界的慧星——陈光甫 / 赤松子 // *醒狮 1963 年 1 卷 9 期
10650　陈光甫手创上海商业银行 / 于西堂 // *古今谈 1965 年 5 期
10651　抗战期间两"过河卒子"——胡适之与陈光甫 / 吴相湘 // *传记文学 1970 年 17 卷 5 期
10652　陈光甫与上海银行 / 胡养之 // *大成 1974 年 4 期
10653　记前辈银行家陈光甫 / 李兆涛 // *传记文学 1976 年 29 卷 2 期
10654　追忆陈光甫先生 / 杨管北 // *传记文学 1976 年 29 卷 3 期
10655　陈光甫功成不居 / 陈存仁 // *大成 1976 年 34 期
10656　不仕而为国立功的陈光甫先生——评述抗战时期对美滇锡借款的会议实录 / 薛光前 // *传记文

学 1977 年 30 卷 3 期, 故人与往事第 143 页
10657　陈光甫(1881—1976) / 关国煊 // *传记文学 1977 年 30 卷 3 期, *民国人物小传第 3 册第 197 页
10658　张公权与陈光甫、李馥荪、钱新之结识及彼此合作经过 / 姚崧龄 // *传记文学 1977 年 31 卷 2 期
10659　陈光甫的一生(1—14) / 姚崧龄 // *传记文学 1982 年 41 卷 1 期—1983 年 43 卷 4 期
10660　陈光甫服务社会 / 吴相湘 // *民国百人传第 4 册第 1 页

陈屺怀
10661　记陈训正先生——并记训恩(布雷)先生昆仲 / 阮毅成 // *传记文学 1970 年 17 卷 6 期, *彼岸第 151 页
10662　陈训正(1873—1944) / 赵志勤 // *传记文学 1985 年 46 卷 4 期
10663　陈训正 / 陈建风等 // *革命人物志第 6 集第 78 页

陈先沅
10664　陈先沅、陈尧祖父子合传 / 李　寰 // *民国四川人物传记第 53 页
10665　陈先沅 / *革命人物志第 5 集第 141 页

陈先瑞
10666　陈先瑞 / 黄震遐 // *中共军人志第 341 页

陈乔年
10667　回忆陈延年兄弟 / 郑超麟 // *中报月刊 1983 年 47 期

陈乔生
10668　怀念包华国、陈乔生两先生 / 罗才荣 // *传记文学 1973 年 22 卷 4 期

陈延年
10669　回忆陈延年兄弟 / 郑超麟 // *中报月刊 1983 年 47 期

陈仲经
10670　我与林故主席子超先生 / 陈仲经 // *出版月刊 1966 年 824 期
10671　陈仲经 / 陈天锡 // *革命人物志第 13 集第 241 页

陈仲辉
10672　陈仲辉烈士传略 / *川籍抗战忠烈录第 90 页

陈华堂
10673　陈华堂 / 黄震遐 // *中共军人志第 362 页

陈名侃
10674　陈名侃墓志铭 / 夏孙桐 // *碑传集三编第 2 册第 367 页

陈兆端
10675　陈兆端(1880—1952) / 邱奕松 // *传记文学 1983 年 42 卷 3 期, *民国人物小传第 6 册第 321 页

陈企霞
10676　陈企霞 / 刘绍唐主编 // *传记文学 1995 年 66 卷 2 期

陈旭麓
10677　陈旭麓 / 刘绍唐主编 // *传记文学 1992 年 60 卷 6 期

陈亦门
10678　陈亦门 / 李立明 // *中国现代六百作家小传第 347 页

陈庆云
10679　记空军先进张惠良与陈庆云 / 郑梓湘 // *艺文志 1975 年 117 期
10680　陈庆云(1897—1981) / 关志昌 // *传记文学 1982 年 41 卷 1 期, *民国人物小传第 6 册第 325 页

陈庆瑜
10681　速写财经四巨头 / 何人斯 // *古今谈 1965 年 6 期
10682　陈庆瑜先生的去后思(七秩寿言) / 侯　冕 // *艺文志 1969 年 49 期
10683　忆战友陈庆瑜 / 倪渭卿 // *中外杂志 1981 年 30 卷 4 期

10684 悼念陈庆瑜同年 / 倪渭卿 // ＊传记文学 1981 年 39 卷 4 期
10685 追忆陈庆瑜先生 / 王 悦 // ＊传记文学 1985 年 46 卷 4 期
10686 陈庆瑜 / ＊革命人物志第 23 集第 101 页

陈齐贤
10687 陈齐贤 / 刘绍唐主编 // ＊传记文学 1998 年 73 卷 1 期

陈宇书
10688 陈宇书 / 刘绍唐主编 // ＊传记文学 1995 年 67 卷 6 期

陈安宝
10689 陈安宝（1894—1939）/ 林抱石 // ＊传记文学 1980 年 37 卷 1 期，＊民国人物小传第 4 册第 287 页
10690 陈安宝 / ＊革命人物志第 18 集第 166 页

陈纪滢
10691 国际笔会与两次亚洲作家会议 / 陈纪滢 // ＊传记文学 1965 年 6 卷 2 期
10692 国际笔会第三十五届大会记 / 陈纪滢 // ＊传记文学 1968 年 12 卷 3 期
10693 寂寞的旅程 / 陈纪滢 // ＊传记文学 1975 年 26 卷 4、5 期
10694 忆往事怀新愿 / 陈纪滢 // ＊文艺复兴 1975 年 68 期
10695 美国东西两岸见闻记——第六次旅美杂写 / 陈纪滢 // 传记文学 1976 年 29 卷 12 期
10696 几度旅美两月记 / 陈纪滢 // ＊传记文学 1983 年 43 卷 2—4 期
10697 《大公报》与我 / 陈纪滢口述、李宗慈整理 // ＊文讯月刊 1984 年 7—8 期
10698 陈纪滢 / 李立明 // ＊中国现代六百作家小传第 351 页
10699 自传 / 陈纪滢 // ＊陈纪滢自选集第 3 页
10700 陈纪滢 / 舒 兰 // ＊抗战时期的新诗作家和作品第 49 页

陈寿民
10701 八十年浮生梦 / 陈寿民 // ＊文坛社 1974 年 221 页

陈孝威
10702 陈孝威（1893—1974）/ 关志昌 // ＊传记文学 1979 年 34 卷 1 期，＊民国人物小传第 3 册第 199 页
10703 记《天文台报》之陈孝威 / 林光灏 // ＊古今谈 1981 年 192 期

陈芷町
10704 陈方画展引言 / 张大千 // ＊畅流 1953 年 7 卷 6 期
10705 记暗中救我的陈方先生 / 李朴生 // ＊畅流 1956 年 12 卷 10 期
10706 陈芷町墨竹 / 容天圻 // ＊畅流 1964 年 29 卷 11 期
10707 陈芷町"莫之致而致" / 马五先生 // ＊艺文志 1978 年 149 期
10708 画竹名士陈芷町 / 刘榮琮 // ＊民国人物纪闻第 221 页

陈芦荻
10709 无产诗人陈芦荻 / 江山雪 // ＊明报 1973 年 5 月 15 日
10710 我的老师陈芦荻 / 旧 生 // ＊明报 1973 年 5 月 22 日
10711 陈芦荻 / 林曼叔等 // ＊中国当代作家小传第 109 页
10712 陈芦荻 / 李立明 // ＊中国现代六百作家小传第 361 页

陈坊仁
10713 陈坊仁 / 黄震遐 // ＊中共军人志第 348 页

陈克恢
10714 追忆陈克恢先生 / 林从敏 // ＊学府纪闻・国立清华大学第 184 页

陈更新
10715 黄花先烈记三陈 / 楚 厂 // ＊畅流 1960 年 33 卷 3 期
10716 黄花岗烈士的壮语与悲歌（上，下）/ 易大德 // ＊中国一周 1968 年 936、937 期
10717 革命奇男子陈更新烈士 / 心 园 // ＊今日中国 1976 年 67 期

10718 陈更新／＊革命人物志第 4 集第 182 页

陈励耘
10719 陈励耘／黄震遐／／＊中共军人志第 375 页

陈抗日
10720 陈抗日／＊革命人物志第 12 集第 309 页

陈步墀
10721 陈步墀／刘绍唐主编／／＊传记文学 1997 年 71 卷 4 期

陈时英
10722 陈时英／刘绍唐主编／／＊传记文学 1999 年 75 卷 3 期

陈时杰
10723 烈士陈时杰事略／彦 实／／＊革命人物志第 6 集第 83 页

陈秀英
10724 敬悼胡世泽夫人陈秀英女士／赵宝熙／／＊传记文学 1997 年 71 卷 2 期

陈作新
10725 陈作新／＊革命人物志第 5 集第 156 页

陈作霖
10726 陈作霖(1837—1920)墓志铭／陈三立／／＊碑传集三编第 9 册第 2199 页

陈伯平
10727 陈渊／陈去病／／＊革命人物志第 5 集第 196 页

陈伯达
10728 陈伯达／朱新民／／＊环华百科全书第 14 册第 452 页
10729 中央文化教育委员会副主任陈伯达／朝闻道／／＊新中国人物志(上)第 225 页

陈伯庄
10730 陈伯庄先生事略／梁寒操／／＊人生 1960 年 20 卷 12 期
10731 悼陈伯庄先生／凌鸿勋／／＊畅流 1960 年 22 卷 3 期

陈伯吹
10732 毕生从事儿童文学的陈伯吹／杨乃藩／／＊传记文学 1998 年 72 卷 1 期
10733 陈伯吹／刘绍唐主编／／＊传记文学 1998 年 72 卷 3 期

陈伯钧
10734 陈伯钧／黄震遐／／＊中共军人志第 346 页

陈伯陶
10735 陈伯陶(1855—1930)／关国煊／／＊传记文学 1980 年 37 卷 4 期，民国人物小传第 4 册第 289 页
10736 陈伯陶传／张学华／／＊碑传集三编第 5 册第 1235 页
10737 陈伯陶墓志铭／陈宝琛／／＊碑传集三编第 5 册第 1241 页

陈伯康
10738 陈伯康／＊革命人物志第 6 集第 70 页

陈希曾
10739 有关先父陈希曾的两点更正／陈泽全／／＊传记文学 1995 年 66 卷 1 期

陈含光
10740 陈含光佯狂自放／南 湖／／＊"中央"日报 1963 年 2 月 9 日
10741 记陈含光先生／容天圻／／＊新闻报 1966 年 6 月 4 日
10742 不作不述的陈含光先生／包明叔／／＊中国一周 1955 年 267 期
10743 不惑不忧的陈含光先生／张百成／／＊中国一周 1956 年 341 期
10744 有感于陈含光先生诗案／程沧波／／＊人生 1957 年 14 卷 5 期
10745 敬悼陈含光先生／孙克宽／／＊畅流 1957 年 15 卷 6 期

10746 我所认识的陈含光先生／田宁甫／／＊教育与文化1957年16卷2期
10747 我所知道陈含光先生者／包明叔／／＊政论周刊1957年118期
10748 博文清操的陈含光先生／张百成／／＊中国一周1957年363期

陈序经
10749 陈序经／刘绍唐主编／／＊传记文学1994年65卷1期

陈怀民
10750 陈怀民／＊革命人物志第10集第354页

陈宏生
10751 陈宏生／冯自由／／＊革命人物志第5集第154页

陈宏亮
10752 记三位名扬海外的中国医生／沈锜／／＊传记文学1999年75卷2期

陈启川
10753 陈启川／刘绍唐主编／／＊传记文学1993年63卷3期

陈启天
10754 寄园回忆录／陈启天／／＊商务印书馆1965年351页
10755 文字生涯的回忆(1—3)／陈启天／／＊新中国评论1957年11卷6—12卷2期
10756 教育生涯的回忆(上、中、下)／陈启天／／＊新中国评论1958年14卷4—6期
10757 政治生涯的回忆(1—11)／陈启天／／＊新中国评论1958年15卷2期—1959年16卷5期
10758 陈启天(1893—1984)／陈忆华／／＊传记文学1985年46卷2期
10759 南通、上海、东京——追忆抗战前陈启天先生二三事／沈云龙／／＊传记文学1985年47卷2期
10760 陈启天／＊环华百科全书第14册第463页

陈劭先
10761 政务院委员陈劭先／＊新中国人物志(下)第11页

陈君葆
10762 陈君葆／刘绍唐主编／／＊传记文学1999年74卷2期

陈纯廉
10763 怀念陈纯廉女士／胡蒋明珠／／＊传记文学1998年72卷1期

陈其业
10764 陈勤士先生哀思录／＊陈勤士先生治丧委员会辑印1961年238页
10765 勤士先生八秩寿言／陈含光／／＊"中央"日报1950年4月15日
10766 九十老人陈勤士／朱稼轩／／＊"中央"日报1960年3月24日
10767 悼陈其业(勤士)老人／甘立德／／＊中华日报1961年3月16日
10768 九十老人陈勤士／许明柱／／＊中国一周1960年524期
10769 陈其业／＊革命人物志第5集第183页

陈其采
10770 悼念陈蔼士先生／杨恺龄／／＊"中央"日报1954年8月10日
10771 陈其采事略／＊"中央"日报1954年8月10日，革命人物志第5集第182页
10772 陈其采(1880—1954)／林抱石／／＊传记文学1981年39卷4期，民国人物小传第5册第298页

陈其美
10773 陈英士先生年谱／何仲箫／／＊文海出版社近代中国史料丛刊续编第二十六辑(总255)影印本109页
10774 陈其美／潘公展／／＊胜利出版公司1954年107页
10775 陈其美传／＊"中央"党史史料编纂委员会编印1949年21页
10776 陈英士传／杜呈祥／／＊国防部总政治部1956年6月104页
10777 陈英士先生纪念集／秦孝仪主编／／＊中国国民党"中央"委员会党史委员会1977年284页

| 10778 | 陈其美参与中国革命之经过及其贡献 / 郭伶芬 // ＊撰者印行 1979 年 293 页
| 10779 | 扶颠持危：陈英士传 / 查显琳 // ＊近代中国出版社 1984 年
| 10780 | 英士先生留日轶事 / 陈固亭 // ＊"中央"日报 1956 年 5 月 18 日
| 10781 | 陈英士先生殉难史迹 / 吴忘信 // ＊"中央"日报 1956 年 5 月 19 日
| 10782 | 扶颠持危的陈英士 / 东方望 // ＊中华日报 1962 年 5 月 18 日
| 10783 | 革命先烈陈其美 / 贺照礼 // ＊"中央"日报 1964 年 11 月 24 日
| 10784 | 我的父亲先烈陈英士 / 陈惠夫 // ＊中华日报 1967 年 1 月 25 日，＊中国一周 1967 年 877 期
| 10785 | 记民五陈英士追悼会及南社雅集 / 醒吒 // ＊"中央"日报 1967 年 2 月 1 日
| 10786 | 陈其美墓志铭 / 杨庶堪 // ＊四川文献 1966 年 46 期
| 10787 | 陈英士光复上海轶事 / 李华平 // ＊春秋 1966 年 4 卷 4 期
| 10788 | 张宗昌暗杀陈其美经纬 / 田布衣 // ＊春秋 1967 年 6 卷 5 期
| 10789 | 陈其美评传 / 潘公展 // ＊艺文志 1968 年 32、33 期
| 10790 | 陈英士先生的志节和精神 / 李云汉 // ＊"中央"月刊 1977 年 9 卷 4 期
| 10791 | 陈英士先生革命小史 / 邵元冲 // ＊浙江月刊 1977 年 9 卷 4 期，＊革命人物志第 4 集第 207 页
| 10792 | 怀念陈英士先生 / 何应钦 // ＊中外杂志 1977 年 21 卷 4 期
| 10793 | 陈其美（1877—1916）/ 张玉法 // ＊传记文学 1974 年 25 卷 3 期，＊民国人物小传第 1 册第 186 页
| 10794 | 纪念父亲的百岁诞辰 / 陈惠夫 // ＊传记文学 1977 年 30 卷 2 期
| 10795 | 我所崇敬的英士先叔 / 陈立夫 // ＊传记文学 1977 年 30 卷 2 期
| 10796 | 开国人豪陈英士先生 / 何应钦 // ＊政治评论 1977 年 35 卷 1 期，＊中国宪政 1977 年 12 卷 3 期
| 10797 | 特立独行的陈英士——为革命先烈陈英士先生百年诞辰纪念而作 / 林 泉 // ＊自由青年 1977 年 57 卷 2 期
| 10798 | 纯洁勇猛的革命家陈其美烈士（上、下）/ 心 园 // ＊今日中国 1978 年 92 期、1979 年 93 期
| 10799 | 襄赞国父组织中华革命党的陈英士 / 侯 悟 // ＊励进 1978 年 385 期
| 10800 | 参与筹组中华革命党与讨袁之役的陈其美 / 郭伶芬 // ＊近代中国 1979 年 12 期
| 10801 | 辅佐国父与引荐总裁的陈英士先生 / 林抱石 // ＊明道文艺 1979 年 34 期
| 10802 | 陈英士、李平书与上海光复——辛亥革命七十周年纪念专稿之四 / 沈云龙 // ＊传记文学 1980 年 37 卷 6 期
| 10803 | 智勇双全的陈英士先烈 / 袁建禄 // ＊浙江月刊 1983 年 15 卷 10 期
| 10804 | 革命先烈陈其美先生 / 陈在俊 // ＊浙江月刊 1984 年 16 卷 8 期
| 10805 | 陈其美 / 惜 秋 // ＊民初风云人物（上）第 297 页
| 10806 | 陈其美 / 潘公展 // ＊民族英雄及革命先烈传记（下册）第 222 页
| 10807 | 陈其美（1877—1916）/ 冯明珠 // ＊环华百科全书第 14 册第 262 页
| 10808 | 黄克强与陈英士 / 沈云龙 // ＊近代中国史料丛刊第二辑（总 20）·现代政治人物述评（上卷）影印本第 77 页
| 10809 | 陈其美 / ＊革命人物志第 4 集第 187 页
| 10810 | 肇和战役实纪 / 邵元冲 // ＊革命人物志第 4 集第 234 页
| 10811 | 陈英士先生癸丑后之革命计划及事略 / 蒋中正 // ＊革命人物志第 4 集第 229 页
| 10812 | 陈英士先生其美年谱 / 徐咏平 // ＊新编中国名人年谱集成第 8 辑第 579 页
| 10813 | 陈英士殉国纪念报告 / 蔡元培 // ＊蔡元培全集第 855 页

陈其通
| 10814 | 陈其通 / 黄震遐 // ＊中共军人志第 354 页
| 10815 | 陈其通 / 林曼叔等 // ＊中国当代作家小传第 154 页

陈其斌
| 10816 | 糖业专家陈其斌教授 / ＊中国一周 1966 年 912 期

陈其瑗
| 10817 | 政务院内务部副部长陈其瑗 / ＊新中国人物志（下）第 50 页

陈昔凡

10818　陈独秀、张作霖共同的"父亲"／陈重远／／＊传记文学 1994 年 65 卷 3 期

陈茂辉

10819　陈茂辉／黄震遐／／＊中共军人志第 358 页

陈茂榜

10820　陈茂榜／刘绍唐主编／／＊传记文学 1992 年 60 卷 2 期

陈英竞

10821　六十自述／陈英竞／／＊四川文献 1969 年 82 期

陈述经

10822　陈述经／＊革命人物志第 18 集第 169 页

陈奇涵

10823　陈奇涵／黄震遐／／＊中共军人志第 355 页

陈非侬

10824　粤剧前辈爱国艺人陈非侬／老　吉／／＊大成 1978 年 57 期

10825　陈非侬（1899—1984）／关志昌／／＊传记文学 1985 年 47 卷 1 期

陈叔通

10826　陈叔通（1876—1966）／关国煊／／＊传记文学 1985 年 46 卷 3 期

10827　中央人民政府委员陈叔通／＊新中国人物志（上）第 109 页

陈尚文

10828　陈尚文／＊革命人物志第 10 集第 340 页

陈果夫

10829　陈果夫的一生／吴相湘／／＊传记文学出版社 1971 年 10 月 114 页，传记文学出版社 1980 年 114 页

10830　陈果夫传／徐咏平／／＊正中书局 1980 年 11 月 3 版 910 页

10831　新时代的领航者：陈果夫传／胡友瑞／／＊近代中国出版社 1991 年 196 页

10832　悼念陈果夫先生／"中央"日报 1951 年 8 月 26 日

10833　革命的组织家陈果夫先生／郭寿华／／"中央"日报 1951 年 9 月 14 日

10834　陈果夫轶事／居　正／／"中央"日报 1951 年 9 月 16 日

10835　我所亲炙的陈果夫先生／程天放／／＊"中央"日报 1951 年 9 月 16 日

10836　我心目中的果夫先生／吴铁城／／＊"中央"日报 1951 年 9 月 16 日

10837　我所认识的果夫先生／斯颂熙／／＊"中央"日报 1951 年 9 月 17 日

10838　艰苦奋斗的陈果夫先生／侯庭督／／＊"中央"日报 1951 年 9 月 18 日

10839　果夫先生可风之一事／钱纳水／／＊"中央"日报 1951 年 9 月 19 日

10840　用人惟才的几个事例——陈果夫先生轶事／邓翔海／／＊中华日报 1951 年 10 月 6 日

10841　陈果夫先生对于民族文化的贡献／赵友培／／＊中华日报 1952 年 8 月 24 日

10842　回忆果夫先生／丘念台／／"中央"日报 1954 年 8 月 25 日

10843　陈果老与中国广播教育／徐文六／／"中央"日报 1957 年 3 月 27 日

10844　我认识果夫先生的回忆／王大任／／＊民主宪政 1952 年 2 卷 10 期

10845　陈果夫先生素描随笔／仲肇湘／／＊传记文学 1962 年 1 卷 6 期，＊浙江月刊 1983 年 15 卷 9 期

10846　陈果夫先生的一生（上、下）／吴相湘／／　春秋 1965 年 3 卷 3、4 期，＊民国政治人物第 2 集第 123 页

10847　母亲在世时之我／陈果夫／＊艺文志 1969 年 40 期，＊革命人物志第 5 集第 159 页

10848　参加武昌首义的一段经过／陈果夫／／＊艺文志 1969 年 49 期

10849　果夫先生与我／包明叔／＊中外杂志 1970 年 7 卷 6 期

10850　追忆陈果夫师——兼记杜月笙与顾墨三先生／顾竹淇／／＊传记文学 1971 年 18 卷 5 期

10851　陈果夫（1892—1951）／蒋永敬／／＊传记文学 1974 年 25 卷 6 期，＊民国人物小传第 1 册第 187 页

10852　陈果夫、胡晋接、李德膏 / 周邦道 // ＊中外杂志 1976 年 19 卷 6 期
10853　陈果夫 / 余井塘等 // ＊传记文学 1976 年 29 卷 3 期
10854　我所认识的陈果夫先生 / 余井塘 // ＊浙江月刊 1979 年 11 卷 7 期
10855　陈果夫先生日记分类选录 / 沈百先、陈立夫 // ＊传记文学 1979 年 35 卷 2 期
10856　敬述陈果夫先生之生平 / 马星野 // ＊传记文学 1979 年 35 卷 6 期
10857　陈果夫治苏政绩 / ＊江苏文献 1981 年 18 期
10858　记吴兴陈果夫先生 / 赵世洵 // ＊传记文学 1982 年 41 卷 5 期
10859　"不学有术"的奇才陈果夫 / 张令澳 // ＊传记文学 1995 年 67 卷 5 期
10860　张门车马忆余痕 / 廖作琦 // ＊传记文学 1997 年 71 卷 1 期
10861　陈果夫 / 李立明 // ＊中国现代六百作家小传第 348 页
10862　陈果夫 / 王世桢 // ＊民国人豪图传第 237 页
10863　陈果夫 / 吴相湘 // ＊民国百人传第 2 册第 137 页
10864　陈果夫(1892—1951) / 周邦道 // ＊近代教育先进传略(初集)第 105 页
10865　陈果夫先生 / 程其恒 // ＊台湾政治大学第 127 页
10866　陈果夫(1892—1951) / ＊环华百科全书第 14 册第 458 页
10867　陈果夫 / ＊革命人物志第 5 集第 157 页
10868　我第一次会见"总理"及蒋先生之回忆 / 陈果夫 // ＊革命人物志第 5 集第 181 页
10869　记陈果夫先生 / 阮毅成 // ＊前辈先生第 71 页

陈国才
10870　纪念几位数学朋友 / 陈省身 // ＊传记文学 1999 年 75 卷 2 期

陈国础
10871　陈国础 / 陈梦伟 // ＊华侨名人传第 219 页
10872　陈国础 / ＊革命人物志第 19 集第 179 页

陈昌奉
10873　陈昌奉 / 黄震遐 // ＊中共军人志第 358 页

陈昌祖
10874　参与"汪伪和平运动"始末——汪精卫妻弟陈昌祖回忆录 / 陈昌祖 // ＊传记文学 1987 年 51 卷 3 期

陈明义
10875　陈明义 / 黄震遐 // ＊中共军人志第 352 页

陈明仁
10876　卫立煌与陈明仁 / 潘际坰、洛翼 // (香港)大公报社 1955 年 34 页
10877　陈明仁(1903—1974) / 于翔麟 // ＊传记文学 1980 年 36 卷 6 期，民国人物小传第 4 册第 291 页
10878　陈明仁 / 黄震遐 // ＊中共军人志第 349 页

陈固亭
10879　陈固亭先生哀思录 / ＊陈故考试委员固亭先生哀思录编辑委员会编印 1971 年 229 页
10880　陈师固亭二三事 / 施嘉明 // ＊国语日报 1971 年 4 月 3 日
10881　陈固亭教授 / ＊中国一周 1966 年 840 期
10882　陈固亭(1904—1970) / 李云汉 // ＊传记文学 1975 年 26 卷 4 期，＊民国人物小传第 2 册第 184 页
10883　陈固亭先生事略 / 王天昌 // ＊陕西文献 1980 年 42 期
10884　一位日本学倡导者——永念陈固亭先生 / 张其昀 // ＊陕西文献 1980 年 42 期
10885　陈固亭 / ＊革命人物志第 10 集第 343 页
10886　陈固亭先生诔 / 陶希圣 // ＊革命人物志第 10 集第 346 页

陈忠梅
10887　陈忠梅 / 黄震遐 // ＊中共军人志第 353 页

陈季良
10888 陈季良其人 / 楚 厂 // *福建文献 1968 年 2 期
10889 陈季良(1883—1945) / 于翔麟 // *传记文学 1981 年 38 卷 4 期，*民国人物小传第 5 册第 299 页

陈季博
10890 我的回忆随笔 / 陈季博 // *风物 1960 年 10 卷 6—7 期
10891 陈季博 / *革命人物志第 10 集第 347 页

陈佳洱
10892 从校务委员会主席汤用彤到校长陈佳洱——续记北大百年后期八位负责人 / 关国煊 // *传记文学 1998 年 72 卷 5 期

陈质平
10893 悼陈质平 / 汪公纪 // *传记文学 1984 年 44 卷 4 期
10894 陈质平(1906—1984) / 关志昌 // *传记文学 1984 年 45 卷 1 期

陈金元
10895 陈金元 / 黄震遐 // *中共军人志第 357 页

陈金城
10896 陈金城 / 刘绍唐主编 // *传记文学 1995 年 66 卷 6 期

陈金钰
10897 陈金钰 / 黄震遐 // *中共军人志第 357 页

陈泮岭
10898 陈泮岭先生纪念集 / *陈泮岭先生治丧委员会编印 1970 年 167 页
10899 怀念陈泮岭先生 / 陆崇仁 // *自由谈 1967 年 18 卷 6 期
10900 悼念一代国术大师——陈泮岭先生 / 杨一峰 // *民主宪政 1967 年 32 卷 2 期
10901 陈泮岭同志对于北伐讨逆之功勋 / 醒 豫 // *民主宪政 1967 年 32 卷 3 期
10902 水利界的一代功臣陈泮岭先生 / 刘隐岛 // *民主宪政 1967 年 32 卷 6 期
10903 陈泮岭(1892—1967) / 蒋永敬 // *传记文学 1975 年 26 卷 5 期，*民国人物小传第 2 卷第 185 页
10904 陈泮岭 / *革命人物志第 5 集第 185 页

陈波儿
10905 陈波儿 / 李立明 // *中国现代六百作家小传第 349 页
10906 陈波儿 / *新中国人物志(下)第 265 页

陈学良
10907 陈学良 / 黄震遐 // *中共军人志第 360 页

陈学昭
10908 陈学昭 / 刘绍唐主编 // *传记文学 1992 年 61 卷 4 期
10909 陈学昭 / 李立明 // *中国现代六百作家小传第 359 页

陈宝泉
10910 陈宝泉 / 刘绍唐主编 // *传记文学 1987 年 51 卷 3 期

陈宝琛
10911 陈宝琛不与郑罗同污 / 南 湖 // "中央"日报 1963 年 10 月 28 日
10912 陈宝琛(1848—1935) / 关国煊 // *传记文学 1982 年 40 卷 4 期，*民国人物小传第 5 册第 301 页
10913 忆先师陈宝琛 / 陈 颐 // *中外杂志 1984 年 35 卷 4 期
10914 陈宝琛(1848—1935)墓志铭 / 陈三立 // *碑传集第三编第 9 册第 2179 页

陈宝璐
10915 陈宝璐墓志铭 / 陈三立 // *碑传集三编第 9 册第 2179 页

陈宝麟
10916 陈冠灵先生哀思录 / *1965 年印行 140 页

10917　怀念陈宝麟先生——补记杭州沦陷前抢运黄金经过 / 李　洁 // *传记文学 1983 年 42 卷 5 期

陈宗一
10918　我的老师陈宗一先生 / 沈宗瀚 // *沈宗瀚晚年文录第 339 页

陈宗进
10919　陈宗进 / *革命人物志第 19 集第 170 页

陈宗妫
10920　陈宗妫处脂不润 / 耘　农 // *"中央"日报 1962 年 6 月 4 日, *近代史事与人物第 145 页

陈宗莹
10921　永新陈宗莹先生行述 / 罗时实 // *江西文献 1969 年 40 期

陈宗熙
10922　陈宗熙教授 / *中国一周 1966 年 843 期
10923　萍踪述忆 / 陈宗熙 // *宁波同乡 1981 年 151—153 期

陈宜贵
10924　陈宜贵 / 黄震遐 // *中共军人志第 354 页

陈宜禧
10925　陈公宜禧与宁阳铁路 / 梅友卓 // *广东文献 1976 年 6 卷 4 期
10926　陈宜禧 / 梅友卓、祝秀侠 // *华侨名人传第 407 页

陈绍贤
10927　陈绍贤 / 刘绍唐主编 // *传记文学 1998 年 72 卷 6 期

陈绍昆
10928　陈绍昆 / 黄震遐 // *中共军人志第 360 页

陈绍宽
10929　陈绍宽(1888—1969) / 关志昌 // *传记文学 1979 年 35 卷 4 期, *民国人物小传第 4 册第 296 页
10930　陈绍宽二三事 / 张天心 // *传记文学 1981 年 38 卷 6 期
10931　对《陈绍宽二三事》一文之补充 / 陈懋猷 // *传记文学 1981 年 39 卷 5 期

陈绍笙
10932　陈绍笙 / *革命人物志第 6 集第 85 页

陈绍馨
10933　陈绍馨博士逝世纪念集 / 黄得时等 // *风物 1966 年 16 卷 6 期
10934　陈绍馨 / 刘绍唐主编 // *传记文学 1992 年 61 卷 2 期

陈荒煤
10935　陈荒煤 / 刘绍唐主编 // *传记文学 1997 年 71 卷 4 期
10936　陈荒煤 / 林曼叔等 // *中国当代作家小传第 91 页

陈荣衮
10937　陈荣衮(1862—1922) / 关国煊 // *传记文学 1985 年 46 卷 4 期

陈荣捷
10938　陈荣捷 / 刘绍唐主编 // *传记文学 1994 年 65 卷 4 期

陈茹玄
10939　法学家陈茹玄先生 / 叶天行 // *中国一周 1955 年 279 期

陈树人
10940　陈树人(1884—1948) / 蒋永敬 // *传记文学 1975 年 26 卷 1 期, *民国人物小传第 2 册第 188 页
10941　陈树人和岭南画派 / 梅剑基 // *中报月刊 1980 年 10 期
10942　记岭南三家(高剑父、高奇峰、陈树人) / 赵少昂 // *大成 1981 年 87 期
10943　革命元勋　艺坛卓杰——陈树人先生的生平略述 / 郑彦棻 // *近代中国 1981 年 26 期
10944　陈树人的生平 / 郑彦棻 // *中外杂志 1982 年 31 卷 2 期

10945 陈树人先生的人格艺术／欧豪年／／＊广东文献 1983 年 13 卷 2 期,＊近代中国 1983 年 33 期
10946 "陈树人先生百年诞辰"口述历史座谈会纪实／黄肇珩等／／＊近代中国 1983 年 33 期
10947 陈树人／＊革命人物志第 5 集第 287 页

陈厚封
10948 记工程界智钥赣州陈厚封／莫　索／／＊江西文献 1969 年 42 期

陈残云
10949 "黑秀才"陈残云／江山雪／／＊明报 1973 年 4 月 16 日
10950 陈残云／林曼叔等／／＊中国当代作家小传第 122 页
10951 陈残云／李立明／／＊中国现代六百作家小传第 354 页
10952 陈残云的回顾和展望／彦　火／／＊当代中国作家风貌续编第 98 页

陈省身
10953 访数学家陈省身博士／黄肇珩／／＊联合报 1964 年 8 月 9 日
10954 陈省身的"学算"经历／＊自立晚报 1965 年 7 月 5 日
10955 陈省身博士／吉承进／／＊联合报 1965 年 7 月 4 日
10956 国际数学家陈省身／黎耀华／／＊中国一周 1958 年 453 期
10957 学算四十年／陈省身／／＊传记文学 1964 年 5 卷 5 期
10958 陈省身／＊环华百科全书第 14 册第 465 页

陈映真
10959 后街——陈映真的创作历程(1—5)／许南村／／＊中国时报 1993 年 12 月 19—23 日
10960 论陈映真／廖咸浩／／＊中国时报 1994 年 1 月 7 日
10961 陈映真重要作品年表／＊中国时报 1994 年 1 月 7 日

陈昭汉
10962 陈昭汉／革命人物志第 18 集第 172 页

陈钦仁
10963 对生死问题的感想——兼敬悼新闻界斗士陈钦仁先生／陈宏振／／＊新时代 1976 年 16 卷 7 期
10964 名记者陈钦仁／陈石孚／／＊中美月刊 1976 年 21 卷 3、4 期
10965 陈钦仁(1900—1976)／姚崧龄／／＊传记文学 1983 年 43 卷 4 期

陈香梅
10966 往事知多少／陈香梅／／＊时报文化出版事业公司 1979 年 4 版 474 页
10967 一千个春天／陈香梅撰、唐贤风译／／＊汉林出版社 1981 年
10968 陈香梅回忆录／陈香梅／／＊大成 1980 年 75 期
10969 "女强人"陈香梅／林　起／／＊南北极 1981 年 128 期
10970 陈香梅——一个把自我驾驭得十全十美的女人／胡为美／／＊妇女杂志 1981 年 152 期
10971 我在"中央"社的日子及其他／陈香梅／／＊传记文学 1995 年 66 卷 5 期
10972 一片冰心在玉壶／陈香梅／／＊传记文学 1995 年 67 卷 1 期

陈重光
10973 悼顾问陈重光先生／叶明勋／／＊传记文学 1998 年 72 卷 4 期

陈重威
10974 陈重威技慑洪述祖／南　湖／／＊"中央"日报 1962 年 7 月 29 日

陈笃周
10975 海外奋斗六十年／陈笃周／／＊中外杂志 1977 年 21 卷 1 期

陈独秀
10976 陈独秀的最后见解／陈独秀／／(香港)自由中国出版社 1950 年 54 页
10977 实庵自传／陈独秀／／＊传记文学杂志社 1967 年 127 页
10978 陈独秀自述／＊王家出版社 1968 年 123 页

10979 陈独秀年谱 / 郅玉汝 // （香港）龙门书店 1974 年 168 页
10980 新文化运动前的陈独秀 / 陈万雄 // （香港）中文大学出版社 1979 年 155 页,（香港）中文大学 1982 年 155 页
10981 陈独秀研究参考资料汇编 / ＊亚东图书馆 1980 年 156 页
10982 陈独秀传 / 郑学稼 // ＊中国时报文化出版公司 1989 年 2 册
10983 陈独秀与中国共产主义运动 / 郭成棠 // ＊联经出版事业公司 1992 年 489 页
10984 陈独秀思想的转变 / 棘　人 // ＊自立晚报 1963 年 5 月 21—23 日
10985 陈独秀 / 陈敬之 // ＊畅流 1964 年 30 卷 2 期
10986 实庵自传 / 陈独秀 // ＊传记文学 1964 年 5 卷 3 期
10987 记陈独秀（上、下）/ 陶希圣 // ＊传记文学 1964 年 5 卷 3、4 期
10988 关于陈独秀的最后意见 / 山　人 // ＊醒狮 1965 年 3 卷 6 期
10989 办《青年杂志》前陈独秀生活的片断 / 郑学稼 // ＊传记文学 1968 年 13 卷 4 期
10990 中共始祖李大钊与陈独秀遗事 / 缙　山 // ＊万人杂志周刊 1969 年 86 期
10991 辛亥革命以前的陈独秀 / 王健民 // ＊传记文学 1972 年 20 卷 5 期
10992 陈独秀的壮年（1889—1916）/ 王健民 // ＊传记文学 1972 年 21 卷 2 期
10993 陈独秀（1879—1942）/ ＊传记文学 1974 年 24 卷 5 期,＊民国人物小传第 1 册第 190 页
10994 胡适和陈独秀——五四与新文化运动之二 / 李霜青 // ＊中外杂志 1976 年 20 卷 1 期
10995 陈独秀 / 任卓宣等 // ＊传记文学 1977 年 30 卷 5 期
10996 陈独秀的就逮、起诉与判刑——四十五年前一宗危害民国案件 / 王健民 // ＊传记文学 1977 年 30 卷 6 期
10997 有关陈独秀生平的补充资料 / 沈云龙 // ＊传记文学 1977 年 31 卷 2 期
10998 陈独秀与《新青年》杂志 / 尹雪曼 // ＊国魂 1977 年 379 期
10999 最后见解陈独秀 / 胡乐翁 // ＊艺文志 1976 年 124 期
11000 问题人物陈独秀 / 谢　康 // ＊中外杂志 1979 年 25 卷 1 期
11001 我所知道的陈独秀 / 濮清泉 // ＊中报月刊 1980 年 5—8 期
11002 新文化时期的陈独秀 / 王德昭 // ＊史潮 1980 年 6 期
11003 濮著《我所知道的陈独秀》纠谬（上、下）/ ＊中报月刊 1980 年 10、11 期
11004 我和陈独秀 / 沈尹默 // ＊中报月刊 1980 年 11 期
11005 启蒙运动中的陈独秀 / 陈国祥 // ＊中国论坛 1983 年 16 卷 3 期
11006 陈独秀的生平和家世——访问陈松年及有关人士的记录 / （日）横山宏章著、陈平景译 // ＊中报月刊 1984 年 51 期
11007 陈独秀晚年思想评析（上、下）/ 双　山 // ＊中报月刊 1984 年 53、54 期
11008 胡适与陈独秀 / 一　丁 // ＊中报月刊 1985 年 68 期
11009 访陈独秀江津故居拾闻 / 欧远方 // ＊传记文学 1999 年 74 卷 6 期
11010 陈独秀 / 李立明 // ＊中国现代六百作家小传第 357 页,现代中国作家评传（一）第 25 页
11011 陈独秀 / 陈敬之 // ＊中国新文学的诞生第 145 页
11012 陈独秀、李大钊 / 吴相湘 // ＊民国人和事第 137 页
11013 陈炯明与陈独秀 / 吴相湘 // ＊民国人和事第 145 页
11014 陈独秀 / 吴相湘 // ＊民国百人传第 3 册第 85 页
11015 陈独秀 / 胡遯园 // ＊贤不肖列传 18 页
11016 陈独秀（1879—1942）/ ＊环华百科全书第 14 册第 455 页

陈美藻
11017 陈美藻 / 黄震遐 // ＊中共军人志第 359 页

陈炳焜
11018 陈炳焜（1868—1927）/ 关国煊 // ＊传记文学 1984 年 45 卷 3 期

陈炯明

11019　陈炯明传／康白石／／（香港）文艺书局 1979 年 186 页

11020　陈竞存先生年谱／陈演生著、黄居素增订／／（香港）龙门书店 1980 年 8 月增订版 87 页

11021　现代中国人物与政治——陈炯明／吴相湘／／*文星 1962 年 10 卷 3 期

11022　国父讨伐陈炯明变乱琐记／郑星槎／／*古今谈 1965 年 8 期

11023　李子宽谈陈炯明叛变／王　康／／*中外杂志 1967 年 1 卷 2 期

11024　陈炯明一大恨事（选载）／马　五／／*中外杂志 1968 年 4 卷 4 期

11025　陈炯明反复无常／王成圣／／*中外杂志 1975 年 18 卷 5 期

11026　陈炯明的人缘与罪孽／钟正君／／*艺文志 1976 年 134 期

11027　陈炯明叛变与联俄容共的由来／沈云龙／／*传记文学 1978 年 32 卷 2 期

11028　有关陈炯明叛孙的资料／沈云龙／／*传记文学 1978 年 32 卷 4 期

11029　《有关陈炯明叛孙的资料》的更正与补充／沈云龙／／*传记文学 1979 年 35 卷 3 期

11030　陈炯明盖棺后论／陈永春／／*艺文志 1981 年 185、186 期

11031　陈炯明与广东省宪运动／胡春惠／／*传记文学 1983 年 43 卷 1 期

11032　孙中山与陈炯明之间／毕　平／／*传记文学 1993 年 62 卷 5 期

11033　怎样为陈炯明在民国史上定位陈炯明：联省自治的实行者（1—6）／陈定炎、高宗鲁／／*传记文学 1993 年 63 卷 6 期

11034　陈炯明投机取巧／吴相湘／／*民国人和事第 141 页

11035　陈炯明与陈独秀／吴相湘／／*民国人和事第 145 页

11036　陈炯明（1878—1933）／吕芳上／／*民国人物小传第 2 册第 186 页

11037　陈炯明／吴相湘／／*民国百人传第 3 册第 69 页，民国政治人物第 1 集第 109 页

陈洁如

11038　蒋介石、陈洁如的婚姻故事——改变民国历史的《陈洁如回忆录》（1—6）／陈洁如原著、金忠立译／／*传记文学 1992 年 60 卷 1 期

11039　打开历史的黑盒子——从连载《陈洁如回忆录》说起／*传记文学 1992 年 60 卷 2 期

11040　鲁潼平、柳无忌与陈洁如同船赴美／赵志邦／／*传记文学 1992 年 60 卷 2 期

11041　陈洁如访美抵金山引起的纷争／邓公玄／／*传记文学 1992 年 60 卷 2 期

11042　我的外婆陈洁如／陈忠人／／*传记文学 1992 年 60 卷 2 期

11043　陈丕士笔下的宋美龄与陈洁如／关国煊／／*传记文学 1992 年 60 卷 3 期

11044　陆久之谈岳母陈洁如／沈涯夫／／*传记文学 1992 年 60 卷 4 期

11045　关于陈洁如女士逝世及治丧的点滴回忆／罗　启／／*传记文学 1992 年 60 卷 5 期

11046　《陈洁如回忆录》是口述原始资料／唐德刚／／*传记文学 1992 年 61 卷 4 期

11047　轰动雾重庆的"陈小姐"之谜／颜平原作、许有成提供／／*传记文学 1992 年 61 卷 4 期

11048　蒋介石日记中有关陈洁如及家事的记载／蒋介石／／*传记文学 1993 年 62 卷 6 期

11049　陈洁如旅美致张静江夫人函／孙永鑫、马振犊／／*传记文学 1993 年 63 卷 1 期

陈济棠

11050　陈济棠先生追悼会特刊／*陈济棠先生追悼大会筹备处 1954 年编印

11051　陈伯南先生荣哀录／*陈济棠治丧委员会编印 1954 年 128 页

11052　陈济棠先生纪念集／何绍琼等／／（香港）大汉书局 1957 年 88 页

11053　陈伯南先生年谱／*私立德明行政管理事科学校编印 1972 年 110 页

11054　陈济棠自传稿／*传记文学出版社 1974 年 10 月 103 页

11055　陈济棠传／林华平／／*圣文书局 1996 年

11056　陈济棠先生往事／郭寿华／／"中央"日报 1954 年 11 月 6 日

11057　香港脱险记／陈济棠／／*传记文学 1969 年 14 卷 3 期

11058　"南天王"陈济棠二三事／林　斌／／*畅流 1969 年 39 卷 7 期

11059 陈济棠受命艰危 / 冯永材 // *中外杂志 1972 年 12 卷 5 期
11060 陈济棠将军的怀忆 / 李杨敬 // *广东文献 1974 年 4 卷 4 期
11061 陈济棠（1890—1954）/ *传记文学 1974 年 25 卷 1 期，*民国人物小传第 1 册第 192 页
11062 陈济棠自传稿 / 陈济棠 // *传记文学 1974 年 25 卷 3—6 期
11063 记陈济棠的盛衰和晚节 / 钱正君 // *艺文志 1976 年 130 期
11064 陈济棠的故事 / 林光灏 // *中外杂志 1982 年 31 卷 3 期
11065 "南天王"陈济棠 / 林华平 // *中外杂志 1983 年 33 卷 6 期
11066 "南天王"陈济棠其人其事 / 陈燕茂 // *畅流 1985 年 2 期
11067 陈济棠主粤始末 / 李洁之 // *传记文学 1996 年 68 卷 2 期
11068 伯南先生二十年祭 / 沈宗瀚 // *沈宗瀚晚年文录第 292 页
11069 陈济棠（1890—1954）/ 甘丽珍 // *环华百科全书第 14 册第 461 页
11070 陈济棠 / *革命人物志第 4 集第 271 页

陈宪法
11071 陈宪法 / *革命人物志第 9 集第 139 页

陈祖康
11072 青灯夜雨忆前尘（1—2）/ 陈祖康 // *中外杂志 1976 年 20 卷 1、2 期
11073 回忆敌伪期间军统局上海站一段往事——并纪念先姐丈陈祖康将军八秩冥诞 / 宋廷琛 // *传记文学 1983 年 42 卷 3 期
11074 陈祖康 / *革命人物志第 20 集第 177 页
11075 陈祖康撰黄埔校歌 / 齐家才 // *戴笠将军和他的同志第 1 集第 291 页

陈素农
11076 忆陈素农将军 / 乔家才 // *中外杂志 1983 年 33 卷 6 期
11077 陈素农（1900—1983）/ 于翔麟 // *传记文学 1983 年 42 卷 6 期，*民国人物小传第 6 册第 322 页

陈耿夫
11078 粤记者陈耿夫被害始末 / 冯自由 // *革命人物志第 6 集第 22 页

陈桂清
11079 人世浮沉八十年 / 陈桂清 // *中外杂志 1981 年 29 卷 1 期

陈顾远
11080 陈顾远 / *革命人物志第 22 集第 219 页
11081 蔡校长与我 / 陈顾远 // *革命人物志第 22 集第 228 页

陈振夫
11082 抗战期间服役海军（上、下）/ 陈振夫 // *传记文学 1980 年 37 卷 1、2 期

陈振新
11083 陈振新 / *革命人物志第 6 集第 84 页、第 12 集第 310 页

陈哲三
11084 陈哲三 / 陈鼎水 // *革命人物志第 13 集第 243 页

陈哲生
11085 追怀先烈陈哲生先生 / 高 行 // *新生报 1946 年 12 月 5 日
11086 永念哲生先生 / 郑彦棻 // *传记文学 1975 年 27 卷 3 期
11087 陈哲生 / 刘绍唐主编 // *传记文学 1995 年 66 卷 4 期
11088 陈义顺 / *革命人物志第 12 集第 311 页
11089 陈哲生 / 陈鼎水 // *革命人物志第 13 集第 243 页

陈桂昌
11090 陈桂昌 / 黄震遐 // *中共军人志第 363 页

陈致平
11091 杰出校友群象——历史名家陈致平教授 / 王绍桢等 // *学府纪闻·私立辅仁大学第 330 页

陈晓峰
11092　陈晓峰／钱　权∥﹡革命人物志第9集第140页

陈恩元
11093　陈恩元／﹡革命人物志第20集第174页

陈铁伍
11094　陈铁伍／﹡革命人物志第13集第244页

陈逢源
11095　陈逢源先生哀荣录／﹡陈逢源先生治丧委员会1982年编印
11096　"治警事件"的二志士——敬悼陈逢源与蔡培火先生／王晓波∥﹡中华杂志1983年235期
11097　诗书才高的陈逢源先生／李德安∥﹡当代名人风范（2）第653页

陈悔叟
11098　陈悔叟先生传（陈瑞林）／柳弃疾∥南社（南社编）1915年第14集文录第58页，﹡革命人物志第6集第109页

陈兼善
11099　我的中学时代／陈兼善∥﹡国语日报1970年4月4日
11100　陈兼善／编纂组∥﹡环华百科全书第14册第461页

陈海澄
11101　陈海澄先生纪念集／﹡陈海澄治丧委员会编印1972年64页
11102　陈海澄／﹡革命人物志第19集第174页

陈润霖
11103　教育家陈润霖先生传略／吴相湘∥﹡传记文学1987年50卷4期
11104　陈润霖／刘绍唐主编∥﹡传记文学1987年51卷1期

陈涌波
11105　陈涌波／冯自由∥﹡革命人物志第5集第198页

陈家康
11106　人民政协代表陈家康／恽　云∥﹡新中国人物志（上）第236页

陈家鼎
11107　陈家鼎先生传略／居　正∥﹡艺文志1969年47期
11108　陈家鼎／居　正、焦易堂∥﹡革命人物志第5集第190页

陈调元
11109　陈调元传略／谭　麟∥﹡四川文献1964年19期，﹡民国四川人物传记第80页
11110　陈调元（1886—1943）／关志昌∥﹡传记文学1978年33卷3期，﹡民国人物小传第3册第208页

陈陶遗
11111　陈陶遗／刘绍唐主编∥﹡传记文学1995年66卷6期

陈能信
11112　陈能信／﹡革命人物志第9集第136页

陈继承
11113　大树将军——陈继承先生传／朱敬恒∥﹡七十年代出版公司1974年186页
11114　陈继承将军传（1—6）／王天从∥﹡艺文志1969年46—51期
11115　叱咤风云的大树将军／王天从∥﹡艺文志1974年111期
11116　陈武鸣先生逝世三周年纪念／王天从∥﹡黄埔月刊1974年272期
11117　陈继承（1893—1971）／于翔麟∥﹡传记文学1979年34卷2期，﹡民国人物小传第3册第211页，﹡革命人物志第20集第180页

陈继德
11118　陈继德／黄震遐∥﹡中共军人志第754页

陈彬和

11119　文化界奇人陈彬和(上、下) / 林　熙 // ＊大成 1980 年 82、83 期

陈梦家

11120　从诗人到考古学家陈梦家 / 南　扬 // ＊明报 1971 年 12 月 21 日

11121　陈梦家的著述 / 南　扬 // ＊明报 1971 年 12 月 26 日

11122　陈梦家 / 李立明 // ＊中国现代六百作家小传第 356 页

11123　陈梦家 / 舒　兰 ＊北伐前后新诗作家和作品第 127 页

11124　新月诗派及作者列传：陈梦家 / 秦贤次 // ＊诗学第 2 辑第 407 页

陈雪屏

11125　永怀恩师陈雪屏先生 / 李云汉 // ＊传记文学 1999 年 75 卷 4 期

陈辅臣

11126　陈辅臣 / ＊革命人物志第 6 集第 111 页

陈铭枢

11127　陈铭枢(1889—1965) / 关国煊 // ＊传记文学 1978 年 33 卷 4 期，＊民国人物小传第 3 册第 202 页

11128　陈铭枢 / 戴晋新 // ＊环华百科全书第 14 册第 454 页

11129　中央人民政府委员陈铭枢 / ＊新中国人物志(上)第 103 页

陈铭德

11130　陈铭德 / 刘绍唐主编 // ＊传记文学 1999 年 74 卷 5 期

陈逸云

11131　奇女子陈逸云 / 吴秀瑛 // ＊中外杂志 1979 年 26 卷 2 期

陈望道

11132　修辞学者陈望道 / 李立明 // ＊南北极 1976 年 71 期

11133　陈望道(1890—1977) / 关国煊 // ＊传记文学 1979 年 35 卷 3 期，＊民国人物小传第 4 册第 293 页

11134　陈望道 / 方雪纯等 // ＊中共人名录第 409 页

11135　陈望道 / 李立明 // ＊中国现代六百作家小传第 353 页

11136　陈望道 / 颖　子 // ＊中国新学术人物志第 5 页

11137　鲁迅与陈望道 / 马蹄疾 // ＊鲁迅与浙江作家第 69 页

陈清义

11138　追悼陈清义校长 / 孔宪铎 // ＊传记文学 1999 年 74 卷 6 期

陈清文

11139　陈清文 / 黄　乾 // ＊华侨名人传第 262 页

陈清畴

11140　陈清畴传 / 邹　鲁 // ＊革命人物志第 5 集第 197 页

陈鸿逵

11141　陈鸿逵 / ＊革命人物志第 9 集第 143 页

陈寅恪

11142　史家陈寅恪传 / 汪荣祖 // (香港)波文书局 1976 年 8 月 134 页，＊联经出版事业公司 1984 年 2 月 291 页，＊文海出版社近代中国史料丛刊续编第五十辑(总 497)影印本 166 页

11143　陈寅恪先生之死 / 壶　公 // ＊"中央"日报 1970 年 1 月 26、27 日

11144　谈陈寅恪先生 / 俞大维 // ＊"中央"日报 1970 年 3 月 31 日

11145　关于陈寅恪先生是否客家人 / 廖国仁 // ＊"中央"日报 1970 年 4 月 24 日

11146　当代史学家陈寅恪 / 区惠本 // ＊人生 1958 年 17 卷 2 期

11147　谈陈寅恪 / 宋重康 // ＊中外杂志 1969 年 6 卷 5 期

11148　陈寅恪生死之谜 / 张　谷 // ＊中外杂志 1970 年 8 卷 2 期

11149　陈寅恪先生轶事及其著作 / 陈哲三 // ＊传记文学 1970 年 16 卷 3 期

11150 记陈寅恪先生 / 毛子水 // *传记文学 1970 年 17 卷 2 期
11151 忆陈寅恪先生 / 劳 榦 // *传记文学 1970 年 17 卷 3 期
11152 回忆陈寅恪师 / 罗香林 // *传记文学 1970 年 17 卷 4 期
11153 陈寅恪(1890—1969) / 汪云雏 // *传记文学 1974 年 24 卷 5 期,*民国人物小传第 1 册第 188 页
11154 旧时王谢家——史家陈寅恪的家世 / 汪荣祖 // *明报月刊 1975 年 10 卷 4 期
11155 忆陈寅恪登恪昆仲 / 李 璜 // *大成 1977 年 49 期
11156 陈寅恪大师逝世的年月日与大量遗作的情况 / 程靖宇 // *传记文学 1979 年 35 卷 5 期
11157 陈寅恪大师易簀及遗著 / 程靖宇 // *传记文学 1980 年 37 卷 3 期
11158 一代史学家之死——怀念我的六叔陈寅恪 / 陈封雄 // *大成 1981 年 87 期
11159 陈寅恪曾任蔡松坡秘书 / 陈封雄 // *大成 1983 年 121 期
11160 陈寅恪的学术精神和晚年心境(上、下) / 余英时 // *明报月刊 1983 年 205、206 期
11161 史学二陈陈垣、陈寅恪 / 严耕望 // *大陆杂志 1984 年 68 卷 1 期
11162 也谈陈寅恪先生的晚年心境——与余英时先生商榷 / 冯衣北 // *明报月刊 1984 年 224 期
11163 陈寅恪晚年心境新证(上、下) / 余英时 // *明报月刊 1984 年 226、227 期
11164 陈寅恪晚年心境的再商榷(上、下) / 冯衣北 // *明报月刊 1985 年 235、236 期
11165 回忆我家逃难前后——记先父陈寅恪教授抗战前后教书生涯 / 陈流求 // *传记文学 1996 年 68 卷 5 期
11166 陈寅恪(1890—1969) / *环华百科全书第 14 册第 470 页
11167 忆寅恪 / 赵元任、杨步伟 // *学府纪闻·国立清华大学第 157 页
11168 回忆陈寅恪师 / 罗香林 // *学府纪闻·国立清华大学第 161 页

陈博生
11169 陈博生与《中央日报》 / 赵效沂 // *"中央"日报 1957 年 3 月 12 日
11170 老记者陈博生 / 潘 霱 // *"中央"日报 1957 年 8 月 14 日
11171 陈博生二三事 / 厚 安 // *新生报 1957 年 8 月 21 日
11172 悼念陈博生先生 / 赵效沂 // *报学 1957 年 2 卷 2 期
11173 追忆陈博生先生 / 叶明勋、黄雪村 // *传记文学 1981 年 39 卷 1 期,*古今谈 1981 年 197 期

陈斯恺
11174 陈斯恺 / 刘绍唐主编 // *传记文学 1998 年 73 卷 6 期

陈联腾
11175 陈联腾 / *革命人物志第 9 集第 145 页

陈敬之
11176 荷戈擐甲作前驱——文苑风云五十年(上、下) / 陈敬之 // *畅流 1963 年 27 卷 10、11 期
11177 陈敬之先生逝世纪念特刊 / *艺文志 1982 年 206 期
11178 本书作者——陈敬之 / *中国新文学的诞生第 3 页,*早期新散文的重要作家第 3 页

陈敬如
11179 陈敬如 / 陈名儒 // *革命人物志第 6 集第 108 页

陈敬贤
11180 陈敬贤(1874—1922) / 周邦道 // *近代教育先进传略(初集)第 437 页

陈敬岳
11181 陈敬岳传 / 邹 鲁 // *革命人物志第 4 集第 251 页
11182 林冠慈、陈敬岳炸李准 / *革命人物志第 4 集第 253 页
11183 陈敬岳炸李准被捕就义之经过 / *革命人物志第 4 集第 256 页

陈紫枫
11184 寿陈紫枫先生八秩双庆 / 姜伯彰 // *"中央"日报 1967 年 7 月 4 日
11185 大节凛然的陈紫枫先生 / 张道藩 // *"中央"日报 1967 年 7 月 6 日

11186　气概豪迈的陈紫枫先生／罗　行／／＊中国一周1955年271期
11187　寿陈紫枫先生／邓公玄／／＊畅流1958年17卷11期
11188　"活烈士"陈紫枫先生／陈国庸／／＊中国一周1958年429期

陈鼎元
11189　陈鼎元／／＊革命人物志第9集第137页

陈鼎勋
11190　陈鼎勋／／＊革命人物志第6集第110页

陈景华
11191　陈景华对中国革命的贡献／陈哲三／／＊中华文化复兴月刊1978年11卷3期
11192　强项之令猛以济宽的陈景华烈士／心　园／／＊今日中国1978年85期
11193　民初悍吏陈景华／陆丹林／／＊革命人物志第6集第97页

陈景浩
11194　陈景浩／／＊革命人物志第10集第351页

陈景润
11195　陈景润／刘绍唐主编／／＊传记文学1996年68卷5期

陈锐霆
11196　陈锐霆／黄震遐／／＊中共军人志第363页

陈舜耕
11197　唁"铁汉"陈舜耕的冲劲与冤屈／蔡孟坚／／＊传记文学1994年65卷2期
11198　陈舜耕有关离开"台铁"遗作两篇／陈舜耕／／＊传记文学1994年65卷5期
11199　"铁汉"陈舜耕先生的生平／吴兴镛／／＊传记文学1999年75卷3期

陈舜德
11200　宛西陈舜德先生传／申庆璧／／＊弘道文化事业公司1976年308页

陈翔鹤
11201　忆陈翔鹤二三事／谭家健／／＊明报月刊1980年15卷1期
11202　陈翔鹤／李立明／／＊中国现代六百作家小传第355页

陈湛铨
11203　陈湛铨／刘绍唐主编／／＊传记文学1987年51卷5期

陈谦贞
11204　陈谦贞／张忆痕／／＊革命人物志第9集第142页

陈登科
11205　陈登科与丁玲／曾宪光／／＊万人日报1975年11月22日
11206　关于陈登科／赵　旺／／＊新晚报1977年3月5日
11207　陈登科／蒋心焕、朱德发／／＊中国当代作家小传第5页
11208　陈登科／林曼叔／／＊中国当代作家小传第144页
11209　陈登科／李立明／／＊中国现代六百作家小传第352页
11210　访作家陈登科／张　碾、宣奉华／／＊回忆与悼念——中国现代作家资料选粹第1集第118页
11211　陈登科／彦　火／／＊当代中国作家风貌(续编)第112页

陈登恪
11212　忆陈寅恪、登恪昆仲／李　璜／／＊大成1977年49期

陈楚楠
11213　记"思明州之少年"陈楚楠／向　诚／／＊艺文志1965年1期，＊古今谈1976年132期
11214　从晚晴园说到陈楚楠／林光灏／／＊畅流1980年62卷4期
11215　陈楚楠／蔡相辉／／＊华侨名人传44页
11216　南洋革命党人第一人陈楚楠／冯自由／／＊革命人物志第5集第278页

陈辑五

11217 陈辑五／刘绍唐主编／／＊传记文学1998年72卷6期

陈锡珖

11218 陈锡珖／＊革命人物志第12集第312页

陈锡恩

11219 记陈锡恩教授／李尔康／／＊畅流1961年24卷9期

11220 爱国学人陈锡恩／应平书／＊学人风范78页

陈锡联

11221 陈锡联／刘绍唐主编／／＊传记文学1999年75卷5期

11222 陈锡联／黄震遐／／＊中共军人志第371页

11223 陈锡联／朱新民／／＊环华百科全书第14册第464页

陈锦涛(1)

11224 民国初年的几任财政总长(五)：陈锦涛／贾士毅／／＊传记文学1965年6卷2期，＊民国初年的几任财政总长第4页

11225 忆陈锦涛先生／后希铠／／＊传记文学1978年32卷2期

陈锦涛(2)

11226 陈锦涛／陈铁魂／／＊华侨名人传第531页

11227 陈锦涛／＊革命人物志第17集第216页

11228 陈锦涛烈士自传／＊革命人物志第17集第219页

陈奥荣

11229 黄花先烈记三陈(陈奥荣)／楚厂／／＊畅流1966年33卷3期

陈奥燊

11230 陈奥燊／＊革命人物志第4集第264页

陈廉伯

11231 陈廉伯／刘绍唐主编／／＊传记文学1998年73卷1期

陈慎言

11232 陈慎言／李立明／／＊中国现代六百作家小传第356页

陈福祥

11233 陈福祥／＊革命人物志第9集第138页

陈静波

11234 陈静波／陈铁魂／／＊华侨名人传第538页

陈静涛

11235 最早的阳明山庄学员／李朴生／／＊畅流1958年16卷10期

11236 陈静涛／＊革命人物志第15集第247页

陈嘉庚

11237 陈嘉庚／郑良／／(香港)新潮出版社1952年6月77页

11238 陈嘉庚先生创办集美学校七十周年纪念刊续编／陈嘉庚先生创办集美学校七十周年纪念刊编委会编辑／／1984年74页

11239 南侨回忆录(上、中、下)／陈嘉庚／／龙文出版社1989年615页

11240 陈嘉庚与文化事业／＊文汇报1980年1月22日

11241 吴铁城与陈嘉庚间一段侨务公案／李朴生／／＊传记文学1963年3卷3期

11242 陈嘉庚(1874—1961)／关国煊／／＊传记文学1979年34卷6期，＊民国人物小传第3册204页

11243 陈嘉庚／祝秀侠／／＊华侨名人传第114页

11244 中央人民政府委员陈嘉庚／＊新中国人物志(上)第117页

陈嘉祐

11245 阃令森严陈嘉祐／胡耐安／／＊中外杂志1977年22卷5期

11246　五军军长陈嘉祐／胡耐安／／＊民初三湘人物第 93 页
11247　陈嘉祐／胡遯园／／＊贤不肖列传第 38 页

陈嘉骥
11248　旅大接收话往事／陈嘉骥／／＊中外杂志 1980 年 27 卷 2 期
11249　从东北到台湾——我的采访和编辑生涯／陈嘉骥／／＊中外杂志 1984 年 36 卷 3 期

陈慕贞
11250　陈慕贞／／＊革命人物志第 18 集第 178 页

陈霆锐
11251　追念陈霆锐先生／桂　裕／／＊传记文学 1976 年 29 卷 4 期
11252　力张正义的陈霆老／薛光前／／＊传记文学 1977 年 30 卷 2 期，＊故人与往事第 139 页
11253　追念陈霆锐先生／项定荣／／＊传记文学 1977 年 30 卷 2 期
11254　陈霆锐(1890—1976)／郑孝颖／／＊传记文学 1978 年 32 卷 6 期，＊民国人物小传第 3 册第 209 页
11255　前辈风仪——记陈霆锐与梁寒操两先生／袁暌九／／＊艺文志 1980 年 175 期
11256　陈霆锐／刘绍唐主编／／＊传记文学 1995 年 66 卷 2 期

陈毓祥
11257　陈毓祥／刘绍唐主编／／＊传记文学 1996 年 69 卷 5 期

陈精文
11258　陈精文／刘绍唐主编／／＊传记文学 1995 年 67 卷 4 期

陈粹芬
11259　一位被遗忘的革命女性——陈粹芬／李又宁／／＊传记文学 1981 年 39 卷 4 期
11260　关于陈粹芬、沈恩孚的一点补充／沈云龙／／＊传记文学 1981 年 39 卷 5 期
11261　有关陈粹芬女士的二三资料／吴相湘／／＊传记文学 1981 年 39 卷 6 期
11262　孙中山与陈粹芬／庄　政／／＊传记文学 1992 年 61 卷 3 期
11263　纪念革命英雄孙陈粹芬夫人记／李以劻／／＊传记文学 1993 年 63 卷 3 期

陈肇英
11264　八十自述／＊陈雄夫先生八十华诞庆祝筹备委员会编印 1967 年 151 页
11265　陈雄夫先生纪念集／＊1978 年印行
11266　革命先进陈肇英先生／方强原／／＊中国一周 1956 年 316 期
11267　革命元老陈雄夫先生事略／李　雄／／浙江月刊 1968 年 1 卷 3、4 期
11268　陈肇英(1888—1977)／林　泉／／＊传记文学 1979 年 34 卷 6 期，＊民国人物小传第 3 册第 201 页
11269　陈肇英／＊革命人物志第 17 集第 183 页

陈肇基
11270　陈肇基／江海东／／＊革命人物志第 1 集第 244 页

陈瑾昆
11271　中央法制委员会副主任委员陈瑾昆／唐飞霄／／＊新中国人物志(下)第 61 页

陈蝶仙
11272　我的父亲天虚我生／陈定山／／＊传记文学 1978 年 32 卷 5—6 期，＊浙江月刊 1984 年 16 卷 2—5 期
11273　陈蝶仙(1878—1940)／关国煊／／＊传记文学 1983 年 42 卷 3 期，＊民国人物小传第 6 册第 327 页

陈德俊
11274　陈德俊／黄震遐／／＊中共军人志第 365 页

陈德谋
11275　悼陈德谋将军／王　道／／＊"中央"日报 1968 年 9 月 30 日，＊湖北文献 1969 年 10 期
11276　陈德谋／王　道／／＊革命人物志第 18 集第 173 页

陈德馨
11277　陈德馨／＊革命人物志第 18 集第 177 页

陈遵妫
11278　陈遵妫／刘绍唐主编／／＊传记文学 1998 年 73 卷 5 期

陈鹤桥
11279　陈鹤桥／黄震遐／／＊中共军人志第 374 页

陈鹤琴
11280　怀念先叔陈鹤琴／陈尧圣／／＊传记文学 1983 年 42 卷 3 期，文教资料简报（江苏）1983 年 9 期
11281　陈鹤琴／刘绍唐主编／／传记文学 1987 年 50 卷 3 期

陈翰珍
11282　陈翰珍先生肃政纪要／＊陈翰珍先生八秩双寿祝寿筹备委员会编印 1976 年 235 页
11283　我所认识的陈翰珍／周蜀云／／＊中外杂志 1976 年 20 卷 2 期
11284　陈翰珍先生与中国青年党／朱祖贻／／＊现代国家 1976 年 139 期
11285　旧游与往事——从蚕桑兴国到办学兴文／陈翰珍／／＊中外杂志 1981 年 30 卷 1 期

陈醒支
11286　陈醒支（附陈兴芸）／＊革命人物志第 6 集第 112 页

陈衡恪
11287　陈师曾天才横溢／南　湖／／＊"中央"日报 1961 年 11 月 2 日
11288　陈师曾小传／＊明报月刊 1973 年 8 卷 10 期
11289　当代教育先进传略（陈衡恪）／周邦道／／＊江西文献 1976 年 86 期
11290　陈衡恪（1876—1923）／关志昌／／＊传记文学 1982 年 41 卷 6 期，＊民国人物小传第 6 册第 333 页
11291　记陈师曾／蜕　园／／＊艺林丛录（一）第 48 页
11292　陈衡恪（1876—1923）／周邦道／／近代教育先进传略（初集）第 160 页
11293　陈衡恪（1876—1923）／廖雪芳／／＊环华百科全书第 14 册第 459 页

陈衡哲
11294　莎菲小传／李立明／／＊中国时报 1969 年 8 月 9 日
11295　胡适与陈衡哲的一段往事／郭学虞／／＊传记文学 1967 年 10 卷 5 期
11296　胡适与陈衡哲／刘咏娴／／＊中外杂志 1969 年 6 卷 1 期
11297　陈衡哲自传／＊传记文学 1975 年 26 卷 4 期
11298　我幼时求学的经过／陈衡哲／／＊传记文学 1975 年 26 卷 4 期，我的童年第 85 页
11299　早负文名的陈衡哲／李立明／／＊新天地月刊 1975 年 82 期
11300　记北京大学第一位女教授陈衡哲／程靖宇／／＊大成 1976 年 29 期
11301　记陈衡哲／程靖宇／／＊大成 1976 年 29 期
11302　敬怀"莎菲女士"陈衡哲教授／程靖宇／／＊传记文学 1979 年 34 卷 6 期—35 卷 3 期
11303　陈衡哲（1890—1976）／关国煊／／＊传记文学 1979 年 35 卷 5 期，＊民国人物小传第 4 册第 297 页
11304　忆任叔永先生与莎菲女士／吴鲁芹／／＊大成 1983 年 120 期，＊传记文学 1983 年 43 卷 1 期
11305　《洛绮思的问题》的作者自白——关于陈衡哲致胡适的三封信／沈卫威／／＊传记文学 1998 年 72 卷 2 期
11306　陈衡哲／贺玉波／／＊中国现代女作家第 237 页
11307　陈衡哲／李立明／／＊中国现代六百作家小传第 360 页
11308　陈衡哲／陶亢德／／＊自传之一章第 70 页
11309　陈衡哲／齐志尧／／＊作家的青少年时代第 135 页
11310　陈衡哲／陈敬之／／现代文学早期的女作家第 29 页
11311　陈衡哲／刘　葆／／＊现代中国人物志第 330 页
11312　陈衡哲／李立明／／现代中国作家评传（一）第 51 页

陈凝秋
11313　陈凝秋／李立明／／＊中国现代六百作家小传第 360 页

陈膺祺
11314　陈膺祺／／＊革命人物志第 5 集第 289 页
陈辩感
11315　陈辩感／陈衮尧／／＊广东文献 1981 年 11 卷 1 期
陈璧君
11316　陈璧君与梁宇皋一段缘／马　大／／＊艺文志 1966 年 4 期
11317　汪精卫与陈璧君／陈　言／／＊中外杂志 1975 年 18 卷 1 期
11318　陈璧君的悲剧／庄文庆／／＊中外杂志 1982 年 31 卷 4 期
11319　陈璧君及汪伪要犯被囚记／徐文祺／／＊传记文学 1983 年 43 卷 5 期
陈骥彤
11320　杰出校友群像——全家辅仁的陈骥彤校友／王绍桢等／／＊学府纪闻·私立辅仁大学第 399 页
陈耀祖
11321　陈耀祖／刘绍唐主编／／＊传记文学 1998 年 73 卷 5 期
陈夔龙
11322　记陈夔龙／姚崧龄／／＊传记文学 1976 年 29 卷 1 期
11323　陈夔龙(1857—1948)／关国煊／／＊传记文学 1982 年 40 卷 4 期，＊民国人物小传第 5 册第 304 页
邵　光
11324　邵光创造的英雄时代／丑辉英／／＊中国一周 1957 年 360 期
11325　邵　光／颜文雄／／＊中国一周 1966 年 845 期
邵力子
11326　邵力子(1882—1967)／关国煊／／＊传记文学 1982 年 41 卷 3 期，＊民国人物小传第 6 册第 144 页
11327　政务院委员邵力子／／＊新中国人物志(下)第 1 页
邵元冲
11328　志同道合——邵元冲、张默君夫妇传／张　健／／近代中国出版社 1984 年
11329　邵元冲殉国十四年／李渔叔／／＊"中央"日报 1950 年 5 月 30 日
11330　记邵元冲先生一夕话／张其昀／／＊"中央"日报 1950 年 5 月 30 日，＊中国一周 1956 年 347 期
11331　邵翼如先生殉国十五年／袁同畴／／＊"中央"日报 1951 年 12 月 4 日
11332　忆翼如先生／刘振东／／＊"中央"日报 1951 年 12 月 14 日
11333　悼念邵翼如先生／周邦道／／＊中华日报 1951 年 12 月 24 日
11334　忆邵元冲、张默君伉俪／黄季陆／／＊传记文学 1965 年 7 卷 2 期
11335　邵元冲(1890—1936)／／＊传记文学 1974 年 26 卷 6 期，＊民国人物小传第 1 册第 99 页
11336　恂恂儒者邵元冲烈士／心　园／／＊今日中国 1979 年 98 期
11337　廉顽立懦之邵元冲先生／林光灏／／＊畅流 1979 年 59 卷 11 期
11338　邵元冲／／＊革命人物志第 2 集第 452 页
邵月好
11339　邵月好先生家传／黄立懋／／＊浙江月刊 1977 年 9 卷 2 期
邵式平
11340　江西省人民政府主席邵式平／／＊新中国人物志(上)第 175 页
邵百昌
11341　武昌首义一少年：邵百昌将军传／姜龙昭／／＊黎明文化事业公司 1985 年 166 页
11342　邵百昌(1898—1981)／于翔麟／／＊传记文学 1985 年 46 卷 1 期
邵贯虹
11343　宜兴邵贯虹先生小传／邵挺怀／／＊江苏文物 1980 年 3 卷 8 期
邵荃麟
11344　邵荃麟／方雪纯等／／＊中共人名录第 246 页

11345 邵荃麟／林曼叔等／／＊中国当代作家小传第65页
11346 邵荃麟／李立明／／＊中国现代六百作家小传第218页

邵洵美
11347 颓废诗人邵洵美／文　星／／＊明报1974年4月5日
11348 诗人邵洵美的命运／费企和／／＊传记文学1999年74卷3期
11349 美国女作家项美丽和她的"中国丈夫"邵洵美／林　淇／／＊传记文学1999年75卷6期
11350 邵洵美／李立明／／＊中国现代六百作家小传第217页
11351 邵洵美／舒　兰／／＊北伐前后新诗作家和作品第175页

邵冠华
11352 邵冠华／李立明／／＊中国现代六百作家小传第218页

邵虚白
11353 邵虚白／邵协华／／＊革命人物志第3集第260页

邵瑞彭
11354 邵瑞彭拒贿著声／南　湖／／＊"中央"日报1963年2月7日

邵毓麟
11355 胜利前后／邵毓麟／／＊传记文学杂志社1967年157页
11356 使韩回忆录／邵毓麟／／＊传记文学出版社1980年10月392页
11357 记邵毓麟的写作生活／陈尔靖／／＊新闻报1970年2月26日
11358 新闻生活的几点回忆／邵毓麟／／＊报学1955年1卷8期
11359 胜利前后(1—5)／邵毓麟／／＊传记文学1966年9卷4期—1967年10卷2期
11360 使韩回忆录(1—20)／邵毓麟／／＊传记文学1977年30卷1期—1978年33卷4期
11361 邵大使毓麟展露才华／陈衡力／／＊明报月刊1983年18卷7期
11362 敬悼一代外交家邵毓麟大使／沈云龙／／＊传记文学1984年45卷6期
11363 邵毓麟先生传／吴俊升／／＊传记文学1984年45卷6期
11364 追念老友邵毓麟先生／叶　曙／／＊传记文学1985年47卷5期

邵飘萍
11365 邵飘萍：民初名记者／程其恒／／＊"中央"日报1949年4月12日
11366 中国名报人轶事(邵飘萍)／曾虚白讲、刘朗记／／＊报学1964年3卷3期
11367 邵飘萍(1884—1926)／关志昌／／＊传记文学1979年35卷5期，＊民国人物小传第4册第159页
11368 名报人邵飘萍百年冥诞纪念／程之行／／＊传记文学1984年44卷4期
11369 邵飘萍／李立明／／＊中国现代六百作家小传第220页
11370 邵飘萍／戴晋新／／＊环华百科全书第15册第428页

邵麟勋
11371 邵麟勋传／邹　鲁／／＊革命人物志第2集第459页

八　画

〔一〕

武士敏

11372　抗日殉职的武士敏／吴相湘∥＊传记文学1966年8卷2期

11373　武士敏壮烈千秋／王成圣∥＊中外杂志1980年28卷1期，察哈尔省文献1981年9期

11374　武士敏／＊革命人物志第4集第1页

武汉卿

11375　武汉卿／＊革命人物志第4集第7页

武经笥

11376　武经笥／周邦道∥＊近代教育先进传略（初集）第256页

武泉远

11377　武泉远／＊传记文学1987年51卷3期

武冠雄

11378　我是天生业务员——武冠雄的骄傲与抱负／张伶铢∥＊中国时报1994年1月8日

武新宇

11379　政务院内务部副部长武新宇／＊新中国人物志（下）第65页

幸元林

11380　幸元林／黄震遐∥＊中共军人志第201页

幸华铁

11381　幸华铁／＊革命人物志第17集第123页

苗丕一

11382　苗丕一／黄震遐∥＊中共军人志第219页

苗世平

11383　苗世平／孙元良∥＊革命人物志第3集第269页

苗可秀

11384　青年英雄苗可秀及其遗书／王盛涛∥＊古今谈1975年127期

11385　追念苗可秀先烈学长／王大任∥＊新出路1983年19卷3期

11386　追念苗可秀烈士／王大任∥＊近代中国1983年34期

11387　苗可秀烈士及其两封遗书／王庆吉∥＊传记文学1985年47卷2期

苗启平

11388　故立法委员苗君启平墓表／余天民∥＊建设1958年7卷3期

苗得雨

11389　苗得雨／林曼叔∥＊中国当代作家小传第108页

英千里

11390　哭英师千里／许祖惇∥＊"中央"日报1969年10月18日

11391　铁窗回忆／英千里∥＊传记文学1963年2卷4期，＊革命人物志第20集第117页

11392　英千里（1900—1969）／秦贤次∥＊传记文学1975年26卷4期，＊民国人物小传第2册第87页

11393　英副校长千里先生／王绍桢∥＊学府纪闻・私立辅仁大学第82页

11394　故英千里教授墓碑铭／沈刚伯∥＊沈刚伯先生文集（下册）第791页

英倚泉

11395　我在铁幕里的记者生涯／英倚泉∥＊报学1952年1卷3期

11396　莫斯科采访回忆录／英倚泉／／＊报学 1956 年 1 卷 10 期

英敛之

11397　英敛之先生日记遗稿（附年谱）／方　豪／／＊文海出版社近代中国史料丛刊续编第三辑（总 21—23）影印本 1204 页

11398　辅大创办人英敛之先生／方　豪／／＊政论周刊 1956 年 102 期，＊恒毅 1957 年 6 卷 12 期

11399　英敛之先生的生平和著述／方　豪／／＊大陆杂志特刊 1962 年 2 期

11400　英敛之先生创办《大公报》的经过（上、下）／方　豪／／＊传记文学 1963 年 3 卷 2、3 期

11401　英敛之先生小传／方　豪／／＊大陆杂志 1963 年 27 卷 10 期

11402　英敛之先生小传／郭荣赵／／＊传记文学 1965 年 7 卷 5 期

11403　英华（1867—1926）／＊传记文学 1974 年 24 卷 1 期，＊民国人物小传第 1 册第 103 页

11404　英华／方　豪／／＊中国天主教人物传第 3 册 365 页

11405　英华（1867—1926）／周邦道／／＊近代教育先进传略（初集）第 429 页

范　金

11406　范金、汪文铭传略／彦　实／／＊革命人物志第 4 集第 29 页

范　模

11407　范燮、范模事略／彦　实／／＊革命人物志第 4 集第 38 页

范　燮

11408　范燮传／＊民国四川人物传记第 48 页

11409　范燮、范模事略／彦　实／／＊革命人物志第 4 集第 38 页

范天恩

11410　范天恩／黄震遐／／＊中共军人志第 221 页

范长江

11411　范长江（1910—1970）／关国煊／／＊传记文学 1982 年 41 卷 4 期，＊民国人物小传第 6 册第 162 页

11412　范长江／方雪纯等／／＊中共人名录第 269 页

11413　范长江／李立明／／＊中国现代六百作家小传第 273 页

范文澜

11414　范文澜其人其著／知　今／／＊明报 1969 年 8 月 21 日

11415　范文澜（1893—1969）／关国煊／／＊传记文学 1981 年 38 卷 3 期，＊民国人物小传第 5 册第 197 页

11416　范文澜／方雪纯等／／＊中共人名录第 268 页

11417　范文澜／李立明／／＊中国现代六百作家小传 272 页

11418　鲁迅与范文澜／马蹄疾／／＊鲁迅与浙江作家第 53 页，鲁迅和他的同时代人（上卷）第 197 页

11419　华北大学副校长范文澜／＊新中国人物志（上）第 250 页

范汉杰

11420　范汉杰的峥嵘岁月与锋镝余生／李以劻／／＊传记文学 1994 年 65 卷 3 期

范光启

11421　范光启／刘绍唐主编／／＊传记文学 1999 年 75 卷 3 期

11422　范烈士光启被刺记／天　民／／＊革命人物志第 4 集第 28 页

11423　范光启／范天平、范天德／／＊革命人物志第 4 集第 26 页

范当世

11424　张季直与范肯堂之交谊／耘　农／／＊"中央"日报 1962 年 6 月 29 日，＊近代史事与人物第 84 页

11425　范当世工于制联／沈云龙／／近代史事与人物第 82 页

11426　通州三生——朱铭盘、张謇、范当世／沈云龙／／＊现代政治人物述评（下卷）第 61 页

范传甲

11427　血路——范传甲、倪映典、熊成基三烈士传／胡　秀／／＊近代中国出版社 1982 年 219 页

11428　范传甲／石德鉴／／＊革命人物志第 4 集第 35 页

范阳春

11429　范阳春／黄震遐∥＊中共军人志第 222 页

范旭东

11430　范旭东(1882—1945)／陈胜崑∥＊环华百科全书第 3 册第 405 页

范运焜

11431　谢八尧、邓伯曜、郑行果、谭胜、范运焜五烈士碑记／／＊革命人物志第 8 集第 286 页

范其务

11432　范其务／邹　鲁∥＊革命人物志第 4 集第 30 页

范奇浚

11433　范奇浚／刘绍唐主编∥＊传记文学 1998 年 72 卷 2 期

范国辉

11434　范国辉／黄震遐∥＊中共军人志第 222 页

范绍增

11435　范绍增二三事／式　中∥＊四川文献 1967 年 64 期

11436　范绍增与蓝文彬／刘航深述、章君谷记∥＊中外杂志 1968 年 3 卷 5 期

范爱农

11437　辛亥革命（三）——范爱农／周作人∥＊知堂回想录第 257 页

范朝利

11438　范朝利／黄震遐∥＊中共军人志第 754 页

范筑先

11439　范筑先／丁惟汾∥＊革命人物志第 12 集第 210 页

11440　悼山东省专员范筑先战死聊城／傅斯年∥＊傅斯年全集第 7 册第 229 页

范锦员

11441　范锦员／∥＊革命人物志第 4 集第 37 页

范源廉

11442　范源濂与中国教育／姚渔湘∥＊"中央"日报 1962 年 12 月 23—24 日

11443　记范静生先生／梁容若∥＊传记文学 1962 年 1 卷 6 期

11444　范源濂(1876—1927)∥＊传记文学 1973 年 22 卷 4 期，＊民国人物小传第 1 册第 117 页

11445　范源濂(1876—1927)／周邦道∥＊近代教育先进传略（初集）第 219 页

11446　范源濂(1876—1927)／戴晋新∥＊环华百科全书第 3 册第 408 页

范鹤言

11447　范鹤言先生与银行／圣　时∥＊宁波同乡 1980 年 138 期

茅　盾

11448　沈雁冰（上、下）／陈敬之∥＊畅流 1965 年 32 卷 1、2 期

11449　文学巨人沈雁冰／李立明∥＊中国学生周报 1971 年 1000 期

11450　小记茅盾／大　蛮∥＊南北极 1972 年 24 期

11451　茅盾(1896—1981)／关国煊∥＊传记文学 1981 年 38 卷 5 期，＊民国人物小传第 5 册第 199 页

11452　记茅盾（上、中、下）／陈纪滢∥＊传记文学 1981 年 38 卷 6 期—39 卷 2 期

11453　回忆沈雁冰（上、下）／郑超麟∥＊中报月刊 1984 年 53、54 期

11454　茅盾在日本／王向民∥＊中报月刊 1985 年 64 期

11455　沈雁冰／方雪纯等∥＊中共人名录第 198 页

11456　茅　盾／林曼叔等∥＊中国当代作家小传第 1 辑第 13 页

11457　沈雁冰／李立明∥＊中国现代六百作家小传第 154 页

11458　记文坛老将茅盾——茅盾访问记／如　玉∥＊中国现代作家资料选粹第 2 集第 42 页

11459　沈雁冰／王哲甫∥＊中国新文学运动史第 330 页

11460　茅盾的晚年和创作／彦　火／／＊当代中国作家风貌续编第 336 页
11461　哀思茅盾先生／赵清阁／／＊沧海泛忆第 156 页
11462　沈雁冰／施秀乔／／＊近代中国作家论第 10 页
11463　沈雁冰／方　青／／＊现代文坛百象第 9 页
11464　沈雁冰／钱杏村／／＊现代中国文学作家第 2 卷第 114 页
11465　沈雁冰／赵　聪／／＊现代中国作家列传第 38 页
11466　沈雁冰／刘西渭／／＊咀华二集第 131 页
11467　茅盾(1896—1981)／江云遐／／＊环华百科全书第 2 册第 530 页
11468　沈雁冰／孔另境／／＊庸园集第 29 页
11469　鲁迅与茅盾／马蹄疾／／＊鲁迅与浙江作家第 75 页
11470　政务院文化部部长沈雁冰／／＊新中国人物志(上)第 49 页

茅以升

11471　忆姑父茅以升／戴　平／／＊传记文学 1996 年 68 卷 2 期

茅延桢

11472　茅延桢／／＊革命人物志第 10 集第 237 页

林　山

11473　林　山／黄震遐／／＊中共军人志第 202 页

林　文

11474　林文(附录林文遗诗)／／＊革命人物志第 2 集第 388 页

林　尹

11475　我如何踏入国学堂奥／林　尹／／＊自由青年 1979 年 61 卷 3 期
11476　一位典型的中国学者——博士班中国文学研究所林尹所长／斯　频／／＊木铎 1979 年 8 期
11477　悼一位典型的中国学者——林尹博士／梁筱娟／／＊自由青年 1983 年 70 卷 1 期
11478　林尹教授事略(1901—1983)／关志昌／／＊传记文学 1984 年 44 卷 6 期
11479　忆吾师林景伊教授／殷志鹏／／＊传记文学 1984 年 45 卷 1 期
11480　林　尹／／＊环华百科全书第 7 册第 278 页

林　平

11481　中南军政委员会委员林平／／＊新中国人物志(上)第 268 页

林　圭

11482　林　圭／／＊革命人物志第 3 集第 238 页

林　灯

11483　林　灯／刘绍唐主编／／＊传记文学 1995 年 67 卷 3 期

林　佐

11484　林　佐／／＊革命人物志第 3 集第 239 页

林　纾

11485　林琴南学行谱记四种／朱羲胄／／＊世界书局 1961 年印行
11486　林纾在台湾／文　阑／／＊"中央"日报 1952 年 8 月 26 日
11487　林纾、严复、辜鸿铭／杜滤水／／＊"中央"日报 1954 年 12 月 13 日
11488　林琴南的绘画生涯／容天圻／／＊新闻报 1962 年 10 月 23 日
11489　记林琴南学行谱记四种／晚　禾／／＊"中央"日报 1963 年 1 月 18 日
11490　林琴南与林语堂／吴锡泽／／＊"中央"日报 1967 年 5 月 26、27 日
11491　林畏庐与魏季诸／南　湖／／＊"中央"日报 1967 年 6 月 12、13 日
11492　林琴南与严几道／尤光先／／＊畅流 1952 年 4 卷 12 期
11493　记林琴南先生／胥端甫／／＊畅流 1959 年 19 卷 5 期
11494　林纾(上、下)／陈敬之／／＊畅流 1964 年 30 卷 8、9 期

11495 林琴南逸事 / 邵镜人 // *民主宪政 1966 年 29 卷 9 期
11496 记林纾轶事 / 子 异 // *畅流 1967 年 35 卷 4 期
11497 介绍西洋文学的第一人 / 高钰铛 // *古今谈 1969 年 54 期
11498 译坛怪杰林琴南 / 陈 颐 // *中外杂志 1981 年 30 卷 4 期
11499 记林纾——不识外文的翻译大家 / 姚崧龄 // *传记文学 1983 年 43 卷 6 期
11500 林琴南逝世六十周年 / 牟润孙 // *明报月刊 1984 年 219 期
11501 林 纾 / 邵祖恭 // *中国文学史论集第 4 集 1205 页
11502 林 纾 / *中国近代学人象传（初辑）第 99 页
11503 林 纾 / 李立明 // 中国现代六百作家小传第 200 页
11504 林纾（1852—1924）/ 关国煊 // *民国人物小传第 3 册第 88 页
11505 林 纾 / 谭慧生 // *民国伟人传记第 164 页
11506 西洋文学翻译者林纾 / 左舜生 // 近代中国史料丛刊第五辑（总 49—50）·万竹楼随笔影印本第 155 页
11507 林 纾 / 邵镜人 // *近代中国史料丛刊续编第九十五辑（总 950）·影印本同光风云录第 222 页
11508 林纾（1852—1924）// *环华百科全书第 7 册第 276 页
11509 林纾传 / 陈 衍 // *碑传集三编第 9 册第 2191 页

林英
11510 林 英 / 刘绍唐主编 // *传记文学 1995 年 67 卷 4 期

林苑
11511 林 苑 / 李爱黄 // *革命人物志第 2 集第 409 页

林林
11512 林 林 / 方雪纯等 // *中共人名录第 231 页
11513 林 林 / 林曼叔 // *中国当代作家小传第 2 辑第 44 页
11514 林 林 / 李立明 // *中国现代六百作家小传第 198 页

林虎
11515 林虎（1887—1960）/ 关国煊 // *传记文学 1985 年 47 卷 5 期
11516 林 虎 / 黄震遐 // *中共军人志第 204 页

林庚
11517 林 庚 / 李立明 // *中国现代六百作家小传第 199 页

林政
11518 林 政 / *革命人物志第 3 集第 240 页

林挺
11519 "工业救国"的林挺先生 / 李德安 // *当代名人风范（4）第 1277 页

林损
11520 林公铎先生学记 / 徐 英 // *世界书局 1964 年 67 页
11521 沈尹默书林公铎先生墓表 / *学海出版社 1977 年
11522 林损（1890—1940）/ 关志昌 // *传记文学 1981 年第 39 卷 4 期，*民国人物小传第 5 册第 163 页
11523 北大感旧录——林公铎 / 周作人 // *知堂回想录第 483 页
11524 林 损 / 徐 英 // *革命人物志第 16 集第 72 页

林彪
11525 林彪评传 / 李天民 //（香港）明报月刊社出版 1978 年 227 页
11526 我所知道的林彪 / 杨 蔚 // *中外杂志 1972 年 12 卷 6 期
11527 林彪传 / 李天民 // *明报月刊 1975 年 10 卷 8 期—1977 年 12 卷 4 期
11528 林彪（1907—1971）/ 关国煊 // *传记文学 1982 年 40 卷 2 期，*民国人物小传第 5 册第 158 页
11529 林 彪 / 黄震遐 // *中共军人志第 207 页

11530　林彪(1907—1971) / 戴晋新 // ＊环华百科全书第 7 册第 259 页
11531　中央人民政府委员、中南军政委员会主席林彪 / ＊新中国人物志(上)第 133 页

林　琦

11532　林　琦 / ＊革命人物志第 2 集第 444 页

林　森

11533　林　森 / 石映泉 // ＊海外文库出版社 1957 年 50 页
11534　林森纪念集 / 胡适等 // ＊文星书店 1966 年 2 月 181 页
11535　表率群伦的林子超先生——林森传 / 朱西宁 // ＊近代中国杂志社 1982 年 6 月 392 页
11536　林子超先生纪念集 / 台北市林森县文教基金会主编 // ＊正中书局 1992 年 267 页
11537　故主席林公轶事 / 辛　庐 // ＊"中央"日报 1950 年 5 月 15 日
11538　我所认识的林子超先生 / 郑彦棻 // ＊中华日报 1966 年 2 月 11 日,＊"中央"日报 1966 年 2 月 11 日,＊政治评论 1966 年 16 卷 1 期
11539　林子超先生与台湾 / 赵　炜 // ＊自立晚报 1966 年 2 月 10 日
11540　林森先生行谊 / 张　群 // ＊联合报 1966 年 1 月 14 日
11541　纪念林故主席百年诞辰 / ＊新闻报 1966 年 2 月 7 日
11542　林主席的风范 / 张其昀 // ＊中国一周 1952 年 102 期、1966 年 826 期,＊传记文学 1966 年 8 卷 2 期
11543　林子超先生的一生 / 吴相湘 // ＊艺文志 1965 年 1 期
11544　林子超先生与台湾 / 丘斌存 // ＊传记文学 1966 年 8 卷 2 期
11545　忆平淡而具远识的林主席 / 黄季陆 // ＊传记文学 1966 年 8 卷 2 期
11546　一位无为而有为的政治家——林子超先生的志节及其轻松的一面 / 黄季陆 // ＊传记文学 1966 年 8 卷 3 期
11547　林子超先生与台湾麻豆林家 / 连震东 // ＊传记文学 1966 年 8 卷 4 期
11548　林子超先生与海外工作 / 王立忠 // ＊艺文志 1966 年 5 期
11549　林故主席二三事 / 陈海澄 // ＊建设 1966 年 14 卷 10 期
11550　我与林故主席子超先生 / 陈仲经 // ＊出版月刊 1966 年 824 期
11551　国民政府主席——林森 / ＊美哉中华 1969 年 14 期
11552　林故主席子超与吴铁城之间的革命友谊 / 陈左弧 // ＊畅流 1969 年 38 卷 12 期
11553　林森(1868—1943) / ＊传记文学 1974 年 24 卷 6 期,＊民国人物小传第 1 册第 101 页
11554　林子超氏与海外生活 / 立　忠 // ＊古今谈 1977 年 142 期
11555　林森与辛亥革命 / 高纯淑 // ＊中国历史学会史学集刊 1980 年 12 期
11556　林森与辛亥革命 / 林　湘 // ＊传记文学 1982 年 41 卷 3 期
11557　林森在旧金山(上、下) / 林　湘 // ＊传记文学 1987 年 50 卷 1、2 期
11558　林森的"青芝亭"及遗物下落 / 陈贻麟 // ＊传记文学 1997 年 71 卷 6 期
11559　青芝老人林子超 / 刘荣琮 // ＊民国人物纪闻第 1 页
11560　林　森 / 王世祯 // ＊民国人豪图传第 93 页
11561　林森、邹鲁、谢持与西山会议 / 沈云龙 // ＊民国史事与人物论丛第 203 页
11562　林　森 / 吴相湘 // ＊民国百人传第 2 册第 37 页
11563　林　森 / 谭慧生 // ＊民国伟人传记第 393 页
11564　林森(1869—1943) / 戴晋新 // ＊环华百科全书第 7 册第 277 页
11565　林　森 / ＊革命人物志第 2 集第 434 页
11566　国民政府林故主席森墓志铭 / 叶楚伧 // ＊革命人物志第 2 集第 437 页
11567　林故主席遗嘱 / ＊革命人物志第 2 集第 439 页

林　翔

11568　林　翔 / ＊革命人物志第 3 集第 241 页

林叠

11569　林　叠／刘伯骥／／＊华侨名人传第368页

林熙

11570　从乙卯到辛酉——记七年私塾的苦乐／林　熙／／＊大成1981年88期

11571　从乙卯到辛酉——六十年前尘影事／林　熙／／＊大成1981年89期

11572　从乙卯到辛酉——六十年前的书塾生活／林　熙／／＊大成1981年90期

11573　从乙卯到辛酉——六十年前书塾见闻／林　熙／／＊大成1981年91期

林蔚

11574　林蔚(1889—1955)／缪期妯／／＊传记文学1979年34卷2期，＊民国人物小传第3册第91页

11575　林　蔚／姚　琮／／＊革命人物志第3集第248页

林豪

11576　林豪先生传记及其诗文／陈汉光／／＊文献1967年18卷2期

11577　清季流寓台湾编志的专家林豪／卢嘉兴／／＊古今谈1967年23期

11578　清末寓台诗人林豪事略／林文龙／／＊文献1979年30卷4期

11579　林豪(1831—1918)／邱奕松／／＊传记文学1979年34卷5期，＊民国人物小传第3册第90页

林震

11580　林　震／＊革命人物志第17集第116页

林遵

11581　林　遵／黄震遐／／＊中共军人志第206页

林一士

11582　林一士／＊革命人物志第2集第387页

林一民

11583　怀念教育家林一民先生／林　逸／／＊江西文献1983年114期

林义顺

11584　林义顺(1879—1936)／关国煊／／＊传记文学1985年47卷6期

11585　林义顺事略／冯自由／／＊革命人物志第2集第440页

林之江

11586　记潜伏敌伪从事反间的林之江将军／蔡思明／／＊新万象1978年33期

林丰炳

11587　林丰炳／刘绍唐主编／／＊传记文学1993年62卷6期

林天茂

11588　杨圣铭(附林天茂)／＊革命人物志第9集第318页

林天祐

11589　象牙之塔梦回录／林天祐／／＊传记文学出版社1976年

11590　象牙之塔梦回录(1—12)／林天祐／／＊传记文学1974年24卷2期—1975年26卷1期

11591　林天祐／刘绍唐主编／／＊传记文学1996年68卷1期

林云龙

11592　林云龙先生生平／卓宗吟／／＊中华日报1959年2月27日

林云陔

11593　林云陔先生传略／谢瀛洲／／＊"中央"日报1965年5月15日

11594　悼念吾师林云陔先生／黄玉明／／民主宪政1965年27卷11期

11595　怀念林云陔先生／林光灏／／＊畅流1967年35卷4期

11596　林云陔(1881—1948)／＊传记文学1975年26卷3期，＊民国人物小传第2册第78页

11597　林云陔一代完人／马五先生／／＊艺文志1978年150期

11598　学优从政的循吏——林云陔先生百年诞辰纪念／郑彦棻／／＊中外杂志1981年29卷4期，＊建设

1981年29卷11期，*广东文献1981年11期，*近代中国1981年21期，*古今谈1981年193期
11599　林云陔／*革命人物志第2集第426页

林支宇
11600　林支宇／胡遯园//*贤不肖列传第34页

林少甫
11601　林少甫／卢懋原//*革命人物志第2集第400页

林长民
11602　闽人林长民／无　象//*畅流1958年18卷2期
11603　林长民先生传／梁敬錞//*传记文学1965年7卷2期
11604　怀双栝庐主人／林贞坚//*畅流1965年32卷2期
11605　林宗孟与郭松龄／梁敬錞//*传记文学1969年15卷5期
11606　林长民(1876—1925)／*传记文学1979年34卷1期，*民国人物小传第3册第100页
11607　一代才人林长民(1876—1925)／恽茹辛//*大成1979年63期
11608　林长民(1876—1925)／周邦道//*近代教育先进传略(初集)第347页

林风眠
11609　改革中国画的先驱者林风眠／席德进//*雄狮图书股份有限公司1979年101页
11610　也来谈林风眠／余　三//*南北极1973年33期
11611　林风眠与徐悲鸿／余　柯//*中报月刊1985年60期
11612　林风眠画花／黄蒙田//*山水人物集第157页
11613　林风眠／李立明//*中国现代六百作家小传第205页

林文庆
11614　林文庆(1869—1957)／关国煊//*传记文学1979年34卷6期，*民国人物小传第3册第93页
11615　林文庆／程光裕//*华侨名人传第133页
11616　林文庆(1869—1957)／周邦道//*近代教育先进传略(初集)第444页

林文英
11617　林文英／成运可//*革命人物志第2集第401页
11618　林文英被拘遗诗／*革命人物志第2集第402页
11619　林文英碑铭／胡汉民//*革命人物志第2集第403页
11620　读林烈士格兰传书后／邹　鲁//*革命人物志第2集第403页

林尹民
11621　黄花冈烈士的壮语与悲歌(上、下)／易大德//*中国一周1968年936、937期
11622　林尹民／*革命人物志第2集第397页

林孔唐
11623　林孔唐传／*民国四川人物传记第84页

林玉山
11624　八朋画友小传(林玉山)／*畅流1963年27卷10期
11625　记林玉山老师教学二三事／刘坤富//*书画家1983年11卷3期
11626　我所敬佩的林玉山教授／张德文//*书画家1983年11卷3期

林巧稚
11627　林巧稚(1901—1983)／关志昌//*传记文学1983年42卷6期，*民国人物小传第6册第139页

林可胜
11628　敬悼林可胜博士／陈幸一//"中央"日报1969年7月19日
11629　林可胜博士二三事／梁云光//"中央"日报1969年7月20日
11630　抗战八年追随林可胜先生的回忆／刘永楙//*传记文学1970年16卷1期
11631　林可胜先生事略／*传记文学1970年16卷1期

11632　林可胜／林抱石／／﹡传记文学 1979 年 35 卷 6 期,﹡民国人物小传第 4 册第 154 页
11633　林可胜／陈胜昆／／﹡环华百科全书第 7 册第 265 页

林本元

11634　林本元先生自传／林本元／／﹡高铨清印行 1970 年 55 页

林北丽

11635　林北丽和林庚白／狷　士／／﹡畅流 1957 年 15 卷 7 期
11636　我与庚白／林北丽／／﹡大成 1983 年 121 期
11637　林北丽／李立明／／﹡中国现代六百作家小传第 203 页

林业明

11638　林业明／胡汉民／／﹡革命人物志第 3 集第 247 页

林白水

11639　林白水传／林慰君／／﹡传记文学出版社 1969 年 134 页
11640　林白水先生传略／陈与龄／／﹡传记文学 1969 年 15 卷 1、5 期
11641　中国名报人轶事(林白水)／﹡报学 1964 年 3 卷 3 期
11642　林白水先生传／林慰君／／﹡传记文学 1969 年 14 卷 1—5 期
11643　《林白水先生传略》补遗／梁敬錞／／﹡传记文学 1969 年 15 卷 2 期
11644　对《林白水先生传》的几点补充／陶英惠／／﹡传记文学 1969 年 15 卷 4 期
11645　《林白水传》序／成舍我／／﹡传记文学 1969 年 15 卷 5 期
11646　林白水与生春红／高伯雨／／﹡大成 1974 年 8 期
11647　林白水舞文遇害／高拜石／／﹡海外文摘 1977 年 333 期
11648　林白水(1874—1926)／关国煊／／﹡传记文学 1978 年 32 卷 3 期,﹡民国人物小传第 3 册第 95 页
11649　林白水怎样骂潘复／张次溪／／﹡大成 1983 年 111 期

林永伦

11650　林永伦／﹡革命人物志第 3 集第 230 页

林永梁

11651　林永梁／刘绍唐主编／／﹡传记文学 1996 年 68 卷 1 期

林幼春

11652　林幼春先生和他的话／王天昌／／﹡国语日报 1965 年 8 月 24 日
11653　林幼春先生的思想与诗／高日文／／﹡文献 1968 年 19 卷 2 期
11654　台湾民族诗人——林幼春／凡　夫／／﹡政论 1975 年 3 期
11655　林幼春(1879—1939)／邱奕松／／﹡传记文学 1982 年 41 卷 6 期,﹡民国人物小传第 6 册第 137 页

林西惠

11656　林西惠传／邹　鲁／／﹡革命人物志第 2 集第 405 页

林则彬

11657　林则彬奋斗史／沈嫄璋／／﹡新闻报 1961 年 11 月 10 日
11658　林则彬的殊荣／文一倩／／﹡中国一周 1961 年 604 期

林自西

11659　林自西(1906—1980)／林抱石／／﹡传记文学 1981 年 38 卷 5 期,﹡民国人物小传第 5 册第 165 页

林守盘

11660　杏坛含辛四十年／林守盘／／﹡"中央"日报 1963 年 9 月 28 日

林如稷

11661　林如稷／刘绍唐主编／／﹡传记文学 1993 年 62 卷 4 期

林寿椿

11662　林寿椿／﹡革命人物志第 11 集第 7 页

林芳年

11663　林芳年先生七十年谱述／黄章明／／﹡文讯月刊 1983 年 4 期

林克多
11664 鲁迅与林克多 / 马蹄疾 // ＊鲁迅与浙江作家第 215 页

林肖庄
11665 我所知肖庄先生的风范 / 张雄潮 // ＊风物 1976 年 26 卷 4 期
11666 祝林肖庄先生暨德配竹君夫人八秩双寿 / 曹 建 // ＊风物 1976 年 26 卷 4 期

林呈禄
11667 林呈禄一生忠义 / 叶荣钟 // ＊自立晚报 1968 年 7 月 6 日
11668 台湾前途的摸索与回顾——林呈禄与黄朝琴 / 蔡宪崇、谢德锡 // ＊文艺 1983 年 83 期

林秀军
11669 林秀军（1883—1917）/ 周邦道 // ＊近代教育先进传略（初集）第 341 页

林伯渠
11670 林伯渠（1886—1960）/ 关国煊 // ＊传记文学 1985 年 46 卷 5 期
11671 中央人民政府秘书长林伯渠 / 新中国人物志（上）第 45 页

林伯铸
11672 附骥十四年谈林伯铸先生的琉球事业 / 应新华 // ＊中国一周 1967 年 917 期

林佛性
11673 林佛性先生纪念集 / ＊林佛性先生纪念集编委会编印 1958 年 114 页
11674 林佛性先生纪念集 / ＊林式翰等编印 1968 年 114 页
11675 敬悼林佛性先生 / 张玉麟 // ＊"中央"日报 1958 年 7 月 28 日
11676 追思林佛性先生 / 查良鉴 // ＊"中央"日报 1968 年 7 月 24 日，＊宪政论坛 1968 年 14 卷 2 期，＊中国一周 1969 年 1004 期
11677 敬悼林佛性先生 / 徐世贤 // ＊法学丛刊 1958 年 12 期

林直勉
11678 林直勉（1887—1934）/ 陈哲三 // ＊传记文学 1983 年 43 卷 1 期

林述庆
11679 忆规复南京的林述庆 / 楚 厂 // ＊畅流 1966 年 34 卷 4 期
11680 林述庆（1881—1913）/ 关国煊 // ＊传记文学 1979 年 34 卷 6 期，＊民国人物小传第 3 册第 98 页

林顶立
11681 林顶立（1908—1980）/ 赵子瑜 // ＊传记文学 1981 年 38 卷 1 期，＊民国人物小传第 5 册第 167 页

林卓夫
11682 林卓夫 / ＊革命人物志第 16 集第 78 页

林国英
11683 林国英 / ＊革命人物志第 20 集第 71 页

林忠照
11684 林忠照 / 黄震遐 // ＊中共军人志第 203 页

林征祁
11685 以服务为荣的林征祁 / 周安仪 // ＊中国新闻从业人员群象（上册）第 171 页

林庚白
11686 关于林庚白 / 觉 堂 // ＊新生报 1970 年 11 月 6、23、26 日
11687 林北丽与林庚白 / 狷 士 // ＊畅流 1957 年 15 卷 7 期
11688 林庚白之死及其诗 / 杨一峰 // ＊畅流 1961 年 24 卷 4 期
11689 林庚白夫妇的才与命 / 洪木川 // ＊畅流 1969 年 39 卷 12 期
11690 林庚白丰才啬命 / 高伯雨 // ＊大成 1974 年 9 期
11691 林庚白（1897—1941）/ 刘荣琮 // ＊传记文学 1976 年 29 卷 6 期，＊民国人物小传第 2 册第 76 页
11692 我与庚白 / 林北丽 // ＊大成 1983 年 121 期

11693　林庚白／李立明／／＊中国现代六百作家小传第 204 页
11694　惨死九龙的林庚白／陈　凡／／＊尘梦集第 252 页
11695　林庚白／谢冰莹／／＊作家印象记第 45 页

林贯道
11696　林贯道／＊革命人物志第 20 集第 84 页

林建同
11697　林建同／刘绍唐主编／／＊传记文学 1998 年 72 卷 4 期

林绍年
11698　林绍年神道碑／陈三立／／＊碑传集三编第 2 册第 357 页
11699　林绍年(1849—1916)墓志铭／林　纾／／＊碑传集三编第 2 册第 361 页

林绍楠
11700　记前台湾总领事——林公绍楠／林万燕／／＊宁波同乡 1966 年 18 期

林南金
11701　林南金／＊革命人物志第 11 集第 7 页

林相侯
11702　林相侯传／李　寰／／＊四川文献 1963 年 9 期，＊川籍抗战忠烈录第 88 页

林柏森
11703　林柏森／刘绍唐主编／／＊传记文学 1995 年 67 卷 2 期

林树艺
11704　林树艺(1906—1962)／王梓良／／＊传记文学 1979 年 35 卷 4 期，＊民国人物小传第 4 册第 156 页

林秋梧
11705　革命的领袖——抗日社会运动者林秋梧／李筱峰／／＊八十年代出版社 1979 年 11 月 201 页
11706　铁蹄下的游魂——台湾的社会运动者林秋梧／张俊均／／＊史化 1977 年 8 期

林修梅
11707　林修梅其人其事／邹敬芳／／＊"中央"日报 1957 年 12 月 15 日

林炳章
11708　林炳章(1875—1923)／周邦道／／＊近代教育先进传略(初集)第 346 页

林洋港
11709　林洋港传／赖树明／／台北希代出版有限公司 1993 年 7 月 1 版 393 页

林觉民
11710　双杰传——方声洞、林觉民传／乐苴军／／近代中国出版社 1979 年 8 月 118 页
11711　黄花岗烈士的壮语与悲歌(上、下)／易大德／／＊中国一周 1968 年 936、937 期
11712　发扬大爱的林觉民烈士／心　园／／＊今日中国 1975 年 55 期
11713　七十二烈士——林觉民／侯　悟／／＊励进 1977 年 379 期
11714　遗书前后／范能船／／＊今昔谈 1981 年 1 期
11715　林觉民伉俪情深／王培尧／／＊中外人物专辑第 2 辑第 179 页
11716　林觉民／刘子青／／＊中国历代人物评传(下册)第 299 页
11717　林觉民／王健民／／＊民族英雄及革命先烈传记(下册)第 87 页
11718　林觉民及其绝笔书／陈　凡／／＊尘梦集第 241 页
11719　林觉民(1887—1911)／戴晋新／／＊环华百科全书第 7 册第 267 页
11720　林觉民／＊革命人物志第 2 集第 445 页

林冠慈
11721　林冠慈传／邹　鲁／／＊邹鲁全集第 9 册第 381 页
11722　林冠慈／李熙斌／／＊革命人物志第 2 集第 407 页
11723　林冠慈、陈敬岳炸李准／＊革命人物志第 4 集第 253 页

林语堂

11724 林语堂思想与生活 / 一　得 // （香港）新文化出版社 1955 年 309 页
11725 林语堂 / 林语堂 // *文星书店 1966 年 181 页
11726 幽默大师林语堂生活与思想 / 林语堂等 // 综合出版社 1976 年 249 页
11727 八十自叙 / 林语堂著、张振玉译 // *大汉出版社 1977 年 143 页
11728 八十 / 张振玉译 // *德华出版社 1977 年 142 页
11729 林语堂传 / 林太乙 // *联经出版事业公司 1989 年 374+5 页，*联经出版事业公司 1990 年 374 页
11730 八十自叙 / 林语堂撰、张振玉译 // 德华出版社 1978 年再版 143 页
11731 林语堂(介绍 20 世纪学术权威) / 尹雪曼等 // 华欣文化事业中心 1979 年 3 月 300 页
11732 林语堂与苏东坡 / *照明出版社 1980 年 72 页
11733 八十自叙 / 林语堂撰、宋碧云译 // 远景出版事业公司 1980 年 143 页
11734 八十自叙 / 林语堂撰、唐强译 // 德华出版社 1980 年 10 月 143 页
11735 林语堂思想与生活 / 林语堂等 // 德华出版社 1982 年 2 月 237 页
11736 章太炎与林语堂 / 无　象 // "中央"日报 1954 年 11 月 21 日
11737 幽默大师林语堂 / 袁　牧 // *星岛晚报 1954 年 4 月 20 日
11738 我的父亲林语堂 / 林太乙 // *联合报 1965 年 2 月 10 日
11739 闲话林语堂 / 容天圻 // *新闻报 1965 年 8 月 21 日
11740 林语堂北上乐隐图 / 羊汝德 // *联合报 1966 年 7 月 9 日
11741 林语堂的半世纪良缘 / 黄肇珩 // *联合报 1969 年 7 月 12 日，*中华日报 1969 年 7 月 12 日
11742 谈幽默大师林语堂 / 马五先生 // *快报 1976 年 4 月 22 日
11743 也谈南大校长林语堂 / 庄　水 // *人生 1955 年 9 卷 6 期
11744 幽默大师林语堂 / 仲伟庭 // *中国一周 1958 年 448 期
11745 林语堂先生的写作生活 / 黄肇珩 // *书目季刊 1966 年创刊号
11746 回忆童年 / 林语堂 // *传记文学 1966 年 9 卷 2 期
11747 林语堂与陈六使一段恩怨 / 向　阳 // *艺文志 1966 年 5 期
11748 林语堂 / 陈敬之 // *畅流 1966 年 33 卷 5—9 期，早期新散文的主要作家第 85 页
11749 林语堂与郭沫若一场论战 / 秦　明 // *艺文志 1966 年 10 期
11750 林语堂自传(上、中、下) / *传记文学 1968 年 12 卷 3、4、6 期
11751 林语堂和他的一捆矛盾 / 黄肇珩 // *自由谈 1969 年 20 卷 7 期，*当代人物一席话第 31 页
11752 我看林语堂大师 / 陆瑶士 // *畅流 1969 年 39 卷 2 期
11753 一个堂堂正正的中国人 / 曾宝荪 // *华冈学报 1974 年 9 期
11754 我所认识的林语堂先生 / 陈石孚 // *华学月刊 1974 年 34 期
11755 林语堂先生：我的英文老师 / 薛光前 // *传记文学 1976 年 28 卷 5 期，*故人与往事第 125 页
11756 我的老师林语堂 / 何　容 // *传记文学 1976 年 28 卷 6 期
11757 追思胡适、林语堂两博士 / 何聊奎 // *传记文学 1976 年 28 卷 6 期
11758 我看林语堂 / 黄俊东 // *幼狮文艺 1976 年 44 卷 1 期
11759 幽默大师林语堂剪影 / 学　景 // *益智 1976 年 8 期
11760 评林语堂的一生 / 火　木 // *盘古 1976 年 93 期
11761 林语堂先生的文化功绩 / 程靖宇 // *新闻天地 1976 年 1470 期
11762 林语堂 / 马星野等 // *传记文学 1977 年 31 卷 6 期
11763 追思林语堂先生 / 徐　訏 // *大成 1977 年 49 期
11764 林语堂(1895—1976) / *传记文学 1978 年 32 卷 1 期，*民国人物小传第 3 册第 103 页
11765 忆幽默大师林语堂 / 陈　颐 // *中外杂志 1979 年 25 卷 4 期
11766 在新加坡协助林语堂创办南洋大学 / 黎东方 // *传记文学 1999 年 74 卷 4 期
11767 林语堂 / 李立明 // *中国现代六百作家小传第 207 页

11768　林语堂 / 王世祯 // *民国人豪图传第 205 页
11769　幽默大师林语堂博士 / 李德安 // *当代名人风范(4)第 1161 页
11770　林语堂的故事 / 晓　恬 // *当代名人故事第 1 辑
11771　林语堂 / 李德安 // *访问学林风云人物(上集)第 69 页
11772　林语堂 / 刘　葆 // *现代中国人物志第 309 页
11773　林语堂 / 赵　聪 // *现代中国作家列传第 127 页
11774　林语堂 / 余　惠 // *现代中国作家选论第 151 页
11775　林语堂无所不谈 / 胡有瑞 // *现代学人散记第 47 页
11776　林语堂(1895—1976) / 方光后 // *环华百科全书第 7 册第 279 页

林祖密
11777　林祖密 / 林正亨 // *革命人物志第 2 集第 418 页

林珠浦
11778　记日据时期著《仄韵声律启蒙》的林珠浦 / 卢嘉兴 // *古今谈 1969 年 49、50 期

林桂圃
11779　我为什么信仰三民主义 / 林桂圃 // *国魂 1958 年 154—159 期
11780　林桂圃先生和我 / 马　璧 // *艺文志 1978 年 151 期
11781　林桂圃专辑 / 严家淦等 // *革命思想 1978 年 44 卷 3 期

林宰平
11782　余庐谈往——余(樾园)、林(宰平)交谊特述 / 梁敬錞 // *传记文学 1974 年 23 卷 3 期

林砺儒
11783　林砺儒(1889—1977) / 关国煊 // *传记文学 1985 年 46 卷 5 期
11784　人民政协代表林砺儒 // *新中国人物志(下)第 114 页

林振成
11785　八十琐忆 / 林振成 // *中华文化复兴月刊 1976 年 9 卷 7 期

林致平
11786　林致平博士之学术贡献 / 管瘦桐 // *教育与文化 1956 年 11 卷 12 期
11787　弹性力学权威学者林致平先生 / 李迪强 // *教育与文化 1956 年 11 卷 12 期

林修明
11788　黄花岗烈士的壮语与悲歌(上、下) / 易大德 // *中国一周 1968 年 936、937 期
11789　林修明传 / 邹　鲁 // *革命人物志第 2 集第 405 页

林海音
11790　巧妇童心——承先继后的林海音 / 彭小妍 // *中国时报 1994 年 1 月 8 日
11791　林海音重要作品年表 // *中国时报 1994 年 1 月 8 日
11792　略记我从事小说写作的过程 / 林海音 // *中国时报 1994 年 1 月 8 日
11793　林海音 / 李立明 // *中国现代六百作家小传第 206 页
11794　林海音 / 齐志尧 // *作家的青少年时代第 95 页

林继庸
11795　林继庸先生访问记录 / 林继庸口述,林泉记录,林泉、张朋园访问,张朋园、郭廷以校阅 // *"中央"研究院近代史研究所 1983 年 226 页
11796　我所认识的盛世才和林继庸 / 张　骏 // *传记文学 1985 年 46 卷 3 期
11797　浮生杂记(选载) / 林继庸 // *传记文学 1985 年 46 卷 3 期
11798　敬悼"迁川工厂之父"林继庸先生 / 林　泉 // *传记文学 1985 年 47 卷 3 期
11799　林继庸(1897—1985) / 林抱石 // *传记文学 1985 年 47 卷 4 期

林逸民
11800　林逸民 // *革命人物志第 2 集第 424 页

林逸圣
11801 林逸圣／ ＊革命人物志第19集第87页

林菽庄
11802 鼓浪屿林菽庄／陈汉光// ＊福建文献1968年2期
11803 林菽庄先生小传／方 豪// ＊风物1981年31卷1期

林淮琛
11804 林淮琛传／邹 鲁// ＊革命人物志第2集第422页

林谋盛
11805 林烈士谋盛传／郑子瑜// ＊南洋学报1953年9卷2期
11806 林谋盛(1909—1944)／蒋永敬// ＊传记文学1975年27卷4期, ＊民国人物小传第2册第79页
11807 林谋盛传／郑普政// ＊福建文献1968年1期
11808 林谋盛／杨庆南// ＊华侨名人传第202页

林维先
11809 林维先／黄震遐// ＊中共军人志第205页

林喜尊
11810 林喜尊／ ＊革命人物志第3集第243页

林斯琛
11811 林斯琛／郑祖荫// ＊革命人物志第2集第430页

林散之
11812 林散之／刘绍唐主编// ＊传记文学1998年73卷1期

林葆怿
11813 林葆怿的功与罪／林雍民// ＊古今谈1966年17期

林朝棨
11814 研究贝类的地质学家林朝棨教授／ ＊美哉中华1969年8期
11815 林朝棨／刘绍唐主编// ＊传记文学1994年65卷5期
11816 林朝棨／ ＊环华百科全书第7册第273页

林惠祥
11817 林惠祥／刘绍唐主编// ＊传记文学1998年72卷5期

林道乾
11818 林道乾／文 澜// ＊"中央"日报1952年7月15日

林渭访
11819 林学权威林渭访／刘若熙// ＊中国一周1957年401期
11820 记河大森林系三位老师／黄甲臣、张庆思// ＊学府纪闻·国立河南大学第244页

林献堂
11821 林献堂先生纪念集／叶荣钟// ＊林献堂先生纪念集编纂委员会1960年印行(3册)
11822 林献堂先生纪念集(年谱·遗著·追思录)／林献堂先生纪念集编辑委员会编// ＊文海出版社近代中国史料丛刊续编第十辑(总100)影印本686页
11823 林献堂与台湾民族运动／张正昌// ＊益群书店1981年301页
11824 林献堂逝世／ ＊新生报1956年9月21日
11825 林献堂先生二三事／曾今可// ＊畅流1956年14卷4期
11826 我对林灌园先生的回忆／林熊祥// ＊政论周刊1956年93期
11827 纪念林献堂先生／张其昀// ＊政论周刊1957年149期
11828 林献堂与台湾民族运动／周谋燕// ＊古今谈1966年17期
11829 林献堂传略／周邦道// ＊华学月刊1975年48期
11830 林献堂(1881—1956)／秦贤次// ＊传记文学1976年29卷5期, ＊民国人物小传第2册第80页

11831 灌园先生与我之间 / 蔡培火 // *大学杂志 1976 年 100 期
11832 明智的领导者林献堂先生 / 叶荣钟 // *大学杂志 1976 年 100 期
11833 林献堂与梁启超(上、下) / 洪桂己 // *中外杂志 1981 年 5、6 期
11834 林献堂与一九一〇年台湾民族运动的酝酿 / 张正昌 // *历史学报 1981 年 9 期
11835 "林献堂先生百年诞辰"口述历史座谈会纪实 / 黄肇珩等 // *近代中国 1981 年 26 期
11836 林献堂先生与雾峰林家邸园 / 林政华 // *国民教育 1983 年 24 卷 8 期
11837 林献堂(1881—1956) / 周邦道 // *近代教育先进传略(初集)第 362 页
11838 林献堂(1881—1956) / 方光后 // *环华百科全书第 7 册第 267 页

林锡钧
11839 林锡钧先生从事地毯斐然有成 / 李德安 // *当代名人风范(2)第 679 页

林德扬
11840 在林德扬追悼会上的演说词 / 蔡元培 // *蔡元培先生全集第 788 页

林默涵
11841 忆林默涵 / 玄 默 // *"中央"日报 1967 年 3 月 2、3 日
11842 林默涵 / 方雪纯等 // *中共人名录第 236 页
11843 林默涵 / 林曼叔等 // *中国当代作家小传第 157 页
11844 林默涵 / 李立明 // *中国现代六百作家小传第 211 页

林衡道
11845 史缘书缘忆林衡道教授 / 陈三井 // *传记文学 1998 年 73 卷 5 期
11846 林衡道 / 李立明 // *中国现代六百作家小传第 210 页
11847 林衡道 / *乡土作家选集第 132 页

林徽因
11848 梁思成与林徽因 / 林 洙 // *传记文学 1997 年 71 卷 1、3、5 期
11849 林徽因在李庄二三事 / 杨 立 // *传记文学 1998 年 73 卷 5 期
11850 林徽因留美生活片段 / 杨 立 // *传记文学 1999 年 75 卷 6 期
11851 林徽音 / 李立明 // *中国现代六百作家小传第 212 页
11852 林徽音 / 舒 兰 // *北伐前后新诗作家和作品第 161 页

林翼中
11853 林翼中(1887—1984) / 关国煊 // *传记文学 1985 年 46 卷 1 期

林攀龙
11854 林攀龙 / 刘绍唐主编 // *传记文学 1987 年 50 卷 2 期

杭立武
11855 杭立武先生访问记录 / 杭立武口述、王萍访问 // *"中央"研究院近代史研究所 1991 年 152 页
11856 回顾与前瞻 / 杭立武口述、程振粤笔记 // *传记文学 1981 年 39 卷 6 期
11857 为国宝涉险的杭立武先生 / 李德安等 // *当代名人风范(3)第 823 页

杭辛斋
11858 杭辛斋 / 张一鸣 // *革命人物志第 4 集 14 页

郁 华
11859 郁华(1884—1939) / 关国煊 // *传记文学 1984 年 45 卷 1 期

郁 浩
11860 我的二伯父郁浩 / 郁洁民 // *传记文学 1997 年 71 卷 6 期

郁仁治
11861 郁仁治 / *革命人物志第 1 集第 139 页
11862 山东第一区特派员郁仁治抗战殉国事略 / *革命人物志第 15 集第 140 页
11863 郁仁治事略 / 郁仁麟 // *革命人物志第 15 集第 142 页

11864 少将特派员兼保安司令郁仁治／ ＊革命人物志第 15 集第 143 页

郁达夫

11865 郁达夫的爱情日记／金紫阁 ∥（香港）蓝天书屋 1946 年 43 页
11866 郁达夫的流亡和失踪／胡愈之 ∥（香港）咫园书屋 1946 年 9 月
11867 郁达夫论／贺玉波 ∥（香港）实用书店 1972 年 221 页
11868 郁达夫与王映霞／孙百刚 ∥（香港）宏业书局 1961 年 12 月、1978 年 7 月 3 版 75 页
11869 达夫日记集／郁达夫 ∥ ＊长歌出版社 1976 年 373 页
11870 郁达夫与王映霞／刘心皇 ∥（香港）港明书店 1978 年 6 月 332 页，＊大汉出版社 1978 年 331 页
11871 一个与世疏离的天才——郁达夫／何 欣、张声声译 ∥ ＊成文出版社 1978 年 11 月 186 页
11872 郁达夫日记九种及其他／（香港）宏业书局 1980 年 1 月增订版 287 页
11873 郁达夫婚变前后／马彦达 ∥（香港）广角镜出版社 1983 年 4 月 171 页
11874 郁达夫情书：致王映霞／郁达夫 ∥ ＊远景出版社 1983 年 243 页
11875 郁达夫的爱情悲剧／刘心皇 ∥ ＊晨星出版社 1986 年 304 页
11876 郁达夫别传／心 如 ∥ ＊自立晚报 1967 年 11 月 4 日—1968 年 2 月 13 日
11877 郁达夫的总介绍／心 如 ∥ ＊自立晚报 1968 年 2 月 21—23 日
11878 郁达夫年谱／沈西城 ∥ ＊快报 1975 年 10 月 18 日
11879 海角新春忆故人——郁达夫／易君左 ∥ ＊畅流 1951 年 3 卷 4 期
11880 郁达夫与王映霞（1—14）／刘心皇 ∥ ＊畅流 1961 年 23 卷 1 期—24 卷 2 期
11881 郁达夫在南洋（1—9）／刘心皇 ∥ ＊畅流 1961 年 24 卷 3 期—1962 年 24 卷 11 期
11882 我所认识的郁达夫／易君左 ∥ ＊畅流 1961 年 24 卷 8 期，＊大成 1980 年 85 期
11883 郁达夫与原配夫人／刘心皇 ∥ ＊畅流 1962 年 24 卷 12 期
11884 郁达夫与三夫人（上、下）／刘心皇 ∥ ＊畅流 1962 年 25 卷 2、3 期
11885 关于"郁达夫与王映霞"的十个问题／刘心皇 ∥ ＊畅流 1962 年 26 卷 1 期
11886 谈张资平与郁达夫／张 风 ∥ ＊文坛 1964 年 48 期
11887 郁达夫饮恨炎荒记实（上、下）／了 娜 ∥ ＊艺文志 1966 年 9、10 期
11888 郁达夫（上、下）／陈敬之 ∥ ＊畅流 1966 年 32 卷 10、11 期，＊文学研究与创造社 1980 年 5 期
11889 忆郁达夫与风雨茅庐／澹 庐 ∥ ＊艺文志 1966 年 12 期
11890 郁达夫的苦酒／楚 厂 ∥ ＊艺文志 1966 年 15 期
11891 关于郁达夫／张秀亚 ∥ ＊纯文学 1967 年 1 卷 3 期，中国现代作家与作品（沈阳）第 52 页
11892 郁达夫与王映霞（选载）／刘咏娴 ∥ ＊中外杂志 1969 年 6 卷 2 期
11893 徐志摩、沈淑薇、郁达夫／徐认三 ∥ ＊中外杂志 1969 年 6 卷 4 期
11894 郁达夫小传／李立明 ∥ ＊文坛月刊 1970 年 306 期
11895 郁达夫梅开三度（一、二、三）／吴文蔚 ∥ ＊中外杂志 1971 年 10 卷 1—3 期
11896 郁达夫遇害谜底／吴文蔚 ∥ ＊中外杂志 1975 年 18 卷 5 期
11897 郁达夫（1896—1945）／邱奕松 ∥ ＊传记文学 1976 年 29 卷 4 期，＊民国人物小传第 2 册第 89 页
11898 郁达夫与黄仲则／陈仰云 ∥ ＊夏声 1976 年 141 期
11899 最新发现的郁达夫资料／沈西城 ∥ ＊明报月刊 1977 年 12 期
11900 郁达夫其人其文（上、下）／秦贤次 ∥ ＊传记文学 1978 年 33 卷 3、4 期
11901 郁达夫与王映霞／维 思 ∥ ＊浙江月刊 1980 年 12 卷 6 期
11902 郁达夫被害前后（附郁达夫两挽徐志摩）／紫 薇 ∥ ＊大成 1980 年 85 期
11903 郁达夫遗孀谈他的晚年与遇难（选载）／马力原 ∥ ＊传记文学 1982 年 41 卷 4 期
11904 郁达夫与王映霞的悲剧／刘心皇 ∥ ＊传记文学 1984 年 45 卷 6 期
11905 郁达夫／李立明 ∥ ＊中国现代六百作家小传第 268 页
11906 郁达夫／赵景深 ∥ ＊文人印象第 136 页，文坛忆旧第 1 页
11907 从作品中暴露自我的郁达夫／李德安 ∥ ＊当代名人风范（1）第 333 页

11908　郁达夫主要的一面——美人香草闲情赋,岂是离骚屈宋心／陈　凡／／＊尘梦集第 216 页
11909　郁达夫／谢冰莹／／＊作家印象记第 51 页
11910　郁达夫／张秀亚／／＊近代中国作家与作品第 73 页
11911　郁达夫与徐志摩／左舜生／／＊近代中国史料丛刊第五辑（总 49—50）·万竹楼随笔影印本第 354 页
11912　郁达夫（1896—1945）／＊环华百科全书第 20 册第 359 页
11913　郁达夫／刘　葆／／＊现代中国人物志第 313 页
11914　郁达夫／姚乃麟／／＊现代中国文学家传记第 38 页,＊现代作家论第 177 页
11915　郁达夫／钱杏村／／＊现代中国文学作家第 1 卷第 99 页
11916　郁达夫／余　惠／／＊现代中国作家选论第 41 页
11917　郁达夫／赵　聪／＊现代中国作家列传第 93 页
11918　鲁迅与郁达夫／马蹄疾／／＊鲁迅与浙江作家第 103 页

郁昌经

11919　郁故教授昌经先生小传／宁波同乡／／＊宁波同乡 1980 年 142 期

郁敦惠

11920　郁敦惠先生芜振日记／郁敦惠／／＊台北市郁元英印行 1973 年 31 页

欧铸

11921　欧　铸／＊革命人物志第 11 集第 342 页

欧震

11922　欧震（1899—1969）／于翔麟／／＊传记文学 1979 年 35 卷 3 期,＊民国人物小传第 4 册第 394 页
11923　关于欧震将军生平简介／许　逖／／＊传记文学 1985 年 47 卷 3 期

欧阳山

11924　忆欧阳山／江山雪／／＊明报 1973 年 3 月 26 日
11925　欧阳山／林曼叔等／／＊中国当代作家小传第 49 页
11926　欧阳山／李立明／／＊中国现代六百作家小传第 514 页
11927　欧阳山／赵　聪／／＊现代中国作家列传第 338 页
11928　欧阳山／黄俊东／／＊现代中国作家剪影第 248 页

欧阳文

11929　欧阳文／黄震遐／／＊中共军人志第 580 页

欧阳平

11930　欧阳平／＊革命人物志第 10 集第 551 页
11931　欧阳平／黄震遐／／＊中共军人志第 579 页

欧阳明

11932　万里烽烟入越南／欧阳明／／＊中外杂志 1979 年 25 卷 3 期—1980 年 28 卷 2 期
11933　抗日时期山西敌后（上、中、下）／欧阳明／／＊中外杂志 1980 年 28 卷 3—5 期

欧阳驹

11934　欧阳驹（1896—1958）／于翔麟／／＊传记文学 1981 年 39 卷 5 期,＊民国人物小传第 5 册第 462 页

欧阳勋

11935　现任校长欧阳勋先生／项达言／／＊政治大学第 116 页

欧阳俊

11936　欧阳俊／陈　泽／／＊革命人物志第 17 集第 331 页

欧阳琳

11937　欧阳琳传／吴宗慈／／＊江西文献 1975 年 79 期,＊革命人物志第 10 集第 553 页

欧阳煜

11938　欧阳煜／＊革命人物志第 10 集第 556 页

欧阳豪

11939　欧阳豪／李烈钧、于右任等∥＊革命人物志第10集第557页

欧阳醇

11940　尽瘁新闻事业与新闻教育的欧阳醇／庆正仁∥＊传记文学1998年73卷3期

欧阳毅

11941　欧阳毅／黄震遐∥＊中共军人志第579页

欧阳爵

11942　欧阳爵／欧阳庶吉∥＊革命人物志第10集第560页

欧阳予倩

11943　自我演戏以来／欧阳予倩∥＊龙文出版社股份有限公司1990年193页

11944　欧阳予倩(1889—1962)／关国煊∥＊传记文学1978年33卷2期,＊民国人物第3册第349页

11945　欧阳予倩／李立明∥＊中国现代六百作家小传第516页

11946　欧阳予倩／余　惠∥＊现代中国作家选论第212页

11947　欧阳予倩(1889—1962)／甘丽珍∥＊环华百科全书第18册第292页

11948　中央文化教育委员会委员欧阳予倩∥＊新中国人物志(下)第87页

欧阳持平

11949　魏杰、袁蔚生、欧阳持平、蒋天禄∥＊革命人物志第9集第443页

欧阳竟无

11950　欧阳渐(1872—1944)／＊传记文学1973年23卷2期,＊民国人物小传第1册第272页

11951　欧阳渐(1872—1944)／张之杰∥＊环华百科全书第18册第290页

欧雨新

11952　欧雨新／＊革命人物志第11集第343页

欧叔礼

11953　欧叔礼／＊革命人物志第11集第344页

欧致富

11954　欧致富／黄震遐∥＊中共军人志第578页

欧榘甲

11955　六十年前一报人——欧榘甲先生传／李少陵∥＊撰者印行1960年151页

11956　保皇党怪杰欧榘甲／李少陵∥＊艺文志1969年42期

〔 卓 〕

卓还来

11957　秉忠蹈义／临　池∥＊畅流1961年23卷6期

卓国华

11958　曾参加黄花岗之役的革命新娘——卓国华／陈祖华∥＊联合报1969年11月24日

11959　卓国华与刘梅卿革命奇缘／吴澄飞∥＊艺文志1967年19期

11960　卓国华女士传略／＊广东文献1980年10卷3期

11961　敬悼"革命新娘"——卓三姑／林华平∥＊广东文献1980年10卷3期

11962　革命女杰卓国华／郑彦棻∥＊中外杂志1980年28卷3期

11963　卓国华(1890—1980)／林抱石∥＊传记文学1980年37卷3期,＊民国人物小传第4册第137页

11964　革命先烈卓国华女士生平事略／黄瑞南∥＊自由青年1980年64卷2期

11965　革命新娘——卓国华／严友梅∥＊近代中国1980年18期

11966　记三位不平凡的女性:胡木兰、卓国华、黄振华／李又宁∥＊近代中国1981年24期

11967　卓国华／＊革命人物志第21集第234页

11968　黄花硕果革命新娘／羊汝德∥＊革命人物志第21集第236页

卓秋元
11969　卓秋元传 / 邹　鲁 // ＊革命人物志第 2 集第 377 页
尚　钺
11970　尚　钺 / 刘绍唐主编 // ＊传记文学 1992 年 61 卷 1 期
尚小云
11971　尚小云之忆 / 潘俊龙 // ＊大成 1976 年 30 期
11972　尚小云(1900—1976) // ＊传记文学 1982 年 40 卷 6 期,＊民国人物小传第 5 册第 169 页
11973　尚小云 / 方光后 // ＊环华百科全书第 16 册第 114 页
尚和玉
11974　且说尚和玉 / 燕京散人 // ＊大成 1979 年 67 期
尚振声
11975　河南英烈尚振声 / 徐哲甫 // ＊中外杂志 1980 年 28 卷 2 期
尚性初
11976　尚性初 / ＊革命人物志第 20 集第 69 页
明　灿
11977　明灿烈士传 / ＊台湾史政中心 1960 年 10 月编印
11978　明　灿 / ＊革命人物志第 10 集 185 页
11979　蔡仁杰、卢醒、明灿、周少宾、刘立梓将军五员生平事略 / ＊革命人物志第 15 集第 380 页
易　文
11980　易　文 / 李立明 // ＊中国六百作家小传第 214 页
易　宣
11981　易　宣 / 卢懋原 // ＊革命人物志第 4 集第 11 页
易　瑜
11982　易瑜传略——当代教育妇女先进传略稿 / 周邦道 // ＊东方杂志 1977 年 10 卷 7 期
11983　易　瑜 / 周邦道 // 近代教育先进传略(初集)第 222 页
易　简
11984　易　简 / ＊革命人物志第 4 集第 12 页
易　瑾
11985　易　瑾 / 刘绍唐主编 // ＊传记文学 1997 年 71 卷 4 期
易大厂
11986　多才多艺的易大厂 / 居长安 // ＊艺林丛录(三)第 200 页
易白沙
11987　湘轶名人易白沙与匡互生 / 白　瑜 // ＊传记文学 1983 年 43 卷 5 期
易安华
11988　易安华 / 余棠华等 // ＊革命人物志第 4 集第 7 页
易君左
11989　大湖的儿女 / 易君左 // ＊三民书局 1969 年 5 月初版、1970 年 2 月再版 261 页
11990　火烧赵家楼 / 易君左 // ＊三民书局 1969 年印行 262 页
11991　芦沟桥号角 / 易君左 // ＊三民书局 1969 年印行 211 页
11992　胜利与还都 / 易君左 // ＊三民书局 1970 年印行 220 页
11993　烽火夕阳红 / 易君左 // ＊三民书局 1971 年印行 224 页
11994　六十沧桑 / 易君左 // ＊中华日报 1968 年 9 月 1 日—1970 年 8 月 28 日
11995　丹青忆旧 / 易君左 // ＊中外杂志 1967 年 2 卷 5 期
11996　垂髫梦影断片 / 易君左 // ＊艺文志 1968 年 29 期
11997　易君左先生悼辞 / 李　璜 // ＊大人月刊 1972 年 25 期

11998 易君左创现代新诗体 / 吴相湘 // *传记文学 1973 年 22 卷 1 期
11999 易君左（1898—1972）/ 秦贤次、张　珂 // *传记文学 1976 年 28 卷 2 期，*民国人物小传第 2 册第 69 页
12000 忆事、遣怀——悼易君左 / 南宫博 // *湖南文献 1976 年 4 卷 3 期
12001 爱国诗人易君左 / 黄金文 // *中外杂志 1978 年 23 卷 4 期
12002 易实甫与易君左——三代一脉相承称文坛 / 王觉源 // *中外杂志 1985 年 37 卷 2 期
12003 易君左 / 李立明 // *中国现代六百作家小传 215 页
12004 文坛泰斗易君左先生 / 李德安 // *当代名人风范（2）第 581 页
12005 易君左 / 李德安 // 访问学林风云人物（上集）第 83 页
12006 易君左 / *革命人物志第 14 集第 209 页
12007 记易君左先生 / 阮毅成 // *前辈先生第 23 页

易明道
12008 易明道 / 陈明儒 // *革命人物志第 2 集第 484 页

易宗羲
12009 易宗羲 / *革命人物志第 4 集第 10 页

易秋潭
12010 易秋潭先生传略 / 周开庆 // *民国四川人物传记第 196 页，*革命人物志第 14 集第 213 页

易顺鼎
12011 易实甫奇才天挺 / 南　湖 // *"中央"日报 1962 年 5 月 1 日
12012 清末民初四大诗人 / 易君左 // *畅流 1962 年 25 卷 2 期
12013 易顺鼎援台乞师 / 林　斌 // *艺文志 1966 年 13 期
12014 爱国诗人易顺鼎 / 魏子高 // *中外杂志 1977 年 21 卷 6 期
12015 易顺鼎（1858—1920）/ 关国煊 // *传记文学 1980 年 37 卷 4 期，*民国人物小传第 4 册第 143 页
12016 易实甫与易君左——三代一脉相承称文坛 / 王觉源 // *中外杂志 1985 年 37 卷 2 期
12017 易顺鼎 / 邵镜人 // *近代中国史料丛刊续编第九十五辑（总 950）·同光风云录影印本第 252 页
12018 易顺鼎（1858—1920）墓志铭 / 程颂万 // *碑传集三编第 9 册第 2265 页

易培基
12019 易培基与故宫盗宝案 / 吴相湘 // *春秋 1965 年 2 卷 1 期
12020 易培基与故宫盗宝案（上、下）/ 刘心皇 // *中国宪政 1976 年 11 卷 1—2 期
12021 易培基与故宫盗宝疑案 / 刘心皇 // *湖南文献 1976 年 4 卷 4 期
12022 易培基其人其事 / 傅清石 // *湖南文献 1976 年 4 卷 1 期
12023 湖南第一师范与校长易培基 / 白　瑜 // *传记文学 1976 年 28 卷 5 期
12024 易培基与中国教育新风气 / 赵震鹏 // *湖南文献 1978 年 6 卷 3 期
12025 易培基的生平与晚年遭遇（上、中、下）/ 傅清石 // *传记文学 1979 年 34 卷 1—3 期
12026 易培基 / 吴相湘 // *民国百人传第 3 册第 217 页
12027 易培基 / 胡遐园 // *贤不肖列传第 70 页

易耀彩
12028 易耀彩 / 黄震遐 // *中共军人志第 197 页

罗　干
12029 罗干传 / 邹　鲁 // *革命人物志第 8 集第 460 页

罗　机
12030 追思父亲默默耕耘的一生 / 罗　启 // *传记文学 1998 年 73 卷 1 期

罗　列
12031 罗列上将纪念集 / 该会印行 1977 年 264 页
12032 罗　列（1907—1976）/ 卓遵宏 // *传记文学 1976 年 29 卷 6 期，*民国人物小传第 2 册第 327 页

12033 罗列将军的一生／谢应芬／／＊中外杂志1977年22卷3期
12034 罗列的传奇（上、下）／王培光／／＊中外杂志1978年24卷5、6期
12035 罗列上将西昌突围纪实／闵湘帆／／＊中外杂志1979年26卷4期
12036 罗　列／＊革命人物志第17集第397页

罗　光

12037 罗光总主教年谱／汪惠娟／／＊哲学与文化1981年8卷4期
12038 七十自述／罗　光／／＊哲学与文化1981年8卷4期，＊中外杂志1981年30卷4期
12039 第三任校长罗光总主教／王绍桢／／＊学府纪闻・私立辅仁大学第78页

罗　刚

12040 罗刚教授纪念集／＊罗刚教授纪念集编辑小组编印1978年196页
12041 追忆罗刚教授／吴自苏／／＊中外杂志1977年22卷6期
12042 罗　刚（1901—1977）／林　泉／／＊传记文学1979年34卷1期，＊民国人物小传第3册371页
12043 回忆我的老师罗刚教授／谷瑞照／／＊政治评论1980年38卷8期
12044 罗　刚／＊革命人物志第18集第399页

罗　进

12045 罗进传／邹　鲁／／＊革命人物志第8集第459页

罗　杰

12046 谭组庵与罗峙云／沈云龙／／＊春秋1965年2卷1期

罗　坤

12047 罗　坤／＊革命人物志第8集第452页

罗　奇

12048 罗　奇（1904—1975）／林抱石／／＊传记文学1980年36卷6期，＊民国人物小传第4册420页

罗　经

12049 罗守经传略（罗经）／彦　实／／＊革命人物志第11集第354页

罗　荣

12050 罗　荣／黄震遐／／＊中共军人志第730页

罗　庸

12051 记亡友罗膺中先生／戴君仁／／＊传记文学1962年1卷7期
12052 罗　庸（1900—1950）／关国煊／／＊传记文学1985年47卷2期

罗　淑

12053 罗　淑／刘绍唐主编／／＊传记文学1987年50卷5期
12054 罗淑和她的小说／毛一波／／＊中国近代作家与作品第479页
12055 罗　淑／李立明／／＊中国现代六百作家小传第569页
12056 罗　淑／黄俊东／／＊现代中国作家剪影第242页

罗　联

12057 罗　联／＊革命人物志第8集第475页

罗　敬

12058 罗敬残而不废／乔家才／／＊戴笠将军和他的同志第2集第245页

罗　鼎

12059 罗烈士事略／＊革命人物志第8集第461页

罗　裕

12060 罗裕工程师殉职周年祭／罗敦伟／／＊畅流1958年17卷9期
12061 横贯公路通路忆罗裕工程师／罗敦伟／／＊畅流1960年21卷4期

罗　楚

12062 罗君楚传／王国维／／＊碑传集三编第9册第2277页

罗　群
12063　罗　群／＊革命人物志第 8 集第 460 页

罗　鑫
12064　罗　鑫／＊革命人物志第 8 集第 477 页

罗一安
12065　罗一安／胡祖舜／／＊革命人物志第 11 集第 355 页

罗乃琳
12066　罗乃琳／＊革命人物志第 8 集第 447 页

罗大佺
12067　罗大佺／罗其泽／／＊革命人物志第 11 集第 356 页

罗子云
12068　罗子云／卢原懋／／＊革命人物志第 11 集第 359 页

罗元发
12069　罗元发／黄震遐／／＊中共军人志第 721 页

罗元伟
12070　罗元伟／＊革命人物志第 8 集第 447 页

罗云平
12071　罗云平二三事／李荣炎／／＊中外杂志 1985 年 37 卷 4 期

罗友伦
12072　罗友伦／刘绍唐主编／／＊传记文学 1994 年 65 卷 5 期

罗文幹
12073　民国初年的几任财政总长（五）：罗文幹／贾士毅／／＊传记文学 1965 年 6 卷 2 期，＊民国初年的几任财政总长第 4 页

12074　关于罗文幹的二三事／刘师舜／／＊传记文学 1969 年 14 卷 5 期

12075　罗文幹（1888—1941）／关国煊／＊传记文学 1978 年 33 卷 3 期，＊民国人物小传第 3 册第 373 页

12076　罗文幹／贾士毅／／＊民国初年的几任财政总长第 68 页

罗文谟
12077　罗文谟传略／怀　襄／／＊四川文献 1969 年 80 期，＊革命人物志第 20 集第 288 页

罗正钧
12078　罗正钧（1855—1919）墓志铭／陈三立／／＊碑传集三编第 5 册第 1203 页

罗世勋
12079　罗世勋传／邹　鲁／／＊民国四川人物传记第 174 页，＊邹鲁全集第 9 册第 386 页，＊革命人物志第 8 集第 448 页

罗尔纲
12080　师门五年记／罗尔纲／／＊1958 年 58 页

12081　罗尔纲师门五年记／王心健／／＊"中央"日报 1961 年 9 月 28 日

12082　师门五年记／罗尔纲／＊传记文学 1963 年 2 卷 3 期，＊中国文选 1974 年 90 期

12083　太平天国史学家罗尔纲／关国煊／／＊传记文学 1997 年 71 卷 2 期

罗尔瞻
12084　热衷利禄的罗心冰／胡乐翁／／＊艺文志 1977 年 138 期

12085　罗尔瞻／胡遯园／／＊贤不肖列传第 144 页

罗永年
12086　罗永年／＊革命人物志第 8 集第 451 页

罗吉眉
12087　敦煌艺术的钻研者——罗吉眉／苏莹辉／／＊中国一周 1962 年 658 期

罗扬鞭
12088 罗扬鞭(1915—1974) / 林抱石 // *传记文学 1980 年 36 卷 3 期，*民国人物小传第 4 册第 422 页
12089 罗扬鞭 / *革命人物志第 19 集第 425 页

罗芝轩
12090 先君罗芝轩府君行状 / 罗时实 // *江西文献 1966 年 7 期

罗师杨
12091 罗师杨先生传略 / *大陆杂志 1963 年 26 卷 3 期
12092 罗师杨(1866—1931) / *传记文学 1974 年 24 卷 1 期，*民国人物小传第 1 册第 289 页

罗竹风
12093 罗竹风 / 刘绍唐主编 // *传记文学 1999 年 75 卷 5 期

罗仲霍
12094 黄花岗烈士的壮语与悲歌：罗仲霍 / 易大德 // *中国一周 1968 年 936,937 期
12095 罗仲霍 / *革命人物志第 8 集第 451 页

罗华生
12096 罗华生 / 黄震遐 // *中共军人志第 729 页

罗旭龢
12097 罗旭龢 / 刘绍唐主编 // *传记文学 1992 年 60 卷 4 期

罗贡华
12098 我与胡秋原先生 / 罗贡华 // *湖北文献 1980 年 57 期

罗志渊
12099 罗志渊先生纪念集 / *罗平章 1975 年印行

罗时实
12100 十四年来东大学潮与我——成贤街回忆之二 / 罗时实 // *传记文学 1962 年 1 卷 5 期
12101 由南高到东大——成贤街回忆之一 / 罗时实 // *传记文学 1962 年 1 卷 4 期
12102 南雍怀旧录——东南大学杂忆 / 罗时实 // *中外杂志 1967 年 2 卷 5 期
12103 革命者楷模——罗时实先生 / 江仲瑜 // *江西文献 1976 年 83 期
12104 罗时实先生事略 / *江西文献 1976 年 83 期
12105 怀念罗时实老师 / 龙宝麒 // *中外杂志 1977 年 22 卷 5 期
12106 恭记罗时实教授 / 李绍盛 // *革命思想 1978 年 44 卷 5 期
12107 罗时实 / *革命人物志第 15 集第 463 页
12108 师恩浩瀚——罗时实教授的学者风范 / 龙宝麒 // *革命人物志第 15 集第 471 页

罗应怀
12109 罗应怀 / 黄震遐 // *中共军人志第 731 页

罗良骏
12110 罗良骏 / 孙 镜 // *革命人物志第 11 集第 360 页

罗良鉴
12111 罗良鉴先生二三事 / 朱沛莲 // *畅流 1966 年 32 卷 11 期

罗启疆
12112 罗启疆 / *革命人物志第 8 集第 459 页

罗君强
12113 罗君强 / 刘绍唐主编 // *传记文学 1998 年 72 卷 4 期

罗英伯
12114 罗英伯 / *革命人物志第 11 集第 361 页

罗叔章
12115 中央财政经济委员会委员罗叔章 / *新中国人物志(下)第 226 页

罗卓英

12116　罗卓英将军纪念集／＊罗将军逝世二十周年纪念筹备会编印 1981 年 336 页

12117　罗卓英将军逝世二十周年纪念诗文集／＊罗卓英将军逝世二十周年纪念编辑委员会编印 1981 年 64 页

12118　哭尤兄／陈　诚／／＊传记文学 1965 年 6 卷 4 期

12119　戎马书生罗卓英／褚舒华／／＊艺文志 1966 年 14 期

12120　罗卓英(1896—1961)／戴天庐／／＊传记文学 1975 年 26 卷 1 期，＊民国人物小传第 2 册第 329 页

12121　罗卓英将军事略／王绍通／／＊广东文献 1984 年 14 卷 1 期

12122　罗卓英具儒将风／刘榮琮／／＊民国人物纪闻第 89 页

12123　罗卓英／康景濂／／＊革命人物志第 8 集第 455 页

罗坤山

12124　罗坤山／黄震遐／／＊中共军人志第 723 页

罗侃亭

12125　罗烈士侃亭传／邹　鲁／／＊邹鲁全集第 9 册第 373 页，＊革命人物志第 8 集第 453 页

罗泽闿

12126　罗泽闿／刘绍唐主编／／＊传记文学 1995 年 66 卷 2 期

罗宗洛

12127　罗宗洛／刘绍唐主编／／＊传记文学 1987 年 51 卷 6 期

罗定川

12128　罗定川事略／＊革命人物志第 8 集第 453 页

罗春驭

12129　罗春驭先生传略：近代教育先进传略续集稿之一／周邦道／／＊湖北文献 1983 年 11 卷 4 期，＊华学月刊 1983 年 141 期

罗荣桓

12130　罗荣桓(1902—1963)／关国煊／／＊传记文学 1985 年 47 卷 5 期

12131　罗荣桓在山东／李维民／／＊传记文学 1985 年 2 期

罗南英

12132　高理文夫人罗南英回忆录／罗南英／／＊传记文学 1996 年 69 卷 4 期

罗树苍

12133　罗树苍／邹　鲁／／＊革命人物志第 8 集第 474 页

罗昱华

12134　罗昱华／＊革命人物志第 8 集第 458 页

罗贵波

12135　罗贵波／黄震遐／／＊中共军人志第 725 页

罗香林

12136　寿罗香林教授论文集／(香港)万有图书公司 1970 年 390 页

12137　悼念罗香林教授／赵　聪／／＊大成 1978 年 55 期

12138　罗元一香林教授诔／陈　槃／／＊文艺复兴 1978 年 102 期

12139　罗香林(1906—1978)／关国煊／／＊传记文学 1978 年 32 卷 6 期，＊民国人物小传第 3 册第 375 页

12140　首次赴欧记——《海外观书记》之一／罗香林／／＊传记文学 1978 年 32 卷 6 期

12141　罗香林／＊革命人物志第 20 集第 290 页

罗首庶

12142　罗首庶／刘绍唐主编／／＊传记文学 1992 年 61 卷 4 期

罗炳辉

12143　访罗炳辉／〔美〕海伦·福斯特·斯诺著、江山碧译／／＊中国老一辈革命家第 106 页

罗济南

12144 罗济南 / 陈永阳 // ＊革命人物志第 8 集第 476 页

罗振玉

12145 陈宝琛不与郑、罗同污 / 南　湖 // ＊"中央"日报 1963 年 10 月 28 日
12146 罗雪堂先生传略 / 董作宾 // ＊大陆杂志 1962 年 24 卷 4 期
12147 罗雪堂先生著述年表(上、下) / 莫荣宗 // ＊大陆杂志 1962 年 25 卷 2、3 期
12148 罗雪堂先生年谱 / 莫荣宗 // ＊大陆杂志 1963 年 26 卷 5—8 期
12149 罗振玉(1866—1940) // ＊传记文学 1973 年 23 卷 2 期，＊民国人物小传第 1 册第 290 页
12150 罗振玉(1866—1940) / 方光后 // ＊环华百科全书第 7 册第 449 页

罗根泽

12151 罗根泽 / 刘绍唐主编 // ＊传记文学 1987 年 50 卷 2 期

罗辀重

12152 忆先师罗辀重先生——一位伟大爱国的教育家 / 李如初 // ＊艺文志 1979 年 170 期

罗浩忠

12153 罗浩忠 / ＊革命人物志第 20 集第 296 页

罗家伦

12154 逝者如斯集 / 罗家伦 // ＊传记文学社 1967 年 223 页
12155 罗志希先生传记暨著述资料 / ＊中华民国史料研究中心编印 1976 年 2 月 254 页
12156 新文化的旗手：罗家伦传 / 陈春生 // ＊近代中国出版社 1985 年 346 页
12157 罗家伦桃李满天下 / 胡有瑞 // ＊"中央"日报 1966 年 12 月 20 日
12158 悼罗志希先生 / 马星野 // ＊"中央"日报 1969 年 12 月 29 日
12159 罗家伦小传 / 李立明 // ＊中国时报 1969 年 12 月 31 日
12160 书生报国的典型：罗家伦盖棺论定 / 陈祖华 // ＊联合报 1969 年 12 月 26 日
12161 志希先生在中大十年 / 杨希震 // ＊"中央"日报 1970 年 1 月 31 日
12162 追忆罗家伦先生 / 王　康 // ＊"中央"日报 1970 年 2 月 15 日
12163 吾爱吾师——罗家伦先生 / 薛人仰 // ＊"中央"日报 1970 年 2 月 22 日，＊中外杂志 1970 年 7 卷 4 期
12164 印度国旗的制定与我 / 罗家伦 // ＊传记文学 1962 年 1 卷 4 期
12165 记罗志希先生 / 王成圣 // ＊中外杂志 1970 年 7 卷 2 期
12166 记罗志希校长 / 田蕴兰 // ＊中外杂志 1970 年 7 卷 2 期
12167 罗志希校长与中大 / 柳长勋 // ＊中外杂志 1970 年 7 卷 3 期
12168 志希哀词 / 毛子水 // ＊传记文学 1970 年 16 卷 1 期
12169 悼罗校长家伦 / 卢月化 // ＊中外杂志 1970 年 7 卷 6 期
12170 罗家伦先生与台湾笔会 / 陈纪滢 // ＊传记文学 1970 年 16 卷 2 期
12171 悼念罗志希先生——并记西北同行一段回忆 / 凌鸿勋 // ＊传记文学 1970 年 16 卷 4 期
12172 罗家伦(1898—1969) / 陶英惠 // ＊传记文学 1973 年 23 卷 4 期，＊民国人物小传第 1 册第 287 页
12173 罗家伦先生的生平及其对中国近代史研究的贡献 / 蒋永敬 // ＊"中央"研究院近代史研究所集刊 1974 年 4 期
12174 罗家伦先生年谱简编初稿 / 夏文俊 // ＊新知杂志 1974 年 4 卷 6 期
12175 罗家伦 / 陶希圣 // ＊传记文学 1977 年 30 卷 1 期
12176 随罗志希先生西北考察之行 / 凌鸿勋 // ＊传记文学 1977 年 30 卷 1 期
12177 我和罗家伦先生的文字论争 / 沈云龙 // ＊传记文学 1977 年 30 卷 3 期
12178 五四运动健将——罗家伦 / 罗逸诚 // ＊畅流 1977 年 57 卷 7 期
12179 我对罗家伦先生三点特别的感想 / 王世杰 // ＊传记文学 1977 年每月人物专题，＊王世杰先生论著选集第 528 页

12180 罗家伦与北大——先父罗家伦先生百年冥寿纪念 / 罗久芳 // *传记文学 1996 年 69 卷 6 期
12181 罗家伦 / *中国近代学人象传(初辑)第 341 页
12182 罗家伦 / 李立明 // *中国现代六百作家小传第 570 页
12183 罗志希先生的大学时代 / 李云汉 // *中国现代史论史料(下册)第 657 页
12184 罗家伦 / 吴相湘 // *民国百人传第 197 页
12185 当代学人罗家伦先生 / 李德安 // *当代名人风范(2)第 543 页
12186 罗家伦 / 周邦道 // *近代教育先进传略(初集)第 113 页
12187 罗家伦 / *环华百科全书第 7 册第 449 页
12188 罗家伦 / *革命人物志第 13 集第 458 页

罗恕人
12189 我所认识的罗恕人将军 / 雷啸岑 // *中外杂志 1969 年 6 卷 5 期

罗盛志
12190 罗盛志 / 黄震遐 // *中共军人志第 732 页

罗常培
12191 罗常培(1899—1958) / 秦贤次 // *传记文学 1974 年 22 卷 1 期，*民国人物小传第 1 册第 293 页
12192 罗常培(1899—1958) / 戴晋新 // *环华百科全书第 7 册第 450 页

罗章龙
12193 罗章龙 / 刘绍唐主编 // *传记文学 1999 年 74 卷 1 期

罗惇曧
12194 罗惇曧(1874—1954) / 关国煊 // *传记文学 1983 年 42 卷 6 期，*民国人物小传第 6 册第 478 页

罗惇曧
12195 罗瘿公与程砚秋 / 王培尧 // *中外杂志 1971 年 9 卷 5 期，*中外人物专辑第 2 辑第 213 页
12196 罗惇曧(1885—1924) / *传记文学 1973 年 23 卷 4 期，*民国人物小传第 1 册第 295 页
12197 罗瘿公遗嘱及其他 / 罗学濂 // *传记文学 1985 年 47 卷 2 期
12198 关于瘿公的生平(书简) / 赵志邦 // *传记文学 1987 年 50 卷 5 期
12199 戏曲家以外之罗瘿公 / 蜕 园 // *艺林丛录第 6 编第 350 页

罗鸿恩
12200 罗鸿恩、马辉义事略 / *革命人物志第 8 集第 473 页

罗隆基
12201 忆一对欢喜冤家——王右家与罗隆基(上、下) / 吕孝信 // *传记文学 1973 年 23 卷 6 期、1974 年 24 卷 1 期
12202 谈王造时与罗隆基(上、下) / 李 璜 // *民主潮 1981 年 31 卷 8 期，*传记文学 1981 年 39 卷 2、3 期
12203 罗隆基(1898—1965) / 关国煊 // *传记文学 1982 年 41 卷 1 期，*民国人物小传第 6 册第 480 页
12204 罗隆基 / 蒲薜凤 // *传记文学 1985 年 47 卷 2 期
12205 学者从政摇摆不定含冤而死安福系才子罗隆基的一生 / 黄昌勇 王海波 // *传记文学 1996 年 69 卷 5 期

罗绳彦
12206 先烈罗君绳彦墓表 / 何 炜 // *四川文献 1964 年 23 期，*民国四川人物传记第 78 页，*革命人物志第 11 集第 368 页

罗维道
12207 罗维道 / 黄震遐 // *中共军人志第 730 页

罗遇坤
12208 罗遇坤传 / 邹 鲁 // *革命人物志第 8 集 462 页

罗黑芷
12209 罗黑芷 / 李立明 // *中国现代六百作家小传第 571 页

罗舜初

12210 罗舜初 / 黄震遐 // *中共军人志第 723 页

罗敦伟

12211 关心世道的罗敦伟先生 / 郭荣赵 // *"中央"日报 1964 年 11 月 23 日

12212 学人罗敦伟一角 / 周应龙 // *新生报 1968 年 11 月 30 日

12213 五十年回忆录续编(1—36) / 罗敦伟 // *畅流 1950 年 1 卷 1 期—1951 年 3 卷 12 期

12214 六十杂缀 / 罗敦伟 // *畅流 1957 年 14 卷 12 期

12215 愿与石门共永寿 / 罗敦伟 // *畅流 1960 年 21 卷 21 期

12216 张鲁与我 / 罗敦伟 // *畅流 1963 年 28 卷 4 期

12217 牢狱之灾——记马日事变对我的影响 / 罗敦伟 // *传记文学 1963 年 2 卷 3 期

12218 敬悼罗敦伟先生 / 任卓宣 // *政治评论 1964 年 13 卷 7 期

12219 永怀罗敦伟兄 / 易君左 // *中外杂志 1968 年 3 卷 1 期

罗湘琳

12220 罗湘琳 / 张木生 // *革命人物志第 11 集第 362 页

罗瑞卿

12221 罗瑞卿(1906—1978) / 关志昌 // *传记文学 1985 年 47 卷 2 期

12222 罗瑞卿 / 黄震遐 // *中共军人志第 726 页

12223 罗瑞卿(1906—1978) / 戴晋新 // *环华百科全书第 7 册第 451 页

罗福星

12224 罗福星抗日革命案全档 / 庄金德、贺嗣章 // *文献委员会 1965 年 438 页

12225 罗福星传 / 罗秋昭 // 黎明文化事业公司 1974 年 2 月 172 页

12226 大湖英烈——罗福星传 / 罗秋昭 // *近代中国出版社 1978 年 8 月 266 页

12227 罗福星与台湾抗日革命运动之研究 / 蒋子骏 // *黄埔出版社 1981 年 12 月 267 页

12228 罗福星抗日革命事件研究 / 覃怡辉 // "中央"研究院三民主义研究所 1981 年 9 月 83 页

12229 台湾革命先烈罗福星 / 陈汉光 // *中华日报 1951 年 10 月 10 日

12230 民族英雄罗福星其人其事 / 谢树新 // *中华日报 1967 年 3 月 3 日

12231 台湾革命怪杰罗福星 / 罗敦伟 // *畅流 1952 年 6 卷 8 期

12232 罗福星与张佑 / 王成圣 // *中外杂志 1971 年 9 卷 6 期

12233 辛亥开国台胞抗日怒潮——罗福星烈士被捕前后 / 王成圣 // *中外杂志 1971 年 9 卷 4—6 期

12234 罗福星(1884—1914) // *传记文学 1975 年 28 卷 1 期,*民国人物小传第 2 册第 331 页

12235 至大至刚的罗福星烈士 / 心园 // *今日中国 1978 年 91 期

12236 抗日运动先烈罗福星 / 林宗霖 // *励进 1978 年 392 期

12237 台湾民族英雄罗福星 / 叶荫民 // *艺文志 1979 年 169 期

12238 台湾抗日英雄罗福星二三事 / 戚宜君 // *国魂 1980 年 416 期

12239 抗日先烈罗福星——追念先祖父的行谊和志节 / 罗秋昭 // *近代中国 1980 年 19 期

12240 罗福星暨台湾志士与辛亥革命 / 陈三井 // *海外学人 1981 年 106 期,传记文学 1981 年 38 卷 4 期

12241 罗福星与国民革命 / 陈三井 // *国魂 1981 年 424 期

12242 罗福星与中国革命 / 陈三井 // *中华文化复兴月刊 1981 年 14 卷 10 期

12243 台湾先烈罗福星行略及其恋爱故事 / 王惟英 // *艺文志 1983 年 218 期

12244 罗福星 / 谭慧生 // *民国伟人传记第 65 页

12245 罗福星(1884—1914) / 方光后 // *环华百科全书第 7 册第 443 页

12246 罗福星 / 王惟英 // *革命人物志第 8 集第 463 页

12247 罗公福星的恋爱 / *革命人物志第 8 集第 468 页

12248 昭忠塔记 / 王惟英 // *革命人物志第 8 集第 470 页

罗群英

12249 罗群英 / *革命人物志第 11 集第 366 页

12250 罗百庸(群英)事略 / *革命人物志第 11 集第 367 页

罗毓雄
12251 罗毓雄 / *革命人物志第 8 集第 473 页

罗霞夫
12252 追思段茂澜、罗霞夫两位老友 / 田时雨 // *传记文学 1980 年 37 卷 2 期

罗翼群
12253 罗翼群 / 刘绍唐主编 // *传记文学 1987 年 51 卷 4 期

〔J〕

季 方
12254 政务院交通部副部长季方 / *新中国人物志(下)第 29 页

季 怡
12255 惠泽无穷的季怡先生——敬悼我国捐血运动的先驱 / 周冠华 // *中外杂志 1980 年 28 卷 2 期
12256 尽瘁捐血——悼念季怡先生 / 袁暌九 // *艺文志 1980 年 178 期

季雨霖
12257 季雨霖 / *革命人物志第 5 集第 28 页

季羡林
12258 记季羡林教授 / 殷德厚 // *中报月刊 1982 年 25 期
12259 季羡林教授自传 / 季羡林 // *传记文学 1998 年 73 卷 4 期

季源溥
12260 季源溥(1906—1979) / 李九林、程其恒 // *传记文学 1980 年 36 卷 6 期, *民国人物小传第 4 册第 153 页

竺可桢
12261 竺可桢(1890—1974) / 关志昌 // *传记文学 1978 年 32 卷 6 期, *民国人物小传第 3 册第 106 页
12262 竺可桢 / 刘昭民 // *环华百科全书第 14 册第 192 页
12263 政务院科学院副院长竺可桢 / 稚 明 // *新中国人物志(下)第 69 页

竺鸣涛
12264 竺鸣涛(1896—1969) / 赵子瑜 // *传记文学 1983 年 42 卷 2 期, *民国人物小传第 6 册第 143 页
12265 竺鸣涛 / *革命人物志第 19 集第 90 页

竺绍康
12266 竺公绍康先烈传 / 何志浩 // *浙江月刊 1977 年 9 卷 11 期, *中国与日本 1977 年 201 期, *革命人物志第 17 集第 117 页

竺培风
12267 竺培风传 / 朱民威 // *传记文学 1975 年 27 卷 4、5 期
12268 忆竺培风兄 / 张念尧 // *传记文学 1985 年 46 卷 6 期

竺培英
12269 蒋经国表妹竺培英 / 杨尧深 // *传记文学 1999 年 75 卷 2 期

秉 志
12270 秉志(1886—1965) / 关志昌 // *传记文学 1983 年 43 卷 3 期

岳日骞
12271 岳烈士日骞传略 / *川籍抗战忠烈录第 107 页

岳文标
12272 岳文标 / *革命人物志第 10 集第 187 页

岳佐坤
12273 岳佐坤 / *革命人物志第 10 集第 188 页

岳维峻
12274 岳维峻(1883—1932)／于右任／／＊传记文学1973年22卷5期，＊民国人物小传第1册第94页
12275 民初人物印象记／马伯援／／＊传记文学1984年44卷5期
12276 岳维峻／＊革命人物志第2集第508页

征 军
12277 征　军／李立明／／＊中国现代六百作家小传227页

金 山
12278 金山何许人也／唐绍华／／＊传记文学1997年71卷1期

金 军
12279 金　军／舒　兰／／＊抗战时期的新诗作家和作品第243页

金 城
12280 哀先父金城教授／金石圣／／＊"中央"日报1963年12月18日
12281 敬悼金城恩师／詹增郎／／＊"中央"日报1963年12月28日

金 晔
12282 本报前副社长金晔先生29日公祭／＊中国时报1993年12月27日
12283 金晔先生的青年时代／黄大受／／＊中国时报1993年12月28日

金 梁
12284 漫谈湖上两异人(金梁)／吴柳梧／／＊畅流1968年37卷4期

金 雯
12285 金　雯／＊革命人物志第18集第111页

金 焰
12286 阮玲玉与金焰／沈西城／／＊大成1978年55期

金天翮
12287 文皇帝金松岑／范剑平／／＊畅流1952年5卷9期
12288 金天翮(1873—1947)／关国煊／／＊传记文学1985年47卷4期

金少山
12289 花脸大王金少山——纪念金少山逝世三十五周年／翁偶虹／／＊大成1982年105期

金世鼎
12290 大法官金世鼎教授逝世,兹定于三月一日公祭／＊"中央"日报1994年2月25日

金仲华
12291 金仲华(1907—1968)／关志昌／／＊传记文学1982年41卷4期，＊民国人物小传第6册第147页
12292 金仲华／方雪纯等／／＊中共人名录第238页
12293 金仲华／李立明／／＊中国现代六百作家小传第222页

金华衮
12294 金华衮／＊革命人物志第2集第488页

金兆梓
12295 金兆梓(1889—1975)／关国煊／／＊传记文学1984年45卷2期
12296 金兆梓／李立明／／＊中国现代六百作家小传第221页
12297 金兆梓／卓　立、吴　梵／／＊当代作家自传集第21页

金问泗
12298 从巴黎和会到国联／金问泗／／＊传记文学杂志社1967年184页
12299 外交工作的回忆／金问泗／／＊传记文学出版社1968年146页
12300 我回国服务期间经手的几桩小事／金问泗／／＊传记文学1966年9卷4期
12301 我初次就公使任／金问泗／／＊传记文学1967年10卷6期
12302 大战中住英四载(1—3)／金问泗／／＊传记文学1968年12卷3—5期

12303 回忆金纯孺先生二三事 / 顾翊群 // *传记文学 1968 年 12 卷 6 期
12304 读金纯孺先生《外交工作的回忆》感言 / 顾翊群 // *传记文学 1968 年 13 卷 4 期
12305 金问泗(1892—1968) / 关国煊 // *传记文学 1981 年 38 卷 5 期，*民国人物小传第 5 册第 172 页

金汝柏
12306 金汝柏 / 黄震遐 // *中共军人志第 202 页

金阳镐
12307 农业专家金阳镐 / 张龄松 // *新生报 1970 年 6 月 10 日
12308 师友痛悼金阳镐 / 吕一铭 // *联合报 1970 年 6 月 10 日
12309 硬汉金阳镐 / 文　琪 // *政治评论 1961 年 6 卷 11 期
12310 悼念金阳镐兄 / 沈宗瀚 // *传记文学 1970 年 17 卷 2 期，*沈宗瀚晚年文录第 315 页

金芳蓉
12311 记几位中国的女数学家 / 陈省身、康润芳 // *传记文学 1995 年 66 卷 5 期

金里仁
12312 金里仁与刘剑如(书简) / 王绍齐 // *传记文学 1987 年 51 卷 4 期

金佛庄
12313 金佛庄 / 刘绍唐主编 // *传记文学 1998 年 73 卷 5 期

金国栋
12314 金国栋 / *革命人物志第 17 集第 122 页

金国治
12315 金国治传(附王兴平、张铁梅) / 邹　鲁 // *邹鲁全集第 9 册第 384 页，*革命人物志第 2 集第 486 页

金岳霖
12316 金岳霖(1897—1984) / *环华百科全书第 11 册第 509 页

金宝善
12317 金宝善 / 刘绍唐主编 // *传记文学 1998 年 73 卷 3 期

金绍先
12318 我在新疆两次接待蒋经国 / 金绍先 // *传记文学 1994 年 65 卷 1 期

金绍城
12319 金拱北(1868—1926) / 廖雪芳 // *环华百科全书第 11 册第 483 页

金树仁
12320 樊耀南、金树仁、哈密回王 / 尧乐博士 // *传记文学 1968 年 12 卷 3 期
12321 新疆风云人物志之二——金树仁诡谲不仁 / 李清 // *中外杂志 1983 年 33 卷 6 期

金禹民
12322 记金禹民先生(上、下) / 吴文彬 // *艺坛 1974 年 81 期—1975 年 82 期

金祖年
12323 杰出校友群像——机械工程专家金祖年委员 / 王绍桢等 // *学府纪闻·私立辅仁大学第 333 页

金素琴
12324 金素琴舞台生活回忆(1—9) / 金素琴口述、孟瑶笔录 // *传记文学 1982 年 41 卷 4 期—1983 年 43 卷 3 期
12325 《金素琴舞台生活回忆》读后记——并记金女士在美国生活实况与祝寿盛会 / 陶鹏飞 // *传记文学 1983 年 43 卷 3 期

金润棠
12326 金润棠(1871—1917)墓碣 / 章　梫 // *碑传集三编第 10 册第 2397 页

金维系
12327 金维系先生纪念集 / *金维系先生纪念集编辑委员会 1981 年 288 页

12328 金维系(1888—1982) / 林抱石 // *传记文学 1983 年 43 卷 2 期
12329 金维系 / *革命人物志第 21 集第 240 页
12330 金维系先生口述历史记录 / *革命人物志第 21 集第 245 页

金葆宜
12331 金葆宜 / 颜文雄 // *中国一周 1966 年 843 期

金雄白
12332 记者生涯五十年(上、下) / 金雄白 // *跃昇文化事业公司 1988 年
12333 记者生涯五十年 / 金雄白 // *大成 1974 年 9 期—1977 年 6 期
12334 金雄白(1904—1985) / 关国煊 // *传记文学 1985 年 46 卷 6 期

金曾澄
12335 广东高师的奶娘金湘帆 / 李朴生 // *传记文学 1965 年 6 卷 5 期

金勤伯
12336 吴兴金勤伯教授绘事 / 张目寒 // *畅流 1957 年 15 卷 4 期

金满成
12337 金满成 / 李立明 // *中国现代六百作家小传第 223 页

金德洋
12338 金德洋(1898—1979) / 于翔麟 // *传记文学 1985 年 46 卷 3 期

周 文
12339 周 文 / 李立明 // *中国现代六百作家小传第 183 页

周 达
12340 周 达 / *革命人物志第 10 集第 191 页

周 扬
12341 周 扬 / 陈敬之 // *三十年代文坛与左翼联盟第 97 页
12342 周 扬 / 方雪纯等 // *中共人名录第 222 页
12343 周 扬 / 林曼叔等 // *中国当代作家小传第 86 页
12344 周 扬 / 李立明 // *中国现代六百作家小传第 183 页
12345 周 扬 / 赵 聪 // *现代中国作家列传第 271 页

周 华
12346 周华传 / 邹 鲁 // *革命人物志第 2 集第 495 页

周 岐
12347 周 岐 / 唐国珍 // *革命人物志第 10 集第 189 页

周 杰
12348 周杰事略 / *革命人物志第 10 集第 190 页

周 实
12349 周烈士实丹传 / 邹 鲁 // *革命人物志第 2 集第 501 页

周 复
12350 周 复 / *革命人物志第 18 集第 113 页

周 桢
12351 周 桢 / 刘绍唐主编 // *传记文学 1998 年 73 卷 2 期

周 彪
12352 周 彪 / 黄震遐 // *中共军人志第 196 页

周 崧
12353 周 崧 / 刘伯骥 // *华侨名人传第 374 页

周 硕
12354 周 硕 / *革命人物志第 3 集第 229 页

周 碞

12355　前浙省主席周奉璋先生 / 虞瑞海 // *宁波同乡 1979 年 126 期

12356　周　碞(1895—1953) / 于翔麟 // *传记文学 1980 年 37 卷 4 期，*民国人物小传第 4 册第 145 页

12357　周　碞 / *革命人物志第 3 集第 230 页

周 璇

12358　周璇的真实故事 / 屠光启等 // *传记文学出版社 1987 年 245 页

12359　周　璇(1918—1957) / *传记文学 1982 年 40 卷 6 期，*民国人物小传第 5 册第 144 页

12360　"金嗓子"周璇的血泪遗书(上、下) / 屠光启 // *传记文学 1987 年 50 卷 4、5 期

12361　我母亲周璇坎坷的一生(1—2) / 周　伟 // *传记文学 1987 年 50 卷 4、5 期

12362　周璇的电影与歌 / *传记文学 1987 年 50 卷 5 期

周 增

12363　周增传 / 邹　鲁 // *革命人物志第 2 集第 504 页

周 镇

12364　周　镇 / *革命人物志第 3 集第 235 页

周 霍

12365　周　霍 / *革命人物志第 10 集第 192 页

周 斓

12366　周　斓 / 刘绍唐主编 // *传记文学 1992 年 60 卷 5 期

周 馥

12367　周悫慎公自订年谱(二卷) / 周　馥 // *广文书局 1971 年影印本 168 页

12368　周玉山先生自订年谱 / 周　馥 // *新编中国名人年谱集成(第 2 辑)1978 年 167 页

周 鑫

12369　周　鑫 / *革命人物志第 10 集第 192 页

周士第

12370　周士第 / 刘绍唐主编 // *传记文学 1993 年 62 卷 2 期

12371　周士第 / 黄震遐 // *中共军人志第 186 页

周大烈

12372　宁波闻人周大烈 / 蒋　迪 // *宁波同乡 1976 年 96 期

周小舟

12373　周小舟 / 刘绍唐主编 // *传记文学 1992 年 61 卷 6 期

周开庆

12374　八秩之年 / 周开庆 // *台北县新店市周郑秀卿 1984 年

12375　七旬正是少年时 / 周开庆 // *畅流 1960 年 22 卷 6 期

周开泰

12376　周开泰 / *革命人物志第 10 集第 198 页

周木斋

12377　周木斋 / 李立明 // *中国现代六百作家小传 186 页

12378　周木斋 / 黄俊东 // *中国现代作家剪影第 204 页

周太玄

12379　周太玄 / 方雪纯等 // *中共人名录第 212 页

12380　周太玄 / 李立明 // *中国现代六百作家小传 185 页

周少宾

12381　蔡仁杰、卢醒、明灿、周少宾、刘立梓将军等五员生平事略 / *革命人物志第 15 集第 380 页

周长宁

12382　追悼周长宁教授 / 张其昀 // *政论周刊 1957 年 150 期

周长胜
12383　周长胜／黄震遐／／＊中共军人志第 193 页
周长龄
12384　周寿臣(1861—1959)／关志昌／／＊传记文学 1980 年 37 卷 3 期，＊民国人物小传第 4 册第 150 页
周仁杰
12385　周仁杰／黄震遐／／＊中共军人志第 189 页
周文江
12386　周文江／黄震遐／／＊中共军人志第 190 页
周文辅
12387　周文辅／＊革命人物志第 3 集第 214 页
周文富
12388　周文富／＊革命人物志第 10 集第 193 页
周予同
12389　周予同(1898—1981)／关志昌／／＊传记文学 1982 年 41 卷 1 期，＊民国人物小传第 6 册第 127 页
12390　周予同／李立明／／＊中国现代六百作家小传第 187 页
周书楷
12391　周书楷是被贬放教廷的吗／刘荩章／／＊传记文学 1992 年 61 卷 4 期
12392　周书楷／刘绍唐主编／／＊传记文学 1993 年 62 卷 3 期
周玉冠
12393　周玉冠／高　民／／＊革命人物志第 3 集第 215 页
周世平
12394　怀念先夫周世平先生／周李若兰／／＊"中央"日报 1961 年 11 月 13 日
周世辅
12395　周世辅／刘绍唐主编／／＊传记文学 1996 年 6 卷 82 期
周用行
12396　周用行／＊革命人物志第 16 集第 65 页
周尔璧
12397　周尔璧／周邦道／／＊近代教育先进传略(初集)第 155 页
周立波
12398　周立波(1908—1979)／关志昌／／＊传记文学 1982 年 41 卷 4 期，＊民国人物小传第 6 册第 129 页
12399　周立波／林曼叔等／／＊中国当代作家小传第 62 页
12400　周立波／李立明／／＊中国现代六百作家小传第 188 页
12401　周立波／方　青／／＊现代文坛百象第 99 页
周发田
12402　周发田／黄震遐／／＊中共军人志第 197 页
周幼海
12403　周幼海与施丹萍坎坷恋／沈立行／／＊传记文学 1995 年 66 卷 2 期
周邦道
12404　不失儒生本色的周邦道／应平书／／＊学人风范第 155 页
周西成
12405　贵州怪军人周西成／刘健群／／＊传记文学 1963 年 2 卷 4、5 期
12406　也谈周西成／杨　森／／＊传记文学 1966 年 9 卷 6 期
12407　传奇人物周西成(上、下)／丁慰慈／／＊中外杂志 1985 年 37 卷 1、2 期
周百炼
12408　周百炼／刘绍唐主编／／＊传记文学 1993 年 62 卷 1 期

周而复
12409 周而复 / 方雪纯等 // ＊中共人名录第 213 页
12410 周而复 / 林曼叔等 // ＊中国当代作家小传第 51 页
12411 周而复 / 李立明 // ＊中国现代六百作家小传第 190 页
12412 周而复 / 赵 聪 // ＊现代中国作家列传第 362 页

周至柔
12413 访问周至柔将军 / 王洪钧 // ＊"中央"日报 1950 年 8 月 14 日
12414 祖国之鹰——周至柔 / 张 珍 // ＊自由谈 1951 年 2 卷 6 期
12415 周至柔先生二三事 / 陈克己 // ＊政论周刊 1957 年 136 期
12416 周至柔将军与我国近代体育发展 // ＊国民体育季刊 1983 年 12 卷 2 期
12417 周至柔将军二三事 / 蒋光照 // ＊传记文学 1987 年 51 卷 3 期

周光彝
12418 周光彝(附何狱) // ＊革命人物志第 3 集第 217 页

周伟龙
12419 戴笠与周伟龙(上、中、下) / 戈士德 // ＊中外杂志 1982 年 31 卷 5 期—32 卷 1 期

周传炳
12420 周传炳 / ＊革命人物志第 10 集第 200 页

周自齐
12421 民国初年的几位财政总长(三):周自齐 / 贾士毅 // ＊传记文学 1964 年 5 卷 5 期
12422 周自齐(1871—1923) / 赵立成 // ＊传记文学 1977 年 30 卷 6 期,＊民国人物小传第 3 册第 79 页
12423 周自齐 / 贾士毅 // ＊民国初年的几任财政总长第 40 页
12424 代理国务总理周自齐 / 赵朴民 // ＊北洋政府国务总理列传第 199 页

周全平
12425 周全平 / 李立明 // ＊中国现代六百作家小传第 189 页

周兆棠
12426 周兆棠(1901—1973) / 林抱石 // ＊传记文学 1983 年 43 卷 2 期

周庆云
12427 吴兴周梦坡先生年谱(4 册) / 周延祁等 // ＊文海出版社近代中国史料丛刊第八十二辑(总 816)影印本 310 页

周寿昌
12428 人民政协代表周寿昌 / ＊新中国人物志(下)第 203 页

周赤萍
12429 周赤萍 / 黄震遐 // ＊中共军人志第 191 页

周孝庵
12430 周孝庵先生纪念集 / ＊周孝庵先生治丧委员会编印 1973 年 124 页

周志先
12431 周志先 / 黄震遐 // ＊中共军人志第 192 页

周志坚
12432 周志坚 / 黄震遐 // ＊中共军人志第 190 页

周志道
12433 八十忆往 / 周志道 // ＊撰者 1969 年 355 页
12434 周志道(1900—1984) / 于翔麟 // ＊传记文学 1984 年 45 卷 2 期

周扶九
12435 周扶九兴衰传奇 / 楚 厂 // ＊艺文志 1966 年 10 期

周佐尧
12436 周佐尧 / ＊革命人物志第 9 集第 102 页

周作人

12437　知堂回想录 / 周作人 // (香港)三育图书有限公司 1980 年 11 月 727 页

12438　凡人的悲哀:周作人传 / 钱理群 // *业强出版社 1991 年 327 页

12439　周作人、曹聚仁及其他 / 易　金 // *联合报 1963 年 9 月 30 日—1963 年 10 月 1—3 日

12440　我所认识的周作人 / 洪炎敏 // *纯文学 1967 年 2 卷 1 期

12441　忆岂明老人 / 梁实秋 // *传记文学 1967 年 11 卷 3 期

12442　徐志摩与知堂老人 / 成仲恩 // *传记文学 1968 年 13 卷 3 期

12443　周作人二三事 / 庆　余 // *万人杂志 1970 年 165 期

12444　闲话周作人 / 王健民 // *传记文学 1971 年 19 卷 5、6 期

12445　北大感旧录(上、中、下) / 周作人 // *传记文学 1973 年 22 卷 2—5 期

12446　周作人(1884—1966) / 秦贤次 // *传记文学 1977 年 30 卷 3 期,*民国人物小传第 3 册第 80 页

12447　旧作记周作人——三十年代至四十年代的周作人 / 薛慧山 // *大成 1981 年 97 期

12448　周作人逝世的正确时间 / 鲍耀明 // *传记文学 1982 年 41 卷 3 期

12449　周作人"落水"前后 / 琦　翔 // *大成 1983 年 110 期

12450　知堂老人在南京 / 龙顺宜 // *明报月刊 1983 年 3 期

12451　周作人的晚年与逝世 / 文洁若 // *传记文学 1996 年 68 卷 3 期

12452　胡适与周作人 / 张晓维 // *传记文学 1996 年 68 卷 6 期

12453　与周作人晚年交游琐记 / 张铁铮 // *传记文学 1998 年 72 卷 1 期

12454　周作人 / 柳存仁 // *人物谭第 36 页

12455　周作人 / 李立明 // *中国现代六百作家小传第 191 页

12456　章太炎与周作人 // *文坛五十年正编第 188 页

12457　周作人 / 康培初 // *文学作家时代第 16 页

12458　周作人 / 陈敬之 // *早期新散文的重要作家第 1 页

12459　周作人 / 刘　葆 // *现代中国人物志第 312 页

12460　周作人 / 姚乃麟 // *现代中国文学家传记第 17 页,*现代作家论第 56 页

12461　周作人 // *现代中国作家列传第 21 页

12462　周作人 / 黄俊东 // *现代中国作家剪影第 14 页

12463　周作人(1884—1966) // *环华百科全书第 13 册第 618 页

12464　鲁迅与周作人 / 马蹄疾 // *鲁迅与浙江作家第 27 页

周伯良

12465　周伯良(附张佩兰) / 平　刚 // *革命人物志第 3 集第 218 页

周佛海

12466　周佛海日记 / (香港)创垦出版社 1955 年 208 页,上海人民出版社 1984 年 2 月 588 页

12467　陈公博、周佛海回忆录合编 / 陈公博、周佛海 // (香港)春秋出版社 1967 年 217 页

12468　周佛海的悲剧 / 刘棨琮 // *中外杂志 1977 年 21 卷 2 期

12469　周佛海(1897—1948) / 关国煊 // *传记文学 1979 年 34 卷 2 期,*民国人物小传第 3 册第 83 页

12470　也谈周佛海 / 章名湘 // *中外杂志 1985 年 37 卷 4 期

12471　军统局策反周佛海的经过 / 王安之 // *传记文学 1993 年 63 卷 2 期

12472　周佛海死前最后的狱中日记 / 刘绍唐主编 // *传记文学 1994 年 65 卷 1 期

12473　周佛海受审侦讯笔录 // *传记文学 1994 年 65 卷 2 期

12474　周佛海(1897—1948) / 戴晋新 // *环华百科全书第 13 册第 599 页

12475　周佛海 / 胡遨园 // *贤不肖列传第 110 页

12476　程克祥策反周佛海 / 乔家才 // *戴笠将军和他的同志第 2 集第 317 页

周希汉

12477　周希汉 / 黄震遐 // *中共军人志第 191 页

周谷城

12478　翦伯赞与周谷城 / 遯　叟 // *"中央"日报 1967 年 1 月 31 日
12479　周谷城 / 方雪纯等 // *中共人名录第 214 页
12480　周谷城 / 林曼叔等 // *中国当代作家小传第 90 页
12481　周谷城 / 李立明 // *中国现代六百作家小传第 193 页

周应时

12482　周应时 / 金平欧 // *革命人物志第 17 集第 125 页
12483　周应时(晢谋)自传 / *革命人物志第 17 集第 125 页

周辛铄

12484　周辛铄 / 陈天华 // *革命人物志第 3 集第 219 页

周诒春

12485　与好友何廉谈恩师周诒春校长 / 刘师舜 // *传记文学 1969 年第 15 卷 4 期
12486　周诒春(1883—1958) / 姚崧龄 // *传记文学 1975 年 26 卷 4 期，*民国人物小传 2 册第 73 页
12487　周诒春(1883—1958) / 周邦道 // *近代教育先进传略(初集)第 145 页
12488　感念恩师周校长寄梅 / 陈宏振 // *学府纪闻·国立清华大学第 109 页
12489　周寄梅先生是圣贤中人 / 张道宏 // *学府纪闻·国立清华大学第 119 页

周纬黄

12490　周纬黄 / *革命人物志第 19 集第 85 页

周纯全

12491　周纯全 / 黄震遐 // *中共军人志第 193 页

周贤言

12492　周贤言其人其事 / 钱沛霖 // *学府纪闻·国立交通大学第 170 页

周贤颂

12493　一个未过河的小卒子 / 周贤颂 // *尔雅出版社 1981 年 2 月 327 页

周国治

12494　周烈士献廷事略(周国治) / *革命人物志第 3 集第 224 页

周国祥

12495　周国祥 / *革命人物志第 10 集第 197 页

周国琛

12496　周国琛传 / *四川文献 1964 年 23 期
12497　周国琛小传 / 梅际郇 // *民国四川人物第 57 页
12498　周国琛 / *革命人物志第 3 集第 224 页

周昌芸

12499　周昌芸(1903—1977) / 赵子瑜 // *传记文学 1980 年 36 卷 4 期，*民国人物小传第 4 册第 148 页

周佩箴

12500　周佩箴 / 姚　琮 // *革命人物志第 3 集第 221 页
12501　周佩箴同志墓志铭 / 于右任 // *革命人物志第 3 集第 223 页

周炜良

12502　纪念几位数学朋友 / 陈省身 // *传记文学 1999 年 75 卷 2 期

周学本

12503　周将军学本传略 / 孙　震 // *四川文献 1969 年 78 期，*革命人物志第 19 集第 86 页

周学昌

12504　周学昌 / 刘绍唐主编 // *传记文学 1999 年 75 卷 1 期

周学章

12505　周学章 / 周邦道 // *近代教育先进传略(初集)第 274 页

周学熙

12506 周止庵先生自叙年谱 / ＊文海出版社近代中国史料丛刊三编第一辑(总 8)影印本 145 页

12507 周止庵先生别传 / 周叔姃 // ＊文海出版社近代中国史资料丛刊第一辑(总 10)影印本 232 页

12508 民国初年的几任财政总长(二):周学熙 / 贾士毅 // ＊传记文学 1964 年 5 卷 4 期

12509 周学熙(1865—1947) / 关国煊 // ＊传记文学 1977 年 30 卷 2 期, ＊民国人物小传第 3 册第 86 页

12510 周学熙一生的业迹 / 胡光麃 // ＊民国初年的几任财政总长第 113 页

12511 周学熙(1865—1947) / 戴晋新 // ＊环华百科全书第 13 册第 605 页

周宗莲

12512 忆念周宗莲教授 / 陈克诚 // ＊中外杂志 1978 年 23 卷 3 期

周定鼎

12513 周定鼎 / ＊革命人物志第 10 集第 195 页

周建人

12514 周建人(1888—1984) / ＊传记文学 1985 年 46 卷 2 期

12515 周建人 / 方雪纯等 // ＊中共人名录第 217 页

12516 周建人 / 李立明 // ＊中国现代六百作家小传第 194 页

12517 鲁迅与周建人 / 马蹄疾 // ＊鲁迅与浙江作家第 57 页

12518 政务院出版总署副署长周建人 / ＊新中国人物志(下)第 78 页

周贯五

12519 周贯五 / 黄震遐 // ＊中共军人志第 195 页

周荫人

12520 周荫人 / 刘绍唐主编 // ＊传记文学 1992 年 61 卷 4 期

周树声

12521 周树声先生小传 / 何光寰 // ＊民主宪政 1967 年 33 卷 1 期

12522 周树声先生传 / 何志浩 // ＊畅流 1981 年 64 卷 4 期, ＊中原文献 1981 年 13 卷 7 期, ＊中国与日本 1981 年 247 期

12523 九五自述 / 周树声 // ＊中原文献 1983 年 15 卷 5 期

12524 我所认识的周树声先生 / 马秉风 // ＊中原文献 1983 年 15 卷 5 期

12525 周树声先生传 / 何志浩、侯传勋 // ＊学府纪闻・国立河南大学第 221 页

周厚枢

12526 记周厚枢先生 / 杜负翁 // ＊"中央"日报 1969 年 9 月 10 日, ＊中国一周 1969 年 992 期

12527 哭枢兄 / 周厚钧 // ＊中国一周 1969 年 990 期

12528 献身教育尽粹精业 / 唐瑞生 // ＊中国一周 1969 年 992 期

周厚复

12529 悼周厚复教授 / 郦堃厚 // ＊"中央"日报 1970 年 5 月 31 日

12530 记周厚复 / 王定一 // ＊"中央"日报 1970 年 6 月 16 日

12531 命运的捉弄——周厚复教授的遭遇 / 孙观汉 // ＊传记文学 1971 年 18 卷 3 期

周贻白

12532 周贻白 / 刘绍唐主编 // ＊传记文学 1996 年 69 卷 3 期

周钟岳

12533 周惺庵先生传 / 张维翰 // ＊云南文献 1975 年 5 期

12534 周钟岳 / 刘绍唐主编 // ＊传记文学 1987 年 50 卷 2 期

周保中

12535 前东北民主联军总司令周保中 / ＊新中国人物志(上)第 208 页

周信华

12536 周信华 / 李立明 // ＊中国现代六百作家小传第 195 页

周信芳

12537 我的公公麒麟童／黄敏祯／／＊大地出版社 1984 年 218 页
12538 老树花红春满枝——纪念周信芳演剧生活六十年／李岳南／／＊大公报 1961 年 12 月 10 日
12539 麒麟童沉冤十年／苇　窗／／＊大成 1979 年 63 期
12540 国剧四名伶之惨死及其传略／关志昌／／＊传记文学 1982 年 40 卷 1 期
12541 麒派始祖——周信芳(1894—1975)／关志昌／／＊传记文学 1982 年 40 卷 1 期，＊民国人物小传第 5 册第 147 页
12542 我所知道的周信芳——纪念周信芳九十诞辰及逝世十周年／＊南北极 1984 年 174 期
12543 周信芳浑身是戏／槛外人／／＊大成 1984 年 128 期
12544 周信芳之死(1—4)／树　棻／／＊大成 1984 年 125—128 期
12545 田汉与周信芳／邵　苬／／＊中报月刊 1984 年 58 期
12546 周信芳／＊环华百科全书第 13 册第 604 页

周美玉

12547 周美玉／＊环华百科全书第 13 册第 598 页

周兹绪

12548 忆清华辛酉级十位级友(下)：周兹绪／浦薛凤／／＊传记文学 1985 年 47 卷 3 期

周炼霞

12549 周炼霞／易　金／＊联合报 1962 年 11 月 19 日

周浑元

12550 周浑元／刘绍唐主编／／＊传记文学 1995 年 66 卷 1 期

周祖晃

12551 周祖晃／刘绍唐主编／／＊传记文学 1996 年 68 卷 2 期

周恭寿

12552 周恭寿(1876—1952)／姚崧龄／／＊传记文学 1983 年 43 卷 4 期

周恩来

12553 周恩来专辑／中国问题研究中心／／(香港)自联出版社 1971 年 784 页
12554 周恩来评传／严静文／／(香港)波文书局 1974 年 403 页
12555 周恩来评传／李天民／／＊阿尔泰出版社 1976 年
12556 毛泽东与周恩来同志／司马长风／／(香港)南青艺社 1976 年 2 版 241 页
12557 周恩来访问记／斯诺等著、宋莲译／／(香港)万源图书公司 1976 年 8 月再版 118 页
12558 世界伟人周恩来——各国人士的记述与回忆／(香港)科博 1976 年印行
12559 周恩来纪念画集／广角镜出版社／(香港)广角镜出版社编印 1977 年 11 月 315 页
12560 周恩来纪念集／(香港)七十年代月刊社编印 1977 年 2 月 480 页
12561 想念周恩来／(美)斯诺、谢惠思／／(香港)万源图书公司 1977 年 2 月增订版、7 月 4 版 371 页
12562 周恩来的一生／(香港)新中国图书公司编辑出版 1977 年 4 月 607 页
12563 周恩来传(1—10)／许芥昱著、张北生译／／＊明报月刊 1973 年 3—12 期
12564 周恩来夫妇的早年活动／文　苏／／＊明报月刊 1976 年 2 期
12565 悼念周恩来二三事／方　丹／／＊明报月刊 1976 年 2 期
12566 悼念周恩来先生／(日)村上兵卫／／＊明报月刊 1976 年 2 期
12567 周恩来与邓颖超／周　坦／／＊明报月刊 1977 年 2 期
12568 会见周恩来／安德烈·马尔劳著、古熊译／／＊明报月刊 1977 年 2 期
12569 周恩来(1898—1976)／关国煊／／＊传记文学 1982 年 40 卷 2 期
12570 周恩来在进入中央苏区前后所经历的两场特殊战斗／黄少群／／＊革命人物 1987 年 5 期
12571 周恩来亲自指挥与美建交前的间谍工作／埃利希曼、张鑫译／／＊传记文学 1993 年 62 卷 1 期
12572 周恩来癌症缠身力保邓小平复出／学　文／／＊传记文学 1993 年 62 卷 2 期

12573　张群与周恩来 / 邓　启 // *传记文学 1994 年 65 卷 5 期
12574　毛泽东与周恩来在"大跃进"中的分歧 / 袁永松 // *传记文学 1995 年 66 卷 1 期
12575　周恩来逝世二十周年悼词 / 唐德刚 // *传记文学 1996 年 68 卷 2 期
12576　周恩来（1898—1976）/ 关国煊 // *民国人物小传第 5 册第 150 页
12577　周总理和中美学术交流 / 刘子健 // 大公报在港复刊卅周年纪念文集下卷第 549 页
12578　周恩来 / 戴晋新 // *环华百科全书第 13 册第 618 页
12579　政务院总理周恩来 / *新中国人物志（上）第 30 页

周浩然

12580　周浩然 / *革命人物志第 10 集第 195 页

周祥骏

12581　周祥骏 / *革命人物志第 3 集第 225 页

周骏彦

12582　周骏彦 / 刘绍唐主编 // *传记文学 1992 年 61 卷 2 期

周晞颜

12583　资中周晞颜先生传略 / 刘泗英 // *四川文献 1962 年 3 期，*民国四川人物传记第 189 页，*革命人物志第 16 集第 68 页

周培源

12584　从校务委员会主席汤用彤到校长陈佳洱——续记北大百年后期八位负责人 / 关国煊 // *传记文学 1998 年 72 卷 5 期

周崇淑

12585　周崇淑 / 颜文雄 // *中国一周 1967 年 897 期

周象贤

12586　记周象贤先生 / 阮毅成 // *传记文学 1971 年 18 卷 1 期，*彼岸第 119 页

周逸群

12587　周逸群 / 刘绍唐主编 // *传记文学 1994 年 65 卷 2 期

周鸿经

12588　悼念周纶阁先生 / 韦从序 // *中华日报 1957 年 5 月 7 日
12589　数学家周鸿经 / 王理璜 // *"中央"日报 1957 年 5 月 9 日
12590　周鸿经先生事略 / 管公度 // *政论周刊 1957 年 124 期
12591　周鸿经（1902—1957）/ *传记文学 1973 年 23 卷 5 期，*民国人物小传第 1 册第 97 页
12592　怀念周纶阁（鸿阁）师 / 李新民 // *中外杂志 1975 年 18 卷 5 期
12593　数学宗师周鸿经先生 / *教育 1976 年 304 期

周鸿勋

12594　周鸿勋事略 / *革命人物志第 2 集 505 页
12595　记周鸿勋烈士 / 周开庆 // *民国四川人物传记第 29 页

周淡游

12596　勇者周淡游 / 田布衣 // *春秋 1967 年 7 卷 4 期
12597　周日宣（1881—1919）/ 赵子瑜 // *传记文学 1980 年 36 卷 6 期，*民国人物小传第 4 册第 146 页
12598　蒋介石第一个盟兄周淡游 / 王光远 // *传记文学 1993 年 62 卷 3 期
12599　蒋介石第一个盟兄周淡游的一生 / 周新雷 // *传记文学 1993 年 63 卷 4 期
12600　周淡游 / 杨庶堪 // *革命人物志第 2 集第 491 页
12601　周淡游先生墓表 / 戴传贤 // *革命人物志第 2 集第 493 页

周隆礼

12602　周隆礼 / 文寿昌 // *革命人物志第 10 集第 198 页

周隆庠

12603　周隆庠 / 刘绍唐主编 // *传记文学 1999 年 75 卷 1 期

周维城
12604　周维城／周邦道∥＊近代教育先进传略（初集）第17页

周维桢
12605　周维桢传／邹　鲁∥＊革命人物志第2集第502页

周越然
12606　周越然／李立明∥＊中国现代六百作家小传第196页

周朝宗
12607　周朝宗／牛芷青∥＊革命人物志第2集第496页

周惠龢
12608　周惠龢／＊革命人物志第2集第498页

周景涛
12609　周景涛（1865—1912）墓志铭／林　纾∥＊碑传集三编第3册第679页

周善培
12610　周善培与周肇祥／陈　言∥＊中外杂志1977年21卷2期

周道万
12611　周道万／徐苏中∥＊革命人物志第3集第227页

周瑞麟
12612　周瑞麟／＊革命人物志第2集第500页

周献臣
12613　周献臣／＊革命人物志第2集第506页

周榆瑞
12614　周榆瑞在人间／卜少夫∥＊远景出版社事业公司1982年187页
12615　病后的坦白交代／周榆瑞∥＊新闻天地1976年1455期
12616　"神交"周榆瑞／张佛千∥＊大成1980年80期
12617　病中的独白／周榆瑞∥＊传记文学1980年36卷5期
12618　悼榆瑞忆旧游／赵效沂∥＊传记文学1980年36卷5期
12619　关于周榆瑞／关路易∥＊新闻天地1980年1693期
12620　怀念周榆瑞／熊文英∥＊大成1980年78期
12621　天南挥泪恸斯人——遥祭周榆瑞老弟／陈　颐∥＊中外杂志1980年28卷3期
12622　忆周榆瑞兄／张天心∥＊新闻天地1980年1680期
12623　永怀周榆瑞／卜少夫∥＊传记文学1980年36卷5期，＊新闻天地1980年1680期
12624　钟唯真写周榆瑞／卜少夫∥＊新闻天地1980年1693期
12625　周榆瑞为何能安抵伦敦／赵世洵∥＊传记文学1980年37卷2期
12626　周榆瑞（1917—1980）／关志昌∥＊传记文学1984年44卷3期

周蜀云
12627　周蜀云女士／郑秀卿∥＊四川文献1967年64期
12628　早年留法回忆／周蜀云∥＊中外杂志1975年17卷6期
12629　我在大夏的教学生活／周蜀云∥＊学府纪闻·私立大夏大学第50页

周锦朝
12630　周锦朝／刘伯骥∥＊华侨名人传第312页

周靖波
12631　周靖波／＊革命人物志第3集第226页

周雍能
12632　周雍能先生访问记录／沈云龙等∥＊"中央"研究院近代史研究所1984年初版229页
12633　北伐初期的回忆／周雍能∥＊传记文学1970年17卷6期

12634 云水苍茫一叶舟——在古巴办党与办报的回忆(1—6) / 周雍能 // *传记文学 1970 年 16 卷 1 期—1972 年 20 卷 1 期

12635 江西老俵走广东——民二以后我和革命广东的关系(1—3) / 周雍能 // *中外杂志 1971 年 9 卷 4—6 期

12636 抗战前之回忆 / 周雍能 // *传记文学 1971 年 19 卷 2 期

12637 抗战期间之工作与遭遇 / 周雍能 // *传记文学 1972 年 20 卷 1 期

周福成

12638 周福成(1898—1953) / 王盛清、于翔麟 // *传记文学 1980 年 37 卷 1 期，*民国人物小传第 4 册第 151 页

周静吾

12639 周静吾将军传略 / 周开庆 // *四川文献 1963 年 16—17 期，*民国四川人物传记第 111 页，*革命人物志第 16 集第 70 页

周蔚生

12640 周蔚生 / 周邦道 // *近代教育先进传略(初集)第 171 页

周毓英

12641 周毓英 / 李立明 // *中国现代六百作家小传第 197 页

周瘦鹃

12642 周瘦鹃(上、下) / 陈敬之 // *畅流 1975 年 51 卷 2、3 期

12643 大千居士赠宝记(及其与台静农教授的翰墨缘) / 冯幼衡 // *大成 1982 年 108 期

12644 记紫罗兰盦主人周瘦鹃 / 郑逸梅 // *大成 1982 年 108 期

12645 周瘦鹃(1894—1968) / 关志昌 // *传记文学 1982 年 41 卷 4 期，*民国人物小传第 6 册第 134 页

12646 周瘦鹃 / 李立明 // *中国现代六百作家小传第 197 页

12647 周瘦鹃 / 颖　子 // *中国新学术人物志第 67 页

周肇祥

12648 周善培与周肇祥 / 陈　言 // *中外杂志 1977 年 21 卷 2 期

周镇中

12649 永新周烈士镇中传 / 周志道 // *江西文献 1969 年 38 期

周毅军

12650 周毅军 / *革命人物志第 3 集第 233 页

周鹤鸣

12651 周鹤鸣先生 / 金　益 // *公论报 1950 年 11 月 10 日

周鲸文

12652 周鲸文(1909—1985) / 关国煊 // *传记文学 1985 年 47 卷 5 期

周辨明

12653 "数人会"的后死者——悼念周辨明先生逝世一周年 / 李壬癸 // *传记文学 1985 年 46 卷 4 期

12654 周辨明先生传略(1891—1984) / 李壬癸 // *传记文学 1985 年 46 卷 4 期

周璧阶

12655 周璧阶 / *革命人物志第 3 集第 235 页

周麟昆

12656 记两位忠贞国剧老艺人——周麟昆与张远亭 / 马骊珠 // *传记文学 1983 年 43 卷 2 期

〔丶〕

庞　雄

12657 庞　雄 / *革命人物志第 9 集第 460 页

庞汉祯

12658 庞汉祯 / *革命人物志第 9 集第 461 页

庞希德
12659　庞希德／＊革命人物志第 9 集第 459 页

庞炳勋
12660　庞炳勋生平二三事／溪居士／／畅流 1963 年 27 卷 2 期
12661　张、庞二将军临沂歼敌追记／王士元／／＊山东文献 1975 年 1 卷 1 期
12662　庞炳勋、张自忠两将军与临沂大捷／李凤鸣／／＊传记文学 1978 年 32 卷 6 期
12663　庞炳勋其人其事（上、下）／李凤鸣／／传记文学 1978 年 33 卷 5、6 期
12664　庞炳勋（1879—1963）／于翔麟／／＊传记文学 1979 年 34 卷 4 期，＊民国人物小传第 3 册第 380 页

庞晶如
12665　庞晶如／＊革命人物志第 16 集第 350 页

郑丰
12666　关于郑丰小传的补充／李以劬／／传记文学 1998 年 95 卷 5 期
12667　郑智勇／祝秀侠／／＊华侨名人传第 60 页
12668　郑　丰／祝秀侠／／＊革命人物志第 23 集第 412 页

郑平
12669　郑　平／＊革命人物志第 7 集第 286 页

郑发
12670　蒋介石不是郑三发子／周慕瑜／／＊传记文学 1994 年 65 卷 3 期
12671　蒋委员长替身的故事／杨耀健／／＊传记文学 1994 年 65 卷 3 期

郑权
12672　郑　权／李树藩／／＊革命人物志第 7 集第 301 页

郑坤
12673　郑　坤／＊革命人物志第 11 集第 268 页

郑贤
12674　郑　贤／＊革命人物志第 11 集第 269 页

郑果
12675　郑　果／刘绍唐主编／／＊传记文学 1998 年 72 卷 2 期

郑国
12676　郑　国／黄震遐／／＊中共军人志第 589 页

郑波
12677　郑　波／黄震遐／／＊中共军人志第 588 页

郑起
12678　郑　起／黄震遐／／＊中共军人志第 588 页

郑亮
12679　郑　亮／＊革命人物志第 7 集第 294 页

郑烈
12680　郑　烈／＊革命人物志第 19 集第 282 页
12681　郑烈事略／何元辉／／＊革命人物志第 19 集第 285 页

郑道
12682　郑　道／冯自由／／＊革命人物志第 7 集第 297 页

郑谦
12683　郑　谦／刘绍唐主编／／＊传记文学 1998 年 73 卷 4 期

郑骞
12684　郑　骞／刘绍唐主编／／＊传记文学 1992 年 60 卷 1 期
12685　郑　骞／金仲达／／＊传记文学 1992 年 61 卷 4 期

12686　享誉词坛的郑骞／应平书∥＊学人风范第 31 页

郑三生

12687　郑三生／黄震遐∥＊中共军人志第 585 页

郑士良

12688　侠骨忠魂：郑士良传／王　怡∥＊近代中国出版社 1983 年 200 页
12689　国父革命同志的第一人——郑士良烈士／心　园∥＊今日中国 1975 年 53 期
12690　赞同国父革命言论的第一人——郑士良／侯　悟∥＊励进 1977 年 377 期
12691　郑弼臣君／＊论中国革命与先烈第 159 页
12692　郑士良／黄宽重∥＊环华百科全书第 14 册第 148 页
12693　郑士良传／＊革命人物志第 7 集第 276 页,革命先烈传记第 171 页

郑子彬

12694　郑子彬／马天行∥＊革命人物志第 20 集第 251 页

郑子瑜

12695　郑子瑜／李立明∥＊中国现代六百作家小传第 506 页
12696　郑子瑜／宋哲美主编∥＊星马人物志第 2 集第 151 页

郑天挺

12697　郑天挺《清史探微》／李立明∥＊明报 1976 年 3 月 28 日
12698　郑天挺(1899—1981)／关国煊∥＊传记文学 1985 年 47 卷 1 期
12699　"七七事变"时的北京大学——忆先父郑天挺先生／郑克晟∥＊传记文学 1999 年 74 卷 6 期
12700　郑天挺师百年诞辰纪念／吴相湘∥＊传记文学 1999 年 75 卷 2 期
12701　郑天挺／李立明∥＊中国现代六百作家小传第 507 页

郑天锡

12702　怀念郑天锡博士／万先法∥＊"中央"日报 1968 年 6 月 8、9 日
12703　与海外耆宿郑天锡博士话生平／袁道丰∥＊东方杂志 1969 年(复刊)3 卷 4 期
12704　郑天锡与伦敦国际中国艺展／陈尧圣∥＊传记文学 1971 年 19 卷 1 期
12705　追念郑天锡先生／杨孔鑫∥＊传记文学 1971 年 18 卷 1 期
12706　追念郑天锡先生／高君湘∥＊传记文学 1972 年 20 卷 1 期
12707　记郑天锡先生／孙甄陶∥＊广东文献 1976 年 6 卷 1 期
12708　郑天锡(1884—1970)／关国煊∥＊传记文学 1978 年 32 卷 3 期,＊民国人物小传第 3 册第 341 页

郑少东

12709　郑少东／黄震遐∥＊中共军人志第 592 页

郑少愚

12710　郑烈士少愚传略／＊川籍抗战忠烈录第 95 页

郑长华

12711　郑长华／黄震遐∥＊中共军人志第 587 页

郑介民

12712　郑介民上将事略／＊"中央"日报 1959 年 12 月 12 日
12713　先夫郑介民逝世周年感言／郑漱芳∥＊"中央"日报 1960 年 12 月 21 日
12714　郑介民先生二三事／杨　群∥＊中国一周 1963 年 677 期
12715　两个难忘的好同志桂永清与郑介民(上、下)／刘健群∥＊传记文学 1965 年 6 卷 1、3 期
12716　戴雨农与郑介民／费云文∥＊中外杂志 1975 年 17 卷 4 期
12717　郑介民(1898—1959)／刘榮琮∥＊传记文学 1977 年 30 卷 3 期,＊民国人物小传第 3 册第 339 页
12718　怀念郑介民先生／杨　群∥＊文艺复兴 1978 年 4 期
12719　郑介民／＊革命人物志第 15 集第 307 页
12720　郑介民先生的生平／唐　纵∥＊革命人物志第 15 集第 316 页

12721　郑介民上将的情报思想／张庆恩∥＊革命人物志第 15 集第 323 页
12722　郑介民将军轶事／黄珍吾∥＊革命人物志第 15 集第 330 页
12723　纪念郑局长介民先生／郭寿华∥＊革命人物志第 15 集第 336 页
12724　介民先生与绥靖总队／刘培初∥＊革命人物志第 15 集第 345 页

郑文焯
12725　郑文焯（1856—1918）别传／孙　雄∥＊碑传集三编第 9 册第 2213 页

郑文蕃
12726　郑文蕃／刘绍唐主编∥＊传记文学 1996 年 68 卷 6 期

郑为元
12727　郑为元／刘绍唐主编∥＊传记文学 1993 年 63 卷 5 期
12728　追念郑为元将军儒将风范／蔡孟坚∥＊传记文学 1995 年 67 卷 1 期

郑正秋
12729　郑正秋／刘绍唐主编∥＊传记文学 1995 年 67 卷 1 期

郑玉成
12730　郑玉成／卢原懋∥＊革命人物志第 11 集第 269 页

郑用之
12731　记我国电影界的大老郑用之先生／李南棣∥＊传记文学 1983 年 42 卷 4 期

郑汉清
12732　郑汉清／＊革命人物志第 15 集第 350 页

郑在邦
12733　郑在邦／＊革命人物志第 7 集第 287 页

郑在常
12734　郑在常（1872—1916）／周邦道∥＊近代教育先进传略（初集）第 76 页

郑有忠
12735　郑有忠／颜文雄∥＊中国一周 1966 年 853 期

郑贞文
12736　郑贞文（1891—1969）／李乔苹∥＊传记文学 1976 年 29 卷 5 期，＊民国人物小传第 2 册第 283 页

郑先声
12737　郑先声／＊革命人物志第 7 集第 288 页

郑行果
12738　谢八尧、邓伯曜、郑行果、谭胜、范运焜／胡汉民∥＊革命人物志第 8 集第 284 页

郑亦同
12739　甘愿被遗忘的老革命党人——郑异先生／萧　铮∥＊传记文学 1984 年 44 卷 2 期
12740　敬悼郑亦同先生／赵世洵∥＊传记文学 1984 年 45 卷 1 期

郑观应
12741　郑观应／孙会文∥＊中国历代思想家第 8 册第 5230 页
12742　郑观应（1841—1923）／刘绍唐∥＊民国人物小传第 1 册第 265 页
12743　郑观应生平及其思想／胡秋原∥＊近代中国思想人物论・晚清思想第 453 页
12744　郑观应／赵天仪∥＊现代中国思想家第 2 辑第 163 页

郑孝胥
12745　陈宝琛不与郑、罗同污／南　湖∥＊"中央"日报 1963 年 10 月 28 日
12746　郑孝胥（1860—1938）／关志昌∥＊传记文学 1978 年 33 卷 4 期，＊民国人物小传第 3 册第 343 页
12747　郑孝胥／邵镜人∥＊近代中国史料丛刊续编第九十五辑（总 950）・同光风云录第 243 页
12748　郑孝胥（1860—1938）／戴晋新∥＊环华百科全书第 14 册第 143 页

郑志士
12749　郑志士／黄震遐∥＊中共军人志第 586 页

郑志声
12750　郑志声(1904—1942) / ＊环华百科全书第 14 册第 145 页
郑志春
12751　郑志春 / ＊革命人物志第 7 集第 291 页
郑佐衡
12752　郑佐衡 / 革命人物志第 11 集第 270 页
郑作民
12753　郑作民 / 刘绍唐主编 / ＊传记文学 1995 年 67 卷 3 期
12754　郑作民 / 革命人物志第 7 集第 291 页
郑伯奇
12755　郑伯奇 / 李立明 // ＊中国现代六百作家小传第 508 页
郑坤廉
12756　郑坤廉 / ＊新中国人物志(下)第 263 页
郑国材
12757　忆郑国材、郑健生父子 / 陈述经 // ＊传记文学 1973 年 23 卷 6 期
12758　郑国材 / 郑守仁、詹朝阳 // ＊革命人物志第 20 集第 253 页
郑学稼
12759　我的学徒生活 / 郑学稼 // ＊征信新闻报 1965 年 101 页
12760　平凡生活中的一段纪录 / 郑学稼 // ＊政治评论 1963 年 10 卷 3 期
12761　苦行学者——坚强战士郑学稼 / 胡秋原 // ＊中华杂志 1965 年 3 卷 7 期
12762　关于"我的学徒生活"及其他 / 郑学稼 // ＊中华杂志 1966 年 4 卷 1 期
12763　我所认识的郑学稼先生 / 高昭辉 // ＊政治评论 1975 年 33 卷 7 期
12764　郑学稼教授之学术贡献 / 杜立人 // ＊政治评论 1975 年 33 卷 7 期
12765　东京的一年(自传之一章) / 郑学稼 // ＊中华杂志 1980 年 18 卷 4 期
12766　郑学稼 / ＊环华百科全书第 14 册第 144 页
郑荃荪
12767　郑荃荪 / ＊革命人物志第 9 集第 370 页
郑挺锋
12768　追念郑挺锋上将 / 杨瀛山 // ＊中国一周 1963 年 677 期
12769　郑挺锋 / 刘绍唐主编 // ＊传记文学 1993 年 62 卷 4 期
郑品聪
12770　郑品聪 / 刘绍唐主编 // ＊传记文学 1987 年 51 卷 4 期
12771　郑品聪 / 革命人物志第 11 集第 271 页
郑修元
12772　一次"〇〇七"式的经历(上、下) / 郑修元 // ＊春秋 1965 年 3 卷 5、6 期
12773　弱冠时期的戎幕生涯 / 郑修元 // ＊畅流 1969 年 39 卷 9 期
郑保兹
12774　生物学家郑保兹——南京市立师范首任校长,也是末任校长 / 胡乐翁 // ＊艺文志 1977 年 141 期
郑彦棻
12775　郑彦棻八十年 / 陈伯中 // ＊传记文学出版社 1982 年 1 月 425 页
12776　往事忆述 / 郑彦棻 // ＊传记文学出版社 1978 年 6 月 170 页
12777　郑彦棻"公道在侨心" / 黄麟镖 // ＊艺文志 1967 年 23 期
12778　我的苦学生涯 / 郑彦棻 // ＊传记文学 1971 年 19 卷 6 期
12779　旅欧十年 / 郑彦棻 // ＊传记文学 1972 年 20 卷 1 期
12780　我的抗战生活 / 郑彦棻 // ＊传记文学 1972 年 20 卷 2 期

12781　广州·重庆·成都·台北——追随郑彦棻先生的一段回忆 / 胡治章 // ＊中外杂志 1983 年 33 卷 2 期
12782　海外工作第一程 / 郑彦棻 // ＊艺文志 1977 年 145 期
12783　乡村服务工作的回忆——记中大乡村实验区创办经过 / 郑彦棻 // ＊艺文志 1977 年 141 期
12784　从事训育工作忆述（上、下）/ 郑彦棻 // ＊中外杂志 1978 年 23 卷 4、5 期
12785　郑彦棻其人其事 / 何世礼 // ＊中外杂志 1982 年 31 卷 3 期
12786　我认识的郑彦棻先生 / 罗才荣 // ＊中外杂志 1982 年 31 卷 1 期
12787　我作郑彦棻先生副手六年对他的体认 / 唐振楚 // ＊艺文志 1983 年 209 期
12788　乡建史上珍贵的一页——郑彦棻先生的乡村建设思想与作为 / 黄　城 // ＊艺文志 1983 年 210 期
12789　侨胞推崇的郑彦棻先生 / 李德安 // ＊当代名人风范(3)第 831 页
12790　郑彦棻 / ＊环华百科全书第 14 册第 149 页

郑振文

12791　记郑振文先生 / 赵世洵 // ＊传记文学 1979 年 34 卷 6 期

郑振铎

12792　郑振铎死于非命 / 陈敬之 // ＊艺文志 1967 年 20 期
12793　中外文学史家郑振铎 / 李立明 // ＊良友之声 1974 年 79 期
12794　郑振铎（1898—1958）/ 关志昌 // ＊传记文学 1979 年 34 卷 1 期，＊民国人物小传 3 册第 345 页
12795　藏书家的郑振铎 / 苏　精 // ＊传记文学 1982 年 40 卷 5 期
12796　郑振铎 / 林曼叔等 // ＊中国当代作家小传第 1 辑第 18 页
12797　追念振铎 / 冰　心 // ＊中国现代作家资料选粹第 2 期第 80 页
12798　郑振铎 / 陈敬之 // ＊中国现代文学研究丛刊(3)·文学研究会与创造社第 35 页
12799　郑振铎 / 李立明 // ＊中国现代六百作家小传第 509 页
12800　郑振铎玄览堂 / ＊近代藏书三十家第 173 页
12801　郑振铎 / 赵　聪 // ＊现代中国作家列传第 44 页
12802　郑振铎（1898—1958）/ ＊环华百科全书第 14 册第 145 页
12803　人民政协代表郑振铎 / ＊新中国人物志(下)第 79 页

郑桐荪

12804　舅父郑桐荪先生家传 / 柳无忌 // ＊传记文学 1987 年 51 卷 4 期

郑恩普

12805　悼念郑恩普将军 / 乔家才 // ＊中原文献 1980 年 12 卷 9 期
12806　郑恩普将军（兴慈老法师）传 / 梅长龄 // ＊中原文献 1980 年 12 卷 9 期
12807　郑恩普落发为僧 / 乔家才 // ＊戴笠将军和他的同志第 1 集第 227 页

郑健生

12808　郑健生追思录 / ＊外交部 1973 年 203 页
12809　悼郑健生先生 / 陈香梅 // ＊传记文学 1973 年 23 卷 3 期
12810　忆郑国材、郑健生父子 / 陈述经 // ＊传记文学 1973 年 23 卷 6 期
12811　我与郑健生先生 / 叶公超 // ＊传记文学 1974 年 24 卷 2 期，＊中外杂志 1985 年 37 卷 3 期
12812　我所认识的郑健生先生 / 杨西昆 // ＊中外杂志 1985 年 37 卷 3 期
12813　勇往直前的郑健生 / 周　谷 // ＊中外杂志 1985 年 37 卷 3 期

郑玺瑸

12814　郑玺瑸女士 / 郑秀卿 // ＊四川文献 1967 年 59 期

郑通和

12815　六十自述 / 郑通和 // ＊三民书局 1970 年 12 月 130 页
12816　郑通和对南洋侨校的贡献 / 陈旭如 // ＊中国一周 1968 年 927 期
12817　服务教育五十年之回忆 / 郑通和 // ＊传记文学 1978 年 32 卷 2 期
12818　杏坛半世纪——教育工作五十年回忆 / 郑通和 // ＊中外杂志 1981 年 29 卷 2 期

郑通和

12819　郑通和与台湾教育／周世辅／／＊中外杂志 1981 年 29 卷 1 期

12820　追念教育家郑通和师／朱家让／／＊传记文学 1985 年 47 卷 5 期

12821　郑通和／刘绍唐主编／／＊传记文学 1992 年 60 卷 4 期

郑继成

12822　郑继成刺杀张宗昌始末／江　平／／＊春秋 1965 年 2 卷 4 期

12823　我杀死张宗昌的经过／郑继成／／＊艺文志 1977 年 146 期

12824　我杀死张宗昌之经过详情／郑继成／／＊山东文献 1983 年 9 卷 2 期

郑培明

12825　郑培明／＊革命人物志第 17 集第 315 页

郑曼青

12826　五绝大师郑曼青／吴玉良／／＊中外杂志 1975 年 18 卷 1 期

12827　一代大家郑曼青／姚梦谷／／＊"中央"月刊 1975 年 8 卷 2 期

12828　身擅七长的郑曼青／方延豪／／＊畅流 1980 年 60 卷 11 期

12829　郑曼青（1902—1975）／郑孝颖／／＊传记文学 1984 年 44 卷 1 期

12830　郑曼青（1902—1975）／周邦道／／＊近代教育先进传略（初集）第 118 页

郑唯心

12831　郑唯心／＊革命人物志第 7 集第 296 页

郑逸梅

12832　访老作家郑逸梅／陈左商／／＊文汇报 1981 年 5 月 25 日

12833　老作家郑逸梅／陈左高／／＊文汇报 1983 年 9 月 9 日

12834　郑逸梅自传／＊大成 1984 年 129 期

12835　文史掌故作家郑逸梅／郑仁佳／／＊传记文学 1993 年 62 卷 5 期

郑维山

12836　郑维山／黄震遐／／＊中共军人志第 589 页

郑超麟

12837　对郑超麟虚构故事的揭露／彭述之／／＊中报月刊 1984 年 49 期

郑惠明

12838　悼郑惠明先生／许云樵／／＊南洋学报 1954 年 10 卷 1 期

12839　郑惠明传／刘　强／／＊南洋学报 1954 年 10 卷 1 期

郑瑞麟

12840　郑瑞麟／＊革命人物志第 19 集第 286 页

郑颖孙

12841　古乐家郑颖孙之死／林　燕／／＊中华日报 1950 年 11 月 5 日

12842　纪念郑颖孙先生／王星舟／／＊新生报 1951 年 4 月 5 日

郑毓秀

12843　我的革命生涯／郑毓秀／／＊春秋 1967 年 6 卷 3 期—7 卷 5 期

12844　由王宠惠谈到郑毓秀／吴俟庵／／＊艺文志 1968 年 34 期

12845　中国第一位女博士的故事——郑毓秀叱咤政坛／周蜀云／／＊中外杂志 1976 年 19 卷 6 期，＊革命人物志第 16 集第 303 页

郑震宇

12846　郑震宇（1900—1977）／林抱石／／＊传记文学 1980 年第 37 卷 6 期，＊民国人物小传第 4 册第 388 页

12847　郑震宇／＊革命人物志第 17 集第 317 页

郑毅庵

12848　郑毅庵先生传略／蒋复璁／／＊传记文学 1975 年 27 卷 4 期

郑鹤声
12849　郑鹤声／刘绍唐主编／／＊传记文学 1992 年 61 卷 4 期
郑赞丞
12850　郑芳荪／＊革命人物志第 9 集第 368 页
郑螺生
12851　郑螺生／＊革命人物志第 7 集第 300 页
单洪培
12852　单洪培／＊革命人物志第 12 集第 376 页
单喆渊
12853　单喆渊／＊革命人物志第 15 集第 261 页
单锦云
12854　单锦云／＊革命人物志第 10 集第 503 页
单鹏彦
12855　单鹏彦／王庚先／／＊革命人物志第 5 集第 486 页
性愿法师
12856　性愿法师／刘绍唐主编／／＊传记文学 1987 年 50 卷 6 期
法舫法师
12857　法舫法师行传／许云樵／／＊佛教古今人物谈第 215 页
冼玉清
12858　冼玉清(1894—1965)／关志昌／／＊传记文学 1980 年 36 卷 3 期，＊民国人物小传第 4 册第 135 页
冼宝干
12859　冼宝干墓志铭／陈　槭／／＊碑传集三编第 6 册第 1501 页
冼星海
12860　冼星海(1905—1945)／＊民国人物小传第 5 册第 141 页
冼恒汉
12861　冼恒汉／黄震遐／／＊中共军人志第 199 页
宗白华
12862　另一美学播种者宗白华／关国煊／／＊传记文学 1987 年 50 卷 4 期
12863　宗白华／李立明／／＊中国现代六百作家小传第 227 页
宗孝忱
12864　怀谨厚的儒者宗孝忱教授／郑彦棻／／＊江苏文献 1980 年 14 期
12865　怀念宗孝忱教授／郑彦棻／／＊中外杂志 1980 年 27 卷 2 期
12866　追忆宗孝忱先生并谈其《秦关鸿雪》诗作／李　猷／／＊畅流 1980 年 62 卷 3 期
12867　吾父吾家／宗　玥／／＊中外杂志 1980 年 28 卷 3 期
12868　父亲的诗、书、文／宗　玥／／＊文艺复兴 1981 年 122 期
12869　宗孝忱／＊环华百科全书第 17 册第 64 页
宗舜年
12870　宗舜年咫园／＊近代藏书三十家第 49 页
官文森
12871　中央华侨事务委员会委员官文森／＊新中国人物志(下)第 35 页
官峻亭
12872　官峻亭／黄震遐／／＊中共军人志第 218 页
官惠民
12873　官惠民／＊革命人物志第 18 集第 115 页

〔﹁〕

郎静山

12874 摄影六十年的郎静山／辛文纪∥＊中美月刊1964年9卷6期
12875 郎静山与集锦摄影／祝夺标∥＊大成1977年45期
12876 访郎静山先生／＊明道文艺1980年51期
12877 郎静山先生九十寿言／蔡文怡∥＊大成1981年95期
12878 摄影生涯五十年／郎静山口述、吕天行笔记∥＊传记文学1995年66卷5期
12879 中国摄影艺术先驱郎静山／秦贤次∥＊传记文学1995年66卷5期
12880 摄影大师郎静山先生／李德安∥＊当代名人风范(2)第689页
12881 郎静山／＊环华百科全书第6册第533页

居　正

12882 梅川谱偈／居　正∥＊张鸣1949年30页，＊文海出版社近代中国史料丛刊续编第二十六辑(总255)影印本197页
12883 辛亥札记、梅川日记合刊／居　正∥＊"中央"文物供应社1956年158页
12884 居正与中国革命／＊郭芳美撰印1979年328页
12885 菩萨心肠的革命家——居正传／赵玉明∥＊赵玉明1982年1月181页，＊近代中国出版社1982年185页
12886 居觉生先生哀思录／李翊民等∥＊"中央"文物供应社印行129页
12887 居觉生先生轶事／＊"中央"日报1951年11月25日
12888 居觉生先生／＊"中央"日报1951年11月25日
12889 最后一次访觉老／王洪钧∥＊"中央"日报1951年11月25日
12890 居觉生先生二三事／安怀音∥＊"中央"日报1951年11月27日
12891 我们如何认识居觉生先生／许君武∥＊"中央"日报1951年12月2日
12892 追怀居觉生先生／谢冠生∥＊中华日报1951年12月2日，＊中国一周1951年84期
12893 先君行述／居浩然∥＊中华日报1951年12月2日
12894 居觉生先生与朝阳大学／王冠吾∥＊新生报1961年11月23日，＊中国一周1961年605期，＊法律评论1975年41卷11、12期
12895 梅川日记(1—9)／梅川居士∥＊民主评论1950年2卷9期——1951年2卷3期
12896 居觉生先生与朝阳／王冠吾∥＊法律评论1952年18卷1期
12897 居觉生先生的文采／周开庆∥＊畅流1958年18卷5期
12898 谈居觉生二三事／戴问梅∥＊畅流1961年24卷4期
12899 居正革新司法／吴相湘∥＊传记文学1965年7卷4期，＊民国政治人物第2集第1页
12900 居正先生传略(上、中、下)／沈仪永∥＊畅流1966年34卷9期—1967年34卷11期
12901 居正(1876—1951)／＊传记文学1974年25卷4期，＊民国人物小传第1册第96页
12902 居正专辑／郭芳美、孙镜亚∥＊近代中国1979年11期
12903 民初人物印象记／马伯援∥＊传记文学1984年44卷5期
12904 居正高风亮节／张国柱∥＊中外杂志1985年37卷4期
12905 居　正／惜　秋∥＊民初风云人物(下)第565页
12906 居　正／王世祯∥＊民国人豪图传第245页
12907 居　正／吴相湘∥＊民国百人传第2册第83页
12908 居　正(1876—1951)／方光后∥＊环华百科全书第11册第656页
12909 居　正／孙镜亚∥＊革命人物志第2集第462页

居励今

12910 居励今／居　正∥＊革命人物志第11集第8页

居伯强
12911　大哥伯强行述及遗集／居浩然／／＊传记文学 1972 年 20 卷 4 期

居载春
12912　农业学家居载春博士／李宗秘／／＊中国一周 1957 年 374 期

居浩然
12913　八千里路云和月／居浩然／／＊传记文学 1962 年 1 卷 4 期
12914　西山苍苍东海茫茫／居浩然／／＊传记文学 1963 年 2 卷 4 期
12915　悼亡友居浩然／孙方铎／／＊传记文学 1983 年 43 卷 4 期
12916　敬悼居浩然先生／黄祖荫／／＊中华杂志 1983 年 242 期
12917　纵谈悼念浩然兄／童轩荪／／＊传记文学 1983 年 42 卷 6 期
12918　居浩然先生留英印象记／殷志鹏／／＊传记文学 1985 年 46 卷 2 期
12919　长忆居浩然学长／刘成龙／／＊传记文学 1987 年 50 卷 3 期
12920　于人曰浩然沛乎塞苍冥(忆居浩然弟)／黎东方／／＊传记文学 1987 年 50 卷 5 期
12921　居浩然／刘绍唐主编／／＊传记文学 1987 年 51 卷 4 期

屈　武
12922　屈　武／刘绍唐主编／／＊传记文学 1992 年 61 卷 2 期
12923　中共怎样做于右老的工作——女婿屈武参加地下党的经历与自白／屈　武／／＊传记文学 1997 年 71 卷 5 期

屈万里
12924　屈翼鹏先生哀思录／＊屈万里先生治丧委员会编印 1979 年 5 月 246 页
12925　悼老友经学大师屈万里教授／邹豹君／／山东文献 1979 年 5 卷 1 期
12926　载书播迁记(上、下)／屈万里／／山东文献 1976 年 2 卷 3 期—1977 年 2 卷 4 期
12927　屈翼鹏先生七十著述年表／刘兆佑／／幼狮月刊 1978 年 48 卷 6 期
12928　屈万里先生轶事及遗志／费海玑／／＊民主宪政 1979 年 51 卷 7 期
12929　屈翼鹏先生行述／＊山东文献 1979 年 4 卷 4 期
12930　屈万里(1907—1979)／林抱石／／＊传记文学 1980 年 37 卷 2 期,＊民国人物小传第 4 册第 138 页
12931　屈翼鹏先生与"中央"图书馆／刘兆佑／／"中央"图书馆馆刊 1983 年 16 卷 1 期
12932　屈万里院士其人其书／刘兆佑／／＊新书月刊 1984 年 4 期
12933　屈万里先生和他的《龙门集》／林庆彰／／＊传记文学 1985 年 46 卷 3 期
12934　苦学自修的屈万里／应平书／／＊学人风范第 172 页
12935　屈万里(1907—1979)／＊环华百科全书第 12 册第 271 页

屈凤梧
12936　黄埔教官屈凤梧／遯　叟／／＊"中央"日报 1968 年 4 月 14 日

屈映光
12937　屈映光(1883—1973)／关国煊／／＊传记文学 1983 年 42 卷 3 期,＊民国人物小传第 6 册第 125 页
12938　记屈映光先生／沈光怀／／＊传记文学 1985 年 46 卷 3 期

孟　浩
12939　孟　浩／卢懋原／／＊革命人物志第 3 集第 255 页

孟　森
12940　孟心史／黄　裳／／＊大公报 1981 年 10 月 20 日,新华文摘 1982 年 2 期
12941　我的业师孟心史先生／吴相湘／／＊传记文学 1962 年 1 卷 1 期
12942　孟心史先生与《俄蒙界线图》／严文郁／／＊传记文学 1968 年 13 卷 4 期
12943　孟森(1868—1938)／关国煊／／＊传记文学 1974 年 24 卷 2 期,＊民国人物小传第 1 册第 102 页
12944　孟心史／吴相湘／／＊民国百人传第 1 册第 237 页
12945　孟森(1868—1938)／戴晋新／／＊环华百科全书第 2 册第 605 页

12946　北大感旧录(四)——孟心史 / 周作人 // *知堂回想录第 487 页

孟　超

12947　孟　超 / 林曼叔等 // *中国当代作家小传第 83 页
12948　孟　超 / 李立明 // *中国现代六百作家小传第 224 页

孟小冬

12949　孟小冬与言高谭马 / *丁秉鐩撰印 244 页
12950　孟小冬——余叔岩的唯一传人 / 陶希圣 // *"中央"日报 1967 年 9 月 14 日
12951　"冬皇"遗音传千古 / 刘嘉猷 // *大成 1977 年 44 期
12952　哭小冬大妹 / 老　吉 // *大成 1977 年 44 期
12953　孟小冬剧艺管窥 / 丁秉鐩 // *传记文学 1977 年 31 卷 1 期
12954　孟小冬与谭富英 / 赵　聪 // *大成 1977 年 45 期
12955　忆"冬皇" / 苇　窗 // *大成 1977 年 44 期
12956　一代艺人孟小冬 / 李北涛 // *大成 1978 年 51 期
12957　孟小冬(1907—1977) / 李　猷 // *传记文学 1982 年 40 卷 6 期,*民国人物小传第 5 册第 168 页
12958　忆孟小冬女士 / 许姬传 // *明报月刊 1983 年 9 期
12959　杜月笙、姚玉兰、孟小冬 / 万宝全 // *大成 1984 年 123 期
12960　一代奇女子"冬皇"之由来 / 沈苇窗 // *传记文学 1999 年 74 卷 2 期
12961　记余派传人杜月笙夫人孟小冬 / 刘嘉猷 // *传记文学 1999 年 74 卷 2 期

孟广厚

12962　孟广厚(1900—1975) / 谢钟琏 // *传记文学 1979 年 35 卷 3 期,*民国人物小传第 4 册第 157 页

孟汉霖

12963　孟汉霖 / *革命人物志第 16 集第 84 页

孟发成

12964　孟发成 / 张难先 // *革命人物志第 3 集第 256 页

孟庆第

12965　孟庆第 / *革命人物志第 3 集第 257 页

孟步云

12966　孟步云(1866—1932) / 周邦道 // *近代教育先进传略(初集)第 299 页

孟佐夫

12967　孟佐夫 / *革命人物志第 3 集第 253 页

孟宗辉

12968　孟宗辉事略 / *革命人物志第 3 集第 254 页

经亨颐

12969　经亨颐(1877—1938) / *传记文学 1973 年 23 卷 5 期,*民国人物小传第 1 册第 238 页
12970　经亨颐(1877—1938) / 周邦道 // *近代教育先进传略(初集)第 89 页,*革命人物志第 22 集第 394 页

九　画

〔一〕

封永顺
12971　封永顺／黄震遐//＊中共军人志第 221 页
项英
12972　中共新四军副军长项英之死／庞慎言//＊传记文学 1996 年 69 卷 1 期
项士元
12973　北征日记／项士元//＊文海出版社近代中国史料丛刊第五十辑(总 896)影印本 344 页
项方强
12974　项方强/＊革命人物志第 10 集 473 页
项传远
12975　项传远／刘绍唐主编//＊传记文学 1999 年 69 卷 3 期
项致庄
12976　项致庄／刘绍唐主编//＊传记文学 1999 年 74 卷 6 期
赵丹
12977　忆赵丹／李顺华//＊大成 1977 年 43 期
12978　赵　丹(1915—1980)／关志昌//＊传记文学 1983 年 43 卷 5 期
赵讷
12979　赵　讷/＊革命人物志第 7 集第 117 页
赵声
12980　赵声传/＊中国国民党党史史料编纂委员会编印 1949 年 18 页
12981　一腔热血千行泪——赵声传／杨宗莹//＊近代中国出版社 1980 年 12 月 84 页
12982　赵声哭陵倡革命／南　湖//＊"中央"日报 1961 年 8 月 11、12 日
12983　黄刀健者赵声／艾　林//＊中华日报 1969 年 3 月 29 日
12984　革命先烈赵伯先的一生奋斗／沈云龙//＊新时代 1961 年 1 卷 10 期,＊近代中国史料丛刊第二辑(总 20)·现代政治人物述评(中卷)第 98 页
12985　血性男儿赵伯先／马星野//＊艺文志 1968 年 30 期,＊江苏文物 1977 年 2 期
12986　天香阁主人赵声先生(上、下)／江　汉//＊今日中国 1979 年 101、102 期
12987　"龙"种赵声／张　谷//＊中外人物专辑第 6 辑第 99 页
12988　赵　声／惜　秋//＊民初风云人物(上)第 105 页
12989　赵　声／马星野//＊民族英雄及革命先烈传记(下册)第 69 页
12990　赵声君/＊论中国革命与先烈第 179 页
12991　赵　声(1880—1911)／戴晋新//＊环华百科全书第 13 册第 591 页
12992　赵　声/＊革命人物志第 7 集第 131 页
赵芬
12993　赵芬夫人传／蔡元培//＊蔡元培全集第 3 卷第 303 页
赵杰
12994　赵　杰／黄震遐//＊中共军人志第 563 页
赵侗
12995　赵　侗/＊革命人物志第 18 集第 278 页
赵俊
12996　赵　俊／黄震遐//＊中共军人志第 564 页

赵 恭
12997 赵 恭(1908—1949)／于翔麟／／＊传记文学1981年38卷4期，＊民国人物小传第5册第375页
12998 赵恭将军传／＊太原五百完人第188页
12999 赵 恭／＊革命人物志第14集第393页
赵 雪
13000 赵 雪／＊革命人物志第7集第116页
赵 琛
13001 赵琛病逝／何振奋／／＊联合报1969年9月20日
13002 赵琛先生二三事／程德受／／＊中外杂志1969年6卷5期
13003 赵 琛(1899—1969)／关国煊／／＊传记文学1984年45卷4期
赵 熙
13004 赵熙风调冠一时／南 湖／／＊"中央"日报1962年10月1日
13005 忆香宋老人／周弃子／＊畅流1953年7卷7期
13006 香宋老人赵熙／周开庆／＊畅流1958年17卷3期
13007 忆赵尧生先生／李 寰／＊四川文献1962年2期
13008 赵熙二三事／方远尧／＊中外杂志1976年20卷4期
13009 赵 熙(1867—1948)／关志昌／／＊传记文学1979年35卷1期，＊民国人物小传第4册第353页
13010 赵熙传／文守仁／＊民国四川人物传记第232页
13011 赵 熙／邵镜人／＊近代中国史料丛刊续编第九十五辑(总950)·同光风云录第276页
赵 镕
13012 赵 镕／黄震遐／／＊中共军人志第567页
赵 缭
13013 赵 缭／胡遯园／／＊贤不肖列传第47页
赵 魏
13014 赵 魏／＊革命人物志第7集第169页
赵 膺
13015 赵 膺／＊革命人物志第11集第184页
赵又新
13016 赵又新／刘绍唐主编／／＊传记文学1993年63卷3期
赵大光
13017 赵大光／＊革命人物志第13集第351页
赵万里
13018 赵万里／刘绍唐主编／／＊传记文学1987年51卷2期
赵广心
13019 赵广心／＊革命人物志第7集第126页
赵子立
13020 赵子立／刘绍唐主编／／＊传记文学1992年61卷5期
赵天清
13021 赵天清／杨却俗／／＊革命人物志第13集第352页
赵元任
13022 杂记赵家／杨步伟／／＊传记文学出版社1972年245页
13023 赵元任早年自传／赵元任／／＊传记文学出版社1984年7月189页
13024 胡适谈赵元任／甘立德／＊中华日报1959年1月12日
13025 赵元任博士的故事／李青来／／＊"中央"日报1959年1月12日
13026 赵元任博士／＊"中央"日报1959年1月14日

13027	国语运动中的胡适与赵元任／朱　信／／＊联合报1962年3月4日
13028	教人如何不想赵元任／杨忠衡／／＊中国时报1994年1月13日
13029	我所知道的赵元任博士／李抱忱／／＊文星1959年3卷3期
13030	语言学家赵元任博士／谢雄玄／／＊中国一周1959年458期
13031	我们的结婚／杨步伟／／＊传记文学1964年4卷5、6期
13032	元任和"中央"研究院的关系／杨步伟／／＊传记文学1966年9卷1期
13033	赵元任教授／＊中国一周1966年845期
13034	赵元任／颜文雄／／＊中国一周1966年843期
13035	在华盛顿一年半／杨步伟／／＊传记文学1967年10卷1期
13036	元任又回到"中央"研究院／杨步伟／／＊传记文学1967年10卷2期
13037	早年回忆(1—4)／赵元任／／＊传记文学1969年15卷3—6期
13038	在耶鲁两年／杨步伟／／＊传记文学1971年18卷4期
13039	三次到哈佛(上、中、下)／杨步伟／／＊传记文学1971年18卷5期—19卷3期
13040	八十年、五十年回忆／赵元任、杨步伟／／＊传记文学1971年18卷6期
13041	就教加大(一、二、三)／杨步伟／／＊传记文学1971年19卷5期—1972年20卷1期
13042	元任退休后的工作／赵杨步伟／／＊传记文学1972年20卷2期
13043	赵元任(1892—1982)／关志昌／／＊传记文学1982年40卷6期，＊民国人物小传第5册第376页
13044	语言学大师赵元任及其著作／汤　晏／／＊传记文学1982年41卷2期
13045	追思姑父——赵元任先生／杨时逢／／＊传记文学1982年40卷4期
13046	赵元任先生最后的一年(书简)／赵如兰／／＊传记文学1982年40卷4期
13047	赵元任与刘半农／周　语／／＊夏声1983年226期
13048	悼赵元任忆杨步伟／程靖宇／／＊大成1982年101期
13049	回忆语言学大师赵元任先生／(日)桥本万太郎作、黄得时译／／＊传记文学1983年43卷2期
13050	赵元任／李立明／／＊中国现代六百作家小传第469页
13051	语言作曲家:赵元任／乔　佩／／＊中国现代音乐家第27页
13052	赵元任／李德安／＊访问学林风云人物(上集)第58页
13053	赵元任先生与中国语文教学／杨联陞／／＊学府纪闻·国立清华大学第142页
13054	赵元任教授访问记／张宗复／／＊学府纪闻·国立清华大学第176页
13055	赵元任(1892—1982)／江云逯／／＊环华百科全书第13册第595页

赵无极

| 13056 | 我的自白／赵无极／＊大成1981年94期 |
| 13057 | 赵无极／编纂组／／＊环华百科全书第13册第593页 |

赵少昂

| 13058 | 岭南画派第二代宗师赵少昂／关国煊／／＊传记文学1998年72卷6期 |

赵中鹄

| 13059 | 赵中鹄／＊革命人物志第18集第279页 |

赵毛臣

| 13060 | 赵毛臣／黄震遐／／＊中共军人志第561页 |

赵仁虎

| 13061 | 赵仁虎／黄震遐／／＊中共军人志第560页 |

赵凤昌

| 13062 | 记赵凤昌／姚崧龄／／＊大成1975年24期 |
| 13063 | 赵凤昌(1856—1938)／姚崧龄／／＊民国人物小传第2册第246页 |

赵文进

| 13064 | 赵文进／黄震遐／／＊中共军人志第559页 |

赵文庆
13065 赵文庆 / ＊革命人物志第 7 集第 112 页
赵文灿
13066 赵文灿 / ＊革命人物志第 20 集第 232 页
赵心田
13067 赵心田 / ＊革命人物志第 7 集第 111 页
赵尺子
13068 悼毕生为边疆文化而奋斗的赵尺子先生 / 宋念慈 // ＊中国边政 1976 年 53 期
赵允治
13069 赵允治(1873—1929) / 周邦道 // ＊近代教育先进传略(初集)第 310 页
赵玉璋
13070 赵玉璋 / 丁惟汾 // ＊革命人物志第 20 集第 234 页
赵正文
13071 赵正文 / ＊革命人物志第 8 集第 143 页
赵正平
13072 赵正平 / 刘绍唐主编 // ＊传记文学 1999 年 75 卷 5 期
赵世光
13073 蒙召三十年 / 赵世光 // (香港)灵粮刊社 1958 年 325 页
赵世炎
13074 赵世炎(1901—1927) / 秦贤次 // ＊传记文学 1978 年 32 卷 3 期,＊民国人物小传第 3 册第 290 页
赵世洵
13075 先夫赵世洵先生小传 / 赵殷月瑾 // ＊传记文学 1992 年 60 卷 1 期
赵本山
13076 中国大陆第一笑星赵本山 / 徐光明 // ＊传记文学 1997 年 71 卷 5 期
赵石农
13077 赵石农二三事 / 邓 仇 / ＊畅流 1953 年 7 卷 4 期
13078 赵石农 / 赵明瑶 // ＊畅流 1959 年 20 卷 6 期
赵龙文
13079 敬悼赵龙文先生 / ＊中外杂志 1968 年 3 卷 6 期
13080 赵龙文(1901—1967) / 王梓良 // ＊传记文学 1980 年 37 卷 4 期,＊民国人物小传第 4 册第 358 页
赵东书
13081 赵东书 / 刘绍唐主编 // ＊传记文学 1995 年 67 卷 5 期
赵占魁
13082 人民政协代表赵占魁 / ＊新中国人物志(下)第 167 页
赵尔丰
13083 端方与赵尔丰 / 马五先生 // ＊大成 1975 年 19 期
赵尔巽
13084 赵尔巽(1844—1927) / ＊传记文学 1973 年 22 卷 4 期,＊民国人物小传第 1 册第 242 页
13085 赵尔巽(1844—1927) / 戴晋新 // ＊环华百科全书第 13 册第 592 页
赵西山
13086 赵西山 / ＊革命人物志第 8 集第 143 页
赵达源
13087 赵达源 / ＊革命人物志第 12 集第 404 页
13088 赵烈士达源事略 / ＊革命人物志第 12 集第 406 页
赵兴元
13089 赵兴元 / 黄震遐 // ＊中共军人志第 566 页

赵守钰

13090　山西耆宿赵守钰 / 贾孝全 // *中外杂志 1980 年 28 卷 2 期

13091　赵守钰(1881—1960) / 于翔麟 // *传记文学 1980 年 36 卷 1 期, *民国人物小传第 4 册第 354 页

赵如珂

13092　赵如珂 / 丁惟汾 // *革命人物志第 20 集第 235 页

赵观涛

13093　赵观涛 / 刘绍唐主编 // *传记文学 1997 年 71 卷 5 期

赵寿山

13094　青海省人民政府主席赵寿山 / *新中国人物志(上)第 186 页

赵寿安

13095　赵寿安 / *革命人物志第 11 集第 187 页

赵抡元

13096　赵抡元 / 刘绍唐主编 // *传记文学 1996 年 69 卷 5 期

赵志垚

13097　赵志垚(1895—1961) / 张渝役 // *传记文学 1977 年 30 卷 2 期, *民国人物小传第 3 册第 295 页

赵志华

13098　湖口事件的始末——赵志华将军夫人的回忆 / 赵郑培坤 // *传记文学 1997 年 71 卷 4 期

13099　一个军事强人的起落——从赵志华其人看"湖口事件"之经过 / 周润藻 // *传记文学 1997 年 71 卷 4 期

赵志忠

13100　赵志忠 / *革命人物志第 11 集第 185 页

赵丽莲

13101　赵丽莲传 / 阮日宣 // *文会书屋 1947 年 121 页

13102　教我如何不想她——赵丽莲博士的生平和故事 / 阮日宣 // *多元文化事业公司 1979 年 170 页

13103　桃李春风五十年——赵丽莲博士七十初度 / 赵永君 // *中国一周 1968 年 975 期

13104　赵丽莲教授 / 沈　惠 // *中国一周 1966 年 11 卷 7 期

13105　桃李满天下的赵丽莲博士 / 李德安 // *当代名人风范(2)第 415 页

13106　心灵的工程师——赵丽莲博士 / 胡有瑞 // *现代学人散记第 187 页

13107　赵丽莲 / *环华百科全书第 13 册第 588 页

赵连元

13108　赵连元 / *革命人物志第 7 集第 118 页

赵连芳

13109　赵连芳博士回忆录 / 赵连芳 // *赵张肖松 1970 年 442 页

13110　悼念赵连芳兄 / *沈宗瀚晚年文录第 304 页

赵伯阶

13111　赵琴堂 / 赵世昌 // *革命人物志第 7 集第 120 页

赵应秦

13112　赵应秦 / *革命人物志第 19 集第 258 页

赵灿垣

13113　赵灿垣 / 刘伯骥 // *华侨名人传第 304 页

赵宏甫

13114　赵宏甫 / *革命人物志第 17 集第 309 页

赵启霖

13115　记赵瀞园先生 / 李渔叔 // *畅流 1960 年 21 卷 7 期

13116　湖南名士赵启霖的风格 / 林　斌 // *古今谈 1968 年 42 期

13117 清末台谏忠风话两霖／林　斌／／＊畅流1969年39卷5期

赵君迈
13118 略谈衡阳市长赵君迈／张　珂／／＊传记文学1987年51卷5期
13119 记赵君迈事／朱沛莲／／＊传记文学1994年65卷5期

赵君豪
13120 哀悼赵君豪兄／谢然之／／＊新生报1966年11月11日
13121 悼念赵君豪先生／袁　良／／＊自由谈1967年18卷1期
13122 追念赵君豪先生／沈绳一／／＊自由谈1969年20卷12期
13123 小事忆豪公／彭　歌／／＊自由谈1969年20卷11期
13124 一位模范报人的永生／赖景瑚／／＊自由谈1969年20卷11期
13125 赵君豪／刘绍唐主编／／＊传记文学1996年69卷3期
13126 记赵君豪先生／阮毅成／／＊前辈先生第79页

赵松泉
13127 介绍名画家赵松泉先生／孙君啬／／＊畅流1963年28卷6期
13128 虚怀若谷的花鸟画家赵松泉／胡岂凡／／＊"中央"月刊1978年10卷5期

赵叔愚
13129 赵叔愚（1889—1928）／秦贤次／／＊传记文学1977年30卷3期，＊民国人物小传第3册第293页
13130 赵叔愚／周邦道／／＊近代教育先进传略（初集）第307页

赵国贤
13131 赵国贤辛亥殉难记／吴庆坻／／＊碑传集三编第7册第1655页

赵昌燮
13132 赵昌燮／＊革命人物志第7集第113页

赵秉钧
13133 赵秉钧与姚玉芙／包天笑／／＊大成1975年19期
13134 赵秉钧（1859—1914）／关国煊／／＊传记文学1981年38卷4期，＊民国人物小传第5册第383页
13135 多行不义的赵秉钧／张林民／／＊北洋政府国务总理列传第20页

赵金漳
13136 赵金漳／＊革命人物志第11集第186页

赵宝桐
13137 赵宝桐／黄震遐／／＊中共军人志第568页

赵宗濂
13138 赵宗濂／李立明／／＊中国现代六百作家小传第471页

赵荣忠
13139 赵荣忠／＊革命人物志第7集第125页

赵树理
13140 农村铁笔赵树理／张　放／／＊万人杂志1973年286期
13141 赵树理如何崛起文坛／杨　翼／／＊当代文艺1975年112期
13142 赵树理（1906—1970）／关国煊／／＊传记文学1982年41卷4期，＊民国人物小传第6册第390页
13143 怀念赵树理同志／陈登科／／＊中国现代作家资料选粹第2集第118页
13144 赵树理／林曼叔等／／＊中国当代作家小传第124页
13145 赵树理／李立明／／＊中国现代六百作家小传第475页
13146 赵树理／＊作家印象记第86页
13147 赵树理／方　青／／＊现代文坛百象第88页
13148 赵树理／黄俊东／／＊现代中国作家剪影第183页
13149 人民政协代表赵树理／吕　班／／＊新中国人物志（下）第89页

赵迺传
13150 从台湾教育接收追忆赵迺传先生 / 唐秉玄 // *传记文学 1965 年 7 卷 5 期

赵复兴
13151 赵复兴 / 黄震遐 // *中共军人志第 746 页

赵保原
13152 赵保原 / 赵振绩 // *革命人物志第 23 集第 257 页

赵信亭
13153 赵信亭 / *革命人物志第 7 集第 115 页

赵炳伦
13154 赵炳伦 / 黄震遐 // *中共军人志第 562 页

赵恒惕
13155 赵故资政夷午先生百龄诞辰纪念集 / *赵氏宗亲会 1980 年 290 页
13156 趋庭小识——我的父亲赵炎午 / 赵佛重 // *艺文志 1966 年 6 期
13157 赵恒惕先生访问记录 / *艺文志 1969 年 41 期
13158 赵恒惕保乡卫省 / 田布衣 // *春秋 1969 年 10 卷 2 期
13159 赵恒惕与湖南省自治(一九二一至二六) / 苏镫基 // 私立中国文化学院史学研究所 1972 年硕士学位论文
13160 赵恒惕宦海沉浮七十年 / 胡养之 // *大成 1974 年 5 期
13161 赵恒惕(1880—1971) / 传记文学 1974 年 24 卷 4 期,*民国人物小传第 1 册第 239 页
13162 赵炎午掌击谭祖庵 / 朱沛莲 // *春秋 1976 年 25 卷 2 期
13163 赵夷午先生传略 / *近代中国 1979 年 14 期
13164 赵恒惕世家、世国、世天下 / 周德伟 // *湖南文献 1979 年 7 卷 2 期
13165 忆赵恒惕长者 / 释光中 // *艺文志 1979 年 169 期
13166 赵夷午与杨宣诚——静远书屋杂记 / 阮毅成 // *湖南文献 1983 年 11 卷 3 期
13167 先父赵公恒惕拒组伪江汉政府始末 / 赵佛重 // *传记文学 1999 年 74 卷 6 期

赵觉民
13168 赵觉民(1899—1980) / 郭易堂 // *传记文学 1981 年 38 卷 6 期,*民国人物小传第 5 册第 390 页

赵冠英
13169 赵冠英 / 黄震遐 // *中共军人志第 563 页

赵晋卿
13170 赵晋卿 / *革命人物志第 7 集第 117 页

赵振洲
13171 赵振洲(1898—1979) / 刘凤翰 // *传记文学 1979 年 35 卷 6 期,*民国人物小传第 4 册第 356 页

赵桂森
13172 赵桂森 / 刘绍唐主编 // *传记文学 1993 年 62 卷 1 期

赵铁桥
13173 赵铁桥传 / 华 生 // *四川文献 1965 年 36 期,*革命人物志第 11 集第 189 页
13174 赵铁桥传 / 周开庆 // *民国四川人物传记第 152 页

赵铁寒
13175 赵铁寒先生纪念论文集 / 赵铁寒先生纪念论文集编辑委员会 // *永浴印刷厂 1978 年 797 页
13176 薪尽火未传——追念先师赵铁寒先生 / 王吉林 // *文艺复兴 1978 年 89 期
13177 赵铁寒(1908—1976) / 林抱石 // *传记文学 1979 年 35 卷 5 期,*民国人物小传第 4 册第 359 页

赵效沂
13178 报坛浮沉四十五年 / 赵效沂 // *传记文学出版社 1972 年 229 页、1981 年再版 229 页

13179　报坛浮沉四十五年(1—10) / 赵效沂 // *传记文学 1971 年 19 卷 4 期—1972 年 21 卷 1 期

赵家璧

13180　赵家璧 / 刘绍唐主编 // *传记文学 1998 年 72 卷 1 期
13181　赵家璧 / 李立明 // *中国现代六百作家小传第 472 页

赵家骧

13182　敬悼赵家骧、吉星文、章杰三将军 / *"中央"日报 1959 年 3 月 28 日
13183　哭赵家骧 / 鹿扬波 // *"中央"日报 1959 年 3 月 28 日
13184　悼赵家骧上将 / 童崇基 // *新闻报 1961 年 8 月 23 日
13185　赵家骧将军及其遗诗 / 周开庆 // *畅流 1959 年 20 卷 1 期
13186　赵家骧文韬武略 / 庐　辛 // *春秋 1965 年 2 卷 2 期
13187　赵家骧将军传 / 赵尺子 // *传记文学 1968 年 13 卷 2 期
13188　赵家骧(1910—1958) / *传记文学 1974 年 25 卷 2 期，*民国人物小传第 1 册第 241 页
13189　赵家骧 / *革命人物志第 8 集第 144 页
13190　赵上将家骧本传 / 赵尺子 // *革命人物志第 8 集第 145 页

赵继可

13191　赵继可 / *革命人物志第 7 集第 171 页

赵萝蕤

13192　译《荒原》成名的赵萝蕤 / 木　一 // *明报 1972 年 5 月 17 日
13193　赵萝蕤 / 李立明 // *中国现代六百作家小传第 476 页

赵梅伯

13194　赵梅伯 / 乔　佩 // *中国现代音乐家第 41 页

赵雪峰

13195　赵雪峰 / *革命人物志第 18 集第 282 页

赵崇正

13196　赵崇正先生的艺术与生平 / 谈锡永 // *明报月刊 1963 年 6 期

赵敏恒

13197　赵敏恒先生的记者生涯 / 赵世洵 // *传记文学 1985 年 47 卷 5、6 期
13198　我是赵敏恒的儿子——附赵敏恒小传 / 赵维承 // *传记文学 1999 年 75 卷 6 期

赵章成

13199　赵章成 / 黄震遐 // *中共军人志第 564 页

赵清阁

13200　记赵清阁 / 刘以鬯 // *明报月刊 1975 年 116 期
13201　赵清阁 / 李立明 // *中国现代六百作家小传第 473 页
13202　童年 / 赵清阁 // *沧海泛忆第 9 页
13203　文苑耕作漫忆 / 赵清阁 // *沧海泛忆第 85 页
13204　我怎么爱上戏剧、电影的 / 赵清阁 // *沧海泛忆第 104 页

赵惜梦

13205　保姆　耕者　前驱——赵惜梦先生逝世二十周年 / 陈纪滢 // *传记文学 1977 年 30 卷 1、2 期
13206　惜梦 / 陈纪滢 // *三十年代作家记第 127 页

赵超常

13207　赵超常 / 刘文藻 // *华侨名人传第 328 页

赵植芝

13208　赵植芝 / *革命人物志第 18 集第 284 页
13209　追随总理经过 / 赵植芝 // *革命人物志第 18 集第 286 页

赵棣华

13210　赵棣华先生纪念集 / 赵李崇祐 // *1973 年 173 页

13211 志同道合的窗友——怀念忠诚爱国赍志以终的理财专家赵棣华 / 赖景瑚 // *传记文学1971年18卷6期

13212 追忆赵棣华兄 / 陈立夫 // *传记文学1973年22卷4期

13213 廿载缔交忆棣华 / 董霖 // *传记文学1973年22卷2期

13214 赵棣华(1895—1950) / *传记文学1978年33卷4期，*民国人物小传第3册第297页

13215 亡友赵棣华创业才华突出的追忆 / 蔡孟坚 // *传记文学1985年47卷3期

13216 赵棣华 / *革命人物志第7集第121页

赵紫阳

13217 赵紫阳 / 朱新民 // *环华百科全书第13册第592页

赵紫宸

13218 忆燕园诸老——赵紫宸先生 / 陈熙橚 // *学府纪闻·私立燕京大学第159页

赵景龙

13219 赵景龙 / 栗直 // *革命人物志第13集第354页

赵景深

13220 悼念戏曲史家赵景深教授 / 孟庸夫 // *中报月刊1985年63期

13221 赵景深(1902—1985) / 关国煊 // *传记文学1985年46卷3期

13222 赵景深 / 李立明 // *中国现代六百作家小传第473页

赵锄非

13223 赵锄非 / 赵惠东 // *革命人物志第23集第269页

赵曾珏

13224 坚持工程报国的赵曾珏 / 应平书 // *学人风范第133页

赵滋蕃

13225 赵滋蕃 / 应未迟 // *艺文人物第122页

13226 赵滋蕃 / 李立明 // *中国现代六百作家小传第475页

13227 关于我自己 / 赵滋蕃 // *赵滋蕃自选集第1页

赵颎光

13228 赵颎光 / *革命人物志第11集第188页

赵登禹

13229 忠勇廉洁的赵登禹 / 刘汝明 // *传记文学1969年15卷3期

13230 赵登禹(1900—1937) / 李云汉 // *山东文献1977年3卷1期，*传记文学1978年32卷3期，*民国人物小传第3册第296页，*革命人物志第20集第236页

13231 二十九军四位鲁籍将领简介(四)——赵登禹 / 李云汉 // *中国现代史论和史料(中册)第507页

13232 二十九军副军长佟麟阁—百三十二师师长赵登禹殉国事略 / *革命人物志第20集第67页

赵蓝田

13233 赵蓝田 / 黄震遐 // *中共军人志第753页

赵锡九

13234 赵锡九 / *革命人物志第7集第130页

赵锡田

13235 赵锡田 / 刘绍唐主编 // *传记文学1992年61卷6期

赵锦龙

13236 赵锦龙将军行述 / *浙江月刊1980年12卷2期

赵鹏飞

13237 赵鹏飞 / *革命人物志第7集第170页

赵旒麟

13238 和蒋经国在一起工作的日子里 / 赵旒麟遗作、赵谷怀提供 // *传记文学1992年60卷1期

赵聚钰

13239　赵聚钰先生年谱／戴秀梅／／＊文史哲出版社1991年450页

13240　赵聚钰见重友邦／向　隅／／＊艺文志1969年46期

13241　鞠躬尽瘁——赵聚钰为我们留下一个典范／楚崧秋／／＊中外杂志1981年30卷2期，＊古今谈1981年197期

13242　赵聚钰（1913—1981）／林抱石／／＊传记文学1981年39卷2期，＊民国人物小传第5册第387页

13243　悼念知友赵聚钰先生／蔡孟坚／／＊传记文学1981年39卷1期，＊大成1981年92期，＊古今谈1981年195期

13244　孟完先生逝世纪念专辑／赵恺政等／／＊中华文艺1981年21卷5期

13245　赵聚钰／＊革命人物志第23集第260页

13246　赵孟完先生墓表／秦孝仪／／＊革命人物志第23集第266页

赵毓政

13247　赵毓政／李品芳／／＊革命人物志第16集第300页

赵德全

13248　贵州代都督赵德全／冯自由／／＊革命人物志第7集第127页

赵德安

13249　赵德安／黄震遐／／＊中共军人志第569页

赵鹤亭

13250　赵鹤亭／黄震遐／／＊中共军人志第568页

赵燕翼

13251　雁　翼／林曼叔等／／＊中国当代作家小传第179页

赵戴文

13252　赵戴文／＊革命人物志第7集第166页

13253　赵戴文（1867—1943）／张玉法／／＊传记文学1974年25卷6期，＊民国人物小传第1册第243页

赵耀东

13254　赵耀东／＊环华百科全书第13册第593页

郝亚雄

13255　郝亚雄"十不死"——情报风云之七／乔家才／／＊中外杂志1981年29卷5期

13256　十不死回忆录（1—5）／郝亚雄／／＊中外杂志1981年29卷6期—30卷4期

13257　郝亚雄十不死／乔家才／／＊戴笠将军和他的同志第1集第231页

郝庆麟

13258　郝庆麟／刘绍唐主编／／＊传记文学1992年61卷2期

郝寿臣

13259　郝寿臣（1886—1961）／关志昌／／＊传记文学1984年44卷2期

13260　郝寿臣评传／丁秉鐩／／＊传记文学1978年32卷2—5期

郝更生

13261　郝更生回忆录／郝更生／／＊传记文学出版社1969年11月124页

13262　更生小记／郝更生／／＊传记文学1967年11卷4期

13263　从九一八说到亚运会／郝更生／／＊传记文学1967年10卷4期

13264　四十年婚姻生活之回忆／郝更生／／＊传记文学1968年13卷4期，＊革命人物志第22集第199页

13265　辛酸话留美（我学体育的经过）／郝更生／／＊传记文学1968年12卷3期，＊革命人物志第22集第191页

13266　郝更生博士传略／周邦道／／＊教育1976年301期

13267　郝更生传略／周邦道／／＊大陆杂志1976年52卷5期

13268　郝更生（1899—1975）／邱奕松／／＊传记文学1978年32卷5期，＊民国人物小传第3册第142页

郝更生
13269　郝更生(1899—1975) / 周邦道 // *近代教育先进传略(初集)第 67 页
13270　郝更生(1899—1975) / 甘丽珍 // *环华百科全书第 9 册第 544 页
13271　郝更生 / *革命人物志第 22 集第 188 页

郝忠云
13272　郝忠云 / 黄震遐 // *中共军人志第 236 页

郝采莲
13273　郝采莲死里逃生 / 乔家才 // *戴笠将军和他的同志第 1 集第 95 页

郝培芸
13274　郝培芸回忆录 / 郝培芸 // *撰者印行 1971 年 329 页

郝梦龄
13275　郝梦龄 / *革命人物志第 4 集第 145 页
13276　郝军长殉职之经过 / *革命人物志第 4 集第 146 页
13277　郝梦龄战地日记 / 革命人物志第 4 集第 147 页

郝盛旺
13278　郝盛旺 / 黄震遐 // *中共军人志第 236 页

郝瑞桓
13279　悼念郝瑞桓先生 / 谢冰莹 // *"中央"日报 1950 年 10 月 23 日

郝鹏举
13280　郝鹏举 / 刘绍唐主编 // *传记文学 1999 年 74 卷 6 期

郝履成
13281　杰出校友群象——化学权威郝履成博士 / 王绍桢等 // *学府纪闻·私立辅仁大学第 318 页

草明
13282　草　明 / 林曼叔等 // *中国当代作家小传 119 页
13283　草　明 / 李立明 // *中国现代六百作家小传第 333 页
13284　草　明 / 黄俊东 // *现代中国作家剪影第 245 页

荀慧生
13285　四大名旦之一：荀慧生(1900—1968) / 关志昌 // *传记文学 1982 年 40 卷 1 期，*民国人物小传第 5 册第 242 页
13286　荀慧生 / *环华百科全书第 13 册第 352 页
13287　牡丹留香艺永传——纪念荀慧生诞辰八十五周年 / 王唯我 // *中报月刊 1985 年 65 期

荣庆
13288　荣　庆 / 刘绍唐主编 // *传记文学 1987 年 51 卷 1 期
13289　荣　庆(1855—1912) / 周邦道 // *近代教育先进传略(初集)第 434 页

荣寿
13290　清末荣寿、荣安两公主 / 楚　厂 // *艺文志 1967 年 21 期

荣光兴
13291　荣光兴 / 刘绍唐主编 // *传记文学 1987 年 51 卷 3 期

荣宗敬
13292　荣宗敬(1873—1938) / 姚崧龄 // *传记文学 1978 年 33 卷 4 期，*民国人物小传第 3 册第 302 页

荣德生
13293　记荣德生——苦干成功的内地实业家 / 姚崧龄 // *传记文学 1978 年 33 卷 4 期
13294　华东军政委员会委员荣德生 / *新中国人物志(下)第 153 页

荣耀先
13295　荣耀先 / *革命人物志第 10 集第 550 页

胡风
13296　胡风二三事 / 玄　默 // *"中央"日报 1966 年 7 月 31 日

| 13297 | 从胡风谈起 / 李　喜 // *中华日报 1971 年 3 月 25 日
| 13298 | 谈"胡风集团"中的胡风 / 李立明 // *时代批评 1972 年 32 卷 10 期
| 13299 | 最近逝世的三十年代老作家胡风、张天翼、许钦文 / 关国煊 // *传记文学 1985 年 47 卷 1 期
| 13300 | 胡　风 / 陈敬之 // *三十年代文坛与左翼联盟第 143 页
| 13301 | 胡　风 / 陈纪滢 // *三十年代作家记第 79 页
| 13302 | 胡　风 / 林曼叔等 // *中国当代作家小传第 85 页
| 13303 | 胡　风 / 李立明 // *中国现代六百作家小传第 232 页
| 13304 | 胡　风 / 赵　聪 *现代中国作家列传第 294 页
| 13305 | 胡　风 / 舒兰 // *抗战时期的新诗作家和作品第 215 页
| 13306 | 胡风 / *环华百科全书第 10 册第 111 页

胡　可

| 13307 | 胡　可 / 林曼叔等 // *中国当代作家小传第 156 页
| 13308 | 胡　可 / 李立明 // *中国现代六百作家小传第 231 页

胡　奇

| 13309 | 胡　奇 / 林曼叔等 // *中国当代作家小传第 148 页
| 13310 | 胡　奇 / 李立明 // *中国现代六百作家小传第 232 页

胡　适

| 13311 | 四十自述 / 胡　适 // *远东图书公司 1962 年 2 版，*文海出版社 1984 年
| 13312 | 胡适留学日记(原名《藏晖室札记》) / 胡　适 // *商务印书馆 1959 年
| 13313 | 胡适博士纪念集刊 / 程靖宇主编 // *独立论坛社 1962 年 138 页
| 13314 | 胡适哀荣录 / 史　垚 // *则中出版社 1962 年 239 页
| 13315 | 纪念胡适先生专集 / *丰稔出版社编印 1962 年 126 页
| 13316 | 胡适之先生纪念集 / 程天放等撰、冯爱群辑 // *学生书局 1962 年 220 页
| 13317 | 胡适研究 / 李　敖 // *文星书店 1964 年 285 页
| 13318 | 胡适评传(第一册) / 李　敖 // *文星书店 1964 年 11 月再版 292 页，*远景出版社 1979 年再版 275 页
| 13319 | 眼泪的海 / 苏雪林 // *文星书店 1967 年 3 月 248 页
| 13320 | 胡适的政治思想 / 杨承彬 // *中国学术著作奖助委员会发行 1967 年
| 13321 | 胡适与中西文化 / *水牛出版社编印 1968 年 324 页，*牧童出版社 1977 年
| 13322 | 胡适和一个思想的趋向 / 徐高阮 // *地平线出版社 1970 年 170 页
| 13323 | 胡适思想与中国青年 / 大明编委会编 // *大明王氏出版公司 1970 年印行 196 页
| 13324 | 从胡适晚年思想的转变说起 / 廖本郎 // *一元出版社 1971 年 144 页
| 13325 | 胡适学术思想 / 赵锡民 // *中华武术出版社 1973 年 94 页
| 13326 | 胡适哲学思想 / 杨承彬 // *商务印书馆 1975 年 3 月 162 页
| 13327 | 胡适、童世纲与葛思德东方图书馆 / 陈纪滢 // *重光文艺出版社 1978 年 3 月
| 13328 | 胡适 / 李日章主编 // *巨人出版社 1978 年 12 月 363 页
| 13329 | 胡适杂忆 / 唐德刚 // *传记文学出版社 1979 年 237 页
| 13330 | 胡适先生年谱简编(校正本) / 胡颂平 // *大陆杂志社 1979 年 3 月 115 页
| 13331 | 推荐廿世纪学术权威——胡适 / 尹雪曼等 // *华欣文化事业中心出版 1979 年 3 月 291 页
| 13332 | 寂寞的狮子:胡适先生的感情世界 / 何　索　*香草山出版有限公司 1979 年 221 页
| 13333 | 胡适杂忆 / 唐德刚 // *传记文学出版社 1979 年 237 页，传记文学出版社 1981 年 237 页
| 13334 | 中国近代思想史上的胡适 / 余英时 // *联经出版事业公司 1984 年 110 页
| 13335 | 胡适之先生年谱长编新稿 / 胡　平 // *联经出版事业公司 1984 年
| 13336 | 胡适口述自传 / 唐德刚 // *传记文学出版社 1981 年 3 月 281 页
| 13337 | 胡适、李敖及其他 / 王光前 // *前程出版社 1981 年 180 页

13338	胡适之先生年谱长编初稿 / 胡颂平 // ＊联经出版事业公司 1984 年 5 月（10 册）4417 页
13339	胡适之先生晚年谈话录 / 胡颂平 // ＊联经出版事业公司 1984 年 5 月 322 页
13340	播种者胡适 / 李 敖 // ＊远流出版事业股份有限公司 1987 年 228 页
13341	胡适与鲁迅 / 周贤平 // ＊时报文化出版企业有限公司 1988 年 181 页
13342	胡适传 / 沈卫威 // ＊风云时代出版公司 1990 年 394 页
13343	胡适・雷震・殷海光：自由主义人物画像 / 张忠栋 // ＊自立晚报社文化出版部 1990 年 218 页
13344	胡适与中国现代 / 周策纵等 // ＊中国时报文化出版企业有限公司 1991 年 349 页
13345	胡适之与傅孟真 / 景 樵 // ＊"中央"日报 1952 年 12 月 9 日
13346	四十五年前的胡适 / 龚选舞 // ＊"中央"日报 1952 年 12 月 17 日
13347	胡适与黄兴 / 李 敖 // ＊"中央"日报 1955 年 3 月 27 日
13348	胡适决心再奋斗十年 / 王洪钧 // ＊"中央"日报 1956 年 10 月 12 日
13349	胡适与黄纯青 / 李 敖 // ＊"中央"日报 1956 年 12 月 21 日
13350	胡适与梁启超 / 李 敖 // ＊"中央"日报 1957 年 3 月 15 日
13351	胡适与徐志摩 / 李 敖 // ＊"中央"日报 1957 年 4 月 5 日
13352	胡适之先生在纽约 / 不速客 // ＊"中央"日报 1958 年 4 月 5 日
13353	胡适七十生日前夕散记 / 黄顺华 // ＊新生报 1960 年 12 月 17 日
13354	一代哲人胡适之 / ＊"中央"日报 1962 年 2 月 25 日
13355	播种者胡适 / 李 敖 // ＊自立晚报 1962 年 2 月 25 日，＊文星 1962 年 9 卷 3 期
13356	胡适博士生平与著作 / ＊新生报 1962 年 2 月 25 日
13357	胡适博士逝世前半日记 / 羊汝德 // ＊联合报 1962 年 2 月 25 日
13358	胡适博士生前二三事 / 石永贵 // ＊新闻报 1962 年 2 月 26 日
13359	胡适之先生二三事 / 陶希圣 // ＊"中央"日报 1962 年 2 月 26 日
13360	李济教授谈胡适行谊 / 李青来 // ＊"中央"日报 1962 年 2 月 27 日
13361	我所亲炙的胡适之先生 / 程天放 // ＊"中央"日报 1962 年 2 月 28 日
13362	艰危时的胡适先生 / 李青来 // ＊"中央"日报 1962 年 3 月 2 日
13363	胡适与言论自由 / ＊联合报 1962 年 3 月 2 日
13364	陈雪屏谈胡适 / 李子继 // ＊自立晚报 1962 年 3 月 4 日
13365	国语运动中的胡适与赵元任 / 朱 信 // ＊联合报 1962 年 3 月 4 日
13366	胡适之与新诗 / 覃子豪 // ＊联合报 1962 年 3 月 4 日
13367	悼大师话往事 / 苏雪林 // ＊联合报 1962 年 3 月 4—20 日
13368	胡适北平脱险记 / 敖凤翔 // ＊新生报 1962 年 3 月 5 日
13369	中西论战与胡适之 / ＊自立晚报 1962 年 3 月 14—24 日
13370	追念胡适之先生二三事 / 余思贤 // ＊"中央"日报 1962 年 4 月 2 日
13371	江冬秀夜忆胡适 / 赵 炜 // ＊自立晚报 1962 年 7 月 31 日
13372	胡适之先生的最后历程 / 凤 之 // ＊新闻报 1962 年 10 月 16 日
13373	胡适与中国近代化 / 宣从文 // ＊公论报 1962 年 10 月 21 日
13374	江冬秀谈胡适生平 / 赵 炜 // ＊自立晚报 1963 年 2 月 24 日
13375	我所认识的胡适之先生 / 毛子水 // ＊新生报 1963 年 2 月 25 日，＊传记文学 1963 年 2 卷 3 期，＊师友记第 67 页
13376	胡适与西潮 / 质 素 // ＊"中央"日报 1964 年 4 月 22 日
13377	胡适与新诗 / 美 莹 // ＊新闻报 1965 年 2 月 24 日
13378	胡适的母亲 / 美 莹 // ＊新闻报 1965 年 5 月 8 日
13379	胡适与《竞业旬报》 / 吴崇文 // ＊新闻报 1965 年 10 月 8 日
13380	费海玑谈胡适 / 冯龙海 // ＊自立晚报 1966 年 6 月 1 日
13381	胡适弃农学文 / 春 馥 // ＊新闻报 1966 年 9 月 22 日

13382	胡适之先生为文的态度 / 归　人 // *中华日报 1970 年 11 月 17 日	
13383	胡适与铃木大拙 / 杨君实 // *"中央"日报 1970 年 12 月 8,9 日	
13384	胡适之先生与文学革命 / 陈纪滢 // *畅流 1952 年 6 卷 8 期	
13385	胡适之先生在台湾 / 罗敦伟 // *畅流 1952 年 6 卷 9 期	
13386	台南与胡适 / 朱　锋 // *台南文化 1953 年 2 卷 4 期	
13387	"维桑与梓,必恭敬之":胡适之先生台南访旧追记 / 衡　五 // *台南文化 1953 年 2 卷 4 期	
13388	胡适之先生新五四精神 / 罗敦伟 // *畅流 1954 年 9 卷 2 期	
13389	胡适先生对苏俄看法的四阶段 / 李　敖 // *大学杂志 1957 年 2 卷 6 期,*文星 1963 年 11 卷 5 期	
13390	谈谈我的朋友胡适之先生(上、下) / 季　夏 // *大学生活 1959 年 5 卷 11、12 期	
13391	纪念适之先生 / 陈之迈 // *传记文学 1962 年 1 卷 2 期	
13392	一个新闻记者眼中的胡适之先生 / 于　衡 // *新时代 1962 年 2 卷 4 期	
13393	胡适言行平议 / *学粹 1962 年 4 卷 2 期	
13394	我对胡适先生的认识 / 梦　译 // *自由太平洋 1962 年 6 卷 4 期	
13395	胡适底"盖棺论定"(上、中、下) / 金耀基 // *大学生活 1962 年 8 卷 3—5 期	
13396	胡适博士的盖棺论 / 李焰生 // *政治评论 1962 年 8 卷 10 期	
13397	谈胡适 / 孙　陵 // *政治评论 1962 年 8 卷 11 期	
13398	小心求证播种者胡适的大胆假设 / 郑学稼 // *文星 1962 年 9 卷 4 期	
13399	胡适之与"全盘西化" / 徐高阮 // *文星 1962 年 9 卷 4 期	
13400	深夜怀友 / 叶公超 // *文星 1962 年 9 卷 5 期	
13401	追忆胡适之先生 / 蒋复璁 // *文星 1962 年 9 卷 5 期	
13402	胡　适 / 余光中 // *文星 1962 年 9 卷 5 期	
13403	一个伟大书生的悲剧 / 徐复观 // *文星 1962 年 9 卷 5 期	
13404	为"播种者胡适"翻旧账 / 李　敖 // *文星 1962 年 9 卷 5 期	
13405	适之先生二三事 / 黎东方 // *文星 1962 年 9 卷 5 期	
13406	倒在战场上的老将军(敬悼胡适之先生) / 胡秋原 // *文星 1962 年 9 卷 5 期	
13407	我看胡适之先生 / 蒋廷黻 // *文星 1962 年 9 卷 6 期,*蒋廷黻选集第 6 集第 1259 页	
13408	我与胡适之先生 / 周德伟 // *文星 1962 年 10 卷 1 期	
13409	孔子与胡适 / 东方望 // *文星 1962 年 10 卷 1 期	
13410	我印象中的胡适之先生 / 安　黎 // *建设 1962 年 10 卷 12 期	
13411	追念胡先生 / 陈咸森 // *民主潮 1962 年 12 卷 6 期	
13412	我所能够知道的胡适之先生 / 韵　笙 // *民主潮 1962 年 12 卷 6 期	
13413	胡适与丁文江(上、下) / 朱文伯 // *民主潮 1962 年 12 卷 11、12 期	
13414	三次茶会忆大师 / 岳蓣甫 // *自由谈 1962 年 13 卷 4 期	
13415	适之先生二三事 / 刘　真 // *自由谈 1962 年 13 卷 4 期	
13416	我和胡适之先生 / 凌鸿勋 // *自由谈 1962 年 13 卷 4 期	
13417	怀念胡适之先生 / 陶希圣 // *自由谈 1962 年 13 卷 4 期	
13418	追念适之先生 / 谢冰莹 // *民主宪政 1962 年 21 卷 10 期	
13419	记普灵斯顿大学葛斯特东方图书馆追悼胡适之先生著作展览会及其相关之史料 / 庄　申 // *大陆杂志 1962 年 24 卷 10 期	
13420	胡适之先生平生及其贡献 / 李书华 // *大陆杂志 1962 年 24 卷 10 期	
13421	五四巨人最后历程亲记 / 罗敦伟 // *畅流 1962 年 25 卷 3 期	
13422	胡适与政治 / 王世杰 // *中国一周 1962 年 620 期	
13423	胡适之先生与中国公学——为胡先生逝世周年纪念而作 / 杨亮功 // *传记文学 1963 年 2 卷 3 期	
13424	我的先生胡适之——回国就学师长印象记之一 / 洪炎秋 // *传记文学 1963 年 2 卷 3 期	
13425	适之先生博士学位补遗 / 胡颂平 // *传记文学 1963 年 3 卷 2 期	

13426　胡适传／毛子水／／＊新时代1963年3卷3期，＊文星1963年11卷5期，＊师友记第9页
13427　《克难苦学记》及《中年自述》序／胡适／／＊传记文学1963年3卷6期
13428　胡适先生与民主的修养／王洪钧／／＊文星1963年11卷5期
13429　胡适之先生／朱文长／／＊文星1963年11卷5期
13430　胡适之先生的治学与治事／杨亮功／／＊传记文学1964年4卷2期
13431　从适之先生的墓园谈起／胡颂平／／＊传记文学1964年4卷2期
13432　同宗因缘／胡惠宣／／＊传记文学1964年4卷5期
13433　回忆一颗大星陨落——记胡适之先生最后的三年／杨树人／／＊文星1964年13卷4期
13434　胡适先生事略稿／／＊大陆杂志1964年28卷5期
13435　胡适(上、下)／陈敬之／／＊畅流1964年29卷12期、30卷1期，＊中国新文学的诞生第94页
13436　三位卯字号人物(蔡子民、于右任、胡适之)／杨亮功／／＊传记文学1965年6卷3期
13437　胡适的时代和他的思想(上、下)／郭湛波／／＊文星1965年16卷1、2期
13438　胡适之先生的反对袁世凯独裁帝制和对推翻北洋军阀的功绩／陶元珍／／＊新中国评论1965年24卷4期
13439　胡适手稿与思想／费海玑／／＊现代学苑1966年3卷7期
13440　胡适教育哲学思想及其对现代中国教育改革运动之影响／陈德仁／／私立中国文化学院哲学研究所1966年硕士学位论文
13441　胡适与陈衡哲的一段往事／郭学虞／／＊传记文学1967年10卷5期
13442　关于胡适之先生的一种第一手资料／陈之迈／／＊传记文学1967年10卷2期
13443　章太炎与胡适之的一些是与非／赵家铭／／＊传记文学1967年11卷4期
13444　黄季刚挖苦胡适／易叔平／／＊艺文志1967年26期
13445　也谈"胡适的书信"／吴春富／／＊出版月刊1967年22期
13446　胡适之先生的青年时期(上、下)／／＊中外杂志1968年3卷4、5期
13447　胡适与陈衡哲／刘咏娴／／＊中外杂志1969年6卷1期
13448　蔡元培与胡适——排比一点史料／赵家铭／／＊传记文学1968年12卷1期
13449　胡适与陈衡哲／刘咏娴／／＊中外杂志1969年6卷1期
13450　胡适与新闻记者／于　衡／／＊中外杂志1969年6卷4期
13451　胡适之关于徐志摩遇难后的日记真迹／胡　适／／＊传记文学1969年14卷2期
13452　胡适之与章行严／梁敬錞／／＊传记文学1969年15卷6期
13453　胡适先生传略／毛子水／／＊传记文学1970年17卷4期
13454　抗战期间两"过河卒子"——胡适之与陈光甫／吴相湘／／＊传记文学1970年17卷5期
13455　胡适先生年谱简编／胡颂平／／＊大陆杂志1971年43卷1期
13456　胡适小传／李立明／／＊文坛月报1972年327期
13457　念人忆事(四)：胡适之先生／徐　訏／／＊传记文学1972年21卷3期
13458　胡　适(1891—1962)／／＊传记文学1973年23卷2期，＊民国人物小传第1册第104页
13459　胡适之有一段情／司马平／／＊春秋1975年22卷1期
13460　胡适、童世纲与葛思德东方图书馆(上、下)／陈纪滢／／＊传记文学1975年27卷1、2期
13461　胡适论／韦政通／／＊夏潮1976年1卷8期
13462　胡适和陈独秀——五四与新文化运动之二／李霜青／／＊中外杂志1976年20卷1期
13463　胡　适／毛子水等／／＊传记文学1976年28卷5期
13464　关于胡适之先生的几件事／薛光前／／＊传记文学1976年28卷6期，＊故人与往事第131页
13465　胡适之先生二三事补述／陶希圣／／＊传记文学1976年28卷6期
13466　追思胡适、林语堂两博士／何聊奎／／＊传记文学1976年28卷6期
13467　胡适传略／周邦道／／＊华学月刊1976年53期
13468　回忆胡适之先生与口述历史(1—10)／唐德刚／／＊传记文学1977年31卷2期—1978年32卷

6 期

13469　胡适与文学革命 / 周阳山 // *仙人掌杂志 1978 年 2 卷 5 期
13470　闲话胡适 / 谢　康 // *中外杂志 1978 年 23 卷 4 期
13471　我所记得的胡适之先生几件事 / 章元羲 // *传记文学 1978 年 32 卷 6 期
13472　胡适的自传（1—12）/ 唐德刚 // *传记文学 1978 年 33 卷 2 期—1979 年 35 卷 2 期
13473　胡适博士学位考证 / 夏志清 // *传记文学 1978 年 33 卷 5 期
13474　胡适的博士学位问题与博士口试 / 严冬阳 // *艺文志 1978 年 157 期
13475　胡适逝世目击记 / 陈尔靖 // *中外杂志 1979 年 26 卷 2 期
13476　胡适之先生传 / 毛子水 // *传记文学 1979 年 34 卷 3 期，*学府纪闻·国立北京大学第 242 页
13477　我所认识的胡适 / 柳无忌 // *传记文学 1979 年 34 卷 6 期
13478　忆说党外人士胡适——为纪念胡适九十冥诞作 / 韩凌霄 // *中外杂志 1980 年 27 卷 1 期
13479　也谈胡适——纪念胡适之先生逝世十八周年 / 程靖宇 // *传记文学 1980 年 36 卷 2 期
13480　从胡适与吴晗来往函件中看出他们的师生关系 / 汤　晏 // *传记文学 1980 年 37 卷 2 期
13481　从主张和平到主张抗战的胡适 / 张忠栋 // 美国研究 1983 年 13 卷 4 期，*传记文学 1984 年 44 卷 2、3 期
13482　看"五四"论胡适 / 王远义 // *中国论坛 1983 年 16 卷 3 期
13483　中国近代思想史上的胡适（上、中、下）/ 余英时 // *明报月刊 1983 年 18 卷 5—7 期，*传记文学 1984 年 44 卷 5、6 期
13484　胡适之先生何以能与青年人交朋友 / 邓嗣禹 // *传记文学 1983 年 43 卷 1 期
13485　胡适与鲁迅的交谊 / 周质平 // *明报月刊 1984 年总 223 期
13486　胡适原为诤臣诤友 / 周　谷 // *传记文学 1985 年 46 卷 1 期
13487　千家驹论胡适 / 唐德刚序、千家驹函 // *传记文学 1985 年 46 卷 6 期
13488　胡适与陈独秀 / 一　丁 // *申报月刊 1985 年 68 期
13489　一篇从未发表过的胡适遗稿 / 傅安明 // *传记文学 1987 年 50 卷 3 期
13490　胡适时代·卷土重来（讲稿大纲）——胡适先生逝世廿五周年纪念讲演会讲稿之一 / 唐德刚 // *传记文学 1987 年 50 卷 3 期
13491　胡适对两广"六一事变"也有熄火之功 / 李若松 // *传记文学 1987 年 50 卷 3 期
13492　我保存的两件胡适手迹 / 夏志清 // *传记文学 1987 年 51 卷 2 期
13493　胡适之先生给我的十四封信（上）/ 吴大猷 // *传记文学 1987 年 51 卷 6 期
13494　胡适与饶毓泰 / 郑仁佳 // *传记文学 1987 年 51 卷 6 期
13495　胡适风格（特论态度与方法）——胡适先生逝世廿五周年纪念讲演会讲稿之二 / 周策纵 // *传记文学 1987 年 50 卷 3 期
13496　胡适举才二三事 / 白吉庵 // *传记文学 1992 年 60 卷 1 期
13497　我与胡适之先生的几次接触 / 王东原 // *传记文学 1992 年 61 卷 4 期
13498　我的朋友胡适之 / 陈存仁 // *传记文学 1994 年 65 卷 1 期
13499　胡适与辜鸿铭的辫子 / 震　齐 // *传记文学 1994 年 65 卷 6 期
13500　胡适与冰心 / 黄艾仁 // *传记文学 1995 年 66 卷 6 期
13501　胡适与周作人 / 张晓唯 // *传记文学 1996 年 69 卷 6 期
13502　回忆胡适之先生 / 傅安明 // *传记文学 1997 年 71 卷 1—3 期
13503　胡适最后的几天日记 / 胡　适 // *传记文学 1998 年 72 卷 2、3 期，1998 年 73 卷 5 期
13504　闻一多与胡适 / 闻黎明 // *传记文学 1998 年 72 卷 3 期
13505　从梁启超、胡适打牌说起 / 梁实秋 // *传记文学 1998 年 73 卷 3 期
13506　从管学大臣孙家鼐到校长胡适——记百年北京大学前期的二十任十九位负责人 / 关国煊 // *传记文学 1998 年 72 卷 4 期
13507　胡适的文化世界 / 欧阳哲生 // *传记文学 1998 年 73 卷 6 期

13508　胡适为林可胜辩冤白谤／周　谷／／＊传记文学1999年75卷3期
13509　胡适大使关切新四军事件／周　谷／／＊传记文学1999年74卷6期
13510　胡适之先生的政治人格与政治见解／王世杰／／＊王世杰先生论著选集第520页
13511　忆胡适之先生／赖景瑚／／＊中外人物专辑第4辑第1页
13512　胡适——美国归来的白话文学倡导者／王世祯／／＊中国风云人物第316页
13513　胡　适／林怀卿／＊中国历代名人120位第397页
13514　胡　适／杨永彬／＊中国历代思想家第10册第6679页，＊中国历代思想家第56册
13515　胡　适／＊中国近代学人像传（初辑）第119页
13516　胡　适／李立明／＊中国现代六百作家小传第235页，＊现代中国作家评传（1）第15页
13517　胡　适／赵景深／＊文人印象第63页
13518　胡适与鲁迅／＊文坛五十年正编第180页
13519　胡　适／吴相湘／＊民国人和事第24页
13520　国父、胡适、陆仲安／吴相湘／／＊民国人和事第35页
13521　胡适之／王世祯／＊民国人豪图传第175页
13522　胡　适／谭慧生／＊民国伟人传记第523页
13523　胡　适／吴相湘／＊民国百人传第1册第113页
13524　胡适传／毛子水／＊师友记第9页
13525　蔡元培——胡适——傅斯年／毛子水／／＊师友记第105页
13526　新文化导师胡适先生／李德安／／＊当代名人风范（3）第921页
13527　胡适之的故事／晓　恬／／＊当代名人故事第1辑
13528　胡　适／李德安／＊访问学林风云人物（上集）第135页
13529　胡　适／王森然／＊近代二十家评传第353页
13530　胡适先生评传／王森然／／＊近代二十家评传第353页
13531　胡适对社会改革的主张与理想／贾祖麟著、张振玉译／／＊近代中国思想人物论·自由主义第321页
13532　理想与实证的结合——胡适的政治思想／傅丰诚／／＊近代中国思想人物论·自由主义第345页
13533　胡适思想评论／张君劢／／＊近代中国思想人物论·自由主义第377页
13534　胡　适（1891—1962）／周邦道／／＊近代教育先进传略（初集）第147页
13535　我所认识到的胡适之先生／沈刚伯／／＊沈刚伯先生文集（下册）第697页
13536　胡适（附适之先生的生平和他的著作）／＊作家印象第61页
13537　胡　适／方　青／＊现代文坛百象第1页
13538　胡　适／刘　葆／＊现代中国人物志第304页
13539　胡　适／赵　聪／＊现代中国作家列传第7页，五四文坛点滴第15页
13540　胡　适／韦政通／＊现代中国思想家第7辑第1页
13541　胡　适／编纂组／＊环华百科全书第10册第121页
13542　忆胡适先生／曹　建／／＊学府纪闻·国立北京大学第332页
13543　胡适之、梁漱溟、熊十力——三位北大哲学系教授的风范与创建／冯炳奎／／＊学府纪闻·国立北京大学第311页
13544　北大感旧录——胡适之／周作人／／＊知堂回想录第497页
13545　胡适之先生二三事／梁实秋／／＊看云集第17页，梁实秋自选集第353页
13546　论胡适之先生／阮毅成／／＊前辈先生第45页
13547　介绍我自己的思想／胡　适／／＊胡适文存第4集第607页

胡　炜

13548　胡　炜／黄震遐／／＊中共军人志第233页

胡　洛

13549　胡　洛／李立明／／＊中国现代六百作家小传第234页

13550 胡 洛 / 黄俊东 // *现代中国作家剪影第 229 页

胡 素

13551 胡 素(1899—1978) / 于翔麟 // *传记文学 1983 年 43 卷 2 期
13552 胡 素 / *革命人物志第 19 集第 96 页

胡 峻

13553 胡雨岚 / 邓家彦 // *革命人物志第 3 集第 282 页

胡 琏

13554 出使越南记 / 胡 琏 // *"中央"日报社 1978 年
13555 出使越南的胡琏上将 / 刘毅夫 // *"中央"日报 1964 年 11 月 10 日
13556 华县胡琏(伯玉)上将哀荣专辑 / *陕西文献 1977 年 30 期
13557 悼念胡伯玉将军 / 李守孔 // *传记文学 1977 年 31 卷 2 期
13558 我所知道的胡琏 / 刘毅夫 // *传记文学 1977 年 31 卷 2 期，*古今谈 1980 年 179 期，*革命人物志第 20 集第 90 页
13559 记杨森、胡琏二将军 / 戎马书生 // *大成 1977 年 45 期
13560 "笔""剑"交辉忆胡琏 / *海外文摘 1977 年 337 期
13561 从军人到大使(1—21)——简述胡伯玉上将 / 王禹廷 // *传记文学 1978 年 32 卷 1 期—1980 年 37 卷 3 期
13562 记古宁头战役——胡琏将军扭转乾坤及其有关重要史实 / 柯远芬 // *传记文学 1979 年 34 卷 3 期
13563 胡 琏(1907—1977) / 于翔麟 // *传记文学 1980 年 36 卷 2 期，*民国人物小传第 4 册第 170 页
13564 胡琏将军使越对于侨胞所作的贡献 / 王禹廷 // *陕西文献 1981 年 45 期
13565 "胡琏评传"前言 / 王禹廷 // *传记文学 1987 年 50 卷 6 期
13566 "胡琏评传"序 / 李守孔 // *传记文学 1987 年 50 卷 6 期
13567 英文侍读忆胡琏大使 / 吴钟英 // *传记文学 1987 年 51 卷 3 期
13568 追忆胡琏忠勇道义史迹 / 蔡孟坚 // *传记文学 1995 年 66 卷 4 期
13569 胡 琏(1907—1977) / *环华百科全书第 10 册第 113 页
13570 胡 琏 / *革命人物志第 20 集第 88 页

胡 庸

13571 胡 庸 / *革命人物志第 18 集第 117 页

胡 绳

13572 胡 绳 / 方雪纯等 // *中共人名录第 264 页
13573 胡 绳 / 李立明 // *中国现代六百作家小传第 237 页

胡 瑛

13574 胡 瑛 / 张难先 // *革命人物志第 6 集第 17 页
13575 胡 瑛 / 刘绍唐主编 // *传记文学 1992 年 60 卷 6 期

胡 森

13576 胡森先生事略 / 王世昭 // *民主潮 1979 年 29 卷 6 期

胡 蛟

13577 胡 蛟(1911—1982) / 关国煊 // *传记文学 1983 年 43 卷 2 期

胡 谦

13578 胡 谦(1882—1927) / 于翔麟 // *传记文学 1983 年 43 卷 6 期
13579 胡 谦 / *革命人物志第 3 集第 315 页

胡 蝶

13580 胡蝶毁了我的后半生 / 杨惠敏 // *传记文学 1992 年 60 卷 4 期

胡山源

13581 胡山源 / 刘绍唐主编 // *传记文学 1998 年 72 卷 6 期

13582　胡山源／李立明∥＊中国现代六百作家小传第 237 页

胡义宾

13583　胡义宾／＊革命人物志第 18 集第 120 页

胡也频

13584　胡也频／李立明∥＊展望 1971 年 222 期
13585　胡也频／李立明∥＊中国现代六百作家小传第 238 页
13586　胡也频／赵　聪∥＊现代中国作家列传第 284 页
13587　胡也频（1903—1931）／＊环华百科全书第 10 册第 124 页

胡子良

13588　胡子良／＊革命人物志第 10 集第 215 页

胡子昂

13589　胡子昂／刘绍唐主编∥＊传记文学 1992 年 60 卷 1 期
13590　中央财政经济委员会委员胡子昂／＊新中国人物志（下）第 138 页

胡子萍

13591　胡子萍管人事交通／乔家才∥＊戴笠将军和他的同志第 1 集第 67 页

胡天秋

13592　十人团中的胡天秋／乔华塘∥＊中外杂志 1981 年 30 卷 4 期
13593　胡天秋高风亮节／乔家才∥＊戴笠将军和他的同志第 1 集第 223 页

胡元倓

13594　胡元倓先生传／黄　中∥＊中华书局 1971 年 8 月 130 页，＊商务印书馆 1971 年 8 月 130 页
13595　胡子靖先生纪念集／＊湖南明德学校旅台校友会编印 1971 年
13596　磨血老人胡子靖先生／吴相湘∥＊传记文学 1964 年 5 卷 2 期
13597　磨血老人胡元倓与明德学堂／谷松高∥＊艺文志 1967 年 26 期
13598　谈胡子靖与熊希龄的交情／省　斋∥＊艺文志 1968 年 28 期
13599　胡子靖先生的磨血精神／吴相湘∥＊传记文学 1971 年 19 卷 3 期
13600　胡元倓（1872—1940）／＊传记文学 1973 年 23 卷 3 期，＊民国人物小传第 1 册第 107 页
13601　胡子靖／吴相湘∥＊民国百人传第 1 册第 1 页
13602　胡元倓（1872—1940）／周邦道∥＊近代教育先进传略（初集）第 228 页
13603　胡元倓／金毓黻∥＊革命人物志第 6 集第 11 页
13604　胡子靖与明德中学／＊革命人物志第 6 集第 13 页

胡云翼

13605　胡云翼／刘绍唐主编∥＊传记文学 1996 年 68 卷 1 期
13606　胡云翼／李立明∥＊中国现代六百作家小传第 248 页

胡木兰

13607　记三位不平凡的女性：胡木兰、卓国华、黄振华／李又宁∥＊近代中国 1981 年 24 期

胡长青

13608　忆先夫胡长青言行／＊"中央"日报 1952 年 4 月 5 日
13609　悼念胡长青将军／何应钦∥＊"中央"日报 1952 年 4 月 6 日
13610　胡长青（1907—1950）／于翔麟∥＊传记文学 1980 年 36 卷 2 期，＊民国人物小传第 4 册第 175 页
13611　胡长青碧血千秋／万辞辉∥＊中外杂志 1981 年 29 卷 5 期
13612　胡长青／＊革命人物志第 3 集第 276 页

胡仁源

13613　从管学大臣孙家鼐到校长胡适——记百年北京大学前期的二十任十九位负责人／关国煊∥＊传记文学 1998 年 72 卷 4 期

胡今虚

13614　鲁迅与胡今虚／马蹄疾∥＊鲁迅与浙江作家第 255 页

胡月村
13615　胡月村／＊革命人物志第 12 集第 195 页

胡文臣
13616　胡文臣／＊革命人物志第 18 集第 119 页

胡文虎
13617　胡文虎先生六十晋五寿辰专刊／（香港）星岛日报编印 1947 年 16 页
13618　胡文虎传／康吉父／／（香港）龙门书店 1984 年 7 月 221 页
13619　"抱义乐善"胡文虎／慕　耘／＊自由谈 1954 年 5 卷 11 期
13620　胡文虎有功于华侨报业／苏秦楷／／＊艺文志 1966 年 12 期
13621　胡文虎（1882—1954）／关志昌／／＊传记文学 1980 年 37 卷 1 期，＊民国人物小传第 4 册第 173 页
13622　胡文虎／祝秀侠／／＊华侨名人传第 251 页

胡文豹
13623　胡文豹（1884—1944）／关国煊／／＊传记文学 1982 年 41 卷 2 期，＊民国人物小传第 6 册第 162 页

胡允恭
13624　地下十五年与陈仪／胡允恭／／＊传记文学 1992 年 60 卷 6 期

胡玉珍
13625　胡玉珍／王缵承／／＊革命人物志第 3 集第 272 页

胡玉缙
13626　胡玉缙（1859—1940）／何广棪／／＊传记文学 1974 年 25 卷 2 期，＊民国人物小传第 1 册第 108 页

胡世泽
13627　胡世泽四十年外交生活／丁士廉／／＊"中央"日报 1965 年 4 月 22 日

胡世勋
13628　杰出校友群像——外交世家的胡世勋主委／王绍桢等／／＊学府纪闻・私立辅仁大学第 335 页

胡世桢
13629　纪念几位数学朋友／陈省身／／＊传记文学 1999 年 75 卷 2 期

胡兰成
13630　胡兰成传奇／薛慧山／／＊大成 1981 年 94 期
13631　胡兰成笔下的《张爱玲记》／胡兰成／／＊传记文学 1995 年 67 卷 4 期
13632　胡兰成其人其事／王　怡／／＊传记文学 1995 年 67 卷 6 期
13633　汉奸胡兰成隐匿温州始末／李　伟／／＊传记文学 1996 年 69 卷 4 期
13634　胡兰成／李立明／／＊中国现代六百作家小传第 253 页

胡汉民
13635　胡汉民先生传／姚渔湘／／＊文物供应社 1954 年 56 页
13636　胡先生（汉民）纪念专刊／培英书局编／／＊文海出版社近代中国史料丛刊第九十一辑（总 904）影印本 220 页
13637　胡汉民自传／＊传记文学出版社 1969 年 122 页、1982 年 9 月再版 122 页，＊中国国民党党史委员会 1978 年 250 页
13638　胡汉民先生遗稿——胡汉民先生百年诞辰纪念／胡汉民著、中华民国史料研究中心编辑／／＊中华书局 1978 年 484 页
13639　诗人革命家——胡汉民传／张万熙／／＊近代中国出版社 1978 年 345 页
13640　诗人革命家——胡汉民传／墨　人／／＊近代中国出版社 1978 年 346 页
13641　民国胡展堂先生汉民年谱／蒋永敬／／＊商务印书馆 1981 年 588 页
13642　胡汉民的政治思想／成台生／／＊黎明文化事业公司 1982 年 212 页
13643　胡汉民先生年谱／蒋永敬／／＊中国国民党"中央"委员会党史委员会 1978 年 584 页、1981 年 672 页

13644　胡汉民事迹资料汇辑(1—5) / 周康燮主编 // (香港)大东图书公司 1980 年 10 月
13645　胡汉民先生的人格思想和精神 / 魏　瀚 // *"中央"日报 1968 年 12 月 15 日
13646　胡汉民先生二三事 / 民　魂 // *自立晚报 1969 年 1 月 3 日
13647　黄克强与胡汉民先生 / 王集丛 // *政治评论 1961 年 6 卷 2 期
13648　胡汉民先生二三事 / 安怀音 // *革命思想 1962 年 12 卷 3 期
13649　记党国元老胡汉民先生 / 李永久 // *古今谈 1966 年 14 期
13650　记近代大儒与奇士的王壬秋 / 何人斯 // *古今谈 1966 年 15 期
13651　不匮室主胡展堂的生平(上、下) / 梁寒操 // *艺文志 1968 年 28、29 期
13652　胡展堂生前二三事 / 陆耀华 // *中国一周 1968 年 975 期
13653　回忆我的父亲胡汉民先生 / 胡木兰 // *艺文志 1969 年 40 期
13654　胡汉民与汪精卫(选载) / 马五先生 // *中外杂志 1969 年 5 卷 5 期
13655　胡汉民自传(上、中、下) / *传记文学 1969 年 14 卷 1—3 期，*革命文献第 3 辑第 64 页
13656　党国元勋胡汉民先生 / *美哉中华 1969 年 8 期
13657　胡汉民与谭延闿 / 胡耐安 // *中外杂志 1970 年 7 卷 5 期，*湖南文献 1979 年 7 卷 1 期
13658　廖仲恺、胡汉民、张人杰 / 雷啸岑 // *中外杂志 1971 年 9 卷 2 期
13659　风骨皎砺胡汉民 / 胡耐安 // *中外杂志 1974 年 16 卷 5 期，*中外人物专辑第 6 辑第 1 页
13660　胡汉民(1879—1936) / *传记文学 1974 年 25 卷 3 期，*民国人物小传第 1 册第 111 页
13661　每月人物专题：胡汉民 / 蒋永敬 // *传记文学 1976 年 28 卷 6 期
13662　展堂先生百年诞辰纪念文物辑 / 郑彦棻等 // *广东文献 1978 年 8 卷 4 期
13663　"胡汉民先生年谱"新资料举要 / 蒋永敬 // *近代中国 1978 年 8 期，*近代人物史事第 52 页
13664　从《民报》言论看胡汉民先生的革命思想 / 陈春生 // *近代中国 1978 年 8 期
13665　胡汉民(展堂)先生的生平及其对国父革命思想的阐扬 / 郑彦棻 // *传记文学 1978 年 33 卷 6 期，*近代中国 1978 年 8 期
13666　胡汉民先生的生平与志业——中华民国史料研究中心第八十一次学术讨论会特写 / 刘本炎 // *近代中国 1978 年 8 期
13667　"胡汉民先生百年诞辰"口述历史座谈会纪实 / 黄肇珩、胡有瑞 // *近代中国 1978 年 8 期
13668　胡汉民先生的教育思想 / 郑彦棻 // *中外杂志 1979 年 26 卷 1 期
13669　胡汉民的文才与风骨 / 墨　人 // *新动力 1981 年 33 卷 3 期
13670　胡汉民提倡女权的思想及其成就 / 蒋永敬 // *中国妇女运动史第 319 页，*近代人物史事第 16 页
13671　胡汉民 / 惜　秋 // *民初风云人物(上)第 137 页
13672　胡汉民 / 王世祯 // *民国人豪图传第 139 页
13673　胡汉民 / 谭慧生 // *民国伟人传记第 248 页
13674　胡汉民 / 梁寒操、萧次尹 // *民族英雄及革命先烈传记(上册)第 263 页
13675　胡汉民的故事 / 晓　恬 // *当代名人故事第 2 辑
13676　胡汉民先生的伟大人格 / 孙　科 // *孙科文集第 3 册第 1271 页
13677　悲剧革命家胡汉民的一生 / 郑　梓 // *近代中国思想人物论·民族主义第 453 页
13678　胡汉民(1879—1936) / 冯明珠 // *环华百科全书第 10 册第 115 页
13679　胡汉民先生轶事五则 / 邓慕韩 // *革命人物志第 3 集第 305 页
13680　广东之光复与出任都督 / 胡汉民 // *革命文献第 3 辑第 41 页
13681　胡展堂先生之革命史略 / 邹　鲁 // *革命人物志第 3 集第 303 页

胡汉昌

13682　胡汉昌 / *革命人物志第 3 集第 308 页、第 6 集第 20 页

胡礼垣

13683　清末维新政论家何启与胡礼垣 / 方　豪 // *新时代 1963 年 3 卷 12 期
13684　胡礼垣先生传略 / 陆廷昌 // *大陆杂志 1964 年 29 卷 3 期

13685　胡礼垣(1855—1916) / 姚崧龄 // ＊传记文学 1975 年 27 卷 6 期，＊民国人物小传第 2 册第 98 页
13686　胡礼垣 / 刘绍唐主编 // ＊传记文学 1987 年 50 卷 1 期

胡朴安
13687　泾县胡朴安昆季 / 南　湖 // ＊"中央"日报 1961 年 10 月 3 日
13688　真读书人胡朴安 / 胵　叟 // ＊"中央"日报 1969 年 4 月 27 日
13689　吾师胡朴安 / 卜易生 // ＊"中央"日报 1969 年 5 月 12 日
13690　胡朴安 / 遯　园 // ＊畅流 1951 年 3 卷 7 期
13691　胡朴安(1879—1947) / 秦贤次 // ＊传记文学 1976 年 28 卷 5 期，＊民国人物小传第 2 册第 96 页
13692　胡朴安 / 周邦道 // ＊近代教育先进传略(初集)第 142 页
13693　胡韫玉 / 胡遯园 // ＊贤不肖列传第 80 页
13694　记胡朴安先生 / 阮毅成 // ＊前辈先生第 49 页

胡光麃
13695　波逐六十年 / 胡光麃 //（香港）新闻天地社 1964 年 7 月 440 页
13696　波逐六十年 / 胡光麃 // ＊文海出版社 1984 年
13697　胡光麃《波逐六十年》读后 / 吴钦烈 // ＊自立晚报 1964 年 9 月 8 日
13698　我看胡光麃《波逐六十年》/ 阮日宣 // ＊联合报 1964 年 9 月 14 日
13699　胡光麃《波逐六十年》/ 梁实秋 // ＊文星 1964 年 14 卷 4 期
13700　胡光麃 / 刘绍唐主编 // ＊传记文学 1993 年 63 卷 1 期

胡先骕
13701　胡先骕 / 李立明 // ＊中国现代六百作家小传第 239 页
13702　胡先骕 / ＊环华百科全书第 10 册第 121 页

胡廷翼
13703　胡廷翼 / ＊革命人物志第 17 集第 135 页

胡乔木
13704　胡乔木 / 李立明 // ＊中国现代六百作家小传第 246 页
13705　胡乔木 / 朱新民 // ＊环华百科全书第 10 册第 117 页
13706　政务院新闻总署署长胡乔木 / ＊新中国人物志(上)第 72 页

胡伟克
13707　胡伟克 / ＊革命人物志第 12 集第 197 页

胡传厚
13708　胡传厚 / ＊革命人物志第 17 集第 141 页

胡旭光
13709　胡旭光少将的故事 / 叶建丽 // ＊中国一周 1965 年 795 期

胡庆育
13710　悼胡庆育先生 / 于　衡 // ＊联合报 1970 年 12 月 25 日，＊革命人物志第 10 集第 222 页
13711　胡庆育老师的风范 / 陈宜人 // ＊"中央"日报 1971 年 1 月 6 日
13712　外交斗士——胡庆育 / 汤德衡 // ＊自立晚报 1971 年 1 月 3 日
13713　胡庆育先生的故事 / 于　衡 // ＊联合报 1971 年 1 月 5 日，＊革命人物志第 10 集第 228 页
13714　外交长才胡庆育先生 / ＊美哉中华 1969 年 7 期
13715　胡庆育先生的出访生涯 / 王之珍 // ＊传记文学 1971 年 19 卷 6 期
13716　怀庆育 / 叶公超 // ＊传记文学 1971 年 19 卷 6 期
13717　三水胡庆育先生碑文 / 黄少谷 // ＊传记文学 1971 年 19 卷 6 期
13718　与庆育早岁交谊的回忆 / 张兹闿 // ＊传记文学 1971 年 19 卷 6 期
13719　胡庆育(1905—1970) / 关国煊 // ＊传记文学 1981 年 39 卷 3 期，＊民国人物小传第 5 册第 195 页
13720　时昭瀛和胡庆育 / 廖硕石 // ＊传记文学 1992 年 61 卷 1 期

13721　诗人外交家胡庆育 / 罗学濂 // ＊学府纪闻・私立燕京大学第 165 页
13722　胡庆育 / 于　衡 // ＊革命人物志第 10 集第 222 页

胡齐勋
13723　胡齐勋 / 张难先 // ＊革命人物志第 3 集第 310 页

胡远浚
13724　胡远浚（1867—1931）/ 周邦道 // ＊近代教育先进传略（初集）第 129 页

胡均鹤
13725　引潘汉年见汪精卫的胡均鹤 / 吴基民 // ＊传记文学 1995 年 67 卷 1 期
13726　从胡均鹤想到关露 / 尹　骐 // ＊传记文学 1995 年 67 卷 2 期

胡志伊
13727　胡志伊传 / 傅　専 // ＊革命人物志第 10 集第 218 页

胡克敏
13728　我与克敏 / 刘　狮 // ＊畅流 1956 年 12 卷 11 期
13729　水墨画大家胡克敏 / 鲍　园 // ＊畅流 1961 年 23 卷 4 期
13730　胡克敏 / ＊畅流 1963 年 27 卷 10 期

胡伯翰
13731　胡伯翰（1900—1973）/ 于翔麟 // ＊传记文学 1981 年 39 卷 2 期，＊民国人物小传第 5 册第 188 页
13732　胡伯翰 / ＊革命人物志第 19 集第 98 页

胡应文
13733　胡应文 / 蔡屏藩 // ＊革命人物志第 10 集第 233 页
13734　胡定伯先生墓志铭 / 郭希仁 // ＊革命人物志第 10 集第 234 页

胡应昇
13735　胡应昇 / ＊革命人物志第 10 集第 237 页

胡良辅
13736　胡烈士御阶事略 / 阙　名 // ＊民国四川人物传记第 33 页
13737　胡良辅 / ＊革命人物志第 3 集第 275 页

胡灵雨
13738　胡灵雨（1920—1980）/ 关国煊 // ＊传记文学 1980 年第 37 卷 3 期，＊民国人物小传第 4 册第 177 页
13739　胡欣平 / 李立明 // ＊中国现代六百作家小传第 240 页

胡杰民
13740　胡杰民 / 陈栋材 // ＊华侨名人传第 446 页

胡雨人
13741　胡雨人（1868—1928）/ 周邦道 // ＊近代教育先进传略（初集）第 28 页

胡奇才
13742　胡奇才 / 黄震遐 // ＊中共军人志第 231 页

胡国伟
13743　胡国伟先生行述 / ＊民主潮 1976 年 26 卷 2 期
13744　敬悼国家主义导师胡国伟先生 / 张健生 // ＊现代国家 1976 年 133 期

胡明远
13745　追怀胡明远先生 / 李尔康 // ＊传记文学 1978 年 33 卷 6 期

胡明复
13746　胡明复（1891—1927）/ ＊传记文学 1974 年 24 卷 6 期，＊民国人物小传第 1 册第 110 页
13747　胡明复（1891—1927）/ 周邦道 // ＊近代教育先进传略（初集）第 27 页

胡季藻
13748　悼念一位出入印藏的爱国学人胡季藻 / 杨允元 // ＊传记文学 1974 年 25 卷 1 期

胡秉柯
13749　胡秉柯／胡忠民∥＊革命人物志第3集第279页

胡侗清
13750　追怀民航奇才胡侗清先生／郑富璋∥＊传记文学1993年63卷6期

胡受谦
13751　胡受谦先生／孔铁勋∥＊湖北文献1967年3期
13752　胡(兆和)著《胡县长》读后／陈祚龙∥＊东方杂志1981年15卷2期

胡宗南
13753　宗南先生纪念集／＊胡故上将宗南先生纪念集编辑委员会1963年290页
13754　胡宗南上将年谱／罗冷梅等∥＊胡宗南上将年谱编纂委员会1972年310页
13755　胡上将宗南年谱／胡上将宗南年谱编委会∥＊文海出版社近代中国史料丛刊续编第四十九辑(总488)影印本310页
13756　胡上将宗南年谱／于凭远等∥＊商务印书馆1980年321页
13757　转战十万里——胡宗南传／段彩华∥＊近代中国出版社1985年3月194页
13758　胡宗南上将传略／军闻社∥＊联合报1962年2月15日
13759　胡宗南将军二三事／顾树型∥＊新生报1962年2月26日
13760　忆胡宗南将军／沈宗瀚∥＊新生报1962年3月3日,＊沈宗瀚晚年文录第290页
13761　我与胡宗南将军／黄　杰∥＊"中央"日报1962年6月9日,＊中兴评论1962年9卷6期,＊中国一周1962年634期
13762　我所认识的胡宗南将军／盛　文∥＊"中央"日报1962年6月9日
13763　胡夫人谈胡宗南将军／孙　光∥＊新闻报1968年4月30日
13764　念西北　怀二南——胡宗南祝绍南／侯传勋∥＊现代政治1957年2卷2期
13765　胡宗南将军与王曲军校——为胡将军逝世五周年而作／孙秉杰∥＊中国一周1962年879期
13766　怀胡故上将宗南／贺衷寒∥＊中国一周1962年631期
13767　忆胡宗南将军／郑学稼∥＊政治评论1962年8卷8期
13768　我与胡宗南先生／彭书隐∥＊民主宪政1963年23卷12期
13769　模范军人胡宗南(上、下)／李少陵∥＊艺文志1965年1、2期
13770　黄埔同学中最杰出的两位将领——胡宗南与戴雨农／郑修元∥＊春秋1966年4卷2期
13771　别时容易见时难——追念胡宗南先生／刘醒吾∥＊中外杂志1968年3卷6期
13772　从澎湖立铜像回忆胡宗南将军／叶　青∥＊政治评论1968年20卷6期
13773　忆说胡宗南／裘　轸∥＊中外杂志1975年18卷6期
13774　胡宗南在西昌／赵宗鼎∥＊中外杂志1976年19卷2期
13775　胡宗南(1896—1962)／于翔麟∥＊传记文学1978年32卷6期,＊民国人物小传第3册第116页
13776　治军四十年位至上将军的胡宗南／虞任远∥＊宁波同乡1978年119期
13777　民国风云人物略传——胡宗南／高　准∥＊大学杂志1979年126期
13778　叶霞翟博士与胡宗南将军／黎　芹∥＊自由谈1981年32卷10期
13779　胡宗南与戴笠(上、中、下)／戈士德∥＊中外杂志1982年31卷2—4期
13780　胡宗南在天水／苏　鉴∥＊中外杂志1983年33卷5期
13781　胡宗南将军轶事／李文博∥＊浙江月刊1983年15卷12期
13782　追念胡宗南将军／蔡孟坚∥＊传记文学1985年46卷2期
13783　关于蔡孟坚先生所写胡宗南将军文(书简)／王禹廷∥＊传记文学1985年47卷2期
13784　胡宗南化名秦东昌指挥海军登陆／赵　璵∥＊传记文学1993年63卷1期
13785　回忆我和胡宗南将军的一些往事／蒋纬国∥＊传记文学1995年66卷3期
13786　我追随胡宗南／张佛千∥＊传记文学1996年71卷6期,1997年71卷1、2、5、6期,1997年72卷1期

13787　胡宗南 / 戴晋新 // ＊环华百科全书第 10 册第 122 页
13788　追念胡宗南将军 / 薛光前 // ＊故人与往事第 39 页
13789　胡宗南 / 罗　列 // ＊革命人物志第 11 集第 12 页

胡宗铎
13790　纪念胡宗铎先生 / 张树华 // ＊湖北文献 1977 年 42 期
13791　胡宗铎（1892—1962）/ 于翔麟 // ＊传记文学 1981 年 38 卷 5 期，＊民国人物小传第 5 册第 190 页

胡定安
13792　鼓吹医学革命的回忆 / 胡定安 // ＊传记文学 1968 年 13 卷 5 期

胡绍轩
13793　胡绍轩 / 李立明 // ＊中国现代六百作家小传第 244 页

胡经甫
13794　胡经甫 / 刘绍唐主编 // ＊传记文学 1993 年 62 卷 5 期

胡经武
13795　胡经武 / ＊革命人物志第 10 集第 220 页

胡春冰
13796　胡春冰 / 刘绍唐主编 // ＊传记文学 1997 年 71 卷 2 期，传记文学 1997 年 71 卷 5 期
13797　胡春冰 / 李立明 // ＊中国现代六百作家小传第 242 页

胡政之
13798　胡政之与大公社 / 陈纪滢 // （香港）掌故月刊社 1974 年 12 月 335 页，＊重光文艺出版社 1975 年
13799　中国名报人轶事 / 曾虚白讲、刘朗记 // ＊报学 1964 年 3 卷 3 期
13800　胡政之 / 李立明 // ＊中国现代六百作家小传第 245 页
13801　胡政之 / 袁昶超 // ＊中国报业小史第 85 页

胡耐安
13802　胡耐安先生纪念集 / ＊胡先生逝世周年纪念筹备会编印 1978 年 167 页
13803　北伐琐碎事拾零 / 胡耐安 // ＊传记文学 1966 年 9 卷 6 期
13804　前尘往事忆武汉 / 胡耐安 // ＊传记文学 1967 年 10 卷 3 期
13805　悼念胡耐安先生 / 蒋君章 // ＊传记文学 1978 年 33 卷 1 期
13806　追怀胡耐安先生（附胡耐安自述身世）/ 周开庆 // ＊中外杂志 1978 年 23 卷 1 期

胡思敬
13807　胡思敬墓表 / 陈　毅 // ＊碑传集三编第 2 册第 449 页

胡品清
13808　谈诗人胡品清 / 张锦明 // ＊明报 1972 年 9 月 1 日
13809　关于胡品清 / 山　竹 // ＊明报 1972 年 9 月 13 日
13810　作家胡品清教授 / ＊美哉中华 1969 年 8 期
13811　胡品清 / 李立明 // ＊中国现代六百作家小传第 243 页
13812　胡品清 / 夏祖丽 // ＊她们的世界第 101 页
13813　小传 / 胡品清 // ＊胡品清自选集第 1 页

胡秋原
13814　胡秋原先生之生平与著作——祝贺胡秋原先生七十寿辰文集 / 中华杂志编辑部编 // ＊学术出版社 1981 年 5 月 581 页
13815　胡秋原传：直心巨笔一书生（上、下）/ 张漱函 // ＊皇冠出版社 1988 年 1172 页
13816　关于胡秋原先生一件事 / 徐高阮 // ＊政治评论 1963 年 10 卷 12 期
13817　胡秋原（上、中、下）/ 陈敬之 // ＊畅流 1968 年 37 卷 5—8 期
13818　胡秋原先生与当代十六种思潮 / ＊中华杂志 1978 年 16 卷 12 期
13819　胡秋原先生之学问思想及其意义 / ＊中华杂志 1978 年 16 卷 12 期

13820 胡秋原先生的为人与思想 / 曾祥铎 // *中华杂志 1980 年 18 卷 7 期
13821 胡秋原先生七十寿辰特辑 / 黄德馨等 // *中华杂志 1980 年 18 卷 6 期
13822 胡秋原先生与中国新文学 / 陈映真 // *中华杂志 1980 年 18 卷 7 期
13823 胡秋原先生著作展览目录 // *中华杂志 1980 年 18 卷 7 期
13824 文艺自由论者胡秋原先生 / 周玉山 // *中华杂志 1980 年 18 卷 7 期
13825 我与胡秋原先生 / 罗贡华 // *湖北文献 1980 年 57 期
13826 中国读书人的典型胡秋原先生 / 钱江潮 // *潮北文献 1980 年 57 期
13827 胡秋原 / 李立明 // *中国现代六百作家小传第 241 页
13828 胡秋原 / *环华百科全书第 10 册第 117 页

胡修道
13829 胡修道 / 黄震遐 // *中共军人志第 233 页

胡炳云
13830 胡炳云 / 黄震遐 // *中共军人志第 232 页

胡亮天
13831 胡亮天 / 汛 青 // *革命人物志第 3 集第 286 页

胡祖玉
13832 胡祖玉(1893—1931) / 于翔麟 // 传记文学 1985 年 47 卷 3 期
13833 胡祖玉 / 李盛铎 // *革命人物志第 3 集第 288 页

胡莘农
13834 一位爱国的老人——胡莘农 / 曾西涛 // *中国一周 1953 年 143 期

胡晋接
13835 陈果夫、胡晋接、李德膏 / 周邦道 // *中外杂志 1976 年 19 卷 6 期
13836 胡晋接(1870—1934) / 周邦道 // *近代教育先进传略(初集)第 130 页

胡晓岑
13837 胡晓岑先生年谱 / 罗香林 // *"中央"研究院历史语言研究所集刊 1960 年外篇(四)第 105 页

胡健中
13838 记胡健中先生初次长《中央日报》/ 丙 生 // *"中央"日报 1957 年 3 月 21 日
13839 一个中国土地改革先驱者的自白 / 胡健中 // 传记文学 1978 年 33 卷 5 期, *中国地方自治 1979 年 31 卷 10 期
13840 西望长安 / 胡健中 // *传记文学 1983 年 42 卷 3 期
13841 送别胡健中先生 / 王映霞 // *传记文学 1993 年 63 卷 6 期

胡竞先
13842 一个饱经沧桑八十老朽的忆语 / 胡竞先 // *江西文献 1980 年 101 期
13843 胡竞先 / 刘绍唐主编 // *传记文学 1993 年 62 卷 3 期

胡家凤
13844 胡家凤先生纪念集 // *本书编辑委员会 1963 年 160 页
13845 敬悼胡秀松先生 / 洪 轨 // *"中央"日报 1963 年 1 月 8 日, *中国一周 1963 年 644 期
13846 朴实清廉的胡家凤 / 谢建华 // *中国一周 1965 年 807 期, *江西文献 1966 年 3 期
13847 忆胡家凤二三事 / 礼 言 // *古今谈 1965 年 4 期
13848 胡家凤先生事略 / 胡 致 // *江西文献 1967 年 14 期, *革命人物志第 20 集第 111 页
13849 江西前主席胡家凤先生 / 刘爱华 // *江西文献 1968 年 24 期
13850 胡家凤(1886—1962) / 范廷杰 // *传记文学 1976 年 28 卷 2 期, *民国人物小传第 2 册第 91 页

胡家骅
13851 胡家骅 / *革命人物志第 10 集第 219 页

胡家祺
13852 胡家祺(1871—1928) / 周邦道 // *近代教育先进传略(初集)第 260 页

胡继成
13853　胡继成／黄震遐∥﹡中共军人志第234页

胡鄂公
13854　南吴北齐与胡鄂公／钱纳水∥﹡"中央"日报1966年9月5日
13855　胡鄂公(1884—1951)／秦贤次∥﹡传记文学1976年28卷6期,﹡民国人物小传2册第92页,﹡革命人物志第17集第137页
13856　胡鄂公也是中共秘密党员／关志昌∥﹡传记文学1984年45卷1期
13857　胡鄂公致孔令侃密电三件／﹡传记文学1992年61卷4期

胡康民
13858　当代教育先进传略——纪鸿、胡康民／周邦道∥﹡湖北文献1977年42期
13859　胡康民(1880—1953)／﹡传记文学1981年38卷1期,﹡民国人物小传第5册第191页
13860　胡康民(1880—1953)／周邦道∥﹡近代教育先进传略(初集)第201页

胡商岩
13861　三十年来经办社会公益事业回忆录／胡商岩∥﹡台北市胡钟吾1954年22页
13862　绩溪胡商岩先生传／孙雨航∥﹡台北市胡钟吾1972年47页,﹡右军书法研究出版社1974年47页

胡寄尘
13863　怀念胡寄尘先生／遯叟∥﹡"中央"日报1967年12月22日
13864　胡寄尘／遯园∥﹡畅流1951年3卷8期
13865　胡怀琛(胡寄尘)／李立明∥﹡中国现代六百作家小传第252页

胡惟德
13866　代理国务总理胡惟德／赵朴民∥﹡北洋政府国务总理列传第230页

胡绩伟
13867　本报为发表胡绩伟撰《访美杂感》节录所作编者按——胡绩伟简历／﹡中国时报1994年2月24日

胡维藩
13868　胡维藩先生纪念集／﹡胡维藩先生纪念集编辑委员会1976年504页
13869　胡维藩先生逝世十周年纪念特辑／﹡浙江月刊1984年16卷12期
13870　胡维藩／﹡革命人物志第19集第105页

胡博渊
13871　矿冶先进胡博渊／伍稼青∥﹡中外杂志1978年24卷4期

胡敬端
13872　胡敬端／﹡革命人物志第10集第220页

胡厥文
13873　中央财政经济委员会委员胡厥文／﹡新中国人物志(下)第146页

胡景翼
13874　胡景翼与国民二军(上、下)／王禹廷∥﹡中外杂志1976年19卷6期—20卷1期
13875　胡景翼(1892—1925)／赵立成∥﹡传记文学1978年33卷2期,﹡民国人物小传第3册第120页
13876　民初人物印像记／马伯援∥﹡传记文学1984年44卷6期
13877　国民军第二军军长河南军务督办胡公墓志铭／于右任∥﹡革命人物志第3集第296页
13878　胡景翼遗嘱／﹡革命人物志第3集第300页

胡敦复
13879　大教育家胡敦复先生传／杨恺龄∥﹡江苏文献1979年10期,﹡东方杂志1979年12卷9期
13880　胡敦复(1886—1928)／段佑泰∥﹡传记文学1979年34卷6期,﹡民国人物小传第3册第118页
13881　尽瘁教育的胡敦复先生／张明哲∥﹡江苏文献1979年10期

胡献群
13882　胡献群(1906—1966)／于翔麟∥﹡传记文学1985年47卷5期

胡愈之
13883　国际问题专家胡愈之／李立明∥＊南北报 1974 年 52 期
13884　胡愈之／方雪纯等∥＊中共人名录第 264 页
13885　胡愈之／李立明∥＊中国现代六百作家小传第 249 页
13886　鲁迅与胡愈之／马蹄疾∥＊鲁迅与浙江作家第 89 页
13887　政务院出版总署署长胡愈之／＊新中国人物志(上)第 75 页

胡毓坤
13888　胡毓坤／刘绍唐主编∥＊传记文学 1996 年 68 卷 4 期

胡鞍钢
13889　胡鞍钢小档案／＊中国时报 1994 年 2 月 20 日

胡德明
13890　胡德明／平　刚∥＊革命人物志第 3 集第 314 页

胡毅生
13891　胡毅生生平事略／＊"中央"日报 1957 年 12 月 5 日
13892　胡毅生其诗其事／辎　采∥＊"中央"日报 1959 年 3 月 6 日
13893　隋斋老人胡毅生／芝　翁∥＊艺海杂志 1978 年 2 卷 3 期
13894　胡毅生(1883—1957)／陈哲三∥＊民国人物小传第 2 册第 95 页
13895　胡　毅／＊革命人物志第 3 集第 311 页

胡耀邦
13896　胡耀邦／朱新民∥＊环华百科全书第 10 册第 125 页

荫　昌
13897　荫　昌／郑寿麟∥＊传记文学 1968 年 12 卷 4 期

茹富蕙
13898　茹富蕙／丁秉鐩∥＊传记文学 1979 年 34 卷 3 期

南　萍
13899　南　萍／黄震遐∥＊中共军人志第 229 页

南风薰
13900　南风薰／＊革命人物志第 5 集第 31 页

南汉宸
13901　南汉宸／刘绍唐主编∥＊传记文学 1998 年 73 卷 4 期

南雪亭
13902　南兆丰／蔡屏藩∥＊革命人物志第 5 集第 30 页

柯　灵
13903　柯灵没有老／陈　朗∥＊文汇报 1979 年 11 月 15 日
13904　柯灵和《文汇报》／任嘉尧∥＊文汇报 1982 年 1 月 17 日
13905　潜心著书的人／李子云∥＊大公报 1984 年 4 月 26 日
13906　柯灵重要作品年表／＊中国时报 1994 年 1 月 9 日
13907　苦学成名的散文剧作家柯灵／秦贤次∥＊中国时报 1994 年 1 月 9 日
13908　遥远的十里洋场——侧写柯灵／骆以军∥＊中国时报 1994 年 1 月 13 日
13909　柯灵／林曼叔等∥＊中国当代作家小传第 84 页
13910　柯灵／李立明∥＊中国现代六百作家小传第 269 页
13911　卅年一觉银坛梦的柯灵／彦　火∥＊当代中国作家风貌第 298 页

柯汉资
13912　柯汉资／钱权∥＊革命人物志第 10 集第 240 页

柯仲平
13913　柯仲平／林曼叔等∥＊中国当代作家小传第 1 辑第 6 页

13914　柯仲平 / 李立明 // *中国现代六百作家小传第 270 页

柯远芬
13915　二二八事件主要军政人员简介——柯远芬 / 曹郁芬辑 // *中国时报 1992 年 2 月 11 日

柯劭忞
13916　柯劭忞传略 / 姚渔湘 // *大陆杂志 1962 年 24 卷 7 期
13917　柯劭忞(1850—1933) / *传记文学 1973 年 22 卷 4 期，*民国人物小传第 1 册第 112 页
13918　纪念柯蓼园先生 / 牟润孙 // *明报月刊 1983 年 3 期
13919　从管学大臣孙家鼐到校长胡适——记百年北京大学前期的二十任十九位负责人 / 关国煊 // *传记文学 1998 年 72 卷 4 期
13920　柯劭忞(1850—1933) / 戴晋新 // *环华百科全书第 9 册第 147 页
13921　柯劭忞墓志铭 / 张尔田 // *碑传集三编第 3 册第 445 页

查云彪
13922　敬悼查云彪师 / 卢喜瑞 // *"中央"日报 1958 年 2 月 10 日
13923　一颗兵工界彗星的陨落——悼查云彪教授 / *政论周刊 1958 年 161 期
13924　追悼查云彪教授 / 郾堃厚 // *政论周刊 1958 年 161 期
13925　先夫查云彪略传 / 陈　庄 // *政论周刊 1958 年 161 期
13926　我对查云彪教授的认识 / 李润中 // *政论周刊 1958 年 161 期

查玉升
13927　查玉升 / 黄震遐 // *中共军人志第 235 页

查光佛
13928　查光佛 / *革命人物志第 10 集第 240 页

查良钊
13929　"孩子头"查良钊先生 / 金惟纯 // *中国时报 1979 年 8 月 16 日，*革命人物志第 23 集第 12 页
13930　观化乐天的勉仲师 / 彭　歌 // *"中央"日报 1983 年 1 月 8 日，*革命人物志第 23 集第 18 页
13931　昆明湖畔 / 查良钊 // *传记文学 1962 年 1 卷 2 期
13932　查良钊教授在印度 / 杨允元 // *传记文学 1983 年 42 卷 5 期
13933　查良钊先生逝世纪念特辑 / 王爱生等 // *传记文学 1983 年 42 卷 1 期
13934　查良钊先生逝世周年纪念特辑 / 查良钊 // *传记文学 1983 年 43 卷 6 期
13935　传播光明的查良钊先生 / 陈纪滢 // *传记文学 1983 年 42 卷 1 期，*革命人物志第 23 卷第 6 页
13936　怀查勉仲先生 / 桂　裕 // *浙江月刊 1984 年 117 期
13937　永怀查良钊先生 / 陈雪屏 // *传记文学 1987 年 50 卷 1 期
13938　查良钊 / 刘绍唐主编 // *传记文学 1992 年 60 卷 3 期
13939　查良钊 / *革命人物志第 23 集第 3 页

查良鉴
13940　查良鉴能为能守 / 何振奋 // *联合报 1966 年 7 月 9 日
13941　查良鉴教授 / *中国一周 1966 年 849 期
13942　查良鉴 / 刘绍唐主编 // *传记文学 1994 年 65 卷 4 期
13943　缅怀伯师——南开与我 / 查良鉴 // *学府纪闻·国立南开大学第 253 页

查显琳
13944　杰出校友群像——将军作家查显琳校友 / 王绍桢等 // *学府纪闻·私立辅仁大学第 759 页

柏　杨
13945　柏杨年谱 / *大学杂志 1979 年 124 期
13946　柏　杨 / 李立明 // *中国现代六百作家小传第 283 页
13947　柏　杨 / *乡土作家选集第 149 页

柏　堃
13948　柏　堃 / 蔡屏藩 // *革命人物志第 10 集第 200 页

柏文蔚

13949 淮上英杰——柏文蔚传 / 宣健人 // *近代中国出版社 1983 年 159 页

13950 柏文蔚(1876—1947) / 邱奕松 // *传记文学 1977 年 30 卷 6 期,*民国人物小传第 3 册第 108 页

13951 柏文蔚 / 惜　秋 // *民初风云人物(下)第 543 页

13952 柏文蔚 / 王宇高 // *革命人物志第 3 集第 267 页

柏惠民

13953 柏惠民 / 蔡屏藩 // *革命人物志第 10 集第 201 页

13954 柏公小余事略 / *革命人物志第 10 集第 203 页

柳青

13955 柳　青 / 林曼叔等 // *中国当代作家小传第 111 页

13956 柳　青 / 李立明 // *中国现代六百作家小传第 264 页

13957 悼念柳青同志 / 李若冰 // *回忆与悼念——中国现代作家资料选粹第 1 集第 94 页

柳湜

13958 柳　湜 / 刘绍唐主编 // *传记文学 1995 年 67 卷 3 期

柳人环

13959 柳人环 / 卢汉生 // *革命人物志第 10 集第 211 页

柳大纲

13960 柳大纲 / 刘绍唐主编 // *传记文学 1999 年 74 卷 4 期

柳大颂

13961 柳大颂 / *革命人物志第 10 集第 212 页

柳开先

13962 柳开先 / *革命人物志第 10 集第 213 页

13963 柳烈士开先事略 / *革命人物志第 10 集第 214 页

柳元麟

13964 柳元麟 / 刘绍唐主编 // *传记文学 1999 年 75 卷 6 期

柳无忌

13965 南岳日记 / 柳无忌 // *传记文学 1977 年 31 卷 3 期,柳无忌散文选第 88 页

13966 烽火中讲学双城记 / 柳无忌 // *传记文学 1978 年 32 卷 3 期,柳无忌散文选第 108 页

13967 鲁瞳平、柳无忌与陈洁如同船赴美 / 赵志邦 // *传记文学 1992 年 60 卷 2 期

13968 柳无忌 / 李立明 // *中国现代六百作家小传第 266 页

柳亚子

13969 从磨剑室到燕子龛:纪念南社两大诗人苏曼殊与柳亚子 / 柳无忌 // *时报文化出版公司 1986 年 296 页

13970 柳亚子(1887—1958) / 关国煊 // *传记文学 1976 年 28 卷 4 期,*民国人物小传第 2 册第 104 页

13971 忆柳亚子先生 / 谢冰莹 // *传记文学 1980 年 36 卷 3 期

13972 柳亚子与"三联会" / 王觉源 // *中外杂志 1980 年 27 卷 1 期

13973 记柳亚子 / 林光灏 // *中外杂志 1981 年 29 卷 4 期

13974 四十年代初柳亚子在香港活动补遗 / 卢玮銮 // *明报 1985 年总 233 期

13975 《柳亚子年谱》与《图南集》 / 柳无忌 // *明报 1985 年总 235 期

13976 柳亚子 / 李立明 // *中国现代六百作家小传第 265 页

13977 柳亚子与南社 / 陈君葆 // *艺林丛录(一)第 54 页

13978 柳亚子自传 / *现代中国文学家传记第 104 页

13979 柳亚子 / 刘　葆 // *现代中国人物志第 325 页

13980 柳亚子 / 余　惠 // *现代中国作家选集第 167 页

13981 柳亚子(1887—1958) / 戴晋新 // *环华百科全书第 7 册第 221 页

13982　柳亚子与"南社" / 陈敬之 // ＊首创民族主义文艺的"南社"第 39 页

柳安昌

13983　柳安昌教授简介 / 方怀时 // ＊教育与文化 1956 年 11 卷 12 期
13984　我所认识的柳安昌先生 / 梁序穆 // ＊教育与文化 1956 年 11 卷 12 期
13985　柳安昌（1897—1971） / 周邦道 // ＊近代教育先进传略（初集）第 303 页

柳克述

13986　柳克述 / 刘绍唐主编 // ＊传记文学 1987 年 51 卷 1 期

柳诒徵

13987　吾师柳翼谋先生 / 张其昀 // ＊"中央"日报 1968 年 1 月 16、17 日，＊传记文学 1968 年 12 卷 2 期，＊中国一周 1968 年 928 期
13988　柳翼谋先生略传 / 乔衍琯 // ＊国语日报 1971 年 1 月 9—23 日
13989　忆史学家柳诒徵先生 / 邵镜人 // ＊传记文学 1962 年 1 卷 3 期
13990　柳翼谋先生及其学衡诸友 / 罗时实 // ＊中外杂志 1970 年 7 卷 6 期
13991　柳诒徵（1880—1961） / 赵南雍 // ＊传记文学 1975 年 27 卷 3 期，＊民国人物小传第 2 卷第 105 页
13992　柳诒徵传略 / 周邦道 // ＊华学月刊 1975 年 44 期
13993　奇才磊落柳诒徵 / 王兆祥 // ＊中外杂志 1980 年 28 卷 4 期
13994　柳诒徵 / 周邦道 // ＊近代教育先进传略（初集）第 55 页

柳际明

13995　儒将柳际明 / 赵筱梅 // ＊中外杂志 1977 年 21 卷 3 期
13996　柳际明（1899—1976） / 李尔康 // ＊传记文学 1978 年 32 卷 6 期，＊民国人物小传第 3 册第 110 页，＊革命人物志第 20 集第 131 页

柳哲生

13997　湘杰柳哲生其人其事 / 鄂　公 // ＊自由谈 1969 年 20 卷 12 期，＊湖南文献 1978 年 6 卷 2 期
13998　柳哲生将军创办百乐的成就 / 李德安 // ＊当代名人风范（2）第 661 页

柳森严

13999　何键与柳森严 / 胡养之 // ＊大成 1974 年 6 期
14000　再记柳森严 / 胡养之 // ＊大成 1974 年 8 期

柳藩国

14001　致力革命教育的柳藩国先生 / 龚嘉美 // ＊中国一周 1955 年 251 期
14002　忆萍乡柳潛植先生 / 姜伯彰 // ＊江西文献 1967 年 18 期
14003　李登辉、姜琦、柳藩国 / 周邦道 // ＊中外杂志 1976 年 20 卷 4 期
14004　柳藩国（1887—1959） / 周邦道 // ＊近代教育先进传略（初集）第 176 页，＊革命人物志第 22 集第 152 页

〔冂〕

冒舒湮

14005　冒辟疆、冒鹤亭与冒舒湮昆仲 / 朱　彬 // ＊传记文学 1998 年 72 卷 2 期

冒鹤亭

14006　冒广生著作不倦 / 南　溟 // ＊"中央"日报 1962 年 8 月 8 日
14007　冒广生与保国会 / 沈云龙 // ＊"中央"日报 1962 年 8 月 12 日，＊近代史事与人物第 117 页
14008　冒鹤亭（广生）与巢民象赞 / 南　湖 // ＊"中央"日报 1963 年 11 月 20 日
14009　记我的父亲冒鹤亭 / 冒效鲁 // ＊大公报 1979 年 11 月 21 日
14010　从冒鹤亭说到冯道之无耻 / 林　斌 // ＊畅流 1969 年 39 卷 4 期
14011　记冒鹤亭其人其事 / 林光灏 // ＊畅流 1977 年 56 卷 2 期
14012　民初两大诗人：冒鹤亭与杨云史 / 朱　彬 // ＊中外杂志 1983 年 33 卷 2 期

14013　张门车马忆余痕／廖作琦∥＊传记文学1997年71卷1期
14014　冒辟疆、冒鹤亭与冒舒湮昆仲／朱　彬∥＊传记文学1998年72卷2期
14015　回忆陪父亲见毛泽东／冒舒湮∥＊传记文学1998年72卷2期
14016　记如皋冒鹤亭／蜕　园∥＊艺林丛录（一）第51页
14017　冒广生与广东的关系／江　春∥＊艺林丛录（三）第226页

蚁光炎
14018　蚁光炎／刘绍唐主编∥＊传记文学1995年67卷6期
14019　蚁光炎／祝秀侠∥＊华侨名人传第69页

思果
14020　思　果／李立明∥＊中国现代六百作家小传第284页

〔丿〕

钟动
14021　钟　动／古　直∥＊革命人物志第8集第381页

钟伟
14022　钟　伟／黄震遐∥＊中共军人志第665页

钟松
14023　钟　松／刘绍唐主编∥＊传记文学1995年66卷6期
14024　访钟松将军谈八一三淞沪抗战／彭广恺∥＊传记文学1998年73卷4期

钟奇
14025　钟　奇／＊革命人物志第11集第345页

钟洪
14026　钟　洪／＊革命人物志第11集第347页

钟健
14027　钟　健／刘祥五∥＊革命人物志第8集第378页

钟彬
14028　钟　彬／钟　强∥＊革命人物志第23集第463页

钟毅
14029　钟毅（1980—1940）／钟创业∥＊传记文学1980年36卷2期，＊民国人物小传第4册第410页
14030　钟　毅／＊革命人物志第8集第400页

钟义均
14031　钟义均／刘绍唐主编∥＊传记文学1998年75卷1期

钟文法
14032　钟文法／黄震遐∥＊中共军人志第660页

钟汉华
14033　钟汉华／黄震遐∥＊中共军人志第665页

钟汉屏
14034　钟汉屏／钟　彬∥＊革命人物志第8集第399页

钟观光
14035　钟宪鬯（1867—1940）／胡霁林∥＊传记文学1973年23卷5期，＊民国人物小传第1册第279页
14036　钟观光／周邦道∥＊近代教育先进传略（初集）第98页

钟贡勋
14037　钟贡勋（1907—1979）／关志昌∥＊传记文学1982年40卷5期，＊民国人物小传第5册第482页

钟孝先
14038　钟孝先／＊革命人物志第11集第347页

钟赤兵
14039　钟赤兵／黄震遐∥＊中共军人志第661页

钟应梅
14040　钟应梅／刘绍唐主编∥＊传记文学1987年50卷1期

钟国珍
14041　钟国珍／丁惟汾∥＊革命人物志第19集第405页

钟国楚
14042　钟国楚／黄震遐∥＊中共军人志第664页

钟昌祚
14043　钟昌祚／＊革命人物志第8集第369页
14044　贵州自治学社社长钟昌祚／冯自由∥＊革命人物志第8集第374页

钟明光
14045　霹雳行：温计、林冠慈、陈敬岳、钟明光合传／邓文来∥＊近代中国出版社1983年192页
14046　喜谈英雄传的钟明光烈士／心　园∥＊今日中国1977年79期
14047　钟明光（附录钟明光烈士自挽诗）／革命人物志第8集第356页
14048　钟明光烈士绝笔书(1—5)／革命人物志第8集第360页
14049　钟明光炸龙济光／＊革命人物志第8集第365页
14050　红花冈四烈士之建墓立碑／＊革命人物志第8集第367页

钟明志
14051　我的回忆(上、中、下)／钟明志遗稿、居浩然注∥＊传记文学1970年17卷3—5期

钟鸣世
14052　钟鸣世／＊革命人物志第8集第384页

钟荣光
14053　钟荣光尽瘁岭大／南　湖∥＊"中央"日报1962年3月24日
14054　创办"岭大"的钟荣光先生／修　人∥＊畅流1965年32卷7期
14055　严禁春节放假的钟荣光／李朴生∥＊传记文学1965年6卷3期
14056　钟荣光先生与岭南大学／祝佛朗∥＊广东文献1974年4卷4期
14057　钟荣光与岭南大学／祝秀侠∥＊中外杂志1975年17卷5期
14058　钟荣光(1866—1942)／蒋永敬∥＊传记文学1976年28卷1期，＊民国人物小传第2册第313页
14059　记"岭南人"钟荣光／谢扶雅∥＊中外杂志1979年25卷1期
14060　钟荣光／周邦道∥＊近代教育先进传略(初集)第384页
14061　钟荣光／＊革命人物志第8集第385页
14062　记钟荣光先生／高廷梓∥＊革命人物志第8集第390页

钟理和
14063　钟理和／李立明∥＊中国现代六百作家小传第544页
14064　钟理和(1915—1960)／乡土作家选集第117页

钟期光
14065　钟期光／黄震遐∥＊中共军人志第662页

钟敬文
14066　钟敬文／田　芝∥＊星岛日报1975年9月15日
14067　钟敬文／林曼叔等∥＊中国当代作家小传第1辑第32页
14068　钟敬文／李立明∥＊中国现代六百作家小传第545页

钟鼎文
14069　钟鼎文和我／纪　弦∥＊纯文学1970年41期
14070　从转进到还乡：我在抗战期间的文学活动／钟鼎文∥＊文讯月刊1984年7—8期

14071　钟鼎文／李立明／／＊中国现代六百作家小传第 546 页
14072　钟鼎文／舒　兰／／＊抗战时期的新诗作家和作品第 77 页

钟筱筠
14073　钟筱筠／＊革命人物志第 8 集第 383 页

钟德馨
14074　钟德馨／＊革命人物志第 19 集第 406 页

钟麟同
14075　钟麟同传／＊碑传集三编第 7 册第 1663 页

钮永建
14076　钮惕生先生永建年谱／杨恺龄／／＊商务印书馆 1981 年 4 月 134 页
14077　钮永建先生事略／＊"中央"日报 1965 年 12 月 26 日，＊联合报 1965 年 12 月 26 日
14078　敬悼钮惕老／顾祝同／／＊"中央"日报 1966 年 2 月 27 日，＊革命人物志第 18 集第 240 页
14079　钮惕生先生事略／＊中华日报 1966 年 2 月 27 日
14080　钮惕老的德泽风范／沈仪永／／＊畅流 1968 年 37 卷 11 期
14081　钮永建(1870—1965)／＊传记文学 1975 年 26 卷 3 期，＊民国人物小传第 2 册第 199 页
14082　钮惕生先生年谱(上、下)／杨恺龄／／＊东方杂志 1976 年 10 卷 2—3 期
14083　钮永建先生与社会教育／范星五／／＊江苏文献 1978 年 7 期
14084　钮永建／惜　秋／／＊民初风云人物(上)第 327 页
14085　钮永建／王世祯／／＊民国人豪图传第 227 页
14086　钮永建／杨恺龄／／＊革命人物志第 18 集第 220 页

钮先铭
14087　钮先铭其人其事／哲　行／／＊传记文学 1997 年 71 卷 3 期
14088　南京大屠杀见证人钮先铭／谢尊一、呼延如璞／／＊传记文学 1997 年 71 卷 6 期
14089　悼钮先铭将军／陆　铿／／＊传记文学 1998 年 72 卷 1 期
14090　追忆钮先铭弟／宁恩承／／＊传记文学 1999 年 75 卷 3 期

郜子举
14091　郜子举／刘绍唐主编／／＊传记文学 1992 年 61 卷 4 期

香士心
14092　我参加"八一三"战役追忆／香士心／／＊春秋 1968 年 9 卷 2 期

香翰屏
14093　香翰屏(1890—1978)／关志昌／／＊传记文学 1979 年 35 卷 1 期，＊民国人物小传第 4 册第 179 页
14094　香翰屏／＊革命人物志第 19 集第 93 页

秋　瑾
14095　秋　瑾／丁肇贻／／(香港)亚洲出版社 1956 年 150 页
14096　鉴湖女侠秋瑾／杨宗珍／／＊"中央"妇女工作会 1957 年 212 页
14097　秋　瑾／欧　芬／＊财团法人全知少年文库董事会 1962 年 46 页
14098　秋瑾革命传／秋灿芝／／＊三民书局 1978 年 223 页，＊三民书局 1984 年 223 页
14099　一代侠女秋瑾／＊河洛图书出版社 1979 年 156 页
14100　秋风秋雨愁煞人——秋瑾传／周素珊／／＊近代中国出版社 1979 年 5 月 112 页
14101　鉴湖女侠秋瑾／王成圣／＊中外杂志社 1980 年 90 页
14102　秋瑾颂／张蕴琛／／＊达道出版社 1981 年 249 页
14103　秋瑾传记资料／朱传誉／／＊天一出版社 1985 年
14104　秋　瑾／张漱函／／＊金兰出版社 1985 年 142 页
14105　秋瑾政治人格之研究／杨碧玉／／＊正中书局 1989 年 240 页
14106　秋瑾传／山木／／＊艺文图书公司 1989 年 233 页

14107 秋瑾烈士革命事迹 / 秋灿之 // *"中央"日报 1962 年 6 月 5 日
14108 秋瑾女侠的英风 / 马超俊 // *"中央"日报 1963 年 6 月 6 日
14109 "鉴湖女侠"——秋瑾 / 白福臻 // *南北报 1984 年 172 期
14110 鉴湖女侠秋瑾 / 刁抱石 // *畅流 1954 年 9 卷 4 期
14111 革命女杰秋瑾、吴芝瑛、徐忏慧之生死交 / 绮 翁 // *中兴评论 1956 年 3 卷 8 期
14112 鉴湖女侠秋瑾恸事 / 秋灿之 // *艺文志 1965 年 1 期
14113 汉侠女儿——秋瑾 / 赵仪欢 // *文史学报 1966 年 3 期
14114 秋瑾史迹考忆 / 眭云章 // *政治评论 1968 年 21 卷 2 期
14115 鉴湖女侠秋瑾 / 侯 悟 // *励进 1978 年 392 期
14116 鉴湖女侠秋瑾(上、下) / 虞 奇 // *浙江月刊 1978 年 10 卷 5、8 期
14117 在湖南成长嫁给湖湘子弟的秋瑾 / 陈正萱 // *湖南文献 1980 年 8 卷 4 期
14118 鉴湖女侠——秋瑾 / 文逸欣 // *华文世界 1981 年 22 期
14119 "漫云女子不英雄"——秋瑾 / 朱自力 // *国魂 1981 年 424 期
14120 西窗风雨怀秋瑾 / 张 过 // *国魂 1983 年 456 期
14121 鉴湖女侠秋瑾 / 林维红 // *浙江月刊 1984 年 181 期
14122 秋 瑾 / 刘子青 // *中国历代人物评传(下)第 296 页
14123 秋瑾与清末妇女运动 / 鲍家麟 // *中国妇女运动史第 242 页
14124 秋 瑾 / 秋灿之 // *民族英雄及革命先烈传记(下册)第 17 页
14125 秋 瑾 / 邵镜人 // *近代中国史料丛刊续编第九十五辑(总 950)·同光风云录第 155 页
14126 秋瑾(1875—1907) / 冯明珠 // *环华百科全书第 12 册第 135 页
14127 秋 瑾 / 周作人 // *知堂回想录第 144 页
14128 秋 瑾 / *革命人物志第 3 集第 320 页
14129 纪秋女侠遗事 / *革命人物志第 3 集第 337 页
14130 秋瑾遗闻 / 陶玉东 // *革命人物志第 3 集第 338 页
14131 鉴湖女侠秋君墓碑铭 / 柳弃疾 // *革命人物志第 3 集第 342 页
14132 鉴湖女侠秋瑾传 / 陈去病 // *革命人物志第 3 集第 334 页
14133 鉴湖女侠墓表 / 徐自华 // *革命人物志第 3 集第 344 页, 秋瑾集第 183 页
14134 秋瑾烈士为国殉难文档 / *革命文献第 1 辑第 97 页
14135 秋瑾传 / *革命先烈传记第 209 页

秋灿之
14136 卅年尘梦录 / 秋灿之 // *联合图书公司 1966 年版 84 页

段 雄
14137 段 雄 / *革命人物志第 4 集第 44 页

段芝贵
14138 段芝贵(1869—1925) / 关国煊 // *传记文学 1978 年 33 卷 5 期, *民国人物小传第 3 册第 112 页

段希文
14139 段希文(1912—1980) / 王道彰 // *传记文学 1983 年 42 卷 1 期, *民国人物小传第 6 册第 151 页

段承泽
14140 从"屯垦之友"到"荣军之父"的段承泽 / 王正元 // *传记文学 1996 年 69 卷 3 期

段武浚
14141 段武浚 / *革命人物志第 15 集 146 页

段茂澜
14142 段茂澜(1899—1980) / 张 源 // *传记文学 1980 年 36 卷 5 期, *民国人物小传第 4 册第 165 页
14143 追思段茂澜、罗霞天两位老友 / 田雨时 // *传记文学 1980 年 37 卷 2 期
14144 忆清华辛酉级十位级友(上):段茂澜 / 蒲薛凤 // *传记文学 1985 年 47 卷 2 期

段辅尧

14145　段辅尧先生哀思录 / *段蓝以恪、段光复 1981 年 195 页

14146　段故代表辅尧先生略传 / 吴伯卿 // *湖南文献 1980 年 8 卷 3 期, *革命人物志第 21 集第 285 页

14147　平生风义兼师友——追忆段辅尧先生 / 吴伯卿 // *中外杂志 1981 年 30 卷 3 期

14148　少壮知行录 / 段辅尧 // *中外杂志 1981 年 30 卷 3 期

14149　段辅尧（1910—1980）/ 吴伯卿 // *传记文学 1982 年 41 卷 3 期, *民国人物小传第 6 册第 153 页

段绳武

14150　段承泽（1897—1940）/ 关志昌 // *传记文学 1985 年 47 卷 4 期

14151　段承泽 / *革命人物志第 4 集第 39 页

段祺瑞

14152　段祺瑞 / 沃丘仲子（费敬仲）// *文海出版社近代中国史料丛刊第九十辑（总 895）影印本 96 页

14153　段祺瑞秘史 / *文海出版社, 近代中国史料丛刊第六十七辑（总 668）影印本 91 页

14154　合肥执政年谱初稿（一题《（合肥）段公年谱稿》）/ 吴廷燮 // *文海出版社近代中国史料丛刊第六十六辑（总 653）影印本 146 页

14155　段祺瑞传（上、下）/ 章君谷 // *中外图书出版社 1973 年 9 月初版、1978 年 7 月再版

14156　段祺瑞与民国初年的内阁 / 徐炳宪 // *传贤文化事业有限公司 1984 年 306 页

14157　段祺瑞轶事 / 茧庐 // "中央"日报 1953 年 2 月 10 日

14158　段祺瑞《合肥执政年谱》/ 左舜生 // *"中央"日报 1967 年 5 月 22 日

14159　泛谈"歪鼻公"段祺瑞 / 韦树屏 // *春秋 1967 年 7 卷 3 期

14160　记"临时执政"之段祺瑞 / 何人斯 // *古今谈 1968 年 42 期

14161　段祺瑞三度组阁与陆建章被杀 / 田布衣 // *春秋 1968 年 9 卷 1 期

14162　段祺瑞、徐树铮与孙洪伊 / 张谷 // *中外杂志 1970 年 7 卷 4 期

14163　段祺瑞推动中国参加欧战之研究 / 彭先进 // *台湾大学历史研究所 1970 年硕士学位论文

14164　北洋之虎段祺瑞 / 蓝守仁 // *中外杂志 1971 年 10 卷 5 期

14165　段祺瑞传（1—11）/ 章君谷 // *中外杂志 1972 年 11 卷 1 期—1972 年 12 卷 5 期

14166　段祺瑞与善后会议（上、中、下）/ 沈云龙 // *传记文学 1985 年 46 卷 2—4 期

14167　段祺瑞（1865—1936）/ 张玉洁 // *传记文学 1974 年 25 卷 4 期, *民国人物小传第 1 册第 113 页

14168　北洋之"虎"段祺瑞 / 沈云龙 // *传记文学 1976 年 28 卷 6 期

14169　段祺瑞二三事 / 杨际泰 // *中外杂志 1984 年 35 卷 2 期

14170　段祺瑞的三次组阁 / 徐炳宪 // *中国现代史论集第 5 辑第 169 页

14171　北洋之虎段祺瑞 / 赵朴民 // *北洋政府国务总理列传第 44 页

14172　段祺瑞 / 冯明珠 // *环华百科全书第 5 册第 75 页

段锡朋

14173　我所认识的段书贻 / 李寿雍 // *中华日报 1950 年 12 月 16 日

14174　我的父亲 / 段永兰 // *传记文学 1963 年 3 卷 4 期

14175　记段锡朋先生 / 刘兆璸 // *传记文学 1963 年 3 卷 4 期

14176　忆段锡朋先生 / 刘修如 // *艺文志 1975 年 113 期

14177　梅光迪、段锡朋、熊育锡 / 周邦道 // *中外杂志 1976 年 19 卷 5 期

14178　段锡朋（1897—1948）/ 秦贤次 // *传记文学 1976 年 28 卷 1 期, *民国人物小传第 2 册第 107 页, *革命人物志第 20 集第 134 页

14179　段锡朋传略 / 周邦道 // *江西文献 1976 年 84 期

14180　段锡朋（书贻）/ 谷正纲等 // *传记文学 1977 年 30 卷 3 期

14181　五四运动的健将段锡朋——"五四"运动六十四周年纪念文章之二 / 郑彦棻 // *艺文志 1983 年 212 期

14182　段锡朋 / 李立明 // *中国现代六百作家小传第 277 页

14183 段锡朋／周邦道∥ ＊近代教育先进传略（初集）第170页
14184 段锡朋／刘葆∥ ＊现代中国人物志第266页
14185 第七任教育长段锡朋先生／程其恒∥ ＊台湾政治大学第148页
14186 段锡朋（1897—1948）／戴晋新∥ ＊环华百科全书第5册第75页
14187 段锡朋／罗家伦∥ ＊逝者如斯集第153页

段德彰

14188 段德彰／黄震遐∥ ＊中共军人志第220页

段霖茂

14189 追忆段霖茂（雨农）将军／叶浓荫∥ ＊湖北文献1979年51期

保君健

14190 坛坫謇声一隽才——追怀保君健大使／何应钦∥ ＊中外杂志1975年18卷6期
14191 政海人物面面观：覃振、保君健／马五先生∥ ＊大成1976年34期

禹之谟

14192 禹之谟／冯自由∥ ＊革命人物志第3集第264页

侯 曜

14193 侯 曜／李立明∥ ＊中国现代六百作家小传第279页

侯文蔚

14194 侯文蔚／ ＊革命人物志第4集第89页

侯外庐

14195 中央文化教育委员会委员侯外庐／ ＊新中国人物志（下）第105页

侯西反

14196 侯西反／ ＊革命人物志第4集第89页

侯孝先

14197 侯 郇／ ＊革命人物志第4集第95页

侯克圣

14198 侯克圣／ ＊革命人物志第4集第95页

侯宝林

14199 从说相声谈到曲艺前辈／侯宝林∥ ＊大成1982年104期
14200 从学唱戏到说相声／侯宝林∥ ＊大成1982年103期

侯宝斋

14201 侯宝斋事略／ ＊民国四川人物传记第26页，＊革命人物志第4集第93页

侯家源

14202 悼中国铁路功臣侯家源先生／ ＊政论周刊1957年109期
14203 侯家源（1896—1957）／章甘霖∥ ＊传记文学1975年27卷2期，＊民国人物小传第2册第102页

侯鸿镁

14204 侯鸿镁传／ ＊革命人物志第4集第96页

侯喜瑞

14205 九十感言：学戏、演戏、教戏／侯喜瑞∥ ＊大成1983年113期
14206 一代花脸宗师侯喜瑞／孙 友∥ ＊中报月刊1985年67期

侯德榜

14207 侯德榜（1890—1974）／关国煊∥ ＊传记文学1984年45卷4期
14208 中央财政经济委员会委员侯德榜／ ＊新中国人物志（下）第141页

律鸿起

14209 回忆我的新闻采访工作（上、下）／律鸿起∥ ＊自由谈1961年12卷7、8期
14210 律鸿起（1908—1974）／陈嘉骥∥ ＊传记文学1976年28卷5期，＊民国人物小传第2册第99页

俞大纲
14211　灯火下楼台——俞大纲先生纪念文集 / 俞大采等 // ＊联经出版事业公司编辑部 1977 年 150 页
14212　哭俞老师 / 施叔青 // ＊现代文学 1977 年 1 期
14213　悼念俞大纲教授 / 楚　戈等 // ＊书评书目 1977 年 50 期
14214　怀念俞大纲先生——并为乡土艺术工作者打气 / 李亦园 // ＊仙人掌杂志 1977 年 1 卷 5 期
14215　记俞大纲 / 竺　公 // ＊自由谈 1979 年 30 卷 6 期
14216　怀俞大纲先生 / 台静农 // ＊传记文学 1987 年 51 卷 1 期
14217　重视杂技的俞大纲 / 应平书 // ＊学人风范第 59 页
14218　俞大纲(1908—1977) / ＊环华百科全书第 20 册第 265 页

俞大绂
14219　俞大绂 / 刘绍唐主编 // ＊传记文学 1994 年 65 卷 6 期

俞大维
14220　俞大维小传 / 董淑贤 // ＊传记文学 1993 年 63 卷 2 期
14221　敬悼俞大维先生 / 吴锡泽 // ＊传记文学 1993 年 63 卷 2 期
14222　俞大维生前最后一次接受采访 / 卜少夫 // ＊传记文学 1993 年 63 卷 2 期
14223　《俞大维传》作者来函 / 李元平 // ＊传记文学 1993 年 63 卷 2 期
14224　书香天地——俞大维先生 / 李德安 // ＊当代名人风范(3)第 849 页
14225　俞大维 / ＊环华百科全书第 20 册第 265 页

俞飞鹏
14226　俞飞鹏先生访问记 / 天　籁 // ＊中华日报 1963 年 7 月 15 日
14227　理财家俞飞鹏先生 / 方强原 // ＊中国一周 1956 年 312 期
14228　俞飞鹏调度有方 / 千　里 // ＊春秋 1975 年 23 卷 2 期
14229　俞飞鹏先生与我 / 王　洸 // ＊中外杂志 1978 年 24 卷 3 期，＊革命人物志第 19 集第 114 页
14230　俞飞鹏(1884—1966) / 于翔麟 // ＊传记文学 1979 年 35 卷 4 期，＊民国人物小传第 4 册第 181 页
14231　记俞飞鹏其人其事 / 夏明曦 // ＊传记文学 1999 年 74 卷 5 期
14232　黄埔军校开创之回忆 / 俞飞鹏 // ＊革命人物志第 19 集第 113 页

俞子章
14233　南国琼珊(三十年代戏剧家俞珊) / 赵清阁 // ＊沧海泛忆第 190 页

俞正声
14234　中共新任建设部长俞正声 / 董　笔 // ＊传记文学 1998 年 73 卷 3 期

俞平伯
14235　《冬夜》作者俞平伯 / 谢冰莹 // ＊作品 1961 年 2 卷 10 期
14236　《燕知草》的作者——俞平伯 / 张秀亚 // ＊现代学苑 1964 年 1 卷 2 期
14237　关于俞平伯 / 张秀亚 // ＊纯文学 1968 年 3 卷 2 期，＊中国近代作家与作品第 459 页
14238　哭俞老师 / 施叔青 // ＊现代文学 1977 年 1 期
14239　俞平伯 / 李立明 // ＊中国现代六百作家小传第 281 页
14240　俞平伯 / 康培初 // ＊文学作家时代第 18 页
14241　家学渊源的俞平伯 / 彦　火 // ＊当代中国作家风貌第 58 页
14242　俞平伯 / 陈敬之 // ＊早期新散文的重要作家第 67 页
14243　俞平伯 / ＊环华百科全书第 20 册第 264 页

俞同奎
14244　俞同奎 / 刘绍唐主编 // ＊传记文学 1998 年 72 卷 4 期

俞阶云
14245　俞阶云三十年余绮恨 / 南　湖 // ＊"中央"日报 1962 年 10 月 2 日

俞叔平
14246　俞叔平先生行述 / ＊浙江月刊 1978 年 10 卷 4 期

俞国华
14247 汪孝书谈俞国华 / 冯 华 // *明报月刊 1985 年总 236 期
14248 俞国华 / 戴晋新 // *环华百科全书第 20 册第 266 页

俞秋华
14249 叶德辉、俞秋华被杀记恸 / 曾省斋 // *艺文志 1968 年 29 期

俞作柏
14250 俞作柏 / 刘绍唐主编 // *传记文学 1996 年 68 卷 3 期

俞剑华
14251 俞剑华 / 刘绍唐主编 // *传记文学 1987 年 51 卷 5 期

俞济时
14252 八十虚度追忆 / 俞济时 // *1983 年印行
14253 忠勇俭朴、淡薄名利的俞济时将军 / 行 舟 // *浙江月刊 1979 年 11 卷 1 期

俞振飞
14254 我与昆曲 / 俞振飞 // *大成 1983 年 112 期
14255 艺高人寿的俞振飞 / 邵 苣 // *中报月刊 1983 年 46 期
14256 俞振飞戏剧一生 / 关国煊 // *传记文学 1993 年 63 卷 5 期

俞鸿钧
14257 俞鸿钧传 / 王绍斋等 // *风云论坛社 279 页
14258 俞鸿钧先生事略 / 甘立德 // *中华日报 1960 年 6 月 2 日
14259 俞鸿钧生平 / 王 康 // *"中央"日报 1960 年 6 月 2 日
14260 忆俞鸿钧先生 / 王心健 // *"中央"日报 1961 年 6 月 3 日
14261 典型公仆俞鸿钧 / 东方望 // *中华日报 1962 年 6 月 2 日
14262 俞鸿钧先生的风格 / 张其昀 // *"中央"日报 1963 年 6 月 1 日, *中国一周 1963 年 685 期
14263 回忆我的记者生涯 / 俞鸿钧 // *报学 1955 年 1 卷 7 期
14264 我所知道的俞先生鸿钧 / 何善垣 // *中国一周 1960 年 541 期
14265 践履笃实之俞鸿钧先生 / *中国一周 1960 年 529 期
14266 我所认识的俞鸿钧先生 / 楚崧秋 // *传记文学 1963 年 2 卷 6 期
14267 俞鸿钧的生平与襟度 / 何人斯 // *古今谈 1968 年 38 期
14268 追忆俞鸿钧先生 / 于 衡 // *中外杂志 1970 年 7 卷 6 期
14269 怀俞鸿钧老友话旧 / 周雍能 // *中外杂志 1971 年 9 卷 1 期
14270 追忆俞鸿钧先生 / 王绍斋 // *中外杂志 1977 年 21 卷 4、5 期
14271 俞鸿钧的早年(上、下) / 王绍斋 // *中外杂志 1984 年 35 卷 4、5 期
14272 运黄金来台的俞鸿钧先生 / 张 骏 // *传记文学 1985 年 46 卷 4 期
14273 记俞鸿钧先生 / 张玉苏 // *传记文学 1985 年 47 卷 3 期
14274 一桩难以了断的公案(《俞鸿钧传》读后感) / 张 骏 // *传记文学 1987 年 50 卷 2 期
14275 俞鸿钧(1898—1960) / 王绍斋、陈哲三 // *民国人物小传第 2 册第 111 页
14276 俞鸿钧 / 戴晋新 // *环华百科全书第 20 册第 266 页
14277 俞鸿钧 / *革命人物志第 16 集第 87 页
14278 俞公鸿钧墓志铭 / 何善垣 // *革命人物志第 16 集第 92 页

俞寰澄
14279 中央财政经济委员会委员俞寰澄 / *新中国人物志(下)第 134 页

郗恩绥
14280 郗恩绥 / 刘绍唐主编 // *传记文学 1987 年 51 卷 5 期

逄化文
14281 逄代表化文先生纪念集 / *逄代表化文先生纪念集编委会 1981 年 324 页

14282　逢故代表化文先生事略／＊山东文献 1980 年 5 卷 4 期
14283　逢化文（附自述）／＊革命人物志第 21 集第 351 页

饶子键
14284　饶子键／黄震遐／／＊中共军人志第 739 页

饶正锡
14285　饶正锡／黄震遐／／＊中共军人志第 740 页

饶世忠
14286　饶世忠传／曾克耑／／＊颂桔庐文存第 11 卷第 14 页

饶汉祥
14287　交融水乳话饶黎／敬　园／／＊畅流 1959 年 20 卷 2 期

饶芝祥
14288　饶芝祥墓志铭／陈　衍／／＊碑传集三编第 3 册第 653 页

饶守坤
14289　饶守坤／黄震遐／／＊中共军人志第 741 页

饶国华
14290　饶国华将军殉国记／戴傅薪／／＊四川文献 1963 年 8 期，＊川籍抗战忠烈录第 73 页，＊民国四川人物传记第 89 页
14291　饶国华／伍　鋆／＊革命人物志第 8 集第 437 页

饶国梁
14292　饶烈士国梁的生平及其遗诗／周开庆／／＊四川文献 1964 年 20 期
14293　忠孝节义的饶国梁烈士／心　园／／＊今日中国 1977 年 71 期
14294　饶烈士国梁的生平／周开庆／＊民国四川人物传记第 18 页
14295　中华民国饶大将军国梁纪念碑／邹　鲁／／＊革命人物志第 8 集第 441 页
14296　饶国梁／＊革命人物志第 8 集第 439 页
14297　广州三月二十九日革命四川饶国梁、喻培伦、秦炳三烈士纪念碑／革命人物志第 8 集第 442 页

饶孟侃
14298　饶孟侃／李立明／／＊中国现代六百作家小传第 578 页
14299　饶孟侃／舒　兰／／＊北伐前后新诗作家和作品第 101 页
14300　饶孟侃／方　青／／＊现代文坛百象第 97 页
14301　饶孟侃／秦贤次／／＊诗学 1976 年第 2 辑第 412 页

饶辅廷
14302　饶辅廷／＊革命人物志第 8 集第 445 页

饶毓泰
14303　饶毓泰先生小传／吴大猷／／＊传记文学 1987 年 51 卷 3 期
14304　有关《饶毓泰小传》的一点补充（书简）／关国煊／／＊传记文学 1987 年 51 卷 4 期
14305　胡适与饶毓泰／郑仁佳／／＊传记文学 1987 年 51 卷 6 期

饶漱石
14306　毛泽东、高岗、饶漱石的恩怨（书简）／吴明山／／＊传记文学 1993 年 62 卷 6 期
14307　高岗、饶漱石、刘志丹之死／王若望／／＊传记文学 1994 年 65 卷 6 期
14308　饶漱石（1903—1975）／＊环华百科全书第 16 册第 371 页
14309　中央人民政府委员、华东军政委员会主席饶漱石／江　平／／＊新中国人物志（上）第 146 页

饶潜川
14310　饶潜川／吴景潜／／＊革命人物志第 8 集第 446 页

[、]

奕劻
14311 奕劻(1838—1917) / *传记文学 1982 年 40 卷 4 期，*民国人物小传第 5 册第 180 页
14312 掌握晚清政权之奕劻 / 沈云龙 // *近代中国史料丛刊第二辑(总 20)·现代政治人物述评(中卷)第 70 页

施士浩
14313 台湾大诗人施士浩 / 吴 蕤 // *畅流 1969 年 39 卷 7 期

施从云
14314 施从云 / *革命人物志第 4 集第 45 页

施今墨
14315 施今墨 / 刘绍唐主编 // *传记文学 1997 年 71 卷 6 期

施丹萍
14316 周幼海与施丹萍坎坷恋 / 沈立行 // *传记文学 1995 年 66 卷 2 期

施北衡
14317 施北衡(1894—1961) / 于翔麟 // *传记文学 1983 年 42 卷 4 期，*民国人物小传第 6 册第 155 页

施汝德
14318 施汝德 / *革命人物志第 18 集第 125 页

施复亮
14319 施存统(1899—1970) / 关志昌 // *传记文学 1982 年 41 卷 5 期，*民国人物小传第 6 册第 156 页
14320 施存统 / 方雪纯等 // *中共人名录第 286 页
14321 施存统 / 李立明 // *中国现代六百作家小传第 274 页
14322 政务院劳动部副部长施复亮 / *新中国人物志(下)第 38 页

施剑翘
14323 施剑翘的孝与勇 / 狷 士 // *畅流 1956 年 13 卷第 8 期
14324 手刃杀父仇人孙传芳之施剑翘 / 钟仁杰 // *古今谈 1967 年 32 期
14325 施剑翘刺孙传芳案之补充 / 刁抱石 // *传记文学 1980 年 37 卷 5 期

施觉民
14326 施觉民 / 刘绍唐主编 // *传记文学 1996 年 69 卷 1 期

施蛰存
14327 忆故人 / 傅红蓼 // *自由谈 1950 年 1 卷 2 期
14328 施蛰存 / 李立明 // *中国现代六百作家小传第 275 页

施鼎莹
14329 中国近代音乐名家简介(七):施鼎莹 / 颜文雄 // *中国一周 1966 年 850 期

施肇基
14330 施肇基早年回忆录 / 施肇基 // *传记文学出版社 1967 年 118 页
14331 施植之先生早年回忆录(1—7) / 施植之 // *自由谈 1960 年 11 卷 1—7 期
14332 《施肇基早年回忆录》跋 / 陈之迈 // *传记文学 1966 年 9 卷 6 期
14333 施肇基(1877—1958) / 关国煊 // *传记文学 1976 年 28 卷 4 期，*民国人物小传第 2 册第 84 页

施襄能
14334 施襄能烈士传 / 周开庆 // *四川文献 1964 年 24 期，*民国四川人物传记 122 页，*革命人物志第 16 集第 94 页

闻捷
14335 闻 捷 / 林曼叔等 // *中国当代作家小传第 171 页

闻一多
14336 谈闻一多 / 梁实秋 // *传记文学出版社 1967 年 121 页

14337 新诗的开路人——闻一多 / 许芥昱著、卓以玉译 //（香港）波文书局 1982 年 9 月 203 页

14338 李公朴与闻一多二三事 / 陶希圣 // *"中央"日报 1965 年 5 月 24 日

14339 闻一多小传 / 李立明 // *华侨日报 1970 年 7 月 13 日

14340 闻一多在珂泉 / 梁实秋 // *文星 1965 年 16 卷 2 期

14341 谈闻一多（1—5）/ 梁实秋 // *传记文学 1966 年 9 卷 2—6 期

14342 闻一多（上、下）/ 陈敬之 // *畅流 1967 年 34 卷 10、11 期

14343 诗人闻一多 / 李立明 // *文坛月刊 1973 年 344 期

14344 闻一多（1899—1946）/ 林洙滢 // *传记文学 1974 年 24 卷 4 期，*民国人物小传第 1 册第 244 页

14345 闻一多之死——兼论他的诗与他的丰富的想象力的由来 / 许芥昱著、卓以玉译 // *中报月刊 1980 年 3 期

14346 五四前后的闻一多——兼论他对"古典"与"现代"的决择 / 许芥昱著、卓以玉译 // *中报月刊 1980 年 4 期

14347 忆清华级友闻一多 / 浦薛凤 // *传记文学 1981 年 39 卷 1 期

14348 闻一多是如何成为民主战士的 / 朱文长 // *传记文学 1981 年 38 卷 5 期

14349 闻一多与胡适 / 闻黎明 // *传记文学 1998 年 72 卷 3 期

14350 闻一多 / 李立明 // *中国现代六百作家小传第 482 页

14351 闻一多 / 唐培初 // *文学作家时代第 49 页

14352 闻一多 / 舒 兰 // *北伐前后新诗作家和作品第 25 页

14353 闻一多 / 赵 聪 // *现代中国作家列传第 207 页

14354 闻一多 / 李立明 // *现代中国作家评传（一）第 131 页

14355 闻一多 // *环华百科全书第 20 册第 198 页

14356 闻一多 / 秦贤次 // *诗学第 2 辑第 419 页

14357 闻一多 / 陈敬之 // *"新月"及其重要作家第 71 页

闻兰亭

14358 闻兰亭 / 刘绍唐主编 // *传记文学 1992 年 60 卷 2 期

闻国新

14359 闻国新 / 李立明 // *中国现代六百作家小传第 483 页

姜贵

14360 我的家世和童年 / 姜 贵 // *作品 1963 年 4 卷 2 期

14361 济南两年 / 姜 贵 // *作品 1963 年 4 卷 3 期

14362 戊申春节八日记 / 王林渡 // *中外杂志 1968 年 3 卷 4—5 期

14363 姜贵（1908—1980）// *传记文学 1978 年 38 卷 3 期，*民国人物小传第 5 册第 176 页

14364 悼念姜贵 / 刘心皇 // *中外杂志 1981 年 19 卷 1 期

14365 姜贵（1908—1980）// *环华百科全书第 11 册第 557 页

姜琦

14366 纪念姜琦先生 / 程其恒 // *畅流 1951 年 4 卷 7 期

14367 姜琦（1886—1951）/ 秦贤次 // *传记文学 1976 年 28 卷 4 期，*民国人物小传第 2 册第 85 页

14368 李登辉、姜琦、柳藩国 / 周邦道 // *中外杂志 1976 年 20 卷 4 期

14369 姜琦 / 周邦道 // *近代教育先进传略（初集）第 108 页

姜文培

14370 姜文培 // *革命人物志第 3 集第 264 页

姜丕烈

14371 姜丕烈 / 卢懋原 // *革命人物志第 12 集第 199 页

姜立夫

14372 姜立夫（1890—1978）/ 关志昌 // *传记文学 1985 年 47 卷 2 期

姜伯彰
14373　姜伯彰先生纪念集／鲁荡平等／／＊姜伯彰先生纪念集编辑委员会 1972 年 141 页
14374　姜伯彰先生小传／刘棨琮／／＊江西文献 1977 年 88 期
14375　姜伯彰／＊革命人物志第 12 集第 201 页

姜启夏
14376　姜启夏／卢懋原／／＊革命人物志第 12 集第 208 页

姜证禅
14377　蒋介石派员访邀姜证禅／朱沛莲／／＊传记文学 1996 年 68 卷 3 期

姜国珉
14378　姜国珉／姜席珍／／＊革命人物志第 12 集第 207 页

姜绍谟
14379　八四自述／姜绍谟／／＊浙江月刊 1981 年 13 卷 5 期，＊自由谈 1980 年 31 卷 12 期
14380　姜绍谟策反多奇谋／乔家才／／＊戴笠将军和他的同志第 1 集第 155 页

姜树玖
14381　姜树玖／姜席珍／／＊革命人物志第 12 集第 209 页

姜亮夫
14382　姜亮夫／刘绍唐主编／／＊传记文学 1996 年 68 卷 1 期

姜桂题
14383　姜桂题（1843—1922）／关志昌／／＊传记文学 1985 年 46 卷 5 期

姜超岳
14384　我生一抹／姜超岳／／＊中华书局 1964 年，＊三民书局 1967 年 209 页

姜登选
14385　姜登选（1881—1925）／于翔麟／／＊传记文学 1985 年 47 卷 1 期

姜椿芳
14386　姜椿芳／刘绍唐主编／／＊传记文学 1993 年 62 卷 4 期

娄学政
14387　娄学政／黄震遐／／＊中共军人志第 243 页

洪　中
14388　洪中（1882—1961）／陈哲三／／＊传记文学 1981 年 39 卷 5 期，＊民国人物小传第 5 册第 184 页

洪　业
14389　洪业先生及其著作／月　三／／＊书目季刊 1967 年 1 卷 3 期
14390　洪　业（1893—1980）／关志昌／／＊传记文学 1982 年 41 卷 2 期，＊民国人物小传第 6 册第 159 页
14391　沟通中西文化的洪师煨莲／陈礼颂／／＊学府纪闻·私立燕京大学第 121 页

洪　深
14392　洪深与曹禺／萧叔纳／／＊新晚报 1975 年 8 月 10 日
14393　洪深二三事／萧叔纳／／＊新晚报 1976 年 4 月 24 日
14394　洪　深（1894—1955）／关国煊／／＊传记文学 1979 年 34 卷 4 期，＊民国人物小传第 3 册第 114 页
14395　洪　深／李立明／／＊中国现代六百作家小传第 254 页
14396　洪　深（1894—1955）／＊环华百科全书第 10 册第 516 页
14397　洪　深／赵　聪／／＊现代中国作家列传第 185 页
14398　洪　深／＊新中国人物志（下）第 85 页

洪为法
14399　洪为法／李立明／／＊中国现代六百作家小传第 257 页

洪世宝
14400　洪世宝／＊革命人物志第 6 集第 21 页

洪业润
14401　洪业润／＊革命人物志第6集第22页

洪兰友
14402　哀念洪兰友先生／程沧波／／＊"中央"日报1958年10月2日
14403　悼洪兰友先生／程天放／／＊新生报1958年10月2日
14404　悼念洪兰友先生／朱文伯／／＊民主潮1958年8卷20期
14405　洪兰友／刘绍唐主编／／＊传记文学1987年51卷4期
14406　洪兰友／＊革命人物志第6集第23页

洪汉杰
14407　洪汉杰／＊革命人物志第20集第87页

洪全福
14408　洪全福／眭云章／／＊革命人物志第3集第317页

洪兆麟
14409　"潮州皇帝"洪兆麟／林　熙／／＊大成1977年44期

洪汝霖
14410　洪汝霖／＊革命人物志第3集第319页

洪应灶
14411　法学家洪应灶／刘家齐／／＊中国一周1958年442期
14412　我所认识的洪应灶(力生)先生／马汉宝／／＊台大法学论丛1976年6卷1期

洪弃生
14413　洪弃生先生遗书／梁寒操／／＊"中央"日报1971年3月20日

洪灵菲
14414　记侨乡作家洪灵菲／李　阳／／＊乡土1958年2卷13期
14415　洪灵菲／李立明／／＊中国现代六百作家小传第258页
14416　洪灵菲／赵　聪／／＊现代中国作家列传第267页

洪述祖
14417　暗杀宋教仁案的要犯洪述祖／沈云龙／／＊近代中国史料丛稿第二辑(总20)・现代政治人物述评(中卷)第119页

洪学智
14418　洪学智／黄震遐／／＊中共军人志第223页

洪炎秋
14419　洪炎秋先生追思录／＊国语日报社1980年214页
14420　洪炎秋(1902—1980)／秦贤次／／＊传记文学1980年36卷5期，＊民国人物小传第4册第166页
14421　炎秋精神／白　风／／＊幼狮月刊1980年51卷6期
14422　洪炎秋先生的一生／＊中国语文1981年48卷3期
14423　永怀洪炎秋老师／张慧琴／／＊中外杂志1982年32卷2期
14424　洪炎秋／李立明／／＊中国现代六百作家小传第256页
14425　为推行国语而办报的洪炎秋／周安仪／／＊中国新闻从业人员群像(下册)第271页
14426　洪炎秋先生与《国语日报》／李德安／／＊当代名人风范(3)第963页
14427　自传／洪炎秋／／＊洪炎秋自选集第1页

洪钧培
14428　追念洪故首席钧培／陈顾远／／＊法令月刊1957年8卷9期

洪逊欣
14429　洪逊欣(1914—1981)／洪永铭／／＊传记文学1982年40卷3期，＊民国人物小传第5册第186页

恽代英
14430　恽代英(1895—1931)／戴晋新／／＊环华百科全书第20册第496页

宣侠父
14431　宣侠父 / 刘绍唐主编 // *传记文学 1993 年 63 卷 3 期

宣铁吾
14432　浙江黄埔系首脑宣铁吾 / 章微寒 // *传记文学 1994 年 65 卷 3 期
14433　记宣铁吾与杜月笙上海斗法内情片段 / 郑重为 // *传记文学 1994 年 65 卷 6 期

祝秀侠
14434　祝秀侠 / 刘绍唐主编 // *传记文学 1987 年 51 卷 5 期
14435　祝秀侠 / 李立明 // *中国现代六百作家小传第 338 页

祝绍周
14436　爱国爱才兼文武的祝绍周先生 / 笑　歌 // *浙江月刊 1968 年 1 卷 2 期
14437　记祝绍周将军 / 罗甸服 // *中外杂志 1976 年 20 卷 1 期，*浙江月刊 1979 年 11 卷 2 期
14438　祝绍周(1893—1976) / 林　泉 // 传记文学 1976 年 28 卷 6 期，*民国人物小传第 2 册第 121 页
14439　允文允武祝绍周将军 / 虞　奇 // *浙江月刊 1978 年 10 卷 3 期
14440　胆识过人的祝绍周将军 / 张　骏 // *传记文学 1985 年 46 卷 1 期
14441　祝绍周将军与西安事变 / 张　骏 // *传记文学 1987 年 51 卷 6 期
14442　祝绍周 / *革命人物志第 16 集第 115 页

祝绍南
14443　念西北　怀二南(胡宗南、祝绍南) / *现代政治 1957 年 2 卷 2 期

〔丆〕

贺　中
14444　贺中烈士事略 / *太原五百完人第 164 页

贺　龙
14445　贺龙·贺英·洪湖——重访湖北 / (新西兰)路易·艾黎著、秋莹译 // (香港)万源图书公司 1977 年 6 月 85 页
14446　贺　龙 / 沙　汀等 // (香港)广角镜出版社 1977 年 10 月 202 页
14447　贺　龙(1896—1969) / 关国煊 // *传记文学 1982 年 40 卷 2 期，*民国人物小传第 5 册第 328 页
14448　贺龙在"文革"中含冤而死 / 中共《贺龙传》编写小组 // *传记文学 1995 年 66 卷 1 期
14449　关于贺龙出身及其他 / 苏　姗 // *传记文学 1995 年 66 卷 1 期
14450　贺　龙 / 黄震遐 // *中共军人志第 460 页
14451　记贺龙 / (美)海伦·福斯特·斯诺著　江山碧译 // *中国老一辈革命家第 276 页
14452　贺　龙 / 戴晋新 // *环华百科全书第 9 册第 433 页
14453　虎将贺龙 / 郭　桐 // *国共风云名人录第 4 集第 24 页
14454　中央人民政府委员、西北军区司令员贺龙 / *新中国人物志(上)153 页

贺　英
14455　贺龙·贺英·洪湖——重访湖北 / (新西兰)路易·艾黎著、秋莹译 // (香港)万源图书公司 1977 年 6 月 85 页

贺　诚
14456　贺　诚 / 黄震遐 // *中共军人志第 459 页

贺　麟
14457　贺　麟 / 刘绍唐主编 // *传记文学 1996 年 69 卷 4 期

贺子珍
14458　毛泽东第二任妻子贺子珍的遭遇 / 赵志邦 // *传记文学 1987 年 50 卷 6 期

贺公侠
14459　贺公侠 / 贺绍中 // *革命人物志第 9 集第 240 页

贺庆积

14460 贺庆积 / 黄震遐 // *中共军人志第 459 页

贺扬灵

14461 贺扬灵先生与两浙抗战（上、下）/ 王梓良 // *江西文献 1976 年 84 期，*浙江月刊 1975 年 7 卷 5—6 期

14462 贺扬灵（1901—1947）/ 王梓良 // *传记文学 1979 年第 35 卷 3 期，*民国人物小传第 4 册第 312 页

14463 贺扬灵 / *革命人物志第 16 集第 273 页

贺其燊

14464 追忆贺其燊兄 / 刘修如 // *传记文学 1982 年 41 卷 2 期

14465 贺其燊 / 陈天相 // *革命人物志第 23 集第 217 页

贺国光

14466 贺国光先生八十自述 / *湖北文献 1968 年 6、8 期

14467 贺国光先生八十自述 / *革命人物志第 16 集第 233 页

14468 我所认识的贺元靖先生 / 万耀煌 // *湖北文献 1969 年 12 期，*革命人物志第 16 集第 230 页

14469 贺国光（1885—1969）/ 贺德旺 // *传记文学 1973 年 22 卷 6 期，*民国人物小传第 1 册第 213 页

14470 贺国光 / 贺德旺 // *革命人物志第 16 集第 228 页

贺昌群

14471 贺昌群 / 李立明 // *中国现代六百作家小传 435 页

贺炳煌

14472 贺炳煌 / *革命人物志第 10 集第 486 页

贺晋年

14473 贺晋年 / 黄震遐 // *中共军人志第 458 页

贺衷寒

14474 回忆贺衷寒先生 / 王洸 // *中外杂志 1978 年 24 卷 4 期

14475 贺衷寒（1899—1972）/ 张珂 // *传记文学 1979 年 34 卷 5 期，*民国人物小传第 3 册第 248 页

14476 与贺夫人谈贺衷寒先生生平 / 蔡孟坚 // *传记文学 1982 年 40 卷 3 期，*革命人物志第 22 集第 301 页

14477 贺衷寒 / 吴相湘 // *民国百人传第 4 册第 257 页

14478 贺衷寒 / *革命人物志第 22 集第 299 页

贺绿汀

14479 小谈贺绿汀 / 梁宝耳 // *中国学生周报 1973 年 5 月 18 日

14480 音符中迸发爱和恨 / 王一桃 // *中报月刊 1981 年 18 期

14481 被打成"右派"的左派作曲家贺绿汀 / 郑仁佳 // *传记文学 1999 年 75 卷 1 期

14482 贺绿汀 / 李立明 // *中国现代六百作家小传 436 页

贺敬之

14483 贺敬之 / 林曼叔等 // *中国当代作家小传 100 页

14484 贺敬之 / 李立明 // *中国现代六百作家小传 435 页

贺粹之

14485 贺粹之 / 刘绍唐主编 // *传记文学 1996 年 69 卷 2 期

贺德霖

14486 贺德霖 / 贾士毅 // *民国初年的几任财政总长第 95 页

贺耀祖

14487 优柔寡断贺耀祖 / 胡耐安 // *中外杂志 1975 年 17 卷 1 期

14488 贺耀组（1890—1961）/ 于翔麟 // *传记文学 1979 年 35 卷 1 期，*民国人物小传第 4 册第 314 页

14489 贺耀组 / 胡遯园 // *贤不肖列传第 170 页

柔 石
14490 柔 石 / 刘绍唐主编 // *传记文学 1996 年 69 卷 2 期
14491 赵平复 / 李立明 // *中国现代六百作家小传第 470 页
14492 鲁迅与柔石 / 马蹄疾 // *鲁迅与浙江作家第 167 页

骆成骧
14493 骆成骧 / 刘绍唐主编 // *传记文学 1993 年 62 卷 2 期
14494 骆成骧(1865—1926) / 周邦道 // *近代教育先进传略(初集)第 234 页

骆健郎
14495 骆烈士健郎传略 / *川籍抗战忠烈录第 96 页

骆宾基
14496 骆宾基 / 刘绍唐主编 // *传记文学 1995 年 66 卷 4 期
14497 骆宾基 / 林曼叔等 // *中国当代作家小传第 117 页
14498 骆宾基 / 李立明 // *中国现代六百作家小传第 536 页
14499 骆宾基 / 孙 陵 // *我熟识的三十年代作家第 11 页

骈锦芳
14500 骈锦芳 / *革命人物志第 9 集第 411 页

费 巩
14501 记费巩教授 / 程沧波 // *传记文学 1962 年 1 卷 2 期
14502 费 巩(1905—1945) / 关志昌 // *传记文学 1982 年第 41 卷 1 期, *民国人物小传第 6 册第 357 页

费 骅
14503 费 骅(1912—1984) / 程汉藩 // *传记文学 1985 年 46 卷 4 期
14504 怀念费骅学长记述二三事 / 朱镕坚 // *传记文学 1994 年 65 卷 6 期

费孝通
14505 费孝通论 / 孙隆基、甄燊港 // (香港)凤凰出版社 1971 年 177 页
14506 费孝通 / 陈文鸿 // *蒲风 1972 年 11 期
14507 费孝通与《知识分子的早春天气》/ 叶永烈 // *传记文学 1996 年 69 卷 2 期
14508 我的第二次学术生命 / 费孝通 // *传记文学 1996、1999 年 68、75 卷 3、4 期
14509 费孝通 / 李立明 // *中国现代六百作家小传第 437 页
14510 费孝通 / *环华百科全书第 3 册第 376 页

费起鹤
14511 孔祥熙、费起鹤赴美求学被拒入境经过 / 周 谷 // *传记文学 1985 年 47 卷 6 期

费振东
14512 中央华侨事务委员会委员费振东 / *新中国人物志(下)第 54 页

费鉴照
14513 费鉴照 / 秦贤次 // *诗学 1976 年 2 辑
14514 费鉴照 / 李立明 // *中国现代六百作家小传第 438 页

费彝民
14515 费彝民飞伦敦之谜 / 王会功 // *联合报 1963 年 3 月 25 日
14516 费彝民 / 刘绍唐主编 // *传记文学 1992 年 60 卷 4 期

姚 华
14517 姚华(1876—1930) / 姚崧龄 // *传记文学 1974 年 24 卷 3 期, *民国人物小传第 1 册第 115 页
14518 记姚茫父先生 / 姚崧龄 // *传记文学 1974 年 24 卷 4 期

姚 克
14519 姚克教授 / 池中物 // *星岛日报 1976 年 9 月 5 日

14520　姚莘农教授姚克 / 蒋　芸 // ＊星岛日报 1976 年 11 月 14 日
14521　记姚克 / 赵　聪 // ＊大成 1976 年 28 期
14522　姚　克 / 刘绍唐主编 // ＊传记文学 1992 年 61 卷 2 期
14523　姚　克 / 李立明 // ＊中国现代六百作家小传第 259 页
14524　姚　克 / 赵　聪 // ＊现代中国作家列传第 192 页
14525　鲁迅与姚克 / 马蹄疾 // ＊鲁迅与浙江作家第 229 页

姚　杰

14526　姚烈士杰传略 / ＊川籍抗战忠烈录第 95 页

姚　桢

14527　在林德扬君追悼会之演说——姚桢先生事迹 / 蔡元培讲、陈北楠记 // ＊蔡元培先生全集第 788 页

姚　健

14528　姚　健 / ＊革命人物志第 4 集第 19 页

姚　黄

14529　姚　黄 / ＊革命人物志第 4 集第 20 页

姚　琮

14530　姚　琮（1891—1977） / ＊传记文学 1982 年 40 卷 3 期，＊民国人物小传第 5 册第 179 页
14531　张门车马忆余痕 / 廖作琦 // ＊传记文学 1997 年 71 卷 1 期
14532　姚　琮 / ＊革命人物志第 18 集第 122 页

姚　喆

14533　姚　喆 / 黄震遐 // ＊中共军人志第 229 页

姚士雄

14534　姚士雄 / 姚　光 // ＊革命人物志第 4 集第 16 页

姚万瑜

14535　姚万瑜传 / 邹　鲁 // ＊邹鲁全集第 9 册第 368 页，＊革命人物志第 4 集第 22 页

姚子青

14536　姚子青 / ＊革命人物志第 17 集第 131 页

姚中英

14537　姚中英 / ＊革命人物志第 19 集第 113 页

姚从吾

14538　姚从吾先生哀思录 / ＊姚从吾先生治丧委员会编印 1971 年 141 页
14539　推荐廿世纪学术权威——姚从吾 / 尹雷曼等 // 华欣文化事业中心印行 1979 年 326 页
14540　姚从吾先生 / 毛子水 // ＊"中央"日报 1970 年 4 月 24 日
14541　不苟不朽的姚从吾教授 / 黄肇珩 // ＊新生报 1970 年 4 月 25 日
14542　姚从吾师与历史方法论 / 杜维远 // ＊"中央"日报 1970 年 6 月 4、5 日
14543　姚从吾师的治学精神 / 段昌国 // ＊"中央"日报 1971 年 4 月 15、16 日
14544　姚从吾先生的史学研究与教育生活 / 唐　允 // ＊幼狮 1957 年 6 卷 3 期
14545　"从吾所好""死而后已"——追念姚从吾老师 / 王履常 // ＊传记文学 1970 年 16 卷 6 期
14546　我所认识的姚从吾先生 / 方　豪 // ＊传记文学 1970 年 16 卷 5 期
14547　姚从吾的教学和研究生活二三事 / 陶晋生 // ＊传记文学 1970 年 16 卷 6 期
14548　姚从吾师尽瘁史学 / 吴相湘 // ＊传记文学 1970 年 16 卷 5 期
14549　忆念姚从吾先生 / 毛子水 // ＊传记文学 1970 年 16 卷 5 期
14550　姚从吾（1894—1970） / ＊传记文学 1974 年 25 卷 1 期，＊民国人物小传第 1 册第 116 页
14551　姚从吾先生的史学与史观 / 王民信 // ＊中华文化复兴月刊 1975 年 8 卷 6 期
14552　姚从吾教授对辽金元史研究的贡献 / 萧　启 // ＊史原 1982 年 12 期
14553　姚从吾 / 吴相湘 // ＊民国百人传第 1 册第 243 页

14554　姚从吾(1894—1970) / 周邦道 // *近代教育先进传略(初集)第 318 页
14555　姚校长从吾传略 / *学府纪闻·国立河南大学第 186 页
14556　姚从吾(1894—1970) / *环华百科全书第 19 册第 47 页
14557　姚从吾 / 张傧生 // *革命人物志第 14 集第 215 页

姚文元
14558　"四人帮"中的二位舍亲 / 姚　克 // *传记文学 1996 年 69 卷 3 期

姚文林
14559　姚文林(1897—1980) / 赵正楷 // *传记文学 1980 年 36 卷 4 期，*民国人物小传第 4 册第 162 页

姚文枏
14560　姚文枏(1857—1933) / 周邦道 // *近代教育先进传略(初集)第 40 页

姚文倬
14561　姚文倬事略 / *革命人物志第 4 集第 17 页

姚永朴
14562　姚永朴(1862—1939) / 关志昌 // *传记文学 1980 年 37 卷 2 期，*民国人物小传第 4 册第 163 页

姚名达
14563　姚名达 / 周邦道 // *江西文献 1976 年 86 期
14564　姚名达(1905—1942) / 何广棪 // *传记文学 1978 年 32 卷 3 期，*民国人物小传第 3 册第 107 页
14565　姚名达(1905—1942) / 周邦道 // *近代教育先进传略(初集)第 165 页

姚冶诚
14566　蒋介石与姚冶诚的一段情(选载) / 华永义 // *传记文学 1992 年 60 卷 6 期
14567　姚冶诚与蒋介石结识的另一资料 / 杨一新 // *传记文学 1992 年 60 卷 6 期

姚奉坦
14568　姚奉坦 / *革命人物志第 9 集第 103 页

姚雨平
14569　姚雨平(1882—1974) / 陈哲三 // *传记文学 1976 年 28 卷 1 期，*民国人物小传第 2 册第 109 页

姚忠诚
14570　姚忠诚 / *革命人物志第 9 集第 104 页

姚依林
14571　姚依林 / 刘绍唐主编 // *传记文学 1995 年 66 卷 4 期
14572　姚依林 / 朱新民 // *环华百科全书第 19 册第 48 页

姚洪业
14573　姚洪业 / *革命人物志第 4 集第 21 页

姚晋圻
14574　当代教育先进传略(姚晋圻) / 周邦道 // *湖北文献 1976 年 41 期
14575　姚晋圻 / 周邦道 // *近代教育先进事略(初集)第 186 页

姚雪垠
14576　抗战初期的姚雪垠 / 鲁　林 // *新晚报 1977 年 4 月 3 日
14577　念人忆事(三)——姚雪垠 / 徐　讦 // *传记文学 1970 年 16 卷 1 期
14578　记姚雪垠(上、中、下) / 陈纪滢 // *传记文学 1982 年 40 卷 2—4 期
14579　以写李自成取悦当道的老作家姚雪垠 / 关国煊 // *传记文学 1999 年 75 卷 2 期
14580　姚雪垠 / 林曼叔等 // *中国当代作家小传第 118 页
14581　姚雪垠 / 李立明 // *中国现代六百作家小传第 262 页
14582　文坛长跑者姚雪垠 / 彦　火 // *当代中国作家风貌第 95 页
14583　姚雪垠 / 孙　陵 // *我熟识的三十年代作家第 123 页
14584　姚雪垠 / 赵　聪 // *现代中国作家列传第 367 页

14585 姚雪垠 / *环华百科全书第 19 册第 46 页

姚崧龄
14586 中行服务记——我在中国银行服务二十三年的经历(1—5) / 姚崧龄 // *传记文学 1967 年 11 卷 5 期—1968 年 12 卷 3 期
14587 姚崧龄其人其事 / 赵克森 // *传记文学 1984 年 44 卷 4 期
14588 怀念我的公公姚崧龄先生 / 姚于有年 // *传记文学 1985 年 46 卷 4 期
14589 清华与我 / 姚崧龄 // *传记文学 1985 年 46 卷 5 期
14590 忆交游七十载之好友姚崧龄兄 / 蒲薛凤 // *传记文学 1985 年 46 卷 3 期
14591 怀念后十幸斋主人姚仲年兄 / 沈有乾 // *传记文学 1985 年 46 卷 4 期
14592 怀念姚崧龄先生 / 严文郁 // *传记文学 1987 年 50 卷 3 期

姚蓬子
14593 谈姚蓬子 / 王文钦 // *明报月刊 1977 年 4 期
14594 姚蓬子 / 李立明 // *中国现代六百作家小传第 263 页
14595 姚蓬子 / 钟岳年、曹思彬 // *世界文学家像传第 6 页
14596 姚蓬子 / 黄俊东 // *现代中国作家剪影第 238 页

姚锦春
14597 姚锦春 / *革命人物志第 4 集第 34 页

姚德胜
14598 姚德胜(1861—1915) / 周邦道 // *近代教育先进传略(初集)第 436 页

十　画

〔一〕

秦　礼
14599　秦　礼／丁开嶂／／＊革命人物志第 4 集第 87 页

秦　似
14600　秦　似／李立明／／＊中国现代六百作家小传第 312 页
14601　秦　似／黄俊东／／＊现代中国作家剪影第 223 页

秦　牧
14602　散文作家秦牧／丁　望／／＊明报 1976 年 8 月 21 日
14603　散文作家秦牧／关国煊／／＊传记文学 1994 年 65 卷 3 期
14604　秦　牧／林曼叔等／／＊中国当代作家小传第 151 页
14605　秦　牧／李立明／／＊中国现代六百作家小传第 312 页
14606　归侨散文大家秦牧／彦　火／／＊当代中国作家风貌第 177 页
14607　秦　牧／黄俊东／／＊现代中国作家剪影第 258 页

秦　炳
14608　秦炳传略／周天固／／＊四川文献 1964 年 20 期
14609　秦烈士炳纪念碑／邹　鲁／／＊四川文献 1966 年 52 期，＊邹鲁全集第 9 册第 406 页
14610　广州三月二十九日革命四川饶国梁、喻培伦、秦炳三烈士纪念碑／邹　鲁／／＊革命人物志第 8 集第 442 页
14611　秦炳传／张岷僧／／＊民国四川人物传记第 22 页，＊革命人物志第 4 集第 57 页

秦　霖
14612　秦　霖／＊革命人物志第 4 集第 84 页

秦力山
14613　秦力山先烈事略／安怀音／／＊"中央"日报 1956 年 11 月 30 日
14614　秦力山／章炳麟／／＊革命人物志第 4 集第 48 页
14615　秦力山在干崖情形／＊革命人物志第 4 集第 50 页
14616　祭秦先生力山文／居　正、陈中赫／／＊革命人物志第 4 集第 52 页

秦印西
14617　秦印西事略／公　谔／／＊革命人物志第 4 集第 55 页

秦兆阳
14618　秦兆阳／林曼叔等／／＊中国当代作家小传第 128 页
14619　秦兆阳／李立明／／＊中国现代六百作家小传第 314 页
14620　秦兆阳／齐志尧／／＊作家的青少年时代第 117 页

秦启荣
14621　秦烈士启荣殉国三十周年纪念册／＊秦烈士启荣殉国三十周年纪念筹备委员会编印 1973 年 128 页
14622　秦烈士启荣传略／＊山东文献 1981 年 7 卷 2 期
14623　秦烈士启荣治军纪实／龚舜衡／／＊山东文献 1981 年 7 卷 2 期
14624　秦烈士启荣殉国纪实／牟尚齐／／＊山东文献 1981 年 7 卷 2 期
14625　秦启荣／＊革命人物志第 4 集第 61 页

秦明堂
14626　秦明堂／＊革命人物志第 4 集第 56 页

秦炬冬
14627 秦炬冬 / 王子经 // *革命人物志第 4 集第 59 页

秦载赓
14628 秦烈士载赓事略 / 阙　名 // *民国四川人物传记第 27 页，*革命人物志第 4 集第 63 页

秦润卿
14629 领导上海钱庄业五十年之秦润卿 / 马积祚 // *浙江月刊 1983 年 15 卷 8 期

秦基伟
14630 秦基伟 / 黄震遐 // *中共军人志第 245 页
14631 秦基伟 / 朱新民 // *环华百科全书第 12 册第 91 页

秦曼卿
14632 秦曼卿及其治印 / 萧　志 // *艺林丛录(2)第 182 页

秦毓鎏
14633 秦毓鎏(1879—1937) / 蒋永敬 // *传记文学 1975 年 26 卷 3 期，*民国人物小传第 2 册第 132 页
14634 秦毓鎏 / *革命人物志第 4 集第 64 页
14635 秦毓鎏(1879—1937) / 关国煊 // *传记文学 1983 年 43 卷 6 期

秦瘦鸥
14636 我与秦瘦鸥 / 陈存仁 // *传记文学 1992 年 61 卷 2 期

秦慧伽
14637 七十年的回忆 / 秦慧伽 // *中原文献 1981 年 13 卷 8 期

秦德纯
14638 海滢谈往 / 秦德纯 // *海天出版社 1962 年 123 页
14639 秦德纯将军纪念集 / *崇泰 1964 年印行
14640 秦德纯回忆录 / 秦德纯 // *传记文学出版社 1967 年 1 月 205 页，*传记文学出版社 1981 年 205 页
14641 秦德纯的壮语壮事 / 张力耕 // *"中央"日报 1950 年 7 月 7 日
14642 海滢谈往 / 秦德纯 // *自立晚报 1963 年 1 月 3 日——2 月 26 日
14643 秦德纯的风范 / 刘孝推 // *中华日报 1963 年 12 月 1 日
14644 出席远东军事法庭作证 / 秦德纯 // *传记文学 1962 年 1 卷 3 期，*革命人物志第 15 集第 230 页
14645 青岛于役前后 / 秦德纯 // *传记文学 1962 年 1 卷 7 期，*革命人物志第 15 集第 213 页
14646 我与张自忠 / 秦德纯 // *传记文学 1962 年 1 卷 2 期，*革命人物志第 15 集第 220 页
14647 冀察政委会时期的回忆 / 秦德纯 // *传记文学 1963 年 2 卷 1 期
14648 我所认识的秦绍文先生 / 孔德成 // *传记文学 1963 年 3 卷 6 期，*革命人物志第 15 集第 196 页
14649 抗日名将秦德纯先生二三事 / 朱文伯 // *民主潮 1963 年 13 卷 9 期
14650 秦德纯(1893—1963) / 于翔麟 // *传记文学 1974 年 24 卷 6 期，*民国人物小传第 1 册第 135 页，*革命人物志第 15 集第 196 页
14651 吊秦绍文兄 / 刘健群 // *革命人物志第 15 集第 200 页

秦濛生
14652 从东大附中到中央大学 / 秦濛生 // *中外杂志 1970 年 8 卷 2 期

秦履安
14653 秦履安事略 / *革命人物志第 4 集第 83 页

班麟书
14654 班麟书 / *革命人物志第 17 集第 170 页

班禅九世
14655 班禅九世一生事迹 / 王成圣 // *中外人物专辑第 1 辑 123 页

载沣
14656 载　沣 / 郑寿麟 // *传记文学 1968 年 12 卷 4 期

载洸

14657　载　洸(1883—1951)／关志昌//　*传记文学 1979 年 34 卷 5 期，*民国人物小传第 3 册第 282 页

载洵

14658　载　洵(1885—1949)／关志昌//　*传记文学 1980 年 37 卷 5 期，*民国人物小传第 4 册第 336 页

载涛

14659　载　涛(1887—1970)／关志昌//　*传记文学 1980 年 36 卷 5 期，*民国人物小传第 4 册第 337 页

袁殊

14660　袁殊是潘汉年勾结日汪的关键人物／王朝柱//　*传记文学 1996 年 68 卷 6 期

袁犀

14661　袁　犀／李立明//　*中国现代六百作家小传第 305 页

袁静

14662　夫妻作家孔厥与袁静／杨　翼//　*当代文艺 1975 年 117 期

14663　袁　静／林曼叔等//　*中国当代作家小传第 132 页

14664　袁　静／李立明//　*中国现代六百作家小传第 306 页

袁震

14665　记吴晗与袁震的爱情故事／林　林//　*中报 1981 年 18 期

袁子闵

14666　袁子闵／　*革命人物志第 8 集第 79 页

袁子英

14667　袁子英／　*革命人物志第 8 集第 78 页

袁子钦

14668　袁子钦／黄震遐//　*中共军人志第 243 页

袁五之

14669　袁五之／　*革命人物志第 8 集第 80 页

袁文轩

14670　袁文轩／　*革命人物志第 8 集第 81 页

袁水拍

14671　访诗人袁水拍／　*大公报 1975 年 8 月 28 日

14672　袁水拍(1916—1982)／　*传记文学 1983 年 42 卷 1 期，*民国人物小传第 6 册第 221 页

14673　袁水拍／李立明//　*中国现代六百作家小传第 307 页

14674　袁水拍／林曼叔等//　*中国当代作家小传第 2 辑第 39 页

14675　袁水拍／黄俊东//　*现代中国作家剪影第 157 页

袁玉廷

14676　袁玉廷／袁祖恢//　*革命人物志第 8 集第 82 页

袁世凯

14677　容庵弟子记(四卷)／沈祖宪、吴闿生//　*文星书店 1962 年 221 页

14678　袁氏盗国记(2 册)／黄　毅//　*文星书店 1962 年 12 月

14679　洹上私乘／袁克文//　*文海出版社 1966 年影印本 62 页

14680　袁世凯与中华民国／白　蕉//　*文星书店 1962 年影印本

14681　袁世凯窃国记／　*中华书局编辑部 1954 年 369 页

14682　袁世凯与戊戌政变／刘凤翰//　*文星出版社 1964 年 247 页，*传记文学出版社 1979 年 247 页

14683　袁世凯与朝鲜／林明德//　*"中央"研究院近代史研究所 1970 年 4 月 440 页

14684　袁世凯传(上、下)／章君谷//　*中外图书出版社 1970 年、1975 年 7 月增订本 358 页

14685　袁世凯之政治权谋／姜曼丽//　*东英出版社 1975 年 195 页

14686　袁世凯与中日甲午战争／池在运//　*撰者印行 1977 年 175 页

14687　袁世凯与进步党／黄文蓉//　*撰者印行 1981 年 227 页

14688	袁世凯评传 / 韩　作 // (香港)东西文化事业出版公司 1987年 267页
14689	清廷信任袁世凯 / 刘生焱 // ＊公论报 1950年7月4日
14690	章炳麟与袁世凯 / 姚渔湘 // ＊新生报 1956年10月22日
14691	袁世凯三父子 / 退役记者 // ＊公论报 1956年11月18日
14692	武昌起义前后的袁世凯 / 陆　权 // ＊联合报 1961年10月10日
14693	袁世凯与丁未政变 / 南　湖 // ＊"中央"日报 1961年12月5日
14694	袁世凯的枭雄面目 / 章君谷 // ＊联合报 1970年6月26—29日
14695	遁甲术专门之袁世凯 / 吴伟士 // ＊畅流 1951年3卷6期
14696	戊戌政变所成就的文武两人物 / 竺　公 // ＊畅流 1952年5卷11期
14697	谈袁世凯(上、中、下) / 耘　农 // ＊新中国评论 1956年11卷2—4期，＊现代政治人物评述(上)第39页
14698	袁世凯与戊戌政变 / 陆啸剑 // ＊文星 1963年12卷3、4期
14699	张謇与袁世凯 / 宋希尚 // ＊畅流 1963年27卷5期
14700	民国叛徒袁世凯(1—3) / 左舜生 // ＊民主潮 1964年14卷10、11、13期
14701	袁世凯软禁章太炎索隐 / 心　斋 // ＊古今谈 1965年2期
14702	张国淦笑谈袁世凯 / 李漱石 // ＊春秋 1965年3卷5期
14703	袁世凯的发迹 / 刘凤翰 // ＊文星 1965年16卷7期
14704	袁世凯"三呼"蔡松坡 / 百　松 // ＊春秋 1966年4卷3期
14705	袁世凯暗杀宋教仁始末 // ＊春秋 1966年4卷3—4期
14706	袁世凯称帝始末 / 田布衣 // ＊春秋 1966年4卷1期
14707	袁世凯的童年 / 林榕生 // ＊春秋 1966年4卷4期
14708	《袁世凯的童年》补遗 / 林榕生 // ＊春秋 1966年4卷5期
14709	袁世凯在辛亥前后 / 王锡彤 // ＊春秋 1967年6卷2期
14710	拳乱时期的袁世凯 / 刘凤翰 // ＊传记文学 1967年10卷5期
14711	袁世凯的妻妾子女 / 沈云龙 // ＊传记文学 1967年10卷3期
14712	袁世凯秘闻一束 / 唐　风 // ＊艺文志 1967年22期
14713	岑春煊与袁世凯半世恩仇 / 陈亨德 // ＊春秋 1967年6卷5期
14714	康有为、袁世凯 / 陈兰荪 // ＊畅流 1968年38卷3期
14715	袁世凯与辛亥革命 / 味　根 // ＊古今谈 1968年44期
14716	袁世凯末日记 / 田布衣 // ＊春秋 1968年9卷6期
14717	袁世凯与汪精卫的因缘 / 林　斌 // ＊畅流 1969年39卷9期
14718	慈禧、袁世凯、康有为 / 龙宝麒 // ＊中外杂志 1969年5卷6期
14719	一代枭雄——袁世凯传 / 章君谷 // ＊中外杂志 1969年5卷1期—1970年7卷1期
14720	芮恩施所认识的袁世凯 / 姚崧龄 // ＊传记文学 1970年16卷6期
14721	张謇、袁世凯、梅兰芳 / 王培尧 // ＊中外杂志 1970年7卷1期
14722	拳乱前后袁世凯的处变 / 班一鲁 ＊台湾大学历史研究所 1972年硕士学位论文
14723	袁世凯与汪精卫 / 林光灏 // ＊中外杂志 1974年16卷5期，＊中外人物专辑第6辑第81页
14724	风云际会袁世凯 / 王成圣 // ＊中外杂志 1975年18卷6期
14725	袁世凯(1857—1916) / 关国煊 // ＊传记文学 1976年29卷2期，＊民国人物小传第2册第128页
14726	康有为的纨扇墨宝——兼述顾璜、瞿鸿禨、袁世凯 / 顾沛君 // ＊中外杂志 1980年27卷3期
14727	袁世凯与民初司法 / 沈云龙 // ＊传记文学 1981年38卷2期
14728	汪精卫勾结袁世凯的一段史实 / 周　新 // ＊传记文学 1982年40卷6期
14729	清末民初两枭雄——袁世凯与黎元洪的真面目 / 张守初 // ＊中外杂志 1984年36卷5期
14730	我的父亲袁世凯 / 袁叔祯 // ＊大成 1984年126期
14731	民元临时大总统孙、袁易位与北京兵变 / 沈云龙 // ＊传记文学 1987年51卷3期

14732　日本向袁世凯所提"二十一条"与新发现的孙中山"日中条约" / 吴天威 // *传记文学 1992 年 60 卷 5 期

14733　袁世凯史传再发掘——从蒋中正与毛泽东说到袁世凯 / 唐德刚 // *传记文学 1996 年 68 卷 3 期

14734　辛亥前的袁世凯(上、中、下) / 唐德刚 // *传记文学 1996 年 68 卷 5、6 期，1996 年 69 卷 1 期

14735　中山要做独裁党魁袁氏先做终身总统 / 唐德刚 // *传记文学 1998 年 73 卷 3 期

14736　记一失足的帝王之梦——兼为古德诺喊冤 / 唐德刚 // *传记文学 1998 年 73 卷 5 期

14737　洪宪皇帝的末日和护国运动的疑团 / 唐德刚 // *传记文学 1998 年 73 卷 6 期

14738　袁世凯留下的烂摊子 / 唐德刚 // *传记文学 1999 年 74 卷 1 期

14739　王云五与袁世凯 / 阮毅成 // *传记文学 1999 年 74 卷 5 期

14740　袁世凯觊觎帝位失败而后忧郁成疾的野心家 / 王世祯 // *中国风云人物第 309 页

14741　袁世凯 / 林怀卿 // *中国历代名人 120 位第 358 页

14742　袁世凯与庆亲王 / 庄练 // *中国近代史上的关键人物(下册)第 75 页

14743　岑春煊与袁世凯 / 箓园 // *中国近代史论丛第 2 辑第 5 册第 163 页

14744　现代化的保守人物——袁世凯 / 杨格 // *中国现代史论集第 4 辑第 171 页

14745　袁世凯 / 吴相湘 // *民国百人传第 3 册第 327 页

14746　遁甲术专门之袁世凯 / 吴相湘 // *民国政治人物第 1 集第 31 页

14747　"慰庭总统老弟"的杰作 / 吴相湘 // *民国政治人物第 1 集第 41 页

14748　"洪宪臭帝"袁世凯 / *军阀现形记第 17 页

14749　三韩扶桑所见袁世凯关系史料 / 吴相湘 // *近代史事论丛第 2 册第 253 页

14750　袁世凯 / 邵镜人 // *近代中国史料丛刊续编第九十五辑(总 950)影印本第 318 页

14751　张一麐与袁世凯 / 沈云龙 // *近代中国史料丛刊第二辑(总 20)·现代政治人物述评(中卷)第 81 页

14752　袁世凯 / 冯明珠 // *环华百科全书第 20 册第 439 页

袁世威

14753　袁世威(1882—1916)墓志铭 / 章梫 // *碑传集三编第 10 册第 2389 页

袁永馥

14754　忆念袁永馥先生 / 罗才荣 // *中外杂志 1977 年 21 卷 4 期

14755　难忘的知己——纪念袁永馥兄 / 邹绳武 // *中外杂志 1977 年 21 卷 5 期

14756　袁永馥 / *革命人物志第 17 集第 152 页

袁同礼

14757　思忆录(袁守和先生纪念册) / 袁慧熙等 // *1966 年 238 页

14758　袁同礼先生与图书编目 / 张纪定 // *"中央"日报 1965 年 2 月 28 日

14759　劳碌一生的父亲 / 袁澄 // *传记文学 1966 年 8 卷 2 期

14760　提携后进的袁守和先生 / 严文郁 // *传记文学 1966 年 8 卷 2 期

14761　忆怀片片——我所认识的前北平图书馆袁故馆长守和先生 / 童世纲 // *传记文学 1966 年 8 卷 2 期

14762　袁守和先生对于外交问题之留意 / 金问泗 // *传记文学 1966 年 8 卷 2 期

14763　袁守和先生在抗战期间之贡献 / 徐家璧 // *传记文学 1966 年 8 卷 2 期

14764　追忆袁守和先生 / 李书华 // *传记文学 1966 年 8 卷 2 期

14765　忆民十四五在北大教书时的四位好友 / 李璜 // *传记文学 1967 年 10 卷 5 期

14766　袁同礼先生中英著述目录 / 袁清、徐家璧 // *传记文学 1967 年 10 卷 2 期

14767　北平图书馆善本书籍运美经过——纪念袁守和先生 / 钱存训 // *传记文学 1967 年 10 卷 2 期

14768　记袁守和先生 / 劳榦 // *中外杂志 1968 年 4 卷 2 期

14769　袁同礼(1895—1965) / 秦贤次 // *传记文学 1975 年 27 卷 4 期，民国人物小传第 2 册第 129 页

14770　袁同礼在中国近代史上的位置 / 唐德刚 // *传记文学 1995 年 67 卷 6 期

14771 忆袁同礼先生／周策纵／／＊传记文学 1996 年 68 卷 1 期
14772 袁同礼先生对国际文化交流的贡献／钱存训／／＊传记文学 1996 年 68 卷 2 期
14773 袁同礼(1895—1965)／＊环华百科全书第 20 册第 437 页

袁任远
14774 湖南省临时政府副主席袁任远／苏　田／／＊新中国人物志(上)第 199 页

袁兆铃
14775 袁兆铃先生事略／龚舜衡／／＊建设 1962 年 11 卷 2 期

袁守谦
14776 袁守谦简传／于祥麟／／＊传记文学 1992 年 61 卷 5 期
14777 追怀袁守谦资政守正谦行／蔡孟坚／／＊传记文学 1995 年 67 卷 3 期
14778 黄埔儒将袁守谦／吴相湘／／＊传记文学 1998 年 72 卷 2 期

袁芳炳
14779 袁芳炳烈士传略／＊川籍抗战忠烈录第 104 页

袁克文
14780 辛丙秘苑"皇二子"袁寒云／袁寒云、陶拙庵／／(香港)大华出版社 1976 年 77 页
14781 袁克文(1890—1931)／关志昌／／＊传记文学 1981 年 39 卷 4 期，＊民国人物小传第 5 册第 228 页
14782 文采风流袁寒云／王觉源／／＊中外杂志 1984 年 36 卷 1 期
14783 二哥袁寒云的一些故事／袁静雪／／＊传记文学 1998 年 73 卷 6 期
14784 我的老师袁寒云／陈惕敏／／＊传记文学 1999 年 74 卷 1 期

袁克定
14785 我所知道的袁克定／薛观澜／／＊春秋 1968 年 8 卷 4 期
14786 袁克定(1879—1955)／关志昌／／＊传记文学 1982 年 41 卷 6 期，＊民国人物小传第 6 册第 227 页
14787 袁世凯长子医治足疾历史疑案／林　熙／／＊传记文学 1995 年 67 卷 5 期

袁希洛
14788 袁希洛／刘绍唐主编／／＊传记文学 1998 年 73 卷 4 期

袁希涛
14789 袁希涛(1866—1930)／＊传记文学 1974 年 24 卷 6 期，＊民国人物小传第 1 册第 134 页
14790 袁希涛(1866—1930)／周邦道／／＊近代教育先进传略(初集)第 37 页
14791 袁观澜先生追悼会词／蔡元培／／＊蔡元培全集第 906 页

袁国祥
14792 袁国祥／刘绍唐主编／／＊传记文学 1994 年 65 卷 2 期

袁昌英
14793 记珞珈三杰(苏雪林、袁昌英、凌叔华)／吴鲁芹／／＊传记文学 1979 年 35 卷 4 期，＊学府纪闻·国立武汉大学第 109 页
14794 袁昌英(1894—1973)／关志昌／／＊传记文学 1982 年 41 卷 3 期，＊民国人物小传第 6 册第 231 页
14795 袁昌英／李立明／＊中国现代六百作家小传第 308 页
14796 袁昌英／刘　葆／／＊现代中国人物志第 328 页
14797 哭兰子／苏雪林／／＊学府纪闻·国立武汉大学第 158 页

袁昇平
14798 袁昇平／黄震遐／／＊中共军人志第 244 页

袁牧之
14799 袁牧之(1909—1978)／关志昌／／＊传记文学 1984 年 44 卷 2 期
14800 袁牧之／李立明／／＊中国现代六百作家小传第 308 页

袁祖成
14801 袁祖成／＊革命人物志第 8 集第 83 页

袁祖铭
14802 袁祖铭 / 刘绍唐主编 // *传记文学 1992 年 61 卷 1 期
袁涛泉
14803 袁涛泉 / *革命人物志第 8 集第 85 页
袁家骅
14804 袁家骅 / 刘绍唐主编 // *传记文学 1992 年 61 卷 3 期
袁家骝
14805 我所知道的袁家骝先生 / 方子卫 // *中国一周 1956 年 327 期
袁梦丹
14806 袁梦丹 / *革命人物志第 8 集第 84 页
袁道丰
14807 外交耆宿袁道丰逝世 / 顾菊珍 // *传记文学 1999 年 75 卷 2 期
袁蔚生
14808 魏杰、袁蔚生、欧阳持平、蒋天禄 / *革命人物志第 9 集第 443 页
袁暌九
14809 烽火七年笔阵中——一段难忘岁月 / 袁暌九 // *中外杂志 1979 年 25 卷 2 期
袁赛鹏
14810 袁赛鹏 / *革命人物志第 8 集第 85 页
袁履登
14811 袁履登 / 刘绍唐主编 // *传记文学 1992 年 60 卷 2 期
都如晶
14812 都如晶 / *革命人物志第 10 集第 364 页
耿 介
14813 耿 介 / *革命人物志第 3 集第 461 页
耿 丹
14814 先兄耿丹与武昌首义 / 耿 心 // *中外杂志 1980 年 27 卷 2 期
14815 先兄耿丹参加辛亥武昌首义纪实 / 耿 心 // *湖北文献 1980 年 56 期
耿 直
14816 耿 直 / *革命人物志第 3 集第 463 页
耿 飚
14817 耿飚 / 朱新民 // *环华百科全书第 8 册第 216 页
耿世昌
14818 耿世昌 / *革命人物志第 3 集第 461 页
耿占元
14819 耿占元 / 刘孝推 // *革命人物志第 20 集第 145 页
耿济之
14820 耿济之先生传 / 郑振铎 // *中学生 1947 年 6 期
14821 耿济之（1899—1947）/ 秦贤次 // *传记文学 1974 年 25 卷 1 期，*民国人物小传第 1 册第 122 页
14822 耿济之 / 李立明 // *中国现代六百作家小传第 331 页
耿煜曾
14823 耿煜曾 / *革命人物志第 12 集第 248 页
聂 耳
14824 聂耳（守信）（1912—1935）/ *传记文学 1982 年 40 卷 6 期，*民国人物小传第 5 册第 498 页
14825 聂 耳 / 乔 佩 // *中国现代音乐家第 126 页
聂云台
14826 聂其杰（1880—1953）/ *传记文学 1983 年 42 卷 4 期，*民国人物小传第 6 册第 486 页

聂凤智

14827　聂凤智 / 黄震遐 // *中共军人志第 699 页

聂绀弩

14828　记聂绀弩 / 斯慕光 // *"中央"日报 1966 年 11 月 13、14 日

14829　聂绀弩的结局 / 唐柱国 // *"中央"日报 1966 年 11 月 22 日

14830　三十年代作家聂绀弩的坎坷路 / 姚锡佩 // *传记文学 1993 年 63 卷 2 期

14831　聂绀弩最后的岁月 / 朱静芳 // *传记文学 1995 年 66 卷 6 期

14832　聂绀弩 / 刘绍唐主编 // *传记文学 1996 年 68 卷 6 期

14833　聂绀弩 / 李立明 // *中国现代六百作家小传第 565 页

14834　聂绀弩 / 黄俊东 // *现代中国作家剪影第 198 页

聂荣臻

14835　中共十大元帅最后死者聂荣臻(上、中、下) / 关国煊 // *传记文学 1992 年 60 卷 6 期,61 卷 1、2 期

14836　聂荣臻 / 黄震遐 // *中共军人志第 693 页

14837　聂荣臻 / *环华百科全书第 6 册第 226 页

14838　中央人民政府委员、北京市人民政府市长聂荣臻 / 周末报编委会 // *新中国人物志(上)第 161 页

聂济峰

14839　聂济峰 / 黄震遐 // *中共军人志第 702 页

聂振东

14840　聂振东 / *革命人物志第 11 集第 354 页

聂海帆

14841　聂海帆 / *革命人物志第 10 集第 592 页

聂缉椝

14842　聂缉椝神道碑 / 陈三立 // *碑传集三编第 3 册第 831 页

聂鹤亭

14843　聂鹤亭 / 黄震遐 // *中共军人志第 701 页

莫言

14844　胡说莫言 / 龚鹏程 // *中国时报 1993 年 12 月 28 日

14845　莫言重要作品及大事年表 / 中国时报 1993 年 12 月 28 日

莫文骅

14846　莫文骅 / 黄震遐 // *中共军人志第 301 页

莫纪彭

14847　莫纪彭 / *革命人物志第 12 集第 315 页

莫伯骥

14848　莫伯骥五十万卷楼 / *近代藏书三十家第 151 页

莫荣新

14849　莫荣新(1853—1930) / 关国煊 // *传记文学 1984 年 45 卷 5 期

莫德宏

14850　莫德宏 / *革命人物志第 12 集第 351 页

莫德惠

14851　双城莫德惠自订年谱 / *商务印书馆 1968 年 12 月 213 页

14852　莫柳忱先生德惠自订年谱 / 莫德惠 // *商务印书馆 1981 年 213 页

14853　莫德惠先生 / 袁尔受 // *新闻报 1965 年 7 月 15 日

14854　莫德惠先生的一生 / 王恩倬 // *"中央"日报 1968 年 4 月 18 日

14855　莫柳老的丰功伟绩 / 王大任 // *中国一周 1961 年 579 期

14856　悼怀莫德惠——柳枕先生／刘东严／／＊醒狮1968年6卷5期
14857　怀莫柳老／王云五／／＊中外杂志1968年3卷6期
14858　莫柳老西康传记／王成圣／／＊中外杂志1968年3卷6期
14859　敬悼莫柳老／陈纪滢／／＊传记文学1968年12卷5期
14860　莫柳忱先生早年事迹(1883—1968)／王冠吾／／＊传记文学1968年12卷5期
14861　莫柳老德业与家世／张锦富／／＊宪政论坛1968年13卷11期
14862　悼念莫故资政柳忱先生／刘东严／／＊新中国评论1968年34卷5期
14863　莫柳老与中俄交涉(《双城莫德惠自订年谱》摘要)／／＊春秋1969年10卷1期
14864　东北见闻录——莫德惠／赵世洵／／＊大成1977年49期
14865　莫德惠(1883—1968)／刘榮琮／／＊传记文学1977年30卷6期，＊民国人物小传第3册第216页
14866　张伯苓、贾景德、莫德惠——三位考试院长的故事／许正直／／＊中外杂志1980年27卷4期
14867　推诚谋国的莫德惠先生／李德安等／／＊当代名人风范第977页
14868　莫德惠／戴晋新／／＊环华百科全书第2册第354页
14869　关于张学良、莫德惠的合影／郭桐／／＊国共风云名人录第4集第116页

桂永清

14870　桂永清总司令印象记／海鸥／／＊"中央"日报1949年11月4日
14871　桂总长逝世前纪实及其遗言／＊公论报1954年9月20日
14872　两个难忘的好同志桂永清与郑介民(上、下)／刘健群／／＊传记文学1965年6卷1、3期
14873　忆桂永清将军与抗战从军学生／罗石补／／＊春秋1968年8卷6期
14874　记贵溪桂率真将军二三事／游孚初／／＊江西文献1969年34期
14875　忆桂永清将军／蔡孟坚／／＊传记文学1971年19卷6期，＊江西文献1983年112期
14876　桂永清(1900—1954)／蒋永敬／／＊传记文学1975年26卷4期，＊民国人物小传第2册第117页
14877　我对刘峙、熊式辉、桂永清三上将的粗浅认识／周重韶／／＊江西文献1975年79期
14878　桂永清将军与我——纪念桂永清将军逝世卅周年／王道／／＊中外杂志1984年36卷3期
14879　长怀桂永清将军(上、下)／黎玉玺／／＊中外杂志1984年36卷1、2期
14880　桂永清／＊革命人物志第4集第97页

桂仲纯

14881　桂仲纯病逝，明举行公祭／＊中国时报1993年12月14日

桂华山

14882　菲律宾狱中回忆录／桂华山／／香港华侨投资建业公司1947年83页
14883　桂华山八十回忆／桂华山／／香港华侨投资建业公司1975年242页
14884　桂华山九十忆述／桂华山／／香港华侨投资建业公司1986年2月304页

桂佑德

14885　桂佑德／＊革命人物志第4集第101页

桂念祖

14886　桂伯华委骨樱都／南湖／／＊"中央"日报1961年8月24日

桂绍彬

14887　桂绍彬／黄震遐／／＊中共军人志第248页

桂崇基

14888　东吴大学新任校长——桂崇基／孙晓风／／＊中国一周1969年981期

格桑泽仁

14889　格桑泽仁(1905—1946)／蒋永敬／／＊传记文学1976年28卷2期，＊民国人物小传第2辑第142页
14890　格桑泽仁／＊革命人物志第5集第32页

栗直

14891　栗直／刘绍唐主编／／＊传记文学1992年60卷5期

栗天杰
14892 栗天杰 / 栗　直 // *革命人物志第 17 集第 146 页
贾　英(1)
14893 贾　英 / 柏文蔚等 // *革命人物志第 9 集第 322 页
贾　英(2)
14894 贾　英 / *革命人物志第 9 集第 323 页
贾士毅
14895 荆斋八十年 / 吴季惠、徐荫祥 // *文星书店 1965 年 7 月 215 页
14896 贾士毅(1887—1965) / 关国煊 // *传记文学 1978 年 32 卷 6 期，*民国人物小传第 3 册第 280 页
贾公谔
14897 贾公谔 / 血　痕 // *革命人物志第 9 集第 321 页
贾书芳
14898 贾书芳 / *革命人物志第 9 集第 324 页
贾幼慧
14899 贾幼慧 / 刘绍唐主编 // *传记文学 1993 年 63 卷 1 期
贾廷申
14900 贾廷申 / *革命人物志第 18 集第 271 页
贾多才
14901 名丑群像——贾多才 / 丁秉鐩 // *传记文学 1979 年 34 卷 3 期
贾亦斌
14902 我率预干团一总队投共始末 / 贾亦斌 // *传记文学 1992 年 60 卷 3 期
贾拓夫
14903 贾拓夫 / 刘绍唐主编 // *传记文学 1992 年 61 卷 1 期
贾若瑜
14904 贾若瑜 / 黄震遐 // *中共军人志第 521 页
贾振琨
14905 贾振琨 / *革命人物志第 9 集第 325 页
贾植芳
14906 贾植芳和比较文学 / 萧　沱 // *文汇报 1985 年 9 月 24 日
贾景德
14907 贾景德先生事迹 / *"中央"日报 1960 年 10 月 21 日
14908 贾煜老印象记 / 罗敦伟 // *中华日报 1960 年 11 月 2 日
14909 贾煜如、于右任两人对中国近代文学和艺术的影响 / 陈迈子 // *"中央"日报 1970 年 3 月 5 日
14910 中兴人瑞贾景德 / 曹　升 // *中国一周 1959 年 483 期
14911 福寿全归——谨悼义父贾景德先生 / 康　龄 // *畅流 1960 年 22 卷 7 期
14912 我所钦敬的贾煜老 / 方　闻 // *中国一周 1960 年 554 期
14913 我的青年时代(上、下) / 贾景德 // *中外杂志 1969 年 5 卷 1、2 期
14914 贾景德(1880—1960) / *传记文学 1974 年 24 卷 3 期，*民国人物小传第 1 册第 234 页，*革命人物志第 13 集第 349 页
14915 贾景德先生百年诞辰纪念专辑 / 黄肇珩等 // *近代中国 1979 年 13 期
14916 张伯苓、贾景德、莫德惠——三位考试院长的故事 / 许正直 // *中外杂志 1980 年 27 卷 4 期
14917 诗坛泰斗贾景德先生 / 李德安 // *当代名人风范(3)第 957 页
14918 贾景德(1880—1960) / 方光后 // *环华百科全书第 11 册第 236 页
贾德耀
14919 皖系末日贾德耀 / 赵朴民 // *北洋政府国务总理列传第 141 页

夏 威
14920 夏　威(1893—1975) / 于翔麟、林抱石 // *传记文学 1980 年 36 卷 5 期, *民国人物小传第 4 册第 199 页

夏 衍
14921 沈端先传略 / 李立明 // *知识分子 1971 年 74 期
14922 "四条汉子"后死者:夏衍 / 关国煊 // *传记文学 1995 年 66 卷 3 期
14923 夏　衍 / 方雪纯等 // *中共人名录第 334 页
14924 夏　衍 / 林曼叔等 // *中国当代作家小传第 73 页
14925 夏　衍 / 李立明 // *中国现代六百作家小传第 315 页
14926 鲁迅与夏衍 / 马蹄疾 // *鲁迅与浙江作家第 155 页
14927 外交部亚洲司司长夏衍 / *新中国人物志(上)第 242 页

夏 炯
14928 夏将军炯传略 / 瞿唐野史 // *新中国评论 1951 年 1 卷 4 期
14929 夏将军炯传略 / 李　寰 // *四川文献 1963 年 16 期, *民国四川人物传记第 109 页
14930 夏　炯 / *革命人物志第 12 集第 246 页

夏 超
14931 夏超与民初浙江政坛 / 李长哲 // *春秋 1965 年 2 卷 5 期
14932 孙传芳、陈仪与夏超——"浙江省长"夏超惨死真相 / 高登云 // *中外杂志 1976 年 20 卷 1 期
14933 夏　超 / 刘绍唐主编 // *传记文学 1992 年 60 卷 4 期

夏 雷
14934 夏　雷 / *革命人物志第 3 集第 454 页

夏之时
14935 夏之时传 / 周开庆 // *四川文献第 160 期, *革命人物志第 17 集第 143 页

夏之栩
14936 人民政协代表夏之栩 / *新中国人物志(下)第 231 页

夏之麒
14937 夏之麒 / 黄化宙 // *革命人物志第 3 集第 437 页
14938 王泉笙等十三委员提拟请公葬夏之麒烈士并厚恤其遗族案 / *革命人物志第 3 集第 441 页

夏元瑜
14939 夏元瑜 / 刘绍唐主编 // *传记文学 1996 年 68 卷 2 期

夏丏尊
14940 爱的教育者夏丏尊先生 / 李辉英 // *纯文学 1968 年 3 卷 2 期
14941 夏丏尊先生 / 李辉英 // *纯文学 1968 年 3 卷 2 期, *中国近代作家与作品第 417 页
14942 语文教育家夏丏尊 / 李立明 // *中国学生周报 1971 年 998 期
14943 夏丏尊(1886—1946) / 秦贤次 // *传记文学 1974 年 24 卷 5 期, *民国人物小传第 1 册第 142 页
14944 夏丏尊 / 林海音 // *中国近代作家与作品第 415 页
14945 夏丏尊 / 李立明 // *中国现代六百作家小传第 317 页
14946 夏丏尊 / 刘　葆 // *现代中国人物志第 317 页
14947 夏丏尊 / 赵　聪 // *现代中国作家列传第 175 页
14948 夏丏尊(1886—1946) / *环华百科全书第 12 册第 493 页
14949 鲁迅与夏丏尊 / 马蹄疾 // *鲁迅与浙江作家第 39 页

夏仁虎
14950 枝巢九十回忆篇 / 夏仁虎口述、夏承栋录 // (香港)陈一峰 1963 年印行线装本

夏斗寅
14951 夏斗寅先生传略 / *湖北文献 1968 年 8 期, *革命人物志第 15 集第 160 页

14952　夏斗寅(1885—1951) / ＊传记文学 1975 年 26 卷 1 期，＊民国人物小传第 2 册第 118 页

夏尔玛
14953　夏尔玛 / ＊革命人物志第 3 集第 442 页
14954　夏烈士次岩墓表 / 谢无量 // ＊革命人物志第 3 集第 444 页

夏光宇
14955　夏光宇(1889—1970) / 王国瑞 // ＊传记文学 1983 年 42 卷 1 期，＊民国人物小传第 6 册第 186 页

夏寿华
14956　夏寿华 / 王景歧 // ＊革命人物志第 3 集第 454 页

夏坤藩
14957　夏坤藩 / ＊革命人物志第 20 集第 151 页

夏伯勋
14958　夏伯勋 / 黄震遐 // ＊中共军人志第 255 页

夏国璋
14959　夏国璋 / ＊革命人物志第 12 集第 246 页
14960　陆军第一七四师副师长兼五二旅旅长夏国璋抗战殉国事迹 / ＊革命人物志第 12 集第 248 页

夏季屏
14961　夏季屏(1908—1977) / 林抱石 // ＊传记文学 1980 年 36 卷 4 期，＊民国人物小传第 4 册第 201 页
14962　夏季屏 / ＊革命人物志第 20 集第 148 页

夏征农
14963　夏征农 / 方雪纯等 // ＊中共人名录第 336 页
14964　夏征农 / 李立明 // ＊中国现代六百作家小传第 319 页

夏重民
14965　夏重民先烈殉国四十周年 / 马超俊 // ＊"中央"日报 1962 年 6 月 19 日
14966　夏重民 / 林云陔 // ＊革命人物志第 3 集第 446 页
14967　夏重民烈士 / ＊革命人物志第 3 集第 448 页
14968　夏烈士重民殉国十周年纪念杨照绩报告烈士殉国经过 / ＊革命人物志第 3 集第 450 页

夏济安
14969　夏济安日记(1946 年) / 夏济安 // ＊言心出版社 1975 年 293 页
14970　念夏济安 / 刘守直 // ＊中华日报 1965 年 4 月 18 日
14971　忆夏济安师 / 贾廷诗 // ＊传记文学 1965 年 6 卷 5 期
14972　颂赞与诀别——悼夏济安先生 / 陈世骧原著、翁廷枢译 // ＊传记文学 1965 年 6 卷 6 期
14973　夏济安先生晚期学术见解之一斑 / 谢杨美惠译 // ＊传记文学 1965 年 6 卷 6 期
14974　才情、见解、学问——敬悼夏济安先生 / 庄信正 // ＊文星 1965 年 16 卷 1 期
14975　悼夏济安先生 / 梁实秋 // ＊文星 1965 年 15 卷 6 期，＊看云集第 105 页
14976　怀济安先生 / 刘绍铭 // ＊现代文学 1965 年 25 期
14977　怀念夏济安先生 / 王敬羲 // ＊文星 1965 年 16 卷 1 期
14978　纪念夏伯伯 / 吴允绚 // ＊文星 1965 年 16 卷 1 期
14979　纪念夏济安先生 / 侯　建 // ＊自由谈 1965 年 16 卷 5 期
14980　颂赞与诀别——悼夏济安先生 / 陈世骧原著、翁廷枢译 // ＊传记文学 1965 年 6 卷 6 期
14981　亡兄济安杂忆 / 夏志清 // ＊文星 1965 年 16 卷 1 期
14982　我所知道的夏济安 / 张凤栖 // ＊自由谈 1965 年 16 卷 4 期
14983　夏济安先生二三事 / 宋淇口述、陆离笔记 // ＊大学生活 1966 年 1 卷第 3 期
14984　夏济安先生晚期学术见解之一斑 / 谢杨美惠译 // ＊传记文学 1965 年 6 卷 6 期
14985　忆夏济安师 / 贾廷诗 // ＊传记文学 1965 年 6 卷 5 期
14986　记夏济安之"趣"及其他 / 吴鲁芹 // ＊传记文学 1971 年 19 卷 1 期

14987　事如春梦了无痕(上、下)——怀我的朋友夏济安／程靖宇∥＊传记文学 1979 年 34 卷 4 期
14988　夏济安回忆(上、中、下)／马逢华∥＊传记文学 1982 年 40 卷 3 期
14989　夏济安／＊中国近代学人象传(初辑)第 45 页
14990　夏济安／李立明∥＊中国现代六百作家小传第 322 页

夏晋麟
14991　我五度参加外交工作的回顾与早年自述／夏晋麟∥＊传记文学出版社 1978 年版 214 页
14992　我五度参加外交工作的回顾／夏晋麟∥＊传记文学 1976 年 28 卷 1 期—29 卷 6 期
14993　夏晋麟早年自述三章／夏晋麟∥＊传记文学 1977 年 30 卷 2—6 期

夏康农
14994　夏康农／方雪纯等∥＊中共人名录第 335 页
14995　夏康农／李立明∥＊中国现代六百作家小传第 320 页

夏维堂
14996　国片的功臣——夏维堂／郎玉衡∥＊"中央"日报 1964 年 6 月 27 日

夏维崧
14997　俄国事务专家——夏维崧先生的回忆／杨树人∥＊传记文学 1962 年 1 卷 3 期

夏敬民
14998　中兴往事忆夏师／师连舫∥＊法律评论 1955 年 21 卷 6 期
14999　本刊与夏敬民老师／王冠吾∥＊法律评论 1955 年 21 卷 6 期

夏敬观
15000　夏敬观(1875—1953)／何广棪∥＊传记文学 1975 年 27 卷 6 期，＊民国人物小传第 2 册第 120 页
15001　夏敬观／＊中国近代学人象传(初辑)第 143 页
15002　夏敬观／李立明∥＊中国现代六百作家小传第 321 页

夏道平
15003　纪念夏道平先生／柴松林∥＊传记文学 1996 年 68 卷 2 期

夏曾佑
15004　夏曾佑／＊传记文学 1974 年 25 卷 1 期，＊民国人物小传第 1 册第 125 页
15005　记夏别士／吴则虞∥＊艺林丛录第 7 编第 355 页
15006　再记夏别士／吴则虞∥＊艺林丛录第 7 编第 359 页
15007　夏曾佑／周邦道∥＊近代教育先进传略(初集)第 79 页

夏瑞芳
15008　夏瑞芳(1871—1914)／关国煊∥＊传记文学 1979 年 34 卷 5 期，＊民国人物小传第 3 册第 124 页

夏震武
15009　夏震武(1853—1930)／周邦道∥＊近代教育先进传略(初集)第 82 页

原景辉
15010　我与廖承志一段"友情"／原景辉∥＊传记文学 1997 年 71 卷 4 期

顾　伟
15011　顾　伟／＊革命人物志第 11 集第 371 页
15012　苏州壮士顾伟(上、下)——戴笠将军和顾伟／乔家才∥＊中外杂志 1980 年 27 卷 4—5 期
15013　苏州青年壮士顾伟／乔家才∥＊戴笠将军和他的同志第 1 集第 347 页

顾　昭
15014　顾　昭／＊革命人物志第 11 集第 370 页

顾　臧
15015　顾　臧(1871—1926)事略／商衍瀛∥＊碑传集三编第 7 册第 1677 页

顾　璜
15016　康有为的纨扇墨宝——兼述顾璜、瞿鸿禨、袁世凯／顾沛君∥＊中外杂志 1980 年 27 卷 3 期

顾子扬
15017　顾子扬 / ＊革命人物志第 11 集第 371 页

顾长卫
15018　顾长卫——三十年来第一位在奥斯卡摄影项目入围的中国人 / 陈宝旭 // ＊中国时报 1994 年 2 月 20 日

15019　顾长卫作品年表 / ＊中国时报 1994 年 2 月 20 日

顾文魁
15020　顾文魁 / 刘绍唐主编 // ＊传记文学 1992 年 60 卷 4 期

顾正秋
15021　顾正秋的舞台回顾 / 顾正秋述、刘枋执笔 // ＊中国时报社 1967 年 300 页，＊时报文化出版公司 1978 年新 2 版

顾仲彝
15022　顾仲彝 / 刘绍唐主编 // ＊传记文学 1998 年 72 卷 4 期

15023　顾仲彝 / 李立明 // ＊中国现代六百作家小传第 582 页

15024　顾仲彝 / 黄俊东 // ＊现代中国作家剪影第 45 页

顾均正
15025　顾均正 / 方雪纯等 // ＊中共人名录第 745 页

15026　顾均正 / 李立明 // ＊中国现代六百作家小传第 583 页

顾希平
15027　顾希平 / 刘绍唐主编 // ＊传记文学 1993 年 62 卷 3 期

顾汰非
15028　顾汰非 / ＊革命人物志第 11 集第 375 页

顾青瑶
15029　追忆青瑶师（附录顾青遥遗作诗词）/ 胡美琦 // ＊大成 1978 年 60 期

顾郁斋
15030　顾郁斋 / ＊革命人物志第 11 集第 376 页

顾孟余
15031　悼念顾孟余先生——并述粤汉铁路之一段故事 / 凌鸿勋 // ＊传记文学 1972 年 21 卷 2 期

15032　记顾孟余先生 / 陶希圣 // ＊传记文学 1972 年 21 卷 2 期

15033　皓首荣归顾孟余 / 胡耐安 // ＊传记文学 1973 年 22 卷 3 期

15034　顾孟余 / 梅恕曾等 // ＊传记文学 1976 年 29 卷 1 期

15035　顾孟余（1888—1973）/ 张　珂 // ＊传记文学 1985 年 47 卷 3 期

顾祝同
15036　追忆陈果夫师——兼记杜月笙与顾墨三先生 / 顾竹淇 // ＊传记文学 1971 年 18 卷 5 期

15037　顾祝同与西南军政 / 何辑五 // ＊中外杂志 1979 年 26 卷 3 期

15038　顾祝同将军与我二三事 / 易　金 // ＊大成 1980 年 85 期

15039　顾祝同将军与西安事变善后——并寿顾先生九十大庆 / 王天从 // ＊艺文志 1981 年 184 期

15040　一级上将顾祝同墨三先生大事年表（1—2）/ ＊江苏文献 1983 年 28、29 期

15041　墨三九十自述（顾祝同将军回忆录）/ 顾祝同 // ＊传记文学 1987 年 50 卷 2、3 期

15042　敬悼顾墨三先生 / 王铁汉 // ＊传记文学 1987 年 50 卷 3 期

15043　顾祝同将军小传 / 于翔麟 // ＊传记文学 1987 年 50 卷 3 期

15044　顾祝同 / 吴相湘 // ＊民国百人传第 4 册第 141 页

15045　顾祝同 / ＊环华百科全书第 8 册第 270 页

顾耕野
15046　我参与"中原大战"的若干机密 / 顾耕野 // ＊春秋 1967 年 7 卷 4 期

15047　我为"五四"游行扛大旗 / 顾耕野 // ＊春秋 1967 年 6 卷 1 期

顾振黄

15048　阜宁臧在新、江雨涵、伏龙、顾锡九四烈士殉难事略 / ＊革命人物志第 9 集第 337 页

15049　顾振黄 / 顾汝骥 // ＊革命人物志第 11 集第 377 页

15050　顾烈士息疢(振黄)行略 / 血　痕 // ＊革命人物志第 11 集第 378 页

顾维钧

15051　顾维钧与中国战时外交 / 董霖 // ＊传记文学出版社 1978 年 210 页，＊传记文学出版社 1984 年 210 页

15052　顾维钧其人其事 / 袁道丰 // ＊商务印书馆 1988 年 366 页

15053　元老外交家顾维钧博士 / 卢申芳 // ＊中华日报 1969 年 12 月 9 日

15054　顾维钧大使访问记 / 凌　霄 // ＊自由中国 1950 年 3 卷 4 期

15055　顾维钧 / 贾士毅 // ＊传记文学 1964 年 5 卷 6 期

15056　巴黎和会的回忆 / 顾维钧 // ＊传记文学 1965 年 7 卷 6 期

15057　顾维钧与中国战时外交 / 董　霖 // ＊传记文学 1977 年 30 卷 5 期—31 卷 2 期

15058　一部中国近代史巨著——顾维钧先生口述自传经过 / 袁道丰 // ＊传记文学 1977 年 30 卷 2 期

15059　顾维钧与巴黎和会 / 袁道丰 // ＊综合月刊 1981 年 153—154 期

15060　耆宿顾维钧 / 袁道丰 // ＊大成 1982 年 107 期

15061　关于顾维钧先生和他的回忆录 / 刘绍唐 // ＊传记文学 1984 年 44 卷 4 期

15062　顾维钧回忆录(1—2) / 顾维钧 // ＊传记文学 1984 年 44 卷 5—6 期

15063　个人脉搏和国家命脉相呼应的外交长才顾维钧 / 叶一舟 // ＊中报月刊 1985 年 71 期

15064　顾少川先生与王亮老 / 王之珍 // ＊传记文学 1985 年 47 卷 6 期

15065　顾维钧博士的一生 / 关国煊 // ＊传记文学 1985 年 47 卷 6 期

15066　顾维钧博士生平重要事迹 / 顾毓瑞 // ＊传记文学 1985 年 47 卷 6 期

15067　《广陵散》从此绝矣——敬悼顾维钧先生 / 唐德刚 // ＊传记文学 1985 年 47 卷 6 期

15068　《顾维钧遗稿》读后感 / 吴大猷 // ＊传记文学 1992 年 60 卷 1 期

15069　记顾维钧先生二三事 / 顾毓琇 // ＊传记文学 1995 年 66 卷 1 期

15070　顾少川先生养生有道 / 余毅远 // ＊传记文学 1999 年 75 卷 1 期

15071　我也谈顾维钧先生的养生之道 / 袁道丰 // ＊传记文学 1999 年 75 卷 2 期

15072　享誉国际顾维钧 / 赵朴民 // ＊北洋政府国务总理列传第 145 页

15073　顾维钧 / 贾士毅 // ＊民国初年的几任财政总长第 62 页

15074　顾维钧的故事 / 晓　恬 // ＊当代名人故事第 1 辑

15075　顾维钧 / ＊环华百科全书第 8 册第 272 页

顾颉刚

15076　当代史学家顾颉刚 / 李立明 // ＊星岛日报 1972 年 7 月 31 日

15077　杂忆顾颉刚先生 / 吴锡泽 // ＊传记文学 1969 年 14 卷 1 期

15078　顾颉刚(1893—1980) / 关国煊 // ＊传记文学 1981 年 38 卷 3 期，＊民国人物小传第 5 册第 507 页

15079　顾颉刚年表 / 崔　昇 // ＊宇宙 1984 年 14 卷 4 期

15080　顾颉刚的前两次婚姻 / 壮澜 // ＊传记文学 1992 年 61 卷 4 期

15081　顾颉刚 / 李立明 // ＊中国现代六百作家小传第 584 页

15082　顾颉刚(1893—1980) / ＊环华百科全书第 8 册第 269 页

15083　顾颉刚 / 刘　葆 // ＊现代中国人物志第 342 页

顾献梁

15084　怀念顾献梁教授 / 曾培光 // ＊艺术家 1979 年 48 期

15085　顾献梁教授年谱纲要 / 林今开 // ＊大学杂志 1979 年 124 期

15086 艺林摧折傲霜枝——记顾献梁 / 杨英凤 // *中外杂志 1980 年 28 卷 5 期

顾毓琇

15087 一樵自订年谱 / 顾一樵 // *顾一樵全集第 12 册
15088 顾毓琇自述(1—4) / 顾毓琇 // *传记文学 1996 年 68 卷 2—5 期
15089 顾一樵 / 李立明 // *中国现代六百作家小传第 581 页
15090 顾毓琇校长 / 徐咏平 // *台湾政治大学第 90 页

顾麟士

15091 顾麟士(1865—1930)墓志铭 / 章 钰 // *碑传集三编第 9 册第 2219 页,四当斋集卷八

顿星云

15092 顿星云 / 黄震遐 // *中共军人志第 543 页

哲卜尊丹巴

15093 外蒙古活佛兴亡史——哲布尊丹巴呼图克图的悲剧 / 康 侨 // *中外杂志 1975 年 18 卷第 4 期

〔丨〕

柴连复

15094 柴连复 / 时明苻述 // *革命人物志第 10 集第 357 页
15095 已故老友柴翁连复之抗战精神 / 李毅龙 // *革命人物志第 10 集第 359 页

晏 起

15096 晏 起 / *革命人物志第 10 集第 285 页

晏安澜

15097 晏海澄先生年谱(四卷、附录一卷) / 金兆丰 // *文海出版社近代中国史料丛刊第五十辑(总 491 辑)影印本 491 页

晏阳初

15098 晏阳初传 / 吴相湘 // *时报出版公司 1981 年 8 月 859 页
15099 晏阳初先生与平民教育 / 李芳兰 // *明道文艺 1976 年 5 期
15100 晏阳初扫除天下文盲——他与爱因斯坦同被膺选为现代具有革命性贡献的世界十大名人 / 吴相湘 // *综合月刊 1977 年 10 月 5 期
15101 平教运动大师晏阳初 / 谢扶雅 // *中外杂志 1981 年 29 卷 6 期
15102 九十自述:早期经验与影响 / 晏阳初 // *中国论坛 1983 年 17 卷 2 期
15103 晏阳初与中国的乡村建设运动 / 李孝悌 // *中国论坛 1983 年 17 卷 2 期
15104 晏阳初农村改造的思想 / 韦政通 // *中国论坛 1983 年 17 卷 2 期
15105 传奇人物晏阳初 / 谢扶雅 * 中外杂志 1984 年 35 卷 5 期
15106 晏阳初扫除天下文盲 / 吴相湘 // *历史与人物第 177 页
15107 梁和钧、晏阳初两博士的治学精神 / 吴相湘 // *民国史纵横谈第 161 页,全国文史资料选辑第 95 辑第 143 页
15108 晏阳初 / *环华百科全书第 19 册第 209 页

晏勋甫

15109 晏勋甫 / 刘绍唐主编 // *传记文学 1997 年 71 卷 5 期

晏福生

15110 晏福生 / 黄震遐 // *中共军人志第 237 页

圆瑛法师

15111 圆瑛法师 / 刘绍唐主编 // *传记文学 1993 年 62 卷 1 期

峻 青

15112 孙峻青 / 林曼叔 // *中国当代作家小传第 138 页

〔丿〕

钱 宁

15113 钱 宁／刘绍唐主编∥＊传记文学1998年73卷3期

钱 权

15114 钱 权／＊革命人物志第15集第386页

钱 刚

15115 钱 刚／金鲁望∥＊革命人物志第8集第208页

钱 钧

15116 钱 钧／黄震遐∥＊中共军人志第650页

钱 震

15117 钱震教授与《新闻论》／张步仁／＊中国一周1968年975期

15118 报人作家——钱伯起／周安仪／＊中国新闻从业人员群像(上册)第93页

钱 穆

15119 犹记风吹水上鳞:钱穆与现代中国学术／余英时／＊三民书局股份有限公司1991年266页

15120 钱穆传记资料／朱传誉／＊天一出版社1981年3册

15121 八十忆双亲师友杂记会刊／钱 穆∥＊东大图书公司1983年1月328页

15122 钱穆辞职与中文大学／卜少夫∥＊联合报1964年7月22日

15123 钱穆先生二三事／宣建人∥＊中华日报1967年6月19日

15124 钱穆谈他的生活读书和治学／黄肇珩∥＊新闻报1967年7月26日

15125 钱穆先生治学的经过及其成就／牟润孙∥＊教育与文化1955年7卷7期

15126 新亚书院院长钱穆先生／牟润孙∥＊中国一周1955年260期

15127 我和新亚书院／钱穆口述、吕天行记∥＊新时代1962年2卷4期

15128 史学大师钱穆／黄肇珩∥＊自由谈1969年20卷6期,＊当代人物一席话第59页

15129 我和陈通伯先生／钱 穆∥＊传记文学1970年17卷4期

15130 八十忆双亲(上、下)／钱 穆∥＊大成1974年11、12期

15131 钱穆教授——毕生研究中国史学／智 宁∥＊海外文摘1976年318期

15132 今日朱子——钱穆先生及其著述／李家祺∥＊书评书目1977年46期

15133 钱穆大师自学成名／程榕宁∥＊东方杂志1984年17卷7—9期

15134 忆父亲钱穆骨肉聚散与生前死后／钱 行∥＊传记文学1994年65卷2期

15135 钱穆／吴相湘∥＊民国百人传第4册第189页

15136 钱穆／江云遐∥＊环华百科全书第12册第173页

钱乙垣

15137 钱君定三暨弟乙垣传／刘滋庶∥＊革命人物志第8集第212页

钱三强

15138 中国原子能科学之父钱三强／关志昌∥＊传记文学1992年61卷5期

15139 钱三强／＊环华百科全书第12册第178页

15140 中央文化教育委员会委员钱三强／＊新中国人物志(下)第98页

钱大钧

15141 钱慕尹上将七十传／钱慕尹∥＊淞沪警备总司令部印行

15142 钱大钧上将八十自传／＊台湾史政编译局1979年190页

15143 八十自述(上、下)／钱大钧∥＊中外杂志1980年28卷6期—1981年29卷1期

15144 记钱大钧上将／魏汝霖∥＊中外杂志1982年32卷4期

15145 钱大钧(1893—1982)／于翔麟∥＊传记文学1982年41卷3期,＊民国人物小传第6册第442页

15146 钱大钧／吴相湘∥＊民国百人传第4册第163页

15147 钱大钧 / *革命人物志第 23 集第 422 页
15148 钱大钧自传 / *革命人物志第 23 集第 426 页

钱天鹤

15149 悼念钱天鹤兄 / 沈宗瀚 // *传记文学 1972 年 21 卷 4 期，*沈宗瀚晚年文录第 297 页
15150 悼念钱天鹤先生 / 毛 雍 // *传记文学 1973 年 23 卷 4 期
15151 记五十年前沈宗瀚博士几件事——兼记钱天鹤主持浙江农林局经过 / 朱沛莲 // *传记文学 1981 年 38 卷 5 期
15152 钱天鹤(1893—1972) / 张 珂 // *传记文学 1983 年 43 卷 5 期
15153 永怀农业先进钱天鹤先生 / 毛 雍 // *传记文学 1983 年 42 卷 4 期

钱公来

15154 钱公来先生《狱中回忆录》/ 王大任 // *中华日报 1969 年 5 月 24 日
15155 革命者宿钱公来 / 王大任 // *大陆杂志 1956 年 310 期
15156 狱中回忆录(1—8) / 钱公来 // *政论周刊 1957 年 124—131 期
15157 钱公来 / 赵尺子 // *传记文学 1969 年 14 卷 6 期，*革命人物志第 8 集第 187 页
15158 钱公来先生《狱中回忆录》序——纪念一位典型的革命前辈 / 王大任 // *中国一周 1969 年 999 期
15159 钱公来先生传 / 栗 直 // *中国一周 1969 年 1010 期
15160 钱公来(1886—1969) / 赵尺子 // *传记文学 1975 年 26 卷 2 期，*民国人物小传第 2 册第 288 页
15161 钱公来清查东北 / 陈嘉骥 // *传记文学 1975 年 27 卷 3 期

钱文选

15162 记钱文选先生 / 阮毅成 // *传记文学 1970 年 17 卷 5 期，*浙江月刊 1976 年 8 卷 2 期，*彼岸第 177 页

钱用和

15163 浮生八十 / 钱用和 // *妇联画刊社 1975 年 504 页

钱玄同

15164 钱玄同先生传与手札合刊 / 黎锦熙 // *传记文学出版社 1972 年 126 页
15165 钱玄同传略 / 林 尹 // *大陆杂志 1962 年 25 卷 12 期
15166 钱玄同 / 陈敬之 // *畅流 1964 年 30 卷 3 期，*中国新文学的诞生第 163 页
15167 钱玄同先生的生平及其著作 / 方师铎 // *图书馆学报 1965 年 7 期
15168 钱玄同(1887—1939) // *传记文学 1973 年 23 卷 2 期，*民国人物小传第 1 册第 266 页
15169 毕生尽瘁于教育文化事业的钱玄同 / 王杰谋 // *艺文志 1978 年 159 期
15170 怀念钱玄同老师 / 徐文珊 // *书和人 1983 年 482 期
15171 我的老师钱玄同先生 / 箭 弓 // *书和人 1983 年 482、483 期
15172 钱玄同与国语运动 / 吴相湘 // *传记文学 1985 年 46 卷 5 期
15173 钱玄同 // *中国近代学人象传(初辑)第 319 页
15174 钱玄同 / 李立明 // *中国现代六百作家小传第 527 页
15175 钱玄同(1887—1939) / 方光后 // *环华百科全书第 12 册第 176 页
15176 鲁迅和钱玄同 / 彭定安、马蹄疾 // *鲁迅与浙江作家第 17 页
15177 北大感旧录(十四):钱玄同 / 周作人 // *知堂回想录第 511 页

钱永铭

15178 钱永铭(1885—1958) / 李 猷 // *传记文学 1973 年 23 卷 5 期，*民国人物小传第 1 册第 268 页
15179 张公权与陈光甫、李馥荪、钱新之结识及彼此合作经过 / 姚崧龄 // *传记文学 1977 年 31 卷 2 期
15180 钱新之外圆内方 / 李兆涛 // *艺文志 1978 年 149 期

钱廷幹

15181 钱廷幹 / *革命人物志第 8 集第 204 页

钱仲山

15182 钱仲山(附高士俊、冯成瑞) / *革命人物志第 8 集第 202 页

钱自严
15183　钱自严的老境／易　金／／＊联合报 1963 年 4 月 9 日
钱守尧
15184　钱守尧／程　适／／＊革命人物志第 15 集第 389 页
15185　钱守尧烈士传／徐秀南／／＊革命人物志第 15 集第 391 页
15186　哀辞／钱卓伦／／＊革命人物志第 15 集第 392 页
钱阶平
15187　追念钱阶平大使／薛光前／／＊故人与往事第 41 页
钱如一
15188　钱如一／＊革命人物志第 8 集第 201 页
钱沧硕
15189　怀沧硕／荫　稗／／＊报学 1951 年 1 卷 1 期
15190　新闻界先进钱沧硕先生／刘成幹／／＊传记文学 1981 年 38 卷 1 期
钱君匋
15191　钱君匋／李立明／／＊中国现代六百作家小传第 529 页
15192　钱君匋／谢冰莹／／＊作家印象记第 146 页
钱纳水
15193　四十年前／钱纳水／／＊报学 1952 年 1 卷 2 期
15194　我再进新闻界——办《译报》的一段／钱纳水／／＊报学 1952 年 1 卷 3 期
15195　钱纳水／秦贤次／／＊传记文学 1976 年 28 卷 6 期，＊革命人物志第 17 集第 379 页
钱其琛
15196　钱其琛(1900—1972)／丁锡恩／／＊传记文学 1976 年 28 卷 1 期，＊民国人物小传第 2 册第 290 页
钱松岩
15197　钱松岩(1899—1985)／关志昌／／＊传记文学 1985 年 47 卷 5 期
15198　钱松岩之画／黄蒙田／／＊山水人物集第 132 页
钱国选
15199　钱国选墓表／汤　煦／／＊碑传集三编第 6 册第 1499 页
钱昌祚
15200　浮生百记／钱昌祚／／＊传记文学出版社 1975 年 203 页
15201　结褵四十周年之回忆／钱昌祚／／＊"中央"日报 1967 年 1 月 12、13 日
15202　服务财经界的回忆(上、中、下)／钱昌祚／／＊传记文学 1974 年 24 卷 2—4 期
15203　求学及教学生活／钱昌祚／／＊传记文学 1974 年 25 卷 4 期
15204　我所知道的钱昌祚先生／刘敏行／／＊艺文志 1969 年 47 期
15205　服务航空界的回忆(上、下)／钱昌祚／／＊传记文学 1973 年 23 卷 5、6 期
钱昌照
15206　中央财政经济委员会委员钱昌照／＊新中国人物志(下)第 136 页
钱学森
15207　钱学森学术思想窥要／郭达进／／＊明报月刊 1973 年 4 期
15208　钱学森／黄震遐／／＊中共军人志第 652 页
15209　钱学森／＊环华百科全书第 12 册第 176 页
钱宗泽
15210　两个幸运的故人何竞武与钱宗泽／刘健群／／＊传记文学 1964 年 5 卷 2 期
15211　钱宗泽／＊革命人物志第 8 集第 205 页
钱宗堡
15212　忆清华辛酉级十位级友(下):钱宗堡／浦薛凤／／＊传记文学 1985 年 47 卷 3 期

钱定三
15213　钱鼎／＊革命人物志第8集第201页
15214　钱君定三暨弟乙垣传／刘滋庶／／＊革命人物志第8集第212页

钱思亮
15215　钱思亮先生纪念集／＊1983年373页
15216　钱思亮先生逝世纪念特辑／毛子水等／／＊传记文学1983年43卷4期
15217　钱思亮与"中研院"／裴可权／／＊浙江月刊1983年15卷10期
15218　哲人日已远 典型在宿昔:怀一代学人钱思亮先生／慧　君／／＊自由青年1983年70卷4期
15219　悼念陈故院长思亮博士／陈庆三／／＊"中央"研究院植物学汇刊1984年25卷1期
15220　悼念"中央"研究院钱故院长思亮博士／张昆雄／／＊"中央"研究院动物研究所集刊1984年23卷1期
15221　忆念钱思亮院长／周昌弘／／＊中外杂志1984年35卷6期
15222　关于钱思亮小传／朱光彩、许钟瑶／／＊传记文学1985年46卷3期
15223　钱思亮(1908—1983)／关志昌／／＊传记文学1985年46卷1期
15224　记钱思亮先生对改进高等教育的意见／那廉君／／＊传记文学1987年51卷3期
15225　钱思亮博士谈学生的时代／李德安／／＊当代名人风范(1)第133页

钱钟书
15226　忆钱钟书／邹文海／／＊传记文学1962年1卷1期
15227　钱钟书的生平和著述／金东方／／＊明报月刊1976年8期
15228　钱钟书／＊诗学1976年2辑
15229　念人忆事(一):钱钟书／徐　訏／／＊明报月刊1980年4期
15230　钱钟书其人其书(上、下)／钮先铭／／＊中外杂志1983年33卷2、3期
15231　愈隐而声名愈显的钱钟书／关国煊／／＊传记文学1999年74卷2期
15232　钱钟书／李立明／／＊中国现代六百作家小传第531页
15233　钱钟书访问记／彦　火／／＊当代中国作家风貌(续编)第60页
15234　钱钟书／黄俊东／／＊现代中国作家剪影第303页
15235　钱钟书／＊环华百科全书第12册第177页

钱剑秋
15236　钱剑秋／刘绍唐主编／／＊传记文学1996年69卷5期

钱能训
15237　钱能训(1870—1924)／＊传记文学1982年40卷5期,＊民国人物小传第5册第449页
15238　夤缘际会钱能训／赵朴民／／＊北洋政府国务总理列传第68页

钱骏祥
15239　钱骏祥墓志铭／章　钰／／＊碑传集三编第2册第577页

钱基博
15240　钱基博(1887—1957)／关志昌／／＊传记文学1981年39卷5期,＊民国人物小传第5册第451页
15241　钱基博／李立明／／＊中国现代六百作家小传第530页
15242　钱基博与武侠小说／陈　凡／／＊尘梦集第249页

钱歌川
15243　苦瓜散人自传(1—19)／钱歌川／／＊传记文学1974年25卷6期—1977年30卷1期
15244　钱歌川／李立明／／＊中国现代六百作家小传第531页

钱端升
15245　钱端升／刘绍唐主编／／＊传记文学1992年60卷1期
15246　钱端升／＊环华百科全书第12册第174页

铁　砧
15247　铁　砧／黄震遐／／＊中共军人志第739页

倪　超
15248　倪　超／刘绍唐主编//＊传记文学 1998 年 72 卷 2 期

倪文亚
15249　倪文亚／＊环华百科全书第 6 册第 220 页

倪永强
15250　倪永强／徐文耀//＊革命人物志第 16 集第 99 页

倪纯义
15251　先母倪纯义女士献身内蒙古国民革命工作之经过／白晓麟//＊中国边政 1981 年 73 期

倪映典
15252　倪映典／吴万山//＊儿童书局 1957 年 44 页
15253　血路——范传甲、倪映典、熊成基三烈士传／胡　秀//＊近代中国出版社 1982 年 219 页
15254　倪映典(1884—1910)／戴晋新//＊环华百科全书第 6 册第 219 页
15255　倪映典传／邹　鲁//＊革命人物志第 4 集 140 页
15256　倪映典烈士殉义记／胡　毅//＊革命人物志第 4 第 143 页

倪贻德
15257　画家倪贻德／霜　崖//＊新晚报 1977 年 3 月 15 日
15258　倪贻德(1901—1970)／关志昌//＊传记文学 1982 年 41 卷 5 期，＊民国人物小传第 6 册第 181 页
15259　悼画家倪贻德／阮毅成//＊大成 1983 年 112 期
15260　倪贻德／李立明//＊中国现代六百作家小传第 338 页

倪祖耀
15261　倪祖耀／鲁同轩//＊革命人物志第 20 集第 155 页

倪嗣冲
15262　倪嗣冲(1868—1924)／关国煊//＊传记文学 1981 年 38 卷 4 期，＊民国人物小传第 5 册第 219 页

倓虚法师
15263　倓虚法师影尘回忆录／(释)倓虚述、(释)大光记//＊中华大典编印会 1969 年

徐　飞
15264　徐　飞／＊革命人物志第 10 集第 291 页

徐　訏
15265　徐訏二三事／陈乃欣等//＊尔雅出版社 1980 年
15266　徐訏纪念文集(5 辑)／(香港)浸会学院中国语文学会 1981 年 356 页
15267　记徐訏——现代中国作家列传之二／赵　聪//＊大成 1976 年 29 期
15268　我的马克思主义时代／徐　訏//＊传记文学 1976 年 18 卷 3 期，＊明道文艺 1981 年 60 期
15269　怀念徐訏／陈香梅//＊传记文学 1940 年 37 卷 6 期
15270　江湖行尽风潇潇——谨以此文敬悼徐訏先生／秦贤次//＊宁波同乡 1980 年 148 期
15271　惊闻徐訏在港病逝／徐归田//＊新闻天地 1980 年 1710 期
15272　风萧萧兮淡水寒——文艺界追悼徐訏先生大会纪实／丁纪为//＊新文艺 1980 年 297 期
15273　怀念徐訏先生／孙观汉//＊传记文学 1980 年 37 卷 5 期
15274　徐訏(1908—1980)小传／关国煊、秦贤次//＊传记文学 1980 年 37 卷 5 期，＊民国人物小传第 4 册第 211 页
15275　徐訏逝世纪念特辑／陈纪滢等//＊中华文艺 1980 年 20 卷 4 期
15276　徐訏与我／刘其伟//＊新文艺 1980 年 297 期
15277　琐谈徐訏／孙观汉//＊传记文学 1981 年 38 卷 2 期
15278　怀念徐訏／王集丛//＊幼狮文艺 1981 年 53 卷 2 期
15279　徐訏的上海夫人及其女儿／王一心//＊传记文学 1995 年 66 卷 2 期
15280　徐　訏／李立明//＊中国现代六百作家小传第 285 页

15281 独特的性格和超人的见解——访旅港著名作家徐讦先生谈创作经验／李德安／／＊当代名人风范（1）第 347 页

15282 徐 讦／舒 兰／／＊抗战时期的新诗作家与作品第 69 页

15283 徐 讦／赵 聪／／＊现代中国作家列传第 196 页

15284 徐 讦(1908—1980)／张无忌／／＊环华百科全书第 13 册第 281 页

15285 鲁迅与徐讦／马蹄疾／／＊鲁迅与浙江作家第 269 页

徐 旭

15286 徐 旭／＊革命人物志第 3 集第 365 页、第 14 集第 261 页

徐 迟

15287 徐 迟／刘绍唐主编／／＊传记文学 1997 年 71 卷 5 期

15288 祭诗人徐迟／章含之／／＊传记文学 1998 年 72 卷 5 期

15289 徐 迟／林曼叔等／／＊中国当代作家小传第 2 辑第 41 页

15290 徐 迟／李立明／／＊中国现代六百作家小传第 286 页

徐 杰

15291 徐 杰／＊革命人物志第 3 集第 394 页

徐 保

15292 徐 保／＊革命人物志第 3 集第 381 页

徐 炯

15293 徐 炯、吕凤子传略／周邦道／／＊大陆杂志 1976 年 53 卷 2 期

15294 徐炯传略／周邦道／／＊四川文献 1980 年 176 期

15295 徐炯(1862—1936)／周邦道／／近代教育先进传略(初集)第 242 页

徐 盈

15296 记徐盈、子冈——三十年代作家直接印象记之六／陈纪滢／／＊传记文学 1980 年 37 卷 5 期

徐 速

15297 徐 速(1924—1981)／关国煊／／＊传记文学 1981 年 39 卷 4 期，＊民国人物小传第 5 册第 223 页

徐 润

15298 徐愚斋自叙年谱／徐润自编、徐廷銮续编／／＊商务印书馆 1981 年版 360 页，＊近代中国史料丛刊续编第五十辑(总 491)影印本 335 页

徐 堪

15299 徐可亭先生传／文守仁／／＊四川文献 1965 年 37 期

15300 自述／徐 堪／／＊四川文献 1965 年 36 期

15301 功在国家的徐堪先生／任卓宣／／＊政治评论 1967 年 17 卷 11 期

15302 徐可亭先生八秩寿序／吴敬模／／＊学粹 1967 年 9 卷 4 期

15303 悼念徐可亭先生／周开庆／／＊畅流 1969 年 40 卷 2 期

15304 徐 堪(1888—1969)／蒋永敬／／＊传记文学 1976 年 28 卷 5 期，＊民国人物小传第 2 册 123 页

15305 徐堪其人其事／陈开国／／＊传记文学 1993 年 62 卷 5 期

15306 徐 堪／文守仁／／＊革命人物志第 10 集第 292 页

15307 徐堪先生之哀荣／则 平／／＊革命人物志第 10 集第 299 页

15308 徐可亭(堪)先生之文存——川人著述简介之八／复 荣／／＊革命人物志第 10 集第 303 页

徐 谟

15309 徐谟法官／江德成／／＊"中央"日报 1954 年 3 月 1 日

15310 我幼年所认识的徐叔谟先生／刘承汉／／＊政论周刊 1956 年 81 期，＊革命人物志第 10 集第 325 页

15311 徐叔谟先生墓志／张 群／／＊畅流 1957 年 15 卷 10 期

15312　我更以此文追念叔谟／金问泗∥＊畅流1957年15卷10期,＊革命人物志第10集第308页
15313　悼念徐叔谟兄／吴南如∥＊政论周刊1957年120期,＊革命人物志第10集第313页
15314　徐谟先生逝世周年祭／黄朝琴∥＊中国一周1957年375期
15315　一位令人难忘的导师——怀念徐谟博士／查良鉴∥＊传记文学1963年2卷1期
15316　徐　谟(1893—1956)／＊传记文学1974年25卷1期,＊民国人物小传第1册第130页
15317　名母之子——徐谟／赵世洵∥＊大成1976年33期
15318　徐　谟／张　群∥＊革命人物志第10集第305页
15319　悼徐叔谟博士／王宠惠∥＊革命人物志第10集第307页
15320　悼念徐叔谟先生／钱　泰∥＊革命人物志第10集第312页
15321　徐谟博士的一生／瀛　洲∥＊革命人物志第10集第330页

徐　谦

15322　徐　谦／吴相湘∥＊文星1962年10卷2期
15323　怀念徐谦先生并代为叫屈／白　瑜∥＊传记文学1977年31卷1期
15324　武汉政权的两个首脑人物徐谦与汪精卫／李云汉∥＊传记文学1978年32卷5期
15325　徐　谦(1871—1940)／关国煊∥＊传记文学1978年33卷2期,＊民国人物小传第3册第130页
15326　徐谦的一生(选载)／吴相湘∥＊传记文学1982年41卷5期
15327　徐　谦／吴相湘∥＊民国百人传第3册第113页
15328　徐谦制造赤色政权／吴相湘∥＊民国政治人物第1集第129页

徐　勤

15329　徐君勉传略(1873—1945)／康保延∥＊广东文献1980年10卷2期
15330　徐　勤／刘绍唐主编∥＊传记文学1987年50卷3期

徐　滚

15331　徐　滚／＊革命人物志第12集第212页

徐　舆

15332　徐　舆／夏敷章∥＊革命人物志第9集第108页

徐　端

15333　徐端事略／＊太原五百完人第143页
15334　徐　端／＊革命人物志第14集第263页

徐　鼐

15335　郭澄与徐鼐／＊"中央"日报1965年8月29日
15336　徐鼐先生的求实作风／张宝树∥＊中国一周1956年338期
15337　我所知道的徐鼐／冯世欣∥＊传记文学1992年61卷3期
15338　悼念槃槃大才的徐鼐先生／王东原∥＊传记文学1993年63卷1期

徐　箴

15339　记徐箴先生／阮毅成∥＊传记文学1972年21卷3期,＊前辈先生第53页
15340　徐士达先生传／栗　直∥＊东方杂志1975年8卷8期
15341　徐箴冤沉海底／陈嘉骥∥＊春秋1975年22卷4期
15342　徐　箴(1899—1949)／＊传记文学1979年35卷3期,＊民国人物小传第4册第214页

徐乃昌

15343　徐乃昌积学斋／＊近代藏书三十家第77页

徐上致

15344　徐上致／钮永建∥＊革命人物志第3集第346页

徐千田

15345　徐千田／刘绍唐主编∥＊传记文学1996年68卷4期

徐中舒

15346　徐中舒／刘绍唐主编∥＊传记文学1997年71卷2期

徐凤鸣
15347 徐凤鸣／蔡元培／／＊革命人物志第 3 集第 401 页
徐文礼
15348 徐文礼／黄震遐／／＊中共军人志第 271 页
徐文烈
15349 徐文烈／黄震遐／／＊中共军人志第 272 页
徐文镜
15350 盲翁徐文镜(上、下)／周士心／／＊大成 1975 年 19、20 期
徐为光
15351 又谈龙云——龙云与徐为光离合悲欢／马履诺／／＊中外杂志 1981 年 29 卷 3 期
徐玉诺
15352 诗人徐玉诺(上、中、下)／李士英／／＊中原文献 1979 年 11 卷 5—7 期
15353 徐玉诺／刘绍唐主编／／＊传记文学 1996 年 69 卷 4 期
15354 徐玉诺／李立明／／＊中国现代六百作家小传第 286 页
徐世大
15355 回忆与感想(服务水利建设五十年)／徐世大／／＊三民书局 1967 年 7 月 180 页
15356 求学时代的我／徐世大／／＊国语日报 1966 年 11 月 5 日
徐世平
15357 纪念徐世平先生／任卓宣／／＊畅流 1961 年 23 卷 12 期
15358 徐世平小传及其诗／文守仁／／＊四川文献 1963 年 11 期
15359 徐世平将军与青年从军／胥端甫／／＊政治评论 1964 年 13 卷 7 期
徐世安
15360 武昌首义无名英雄——徐世安、萧国宝传／黄宝实／／＊湖北文献 1966 年 1 期
徐世昌
15361 徐世昌全传(北洋人物史料三种之一)／竞智图书馆等编／／＊文海出版社近代中国史料丛刊第六十七辑(总 668)影印本 80 页
15362 徐世昌／警民／／＊文海出版社近代中国史料丛刊第四辑(总 39—40)影印本 119 页
15363 徐世昌评传／沈云龙／／传记文学出版社 1979 年 8 月 738 页
15364 安福国会与徐世昌／田布衣／／＊春秋 1968 年 9 卷 5 期
15365 水竹村人别传／楚　厂／／＊畅流 1968 年 37 卷 4 期
15366 徐世昌评传／沈云龙／／＊传记文学 1968 年 13 卷 1 期—1974 年 25 卷 6 期
15367 徐世昌(1855—1939)／关国煊／／＊传记文学 1978 年 32 卷 4 期，＊民国人物小传第 3 册第 132 页
15368 老谋深算的徐世昌／赵朴民／／＊北洋政府国务总理列传 30 页
15369 徐世昌(1855—1939)／戴晋新／／＊环华百科全书第 13 册第 284 页
徐本生
15370 徐本生(1901—1980)／林抱石／／＊传记文学 1982 年 41 卷 3 期，＊民国人物小传第 6 册第 199 页
徐龙骧
15371 徐龙骧／平　刚／／＊革命人物志第 3 集第 425 页
徐东藩
15372 记徐东藩先生／阮毅成／／＊传记文学 1970 年 17 卷 3 期，＊彼岸 139 页
徐立清
15373 徐立清／黄震遐／／＊中共军人志第 273 页
徐永昌
15374 徐永昌日记／徐永昌／／＊"中央"研究院近代史研究所 1991 年 12 册
15375 徐永昌先生纪念集／＊徐永昌先生纪念集编辑小组编印 1962 年 152 页

15376 纪念徐永昌上将逝世四周年／胡汝康／／＊公论报 1963 年 7 月 12 日
15377 记徐东藩先生／阮毅成／／＊传记文学 1970 年 17 卷 3 期，＊彼岸第 139 页
15378 东京湾受降的徐永昌／吴相湘／／＊传记文学 1965 年 7 卷 3 期，＊民国政治人物第 2 集第 82 页
15379 徐永昌将军受降日记／赵正楷／／＊传记文学 1966 年 8 卷 1 期
15380 一代名家徐永昌／李永久／／＊古今谈 1966 年 13 期
15381 徐永昌将军二三事／姜良仁／／＊春秋 1968 年 9 卷 6 期
15382 徐永昌将军兼才文武／林斌／／＊畅流 1968 年 38 卷 2 期
15383 徐永昌传(1—15)／赵正楷／／＊山西文献 1976 年 8 期—1983 年 22 期
15384 徐永昌(1887—1959)／蒋永敬、赵正楷／／＊传记文学 1976 年 28 卷 3 期，＊民国人物小传第 2 册第 124 页
15385 徐永昌传／赵正楷／／＊山西文献 1984 年 23 期
15386 徐永昌将军《求己斋回忆录》／徐永昌口述、赵正楷笔记、沈云龙校注／／＊传记文学 1987 年 50 卷 1—6 期
15387 徐永昌将军《求己斋日记》(1—6)／徐永昌遗著，沈云龙、赵正楷校注／／＊传记文学 1987 年 51 卷 1—6 期
15388 徐永昌／吴相湘／／＊民国百人传第 2 册第 293 页
15389 徐永昌／＊革命人物志第 3 集第 347 页

徐光耀
15390 徐光耀／林曼叔等／／＊中国当代作家小传 147 页
15391 徐光耀／李立明／／＊中国现代六百作家小传第 287 页

徐回天
15392 徐回天／＊革命人物志第 3 集第 366 页

徐廷瑚
15393 徐廷瑚(1887—1974)／周邦道／／＊近代教育先进传略(初集)第 279 页
15394 徐廷瑚传／吴延环／／＊传记文学 1975 年 26 卷 2 期

徐延钟
15395 徐延钟(附许凤山、倪智)／＊革命人物志第 10 集第 332 页

徐仲可
15396 连雅堂与徐仲可／方豪／／＊东方杂志 1977 年 10 卷 11 期

徐仲年
15397 沟通中法文化的徐仲年／李立明／／＊传记文学 1984 年 45 卷 1 期
15398 徐仲年(1904—1981)／＊传记文学 1984 年 44 卷 3 期
15399 徐仲年／李立明／／＊中国现代六百作家小传第 287 页
15400 徐仲年／刘葆／／＊现代中国人物志第 343 页

徐自华
15401 徐自华／刘绍唐主编／／＊传记文学 1996 年 68 卷 5 期
15402 徐自华传／陈去病／／＊革命人物志第 3 集第 367 页

徐血儿
15403 徐血儿／＊革命人物志第 3 集第 367 页

徐向前
15404 徐向前／黄震遐／／＊中共军人志第 275 页
15405 访徐向前／海伦·福斯特·斯诺／／＊中国老一辈革命家第 167 页
15406 徐向前／朱新民／／＊环华百科全书第 13 册第 281 页

徐会之
15407 徐会之／刘绍唐主编／／＊传记文学 1998 年 72 卷 2 期

徐旭生

15408　徐旭生(1888—1976) / 关志昌 // ＊传记文学 1985 年 46 卷 3 期

徐庆钟

15409　徐庆钟教授 / ＊中国一周 1966 年 844 期

15410　徐庆钟 / 刘绍唐主编 // ＊传记文学 1996 年 69 卷 1 期

15411　农业专家徐庆钟先生 / 李德安 // ＊当代名人风范(1)第 171 页

15412　徐庆钟 / ＊环华百科全书第 13 册第 279 页

徐汝诚

15413　徐汝诚 / 刘绍唐主编 // ＊传记文学 1995 年 67 卷 5 期

徐进焰

15414　徐进焰传 / 邹　鲁 // ＊革命人物志第 3 集第 397 页

15415　徐培添、徐进焰 / 眭云章 // ＊革命人物志第 14 集第 267 页

徐志汉

15416　徐志汉 / ＊革命人物志第 3 集第 369 页

徐志道

15417　七十杂忆(1—5) / 徐志道 // ＊中外杂志 1971 年 10 卷 2—6 期

15418　徐志道的生平(1901—1984) / 乔家才 // ＊中外杂志 1984 年 35 卷 3 期

徐志摩

15419　谈徐志摩 / 梁实秋 // ＊运东图书公司 1958 年 56 页

15420　爱眉小札 / 徐志摩 // ＊广文书局 1962 年,(香港)港明书店 1978 年 6 月修订本,(香港)新教育出版社 126 页

15421　徐志摩与陆小曼 / 刘心皇 // ＊畅流半月刊 1965 年 192 页,(香港)港明书店 1978 年 6 月修订本

15422　诗人徐志摩 / 胡适等 // ＊光明出版社 1970 年 166 页

15423　徐志摩日记 / 徐志摩 // ＊正文书局 1972 年 6 月 152 页

15424　谈徐志摩 / 梁实秋 // ＊远东图书公司 1979 年 56 页

15425　小曼与我 / 徐志摩 // ＊德华出版社 1976 年 218 页

15426　回忆徐志摩 / 郁达夫等 //（香港）文学研究社 1977 年 183 页

15427　徐志摩新传 / 梁锡华 // ＊联经出版事业公司 1979 年 192 页、1982 年 10 月修订再版 192 页

15428　云游:徐志摩怀念集 / 秦贤次 // ＊兰亭书店 1986 年 330 页

15429　徐志摩年谱 / 陈从周 // ＊文海出版社近代中国史料丛刊续编第九十六辑(总 954)影印本 102 页

15430　胡适与徐志摩 / 李　敖 // ＊"中央"日报 1957 年 4 月 5 日

15431　梁启超与徐志摩 / 李　敖 // ＊"中央"日报 1958 年 7 月 19 日

15432　徐志摩的生平和作品 / 叶俊成 // ＊国语日报 1965 年 4 月 24 日

15433　徐志摩传 / 章君谷 // ＊联合报 1969 年 6 月 11 日—12 月 2 日

15434　徐志摩 / 李立明 // ＊星岛晚报 1970 年 3 月 2 日,＊中国现代六百作家小传第 288 页

15435　追怀徐志摩 / 蒋复璁 // ＊联合报 1983 年 10 月 17 日,＊传记文学 1983 年 43 卷 5 期,＊浙江月刊 1984 年 16 卷 9 期

15436　徐志摩其人其诗 / 张自英 // ＊畅流 1956 年 13 卷 6 期

15437　徐志摩与陆小曼(1—23) / 刘心皇 // ＊畅流 1962 年 25 卷 7 期—1963 年 27 卷 5 期

15438　徐志摩小传 / 蒋复璁 // ＊传记文学 1962 年 1 卷 1 期

15439　徐志摩的元配夫人 / 刘心皇 // ＊畅流 1963 年 27 卷 8 期

15440　徐志摩(上、中、下) / 陈敬之 // ＊畅流 1966 年 34 卷 3—5 期

15441　徐志摩与知堂老人 / 成仲恩 // ＊传记文学 1968 年 13 卷 3 期

15442　胡适之关于徐志摩遇难后的日记真迹 / 胡　适 // ＊传记文学 1969 年 14 卷 2 期

15443　徐志摩、沈淑薇、郁达夫 / 徐认三 // ＊中外杂志 1969 年 6 卷 4 期

15444　徐志摩(1897—1931) / *传记文学 1974 年 24 卷 2 期, *民国人物小传第 1 册第 131 页
15445　梁任公与徐志摩 / 刘太希 // 畅流 1975 年 52 卷 1 期
15446　我所认识的徐志摩 / 苏雪林 // *中国文选 1975 年 98 期, *中国近代作家和作品第 553 页
15447　徐志摩与哈代 / 林　录 // *浙江月刊 1977 年 9 卷 7 期
15448　徐志摩与陆小曼 / 维　思 // *浙江月刊 1979 年 11 卷 9 期
15449　徐志摩与陆小曼 / 褚问鹃 // *中外杂志 1984 年 36 卷 6 期
15450　郁达夫与徐志摩 / 左舜生 // *近代中国史料丛刊第五辑(总 49—50 辑)·万竹楼随笔影第 354 页
15451　新月社与徐志摩的感情生活 / 唐绍华 // *传记文学 1997 年 71 卷 4 期
15452　徐志摩 / *中国近代学人象传(初辑)第 139 页
15453　徐志摩 / *中国新诗之回顾第 57 页
15454　徐志摩 / 康培初 // *文学作家时代第 54 页
15455　徐志摩 / 舒　兰 // *北伐前后的新诗作家和作品第 1 页
15456　徐志摩 / 谭慧生 // *民国伟人传记第 210 页
15457　徐志摩 / 许　逖 // *近代学人印象记第 79 页
15458　徐志摩 / 谢冰莹 // *作家印象记第 92 页
15459　徐志摩 / 方　青 // *现代文坛百象第 41 页
15460　徐志摩 / 钱杏村 // *现代中国文学作家第 2 卷第 66 页
15461　徐志摩 / 姚乃麟 // *现代中国文学家传记第 166 页, *现代作家论第 255 页
15462　徐志摩 / 赵　聪 // *现代中国作家列传第 203 页
15463　徐志摩 / 余　惠 // *现代中国作家选论第 2 页
15464　徐志摩(1897—1931) / *环华百科全书第 13 册第 282 页
15465　徐志摩小传 / *徐志摩全集第 1 页
15466　徐志摩略传 / *徐志摩全集第 1 页
15467　关于徐志摩 / 梁实秋 // *徐志摩全集第 2 页
15468　追悼志摩 / 胡　适 // *徐志摩全集第 3 页
15469　哭摩 / 小　曼 // *徐志摩全集第 150 页
15470　志摩师哀辞 / 赵景深 // *徐志摩全集第 172 页
15471　徐志摩文学系年 / 邵华强 // *徐志摩选集第 307 页

徐抚辰
15472　徐抚辰谏诤袁世凯 / 沈云龙 // *近代史事与人物第 123 页

徐秀钧
15473　徐烈士秀钧传 / 许资时 // *江西文献 1966 年 4 期
15474　忆吾乡革命前辈徐秀钧烈士 / 陈和铣 // *文艺复兴 1981 年 121 期
15475　徐秀钧 / 余　生 // *革命人物志第 3 集第 370 页
15476　故众议院议员徐秀钧墓碑 / 蔡元培 // *革命人物志第 3 集第 371 页, *蔡元培全集第 691 页

徐秀寰
15477　忆徐秀寰先生 / 郭宗文 // *畅流 1966 年 33 卷 10 期

徐佐周
15478　徐佐周 / *革命人物志第 12 集第 212 页

徐伯昕
15479　生活、三联、新华书店创办人徐伯昕 / 关志昌 // *传记文学 1998 年 72 卷 4 期

徐近之
15480　徐近之 / 刘绍唐主编 // *传记文学 1999 年 75 卷 5 期

徐希麟
15481　徐希麟 / 刘健群 // *传记文学 1966 年 8 卷 4 期

徐启明
15482　徐启明先生访问纪录／陈存恭纪录、郭廷以校阅／／＊"中央"研究院近代史研究所1983年5月200页
15483　我亲身参加武昌首义之实况／徐启明／／＊湖北文献1976年41期

徐君虎
15484　我同蒋经国在江西／徐君虎／／＊传记文学1992年60卷1期

徐忍茹
15485　徐忍茹／／＊革命人物志第9集第105页

徐其孝
15486　徐其孝／黄震遐／／＊中共军人志第283页

徐枕亚
15487　徐枕亚／张无忌／／＊环华百科全书第13册第283页

徐卓呆
15488　徐卓呆／李立明／／＊中国现代六百作家小传第291页

徐国夫
15489　徐国夫／黄震遐／／＊中共军人志第287页

徐国贤
15490　徐国贤／黄震遐／／＊中共军人志第755页

徐国珍
15491　徐国珍／黄震遐／／＊中共军人志第288页

徐国泰
15492　徐国泰传／邹　鲁／／＊革命人物志第3集第385页

徐咏平
15493　我的记者生涯／徐咏平／／＊学生书局1973年216页
15494　三十年华如水逝／徐咏平／／＊中华日报1961年5月27日
15495　祭幽恨无从／徐咏平／／＊中华日报1961年6月27日
15496　笔重千钧耕不深／徐咏平／／＊"中央"日报1967年1月4日
15497　广西、重庆、台南／＊报学1959年2卷4期

徐鸣时
15498　徐鸣时／徐楚樵／／＊革命人物志第3集第399页

徐佳士
15499　标准的现代新闻学人徐佳士／周安仪／／＊中国新闻从业人员群像(下册)第237页

徐佩瑶
15500　国民革命中的徐氏三女杰(徐佩瑶)／林维红／／＊中华文化复兴月刊1974年7卷11期,＊革命人物志第14集第270页

徐金龙
15501　徐金龙／邹　鲁／／＊革命人物志第3集第379页

徐学诗
15502　徐学诗／／＊革命人物志第9集第108页

徐宝山
15503　徐宝山／杜负翁／／＊"中央"日报1959年10月2日

徐宝谦
15504　忆徐宝谦(1892—1944)——纪念他殉公三十周年／谢扶雅／／＊传记文学1975年26卷1期
15505　忆徐宝谦博士／沈宗瀚／／＊传记文学1975年26卷2期,＊沈宗瀚晚年文录第329页
15506　悼念沈宗瀚先生——兼追忆两亡友徐宝谦与刘廷芳／谢扶雅／／＊传记文学1981年38卷5期

徐宗汉

15507 革命女杰徐宗汉传 / 郭晋秀 // *近代中国出版社 1984 年 130 页
15508 徐宗汉 / 姚渔湘 // *"中央"日报 1963 年 3 月 29 日
15509 徐宗汉女士墓碑铭 / 柳亚子 // 国讯旬刊(香港版)1947 年新 1 卷 5 期
15510 记女革命家徐宗汉与张竹君 / 向 诚 // *艺文志 1966 年 13 期
15511 国民革命中的徐氏三女杰(徐宗汉) / 林维红 // *中华文化复兴月刊 1974 年 7 卷 11 期，*革命人物志第 14 集第 270 页
15512 黄兴夫人徐宗汉 / 胡乐翁 // *艺文志 1975 年 112 期
15513 记女革命家徐宗汉 / 向 隅 // 湖南文献 1980 年 8 卷 3 期
15514 徐宗汉(1877—1944) / 关志昌 // *传记文学 1983 年 43 卷 5 期，*民国人物小传第 107 页
15515 徐宗汉女士革命事略 / 冯自由 // 革命人物志第 3 集第 373 页
15516 记黄克强夫人 / 陆丹林述、徐钟佩记 // 革命人物志第 3 集第 376 页

徐绍华

15517 徐绍华 / 黄震遐 // *中共军人志第 287 页

徐绍桢

15518 学寿堂日记 / 徐绍桢 // *文海出版社近代中国史料丛刊六十一辑(总 607)影印本 390 页
15519 徐绍桢(1861—1936) / 关国煊 // *传记文学 1978 年 33 卷 5 期，*民国人物小传第 3 册第 134 页
15520 徐绍桢生平事略 / 蒋仲岳 // *广东文献 1984 年 14 卷 1 期
15521 徐绍桢 / 徐承庶等 // *革命人物志第 3 集第 386 页

徐绍棨

15522 徐绍棨(1879—1948) / 关国煊 // *传记文学 1980 年 36 卷 1 期，*民国人物小传第 4 册第 217 页
15523 记徐信符先生 / 于 今 // *艺林艺录(3)第 110 页

徐春浩

15524 徐春浩 / 徐钟鸣 // *革命人物志第 10 集第 333 页

徐柏园

15525 有为有守徐柏园 / 东方望 // *中华日报 1962 年 6 月 30 日
15526 徐柏园的奋斗精神(上、下) / 谭国华 // *中国一周 1961 年 585、586 期
15527 速写财经四巨头 / 何人斯 // *古今谈 1965 年 6 期
15528 我所敬佩的乡长——徐柏园先生 / 汪杰初 // *浙江月刊 1968 年 1 卷 1 期
15529 由一张银行界旧照片说起 / 戎马书生 // *大成 1975 年 22 期
15530 悼念一位财政与金融界重镇的强人——记徐柏园先生与当年"午餐会" / 陈纪滢 // *传记文学 1981 年 38 卷 3 期
15531 怀念徐柏园 / 陈香梅 // *传记文学 1981 年 38 卷 6 期
15532 我所认识的徐柏园兄 / 郑彦棻 // *中外杂志 1981 年 30 卷 3 期
15533 徐柏园(1902—1980) / 林抱石 // *传记文学 1981 年 38 卷 5 期，*民国人物小传第 5 册第 226 页
15534 难忘的知己——追随徐柏园先生 / 陈汉平 // *中外杂志 1982 年 31 卷 1 期
15535 徐柏园先生二三事 / 朴 庵 // *浙江月刊 1983 年 15 卷 11 期
15536 拓展国际贸易的徐柏园先生 / 张 骏 // *传记文学 1985 年 47 卷 1 期
15537 柏园先生对台湾经济发展之贡献 / 张导民 // *革命人物志第 21 集第 296 页
15538 徐柏公对银行的贡献 / 魏宗铎 // *革命人物志第 21 集第 301 页

徐树铮

15539 徐树铮先生文集年谱合刊 / 徐道邻 // *商务印书馆 1962 年 6 月 332 页
15540 徐又铮先生树铮年谱 / 徐道邻 // *商务印书馆 1981 年 194 页
15541 徐树铮先生文集年谱合刊 / 徐道邻编述、徐樱增补 // *商务印书馆 1989 年 381 页
15542 近代边才史咏 / 钱公来 // *畅流 1952 年 5 卷 8 期

15543	《徐树铮先生年谱》的商榷 / 刘凤翰 //	*文星 1963 年 12 卷 1 期
15544	冯玉祥杀害徐树铮的原因 / 江　平 //	*春秋 1965 年 2 卷 1 期
15545	记北洋风云人物徐树铮 / 昧　根 //	古今谈 1965 年 3 期
15546	北洋怪杰徐树铮 / 高操叟 //	*春秋 1966 年 4 卷 6 期
15547	哀徐又铮 / 吴鼎昌 //	*春秋 1966 年 4 卷 6 期
15548	徐树铮旅定漠北 / 周遵时 //	*春秋 1967 年 6 卷 1 期
15549	从徐树铮被刺谈冯玉祥与张之江 / 王悟明 //	*春秋 1967 年 7 卷 6 期
15550	徐树铮办理外蒙撤治的经过 / 刘安邦 //	*春秋 1968 年 9 卷 5 期
15551	段祺瑞、徐树铮与孙洪伊 / 张　谷 //	*中外杂志 1970 年 7 卷 4 期
15552	北洋猛士徐树铮 / 王成圣 //	*中外杂志 1972 年 11 卷 4 期—12 卷 1 期
15553	徐树铮（1880—1925） //	*传记文学 1974 年 25 卷 1 期，*民国人物小传第 1 册第 133 页
15554	民初霸才徐树铮 / 刘太希 //	畅流 1974 年 50 卷 8 期
15555	徐树铮与靳云鹏斗争记 / 薛观澜 //	*新万象 1976 年 2 期
15556	徐树铮新传 / 邵镜人 //	*中外杂志 1977 年 21 卷 4 期
15557	民初风云人物徐树铮 / 昧　根 //	*江苏文物 1980 年 3 卷 9 期
15558	民初人物印象记 / 马伯援 //	*传记文学 1984 年 44 卷 5 期
15559	徐树铮将军生平概略及其电稿所揭示的史实 / 徐樱 //	*传记文学 1984 年 45 卷 3 期
15560	徐树铮 / 谭慧生 //	*民国伟人传记第 148 页
15561	徐树铮（1880—1925） / 戴晋新 //	*环华百科全书第 13 册第 285 页

徐思平

15562	忆思平先生 / 倪炯声 //	*中华日报 1961 年 7 月 12 日
15563	徐思平先生逝世十周年 / 老　友 //	*中华日报 1970 年 7 月 13 日
15564	忆徐思平将军 / 魏汝霖 //	*中外杂志 1970 年 8 卷 1 期
15565	徐思平《孤儿忆母》/ 刘榮琮 //	*民国人物纪闻第 75 页
15566	徐思平传略 / 文守仁 //	*民国四川人物传记第 264 页

徐钟佩

15567	认识了徐钟佩 / 张　明 //	*"中央"日报 1965 年 2 月 12 日
15568	女记者与女作家——徐钟佩的记者生涯与其他 / 周安仪 //	*中国新闻从业人员群像（下册）第 253 页

徐复观

15569	徐复观教授纪念文集 / 曹永洋等 //	*中国时报文化出版事业公司 1984 年 576 页
15570	无渐尺布裹头归:徐复观最后日记 / 徐复观著、翟志成等校注 //	*允晨文化事业公司 1987 年 231 页
15571	我的教书生活 / 徐复观 //	*自由谈 1959 年 4 卷 6 期
15572	我和徐复观的故事 / 梁容若 //	*文坛 1968 年 91 期
15573	徐复观先生光彩的一生 / 曾祥铎 //	*传记文学 1982 年 40 卷 5 期
15574	忆佛观兄 / 张研田 //	*传记文学 1982 年 40 卷 5 期
15575	徐复观（1903—1982） / 关志昌 //	*传记文学 1983 年 42 卷 2 期，*民国人物小传第 6 册第 210 页
15576	关于徐复观小传的一点更正 / 李尔康 //	*传记文学 1983 年 42 卷 4 期
15577	缅怀徐师复观教授——为徐师逝世周年而作 / 林　本 //	*湖北文献 1983 年 68 期
15578	徐复观教授的学术思想 / 李德安 //	当代名人风范（4）第 1351 页
15579	徐复观（1904—1982） / 朱建民 //	*环华百科全书第 13 册第 275 页

徐庭瑶

15580	徐庭瑶将军纪念集 / 黄　杰等 //	*纪念集编委会 1975 年 238 页
15581	徐庭瑶与装甲兵 / 罗石补 //	*春秋 1968 年 9 卷 1 期

15582　记"装甲兵之父"徐庭瑶 / 戴子庄 // *艺文志 1976 年 125 期
15583　一代名将徐庭瑶将军 / 李　才 // *古今谈 1977 年 143 期
15584　徐庭瑶(1892—1974) / 于翔麟、林抱石 // *传记文学 1980 年 37 卷 6 期，*民国人物小传第 4 册第 215 页
15585　徐庭瑶 / 傅润华 // *中国当代名人传第 130 页
15586　徐庭瑶 / *革命人物志第 22 集第 154 页
15587　我的经过 / 徐庭瑶 // *革命人物志第 22 集第 161 页

徐洪学
15588　徐洪学 / 黄震遐 // *中共军人志第 283 页

徐恒禄
15589　徐恒禄 / 黄震遐 // *中共军人志第 274 页

徐宪臣
15590　徐宪臣 / *革命人物志第 10 集第 334 页

徐祖正
15591　徐祖正 / 李立明 // *中国现代六百作家小传第 291 页

徐祖诒
15592　徐祖诒(1895—1976) / 于翔麟 // *传记文学 1984 年 45 卷 2 期

徐振泉
15593　徐振泉 / *革命人物志第 3 集第 382 页

徐致靖
15594　徐致靖与康有为 / 陈声聪 // *艺林丛录(6)第 341 页

徐恩平
15595　徐恩平 / 刘绍唐主编 // *传记文学 1994 年 65 卷 4 期

徐凌云
15596　记徐园主人徐凌云 / 郑逸梅 // *大成 1982 年 106 期

徐特立
15597　徐特立 / 刘绍唐主编 // *传记文学 1987 年 50 卷 4 期
15598　访徐特立 / 斯　诺 // *中国老一辈革命家第 41 页
15599　中央人民政府委员徐特立 / 萧　衍 // *新中国人物志(上)第 84 页

徐高阮
15600　淡泊名利的徐高阮先生 / 王恒余 // *中华杂志 1969 年 7 卷 11 期
15601　关于徐高阮先生的学术思想 / 陈文华 // *中华杂志 1969 年 7 卷 12 期
15602　关于徐高阮先生之死及一点感想 / 严　明 // *中华杂志 1969 年 7 卷 12 期
15603　后死者的话——哭高风亮节的徐高阮先生 / 许　逖 // *中华杂志 1969 年 7 卷 12 期
15604　哭徐芸书先生 / 费海玑 // *中华杂志 1969 年 7 卷 11 期
15605　五面之缘 / 赵滋蕃 // *中华杂志 1969 年 7 卷 12 期
15606　徐高阮先生的两大志事 / 胡秋原 // *中华杂志 1969 年 7 卷 11 期
15607　徐高阮先生的遗书——痛悼为真理作证作战的徐高阮先生 / 赵慎安 // *中华杂志 1969 年 7 卷 12 期
15608　徐高阮先生逝世的前一天 / 蔡天进 // *中华杂志 1969 年 7 卷 11 期
15609　哭表弟徐高阮先生 / 曾昭六 // *传记文学 1969 年 15 卷 5 期
15610　悼念两位亡友(徐高阮) / 张春树 // *传记文学 1970 年 16 卷 2 期
15611　徐高阮与殷海光 / 居浩然 // *传记文学 1971 年 18 卷 6 期
15612　一代国士徐高阮先生 / 周之鸣 // *中华杂志 1976 年 14 卷 10 期

徐海东
15613　徐海东(1900—1970) / 关志昌 // *传记文学 1985 年 47 卷 3 期

15614　徐海东 / 黄震遐 // *中共军人志第 284 页

徐调孚
15615　徐调孚 / 李立明 // *中国现代六百作家小传第 292 页

徐继庄
15616　记徐继庄——重庆时代的《大公报》之六 / 陈纪滢 // *传记文学 1974 年 25 卷 2 期

徐继泰
15617　徐继泰 / *革命人物志第 12 集第 215 页

徐培添
15618　徐培添、徐进炲 / 眭云章 // *革命人物志第 14 集第 267 页

徐雪村
15619　记徐雪村 / 南　湖 // *"中央"日报 1962 年 1 月 9 日

徐焕昇
15620　追忆徐焕昇上将 / 侯锡麟 // *中外杂志 1984 年 35 卷 6 期

徐清和
15621　徐清和 / 王正廷 // *革命人物志第 3 集第 383 页

徐深吉
15622　徐深吉 / 黄震遐 // *中共军人志第 289 页

徐森玉
15623　徐森玉生平及护送国宝经过 / 宋路霞、舒康鑫 // *传记文学 1995 年 66 卷 3 期

徐悲鸿
15624　我与徐悲鸿 / 蒋碧微 // （香港）纵横出版社 1979 年 173 页
15625　徐悲鸿——中国近代写实绘画的奠基者 / 谢里法、蒋　勋 // *雄狮图书公司 1980 年 123 页
15626　徐悲鸿年谱 / 徐伯阳、金　山 // *艺术家出版社 1991 年 332 页
15627　小记徐悲鸿 / 向　阳 // *艺文志 1966 年 7 期
15628　徐悲鸿（1894—1953） / *传记文学 1975 年 26 卷 2 期，*民国人物小传第 2 册第 126 页
15629　徐悲鸿评传 / 邢光祖 // *新万象 1976 年 2 期
15630　中国近代写实绘画的奠基者——徐悲鸿（上、下） / 蒋　励 // *中国论坛 1977 年 4 卷 7—8 期
15631　徐悲鸿少年自述（上、下）——纪念徐悲鸿先生逝世二十五周年 / 大成 1978 年 58—59 期
15632　论徐悲鸿 / 刘　抗 // *艺术家 1979 年 54 期
15633　一代大师徐悲鸿的生活与艺术 / 骆　拓 // *艺术家 1979 年 54 期
15634　徐悲鸿与刘海粟的笔墨官司 / 林　熙 // *大成 1979 年 62 期
15635　徐悲鸿初到上海 / 黄警顽 // *大成 1981 年 90 期，*古今谈 1981 年 196 期
15636　徐悲鸿的少年时代 / 廖静文 // *南北极 1981 年 131 期
15637　徐悲鸿与黄君璧 / 杨隆生 // *大成 1983 年 119 期
15638　徐、黄二家：记徐悲鸿和黄孟圭、黄曼士兄弟的友谊 / 黄美意 // *大成 1983 年 119 期
15639　回忆徐悲鸿在上海的一段经历 / 黄警顽 // *艺术家 1983 年 17 卷 1 期
15640　蒋、廖笔下的徐悲鸿 / 余　柯 // *中报月刊 1984 年 59 期
15641　林风眠与徐悲鸿 / 余　柯 // *中报月刊 1985 年 60 期
15642　名画家徐悲鸿先生作画精神 / 李德安 // *当代名人风范（2）第 573 页
15643　徐悲鸿 / 廖雪芳 // *环华百科全书第 13 册第 273 页

徐晴岚
15644　徐晴岚 / 刘绍唐主编 // *传记文学 1996 年 69 卷 1 期

徐鼎康
15645　徐鼎康 / 刘绍唐主编 // *传记文学 1998 年 72 卷 4 期

徐铸成
15646　被打成"右派"的左派报人徐铸成 / 关国煊 // *传记文学 1992 年 60 卷 4 期

徐傅霖
15647 徐梦岩先生荣哀录 / *徐傅霖先生治丧委员会编印 1958 年版 129 页
15648 悼徐梦岩 / 张君劢 // *民主潮 1957 年 8 卷 4 期
15649 徐傅霖(1879—1958) / *传记文学 1983 年 42 卷 1 期，*民国人物小传第 6 册第 200 页
15650 《徐傅霖小传》的更正与补充 / 关国煊 // *传记文学 1983 年 42 卷 3 期

徐傍兴
15651 悼念徐傍兴教授逝世一周年 / 耿殿栋 // *传记文学 1985 年 47 卷 2 期
15652 台湾少棒运动功臣徐傍兴博士 / 卜国光 // *传记文学 1985 年 47 卷 2 期

徐道邻
15653 悼徐道邻兄 / 阮毅成 // *传记文学 1974 年 24 卷 5 期，*革命人物志第 22 集第 183 页
15654 我所知道的徐道邻先生 / 陈天锡 // *传记文学 1974 年 24 卷 4 期
15655 徐道邻先生二三事 / 薛光前 // *传记文学 1974 年 25 卷 2 期，*故人与往事第 97 页
15656 哭父亲(上、下) / 徐小虎著、徐樱译 // *传记文学 1975 年 26 卷 1、2 期
15657 纪念三哥 / 徐 樱 // *中外杂志 1975 年 18 卷 6 期—19 卷 1 期
15658 关于徐道邻先生 / 王公玙 // *中外杂志 1976 年 19 卷 3 期，*江苏文物 1977 年 2 期
15659 徐道邻(1906—1973) / 郑孝颖 // *传记文学 1977 年 30 卷 5 期，*民国人物小传第 3 册第 136 页
15660 徐道邻之一生 / 伍稼青 // *中外杂志 1981 年 29 卷 4、5 期
15661 徐道邻先生年谱初稿(上、下) / 伍稼青 // *东方杂志 1980 年 14 卷 5—6 期
15662 追忆徐道邻先生 / 马逢华 // *传记文学 1983 年 43 卷 6 期
15663 徐道邻 / 程沧波 // *革命人物志第 22 集第 168 页
15664 哭三哥 / 徐 樱 // *革命人物志第 22 集第 170 页

徐锡麟
15665 徐锡麟 / 舒 容 // *儿童书局 1957 年 68 页
15666 鬼神泣壮烈——徐锡麟传 / 高 贷 // *近代中国杂志社 1982 年 5 月 240 页
15667 徐锡麟 / 彭 歌 // *金兰出版社 1985 年 133 页
15668 军国教育的提倡者：徐锡麟烈士(上、下) / 心 园 // *今日中国 1976 年 58、59 期
15669 徐锡麟 / 刘子青 // *中国历代人物评传(下册)第 295 页
15670 徐锡麟(1873—1907) / 戴晋新 // *环华百科全书第 13 册第 280 页
15671 徐锡麟 / *革命人物志第 3 集第 402 页
15672 徐锡麟、陈伯平、马宗汉传 / 章炳麟 // *革命人物志第 3 集第 420 页

徐新六
15673 记五个卓越的金融家(徐新六) / 曲 江 // *畅流 1969 年 39 卷 9 期
15674 徐新六(1890—1938) / 姚崧龄 // *传记文学 1978 年 33 卷 4 期，*民国人物小传第 3 册第 140 页

徐满凌
15675 徐满凌 / 眭云章 // *革命人物志第 14 集第 269 页

徐源泉
15676 徐克成先生纪念集 / 徐韩淑贞 // *1967 年版 216 页
15677 记五个卓越的金融家(徐新六) / 曲 江 // *畅流 1969 年 39 卷 9 期
15678 故徐源泉先生回忆录 / *湖北文献 1969 年 10 期
15679 徐源泉(1886—1960) / 于翔麟 // *民国人物小传第 3 册第 138 页
15680 徐源泉 / 姚 琮 // *革命人物志第 3 集第 397 页

徐嘉瑞
15681 徐嘉瑞(1895—1977) / 关志昌 // *传记文学 1982 年 41 卷 5 期，*民国人物小传第 6 册第 215 页

徐慕兰
15682 国民革命中的徐氏三女杰(徐慕兰) / 林维红 // *中华文化复兴月刊 1974 年 7 卷 11 期，*革命人

物志第 14 集第 270 页

徐蔚南
15683　徐蔚南／李立明／／＊中国现代六百作家小传第 293 页

徐镜心
15684　徐镜心／＊革命人物志第 3 集第 425 页

徐赞周
15685　徐赞周／钝　庵／／＊革命人物志第 14 集第 274 页

徐霞村
15686　徐霞村／刘绍唐主编／／＊传记文学 1992 年 61 卷 1 期
15687　徐霞村／李立明／／＊中国现代六百作家小传第 295 页

徐懋庸
15688　徐懋庸与冯雪峰／长　风／／＊文坛 1962 年 27 期
15689　徐懋庸／陈敬之／／＊三十年代文坛与左翼联盟第 123 页
15690　徐懋庸／林曼叔等／／＊中国当代作家小传第 88 页
15691　徐懋庸／李立明／／＊中国现代六百作家小传第 293 页
15692　徐懋庸(1910—1977)／民国人物小传第 6 册第 217 页
15693　鲁迅和徐懋庸／马蹄疾／／＊鲁迅与浙江作家第 259 页

徐耀庭
15694　徐耀庭／＊革命人物志第 20 集第 160 页

殷　夫
15695　殷夫：永不凋谢的青春／楼适夷／／＊中国现代作家资料选粹第 1 集回忆与悼念第 98 页
15696　殷　夫／李立明／／＊中国现代六百作家小传第 334 页
15697　鲁迅与白莽／马蹄疾／／＊鲁迅与浙江作家第 189 页

殷　同
15698　殷　同／刘绍唐主编／／＊传记文学 1999 年 75 卷 1 期

殷志鹏
15699　二十五年台湾行／殷志鹏／／＊传记文学 1987 年 51 卷 3 期

殷海光
15700　胡适・雷震・殷海光：自由主义人物画像／张忠栋／／＊自立晚报社文化出版部 1990 年 218 页
15701　春蚕吐丝——殷海光最后的话语／陈鼓应／／＊百乐出版社 1969 年 164 页，＊环宇出版社 1971 年增订再版
15702　殷海光先生纪念集／＊四季出版公司编印 1981 年 9 月 285 页
15703　殷海光、林毓生书信集／＊远流出版社 1984 年
15704　殷海光书信集／芦苍主编／／香港桂冠出版社 1988 年
15705　殷海光／章　清／／＊东大图书公司 1996 年
15706　我与殷海光／徐复观／／＊自立晚报 1969 年 9 月 22 日
15707　殷海光教授——一个知识分子的悲剧／黄展骥／／＊中华杂志 1967 年 5 卷 11 期
15708　悼念两位亡友(殷海光)／张春树／／＊传记文学 1970 年 16 卷 2 期
15709　徐高阮与殷海光／居浩然／／＊传记文学 1971 年 18 卷 6 期
15710　勇于责己　信守真理——殷海光先生／胡信田／／＊今日中国 1976 年 59 期
15711　殷海光(1919—1969)／陈宏正／／＊传记文学 1979 年 34 卷 1 期，＊民国人物小传第 3 册第 153 页
15712　殷海光先生一生奋斗的永恒意义／林毓生／／近代中国思想人物论・自由主义第 435 页
15713　殷海光(1919—1969)／赵天仪／／环华百科全书第 19 册第 263 页

奚文焕
15714　奚文焕／＊革命人物志第 9 集第 111 页

翁文灏

15715　翁文灏其人其事 / 关德熙 // ＊传记文学 1980 年 36 卷 4 期
15716　翁文灏、王云五与金圆券的后遗症 / 白　瑜 // ＊传记文学 1980 年 37 卷 2 期
15717　翁文灏（1889—1971）/ 关志昌 // ＊传记文学 1983 年 42 卷 6 期，＊民国人物小传第 6 册第 240 页
15718　翁文灏对中共坦白书 / 翁文灏 // ＊传记文学 1993 年 62 卷 2 期
15719　从翁文灏日记看撰写坦白书的痛苦过程 / 翁文灏原稿、文威旻提供 // ＊传记文学 1993 年 63 卷 4 期
15720　翁文灏投共始末及其最后结局 / 文　洋 // ＊传记文学 1993 年 63 卷 4 期
15721　翁文灏 / 刘昭民 // ＊环华百科全书第 20 册第 258 页
15722　翁文灏其人其事 / 郭　桐 // ＊国共风云名人录第 4 集第 103 页

翁同龢

15723　翁同龢与戊戌维新 / 萧公权著、杨素献译 // ＊联经出版事业公司 1983 年 143 页
15724　康有为与翁同龢 / 沈云龙 // ＊春秋 1969 年 11 卷 4 期

翁俊明

15725　翁俊明烈士编年传记 / 黄敦涵 // ＊正中书局 1977 年 159 页
15726　耿耿此心在——翁俊明传 / 谢文阮 // ＊近代中国出版社 1977 年 6 月 264 页
15727　翁俊明传 / 翁倩玉、章君谷 // ＊"中央"日报 1990 年 581 页
15728　翁俊明志士 / ＊"中央"日报 1956 年 10 月 25 日，革命人物志第 13 集第 116 页
15729　翁俊明先生的一生 / 谢东闵 // ＊文献 1975 年 26 卷 3 期，＊革命人物志第 13 集第 110 页
15730　翁俊明（1891—1943）/ 邱奕松 // ＊传记文学 1978 年 32 卷 4 期，＊民国人物小传第 3 册第 154 页
15731　台湾情报战两大明星——黄昭明与翁俊明 / 乔家才 // ＊中外杂志 1981 年第 29 卷 3 期，＊戴笠将军和他的同志第 1 集第 277 页
15732　翁俊明 / 黎晋伟 / ＊革命人物志第 13 集第 104 页、第 118 页

翁独健

15733　翁独健 / 刘绍唐主编 // ＊传记文学 1997 年 71 卷 2 期

翁偶虹

15734　访京剧老作家翁偶虹 / 邵　芭 // ＊中报月刊 1984 年 54 期

翁照垣

15735　翁照垣（1892—1972）/ 关国煊 // ＊传记文学 1978 年 32 卷 4 期，＊民国人物小传第 3 册第 156 页

〔丶〕

高兰

15736　记高兰（1—3）——三十年代作家记之一 / 陈纪滢 // ＊中外杂志 1979 年 26 卷 4—6 期
15737　高　兰 / 陈纪滢 // ＊三十年代作家记第 273 页
15738　高　兰 / 舒　兰 // ＊抗战时期的新诗作家和作品第 265 页
15739　高　兰 / ＊环华百科全书第 8 册第 110 页

高旭

15740　高　旭 / 刘绍唐主编 // ＊传记文学 1995 年 67 卷 2 期

高岗

15741　毛泽东、高岗、饶漱石的恩怨（书简）/ 吴明山 // ＊传记文学 1993 年 62 卷 6 期
15742　高岗、饶漱石、刘志丹之死 / 王若望 // ＊传记文学 1994 年 65 卷 6 期
15743　高岗是如何被揭露出来的？/ 李培生 // ＊传记文学 1995 年 66 卷 1 期
15744　高　岗（1902—1956）/ 戴晋新 // ＊环华百科全书第 8 册第 112 页
15745　中央人民政府副主席高岗 / ＊新中国人物志（上）第 27 页

高亨

15746　高　亨 / 刘绍唐主编 // ＊传记文学 1993 年 62 卷 6 期

高 明
15747 高明传记文辑／高　明∥﹡黎明文化事业公司 1978 年 241 页
15748 高明教授／﹡中国一周 1966 年 820 期
15749 自述／高　明∥﹡中华学苑 1975 年 16 期
15750 高　明／﹡环华百科全书第 8 册第 98 页

高 信
15751 高　信／刘绍唐主编∥﹡传记文学 1993 年 63 卷 6 期

高 峻
15752 高　峻／﹡革命人物志第 4 集第 114 页
15753 纪高峰五君轶事／﹡革命人物志第 4 集第 115 页

高 梓
15754 高梓——女教育家的风范／杨芳芷∥﹡"中央"日报 1970 年 5 月 11 日
15755 致力教育的高梓女士／王子菁∥﹡中国一周 1958 年 441 期
15756 创作民族型的舞蹈——舞蹈先进高梓女士谈片／李德安∥﹡当代名人风范（2）第 461 页

高 鲁
15757 高　鲁／刘绍唐主编∥﹡传记文学 1987 年 51 卷 6 期

高 谟
15758 高　谟／王子经∥﹡革命人物志第 4 集第 127 页崏

高 崙
15759 谈岭南画派（高崙）／王化棠∥﹡畅流 1966 年 34 卷 3 期
15760 岭南画圣高奇峰／轧文清∥﹡艺文志 1968 年 28 期
15761 画圣高奇峰先生／欧豪年∥﹡广东文献 1976 年 5 卷 4 期
15762 高奇峰（1889—1933）／刘绍唐∥﹡传记文学 1976 年 29 卷 2 期
15763 高奇峰传略（1889—1933）／周邦道∥﹡华学月刊 1978 年 81 期，﹡近代教育先进传略（初集）第 380 页，﹡革命人物志第 22 集第 217 页
15764 记岭南三家（高剑父、高奇峰、陈树人）／赵少昂∥﹡大成 1981 年 87 期
15765 高奇峰其人其画／王绍通∥﹡广东文献 1983 年 13 卷 2 期
15766 高奇峰（1889—1933）／关志昌∥﹡民国人物小传第 2 册第 138 页
15767 祭高奇峰先生文（代）／曾克耑∥﹡颂桔庐文存第 15 卷第 8 页

高 歌
15768 高　歌／李立明∥﹡中国现代六百作家小传第 325 页

高 夔
15769 高　夔／刘绍唐主编∥﹡传记文学 1995 年 66 卷 5 期

高一涵
15770 高一涵／李立明∥﹡中国现代六百作家小传第 326 页
15771 高一涵／刘　葆∥﹡现代中国人物志第 214 页

高士其
15772 高士其／李立明∥﹡中国现代六百作家小传第 327 页

高士俊
15773 钱仲山（附高士俊、冯成瑞）／﹡革命人物志第 8 集第 202 页

高子铭
15774 国乐家高子铭／刘若熙∥﹡中国一周 1958 年 420 期
15775 高子铭／颜文雄∥﹡中国一周 1966 年 853 期

高天成
15776 敬悼高天成院长／吴德铭∥﹡"中央"日报 1964 年 8 月 17 日

15777 怀念高不凡先生／叶　曙 // *传记文学 1964 年 5 卷 3 期

高云览
15778 高云览／林曼叔等 // *中国当代作家小传第 67 页
15779 高云览／李立明 // *中国现代六百作家小传第 329 页

高云峰
15780 高云峰烈士事略／ *太原五百完人第 164 页

高长虹
15781 高长虹／李立明 // *中国现代六百作家小传第 328 页

高仁山
15782 高仁山(1894—1928)／ *传记文学 1973 年 22 卷 6 期，*民国人物小传第 1 册第 137 页
15783 高仁山(1894—1928)／周邦道 // *近代教育先进传略(初集)第 30 页

高月明
15784 高月明／黄震遐 // *中共军人志第 238 页

高去寻
15785 "侯家庄"报告书与考古学家高去寻／孙　如 // *书目季刊 1966 年 1 卷 1 期

高丕儒
15786 高丕儒／杨大实 // *革命人物志第 4 集第 104 页

高平子
15787 我所知道的高平子先生／秦启文 // *政论周刊 1956 年 103 期
15788 我的祖父高平子先生／高　渠 // *中国一周 1967 年 929 期
15789 高平子先生二三事／赵尺子 // *传记文学 1970 年 16 卷 5 期
15790 哭平子从兄／高君湘 // *传记文学 1970 年 17 卷 5 期
15791 我所认识的高平子先生／刘世超 // *传记文学 1970 年 17 卷 2 期
15792 高平子(1888—1970)／ *传记文学 1974 年 25 卷 2 期，*民国人物小传第 1 册第 138 页

高吉人
15793 高吉人(1902—1979)／于翔麟 // *传记文学 1981 年 38 卷 5 期，*民国人物小传第 5 册第 231 页

高名凯
15794 高名凯／刘绍唐主编 // *传记文学 1993 年 63 卷 2 期

高庆奎
15795 高庆奎／刘绍唐、沈苇窗 // *平剧史料丛刊 1974 年 1 辑
15796 高庆奎(1890—1942)／关志昌 // *传记文学 1984 年 44 卷 2 期

高寿恒
15797 高寿恒／胡遯园 // *贤不肖列传第 56 页

高志荣
15798 高志荣／黄震遐 // *中共军人志第 239 页

高志航
15799 铁翼雄风——高志航传／魏伟琦 // *近代中国出版社 1981 年 156 页
15800 高志航果毅英勇气吞河岳／又　青 // *畅流 1951 年 4 卷 3 期
15801 高志航将军传／栗　直 // *传记文学 1971 年 18 卷 4 期
15802 冒险犯难牺牲成仁的高志航烈士／尹　杰 // *军事杂志 1975 年 43 卷 11 期
15803 高志航(1908—1937)／ *传记文学 1975 年 26 卷 5 期，*民国人物小传第 2 册第 136 页
15804 高志航的一生／史　正 // *古今谈 1976 年 130 期
15805 高志航空战殉国记／庄又青 // *古今谈 1976 年 135、136 期
15806 空军英烈高志航(上、下)／黄大受 // *中外杂志 1977 年 22 卷 2、3 期
15807 空军军神高志航／罗敬伟 // *中外人物专辑第 6 辑第 151 页

15808　高志航 / 谭慧生 // *民国伟人传记第 289 页
15809　高志航(1908—1937) / 戴晋新 // *环华百科全书第 8 册第 130 页
15810　高志航 / *革命人物志第 4 集第 105 页

高芳先
15811　高芳先 / 刘绍唐主编 // *传记文学 1987 年 50 卷 1 期
15812　高芳先 / *革命人物志第 21 集第 308 页
15813　悼念抗战八年青岛保安总队长高芳先将军 / 李先良 // *革命人物志第 21 集第 313 页

高步瀛
15814　高步瀛的思想与著作 / 姚渔湘 // *大陆杂志 1958 年 17 卷 2 期
15815　追念先父高步瀛先生 / 姚高淑芳 // *传记文学 1970 年 17 卷 5 期
15816　高步瀛(1873—1940) / 董　璠 // *传记文学 1973 年 23 卷 4 期，*民国人物小传第 1 册第 139 页

高吹万
15817　先父吹万公百龄遐庆 / 高君湘 // *传记文学 1978 年 33 卷 2 期
15818　金山大儒高吹万先生 / 杨乃藩 // *江苏文献 1979 年 10 期

高启圭
15819　我的大学生活 / 高启圭 // *学府纪闻・国立武汉大学第 217 页

高君宇
15820　高君宇 / 关志昌 // *传记文学 1984 年 45 卷 2 期

高尚志
15821　高尚志 / 萧湘洲 // *革命人物志第 4 集第 112 页

高宗武
15822　高宗武在汉奸道路上的反覆 / 沈立行 // *传记文学 1994 年 65 卷 6 期
15823　高宗武探路汪精卫投敌始末 / 唐德刚 // *传记文学 1995 年 66 卷 2 期
15824　高宗武笑谈当年事 / 周　谷 // *传记文学 1995 年 66 卷 4 期

高树敏
15825　高树敏 / 王庚光 // *革命人物志第 4 集第 125 页

高拜石
15826　谈高拜石生平 / 林紫贵 // *新生报 1965 年 5 月 3 日
15827　敬悼高拜石先生 / 王　民 // *中国一周 1969 年 995 期
15828　高拜石(1901—1969) / 刘榮琮 // *传记文学 1975 年 27 卷 6 期，*民国人物小传第 2 册第 139 页
15829　高拜石春风骀荡 / 刘榮琮 // *民国人物纪闻第 251 页

高剑父
15830　折衷派国画创始者高剑父 / 容天圻 // *新闻报 1963 年 5 月 15 日
15831　高剑父与岭南派 / 容恒 // *"中央"日报 1965 年 10 月 10 日
15832　高剑父及其作品 / 陆耀华 // *中华日报 1969 年 8 月 5 日
15833　高剑父与岭南三大家 / 廖逊我 // *"中央"日报 1969 年 8 月 19 日
15834　忆高剑父先生 / 祝秀侠 // *自由中国 1951 年 5 卷 3 期
15835　革命画家高剑父先生 / 谢落红 // *建设 1955 年 3 卷 9 期
15836　高剑父其人其事 / 陆耀华 // *中国一周 1969 年 1010 期
15837　高剑父先生画艺之革新思想 / 梁寒操 // *革命思想 1969 年 27 卷 3 期
15838　岭南画派创始人高剑父 / *美哉中华 1969 年 11 期
15839　革命画家高剑父——概论及年表(上、中、下) / 简又文 // *传记文学 1972 年 21 卷 6 期—1973 年 22 卷 3 期
15840　高剑父(1879—1951) / 关国煊 // *传记文学 1978 年 32 卷 6 期，*民国人物小传第 3 册第 143 页，*革命人物志第 20 集第 157 页

15841 记岭南三家(高剑父、高奇峰、陈树人)／赵少昂／／﹡大成 1981 年 87 期
15842 高剑父(1879—1951)／廖雪芳／／﹡环华百科全书第 8 册第 118 页

高恩洪
15843 俭朴刚毅的高恩洪／周轩德／／﹡传记文学 1966 年 9 卷 2 期

高祖宪
15844 高祖宪／宋联奎／／﹡革命人物志第 4 集第 118 页
15845 祭高又宜先生文／于右任／／﹡革命人物志第 4 集第 120 页
15846 黎锦熙跋(高又宜先生史料)／黎锦熙／／﹡革命人物志第 4 集第 121 页

高桂滋
15847 高桂滋／刘绍唐主编／／﹡传记文学 1993 年 63 卷 4 期

高致嵩
15848 高致嵩／﹡革命人物志第 18 集第 136 页

高凌百
15849 高凌百坐八望九尤健在(书简)／田雨时／／﹡传记文学 1987 年 50 卷 6 期

高凌霨
15850 高凌霨(1870—1939)／关国煊／／﹡传记文学 1983 年 42 卷 6 期，﹡民国人物小传第 6 册第 234 页
15851 高凌霨／贾士毅／／﹡民国初年的几任财政总长第 92 页
15852 代理国务总理高凌霨／赵朴民／／﹡北洋政府国务总理列传第 222 页

高海廷
15853 烈士高海廷传／宗　鲁／／﹡革命人物志第 4 集第 117 页

高理文
15854 高理文回忆录／高理文／／﹡传记文学 1996 年 69 卷 1—3 期

高梦旦
15855 悼梦旦高公／庄　俞／／﹡东方杂志 1936 年 33 卷 18 期
15856 高凤谦(1869—1936)／﹡传记文学 1974 年 24 卷 1 期，﹡民国人物小传第 1 册第 141 页
15857 高梦旦、杨效春、程时煃／周邦道／／﹡中外杂志 1976 年 20 卷 2 期
15858 高梦旦传略——当代教育先进传略初集稿之一／周邦道／／﹡华学月刊 1979 年 92 期，﹡近代教育先进传略(初集)第 351 页
15859 高凤谦／李立明／／﹡中国现代六百作家小传第 330 页

高梓才
15860 高梓才／高　睿／／﹡革命人物志第 11 集第 73 页

高盛麟
15861 富连成点将录(上)：富社的武生行(李盛斌、杨盛春、高盛麟)／齐　崧／／﹡传记文学 1975 年 26 卷 5 期

高崇民
15862 高崇民／刘绍唐主编／／﹡传记文学 1987 年 51 卷 1 期
15863 高崇民被"四人帮"折磨而死／白竟凡／／﹡传记文学 1993 年 62 卷 6 期

高逸鸿
15864 花鸟画家高逸鸿／张清桂／／﹡中国一周 1959 年 499 期
15865 中国艺术之光(高逸鸿)／薛光前／／﹡中国一周 1966 年 870 期
15866 画坛圣手高逸鸿／﹡美哉中华 1969 年 3 期
15867 哀悼高逸鸿先生／邵德润／／﹡大成 1982 年 104 期
15868 悼高逸鸿先生／陈长华／／﹡大成 1982 年 103 期
15869 怀念高逸鸿先生／于　衡／／﹡大成 1982 年 104 期
15870 我与逸鸿兼论其书艺／李超哉／／﹡大成 1982 年 104 期

15871 怀念高逸鸿先生／刘　真／／＊中国语文 1983 年 52 卷 6 期
15872 神韵与性情——纪念高逸鸿先生逝世一周年／刘延涛／／＊大成 1983 年 116 期

高惜冰
15873 认识高惜冰先生的追忆／刘毅夫／／＊传记文学 1985 年 46 卷 2 期
15874 高惜冰（1894—1984）／于翔麟／／＊传记文学 1985 年 46 卷 2 期

高鸿缙
15875 怀念高鸿缙老师／赖炎元／／＊"中央"日报 1963 年 10 月 24 日
15876 怀念高笏之老师／赖炎元／／＊国语日报 1965 年 12 月 18 日
15877 先叔高鸿缙先生／高绪价／／＊国语日报 1965 年 12 月 18 日
15878 高笏之教授与钟鼎款识之学／胡自逢／／＊国语日报 1965 年 12 月 18 日
15879 追念高鸿缙先生／谢冰莹／／＊传记文学 1972 年 20 卷 2 期
15880 高鸿缙（1891—1963）／何广棪／／＊传记文学 1975 年 26 卷 5 期，＊民国人物小传第 2 册第 140 页

高渔山
15881 高渔山／冯国瑞／／＊革命人物志第 11 集第 74 页

高维嵩
15882 高维嵩／黄震遐／／＊中共军人志第 239 页

高维廉
15883 高维廉先生诔辞／郑子瑜／／＊南洋学报 1956 年 12 卷 2 期

高彭年
15884 高彭年／＊革命人物志第 4 集 122 页

高智远
15885 高智远／＊革命人物志第 18 集第 137 页

高照林
15886 高照林事略／＊革命人物志第 4 集第 123 页

高魁元
15887 高魁元／编纂组／／＊环华百科全书第 8 册第 115 页

高锦花
15888 高锦花／颜文雄／／＊中国一周 1966 年 854 期

高鹏云
15889 高鹏云（1897—1977）／于翔麟／／＊传记文学 1984 年 45 卷 2 期

高鹏翼
15890 高鹏翼／＊革命人物志第 4 集第 128 页

高新华
15891 高新华／卢懋原／／＊革命人物志第 4 集第 123 页

高福枏
15892 高福枏／冯　平／／＊革命人物志第 4 集第 124 页

高觐昌
15893 高觐昌墓志铭／冯　煦／／＊碑传集三编第 5 册第 1257 页

郭　忏
15894 郭　忏（1894—1950）／于翔麟／／＊传记文学 1980 年 36 卷 4 期，＊民国人物小传第 4 册第 306 页
15895 郭　忏／＊革命人物志第 12 集第 295 页

郭　坚
15896 郭　坚／蔡屏藩／／＊革命人物志第 8 集第 102 页

郭　泉
15897 郭　泉（1879—1966）／关志昌／／＊传记文学 1981 年 38 卷 1 期，＊民国人物小传第 5 册第 307 页

郭 斌
15898 郭　斌／刘绍唐主编／／＊传记文学 1993 年 63 卷 1 期
郭 强
15899 郭　强／黄震遐／／＊中共军人志第 332 页
郭 筠
15900 郭　筠(1843—1916)／王盛涛／／＊传记文学 1984 年 45 卷 2 期
郭 鹏
15901 郭　鹏／黄震遐／／＊中共军人志第 333 页
郭 澄
15902 郭镜秋先生纪念集／＊郭镜秋先生纪念集编辑小组编印 1981 年 250 页
15903 郭澄与徐蚌／永　祚／／＊"中央"日报 1965 年 8 月 29 日
15904 悼郭镜秋兄／郑彦棻／／＊中外杂志 1980 年 28 卷 6 期
15905 追忆郭镜秋兄／谷正纲／／＊中外杂志 1982 年 32 卷 4 期
15906 郭澄(1907—1980)／于翔麟／／＊民国人物小传第 4 册第 302 页
15907 郭澄(1907—1980)／＊革命人物志第 23 集第 107 页
15908 悼念镜秋兄／蒋彦士／／＊革命人物志第 23 集第 112 页
15909 纪念郭镜秋先生／卢学礼／／＊革命人物志第 23 集第 117 页
15910 永怀同谊／郭　骥／／＊革命人物志第 23 集第 120 页
郭 霖
15911 悼念郭霖教授／萧　正／／＊学府纪闻・国立武汉大学第 181 页
郭 骥
15912 学生生活的回忆／郭　骥／／＊中外杂志 1975 年 18 卷 4 期
郭大力
15913 郭大力小传(1905—1976)／关志昌／／＊传记文学 1983 年 42 卷 3 期，＊民国人物小传第 6 册第 345 页
郭广文
15914 郭广文／＊革命人物志第 8 集第 103 页
郭小川
15915 郭小川(1919—1976)／关志昌／／＊传记文学 1982 年 41 卷 4 期，＊民国人物小传第 6 册第 350 页
15916 郭小川／林曼叔等／／＊中国当代作家小传第 101 页
15917 郭小川／李立明／／＊中国现代六百作家小传第 402 页
15918 悼郭小川同志／何其芳／／＊中国现代作家资料选辑第 2 集第 102 页
郭小庄
15919 岁月的脚步：我的剧艺生活／郭小庄／／＊大成 1980 年 80 期
郭天民
15920 郭天民／黄震遐／／＊中共军人志第 326 页
郭化若
15921 郭化若／刘绍唐主编／／＊传记文学 1996 年 68 卷 4 期
15922 郭化若／黄震遐／／＊中共军人志第 328 页
郭公接
15923 郭公接传／邹　鲁／／＊革命人物志第 6 集第 115 页，＊邹鲁全集第 9 册第 317 页
郭文元
15924 郭文元／＊革命人物志第 8 集第 87 页
郭文萱
15925 郭文萱／刘绍唐主编／／＊传记文学 1997 年 71 卷 5 期

郭永彪
15926 　郭永彪 / 黄震遐 // ＊中共军人志第 330 页
郭有守
15927 　我所知道的郭有守先生 / 胡品清 // ＊联合报 1964 年 3 月 1 日
15928 　忆郭有守先生 / 江　鸟 // ＊中报月刊 1983 年 36 期
郭成柱
15929 　郭成柱 / 黄震遐 // ＊中共军人志第 329 页
郭廷以
15930 　辛勤开拓中国近代史研究的郭廷以先生 / 吕实强 // ＊中华文化复兴月刊 1975 年 8 卷 4 期，＊革命人物志第 22 集第 267 页
15931 　郭廷以与近代史学风 / 王尔敏 // ＊中外杂志 1975 年 18 卷 6 期
15932 　敬悼郭量宇先生 / 沈云龙 // ＊传记文学 1975 年 27 卷 5 期
15933 　郭廷以（1903—1975）/ 郑孝颖 // ＊传记文学 1977 年 30 卷 6 期，＊民国人物小传第 3 册 223 页
15934 　追念一代学人郭廷以先生 / 李　焕 // ＊传记文学 1995 年 66 卷 1 期
15935 　郭廷以（1903—1975）/ ＊环华百科全书第 8 册第 286 页
15936 　近代史先锋郭廷以 / 应平书 // ＊学人风范第 98 页
15937 　郭廷以 / ＊革命人物志第 22 集第 251 页
15938 　记郭量宇师改变我一生的几次谈话 / 陈三井 // ＊传记文学 1995 年 66 卷 1 期
郭兆华
15939 　六十自述 / 郭兆华 // ＊广文书局 1969 年 188 页
郭汝栋
15940 　郭上将汝栋传略 / 刘雨卿 // ＊四川文献 1965 年 29 期，＊民国四川人物传记第 259 页
15941 　郭汝栋 / 刘绍唐主编 // ＊传记文学 1995 年 66 卷 2 期
郭安仁
15942 　丽尼 / 李立明 // ＊中国现代六百作家小传第 571 页
郭克悌
15943 　郭克悌电解松花江——小丰满电厂悲壮史 / 陈嘉骥 // ＊中外杂志 1976 年 19 卷 6 期
15944 　郭克悌（1898—1971）/ ＊传记文学 1978 年 33 卷 5 期，＊民国人物小传第 3 册第 221 页
15945 　郭克悌学长传略 / ＊学府纪闻·国立河南大学 206 页
15946 　郭克悌 / ＊革命人物志第 22 集第 284 页
郭坚忍
15947 　郭坚忍 / 杜负翁 // ＊"中央"日报 1961 年 4 月 10、11 日
郭秀峰
15948 　郭秀峰 / ＊革命人物志第 17 集第 223 页
郭希仁
15949 　郭希仁（1871—1913）/ 周邦道 // ＊近代教育先进传略（初集）第 325 页
15950 　郭希仁 / ＊革命人物志第 8 集第 88 页
15951 　郭希仁先生事略 / 温良儒 // ＊革命人物志第 8 集第 91 页
郭希鹏
15952 　郭希鹏 / 刘绍唐主编 // ＊传记文学 1992 年 60 卷 2 期
郭英夫
15953 　郭英夫 / ＊革命人物志第 6 集第 119 页
郭松龄
15954 　近代边才史咏（郭松龄）/ 钱公来 // ＊畅流 1952 年 5 卷 8 期
15955 　郭松龄倒戈失败经纬 / 马逸夫 // ＊春秋 1967 年 6 卷 4 期

15956 郭松龄滦州兵变始末 / 田布衣 // *春秋 1968 年 9 卷 4 期
15957 林宗孟与郭松龄 / 梁敬錞 // *传记文学 1969 年 15 卷 5 期
15958 先兄郭松龄将军传 / 郭大鸣 // *传记文学 1970 年 16 卷 2 期
15959 郭松龄倒张作霖真相——陈嘉骥《东北壮游》读后 / 丁沛涛 // *中外杂志 1981 年 29 卷 4 期
15960 民初人物印象记 / 马伯援 // *传记文学 1984 年 44 卷 5 期
15961 郭松龄倒戈的戏剧性 / *军阀现形记第 309 页

郭国基
15962 郭国基盖棺论定 / 余 斌 // *自立晚报 1970 年 6 月 9 日
15963 郭国基(1900—1970) / 陈宏正 // *传记文学 1980 年 36 卷 6 期, *民国人物小传第 4 册第 305 页

郭明昆
15964 郭明昆及其遗著 / 陶希圣 // *新时代 1961 年 1 卷 12 期

郭典三
15965 郭典三 / 林一厂 // *革命人物志第 6 集第 117 页

郭忠田
15966 郭忠田 / 黄震遐 // *中共军人志第 331 页

郭秉文
15967 郭秉文先生纪念文集 / 张其昀等 // *中华学术院 1971 年 307 页
15968 郭秉文校长行状 / 高 明 // *"中央"日报 1969 年 9 月 14 日, *教育与文化 1969 年 384 期
15969 郭师秉文的办学方针 / 张其昀 // *"中央"日报 1969 年 9 月 19 日, *教育与文化 1969 年 384 期
15970 "中国哲人"郭秉文先生 / 王成圣 // *中外杂志 1969 年 6 卷 5 期, *教育与文化 1969 年 384 期, *中外人物专辑第 1 辑第 109 页
15971 郭秉文先生"南高""东大" / 朱耀祖 // *教育与文化 1969 年 384 期
15972 郭秉文先生与国际文教合作 / 朱耀祖 // *中国一周 1969 年 1008 期
15973 业师郭鸿声先生教泽追思录 / 吴俊升 // *教育与文化 1969 年 384 期, *中国一周 1969 年 1019 期
15974 追忆郭师秉文二三事 / 伍天纬 // *教育与文化 1969 年 384 期
15975 敬悼郭秉文先生 / 顾翊群 // *中外杂志 1969 年 6 卷 4 期, *教育与文化 1969 年 384 期
15976 哀先信忆母校——追东大念郭秉文校长 / 宋兆珩 // *中外杂志 1969 年 6 卷 4 期, *教育与文化 1969 年 384 期
15977 追忆郭鸿声先生 / 程其保 // *传记文学 1970 年 17 卷 3 期
15978 我所敬仰的郭秉文先生 / 宋 晞 // *中外杂志 1970 年 7 卷 3 期
15979 追念郭秉文先生 / 薛光前 // *传记文学 1970 年 17 卷 1 期, *故人与往事第 61 页
15980 郭秉文(1879—1967) / *传记文学 1973 年 23 卷 4 期, *民国人物小传第 1 册第 199 页
15981 郭秉文传略 / 周邦道 // *中外杂志 1975 年 18 卷 4 期, *华学月刊 1975 年 47 期, *江苏文献 1979 年 10 期
15982 郭秉文先生于抗战时期对国家的贡献 / 宋 晞 // *传记文学 1978 年 32 卷 1 期
15983 郭秉文与中大 / 卢月化 // *中外杂志 1984 年 35 卷 6 期
15984 郭秉文 / 周邦道 // *近代教育先进传略(初集)第 63 页

郭沫若
15985 我的结婚 / 郭沫若 // (香港)强华书局再版 61 页
15986 怀念郭沫若 / (香港)三联书店编辑出版
15987 郭沫若批判 / 史 剑 // (香港)亚洲出版社 1954 年 249 页
15988 沫若自传(1—4)——少年时代,学生时代,革命春秋,洪波曲 / 郭沫若 // (香港)生活·读书·新知三联书店 1978 年
15989 郭沫若总论:三十至八十年代中央文化活动的缩影 / 全达凯 // *商务印务印书馆 1988 年 476 页
15990 林语堂与郭沫若一场论战 / 秦 明 // *艺文志 1966 年 10 期

15991 郭沫若小传／李立明∥＊时代批评1971年32卷5期
15992 郭沫若(1892—1978)／关国煊∥＊传记文学1978年第33卷3期,＊民国人物小传第3册
15993 郭沫若中国古史研究的历程／逯耀东∥＊明报月刊1983年1期
15994 郭沫若／方雪纯等∥＊中共人名录第429页
15995 郭沫若／林曼叔等∥＊中国当代作家小传第1页
15996 郭沫若／李立明∥＊中国现代六百作家小传第403页
15997 忆郭老在日本二三事／林　林∥＊中国现代作家资料选粹第2集第131页
15998 王国维与郭沫若／曹聚仁∥＊文坛五十年正编第186页
15999 郭沫若／王森然∥＊近代二十家评传第362页
16000 郭沫若／孙　陵∥＊我熟识的三十年代作家第89页
16001 郭沫若／钱杏村∥＊现代中国文学作家第1卷第55页
16002 郭沫若／李立明∥＊现代中国作家评传(一)第141页
16003 郭沫若／方　青∥＊现代文坛百象第28页
16004 郭沫若／姚乃麟∥＊现代作家论第1页
16005 郭沫若(1892—1978)∥＊环华百科全书第8册第285页
16006 政务院副总理郭沫若／荀　芷∥＊新中国人物志(上)第39页

郭宝钧
16007 郭宝钧／刘绍唐主编∥＊传记文学1994年65卷3期

郭绍虞
16008 郭绍虞(1893—1984)／关志昌∥＊传记文学1984年45卷3期
16009 郭绍虞／李立明∥＊中国现代六百作家小传第404页

郭春山
16010 郭春山／丁秉鐩∥＊传记文学1979年34卷2期

郭春光
16011 郭春光／∥＊革命人物志第8集第101页

郭春涛
16012 中央政治法律委员会委员郭春涛／∥＊新中国人物志(下)第15页

郭栋臣
16013 郭栋臣／方　豪∥＊中国天主教人物传第3册第256页

郭树械
16014 郭树械／∥＊革命人物志第6集第120页

郭思演
16015 郭思演／刘绍唐主编∥＊传记文学1995年66卷5期

郭勋祺
16016 郭勋祺／刘绍唐主编∥＊传记文学1993年62卷1期

郭俊卿
16017 郭俊卿／黄震遐∥＊中共军人志第332页

郭炳坤
16018 郭炳坤／黄震遐∥＊中共军人志第331页

郭美丞
16019 郭美丞先生传略／黄天爵∥＊中国一周1962年652期
16020 郭美丞／郭薰风∥＊华侨名人传第180页

郭冠杰
16021 中央政治法律委员会委员郭冠杰／∥＊新中国人物志(下)第31页

郭泰祺
16022 悼念郭泰祺先生／陶希圣∥＊"中央"日报1952年3月9日

16023 郭泰祺氏行略 / ＊"中央"日报 1952 年 3 月 14 日
16024 悼郭复初先生 / 罗家伦 // ＊"中央"日报 1952 年 3 月 16 日
16025 哀悼外交斗士郭复初 / 罗家伦 // ＊新生报 1952 年 3 月 16 日
16026 卓越的外交家郭泰祺 / 周芳世 // ＊艺文志 1966 年 7 期
16027 郭泰祺(1890—1952) / 赵立成 // ＊传记文学 1976 年 29 卷 5 期, ＊民国人物小传第 2 册第 194 页
16028 郭泰祺是怎样被免职的? / 李铁铮 // ＊传记文学 1993 年 62 卷 6 期

郭恩智
16029 郭恩智 / 黄震遐 // ＊中共军人志第 331 页

郭润轩
16030 郭润轩 / ＊革命人物志第 8 集第 109 页

郭继枚
16031 郭继梅 / 竞　争 // ＊革命人物志第 6 集第 121 页

郭乾辉
16032 郭乾辉诱捕廖承志 / 庄祖芳 // ＊传记文学 1992 年 61 卷 5 期

郭寄峤
16033 追念合肥郭寄峤将军 / 蔡孟坚 // ＊传记文学 1998 年 73 卷 5 期
16034 一代名将郭寄峤将军 / 王治美 // ＊传记文学 1998 年 73 卷 6 期

郭琳爽
16035 郭琳爽 / 刘绍唐主编 // ＊传记文学 1999 年 75 卷 4 期

郭景鸾
16036 郭景鸾 / ＊革命人物志第 18 集第 189 页

郭聘帛
16037 郭聘帛 / ＊革命人物志第 8 集第 104 页
16038 郭聘帛烈士死难颠末 / 娄伯棠 // ＊革命人物志第 8 集第 106 页

郭楚茅
16039 郭烈士楚茅传略 / ＊川籍抗战忠烈录第 103 页

郭德权
16040 闲话留俄往事 / 郭德权 // ＊传记文学 1976 年 29 卷 4 期
16041 二次大战任驻俄武官的回忆 / 郭德权 // ＊传记文学 1977 年 30 卷 5 期
16042 二次大战方酣险渡新疆 / 郭德权 // ＊传记文学 1977 年 30 卷 3 期

郭履洲
16043 郭履洲铁胆佛心 / 乔家才 // ＊戴笠将军和他的同志第 2 集第 59 页

席正铭
16044 席正铭 / 平　刚 // ＊革命人物志第 4 集第 102 页

席成元
16045 烈士席成元墓表 / 赖　肃 // ＊四川文献 1964 年 23 期, ＊民国四川人物传记第 74 页
16046 席成元 / ＊革命人物志第 4 集第 103 页

席兴群
16047 从事摄影工作的回忆 / 席兴群 // ＊传记文学 1971 年 19 卷 3 期

席德进
16048 记同乡画家席德进(附席德进的算术) / 王联奎 // ＊大成 1981 年 94 期
16049 我学画的故事 / 席德进 // ＊今日生活 1981 年 179 期
16050 席德进曾经勇猛的活过 / 程榕宁 // ＊自由谈 1981 年 32 卷 9 期
16051 席德进艺事札记 / 席德进 // ＊艺坛 1981 年 162 期
16052 永念席德进兄 / 郑彦棻 // ＊中外杂志 1981 年 30 卷 4 期

16053　席德进(1923—1981) / 关国煊 // *传记文学 1982 年 41 卷 2 期,*民国人物小传第 6 册第 233 页
16054　席德进与张大千 / 王联奎 // *中外杂志 1983 年 33 卷 5 期

席德懋

16055　记席建侯先生 / 姚崧龄 // *传记文学 1969 年 14 卷 4 期
16056　席德懋(1892—1952) / 姚崧龄 // *传记文学 1976 年 28 卷 1 期,*民国人物小传第 2 册第 133 页

效坦斋

16057　效坦斋 / *革命人物志第 10 集第 290 页

唐 云

16058　访沈柔坚、关良、吕蒙、唐云、程十发 / 莫一点 // *明报月刊 1980 年 15 卷 3 期

唐 兰

16059　唐　兰(1900—1979) / 关志昌 // *传记文学 1980 年 37 卷 4 期,*民国人物小传第 4 册第 202 页

唐 级

16060　唐烈士级传略 / *川籍抗战忠烈录第 100 页

唐 纳

16061　忆唐纳 / 徐铸成 // *文汇报 1980 年 9 月 14 日
16062　在巴黎遇见唐纳 / 陈纪滢 // *大成 1985 年 135 期
16063　江青前夫唐纳的一生 / 郑仁佳 // *传记文学 1995 年 66 卷 5 期

唐 纵

16064　怀念知友唐纵先生 / 蔡孟坚 // *大成 1981 年 97 期
16065　唐　纵(1905—1981) / 张　珂 // *传记文学 1982 年 41 卷 1 期,*民国人物小传第 6 册第 198 页
16066　永怀唐乃建兄 / 郑彦棻 // *中外杂志 1982 年 32 卷 5 期
16067　悼念唐乃建先生 / 阮毅成 // *传记文学 1982 年 41 卷 4 期
16068　怀念唐乃建兄(为纪念唐乃建兄逝世周年作) / 刘　真 // *传记文学 1982 年 41 卷 4 期
16069　从结识戴笠到任职侍从室——唐纵失落在大陆的日记(1—21) / *传记文学 1992 年 60 卷 3—6 期,1992 年 61 卷 1—6 期,1993 年 62 卷 1—6 期,1993 年
16070　唐纵从侍从室到警察总署 / 沈重宇 // *传记文学 1992 年 60 卷 5 期
16071　我所认识的唐纵 / 沈　醉 // *传记文学 1993 年 63 卷 6 期
16072　唐　纵 / *革命人物志第 21 集第 330 页
16073　唐纵先生与我 / 左曙萍 // *革命人物志第 21 集第 333 页

唐 弢

16074　三十年代崭露头角的杂文家唐弢 / 黄俊东 // *中国学生周报 1972 年 3 月 24 日
16075　再写唐弢 / 黄俊东 // *中国学生周报 1972 年 3 月 31 日
16076　唐　弢 / 刘绍唐主编 // *传记文学 1992 年 60 卷 5 期
16077　唐　弢 / 林曼叔 // 中国当代作家小传第 89 页
16078　唐　弢 / 李立明 // *中国现代六百作家小传第 323 页
16079　唐　弢 / 黄俊东 // 现代中国作家剪影第 206 页
16080　鲁迅与唐弢 / 马蹄疾 // *鲁迅与浙江作家第 273 页

唐 驼

16081　武进唐驼轶事 / 恽茹辛 // *大成 1978 年 52 期

唐 亮

16082　唐　亮 / 黄震遐 // *中共军人志第 263 页

唐 钺

16083　唐　钺 / 李立明 // *文坛月刊 1972 年 327 期,*中国现代六百作家小传第 324 页

唐 雄

16084　访唐雄记者生涯三十年 / 汪有序 // *"中央"日报 1959 年 4 月 4 日

唐 循
16085 唐　循 ／ *革命人物志第 3 集第 436 页，*革命人物志第 20 集第 136 页

唐 智
16086 唐　智 ／ 刘绍唐主编 ／／ *传记文学 1993 年 62 卷 3 期

唐 新
16087 唐新与华中敌后工作 ／ 乔家才 ／／ *戴笠将军和他的同志第 1 集第 121 页

唐 蟒
16088 名父之子唐蟒 ／ 胡耐安 ／／ *中外杂志 1977 年 21 卷 1 期
16089 唐　蟒 ／ 胡遜园 ／／ *贤不肖列传第 180 页

唐一禾
16090 记"武昌艺专"——唐粹盦、唐一禾兄弟的奋斗小史 ／ 陈克环 ／／ *传记文学 1975 年 27 卷 6 期

唐士煊
16091 唐士煊未任蒋介石秘书（书简） ／ 王绍齐 ／／ *传记文学 1992 年 60 卷 5 期

唐才常
16092 唐才常年谱长编 ／ 陈善伟 ／／ （香港）中文大学出版社 1990 年 2 册
16093 闲话唐才常、有壬父子 ／ 过雨青 ／／ *春秋 1968 年 9 卷 2 期

唐义精
16094 记"武昌艺专"——唐粹盦、唐一禾兄弟的奋斗小史 ／ 陈克环 ／／ *传记文学 1975 年 27 卷 6 期

唐子安
16095 唐子安 ／ 黄震遐 ／／ *中共军人志第 256 页

唐天际
16096 唐天际 ／ 黄震遐 ／／ *中共军人志第 257 页

唐文治
16097 茹经先生自订年谱（附冯振编茹经著作年表一卷） ／ 唐文治 ／／ *广文书局 1971 年 130 页
16098 茹经唐蔚芝先生 ／ 王　震 ／／ *人生 1954 年 9 卷 3 期
16099 记茹经老人太仓唐蔚芝先生 ／ 凌鸿勋 ／／ *传记文学 1964 年 5 卷 4 期
16100 唐文治(1865—1954) ／ *传记文学 1973 年 23 卷 3 期，*民国人物小传第 1 册第 127 页
16101 唐蔚芝先生 ／ *中华国学 1977 年 6 期
16102 记校长唐蔚芝先生 ／ 凌鸿勋 ／／ *交通大学六十周年纪念征文集第 1 页

唐玉瑞
16103 怀念两位善良而杰出的女性（唐玉瑞） ／ 傅　岩 ／／ *传记文学 1982 年 41 卷 6 期

唐平铸
16104 唐平铸 ／ 黄震遐 ／／ *中共军人志第 260 页

唐生明
16105 唐生智、生明两兄弟演政治双簧 ／ 吴中佑 ／／ *传记文学 1995 年 66 卷 4 期
16106 我奉蒋介石命参加汪伪政权的经过 ／ 唐生明 ／／ *传记文学 1995 年 66 卷 4 期

唐生智
16107 如来佛与唐生智 ／ 吴相湘 ／／ *传记文学 1966 年 8 卷 3 期
16108 唐生智(1890—1970) ／ 关国煊 ／／ *传记文学 1980 年 37 卷 4 期，*民国人物小传第 4 册第 204 页
16109 记唐生智南京败绩之役 ／ 胡式星 ／／ *艺文志 1909 年 51 期
16110 唐生智、生明两兄弟演政治双簧 ／ 吴中佑 ／／ *传记文学 1995 年 66 卷 4 期
16111 唐生智投共前后与"文革"时"一记耳光而逝" ／ 李吉苏 ／／ *传记文学 1995 年 66 卷 4 期
16112 予智自雄唐生智 ／ 胡耐安 ／／ *中外人物专辑第 6 辑第 17 页
16113 唐生智一生不智 ／ *军阀现形记第 409 页
16114 唐生智(1890—1970) ／ 高文怡 ／／ *环华百科全书第 5 册第 370 页

唐尔镛

16115　唐尔镛(1863—1915) / 周邦道等 // *近代教育先进传略(初集)第 405 页

唐式遵

16116　我所知道的唐式遵 / 周大中 // *"中央"日报 1950 年 6 月 13 日
16117　唐式遵将军殉难记 / 周开庆 // *畅流 1957 年 15 卷 11 期
16118　唐式遵将军传 / 华　生 // *四川文献 1963 年 16 期
16119　临危授命的唐式遵将军 / 刘程远 // *政治评论 1965 年 14 卷 10 期
16120　追怀唐式遵将军 / 怀　襄 // *四川文献 1969 年 78 期
16121　纪念唐式遵将军专辑 / 周开庆等 // *四川文献 1980 年 174 期
16122　唐式遵(1885—1950) / 林抱石等 // *传记文学 1980 年 37 卷 2 期，*民国人物小传第 4 册第 208 页
16123　唐式遵 / 周开庆 // *民国四川人物传记第 107 页，*革命人物志第 17 集第 155 页

唐有壬

16124　闲话唐才常、有壬父子 / 过雨青 // *春秋 1968 年 9 卷 2 期
16125　多彩多姿的唐有壬 / 张梦九 // *畅流 1968 年 37 卷 2 期
16126　风流次长唐有壬 / 胡耐安 // *中外杂志 1975 年 17 卷 2 期
16127　唐有壬 / 胡邂园 // *贤不肖列传第 175 页

唐延杰

16128　唐延杰 / 黄震遐 // *中共军人志第 261 页

唐自起

16129　唐自起 / *革命人物志第 9 集第 112 页

唐关荣

16130　唐关荣感慨话慈湖 / 林佩韦 // *传记文学 1995 年 67 卷 2 期

唐守治

16131　唐守治(1907—1975) / 于翔麟 // *传记文学 1981 年 38 卷 1 期，*民国人物小传第 5 册第 221 页
16132　唐守治 / *革命人物志第 15 集第 192 页

唐伯岳

16133　唐伯岳 / *文献 1972 年 23 卷 3 期，*革命人物志第 12 集第 229 页

唐君铂

16134　敬悼中科院创建人唐君铂将军 / 王奂若 // *传记文学 1999 年 74 卷 4 期

唐君毅

16135　唐君毅先生纪念文集 / 冯爱群 // *学生书局 1979 年 5 月 696 页
16136　唐君毅先生的哲学 / 李　杜 // *学生书局 1983 年 4 月 192 页
16137　唐君毅教授学术述略 / 李　杜 // *华学月刊 1975 年 46 期
16138　唐君毅先生的学术与生平 / 李思华 // *书评书目 1978 年 60 期
16139　沐春风 诉天志——忆唐师君毅 / 陆达诚 // *鹅湖 1978 年 3 卷 12 期
16140　唐君毅(1909—1978) / 关国煊 // *传记文学 1978 年 33 卷 2 期，*民国人物小传第 3 册第 126 页
16141　唐君毅先生纪念专号 / 牟宗三等 // *鹅湖 1978 年 3 卷 9 期
16142　唐君毅先生纪念专号之二 / 林镇国等 // *鹅湖 1978 年 3 卷 10 期
16143　唐君毅先生纪念专辑 / 周绍贤等 // *哲学与文化 1978 年 5 卷 4 期
16144　敬悼唐君毅先生之生平与志业 / 曾昭旭 // *近代中国思想人物论第 6 册第 447 页
16145　文化沙漠中的垦荒者——永怀春风化雨的唐君毅先生 / 梁桂珍 // *幼狮月刊 1978 年 47 卷 5 期
16146　追思至德郁文的唐君毅先生——记东方人文学会之成立 / 孙鼎宸 // *鹅湖 1978 年 3 卷 12 期
16147　忆唐君毅先生与他的文化运动 / 徐　讦 // *大成 1978 年 54 期
16148　论唐君毅先生之价值 / 曾昭旭 // *四川文献 1979 年 173 期

16149 对我哥哥的一些回忆 / 慈 幼 // *书目季刊 1981 年 14 卷 4 期
16150 怀念唐君毅先生 / 蔡仁厚 // *书目季刊 1981 年 14 卷 4 期
16151 回应西方文化挑战的巨人 / 唐端正 // *书目季刊 1981 年 14 卷 4 期
16152 记唐君毅先生晚年二三事 / 孙守立 // *书目季刊 1981 年 14 卷 4 期
16153 家居生活中的唐君毅先生 / 徐珍妮、廖宝泉 // *书目季刊 1981 年 14 卷 4 期
16154 慕念唐师(唐君毅) / 汤承业 // *书目季刊 1981 年 14 卷 4 期
16155 唐君毅与西方哲学会议 / 陈荣捷 // *书目季刊 1981 年 14 卷 4 期
16156 唐师的"深淘沙宽作堰"精神 / 黄兆强 // *书目季刊 1981 年 14 卷 4 期
16157 我的哥哥 / 至 中 // *书目季刊 1981 年 14 卷 4 期
16158 我所感受于唐君毅先生者 / 周群振 // *书目季刊 1981 年 14 卷 4 期
16159 忆大哥 / 宁 孺 // *书目季刊 1981 年 14 卷 4 期
16160 忆先夫唐君毅先生 / 谢方回 // *书目季刊 1981 年 14 卷 4 期
16161 追忆唐君毅先生 / 梁宜生 // *书目季刊 1981 年 14 卷 4 期
16162 长慕吾师——唐君毅先生逝世三周年纪念 / 汤承业 // *中国国学 1981 年 9 期
16163 记君毅先生若干事 / 晓 若 // *鹅湖 1984 年 9 卷 8 期
16164 怀念哲人唐君毅先生 / 梁漱溟 // *鹅湖 1984 年 9 卷 8 期
16165 文化意识宇宙的巨人——唐君毅先生 / 牟宗三 // *近代中国思想人物论第 6 册第 461 页
16166 成败之外与成败之间——忆君毅先生并谈"中国文化"运动 / 劳思光 // *近代中国思想人物论第 6 册第 469 页
16167 唐君毅(1909—1978) / *环华百科全书第 5 册第 352 页

唐虎周
16168 唐思达 / *革命人物志第 3 集第 434 页

唐国安
16169 唐国安(1858—1913) / 周邦道 // *近代教育先进传略(初集)第 367 页

唐秉玄
16170 半世纪前徐海游(上、下)——踏入教育界的第一步 / 唐秉玄 // *中外杂志 1980 年 28 卷 5、6 期

唐金龙
16171 唐金龙 / 黄震遐 // *中共军人志第 262 页

唐绍仪
16172 唐绍仪晚节不终 / 林 斌 // *畅流 1968 年 37 卷 8 期
16173 守正不阿的唐绍仪 / 孙受天 // *畅流 1969 年 40 卷 5 期
16174 唐绍仪(1859—1938) / *传记文学 1973 年 22 卷 4 期,*民国人物小传第 1 册第 128 页
16175 一斧逃难的唐绍仪 / 韦 熙 // *艺文志 1977 年 138 期
16176 唐绍仪倔强自误 / *海外文摘 1979 年 380 期
16177 唐绍仪与晚清外交 / 李恩涵 // *"中央"研究院近代史研究所集刊第 4 期(上册)第 53 页
16178 倾向共和唐绍仪 / 张朴民 // *北洋政府国务总理列传第 8 页
16179 唐绍仪(1859—1938) / *环华百科全书第 5 册第 369 页

唐修刚
16180 六十自述 / 唐修刚 // *自立晚报 1967 年 4 月 3 日

唐俊德
16181 唐俊德(1888—1960) / 于翔麟 // *传记文学 1985 年 46 卷 3 期

唐冠英
16182 追思唐冠英将军 / 沙吉夫 // *江苏文献 1980 年 15 期

唐牺支
16183 唐牺支 / 周鹏翥 // *革命人物志第 9 集第 112 页

唐浦珠
16184　唐浦珠／　＊革命人物志第 3 集第 435 页

唐继尧
16185　唐继尧／东南编译社／／　＊文海出版社近代中国史料丛刊第三辑（总 30）影印本 210 页
16186　会泽唐氏荣哀录／佚名／／　＊文海出版社近代中国史料丛刊第五十七辑（总 570）影印本三册 1322 页
16187　会泽四秩荣哀录／佚名／／　＊文海出版社近代中国史料丛刊第七十八辑（总 777—778）影印本二册
16188　谈唐继尧／榕　亭／／　"中央"日报 1954 年 11 月 13 日
16189　会泽唐公蓂赓传略／白之瀚／／　＊中国地方自治 1963 年 16 卷 3 期
16190　记忆中关于父亲二三事／唐筱蓂／／　＊春秋 1964 年 1 卷 6 期，近代中国 1981 年 25 期
16191　云南起义能够没有唐继尧吗？／田布衣／／　＊春秋 1965 年 3 卷 6 期
16192　云南起义与唐继尧、蔡锷、李烈钧／李宗黄／／　＊中国一周 1965 年 818 期
16193　唐继尧再度回滇主政／田布衣／／　＊春秋 1968 年 9 卷 3 期
16194　唐继尧出亡广州经纬／田布衣／／　＊春秋 1968 年 9 卷 2 期
16195　唐继尧（1881—1927）／关志昌／／　＊传记文学 1977 年 31 卷 3 期，＊民国人物小传第 3 册第 128 页
16196　护国领袖唐继尧传／何宇白／／　＊云南文献 1980 年 10 期
16197　唐继尧传／何宇白／／　＊中外杂志 1980 年 28 卷 4 期
16198　"唐继尧先生百年诞辰"口述历史专访——（访蒋公亮、邱开基）／徐园园／／　＊近代中国 1981 年 25 期
16199　唐继尧与蔡锷／后希铠／／　＊传记文学 1985 年 47 卷 6 期
16200　唐继尧（1881—1927）／戴晋新／／　＊环华百科全书第 5 册第 352 页

唐淮源
16201　唐淮源／　＊革命人物志第 12 集第 230 页

唐景崇
16202　唐景崇（—1914）／周邦道／／　＊近代教育先进传略（初集）第 393 页

唐锡晋
16203　唐锡晋（1847—1912）墓志铭／林　纾／／　＊碑传集三编第 10 册第 2383 页

唐聚伍
16204　唐聚五／　＊革命人物志第 12 集第 242 页

唐肇谟
16205　唐肇谟／　＊革命人物志第 21 集第 348 页

唐德刚
16206　对刘廷芳、唐德刚《两广事变》大文的补充／张　珂／／　＊传记文学 1987 年 50 卷 3 期
16207　廖梓祥、唐德刚书简／廖梓祥、唐德刚／／　＊传记文学 1998 年 72 卷 4 期

凌　钺
16208　凌　钺／刘绍唐主编／／　＊传记文学 1995 年 67 卷 5 期
16209　凌　钺／　＊革命人物志第 4 集第 156 页

凌　虚
16210　画鱼专家凌虚的坎坷道路／顾　影／／　＊中报月刊 1985 年 64 期

凌　阒
16211　凌阒事略／　＊革命人物志第 4 集第 162 页

凌　霄
16212　记凌汉舟／令狐聪／／　"中央"日报 1958 年 10 月 28 日
16213　凌　霄／　＊革命人物志第 4 集第 154 页

凌　毅
16214　凌　毅／于右任等／／　＊革命人物志第 4 集第 158 页

凌九霄
16215　军校同学四烈士(凌九霄) / 阮西震 // *中外杂志 1980 年 28 卷 4 期

凌纯声
16216　民族学家凌纯声 / 刘家齐 // *中国一周 1959 年 487 期
16217　凌纯声(1901—1978) / 黄台香 // *环华百科全书第 7 册第 313 页

凌英贞
16218　怀念两位善良而杰出的女性 / 傅　岩 // *传记文学 1982 年 41 卷 6 期

凌叔华
16219　忆闺秀派作家凌叔华女士 / 张秀亚 // *"中央"日报 1953 年 7 月 4 日
16220　记凌叔华女士 / 容天圻 // *"中央"日报 1970 年 7 月 19 日
16221　凌叔华女士文、书、画三绝 / 苏雪林 // *中国一周 1957 年 357 期
16222　凌叔华其人其文 / 苏雪林 // *纯文学 1967 年 1 卷 4 期
16223　记珞珈三杰:(苏雪林、袁昌英、凌叔华) / 吴鲁芹 // *传记文学 1979 年 35 卷 4 期, *学府纪闻·国立武汉大学第 109 页
16224　凌叔华 / 贺玉波 // *中国现代女作家第 49 页
16225　凌叔华其人其文 / 苏雪林 // *中国近代作家与作品第 71 页
16226　凌叔华 / 李立明 // *中国现代六百作家小传第 337 页
16227　凌叔华 / 苏雪林等 // *近代中国作家与作品第 101 页
16228　凌叔华 / 陈敬之 // *现代文学早期的女作家第 79 页
16229　凌叔华 / 赵　聪 // *现代中国作家列传第 115 页

凌承绪
16230　凌承绪 / *革命人物志第 20 集第 151 页

凌剑秋
16231　凌剑秋 / 刘希无 // *革命人物志第 11 集第 79 页

凌鸿勋
16232　凌鸿勋自订年谱 / 凌鸿勋 // *中国交通建设学会 1973 年 337 页
16233　七十自述 / 凌鸿勋 // *三民书局 1968 年 220 页
16234　十六年筑路生涯 / 凌鸿勋 // *传记文学出版社 1968 年 10 月 139 页
16235　凌鸿勋先生访问记录 / 沈云龙访问, 林能士、蓝旭男记录 // *"中央"研究院近代史研究所 1982 年 308 页
16236　半生销尽轮蹄铁 / 凌竹铭 // *自由谈 1951 年 2 卷 6 期
16237　交大求学的回忆(上、下) / 凌鸿勋 // *畅流 1952 年 5 卷 4—5 期
16238　工程界先辈凌鸿勋 / 叶天行 // *中国一周 1955 年 284 期
16239　我所认识的凌竹铭先生 / 王开庆 // *教育与文化 1956 年 11 卷 12 期
16240　凌鸿勋先生治学治事概述 / 陈悦韶 // *教育与文化 1956 年 11 卷 12 期
16241　工学先进凌鸿勋先生 / 王开节 // *中国一周 1957 年 358 期
16242　修路者的血汗与泪 / 凌鸿勋 // *传记文学 1962 年 1 卷 2 期
16243　交通大学十年忆旧(1—3) / 凌鸿勋 // *传记文学 1962 年 1 卷 3—5 期, *学府纪闻·国立交通大学第 106 页, *革命人物志第 23 集第 45 页
16244　家乘两则 / 凌鸿勋 // *传记文学 1962 年 1 卷 7 期
16245　我和胡适之先生 / 凌鸿勋 // *自由谈 1962 年 13 卷 4 期
16246　十六年筑路生涯 / 凌鸿勋 // *传记文学 1963 年 2 卷 4 期—3 卷 4 期
16247　七十自述(1—10) / 凌竹铭 // *自由谈 1963 年 14 卷 4 期—1964 年 15 卷 6 期
16248　滥竽十年 / 凌鸿勋 // *中国一周 1963 年 678 期
16249　凌鸿勋年谱外纪 / 凌鸿勋 // *传记文学 1981 年 39 卷 3 期—1982 年 40 卷 3 期

16250 追怀凌鸿勋先生 / 陈树曦 // *中外杂志 1982 年 32 卷 1 期, *革命人物志第 23 集第 70 页
16251 铁路巨人凌鸿勋 / 陈广沅 // *中外杂志 1982 年 32 卷 1 期, 革命人物志第 23 集第 72 页
16252 怀念体国经野的铁路专家凌鸿勋先生 / 高宗鲁 // *传记文学 1982 年 40 卷 2 期
16253 追忆凌鸿勋先生的几个片断 / 詹绍启 // *传记文学 1982 年 41 卷 2 期
16254 凌鸿勋其人其事 / 关国煊 // *传记文学 1985 年 46 卷 2 期
16255 凌鸿勋 / 凌崇秀 // *革命人物志第 23 集第 41 页

凌道扬
16256 联合校长凌道扬博士 / 文怀玉 // *大学生活 1961 年 7 卷 3 期

浦大邦
16257 浦大邦 / 刘绍唐主编 // *传记文学 1987 年 50 卷 2 期
16258 关于《浦大邦小传》的补充(书简) / 刘广定 // *传记文学 1987 年 50 卷 5 期

浦江清
16259 浦江清(1904—1957) / 关志昌 // *传记文学 1984 年 45 卷 4 期

浦熙修
16260 能干的女将浦熙修 / 辛 波 // *文汇报 1980 年 10 月 23—24 日
16261 人民政协代表浦熙修 // *新中国人物志(下)第 260 页

浦薛凤
16262 太虚空里一游尘——八年抗战生涯随笔 / 浦薛凤 // *商务印书馆 1979 年 309 页
16263 祝嘏与慕思 / *商务印书馆 1980 年 423 页
16264 三年教育工作的回忆 / 浦薛凤 // *传记文学 1983 年 43 卷 5 期
16265 相见时难别亦难——胜利还都与来台前的一段回忆 / 浦薛凤 // *传记文学 1983 年 42 卷 5 期
16266 台湾四任秘书长(上、中、下) / 浦薛凤 // *传记文学 1983 年 42 卷 6 期—43 卷 2 期

海灯法师
16267 海灯法师 / 刘绍唐主编 // *传记文学 1992 年 60 卷 5 期

涂 哲
16268 涂哲 / *革命人物志第 10 集第 286 页

涂长望
16269 涂长望 / 刘绍唐主编 // *传记文学 1998 年 72 卷 6 期

涂羽卿
16270 记圣约翰大学校长涂羽卿博士 / 赵世洵 // *传记文学 1980 年 37 卷 4 期

涂怀楷
16271 先府君涂公怀楷行状 / 涂学明 // *江西文献 1969 年 42 期

涂弼垣
16272 涂弼垣 / *革命人物志第 10 集第 288 页

涂墅堦
16273 烈士涂墅堦事略 / 马明时 // *革命人物志第 10 集第 289 页

宾洪福
16274 宾洪福 / 陈 沛 // *革命人物志第 10 集第 549 页

容 闳
16275 容闳与近代中国 / 李志刚 // *正中书局 1981 年 2 月 198 页
16276 戊戌维新人物记(容闳) / 竺 公 // *畅流 1952 年 5 卷 9 期
16277 容闳与中国新文化运动之启发 / 罗香林 // *新亚学报 1956 年 1 卷 2 期
16278 第一位留美的中国学生——容闳 / 吕东阳 // *教育与文化 1959 年 218 期
16279 我国第一位留美学者容闳先生之事迹 / 周弘然 // *畅流 1961 年 23 卷 10 期
16280 容闳最有意义的一生 / 吴相湘 // *传记文学 1970 年 16 卷 6 期

16281　容闳传／黎晋伟∥＊传记文学1973年23卷3期

16282　容　闳(1828—1912)／＊传记文学1974年24卷1期,民国人物小传第1册第126页

16283　容闳在美赞助国父革命建国／徐鳌润∥＊实践1974年618期

16284　早期留学美国的容闳与中华民国创立之关系／罗香林∥＊东方杂志1975年9卷5期

16285　容闳是个像样的留学生／李　寓∥＊古今谈1977年144期

16286　中国第一个留学生容闳的际遇／黎晋伟∥＊艺文志1977年140期

16287　族谱所载有关容闳之史料／何广棪∥＊书目季刊1979年13卷2期,＊传记文学1979年35卷4期

16288　有关容闳的史料问题／高宗鲁∥＊传记文学1980年36卷3期

16289　容闳博士的贡献／王觉源∥＊中外杂志1985年37卷4期

16290　国父与容闳／吴相湘∥＊民国人和事第12页,＊民国百人传第1册第317页

16291　容　闳／邵镜人∥＊近代中国史料丛刊续编第九十五辑(总950)·同光风云录影印本第169页

16292　容　闳(1828—1912)／周邦道∥＊近代教育先进传略(初集)第366页

16293　容　闳(1828—1912)／方光后∥＊环华百科全书第16册第512页

16294　容　闳／赵天仪∥＊现代中国思想家第1辑第325页

容　庚

16295　容　庚(1894—1983)／关国煊∥＊传记文学1983年42卷5期,＊民国人物小传第6册第188页

容有略

16296　容有略(1906—1982)／于翔麟∥＊传记文学1983年42卷2期,＊民国人物小传第6册第196页

容祺年

16297　怀念父亲容祺年／黄　容、金　善∥＊传记文学1984年45卷4期

容肇祖

16298　容肇祖／刘绍唐主编∥＊传记文学1997年71卷4期

诸宗元

16299　诸宗元(1875—1932)／苏　精∥＊传记文学1982年40卷4期,＊民国人物小传第5册第446页

谈社英

16300　谈社英／＊革命人物志第22集第399页

16301　自传／谈社英∥＊革命人物志第22集第401页

16302　悼念谈代表社英／傅　岩∥＊革命人物志第22集第404页

谈荔孙

16303　谈荔孙／刘绍唐主编∥＊传记文学1999年75卷2期

〔ㄊ〕

陶　广

16304　陶　广／刘绍唐主编∥＊传记文学1993年62卷5期

陶　勇

16305　陶　勇／黄震遐∥＊中共军人志第294页

陶　铸

16306　陶　铸／黄震遐∥＊中共军人志第297页

16307　陶　铸／＊环华百科全书第5册第309页

陶　湘

16308　近代江苏武进藏书刻书人物:盛宣怀、董康、陶湘(上、中、下)／苏　精∥＊传记文学1981年38卷5期—39卷1期

16309　陶湘涉园／＊近代藏书三十家第85页

陶一珊

16310　陶一珊先生与台湾警政／刘子英∥＊江苏文献1980年13期

16311　陶一珊战训有方 / 乔家才 // *戴笠将军和他的同志第 2 集第 47 页

陶元庆
16312　鲁迅与陶元庆 / 龙　韵 // *大公报 1972 年 10 月 30 日
16313　陶元庆之死 / 赵　旺 // *新晚报 1974 年 7 月 26 日
16314　陶元庆 / 李立明 // *中国现代六百作家小传第 394 页

陶元珍
16315　怀念陶元珍师 / 程光裕 // *中外杂志 1983 年 34 卷 3 期
16316　时代的悲剧——纪念陶元珍教授 / 周谦冲 // *民主潮 1980 年 30 卷 8 期

陶汉章
16317　陶汉章 / 黄震遐 // *中共军人志第 296 页

陶百川
16318　我在美、苏采风探真 / 陶百川 // *三民书局 1967 年 198 页
16319　回国前后 / 陶百川 // *三民书局 1967 年 2 月 215 页
16320　困勉强狷八十年 / 陶百川 // *东大图书股份有限公司 1984 年 8 月、1985 年 4 月再版 450 页
16321　出国记 / 陶百川 // *文星 1964 年 14 卷 3 期
16322　陶百川不会逃难的 / 卜少夫 // *新闻天地 1977 年 1520 期
16323　为自由人权护法的陶百川 / *仙人掌杂志 1977 年 1 卷 4 期
16324　陶百川 / *环华百科全书第 5 册第 306 页

陶成章
16325　陶成章（1878—1912） / 关国煊 // *传记文学 1983 年 43 卷 3 期
16326　蒋介石刺杀陶成章始末 / 张家康 // *传记文学 1995 年 66 卷 2 期
16327　陶成章小传 / *传记文学 1995 年 66 卷 2 期
16328　蒋介石刺杀陶成章历史公案 / 漆高儒 // *传记文学 1995 年 66 卷 4 期

陶行知
16329　陶行知与晓庄学校 / 程本海 // *中外杂志 1977 年 21 卷 6 期
16330　陶行知的一生 / 郑学稼 // *自由谈 1978 年 29 卷 10 期
16331　陶行知 / 李立明 // *中国现代六百作家小传第 395 页
16332　陶行知（1891—1946） / 秦贤次 // *民国人物小传第 2 册第 172 页
16333　陶行知 / 周邦道 // *近代教育先进传略（初集）第 140 页
16334　陶行知（1891—1946） / *环华百科全书第 5 册第 309 页
16335　陶行知 / 刘　葆 // *现代中国人物志第 350 页

陶寿伯
16336　画家陶寿伯先生 / 冯景泰 // *畅流 1962 年 26 卷 7 期
16337　梅花山水陶寿伯 / 胥端甫 // *中国一周 1968 年 952 期
16338　陶寿伯台中画展题词 / 胥端甫 // *中国一周 1969 年 995 期

陶声洋
16339　悼念陶声洋兄 / 陶鹏飞 // *"中央"日报 1969 年 10 月 17 日
16340　陶声洋生平事迹 / 张龄松 // *新生报 1969 年 9 月 29 日，*江西文献 1969 年 44 期，*革命人物志第 20 集第 197 页
16341　陶声洋壮志未酬 / 刘棨琮 // *江西文献 1977 年 87 期
16342　陶声洋（1919—1969） / 刘棨琮 // *传记文学 1979 年 34 卷 2 期，*民国人物小传第 3 册第 186 页
16343　陶声洋风范高超 / 关　关 // *海外文摘 1979 年 390 期
16344　关于陶声洋与尹仲容夫人 / 张　骏 // *传记文学 1987 年 50 卷 4 期

陶希圣
16345　我写社论七年 / 陶希圣 // *"中央"日报 1950 年 9 月 1 日

16346 辛亥革命及其第一周年纪念——少年的回忆 / 陶希圣 // *自由谈 1952 年 3 卷 10 期
16347 出九龙新记 / 陶希圣 // *自由谈 1953 年 4 卷 8 期
16348 北大法律系的学生——(从 1920 到 1922) / 陶希圣 // *传记文学 1962 年 1 卷 1 期
16349 江风塔影(自述) / 陶希圣 // *传记文学 1962 年 1 卷 2 期
16350 小编辑 新希望(自述) / 陶希圣 // *传记文学 1962 年 1 卷 3 期
16351 大风暴之后三年 / 陶希圣 // *传记文学 1962 年 1 卷 4 期
16352 中大一学期 / 陶希圣 // *传记文学 1962 年 1 卷 5 期
16353 北平二三事(上、中、下) / 陶希圣 // *传记文学 1962 年 1 卷 6 期—1963 年 2 卷 1、2 期
16354 九龙四十八日补记 / 陶希圣 // *自由谈 1962 年 13 卷 2 期
16355 从五四到六三 / 陶希圣 // *自由谈 1962 年 13 卷 5 期
16356 三代友谊 / 陶希圣 // *自由谈 1962 年 13 卷 7 期
16357 五卅事件之后 / 陶希圣 // *自由谈 1962 年 13 卷 8 期
16358 战时重庆生活 / 陶希圣 // *传记文学 1963 年 2 卷 2 期
16359 东战场与武汉(回忆录) / 陶希圣 // *传记文学 1963 年 2 卷 3 期
16360 乱流(回忆录) / 陶希圣 // *传记文学 1963 年 2 卷 4、5 期
16361 重抵国门(回忆录) / 陶希圣 // *传记文学 1963 年 2 卷 6 期
16362 聪明不可恃——少年时代回忆 / 陶希圣 // *传记文学 1963 年 3 卷 1 期
16363 辛亥还乡(回忆录) / 陶希圣 // *传记文学 1963 年 3 卷 2 期
16364 故乡(回忆录) / 陶希圣 // *传记文学 1963 年 3 卷 3 期
16365 北京大学预科(回忆录) / 陶希圣 // *传记文学 1963 年 3 卷 4 期
16366 两眼看陆沉(上、下) / 陶希圣 // *自由谈 1963 年 14 卷 5、7 期
16367 洛阳国难会议(回忆录) / 陶希圣 // *传记文学 1965 年 6 卷 5 期
16368 北平与太原往来(回忆录) / 陶希圣 // *传记文学 1965 年 6 卷 6 期
16369 中国社会经济史研究的奠基者——陶希圣先生 / 鲍家麟 // *中华文化复兴月刊 1974 年 7 卷 11 期
16370 八十自序 / 陶希圣 // *传记文学 1978 年 33 卷 6 期—1979 年 34 卷 1 期,*湖北文献 1979 年 50 期
16371 "高陶事件"纪实 / 陶恒生 // *传记文学 1998 年 72 卷 4 期
16372 陶希圣 / 吴相湘 // *民国百人传第 4 册第 277 页
16373 陶希圣 / *环华百科全书第 5 册第 308 页

陶峙岳
16374 陶峙岳 / 黄震遐 // *中共军人志第 291 页

陶桂林
16375 陶桂林 / 刘绍唐主编 // *传记文学 1993 年 63 卷 6 期

陶涤亚
16376 陶涤亚 / 刘绍唐主编 // *传记文学 1999 年 74 卷 4 期

陶晶孙
16377 陶晶孙 / 李立明 // *中国现代六百作家小传第 396 页

陶履谦
16378 绍兴师爷陶履谦 / 陈应龙 // *艺文志 1975 年 118 期
16379 陶履谦(1890—1944) / 梁倩云 // *传记文学 1976 年 28 卷 2 期,*民国人物小传第 2 册第 174 页

姬振铎
16380 姬振铎(1892—1943) / 周邦道 // *近代教育先进传略(初集)第 415 页

姬鹏飞
16381 访姬鹏飞 / *中国老一辈革命家第 199 页
16382 姬鹏飞 / 朱新民 // *环华百科全书第 11 册第 7 页

能海法师
16383　能海法师／刘绍唐主编／／＊传记文学 1996 年 68 卷 2 期
桑　弧
16384　桑弧走过的道路／李学斌／／＊周末报 1976 年 5 月 8 日
16385　桑　弧／李立明／／＊中国现代六百作家小传第 336 页
继识一
16386　继识一（　—1916）／周邦道／／＊近代教育先进传略（初集）第 427 页

十一 画

〔一〕

黄方
16387　黄方传／＊民国四川人物传记第44页
16388　黄　方／熊克武／／＊革命人物志第9集第243页

黄节
16389　黄节先生传略／大　田／／＊畅流1952年5卷2期
16390　故诗人黄晦闻与他的诗／大　田／／＊畅流1952年5卷2期
16391　黄节先生传略／连宝彝／／＊大陆杂志1965年31卷4期
16392　记诗人黄晦闻与南社／林　斌／／畅流1968年37卷6期
16393　黄　节(1873—1935)／姚崧龄等／／＊传记文学1976年28卷1期，＊民国人物小传第2册第233页
16394　黄节及其《蒹葭楼集外诗》／木　易／／＊艺林丛录(三)第205页
16395　黄　节(1873—1935)／周邦道／／＊近代教育先进传略(初集)第382页
16396　北大感旧录：许守白、黄晦闻、孟心史／周作人／／＊知堂回想录第487页
16397　诗学大师黄晦闻／陈敬之／／＊首创民族主义文艺的"南社"第95页

黄尧
16398　三十年代作家直接印象记之四：记黄尧／陈纪滢／／＊传记文学1980年37卷2期

黄伟
16399　黄金荣父子／郭　桐／／＊国共风云名人录第4集第147页

黄华
16400　黄　华／朱新民／／＊环华百科全书第10册第466页

黄自
16401　黄自的曲品与曲风／彭虹星／／＊"中央"日报1968年5月8日
16402　爱国音乐家黄自生平／＊新生报1968年5月9、10日
16403　黄自的作品及风范／张步仁／／＊中国一周1968年945期
16404　在发扬民族音乐的浪潮中略论黄自／刘德义／／＊新文艺1976年248期
16405　黄　自(1904—1938)／关志昌／／＊传记文学1976年29卷5期，＊民国人物小传第2册第222页
16406　黄自及其代表作—兼谈黄自、韦瀚章合作的《抗敌歌》／晨　曦／／＊国魂1983年452期
16407　黄　自／乔　佩／／＊中国现代音乐家第23页
16408　黄　自(1904—1938)／方光后／／＊环华百科全书第10册第478页

黄旭
16409　黄　旭／＊革命人物志第7集第31页

黄兴
16410　黄克强、蔡松坡轶事／天忏生、冬　山／／＊文海出版社近代中国史料丛刊第五十辑(总499—500)影印本144页
16411　黄兴传记／刘揆一／／＊帕米尔书店1952版43页，＊文海出版社近代中国史料丛刊第五十辑(总68—70)影印本72页
16412　黄兴评传／左舜生／／＊传记文学出版社1968年3月版213页
16413　黄克强先生年谱／李云汉／／＊中国国民党"中央"委员会党史委员会1973年446页
16414　黄克强先生事略／＊中国国民党"中央"委员会党史编纂委员会1973年版28页

16415 黄克强先生传记 / 陈维纶 // *"中央"文物供应社 1973 年 10 月版 318 页

16416 黄克强先生纪念集 / 杜元载主编 // *中国国民党"中央"委员会党史编纂委员会 1973 年 10 月版 432 页

16417 铲除世界一切障碍之使者——黄兴传 / 白慈飘 // *近代中国出版社 1980 年 5 月版 189 页

16418 黄兴与中国革命 / (美)薛君度著、杨慎之译 // (香港)三联书店 1980 年 9 月版 254 页

16419 黄兴评传 / 左舜生 // *传记文学出版社 1981 年 213 页

16420 黄克强先生兴年谱 / 杨恺龄 // *商务印书馆 1981 年版 155 页

16421 黄 兴 / 章君谷 // *金兰出版社 1985 年 211 页

16422 胡适与黄兴 / 李 敖 // *"中央"日报 1955 年 3 月 27 日

16423 何成浚谈黄兴 / 王理璜 // *"中央"日报 1956 年 10 月 10 日

16424 黄兴与萱野长知 / 陈固亭 // *"中央"日报 1957 年 10 月 19 日

16425 黄克强上国父述革命计划书 / 陈固亭 // *"中央"日报 1958 年 3 月 29 日

16426 黄兴留日年月考 / 薛君度 // *"中央"日报 1965 年 7 月 22 日

16427 黄兴留日正确年月补正 / 毛一波 // *"中央"日报 1965 年 7 月 28 日

16428 国父与黄兴先生革命之追忆 / 孙 科 // *"中央"日报 1966 年 11 月 1 日, *孙科文集第 3 册第 1524 页

16429 黄克强先生与国父 / 周世辅 // *中华日报 1966 年 11 月 29 日

16430 黄兴的故事 / 张柱国 // *联合报 1971 年 3 月 29 日—4 月 15 日

16431 访黄振华女士谈开国元勋黄克强先生 / 黄肇珩 // *国语日报 1971 年 6 月 26 日

16432 黄克强与辛亥革命 / 吴伟士 // *畅流 1951 年 4 卷 5 期

16433 黄克强先生二三事 / 张知本 // *革命思想 1956 年 1 卷 5 期

16434 黄克强与陈英士(上、中、下) / 耘 农 // *新中国评论 1956 年 11 卷 5 期—1957 年 12 卷 1 期, *现代政治人物述评(上卷)第 77 页

16435 黄克强先生在日本的革命活动 / 陈固亭 // *畅流 1957 年 14 卷 10 期

16436 黄克强与胡汉民先生 / 王集丛 // *政治评论 1961 年 6 卷 2 期

16437 我的父亲黄克强先生 / 黄一欧 // *春秋 1964 年 1 卷 4 期, *自由谈 1978 年 29 卷 10 期

16438 黄克强与湖南明德学堂 / 尹遂望 // *春秋 1965 年 3 卷 6 期

16439 黄克强先生逝世五十年 / 薛君度 // *传记文学 1966 年 9 卷 4 期, *中国一周 1966 年 864 期

16440 黄克强先生轶事种种 / 侯 畅 // *艺文志 1966 年 13 期, *中国一周 1966 年 864 期

16441 黄克强先生轶事 / 陈鹏仁 // *政治评论 1967 年 19 卷 1 期

16442 黄兴评传 / 左舜生 // *传记文学 1967 年 10 卷 3 期—11 卷 2 期

16443 革命先烈黄兴先生 / *美哉中华 1969 年 12 期

16444 国父与黄克强先生之关系与情义 / 黄季陆 // *传记文学 1973 年 23 卷 4 期

16445 黄 兴(1874—1916) / 李云汉 // *传记文学 1974 年 25 卷 3 期, *民国人物小传第 1 册第 217 页

16446 黄克强先生其人其事 / 吴湘泉 // *生力 1976 年 10 卷 101、102 期

16447 黄兴与明德学堂 / 黄一欧 // *湖南文献 1976 年 4 卷 1 期, 辛亥革命回忆录(二)第 132 页

16448 黄克强外传 / 蛰 仙 // *湖南文献 1977 年 5 卷 2 期

16449 回忆先君克强先生 / 黄一欧 // *湖南文献 1977 年 5 卷 4 期, 回忆辛亥革命第 174 页, 辛亥革命回忆录(一)第 608 页, 湖南文史资料选辑第 1 辑第 93 页, 湖南文史资料选辑(修订本)第 1 辑第 86 页

16450 黄兴与蔡锷 / 蔡学忠 // *近代中国 1978 年 5 期

16451 只手能举百钧的黄兴先生(上、下) / 江 汉 // *今日中国 1980 年 106、107 期

16452 黄克强与辛亥革命 / 沈云龙 // *传记文学 1980 年 37 卷 5 期

16453 黄兴将军与刺客高君 / (日)宫崎滔天著、陈鹏仁译 // *东方杂志 1981 年 15 卷 3 期

16454 黄兴与武昌起义 / 卢克彰 // *艺文志 1981 年 193 期

16455 雷雨湘江起卧龙——黄克强先生生平二三事 / 秦孝仪 // *近代中国 1982 年 27 期

16456 黄兴与武昌首义 / 李云汉 // *湖南文献 1983 年 11 卷 1 期
16457 黄克强何以敝屣权位之研究 / 符德文 // *湖南文献 1983 年 11 卷 2 期
16458 先烈黄兴二三事 / 李　鸣 // *生力 1983 年 16 卷 185、186 期
16459 先祖父谈孙中山与黄兴关系 / 周用敦 // *传记文学 1992 年 60 卷 5 期
16460 黄　兴 / 林怀卿 // *中国历代名人 120 位第 388 页
16461 黄克强 / 惜　秋 // *民国风云人物(上)第 1 页
16462 黄克强 / 王世祯 // *民国人豪图传第 125 页
16463 黄　兴 / 吴相湘 // *民国百人传第 2 册第 1 页
16464 黄　兴 / 谭慧生 // *民国伟人传记第 92 页
16465 黄克强与辛亥革命 / 吴相湘 // *民国政治人物第 1 集第 1 页
16466 黄　兴 / 陈维纶 // *民族英雄及革命先烈传记(下册)第 104 页
16467 黄　兴(1874—1916) / 冯明珠 // *环华百科全书第 10 册第 474 页
16468 黄　兴 / *革命人物志第 5 集第 393 页
16469 黄兴传记 / 刘揆一 // *革命人物志第 5 集第 416 页、第 23 集第 368 页

黄 杰

16470 我与胡宗南将军 / 黄　杰 // *"中央"日报 1962 年 6 月 9 日
16471 黄杰将军其人 / 彭河清 // *"中央"日报 1962 年 11 月 23 日
16472 黄杰上将事略 / *公论报 1962 年 11 月 23 日
16473 古北口之战与黄杰、关麟征 / 李诚毅 // *春秋 1966 年 5 卷 2 期
16474 海外羁情(1—10) / 黄　杰 // *传记文学 1967 年 10 卷 2 期—11 卷 5 期
16475 黄杰、戴笠、沈鸿烈 / 乔家才 // *中外杂志 1976 年 20 卷 4 期
16476 抗日战争的回忆 / 黄　杰 // *传记文学 1977 年 31 卷 2 期
16477 忠荩谋国的上将军——写黄上将达公从事军政工作五十年 / 李子良 // *湖南文献 1979 年 7 卷 1 期，*艺文志 1979 年 161 期
16478 黄杰自述 / *黄埔月刊 1980 年 344 期，*传记文学 1981 年 38 卷 3 期
16479 师门六十年 / 黄　杰 // *传记文学 1987 年 50 卷 3 期
16480 悼念黄杰将军 / 陈香梅 // *传记文学 1995 年 66 卷 3 期
16481 敬悼黄杰上将 / 王履常 // *传记文学 1995 年 66 卷 5 期
16482 追念黄杰来台经多波折而达青云经过 / 蔡孟坚 // *传记文学 1995 年 66 卷 5 期
16483 黄　杰 / 吴相湘 // *民国百人传第 4 册第 333 页
16484 黄达公的书生生活 / 李德安 // *当代名人风范(1)第 273 页
16485 黄　杰 / *环华百科全书第 10 册第 468 页

黄 岱

16486 黄　岱 / *革命人物志第 18 集第 252 页

黄 侃

16487 黄季刚先生手写日记 / *学生书局 1977 年 6 月影印本 368 页
16488 记黄侃 / 虎　思 // *"中央"日报 1959 年 11 月 29—30 日
16489 黄季刚与黄际遇 / 念　遐 // *联合报 1964 年 9 月 5—10 日
16490 黄季刚墓志铭 / 太　炎 // *革命人物志第 5 集第 339 页
16491 黄季刚先生 / 刘太希 // *大学生活 1957 年 2 卷 10 期
16492 关于黄季刚先生 / 徐复观 // *政治评论 1963 年 10 卷 3 期
16493 黄季刚挖苦胡适 / 易叔平 // *艺文志 1967 年 26 期
16494 章太炎师徒三代剪影——章太炎、黄侃、刘赜 / 刘道平 // *春秋 1969 年 10 卷 4 期
16495 博通经史的黄季刚 / 虎　思 // *湖北文献 1975 年 35 期
16496 黄季刚的故事 / 康　侨 // *中外杂志 1976 年 19 卷 4 期

16497　黄季刚师与苏曼殊的文字因缘 / 潘重规 // *大成 1976 年 28 期
16498　黄季刚先生 / 周邦道 // *中华国学 1977 年 1 卷 9 期
16499　黄　侃(1886—1935) / 关志昌 // *传记文学 1979 年 34 卷 5 期，*民国人物小传第 3 册第 249 页
16500　冯友兰笔下的黄季刚 / 赵志邦 // *传记文学 1985 年 47 卷 2 期
16501　黄　侃 / 邵镜人 // *近代中国史料丛刊续编第九十五辑(总 950)·同光风云录影印本第 273 页
16502　黄　侃(1886—1935) / 周邦道 // *近代教育先进传略(初集)第 197 页
16503　黄　侃(1886—1935) / 戴晋新 // *环华百科全书第 10 册第 455 页
16504　北大感旧录(2)——黄季刚 / 周作人 // *知堂回想录第 480 页
16505　黄　侃 / *革命人物志第 5 集第 336 页

黄　秋

16506　黄　秋 / *革命人物志第 17 集第 237 页
16507　黄秋先生纪念碑文 / *革命人物志第 17 集第 238 页

黄　复

16508　当代教育先进传略：黄复、时象晋、刘凤章、姚晋圻、李熙 / 周邦道 // *湖北文献 1976 年 41 期
16509　"黄复先生百年诞辰"口述历史座谈会纪实 / 黄肇珩等 // *近代中国 1982 年 31 期
16510　黄复先生的革命生涯 / 周开庆 // *近代中国 1982 年 31 期
16511　黄　复(1850—1934) / 周邦道 // *近代教育先进传略(初集)第 188 页

黄　郛

16512　黄膺白先生家传 / 沈景英 // *文海出版社近代中国史料丛刊第三辑(总 29)影印本 388 页
16513　黄膺白先生故旧感忆录 / 金问泗等 // *文星书店 1962 年 278 页
16514　黄膺白先生年谱长编 / 沈云龙 // *联经出版事业公司 1976 年 1 月 1052 页
16515　记黄膺白先生 / 叔　青 // *畅流 1952 年 5 卷 6 期
16516　黄膺白之特立独行 / 耘　农 // *民主潮 1956 年 6 卷 7 期，*现代政治人物述评(上卷)第 166 页
16517　黄膺白先生家传 / 黄沈亦云 // *传记文学 1964 年 4 卷 2 期，*革命人物志第 5 集第 361 页
16518　最有担当的政治家黄郛 / 吴相湘 // *传记文学 1966 年 8 卷 1 期
16519　《亦云回忆》与黄膺白先生 / 张佛千 // *传记文学 1968 年 12 卷 5 期
16520　黄　郛(1886—1936) / *传记文学 1974 年 24 卷 4 期，*民国人物小传第 1 册第 215 页
16521　黄郛的生平及其识见 / 沈云龙 // *春秋 1975 年 23 卷 6 期
16522　每月人物——黄郛 / 沈　怡等 // *传记文学 1976 年 28 卷 2 期
16523　丁文江、黄郛与大上海 / 朱沛莲 // *中外杂志 1978 年 23 卷 4 期
16524　黄膺白先生百年诞辰纪念特辑 / 张　群、沈云龙 // *传记文学 1980 年 36 卷 4 期
16525　黄膺白先生年谱补编(1—6) / 沈云龙 // *传记文学 1981 年 39 卷 5 期—1982 年 41 卷 3 期
16526　摄政内阁黄膺白 / 赵朴民 // *北洋政府国务总理列传第 121 页
16527　黄膺白——一位失败的爱国主义者 / 沈云龙 // *民国史事与人物论丛第 361 页
16528　黄　郛 / 吴相湘 // *民国百人传第 2 册第 251 页
16529　"今之寇准"黄膺白 / 吴相湘 // *民国政治人物第 1 集第 165 页
16530　黄郛的故事 / 晓　恬 // *当代名人故事第 2 辑
16531　黄　郛 / 戴晋新 // *环华百科全书第 10 册第 443 页
16532　黄　郛 / *革命人物志第 5 集第 358 页
16533　《黄膺白先生家传》序 / 蒋中正 // *革命人物志第 5 集第 360 页

黄　尢

16534　黄　尢 / 史宏烈 // *革命人物志第 5 集第 356 页

黄　桓

16535　黄　桓 / *革命人物志第 7 集第 56 页

黄　莺

16536　黄　莺 / *革命人物志第 20 集第 208 页

黄 钺
16537　黄　钺／周震麟∥＊革命人物志第 20 集第 205 页

黄 浚
16538　黄浚及通敌案／觉　堂∥＊新生报 1970 年 11 月 2、5 日
16539　戴雨农先生怎样破获黄浚通敌案／司马亮∥＊艺文志 1968 年 29 期
16540　黄秋岳与汪精卫／马五先生∥＊中外杂志 1969 年 5 卷 1 期

黄 通
16541　黄　通／刘绍唐主编∥＊传记文学 1991 年 71 卷 4 期

黄 敬
16542　中共首任第一机械工业部长黄敬／郑仁佳∥＊传记文学 1998 年 73 卷 3 期
16543　天津市人民政府市长黄敬／＊新中国人物志（上）第 246 页

黄 强
16544　黄莫京将军自述／黄　强∥＊大成 1979 年 67 期

黄 骚
16545　黄　骚／＊革命人物志第 7 集第 76 页

黄 源
16546　鲁迅与黄源／马蹄疾∥＊鲁迅与浙江作家第 207 页

黄 福
16547　黄　福／＊革命人物志第 16 集第 222 页

黄 震
16548　谢冰莹与黄震的一段姻缘／柯文溥∥＊传记文学 1990 年 69 卷 3 期

黄 镇
16549　黄　镇／刘绍唐主编∥＊传记文学 1993 年 62 卷 5 期

黄 骥
16550　黄　骥／郑　泽∥＊革命人物志第 7 集第 77 页

黄一平
16551　黄一平／黄震遐∥＊中共军人志第 489 页

黄一浩
16552　黄一浩／＊革命人物志第 7 集第 18 页

黄人杰
16553　叹故交之寥落——追念化学大师黄人杰／李超哉∥＊中国一周 1969 年 984 期

黄乃裳
16554　黄乃裳／孙毓经∥＊海外文库出版社 1956 年 28 页
16555　新福州与黄乃裳／林紫贵∥＊"中央"日报 1967 年 1 月 15 日
16556　黄乃裳开拓新福州／王觉源∥＊革命思想 1968 年 25 卷 3 期
16557　黄乃裳（1847—1924）／林汉楼∥＊传记文学 1976 年 29 卷 4 期，＊民国人物小传第 2 册第 225 页
16558　黄乃裳／邓飞鹏∥＊华侨名人传第 13 页
16559　新福州建设人黄乃裳／冯自由∥＊革命人物志第 5 集第 460 页

黄三德
16560　黄三德／刘伯骥∥＊华侨名人传第 381 页

黄土水
16561　黄土水／刘绍唐主编∥＊传记文学 1987 年 51 卷 5 期

黄大受
16562　东北忆往（上、下）／黄大受∥＊中外杂志 1977 年 21 卷 4、5 期
16563　我写《中国近代史》的回忆／黄大受∥＊江西文献 1980 年 100 期

黄大壎
16564　黄大壎 / 周邦道 // ＊江西文献 1976 年 86 期
16565　黄大壎(1861—1930) / 周邦道 // ＊近代教育先进传略(初集)第 162 页

黄及时
16566　黄及时(1902—1971) / 苏璒基 // ＊传记文学 1984 年 45 卷 4 期

黄之萌
16567　黄之萌 / ＊革命人物志第 5 集第 319 页

黄小配
16568　《洪秀全演义》作者黄世仲 / 冯自由 // ＊革命人物志第 7 集第 25 页

黄子祥
16569　黄子祥 / ＊革命人物志第 7 集第 19 页

黄天石
16570　黄天石与中国笔会 / 吴心柳 // ＊中国一周 1957 年 358 期
16571　黄天石 / 李立明 // ＊中国现代六百作家小传第 409 页

黄天迈
16572　日内瓦忆往 / 黄天迈 // ＊传记文学 1987 年 51 卷 4 期
16573　顾维钧笔下的杨耿光与黄天迈 / 顾维钧 // ＊传记文学 1996 年 69 卷 5 期
16574　黄天迈 / 乔家才 // ＊戴笠将军和他的同志第 1 集第 308 页

黄天鹏
16575　新闻教育四十年(上、下) / 黄天鹏 // ＊中外杂志 1979 年 25 卷 1—12 期, ＊革命人物志第 23 集第 128 页
16576　黄天鹏(1908—1982) / 沈新民 // ＊传记文学 1982 年 41 卷 3 期, ＊民国人物小传第 6 册第 360 页
16577　黄天鹏先生的精神 / 马星野 // ＊中外杂志 1982 年 32 卷 2 期
16578　黄天鹏 / 沈新民 // ＊革命人物志第 23 集第 122 页
16579　悼念黄代表天鹏兄 / 郑彦棻 // ＊革命人物志第 23 集第 170 页
16580　悼黄天鹏老师 / 沈新民 // ＊革命人物志第 23 集第 174 页

黄云水
16581　黄云水 / ＊革命人物志第 5 集第 375 页

黄友棣
16582　黄友棣和音乐 / 张菱舲 // ＊中华日报 1968 年 8 月 6—18 日
16583　迎黄友棣先生 / 沈愫之 // ＊"中央"日报 1968 年 8 月 10—11 日
16584　黄友棣创作中国史歌 / 刘若熙 // ＊中国一周 1957 年 363 期
16585　黄友棣 / 颜文雄 // ＊中国一周 1966 年 848 期
16586　中国风格的作曲家黄友棣 / ＊美哉中华 1968 年 2 期
16587　黄友棣 / 乔　佩 // ＊中国现代音乐家第 65 页

黄少谷
16588　我的新闻记者生涯 / 黄少谷 // ＊中华日报 1966 年 2 月 19 日
16589　愿与石门共永寿 / 罗敦伟 // ＊畅流 1960 年 21 卷 21 期
16590　黄少谷先生二三事 / 何人斯 // ＊古今谈 1966 年 16 期
16591　略谈我的新闻记者生涯 / 黄少谷 // ＊中国内政 1966 年 31 卷 3 期
16592　黄少谷 / 刘绍唐主编 // ＊传记文学 1996 年 69 卷 5 期
16593　我所知道的黄少谷二三事 / 漆高儒 // ＊传记文学 1996 年 69 卷 6 期
16594　迟来的哀思——追记少老在台逸事 / 叶明勋 // ＊传记文学 1996 年 69 卷 6 期
16595　只问耕耘的新闻老兵黄少谷 / 周安仪 // ＊中国新闻从业人员群像(下册)第 523 页
16596　黄少谷 / 吴相湘 // ＊民国百人传第 4 册第 305 页

16597　长者风范的黄少谷先生／李德安∥＊当代名人风范（2）第445页
16598　黄少谷／＊环华百科全书第10册第475页

黄少祖
16599　政治人物的风度——黄少老百龄诞辰纪念／叶明勋∥＊传记文学1999年75卷2期

黄少梅
16600　潘景吾和黄少梅／万　后∥＊艺林丛录（三）第88页

黄少强
16601　黄少强（1901—1942）／关国煊∥＊传记文学1980年37卷6期，＊民国人物小传第4册第316页

黄日葵
16602　黄日葵／刘绍唐主编∥＊传记文学1993年63卷6期

黄仁霖
16603　黄仁霖回忆录／黄仁霖∥＊传记文学社1985年11月版265页
16604　黄仁霖回忆录（1—14）／＊传记文学1982年41卷1期—1983年43卷3期
16605　追怀黄仁霖将军／张玉荪∥＊传记文学1983年42卷6期
16606　黄仁霖（1901—1983）／关志昌∥＊传记文学1984年45卷1期

黄仍瑞
16607　黎川黄仍瑞先生传略／＊江西文献1969年36期
16608　黎川黄君仍瑞传／卢元骏∥＊江西文献1969年45期

黄凤岐
16609　记黄凤岐先生／萧继宗∥＊传记文学1964年4卷5期
16610　铁掌黄凤岐奇人奇事／刘铄藻∥＊艺文志1967年17期，＊湖南文献1977年5卷2期，＊古今谈1977年145期

黄文山（1）
16611　黄文山先生生平及著作／谢　康∥＊国语日报1969年6月10日
16612　黄文山教授及其创建的《文化军体系》／何高忆∥＊中国一周1968年961期
16613　黄文山及其巨著《文化军体系》／赵永君∥＊中国一周1969年980期
16614　黄文山先生的"书"和"人"／谢　康∥＊艺文志1969年48期

黄文山（2）
16615　黄文山／刘伯骥∥＊华侨名人传第390页

黄文明
16616　黄文明／黄震遐∥＊中共军人志第490页

黄文高
16617　黄文高／王柏龄、徐绍桢∥＊革命人物志第7集第21页

黄方白
16618　黄方白／梁贯吾∥＊革命人物志第20集第212页

黄火星
16619　黄火星／黄震遐∥＊中共军人志第490页

黄丑和
16620　黄丑和／黄震遐∥＊中共军人志第491页

黄玉昆
16621　黄玉昆／黄震遐∥＊中共军人志第492页

黄正铭
16622　黄正铭教授／＊中国一周1966年830期
16623　黄正铭／张其昀∥＊革命人物志第12集第364页

黄北寿
16624　宣扬祖国文化的侨领——黄北寿／叶莉莉∥＊中国一周1969年1025期

黄占魁
16625 黄占魁(1912—1984) / 张 珂 // *传记文学 1985 年 46 卷 4 期
黄仙谷
16626 黄仙谷 / *革命人物志第 12 集第 363 页
黄乐眠
16627 黄乐眠 / 刘绍唐主编 // *传记文学 1987 年 51 卷 6 期
黄立生
16628 黄立生 / *革命人物志第 7 集第 23 页
黄立清
16629 黄立清 / 黄震遐 // *中共军人志第 492 页
黄兰亭
16630 黄兰亭 / 郑 泽 // *革命人物志第 9 集第 249 页
黄永安
16631 黄永安(1897—1979) / 于翔麟 // *传记文学 1984 年 45 卷 2 期
黄永胜
16632 黄永胜 / 黄震遐 // *中共军人志第 493 页
16633 黄永胜(1908—) / 朱新民 // *环华百科全书第 10 册第 484 页
黄加持
16634 黄加持取缔帮会 / 乔家才 // *戴笠将军和他的同志第 2 集第 177 页
黄亚生
16635 黄亚生 / 陈英东 // *华侨名人传第 119 页
黄百韬
16636 百战黄沙:黄百韬传 / 郭嗣汾 // *近代中国出版社 1987 年 290 页
16637 黄百韬上将逝世九周年纪念感言 / 李世镜 // *"中央"日报 1957 年 11 月 22 日，*革命人物志第 5 集第 329 页
16638 黄百韬将军传略 / *"中央"日报 1958 年 11 月 22 日，*革命人物志第 5 集第 322 页
16639 革命军人的典型——黄百韬 / 王章陵 // *国魂 1976 年 196 期
16640 黄百韬(1900—1948) / 于翔麟 // *传记文学 1979 年 34 卷 6 期，*民国人物小传第 3 册第 254 页
16641 略述黄百韬其人其事 / 张泽深 // *广东文献 1981 年 11 卷 1 期
16642 黄百韬成仁记 / 谢树楠 // *中外杂志 1982 年 32 卷 6 期
16643 黄百韬 / 谭慧生 // *民国伟人传记第 404 页
16644 黄百韬 / 杨群奋 // *民族英雄及革命先烈传记(下册)第 327 页
16645 黄百韬(1900—1948) / 甘丽珍 // *环华百科全书第 10 册第 437 页
16646 黄百韬司令官殉难经过 / 杨廷宴口述、黄福初笔记 // *革命人物志第 5 集第 325 页
黄百器
16647 黄百器(1906—1982) / 司琦、关志昌 // *传记文学 1983 年 42 卷 3 期，*民国人物小传第 6 册第 363 页
16648 黄百器 / *革命人物志第 23 集第 178 页
16649 黄故司令百器女士墓志铭 / 何志浩 // *革命人物志第 23 集第 181 页
黄伟卿
16650 黄伟卿 / 郑沛霖 // *革命人物志第 14 集第 391 页
黄仲玉
16651 祭亡妻黄仲玉 / 蔡元培 // *蔡元培先生全集第 525 页
黄仲苏
16652 黄仲苏 / 李立明 // *中国现代六百作家小传第 411 页

黄仲涵
16653 印度尼西亚糖业大王黄仲涵／唐苏民／／＊艺文志 1966 年 7 期
16654 黄仲涵／祝秀侠／／＊华侨名人传第 39 页
16655 黄仲涵(1866—1924)／／＊传记文学 1982 年 40 卷 4 期，＊民国人物小传第 5 册第 332 页

黄任恒
16656 广东历史文献学者黄任恒和他的遗著／鲁人／／＊艺林丛录(3)第 156 页

黄华表
16657 黄华表(1897—1977)／何广棪／／＊传记文学 1978 年 32 卷 5 期，＊民国人物小传第 3 册第 255 页

黄仰山
16658 新闻界的尖兵——黄仰山／孙圣源／／＊中国一周 1967 年 906 期

黄汲清
16659 黄汲清／刘绍唐主编／／＊传记文学 1998 年 72 卷 5 期

黄旭初
16660 黄旭初倦飞知还／洪木川／／＊畅流 1969 年 39 卷 9 期
16661 黄旭初(1892—1975)／关国煊／／＊传记文学 1976 年 28 卷 3 期，＊民国人物小传第 2 册第 227 页

黄远生
16662 纪念一位独立自由的报人——黄远生先生／沈云龙／／＊公论报 1957 年 10 月 25 日
16663 名记者黄远生／退庵／／＊"中央"日报 1958 年 9 月 16、17 日
16664 黄远庸其人其言／耘农／／＊民主潮 1955 年 5 卷 24 期
16665 关于黄远生／陈三／／＊畅流 1960 年 21 卷 9 期
16666 九江黄为基先生传略／熊邦彦／／＊江西文献 1968 年 23 期
16667 黄远庸其人其言／沈云龙／／＊传记文学 1975 年 27 卷 1 期
16668 黄远庸(1884—1915)／关国煊／／＊传记文学 1983 年 42 卷 1 期，＊民国人物小传第 6 册第 365 页

黄均毅
16669 黄均毅／陈其美／／＊革命人物志第 7 集第 34 页

黄志大
16670 黄志大／张正藩／／＊革命人物志第 10 集第 474 页

黄志勇
16671 黄志勇／黄震遐／／＊中共军人志第 497 页

黄芸苏
16672 革命耆宿黄芸苏先生／倪抟九／／＊畅流 1957 年 16 卷 7 期
16673 黄芸苏尽瘁革命／倪抟九／／＊中外杂志 1985 年 37 卷 4 期
16674 黄芸苏／倪抟九／／＊华侨名人传第 297 页，＊革命人物志第 14 集第 356 页

黄克诚
16675 黄克诚／刘绍唐主编／／＊传记文学 1992 年 60 卷 2 期
16676 黄克诚／黄震遐／／＊中共军人志第 495 页
16677 黄克诚／朱新民／／＊环华百科全书第 10 册第 455 页

黄体荣
16678 黄体荣／／＊革命人物志第 5 集第 468 页

黄佐临
16679 话剧导演黄佐临／如令／／＊新生晚报 1972 年 7 月 10 日
16680 黄佐临／刘绍唐主编／／＊传记文学 1995 年 67 卷 1 期
16681 黄佐临／李立明／／＊中国现代六百作家小传第 412 页

黄作孚
16682 黄公作孚纪念集／／＊久洋出版社 1983 年版

黄作珍
16683　黄作珍／黄震遐∥＊中共军人志第498页

黄伯度(1)
16684　黄伯度／陈衮尧∥＊华侨名人传第479页

黄伯度(2)
16685　悼黄伯度先生／于　衡∥＊联合报1970年10月26日
16686　黄伯度先生的故事／于　衡∥＊联合报1970年11月6日
16687　悼黄伯度先生／原德汪∥＊"中央"日报1971年2月21日
16688　黄伯度／＊革命人物志第22集316页

黄伯惠
16689　报坛怪人黄伯惠——上海时报主人的故事／陈冠南∥＊中外杂志1977年21卷2期

黄伯樵
16690　刚正、廉明、果敢——纪念黄伯樵先生逝世三周年／方子卫∥＊中国一周1951年48期
16691　遥忆黄伯樵先生／方子卫∥＊畅流1952年5卷1期
16692　黄伯樵／刘绍唐主编∥＊传记文学1999年75卷2期

黄伯耀
16693　黄伯耀／黄启懂∥＊华侨名人传第341页

黄佛青
16694　黄佛青事略／邹　鲁∥＊革命人物志第5集第335页

黄希周
16695　记河大森林系三位老师／黄甲臣、张庆思∥＊学府纪闻·国立河南大学第242页

黄谷柳
16696　《虾球传》作者去世／丝　韦∥＊新晚报1977年4月9日
16697　黄谷柳／大　愚∥＊万人杂志1968年16期
16698　黄谷柳／李立明∥＊中国现代六百作家小传第411页

黄怀觉
16699　刻碑石手黄怀觉／纸帐铜瓶室主(郑逸梅)∥＊书谱1980年6卷4期

黄启瑞
16700　黄启瑞／＊新生报1976年7月17日，＊革命人物志第17集第242页
16701　黄启瑞先生二三事／周冠华∥＊传记文学1978年33卷2期
16702　黄启瑞／刘绍唐主编∥＊传记文学1994年65卷2期

黄君璧
16703　黄君璧的艺术生涯／杨隆生∥＊艺术家出版社1991年221页
16704　国画泰斗黄君璧／周乐生∥＊中国一周1953年148期
16705　我所知道的黄君璧／梁寒操∥＊教育与文化1956年11卷6期，＊中美月刊1962年7卷1期，＊大成1976年30期
16706　黄君璧先生的艺术与生活／祝秀侠∥＊教育与文化1956年11卷6期
16707　国画大家黄君璧教授的成就／姚谷良∥＊政论周刊1957年153期
16708　寄情山水白云间／黄君璧∥＊新时代1962年2卷11期
16709　当代山水画大师黄君璧氏的成就／白　宇∥＊中美月刊1962年7卷1期
16710　国画宗师黄君璧／刘渊临∥＊中美月刊1962年7月1期
16711　寄情山水白云间／黄君璧∥＊新时代1962年2卷11期
16712　黄君璧教授绘画欣赏会／叶公超∥＊畅流1963年27卷8期
16713　黄君璧教授／＊中国一周1966年836期
16714　中国艺术之光／薛光前∥＊中国一周1966年870期

16715　一代大师黄君璧／＊美哉中华 1969 年 6 期
16716　订正黄君璧先生年谱／李超人∥＊大成 1976 年 34 期
16717　黄君璧先生年谱／大成 1976 年 30 期
16718　黄君璧绘画生涯／刘渊临∥大成 1983 年 117 期
16719　徐悲鸿与黄君璧／杨隆生∥大成 1983 年 119 期
16720　黄君璧生平年表／刘渊临∥＊雄狮美术 1983 年 149 期
16721　黄君璧挥舞了一甲子的彩毫／黄肇珩∥＊当代人物一席话第 159 页
16722　"画坛宗师"黄君璧教授／李德安∥＊当代名人风范(3)第 1017 页

黄际隆
16723　黄际隆／＊革命人物志第 5 集第 392 页

黄际遇
16724　黄季刚与黄际遇／念　逯∥联合报 1964 年 9 月 5—10 日
16725　黄际遇传略／周邦道∥＊华学月刊 1977 年 67 期
16726　记黄际遇先生／梁实秋∥传记文学 1977 年 31 卷 4 期
16727　黄际遇(1885—1945)／周邦道∥＊近代教育先进传略(初集)第 386 页
16728　黄故校长际遇传／编委会∥＊学府纪闻·国立河南大学第 179 页

黄阿烈
16729　黄阿烈／＊革命人物志第 12 集第 367 页

黄纯青
16730　自述书房生活／黄纯青∥＊新生报 1948 年 1 月 8 日
16731　今庆八秩寿诞的黄纯青先生／戴独行∥＊中华日报 1954 年 2 月 26 日
16732　胡适与黄纯青／李　敖∥"中央"日报 1956 年 12 月 21 日
16733　晴园老人的追忆／林熊祥∥政论周刊 1956 年 104 期
16734　黄炳南(1875—1956)／传记文学 1974 年 24 卷 3 期，＊民国人物小传第 1 册第 219 页

黄现璠
16735　黄现璠／刘绍唐主编∥传记文学 1998 年 72 卷 1 期

黄若瑛
16736　女勇士的画像——怀念故友黄若瑛院长／袁枢真∥＊中外杂志 1979 年 25 卷 6 期

黄茂松
16737　黄茂松／＊革命人物志第 7 集第 44 页

黄国梁
16738　黄国梁(1900—1978)／于翔麟∥传记文学 1981 年 39 卷 3 期，＊民国人物小传第 5 册第 333 页
16739　黄国梁／＊革命人物志第 20 集第 215 页

黄昌谷
16740　敬悼吾师黄贻荪先生／郑彦棻∥＊"中央"日报 1959 年 12 月 10 日，＊革命人物志第 5 集第 352 页
16741　黄昌谷生平事略／＊中华日报 1959 年 12 月 10 日
16742　黄昌谷先生传略／黄睦孙∥＊湖北文献 1969 年 10 期
16743　黄昌谷(1891—1959)／陈哲三∥传记文学 1975 年 27 卷 3 期，＊民国人物小传第 2 卷第 230 页
16744　三民主义笔记人黄昌谷先生／林光灏∥＊广东文献 1976 年 5 卷 4 期
16745　黄昌谷和黄建中——追念湖北两黄先生／陈　言∥＊中外杂志 1977 年 22 卷 5 期
16746　黄昌谷／＊革命人物志第 5 集第 351 页

黄明邦
16747　黄明邦／温　轰∥＊革命人物志第 7 集第 36 页

黄明星
16748　黄明星／＊革命人物志第 7 集第 37 页

黄明堂
16749　黄明堂传 / 邹　鲁 // *革命人物志第 5 集第 347 页

黄明清
16750　黄明清 / 黄震遐 // *中共军人志第 498 页

黄典诚
16751　黄典诚 / 刘绍唐主编 // *传记文学 1993 年 63 卷 6 期

黄忠干
16752　黄忠干 / *革命人物志第 14 集第 355 页

黄忠诚
16753　黄忠诚 / 黄震遐 // *中共军人志第 498 页

黄忠炳
16754　黄忠炳传 / 邹　鲁 // *革命人物志第 5 集第 347 页

黄咏商
16755　黄咏商 / 冯自由 // *革命人物志第 7 集第 64 页

黄季陆
16756　黄季陆先生与中国近代史研究 / 中华民国史料研究中心 // *1986 年 732 页
16757　匆匆四十年(1—8) / 黄季陆 // *传记文学 1963 年 4 卷 1 期—1965 年 7 卷 1 期
16758　酒杯边的琐忆 / 黄季陆 // *传记文学 1965 年 7 卷 4 期
16759　二十年前的四月一日 / 黄季陆 // *传记文学 1966 年 8 卷 4 期
16760　梦魂萦绕的我乡我家 / 黄季陆 // *传记文学 1966 年 9 卷 2 期
16761　一个童子军故事给我的启示和影响 / 黄季陆 // *传记文学 1967 年 10 卷 1 期
16762　内政工作的一段回忆 / 黄季陆 // *传记文学 1967 年 10 卷 5 期
16763　童年的见闻对我所学与所志的影响 / 黄季陆 // *传记文学 1967 年 10 卷 6 期
16764　人有诚心 自有神助——从事新闻工作的一段回忆 / 黄季陆 // *传记文学 1968 年 12 卷 2 期
16765　童年老友,欢叙当年——有关张大千先生和我的一些回忆 / 黄季陆 // *传记文学 1968 年 12 卷 4 期
16766　忆往与借鉴——留学日本时期的一段回忆 / 黄季陆 // *传记文学 1968 年 12 卷 5 期
16767　黄季陆先生 / *美哉中华 1969 年 13 期
16768　黄季陆先生与中国现代史研究 / 蒋永敬 // *近代中国 1985 年 47 期
16769　黄季陆先生在教育工作中的贡献 / 蔡保田 // *近代中国 1985 年 47 期
16770　我所敬佩的黄季陆先生 / 郑彦棻 // *近代中国 1985 年 47 期
16771　追怀光风霁月的黄季陆先生 / 沈云龙 // *传记文学 1985 年 46 卷 5 期
16772　余井塘黄季陆小传 / 秦贤次、关国煊 // *传记文学 1985 年 46 卷 6 期
16773　献身革命半个世纪的黄季陆先生 / 李德安 // *当代名人风范(1)第 257 页
16774　黄季陆 / *环华百科全书第 10 册第 469 页

黄秉衡
16775　黄秉衡八十自述(上、下) / 黄秉衡 // *传记文学 1981 年 38 卷 5、6 期

黄秉彝
16776　黄秉彝 / *革命人物志第 7 集第 38 页

黄侠毅
16777　记东莞革命志士黄侠毅 / 王绍通 // *广东文献 1977 年 7 卷 4 期

黄金荣
16778　众家老倌黄金荣 / 章君谷 // *中外图书出版社 1975 年版
16779　黄金荣和杜月笙 / 万墨林 // *中外杂志 1975 年 17 卷 4 期
16780　黄金荣与临城劫车案——上海闻人黄金荣的晚年 / 万墨林 // *中外杂志 1983 年 33 卷 3 期

16781　黄金荣 / 刘绍唐主编 // *传记文学 1992 年 60 卷 2 期
16782　蒋介石拜师黄金荣的经过 / 黄振世 // *传记文学 1994 年 65 卷 2 期
16783　从拜师大侠杜心五说起——兼记我所认识的张锦湖、黄金荣、杜月笙 / 张佛千 // *传记文学 1996 年 68 卷 6 期
16784　黄金荣父子 / 郭　桐 // *国共风云名人录第 4 集第 147 页

黄炎培
16785　黄炎培（1877—1965）/ 关国煊 // *传记文学 1980 年 36 卷 1 期，*民国人物小传第 4 册第 319 页
16786　政务院副总理黄炎培 / *新中国人物志（上）第 41 页

黄泽霖
16787　贵州巡防营总统黄泽霖 / 冯自由 // *革命人物志第 5 集第 458 页

黄宝实
16788　闲话往事 / 黄宝实 // *传记文学出版社 1969 年版 116 页
16789　黄宝实鞠躬尽瘁 / 刘克铭 // *"中央"日报 1970 年 12 月 13 日
16790　我的家 / 黄宝实 // *传记文学 1968 年 12 卷 5 期
16791　北阀时期的经历与见闻 / 黄宝实 // *传记文学 1968 年 13 卷 2 期
16792　从私塾到洋学堂 / 黄宝实 // *传记文学 1968 年 13 卷 3 期
16793　作师与亲民 / 黄宝实 // *传记文学 1968 年 13 卷 4 期
16794　反省五年 / 黄宝实 // *传记文学 1968 年 13 卷 5 期
16795　八年抗战（一、二）/ 黄宝实 // *传记文学 1968 年 13 卷 6 期—1969 年 14 卷 1 期
16796　敬悼黄宝实先生 / 邱七七 // *传记文学 1971 年 18 卷 1 期
16797　黄宝实 / *革命人物志第 9 集第 246 页

黄宗仰
16798　宗仰禅师 / 杜负翁 // *"中央"日报 1959 年 11 月 4 日
16799　革命阵营中的三个和尚——黄宗仰、苏曼殊、李叔同 / 芸　翁 // *艺文志 1965 年 1 期
16800　黄宗仰（1865—1921）/ 邱奕松 // *传记文学 1976 年 28 卷 5 期，*民国人物小传第 2 册第 228 页
16801　乌目山僧黄宗仰先生 / 江　汉 // *今日中国 1980 年 115 期
16802　乌目山僧黄宗仰 / 冯自由 // *革命人物志第 5 集第 341 页
16803　记宗仰上人轶事 / 蔡元培 // *革命人物志第 5 集第 345 页，*蔡元培全集第 675 页

黄宗识
16804　黄宗识 / 颜文雄 // *中国一周 1966 年 847 期

黄宗霈
16805　黄宗霈（1899—1976）/ 关志昌 // *传记文学 1980 年 37 卷 6 期，*民国人物小传第 4 册第 318 页

黄建中
16806　忆黄建中先生 / 毛一波 // *"中央"日报 1959 年 9 月 28 日
16807　黄建中先生学行述略 / *革命思想 1958 年 5 卷 6 期
16808　黄离明先生行状 / 林　尹 // *学粹 1959 年 2 卷 1 期
16809　七十述怀 / 黄建中 // *建设 1959 年 7 卷 8 期
16810　黄建中传略 / 周邦道 // *湖北文献 1977 年 45 期
16811　黄昌谷和黄建中——追念湖北两黄先生 / 陈　言 // *中外杂志 1977 年 22 卷 5 期
16812　黄建中 / 周邦道 // *近代教育先进传略（初集）第 192 页
16813　黄建中 / 林　尹 // *革命人物志第 7 集第 39 页

黄孟圭
16814　徐、黄二家：记徐悲鸿和黄孟圭、黄曼士兄弟的友谊 / 黄美意 // *大成 1983 年 119 期

黄绍丞
16815　杰出校友群象——球场健将黄绍丞局长 / 王绍桢等 // *学府纪闻·私立辅仁大学第 373 页

黄绍诚
16816　黄绍诚／＊革命人物志第 7 集第 62 页

黄绍竑
16817　五十回忆／黄绍竑／／（香港）1969 年再版 589 页
16818　黄绍竑(1895—1966)／关国煊／／＊传记文学 1983 年 43 卷 1 期
16819　政务院委员黄绍雄／＊新中国人物志（下）第 4 页

黄绍祖
16820　黄绍祖／＊革命人物志第 12 集第 368 页

黄经耀
16821　黄经耀／黄震遐／／＊中共军人志第 501 页

黄珍吾
16822　黄珍吾先生纪念集／＊黄珍吾治丧委员会编印 1970 年版 300 页
16823　黄珍吾(1900—1969)／张玉法／／＊传记文学 1975 年 26 卷 4 期，＊民国人物小传第 2 册第 231 页
16824　黄珍吾／＊革命人物志第 10 集第 481 页

黄荣海
16825　黄荣海／黄震遐／／＊中共军人志第 499 页

黄药眠
16826　黄药眠／李立明／／中国现代六百作家小传第 416 页

黄树芬
16827　黄树芬／宋卓英／／＊华侨名人传第 199 页

黄昭明
16828　台湾情报战两大明星——黄昭明与翁俊明／乔家才／／＊中外杂志 1981 年第 29 卷 3 期，＊戴笠将军和他的同志第 1 集第 277 页

黄思沛
16829　黄思沛／黄震遐／／＊中共军人志第 499 页

黄钟瑛
16830　首任海军总司令黄钟瑛／李雍民／／＊古今谈 1966 年 21 期
16831　黄钟瑛／＊革命人物志第 5 集第 462 页

黄秋耘
16832　书生型的黄秋耘／江山雪／／＊明报 1973 年 12 月 16 日
16833　黄秋耘／林曼叔等／／＊中国当代作家小传 153 页
16834　黄秋耘／李立明／／＊中国现代六百作家小传第 413 页

黄复生
16835　黄复生先生行述／＊四川文献 1965 年 29 期
16836　黄复生(1883—1948)／关国煊／／＊传记文学 1979 年 35 卷 4 期，＊民国人物小传第 4 册第 323 页
16837　黄复生先生行述／＊民国四川人物传记第 179 页
16838　黄复生／＊革命人物志第 5 集第 376 页

黄保德
16839　黄保德／刘绍唐主编／／＊传记文学 1994 年 65 卷 5 期

黄衍裳
16840　黄衍裳／周邦道／／＊江西文献 1976 年 86 期
16841　黄衍裳(1870—1932)／周邦道／／＊近代教育先进传略（初集）第 163 页

黄冠伟
16842　黄冠伟／＊革命人物志第 7 集第 46 页

黄冠南
16843　黄冠南／刘绍唐主编／／＊传记文学 1993 年 62 卷 2 期

黄般若
16844　黄般若 / 刘绍唐主编 // *传记文学 1999 年 75 卷 6 期

黄祖宪
16845　黄祖宪 / *革命人物志第 7 集第 58 页

黄怒涛
16846　黄怒涛 / *革命人物志第 10 集第 485 页

黄格君
16847　黄格君 / *革命人物志第 18 集第 256 页

黄振华
16848　记三位不平凡的女性：胡木兰、卓国华、黄振华 / 李又宁 // *近代中国 1981 年 24 期

黄造雄
16849　生平自述 / 黄造雄 // *世界书局 1975 年版 47 页

黄竞白
16850　黄竞白 / 黄犹兴 // *革命人物志第 5 集第 464 页

黄海山
16851　黄海山 / *革命人物志第 7 集第 32 页

黄家驷
16852　黄家驷 / 刘绍唐主编 // *传记文学 1998 年 72 卷 6 期

黄家麟
16853　黄家麟 / 王缵承 // *革命人物志第 5 集第 374 页

黄宾虹
16854　黄宾虹的绘画思想 / 孙　旗 // *天华出版公司 1979 年 304 页
16855　黄宾虹(1864—1955) / 秦贤次 // *传记文学 1974 年 25 卷 6 期，*民国人物小传第 1 册第 221 页
16856　黄宾虹与新安画派 / 击　壤 // *艺林丛录(二)第 351 页
16857　黄宾虹与陈若木 / 裘　温 // *艺林丛录(六)第 274 页
16858　画人之诗(黄宾虹) / 陈　凡 // *尘梦集第 123 页
16859　黄宾虹(1864—1955) / 廖雪芳 // *环华百科全书第 10 册第 438 页

黄展云
16860　黄展云 / 刘绍唐主编 // *传记文学 1997 年 71 卷 6 期

黄梦麟
16861　黄梦麟 / 夏寿华 // *革命人物志第 7 集第 65 页

黄梅兴
16862　黄梅兴 / *革命人物志第 10 集第 486 页

黄曼士
16863　黄曼士纪念文集 / 黄淑芳 // *南洋学会印行
16864　徐、黄二家：记徐悲鸿和黄孟圭、黄曼士兄弟的友谊 / 黄美意 // *大成 1983 年 119 期

黄逸光
16865　刺汪壮士黄逸光 / 刘守法 // *中外杂志 1981 年 29 卷 5 期

黄焕文
16866　李浴日与黄焕文 / 居浩然 // *传记文学 1969 年 15 卷 6 期

黄婉君
16867　程夫人黄婉君女士哀思录 / *程夫人黄婉君女士治丧处编印 1965 年版 103 页(补)
16868　先室程夫人黄婉君女士行状 / 程天放 // *"中央"日报 1965 年 5 月 9 日，*江西文献 1966 年 5 期

黄琪翔
16869　黄琪翔(1898—1970) / 关国煊 // *传记文学 1981 年 38 卷 5 期，*民国人物小传第 5 册第 335 页

16870　怀念黄琪翔将军及简述闽变经过 / 李以劻 // ＊传记文学 1999 年 74 卷 1 期
16871　中央政治法律委员会委员黄琪翔 / ＊新中国人物志（下）第 32 页

黄朝天

16872　黄朝天 / 黄震遐 // ＊中共军人志第 500 页

黄朝琴

16873　黄朝琴先生纪念集 / ＊黄朝琴先生治丧委员会编印 1972 年版 230 页
16874　我的回忆 / 黄朝琴 // ＊黄陈印莲 1981 年版 255 页
16875　爱国爱乡：黄朝琴传 / 李新民 // ＊近代中国出版社 1984 年 11 月版 132 页
16876　悼念老友黄朝琴先生 / 蔡孟坚 // ＊中外杂志 1972 年 12 卷 3 期，＊大成 1981 年 95 期
16877　记黄朝琴先生 / 王绍斋 // ＊中外杂志 1976 年 20 卷 4 期
16878　黄朝琴（1897—1972）/ 王绍斋、邱奕松 // ＊传记文学 1977 年 31 卷 3 期，＊民国人物小传第 3 册第 256 页
16879　黄朝琴回忆录（1—18）/ 黄朝琴 // ＊中外杂志 1981 年 31 卷 3 期—1983 年 34 卷 3 期
16880　台湾前途的摸索与回顾——林呈禄与黄朝琴 / 蔡宪崇、谢德锡 // ＊文艺 1983 年 83 期
16881　黄朝琴 / ＊革命人物志第 14 集第 371 页
16882　悼念老同志黄朝琴先生 / 蔡培火 // ＊革命人物志第 14 集第 375 页
16883　敬悼黄朝琴先生 / 谷正纲 // ＊革命人物志第 14 集第 378 页
16884　敬悼黄朝琴先生 / 谢东闵 // ＊革命人物志第 14 集第 381 页
16885　黄朝琴 / 薛人仰 // ＊革命人物志第 14 集第 383 页
16886　黄朝琴先生在外交上之功绩 / 吴南如 // ＊革命人物志第 14 集第 389 页

黄鼎臣

16887　黄鼎臣 / 刘绍唐主编 // ＊传记文学 1995 年 66 卷 5 期
16888　人民政协代表黄鼎臣 / ＊新中国人物志（下）第 37 页

黄景南

16889　黄景南（黄启祥）传 / 邹　鲁 // ＊革命人物志第 7 集第 59 页
16890　黄景南病故事略 / ＊革命人物志第 7 集第 61 页

黄曾源

16891　黄曾源行状 / 吴郁生 // ＊碑传集三编第 5 册第 1363 页
16892　黄曾源墓志铭 / 张学华 // ＊碑传集三编第 5 册第 1369 页

黄尊生

16893　纪念黄尊生学习黄尊生 / 刘　坚 // ＊绿穗 1990 年 4 期

黄禅侠

16894　黄禅侠 / 黄君牧 // ＊革命人物志第 7 集第 71 页

黄弼臣

16895　悼念恩师黄弼臣教授 / 孔宪铎 // ＊传记文学 1998 年 73 卷 4 期

黄蒙田

16896　黄蒙田 / 刘绍唐主编 // ＊传记文学 1999 年 75 卷 6 期

黄楚九

16897　记五个卓越的金融家（黄楚九）/ 曲江 // ＊畅流 1969 年 39 卷 9 期
16898　黄楚九与上海交易所风波 / 王玉山 // ＊大成 1977 年 49 期
16899　黄楚九（1872—1931）/ 关志昌 // ＊传记文学 1985 年 47 卷 3 期
16900　黄楚九传（1—5）/ 龚济民 // ＊传记文学 1992 年 60 卷 2—5 期，1992 年 61 卷 1 期

黄锡铨

16901　黄锡铨（1852—1925）/ 黄玉发 // ＊传记文学 1985 年 46 卷 2 期

黄辟尘

16902　泰兴黄公辟尘传略 / 朱文伯 // ＊民主潮 1966 年 16 卷 13 期

黄新庭
16903　黄新庭／黄震遐//＊中共军人志第502页
黄福寿
16904　黄福寿／刘绍唐主编//＊传记文学1997年71卷5期
黄慕如
16905　黄慕如／＊革命人物志第17集第247页
黄慕松
16906　记黄慕松先生／王成圣//＊中外杂志1969年6卷3期，＊广东文献1976年5卷4期
16907　黄慕松(1884—1937)／关国煊//＊传记文学1980年36卷3期，＊民国人物小传第4册第326页
16908　广东宿将黄慕松／王成圣//＊中外人物专辑第1辑第95页
黄毓成
16909　记云南首义元勋黄毓成将军／杨森//＊中外杂志1967年2卷1期
黄毓英
16910　黄毓英事略／邹鲁//＊革命人物志第5集第386页
黄毓峻
16911　乐善好施的黄毓峻将军／江光芬//＊中国一周1966年839期
黄震遐
16912　黄震遐先生之死／徐复观//＊华侨日报1974年1月22日
16913　黄震遐／李立明//＊中国现代六百作家小传第414页
16914　黄震遐／方青//＊现代文坛百象第26页
黄镇中
16915　先严黄镇中将军行状／黄春生//＊江西文献1967年56期
16916　可以无憾——纪念黄辟疆先生／李德廉//＊江西文献1969年38期
16917　首义元老黄镇中公传略／黄农//＊湖北文献1980年54期
16918　黄镇中／＊革命人物志第17集第248页
黄镇球
16919　黄镇球(1898—1979)／林抱石//＊传记文学1979年35卷4期，＊民国人物小传第4册第327页
16920　陆军一级上将黄镇球将军事略／＊广东文献1980年10卷1期
黄鹤鸣
16921　黄鹤鸣／邓慕韩//＊革命人物志第5集第467页
黄樵松
16922　黄樵松／刘绍唐主编//＊传记文学1994年65卷2期
黄醒洲
16923　黄醒洲／＊革命人物志第7集第66页
黄麟书
16924　黄麟书／刘绍唐主编//＊传记文学1998年72卷3期
萧　力
16925　萧　力／黄震遐//＊中共军人志第667页
萧　三
16926　萧　三(1896—1983)／关国煊//＊传记文学1982年42卷5期，＊民国人物小传第6册第460页
16927　萧　三／方雪纯等//＊中共人名录第675页
16928　萧　三／林曼叔等//＊中国当代作家小传第43页
16929　萧　三／李立明//＊中国现代六百作家小传第551页
萧　平
16930　萧　平／黄震遐//＊中共军人志第667页

萧 达

16931　萧　达／＊革命人物志第 7 集第 439 页

萧 华

16932　萧　华／刘绍唐主编／／＊传记文学 1996 年 68 卷 2 期
16933　萧　华／黄震遐／／＊中共军人志第 678 页
16934　萧　华／方雪纯等／／＊中共人名录第 681 页
16935　萧　华／李立明／／＊中国现代六百作家小传第 557 页

萧 军

16936　萧军与萧红／玄　默／／＊"中央"日报 1966 年 11 月 2 日
16937　东北名作家萧军／李立明／／＊中华月报 1975 年 721 期
16938　老兵萧军的苍凉／赵淑侠／／＊传记文学 1983 年 42 卷 4 期
16939　萧　军／陈纪滢／＊三十年代作家记 1980 年第 111 页
16940　萧　军／＊中国当代作家小传第 60 页
16941　萧　军／李立明／／中国现代六百作家小传第 554 页
16942　萧　军／孙　陵／／＊我熟识的三十年代作家 1980 年第 25 页
16943　萧　军／季　林／／＊作家的生活第 71 页
16944　萧　军（1907—　）／＊环华百科全书第 12 册第 561 页
16945　萧　军／方　青／＊现代文坛百象第 52 页
16946　萧　军／赵　聪／＊现代中国作家列传第 307 页
16947　萧军自传及其他／漫谈中国新文学第 12 页
16948　二萧散记——又论萧军,再论萧红／漫谈中国新文学第 48 页

萧 红

16949　萧红新传／（美）葛浩父／／（香港）三联书店 1989 年 209 页
16950　萧红小传／骆宾基／／（香港）天地图书有限公司 1991 年 272 页
16951　爱路跋涉:萧红传／丁言昭／／＊业强出版社 1991 年 311 页
16952　萧红评传／葛浩文著、郑继宗译／／（香港）文艺书屋 1979 年 9 月版 200 页,＊中国时报文化公司 1980 年 6 月版 174 页,＊文艺出版社 1985 年 8 月版 197 页
16953　萧军与萧红／玄　默／／＊"中央"日报 1966 年 11 月 2 日
16954　女作家萧红／李立明／／＊中华日报 1975 年 11 期
16955　花落时节忆萧红／阿　甲／／＊乡土 1957 年 7 期
16956　忆萧红／周鲸文／／＊时代批评 1975 年 433 期
16957　萧　红（1911—1942）／刘绍唐／／＊传记文学 1976 年 29 卷 2 期,＊民国人物小传第 2 册第 315 页
16958　萧红及萧红研究资料——为纪念萧红女士逝世三十五周年而作／H·Goldblatt 著、郑继宗译／／＊明报月刊 1977 年 12 卷 7 期
16959　萧红自传／＊明报月刊 1977 年 12 卷 7 期
16960　从中国大陆文坛的"萧红热"谈起——萧红传记资料拾零／葛浩文／／＊中报月刊 1980 年 8 期
16961　萧红在香港发表的文章——《萧红已出版著作目次年表》补遗／卢玮銮／／＊抖擞 1980 年总 40 期
16962　鲁迅与萧红／余　时／／＊中国现代作家资料选粹第 2 集第 1 页
16963　萧　红／李立明／／＊中国现代六百作家小传第 553 页
16964　花开时节话萧红／陈　凡／／＊尘梦集 256 页
16965　萧　红／孙　陵／／＊我熟识的三十年代作家第 1 页
16966　萧　红／季　林／／＊作家的生活第 123 页
16967　萧　红／余　惠／／＊现代中国作家选论第 199 页
16968　萧　红／赵　聪／／＊现代中国作家列传第 318 页
16969　萧　红（1911—1942）／＊环华百科全书第 12 册第 560 页

16970 谈萧红与鲁迅／葛浩文∥＊漫谈中国新文学第 1 页
16971 萧红及萧红研究资料／＊漫谈中国新文学第 24 页
16972 二萧散记——又论萧军,再谈萧红／＊漫谈中国新文学第 48 页

萧 克
16973 萧　克／黄震遐∥＊中共军人志第 670 页
16974 访萧克／海伦·福斯特·斯诺∥＊中国老一辈革命家第 140 页
16975 萧　克／朱新民／＊环华百科全书第 12 册第 559 页

萧 勃
16976 忆萧勃／乔家才∥＊戴笠将军和他的同志第 2 集第 109 页

萧 前
16977 萧　前／黄震遐∥＊中共军人志第 677 页

萧 铁
16978 追念萧铁先生／王鼎钧∥＊公论报 1954 年 5 月 4、5 日

萧 乾(1)
16979 萧　乾／钟温和／＊革命人物志第 16 集第 324 页

萧 乾(2)
16980 重逢萧乾／陆　铿∥＊中报月刊 1980 年创刊号
16981 芙蓉阁上会萧乾／萧　铜∥＊中报月刊 1980 年 2 期
16982 萧乾的文学历程／关国煊∥＊传记文学 1999 年 74 卷 3 期
16983 萧乾"文革"自杀获救的前前后后／李　辉∥＊传记文学 1999 年 74 卷 5 期
16984 萧　乾／刘绍唐主编∥＊传记文学 1999 年 75 卷 4 期
16985 萧　乾／林曼叔等∥＊中国当代作家小传第 70 页
16986 萧　乾／李立明∥＊中国现代六百作家小传 555 页
16987 我并非有意选择文学／萧　乾∥＊我与文学第 230 页
16988 萧　乾／黄俊东∥＊中国现代作家剪影第 180 页

萧 铮
16989 萧铮回忆录(1—14)／萧　铮∥＊传记文学 1976 年 29 卷 3 期—1979 年 35 卷 5 期

萧 锋
16990 萧　锋／黄震遐∥＊中共军人志第 682 页

萧 瑜
16991 回忆我的小时了了／萧　瑜∥＊艺文志月刊社、大中华出版社 1969 年版 174 页
16992 萧瑜教授八秩大庆纪念册／＊文化教育三十二团体编印 1973 年版 250 页
16993 毛泽东与我／萧　瑜∥＊源成文化图书供应社 1976 年印行 117 页
16994 "文化大使"萧瑜／郑贞铭∥＊"中央"日报 1963 年 11 月 19 日
16995 毛泽东与我／萧　瑜著,郝供年译∥＊艺文志 1966 年 15 期—1967 年 20 期
16996 中国文化使者萧子昇(萧瑜)／向开先∥＊艺文志 1967 年 23 期
16997 食学怪杰萧子昇(萧瑜)／易　价∥＊艺文志 1968 年 29 期
16998 文化苦行僧——萧瑜／陈如一∥＊古今谈 1977 年 143 期
16999 萧　瑜(1896—1976)／周卓怀∥＊传记文学 1977 年 30 卷 2 期,＊民国人物小传第 3 册第 362 页
17000 萧瑜教授简介／＊湖南文献 1977 年 5 期 1 期,＊革命人物志第 16 集 326 页
17001 李石曾、萧瑜与故宫盗宝案／白　瑜∥＊传记文学 1981 年 38 卷 5 期
17002 悼念萧子昇先生／秦孝仪∥＊革命人物志第 16 集第 332 页
17003 海外传播中华文化·萧瑜教授鞠躬尽瘁／杨　明∥＊革命人物志第 16 集第 337 页

萧 赣
17004 萍乡萧痩麓先生二三事／颜承梁∥＊江西文献 1969 年 39 期

萧一山

17005　我研究清史的启蒙师——萧一山／周应龙∥﹡中国一周 1963 年 692 期
17006　萧一山先生传略／柯剑星∥﹡中国一周 1963 年 692 期
17007　我所知道的萧一山先生／胡秋原∥﹡中华杂志 1979 年 17 卷 7 期
17008　萧一山（1902—1978）／林抱石∥﹡传记文学 1979 年 35 卷 3 期,﹡民国人物小传第 4 册第 411 页
17009　悼念萧一山先生／刘秀洪∥﹡江苏文物 1980 年 3 卷 8 期
17010　萧一山发愤治清史／吴相湘∥﹡民国百人传第 4 册第 329 页
17011　萧一山／﹡环华百科全书第 12 册第 562 页
17012　萧一山／﹡革命人物志第 19 集第 411 页

萧山令

17013　萧山令／﹡革命人物志第 14 集第 405 页
17014　宪兵司令部参谋长兼首都警察厅长萧山令固守南京壮烈殉国事略／﹡革命人物志第 14 集第 431 页

萧之楚

17015　萧之楚／刘绍唐主编∥﹡传记文学 1995 年 67 卷 3 期

萧友梅

17016　萧友梅先生之生平／﹡张继高等 1982 年编印
17017　纪念萧友梅先生／于　勤∥﹡新生报 1951 年 4 月 5 日
17018　萧友梅（1884—1940）／邱奕松∥﹡传记文学 1979 年 35 卷 1 期,﹡民国人物小传第 2 册第 316 页
17019　中国近代音乐教育之先驱——萧友梅（上、下）／周凡夫∥﹡音乐与音响 1979 年 71、72 期
17020　音乐教育家——萧友梅／乔　佩∥﹡中国现代音乐家第 7 页
17021　萧友梅／方光后∥﹡环华百科全书第 12 册第 563 页

萧长华

17022　萧长华／丁秉鐩∥﹡传记文学 1978 年 33 卷 6 期
17023　哀梨园二名丑——萧长华与马富禄之死／司马不平∥﹡戏曲艺术 1980 年 1—4 期,﹡传记文学 1981 年 38 卷 6 期,﹡大成 1981 年 89 期
17024　梨园两名丑萧长华与马富禄之死／司马不平∥﹡大成 1981 年 4 期,﹡传记文学 1981 年 38 卷 6 期
17025　国剧四名伶之惨死及其传略——丑角泰斗萧长华（1878—1967）／关志昌∥﹡传记文学 1982 年 40 卷 1 期
17026　萧长华（1878—1967）／关志昌∥﹡传记文学 1982 年 41 卷 1 期,﹡民国人物小传第 5 册第 490 页

萧公权

17027　问学谏往录／萧公权∥﹡传记文学出版社 1972 年 229 页
17028　问学谏往录（1—19）／萧公权∥﹡传记文学 1970 年 16 卷 1 期—1971 年 19 卷 2 期
17029　敬悼萧公权老师／黄俊杰∥﹡传记文学 1981 年 39 卷 6 期
17030　记萧兄公权／浦薛凤∥﹡传记文学 1982 年 40 卷 1 期
17031　萧公权（1897—1981）／﹡传记文学 1982 年 40 卷 3 期,﹡民国人物小传第 5 册第 486 页
17032　怀念先师萧公权教授／黄大受∥﹡传记文学 1982 年 40 卷 4 期
17033　忘年诗友——悼念萧公权先生／周策纵∥﹡传记文学 1982 年 40 卷 4 期
17034　追念萧公权先生兼忆华大的汉学研究／徐乃力∥﹡传记文学 1982 年 41 卷 2 期
17035　萧公权／﹡环华百科全书第 12 册第 559 页
17036　问学清华／萧公权∥﹡学府纪闻·国立清华大学第 297 页

萧文玖

17037　萧文玖／黄震遐∥﹡中共军人志第 668 页

萧文铎

17038　萧文铎（1891—1962）／林抱石∥﹡传记文学 1981 年 39 卷 3 期,﹡民国人物小传第 5 册第 484 页

萧石斋
17039　先府君萧公石斋年谱一卷／萧家仁／／（香港）集大庄铅印线装本

萧龙友
17040　萧龙友／刘绍唐主编／／＊传记文学1997年71卷2期

萧兰池
17041　萧兰池／丁惟汾／／＊革命人物志第20集第283页

萧吉珊
17042　萧吉珊（1893—1956）／／＊传记文学1982年40卷3期，＊民国人物小传第5册第489页

17043　萧吉珊／黄廉卿／／＊革命人物志第20集第281页

萧而化
17044　萧而化／颜文雄／／＊中国一周1966年843期

17045　萧而化／乔　佩／／＊中国现代音乐家第120页

萧师毅
17046　哲学名家萧师毅博士／王绍桢等／／＊学府纪闻·私立辅仁大学第337页

萧同兹
17047　念兹集／＊冯志翔等编印1969年版118页

17048　萧同兹传／冯志翔／／＊新闻记者公会1974年印行296页，＊传记文学出版社1975年版296页

17049　黄庞纪念册的史料价值——萧同兹前半生的旁证／吴相湘／／＊传记文学1974年25卷1期

17050　萧同兹先生经历的两件事／冯志翔／／＊传记文学1974年25卷5期

17051　萧同兹（1895—1973）／张　琦／／＊传记文学1977年30卷5期，＊民国人物小传第3册第365页

17052　大家都说萧三爷／冯志翔／／＊湖南文献1981年9卷1期

17053　平生敬重两三爷——追记萧同兹与魏景蒙两先生／冯志翔／／＊传记文学1983年42卷5期

17054　萧同兹与中央社／周培敬／／＊传记文学1994年65卷4期

17055　萧同兹（1895—1973）／＊环华百科全书第12册第558页

17056　萧同兹／＊革命人物志第14集第436页

17057　照人颜色我难忘——与萧三爷论交四十年／黄　杰／／＊革命人物志第14集第455页

17058　敬业乐群的楷模／郑彦棻／／＊革命人物志第14集第459页

17059　念兹在兹／马星野／／＊革命人物志第14集第461页

17060　萧先生创办了英文通讯事业／徐兆镛／／＊革命人物志第14集第469页

17061　萧先生是新闻通讯总工程师／高仲芹／／＊革命人物志第14集第476页

17062　同兹先生——新闻界一位并未死去的老兵／楚崧秋／／＊革命人物志第14集第481页

萧先荫
17063　萧先荫／刘绍唐主编／／＊传记文学1997年71卷5期

萧自诚
17064　萧自诚／刘绍唐主编／／＊传记文学1993年63卷3期

萧向阳
17065　萧向阳／程发轫／／＊革命人物志第7集第425页

萧向荣
17066　萧向荣／黄震遐／／＊中共军人志第668页

萧全夫
17067　萧全夫／黄震遐／／＊中共军人志第752页

萧汝霖
17068　萧汝霖／＊革命人物志第17集第387页

萧佛成
17069　萧佛成／祝秀侠／／＊华侨名人传第36页

17070 萧佛成 / ＊革命人物志第 19 集第 415 页

萧应棠
17071 萧应棠 / 黄震遐 // ＊中共军人志第 683 页

萧际峰
17072 萧际峰 / ＊革命人物志第 7 集第 440 页

萧劲光
17073 湖南省军区司令员萧劲光 / 苏　田 // ＊新中国人物志(上)第 180 页

萧其章
17074 萧其章 / ＊革命人物志第 7 集第 424 页

萧贤俊
17075 萧贤俊 / ＊革命人物志第 9 集第 342 页

萧国宝
17076 武昌首义无名英雄——徐世安、萧国宝传 / 黄宝实 // ＊湖北文献 1966 年 1 期

萧忠贞
17077 萧忠贞 / ＊革命人物志第 7 集第 428 页

萧学埊
17078 萧学埊 / ＊革命人物志第 7 集第 441 页

萧建初
17079 萧建初 / ＊革命人物志第 9 集第 340 页

萧思明
17080 萧思明 / 黄震遐 // ＊中共军人志第 677 页

萧钟英
17081 萧钟英 / 张难先 // ＊革命人物志第 7 集第 442 页

萧选进
17082 萧选进 / 黄震遐 // ＊中共军人志第 683 页

萧俊岭
17083 萧俊岭 / ＊革命人物志第 18 集第 390 页

萧奕先
17084 萧奕先 / 陈之英 // ＊革命人物志第 7 集第 436 页
17085 萧竹漪 / 冯自由 // ＊革命人物志第 9 集第 339 页

萧美成
17086 萧美成 / ＊革命人物志第 7 集第 437 页

萧美琪
17087 记几位中国的女数学家 / 陈省身、康润芳 // ＊传记文学 1995 年 66 卷 5 期

萧振瀛
17088 萧振瀛二三事 / 群　匡 // ＊新闻报 1964 年 7 月 20 日
17089 记战前华北风云人物萧振瀛 / 李田林 // ＊传记文学 1972 年 20 卷 1 期
17090 "不学有术"萧振瀛 / 马五先生 // ＊艺文志 1977 年 141 期
17091 评萧振瀛先生回忆录 / 黎东方 // ＊传记文学 1993 年 63 卷 2 期

萧健九
17092 萧健九 / ＊革命人物志第 18 集第 391 页

萧健之
17093 萧健之 / ＊革命人物志第 9 集第 340 页

萧涛英
17094 悼青年日报首任社长萧涛英兄 / 漆高儒 // ＊传记文学 1995 年 66 卷 6 期

萧家鸿
17095　萧家鸿／萧绳武∥＊革命人物志第7集第438页

萧楚女
17096　萧楚女／刘绍唐主编∥＊传记文学1987年50卷1期

萧新槐
17097　萧新槐／黄震遐∥＊中共军人志第681页

萧毅肃
17098　萧毅肃(1899—1975)／于翔麟∥＊传记文学1981年38卷5期，＊民国人物小传第5册第494页
17099　萧毅肃／＊革命人物志第16集第341页
17100　怀念萧毅肃将军／张柳云∥＊革命人物志第16集第345页

萧翼鲲
17101　萧翼鲲／＊革命人物志第9集第343页

萧赞育
17102　萧赞育／刘绍唐主编∥＊传记文学1993年62卷2期

萧耀南
17103　萧耀南(1875—1926)／于翔麟∥＊传记文学1981年39卷2期，＊民国人物小传第5册第495页

萨本栋
17104　萨本栋在厦大／王梦鸥∥＊"中央"日报1957年1月29日
17105　怀念萨本栋先生／邹文海∥＊传记文学1962年1卷3期
17106　一个科学教育者的素描——再记萨本栋先生／王梦鸥∥＊传记文学1963年3卷3期
17107　萨本栋(1902—1949)／陈哲三∥＊传记文学1976年28卷2期，＊民国人物小传第2册317页
17108　忆清华辛酉级十位级友：萨本栋／浦薛凤∥＊传记文学1985年47卷3期

萨师俊
17109　抗日烈士萨师俊／韩鉴平∥军事杂志1975年43卷12期
17110　萨师俊／＊革命人物志第16集第353页

萨孟武
17111　学生时代／萨孟武∥＊三民书局1967年版220页、1969年再版210页
17112　中年时代／萨孟武∥＊三民书局1967年版210页
17113　萨孟武教授／胡有瑞∥＊"中央"日报1966年2月27日
17114　萨孟武老师的趣事／陈志奇∥＊"中央"日报1970年4月18日
17115　一心要学苏东坡的萨孟武教授／张达人∥＊艺文志1975年118期
17116　我所认识的萨孟武先生／林纪东∥＊社会科学论丛1976年24期
17117　悼念萨孟武兄／阮毅成∥＊传记文学1984年44卷5期
17118　萨孟武／刘绍唐主编∥传记文学1987年51卷4期
17119　萨孟武／＊环华百科全书第17册第229页
17120　狂狷斋的主人——访萨孟武教授／胡有瑞∥＊现代学人散记第121页

萨福锵
17121　萨福锵／＊革命人物志第11集第369页

萨镇冰
17122　海军耆宿萨镇冰／李国圭∥＊传记文学1967年11卷5期
17123　萨镇冰(1859—1952)／关志昌∥＊传记文学1978年32卷4期，＊民国人物小传第3册第368页
17124　海军耆宿萨镇冰／陈颐∥＊中外人物专辑第6辑第169页
17125　代理国务总理萨镇冰／赵朴民∥＊北洋政府国务总理列传第194页
17126　萨镇冰／甘丽珍∥＊环华百科全书第17册第233页

梅公任
17127　悼念革命耆宿梅公任／王大任∥＊中华日报1968年9月8日

17128 革命耆宿梅公任 / 王大任 // *中国一周 1961 年 608 期

17129 梅公任先生的革命事功 / 王大任 // *中国一周 1968 年 962 期

17130 梅公任先生革命事略 / 王大任 // *宪政论坛 1968 年 14 卷 4 期

17131 梅公任(1892—1968) / 周邦道 // *近代教育先进传略(初集)第 418 页

17132 梅公任 / 栗 直 // *革命人物志第 11 集第 101 页

梅兰芳

17133 齐如老与梅兰芳 / 陈纪滢 // *传记文学出版社 1967 年版 311 页

17134 梅兰芳之死及其他 / 方 静 // *黎明文化事业公司 1976 年版 278 页

17135 谈梅兰芳 / 齐 崧 // *传记文学出版社 1980 年 6 月版 221 页

17136 齐如老与梅兰芳 / 陈纪滢 // *传记文学出版社 1980 年 211 页

17137 我的父亲梅兰芳 / 梅绍武 // (香港)广角镜出版社 1981 年 7 月版 213 页

17138 梅兰芳与我 / 李湘芬 // "中央"日报 1958 年 1 月 8—31 日

17139 记梅兰芳二三事 / 絮 萍 // *畅流 1961 年 24 卷 8 期

17140 梅兰芳游美记 / 齐如山 // *传记文学 1965 年 6 卷 6 期—7 卷 4 期

17141 齐如老与梅兰芳 / 陈纪滢 // *传记文学 1965 年 6 卷 6 期—1966 年 8 卷 5 期

17142 我学绘画的经过 / 梅兰芳 // *春秋 1967 年 7 卷 2 期,*中外杂志 1983 年 34 卷 2 期

17143 梅兰芳传稿 / 恩 蕴 // *中外杂志 1968 年 3 卷 2 期

17144 张謇、袁世凯、梅兰芳 / 王培尧 // *中外杂志 1970 年 7 卷 1 期

17145 梅兰芳与程砚秋 / 张或弛 // *中外杂志 1971 年 10 卷 4 期

17146 谈梅兰芳 / 齐 崧 // *传记文学 1973 年 23 卷 2—5 期

17147 梅兰芳上海之家 / 苇 窗 // *大成 1974 年 2 期

17148 从旦角戏谈梅兰芳 / 张象乾 // *中外杂志 1976 年 20 卷 4—6 期

17149 齐白石和梅兰芳的交往 / 王方宇 // *明报月刊 1977 年 12 卷 11 期

17150 梅兰芳(1894—1961) / 关志昌 // *传记文学 1977 年 31 卷 3 期,*民国人物小传第 3 册第 218 页

17151 梅兰芳传稿 / 唐德刚 // *传记文学 1981 年 38 卷 4、5 期

17152 我的父亲梅兰芳少年时代 / 梅绍武 // *大成 1981 年 94 期

17153 第一个把中国戏曲带到外国的人——纪念梅兰芳九十诞辰 / 邵 芭 // *中报月刊 1984 年 55 期

17154 忆梅兰芳先生的日常生活——纪念梅师九十诞辰 / 顾景梅 // *中报月刊 1984 年 58 期

17155 梅兰芳在日军占领下的香港 / 许源来 // *传记文学 1997 年 71 卷 4 期

17156 画家梅兰芳 / 黄蒙田 // *山水人物集第 152 页

17157 梅兰芳(1894—1961) / *环华百科全书第 2 册第 429 页

17158 人民政协代表梅兰芳 / *新中国人物志(下)第 125 页

梅光迪

17159 梅光迪(1890—1945) / *传记文学 1974 年 24 卷 5 期,*民国人物小传第 1 册第 196 页

17160 梅光迪、段锡朋、熊育锡 / 周邦道 // *中外杂志 1976 年 19 卷 5 期

17161 梅光迪 / 李立明 // *中国现代六百作家小传第 406 页

17162 梅光迪与儒家思想 / 侯 健 // *近代中国思想人物论(四)保守主义第 259 页

17163 梅光迪(1890—1945) / 周邦道 // *近代教育先进传略(初集)第 138 页

17164 梅光迪(1890—1945) / *环华百科全书第 2 册第 431 页

梅乔林

17165 梅乔林先生 / *新闻报 1969 年 11 月 24 日

17166 岁寒松柏——悼念革命老战士梅乔林先生 / 马超俊 // *"中央"日报 1970 年 4 月 24 日,*革命人物志第 17 集第 229(231)页

17167 国父与乔林初见之前后 / 梅乔林 // *中国一周 1966 年 867 期

17168 梅乔林先生言论集目录 / 陈固亭 // *中国一周 1966 年 867 期

17169 书乔林寿星二三事 / 马超俊 // *中国一周 1966 年 867 期
17170 齿德俱尊 / 梁寒操 // *中国一周 1966 年 867 期
17171 一位平凡而清高的革命贤者——略述梅乔林先生的嘉言懿行 / 郑彦棻 // *艺文志 1982 年 207 期
17172 梅乔林 / 郑彦棻 // *华侨名人传第 356 页
17173 梅乔林 / *革命人物志第 17 集第 229 页

梅汝琅

17174 赴英接受雷达训练回忆 / 梅汝琅 // *传记文学 1976 年 28 卷 5 期
17175 通讯老兵忆往 / 梅汝琅 // *中外杂志 1980 年 28 卷 2 期
17176 千里眼顺风耳——通讯老兵忆当年(1—2) / 梅汝琅 // *中外杂志 1980 年 28 卷 5 期—1981 年 30 卷 4 期

梅伯显

17177 梅伯显 / 刘伯骥 // *华侨名人传第 363 页

梅治威

17178 梅烈士治威传略 / *川籍抗战忠烈录第 86 页

梅树南

17179 梅树南传 / *民国四川人物传记第 132 页

梅思平

17180 梅思平 / 刘绍唐主编 // *传记文学 1999 年 75 卷 1 期

梅贻宝

17181 大学教育五十年——八十自传 / 梅贻宝 // *联经出版 1982 年 306 页
17182 大学教育五十年——七八自述 / 梅贻宝 // *传记文学 1979 年 34 卷 1 期
17183 清华与我 / 梅贻宝 // *学海纪闻·国立清华大学第 281 页

梅贻琦

17184 梅贻琦博士 / 王理璜 // *"中央"日报 1956 年 12 月 9 日
17185 梅贻琦先生二三事 / 于维杰 // *"中央"日报 1958 年 8 月 31 日
17186 清华老人的生与死 / 杨 尉 // *联合报 1962 年 5 月 20 日
17187 悼一代学人梅贻琦 / 甘立德 // *中华日报 1962 年 5 月 20 日
17188 梅贻琦与清华 / 李青来 // *"中央"日报 1962 年 5 月 20 日
17189 挽梅月涵先生 / 陶希圣 // *"中央"日报 1962 年 5 月 23 日
17190 一代学人梅贻琦 / 余苏贤 // *"中央"日报 1962 年 11 月 18 日
17191 对梅贻琦校长的怀念 / 孙观汉 // *"中央"日报 1965 年 3 月 14 日
17192 梅校长月涵博士七秩年谱记要及其与清华有关事迹 / 清华学报社 // *清华学报 1960 年 2 卷 1 期
17193 诲人不倦的梅贻琦校长 / 居浩然 // *文星 1961 年 8 卷 1 期
17194 梅贻琦先生与清华大学 / 刘崇鋐 // *中美月刊 1961 年 6 卷 12 期
17195 梅贻琦——一位平实真诚的师友 / 叶公超 // *传记文学 1965 年 6 卷 5 期
17196 五月十九日念"五哥" / 梅贻宝 // *传记文学 1965 年 6 卷 5 期,*学府纪闻·国立清华大学第 126 页
17197 酒杯边的琐忆 / 黄季陆 // *传记文学 1965 年 7 卷 4 期
17198 我最初认识梅月涵先生的一件小事 / 王云五 // *传记文学 1967 年 10 卷 6 期
17199 回忆梅月涵校长 / 罗香林 // *传记文学 1972 年 21 卷 6 期
17200 梅贻琦(1889—1962) / *传记文学 1973 年 23 卷 4 期,*民国人物小传第 1 册第 197 页
17201 张、梅两校长印象记(张伯苓、梅贻琦) / 柳无忌 // *传记文学 1980 年 36 卷 1 期,柳无忌散文选第 29 页
17202 怀念梅校长——月涵先生逝世二十周年纪念 / 徐贤修 // *传记文学 1982 年 40 卷 6 期
17203 协助清华在台复校琐忆——为纪念梅校长逝世二十周年而作 / 赵赓扬 // *传记文学 1982 年 40

卷 6 期
17204　梅贻琦(1889—1962)／周邦道／／＊近代教育先进传略(初集)第 277 页
17205　梅贻琦(1889—1962)／戴晋新／／＊环华百科全书第 2 册第 435 页

梅龚彬
17206　中央财政经济委员会委员梅龚彬／＊新中国人物志(下)第 18 页

梅焯敏
17207　梅焯敏／＊革命人物志第 12 集第 352 页

梅嘉生
17208　梅嘉生／黄震遐／／＊中共军人志第 311 页

曹　孚
17209　曹　孚／刘绍唐主编／／＊传记文学 1994 年 65 卷 1 期

曹　禺
17210　曹禺论／刘绍铭／／(香港)文艺书屋 1970 年版 129 页
17211　曹禺为什么写历史剧／易　金／／＊联合报 1962 年 3 月 4、5 日
17212　洪深与曹禺／萧叔纳／／＊新晚报 1975 年 8 月 10 日
17213　长夜漫漫欲曙天——四看曹禺一笔账／水　晶／／＊明报月刊 1980 年 6 期
17214　曹　禺／方雪纯等／＊中共人名录第 449 页
17215　曹　禺／林曼叔等／＊中国当代作家小传第 71 页
17216　曹　禺／李立明／／＊中国现代六百作家小传第 390 页
17217　曹　禺／＊环华百科全书第 17 册第 133 页
17218　曹　禺／方　青／／＊现代文坛百象第 78 页
17219　曹　禺／赵　聪／／＊现代中国作家列传第 170 页
17220　曹　禺／黄俊东／／＊现代中国作家剪影第 294 页

曹　铁
17221　人民政协代表曹铁／萧　离／／＊新中国人物志(下)第 190 页

曹　谟
17222　重视纬书的天文学家——曹谟／应平书／／＊学人风范第 147 页

曹　瑚
17223　曹　瑚／＊革命人物志第 7 集第 17 页

曹　锟
17224　吴佩孚受知于曹锟的经过／章君谷／／＊传记文学 1966 年 9 卷 5 期
17225　曹锟(1862—1938)／关国煊／＊传记文学 1978 年 32 卷 4 期,＊民国人物小传第 3 册第 162 页
17226　"精虫总统"曹锟／＊军阀现形记 59 页
17227　曹锟(1862—1938)／戴晋新／／＊环华百科全书第 17 册第 129 页

曹二庚
17228　曹二庚／丁秉䥊／／＊传记文学 1979 年 34 卷 3 期

曹大中
17229　曹大中／王大伍／／＊革命人物志第 22 集第 291 页

曹万顺
17230　曹万顺／刘健群／／＊传记文学 1966 年 8 卷 2 期
17231　曹万顺／刘绍唐主编／／＊传记文学 1992 年 61 卷 2 期

曹广桢
17232　曹广桢墓志铭／张其淦／／＊碑传集三编第 5 册第 1261 页

曹之骅
17233　曹之骅／孙光庭／／＊革命人物志第 10 集第 361 页

曹子平
17234　曹子平／黄震遐//　*中共军人志第 322 页

曹天戈
17235　吊汤尧、曹天戈两将军／丁作韶//　*政论周刊 1958 年 160 期

曹日晖
17236　曹日晖(1904—1955)／*传记文学 1983 年 42 卷 5 期，*民国人物小传第 6 册第 253 页

曹凤岐
17237　人民政协代表曹凤岐／国　涌//　*新中国人物志(下)第 182 页

曹玉清
17238　曹玉清／黄震遐//　*中共军人志第 323 页

曹东扶
17239　曹东扶／黄震遐//　*中共军人志第 322 页

曹圣芬
17240　米苏里杂忆／曹圣芬//　*中外杂志 1967 年 1 卷 4 期
17241　以新闻界小兵自命的曹圣芬／周安仪//　*中国新闻从业人员群像(上册)第 31 页

曹亚伯
17242　五湖烟水暮云高——曹亚伯先生(上、下)／曹志鹏//　*畅流 1962 年 26 卷 5、6 期
17243　先严曹亚伯与中山先生的交谊／曹文锡//　*艺文志 1975 年 122 期
17244　曹亚伯(1875—1937)／陈哲三//　传记文学 1976 年 28 卷 3 期，*民国人物小传第 2 册第 142 页
17245　曹君亚伯传／李翊东//　*革命人物志第 4 集第 493 页

曹传赞
17246　曹传赞／黄震遐//　*中共军人志第 324 页

曹向经
17247　曹向经／丁冠英//　*革命人物志第 7 集第 14 页

曹汝英
17248　曹汝英／周邦道//　*近代教育先进传略(初集)第 370 页

曹汝霖
17249　曹汝霖一生之回忆／曹汝霖//　(香港)春秋杂志社 1966 年 1 月版，*传记文学出版社 1980 年 6 月版 368 页
17250　民国初年的几位财政总长(六)——曹汝霖／贾士毅//　*传记文学 1965 年 6 卷 3 期
17251　我与日本"二十一条"／曹汝霖//　*春秋 1966 年 5 卷 5 期
17252　我与五四运动／曹汝霖//　*春秋 1966 年 5 卷 3 期
17253　曹汝霖与五四运动——《曹汝霖一生之回忆》读后平议／王抚洲//　*传记文学 1970 年 17 卷 1 期
17254　曹汝霖(1877—1966)／*传记文学 1974 年 25 卷 3 期，*民国人物小传第 1 册第 153 页
17255　曹汝霖、章宗祥、陆宗舆／吴相湘//　*民国人和事第 125 页
17256　官僚资本家的活动——曹汝霖与他的新交通系／戚世皓//　*中国现代史论集第 5 辑第 293 页
17257　曹汝霖／贾士毅//　*民国初年的几任财政总长第 74 页
17258　兼长交通、财政两部的回忆／曹汝霖//　*民国初年的几任财政总长第 99 页
17259　曹汝霖(1877—1966)／戴晋新//　*环华百科全书第 17 册第 132 页

曹克人
17260　曹克人／*革命人物志第 16 集第 215 页

曹克明
17261　曹克明／*革命人物志第 10 集第 362 页

曹里怀
17262　曹里怀／黄震遐//　*中共军人志第 323 页

曹叔实
17263 记曹叔实先生／周开庆／／＊畅流1959年19卷3期,＊民国四川人物传记第176页
17264 曹叔实／周开庆／／＊革命人物志第16集第217页

曹承德
17265 曹承德／＊革命人物志第20集第182页

曹孟君
17266 曹孟君／＊新中国人物志(下)第267页

曹经沅
17267 诗人曹经沅／周开庆／／＊畅流1958年22卷4期,＊民国四川人物传记第228页
17268 文采风流曹缵蘅——纪念四川曹先生九十冥诞／于抱石／／＊中外杂志1980年28卷6期
17269 采风录与曹缵蘅／于　勤／／＊艺林丛录第1编第31页

曹荫稊
17270 悼曹荫稊先生／罗敦伟／／＊"中央"日报1963年10月6日
17271 记湖北两报人——悼曹荫稊兼怀石信嘉／黄宝实／／＊"中央"日报1963年10月8日

曹树勋
17272 曹树勋／＊革命人物志第4集第500页

曹保颐
17273 悼念曹保颐兄／薛光前／／＊传记文学1969年14卷1期,＊故人与往事第55页

曹俊英
17274 曹俊英／＊革命人物志第7集第16页

曹振武
17275 曹振武／＊革命人物志第20集第184页

曹荻秋
17276 "文革"中上海市长曹荻秋的遭遇／郑仁佳／／＊传记文学1997年71卷3期

曹勉青
17277 忆鄂中游击纵队念曹勉青将军／王华甫／／＊湖北文献1975年36期

曹浩森
17278 陆军上将曹公浩森行述／曹健民／／＊江西文献1966年3期
17279 曹浩森(1886—1952)／于翔麟／／＊传记文学1980年36卷1期,＊民国人物小传第4册第228页

曹葆华
17280 曹葆华／李立明／／＊中国现代六百作家小传第393页
17281 曹葆华／秦贤次／／＊新月派及作者列传409页

曹富章
17282 曹富章／＊革命人物志第4集第496页

曹锡圭
17283 曹锡圭事略／邹　鲁／／＊革命人物志第4集第498页

曹靖华
17284 曹靖华／方雪纯等／／＊中共人名录第452页
17285 曹靖华／李立明／／＊中国现代六百作家小传第391页

曹福林
17286 曹福林(1891—1964)／于翔麟／／＊传记文学1980年第36卷2期,＊民国人物小传第4册第230页

曹聚仁
17287 文坛五十年(正编、续编)／曹聚仁／／(香港)新文化出版社1955年386页
17288 蒋畈六十年／曹聚仁／／(香港)创垦出版1957年124页

17289　我与我的世界:未完成的自传／曹聚仁∥（香港）三育图书文具公司 1972 年 344 页
17290　我与我的世界(上、下)／曹聚仁∥＊龙文出版社股份有限公司 1990 年 193 页 195—394 页
17291　周作人、曹聚仁及其他／易　金∥＊联合报 1963 年 9 月 30 日—10 月 3 日
17292　曹聚仁印象记／慧　庵∥＊明报 1972 年 7 月 28 日
17293　一个知识分子的悲剧戏——曹聚仁／车　攻∥＊明报 1972 年 7 月 30 日
17294　曹聚仁自称史家／司马长风∥＊明报 1974 年 9 月 2 日
17295　曹聚仁盖棺论定／李兴强∥＊当代文学 1972 年 82 期
17296　曹聚仁(1901—1972)／关国煊∥＊传记文学 1982 年 41 卷 6 期,＊民国人物小传第 6 册第 254 页
17297　曹聚仁的最后岁月／李　伟∥＊传记文学 1997 年 71 卷 5 期
17298　曹聚仁应该不是"密使"／漆高儒∥＊传记文学 1998 年 72 卷 4 期
17299　马树礼回忆曹聚仁／柳　哲∥＊传记文学 1998 年 73 卷 4 期
17300　曹聚仁／李立明∥＊中国现代六百作家小传第 393 页
17301　鲁迅与曹聚仁／马蹄疾∥＊鲁迅与浙江作家第 247 页

曹德宣

17302　悼念曹德宣师／王大任∥＊自立晚报 1966 年 5 月 1 日
17303　战乱中的童年——关于日俄战争的一段回忆／曹德宣∥＊传记文学 1962 年 1 卷 3 期
17304　九一八之忆／曹德宣∥＊传记文学 1962 年 1 卷 4 期

曹馆承

17305　曹馆承事略／＊革命人物志第 7 集第 18 页

曹达诺夫·扎伊尔

17306　曹达诺夫·扎伊尔／黄震遐∥＊中共军人志第 325 页

盛　文

17307　记忠孝双全的盛国辉将军／杨绩荪∥＊畅流 1958 年 17 卷 11 期
17308　盛　文(1909—1971)／沈　铿∥＊传记文学 1976 年 28 卷 4 期,＊民国人物小传第 2 册第 148 页
17309　盛　文／沈　铿∥＊革命人物志第 18 集第 139 页

盛　成

17310　海外工读十年纪实／盛　成∥＊文海出版社近代中国史料丛刊续编第五十辑（总 498）影印本 356 页
17311　盛　成／刘绍唐主编∥＊传记文学 1998 年 73 卷 5 期

盛世才

17312　盛世才督新秘话／孙伟健∥＊古今谈 1965 年 7 期
17313　牧边琐忆——从南京到新疆／盛世才∥＊春秋 1966 年 4 卷 6 期,＊传记文学 1970 年 17 卷 2 期
17314　我怎样被选为新疆临时督办／盛世才∥＊春秋 1966 年 5 卷 3 期
17315　五十铁骑破敌一旅——兼及盛世才的崛起／尧乐博士∥＊传记文学 1968 年 13 卷 5 期
17316　流血、暴乱、燎原之火／尧乐博士∥＊传记文学 1969 年 14 卷 1 期
17317　盛世才与马仲英——尧乐博士回忆录之一／尧乐博士∥＊中外杂志 1969 年 5 卷 5 期
17318　盛世才早年的忧患岁月／张大军∥＊传记文学 1971 年 19 卷 6 期
17319　盖棺论定盛世才(1—11)／张大军∥＊传记文学 1971 年 19 卷 4 期—1972 年 21 卷 4 期
17320　盛世才内调秘辛／止　庵∥＊大成 1977 年 43 期
17321　我所认识的盛世才和林继庸／张　骏∥＊传记文学 1985 年 46 卷 3 期

盛世骐

17322　马仲英、盛世骐惨死内幕／李郁塘∥＊中外杂志 1980 年 28 卷 2 期

盛丕华

17323　中央财政经济委员会委员盛丕华／＊新中国人物志(下)第 151 页

盛延祺

17324　盛延祺／＊革命人物志第 9 集第 175 页

盛昇颐

17325　张门车马忆余痕／廖作琦∥ ＊传记文学 1997 年 71 卷 1 期

盛宣怀

17326　盛宣怀与他所创办的企业——中国经济发展理论与创造力之研究／谢世佳∥ ＊"中央"图书供应社 1971 年 3 月版 245 页

17327　盛宣怀之毁誉／南　湖∥ ＊"中央"日报 1961 年 9 月 25 日

17328　盛宣怀与东南互保／戴玄之∥ ＊大陆杂志 1960 年 21 卷 7 期

17329　盛宣怀、梁士诒结怨始末／沈云龙∥ ＊春秋 1965 年 3 卷 1 期，＊现代政治人物述评（下卷）第 91 页

17330　盛宣怀与中国铁路（上、中、下）／凌鸿勋∥ ＊传记文学 1966 年 9 卷 4—6 期

17331　杂谈盛宣怀的事功（1—3）／李守孔∥ ＊传记文学 1969 年 14 卷 3—5 期

17332　盛宣怀与钓鱼台／王成圣∥ ＊中外杂志 1972 年 11 卷 1 期

17333　盛宣怀（1844—1916）／关志昌∥ ＊传记文学 1979 年 35 卷 1 期，＊民国人物小传第 4 册第 238 页

17334　盛宣怀、董康、陶湘（上、中、下）——近代江苏武进藏书刻书人物／苏　精∥ ＊传记文学 1981 年 38 卷 5 期—39 卷 1 期

17335　盛宣怀／庄　练∥ ＊中国近代史上的关键人物（下册）第 259 页

17336　清末建设与盛宣怀／左舜生∥ ＊近代中国史料丛刊第五辑（总 49—50）万竹楼随笔第 244 页

17337　盛宣怀（1844—1916）／周邦道∥ ＊近代教育先进传略（初集）第 15 页

17338　盛宣怀（1844—1916）／赖惠敏∥ ＊环华百科全书第 16 册第 181 页

17339　盛宣怀（1844—1916）墓志铭／陈三立∥ ＊碑传集三编第 2 册第 385 页

17340　盛宣怀神道碑／陈夔龙∥ ＊碑传集三编第 2 册第 377 页

盛澄华

17341　钱钟书、盛澄华／徐　訏∥ ＊明报月刊 1980 年 4 期

龚浩

17342　龚孟希先生的"才"与"迂"／周德伟∥ ＊艺文志 1967 年 25 期

17343　悼念龚浩先生／李　安∥ ＊传记文学 1982 年 40 卷 6 期

17344　龚　浩（1887—1982）／于翔麟、张　珂∥ ＊传记文学 1982 年 41 卷 3 期，＊民国人物小传第 6 册第 496 页

17345　龚　浩／＊革命人物志第 23 集第 500 页

17346　一个难忘的北伐前敌胜利的回忆——九十老兵自述／龚　浩∥ ＊革命人物志第 23 集第 505 页

17347　龚孟希老将军／吴灿桢∥ ＊革命人物志第 23 集第 520 页

17348　悼念龚浩先生／李　安∥ ＊革命人物志第 23 集第 523 页

龚楚

17349　龚楚将军回忆录／龚　楚著、闻　堂编∥（香港）明报月刊社 1978 年 2 册

17350　我与红军／龚　楚∥（香港）九龙南风出版社 1954 年 454 页

17351　龚楚将军访问记／孙淡宁∥ ＊明报月刊 1976 年 3 期

龚愚

17352　龚　愚（1907—1976）／林抱石∥ ＊传记文学 1980 年 36 卷 1 期，＊民国人物小传第 4 册第 430 页

17353　龚　愚／＊革命人物志第 19 集第 429 页

龚澎

17354　乔冠华前妻龚澎／秦儒海∥ ＊传记文学 1998 年 72 卷 1 期

龚心湛

17355　龚心湛／贾士毅∥ ＊传记文学 1965 年 6 卷 5 期，＊民国初年的几任财政总长第 83 页

17356　代理国务院总理龚心湛／赵朴民∥ ＊北洋政府国务院总理列传第 191 页

龚光宗

17357　龚光宗／夏用九∥ ＊革命人物志第 9 集第 473 页

龚自沅
17358　龚自沅／龚自洪／／＊革命人物志第 10 集第 592 页

龚冰庐
17359　第一个描写无产阶级的作家龚冰庐／丁　淼／／＊当代文艺 1969 年 42 期
17360　龚冰庐／李立明／／＊中国现代六百作家小传第 587 页

龚芳涵
17361　龚芳涵／＊革命人物志第 10 集第 595 页

龚国煌
17362　龚国煌／李翊东／／＊革命人物志第 10 集第 599 页

龚宝铨
17363　龚宝铨(1886—1922)／关志昌／／＊传记文学 1985 年 46 卷 6 期

龚春台
17364　龚春台／眭云章／／＊革命人物志第 10 集第 596 页

龚道耕
17365　龚向农先生传略／潘慈光／／四川文献 1964 年 19 期,＊民国四川人物传记第 219 页
17366　记龚向农先生／庞　俊／／四川文献 1967 年 61 期
17367　龚道耕(1876—1941)／关国煊／／＊传记文学 1979 年 35 卷 5 期,＊民国人物小传第 4 册第 432 页

龚镇洲
17368　龚镇洲／＊革命人物志第 10 集第 602 页

龚稼农
17369　龚稼农从影回忆录(3 册)／龚稼农／／＊文星书店 1967 年版
17370　银海三十年／龚稼农／／＊"中央"日报 1961 年 5 月 1 日
17371　追忆初识龚稼农与王绍清／马芳踪／／＊传记文学 1996 年 68 卷 5 期

龚德柏
17372　龚德柏回忆录(二册)／龚德柏／／经纬书局 1970 年 2 月上册 241 页、下册 301 页
17373　龚德柏回忆录(上、中、下)／龚德柏／／龙文出版社 1989 年 658 页
17374　龚德柏先生传略／杨有钊／／＊湖南文献 1976 年 4 卷 4 期
17375　老报人龚德柏／陈纪滢／／＊湖南文献 1980 年 8 卷 3 期
17376　龚故代表德柏先生事略／＊湖南文献 1980 年 8 卷 3 期
17377　悼念龚德柏先生／任卓宣／／＊湖南文献 1980 年 8 卷 4 期,＊政治评论 1980 年 38 卷 7 期
17378　龚德柏(1891—1980)／林抱石／／＊传记文学 1980 年 37 卷 4 期,＊民国人物小传第 4 册第 434 页
17379　我的朋友龚大炮(德柏)／陈纪滢／／＊大成 1980 年 81 期
17380　悼龚德柏先生念如烟往事／徐归田／／＊新闻天地 1980 年 1695 期
17381　龚德柏／李立明／／＊中国现代六百作家小传第 587 页
17382　龚德柏／卓立、吴梵／／＊当代作家自传集第 87 页

龚霞初
17383　谈谈龚霞初的《武昌两日记》／熊　咏／／＊革命人物志第 9 集第 481 页
17384　龚霞初／龚光显／／＊革命人物志第 9 集第 475 页

〔丨〕

虚云和尚
17385　虚云和尚自述年谱初编／岑学吕编／／(香港)佛学书局刊本 144 页
17386　虚云和尚事迹／林远帆／／(香港)星岛日报 1954 年 7 月再版 96 页
17387　虚云和尚年谱／＊印经处 1958 年版 259 页,1969 年增订版 259 页,＊佛教出版社 1978 年版 427 页,＊天华出版事业公司 1978 年再版 360 页,＊文海出版社 1983 年 9 月版

17388 虚云禅师 / 罗稻仙 // *"中央"日报 1953 年 12 月 5 日
17389 答虚云和尚年谱疑义 / 胡　适 // *"中央"日报 1959 年 2 月 5 日
17390 虚云和尚事迹 / *"中央"日报 1959 年 11 月 7 日
17391 虚云和尚事略之年代 / 弢　禅 // *"中央"日报 1959 年 11 月 27 日
17392 三勘虚云和尚年谱 / 胡　适 // *"中央"日报 1960 年 1 月 12 日
17393 虚云和尚事迹年代补正 / 单以诚 // *"中央"日报 1960 年 2 月 23 日
17394 关于虚云和尚年谱事 / 岑学吕 // *"中央"日报 1960 年 2 月 23 日
17395 虚云禅师的生死 / 罗稻仙 // *畅流 1953 年 8 卷 3 期
17396 虚云和尚的"生"与"死" / 晚香居士 // *艺文志 1967 年 16 期
17397 虚云大师与其异行 / 鲁　莨 // *古今谈 1968 年 35 期
17398 虚云和尚（1840—1959）/ 刘荣琮 // *传记文学 1976 年 29 卷 4 期，*民国人物小传第 2 册第 195 页
17399 一代高僧虚云和尚 / 殷卓伦 // *中外杂志 1984 年 35 卷 5 期
17400 虚云和尚 / 胡遯园 // *贤不肖列传第 51 页

常东昇
17401 常东昇 / *革命人物志第 9 集第 176 页

常任侠
17402 常任侠 / 刘绍唐主编 // *传记文学 1997 年 71 卷 5 期

常荫槐
17403 张学良屈杀常荫槐 / 黄恒浩 // *春秋 1967 年 7 卷 3 期
17404 东北易帜前后风云——谈杨宇霆、常荫槐之死 / 周　谷 // *中外杂志 1985 年 37 卷 1 期
17405 死在张学良枪下的常荫槐——常荫槐儿子的片段回忆 / 晓　觉 // *传记文学 1999 年 74 卷 6 期

常乾坤
17406 常乾坤 / 黄震遐 // *中共军人志第 303 页

常德普
17407 常德普 / *革命人物志第 15 集第 259 页

常燕生
17408 追忆常燕生同志言行之一斑 / 李满康 // *民主潮 1969 年 19 卷 13 期
17409 常燕生（1898—1947）/ 刘绍唐 // *传记文学 1974 年 25 卷 2 期，*民国人物小传第 1 册第 155 页
17410 常故常委燕生先生 / 洪健岳 // *国家论坛 1978 年 11 卷 3、4 期
17411 常燕生（1898—1947）/ 周邦道 // *近代教育先进传略（初集）第 300 页
17412 记常乃德先生 / 阮毅成 // *前辈先生第 67 页

眭宗熙
17413 眭宗熙 / 眭云章 // *革命人物志第 13 集第 245 页
17414 眭宗熙烈士入祀忠烈祠 / *革命人物志第 13 集第 248 页

崔　讳
17415 崔　讳 / 欧阳治 // *华侨名人传第 225 页

崔子信
17416 崔子信 / *革命人物志第 4 集第 465 页

崔文藻
17417 崔文藻 / 夏寿华 // *革命人物志第 9 集第 116 页

崔书琴
17418 崔书琴纪念集 / 张其昀等 // *传记文学出版社 1967 年 174+26 页（1976 年版 26 页）
17419 悼崔书琴教授 / 潘　霱 // *"中央"日报 1957 年 7 月 18 日
17420 追念崔书琴先生 / 黄季陆 // *"中央"日报 1959 年 7 月 17 日

17421 悼亡友崔书琴先生／张佛泉∥ ＊政治周刊 1957 年 153 期，＊革命人物志第 4 集第 470 页
17422 崔书琴先生哀辞／毛子水∥ ＊中国一周 1957 年 398 期，＊师友记第 119 页
17423 我所认识的崔书琴先生／刘宗向∥ ＊中国一周 1958 年 431 期
17424 记崔书琴先生／陶希圣∥ ＊传记文学 1965 年 7 卷 1 期
17425 崔书琴先生逝世十周年／黄季陆∥ ＊传记文学 1967 年 11 卷 1 期
17426 崔书琴（1906—1957）／ ＊传记文学 1974 年 24 卷 6 期，＊民国人物小传第 1 册第 159 页
17427 纪念崔书琴先生——并记战前哈佛研究院政治系及政校外交系／梁鋆立∥ ＊传记文学 1978 年 33 卷 1 期
17428 崔书琴／ ＊革命人物志第 4 集第 468 页

崔田民
17429 崔田民／黄震遐∥ ＊中共军人志第 430 页

崔贡琛
17430 崔贡琛／刘绍唐主编∥ ＊传记文学 1995 年 66 卷 6 期

崔沧海
17431 崔通约（沧海）／陈春生∥ ＊革命人物志第 10 集第 367 页
17432 沧海生平／崔通约∥ ＊革命人物志第 10 集第 375 页

崔启勋
17433 崔启勋／ ＊革命人物志第 9 集第 125 页

崔谷忱
17434 昔年故都三位名医（吴静、卢永春、崔谷忱）／赵效沂∥ ＊传记文学 1973 年 23 卷 5 期

崔金柱
17435 崔金柱／ ＊革命人物志第 9 集第 120 页

崔冠贤
17436 崔冠贤／ ＊革命人物志第 9 集第 122 页

崔建功
17437 崔建功／黄震遐∥ ＊中共军人志第 431 页

崔载阳
17438 崔载阳／刘绍唐主编∥ ＊传记文学 1992 年 60 卷 1 期

崔真吾
17439 鲁迅与崔真吾／马蹄疾∥ ＊鲁迅与浙江作家第 139 页

崔培珍
17440 崔培珍／田礼绪∥ ＊革命人物志第 9 集第 123 页

崔唯吾
17441 崔唯吾／陶德亮∥ ＊革命人物志第 17 集第 225 页

崔蕴兰
17442 崔蕴兰／蓝文征∥ ＊革命人物志第 23 集第 104 页

崔震华
17443 崔震华（1886—1971）／郭易堂∥ ＊传记文学 1976 年 28 卷 2 期，＊民国人物小传第 2 册第 146 页
17444 妇女先进崔震华女士访问记／蝉　贞∥ ＊近代中国 1985 年 50 期
17445 革命女杰崔震华新传／徐文珊∥ ＊近代中国 1985 年 50 期
17446 崔震华／ ＊革命人物志第 9 集第 126 页
17447 辛亥革命女同志崔震华／林文澄∥ ＊革命人物志第 9 集第 131 页

崔德聚
17448 崔德聚／ ＊革命人物志第 4 集第 474 页

〔丿〕

符气云
17449　符气云／　＊革命人物志第9集第174页

符必久
17450　符必久／黄震遐／／　＊中共军人志第300页

符克白
17451　符克白／　＊革命人物志第9集第173页

〔丶〕

康　生
17452　康　生(1903—1975)／甘丽珍／／　＊环华百科全书第9册第227页
17453　中央人民政府委员、山东省人民政府主席康生／司马文森／／　＊新中国人物志(上)第164页

康　讴
17454　康　讴／乔　佩／／　＊中国现代音乐家第144页

康　泽
17455　星子——纪念康兆民先生／罗才荣／／　＊传记文学1973年23卷5期
17456　康　泽(1904—1973)／陈敦正／／　＊传记文学1981年39卷3期，＊民国人物小传第5册第309页
17457　康泽的生平与志事(1—3)／陈敦正／／　＊中外杂志1982年31卷6期—32卷2期
17458　永怀康泽老师／张健行／／　＊中外杂志1984年35卷2期
17459　我在国共谈判中扮演的角色——《康泽回忆录》之四／康　泽／／　＊传记文学1992年60卷1期
17460　蒋介石培植经国迫我离开——《康泽回忆录》之五／康　泽／／　＊传记文学1992年60卷2期
17461　我所知道康泽将军之死／李以劻／／　＊传记文学1992年61卷1期
17462　康泽自述／康　泽／／　＊传记文学1995年67卷3—6期、1996年68卷1—5期
17463　另一则康泽的故事／蒋光明／／　＊传记文学1996年68卷1期

康　濯
17464　康　濯／林曼叔等／／　＊中国当代作家小传第126页
17465　康　濯／李立明／／　＊中国现代六百作家小传第400页

康心如
17466　康心如／刘绍唐主编／／　＊传记文学1999年74卷1期

康白情
17467　康白情／罗敦伟／／　＊畅流1953年7卷6期
17468　康白情／陈敬之／／　＊畅流1969年39卷2期
17469　康白情／李立明／／　＊中国现代六百作家小传第401页
17470　康白情／　＊中国新文学大系第10集第2卷第500页
17471　康白情／　＊环华百科全书第9册第219页

康乐三
17472　康乐三／刘绍唐主编／／　＊传记文学1987年50卷4期

康有为
17473　南海康先生传／张伯桢／／　＊文海出版社近代中国史料丛刊第二辑(总11)影印本150页
17474　康有为和戊戌变法／康同家／／　(香港)环球文化服务社1959年版140页，＊文海出版社1973年版
17475　康南海自编年谱／康有为／／　＊文海出版社近代中国史料丛刊第二辑(总11)影印本77页
17476　康有为评传／沈云龙／／　＊传记文学出版社1969年130页，＊传记文学出版社1978年129页
17477　康南海自订年谱／康有为／／　＊文海出版社1972年1月256页
17478　康有为家书考释／李云光／／　(香港)汇文阁书店1979年5月版

17479 康南海先生年谱续编／康文佩／／＊文海出版社近代中国史料丛刊第七十七辑（总766）影印本 180页

17480 民国康长素先生有为、梁任公先生启超师生合谱／杨克己／／＊商务印书馆1982年463页

17481 康有为传／（日）坂出祥伸著、叶研译／／＊国际文化事业公司1989年215页

17482 追述先父南海先生二三事／康同环／／＊公论报1958年3月24日

17483 记康南海／梦 魂／／＊"中央"日报1958年9月22日

17484 康有为是圣人吗／章君谷／／＊联合报1970年10月24、25日

17485 康有为先生／曾克耑／／＊大学生活1956年2卷1期

17486 康有为学术思想评述／孟 萍／／＊中兴评论1958年5卷3期

17487 康有为先生事迹鳞爪／李满康／／＊民主潮1958年8卷19期

17488 康南海逸事／吴东权／／＊畅流1961年23卷3期

17489 康有为生死一发间／李忆慈／／＊春秋1965年2卷5期

17490 康有为专玩假古董／伍惠林／／＊春秋1965年3卷6期

17491 康有为虎口余生话维新／武林选译／／＊春秋1965年2卷6期

17492 论光绪丁酉十一月至戊戌闰三月康有为在北京的政治活动／黄彰健／／＊大陆杂志1968年37卷9期

17493 康有为与袁世凯／陈兰荪／／＊畅流1968年38卷3期

17494 论光绪赐杨锐密诏以后至政变爆发前康有为的政治活动／黄彰健／／＊大陆杂志1969年38卷9期

17495 一代鸿儒康有为／／＊美哉中华1969年14期

17496 慈禧、袁世凯、康有为／龙宝麒／／＊中外杂志1969年5卷6期

17497 康有为与万木草堂学风／林 斌／／＊东方杂志1969年3卷4期

17498 康有为与翁同龢／沈云龙／／＊春秋1969年11卷4期

17499 "新中国"的维新嘉士康有为、梁启超、张君劢三先生／程文熙／／＊再生1976年6卷1期

17500 康有为中举文凭／康保延／／＊广东文献1976年6卷3期

17501 张君劢先生与康南海先生／程文熙／／＊再生1977年7卷3—4期

17502 说先父晚年的政治主张／康同环／／＊广东文献1977年7卷2期，＊再生1977年7卷3期，＊大成1978年58期

17503 恭述先祖南海先生二三事／康保延／／＊广东文献1977年7卷2期

17504 康有为及其书法／凌云超／／＊大成1977年42期

17505 康有为（1858—1927）／关国煊等／／＊传记文学1978年32卷3期，＊民国人物小传第3册第230页

17506 先祖南海先生真貌／康保延／／＊中外杂志1979年25卷6期

17507 康南海先生书艺琐闻／康保延／／＊广东文献1979年9卷1期

17508 康有为的纨扇墨宝——兼述顾瑸、瞿鸿禨、袁世凯／顾沛君／／＊中外杂志1980年27卷3期

17509 康有为海外十六年／祝秀侠／／＊中外杂志1981年30卷3期

17510 康南海与沈寐叟／贾讷夫／／＊大成1983年110期

17511 康有为的八股文章／李维思／／＊大成1983年113期

17512 康氏兄弟的手足情／王离之／／＊中报月刊1983年36期

17513 孙、康之争／贺 夷／／＊中报月刊1983年40期

17514 回忆康南海先生／刘海粟／／＊大成1984年128期

17515 解剖康有为——"戊戌变法"四论之二／唐德刚／／＊传记文学1992年60卷4期

17516 吴天任撰《康南海先生年谱》后序／康保延／／＊传记文学1992年61卷6期

17517 康有为和他的《广艺舟双楫》／祝 嘉／／＊艺林丛录（六）第197页

17518 康有为／王树槐／／＊中国历代思想家第9册第5419页

17519　康有为——百日维新的中心人物／王世祯／／＊中国风云人物第 301 页
17520　康有为传／＊民国名人小传第 79 页
17521　康梁与"复辟"运动／吴相湘／／＊民国政治人物第 1 集第 59 页
17522　康有为／邵镜人／／＊近代中国史料丛刊续编第九十五辑(总 950)·同光风云录影印本第 198 页
17523　康有为(1858—1927)／周邦道／／＊近代教育先进传略(初集)第 373 页
17524　康有为(1858—1927)／刘君祖／／＊环华百科全书第 9 册第 229 页
17525　康有为／段昌国／／＊现代中国思想家第 3 辑第 3 页
17526　康有为与强学会／沈云龙／／＊现代政治人物评述(上卷)第 1 页
17527　康有为与梁启超／经　堂／／＊晚清及民国人物琐谈第 181 页
17528　康南海轶事／堪　隐／／＊晚清及民国人物琐谈第 177 页

康志强
17529　康志强／黄震遐／／＊中共军人志第 319 页

康芷林
17530　剧圣康芷林／蔡启国／／＊四川文献 1980 年 177 期

康克清
17531　康克清／刘绍唐主编／／＊传记文学 1992 年 61 卷 3 期
17532　访康克清／＊中国老一辈革命家第 244 页
17533　人民政协代表康克清／＊新中国人物志(下)第 209 页

康明震
17534　康明震／梅公任等／／＊革命人物志第 9 集第 196 页

康健民
17535　康健民／黄震遐／／＊中共军人志第 320 页

康景濂
17536　康景濂(1895—1985)／于翔麟／／＊传记文学 1985 年 47 卷 1 期

鹿钟麟
17537　西北军五虎将之一鹿钟麟／于翔麟／／＊传记文学 1980 年 37 卷 2 期
17538　西北军不倒翁鹿钟麟／郑仁佳／／＊传记文学 1985 年 47 卷 3 期

章　杰
17539　敬悼赵家骧、吉星文、章杰三将军／＊"中央"日报 1959 年 3 月 28 日
17540　章　杰(1909—1958)／＊传记文学 1978 年 33 卷 3 期，民国人物小传第 3 册第 185 页
17541　章　杰／＊革命人物志第 8 集第 126 页

章　泯
17542　章　泯／刘绍唐主编／／＊传记文学 1998 年 72 卷 2 期

章　钰
17543　章　钰(1865—1937)／何广棪／／＊传记文学 1978 年 32 卷 6 期，＊民国人物小传第 3 册第 186 页
17544　记三位化私为公的藏书家：梁鼎芬、梁启超、章钰／苏　精／／＊传记文学 1980 年 36 卷 3 期
17545　章钰四当斋／＊近代藏书三十家第 43 页

章　嵚
17546　章嵚与《中华通史》／南　湖／／＊"中央"日报 1962 年 3 月 20 日
17547　史学家章嵚二十周年祭／邵祖恭／／＊畅流 1951 年 4 卷 8 期

章乃器
17548　"救国会七君子"之二：章乃器的苦难与自述／郭学虞／／＊传记文学 1981 年 39 卷 3 期
17549　悼念国士章乃器先生／何满子／／＊中报月刊 1981 年 18 期
17550　七十自述(上、下)／章乃器／／＊传记文学 1981 年 39 卷 3 期，＊中报月刊 1981 年 18、19 期，全国文史资料选辑第 82 辑第 36 页

17551　章乃器(1897—1977) / 关志昌 // *传记文学 1981 年 39 卷 3 期，*民国人物小传第 5 册第 285 页
17552　中央财政经济委员会委员章乃器 / *新中国人物志(下)第 40 页

章士钊

17553　章士钊 / 陈敬之 // *畅流 1965 年 31 卷 11 期
17554　胡适之与章行严 / 梁敬錞 // *传记文学 1969 年 15 卷 6 期
17555　大清客章士钊的一生 / 严静文 // *明报月刊 1973 年 8 卷 8 期
17556　章士钊《柳文指要》/ 李立明 // *时代批评 1973 年 33 卷 3 期
17557　从《甲寅杂志》谈到章士钊 / 林　熙 // *大成 1976 年 37 期
17558　章士钊(1881—1973) / 周卓怀 // *传记文学 1976 年 29 卷 4 期，*民国人物小传第 2 册第 169 页
17559　忆章士钊先生 / 薛君度 // *中报月刊 1983 年 42 期
17560　从管学大臣孙家鼐到校长胡适——记百年北京大学前期的二十任十九位负责人 / 关国煊 // *传记文学 1998 年 72 卷 4 期
17561　章士钊 / 方雪纯等 // *中共人名录第 463 页
17562　章士钊 / 李立明 // *中国现代六百作家小传第 376 页
17563　章士钊 / 吴相湘 // *民国百人传第 3 册第 275 页
17564　章士钊 / 胡遜园 // *贤不肖列传第 96 页
17565　章士钊(1881—1973) / 方光后 // *环华百科全书第 14 册第 68 页
17566　章士钊 / 刘　葆 // *现代中国人物志第 210 页
17567　章士钊愤书綦江惨案 / 蓬　矢 // *国共风云名人录第 3 辑第 40 页

章之汶

17568　章之汶并非章文晋 / 马溯轩 // *传记文学 1992 年 60 卷 3 期

章元善

17569　章元善 / 刘绍唐主编 // *传记文学 1998 年 73 卷 1 期

章文晋

17570　追忆中共第二任驻美大使章文晋 / 陈香梅 // *传记文学 1995 年 67 卷 2 期
17571　章文晋家世揭秘 / 宗道一 // *传记文学 1995 年 67 卷 2 期

章汉夫

17572　外交部副部长章汉夫 / *新中国人物志(上)第 218 页

章亚若

17573　谁是杀章亚若的刽子手 / 周中超 // *传记文学 1995 年 66 卷 2 期
17574　我亲眼目睹章亚若之死 / 桂昌宗 // *传记文学 1995 年 66 卷 1 期

章廷谦

17575　章廷谦 / 刘绍唐主编 // *传记文学 1987 年 50 卷 2 期
17576　章廷谦 / 李立明 // *中国现代六百作家小传第 378 页
17577　鲁迅与章廷谦 / 马蹄疾 // *鲁迅与浙江作家第 115 页

章衣萍

17578　记章衣萍 / 李立明 // *当代文艺 1974 年 106 期
17579　章衣萍的情书姻缘 / 胡耐安 // *中外杂志 1975 年 17 卷 4 期
17580　章衣萍 / 李立明 // *中国现代六百作家小传第 377 页
17581　章衣萍 / 胡遜园 // *贤不肖列传第 85 页

章孝彪

17582　章孝彪 / *革命人物志第 8 集第 109 页

章孝慈

17583　章孝慈 / 刘绍唐主编 // *传记文学 1996 年 68 卷 5 期
17584　章孝慈桂林扫墓亲历记 / 桂昌宗 // *传记文学 1998 年 72 卷 2 期

章克标
17585　章克标／李立明／／＊中国现代六百作家小传第378页

章伯钧
17586　章伯钧／戴晋新／／＊环华百科全书第14册第67页
17587　政务院交通部部长章伯钧／／＊新中国人物志(上)第56页

章雨苍
17588　章雨苍／蔡屏藩／／＊革命人物志第8集第110页

章宗祥
17589　章宗祥(1876—1961)／／传记文学1974年25卷3期,＊民国人物小传第1册第178页
17590　曹汝霖、章宗祥、陆宗舆／吴相湘／／＊民国人和事第125页
17591　章宗祥／戴晋新／／＊环华百科全书第14册第69页

章炳麟
17592　章太炎自订年谱／章炳麟／／＊文海出版社1971年7月影印本
17593　太炎先生自订年谱／章炳麟／／(香港)龙门书店1965年版142页,＊文海出版社近代中国史料丛刊第六十八辑(总672)影印本142页
17594　记章太炎先生／沈延国／／＊文海出版社近代中国史料丛刊续编第十三辑(总129)影印本90页
17595　章炳麟与辛亥革命／李淑智／／＊撰者印行1976年186页
17596　民国章太炎先生炳麟自订年谱／／＊商务印书馆1980年7月版142页
17597　章太炎的丰采／任　真／／＊精美出版社1985年286页
17598　章太炎二三事／吴　烈／／＊"中央"日报1950年2月22日
17599　章太炎寓台轶事／文　澜／／＊"中央"日报1952年7月29日
17600　章太炎与林语堂／无　象／／＊"中央"日报1954年11月21日
17601　章炳麟与黎元洪／姚渔湘／／＊"中央"日报1956年10月17日
17602　章炳麟与袁世凯／姚渔湘／／＊新生报1956年10月22日
17603　章炳麟与台湾／庄　德／／＊"中央"日报1956年10月25日
17604　章炳麟与汤国黎／姚渔湘／／＊新生报1956年11月19日
17605　章太炎精研医术／南　湖／／＊"中央"日报1961年12月2日
17606　章太炎第一次绝食／南　湖／／＊"中央"日报1962年3月15日
17607　章太炎与台湾／黄得时／／＊新生报1965年10月22日
17608　章太炎和学术政治／于维杰／／＊国语日报1968年3月23日
17609　关于章太炎／觉　堂／／＊新生报1971年2月13日—3月27日
17610　章太炎与同盟会龃龉之经过／耘　农／／＊民主潮1955年5卷6期
17611　关于章太炎传略／姚渔湘／／＊大陆杂志1956年12卷8期
17612　章太炎与本市操觚界／黄玉斋／／＊台北文物1957年5卷4期
17613　国学大师章太炎先生／胥端甫／／＊畅流1959年19卷8期
17614　章太炎先生之气节／潘重规／／＊中国一周1961年558期
17615　章炳麟先生别传／但植之／／＊大陆杂志1961年23卷11期
17616　章炳麟传略／姚渔湘／／＊革命思想1961年11卷2期
17617　章炳麟与邹容／姚渔湘／／＊学粹1961年3卷5期
17618　章炳麟(上、下)／陈敬之／／＊畅流1964年28卷11—12期
17619　吴稚晖、章太炎和苏报案(1—2)／田布衣／／＊春秋1964年1卷2、3期
17620　袁世凯软禁章太炎索隐／心　齐／／＊古今谈1965年2期
17621　章太炎先生传／林　尹／／＊中文学会学报1966年7期
17622　章太炎与台湾新闻界／林光灏／／＊畅流1966年34卷8期
17623　章太炎先生逸事(上、下)／李永久／／＊畅流1966年34卷5—6期

17624 章炳麟轶事／邵镜人／／﹡中外杂志1967年1卷1期
17625 章太炎与胡适之的一些是与非／赵家铭／／﹡传记文学1967年11卷4期
17626 忆昔专访章太炎／香黎庵／／﹡春秋1967年6卷5期
17627 章太炎与张之洞／易大军／／﹡古今谈1968年40期
17628 疯子大师章太炎／林 斌／／﹡艺文志1968年29期
17629 章炳麟先生与四川／李 寰／／﹡四川文献1969年88期
17630 章太炎师徒三代剪影——章太炎、黄侃、刘赜／刘道平／／﹡春秋1969年10卷4期
17631 章太炎阴司断狱／章君谷／／﹡中外杂志1971年10卷3期
17632 章太炎旅台鸿爪／王成圣／／﹡海外文摘1974年271期
17633 章炳麟与辛亥革命／李淑智／／﹡私立中国文化学院史学研究所1975年硕士学位论文
17634 章太炎师结婚考／陈存仁／／﹡大成1975年25期
17635 章炳麟（1869—1936）／蒋永敬／／﹡传记文学1975年27卷3期，﹡民国人物小传第2册第171页
17636 我所见晚年的章炳麟／左舜生／／﹡大成1976年26期，﹡近代中国史料丛刊第五辑（总49—50）·万竹楼随笔第196页
17637 一代狂士章太炎／丁慰慈／／﹡中外杂志1976年20卷6期
17638 章炳麟之生平及其学术文章／林 严／／﹡孔孟月刊1976年14卷11期
17639 章太炎／抑 盦／／﹡中华国学1977年1卷7期
17640 章炳麟生平述略／张玉法／／﹡幼狮1977年45卷4期
17641 革命先进章炳麟／胡平生／／﹡明道文艺1979年34期
17642 国学大师章太炎与革命运动／蒋君章／／﹡传记文学1979年35卷2期
17643 章太炎的故事／王成圣／／﹡浙江月刊1979年11卷6期
17644 章太炎先生轶事／赵明琇／／﹡浙江月刊1979年11卷1期
17645 余杭章太炎种种／朴 庵／／﹡浙江月刊1979年11卷5期
17646 章炳麟双重人格／黄其祥／／﹡中外杂志1980年28卷2期
17647 章太炎的早年生涯——一个心理的分析／黄克武／／﹡食货月刊1980年9卷10期
17648 章炳麟自认"疯颠"／吴相湘／／﹡传记文学1983年42卷4期
17649 记章太炎及其传人吴承仕／熊复光／／﹡传记文学1983年43卷4期
17650 章炳麟渊博怪诞／袁宙宗／／﹡中外杂志1983年34卷2期
17651 章太炎的"疯"与"变"／董萧／／﹡中外杂志1983年33卷2期
17652 章太炎的学佛因缘／蔡惠明／／﹡内明1983年141期
17653 《民报》中的章太炎／朱浤源／／﹡大陆杂志1984年68卷2期
17654 章太炎师八十四封情文并茂的家书（上、下）／陈存仁／／﹡传记文学1992年60卷2、3期
17655 我所见晚年的章太炎／左舜生／／﹡传记文学1992年60卷2期
17656 章太炎被困北京轶事（选载）／徐一士／／﹡传记文学1992年60卷3期
17657 师事国学大师章太炎／陈存仁／／﹡传记文学1998年73卷2期
17658 章炳麟／张玉法／／﹡中国历代思想家第51册
17659 章炳麟／林 尹／／﹡中国文学史论集（4）第1281页
17660 太炎讲学记／钱基博／／﹡中国近代史论丛第2辑第8册第109页
17661 章太炎与周作人／／﹡文坛五十年正编第188页
17662 章太炎自称疯颠／吴相湘／／﹡民国人和事第99页
17663 共和党与章太炎／吴相湘／／﹡民国人和事第103页
17664 章太炎传／唐祖培／／﹡民国名人小传第20页
17665 章炳麟／邵镜人／／﹡近代中国史料丛刊续编第九十五辑（总950）·同光风云录影印本第213页
17666 独行孤见的哲人——章炳麟的内在世界／傅乐诗著、周婉窈译／／﹡近代中国思想人物论·保守主义第109页

17667　章炳麟(1869—1936) / ＊环华百科全书第 14 册第 67 页
17668　章炳麟 / 陈　骥 // ＊现代中国思想家第 277 页
17669　章太炎与同盟会 / 沈云龙 // ＊现代政治人物述评(上)第 23 页
17670　章太炎的北游 / 周作人 // ＊知堂回想录第 549 页
17671　章太炎先生传 / 林　尹 // ＊革命人物志第 8 集第 115 页
17672　记章太炎及其轶事 / 周黎庵 // ＊晚清及民国人物琐谈第 205 页

章润田
17673　章润田 / ＊革命人物志第 8 集第 138 页

章鸿钊
17674　章鸿钊(1877—1951) / 郑仁佳 // ＊传记文学 1985 年 47 卷 2 期

章遏云
17675　章遏云自传 / 章遏云 // ＊大地出版社 1985 年 9 月版 171 页
17676　我为什么要写回忆录 / 章遏云 // ＊传记文学 1969 年 14 卷 3 期
17677　章遏云自传(1—15) / ＊大成 1982 年 99 期—1983 年 113 期

章靳以
17678　记章靳以 / 孟子微 // ＊文汇报 1959 年 11 月 13 日
17679　父亲章靳以的坟墓与骨灰盒 / 章小东 // ＊传记文学 1995 年 67 卷 3 期
17680　章靳以小传 / 关志昌 // ＊传记文学 1995 年 67 卷 3 期
17681　靳　以 / 林曼叔等 // ＊中国当代作家小传第 48 页
17682　章靳以 / 李立明 // ＊中国现代六百作家小传第 379 页
17683　靳　以 / 齐志尧 // ＊作家的青少年时代第 81 页
17684　章靳以 / 黄俊东 // ＊现代中国作家剪影第 201 页

章煦东
17685　章煦东 / ＊革命人物志第 8 集第 128 页

章锡绶
17686　"龙王"章锡绶 / 蔡　策 // ＊"中央"日报 1958 年 7 月 15 日
17687　章锡绶与台湾水利 / 达　庵 // ＊"中央"日报 1967 年 1 月 29、30 日
17688　悼章锡绶先生 / 王　康 // ＊"中央"日报 1970 年 1 月 28 日
17689　章公锡绶传 / 章光彩 // ＊水利 1982 年 30 卷 4 期

章锡琛
17690　章锡琛 / 李立明 // ＊中国现代六百作家小传第 380 页

章魁智
17691　章魁智 / ＊革命人物志第 8 集第 137 页

章微颖
17692　章微颖(1894—1968) / 关国煊 // ＊传记文学 1985 年 47 卷 4 期

章毓金
17693　章毓金 / 刘绍唐主编 // ＊传记文学 1995 年 67 卷 3 期

章翠凤
17694　大鼓生涯的回忆 / 章翠凤 // ＊传记文学出版社 1967 年版
17695　大鼓生涯的回忆(1—7) / 章翠凤 // ＊传记文学 1966 年 8 卷 3 期—9 卷 4 期

章瀚章
17696　章瀚章 / 刘绍唐主编 // ＊传记文学 1993 年 63 卷 4 期

章嘉呼图克图
17697　章嘉大师二三事 / 王业崴 // ＊中华日报 1957 年 3 月 10 日
17698　章嘉大师 / 罗桑阙拍 // ＊海潮音 1957 年 38 卷 4 期

17699　章　嘉(1890—1957) / 邱奕松 // *传记文学 1979 年 35 卷 6 期,*民国人物小传第 4 册第 277 页
17700　章嘉呼图克图 / *革命人物志第 8 集第 129 页

商衍鎏
17701　张门车马忆余痕 / 廖作琦 // *传记文学 1997 年 71 卷 1 期

商鸿达
17702　商鸿达 / 刘绍唐主编 // *传记文学 1996 年 68 卷 6 期

阎一士
17703　辛亥四川保路运动三志士(朱山、朱国琛、阎一士) / 蜀　侠 // *四川文献 1981 年第 179 期

阎世喜
17704　阎世善和阎世喜 / 齐　崧 // *传记文学 1975 年 26 卷 6 期

阎世善
17705　阎世善和阎世喜 / 齐　崧 // *传记文学 1975 年 26 卷 6 期

阎红彦
17706　阎红彦 / 黄震遐 // *中共军人志第 575 页

阎宝航
17707　阎宝航与我 / 宁恩承 // *传记文学 1999 年 75 卷 1 期

阎振兴
17708　我所认识的阎振兴博士 / 黄开务 // *中原文献 1980 年 12 卷 7 期
17709　学者风度的阎振兴先生 / 李德安 // *当代名人风范(1)第 195 页

阎海文
17710　阎海文 / *革命人物志第 12 集第 520 页

阎梦松
17711　阎梦松 / *革命人物志第 9 集第 380 页

阎揆要
17712　阎揆要 / 黄震遐 // *中共军人志第 576 页

阎锡山
17713　阎百川先生纪念集 / 阎百川先生纪念集编辑委员会 // *阎百川先生纪念集编辑委员会编印 1963 年版 296 页
17714　阎锡山早年回忆录 / 阎锡山 // *传记文学杂志社 1968 年 156 页
17715　阎锡山之兴灭 / 陈少校 // (香港)致诚出版社 1972 年 5 月版 279 页
17716　民初时期的阎锡山 / 叶庆炳、王曾才 // *大学 1981 年版 204 页
17717　民初时期的阎锡山(民国元年至十六年) / 曾华璧 // *大学出版委员会 1981 年 6 月版(补)204 页
17718　道范流长 / 阎百川先生纪念会 1982 年版 190 页
17719　阎锡山传(第 1 集) / 吴文蔚 // *邮政出版社 1983 年 3 月版 463 页
17720　阎锡山传 / 吴文蔚 // *文宏美术印刷厂 1983 年
17721　阎锡山传(第一集) / 吴文蔚 // *合众教育机构 1983 年 463 页
17722　民国阎百川先生锡山年谱长编初稿 / 阎百川先生纪念会编 // *商务印书馆 1988 年 6 册 2582 页
17723　阎锡山山居二三事 / 张力耕 // *"中央"日报 1950 年 10 月 18 日
17724　阎百川先生的宇宙观、人生观、政治主张 / 方　闻 // *中国一周 1961 年 579 期
17725　阎锡山的社会思想 / 李绍崧 // *中国一周 1965 年 816 期
17726　记主持战斗内阁的阎锡山 / 何人斯 // *古今谈 1967 年 32 期
17727　中流砥柱阎锡山院长 / *美哉中华 1969 年 9 期
17728　阎百川先生思想言行述要 / 相思母 // *革命思想 1969 年 1—2 期
17729　阎锡山(1883—1960) / 阎百川先生纪念会 // *传记文学 1975 年 26 卷 2 期,*民国人物小传第 2 册第 295 页

17730 阎锡山的一生 / 吴文蔚 // *新万象 1976 年 7、8 期
17731 阎锡山 / 刘 杰等 // *传记文学 1977 年 31 卷 5 期
17732 既重科学又讲迷信的阎锡山 / 戴 先 // *新万象 1979 年 36 期
17733 民国史上的一个伟人——阎锡山先生 / 吴文蔚 // *艺文志 1980 年 173 期
17734 纪念五百完人追思阎百川先生 / 吴文蔚 // *政治评论 1980 年 38 卷 3 期
17735 阎锡山一生重要的经历 / 于翔麟 // *传记文学 1981 年 38 卷 2 期
17736 阎锡山这个人 / 张守初 // *中外杂志 1981 年 30 卷 2 期
17737 也谈阎锡山 / 韩克温 // *中外杂志 1981 年 30 卷 4 期
17738 "阎锡山先生百年诞辰"口述历史座谈会纪实 / 胡有瑞等 // 近代中国 1982 年 32 期
17739 革命回忆录 / 阎百川 // *近代中国 1982 年 32 期，*艺文志 1983 年 209—210 期
17740 "厨子将军"阎锡山 / 张元庆 // *中外杂志 1983 年 33 卷 3 期
17741 我对阎百川先生的认识 / 郑彦棻 // *山西文献 1983 年 22 期，*党政论坛 1983 年 28 卷 11 期，*近代中国 1983 年 33 期
17742 阎百川先生在抗日战争时期谋略战的运用 / 卢学礼 // *山西文献 1983 年 22 期
17743 阎锡山的豪情 / 乔家才 // *中外杂志 1985 年 37 卷 2 期
17744 阎锡山与我不约而长谈的有趣故事 / 蔡孟坚 // *传记文学 1994 年 65 卷 1 期
17745 阎锡山李宗仁、蒋介石之间——阎锡山出任行政院长的前前后后 / 贾文波 // *传记文学 1994 年 65 卷 5 期
17746 《军阀——阎锡山在山西》评介 / 麦金鸿 // *中国现代史论集第 5 辑第 253 页
17747 阎锡山(1883—1960) / 戴晋新 // *环华百科全书第 19 册第 153 页
17748 从续范亭说到阎锡山 / 李 约 // *国共风云名人录第 3 辑第 181 页
17749 阎锡山抗日纪略 / 李 约 // *国共风云名人录第 3 辑第 197 页
17750 阎锡山 / *革命人物志第 9 集第 382 页
17751 在我记忆中阎百川先生事迹之概略 / 贾景德 // *革命人物志第 9 集第 406 页

阎慧卿

17752 阎慧卿女士事略 / *太原五百完人第 141 页
17753 阎慧卿 / *革命人物志第 9 集第 381 页

盖文华

17754 盖文华 / 栗 直 // *革命人物志第 18 集第 288 页

盖叫天

17755 国剧四名伶之惨死及其传略——"活武松"盖叫天(1887—1971) / 关志昌 // *传记文学 1982 年 40 卷 1 期，*民国人物小传第 5 册第 369 页
17756 我的父亲盖叫天(附录金寿作《盖叫天之死》) / 张剑鸣口述、江上行笔录 // *大成 1985 年 134 期
17757 我领头批斗盖叫天的回忆 / 居一中 // *传记文学 1993 年 63 卷 1 期
17758 盖叫天这个人 / 刘厚生 // *传记文学 1993 年 63 卷 1 期

淡春谷

17759 淡春谷传 / *民国四川人物传记第 79 页
17760 淡君宅旸传略 / 邹 鲁 // *革命人物志第 5 集第 294 页

梁 广

17761 广州市人民政府副市长梁广 / 南 军 // *新中国人物志(上)第 273 页

梁 希

17762 政务院林垦部部长梁希 / *新中国人物志(上)第 54 页

梁 诚

17763 梁诚出使美国 / 罗香林 // 香港大学亚洲研究中心 1977 年 10 月版 374 页，*文海出版社近代中国史料丛刊续编第六十八辑(总 674)影印本 374 页

17764 历任驻美公使大使一览表／陈之迈／／＊传记文学1966年9卷6期
17765 梁　诚／郑寿麟／／＊传记文学1968年12卷6期
17766 清末驻美公使梁诚在中美关系与教育发展上的贡献(上、下)／罗香林／／＊东方杂志1976年10卷2—3期
17767 梁诚的晚年与其家属及所遗文件／罗香林／／＊传记文学1977年30卷4期
17768 梁　诚(1864—1917)／关国煊／／＊传记文学1978年33卷2期，＊民国人物小传第3册第164页
17769 清朝最后一任驻德公使梁诚／高贞白／／＊传记文学1999年74卷5期

梁 济

17770 梁济年谱／梁焕鼐、焕鼎／／＊商务印书馆1980年5月60页
17771 梁　济(1859—1918)／关志昌／／＊传记文学1981年39卷5期，＊民国人物小传第5册第256页
17772 记梁济的自杀／左舜生／／＊近代中国史料丛刊第五辑(总49—50)・万竹楼随笔影印本第216页

梁 涛

17773 梁　涛／＊革命人物志第9集第223页

梁 斌

17774 梁　斌／林曼叔等／／＊中国当代作家小传第188页
17775 梁　斌／李立明／／＊中国现代六百作家小传第386页

梁 渡

17776 烈士梁渡墓表／周家桢／／＊四川文献1964年23期，＊民国四川人物传记第64页，＊革命人物志第11集第98页

梁 镇

17777 梁　镇／秦贤次／／＊诗学1976年2辑
17778 梁　镇／李立明／／＊中国现代六百作家小传第386页

梁又铭

17779 介绍梁又铭、梁中铭先生／马星野／／＊"中央"日报1950年4月17日
17780 梁又铭、梁中铭——梁氏一门皆画家／李德安／／＊当代名人风范(1)第121页

梁干乔

17781 一代奇才梁干乔／刘培初／／＊艺文志1966年7期
17782 戴笠将军的幕僚长／乔家才／／＊中外杂志1976年19卷1期，＊戴笠将军和他的同志们第2集第265页

梁士诒

17783 三水梁燕孙先生年谱(上、下)／凤冈及门弟子／／＊商务印书馆1978年5月版1110页
17784 三水梁燕孙先生年谱(上、下)／岑学吕／／＊文星书店1962年版，＊文海出版社1972年3月版
17785 太平洋会议与梁士诒／叶遐庵／／＊文海出版社近代中国史料丛刊续编第十九辑(总189)影印本297页
17786 梁财神与铁路／吴伟士／／＊畅流1951年3卷8期
17787 谈梁士诒(1—7)／耘　农／／＊新中国评论1957年13卷4期—1958年14卷4期
17788 梁士诒二三事／金　虑／／＊畅流1957年16卷4期
17789 民国初年的几任财政总长(二)：梁士诒／贾士毅／／＊传记文学1964年5卷4期
17790 盛宣怀、梁士诒结怨始末／沈云龙／／＊中外杂志1965年3卷1期，＊现代政治人物评述第7卷第91页
17791 梁士诒与梁启超／刘士尧／／＊春秋1966年4卷3期
17792 清、民之间的"财神"梁士诒／林　斌／／＊古今谈1967年34期
17793 梁士诒的一生／沈文骞／／＊畅流1969年40卷9期
17794 梁士诒(1869—1933)／关志昌／／＊传记文学1977年30卷5期，＊民国人物小传第3册第166页
17795 "五路财神"与"二总统"梁士诒／吴相湘／／＊传记文学1984年44卷4期

17796	梁士诒与交通系的形成与发展 / 毛知硵 // ∗台湾政治大学历史学报1984年2期
17797	梁士诒与交通系 / 麦肯农 // ∗中国现代史论集第5辑第267页
17798	梁士诒与山东交涉 / 吴相湘 // ∗民国人和事第129页
17799	梁士诒 / 贾士毅 // ∗民国初年的几任财政总长第31页
17800	"五路财神"梁士诒 / 吴相湘 // ∗民国政治人物第1集第49页
17801	五路财神梁士诒 / 赵朴民 // 北洋政府国务总理列传第80页
17802	梁士诒之一生 / 左舜生 // ∗近代中国史料丛刊第五辑(总49—50)万竹楼随笔影印本第266页
17803	梁士诒(1869—1933) / 廖秀真 // ∗环华百科全书第7册第297页

梁子衡
| 17804 | 海外工作十七年 / 梁子衡 // ∗中外杂志1967年1卷3期 |
| 17805 | 黑市记者三十年 / 梁子衡 // ∗中外杂志1968年3卷5期 |

梁天喜
| 17806 | 梁天喜 / 黄震遐 // ∗中共军人志第311页 |

梁中玉
| 17807 | 梁中玉 / 黄震遐 // ∗中共军人志第312页 |

梁中铭
| 17808 | 介绍梁又铭、梁中铭先生 / 马星野 // ∗"中央"日报1950年4月17日 |
| 17809 | 梁又铭、梁中铭——梁氏一门皆画家 / 李德安 // ∗当代名人风范(1)第121页 |

梁文洲
| 17810 | 梁文洲 / 栗　直 // ∗革命人物志第14集第282页 |

梁必业
| 17811 | 梁必业 / 黄震遐 // ∗中共军人志第313页 |

梁永燊
| 17812 | 梁永燊 / 刘绍唐主编 // ∗传记文学1995年66卷5期 |

梁在平
| 17813 | 梁在平 / 乔　佩 // ∗中国现代音乐家第95页 |

梁廷栋
| 17814 | 梁廷栋、梁廷樾合传 / 邹　鲁 // ∗革命人物志第4集第475页 |

梁华振
| 17815 | 梁华振 / ∗革命人物志第9集第210页 |

梁华盛
| 17816 | 东北见闻录——莫德惠、卫立煌、梁华盛、董彦平 / 赵世洵 // ∗大成1977年49期 |

梁庆桂
| 17817 | 梁庆桂传 / 梁嘉彬 // ∗广东文献1977年7卷1期 |
| 17818 | 梁庆桂(1858—1931) / 关国煊 // ∗传记文学1982年40卷4期，∗民国人物小传第5册第259页 |

梁兴初
| 17819 | 梁兴初 / 黄震遐 // ∗中共军人志第315页 |

梁如浩
| 17820 | 梁如浩(1863—1941) / 关国煊 // ∗传记文学1984年45卷1期 |

梁序昭
| 17821 | 梁序昭(1904—1978) / 林　泉 // ∗传记文学1978年33卷2期，∗民国人物小传第3册第168页 |
| 17822 | 梁序昭 / ∗革命人物志第18集第181页 |

梁启超
| 17823 | 梁启超 / 毛以亨 // (香港)亚洲出版社1957年版143页，∗华世出版社1975年版143页 |
| 17824 | 梁任公先生年谱长编初稿 / 丁文江 // ∗世界书局1958年版787页 |

17825	康长素先生有为、梁任公先生启超师生合谱 / 杨克己 //	*商务印书馆印行
17826	梁启超与清季革命 / 张朋园 //	*"中央"研究院近代史研究所1964年版360页、1969年6月再版、1982年三版
17827	梁启超的民权与君宪思想 / 孙会文 //	*台湾大学文学院1966年版211页
17828	梁启超的政治思想 / 杨日青 //	*嘉新水泥公司文化基金会1967年5月版140页
17829	梁启超的思想 / 宋文明 //	*水牛出版社1969年版168页
17830	梁、蔡师生与护国之役 / 胡平生 //	*台湾大学文学院1976年版232页
17831	梁启超 / 李文荪撰、张力译 //	*长河出版社1978年版228页
17832	梁启超与民国政治 / 张朋园 //	*食货出版社1978年版338页
17833	梁启超 / 胡平生 //	*商务印书馆1979年再版
17834	一代新锐梁任公 / 毛以亨 //	*河洛图书出版社1979年10月版133页
17835	梁启超与近代报业 / 赖光临 //	*商务印书馆1980年6月3版135页
17836	梁启超的生平及其政治思想 / 邓明炎 //	*天山出版社1981年10月版182页
17837	维新奇士梁任公 / 毛以亨 //	*国家出版社1982年6月版133页
17838	梁启超与戊戌变法 / 吴八骏 //	*文史哲出版社1984年版
17839	民国梁任公先生启超年谱 / 吴天任 //	*商务印书馆1988年
17840	但开风气不为师:梁启超、张道藩、张知本 / 文讯杂志社 //	*文讯杂志社1991年225页
17841	胡适与梁启超 / 李敖 //	*"中央"日报1957年3月15日
17842	梁启超的恋爱史 / 姚渔湘 //	*"中央"日报1958年4月7日
17843	梁启超与徐志摩 / 李敖 //	*"中央"日报1958年7月19日
17844	梁任公先生印象记 / 梁容若 //	*新生报1960年3月11、18日
17845	梁任公的生平与文学 / 梁容若 //	*国语日报1966年5月7日,*文坛1966年68期
17846	梁任公与新闻事业 / 朱傅誉 //	*报学1956年1卷9期
17847	梁任公先生的童年和少年时代 / 左舜生 //	*大学生活1956年1卷11期
17848	梁启超与汪康年 / 耘农 //	*民主潮1956年6卷3期
17849	张继与梁启超 / 王先汉 //	*畅流1956年14卷9期
17850	梁任公与吴季清 / 耘农 //	*民主中国1958年1卷3期
17851	记梁任公 / 太希 //	*畅流1958年17卷2期
17852	《梁任公先生年谱长编初稿》序 / 胡适 //	*自由中国1958年19卷2期
17853	梁任公别录 / 张其昀 //	*政治周刊1958年163期
17854	记梁任公先生轶事 / 超观 //	*民主中国1959年2卷1期
17855	梁任公与曾慕韩 / 耘农 //	*民主潮1959年9卷11期
17856	梁启超与"政闻社" / 陈敬之 //	*畅流1959年19卷5期,*广东文献1975年5卷2期
17857	梁任公先生印象记 / 梁容若 //	*东风1960年10期
17858	千古文章未尽才——谈梁启超、丁在君之死 / 陈三 //	*畅流1960年21卷3期
17859	《梁任公先生年谱长编初稿》纠谬 / 黄宝实 //	*民主评论1961年12卷8期
17860	张君劢与梁任公 / 郑小国 //	*民主中国1962年5卷8期
17861	我看梁任公 / 李达生 //	*大学生活1962年7卷23期
17862	梁任公与民初之党争 / 李守孔 //	*新时代1963年3卷6期
17863	谈谈梁任公 / 刘太希 //	*畅流1964年29卷6期
17864	善于陈旧布新的梁任公先生 / 邵镜人 //	*民宪政1964年25卷4期
17865	民国初年的几位财政总长(三):梁启超 / 贾士毅 //	*传记文学1964年5卷5期
17866	梁任公及其行年简谱 / 初甫 //	*古今谈1965年1期
17867	梁任公游台考 / 黄得时 //	*文献1965年16卷3期
17868	清季梁启超的言论及其转变 / 方冰峰 //	*幼狮学志1965年4期

17869	梁士诒与梁启超 / 刘士尧 // *春秋 1966 年 4 卷 3 期
17870	梁启超小传 / 邵镜人 // *中外杂志 1967 年 2 卷 2 期
17871	梁任公与国民常识学会——留存在台湾的一些珍贵资料 / 黄得时 // *东方杂志 1967 年 1 卷 3 期
17872	梁启超之报业思想及其贡献 / 赖光临 // *报学 1967 年 3 卷 8 期
17873	梁启超逃亡日本始末 / *大陆杂志 1968 年 37 卷 11—12 合刊
17874	梁启超如何利用云南起义 / 李宗黄 // *中外杂志 1969 年 6 卷 6 期
17875	记梁启超先生 / 刘方希 // *畅流 1969 年 40 卷 7 期
17876	梁任公治学系年(1—8) / 鲁 莨 // 古今谈 1969 年 51—58 期
17877	护国之役梁启超扮演的角色(上、中、下) / 李宗黄 // *中外杂志 1970 年 7 卷 1—2 期
17878	梁启超(1873—1929) / 传记文学 1973 年 22 卷 5 期,*民国人物小传第 1 册第 158 页
17879	梁启超(上、中、下) / 陈敬之 // *畅流 1974 年 50 卷 5—7 期
17880	梁启超在民国初年的师友关系 / 张朋园 // *历史学报 1975 年 3 期
17881	梁启超与北京图书馆 / 严文郁 // 传记文学 1975 年 27 卷 1 期
17882	梁任公与徐志摩 / 刘太希 // *畅流 1975 年 52 卷 1 期
17883	论梁启超的政治思想与政治生涯 / 陈圣士 // *中华学报 1975 年 2 卷 2 期
17884	"新中国"的维新嘉士:康有为、梁启超、张君劢三先生 / 程文熙 // *再生 1976 年 6 卷 1 期
17885	梁启超功过是非 / 耿 心 // *中外杂志 1976 年 20 卷 6 期
17886	梁启超来台前后 / 陈兴公 // *中外杂志 1976 年 20 卷 4 期
17887	梁任公与国民常识学会 / 黄得时 // *广东文献 1976 年 6 卷 1 期
17888	一代才人梁启超 / 胡平生 // *明道文艺 1976 年 8 期
17889	重返故国的梁启超 / *仙人掌杂志 1977 年 1 卷 2 期
17890	近代人物师生情谊与求学掌故 / 陈哲三 // *国教辅导 1978 年 17 卷 6—10 期
17891	梁启超与"五四"运动 / 秦贤次 // *传记文学 1979 年 34 卷 5 期
17892	记三位化私为公的藏书家:梁鼎芬、梁启超、章钰 / 苏 精 // *传记文学 1980 年 36 卷 3 期
17893	梁启超与台湾及其他 / 刁抱石 // *畅流 1980 年 62 卷 6 期
17894	言人所不能言,畅心中所欲畅——梁任公先生对近代言论之影响 / 钟 庆 // *自由青年 1980 年 64 卷 3 期
17895	梁任公与民国 / 王 泳 // *近代中国 1980 年 20 期,*艺文志 1984 年第 220 期
17896	梁任公死时各方挽联忆述 / 丁 丑 // *艺文志 1980 年 177 期
17897	梁启超遗札 / 康保延 // *中外杂志 1981 年 29 卷 1 期
17898	梁启超的澳洲之行(上、下) / 刘渭平 // 传记文学 1981 年 38 卷 1、4 期
17899	梁启超与图书馆的渊源及其贡献 / 杨政平 // *书府 1983 年 4 期
17900	从梁启超、胡适打牌说起 / 梁实秋 // 传记文学 1998 年 73 卷 3 期
17901	从听梁启超演讲谈到一般名人演讲 / 梁实秋 // 传记文学 1998 年 72 卷 6 期
17902	梁任公的秘密恋史 / 王培尧 // *中外人物专辑第 2 辑第 189 页
17903	梁启超 / 林怀卿 // *中国历代名人 120 位第 393 页
17904	梁启超与近代报业研究 / 赖光临 // *中国近代报人与报业(上册)第 154 页
17905	梁启超 / *中国近代学人象传(初辑)第 185 页
17906	梁启超 / 李立明 // *中国现代六百作家小传第 388 页
17907	维护共和——梁启超之联袁与讨袁 / 张朋园 // *中国现代史论集第 4 辑第 271 页
17908	梁启超与讨袁护国 / 胡平生 // *中国现代史论集第 4 辑第 295 页
17909	梁启超的教育思想 / 郭为藩 // *中国教育思想第 603 页
17910	梁启超 / 陈敬之 // *中国新文学运动的前驱第 15 页
17911	梁启超 / 民 仲 // *民初四大国学家
17912	梁启超传 / 唐祖培 // *民国名人小传第 110 页

17913　梁启超 / 谭慧生 // ＊民国伟人传记第 179 页
17914　梁启超 / 贾士毅 // ＊民国初年的几任财政总长第 47 页
17915　梁启超 / 毛子水 // ＊师友记第 127 页
17916　梁启超 / 蓝一呆 // ＊当代中国学人小品集第 21 页
17917　梁启超与东京大同高等学校 / 彭泽周 // ＊近代中日关系研究论集第 51 页
17918　梁启超 / 邵镜人 // ＊近代中国史料丛刊续编第九十五辑(总 950)・同光风云录影印本第 203 页
17919　梁启超(1873—1929) / 周邦道 // ＊近代教育先进传略(初集)第 377 页
17920　梁启超饮冰室——梁启超与图书馆事业 // ＊近代藏书三十家第 101 页
17921　梁启超(1873—1929) / 张之杰 // ＊环华百科全书第 7 册第 293 页
17922　梁启超 / 胡平生 // ＊现代中国思想家第 3 辑第 149 页
17923　康有为与梁启超 / 经　堂 // ＊晚清及民国人物琐谈第 181 页

梁国一
17924　梁国一 / ＊革命人物志第 9 集第 204 页

梁国树
17925　梁国树 / 刘绍唐主编 // ＊传记文学 1995 年 67 卷 5 期

梁昌浚
17926　梁昌浚 / ＊革命人物志第 11 集第 100 页

梁忠甲
17927　梁忠甲(1888—1930) / 于翔麟 // ＊传记文学 1985 年 46 卷 4 期
17928　梁忠甲 / ＊革命人物志第 4 集第 477 页

梁季亭
17929　梁季亭 / 血　痕 // ＊革命人物志第 11 集第 99 页

梁金山
17930　梁金山与惠通桥 / 马识途 // ＊中外杂志 1979 年 25 卷 6 期

梁宗岱
17931　梁宗岱 / 秦贤次 // ＊诗学 1976 年 2 辑
17932　梁实秋与梁宗岱 / 张文奇 // ＊传记文学 1996 年 69 卷 4 期
17933　宗岱与我 / 甘少苏 // ＊传记文学 1996 年 69 卷 4—6 期
17934　梁宗岱 / 李立明 // ＊中国现代六百作家小传第 387 页

梁实秋
17935　清华八年 / 梁实秋 // ＊重光文艺出版社 1962 年 63 页
17936　秋室杂忆 / 梁实秋 // ＊传记文学 1985 年 154 页(出版社 1978 年 6 月版 154 页)
17937　雅舍主人梁实秋 / 东方望 // ＊中华日报 1962 年 7 月 23 日
17938　杏坛老兵准备退役 / 胡有瑞 // ＊"中央"日报 1966 年 5 月 31 日
17939　梁实秋小传 / 李立明 // ＊香港时报 1970 年 3 月 14 日
17940　华北视察散记(1—5) / 梁实秋 // ＊传记文学 1963 年 2 卷 3 期—3 卷 1 期
17941　梁实秋(上、下) / 陈敬之 // ＊畅流 1966 年 34 卷 5、7 期
17942　我在小学 / 梁实秋 // ＊自由谈 1968 年 19 卷 2 期
17943　《琵琶记》的演出 / 梁实秋 // ＊传记文学 1969 年 15 卷 6 期, 文教资料 1988 年 2 期
17944　梁实秋的秘密 / 梅　新 // ＊大成 1981 年 89 期
17945　与沙翁绝交以后(选载) / 梁实秋 // ＊传记文学 1987 年 50 卷 1 期
17946　实秋先生不朽 / 刘　真 // ＊传记文学 1987 年 51 卷 6 期
17947　梁实秋先生传略 / 关国煊 // ＊传记文学 1987 年 51 卷 6 期
17948　梁实秋先生的晚年 / 刘绍唐 // ＊传记文学 1987 年 51 卷 6 期
17949　有怀梁实秋先生 / 林文卿 // ＊传记文学 1994 年 65 卷 5 期

17950　梁实秋与余上沅、陈衡粹夫妇／陈子善／／＊传记文学 1994 年 65 卷 5 期
17951　梁实秋与梁宗岱／张文奇／／＊传记文学 1996 年 69 卷 4 期
17952　糖尿病与我／梁实秋／／＊传记文学 1999 年 74 卷 2 期
17953　梁实秋与冰心／克　亮／／＊传记文学 1999 年 75 卷 2 期
17954　梁实秋／李立明／／＊中国现代六百作家小传第 389 页
17955　梁实秋／舒　兰／／＊北伐前后新诗作家作品第 239 页
17956　梁实秋／李德安／／＊访问学林风云人物（上集）第 77 页
17957　梁实秋／／＊环华百科全书第 7 册第 297 页
17958　春耕秋收——访梁实秋／胡有瑞／／＊现代学人散记第 73 页
17959　清华八年／梁实秋／／＊学府纪闻·国立清华大学第 242 页
17960　小传／梁实秋／／＊梁实秋自选集第 1 页
17961　梁实秋／陈敬之／／＊"新月"及其重要作家第 97 页

梁栋英
17962　梁栋英／／＊革命人物志第 14 集第 285 页

梁栋新
17963　梁栋新／刘绍唐主编／／＊传记文学 1993 年 62 卷 6 期

梁思永
17964　梁思永（1904—1954）／／＊传记文学 1973 年 23 卷 4 期，＊民国人物小传第 1 册第 157 页
17965　梁思永（1904—1954）／李元信／／＊环华百科全书第 7 册第 299 页

梁思成
17966　梁思成（1901—1972）／关志昌／／＊传记文学 1982 年 41 卷 1 期，＊民国人物小传第 6 册第 258 页
17967　梁思成与林徽因／林　洙／／＊传记文学 1997 年 71 卷 1、3、5 期

梁修身
17968　梁修身／／＊革命人物志第 12 集第 298 页

梁剑韬
17969　梁剑韬／刘绍唐主编／／＊传记文学 1995 年 67 卷 6 期

梁彦明
17970　梁彦明／／＊革命人物志第 9 集第 200 页

梁冠英
17971　梁冠英／刘绍唐主编／／＊传记文学 1992 年 61 卷 5 期

梁倚神
17972　梁倚神／杨愿公／／＊革命人物志第 9 集第 202 页

梁容若
17973　大度山日记／梁容若／／＊文星 1960 年 6 卷 6 期
17974　从北平到陕坝／梁容若／／＊文坛 1968 年 91 期
17975　梁容若／刘绍唐主编／／＊传记文学 1999 年 75 卷 6 期

梁鸿志
17976　梁鸿志（1882—1946）／关国煊／／＊传记文学 1980 年 36 卷 6 期，＊民国人物小传第 4 册第 236 页
17977　梁鸿志死前两憾事／金雄白／／＊传记文学 1994 年 65 卷 2 期

梁鸿标
17978　梁鸿标／／＊革命人物志第 9 集第 225 页

梁密庵
17979　梁密庵／陈隆吉／／＊革命人物志第 9 集第 208 页

梁敬钊
17980　梁敬钊先生行述／梁敬錞／／＊传记文学 1978 年 32 卷 2 期

梁敬錞

17981 单车冲围记 / 梁敬錞 // ＊传记文学 1966 年 9 卷 1 期，＊中国一周 1966 年 849 期
17982 纽约圣若望大学赠授梁敬錞教授荣誉奖章补记（附梁教授简历及著作目录）/ 项定荣 // ＊传记文学 1980 年 37 卷 1 期
17983 梁敬錞致力找史实答案 / 程榕宁 // ＊东方杂志 1983 年 16 卷 8 期
17984 敬悼史学前辈梁和钧教授 / 沈云龙 // ＊传记文学 1984 年 44 卷 4 期
17985 我与梁敬錞先生交往的一段回忆 / 段培龙 // ＊传记文学 1984 年 44 卷 4 期
17986 尽瘁史学的梁和老 / 吴相湘 // ＊传记文学 1984 年 44 卷 4 期
17987 财金旧侣梁敬錞、姚崧龄近世周年祭 / 田雨时 // ＊传记文学 1985 年 46 卷 3 期
17988 梁和钧、晏阳初两博士的治学精神 / 吴相湘 // ＊民国史纵横谈第 161 页
17989 梁和钧与潘公展 / 陶百川 // ＊陶百川叮咛文存第 14 册第 23 页

梁朝玑

17990 梁朝玑 / 刘绍唐主编 // ＊传记文学 1987 年 51 卷 4 期
17991 梁朝玑 / ＊革命人物志第 20 集第 195 页

梁鼎芬

17992 梁节庵先生年谱 / 吴天任 // ＊艺文印书馆 1979 年 2 月 424 页
17993 记三位化私为公的藏书家：梁鼎芬、梁启超、章钰 / 苏　精 // ＊传记文学 1980 年 36 卷 3 期
17994 武昌旧太守梁鼎芬 / 伟　士 // ＊畅流 1951 年 3 卷 10 期
17995 记梁鼎芬与文廷式 / 林　熙 // ＊艺文志 1976 年 128 期
17996 梁鼎芬其人其事 / 祝秀侠 // ＊艺文志 1979 年 170 期
17997 从《梁鼎芬年谱》谈起 / 林　熙 // ＊大成 1980 年 79 期
17998 梁鼎芬（1859—1919）/ 关国煊 // ＊传记文学 1980 年 37 卷 2 期，＊民国人物小传第 4 册第 234 页
17999 梁鼎芬晚年三快事 / 林　熙 // ＊大成 1980 年 80 期
18000 梁鼎芬的风趣 / 希　白 // ＊艺林丛录（四）第 306 页
18001 梁鼎芬 / 邵镜人 // ＊近代中国史料丛刊续编第九十五辑（总 950）・同光风云录影印本第 184 页
18002 梁鼎芬（1859—1919）/ 周邦道等 // ＊近代教育先进传略（初集）第 369 页
18003 梁鼎芬葵霜阁 / ＊近代藏书三十家第 31 页
18004 梁鼎芬别传 / 汪兆镛 // ＊碑传集三编第 2 册第 501 页
18005 梁鼎芬祭文 / 陈三立 // ＊碑传集三编第 2 册第 505 页

梁鼎铭

18006 悼老友梁鼎铭先生 / 马星野 // ＊"中央"日报 1959 年 3 月 2 日，＊革命人物志第 9 集第 218 页
18007 革命画家梁鼎铭 / 朱稼轩 // ＊"中央"日报 1959 年 3 月 3 日，＊革命人物志第 9 集第 220 页
18008 悼念三民主义的艺术斗士——梁鼎铭 / 罗时实 // ＊"中央"日报 1960 年 3 月 1 日
18009 梁鼎铭先生及画画 / 马星野 // ＊"中央"日报 1967 年 3 月 2 日
18010 永在人间的大画家梁鼎铭 / 陈纪滢 // ＊"中央"日报 1967 年 3 月 3 日
18011 革命艺术家梁鼎铭 / 罗　江 // ＊中国一周 1953 年 151 期
18012 爱国艺术家梁鼎铭先生 / 姚谷良 // ＊中国一周 1956 年 345 期
18013 革命画家梁鼎铭 / 蔡文怡 // ＊"中央"月刊 1977 年 9 卷 4 期
18014 梁鼎铭（1898—1959）/ 关志昌 // ＊传记文学 1977 年 30 卷 2 期，＊民国人物小传第 3 册第 171 页
18015 爱国画家梁鼎铭先生 / 虞　奇 // ＊广东文献 1979 年 9 卷 1 期
18016 战画室主义——梁鼎铭 / 张淑贞、邱素贞 // ＊幼狮月刊 1981 年 344 期

梁遇春

18017 多才命短的梁遇春 / 陈无言 // ＊星岛日报 1977 年 4 月 21 日
18018 梁遇春的文学生涯 / 秦贤次 // ＊幼狮文艺 1979 年 49 卷 5 期
18019 梁遇春 / 柳存仁 // ＊人物谭第 52 页

18020 梁遇春 / 李立明 // ＊中国现代六百作家小传第 389 页
18021 梁遇春 / 黄俊东 // ＊现代中国作家剪影第 73 页

梁敦厚

18022 梁敦厚事略 / ＊"中央"日报 1951 年 2 月 19 日
18023 领导太原五百完人成仁的梁敦厚先生 / 刘程远 // ＊政治评论 1964 年 13 卷 8 期
18024 梁敦厚(1906—1949) / 刘筱龄 // ＊传记文学 1975 年 27 卷 4 期，＊民国人物小传第 2 册第 145 页
18025 山西省政府代理主席梁敦厚传 / 方　闻 // ＊山西文摘 1976 年 8 期
18026 山西省代主席梁敦厚壮烈成仁记 / 吴文蔚 // ＊艺文志 1980 年 179 期
18027 梁敦厚先生传 / ＊太原五百完人第 127 页
18028 纪念化之 / 王怀明 // ＊太原五百完人传 197 页
18029 梁敦厚 / ＊革命人物志第 9 集第 211 页

梁敦彦

18030 梁敦彦(1857—1924) / 关志昌 // ＊传记文学 1980 年 37 卷 1 期，＊民国人物小传第 4 册第 232 页
18031 梁敦彦及其后人 / 贺宝善 // ＊传记文学 1998 年 72 卷 2 期

梁善济

18032 梁善济 / 周邦道 // ＊近代教育先进传略(初集)第 297 页

梁寒操

18033 梁寒操先生纪念集 / ＊梁寒操先生治丧委员会编印 1975 年版 286 页
18034 梁寒操与我 / 黎剑虹 // ＊黎明文化事业公司 1980 年 10 月版 294 页
18035 梁寒操先生访问记 / 天　籁 // ＊中华日报 1963 年 3 月 21，22 日
18036 回忆我在十八岁以前一些有趣的事 / 梁寒操 // ＊传记文学 1962 年 1 卷 1 期
18037 小记梁均默先生 / 费　辞 // ＊艺文志 1966 年 11 期
18038 梁寒操先生事略 / ＊广东文献 1975 年 5 卷 1 期
18039 梁寒操与我 / 谢扶雅 // ＊传记文学 1975 年 27 卷 4 期
18040 梁寒操做粤剧班主 / 陈铁儿 // ＊大成 1975 年 19 期
18041 梁寒老遗事二三 / 黄天鹏 // ＊中外杂志 1975 年 17 卷 6 期
18042 恂恂君子梁寒老——悼念均默学长 / 郑彦棻 // ＊传记文学 1975 年 26 卷 4 期
18043 革命老人岭南才彦梁均默先生 / 黎晋伟 // ＊华学月刊 1975 年 41 期
18044 革命诗人梁均默 / 褚问鹃 // ＊中外杂志 1975 年 18 卷 1 期
18045 我所认识的梁均默先生 / 袁暌九 // ＊春秋 1975 年 21 卷 4 期
18046 再记梁均默先生 / 袁暌九 // ＊艺文志 1975 年 115 期
18047 痛悼梁寒操 / 简又文 // ＊传记文学 1976 年 28 卷 6 期
18048 我思寒操 / 黄君璧 // ＊大成 1976 年 29 期
18049 永怀哲人梁寒操先生 / 任卓宣 // ＊革命思想 1976 年 40 卷 2 期
18050 梁寒操(1899—1975) / 关国煊 // ＊传记文学 1977 年 30 卷 6 期，＊民国人物小传第 3 册第 169 页
18051 我为什么写《梁寒操与我》/ 梁黎剑虹 // ＊中外杂志 1980 年 28 卷 6 期
18052 白首盟约五十年(上、中、下)——《梁寒操与我》第一章 / 梁黎剑虹 // ＊中外杂志 1980 年 27 卷 4—6 期
18053 前辈风仪——记陈霆锐与梁寒操两先生 / 袁暌九 // ＊艺文志 1980 年 175 期
18054 我的父亲和母亲：梁寒操、梁黎剑虹 / 梁上元 // ＊中外杂志 1980 年 28 卷 4 期
18055 梁寒操先生晚年及其逝世前后——为梁先生逝世十周年改写旧作 / 袁暌九 // ＊传记文学 1985 年 46 卷 2 期
18056 追怀梁寒操先生 / 祝秀侠 // ＊中外杂志 1985 年 37 卷 4 期
18057 为纪念先父逝世十周年而作 / 梁上元 // ＊近代中国 1985 年 45 期
18058 梁寒操先生晚年及其逝世前后——为梁先生逝世十周年改写旧作 / 袁暌九 // ＊传记文学 1985 年

46 卷 2 期

18059　梁寒操／＊革命人物志第 14 集第 287 页

梁瑞昇
18060　梁瑞昇／＊革命人物志第 9 集第 217 页

梁辑卿
18061　梁辑卿／黄震遐／／＊中共军人志第 319 页

梁鉴堂
18062　梁镜斋／＊革命人物志第 17 集第 235 页

梁嘉彬
18063　梁嘉彬／刘绍唐主编／／＊传记文学 1996 年 68 卷 3 期

梁漱溟
18064　梁漱溟·朝话·年谱初稿／＊龙田出版社 1979 年版 267 页
18065　自述五种／梁漱溟／／＊龙文出版社股份有限公司 1990 年 110 页
18066　梁漱溟先生小说／玄　默／／＊"中央"日报 1966 年 9 月 10 日
18067　关于梁漱溟／觉　堂／／＊新生报 1970 年 11 月 9 日
18068　略评梁漱溟的保皇思想／少　峰／／＊群众 1949 年 3 卷 6 期
18069　梁漱溟先生年谱初稿(1—7)／胡应汉／／＊人生 1963 年 25 卷 7 期—26 卷 1 期
18070　两个人和两条路——为"传统"与"文化"之争提供一页历史教训／韦政通／／＊文星 1965 年 15 卷 3 期
18071　记吾师梁漱溟先生／王士元／／＊传记文学 1974 年 24 卷 4 期
18072　倔强人物梁漱溟／胡耐安／／＊中外杂志 1975 年 18 卷 5 期
18073　梁漱溟的思想与行动／林瑞明／／＊史原 1975 年 6 期
18074　声援伟大的人权战士——梁漱溟／胡秋原／／＊中华杂志 1977 年 15 卷 6 期
18075　梁漱溟事件／周鲸文／／＊中华杂志 1977 年 15 卷 6 期
18076　梁漱溟思想／高永光／＊东亚季刊 1977 年 9 卷 1 期
18077　梁漱溟忆旧谈新／赵　端／＊中报月刊 1981 年 20 期
18078　梁漱溟特立独行／聂佐林／／＊中外杂志 1983 年 33 卷 5 期
18079　也谈梁漱溟／乔家才／／＊中外杂志 1983 年 33 卷 4 期
18080　梁漱溟在"批林批孔"运动中／汪东林／／＊传记文学 1994 年 65 卷 6 期
18081　从给毛泽东的一封信看梁漱溟在"文革"初期的遭遇／汪东林／／＊传记文学 1998 年 72 卷 5 期
18082　梁漱溟与《东西文化及其哲学》／陈弱水／／＊近代中国思想人物论第 4 册第 311 页
18083　梁漱溟——以圣贤自许的儒学殿军／文恺著、林镇国译／／＊近代中国思想人物论第 6 册第 275 页
18084　梁漱溟／刘君祖／／＊环华百科全书第 7 册第 298 页
18085　梁漱溟／韦政通／／＊现代中国思想家第 8 辑第 3 页
18086　梁漱溟／胡逊园／＊贤不肖列传 131 页
18087　胡适之、梁漱溟、熊十力——三位北大哲学系教授的风范与创建／冯炳奎／／＊学府纪闻·国立北京大学第 311 页

梁鋆立
18088　永怀梁鋆立博士／程沧波／／＊传记文学 1979 年 35 卷 4 期
18089　梁鋆立博士对国际法之贡献／赵国材／／＊国际关系学报 1980 年 3 期

梁德山
18090　梁德山／＊革命人物志第 11 集第 101 页

梁醒波
18091　梁醒波自传／波叔口述、依达笔录／／＊大成 1981 年 88 期
18092　我所知道的梁醒波与谭兰卿／老　吉／／＊大成 1981 年 89 期

梁镜尧
18093　纪烈士梁镜尧事／洗玉清／／＊革命人物志第9集第225页
梁燊南
18094　梁燊南／＊革命人物志第12集第299页
梁耀汉
18095　梁耀汉传／邹　鲁／／＊革命人物志第4集第479页
谛闲法师
18096　谛闲大师／刘绍唐主编／／＊传记文学1987年50卷4期

〔㇆〕

尉素秋
18097　当代女词人——尉素秋女士／黄其嘉／＊中国一周1968年966期
屠　寄
18098　屠　寄／刘绍唐主编／／＊传记文学1998年73卷2期
隋钟昆
18099　隋钟昆／吕东斯／／＊革命人物志第12集第378页
续范亭
18100　续范亭(1893—1947)／＊传记文学1982年40卷5期，＊民国人物小传第5册第510页
18101　从续范亭说到阎锡山／李　约／／＊国共风云名人录第3辑第181页
续桐溪
18102　续桐溪／张淑琳／／＊革命人物志第9集第468页

十二画

〔一〕

彭 飞
18103 彭 飞／黄震遐／／＊中共军人志第434页

彭 冲
18104 彭 冲／朱新民／／＊环华百科全书第2册第115页

彭 林
18105 彭 林／黄震遐／／＊中共军人志第434页

彭 勃
18106 彭 勃／黄震遐／／＊中共军人志第435页

彭 真
18107 彭 真／朱新民／／＊环华百科全书第2分册第115页

彭 慧
18108 简单的自传／彭 慧／／＊女作家自传选集第161页
18109 彭 慧／李立明／／＊中国现代六百作家小传第426页
18110 彭 慧／李立明／／现代中国作家评传（一）第107页

彭 濮
18111 彭 濮／刘绍唐主编／／＊传记文学1994年65卷4期

彭士量
18112 彭士量／＊革命人物志第18集第217页

彭子冈
18113 记徐盈、子冈——三十年代作家直接印象之六／陈纪滢／／＊传记文学1980年37卷5期
18114 彭子冈／李立明／／＊中国现代六百作家小传第427页

彭元仁
18115 彭元仁／李诚修／／＊革命人物志第20集第220页

彭世安
18116 彭世安／＊革命人物志第6集第136页

彭丕昕
18117 彭丕昕／李文敬／／＊革命人物志第6集第137页

彭汉章
18118 彭汉章／刘绍唐主编／／＊传记文学1995年67卷1期

彭邦栋
18119 彭邦栋／刘揆一／／＊革命人物志第15集第264页

彭光昶
18120 彭烈士光昶传略／＊川籍抗战忠烈录第109页

彭寿松
18121 彭寿松／＊革命人物志第6集第159页

彭述之
18122 一本给自己涂脂抹粉的回忆录（上、下）／郑超麟／／＊中报月刊1984年51—52期
18123 彭述之病逝美国／（美）霜 峰／／＊争鸣1984年75期

彭国柱
18124 彭国柱／＊革命人物志第10集第489页

彭明治
18125　彭明治／黄震遐／／＊中共军人志第433页
彭学俊
18126　彭学俊／＊革命人物志第18集第218页
彭泽民
18127　中央人民政府委员彭泽民／＊新中国人物志（上）第97页
彭孟缉
18128　二二八事件主要军政人员简介：彭孟缉／曹郁芬辑／／＊中国时报1992年2月11日
18129　追思彭孟缉将军半生风云／蔡孟坚／／＊传记文学1998年72卷2期
18130　彭孟缉／刘绍唐主编／／＊传记文学1998年73卷5期
彭绍辉
18131　彭绍辉／黄震遐／／＊中共军人志第435页
彭战存
18132　彭战存（1902—1971）／于翔麟／／＊传记文学1983年43卷4期
彭素民
18133　彭素民／徐苏中／／＊革命人物志第6集第139页
彭家珍
18134　凛烈万古：彭家珍、杨禹昌、张先培、黄之萌合传／宣建人／／＊近代中国出版社1982年114页
18135　彭家珍／章君谷／／＊金兰出版社1985年150页
18136　先烈彭家珍的故事／毛一波／／＊畅流1963年27卷12期
18137　彭大将军家珍墓志铭／刘揆一／／＊四川文献1964年18期，＊民国四川人物传记第40页
18138　彭家珍烈士传／姚锡光／／＊四川文献1968年68期
18139　彭家珍炸死良弼一段壮烈史实／李荣汉／／＊艺文志1976年133期
18140　彭家珍事略／冯自由／／＊民国四川人物传记第38页，革命人物志第6集第144页
18141　彭家珍（1888—1912）／戴晋新／／＊环华百科全书第2册第114页
18142　彭家珍／刘绍唐主编／／＊传记文学1987年51卷3期
彭家煌
18143　彭家煌／刘绍唐主编／／＊传记文学1987年51卷3期
18144　彭家煌／李立明／／＊中国现代六百作家小传第428页
彭继儒
18145　彭继儒／＊革命人物志第6集第161页
彭善承
18146　往事辑要：善存八十年纪念／彭善承／／＊撰者印行1984年版290页
18147　南开与我／彭善承／／＊学府纪闻·国立南开大学第237页
彭道宗
18148　彭道宗／黄思基／／＊革命人物志第6集第150页
彭遂良
18149　彭遂良／彭邦栋／／＊革命人物志第10集第489页
彭楚藩
18150　彭楚藩、刘复基、杨宏胜三烈士／睦云章／／＊"中央"日报1955年10月10日
18151　武昌三烈士——刘复基、彭楚藩、杨宏胜／沈恕／／＊新闻报1970年10月10日
18152　彭楚藩／张难先／／＊革命人物志第6集第151页
18153　武昌首义殉难彭、刘、杨三烈士列传／张镜影／／＊革命人物志第6集第154页
彭嘉庆
18154　彭嘉庆／黄震遐／／＊中共军人志第437页

彭醇士

18155　彭醇士(1896—1976) / 刘荣琮 // ＊传记文学 1977 年 30 卷 2 期,＊民国人物小传第 3 册第 242 页

18156　彭醇士 / ＊革命人物志第 16 集第 286 页

彭德怀

18157　彭德怀 /（香港）中国问题研究中心 1969 年 200 页

18158　彭德怀评传 / 黄达之 //（香港）波之书局 1980 年 27 页

18159　彭德怀(1898—1974) / 关国煊 // ＊传记文学 1982 年 40 卷 2 期,＊民国人物小传第 5 册第 320 页

18160　彭德怀骨灰失踪之谜 / 辛自权原作、郑富璋提供 // ＊传记文学 1992 年 61 卷 4 期

18161　彭德怀 / 黄震遐 // ＊中共军人志第 438 页

18162　彭德怀(1898—1974) / ＊环华百科全书第 2 册第 114 页

18163　中央人民政府委员、西北军政委员会主席彭德怀 / ＊新中国人物志（上）第 129 页

彭德明

18164　彭烈士德明传略 / ＊川籍抗战忠烈录第 101 页

彭镜芙

18165　彭镜芙 / 彭尔康 // ＊革命人物志第 10 集第 494 页

葛　琴

18166　葛　琴 / 李立明 // ＊中国现代六百作家小传第 464 页

葛　谦

18167　葛　谦 / 邹　鲁 // ＊革命人物志第 8 集第 141 页

18168　谭馥、葛谦、严国丰三烈士碑文 / 邹　鲁 // ＊革命人物志第 8 集第 430 页

18169　葛烈士谦纪念碑 / 邹　鲁 // ＊邹鲁全集第 9 册第 409 页

葛开祥

18170　葛开祥 / 刘绍唐主编 // ＊传记文学 1997 年 71 卷 3 期

葛成勋

18171　葛成勋 / 周邦道 // ＊近代教育先进传略（初集）第 33 页

葛青凡

18172　葛青凡 / 李立明 // ＊中国现代六百作家小传第 465 页

葛贤宁

18173　悼葛贤宁先生 / 王　兰 // ＊政治评论 1961 年 6 卷 2 期

18174　痛悼民族诗人葛贤宁 / 孙　陵 // ＊中国一周 1961 年 567 期

18175　葛贤宁 / 舒　兰 // ＊抗战时期的新诗作家和作品第 43 页

葛钟山

18176　葛钟山 / ＊革命人物志第 19 集第 252 页

董　钊

18177　西北健将董介生 / 王天从 // ＊艺文志 1977 年 147 期

18178　克复延安的主将——董介生将军 / 王天从 // ＊陕西文献 1978 年 32 期

18179　董钊(1902—1977) / 林抱石 // ＊传记文学 1980 年 36 卷 2 期,＊民国人物小传第 4 册第 339 页

18180　董　钊 / ＊革命人物志第 19 集第 220 页

18181　自　传 / 董　钊 // ＊革命人物志第 19 集第 225 页

董　威

18182　董　威 / ＊革命人物志第 9 集第 327 页

18183　董少将振五墓志铭 / 于右任 // ＊革命人物志第 9 集第 328 页

董　康

18184　民国初年的几位财政总长（七）:董康 / 贾士毅 // ＊传记文学 1965 年 6 卷 4 期

18185　董授经先生和他的日本朋友 / 宋念慈 // ＊传记文学 1965 年 7 卷 2 期

18186　董　康(1867—1942) / 关志昌 // *传记文学 1980 年 36 卷 2 期，*民国人物小传第 4 册 341 页
18187　近代江苏武进藏书刻书人物:盛宣怀、董康、陶湘(上、中、下) / 苏　精 // *传记文学 1981 年 38 卷 5 期—39 卷 1 期
18188　董　康 / 贾士毅 // *民国初年的几任财政总长第 82 页
18189　董康诵芬楼 / *近代藏书三十家第 63 页

董　霖
18190　六十载从政讲学 / *商务印书馆股份有限公司 1991 年 344+39 页
18191　"教""学"生涯五十年 / 董　霖 // *传记文学 1978 年 33 卷 1 期
18192　董　霖 / 刘绍唐主编 // *传记文学 1999 年 74 卷 6 期

董从善
18193　董从善 / *革命人物志第 19 集 231 页

董汉槎
18194　保险业权威——董汉槎 / 倪鼎文 // *"中央"日报 1963 年 10 月 22 日
18195　董汉槎先生传略 / 冯子固 // *江苏文物 1977 年 6 期
18196　追悼富而好施享乐百龄的董汉老 / 蔡孟坚 // *传记文学 1996 年 68 卷 6 期

董必武
18197　董必武(1886—1975) / 关国煊 // *传记文学 1984 年 45 卷 4 期
18198　访董必武 / *中国老一辈革命家第 25 页
18199　政务院副总理董必武 / *新中国人物志(上)第 34 页

董同龢
18200　追念董同龢教授 / 许世瑛 // *传记文学 1963 年 3 卷 1 期
18201　哭两位董先生 / 许倬云 // *传记文学 1963 年 3 卷 6 期
18202　语言学家董同龢 / 周法高 // *传记文学 1964 年 4 卷 6 期
18203　谨记语言学家董同龢先生 / 丁邦新 // *幼狮 1974 年 40 卷 6 期
18204　董同龢(1911—1963) / 关志昌 // *传记文学 1983 年 43 卷 6 期
18205　董同龢(1911—1963) / 黄台香 // *环华百科全书第 5 册第 104 页

董纯才
18206　董纯才 / 刘绍唐主编 // *传记文学 1999 年 74 卷 2 期

董作宾
18207　董作宾先生逝世三周年纪念集 / *董作宾先生逝世三周年纪念集编辑部委员会编印 1966 年版 98 页
18208　董作宾先生逝世十四周年纪念刊 / 董作宾先生逝世十四周年纪念刊编辑委员会 // *艺文印书馆 1978 年 3 月版 172 页
18209　挽董彦堂先生 / 陶希圣 // *"中央"日报 1963 年 11 月 26 日
18210　董作宾教授二三事 / 王恒余 // *联合报 1964 年 11 月 27 日
18211　董作宾先生的一些小事 / 庄　练 // *"中央"日报 1965 年 3 月 19 日
18212　怀董作宾先生 / 严灵峰 // *国语日报 1967 年 2 月 4 日
18213　董作宾为罗振玉辩诬 / 宋子武 // *新生报 1971 年 4 月 24—27 日
18214　董作宾先生治学的方法和成果 / 严一萍 // *教育与文化 1955 年 5 卷 5 期
18215　甲骨学者董作宾先生 / 石璋如 // *教育与文化 1955 年 7 卷 7 期
18216　董作宾先生自订年谱节录 / 杨家骆 // *学粹 1963 年 6 卷 1 期
18217　董彦堂先生之治学与为人 / 沈刚伯 // *传记文学 1963 年 3 卷 6 期，*沈刚伯先生文集(下)第 715 页
18218　我所知道的彦堂先生 / 姚梦谷 // *畅流 1963 年 28 卷 9 期
18219　哭两位董先生 / 许倬云 // *传记文学 1963 年 3 卷 6 期

18220　董作宾先生事略／＊大陆杂志1964年28卷3期
18221　董作宾先生与殷墟发掘／石璋如／／＊大陆杂志1964年29卷10期
18222　南阳董作宾先生与近代考古学／李　济／／＊传记文学1964年4卷3期
18223　董作宾先生访美记略／钱存训／／＊传记文学1966年9卷5期
18224　甲骨学权威董作宾／吴相湘／／＊传记文学1966年9卷5期
18225　忆董作宾先生／黄季陆／／＊传记文学1966年9卷6期
18226　董彦堂先生在昆明／石璋如／／＊大陆杂志1966年33卷10期
18227　董作宾先生笔润捐社追记／王梓良／／＊大陆杂志1966年33卷10期
18228　董作宾(1895—1963)／＊传记文学1973年23卷2期，＊民国人物小传第1册第236页
18229　董彦堂先生之生平／石璋如／／＊艺坛1974年81期
18230　照亮中国古史的人／亮　轩／／＊书评书目1975年25期，＊中原文献1976年8卷3期
18231　董作宾传／周邦道／／＊大陆杂志1976年53卷6期
18232　董作宾先生对于甲骨文的贡献／屈万里／／＊中原文献1980年12卷12期
18233　董作宾先生传略／王天昌／／＊书和人1983年479期
18234　董作宾先生的生活艺术／李霖灿／／＊自由青年1984年71卷2期
18235　董作宾／＊民国百人传第3册第191页
18236　董作宾／周邦道等／／＊近代教育先进传略(初集)第316页
18237　董作宾(1895—1963)／方光后／／＊环华百科全书第5册第108页
18238　董故老师作宾传／＊学府纪闻·国立河南大学第197页

董其武

18239　董其武／黄震遐／／＊中共军人志第504页

董英斌

18240　董英斌(1894—1960)／王盛涛／／＊传记文学1978年32卷3期，＊民国人物小传第3册第284页
18241　董英斌／栗　直／／＊革命人物志第18集第263页
18242　追思／董张维贞／／＊革命人物志第18集第269页

董和亭

18243　人民政协代表董和亭／庆　楣／／＊新中国人物志(下)第179页

董泽长

18244　董泽长／＊革命人物志第6集第363页

董显光

18245　董显光自传——一个农夫的自述／董显光撰、曾虚白译／／＊新生报社1973年8月版221页
18246　董显光博士自传／苔光图书中心1975年版221页
18247　万年长青——董显光博士日记／＊华欣文化事业中心1978年版377页
18248　董显光的外交气质／张道藩／／＊新生报1952年9月20日
18249　董显光与美苏里新闻学院／马星野／／＊"中央"日报1957年5月3日，＊传记文学1983年42卷2期
18250　董显光先生二三事／罗学濂／／＊中华日报1966年11月6日
18251　董显光是新闻界老兵／陈德仁／／＊中华日报1971年1月11日
18252　董夫人母女谈董显光博士生平／李缄三／／＊新生报1971年2月19日
18253　忆董显光先生／胡光麃／／＊"中央"日报1971年4月27日
18254　我所知道的董显光先生／王世杰／／＊新生报1973年3月19日，＊王世杰先生论著选集第509页
18255　我和在君／董显光／／＊"中央"研究院院刊1956年3期
18256　新闻界耆宿董显光先生／正　镕／／＊自由谈1967年18卷2期
18257　董显光(1887—1971)／邱奕松／／＊传记文学1982年40卷3期，＊民国人物小传第5册第363页
18258　追思董显光先生／曾虚白／／＊传记文学1983年42卷1期

18259 忆董显光先生 / 朱抚松 // ＊传记文学 1983 年 42 卷 1 期
18260 我记忆中的董显光老伯 / 魏惟仪 // ＊传记文学 1983 年 42 卷 1 期
18261 自中日和谈到董显光使日经纬——"亲善大使"蔡孟坚口碑及其有趣掌故 / 蔡孟坚(补) // ＊传记文学 1983 年 42 卷 2 期
18262 董显光先生(上、中、下) / 吴文蔚 // ＊艺文志 1983 年 213、215、216 期
18263 董显光回忆办英文报经过并简述国内英文报小史 / 董显光演讲、曾虚白笔录 // ＊传记文学 1985 年 41 卷 3 期
18264 董显光(1887—1971) / 戴晋新 // ＊环华百科全书第 5 册第 107 页
18265 董显光 / 徐鳌润 // ＊革命人物志第 22 集第 332 页
18266 早年回忆 / 董显光 // ＊革命人物志第 22 集第 335 页
18267 抗战时期回忆 / 董显光 // ＊革命人物志第 22 集第 348 页

董修武

18268 董修武事略 / 彦 实 // ＊民国四川人物传记第 76 页
18269 董修武 / ＊革命人物志第 9 集第 333 页

董耕云

18270 董耕云 / 汪兆铭等 // ＊革命人物志第 6 集第 361 页

董浩云

18271 董浩云的故事 / 胡有瑞 // ＊"中央"日报 1964 年 10 月 22 日
18272 把繁荣带给佐世保的中国船主董浩云 / 李 嘉 // ＊"中央"日报 1965 年 9 月 3 日
18273 七洋四海的巨人——董浩云 / 潘健行 // ＊中国一周 1964 年 758 期
18274 董浩云创下的航业 / 黄金成 // ＊中国一周 1969 年 992 期
18275 参与战后我国航业重建自述(选载) / 董浩云 // 传记文学 1982 年 41 卷 1 期
18276 董浩云(1912—1982) / 关志昌 // ＊传记文学 1982 年 41 卷 1 期，＊民国人物小传第 6 册第 380 页
18277 董浩云传略 / 宋训伦 // ＊中外杂志 1982 年 32 卷 3 期
18278 董浩云佛教因缘 / 庄鼎成 // ＊中外杂志 1982 年 32 卷 3 期
18279 董浩云先生怀述 / 南宫博 // ＊大成 1982 年 104 期
18280 一代船王董浩云 / 陈存仁 // ＊大成 1982 年 103 期
18281 已故董浩云的"船王世界"追怀 / 蔡孟坚 // ＊传记文学 1996 年 68 卷 5 期
18282 拥资数十亿美钞的董浩云 / 李梦龙 // ＊亿万富翁群相第 279 页
18283 董浩云先生传奇的一生 / 李德安 // ＊当代名人风范(4)第 1289 页

蒋 垩

18284 蒋 垩 / ＊革命人物志第 20 集第 238 页

蒋 彝

18285 艺术评论家蒋彝 / 容天圻 // ＊新闻报 1966 年 5 月 31 日
18286 中华文化的播种者——蒋彝 / 宋颖豪 // ＊幼狮文艺 1975 年 41 卷 6 期
18287 记蒋彝先生 / 洪燕谋 // ＊传记文学 1979 年 34 卷 6 期
18288 蒋 彝(1903—1977) / 关国煊 // ＊传记文学 1980 年 37 卷 5 期，＊民国人物小传第 4 册第 372 页
18289 蒋 彝 / 李立明 // 中国现代六百作家小传第 510 页
18290 蒋 彝 / 黄俊东 // ＊现代中国作家剪影第 269 页

蒋一苇

18291 蒋一苇 / 刘绍唐主编 // ＊传记文学 1996 年 69 卷 4 期

蒋大同

18292 饮恨异族的革命志士——蒋大同 / 孙受天 // ＊畅流 1969 年 39 卷 12 期
18293 早期洞悉俄帝阴谋的蒋大同烈士 / 心 园 // ＊今日中国 1977 年 77 期
18294 关外大侠蒋大同 / 冯自由 // ＊革命人物志第 7 集 254 页

18295　蒋烈士慕谭(大同)事略／∗革命人物志第7集第257页

蒋天禄
18296　魏杰、袁蔚生、欧阳持平、蒋天禄／∗革命人物志第9集第443页

蒋介石
18297　蒋"总统"传／董显光∥∗中华文化出版事业委员会1952年增订再版,∗中国文化学院出版部1980年再版642页

18298　民国十五年前之蒋介石先生／毛思诚∥(香港)龙门书局1965年影印本,∗"中央"文物供应社1971年再版

18299　蒋"总统"传略／邓文仪∥∗民生出版社1950年版

18300　"总统"言行／黄光学∥∗中国政治书刊出版合作社1951年版76页

18301　从日用常行中认识蒋"总统"／曹圣芬∥∗革命实践研究院1951年版52页

18302　蒋"总统"行谊／吴一舟∥∗正中书局1953年11月版186页,∗"中央"警官学校讲义编审委员会1954年3月版102页,∗青年出版社1954年7月版113页

18303　蒋介石先生年表／陈布雷∥∗传记文学出版社1978年6月版134页

18304　蒋"总统"传略／董显光∥∗中国新闻出版公司1954年版22页

18305　蒋介石与国民革命军／黄光学∥∗1954年版56页

18306　蒋"总统"年表／王德胜∥∗世界书局1955年版324页、1956年版331页、1982年增订版382页

18307　我的父亲／蒋经国∥∗"中央"印刷厂1956年印行,∗正中书局1975年6月版131页

18308　我们的蒋"总统"／王　昇∥∗海外文库出版社1956年54页

18309　国父与"总统"／张其昀∥∗新闻出版公司1956年版34页

18310　"总裁"思想体系研究／周开庆∥∗正中书局1956年版340页

18311　蒋"总统"少年时代／邓文仪∥∗儿童书局1961年4月版76页、1962年再版76页

18312　我们的"总统"／芮　晋∥∗德明出版社1963年版88页

18313　蒋"总统"行谊／王他行∥∗1964年版50页

18314　蒋"总统"与中国台湾(中英对照本)／何鼎新主编,朱梅、隽英译∥∗文华出版公司1964年版286页

18315　黄埔与国军／∗1964年版252页

18316　"总统"蒋公行谊／王　昇∥∗黎明文化事业公司1964年6月初版、1977年10月4版76页

18317　蒋"总统"政治思想／马　璧∥∗台北市三民主义教学研究会1965年版

18318　蒋"总统"哲学思想／吴曼君∥∗台北市三民主义教学研究会1965年版

18319　蒋"总统"经济思想／李忠礼∥∗台北市三民主义教学研究会1965年版

18320　"总裁"言行／∗正中书局1965年版124页

18321　蒋"总统"与台湾／∗1965年版44页

18322　"总统"思想研究丛书／张铁君主编∥∗三民主义研究所1966年版(16册)

18323　蒋"总统"学术思想研究／邓文仪等∥∗国父遗教研究会1966年版6557页

18324　蒋"总统"的经济思想／张　弦∥∗台北市帕米尔书店1966年版86页

18325　蒋介石教育思想／∗1966年版450页

18326　蒋"总统"与中国／王冠英∥∗台北市华南书局1966年版326页

18327　"总统"学说要旨／张其昀∥∗中国文化学院出版部普及文库编委会1966年版100页

18328　蒋"总统"与中华文化复兴／冯　岳∥∗岳庐书室1969年版260页

18329　蒋"总统"的教育思想／吴寄萍∥∗正中书局1969年版470页

18330　蒋委员长如何战胜日本／蒋纬国∥∗黎明文化事业公司1969年3版564页

18331　蒋"总统"与国父的革命关系演进史略／罗　刚∥∗国民图书出版社1970年版56页

18332　"总裁"军事思想之研究／林森木∥∗中兴山庄1970年版96页

18333　蒋介石思想与中国道统／丁　迪∥∗三军大学政治研究所1970年版105页

18334　蒋"总统"传／张世禄∥∗正大书局1970年再版120页

18335 蒋"总统"传／＊人文出版社编印 1971 年版 80 页
18336 "总统"军事思想专辑／卢振江等／／＊1971 年版 248 页
18337 "总统"蒋公之事迹及思想／蔡挺中／／＊华兴书局 1972 年版
18338 蒋"总统"传／刘中和／／＊益群书店 1973 年版 209 页
18339 "总统"言行／邓坤元／／＊"中央"警官学校 1973 年版 178 页
18340 蒋"总统"的政治思想／林桂圃／／＊中华大典编印会 1973 年 7 月版(3 册)
18341 蒋"总统"与台湾／虞 奇／＊浙江月刊社 1973 年再版 204 页,
18342 "总统"蒋公哀思录／＊黎明文化事业公司 1975 年 5 月版 431 页
18343 "总统"蒋公的政治哲学和政治思想／张泰祥／／＊"中央"文物供应社 1975 年印行
18344 "总统"蒋公传(附蒋总统年表)／谭慧生／／＊百成书店 1975 年 208 页
18345 蒋"总统"的一生／吴一舟／＊正中书局 1975 年版 304 页、1978 年 10 月版 310 页
18346 蒋"总统"与台湾／王 蓝等／／＊黎明文化事业公司 1975 年版
18347 蒋"总统"的精神生活／吴经熊／／＊华欣文化事业公司 1975 年印行
18348 蒋"总统"八十晋九诞辰纪念论文集／张其昀等／／＊华冈出版公司 1975 年 10 月版 696 页
18349 慈湖孝思／蒋经国／＊黎明文化事业公司 1975 年版
18350 蒋"总统"秘录(15 册)／(日)古屋奎二撰 本根等译／＊"中央"日报社 1975—1978 年版
18351 蒋介石／钟器声等／／(香港)广角镜出版社 1976 年 6 月版 194 页,(香港)广角镜出版社 1983 年 188 页
18352 蒋公中正评传／冯文质／／＊恒学出版社 1976 年版
18353 梅台思亲／蒋经国／＊黎明文化事业公司 1976 年版
18354 西安半月记／蒋中正／＊黎明文化事业公司 1976 年版
18355 "总统"蒋公遗嘱／＊一元出版社 1976 年版
18356 蒋"总统"与国防／蒋纬国／／＊黎明文化事业公司 1976 年增订版(补)206 页
18357 慈父、严师／蒋经国／＊黎明文化事业公司 1976 年版,＊正中书局 1977 年版 76 页
18358 蒋公介石序传／黎东方／／＊联经出版事业公司 1976 年 11 月版 501 页
18359 蒋"总统"传／冯文质／／＊恒学出版社 1977 年版
18360 蒋"总统"学术思想研究论集(第 1 集)／周世辅等／／＊台湾政治大学三民主义研究所 1977 年版
18361 蒋"总统"哲学思想源流／唐 华／／＊燕京文化事业公司 1977 年 4 月版 649 页
18362 蒋"总统"伦理思想之研究／黄奏胜／／＊"中央"文物供应社 1977 年 5 月版 250 页
18363 蒋"总统"哲学思想体系研究／林裕祥／／＊"中央"文物供应社 1977 年 6 月版 506 页
18364 蒋"总统"传／刘中和／／＊益群书店 1978 年 246 页
18365 "总统"蒋公逝世三周年纪念集／＊近代中国社 1978 年 4 月版 269 页
18366 蒋介石先生年表／陈布雷等编／／＊传记文学出版社 1978 年 6 月版 134 页
18367 蒋介石秘录之秘录／郭 桐／／(香港)广角镜出版社 1978 年 8 月版 180 页
18368 论蒋介石的生前死后／朱养民等著／(香港)七十年代杂志社 1978 年 9 月 3 版(补)197 页
18369 我所认识的蒋介石／冯玉祥／／(香港)七十年代杂志社 1979 年 11 月版 228 页
18370 蒋中正／吴寄萍／／＊商务印书馆 1979 年再版(中国历代思想家第 54 册)、1983 年 5 月 3 版(中国历代思想家第 10 册)
18371 "先总统"蒋公的父道与师道／汤承业／／＊编译馆 1980 年 2 册
18372 "先总统"蒋公社会思想之研究／阎慧如／／＊正中书局 1981 年版 115 页
18373 "先总统"蒋公经济思想之研究／陈贤雄／／＊正中书局 1981 年版 102 页
18374 "先总统"蒋公与中华文化／＊国康出版社 1981 年版 239 页
18375 "先总统"蒋公思想研究论集／张载宇／／＊中国文化大学出版部 1981 年 4 月版 690 页
18376 "先总统"蒋公革命志业之研究／刘礼信／／＊幼狮文化事业公司 1981 年版 500 页
18377 蒋 公／杨思真／／＊名人出版事业有限公司 1982 年 8 月版 205 页

18378	"先总统"蒋公少年时代 / 邓文仪 // ＊正光书局 1982 年 36 页
18379	蒋"总统"年表 / 王德胜 // ＊世界书局 1982 年 380 页
18380	蒋介石 / 钟器声 // (香港)广角镜出版社 1983 年 3 月版 188 页
18381	"先总统"蒋公教育思想 / 吴季萍 // ＊正中书局 1983 年 470 页
18382	报国与思亲 / 蒋介石 // ＊实践出版社 1983 年
18383	蒋介石传 / ＊黎明文化事业股份有限公司 1986 年 510 页
18384	科学的道理:"先总统"蒋公科学思想阐微 / 许重卿 // ＊正中书局 1986 年 296 页
18385	"先总统"蒋公之社会思想 / 阎慧如 // ＊正中书局 1986 年 224 页
18386	"先总统"蒋公与现代化 / 李胜峰 // ＊"中央"文物供应社 1986 年 152 页
18387	蒋中正先生思想研究 / 张载宇 // ＊正中书局 1986 年 688 页
18388	总裁思想体系研究 / 周开庆 // ＊正中书局 1986 年 340 页
18389	"先总统"蒋公的一生 / 吴一舟 // ＊正中书局 1986 年 310 页
18390	蒋公之建军思想 / 吴朝富 // ＊正中书局 1986 年 244 页
18391	"先总统"蒋公学术思想探源 / 林大椿 // ＊正中书局 1986 年 396 页
18392	拆穿蒋介石 / 李敖 // ＊李敖出版社 1989 年 584 页
18393	蒋公家世探微 / 唐瑞福等 // ＊洞察出版社 1989 年 170 页
18394	侍卫官谈蒋介石 / 李敖 // ＊李敖出版社 1990 年 352 页
18395	蒋中正先生与台湾安全:由宁古头战役到八二三战役 / 齐茂吉 // ＊黎明文化事业公司 1991 年 66 页
18396	蒋中正先生对人类文化及世界大同的贡献 / 冯沪祥 // ＊黎明文化事业公司 1991 年 82 页
18397	蒋中正先生在世界史上的地位 / 蒋纬国 // ＊黎明文化事业公司 1991 年 49 页
18398	蒋中正先生的传播思想及对世界的贡献 / 李瞻 // ＊黎明文化事业公司 1991 年 55 页
18399	蒋中正先生与台湾建设 / 丁介民 // ＊黎明文化事业公司 1991 年 94 页
18400	蒋中正先生与现代化 / 李复甸、朱言明 // ＊黎明文化事业公司 1991 年 72 页
18401	蒋中正先生与民主建设 / 陈敏钧 // ＊黎明文化事业公司 1991 年 57 页
18402	蒋中正先生与台湾农业改革 / 丁一倪 // ＊黎明文化事业公司 1991 年 55 页
18403	蒋中正先生与抗日战争 / 蒋永敬 // ＊黎明文化事业公司 1991 年 57 页
18404	蒋中正先生对太平洋战争的贡献 / 高崇云 // ＊黎明文化事业公司 1991 年 43 页
18405	蒋介石的"文臣武将" / 王维礼 // ＊巴比伦出版社 1992 年 306 页
18406	蒋介石 / 宋平 // (香港)利文出版社 1992 年 513 页
18407	"总统"引退后的生活 / 王洪钧 // ＊"中央"日报 1950 年 3 月 3 日
18408	蒋"总统"的青年生活 / 蒋君章 // ＊"中央"日报 1951 年 10 月 30 日
18409	"总统"在高桥联队 / 高阳 // ＊"中央"日报 1951 年 10 月 30 日
18410	蒋"总统"的生平 / 何应钦 // ＊"中央"日报 1951 年 10 月 31 日
18411	总裁的治学 / 唐振楚 // ＊"中央"日报 1953 年 10 月 31 日
18412	蒋"总统"传略 / ＊"中央"日报 1954 年 3 月 23 日
18413	蒋"总统"年表 / ＊新生报 1954 年 5 月 20 日
18414	"总统"的幼年和青年 / 董显光 // ＊"中央"日报 1956 年 10 月 13 日
18415	"总统"在日本 / 陈固亭 // ＊"中央"日报 1956 年 10 月 31 日
18416	"总统"在广州 / 何应钦 // ＊"中央"日报 1956 年 10 月 31 日
18417	随侍"总统"小知十录 / 秦孝仪 // ＊中华日报 1956 年 10 月 31 日
18418	蒋"总统"与台湾 / 资君 // ＊"中央"日报 1958 年 10 月 31 日
18419	蒋"总统"的青年时代 / 陈元 // ＊"中央"日报 1960 年 3 月 29 日
18420	蒋"总统"第二任期大事记 / ＊"中央"日报 1960 年 5 月 20 日
18421	蒋"总统"与中国台湾 / 高荫祖 // ＊中华日报 1961 年 10 月 31 日

18422	蒋"总统"第三任期大事记 / ＊"中央"日报 1966 年 5 月 20 日
18423	蒋"总统"与日本 / 陈固亭 // ＊中华日报 1966 年 10 月 31 日, ＊中国一周 1966 年 865 期
18424	蒋"总统"与国民党 / 谷凤翔 // ＊联合报 1966 年 10 月 31 日, ＊新闻报 1966 年 10 月 31 日
18425	"总统"与黄埔军校 / 钱大钧 // ＊联合报 1966 年 10 月 31 日
18426	蒋介石在开罗会议中 / 蒋君章 // ＊新闻报 1970 年 10 月 19、20 日
18427	我在蒋介石父子身边的日子(1—6) / 翁元口述、王丰记录 // ＊中国时报 1994 年 1 月 3—5 日, 10—12 日
18428	总裁早年革命历史 / 张其昀 // ＊中国一周 1951 年 50 期
18429	蒋"总统"的生平 / 何应钦 // ＊畅流 1951 年 4 卷 6 期
18430	我所知道的"总统" / 黄季陆 // ＊政论周刊 1956 年 96 卷 7 期
18431	蒋"总统"与报人张季鸾 / 安怀音 // ＊革命思想 1960 年 9 卷 4 期
18432	史料的补遗——撤守前总裁留渝记 / 袁暌九 // ＊艺文志 1966 年 14 期
18433	蒋"总统"的思想、生活、操持 / 秦孝仪 // ＊艺文志 1966 年 14 期
18434	蒋"总统"与四川 / 华 生 // ＊四川文献 1966 年 51 期
18435	蒋"总统"与台湾 / 张其昀 // ＊中国一周 1966 年 865 期
18436	蒋委员长兼理川政经过 / 周开庆 // ＊四川文献 1968 年 74 期
18437	民初与北伐时代的今"总统"蒋公 / 杜负翁 // ＊畅流 1968 年 38 卷 5 期
18438	蒋介石的少年时代 / 南 湖 // ＊畅流 1968 年 38 卷 5 期
18439	蒋"总统"与辛亥浙江光复 / 卢大俊 // ＊艺文志 1969 年 49 期
18440	记谒见蒋委员长 / 郭沫若 // ＊明报月刊 1973 年 11 期
18441	蒋介石的兴衰 / 严静文 // ＊明报月刊 1975 年 5 期
18442	蒋"总统"兼长中大回忆 / 楚崧秋 // ＊中外杂志 1975 年 18 卷 1 期
18443	"先总统"蒋公生平述略 / 王文相 // ＊华夏学报 1979 年 9 期
18444	美国传记辞典中所载蒋故"总统"传(上,下) / ＊传记文学 1980 年 36 卷 4—5 期
18445	有关"委员长座机沧桑"之补正 / 赵廷桂 // ＊传记文学 1987 年 50 卷 4 期
18446	蒋总司令发布的作战命令 / 刘心皇 // ＊传记文学 1987 年 50 卷 6 期
18447	蒋公怒斥朱家骅献鼎 / 陈桂清 // ＊传记文学 1992 年 60 卷 1 期
18448	蒋介石、陈洁如的婚姻故事——改变民国历史的《陈洁如回忆录》(1—6) / 传记文学 1992 年 60 卷 1—6 期
18449	蒋介石培植经国迫我离开 / 康 泽 // ＊传记文学 1992 年 60 卷 2 期
18450	蒋公为离婚致妻兄毛懋卿函(书简) / 杨一新 // ＊传记文学 1992 年 60 卷 4 期
18451	蒋公与宋美龄结婚前在上海各报所刊启事 / 朱美慧 // ＊传记文学 1992 年 60 卷 5 期
18452	蒋介石与姚冶诚的一段情(选载) / ＊传记文学 1992 年 60 卷 5 期
18453	姚冶诚与蒋介石结识的另一资料 / 杨一新 // ＊传记文学 1992 年 60 卷 6 期
18454	为何只见故人哭,不见新人笑——蒋介石、宋美龄结婚的"明日""今日""昨日" / 赵家铭 // ＊传记文学 1992 年 61 卷 1 期
18455	我当蒋介石侍从医官的回忆 / 吴麟孙 // ＊传记文学 1992 年 61 卷 3 期
18456	为蒋委员长专线接话十二年 / 王正元原作 // ＊传记文学 1993 年 62 卷 2 期
18457	溥儒上蒋介石书 / 苏亮节 // ＊传记文学 1993 年 62 卷 2 期
18458	蒋介石的一个盟兄周淡游 / ＊传记文学 1993 年 62 卷 3 期
18459	蒋介石的盟兄弟知多少 / ＊传记文学 1993 年 62 卷 3 期
18460	《蒋介石日记》中有关陈洁如及家事的记载 / ＊传记文学 1993 年 62 卷 6 期
18461	白崇禧是怎样逼退蒋介石 / 宋希濂原作、余亦麒提供 // ＊传记文学 1993 年 62 卷 6 期
18462	随蒋委员长花车从武汉到桂林 / 王正元 // ＊传记文学 1993 年 63 卷 3 期

18463　蒋介石第一个盟兄周淡游／周新雷∥＊传记文学 1993 年 63 卷 4 期
18464　蒋介石拜师黄金荣的经过／黄振世∥＊传记文学 1994 年 65 卷 2 期
18465　蒋介石不是郑三发子／周慕瑜∥＊传记文学 1994 年 65 卷 3 期
18466　阎锡山、李宗仁、蒋介石之间——阎锡山出任行政院长的前前后后／贾文波∥＊传记文学 1994 年 65 卷 6 期
18467　从《中正自述》看蒋介石为何刺杀陶成章／杨天石∥＊传记文学 1995 年 67 卷 2 期
18468　记蒋介石早年五次脱险／胡元福、王舜祁∥＊传记文学 1995 年 67 卷 3 期
18469　从毛思诚著《蒋介石日记类钞》观察九一八事变后的蒋介石／杨天石∥＊传记文学 1995 年 67 卷 4 期
18470　从《吴国桢传》看蒋介石的治术／华平康∥＊传记文学 1995 年 67 卷 6 期
18471　蒋介石与冈村宁次及其白鸿亮团内幕／沙　滩∥＊传记文学 1996 年 68 卷 3 期
18472　蒋介石派员访邀姜证禅／朱沛莲∥＊传记文学 1996 年 68 卷 3 期
18473　论蒋中正的历史成就／吴相湘∥＊传记文学 1996 年 69 卷 1 期
18474　蒋介石 1923 年计划从蒙古南进攻北京／杨天石∥＊传记文学 1996 年 69 卷 1 期
18475　蒋介石与竺绍康、竺鸣涛父子／王光远∥＊传记文学 1996 年 69 卷 2 期
18476　蒋公视察兰州对左宗棠经营西北的感怀／蔡孟坚∥＊传记文学 1996 年 69 卷 4 期
18477　蒋介石在溪口／张明镐∥＊传记文学 1997 年 71 卷 5、6 期
18478　蒋介石与黄埔陆军军官学校／李甲孚∥＊传记文学 1998 年 72 卷 6 期
18479　蒋、冯书简新编／陶英惠∥＊传记文学 1998 年 73 卷 6 期,1999 年 74 卷 1、2、5 期
18480　蒋中正／林怀卿∥＊中国历代名人 120 位第 375 页
18481　"总统"蒋公与辛亥革命——蒋"总统"早期革命经历研究之一／李云汉∥＊中国现代史论和史料（上册）第 206 页
18482　蒋"总统"年表／＊民国人物小传第 1 册第 297 页
18483　蒋"总统"／谭慧生∥＊民国伟人传记第 23 页
18484　国父与蒋"总统"／孙　科∥＊孙科文集第 3 册第 1277 页
18485　蒋中正（1887—1975）／戴晋新∥＊环华百科全书第 11 册第 567 页
18486　蒋"主席"平生为人及其思想行为要点／戴季陶∥＊戴季陶先生文存第 4 册第 1452 页

蒋介民

18487　蒋介民／＊革命人物志第 7 集第 259 页

蒋介卿

18488　蒋介石胞兄蒋介卿／王世儒∥＊传记文学 1992 年 61 卷 6 期

蒋月泉

18489　吾爱蒋月泉／李顺华∥＊大成 1976 年 32 期
18490　蒋月泉近影及其轶事／李　涵∥＊大成 1980 年 85 期

蒋方震

18491　蒋百里评传／曹聚仁∥（香港）三育图书文具公司 1936 年版 171 页
18492　蒋百里先生传／陶菊隐∥＊文海出版社近代中国史料丛刊第七十三辑（总 727）影印本 255 页
18493　蒋百里将军与其军事思想／王冉芝∥＊1964 年 2 月版、1975 年 2 月版 161 页
18494　蒋百里的晚年与军事思想／薛光前∥＊传记文学出版社 1969 年版 133 页
18495　蒋百里先生全集（第 6 辑）——有关蒋百里先生生平及纪念文／蒋复璁、薛光前∥＊传记文学出版社 1971 年 6 月版 390 页
18496　兵学权威蒋百里／元　象∥＊畅流 1955 年 11 卷 3 期
18497　忆兵学家蒋百里（上、下）／吴熙祖∥＊畅流 1963 年 27 卷 8、9 期
18498　记兵学大师蒋百里／李永久∥＊古今谈 1966 年 12 期,＊艺文志 1978 年 151 期
18499　记《国防论》著者蒋百里先生（上、下）／关绿茵∥＊畅流 1967 年 34 卷 12 期—35 卷 1 期

18500　蒋百里先生的军事思想(上、中、下) / 薛光前 // *传记文学 1969 年 15 卷 2—4 期
18501　蒋百里先生的晚年 / 薛光前 // *传记文学 1969 年 14 卷 4—6 期
18502　蒋方震与蒋雁行 / 徐明月 // *畅流 1969 年 39 卷 11 期
18503　先百里叔逝世追记 / 蒋复璁 // *传记文学 1970 年 17 卷 2 期
18504　关于蒋百里先生逝世前后之补述 / 万耀煌 // *传记文学 1970 年 17 卷 4 期
18505　蒋百里先生之思想与著述 / 徐培根 // *传记文学 1972 年 20 卷 2 期
18506　一代人杰蒋百里 / 黄大受 // *传记文学 1974 年 25 卷 4 期，*浙江月刊 1979 年 11 卷 3 期
18507　蒋方震(1882—1938) / 黄大受 // *传记文学 1974 年 25 卷 5 期，*民国人物小传第 1 册第 248 页
18508　蒋百里将军与保定军校 / 赵明琇 // *浙江月刊 1975 年 7 卷 9 期
18509　蒋百里将军与其军事思想 / 杨汉之 // *浙江月刊 1977 年 9 卷 1 期
18510　一代兵学家蒋百里 / 刘　亮 // *自由谈 1979 年 30 卷 10 期
18511　一代儒将蒋百里 / 冯帝青 // *明道文艺 1980 年 51 期
18512　"蒋百里先生百年诞辰"口述历史座谈会纪实 / 胡有瑞 // *近代中国 1981 年 25 期
18513　中国现代兵学开山祖蒋方震 / 吴相湘 // *传记文学 1984 年 44 卷 5 期
18514　我的父亲蒋百里先生 / 魏蒋华 // *艺文志 1984 年 221 期
18515　蒋百里先生轶事 / 梁漱溟 // *传记文学 1998 年 72 卷 1 期
18516　蒋百里自戕浴爱河 / 王　康 // *中外人物专辑第 1 辑第 59 页
18517　蒋方震 / 李立明 // *中国现代六百作家小传第 511 页
18518　蒋方震传 / 唐祖培 // *民国名人小传第 162 页
18519　蒋百里 / 谭慧生 // *民国伟人传记第 298 页
18520　硕学通儒的蒋百里先生 / 李德安 // *当代名人风范(3)第 943 页
18521　蒋百里的故事 / 晓　恬 // *当代名人故事第 2 辑
18522　蒋百里(1882—1938) / 戴晋新 // *环华百科全书第 11 册第 562 页
18523　蒋百里先生对我在宗教上的启引 / 薛光前 // *故人与往事第 161 页
18524　蒋方震 / 唐祖培 // *革命人物志第 12 集第 441 页
18525　先叔百里公年表 / 蒋复璁 // *蒋百里先生全集第 6 辑第 7 页
18526　蒋百里的晚年与军事思想 / 薛光前 // *蒋百里先生全集第 6 辑第 57 页

蒋丙然
18527　蒋丙然 / 戴修辅 // *革命人物志第 11 集第 276 页

蒋光慈
18528　蒋光慈 / 刘绍唐主编 // *传记文学 1987 年 50 卷 3 期
18529　蒋光慈 / 李立明 // *中国现代六百作家小传第 512 页
18530　蒋光慈 / 舒　兰 // 北伐前后新诗作家和作品第 305 页
18531　蒋光慈(1901—1931) // *环华百科全书第 11 册第 564 页
18532　蒋光慈 / 钱杏村 // *现代中国文学作家第 1 卷第 147 页
18533　蒋光慈 / 赵　聪 // 现代中国作家列传第 261 页
18534　蒋光慈 / 黄俊东 // *现代中国作家剪影第 151 页

蒋光鼐
18535　蒋光鼐(1889—1967) / 关国煊 // *传记文学 1979 年 34 卷 4 期，*民国人物小传第 3 册第 315 页
18536　广东省政府委员蒋光鼐 // *新中国人物志(下)第 23 页

蒋先云
18537　蒋先云 / 刘绍唐主编 // *传记文学 1996 年 69 卷 3 期

蒋廷黻
18538　蒋廷黻的志事与平生 / 陈之迈 // *传记文学出版社 1967 年版 156 页
18539　蒋廷黻回忆录 // *传记文学出版社 1979 年 3 月版 228 页，台北传记文学杂志社 1984 年 228 页。

18540 蒋廷黻最后寄语 / 刘震慰 // *新生报 1965 年 10 月 12 日
18541 蒋廷黻先生二三事 / 一　丁 // *"中央"日报 1965 年 10 月 15 日
18542 蒋廷黻先生 / 侯斌彦 // *新闻报 1965 年 11 月 4 日
18543 蒋廷黻和他走的路 / *文星 1963 年 12 卷 6 期
18544 蒋廷黻先生的治学与教学 / 刘崇鋐 // *文星 1963 年 12 卷 6 期
18545 蒋廷黻退休话生平 / 赵浩生 // *古今谈 1965 年 4 期
18546 一个外交斗士的老法 / *传记文学 1965 年 7 卷 6 期
18547 蒋廷黻其人其事 / 陈之迈 // *传记文学 1965 年 7 卷 6 期,*学府纪闻·国立清华大学第 134 页
18548 记廷黻先生二三事 / 毛子水 // *传记文学 1965 年 7 卷 6 期
18549 蒋廷黻的志业 / 吴相湘 // *传记文学 1965 年 7 卷 6 期
18550 记廷黻先生的几件小事 / 曹志源 // *传记文学 1965 年 7 卷 6 期
18551 蒋廷黻的志事与生平(1—6) / 陈之迈 // *传记文学 1966 年 8 卷 3 期—9 卷 2 期
18552 蒋廷黻的事绩 / 袁道丰 // *传记文学 1969 年 14 卷 2 期
18553 主持江西善后救济分署的回忆——兼记书生政治家蒋廷黻先生 / 蔡孟坚 // *传记文学 1970 年 16 卷 2 期
18554 蒋廷黻(1895—1965) / *传记文学 1974 年 24 卷 4 期,*民国人物小传第 1 册第 250 页
18555 外交斗士蒋廷黻 / 陈　颐 // *中外杂志 1975 年 18 卷 4 期
18556 蒋廷黻 / 李　济等 // *传记文学 1976 年 29 卷 5 期
18557 蒋廷黻回忆录(1—10) / *传记文学 1976 年 29 卷 5 期—1977 年 31 卷 4 期
18558 从政时期 / *传记文学 1978 年 32 卷 4 期
18559 学者蒋廷黻衔蒋介石命访苏记 / 杜　华 // *传记文学 1995 年 66 卷 3 期
18560 对蒋廷黻先生外交与学术方面的几点补充 / 王世杰 // *王世杰先生论著选集第 525 页
18561 蒋廷黻 / 吴相湘 // *民国百人传第 1 册第 257 页
18562 记廷黻先生二三事 / 毛子水 // *师友记第 123 页
18563 外交斗士蒋廷黻博士 / 李德安 // *当代名人风范(4)第 1173 页
18564 蒋廷黻的故事 / 晓　恬 // *当代名人故事第 2 辑
18565 蒋廷黻(1895—1965) / 戴晋新 // *环华百科全书第 11 册第 563 页
18566 我在清华大学时期 / *学府纪闻·国立清华大学第 225 页

蒋伏生
18567 蒋伏生(1897—1979) / 于翔麟 // *传记文学 1979 年 35 卷 5 期,*民国人物小传第 4 册第 375 页

蒋孝文
18568 蒋孝文 / 刘绍唐主编 // *传记文学 1992 年 61 卷 3 期

蒋孝先
18569 西安事变护卫领袖而成仁的蒋孝先 / 虞任远 // *宁波同乡 1978 年 118 期
18570 蒋孝先 / *革命人物志第 20 集第 239 页

蒋孝武
18571 蒋孝武 / 刘绍唐主编 // *传记文学 1992 年 61 卷 3 期

蒋孝勇
18572 蒋孝勇 / 刘绍唐主编 // *传记文学 1999 年 75 卷 1 期

蒋志英
18573 蒋志英 / *革命人物志第 18 集第 334 页

蒋克诚
18574 蒋克诚 / 黄震遐 // *中共军人志第 641 页

蒋坚忍
18575 访问蒋坚忍将军 / 叶建丽 // *新闻报 1970 年 4 月 27 日

18576　坚强容忍的蒋坚忍将军 / 郑诚章 // *中国一周 1956 年 326 期
18577　蒋坚忍将军事略 / *政治评论 1981 年 39 卷 8 期

蒋作宾
18578　蒋作宾回忆录 / 蒋作宾 // *传记文学出版社 1967 年 9 月版第 114 页
18579　使于四方——蒋作宾传 / 张腾蛟 // *近代中国杂志社 1984 年 12 月版 226 页
18580　首任驻日大使蒋作宾 / 吴相湘 // *传记文学 1965 年 6 卷 1 期
18581　追随蒋作宾大使回忆 / 杨树人 // *传记文学 1965 年 6 卷 1 期
18582　蒋雨岩先生自传（上、中、下）/ *传记文学 1965 年 6 卷 1—3 期
18583　能文能武的蒋作宾（上、中、下）/ 周芳世 // *艺文志 1966 年 13—15 期
18584　蒋作宾（1884—1942）/ 蒋永敬 // *传记文学 1975 年 27 卷 4 期，*民国人物小传第 2 册第 267 页
18585　蒋作宾先生百年诞辰口述历史座谈会纪实 / 方鹏程等 // *近代中国 1983 年 35 期
18586　蒋雨岩先生的革命勋绩 / 陈立夫 // *近代中国 1983 年 35 期，*湖北文献 1983 年 69 期
18587　记蒋作宾先生 / 吴国柄 // *中外杂志 1983 年 34 卷 3 期
18588　孤军奋战忍辱负重的外交斗士——纪念蒋雨岩先生百岁诞辰 / 张　群 // *传记文学 1984 年 44 卷 5 期
18589　蒋作宾 / 吴相湘 // *民国百人传第 2 册第 219 页
18590　蒋作宾 / *革命人物志第 11 集第 305 页
18591　自传 / 蒋作宾 // *革命人物志第 11 集第 307 页

蒋伯诚
18592　驻沪代表蒋伯诚 / 金雄白 // *传记文学 1994 年 65 卷 4 期
18593　蒋伯诚、杜丽云患难夫妻 / 钟一龙 // *传记文学 1995 年 66 卷 1 期
18594　族叔祖蒋伯诚传略补述 / 蒋干城 // *传记文学 1995 年 66 卷 1 期

蒋君章
18595　布雷先生给我的信 / 蒋君章 // *新生报 1951 年 11 月 13 日
18596　仓圣明智大学的回忆 / 蒋君章 // *传记文学 1966 年 9 卷 6 期
18597　客串的回忆 / 蒋君章 // *报学 1966 年 1 卷 4 期
18598　北伐前的大学生活（1—2）/ 蒋君章 // *中外杂志 1970 年 7 卷 1、6 期
18599　蒋君章教授志业述要 / 林恩显 // *民族社会学报 1977 年 15 期

蒋纬国
18600　蒋纬国秘史 / 李　达 //（香港）广角镜出版社 1986 年 173 页
18601　追思蒋纬国上将军纪实 / 张天生 // *中原文献 2010 第 42 卷第 1 期
18602　蒋纬国、张梦白师生情 / 张同新 // *传记文学 1996 年 68 卷 3 期
18603　蒋经国、蒋纬国的手足情 / 漆高儒 // *传记文学 1996 年 69 卷 4 期
18604　悼念蒋纬国将军 / 陆　铿 // *传记文学 1997 年 71 卷 4 期
18605　经国、纬国与安国 / 罗　启 // *传记文学 1998 年 72 卷 4 期
18606　蒋纬国将军谈求学生活片断 / 李德安 // *当代名人风范（1）第 247 页
18607　蒋纬国 / 方光后 // *环华百科全书第 11 册第 571 页

蒋金林
18608　先府君宝卿公家传 / 蒋励材 // *湖南文献 1980 年 8 卷 3 期

蒋法贤
18609　追纪联合书院故校长蒋法贤先生 / 陈湛铨 // *明报月刊 1977 年 11 期

蒋建白
18610　蒋建白（1901—1971）/ 司　琦 // *传记文学 1982 年 40 卷 3 期，*民国人物小传第 5 册第 418 页

蒋经国
18611　蒋经国论 / 曹聚仁 //（香港）创垦出版社 1950 年版、1953 年版

18612 蒋经国窃国内幕／孙家琪／／（香港）日力出版社 1961 年 11 月版
18613 蒋经国先生轶事／方宗海／／＊台北市哲志出版社 1968 年版 205 页
18614 由县令到"相国"——蒋经国传／马雷波／／＊陇右绛帐堂 1972 年版 130 页
18615 蒋经国先生奋斗史／刘雍熙／／＊大明王氏出版公司 1972 年版 319 页
18616 守父灵一月记／蒋经国／／＊正中书局 1975 年 6 月版 50 页
18617 蒋经国先生的生活与思想／钟　山／／慈晖出版社 1975 年版 287 页
18618 蒋"后主"秘录／今屋奎一／／（香港）广宇出版社 1976 年 4 月—1978 年 6 月版（3 册）
18619 蒋经国浮雕／何瑞瑶／／＊风云论坛社 271 页
18620 蒋经国与苏联／蔡省三／／（香港）草原出版社 1976 年 6 月版（补）302 页（109 页）
18621 梅台思亲／蒋经国／／＊实践出版社 1977 年 26 页
18622 平凡平淡平实的蒋经国先生／李元平／／＊中国出版公司 1978 年版 339 页
18623 蒋经国先生哲学思想／唐　华／／全台文化公司 1978 年版 712 页
18624 继往开来的蒋经国先生／刘雍熙／／益友出版社 1978 年 3 月 474 页
18625 蒋经国先生／陈湘君／／＊白云文化事业公司 1978 年版 165 页
18626 经国先生的故事／唐兴汉／／黎明文化事业公司 1978 年版 226 页、1981 年版 226 页
18627 蒋经国传／丁　依／／（香港）文艺书屋 1980 年 9 月 2 版 302 页
18628 蒋经国先生传／＊"中央"日报出版部 1980 年 337 页
18629 经国先生的故事／唐兴汉／／黎明文化事业公司 1981 年 226 页
18630 我所了解的蒋经国先生／王　昇／／＊黎明书局 1981 年 5 版 65 页
18631 蒋"总统"经国先生／钟　青／／＊立坤出版社 1984 年版、翔大图书有限公司 1984 年 410 页
18632 经国先生行健录／林大椿／／黎明文化公司 1985 年 4 月版 501 页
18633 十年风木／蒋经国／／幼狮文化事业公司 1985 年 250 页
18634 经国先生行健表／刘燕生／／黎明文学事业公司 1985 年 500 页
18635 蒋经国在台三十年／刘雍熙／／＊大联印刷公司 1985 年 256 页
18636 透视蒋经国的幕后清客／杨　皓／／群伦出版社 1986 年 153 页
18637 蒋经国在莫斯科／彭哲愚、严农／／（香港）中原出版社 1986 年 11 月版 195 页,（香港）中原出版社 1987 版 195 页
18638 论蒋经国和他的著作／江南等／／（香港）七十年代出版社版 185 页
18639 蒋经国与方良／陈思泽／／＊群伦出版社 1988 年 269 页
18640 蒋经国纪念集／＊全能出版社 1988 年 240 页
18641 蒋"总统"经国追思录／＊黎明文化事业公司编译部 1988 年 589 页
18642 蒋经国的生前与身后／＊民主什志社编译小组 1988 年 189 页
18643 蒋经国的死后生前／龙中天／／＊新海出版社 1988 年 268 页
18644 蒋经国别传／＊风云丛书海外出版社 1988 年 266 页
18645 蒋经国的死后生前／龙中天／／＊新海出版社 1988 年 268 页
18646 蒋"总统"经国先生哀思录第 1—3 篇／蒋"总统"经国先生哀思录编纂小组 1988 年
18647 蒋故"总统"经国先生图像墨迹集珍／＊近代中国出版社 1989 年 410 页
18648 论定蒋经国／李　敖／／＊李敖出版社 1989 年 388 页
18649 我所知道的蒋经国／＊联经出版事业公司 1990 年 247 页
18650 蒋经国赣南历险记／漆高儒／／＊"中央"日报 1970 年 5 月 8 日
18651 我所知道的蒋经国／卜少夫／／＊新闻天地 1957 年 448 期
18652 风风雨雨蒋经国／丁中江／／＊新闻天地 1957 年 489 期
18653 我所受的庭训／蒋经国／／＊中国一周 1963 年 707 期,＊艺文志 1969 年 50 期
18654 永远与自然同在／蒋经国／／＊传记文学 1964 年 4 卷 3 期,＊革命人物志第 2 集第 262 页
18655 蒋经国与新赣南／介　庵／／＊古今谈 1965 年 8 期

18656 美国名记者笔下的蒋经国／柏文琳／／＊中外杂志 1976 年 20 卷 5 期
18657 蒋经国四十年来的履历／＊大学杂志 1978 年 114 期
18658 蒋经国"总统"从平凡中奋斗出来／赵　英／／＊艺文志 1978 年 152 期
18659 五百零四小时——民国三十四年冬在东北的一段日记／蒋经国／／＊传记文学 1978 年 32 卷 4 期
18660 我对蒋"总统"经国先生人格和风范的认识／王　昇／／＊公保月刊 1980 年 21 卷 9 期，＊警光 1980 年 289 期
18661 蒋"总统"经国先生集"三"之大成／林裕祥／／＊公保月刊 1980 年 22 卷 2 期
18662 蒋经国身前身后／江　南／／＊中报月刊 1982 年 29 期
18663 我同蒋经国在江西／徐君虎／／＊传记文学 1992 年 60 卷 1 期
18664 和蒋经国在一起工作的日子里／＊传记文学 1992 年 60 卷 1 期
18665 蒋介石培植经国迫我离开——《康泽回忆录》之五／康　泽／／＊传记文学 1992 年 60 卷 2 期
18666 我在蒋介石父子身边的日子(1—6)／翁元口述、王丰记录／／＊中国时报 1994 年 1 月 3—5 日，10—12 日
18667 随经国先生访美记(1—2)／沈　锜／／＊传记文学 1994 年 65 卷 6 期，1995 年 66 卷 1 期
18668 蒋经国往来兰州几个有趣的小故事／蔡孟坚／／＊传记文学 1995 年 66 卷 1 期
18669 蒋经国会晤杜勒斯的插曲／傅建中／／＊传记文学 1995 年 66 卷 4 期
18670 蒋经国与东台湾／漆高儒／／＊传记文学 1996 年 68 卷 1 期
18671 旧事重提：清正处事蒋经国的故事／李俊清／／＊传记文学 1996 年 68 卷 5 期
18672 蒋经国在赣南／漆高儒／＊传记文学 1996 年 69 卷 1 期
18673 蒋经国、蒋纬国的手足情／漆高儒／／＊传记文学 1996 年 69 卷 4 期
18674 恩怨未尽论蒋经国／唐德刚／／＊传记文学 1996 年 69 卷 6 期
18675 经国先生的亲情与友情／谢然之／／＊传记文学 1998 年 72 卷 1 期
18676 从逆境中战胜逆境／李俊清／／＊传记文学 1998 年 72 卷 1 期
18677 回忆经国先生／罗　启／／＊传记文学 1998 年 72 卷 1 期
18678 蒋经国在美遇刺目击记／续伯雄／／＊传记文学 1998 年 72 卷 2 期
18679 回忆正气中学时期的蒋经国校长／朱生铃／／＊传记文学 1998 年 72 卷 2 期
18680 蒋经国在越南又逃过一劫／续伯雄／／＊传记文学 1998 年 72 卷 3 期
18681 蒋经国密使李次白到上海与陈毅谈和／李许念婉／／＊传记文学 1998 年 72 卷 4 期
18682 蒋经国三〇年代在莫斯科受审／周　谷／／＊传记文学 1998 年 73 卷 4，5 期
18683 经国先生提名李登辉为"副总统"的我见——追随经国先生十六年的一些回忆／张祖诒／／＊传记文学 1999 年 74 卷 4 期
18684 蒋经国、斯大林莫斯科会谈秘辛／王玉麒／／＊传记文学 1999 年 74 卷 4 期
18685 蒋经国／吴相湘／／＊民国百人传第 4 册第 367 页
18686 蒋"总统"经国先生奋斗历程／李德安／／＊当代名人风范(1)第 53 页
18687 蒋经国／＊环华百科全书第 11 册第 564 页
18688 蒋经国先生／林大椿／／＊台湾政治大学第 137 页

蒋南翔
18689 蒋南翔／刘绍唐主编／／＊传记文学 1998 年 73 卷 3 期

蒋复璁
18690 访"中央"图书馆长蒋复璁／石　敏／／＊"中央"日报 1963 年 4 月 19 日
18691 蒋复璁爵士醉心书城／包遵彭／＊新生报 1963 年 4 月 20 日
18692 蒋复璁栖息书城四十余年／黄顺华／／＊新生报 1965 年 1 月 28 日
18693 蒋复璁爵士与"中央"图书馆／包遵彭／／＊中国一周 1963 年 678 期
18694 一刹那中的决定／蒋复璁／／＊传记文学 1963 年 3 卷 1 期
18695 蒋慰堂与"中央"图书馆／蟫　隐／／＊中国图书馆学会会报 1966 年 18 期
18696 蒋复璁苦心经营两馆访问记／怡　心／／＊艺文志 1978 年 151 期

18697 我与刚伯先生／蒋复璁∥＊中外杂志1978年23卷6期，＊湖北文献1979年52期
18698 我与"中央"图书馆／蒋复璁∥＊传记文学1979年35卷5期，＊"中央"图书馆馆刊1983年16卷1期
18699 六十年的图书馆员生涯／蒋复璁∥＊传记文学1985年47卷5期
18700 蒋复璁／刘绍唐主编∥＊传记文学1994年65卷6期
18701 蒋复璁先生对"中央"图书馆的贡献／李德安∥＊当代名人风范（2）第471页
18702 图书馆老兵——蒋复璁／应平书∥＊学人风范第232页

蒋衍升

18703 辛亥革命山东领袖蒋洗凡／李毓万∥＊传记文学1969年14卷4期，＊革命人物志第11集第330页
18704 蒋衍升／李毓万∥＊革命人物志第11集第329页
18705 齐树棠、蒋衍升／丁惟汾∥＊革命人物志第14集第396页

蒋彦士

18706 怀蒋彦士／陈香梅∥＊传记文学1998年73卷2期
18707 协助蒋彦士先生办理留美考试的回忆／马逢周∥＊传记文学1998年73卷2期
18708 台湾玉米之父／孙明贤∥＊传记文学1998年73卷2期
18709 蒋彦士风范长存／蔡孟坚∥＊传记文学1998年73卷4期
18710 蒋彦士／刘绍唐主编∥＊传记文学1998年73卷6期

蒋继尹

18711 蒋继尹（1891—1929）／周邦道∥＊近代教育先进传略（初集）第396页

蒋梦麟

18712 西　潮／蒋梦麟∥＊世界书局1962年版233页，＊金川出版社1981年版
18713 新　潮／蒋梦麟∥＊传记文学出版社1967年版142页
18714 蒋梦麟与抗战前之中国教育（1917—1937）／庄义芳∥＊撰者1980年版192页
18715 蒋梦麟先生二三事／甘立德∥＊中华日报1958年8月10日
18716 蒋梦麟《西潮》评价／劳　榦∥＊新生报1960年2月12日
18717 蒋梦麟访问记／天　籁∥＊中华日报1963年2月25—27日
18718 我与蒋梦麟／蒋徐贤乐∥＊联合报1963年4月16日
18719 蒋梦麟的伟大贡献／翁福健∥＊中华日报1964年6月20日
18720 蒋梦麟先生的小事／王　康∥＊"中央"日报1964年6月21日
18721 蒋梦麟先生传略／罗家伦∥＊中华日报1964年6月23日，＊联合报1964年6月23日
18722 一位当代大教育家——恭祝蒋梦麟先生七十华诞∥＊中国一周1956年300期
18723 蒋梦麟博士与农复会／仲伟庭∥＊中国一周1958年443期
18724 关于孟邻先生的杂忆／毛子水∥＊传记文学1964年5卷1期
18725 记蒋梦麟先生／陶希圣∥＊传记文学1964年5卷1期
18726 我所认识的蒋梦麟先生／沈刚伯∥＊传记文学1964年5卷1期，＊沈刚伯先生文集（下册）第723页
18727 孟邻先生二三事／查良钊∥＊传记文学1964年5卷1期
18728 我印象中的梦麟先生／洪炎秋∥＊传记文学1964年5卷1期
18729 梦麟先生病逝前的经过／张刘清于∥＊传记文学1964年5卷1期
18730 敬悼一个土地改革者蒋梦麟先生／黄季陆∥＊传记文学1964年5卷1期
18731 孟邻先生的性格／叶公超∥＊传记文学1964年5卷2期，＊学府纪闻·国立北京大学第260页
18732 梦麟先生的生平与志趣／孙德中∥＊传记文学1964年5卷2期
18733 蒋梦麟与麦赛赛奖金／陈之迈∥＊传记文学1964年5卷2、3期
18734 蒋孟邻先生与国父的关系／黄季陆∥＊传记文学1964年5卷2期

18735　记学人蒋梦麟博士／朱如松／／＊古今谈 1965 年 7 期
18736　蒋梦麟先生倡导节育运动的经过／张研田／／＊传记文学 1965 年 7 卷 1 期
18737　新潮(1—4)／蒋梦麟／／＊传记文学 1966 年 9 卷 1 期—1967 年 11 卷 2 期
18738　蒋梦麟先生二三事／林　斌／／＊畅流 1968 年 37 卷 9 期
18739　蒋梦麟先生与日本／宋越伦／／＊传记文学 1969 年 14 卷 3 期
18740　蒋梦麟(1886—1964)／／＊传记文学 1973 年 23 卷 4 期，＊民国人物小传第 1 册第 252 页
18741　蒋梦麟早年心理上的价值冲突与平衡(光绪十一年至民国六年)／张瑞德／／＊食货月刊 1977 年 7 卷 8、9 期
18742　平易近人的改革者蒋梦麟／／＊仙人掌杂志 1977 年 1 卷 5 期
18743　蒋梦麟先生与我／章元義／／＊传记文学 1979 年 34 卷 6 期—35 卷 1 期
18744　蒋梦麟先生年表(上、下)／关国煊／／＊传记文学 1982 年 40 卷 6 期—41 卷 1 期
18745　有关蒋梦麟二事／盛礼约／／＊传记文学 1982 年 41 卷 3 期
18746　曹聚仁笔下的蒋梦麟／曹聚仁遗稿李若松提供／／＊传记文学 1992 年 60 卷 5 期
18747　从管学大臣孙家鼐到校长胡适——记百年北京大学前期的二十任十九位负责人／关国煊／／＊传记文学 1998 年 72 卷 4 期
18748　蒋梦麟在台湾的晚年／钟　博／／＊传记文学 1998 年 73 卷 2 期
18749　蒋梦麟／李立明／／＊中国现代六百作家小传第 513 页
18750　蒋梦麟／吴相湘／／＊民国百人传第 1 册第 51 页
18751　农村改革家蒋梦麟先生／李德安／／＊当代名人风范(2)第 529 页
18752　蒋梦麟(1886—1964)／甘丽珍／／＊环华百科全书第 11 册第 563 页

蒋硕杰

18753　追念蒋硕杰先生／邢慕寰／／＊传记文学 1993 年 63 卷 6 期
18754　蒋硕杰小传／陈慈玉／／＊传记文学 1993 年 63 卷 6 期
18755　记刘大中与我三十年的友情／蒋硕杰(遗作)／／＊传记文学 1993 年 63 卷 6 期
18756　蒋硕杰／／＊环华百科全书第 11 册第 571 页

蒋翊武

18757　蒋翊武余哀逐水流(武昌起义发难时的临时总指挥)／姚跨鲤／／＊艺文志 1969 年 49 期，＊中国宪政 1975 年 10 卷 12 期
18758　忠于民族的蒋翊武烈士／心　园／／＊今日中国 1978 年 86 期
18759　蒋翊武传／姚跨鲤／／＊湖南文献 1980 年 8 卷 4 期，＊革命人物志第 7 集第 265 页
18760　蒋翊武(1885—1913)／关国煊／／＊传记文学 1984 年 44 卷 1 期
18761　蒋翊武／惜　秋／／＊民初风云人物(上)第 285 页
18762　追述蒋公翊武死难事实／万　武／／＊革命人物志第 7 集第 270 页

蒋雁行

18763　蒋方震与蒋雁行／徐明月／／＊畅流 1969 年 39 卷 12(11)期

蒋鼎文

18764　蒋鼎文将军纪念集／孙如陵主编／／＊1976 年版 144 页
18765　李家鼎与蒋鼎文／雷啸岑／／＊中外杂志 1970 年 8 卷 2 期
18766　蒋鼎文将军事略／吴　斌／／＊黄埔月刊 1975 年 273 期
18767　蒋鼎文(1896—1974)／于燕梅／／＊传记文学 1976 年 29 卷 2 期，＊民国人物小传第 2 册第 270 页
18768　食将军鼎文上将／虞　庸／／＊浙江月刊 1977 年 9 卷
18769　蒋鼎文／吴相湘／／＊民国百人传第 4 册第 175 页
18770　蒋鼎文／姚　琮／／＊革命人物志第 17 集第 377 页

蒋锄欧

18771　蒋锄欧(1891—1978)／于翔麟／／＊传记文学 1981 年 38 卷 3 期，＊民国人物小传第 5 册第 420 页

18772 蒋锄欧 / ＊革命人物志第 18 集第 340 页

蒋尊簋
18773 蒋尊簋(1882—1931) / 关国煊 // ＊传记文学 1978 年 33 卷 3 期，＊民国人物小传第 3 册第 317 页
18774 蒋尊簋 / ＊革命人物志第 7 集第 273 页

蒋道平
18775 蒋道平 / 黄震遐 // ＊中共军人志第 642 页

蒋渭水
18776 革命家——蒋渭水 / 黄煌雄 // ＊长桥出版社 1978 年再版 299 页
18777 民族正气:蒋渭水传 / 丘秀芷 // ＊近代中国出版社 1985 年 256 页
18778 先烈蒋渭水略传 / 白成枝 // ＊公论报 1950 年 8 月 5 日
18779 蒋渭水逝世二十周年特刊 / 陈金博 // ＊公论报 1950 年 8 月 5 日
18780 蒋雪谷(渭水)先生纪念 / 杨云萍 // ＊公论报 1950 年 8 月 14、28 日
18781 蒋渭水先生 / 蒋渭川 // ＊"中央"日报 1956 年 10 月 25 日
18782 蒋渭水及其政治运动 / 黄师樵 // ＊台北文献 1954 年 3 卷 1 期
18783 革命家蒋渭水 / 凡　夫 // ＊政论 1975 年 5 期
18784 蒋渭水(1890—1931) / 范廷杰 // ＊传记文学 1975 年 26 卷 1 期，＊民国人物小传第 2 册第 269 页
18785 蒋渭水及早期"先觉者"的民族情操 / 黄煌雄 // ＊中国论坛 1976 年 2 卷 10 期
18786 被冷落的民族英雄——读黄煌雄著《台湾的先知先觉者蒋渭水先生》有感 / 楚风 // ＊夏潮 1976 年 1 卷 9 期
18787 蒋渭水先生大事略记 / 黄煌雄 // ＊夏潮 1976 年 1 卷 6 期
18788 台湾的先知先觉——蒋渭水先生 / 黄煌雄 // ＊大陆杂志 1976 年 99 期
18789 从蒋渭水谈起 / 袁宏昇 // ＊夏潮 1977 年 2 卷 4 期
18790 蒋渭水晚年的思想倾向 / 杨默夫 // ＊文艺 1984 年 66 期
18791 蒋渭水 / 谭慧生 // ＊民国伟人传记第 239 页
18792 蒋渭水(1890—1931) / 方光后 // ＊环华百科全书第 11 册第 571 页
18793 蒋渭水 / 白成桂 // ＊革命人物志第 18 集第 334 页

蒋碧微
18794 蒋碧微回忆录 / ＊皇冠出版社 1966 年版 3 册、1979 年 3 月版 852 页
18795 我与徐悲鸿 / 蒋碧微 // ＊(香港)纵横出版社 1979 年 173 页
18796 蒋碧微生死恋 / 杨贵麟 // ＊世界文物出版社 1987 年 408 页
18797 蒋碧微生死恋(1—24) / 杨兆青 // ＊中外杂志 1979 年 25 卷 5 期—1981 年 29 卷 6 期
18798 蒋碧微 / 刘绍唐主编 // ＊传记文学 1996 年 68 卷 2 期

蒋默掀
18799 蒋默掀 / 刘绍唐主编 // ＊传记文学 1998 年 72 卷 1 期

韩　伟
18800 韩　伟 / 黄震遐 // ＊中共军人志第 689 页

韩　杰
18801 忆中原大战关键性角色韩杰 / 宣介溪 // ＊传记文学 1980 年 36 卷 2 期，＊古今谈 1980 年 184 期

韩　衍
18802 革命诗人韩蓍伯 / 梅竹友 // ＊畅流 1963 年 28 卷 4 期

韩　恢
18803 韩　恢 / 蒋作新 // ＊革命人物志第 8 集第 349 页

韩　浚
18804 韩　浚 / 刘绍唐主编 // ＊传记文学 1995 年 66 卷 2 期

韩士颀
18805 韩士颀 / 周邦道 // ＊近代教育先进传略(初集)第 75 页

韩云超
18806 韩云超／韩鄂中∥＊革命人物志第 8 集第 352 页
韩文举
18807 韩文举(1855—1937)／何广棪∥＊传记文学 1975 年 27 卷 3 期,＊民国人物小传第 2 卷第 298 页
韩文源
18808 韩文源／刘绍唐主编∥＊传记文学 1995 年 67 卷 4 期
韩石泉
18809 六十回忆／韩石泉∥＊台南市韩石泉先生逝世三周年纪念专辑编委会 1966 年版 155 页
18810 韩石泉先生逝世三周年纪念专辑／＊台南市韩石泉先生逝世三周年纪念专辑委员会 1966 年版 134 页
18811 韩石泉博士逝世三周年／革　难∥＊自立晚报 1966 年 12 月 2 日
韩东山
18812 韩东山／黄震遐∥＊中共军人志第 688 页
韩东征
18813 人民政协代表韩东征／王　鸿∥＊新中国人物志(下)第 200 页
韩汉英
18814 韩汉英／刘绍唐主编∥＊传记文学 1987 年 51 卷 5 期
韩印符
18815 韩印符／周邦道∥＊近代教育先进传略(初集)第 267 页
韩权华
18816 卫立煌与韩权华／郭　桐∥＊国共风云名人录第 4 集第 87 页
韩光第
18817 抗俄名将韩光第／王冠吾∥＊"中央"日报 1960 年 11 月 18 日
18818 抗俄烈士韩光第／长　白∥＊新闻报 1962 年 11 月 19 日
18819 抗俄烈士韩光第将军／长　白∥＊"中央"日报 1964 年 11 月 18 日
18820 首起抗俄成仁的韩光第将军／刘程远∥＊政治评论 1966 年 16 卷 7 期
18821 抗俄殉国的韩光第／王盛涛∥＊春秋 1975 年 23 卷 3 期,＊中外杂志 1977 年 21 卷 2 期
18822 韩光第(1897—1929)／关国煊∥＊传记文学 1976 年 29 卷 5 期,＊民国人物小传第 2 册第 300 页
18823 韩光第／谭慧生∥＊民国伟人传记第 188 页
18824 韩光第／＊革命人物志第 8 集第 342 页
韩先楚
18825 韩先楚／黄震遐∥＊中共军人志第 685 页
韩名涵
18826 韩名涵／＊革命人物志第 20 集第 277 页
韩兆鹗
18827 中央人民监察委员会委员韩兆鹗／∥＊新中国人物志(下)第 27 页
韩佐治
18828 何南屏(附韩佐治)／卢懋原∥＊革命人物志第 1 集第 492 页
韩伯棠
18829 韩伯棠／＊革命人物志第 8 集第 347 页
韩国钧
18830 止叟年谱／韩国钧∥＊文海出版社 1966 年影印本,＊广文书局 1971 年影印本 269 页
18831 永忆录／韩国钧∥＊文海出版社近代中国史料丛刊第一辑(总 9)影印本 141 页
18832 韩止叟及其《永忆录》／沈云龙∥＊传记文学 1965 年 7 卷 3、4 期,＊现代政治人物述评(下卷)第 105 页

18833 韩国钧(1857—1942) / ＊传记文学 1975 年 26 卷 4 期，＊民国人物小传第 2 册第 301 页
18834 韩止叟的生平与其书联 / 沈云龙 // ＊艺坛 1977 年 115 期
18835 韩止叟书法及其生平 / 沈云龙 // ＊江苏文物 1978 年 2 卷 5 期

韩忠谟
18836 韩忠谟 / 刘绍唐主编 // ＊传记文学 1993 年 63 卷 5 期

韩金荣
18837 韩金荣 / ＊革命人物志第 8 集第 348 页

韩练成
18838 韩练成生平与《将军的抉择》 / 高　瑜 // ＊中报月刊 1985 年 64 期

韩幽桐
18839 韩幽桐 / 刘绍唐主编 // ＊传记文学 1993 年 63 卷 4 期

韩复榘
18840 韩复榘脱离冯玉祥前因后果 / 江　平 // ＊春秋 1965 年 3 卷 2 期
18841 韩复榘外传 / 江　帆 // ＊畅流 1966 年 34 卷 8 期
18842 《韩复榘外传》补遗 / 韦树屏 // ＊畅流 1967 年 34 卷 12 期
18843 韩复榘笑话 / 仙　之 // ＊中外杂志 1967 年 2 卷 5 期
18844 我的同乡韩复榘 / 张大夏 // ＊中外杂志 1976 年 20 卷 4 期
18845 传奇人物韩复榘 / 冀光第 // ＊中外杂志 1976 年 19 卷 1 期
18846 韩复榘专栏 / 胡士方 // ＊山东文献 1978 年 3 卷 4 期
18847 韩复榘(1890—1938) / 于翔麟 // ＊传记文学 1979 年 35 卷 6 期，＊民国人物小传第 4 册第 398 页
18848 韩复榘的二三事 / 冯连选 // ＊山东文献 1979 年 5 卷 1 期
18849 韩复榘与冯玉祥(上、下) / 王念康 // ＊中外杂志 1980 年 27 卷 6 期—28 卷 1 期
18850 韩复榘点点滴滴(1—10) / 楚云深 // ＊山东文献 1980 年 6 卷 3 期—1984 年 9 卷 4 期
18851 忆说韩复榘 / 傅瑞瑗 // ＊中外杂志 1981 年 30 卷 3 期
18852 韩复榘、冯玉祥恩仇记 / 张守初 // ＊中外杂志 1982 年 31 卷 4 期
18853 韩复榘的一生 / 张家昀 // ＊世界华学季刊 1983 年 4 卷 3 期
18854 记亡父韩复榘先生 / 韩子华 // ＊传记文学 1992 年 61 卷 3 期
18855 我与韩复榘共事八年的经历(上、下) / 何思源 // ＊传记文学 1992 年 61 卷 4、5 期
18856 "青天"韩复榘 / ＊军阀现形记第 149 页

韩宪元
18857 韩宪元 / ＊革命人物志第 8 集第 355 页

韩振纪
18858 韩振纪 / 黄震遐 // ＊中共军人志第 689 页

韩菁清
18859 悼韩菁清并记她的家庭 / 何庆华 // ＊传记文学 1994 年 65 卷 5 期

韩彬如
18860 韩彬如 / ＊革命人物志第 18 集第 379 页

韩魁林
18861 韩魁林 / 黄震遐 // ＊中共军人志第 690 页

韩慎先
18862 关于夏山楼主 / 王子言 // ＊艺林丛录(九)第 467 页

韩慕荆
18863 韩慕荆 / 林紫简 // ＊革命人物志第 18 集第 380 页

韩增栋
18864 韩增栋 / ＊革命人物志第 18 集第 382 页

韩德彩

18865　韩德彩／黄震遐／／＊中共军人志第690页

韩麟春

18866　韩麟春（1888—1930）／于翔麟／／＊传记文学1985年47卷3期

辜鸿铭

18867　辜鸿铭与林语堂／姜文锦／／＊"中央"日报1950年9月22日
18868　辜鸿铭先生来台琐闻／文　澜／／＊"中央"日报1952年8月13日
18869　林纾、严复、辜鸿铭／杜滤水／／＊"中央"日报1954年12月13日
18870　一代奇才辜鸿铭／王理璜／／＊"中央"日报1956年7月4日
18871　辜鸿铭的一生／觉　堂／／＊新生报1970年12月8—24日
18872　辜汤生与严又陵／左舜生／／＊民主评论1950年2卷5期
18873　八闽二怪——辜鸿铭与谢珆樵／尤光先／／＊自由谈1951年2卷6期
18874　辜鸿铭的"好辩"与"骂世"／亦　玄／／＊畅流1955年11卷1期
18875　我所知道的辜鸿铭先生／曾克瑞／／＊文学世界1960年27期
18876　一代奇才辜鸿铭／陈　彰／／＊古今谈1967年33期
18877　辜鸿铭脚踏中西文化／任荷生／／＊春秋1967年6卷6期，＊古今谈1977年142期
18878　众杯翼壶辜鸿铭／邵镜人／／＊中外杂志1968年4卷3期
18879　辜汤生（1857—1928）／＊传记文学1973年22卷4期，＊民国人物小传第1册第208页
18880　追忆怪才辜鸿铭／周君亮／／中国文选1975年93期
18881　托尔斯泰与辜鸿铭／吴　文／／＊明报月刊1983年1期
18882　辜鸿铭／马伯援／／＊传记文学1984年44卷5期
18883　略谈辜鸿铭／沈来秋／／＊传记文学1993年62卷1期
18884　辜鸿铭／吴相湘／／＊民国百人传第1册第355页
18885　辜鸿铭／谭慧生／／＊民国伟人传记第164页
18886　辜汤生／程光裕／／＊华侨名人传第163页
18887　辜汤生／邵镜人／／＊近代中国史料丛刊续编第九十五辑（总950）·同光风云录影印本239页
18888　辜汤生（1857—1928）／戴晋新／／＊环华百科全书第8册第218页
18889　辜鸿铭先生访问记／＊晚清及民国人物琐谈第147页

惠广仁

18890　惠广仁／＊革命人物志第9集第286页

惠师温

18891　惠师温／甄士仁／／＊革命人物志第9集第287页

覃　振

18892　覃振先生二三事／杨世礼／／＊"中央"日报1967年3月15日
18893　怀理鸣先生／遯　园／／＊畅流1951年3卷4期
18894　西山会议二健将——谢持与覃振／吴相湘／／＊传记文学1966年8卷4期
18895　欢乐岁月覃理鸣／胡耐安／／＊传记文学1969年14卷4期
18896　革命元老覃振先生事略／＊中国宪政1976年11卷12期
18897　覃　振（1885—1947）／蒋永敬／／＊传记文学1976年28卷4期，＊民国人物小传第2册第197页
18898　覃振、保君健／马五先生／／＊大成1976年34期
18899　覃　振／吴相湘／／＊民国百人传第2册第163页
18900　覃振（1885—1947）／戴晋新／／＊环华百科全书第12册第201页
18901　覃　振／＊革命人物志第9集第275页

覃子豪

18902　悼诗人覃子豪／墨　人／／＊"中央"日报1963年10月15日

18903 悼诗人覃子豪先生／应未迟／／＊自立晚报 1963 年 10 月 15、16 日
18904 一颗星的殒落——悼诗人覃子豪／楚　军／／＊"中央"日报 1963 年 10 月 16 日
18905 哀悼四位友人：覃子豪、王爵、王平陵、方守谦／魏子云／／＊联合报 1964 年 1 月 26 日
18906 追怀覃子豪／应未迟／／＊中华日报 1969 年 10 月 8 日
18907 诗人覃子豪／毛一波／／＊四川文献 1963 年 15 期
18908 巨星的殒落——悼诗人覃子豪琐记之一／彭邦桢／／＊文坛 1963 年 41 期
18909 追思覃子豪／袁睽九／／＊艺文志 1975 年 122 期
18910 诗人覃子豪二十周年祭／袁睽九／／＊传记文学 1984 年 44 卷 4 期
18911 覃子豪／李立明／／＊中国现代六百作家小传第 441 页
18912 覃子豪／舒　兰／／＊抗战时期的新诗作家和作品第 1 页
18913 覃子豪／谢冰莹／／＊作家印象记第 131 页

粟　裕
18914 粟　裕／黄震遐／／＊中共军人志第 447 页
18915 粟　裕／朱新民／／＊环华百科全书第 17 册第 428 页
18916 华东军政委员会副主席粟裕／金　凤／／＊新中国人物志（上）第 167 页

〔｜〕

斐福龙
18917 斐福龙／／＊革命人物志第 9 集第 115 页
戢翼翘
18918 戢翼翘（1885—1976）／于翔麟／／＊传记文学 1985 年 47 卷 3 期
戢翼翚
18919 戢翼翚／／＊革命人物志第 19 集第 253 页
景梅九
18920 一个革命党人的逸事——景梅九／李少陵／／＊艺文志 1956 年 13 期
18921 革命报人景梅九／李少陵／／＊艺文志 1966 年 12 期
18922 革命奇人景定成／高拜石／／＊海外文摘 1978 年 368 期
18923 旷代奇才景梅九／赵采晨／／＊近代中国 1982 年 32 期
18924 景定成（1879—1949）／郭易堂／／＊传记文学 1984 年 44 卷 1 期
景耀月
18925 景耀月／居　正、孔祥熙／／＊革命人物志第 10 集第 500 页
喻英奇
18926 喻英奇／／＊革命人物志第 12 集第 375 页
喻培伦
18927 喻培伦大将军／毛一波／／＊"中央"日报 1960 年 3 月 30 日
18928 喻大将军培伦墓表／杨庶堪／／＊四川文献 1964 年 20 期，＊革命人物志第 5 集第 471 页
18929 喻培伦事略／铁　崖／／＊四川文献 1964 年 21 期
18930 喻培伦／刘子青／／＊中国历代人物评传（下册）第 298 页
18931 喻培伦（1886—1911）／戴晋新／／＊环华百科全书第 20 册第 362 页
18932 喻培伦传（附墓表）／邹　鲁／／＊革命人物志第 5 集第 469 页
18933 广州三月二十九日革命四川饶国梁、喻培伦、秦炳三烈士纪念碑／邹　鲁／／＊革命人物志第 8 集第 442 页
18934 喻培伦传／章炳麟／／＊革命人物志第 5 集第 472 页
18935 追赠大将军喻公培伦年谱／喻培棣／／＊革命人物志第 5 集第 474 页
喻缦云
18936 喻缦云／黄震遐／／＊中共军人志第 455 页

喻耀离

18937　沙场二十年／喻耀离／／＊中外杂志第 1978 年 24 卷 3 期

〔丿〕

程　克

18938　程　克／关国煊／／＊传记文学 1985 年第 47 卷 1 期

程　良

18939　程　良／张根仁／／＊革命人物志第 6 集第 204 页

程　烈

18940　程　烈／刘绍唐主编／／＊传记文学 1994 年 65 卷 5 期

程　彬

18941　程彬传／程颂万／／＊碑传集三编第 7 册 1685 页

程　强

18942　程　强／＊革命人物志第 10 集第 463 页

程　潜

18943　程　潜(1882—1968)／关国煊／／＊传记文学 1976 年 28 卷 5 期，＊民国人物小传第 2 册第 218 页

18944　家父潘培敏与程潜／潘无竞／／＊传记文学 1995 年 61 卷 1 期

18945　我与程潜的交往／萧作霖／／＊传记文学 1996 年 68 卷 4、5 期

18946　随程潜庐山之行／熊彭年／／＊传记文学 1997 年 71 卷 6 期

18947　程　潜／吴相湘／＊民国百人传第 3 册第 231 页

18948　程　潜／胡邋园／＊贤不肖列传第 164 页

18949　程　潜(1882—1968)／戴晋新／／＊环华百科全书第 14 册第 536 页

18950　中央人民政府委员程潜／＊新中国人物志(上)第 107 页

程一鸣

18951　程一鸣回穗记／清　明／／＊国共风云名人录第 3 辑

程十发

18952　访沈柔坚、关良、吕蒙、唐云、程十发／莫一点／／＊明报月刊 1980 年 15 卷 3 期

18953　张大千、丁衍庸、程十发／金嘉伦／／＊明报月刊 1977 年 12 卷 11 期

程子华

18954　访程子华／＊中国老一辈革命家第 158 页

18955　山西省人民政府主席程子华／＊新中国人物志(上)第 183 页

程天固

18956　程天固回忆录／程天固／／(香港)龙门书局 1978 年 9 月版 539 页

18957　程天固(1889—1974)／关国煊／／＊传记文学 1983 年 43 卷 4 期

程天放

18958　使德回忆录／程天放／／＊台湾政治大学出版委员会 1967 年 10 月版 368 页、1979 年 3 版 368 页，＊正中书局 1970 年版 368 页

18959　程天放早年回忆录／程天放／／＊传记文学出版社 1968 年 10 月版 170 页

18960　乐育菁莪——程天放传／王家莹／／＊近代中国出版社 1983 年版

18961　我接受三民主义洗礼的经过／程天放／／＊"中央"日报 1963 年 3 月 29 日

18962　程天放在纽约的最后两周／项定荣／／＊中华日报 1967 年 12 月 9 日

18963　程天放先生少年轶事／曾昭六／／＊"中央"日报 1967 年 12 月 21 日

18964　追忆程天放先生／罗时旸／／＊联合报 1969 年 11 月 29 日

18965　李公祠四年／程天放／／＊传记文学 1962 年 1 卷 7 期

18966　美洲负笈(上、下)／程天放／／＊传记文学 1963 年 2 卷 1、2 期

18967　使德回忆录(1—24) / 程天放 // ＊传记文学 1963 年 3 卷 1 期—1966 年 8 卷 6 期
18968　程天放先生事略 / ＊江西文献 1967 年 21 期
18969　凄风苦雨中的哀思——悼念我的老友程天放 / 赖景瑚 // ＊传记文学 1968 年 12 卷 3 期
18970　程天放(1899—1967) / 关国煊 // ＊传记文学 1976 年 28 卷 2 期，＊民国人物小传第 2 册第 219 页
18971　程天放 / 周邦道 // ＊江西文献 1977 年 87 期
18972　近代人物师生情谊与求学掌故(十)——程天放的求学经过 / 陈哲三 // ＊国教辅导 1980 年 20 卷 2—3 期
18973　程天放兄逝世二十周年纪念 / 陈立夫 // ＊传记文学 1987 年 51 卷 5 期
18974　忆南昌程天放兄 / 萧　铮 // 传记文学 1987 年 51 卷 5 期
18975　程天放持节柏林 / 吴相湘 // ＊民国百人传第 3 册第 179 页
18976　程天放(1899—1967) / 周邦道 // ＊近代教育先进传略(初集)第 178 页
18977　程天放(1899—1967) / 甘丽珍 // ＊环华百科全书第 14 册第 535 页
18978　程天放先生 / 程其恒 // ＊政治大学第 133 页

程世才
18979　程世才 / 黄震遐 // ＊中共军人志第 451 页

程世清
18980　程世清 / 黄震遐 // ＊中共军人志第 453 页

程民元
18981　程民元 / ＊革命人物志第 10 集第 464 页

程发轫
18982　程发轫、刘湛恩 / 周邦道 // ＊湖北文献 1977 年 44 期
18983　程发轫(1894—1975) / 周邦道 // ＊传记文学 1982 年 40 卷 3 期，＊民国人物小传第 5 册第 325 页，＊近代教育先进传略(初集)第 206 页，＊革命人物志第 22 集第 321 页
18984　我与程旨云兄 / 沈刚伯 // ＊沈刚伯先生文集(下册)第 737 页

程远茂
18985　程远茂 / 黄震遐 // ＊中共军人志第 454 页

程仰秋
18986　纪念先兄仰秋教授 / 程其恒 // ＊四川文献 1969 年 35 期

程汝怀
18987　纪念程仲苏先生 / 宋楷清 // ＊湖北文献 1968 年 6 期
18988　程仲苏先生事略 / 胡伊伯 // ＊湖北文献 1969 年 12 期

程汝球
18989　程汝球 / ＊革命人物志第 10 集第 465 页

程克祥
18990　程克祥传记 / 黄曜隆 // ＊慈恩书局 1982 年版
18991　程克祥策反周佛海 / 乔家才 // ＊戴笠将军和他的同志第 2 集第 317 页

程连璧
18992　程连璧 / ＊革命人物志第 10 集第 467 页

程步高
18993　程步高 / 刘绍唐主编 // ＊传记文学 1996 年 68 卷 4 期

程时煃
18994　高梦旦、杨效春、程时煃 / 周邦道 // ＊中外杂志 1976 年 20 卷 2 期
18995　程时煃(1890—1951) / 周邦道 // ＊近代教育先进传略(初集)第 173 页

程沧波
18996　归国 / 程沧波 // ＊大公报 1938 年 5 月 22 日

18997 我在《中央日报》的一个阶段／程沧波／／*"中央"日报 1957 年 3 月 12 日
18998 书法大家程沧波／钟克豪／／*艺文志 1976 年 128 期，*古今谈 1980 年 179 期
18999 新闻道德的维护人——程沧波／周安仪／／*中国新闻从业人员群像（上册）第 157 页

程其保
19000 赴欧考察教育／程其保／／*传记文学 1969 年 15 卷 1 期
19001 六十年教育生涯(1—3)／程其保／／*传记文学 1973 年 23 卷 2—4 期
19002 两任教育官员(上、下)／程其保／／*传记文学 1973 年 23 卷 5、6 期
19003 一代文教志士的消逝——永念程其保／薛光前／／*传记文学 1975 年 27 卷 2 期
19004 程稚秋先生的生平／梁敬錞／／*传记文学 1975 年 27 卷 6 期
19005 稚秋先生与文化交流／宋　晞／／*中外杂志 1975 年 18 卷 4 期，*故人与往事第 113 页
19006 先堂兄其保的家史／程其恒／／*传记文学 1976 年 29 卷 4 期
19007 程其保(1895—1975)／程其恒／／*传记文学 1976 年 28 卷 5 期，*民国人物小传第 2 册第 220 页
19008 程其保(1895—1975)／周邦道／／*江西文献 1977 年 90 期
19009 怀程其保先生／张渊拍／／*中外杂志 1977 年 22 卷 3 期
19010 程其保(1895—1975)／周邦道／／*近代教育先进传略(初集)第 181 页，*革命人物志第 22 集第 318 页

程宝航
19011 程宝航／*革命人物志第 15 集第 266 页

程宗仁
19012 程宗仁／*革命人物志第 10 集第 466 页

程宗阳
19013 矿冶专家程宗阳／王道宗／／*中外杂志 1977 年 22 卷 3 期

程砚秋
19014 梅兰芳与程砚秋／张或弛／／*中外杂志 1971 年 10 卷 4 期
19015 谈程砚秋以及程派诸"华"(上、中、下)／齐　崧／／*传记文学 1975 年 27 卷 5 期—1976 年 28 卷 1 期
19016 戏坛巨人程砚秋／叶　窗／／*古今谈 1977 年 149 期
19017 程砚秋(1904—1958)／关志昌／／*传记文学 1978 年 32 卷 5 期，*民国人物小传第 3 册第 246 页
19018 程砚秋深沉莫测／丁秉鐩／／*传记文学 1978 年 33 卷 1—5 期
19019 访吴富琴谈程砚秋／邵　苣／／*中报月刊 1983 年 40 期
19020 罗瘿公与程砚秋／王培尧／／*中外人物专辑第 2 辑第 213 页
19021 程砚秋(1904—1958)／*环华百科全书第 14 册第 538 页

程奎光
19022 程奎光／冯自由／／*革命人物志第 6 集第 206 页

程思远
19023 程思远／韦永成／／*传记文学 1968 年 32 卷 1 期

程钟汉
19024 程泽湘传／杨庶堪(山父)／／*民国四川人物传记第 61 页
19025 烈士程钟汉墓表／何　炜／／*四川文献 1964 年 23 期，*革命人物志第 6 集第 227 页，*民国四川人物传记第 62 页

程家柽
19026 程家柽君／*东方杂志 1978 年 11 卷 7 期，*论中国革命与先烈第 189 页
19027 程家柽／刘绍唐主编／／*传记文学 1999 年 74 卷 5 期
19028 程家柽／宋教仁／／*革命人物志第 6 集第 207 页
19029 程家柽革命事略书后／景定成／／*革命人物志第 6 集第 220 页

程继尧
19030 程继尧／栗　直 // ＊革命人物志第 17 集第 275 页

程善之
19031 程善之／洪兰友 // ＊革命人物志第 10 集第 468 页

程锡文
19032 我当黄金荣管家的见闻／ ＊传记文学 1994 年 65 卷 3 期

程毓斌
19033 记三位名扬海外的中国医生／沈　锜 // ＊传记文学 1999 年 75 卷 2 期

程鼐蒸
19034 程鼐蒸／ ＊革命人物志第 10 集第 471 页

程德全
19035 程德全先生轶事／李　最 // ＊四川文献 1962 年 4 期
19036 程德全（1860—1930）／ ＊传记文学 1973 年 22 卷 4 期，＊民国人物小传第 1 册第 212 页
19037 程雪楼之学养诗文及其政治宗教思想／袁　冀 // ＊中国边政 1981 年 73 期
19038 张謇、程德全对辛亥革命开国前后之影响／沈云龙 // ＊"中央"研究院近代史研究所集刊第 2 期第 271 页
19039 程德全传／ ＊民国四川人物传记第 138 页

程德藩
19040 程德藩／ ＊革命人物志第 10 集第 472 页

程懋筠
19041 国歌作曲家程懋筠／刘己达 // ＊传记文学 1972 年 20 卷 6 期
19042 国歌作曲者程懋筠传略／曹建民 // ＊江西文献 1966 年 4 期

程璧光
19043 程璧光殉国记／ ＊文海出版社近代中国史料丛刊第五十七辑（总 567—568）影印本 124 页
19044 程璧光传／（香港）上海书店 1923 年版 80 页
19045 程璧光护法前后／李维民 // ＊古今谈 1966 年 12 期
19046 程璧光——护法殉难／林　斌 // ＊畅流 1969 年 40 卷 6 期
19047 程璧光南下护法及其殉国经过／程天固 // ＊艺文志 1975 年 123 期
19048 程璧光（1861—1918）／关国煊 // ＊传记文学 1983 年 43 卷 3 期
19049 赠勋一位海军上将前海军总长程君碑／章炳麟 // ＊革命人物志第 6 集第 228 页
19050 程璧光与革命党之关系／冯自由 // ＊革命人物志第 6 集第 233 页

程耀臣
19051 程耀臣／ ＊革命人物志第 18 集第 211 页

税钟麟
19052 税钟麟／ ＊民国四川人物传记第 130 页
19053 税钟麟／ ＊革命人物志第 6 集第 246 页

税联三
19054 税联三事略／ ＊民国四川人物传记第 11 页，＊革命人物志第 6 集第 245 页

傅　钟
19055 傅　钟／黄震遐 // ＊中共军人志第 487 页

傅　雷
19056 傅　雷（1908—1966）／ ＊传记文学 1981 年 38 卷 2 期，＊民国人物小传第 5 册第 318 页
19057 怀傅雷／柯　灵 // ＊回忆与悼念第 42 页

傅小山
19058 傅小山／丁秉燧 // ＊传记文学 1979 年 34 卷 2 期

傅正模
19059 傅正模／刘绍唐主编∥＊传记文学 1994 年 15 卷 5 期

傅东华
19060 名翻译家傅东华／李立明∥＊明报 1976 年 7 月 19 日
19061 傅东华／刘绍唐主编∥＊传记文学 1995 年 66 卷 2 期
19062 傅东华／李立明∥＊中国现代六百作家小传第 423 页
19063 傅东华／刘葆∥＊现代中国人物志第 322 页
19064 鲁迅与傅东华／马蹄疾∥＊鲁迅与浙江作家第 201 页

傅亚夫
19065 傅亚夫／刘绍唐主编∥＊传记文学 1995 年 66 卷 4 期

傅传作
19066 傅传作／黄震遐∥＊中共军人志第 486 页

傅汝霖
19067 傅汝霖／田雨时∥＊传记文学 1985 年 46 卷 6 期

傅安明
19068 追忆傅安明兄／汤绚章∥＊传记文学 1997 年 71 卷 2 期
19069 傅安明先生的一生／葛锦昭∥＊传记文学 1998 年 72 卷 5 期

傅连暲
19070 傅连暲／刘绍唐主编∥＊传记文学 1998 年 73 卷 2 期
19071 访傅连暲／＊中国老一辈革命家第 193 页

傅作义
19072 傅作义、楚溪春与安春山——记察绥国军出援东北之役／陈嘉骥∥＊传记文学 1975 年 26 卷 1 期
19073 傅作义崛起奋战——《华北之收复与陷落》之三／王禹廷∥＊传记文学 1981 年 38 卷 6 期—39 卷 1 期
19074 傅作义(1894—1974)／关国煊∥＊民国人物小传第 2 册第 209 页
19075 傅作义／戴晋新∥＊环华百科全书第 3 册第 584 页
19076 政务院水利部长傅作义／＊新中国人物志(上)第 62 页

傅启学
19077 傅启学／刘绍唐主编∥＊传记文学 1996 年 73 卷 2 期

傅抱石
19078 忆当代画家傅抱石先生／傅亚夫∥＊江西文献 1967 年 13 期
19079 忆傅抱石兄／傅亚夫∥＊艺文志 1978 年 149 期
19080 傅抱石(1904—1965)／关志昌∥＊传记文学 1979 年 35 卷 3 期,＊民国人物小传第 4 册第 310 页
19081 傅抱石(1904—1965)／廖雪芳∥＊环华百科全书第 3 册第 582 页

傅国英
19082 傅国英／＊革命人物志第 7 集第 84 页

傅秉勋
19083 傅将军秉勋传略／刘雨卿∥＊四川文献 1964 年 26 期,＊民国四川人物传记第 124 页,＊革命人物志第 17 集第 259 页

傅秉常
19084 傅故院长秉常先生纪念集／＊傅秉常治丧委员会编印 1965 年版 142 页
19085 傅秉常与近代中国／罗香林∥(香港)中国学社 1973 年 3 月版 240 页,＊传记文学出版社 1975 年版 240 页
19086 悼傅秉常先生／马超俊∥＊"中央"日报 1965 年 8 月 5 日,＊革命人物志第 9 集第 250 页
19087 傅秉常与巴斯特纳克／黄仰山∥＊文星 1959 年 3 卷 4 期

19088 追怀傅秉常先生 / 程沧波 // *传记文学 1965 年 7 卷 3 期, *革命人物志第 9 集第 253 页
19089 傅秉常所受伍廷芳的影响 / 罗香林 // *传记文学 1971 年 19 卷 1 期
19090 傅秉常与近代中国的关系所在 / 罗香林 // *传记文学 1972 年 20 卷 3 期, *革命人物志第 9 集第 260 页
19091 傅秉常的家世及其与香港大学的关系 / 罗香林 // *传记文学 1972 年 20 卷 5 期
19092 在广东任职时期的傅秉常 / 罗香林 // *传记文学 1972 年 21 卷 3 期
19093 傅秉常先生的生平与言论风采 / 罗香林 // *传记文学 1974 年 25 卷 1 期
19094 傅秉常先生由欧返回前后 / 罗香林 // *传记文学 1974 年 25 卷 2 期
19095 傅秉常与近代中国的外交发展 / 罗香林 // *传记文学 1974 年 24 卷 1 期
19096 傅秉常守经宏法 / 郑彦棻 // *海外文摘 1975 年 290 期
19097 傅秉常(1896—1965) / 刘筱龄 // *传记文学 1975 年 27 卷 3 期, *民国人物小传第 2 册第 210 页
19098 往事难忘"独石桥"——苦忆抗战邻居、建国巧匠的傅秉常兄 / 楼桐孙 // *东方杂志 1981 年 15 卷 2 期

傅京孙
19099 傅京孙 / 刘绍唐主编 // *传记文学 1987 年 50 卷 4 期

傅泾波
19100 司徒雷登与傅泾波 / 贺宝善 // *传记文学 1999 年 75 卷 4 期

傅学文
19101 傅学文 / 刘绍唐主编 // *传记文学 1993 年 63 卷 3 期

傅绍甫
19102 傅绍甫 / 黄震遐 // *中共军人志第 486 页

傅思义
19103 傅思义 / 顾子扬 // *革命人物志第 9 集第 270 页

傅秋涛
19104 傅秋涛 / 黄震遐 // *中共军人志第 481 页

傅晋卿
19105 傅儒材 // *革命人物志第 7 集第 88 页

傅哲民
19106 傅烈士哲民传略 // *川籍抗战忠烈录第 93 页

傅晓峰
19107 傅晓峰女士 / 郑香卿 // *四川文献 1967 年 60 期

傅狷夫
19108 傅狷夫 // *畅流 1963 年 27 卷 10 期
19109 心香室主傅狷夫之画 // *美哉中华 1969 年 10 期

傅家选
19110 傅家选 / 黄震遐 // *中共军人志第 484 页

傅继泽
19111 傅继泽 / 黄震遐 // *中共军人志第 488 页

傅彬然
19112 傅彬然 / 李立明 // *中国现代六百作家小传第 424 页

傅晨光
19113 忆燕园诸老——傅晨光先生 / 陈熙橡 // *学府纪闻·私立燕京大学第 155 页

傅崇碧
19114 傅崇碧 / 黄震遐 // *中共军人志第 484 页
19115 傅崇碧 / 朱新民 // *环华百科全书第 3 册第 583 页

傅斯年

19116 傅孟真先生年谱 / 傅乐成 // ＊文星书店 1964 年 4 月版 146 页、＊传记文学出版社 1979 年版 146 页
19117 傅斯年 / 赵天仪 // ＊巨人出版社 1978 年版 241 页
19118 傅斯年的教育思想及其教育学术事业 / 徐 刚 // ＊撰者 1981 年版
19119 傅斯年二三事 / ＊"中央"日报 1950 年 12 月 22 日
19120 傅孟真先生 / 陶希圣 // ＊"中央"日报 1950 年 12 月 23 日
19121 傅斯年之往事 / 辛 庐 // ＊"中央"日报 1950 年 12 月 25 日
19122 忆孟真 / 蒋梦麟 // ＊"中央"日报 1950 年 12 月 30 日
19123 元气淋漓的傅孟真 / 罗家伦 // "中央"日报 1950 年 12 月 31 日，＊传记文学 1970 年 16 卷 1 期
19124 孟真与我 / 傅大采 // ＊"中央"日报 1950 年 12 月 31 日
19125 悼亡友傅孟真先生 / 朱家骅 // ＊"中央"日报 1950 年 12 月 31 日，＊朱家骅先生言论集第 741 页
19126 怀念先伯孟真先生 / 傅乐成 // ＊"中央"日报 1951 年 12 月 19 日
19127 傅故校长之安葬文 / 屈万里 // ＊"中央"日报 1951 年 12 月 21 日
19128 胡适之与傅孟真 / 景 樵 // ＊"中央"日报 1952 年 12 月 9 日
19129 傅斯年的思想和事业 / 胡 适 // ＊公论报 1952 年 12 月 21 日
19130 傅斯年的思想 / 胡 适 // ＊新生报 1952 年 12 月 21 日
19131 傅孟真先生与近二十年来中国历史学的发展 / 劳 榦 // ＊大陆杂志 1951 年 2 卷 1 期
19132 傅孟真先生传略 / 毛子水 // ＊自由中国 1951 年 4 卷 1 期，＊师友记第 89 页
19133 故校长傅斯年先生遗容及事略 / 那廉君 // ＊社会科学论丛 1951 年 2 期
19134 傅所长传略（附年表）/ 芮逸夫 // ＊史语所傅所长纪念特刊第 1 页，＊革命人物志第 13 集第 254 页
19135 孟真先生与"中央"研究院 / 周鸿经 // ＊史语所傅所长纪念特刊第 9 页
19136 傅孟真先生领导的历史语言研究所 / 李 济 // ＊史语所傅所长纪念特刊第 11 页
19137 傅斯年（上、下）/ 季 夏 // ＊大学生活 1959 年 5 卷 13、14 期
19138 忆傅孟真先生 / 黄季陆 // ＊传记文学 1962 年 1 卷 7 期
19139 傅孟真先生的民族思想（上、下）/ 傅乐成 // ＊传记文学 1963 年 2 卷 5、6 期
19140 傅斯年先生的最后论著 / 徐高阮 // ＊新时代 1963 年 3 卷 3 期
19141 傅斯年先生和台湾人 / 洪炎秋 // ＊文星 1964 年 14 卷 2 期
19142 记傅孟真师在中山大学 / 陈 槃 // ＊传记文学 1964 年 5 卷 6 期
19143 追忆傅孟真先生的几件事 / 那廉君 // ＊传记文学 1969 年 14 卷 6 期
19144 傅孟真先生轶事 / 那廉君 // ＊传记文学 1969 年 15 卷 6 期
19145 傅斯年（1896—1950）/ ＊传记文学 1973 年 23 卷 3 期，＊民国人物小传第 1 册第 207 页
19146 傅孟真先生的先世（附傅斯年先生小传）/ 傅乐成 // ＊传记文学 1976 年 28 卷 1 期
19147 关于傅孟真先生的几件事 / 陈之迈 // ＊传记文学 1976 年 28 卷 3 期
19148 傅斯年 / ＊传记文学 1976 年 28 卷 1 期
19149 孟真先生在中山大学时期的一点补充 / 钟贡勋 // ＊传记文学 1976 年 28 卷 3 期
19150 他走得太快了——记孟真先生生前二三事 / 那廉君 // ＊仙人掌杂志 1977 年 1 卷 1 期
19151 中国的蟋蟀傅斯年 / ＊仙人掌杂志 1977 年 1 卷 1 期
19152 傅斯年的故事 / 那廉君 // ＊中外杂志 1977 年 21 卷 6 期
19153 傅斯年的毁誉 / 陈克诚 // ＊中外杂志 1982 年 31 卷 5 期
19154 忆傅孟真师 / 何兹全 // ＊传记文学 1992 年 60 卷 2 期
19155 傅斯年与北京大学——纪念傅先生一百周年诞辰 / 欧阳哲生 // ＊传记文学 1996 年 69 卷 2 期
19156 傅斯年是怎样的一个校长 / 钟 博 // ＊传记文学 1998 年 72 卷 2 期
19157 傅斯年先生在政治上的二三事 / 王世杰 // ＊王世杰先生论著选集第 517 页

19158　傅斯年／＊中国近代学人象传(初辑)第 256 页
19159　傅斯年／李立明／／＊中国现代六百作家小传第 425 页
19160　傅斯年／吴相湘／／＊民国百人传第 1 册第 215 页
19161　傅孟真先生与文学／毛子水／／＊师友记第 101 页
19162　蔡元培・胡适・傅斯年／毛子水／／＊师友记第 105 页
19163　傅斯年／蓝一呆／／＊当代中国学人小品集第 67 页
19164　傅斯年先生风骨与气魄／李德安／／＊当代名人风范(4)第 1185 页
19165　傅斯年的故事／晓　恬／／＊当代名人故事第 2 辑
19166　傅斯年(1896—1950)／周邦道／／＊近代教育先进传略(初集)第 288 页
19167　追念傅故校长孟真先生／沈刚伯／／＊沈刚伯先生文集(下册)第 719 页
19168　傅斯年／＊环华百科全书第 3 册第 584 页
19169　傅孟真先生年谱／傅乐成／／＊傅斯年全集第 7 册第 249 页

傅筱庵

19170　傅筱庵(1872—1940)／关国煊／／＊传记文学 1985 年 47 卷 4 期

傅慈祥

19171　傅慈祥／傅光培、傅光植／／＊革命人物志第 7 集第 84 页
19172　潜江傅君良弼墓表／黄　夏／／＊革命人物志第 7 集第 87 页

傅增渚

19173　傅增渚、傅增湘兄弟小传／文守仁／／＊四川文献 1963 年 6 期

傅增湘

19174　傅增渚、傅增湘兄弟小传／文守仁／／＊四川文献 1963 年 6 期
19175　傅增湘(1872—1949)／关国煊／／＊传记文学 1978 年 33 卷 4 期,＊民国人物小传第 3 册第 240 页
19176　双鉴楼主人傅增湘／苏　精／／＊传记文学 1982 年 40 卷 3 期
19177　傅增湘双鉴楼／＊近代藏书三十家第 91 页

焦　莹

19178　焦　莹(1883—1945)／张国柱／／＊传记文学 1977 年 30 卷 2 期,＊民国人物小传第 3 册第 234 页
19179　焦　莹(1883—1945)／周邦道／／＊近代教育先进传略(初集)第 421 页

焦凤林

19180　最后镖局与最后的大镖师——镖师焦凤林／张起钧／／＊传记文学 1985 年 47 卷 3 期

焦玉山

19181　焦玉山／黄震遐／／＊中共军人志第 445 页

焦达峰

19182　焦达峰其人其事／孙受天／／＊畅流 1969 年 40 卷 1 期
19183　焦达峰／惜　秋／／＊民初风云人物(上)第 273 页
19184　焦达峰传／邵元冲／／＊革命人物志第 6 集第 122 页
19185　先兄焦公达峰事略／焦达悌／／＊革命人物志第 6 集第 125 页

焦华堂

19186　焦华堂／＊革命人物志第 6 集第 134 页

焦红光

19187　焦红光／黄震遐／／＊中共军人志第 445 页

焦步辕

19188　焦步辕／＊革命人物志第 17 集第 258 页

焦沛澍

19189　怀念焦沛澍法官／陈　匀／／＊传记文学 1978 年 33 卷 4 期
19190　焦沛澍／＊革命人物志第 18 集第 248 页

焦易堂
19191　焦易堂先生哀思录／焦定江／／＊焦易堂先生治丧委员会 1954 年版
19192　焦易堂先生八秩冥诞纪念／＊焦易堂先生八秩冥诞纪念会辑印 1959 年版
19193　怀念焦易堂先生／李宗黄／／＊新生报 1960 年 3 月 17 日
19194　焦易堂（1880—1950）／李云汉／／＊传记文学 1974 年 25 卷 6 期，＊民国人物小传第 1 册第 203 页
19195　焦易堂／＊革命人物志第 6 集第 130 页
19196　焦公易堂权厝志／于右任／／＊革命人物志第 6 集第 133 页

焦菊隐
19197　敬悼焦菊隐师／张起钧／／＊传记文学 1980 年 36 卷 1 期
19198　焦菊隐（1905—1975）／关国煊／／＊传记文学 1982 年 40 卷 6 期，＊民国人物小传第 5 册第 311 页
19199　焦菊隐／李立明／／＊中国现代六百作家小传第 436 页

焦景文
19200　焦景文／黄震遐／／＊中共军人志第 446 页

储南强
19201　记两奇洞一奇人（储南强）／易君左／／＊畅流 1951 年 3 卷 5 期
19202　忆储南强先生／陈　真／／＊畅流 1955 年 12 卷 2 期

舒　鸿
19203　记舒鸿教授／阮日宣／／＊联合报 1964 年 9 月 8 日

舒　湮
19204　舒　湮／李立明／／＊中国现代六百作家小传第 433 页

舒适存
19205　如此一生（上、下）／舒适存／／＊传记文学 1973 年 23 卷 5—6 期
19206　由备补兵到将军——舒适存二三事／吴灿祯／／＊中外杂志 1982 年 31 卷 1 期

舒新城
19207　舒新城先生／自由鸟／／＊明报 1974 年 1 月 5 日
19208　舒新城（1892—1960）／关志昌／／＊传记文学 1981 年 38 卷 5 期，＊民国人物小传第 5 册第 360 页
19209　舒新城／李立明／／＊中国现代六百作家小传第 434 页

鲁　迅
19210　鲁迅五年祭／（香港）万笔社编辑出版 1941 年 36 页
19211　鲁迅的书／欧阳凡海／／（香港）联营出版社 1947 年版 365 页
19212　鲁迅的道路／胡　绳／／（香港）生活书店 1948 年版
19213　鲁迅的盖棺论定／范　诚／／（香港）汉文图书公司 1970 年版 254 页
19214　鲁迅年谱／曹聚仁／／（香港）三育图书文具公司 1970 年 10 月版 351 页
19215　和青年朋友谈鲁迅／高　丘／／（香港）文教出版社 1970 年版 79 页
19216　关于鲁迅／梁实秋／／＊爱眉文艺出版社 1970 年 11 月版 159 页
19217　鲁迅传／王士青／／（香港）文学研究社 1971 年版 529 页
19218　鲁迅与美术／黄蒙田／／（香港）大光出版社 1977 年 1 月版
19219　鲁迅与美术二集／黄蒙田／／（香港）大光出版社 1977 年 8 月版 212 页
19220　鲁迅诗文生活杂谈／张问天／／（香港）上海书局 1977 年 10 月版 250 页
19221　我论鲁迅／苏雪林／／＊传记文学出版社 1979 年 6 月 2 版 193 页
19222　鲁迅正传／郑学稼／／＊中国时报文化出版事业有限公司 1980 年 7 月 4 版 616 页
19223　鲁迅之死／林语堂／／＊德华出版社 1980 年 11 月版 263 页
19224　鲁迅的印象／（日）增田涉著、龙翔译／／（香港）天地图书公司 1980 年 1 月版 361 页
19225　鲁迅与浙江作家／马蹄疾／／（香港）华风书局 1984 年 8 月版 280 页
19226　鲁迅这个人／刘心皇／／＊东大图书股份有限公司 1986 年 264 页

19227　胡适与鲁迅／周贤平／／＊中国时报文化出版企业有限公司 1988 年 181 页
19228　鲁迅与左联／周行之／／＊文史哲出版社 1991 年 193 页
19229　我与鲁迅、许广平夫妇／王映霞／／＊传记文学 1993 年 62 卷 2 期
19230　鲁迅和上海菜馆／周三金／／＊传记文学 1995 年 67 卷 5 期
19231　鲁迅与弃妇朱阿安／叶卉／／＊传记文学 1996 年 69 卷 4 期
19232　鲁迅不接受诺贝尔奖推荐——鲁迅给台静农的一封信／唐绍华／／＊传记文学 1996 年 69 卷 6 期

鲁　易
19233　鲁　易／刘绍唐主编／／＊传记文学 1999 年 75 卷 4 期

鲁　岱
19234　鲁　岱／＊革命人物志第 18 集第 293 页

鲁　珉
19235　鲁　珉／黄震遐／／＊中共军人志第 583 页

鲁　藜
19236　鲁　藜／林曼叔等／／＊中国当代作家小传第 95 页
19237　鲁　藜／李立明／／＊中国现代六百作家小传第 519 页

鲁英麐
19238　鲁英麐(1894—1948)／于翔麟／／＊传记文学 1985 年 47 卷 6 期
19239　鲁英麐／＊革命人物志第 19 集第 287 页

鲁实先
19240　悼鲁实先教授／陈应龙／／＊艺文志 1978 年 149 期
19241　怀念鲁实先教授——并记鲁教授与我的一段翰墨因缘／何广棪／／＊传记文学 1978 年 32 卷 3 期
19242　鲁实先教授之生与死／刘修如／／＊湖南文献 1978 年 6 卷 1 期
19243　学海奇人鲁实先(1913—1977)李振兴／李振兴(补)／／＊中外杂志 1982 年 31 卷 2 期

鲁荡平
19244　鲁荡平／＊革命人物志第 15 集第 365 页
19245　简介鲁荡平先生的生平／李启林／／革命人物志第 15 集第 368 页

鲁桂珍
19246　鲁桂珍／刘绍唐主编／／＊传记文学 1992 年 61 卷 2 期

鲁涤平
19247　从叔鲁公咏安家传／鲁　岱／／＊湖北文献 1966 年创刊号
19248　湘军福将鲁咏安／胡耐安／／＊传记文学 1969 年 14 卷 6 期，革命人物志第 15 集第 360 页
19249　鲁涤平(1887—1935)／张　珂／／＊传记文学 1977 年 31 卷 3 期，民国人物小传第 3 册第 348 页
19250　二军军长鲁涤平／胡耐安／／＊民初三湘人物第 79 页
19251　鲁涤平／鲁　岱／／＊革命人物志第 15 集第 354 页

鲁道源
19252　鲁道源／刘绍唐主编／／＊传记文学 1987 年 50 卷 2 期

鲁瑞林
19253　鲁瑞林／黄震遐／／＊中共军人志第 584 页

鲁潼平
19254　鲁潼平、柳无忌与陈洁如同船赴美／赵志邦／／＊传记文学 1992 年 60 卷 2 期

〔丶〕

童　毅
19255　童　毅／魏庆云／／＊革命人物志第 9 集第 284 页

童世纲
19256　胡适、童世纲与葛思德东方图书馆／陈纪滢／／＊重光文艺出版社 1978 年版

19257　胡适、童世纲与葛思德东方图书馆(上、下) / 陈纪滢 // ＊传记文学 1975 年 27 卷 1、2 期
19258　童世纲先生退休了 / 屈万里 // ＊湖北文献 1977 年 45 期
19259　敬悼图书馆专家童世纲先生——葛思德东方图书馆的守卫者 / 陈纪滢 // ＊传记文学 1983 年 42 卷 4 期

童芷苓
19260　沉痛悼念童芷苓 / 张似云 // ＊传记文学 1995 年 67 卷 4 期

童国贵
19261　童国贵 / 黄震遐 // ＊中共军人志第 446 页

童洁泉
19262　国父与童洁泉父子 / 周冠华 // ＊艺文志 1981 年第 185、186 期

童冠贤
19263　记童冠贤先生 / 张国柱 // ＊中外杂志 1984 年 35 卷 4 期
19264　童冠贤 / 刘绍唐主编 // ＊传记文学 1987 年 51 卷 4 期

童家娴
19265　童家娴墓志 / 吴芳吉 // ＊民国四川人物传记第 270 页

童第周
19266　童第周(1902—1979) / 关志昌 // ＊传记文学 1985 年 47 卷 6 期

道　安
19267　道　安(1907—1977) / 印奕松 // ＊传记文学 1980 年 36 卷 5 期，＊民国人物小传第 4 册第 332 页

曾　生
19268　广东省江防司令曾生 / ＊新中国人物志(上)第 259 页

曾　朴
19269　曾孟朴的文学旅程 / 李培德著、陈孟坚 // ＊传记文学出版社 1977 年 8 月版 167 页
19270　我对曾孟朴先生的认识 / 张道藩 // "中央"日报 1957 年 6 月 17 日
19271　曾孟朴先生年谱 / 曾虚白 // ＊传记文学 1966 年 8 卷 4—6 期
19272　曾孟朴与赛金花关系之谜 / 斯及美 // ＊艺文志 1966 年 7 期
19273　哭父文 / 曾虚白 // ＊传记文学 1966 年 8 卷 3 期，＊曾虚白自选集第 165 页
19274　东亚病夫日记 / 曾孟朴 // ＊传记文学 1966 年 8 卷 6 期
19275　曾　朴(1872—1935) / 关国煊 // ＊传记文学 1976 年 29 卷 4 期，＊民国人物小传第 2 册第 212 页
19276　《真善美杂志》与曾孟朴 / 苏雪林 // ＊畅流 1980 年 60 卷 12 期
19277　曾孟朴外传 / 张文达 // ＊大成 1984 年 124 期
19278　才情纵逸寓意深远的《孽海花》作者——曾　朴 / 丁志坚 // ＊中国十大小说家第 103 页
19279　曾　朴 / ＊中国近代学人像传(初辑)第 243 页
19280　曾　朴 / 李立明 // ＊中国现代六百作家小传第 429 页
19281　曾　朴(1872—1935) / ＊环华百科全书第 17 册第 5 页
19282　先父与沈北山的一段情 / 曾虚白 // ＊曾虚白自选集第 173 页
19283　李著陈译先父《文学旅程》前言 / 曾虚白 // ＊曾虚白自选集第 187 页

曾　美
19284　曾　美 / 黄震遐 // ＊中共军人志第 474 页

曾　贯
19285　曾贯事略 / 阙　名 // ＊革命人物志第 10 集第 456 页

曾　琦
19286　曾慕韩先生年谱日记 / ＊中国青年党"中央"党部印行
19287　曾慕韩先生逝世廿周年纪念集 / ＊中国青年党中央执行委员会 1971 年版 141 页
19288　曾慕韩先生逝世卅周年纪念特刊 / ＊中国青年党中央党部 1981 年 5 月版 228 页

19289	曾慕韩(琦)先生日记选 / 沈云龙辑 // *文海出版社近代中国史料丛刊第二辑(总19)影印本 215页	
19290	曾琦先生行状 / *民主潮 1951 年 1 卷 16 期	
19291	《曾慕韩先生丁亥日记》述要 / 王师曾 // *民主潮 1951 年 1 卷 16 期	
19292	曾慕韩先生的生平志业 / 王师曾 // *民主潮 1951 年 1 卷 16 期, *中国青年党党史资料第 1 辑第 121 页	
19293	曾慕韩先生的早期政治思想 / 沈云龙 // *民主潮 1951 年 1 卷 16 期	
19294	我对慕韩先生的追忆和认识 / 林可玑 // *民主潮 1951 年 1 卷 16 期	
19295	我所认识的慕韩 / 张梦九 // *民主潮 1951 年 1 卷 16 期	
19296	忆慕韩先生 / 张希为 // *民主潮 1951 年 1 卷 16 期	
19297	半生随侍在天涯 / 程光复 // *民主潮 1951 年 1 卷 16 期	
19298	悼曾慕韩先生 / 陈启天 // *新中国评论 1951 年 2 卷 2 期	
19299	曾慕韩先生在民国史中之地位 / 陶元珍 // *新中国评论 1951 年 2 卷 2 期	
19300	敬悼曾慕韩先生 / 沈云龙 // *新中国评论 1951 年 2 卷 2 期	
19301	梁任公与曾慕韩 / 耘农 // *民主潮 1959 年 9 卷 11 期	
19302	追忆慕韩 / 张君劢 // *民主潮 1961 年 11 卷 18 期	
19303	述曾慕韩生平政治行动之一贯方针 / 李璜 // *民主潮 1961 年 11 卷 18 期	
19304	谈曾慕韩先生 / 胡秋原 // *民主潮 1961 年 11 卷 18 期	
19305	曾琦小传及其诗 / 文守仁 // *四川文献 1964 年 19 期	
19306	曾琦(1892—1951) / *传记文学 1973 年 23 卷 2 期, *民国人物小传第 1 册第 210 页	
19307	忆曾琦先生 / 赖景瑚 // *传记文学 1975 年 26 卷 6 期	
19308	曾琦 / 王师曾 // *传记文学 1976 年 29 卷 2 期	
19309	曾琦先生传 / 沈云龙 // *传记文学 1976 年 29 卷 3 期	
19310	吾党先贤传略(一)——曾故主席慕韩先生 / 洪健岳 // *国家论坛 1978 年 11 卷 1 期	
19311	曾慕韩先生给我的印象及党务回忆 / 王世昭 // *民主潮 1981 年 31 卷 5 期、9 期	
19312	慕韩先生论兵二三事 / 王岚僧 // *中国青年党党史资料第 1 辑第 133 页	
19313	曾慕韩先生丁亥日记 / *中国青年党党史资料第 1 辑第 150 页	
19314	曾琦传 / 文守仁 // *民国四川人物传记第 192 页	
19315	书生建党的曾琦 / 左舜生 // *近代中国史料丛刊第五辑(总 49—50)·万竹楼随笔影印本第 290 页	
19316	曾琦(1892—1951) / 戴晋新 // *环华百科全书第 17 册第 8 页

曾熙

19317	曾农髯书合南北 / 容天圻 // *新闻报 1963 年 2 月 11 日	
19318	张大千的两位老师——李梅庵与曾农髯 / 曾克仑 // *艺文志 1976 年 125 期	

曾万里

19319	曾万里 / *革命人物志第 16 集第 224 页	
19320	曾万里遇难经过 / *革命人物志第 16 集第 225 页	

曾习经

19321	曾蛰庵硜硜自守 / 南湖 // *"中央"日报 1962 年 6 月 30 日	
19322	曾习经 / 刘绍唐主编 // *传记文学 1987 年 50 卷 3 期	
19323	曾习经行状 / 曾靖圣 // *碑传集第三编第 2 册第 455 页	

曾日全

19324	江继复、曾日全 / 眭云章 // *革命人物志第 14 集第 139 页	

曾今可

19325	传奇诗人曾今可 / 天方 // *明报 1971 年 9 月 27 日	

19326　记"桂冠诗人"曾今可 / 胡昌炽 // *江西文献 1966 年 9 期
19327　曾今可(1902—1971) / 关志昌 // *传记文学 1984 年 45 卷 1 期
19328　曾今可 / 李立明 // *中国现代六百作家小传第 429 页

曾文俊
19329　曾文俊 / *革命人物志第 5 集第 308 页

曾石泉
19330　曾石泉 / 陈衮尧 // *华侨名人传第 461 页
19331　曾石泉 / *革命人物志第 19 集第 203 页

曾扩情
19332　曾扩情 / 刘绍唐主编 // *传记文学 1987 年 50 卷 4 期

曾达生
19333　曾达生 / 硕　心 // *革命人物志第 10 集第 462 页

曾传范
19334　曾传范事略 / 冯自由 // *革命人物志第 5 集第 316 页

曾仲鸣
19335　曾仲鸣(1896—1939) / *传记文学 1983 年 42 卷 1 期，*民国人物小传第 6 册第 355 页
19336　曾仲鸣 / 李立明 // *中国现代六百作家小传第 430 页

曾如清
19337　曾如清 / 黄震遐 // *中共军人志第 467 页

曾约农
19338　东海大学校长曾约农 / 叶天行 // *中国一周 1955 年 273 期
19339　曾约农家学渊源 / 李尔康 // *中国一周 1959 年 460 期
19340　老教育家曾约农教授的风范 / 许信良 // *中国一周 1966 年 821 期
19341　敬悼曾约农先生 / 李尔康 // *传记文学 1987 年 50 卷 2 期
19342　曾约农 / 刘绍唐主编 // *传记文学 1987 年 50 卷 5 期
19343　曾约农 / *环华百科全书第 17 册第 9 页

曾纪芬
19344　崇德老人八十自订年谱 / *文海出版社 1967 年 1 月影印本
19345　崇德老人纪念册(附崇德老人自订年谱) / 聂其杰 // *文海出版社近代中国史料丛刊第三辑(总 22)影印本 346 页
19346　崇德老人轶事 / 静　仪 // *畅流 1959 年 19 卷 7 期
19347　崇德老人及其自订年谱(上、中、下) / 沈云龙 // *艺文志 1965 年 3 期—1966 年 5 期，*现代政治人物述评(下卷)第 27 页
19348　崇德老人家世及其书法 / 沈云龙 // *湖南文献 1979 年 7 卷 3 期
19349　曾国藩季女曾纪芬 / 郑仁佳 // *传记文学 1998 年 73 卷 6 期

曾纪筑
19350　曾纪筑 / *革命人物志第 10 集第 457 页

曾孝纯
19351　曾孝纯 / *革命人物志第 10 集第 457 页、第 20 集第 222 页

曾志仁
19352　曾志仁 / *革命人物志第 5 集第 311 页

曾克林
19353　曾克林 / 黄震遐 // *中共军人志第 468 页

曾克明
19354　曾克明事略 / *革命人物志第 5 集第 312 页

曾时岳
19355 曾时岳／吴汉超∥＊革命人物志第 10 集第 461 页
曾伯兴
19356 曾伯兴／＊革命人物志第 5 集第 312 页
曾伯猷
19357 挽曾伯猷先生／陶希圣∥＊"中央"日报 1964 年 1 月 24 日
19358 记曾劭勋先生／陶希圣∥＊传记文学 1964 年 4 卷 2 期
曾希圣
19359 曾希圣／黄震遐∥＊中共军人志第 469 页
曾启新
19360 故教授曾代表启新事略／＊江西文献 1966 年 9 期
曾国华
19361 曾国华／黄震遐∥＊中共军人志第 475 页
曾泽生
19362 曾泽生／黄震遐∥＊中共军人志第 479 页
曾宝荪
19363 曾宝荪回忆录／曾宝荪∥(香港)基督教文艺出版社 1970 年，＊龙文出版社 1989 年 282 页
19364 曾宝荪女士纪念集／＊曾宝荪女士纪念集编委会编印 1978 年版 318 页
19365 杰出的女教育家曾宝荪／石 敏∥＊"中央"日报 1963 年 2 月 18 日
19366 我的家世与早年所受教育／曾宝荪∥＊传记文学 1972 年 20 卷 5 期
19367 出洋留学前后／曾宝荪∥＊传记文学 1973 年 22 卷 2 期
19368 三十年教女学生的经验／曾宝荪∥＊传记文学 1975 年 26 卷 1 期
19369 身兼宗教家与教育家的曾宝荪女士／卓遵宏∥＊近代中国 1978 年 7 期
19370 曾宝荪(1893—1978)／卓遵宏∥＊传记文学 1978 年 33 卷 5 期，＊民国人物小传第 3 册第 244 页
19371 曾宝荪女士传／卓遵宏∥＊湖南文献 1984 年 12 卷 1 期
19372 追怀曾宝荪先生／费海玑∥＊湖南文献 1984 年 12 卷 1 期
19373 追忆曾宝荪女士／邓新吾∥＊中外杂志 1984 年 35 卷 2 期
19374 曾宝荪(1893—1978)／＊环华百科全书第 17 册第 5 页
19375 曾宝荪／＊革命人物志第 22 集第 326 页
曾宝堂
19376 曾宝堂／黄震遐∥＊中共军人志第 473 页
曾绍山
19377 曾绍山／黄震遐∥＊中共军人志第 476 页
曾树帜
19378 曾树帜／＊革命人物志第 5 集第 319 页
曾省三
19379 曾省三／＊革命人物志第 5 集第 314 页
曾省斋
19380 曾省斋传略／怀 襄∥＊四川文献 1964 年 26 期，＊革命人物志第 10 集第 458 页
19381 我与唐生智的军师顾问和尚斗法记／曾省斋∥＊艺文志 1968 年 30 期
19382 寒梅高洁忆斯人——曾省斋先生行述／伏嘉谟∥＊艺文志 1983 年 214 期
19383 曾省斋传略／周开庆∥＊民国四川人物传记第 194 页
19384 曾省斋二三事／余枉生∥＊革命人物志第 10 集第 460 页
曾昭抡
19385 怀念曾昭抡教授／袁翰青∥＊传记文学 1993 年 63 卷 1 期

19386 人民政协代表曾昭抡 / *新中国人物志(下)第 100 页

曾昭森
19387 中央文化教育委员会委员曾昭森 / *新中国人物志(下)第 102 页

曾昭墟
19388 曾昭墟 / 黄震遐 // *中共军人志第 473 页

曾昭燏
19389 曾昭燏 / 刘绍唐主编 // *传记文学 1999 年 74 卷 4 期

曾思玉
19390 曾思玉 / 黄震遐 // *中共军人志第 470 页

曾养甫
19391 曾养甫 / 姜联成 // *"中央"日报 1969 年 8 月 31 日,*革命人物志第 20 集第 224 页
19392 曾养甫(1898—1969) / 林秉衍 // *传记文学 1975 年 27 卷 2 期,*民国人物小传第 2 册第 214 页,*革命人物志第 20 集第 222 页
19393 五十自叙 / 曾养甫 // *传记文学 1975 年 27 卷 3 期

曾恩波
19394 永远站在第一线上的曾恩波 / 周安仪 // *中国新闻从业人员群像(下册)第 387 页

曾祥煌
19395 曾祥煌 / 黄震遐 // *中共军人志第 474 页

曾夏初
19396 曾夏初 / 刘绍唐主编 // *传记文学 1995 年 67 卷 3 期

曾虚白
19397 庆祝常熟曾虚白先生九秩华诞专刊 / 中国文化大学三民主义研究博士班编印 1984 年版
19398 《曾虚白自传》上集 / 曾虚白 // *联经出版社 1988 年 352 页
19399 曾虚白自传 / 曾虚白 // *学生书局 1990 年 3 册
19400 《曾虚白自传》中、下集 / 曾虚白 // *联经出版事业公司 1990 年 977 页
19401 新闻界泰斗曾虚白昨病逝 / *中国时报 1994 年 1 月 6 日
19402 一个外行人办报的经验谈 / 曾虚白 // *传记文学 1969 年 15 卷 4 期
19403 "八一三"忆往 / 曾虚白 // *传记文学 1981 年 38 卷 1 期
19404 曾虚白 / 李立明 // *中国现代六百作家小传第 431 页
19405 办报,教书,谈天下事——献身新闻事业四十余年的虚白老人谈往 / 周安仪 // *中国新闻从业人员群像(上册)第 45 页
19406 曾虚白 / *环华百科全书第 17 册第 8 页
19407 小传 / 曾虚白 // *曾虚白自选集第 1 页

曾景文
19408 访艺术大师曾景文 / 汪有序 // *"中央"日报 1954 年 5 月 17 日
19409 曾景文街头作画 / 杨文朴 // *联合报 1957 年 7 月 25 日
19410 大画家曾景文先生 / 刘若熙 // *中国一周 1957 年 380 期

曾锡珪
19411 曾锡珪(1901—1960) / 姚崧龄 // *传记文学 1975 年 27 卷 2 期,*民国人物小传第 2 册第 215 页
19412 史迪威与曾锡珪的交往和友谊 / 曾武英 // *传记文学 1996 年 69 卷 2 期

曾雍雅
19413 曾雍雅 / 黄震遐 // *中共军人志第 478 页

曾静涛
19414 衡阳曾静涛先生九秩冥寿纪念集 / 曾宪政编印 1971 年线装 83 页

曾潜英
19415 曾潜英 / 刘绍唐主编 // *传记文学 1996 年 69 卷 1 期

曾鲲化
19416 记曾鲲化先生 / 伍奕光 // *传记文学 1987 年 50 卷 6 期

温　生
19417 温　生 / *革命人物志第 10 集第 503 页

温　和
19418 温　和 / *革命人物志第 10 集第 504 页

温　肃
19419 温文节公年谱 / 温肃自编、温必复续编 // *文海出版社 1972 年影印本

温　涛
19420 访温涛 / *中国老一辈革命家第 208 页

温玉成
19421 温玉成 / 黄震遐 // *中共军人志第 455 页

温生才
19422 温生才 / 舒　容 // *儿童书局 1958 年
19423 温生才 / 魏希文 // *金兰出版社 1985 年 170 页
19424 温生才的精神 / 安怀音 // "中央"日报 1956 年 3 月 23 日
19425 铁血健儿博浪椎 / 绩　苏 // *畅流 1957 年 16 卷 8 期
19426 轰毙孚琦心犹有憾的温生才 / 侯　悟 // *励进 1977 年 381 期
19427 温生才 / 刘子青 / *中国历代人物评传(下册)第 297 页
19428 温生才传 / 邹　鲁 // *革命人物志第 6 集第 319 页

温志飞
19429 温志飞 / *革命人物志第 17 集第 291 页

温应星
19430 敬悼吾师温应星将军 / 侯中一 // *中国一周 1968 年 973 期

温宗尧
19431 温宗尧(1876—1946) / 关国煊 // *传记文学 1984 年 45 卷 3 期

温炳臣
19432 敬悼温炳臣先生 / 陈固亭 // *"中央"日报 1955 年 3 月 21 日
19433 温炳臣先生 / *"中央"日报 1955 年 3 月 27 日
19434 国父革命的伙伴温炳臣 / 郑彦棻 // *艺文志 1965 年 2 期
19435 革命老侨温炳臣 / 郑彦棻 // *中外杂志 1984 年 36 卷 4 期
19436 温炳臣 / 郑彦棻 // *华侨名人传第 288 页，*革命人物志第 10 集第 505 页

温崇信
19437 敬悼温崇信老师 / 赵世洵 // *传记文学 1987 年 51 卷 3 期

温梓川
19438 温梓川 / 李立明 // *中国现代六百作家小传第 439 页

温朝钟
19439 温朝钟 / *革命人物志第 10 集第 510 页

温辉祖
19440 温辉祖 / *革命人物志第 6 集第 324 页

游　寿
19441 游寿传 / 邹　鲁 // *革命人物志第 5 集第 486 页

游好扬
19442 游好扬 / 黄震遐 // *中共军人志第 466 页

游弥坚
19443 游弥坚(1897—1971) / 邱奕松 // *传记文学 1977 年 30 卷 3 期，*民国人物小传第 3 册第 232

页，*革命人物志第 20 集第 228 页

谢 扶
19444　谢扶先生的生平 / 周开庆 // *民国四川人物传记第 161 页

谢 持
19445　天风澥涛馆六十自述 / 谢 持 // *四川文献 1964 年 28 期，*革命人物志第 8 集第 304 页，*谢持文集第 37 页
19446　记谢慧生先生 / 毛一波 // *四川文献 1964 年 28 期
19447　谢慧生先生行述 / 谢家田 // *四川文献 1964 年 28 期，革命人物志第 8 集第 319 页，*谢持文集第 8 页
19448　国民政府委员谢持墓表 / 邹 鲁 // *四川文献 1966 年 51 期，*邹鲁全集第 9 册第 410 页，*谢持文集第 5 页
19449　西山会议二健将——谢持与覃振 / 吴相湘 // *传记文学 1966 年 8 卷 4 期
19450　谢 持（1876—1939）/ 蒋永敬 // *传记文学 1976 年 28 卷 4 期，*民国人物小传第 2 册第 303 页
19451　谢 持 / 吴相湘 // *民国百人传第 2 册 157 页
19452　谢 持（1876—1939）/ 戴晋新 // *环华百科全书第 12 册第 537 页
19453　谢 持 / 周开庆 // *革命人物志第 8 集第 297 页
19454　记谢慧生先生 / 毛一波 // *革命人物志第 8 集第 325 页，*谢持文集第 29 页
19455　谢持传 / 王宇高 // *谢持文集第 14 页
19456　谢持先生的生平 / 周开庆 // *谢持文集第 16 页
19457　国父年谱与国父全集中有关谢持先生之记载 / *谢持文集第 26 页

谢 梁
19458　谢 梁 / 谢 湘 // *革命人物志第 8 集第 336 页

谢八尧
19459　谢八尧、邓伯曜、郑行果、谭胜、范运焜 / 胡汉民 // *革命人物志第 8 集第 284 页
19460　谢八尧、邓伯曜、郑行果、谭胜、范运焜五烈士碑记 / 林直勉 // 革命人物志第 8 集第 286 页

谢人堡
19461　谢人堡 / 李立明 // *中国现代六百作家小传第 537 页

谢飞麟
19462　半梦记——自述生平（自序）/ 谢飞麟 // *革命人物志第 15 集第 397 页
19463　谢 震 / *革命人物志第 15 集第 393 页
19464　先烈谢飞麟先生年谱 / 陈成 // *革命人物志第 15 集第 410 页

谢元恺
19465　谢元恺 / 张难先 // *革命人物志第 8 集第 287 页

谢元骥
19466　谢元骥 / 冯自由 // *革命人物志第 8 集第 288 页

谢无量
19467　谢无量（1885—1964）/ 关志昌 // *传记文学 1980 年 36 卷 2 期，*民国人物小传第 4 册第 403 页
19468　谢无量 / 李立明 // *中国现代六百作家小传第 541 页

谢仁钊
19469　谢仁钊 / *革命人物志第 18 集第 346 页

谢六逸
19470　谢六逸（189—1945）/ 秦贤次 // *传记文学 1976 年 28 卷 6 期，*民国人物小传第 2 册第 305 页
19471　谢六逸 / 李立明 // *中国现代六百作家小传第 537 页
19472　谢六逸 / 黄俊东 // *现代中国作家剪影第 163 页
19473　怀念恩师谢六逸先生 / 裴午民 // *学府纪闻·私立大夏大学第 80 页

谢心准
19474 谢心准／关巧华／／＊革命人物志第 23 集第 462 页

谢玉岑
19475 谢玉岑与九社／恽茹辛／／＊大成 1977 年 43 期

谢甘盘
19476 谢甘盘（1859—1918）家传／陈三立／／＊碑传集三编 10 册第 2405 页

谢东闵
19477 无畏困境的谢东闵先生／李德安／／＊当代名人风范(3)第 1009 页
19478 谢东闵／＊环华百科全书第 12 册第 531 页

谢北亭
19479 谢烈士北亭传略／＊川籍抗战英烈录第 94 页

谢永存
19480 谢永存／＊革命人物志第 8 集第 292 页

谢幼伟
19481 我在海外办报的经验／谢幼伟／／＊报学 1953 年 1 卷 5 期
19482 哲人其萎　永怀吾师——悼谢幼伟先生／王邦雄／／＊鹅湖 1976 年 2 卷 5 期
19483 哲人之逝——悼谢幼伟先生／程兆熊／／鹅湖 1976 年 2 卷 5 期，＊文艺复兴 1976 年 78 期
19484 敬业好学的哲学家——怀念吴康、谢幼伟先生／张起钧／／鹅湖 1977 年 2 卷 11 期
19485 永怀哲人——悼念谢幼伟教授／林子勋／／＊中外杂志 1977 年 21 卷 1 期
19486 中华孝道永存谢师精神不朽——怀谢幼伟老师／吴　森／／＊鹅湖 1978 年 4 卷 5 期

谢幼甫
19487 谢幼甫／李　寰／／＊革命人物志第 19 集第 289 页

谢有法
19488 谢有法／黄震遐／／＊中共军人志第 653 页

谢刚杰
19489 谢刚杰传略／江　绪／／＊四川文献 1969 年 80 期，＊革命人物志第 20 集第 274 页

谢刚哲
19490 谢刚哲先生传略／冉鸿翮／／＊四川文献 1966 年 41 期，＊民国四川人物传记第 48 页，＊革命人物志第 15 集第 431 页

谢仲仁
19491 谢仲仁／马天行／／＊革命人物志第 20 集第 271 页

谢冰莹
19492 在日本狱中／谢冰莹／／＊远东图书公司 1953 年版 154 页
19493 我的少年时代／谢冰莹／／＊正中书局 1955 年版 104 页
19494 女兵自传／谢冰莹／＊力行书局 1956 年版 278 页
19495 我的回忆／谢冰莹／＊三民书局 1967 年版 216 页
19496 我在日本／谢冰莹／＊东大图书公司 1984 年版 227 页
19497 抗战日记／谢冰莹／＊东大图书有限公司 1981 年版 453 页
19498 冰莹忆往／谢冰莹／＊三民书局 1991 年 253 页
19499 "女兵"谢冰莹的往事／杜　米／／＊星岛晚报 1952 年 6 月 20 日
19500 平凡的半生／谢冰莹／／国语日报 1966 年 10 月 8 日，女作家自传选集第 247 页
19501 冰莹小传／李立明／／＊中国时报 1969 年 8 月 23 日
19502 文坛斗士谢冰莹／方强原／／＊中国一周 1956 年 329 期
19503 谢冰莹教授／＊中国一周 1966 年 838 期
19504 女兵、作家、教授／冬　青／／＊中国一周 1966 年 838 期

19505　我的青年时代 / 谢冰莹 // ＊中外杂志 1967 年 1 卷 2 期，＊狮子吼 1979 年 18 卷 1 期
19506　女兵回响曲——作家谢冰莹访问记 / 秦　岳 // ＊明道文艺 1979 年 34 期
19507　永远的女兵谢冰莹 / 黄章明 // ＊文讯月刊 1983 年 5 期
19508　我战时的文艺生活及其他 / 谢冰莹 // ＊文讯月刊 1984 年 7、8 期
19509　谢冰莹与黄震的一段姻缘 / 柯文溥 // ＊传记文学 1996 年 69 卷 3 期
19510　谢冰莹 / 李立明 // ＊中国现代六百作家小传第 540 页
19511　名作家谢冰莹教授坎坷的半生 / 李德安 // ＊当代名人风范(4)第 1403 页
19512　谢冰莹 / 陶亢德 // ＊自传之一章第 123 页
19513　黄白薇与谢冰莹 / 赵清阁 // ＊沧海泛忆第 196 页
19514　谢冰莹 / ＊环华百科全书第 12 册第 530 页
19515　谢冰莹 / 方　青 // ＊现代文坛百象第 32 页
19516　谢冰莹 / 赵　聪 // ＊现代中国作家列传第 164 页

谢寿康
19517　记谢寿康先生(1897—1973) / 陈之迈 // ＊传记文学 1974 年 25 卷 1 期
19518　谢寿康 / 于　斌等 // ＊传记文学 1977 年 30 卷 2 期
19519　谢寿康(1897—1973) / ＊传记文学 1977 年 30 卷 3 期，＊民国人物小传第 3 册第 360 页
19520　谢寿康 / ＊革命人物志第 20 集第 276 页

谢扶雅
19521　旧与新的分水岭(记我的童年) / 谢扶雅 // ＊传记文学 1965 年 6 卷 5 期
19522　梁寒操与我 / 谢扶雅 // ＊传记文学 1975 年 27 卷 4 期
19523　我晚年所努力的三事 / 谢扶雅 // ＊明报月刊 1977 年 10 期
19524　民元前后学潮政潮——早期留学日本回忆 / 谢扶雅 // ＊中外杂志 1979 年 25 卷 5 期
19525　燕大往事与故人 / 谢扶雅 // ＊中外杂志 1980 年 28 卷 3 期
19526　宗教哲学家的风范——谢扶雅教授讲学台湾的印象和期望 / 赖景瑚 // ＊中外杂志 1980 年 28 卷 4 期
19527　中山大学与我 / 谢扶雅 // ＊中外杂志 1981 年 29 卷 2 期
19528　记我晚近十年间的一些海外活动 / 谢扶雅 // ＊传记文学 1982 年 41 卷 5 期
19529　我怎样拖了辫子偷渡东洋 / 谢扶雅 // ＊传记文学 1985 年 47 卷 1 期
19530　谢扶雅 / 刘绍唐主编 // ＊传记文学 1993 年 63 卷 1 期

谢利恒
19531　谢利恒师情回忆 / 陈存仁 // ＊传记文学 1999 年 75 卷 4 期

谢伯昌
19532　铁幕边缘擎天一柱谢伯昌 / 向　隅 // ＊艺文志 1975 年第 122 期
19533　谢伯昌(1903—1981) / 关国煊 // ＊传记文学 1982 年 40 卷 5 期，＊民国人物小传第 5 册第 473 页
19534　谢伯昌 / 陈英东 // ＊华侨名人传第 242 页

谢希安
19535　谢希安 / 刘绍唐主编 // ＊传记文学 1996 年 69 卷 4 期

谢良牧
19536　谢良牧 / 刘绍唐主编 // ＊传记文学 1992 年 61 卷 5 期
19537　谢良牧先生墓铭 / 邹　鲁 // ＊革命人物志第 8 集第 294 页

谢启中
19538　谢启中 / 周邦道 // ＊近代教育先进传略(初集)第 397 页

谢奉琦
19539　谢左将军传 / 曾昭鲁 // ＊民国四川人物传记第 6 页
19540　谢奉琦 / ＊革命人物志第 8 集第 295 页

谢英伯

19541 谢英伯(1882—1939) / 陈哲三 // *传记文学 1977 年 31 卷 3 期，*民国人物小传第 3 册第 355 页，*革命人物志第 19 集第 291 页

19542 谢英伯先生自传——人海航程 / 革命人物志第 19 集第 291 页

谢奋程

19543 谢奋程(1898—1941) / 谢灏龄 // *传记文学 1978 年 32 卷 5 期，*民国人物小传第 3 册第 359 页

19544 香江何处觅忠骨——先兄谢奋程殉难四十一周年祭 / 谢灏龄 // 中外杂志 1982 年 32 卷 5 期

谢国光

19545 湘乡三军长 / 胡耐安 // *传记文学 1968 年 13 卷 1 期

19546 三军军长谢国光 / 胡耐安 // *民初三湘人物第 86 页

谢国城

19547 谢国城(1912—1980) / 林抱石 // *传记文学 1981 年 38 卷 3 期，*民国人物小传第 5 册第 474 页

19548 棒球王国开拓者谢国城先生 / 李德安 // 当代名人风范(3)第 991 页

谢和庚

19549 谢和庚和影剧明星王莹的生死恋 / 孙晓鸥 // *传记文学 1997 年 71 卷 3 期

谢宝胜

19550 谢宝胜传 / 罗振玉 // 碑传集三编第 7 册第 1657 页

谢建华

19551 谢建华先生事略 / *江西文献 1976 年 86 期

19552 谢建华 / *革命人物志第 19 集第 369 页

谢贯一

19553 悼谢贯一先生 / 李鸿球 // 自立晚报 1967 年 4 月 21 日

19554 民选市长谢贯一 / 荀寻 // *自由谈 1951 年 2 卷 7 期

19555 一位耿介笃行的市政专家——纪念谢贯一先生逝世十周年 / 欧阳鹏 // *传记文学 1977 年 30 卷 4 期

19556 谢贯一(1902—1967) / 张珂 // *传记文学 1977 年 31 卷 3 期，*民国人物小传第 3 册第 357 页

19557 谢贯一 / *革命人物志第 15 集第 426 页

谢秋崖

19558 谢秋崖传 / 孙震 // *四川文献 1967 年 56 期

谢洪赉

19559 敬述先君谢公洪赉行谊 / 朱谢文秋 // *传记文学 1973 年 22 卷 4 期

19560 亦耶亦儒之谢洪赉先生 / 姚崧龄 // *传记文学 1973 年 22 卷 4 期

19561 谢洪赉(1873—1916) / 谢文秋 // *传记文学 1974 年 25 卷 2 期，*民国人物小传第 1 册第 274 页

谢觉哉

19562 谢觉哉(1884—1971) / 关国煊 // *传记文学 1985 年 46 卷 2 期

19563 访谢觉哉 / *中国老一辈革命家第 45 页

谢冠生

19564 谢故院长冠生先生纪念集 / 谢故院长冠生先生纪念集编委会 1972 年版 257 页

19565 冠生与我 / 宋希尚 // *中国一周 1966 年 865 期

19566 童年回忆 / 谢冠生 // 中外杂志 1970 年 8 卷 2 期

19567 尽瘁司法的谢冠生先生 / 张文伯 // 宪政时代 1977 年 3 卷 1 期

19568 追怀谢冠生先生 / 王洸 // *中外杂志 1978 年 24 卷 5 期

19569 谢冠生(1897—1971) / 郑孝颖 // *传记文学 1979 年 34 卷 2 期，*民国人物小传第 3 册第 354 页

19570 谢冠生先生传 / 燕诒 // *东方杂志 1980 年 14 卷 4 期

19571 法学泰斗谢冠生博士 / 李德安 // *当代名人风范(1)第 305 页

19572　谢冠生／＊革命人物志第 13 集第 441 页
19573　记谢冠生先生／阮毅成／／＊前辈先生第 101 页

谢振华

19574　谢振华／黄震遐／／＊中共军人志第 654 页

谢晋元

19575　八百壮士与谢晋元日记／上官百战／／＊华欣文化事业中心 1976 年版
19576　上海的守护神——谢晋元传／姚晓天／／＊近代中国出版社 1982 年版 252 页，＊近代中国杂志社 1982 年 268 页
19577　四行仓库孤军魂——纪念谢晋元将军殉职二十二周年／刘榮琮／／＊畅流 1963 年 27 卷 5 期
19578　忠勇报国的谢晋元烈士／刘树远／／＊政治评论 1967 年 19 卷 6 期
19579　谢晋元与八百壮士／丘式如／／＊中外杂志 1976 年 19 卷 1 期
19580　谢晋元（1905—1941）／贺德旺／／＊传记文学 1976 年 28 卷 3 期，＊民国人物小传第 2 册第 307 页
19581　领导八百将士的谢晋元将军／赵国清／／＊新万象 1976 年 5 期
19582　谢晋元烈士传／赵国清／／＊近代中国 1981 年 22 期，革命人物志第 8 集第 331 页
19583　谢晋元与八百壮士／孙元良／／＊近代中国 1981 年 22 期
19584　《上海的守护神——谢晋元传》书后／赵淑敏／／＊近代中国 1983 年 35 期
19585　谢晋元／谭慧生／／＊民国伟人传记第 362 页
19586　谢晋元（1905—1941）／戴晋元／／＊环华百科全书第 20 册第 536 页
19587　谢晋元／汪辟疆／／＊革命人物志第 8 集第 328 页

谢家祥

19588　谢家祥／黄震遐／／＊中共军人志第 653 页

谢家鸿

19589　谢家鸿／柏沁芳／／＊革命人物志第 8 集第 333 页

谢雪红

19590　谢雪红的悲剧／＊1958 年 50 页
19591　谢雪红评传／陈芳明／／＊前卫出版社 1992 年版 755 页
19592　谢雪红闪亮而坎坷的一生／林铭章／／＊传记文学 1992 年 61 卷 2 期
19593　中央政治法律委员会委员谢雪红／柏　生／／＊新中国人物志（下）第 216 页

谢雪畴

19594　谢雪畴／黄震遐／／＊中共军人志第 655 页

谢逸桥

19595　谢逸桥／刘绍唐主编／／＊传记文学 1992 年 61 卷 5 期

谢维周

19596　谢维周／刘伯文／／＊革命人物志第 15 集第 436 页
19597　先烈谢维周将军墓志铭／谢冠生／／＊革命人物志第 15 集第 439 页
19598　哭父文／谢行知／／＊革命人物志第 15 集第 439 页

谢维屏

19599　谢维屏／陈庆芝等／／＊革命人物志第 8 集第 335 页

谢葆璋

19600　谢葆璋／刘绍唐主编／／＊传记文学 1995 年 67 卷 6 期

谢铸陈

19601　谢铸陈回忆录／谢　健／／＊杨树梅印行 1961 年 2 册，＊文海出版社近代中国史料丛刊第九十一辑（总 909）影印本 255 页
19602　谢铸陈回忆录／郑秀卿／／＊四川文献 1962 年 2 期
19603　谢健传／封思毅／／＊四川文献 1976 年总 159 期

谢然之
19604　报人、学者、新闻教育家——谢然之 / 翁碧英 // *中国一周 1965 年 789 期

谢富治
19605　谢富治 / 黄震遐 // *中共军人志第 656 页
19606　谢富治（1909—1972） / *环华百科全书第 12 册第 531 页

谢新周
19607　办学二十年 / 谢新周 // *"中央"日报 1963 年 9 月 28 日
19608　悼谢新周先生 / 叶　英 // *中国国学 1981 年 9 期
19609　遗爱永在人间——敬悼谢新周先生 / 许竹心 // *中国国学 1981 年 9 期

谢端元
19610　谢端元 / *革命人物志第 18 集第 351 页

谢稚柳
19611　与张大千连心的国画家谢稚柳 / 关国煊 // *传记文学 1997 年 71 卷 4 期

谢澄平
19612　谢澄平 / 刘绍唐主编 // *传记文学 1995 年 67 卷 5 期

谢翰周
19613　谢翰周 / *革命人物志第 8 集第 339 页

谢镗忠
19614　谢镗忠 / 黄震遐 // *中共军人志第 659 页

谢瀛洲
19615　纪念谢瀛洲先生逝世一周年 / 郑彦棻 // *传记文学 1973 年 22 卷 4 期

谢缵泰
19616　谢缵泰（1872—1937） / 关国煊 // *传记文学 1985 年 46 卷 5 期
19617　谢缵泰事略 / 邹　鲁 // *革命人物志第 8 集第 340 页

十 三 画

〔一〕

瑞洵
19618　瑞洵传／杨钟羲／／＊碑传集三编第 2 册第 569 页

瑞澄
19619　瑞　澄(1863—1912)／＊传记文学 1982 年 4 卷 4 期，＊民国人物小传第 5 册第 364 页

瑞光和尚
19620　齐白石与瑞光和尚／张次溪／／＊艺林丛录(八)第 238 页

鄢树藩
19621　鄢树藩／张难先／／＊革命人物志第 9 集第 335 页

靳云鹏
19622　斜眼总理靳云鹏／丁龙垲／／＊春秋 1967 年 6 卷 6 期
19623　徐树铮与靳云鹏斗争记／薛观澜／／＊新万象 1976 年 2 期
19624　靳云鹏(1877—1951)／关国煊／／＊传记文学 1981 年 38 卷 2 期，＊民国人物小传第 5 册第 338 页
19625　三度组阁靳云鹏／赵朴民／／＊北洋政府国务总理列传 72 页
19626　靳云鹏(1877—1951)／环华百科全书第 11 册第 530 页

靳仲云
19627　记诗人靳仲云先生／刘渭平／／＊传记文学 1973 年 23 卷 4 期

靳来川
19628　靳来川／黄震遐／／＊中共军人志第 545 页

蓝妮
19629　孙中山孙女被绑架经过——关于蓝妮、孙穗芬母女的一点补充资料／关国煊／／＊传记文学 1993 年 63 卷 3 期

蓝天蔚
19630　蓝天蔚(1878—1921)／关国煊／／＊传记文学 1980 年 37 卷 3 期，＊民国人物小传第 4 册第 416 页
19631　蓝天蔚／＊革命人物志第 9 集第 457 页

蓝公武
19632　中央最高人民检察署副检察长蓝公武／＊新中国人物志(下)第 56 页

蓝文征
19633　蓝文征(1901—1976)／陈哲三、黄超民／／＊传记文学 1976 年 28 卷 4 期，＊民国人物小传第 2 册第 324 页
19634　蓝文征先生的学业与道业——兼论蓝先生的学术思想／汤承业／／＊编译馆馆刊 1978 年 7 卷 1 期

蓝文彬
19635　范绍增与蓝文彬／刘航深述、章君谷记／／＊中外杂志 1968 年 3 卷 5 期

蓝亦农
19636　蓝亦农／黄震遐／／＊中共军人志第 709 页

蓝荫鼎
19637　蓝荫鼎其人其画／唐嗣尧／／＊"中央"日报 1958 年 3 月 2 日
19638　水彩画大师蓝荫鼎／赵光裕／／＊自立晚报 1967 年 8 月 17 日
19639　蓝荫鼎其人其画／鸡笼生／／＊畅流 1958 年 17 卷 1 期
19640　蓝荫鼎的艺术生活／＊美哉中华 1968 年 2 期

19641 蓝荫鼎"只开风气不为师" / 林 斌 // *艺文志 1968 年 31 期
19642 享誉国际的水彩画家——蓝荫鼎 / 陈金蕙 // *中国一周 1969 年 978 期
19643 醉心于传统的蓝荫鼎 / 彭 房 // *国魂 1977 年 378 期
19644 蓝荫鼎(1903—1979) / 林 泉 // *传记文学 1979 年 35 卷 1 期,*民国人物小传第 4 册第 419 页
19645 "英国绅士"——我所知道的蓝荫鼎 / 李泽藩 // *艺术家 1979 年 46 期
19646 成功者的孤影——蓝荫鼎的生涯与艺术 / 北 辰 // *艺术家 1979 年 46 期
19647 访蓝荫鼎先生的艺术王国 / 李德安 // *当代名人风范(3)第 983 页
19648 蓝荫鼎(1903—1979) / *环华百科全书第 6 册第 518 页

蓝啸声
19649 蓝啸声(1907—1982) / 于翔麟 // *传记文学 1985 年 46 卷 2 期

蓝毓昌
19650 蓝毓昌 / *革命人物志第 9 集第 458 页

蒲 风
19651 蒲 风 / 李立明 // *中国现代六百作家小传第 479 页
19652 蒲 风 / 舒 兰 // *北伐前后新诗作家和作品第 315 页
19653 蒲 风 / 黄俊东 // *现代中国作家剪影第 154 页

蒲大义
19654 蒲大义 / 黄震遐 // *中共军人志第 555 页

蒲良柱
19655 山居日记 / 蒲良柱 // *广文书局 1968 年 137 页

蒲殿俊
19656 蒲伯英 / 李立明 // *中国现代六百作家小传第 480 页

蒙文通
19657 蒙文通 / 刘绍唐主编 // *传记文学 1996 年 69 卷 3 期

蒙裁成
19658 蒙裁成 / 周邦道 // *近代教育先进传略(初集)第 237 页

楚图南
19659 记楚图南 / 穆 逸 // *明报 1973 年 4 月 11 日
19660 "民盟老将"楚图南 / 关国煊 // *传记文学 1997 年 71 卷 1 期
19661 楚图南 / 方雪纯等 // *中共人名录第 578 页
19662 楚图南 / 李立明 // *中国现代六百作家小传第 467 页
19663 人民政协代表楚图南 / *新中国人物志(下)第 42 页

楚崧秋
19664 我怎样接办《中华日报》/ 楚崧秋 // *中外杂志 1967 年 2 卷 1 期
19665 不以报人自居的报人——楚崧秋 / 周安仪 // *中国新闻从业人员群像(上册)第 79 页

楚溪春
19666 傅作义、楚溪春与安春山——记察绥国军出援东北之役 / 陈嘉骥 // *传记文学 1975 年 26 卷 1 期

楼光来
19667 英国文学三杰之一楼光来老师 / 卢月化 // *中外杂志 1969 年 6 卷 5 期

楼适夷
19668 悼念楼适夷 / 一 丁 // *明报月刊 1976 年 3 期
19669 适 夷 / 林曼叔 // *中国当代作家小传第 1 集第 30 页
19670 楼适夷 / 李立明 // *中国现代六百作家小传第 514 页
19671 鲁迅与楼适夷 / 马蹄疾 // *鲁迅与浙江作家第 241 页

楼秉国
19672 楼秉国 / 刘绍唐主编 // *传记文学 1992 年 61 卷 6 期

楼桐孙

19673 七十回忆 / *楼桐孙撰印 1965 年 21 页
19674 豁达为怀的楼桐孙先生 / 黄立懋 // *艺文志 1975 年 120 期

裘开明

19675 纪念裘开明先生——一位毕生为学术服务的中国图书馆专家 / 邓嗣禹 // *传记文学 1978 年 32 卷 6 期，*邓嗣禹先生学术论文选集第 429 页

裘廷梁

19676 吴稚晖与裘可桴 / 朱传誉 // *"中央"日报 1963 年 12 月 3 日

裘盛戎

19677 裘派创始人裘盛戎 / 齐崧 // *传记文学 1975 年 26 卷 5 期

赖 和

19678 台湾最伟大的人道主义者——赖和先生 / 李南衡 // *医望 1979 年 3 卷 1 期
19679 一群高迈聪慧而勇敢的人们(一)——回忆赖和先生及其他 / 李笃恭 // *中华杂志 1983 年 240—243 期
19680 台湾新文学之父赖和先生平反的经过 / 王晓波 // *文季 1984 年 1 卷 5 期，*台声 1984 年 2 期
19681 赖 和 / 刘绍唐主编 // *传记文学 1987 年 51 卷 4 期
19682 赖 和 / 乡土作家选集第 1 页
19683 赖 和(1894—1943) / *环华百科全书第 6 册第 435 页

赖 琳

19684 赖 琳 / 刘绍唐主编 // *传记文学 1995 年 66 卷 2 期

赖 毅

19685 赖 毅 / 黄震遐 // *中共军人志第 644 页

赖心辉

19686 赖心辉(1886—1942) / 于翔麟 // *传记文学 1985 年 47 卷 2 期

赖世璜

19687 赖世璜(1889—1927) / 于翔麟 // *传记文学 1983 年 42 卷 4 期，*民国人物小传第 6 册第 458 页

赖在得

19688 赖在得 / 曾宪政 // *环华百科全书第 6 册第 435 页

赖传湘

19689 赖传湘 / 刘绍唐主编 // *传记文学 1987 年 51 卷 6 期
19690 赖传湘 / *革命人物志第 16 集第 320 页

赖名汤

19691 赖名汤将军与航空工业 / 李永照 // *传记文学 1985 年 46 卷 1 期

赖际熙

19692 赖际熙(1865—1937) / 何广棪 // *传记文学 1976 年 28 卷 6 期，*民国人物小传第 2 册第 263 页

赖振华

19693 赖 鼎 / *革命人物志第 11 集第 337 页

赖崇德

19694 赖烈士崇德传略 / *川籍抗战忠烈录第 102 页

赖景瑚

19695 烟云思往录 / 赖景瑚 // *传记文学出版社 1980 年版
19696 西北工学院与西北大学(抗战期间兼长西北两大学的回忆) / 赖景瑚 // *传记文学 1966 年 8 卷 5 期
19697 一个最愉快的回忆——抗战期间兼长西北大学的经过和感想 / 赖景瑚 // *传记文学 1969 年 15 卷 6 期

19698 苦乐并尝的大学生活——四十多年前一个留美穷学生的挣扎／赖景瑚／／＊传记文学1970年17卷3期
19699 回祖国,找工作,参加革命／赖景瑚／／＊传记文学1970年17卷5期
19700 在广州的一年——一生工作和矛盾的开始／赖景瑚／／＊传记文学1971年18卷5期
19701 岳云和雅礼／赖景瑚／／＊传记文学1971年19卷4期
19702 从兵工到市政——南京奠都时期个人经历的回忆／赖景瑚／／＊传记文学1972年20卷3期
19703 赖景瑚先生自述往事答客问／＊传记文学1977年30卷6期
19704 台居随笔／赖景瑚／／＊传记文学1979年29卷3期
19705 从做国际公务员到写国际专栏／赖景瑚／／＊传记文学1979年35卷6期
19706 西安事变时的洛阳——主持中央驻洛办事处的回忆／赖景瑚／／＊东方杂志1980年14卷2期
19707 三办有成的赖景瑚先生——读其新著《烟云思往录》有感／阮毅成／／＊东方杂志1981年14卷11期
19708 赖景瑚先生与湖南／刘修如／／＊湖南文献1983年11卷4期
19709 赖景瑚的一生／余井塘／／＊传记文学1983年43卷3期
19710 赖景瑚先生的一生／赵克森／／＊传记文学1983年43卷4期
19711 追念赖景瑚兄／谢扶雅／／＊传记文学1983年43卷6期
19712 赖景瑚先生与西北工学院／靳叔彦／／＊传记文学1983年43卷6期
19713 赖景瑚的故事／晓　恬／／＊当代名人故事第2辑
19714 追念赖景瑚兄／谢扶雅／／＊传记文学1983年43卷6期

甄一怒
19715 甄一怒／陈衮尧／／＊华侨名人传第472页

甄士仁
19716 甄士仁／蔡屏藩／／＊革命人物志第9集第288页

雷加
19717 雷　加／林曼叔等／／＊中国当代作家小传第120页

雷迅
19718 雷迅传／阙　名／／＊革命人物志第11集第148页

雷忠
19719 雷　忠／＊革命人物志第18集第257页

雷恒
19720 雷　恒(1867—1916)／周邦道／／＊近代教育先进传略(初集)第154页

雷殷
19721 实践笃行的雷殷先生／史　镜／／＊中国一周1955年257期

雷冕
19722 临危不乱的校务长雷冕神父／贺　光／／＊学府纪闻·私立辅仁大学第90页

雷震
19723 雷震回忆录／雷　震／／(香港)七十年代杂志社1978年12月版402页
19724 雷震研究／李　敖／／＊李敖出版社1988年342页
19725 胡适·雷震·殷海光:自由主义人物画像／张忠栋／／＊自立晚报社文化出版部1990年218页
19726 有关雷震先生的传记参考资料／宋　英等／／＊传记文学1979年34卷4期
19727 雷　震(1897—1979)／关国煊／／＊传记文学1979年35卷6期,＊民国人物小传第4册第346页
19728 雷　震(1897—1979)／＊环华百科全书第6册第454页

雷天眷
19729 雷烈士天眷传略／＊川籍抗战忠烈录第105页

雷发聋
19730 雷发聋／＊革命人物志第11集第152页

雷沛鸿
19731 雷沛鸿 / 刘绍唐主编 // *传记文学 1999 年 75 卷 2 期

雷补同
19732 雷补同(1861—1930)墓志铭 / 唐文治 // *碑传集三编第 4 册第 1023 页

雷英夫
19733 雷英夫 / 黄震遐 // *中共军人志第 522 页

雷茂林
19734 雷茂林 / *革命人物志第 11 集第 149 页、第 15 集第 11 页

雷昌龄
19735 雷烈士昌龄传略 / *川籍抗战忠烈录第 108 页

雷法章
19736 奉派赴外蒙古参观公民投票之经过 / 雷法章 // *东方杂志 1981 年 14 卷 9 期
19737 雷厉风行 约法三章——雷法章先生其人其事 / 许正直 // *中外杂志 1981 年 30 卷 3 期
19738 雷法章先生二三事 / 何 非 // *湖北文献 1981 年 61 期

雷宝华
19739 雷宝华(1893—1981) / 秦贤次 // *传记文学 1981 年 38 卷 5 期，*民国人物小传第 5 册第 367 页

雷起云
19740 雷起云 / 黄震遐 // *中共军人志第 523 页

雷铁崖
19741 雷昭性 / 文守仁 // *革命人物志第 11 集第 149 页

雷海宗
19742 雷海宗 / 刘绍唐主编 // *传记文学 1998 年 73 卷 3 期

雷润生
19743 悼雷润生先生 / 邓镇庵 // *学粹 1960 年 3 卷 1 期
19744 雷润生 / 邓镇庵 // *革命人物志第 15 集第 282 页

雷啸岑
19745 我的生活史 / 雷啸岑 // *自由太平洋文化事业公司 1965 年版 177 页
19746 忧患余生之自述 / 雷啸岑 // *传记文学出版社 1982 年 10 月版 225 页
19747 重庆市政府从政忆语 / 雷啸岑 // *传记文学 1971 年 18 卷 5 期
19748 从玩票到下海的新闻——写作经历谈 / 雷啸岑 // *传记文学 1975 年 26 卷 6 期
19749 忧患余生之自述(1—5) / 雷啸岑 // *大成 1981 年 89—93 期
19750 忆马五先生 / 冯志翔 // *传记文学 1982 年 41 卷 5 期
19751 雷故代表啸岑先生生平事略 / *湖南文献 1983 年 11 卷 1 期，*革命人物志第 23 集第 224 页
19752 雷啸岑(1896—1982) / 张 珂 // *传记文学 1983 年 42 卷 3 期，*民国人物小传第 6 册第 386 页
19753 马五先生与新闻工作 / 不 旧 // *今日中国 1983 年 145 期

雷崧生
19754 追念雷崧生、陈汉平两学兄 / 倪渭卿 // *传记文学 1987 年 50 卷 6 期

雷铸寰
19755 雷铸寰其人其事 / 张 珂、骆启莲 // *传记文学 1992 年 60 卷 3 期
19756 雷铸寰 / 刘绍唐主编 // *传记文学 1992 年 60 卷 3 期

雷震远
19757 为中国生死的雷震远神父 / 毛振翔 // *中外杂志 1980 年 27 卷 5 期
19758 纪念雷震远神父专辑 / 谷正纲 // *恒毅 1980 年 29 卷 9 期
19759 雷震远神父与中国 / 毛振翔 // *时代批评 1980 年 35 卷 6 期，*传记文学 1980 年 36 卷 4 期
19760 我所认识的雷震远神父 / 何燕生 // *传记文学 1980 年 36 卷 4 期

19761 一位可敬的爱国者与宗教家——我所知道的雷震远神父／蒋君章／／＊传记文学1980年37卷4期

19762 热爱中国的雷震远神父／王天从／／＊艺文志1980年176期

19763 雷震远（1905—1980）／＊环华百科全书第6册第454页

雷翼龙

19764 雷烈士翼龙传略／＊川籍抗战忠烈录第97页

19765 雷翼龙／＊革命人物志第11集第153页

〔丨〕

虞　舜

19766 悼老友虞舜和孚兄／杨乃藩／／＊传记文学1998年72卷6期

虞　愚

19767 虞　愚（1883—1948）／陈尧圣／／＊传记文学1977年卷2期，＊民国人物小传第3册第275页

虞洽卿

19768 商界大亨虞洽卿先生／侯　中／／＊宁波同乡1977年102期

19769 "一品老百姓"虞洽卿／水一享／／＊艺文志1977年136期

19770 虞洽卿（1867—1945）／关志昌／／＊传记文学1983年43卷2期

路　扬

19771 路　扬／黄震遐／／＊中共军人志第509页

路　翎

19772 路　翎／林曼叔／／＊中国当代作家小传第114页

19773 路　翎／李立明／／＊中国现代六百作家小传第466页

路友于

19774 路友于先生殉国四十年／刘巨金／／＊"中央"日报1967年4月29日

19775 一个历史的辩证——先兄路友于党籍问题有关文证举述／路君约／／＊传记文学1978年33卷3期

19776 路友于／丁惟汾／／＊革命人物志第16集第294页

路景荣

19777 路景荣／＊革命人物志第12集第395页

〔丿〕

锡　良

19778 锡　良（1853—1917）／关国煊／／＊传记文学1982年40卷4期，＊民国人物小传第5册第447页

简又文

19779 西北从军记／简又文／／＊传记文学出版社1982年5月版289页

19780 西北从军记（1—4）／简又文／／＊传记文学1972年20卷6期—21卷3期

19781 宦海飘流二十年（1—11）／简又文／／＊传记文学1973年22卷4期—1974年24卷5期

19782 我研究太平天国史的经过（上、下）／简又文／／＊传记文学1578(1978)年32卷2—3期

19783 追怀简翁又文／祝秀侠／／＊中外杂志1979年26卷3期

19784 追怀简又文先生／谢扶雅／／＊传记文学1979年34卷4期

19785 简又文（1896—1978）／关国煊／／＊传记文学1979年35卷3期，＊民国人物小传第4册第413页

19786 大华烈士／李立明／／＊中国现代六百作家小传第11页

简玉阶

19787 民族卷烟工业巨擘——简照南、简玉阶兄弟／熊尚厚／／＊民国著名人物传第3卷第416页

19788 中央财政经济委员会委员简玉阶／＊新中国人物志（下）第148页

简尔康
19789 简尔康之丧明天公祭 / ＊中国时报 1993 年 12 月 28 日

简明景
19790 简明景 / 刘绍唐主编 // ＊传记文学 1997 年 71 卷 3 期

简绣山
19791 简绣山 / 陈以令 // ＊华侨名人传第 107 页

简朝亮
19792 简竹居介特俭朴 / 南 湖 // ＊"中央"日报 1961 年 10 月 6 日
19793 简朝亮(1851—1933) / 何广棪 // ＊传记文学 1975 年 26 卷 5 期，＊民国人物小传第 2 册第 318 页
19794 最近发现之简朝亮先生资料 / 何广棪 // ＊广东文献 1978 年 8 卷 1 期
19795 简竹居的故事 / 无 咎 // ＊艺林丛录(三)第 198 页
19796 简朝亮事略 / 任元熙 // ＊碑传集三编第 7 册第 1891 页

简照南
19797 南洋烟草公司简照南创业史 / 刘豁公 // ＊艺文志 1966 年 6 期
19798 香烟大王简照南 / 祝秀侠 // ＊中外杂志 1983 年 33 卷 1 期
19799 简照南 / 祝秀侠 // ＊华侨名人传第 76 页

詹 蒙
19800 詹 蒙 / 樊 安 // ＊革命人物志第 9 集第 296 页

詹才芳
19801 詹才芳 / 黄震遐 // ＊中共军人志第 507 页

詹大南
19802 詹大南 / 黄震遐 // ＊中共军人志第 506 页

詹大悲
19803 詹大悲 / 刘绍唐主编 // ＊传记文学 1992 年 60 卷 6 期
19804 詹大悲 / ＊革命人物志第 9 集第 293 页

詹天佑
19805 詹天佑先生年谱 / 凌鸿勋 // ＊中国工程师学会 1961 年版 104 页
19806 詹天佑与中国铁路 / 凌鸿勋、高宗鲁 // ＊"中央"研究院近代史研究所 1977 年 4 月版 285 页
19807 詹天佑小传 / 余仰之 // ＊公论报 1950 年 11 月 4 日
19808 詹天佑与詹氏挂钩 / 黄 昏 // ＊"中央"日报 1970 年 2 月 20 日
19809 我国铁路工程专家——詹天佑先生小传 / 陈天明 // ＊科学教育 1959 年 5 卷 7 期
19810 铁路专家詹天佑先生 / 凌鸿勋 // ＊畅流 1960 年 21 卷 1 期
19811 铁路伟人——詹天佑 / 陈恒甫 // ＊畅流 1960 年 22 卷 9 期
19812 对凌著《詹天佑年谱》的几点商榷 / 包遵彭 // ＊新时代 1961 年 1 卷 7 期
19813 詹天佑先生曾否参加马江战役问题之商榷 / 凌鸿勋 // ＊新时代 1961 年 1 卷 9 期
19814 詹天佑与第一批留美学生 / 凌鸿勋 // ＊自由谈 1961 年 12 卷 2 期
19815 詹天佑先生的顾问官和洋进士 / 许师慎 // ＊畅游 1961 年 23 卷 4 期
19816 《詹天佑先生年谱》编后 / 凌鸿勋 // ＊中国一周 1961 年 560 期
19817 百年来中国铁路一明星——詹天佑 / 凌鸿嗣 // ＊传记文学 1964 年 4 卷 4 期
19818 詹天佑的伟绩 / 李雍民 // ＊古今谈 1966 年 19 期
19819 詹天佑与中国铁路 / 关绿茵 // ＊畅游 1967 年 35 卷 8 期
19820 饮誉中外的铁路工程专家——詹天佑 / 陈 彰 // ＊畅游 1969 年 39 卷 8 期
19821 詹天佑(1861—1919) / 林汉楼 // ＊传记文学 1974 年 24 卷 1 期，＊民国人物小传第 1 册第 227 页
19822 关于詹天佑的三个问题 / 凌鸿勋 // ＊传记文学 1974 年 25 卷 6 期，＊广东文献 1975 年 5 卷 2 期
19823 詹天佑的才艺与功绩 / ＊海外文摘 1974 年 274 期

19824 中国铁路前辈詹天佑／蔡学忠∥﹡科学月刊1976年7卷12期
19825 詹天佑与京张铁路／张季春∥﹡察哈尔省文献1978年3期
19826 铁路巨人詹天佑／杨力行∥﹡畅流1980年61卷10期
19827 中国铁路先进詹天佑／罗逸诚∥﹡畅流1981年63卷5期
19828 詹天佑与中国铁路(上、中、下)／刁抱石∥﹡畅游1983年67卷8—11期
19829 詹天佑是国人自筑铁路的先导／吴相湘∥﹡传记文学1989年43卷5期
19830 詹天佑传／唐祖培∥﹡民国名人小传第159页
19831 詹天佑／谭慧生∥﹡民国伟人传记第118页
19832 詹天佑／邵镜人∥﹡近代中国史料丛刊续编第九十五辑(总950)同光风云录影印本第189页
19833 詹天佑(1861—1919)／方光后∥﹡环华百科全书第14册第15页

詹化雨
19834 詹化雨／黄震遐∥﹡中共军人志第509页

詹仙侠
19835 詹仙侠／﹡革命人物志第9集第295页

詹纯鉴
19836 詹纯鉴先生的生平／﹡詹纯鉴先生生平编委会编印224页
19837 毕生致力农业发展的詹镜公／廖绵浚∥﹡江西文献1979年98期
19838 詹纯鉴先生事略／王蕴∥﹡江西文献1979年98期
19839 纪念恩师詹纯鉴先生／詹腾孙∥﹡江西文献1980年99期
19840 追忆青年军时代的詹纯鉴将军／白万祥∥﹡传记文学1982年41卷2期

鲍 刚
19841 鲍 刚／朱兆莘、莫安夏∥﹡革命人物志第16集第319页

鲍少游
19842 七十年艺苑回忆录(上、下)／鲍少游∥﹡大成1982年101—102期
19843 鲍少游(1892—1985)／关志昌∥﹡传记文学1985年47卷3期

鲍心增
19844 鲍心增墓志铭(1852—1920)／冯 熙∥﹡碑传集三编第5册第1345页
19845 鲍心增墓表(1852—1920)／陈荣昌∥﹡碑传集三编第5册第1349页
19846 鲍心增墓表／许汝棻∥﹡碑传集三编第5册第1369页

鲍先志
19847 鲍先志／黄震遐∥﹡中共军人志第647页

鲍事天
19848 华侨教育家鲍事天／颜 絜∥﹡中外杂志1980年28卷2期，﹡湖北文献1981年58期

鲍宗汉
19849 鲍宗汉／﹡革命人物志第11集第338页

鲍贵卿
19850 鲍贵卿(1865—1934)／于翔麟∥﹡传记文学1982年40卷5期，﹡民国人物小传第5册第463页

鲍朝枟
19851 鲍朝枟／刘绍唐主编∥﹡传记文学1998年72卷1期

鲍薰南
19852 故陆军中将鲍薰南病逝／﹡中国时报1994年1月26日

解 方
19853 解 方／黄震遐∥﹡中共军人志第544页

解固基
19854 解固基烈士传略／﹡川籍抗战忠烈录第87页

19855　解固基／＊革命人物志第 18 集第 276 页

〔、〕

廉　泉
19856　廉　泉／刘绍唐主编／／＊传记文学 1998 年 73 卷 6 期

廉南湖
19857　廉南湖和吴芝瑛／梦　苕／／＊畅流 1953 年 8 卷 7 期
19858　吴稚晖先生与廉南湖／李书华／／＊传记文学 1964 年 5 卷 3 期
19859　廉南湖与吴芝瑛／道载文／／＊大成 1979 年 66 期

新凤霞
19860　新凤霞回忆录／新凤霞／／（香港）三联书店 1982 年 9 月版 487 页
19861　艺术生涯——新凤霞回忆录（2 集）／新凤霞／／（香港）三联书店 1982 年 7 月版 417 页
19862　剧作家吴祖光与新凤霞／刘正义／／＊明报 1976 年 5 月 27 日
19863　新凤霞收徒与写作生活／方　知／／＊中报月刊 1983 年 39 期
19864　我的妈妈新凤霞／吴　欢／／＊传记文学 1998 年 72 卷 6 期
19865　哀悼吾妻新凤霞"回首往事"／吴祖光／／＊传记文学 1998 年 73 卷 1 期
19866　新凤霞／刘绍唐主编／／＊传记文学 1998 年 73 卷 2 期

新艳秋
19867　重见新艳秋／邵　芭／／＊中报月刊 1983 年 41 期

阙　龙
19868　阙　龙／欧阳瑞骅／／＊革命人物志第 9 集第 454 页

阙汉骞
19869　阙汉骞将军的书法与战绩／礼　言／／＊古今谈 1968 年 37 期
19870　阙汉骞与腾冲歼灭战（上、下）／关　儒／／＊中外杂志 1982 年 32 卷 6 期—1983 年 33 卷 1 期
19871　阙汉骞回忆录／＊中外杂志 1983 年 34 卷 1、2 期
19872　阙汉骞（1902—1972）／于翔麟／／＊传记文学 1985 年 46 卷 3 期
19873　阙汉骞／萧天石／／＊革命人物志第 17 集第 393 页

阙宪焜
19874　阙宪焜／马　良／／＊革命人物志第 9 集第 456 页

慈瑞泉
19875　慈瑞泉／丁秉鐩／／＊传记文学 1979 年 34 卷 3 期

慈航法师
19876　慈航法师／朱稼轩／／＊"中央"日报 1959 年 5 月 24、25 日
19877　关于慈航法师／王嗣佑／／＊"中央"日报 1959 年 5 月 29 日

慈禧太后
19878　太后临朝／侯立朝／／＊博学出版社 1986 年
19879　慈禧、袁世凯、康有为／龙宝麒／／＊中外杂志 1969 年 5 卷 6 期
19880　慈禧后与赛金花／萧　萧／／＊今日生活 1977 年 128 期
19881　慈禧太后向十一国宣战始末／唐德刚／／＊传记文学 1993 年 62 卷 1 期
19882　慈禧太后和她的颐和园／唐德刚／／＊传记文学 1994 年 65 卷 3 期

溥　仪
19883　末代皇帝秘闻／潘际坰／／（香港）文宗出版社 1957 年 1 月版 145 页
19884　宣统皇帝秘闻／潘际坰／／（香港）文宗出版社 1957 年（2 册），＊文海出版社近代中国史料丛刊续编第八十二辑（总 818）影印本 145 页
19885　末代皇帝——溥仪／丁　雨译／／（香港）蓝天书屋 1933 年版 208 页

19886　我的前半生 / 爱新觉罗·溥仪 // (香港)文通书店1964年版,(香港)广角镜1981年412页
19887　末代皇帝外史:宣统皇帝 / 田布衣 // *春秋杂志社1965年2月版207页、1976年版432页
19888　历尽沧桑一废皇 / 张或弛 // *中外图书出版公司1973年版
19889　溥仪自传 / 爱新觉罗·溥仪 // *长歌出版社1975年版508页
19890　溥仪外传 / 德菱公主 // *中华艺林文物出版公司1976年
19891　溥仪和满清遗老 / 丁燕石主编 // *金版出版社1985年(2册)630页
19892　溥仪自传 / 溥仪著 // *金版出版社1985年版2册630页(补)
19893　末代皇帝研究 / 李敖 // *李敖出版社1988年352页
19894　小朝廷时代的溥仪 / 单士元 // *南粤出版社1988年88页
19895　溥仪之死及其生平 / 刘棨琮 // *征信新闻报1967年11月4日,*民国人物纪闻第233页
19896　清帝退位与出宫经过述要 / 文知 // *畅流1952年6卷6期
19897　溥仪稗史 / 观干室主节译 // *畅流1953年6卷12期
19898　溥仪出宫目击谈 / 古狂 // *畅流1956年13卷10期
19899　溥仪故宫生活拾趣 / 止安 // *古今谈1965年1期
19900　溥仪和他的妻妾 / 田布衣 // *春秋1965年2卷5期
19901　溥仪出宫前后 / 伍惠林 // *春秋1966年5卷5期
19902　废帝溥仪的婚姻趣谈 / 唐风 // *艺文志1966年10期
19903　末代皇帝溥仪之一生 / 田布衣 // *春秋1967年7卷5期
19904　溥仪自述第二次做皇帝的内幕经过 / 吴立言 // *艺文志1967年26期
19905　中国末代皇帝——溥仪 / 周燕谋 // *古今谈1967年27期
19906　记伪满"康德皇帝" / 梁敬锌 // *传记文学1969年14卷2期
19907　傀儡生活话溥仪 / 罗云家 // *古今谈1969年52期
19908　溥仪在东京战犯法庭的陈述 / 陈嘉骥 // *新万象1976年1期
19909　溥仪在东北 / 陈嘉骥 // *中外杂志1976年19卷3、4期
19910　傀儡帝与东北王——溥仪与奉张之间 / 陈嘉骥 // *中外杂志1977年22卷2期
19911　溥　仪(1906—1967) // *传记文学1981年39卷1期,*民国人物小传第5册第340页
19912　溥仪的家庭——其妻、其妾、其叔 / 周君适 // *大成1981年93期
19913　溥仪的后半生 / 秦云 // *综合月刊1981年148期
19914　傀儡皇帝的自白——追述溥仪出席东京国际法庭作证记 / 乐炳南 // *传记文学1982年40卷5期
19915　溥仪给侄儿毓嶦的一封白话长信 / 爱新觉罗·毓嶦高定国选注 // *传记文学1987年50卷5期
19916　溥仪在苏联内务部刑讯室 / 德米特里·利哈诺夫 // *传记文学1997年71卷6期
19917　我给溥仪当御医 / 李作明 // *传记文学1999年74卷3期
19918　溥　仪 / 戴晋新 // *环华百科全书第2册第217页

溥　杰
19919　溥仪之弟溥杰的凄凉晚景(上、下) // *春秋1975年22卷1、2期
19920　溥杰自述 / 溥杰 // *传记文学1994年65卷1期

溥　侗
19921　红豆馆主溥侗 / 邹文海 // *传记文学1963年2卷3期,*学府纪闻·国立清华大学第194页

溥　儒
19922　介绍溥心畬先生 / 龚选舞 // *"中央"日报1954年10月14—15日
19923　溥心畬先生事略 / 张目寒 // *联合报1963年11月19日
19924　一代大师双料博士——溥儒 / 赵光裕 // *自立晚报1963年11月19日
19925　忆溥心畬先生 / 陆芳耕 // *"中央"日报1963年11月28日

19926 溥心畬先生墓表 / 彭醇士 // *中华日报 1964 年 11 月 13 日
19927 我认识的溥心畬先生 / 英千里 // *"中央"日报 1964 年 12 月 14 日
19928 溥心畬先生自述 / *教育与文化 1955 年 7 卷 7 期
19929 西山逸士溥儒先生 / 刘黄生 // *中国一周 1955 年 256 期
19930 记溥心畬大师在舟山的日子 / 李秀文 // *传记文学 1963 年 3 卷 6 期
19931 中国文人画的最后一笔 / 周弃子 // *文星 1963 年 13 卷 2 期
19932 风徽垂世三耆贤 / 陈其铨 // *畅流 1963 年 28 卷 9 期
19933 西山逸士的几段逸事 / 万大鋐 // *传记文学 1964 年 5 卷 5 期
19934 忆王孙 / 壮 为 // *艺文志 1965 年 2 期
19935 怀心畬师 / 陈泽韵 // *畅流 1965 年 31 卷 8 期
19936 西山逸士溥心畬(上、中、下) / 容天圻 // *艺文志 1966 年 12、13、15 期
19937 溥心畬二三事 / 张目寒 // *中外杂志 1967 年 1 卷 1 期
19938 溥儒先生传 / 吴语亭 // *传记文学 1968 年 13 卷 3 期
19939 心畬学历自述 / 溥儒 // 传记文学 1968 年 13 卷 3 期
19940 溥儒(1896—1963) / 林汉楼 // *传记文学 1974 年 24 卷 2 期，*民国人物小传第 1 册第 225 页
19941 旧王孙溥心畬 / 杜云之 // *夏潮 1976 年 1 期
19942 恭王府沿革考略——"旧王孙"溥心畬家族世系图表 / 单士元 // 大成 1976 年 35 期
19943 逊清王孙溥心畬轶史 / 方延豪 // *畅流 1978 年 58 卷 3 期
19944 溥心畬的晚年生活 / 杜云之 // *艺文志 1978 年 150 期
19945 溥心畬先生与我 / 赵寿珍 // 浙江月刊 1980 年 12 卷 3 期
19946 记余绍宋、溥心畬二先生：回忆两幅有纪念性的名画 / 阮毅成 // 大成 1982 年 109 期
19947 南张北溥两大师 / 杜学知 // 故宫文物月刊 1983 年 1 卷 8 期
19948 "南张北溥"的由来 / 赵效沂 // 传记文学 1983 年 43 卷 1 期
19949 我的恩师溥心畬先生 / 萧一苇 // *艺文志 1984 年 221 期
19950 溥 儒 / 谭慧生 // *民国伟人传记第 554 页
19951 画风独特的溥心畬先生 / 李德安 // *当代名人风范(4)第 1375 页
19952 溥儒的故事 / 晓 恬 // *当代名人故事第 1 辑

褚玉璞
19953 辫帅张勋与直督褚玉璞 / 丁龙垲 // *春秋 1967 年 7 卷 5 期
19954 褚玉璞 / 刘绍唐主编 // *传记文学 1992 年 61 卷 6 期
19955 军阀褚玉璞怪剧 / 军阀现形记第 363 页

褚民谊
19956 褚民谊(1884—1946) / 关国煊 // *传记文学 1978 年 32 卷 4 期，*民国人物小传第 3 册第 287 页
19957 褚民谊 / 胡遐园 // *贤不肖列传第 121 页

褚问鹃
19958 花落春犹在 / 褚问鹃 // 中外杂志 1976 年 20 卷 1 期—1978 年 22 卷 2 期

褚序民
19959 褚序民 / *革命人物志第 17 集第 313 页

褚宗元
19960 褚宗元(1875—1932) / *传记文学 1982 年 40 卷 40 期，*民国人物小传第 5 册第 446 页

褚炳堃
19961 褚炳堃 / 胡鄂公 // *革命人物志第 20 集第 237 页

褚辅成
19962 褚辅成、王正廷、渔樵乐 / 宋书同 // *传记文学 1966 年 9 卷 1 期
19963 记褚辅成先生 / 阮毅成 // 传记文学 1970 年 16 卷 6 期，*浙江月刊 1976 年 8 卷 3 期，*彼岸第

167 页
19964 褚辅成先生的一生／王梓良／／＊浙江月刊 1979 年 11 卷 5 期
19965 褚辅成(1873—1948)／关国煊／／＊传记文学 1985 年 47 卷 6 期
褚德彝
19966 金石家褚德彝／达　堂／／＊艺林丛录(2)第 181 页

十四 画

〔一〕

碧 野
19967　碧　野／林曼叔／／＊中国当代作家小传第113页
19968　碧　野／李立明／／＊中国现代六百作家小传第481页

蔡 仪
19969　蔡　仪／刘绍唐主编／／＊传记文学1993年62卷1期

蔡 永
19970　蔡　永／黄震遐／／＊中共军人志第572页

蔡 昉
19971　《从历史发展探讨大陆农村制度变革方向》一文作者简介／／＊中国时报1994年2月23日

蔡 畅
19972　中央人民政府委员蔡畅／／＊新中国人物志（上）第87页

蔡 锷
19973　蔡松坡／刘光炎／／（香港）亚洲出版社1958年版134页
19974　黄克强轶事·蔡松坡轶事／天忏生、冬山／／＊文海出版社1966年影印本
19975　蔡、黄追悼录／云南国是报辑／／＊文海出版社近代中国史料丛刊第七辑（总68—70）影印本73页
19976　梁、蔡师生与护国之役／胡平生／／＊台湾大学文学院1976年版232页
19977　一代英才蔡松坡／／＊河洛图书出版社编印1979年版150页
19978　护国名将蔡松坡／／＊国家出版社编印（补）1982年版150页
19979　风云长护：蔡松坡传／魏伟琦／／＊近代中国杂志社1983年版134页
19980　蔡松坡传／彭本乐／／＊国际文化事业公司1988年420页
19981　蔡松坡轶事／泳　君／／＊"中央"日报1953年12月24日
19982　蔡松坡先生年谱／左舜生／／＊"中央"日报1967年5月30日
19983　蔡松坡先生轶事／罗稻仙／／＊畅流1951年4卷9期
19984　小凤仙与蔡松坡／竺　公／／＊畅流1954年8卷10期
19985　记护国岩忆蔡将军／周开庆／／＊畅流1962年26卷9期
19986　"护国军神"蔡松坡／吴相湘／／＊传记文学1964年4卷5期
19987　蔡松坡和小凤仙／丁中江／／春秋1965年2卷5、6期
19988　云南起义与唐继尧、蔡锷、李烈钧／李宗黄／／＊中国一周1965年818期
19989　袁世凯"三呼"蔡松坡／百　松／／＊春秋1966年4卷3期
19990　蔡松坡、凤仙恋（1—3）／王培尧／／＊中外杂志1971年10卷1—3期
19991　蔡松坡与护国岩／范叔寒／／＊湖南文献1975年3卷1期
19992　记蔡松坡／左舜生／／＊湖南文献1975年3卷4期
19993　蔡松坡之生平与事功／罗　城／／＊生力1975年9卷97期
19994　蔡松坡与云南起义的真相／周庆余／／＊艺文志1976年135期
19995　蔡　锷（1882—1916）／关国煊／／＊传记文学1977年30卷3期，＊民国人物小传第3册第304页
19996　黄兴与蔡锷／蔡学忠／／＊近代中国1978年5期
19997　护国英雄蔡松坡／胡平生／／＊湖南文献1978年6卷4期
19998　蔡锷的故事／范奇浚／／＊中外杂志1978年24卷6期
19999　蔡松坡先生的生平与功业／召日安／／＊近代中国1981年26期

20000　蔡松坡先生轶事选录 / ＊近代中国 1981 年 26 期
20001　唐继尧与蔡锷 / 后希铠 // ＊传记文学 1985 年 47 卷 6 期
20002　蔡　锷 / 吴相湘 / ＊民国百人传第 1 册第 387 页
20003　蔡　锷 / 谭慧生 / ＊民国伟人传第 105 页
20004　蔡松坡为国民争人格 / 吴相湘 // ＊民国政治人物第 1 集第 21 页
20005　蔡　锷 / 曾虚白 / ＊民族英雄及革命先烈传(下册)第 192 页
20006　为争人格而讨袁的蔡锷 / 左舜生 // ＊近代中国史料丛刊第五辑（总 49—50）万竹楼随笔影印本第 283 页
20007　蔡　锷(1882—1916) / 廖秀真 / ＊环华百科全书第 17 册第 126 页
20008　蔡　锷 / ＊革命人物志第 7 集第 371 页
20009　蔡锷生平事略 / 雷　飚 // ＊革命人物志第 7 集第 374 页
20010　蔡锷病状始末及护国军第一军医务经过 / 李丕章 // ＊革命人物志第 7 集第 418 页

蔡　德

20011　蔡　德 / 黄磊明 // ＊革命人物志第 20 集第 246 页

蔡　毅

20012　蔡　毅 / ＊革命人物志第 7 集第 362 页

蔡乃煌

20013　关于蔡乃煌 / 周康燮 // ＊广东文献 1976 年 6 卷 4 期

蔡大辅

20014　蔡大辅 / 张难先 // ＊革命人物志第 10 集第 561 页

蔡万春

20015　蔡万春 / 刘绍唐主编 // ＊传记文学 1992 年 61 卷 4 期
20016　白手成巨富的蔡万春先生 / 李德安 // ＊当代名人风范(4)第 1419 页

蔡及时

20017　蔡及时 / 柯叔宝 / ＊华侨名人传第 177 页

蔡天予

20018　蔡天予 / 颜文雄 / ＊中国一周 1966 年 855 期

蔡元培

20019　蔡元培的革命教育 / (香港)华华书店 1944 年 2 月版
20020　蔡元培教育学说 / 孙德中 // ＊复兴书局 1956 年版 54 页
20021　蔡元培自述 / 蔡元培 // ＊传记文学出版社 1967 年 9 月版 138 页
20022　蔡元培先生的生平及其教育思想 / 孙常炜 // ＊商务印书馆 1968 年版 128 页
20023　蔡元培的政治思想 / 李若一 // ＊商务印书馆 1972 年版 242 页
20024　蔡元培年谱 / 陶英惠 // ＊"中央"研究院近代史研究所 1976 年版 516 页
20025　蔡子民先生言行录 / ＊文海出版社近代中国史料丛刊第九十四辑（总 940）影印本 580 页
20026　蔡元培 / 陶英惠 // ＊巨人出版社 1978 年版
20027　蔡元培 / 陶英惠 // ＊商务印书馆 1979 年再版
20028　推荐廿世纪学术权威——蔡元培 / 尹雪曼等 // ＊华欣文化事业中心 1979 年 3 月版 304 页
20029　辛亥革命前的蔡元培 / 周佳荣 // (香港)波文书局 1980 年 9 月版 118 页
20030　民国蔡子民先生元培简要年谱 / 孙德中遗稿、孙常炜增订 // ＊商务印书馆 1981 年 10 月版 69 页
20031　一代人师——蔡元培传 / 黄肇珩 // ＊近代中国出版社 1982 年版 221 页
20032　蔡元培自述 / 蔡元培 // ＊传记文学出版社 1985 年 138 页
20033　蔡元培先生年谱传记 / 孙常炜 // ＊台湾史料馆 1987 年
20034　胡适博士在蔡元培先生九二诞辰纪念的报告 / ＊"中央"日报 1959 年 1 月 10 日，＊革命人物志第 7 集第 356 页

20035	蔡元培先生重要事略系年记 / 孙德中 //	*"中央"日报 1961 年 1 月 11 日，*蔡元培先生全集第 1 页
20036	蔡元培与民初教育部 / 沈云龙 //	*"中央"日报 1962 年 10 月 16 日，*近代史事与人物第 155 页
20037	大教育家蔡元培先生 / 孙德中 //	*"中央"日报 1963 年 1 月 11 日
20038	记蔡孑民先生 / 林语堂 //	*"中央"日报、中华日报 1965 年 4 月 9 日，*蔡元培先生全集第 1469 页
20039	我记忆中的蔡孑民先生 / 老　鹤 //	*"中央"日报 1965 年 5 月 11 日
20040	蔡元培先生与报学 / 徐咏平 //	*"中央"日报 1967 年 1 月 10 日
20041	博古通今的教育家蔡元培 / 李立明 //	*星岛晚报 1973 年 5 月 28 日
20042	民国教育总长蔡元培 / 蒋维乔 //	*传记文学 1967 年 10 卷 2 期，*蔡元培先生全集第 1339 页
20043	当代革命教育家——蔡元培先生 / 岑　颖 //	*教育辅导月刊 1952 年 2 卷 5 期
20044	蔡孑民先生的风骨 / 曹忠胄 //	*自由谈 1952 年 3 卷 10 期
20045	一代宗师蔡孑民先生 / 萧一山 //	*学术季刊 1953 年 2 卷 1 期
20046	五四人物纵横谈 / 罗敦伟 //	*畅流 1953 年 7 卷 6 期
20047	蔡元培先生二三事 / 杨恺龄 //	*大学生活 1956 年 2 卷 5 期
20048	记蔡元培先生 / 无　象 //	*畅流 1958 年 18 卷 9 期，*中国文选 1975 年 99 期
20049	谈吴稚晖、蔡孑民二先生 / 李石曾 //	*畅流 1960 年 21 卷 4 期
20050	蔡先师港居侍侧记 / 余天民 //	*自由谈 1960 年 11 卷 4 期，*蔡元培先生全集第 1669 页
20051	蔡元培先生的风格和远见 / 罗家伦 //	*新时代 1961 年 1 卷 8 期，*蔡元培先生全集第 1458 页
20052	蔡孑民先生与我 / 王云五 //	*传记文学 1963 年 2 卷 2 期，*蔡元培先生全集第 1386 页
20053	四十年前之小故事（蔡孑民） / 吴敬恒 //	*传记文学 1964 年 4 卷 5 期，*蔡元培先生全集第 1371 页
20054	蔡元培先生与国父的关系 / 黄季陆 //	*传记文学 1964 年 5 卷 3 期，*蔡元培先生全集第 1405 页
20055	蔡元培（上、下） / 陈敬之 //	*畅流 1964 年 29 卷 10、11 期，*中国新文学的诞生第 61 页
20056	三位卯字号人物（蔡孑民、于右任、胡适之） / 杨亮功 //	*传记文学 1965 年 6 卷 3 期
20057	蔡孑民先生的最后遗言 / 周　新 //	*自由谈 1965 年 16 卷 3 期
20058	蔡元培的时代和他的思想（上、中、下） / 郭湛波 //	*文星 1965 年 16 卷 4—6 期，*蔡元培先生全集第 1604 页
20059	蔡孑民先生自述自家轶事 / 萧　瑜 //	*古今谈 1965 年 6 期，*艺文志 1969 年 44 期
20060	蔡元培先生著述目录 / 陶英惠 //	*书目季刊 1967 年 2 卷 1 期
20061	蔡元培先生的生平 / 孙常炜 //	*新时代 1967 年 7 卷 12 期
20062	对于蔡元培先生的一些回忆 / 毛子水 //	*传记文学 1967 年 10 卷 1 期
20063	蔡元培先生传略 / 黄世晖等 //	*传记文学 1967 年 10 卷 2 期
20064	想念蔡元培先生 / 林语堂 //	*传记文学 1967 年 10 卷 2 期，*大成 1979 年 67 期，*蔡元培先生全集第 1472 页
20065	蔡元培与胡适——排比一点史料 / 赵家铭 //	*传记文学 1968 年 12 卷 1 期
20066	蔡元培先生与"中央"研究院 / 孙常炜 //	*传记文学 1968 年 12 卷 2 期
20067	蔡元培与北大教授 / 张梦九 //	*畅流 1968 年 37 卷 1 期
20068	学界山斗蔡元培先生 //	*美哉中华 1969 年 6 期
20069	蔡孑民与新闻事业 / 邓克榜 //	*畅流 1969 年 38 卷 11 期
20070	蔡元培（1868—1940） //	*传记文学 1973 年 23 卷 3 期，*民国人物小传第 1 册 247 页
20071	记民国四老——吴敬恒、蔡元培、张人杰、李煜瀛 / 陶英惠 //	*传记文学 1973 年 23 卷 4 期
20072	蔡元培与北京大学 / 冯国华 //	*史潮 1975 年 1 期
20073	蔡元培先生的旧学时代 / 叶龙彦 //	*中华文化复兴月刊 1975 年 8 卷 8 期
20074	一代教育家——蔡元培先生的志业 / 彭国梁 //	*中华文化复兴月刊 1976 年 9 卷 9 期

20075	蔡元培的生平与志业 / 陶英惠 // *近代中国 1977 年 1 卷 1 期
20076	蔡元培与新文化运动 / 方　山 // *中华文化复兴月刊 1977 年 10 卷 5 期
20077	倡导美育之蔡元培先生 / 陶英惠等 // *中华文化复兴月刊 1977 年 10 卷 12 期
20078	蔡元培 / 王世杰 // *传记文学 1977 年 31 卷 2 期
20079	有关蔡元培生平的几项补充 / 沈云龙 // *传记文学 1977 年 31 卷 3 期，*民国史事与人物论丛第 119 页
20080	蔡元培先生的旧学及其他 / 蒋复璁 // *传记文学 1977 年 31 卷 3 期
20081	蔡元培与国民革命（上、下） / 许智伟 // 自由青年 1977 年 57 卷 6、7 期
20082	蔡元培与"中央"研究院 / 陶英惠 // *"中央"研究院近代史研究所集刊 1978 年 7 期
20083	关于蔡元培先生的三件事 / 陶英惠 // 中外杂志 1978 年 24 卷 5 期
20084	蔡元培的革命生涯 / 吴君毅 // *浙江月刊 1979 年 11 卷 2 期，*艺文志 1979 年 163 期
20085	学不厌、教不倦的蔡元培先生 / 陶英惠 // *明道文艺 1979 年 34 期
20086	我在教育界的经验 / 蔡元培 // *中国文选 1979 年 145 期，*蔡元培先生全集第 676 页
20087	北大·蔡元培·五四 / 秦梦群 // *中国文选 1979 年 145 期
20088	蔡元培先生其人其书 / 行　仁 // *书画家 1980 年 6 卷 4 期
20089	蔡元培与中国民权保障同盟 / 关国煊 // *传记文学 1980 年 37 卷 2 期
20090	有所不为先生——蔡元培 / 江　汉 // *今日中国 1980 年 113 期
20091	辛亥革命前后的蔡元培 / 陶英惠 // *传记文学 1981 年 38 卷 3 期
20092	蔡元培先生的革命思想与活动 / 邓嗣禹 // *传记文学 1981 年 39 卷 3 期
20093	蔡元培先生与北京大学 / 刘　真 // *传记文学 1981 年 39 卷 5 期
20094	蔡元培二度续弦 / 维　思 // *浙江月刊 1982 年 15 卷 8 期
20095	关于五四运动蔡元培"辞职出京启示" / 陶英惠 // *传记文学 1982 年 41 卷 1 期
20096	蔡元培与新教育 / 张文伯 // 自由谈 1983 年 34 卷 3 期
20097	蔡元培一生风范 / 蔡孟坚 // *传记文学 1996 年 68 卷 3 期
20098	蔡元培与北京大学 / 高平叔 // *传记文学 1998 年 72 卷 1—3 期
20099	从管学大臣孙家鼐到校长胡适——记百年北京大学前期的二十任十九位负责人 / 关国煊 // *传记文学 1998 年 72 卷 4 期
20100	蔡元培与中国现代教育体制的建立 / 欧阳哲生 // *传记文学 1999 年 74 卷 6 期
20101	追忆蔡（元）培先生 / 王世杰 // *王世杰先生论著选集第 505 页，*蔡元培先生全集第 1421 页
20102	蔡孑民先生的贡献 / 王云五 // *蔡元培先生全集第 1378 页
20103	忆蔡孑民先生 / 顾孟余 // *蔡元培先生全集第 1437 页
20104	先君幼年轶事拾零 / 蔡无忌等 // *蔡元培先生全集第 1717 页
20105	蔡元培传 / 夏敬观 // *蔡元培先生全集第 1342 页
20106	蔡元培先生的生平事功和思想 / 王世杰 // *王世杰先生论著选集第 531 页
20107	蔡孑民论 / 佚　名 // *中国近代史论丛第 2 辑第 8 册第 133 页
20108	蔡元培 // *中国近代学人像传（初辑）第 301 页
20109	蔡元培 / 李立明 // *中国现代六百作家小传第 504 页，现代中国作家评传（一）第 1 页
20110	蔡元培教育思想 / 方炳林 // *中国教育思想第 527 页
20111	蔡元培 / 惜　秋 // *民初风云人物（下）第 425 页
20112	蔡元培 / 民　仲 // *民初四大学家（之二）
20113	蔡元培 / 王世祯 // *民国人豪图传第 201 页
20114	蔡元培 / 吴相湘 // *民国百人传第 1 册第 13 页
20115	蔡元培 / 谭慧生 // *民国伟人传记第 329 页
20116	对于蔡先生的一些回忆 / 毛子水 // *师友记第 3 页，*蔡元培全集第 1489 页
20117	蔡元培的故事 / 晓　恬 // *当代名人故事第 1 辑

20118	博古通今的大教育家蔡元培先生／李德安／／ ＊当代名人风范（2）第501页	
20119	蔡元培／李德安／／ ＊访问学林风云人物（上集）第11页	
20120	效法蔡元培先生的精神／孙　科／／ ＊孙科文集第3册第1267页，＊蔡元培先生全集第1400页	
20121	蔡元培与儒家传统／戴维翰著、张力译／／ ＊近代中国思想人物论——自由主义第265页	
20122	五四运动与蔡元培／左舜生／／ ＊近代中国史料丛刊第五辑（总49—50）万竹楼随笔影印本第205页	
20123	蔡元培／周邦道／／ ＊近代教育先进传略（初集）第95页	
20124	蔡子民先生年纪／狄君武／／ ＊狄君武先生遗稿第二卷第18页	
20125	蔡元培（1868—1940）／ ＊环华百科全书第17册第127页	
20126	蔡元培／刘　葆／／ ＊现代中国人物志第301页	
20127	蔡元培／赵　聪／／ ＊现代中国作家列传第1页	
20128	北大感旧录（11—15）：蔡子民／周作人／／ ＊知堂回想录第520页	
20129	蔡子民（1—3）／周作人／／ ＊知堂回想录第329页	
20130	我在北京大学的经历／蔡元培／／ ＊学府纪闻·国立北京大学第26页，＊蔡元培先生全集第629页	
20131	蔡子民先生传／毛子水／／ ＊学府纪闻·国立北京大学第231页	
20132	蔡元培／夏敬观／／ ＊革命人物志第7集第351页	
20133	蔡校长与我／陈顾远／／ ＊革命人物志第22集第222页	
20134	记蔡元培先生／阮毅成／／ ＊前辈先生第89页	
20135	祭蔡子民先生文／曾克尚／／ ＊颂桔庐文存第15卷第12页	
20136	我所景仰的蔡先生之风格／傅斯年／／ ＊傅斯年全集第7册第30页，＊蔡元培先生全集1441页	
20137	蔡子民先生传记／孙常炜／／ ＊蔡元培先生全集第1页	
20138	整顿北京大学的经过／蔡元培／／ ＊蔡元培先生全集第896页	
20139	蔡子民先生传略／黄世晖／／ ＊蔡元培先生全集第1303页	
20140	蔡子民先生传略／高平叔／／ ＊蔡元培先生全集第1319页	
20141	蔡元培事略（开国名人墨迹）／ ＊蔡元培先生全集第1347页	
20142	蔡子民先生年表／海　若／／ ＊蔡元培先生全集第1350页	
20143	蔡元培先生／余　毅／／ ＊蔡元培先生全集第1353页	
20144	蔡子民的家世／芝　翁／／ ＊蔡元培先生全集第1357页	
20145	以美育为教育主旨之蔡先生／吴敬恒／／ ＊蔡元培先生全集第1366页	
20146	蔡子民先生述／戴传贤／／ ＊蔡元培先生全集第1374页＊戴季陶先生文存第4册第1406页	
20147	蔡元培／厂　民／ ＊蔡元培先生全集第1348页	
20148	蔡先生与广东人／王云五／／ ＊蔡元培先生全集第1384页	
20149	蔡元培以停职为抗议／胡　适／／ ＊蔡元培先生全集第1427页	
20150	蔡元培的"不合作主义"／胡　适／／ ＊蔡元培先生全集第1431页	
20151	蔡元培与北京教育界／胡　适／／ ＊蔡元培先生全集第1432页	
20152	蔡子民先生逝世后感言／陈独秀／／ ＊蔡元培先生全集第1438页	
20153	蔡先生人格之一面／傅斯年／／ ＊蔡元培先生全集第1444页	
20154	蔡元培先生与北京大学／罗家伦／／ ＊蔡元培先生全集第1449页	
20155	悼子民先生／陈立夫／／ ＊蔡元培先生全集第1474页	
20156	蔡元培与北大／道　南／／ ＊蔡元培先生全集第1652页	
20157	怀念北大校长蔡元培先生／乐　奂／／ ＊蔡元培先生全集第1657页	
20158	蔡元培先生和中国教育／ ＊蔡元培先生全集第1707页	
20159	蔡子民的斗争精神／ ＊蔡元培先生全集第1713页	
20160	小论蔡先生／ ＊蔡元培先生全集第1715页	

20161　蔡元培与新文学／林焕平／／＊蔡元培先生全集第 1740 页
20162　蔡孑民先生的最后遗言／周　新／／＊蔡元培先生全集第 1743 页
20163　蔡孑民先生底著述／许地山／／＊蔡元培先生全集第 1527 页
20164　蔡先生的晚年／汪敬熙／／＊蔡元培先生全集第 1530 页
20165　蔡先生人格的回忆／任鸿隽／／＊蔡元培先生全集第 1531 页
20166　关于蔡先生的回忆／陈西滢／／＊蔡元培先生全集第 1535 页
20167　博古通今的蔡元培先生／王昭然／／＊蔡元培先生全集第 1540 页
20168　蔡元培先生的思想与著作／姚渔湘／／＊蔡元培先生全集第 1544 页
20169　五四与蔡孑民／芝　翁／／＊蔡元培先生全集第 1567 页
20170　蔡元培先生言行杂记／约　翰／／＊蔡元培先生全集第 1573 页
20171　蔡孑民先生的风骨／曹　建／／＊蔡元培先生全集第 1597 页
20172　蔡元培先生在教育与学术上的功绩／文　立／／＊蔡元培先生全集第 1653 页

蔡仁杰
20173　先烈蔡仁杰将军／刘程远／／＊政治评论 1967 年 17 卷 10 期
20174　蔡仁杰／＊革命人物志第 15 集第 375 页
20175　蔡仁杰、卢醒、明灿、周少宾、刘立梓将军等五员生平事略／＊革命人物志第 15 集第 380 页

蔡公时
20176　蔡公时入祀忠烈祠／陈贻麟／／＊传记文学 1969 年 15 卷 4 期
20177　关于蔡公时的几种史料／＊传记文学 1969 年 15 卷 4 期
20178　蔡公时(1888—1928)／关国煊／／＊传记文学 1977 年 30 卷 6 期，＊民国人物小传第 3 册第 306 页
20179　蔡公时被日本人杀害的经过／蒋　彝／／＊传记文学 1977 年 31 卷 3 期
20180　北伐期中死事最为惨烈的九江蔡公时先生／周仲超／／＊江西文献 1981 年 105 期
20181　蔡公时／周震麟等／＊革命人物志第 10 集第 562 页

蔡文华
20182　蔡文华先生轶事／蔡景福／／＊传记文学 1980 年 36 卷 5 期—37 卷 1 期
20183　蔡文华／蔡景福／＊华侨名人传第 266 页
20184　蔡文华／＊革命人物志第 20 集第 248 页

蔡以典
20185　外交尖兵四十年(1—13)／蔡以典／／＊中外杂志 1979 年 25 卷 2 期—1981 年 29 卷 3 期

蔡功南
20186　蔡功南福国利侨／向　隅／／＊艺文志 1976 年 124 期
20187　金牌国手蔡功南／梁子衡／／＊中外杂志 1976 年 19 卷 2 期
20188　蔡功南／柯叔宝／＊华侨名人传第 197 页

蔡丙炎
20189　蔡丙炎／颜世忠、赵子瑜／／＊传记文学 1983 年 43 卷 1 期
20190　蔡丙炎／李宗邺／＊革命人物志第 10 集第 565 页
20191　蔡丙炎将军血战罗店殉国记／＊革命人物志第 10 集第 566 页

蔡东藩
20192　蔡东藩／刘绍唐主编／／＊传记文学 1995 年 67 卷 4 期

蔡廷幹
20193　蔡廷幹(1861—1935)／＊传记文学 1975 年 20 卷 1 期，＊民国人物小传第 2 册第 258 页

蔡廷锴
20194　蔡廷锴自传(上、中、下)／蔡廷锴／／＊龙文出版社 1989 年 748 页
20195　蔡廷锴(1892—1968)／于翔麟、关国煊／／＊传记文学 1981 年 38 卷 2 期，＊民国人物小传第 5 册第 404 页

20196 记淞沪抗日名将蔡廷锴的一生 / 李以劻 // ＊传记文学 1996 年 69 卷 4 期
20197 捐躯赴国难视死忽如归——记抗日名将蔡廷锴轶事 / 李以劻 // ＊传记文学 1999 年 75 卷 5 期
20198 蔡廷锴 / 黎家瑞 // ＊环华百科全书第 17 册第 125 页
20199 中央人民政府委员蔡廷锴 / ＊新中国人物志(上)第 105 页

蔡庆华
20200 蔡庆华(1905—1973) / 于翔麟 // ＊传记文学 1985 年 46 卷 5 期

蔡阿仕
20201 记文道图书馆创办人蔡阿仕 / 青　之 // ＊"中央"日报 1964 年 7 月 22 日

蔡尚思
20202 蔡尚思教授快人快事 / 寻　寻 // ＊新晚报 1980 年 12 月 7—9 日

蔡孟坚
20203 首任兰州市长的回忆 / 蔡孟坚 // ＊传记文学 1969 年 15 卷 3 期
20204 武汉十年的回忆 / 蔡孟坚 // ＊传记文学 1971 年 18 卷 3 期
20205 自中日和谈到董显光使日经纬——"亲善大使"蔡孟坚口碑及其有趣掌故 / ＊传记文学 1983 年 42 卷 2 期
20206 吴国桢与我在武汉任职七年及其后一些回忆 / 蔡孟坚 // ＊传记文学 1984 年 45 卷 1 期
20207 关于蔡孟坚先生所写胡宗南将军文(书简) / 王禹廷 // ＊传记文学 1985 年 47 卷 2 期
20208 《蔡孟坚八七自传》序 / 蒋廉儒 // ＊传记文学 1993 年 62 卷 6 期
20209 阎锡山与我不约而长谈的有趣故事 / 蔡孟坚 // ＊传记文学 1994 年 65 卷 1 期

蔡树藩
20210 访蔡树藩 / ＊中国老一辈革命家第 71 页

蔡顺礼
20211 蔡顺礼 / 黄震遐 // ＊中共军人志第 574 页

蔡举旺
20212 蔡举旺 / 颜文雄 // ＊中国一周 1966 年 847 期

蔡炳臣
20213 蔡炳臣 / 黄震遐 // ＊中共军人志第 573 页

蔡派恭
20214 蔡派恭 / 柯叔宝 // ＊华侨名人传第 187 页

蔡济民
20215 蔡济民(1887—1919) / 关国煊 // ＊传记文学 1984 年 44 卷 1 期
20216 蔡济民 / 查光佛 // ＊革命人物志第 7 集第 421 页

蔡济武
20217 蔡济武 / ＊革命人物志第 7 集第 423 页

蔡冠生
20218 蔡冠生 / ＊革命人物志第 15 集第 385 页

蔡屏藩
20219 蔡屏藩先生传略 / ＊中国时报 1973 年 5 月 27 日，＊革命人物志第 15 集第 382 页

蔡哲夫
20220 蔡哲夫 / 刘绍唐主编 // ＊传记文学 1996 年 68 卷 5 期

蔡培火
20221 灌园先生与我之间 / 蔡培火 // ＊大学杂志 1976 年 100 期
20222 我与王芃生先生的关系 / 蔡培火 // ＊中外杂志 1976 年 19 卷 5 期
20223 蔡公培火老先生生平事略 / ＊政治评论 1983 年 41 卷 1 期，＊革命人物志第 23 集第 273 页
20224 蔡培火(1885—1983) / 邱奕松 // ＊传记文学 1983 年 42 卷 3 期，＊民国人物小传第 6 册第 399 页

20225 "治警事件"的二志士——敬悼陈逢源与蔡培火先生 / 王晓波 // ＊中华杂志 1983 年 235 期
20226 台湾教师的先觉者——王敏川与蔡培火 / 蔡宪崇、谢德锡 // ＊文艺 1983 年 81 期
20227 心仪蔡培火先生 / 柯叔宝 // ＊革命人物志第 23 集第 276 页

蔡焕文
20228 蔡焕文 / 李执中 // ＊革命人物志第 7 集第 360 页

蔡清琳
20229 记北埔抗日烈士蔡清琳 / 吴浊流 // ＊夏潮 1976 年 1 卷 8 期

蔡鸿文
20230 蔡鸿文 / 刘绍唐主编 // ＊传记文学 1994 年 65 卷 1 期

蔡敬明
20231 蔡敬明 / ＊革命人物志第 10 集第 584 页

蔡惠如
20232 启门人——蔡惠如传 / 白瓷飘著 // ＊近代中国出版社 1977 年 264 页
20233 台湾民族运动中早期的蔡惠如 / 罗有桂、梁惠锦 // ＊风物 1976 年 26 卷 3 期
20234 台湾民族英雄人物蔡惠如 / 罗有桂 // ＊大学杂志 1976 年 100 期
20235 台湾抗日革命志士——蔡惠如 / 罗有桂 // ＊史联杂志 1983 年 2 期，＊中华学报 1983 年 10 卷 1 期，＊复兴岗学报 1983 年 29 期

蔡锐霆
20236 蔡锐霆 / 蔡复灵 // ＊革命人物志第 7 集第 365 页

蔡智堪
20237 蔡智堪先生革命勋绩 / 陈克奋 // ＊公论报 1955 年 10 月 4 日
20238 吊爱国老人蔡智堪 / 余甦贤 // ＊"中央"日报 1955 年 10 月 5 日，＊革命人物志第 10 集第 575 页
20239 田中奏折与蔡智堪——纪念一位台湾爱国老人逝世十周年 / 赵尺子 // ＊传记文学 1965 年 7 卷 4 期
20240 我怎样取得田中奏章 / 蔡智堪 // ＊传记文学 1965 年 7 卷 4 期
20241 蔡智堪与"田中奏章" / 眭云章 // ＊政治评论 1965 年 15 卷 3 期
20242 蔡智堪(1888—1955) / 赵尺子 // ＊传记文学 1975 年 26 卷 2 期，＊民国人物小传第 2 册第 259 页
20243 蔡智堪巧取"田中奏章" / 刘榮琮 // ＊民国人物纪闻第 123 页
20244 蔡智堪平生史迹 / 余甦贤 // ＊革命人物志第 10 集第 571 页
20245 蔡智堪先生自述 / ＊革命人物志第 10 集第 580 页

蔡策元
20246 蔡策元 / ＊革命人物志第 7 集第 358 页

蔡钜猷
20247 威镇湘西蔡铸人 / 胡耐安 // ＊传记文学 1969 年 15 卷 1 期
20248 六军军长蔡钜猷 / 胡耐安 // ＊民初三湘人物第 100 页

蔡滋浬
20249 蔡滋浬(1917—1981) / ＊传记文学 1983 年第 42 卷 1 期，＊民国人物小传第 6 册第 401 页

蔡婷莉
20250 访蔡婷莉 / ＊中国老一辈革命家第 221 页

蔡楚生
20251 从苦难环境中挣扎出来的蔡楚生 / 黄俊东 // ＊中国学生周报 1973 年 6 月 27 日
20252 蔡楚生(1906—1968) / 关志昌 // ＊传记文学 1984 年 44 卷 2 期
20253 蔡楚生 / 方雪纯等 // ＊中共人名录第 658 页
20254 蔡楚生 / 林曼叔等 // ＊中国当代作家小传第 80 页
20255 蔡楚生 / 李立明 // ＊中国现代六百作家小传第 505 页

20256 蔡楚生 / 司马文森 // ＊作家印象记第 73 页

蔡聚五
20257 蔡聚五 / ＊革命人物志第 7 集第 361 页

蔡毓如
20258 蔡毓如 / ＊革命人物志第 10 集第 585 页

蔡德辰
20259 蔡德辰 / ＊革命人物志第 10 集第 586 页、第 15 集第 11 页

蔡璧珩
20260 蔡璧珩 / ＊革命人物志第 7 集第 423 页

臧广恩
20261 知交渐零落——怀念臧广恩教授 / 吴自苏（甦）// ＊中外杂志 1980 年 28 卷 1 期
20262 臧广恩（1909—1979）/ 缪征流、赵子瑜 // ＊传记文学 1984 年 44 卷 1 期

臧式毅
20263 九一八事变时的臧式毅 / 张振鹭 // ＊传记文学 1968 年 12 卷 4 期
20264 臧式毅 / 刘绍唐主编 // ＊传记文学 1998 年 72 卷 4 期

臧在新
20265 臧在新 / ＊革命人物志第 9 集第 336 页
20266 阜宁臧在新、江雨涵、伏龙、顾锡九四烈士殉难事略 / ＊革命人物志第 9 集第 337 页

臧克家
20267 《诗刊》与臧克家 / 凌　源 // ＊大公报 1976 年 1 月 21 日
20268 臧克家（上、下）/ 陈敬之 // ＊畅流 1969 年 39 卷 4—5 期，＊"新月"及其重要作家第 171 页
20269 臧克家 / 方雪纯等 // ＊中共人名录第 602 页
20270 臧克家 / 林曼叔等 // ＊中国当代作家小传第 37 页
20271 臧克家 / 李立明 // ＊中国现代六百作家小传第 484 页
20272 臧克家 / 舒　兰 // ＊北伐前后新诗作家和作品第 183 页，＊抗战时期的新诗作家和作品第 195 页
20273 臧克家 / 孙　陵 // ＊我熟识的三十年代作家第 37 页
20274 臧克家 / ＊环华百科全书第 16 册第 609 页
20275 臧克家 / 赵　聪 // ＊现代中国作家列传第 230 页

臧启芳
20276 臧启芳恩师 / 郭衣洞 // ＊"中央"日报 1961 年 4 月 10 日
20277 忆臧哲老 / 傅青岇 // ＊畅流 1961 年 24 卷 9 期
20278 臧启芳（1894—1961）/ 关志昌 // ＊传记文学 1979 年 34 卷 1 期，＊民国人物小传第 3 册第 338 页
20279 臧启芳传 / 栗　直 // ＊中外杂志 1981 年 30 卷 3 期
20280 臧启芳（1894—1961）/ 周邦道 // ＊近代教育先进传略（初集）第 416 页，＊革命人物志第 22 集第 396 页

〔丨〕

裴文中
20281 裴文中与"北京人" / 关志昌 // ＊传记文学 1984 年 44 卷 3 期

裴志耕
20282 裴志耕 / 黄震遐 // ＊中共军人志第 553 页

裴鸣宇
20283 裴鸣宇 / ＊革命人物志第 23 集第 252 页

裴昌会
20284 裴昌会 / 刘绍唐主编 // ＊传记文学 1992 年 61 卷 5 期

裴周玉
20285　裴周玉／黄震遐／／＊中共军人志第554页
裴景福
20286　岑春煊与裴景福／沈云龙／／＊近代史事与人物第147页

〔丿〕

管　桦
20287　管　桦／林曼叔等／／＊中国当代作家小传第167页
管　鹏
20288　管　鹏／赵丕廉／／＊革命人物志第7集第250页
管曙东
20289　管曙东／＊革命人物志第7集第245页

〔丶〕

廖　平
20290　廖平传／夏敬观／／＊四川文献1963年14期—1964年19期，＊民国四川人物传记第210页
20291　经学家廖季平的生平／胥端甫／／＊大陆杂志1961年23卷6期
20292　廖　平(1852—1932)／＊传记文学1974年24卷3期，＊民国人物小传第1册第246页
20293　廖　平(1852—1932)／甘丽珍／／＊环华百科全书第7册第167页
廖　磊
20294　廖　磊(1890—1939)／于翔麟／／＊传记文学1981年39卷5期，＊民国人物小传第5册第401页
20295　廖　磊／黎民兴／／＊革命人物志第7集第211页
廖　慷
20296　廖　慷／刘绍唐主编／／＊传记文学1995年66卷4期
廖方池
20297　廖方池／曹巽佛／／＊革命人物志第7集第172页
廖平子
20298　革命诗人廖平子生平及其《予心》诗刊／祝秀侠／／＊艺文志1981年191期
20299　革命诗人廖平子／冯自由／／＊革命人物志第7集第173页
20300　南国一诗人——敬悼廖苹盦先生／黄尊生／／＊革命人物志第7集第180页
廖汉生
20301　廖汉生／黄震遐／／＊中共军人志第551页
廖汉臣
20302　廖汉臣(1912—1980)／林抱石／／＊传记文学1981年38卷2期，＊民国人物小传第5册第403页
廖成美
20303　廖成美／黄震遐／／＊中共军人志第546页
廖传仪
20304　廖传仪／＊革命人物志第11集第173页
廖传珆
20305　廖传珆／＊革命人物志第11集第172页
廖传祺
20306　廖传祺／＊革命人物志第9集第351页
廖仲恺
20307　廖仲恺先生殉难资料及哀思录／＊文海出版社近代中国史料丛刊三编第三辑(总25)影印本
20308　廖仲恺传／朱星鹤／／＊近代中国杂志社1983年版251页

20309	廖仲恺、胡汉民、张人杰／雷啸岑∥＊中外杂志 1971 年 9 卷 2 期	
20310	撰写《廖仲恺先生年谱》引用的重要史料／陈福霖∥＊传记文学 1972 年 21 卷 6 期	
20311	狙击丧生廖仲恺／胡耐安∥＊中外杂志 1975 年 17 卷 5 期	
20312	廖仲恺(1878—1925)／蒋永敬∥＊传记文学 1975 年 27 卷 2 期，＊民国人物小传第 2 卷第 256 页	
20313	廖仲恺传／＊夏潮 1977 年 2 卷 5 期	
20314	革命理财家廖仲恺烈士／心　园∥＊今日中国 1979 年 97 期	
20315	纪念廖仲恺先生逝世五十七周年特辑／＊传记文学 1982 年 41 卷 3 期	
20316	廖仲恺／谭慧生∥＊民国伟人传记第 136 页	
20317	廖仲恺(1878—1925)／戴晋新∥＊环华百科全书第 7 册第 167 页	
20318	廖仲恺／＊革命人物志第 7 集第 193 页	
20319	廖仲恺传／＊革命先烈传记第 111 页	
20320	廖仲恺／胡遐园∥＊贤不肖列传第 12 页	
20321	哀悼廖仲恺先生／戴季陶∥＊戴季陶先生文存第 3 册第 972 页	

廖安祥

20322	香港工作六十年／廖安祥∥(香港)广角镜出版社 1985 年 4 月版 55 页

廖运泽

20323	廖运泽／刘绍唐主编∥＊传记文学 1992 年 61 卷 6 期

廖步云

20324	廖步云／黄震遐∥＊中共军人志第 546 页

廖沫沙

20325	廖沫沙／林曼叔等∥＊中国当代作家小传第 92 页

廖宗纶

20326	廖宗纶传／＊民国四川人物传记第 12 页
20327	廖宗纶／＊革命人物志第 7 集第 210 页

廖宗泽

20328	廖宗泽／＊革命人物志第 19 集第 258 页

廖定藩

20329	廖定藩／＊革命人物志第 12 集第 402 页、第 18 集第 290 页

廖承志

20330	廖公在人间／中国新闻社∥(香港)生活·读书·新知三联书店 1983 年 9 月版(补) 187 页
20331	廖承志三演《捉放曹》／钟　兴∥＊艺文志 1967 年 22 期
20332	廖承志泰和击狱目击记／胡公武∥＊艺文志 1967 年 23 期
20333	廖承志其人其事／关国煊∥＊传记文学 1983 年 43 卷 1 期
20334	廖承志、廖梦醒系国民党资送留学／王文博∥＊传记文学 1984 年 44 卷 3 期
20335	郭乾辉诱捕廖承志／庄祖芳∥＊传记文学 1992 年 61 卷 5 期
20336	悼念亡夫廖承志／经普椿∥＊传记文学 1994 年 65 卷 6 期
20337	我与廖承志一段"友情"／原景辉∥＊传记文学 1997 年 71 卷 4 期
20338	访廖承志／＊中国老一辈革命家第 7 页
20339	廖承志／朱新民∥＊环华百科全书第 7 册第 168 页
20340	中央华侨事务委员会副主任委员廖承志／＊新中国人物志(上)第 220 页

廖政国

20341	廖政国／黄震遐∥＊中共军人志第 547 页

廖柏春

20342	廖柏春／＊革命人物志第 15 集第 286 页

廖树勋

20343	廖树勋传略／李鼎禧∥＊民国四川人物传记第 37 页

20344 廖树勋 / *革命人物志第 7 集第 217 页

廖冠贤
20345 廖冠贤 / 黄震遐 // *中共军人志第 546 页

廖海光
20346 廖海光 / 黄震遐 // *中共军人志第 549 页

廖容标
20347 廖容标 / 黄震遐 // *中共军人志第 548 页

廖梦醒
20348 廖承志、廖梦醒系国民党资送留学 / 王文博 // *传记文学 1984 年 44 卷 3 期

廖梓祥
20349 廖梓祥、唐德刚书简 / 廖梓祥、唐德刚 // *传记文学 1998 年 72 卷 4 期

廖喜郎
20350 廖喜郎 / *革命人物志第 12 集第 403 页

廖湘芸
20351 廖湘芸 / *革命人物志第 9 集第 349 页

廖鼎祥
20352 廖鼎祥 / 黄震遐 // *中共军人志第 550 页

廖耀湘
20353 廖耀湘将军逝世十周年纪念专辑 / 李 珍 // *廖黄伯容 1978 年版 249 页
20354 追怀慧眼将军——廖公耀湘之德泽 / 文中侠 // *湖南文献 1979 年 7 卷 1 期
20355 长忆耀湘 / 萧自诚 // *传记文学 1979 年 35 卷 3 期
20356 廖耀湘（1906—1968）/ 关国煊、林抱石 // *传记文学 1979 年 35 卷 6 期，*民国人物小传第 4 册第 362 页
20357 追怀廖耀湘将军 / 蒋继志 // *中外杂志 1981 年 30 卷 3 期
20358 忆说廖耀湘 / 乔家才 // *中外杂志 1982 年 32 卷 2 期

端　方
20359 端方结怨岑三 / 南　湖 // *"中央"日报 1962 年 3 月 21 日
20360 戊戌维新人物记 / 竺　公 // *畅流 1952 年 5 卷 9 期
20361 端方弟兄命丧四川 / 伍文钟 // *春秋 1965 年 2 卷 3 期
20362 端方与赵尔丰 / 马五先生 // *大成 1975 年 19 期
20363 端方贪缘再起因果 / 沈云龙 // *近代史事与人物第 141 页
20364 端方死事状 / 罗振玉 // *碑传集三编第 7 册第 1653 页

端木恺
20365 端木恺 / 刘绍唐主编 // *传记文学 1987 年 51 卷 2 期

端木蕻良
20366 端木蕻良论 / 刘以鬯 // （香港）世界出版社 1977 年版 140 页
20367 端木蕻良小传 / 李立明 // *大任 1976 年 23 期
20368 忆端木蕻良 / 翁灵文 // *大任 1976 年 23 期
20369 端木蕻良继萧红、萧军后病逝 / 关国煊 // *传记文学 1996 年 69 卷 5 期
20370 端木蕻良的感情世界 / 赵淑敏 // *传记文学 1996 年 69 卷 6 期
20371 端木蕻良 / 李立明 // *中国现代六百作家小传 486 页
20372 端木蕻良访问记 / 彦　火 // *当代中国作家风貌第 68 页
20373 端木蕻良 / *环华百科全书第 5 册第 70 页

赛金花
20374 状元夫人赛金花 / *1967 年版 118 页

20375　赛金花外传／陈澄之∥＊自立晚报 1961 年 7 月 18—31 日
20376　赛金花／岂　凡∥＊人言 1935 年 1 卷 50 期
20377　曾孟朴与赛金花关系之谜／斯及美∥＊艺文志 1966 年 7 期
20378　齐如山与赛金花／林可如∥＊中外杂志 1970 年 7 卷 4 期
20379　我所见的赛金花／刘家麟∥＊中外杂志 1971 年 9 卷 6 期
20380　关于赛金花／王志恒∥＊中外杂志 1971 年 9 卷 5 期
20381　会见晚境凄凉的赛金花／童轩荪∥＊传记文学 1971 年 18 卷 6 期
20382　我所见到的赛金花／林　熙∥＊大成 1975 年 20 期
20383　赛金花与秋红／陈则东∥＊中国文选 1975 年 103 期
20384　慈禧后与赛金花／萧　萧∥＊今日生活 1977 年 128 期
20385　赛金花(1864—1936)／关国煊∥＊传记文学 1981 年 38 卷 4 期,＊民国人物小传第 5 册第 479 页
20386　小凤仙与赛金花／曾虚白∥＊大成 1984 年 127 期,＊曾虚白自选集第 196 页
20387　赛金花不了情／王觉源∥＊中外杂志 1985 年 37 卷 3 期
20388　赛金花与口述历史／吴相湘∥＊传记文学 1987 年 51 卷 6 期
20389　赛金花本事／刘半农∥＊半农文选(一)第 98 页
20390　旧报上的赛金花／周黎庵∥＊晚清及民国人物琐谈第 61 页
20391　雪窗闲话赛金花／周梦庄∥＊晚清及民国人物琐谈第 71 页

赛福鼎
20392　赛福鼎／黄震遐∥＊中共军人志第 748 页
20393　赛福鼎／＊环华百科全书第 17 册第 275 页

谭扬
20394　谭　扬／＊革命人物志第 8 集第 427 页

谭进
20395　谭　进／＊革命人物志第 15 集第 478 页

谭政
20396　谭　政／黄震遐∥＊中共军人志第 714 页

谭胜
20397　谢八尧、邓伯曜、郑行果、谭胜、范运焜／胡汉民∥＊革命人物志第 8 集第 284 页
20398　谢八尧、邓伯曜、郑行果、谭胜、范运焜五烈士碑记／林直勉∥＊革命人物志第 8 集第 286 页

谭淑
20399　家学渊源的书画家谭淑女士／杭　珊∥＊政论周刊 1957 年 113 期
20400　谭淑女士的书与画／＊艺文志 1967 年 21 期
20401　三湘才女谭淑／＊美哉中华 1969 年 3 期

谭赞
20402　谭　赞／＊革命人物志第 8 集第 432 页
20403　谭赞同志传略／张道藩∥＊革命人物志第 8 集第 434 页

谭馥
20404　谭烈士馥纪念碑／邹　鲁∥＊邹　鲁全集第 9 册第 407 页
20405　谭馥传／邹　鲁∥＊革命人物志第 8 集第 428 页
20406　谭馥、葛谦、严国丰三烈士碑文／邹　鲁∥革命人物志第 8 集第 430 页,＊邹　鲁全集第 9 册第 404 页

谭人凤
20407　革命先进 开国宿将——谭人凤／孙子和∥＊国魂 1981 年 422、423 期
20408　谭人凤(1860—1920)／林抱石∥＊传记文学 1984 年 44 卷 1 期
20409　谭人凤／惜　秋∥＊民初风云人物(下)第 513 页

20410　谭人凤／章炳麟／／＊革命人物志第 8 集第 403 页

谭之澜
20411　谭之澜／＊革命人物志第 19 集第 418 页

谭小培
20412　京剧世家谭鑫培一门七代述略／翁思再／／＊传记文学 1999 年 74 卷 6 期

谭开云
20413　谭开云／黄震遐／／＊中共军人志第 718 页

谭云山
20414　谭云山与中印关系／陈　文／／＊明报月刊 1983 年 4 期
20415　谭云山与现代中印文化关系／巴　宙／／＊华学月刊 1983 年 140 期

谭云波
20416　谭云波／若　波／／＊艺林丛录（三）第 91 页

谭元寿
20417　京剧世家谭鑫培一门七代述略／翁思再／／＊传记文学 1999 年 74 卷 6 期

谭正岩
20418　京剧世家谭鑫培一门七代述略／翁思再／／＊传记文学 1999 年 74 卷 6 期

谭平山
20419　谭平山（1886—1956）／关国煊／＊传记文学 1981 年 39 卷 4 期，＊民国人物小传第 5 册第 500 页
20420　谭平山（1887—1956）／戴晋新／／＊环华百科全书第 5 册第 328 页
20421　中央人民监察委员会主任谭平山／＊新中国人物志（上）第 65 页

谭立官
20422　谭公立官先生殉难纪念集／刘孝柏／／＊谭之澜 1961 年影印本 208 页
20423　谭立官／萧辉锦／／＊革命人物志第 8 集第 406 页

谭兰卿
20424　我所知道的梁醒波与谭兰卿／老　吉／／＊大成 1981 年 89 期

谭邦定
20425　谭烈士邦定传略／＊川籍抗战忠烈录第 109 页

谭西庚
20426　谭西庚／平　刚／／＊革命人物志第 8 集第 408 页

谭贞林
20427　谭贞林／李朴生／／＊华侨名人传第 334 页，＊革命人物志第 15 集第 479 页

谭延闿
20428　茶陵谭公年谱／谭伯羽／／＊文海出版社 1971 年影印本
20429　谭祖安先生年谱／谭伯羽／／＊中国国民党中央委员会党史委员会 1979 年版 154 页
20430　谭延闿逸闻／＊"中央"日报 1959 年 6 月 25 日
20431　谭延闿与江标父子／南　湖／／＊"中央"日报 1961 年 11 月 30 日
20432　忆谭组安先生／遯　园／／＊畅流 1951 年 3 卷 1 期
20433　谭畏公二三事／了　厂／／＊畅流 1951 年 3 卷 3 期
20434　谭组庵先生轶事记／薛大可／／＊畅流 1953 年 8 卷 8 期
20435　谭畏公轶闻与诗／李渔叔／／＊畅流 1958 年 17 卷 11 期
20436　谭延闿书简／＊文星 1963 年 12 卷 6 期
20437　"民国一完人"谭延闿／阮文达／／＊春秋 1964 年 1 卷 6 期
20438　谭组庵与罗峙云／沈云龙／／＊春秋 1965 年 2 卷 1 期
20439　谭延闿致李烈钧的一封介绍信／湘　芬／／＊中外杂志 1967 年 2 卷 4 期
20440　雍容豫悦谭组庵——《新湘军志》人物小传（1—2）／胡耐安／／＊传记文学 1968 年 13 卷 2、3 期

20441　胡汉民与谭延闿 / 胡耐安 // ＊中外杂志 1970 年 7 卷 5 期，＊湖南文献 1979 年 7 卷 1 期
20442　谭延闿与张其锽 / 胡耐安 // ＊中外杂志 1970 年 8 卷 1 期
20443　谭延闿通而有节（1—3）/ 章君谷 // ＊中外杂志 1971 年 10 卷 4—6 期
20444　首任行政院长谭延闿 / 胡耐安 // ＊中外杂志 1975 年 18 卷 1 期
20445　再谈谭延闿 / 胡耐安 // ＊中外杂志 1975 年 18 卷 2 期
20446　休休有容谭延闿 / 蒋君章 // ＊中外杂志 1975 年 18 卷 5、6 期
20447　谭延闿的生平 / 吴灿祯 // ＊中外杂志 1978 年 24 卷 6 期
20448　王湘绮与谭畏公 / 张达人 // ＊艺文志 1978 年 157 期，＊湖南文献 1980 年 8 卷 4 期
20449　茶陵谭先生遗闻逸事 / 朱玖莹 // ＊湖南文献 1979 年 7 卷 1 期
20450　公谊乡情论畏公 / 周世辅 // ＊湖南文献 1979 年 7 卷 1 期
20451　怀仰乡贤谭组庵先生 / 邓文华 // ＊湖南文献 1979 年 7 卷 1 期
20452　谭延闿组庵先生事略 / ＊湖南文献 1979 年 7 卷 1 期
20453　谭组安先生的勋业与风范 / 黄少谷 // ＊湖南文献 1979 年 7 卷 2 期，＊中国宪政 1979 年 14 卷 5、6 期，＊近代中国 1979 年 9 期
20454　前国民政府主席谭公祖安年谱 / 刘大刚 // ＊湖南文献 1979 年 7 卷 3 期
20455　谭延闿父子轶事（上、中、下）/ 周世辅 // ＊中外杂志 1979 年 25 卷 3—5 期，＊海外文摘 1979 年 381 期
20456　我所崇敬的谭祖安先生 / 周世辅 // ＊近代中国 1979 年 9 期
20457　谭延闿先生百年诞辰口述历史座谈会纪实 / 董肇珩 // ＊近代中国 1979 年 9 期
20458　"总统"蒋公与谭延闿先生之交谊 / 吴伯卿 // ＊近代中国 1979 年 9 期
20459　谭延闿先生事略 / ＊近代中国 1979 年 9 期
20460　我能够说的谭祖安先生 / 萧赞育 // ＊建设 1979 年 27 卷 10 期
20461　谭延闿与辛亥革命 / 刘鹏佛 // ＊近代中国 1981 年 23 期
20462　总司令谭延闿 / 胡耐安 // ＊民初三湘人物 38 页
20463　谭延闿 / 惜　秋 // ＊民初风云人物（下）第 633 页
20464　谭延闿（1879—1930）/ 洪喜美 // ＊民国人物小传第 2 册第 332 页
20465　谭延闿 / 谭慧生 // ＊民国伟人传记第 196 页
20466　谭延闿（1879—1930）/ ＊环华百科全书第 5 册第 331 页
20467　谭延闿 / 胡遜园 // ＊贤不肖列传第 1 页
20468　谭延闿 / 革命人物志第 8 集第 409 页
20469　悼谭组庵先生 / 胡汉民 // ＊革命人物志第 8 集第 411 页
20470　祭谭组庵先生文（代）/ 曾克耑 // ＊颂桔庐文存第 15 卷第 4 页

谭孝曾
20471　京剧世家谭鑫培一门七代述略 / 翁思再 // ＊传记文学 1999 年 74 卷 6 期

谭甫仁
20472　谭甫仁 / 黄震遐 // ＊中共军人志第 711 页

谭何易
20473　谭何易 / 覃惠波 // ＊革命人物志第 20 集第 299 页

谭伯羽
20474　谭伯羽（1900—1982）/ 赵子瑜 // ＊传记文学 1983 年 43 卷 1 期

谭希林
20475　谭希林 / 黄震遐 // ＊中共军人志第 710 页

谭启龙
20476　谭启龙 / 黄震遐 // ＊中共军人志第 719 页

谭其𣿉
20477　谭其𣿉 / 谭其蓁 // ＊革命人物志第 8 集第 420 页

谭其骧
20478　谭其骧／刘绍唐主编／／﹡传记文学1996年69卷5期
谭明辉
20479　谭烈士明辉传略／／﹡川籍抗战忠烈录第107页
谭知耕
20480　谭知耕／黄震遐／／﹡中共军人志第713页
谭岳泉
20481　谭岳泉／刘绍唐主编／／﹡传记文学1994年65卷3期
谭革心
20482　军校同学四烈士(谭革心等)／阮西震／／﹡中外杂志1980年28卷4期
谭思义
20483　谭思义／陈春生／／﹡革命人物志第8集第426页
谭冠三
20484　谭冠三／黄震遐／／﹡中共军人志第716页
谭冠英
20485　谭冠英／﹡革命人物志第8集第425页
谭浩明
20486　谭浩明(1871—1925)／关国煊／／﹡传记文学1985年46卷5期
谭家述
20487　谭家述／黄震遐／／﹡中共军人志第717页
谭常恺
20488　谭常恺／﹡革命人物志第18集第403页
谭善和
20489　谭善和／黄震遐／／﹡中共军人志第712页
谭富英
20490　谭富英其人其事／丁秉鐩／／﹡传记文学1977年30卷5、6期
20491　孟小冬与谭富英／赵　聪／﹡大成1977年45期
20492　谭富英(1906—1977)／关志昌／／﹡传记文学1983年42卷2期，﹡民国人物小传第6册第490页
20493　京剧世家谭鑫培一门七代述略／翁思再／／﹡传记文学1999年74卷6期
谭嗣襄
20494　谭泗孙(嗣襄)溘逝台南／南　湖／／﹡"中央"日报1962年6月28日
20495　记谭嗣襄／述　园／﹡畅流1952年5卷9期
谭震林
20496　"大闹怀仁堂"闯将谭震林／关国煊／／﹡传记文学1993年63卷4期
谭曙卿
20497　谭曙卿(1884—1938)／于翔麟／／﹡传记文学1985年46卷6期
20498　谭曙卿／王　敬／／﹡革命人物志第15集第486页
20499　谭故军长镇湘先生详历表／﹡革命人物志第15集第490页
谭鑫培
20500　谭鑫培三大恨事／苏雪安／／﹡大成1974年6期
20501　我所见到的谭鑫培／周信芳／／﹡大成1975年19期
20502　谭鑫培(1847—1917)／﹡传记文学1981年38卷1期，﹡民国人物小传第5册第503页
20503　艺人谭鑫培趣闻／心　远／／﹡畅流1981年64卷1期
20504　我的祖父谭鑫培／﹡大成1981年95期
20505　我所知道的谭鑫培／罗亮生／／﹡大成1984年124期

熊 丸
20508　回顾我一波三折的医学生涯／熊　丸／／＊四川文献 1978 年 169 期

熊 伟
20509　熊　伟／张难先／／＊革命人物志第 7 集第 239 页

熊 英
20510　熊嚰然先生之生平及其诗／黄秀松／／＊珠海学报 1975 年 8 期
20511　熊　英／／＊革命人物志第 7 集第 236 页

熊 奎
20512　熊　奎／黄震遐／／＊中共军人志第 558 页

熊 恢
20513　熊琢如先生七十寿序／杨向时／／＊江西文献 1969 年 39 期
20514　熊　恢（1894—1974）／关志昌／／＊传记文学 1985 年 46 卷 3 期

熊 晃
20515　熊　晃／黄震遐／／＊中共军人志第 558 页

熊 琨
20516　熊　琨／张　继／／＊革命人物志第 9 集第 347 页

熊 雄
20517　熊　雄／刘绍唐主编／／＊传记文学 1998 年 72 卷 2 期

熊 斌
20518　熊斌宣抚华北概略／王健民／／＊传记文学 1968 年 13 卷 3 期
20519　熊　斌（1894—1964）／于翔麟／／＊传记文学 1981 年 38 卷 1 期，＊民国人物小传第 5 册第 391 页

熊 毅
20520　熊　毅／刘祥武／／＊革命人物志第 12 集第 396 页

熊十力
20521　熊十力／李霜青／／＊商务印书馆 1979 年再版
20522　熊十力先生学行年表／蔡仁厚／／＊明文书局 1987 年 137 页
20523　忆熊十力先生／梁漱溟／／＊明文书局股份有限公司 1989 年 193 页
20524　谈熊十力与马一浮／敬　园／／＊畅流 1960 年 21 卷 10 期
20525　怀熊十力先生／周开庆／／＊中国一周 1961 年 599 期
20526　熊十力先生剪影／居浩然／／＊传记文学 1963 年 3 卷 1 期
20527　谈熊十力／王化棠／／＊畅流 1966 年 33 卷 11 期
20528　一代大儒黄冈熊十力思想研究／李霜青／／＊湖北文献 1967 年 3 期
20529　熊十力先生象赞／居浩然／／＊传记文学 1969 年 15 卷 2 期
20530　熊十力（1885—1968）／陶惠英／／＊传记文学 1976 年 28 卷 6 期，＊民国人物小传第 2 册第 247 页
20531　先父刘静窗先生与熊十力先生在晚岁通信论学与交游的经过／刘述先／／＊中报月刊 1980 年 8 期
20532　熊十力大师传（及补遗）／燕大明／／＊中报月刊 1980 年 11 期
20533　哲者熊十力先生／徐　子／／＊中报月刊 1980 年 11 期
20534　探究真实的存在——略论熊十力／杜维明著、林镇国译／／＊近代中国思想人物论第 6 册第 313 页
20535　熊十力（1885—1968）／刘君祖／／＊环华百科全书第 13 册第 393 页
20536　胡适之、梁漱溟、熊十力三位北大哲学系教授的风范与创建／冯炳奎／／＊学府纪闻·国立北京大学第 311 页

熊公哲
20537　我所知道的哲学大师熊公哲／廖作琦∥＊传记文学 1998 年 72 卷 1 期
20538　熊公哲／刘绍唐主编∥＊传记文学 1998 年 72 卷 5 期

熊世藩
20539　熊世藩／张难先∥＊革命人物志第 7 集第 218 页

熊式一
20540　访熊式一谈天说地／罗　璜∥＊联合报 1961 年 8 月 31 日
20541　熊式一先生和他的著作／刘宗周∥＊联合报 1961 年 9 月 11 日
20542　熊式一的生与死／贾亦棣∥＊传记文学 1993 年 63 卷 4 期
20543　熊式一／李立明∥＊中国现代六百作家小传 477 页
20544　熊式一／＊环华百科全书第 13 册第 395 页

熊式辉
20545　我对刘峙、熊式辉、桂永清三上将的粗浅认识／周重韶∥＊江西文献 1975 年 79 期
20546　熊式辉(1893—1974)／于翔麟∥＊传记文学 1980 年 37 卷 2 期，＊民国人物小传第 4 册第 360 页
20547　熊式辉与魏道明／张勇保∥＊大成 1980 年 78 期
20548　熊式辉在东北——东北壮游之十三／陈嘉骥∥＊中外杂志 1982 年 31 卷 4 期
20549　熊式辉／吴相湘∥＊民国百人传第 4 册第 153 页

熊成基
20550　血路——范传甲、倪映典、熊成基三烈士传／胡　秀∥＊近代中国出版社 1952 年版 219 页
20551　先烈熊成基轶事／杜负翁∥＊"中央"日报 1962 年 3 月 10 日
20552　铁血健儿博浪椎(熊成基)／绩　苏∥＊畅流 1958 年 16 卷 10 期
20553　熊成基(1887—1910)／戴晋新∥＊环华百科全书第 13 册第 393 页
20554　熊成基传／邹　鲁∥＊革命人物志第 7 集第 219 页
20555　安庆革命军总司令熊成基／冯自由∥＊革命人物志第 7 集第 221 页

熊光焰
20556　熊光焰／黄震遐∥＊中共军人志第 556 页

熊兆仁
20557　熊兆仁／黄震遐∥＊中共军人志第 557 页

熊庆来
20558　纪念熊庆来师百龄诞辰／徐贤修∥＊传记文学 1992 年 60 卷 2 期

熊志伟
20559　熊志伟／＊革命人物志第 12 集第 400 页

熊克武
20560　熊克武(1884—1970)／于翔麟、关国煊∥＊传记文学 1981 年 38 卷 4 期，＊民国人物小传第 5 册第 395 页

熊伯涛
20561　熊伯涛／黄震遐∥＊中共军人志第 556 页

熊佛西
20562　当代剧作家熊佛西／李立明∥＊良友之声 1974 年 75 期
20563　熊佛西(1900—1965)／关国煊∥＊传记文学 1982 年 40 卷 6 期，＊民国人物小传第 5 册第 398 页
20564　熊佛西／李立明∥＊中国现代六百作家小传 478 页，＊现代中国作家评传第 121 页

熊希龄
20565　熊希龄／竺　公∥＊畅流 1952 年 5 卷 9 期
20566　民国初年的几任财政总长(一)：熊希龄／贾士毅∥＊传记文学 1964 年 5 卷 2 期，＊民国初年的几任财政总长第 8 页

20567　熊希龄"雄心不死"／丁燕公／／＊春秋1968年9卷2期
20568　谈胡子靖与熊希龄的交情／省　斋／／＊艺文志1968年28期
20569　熊希龄的官运与艳福／洪木川／／畅流1969年40卷5期
20570　民初财政首长之一的熊希龄／贾士毅／／＊湖南文献1975年3卷4期，＊中国宪政1977年12卷2期
20571　熊希龄（1867—1937）／张　珂／／＊传记文学1976年28卷3期，＊民国人物小传第2册第249页
20572　熊希龄娶毛彦文的故事／林　熙／／＊大成1978年60期
20573　熊希龄创办慈幼事业／吴相湘／／＊传记文学1985年47卷3期
20574　熊希龄总理与先父季庭公／张锡龄／／＊传记文学1995年67卷2期
20575　名流内阁熊希龄／赵朴民／／＊北洋政府国务总理列传第25页
20576　熊凤凰创慈幼院／吴相湘／／＊民国人和事第117页
20577　熊希龄／周邦道／／＊近代教育先进传略（初集）第226页
20578　熊希龄／戴晋新／／＊环华百科全书第13册第392页

熊应堂

20579　熊应堂／黄震遐／／＊中共军人志第559页

熊启琳

20580　熊启琳女士／郑秀卿／／＊四川文献1967年62期

熊秉坤

20581　武昌首义第一枪——熊秉坤／许师慎／／＊畅流1951年4卷5期
20582　熊秉坤（1885—1969）／关国煊、关志昌／／＊传记文学1984年44卷1期

熊育钖

20583　怀念近代一位教育家——熊纯如／李立侯／／＊"中央"日报1950年12月29日
20584　大教育家熊纯如先生／程天放／／＊"中央"日报1962年11月18日
20585　大教育家熊纯如先生／姜伯彰／／＊中华日报1962年11月19日
20586　南昌熊纯如先生墓表／欧阳祖经／／＊江西文献1966年8期
20587　忆南昌熊纯如先生／芝阳老人／／＊江西文献1968年25—27期
20588　熊纯如先生与心远／刘榮琮／／＊江西文献1968年29—30期、1978年93期
20589　梅光迪、段锡朋、熊育钖／周邦道／／＊中外杂志1976年19卷5期
20590　熊育钖（1869—1942）／蒋永敬／／＊传记文学1976年28卷5期，＊民国人物小传第2册第251页
20591　熊育钖传略／周邦道／／＊江西文献1976年84期
20592　熊育钖／周邦道／／＊近代教育先进传略（初集）第167页
20593　熊育钖／＊革命人物志第10集第513页
20594　监察院监察委员本生显考熊公纯如府君行状／熊正理／／＊革命人物志第10集第515页
20595　熊纯如先生的办学理想／胡昌骐／／＊革命人物志第10集第533页
20596　敬悼熊纯如先生／胡先骕／／＊革命人物志第10集第537页
20597　熊纯如先生轶事／卢建业／／＊革命人物志第10集第540页

熊笑三

20598　熊笑三／刘绍唐主编／／＊传记文学1996年68卷6期

熊崇镛

20599　熊崇镛／＊革命人物志第9集第345页

熊得山

20600　熊得山（1891—1939）／秦贤次／／＊传记文学1976年28卷6期，＊民国人物小传第2册第252页

熊绶云

20601　熊绶云／＊革命人物志第10集第548页

熊绶春

20602　熊故军长绶春事略／＊"中央"日报1951年12月11日

熊绶春

20603　悼熊绶春将军 / 李中襄 // *"中央"日报 1951 年 12 月 12 日

20604　熊绶春将军事略 / 柳藩国 // *江西文献 1976 年 83 期

20605　熊绶春(1907—1948) / 于翔麟 // *传记文学 1985 年 46 卷 5 期

20606　熊绶春 / *革命人物志第 7 集第 242 页

熊越山

20607　熊越山 / *革命人物志第 7 集第 240 页

熊朝霖

20608　熊朝霖 / *革命人物志第 7 集第 240 页

熊紫云

20609　熊紫云 / 漆振仁 // *革命人物志第 16 集第 299 页

熊嗣鹗

20610　熊嗣鹗 / 张　继 // *革命人物志第 9 集第 348 页

熊新民

20611　宋思一与熊新民 / *国共风云名人录第 2 辑第 107 页

熊德基

20612　熊德基 / 刘绍唐主编 // *传记文学 1999 年 75 卷 2 期

翟淑珍

20613　人民政协代表翟淑珍 / 庆　楣 // *新中国人物志(下)第 244 页

翟韶武

20614　翟韶武(1896—1966) / 李绍盛 // *传记文学 1978 年 33 卷 3 期, *民国人物小传第 3 册第 289 页

缪　斌

20615　我所了解的缪斌 / 杨彦斌 // *新万象 1978 年 33 期

20616　缪　斌 / 刘绍唐主编 // *传记文学 1999 年 74 卷 6 期

缪云台

20617　缪云台 / 刘绍唐主编 // *传记文学 1992 年 61 卷 1 期

缪凤林

20618　中大四年缪门琐记——追忆缪凤林老师 / 王宏志 // *中外杂志 1971 年 9 卷 2 期

20619　怀念缪凤林先生 / 张效乾 // *传记文学 1985 年 46 卷 1 期

20620　记缪凤林先生的一席话 / 蓝　雷 // *传记文学 1987 年 50 卷 4 期

20621　缪凤林书生报国 / 康　侨 // *中外人物专辑第 4 辑第 149 页

缪永顺

20622　缪永顺 / *革命人物志第 18 集第 378 页

缪金源

20623　缪金源教授小传 / 吴俊升 // *传记文学 1971 年 18 卷 1 期

缪荃孙

20624　艺风老人年谱(附夏孙桐撰缪艺风先生行状) / 缪荃孙 // *文海出版社近代中国史料丛刊第 51 辑(总 505—506)影印本 86 页

20625　简介缪荃孙先生 / 黄雯玲 // *书府 1983 年 4 期

20626　缪荃孙与《清史·儒林传》/ 君　质 // *艺林丛录(9)第 30 页

20627　缪荃孙行述 / 缪禄保 // *碑传集三编第 2 册 549 页

缪培南

20628　缪培南(1895—1970) / 于翔麟 // *传记文学 1983 年 42 卷 6 期, *民国人物小传第 6 册第 468 页

缪崇群

20629　缪崇群 / 李立明 // *中国现代六百作家小传第 547 页

20630　缪崇群 / 黄俊东 // *现代中国作家剪影第 99 页

十 五 画

〔一〕

暴式彬

20631 张希圣、暴式彬 / ＊革命人物志第 4 集第 340 页
20632 暴式彬 / ＊革命人物志第 12 集第 490 页

〔丿〕

黎 明

20633 黎 明 / 黄震遐 // ＊中共军人志第 580 页

黎 杰

20634 敬悼黎杰教授 / 何广棪 // ＊广东文献 1976 年 6 卷 1 期
20635 黎 杰(1898—1975) / 何广棪 // ＊传记文学 1976 年 28 卷 5 期，＊民国人物小传第 2 册第 281 页

黎 原

20636 黎 原 / 黄震遐 // ＊中共军人志第 581 页

黎 澍

20637 谈黎澍生平及其书联 / 沈云龙 // ＊大成 1978 年 50 期
20638 黎 澍 / 刘绍唐主编 // ＊传记文学 1993 年 63 卷 1 期

黎元洪

20639 黎元洪评传 / 沈云龙 // ＊"中央"研究院近代史研究社 1963 年 1 月版 213 页，＊文海出版社近代中国史料丛刊第七十九辑(总 790)影印本 212 页
20640 黎元洪传 / 章君谷 // ＊中外图书出版社 1971 年 7 月版 186 页
20641 大总统黎元洪传 / 章君谷 // (香港)马昆杰文化事业公司版 186 页
20642 章炳麟与黎元洪 / 姚渔湘 // ＊"中央"日报 1956 年 10 月 17 日
20643 黎元洪传 / 左舜生 // ＊"中央"日报 1967 年 5 月 28 日
20644 大总统黎公碑 / 太 炎 // ＊传记文学 1980 年 37 卷 4 期
20645 黎元洪与辛亥武昌起义 / 沈云龙 // ＊文星 1961 年 8 卷 6 期
20646 沈云龙《黎元洪评传》之辨正 / 眭云章 // ＊政治评论 1963 年 10 卷 6 期
20647 对《黎元洪评传》的几点纠正 / 姚渔湘 // ＊文星 1963 年 12 卷 4 期
20648 黎元洪与民国政局 / 刘塗城 // 私立中国文化学院史学研究所 1964 年硕士学位论文
20649 黎元洪诬杀张振武始末记 / 刘蕙如 // ＊春秋 1965 年 3 卷 4 期
20650 黎菩萨的一段逸事 / 陈汝闳 // ＊畅流 1966 年 33 卷 3 期
20651 黎元洪 / 李少陵 // ＊艺文志 1966 年 6 期
20652 从二管轮到大总统的黎元洪 / 李雍民 // ＊古今谈 1966 年 14 期
20653 民国初年的黎元洪(上、下) / 刘以城 // ＊幼狮学志 1968 年 7 卷 3—4 期
20654 黎元洪(1864—1928) / 关志昌 // ＊传记文学 1977 年 30 卷 6 期，＊民国人物小传第 3 册第 333 页
20655 辛亥武昌新军首义与黎元洪 / 沈云龙 // ＊传记文学 1980 年 37 卷 4 期，＊湖北文献 1981 年 61 期
20656 胁持黎元洪经过 / 熊秉坤 // ＊传记文学 1980 年 37 卷 4 期
20657 推定黎元洪为鄂军都督经过 / 胡祖舜 // ＊传记文学 1980 年 37 卷 4 期
20658 武昌起义与黎元洪决心参加军政府 / 甘绩熙 // ＊传记文学 1980 年 37 卷 4 期
20659 黎元洪与辛亥革命 / 雍 叔 // ＊湖北文献 1981 年 61 期
20660 清末民初两枭雄——袁世凯与黎元洪的真面目 / 张守初 // ＊中外杂志 1984 年 36 卷 5 期

20661　黎元洪与天津／徐世敏∥＊传记文学1994年65卷6期
20662　黎元洪传／唐祖培∥＊民国名人小传第141页
20663　黎元洪外史／＊军阀现形记第95页
20664　黎元洪(1864—1928)／廖秀英∥＊环华百科全书第7册第12页

黎东方

20665　平凡的我(1—2)／黎东方∥＊文星书店1963年版305页，＊传记文学出版社1969年12月版209页
20666　历史学家黎东方／叶向阳∥＊中国一周1954年241期
20667　关于平凡的我／黎东方∥＊传记文学1966年8卷6期
20668　聊尽我心——在美国住了八个年头的"平凡的我"／黎东方∥＊传记文学1968年12卷1期
20669　讲三国说民国的史学大家／唐德刚∥＊传记文学1999年74卷2期
20670　记黎东方教授二三事／吴兴镛∥＊传记文学1999年74卷2期
20671　他走完了坦荡不凡的一生——纪念黎东方伯伯／江　丽∥＊传记文学1999年75卷4,5期

黎民伟

20672　黎民伟其人其事／黄　尧∥＊传记文学1981年38卷5期
20673　黎民伟／刘绍唐主编∥＊传记文学1995年67卷5期

黎民望

20674　黎民望／＊革命人物志第9集第364页

黎怀瑾

20675　黎怀瑾传／邹绍阳∥＊四川文献1966年46期，＊革命人物志第11集第266页

黎尚莹

20676　黎尚莹／＊革命人物志第11集第265页

黎昭常

20677　黎昭常／＊革命人物志第9集第364页

黎剑虹

20678　梁寒操与我／黎剑虹∥＊黎明文化事业公司1980年10月版294页
20679　白首盟约五十年(上、中、下)——《梁寒操与我》第一章／梁黎剑虹∥＊中外杂志1980年27卷4—6期
20680　我的父亲和母亲：梁寒操、梁黎剑虹／梁上元∥＊中外杂志1980年28卷4期
20681　我为什么写《梁寒操与我》／梁黎剑虹∥＊中外杂志1980年28卷6期

黎桂荪

20682　黎桂荪／＊革命人物志第9集第365页

黎烈文

20683　怀念黎烈文——《随想录》四十三／巴　金∥＊大公报1980年5月31日
20684　黎烈文贫病而死／汤熙勤∥＊掌故1972年16期
20685　黎烈文(1902—1972)／＊传记文学1974年24卷4期，＊民国人物小传第1册第264页
20686　怀念黎烈文先生／何　欣∥＊文季1983年1卷1期
20687　黎烈文／李立明∥＊中国现代六百作家小传第520页
20688　黎烈文／黄俊东∥＊现代中国作家剪影第189页

黎照寰

20689　黎照寰／刘绍唐主编∥＊传记文学1992年60卷6期

黎锡福

20690　黎锡福／黄震遐∥＊中共军人志第583页

黎锦明

20691　黎锦明／李立明∥＊中国现代六百作家小传第521页

20692　黎锦明／＊环华百科全书第 7 册第 10 页
20693　黎锦明／黄俊东／／＊现代中国作家剪影第 168 页

黎锦晖

20694　黎锦晖被江青折磨而死／黎遂／／＊传记文学 1987 年 50 卷 5 期
20695　黎锦晖／刘绍唐主编／／＊传记文学 1987 年 51 卷 1 期
20696　黎锦晖／李立明／／中国现代六百作家小传第 522 页

黎锦熙

20697　黎锦熙(1890—1978)／关国煊／／＊传记文学 1979 年 34 卷 2 期，＊民国人物小传第 3 册第 334 页
20698　黎锦熙、毛泽东的师生情谊／黎风原作／／传记文学 1993 年 62 卷 6 期
20699　黎锦熙／李立明／／中国现代六百作家小传第 523 页
20700　黎锦熙／刘葆／／＊现代中国人物志第 324 页

德 龄

20701　《御香缥缈录》及其作者／秦瘦鸥／／＊大成 1983 年 111 期

樊钟秀

20702　樊钟秀其人其事／段剑岷／／＊春秋 1965 年 3 卷 2 期
20703　樊钟秀傲骨丹心／段剑岷／／＊春秋 1965 年 3 卷 6 期
20704　中州奇侠樊钟秀(1—3)／王培尧／／＊中外杂志 1972 年 11 卷 5 期—12 卷 1 期
20705　记中州四杰之一的樊钟秀／龙钧天／／＊艺文志 1975 年 115 期
20706　樊钟秀／段剑岷／＊革命人物志第 8 集第 154 页

樊崧甫

20707　龙头将军樊崧甫／裘 裃／／＊春秋 1975 年 22 卷 5 期
20708　樊崧甫／刘绍唐主编／／＊传记文学 1995 年 66 卷 5 期

樊毓秀

20709　樊毓秀／张鸿道／／＊革命人物志第 8 集第 151 页

樊增祥

20710　樊增祥／易君左／／＊畅流 1962 年 25 卷 2 期
20711　樊樊山(1846—1931)／关国煊／／＊传记文学 1982 年 40 卷 4 期，＊民国人物小传第 5 册第 443 页
20712　樊增祥／邵镜人／／近代中国史料丛刊续编第九十五辑（总 950）・同光风云录影印本第 246 页

樊耀南

20713　樊耀南、金树仁、哈密回王／尧乐博士／／＊传记文学 1968 年 12 卷 3 期

滕 固

20714　滕 固(1901—1941)／秦贤次／／＊传记文学 1980 年 36 卷 4 期，＊民国人物小传第 4 册第 350 页
20715　滕 固／李立明／／＊中国现代六百作家小传第 524 页
20716　悼滕若渠同志／朱家骅／／＊朱家骅先生言论集第 727 页

滕海清

20717　滕海清／黄震遐／／＊中共军人志第 570 页

滕楚莲

20718　记几位中国的女数学家／陈省身、康润芳／／＊传记文学 1995 年 66 卷 5 期

〔丶〕

颜 红

20719　颜 红／黄震遐／／＊中共军人志第 706 页

颜 森

20720　颜 森／＊革命人物志第 9 集第 451 页

颜 幹

20721　颜 幹／＊革命人物志第 9 集第 454 页

颜文梁
20722 颜文梁／刘绍唐主编／／＊传记文学 1993 年 62 卷 3 期

颜文斌
20723 颜文斌／黄震遐／／＊中共军人志第 705 页

颜廷阶
20724 颜廷阶／颜文雄／／＊中国一周 1966 年 864 期

颜芸枢
20725 颜芸枢(1882—1942)／周邦道／／＊近代教育先进传略(初集)第 440 页

颜承烈
20726 颜承烈／＊革命人物志第 9 集第 449 页

颜金生
20727 颜金生／黄震遐／／＊中共军人志第 706 页

颜惠庆
20728 颜惠庆自传／＊传记文学出版社 1973 年 9 月版 300 页,1982 年 300 页
20729 颜惠庆自传／＊传记文学 1971 年 18 卷 2 期—1973 年 22 卷 2 期
20730 外交名宿颜惠庆／赵朴民／／＊北洋政府国务总理列传第 86 页
20731 颜惠庆(1877—1950)／姚崧龄／／＊民国人物小传第 2 册第 322 页

颜福庆
20732 颜福庆／刘绍唐主编／／＊传记文学 1987 年 51 卷 2 期

颜德明
20733 颜德明／黄震遐／／＊中共军人志第 707 页

翦伯赞
20734 翦伯赞与周谷城／邂　叟／／＊"中央"日报 1967 年 1 月 31 日
20735 翦伯赞(1898—1968)／关国煊／／＊传记文学 1982 年 41 卷 1 期,＊民国人物小传第 6 册第 91 页
20736 历史学家翦伯赞的死因／罗永常／／＊传记文学 1995 年 67 卷 6 期
20737 翦伯赞冤案的形成和平反／张传玺／／＊传记文学 1999 年 74 卷 3 期
20738 中央文化教育委员会委员翦伯赞／＊新中国人物志(下)第 104 页

潘　贯
20739 理论化学家潘贯教授／简　叔／／＊中国一周 1957 年 351 期
20740 潘　贯(1907—1974)／周邦道／／＊传记文学 1981 年 38 卷 3 期,＊民国人物小传第 5 册第 407 页,＊近代教育先进传略(初集)第 364 页

潘　复
20741 潘　复／贾士毅／／＊传记文学 1965 年 6 卷 5 期
20742 潘　复(1883—1936)／关志昌／／＊传记文学 1980 年 37 卷 3 期,＊民国人物小传第 4 册第 365 页
20743 北洋倾复潘馨航／赵朴民／／＊北洋政府国务总理列传第 162 页

潘　菽
20744 潘　菽／刘绍唐主编／／＊传记文学 1995 年 67 卷 3 期

潘　焱
20745 潘　焱／黄震遐／／＊中共军人志第 577 页

潘大道
20746 潘大道事略／蜀　侠／／＊四川文献 1965 年 36 期,＊革命人物志第 17 集第 314 页
20747 风流神童潘大道／袁宙宗／／＊中外杂志 1985 年 37 卷 3 期
20748 潘大道事略／周开庆／／＊民国四川人物传第 145 页

潘才浩
20749 潘才浩／＊革命人物志第 7 集第 302 页

潘天寿

20750 潘天寿 / 马国权 // *大公报 1983 年 6 月 5 日

20751 潘天寿(1897—1971) / 关志昌 // *传记文学 1983 年 43 卷 5 期

潘公展

20752 新闻耆宿潘公展 / 萧光邦 // *儿童书局 1985 年 171 页(儿童书局 1983 年版)

20753 悼念潘公展兄 / 陈立夫 // *"中央"日报 1975 年 7 月 12 日,*浙江月刊 1975 年 7 卷 7 期,*革命人物志第 18 集第 324 页

20754 爱国报人潘公展先生 / 程沧波 // *"中央"日报 1975 年 7 月 14 日,*革命人物志第 18 集第 328 页

20755 新闻兵潘公展 / 李子坚 // *自由谈 1969 年 20 卷 12 期

20756 潘公展先生与我 / 周世辅 // *生力 1974 年 8 卷 86 期

20757 纪念潘公展先生特辑 / 陈立夫等 // *报学 1975 年 5 卷 5 期

20758 爱国报人潘公展 / 黄天鹏 // *中外杂志 1975 年 18 卷 4 期

20759 潘公展自述及其有关人物评述选 // *传记文学 1975 年 27 卷 2、3 期

20760 一代报人潘公展先生 / 周世辅 // *传记文学 1975 年 27 卷 3 期,*革命人物志第 18 集第 312 页

20761 潘公展毕生致力文教事业 / 周世辅 // *艺文志 1975 年 113 期

20762 潘公展二三事 / 吴佩芝 // *中外杂志 1976 年 20 卷 6 期

20763 怀念潘公展先生 / 薛光前 // *传记文学 1976 年 29 卷 2 期,*故人与往事第 135 页

20764 潘公展(1895—1975) / 程其恒 // *传记文学 1979 年 34 卷 1 期,*民国人物小传第 3 册第 308 页

20765 追忆潘公展先生与湖社 / 凌颂如 // *浙江月刊 1980 年 12 卷 5 期

20766 潘公展 / 李立明 // *中国现代六百作家小传 499 页

20767 潘公展 / 刘葆 // *现代中国人物志第 264 页

20768 梁和均与潘公展 / 陶百川 // *陶百川叮咛文存第 14 册第 23 页

20769 与难俱来的一生 / 潘公展 // *潘公展先生言论集第 265 页

潘公弼

20770 悼潘公弼先生 / 钱塘江 // *中华日报 1961 年 12 月 28 日

20771 敬悼潘公弼先生 / 叶明勋 // *自立晚报 1962 年 1 月 7—12 日

20772 望平街之回忆 / 潘公弼 // *报学 1951 年 1 卷 1 期

20773 十一年前 / 潘公弼 // *自由谈 1952 年 3 卷 10 期

20774 纪念潘公弼先生特辑 / 萧同兹等 // *报学 1961 年 2 卷 9 期

20775 追忆报人潘公弼先生的风范 / 叶明勋 // *传记文学 1984 年 44 卷 5 期

潘文安

20776 潘文安 / 李元信 // *环球中国名人传略第 166 页

潘玉良

20777 潘玉良 / 刘绍唐主编 // *传记文学 1994 年 65 卷 6 期

潘尔伯

20778 潘尔伯 // *革命人物志第 13 集第 430 页

潘汉年

20779 潘汉年促成李士群被日本毒死 / 大风 // *传记文学 1996 年 69 卷 4 期

20780 潘汉年 / 方雪纯等 // *中共人名录第 85 页

20781 潘汉年 / 李立明 // *中国现代六百作家小传 503 页

20782 上海市人民政府副市长潘汉年 / 三流 // *新中国人物志(上)第 223 页

潘达微

20783 风义千秋三侠人(刘三、吴芝瑛、潘达微) / 陈敬之 // *畅流 1959 年 19 卷 4 期

20784 潘达微义葬七十二烈士 / 陈彰 // *艺文志 1968 年 30 期

20785　侠骨仁心的潘达微——豪情壮志一党人／阎沁恒∥ ＊近代中国 1983 年 35 期
20786　潘景吾和黄少梅／万　后∥ ＊艺林丛录(三)第 88 页
20787　潘达微(1880—1929)／秦贤次∥ ＊民国人物小传第 2 册第 261 页
20788　潘达微／陆丹林∥ ＊革命人物志第 7 集第 305 页
20789　亦禅亦侠的潘达微／陆丹林∥ ＊革命人物志第 7 集第 308 页

潘光旦
20790　追怀潘光旦先生／程靖宇∥ ＊传记文学 1981 年 39 卷 1 期，＊古今谈 1981 年 196 期
20791　关于潘光旦先生的补充／姚崧龄∥ ＊传记文学 1981 年 39 卷 2 期
20792　潘光旦(1901—1967)／关国煊、秦贤次∥ ＊传记文学 1982 年 40 卷 3 期，＊民国人物小传第 5 册第 408 页
20793　悼念业师潘光旦先生／李树青∥ ＊明报月刊 1984 年 220 期，＊传记文学 1985 年 45 卷 2 期
20794　潘光旦／颖　子∥ ＊中国新学术人物志第 79 页
20795　潘光旦／李立明∥ ＊中国现代六百作家小传第 500 页

潘秀仁
20796　潘委员秀仁先生传略／＊绥远文献 1977 年 1 期
20797　潘秀仁(1893—1965)／林抱石∥ ＊传记文学 1980 年 37 卷 4 期，＊民国人物小传第 4 册第 367 页

潘序伦
20798　中国现代会计拓荒者潘序伦／郑仁佳∥ ＊传记文学 1987 年 51 卷 5 期

潘其武
20799　潘其武其人其事／李甲孚∥ ＊传记文学 1996 年 69 卷 4 期

潘国聪
20800　潘国聪／洋　玑∥ ＊革命人物志第 7 集第 304 页
20801　潘国聪／罗　奇∥ ＊革命人物志第 20 集第 266 页

潘季野
20802　潘季野先生传／本　际∥ ＊畅流 1959 年 19 卷 9 期

潘泽筠
20803　潘泽筠／＊革命人物志第 13 集第 431 页

潘宜之
20804　追记实干政治家潘宜之先生／刘道平∥ ＊湖北文献 1968 年 7 期，＊革命人物志第 13 集第 418 页

潘承厚
20805　潘承厚、潘承弼宝山楼／＊近代藏书三十家第 193 页

潘贯能
20806　潘贯能／＊革命人物志第 7 集第 303 页

潘家洵
20807　潘家洵／李立明∥ ＊中国现代六百作家小传第 501 页

潘培敏
20808　家父潘培敏与程潜／潘无竞∥ ＊传记文学 1995 年 67 卷 1 期

潘梓年
20809　潘梓年／方雪纯等∥ ＊中共人名录第 664 页
20810　潘梓年／李立明∥ ＊中国现代六百作家小传第 501 页

潘维新
20811　潘维新／＊革命人物志第 7 集第 311 页

潘朝英
20812　国际公法专家潘朝英博士／王绍桢等∥ ＊学府纪闻・私立辅仁大学第 324 页

潘景郑
20813　潘承厚、潘承弼宝山楼／＊近代藏书三十家第 193 页

潘廉方
20814　潘廉方／刘绍唐主编／／＊传记文学 1999 年 75 卷 3 期
潘漠华
20815　潘漠华／刘绍唐主编／／＊传记文学 1987 年 51 卷 5 期
20816　潘漠华／李立明／／＊中国现代六百作家小传第 502 页

十 六 画

〔一〕

燕化棠
20817　燕化棠／＊革命人物志第 13 集第 433 页

薛　岳
20818　抗日名将薛岳／关国煊／／＊传记文学 1999 年 74 卷 1 期
20819　薛　岳／吴相湘／／＊民国百人传第 4 册第 241 页
20820　薛　岳／＊环华百科全书第 13 册第 301 页
20821　薛　岳／蒋叔良／／伟人轶事第 108 页

薛　哲
20822　薛　哲／＊革命人物志第 9 集第 429 页

薛　鑫
20823　薛　鑫／＊革命人物志第 9 集第 434 页

薛卜五
20824　薛卜五／＊革命人物志第 9 集第 420 页

薛仙舟
20825　中国合作导师薛仙舟先生百年诞辰纪念特刊／＊中国合作事业协会 1977 年版 84 页
20826　薛仙舟（1877—1927）／姚崧龄／／＊传记文学 1974 年 24 卷 2 期，＊民国人物小传第 1 册第 276 页
20827　薛仙舟先生二三事——并记仙舟先生与王亮老／郑彦棻／／＊传记文学 1977 年 31 卷 4 期，＊革命人物志第 18 集第 360 页
20828　纪念薛仙舟先生与推广合作事业／刘高陈／／＊政治评论 1977 年 35 卷 6 期
20829　薛仙舟／余井塘／／革命人物志第 18 集第 352 页
20830　纪念中国合作事业导师薛仙舟先生／余井塘／／经济建设 1983 年 27 卷 1 期

薛成华
20831　薛成华／姚跨鲤／／＊革命人物志第 9 集第 424 页

薛光前
20832　困行忆往：薛光前博士重要经历编年自述／薛光前／／＊传记文学出版社 1984 年版 316 页
20833　薛光前博士／＊"中央"日报 1956 年 8 月 19 日
20834　献身文化交流的薛光前博士／郭聪宪／／＊中华日报 1968 年 8 月 19 日
20835　薛光前先生事略／蒋复璁／／＊中国时报 1978 年 11 月 27 日，＊近代中国 1978 年 8 期，＊革命人物志第 19 集第 379 页
20836　讲学弘道的薛光前博士／＊美哉中华 1968 年 1 期
20837　苦甘交织的回忆——抗战时期生活片段之一／薛光前／／＊传记文学 1971 年 19 卷 5 期，＊故人与往事第 171 页
20838　抗战时期从事交通工作的回忆（1—3）——六十忆往之一章／薛光前／／＊传记文学 1972 年 20 卷 2—4 期，＊故人与往事第 177 页
20839　病中琐忆——在美接受胃癌治疗的自述／薛光前／／＊传记文学 1977 年 30 卷 1 期，＊故人与往事第 243 页
20840　薛光前先生逝世纪念特辑／蒋复璁等／／＊传记文学 1978 年 33 卷 6 期
20841　薛光前先生在《传记文学》所发表之文稿目录／＊传记文学 1978 年 33 卷 6 期
20842　鞠躬尽瘁的爱国学人／赖景瑚／／＊传记文学 1979 年 34 卷 1 期

20843 薛光前尽瘁家事 / ∗海外文摘 1979 年 393 期
20844 薛光前(1910—1978) / 林抱石 // ∗传记文学 1980 年 36 卷 4 期，∗民国人物小传第 4 册第 400 页
20845 爱国学人——薛光前 / 宋　晞 // ∗近代中国 1985 年 45 期
20846 哈佛大学演讲始末 / 薛光前 // 故人与往事第 219 页

薛仲述
20847 前第四军、第五军军长薛仲述告别式后天举行 / ∗中国时报 1993 年 12 月 21 日

薛伯陵
20848 悼念薛伯陵将军并记述往事 / 倪渭卿 // ∗传记文学 1999 年 74 卷 3 期

薛国珊
20849 薛国珊事略(附李品宜、喻渊藻、李化荣、郑銮、薛道枢、程忠汉) / 吴骏英 // ∗革命人物志第 9 集第 430 页

薛金吾
20850 薛金吾 / ∗革命人物志第 15 集第 452 页

薛笃弼
20851 薛笃弼先生与我 / 章元羲 // ∗传记文学 1979 年 34 卷 2 期
20852 薛笃弼(1892—1973) / 于翔麟 // ∗传记文学 1979 年 34 卷 5 期，∗民国人物小传第 3 册第 352 页

薛觉先
20853 觉先悼念集 / (香港)觉先悼念集编撰委员会 1957 年版 82 页
20854 邵醉翁与薛觉先 / 老　舍 // ∗大成 1975 年 19 期
20855 怀念"君子之交"薛觉先 / 俞振飞 // ∗明报月刊 1980 年 2 期
20856 有关薛觉先 / 陈非侬 // ∗大成 1981 年 91 期
20857 薛觉先(1903—1956) / ∗传记文学 1982 年 40 卷 6 期，∗民国人物小传第 5 册第 470 页

薛鸿猷
20858 台中师范首任校长薛鸿猷 / 唐秉玄 // ∗中外杂志 1982 年 32 卷 5 期

薛道枢
20859 薛国珊事略(附李品宜、喻渊藻、李士荣、郑銮、薛道枢、程忠汉) / 吴骏英 // ∗革命人物志第 430 页

薄一波
20860 薄一波 / ∗环华百科全书第 1 册第 196 页
20861 政务院财政部部长薄一波 / ∗新中国人物志(上)第 47 页

薄子明
20862 薄子明 / ∗革命人物志第 8 集第 279 页

薄有棱
20863 薄有棱 / ∗山西文献 1974 年 4 期，∗革命人物志第 17 集第 386 页

霍宝树
20864 霍宝树先生逝世五周年纪念文集 / 张公权等 // ∗文海出版社近代中国史料丛刊续编第六十二辑(总 617—619)影印本 3 册
20865 追思霍亚民先生 / 陆翰芹 // ∗"中央"日报 1963 年 5 月 27 日
20866 记霍宝树先生事——为纪念先生逝世四周年作 / 朱沛莲 // ∗畅流 1967 年 35 卷 7 期
20867 霍亚民先生的追忆 / 蒋硕杰 // ∗传记文学 1968 年 12 卷 5 期
20868 记亡友霍君亚民 / 姚崧龄 // ∗传记文学 1968 年 12 卷 6 期
20869 追念霍君亚民 / 张公权 // ∗传记文学 1968 年 12 卷 6 期
20870 我永不能忘怀的一个朋友 / 沈　怡 // ∗传记文学 1968 年 12 卷 5 期
20871 怀念亚公 / 刘大中 // ∗传记文学 1968 年 13 卷 4 期
20872 霍宝树(1895—1963) / 姚崧龄 // ∗传记文学 1975 年 27 卷 4 期，∗民国人物小传第 2 册第 286 页

霍揆彰
20873　怀念霍嵩山将军／颜伯诚　//　*古今谈 1965 年 1 期
20874　霍揆彰(1901—1953)／于翔麟　//　*传记文学 1980 年 36 卷 3 期，*民国人物小传第 4 册第 389 页
20875　霍揆彰／　*革命人物志第 20 集第 269 页

〔丨〕

冀朝鼎
20876　冀朝鼎／刘绍唐主编　//　*传记文学 1998 年 72 卷 3 期
20877　中央财政经济委员会委员冀朝鼎／　*新中国人物志(下)第 132 页

〔丿〕

穆木天
20878　诗人穆木天小传／李立明　//　*文坛月刊 1971 年 318 期
20879　穆木天／季　林　//　*中国作家剪影第 71 页
20880　穆木天／李立明　//　*中国现代六百作家小传第 532 页，*现代中国作家评传(一)第 97 页
20881　穆木天／舒　兰　//　*北伐前后新诗作家作品第 271 页，*抗战时期的新诗作家作品第 211 页
20882　穆木天／赵　聪　//　*现代中国作家列传第 102 页

穆时英
20883　穆时英／李立明　//　*中国现代六百作家小传第 534 页

穆济波
20884　怀念身世畸零的穆济波师／沈云龙　//　*传记文学 1973 年 23 卷 6 期

穆藕初
20885　穆湘玥(1876—1943)／　*传记文学 1973 年 22 卷 4 期，*民国人物小传第 1 册第 286 页
20886　穆藕初／毕云程　//　*革命人物志第 9 集第 413 页

十 七 画

〔一〕

璩济吾

20887　璩济吾／　＊革命人物志第 10 集第 591 页

戴　笠

20888　从无名英雄到有名英雄——戴雨农先生的奋斗历程／杨明堂／／＊正中书局 1976 年版 244 页
20889　戴笠与抗日战争／古　僧／／＊华新文化事业有限公司 1976 年版 355 页
20890　戴笠将军和他的同志——抗日情报战／乔家才／／＊中外图书出版社 1977 年版、1979 年版 508 页、1981 年版 766 页
20891　铁血精忠传——戴笠史事汇编／乔家才／／＊中外图书出版社 1978 年 3 月版 490 页
20892　戴笠传／良　雄／／＊敦煌书局 1979 年版 605 页，＊传记文学杂志社 1982 年 11 月再版
20893　戴笠的一生／费云文／／＊中华图书出版社 1980 年 6 月版 311 页
20894　戴笠传（2 册）／唐良雄／／＊传记文学出版社 1981 年 8 月再版 605 页
20895　戴笠新传／邹　郎／／＊新时代出版社 326 页
20896　戴雨农先生二三事／毛钟新／／＊自立晚报 1966 年 3 月 16 日，＊情报知识 1966 年 7 卷 9—12 期
20897　戴先生雨农传／姜超岳／／＊中国一周 1962 年 613 期
20898　随侍戴雨农先生十三年（上、下）／郑修云／／＊春秋 1965 年 3 卷 3—4 期
20899　黄埔同学中最杰出的两位将领——胡宗南与戴雨农／郑修云／／＊春秋 1966 年 4 卷 2 期
20900　戴雨农将军与中美合作所／杜彬斯／／情报知识 1966 年 7 卷 9 期
20901　戴雨农先生／赵龙文／／＊中外杂志 1967 年 1 卷 3 期
20902　戴雨农先生与四一纪念大会／郑修云／／＊古今谈 1967 年 26 期
20903　戴雨农先生怎样破获黄浚通敌案／司马亮／／＊艺文志 1968 年 29 期
20904　随戴雨农先生十年工作略记／刘培初／／＊艺文志 1968 年 31 期
20905　戴笠策动广东空军北飞记秘／司马亮／／＊艺文志 1968 年 34 期
20906　戴笠的故事／章君谷／／传记文学 1969 年 14 卷 1 期
20907　记戴笠将军二三事／陈祖康／／＊畅流 1969 年 39 卷 11 期
20908　江山奇才戴雨农／裘　轸／／＊中外杂志 1972 年 11 卷 1—3 期
20909　沪上往事——戴笠将军与杜月笙先生（1—5）／万墨林／／＊中外杂志 1972 年 11 卷 2—6 期
20910　戴雨农与现代警察／费云文／／＊中外杂志 1974 年 16 卷 5 期
20911　戴雨农与郑介民／费云文／／＊中外杂志 1975 年 17 卷 4 期
20912　戴雨农其人其事／费云文／／＊中外杂志 1976 年 19 卷 3、5 期
20913　戴雨农的为人（上、中、下）／王蒲臣／／＊畅流 1975 年 52 卷 2—4 期
20914　八年抗战与戴雨农将军／乔家才／／＊新时代 1976 年 16 卷 3 期
20915　戴雨农将军的早年／乔家才／／＊中外杂志 1976 年 19 卷 4 期
20916　戴雨农锄奸记略／费云文／／＊中外杂志 1976 年 19 卷 6 期
20917　黄杰、戴笠、沈鸿烈／乔家才／／＊中外杂志 1976 年 20 卷 4 期
20918　抗日情报战——戴笠将军和他的同志（1—15）／乔家才／／＊中外杂志 1976 年 20 卷 5 期—1978 年 24 卷 1 期
20919　戴　笠（1897—1946）／郑孝颖／／＊传记文学 1976 年 28 卷 3 期，＊民国人物小传第 2 册 309 页
20920　戴雨农先生的用人／王蒲臣／／＊浙江月刊 1977 年 9 卷 2 期
20921　铁血将军传——戴笠史事汇编／乔家才／／＊中外杂志 1978 年 24 卷 2 期—1979 年 26 卷 4 期

20922 戴笠将军与中国特工／王蒲臣∥﹡畅流1978年57卷12期—58卷4期
20923 戴笠将军印象记／吴绛州∥﹡浙江月刊1979年16卷6期，﹡中外人物专辑第6辑第67页
20924 苏州壮士顾伟——戴笠将军和顾伟／乔家才∥﹡中外杂志1980年27卷4—5期
20925 戴笠将军与张国焘／﹡自由谈1980年31卷3期
20926 戴笠与力行社／唐良雄∥﹡传记文学1980年36卷2期，﹡古今谈1981年188期
20927 一代元良戴笠将军／祝　戡∥﹡黄浦月刊1980年338期
20928 戴笠将军别传／毛钟新∥﹡中外杂志1981年30卷5期—32卷2期
20929 评述戴雨农先生的事功／魏大铭∥﹡传记文学1981年38卷2—4期
20930 胡宗南与戴笠（上、中、下）／戈士德∥﹡中外杂志1982年31卷2—4期
20931 戴笠与周伟龙／戈士德∥﹡中外杂志1982年31卷5、6期—32卷1期
20932 王陵基与戴笠／乔家才∥﹡中外杂志1982年32卷3期
20933 戴笠轶事／费云文∥﹡中外杂志1985年37卷2—4期
20934 戴笠与忠义救国军／李甲孚∥﹡传记文学1995年67卷3期
20935 康泽说戴笠／康　泽∥﹡传记文学1995年67卷3期
20936 戴笠、魏大铭与科技情报／李甲孚∥﹡传记文学1997年71卷2期
20937 戴笠与国宝毛公鼎／李甲孚∥﹡传记文学1997年71卷4期
20938 戴笠身遭奇祸的简史与最近的传讯／李甲孚∥﹡传记文学1997年71卷5期
20939 戴笠将军的人情味／乔家才∥﹡中外人物专辑第4辑第13页
20940 戴雨农与中美合作所／费云文∥﹡中外人物专辑第4辑第65页
20941 戴雨农与抗日杀奸团、戴雨农与现代警察／费云文∥﹡中外人物专辑第6辑第53页
20942 戴笠的故事／晓　恬∥﹡当代名人故事第1辑
20943 戴　笠／戴晋新∥﹡环华百科全书第4册第164页
20944 戴　笠／姜超岳∥﹡革命人物志第8集第256页
20945 军统局局长戴笠坠机遇难经过／﹡革命人物志第8集第259页
20946 戴雨农先生传／﹡戴雨农先生集（上）第1页
20947 戴雨农先生年谱／﹡戴雨农先生集（下）第619页
20948 戴雨农先生之生平／张　群∥﹡戴雨农先生集（下）第1149页

戴　戡
20949 戴　戡（1879—1917）／姚崧龄∥﹡传记文学1974年24卷3期，﹡民国人物小传第1册第277页

戴　戟
20950 戴戟（1895—1973）／于翔麟∥﹡传记文学1981年39卷2期，﹡民国人物小传第5册第475页

戴广进
20951 戴广进／王子经∥﹡革命人物志第17集第392页

戴之奇
20952 记戴之奇师长／朱恒龄∥"中央"日报1947年1月8日，﹡革命人物志第18集第387页
20953 戴之奇（1904—1946）／于翔麟∥﹡传记文学1983年43卷5期
20954 戴之奇／﹡革命人物志第18集第385页

戴子安
20955 戴子安／﹡革命人物志第8集第223页

戴子良
20956 中央华侨文物委员会委员戴子良／﹡新中国人物志（下）第52页

戴天鹏
20957 戴天鹏／卢原懋∥﹡革命人物志第11集第344页

戴元一
20958 戴烈士元一传略／﹡川籍抗战忠烈录第108页

戴云峰
20959　怀念戴云峰学长／欧阳纯∥＊学府纪闻·私立燕京大学第 305 页

戴文赛
20960　戴文赛／刘绍唐主编∥＊传记文学 1995 年 66 卷 1 期

戴华堂
20961　戴华堂／＊革命人物志第 8 集第 263 页

戴安国
20962　故戴安国先生传略／＊浙江月刊 1984 年 188 期
20963　悼念戴安国先生／关德懋∥＊传记文学 1985 年 46 卷 2 期

戴安澜
20964　戴安澜将军事略／＊"中央"日报 1961 年 5 月 26 日
20965　戴安澜传／陈　谧∥＊台湾史馆馆刊 1967 年 2 卷 1 期
20966　远征缅甸的戴安澜将军／戈　异∥＊艺文志 1976 年 125 期
20967　戴安澜将军轶事／戈　异∥＊警备通讯 1976 年 215 期
20968　立功异域的戴安澜烈士／刘树远∥＊建设 1978 年 28 卷 1 期
20969　戴安澜（1905—1942）／关国煊∥＊传记文学 1980 年 37 卷 1 期,＊民国人物小传第 4 册第 404 页
20970　悼关雨东、戴海鸥两将军／梁　恺∥＊传记文学 1980 年 37 卷 5 期
20971　戴安澜／蒋逸雪∥＊革命人物志第 8 集第 224 页
20972　戴故师长传略及殉国经过／革命人物志第 8 集第 227 页
20973　戴安澜将军日记／＊革命人物志第 8 集第 231 页
20974　戴故师长最后遗函——致夫人书／革命人物志第 8 集第 255 页

戴运轨
20975　八十回忆录／戴运轨∥＊开明书店 1979 年
20976　中大迁校艰苦谈／戴运轨∥＊中外杂志 1967 年 2 卷 3 期
20977　物理权威戴运轨教授／侯中一∥＊宁波同乡 1977 年 113 期
20978　科学家戴运轨教授的生平／侯中一∥＊中外杂志 1982 年 31 卷 6 期
20979　戴运轨传／沈　亮∥＊中外杂志 1982 年 32 卷 3 期
20980　怀念戴仲甫兄／杭立武∥＊中外杂志 1983 年 33 卷 1 期
20981　怀念戴运轨院长／陈达三∥＊中外杂志 1983 年 33 卷 2 期
20982　追念戴仲甫先生／李国鼎∥＊中外杂志 1983 年 33 卷 3 期
20983　戴运轨教授逝世周年特辑／蒋彦士等∥＊中外杂志 1983 年 33 卷 4 期
20984　追念戴仲甫世伯／胡　佛∥＊中外杂志 1983 年 33 卷 6 期
20985　多士师表戴运轨／吴健雄∥＊中外杂志 1983 年 34 卷 1 期
20986　怀念戴运轨宗兄／戴炎辉∥＊中外杂志 1983 年 34 卷 1 期
20987　追怀戴仲甫先生／朱汇森∥＊中外杂志 1983 年 34 卷 1 期
20988　戴运轨对科学教育的贡献／王成圣∥＊中外杂志 1984 年 35 卷 1 期,＊文艺复兴 1984 年 150 期
20989　戴运轨／刘绍唐主编∥＊传记文学 1993 年 62 卷 3 期
20990　戴运轨／侯中一∥＊革命人物志第 23 集第 477 页

戴克林
20991　戴克林／黄震遐∥＊中共军人志第 691 页

戴克明
20992　戴克明／黄震遐∥＊中共军人志第 691 页

戴杜衡
20993　悼戴杜衡先生并记其早年在文学上的成就／钟鼎文∥＊联合报 1964 年 11 月 23 日

20994 哭戴杜衡兄 / 宋文明 // ＊联合报 1964 年 11 月 24 日
20995 记戴杜衡先生 / 陶希圣 // ＊传记文学 1965 年 6 卷 1 期
20996 戴杜衡 / 陈敬之 // ＊畅流 1968 年 37 卷 5 期
20997 戴克崇 / 李立明 // ＊中国现代六百作家小传第 559 页

戴君仁

20998 两位诗选教授:戴君仁、陶光 / 阮廷瑜 // ＊国语日报 1965 年 9 月 11 日
20999 跋阮廷瑜著《戴君仁先生》 / 孙克宽 // ＊国语日报 1965 年 9 月 11 日
21000 大度山山居记 / 戴君仁 // ＊传记文学 1962 年 1 卷 1 期
21001 敬悼戴静山先生 / 李尔康 // ＊传记文学 1979 年 35 卷 6 期
21002 戴君仁(1901—1978) / 张渝役 // ＊传记文学 1979 年 35 卷 6 期,＊民国人物小传第 4 册第 406 页
21003 戴君仁静山先生年谱 / 阮廷瑜 // ＊大陆杂志 1979 年 59 卷 5 期
21004 戴先生事略 / 杨承相 // ＊书目季刊 1983 年 17 卷 3 期
21005 以身行教:记父亲戴君仁先生 / 戴祝缇 // ＊书目季刊 1983 年 17 卷 3 期

戴季陶

21006 戴季陶先生编年传记 / 陈天锡 // ＊中华丛书委员会 1958 年版 176 页,＊文海出版社近代中国史料丛刊续编第四十三辑(总 42)影印本 176 页
21007 戴季陶先生逝世十周年纪念特刊 / 朱家骅等 // ＊中山大学校友会 1959 年版 96 页
21008 增订戴季陶先生编年传记 / 陈天锡 // ＊撰者自印 1967 年再版 413 页
21009 戴季陶先生的生平 / 陈天锡 // ＊商务印书馆 1968 年版 619 页
21010 戴传贤的一生 / 王成圣等 // ＊中外图书出版社 1976 年版 168 页
21011 孝园尊者——戴传贤传 / 王更生 // ＊近代中国出版社 1978 年 12 月版 194 页
21012 悼念戴季陶先生 / 于右任 // ＊"中央"日报 1951 年 2 月 12 日,＊革命人物志第 8 集第 268 页
21013 忆季陶入世记 / 居　正 // ＊"中央"日报 1951 年 2 月 12 日,＊革命人物志第 8 集第 272 页,＊戴季陶先生文存三续编 271 页
21014 追念戴季陶先生 / 朱家骅 // ＊中华日报 1951 年 2 月 12 日,＊朱家骅先生言论集第 736 页,＊戴季陶先生文存三续编第 274 页
21015 戴季陶先生与考试 / 陈大齐 // ＊中华日报 1951 年 2 月 12 日,＊革命人物志第 8 集第 273 页,＊戴季陶先生文存三续编第 326 页
21016 季陶先生轶事琐缀 / 叶溯中 // ＊中华日报 1951 年 2 月 12 日,＊戴季陶先生文存三续编第 304 页
21017 我所认识的戴季陶先生 / 罗家伦 // ＊"中央"日报 1959 年 2 月 12 日＊中外杂志 1975 年 17 卷 2 期、1979 年 25 卷 1 期,＊戴季陶文存三续编第 335 页
21018 我之所知于戴先生者 / 陈立夫 // ＊"中央"日报 1970 年 12 月 24 日,＊戴季陶先生文存三续编第 176 页
21019 纪念戴季陶先生八十冥诞 / 孙　科 // ＊"中央"日报 1970 年 12 月 27 日,＊戴季陶先生文存三续编第 175 页
21020 戴季陶先生与中山大学 / 朱家骅 // ＊大陆杂志 1959 年 18 卷 5 期,＊戴季陶先生文存三续编第 315 页
21021 戴季陶先生之记者生涯 / 沈忱农 // ＊中国一周 1962 年 661—662 期
21022 戴传贤 / 文守仁 // ＊四川文献 1963 年 5 期
21023 戴季陶先生与其夫人钮有恒居士轶事 / 陈天锡 // ＊传记文学 1965 年 6 卷 2 期
21024 戴季陶先生教育事述 / 陈天锡 // ＊教育与文化 1965 年 330 期
21025 革命报人戴传贤 / 徐咏平 // ＊中外杂志 1967 年 2 卷 3 期
21026 戴季陶遗爱偏边疆 / 周昆田 // ＊中外杂志 1968 年 3 卷 3 期
21027 戴季陶先生疾终考证 / 杜负翁 // ＊中国一周 1969 年 994 期
21028 戴传贤的一生(1—3) / 王成圣 // ＊中外杂志 1974 年 16 卷 4—6 期

21029　戴传贤(1890—1949) / ＊传记文学 1974 年 24 卷 2 期，＊民国人物小传第 1 册第 278 页
21030　戴季陶先生与中山大学 / 钟贡勋 // ＊中外杂志 1975 年 17 卷 5 期
21031　戴传贤传略 / 周邦道 // ＊华学月刊 1975 年 45 期
21032　戴季陶逝世前后 / 郑彦棻 // ＊广东文献 1981 年 11 卷 3 期，＊传记文学 1981 年 39 卷 2 期，＊近代中国 1981 年 25 期
21033　戴季陶先生之死 / 林华平 // ＊传记文学 1981 年 39 卷 1 期，＊古今谈 1981 年 195 期
21034　戴季陶先生的生平与著述 / 蒋君章 // ＊传记文学 1981 年 39 卷 1—3 期
21035　戴季陶与佛教 / 庄宏谊 // ＊中国历史学会史学集刊 1983 年 15 期
21036　戴季陶先生与考试抡才 / 陈大齐 // ＊艺文志 1983 年 209 期
21037　戴季陶 / 李云汉 // ＊中国历代思想家第 10 册第 6541 页
21038　戴传贤 / 王世祯 // ＊民国人豪图传第 278 页
21039　戴传贤墓表 / 贾景德 // ＊民国四川人物传记第 186 页
21040　戴传贤 / 吴相湘 // ＊民国百人传第 2 册第 121 页
21041　戴传贤的故事 / 晓　恬 // ＊当代名人故事第 1 辑
21042　戴季陶的事略和思想 / 蒋永敬 // ＊近代人物故事第 78 页
21043　戴传贤(1890—1949) / 周邦道 // ＊近代教育先进传略(初集)第 245 页
21044　戴传贤(1890—1949) / 方光后 // ＊环华百科全书第 4 册第 168 页
21045　戴传贤 / 贾景德 // ＊革命人物志第 8 集第 264 页
21046　余之读书记 / 戴季陶 // ＊戴季陶先生文存第二册第 541 页
21047　戴季陶先生治事的一条基本原则 / 陈大齐 // ＊戴季陶先生文存三续编第 178 页
21048　为一个亟应辨正的史实再说几句话——并以此纪念戴季陶先生八十冥诞 / 袁同畴 // ＊戴季陶先生文存三续编第 217 页
21049　一个亟应辨正的史实——从外传戴季陶先生参加发起共党谈起 / 袁同畴 // ＊戴季陶先生文存三续编第 226 页
21050　季师主持中山大学的五年 / 钟贡勋 // ＊戴季陶先生文存三续编第 232 页
21051　略述戴季陶先生生平及其《圣雄甘地颂》长诗 / 杨力行 // ＊戴季陶先生文存三续编第 247 页
21052　戴先生建立考试权之宏规与作者之受职奉行 / 陈仲经 // ＊戴季陶先生文存三续编第 251 页
21053　我从工程角度了解戴故院长季陶先生 / 卢敏骏 // ＊戴季陶先生文存三续编第 311 页
21054　季陶先生对日外交 / 程天放 // ＊戴季陶先生文存三续编第 311 页
21055　戴先生与童子军 / 徐观余 // ＊戴季陶先生文存三续编第 314 页
21056　季陶先生与边疆 / 周昆田 // ＊戴季陶先生文存三续编第 339 页
21057　戴故校长逝世前后的追忆 / 郑彦棻 // ＊戴季陶先生文存三续编第 388 页

戴金川
21058　戴金川 / 黄震遐 // ＊中共军人志第 692 页

戴荣钜
21059　戴荣钜 / ＊革命人物志第 17 集第 391 页

戴炳南
21060　戴炳南 / 刘绍唐主编 // ＊传记文学 1995 年 66 卷 1 期
21061　戴炳南烈士传 / ＊太原五百完人第 185 页
21062　戴炳南 / ＊革命人物志第 17 集第 388 页

戴恩赛
21063　戴恩赛 / 刘绍唐主编 // ＊传记文学 1992 年 60 卷 1 期

戴爱莲
21064　人民政协代表戴爱莲 / ＊新中国人物志(下)第 237 页

戴逸青
21065　戴逸青(1887—1968) / 袁　诚 // ＊传记文学 1975 年 26 卷 5 期，＊民国人物小传第 2 册第 312 页

戴高翔
21066 戴高翔／刘绍唐主编／／＊传记文学 1995 年 67 卷 1 期
戴望舒
21067 戴望舒／陈敬之／／＊畅流 1969 年 39 卷 8 期
21068 戴望舒(1905—1950)／关国煊／／＊传记文学 1976 年 28 卷 6 期,＊民国人物小传第 2 册第 310 页
21069 诗人戴望舒／李立明／／＊中报月刊 1984 年 49 期
21070 戴望舒／柳存仁／／＊人物谭第 200 页
21071 我所知道的戴望舒及"现代派"／钟鼎文／／＊中国近代作家与作品第 140 页
21072 戴望舒／李立明／／＊中国现代六百作家小传第 560 页
21073 戴望舒／舒　兰／／＊北伐前后新诗作家和作品第 277 页
21074 戴望舒(1905—1950)／＊环华百科全书第 4 册第 172 页
21075 戴望舒／赵　聪／／＊现代中国作家列传第 244 页
21076 戴望舒／黄俊东／／＊现代中国作家剪影第 142 页
戴润生
21077 戴润生／黄震遐／／＊中共军人志第 692 页
戴愧生
21078 戴愧生(1892—1979)／林　泉／／＊传记文学 1979 年 35 卷 1 期,＊民国人物小传第 4 册第 408 页
21079 戴愧生／＊革命人物志第 20 集第 285 页
戴聚五
21080 戴聚五／＊革命人物志第 8 集第 279 页
戴粹伦
21081 戴粹伦(1912—1981)／袁　诚／／＊传记文学 1982 年 40 卷 6 期,＊民国人物小传第 5 册第 478 页
戴德发
21082 戴德发／刘绍唐主编／／＊传记文学 1996 年 68 卷 1 期
戴麟经
21083 哀戴麟经之死／李尔康／／＊传记文学 1978 年 33 卷 4 期
檀自新
21084 檀自新(1896—1938)／于翔麟／／＊传记文学 1981 年 39 卷 5 期,＊民国人物小传第 5 册第 454 页

〔J〕

魏　杰
21085 魏杰、袁蔚生、欧阳持平／蒋天禄／／＊革命人物志第 9 集第 443 页
魏　巍
21086 魏　巍／林曼叔等／／＊中国当代作家小传 99 页
21087 魏　巍／李立明／／＊中国现代六百作家小传第 564 页
魏大铭
21088 戴笠、魏大铭与科技情报／李甲孚／／＊传记文学 1997 年 71 卷 2 期
21089 《魏大铭自传》序／魏大铭／／＊传记文学 1997 年 71 卷 2 期
21090 魏大铭建立通讯网／乔家才／／＊戴笠将军和他的同志第 1 集第 75 页
魏化杰
21091 魏化杰／黄震遐／／＊中共军人志第 702 页
魏凤楼
21092 魏凤楼／刘绍唐主编／／＊传记文学 1993 年 63 卷 5 期
魏火曜
21093 魏火曜先生访问记录／＊"中央"研究院近代史研究所 1990 年 165 页

21094 台大医院十六年 / 魏火曜 // *传记文学 1962 年 1 卷 7 期
21095 我的回忆 / 魏火曜 // *医界 1980 年 23 卷 5 期
21096 魏火曜 / 刘绍唐主编 // *传记文学 1995 年 67 卷 1 期
21097 学人、医生、哲士——魏火曜博士 / 胡有瑞 // *现代学人散记第 211 页
21098 魏火曜 / 应平书 // *学人风范第 141 页

魏有猛
21099 军校同学四烈士(王作霖、魏有猛、谭革心、凌九霄) / 阮西震 // *中外杂志 1980 年 28 卷 4 期

魏廷荣
21100 魏廷荣绑票案经过(1—4) / 胡憨珠 // *大成 1974 年 5—8 期

魏传连
21101 魏传连 / 黄震遐 // *中共军人志第 704 页

魏汝谋
21102 魏汝谋 / 刘绍唐主编 // *传记文学 1995 年 67 卷 3 期

魏汝霖
21103 我与山西军 / 魏汝霖 // *中外杂志 1981 年 30 卷 4 期
21104 山西从军纪实 / 魏汝霖 // *河北平津文献 1983 年 9 期

魏来国
21105 魏来国 / 黄震遐 // *中共军人志第 704 页

魏佑铸
21106 魏佑铸 / 黄震遐 // *中共军人志第 703 页

魏伯益
21107 魏伯益 / *革命人物志第 16 集第 348 页

魏希文
21108 抗战初期记萍踪(1—3) / 魏希文 // *中外杂志 1979 年 25 卷 6 期—26 卷 2 期

魏金龙
21109 魏金龙传 / *革命人物志第 9 集第 443 页

魏金枝
21110 魏金枝(1900—1972) / 关国煊 // *传记文学 1982 年 41 卷第 5 期,*民国人物小传第 6 册第 473 页
21111 魏金枝 / 林曼叔等 // *中国当代作家小传第 2 辑第 45 页
21112 魏金枝 / 李立明 // *中国现代六百作家小传第 565 页
21113 鲁迅与魏金枝 / 马蹄疾 // *鲁迅与浙江作家第 197 页

魏金亭
21114 魏金亭 / *革命人物志第 9 集第 439 页

魏重庆
21115 魏重庆 / 刘绍唐主编 // *传记文学 1987 年 50 卷 5 期

魏泽寰
21116 魏泽寰 / 居　正 // *革命人物志第 9 集第 444 页

魏宗铨
21117 魏宗铨 / *革命人物志第 9 集第 440 页

魏建功
21118 魏建功(1901—1980) / 关志昌 // *传记文学 1982 年 41 卷 5 期,*民国人物小传第 6 册第 475 页

魏炳文
21119 魏炳文 / *革命人物志第 16 集第 349 页

魏景蒙
21120 魏三爷与我 / 陈　薇 // *传记文学出版社 1983 年

21121 天下无人不识君——悼肝胆照人、文章报国的魏景蒙兄 / 罗学濂 // *传记文学 1982 年 41 卷 5 期
21122 魏景蒙与我 / 沈剑虹 // *传记文学 1982 年 41 卷 5 期
21123 魏三爷,你又早退了 / 陈香梅 // *传记文学 1982 年 41 卷 5 期
21124 哭三哥 / 魏惟仪 // *传记文学 1982 年 41 卷 5 期
21125 魏三爷生前未了的一个宏愿 / 赵世洵 // *传记文学 1982 年 41 卷 6 期
21126 大家的朋友魏景蒙 / 曹圣芬 // *大成 1982 年 109 期
21127 一代奇才魏景蒙 / 李洁 // *中外杂志 1983 年 34 卷 1 期
21128 平生敬重两三爷——追记萧同兹与魏景蒙两先生 / 冯志翔 // *传记文学 1983 年 42 卷 5 期
21129 千古奇人——魏景蒙先生 / 石永贵 // *传记文学 1983 年 42 卷 5 期
21130 刻骨铭心忆景蒙 / 陈薇 // *传记文学 1983 年 43 卷 6 期
21131 魏三爷与我(上、下) / 陈薇 // *传记文学 1983 年 43 卷 6 期、1984 年 44 卷 1 期
21132 怆怀景蒙先生并述其艺事 / 李超哉 // *传记文学 1984 年 44 卷 2 期,*大成 1984 年 124 期
21133 名记者——魏景蒙 / 周安仪 // *中国新闻从业人员群像(上册)第 63 页
21134 乐观敬业的魏景蒙先生 / 李德安 // *当代名人风范(3)第 1043 页
21135 新闻界老兵魏景蒙 / 罗学濂 // *学府纪闻·私立燕京大学第 188 页
21136 魏景蒙 / *革命人物志第 23 集 467 页
21137 悼念景蒙 / 曾虚白 // *革命人物志第 23 集第 473 页

魏道明
21138 魏道明的路线、观念、条件 / 司马桑敦 // *联合报 1966 年 6 月 7 日
21139 魏道明 / 陈之迈 // *传记文学 1966 年 9 卷 6 期
21140 魏道明(1901—1978) / 林泉 // *传记文学 1978 年 33 卷 2 期,*民国人物小传第 3 册第 370 页
21141 魏道明的胆识和担当 / 周仲超 // *江西文献 1978 年 94 期
21142 熊式辉与魏道明 / 张勇保 // *大成 1980 年 78 期
21143 使美回忆录(上、中、下) / *传记文学 1980 年 36 卷 3—5 期
21144 魏道明 / *革命人物志第 18 集第 392 页

魏嗣銮
21145 魏嗣銮 / 刘绍唐主编 // *传记文学 1995 年 66 卷 6 期

魏献楚
21146 魏献楚 / *革命人物志第 9 集第 447 页

魏毓兰
21147 丁世峄、魏毓兰合传 / 魏懋杰 // *山东文献 1976 年 2 卷 2 期

魏镇华
21148 魏镇华 / 何昭明、魏燮尧 // *革命人物志第 9 集第 446 页

〔丶〕

濮舜卿
21149 濮舜卿 / 李立明 // *中国现代六百作家小传第 548 页

蹇先艾
21150 蹇先艾 / 秦贤次 // *诗学 1976 年 2 辑
21151 蹇先艾 / 刘绍唐主编 // *传记文学 1995 年 67 卷 6 期
21152 蹇先艾 / 林曼叔等 // *中国当代作家小传第 1 辑第 17 页
21153 蹇先艾 / 李立明 // *中国现代六百作家小传第 543 页
21154 蹇先艾 / 黄俊东 // *现代中国作家剪影第 165 页

糜文开
21155 糜文开 / 李立明 // *中国现代六百作家小传第 548 页

十八画及以上

〔丨〕

瞿秋白
21156 瞿秋白传／司马璐∥(香港)自联出版社1962年10月版(补)161页
21157 瞿秋白政治思想之研究／蔡国裕∥＊撰者1973年油印本137页
21158 瞿秋白的悲剧／姜新立∥＊台湾政治大学东亚研究所1978年版406页，＊幼狮文化事业公司1982年9月版406页
21159 瞿秋白传略／李立明∥＊时代批评1972年32卷11期
21160 瞿秋白(1899—1935)／李云汉∥＊传记文学1975年27卷3期，＊民国人物小传第2卷第326页
21161 瞿秋白的时代背景和个人身世／姜新立∥＊共党问题研究1977年3卷8期
21162 瞿秋白少年时代的心路历程／姜新立∥＊共党问题研究1977年3卷9期
21163 瞿秋白的青少年时期／羊牧之∥＊中报月刊1983年42期
21164 回忆瞿秋白／郑超麟∥＊中报月刊1983年45期
21165 瞿秋白之死——兼与孟真先生商榷／林 梵∥＊九十年代1984年175期
21166 我所认识的瞿秋白(上、下)／郑超麟∥＊中报月刊1985年66、67期
21167 瞿秋白／陈敬之∥＊三十年代文坛与左翼联盟第71页
21168 瞿秋白／方雪纯等∥＊中共人名录第87页
21169 瞿秋白／李立明∥＊中国现代六百作家小传563页
21170 瞿秋白(1899—1935)／方光后∥＊环华百科全书第12册第273页
21171 瞿秋白和他的《多余的话》／李 约∥＊国共风云名人录第3辑第89页

瞿银祥
21172 杨玉书、瞿银祥／王子经∥＊革命人物志第12集第381页

瞿鸿禨
21173 清末几位名臣轶事／何 商∥＊春秋1969年11卷2期
21174 康有为的纨扇墨宝——兼述顾璜、瞿鸿禨、袁世凯／顾沛君∥＊中外杂志1980年27卷3期
21175 瞿鸿禨(1850—1918)／关志昌∥＊传记文学1983年42卷4期，＊民国人物小传第6册483页
21176 瞿鸿禨与岑春煊／庄 练∥＊中国近代史上的关键人物(下册)第199页
21177 瞿鸿禨行状／余肇康∥＊碑传集三编第1册第175页
21178 瞿鸿禨(1850—1918)墓志铭／陈三立∥＊碑传集三编第1册第199页

瞿韶华
21179 瞿韶华／刘绍唐主编∥＊传记文学1996年69卷1期

酆 悌
21180 酆 悌(1903—1938)／于翔麟∥＊传记文学1980年36卷4期，＊民国人物小传第4册第429页
21181 也谈酆悌与张治中／曾 振∥＊艺文志1980年182期

酆文翰
21182 酆文翰(1878—1945)／石宗彦∥＊传记文学1978年33卷3期，＊民国人物小传第3册第382页

附录一

参考文献一览表

1. 本目录所引参考文献一览以其所收录的内容先后排序。一是专著出版社一览,二是报刊,三是硕士博士论文单位一览,四是论文集一览,所有参考文献均以笔画顺序排列。

2. 本目录共收录港台各种报刊约 400 余种,凡报刊标注米花(﹡)符号,均表示是港台期刊。因所引港台报纸数量不多,就将其与期刊排列在一起,两者均以笔画为序。

甲、专著出版社一览表

一画

(台湾)一元出版社
(台湾)一汉出版社

二画

(台湾)七十年代出版公司
(台湾)人文出版社编印
(台湾)人间世月刊社
(台湾)八十年代出版社
(台湾)九歌出版社
(台湾)儿童书局
(台湾)力行书局

三画

(台湾)三民书局
(台湾)大中华出版社
(台湾)大中国图书公司
(台湾)大立书店
(台湾)大汉出版社
(台湾)大地出版社
(台湾)大同出版社
(台湾)大华出版社
(台湾)大众时代出版社
(台湾)大江出版社
(台湾)大安出版社
(台湾)大陆杂志社
(台湾)大林书店
(台湾)大明王氏出版公司
(台湾)大信图书公司
(台湾)大联印刷公司

(台湾)小学杂志社
(台湾)川康文物馆
(台湾)久大文化公司
(台湾)久洋出版社
(台湾)广文书局

四画

(台湾)丰稔出版社
(台湾)开明书店
(台湾)天一出版社
(台湾)天才出版社
(台湾)天山出版社
(台湾)天华出版事业公司
(台湾)云五图书馆
(台湾)艺文印书馆
(台湾)艺文志月刊社
(台湾)艺文图书公司
(台湾)艺术家出版社
(台湾)五南图书出版公司
(台湾)五洲出版社
(台湾)巨人出版社
(台湾)巨流图书公司
(台湾)中外杂志社
(台湾)中外图书出版公司
(台湾)中外通讯社
(台湾)中华艺林文物出版公司
(台湾)中华日报社
(台湾)中华文化出版社
(台湾)中华文物出版社
(台湾)中华书局
(台湾)中华出版社

（台湾）中华武术出版社
（台湾）中华图书出版社
（台湾）中国长虹出版社
（台湾）中国文化大学出版部
（台湾）中国出版公司
（台湾）中国时报社
（台湾）中国国民党党史史料编纂委员会
（台湾）中国政治书刊出版合作社
（台湾）中国新闻出版公司
（台湾）水牛图书出版事业有限公司
（台湾）长河出版社
（台湾）长桥出版社
（台湾）长歌出版社
（台湾）风云出版社
（台湾）风云时代出版公司
（台湾）风物杂志社
（台湾）文友出版社
（台湾）文史哲出版社
（台湾）文讯杂志社
（台湾）文华出版公司
（台湾）文会书屋
（台湾）文坛社
（台湾）文星出版社
（台湾）文海出版社
（台湾）文翔图书股份有限公司
（台湾）文粹出版社
（台湾）文墨书局
（台湾）巴比伦出版社
（台湾）允晨文化事业公司
（台湾）双子星出版社

五　画

（台湾）正大书局
（台湾）正中书局
（台湾）正光书局
（台湾）世纪书局
（台湾）世界文物出版社
（台湾）世界书局
（台湾）世界出版社
（台湾）右军书法研究出版社
（台湾）龙文出版社股份有限公司
（台湾）龙田出版社
（台湾）东大图书股份有限公司
（台湾）东方出版社
（台湾）东英出版社

（台湾）东南出版社
（台湾）业强出版社
（台湾）四川文献出版社
（台湾）四季出版公司
（台湾）白云文化事业公司
（台湾）尔雅出版社
（台湾）立坤出版社
（台湾）汉林出版社
（台湾）永吉出版社
（台湾）民生出版社
（台湾）民防出版社
（台湾）圣文书局
（台湾）台中市林献堂先生纪念集编纂委员会
（台湾）台中邮政出版社
（台湾）台北文艺出版社
（台湾）台北市华南书局
（台湾）台北市帕米尔书店
（台湾）台北市哲志出版社
（台湾）台联国风出版社
（台湾）台湾儿童书局
（台湾）台湾大学历史学系
（台湾）台湾中华书局
（台湾）台湾学生书局
（台湾）台湾商务印书馆
（台湾）幼狮文化事业公司

六　画

（台湾）地平线出版社
（台湾）亚东图书馆
（台湾）百乐出版社
（台湾）百成书店
（台湾）达道出版社
（台湾）成文出版社
（台湾）光明出版社
（台湾）则中出版社
（台湾）传记文学出版社
（台湾）华冈出版社
（台湾）华世出版社
（台湾）华兴书局
（台湾）华国出版社
（台湾）华罔出版公司
（台湾）华联出版社
（台湾）华新出版公司
（台湾）自由出版社
（台湾）自立晚报社文化出版部

（台湾）自强出版社
（台湾）全能出版社
（台中）合众出版社
（台湾）名人出版事业有限公司

七　画

（台湾）进学书局
（台湾）远东图书公司
（台湾）远流出版事业公司
（台湾）远景出版社
（台湾）芬芳宝岛杂志社
（台湾）李敖出版社
（台湾）时代文化出版社
（台湾）时报文化出版事业有限公司
（台湾）时振文化出版事业有限公司
（台湾）佛教出版社
（台湾）近代中国出版社
（中和）谷风出版社
（台湾）言心出版社
（台湾）阿尔泰出版社
（台湾）阿波罗出版社

八　画

（台湾）环宇出版社
（台湾）环球书局
（台湾）青文出版社
（台湾）青年出版社
（台湾）拔提书局
（台湾）林白出版社
（台湾）编译馆
（台湾）国民图书出版社
（台湾）国际文化事业公司
（台湾）国康出版社
（台湾）昌言出版社
（台湾）明文书局股份有限公司
（台湾）明光出版社
（台湾）牧童出版社
（台湾）金川出版社
（台湾）金兰文化出版社
（台湾）河洛图书出版社
（台湾）学术出版社
（台湾）学生书局
（台湾）学海出版社
（台湾）实践出版社
（台湾）经纬书局

（台湾）经界出版社
（台湾）经联出版社

九　画

（台湾）南京出版社
（台湾）南粤出版社
（台湾）香草山出版有限公司
（台湾）重光文艺出版社
（台湾）复兴书局
（台湾）皇冠出版社
（台湾）食货出版社
（台湾）胜利出版公司
（台湾）将军出版公司
（台湾）前程出版社
（台湾）洞察出版社
（台湾）恒学出版社

十　画

（台湾）爱眉文艺出版社
（台湾）益友出版社
（台湾）海天出版社
（台湾）海外出版社

十一画

（台湾）黄埔出版社
（台湾）晨星出版社
（台湾）唯静出版社
（台湾）维新书局

十二画

（台湾）博学出版社
（台湾）联亚出版社
（台湾）联合文学出版社
（台湾）联合图书公司
（台湾）联鸣文化公司
（台湾）联经出版事业公司
（台湾）雄狮图书股份有限公司
（台湾）敦煌书局
（台湾）翔大图书有限公司
（台南）综合出版社

十三画

（台湾）蓝灯出版社
（台湾）照明出版社
（台湾）新中国文化出版社

（台湾）新中国出版社
（台湾）新文丰出版公司
（台湾）新世纪出版社
（台湾）新民书局
（台南）新时代出版社
（台湾）新海出版社
（台湾）慈晖出版社
（台湾）慈恩书局
（台湾）群伦出版社
（台湾）聚珍书屋出版社
（台湾）精美出版社
（台湾）黎明书局
（台湾）德华出版社
（台湾）德明出版社

二 画

（香港）七十年代出版社
（香港）七十年代杂志社
（香港）九龙南风出版社

三 画

（香港）三育图书有限公司
（香港）大公报社
（香港）大东图书公司
（香港）大汉书局
（香港）大成杂志社
（香港）大光出版社
（香港）大华出版社
（香港）万友出版社
（香港）万源图书公司
（香港）上海书局有限公司
（香港）上海书店
（香港）广宇出版社
（香港）广角镜出版社

四 画

（香港）天地图书有限公司
（香港）天行出版社
（香港）太玄出版社
（香港）日力出版社
（香港）中文大学出版社
（香港）中原出版社
（香港）中道出版社
（香港）凤凰出版社
（香港）文山出版社

（香港）文化教育出版社
（香港）文宗出版社
（香港）文教出版社

五 画

（香港）世界出版社
（香港）东西文化事业出版公司
（香港）生活·读书·新知三联书店
（香港）生活书店
（香港）汉文图书公司
（香港）民主文化出版社

六 画

（香港）亚洲出版社
（香港）华华书店
（香港）自由中国出版社
（香港）自由出版社
（香港）自联出版社
（香港）创垦出版社
（香港）宇宙书局
（香港）妇女知识丛书出版社

七 画

（香港）利文出版社
（香港）佛学书局
（香港）宏业书局
（香港）纵横出版社

八 画

（香港）现代出版公司
（香港）明报月刊出版社
（香港）明星出版社
（香港）波文书局

九 画

（香港）春秋出版社
（香港）南国出版社
（香港）南粤出版社
（香港）星辰出版社
（香港）星群书局
（香港）香港大公报社
（香港）香港文化教育出版社
（香港）香港春秋出版社
（香港）香港镜报文化企业有限公司
（香港）神州图书公司

十画以上

（香港）致诚出版社
（香港）海峡文化出版社
（香港）基督教文艺出版社
（香港）博盖出版集团有限公司
（香港）联营出版社
（香港）朝阳出版社
（香港）新中国图书公司
（香港）新文化出版社
（香港）新民主出版社
（香港）新教育出版社
（香港）新潮出版社
（香港）影视出版社

乙、报刊一览表

本目录所引参考文献一览以其所收录的内容先后排序。一是专著出版社一览，二是报刊，三是硕士博士论文单位一览，四是论文集一览，所有参考文献均以笔画顺序排列。

本目录共收录港台各种报刊约 400 余种，凡报刊标注米花（ * ）符号，均表示是港台期刊。

因所引港台报纸数量不多，就将其与期刊排列在一起，两者均以笔画为序。

二　画

* 七十年代
* 人生
* 人言
* 人类与文化
* 九十年代

三　画

* 三民主义
* 三民主义半月刊
* 工商日报
* 大人月刊
* 大气科学
* 大公报
* 大成
* 大任
* 大陆杂志
* 大陆杂志特刊
* 大学生活
* 大学杂志
万人日报
万人杂志
万人杂志周刊
万象月刊
* 山东文献
* 山西文献
* 广东文献
乡土

四　画

* 天文台
* 天成
云南文献
* 艺文志
* 艺术杂志
* 艺术家
* 艺坛
* 艺林艺录
* 艺海杂志
* 木铎
* 历史学报
中山学术文化集刊
* 中文学会学报
* "中央"日报
* "中央"月刊
* "中央"研究院历史语言研究所集刊
* "中央"研究院动物研究所集刊
* "中央"研究院近代史研究所集刊
* "中央"研究院院刊
* "中央"研究院植物学汇刊
中外文学
中外杂志
* 中华日报
* 中华月报
中华文艺
* 中华文化复兴月刊
* 中华杂志
* 中华国学

* 中华学报
* 中华学苑
* 中兴评论
* 中兴法学
* 中报月刊
* 中国一周
* 中国与日本
* 中国历史学会史学集刊
* 中国历史学会集刊
* 中国内政
* 中国水产
* 中国文化
* 中国文化月刊
* 中国文学
* 中国文选
* 中国边政
* 中国地方自治
* 中国会计
* 中国论坛
* 中国时报
* 中国作家剪影
* 中国武术史料集刊
* 中国现代六百作家小传
* 中国国学
* 中国图书馆学会会报
* 中国学人
* 中国学生周报
* 中国经济评论
* 中国宪法学会年刊
* 中国宪政
* 中国语文
* 中学生
* 中美月刊
* 中原文献
* 内明
* 水利通讯
* 今日中国
* 今昔谈
* 公论报
* 公保月刊
* 文艺
* 文艺伴侣
* 文艺复兴
* 文艺新闻
* 文史学报

* 文汇报
* 文讯月刊
* 文坛月刊
* 文林月刊
* 文季
* 文学世界
* 文学研究与创造社
* 文学界
* 文星
* 孔孟月刊
* 书目季刊
* 书评书目
* 书画家
* 书和人
* 书府
* 书谱

五　画

* 世华金融
* 世界华学季刊
* 古今谈
* 平剧史料丛刊
* 东方杂志
* 东方杂志复刊
* 东亚季刊
* 东西风月刊
* 东吴文史学报
* 东吴政治社会学报
* 申报月刊
* 史化
* 史原
* 史联杂志
* 史潮
* 四川文献
* 生力
* 仙人掌杂志
* 主义与国策
* 汉学研究通讯
* 宁波同乡
* 民主中国
* 民主评论
* 民主宪政
* 民主潮
* 民族社会学报
* 出版之友

* 出版月刊
* 出版界
* 台大法学论丛
* 台北文物
* 台肥月刊
* 台南文化
* 台南师专学报
* 台南师范专科学校学刊
* 台湾与世界
* 台湾水利
* 台湾风物
* 台湾文艺
* 台湾文献
* 台湾医界
* 台湾建设
* 台湾政论
* 台湾教育
* 台湾教育辅导月刊
* 台湾新生报
* 台湾新闻报
* 幼狮月刊
* 幼狮文艺
* 幼狮学志

六 画

* 考铨月刊
* 共党问题研究
* 再生
* 师友
* 尘梦集
* 当代人物一席话
* 当代文艺月刊
* 当代文学
* 传记文学
* 华冈文科学报
* 华冈佛学学报
* 华冈学报
* 华文世界
* 华侨日报
* 华学月刊
* 华夏学报
* 自由太平洋
* 自由青年
* 自由谈
* 自立晚报

* 合肥月刊
* 争鸣
* 交通建设
* 江西文献
* 江苏文物
* 宇宙
* 军事杂志
* 妇女杂志
* 戏曲艺术

七 画

* 抖擞
* 报学
* 求实
* 医望
* 励进
* 时代批评
* 时报
* 作品
* 佛教文化
* 近代中国
* 快报
* 良友之声
* 社会科学论丛
* 纯文学月刊

八 画

* 现代文学
* 现代国家
* 现代学苑
* 现代政治
* 国民体育季刊
* 国民教育
* 国际关系学报
* 国际现势
* 国语日报
* 国家论坛
* 国教之友
* 国教辅导
* 国魂
* 畅流
* 明报月刊
* 明道文艺
* 图书与图书馆
* 图书馆学报

* 知识分子
* 法令月刊
* 法学丛刊
* 法律世界
* 法律评论
* 学术季刊
* 学宗
* 学粹
* 实践
* 诗学
* 陕西文献
* 经济建设

九　画

* 春秋
* 政论周刊
* 政治评论
* 政治周刊
* 革命思想
* 故宫文物月刊
* 南洋学报
* 星报
* 星岛日报
* 星岛晚报
* 思想与时代
* 香港时报
* 香港佛教
* 科学月刊
* 科学教育
* 食货月刊
* 狮子吼
* 音乐与音响
* 美国研究
* 美哉中华
* 恒毅
* 宪政论坛
* 宪政时代
* 祖国

十　画

* 珠海学报
* 哲学与文化
* 热风
* 真报
* 夏声

* 夏潮
* 逢甲学报
* 高雄文献
* 益智
* 浙江月刊
* 海外文摘
* 海外学人
* 海潮音
* 读史札记
* 展望
* 绥远文献

十一画

* 教与学
* 教育与文化
* 教育通讯
* 教育辅导月刊
* 黄埔月刊
* 菩提树
* 晨光
* 笠诗双月刊
* 盘古
* 清华学报
* 情报知识

十二画

* 联合报
* 雄师
* 雄狮美术
* 掌故
* 鹅湖
* 循环日报
* 湖北文献
* 湖南文学
* 湖南文献

十三画以上

* 蒲风
* 新万象
* 新天地
* 新天地月刊
* 新中国评论
* 新文艺
* 新书月刊
* 新生晚报

* 新出路
* 新动力
* 新亚学报
* 新时代
* 新希望周刊
* 新知杂志
* 新知识
* 新思潮
* 新闻天地
* 新闻学研究
* 新夏

* 新晚报
* 源流
* 福建文献
* 群众
* 察哈尔省文献
* 慧炬
* 潮北文献
* 醒狮
* 镜报
* 警备通讯

丙、硕博士论文单位一览表

中国文化大学三民主义研究博士班
私立辅仁大学哲学研究所
私立文化学院三民主义研究所
私立文化学院史学研究所

私立文化学院哲学研究所
台湾大学历史研究所
台湾师范大学历史研究所
台湾政治大学新闻研究所

丁、论文集一览表

二 画

* 二十今人志 / 人间世社 // 上海良友图书公司 1953 年 150 页
* 人物谭 / 柳存仁 // 香港大公书局 1952 年

三 画

* 三十年代文艺论丛 / "中央"日报社 // "中央"日报社 1996 年
* 三十年代文坛与左翼作家联盟 / 陈敬之 // 台湾成文出版社 1980 年 218 页
* 三十年代作家记 / 陈纪滢 // 台湾成文出版社 1980 年 352 页
* 山水人物集 / 黄蒙田 // 香港万叶出版社 167 页
* 川籍抗战英(忠)烈录 / 四川同乡会四川丛书编委会 // 台湾四川同乡会 1977 年 12 月 120 页

四 画

* 王世杰先生论著选集 / 王世杰 // 武汉大学旅台校友会 1980 年
* 太原五百完人 / 台湾史政处编 // 台湾山西文献社 1979 年 258 页
* 历史与人物 / 吴相湘 // 东大图书 1978 年 551 页

* 中共人名录(附录三) / 方雪纯主编 // 台湾政治大学国际关系研究中心 1967 年
* 中华民国史资料丛稿 / 中国社会科学院近代史研究所 // 中华书局 1981 年
* 中华民国名人传(下册)艺术 / 秦孝仪 // 台北近代中国出版社 1985 年
* 中国十大小说家 / 丁志坚 // 香港激流书店 1975 年 5 月 113 页
* 中国历代名人 120 位 / 林怀卿 // 台湾喜美出版社 1981 年 5 月
* 中国历代思想家 / 王寿南 // 台湾商务印书馆 1983 年 5 月
* 中国风云人物 / 王世祯 // 台湾星光出版社 1981 年 12 月 317 页
* 中国文人画家传 / 王家诚 // 台湾巨流图书公司 1974 年版 179 页
* 中国文学史论集(4) / 张其昀 // 台北中华大典编印会 1966 年 4 册
* 中国文选 / 何沛雄 // 香港大学出版社 1992 年 216 页
* 中国老一辈革命家 / (美)海伦·福斯特·斯诺著 江山碧译 // 香港万源图书公司 1978 年 2 月 283 页
* 中国当代名人传 / 傅润华 // 世界文化服务社

1948年310页
* 中国当代作家小传 / 林曼叔等 // 香港学海图书公司1976年5月
* 中国伟人传记 / 傅润华 // 世界文化服务社1948年324页
* 中国妇女运动史 / 北京春秋出版社1989年
* 中国报业小史 / 袁昶超 // 新闻天地集书1957年168页
* 中国作家剪影 / 黄俊东 // 香港友联出版社1977年314页
* 中国近代史论丛 / 包遵彭等 // 台湾正中书局1976年11月2版—1979年1月4版
* 中国近代作家与作品 / 林海音 // 台湾夏林含英1980年3月561页
* 中国近代学人象传(初辑) / 大陆杂志社 // 台北文海出版社1985年356页
* 中国近现代学人像传(初辑) / 大陆杂志社编 / 台湾编者印行1971年
* 中国现代女作家 / 贺玉波 // 现代书局1932年
* 中国现代六百作家小传 / 李立明 // 香港波文书局1977年10月588页
* 中国现代文学研究丛刊 / 陈敬之 // 台湾成文出版社1980年7月185页
* 中国现代史论集 / 张玉法 // 台湾联经出版事业公司1982年—1983年
* 中国现代作家资料选辑 / 香港春晖出版社1979年4月第1集142页、第2集142页
* 中国现代作家剪影 / 黄俊东 // 香港友联出版社1977年页
* 中国现代音乐家 / 乔 佩 // 台湾天同出版社1981年3月
* 中国教育思想 / 台湾师范大学教育研究编辑小组 // 台北伟文图书出版社1979年624页
* 中国新文学大系(10册) / 赵家璧主编 // 上海良友图书公司1940年
* 中国新文学运动史 / 王哲甫 // 景山书社1933年521页
* 中国新文学运动的前驱 / 陈敬元 // 台湾成文出版社1980年7月296页
* 中国新学术人物志 / 颖 子 // 南星文化服务社1970年114页
* 今生今世 / 胡兰成 // 远景出版社1976年
* 文人印象 / 赵景深 // 北新书局1946年
* 文坛五十年正编 / 曹聚仁 // 香港新文化出版社1973年386页
* 文坛忆旧 / 赵景深 // 北新书局1948年
* 文坛史料 / 杨之华编 // 大连书店1944年
* 文学作家时代 / 康培初 // 香港文学研究社1973年
* 文学研究会与创造社 / 陈敬之 // 台湾成文出版社1980年5月210页
* 邓嗣禹先生学术论文选集 / 黄 培 陶晋生 // 台湾食货出版社1970年1月449页
* 世界文学家像传 / 钟岳年 // 上海中华书局1948年162页
* 北伐前后的新诗作家和作品 / 舒 兰 // 台湾成文出版社1980年324
* 北洋政府国务总理列传 / 张朴民 // 台湾商务印书馆1984年10月274页
* 叶石涛自选集 / 叶石涛 // 黎明文化实业股份有限公司1975年
* 叶紫创作集 / 叶 紫 // 人民文学出版社出版1955年
* 民初三湘人物 / 胡耐安 // 台湾中外图书出版社1974年12月144页
* 民国人物纪闻 / 刘棨琮 // 台湾华欣文化事业中心1974年12月262页
* 民国人和事 / 吴相湘 // 台湾三民书店1977年4月3版201页
* 民国人豪图传 / 王世祯 // 台湾青溪出版社1977年328页
* 民国风云人物(上) / 张润苍 // 台湾华联出版社1966年2189页
* 民国史纵横谈 / 吴相湘 // 台湾时报文化出版事业有限公司1980年5月385页
* 民国史事与人物论丛 / 沈云龙 // 台湾传记文学出版社1981年9月478页
* 民国四川人物小传 / 周开庆 // 台湾商务印书馆1966年275页
* 民国伟人传记 / 谭慧生 // 台湾高雄市百成书店1976年609页
* 民国名人小传 / 唐祖培 // 香港自联出版社1961年6月再版178页
* 民国初年的几任财政总长 / 贾士毅 // 台湾传记文学出版社1967年1月119页
* 台湾亿万富翁群相 / 李梦龙 // 台湾企业事业社1973年319页
* 师友记 / 毛子水 // 台湾传记文学出版社1978年7月再版153页
* 尘梦集 / 陈 凡 // 香港广角镜出版社1978年8

月 367 页
* 当代人物一席话／黄肇珩／／台湾学生书局 1976 年 9 月 238 页
* 当代中国作家风貌／彦 火／／香港昭明出版公司 1980 年 5 月 300 页
* 早期新散文的重要作家／陈敬之／／台湾成文出版社 1980 年 7 月 185 页
* 回忆与悼念——中国现代作家资料选辑／香港春晖出版社 1979 年 4 月第 1 集 142 页、第 2 集 142 页
* 朱家骅先生言论集／王聿均 孙 斌／／台湾"中研院"近史所 1977 年 5 月 750 页
* 华侨名人传／华侨协会总会编撰／／台湾黎明文化事业公司 1984 年 9 月 544 页
* 名人伟人传记全集／梁实秋／／名人出版社 1980 年
* 军阀现形记／台湾华粹出版社 1976 年 9 月 413 页
* 论中国革命与先烈／（日）宫崎滔天著、陈鹏仁译／／台湾黎明文化事业股份有限公司 1979 年 8 月 272 页
* 访问学林风云人物（上集）／李德安／／大明王氏出版有限公司 1970 年
* 孙科文集／孙 科／／台湾商务印书馆 1970 年 1344 页
* 她们的世界／夏祖丽／／纯文学出版社 1973 年
* 抗战时期的新诗作家与作品／舒 兰／／台湾成文出版社 1980 年 7 月 300 页
* 我与文学／朱光潜／／国光图书公司 1936 年
* 我的读书经验／陈淑女／／志文出版社 1980 年
* 秀亚自选集／秀 亚／／台湾黎明文化事业股份有限公司 1975 年
* 作家印象记／谢冰莹／／台湾三民书局 1967 年 1 月 191 页
* 作家的青少年时代／齐志尧／／香港昭明出版社 1982 年 11 月 147 页
* 佛教古今人物谈／林子青／／台湾大乘文化出版社 1980 年 12 月 264 页
* 近代二十家评传／王森然／／杏岩书屋 1934 年 6 月 408 页，台湾文海出版社 1973 年影印本 408 页
* 近代中日关系研究论集／彭泽周／／艺文印书馆 1978 年
* 近代中国作家与作品／苏雪林等／／纯文学月刊 1967 年
* 近代中国思想人物论（1—6）／张 灏／／台湾时报文化出版公司 1980 年 729 页
* 近代史事与人物／沈云龙／／台湾文海出版社 1971 年 3 月影印本 166 页
* 近代史事论丛（1—3 集）／吴相湘／／台湾传记文学出版社 1978 年 7 月再版
* 近代学人印象记／许 逖／／晚蝉书店 1976 年
* 近代教育先进传略（初集）／周邦道／／台湾中国文化大学出版部 1981 年 1 月 451 页
* 近代藏书三十家／苏 精／／台湾传记文学出版社 1983 年 9 月 262 页
* 邹鲁全集（10 册）／邹 鲁／／台湾三民书局 1976 年
* 沧海泛忆／赵清阁／／香港三联书店 1982 年 12 月 207 页
* 沈宗瀚晚年文录／沈宗瀚／／台湾传记文学出版社 1979 年 4 月 350 页
* 沉吟／聂绀弩／／上海文化供应社 1948 年 199 页
* 张君劢先生七十寿庆纪念论文集／王云五／／台湾文海出版社 1974 年
* 陈纪滢自选集／陈纪滢／／黎明文化事业股份有限公司 1983 年
* 环球中国名人传略／李元信／／上海环球出版社 1944 年 1 册
* 现代中国人物志／刘 葆／／上海博文书店 1940 年 360 页
* 现代中国文学作家／钱杏村、阿 英／／上海泰东图书局 1929 年
* 现代中国作家论／贺玉波／／上海大光书局 1936 年 184 页
* 现代中国作家评传（1）／李立明／／香港波文书局 1979 年 4 月 263 页
* 现代中国作家选论／余 惠／／海洋文艺社 1976 年
* 现代中国作家选集／上海文学社 1932 年 475 页
* 现代中国作家剪影／黄俊东／／香港友联出版社 1972 年 314 页
* 现代中国思想家（第 1—8 辑）／王晓波、李日章等／／台湾巨人出版社 1978 年 12 月
* 现代学人散记／胡有瑞／／台湾书评书目出版社 1977 年 6 月 2 版 255 页
* 现代政治人物评述（上卷）／沈云龙／／自由出版社 1959 年 188 页
* 贤不肖传／胡邈园／／台湾文星书店 1966 年 7 月 189 页

* 国共风云名人录(4集) / 郭　桐、李　约 // 香港广角镜出版社 1976—1977 年
* 知堂回想录 / 周作人 // 香港三育图书有限公司 1978 年 11 月 727 页
* 彼岸 / 阮毅成 // 台湾传记文学出版社 1972 年 190 页
* 学人风范 / 应平书 // 台北中华日报 1980 年 243 页
* 赵滋蕃自选集 / 赵滋蕃 // 台湾黎明文化实业股份有限公司 1975 年
* 荆荫斋选集 / 田炯锦 // 台湾商务印书馆 1970 年 11 月 658 页
* 革命人物志(1—23集) / 黄季陆 // 台北"中央"文物供应社 1969 年
* 革命文献 / 罗家伦主编 // 台湾"中央"文物供应社 1968 年
* 故人与往事 / 薛光前 // 台湾传记文学出版社 1977 年 10 月 258 页
* 胡品清自选集 / 胡品清 // 台湾黎明文化实业股份有限公司 1975 年
* 胡适文存(4集) / 胡　适 // 香港远东图书公司 1962 年 1 月
* 星马人物志 / 宋哲美 // 香港东南亚研究所 1969 年
* 看云集 / 梁实秋 // 香港文艺书屋 1974 年 7 月 114 页
* 闻一多全集己集 / 闻一多　朱自清 // 上海开明书店 1948 年
* 前辈先生 / 阮毅成 // 台湾传记文学出版社 1972 年 9 月 115 页
* 洪炎秋自选集 / 洪炎秋 // 黎明文化出版社 1975 年
* 陨落的星辰 / 莫　洛 // 人间书局 1948 年
* 逝者如斯集 / 罗家伦 // 传记文学出版社 1967 年 233 页
* 党国伟人轶事 / 蒋叔良 // 上海玫瑰书店 1928 年 130 页
* 徐志摩选集 / 徐志摩 // 台湾黎明文化事业股份有限公司 1975 年
* 颂桔庐文存 / 曾克耑 // 香港 1971 年 1 月
* 陶百川叮咛文存(16 册) / 陶百川 // 台湾三民书局等 1973 年 9 月
* 黄季刚诗文钞 / 黄　侃 // 湖北人民出版社 1985 年
* 晚清及民国人物琐谈 / 纪果庵等 // 台湾学生书局 1972 年 11 月 232 页
* 梁实秋自选集 / 梁实秋 // 黎明文化事业公司 1977 年 360 页
* 寄园存稿 / 陈启天 // 台湾商务印书馆 1975 年 7 月 364 页
* 鲁迅与浙江作家 / 马蹄疾 // 香港华风书局 1984 年 8 月 280 页
* 曾虚白自选集 / 曾虚白 // 台湾黎明文化事业股份有限公司 1981 年 3 月 329 页
* 谢持文集 / 台湾四川同乡会四川丛书编辑委员会 1977 年 9 月 117 页
* 靳以散文小说集 / 靳　以 // 平明出版社 1953 年 553 页
* 碑传集三编 / 汪兆镛辑　沈云龙主编 // 台湾文海出版社近代中国史料丛刊续编第七十三辑(总 721—730)影印本
* 新政协重要人物志 / 读物出版社 // 读物出版社 1949 年 31 页
* 蔡元培先生全集 / 孙常炜 // 台湾商务印书馆 1977 年 11 月 2 版 1762 页
* 漫谈中国新文学 / 葛浩文 // 香港文学研究社出版 1980 年 206 页
* 遵命集 / 巴　人 // 北京出版社 1957 年 155 页
* 潘公展先生言论选集 / 陶百川、季　灏 // 台北文海出版社 1977 年 428 页
* 潘公展先生言论集 / 潘公展著,陶百川编 // 纽约华美日报社 1974 年 428 页
* "新月"及其重要作家 / 陈敬之 // 台湾成文出版社 1980 年 7 月 198 页
* 大公报在港复刊卅周年纪念文集(上、下册) / 大公报编辑部 // 香港大公报社 1978 年 9 月 1015 页
* 万竹楼随笔 / 左舜生 // 台湾文海出版社近代中国史料丛刊 1967 年影印本 445 页
* 中外人物专辑(第 1 辑) / 汪公纪等 // 台湾中外图书出版社 1974 年 11 月 234 页
* 中外人物专辑(第 2 辑) / 雷啸岑等 // 台湾中外图书出版社 1974 年 11 月 223 页
* 中外人物专辑(第 4 辑) / 赖景瑚等 // 台湾中外图书出版社 1973 年 7 月 173 页
* 中外人物专辑(第 6 辑) / 胡耐安等 // 台湾中外图书出版社 1975 年 4 月 202 页
* 中国天主教史人物传(1—3 册) / 方　豪 // 香港公教真理学会 1967 年 4 月—1973 年 12 月
* 中国历代人物评传(上、中、下) / 刘子清 // 台湾

黎明文化事业公司1976年(上)242页、(中)298页、(下)299页

* 中国历代思想家(1—10) / 王寿南 // 台湾商务印书馆1983年5月
* 中国近代报人与报业(上、下册) / 赖光临 // 台湾商务印书馆1980年2月719页
* 中国青年党党史资料(第1辑) / 台湾民主潮社1955年3月153页
* 中国现代史论和史料(上、中、下) / 李云汉 // 台湾商务印书馆1979年6月811页
* 中国新文学大系史料索引 / 阿英 // 台湾业强出版社1990年105页
* 中国新文学的诞生 / 陈敬之著 // 台湾成文出版社1980年6月216页
* 中国新闻从业人员群像(上、下册) / 周安仪 // 台湾黎明文化事业公司1981年6月542页
* 四当斋集卷八 / 章钰 // 台北文华出版社1966年396页
* 半农文选(2册) / 刘半农 // 台湾正文出版社1968年5月第1册135页、第2册121页
* 民初风云人物(上、下) / 惜秋 // 台湾三民书局1976年10月
* 民初四大国学家——梁启超、蔡元培、王国维、朱自清 / 民仲 // 台湾清流出版社1975年
* 民国人物小传(1—6册) / 刘绍唐主编 // 台湾传记文学出版社1977年—1984年
* 民国百人传(4册) / 吴相湘 // 台湾传记文学出版社第1册448页、第2册320页、第3册364页、第4册398页
* 民国政治人物(1—2集) / 吴相湘 // 台湾传记文学出版社1982年4月第1集176页、第2集214页
* 民族英雄及革命先烈传记(上、下册) / 沈刚伯、高明等 // 台湾正中书局1966年5月初版、1981年6月7版
* 当代中国人物志 / 厂民 // 台北文海出版社1975年340页
* 同光风云录 / 邵镜人 // 台湾文海出版社近代中国史料丛刊续编第九十五辑(总950辑)影印本321页
* 我熟识的三十年代作家 / 孙陵 // 台湾成文出版社1980年5月174页
* 近世人物志 / 金梁 // 台北文海出版社1979年385页
* 近代人物史事 / 蒋永敬 // 台湾商务印书馆1979年9月
* 近代外交人物论评 / 沈云龙 // 台湾传记文学出版社1967年
* 近代教育先进传略(初集) / 周邦道 // 台湾中国文化大学出版部1981年1月451页
* 沈刚伯先生文集(上、下) / 沈刚伯 // 台湾"中央"日报出版社1982年10月792页
* 环华百科全书(20册) / 环华百科全书编委会编 张之杰主编 // 台湾环华出版事业股份有限公司出版部1982年5月—11月
* 现代文坛百象 / 方青 // 香港新世纪出版社1953年7月103页
* 现代文学早期的女作家 / 陈敬之 // 台湾成文出版社1980年6月196页
* 现代政治人物述评(上、中、下) / 沈云龙 // 台湾文海出版社影印本1966年10月519页
* 学府纪闻·私立大夏大学 / 董鼐 // 台湾南京出版有限公司1982年2月313页
* 学府纪闻·私立辅仁大学 / 董鼐 // 台湾南京出版有限公司1982年2月414页
* 学府纪闻·私立燕京大学 / 董鼐 // 台湾南京出版有限公司1982年2月337页
* 学府纪闻·国立北京大学 / 董鼐 // 台湾南京出版有限公司1981年10月353页
* 学府纪闻·国立交通大学 / 董鼐 // 台湾南京出版有限公司1981年10月345页
* 学府纪闻·国立武汉大学 / 董鼐 // 台湾南京出版有限公司1981年10月384页
* 学府纪闻·国立河南大学 / 董鼐 // 台湾南京出版有限公司1981年10月370页
  学府纪闻·国立政治大学 / 董鼐 // 台湾南京出版有限公司1981年10月440页
* 学府纪闻·国立南开大学 / 董鼐 // 台湾南京出版有限公司1981年10月338页
* 学府纪闻·国立清华大学 / 董鼐 // 台湾南京出版有限公司1981年10月442页
* 柳无忌散文选 / 柳无忌 // 中国友谊出版公司1984年281页
* 首创民族主义文艺的南社 / 陈敬之 // 台湾成文出版社1980年6月284页
* 顾一樵全集 / 顾一樵 // 台湾商务印书馆1961年
* 蒋百里先生全集(6辑) / 蒋百里 // 台湾传记文学出版社1971年6月
* 傅斯年全集(7册) / 傅斯年 // 台湾联经出版事

业公司 1980 年 9 月
* 新中国人物志(上、下)／周末报编委会编 ／／ 香港民主文化出版社 1950 年 2 月
* 戴雨农先生集(2 册)／费云文 ／／ 台湾情报局 1979 年 10 月
* 戴季陶先生文存(4 册)／陈天锡 ／／ 台湾中国国民党中央委员会党史史料编纂委员会 1959 年 3 月—1971 年 10 月
* 戴笠将军和他的同志(1—2 集)／乔家才 ／／ 台湾中外图书出版社 1981 年 10 月再版第 1 集 374 页、第 2 集 250 页

附录二

作者索引

一、个人（国内）

二 画

丁 卜 九 刁

〔一〕

丁一倪　18402
丁力之　05948, 06026
丁士廉　13627
丁开嶂　14599
丁中江　00069, 00072, 00073, 00222, 00367,
　　00369, 08853, 09896, 18652
丁介民　18399
丁文江　17824
丁文隽　00026
丁　丑　17896
丁石僧　00069, 00070, 04992
丁龙垲　02033, 03520, 05965, 08776, 09667,
　　09671, 19622, 19953
丁东第　06347
丁永华　06543
丁匡华　00082, 00083
丁邦新　18203
丁迈鸿　00025
丁　衣　04920
丁纪为　15272
丁志坚　19278
丁作韶　17235
丁　伯　01049
丁言昭　16951
丁沛涛　09318, 15959
丁　雨　19885
丁雨卿　00090
丁　迪　04798, 18333
丁秉燧　00460, 00461, 00462, 00597, 00849,
　　01488, 02396, 02399, 05230, 12949, 12953,
　　13260, 13898, 14901, 16010, 17022, 17228,
　　19018, 19058, 19875, 20490
丁　依　18627
丁治磐　03217
丁冠英　17247
丁哲生　00102
丁恩波　01042
丁　逢　07074
丁象谦　01071
丁　望　03472, 14602
丁惟汾　00091, 00106, 00146, 01175, 02554,
　　03147, 03605, 03783, 04091, 04129, 04257,
　　05543, 05765, 05917, 05931, 05962, 07080,
　　08674, 10005, 11439, 13070, 13092, 14041,
　　17041, 18705, 19776
丁绪鸿　00026
丁　淼　08251, 10441, 17359
丁锡恩　15196
丁肇贻　14095
丁慰慈　07522, 07552, 07557, 12407, 17637
丁履进　09357, 09374
丁燕公　04977, 06847, 06848, 20567
丁燕石　19891

〔丨〕

卜少夫　05149, 06141, 07596, 09160, 09399,
　　09466, 09640, 10580, 12614, 12623, 12624,
　　14222, 15122, 16322, 18651
卜国光　15652
卜易生　13689

〔丿〕

九大山人　00808

〔乛〕

刁抱石　05169, 06894, 07185, 07194, 07196,
　　07199, 08712, 14110, 14325, 17893, 19828

三 画

于 干 万 上 千 卫 习 马

〔一〕

于大成　08969
于　今　15523
于　文　02557，08774
于本芷　04953
于本桢　02670
于可长　00298
于右任　00192，00214，02414，04694，06316，
　10022，11939，12274，12501，13877，15845，
　16214，18183，19196，21012
于令吾　06154
于西堂　10650
于江东　00283
于极荣　03184，07139，09784
于还素　06075
于抱石　17268
于凌波　00257，08789
于祥麟　14776
于梅燕　03639
于维杰　03191，03199，04463，17185，17608
于　斌　00159，19518
于翔麟　00098，00291，00341，00352，00470，
　00474，00564，00601，00665，00698，00914，
　00952，01267，01365，01434，01492，01513，
　01515，01672，01773，01852，01910，01969，
　02041，02042，02146，02165，02172，02186，
　02192，02309，02347，02635，02867，03225，
　03316，03409，03424，03633，03687，03704，
　03815，03899，03905，03953，03958，03964，
　04022，04026，04041，04057，04201，04208，
　04245，04622，04659，05212，05258，05289，
　05502，05578，05716，05981，06027，06119，
　06134，06143，06216，06246，06283，06303，
　06337，06544，06732，06776，07148，07299，
　07448，07663，07667，07722，07888，08084，
　08172，08364，08390，08543，08559，08561，
　08577，08751，08756，08790，08882，09039，
　09166，09291，09442，09584，09706，09736，
　09795，09912，09933，10003，10062，10135，
　10244，10258，10877，10889，11077，11117，
　11342，11922，11934，12338，12356，12434，
　12638，12664，12997，13091，13551，13563，
　13578，13610，13731，13775，13791，13832，
　13882，14230，14317，14385，14488，14650，
　14920，15043，15145，15584，15592，15679，
　15793，15874，15889，15894，15906，16131，
　16181，16296，16631，16640，16738，17098，
　17103，17279，17286，17344，17536，17537，
　17735，17927，18132，18567，18771，18847，
　18866，18918，19238，19649，19686，19687，
　19850，19872，20195，20200，20294，20497，
　20519，20546，20560，20605，20628，20852，
　20874，20950，20953，21084，21180
于　勤　01961，17017，17269
于德富　05041
于燕梅　18767
于　衡　00188，00189，00250，04428，04429，
　04433，04438，07513，08852，09621，09969，
　10298，10501，13392，13450，13710，13713，
　13722，14268，15869，16685，16686
干国勋　00149，01767，04109
万大铉　19933
万古存　00774
万永贵　09217
万先法　12702
万　后　16600，20786
万里云　08982
万　武　18762
万宝全　12959
万　叟　02315
万　骊　00872
万辞辉　02188，13611
万墨林　00325，05519，05520，05522，05524，
　16779，16780，20909
万耀煌　00329，00330，03769，03776，14468，
　18504

〔丨〕

上官百战　19575
上官杰　09745

〔丿〕

千　里　14228
千家驹　00344，00345，13487

〔乛〕

卫挺生　00358，00358，00358，00359，00360，

00361, 00362, 00363
习而思　04271
马力原　11903
马　大　11316
马勺苍　03231
马天行　09149, 12694, 19491
马天纲　02654
马五先生　01518, 01568, 03101, 03785, 04114,
　04448, 06266, 06804, 07716, 08223, 08224,
　10707, 11597, 11742, 13083, 13654, 14191,
　16540, 17090, 18898, 20362
马少汉　00654
马玉文　00412
马汉宝　14412
马幼垣　02865
马戎生　04374
马存坤　03300
马光奎　06105
马伏尧　00433
马兆宽　00383
马寿华　01217
马芳踪　01255, 05691, 07244, 08420, 17371
马伯纲　07298
马伯援　00480, 00500, 06276, 12275, 12903,
　13876, 15558, 15960, 18882
马　良　19874
马识途　17930
马其昶　04405
马国权　01487, 03573, 20750
马国光　00430
马国琳　08826
马明时　16273
马秉风　12524
马育兴　05018
马建中　07677
马建白　05699
马绍周　04816
马星野　00119, 00536, 00539, 00542, 00544,
　10856, 11762, 12158, 12985, 12989, 16577,
　17059, 17779, 17808, 18006, 18009, 18249
马思聪　00548
马保之　00497
马彦达　11873
马宣伟　01999
马振犊　11049

马起华　04880
马积祚　14629
马逢华　03715, 08329, 08337, 14988, 15662
马逢周　18707
马骊珠　00566, 00567, 00568, 00569, 09262,
　12656
马逸夫　15955
马鸿逵　00572, 00573, 00575
马超俊　14108, 14965, 17166, 17169, 19086
马联芳　00353, 08037
马森亮　05894
马雷波　18614
马龄国　04277
马溯轩　17568
马履诺　02187, 15351
马蹄疾　00884, 01466, 01832, 01996, 02348,
　02877, 04493, 04533, 06566, 08112, 08360,
　11137, 11418, 11469, 11664, 11918, 12464,
　12517, 13614, 13886, 14492, 14525, 14926,
　14949, 15176, 15285, 15693, 15697, 16080,
　16546, 17301, 17439, 17577, 19064, 19225,
　19671, 21113
马燮钧　00511
马　璧　01457, 03546, 04738, 04792, 04852,
　05364, 07675, 09974, 11780, 18317

四　画

丰　王　井　元　韦　云　扎　尤　车　戈　水
牛　毛　仇　卞　文　方　尹　丑　孔　巴　邓
双

〔一〕

丰华瞻　00614, 00619, 00620
王　一　03879
王一心　15279
王一刚　06844
王一知　01087
王一桃　14480
王乙之　07175
王乃徵　06123
王士元　09236, 12661, 18071
王士青　19217
王大伍　17229
王大任　00178, 00754, 01182, 01727, 03337,
　04758, 04989, 06925, 07086, 07089, 07260,

09329，09331，10844，11385，11386，14855，
　　15154，15155，15158，17127，17128，17129，
　　17130，17302
王小涵　00809
王个簃　07171，07172
王凡西　00756
王　之　03602
王之珍　01232，01234，02339，13715，15064
王卫民　02730
王子贞　00764，00765
王子言　18862
王子终　09514
王子经　02712，02920，05947，06609，06935，
　　10416，14627，15758，20951，21172
王子菁　15755
王　丰　18427
王开节　08315，16241
王开庆　16239
王天从　02618，08206，11114，11115，11116，
　　15039，18177，18178，19762
王天昌　00871，03608，03840，10883，11652，
　　18233
王云五　00791，00792，00793，00794，00795，
　　00797，00798，00810，04764，04886，04968，
　　08177，09072，09397，14857，17198，20052，
　　20102，20148
王止峻　05243
王化岐　04823，04832
王化棠　00736，05020，05024，07164，15759，
　　20527
王介民　05776
王公玙　07116，09161，15658
王月仙　10075
王月曦　01636
王凤楼　00807
王文田　09341，09351
王文成　01617
王文相　18443
王文钦　14593
王文基　06495
王文博　20334，20348
王文漪　01266，01268，08018
王方宇　03556，17149
王为明　00767
王为铎　00767

王心均　03505
王心健　12081，14260
王允昌　05100
王玉山　16898
王玉麒　18684
王正元　01782，07620，07762，07805，09127，
　　14140，18456，18462
王正廷　15621
王世正　10437
王世杰　00910，03709，18254，18560，19157，
　　20078，20101，20106
王世昭　00064，00921，13576，19311
王世宪　09419，09421
王世桢　10862
王世祯　00501，00593，04634，05105，07200，
　　07576，08070，09996，10056，10582，11560，
　　11768，12906，13512，13521，13672，14085，
　　14740，16462，17519，20113，21038
王世儒　18488
王可男　03430
王平陵　00929，06079，18905
王东原　00889，00941，00942，00943，00945，
　　00994，07455，13497，15338
王北岳　03539
王业崴　07499，17697
王冉芝　18493
王代功　01309
王他行　18313
王尔敏　15931
王立忠　11548
王　兰　18173
王礼锡　00960
王　民　15827
王民一　01378
王民信　14551
王邦雄　19482
王吉林　13176
王芃生　00977
王　芝　01730
王在君　09226
王成圣　00199，02123，02493，02971，04289，
　　05980，06535，06537，06944，07342，08752，
　　08753，08922，08930，08959，09022，11025，
　　11373，12165，12232，12233，14101，14655，
　　14724，14858，15552，15970，16906，16908，

　　　　　17332，17632，17643，20988，21010，21028
王师鲁　07825
王师曾　00296，19291，19292，19308
王光仪　04917
王光汉　09873
王光远　12598，18475
王光前　13337
王光逊　09317
王先汉　08147，08811，17849
王先谦　01034，01035
王仲廉　05250
王任远　01048
王任超　02279
王华甫　17277
王向民　11454
王舟瑶　06821
王全吉　06282
王会功　14515
王兆祥　13993
王兆鸿　04256
王壮为　00516，09009
王庆吉　11387
王亦令　10149
王宇高　03875，13952，19455
王宇靖　08019
王安之　12471
王军余　09560
王寿南　00799，00801，00819
王远义　13482
王抚洲　17253
王孝芳　00750
王孝敏　00259，07376
王孝廉　01150，05473
王志恒　20380
王更生　21011
王吟秋　00466
王岚僧　19312
王作荣　05360
王奂若　16134
王怀明　18028
王宏志　20618
王良芬　09648
王若望　03985，05236，14307，15742
王英琦　04755
王林渡　14362

王杰谋　15169
王　贤　07182
王贤忠　02927
王尚义　01128
王国华　01068，01147
王国栋　02863
王国维　12062
王国瑞　14955
王国璠　04440
王　昇　00458，04817，18308，18316，18630，
　　　　　18660
王明民　09212
王季高　02045
王念康　02790，02792，18849
王庚光　15825
王庚先　12855
王　泳　17895
王治美　16034
王　怡　12688，13632
王学曾　02327，03476，09570
王宗山　01205
王宗亚　00752
王宗祐　00788
王定一　12530
王定华　01211
王宠惠　04935，08051，15319
王建中　01061
王孟武　03607
王绍齐　02005，04085，12312，16091
王绍桢　00186，00778，01254，01489，04540，
　　　　　07319，08845，09281，09785，11091，11320，
　　　　　11393，12039，12323，13281，13628，13944，
　　　　　16815，17046，20812
王绍斋　07355，14257，14270，14271，14275，
　　　　　16877，16878
王绍通　01226，02538，03384，05474，06440，
　　　　　12121，15765，16777
王柏龄　01265，16617
王柳敏　00450
王树槐　17518
王轶猛　01469
王映霞　00008，00683，01277，04411，13841，
　　　　　19229
王星舟　12842
王昭然　04704，04950，20167

王钧章　09536, 09539, 09544, 09545
王保志宁　01100
王禹廷　01297, 02783, 02784, 04247, 08320,
　　08667, 10597, 13561, 13564, 13565, 13783,
　　13874, 19073, 20207
王俊士　02591
王爱生　08411
王　度　00144
王闿运　01310
王美真　08221
王炳毅　04290, 10485
王　洁　03810
王洪钧　00540, 01339, 01339, 12413, 12889,
　　13348, 13428, 18407
王　洸　00225, 00666, 00667, 00671, 00672,
　　00673, 08605, 14229, 14474, 19568
王恒吉　01052
王恒余　15600, 18210
王　恢　07072
王觉源　06496, 06590, 09752, 12002, 12016,
　　13972, 14782, 16289, 16556, 20387
王冠吾　05540, 12894, 12896, 14860, 14999,
　　18817
王冠英　18326
王珩生　04537
王哲甫　11459
王　真　10327
王晓波　04850, 11096, 19680, 20225
王恩倬　14854
王铁汉　02147, 09298, 09300, 09629, 15042
王倬如　02798
王健民　00911, 09505, 10991, 10992, 10996,
　　11717, 12444, 20518
王爱生　01134, 13933
王离之　17512
王益知　09610
王海波　09137, 12205
王悟明　02779, 09038, 15549
王　悦　10685
王家诚　03532, 07168, 07169, 07170, 07179
王家莹　18960
王家鸿　01386, 04778
王理璜　00104, 07641, 08794, 12589, 16423,
　　17184, 18870
王培尧　00525, 03642, 06591, 07247, 07434,

　　08917, 11715, 12195, 14721, 17144, 17902,
　　19020, 19990, 20704
王培光　12034
王菁野　09055
王　萍　11855
王梦鸥　17104, 17106
王　梅　04494
王梓良　00303, 00428, 01696, 01778, 07377,
　　11704, 13080, 14461, 14462, 18227, 19964
王盛涛　00888, 00962, 04225, 05309, 11384,
　　15900, 18240, 18821
王盛清　12638
王雪涛　01402
王唯我　13287
王崇熙　01413
王　康　00485, 02646, 03131, 05728, 07386,
　　08536, 08964, 10212, 10273, 11023, 12162,
　　14259, 17688, 18516, 18720
王章陵　16639
王　鸿　18813
王惕吾　01420, 01420, 01421
王惟英　03038, 09252, 12243, 12246, 12248
王　翌　03023
王维礼　18405
王联奎　06539, 08995, 16048, 16054
王　敬　20498
王敬羲　14977
王朝柱　08245, 14660
王森然　13529, 13530, 15999
王鼎钧　16978
王景戎　14956
王集丛　04590, 05990, 13647, 15278, 16436
王舜祁　08157, 18468
王　普　10310
王　道　00065, 11275, 11276, 14878
王道平　06785
王道宗　19013
王道彰　06021, 14139
王曾才　17716
王瑜孙　04358
王　蓝　09700, 09703, 09983, 18346
王蒲臣　20913, 20920, 20922
王嗣佑　19877
王锡彤　14709
王锦江　09880

王愈文　02181
王新民　08596
王新命　01478，01480
王慎之　01470
王福时　09642
王静芝　08493
王静原　04871
王慕信　07205
王慧章　01003，01004，01022
王蕴　19838
王蕴登　08534
王震　16098
王德芳　09249
王德昭　11002
王德胜　18306，18379
王德溥　01626
王德篯　08949
王德毅　01138，01144，01149
王履常　14545，16481
王醒魂　00176
王蘧常　05296，08525
王韵　08468
王缵承　13625，16853
井泓莹　08822
井研　06991
元之桐　03963
元中　08189
元象　18496
韦从序　04301，12588
韦永成　00861，01532，05181，19023
韦政通　13461，13540，15104，18070，18085
韦树屏　09307，09670，14159，18842
韦真　10361
韦蜀游　00550
韦熙　16175
云实诚　10358
云经　09113
尤光先　11492，18873
车之林　01447
车攻　17293
戈士德　12419，13779，20930，20931
戈异　20966，20967

〔丨〕

水一亨　02387

水一享　19769
水祥云　10180
水晶　17213
水静　06643

〔丿〕

牛马走　01192，09929
牛芷青　12607
毛一波　00512，01247，01694，04521，04969，
　　05743，07818，07861，08023，08026，12054，
　　16427，16806，18136，18907，18927，19446，
　　19454
毛一渡　05447
毛子水　01588，01589，01590，08377，11150，
　　12168，13375，13426，13453，13463，13476，
　　13524，13525，14540，14549，15216，17422，
　　17915，18548，18562，18724，19132，19161，
　　19162，20062，20116，20131
毛以亨　01594，17823，17834，17837
毛兰苓　01601
毛再青　05017
毛向新　01580
毛知砺　17796
毛承霖　05238
毛思诚　18298
毛钟新　20896，20928
毛振翔　00174，19757，19759
毛雍　15150，15153
仇亮　01640，09790

〔丶〕

卞柏年　01655
文一倩　11658
文中侠　20354
文立　20172
文守仁　01009，01020，02694，03361，03447，
　　03453，03483，03484，04012，04068，06729，
　　07004，07106，07403，13010，15299，15306，
　　15358，15566，19173，19174，19305，19314，
　　19741，21022
文寿昌　12602
文怀玉　16256
文知　19896
文怡　08601
文荪　12564

文威旻	15719		方炳林	20110
文　星	11347		方洪畴	07234
文　修	01085		方祖荣	08710
文洁若	12451		方祖燊	08682
文　洋	15720		方根寿	04320, 04321

方　恺　18083
文垒山　03551
文逸欣　14118
文　琪　12309
文　强　00421, 01658
文　雷　00488
文　群　01660
文　澜　17599, 18868
方　山　20076
方子卫　14805, 16690, 16691
方子霖　04774
方友如　05594
方　丹　12565
方　予　00014
方东美　02108
方　宁　05141
方师铎　03843, 15167
方光后　02120, 02509, 02761, 02981, 05846, 05876, 06898, 09432, 11776, 11838, 11973, 12150, 12245, 12908, 14918, 15175, 16293, 16408, 17021, 17565, 18237, 18607, 18792, 19833, 21044, 21170
方延豪　00517, 00652, 02598, 09114, 09992, 12828, 19943
方冰峰　17868
方远尧　09908, 09910, 13008
方志懋　02514
方步初　01760
方怀时　13983
方　青　00628, 02451, 02958, 02982, 03855, 08132, 09065, 10590, 11463, 12401, 13147, 13537, 14300, 15459, 16003, 16914, 16945, 17218, 19515
方叔度　08173
方　知　19863
方宗海　18613
方树泉　01764
方修德　01774
方剑云　03425
方　闻　06777, 14912, 17724, 18025

方雪纯　00079, 00140, 00561, 00634, 01082, 01169, 01838, 02445, 02735, 02874, 02950, 03048, 03358, 03438, 03831, 04412, 04591, 05333, 05714, 06004, 06029, 06616, 06972, 07135, 07772, 08258, 08479, 09059, 09186, 09756, 09839, 10587, 11134, 11344, 11412, 11416, 11455, 11512, 11842, 12292, 12342, 12379, 12409, 12479, 12515, 13572, 13884, 14320, 14923, 14963, 14994, 15025, 15994, 16927, 16934, 17214, 17284, 17561, 19661, 20253, 20269, 20780, 20809, 21168
方强原　02830, 11266, 14227, 19502
方瑞麟　01737, 01774
方鹏程　01663, 03349, 07197, 18585
方　静　17134
方　豪　00171, 00238, 00241, 00520, 00521, 00523, 00524, 00527, 00530, 01693, 02507, 03063, 04899, 04925, 05000, 06887, 07664, 08880, 10173, 10213, 10319, 11397, 11398, 11399, 11400, 11401, 11404, 11803, 13683, 14546, 15396, 16013
方骥龄　03838

〔ㄓ〕

尹马必宁　00479
尹　若　00207
尹　杰　15802
尹叔明　01793
尹屏东　01815
尹雪曼　09616, 10998, 11731, 13331, 20028
尹　骐　04222, 13726
尹遂望　16438
尹雷曼　14539
丑辉英　11324
孔另境　11468
孔令仪　02004
孔　茗　04606
孔宪铎　02010, 11138, 16895
孔铁勋　13751
孔容照　08889

孔祥熙　18925
孔德成　02037，14648
孔德懋　02036
巴一希　01849
巴　人　04656，09767
巴　金　01834，20683
巴　宙　20415
邓广铭　03529
邓飞鹏　06726，08538，16558
邓天刺　05672
邓　仇　07218，09475，13077
邓公玄　01891，01892，07799，11041，11187
邓文仪　01896，01897，01898，01899，01900，
　　01901，01902，07491，07648，18299，18311，
　　18323，18378
邓文华　20451
邓文来　14045
邓火土　01906
邓以彭　02653，09169
邓立参　01856
邓华卿　01911
邓克榜　20069
邓　启　05921，08870，12573
邓坤元　18339
邓明炎　17836
邓泽如　09159
邓炽源　01913
邓家彦　00487，13553
邓绥宁　03609
邓萃功　01923
邓铭煌　00496
邓维贤　05144
邓散木　00023
邓散水　03571
邓景衡　03901
邓翔宇　09511
邓翔海　01963，01964，01965，10840
邓嗣禹　01967，01968，13484，19675，20092
邓新吾　19373
邓慕韩　01979，02541，03076，03371，05073，
　　13679，16921
邓镇庵　19743，19744
双　山　11007

五　画

甘　艾　古　左　石　龙　平　卢　叶　甲　申
田　史　冉　丘　白　丛　令　印　乐　包　冯
宁　司　台

〔一〕

甘少苏　17933
甘日畅　05902
甘立德　03959，07187，10767，13024，14258，
　　17187，18715
甘丽珍　00115，00417，00468，00581，00594，
　　01909，02194，02931，10247，11069，11947，
　　13270，16645，17126，17452，18752，18977，
　　20293
甘春煌　00075
甘展才　02049
甘绩熙　20658
艾　山　02328
艾　仪　09729
艾弘毅　01776，01777
艾　青　02065，02066，03568
艾　林　12983
艾　明　08556
古　龙　08220
古　狂　01810，05816，19898
古　直　14021
古　僧　20889
古　熊　12568
左舜生　01161，01331，02099，02102，02106，
　　02107，02235，02434，03580，06499，08686，
　　08693，08713，08936，10562，10581，11506，
　　11911，14158，14700，15450，16412，16419，
　　16442，17336，17636，17655，17772，17802，
　　17847，18872，19315，19982，19992，20006，
　　20122，20643
左曙萍　16073
石永贵　07422，07595，13358，21129
石　佛　03780
石宏规　08796
石学胜　02804，05098
石宗彦　21182
石映泉　11533
石彬室　06128
石　敏　00217，02752，09957，18690，19365

石　康	08230
石　湾	04054
石　麈	00255
石璋如	18215, 18221, 18226, 18229
石增祥	02126
石德鉴	11428
龙云海	08910
龙中天	18643, 18645
龙宝麒	10179, 12105, 12108, 14718, 17496, 19879
龙钧天	20705
龙顺宜	12450
龙祖同	02196
龙榆生	06962
龙　韵	16312
平　刚	00311, 01124, 01688, 02079, 02207, 02640, 02996, 03341, 03365, 03693, 04391, 05724, 05915, 06296, 08757, 08764, 09519, 10610, 12465, 13890, 15371, 16044, 20426

〔丨〕

卢大俊	18439
卢元骏	07144, 07146, 16608
卢中信	03766
卢月化	12169, 15983, 19667
卢申芳	03336, 05936, 07723, 08823, 15053
卢汉生	13959
卢伟林	10537
卢守耕	05220
卢克彰	10044, 10465, 16454
卢　辛	04241
卢辛甫	02647
卢玮銮	13974, 16961
卢学礼	15909, 17742
卢建业	20597
卢绍稷	00502, 02240
卢　勉	05891, 07673
卢振江	18336
卢原懋	10351, 12068, 12730, 20957
卢　泰	09589
卢敏骏	21053
卢喜瑞	13922
卢嘉兴	04518, 06725, 06727, 06880, 11577, 11778
卢懋原	00138, 00692, 01291, 01824, 03122, 03498, 07782, 08197, 11601, 11981, 12939, 14371, 14376, 15891, 18828
卢翼之	08505
叶一舟	15063
叶天行	10939, 16238, 19338
叶元龙	00578, 02311
叶长青	10327
叶公超	02316, 12811, 13400, 13716, 16712, 17195, 18731
叶　卉	19231
叶石涛	09740
叶龙彦	20073
叶永烈	01336, 01620, 03515, 04273, 10502, 14507
叶　迈	03691
叶向阳	07064, 20666
叶会西	02347, 08746
叶庆炳	17716
叶　汛	03139
叶志刚	06714
叶　青	04895, 13772
叶　英	03882, 19608
叶昌炽	02368, 10206
叶明勋	05361, 06760, 10973, 11173, 16594, 16599, 20771, 20775
叶建丽	13709, 18575
叶荣钟	02379, 02380, 11667, 11821, 11832
叶荫民	12237
叶俊成	15432
叶炳辉	05568, 05571
叶洪生	02611
叶浓荫	14189
叶祖灏	02519
叶莉莉	16624
叶桂馨	02759
叶夏声	04682
叶崇统	06641
叶　紫	02296
叶赓勋	04841
叶　窗	19016
叶遐庵	17785
叶楚伧	01119, 07078, 08678, 11566
叶溯中	21016
叶蝉贞	02391
叶醉白	02424

叶　曙	02300, 02305, 02306, 02307, 05570, 11364, 15777
甲　凯	01697, 09724, 10321
申　丙	03900
申庆璧	06171, 06177, 06191, 06192, 09898, 11200
申　伯	01031
申建藩	05953
田　义	09227
田布衣	02884, 04347, 06152, 07530, 08772, 08775, 09301, 09669, 10192, 10788, 12596, 13158, 14161, 14706, 14716, 15364, 15956, 16191, 16193, 16194, 17619, 19887, 19900, 19903
田立华	04808
田宁甫	10746
田礼绪	06986, 17440
田　芝	14066
田雨时	00979, 01382, 01485, 02244, 02475, 02476, 02511, 03527, 05559, 05854, 07117, 09638, 14143, 15849, 17987, 19067
田宝田	05841
田炯锦	00271, 00272, 02480, 02481, 02482, 02483, 02484, 02497, 02781, 08226, 09354, 09372
田桂林	04828
田　原	03679
田蕴兰	12166
史无前	07151
史　正	15804
史光华	02545
史华哲	05297
史华慈	05323
史扶邻	04892
史宏烈	16534
史　青	00773
史宜桢	02837
史　垚	13314
史　剑	15987
史慰慈	05558, 09634
史　镜	19721
冉鸿翮	19490

〔丿〕

丘式如	02564, 02566, 08044, 19579
丘权政	04892
丘秀亚	02574
丘秀芷	02584, 02601, 02602, 18777
丘念台	02571, 10842
丘斌存	00514, 11544
丘　誉	10275
白万祥	19840
白之瀚	16189
白云梯	02631, 06181
白　风	14421
白　圭	09461
白吉庵	13496
白成枝	18778
白成桂	18793
白　宇	16709
白如初	05288
白　希	02183
白晓楼	02492
白晓麟	15251
白崇禧	00565, 02643, 02644, 02654, 05003
白竟凡	15863
白　瑜	00834, 02998, 05839, 11987, 12023, 15323, 15716, 17001
白慈飘	16417
白福臻	14109
白　蕉	14680
白　鹤	06078
丛树桢	02667, 02673
丛培坛	05135
丛静文	02499
令狐聪	01459, 16212
印奕松	19267
乐以纯	04309
乐苣军	11710
乐　更	20157
乐建吾	02677
乐炳南	19914
乐恕人	00251, 02318, 02713, 02714, 02715, 07388, 08959, 08994, 10301
包天笑	02680, 02681, 02689, 13133
包明叔	01264, 05534, 06870, 07537, 10742, 10747, 10849
包　册	06403
包赵瑛阶	02706
包奕洪	05058

包缉庭　00463，02395，05807，07903
包遵彭　18691，18693，19812

〔丶〕

冯子固　18195
冯文质　04842，18352，18359
冯玉祥　02801，02805，18369
冯正仪　01102，01103
冯世欣　00287，01803，10303，10308，15337
冯龙海　13380
冯　平　15892
冯平山　02812
冯尔和　02820
冯永材　00326，11059
冯幼衡　08955，08985，09005，12643
冯　开　07183
冯成仁　02831，05016
冯　夷　04378
冯先煌　02765
冯　华　14247
冯自由　02465，02722，03121，04638，04641，
　05044，05159，05646，05972，06219，06433，
　06442，06473，06733，06773，06867，06868，
　07856，07914，07936，07937，08524，10260，
　10470，10751，11078，11105，11216，11585，
　12682，13248，14044，14192，15515，16559，
　16568，16755，16787，16802，17085，18140，
　18294，19022，19050，19334，19466，20299，
　20555
冯伊湄　02888
冯衣北　11162，11164
冯守道　01381
冯纪法　02800
冯志翔　08807，10606，17047，17048，17050，
　17052，17053，19750，21128
冯连选　18848
冯沪祥　18396
冯国华　20072
冯国瑞　15881
冯国璘　02592
冯明珠　02811，02857，09339，10807，13678，
　14126，14172，14752，16467
冯　岳　18328
冯钦哉　01212
冯帝青　18511

冯炳奎　13543，18087，20536
冯爱西　07734
冯爱群　13316，16135
冯　庸　09315
冯景泰　16336
冯　煦　15893
冯　熙　19844
宁恩承　01383，06650，07702，09369，09639，
　14090，17707
宁梅生　06846
宁　静　08278
宁　孺　16159

〔﹁〕

司马小　09744
司马夫　02559
司马不平　00598，17023，17024
司马长风　01610，01879，02364，02749，05754，
　12556，17294
司马文森　02449，17453，20256
司马平　13459
司马春秋　09606
司马亮　16539，20903，20905
司马桑敦　09294，09320，09605，09608，09617，
　09618，09623，21138
司马璐　02886，06232，10081，21156
司徒重石　07229
司　琦　18610
台静农　14216

六　画

邢　吉　老　成　尧　毕　师　曲　吕　朱　乔
伟　伍　伏　延　仲　任　华　向　后　冰　庄
刘　齐　羊　关　米　江　池　汤　安　祁　许
那　阮　孙　牟　红　纪

〔一〕

邢光祖　09963，15629
邢颂文　02915
邢慕寰　18753
吉承进　10955
老　舍　20854
成台生　13642
成场轩　00231
成仲恩　12442，15441

成运可　11617
成舍我　02984, 02986, 11645
成惕轩　06374
成璞完　04783
尧乐博士　00434, 00435, 00436, 00437, 03001,
　　03002, 03004, 03005, 06849, 06850, 06851,
　　12320, 17315, 17316, 17317, 20713

〔丨〕

毕万闻　09741
毕云程　20886
毕中本　00305
毕　平　05094, 11032
毕如椽　04141
毕系舟　06087
毕忘忧　04146
毕泽宇　07224
师连舫　14998
师　哲　03019, 00413, 01615
曲　江　07395, 15673, 15677, 16897
曲克宽　02031
曲直生　03022, 09702
曲拯民　06683
吕一铭　12308
吕大吕　07781
吕天行　12878, 15127
吕无畏　07485
吕正惠　08214
吕东阳　16278
吕东斯　18099
吕成好　03552
吕　华　00576
吕寿全　03040
吕孝信　00925, 07305, 12201
吕志伊　03040, 05562
吕芳上　01865, 03148, 03150, 03157, 03159,
　　07475, 07555, 08700, 11036
吕佛庭　03041, 03042, 03949, 04392, 06077
吕治平　04702
吕宜园　03567
吕实强　15930
吕秋文　07264
吕　班　13149
吕理尚　04118
吕焕生　03040

吕渭生　03061, 10525

〔丿〕

朱开来　05210, 08743, 08744, 08745
朱介凡　10605
朱文长　03125, 03259, 03260, 03263, 03266,
　　03714, 03938, 03940, 04303, 08308, 13429,
　　14348
朱文伯　00041, 00063, 00295, 03126, 05881,
　　09418, 13413, 14404, 14649, 16902
朱文原　03166
朱正宗　06200
朱田慧　08031
朱生铃　18679
朱尔香　07916
朱汇森　20987
朱民威　09573, 12267
朱邦达　03724
朱西宁　11535
朱光彩　15222
朱传誉　01081, 03078, 04728, 07486, 14103,
　　15120, 19676
朱自力　14119
朱自清　02616, 03188
朱兆莘　19841
朱如松　10205, 18735
朱如堂　10645
朱寿颐　02206
朱玖莹　20449
朱岐山　09018
朱　佑　03221
朱言明　18400
朱沛莲　00049, 00863, 00864, 00865, 06871,
　　08456, 10033, 12111, 13119, 13162, 14377,
　　15151, 16523, 18472, 20866
朱怀冰　03222
朱杰勤　02864
朱昌峻　08900
朱炎辉　07160
朱宗良　00205, 00227, 00236
朱建民　15579
朱细林　03088
朱荣业　09738
朱省斋　00286
朱星鹤　20308

朱钧侃　03738, 03830, 03850
朱　信　13027, 13365
朱养民　18368
朱美慧　08650, 18451
朱　济　07217
朱恒龄　20952
朱祖贻　11284
朱祖谋　00029, 03271
朱振声　05893
朱　桂　00373
朱秩如　03172
朱海士　03088
朱海北　03230, 09649
朱浤源　08701, 17653
朱家让　12820
朱家轩　03141
朱家骅　00034, 03282, 10023, 19125, 20716, 21007, 21014, 21020
朱家骧　10182
朱　彬　06588, 14005, 14012, 14014
朱　梅　18314
朱敬恒　11113
朱朝钦　02423
朱　锋　13386
朱傅誉　17846
朱　湘　03083
朱谢文秋　19559
朱　谦　10031
朱新民　00313, 01023, 01535, 01563, 01644, 01885, 01975, 02383, 03360, 03473, 04004, 04279, 04424, 05933, 06401, 06463, 06506, 06994, 07254, 07932, 07971, 08168, 09695, 09811, 10190, 10235, 10626, 10728, 11223, 13217, 13705, 13896, 14572, 14631, 14817, 15406, 16382, 16400, 16633, 16677, 16975, 18104, 18107, 18915, 19115, 20339
朱静芳　14831
朱慧大　00585
朱镕坚　14504
朱稼轩　03957, 10766, 18007, 19876
朱德发　08089, 11207
朱羲胄　11485
朱耀祖　15971, 15972
乔义生　03354
乔华塘　13592
乔志高　02942
乔　佩　00557, 01019, 01110, 03055, 03739, 05746, 06367, 07637, 13051, 13194, 14825, 16407, 16587, 17020, 17045, 17454, 17813
乔宝泰　04986
乔衍琯　13988
乔家才　00151, 01065, 01076, 01395, 01587, 02024, 02122, 02549, 02550, 02638, 02639, 04126, 06295, 06557, 06790, 06816, 07052, 07093, 08510, 09048, 09105, 09182, 09286, 09290, 09911, 10089, 10090, 11076, 12058, 12476, 12805, 12807, 13255, 13257, 13273, 13591, 13593, 14380, 15012, 15013, 15418, 15731, 16043, 16087, 16311, 16475, 16574, 16634, 16828, 16976, 17743, 17782, 18079, 18991, 20358, 20890, 20891, 20914, 20915, 20917, 20918, 20921, 20924, 20932, 20939, 21090
乔家万　04017
乔　龄　04536
伟　士　17994
伍井田　03372
伍天纬　15974
伍文钟　20361
伍　石　01341
伍竹君　01281
伍奕光　19416
伍惠林　17490, 19901
伍　鋆　14291
伍稼青　03363, 03364, 03524, 05304, 06151, 06153, 06585, 06586, 07471, 08179, 13871, 15660, 15661
伏嘉谟　02201, 19382
延国符　03423
仲　立　04386
仲伟庭　11744, 18723
仲　候　01924
仲肇湘　10845
任元熙　19796
任时燮　03458, 03459
任卓宣　01455, 02286, 02287, 04757, 04791, 04793, 04885, 04940, 04957, 06168, 06180, 08820, 09535, 10122, 10995, 12218, 15301, 15357, 17377, 18049
任治沅　00584

任荷生　18877
任　真　17597
任鸿隽　03450，20165
任嘉尧　13904
任　歌　05680
华平康　18470
华　生　01516，03671，03674，05012，07240，
　　　　13173，16118，18434
华永义　14566
华仲麐　07873，09958，09961
华　严　10607
华　实　05291
向大为　07981
向开先　08855，16996
向为霖　03494
向　阳　11747，15627
向　诚　06201，09210，11213，15510
向春霖　06628
向　隅　02648，07230，13240，15513，19532，
　　　　20186
向　楚　06808，08769，09848
向　慕　09620
后希铠　02191，11225，16199，20001

〔丶〕

冰　心　12797
庄又青　15805
庄义芳　18714
庄　水　11743
庄文庆　11318
庄心在　03306，07338，07352
庄　申　13419
庄存庐　05338
庄仲舒　03516，03516，06294
庄宏谊　21035
庄良有　02826
庄良珍　04861
庄金德　12224
庄　练　07490，07614，14742，17335，18211，
　　　　21176
庄　政　04630，04631，04869，04882，05088，
　　　　06859，08584，11262
庄信正　14974
庄　俞　15855
庄祖芳　16032，20335

庄鼎成　18278
庄　德　17603
刘一青　04064
刘士尧　17791，17869
刘大元　10336
刘大中　20871
刘大刚　20454
刘大杰　08125，08133
刘广定　03513，16258
刘己达　06085，19041
刘子青　02539，11716，14122，15669，18930，
　　　　19427
刘子英　16310
刘子健　12577
刘王立明　04174
刘云逵　00883
刘太希　01148，01151，02220，02221，06629，
　　　　08976，15445，15554，16491，17863，17882
刘巨金　19774
刘中和　04811，04866，18338，18364
刘凤翰　00197，00219，00237，00256，01941，
　　　　03845，04022，04112，04200，05183，08184，
　　　　10366，13171，14682，14703，14710，15543
刘文勇　00007
刘文焕　03768，08228
刘文清　02006，08731
刘文藻　13207
刘方希　17875
刘心武　03792
刘心皇　00695，01276，01278，01279，01285，
　　　　01632，01707，02430，03793，03794，03839，
　　　　05468，05470，05471，05472，05476，06073，
　　　　06172，06945，09629，10143，10145，10146，
　　　　11870，11875，11880，11881，11883，11884，
　　　　11885，11904，12020，12021，14364，15421，
　　　　15437，15439，18446，19226
刘以城　20653
刘以邕　00610，03803，10209，13200，20366
刘允丞　03976
刘玉章　03807，03823
刘正义　07315，19862
刘世超　15791
刘本炎　04167，08499，08708，13666
刘东严　14856，14862
刘生炎　02854

刘生焱　14689
刘半农　20389
刘礼信　18376
刘永年　10263
刘永楸　04454，09771，11630
刘弘坚　00333
刘驭万　10402，10403
刘西渭　11466
刘成龙　12919
刘成志　03902，03903
刘成幹　00860，09886，15190
刘师舜　03919，03922，03923，07625，07684，
　　08040，12074，12485
刘光炎　03924，09517，19973
刘先云　05290
刘廷芳　03931，03934，03940
刘伟森　04008
刘延涛　00202，00206，00211，00218，00224，
　　00226，00229，00233，15872
刘仲康　09056，10087
刘兆佑　12927，12931，12932
刘兆瑸　08508，14175
刘汝明　03961，03962，04994，07847，09225，
　　09228，13229
刘汝珍　08665
刘汝曾　02788
刘汝锡　03868，03881
刘宇声　00172
刘守直　14970
刘守法　16865
刘守宜　07420
刘　安　05817
刘安邦　15550
刘孝柏　20422
刘孝推　03516，14643，14819
刘　抗　15632
刘克刚　09440
刘克南　06359
刘克铭　09796，16789
刘　坚　16893
刘秀洪　17009
刘伯文　19596
刘伯骥　02723，03629，04555，11569，12353，
　　12630，13113，16560，16615，17177
刘希无　16231

刘希和　00317
刘希亮　03945
刘沉刚　03660
刘君祖　17524，18084，20535
刘陈兰心　04086
刘坤富　11625
刘其光　03103
刘其伟　00707，15276
刘若熙　01684，02753，11819，15774，16584，
　　19410
刘茂恩　04021
刘　枋　15021
刘　杰　17731
刘述先　20531
刘雨卿　04025，15940，19083
刘奇俊　06062
刘贤甫　01797
刘国葆　04358
刘国瑞　04015
刘昌博　06540
刘咏尧　04731
刘咏娴　11296，11892，13447，13449
刘季洪　04043
刘岱曦　03870
刘征鸿　02138
刘周少华　03858
刘泗英　07245，12583
刘泳娴　01280
刘泽嘉　01649
刘宗向　17423
刘宗周　20541
刘承汉　15310
刘绍民　06738
刘绍唐　00084，00121，00129，00131，00133，
　　00148，00154，00276，00282，00293，00306，
　　00392，00393，00406，00447，00507，00508，
　　00510，00513，00526，00529，00674，00686，
　　00701，00709，00729，00734，00735，00755，
　　00768，00851，00921，00948，00992，01050，
　　01073，01074，01168，01174，01176，01177，
　　01178，01202，01259，01274，01292，01342，
　　01366，01442，01450，01468，01476，01495，
　　01498，01509，01517，01525，01530，01565，
　　01573，01574，01575，01599，01627，01638，
　　01675，01687，01700，01709，01728，01735，

01739, 01748, 01759, 01769, 01772, 01783,
01804, 01823, 01825, 01851, 01853, 01855,
01903, 01914, 01917, 01921, 01937, 01939,
01960, 01994, 02039, 02040, 02044, 02051,
02093, 02111, 02127, 02144, 02150, 02152,
02198, 02229, 02238, 02268, 02290, 02294,
02299, 02363, 02374, 02375, 02380, 02457,
02469, 02524, 02526, 02621, 02679, 02692,
02727, 02732, 02740, 02741, 02762, 02816,
02823, 02827, 02850, 02858, 02861, 02868,
02871, 02887, 02894, 02912, 02929, 02934,
02974, 02997, 03026, 03027, 03056, 03073,
03080, 03111, 03118, 03120, 03239, 03278,
03340, 03342, 03343, 03347, 03362, 03410,
03429, 03449, 03457, 03468, 03471, 03482,
03490, 03517, 03525, 03626, 03731, 03745,
03782, 03795, 03826, 03834, 03836, 03890,
03891, 03943, 03951, 03977, 03987, 03995,
03997, 04007, 04037, 04044, 04055, 04065,
04075, 04090, 04098, 04127, 04147, 04149,
04158, 04159, 04164, 04183, 04187, 04190,
04206, 04211, 04221, 04226, 04232, 04233,
04234, 04235, 04250, 04255, 04259, 04288,
04297, 04330, 04339, 04395, 04401, 04402,
04406, 04422, 04482, 04505, 04508, 04539,
04588, 04595, 04596, 04598, 04604, 04628,
04651, 04675, 05136, 05186, 05188, 05195,
05196, 05216, 05217, 05221, 05227, 05239,
05245, 05260, 05285, 05347, 05353, 05355,
05368, 05376, 05395, 05405, 05413, 05416,
05486, 05552, 05573, 05589, 05607, 05640,
05649, 05679, 05682, 05690, 05705, 05755,
05801, 05804, 05848, 05905, 05918, 05922,
05964, 05973, 05983, 06020, 06099, 06100,
06102, 06117, 06118, 06121, 06138, 06203,
06229, 06236, 06286, 06301, 06311, 06364,
06375, 06431, 06432, 06453, 06457, 06489,
06504, 06511, 06567, 06568, 06584, 06599,
06615, 06640, 06651, 06689, 06697, 06713,
06715, 06728, 06762, 06766, 06782, 06787,
06789, 06793, 06795, 06815, 06827, 06835,
06845, 06863, 06902, 06905, 06927, 06985,
06987, 07035, 07042, 07049, 07056, 07118,
07122, 07134, 07140, 07149, 07161, 07258,
07287, 07293, 07382, 07384, 07391, 07406,

07446, 07450, 07454, 07459, 07608, 07636,
07671, 07674, 07692, 07696, 07703, 07765,
07766, 07787, 07802, 07817, 07833, 07841,
07855, 07863, 07879, 07900, 07913, 07927,
07930, 07960, 07991, 07996, 07998, 08010,
08107, 08118, 08194, 08270, 08271, 08310,
08417, 08421, 08424, 08428, 08437, 08497,
08502, 08533, 08539, 08548, 08572, 08598,
08613, 08616, 08728, 08816, 08843, 09036,
09086, 09087, 09103, 09119, 09130, 09140,
09157, 09158, 09213, 09215, 09220, 09221,
09265, 09273, 09448, 09509, 09527, 09628,
09665, 09718, 09721, 09768, 09831, 09860,
09864, 09869, 09875, 09885, 09887, 09903,
10015, 10061, 10189, 10193, 10249, 10256,
10261, 10331, 10334, 10335, 10347, 10455,
10486, 10497, 10533, 10535, 10547, 10612,
10613, 10622, 10635, 10676, 10677, 10687,
10688, 10721, 10722, 10733, 10749, 10753,
10762, 10820, 10896, 10908, 10910, 10927,
10934, 10935, 10938, 11087, 11104, 11111,
11130, 11174, 11195, 11203, 11217, 11221,
11231, 11256, 11257, 11258, 11278, 11281,
11321, 11421, 11433, 11483, 11510, 11587,
11591, 11651, 11661, 11697, 11703, 11812,
11815, 11817, 11854, 11970, 11985, 12053,
12072, 12093, 12097, 12113, 12126, 12127,
12142, 12151, 12193, 12253, 12313, 12317,
12351, 12366, 12370, 12373, 12392, 12395,
12408, 12472, 12504, 12520, 12532, 12534,
12550, 12551, 12582, 12587, 12603, 12675,
12683, 12684, 12726, 12727, 12729, 12742,
12753, 12769, 12770, 12821, 12849, 12856,
12921, 12922, 12975, 12976, 13016, 13018,
13020, 13072, 13081, 13093, 13096, 13125,
13172, 13180, 13235, 13258, 13280, 13288,
13291, 13575, 13581, 13589, 13605, 13686,
13700, 13794, 13796, 13843, 13888, 13901,
13938, 13942, 13958, 13960, 13964, 13986,
14018, 14023, 14031, 14040, 14091, 14219,
14244, 14250, 14251, 14280, 14315, 14326,
14358, 14382, 14386, 14405, 14431, 14434,
14457, 14485, 14490, 14493, 14496, 14516,
14522, 14571, 14788, 14792, 14802, 14804,
14811, 14832, 14891, 14899, 14903, 14933,

14939, 15020, 15022, 15027, 15061, 15109, 15111, 15113, 15236, 15245, 15248, 15287, 15330, 15345, 15346, 15353, 15401, 15407, 15410, 15413, 15480, 15595, 15597, 15644, 15645, 15686, 15698, 15733, 15740, 15746, 15751, 15757, 15762, 15769, 15794, 15795, 15811, 15847, 15862, 15898, 15921, 15925, 15941, 15952, 16007, 16015, 16016, 16035, 16076, 16086, 16208, 16257, 16267, 16269, 16298, 16303, 16304, 16375, 16376, 16383, 16541, 16549, 16561, 16592, 16602, 16627, 16659, 16675, 16680, 16692, 16702, 16735, 16751, 16781, 16839, 16843, 16844, 16852, 16860, 16887, 16896, 16904, 16922, 16924, 16932, 16957, 16984, 17015, 17040, 17063, 17064, 17096, 17102, 17118, 17180, 17209, 17231, 17311, 17402, 17409, 17430, 17438, 17466, 17472, 17531, 17542, 17569, 17575, 17583, 17693, 17696, 17702, 17812, 17925, 17948, 17963, 17969, 17971, 17975, 17990, 18063, 18096, 18098, 18111, 18118, 18130, 18142, 18143, 18170, 18192, 18206, 18291, 18528, 18537, 18568, 18571, 18572, 18689, 18700, 18710, 18798, 18799, 18804, 18808, 18814, 18836, 18839, 18940, 18993, 19027, 19059, 19061, 19065, 19070, 19077, 19099, 19101, 19233, 19246, 19252, 19264, 19322, 19332, 19342, 19389, 19396, 19415, 19530, 19535, 19536, 19595, 19600, 19612, 19657, 19672, 19681, 19684, 19689, 19731, 19742, 19756, 19790, 19803, 19851, 19856, 19866, 19954, 19969, 20015, 20192, 20220, 20230, 20264, 20284, 20296, 20323, 20365, 20478, 20481, 20517, 20538, 20598, 20612, 20616, 20617, 20638, 20673, 20689, 20695, 20708, 20722, 20732, 20744, 20777, 20814, 20815, 20876, 20960, 20989, 21060, 21063, 21066, 21082, 21092, 21096, 21102, 21115, 21145, 21151, 21179

刘绍铭　14976, 17210
刘　垣　08893
刘茞章　12391
刘树远　10279, 10332, 19578, 20968
刘威思　03707
刘厚生　17758
刘　星　03143
刘昭民　05856, 12262, 15721
刘昭明　05460
刘昭晴　09554
刘贵庆　03663
刘　峙　03637
刘贻晴　00152
刘修如　08542, 14176, 14464, 19242, 19708
刘衍淮　04084
刘　狮　03648, 04120, 13728
刘　亮　18510
刘炳咮　04094
刘泰英　03712
刘素贞　04096
刘振三　09237
刘振平　06215
刘振东　11332
刘振先　04073
刘　真　03649, 03650, 03651, 04304, 13415, 15871, 16068, 17946, 20093
刘铁铮　02500
刘铄藻　16610
刘修如　08542, 14176, 14464, 19242, 19708
刘健群　00408, 00414, 01496, 02185, 02360, 04101, 04102, 04103, 04104, 04105, 04106, 04107, 06445, 07804, 07990, 08659, 08661, 10283, 12405, 12715, 14651, 14872, 15210, 15481, 17230
刘航琛　03677, 03758, 04113
刘爱华　13849
刘　卿　03550
刘逢魁　04549
刘高陈　20828
刘　涛　01708
刘海粟　17514
刘润川　00322
刘家齐　14411, 16216
刘家济　00669
刘家麟　20379
刘　朗　11366, 13799
刘祥五　03634, 14027
刘祥武　20520
刘　通　05618
刘培初　02133, 03665, 04124, 04125, 12724, 17781, 20904

刘黄生　19929
刘萍华　02409
刘崇铉　17194
刘崇儒　01721
刘敏行　15204
刘象山　01117
刘章富　07832
刘渊临　16710，16718，16720
刘隐岛　10902
刘维屏　06426
刘　瑛　03657
刘博昆　06267
刘揆一　16411，16469，18119，18137
刘　葆　00844，02628，02994，03375，03456，05436，07582，07790，08097，09758，09820，09999，11311，11772，11913，12459，13538，13979，14184，14796，14946，15083，15400，15771，16335，17566，19063，20126，20700，20767
刘敬坤　01683
刘惠农　09653
刘惠如　04993
刘　斐　03659
刘景山　04156
刘景辉　07859
刘程远　00862，16119，18023，18820，20173
刘咏尧　04731
刘咏娴　11296，11892，13447，13449
刘敦勤　03762，03784
刘　尊　04252
刘道元　04171，04172
刘道平　03647，04366，08506，10242，16494，17630，20804
刘道纯　05042
刘渭平　03925，10453，17898，19627
刘滋庶　15137，15214
刘富本　05295
刘榮琮　00531，00789，02140，03388，04973，04975，05461，05514，06806，09707，09780，10708，11559，11691，12122，12468，12717，14374，14865，15565，15828，15829，16341，16342，17398，18155，19577，19895，20243，20588
刘　谦　02731
刘谦克　05899

刘　弼　02649
刘　强　12839
刘蒉章　01132
刘　嗣　01729
刘锡五　02486，04181，06182，06563
刘锦堂　03969
刘筱石　08527，08773
刘筱龄　18024，19097
刘鹏佛　01037，20461
刘韵石　07441
刘雍熙　18615，18624，18635
刘塗城　20648
刘嘉猷　05351，12951，12961
刘蕙如　09787，20649
刘震慰　18540
刘震寰　00655
刘德义　04203，16404
刘毅夫　02742，02743，02746，03806，03814，03817，13555，13558，15873
刘燕生　18634
刘　樾　09585
刘醒吾　13771
刘盥训　08951
刘豁公　07546，08777，19797
齐如山　03583，03587，03604，05823，07902，17140
齐志尧　00627，01843，09284，11309，11794，14620，17683
齐良怜　03557
齐茂吉　18395
齐　松　07208
齐铁恨　07478
齐家才　05397，07627，08518，11075
齐黄媛珊　03592
齐　崧　00399，01596，02076，02392，02393，02398，03743，04138，04673，04674，05229，05259，05418，05808，06324，06325，06722，06723，06794，15861，17135，17146，17704，17705，19015，19677
齐　熙　03553
齐　璜　03530，03544
羊汝德　03537，07508，08979，11740，11968，13357
羊牧之　21163
关贝亮　03477

关文蔚　01357
关巧华　19474
关邦杰　07785
关　关　16343
关志昌　00067, 00078, 00099, 00143, 00179,
　　00323, 00445, 00446, 00464, 00697, 00878,
　　00958, 01029, 01125, 01130, 01193, 01303,
　　01569, 01812, 01828, 01857, 01888, 01928,
　　01985, 02080, 02160, 02213, 02214, 02320,
　　02438, 02529, 02558, 02620, 02771, 02815,
　　02892, 03096, 03277, 03373, 03397, 03398,
　　03493, 03514, 03612, 03726, 03865, 03899,
　　04070, 04082, 04214, 04302, 04343, 04349,
　　04351, 04354, 05199, 05228, 05255, 05584,
　　05719, 05851, 05896, 05971, 06003, 06218,
　　06221, 06287, 06477, 06554, 06565, 06571,
　　06572, 06610, 06630, 06681, 06737, 06860,
　　06992, 07210, 07252, 07257, 07428, 07607,
　　07665, 07769, 07771, 07788, 07793, 07888,
　　07906, 07962, 08098, 08154, 08196, 08241,
　　08366, 08492, 08568, 08767, 08779, 08782,
　　09000, 09050, 09115, 09264, 09378, 09788,
　　09792, 09906, 09924, 09947, 10091, 10140,
　　10329, 10340, 10484, 10680, 10702, 10825,
　　10894, 10929, 11110, 11290, 11367, 11478,
　　11522, 11627, 12221, 12261, 12270, 12291,
　　12384, 12389, 12398, 12540, 12541, 12626,
　　12645, 12746, 12794, 12858, 12978, 13009,
　　13043, 13259, 13285, 13621, 13856, 14037,
　　14093, 14150, 14319, 14372, 14383, 14390,
　　14502, 14562, 14657, 14658, 14659, 14781,
　　14786, 14794, 14799, 15138, 15197, 15223,
　　15240, 15258, 15408, 15479, 15514, 15575,
　　15613, 15681, 15717, 15766, 15796, 15820,
　　15897, 15913, 15915, 16008, 16059, 16195,
　　16259, 16405, 16499, 16606, 16647, 16805,
　　16899, 17025, 17026, 17123, 17150, 17333,
　　17363, 17551, 17680, 17755, 17771, 17794,
　　17966, 18014, 18030, 18186, 18204, 18276,
　　19017, 19080, 19208, 19266, 19327, 19467,
　　19770, 19843, 20252, 20278, 20281, 20492,
　　20514, 20582, 20654, 20742, 20751, 21118,
　　21175
关国煊　00068, 00097, 00337, 00384, 00395,
　　00403, 00411, 00425, 00559, 00577, 00579,
　　00592, 00611, 00678, 00723, 00827, 00905,
　　00914, 00993, 01038, 01079, 01101, 01273,
　　01293, 01359, 01369, 01421, 01430, 01449,
　　01461, 01501, 01542, 01557, 01570, 01595,
　　01614, 01740, 01874, 01980, 02059, 02065,
　　02186, 02205, 02209, 02228, 02264, 02292,
　　02365, 02370, 02381, 02432, 02442, 02527,
　　02613, 02696, 02734, 02847, 02878, 02935,
　　02943, 02978, 03052, 03059, 03102, 03186,
　　03242, 03280, 03307, 03348, 03412, 03460,
　　03463, 03563, 03619, 03655, 03658, 03751,
　　03754, 03786, 03880, 03904, 03944, 03979,
　　04119, 04142, 04152, 04176, 04213, 04236,
　　04245, 04262, 04264, 04282, 04291, 04323,
　　04350, 04357, 04410, 04498, 04524, 04526,
　　04543, 04548, 04562, 04601, 04622, 04640,
　　05083, 05092, 05093, 05096, 05166, 05185,
　　05224, 05271, 05313, 05390, 05415, 05525,
　　05546, 05557, 05598, 05613, 05631, 05653,
　　05797, 05799, 05844, 05855, 05886, 06018,
　　06054, 06061, 06143, 06246, 06302, 06322,
　　06395, 06400, 06411, 06464, 06484, 06485,
　　06494, 06703, 06706, 06947, 06971, 07073,
　　07157, 07238, 07267, 07285, 07299, 07410,
　　07425, 07599, 07612, 07659, 07666, 07679,
　　07700, 07758, 07838, 07867, 07870, 07871,
　　07897, 07925, 08042, 08095, 08257, 08269,
　　08277, 08353, 08413, 08469, 08511, 08551,
　　08586, 08610, 08612, 08622, 08649, 08847,
　　09058, 09135, 09166, 09177, 09322, 09324,
　　09391, 09469, 09481, 09506, 09512, 09597,
　　09602, 09658, 09710, 09749, 09818, 09837,
　　09912, 09950, 10073, 10077, 10137, 10151,
　　10167, 10176, 10195, 10224, 10259, 10391,
　　10396, 10415, 10433, 10436, 10452, 10513,
　　10536, 10630, 10657, 10735, 10826, 10892,
　　10912, 10937, 11018, 11043, 11127, 11133,
　　11242, 11273, 11303, 11323, 11326, 11411,
　　11415, 11451, 11504, 11515, 11528, 11584,
　　11614, 11648, 11670, 11680, 11783, 11853,
　　11859, 11944, 12015, 12052, 12075, 12083,
　　12130, 12139, 12194, 12203, 12288, 12295,
　　12305, 12334, 12469, 12509, 12569, 12576,
　　12584, 12652, 12698, 12708, 12862, 12937,
　　12943, 13003, 13058, 13134, 13142, 13221,

13299, 13506, 13577, 13613, 13623, 13719, 13738, 13919, 13970, 14138, 14207, 14256, 14304, 14333, 14394, 14447, 14579, 14603, 14635, 14725, 14835, 14849, 14896, 14922, 15008, 15065, 15078, 15231, 15262, 15274, 15297, 15325, 15367, 15519, 15522, 15646, 15650, 15735, 15840, 15850, 15992, 16053, 16108, 16140, 16254, 16295, 16325, 16601, 16661, 16668, 16772, 16785, 16818, 16836, 16869, 16907, 16926, 16982, 17225, 17296, 17367, 17505, 17560, 17692, 17768, 17818, 17820, 17947, 17976, 17998, 18050, 18159, 18197, 18288, 18535, 18744, 18747, 18760, 18773, 18822, 18938, 18943, 18957, 18970, 19048, 19074, 19170, 19175, 19198, 19275, 19431, 19533, 19562, 19611, 19616, 19624, 19629, 19630, 19660, 19727, 19778, 19785, 19956, 19965, 19995, 20089, 20099, 20178, 20195, 20215, 20333, 20356, 20369, 20385, 20419, 20486, 20496, 20560, 20563, 20582, 20697, 20711, 20735, 20792, 20818, 20969, 21068, 21110

关玲玲　04544
关　诺　00374
关绿茵　04523, 18499, 19819
关路易　12619
关德熙　15715
关德懋　04237, 04238, 08285, 20963
关　儒　19870
米义山　09921
米赞沉　06702
江上行　17756
江上舟　02394
江山雪　03465, 10709, 10949, 11924, 16832
江义德　05069
江云遐　02074, 11467, 13055, 15136
江石江　03678, 03759
江　平　02778, 05597, 09666, 12822, 14309, 15544, 18840
江　鸟　15928
江　汉　02836, 07563, 10052, 10492, 10493, 12986, 16451, 16801, 20090
江达义　09023
江光芬　01814, 16911
江　帆　18841

江仲瑜　12103
江　丽　03752, 20671
江经昌　06957
江　春　14017
江　南　01024, 02184, 07153, 18662
江厚垲　00495
江勇振　09417, 09427
江海东　11270
江　绪　19489
江絜生　03271, 03274
江德成　15309
池中物　14519
池在运　14686
池春水　01283, 01998
汤文通　05218, 08212
汤成锦　04332
汤灿华　04711
汤承业　02222, 04862, 07562, 07564, 07565, 07567, 07569, 16154, 16162, 18371, 19634
汤　垚　04333
汤修梅　09014
汤冠雄　05219
汤绚章　04361, 19068
汤　晏　06357, 06680, 06970, 07421, 08374, 13044, 13480
汤惠荪　10276
汤　煦　15199
汤熙勤　00706, 20684
汤德衡　13712
安怀音　02828, 04897, 04939, 04954, 05013, 08684, 08685, 09561, 09773, 09774, 12890, 13648, 14613, 18431, 19424
安宫仁　04274
安密迩　09463
安　黎　13410
祁　瑾　03331
许云樵　03699, 12838, 12857
许正直　00832, 04446, 08512, 09360, 09362, 14866, 14916, 19737
许世英　04425
许世瑛　04455, 18200
许世瑮　04457, 04488
许地山　20163
许有成　11047
许成章　05568

许师慎	19815, 20581	阮成毅	10114
许同莘	09040	阮廷瑜	20998, 21003
许竹心	19609	阮寿荣	04558, 04559, 04560
许汝棻	19846	阮君实	00139
许芥昱	08334, 12563, 14337, 14346	阮君慈	01933
许诒光	08297	阮隽钊	05499, 05500, 07808
许君武	00210, 04947, 12891	阮维周	00051

许明柱 10768
许南村 10959
许南英 04513
许钟瑶 15222
许重卿 18384
许信良 19340
许衍董 10162
许洁泉 06235
许冠三 03750
许祖惇 11390
许倬云 05630, 06809, 18201, 18219
许　逖 01713, 02259, 03208, 11923, 15457, 15603
许资时 15473
许家骥 04964, 04966
许朗轩 07741
许姬传 02853, 08099, 08102, 12958
许继峰 08046, 08047
许常惠 01010
许晚成 05815
许崇熙 02435
许崇灏 04512
许　寅 08103
许博一 05055
许彭年 08889
许智伟 20081
许　斌 05558
许源来 17155
许麟庐 06063

〔乛〕

那廉君 09144, 15224, 19133, 19143, 19144, 19150, 19152
阮日宣 03133, 03189, 03190, 13101, 13102, 13698, 19203
阮文达 01314, 20437
阮玄武 01770
阮西震 01097, 07745, 16215, 20482, 21099

阮毅成 00676, 00838, 01560, 02121, 02329, 02417, 03031, 03308, 03327, 03896, 04563, 04564, 04566, 04567, 04574, 04575, 04576, 04577, 04578, 04579, 04580, 04581, 04582, 04583, 04584, 04585, 04586, 04587, 06769, 07704, 07796, 07921, 07923, 07924, 07926, 08314, 09572, 09893, 10570, 10661, 10869, 12007, 12586, 13126, 13166, 13546, 13694, 14739, 15162, 15259, 15339, 15372, 15377, 15653, 16067, 17117, 17412, 19573, 19707, 19946, 19963, 20134
孙子和 20407
孙元良 04660, 04672, 11383, 19583
孙元曾 00494
孙云生 08966
孙　友 14206
孙中山 03393
孙　文 03379, 07942
孙方铎 12915
孙立人 05144
孙必成 08657
孙永鑫 11049
孙圣源 00244, 16658
孙　扬 00130
孙亚夫 09398
孙百刚 01275, 11868
孙　光 13763
孙光庭 09096, 17233
孙伟健 17312
孙会文 12741, 17827
孙多慈 07128, 07363
孙守立 16152
孙　如 15785
孙如陵 18764
孙观汉 12531, 15273, 15277, 17191
孙运开 04369, 07236, 10051
孙克宽 01044, 10745, 20999
孙伯蔚 06155

孙君菕	13127
孙若怡	07554
孙松堂	02985
孙雨航	06016, 13862
孙明贤	18708
孙秉杰	13765
孙受天	16173, 18292, 19182
孙建庸	00342
孙树宜	10586
孙　科	00267, 01867, 04623, 04625, 04627, 05124, 05125, 05126, 13676, 16428, 18484, 20120, 21019
孙彦民	09342
孙养农	07904
孙桂芝	02285
孙桂籍	03884
孙晓风	14888
孙晓鸥	00682, 19549
孙铁斋	10512
孙益弘	04785
孙家琪	18612
孙　陵	01844, 02450, 13397, 14499, 14583, 16000, 16942, 16965, 18174, 20273
孙继丁	05225
孙常炜	20022, 20030, 20033, 20061, 20066, 20137
孙淡宁	17351
孙隆基	14505
孙琴安	00009, 01623
孙越崎	05237
孙　棣	06479
孙　雄	12725
孙鼎宸	16146
孙智燊	01723
孙甄陶	02728, 05077, 12707
孙新科	09256
孙碧奇	05256, 05257
孙毓经	16554
孙韶康	05263
孙　旗	03045, 16854
孙　震	00751, 00759, 04653, 04654, 04655, 12503, 19558
孙德中	18732, 20020, 20030, 20035, 20037
孙　镜	03631, 03656, 12110
孙镜亚	12902, 12909
孙穗芳	04633, 05095
牟少玉	09968
牟甲铢	02650
牟尚齐	14624
牟宗三	16141, 16165
牟润孙	11500, 13918, 15125, 15126
红线女	04608
纪征琏	07046
纪　弦	14069

七　画

麦　芮　严　劳　苏　杜　巫　李　杨　连　时
吴　岑　邱　何　但　余　希　谷　狄　邹　言
应　冷　庐　辛　闵　汪　沙　沧　沈　宋　张
陆　阿　陈　邵

〔一〕

麦凤秋	00260, 03950
麦肯农	17797
麦金鸿	17746
麦保春	06843
麦　菁	00160
麦慕尧	09680
芮蒉臣	02304
芮　晋	18312
芮逸夫	05621, 05633, 19134
严一萍	18214
严友梅	11965
严文郁	08482, 08483, 12942, 14592, 14760, 17881
严冬阳	13474
严光德	09321, 09624
严　农	18637
严灵峰	18212
严　明	15602
严　修	05327
严耕望	03053, 10322, 11161
严家淦	10281, 11781
严智钟	02302
严　鹏	05332
严静文	12554, 17555, 18441
严演存	04337, 05367, 05378
劳乃宣	00715, 02262, 05386, 05387
劳建白	05396
劳思光	16166

劳 榦	03299, 05383, 05622, 05623, 09422, 11151, 14768, 18716, 19131	杜 若	02603, 10410, 10411, 10412
苏云青	02572	杜若平	01582
苏文奇	01503	杜松伯	05047
苏玉珍	04228, 04231, 10164	杜学知	08987, 19947
苏 东	05554	杜修贤	01971
苏 田	14774, 17073	杜姚谷香	05516
苏 民	03536	杜载爵	09881
苏芎雨	05407, 05408	杜逢甲	04507
苏 园	07137	杜彬斯	20900
苏 青	05399	杜维远	14542
苏林官	09143	杜维明	20534
苏 姗	14449	杜维潘	05527
苏亮节	18457	杜 琦	08968, 08974
苏秦楷	13620	杜滤水	05298, 11487, 18869
苏莹辉	01242, 08962, 09406, 12087	杜聪明	02301, 05569
苏基澄	10385	杜 默	08382
苏雪安	20500	巫永福	07311
苏雪林	01392, 05419, 05421, 05423, 05425, 05426, 05427, 05432, 06329, 08130, 10364, 13319, 13367, 14797, 15446, 16221, 16222, 16225, 16227, 19221, 19276	李一匡	04329, 08246
		李二重	05977
		李九林	12260
		李又宁	01749, 03030, 06969, 11259, 11966, 13607, 16848
苏曼殊	05442	李 榦	03886
苏惠良	02916	李士英	15352
苏 鉴	13780	李 才	09521, 15583
苏锡文	04639	李大伦	07101
苏 精	00772, 02369, 02407, 03462, 06482, 08481, 09077, 09259, 09260, 10386, 12795, 16299, 16308, 17334, 17544, 17892, 17993, 18187, 19176	李万春	05713
		李广淮	00704
		李义宁	06967
		李义德	03730
		李子云	13905
苏澄基	07380, 09644, 13159, 16566	李子坚	20755
苏德用	04898	李子良	16477
杜一百	01541	李子宽	07188, 11023
杜元载	16416	李子继	13364
杜云之	19941, 19944	李子瑜	00895
杜立人	12764	李天民	11525, 11527, 12555
杜召堂	05489	李元平	14223, 18622
杜西樵	08373	李元信	08387, 17965, 20776
杜贞翁	07999	李元鼎	08567
杜 华	18559	李 韦	04265
杜负翁	05163, 06360, 06361, 12526, 15503, 15947, 16798, 18437, 20551, 21027	李云汉	00109, 00200, 01047, 02782, 02808, 02809, 05107, 05108, 05109, 05110, 05830, 05835, 06763, 06895, 07088, 08236, 08654, 08662, 08663, 08664, 08672, 09233, 09243,
杜 米	19499		
杜呈祥	08017, 10776		
杜伯翰	04845, 04873		

10045, 10232, 10790, 10882, 11125, 12183,
13230, 13231, 15324, 16413, 16445, 16456,
18481, 19194, 21037, 21160
李云光　17478
李少陵　00700, 02855, 03254, 10041, 11955,
11956, 13769, 18920, 18921, 20651
李日章　00053, 07583, 09431, 13328
李中和　03146
李中厚　03417
李中襄　20603
李午云　06197
李壬癸　05784, 12653, 12654
李长哲　14931
李月霞　07956
李凤鸣　09241, 12662, 12663
李文龙　07572
李文荪　17831
李文能　06886, 07472, 07556, 07559
李文博　13781
李文敬　18117
李方晨　04753, 08689, 08691
李忆慈　17489
李以劻　06687, 09171, 11263, 11420, 12666,
16870, 17461, 20196, 20197
李书华　04979, 05789, 05790, 05791, 05792,
05793, 05794, 05795, 05828, 05829, 07523,
07533, 07535, 08209, 13420, 14764, 19858
李书春　06351
李玉琴　05802
李正中　03666, 03667
李正西　02905
李世厚　02283
李世济　00465
李世镜　16637
李丕章　20010
李石曾　05820, 05820, 05820, 05825, 05826,
05847, 07499, 07526, 07585, 10034, 10036,
10038, 10059, 17001, 20049
李龙言　06423
李　平　03947
李北涛　12956
李卢少册　06422
李叶霜　03538
李甲孚　18478, 20799, 20934, 20936, 20937,
20938, 21088

李田林　17089
李白江　00657
李用林　07409
李尔康　05348, 05349, 06382, 06385, 06386,
11219, 13745, 13996, 15576, 19339, 19341,
21001, 21083
李　邝　10197
李立民　04589
李立明　00006, 00013, 00021, 00077, 00080,
00136, 00149, 00157, 00158, 00279, 00307,
00389, 00442, 00562, 00608, 00623, 00635,
00679, 00684, 00708, 00728, 00839, 00852,
00882, 00886, 00922, 00923, 00933, 00959,
00969, 00991, 00996, 01018, 01055, 01083,
01106, 01112, 01170, 01240, 01302, 01304,
01351, 01353, 01462, 01531, 01543, 01571,
01647, 01651, 01680, 01686, 01724, 01753,
01763, 01819, 01830, 01840, 01859, 01989,
01995, 02061, 02068, 02078, 02090, 02118,
02156, 02159, 02161, 02208, 02247, 02254,
02256, 02295, 02335, 02342, 02351, 02352,
02354, 02366, 02403, 02441, 02448, 02459,
02473, 02530, 02569, 02614, 02622, 02623,
02625, 02690, 02737, 02750, 02763, 02772,
02846, 02848, 02876, 02891, 02906, 02917,
02952, 02966, 02979, 02989, 02999, 03049,
03068, 03082, 03090, 03109, 03138, 03176,
03178, 03182, 03196, 03203, 03326, 03338,
03359, 03374, 03432, 03439, 03452, 03467,
03469, 03470, 03488, 03495, 03497, 03599,
03690, 03695, 03719, 03727, 03833, 03853,
03942, 03992, 04080, 04131, 04215, 04260,
04403, 04413, 04464, 04477, 04492, 04527,
04593, 04609, 04648, 04670, 05174, 05197,
05207, 05222, 05240, 05247, 05261, 05281,
05317, 05335, 05380, 05400, 05424, 05428,
05434, 05438, 05480, 05536, 05553, 05564,
05601, 05609, 05656, 05698, 05700, 05715,
05721, 05725, 05756, 05780, 05994, 05995,
06000, 06006, 06030, 06035, 06040, 06065,
06093, 06127, 06131, 06288, 06334, 06390,
06392, 06434, 06454, 06478, 06491, 06508,
06513, 06553, 06555, 06613, 06617, 06665,
06691, 06771, 06903, 06948, 06961, 06974,
06982, 06989, 06993, 07076, 07113, 07132,

07136, 07259, 07268, 07312, 07317, 07575, 07657, 07661, 07774, 07789, 07816, 07868, 07992, 08090, 08096, 08111, 08124, 08128, 08137, 08174, 08211, 08216, 08217, 08252, 08260, 08268, 08291, 08333, 08340, 08358, 08363, 08367, 08425, 08434, 08435, 08480, 08486, 08540, 08549, 08555, 08569, 08624, 08765, 09061, 09080, 09188, 09279, 09578, 09588, 09694, 09754, 09757, 09809, 09816, 09817, 09819, 09840, 09990, 09995, 10060, 10138, 10141, 10177, 10202, 10210, 10225, 10342, 10349, 10365, 10378, 10442, 10460, 10498, 10589, 10678, 10698, 10712, 10861, 10905, 10909, 10951, 11010, 11122, 11132, 11135, 11202, 11209, 11232, 11294, 11299, 11307, 11312, 11313, 11346, 11350, 11352, 11369, 11413, 11417, 11449, 11457, 11503, 11514, 11517, 11613, 11637, 11693, 11767, 11793, 11844, 11846, 11851, 11894, 11905, 11926, 11945, 11980, 12003, 12055, 12159, 12182, 12209, 12277, 12293, 12296, 12337, 12339, 12344, 12377, 12380, 12390, 12400, 12411, 12425, 12455, 12481, 12516, 12536, 12606, 12641, 12646, 12695, 12697, 12701, 12755, 12793, 12799, 12863, 12948, 13050, 13138, 13145, 13181, 13193, 13201, 13222, 13226, 13283, 13298, 13303, 13308, 13310, 13456, 13516, 13549, 13573, 13582, 13584, 13585, 13606, 13634, 13701, 13704, 13739, 13793, 13797, 13800, 13811, 13827, 13865, 13883, 13885, 13910, 13914, 13946, 13956, 13968, 13976, 14020, 14063, 14068, 14071, 14182, 14193, 14239, 14298, 14321, 14328, 14339, 14343, 14350, 14354, 14359, 14395, 14399, 14415, 14424, 14435, 14471, 14482, 14484, 14491, 14498, 14509, 14514, 14523, 14581, 14594, 14600, 14605, 14619, 14661, 14664, 14673, 14795, 14800, 14822, 14833, 14921, 14925, 14942, 14945, 14964, 14990, 14995, 15002, 15023, 15026, 15076, 15081, 15089, 15174, 15191, 15232, 15241, 15244, 15260, 15280, 15290, 15354, 15391, 15397, 15399, 15434, 15488, 15591, 15615, 15683, 15687, 15691, 15696, 15768, 15770, 15772, 15779, 15781, 15859, 15917, 15942, 15991, 15996, 16002, 16009, 16078, 16083, 16226, 16314, 16331, 16377, 16385, 16571, 16652, 16681, 16698, 16826, 16834, 16913, 16929, 16935, 16937, 16941, 16954, 16963, 16986, 17161, 17216, 17280, 17285, 17300, 17360, 17381, 17465, 17469, 17556, 17562, 17576, 17578, 17580, 17585, 17682, 17690, 17775, 17778, 17906, 17934, 17939, 17954, 18020, 18114, 18144, 18166, 18172, 18289, 18517, 18529, 18749, 18911, 19060, 19062, 19112, 19159, 19199, 19204, 19209, 19237, 19280, 19328, 19336, 19404, 19438, 19461, 19468, 19471, 19501, 19510, 19651, 19656, 19662, 19670, 19773, 19786, 19968, 20041, 20109, 20255, 20271, 20367, 20371, 20543, 20562, 20564, 20629, 20687, 20691, 20696, 20699, 20715, 20766, 20781, 20795, 20807, 20810, 20816, 20878, 20880, 20883, 20997, 21069, 21072, 21087, 21112, 21149, 21153, 21155, 21159, 21169

李立忠　06438

李立侯　05750, 20583

李玄伯　07529, 10039

李汉魂　05895

李永久　02969, 04364, 05028, 05515, 05867, 07336, 07974, 13649, 15380, 17623, 18498

李永刚　00553

李永照　19691

李吉荪　16111

李执中　09097, 20228

李朴生　02324, 05907, 05908, 05909, 05910, 05911, 05912, 07333, 10705, 11235, 11241, 12335, 14055, 20427

李　达　08646, 18600

李达生　17861

李　成　06425, 06635

李迈先　05960

李光辉　05928

李光裕　05517

李光群　02534

李　刚　01790

李先良　15813

李先闻　05935, 05939, 08503

李乔苹　06451, 12736

李　伟　13633, 17297

李华平	10787
李兆涛	10653, 15180
李亦园	14214
李兴强	17295
李守孔	06350, 08792, 13557, 13566, 17331, 17862
李　安	17343, 17348
李安和	01014
李许念婉	18681
李　孙	06911
李　阳	14414
李如初	12152
李观承	02397
李　约	02973, 05549, 09246, 09936, 17748, 17749, 18101, 21171
李寿雍	14173
李运辉	10472
李孝悌	15103
李志刚	16275
李志新	00335, 04618, 05033, 05052, 10111
李芳兰	15099
李克熙	06306
李　杜	16136, 16137
李杨敬	11060
李　吾	03873, 08185, 09231
李　里	00484, 05448
李秀文	05998, 06140, 19930
李作明	19917
李佛舟	06009
李　彤	05592
李应强	03533
李灿然	01908
李怀荣	01396
李启元	09271
李启林	19245
李灵均	10602
李灵伽	04722
李青来	07362, 08960, 13025, 13360, 13362, 17188
李抱忱	06044, 06047, 06048, 06049, 06050, 06051, 06052, 13029
李其美	03103
李若一	20023
李若冰	13957
李若松	03474, 13491, 18746

李郁塘	00440, 00441, 03006, 03008, 06857, 09594, 17322
李奇茂	08986
李　卓	06122
李国圭	17122
李国祁	09041
李国良	07966
李国威	08334
李国辉	03241, 09686
李国鼎	06111, 20982
李国强	05694
李　迪	04227
李迪强	11787
李忠礼	18319
李　鸣	16458
李咏湘	08905
李牧老	05805
李秉垚	04875
李岳南	12538
李金洲	09204, 09705
李泽藩	19645
李学斌	16384
李宗邺	07000, 08164, 20190
李宗侗	05824, 06156, 06157, 06158, 06159, 06160, 06161, 06162, 06163, 06164
李宗秘	12912
李宗黄	06169, 06170, 06179, 06264, 07539, 16192, 17874, 17877, 19193, 19988
李宗淳	05986
李宗慈	07669, 10697
李定一	09364
李诚修	18115
李诚毅	04242, 16473
李承基	06340
李绍昌	06204
李绍盛	12106, 20614
李绍嵘	17725
李春萱	06309
李　珍	20353
李　荆	05299
李荣汉	18139
李荣炎	12071
李荣宗	06365
李南棣	12731
李南衡	01245, 19678

李树芬	06213
李树青	07408, 20793
李树藩	12672
李　砚	07021
李思华	16138
李品仙	06228
李品芳	13247
李贻燕	01522, 07057
李钟钰	05849
李秋云	01817
李秋生	01080, 06497
李复甸	18400
李笃恭	19679
李顺华	12977, 18489
李俊清	09645, 18671, 18676
李胜峰	18386
李　洁	05619, 05620, 10917, 21127
李洁之	11067
李　济	05625, 05627, 05629, 18222, 18556, 19136
李　恂	05738
李祖厚	09328
李骈庐	02019
李　敖	04893, 05143, 09609, 13317, 13318, 13340, 13347, 13349, 13350, 13351, 13355, 13389, 13404, 15430, 15431, 16422, 16732, 17841, 17843, 18392, 18394, 18648, 19724, 19893
李振华	02426, 03541
李振兴	19243, 19243
李振清	05782, 06282
李　桓	08639
李根源	06114, 06255, 06257
李烈钧	06260, 09632, 11939
李恩涵	16177
李铁声	05942
李铁铮	16028
李健儿	03869
李爱黄	11511
李资生	06924
李润中	13926
李家仪	05603
李家祺	15132
李通甫	08892
李培生	15743
李培适	08666
李培德	19269
李基鸿	06312
李菱溪	06238
李梦龙	18282
李　梅	05977
李盛铎	13833
李雪纯	00010
李常井	05065
李崇本	05669
李翊东	06573, 10390, 17245, 17362
李翊民	12886
李　焕	04860, 15934
李清如	06853, 12321
李清选	02020
李鸿庆	05253
李鸿祥	01670
李鸿球	07507, 19553
李淑智	17595, 17633
李渔叔	09727, 11329, 13115, 20435
李　涵	18490
李维民	12131, 19045
李维思	17511
李维菜	08491
李超人	16716
李超英	05685
李超哉	03920, 03921, 15870, 16553, 21132
李　喜	13297
李惠堂	06383, 06384
李　雄	11267
李雅仙	06388
李　辉	00003, 08326, 16983
李辉英	03193, 08331, 08763, 14940, 14941
李晴芳	08507, 08517
李　最	19035
李鼎禧	20343
李景武	08232
李道坚	00483
李道显	00420, 01385, 06190
李焰生	02277, 08218, 13396
李湘芬	17138
李惺初	00742
李　寓	16285
李缄三	18252
李幹甫	01699

李楚鎏　06217
李　嵩　09967
李筱峰　11705
李溪后　04815
李新民　12592, 16875
李雍民　05305, 06109, 08504, 16830, 19818, 20652
李　猷　00894, 00902, 02914, 05666, 06582, 06724, 07032, 08004, 08819, 08837, 09892, 09895, 12866, 12957, 15178
李满康　05882, 06435, 07231, 17408, 17487
李福恒　04399
李殿榳　00782
李　嘉　05668, 18272
李熙斌　11722
李毓万　02021, 18703, 18704
李漱石　09510, 14702
李　璜　00294, 01368, 02109, 05673, 05674, 05675, 06038, 07624, 08311, 09405, 09782, 09783, 11155, 11212, 11997, 12202, 14765, 19303
李觐高　06942
李镇源　05567
李德安　00056, 00137, 00265, 00455, 00545, 00558, 00841, 00842, 00934, 00935, 02336, 02495, 02907, 02992, 03036, 03140, 03578, 03652, 04310, 04636, 05178, 05341, 05435, 06112, 06783, 06906, 07026, 07051, 07370, 07412, 07579, 07763, 07933, 08110, 08460, 08477, 08872, 09029, 09473, 09722, 10118, 10315, 11097, 11519, 11769, 11771, 11839, 11857, 11907, 12004, 12005, 12185, 12789, 12880, 13052, 13105, 13526, 13528, 13998, 14224, 14426, 14867, 14917, 15225, 15281, 15411, 15578, 15642, 15756, 16484, 16597, 16722, 16773, 17709, 17780, 17809, 17956, 18283, 18520, 18563, 18606, 18686, 18701, 18751, 19164, 19477, 19511, 19548, 19571, 19647, 19951, 20016, 20118, 20119, 21134
李德标　05075, 09919, 09920
李德廉　16916
李毅龙　15095
李霖灿　18234
李默存　03572, 07173
李　寰　03113, 03500, 03706, 03988, 05678, 06824, 07222, 10633, 10664, 11702, 13007, 14929, 17629, 19487
李霜青　00160, 04803, 10994, 13462, 20521, 20528
李　瞻　18398
李耀生　06662
杨一鸣　02615
杨一峰　01766, 06173, 06189, 06562, 10428, 10900, 11688
杨一新　01637, 14567, 18450, 18453
杨乃荡　08253
杨乃藩　06791, 10732, 15818, 19766
杨力行　07543, 10074, 19826, 21051
杨士毅　01714
杨大实　15786
杨万运　06541
杨天石　09170, 18467, 18469, 18474
杨元忠　02852, 06577
杨云萍　04486, 18780
杨日青　17828
杨长青　06025
杨文朴　19409
杨文达　04179
杨孔鑫　12705
杨允元　09413, 13748, 13932
杨允达　06129
杨世礼　18892
杨令茀　06622
杨　立　11849, 11850
杨立达　00556
杨汉之　18509
杨　宁　07037
杨永彬　13514
杨幼炯　04739
杨西翰　06275
杨有钊　17374
杨尧深　12269
杨同慧　05160
杨廷宴　16646
杨仲揆　00103, 00111, 03285, 09470
杨向时　20513
杨兆青　18797
杨庆南　00848, 06285, 06831, 11808
杨守敬　06653, 06656
杨孝溁　06862

杨志宇　03990
杨却俗　02658, 13021
杨芳芷　15754
杨克己　17480, 17825
杨步伟　06666, 06667, 06668, 06669, 06670,
　　06671, 06672, 06673, 06674, 06675, 06676,
　　06677, 06678, 06679, 11167, 13022, 13031,
　　13032, 13035, 13036, 13038, 13039, 13040,
　　13041, 13048
杨时逢　13045
杨岑福　02241
杨伯涛　06686
杨希震　04775, 12161
杨谷芳　10228
杨应锟　00087
杨君劢　00976
杨君实　13383
杨际泰　14169
杨其力　09122
杨英凤　15086
杨　明　17003
杨明堂　20888
杨忠衡　13028
杨　欣　06826
杨　炜　06841
杨宗珍　14096
杨宗莹　12981
杨建华　00580
杨肃献　00047, 05323
杨承相　21004
杨承彬　13320, 13326
杨政平　17899
杨荣川　04780
杨树人　03297, 03303, 07375, 08585, 13433,
　　14997, 18581
杨树林　04534
杨树勋　06941
杨　威　05505
杨贵麟　18796
杨思真　18377
杨钟羲　06739, 19618
杨亮功　00228, 00246, 00253, 00796, 04870,
　　06748, 06752, 06753, 06754, 06755, 06756,
　　06757, 09901, 13423, 13430, 13436, 20056
杨彦岐　06576
杨彦斌　20615
杨恺龄　04933, 04934, 04936, 04937, 05194,
　　05821, 06253, 07463, 07464, 07465, 07465,
　　07476, 07477, 07483, 07514, 07515, 07518,
　　07520, 09389, 10020, 10037, 10049, 10053,
　　10770, 13879, 14076, 14082, 14086, 16420,
　　20047
杨祖慰　04883
杨耕经　00997
杨素献　15723
杨挹光　00050
杨　格　14744
杨家骆　09909, 18216
杨家铎　10292
杨家麟　09897
杨展云　01426
杨继曾　08283, 09487
杨　盛　05508
杨庶堪　01669, 09845, 09847, 09849, 09852,
　　10131, 10786, 12600, 18928, 19024
杨鸿义　04140
杨鸿烈　09349
杨　尉　17186
杨隆生　00738, 00739, 03558, 03559, 09945,
　　15637, 16703, 16719
杨绩荪　17307
杨维硕　04390
杨绵仲　08795
杨联陞　02323, 10542, 13053
杨　森　06525, 06527, 06528, 06529, 06530,
　　06531, 06532, 06536, 06538, 06548, 07220,
　　07225, 07237, 12406, 16909
杨惠敏　06812, 06813, 13580
杨　皓　18636
杨敦三　01765
杨曾勗　06817, 06818
杨富森　06594, 06819
杨裕芬　01343, 06820
杨瑞先　05708, 05711, 05712
杨　照　03116
杨　群　10356, 12714, 12718
杨群奋　16644
杨殿麟　06718
杨碧玉　14105
杨　蔚　11526

杨愿公　17972
杨管北　10654
杨毓滋　09398，09415
杨肇嘉　06839
杨慧杰　07260
杨蕙心　09704
杨震夷　02729
杨默夫　18790
杨　翼　01987，13141，14662
杨瀛山　12768
杨耀健　12671
杨　麟　06836
连士升　07894
连宝彝　16391
连景初　04466，04517
连震东　06899，11547

〔丨〕

时明荇　15094
吴一舟　18302，18345，18389
吴八骏　17838
吴大猷　00906，03479，07012，07013，07014，07015，07017，07023，07024，07027，09363，09766，13493，14303，15068
吴万山　15252
吴万谷　01328，07542
吴子丹　07918
吴子我　04398，07366，07367，07368
吴开先　06838，10181
吴天任　06655，07839，07840，17516，17839，17992
吴天威　05089，14732
吴云鹏　02633
吴中佑　16105，16110
吴　文　18881
吴文星　02839，10471
吴文彬　12322
吴文蔚　05834，09826，11895，11896，17719，17720，17721，17730，17733，17734，18026，18262
吴心柳　06058，16570
吴允绚　14978
吴玉良　07052，07920，12826
吴东权　02535，17488
吴东迈　07177

吴主惠　07062
吴立言　19904
吴立昌　08338
吴汉超　19355
吴圳义　08591
吴尧恭　07944
吴则中　07468
吴则虞　15005，15006
吴朱碧霞　07271
吴廷燮　14154
吴伟士　14695，16432，17786
吴延环　01180，15394
吴仲禧　06923
吴自苏　12041，20261
吴庆坻　01039，13131
吴江权　10579
吴兴镛　00947，00949，00951，05976，07457，11199，20670
吴守礼　04515
吴　欢　19864
吴寿颐　04705
吴志明　08722
吴志铿　08711
吴　苇　03132
吴芳吉　19265
吴李允文　07055
吴秀瑛　11131
吴伯卿　01323，01798，07959，08797，14146，14147，14149，20458
吴希先　05280
吴忘信　10781
吴灿桢　17347
吴君毅　20084
吴英玉　01066
吴郁生　04186，16891
吴国材　02702
吴国炳　06199
吴国楦　06381
吴明山　01619，14306，15741
吴罗蕙英　07383
吴季萍　18381
吴季惠　14895
吴佩芝　20762
吴宗慈　11937
吴定伟　06598，06814

吴承砚　05177
吴经熊　07083, 18347
吴春富　13445
吴　珏　07034
吴南如　07276, 15313, 16886
吴相湘　00054, 00239, 00263, 00833, 00840,
　00972, 00988, 01664, 01905, 01983, 02034,
　02035, 02038, 02084, 02086, 02119, 02132,
　02141, 02636, 02705, 02991, 03152, 03168,
　03216, 03314, 03317, 03385, 03564, 03643,
　03767, 03775, 03914, 03935, 04292, 04293,
　04363, 04439, 04449, 04635, 04689, 04713,
　04884, 05004, 05032, 05045, 05086, 05097,
　05099, 05111, 05112, 05113, 05128, 05129,
　05307, 05312, 05320, 05371, 05491, 05492,
　05636, 05701, 05702, 05703, 06259, 06263,
　06278, 06483, 06486, 06500, 06501, 06549,
　06592, 06647, 06896, 07111, 07201, 07202,
　07241, 07248, 07279, 07280, 07281, 07282,
　07283, 07284, 07536, 07577, 07615, 07616,
　07682, 07712, 07727, 07764, 07967, 08240,
　08247, 08453, 08459, 08515, 08680, 08683,
　08699, 08715, 08871, 09037, 09168, 09332,
　09365, 09375, 09428, 09472, 09562, 09579,
　09630, 09997, 10040, 10054, 10076, 10161,
　10187, 10239, 10285, 10312, 10313, 10514,
　10651, 10660, 10829, 10846, 10863, 11012,
　11013, 11014, 11021, 11034, 11035, 11037,
　11103, 11261, 11372, 11543, 11562, 11998,
　12019, 12026, 12184, 12700, 12899, 12907,
　12941, 12944, 13454, 13519, 13520, 13523,
　13596, 13599, 13601, 14477, 14548, 14553,
　14745, 14746, 14747, 14749, 14778, 15044,
　15098, 15100, 15106, 15107, 15135, 15146,
　15172, 15322, 15326, 15327, 15328, 15378,
　15388, 16107, 16280, 16290, 16372, 16463,
　16465, 16483, 16518, 16528, 16529, 16596,
　17010, 17049, 17255, 17521, 17563, 17590,
　17648, 17662, 17663, 17795, 17798, 17800,
　17986, 17988, 18224, 18473, 18513, 18549,
　18561, 18580, 18589, 18685, 18750, 18769,
　18884, 18894, 18899, 18947, 18975, 19160,
　19449, 19451, 19829, 19986, 20002, 20004,
　20114, 20388, 20549, 20573, 20576, 20819,
　21040

吴柳梧　04051, 12284
吴思珩　07654
吴钟英　13567
吴钦贵　02933
吴钦烈　07288, 13697
吴俟庵　01222, 12844
吴俊升　00946, 07295, 07297, 09468, 11363,
　15973, 20623
吴　闻　05583
吴闿生　14677
吴前楣　07079
吴浊流　20229
吴洽民　00415, 00856, 00859
吴恺玄　02250
吴冠中　07314
吴语亭　19938
吴祖光　19865
吴绛州　20923
吴　烈　17598
吴晓邦　07321
吴恩壮　01982
吴铁城　04928, 07323, 07325, 10836
吴健民　04847, 05066
吴健雄　20985
吴奚真　07372
吴益寿　00212
吴骏英　20849, 20859
吴基民　13725
吴基福　07379
吴　梵　05757, 12297
吴盛扬　04857
吴曼君　01456, 04830, 18318
吴崇文　13379
吴崇兰　07272, 07274, 07275
吴崇钦　07824
吴　康　08049
吴翊麟　07036
吴寄萍　04812, 18329, 18370
吴琢之　10035
吴葆珠　07423
吴敬恒　02143, 04677, 04685, 04851, 08806,
　10027, 20053, 20145
吴敬模　15302
吴朝富　18390
吴　森　19486

吴鼎昌	15547
吴景平	02027, 08562, 08563
吴景明	07091
吴景潜	14310
吴智梅	10116
吴舜文	05340, 08592
吴鲁芹	03451, 05429, 07413, 07414, 07415, 07424, 10369, 10541, 11304, 14793, 14986, 16223
吴　斌	18766
吴湘泉	16446
吴嵩庆	01954, 07452, 07453
吴锡泽	07458, 08379, 10304, 10305, 10306, 10309, 10568, 11490, 14221, 15077
吴锡钧	04367, 06086
吴新荣	07586
吴熙祖	06542, 18497
吴演南	04747
吴　蓂	00651, 04520, 06879, 07232, 14313
吴磊伯	05857
吴德铭	15776
吴德懋	09447
吴澄飞	04137, 11959
吴耀玉	05441
吴麟孙	18455
岑学吕	17385, 17394, 17784
岑　颖	20043

〔丿〕

邱七七	16796
邱子静	07638, 07651
邱有珍	04853
邱名栋	07640
邱秀文	05977, 08375
邱言曦	07621
邱剑焕	09587
邱奕松	00262, 00454, 00873, 03554, 03737, 06210, 06928, 07131, 08150, 09858, 09989, 10675, 11579, 11655, 11897, 13268, 13950, 15730, 16800, 16878, 17018, 17699, 18257, 19443, 20224
邱素贞	18016
邱　营	06043
邱维达	07656
何人斯	00247, 00811, 01221, 01315, 02018, 05363, 05365, 06110, 07226, 07339, 09593, 10681, 13650, 14160, 14267, 15527, 16590, 17726
何大为	10216
何大安	05783
何　凡	10608
何广棪	00506, 02866, 03948, 05265, 06658, 07109, 10320, 10546, 13626, 14564, 15000, 15880, 16287, 16657, 17543, 18807, 19241, 19692, 19793, 19794, 20634, 20635
何元文	03908
何元辉	12681
何凤山	00978
何世礼	09165, 12785
何尔丰	00469
何成浚	07708, 07724
何光寰	12521
何仲箫	10773
何名忠	07734, 07735
何庆华	04458, 07681, 07711, 07718, 08321, 18859
何宇白	16196, 16197
何志浩	03144, 07744, 10614, 12266, 12522, 12525, 16649
何秀安	07821
何秀阁	09316, 09675
何佐治	01220
何应钦	03298, 04923, 07642, 07747, 07754, 07755, 07985, 09937, 10792, 10796, 13609, 14190, 18410, 18416, 18429
何其芳	15918
何其俊	01187
何　非	19738
何佩森	05961
何　欣	03200, 11871, 20686
何　炜	12206, 19025
何学流	04987
何绍琼	11052
何昭明	21148
何思源	18855
何俊仁	03750
何美颐	07786
何兹全	09242, 19154
何振奋	13001, 13940
何　索	06045, 13332

何高忆	16612		16967
何浩天	09017	余棠华	11988
何　容	07669, 11756	余程万	07963
何聊奎	11757, 13466	余　斌	15962
何　敏	09890	余斌臣	06636
何　商	01318, 21173	余湛邦	09598, 09599
何葆兰	00612	余肇康	21177
何鼎新	18314	余　毅	20143
何善垣	14264, 14278	余毅远	15070
何　遂	03907	希　白	18000
何瑞瑶	18619	谷风翔	00820
何　楚	07155	谷凤翔	03824, 18424
何辑五	00876, 01099, 06545, 07394, 07980, 15037	谷正文	06926
		谷正纲	14180, 15905, 16883, 19758
何满子	17549	谷松高	13597
何燕生	19760	谷瑞照	12043
何　默	00717	狄训场	05142
但昭文	07854	狄君武	08007, 08008, 20124
但　焘	08830	狄原溟	08005
但植之	17615	狄　膺	10024, 10058
余　三	11610	邹文海	07995, 08076, 08077, 08079, 15226, 17105, 19921
余井塘	10853, 10854, 19709, 20829, 20830		
余天民	11388, 20050	邹　达	08056
余天遂	06688	邹　郎	20895
余心如	07952	邹绍阳	20675
余　生	15475	邹树人	05450
余苏贤	17190	邹树文	08087
余光中	13402	邹觉民	09932
余光冲	07417	邹豹君	12925
余伟雄	01215	邹　琳	08038, 08039, 08041
余传韬	10311	邹敬芳	11707
余仰之	19807	邹　鲁	00093, 00379, 00956, 01189, 01346, 01536, 01537, 01538, 01540, 01564, 01863, 01868, 04573, 05350, 05373, 05381, 05532, 05577, 05610, 05648, 05683, 05778, 06239, 06242, 06244, 06387, 06461, 06936, 07733, 07880, 08028, 08043, 08073, 08074, 08574, 08611, 08832, 09153, 09176, 09660, 09888, 10234, 10318, 10383, 10400, 10524, 10528, 10623, 11140, 11181, 11371, 11432, 11620, 11656, 11721, 11789, 11804, 11969, 12029, 12045, 12079, 12125, 12133, 12208, 12315, 12346, 12349, 12363, 12605, 13681, 14295, 14535, 14609, 14610, 15255, 15414, 15492, 15501, 15923, 16694, 16749, 16754, 16889,
余亦麒	08609, 18461		
余　时	16962		
余　青	08705		
余英时	11160, 11163, 13334, 13483, 15119		
余枉生	19384		
余宗玲	08414		
余　柯	11611, 15640, 15641		
余思贤	13370		
余思牧	01835		
余冠英	07775		
余家菊	07946, 07949		
余祥琴	07951		
余　惠	11774, 11916, 11946, 13980, 15463,		

16910, 17283, 17760, 17814, 18095, 18167, 18168, 18169, 18932, 18933, 19428, 19441, 19448, 19537, 19617, 20404, 20405, 20406, 20554

〔丶〕

言木彬　01802
言　曦　02716
应未迟　07676, 08108, 13225, 18903, 18906
应本书　07739
应平书　00432, 00846, 01592, 01720, 02224, 02908, 02909, 03507, 03508, 04602, 05385, 05638, 05787, 05926, 05941, 06344, 06597, 07030, 07928, 08386, 10388, 11220, 12404, 12686, 12934, 13224, 14217, 15936, 17222, 18702, 21098
应国庆　04504
应新华　11672
冷马邦贞　08119
冷　枫　04425
冷　欣　01380, 08113, 08114, 08115, 08116, 08117
庐　辛　13186
庐嘉兴　02590
辛文纪　12874
辛自权　18160
辛如珠　08138
辛　庐　02411, 11537, 19121
辛　波　16260
辛慕轩　08642
闵剑梅　08145, 08145
闵湘帆　00366, 12035
汪大华　01411
汪云雏　11153
汪公纪　07337, 07354, 10507, 10893
汪石江　06534
汪东林　09646, 09659, 18080, 18081
汪有序　07186, 07842, 16084, 19408
汪仲毅　04385
汪兆铭　01067, 18270
汪兆镛　01058, 08176, 08177, 18004
汪观纶　04781
汪纪泽　08191, 09334, 09335
汪伯奇　08169
汪诒年　08198

汪杰初　15528
汪国霖　05576
汪治平　04375
汪学文　00631
汪荣祖　06946, 11142, 11154
汪树屏　08191, 09334, 09335
汪剑魂　06823
汪　基　02664, 02665, 02666
汪清澄　04230
汪敬煦　08670
汪敬熙　20164
汪惠娟　12037
汪瑞炯　10509
汪　溪　06421
汪辟疆　19587
沙文若　02733, 10585
沙　汀　14446
沙吉夫　16182
沙　泽　10165
沙　滩　18471
沧海客　08350
沈卫威　11305, 13342
沈飞德　04650
沈　云　03878
沈云龙　02813, 03319, 03320, 03391, 03416, 04112, 04311, 04342, 04344, 04345, 04946, 05085, 05114, 05115, 05311, 05850, 05852, 06503, 06889, 07356, 07389, 07397, 07439, 07617, 07717, 07872, 08100, 08161, 08170, 08190, 08203, 08204, 08299, 08299, 08300, 08301, 08302, 08303, 08304, 08305, 08306, 08307, 08319, 08322, 08352, 08489, 08706, 08836, 08909, 08915, 08934, 08946, 09302, 10196, 10451, 10759, 10802, 10808, 10997, 11027, 11028, 11029, 11260, 11362, 11425, 11426, 11561, 12046, 12177, 12632, 12984, 14007, 14166, 14168, 14312, 14417, 14711, 14727, 14731, 14751, 15363, 15366, 15386, 15387, 15472, 15724, 15932, 16235, 16452, 16514, 16521, 16524, 16525, 16527, 16662, 16667, 16771, 17329, 17476, 17498, 17526, 17669, 17790, 17984, 18832, 18834, 18835, 19038, 19289, 19293, 19300, 19309, 19347, 19348, 20036, 20079, 20286, 20363, 20438, 20637, 20639, 20645, 20646, 20655, 20884

沈从文　08324
沈文隆　05297
沈文骞　08201, 17793
沈尹默　08355, 11004
沈仪永　03771, 03888, 12900, 14080
沈立行　12403, 14316, 15822
沈吉诚　05521
沈西城　02940, 04561, 11878, 11899, 12286
沈有乾　08368, 08369, 14591
沈百先　10855
沈成式　08522
沈光怀　12938
沈刚伯　03292, 03293, 03294, 03304, 06165,
　　07862, 08370, 08371, 08383, 08384, 11394,
　　13535, 18217, 18726, 18984, 19167
沈延国　17594
沈亦云　08391, 08391, 08392, 08393, 08394,
　　08395, 08396, 08397, 08398, 08399, 08400,
　　08401, 08402, 08403, 08404, 08405, 08406
沈亦珍　08412
沈苇窗　00467, 05227, 08194, 09943, 09946,
　　12960, 15795
沈来秋　18883
沈应文婵　08430
沈忱农　21021
沈君山　08444
沈陈郁芬　08416
沈　怡　01792, 07334, 08279, 08280, 08281,
　　08284, 08286, 08287, 08289, 08431, 08929,
　　16522, 20870
沈宗琳　08436
沈宗瀚　03716, 03931, 04383, 07401, 07404,
　　07688, 08385, 08439, 08440, 08441, 08442,
　　08443, 08446, 08447, 08448, 08449, 08461,
　　08464, 08498, 10287, 10918, 11068, 12310,
　　13760, 15149, 15505
沈定一　02171
沈宜甲　07124
沈重宇　16070
沈剑虹　07594, 08470, 08471, 08472, 08473,
　　08474, 08475, 08476, 21122
沈　亮　20979
沈　恬　05868
沈祖宪　14677
沈祖馨　04336, 04338
沈兼士　10477, 10480
沈　恕　06692, 18151
沈鸿烈　04605, 09346, 20917
沈涯夫　10154, 11044
沈绳一　13122
沈　琴　06938
沈　惠　13104
沈景英　16512
沈　铿　17308, 17309
沈　锜　01505, 05370, 08295, 10752, 18667,
　　19033
沈新民　16576, 16578, 16580
沈慈源　08463
沈愫之　16583
沈嫄璋　06198, 06840, 11657
沈觐鼎　09330
沈　醉　02210, 16071
沈毅成　05377
沈燕谋　08898
沈默士　03668
沈　骥　04522
宋子武　18213
宋月伦　08869
宋文明　03528, 17829, 20994
宋书同　00892, 19962
宋　平　18406
宋兰仪　08709
宋训伦　18277
宋廷琛　03781, 07907, 08720, 11073
宋　乔　06949
宋兆珩　15976
宋兆莘　09699
宋聿修　02178
宋志謇　08924, 08925
宋希尚　00249, 02505, 05201, 05202, 05859,
　　05860, 05861, 05862, 05863, 05865, 05869,
　　06355, 08602, 08604, 08621, 08885, 08886,
　　08891, 08897, 08902, 08903, 08916, 08919,
　　08920, 08923, 14699, 19565
宋希濂　02657, 18461
宋　英　19726
宋卓英　16827
宋念慈　13068, 18185
宋垣忠　08627
宋选铨　08632, 08633, 08634, 08635, 08636

宋重康　11147
宋美龄　00182, 00187, 01974, 08644, 08647
宋　洪　08623
宋哲美　12696
宋　莲　12557
宋峨卿　04799
宋　玺　04833
宋益清　07623
宋继成　08566
宋教仁　08675, 08679, 19028
宋乾利　05063
宋　晞　08704, 08717, 10578, 15978, 15982, 19005, 20845
宋　淇　08548
宋越伦　04688, 08235, 18739
宋联奎　15844
宋楷清　18987
宋路霞　15623
宋颖豪　18286
宋碧云　11733
宋　膺　09981

〔乛〕

张一鸣　11858
张九如　01794, 08947, 08948
张　力　17831, 20121
张力行　02101, 06634, 10034
张力耕　00537, 14641, 17723
张三义　05475
张大千　08954, 08999, 09023, 09941, 10704
张大义　05599, 06377
张大军　00387, 00438, 07192, 17318, 17319
张大春　09033
张大夏　03585, 03595, 18844
张万熙　13639
张千里　06415
张久香　10025
张之江　02802
张之杰　01165, 01260, 01559, 01861, 02675, 03075, 05325, 11951, 17921
张之淦　00971
张子文　08834, 09238
张子华　01336
张天心　01641, 07016, 10930, 12622
张天生　18601

张元庆　17740
张无极　03399
张无忌　15284, 15487
张云家　00193, 00196
张云樵　03376
张木生　12220
张公权　09404, 09409, 10066, 10067, 10068, 20864, 20869
张　凤　09814, 11886
张凤栖　14982
张文达　19277
张文伯　01225, 07462, 07469, 07497, 07525, 09529, 09540, 09541, 09552, 09553, 19567, 20096
张文奇　01598, 08594, 17932, 17951
张忆痕　11204
张玉法　02022, 02506, 04368, 10793, 13253, 16823, 17640, 17658
张玉荪　07982, 14273, 16605
张玉洁　14167
张玉麟　01216, 11675
张正昌　11823, 11834
张正法　07647
张正藩　03522, 04707, 04726, 04804, 08899, 16670
张去非　05482
张世汉　09112
张世炎　02433
张世禄　04796, 18334
张丕介　09131, 09132
张北生　12563
张目寒　00243, 01116, 07206, 08963, 08970, 12336, 19923, 19937
张令澳　10859
张乐陶　08606
张尔田　08182, 13921
张尔瑛　09568
张弘毅　01932
张发奎　09162
张朴民　00893, 00900, 00901, 02900, 05164, 07767, 10221, 16178
张　过　14120
张百成　10743, 10748
张存武　03381
张达人　01325, 03261, 05658, 10642, 17115,

20448
张同新　09855, 18602
张先信　07373
张廷休　09197, 10345
张廷林　02412
张廷谔　09204
张廷镛　09439
张传玺　20737
张自英　15436
张似云　19260
张庆思　05919, 11820, 16695
张庆桢　00235
张庆恩　12721
张刘永淑　08791
张刘清于　18729
张次溪　03530, 03544, 03574, 03575, 03576,
　　05695, 11649, 19620
张问天　19220
张兴唐　00170, 00180, 06638
张宇美　04790
张守初　02793, 02795, 02796, 08770, 14729,
　　17736, 18852, 20660
张　迅　02576
张导民　15537
张　弛　08750
张纪定　14758
张寿贤　10505
张孝若　08884
张志韩　07752, 10124
张声声　11871
张克明　06247
张丽华　04632
张丽美　00898
张步仁　02555, 15117, 16403
张秀亚　03085, 08127, 08490, 09278, 09282,
　　11891, 11910, 14236, 14237, 16219
张作锦　02103, 03267
张伯驹　07908, 09379
张伯桢　17473
张伯谨　08814, 09012
张伶铢　11378
张佛千　00245, 01630, 02253, 02378, 02988,
　　03252, 04052, 04444, 05529, 05531, 06057,
　　07418, 08317, 08376, 08407, 09008, 09381,
　　09575, 09838, 10012, 12616, 13786, 16519,

16783
张佛泉　17421
张希为　19296
张希哲　09387
张　谷　05198, 11148, 12987, 14162, 15551
张怀英　09327
张怀卿　09327
张良泽　01244, 07590
张君劢　13533, 15648, 19302
张君秋　09435
张　纯　08755
张其昀　00183, 00419, 00586, 00733, 01788,
　　01951, 01955, 02260, 02758, 03511, 03588,
　　04687, 04697, 04927, 04929, 04930, 06878,
　　07087, 07263, 07495, 07538, 07541, 09449,
　　09450, 09451, 09452, 09453, 09454, 09455,
　　09456, 09457, 09458, 09459, 09460, 09463,
　　09728, 10566, 10884, 11330, 11542, 11827,
　　12382, 13987, 14262, 15967, 15969, 16623,
　　17418, 17853, 18309, 18327, 18348, 18428,
　　18435
张其淦　17232
张若谷　00519
张林民　13135
张或弛　02787, 08558, 17145, 19014, 19888
张雨生　06182
张奋飞　09491
张昆雄　15220
张国柱　00112, 02386, 05692, 09494, 09495,
　　09496, 12904, 19178, 19263
张国焘　09497, 09499
张国雄　08020
张国疆　09513
张明明　09742, 09746
张明凯　07235, 10491
张明炜　09518
张明祚　02376
张明哲　13881
张明镐　18477
张　迪　09258
张忠绂　09522, 09526
张忠栋　13343, 13481, 15700, 19725
张岫岚　07986
张岷僧　14611
张知本　06187, 09528, 09531, 16433, 17840

张季春	19825
张金鉴	09094, 09586
张念尧	03127, 12268
张朋远	10078
张朋园	04112, 08457, 11795, 17826, 17832, 17880, 17907
张　放	02560, 08655, 13140
张法乾	09019, 09661
张泽深	16641
张怡祖	08888
张学华	00028, 01628, 06822, 07427, 07707, 08181, 09602, 10736, 16892
张学良	09647
张宝树	15336
张宗复	13054
张　建	00297
张　弦	04744, 18324
张孟仁	00885
张孟休	09024
张绍烈	09274
张春树	15610, 15708
张　珏	09681
张　珂	01113, 02124, 02901, 03936, 04110, 04499, 08006, 08016, 08798, 11999, 13118, 14475, 15035, 15152, 16065, 16206, 16625, 17344, 19249, 19556, 19752, 19755, 20571
张　珍	12414
张玲麟	08336
张　荣	09627
张苏甫	07795
张　相	10359
张相文	07438
张柏亭	02660
张柳云	17100
张柱国	16430
张树华	13790
张研田	03735, 07860, 10543, 10544, 15574
张星烺	09713
张钟芸	09843
张俊均	11706
张剑鸣	17756
张兹闿	09109, 13718
张　炳	08841
张恒豪	09099
张恨水	09747

张宣泽	09982
张宪秋	07693
张祖诒	18683
张姚秀彦	09583
张勇保	20547, 21142
张泰祥	18343
张素贞	10021
张素初	08294
张振玉	01254, 03137, 06455, 09390, 09785, 11727, 11728, 11730, 13531
张振国	10280
张振鹭	20263
张载宇	18375, 18387
张起钧	06759, 06980, 07141, 19180, 19197, 19484
张桂珊	09829, 10009
张根仁	02182, 18939
张晓唯	13501
张晓维	12452
张　钰	09753
张铁君	04723, 04736, 04756, 04951, 09797, 09798, 09799, 18322
张铁铮	12453
张　健	00201, 11328
张健生	03797, 10128, 13744
张健行	17458
张爱同	06618
张效乾	09711, 20619
张资平	09813
张竞生	09825
张益弘	04151, 04855
张润苍	03672, 09830
张家昀	06353, 18853
张家康	16326
张家勤	09010
张娟芬	05663
张难先	00380, 00908, 03028, 03240, 03805, 04197, 04296, 04620, 05664, 05760, 06245, 06694, 06778, 07095, 10382, 12964, 13574, 13723, 17081, 18152, 19465, 19621, 20014, 20509, 20539
张　继	03971, 10163, 20516, 20610
张　骏	01801, 09765, 11796, 14272, 14274, 14440, 14441, 15536, 16344, 17321
张菱舲	16582

张梦九　07828, 09854, 16125, 19295, 20067
张铭慈　03700
张　笙　04745, 06175
张象乾　00868, 00967, 01490, 17148
张盖弘　02272
张清桂　15864
张鸿道　20709
张淑贞　18016
张淑珠　01251
张淑琳　18102
张渊扬　00857
张渊拍　19009
张深切　09877
张　维　00603, 00647, 00648
张维仁　04810, 09988
张维松　04742
张维翰　03315, 09174, 12533
张　琦　17051
张敬原　09124, 09125
张朝桅　09400, 09614, 10603
张　森　07227, 07246, 09479
张雄潮　11665
张晴光　03818, 04248, 04254
张鼎钟　09889, 09899
张傧生　14557
张舒白　07040
张道宏　12489
张道藩　09952, 09959, 09973, 09979, 10561,
　　　　11185, 17840, 18248, 19270, 20403
张渝役　01907, 01956, 03502, 03610, 13097,
　　　　21002
张　溉　00314, 06456
张遏民　04773, 04819
张瑞德　18741
张龄松　12307, 16340
张煦本　07006, 10006
张锡龄　09719, 20574
张锦明　13808
张锦郎　00823, 02708
张锦鸿　00554, 10011
张锦富　14861
张魁堂　09613
张鹏扬　05168
张腾蛟　00891, 18579
张　颖　04275
张廉云　08671
张　源　03789, 06106, 09344, 09763, 14142
张　群　01219, 01415, 06305, 06428, 07324,
　　　　08408, 08848, 08849, 08859, 08860, 08861,
　　　　08863, 10289, 11540, 15311, 15318, 16524,
　　　　18588, 20948
张　碛　11210
张漱函　13815, 14104
张肇元　10083
张慧琴　14423
张谷年　10456
张蕴琛　14102
张震西　07361, 09663
张德文　11626
张鹤琴　04991
张默生　06149
张默君　08520, 10097, 10098, 10099, 11328,
　　　　11334
张默僧　06150
张镜影　04069, 04078, 06693, 08052, 08053,
　　　　08054, 08072, 18153
张爵民　02032
张赣萍　04240, 04251
张　鑫　12571
陆尤进　01796
陆丹林　03621, 06922, 11193, 15516, 20788,
　　　　20789
陆汉斌　05022
陆永明　00850
陆　权　14692
陆达诚　16139
陆廷昌　13684
陆冲鹏　06487
陆远谟　05410
陆芳耕　19925
陆闰成　02325
陆宏橥　07393
陆侠兰　05037
陆京士　06872
陆　离　14983
陆啸剑　08495, 14698
陆崇仁　10899
陆　领　08841
陆　铿　14089, 16980, 18604
陆蓉之　04095

陆瑶士　11752
陆征祥　10214
陆翰芹　03289, 20865
陆耀华　13652, 15832, 15836
陆　灏　02921
阿　甲　16955
阿　英　10223, 10379
陈乃欣　15265
陈　三　00040, 16665, 17858
陈三井　08312, 11845, 12240, 12241, 12242,
　　　　15938
陈三立　02094, 05346, 06371, 08093, 08523,
　　　　08785, 10726, 10914, 10915, 11698, 12078,
　　　　14842, 17339, 18005, 19476, 21178
陈士诚　00589, 00591
陈士廉　09775
陈大齐　21015, 21036, 21047
陈大明　05072
陈大络　05498
陈与龄　11640
陈万雄　10980
陈小菁　08593, 08648, 08730
陈小萍　08593, 08648, 08730
陈　丸　06866
陈　凡　00266, 00426, 03579, 05484, 06094,
　　　　07180, 11694, 11718, 11908, 15242, 16858,
　　　　16964
陈广沅　10444, 10445, 10446, 10447, 10448,
　　　　16251
陈之迈　13391, 13442, 14332, 17764, 18538,
　　　　18547, 18551, 18733, 19147, 19517, 21139
陈之英　17084
陈子善　17950
陈开国　15305
陈天华　12484
陈天明　19809
陈天相　14465
陈天锡　10476, 10478, 10671, 15654, 21006,
　　　　21008, 21009, 21023, 21024
陈　元　18419
陈无言　18017
陈艺父　09827
陈少廷　06842, 07591
陈少校　17715
陈中赫　14616

陈长华　15868
陈从周　15429
陈公博　10508, 10515, 12467
陈　匀　19189
陈　文　20414
陈文华　15601
陈文鸿　14506
陈忆华　07381, 10758
陈以令　04751, 19791
陈玉科　06183
陈正茂　01850
陈正萱　14117
陈去病　00690, 01507, 08803, 10536, 10727,
　　　　14132, 15402
陈世骧　14972, 14980
陈左弧　07340, 11552
陈左高　03273, 12833
陈左商　12832
陈石孚　10964, 11754
陈布雷　10552, 10554, 18303, 18366
陈　平　08652
陈北楠　06743, 14527
陈占梅　05493
陈生益　04229
陈仪深　04863
陈乐桥　04999
陈尔靖　00982, 11357, 13475
陈立夫　07326, 10431, 10439, 10592, 10594,
　　　　10596, 10599, 10795, 10855, 13212, 18586,
　　　　18973, 20155, 20753, 20757, 21018
陈兰荪　14714, 17493
陈汉平　15534
陈汉光　04551, 04944, 11576, 11802, 12229
陈汉杰　05957
陈汉清　10616
陈礼颂　14391
陈训悆　10557, 10618
陈永阳　12144
陈永春　11030
陈圣士　17883
陈邦雄　06881
陈亚芳　09882, 09883
陈西滢　20166
陈在俊　10804
陈存仁　00125, 07571, 08828, 08943, 10160,

10506, 10636, 10637, 10639, 10640, 10641, 10655, 13498, 14636, 17634, 17654, 17657, 18280, 19531
陈存恭　05393, 15482
陈　达　10248
陈达三　20981
陈　成　19464
陈尧圣　05008, 11280, 12704, 19767
陈迈子　05015, 06174, 09223, 14909
陈光宪　01140
陈则东　03151, 05046, 20383
陈竹隐　03192
陈延辉　05059
陈仲经　10670, 11550, 21052
陈伦庆　07212
陈仰云　11898
陈行夫　05051
陈旭如　12816
陈名儒　11179
陈　庄　13925
陈庆三　15219
陈庆芝　19599
陈汝闳　20650
陈兴公　17886
陈　宇　08609
陈如一　07266, 16998
陈纪滢　00300, 01054, 01078, 01349, 02008, 02632, 02944, 03427, 03584, 03589, 03590, 03591, 03593, 03596, 04644, 04645, 05668, 05822, 05840, 05842, 06391, 07399, 07670, 07917, 08316, 08335, 08725, 08763, 09184, 09185, 09557, 09558, 09559, 09564, 09569, 09571, 09976, 10185, 10370, 10691, 10691, 10692, 10693, 10694, 10695, 10696, 10697, 10698, 10699, 10699, 10700, 11452, 12170, 13205, 13206, 13301, 13327, 13384, 13460, 13798, 13935, 14578, 14859, 15275, 15296, 15530, 15616, 15736, 15737, 16062, 16398, 16939, 17133, 17136, 17141, 17375, 17379, 18010, 18113, 19256, 19257, 19259
陈寿民　10701
陈孝祖　10231
陈志奇　17114
陈声聪　15594
陈芳明　19591

陈克己　12415
陈克环　16090, 16094
陈克奋　07626, 20237
陈克诚　05871, 05875, 12512, 19153
陈丽卿　09581
陈伯中　12775
陈含光　10765
陈　言　08233, 11317, 12610, 12648, 16745, 16811
陈亨德　07610, 14713
陈应龙　10240, 10241, 16378, 19240
陈应潮　05639
陈　灼　09533
陈　沛　16274
陈宏正　03713, 05710, 15711, 15963
陈宏振　10963, 12488
陈启天　05709, 07729, 10253, 10754, 10754, 10755, 10756, 10757, 19298
陈启文　07827
陈君葆　10762, 13977
陈　环　07496
陈幸一　11628
陈其美　16669
陈其铨　00242, 19932
陈若时　06712
陈英士　09662
陈英东　01704, 16635, 19534
陈英竞　10821
陈松云　05023, 05040, 07544, 10295
陈述仪　04699
陈述经　03212, 10822, 12757, 12810
陈非侬　20856
陈贤雄　18373
陈果夫　10847, 10848, 10868
陈国祥　11005
陈国庸　11188
陈昌祖　10874
陈　明　01718
陈明儒　12008
陈固亭　00203, 00208, 00234, 04430, 04743, 04748, 04750, 04867, 04901, 04902, 04903, 04904, 04905, 04906, 04907, 04908, 04910, 04911, 04912, 04913, 04922, 04942, 04952, 04956, 04967, 10097, 10106, 10780, 16424, 16425, 16435, 17168, 18415, 18423, 19432

陈忠人 11042	陈笃周 10975
陈和平 09026	陈顺珍 05064
陈和铣 05796, 05837, 15474	陈俊慧 06684
陈季博 10890	陈　衍 02390, 06661, 11509, 14288
陈金博 18779	陈胜昆 11430, 11633
陈金蕙 19642	陈独秀 10976, 10977, 10986, 20152
陈育崧 02095, 02373	陈　洁 07426
陈　泽 11936	陈洁如 11038
陈泽全 10739	陈　洪 07489, 07510
陈泽韵 19935	陈济棠 11057, 11062
陈学之 03323	陈恒甫 19811
陈宝旭 15018	陈恒昇 07545
陈宝琛 05326, 10737	陈冠南 16689
陈宗熙 10922, 10922	陈祖华 00194, 00248, 11958, 12160
陈定山 08432, 11272	陈祖康 10511, 11072, 20907
陈定炎 11033	陈祚龙 09462, 10368, 13752
陈宜人 13711	陈说义 02581
陈　诚 10269, 12118	陈振夫 11082
陈建中 03813	陈起凤 01209, 01210
陈建风 10663	陈哲三 00661, 00714, 00766, 01016, 01925, 02512, 02594, 02797, 03255, 04545, 05874, 06258, 06439, 06893, 08045, 08058, 08059, 08061, 08062, 08064, 08065, 08067, 08736, 08818, 08827, 09734, 10479, 11084, 11084, 11149, 11191, 11678, 13894, 14275, 14388, 14569, 16743, 17107, 17244, 17890, 18972, 19541, 19633
陈承昭 10473	
陈孟坚 19269	
陈春生 06861, 07445, 12156, 13664, 17431, 20483	
陈春圃 08244	
陈珍幹 01646	
陈封雄 11158, 11159	
陈荣昌 19845	陈哲燦 05049
陈荣捷 16155	陈恭澍 08238
陈栋材 13740	陈　真 19202
陈树曦 16250	陈桂根 03613
陈咸威 05880	陈桂清 03309, 11079, 18447
陈咸森 13411	陈顾远 11081, 14428, 20133
陈省身 05344, 05774, 07600, 08208, 09173, 10870, 10956, 10957, 12311, 12502, 13629, 17087, 20718	陈晓林 08641
	陈晃相 03402
	陈恩成 07332
陈映真 13822	陈铁儿 18040
陈思泽 18639	陈铁凡 02405
陈贻麟 11558, 20176	陈铁魂 11226, 11234
陈钟凡 03917	陈隽甫 07209
陈香梅 01882, 02193, 08848, 08859, 08860, 08861, 10966, 10966, 10967, 10968, 10971, 10972, 12809, 15269, 15531, 16480, 17570, 18706, 21123	陈健夫 04708, 04712
	陈凌海 07470, 07512
	陈裒尧 00653, 03403, 03404, 05274, 05275, 09044, 11315, 16684, 19330, 19715
陈重远 10818	陈兼善 11099

陈海涛　00451
陈海量　02676
陈海澄　11549
陈流求　11165
陈悦韶　16240
陈家骥　07652
陈　朗　13903
陈弱水　18082
陈　陶　01491
陈绥民　07809, 08583
陈琅予　01800, 03108
陈梦伟　10871
陈雪屏　13937
陈敏钧　18401
陈衮尧　00653, 03403, 03404, 05274, 05275,
　　　　09044, 11315, 16684, 19330, 19715
陈康直　00281
陈清文　04918
陈添丁　04864
陈淑美　05050
陈淑铢　06354
陈惕敏　14784
陈隆吉　17979
陈绳德　04538
陈维龙　10500
陈维纶　16415, 16466
陈敬之　00018, 00504, 00626, 00930, 01159,
　　　　01837, 02355, 02415, 02688, 02770, 02849,
　　　　02980, 03086, 03195, 03205, 03616, 03617,
　　　　03620, 03717, 03844, 03854, 03909, 04472,
　　　　04971, 05171, 05303, 05318, 05439, 05483,
　　　　06097, 06126, 06943, 06966, 07068, 07540,
　　　　08330, 08348, 08692, 09743, 09802, 09815,
　　　　09823, 09980, 10367, 10464, 10985, 11011,
　　　　11176, 11310, 11448, 11494, 11748, 11888,
　　　　12341, 12458, 12642, 12792, 12798, 13300,
　　　　13435, 13817, 13982, 14242, 14342, 14357,
　　　　15166, 15440, 15689, 16228, 16397, 17468,
　　　　17553, 17618, 17856, 17879, 17910, 17941,
　　　　17961, 20055, 20268, 20783, 20996, 21067,
　　　　21167
陈敬文　08027
陈森甫　07768
陈惠夫　10784, 10794
陈雯禧　04322
陈鼎水　11084, 11089
陈景容　06321
陈皓如　02786
陈舜耕　11198
陈敦正　00984, 00985, 00987, 03383, 10126,
　　　　10127, 17456, 17457
陈善伟　16092
陈湛铨　18609
陈湘君　18625
陈　谧　20965
陈登科　13143
陈鼓应　04490, 15701
陈蓉蓉　05060
陈　颐　03256, 03800, 05403, 06024, 09894,
　　　　09991, 10913, 11498, 11765, 12621, 17124,
　　　　18555
陈锦忠　01006
陈鹏仁　02540, 03012, 04806, 04848, 04894,
　　　　05068, 05119, 05120, 05121, 05122, 05123,
　　　　05156, 09295, 16441
陈慈玉　18754
陈煌林　02678
陈源来　10384
陈福霖　20310
陈　韬　02243, 04178
陈嘉庚　11239
陈嘉骥　00410, 00963, 02744, 04394, 05150,
　　　　05211, 05545, 05547, 07344, 08858, 09309,
　　　　09311, 09312, 09313, 09314, 09318, 09778,
　　　　10071, 11248, 11249, 14210, 15161, 15341,
　　　　15943, 19072, 19666, 19908, 19909, 19910,
　　　　20548
陈嘉骧　04066
陈熙橡　01876, 09138, 10169, 13218, 19113
陈　槊　12138, 19142
陈　彰　01316, 03874, 03876, 18876, 19820,
　　　　20784
陈演生　11020
陈肇英　06289
陈肇琪　05494
陈慧剑　06069, 06081
陈播春　07062
陈德仁　09123, 13440, 18251
陈德芸　10488
陈　毅　02385, 03072, 08786, 13807

陈澄之　03499, 20375
陈燕茂　11066
陈　薇　21120, 21130, 21131
陈翰珍　06546
陈　樾　12859
陈　融　05768
陈衡力　02326, 11361
陈衡哲　11298
陈懋猷　10931
陈　浚　10018
陈　骥　17668
陈夔龙　17340
邵元冲　05495, 09836, 10791, 10810, 19184
邵　父　00932, 02246
邵　苣　01190, 02443, 07430, 12545, 14255,
　　　15734, 17153, 19019
邵协华　11353
邵华强　15471
邵　芭　19867
邵挺怀　11343
邵祖恭　07516, 11501, 17547
邵境人　13989
邵毓麟　00970, 00973, 11355, 11355, 11356,
　　　11357, 11358, 11359, 11360
邵德润　15867
邵德渊　04959
邵镜人　00277, 01162, 01332, 02607, 03275,
　　　03407, 03915, 05322, 05481, 06581, 06593,
　　　06659, 06963, 08911, 08914, 08922, 08935,
　　　10330, 10615, 11495, 11507, 12017, 12747,
　　　13011, 14125, 14750, 15556, 16291, 16501,
　　　17522, 17624, 17665, 17864, 17870, 17918,
　　　18001, 18878, 18887, 19832, 20712

八　画

武　苗　英　苑　范　茅　林　杭　郁　奇　欧
郅　卓　虎　尚　国　昌　易　呼　罗　季　竺
岳　金　周　冼　庞　於　郑　单　宗　宜　郎
居　屈　孟

〔一〕

武旭如　01356
武林选　17491
苗启平　04059, 04060
苗培成　03351, 03353

英千里　11390, 11391, 19927
英倚泉　11395, 11396
苑觉非　09914
范天平　11423
范天德　11423
范止安　00855
范　甲　02879
范廷杰　00954, 01581, 02544, 02577, 03335,
　　　13850, 18784
范　任　01689
范任宇　06547, 07243
范冰心　02052
范奇浚　19998
范叔寒　06768, 07031, 19991
范　诚　19213
范星五　14083
范剑平　12287
范诵尧　03251
范能船　11714
范朝福　09652
范韶诗　01633
茅于润　00122
林一厂　15965
林大椿　09250, 18391, 18632, 18688
林万燕　11700
林子青　06071, 06095
林子勋　04698, 19485
林子候　01248, 04453
林天祐　11589, 11590
林云陔　14966
林太乙　10371, 11729, 11738
林友兰　05007
林从敏　10714
林今开　15085
林文士人　02303
林文月　06876, 06882
林文龙　11578
林文卿　17949
林文澄　17447
林　尹　11475, 15165, 16808, 16813, 17621,
　　　17659, 17671
林以亮　09804
林正亨　11777
林世英　07047
林　本　02513, 15577

林本元	11634
林可玑	03801, 03866, 19294
林可如	03594, 07646, 20378
林北丽	11636, 11692
林汉楼	03880, 04473, 16557, 19821, 19940
林边	06515
林有土	04846, 06719
林贞坚	11604
林光灏	00123, 02139, 03165, 04468, 04469, 04474, 04519, 07219, 08231, 10105, 10354, 10510, 10628, 10629, 10703, 11064, 11214, 11337, 11595, 13973, 14011, 14723, 16744, 17622
林华平	05036, 11055, 11065, 11961, 21033
林华勋	04452
林庄	03367
林庆彰	12933
林守盘	11660
林纪东	17116
林远帆	17386
林芳年	07588
林严	17638
林克承	00310
林辰	07969
林呈祥	08024
林秀石	08332
林亨佳	02479, 07780, 08293
林怀卿	05103, 05314, 07573, 13513, 14741, 16460, 17903, 18480
林良	04766
林良慧	01021
林纾	01062, 01499, 04312, 11699, 12609, 16203
林幸一	04972, 04982
林抱石	00332, 01093, 02477, 02898, 03983, 04269, 04419, 04619, 04663, 05289, 05339, 05940, 06308, 06338, 07844, 07987, 08160, 08284, 08454, 08559, 08561, 09325, 10129, 10689, 10772, 10801, 11632, 11659, 11799, 11963, 12048, 12088, 12328, 12426, 12846, 12930, 13177, 13242, 14920, 14961, 15370, 15533, 15584, 16122, 16919, 17008, 17038, 17352, 17378, 18179, 19547, 20302, 20356, 20408, 20797, 20844
林直勉	19460, 20398
林林	06968, 14665, 15997
林明德	14683
林咏荣	08496
林秉衍	19392
林佩韦	16130
林佩芬	01405, 05444
林金卿	03736
林宝树	04896
林宗霖	02599, 05310, 12236
林录	15447
林政华	11836
林香葵	05628
林泉	00429, 00703, 01184, 01371, 01409, 01662, 01695, 01807, 01893, 01943, 02177, 02242, 02494, 02707, 03007, 03225, 04496, 05982, 06193, 06890, 10797, 11268, 11795, 11798, 12042, 14438, 17821, 19644, 21078, 21140
林洙	11848, 17967
林洙滢	14344
林恒齐	03158
林语堂	11725, 11726, 11727, 11730, 11733, 11734, 11735, 19223, 20038, 20064
林振成	11785
林振春	01591
林起	10969
林桂圃	02278, 04731, 04740, 04789, 04840, 11779, 18340
林恩显	18599
林笑峰	01790
林倚楼	03798, 03799
林健发	08927
林海音	02951, 03201, 04470, 04475, 08339, 11792, 14944
林能士	16235
林继庸	11795, 11797
林培深	07742
林梵	06514, 06515, 06516, 21165
林曼叔	00011, 00156, 00388, 00968, 00990, 00995, 01111, 01122, 01567, 01572, 01679, 01829, 01839, 01860, 01988, 02060, 02067, 02077, 02341, 02353, 02446, 02458, 02875, 02890, 02949, 02965, 03466, 03832, 04572, 04592, 04647, 05279, 05284, 05334, 05379, 05563, 05591, 05608, 05657, 05720, 05779,

05888, 06005, 06039, 06064, 06490, 06512,
06973, 06988, 07075, 07660, 07773, 08088,
08259, 08267, 08552, 08554, 09060, 09189,
09268, 10588, 10711, 10815, 10936, 10950,
11208, 11345, 11389, 11456, 11513, 11843,
11925, 12343, 12399, 12410, 12480, 12796,
12947, 13144, 13251, 13282, 13302, 13307,
13309, 13909, 13913, 13955, 14067, 14335,
14483, 14497, 14580, 14604, 14618, 14663,
14674, 14924, 15112, 15289, 15390, 15690,
15778, 15916, 15995, 16077, 16833, 16928,
16985, 17215, 17464, 17681, 17774, 19236,
19669, 19717, 19772, 19967, 20254, 20270,
20287, 20325, 21086, 21111, 21152

林铭章　19592
林　逸　11583
林焕平　20161
林　淇　11349
林维红　14121, 15500, 15511, 15682
林斯孝　07753
林　森　04314
林森木　18332
林紫贵　15826, 16555
林紫简　18863
林　斌　00817, 02134, 02832, 03064, 03618,
03913, 04443, 05457, 06240, 06583, 07387,
07611, 08001, 08225, 09075, 10107, 10627,
11058, 12013, 13116, 13117, 14010, 14717,
15382, 16172, 16392, 17497, 17628, 17792,
18738, 19046, 19641
林斌文　06380
林道存　06996
林　湘　11556, 11557
林裕祥　18363, 18661
林瑞明　01005, 18073
林锡珍　09205
林雍民　11813
林　熙　01154, 01631, 01671, 03492, 04117,
05191, 05192, 06222, 06223, 06224, 06226,
06363, 06498, 06575, 08835, 10459, 11119,
11570, 11571, 11572, 11573, 14409, 14787,
15634, 17557, 17995, 17997, 17999, 20382,
20572
林熙真　05358
林榕生　14707, 14708

林毓生　15703, 15712
林　翠　00816, 01183, 06185, 09386
林熊祥　11826, 16733
林镇国　16142, 18083, 20534
林德三　04417
林慰君　11639, 11642
林　燕　12841
杭立武　00915, 11855, 11856, 20980
杭　珊　20399
郁仁麟　11863
郁达夫　11869, 11874, 15426
郁启明　08912
郁　青　10046
郁　明　09292, 09305
郁洁民　11860
郁鼎彝　00639, 01598
郁敦惠　11920
奇　峰　07892
欧阳凡海　19211
欧阳予倩　11943
欧阳纯　20959
欧阳明　11932, 11933
欧阳治　04421, 17415
欧阳祖经　20586
欧阳哲生　01875, 13507, 19155, 20100
欧阳庶吉　11942
欧阳瑞骅　02872, 04196, 19868
欧阳鹏　19555
欧阳醇　00215, 06931
欧远方　11009
欧　芬　14097
欧钟岳　10158, 10159
欧豪年　10945, 15761
郅玉汝　03125, 10979

〔丨〕

卓以玉　14337, 14345, 14346
卓　立　05757, 12297
卓英群　04919
卓宗吟　11592
卓浩然　06798, 06939
卓　然　07063
卓遵宏　01204, 09542, 12032, 19369, 19370,
19371
虎　思　16488, 16495

尚秉和　01272
国　涌　17237
昌彼得　08381
易大军　09043, 17627
易大德　01742, 05647, 06241, 06313, 09021,
　　　　10716, 11621, 11711, 11788, 12094
易　文　02685
易　价　16997
易苏民　04730, 04758
易迎晖　05742
易君左　02249, 10406, 11879, 11882, 11989,
　　　　11989, 11990, 11991, 11992, 11993, 11994,
　　　　11995, 11996, 12012, 12219, 19201, 20710
易叔平　13444, 16493
易　金　00459, 08389, 08802, 12439, 12549,
　　　　15038, 15183, 17211, 17291
易持恒　05451
易笑侬　00590
易恕孜　01327, 03543, 03569, 09965
呼延如璞　14088
罗　人　10435
罗才荣　02695, 04658, 05267, 10504, 10668,
　　　　12786, 14754, 17455
罗久芳　12180
罗　云　04735
罗云家　05014, 19907
罗友石　03413
罗石补　01317, 07915, 14873, 15581
罗尔纲　12080
罗汇荣　05002
罗永常　20736
罗吉眉　09015
罗有桂　02835, 20233, 20234, 20235
罗　列　03418, 03419, 03420, 13789
罗　光　10211, 10217, 12038
罗　刚　04763, 04970, 18331
罗　行　11186
罗　江　18011
罗贡华　12098, 13825
罗时实　04431, 09198, 10921, 12090, 12100,
　　　　12100, 12101, 12102, 12103, 13990, 18008
罗时旸　18964
罗甸服　14437
罗冷梅　13754
罗　启　11045, 12030, 18605, 18677

罗君强　08242
罗其泽　12067
罗郁正　04020
罗　奇　02043, 20801
罗征肇　03561
罗学濂　03946, 06059, 06332, 12197, 13721,
　　　　18250, 21121, 21135
罗宗涛　10463
罗建业　05469
罗　城　19993
罗南英　12132
罗香林　03218, 03378, 03867, 04680, 04683,
　　　　04692, 04759, 04800, 04802, 04931, 06977,
　　　　11152, 11168, 12140, 13837, 16277, 16284,
　　　　17199, 17763, 17766, 17767, 19085, 19089,
　　　　19090, 19091, 19092, 19093, 19094, 19095
罗秋昭　12225, 12226, 12239
罗亮生　20505
罗振玉　01166, 01167, 06788, 19550, 20364
罗家伦　00036, 03288, 04690, 04700, 04782,
　　　　04889, 05039, 07126, 08000, 08305, 10030,
　　　　12154, 12164, 14187, 16024, 16025, 18721,
　　　　19123, 20051, 20154, 21017
罗桑阙拍　17698
罗　盘　05991, 05993
罗逸诚　00254, 12178, 19827
罗超华　00134
罗敬伟　15807
罗敦伟　02167, 03291, 03325, 04932, 06978,
　　　　07517, 08842, 09725, 09822, 12060, 12061,
　　　　12213, 12215, 12216, 12217, 12231, 13385,
　　　　13388, 13421, 14908, 16589, 17270, 17467,
　　　　20046
罗毓凤　05180
罗　璜　10277, 20540
罗稻仙　17388, 17395, 19983

〔J〕

季庆云　09319
季　林　02062, 02447, 08261, 08343, 16943,
　　　　16966, 20879
季　夏　13390, 19137
季　陶　03173
季羡林　12259
季鹤年　06955

竺　公　00713, 00731, 02844, 08603, 09071,
　　　　10405, 14215, 14696, 16276, 19984, 20360,
　　　　20565
岳荪甫　13414
金人俊　09619
金　刀　08778
金　山　15626
金天羽　06137
金中良　07290
金长振　06648, 09625
金　凤　02775, 18916
金石圣　12280
金平欧　04788, 06441, 12482
金东方　15227
金仲达　01028, 12685
金兆丰　15097
金问泗　12298, 12299, 12300, 12301, 12302,
　　　　14762, 15312, 16513
金　钊　08781
金忠立　11038
金承艺　00371, 01156
金绍先　12318
金荣华　08187
金侯城　09430
金素琴　12324
金　辂　07348
金　虑　06958, 17788
金　特　02218
金　益　12651
金　梁　03389
金惟纯　13929
金维击　07191
金雄白　12332, 12333, 17977, 18592
金紫阁　11865
金鲁望　15115
金　善　16297
金嘉伦　00096, 08978, 18953
金毓黻　08143, 13603
金耀基　13395
周一鸥　00699
周三金　19230
周士心　15350
周大中　16116
周凡夫　04286, 17019
周广周　10171

周之鸣　15612
周天贤　08913
周天固　14608
周中超　17573
周书楷　00184, 07358, 09446
周玉山　13824
周世辅　01370, 04732, 04777, 04807, 04822,
　　　　04836, 04874, 05748, 12819, 16429, 18360,
　　　　20450, 20455, 20456, 20756, 20760, 20761
周用敦　05090, 16459
周乐生　16704
周务成　01992
周汉光　09042
周弘然　02275, 16279
周邦道　00027, 00110, 00114, 00278, 00309,
　　　　00493, 00503, 00533, 00602, 00689, 00715,
　　　　00716, 00964, 01040, 01043, 01164, 01243,
　　　　01295, 01298, 01377, 01390, 01398, 01424,
　　　　01425, 01435, 01436, 01438, 01494, 01576,
　　　　01681, 01781, 01784, 01890, 01930, 01957,
　　　　02056, 02057, 02195, 02262, 02263, 02293,
　　　　02515, 02517, 02606, 02668, 02669, 02724,
　　　　02725, 02870, 03018, 03025, 03033, 03034,
　　　　03066, 03069, 03234, 03302, 03311, 03454,
　　　　03521, 03698, 03721, 03761, 03764, 03804,
　　　　03835, 03932, 03933, 04000, 04002, 04009,
　　　　04019, 04157, 04175, 04177, 04283, 04298,
　　　　04315, 04389, 04408, 04478, 04487, 04556,
　　　　04612, 04613, 05134, 05187, 05205, 05324,
　　　　05329, 05389, 05391, 05406, 05537, 05538,
　　　　05541, 05670, 05671, 05693, 05736, 05819,
　　　　05872, 05873, 06349, 06407, 06409, 06412,
　　　　06414, 06417, 06467, 06468, 06522, 06558,
　　　　06559, 06621, 06716, 06744, 06779, 06780,
　　　　06858, 06909, 06918, 06919, 06920, 06984,
　　　　07003, 07115, 07407, 07451, 07560, 07738,
　　　　07798, 07831, 07834, 07989, 08066, 08071,
　　　　08092, 08175, 08488, 08620, 08799, 08932,
　　　　09118, 09200, 09266, 09358, 09367, 09396,
　　　　09429, 09833, 09834, 09859, 09868, 10095,
　　　　10203, 10252, 10529, 10852, 10864, 11180,
　　　　11289, 11292, 11333, 11376, 11405, 11445,
　　　　11608, 11616, 11669, 11708, 11829, 11837,
　　　　11982, 11983, 12129, 12186, 12397, 12487,
　　　　12505, 12604, 12640, 12734, 12830, 12966,

12970, 13069, 13130, 13266, 13267, 13269,
13289, 13467, 13534, 13602, 13692, 13724,
13741, 13747, 13835, 13836, 13852, 13858,
13860, 13985, 13992, 13994, 14003, 14004,
14036, 14060, 14177, 14179, 14183, 14368,
14369, 14494, 14554, 14560, 14563, 14565,
14574, 14575, 14598, 14790, 15007, 15009,
15293, 15294, 15295, 15393, 15763, 15783,
15857, 15858, 15949, 15981, 15984, 16115,
16169, 16202, 16292, 16333, 16380, 16386,
16395, 16498, 16502, 16508, 16511, 16564,
16565, 16725, 16727, 16810, 16812, 16840,
16841, 17131, 17160, 17163, 17204, 17248,
17337, 17411, 17523, 17919, 18002, 18032,
18171, 18231, 18236, 18711, 18805, 18815,
18971, 18976, 18982, 18983, 18994, 18995,
19008, 19010, 19166, 19179, 19538, 19658,
19720, 20123, 20280, 20577, 20589, 20591,
20592, 20725, 20740, 21031, 21043
周而复　08357
周至柔　10293
周光斗　04710
周光世　00168
周　伟　12361
周延祁　12427
周仲超　06274, 07634, 07760, 08780, 09507,
20180, 21141
周自强　04371
周行之　19228
周庆余　19994
周安仪　00120, 00535, 00544, 00762, 01422,
01629, 02990, 05878, 07294, 07893, 08438,
11685, 14425, 15118, 15499, 15568, 16595,
17241, 18999, 19394, 19405, 19665, 21133
周安汉　07008
周　迅　01878
周异斌　04768
周阳山　13469
周纪梦　03134
周进华　10426
周志辅　06570
周志道　12433, 12649
周芷畦　09253
周芬娜　00002
周芳世　00696, 16026, 18583
周李若兰　12394
周励桐　02851
周轩德　15843
周作人　11437, 11523, 12437, 12445, 12946,
13544, 14127, 15177, 16396, 16504, 17670,
20128, 20129
周佛海　10508, 12467, 18991
周　谷　02025, 05087, 05091, 06649, 12813,
13486, 13508, 13509, 14511, 15824, 17404,
18682
周孚青　00904, 01762, 02551
周彤华　01098
周应龙　12212, 17005
周弃子　04436, 05890, 07935, 13005, 19931
周良沛　03089
周君适　19912
周君亮　01795, 08862, 18880
周　坦　01972, 12567
周叔姬　12507
周卓怀　00124, 00128, 04998, 06852, 07877,
10200, 16999, 17558
周贤平　13341, 19227
周贤颂　10029, 10050, 12493
周昆田　02634, 07193, 07198, 07204, 21026,
21056
周国埙　10215
周昌云　00427
周昌弘　15221
周佳荣　20029
周质平　13485
周法高　18202
周宝山　02100
周宗盛　05989
周绍贤　16143
周相臣　09637
周树声　12523
周厚钧　12527
周秋如　05167
周重韶　03640, 14877, 20545
周信芳　08195, 20501
周剑心　07977
周洪本　07288
周宪文　10201
周冠华　05079, 09002, 12255, 16701, 19262
周冠雄　08694

周　语	03849, 13047	冼　江	00336
周祖彭	00881	庞　俊	17366
周素珊	14100	庞慎言	12972
周振甫	05293	郑小园	09401
周　桢	08213	郑小国	09402, 17860
周颂贤	07568	郑子东	00867
周润钿	05443	郑子展	10198
周润藻	13099	郑子瑜	11805, 15883
周家桢	17776	郑天栻	09403

周培敬　00776, 17054
周梦庄　20391
周盛渊　05928
周康燮　06256, 13644, 20013
周鸿经　19135
周渊博　04153
周谋燕　11828
周婉窈　17666
周策纵　13344, 13495, 14771, 17033
周善培　10457
周道济　00806, 02487
周谦冲　16316
周献明　02656
周榆瑞　12615, 12617
周蜀云　08126, 10117, 11283, 12628, 12629,
　　　　12845
周　锦　03198, 04642
周简文　04858
周鹏翥　16183
周　新　08239, 14728, 20057, 20162
周新雷　12599, 18463
周雍能　05054, 12633, 12634, 12635, 12636,
　　　　12637, 14269
周群振　16158
周慕瑜　12670, 18465
周震麟　16537, 20181
周黎庵　17672, 20390
周德伟　07994, 13164, 13408, 17342
周遵时　04365, 04373, 09668, 15548
周燕谋　02589, 19905
周鲸文　00175, 02745, 02748, 16956, 18075
周鳌山　00394
周　馥　12367, 12368
周　鳞　01657

〔丶〕

冼玉清　03464, 08142

郑仁佳　00740, 01337, 02377, 02617, 02739,
　　　　03478, 05565, 05932, 07848, 09078, 09272,
　　　　09807, 12835, 13494, 14305, 14481, 16063,
　　　　16542, 17276, 17538, 17674, 19349, 20798
郑文光　08544
郑正昭　05315
郑贞铭　00538, 00541, 07493, 07869, 10429,
　　　　16994
郑守仁　12758
郑寿彭　02674
郑寿麟　05189, 06510, 08532, 09410, 10237,
　　　　13897, 14656, 17765
郑远钊　04370, 10424
郑孝颖　04284
郑孝颖　00931, 03245, 03597, 06330, 06452,
　　　　07690, 11254, 12829, 15659, 15933, 19569,
　　　　20919
郑克晟　12699
郑秀卿　02897, 12627, 12814, 19602, 20580
郑沛霖　16650
郑　良　11237
郑　林　04484
郑国裕　04783
郑　泽　16550, 16630
郑学稼　02276, 03135, 04072, 07810, 07811,
　　　　10982, 10989, 12759, 12760, 12762, 12765,
　　　　13398, 13767, 16330, 19222
郑宜时　00867
郑官应　09791
郑诚章　18576
郑星槎　04990, 11022
郑香卿　19107
郑重为　05528, 14433
郑修元　12772, 12773, 13770
郑修云　20898, 20899, 20902
郑彦棻　01228, 01231, 01710, 01945, 02488,

02595, 02840, 03145, 03162, 03167, 03366, 04691, 04703, 05011, 05770, 05771, 05831, 06758, 06979, 07345, 07347, 07357, 07662, 07886, 07890, 08063, 08068, 09164, 09543, 09549, 10943, 10944, 11086, 11538, 11598, 11962, 12776, 12777, 12778, 12779, 12780, 12782, 12783, 12784, 12864, 12865, 13662, 13665, 13668, 14181, 15532, 15904, 16052, 16066, 16579, 16740, 16770, 17058, 17171, 17172, 17741, 18042, 19096, 19434, 19615, 20827, 21032, 21057

郑恒萃　09714, 09915
郑冠英　01934
郑祖荫　11811
郑振铎　14820
郑家稼　05302
郑通和　07419, 09348, 12815, 12817, 12818
郑继成　09674, 09677, 12823, 12824
郑继宗　16952, 16958
郑　梓　13677
郑梓湘　06619, 09917, 09922, 10679
郑逸梅　07429, 12644, 15596, 16699
郑鸿志　02502
郑越凡　03318
郑超麟　10667, 10669, 11453, 18122, 21164, 21166
郑喜夫　02583, 02586, 06874, 06875, 06884
郑揆一　10220
郑普政　11807
郑富璋　13750, 18160
郑　照　04765
郑毓秀　12843
郑潄芳　12713
郑聪武　08618
单士元　19894, 19942
单以诚　17393
单仲范　04843
宗　玥　12867, 12868
宗亮东　02054, 06720
宗　鲁　15853
宗道一　03355, 03356, 17571
宗　鹰　09444
宜荆容　00155
宜　益　03847
宜　庵　05452

郎玉衡　07125, 09960, 14996
郎静山　12878

〔乛〕

居一中　17757
居长安　02769, 11986
居　正　12882, 12883, 12910, 14616, 18925, 21013, 21116
居浩然　06298, 07060, 12893, 12911, 12913, 12914, 14051, 15611, 15709, 16866, 17193, 20526, 20529
屈万里　00118, 01472, 05624, 12926, 18232, 19127, 19258
屈小强　03679, 03787
屈　武　12923
孟子微　17678
孟天祯　02013
孟　达　09235
孟　萍　17486
孟庸夫　13220
孟　源　02427
孟　瑶　12324

九　画

封　项　赵　郝　荀　荣　故　胡　南　柯　查
柏　柳　郦　冒　钟　钮　香　秋　段　皇　候
律　俞　施　闻　姜　娄　洪　洗　恽　宣　宫
祝　费　胥　姚　贺　骆

〔一〕

封思毅　19603
项士元　12973
项达言　11935
项定荣　04881, 11253, 17982, 18962
赵万里　01139, 01141
赵子瑜　00454, 07278, 08607, 09447, 09919, 11681, 12264, 12499, 12597, 20189, 20262, 20474
赵天仪　07309, 12744, 15713, 16294, 19117
赵元任　06677, 11167, 13023, 13037, 13040
赵无极　13056
赵云声　00191, 09641
赵友培　09953, 09970, 09971, 09972, 09975, 09986, 09993, 10841
赵少昂　10942, 15764, 15841

赵尺子　03333, 06292, 13187, 13190, 15157,
　　　　15160, 15789, 20239, 20242
赵允宜　05153
赵玉明　12885, 12885
赵正楷　14559, 15379, 15383, 15384, 15385,
　　　　15386, 15387
赵世光　13073
赵世昌　13111
赵世洵　00351, 01486, 02321, 03982, 05853,
　　　　10858, 12625, 12740, 12791, 13197, 14864,
　　　　15317, 16270, 17816, 19437, 21125
赵丕廉　20288
赵龙文　07975, 20901
赵仪欢　14113
赵立成　01521, 04445, 09673, 12422, 13875,
　　　　16027
赵汉特　04076
赵永君　13103, 16613
赵朴民　00747, 01236, 03232, 03386, 04324,
　　　　04450, 05193, 05566, 06209, 08155, 09691,
　　　　12424, 13866, 14171, 14919, 15072, 15238,
　　　　15368, 15852, 16526, 17125, 17356, 17801,
　　　　19625, 20575, 20730, 20743
赵光宸　09347
赵光裕　07280, 19638, 19924
赵同信　02791, 07606, 09626
赵廷桂　09202, 18445
赵庆升　09304
赵如兰　13046
赵寿珍　19945
赵志邦　00372, 01973, 02767, 03565, 11040,
　　　　12198, 13967, 14458, 16500, 19254
赵志勤　10662
赵克森　14587, 19710
赵李崇祐　13210
赵杨步伟　06605, 13042
赵连芳　13109
赵佛重　01311, 13156, 13167
赵谷怀　13238
赵君豪　00230
赵　英　18658
赵　旺　10223, 11206, 16313
赵国材　03660, 10134, 18089
赵国清　19581, 19582
赵明琇　05449, 17644, 18508

赵明瑶　13078
赵明德　05832
赵知人　09359
赵　佩　02489
赵采晨　03350, 18923
赵郑培坤　13098
赵　炜　11539, 13371, 13374
赵泮馨　00292
赵宝熙　10724
赵宗鼎　02431, 03812, 13774
赵承谦　01199
赵荣声　00354, 00355
赵南雍　13991
赵复中　08697
赵恺政　13244
赵振宇　04734, 07561
赵振绩　13152
赵殷月瑾　13075
赵效沂　02227, 03941, 06995, 07262, 09515,
　　　　11169, 11172, 12618, 13178, 13179, 17434,
　　　　19948
赵浩生　18545
赵家圭　00122
赵家铭　01597, 03661, 08651, 13443, 13448,
　　　　17625, 18454, 20065
赵宾实　02501, 02504
赵　职　05437
赵萃年　09489
赵清阁　00685, 04414, 11461, 13202, 13203,
　　　　13204, 14233, 19513
赵淑侠　16938
赵淑敏　04263, 07473, 19584, 20370
赵维承　13198
赵　琴　06053, 06056
赵　琛　02543, 13001, 13003
赵植芝　13208, 13209
赵惠东　13223
赵雅书　08380
赵景深　00621, 03720, 03851, 04528, 04669,
　　　　05319, 08553, 11906, 13517, 15470
赵赓扬　17203
赵滋蕃　13227, 15605
赵锡民　05242, 13325
赵锡宝　09938
赵筱梅　13995

赵旂麟　13238
赵慎安　15607
赵慕嵩　00550, 05927
赵　端　06372, 06424, 18077
赵　聪　00017, 00629, 01241, 01463, 01846,
　　02063, 02073, 02453, 02627, 02774, 02959,
　　03093, 03856, 04531, 04594, 07777, 08134,
　　08263, 08347, 08359, 09066, 09759, 09821,
　　11465, 11773, 11917, 11927, 12137, 12345,
　　12412, 12801, 12954, 13304, 13539, 13586,
　　14353, 14397, 14416, 14521, 14524, 14584,
　　14947, 15267, 15283, 15462, 16229, 16946,
　　16968, 17219, 18533, 19516, 20127, 20275,
　　20491, 20882, 21075
赵震鹏　02116, 12024
赵　衡　09209
赵　璵　13784
赵　藩　06772
郝亚雄　13256
郝更生　13261, 13262, 13263, 13264, 13265
郝供年　01612, 16995
郝培芸　13274
荀　寻　19554
荀　芷　16006
荣　庆　00402
故乐民　03770
胡一贯　09977
胡士方　18846
胡子丹　06519, 10450
胡元福　18468
胡木兰　13653
胡友瑞　10831
胡公武　20332
胡为美　10970
胡允恭　10246, 13624
胡玉衡　07432
胡去非　04677, 04678
胡　平　13335
胡平生　17641, 17830, 17833, 17888, 17908,
　　17922, 19976, 19997
胡旦旦　04097
胡乐民　03686
胡乐翁　01322, 01448, 06632, 06833, 10999,
　　12084, 12774, 15512
胡兰成　09805, 09808, 13631

胡汉民　01870, 01871, 01919, 01927, 01935,
　　03174, 03370, 03624, 03967, 03970, 07694,
　　07941, 11619, 11638, 12738, 13637, 13638,
　　13655, 13680, 19459, 20397, 20469
胡必林　01584
胡式星　16109
胡有瑞　00803, 00821, 00845, 00897, 00955,
　　01229, 01944, 04042, 04308, 05781, 05786,
　　05937, 05938, 06271, 06750, 06802, 07029,
　　07197, 08388, 08451, 08466, 08965, 09902,
　　10113, 10170, 11775, 12157, 13106, 13667,
　　17113, 17120, 17738, 17938, 17958, 18271,
　　18512, 21097
胡　轨　04770, 08034
胡光麃　02651, 03382, 06828, 07398, 08101,
　　12510, 13695, 18253
胡岂凡　06370, 07039, 13128
胡先骕　20596
胡仲纾　04435, 04441
胡自逢　15878
胡伊伯　18988
胡汝康　15376
胡　秀　11427, 15253, 20550
胡　佛　20984
胡应汉　03411, 18069
胡述兆　00828
胡国材　00912, 06695
胡昌炽　19326
胡昌骐　20595
胡忠民　13749
胡牧之　05035
胡金铨　02939
胡治章　12781
胡定安　13792
胡春惠　11031
胡耐安　02137, 02429, 03046, 03123, 03555,
　　06810, 06811, 07300, 07301, 07905, 08229,
　　08727, 08729, 09480, 09934, 11245, 11246,
　　13657, 13659, 13803, 13804, 14487, 15033,
　　16088, 16112, 16126, 17579, 18072, 18895,
　　19248, 19250, 19545, 19546, 20247, 20248,
　　20311, 20440, 20441, 20442, 20444, 20445,
　　20462
胡品清　13813, 15927
胡钝俞　07440

胡秋原　12743, 12761, 13406, 15606, 17007,
　　18074, 19304
胡秋塘　02947
胡信田　15710
胡养之　01733, 07678, 10652, 13160, 13999,
　　14000
胡美琦　15029
胡祖舜　12065, 20657
胡耘农　04652
胡格金台　07602
胡　致　13848
胡健中　13839, 13840
胡颂平　03283, 03284, 03296, 03405, 13330,
　　13338, 13339, 13425, 13431, 13455
胡竞先　13842
胡继兴　02401
胡　琏　13554
胡鄂公　19961
胡商岩　13861
胡　绳　19212
胡絜青　02937, 02938, 02955
胡博渊　07558
胡蒋明珠　10763
胡惠宣　13432
胡瑞湖　06410, 08971
胡蓝成　04610
胡献群　07143
胡愈之　11866
胡嘉棠　08166
胡霁林　14035
胡遯园　00132, 00368, 01179, 02236, 02257,
　　02389, 03047, 03124, 03496, 03581, 04053,
　　06299, 06834, 07302, 07909, 08250, 09935,
　　10516, 11015, 11247, 11600, 12027, 12085,
　　12475, 13013, 13693, 14489, 15797, 16089,
　　16127, 17400, 17564, 17581, 18086, 18948,
　　19957, 20320, 20467
胡　毅　15256
胡毅生　06293
胡憨珠　02561, 21100
南　川　03560
南　扬　11120, 11121
南　军　17761
南　芸　07166, 09331
南怀瑾　02757

南宫搏　08989
南　湖　00275, 02751, 03837, 06101, 06578,
　　06997, 07291, 08178, 08526, 09146, 09147,
　　10740, 10911, 10974, 11287, 11354, 11491,
　　12011, 12145, 12745, 12982, 13004, 13687,
　　14008, 14053, 14245, 14693, 14886, 15619,
　　17327, 17546, 17605, 17606, 18438, 19321,
　　19792, 20359, 20431, 20494
南　溟　14006
柯文溥　16548, 19509
柯远芬　13562
柯　灵　19057
柯劭忞　05392
柯叔宝　20017, 20188, 20214, 20227
柯剑星　17006
查光佛　20216
查良钊　09355, 13931, 13934, 18727
查良鉴　04771, 09376, 11676, 13940, 13941,
　　13942, 13943, 15315
查显琳　10779
柏文琳　18656
柏文蔚　14893
柏　生　07794, 19593
柏　杨　06250
柏沁芳　19589
柳　广　09297
柳无忌　05445, 05460, 05467, 06614, 07691,
　　09361, 12804, 13477, 13965, 13966, 13969,
　　13975, 17201, 19254
柳长勋　12167
柳亚子　05458, 08081, 15509
柳存仁　01836, 12454, 18019, 21070
柳岳生　04859
柳　哲　17299
柳　絮　01263, 04552
柳肇嘉　06419
柳藩国　20604
郦堃厚　12529, 13924

〔｜〕

冒效鲁　14009
冒舒湮　14015
冒鹤亭　05877, 06764

〔丿〕

钟一龙　05550, 18593

钟工宇　04985
钟　山　18617
钟广兴　02641
钟仁杰　14324
钟正君　11026
钟正岩　03380
钟华民　07365
钟创业　14029
钟　庆　17894
钟　兴　20331
钟贡勋　19149, 21030, 21050
钟克豪　18998
钟杨瑞先　00986
钟丽慧　01246, 07007, 07416
钟　青　18631
钟　英　04418
钟　杰　02319
钟明志　14051
钟岳年　01841, 14595
钟容昭　07107
钟朗华　04657, 05266
钟　彬　14034
钟　博　05707, 07898, 18748, 19156
钟鼎文　00221, 14070, 14072, 20993, 21071
钟温和　16979
钟　强　14028
钟　雷　08022
钟嘉利　01286
钟器声　18351, 18380
钮永建　07836, 10156, 15344
钮先铭　09211, 15230
香士心　14092
秋灿之　14107, 14112, 14124, 14136
秋灿芝　14098
段永兰　14174
段佑泰　13880
段宏俊　04712
段昌国　14543, 17525
段承愈　03321
段昭文　07958
段剑岷　00780, 00781, 02928, 02932, 08628,
　　10291, 20702, 20703, 20706
段培龙　17985
段辅尧　14148
段彩华　01214, 13757

段醒豫　08629
皇甫河旺　09563
侯　中　19768
侯中一　00896, 03279, 10574, 19430, 20977,
　　20978, 20990
侯正之　08560
侯申一　08565
侯立朝　07814, 19878
侯传勋　00757, 06336, 12525, 13764
侯兆水　01884, 01904
侯松茂　04876
侯　畅　09155, 16440
侯宝林　14199, 14200
侯　建　14979
侯绍文　09776
侯庭督　10838
侯　健　17162
侯健成　04827
侯家源　10028, 10032
侯　悟　02536, 07437, 08030, 08703, 10799,
　　11713, 12690, 14115, 19426
侯　冕　10682
侯鸿绪　02800, 06734
侯喜瑞　14205
侯斌彦　18542
侯锡麟　15620
侯蔚萍　05956
律鸿起　14209
俞大维　11144
俞飞鹏　14232
俞志厚　09327
俞济时　14252
俞振飞　09004, 14254, 20855
俞宽铺　05215
俞勗成　07521
俞鸿钧　14263
俞　谐　07633

〔丶〕

施秀乔　08262, 08344, 09063, 11462
施叔青　14212, 14238
施植之　14331
施溪潭　08695
施嘉明　10880
施肇基　14330

闻一多	02075, 02460
闻少华	08222
闻　乐	06885
闻　叟	05551
闻　堂	17349
闻黎明	13504, 14349
姜丹书	06072
姜文锦	18867
姜龙昭	02462, 11341
姜白鸥	01787, 07411, 10648
姜成涛	04139
姜寿臣	04377
姜伯彰	08940, 08942, 11184, 14002, 20585
姜良仁	15381
姜绍谟	14379
姜　贵	14360, 14361
姜席珍	14378, 14381
姜曼丽	14685
姜　琦	14366
姜超岳	01583, 09199, 14384, 20897, 20944
姜联成	06784, 10593, 19391
姜新立	09498, 21158, 21161, 21162
姜　穆	04643
娄伯棠	16038
洪木川	11689, 16660, 20569
洪文山	08582, 08589
洪　书	06225
洪兰友	19031
洪永铭	14429
洪　轨	13845
洪亦渊	00304
洪国樑	01143
洪炎秋	08351, 09287, 09878, 10284, 13424, 14427, 18728, 19141
洪炎敏	12440
洪剑雄	02567
洪桂己	11833
洪健岳	17410, 19310
洪维清	10013
洪喜美	06272, 06805, 20464
洪渭平	03566
洪燕谋	18287
冼玉清	18093
恽　云	11106
恽　劳	04163
恽茹辛	02814, 04359, 06416, 08529, 09076, 11607, 16081, 19475
宣介溪	04111, 08660, 10299, 18801
宣从文	13373
宣奉华	11210
宣建人	09193, 15123, 18134
宣健人	13949
宫守义	08513
祝夺标	12875
祝秀侠	00587, 03396, 05081, 06107, 06620, 07327, 07331, 07349, 07350, 08141, 08327, 09764, 09793, 09874, 09916, 09918, 10017, 10353, 10926, 11243, 12667, 12668, 13622, 14019, 14057, 15834, 16654, 16706, 17069, 17509, 17996, 18056, 19783, 19798, 19799, 20298
祝佛朗	14056
祝　康	09222
祝　戡	20927
祝　嘉	17517
祝　毓	04960, 07973, 09876

〔乛〕

费云文	01358, 07650, 08234, 09500, 10575, 12716, 20893, 20910, 20911, 20912, 20916, 20933, 20940, 20941
费企和	11348
费孝通	14508
费海玑	12928, 13439, 15604, 19372
费　辞	18037
胥瑞甫	04467
胥端甫	00141, 01008, 01011, 01312, 02251, 03542, 06317, 07104, 07587, 09117, 09939, 11493, 15359, 16337, 16338, 17613, 20291
姚乃麟	01307, 02452, 02629, 04530, 11914, 12460, 15461, 16004
姚于有年	14588
姚凤磐	03586
姚玉兰	05526
姚冬声	08485
姚立夫	00547
姚　光	14534
姚　克	04278, 14558
姚谷良	07059, 07190, 10100, 16707, 18012
姚雨平	07082

姚晓天　09156，19576
姚高淑芳　15815
姚梦谷　00453，06089，08996，12827，18218
姚崧龙　11322
姚崧龄　01452，01656，02406，02717，03229，03244，03395，03437，03728，04335，05651，05652，06914，06915，07069，07396，07689，08193，09194，09524，10063，10069，10072，10647，10658，10659，10965，11499，12486，12552，13062，13063，13292，13293，13685，14517，14518，14586，14589，14720，15179，15674，16055，16056，16393，19411，19560，20731，20791，20826，20868，20872，20949
姚渔湘　04195，04355，04754，08025，11442，13635，13916，14690，15508，15814，17601，17602，17604，17611，17616，17617，17842，20168，20642，20647
姚　琮　02862，04396，07710，10048，11575，12500，15680，18770
姚蒸民　01946
姚跨鲤　18757，18759，20831
姚锡光　18138
姚锡佩　14830
贺玉波　00012，01308，01845，02624，05433，08346，11306，11867，16224
贺有年　05292
贺　夷　17513
贺　光　19722
贺宝善　03526，03598，05845，07619，18031，19100
贺绍中　14459
贺衷寒　13766
贺照礼　00220，01726，10783
贺嗣章　12224
贺德旺　14469，14470，19580
骆以军　13908
骆志伊　08032，10245
骆希文　07649
骆启莲　19755
骆　拓　15633
骆宾基　16950

十　画

秦　班　敖　袁　耿　聂　莫　桂　栗　贾　夏　原　顾　柴　晁　晏　钱　铁　倪　徐　殷　翁　狷　凌　高　郭　席　唐　浦　海　涂　容　朗　诸　谈　陶　桑

〔一〕

秦　云　19913
秦百涛　09111
秦光玉　01520
秦孝仪　08824，08825，10777，13246，16455，17002，18417，18433
秦启文　15787
秦贤次　01086，01352，01412，01439，01650，01711，01716，01722，01756，02234，02255，02313，02340，02467，02918，03087，03197，03718，03848，04024，04133，04667，05173，05204，05208，05404，05818，06037，06320，06333，06507，06518，06711，07797，07830，07870，07871，07947，07948，08078，08146，08362，09288，09854，10139，11124，11392，11830，11900，11999，12191，12446，12879，13074，13129，13691，13855，13907，14178，14301，14356，14367，14420，14513，14769，14821，14943，15195，15270，15274，15428，16332，16772，16855，17281，17777，17891，17931，18018，19470，19739，20600，20714，20787，20792，21150
秦　明　11749，15990
秦　岳　19506
秦保民　08688
秦梦群　20087
秦惟镕　04826
秦维藩　04372
秦绥章　10125
秦瘦鸥　10638，20701
秦慧伽　05190，14637
秦德纯　02926，08658，09224，09229，14638，14640，14642，14644，14645，14646，14647
秦儒海　17354
秦濛生　14652
班一鲁　14722
敖凤翔　13368
袁义勤　02824
袁子平　10422
袁水才　02803
袁　方　03444
袁帅南　10407

袁尔受	14853
袁永松	01621, 12574
袁同畴	01326, 11331, 21048, 21049
袁克文	14679
袁宏昇	18789
袁 良	13121
袁良骅	10551
袁枢真	16736
袁叔祯	14730
袁 牧	11737
袁金书	07622
袁宙宗	01981, 07110, 07570, 17650, 20747
袁 诚	21065, 21081
袁建禄	10803
袁承业	10483
袁思亮	07970
袁祖恢	14676
袁昶超	13801
袁 清	14766
袁道丰	10065, 12703, 15052, 15058, 15059, 15060, 15071, 18552
袁寒云	14780
袁静雪	14783
袁睽九	11255, 12256, 14809, 18045, 18046, 18053, 18055, 18058, 18432, 18909, 18910
袁慧熙	14757
袁 澄	14759
袁翰青	19385
袁 冀	19037
耿云卿	04813
耿 心	10338, 10339, 14814, 14815, 17885
耿殿栋	15651
聂佐林	18078
聂其杰	14826, 19345
聂绀弩	02570
聂炳晟	06612
莫一点	04219, 08487, 16058, 18952
莫安夏	09699, 19841
莫荣宗	12147, 12148
莫 洛	02091
莫 索	10948
莫德成	01942
莫德惠	14852
桂华山	14882, 14883, 14883, 14884
桂昌宗	17574, 17584
桂崇基	04741, 05082, 06356
桂 裕	11251, 13936
栗 直	00190, 00409, 01391, 01504, 02009, 04188, 04239, 06600, 07043, 09781, 13219, 14892, 15159, 15340, 15801, 17132, 17754, 17810, 18241, 19030, 20279
贾士毅	01084, 01088, 04074, 06220, 06227, 08156, 08766, 08768, 09483, 10092, 11224, 12073, 12076, 12421, 12423, 12508, 14486, 15055, 15073, 15851, 17250, 17257, 17355, 17789, 17799, 17865, 17914, 18184, 18188, 20566, 20570, 20741
贾大毅	05687
贾文波	06145, 17745, 18466
贾廷诗	14971, 14985
贾亦珍	07020
贾亦棣	20542
贾亦斌	14902
贾讷夫	08530, 17510
贾羽春	10395
贾孝全	13090
贾宝诚	05006
贾祖麟	13531
贾逸君	03097, 03570
贾景德	14913, 17751, 21039, 21045
夏之时	09850
夏仁虎	14950
夏文俊	12174
夏世鉴	06663
夏令人	08981
夏用九	17357
夏 宁	01659
夏 冰	05147
夏孙桐	10674
夏寿华	02239, 04088, 16861, 17417
夏志清	10540, 13473, 13492, 14981
夏尚早	02350
夏明曦	14231
夏承栋	14950
夏承楹	10609
夏思痛	08423
夏 衍	10226
夏济安	14969
夏祖丽	09280, 13812
夏晋麟	14991, 14992, 14993

夏悟亮　06809
夏　萍　06447
夏敬观　20105, 20132, 20290
夏道平　00919, 03443, 06237
夏道汉　02082
夏敷章　15332
原景辉　15010, 20337
原德汪　06195, 16687
顾一樵　15087
顾子扬　01207, 19103
顾竹淇　05518, 10850, 15036
顾汝骥　15049
顾沛君　09748, 14726, 15016, 17508, 21174
顾孟余　20103
顾树型　13759
顾祝同　14078, 15041
顾耕野　15046, 15047
顾菊珍　14807
顾翊群　12303, 12304, 15975
顾维钧　01235, 01597, 06775, 06775, 15056,
　　　　15062, 16573
顾景梅　17154
顾献梁　10604
顾毓琇　02332, 15069, 15088
顾毓瑞　15066
顾　影　16210

〔丨〕

柴松林　15003
晁介岭　05010
晏阳初　15102

〔丿〕

钱大钧　07531, 15143, 18425
钱公来　03330, 03332, 05925, 15156, 15542,
　　　　15954
钱正君　11063
钱用和　08409, 15163
钱　权　01348, 11092, 13912
钱存训　14767, 14772, 18223
钱　行　15134
钱江潮　13826
钱杏村　11464, 11915, 15460, 16001, 18532
钱佽樵　08273, 08274, 08275, 08887, 08904,
　　　　08908

钱沛霖　12492
钱君匋　07178
钱纳水　10839, 13854, 15193, 15194
钱卓伦　15186
钱卓纶　09884
钱昌祚　15200, 15201, 15202, 15203, 15204,
　　　　15205
钱　泰　15320
钱振锽　02553, 07730, 08787
钱理群　12438
钱基博　07438, 17660
钱塘江　20770
钱慕尹　15141
钱歌川　15243
钱　穆　03893, 09471, 09709, 10373, 15121,
　　　　15127, 15129, 15130
铁　卢　03446
铁　崖　18929
倪克定　08608
倪抟九　04108, 05539, 05739, 07756, 07759,
　　　　08599, 16672, 16673, 16674
倪炯声　15562
倪鼎文　06869, 18194
倪渭卿　10094, 10683, 10684, 19754, 20848
徐一士　17656
徐乃力　17034
徐大笛　07330
徐小虎　15656
徐文六　10843
徐文珊　04888, 08805, 08821, 15170, 17445
徐文祺　11319
徐文耀　15250
徐讱三　08519, 11893, 15443
徐世大　15355, 15356
徐世贤　11677
徐世敏　20661
徐归田　15271, 17380
徐　白　08906
徐兰沅　04143
徐永昌　15374, 15386, 15387
徐有守　00812, 00835, 04045
徐光明　13076
徐　刚　19118
徐廷鎏　15298
徐自华　14133

徐自昌	07123, 07895
徐血儿	08681
徐兆镛	00476, 17060
徐好文	01584
徐观余	21055
徐志道	15417
徐志摩	10144, 15420, 15423, 15425
徐芸书	15604
徐苏中	12611, 18133
徐园园	16198
徐秀南	15185
徐秀卿	06012
徐伯阳	15626
徐 亨	04300
徐启明	15483
徐君武	09856
徐君虎	15484, 18663
徐 英	11520, 11524
徐贤修	05369, 17202, 20558
徐明月	07233, 18502, 18763
徐承庶	15521
徐绍桢	15518, 16617
徐珍妮	16153
徐荫祥	14895
徐柏园	02015, 03711
徐思贤	02869, 03811, 06700
徐钟鸣	15524
徐钟佩	15516
徐复观	03763, 07725, 09879, 10569, 13403, 15570, 15571, 15706, 16492, 16912
徐庭瑶	15587
徐炳宪	14156, 14170
徐哲甫	01094, 03808, 06335, 11975
徐 讦	03406, 09857, 09987, 10147, 11763, 13457, 14577, 15229, 15268, 15284, 16147, 17341
徐高阮	13322, 13399, 13816, 19140
徐润自	15298
徐家璧	14763, 14766
徐宾远	02317
徐培根	18505
徐清文	05048
徐 堪	02230, 15300
徐韩淑贞	15676
徐铸成	16061
徐咏平	10469, 10812, 10830, 15090, 15493, 15494, 15495, 15496, 20040, 21025
徐道邻	00061, 15539, 15540, 15541
徐 瑜	02284
徐楚樵	15498
徐槐生	06070
徐慎缄	00043
徐 樱	15541, 15559, 15656, 15657, 15664
徐樱增	15541
徐鳌润	16283, 18265
殷允芃	00551
殷正慈	01092, 04150
殷志鹏	08318, 11479, 12918, 15699
殷卓伦	01734, 17399
殷梦熊	01127
殷德厚	12258
翁之镛	05203
翁 元	18427, 18666
翁文灏	15718, 15719, 15722
翁廷枢	14972, 14980
翁灵文	03991, 20368
翁岳生	06300
翁思再	20412, 20417, 20418, 20471, 20493, 20506
翁 钤	02575, 06186
翁倩玉	15727
翁爱薇	00836
翁偶虹	12289
翁福健	18719
翁碧英	19604
狷 士	10406, 11635, 11687, 14323

〔丶〕

凌云超	17504
凌 风	10152
凌竹铭	04437, 16236, 16247
凌 冰	04216
凌 宇	08325
凌志达	03161
凌绍祖	00858
凌铁庵	07050
凌颂如	20765
凌崇秀	16255
凌鸿勋	00039, 02388, 04155, 04988, 07685, 10731, 12171, 12176, 13416, 15031, 16099,

	16102, 16232, 16233, 16234, 16237, 16242, 16243, 16244, 16245, 16246, 16248, 16249, 17330, 19805, 19806, 19810, 19813, 19814, 19816, 19822
凌鸿嗣	19817
凌　源	20267
凌　霄	15054
高山流	09604
高子昂	06273
高天生	02345
高日文	11653
高长明	04779
高文怡	03644, 03883, 16114
高平子	00522
高平叔	20098, 20140
高　丘	19215
高处寒	00737, 04442
高永光	18076
高永祖	01779
高　民	12393
高亚宾	02521, 02525
高贞白	08140, 17769
高廷梓	14062
高伟时	04878
高仲芹	17061
高向杲	02016
高　行	11085
高　阳	09326, 10646, 18409
高李梅卿	05654
高伯雨	01320, 02687, 08983, 09944, 10219, 11646, 11690
高怀民	01715
高启圭	02142, 15819
高君湘	12706, 15790, 15817
高纯淑	11555
高武之	09350
高茂辰	09635
高　明	15747, 15749, 15750, 15968
高宗鲁	11033, 16252, 16288, 19806
高定国	05802, 19915
高荫祖	18421
高树勋	02148
高昭辉	12763
高拜石	11647, 15826, 18922
高　贷	15666

高　信	00588
高美庆	08990
高钰铛	11497
高　准	13777
高理文	15854
高崇云	18404
高焕云	09488
高鸿缙	02053
高　渠	15788
高　梁	01340
高绪价	15877
高越天	10047
高登云	05165, 09310, 09672, 10243, 14932
高　瑜	18838
高慧敏	08640
高操叟	15546
高　翰	00318
高　謇	15860
郭大鸣	15958
郭小庄	09007, 15919
郭中一	05988
郭凤明	10468
郭为藩	17909
郭　书	00633
郭正昭	01005, 01012
郭达进	15207
郭成棠	10983
郭廷以	01941, 11795, 15482
郭兆华	02585, 02600, 15939
郭衣洞	20276
郭寿华	07500, 08060, 10833, 11056, 12723
郭芳美	12884, 12902
郭佐唐	06066
郭伶芬	10778, 10800
郭希仁	13734
郭易堂	02747, 03704, 04192, 05949, 06013, 06471, 08003, 09126, 09924, 09926, 13168, 17443, 18924
郭沫若	15985, 15988, 18440
郭学虞	00837, 06142, 09232, 09239, 09565, 10571, 11295, 13441, 17548
郭宗文	15477
郭荣生	02014, 09344
郭荣赵	11402, 12211
郭　相	05934

郭显堂　06067
郭冠英　01364, 09513, 09636
郭晋秀　15507
郭　桐　00356, 00357, 00726, 01886, 03788,
　　　04005, 09293, 09650, 09655, 10584, 14453,
　　　14869, 15722, 16399, 16784, 18367, 18816
郭浩贤　03842
郭敏学　08462
郭清江　09437
郭寄峤　03682
郭湛波　05005, 13437, 20058
郭嗣汾　16636
郭颖颐　07528
郭聪宪　20834
郭德权　16040, 16041, 16042
郭　澄　05914, 15902
郭薰风　16020
郭　骥　02490, 10297, 15910, 15912
席广益　01712
席正铭　06472
席兴群　16047
席涵静　00637, 01093, 01808, 02223, 07631
席德进　08995, 11609, 16049, 16051, 16054
唐乃格　05611
唐大荒　02700
唐之人　01069, 01613, 01938, 05581, 05582
唐子安　04204, 06396
唐飞霄　11271
唐仁民　09962
唐　凤　14712, 19902
唐文治　16097, 16100, 19732
唐　允　14544
唐生明　16106
唐仕进　02245
唐　华　18361, 18623
唐兴汉　18626, 18629
唐　寿　05490
唐苏民　16653
唐良雄　20894, 20926
唐　纵　12720
唐贤凤　10967
唐国珍　12347
唐秉玄　13150, 16170, 20858
唐绍华　12278, 15451, 19232
唐柱国　00630, 00632, 14829

唐修刚　16180
唐祖培　01329, 05116, 08931, 17664, 17912,
　　　18518, 18524, 19830, 20662
唐耕诚　06297
唐振楚　08851, 12787, 18411
唐润钿　02596
唐培初　14351
唐　强　11734
唐瑞生　12528
唐瑞福　18393
唐嗣尧　19637
唐筱冀　16190
唐端正　16151
唐蕴玉　05456, 05462
唐德刚　00345, 00680, 01616, 02081, 03264,
　　　03936, 03937, 03939, 05101, 05689, 10598,
　　　11046, 12575, 13329, 13333, 13336, 13468,
　　　13472, 13487, 13490, 14733, 14734, 14735,
　　　14736, 14737, 14738, 14770, 15067, 15823,
　　　16207, 17151, 17515, 18674, 19881, 19882,
　　　20349, 20669
唐德堃　10461
唐　衡　07099
浦薛凤　05244, 06910, 09770, 09828, 12548,
　　　14347, 15212, 16262, 16264, 16265, 16266,
　　　17030, 17108
海　若　20142
海法特　04778
海　鸥　14870
涂学明　16271
容天圻　06084, 07162, 07488, 10706, 10741,
　　　11488, 11739, 15830, 16220, 18285, 19317,
　　　19936
容　若　01036
容　恒　15831
朗　毅　03095, 09073
诸祖耿　00340
诸葛黛　00831
谈社英　16301
谈锡永　13196

〔丅〕

陶元珍　07138, 13438, 19299
陶元德　00625, 04529
陶木盦　00775

陶亢德　08625，11308，19512
陶玉东　14130
陶邦彦　05446
陶百川　01479，06837，07329，10183，16318，
　16319，16320，16321，17989，20768
陶芳辰　00907
陶希圣　00779，00825，01481，02110，02175，
　03290，03334，04565，05513，05762，06146，
　07858，09525，10555，10565，10573，10886，
　10987，12175，12950，13359，13417，13465，
　14338，15032，15964，16022，16345，16346，
　16347，16348，16349，16350，16351，16352，
　16353，16354，16355，16356，16357，16358，
　16359，16360，16361，16362，16363，16364，
　16365，16366，16367，16368，16369，16370，
　17189，17424，18209，18725，19120，19357，
　19358，20995
陶拙庵　14780
陶英惠　02806，03448，03872，05827，06652，
　06740，07549，10043，11644，12172，18479，
　20024，20026，20027，20060，20071，20075，
　20077，20082，20083，20085，20091，20095
陶季玉　07214
陶　怡　04356
陶恒生　06028，10523，16371
陶晋生　14547
陶菊隐　08227，18492
陶惠英　20530
陶鹏飞　09027，12325，16339
陶德亮　17441
陶履谦　03415
桑　林　06090
桑　桑　06074
桑　榆　10282

十一画

黄　萧　萨　梅　曹　戚　龚　盛　常　眭　崔
符　康　鹿　章　商　阎　梁　寇　谌　逯　尉
屠　绩　续

〔一〕

黄一欧　16437，16447，16449
黄大受　00439，05306，07142，09025，09451，
　12283，15806，16562，16563，17032，18506，
　18507

黄大炟　08415
黄开务　17708
黄天才　01026，02333，08427，10454
黄天迈　06775，16572
黄天鹏　07343，09534，09537，09547，16575，
　18041，20758
黄天爵　07346，16019
黄元复　05616
黄云鹏　08011，08012
黄少谷　02314，13717，16588，16591，20453
黄少群　12570
黄　中　13594
黄中孚　08500
黄中黄　04709，08290
黄仁霖　16603
黄化宙　14937
黄文山　07819
黄文兴　09643
黄文蓉　14687
黄玉发　16901
黄玉芬　08980
黄玉明　11594
黄玉斋　17612
黄世晖　20063，20139
黄艾仁　04261，13500
黄东涛　02936
黄甲臣　05919，11820，16695
黄立懋　04570，11339，19674
黄汉生　09978
黄台香　16217，18205
黄百里　07353
黄达之　18158
黄　尧　05352，08732，09750，16398，20672
黄师樵　18782
黄光学　04701，04714，04722，04786，18300，
　18305
黄仲文　07882，07884
黄仲苏　01015
黄华节　04471
黄仰山　02754，09356，19087
黄兆强　16156
黄旭初　10194
黄亦孚　07433
黄兴华　04030
黄　农　16917

黄克武　17647
黄丽贞　01153
黄秀松　20510
黄伯平　08643
黄伯度　04426, 04427
黄犹兴　16850
黄沈亦云　16517
黄启汉　02655, 06144
黄启懂　16693
黄君牧　16894
黄君璧　16708, 16711, 18048
黄灵芝　07310
黄纯仁　06983
黄纯青　16730
黄其祥　17646
黄其嘉　18097
黄苗子　08433, 09013
黄英烈　05635, 09443
黄　杰　03820, 04244, 08992, 13761, 15580,
　16470, 16474, 16476, 16479
黄雨川　01609
黄　尚　04243, 04253
黄国书　10264
黄国昌　05057
黄昌勇　12205
黄季刚　04170
黄季陆　00826, 04388, 04782, 04879, 04890,
　04978, 04980, 04981, 04995, 04996, 04997,
　05001, 05019, 05029, 05030, 05031, 05062,
　05080, 05466, 06270, 06807, 07098, 07103,
　07145, 07400, 08972, 10102, 10286, 11334,
　11545, 11546, 16444, 16756, 16757, 16758,
　16759, 16760, 16761, 16762, 16763, 16764,
　16765, 16766, 17197, 17420, 17425, 18225,
　18430, 18730, 18734, 19138, 20054
黄秉衡　16775
黄欣周　07829
黄金文　12001
黄金成　18274
黄　昏　19808
黄炎东　04865
黄宝实　02168, 15360, 16788, 16788, 16790,
　16791, 16792, 16793, 16794, 16795, 17076,
　17271, 17859
黄建中　16809

黄居素　11020
黄绍竑　16817
黄奏胜　05056, 18362
黄春生　16915
黄珍吾　12722
黄　城　12788
黄思基　18148
黄顺华　00607, 13353, 18692
黄　俊　01933
黄俊东　00853, 01053, 01056, 01464, 01652,
　01831, 01847, 02297, 02454, 02960, 04532,
　05241, 05262, 05602, 05717, 06034, 06041,
　07778, 08264, 08550, 08570, 08626, 09067,
　10142, 10227, 11758, 11928, 12056, 12378,
　12462, 13148, 13284, 13550, 14596, 14601,
　14607, 14675, 14834, 15024, 15234, 16074,
　16075, 16079, 16988, 17220, 17684, 18021,
　18290, 18534, 19472, 19653, 20251, 20630,
　20688, 20693, 21076, 21154
黄俊生　02064
黄俊杰　08444, 08445, 08452, 17029
黄美意　15638, 16814, 16864
黄济人　05548, 06770
黄恒浩　02885, 04348, 09303, 09615, 17403
黄宣义　02819
黄祖荫　12916
黄振世　16782, 18464
黄振廷　07843
黄恭石　01347
黄　莹　07130
黄桐生　10172
黄　夏　19172
黄造雄　16849
黄宽重　05354, 12692
黄　容　16297
黄展骥　15707
黄　培　01968
黄　乾　11139
黄雪村　11173
黄敏祯　12537
黄得时　06888, 10933, 13049, 17607, 17867,
　17871, 17887
黄章明　05431, 11663, 19507
黄淑芳　16863
黄超民　19633

黄朝琴	15314, 16874, 16879
黄葵胜	04809
黄雄珩	10595
黄雯玲	20625
黄敦涵	15725
黄尊生	20300
黄湘杰	10254
黄　强	16544
黄瑞南	11964
黄蒙田	09191, 11612, 15198, 17156, 19218, 19219
黄睦孙	16742
黄锦铉	04434
黄廉卿	17043
黄雍廉	10489
黄煌雄	18776, 18785, 18787, 18788
黄福初	16646
黄嘉梁	09052
黄嘉谟	00498
黄　裳	12940
黄彰健	17492, 17494
黄肇松	06705
黄肇珩	00805, 02281, 02838, 03336, 05836, 07018, 07025, 07723, 08998, 09551, 09966, 10430, 10946, 10953, 11741, 11745, 11751, 11835, 13667, 14541, 14915, 15124, 15128, 16431, 16509, 16721, 20031
黄磊明	20011
黄震遐	00001, 00020, 00085, 00092, 00095, 00302, 00315, 00319, 00321, 00349, 00375, 00376, 00390, 00391, 00397, 00418, 00444, 00481, 00509, 00563, 00636, 00638, 00662, 00688, 00718, 00724, 00786, 00847, 00874, 00926, 00940, 00961, 00998, 01002, 01105, 01107, 01114, 01115, 01121, 01129, 01173, 01186, 01208, 01213, 01249, 01250, 01253, 01271, 01338, 01361, 01363, 01372, 01387, 01428, 01443, 01445, 01458, 01482, 01500, 01506, 01527, 01534, 01539, 01562, 01578, 01600, 01602, 01603, 01639, 01643, 01665, 01677, 01685, 01690, 01691, 01703, 01705, 01706, 01757, 01758, 01854, 01862, 01873, 01915, 01916, 01948, 01949, 01991, 01993, 02000, 02007, 02030, 02048, 02083, 02089, 02153, 02180, 02197, 02200, 02204, 02211, 02269, 02298, 02312, 02367, 02382, 02466, 02468, 02522, 02523, 02532, 02720, 02843, 02902, 02903, 02911, 02923, 02975, 02976, 03000, 03010, 03024, 03037, 03057, 03058, 03077, 03104, 03117, 03226, 03258, 03281, 03344, 03431, 03434, 03436, 03442, 03485, 03486, 03489, 03501, 03622, 03623, 03627, 03630, 03632, 03636, 03689, 03692, 03729, 03749, 03825, 03897, 03927, 03954, 03955, 03965, 03966, 03986, 04003, 04010, 04028, 04029, 04038, 04050, 04056, 04058, 04062, 04067, 04087, 04092, 04116, 04128, 04135, 04160, 04162, 04173, 04185, 04202, 04209, 04268, 04280, 04295, 04318, 04325, 04326, 04327, 04328, 04331, 04393, 04423, 04483, 04553, 04557, 04597, 04614, 04616, 04661, 04665, 05131, 05133, 05139, 05226, 05264, 05282, 05287, 05398, 05401, 05409, 05412, 05417, 05487, 05497, 05560, 05561, 05579, 05585, 05587, 05588, 05605, 05643, 05644, 05650, 05667, 05677, 05681, 05730, 05731, 05733, 05735, 05745, 05753, 05758, 05761, 05777, 05798, 05806, 05810, 05906, 05923, 05959, 05974, 05975, 06002, 06008, 06011, 06023, 06032, 06033, 06120, 06233, 06243, 06310, 06326, 06397, 06398, 06420, 06448, 06462, 06474, 06481, 06488, 06505, 06569, 06624, 06637, 06682, 06707, 06708, 06717, 06730, 06747, 06781, 06792, 06796, 06829, 06930, 06937, 06950, 06952, 06953, 07054, 07061, 07119, 07253, 07255, 07292, 07374, 07431, 07447, 07449, 07632, 07695, 07699, 07731, 07736, 07740, 07783, 07784, 07800, 07803, 07815, 07822, 07837, 07881, 07891, 07931, 07934, 07940, 07993, 08013, 08136, 08139, 08151, 08167, 08205, 08541, 08546, 08571, 08578, 08600, 08614, 08619, 08723, 08734, 08759, 08761, 08801, 08839, 08881, 08939, 08952, 09034, 09035, 09051, 09053, 09083, 09084, 09091, 09092, 09104, 09121, 09145, 09154, 09175, 09179, 09196, 09216, 09254, 09255, 09263, 09276, 09277, 09384, 09385, 09394, 09445, 09482, 09484, 09490, 09492, 09654, 09682, 09692, 09693, 09712, 09716, 09717, 09720, 09723, 09800, 09810,

09866, 09928, 10082, 10085, 10086, 10133,
10174, 10229, 10250, 10326, 10346, 10392,
10397, 10401, 10417, 10418, 10503, 10538,
10591, 10624, 10625, 10666, 10673, 10713,
10719, 10734, 10814, 10819, 10823, 10873,
10875, 10878, 10887, 10895, 10897, 10907,
10924, 10928, 11017, 11090, 11118, 11196,
11222, 11274, 11279, 11380, 11382, 11410,
11429, 11434, 11438, 11473, 11516, 11529,
11581, 11684, 11809, 11929, 11931, 11941,
11954, 12028, 12050, 12069, 12096, 12109,
12124, 12135, 12190, 12207, 12210, 12222,
12306, 12352, 12371, 12383, 12385, 12386,
12402, 12429, 12431, 12432, 12477, 12491,
12519, 12676, 12677, 12678, 12687, 12709,
12711, 12749, 12836, 12861, 12872, 12971,
12994, 12996, 13012, 13060, 13061, 13064,
13089, 13137, 13151, 13154, 13169, 13199,
13233, 13249, 13250, 13272, 13278, 13548,
13742, 13829, 13830, 13853, 13899, 13927,
14022, 14032, 14033, 14039, 14042, 14065,
14188, 14284, 14285, 14289, 14387, 14418,
14450, 14456, 14460, 14473, 14533, 14630,
14668, 14798, 14827, 14836, 14839, 14843,
14846, 14887, 14904, 14958, 15092, 15110,
15116, 15208, 15247, 15348, 15349, 15373,
15404, 15486, 15489, 15490, 15491, 15517,
15588, 15589, 15614, 15622, 15784, 15798,
15882, 15899, 15901, 15920, 15922, 15926,
15929, 15966, 16017, 16018, 16029, 16082,
16095, 16096, 16104, 16128, 16171, 16305,
16306, 16317, 16374, 16551, 16616, 16619,
16620, 16621, 16629, 16632, 16671, 16676,
16683, 16750, 16753, 16821, 16825, 16829,
16872, 16903, 16912, 16912, 16913, 16914,
16925, 16930, 16933, 16973, 16977, 16990,
17037, 17066, 17067, 17071, 17080, 17082,
17097, 17208, 17234, 17238, 17239, 17246,
17262, 17306, 17406, 17429, 17437, 17450,
17529, 17535, 17706, 17712, 17806, 17807,
17811, 17819, 18061, 18103, 18105, 18106,
18125, 18131, 18154, 18161, 18239, 18574,
18775, 18800, 18812, 18825, 18858, 18861,
18865, 18914, 18936, 18979, 18980, 18985,
19055, 19066, 19102, 19104, 19110, 19111,
19114, 19181, 19187, 19200, 19235, 19253,
19261, 19284, 19337, 19353, 19359, 19361,
19362, 19376, 19377, 19388, 19390, 19395,
19413, 19421, 19442, 19488, 19574, 19588,
19594, 19605, 19614, 19628, 19636, 19654,
19685, 19733, 19740, 19771, 19801, 19802,
19834, 19847, 19853, 19970, 20211, 20213,
20282, 20285, 20301, 20303, 20324, 20341,
20345, 20346, 20347, 20352, 20392, 20396,
20413, 20472, 20475, 20476, 20480, 20484,
20487, 20489, 20512, 20515, 20556, 20557,
20561, 20579, 20633, 20636, 20690, 20717,
20719, 20723, 20727, 20733, 20745, 20991,
20992, 21058, 21077, 21091, 21101, 21105,
21106

黄镇荃 04719, 04724
黄德馨 13821
黄　毅 14678
黄穉荃 08123
黄曜隆 18990
黄警顽 15635, 15639
黄耀鏻 01791
黄麟镖 12777
萧一山 20045
萧一苇 19949
萧大树 02314
萧万长 08254
萧天石 19873
萧公权 15723, 17027, 17028, 17036
萧月高 08615, 08617
萧文增 03701
萧　正 15911
萧光邦 04887, 20752
萧同兹 20774
萧自诚 07498, 20355
萧次尹 13674
萧　志 14632
萧志华 06646
萧作霖 18945
萧　启 14552
萧　林 03188
萧叔纳 14392, 14393, 17212
萧　沱 14906
萧保源 05809
萧　衍 15599

萧　离	17221	曹郁芬	10080, 13915, 18128
萧家仁	17039	曹尚斌	06331
萧朗如	00719	曹国智	07791
萧继宗	16609	曹忠冑	20044
萧　乾	16987	曹　建	11666, 13542, 20171
萧　萧	19880, 20384	曹建民	19042
萧崇凯	07127	曹树勋	04384
萧　铜	16981	曹思彬	01841, 02605, 14595
萧　铮	12739, 16989, 18974	曹健民	17278
萧笠云	05883	曹梦樵	08186
萧绳武	17095	曹景云	06892
萧辉锦	20423	曹巽佛	00787, 20297
萧湘洲	15821	曹蒙田	06091
萧　瑜	05833, 06709, 06710, 16991, 16993, 16995, 20059	曹聚仁	15998, 17287, 17288, 17289, 17290, 18491, 18611, 18746, 19214
萧　遥	05477	曹德宣	09299, 17303, 17304
萧遥天	09824	戚长诚	02520
萧猷然	10343	戚世皓	17256
萧遯叟	01895	戚宜君	03535, 08958, 09020, 09676, 12238
萧赞育	00974, 20460	龚光显	17384
萨孟武	17111, 17112	龚自洪	17358
梅友卓	10925, 10926	龚宝善	02055
梅长龄	12806	龚选舞	00204, 07479, 07480, 08961, 10362, 13346, 19922
梅公任	17534	龚济民	16900
梅兰芳	17142	龚　夏	04856
梅竹友	18802	龚　浩	03684, 17346
梅乔林	04136, 05026, 05027, 17167	龚舜衡	14623, 14775
梅汝琅	17174, 17175, 17176	龚　弼	08450
梅际郇	06990, 09715, 09846, 12497	龚　楚	17349, 17350
梅绍武	17137, 17152	龚鹏程	14844
梅贻宝	17181, 17182, 17183, 17196	龚嘉美	14001
梅剑基	10941	龚稼农	01255, 09574, 17369, 17370
梅恕曾	08967, 15034	龚德柏	04447, 08219, 17372, 17373
梅景九	05997	盛　文	13762
梅　新	17944	盛世才	17313, 17314
曹一帆	00284	盛礼约	18745
曹元弼	02372	盛　成	17310
曹　升	14910	盛庆珠	06450
曹文锡	07435, 17243		
曹立清	04182		
曹永洋	15569		
曹圣芬	06362, 06932, 17240, 18301, 21126	常子鉴	06108, 06509, 06644, 09098
曹汝霖	17249, 17250, 17251, 17252, 17258	常胜君	08200, 08313
曹志鹏	17242	常崇宝	08199
曹志源	02322, 18550	眭云章	01889, 04317, 14114, 14408, 15415,

〔｜〕

15618, 15675, 17364, 17413, 20241, 20646
崔万秋　01027
崔　冈　05572
崔书琴　04693, 09345
崔存璘　00898
崔　昇　15079
崔祖侃　08288
崔载阳　04706, 04733, 08050
崔通约　17431, 17432
崔震华　06231
崔彝尊　06701

〔丿〕

符德文　16457

〔丶〕

康文佩　17479
康白石　11019
康吉父　13618
康有为　17475, 17477
康同环　17482, 17502
康同家　17474
康　侨　02970, 04299, 15093, 16496, 20621
康　泽　17459, 17460, 17462, 18449, 18665, 20935
康保延　07044, 15329, 17500, 17503, 17506, 17507, 17516, 17897
康润芳　05774, 07600, 09173, 12311, 17087, 20718
康培初　00622, 02069, 02444, 02953, 03204, 12457, 14240, 15454
康景濂　12123
康　龄　14911
鹿扬波　13183
鹿钟麟　02802
鹿　桥　05920
鹿　原　01962
章乃器　17550
章于天　01953
章小东　17679
章元羲　02785, 13471, 18743, 20851
章斗航　01553, 05300
章甘霖　14203
章　民　03099
章光彩　17689

章　刚　01354
章名湘　12470
章含之　03357, 15288
章君谷　02780, 04113, 05504, 05509, 05510, 05511, 05516, 05523, 07213, 07221, 07223, 07228, 07503, 07976, 11436, 14155, 14165, 14684, 14694, 14719, 15433, 15727, 16421, 16778, 17224, 17484, 17631, 18135, 19635, 20443, 20640, 20641, 20906
章依吾　03748
章炳麟　06136, 09181, 09762, 14614, 15672, 17592, 17593, 18934, 19049, 20410
章　钰　00732, 10002, 15091, 15239
章　梫　01059, 08938, 09485, 12326, 14753
章　清　15705
章遏云　17675, 17676
章裕昆　04079
章微寒　14432, 10341
章翠凤　17694, 17695
商文立　09964
商若冰　06646
商衍瀛　15015
商　恺　05954
阎沁恒　20785
阎锡山　17714
阎慧如　18372, 18385
梁上元　18054, 18057, 20680
梁　山　05996
梁子衡　10178, 17804, 17805, 20187
梁云光　11629
梁在平　03733
梁克章　08573
梁序穆　13984
梁国常　03015
梁宝耳　14479
梁宗翰　08724
梁宜生　16161
梁实秋　01131, 01887, 02941, 02946, 02948, 02962, 04267, 05118, 05737, 06913, 07865, 07945, 09230, 09464, 09684, 10372, 10381, 12441, 13505, 13545, 13699, 14336, 14340, 14341, 14975, 15419, 15424, 15467, 16726, 17900, 17901, 17935, 17936, 17940, 17942, 17943, 17945, 17952, 17959, 17960, 19216
梁肃戎　01030

梁贯吾　16618
梁　恺　04246, 20970
梁桂珍　16145
梁倩云　16379
梁容若　01032, 03606, 03734, 04514, 05866,
　06900, 07482, 07519, 07527, 08148, 10427,
　11443, 15572, 17844, 17845, 17857, 17973,
　17974
梁焕萧　17770
梁维仁　05442
梁敬錞　05249, 07922, 11603, 11605, 11643,
　11782, 13452, 15957, 17554, 17980, 17981,
　19004, 19906
梁惠锦　20233
梁寒操　03044, 04626, 04718, 04776, 07108,
　07502, 08809, 08812, 09520, 10730, 13651,
　13674, 14413, 15837, 16705, 17170, 18036
梁瑞琛　04696
梁锡华　15427
梁筱娟　11477
梁嘉彬　17817
梁漱溟　16164, 18065, 18515, 20523
梁鋆立　17427
梁黎剑虹　18051, 18052, 20679, 20681
寇世远　10255
寇维勇　08638
谌小岑　06230

〔乛〕

逯耀东　08372, 08907, 08933, 15993
尉天聪　07553
尉素秋　08941
屠光启　00790, 09949, 12358, 12360
绩　荪　06699, 19425, 20552
续伯雄　01376, 18678, 18680
续　明　01550, 01552

十二画

彭　斯　葛　董　蒋　韩　覃　粟　棘　斐　戢
景　喻　黑　智　程　傅　焦　储　舒　释　鲁
童　曾　温　游　寒　谢

〔一〕

彭小妍　11790
彭广恺　14024

彭书隐　13768
彭本乐　19980
彭尔康　18165
彭邦栋　18149
彭邦桢　18908
彭先进　14163
彭汝鳌　05968
彭远芳　02471, 07154
彭述之　12837
彭国栋　09129
彭国梁　20074
彭明敏　03960
彭垂铭　03710
彭欣予　07328
彭河清　16471
彭泽周　05127, 17917
彭定安　15176
彭　房　19643
彭虹星　06046, 06076, 16401
彭哲愚　18637
彭桂芳　00822
彭超飏　01953
彭善承　18146, 18147
彭瑞金　02344
彭楚珩　08677
彭　歌　13123, 13930, 15667
彭　慧　18108
彭醇士　10103, 10414, 19926
斯及美　19272, 20377
斯颂熙　10837
斯　频　11476
斯慕光　14828
葛浩文　04497, 16952, 16960, 16970
葛锦昭　19069
董千里　09803
董文琦　09779
董　边　00086
董均伦　03984
董　钊　18181
董作宾　08149, 12146
董张维贞　18242
董显光　00035, 18245, 18263, 18266, 18267,
　18297, 18304, 18414
董彦平　04224, 09772
董　笔　14234

董浩云	18275
董清峻	01872
董淑贤	14220
董　熙	00950, 07645, 09685
董肇珩	20457
董　萧	17651
董　瑶	15816
董　霖	07726, 13213, 15051, 15057, 18191
蒋一安	04772, 04794
蒋干城	18594
蒋子骏	12227
蒋天禄	21085
蒋介石	04686, 04891, 11048, 18382
蒋匀田	07335
蒋丙英	07806
蒋永敬	00573, 00745, 00916, 00980, 01746, 02085, 02163, 02463, 02833, 02859, 03215, 03972, 04818, 04835, 05102, 05104, 05769, 06749, 06761, 07195, 07715, 08243, 08868, 09333, 09336, 09631, 09633, 09683, 09777, 10109, 10296, 10355, 10490, 10851, 10903, 10940, 11806, 12173, 13641, 13643, 13661, 13663, 13670, 14058, 14633, 14876, 14889, 15304, 15384, 16768, 17635, 18403, 18584, 18897, 19450, 20312, 20590, 21042
蒋光明	17463
蒋光照	12417
蒋廷黻	00037, 13407
蒋仲岳	15520
蒋纪周	04695
蒋均田	09408
蒋　芸	14520
蒋　励	15630
蒋励材	18608
蒋作宾	18578, 18591
蒋作新	18803
蒋君章	00042, 00052, 00770, 00771, 02578, 02582, 03187, 04569, 05465, 07955, 08002, 10558, 10560, 10563, 10567, 10620, 13805, 17642, 18408, 18426, 18595, 18596, 18597, 18598, 19761, 20446, 21034
蒋君彌	05070
蒋纬国	10423, 13785, 18330, 18356, 18397
蒋叔良	20821
蒋尚为	08282
蒋国榜	06418
蒋　迪	12372
蒋经国	01057, 01294, 01397, 07484, 07534, 18307, 18349, 18353, 18357, 18616, 18621, 18633, 18653, 18659
蒋　政	05076
蒋星德	04681
蒋　勋	03534, 15625
蒋复瑶	00800
蒋复璁	00824, 03287, 03305, 05632, 05838, 08378, 09426, 12848, 13401, 15435, 15438, 18495, 18503, 18525, 18697, 18698, 18699, 20080, 20835, 20840
蒋彦士	15908, 20983
蒋健飞	00617
蒋徐贤乐	18718
蒋继志	20357
蒋梦麟	07532, 18712, 18713, 18737, 19122
蒋硕杰	18755, 20867
蒋逸雪	20971
蒋维乔	20042
蒋渭川	18781
蒋廉儒	20208
蒋碧微	15624, 18795
蒋镜湖	09726
蒋　彝	20179
蒋耀祖	00169
韩子华	18854
韩石泉	18809
韩克温	02764, 02922, 17737
韩　作	14688
韩国钧	18830, 18831
韩剑琴	00181
韩凌霄	13478
韩鄂中	18806
韩道诚	01025, 07158
韩鉴平	17109
韩穗轩	04465
覃子豪	13366
覃怡辉	12228
覃适之	05453
覃　振	09657
覃惠波	20473
粟　钟	10643
棘　人	10984

〔丨〕

斐于权　03774
戢翼翘　06184
景定成　19029
景梅九　03269
景　樵　13345, 19128
喻培棣　18935
喻舲居　06627
喻焕生　08800
喻耀离　18937
黑雁男　01622

〔丿〕

智　宁　15131
程一民　05253
程士毅　00643
程大学　07953
程之行　11368
程天固　18956, 19047
程天放　00869, 04741, 05268, 10835, 13316,
　　13361, 14403, 16868, 18958, 18959, 18961,
　　18965, 18966, 18967, 20584, 21054
程文熙　09414, 09416, 09420, 09423, 09424,
　　09425, 17499, 17501, 17884
程玉凤　02619, 07019, 07022
程本海　16329
程石军　09388
程石泉　00364
程汉藩　14503
程发轫　17065
程光复　19297
程光裕　04416, 11615, 16315, 18886
程兆熊　19483
程　远　06657
程远大　03128
程芥子　09107
程时敦　00917, 02330, 02331
程沧波　00240, 02166, 02410, 02987, 03894,
　　03895, 04510, 07277, 07874, 08707, 08928,
　　09567, 09985, 10559, 10744, 14402, 14501,
　　15663, 18088, 18996, 18997, 19088, 20754
程其保　15977, 19000, 19001, 19002
程其恒　00116, 01109, 10000, 10865, 11365,
　　12260, 14185, 14366, 18978, 18986, 19006,
　　19007, 20764
程国柱　02384
程思远　02645
程振粤　10300, 11856
程颂万　12018, 18941
程浩然　06135
程崇道　09142
程崇道　07364
程锡文　19032
程靖宇　02945, 11156, 11157, 11300, 11301,
　　11302, 11761, 13048, 13313, 13479, 14987,
　　20790
程榕宁　09954, 15133, 16050, 17983
程　适　15184
程德受　00167, 02491, 13002
傅大采　19124
傅丰诚　13532
傅仕世　04479
傅乐成　06166, 19116, 19126, 19139, 19146,
　　19169
傅乐诗　17666
傅亚夫　03638, 03641, 03645, 19078, 19079
傅光培　19171
傅光植　19171
傅安明　00899, 13489, 13502
傅红蓼　14327
傅启学　04769, 04838, 05078, 05575, 08587,
　　10123
傅青峙　20277
傅　岩　07997, 16103, 16218, 16302
傅试中　07968
傅建中　18669
傅　専　13727
傅润华　06470, 15585
傅清石　12022, 12025
傅斯年　00059, 00060, 11440, 20136, 20153
傅瑞瑗　02794, 18851
焦达悌　19185
焦易堂　09183, 11108
焦定江　19191
储福兴　07566
舒　兰　00308, 01642, 01653, 01754, 02072,
　　02738, 02957, 03091, 03796, 04132, 04611,
　　04646, 04671, 05414, 05722, 06132, 06556,
　　06934, 07776, 09190, 09283, 10700, 11123,

11351, 11852, 12279, 13305, 14072, 14299, 14352, 15282, 15455, 15738, 17955, 18175, 18530, 18912, 19652, 20272, 20881, 21073
舒君实 06606
舒 非 09806
舒 南 01305
舒适存 19205
舒 容 15665, 19422
舒康鑫 15623
释光中 13165
鲁 人 16656
鲁同轩 05966, 15261
鲁 林 14576
鲁 岱 19247, 19251
鲁 泌 09603
鲁荡平 14373
鲁 莨 00702, 06574, 17397, 17876
鲁涤平 09937
鲁傅鼎 01719

〔丶〕

童世纲 14761
童轩荪 03978, 05885, 06060, 12917, 20381
童家祥 05330
童崇基 13184
曾乃硕 04854
曾干域 04638
曾今可 11825
曾文昌 05061
曾亚东 02280
曾西涛 13834
曾华璧 17717
曾约农 10274
曾克仑 06413, 08975, 08977, 19318
曾克明 04110
曾克嵩 01146, 14286, 15767, 17485, 20135, 20470
曾克瑞 10409, 18875
曾武英 19412
曾松友 04767
曾迪硕 04949
曾宝荪 11753, 19363, 19366, 19367, 19368
曾宝慈 09476, 09477
曾孟朴 19274
曾孟闻 03235

曾迺硕 04916
曾省斋 02428, 14249, 19381, 19382, 19383, 19384
曾昭六 15609, 18963
曾昭旭 16144, 16148
曾昭鲁 00642, 19539
曾养志 09730
曾养甫 02609, 19393
曾宪光 00004, 11205
曾宪政 19414, 19688
曾 振 09595, 21181
曾祥坦 01648
曾祥铎 04761, 09731, 13820, 15573
曾培光 15084
曾虚白 00370, 00571, 07501, 11366, 13799, 18245, 18258, 18263, 19271, 19273, 19282, 19283, 19398, 19399, 19400, 19402, 19403, 19407, 20005, 20386, 21137
曾靖圣 19323
湘 明 03753
温必复 19419
温良儒 00890, 01064, 15951
温茂华 03155, 07548
温 轰 16747
温 肃 09180, 19419
温哈熊 07899
游孚初 14874
游弥坚 00975
游醒民 06891
寒 山 04223, 08991
寒山碧 01881
谢力中 04034
谢飞麟 19462
谢天儿 06623
谢无量 14954
谢凤孙 08531
谢文阮 15726
谢文孙 01941
谢文秋 19561
谢方回 16160
谢世佳 17326
谢右军 04032
谢东闵 08055, 15729, 16884
谢幼伟 19481
谢似颜 04489

谢行知　19598
谢冰莹　00443, 00928, 00936, 01301, 01306, 01752, 01755, 02158, 02252, 02258, 02404, 02626, 03084, 03207, 03600, 03722, 05172, 05246, 05248, 06036, 08131, 10499, 11695, 11909, 13279, 13418, 13971, 14235, 15192, 15458, 15879, 16548, 18913, 19492, 19493, 19494, 19495, 19496, 19497, 19498, 19500, 19505, 19508
谢扶雅　00365, 00477, 00478, 01931, 03930, 03931, 04001, 07875, 08455, 09136, 09407, 09523, 14059, 15101, 15105, 15504, 15506, 18039, 19521, 19522, 19523, 19524, 19525, 19527, 19528, 19529, 19711, 19714, 19784
谢杨美惠　14973, 14984
谢里法　15625
谢应芬　07961, 09240, 12033
谢君韬　00670
谢茂源　07290
谢松涛　02485
谢鸣轩　06774
谢念湘　04033
谢建华　13846
谢绍文　03181
谢　持　07943, 19445
谢树楠　16642
谢树新　12230
谢钟琏　09167, 09503, 12962
谢复初　01736
谢信尧　04877
谢冠生　04771, 12892, 19566, 19597
谢　健　19601
谢　浩　03224
谢家田　19447
谢家孝　08953, 08984, 08999
谢　康　00492, 02652, 07551, 11000, 13470, 16611, 16614
谢　琦　09323, 09493
谢琼孙　06017
谢落红　15835
谢森中　08458
谢雄玄　03510, 13030
谢然之　00543, 13120, 18675, 19604
谢尊一　14088
谢　湘　19458

谢稚柳　09010
谢新周　19607
谢德锡　01418, 11668, 16880, 20226
谢赞煌　05067
谢霜天　03149
谢瀛洲　01218, 08419, 11593
谢灏龄　04376, 19543, 19544

十三画

瑞 靳 蓝 蒯 蒲 楚 楼 裘 赖 甄 雷
虞 睦 简 詹 鲍 靖 新 溥 褚

〔一〕

瑞　夫　04550, 05586
瑞　安　03194
靳　以　02157
靳叔彦　19712
蓝一呆　03183, 17916, 19163
蓝文征　17442
蓝旭男　16235
蓝守仁　14164
蓝　雷　20620
蒯通林　00613
蒲良柱　19655
蒲薛凤　01227, 01230, 01233, 07687, 07813, 12204, 14144, 14590
楚云深　18850
楚　戈　08988, 08997, 14213
楚　风　18786
楚　军　18904
楚崧秋　13241, 14266, 17062, 18442, 19664
楼适夷　15695
楼桐孙　04568, 19098, 19673
裘　轸　13773, 20707, 20908
裘　温　16857
赖光临　08202, 09577, 17835, 17872, 17904
赖炎元　15875, 15876
赖泽涵　04629
赖　肃　16045
赖树明　11709
赖惠敏　17338
赖景瑚　00877, 02131, 03262, 04509, 04511, 07680, 07885, 07887, 08815, 09596, 10448, 13124, 13211, 13511, 18969, 19307, 19526, 19695, 19696, 19697, 19698, 19699, 19700,

19701, 19702, 19704, 19705, 19706
赖新生　04837
甄士仁　18891
甄燊港　14505
雷国鼎　02516
雷法章　03887, 03889, 09373, 19736
雷宝华　02755, 02756
雷啸岑　00066, 01394, 02145, 03675, 04353, 06104, 06307, 06626, 07721, 09504, 09591, 10042, 12189, 13658, 18765, 19745, 19746, 19747, 19748, 19749, 19752, 20309
雷善湘　01952
雷禄庆　06352
雷　震　19723
雷震邦　06690
雷震远　00161, 00177
雷镇宇　05913
雷　飚　20009

〔丨〕

虞任远　13776, 18569
虞君质　01158
虞　奇　07757, 14116, 14439, 18015, 18341
虞　庸　02361, 18768
虞瑞海　12355
睦云章　04938, 04941, 04943, 04945, 04983, 05034, 18150

〔丿〕

简又文　02776, 02789, 02829, 02834, 02842, 15839, 18047, 19779, 19780, 19781, 19782
简会元　05411
简　叔　20739
简明勇　09900
詹行煦　06917
詹松涛　03441
詹绍启　16253
詹朝阳　12758
詹腾孙　19839
詹增郎　12281
鲍少游　08957, 09011, 19842
鲍事天　06696
鲍家骢　04849
鲍家麟　14123, 16369
鲍　慧　05038

鲍耀明　12448

〔丶〕

靖任秋　05252
新凤霞　02637, 07315, 19860
溥　仪　19886, 19889, 19892
溥　杰　19920
褚乐三　07176
褚问鹃　01433, 05394, 06589, 07242, 10153, 15449, 19958
褚舒华　01432, 12119

十四画

蔡 臧 裴 锺 管 毓 廖 端 漆 谭 翟 熊 缪

〔一〕

蔡天予　00549
蔡天进　15608
蔡元培　03918, 05660, 06742, 06743, 07938, 09696, 10813, 11840, 12993, 14527, 14791, 15347, 15476, 16651, 16803, 20021, 20086, 20130, 20138
蔡无忌　20104
蔡仁厚　04600, 16150, 20522
蔡文怡　12877, 18013
蔡以典　20185
蔡石如　08895
蔡　电　09478
蔡廷俊　08993
蔡廷锴　20194
蔡启国　17530
蔡国裕　21157
蔡学忠　00046, 16450, 19824, 19996
蔡孟坚　00471, 00473, 00574, 00944, 01483, 01799, 02001, 03475, 03821, 04035, 06595, 07156, 07159, 07456, 07701, 07801, 07978, 07979, 08158, 08973, 09001, 09622, 09698, 10307, 11197, 12728, 13215, 13243, 13568, 13782, 14476, 14777, 14875, 16033, 16064, 16482, 16876, 17744, 18129, 18196, 18261, 18261, 18281, 18476, 18553, 18668, 18709, 20097, 20203, 20204, 20206, 20209
蔡挺中　04821, 08738, 08740, 18337
蔡相辉　11215

蔡省三	18620	廖位育	02189, 02190
蔡贵三	00258	廖启东	07214
蔡思明	11586	廖英鸣	06981
蔡复灵	20236	廖　枢	04716
蔡保田	16769	廖国仁	11145
蔡宪崇	01418, 11668, 16880, 20226	廖国林	04766
蔡屏藩	00404, 00650, 02470, 04071, 04199, 05544, 05767, 05969, 07096, 08075, 13733, 13902, 13948, 13953, 15896, 17588, 19716	廖学胥	03952
		廖宝泉	16153
		廖咸浩	10960
蔡莲生	00416	廖逊我	15833
蔡爱仁	10130	廖梦醒	07792
蔡培火	00981, 07005, 11831, 16882, 20221, 20222	廖梓祥	16207, 20349
		廖硕石	06916, 13720
蔡维雄	02421	廖雪芳	00616, 03035, 03582, 04121, 04220, 07181, 09116, 10611, 11293, 12319, 15643, 15842, 16859, 19081
蔡惠明	17652		
蔡景福	01296, 20182, 20183		
蔡智堪	20240	廖清秀	09099
蔡　策	17686	廖隆盛	02604
蔡裕昆	01001	廖绵浚	19837
蔡德金	01750	廖富荪	01533
蔡麟笔	02693	廖静文	15636
臧广恩	09701	端木恺	10449
臧克家	02954	漆振仁	20609
		漆高儒	02334, 02860, 16328, 16593, 17094, 17298, 18603, 18650, 18670, 18672, 18673
〔|〕			
		谭子臻	07303
裴午民	19473	谭世麟	08668
裴可权	05478, 15217	谭　光	01997, 02002, 02026
裴存藩	05612	谭延闿	03968
裴伯欣	03153	谭伯羽	20428, 20429
		谭其骧	20477
〔丿〕			
		谭国华	15526
管公度	12590	谭　明	06140
管瘦桐	11786	谭柏龄	08514
毓　珂	01508	谭家健	11201
		谭惠泉	01926
〔丶〕			
		谭慧生	00055, 00264, 00532, 02508, 02930, 03169, 03310, 03577, 05117, 05321, 06897, 07578, 07653, 08716, 09244, 09366, 09580, 10055, 11505, 11563, 12244, 13522, 13673, 15456, 15560, 15808, 16464, 16643, 17913, 18344, 18483, 18519, 18791, 18823, 18885, 19585, 19831, 19950, 20003, 20115, 20316, 20465
廖与人	04784, 04787		
廖斗星	04774, 04805, 04844		
廖本郎	13324		
廖　汀	06797		
廖安祥	20322		
廖秀英	03392, 20664		
廖秀真	17803, 20007		
廖作琦	02028, 08783, 10014, 10617, 10860, 14013, 14531, 17325, 17701, 20537		
		谭震林	10394

谭　麟　11109

〔𠃌〕

翟志成　15570
翟国瑾　06622
翟　耀　02803
熊十力　01936
熊　丸　20508
熊公哲　05749, 06280
熊文英　12620
熊正理　20594
熊邦彦　16666
熊式一　10363
熊会贞　06653
熊克武　16388
熊亨灵　02129
熊尚厚　19787
熊　咏　17383
熊秉坤　20656
熊宗仁　07761
熊复光　07256, 09133, 17649
熊彭年　18946
缪荃孙　20624
缪期妠　11574
缪禄保　20627
缪澄流　00173

十五画

樊　黎　颜　潘

〔一〕

樊　安　19800
樊崧甫　10302
樊　琪　01133, 01135, 05234, 05235

〔丿〕

黎　风　01618, 20698
黎玉玺　14879
黎正甫　00163
黎东方　11766, 12920, 13405, 17091, 18358,
　　　　20665, 20667, 20668
黎民兴　20295
黎亚宣　06373
黎　芹　02437, 13778
黎　明　10371

黎剑虹　18034, 20678
黎晋伟　06865, 15732, 16281, 16286, 18043
黎离尘　09832
黎家瑞　20198
黎　遂　20694
黎锦熙　15164, 15846
黎耀华　03509, 06327, 10956

〔丶〕

颜文雄　00555, 01108, 01475, 01519, 01780,
　　　　01912, 02889, 03054, 03400, 04193, 04203,
　　　　04207, 04294, 04319, 05684, 06125, 08192,
　　　　08478, 10011, 11325, 12331, 12585, 12735,
　　　　13034, 14329, 15775, 15888, 16585, 16804,
　　　　17044, 20018, 20212, 20724
颜世忠　20189
颜　平　11047
颜伯诚　20873
颜承梁　17004
颜炳元　06560
颜　絜　19848
颜惠庆　20728, 20729
颜慧文　10494
潘无竞　18944, 20808
潘公展　06148, 07152, 09592, 09601, 10774,
　　　　10789, 10806, 20769
潘公弼　20772, 20773
潘文彦　00606
潘再中　05884
潘光建　00331
潘材雄　05734
潘际坰　00350, 10876, 19883, 19884
潘重规　00232, 05463, 09465, 16497, 17614
潘俊龙　11971
潘健行　10294, 18273
潘家声　08255
潘梧冈　03956
潘维和　09016, 09449
潘慈光　17365
潘　霨　11170, 17419

十六画

燕　薛　霍　冀　穆

〔一〕

燕大明　20532

燕　诒　19570
薛人仰　04535，12163，16885
薛大可　09296，20434
薛月庵　00142
薛光前　01344，02176，07207，07273，07686，
　10064，10374，10656，11252，11755，13464，
　13788，15187，15655，15865，15979，16714，
　17273，18494，18495，18500，18501，18523，
　18526，19003，20763，20832，20837，20838，
　20839，20846
薛观澜　14785，15555，19623
薛君度　16418，16426，16439，17559
薛纯德　04737
薛俊枝　00273
薛家柱　01636
薛寄梅　10421
薛慧山　00316，12447，13630
霍济光　08171

〔丨〕

冀光第　18845

〔丿〕

穆中南　01816
穆　欣　08094
穆　逸　19659
穆　超　00162，00164

十七画

戴　魏　濮

〔一〕

戴广德　07866
戴子庄　15582
戴天庐　12120
戴　月　04144
戴书训　08048
戴　平　11471
戴玄之　17328
戴朴庵　00578，02311
戴　先　17732
戴传贤　12601
戴问梅　12898
戴运轨　20975，20976
戴丽华　05071

戴秀梅　13239
戴君仁　21000
戴季陶　03154，04721，18486，20146，20321，
　21046
戴炎辉　20986
戴修辅　18527
戴独行　16731
戴祝缇　21005
戴晋元　19586
戴晋新　00058，00185，00268，00534，00660，
　00748，00843，01090，01237，01330，01441，
　01625，02418，02608，02659，02841，03105，
　03170，03233，03265，03312，03455，03601，
　03755，03916，04346，04352，04380，04451，
　04546，05170，05530，05637，05887，06147，
　06279，06502，06704，06975，06999，07203，
　07360，07405，07443，07581，07618，08074，
　08249，08673，08829，09172，09245，09377，
　09508，09679，10001，10057，10188，10222，
　10398，10495，10517，10583，11128，11370，
　11446，11530，11564，11719，12192，12223，
　12474，12511，12578，12748，12945，12991，
　13085，13787，13920，13981，14186，14248，
　14276，14430，14452，14868，15254，15369，
　15561，15670，15744，15809，16200，16503，
　16531，17205，17227，17259，17586，17591，
　17747，18141，18264，18485，18522，18565，
　18888，18900，18931，18949，19075，19316，
　19452，19918，20317，20420，20553，20578，
　20943
戴高翔　03673
戴鸿超　05978
戴维翰　20121
戴傅薪　14290
戴愧生　04924
戴粹伦　07129

〔丿〕

魏士榜　07011
魏大铭　20929，21089
魏子云　08029，18905
魏子高　12014
魏火曜　21094，21095
魏为佳　07033
魏伟琦　15799，19979

魏庆云　19255
魏汝霖　03809，03819，15144，15564，21103，
　　21104
魏希文　02273，19423，21108
魏宗铎　15538
魏诗双　10110
魏绍昌　04272
魏绍征　00681
魏奕雄　09905
魏炯若　02766
魏惟仪　18260，21124
魏蒋华　18514
魏煜孙　09733

魏懋杰　21147
魏燮尧　21148
魏　瀚　02105，13645

〔丶〕

濮清泉　11001
濮德玠　06912

十八画及以上

瞿

〔丨〕

瞿立鹤　08890

二、机　构　部　分

三　画

三　大　广

〔一〕

三民主义研究所　04727
大陆杂志社　01017，03282
大明编委会　13323

〔丶〕

广角镜出版社　12559

四　画

王　云　中　风　文

〔一〕

王平陵遗著委员会　00927
云南国是报　19975

〔丨〕

中央执行委员会训练委员会　18320
中共《贺龙传》编写小组　14448
中共中央公安部档案馆　12473
史事纪要编辑委员会　08804
史料研究中心　12155，13638，16756
中华杂志编辑部　13814
中国问题研究中心　12553，18157
中国国民党中央党史史料编纂委员会　04720
中国国民党革命委员会　02777

中国图书编译社　19044
中国新闻社　03177，06493，20330

〔丿〕

风云出版社编辑委员会　05140，08579
风云论坛编辑委员会　08645

〔丶〕

文讯杂志社　09530，09955，17840

五　画

正　东　台

〔一〕

正中书局编审委员会　04834
东南编译社　16185

〔フ〕

民主什志社编译小组　18642

六　画

存　全　阎　牟

〔一〕

存萃学社　05294，06654

〔丿〕

全港文化界追悼许地山先生大会筹备会　04460

〔、〕

阎百川先生纪念会　17718, 17722, 17729

〔ㄱ〕

牟宗三先生七十寿庆论文集编辑组　04599

七 画

寿　李　私　何　沈　宋　改　张　陈

〔一〕

寿罗香林教授论文集编辑委员会　12136
李立柏将军治丧委员会　05889
李烈钧先生百年诞辰纪念集编委会　06261

〔丿〕

私立中国文化学院　04829
何应钦将军九五纪事长编编辑委员会　07747

〔、〕

沈宗瀚先生纪念集编印委员会　08443
宋故上将哲元将军遗集编辑委员会　08656

〔ㄱ〕

张大千先生纪念册编辑委员会　08954
张天佐烈士殉国十周年纪念专刊编委会　09054
张雯泽将军纪念集编辑委员会　09923
陈少白先生治丧委员会　10487

八 画

林　国　周

〔一〕

林献堂先生纪念集编辑委员会　11822

〔丨〕

国父百年诞辰纪念特刊编辑委员会　04760

〔丿〕

周末报编委会　00153, 00560, 00582, 00663,
　00727, 01171, 01256, 01334, 01431, 01477,
　01502, 01524, 01545, 01645, 01676, 01922,
　01966, 01976, 02270, 02358, 02456, 02528,
　02817, 02893, 02919, 03106, 03243, 03339,
　03518, 03756, 03862, 03863, 04006, 04362,
　04415, 04506, 04541, 05209, 05345, 05580,
　05766, 05901, 05999, 06007, 06234, 06248,
　06290, 06342, 06366, 06402, 06429, 06465,
　06976, 07053, 07605, 07878, 08292, 08418,
　08597, 08737, 08749, 08883, 09082, 09088,
　09139, 09267, 09656, 09689, 09812, 09904,
　09925, 10236, 10360, 10634, 10761, 10817,
　10827, 10906, 11129, 11244, 11271, 11327,
　11340, 11379, 11419, 11470, 11481, 11531,
　11671, 11784, 11948, 12115, 12254, 12428,
　12518, 12535, 12579, 12756, 12803, 12871,
　13082, 13094, 13294, 13590, 13706, 13873,
　13887, 14195, 14208, 14279, 14322, 14398,
　14454, 14512, 14838, 14927, 14936, 15140,
　16012, 16543, 17266, 17762, 18955, 19076,
　19632

九 画

政　赵　胡　段　恒

〔一〕

政大国父思想研究社　04824
赵铁寒先生纪念论文集编辑委员会　13175
胡上将宗南年谱编委会　13755

〔丿〕

段辅尧先生哀思录编委会　14145

〔、〕

恒社旅台同仁　05506, 05507

十 画

秦　徐　竞　读

〔一〕

秦故上将逝世周年纪念筹备会　14639

〔丿〕

〔、〕

竞智图书馆　05596, 15361
读者出版社　10399

十一画

培 黄 清

〔一〕

培英书局　13636
黄础青先生纪念集编辑委员会　16682

〔丶〕

清华学报社　17192

十二画以上

董 蒋 解 黎

〔一〕

董作宾先生逝世十四周年纪念刊编辑委员会　18208
蒋"总统"经国先生哀思录编纂小组　18646

〔丿〕

解放军文艺编辑部　01606
黎明文化事业公司编译部　18641

三、国外作者

（法）邵可侣　05843
（法）约富亚　02972
（美）埃利希曼　12571
（美）安德烈·马尔劳　12568
（美）傅虹林　09611
（美）海伦·福斯特·斯诺　12143, 14451, 15405, 16974
（美）韩素音　01611
（美）史沫特莱　03098, 03100
（美）谢惠思　12561
（美）喜嘉理　05043
（美）薛君度　16418
（日）坂出祥伸　17481
（日）村上兵卫　12566
（日）宫崎滔天　02540, 03012, 05119, 05156, 16453
（日）古屋奎工　18350
（日）和田武司, 田中信一　01880
（日）河本大作　09295
（日）黑井彦七郎　10471
（日）横山宏章　11006
（日）后藤一夫　00326
（日）桥本万太郎　13049
（日）秋山定辅　05120
（日）山田纯三郎　05123
（日）水野梅晓　05121
（日）松本一男　09612
（日）小川平吉　05122
（日）萱野长知　04961
（日）增田涉　19224
（苏联）爱·鲁地富特林哥　02940
（苏联）德米特里·利哈诺夫　19916
（新西兰）路易·艾黎　03662, 14445, 14455

日文卷

本卷编委会

主　编：金光耀

副主编：肖承清

编　委：刘嘉瑢　肖承清　李　旻
　　　　　金光耀　姜义华　傅德华

目　　录

凡例	805
笔画索引	807
正文	812
附录一　参考文献一览表	995
附录二　作者索引	1025

凡　　例

　　一、本卷所收人物的范围，以复旦大学历史系资料室编纂的《20世纪中国人物传记资料索引》(以下简称《世纪人物索引》)为依据，凡活动于1900年至1999年并有传记资料的人物(包括仍健在者)，一律收录。

　　二、本卷收录传主约610人、传记资料3190余条。这些资料取材于1900年至1999年在日本出版的日文专著、论文集、报刊、年鉴、索引、百科全书、资料集，亦包括部分硕士、博士学位论文。内容包括人物传记、年谱、回忆录、日记、讣闻、悼词等，除重点选录传主的生平事略外，还适当收录了有关论述人物思想活动等方面的资料。凡由中文译成日文的资料、辞典类工具书，以及评论传主本人作品、演讲稿，不予收录。

　　三、本卷所收传主以卒于1900年以后为限(含1900年)，按所收人物的姓氏笔画为序排列，与《世纪人物索引》保持一致。各传主的资料，以专著、报纸、期刊、论文集顺序分类编排；专著、报刊文章以及论文集中所收录的篇目，均以出版时间为序。论文集只标页码。所收硕士、博士学位论文作为期刊论文置于发表年份之末。少数人物(如汪精卫)因收录的期刊资料较多，编排时，在遵行以时间先后为序的基础上，采取"卷随期走"的方法，即同一年内以期次排列，卷数较多者，则以卷次集中排列。

　　四、著者栏中除保留"主编"、"阙名"、"佚名"等著录方式外，凡编、著、原作、遗稿、遗著、编委会、编纂组和资料室等著录方式，不予保留。

　　五、篇名与作者之间用单斜线，作者与篇名出处之间用双斜线，如未载作者，篇名与出处之间仅保留单斜线。

　　六、凡出现篇名、作者相同，而出处不同时，则予以合并。

　　七、凡在同一传主篇目中出现的字号、笔名等文献资料时，酌列参见条；对于少数知名人物若有常见的字号，虽未在篇目文献资料中出现，也酌列参见条。主要有以下几种情况：

　　1. 凡篇目中一个人同时出现两个名字的，以常用名作为传主，别名、笔名作为参见条，以备查找。

　　如：ウユウニン于右任(伯循)　　　フジュ溥　儒(心畬)
　　　　伯　循(见于右任)　　　　　　心　畬(见溥　儒)

　　2. 日文将传主的通称与字号颠倒，在日文译成中文时，正文中的传主亦随之纠正。并将其归于通称之下。

　　如：ボクショウゲツ穆湘玥(藕初)，现改为ボクショウゲツ穆藕初(湘玥)，(湘玥见穆藕初)。

3. 日文将传主的名字写错,本卷统一予以纠正。

如:カセイシュン何成俊(雪竹),现改为カセイシュン何成浚(雪竹)。

八、本卷收录的每一条文献资料,均用日文与中文两种文字表述,即先日文,后中文。日文译成中文时,按中文的著录习惯。有三个以上作者的,只著录第一作者,并在第一作者后加"等"字表示,如"青木正児等"。

九、书后附参考文献一览表、作者索引。期刊、论文集、硕士论文、博士论文院校及出版单位一览表,采用原文在先,中译名列于圆括号之内。如ソヴェト時報(苏维埃时报)、明大アジア史論集(明大亚洲史论集)、東京:實業之日本社(东京:实业之日本社)。

十、本卷所著录之文献条目,均以顺序编号。本卷序号单独排列。

十一、本卷所收日文文献资料,"支那"一词,统改为"中国"。

十二、本卷繁体字、异体字统改为简体字,少数人名中的异体字予以保留。

十三、本卷附录一和附录二,悉依日文参考文献原文著录方式及日文作者的原名。

本项目工作组
2017 年 8 月初稿
2019 年 1 月 9 日修改
2021 年 11 月 28 日第三次修改

笔画索引

二 画

〔一〕

丁 玲 ………… 812
丁士源 ………… 813
丁文江 ………… 813
丁其昌 ………… 813
丁惟汾 ………… 813
丁福保 ………… 813
丁鼎丞 见
　丁惟汾 ………… 813
丁默村 ………… 814

〔㇕〕

刁成章 见
　刁作谦 ………… 814
刁作谦 ………… 814
刁敏谦 ………… 814

三 画

〔一〕

于右任 ………… 815
于伯循 见
　于右任 ………… 815
于学忠 ………… 815
于孝侯 见
　于学忠 ………… 815
于品卿 ………… 815

〔㇕〕

卫立煌 ………… 815
马 可 ………… 815
马 良 ………… 815
马 素 ………… 815
马 衡 ………… 815
马 麟 ………… 816
马子贞 见
　马 良 ………… 815
马子香 见
　马步芳 ………… 817
马少云 见
　马鸿逵 ………… 818

马占山 ………… 816
马永魁 ………… 817
马仲英 ………… 817
马名和 见
　马君武 ………… 818
马连良 ………… 817
马步芳 ………… 817
马步青 ………… 818
马君武 ………… 818
马相伯 ………… 818
马星樵 见
　马超俊 ………… 819
马思聪 ………… 818
马叙伦 ………… 818
马鸿宾 ………… 818
马鸿逵 ………… 818
马寅初 ………… 819
马超俊 ………… 819

四 画

〔一〕

丰子恺 ………… 820
王 明 ………… 820
王 修 ………… 821
王 照 ………… 821
王一亭 ………… 821
王一堂 见
　王揖唐 ………… 829
王士珍 ………… 822
王大华 ………… 822
王大桢 ………… 822
王子壮 ………… 822
王子惠 ………… 822
王以哲 ………… 822
王正廷 ………… 822
王世杰 ………… 823
王石荪 见
　王景岐 ………… 829
王占元 ………… 823
王永泉 ………… 823
王芃生 见
　王大桢 ………… 822
王亚南 ………… 823
王光祈 ………… 823

王先谦 ………… 823
王任叔 见
　巴 人 ………… 836
王孝英 ………… 824
王孝赉 见
　王晓籁 ………… 829
王芸生 ………… 824
王克敏 ………… 824
王伯群 ………… 825
王希天 ………… 825
王陆一 ………… 825
王叔鲁 见
　王克敏 ………… 824
王国维 ………… 825
王秉权 ………… 827
王治安 见
　王靖国 ………… 829
王治易 见
　王缵绪 ………… 829
王学文 ………… 827
王学艇 见
　王世杰 ………… 823
王宠惠 ………… 827
王孟群 见
　王荫泰 ………… 827
王荫泰 ………… 827
王百川 见
　王永泉 ………… 823
王树人 见
　王家桢 ………… 828
王树常 ………… 828
王树翰 ………… 828
王亮畴 见
　王宠惠 ………… 827
王闿运 ………… 828
王统照 ………… 828
王造时 ………… 828
王庭五 见
　王树常 ………… 828
王家桢 ………… 828
王梅堂 见
　王 修 ………… 821
王得胜 ………… 828
王维宙 见
　王树翰 ………… 828

王揖唐 ………… 829
王晓籁 ………… 829
王景岐 ………… 829
王鲁彦 ………… 829
王道源 ………… 829
王靖国 ………… 829
王瑶卿 ………… 829
王儒堂 见
　王正廷 ………… 822
王缵绪 ………… 829
太虚法师 ………… 829

〔丿〕

毛泽东 ………… 819
毛润之 见
　毛泽东 ………… 819
乌古廷 ………… 836

〔丶〕

方少峰 见
　方宗鳌 ………… 836
方宗鳌 ………… 836
方振武 ………… 836

〔㇕〕

巴 人 ………… 836
巴萨尔 ………… 836
巴布多尔齐 ………… 836
邓 拓 ………… 836
邓小平 ………… 834
邓子恢 ………… 839
邓中夏 ………… 839
邓祖禹 ………… 839
邓晋康 见
　邓锡侯 ………… 839
邓涤青 见
　邓祖禹 ………… 839
邓锡侯 ………… 839
邓颖超 ………… 839
邓演达 ………… 839
孔宪铿 ………… 839
孔祥熙 ………… 839
孔庸之 见
　孔祥熙 ………… 839

孔琴石 见
　孔宪铿 ………… 839

五 画

〔一〕

甘乃光 ………… 841
甘介侯 ………… 841
甘自明 见
　甘乃光 ………… 841
石友三 ………… 841
石汉章 见
　石友三 ………… 841
石星川 ………… 841
龙 云 ………… 841
龙志舟 见
　龙 云 ………… 841

〔丨〕

卢用川 ………… 841
卢作孚 ………… 841
卢镜如 ………… 841
卢逸堂 ………… 841
叶 蓬 ………… 841
叶 挺 ………… 841
叶希夷 见
　叶 挺 ………… 841
叶勃勃 见
　叶 蓬 ………… 841
叶剑英 ………… 842
叶恭绰 ………… 842
叶楚伧 ………… 842
叶誉虎 见
　叶恭绰 ………… 842
田 桐 ………… 842
田汝弼 ………… 842

〔丿〕

白云梯 ………… 842
白巨川 见
　白云梯 ………… 842
白崇禧 ………… 842
白健生 见
　白崇禧 ………… 842

〔丶〕

冯 节 ………… 843
冯玉祥 ………… 843
冯自由 ………… 843
冯国璋 ………… 843
冯焕章 见
　冯玉祥 ………… 843
冯德麟 ………… 843
冯麟阁 见
　冯德麟 ………… 843

〔㇇〕

弘一法师 见
　李叔同 ………… 820

六 画

〔一〕

成仿吾 ………… 844

〔丨〕

曲同丰 ………… 844

〔丿〕

朱 朴 ………… 844
朱 深 ………… 844
朱 德 ………… 844
朱一民 见
　朱绍良 ………… 846
朱执信 ………… 845
朱名经 见
　朱经农 ………… 846
朱绍良 ………… 846
朱经农 ………… 846
朱桂山 ………… 846
朱笑山 见
　朱履和 ………… 846
朱家骅 ………… 846
朱博渊 见
　朱 深 ………… 844
朱骝先 见
　朱家骅 ………… 846
朱霁青 ………… 846
朱履和 ………… 846
伍廷芳 ………… 846
伍朝枢 ………… 846
任援道 ………… 846
危拱之 ………… 847

〔丶〕

齐抚万 见
　齐燮元 ………… 847
齐燮元 ………… 847
刘 峙 ………… 847
刘少奇 ………… 847
刘月如 见
　刘瑞恒 ………… 848
刘文岛 ………… 848
刘文辉 ………… 848
刘兰江 见
　刘郁芬 ………… 848
刘尘苏 见
　刘文岛 ………… 848
刘自乾 见
　刘文辉 ………… 848
刘纪文 ………… 848
刘伯承 ………… 848
刘兆铭 见
　刘纪文 ………… 848
刘郁芬 ………… 848
刘尚清 ………… 848
刘孟扬 ………… 848
刘轻扶 见
　刘 峙 ………… 847
刘海泉 见
　刘尚清 ………… 848
刘培绪 ………… 848
刘揆一 ………… 848
刘景熙 ………… 848
刘瑞恒 ………… 848
刘群先 ………… 849
关雨东 见
　关麟征 ………… 849
关紫兰 ………… 849
关麟征 ………… 849
江亢虎 ………… 849
江汉珊 见
　江绍杰 ………… 849
江宇澄 见
　江朝宗 ………… 849
江绍杰 ………… 849
江朝宗 ………… 849
汤化龙 ………… 850
汤尔和 ………… 850
汤良礼 ………… 850
汤恩伯 ………… 850
汤澄波 ………… 850
许少荣 ………… 850
许公武 见

许崇灏 ………… 852
许世英 ………… 851
许汝为 见
　许崇智 ………… 851
许寿裳 ………… 851
许志澄 见
　许崇清 ………… 851
许卓然 见
　许修直 ………… 851
许俊人 见
　许世英 ………… 851
许修直 ………… 851
许继祥 ………… 851
许崇清 ………… 851
许崇智 ………… 851
许崇灏 ………… 852

〔㇇〕

那 桐 ………… 852
孙 文 见
　孙中山 ………… 852
孙 科 ………… 852
孙中山 ………… 852
孙传芳 ………… 858
孙仿鲁 见
　孙连仲 ………… 858
孙连仲 ………… 858
孙宝琦 ………… 858
孙洪伊 ………… 858
孙哲生 见
　孙 科 ………… 852

七 画

〔一〕

严孟繁 见
　严家炽 ………… 859
严家炽 ………… 859
苏体仁 ………… 859
苏象乾 见
　苏体仁 ………… 859
杜 宣 ………… 859
杜月笙 ………… 859
杜名镛 见
　杜月笙 ………… 859
杜运宇 ………… 859
杜重远 ………… 859
李 铭 ………… 859
李士群 ………… 859
李石曾 ………… 859
李印泉 见

李根源 ………… 861
李汉魂 ………… 860
李圣五 ………… 860
李协和 见
　李烈钧 ………… 862
李任潮 见
　李济深 ………… 861
李守信 ………… 860
李讴一 ………… 860
李更生 见
　李讴一 ………… 860
李伯钊 ………… 860
李伯豪 见
　李汉魂 ………… 860
李叔同 ………… 820
李宗仁 ………… 860
李思贤 ………… 861
李品仙 ………… 861
李秋君 ………… 849
李济深 ………… 861
李祖虞 ………… 861
李根源 ………… 861
李烈钧 ………… 862
李维格 ………… 862
李道轩 ………… 862
李锦纶 ………… 862
李煜瀛 ………… 862
李福林 ………… 862
李德邻 见
　李宗仁 ………… 860
李鹤龄 见
　李品仙 ………… 861
李馥荪 见
　李 铭 ………… 859
杨 杰 ………… 862
杨 虎 ………… 862
杨 度 ………… 863
杨 桑 ………… 863
杨 森 ………… 863
杨子惠 见
　杨 森 ………… 863
杨以德 ………… 863
杨幼炯 ………… 863
杨寿楠 ………… 863
杨寿楣 ………… 863
杨沧白 见
　杨庶堪 ………… 863
杨虎城 ………… 863
杨昌济 ………… 863
杨耿光 见
　杨 杰 ………… 862

杨啸天 见
　杨 虎 ………… 862
杨庶堪 ………… 863
杨揆一 ………… 863

〔丨〕

吴玉章 ………… 864
吴立凡 见
　吴思豫 ………… 864
吴达铨 见
　吴鼎昌 ………… 864
吴仲言 见
　吴锡永 ………… 865
吴忠信 ………… 864
吴思豫 ………… 864
吴亮平 ………… 864
吴铁城 ………… 864
吴梅轩 见
　吴鹤龄 ………… 865
吴敬恒 见
　吴稚晖 ………… 865
吴鼎昌 ………… 864
吴景濂 ………… 864
吴禄贞 ………… 864
吴锡永 ………… 865
吴稚晖 ………… 865
吴鹤龄 ………… 865
岑春煊 ………… 865
岑德广 ………… 865

〔丿〕

何 东 ………… 865
何 键 ………… 865
何 廉 ………… 865
何成浚 ………… 865
何芸樵 见
　何 键 ………… 865
何应钦 ………… 852
何佩瑢 ………… 867
何香凝 ………… 867
何庭流 ………… 868
何素朴 ………… 868
何晓生 见
　何 东 ………… 865
何雪竹 见
　何成浚 ………… 865
何敬之 见
　何应钦 ………… 852
何韵珊 见
　何佩瑢 ………… 867
何醉帘 见

日 文 卷

七画—八画 笔画索引

何　廉 ……… 865	宋子文 ……… 840	张荫梧 ……… 889	陈绍宽 ……… 893	〔丨〕
余汉谋 ……… 868	宋子良 ……… 880	张闻天 ……… 889	陈春圃 ……… 893	
余幼耕　见	宋庆龄 ……… 857	张炽章　见	陈树人 ……… 893	卓　王　见
余晋龢 ……… 868	宋美龄 ……… 880	张季鸾 ……… 887	陈厚甫　见	卓特巴札普 ……
余叔岩 ……… 868	宋教仁 ……… 880	张桐轩　见	陈绍宽 ……… 893	901
余晋龢 ……… 868	宋霭龄 ……… 881	张荫梧 ……… 889	陈畏垒　见	卓特巴札普 …… 901
余幄奇　见	良　弼 ……… 881	张特立　见	陈布雷 ……… 892	罗文干 ……… 901
余汉谋 ……… 868	补英达赖 ……… 882	张国焘 ……… 887	陈独秀 ……… 893	罗君强 ……… 901
谷九峰　见		张资平 ……… 889	陈济成 ……… 895	罗钧任　见
谷钟秀 ……… 868	〔⼂〕	张维翰 ……… 889	陈济棠 ……… 895	罗文干 ……… 901
谷正伦 ……… 868	张　勋 ……… 882	张道藩 ……… 889	陈冠民 ……… 895	罗炳辉 ……… 901
谷正纲 ……… 868	张　继 ……… 882	张溥泉　见	陈祖焘　见	
谷正鼎 ……… 868	张　彪 ……… 883	张　继 ……… 882	陈果夫 ……… 893	〔丿〕
谷钟秀 ……… 868	张　群 ……… 883	张静江 ……… 889	陈祖燕　见	岳开先 ……… 901
谷铭枢　见	张　韬 ……… 884	张嘉森　见	陈立夫 ……… 892	金　梁 ……… 901
谷正鼎 ……… 868	张一鹏 ……… 884	张君劢 ……… 887	陈真如　见	金永昌 ……… 901
狄葆贤 ……… 868	张人杰　见	张嘉璈 ……… 889	陈铭枢 ……… 895	金问泗 ……… 901
邹　琳 ……… 868	张静江 ……… 889	张蕴鸥　见	陈调元 ……… 895	金纯儒　见
邹　鲁 ……… 868	张元济 ……… 884	张维翰 ……… 889	陈雪轩　见	金问泗 ……… 901
邹玉林　见	张公权　见	张耀曾 ……… 890	陈调元 ……… 895	金勉卿　见
邹　琳 ……… 868	张嘉璈 ……… 889	阿勒坦鄂齐尔	陈铭枢 ……… 895	金永昌 ……… 901
邹海滨　见	张仁蠡 ……… 884	890	陈望道 ……… 896	金馥生 ……… 901
邹　鲁 ……… 868	张文白　见	阿勒唐瓦齐尔	陈寅恪 ……… 896	周少山　见
邹韬奋 ……… 868	张治中 ……… 889	890	陈维远 ……… 896	周恩来 ……… 833
	张孔修　见	陈　介 ……… 890	陈廉仲 ……… 896	周化人 ……… 902
〔⼂〕	张　韬 ……… 884	陈　仪 ……… 890	陈溥贤 ……… 896	周文贵 ……… 902
汪大燮 ……… 869	张厉生 ……… 884	陈　诚 ……… 890	陈蔗青　见	周岂明
汪兆铭　见	张东荪 ……… 884	陈　群 ……… 891	陈　介 ……… 890	周作人 ……… 894
汪精卫 ……… 869	张汉卿　见	陈之硕 ……… 891	陈璧君 ……… 874	周名览　见
汪时璟 ……… 869	张学良 ……… 886	陈天华 ……… 891	陈霭士　见	周鲠生 ……… 906
汪曼云 ……… 869	张永福 ……… 884	陈友仁 ……… 891	陈其采 ……… 893	周作人 ……… 894
汪翱唐　见	张发奎 ……… 884	陈中孚 ……… 892	邵力子 ……… 896	周作民 ……… 904
汪时璟 ……… 869	张竹平 ……… 884	陈公洽　见	邵仲辉　见	周佛海 ……… 904
汪翰章 ……… 869	张向华　见	陈　仪 ……… 890	邵力子 ……… 896	周启刚 ……… 905
汪祖泽 ……… 869	张发奎 ……… 884	陈公博 ……… 892		周枚苏　见
汪道源 ……… 869	张寿春　见	陈玉铭 ……… 892	八　画	周炳琳 ……… 905
汪精卫 ……… 869	张伯苓 ……… 887	陈布雷 ……… 892		周迪平 ……… 905
沈士远 ……… 879	张志谭 ……… 884	陈立夫 ……… 892	〔一〕	周建人 ……… 905
沈成章　见	张作霖 ……… 856	陈光甫 ……… 892	茅　盾 ……… 897	周炳琳 ……… 905
沈鸿烈 ……… 879	张伯苓 ……… 887	陈伯南　见	林　彪 ……… 897	周觉庸　见
沈沧新　见	张君劢 ……… 887	陈济棠 ……… 895	林　森 ……… 897	周启刚 ……… 905
沈觐鼎 ……… 879	张英华 ……… 887	陈孚木 ……… 893	林汝珩 ……… 898	周恩来 ……… 833
沈钧儒 ……… 879	张叔耐　见	陈其采 ……… 893	林子超　见	周家彦 ……… 906
沈鸿烈 ……… 879	张永福 ……… 884	陈奇曾　见	林　森 ……… 897	周隆庠 ……… 906
沈雁冰　见	张国焘 ……… 887	陈中孚 ……… 892	林柏生 ……… 898	周道腴　见
茅　盾 ……… 897	张季鸾 ……… 887	陈果夫 ……… 893	林沁旺都特 …… 898	周震麟 ……… 906
沈敦和 ……… 879	张岳军　见	陈昌祖 ……… 893	林语堂 ……… 898	周震麟 ……… 906
沈嗣良 ……… 879	张　群 ……… 883	陈辞修　见	林祖涵 ……… 898	周鲠生 ……… 906
沈觐鼎 ……… 879	张学良 ……… 886	陈　诚 ……… 890	松津旺楚克 …… 898	
沈衡山　见	张治中 ……… 889	陈绍禹　见	郁达夫 ……… 836	〔⼂〕
沈钧儒 ……… 879	张绍曾 ……… 889	王　明 ……… 820	欧大庆 ……… 901	郑大章 ……… 907

郑心南 见	钮永建 ……… 912	贾果伯 见	徐苏中 ……… 923	十一画
郑贞文 ……… 907	香墨林 见	贾士毅 ……… 920	徐叔谟 见	
郑贞文 ……… 907	香翰屏 ……… 912	夏　恭 ……… 920	徐　谟 ……… 922	〔一〕
郑毓秀 ……… 907	香翰屏 ……… 912	夏天长 见	徐季龙 见	
	秋　瑾 ……… 912	夏晋麟 ……… 920	徐　谦 ……… 922	黄　兴 ……… 929
〔乛〕	段祺瑞 ……… 823	夏旭初 见	徐海东 ……… 923	黄　郛 ……… 929
	俞飞鹏 ……… 914	夏肃初 ……… 920	徐淑希 ……… 923	黄一欧 ……… 929
居　正 ……… 907	俞鸿钧 ……… 914	夏奇峰 ……… 920	徐源泉 ……… 923	黄乃裳 ……… 930
居觉生 见		夏肃初 ……… 920	殷　同 ……… 923	黄少谷 ……… 930
居　正 ……… 907	〔丶〕	夏晋麟 ……… 920	殷亦农 见	黄白薇 ……… 930
	施植之 见	顾少川 见	殷汝耕 ……… 923	黄任之 见
九　画	施肇基 ……… 914	顾维钧 ……… 816	殷汝耕 ……… 923	黄炎培 ……… 930
	施肇基 ……… 914	顾兆熊 见	翁文灏 ……… 924	黄旭初 ……… 930
〔一〕	洛　甫 见	顾孟余 ……… 920	翁照垣 ……… 924	黄远庸 ……… 930
	张闻天 ……… 889	顾孟余 ……… 920	翁咏霓 见	黄季陆 ……… 930
项　英 ……… 908		顾忠琛 ……… 920	翁文灏 ……… 924	黄金荣 ……… 930
项德龙 见	〔乛〕	顾祝同 ……… 920		黄炎培 ……… 930
项　英 ……… 908	贺　龙 ……… 914	顾维钧 ……… 816	〔丶〕	黄香谷 ……… 930
赵　琪 ……… 908	贺子珍 ……… 914	顾继武 ……… 921		黄敏中 ……… 930
赵正平 ……… 908	贺元靖 见	顾毓琇 ……… 921	高一涵 ……… 924	黄琪翔 ……… 930
赵丕廉 ……… 908	贺国光 ……… 914	顾墨三 见	高冠吾 ……… 924	萧　克 ……… 930
赵尔巽 ……… 908	贺云卿 见	顾祝同 ……… 920	高宗武 ……… 877	萧吉珊 ……… 930
赵次陇 见	贺　龙 ……… 914		高凌霨 ……… 924	萧同兹 ……… 930
赵戴文 ……… 909	贺国光 ……… 914	〔丨〕	郭卫民 ……… 924	萧叔宣 ……… 931
赵如珩 ……… 908	贺降春 见		郭开贞 见	萨镇冰 ……… 931
赵芷青 见	贺子珍 ……… 914	恩子荣 见	郭沫若 ……… 826	梅思平 ……… 931
赵丕廉 ……… 908	贺贵严 见	恩克巴图 ……… 921	郭复初 见	曹　锟 ……… 931
赵叔雍 ……… 908	贺耀祖 ……… 914	恩克巴图 ……… 921	郭泰祺 ……… 924	曹汝霖 ……… 932
赵厚生 见	贺耀祖 ……… 914		郭沫若 ……… 826	曹若山 ……… 932
赵正平 ……… 908	姚　震 ……… 914	〔丿〕	郭泰祺 ……… 924	曹浩森 ……… 932
赵毓松 ……… 908	姚作宾 ……… 915		郭尔卓尔扎布	曹润田 见
赵戴文 ……… 909		钱大钧 ……… 921	……… 924	曹汝霖 ……… 932
胡　适 ……… 909	十　画	钱玄同 ……… 921	唐生智 ……… 924	盛世才 ……… 932
胡　瑛 ……… 911		钱永铭 ……… 921	唐仰杜 ……… 925	盛宣怀 ……… 925
胡　霖 ……… 911	〔一〕	钱新之 见	唐绍仪 ……… 823	
胡文虎 ……… 911		钱永铭 ……… 921	唐孟潇 见	〔丶〕
胡兰成 ……… 911	秦　汾 ……… 916	钱慕尹 ……… 921	唐生智 ……… 924	
胡汉民 ……… 880	秦邦宪 ……… 916	钱大钧 ……… 921	唐继尧 ……… 925	康白情 ……… 934
胡寿山 见	秦景阳 见	钱瘦铁 ……… 921	凌　霄 ……… 926	康有为 ……… 895
胡宗南 ……… 912	秦　汾 ……… 916	铁　良 ……… 922	诸青来 ……… 926	康克清 ……… 938
胡宗南 ……… 912	载英夫 ……… 916	特克希卜彦 ……… 922		鹿钟麟 ……… 938
胡政之 见	袁世凯 ……… 828	徐　良 ……… 922	〔乛〕	鹿瑞伯 见
胡　霖 ……… 911	袁礼敦 见	徐　谟 ……… 922		鹿钟麟 ……… 938
胡适之 见	袁履登 ……… 919	徐　谦 ……… 922	陶汇曾 见	章乃器 ……… 938
胡　适 ……… 909	袁履登 ……… 919	徐世昌 ……… 922	陶希圣 ……… 928	章士钊 ……… 939
萌　昌 ……… 912	聂云台 ……… 920	徐乐群 见	陶成章 ……… 926	章太炎 ……… 939
柏文蔚 ……… 862	聂其杰 见	徐苏中 ……… 923	陶行知 ……… 869	章行严 见
柏烈武 见	聂云台 ……… 920	徐永昌 ……… 923	陶克陶 ……… 928	章士钊 ……… 939
柏文蔚 ……… 862	莫柳忱 见	徐向前 ……… 923	陶希圣 ……… 928	章伯钧 ……… 943
	莫德惠 ……… 920	徐次宸 见	陶益生 见	章宗祥 ……… 943
〔丿〕	莫德惠 ……… 920	徐永昌 ……… 923	陶履谦 ……… 928	章炳麟 见
	贾士毅 ……… 920	徐克威 见	陶履谦 ……… 928	章太炎 ……… 939
钮永建 ……… 912		徐源泉 ……… 923		
钮惕生 见				

商 震 ………… 943
商启予 见
　商 震 ………… 943
阎百川 见
　阎锡山 ………… 845
阎海文 ………… 943
　阎锡山 ………… 845
梁士诒 ………… 945
梁众异 见
　梁鸿志 ………… 949
梁启超 ………… 935
梁实秋 ………… 949
梁思永 ………… 949
梁钧默 见
　梁寒操 ………… 950
梁焕鼎 见
　梁漱溟 ………… 910
梁鸿志 ………… 949
梁鼎芬 ………… 950
梁寒操 ………… 950
梁漱溟 ………… 910

十二画

〔一〕

博 古 见
　秦邦宪 ………… 916
博尔济吉特·瑞澂
　………………… 952
彭 湃 ………… 952
彭东原 ………… 952
彭学沛 ………… 952
彭浩涂 见
　彭学沛 ………… 952
彭德怀 ………… 845
董 康 ………… 953
董必武 ………… 953
董作宾 ………… 953
董显光 ………… 954
董授经 见
　董 康 ………… 953
蒋中正 见
　蒋介石 ………… 823
蒋介石 ………… 823
蒋方震 ………… 959
蒋廷黻 ………… 959
蒋兆贤 见
　蒋梦麟 ………… 962
蒋作宾 ………… 959
蒋伯诚 ………… 959

蒋雨岩 见
　蒋作宾 ………… 959
蒋经国 ………… 890
蒋梦麟 ………… 962
蒋铭三 见
　蒋鼎文 ………… 962
蒋绥章 见
　蒋廷黻 ………… 959
蒋鼎文 ………… 962
植子卿 ………… 962
韩世昌 ………… 962
韩复榘 ………… 943
辜鸿铭 ………… 963
覃 振 ………… 964
覃理民 见
　覃 振 ………… 964
雄诺尔敦都布 ……
　………………… 964

〔丿〕

程 潜 ………… 964
程天放 ………… 964
程中行 见
　程沧波 ………… 964
程沧波 ………… 964
程砚秋 ………… 964
程颂云 见
　程 潜 ………… 964
傅 雷 ………… 965
傅式说 ………… 965
傅作义 ………… 944
傅抱石 ………… 965
傅宜生 见
　傅作义 ………… 944
傅宗耀 见
　傅筱庵 ………… 965
傅斯年 ………… 965
傅筱庵 ………… 965
焦 莹 ………… 965
焦达峰 ………… 965
焦易堂 ………… 965
焦斐瞻 见
　焦 莹 ………… 965
鲁 迅 ………… 965

〔丶〕

曾 琦 ………… 973
曾扩情 ………… 973
曾养甫 ………… 973

曾慕韩 见
　曾 琦 ………… 973
温世珍 ………… 973
温佩珊 见
　温世珍 ………… 973
温宗尧 ………… 973
温钦甫 见
　温宗尧 ………… 973
游国恩 ………… 973
富双英 ………… 973
谢寿昌 见
　谢冠生 ………… 973
谢英伯 ………… 973
谢冠生 ………… 973

十三画

〔一〕

蒲 风 ………… 974
熙 洽 ………… 974
雷 震 ………… 974
雷石榆 ………… 974
雷寿荣 ………… 974
雷伯康 见
　雷寿荣 ………… 974

〔丨〕

虞洽卿 ………… 975
虞和德 见
　虞洽卿 ………… 975

〔丿〕

鲍文樾 ………… 975

〔丶〕

溥 仪 ………… 975
溥 侗 ………… 976
溥 儒 ………… 976
溥心畬 见
　溥 儒 ………… 976
溥西园 见
　溥 侗 ………… 976
褚民谊 ………… 976
褚重行 见
　褚民谊 ………… 976

十四画

〔一〕

蔡 培 ………… 977

蔡 锷 ………… 977
蔡子平 见
　蔡 培 ………… 977
蔡元培 ………… 977
蔡廷锴 ………… 978
蔡贤初 见
　蔡廷锴 ………… 978

〔丶〕

廖 平 ………… 979
廖仲恺 ………… 852
廖承志 ………… 867
端 方 ………… 981
赛金花 ………… 981
谭人凤 ………… 981
谭平山 ………… 892
谭延闿 ………… 981
谭浩明 ………… 981
谭震林 ………… 982

〔乛〕

熊十力 ………… 982
熊天翼 见
　熊式辉 ………… 982
熊式辉 ………… 982
熊克武 ………… 983
熊佛西 ………… 983
熊希龄 ………… 983
缪 斌 ………… 983
缪丕成 见
　缪 斌 ………… 983

十五画

〔丿〕

黎元洪 ………… 848
黎锦熙 ………… 988
德 王 见
　德穆楚克栋鲁普
　………………… 988
德穆楚克栋鲁普
　………………… 988
樊仲云 ………… 988
樊增祥 ………… 988

〔丶〕

颜俊人 见
　颜惠庆 ………… 989

颜惠庆 ………… 989
潘 复 ………… 989
潘云超 ………… 990
潘公展 ………… 990
潘汉年 ………… 990
潘芸阁 ………… 990
潘毓桂 ………… 990
潘燕生 见
　潘毓桂 ………… 990

十六画

〔一〕

薛 岳 ………… 991
薛伯陵 见
　薛 岳 ………… 991

〔丨〕

冀朝鼎 ………… 991

〔丿〕

穆木天 ………… 991
穆时英 ………… 991
穆湘玥 见
　穆藕初 ………… 991
穆藕初 ………… 991

十七画

〔一〕

戴传贤 见
　戴季陶 ………… 957
戴英夫 ………… 992
戴季陶 ………… 957

〔丿〕

魏邦平 ………… 992
魏伯聪 见
　魏道明 ………… 992
魏道明 ………… 992

十八画及以上

〔丨〕

瞿秋白 ………… 969

二　画

〔一〕

丁　玲

0001　丁玲入門／尾坂徳司／／東京：青木書店．1953．151頁
　　　丁玲入门／尾坂德司／／东京：青木书店．1953．151页
0002　丁玲と夏衍(第四/第六/第八)／阿部幸夫、高畠穣／／日野：辺鼓社．1982,1986,1989,1991
　　　丁玲与夏衍(四/六/八)／阿部幸夫、高畠穣／／日野：边鼓社．1982,1986,1989,1991
0003　夏衍と丁玲(また/第五/第七)／阿部幸夫、高畠穣／／日野：辺鼓社．1982,1984,1987,1990
　　　夏衍与丁玲(续/五/七)／阿部幸夫、高畠穣／／日野：边鼓社．1982,1984,1987,1990
0004　中国革命と女流作家丁玲／原勝／文学評論 2(1)．1935
　　　中国革命与女作家丁玲／原胜／文学评论．1935．2：1
0005　丁玲の歩いた道／竹内好／女性線 4(12)．1949
　　　丁玲所走过的路／竹内好／女性线．1949．4：12
0006　丁　玲／奥野信太郎／文學界 5(11)．1951
　　　丁　玲／奥野信太郎／文学界．1951．5：11
0007　人民作家のおもかげ -3- 中国・丁玲／島田政雄／／人民文学 2(1)．1951
　　　人民作家的音容笑貌之三：中国的丁玲／岛田政雄／／人民文学．1951．2：1
0008　丁玲について／岡崎俊夫／近代文学 6(6)．1951
　　　关于丁玲／冈崎俊夫／近代文学．1951．6：6
0009　初期の丁玲——自己変革の一つのエヴォカシオン／田川純三／形象 (2)．1954
　　　早期的丁玲——自我变革的一首回忆组曲／田川纯三／形象．1954．2
0010　過渡期の丁玲とルポルタージュ／高畠穣／北斗 1(1)．1954
　　　过渡时期的丁玲与报告文学／高畠穣／北斗．1954．1：1
0011　丁玲と私／小泉萩子／北斗 1(5)．1955
　　　丁玲与我／小泉萩子／北斗．1955．1：5
0012　丁玲論——「左連」から「文芸講話」まで／田川純三／形象 (3)．1955
　　　丁玲论——从"左联"到"文艺座谈会上的讲话"／田川纯三／形象．1955．3
0013　丁玲の文学と政治／奥平卓／新日本文学 12(10)．1957
　　　丁玲的文学与政治／奥平卓／新日本文学．1957．12：10
0014　用語の面より観た丁玲と趙樹理の文章について／田中潔／／中国語学 (通号 80)．1958
　　　从措辞看丁玲与赵树理的文章／田中洁／／中国语学．1958．(通号 80)
0015　丁玲評価の変遷／竹内実／文学界 13(7)．1959
　　　对丁玲评价的变迁／竹内实／文学界．1959．13：7
0016　その後の丁玲女史／大陸問題研究所／／大陸問題 12(7)(138)．1963
　　　此后的丁玲女史／大陆问题研究所／／大陆问题．1963．12：7(138)
0017　長城と風と丁玲／竹内実／文芸 9(9)．1970
　　　长城和风和丁玲／竹内实／文艺．1970．9：9
0018　延安にいた頃の丁玲／中川俊／野草 (3)．1971
　　　延安时期的丁玲／中川俊／野草．1971．3
0019　丁玲文学における「革命」の誕生／北岡正子／東洋文化 (通号 52)．1972
　　　丁玲文学当中"革命"的诞生／北冈正子／东洋文化．1972．52

0020　魯迅と丁玲 / 丸山昇 // ユリイカ 8(4).1976
　　　魯迅与丁玲 / 丸山升 // 发现了!.1976.8:4
0021　丁玲転向考 / 高畠穣 // 文学 44(4).1976
　　　丁玲转向考 / 高畠穣 // 文学.1976.44:4
0022　丁玲女史にお会いして / 堀黎美 // 野草 (25).1980
　　　与丁玲女史会面 / 堀黎美 // 野草.1980.25
0023　丁玲の南京時代についての覚書 / 野沢俊敬 // 北海道大学文学部紀要 29(1).1981
　　　关于南京时期的丁玲的备忘录 / 野泽俊敬 // 北海道大学文学部纪要.1981.29:1
0024　中国における丁玲研究について / 野沢俊敬 // 北海道大学言語文化部紀要（通号 2）.1982
　　　中国的丁玲研究 / 野泽俊敬 // 北海道大学语言文化部纪要.1982.2
0025　私の見た昭和の思想と文学の50年 -39- 大学の総長代行とは。また、丁玲・胡風らのこと / 小田切秀雄 // すばる 8(7).1986
　　　我眼中昭和50年间的思想和文学之39：所谓大学代校长以及胡风、丁玲等人 / 小田切秀雄 // 昴.1986.8:7
0026　1970年代日米女性運動と丁玲 / 秋山洋子 // 中国研究月報 47(11).1993
　　　丁玲与20世纪70年代日美女性运动 / 秋山洋子 // 中国研究月报.1993.47:11
0027　女性主義文学と丁玲 / 田畑佐和子 // 中国女性史研究 (5).1994
　　　丁玲与女性主义文学 / 田畑佐和子 // 中国女性史研究.1994.5
0028　丁玲と佐多稲子 / 田畑佐和子 // 中国研究月報 53(2)（通号 612）.1999
　　　丁玲与佐多稻子 / 田畑佐和子 // 中国研究月报.1999.53:2 612
0029　テイレイ　丁玲 / 樋口正徳 // 最新中国要人傳.第156頁
　　　丁　玲 / 樋口正徳 // 最新中国要人传.第156页

丁士源

0030　新中国の財政通 丁士源氏と語る / 海外社 // 海外 5(27).1929
　　　新中国的财政通——与丁士源先生谈话 / 海外社 // 海外.1929.5:27
0031　滿洲國公使丁士源君 / 佐藤安之助 // 国際評論 2(6).1933
　　　"满洲国"公使丁士源先生 / 佐藤安之助 // 国际评论.1933.2:6
0032　正義の士 丁士源 / 浜野末太郎 // 現代中国人物批判.第105頁
　　　正义之士——丁士源 / 浜野末太郎 // 现代中国人物批判.第105页

丁文江

0033　悼丁文江先生 / 日華学会 // 日華學報 (54).1936
　　　悼丁文江先生 / 日华学会 // 日华学报.1936.54
0034　地質学者丁文江のこと——ハーバード大学の東アジア叢書 / 薮内清 // 図書 (259).1971
　　　地质学家丁文江——哈佛大学东亚丛书 / 薮内清 // 图书.1971.259
0035　政治と専門性——1930年代の丁文江を中心に / 湯本国穂 // 現代中国 (68).1994
　　　政治与专业性——以1930年代的丁文江为核心 / 汤本国穗 // 现代中国.1994.68
0036　丁文江草目 / 藤岡一男 // 古生物学(4).第202頁
　　　丁文江草目 / 藤冈一男 // 古生物学(4).第202页

丁其昌

0037　テイキショウ　丁其昌 / 樋口正徳 // 最新中国要人傳.第155頁
　　　丁其昌 / 樋口正徳 // 最新中国要人传.第155页

丁惟汾

0038　テイイフン　丁惟汾(鼎丞) / 樋口正徳 // 最新中国要人傳.第154頁
　　　丁惟汾(鼎丞) / 樋口正徳 // 最新中国要人传.第154页

丁福保

0039　日中醫學交流史上の人丁福保(上、下) / 松枝茂 // 日本医史学雑誌 (1332—1333).1944

日中医学交流史的人物丁福保（上、下）／松枝茂　//　日本医疗史学杂志. 1944. 1332—1333

丁默村

0040　丁默村／外務省東亜局編　//　新国民政府人名鑑. 第 65 頁
　　　丁默村／外务省东亚局编　//　新国民政府人名鉴. 第 65 页

0041　テイモクソン　丁默村／樋口正徳　//　最新中国要人傳. 第 155 頁
　　　丁默村／樋口正德　//　最新中国要人传. 第 155 页

0042　丁默村裁判／益井康一　//　裁かれる汪政権：中国漢奸裁判秘録. 第 181 頁
　　　审判丁默村／益井康一　//　受审判的汪政权：中国汉奸审判秘录. 第 181 页

〔刁〕

刁作谦

0043　チョウサクケン　刁作謙（成章）／樋口正徳　//　最新中国要人傳. 第 115 頁
　　　刁作谦（成章）／樋口正德　//　最新中国要人传. 第 115 页

刁敏谦

0044　チョウビンケン　刁敏謙（徳仁）／樋口正徳　//　最新中国要人傳. 第 116 頁
　　　刁敏谦（德仁）／樋口正德　//　最新中国要人传. 第 116 页

三　画

〔一〕

于右任

0045　于右任 / 河井荃廬 // 中国墨蹟大成 第4卷. 第282頁
　　　于右任 / 河井荃庐 // 中国墨迹大成 第4卷. 第282页

0046　ウユウニン 于右任(伯循) / 樋口正德 // 最新中国要人傳. 第4頁
　　　于右任(伯循) / 樋口正德 // 最新中国要人传. 第4页

于学忠

0047　河北省主席于學忠氏割增金付債券の發行を認可す / 野口正章 // 德光好文奮闘録:国際銀公司創設秘誌. 第173頁
　　　河北省主席于学忠批准发行有奖(金)债券 / 野口正章 // 德光好文奋斗录:国际银行创办秘志. 第173页

0048　暴戻の于學忠氏 / 朝日新聞社 // 今日の話題. 第154頁
　　　暴戾的于学忠 / 朝日新闻社 // 今日话题. 第154页

0049　ウガクチュウ 于学忠(孝侯) / 樋口正德 // 最新中国要人傳. 第3頁
　　　于学忠(孝侯) / 樋口正德 // 最新中国要人传. 第3页

于品卿

0050　ウヒンキョウ 于品卿 / 樋口正德 // 最新中国要人傳. 第4頁
　　　于品卿 / 樋口正德 // 最新中国要人传. 第4页

〔ㄱ〕

卫立煌

0051　エイリッコウ 衛立煌 / 樋口正德 // 最新中国要人傳. 第5頁
　　　卫立煌 / 樋口正德 // 最新中国要人传. 第5页

马　可

0052　新歌劇「白毛女」の誕生(馬可、郭蘭英) / 村松一弥 // 中国の音楽. 第135頁
　　　新歌剧《白毛女》的诞生(马可、郭兰英) / 村松一弥 // 中国音乐. 第135页

马　良

0053　馬　良 / 沢村幸夫 // 上海人物印象記 第2集. 第1頁
　　　马　良 / 泽村幸夫 // 上海人物印象记 第2集. 第1页

0054　馬　良(子貞) / 外務省東亜局 // 新国民政府人名鑑. 第1頁
　　　马　良(子贞) / 外务省东亚局 // 新国民政府人名鉴. 第1页

0055　バリョウ 馬良(子貞) / 樋口正德 // 最新中国要人傳. 第175頁
　　　马　良(子贞) / 樋口正德 // 最新中国要人传. 第175页

马　素

0056　排米を說く米國通 馬素 / 浜野末太郎 // 現代中国人物批判. 第208頁
　　　倡导排美的美国通 马素 / 浜野末太郎 // 现代中国人物批判. 第208页

马　衡

0057　中国の考古學者馬衡先生 / 駒井和愛 // 桃源 (1). 1946
　　　中国的考古学家马衡老师 / 驹井和爱 // 桃源. 1947.1

0058　馬衡先生の逝去を悼む / 駒井和愛 // 考古学雑誌 41(1). 1955

悼马衡老师 / 驹井和爱 // 考古学杂志. 1956. 41：1

马　麟

0059　バリン　馬麟 / 樋口正徳 // 最新中国要人傳. 第 176 頁
　　　 马　　麟 / 樋口正德 // 最新中国要人传. 第 176 页

马占山

0060　馬占山將軍伝：東洋のナポレオン / 立花丈平 // 東京：德間書店. 1990. 238 頁
　　　 马占山将军传：东洋拿破仑 / 立花丈平 // 东京：德间书店. 1990. 238 页
0061　馬占山軍膺懲の理由發表 / 文明協會編 // 日本と世界（21）. 1931
　　　 发布讨伐马占山军的理由 / 文明协会编 // 日本与世界. 1931.（21）
0062　黑龍江軍馬占山の態度と滿蒙形勢 / 政教社編 // 日本及日本人（238）. 1931
　　　 黑龙江军马占山的态度及满蒙形势 / 政教社编 // 日本和日本人. 1931. 238
0063　馬占山敗退・天津事變と國際聯盟及び米露 / 政教社編 // 日本及日本人（239）. 1931
　　　 马占山败退、天津事变与国际联盟及美俄 / 政教社编 // 日本和日本人. 1931. 239
0064　人氣者馬占山 / 國際パンフレット通信部編 // 国際パンフレット通信（462）. 1931
　　　 红人马占山 / 国际活页文选（Pamphlet）通信部编 // 国际活页文选（Pamphlet）通信. 1931. 462
0065　コスモラマ：馬占山戰死・南京政情・日本政府の對滿洲態度その他 / 白水社編 // ふらんす 8（11）. 1932
　　　 世界大观：马占山战死、南京政情、日本政府对满洲的态度及其他 / 白水社编 // 法兰西. 1932. 8：11
0066　時事讀物　馬占山の最後 / 鏡新太郎、梁川剛一 // 小学五年生 12(7). 1932
　　　 时事读物——马占山的结局 / 镜新太郎、梁川刚一 // 小学五年生. 1932. 12：7
0067　馬占山討伐物語 / 小学館編 // 小学三年生 9(7). 1932
　　　 马占山讨伐故事 / 小学馆编 // 小学三年生. 1932. 9：7
0068　馬占山はどうして敗れたか——上海新聞報 / 邦文社編 // 邦文外国雜誌 2(2). 1932
　　　 马占山溃败之因——上海新闻报 / 日文社编 // 日文外国杂志. 1932. 2：2
0069　馬占山と顧維鈞 / 日本警察新聞社編 // 日本警察新聞（892）. 1932
　　　 马占山与顾维钧 / 日本警察新闻社编 // 日本警察新闻. 1932. 892
0070　調査團、馬占山會見問題の經緯 / タイムス出版社國際パンフレット通信部編 // 国際パンフレット通信（516）. 1932
　　　 调查团、马占山会见问题始末 / 时代（Times）出版社国际活页文选（Pamphlet）通信部编 // 国际活页文选（Pamphlet）通信. 1932. 516
0071　馬占山の黑河より發せる通電 / 文明協會編 // 日本と世界（4）. 1932
　　　 马占山黑河通电 / 文明协会编 // 日本与世界. 1932. 4
0072　馬占山を討取るまで / 今村嘉吉 // 少年俱樂部 19(10). 1932
　　　 战败马占山为止 / 今村嘉吉 // 少年俱乐部. 1932. 19：10
0073　和製馬占山 / K・H 生 // 隣人之友　改卷（6）（80）. 1933
　　　 日式马占山 / KH 生 // 邻居之友　改卷. 1933. 6：80
0074　馬占山軍の中央突破 / 早坂四郎 // 戰友（280）. 1933
　　　 对马占山军进行正面突破 / 早坂四郎 // 战友. 1933. 280
0075　馬占山軍討滅部隊に對する糧食輸送飛行座談會 / 航空会編 // 航空事情（101）. 1933
　　　 针对围剿马占山部队的粮食空运座谈会 / 航空会编 // 航空状况. 1933. ；101
0076　粟を食つて馬占山を追ふ / 日本缶詰協會編 // 罐詰時報 13(2)(136). 1934
　　　 食粟追赶马占山 / 日本罐头协会编 // 罐头时报. 1934. 13：2（136）
0077　馬占山將軍 / 山崎元幹 // 文芸春秋 29(2). 1951
　　　 马占山将军 / 山崎元干 // 文艺春秋. 1951. 29：2
0078　陸軍中野学校(8)生きていた馬占山 / 畠山清行 // 週刊サンケイ 14(49)(755). 1965

　　　　陆军中野学校(8)马占山生平／畠山清行／／产经周刊.1965.14：49(755)
0079　関東軍を手玉にとった馬占山／渡辺龍策／／週刊読売.1970.29：42(1119)
　　　　摆布关东军的马占山／渡边龙策／／读卖周刊.1970.29：42(1119)
0080　幻の王国・満州帝国の興亡（連第15回）博儀の所在を秘しつつ新政権樹立に向けて、関東軍は「地方政権」馬占山の攻撃を開始した／児島襄／／諸君！：日本を元気にするオピニオン雑誌6(3).1974
　　　　虚幻的帝国"满洲帝国"的兴亡（连载第15回）：隐藏溥仪下落之同时，关东军为建立新政权开始进攻马占山"地方政权"／儿岛襄／／诸位！：振兴日本的意见杂志.1974.6：3
0081　歴史手帖 馬占山についての若干の資料／臼井勝美／／日本歴史(496).1989
　　　　历史杂记：关于马占山的若干资料／臼井胜美／／日本历史.1989.496
0082　回り灯篭「馬占山」始末記——満州事変に関わる授業の側面／川崎敏朗／／総合歴史教育（通号34).1998
　　　　走马灯"马占山"始末记——关于满洲事变的授课内容／川崎敏朗／／综合历史教育.1998.34

马永魁

0083　バエイクワイ　馬永魁／樋口正徳／／最新中国要人傳.第172頁
　　　　马永魁／樋口正德／／最新中国要人传.第172页

马仲英

0084　スエン・ヘディンの馬仲英の逃亡／春日俊吉／／東京：ベースボール・マガジン社.1965.251頁
　　　　斯文・赫定(Sven Anders Hedin)的马仲英逃亡／春日俊吉／／东京：棒球杂志(Baseball Magazine)社.1965.251页
0085　叛將馬仲英の入蘇／満州国外交部総務司計画科／／東亜政情(4).1936
　　　　叛将马仲英入苏／满洲国外交部总务司计划科／／东亚政情.1936.4
0086　馬仲英／イスラム文化教会／／イスラム(3).1938
　　　　马仲英／伊斯兰文化教会／／伊斯兰.1938.3
0087　馬仲英等叛亂の終始／佐久間卓次郎／／辺疆問題の一断面.第11頁
　　　　马仲英等人叛乱之始末／佐久间卓次郎／／边疆问题缩影.第11页
0088　馬仲英／外務省調査部／／新疆調書.第32頁
　　　　马仲英／外务省调查部／／新疆调查书.第32页
0089　漢回の驍將馬仲英／笠間杲雄／／回教徒.第153頁
　　　　汉回骁将马仲英／笠间杲雄／／回教徒.第153页
0090　バチュウエイ　馬仲英／樋口正徳／／最新中国要人傳.第174頁
　　　　马仲英／樋口正德／／最新中国要人传.第174页
0091　馬仲英と哈密暴動／金久保通雄／／中国の奥地.第113頁
　　　　马仲英与哈密暴动／金久保通雄／／中国的腹地.第113页
0092　革命兒馬仲英の参謀／林司朗／／西北ルート：内蒙秘話.第43頁
　　　　革命之子马仲英的参谋／林司朗／／西北路线：内蒙秘话.第43页
0093　梟雄馬仲英／稲垣史生／／天山嶺を行く日本人.第152頁
　　　　枭雄马仲英／稻垣史生／／行走天山岭的日本人.第152页

马连良

0094　名優馬連良を想う／村上知行／／民鐘3(7—8).1948
　　　　回忆名伶马连良／村上知行／／民钟.1948.3：7—8
0095　馬連良の65年——京劇史の一齣／樋泉克夫／／多摩芸術学園紀要（通号12).1986
　　　　马连良的65年——京剧史的一段落／樋泉克夫／／多摩艺术学园纪要.1986.12

马步芳

0096　バホホウ　馬步芳(子香)／樋口正徳／／最新中国要人傳.第175頁

马步青

0098 バホセイ 馬步靑(子雲) / 樋口正德 // 最新中国要人傳. 第 175 頁
马步青(子云) / 樋口正德 // 最新中国要人传. 第 175 页

马君武

0099 近代中国の「自由」の言説——厳復および同時代の思想家たち / 梁一模 // 東京大学博士論文. 1998
现代中国的"自由"话语——严复及同时代的思想家们 / 梁一模 // 东京大学博士论文. 1998

0100 バクンブ 馬君武(名和) / 樋口正德 // 最新中国要人傳. 第 172 頁
马君武(名和) / 樋口正德 // 最新中国要人传. 第 172 页

马相伯

0101 祝馬相伯先生百齡 / 蔡子民 // 昭和詩文 30(3)(274). 1940
祝马相伯先生百岁 / 蔡子民 // 昭和诗文. 1940. 30：3(274)

0102 馬相伯の一生 / 實藤惠秀 // 明治日中文化交渉. 第 225 頁
马相伯的一生 / 实藤惠秀 // 明治日中文化交流. 第 225 页

马思聪

0103 馬思聰氏の米国亡命 / 時事通信社 // 世界週報 48(18). 1967
逃亡美国的马思聪 / 时事通信社 // 世界周报. 1967. 48：18

0104 インタビュー ヴァイオリン博士・劉薇——馬思聰と中国現代音楽事情を語る / 戸田紗織、劉薇 // 音楽現代 29(12)（通号 344）. 1999
采访 小提琴博士刘薇——谈马思聪与中国当代音乐状况 / 户田纱织、刘薇 // 音乐现代. 1999. 29：12.（通号 344）

0105 ヴァイオリン演奏家・作曲家としての馬思聰研究 / 劉薇 // 東京芸術大学博士論文. 1999
小提琴演奏家、作曲家马思聪研究 / 刘薇 // 东京艺术大学博士论文. 1999

马叙伦

0106 馬叙倫氏を民主促進会主席に選出 / ラヂオプレス(RP)通信社 // RPニュース(1886). 1956
马叙伦当选民主促进会主席 / Radio Press(RP)通信社 // RP 新闻. 1956. 1886

0107 「愛国民主」統一戦線思想の確立過程——馬叙倫における思想の発展 / 平野正 // 西南学院大学文理論集 20(1). 1979
"爱国民主"统一战线思想的确立过程——马叙伦的思想发展 / 平野正 // 西南学院大学文理论集. 1979. 20：1

马鸿宾

0108 鎮守使馬鴻賓 / 副島次郎 // アジアを跨ぐ. 第 39 頁
镇守使马鸿宾 / 副岛次郎 // 跨越亚洲. 第 39 页

0109 バコウヒン 馬鴻賓 / 樋口正德 // 最新中国要人傳. 第 174 頁
马鸿宾 / 樋口正德 // 最新中国要人传. 第 174 页

0110 馬鴻賓 / 金久保通雄 // 中国の奥地. 第 105 頁
马鸿宾 / 金久保通雄 // 中国的腹地. 第 105 页

马鸿逵

0111 バコウキ 馬鴻逵(少雲) / 樋口正德 // 最新中国要人傳. 第 173 頁
马鸿逵(少云) / 樋口正德 // 最新中国要人传. 第 173 页

0112 馬鴻逵と寧夏省 / 金久保通雄 // 中国の奥地. 第 101 頁
马鸿逵与宁夏省 / 金久保通雄 // 中国的腹地. 第 101 页

马寅初

0113 馬寅初博士の幽閉——重慶こぼれ話 / 方萬里 // 時局情報 5(4).1941
马寅初博士被幽禁——重庆轶闻 / 方万里 // 时局情报.1941.5:4

0114 馬寅初の人口理論 / 寺崎祐義 // 福岡大学経済学論叢 7(1-2).1963
马寅初的人口理论 / 寺崎祐义 // 福冈大学经济学论丛 1963.7:1—2

0115 馬寅初の「新人口論」に対する冤罪を晴らすために / 陳中立 // アジア經濟旬報 (1131).1979
为马寅初"新人口论"平反 / 陈中立 // 亚洲经济旬报.1979.1131

0116 社会生産様式と人口問題:馬寅初の「新人口論」を駁する / 李林谷 // アジア經濟旬報 (1131).1979
社会生产方式与人口问题:驳马寅初"新人口论" / 李林谷 // 亚洲经济旬报.1979.1131

0117 馬寅初「新人口論」と中国の人口問題 / 越沢明 // アジア經濟旬報 (1131).1979
马寅初"新人口论"与中国的人口问题 / 越泽明 // 亚洲经济旬报.1979.1131

0118 マルサスの農工均衡発展論と現代中国における一つの投影——馬寅初(MA. Yin-Chu)の「団団転=総合的均衡」理論(含馬寅初略歴) / 山内良一 // 熊本商大論集 31(1-2).1985
马尔萨斯的农工均衡发展论与当代中国的一个投影——马寅初的"团团转的综合平衡"理论(附马寅初简历) / 山内良一 // 熊本商大论集.1985.31:1-2

0119 馬寅初——毛沢東に逆らい人口抑制を主張、硬骨の経済学者(特集 人物でたどる中国の50年——建国から改革開放まで) / 小林幹夫 // 月刊しにか 10(11) (通号 116).1999
马寅初——反对毛泽东、主张抑制人口的硬骨头经济学者(特集 从人物看中国五十年——从建国到改革开放) / 小林干夫 // 中国学月刊.1999.10:11(116)

0120 バインショ(馬寅初) / 樋口正徳 // 最新中国要人傳.第 172 頁
马寅初 / 樋口正德 // 最新中国要人传.第 172 页

0121 現代中国社会主義論争の問題点(馬寅初「我が哲学思想と経済理論」の基本的性格) / 国際情勢研究会 // 論叢.第 239 頁
现代中国社会主义论争的问题点(马寅初《我的哲学思想和经济理论》的基本性质) / 国际情势研究会 // 论丛.第 239 页

马超俊

0122 バチョウシュン 馬超俊(星樵) / 樋口正徳 // 最新中国要人傳.第 174 頁
马超俊(星樵) / 樋口正德 // 最新中国要人传.第 174 页

四 画

〔一〕

丰子恺

0123 現代作家小傳——巴金・豐子愷／外語学院出版部編／／中国語 第 10 年(6). 1941
  现代作家小传——巴金、丰子恺／外语学院出版部编／／汉语. 1941. 第 10 年(6)

0124 豊子凱——解放前中国の散文作家 -1-／蔭山達弥／京都外国語大学研究論叢（通号 34). 1989
  丰子恺——解放前中国散文作家 之一／荫山达弥／京都外国语大学研究论丛. 1989. 34

0125 アジアのマンガ(20)魯迅の小説のさし絵を描いた豊子愷／小野耕世／／月刊しにか 2(11)(20). 1991
  亚洲的漫画(20)为鲁迅的小说绘插画的丰子恺／小野耕世／／中国学月刊. 1991. 2;11(20)

0126 豊子愷の中国美術優位論と日本——民国期の西洋美術受容／西槇偉／／比較文学（通号 39). 1996
  丰子恺的中国美术优越论与日本——民国时期对西洋美术的接受／西槇伟／／比较文学. 1996. 39

0127 江新そして豊子愷——「魯迅」以前の中国木刻をめぐって／隆木宏司／／日中藝術研究 (34). 1996
  江新及丰子恺——鲁迅以前的中国木刻／隆木宏司／／中日艺术研究. 1996. 34

0128 豊子愷論／楊暁文／神戸大学博士論文. 1996 年
  论丰子恺／杨晓文／神户大学博士论文. 1996 年

0129 ゴッホは文人画家か——豊子凱のゴッホ観（特輯東アジア）／西槇偉／／比較文學研究（通号 70). 1997
  梵高是文人画家吗——丰子恺的梵高观（东亚特辑）／西槇伟／／比较文学研究. 1997. 70

0130 中国民国期の西洋美術受容——李叔同と豊子愷をめぐって／西槇偉／／東京大学博士論文. 1998 年
  中国民国时期对西洋美术的接受——以李叔同与丰子恺为核心／西槇伟／／东京大学博士论文. 1998 年

0131 林先生・豐子愷／魚返善雄編／／中国人的日本観. 第 51 頁
  林先生、丰子恺／鱼返善雄编／／中国人的日本观. 第 51 页

0132 豊子愷／小林武三／／中国語と中国文化. 第 180 頁
  丰子恺／小林武三／／汉语与中国文化. 第 180 页

王 明

0133 王明著作目録／田中仁／／東京:汲古書院. 1996. 228 頁
  王明著作目录／田中仁／／东京:汲古书院. 1996. 228 页

0134 中共代表陳紹禹露都へ／内閣情報局／／国際月報 (2). 1941
  中共代表陈绍禹赴俄首都／内阁情报局／／国际月报. 1941. 2

0135 陳紹禹（王明）とその魯迅論／川上久壽／小樽商科大学人文研究（通号 43). 1971
  陈绍禹（王明）及其鲁迅论／川上久寿／小樽商科大学人文研究. 1971. 43

0136 王明（陳紹禹）における抗日民族統一戦線論の形成について／田中仁／／史学研究（通号 158). 1983
  王明（陈绍禹）抗日民族统一战线理论的形成／田中仁／史学研究. 1983.（通号 158)

0137 抗日民族統一戦線をめぐる王明と中国共産党／田中仁／／歴史評論 (423). 1985
  围绕抗日民族统一战线问题的王明与中国共产党／田中仁／／历史评论. 1985. 423

0138 モスクワにおける王明の抬頭と「江浙同郷会」事件／岸田五郎／／中国研究月報（通号 530). 1992

王明在莫斯科的崛起与"江浙同乡会"事件 ／ 岸田五郎 ／／ 中国研究月报. 1992. (530)
0139　抗日戦争に対する中国共産党の戦略(Ⅱ)：A. 毛沢東の戦略——六中全会 B. 陳紹禹と毛沢東の確執 ／ 藤井高美 ／／ 鈴鹿国際大学紀要 (1). 1995
　　　中国共产党的抗日战争战略(Ⅱ)：A. 毛泽东的战略——六中全会 B. 陈绍禹与毛泽东的争执 ／ 藤井高美 ／／ 铃鹿国际大学纪要. 1995. 1
0140　陳紹禹 ／ 松本忠雄 ／／ 次に中国を支配するもの. 第 188 頁
　　　陈绍禹 ／ 松本忠雄 ／／ 此后左右中国的人. 第 188 页
0141　王明(陳紹禹、陳紹玉) ／ 吉岡文六 ／／ 現代中国人物論. 第 170 頁
　　　王明(陈绍禹、陈绍玉) ／ 吉冈文六 ／／ 现代中国人物论. 第 170 页
0142　陳紹禹の對宗教戰術(一九三五) ／ 政務部 ／／ コミンテルン蘇聯邦及び中国共産党の宗教政策に関する資料. 第 39 頁
　　　陈绍禹的反宗教战术(一九三五) ／ 政务部 ／／ 共产国际苏联邦及中国共产党宗教政策的相关资料. 第 39 页
0143　チンショウウ 陳紹禹(別名王明) ／ 樋口正徳 ／／ 最新中国要人傳. 第 142 頁
　　　陈绍禹(别名王明) ／ 樋口正德 ／／ 最新中国要人传. 第 142 页
0144　陳紹禹(王明) ／ 新中国研究会 ／／ 毛沢東伝. 第 224 頁
　　　陈绍禹(王明) ／ 新中国研究会 ／／ 毛泽东传. 第 224 页
0145　李立三コースと王明コース ／ 吉田東祐 ／／ 中国革命の百八人：毛沢東とスターリンの対決. 第 87 頁
　　　李立三路线与王明路线 ／ 吉田东祐 ／／ 中国革命的一百零八将：毛泽东与斯大林的交锋. 第 87 页
0146　王明路線との闘争 ／ 新島淳良 ／／ 現代中国の革命認識：中ソ論争への接近. 第 51 頁
　　　与王明路线的斗争 ／ 新岛淳良 ／／ 现代中国革命认识：走向中苏论争. 第 51 页

王　修

0147　王　修 ／ 外務省東亜局 ／／ 新国民政府人名鑑. 第 41 頁
　　　王　修 ／ 外务省东亚局 ／／ 新国民政府人名鉴. 第 41 页
0148　オウシウ 王修(梅堂) ／ 樋口正徳 ／／ 最新中国要人傳. 第 14 頁
　　　王　修(梅堂) ／ 樋口正德 ／／ 最新中国要人传. 第 14 页

王　照

0149　王照と勞乃宣 ／ 倉石武四郎 ／／ 漢学会雑誌 12(第 1/2 合併號). 1944
　　　王照与劳乃宣 ／ 仓石武四郎 ／／ 汉学会杂志. 1944. 12(第 1、2 合并号)
0150　王照と『官話合声字母』 ／ 有田和夫 ／／ 中国語学 (通号 176). 1967
　　　王照与《官话合声字母》 ／ 有田和夫 ／／ 汉语学. 1967. 176
0151　王照と伊沢修二——清末文字改革家の日本との交渉 ／ 長尾景義 ／／ 集刊東洋学 (通号 43). 1980
　　　王照与伊泽修二——清末文字改革家与日本的联系 ／ 长尾景义 ／／ 东洋学集刊. 1980. (43)

王一亭

0152　匋印北川蝠亭とその交友：会津八一・伊達南海・呉昌碩・王一亭 ／ 北川蝠亭 ／／ 大阪：泰山書道院. 1987. 24 頁
　　　匋印北川蝠亭及其交友：会津八一、伊达南海、吴昌硕、王一亭 ／ 北川蝠亭 ／／ 大阪：泰山书法院. 1987. 24 页
0153　呉昌碩と王一亭——中国近世畫人傳 ／ 米内山庸夫 ／／ 大陸 (12 月號). 1941
　　　吴昌硕与王一亭——中国近世画家传 ／ 米内山庸夫 ／／ 大陆. 1941. 12 月号
0154　懷王一亭先生 ／ 服部燁峯 ／／ 昭和詩文 32(10). 1942
　　　怀念王一亭先生 ／ 服部烨峰 ／／ 昭和诗文. 1942. 32：10
0155　親日畫人王一亭翁を憶ふ ／ 土屋計左右 ／／ 国画 2(7). 1942
　　　忆亲日画家王一亭老先生 ／ 土屋计左右 ／／ 国画. 1942. 2：7

0156 　王一亭と功徳林 / 高橋竹迷 // 秋野老師中国祖蹟参拝紀行. 第 36 頁
　　　王一亭与功德林 / 高桥竹迷 // 秋野老师中国祖迹参拝纪行. 第 36 页
0157 　王一亭 / 沢村幸夫 // 上海人物印象記 第 1 集. 第 18 頁
　　　王一亭 / 泽村幸夫 // 上海人物印象记 第 1 集. 第 18 页
0158 　畫家王一亭氏 / 吉野圭三 // 滞中漫録. 第 90 頁
　　　画家王一亭先生 / 吉野圭三 // 中国漫录. 第 90 页
0159 　王一亭の畫室 / 大河内正敏 // 陶片：清美庵随筆集. 第 115 頁
　　　王一亭的画室 / 大河内正敏 // 陶片：清美庵随笔集. 第 115 页
0160 　趙之謙・呉昌碩・王一亭・錢瘦鐵について / 会津八一 // 会津八一書論集. 第 227 頁
　　　关于赵之谦、吴昌硕、王一亭、钱瘦铁 / 会津八一 // 会津八一书论集. 第 227 页

王士珍

0161 　王士珍の調停案 / 英語青年社 // 英語青年 37(6)(505). 1917
　　　王士珍调停案 / 英语青年社 // 英语青年. 1917.37：6(505)

王大華

0162 　王大華 / 中国実業雑誌社 // 他山百家言(下卷 1). 第 7 頁
　　　王大华 / 中国实业杂志社 // 他山百家言(下卷 1). 第 7 页

王大楨

0163 　オウタイテイ 王大楨(芃生) / 樋口正徳 // 最新中国要人傳. 第 18 頁
　　　王大桢(芃生) / 樋口正德 // 最新中国要人传. 第 18 页

王子壯

0164 　オウシソウ 王子壯 / 樋口正徳 // 最新中国要人傳. 第 14 頁
　　　王子壮 / 樋口正德 // 最新中国要人传. 第 14 页

王子惠

0165 　王子惠君の人物と思想 / 学苑社 // 祖国 (6 月號). 1938
　　　王子惠其人与其思想 / 学苑社 // 祖国. 1938.(6 月号)
0166 　王子惠氏大隈會長私邸へ來訪 / 文明協会 // 日本と世界 (147). 1939
　　　王子惠赴大隈会长私宅拜访 / 文明协会 // 日本与世界. 1939.147
0167 　王子惠と新東亞を語る / 揚子江社、南北社 // 揚子江 2(1). 1939
　　　谈王子惠与新东亚 / 长江社、南北社 // 长江. 1939.2：1
0168 　王子惠 / 吉岡文六 // 現代中国人物論. 第 192 頁
　　　王子惠 / 吉冈文六 // 现代中国人物论. 第 192 页

王以哲

0169 　王以哲と旅訓 / 大正写真工芸所 // 満洲事変の真相. 第 5 頁
　　　王以哲与旅训 / 大正摄影工艺所 // 满洲事变的真相. 第 5 页

王正廷

0170 　喧嘩外交の王正廷——人物評論 / 鷺城學人 // 日本及日本人 (8 月號)(157). 1928
　　　嘴仗外交的王正廷——人物评论 / 鹭城学人 // 日本及日本人. 1928.8(157)
0171 　中国政界の花形役者王正廷 / 土岐直彦 // 実業の日本 31(16). 1928
　　　中国政界的明星王正廷 / 土岐直彦 // 实业之日本. 1928.31：16
0172 　王正廷のもうひとつの「大アジア主義」/ 横田豊 // 歴史評論 (521). 1993
　　　王正廷的另一个"大亚洲主义" / 横田丰 // 历史评论. 1993.521
0173 　王正廷 / 鶴見祐輔 // 偶像破壊期の中国. 第 54 頁
　　　王正廷 / 鹤见祐辅 // 偶像破坏时期的中国. 第 54 页
0174 　王正廷氏 / 鈴木一馬 // 最近の中国事情. 第 72 頁
　　　王正廷先生 / 铃木一马 // 中国近况. 第 72 页

0175 またしても王正廷の頑張り / 島屋政一 // 日中戦争記:満蒙問題の清算?. 第125頁
又是王正廷的努力 / 岛屋政一 // 日中战争记:满蒙问题的清算?. 第125页

0176 王正廷 / 沢村幸夫 // 上海人物印象記 第2集. 第13頁
王正廷 / 泽村幸夫 // 上海人物印象记(第2集). 第13页

0177 蔣介石、王正廷の放言 / 松岡洋右 // 東亜全局の動揺:我が国是と日中露の関係・満蒙の現状. 第64頁
蒋介石、王正廷的大话 / 松冈洋右 // 东亚全局的动摇:我国国是、日中俄关系及满蒙现状. 第64页

0178 激昂せる學生遂に王正廷を殿打 / 大泉忠敬 // 中国新聞排日ぶり:膺懲暴日・抗日宣伝. 第67頁
激昂的学生最终殴打了王正廷 / 大泉忠敬 // 中国新闻排日情况:膺惩暴日・抗日宣传. 第67页

0179 王正廷 / 東京日日新聞社,大阪毎日新聞社 // 国際戦を呼ぶ爆弾中国. 第79頁
王正廷 / 东京日日新闻社,大阪每日新闻社 // 唤起国际大战的火药桶中国. 同社. 1935. 第79页

0180 王正廷氏へ調示 / 姫野徳一 // 中国の抗日記録:日中の不幸. 第38頁
给王正廷的调令 / 姬野德一 // 中国的抗日记录:日中的不幸. 第38页

0181 反日外交家王正廷 / 村田士郎 // 混迷中国の全貌. 第95頁
反日外交家王正廷 / 村田士郎 // 混沌中国的全貌. 第95页

0182 オウセイテイ 王正廷(儒堂) / 樋口正徳 // 最新中国要人傳. 第15頁
王正廷(儒堂) / 樋口正德 // 最新中国要人传. 第15页

0183 王正廷の革命外交 / 山浦貫一 // 森恪 下. 第624頁
王正廷的革命外交 / 山浦贯一 // 森恪 下. 第624页

0184 唐紹儀・段祺瑞・王正廷 / 高木陸郎 // 日華交友録. 第124頁
唐绍仪、段祺瑞、王正廷 / 高木陆郎 // 日华交友录. 第124页

0185 芳澤・王正廷會談 / 森正蔵 // 旋風二十年:解禁昭和裏面史 上. 第28頁
芳泽谦吉与王正廷的会谈 / 森正藏 // 旋风二十年:解禁昭和内幕史 上. 第28页

0186 王正廷 / 高木陸郎 // 私と中国. 第145頁
王正廷 / 高木陆郎 // 我与中国. 第145页

王世杰

0187 オウセイケツ 王世杰(雪艇) / 樋口正徳 // 最新中国要人傳. 第15頁
王世杰(雪艇) / 樋口正德 // 最新中国要人传. 第15页

王占元

0188 督軍王占元を訪ふ / 岡島松次郎 // 新聞記者の旅. 第59頁
访督军王占元 / 冈岛松次郎 // 新闻记者之旅. 第59页

0189 王占元氏 / 鈴木一馬 // 最近の中国事情. 第76頁
王占元 / 铃木一马 // 中国近况. 第76页

王永泉

0190 オウエイセン 王永泉(百川) / 樋口正徳 // 最新中国要人傳. 第10頁
王永泉(百川) / 樋口正德 // 最新中国要人传. 第10页

王亚南

0191 王亜南の「中国経済原論」 / 末永繁マツ // 中国研究所所報 (15). 1948
王亚南的《中国经济原论》 / 末永繁松 // 中国研究所所报. 1948. 15

王光祈

0192 五四運動前後の王光祈 / 小野信爾 // 花園大学研究紀要 (通号 22). 1990
五四运动前后的王光祈 / 小野信尔 // 花园大学研究纪要. 1990. 22

王先謙

0193 王先謙の保守思想——変法運動時期の学術と思想を中心として / 竹内弘行 // 中国哲学論集 (3). 1977

王先谦的保守思想——以变法运动时期的学术与思想为核心 / 竹内弘行 // 中国哲学论集. 1977. :3
0194　王先謙と清末の女学弾圧:湖南第一女学閉鎖事件をめぐって / 野村鮎子 // 龍谷紀要 18(2). 1997
　　　王先谦与清末对女学的压制:围绕湖南第一女学关闭事件 / 野村鲇子 // 龙谷纪要. 1997. 18:2
0195　湖南の純儒王先謙 / 松崎鶴雄 // 柔父随筆. 第96頁
　　　湖南纯儒王先谦 / 松崎鹤雄 // 柔父随笔. 第97页
0196　王先謙 / 根岸佶 // 中国社会に於ける指導層:中国耆老紳士の研究. 第153頁
　　　王先谦 / 根岸佶 // 中国社会的领导层:中国耆老绅士研究. 第153页

王孝英

0197　王孝英 / 沢村幸夫 // 上海人物印象記 第1集. 第35頁
　　　王孝英 / 泽村幸夫 // 上海人物印象记 第1集. 第35页

王芸生

0198　大公報社長王芸生氏との懇談會 / 田中 // 歴史学研究 (201). 1956
　　　为《大公报》社长王芸生举办恳谈会 / 田中 // 历史学研究. 1956. 201
0199　新しい日中関係と中国の社会主義建設の一こま——大公報社長王芸生氏を迎えて / 佐藤伸雄 // 歴史地理教育 3(7)(21). 1956
　　　新的日中关系与中国社会主义建设的一个方面——欢迎大公报社社长王芸生先生 / 佐藤伸雄 // 历史地理教育. 1956. 3:7(21)
0200　「六十年来中国と日本」王芸生編——その改訂と再版について / 彭沢周 // 大阪外国語大学学報 (通号 55). 1982
　　　关于王芸生编《六十年来中国与日本》的改订与再版 / 彭泽周 // 大阪外国语大学学报. 1982. 55
0201　盧山の風光と人物(王芸生) / 波多野乾一 // 現代中国の政治と人物. 第460頁
　　　庐山的风光与人物(王芸生) / 波多野乾一 // 现代中国的政治与人物. 第460页

王克敏

0202　王克敏會見記 / 山本実彦 // 大陸 (7月號). 1938
　　　王克敏会见记 / 山本实彦 // 大陆. 1938. (7月号)
0203　策謀の士王克敏を語る / 岡野増次郎 // 日本及日本人 (8月號)(363). 1938
　　　谈策略家王克敏 / 冈野增次郎 // 日本与日本人. 1938. 8(363)
0204　人物紙芝居——王克敏 / 文芸春秋社 // 文芸春秋 16(4). 1938
　　　人物连环画——王克敏 / 文艺春秋社 // 文艺春秋. 1938. 16:4
0205　チヤムピオン評論——双葉山・王克敏・中野正剛 / 岩崎榮 // 科学主義工業 (6月號). 1938
　　　冠军评论——双叶山、王克敏、中野正刚 / 岩崎荣 // 科学主义工业. 1938. (6月号)
0206　吳佩孚と王克敏 / 横田實 // 経済マガジン 2(3). 1938
　　　吴佩孚与王克敏 / 横田实 // 经济杂志. 1938. 2:3
0207　王克敏氏の眼 / 中村康 // ホーム・ライフ 5(10). 1939
　　　王克敏之眼 / 中村康 // 家庭生活(Home Life). 1939. 5:10
0208　王克敏氏辭任 / 外務省情報部 // 国際月報 (39). 1940
　　　王克敏辞职 / 外务省情报部 // 国际月报. 1940. 39
0209　華北政務委員長後任は王克敏 / 内閣情報局編 // 国際月報 (32). 1943
　　　王克敏继任华北政务委员长 / 内阁情报局编 // 国际月报. 1943. 32
0210　王克敏新委員長への期待——評論——諸施策の強力推進へ / 中国問題研究所 // 中研経済旬報 7(11)(214—215). 1943
　　　对王克敏新委员长的期待——评论——开始强力推进各项措施 / 中国问题研究所 // 中研经济旬报. 1943. 7:11(214—215)
0211　王克敏の警諭 / 岡野竜一 // 北中問題早わかり:実地踏査を語る. 第25頁
　　　王克敏的警谕 / 冈野龙一 // 华北问题指南:讲述实地勘察. 第25页

0212　王克敏等と語る／真鍋儀十／／追撃千里：漢口攻略陣全線慰問記．第15頁
　　　与王克敏等谈话／真锅仪十／／追击千里：汉口进攻部队全线慰问记．第15页
0213　王克敏／吉岡文六／／現代中国人物論．第178頁
　　　王克敏／吉冈文六／／现代中国人物论．第178页
0214　王克敏三度び辞任騒ぎ／湯沢三千男／／北中の建設情勢其他に就て：要旨．第29頁
　　　王克敏三次辞职事件／汤泽三千男／／关于华北的建设形势及其他：要旨．第29页
0215　王克敏の所感／湯沢三千男／／北中の建設情勢其他に就て：要旨．第35頁
　　　王克敏所感／汤泽三千男／／关于华北的建设形势及其他：要旨．第35页
0216　王克敏の不評理由／湯沢三千男／／北中の建設情勢其他に就て：要旨．第37頁
　　　王克敏声名狼藉之原因／汤泽三千男／／关于中国北部的建设形势及其他：要旨．第37页
0217　オウコクビン 王克敏（叔魯）／樋口正徳／／最新中国要人傳．第11頁
　　　王克敏（叔鲁）／樋口正德／／最新中国要人传．第11页
0218　王克敏裁判／益井康一／／裁かれる汪政権：中国漢奸裁判秘録．第39頁
　　　审判王克敏／益井康一／／受审判的汪政权：中国汉奸裁判秘录．第39页
0219　王克敏登場す／梨本祐平／／中国のなかの日本人 第2部．第3頁
　　　王克敏出场／梨本祐平／／在中国的日本人 第2部．第3页

王伯群

0220　オウハクグン 王伯群／樋口正徳／／最新中国要人傳．第19頁
　　　王伯群／樋口正德／／最新中国要人传．第19页

王希天

0221　関東大震災と王希天事件：もうひとつの虐殺秘史／田原洋／／東京：三一書房．1982．227頁
　　　关东大地震与王希天事件：又一件虐杀秘史／田原洋／／东京：三一书房．1982．227页
0222　震災下の中国人虐殺：中国人労働者と王希天はなぜ殺されたか／仁木ふみ子／／東京：青木書店．1993．266頁
　　　地震背后的虐杀中国人事件：中国劳动者与王希天为何被杀／仁木文子／／东京：青木书店．1993．266页
0223　読書案内——田原洋著『関東大震災と王希天事件』／藤沢秀雄／／社会主義（11）(218)．1983
　　　读书介绍——田原洋《关东大地震与王希天事件》／藤泽秀雄／／社会主义．1983．11(218)
0224　封永生と王希天／山室武甫／／山室軍平：人道の戦士．第157頁
　　　封永生与王希天／山室武甫／／山室军平：人道战士．第157页

王陆一

0225　オウリクイチ 王陸一／樋口正徳／／最新中国要人傳．第20頁
　　　王陆一／樋口正德／／最新中国要人传．第20页

王国维

0226　王國維先生の殉死／橘川時雄／／日本及日本人（8月1日號）(130)．1927
　　　王国维先生的殉死／桥川时雄／／日本及日本人．1927．8．(130)
0227　生霸死霸考——王國維氏を悼む／新城新藏／／芸文 18(8)．1927
　　　生霸死霸考——悼王国维先生／新城新藏／／艺文．1927．18：8
0228　噫王國維氏／本田成之／／芸文 18(8)．1927
　　　感叹王国维先生／本田成之／／艺文．1927．18：8
0229　碩學王國維／柔父會／／新天地 14(6)．1934
　　　硕学王国维／柔父会／／新天地．1934．14：6
0230　近代中国學の巨星王國維傳／松井武男／／伝記 2(4)．1935
　　　近代中国学的巨星王国维传／松井武男／／传记．1935．2：4
0231　王国維について——文学史的にみて／増田渉／／人文研究：大阪市立大学大学院文学研究科紀要

12(9).1961
文学史上的王国维／增田渉／／人文研究：大阪市立大学大学院文学研究科纪要 1961.12：9

0232　王国維の詞論——その境界説について／金丸邦三／／一橋論叢 56(4).1966
王国维的词论——关于他的境界说／金丸邦三／／一桥论丛.1966.56：4

0233　「王国維の文学」試論／宮内保／／漢文学会会報(25).1966
试论"王国维的文学"／宫内保／／汉文学会会报.1966.25

0234　郭沫若・王国維・孫文／永畑恭典／／コリア評論 10(84).1968
郭沫若、王国维、孙文／永畑恭典／／朝鲜评论.1968.10：84.

0235　王国維「秦都邑考」補弁／谷口満／／人文論究（北海道教育大学）（通号 38).1978
王国维《秦都邑考》补辨／谷口满／／北海道教育大学人文论究.1978.38

0236　王国維における哲学の挫折——その意味するもの／後藤延子／／東方学（通号 57).1979
王国维的哲学挫折——其意义所在／后藤延子／／东方学.1979.57

0237　王国維の詞について——「人間」の語の意味するもの／竹村則行／／文学研究（通号 76).1979
关于王国维的词——"人间"一词的意义／竹村则行／／文学研究.1979.76

0238　「上海時代」の藤田剣峯・王国維雜記／須川照一／／東方学（通号 66).1983
"上海时期"的藤田剑峰、王国维杂记／须川照一／／东方学.1983.66

0239　王国維研究ノート -1-「弁髪」攷／岸陽子／／中国文学研究（10).1984
王国维研究笔记之一："辫发"考／岸阳子／／中国文学研究.1984.10

0240　王国維の境界説と田岡嶺雲の境界説／竹村則行／／中国文学論集（通号 15).1986
王国维的境界说与田冈岭云的境界说／竹村则行／／中国文学论集.1986.15

0241　『紅楼夢』の意義と王国維の評価／井波陵一／／滋賀大学教育学部紀要 人文科学・社会科学・教育科学（通号 37).1987
《红楼梦》的意义与王国维的评价／井波陵一／／滋贺大学教育学部纪要(人文科学・社会科学・教育科学).1987.37

0242　王国維の学風を論ず——経史子集の革命的転換／井波陵一／／東方学報（通号 61).1989
论王国维的学风——经史子集的革命性转换／井波陵一／／东方学报.1989.61

0243　躍動する精神——王国維の文学理論について／井波陵一／／中国文學報（通号 42).1990
跃动的精神——关于王国维的文学理论／井波陵一／／中国文学报.1990.42

0244　王国維の戯曲研究について／鈴木靖／／法政大学教養部紀要（通号 89).1994
王国维的戏曲研究／铃木靖／／法政大学教养部纪要.1994.89

0245　清末の学術と明治日本：早期の羅振玉と王国維を中心に／錢　鷗／／京都大学博士論文.1997
清末学术与明治日本：以早期的罗振玉与王国维为中心／钱　鸥／／京都大学博士论文.1997

0246　王国維の号「観堂」について／伊原沢周／／アジア文化学科年報（追手門学院大学）(1)（通号 13).1998
关于王国维的号"观堂"／伊原泽周／／追手门学院大学亚洲文化学科年报.1998.1（13）

0247　清朝以來の諸説の批判其三——王國維／飯島忠夫／／中国暦法起原考.第 434 頁
清朝以来诸说批判其三——王国维／饭岛忠夫／／中国历法起源考.第 434 页

0248　碩學王國維／松崎鶴雄／／柔父隨筆.第 140 頁
硕学王国维／松崎鹤雄／／柔父随笔.第 140 页

0249　殷周革命の性質——王國維の殷周制度論／内藤虎次郎／／中国上古史.第 88 頁
殷周革命的性质——王国维的《殷周制度论》／内藤虎次郎／／中国上古史.第 88 页

0250　王國維の「紅樓夢評論」と「人間詞話」に就いて／目加田誠／／風雅集：中国文学の研究と雑感.第 254 頁
关于王国维的《〈红楼梦〉评论》与《人间词话》／目加田诚／／风雅集：中国文学研究与杂感.第 254 页

0251　王國維君 / 塩谷温 // 天馬行空. 第 95 頁
　　　王国维君 / 盐谷温 // 天马行空. 第 95 页
0252　王國維先生記念 / 吉川幸次郎 // 雷峰塔：随筆集. 第 60 頁
　　　纪念王国维先生 / 吉川幸次郎 // 雷峰塔：随笔集. 第 60 页
0253　王国維 / 吉川幸次郎 // 人間詩話. 第 88 頁
　　　王国维 / 吉川幸次郎 // 人间诗话. 第 88 页
0254　王國維氏說について / 外山軍治 // 金朝史研究. 第 421 頁
　　　王国维先生之说 / 外山军治 // 金朝史研究. 第 421 页
0255　王国維における近代的芸術思想について / 田仲一成 // 近代中国の思想と文学. 第 107 頁
　　　王国维的近代艺术思想 / 田仲一成 // 近代中国思想与文学. 第 107 页
0256　王国維について / 増田渉 // 中国文学史研究：「文学革命」と前夜の人々. 第 223 頁
　　　关于王国维 / 增田涉 // 中国文学史研究："文学革命"及其前夜的人们. 第 223 页
0257　王国維の入水始末 / 中西慶爾 // 書とその風土. 第 240 頁
　　　王国维投湖始末 / 中西庆尔 // 书法及其风土. 第 240 页

王秉权

0258　王秉權 / 中国実業雑誌社 // 他山百家言（下卷 1）. 第 10 頁
　　　王秉权 / 中国实业杂志社 // 他山百家言（下卷 1）. 第 10 页

王学文

0259　王学文先生を訪う / 大島清 // 図書 (414). 1984
　　　访王学文先生 / 大岛清 // 图书. 1984.414

王宠惠

0260　王寵惠臨時行政院長職代行 / 外務省情報部 // 国際月報 (2). 1937
　　　王宠惠代理临时行政院院长 / 外务省情报部 // 国际月报. 1937.2
0261　王寵惠の抗日強化聲明 / 外務省情報部 // 国際月報 (31). 1939
　　　王宠惠的抗日强化声明 / 外务省情报部 // 国际月报. 1939.31
0262　王寵惠の對日政策 / 外務省情報部 // 国際月報 (29). 1939
　　　王宠惠的对日政策 / 外务省情报部 // 国际月报. 1939.29
0263　王寵惠 / 鶴見祐輔 // 偶像破壊期の中国. 第 45 頁
　　　王宠惠 / 鹤见祐辅 // 偶像破坏期的中国. 第 45 页
0264　王寵惠 / 清水安三 // 中国当代新人物：旧人と新人. 第 85 頁
　　　王宠惠 / 清水安三 // 中国当代新人物：旧人与新人. 第 85 页
0265　王寵惠ノ對米放送 / 外務省情報部 // 中国事変関係公表集 第一號. 第 325 頁
　　　王宠惠的对美广播节目 / 外务省情报部 // 日中战争关系公表集 第一号. 第 325 页
0266　王寵惠と私 / 織田万 // 民族の弁. 第 226 頁
　　　王宠惠与我 / 织田万 // 民族之辨. 第 226 页
0267　オウチョウケイ 王寵惠（亮疇） / 樋口正徳 // 最新中国要人傳. 第 18 頁
　　　王宠惠（亮畴） / 樋口正德 // 最新中国要人传. 第 18 页

王荫泰

0268　王蔭泰氏の横顔 / 湯沢三千男 // 中国に在りて思ふ. 第 81 頁
　　　王荫泰先生剪影 / 汤泽三千男 // 在中国所思. 第 81 页
0269　王蔭泰 / 外務省東亜局 // 新国民政府人名鑑. 第 37 頁
　　　王荫泰 / 外务省东亚局 // 新国民政府人名鉴. 第 37 页
0270　王蔭泰氏と語る / 野依秀市 // 南北中国現地要人を敲く. 第 103 頁
　　　对谈王荫泰先生 / 野依秀市 // 咨访南北中国本地要人. 第 103 页
0271　オウインタイ 王蔭泰（孟群） / 樋口正徳 // 最新中国要人傳. 第 9 頁

王荫泰(孟群) / 樋口正德 // 最新中国要人传. 第 9 页

0272　王蔭泰の出馬 / 梨本祐平 // 中国のなかの日本人 第 2 部. 第 43 頁
　　　王荫泰出马 / 梨本祐平 // 在中国的日本人 第 2 部. 第 43 页

王树常

0273　オウジュジョウ 王樹常(庭五) / 樋口正德 // 最新中国要人傳. 第 14 頁
　　　王树常(庭五) / 樋口正德 // 最新中国要人传. 第 14 页

王树翰

0274　オウジュカン 王樹翰(維宙) / 樋口正德 // 最新中国要人傳. 第 14 頁
　　　王树翰(维宙) / 樋口正德 // 最新中国要人传. 第 14 页

王闿运

0275　王闓運先生事略 / 塩谷温 // 東亜の光 11(12). 1916
　　　王闿运先生事略 / 盐谷温 // 东亚之光. 1916.11:12

0276　清国現代の碩儒王闓運 / 覆面浪人(増本義敏) // 現代中国四百余州風雲児. 第 79 頁
　　　清朝当代硕儒王闿运 / 覆面浪人(增本义敏) // 现代中国四百余州风云儿. 第 79 页

0277　老儒王闓運袁を罵る / 小越平陸 // 陰謀家袁世凱. 第 52 頁
　　　老儒王闿运骂袁 / 小越平陆 // 阴谋家袁世凯. 第 52 页

0278　墨子敍(王闓運) / 早稻田大學出版部 // 漢籍國字解全書:先哲遺著追補 第 18 卷. 第 56 頁
　　　墨子叙(王闿运) / 早稻田大学出版部 // 汉籍国字解全书:先哲遗著追补 第 18 卷. 第 56 页

0279　王闓運(湘綺) / 今関天彭 // 近代中国の学芸. 第 155 頁
　　　王闿运(湘绮) / 今关天彭 // 近代中国的学问艺术. 第 155 页

0280　王闓運一派 / 今関天彭 // 近代中国の学芸. 第 163 頁
　　　王闿运一派 / 今关天彭 // 近代中国的学问艺术. 第 163 页

0281　湖南の文豪王闓運 / 松崎鶴雄 // 柔父随筆. 第 82 頁
　　　湖南文豪王闿运 / 松崎鹤雄 // 柔父随笔. 第 82 页

0282　王闓運先生 / 松崎鶴雄 // 斉白石. 第 132 頁
　　　王闿运先生 / 松崎鹤雄 // 齐白石. 第 132 页

王统照

0283　王統照「山雨」について / 広野行雄 // 中国文化(通号 40). 1982
　　　关于王统照的《山雨》 / 广野行雄 // 中国文化. 1982.(通号 40)

0284　五四の詩人王統照 / 吉田富夫 // 東洋史研究 44(3). 1985
　　　五四诗人王统照 / 吉田富夫 // 东洋史研究. 1985.44:3

王造时

0285　1930 年代前半の王造時 / 湯本国穂 // 千葉大学法学論集 12(2). 1997
　　　1930 年代前半的王造时 / 汤本国穗 // 千叶大学法学论集. 1997.12:2

0286　オウゾウジ　王造時 / 樋口正德 // 最新中国要人傳. 第 17 頁
　　　王造时 / 樋口正德 // 最新中国要人传. 第 17 页

王家桢

0287　外交次長に新任せる王家楨君 / 日中問題研究會 // 日中 3(5). 1930
　　　新任为外交次长的王家桢先生 / 日中问题研究会 // 日中. 1930.3:5

0288　王家楨 / 沢村幸夫 // 上海人物印象記第 2 集. 第 66 頁
　　　王家桢 / 泽村幸夫 // 上海人物印象记第 2 集. 第 66 页

0289　オウカテイ 王家楨(樹人) / 樋口正德 // 最新中国要人傳. 第 10 頁
　　　王家桢(树人) / 樋口正德 // 最新中国要人传. 第 10 页

王得胜

0290　革命児中の熱血漢王得勝 / 覆面浪人(増本義敏) // 現代中国四百余州風雲児. 第 148 頁

革命人中的热血男王得胜 / 覆面浪人（增本义敏）// 现代中国四百余州风云儿. 第 148 页

王揖唐

0291　北中の人物：王揖唐 / 尾保住人 // 北中国 6(11). 1939
　　　华北人物：王揖唐 / 尾保住人 // 华北.1939.6：11

0292　華北政務委員長 王揖唐さん / 情報局 // 写真週報 (141).1940
　　　华北政务委员长 王揖唐先生 / 情报局 // 写真周报.1940.141(11)

0293　王揖唐氏對重慶放送 / 高田久彦 // 中国及中国語 3(8).1941
　　　王揖唐向重庆广播 / 高田久彦 // 中国及汉语.1941.3：8

0294　王揖唐 / 吉岡文六 // 現代中国人物論. 第 182 页
　　　王揖唐 / 吉冈文六 // 现代中国人物论. 第 182 页

0295　王揖唐 / 外務省東亜局 // 新国民政府人名鑑. 第 41 页
　　　王揖唐 / 外务省东亚局 // 新国民政府人名鉴. 第 41 页

0296　オウイットウ 王揖唐（一堂）/ 樋口正徳 // 最新中国要人傳. 第 8 页
　　　王揖唐（一堂）/ 樋口正德 // 最新中国要人传. 第 8 页

0297　王揖唐裁判 / 益井康一 // 裁かれる汪政権：中国漢奸裁判秘録. 第 41 页
　　　审判王揖唐 / 益井康一 // 受审判的汪政权：中国汉奸审判秘录. 第 41 页

王晓籁

0298　オウギョウライ 王曉籟（孝贇）/ 樋口正徳 // 最新中国要人傳. 第 10 页
　　　王晓籁（孝赟）/ 樋口正德 // 最新中国要人传. 第 10 页

王景岐

0299　オウケイキ 王景岐（石荪）/ 樋口正徳 // 最新中国要人傳. 第 11 页
　　　王景岐（石荪）/ 樋口正德 // 最新中国要人传. 第 11 页

王鲁彦

0300　「王魯彦論」と魯彦 / 林道生 // 静岡大学教養部研究報告. 第 1 部.16(2).1980
　　　《王鲁彦论》与鲁彦 / 林道生 // 静冈大学教养部研究报告. 第 1 部.1980.16：2

王道源

0301　王道源 / 沢村幸夫 // 上海人物印象記 第 2 集. 第 54 页
　　　王道源 / 泽村幸夫 // 上海人物印象记 第 2 集. 第 54 页

王靖国

0302　オウセイコク 王靖國（治安）/ 樋口正徳 // 最新中国要人傳. 第 17 页
　　　王靖国（治安）/ 樋口正德 // 最新中国要人传. 第 17 页

王瑶卿

0303　余紫雲から王瑤卿まで / 波多野乾一 // 中国劇と其名優. 第 189 页
　　　从余紫云到王瑶卿 / 波多野乾一 // 中国戏曲及其名角. 第 189 页

王缵绪

0304　オウサンチョ 王纘緒（治易）/ 樋口正徳 // 最新中国要人傳. 第 13 页
　　　王缵绪（治易）/ 樋口正德 // 最新中国要人传. 第 13 页

太虚法师

0305　タイキョ 太虚 / 樋口正徳 // 最新中国要人傳. 第 110 页
　　　太虚 / 樋口正德 // 最新中国要人传. 第 110 页

0306　陳白沙と太虚法師 / 荒木見悟 // 福岡学芸大学紀要 9(第 2 部).1959. 第 1 页
　　　陈白沙与太虚法师 / 荒木见悟 // 福冈学艺大学纪要（第 9 卷第 2 部）.1959. 第 1 页

〔J〕

毛泽东

0307　毛沢東と中国の紅星（毛沢東：中共を担ふ人々）/ 波多野乾一 // 東京：帝国書院.1946 年.182 页；

東京:福地書店.1949年.179頁

毛泽东与中国的红星(《毛泽东与中共的领导者们》) / 波多野乾一 // 东京:帝国书院 1946年.182页,东京:福地书店.1949年.179页

0308 毛沢東伝 / 松本鎗吉 // 東京:高山書院.1946年.156頁
毛泽东传 / 松本鎗吉 // 东京:高山书院.1946年.156页

0309 毛沢東伝 / 新中国研究会 // 東京:北窓書房.1949年.240頁
毛泽东传 / 新中国研究会 // 东京:北窗书房.1949年.240页

0310 毛沢東をめぐる英雄 / 森 健 // 東京:中央書籍.1949年.112頁
毛泽东身边的英雄 / 森 健 // 东京:中央书籍.1949年.112页

0311 蔣介石と毛沢東 / 渡辺茂雄 // 東京:大日本雄弁会講談社.1949年.239頁
蒋介石与毛泽东 / 渡边茂雄 // 东京:大日本雄辩会讲谈社.1949年.239页

0312 毛沢東:新しい中国の英雄 / 林華城 // 東京:民主評論社.1949年.170頁
毛泽东:新中国的英雄 / 林华城 // 东京:民主评论社.1949年.170页

0313 毛沢東の旗:中国共産党物語 / 藤田福平 // 京都:蘭書房.1949年.279頁
毛泽东之旗:中国共产党故事 / 藤田福平 // 京都:兰书房.1949年.279页

0314 民族の英雄:毛沢東 / 坂井徳三 // 東京:伊藤書店.1949年.185頁
毛泽东:民族的英雄 / 坂井徳三 // 东京:伊藤书店.1949年.185页

0315 孫文から毛沢東へ:中国現代史の流れ / 岩村三千夫 // 東京:弘文堂.1949年.60頁
从孙文到毛泽东:中国现代史的走向 / 岩村三千夫 // 东京:弘文堂.1949年.60页

0316 孫文と毛沢東:私の中国観 / 井貫軍二 // 大阪:教育タイムス社.1950年.70頁
孙文与毛泽东:我的中国观 / 井贯军二 // 大阪:教育时代(Times)社.1950年.70页

0317 スターリン・毛沢東・ネール / 猪木正道等 // 東京:要書房.1951年.223頁
斯大林、毛泽东、尼赫鲁 / 猪木正道等 // 东京:要书房.1951年.223页

0318 共産主義戦争論:マルクス・レーニン・スターリン・毛沢東の戦争観の分析 / 佐野学 // 東京:青山書院.1951年.284頁
共产主义战争论:马克思、列宁、斯大林、毛泽东战争观分析 / 佐野学 // 东京:青山书院.1951年.284页

0319 毛沢東の新民主主義:その理論的並に実践的展開 / 神戸大学経済経営研究所 // 神戸:神戸大学経済経営研究所アジア経済専門委員会.1951年.53頁
毛泽东的新民主主义:其理论及实践的展开 / 神户大学经济经营研究所 // 神户:神户大学经济经营研究所亚洲经济专门委员会 53页.1951年.53页

0320 毛沢東同志の青少年時代 / 蕭 三 // 瀋陽:民主新聞社.1952.109頁
毛泽东同志的青少年时代 / 萧 三 // 沈阳:民主新闻社.1952.109页

0321 人間毛沢東 / 米田祐太郎 // 東京:高風館.1953年.262頁
毛泽东其人 / 米田祐太郎 // 东京:高风馆.1953年.262页

0322 人間毛沢東 / 福本和夫 // 東京:日本出版協同.1953年.254頁
毛泽东其人 / 福本和夫 // 东京:日本出版协同.1953年.254页

0323 革命の炎の中で:蔣介石から毛沢東へ——在華二十五年の回顧 / 乗石繁太郎 // 東京:昭和通信社.1953年.143頁
在革命烈火中:从蒋介石到毛泽东——在华二十五年回顾 / 乘石繁太郎 // 东京:昭和通信社.1953年.143页

0324 新中国史:北京原人から毛沢東まで / 吉田東祐 // 東京:洋々社.1954年.370頁
新中国史:从北京猿人到毛泽东 / 吉田东祐 // 东京:洋洋社.1954年.370页

0325 弁証法の発展:毛沢東の「矛盾論」を中心として / 松村一人 // 東京:岩波書店.1955年.200頁
辩证法的发展:以毛泽东《矛盾论》为中心 / 松村一人 // 东京:岩波书店.1955年.200页

0326　中国革命の百八人：毛沢東とスターリンの対決／吉田東祐／／東京：元々社．1956年．215頁
　　　中国革命的一百零八将：毛泽东与斯大林的交锋／吉田东祐／／东京：元元社．1956年．215页
0327　毛沢東伝／貝塚茂樹／／東京：岩波書店．1956年．206頁
　　　毛泽东传／贝塚茂树／／东京：岩波书店．1956年．206页
0328　差し向かいの毛沢東：中共首脳部の肚を叩く／土居明夫／／東京：新紀元社．1957年．267頁
　　　面对面的毛泽东：诊明中共首脑部门的虚实／土居明夫／／东京：新纪元社．1957年．267页
0329　市民革命の理論：マルクスから毛沢東へ／堀江英一／／東京：有斐閣．1957年．261頁
　　　市民革命的理论：从马克思到毛泽东／堀江英一／／东京：有斐阁．1957年．261页
0330　チトー主義 毛沢東主義／世界民主研究所／／東京：世界民主出版部．1958年．197頁
　　　铁托主义、毛泽东主义／世界民主研究所／／东京：世界民主出版部．1958年．197页
0331　青年に語る日本の方向：二宮尊徳と毛沢東に学ぶ新しい進路／森信三／／東京：文理書院．1958年．262頁
　　　向青年谈日本的方向：以二宫尊德与毛泽东为师的新出路／森信三／／东京：文理书院．1958年．262页
0332　毛沢東／岩村三千夫／／東京：日本書房．1959年．318頁
　　　毛泽东／岩村三千夫／／东京：日本书房．1959年．318页
0333　フルシチョフと毛沢東／土居明夫／／東京：時事通信社．1961年．213頁
　　　赫鲁晓夫与毛泽东／土居明夫／／东京：时事通信社．1961年．213页
0334　解放戦段階における毛沢東の戦略戦術／家田重蔵／／東京：防衛研修所．1962年．38頁
　　　毛泽东在解放战争阶段的战略战术／家田重藏／／东京：防卫研修所．1962年．38页
0335　フルシチョフと毛沢東／安東仁兵衛等／／東京：合同出版社．1963年．238頁
　　　赫鲁晓夫与毛泽东／安东仁兵卫等／／东京：合同出版社．1963年．238页
0336　毛沢東：その詩と人生／武田泰淳、竹内実／／東京：文芸春秋新社．1965年．465頁
　　　毛泽东：其诗与人生／武田泰淳、竹内实／／东京：文艺春秋新社．1965年．465页
0337　毛沢東における人間学／鹿島宗二郎／／東京：経済往来社．1965年．311頁
　　　毛泽东的人类学／鹿岛宗二郎／／东京：经济往来社．1965年．311页
0338　ゲリラ：毛沢東戦略は世界を動かす／岡本隆三／／東京：講談社．1965年．238頁
　　　游击战：毛泽东战略撼动世界／冈本隆三／／东京：讲谈社．1965年．238页
0339　毛沢東研究序説／今堀誠二／／東京：勁草書房．1966年．301頁
　　　《毛泽东研究》绪论／今堀诚二／／东京：劲草书房．1966年．301页
0340　毛沢東の政治／各務寮一／／東京：三一書房．1966年．238頁
　　　毛泽东的政治／各务寮一／／东京：三一书房．1966年．238页
0341　毛沢東の時代：現代中国をどう理解するか／新井寶雄／／東京：潮出版社．1966年．216頁
　　　毛泽东的时代：如何理解现代中国／新井宝雄／／东京：潮出版社．1966年．216页
0342　毛沢東の中国をどう見るか／猪俣敬太郎／／東京：興論社．1966年．70頁
　　　如何看待毛泽东时代的中国／猪俣敬太郎／／东京：兴论社．1966年．70页
0343　毛沢東／小野信爾／／東京：人物往来社．1967年．300頁
　　　毛泽东／小野信尔／／东京：人物往来社．1967年．300页
0344　解放闘争と毛沢東思想／坂本徳松等／／東京：亜東社．1967年．230頁
　　　解放斗争与毛泽东思想／坂本德松等／／东京：亚东社．1967年．230页
0345　毛沢東世界戦略／市川宗明／／東京：原書房．1967年．254頁
　　　毛泽东世界战略／市川宗明／／东京：原书房．1967年．254页
0346　毛沢東の青春：革命家の誕生／高木健夫／／東京：講談社．1967年．413頁
　　　毛泽东的青春时代：革命家的诞生／高木健夫／／东京：讲谈社．1967年．413页
0347　毛沢東思想と中国の社会主義：中共革命の再検討／現代アジア社会思想研究会／／東京：現代アジ

ア出版会.1967年.297頁

毛泽东思想与中国的社会主义:中共革命的再研究 / 现代亚洲社会思想研究会 // 东京:现代亚洲出版会.1967年.297页

0348　毛沢東の国:現代中国の基礎知識 / アジア経済出版会 // 東京:アジア経済研究所.1967年.200頁
毛泽东的国家:现代中国的基础知识 / 亚洲经济出版会 // 东京:亚洲经济研究所.1967年.200页

0349　毛沢東の経済思想と管理革命 / 上妻隆栄 // 山口:山口大学東亜経済学会.1967年.81頁
毛泽东的经济思想与管理革命 / 上妻隆荣 // 山口:山口大学东亚经济学会.1967年.81页

0350　毛沢東の思想 / 新島淳良 // 東京:勁草書房.1968年.472頁
毛泽东的思想 / 新岛淳良 // 东京:劲草书房.1968年.472页

0351　毛沢東思想と現代修正主義 / 松村一人 // 東京:東方書店.1968年.206頁
毛泽东思想与现代修正主义 / 松村一人 // 东京:东方书店.1968年.206页

0352　世界の三人を語る:ド・ゴール 毛沢東 スハルト / 木村武雄 // 東京:土屋書店.1968年.350頁
谈三个世界名人:戴高乐、毛泽东、苏哈托 / 木村武雄 // 东京:土屋书店.1968年.350页

0353　毛沢東思想における経済建設の論理 / 上妻隆栄 // 山口:山口大学東亜経済学会.1968年.96頁
毛泽东思想的经济建设理论 / 上妻隆荣 // 山口:山口大学东亚经济学会.1968年.96页

0354　中国伝統社会と毛沢東革命:東亜文化研究所研究成果報告 / 東亜学院東亜文化研究所 // 東京:東亜学院(霞山会内).1968年.248頁
中国传统社会与毛泽东革命:东亚文化研究所研究成果报告 / 东亚学院东亚文化研究所 // 东京:东亚学院(霞山会内).1968年.248页

0355　毛沢東と中国思想 / 桑原壽二 // 東京:時事問題研究所.1969年.412頁
毛泽东与中国思想 / 桑原寿二 // 东京:时事问题研究所.1969年.412页

0356　中国革命と毛沢東思想:中国革命史の再検討 / 中西功 // 東京:青木書店.1969年.354頁
中国革命与毛泽东思想:中国革命史的再研究 / 中西功 // 东京:青木书店.1969年.354页

0357　毛沢東 / 宇野重昭 // 東京:清水書院.1970年.213頁
毛泽东 / 宇野重昭 // 东京:清水书院.1970年.213页

0358　毛沢東の正体 / 桑山静逸 // 東京:政界公論社.1970年.424頁
毛泽东的真面目 / 桑山静逸 // 东京:政界公论社.1970年.424页

0359　毛沢東五つの戦争:中国現代史論 / 鳥居民 // 東京:草思社.1970年.347頁
毛泽东的五次战争:中国现代史论 / 鸟居民 // 东京:草思社.1970年.347页

0360　孫子と毛沢東:中国的思考の秘密 / 神子侃,水野史朗 // 東京:北望社.1970年.232頁
孙子与毛泽东:中国式思考的秘密 / 神子侃,水野史朗 // 东京:北望社.1970年.232页

0361　共産主義の系譜:マルクスから毛沢東まで / 猪木正道 // 東京:角川書店.1970年.412頁
共产主义的系谱:从马克思到毛泽东 / 猪木正道 // 东京:角川书店.1970年.412页

0362　毛沢東の人間語録 どん底にいても勇気が湧く本 / 田宏祥 // 東京:主婦と生活社.1971.270頁
毛泽东的人生语录 即使在人生低谷也能获得勇气的书 / 田宏祥 // 东京:主妇与生活社.1971.270页

0363　毛沢東 / 白木茂 // 東京:潮出版社.1971年.93頁
毛泽东 / 白木茂 // 东京:潮出版社.1971年.93页

0364　革命家毛沢東:革命は終焉らず / 宇野重昭 // 東京:清水書院.1971年.251頁
革命家毛泽东:革命不止 / 宇野重昭 // 东京:清水书院.1971年.251页

0365　毛沢東主義の形成:1935年—1945年 / 德田教之 // 東京:慶応通信.1971年.120頁
毛泽东主义的形成:1935年—1945年 / 德田教之 // 东京:庆应通信.1971年.120页

0366　革命の思想:マルクスから毛沢東へ / 菅沼正久 // 東京:塙書房.1971年.238頁
革命的思想:从马克思到毛泽东 / 菅沼正久 // 东京:塙书房.1971年.238页

0367　毛沢東と現代中国:社会主義経済建設の課題 / 河地重造 // 京都:ミネルヴァ書房.1972年.243頁

毛泽东与现代中国:社会主义经济建设的课题 / 河地重造 // 京都:密涅瓦(Minerva)书房. 1972年. 243页

0368 毛沢東とその軍隊 / 島村喬 // 東京:仙石出版社. 1972年. 302頁
毛泽东及其军队 / 岛村乔 // 东京:仙石出版社. 1972年. 302页

0369 毛沢東と中国共産党 / 竹内実 // 東京:中央公論社. 1972年. 262頁
毛泽东和中国共产党 / 竹内实 // 东京:中央公论社. 1972年. 262页

0370 毛沢東思想と現代の課題:対談 / 梅本克己、遠坂良一 // 東京:三一書房. 1972年. 232頁
毛泽东思想与现代课题:对谈 / 梅本克己、远坂良一 // 东京:三一书房. 1972年. 232页

0371 ドゴール・毛沢東・河本大作:世界の根性三人男 / 木村武雄 // 東京:講談社. 1972年. 255頁
戴高乐、毛泽东、河本大作:三个有骨气的人 / 木村武雄 // 东京:讲谈社. 1972年. 255页

0372 毛沢東:新中国建設の人 / 新島淳良 // 東京:あかね書房. 1972年. 196頁
毛泽东:新中国建设者 / 新岛淳良 // 东京:茜书房. 1972年. 196页

0373 毛沢東語録入門:あなたの会社を救う革命的経営戦略 / 三鬼陽之助 // 東京:サンケイ新聞出版局. 1972年. 229頁
《毛泽东语录》入门:挽救公司的革命性经营战略 / 三鬼阳之助 // 东京:产经新闻出版局. 1972年. 229页

0374 毛沢東の生涯:八億の民を動かす魅力の源泉 / 竹内実 // 東京:光文社. 1972年. 247頁
毛泽东的生涯:撼动八亿人民的魅力源泉 / 竹内实 // 东京:光文社. 1972年. 247页

0375 毛沢東思想の原点 / 福本和夫 // 東京:三一書房. 1973年. 290頁
毛泽东思想的根源 / 福本和夫 // 东京:三一书房. 1973年. 290页

0376 万里の長城から毛沢東まで:目で見る中国二千年史 / 文芸春秋 // 東京:文芸春秋. 1973年. 192頁
从万里长城到毛泽东:图说中国二千年史 / 文艺春秋 // 东京:文艺春秋. 1973年. 192页

0377 毛沢東と周恩来 / 柴田穂 // 東京:浪曼. 1974年. 284頁
毛泽东与周恩来 / 柴田穂 // 东京:浪曼. 1974年. 284页

0378 毛沢東入門:人間の魅力と信念の研究 / 岡本隆三 // 東京:日本文芸社. 1974年. 238頁
毛泽东入门:人格魅力与信念的研究 / 冈本隆三 // 东京:日本文艺社. 1974年. 238页

0379 毛沢東その詩と人生 / 武田泰淳、竹内実 // 東京:文芸春秋. 1975. 490頁
毛泽东的诗与人生 / 武田泰淳、竹内实 // 东京:文艺春秋. 1975. 490页

0380 魂にふれる漢詩:漱石から毛沢東まで / 羅発輝 // 東京:朝日ソノラマ. 1975年. 236頁
触及灵魂的汉诗:从漱石到毛泽东 / 罗发辉 // 东京:朝日 Sonorama. 1975年. 236页

0381 毛沢東最後の挑戦:未完の中国革命 / 桑原壽二等 // 東京:ダイヤモンドタイムス社. 1976年. 341頁
毛泽东最后的挑战:未完的中国革命 / 桑原寿二等 // 东京:钻石时代(Diamond Times)社. 1976年. 341页

0382 毛沢東評伝:その鮮烈なる個性・生涯・詩 / 西河毅 // 東京:わせだ書房. 1976年. 310頁
毛泽东评传:其鲜明的个性、人生、诗 / 西河毅 // 东京:早稻田书房. 1976年. 310页

0383 毛沢東思想の歴史的背景 / 高橋亨 // 浦和:曉書房. 1976年. 235頁
毛泽东思想的历史背景 / 高桥亨 // 浦和:晓书房. 1976年. 235页

0384 毛沢東主義:理論と実践の歴史的検討 / 三浦つとむ // 東京:勁草書房. 1976年. 338頁
毛泽东主义:理论与实践的历史探讨 / 三浦努 // 东京:劲草书房. 1976年. 338页

0385 中国社会主義の戦略形成:1953—1958 / 徳田教之 // 東京:アジア経済研究会. 1976年. 193頁
中国社会主义的战略形成:1953—1958 / 德田教之 // 东京:亚洲经济研究会. 1976年. 193页

0386 毛沢東研究 / 柳田謙十郎 // 東京:日中出版. 1977年. 246頁
毛泽东研究 / 柳田谦十郎 // 东京:日中出版. 1977年. 246页

0387 毛沢東主義の政治力学 / 徳田教之 // 東京:慶応通信. 1977年. 372頁

　　　　毛泽东主义的政治力学 / 德田教之 // 东京:庆应通信. 1977年. 372页
0388　文化と革命:毛沢東時代の中国 / 野村浩一 // 東京:三一書房. 1977年. 244頁
　　　　文化与革命:毛泽东时代的中国 / 野村浩一 // 东京:三一书房. 1977年. 244页
0389　中国人の論理学:諸子百家から毛沢東まで / 加地伸行 // 東京:中央公論社. 1977年. 198頁
　　　　中国人的逻辑学:从诸子百家到毛泽东 / 加地伸行 // 东京:中央公论社. 1977年. 198页
0390　誰も書かなかった毛沢東:「赤い巨星」の謎の部分 / 鈴木明 // 東京:サンケイ出版. 1977年. 237頁
　　　　谁也未曾写过的毛泽东:"红色巨星"的未知部分 / 铃木明 // 东京:产经出版. 1977年. 237页
0391　毛沢東 / 木村武雄 // 東京:土屋書店. 1978年. 133頁
　　　　毛泽东 / 木村武雄 // 东京:土屋书店. 1978年. 133页
0392　毛沢東ノート / 竹内実 // 東京:新泉社. 1978年. 358頁
　　　　毛泽东笔记 / 竹内实 // 东京:新泉社. 1978年. 358页
0393　毛沢東なきあとの中国:現状とその分析 / 浅野雄三 // 東京:中国事情研究会. 1978年. 78頁
　　　　毛泽东去世后的中国:现状及其分析 / 浅野雄三 // 东京:中国情况研究会. 1978年. 78页
0394　紅軍創建期の毛沢東と周恩来:立三路線論考 / アジア政経学会 // 東京:アジア政経学会. 1978年. 190頁
　　　　红军建军时期的毛泽东与周恩来:立三路线论考 / 亚洲政经学会 // 东京:亚洲政经学会. 1978年. 190页
0395　私の毛沢東 / 新島淳良 // 東京:野草社. 1979年. 238頁
　　　　我的毛泽东研究 / 新岛淳良 // 东京:野草社. 1979年. 238页
0396　毛沢東:不世出の巨星(人物現代史9) / 大森実 // 東京:講談社. 1979年. 394頁
　　　　毛泽东:希世巨星(人物现代史9) / 大森实 // 东京:讲谈社. 1979年. 394页
0397　毛沢東著作年表 / 京都大学人文科学研究所 // 京都:京都大学人文科学研究所. 1981年
　　　　毛泽东著作年表 / 京都大学人文科学研究所 // 京都:京都大学人文科学研究所. 1981年
0398　歴史のなかの毛沢東 / 新島淳良 // 東京:野草社. 1982年. 198頁
　　　　历史中的毛泽东 / 新岛淳良 // 东京:野草社. 1982年. 198页
0399　私の毛沢東主義「万歳」 / 中岡哲郎 // 東京:筑摩書房. 1983年. 223頁
　　　　我的毛泽东主义"万岁" / 中冈哲郎 // 东京:筑摩书房. 1983年. 223页
0400　毛沢東 / 小田実 // 東京:岩波書店. 1984年. 375頁
　　　　毛泽东 / 小田实 // 东京:岩波书店. 1984年. 375页
0401　権力の継承:レーニン/スターリン/毛沢東/ホー・チ・ミン/チトー / 小倉和夫 // 東京:日本国際問題研究所. 1985年. 195頁
　　　　权力的继承:列宁、斯大林、毛泽东、胡志明、铁托 / 小仓和夫 // 东京:日本国际问题研究所. 1985年. 195页
0402　中国政治と大衆路線:大衆運動と毛沢東、中央および地方の政治動態 / 小島朋之 // 東京:慶応通信. 1985年. 375頁
　　　　中国政治与群众路线:群众运动与毛泽东,中央及地方的政治动态 / 小岛朋之 // 东京:庆应通信. 1985年. 375页
0403　歴史の中の毛沢東:その遺産と再生(シンポジウム) / 竹内実等 // 東京:蒼蒼社. 1986年. 170頁
　　　　历史中的毛泽东:其遗产及再生(学术讨论会) / 竹内实等 // 东京:苍苍社. 1986年. 170页
0404　現代中国の歴史(1949~1985):毛沢東時代から鄧小平時代へ / 宇野重昭等 // 東京:有斐閣. 1986年. 460頁
　　　　现代中国的历史(1949~1985):从毛泽东时代到邓小平时代 / 宇野重昭等 // 东京:有斐阁. 1986年. 460页
0405　毛沢東 / 竹内実 // 東京:岩波書店. 1989年. 208頁
　　　　毛泽东 / 竹内实 // 东京:岩波书店. 1989年. 208页

0406　毛沢東時代の中国 / 毛里和子 // 東京：日本国際問題研究所．1990年．329頁
　　　毛泽东时代的中国 / 毛里和子 // 东京：日本国际问题研究所．1990年．329页
0407　中国政治論集：王安石から毛沢東まで / 宮崎市定 // 東京：中央公論社．1990年．584頁
　　　中国政治论集：从王安石到毛泽东 / 宫崎市定 // 东京：中央公论社．1990年．584页
0408　毛沢東思想の呪縛：中国共産党思想史の断面 / 高橋亨 // 東京：振学出版．1990年．242頁
　　　毛泽东思想的束缚：中国共产党思想史的剖面 / 高桥亨 // 东京：振学出版．1990年．242页
0409　毛沢東と周恩来 / 矢吹晋 // 東京：講談社．1991年．238頁
　　　毛泽东与周恩来 / 矢吹晋 // 东京：讲谈社．1991年．238页
0410　現代中国政治と毛沢東 / 池上貞一 // 京都：法律文化社．1991年．378頁
　　　现代中国政治与毛泽东 / 池上贞一 // 京都：法律文化社．1991年．378页
0411　毛沢東の外交：中国と第三世界 / 喜田昭治郎 // 京都：法律文化社．1992年．266頁
　　　毛泽东的外交：中国与第三世界 / 喜田昭治郎 // 京都：法律文化社．1992年．266页
0412　孫文と毛沢東の遺産 / 藤井昇三、横山宏章 // 東京：研文出版．1992年．350頁
　　　孙文与毛泽东的遗产 / 藤井升三、横山宏章 // 东京：研文出版．1992年．350页
0413　毛沢東と鄧小平 / 渡辺利夫、小島朋之 // 東京：NTT出版．1994年．357頁
　　　毛泽东与邓小平 / 渡边利夫、小岛朋之 // 东京：NTT出版．1994年．357页
0414　農業集団化政策決定までの政治過程（1949～55年）：国家形成期の毛沢東 / 浅沼かおり // 東京：アジア政経学会．1994年．145頁
　　　农业集体化政策出台前的政治过程（1949～1955）：国家形成时期的毛泽东 / 浅沼熏 // 东京：亚洲政经学会．1994年．145页
0415　長征：毛沢東の歩いた道 / 野町和嘉 // 東京：講談社．1995年．238頁
　　　长征：毛泽东走过的道路 / 野町和嘉 // 东京：讲谈社．1995年．238页
0416　毛沢東とその時代 / NHK取材班 // 東京：恒文社．1996年．255頁
　　　毛泽东与他的时代 / NHK采访组 // 东京：恒文社．1996年．255页
0417　人民の大地：新釈毛沢東の生涯 / 玖村芳男 // 東京：露満堂．1996年．255頁
　　　人民的大地：毛泽东生涯新注 / 玖村芳男 // 东京：露满堂．1996年．255页
0418　中華帝国病と毛沢東の遺言 / 太田清哲 // 諏訪：鳥影社．1997年．193頁
　　　中华帝国病与毛泽东的遗言 / 太田清哲 // 诹访：鸟影社．1997年．193页
0419　蒋介石と毛沢東：世界戦争のなかの革命 / 野村浩一 // 東京：岩波書店．1997年．418頁
　　　蒋介石与毛泽东：世界战争之中的革命 / 野村浩一 // 东京：岩波书店．1997年．418页
0420　初期毛沢東研究 / 中屋敷宏 // 東京：蒼蒼社．1998年．427頁
　　　早期毛泽东研究 / 中屋敷宏 // 东京：苍苍社．1998年．427页
0421　毛沢東秘録（上、中、下）/ 産経新聞「毛沢東秘録」取材班 // 東京：産経新聞ニュースサービス．1999—2001年
　　　毛泽东秘录（上、中、下）/ 产经新闻"毛泽东秘录"取材组 // 东京：产经新闻新闻服务（News Service）．1999—2001年
0422　毛沢東、鄧小平そして江沢民 / 渡辺利夫等 // 東京：東洋経済新報社．1999年．329頁
　　　毛泽东、邓小平及江泽民 / 渡边利夫等 // 东京：东洋经济新报社．1999年．329页
0423　マオの肖像：毛沢東切手で読み解く現代中国 / 内藤陽介 // 東京：雄山閣出版．1999年．207頁
　　　毛的肖像：从毛泽东邮票解读现代中国 / 内藤阳介 // 东京：雄山阁出版．1999年．207页
0424　毛澤東思想研究（通巻1—7）// 東京：毛澤東思想研究会．1966年—1973年
　　　毛泽东思想研究（通卷1—7）// 东京：毛泽东思想研究会．1966年—1973年
0425　中国共産党の大衆路線：大衆運動をめぐる毛沢東の政治指導、中央および地方の政治動態 / 小島朋之 // 慶応義塾大学博士論文．1984年
　　　中国共产党的群众路线：毛泽东以群众运动为核心的政治指导，中央及地方的政治动态 / 小岛朋

　　　　之 // 庆应义塾大学博士论文. 1984 年
0426　毛沢東の朝鮮戦争 / 朱建栄 // 学習院大学博士論文. 1992 年
　　　　毛泽东的朝鲜战争 / 朱建荣 // 学习院大学博士论文. 1992 年
0427　初期毛沢東思想研究 / 中前吾郎 // 筑波大学博士論文. 1998 年
　　　　毛泽东早期思想研究 / 中前吾郎 // 筑波大学博士论文. 1998 年
0428　モウタクトウ 毛沢東(潤之) / 樋口正徳 // 最新中国要人傳. 第 191 頁
　　　　毛泽东(润之) / 樋口正德 // 最新中国要人传. 第 191 页

乌古廷

0429　ウコテイ　烏古廷 / 樋口正徳 // 最新中国要人傳. 第 5 頁
　　　　乌古廷 / 樋口正德 // 最新中国要人传. 第 5 页

〔丶〕

方宗鳌

0430　ホウソウゴウ 方宗鰲(少峯) / 樋口正徳 // 最新中国要人傳. 第 188 頁
　　　　方宗鳌(少峰) / 樋口正德 // 最新中国要人传. 第 188 页

方振武

0431　北鐵露滿緊爭と北中方振武軍始末 / 政教社 // 日本及日本人(10 月 15 日號)(283). 1933
　　　　北铁俄满争斗与华北方振武军始末 / 政教社 // 日本及日本人 1933 年 10 月 15 日号. 283

〔丨〕

巴 人

0432　王任叔の戯曲『五祖廟』について——インドネシアとの連帯を求めて / 鈴木正夫 // 横浜市立大学論叢: 人文科学系列　43(1). 1992
　　　　关于王任叔的戏曲《五祖庙》——寻求与印度尼西亚的连关联 / 铃木正夫 // 横滨市立大学论丛: 人文科学系列. 1993.　43: 1
0433　「スマトラ工作」と「9・20」事件——王任叔、郁達夫はどう関わったか / 鈴木正夫 // 横浜市立大学論叢: 人文科学系列　47(3). 1996
　　　　"苏门答腊策动"与"九・二〇"事件——王任叔、郁达夫与此事件的关联 / 铃木正夫 // 横滨市立大学论丛: 人文科学系列. 1996.　47: 3
0434　巴人(王任叔) / 秋吉久紀夫、樋口進 // 解放後の文学論争資料: 中国近代文学を理解するための試論. 第 46 頁
　　　　巴人(王任叔) / 秋吉久纪夫、樋口进 // 解放后的文学论争资料: 中国近代文学试论. 第 47 页

巴萨尔

0435　パザール　巴薩爾 / 樋口正徳 // 最新中国要人傳. 第 171 頁
　　　　巴萨尔 / 樋口正德 // 最新中国要人传. 第 171 页

巴布多尔齐

0436　パブドルチ 巴布多爾齊 / 樋口正徳 // 最新中国要人傳. 第 171 頁
　　　　巴布多尔齐 / 樋口正德 // 最新中国要人传. 第 171 页

邓 拓

0437　鄧拓の寓話 / エコノミスト // 情報メモ (309). 1966. 第 6 頁
　　　　邓拓的寓言 /《经济学人》杂志 // 情报备忘录(309). 1966. 第 6 页
0438　鄧拓・孫治方等の人民公社攻撃 / 福島裕 // 人民公社. 第 201 頁
　　　　邓拓、孙治方等对人民公社的批评 / 福岛裕 // 人民公社. 第 201 页

邓小平

0439　鄧小平伝: 不屈の革命家 / 和田武司、田中信一 // 東京: 徳間書店. 1977. 245 頁

邓小平传:不屈的革命家 / 和田武司、田中信一 // 东京:德间书店. 1977. 245 页
0440 中国近代化を演出する男・鄧小平 / 柴田穂 // 東京:山手書房. 1978. 308 頁
中国近代化的总设计师:邓小平 / 柴田穂 // 东京:山手书房. 1978. 308 页
0441 正伝鄧小平 / 高木桂蔵 // 東京:秀英書房. 1978. 301 頁
邓小平正传 / 高木桂藏 // 东京:秀英书房. 1978. 301 页
0442 鄧小平 / 湯浅誠 // 東京:日本文芸社. 1978. 260 頁
邓小平 / 汤浅诚 // 东京:日本文艺社. 1978. 260 页
0443 鄧小平と中国近代化 / 伊藤正 // 東村山:教育社. 1979. 167 頁
邓小平与中国现代化 / 伊藤正 // 东村山:教育社. 1979. 167 页
0444 北京会談:華国鋒・鄧小平両首脳と語る全記録 / 矢次一夫、森輝明 // 東京:三天書房. 1980. 215 頁
北京会谈:与华国锋、邓小平两大首脑会谈全记录 / 矢次一夫、森辉明 // 东京:三天书房. 1980. 215 页
0445 中国の選択:鄧小平外交と「四つの近代化」/ 那須賢一 // 東京:大月書店. 1981. 252 頁
中国的选择:邓小平外交与"四个现代化" / 那须贤一 // 东京:大月书店. 1981. 252 页
0446 天皇と鄧小平の握手:実録・日中交渉秘史 / 永野信利 // 東京:行政問題研究所出版局. 1983. 348 頁
天皇与邓小平的握手:中日交流秘史实录 / 永野信利 // 东京:行政问题研究所出版局. 1983. 348 页
0447 鄧小平の戦略:China watching 1982 / 戸張東夫 // 東京:霞山会. 1983. 187 頁
邓小平的战略:中国观察 1982 / 户张东夫 // 东京:霞山会. 1983. 187 页
0448 鄧小平新時代 ドキュメント時間との闘い / 浅川健次 // 東京:有斐閣. 1983. 234 頁
邓小平新时代 与档案时间的斗争 / 浅川健次 // 东京:有斐阁. 1983. 234 页
0449 鄧小平と中国の権力構造 党・行政・軍を完全掌握した / 柴田穂 // 東村山:教育社. 1983. 190 頁
邓小平与中国的权利结构 对党、政、军的完全掌控 / 柴田穂 // 东村山:教育社. 1983. 190 页
0450 鄧小平の中国 / 半沢貫 // 東京:こぶし書房. 1984. 297 頁
邓小平的中国 / 半泽贯 // 东京:拳书房. 1984. 297 页
0451 私の見た中国大陸五十年:汪兆銘から鄧小平まで / 小山武夫 // 東京:行政問題研究所出版局. 1986. 284 頁
我所见的中国大陆五十年:从汪兆铭到邓小平 / 小山武夫 // 行政问题研究所出版局. 1986. 284 页
0452 中国の政治社会:ポスト鄧小平を探る / 小島朋之 // 東京:芦書房. 1986. 381 頁
中国的政治社会:探访后邓小平时代 / 小岛朋之 // 东京:芦书房. 1986. 381 页
0453 現代中国の歴史(1949~1985):毛沢東時代から鄧小平時代へ / 宇野重昭 // 東京:有斐閣. 1986. 460 頁
现代中国的历史(1949~1985):从毛泽东时代到邓小平时代 / 宇野重昭 // 东京:有斐阁. 1986. 460 页
0454 中国の新しい選択:ポスト鄧小平 / 桑原壽二等 // 武蔵野:亜細亜大学アジア研究所. 1987. 221 頁
中国新选择:后邓小平时代 / 桑原寿二等 // 武藏野:亚细亚大学亚洲研究所. 1987. 221 页
0455 鄧小平時代の中国経済 / 浜勝彦 // 東京:亜紀書房. 1987. 285 頁
邓小平时代的中国经济 / 浜胜彦 // 东京:亚纪书房. 1987. 285 页
0456 中国はどこへ:ポスト鄧小平を読む / 大沢昇 // 東京:三一書房. 1988. 294 頁
中国走向何方:解读后邓小平时代 / 大泽升 // 东京:三一书房. 1988. 294 页
0457 ポスト鄧小平——改革と開放の行方 / 矢吹晋 // 東京:蒼蒼社. 1988. 248 頁
后邓小平时代——改革与开放的走向 / 矢吹晋 // 东京:苍苍社. 1988. 248 页
0458 中国改革最前線:鄧小平政治のゆくえ / 天児慧 // 東京:岩波書店. 1988. 214 頁

中国改革最前线:邓小平政治的前路 / 天儿慧 // 东京:岩波书店. 1988. 214 页

0459 鄧小平の軍事改革 / 平松茂雄 // 東京:勁草書房. 1989. 266 頁
邓小平的军事改革 / 平松茂雄 // 东京:劲草书房. 1989. 266 页

0460 鄧小平のペレストロイカ / 木場康治 // 東京:新都心文化センター. 1989. 253 頁
邓小平的改革 / 木场康治 // 东京:新都心文化中心. 1989. 253 页

0461 岐路に立つ中国:どうなる鄧小平以後 / 小島朋之 // 東京:芦書房. 1990. 422 頁
岔路口的中国:邓小平以后将如何 / 小岛朋之 // 东京:芦书房. 1990. 422 页

0462 歴史としての鄧小平時代 / 天児慧 // 東京:東方書店. 1992. 235 頁
成为历史的邓小平时代 / 天儿慧 // 东京:东方书店. 1992. 235 页

0463 鄧小平 / 矢吹晋 // 東京:講談社. 1993. 246 頁
邓小平 / 矢吹晋 // 东京:讲谈社. 1993. 246 页

0464 毛沢東と鄧小平 / 渡辺利夫、小島朋之 // 東京:NTT 出版. 1994. 357 頁
毛泽东与邓小平 / 渡边利夫、小岛朋之 // 东京:NTT 出版. 1994. 357 页

0465 江沢民の中国:内側から見た「ポスト鄧小平」時代 / 朱建栄 // 東京:中央公論社. 1994. 223 頁
江泽民的中国:从内部所见"后邓小平"时代 / 朱建荣 // 东京:中央公论社. 1994. 223 页

0466 中国ビジネス大国への挑戦:鄧小平のシナリオ / 杉江弘充 // 東京:学陽書房. 1994. 248 頁
中国走向贸易大国的挑战:邓小平的脚本 / 杉江弘充 // 东京:学阳书房. 1994. 248 页

0467 中国が知りたい!:ポスト鄧小平の最新情報からヤオハン大成功の秘密まで / 葉千栄 // 東京:ベストセラーズ. 1994. 236 頁
想了解中国:从后邓小平时代的最新消息到八百伴大成功的秘密 / 叶千荣 // 东京:畅销出版 (Bestsellers). 1994. 236 页

0468 鄧小平の遺言:野望果てることなし / 落合信彦 // 東京:小学館. 1994. 286 頁
邓小平的遗言:雄心永无止境 / 落合信彦 // 东京:小学馆. 1994. 286 页

0469 ポスト鄧小平「中国」を読む / 中嶋嶺雄等 // 東京:プレジデント社. 1995. 283 頁
解读后邓小平"中国" / 中岛岭雄等 // 东京:President 社. 1995. 283 页

0470 中国はこうなる!:鄧小平なきあとの危険な大国の深層 / 中嶋嶺雄 // 東京:講談社. 1995. 206 頁
中国将来会这样! 邓小平逝世后危险的大国深度分析 / 中岛岭雄 // 东京:讲谈社. 1995. 206 页

0471 鄧小平なき中国経済 / 矢吹晋 // 東京:蒼蒼社. 1995. 276 頁
邓小平逝世后的中国经济 / 矢吹晋 // 东京:苍苍社. 1995. 276 页

0472 アジアの世紀は本当か:ポスト鄧小平をズバリ読む! / 中嶋嶺雄、深田祐介 // 東京:PHP 研究所. 1995. 197 頁
真的是亚洲的世纪吗:直面后邓小平时代 / 中岛岭雄、深田祐介 // 东京:PHP 研究所. 1995. 197 页

0473 中国のニューリーダー:ポスト鄧小平の新政治人脈 / 本沢二郎、有沢志郎 // 東京:駸々堂出版. 1995. 255 頁
中国的新领袖:后邓小平时代的新政治人脉 / 本泽二郎、有泽志郎 // 东京:骎骎堂出版. 199. 255 页

0474 中国:鄧小平の近代化戦略 / 浜勝彦 // 東京:アジア経済研究所. 1995. 300 頁
中国:邓小平的现代化战略 / 浜胜彦 // 东京:亚洲经济研究所. 1995. 300 页

0475 真実の中国:鄧小平なき中国と日本 / 新井信介、超予測研究会 // 東京:総合法令出版. 1995. 289 頁
真实的中国:邓小平逝世后的中国与日本 / 新井信介、超预测研究会 // 东京:综合法令出版. 1995. 289 页

0476 ポスト鄧小平体制の中国 / 藤本昭 // 東京:日本貿易振興会. 1995. 286 頁
后邓小平体制的中国 / 藤本昭 // 东京:日本贸易振兴会. 1995. 286 页

0477 鄧小平のいない中国 / 小島朋之 // 東京:日本経済新聞社. 1995. 256 頁
邓小平之后的中国 / 小岛朋之 // 东京:日本经济新闻社. 1995. 256 页

0478 鄧小平の中国:所感50題 / 嶋倉民生 // 東京:近代文芸社. 1996. 133 頁
邓小平的中国:所感50题 / 岛仓民生 // 东京:近代文艺社. 1996. 133 页

0479 鄧小平:「富強中国」への模索 / 天児慧 // 東京:岩波書店. 1996. 229 頁
邓小平:摸索中建设"富强中国" / 天儿慧 // 东京:岩波书店. 1996. 229 页

0480 毛沢東、鄧小平そして江沢民 / 渡辺利夫 // 東京:東洋経済新報社. 1999. 329 頁
毛泽东、邓小平及江泽民 / 渡边利夫 // 东京:东洋经济新报社. 1999. 329 页

邓子恢

0481 世界の顔——農村工作の元締(鄧子恢) / 時事通信社 // 世界週報 34(33)(1644). 1953
世界之颜——农村策动的主持者(邓子恢) / 时事通信社 // 世界周报. 1953. 34:33(总1644)

0482 中国における農業集団化論争——毛沢東と鄧子恢 / 菅沼正久 // 現代中国:研究年報(60). 1986
中国的农业集体化论争——毛泽东与邓子恢 / 菅沼正久 // 现代中国:研究年报. 1986. 60

0483 鄧子恢報告にあらわれた諸問題 / 宮下忠雄 // 新中国の経済制度. 第291頁
邓子恢报告中显露的各种问题 / 宫下忠雄 // 新中国的经济制度. 第291页

邓中夏

0484 鄧中夏とその時代:中国共産党第一世代の青春 その生と死の記録・全年譜 / 木村郁二郎編 // 東京:木村郁二郎. 1994. 856 頁
邓中夏及其时代:中国共产党第一代的青春、其生与死的记录・全年谱 / 木村郁二郎编 // 东京:木村郁二郎. 1994. 856 页

邓祖禹

0485 トウソウ 鄧祖禹(滌青) / 樋口正徳 // 最新中国要人傳. 第169頁
邓祖禹(涤青) / 樋口正德 // 最新中国要人传. 第169页

邓锡侯

0486 トウシャクコウ 鄧錫侯(晋康) / 樋口正徳 // 最新中国要人傳. 第169頁
邓锡侯(晋康) / 樋口正德 // 最新中国要人传. 第169页

邓颖超

0487 トウエイチョウ 鄧穎超 / 樋口正徳 // 最新中国要人傳. 第169頁
邓颖超 / 樋口正德 // 最新中国要人传. 第169页

邓演达

0488 前途に嘱望される——鄧演達 / ジャパン・タイムス社邦文パンフレット通信部編 // 邦文パンフレット通信 (113). 1927. 第11頁
嘱以厚望——邓演达 / 日本时代(Japan Times)社日文活页文选(Pamphlet)通信部编 // 日文活页文选(Pamphlet)通信. 1927(113). 第11页

0489 鄧演達の研究:近代中国における軍人政治家の成功と挫折 / 細井和彦 // 立命館大学博士論文. 1997
邓演达研究:近代中国军人政治家的成功与挫折 / 细井和彦 // 立命馆大学博士论文. 1997

0490 蔣介石及び鄧演達の黨務論 / 佐藤俊三 // 中国の国内闘争:共産党と国民党の相剋. 第123頁
蒋介石及邓演达的党务论 / 佐藤俊三 // 中国的国内斗争:共产党与国民党的相斗. 第123页

孔宪铿

0491 コウケンケン 孔憲鏗(琴石) / 樋口正徳 // 最新中国要人傳. 第55頁
孔宪铿(琴石) / 樋口正德 // 最新中国要人传. 第55页

孔祥熙

0492 民國本年の孔子祭附孔祥熙の尊孔說 / 中山久四郎 // 斯文 17(10). 1935
民国二十四年孔子祭附孔祥熙的尊孔说 / 中山久四郎 // 斯文. 1935. 17:10

0493 孔祥熙借款行脚 / 同盟通信社 // 同盟旬報 1(6). 1937
孔祥熙借款行脚 / 同盟通信社 // 同盟旬报. 1937. 1:6

0494 孔祥熙論 / 神田正雄 // 文芸春秋 15(10).1937
论孔祥熙 / 神田正雄 // 文艺春秋.1937.15:10

0495 歐洲に於ける孔祥熙の動靜 / 外務省情報部 // 国際月報(6).1937
孔祥熙在欧洲的动向 / 外务省情报部 // 国际月报.1937.6

0496 祥熙邸跡 / 伊原宇三郎 // 文芸春秋 17(4).1939
孔祥熙公馆 / 伊原宇三郎 // 文艺春秋.1939.17:4

0497 孔祥熙米蔣合作強調 / 内閣情報局 // 国際月報(8).1941
孔祥熙强调美蒋合作 / 内阁情报局 // 国际月报.1941.8

0498 孔祥熙傷痍軍人保護醵金要請 / 内閣情報局 // 国際月報(32).1943
孔祥熙呼吁为保护伤残军人捐款 / 内阁情报局 // 国际月报.1943.32

0499 孔祥熙ルーズヴエルトを訪問——國際金融會議代表顔觸れ決定 / 内閣情報局 // 国際月報(43).1944
孔祥熙访问罗斯福——国际金融会议代表成员决定 / 内阁情报局 // 国际月报.1944.43

0500 宇垣·孔祥熙工作 / 戸部良一 // 防衛大学校紀要.社会科学分冊(通号55).1987
宇垣一成、孔祥熙"和平谈判" / 户部良一 // 国防大学纪要(社会科学分册).1987.55

0501 孔祥熙 / 東京日日新聞社 // 国際戰を呼ぶ爆彈中国.第75頁
孔祥熙 / 东京日日新闻社 // 唤起国际大战的火药桶中国.第75页

0502 孔祥熙の幣制改革 / 飯島幡司 // 中国幣制研究:米国の銀政策に関聯して.第300頁
孔祥熙的币制改革 / 饭岛幡司 // 中国币制研究:与美国银政策相关联.第300页

0503 浙江財閥の傀儡孔祥熙 / 村田士郎 // 混迷中国の全貌.第164頁
浙江财阀的傀儡孔祥熙 / 村田士郎 // 混沌中国的全貌.第164页

0504 上海の宋子文とヨーロツパの孔祥凞 / 原勝 // 抗戦中国と列強.第227頁
上海的宋子文与欧洲的孔祥熙 / 原胜 // 抗战中国与列强.第227页

0505 孔祥熙 / 松本忠雄 // 次に中国を支配するもの.第90頁
孔祥熙 / 松本忠雄 // 此后左右中国的人.第90页

0506 事變直前に於ける孔祥熙の活躍 / 東京銀行集会所調査課 // 国民政府の戰時金融対策.第123頁
中日战争前夕孔祥熙的活动 / 东京银行集会所调查课 // 国民政府的战时金融对策.第123页

0507 コウショウキ 孔祥熙(庸之) / 樋口正徳 // 最新中国要人傳.第55頁
孔祥熙(庸之) / 樋口正德 // 最新中国要人传.第55页

五　画

〔一〕

甘乃光
0508　カンダイコウ　甘乃光（自明）／樋口正德／／最新中國要人傳. 第38頁
　　　　甘乃光（自明）／樋口正德／／最新中国要人传. 第38页

甘介侯
0509　カンカイコウ　甘介侯／樋口正德／／最新中國要人傳. 第38頁
　　　　甘介侯／樋口正德／／最新中国要人传. 第38页

石友三
0510　セキユウサン　石友三（漢章）／樋口正德／／最新中國要人傳. 第98頁
　　　　石友三（汉章）／樋口正德／／最新中国要人传. 第98页

石星川
0511　セキセイセン　石星川／樋口正德／／最新中國要人傳. 第98頁
　　　　石星川／樋口正德／／最新中国要人传. 第41页

龙　云
0512　リュウウン　龍雲（志舟）／樋口正德／／最新中國要人傳. 第214頁
　　　　龙　云（志舟）／樋口正德／／最新中国要人传. 第214页

〔丨〕

卢用川
0513　ロヨウセン　盧用川／樋口正德／／最新中國要人傳. 第222頁
　　　　卢用川／樋口正德／／最新中国要人传. 第222页

卢作孚
0514　ロサクフ　盧作孚／樋口正德／／最新中國要人傳. 第221頁
　　　　卢作孚／樋口正德／／最新中国要人传. 第221页

卢镜如
0515　ロキョウジョ　盧鏡如／樋口正德／／最新中國要人傳. 第221頁
　　　　卢镜如／樋口正德／／最新中国要人传. 第221页

卢逸堂
0516　盧逸堂／中国実業雑誌社／／他山百家言（下卷1）. 第99頁
　　　　卢逸堂／中国实业杂志社／／他山百家言（下卷1）. 第99页

叶　蓬
0517　葉　蓬／外務省東亜局／／新国民政府人名鑑. 第74頁
　　　　叶　蓬／外务省东亚局／／新国民政府人名鉴. 第74页
0518　ヨウホウ　葉蓬（勃々）／樋口正德／／最新中國要人傳. 第197頁
　　　　叶蓬（勃勃）／樋口正德／／最新中国要人传. 第197页

叶　挺
0519　第三戰區部隊の葉挺逮事件／内閣情報局／／国際月報（2）. 1941
　　　　第三战区部队的叶挺遭逮捕事件／内阁情报局／／国际月报. 1941.2
0520　葉　挺／吉岡文六／／現代中国人物論. 第158頁
　　　　叶　挺／吉冈文六／／现代中国人物论. 第158页

0521　ヨウテイ　葉挺(希夷) ／ 樋口正徳 ∥ 最新中国要人傳. 第 197 頁
　　　叶挺(希夷) ／ 樋口正德 ∥ 最新中国要人传. 第 197 页

叶剑英

0522　葉劍英 ／ 時事通信社 ∥ 世界週報 53(11)(2528). 1972
　　　叶剑英 ／ 时事通信社 ∥ 世界周报. 1972. 53：11(2528)
0523　葉劍英 ／ 時事通信社 ∥ 世界週報 58(30)(2801). 1977
　　　叶剑英 ／ 时事通信社 ∥ 世界周报. 1977. 58：30(2801)
0524　葉劍英 ／ 吉岡文六 ∥ 現代中国人物論. 第 172 頁
　　　叶剑英 ／ 吉冈文六 ∥ 现代中国人物论. 第 172 页
0525　ヨウケンエイ　葉劍英 ／ 樋口正德 ∥ 最新中国要人傳. 第 196 頁
　　　叶剑英 ／ 樋口正德 ∥ 最新中国要人传. 第 196 页

叶恭绰

0526　葉恭綽の文化振興策 ／ 中村久四郎 ∥ 斯文 2(2). 1920
　　　叶恭绰的文化振兴方策 ／ 中村久四郎 ∥ 斯文. 1920. 2：2
0527　菜食主義者 葉恭綽 ／ 浜野末太郎 ∥ 現代中国人物批判. 第 164 頁
　　　素食主义者 叶恭绰 ／ 浜野末太郎 ∥ 现代中国人物批判. 第 164 页
0528　葉恭綽 ／ 沢村幸夫 ∥ 上海人物印象記 第 1 集. 第 54 頁
　　　叶恭绰 ／ 泽村幸夫 ∥ 上海人物印象记 第 1 集. 第 54 页
0529　ヨウキョウシャク　葉恭綽(譽虎) ／ 樋口正德 ∥ 最新中国要人傳. 第 196 頁
　　　叶恭绰(誉虎) ／ 樋口正德 ∥ 最新中国要人传. 第 196 页

叶楚伧

0530　葉楚傖 ／ 沢村幸夫 ∥ 上海人物印象記 第 1 集. 第 28 頁
　　　叶楚伧 ／ 泽村幸夫 ∥ 上海人物印象记 第 1 集. 第 28 页
0531　葉楚傖 ／ 東京日日新聞社 ∥ 国際戦を呼ぶ爆弾中国. 第 87 頁
　　　叶楚伧 ／ 东京日日新闻社 ∥ 唤起国际大战的火药桶中国. 第 87 页
0532　ヨウソソウ　葉楚傖(葉) ／ 樋口正德 ∥ 最新中国要人傳. 第 197 頁
　　　叶楚伧(叶) ／ 樋口正德 ∥ 最新中国要人传. 第 197 页

田 桐

0533　田　桐 ／ 沢村幸夫 ∥ 上海人物印象記 第 2 集. 第 58 頁
　　　田　桐 ／ 泽村幸夫 ∥ 上海人物印象记 第 2 集. 第 58 页
0534　田桐逝く ／ 玉江恒平 ∥ 中国現代史と張鳴君. 第 146 頁
　　　田桐逝世 ／ 玉江恒平 ∥ 中国现代史与张鸣君. 第 146 页

田汝弼

0535　デンジョヒツ　田汝弼 ／ 樋口正德 ∥ 最新中国要人傳. 第 158 頁
　　　田汝弼 ／ 樋口正德 ∥ 最新中国要人传. 第 158 页

〔丿〕

白云梯

0536　ハィウンテイ　白雲梯(巨川) ／ 樋口正德 ∥ 最新中国要人傳. 第 176 頁
　　　白云梯(巨川) ／ 樋口正德 ∥ 最新中国要人传. 第 176 页

白崇禧

0537　蒋介石と白崇禧 ／ 本多芳次郎 ∥ 東京：森田書房. 1937. 35 頁
　　　蒋介石与白崇禧 ／ 本多芳次郎 ∥ 东京：森田书房. 1937. 35 页
0538　野心に燃ゆる——白崇禧 ／ 国際パンフレット通信部 ∥ 国際パンフレット通信 (205). 1928
　　　雄心勃勃——白崇禧 ／ 国际活页文选(Pamphlet)通信部 ∥ 国际活页文选(Pamphlet)通信

1928.205

0539　中国のダークホース白崇禧物語／吉岡文六／／文芸春秋 15(17).1937
　　　中国的黑马白崇禧传／吉冈文六／／文艺春秋.1937.15：17

0540　白崇禧の外遊説／外務省情報部／／国際月報（2）.1937
　　　白崇禧的留学说／外务省情报部／／国际月报.1937.2

0541　白崇禧、秦德純等南京に入る／外務省情報部／／国際月報（6）.1937
　　　白崇禧、秦德纯等进入南京／外务省情报部／／国际月报.1937.6

0542　白崇禧／吉岡文六／／現代中国人物論.第83頁
　　　白崇禧／吉冈文六／／现代中国人物论.第83页

0543　ハクスウキ 白崇禧（健生）／樋口正徳／／最新中国要人傳.第176頁
　　　白崇禧（健生）／樋口正徳／／最新中国要人传.第176页

〔丶〕

冯　节

0544　ヒョウセツ　馮／樋口正徳／／最新中国要人傳.第184頁
　　　冯　节／樋口正徳／／最新中国要人传.第184页

冯玉祥

0545　ヒョウギョクショウ 馮玉祥（煥章）／樋口正徳／／最新中国要人傳.第181頁
　　　冯玉祥（焕章）／樋口正徳／／最新中国要人传.第181页

冯自由

0546　民黨中の右傾派馮自由／浜野末太郎／／現代中国人物批判.第145頁
　　　民党中的右倾派冯自由／浜野末太郎／／现代中国人物批判.第145页

冯国璋

0547　十一月廿八日清廷賞馮国璋功／関口精一／／革命始末：鼇頭訓点中国時文.第43頁
　　　十一月廿八日清廷据功赏冯国璋／关口精一／／革命始末：鳌头训点中国时文.第43页

0548　段祺瑞と馮国璋／鵜崎鷺城／／現代の歴史を造る人々.第231頁
　　　段祺瑞与冯国璋／鹈崎鹭城／／创造现代历史的人们.第231页

0549　疑問の人馮国璋／河瀨蘇北／／現代之人物観：無遠慮に申上候.第397頁
　　　有疑问的人物冯国璋／河濑苏北／／现代之人物观：秉笔直书.第397页

0550　馮國璋と段祺瑞の確執／西川喜一／／中国経済綜攬 第1巻.第82頁
　　　冯国璋与段祺瑞的争执／西川喜一／／中国经济综览 第1卷.第82页

0551　馮國璋時代／高橋保／／問題と考察を主眼とせる詳解東洋史.第280頁
　　　冯国璋时代／高桥保／／以问题与考察为主的详解东洋史.第280页

冯德麟

0552　清国現代の侠男馮麟閣／覆面浪人（増本義敏）／／現代中国四百余州風雲児.第105頁
　　　清朝的当代豪侠冯麟阁／覆面浪人（增本义敏）／／现代中国四百余州风云儿.第105页

0553　馬賊馮麟閣／大島與吉／／爆破行秘史.第221頁
　　　马贼冯麟阁／大岛与吉／／爆炸行秘史.第221页

六　画

〔一〕

成仿吾

0554　セイホウゴ　成仿吾／樋口正徳／／最新中國要人傳.第96頁
　　　成仿吾／樋口正德／／最新中国要人传.第96页

〔丨〕

曲同丰

0555　曲同豊氏／鈴木一馬／／最近の中國事情.第77頁
　　　曲同丰／铃木一马／／中国近况.第77页

〔丿〕

朱　朴

0556　シュボク　朱樸／樋口正徳／／最新中國要人傳.第69頁
　　　朱　朴／樋口正德／／最新中国要人传.第69页

朱　深

0557　朱深華北新委員長就任／内閣情報局／／国際月報（27）.1943
　　　朱深就任华北新委员长／内阁情报局／／国际月报.1943.27
0558　朱深新委員長略歴／内閣情報局／／国際月報（27）.1943
　　　朱深新委员长简历／内阁情报局／／国际月报.1943.27
0559　朱深華北政務委員長逝去／内閣情報局／／国際月報（32）.1943
　　　华北政务委员长朱深逝世／内阁情报局／／国际月报.1943.32
0560　朱　深／山本実彦／／大陸縦断.第74頁
　　　朱　深／山本实彦／／大陆纵断.第74页
0561　朱　深（博淵）／外務省東亜局／／新国民政府人名鑑.第57頁
　　　朱　深（博渊）／外务省东亚局／／新国民政府人名鉴.第57页
0562　シュシン　朱深（博淵）／樋口正徳／／最新中國要人傳.第67頁
　　　朱深（博渊）／樋口正德／／最新中国要人传.第67页

朱　德

0563　朱德と毛澤東／野満四郎／／国際評論 2(6).1933
　　　朱德与毛泽东／野满四郎／／国际评论 1933.2:6
0564　毛澤東と朱德／山本実彦／／中國.第285頁
　　　毛泽东与朱德／山本实彦／／中国.第285页
0565　毛澤東の生ひ立ち　朱德と紅軍の成長　挑戰的な國際平和運動／矢野恒太／／国勢グラフ 2(84).1939
　　　毛泽东的崛起　朱德与红军的成长　充满挑战的国际和平运动／矢野恒太／／国势图表.1939.2:84
0566　朱德とその周圍の人々／ストロング／／大陸（新年號）.1940
　　　朱德及其周围的人们／斯特朗（Strong）／／大陆.1940.(新年号)
0567　毛主席と形影相離れぬ仲(中華人民共和國副主席:朱德)／時事通信社／／世界週報 35(30)(1677).1954
　　　与毛主席形影不离的伙伴(中华人民共和国副主席:朱德)／时事通信社／／世界周报.1954.35:30

（1677）

0568　アグネス・スメドレーの思い出――「朱徳」執筆のころ／石垣綾子／／世界（通号 97）.1954
　　　　艾格尼丝·史沫特莱的回忆――执笔《朱德传》之时／石垣绫子／／世界.1954.（通号 97）

0569　朱徳元帥評傳／川島弘三／／軍事研究 11（9）（126）.1976
　　　　朱德元帅评传／川岛弘三／／军事研究.1976.11：9（126）

0570　朱徳委員長の逝去を悼む／新井寳雄／／アジア經濟旬報（1015）.1976
　　　　悼朱德委员长／新井宝雄／／亚洲经济旬报.1976.1015

0571　朱徳氏死去後の中国政局――革命第一世代から第二世代へ／豊原兼一／／世界週報 57（30）（2751）.1976
　　　　朱德逝世后的中国政局――从革命第一代到第二代／丰原兼一／／世界周报.1976.57：30（2751）

0572　朱徳のこうもり傘／松本健一／／文學界 44（4）.1990
　　　　朱德的洋伞／松本健一／／文学界.1990.44：4

0573　朱徳――「朱毛の軍」――遊撃戦から現代戦へ／德岡仁／／月刊しにか 10（11）.1999
　　　　朱德――"朱毛之军"――从游击战到现代战／德冈仁／／中国学月刊.1999.10：11

0574　朱徳、彭德懷ノ就職通電／外務省東亞局／／最近ニ於ケル中国紅軍概觀.第 37 頁
　　　　朱德、彭德怀的就职通电／外务省东亚局／／最近中国红军概观.第 37 页

0575　朱徳と毛澤東／山本実彦／／興亡の中国を凝視めて.第 33 頁
　　　　朱德与毛泽东／山本实彦／／凝视兴亡的中国.第 33 页

0576　朱徳・毛澤東／吉岡文六／／現代中国人物論.第 140 頁
　　　　朱德、毛泽东／吉冈文六／／现代中国人物论.第 140 页

0577　シュトク 朱徳（玉階）／樋口正徳／／最新中国要人傳.第 68 頁
　　　　朱德（玉阶）／樋口正德／／最新中国要人传.第 68 页

0578　閻と馮を免職し朱徳を總司令に／読売新聞社／／中国事変実記 第 6 輯.第 145 頁
　　　　阎锡山、冯玉祥被免职，朱德任总司令／读卖新闻社／／日中战争纪实 第 6 辑.第 145 页

0579　朱徳・毛澤東の相剋／草野文男／／中國辺区の研究.第 34 頁
　　　　朱德、毛泽东的相克／草野文男／／中国边区研究.第 34 页

0580　朱　徳／波多野乾一／／毛沢東と中国の紅星.第 39 頁
　　　　朱　德／波多野乾一／／毛泽东与中国红星.第 39 页

0581　朱徳の印象／野坂参三／／亡命十六年.第 77 頁
　　　　朱德印象／野坂参三／／亡命十六年.第 77 页

0582　朱　徳／朝日新聞社東京本社欧米部／／世界を動かす人々.第 260 頁
　　　　朱　德／朝日新闻社东京本社欧美部／／推动世界的人们.第 260 页

0583　朱徳と陳毅／吉田東祐／／中国革命の百八人：毛沢東とスターリンの対決.第 27 頁
　　　　朱德与陈毅／吉田东祐／／中国革命的一百零八将：毛泽东与斯大林的交锋.第 27 页

0584　軍の創設者である毛沢東、朱徳などの影響／大塚有章／／新中国物語：中国革命のエネルギー.第 82 頁
　　　　军队创始者毛泽东、朱德等人的影响／大塚有章／／新中国故事：中国革命的能量.第 82 页

0585　朱徳とのであい／岩村三千夫／／毛沢東：新しい中国の指導者.第 102 頁
　　　　初会朱德／岩村三千夫／／毛泽东：新中国的领导人.第 102 页

0586　朱徳という偉大なおやじ／高木健夫／／生きている文化史：日中交流の昔と今.第 243 頁
　　　　朱德：伟大的老头／高木健夫／／鲜活的文化史：日中交流之今昔.第 243 页

0587　朱徳軍、毛沢東軍の合流／矢野仁一／／中国人民革命史論.第 98 頁
　　　　朱德军、毛泽东两支部队的会师／矢野仁一／／中国人民革命史论.第 98 页

朱执信

0588　朱執信について／鹿子島和子／／寧楽史苑（10）.1962

关于朱执信 / 鹿子岛和子 // 宁乐史苑. 1962. 10
0589 朱執信氏の『中國軍の改造と其の心理』/ 佐々木到一 // 中國陸軍改造論. 第 142 頁
朱执信的《中国军队的改造与其心理》/ 佐佐木到一 // 中国陆军改造论. 第 142 页
0590 朱執信氏の軍隊改造案 / 佐々木到一 // 中國陸軍改造論. 第 181 頁
朱执信的军队改造案 / 佐佐木到一 // 中国陆军改造论. 第 181 页
0591 朱執信殉國紀念日 / 湯浅正一 // 中国の各種紀念日の沿革概説. 第 58 頁
朱执信殉国纪念日 / 汤浅正一 // 中国的各种纪念日的沿革概说. 第 58 页

朱绍良

0592 シュショウリョウ 朱紹良(一民) / 樋口正徳 // 最新中國要人傳. 第 67 頁
朱绍良(一民) / 樋口正徳 // 最新中国要人传. 第 67 页

朱经农

0593 シュケイノウ 朱經農(名經) / 樋口正徳 // 最新中國要人傳. 第 66 頁
朱经农(名经) / 樋口正徳 // 最新中国要人传. 第 66 页

朱桂山

0594 シュケイザン 朱桂山 / 樋口正徳 // 最新中國要人傳. 第 66 頁
朱桂山 / 樋口正徳 // 最新中国要人传. 第 66 页

朱家骅

0595 シュカカ 朱家驊(騮先) / 樋口正徳 // 最新中國要人傳. 第 65 頁
朱家骅(骝先) / 樋口正徳 // 最新中国要人传. 第 65 页

朱霁青

0596 シュセイセイ 朱霽青 / 樋口正徳 // 最新中國要人傳. 第 67 頁
朱霁青 / 樋口正徳 // 最新中国要人传. 第 67 页

朱履和

0597 シュリワ 朱履龢(笑山) / 樋口正徳 // 最新中國要人傳. 第 69 頁
朱履和(笑山) / 樋口正徳 // 最新中国要人传. 第 69 页

伍廷芳

0598 伍廷芳渡米ノ先聲 / 外務省政務局 // 中国時報 (11). 1913
伍廷芳赴美之先声 / 外务省政务局 // 中国时报. 1913. 11
0599 伍廷芳來京ノ目的 / 外務省政務局 // 中国時報 (17). 1913
伍廷芳来京之目的 / 外务省政务局 // 中国时报. 1913. 17
0600 伍廷芳來京ノ結果 / 外務省政務局 // 中国時報 (17). 1913
伍廷芳来京之结果 / 外务省政务局 // 中国时报. 1913. 17
0601 清國外交界の異才伍廷芳 / 覆面浪人(增本義敏) // 現代中國四百余州風雲兒. 第 85 頁
清朝外交界的异才伍廷芳 / 覆面浪人(增本义敏) // 现代中国四百余州风云儿. 第 85 页

伍朝枢

0602 伍朝樞氏 / 鈴木一馬 // 最近の中国事情. 第 70 頁
伍朝枢 / 铃木一马 // 中国近况. 第 70 页
0603 親子二代の外交官 伍朝樞 / 浜野末太郎 // 現代中國人物批判. 第 39 頁
父子二代的外交官 伍朝枢 / 浜野末太郎 // 现代中国人物批判. 第 39 页

任援道

0604 任援道——海軍 / 改造社 // 時局雜誌 2(2). 1943
任援道——海军 / 改造社 // 时局杂志. 1943. 2:2
0605 任援道 / 外務省東亞局 // 新国民政府人名鑑. 第 32 頁
任援道 / 外务省东亚局 // 新国民政府人名鉴. 第 32 页
0606 ニンエンドウ 任援道 / 樋口正徳 // 最新中國要人傳. 第 171 頁

任援道 / 樋口正徳 // 最新中国要人传. 第 171 页

危拱之

0607 　キコウシ　危拱之 / 樋口正徳 // 最新中国要人傳. 第 40 頁
　　　危拱之 / 樋口正徳 // 最新中国要人传. 第 40 页

〔丶〕

齐燮元

0608 　江蘇督軍齊燮元氏を訪ふ / 水野梅暁 // 中国の変局. 第 95 頁
　　　拜访江苏督军齐燮元 / 水野梅晓 // 中国异变. 第 95 页

0609 　齋燮元氏 / 鈴木一馬 // 最近の中国事情. 第 64 頁
　　　齐燮元 / 铃木一马 // 中国近况. 第 64 页

0610 　齊燮元慌しく松井大佐訪問 / 久志本喜代士 // 北中事変誌 銃後の護り. 第 58 頁
　　　齐燮元匆忙拜访松井大佐 / 久志本喜代士 // 华北事件志 枪后的防守. 第 58 页

0611 　齊燮元 / 吉岡文六 // 現代中国人物論. 第 186 頁
　　　齐燮元 / 吉冈文六 // 现代中国人物论. 第 186 页

0612 　齊燮元 / 外務省東亜局 // 新国民政府人名鑑. 第 54 頁
　　　齐燮元 / 外务省东亚局 // 新国民政府人名鉴. 第 54 页

0613 　セイショウゲン　齊燮元(撫万) / 樋口正徳 // 最新中国要人傳. 第 97 頁
　　　齐燮元(抚万) / 樋口正徳 // 最新中国要人传. 第 97 页

刘峙

0614 　リュウジ　劉峙(輕扶) / 樋口正徳 // 最新中国要人傳. 第 212 頁
　　　刘峙(轻扶) / 樋口正徳 // 最新中国要人传. 第 212 页

刘少奇

0615 　劉少奇——毛沢東の後継者 / 泉紘彦 // 評人 1(2). 1950
　　　刘少奇——毛泽东的接班人 / 泉纮彦 // 评人. 1950.1;2

0616 　劉少奇憲法報告の要点 / 井崎喜代太 // 大陸問題 3(12). 1954
　　　刘少奇宪法报告的要点 / 井崎喜代太 // 大陆问题. 1954.3;12

0617 　毛沢東から劉少奇へ / 岩波書店 // 世界 (通号 163). 1959
　　　从毛泽东到刘少奇 / 岩波书店 // 世界. 1963.211

0618 　劉少奇論 / 岡崎俊夫 // 中央公論 74(8). 1959
　　　论刘少奇 / 冈崎俊夫 // 中央公论. 1959.74;8

0619 　中共の新国家主席に劉少奇氏 / 世界の動き社 // 世界の動き (87). 1959
　　　刘少奇当选中共新国家主席 / 世界动态社 // 世界动态. 1959.87

0620 　劉少奇国家主席の意味するもの / 土居明夫 // 大陸問題 8(6). 1959
　　　刘少奇任国家主席的意义 / 土居明夫 // 大陆问题. 1959.8;6

0621 　劉少奇主席一年 / 新潮社 // 週刊新潮 5(10)(213). 1960
　　　刘少奇任主席一周年 / 新潮社 // 周刊新潮. 1960.5;10(213)

0622 　劉少奇主席の東南アジア訪問 / 岩波書店 // 世界 (通号 211). 1963
　　　刘少奇主席访问东南亚 / 岩波书店 // 世界. 1963.211

0623 　劉少奇著「共産党員の修養を論ず」の延安原型 / 徳田教之 // アジア経済 6(3). 1965
　　　刘少奇著《论共产党员的修养》的延安原型 / 德田教之 // 亚洲经济. 1965.6;3

0624 　劉少奇氏の名誉回復 / 菅野一郎 // アジア経濟旬報 (1145). 1980
　　　恢复刘少奇名誉 / 菅野一郎 // 亚洲经济旬报. 1980.1145

0625 　劉少奇と毛沢東(上、下) / 諏訪一幸 // 外交時報 (通号 1328—1329). 1996
　　　刘少奇与毛泽东(上、下) / 诹访一幸 // 外交时报. 1996.1328—1329

0626　周恩来と劉少奇 / 吉田東祐 // 中国革命の百八人：毛沢東とスターリンの対決. 第 18 頁
　　　 周恩来与刘少奇 / 吉田东祐 // 中国革命的一百零八将：毛泽东与斯大林的交锋. 第 18 页
0627　劉少奇の「論共産党員修養」に反対す / 小竹文夫 // 百家争鳴：中共知識人の声. 第 179 頁
　　　 反对刘少奇的《论共产党员的修养》 / 小竹文夫 // 百家争鸣：中共知识分子之声. 第 179 页
0628　ブルジョア民主革命と劉少奇 / 土井章 // 現代中国政治経済論. 第 151 頁
　　　 资产阶级民主革命与刘少奇 / 土井章 // 现代中国政治经济论. 第 151 页

刘文岛

0629　リュウブントウ 劉文島（塵蘇） / 樋口正徳 // 最新中国要人傳. 第 214 頁
　　　 刘文岛（尘苏） / 樋口正德 // 最新中国要人传. 第 214 页

刘文辉

0630　リュウブンキ 劉文輝（自乾） / 樋口正徳 // 最新中国要人傳. 第 213 頁
　　　 刘文辉（自乾） / 樋口正德 // 最新中国要人传. 第 213 页

刘纪文

0631　リュウキブン 劉紀文（兆銘） / 樋口正徳 // 最新中国要人傳. 第 211 頁
　　　 刘纪文（兆铭） / 樋口正德 // 最新中国要人传. 第 211 页

刘伯承

0632　リュウハクショウ（劉伯承） / 樋口正徳 // 最新中国要人傳. 第 213 頁
　　　 刘伯承 / 樋口正德 // 最新中国要人传. 第 213 页

刘郁芬

0633　劉郁芬——参謀長 / 改造社 // 時局雑誌 2（2）. 1943
　　　 刘郁芬——参谋长 / 改造社 // 时局杂志. 1943.2:2
0634　劉郁芬 / 外務省東亜局 // 新国民政府人名鑑. 第 52 頁
　　　 刘郁芬 / 外务省东亚局 // 新国民政府人名鉴. 第 52 页
0635　リュウイクフン 劉郁芬（蘭江） / 樋口正徳 // 最新中国要人傳. 第 210 頁
　　　 刘郁芬（兰江） / 樋口正德 // 最新中国要人传. 第 210 页

刘尚清

0636　リュウショウセイ 劉尚清（海泉） / 樋口正徳 // 最新中国要人傳. 第 212 頁
　　　 刘尚清（海泉） / 樋口正德 // 最新中国要人传. 第 212 页

刘孟扬

0637　劉孟揚 / 中国実業雑誌社 // 他山百家言（下巻 1）. 第 90 頁
　　　 刘孟扬 / 中国实业杂志社 // 他山百家言（下卷 1）. 第 90 页

刘培绪

0638　劉培緒 / 外務省東亜局 // 新国民政府人名鑑. 第 52 頁
　　　 刘培绪 / 外务省东亚局 // 新国民政府人名鉴. 第 52 页

刘揆一

0639　歡迎聲中ニ通過セル劉揆一任命案 / 外務省政務局 // 中國時報（7）. 1912
　　　 在欢迎声中通过的刘揆一任命案 / 外务省政务局 // 中国时报. 1912.7
0640　革命児中の蛮骨漢劉揆一 / 覆面浪人（増本義敏） // 現代中国四百余州風雲児. 第 163 頁
　　　 革命中的硬骨头刘揆一 / 覆面浪人（增本义敏） // 现代中国四百余州风云儿. 第 163 页

刘景熙

0641　黎元洪と劉景熙 / 高木陸郎 // 日華交友録. 第 47 頁
　　　 黎元洪与刘景熙 / 高木陆郎 // 日华交友录. 第 47 页
0642　劉景熙 / 高木陸郎 // 私と中国. 第 128 頁
　　　 刘景熙 / 高木陆郎 // 我与中国. 第 128 页

刘瑞恒

0643　リュウズイコウ 劉瑞恒（月如） / 樋口正徳 // 最新中国要人傳. 第 213 頁

刘瑞恒(月如) / 樋口正徳 // 最新中国要人传. 第 213 页

刘群先

0644　リュウグンセン　劉群先 / 樋口正徳 // 最新中国要人傳. 第 211 頁
　　　刘群先 / 樋口正徳 // 最新中国要人传. 第 211 页

关紫兰

0645　關紫蘭 / 沢村幸夫 // 上海人物印象記 第 2 集. 第 50 頁
　　　关紫兰 / 泽村幸夫 // 上海人物印象记 第 2 集. 第 50 页

0646　李秋君・關紫蘭 / 沢村幸夫 // 上海風土記. 第 118 頁
　　　李秋君、关紫兰 / 泽村幸夫 // 上海风土记. 第 118 页

0647　關紫蘭女士を訪問するの記 / 蔵原伸二郎 // 風土記:随筆. 第 243 頁
　　　关紫兰女士拜访记 / 藏原伸二郎 // 风土记:随笔. 第 243 页

关麟征

0648　カンリンチョウ　關麟徴(雨東) / 樋口正徳 // 最新中国要人傳. 第 39 頁
　　　关麟征(雨东) / 樋口正徳 // 最新中国要人传. 第 39 页

江亢虎

0649　考試院長に江亢虎氏——國府人事異動 / 内閣情報局 // 国際月報 (4 月號) (16). 1942
　　　江亢虎成为考试院长——国府人事变动 / 内阁情报局 // 国际月报. 1942.4(16)

0650　江亢虎・中国社会党の史料について——上海図書館における史料調査覚え書き / 伊東昭雄 // 横浜市立大学論叢:人文科学系列 44(1・2). 1993
　　　关于江亢虎、中国社会党的史料——在上海图书馆的史料调查备忘录 / 伊东昭雄 // 横滨市立大学论丛:人文科学系列. 1993.44:1－2

0651　「戰智の天下」と「自救」の方途——江亢虎における「近代西洋文明」的現実と「中華文明」的当為の相克 / 堤茂樹 // 史滴 (16). 1994
　　　"战智的天下"与"自救"的方法——江亢虎谈"近代西洋文明"现实与"中华文明"本分的相克 / 堤茂树 // 史滴. 1994.16

0652　江亢虎 / 清水安三 // 中国当代新人物:旧人と新人. 第 226 頁
　　　江亢虎 / 清水安三 // 中国当代新人物:旧人与新人. 第 226 页

0653　似而非主義者 江亢虎 / 浜野末太郎 // 現代中国人物批判. 第 101 頁
　　　似而非主义者 江亢虎 / 浜野末太郎 // 现代中国人物批判. 第 101 页

0654　江亢虎 / 外務省東亜局 // 新国民政府人名鑑. 第 27 頁
　　　江亢虎 / 外务省东亚局 // 新国民政府人名鉴. 第 27 页

0655　コウコウコ　江亢虎 / 樋口正徳 // 最新中国要人傳. 第 56 頁
　　　江亢虎 / 樋口正徳 // 最新中国要人传. 第 56 页

江绍杰

0656　コウショウケツ　江紹杰(漢珊) / 樋口正徳 // 最新中国要人傳. 第 57 頁
　　　江绍杰(汉珊) / 樋口正徳 // 最新中国要人传. 第 57 页

江朝宗

0657　江朝宗 / 吉岡文六 // 現代中国人物論. 第 188 頁
　　　江朝宗 / 吉冈文六 // 现代中国人物论. 第 188 页

0658　大極拳の猛者　北京市長 江朝宗 / 報知新聞政治部 // 大陸の顔. 第 113 頁
　　　大极拳高手 北京市长 江朝宗 / 报知新闻政治部 // 大陆面貌. 第 113 页

0659　江朝宗 / 外務省東亜局 // 新国民政府人名鑑. 第 26 頁
　　　江朝宗 / 外务省东亚局 // 新国民政府人名鉴. 第 26 页

0660　コウチョウソウ　江朝宗(宇澄) / 樋口正徳 // 最新中国要人傳. 第 57 頁
　　　江朝宗(宇澄) / 樋口正徳 // 最新中国要人传. 第 57 页

汤化龙

0661 再ヒ衆議院議長タルヘキ湯化龍氏ノ發表セル政黨不必要論 / 外務省政務局 // 外事彙報 (7). 1916
将继任众议院议长的汤化龙发表不需政党论 / 外务省政务局 // 外事汇报. 1916.7

0662 湖北諮議局と湯化龍——湯化龍集団の形成について / 小笹有美 // 明大アジア史論集 (2). 1998
湖北咨议局与汤化龙——关于汤化龙集团的形成 / 小笹有美 // 明大亚洲史论集. 1998.2

0663 清国法曹界の秀才湯化竜 / 覆面浪人（増本義敏）// 現代中国四百余州風雲児. 第 166 頁
清朝司法界的秀才汤化龙 / 覆面浪人（增本义敏）// 现代中国四百余州风云儿. 第 166 页

汤尔和

0664 湯爾和氏歡迎會 / 日本医事新報社 // 日本医事新報 (344). 1929
汤尔和欢迎会 / 日本医务新报社 // 日本医务新报. 1929.344

0665 前中国政府衛生局長湯爾和博士觀櫻御宴に招待さる / 日本医事新報社 // 日本医事新報 (455). 1931
前中国政府卫生局长汤尔和博士受邀参加赏樱宴 / 日本医务新报社 // 日本医务新报. 1931.455

0666 湯爾和氏歡迎會 / 芸備医学会 // 芸備医事 (12)(507). 1938
汤尔和欢迎会 / 艺备医学会 // 艺备医事. 1938.12.(507)

0667 湯爾和博士歡迎會 / 関西医事社 // 関西医事 10(48)(412). 1938
汤尔和博士欢迎会 / 关西医事社 // 关西医事. 1938.10;48(412)

0668 金子治郎先生と湯爾和博士（上、下）/ 清水秀夫 // 日本医事新報 (808、809). 1938
金子治郎先生与汤尔和博士（上、下）/ 清水秀夫 // 日本医务新报. 1938(808、809)

0669 寄醫博湯爾和先生 / 小池曼洞 // 昭和詩文 30(4)(275). 1940
寄医学博士汤尔和先生 / 小池曼洞 // 昭和诗文. 1940.30;4(275)

0670 湯爾和博士壽像贈與 / 日本医師会 // 日本医師会雜誌 15(11). 1940
汤尔和博士寿像赠与 / 日本医师会 // 日本医师会杂志. 1940.15;11

0671 湯爾和先生を憶ふ / 永井潜 // 日本医事新報 (979). 1941
追忆汤尔和先生 / 永井潜 // 日本医务新报. 1941.979

0672 湯爾和博士追悼會 / 日本医史学会 // 日本医史学雜誌 (1293). 1941
汤尔和博士追悼会 / 日本医疗史学会 // 日本医疗史学杂志. 1941.1293

0673 湯爾和 / 吉岡文六 // 現代中国人物論. 第 184 頁
汤尔和 / 吉冈文六 // 现代中国人物论. 第 184 页

0674 トウジワ　湯爾和 / 樋口正徳 // 最新中国要人傳. 第 166 頁
汤尔和 / 樋口正德 // 最新中国要人传. 第 166 页

汤良礼

0675 トウリョウレイ　湯良禮 / 樋口正徳 // 最新中国要人傳. 第 167 頁
汤良礼 / 樋口正德 // 最新中国要人传. 第 167 页

汤恩伯

0676 トウオンハク　湯恩伯 / 樋口正徳 // 最新中国要人傳. 第 165 頁
汤恩伯 / 樋口正德 // 最新中国要人传. 第 165 页

汤澄波

0677 湯澄波 / 外務省東亜局 // 新国民政府人名鑑. 第 67 頁
汤澄波 / 外务省东亚局 // 新国民政府人名鉴. 第 67 页

0678 トウチョウハ　湯澄波 / 樋口正徳 // 最新中国要人傳. 第 167 頁
汤澄波 / 樋口正德 // 最新中国要人传. 第 167 页

许少荣

0679 キョショウエイ　許少榮 / 樋口正徳 // 最新中国要人傳. 第 41 頁

　　　　许少荣 / 樋口正德 // 最新中国要人传. 第 41 页

许世英

0680　許世英ノ總統制說ノ概略 / 外務省政務局 // 中國時報 (24). 1914
　　　　许世英的总统制说之概略 / 外务省政务局 // 中国时报. 1914. 24

0681　法律畑から外交舞臺へデビューした許世英氏——新駐日大使のお手並は… / 江啓士 // 国際写真新聞 (3月8日號) (145). 1936
　　　　从法律领域转到外交领域的许世英——新驻日大使的本领如何… / 江启士 // 国际图片新闻. 1936. 3. 8(145)

0682　時の人——許世英 / 中外商業新報社 // 中外財界 11(3). 1936
　　　　时代之子——许世英 / 中外商业新报社 // 中外商界. 1936. 11；3

0683　許世英の上海各界聯合送別會に於ける演說要旨 / 外務省情報部 // 國際月報 (5). 1937
　　　　许世英于上海各界联合送别会的演讲要点 / 外务省情报部 // 国际月报. 1937. 5

0684　中国の牡丹公許世英 / 浜野末太郎 // 現代中国人物批判. 第 57 页
　　　　中国的牡丹公许世英 / 浜野末太郎 // 现代中国人物批判. 第 57 页

0685　キョセイエイ 許世英(俊人) / 樋口正德 // 最新中国要人傳. 第 43 页
　　　　许世英(俊人) / 樋口正德 // 最新中国要人传. 第 43 页

许寿裳

0686　もう一つの国民性論議——魯迅・許壽裳の国民性論議への波動 / 北岡正子 // 関西大学中国文学会紀要（通号 10). 1989
　　　　又一次国民性讨论——鲁迅、许寿裳对有关国民性讨论的变化 / 北冈正子 // 关西大学中国文学会纪要. 1989.（通号 10)

0687　陳儀についての覚え書——魯迅、許壽裳、郁達夫との関わりにおいて / 鈴木正夫 // 横浜市立大学論叢：人文科学系列 40(2). 1989
　　　　关于陈仪的备忘录——鲁迅、许寿裳、郁达夫的关系 / 铃木正夫 // 横浜市立大学论丛：人文科学系列. 1989. 40；2

0688　許壽裳の日記：光陰似箭 / 丸山松幸 // 中国研究月報 47(8). 1993
　　　　许寿裳的日记：光阴似箭 / 丸山松幸 // 中国研究月报. 1993. 47；8

许修直

0689　キョシュウチョク 許修直(卓然) / 樋口正德 // 最新中国要人傳. 第 41 页
　　　　许修直(卓然) / 樋口正德 // 最新中国要人传. 第 41 页

许继祥

0690　許繼祥 / 外務省東亜局 // 新国民政府人名鑑. 第 25 页
　　　　许继祥 / 外务省东亚局 // 新国民政府人名鉴. 第 25 页

0691　キョケイショウ 許繼祥 / 樋口正德 // 最新中国要人傳. 第 41 页
　　　　许继祥 / 樋口正德 // 最新中国要人传. 第 41 页

许崇清

0692　キョスウセイ 許崇清(志澄) / 樋口正德 // 最新中国要人傳. 第 42 页
　　　　许崇清(志澄) / 樋口正德 // 最新中国要人传. 第 42 页

许崇智

0693　許崇智ノ免官處分ニ關スル命令 / 外務省政務局 // 中國時報 (18). 1913
　　　　关于许崇智罢官处分的命令 / 外务省政务局 // 中国时报. 1913. 18

0694　許崇智等ノ懲罰ニ關スル命令 / 外務省政務局 // 中國時報 (18). 1913
　　　　关于许崇智等人的惩罚命令 / 外务省政务局 // 中国时报. 1913. 18

0695　名門の出 許崇智 / 浜野末太郎 // 現代中国人物批判. 第 196 页
　　　　出身名门 许崇智 / 浜野末太郎 // 现代中国人物批判. 第 196 页

0696 キョスウチ 許崇(汝為) / 樋口正徳 // 最新中国要人傳. 第 42 頁
　　　許崇智(汝为) / 樋口正徳 // 最新中国要人传. 第 42 页

许崇灏
0697 キョスウコウ 許崇灝(公武) / 樋口正徳 // 最新中国要人傳. 第 42 頁
　　　許崇灝(公武) / 樋口正徳 // 最新中国要人传. 第 42 页

〔ㄱ〕

那　桐
0698 那桐氏 / 英語中学社 // 英語中学 2(7). 1909
　　　那　桐 / 英语中学社 // 英语中学. 1909. 2；7
0699 外務大臣那桐氏との会見 / 加藤政之助 // 満洲処分. 第 145 頁
　　　与外务大臣那桐会面 / 加藤政之助 // 满洲处置. 第 145 页
0700 清国外交官中の手腕家那桐 / 覆面浪人(増本義敏) // 現代中国四百余州風雲児. 第 38 頁
　　　清朝外交官中的佼佼者那桐 / 覆面浪人(增本义敏) // 现代中国四百余州风云儿. 第 38 页
0701 袁世凱と那桐 / 松嶋宗衛 // 清朝末路秘史. 第 65 頁
　　　袁世凯与那桐 / 松岛宗卫 // 清朝末路秘史. 第 65 页

孙　科
0702 強化を急ぐスターリン独裁政権・ロンドンに於ける孫科のインタヴイユー / 国際思想研究所 // 東京：国際思想研究所. 1938. 25 頁
　　　急速强化的斯大林独裁政权——于伦敦采访孙科 / 国际思想研究所 // 东京：国际思想研究所. 1938. 25 页
0703 孫科は何を語る / 中央経済評論社 // 中央経済 9(5)(153). 1938
　　　孙科会谈些什么 / 中央经济评论社 // 中央经济. 1938. 9；5(153)
0704 孫科、民主國の援助を求む / 内閣情報局 // 国際月報 (18). 1938
　　　孙科向民主国家寻求援助 / 内阁情报局 // 国际月报. 1938. 18
0705 孫科内閣の本質を衝く / 時事通信社 // 世界週報 30(3). 1949
　　　揭露孙科内阁的本质 / 时事通信社 // 世界周报. 1949. 30；3
0706 和平は近づくか——孫科より何応欽へ / 時事通信社 // 世界週報 30(12). 1949
　　　和平是否会到来——从孙科至何应钦 / 时事通信社 // 世界周报. 1949. 30；12
0707 孫科内閣總辭職 / 新聞月鑑社 // 新聞月鑑 2(3). 1949
　　　孙科内阁集体辞职 / 新闻月鉴社 // 新闻月鉴. 1949. 2；3
0708 孫文の周辺——太子・孫科と元老・廖仲凱 / 横山宏章 // 明治学院論叢 (通号 268). 1979
　　　孙文周围——太子孙科与元老廖仲恺 / 横山宏章 // 明治学院论丛. 1979. 268
0709 親の威光 孫科 / 浜野末太郎 // 現代中国人物批判. 第 109 頁
　　　父母的威望 孙科 / 浜野末太郎 // 现代中国人物批判. 第 109 页
0710 孫　科 / 吉岡文六 // 現代中国人物論. 第 127 頁
　　　孙　科 / 吉冈文六 // 现代中国人物论. 第 127 页
0711 ソンクワ 孫科(哲生) / 樋口正徳 // 最新中国要人傳. 第 107 頁
　　　孙科(哲生) / 樋口正徳 // 最新中国要人传. 第 107 页

孙中山
0712 三十三年之夢 / 白浪庵滔天(宮崎寅蔵) // 東京：国光書房. 1902. 278 頁
　　　三十三年之梦 / 白浪庵滔天(宫崎寅藏) // 东京：国光书房. 1902 年. 278 页
0713 孫逸仙と黄興 / 伊藤銀月 // 東京：武屋藏書店. 1911. 283 頁
　　　孙逸仙与黄兴 / 伊藤银月 // 东京：武屋藏书店. 1911 年. 283 页
0714 レーニンのロシアと孫文の中国 / 佈施勝治 // 北京：燕塵社. 1927. 546 頁

列宁的俄国和孙文的中国 / 布施胜治 // 北京:燕尘社.1927.546页

0715　孫文の提唱せる三民主義の梗概 / 水野梅曉 // 東京:東亞研究会.1927.15頁
　　　孙文提倡的三民主义概要 / 水野梅晓 // 东京:东亚研究会.1927.15页

0716　孫文以後の中國と日本 / 林正幸 // 兵庫県:木蘭書院.1929.206頁
　　　孙文以后的中国与日本 / 林正幸 // 兵库县:木兰书院.1929.206页

0717　孫文移霊祭の記 / 近藤達児 // 東京:近藤達児.1929.191頁
　　　记孙文移灵仪式 / 近藤达儿 // 东京:近藤达儿.1929.191页

0718　中國革命と孫文主義 / 武田熙 // 東京:大同館書店.1931.442頁
　　　中国革命与孙文主义 / 武田熙 // 东京:大同馆书店.1931.442页

0719　孫文伝 / 王樞之 // 東京:改造社.1931.438頁
　　　孙文传 / 王枢之 // 东京:改造社.1931.438页

0720　孫中山先生逝世十年祭記念講演 / 日本文化聯盟 // 東京:日本文化研究所出版部.1935.22頁
　　　孙中山先生逝世十周年祭纪念演讲 / 日本文化联盟 // 东京:日本文化研究所出版部.1935.22页

0721　孫中山先生の十年祭に際して / 日本文化聯盟 // 東京:日本文化研究所出版部.1935.30頁
　　　于孙中山先生的逝世十周年祭日 / 日本文化联盟 // 东京:日本文化研究所出版部.1935.30页

0722　孫中山先生逝世十年祭記録 / 日本文化聯盟 // 東京:日本文化研究所出版部.1935.88頁
　　　孙中山先生逝世十周年祭活动记录 / 日本文化联盟 // 东京:日本文化研究所出版部.1935.88页

0723　孫文との誓約により穏田の神様中国四億民衆に告ぐ / 帝国軍事協会編 // 東京:東京朝野新聞出版部.1937.22頁
　　　根据与孙文的誓约,稳田之神告知中国四亿民众 / 帝国军事协会 // 东京:东京朝野新闻出版部.1937.22页

0724　孫文の生涯と国民革命 / 河野密 // 東京:日本放送出版協会.1940.192頁
　　　孙文的生涯与国民革命 / 河野密 // 东京:日本放送出版协会.1940.192页

0725　孫文の中国現代化構想 / 満鉄上海事務室 // 満鉄上海事務室.1942
　　　孙文与中国现代化的构想 / 满铁上海事务室 // 满铁上海事务室.1942

0726　孫文革命戰史 / 大東亜文化会 // 東京:聯合出版社.1943.246頁
　　　孙文革命战史 / 大东亚文化会 // 东京:联合出版社.1943.246页

0727　孫文思想の研究 / 石井壽夫 // 東京:目黒書店.1943.318頁
　　　孙文思想研究 / 石井寿夫 // 东京:目黑书店.1943.318页

0728　孫　文 / 高橋勇治 // 東京:日本評論社.1934.228頁
　　　孙　文 / 高桥勇治 // 东京:日本评论社.1934.228页

0729　孫文の経済思想 / 出口勇藏 // 京都:高桐書院.1946.159頁
　　　孙文的经济思想 / 出口勇藏 // 京都:高桐书院.1946.159页

0730　孫　文 / 小野則秋 // 京都:大雅堂.1948.257頁
　　　孙　文 / 小野则秋 // 京都:大雅堂.1948.257页

0731　孫文から毛沢東へ:中国現代史の流れ / 岩村三千夫 // 東京:弘文堂.1949.60頁
　　　从孙文到毛泽东:中国现代史的走向 / 岩村三千夫 // 东京:弘文堂.1949.60页

0732　孫文伝 / 鈴江言一 // 東京:岩波書店.1950.569頁
　　　孙文传 / 铃江言一 // 东京:岩波书店.1950.569页

0733　孫文と毛沢東:私の中国観 / 井貫軍二 // 大阪:教育タイムス社.1950.70頁
　　　孙文与毛泽东:我的中国观 / 井贯军二 // 大阪:教育时代(Times)社.1950.70页

0734　孫文:中国革新の父 / 小田嶽夫 // 東京:偕成社.1953.314頁
　　　孙文:中国革新之父 / 小田岳夫 // 东京:偕成社.1953.314页

0735　革命前夜:孫文をめぐる人々 / 萱野長雄等 // 東京:松沢書店.1958.277頁

革命前夜：孙文周围的人们 / 萱野长雄等 // 东京：松泽书店. 1958. 277 页

0736 孫文：革命いまだ成らず（歴史の人間像） / 野沢豊 // 東京：誠文堂新光社. 1962. 280 頁
孙文：革命尚未成功（历史人物肖像） / 野泽丰 // 东京：诚文堂新光社. 1962. 280 页

0737 孫文先生と日本関係画史 中華民国各界記念国父百年誕辰籌備委員会 / 学術論編纂委員会主編 // 東京：中華民国国父孫文先生百年誕辰記念会. 1965. 60 頁
孙文先生与日本关系画史 中华民国各界纪念国父百年诞辰筹备委员会 / 学术论编纂委员会主编 // 东京：中华民国国父孙文先生百年诞辰纪念会. 1965. 60 页

0738 孫逸仙 / エス・エリ・チフビンスキー // 東京：刀江書院. 1966. 92 頁
孙逸仙 / 齐赫文斯基（S. L. Tikhvinskii） // 东京：刀江书院. 1966. 92 页

0739 記念孫中山先生 / 留日華僑記念孫中山先生誕辰一百周年等備委員會 // 東京：編者出版. 1966. 37 頁
纪念孙中山先生 / 留日华侨纪念孙中山先生诞辰一百周年筹备委员会 // 东京：编者出版. 1966. 37 页

0740 孫文の研究——とくに民族主義理論の発展を中心として / 藤井昇三 // 東京：勁草書房. 1966. 293 頁
孙文研究——主要以民族主义理论的发展为中心 / 藤井升三 // 东京：劲草书房. 1966. 293 页

0741 茫茫の記——宮崎滔天と孫文 / 立野信紙 // 東京：東都書房. 1966. 362 頁
茫茫记——宫崎滔天与孙文 / 立野信纸 // 东京：东都书房. 1966. 362 页

0742 孫文と中国革命 / 野沢豊 // 東京：岩波書店. 1966. 216 頁
孙文与中国革命 / 野泽丰 // 东京：岩波书店. 1966. 216 页

0743 孫文と日本 / 貝塚茂樹 // 東京：講談社. 1967. 201 頁
孙文与日本 / 贝冢茂树 // 东京：讲谈社. 1967. 201 页

0744 現代中国と孫文思想 / 安藤彦太郎等 // 東京：講談社. 1967. 286 頁
现代中国与孙文思想 / 安藤彦太郎等 // 东京：讲谈社. 1967. 286 页

0745 孫文（東洋思想叢書 第17） / 横山英、中山義弘 // 東京：清水書院. 1968. 197 頁
孙文（东洋思想丛书 第17） / 横山英、中山义弘 // 东京：清水书院. 1968. 197 页

0746 孫文・毛沢東 / 小野川秀美 // 東京：中央公論社. 1969. 574 頁
孙文、毛泽东 / 小野川秀美 // 东京：中央公论社. 1969. 574 页

0747 国父孫文と梅屋庄吉：中国に捧げたある日本人の生涯 / 車田譲治、国方千勢子 // 東京：六興出版. 1975. 436 頁
国父孙文与梅屋庄吉：把一生献给中国的一位日本人 / 车田让治、国方千势子 // 东京：六兴出版. 1975. 436 页

0748 孫文から尾崎秀実へ / 中村新太郎 // 東京：日中出版. 1975. 317 頁
从孙文到尾崎秀实 / 中村新太郎 // 东京：日中出版. 1975. 317 页

0749 貝塚茂樹著作集 第10卷（孫文と毛沢東） / 貝塚茂樹 // 東京：中央公論社. 1978. 486 頁
贝冢茂树著作集 第10卷（孙文与毛泽东） / 贝冢茂树 // 东京：中央公论社. 1978. 486 页

0750 革命浪人：滔天と孫文 / 三好徹 // 東京：中央公論社. 1979. 305 頁
革命浪人：宫崎滔天与孙文 / 三好彻 // 东京：中央公论社. 1979. 305 页

0751 日中友好秘録 君ヨ革命ノ兵ヲ挙ゲヨ——革命の父・孫文に生涯した一日本人 / 車田譲治 // 東京：六興出版. 1979. 436 頁
日中友好秘录 请君组织革命武装起义——毕生献给革命之父孙文的一位日本人 / 车田让治 // 东京：六兴出版. 1979 年. 436 页

0752 革命いまだ成らず——孫文伝 / 安藤彦大郎 // 東京：国土社. 1981. 285 頁
革命尚未成功——孙文传 / 安藤彦大郎 // 东京：国土社. 1981. 286 页

0753 孫文（人類の知的遺産 63） / 堀川哲男 // 東京：講談社. 1983. 367 頁

孙文(人类知识遗产63) / 堀川哲男 // 东京:讲谈社.1983.367页

0754 孫中山の革命と政治指導 / 横山宏章 // 東京:研文出版.1983.413頁
孙中山的革命与政治指导 / 横山宏章 // 东京:研文出版.1983.413页

0755 孫文と中国革命——孫文とその革命運動の史的研究 / 池田誠 // 京都:法律文化社.1983.480頁
孙文与中国革命——孙文与其革命运动的历史研究 / 池田诚 // 京都:法律文化社.1983.480页

0756 孫中山記念館展示準備資料・文献目録 / 孫文研究会 // 神戸:神戸華僑歴史博物館・孫文研究会.1984.64頁
孙中山纪念馆展示准备资料、文献目录 / 孙文研究会 // 神户:神户华侨历史博物馆・孙文研究会.1984.64页

0757 孫文と中国の革命運動 / 堀川哲男 // 東京:清水書院.1984.234頁
孙文与中国的革命运动 / 堀川哲男 // 东京:清水书院.1984.234页

0758 孫中山研究日中国際学術討論会報告集 / 孫文研究会 // 京都:法律文化社.1986.272頁
孙中山研究日中国际学术讨论会报告集 / 孙文研究会 // 京都:法律文化社.1986.272页

0759 孫文の革命運動と日本 / 俞辛焞 // 東京:六興出版.1989.388頁
孙文的革命运动与日本 / 俞辛焞 // 东京:六兴出版.1989.388页

0760 孫文から李登輝へ:八十年の軌跡 / 宇野精一 // 東京:早稲田出版.1992.368頁
从孙文到李登辉:八十年的轨迹 / 宇野精一 // 东京:早稻田出版.1992.368页

0761 醇なる日本人:孫文革命と山田良政・純三郎 / 結束博治 // 東京:プレジデント社.1992.331頁
纯正的日本人:孙文革命与山田良政、山田纯三郎 / 结束博治 // 东京:President社.1992.331页

0762 孫文と毛沢東の遺産(研文選書51) / 藤井昇三、横山宏章 // 東京:研文出版.1992.350頁
孙文与毛泽东的遗产(研文选书51) / 藤井升三、横山宏章 // 东京:研文出版.1992.350页

0763 孫文とアジア:1990年8月国際学術討論会報告集 / 孫文研究会 // 東京:汲古書院.1993.328頁
孙文与亚洲:1990年8月国际学术研讨会报告集 / 孙文研究会 // 东京:汲古书院.1993.328页

0764 孫文と日本 / 沼野誠介 // 東京:キャロム.1993.230頁
孙文和日本 / 沼野诚介 // 东京:CAROM.1993.230页

0765 竹馬の友へ:小笠原誉至夫宛書簡 自由民権・御進講 孫文関係新資料 / 南方熊楠 // 東京:八坂書房.1993.142頁
致竹马之友:小笠原誉至夫的书信 自由民主・侍讲 孙文关系新资料 / 南方熊楠 // 东京:八坂书房.1993.142页

0766 孫文の経済学説試論 / 中村哲夫 // 京都:法律文化社.1999.156頁
试论孙文的经济学说 / 中村哲夫 // 京都:法律文化社.1999.156页

0767 孫文をめぐる日中関係史:特に孫文の日本観を中心にして / 藤井昇三 // 東京大学博士論文.1962
与孙文相关的日中关系史:主要以孙文的日本观为中心 / 藤井升三 // 东京大学博士论文.1962

0768 清国革命党の首魁孫逸仙 / 覆面浪人(増本義敏) // 現代中国四百余州風雲児.第117頁
清朝革命党的首领孙逸仙 / 覆面浪人(增本义敏) // 现代中国四百余州风云儿.第117页

0769 孫　文 / 清水安三 // 中国当代新人物:旧人と新人.第237頁
孙　文 / 清水安三 // 中国当代新人物:老人与新人.第237页

0770 孫文君の去來と亞細亞運動 / 中野正剛 // 中野正剛対露中論策集.第184頁
孙文的来去与亚细亚运动 / 中野正刚 // 中野正刚对俄中论策集.第184页

0771 東亞の偉人孫中山 / 浜野末太郎 // 現代中国人物批判.第1頁
东亚的伟人孙中山 / 浜野末太郎 // 现代中国人物批判.第1页

0772 陣中の孫文 / 浜野末太郎 // 現代中国人物批判.第6頁
战场上的孙文 / 浜野末太郎 // 现代中国人物批判.第6页

0773 北上後の孫文と其臨終 / 浜野末太郎 // 現代中国人物批判.第18頁
北上后的孙文及其临终 / 浜野末太郎 // 现代中国人物批判.第18页

0774　孫文と張作霖 / 伊藤癡遊 // 伊藤痴遊全集 第 8 卷. 第 180 頁
　　　孙文与张作霖 / 伊藤痴游 // 伊藤痴游全集 第 8 卷. 第 180 页
0775　孫文と彼をめぐる人々 / 吉岡文六 // 現代中國人物論. 第 1 頁
　　　孙文和他周围的人们 / 吉冈文六 // 现代中国人物论. 第 1 页
0776　孫文と私 / 村松梢風 // 秋山定輔は語る. 第 266 頁
　　　孙文和我 / 村松梢风 // 秋山定辅的讲述. 第 266 页
0777　孫文及び中國青年知識階級 / 平貞蔵 // 共榮圈の北と南:論文と随筆. 第 287 頁
　　　孙文及中国青年知识阶层 / 平贞藏 // 共荣圈的北与南:论文与随笔. 第 287 页
0778　孫文主義土地革命理論の発展構造——三民主義研究の一部 / 山本秀夫 // 近代中國の社會と経済. 第 139 頁
　　　孙文主义土地革命理论的发展——三民主义研究之一 / 山本秀夫 // 近代中国的社会与经济. 第 139 页
0779　孫　文 / 坂本德松 // 世界偉人伝 第 6 卷. 第 205 頁
　　　孙　文 / 坂本德松 // 世界伟人传 第 6 卷. 第 205 页
0780　孫　文 / 高木陸郎 // 私と中國. 第 140 頁
　　　孙　文 / 高木陆郎 // 我与中国. 第 140 页
0781　孫　文(1866—1925) / 山口一郎 // 人間の教師 東洋編. 第 197 頁
　　　孙　文(1866—1925) / 山口一郎 // 人类的教师 东洋编. 第 197 页
0782　孫文の人と思想 / 佐野学 // 佐野学著作集 第 4 卷. 第 136 頁
　　　孙文其人与思想 / 佐野学 // 佐野学著作集 第 4 卷. 第 136 页
0783　孫文のいわゆる「耕者有其田」とその後 / 仁井田陞 // 中國法制史研究　第 2(土地法・取引法). 第 216 頁
　　　孙文所谓"耕者有其田"及其后果 / 仁井田升 // 中国法制史研究　第 2(土地法・交易法). 第 216 页
0784　孫文の新三民主義 / 山本秀夫 // 講座近代アジア思想史 第 1(中國篇). 第 217 頁
　　　孙文的新三民主义 / 山本秀夫 // 讲座近代亚洲思想史 第 1(中国篇). 第 217 页
0785　孫　文(1866—1925) / 荒木修 // 中國の思想家:宇野哲人博士米壽記念論集 下卷. 第 763 頁
　　　孙　文(1866—1925) / 荒木修 // 中国的思想家:宇野哲人博士八十八岁寿诞纪念论文集 下卷. 第 763 页
0786　孫文思想に關する考察 / 橘樸 // 橘樸著作集 第 1 卷. 第 333 頁
　　　有关孙文思想的考察 / 橘朴 // 橘朴著作集 第 1 卷. 第 333 页
0787　孫文の革命思想——中國革命史論・其三—/ 橘樸 // 橘樸著作集 第 1 卷. 第 334 頁
　　　孙文的革命思想——中国革命史论 其三— / 橘朴 // 橘朴著作集 第 1 卷. 第 334 页
0788　孫文の東洋文化觀及び日本觀——大革命家の最後の努力 / 橘樸 // 橘樸著作集 第 1 卷. 第 360 頁
　　　孙文的东洋文化观及日本观——大革命家最后的努力 / 橘朴 // 橘朴著作集 第 1 卷. 第 360 页
0789　孫文觀の問題点 / 竹内好 // 竹内好評論集 第 3 卷. 第 321 頁
　　　孙文观的争论点 / 竹内好 // 竹内好评论集 第 3 卷. 第 321 页
0790　孫文における「讓位」の意味——中國における舊民主主義の命運 / 池田誠一 // 田村博士頌壽東洋史論叢. 第 1 頁
　　　孙文"让位"的意义——中国旧民主主义革命之命运 / 池田诚一 // 田村博士颂寿中国史论丛. 第 1 页
0791　孫文と陳炯明 / 波多野善大 // 田村博士頌壽東洋史論叢. 第 475 頁
　　　孙文与陈炯明 / 波多野善大 // 田村博士颂寿中国史论丛. 第 475 页
0792　廣東大本營の孫文 / 鶴見祐輔 // 鶴見祐輔人物論選集. 第 231 頁
　　　广东大本营的孙文 / 鹤见祐辅 // 鹤见祐辅人物评论选集. 第 231 页

0793　犬養毅と孫文の革命／彭沢周／／小葉田淳教授退官記念 国史論集
　　　犬养毅与孙文的革命／彭泽周／／小叶田淳教授退休纪念 国史论集
0794　孫逸仙／火海漁郎(宮崎寅蔵)／／宮崎滔天全集 第1卷. 第470頁
　　　孙逸仙／火海渔郎(宫崎寅蔵)／／宫崎滔天全集 第1卷. 第470页
0795　孫逸仙は一代の大人物／宮崎滔天／／宮崎滔天全集 第1卷. 第504頁
　　　一代伟人孙逸仙／宫崎滔天／／宫崎滔天全集 第1卷. 第504页
0796　孫文と日本／藤井昇三／／日本の社会文化史：総合講座7
　　　孙文与日本／藤井升三／／日本的社会文化史：综合讲座7
0797　中国におけるヨーロッパの組みかえ——孫文から毛沢東へ／宇野重昭／／思想の冒険：社会と変化の新しいパラダイム. 第318頁
　　　欧洲民主主义在中国改组——从孙文到毛泽东／宇野重昭／／思想的冒险：社会与变化的新范式. 第318页
0798　辛亥革命、孫文の国際評価／藤井昇三／／講座中国近現代史 第3卷(辛亥革命). 1976
　　　辛亥革命与孙文的国际评价／藤井升三／／讲座中国近现代史 第3卷(辛亥革命). 1976
0799　アジア主義における孫文と滔天／武田清子／／正統と異端の「あいだ」
　　　亚细亚主义的孙文与宫崎滔天／武田清子／／正统与异端的间隙
0800　中華民国成立期：華南・南洋における対日ボイコット——孫文・革命派の動きをめぐつて／菅野正／／辛亥革命の研究. 第347頁
　　　中华民国成立时期华南、南洋的对日抵制——孙文及革命派的活动／菅野正／／辛亥革命的研究. 第347页
0801　辛亥革命、孫文の国際評価／藤井昇三／／講座中国近現代史 第3卷(辛亥革命)
　　　辛亥革命与孙文的国际评价／藤井升三／／讲座中国近现代史 第3卷(辛亥革命)
0802　辛亥革命と帝国主義——孫文、宮崎滔天の反帝国主義思想について／久保田文次／／講座中国近現代史 第3卷(辛亥革命)
　　　辛亥革命与帝国主义——关于孙文、宫崎滔天的反帝国主义思想／久保田文次／／讲座中国近现代史 第3卷(辛亥革命)
0803　宋慶齢と孫文の出会いについて／久保田博子／／中嶋敏先生古稀記念論集 下卷. 第136頁
　　　关于宋庆龄与孙文的相遇／久保田博子／／中岛敏先生古稀纪念论文集 下卷. 第136页
0804　孫文のいわゆる「満蒙譲与」論について／久保田文次／／中嶋敏先生古稀記念論集 下卷. 第601頁
　　　孙文所谓"满蒙出让"论／久保田文次／／中岛敏先生古稀纪念论文集 下卷. 第601页
0805　二十一カ条交渉時期の孫文と「中日盟約」／市古教授退官記念論叢編集委員会／／論集近代中国研究. 1981
　　　"二十一条"谈判期间的孙文与《中日盟约》／市古教授退休纪念论丛编集委员会／／近代中国研究论文集. 1981
0806　孫文の対日態度——辛亥革命の「満州」租借問題を中心に／藤井昇三／／現代中国と世界：その政治的展開 石川忠雄教授還暦記念論文集. 第109頁
　　　孙文的对日态度——以辛亥革命时期的"满洲"租借问题为中心／藤井升三／／现代中国和世界：其政治的展开 石川忠雄教授花甲论文集. 第109页
0807　孫文を繞る日本人——犬養毅の対中国認識／児島道子／／近代日本とアジア：文化の交流と摩擦
　　　孙文周围的日本人——犬养毅对中国的认识／儿岛道子／／近代日本与亚洲：文化的交流与摩擦
0808　孫文の反帝国主義／藤井昇三／／孫中山研究日中国際学術討論会報告集
　　　孙文的反帝国主义／藤井升三／／孙中山研究日中国际学术研讨会报告集
0809　洪秀全・孫文・袁世凱・溥儀：中国の近代／木村尚三郎／／世界歴史人物なぜなぜ事典21
　　　洪秀全、孙文、袁世凯、溥仪：近代中国／木村尚三郎／／世界历史人物为什么事典21
0810　孫文と満洲をめぐる革命秘録／佐藤慎一郎／／佐藤慎一郎選集

孙文与关于满洲的革命秘录 / 佐藤慎一郎 // 佐藤慎一郎选集

0811　孫文の儒教宣揚の動機論をめぐって / 島田虔次 // 隠者の尊重:中国の歴史哲学
关于孙文宣扬儒教的动机论 / 岛田虔次 // 尊重隐者:中国的历史哲学

孙传芳

0812　別世界のやうな孫傳芳の地盤 / 長野朗 // 邦文パンフレット通信 (98).1927
异世界一般的孙传芳的地盘 / 长野朗 // 日文活页文选(Pamphlet)通信.1927.98

0813　孫傳芳君の辣腕 / 日中問題研究會 // 日中 3(6).1930
孙传芳先生精明能干 / 日中问题研究会 // 日中.1930.3;6

0814　孫傳芳と會見の一幕 / 梅津理 // 協和:満鐵社員會機關誌 13(17)(248).1939
与孙传芳会见的一幕 / 梅津理 // 协和:满铁员工会机关志.1939.13;17(248)

0815　国民革命期にみる江浙地域の軍閥支配——軍閥孫伝芳と「大上海計画」 / 大野三徳 // 名古屋大学東洋史研究報告.(通号6)1980
国民革命时期军阀对江浙地区的控制——军阀孙传芳与"大上海计划" / 大野三德 // 名古屋大学东洋史研究报告.1980.6

0816　孫傳芳を訪ねて / 後藤朝太郎 // 中国遊記.第543頁
拜访孙传芳 / 后藤朝太郎 // 中国游记.第543页

孙连仲

0817　ソンレンチュウ 孫連仲(仿魯) / 樋口正德 // 最新中国要人傳.第110頁
孙连仲(仿鲁) / 樋口正德 // 最新中国要人传.第110页

孙宝琦

0818　外交界の元老 孫寶琦 / 浜野末太郎 // 現代中國人物批判.第139頁
外交界的元老 孙宝琦 / 浜野末太郎 // 现代中国人物批判.第139页

0819　孫寶琦 / 沢村幸夫 // 上海人物印象記 第2集.第17頁
孙宝琦 / 泽村幸夫 // 上海人物印象记 第2集.第17页

0820　孫寶琦と王敏芝 / 高木陸郎 // 私と中国.第130頁
孙宝琦与王敏芝 / 高木陆郎 // 我与中国.第130页

孙洪伊

0821　孫洪伊との会見 / 松永安左衛門 // 中國我観:対中新策・中国小遊.第129頁
与孙洪伊的会见 / 松永安左卫门 // 中国我观:对华新策・中国小游.第129页

0822　孫洪伊 / 沢村幸夫 // 上海人物印象記 第2集.第22頁
孙洪伊 / 泽村幸夫 // 上海人物印象记 第2集.第22页

0823　孫洪伊先生 / 波多博 // 中国と六十年.第153頁
孙洪伊老师 / 波多博 // 与中国六十年.第153页

七　画

〔一〕

严家炽

0824　ゲンカシ　嚴家熾（孟繁）／樋口正徳／／最新中国要人傳．第46頁
　　　严家炽（孟繁）／樋口正徳／／最新中国要人传．第46页

苏体仁

0825　蘇體仁／長岡忠一／／北中国 6(3)．1939
　　　苏体仁／长冈忠一／／华北．1939.6;3

0826　蘇體仁／外務省東亜局／／新国民政府人名鑑．第59頁
　　　苏体仁／外务省东亚局／／新国民政府人名鉴．第59页

0827　ソタイジン　蘇體仁（象乾）／樋口正徳／／最新中国要人傳．第101頁
　　　苏体仁（象乾）／樋口正徳／／最新中国要人传．第101页

杜　宣

0828　巻頭エッセイ　杜宣さんのこと／内山鶉／／悲劇喜劇 45(11)(505)．1992
　　　卷头随笔　关于杜宣先生／内山鹑／／悲剧喜剧．1992.45;11(505)

0829　劇作家・杜宣の八十年／永井啓夫／／演劇総合研究（7）．1994
　　　剧作家杜宣的八十年／永井启夫／／戏剧综合研究．1994.7

杜月笙

0830　トゲッショウ　杜月笙（名鏞）／樋口正徳／／最新中国要人傳．第159頁
　　　杜月笙（名镛）／樋口正徳／／最新中国要人传．第159页

杜运宇

0831　トウンウ　杜運宇／樋口正徳／／最新中国要人傳．第159頁
　　　杜运宇／樋口正徳／／最新中国要人传．第159页

杜重远

0832　トヂュウエン　杜重遠／樋口正徳／／最新中国要人傳．第161頁
　　　杜重远／樋口正徳／／最新中国要人传．第161页

李　铭

0833　リメイ　李銘（馥蓀）／樋口正徳／／最新中国要人傳．第209頁
　　　李　铭（馥荪）／樋口正徳／／最新中国要人传．第209页

李士群

0834　李士群江蘇省長逝去／内閣情報局／／国際月報（34）．1943
　　　江苏省长李士群去世／内阁情报局／／国际月报．1943.34

0835　李士群／外務省東亜局／／新国民政府人名鑑．第46頁
　　　李士群／外务省东亚局／／新国民政府人名鉴．第46页

0836　リシグン　李士群／樋口正徳／／最新中国要人傳．第206頁
　　　李士群／樋口正徳／／最新中国要人传．第206页

0837　李士群裁判／益井康一／／裁かれる汪政権：中国漢奸裁判秘録．第46頁
　　　审判李士群／益井康一／／受审判的汪政权：中国汉奸审判秘录．第46页

李石曾

0838　李石曽／清水安三／／中国当代新人物：旧人と新人．第219頁
　　　李石曾／清水安三／／中国当代新人物：旧人与新人．第219页

0839　中国の大杉榮 李石曽／浜野末太郎∥现代中国人物批判. 第 130 頁
　　　中国的大杉荣 李石曽／浜野末太郎∥现代中国人物批判. 第 130 页

李汉魂
0840　リカンコン 李漢魂（伯豪）／樋口正徳∥最新中国要人傳. 第 204 頁
　　　李汉魂（伯豪）／樋口正徳∥最新中国要人传. 第 204 页

李圣五
0841　李聖五／外務省東亜局∥新国民政府人名鑑. 第 47 頁
　　　李圣五／外务省东亚局∥新国民政府人名鉴. 第 47 页
0842　リセイゴ　李聖五／樋口正徳∥最新中国要人傳. 第 207 頁
　　　李圣五／樋口正徳∥最新中国要人传. 第 207 页

李守信
0843　リシュシン　李守信／樋口正徳∥最新中国要人傳. 第 206 頁
　　　李守信／樋口正徳∥最新中国要人传. 第 206 页

李讴一
0844　李謳一／外務省東亜局∥新国民政府人名鑑. 第 47 頁
　　　李讴一／外务省东亚局∥新国民政府人名鉴. 第 47 页
0845　リオウイチ 李謳一（更生）／樋口正徳∥最新中国要人傳. 第 204 頁
　　　李讴一（更生）／樋口正徳∥最新中国要人传. 第 204 页

李伯钊
0846　リハクセウ　李伯釗／樋口正徳∥最新中国要人傳. 第 209 頁
　　　李伯钊／樋口正徳∥最新中国要人传. 第 209 页

李叔同
0847　李叔同のことども（麗澤叢話）／中村忠行∥中国資料（35—36）. 1951
　　　李叔同的相关事迹（丽泽丛话）／中村忠行∥中国资料. 1951. 35—36
0848　弘一法師と現代中国の作家達／蔭山達弥∥京都外国語大学研究論叢（通号 37）. 1991
　　　弘一法师与现代中国的作家们／荫山达弥∥京都外国语大学研究论丛. 1991. 37
0849　中国新文化運動の源流——李叔同の『音楽小雑誌』と明治日本／西槙偉∥比較文学（通号 38）. 1995
　　　中国新文化运动的源流——李叔同的《音乐小杂志》与明治日本／西槙伟∥比较文学. 1995. 38
0850　中国民国期の西洋美術受容——李叔同と豊子愷をめぐって／西槙偉∥東京大学博士論文. 1998
　　　中国民国时期对西洋美术的接受——以李叔同与丰子恺为中心／西槙伟∥东京大学博士论文. 1998

李宗仁
0851　廣西派の頭目——李宗仁／タイムス出版社国際パンフレット通信部∥国際パンフレット通信（205）. 1928
　　　桂系的头目——李宗仁／时代（Times）出版社国际活页文选（Pamphlet）通信部∥国际活页文选（Pamphlet）通信. 1928. 205
0852　李宗仁長沙に向ふ／外務省情報部∥国際月報（8）. 1937
　　　李宗仁赴长沙／外务省情报部∥国际月报. 1937. 8
0853　李宗仁、南京に入り北中軍隊の指揮にあたる／外務省情報部∥国際月報（8）. 1937
　　　李宗仁进军南京，指挥华北方面军／外务省情报部∥国际月报. 1937. 8
0854　李宗仁南京に入る／外務省情報部∥国際月報（8）. 1937
　　　李宗仁进入南京／外务省情报部∥国际月报. 1937. 8
0855　"副總統"李宗仁／内田昌夫∥丸 1(5). 1948
　　　"副总统"李宗仁／内田昌夫∥丸. 1948. 1 ; 5

0856　李宗仁將軍の横顔／国際文化協会／／世界通信（293）.1948
　　　李宗仁将军的简介／国际文化协会／／世界通信.1948.293
0857　李宗仁、国府を走らす／台湾青年（16）.1962
　　　李宗仁支撑国民政府运转／台湾青年.1962.16
0858　国民党総統代理・李宗仁北京入りの内幕／青地晨／／中央公論 81(1).1965
　　　国民党代总理李宗仁赴京的内幕／青地晨／／中央公论.1965.81：1
0859　李宗仁帰国と「国共合作」論／岩波書店／／世界（通号 241）.1965
　　　李宗仁归国与"国共合作"论／岩波书店／／世界.1965.241
0860　廖文毅と李宗仁／台湾青年（57）.1965
　　　廖文毅与李宗仁／台湾青年.1965.57
0861　李宗仁と蔣介石／曽四郎／／台湾青年（59）.1965
　　　李宗仁与蒋介石／曽四郎／／台湾青年.1965.59
0862　李宗仁の帰国／現代評論社／／現代の眼 6(9).1965
　　　李宗仁回国／现代评论社／／现代的眼.1965.6：9
0863　李宗仁の中共帰順／時事通信社／／世界週報 46(32)(2191).1965
　　　李宗仁归顺中共／时事通信社／／世界周报.1965.46：32(2191)
0864　李宗仁氏の帰国とそのねらい／朝日新聞社／／朝日ジャーナル 7(42)(345).1965
　　　李宗仁回国及其意图／朝日新闻社／／朝日期刊.1965.7：42(345)
0865　加藤土師萌、ピール、李宗仁／平凡社／／月刊百科（79）.1969
　　　加藤土师萌、皮雷、李宗仁／平凡社／／百科月刊.1969.79
0866　李宗仁／吉岡文六／／現代中国人物論.第 71 頁
　　　李宗仁／吉冈文六／／现代中国人物论.第 71 页
0867　リソウジン 李宗仁（徳鄰）／樋口正徳／／最新中国要人傳.第 207 頁
　　　李宗仁（徳邻）／樋口正德／／最新中国要人传.第 207 页

李思贤

0868　リシケン 李思賢／樋口正徳／／最新中国要人傳.第 206 頁
　　　李思贤／樋口正德／／最新中国要人传.第 206 页

李品仙

0869　リヒンセン 李品仙（鶴齢）／樋口正徳／／最新中国要人傳.第 209 頁
　　　李品仙（鹤龄）／樋口正德／／最新中国要人传.第 209 页

李秋君

0870　李秋君／沢村幸夫／／上海人物印象記 第 2 集.第 62 頁
　　　李秋君／泽村幸夫／／上海人物印象记 第 2 集.第 62 页

李济深

0871　リサイシン 李濟深（任潮）／樋口正徳／／最新中国要人傳.第 205 頁
　　　李济深（任潮）／樋口正德／／最新中国要人传.第 205 页

李祖虞

0872　李祖虞／外務省東亜局／／新国民政府人名鑑.第 48 頁
　　　李祖虞／外务省东亚局／／新国民政府人名鉴.第 48 页
0873　リソグ 李祖虞／樋口正徳／／最新中国要人傳.第 207 頁
　　　李祖虞／樋口正德／／最新中国要人传.第 207 页

李根源

0874　李根源氏の四省聯防談／水野梅暁／／中国の変局.第 39 頁
　　　李根源的四省联防谈／水野梅晓／／中国异变.第 39 页
0875　李根源氏／鈴木一馬／／最近の中国事情.第 74 頁

　　　　李根源 / 铃木一马 // 中国近况. 第 74 页

0876　リコンゲン 李根源（印泉）/ 樋口正徳 // 最新中国要人傳. 第 205 頁

　　　　李根源（印泉）/ 樋口正徳 // 最新中国要人传. 第 205 页

李烈钧

0877　中國對戰人物觀（上）：李烈鈞、段芝貴、柏文蔚、程德全、歐陽武 / 經濟時報社 // 經濟時報（8月號）(128). 1913

　　　　中国对战人物观（上）：李烈钧、段芝贵、柏文蔚、程德全、欧阳武 / 经济时报社 // 经济时报. 1913. 8：128

0878　快男子李烈鈞 / OKB 浪人 // 楽天パック 2(15). 1913

　　　　好汉李烈钧 / OKB 浪人 // 乐天 Puck. 1913. 2：15

0879　李烈鈞免職ニ關スル命令 / 外務省政務局 // 中國時報（16）. 1913

　　　　关于罢免李烈钧的命令 / 外务省政务局 // 中国时报. 1913. 16

0880　李烈鈞ノ通電 / 外務省政務局 // 中國時報（17）. 1913

　　　　李烈钧的通电 / 外务省政务局 // 中国时报. 1913. 17

0881　李烈鈞免官後ノ各方面 / 外務省政務局 // 中國時報（17）. 1913

　　　　李烈钧免官后的各方面 / 外务省政务局 // 中国时报. 1913. 17

0882　不遇か不德か 李烈鈞 / 浜野末太郎 // 現代中國人物批判. 第 92 頁

　　　　不得志还是不道德：李烈钧 / 浜野末太郎 // 现代中国人物批判. 第 92 页

0883　閻錫山、李烈鈞 / 平凡社 // 世界歷史大系 第九卷. 1934

　　　　阎锡山、李烈钧 / 平凡社 // 世界历史大系 第九卷. 1934

0884　リレッキン 李烈鈞（協和）/ 樋口正徳 // 最新中国要人傳. 第 210 頁

　　　　李烈钧（协和）/ 樋口正徳 // 最新中国要人传. 第 210 页

李维格

0885　李維格を連れ出す / 高木陸郎 // 日華交友録. 第 22 頁

　　　　与李维格同游 / 高木陆郎 // 日华交友录. 第 22 页

0886　李維格 / 高木陸郎 // 私と中国. 第 113 頁

　　　　李维格 / 高木陆郎 // 我与中国. 第 113 页

李道轩

0887　リドウケン 李道軒 / 樋口正徳 // 最新中国要人傳. 第 208 頁

　　　　李道轩 / 樋口正徳 // 最新中国要人传. 第 208 页

李锦纶

0888　リキンリン 李錦綸 / 樋口正徳 // 最新中国要人傳. 第 204 頁

　　　　李锦纶 / 樋口正徳 // 最新中国要人传. 第 204 页

李煜瀛

0889　リイクエイ 李煜瀛（石曾）/ 樋口正徳 // 最新中国要人傳. 第 203 頁

　　　　李煜瀛（石曾）/ 樋口正徳 // 最新中国要人传. 第 203 页

李福林

0890　博徒から軍長 李福林 / 浜野末太郎 // 現代中國人物批判. 第 182 頁

　　　　从赌徒到军长 李福林 / 浜野末太郎 // 现代中国人物批判. 第 182 页

杨 杰

0891　ヨウケツ 楊杰（耿光）/ 樋口正徳 // 最新中国要人傳. 第 198 頁

　　　　杨杰（耿光）/ 樋口正徳 // 最新中国要人传. 第 198 页

杨 虎

0892　ヨウコ 楊虎（嘯天）/ 樋口正徳 // 最新中国要人傳. 第 199 頁

　　　　杨虎（啸天）/ 樋口正徳 // 最新中国要人传. 第 199 页

杨 度

0893 中国國體問題ニ關スル籌安會發企人楊度ノ君主立憲救國論 / 外務省政務局 // 外事彙報 (10). 1915
关于中国国体问题——筹安会发起人杨度的君主立宪救国论 / 外务省政务局 // 外事汇报. 1915. 10

0894 楊度「金鉄主義説」について / 佐藤禮 // 愛知教育大学研究報告 人文・社会科学編（通号 46). 1997
关于杨度的《金铁主义说》/ 佐藤礼 // 爱知教育大学研究报告 人文・社会科学编. 1997. 46

0895 楊　度 / 沢村幸夫 // 上海人物印象記 第 1 集. 第 38 頁
杨　度 / 泽村幸夫 // 上海人物印象记 第 1 集. 第 38 页

杨 桑

0896 ヨウソウ　楊桑 / 樋口正徳 // 最新中国要人傳. 第 201 頁
杨　桑 / 樋口正德 // 最新中国要人传. 第 201 页

杨 森

0897 ヨウシン　楊森（子恵）/ 樋口正徳 // 最新中国要人傳. 第 200 頁
杨森（子恵）/ 樋口正德 // 最新中国要人传. 第 200 页

杨以德

0898 楊以德 / 中国実業雑誌社 // 他山百家言（下巻 1). 第 82 頁
杨以德 / 中国实业杂志社 // 他山百家言（下卷 1). 第 82 页

杨幼炯

0899 ヨウヨウケイ　楊幼炯 / 樋口正徳 // 最新中国要人傳. 第 201 頁
杨幼炯 / 樋口正德 // 最新中国要人传. 第 201 页

杨寿楠

0900 ヨウジュナン　楊壽枏 / 樋口正徳 // 最新中国要人傳. 第 200 頁
杨寿楠 / 樋口正德 // 最新中国要人传. 第 200 页

杨寿楣

0901 楊壽楣 / 外務省東亜局 // 新国民政府人名鑑. 第 73 頁
杨寿楣 / 外务省东亚局 // 新国民政府人名鉴. 第 73 页

杨虎城

0902 ヨウコジョウ　楊虎城 / 樋口正徳 // 最新中国要人傳. 第 199 頁
杨虎城 / 樋口正德 // 最新中国要人传. 第 199 页

杨昌济

0903 楊昌済と毛沢東——初期毛沢東の「土哲学」/ 近藤邦康 // 社會科學研究：東京大学社会科学研究所紀要 33(4). 1981
杨昌济与毛泽东——初期毛泽东的"土哲学" / 近藤邦康 // 社会科学研究：东京大学社会科学研究所纪要. 1981. 33：4

杨庶堪

0904 全身才の人 楊庶堪 / 浜野末太郎 // 現代中国人物批判. 第 157 頁
才华横溢的杨庶堪 / 浜野末太郎 // 现代中国人物批判. 第 157 页

0905 ヨウショカン　楊庶堪（滄白）/ 樋口正徳 // 最新中国要人傳. 第 200 頁
杨庶堪（沧白）/ 樋口正德 // 最新中国要人传. 第 200 页

杨揆一

0906 ヨウキイチ　楊揆一 / 樋口正徳 // 最新中国要人傳. 第 198 頁
杨揆一 / 樋口正德 // 最新中国要人传. 第 198 页

〔 l 〕

吴玉章

0907 呉玉章の「辛亥革命論」／渡辺竜策／／中京大学論叢 教養篇（4）.1958
　　　 吴玉章的《论辛亥革命》／渡边龙策／／中京大学论丛（教养篇）.1958.4
0908 呉玉章先生を偲ぶ／高橋磧一／／歴史地理教育（129）.1967
　　　 追忆吴玉章老师／高桥磧一／／历史地理教育.1967.129
0909 中国人民大学と呉玉章（一八七八—一九六六）初代校長／土屋光芳／／政経フォーラム（通号5）.1997
　　　 中国人民大学与初代校长吴玉章（1878—1966）／土屋光芳／／政经论坛.1997.5

吴忠信

0910 ゴチュウシン 呉忠信（禮卿）／樋口正徳／／最新中国要人傳.第53頁
　　　 吴忠信／樋口正德／／最新中国要人传.第53页

吴思豫

0911 ゴシヨ 呉思豫（立凡）／樋口正徳／／最新中国要人傳.第53頁
　　　 吴思豫（立凡）／樋口正德／／最新中国要人传.第53页

吴亮平

0912 ゴリョウヘイ 呉亮平／樋口正徳／／最新中国要人傳.第55頁
　　　 吴亮平／樋口正德／／最新中国要人传.第55页

吴铁城

0913 ゴテッヂョウ 呉鐵城／樋口正徳／／最新中国要人傳.第54頁
　　　 吴铁城／樋口正德／／最新中国要人传.第54页

吴鼎昌

0914 呉鼎昌／山本実彦／／中国.第359頁
　　　 吴鼎昌／山本实彦／／中国.第359页
0915 實業建設の回顧 呉鼎昌／姫野徳一／／最新対華経済資料 第3輯.第73頁
　　　 实业建设的回顾 吴鼎昌／姬野德一／／最新对华经济资料 第3辑.第73页
0916 ゴテイショウ 呉鼎昌（達銓）／樋口正徳／／最新中国要人傳.第54頁
　　　 吴鼎昌（达铨）／樋口正德／／最新中国要人传.第54页
0917 抗争から友情へ 張公權・呉鼎昌などの思出／高木陸郎／／日華交友録.第105頁
　　　 从对抗到友情：张公权、吴鼎昌等的回忆／高木陆郎／／日华交友录.第105页
0918 呉鼎昌／高木陸郎／／私と中国.第167頁
　　　 吴鼎昌／高木陆郎／／我与中国.第167页

吴景濂

0919 呉景濂／中国実業雑誌社／／他山百家言（下卷1）.第27頁
　　　 吴景濂／中国实业杂志社／／他山百家言（下卷1）.第27页
0920 田舎神主然たる 呉景濂／浜野末太郎／／現代中国人物批判.第185頁
　　　 像乡村神主一样的吴景濂／浜野末太郎／／现代中国人物批判.第185页

吴禄贞

0921 辛亥革命と北方の動向——呉禄貞を中心として／寺広映雄／／大阪学芸大学紀要（通号8）.1960
　　　 辛亥革命与北方的动向——以吴鼎昌为中心／寺广映雄／／大阪学艺大学纪要.1960.8
0922 呉禄貞と間島問題／神戸輝夫、黒屋敬子／／大分大学教育学部研究紀要 14(1).1992
　　　 吴禄贞与间岛问题／神户辉夫、黑屋敬子／／大分大学教育学部研究纪要.1992.14:1
0923 清国陸軍の人才呉禄貞／覆面浪人（増本義敏）／／現代中国四百余州風雲児.第91頁
　　　 清朝陆军的人才吴禄贞／覆面浪人（增本义敏）／／现代中国四百余州风云儿.第91页

吴锡永
0924　ゴシャクエイ 吳錫永(仲言) / 樋口正德 // 最新中国要人傳. 第 53 頁
　　　吴锡永(仲言) / 樋口正德 // 最新中国要人传. 第 53 页

吴稚晖
0925　ゴケイコウ 吳敬恒(稚暉) / 樋口正德 // 最新中国要人傳. 第 51 頁
　　　吴敬恒(稚晖) / 樋口正德 // 最新中国要人传. 第 51 页

吴鹤龄
0926　ゴカクレイ 吳鶴齡(梅軒) / 樋口正德 // 最新中国要人傳. 第 51 頁
　　　吴鹤龄(梅轩) / 樋口正德 // 最新中国要人传. 第 51 页

岑春煊
0927　兩廣總督岑春煊(1—2) / 桑田透一 // 東邦協会々報 (126—127)(164—165). 1905
　　　两广总督岑春煊(1—2) / 桑田透一 // 东邦协会会报. 1905. 126(164)
0928　岑春煊の金ビラ / 東京パック社編 // 東京パック 3(14). 1907
　　　岑春煊的钞票 / 东京 Puck 社编 // 东京 Puck. 1907. 3:14
0929　大隈伯縱橫談『清國第一の人傑岑春煊』論 / 鐵雨 // 実業の日本 12(15). 1909
　　　大隈伯爵纵横谈《清朝第一人杰岑春煊》论 / 铁雨 // 实业之日本. 1909. 12:15
0930　岑春煊逮捕ニ關スル命令 / 外務省政務局 // 中国時報 (19). 1913
　　　关于逮捕岑春煊的命令 / 外务省政务局 // 中国时报. 1913. 19
0931　清国政客中の武断家岑春煊 / 覆面浪人(増本義敏) // 現代中国四百余州風雲児. 第 48 頁
　　　清朝政客中的武断家岑春煊 / 覆面浪人(増本义敏) // 现代中国四百余州风云儿. 第 48 页

岑德广
0932　岑德廣 / 外務省東亞局 // 新国民政府人名鑑. 第 63 頁
　　　岑德广 / 外务省东亚局 // 新国民政府人名鉴. 第 63 页
0933　シントクコウ 岑德廣 / 樋口正德 // 最新中国要人傳. 第 94 頁
　　　岑德广 / 樋口正德 // 最新中国要人传. 第 94 页

〔J〕

何东
0934　カトウ 何東(曉生) / 樋口正德 // 最新中国要人傳. 第 31 頁
　　　何　东(晓生) / 樋口正德 // 最新中国要人传. 第 31 页

何键
0935　カケン 何鍵(芸樵) / 樋口正德 // 最新中国要人傳. 第 28 頁
　　　何　键(芸樵) / 樋口正德 // 最新中国要人传. 第 28 页

何廉
0936　カレン 何廉(醉帝) / 樋口正德 // 最新中国要人傳. 第 32 頁
　　　何　廉(醉帝) / 樋口正德 // 最新中国要人传. 第 32 页

何成浚
0937　カセイシュン 何成浚(雪竹) / 樋口正德 // 最新中国要人傳. 第 29 頁
　　　何成浚(雪竹) / 樋口正德 // 最新中国要人传. 第 29 页

何应钦
0938　梅津・何應欽協定について——解説 / タイムス出版社国際パンフレット通信部 // 国際パンフレット通信 (1037). 1937
　　　关于《梅何协定》——解说 / 时代(Times)出版社国际活页文选(Pamphlet)通信部 // 国际活页文选(Pamphlet)通信. 1937. 1037
0939　蔣・何應欽の對立——ストロング女史指摘 / 内閣情報局 // 国際月報 (6). 1941

蒋介石、何应钦的对立——据斯特朗女士所言 / 内阁情报局 // 国际月报.1941.6

0940 何應欽三省防衛總司令に任命 / 内閣情報局 // 國際月報 (10).1941
任命何应钦为三省防卫总司令 / 内阁情报局 // 国际月报.1941.10

0941 何應欽重慶歸還 / 内閣情報局 // 國際月報.1943.(28)
何应钦返回重庆 / 内阁情报局 // 国际月报.1943.28

0942 和平は近づくか——孫科より何応欽へ / 時事通信社 // 世界週報 30(12).1949
和平是否会到来——从孙科至何应钦 / 时事通信社 // 世界周报.1949.30:12

0943 何応欽とその内閣 / 時事通信社 // 世界週報 30(14).1949
何应钦及其内阁 / 时事通信社 // 世界周报.1949.30:14

0944 何応欽内閣退陣に続くもの / 時事通信社 // 時事通信 (1066).1949
何应钦内阁辞职后的后继者 / 时事通信社 // 时事通信.1949.1066

0945 何応欽将軍の二ヵ月 / 新潮社 // 週刊新潮 4(28)(179).1959
何应钦将军的两个月 / 新潮社 // 周刊新潮.1959.4:28(179)

0946 梅津・何応欽協定の成立:日本外交史研究 昭和時代 / 島田俊彦 // 国際政治 (11).1960
《何梅协定》的形成:日本外交史研究 昭和时代 / 岛田俊彦 // 国际政治.1960.11

0947 日本再建の大恩人何応欽将軍閣下に親しく面接して / 藤墳啓太郎 // 経済時代 38(10—11)(471—472).1973
与日本重建的大恩人何应钦将军亲密会面 / 藤坟启太郎 // 经济时代.1973.38:10—11(471—472)

0948 日本よ何処へ行く / 村井順 // 経済時代 38(11)(472).1973
日本今后何去何从 / 村井顺 // 经济时代.1973.38:11(472)

0949 何応欽将軍の対日観 / 田中信一 // 海外事情 25(12).1977
何应钦将军的对日观 / 田中信一 // 海外情况.1977.2512

0950 何応欽、張寶樹両巨頭来日 / 政経社 // 政経人 25(10).1978
双巨头——何应钦、张宝树的来日 / 政经社 // 政经人.1978.25:10

0951 何応欽将軍 / 宇野精一 // 月刊カレント 17(1)(426).1980
何应钦将军 / 宇野精一 // 潮流(Current)月刊.1980.17:1(426)

0952 何応欽将軍の忠告 / マスコミ総合研究所 // "アジアレポート 11(142).1982
何应钦将军的忠告 / 大众传媒综合研究所 // 亚洲报告.1982.11:142

0953 何應欽将軍の横顔 / 桑原壽二 // じゅん刊世界と日本 12月(401).1983
何应钦将军的简介 / 桑原寿二 // 世界与日本旬刊.1983.12(401)

0954 何應欽先生のこと / 木内信胤 // じゅん刊世界と日本 12月(401).1983
关于何应钦 / 木内信胤 // 世界与日本旬刊.1983.12(401)

0955 何應欽将軍をむかえて / マスコミ総合研究所 // アジアレポート 12(154).1983
迎接何应钦将军 / 大众传媒综合研究所 // 亚洲报告.1983.12:154

0956 何應欽先生に対し感謝の挨拶 / 藤田義郎 // アジアレポート 12(154).1983
致何应钦先生的感谢词 / 藤田义郎 // 亚洲报告.1983.12:154

0957 何應欽将軍と岡村元大将の対談記 / マスコミ総合研究所 // アジアレポート 12(154).1983
何应钦将军与冈村原大将的对谈记 / 大众传媒综合研究所 // 亚洲报告.1983.12:154

0958 史伝——陸軍一級上将何応欽その指揮・統御と戦略戦術(1—2) / 加登川幸太郎 // 陸戦研究 31(8、10)(359、361).1983
史传——陆军一级上将何应钦的指挥、统治与战略战术(1—2) / 加登川幸太郎 // 陆战研究.1983.31:8、10(359、361)

0959 何應欽氏から編集部への手紙 / 政界春秋社 // 政界春秋 11(6).1983
何应钦致编辑部的信 / 政界春秋社 // 政界春秋.1983.11:6

0960 サンケイ新聞社長鹿内信隆の秘話(7)私は何応欽将軍の大声に負けた / 扶桑社 // 週刊サンケイ

33(11)(1826).1984

产经新闻社长鹿内信隆的密谈之七 我败给了何应钦将军的大声 / 扶桑社 // 产经周刊.1984.33：11(1826)

0961 何應欽先生を偲ぶ / 灘尾弘吉 // アジアレポート 15(195).1987
追忆何应钦先生 / 滩尾弘吉 // 亚洲报告.1987.15：195

0962 中国大陸で日本軍終戦の真相 蔣介石と何應欽の対日友情 / マスコミ総合研究所 // アジアレポート 15(195).1987
中国大陆日本军停战的真相：蒋介石与何应钦的对日友情 / 大众传媒综合研究所 // 亚洲报告.1987.15：195

0963 何應欽将軍御逝去「感動の歴史」の執行者 / 藤田義郎 // アジアレポート 15(194).1987
何应钦将军逝世："感动的历史"的执行者 / 藤田义郎 // 亚洲报告.1987.15：194

0964 何應欽の巻 / 岡田茂 // 財界展望 31(8)(385).1987
何应钦之卷 / 冈田茂 // 商界展望.1987.31：8(385)

0965 何应欽将軍の後任に馬樹礼氏 / マスコミ総合研究所 // アジアレポート 16(197).1988
马树礼继任何应钦将军 / 大众传媒综合研究所 // 亚洲报告.1988.16：197

0966 哀悼の辞——何応欽先生を偲ぶ / 灘尾弘吉 // 国会ニュース (1)(2669).1988
悼念词——追忆何应钦先生 / 滩尾弘吉 // 国会新闻.1988.1(2669)

0967 何應欽 / 吉岡文六 // 現代中国人物論.第 114 頁
何应钦 / 吉冈文六 // 现代中国人物论.第 114 页

0968 カオウキン 何應欽(敬之) / 樋口正徳 // 最新中国要人傳.第 27 頁
何应钦(敬之) / 樋口正德 // 最新中国要人传.第 27 页

0969 何應欽と語る / 高木陸郎 // 日華交友録.第 144 頁
与何应钦谈话 / 高木陆郎 // 日华交友录.第 144 页

0970 蔣直系將領と何應欽の立場 / 高木陸郎 // 日華交友録.第 152 頁
蒋介石直系将领与何应钦的立场 / 高木陆郎 // 日华交友录.第 152 页

何佩瑢

0971 和平の士・何佩瑢氏 / 落合甚九郎 // 經國 9(8).1942
和平之士 何佩瑢先生 / 落合甚九郎 // 经国.1942.9：8

0972 何佩瑢 / 外務省東亜局 // 新国民政府人名鑑.第 25 頁
何佩瑢 / 外务省东亚局 // 新国民政府人名鉴.第 25 页

0973 カハイヨウ 何佩瑢(韻珊) / 樋口正徳 // 最新中国要人傳.第 31 頁
何佩瑢(韵珊) / 樋口正德 // 最新中国要人传.第 31 页

何香凝

0974 革命中国の女丈夫——何香凝 廖仲愷との戀物語 / 日中問題研究會 // 日中 1(2).1928
中国革命的女中豪杰——何香凝与廖仲恺的爱情故事 / 日中问题研究会 // 日中.1928.1：2

0975 何香凝先生と会うの記 / 平野義太郎 // アジア經濟旬報 (648).1966
与何香凝女士会面的记录 / 平野义太郎 // 亚洲经济旬报.1966.648

0976 孫文革命の展開と何香凝(1—3) / 竹之内安巳 // 鹿児島経大論集 9(3)、10(1—2).1969
孙文革命的发展与何香凝(1—3) / 竹之内安巳 // 鹿儿岛经大论集.1969.9：3、10：1—2

0977 何香凝、その 95 年の生涯：廖仲愷、廖承志、そして人民と共に / 古島琴子 // アジア經濟旬報(881).1972
何香凝,其 95 年的人生：与廖仲恺、廖承志及人民同在 / 古岛琴子 // 亚洲经济旬报.1972.881

0978 何香凝研究(その 1) / 後藤馨 // 四国学院大学論集(通号 93).1997
何香凝研究(之一) / 后藤馨 // 四国学院大学论集.1997.93

0979 廖仲愷未亡人 何香凝 / 浜野末太郎 // 現代中国人物批判.第 171 頁

廖仲恺遗孀 何香凝 / 浜野末太郎 // 现代中国人物批判. 第 171 页
0980　カコウギ(何香凝) / 樋口正徳 // 最新中国要人傳. 第 28 頁
何香凝 / 樋口正徳 // 最新中国要人传. 第 28 页

何庭流
0981　何庭流 / 外務省東亜局 // 新国民政府人名鑑. 第 24 頁
何庭流 / 外务省东亚局 // 新国民政府人名鉴. 第 24 页
0982　カテイリウ　何庭流 / 樋口正徳 // 最新中国要人傳. 第 30 頁
何庭流 / 樋口正徳 // 最新中国要人传. 第 30 页

何素朴
0983　カソボク　何素璞 / 樋口正徳 // 最新中国要人傳. 第 30 頁
何素朴 / 樋口正徳 // 最新中国要人传. 第 30 页

余汉谋
0984　ヨカンボウ　余漢謀(幄奇) / 樋口正徳 // 最新中国要人傳. 第 194 頁
余汉谋(幄奇) / 樋口正徳 // 最新中国要人传. 第 194 页

余叔岩
0985　ヨシュクガン　余叔岩 / 樋口正徳 // 最新中国要人傳. 第 194 頁
余叔岩 / 樋口正徳 // 最新中国要人传. 第 194 页

余晋龢
0986　ヨシンワ　余晋龢(幼耕) / 樋口正徳 // 最新中国要人傳. 第 195 頁
余晋龢(幼耕) / 樋口正徳 // 最新中国要人传. 第 195 页

谷正伦
0987　コクセイリン　谷正倫(紀常) / 樋口正徳 // 最新中国要人傳. 第 63 頁
谷正伦 / 樋口正徳 // 最新中国要人传. 第 63 页

谷正纲
0988　コクセイコウ　谷正綱 / 樋口正徳 // 最新中国要人傳. 第 63 頁
谷正纲 / 樋口正徳 // 最新中国要人传. 第 63 页

谷正鼎
0989　コクセイテイ　谷正鼎(銘樞) / 樋口正徳 // 最新中国要人傳. 第 63 頁
谷正鼎(铭枢) / 樋口正徳 // 最新中国要人传. 第 63 页

谷钟秀
0990　コクショウシュウ　谷鍾秀(九峯) / 樋口正徳 // 最新中国要人傳. 第 62 頁
谷钟秀(九峰) / 樋口正徳 // 最新中国要人传. 第 62 页

狄葆贤
0991　狄葆賢 / 沢村幸夫 // 上海人物印象記 第 1 集. 第 25 頁
狄葆贤 / 泽村幸夫 // 上海人物印象记 第 1 集. 第 25 页

邹　琳
0992　スウリン　鄒琳(玉林) / 樋口正徳 // 最新中国要人傳. 第 96 頁
邹琳(玉林) / 樋口正徳 // 最新中国要人传. 第 96 页

邹　鲁
0993　スウロ　鄒魯(海濱) / 樋口正徳 // 最新中国要人傳. 第 96 頁
邹鲁(海滨) / 樋口正徳 // 最新中国要人传. 第 96 页

邹韬奋
0994　抗日運動と愛国的ジャーナリスト——鄒韜奮の活動と思想変革 / 横山英 // 広島大学文学部紀要 26(3). 1966
抗日运动与爱国新闻工作者——邹韬奋的活动与思想变革 / 横山英 // 广岛大学文学部纪要. 1966.

26;3
0995 抗日民族統一戦線と知識人──「満洲事変」時期の鄒韜奮と「生活」週刊をめぐって（前、后）／ 石島紀之 // 歴史評論（通号 256）. 1971
抗日民族统一战线与知识分子──以"九一八"事变时期的邹韬奋与《生活》周刊为中心（前、后）／ 石岛纪之 // 历史评论. 1971、1972.（通号 256、259）
0996 中国現代史の貴重な側面：鄒韜奮関係著作の重版に寄せて／ 大山茂 // アジア經濟旬報（1078）. 1978
中国现代史珍贵的一面：在邹韬奋相关著作重版之际／ 大山茂 // 亚洲经济旬报. 1978. 1078
0997 鄒韜奮ノート──あるジャーナリストの誕生／ 今村与志雄 // 文学 46(10). 1978
邹韬奋笔记──一个新闻工作者的诞生／ 今村与志雄 // 文学. 1978. 46；10
0998 鄒韜奮と魯迅──鄒韜奮ノート／ 今村与志雄 // 文学 47(6). 1979
邹韬奋与鲁迅──邹韬奋笔记／ 今村与志雄 // 文学. 1979. 47；6
0999 《救国時報》と陶行知・鄒韜奮──「救亡・救国」運動研究のために -2-／ 斎藤秋男 // 中国研究月報（通号 401）. 1981
《救国时报》与陶行知、邹韬奋──为了"救亡・救国"运动研究 其二／ 斋藤秋男 // 中国研究月报. 1981. 401
1000 スウトウフン　鄒韜奮／ 樋口正徳 // 最新中国要人傳. 第 95 頁
邹韬奋／ 樋口正徳 // 最新中国要人传. 第 95 页

〔丶〕

汪大燮
1001 政界の古老 汪大燮／ 浜野末太郎 // 現代中国人物批判. 第 142 頁
政界的元老 汪大燮／ 浜野末太郎 // 现代中国人物批判. 第 142 页

汪时璟
1002 汪時璟／ 外務省東亜局 // 新国民政府人名鑑. 第 35 頁
汪时璟／ 外务省东亚局 // 新国民政府人名鉴. 第 35 页
1003 吉田博士・汪時璟・濱田大佐・殷同氏等と語る／ 野依秀市 // 南北中国現地要人を敲く. 第 97 頁
与吉田博士、汪时璟、浜田大佐、殷同等人谈话／ 野依秀市 // 咨访南北中国本地要人. 第 97 页
1004 オウジケイ汪時璟（翊唐）／ 樋口正徳 // 最新中国要人傳. 第 20 頁
汪时璟（翊唐）／ 樋口正徳 // 最新中国要人传. 第 20 页

汪曼云
1005 汪曼雲／ 外務省東亜局 // 新国民政府人名鑑. 第 37 頁
汪曼云／ 外务省东亚局 // 新国民政府人名鉴. 第 37 页

汪翰章
1006 汪翰章／ 外務省東亜局 // 新国民政府人名鑑. 第 36 頁
汪翰章／ 外务省东亚局 // 新国民政府人名鉴. 第 36 页
1007 オウカンショウ　汪瀚章／ 樋口正徳 // 最新中国要人傳. 第 20 頁
汪瀚章／ 樋口正徳 // 最新中国要人传. 第 20 页

汪祖泽
1008 オウソタク　汪祖澤／ 樋口正徳 // 最新中国要人傳. 第 24 頁
汪祖泽／ 樋口正徳 // 最新中国要人传. 第 24 页

汪道源
1009 オウドウゲン　汪道源／ 樋口正徳 // 最新中国要人傳. 第 24 頁
汪道源／ 樋口正徳 // 最新中国要人传. 第 24 页

汪精卫
1010 汪精衛小史／ 公益書社 // 広州：全経閣書局. 1912. 23 頁

汪精卫小史 / 公益书社 // 广州：全经阁书局. 1912. 23 页

1011 汪兆銘を語る / 青年書房 // 東京：青年書房. 1939. 202 頁
　　 谈汪兆铭 / 青年书房 // 东京：青年书房. 1939. 202 页

1012 汪兆銘を語る / 井東憲 // 東京：東亜振興会. 1939. 16 頁
　　 谈汪兆铭 / 井东宪 // 东京：东亚振兴会. 1939. 16 页

1013 汪兆銘：叙伝 / 沢田謙 // 東京：春秋社. 1939. 267 頁
　　 汪兆铭：叙传 / 泽田谦 // 东京：春秋社. 1939. 267 页

1014 汪兆銘 / 森田正夫 // 東京：興亜文化協会. 1939. 482 頁
　　 汪兆铭 / 森田正夫 // 东京：兴亚文化协会. 1939. 482 页

1015 呉佩孚・汪兆銘和平運動の底流と新動向 / 木村富士雄 // 東京：協同書房. 1939. 32 頁
　　 吴佩孚、汪兆铭和平运动的潜流与新动向 / 木村富士雄 // 东京：协同书房. 1939. 32 页

1016 汪兆銘の爆弾声明と蒋政権の内幕を曝く / 畑中耕 // 東京：亜細亜出版社. 1939. 34 頁
　　 揭露汪兆铭的爆炸性声明与蒋氏政权的内幕 / 畑中耕 // 东京：亚细亚出版社. 1939. 34 页

1017 汪兆銘運動の展開 税制改革・増税の現段階 最近のドイツ雑感 / 加田哲二等 // 東京：東洋經濟出版部. 1939. 71 頁
　　 对汪兆铭运动的展开 税制改革、增税的现阶段 最近的德国杂感 / 加田哲二等 // 东京：东洋经济出版部. 1939. 71 页

1018 和平を語る：汪兆銘訪問記 / 室伏高信 // 東京：青年書房. 1939. 339 頁
　　 谈论和平：汪兆铭访问记 / 室伏高信 // 东京：青年书房. 1939. 339 页

1019 新政権遂に成るか 大立物汪兆銘 / 畑中耕 // 東京：亜細亜出版社. 1939. 57 頁
　　 新政权是否终于将建立 核心人物汪兆铭 / 畑中耕 // 东京：亚细亚出版社. 1939. 57 页

1020 汪精衛に與ふ / 福岡醇祐 // 東京：亜洲青年聯盟出版部. 1940. 248 頁
　　 赠汪精卫 / 福冈醇祐 // 东京：亚洲青年联盟出版部. 1940. 248 页

1021 汪精衛伝 / 松山悦三 // 東京：人生社. 1940. 197 頁
　　 汪精卫传 / 松山悦三 // 东京：人生社. 1940. 197 页

1022 汪精衛伝 / 沢田謙 // 東京：春秋社. 1940. 272 頁
　　 汪精卫传 / 泽田谦 // 东京：春秋社. 1940. 272 页

1023 人間汪兆銘 / 松山悦 // 東京：人生社. 1940. 197 頁
　　 汪兆铭其人 / 松山悦 // 东京：人生社. 1940. 198 页

1024 小村壽太郎・汪精衛：東亜英傑伝 / 白井喬二 // 大阪：宋栄堂. 1943. 277 頁
　　 小村寿太郎、汪精卫：东亚英杰传 / 白井乔二 // 大阪：宋荣堂. 1943. 277 页

1025 私の見た中国五十年：汪兆銘から鄧小平まで / 小山武夫 // 東京：行政問題研究所出版局. 1986. 284 頁
　　 我所见的中国 50 年：从汪兆铭到邓小平 / 小山武夫 // 东京：行政问题研究所出版局. 1986. 284 页

1026 太田元次軍医の汪兆銘看護日誌抄：汪兆銘客死抄から抜粋 / 太田元次 // 名古屋：大洋堂. 1988. 113 頁
　　 太田元次军医的汪兆铭看护日记：从汪兆铭客死抄摘录 / 太田元次 // 名古屋：大洋堂. 1988. 113 页

1027 和平は売国か：ある汪兆銘伝 / 山中徳雄 // 東京：不二出版. 1990. 198 頁
　　 和平是卖国吗：汪兆铭传一则 / 山中德雄 // 东京：不二出版. 1990. 198 页

1028 汪兆銘客死 / 小野稔 // 東京：東京ジャーナルセンター. 1990. 165 頁
　　 汪兆铭客死 / 小野稔 // 东京：东京期刊中心. 1990. 165 页

1029 汪兆銘名古屋に死す / 小野稔 // 東京：東京ジャーナルセンター. 1998. 273 頁
　　 汪兆铭死于名古屋 / 小野稔 // 东京：东京期刊中心. 1998. 273 页

1030 人われを漢奸と呼ぶ——汪兆銘伝 / 杉森久英 // 東京：文芸春秋. 1998. 414 頁

人们称我为汉奸——汪兆铭传 / 杉森久英 // 东京:文艺春秋.1998.414 页

1031 我は苦難の道を行く:汪兆銘の真実(上、下巻) / 上坂冬子 // 東京:講談社.1999.上巻311頁、下巻301頁
我行走在苦难的道路:真实的汪兆铭(上、下卷) / 上坂冬子 // 东京:讲谈社.1999.上卷311页、下卷301页

1032 汪兆銘遺書の謎 / 関岡渉 // 名古屋:メディアアーカイブ出版.1999.265頁
汪兆铭遗书之谜 / 关冈涉 // 名古屋:媒体档案(Media Archive)出版.1999.265 页

1033 偉才——汪兆銘 / ジャパン・タイムス社編 // 邦文パンフレット通信(113).1927
伟才——汪兆铭 / 日本时代(Japan Times)社编 // 日文活页文选(Pamphlet)通信.1927.113

1034 汪兆銘の主張 / ジャパン・タイムス社編 // 邦文パンフレット通信(142).1927
汪兆铭的主张 / 日本时代(Japan Times)社编 // 日文活页文选(Pamphlet)通信.1927.142

1035 汪兆銘と蔣介石 / 橘 樸 // 新天地 9(11).1929
汪兆铭与蒋介石 / 橘 朴 // 新天地.1930.9:11

1036 復職した汪精衛 / 高山次郎 // 国際評論 2(5).1933
复职的汪精卫 / 高山次郎 // 国际评论.1933.2:5

1037 汪兆銘撃たる / 實 // 社会及国家(11月號)(236).1935
汪兆明中弹 / 实 // 社会及国家.1935.11(236)

1038 汪精衛を解剖する / タイムス出版社国際パンフレット通信部 // 国際パンフレット通信(803).1935
解剖汪精卫 / 时代(Times)出版社国际活页文选(Pamphlet)通信部 // 国际活页文选(Pamphlet)通信.1935.803

1039 汪兆銘兇變の現地報道 / 前田利一 // 思想国防 1(3).1935
汪兆铭事件的现场报道 / 前田利一 // 思想国防.1935.1:3

1040 灤州事件と汪兆銘の辭職問題 / 日本外事協会 // 国際評論 4(9).1935
滦州事件与汪兆铭的辞职问题 / 日本外事协会 // 国际评论.1935.4:9

1041 汪兆銘飜意と廬山會議 / 日本外事協会 // 国際評論 4(10).1935
汪兆铭改变主意与庐山会议 / 日本外事协会 // 国际评论.1935.4:10

1042 汪兆銘狙擊事件と南京政局 / 日本外事協会 // 国際評論 4(12).1935
汪兆铭遇刺事件与南京政局 / 日本外事协会 // 国际评论.1935.4:12

1043 汪精衛を語る / 村上知行 // 国本 15(7).1935
谈汪精卫 / 村上知行 // 国本.1935.15:7

1044 廬山に於ける汪精衛の演說要旨 / 外務省情報部 // 国際月報(5).1937
汪精卫于庐山的演讲要义 / 外务省情报部 // 国际月报.1937.5

1045 汪兆銘の返り咲き / 日本外事協会 // 国際評論 6(2).1937
汪兆铭的东山再起 / 日本外事协会 // 国际评论.1937.6:2

1046 汪精衛焦土戰術を非難 / 外務省情報部 // 国際月報(21).1938
谴责汪精卫的焦土战术 / 外务省情报部 // 国际月报.1938.21

1047 汪兆銘今後の動き / 吉岡文六 // 経済マガジン(2月號).1939
汪兆铭今后的动向 / 吉冈文六 // 经济杂志.1939.2

1048 汪兆銘脫出と其波紋 / 山本實彦 // 大陸(2月號).1939
汪兆铭的出逃与其影响 / 山本实彦 // 大陆.1939.2

1049 汪兆銘を繞る人々 / 中里松二 // 大陸(6月號).1939
汪兆铭周边的人们 / 中里松二 // 大陆.1939.6

1050 汪兆銘動く！ / 横田實 // 大陸(6月號).1939
汪兆铭行动了！ / 横田实 // 大陆.1939.6

1051　遂に蹶起した汪兆銘／村田孜郎∥経済マガジン（8月號）.1939
　　　终于崛起的汪兆铭／村田孜郎∥经济杂志.1939.8
1052　歐洲大戰と汪兆銘運動／尾崎秀実∥経済マガジン（10月號）.1939
　　　欧洲大战与汪兆铭运动／尾崎秀实∥经济杂志.1939.10
1053　汪精衛政權の基礎／尾崎秀実∥公論（11月號）.1939
　　　汪精卫政权的基础／尾崎秀实∥公论.1939.11
1054　汪兆銘——特別讀物／波多野乾一∥大陸（11月號）.1939
　　　汪兆铭——特别读物／波多野乾一∥大陆.1939.11
1055　汪精衛氏の日中合作論／今中次麿∥公論（12月號）.1939
　　　汪精卫的日中合作论／今中次麿∥公论.1939.12
1056　汪兆銘聲名の渦紋（時評）／中国問題研究所∥中研経済旬報（53）.1939
　　　汪兆铭名声的波澜（时评）／中国问题研究所∥中研经济旬报.1939.53
1057　汪兆銘を中心とする中国中央政權の確立へ（時評）／中国問題研究所∥中研経済旬報（71—72）.1939
　　　确立以汪兆铭为中心的中国中央政权（时评）／中国问题研究所∥中研经济旬报.1939.71—72
1058　汪精衛脱出の眞意／宇佐晴男∥革新2(2).1939
　　　汪精卫逃离的真正意图／宇佐晴男∥革新.1939.2:2
1059　汪兆銘の和平聲明／村田孜郎∥革新2(2).1939
　　　汪兆铭的和平声明／村田孜郎∥革新.1939.2:2
1060　國共合作の推移と汪兆銘問題の發展／橘善守∥揚子江2(2).1939
　　　国共合作的推移与汪兆铭问题的发展／橘善守∥长江.1939.2:2
1061　起ち上る汪兆銘現地座談會／揚子江社∥揚子江2(9).1939
　　　起立的汪兆铭当地座谈会／长江社∥长江.1939.2:9
1062　汪兆銘の國民政府脱出は何を語るか／毎日新聞社∥時局情報3(2).1939
　　　汪兆铭逃离国民政府说明了什么／每日新闻社∥时局情报.1939.3:2
1063　汪兆銘の一黨とその人物／毎日新聞社∥時局情報3(10).1939
　　　汪兆铭一党与其人物／每日新闻社∥时局情报.1939.3:10
1064　汪兆銘の描いた新局面／中保與作∥月刊ロシヤ5(2)(44).1939
　　　汪兆铭所描绘的新局面／中保与作∥俄国月刊.1939.5:2(44)
1065　汪兆銘の和平聲明と波紋／江藤是之∥經國6(2).1939
　　　汪兆铭的和平声明及其影响／江藤是之∥经国.1939.6:2
1066　汪兆銘を語る／沢田耿二∥經國6(9).1939
　　　谈汪兆铭／泽田耿二∥经国.1939.6:9
1067　汪兆銘の救國運動と新政權の性格／岡部錠介∥經國6(9).1939
　　　汪兆铭的救国运动与新政权的性格／冈部锭介∥经国.1939.6:9
1068　汪兆銘政權の政治的性格／日下部新吉∥經國6(11).1939
　　　汪兆铭政权的政治性格／日下部新吉∥经国.1939.6:11
1069　汪兆銘を語る／高木陸郎∥東邦経済9(12).1939
　　　谈汪兆铭／高木陆郎∥东邦经济.1939.9:12
1070　歐洲危機と汪兆銘聲明／中央経済評論社∥中央経済10(5)(165).1939
　　　欧洲危机与汪兆铭声明／中央经济评论社∥中央经济.1939.10:5(165)
1071　汪兆銘の聲明と中国政局の展望／松本孝∥政界往来10(8).1939
　　　汪兆铭的声明与中国政局的展望／松本孝∥政界往来.1939.10:8
1072　汪兆銘の信望増大と逆比例する蒋政權／中央経済評論社∥中央経済10(9)(169).1939
　　　与信誉提升的汪兆铭处境正相反的蒋介石政权／中央经济评论社∥中央经济.1939.10:9(169)

1073 汪兆銘の思想檢討／田中忠夫∥政界往来 10(11).1939
汪兆铭的思想检讨／田中忠夫∥政界往来.1939.10;11
1074 汪兆銘の和平運動批判／齋藤隆而∥原理日本 15(9)(136).1939
汪兆铭的和平运动批判／斋藤隆而∥原理日本.1939.15;9(136)
1075 汪兆銘の國府離脫と其影響／松本忠雄∥文芸春秋 17(3).1939
汪兆铭逃离国府与其影响／松本忠雄∥文艺春秋.1939.17;3
1076 汪兆銘の脱出／大藏公望∥文芸春秋 17(4).1939
汪兆铭的出逃／大藏公望∥文艺春秋.1939.17;4
1077 汪兆銘の心境／太田宇之助∥文芸春秋 17(4).1939
汪兆铭的心境／太田宇之助∥文艺春秋.1939.17;4
1078 汪兆銘政權の組織と使命／松本忠雄∥文芸春秋 17(21).1939
汪兆铭政权的组织与使命／松本忠雄∥文艺春秋.1939.17;21
1079 明滅する存在 汪兆銘と吳佩孚のその後／益滿重雌∥事業之日本 18(6).1939
模糊的存在:汪兆铭与吴佩孚及其后／益满重雌∥事业之日本.1939.18;6
1080 汪兆銘と和平救國運動／大阪市産業部東亜課∥東洋貿易研究 18(9).1939
汪兆铭与和平救国运动／大阪市产业部东亚课∥东洋贸易研究.1939.18;9
1081 汪精衞の蹶起と中国新政權／井關正夫∥新天地 19(8).1939
汪精卫的崛起与中国新政权／井关正夫∥新天地.1939.19;8
1082 汪兆銘の弱點を充たせ／新天地社∥新天地 19(12).1939
弥补汪兆铭的弱点／新天地社∥新天地.1939.19;12
1083 新中国の胎動と汪兆銘氏の新政謹運動は愈々軌道に乘る／加田哲二∥染織之流行 21(10).1939
新中国的胎动与汪兆铭的新政权运动渐渐步入正轨／加田哲二∥染织之流行.1939.21;10
1084 巨人汪兆銘の足跡／中野藤湖∥工業評論 25(9).1939
巨人汪兆铭的足迹／中野藤湖∥工业评论.1939.25;9
1085 汪精衞と新中国の陣痛／今中次麿∥婦人之友 33(12).1939
汪精卫与新中国的阵痛／今中次麿∥妇女之友.1939.33;12
1086 汪兆銘と中国事變／今中次麿∥開拓者 34(5).1939
汪兆铭与日中战争／今中次麿∥开拓者.1939.34;5
1087 汪兆銘、吳佩孚の和平運動の將來／神田正雄∥実業の日本 42(7).1939
汪兆铭、吴佩孚和平运动的未来／神田正雄∥实业之日本.1939.42;7
1088 汪兆銘の蹶起で事変はどうなる／村田孜郎∥実業の日本 42(15).1939
汪兆铭的崛起将如何影响战争／村田孜郎∥实业之日本.1939.42;15
1089 汪兆銘會見記／室伏高信∥実業の日本 42(19)(1006).1939
汪兆铭会见记／室伏高信∥实业之日本.1939.42;19(1006)
1090 詩人としての汪兆銘／武藤辰男∥大陸（新年號）.1940
作为诗人的汪兆铭／武藤辰男∥大陆.1940.新年号
1091 汪兆銘政權成立の鍵／岩城俊次∥経済マガジン（新年特大號）.1940
汪兆铭政权成立的关键／岩城俊次∥经济杂志.1940.新年特大号
1092 南社と汪兆銘／橋川時雄∥公論（1月號）.1940
南社与汪兆铭／桥川时雄∥公论.1940.1
1093 汪兆銘論／河上純一∥蒙古（1月號）(92).1940
论汪兆铭／河上純一∥蒙古.1940.1(92)
1094 汪兆銘政權の性格と使命／善隣協会∥蒙古（2月號）(93).1940
汪兆铭政权的性格与使命／睦邻协会∥蒙古.1940.2(93)
1095 汪精衞と蔣介石／太田宇之助∥大陸（5月號）.1940

汪精卫与蒋介石 / 太田宇之助 // 大陆.1940.5

1096　汪精衞生立ちの記——新講談 / 青木文夫 // 肥料（5月號）.1940
　　　记汪精卫的成长历程——新讲谈 / 青木文夫 // 肥料.1940.5

1097　贈汪兆銘 / 園田天籟 // 詩林（233）.1940
　　　赠汪兆铭 / 园田天籁 // 诗林.1940.233

1098　汪精衞氏聲明 / 日本講演通信社 // 講演通信（457）.1940
　　　汪精卫声明 / 日本演讲通信社 // 演讲通信.1940.457

1099　汪兆銘をめぐる人々 / 丸野不二男 // 時局情報 4(1).1940
　　　围绕着汪兆铭的人们 / 丸野不二男 // 时局情报.1940.4:1

1100　汪兆銘の言葉と文章 / 魚返善雄 // 書斎 4(2)(31).1940
　　　汪兆铭的话语与文章 / 鱼返善雄 // 书斋.1940.4:2(31)

1101　青年時代の汪精衞 / 善行会 // まこと 8(5).1940
　　　青年时代的汪精卫 / 善行会 // 诚.1940.8:5

1102　汪精衞と三民主義を語る / 安藤正純 // 政界往来 11(3).1940
　　　谈汪精卫与三民主义 / 安藤正纯 // 政界往来.1940.11:3

1103　汪精衞政權ち日本 / 政界往来社編 // 政界往来 11(4).1940
　　　汪精卫政权与日本 / 政界往来社编 // 政界往来.1940.11:4

1104　汪兆銘・荊棘の道 / 中央経済評論社 // 中央経済 11(4)(176).1940
　　　汪兆铭:荆棘之道 / 中央经济评论社 // 中央经济.1940.11:4(176)

1105　汪精衞 / 杉浦一雄、若杉雄三郎 // 子供のテキスト:ラヂオ 13(5).1940
　　　汪精卫 / 杉浦一雄、若杉雄三郎 // 童言童语:广播.1940.13:5

1106　汪兆銘と孫文の帽子 / 岡本理治 // 新天地 20(1).1940
　　　汪兆铭与孙文的帽子 / 冈本理治 // 新天地.1940.20:1

1107　汪精衞氏夫人陳璧君女史に會ふの記 / 矢田鈴江 // 婦人倶楽部 21(5).1940
　　　记与汪精卫夫人陈璧君女士会面 / 矢田铃江 // 妇女俱乐部.1940.21:5

1108　寄汪精衞先生 / 小池重 // 斯文 22(3).1940
　　　寄汪精卫先生 / 小池重 // 斯文.1940.22:3

1109　汪精衞氏の歷史的宣言とわが帝國の聲明 / 工業評論社 // 工業評論 26(3).1940
　　　汪精卫的历史性宣言与我帝国的声明 / 工业评论社 // 工业评论.1940.26:3

1110　汪精衞とはどんな人か / 木村毅 // 少年倶楽部 27(7).1940
　　　汪精卫是怎样的人 / 木村毅 // 少年俱乐部.1940.27:7

1111　寄汪精衞先生 / 小池曼洞 // 昭和詩文 30(3)(274).1940
　　　寄汪精卫先生 / 小池曼洞 // 昭和诗文.1940.30:3(274)

1112　再寄汪精衞先生 / 小池曼洞 // 昭和詩文 30(6)(277).1940
　　　再寄汪精卫先生 / 小池曼洞 // 昭和诗文.1940.30:6(277)

1113　汪精衞 / 境沓南 // 昭和詩文 30(5)(276).1940
　　　汪精卫 / 境沓南 // 昭和诗文.1940.30:5(276)

1114　汪兆銘派の人々 / 田中香苗 // 実業の日本 42(19)(1006).1940
　　　汪兆铭派的人们 / 田中香苗 // 实业之日本.1940.42:19(1006)

1115　汪精衞とその一黨 / 村田孜郎 // 実業の日本 43(3)(1013).1940
　　　汪精卫及其派系 / 村田孜郎 // 实业之日本.1940.43:3(1013)

1116　汪精衞氏夫人——中国新政權の代表者汪精衞氏と夫人の若き日 / 大庭鐵太郎 // 婦女界 61(9).1940
　　　汪精卫夫人——中国新政权的代表人物汪精卫先生与夫人的年轻岁月 / 大庭铁太郎 // 妇女界.1940.61:9

1117 汪精衛の苦闘史 / 同盟通信社 // 同盟グラフ（2月號）（262）.1941
汪精卫的苦战史 / 同盟通信社 // 同盟画报.1941.2（262）

1118 梅博士と汪精衛 / 竹内義一 // 日華學報（90）.1942
梅博士与汪精卫 / 竹内义一 // 日华学报.1942.90

1119 汪精衛主席滿洲國訪問 / 同盟通信社 // 同盟グラフ（6月號）（278）.1942
汪精卫主席访问"满洲国" / 同盟通信社 // 同盟画报.1942.6（278）

1120 近衛總理大臣、汪精衛國民政府主席間交換メッセーヂに關する情報局發表 / 内閣情報局編 // 国際月報（8）.1941
情报局有关近卫首相与国民政府主席汪精卫间信息交换一事的声明 / 内阁情报局编 // 国际月报.1941.8

1121 汪精衛氏の印象 / 大西齋 // 大陸（8月號）.1941
对汪精卫的印象 / 大西斋 // 大陆.1941.8

1122 汪精衛氏の來朝 / 山本実彦 // 大陸（8月號）.1941
汪精卫访日 / 山本实彦 // 大陆.1941.8

1123 迎汪精衛 / 境沓南 // 詩林（244）.1941
迎汪精卫 / 境沓南 // 诗林.1941.244

1124 汪精衛氏を迎ふ / 下村關路 // 大日（250）.1941
迎接汪精卫 / 下村关路 // 大日.1941.250

1125 和平建設の現段階と汪精衛氏 / 富岡羊一 // 興亜 2（8）.1941
和平建设的现阶段与汪精卫 / 富冈羊一 // 兴亚.1941.2：8

1126 汪精衛主席訪日の意義 / 佐々木盛雄 // 經國 8（7）.1941
汪精卫主席访日的意义 / 佐佐木盛雄 // 经国.1941.8：7

1127 汪精衛氏訪日の成果 / 中保興作 // 政界往来 12（8）.1941
汪精卫访日的成果 / 中保与作 // 政界往来.1941.12：8

1128 迎汪精衛君 / 阪口柏堂 // 昭和詩文 31（8）（291）.1941
迎汪精卫先生 / 阪口柏堂 // 昭和诗文.1941.31：8（291）

1129 迎汪精衛先生 / 小池曼洞 // 昭和詩文 31（9）（292）.1941
迎汪精卫先生 / 小池曼洞 // 昭和诗文.1942.31：9（292）

1130 その日の汪精衛氏 / 猪野喜三郎 // 寫眞文化 22（1）.1941
那一日的汪精卫 / 猪野喜三郎 // 摄影文化.1941.22：1

1131 汪精衛氏の清郷工作 / タイムス出版社国際パンフレット通信部 // 国際パンフレット通信（1425）.1942
汪精卫的清乡工作 / 时代（Times）出版社国际文活页文选（Pamphlet）通信部 // 国际活页文选（Pamphlet）通信.1942.1425

1132 國民政府主席汪精衛氏 / 經國社 // 經國 9（4）.1942
国民政府主席汪精卫 / 经国社 // 经国.1942.9：4

1133 汪精衛先生の詩 / 政教社 // 日本及日本人（11月號）（414）.1942
汪精卫先生的诗 / 政教社 // 日本及日本人.1942.11（414）

1134 同甘共苦——汪精衛主席 / 婦人之友社 // 婦人之友 36（12）.1942
同甘共苦——汪精卫主席 / 妇女之友社 // 妇女之友.1942.36：12

1135 嘉納先生と汪精衛氏 / 講道館 // 柔道 14（10）.1943
嘉纳先生与汪精卫 / 讲道馆 // 柔道.1943.14：10

1136 汪精衛清談錄 / 文芸春秋社 // 文芸春秋 21（1）.1943
汪精卫清谈录 / 文艺春秋社 // 文艺春秋.1944.21：1

1137 寄汪精衛氏 / 天野夏山 // 昭和詩文 33（8）.1943

寄汪精卫／天野夏山／／昭和诗文.1943.33：8

1138 汪精衞閣下と相撲／笠置山勝一／／相撲と野球 33(13).1943
汪精卫阁下与相扑／笠置山胜一／／相扑与棒球.1943.33：13

1139 中華民國國民政府汪精衞主席の來邦並に治療經過に關する情報局發表／内閣情報局／／国際月報 (40).1944
情报局关于中华民国国民政府汪精卫主席来日以及治疗经过的声明／内阁情报局／／国际月报.1944.40

1140 汪精衞閣下の病後印象／薩摩雄次／／翼賛政治 3(12).1944
汪精卫阁下的病后印象／萨摩雄次／／翼赞政治.1944.3：12

1141 汪精衞氏を想ふ（時論）／同盟通信社／／同盟世界週報 25(49)(1288).1944
念汪精卫（时论）／同盟通信社／／同盟世界周报.1944.25：49(1288)

1142 汪兆銘工作の密使となりて／矢野征記／／人物往来 4(12).1955
成为策动汪兆铭的秘使／矢野征记／／人物往来.1955.4：12

1143 「人間の國寶」診療四十年——西園寺公・吉右衛門・汪精衞・御木本眞珠王の主治醫が語る回顧談／勝沼精藏／／文芸春秋 33(1).1955
为"人类国宝"诊疗40年——西园寺公爵、吉右卫门、汪精卫、御木本珍珠王的主治医生的回忆录／胜沼精藏／／文艺春秋.1955.33：1

1144 影佐機關秘録——重慶脱出の汪精衞を迎え新政府樹立秘録を影佐機關責任者の遺稿を得て發表!!／影佐禎昭／／文芸春秋 33(22).1955
影佐机关秘录——影佐机关负责人关于迎接逃离重庆的汪精卫、建立新政府秘录的遗稿公开！／影佐祯昭／／文艺春秋.1955.33：22

1145 汪精衞の顧問として脱出の思い出／小倉正恒／／実業の世界 55(8).1958
汪精卫顾问的出逃回忆／小仓正恒／／实业的世界.1958.55：8

1146 上陸地帯に異変あり——刺客の手漸く逃れ汪精衞一派の救出に成功した筆者等は愈々魔都上海に乗込む／犬養健／／文芸春秋 37(11).1959
上陆地带发生异常情况——勉强挣脱刺客成功救出汪精卫一派人的笔者等人终于潜入魔都上海／犬养健／／文艺春秋.1959.37：11

1147 汪精衞の亡霊／台湾青年 (13).1961
汪精卫的亡魂／台湾青年.1961.；13

1148 汪精衞詩伝（上、中、下）／麟鴛園主人／／師と友 13(5-7).1961
汪精卫诗传（上、中、下）／麟鸳园主人／／师与友.1961.13：5-7

1149 汪兆銘の庚戌事件とその政治背景／永井算巳／／信州大学文理学部紀要（通号 11).1962
汪兆铭的庚戌事件与其政治背景／永井算巳／／信州大学文理学部纪要.1962.11

1150 汪精衞氏の遺書／日本経済新報社／／週刊日本経済 17(21)(651).1964
汪精卫的遗书／日本经济新报社／／日本经济周刊.1964.17：21(651)

1151 中国国民党第2回全国代表大会をめぐる汪精衞路線と蒋介石路線／山田辰雄／／法学研究 42(12).1969
围绕中国国民党第二次全国代表大会的汪精卫路线与蒋介石路线／山田辰雄／／法学研究.1969.42：12

1152 国父孫文の遺稿と汪兆銘の「国事遺書」に思う／市古尚三／／海外事情 18(11).1970
关于国父孙文的遗稿与汪兆铭的"国事遗书"之思考／市古尚三／／海外情况.1970.18：11

1153 汪精衞ハノイ脱出／覆面作家、鴨田幹／／寶石 3(4).1975
汪精卫逃离河内／覆面作家、鸭田干／／宝石.1975.3：4

1154 孫文の日中和平の大義と汪兆銘／田中正明／／外交時報 (1170).1980
孙文之中日和平的大义与汪兆铭／田中正明／／外交时报.1980.1170

1155　辛亥革命期における汪精衛の「国民主義」/ 楠瀬正明 // 史学研究（通号 152）.1981
　　　辛亥革命时期的汪精卫的"国民主义"/ 楠瀬正明 // 史学研究.1981.152
1156　汪兆銘の重慶脱出と日本の対応 / 判沢純太 // 政治経済史学（通号 183）.1981
　　　汪兆铭重庆出逃与日本的应对 / 判沢纯太 // 政治经济史学.1981.183
1157　汪精衛におけるアジア主義の機能——日中和平への条件の模索のなかで / 高橋久志 // 国際学論集 4(1)(6).1981
　　　汪精卫亚洲主义的作用——摸索中日和平的条件 / 高桥久志 // 国际学论集.1981.4;1(6)
1158　辛亥革命期の汪兆銘 / 波多野善大 // 愛知学院大学文学部紀要（通号 12）.1982
　　　辛亥革命时期的汪兆铭 / 波多野善大 // 爱知学院大学文学部纪要.1982.12
1159　蒋介石と汪兆銘はなぜ袂を分ったのか / 文芸春秋 // 諸君!:日本を元気にするオピニオン雑誌 20(9).1988
　　　蒋介石与汪兆铭为何割袍断义 / 文艺春秋 // 诸位!:振兴日本的意见杂志.1988.20;9
1160　汪精衛と「和平運動」——高宗武の視点から / 土屋光芳 // 政経論叢 57(1).1988
　　　汪精卫与"和平运动"——从高宗武的视角 / 土屋光芳 // 政经论丛.1988.57;1
1161　近衛内閣と汪精衛の重慶脱出 / 伊原沢周 // 東洋文化学科年報（通号 4）.1989
　　　近卫内阁与汪精卫重庆出逃 / 伊原泽周 // 东洋文化学科年报.1989.4
1162　汪兆銘南京政権参戦問題をめぐる日中関係 / 高橋久志 // 国際政治（通号 91）.1989
　　　围绕汪兆铭南京政权参战问题的中日关系 / 高桥久志 // 国际政治.1989.91
1163　「大アジア主義」と「三民主義」——汪精衛傀儡政権下の諸問題について / 伊東昭雄 // 横浜市立大学論叢:人文科学系列 40(1).1989
　　　"大亚洲主义"与"三民主义"——关于汪精卫傀儡政权下的诸问题 / 伊东昭雄 // 横浜市立大学论丛:人文科学系列.1989.40;1
1164　汪精衛と「政権樹立の運動」/ 土屋光芳 // 政経論叢 57(5・6).1989
　　　汪精卫与"建立政权运动"/ 土屋光芳 // 政经论丛.1989.57;5・6
1165　汪精衛と近衛首相:ハノイの滞在とその苦悩 / 伊原沢周 // 東洋文化学科年報（通号 5）.1990
　　　汪精卫与近卫首相:在河内逗留与其苦恼 / 伊原泽周 // 东洋文化学科年报.1990.5
1166　汪精衛は「改組派」の指導者か？/ 土屋光芳 // 政経論叢 60(5).1992
　　　汪精卫是"改组派"的领导者吗？/ 土屋光芳 // 政经论丛.1992.60;5
1167　汪精衛は何故に「反蒋運動」から蒋汪合作に転換したか？/ 土屋光芳 // 政経論叢 61(1).1992
　　　汪精卫为何从"反蒋运动"转为蒋汪合作？/ 土屋光芳 // 政经论丛.1992.61;1
1168　汪精衛の「和平運動」と「大亜洲主義」/ 土屋光芳 // 政経論叢 61(2).1992
　　　汪精卫的"和平运动"与"大亚洲主义"/ 土屋光芳 // 政经论丛.1992.61;2
1169　汪精衛と医学（余滴）/ 日比野 // 現代医学 40(3).1993
　　　汪精卫与医学（余滴）/ 日比野 // 现代医学.1993.40;3
1170　汪兆銘補遺 / 桶谷秀昭 // 文學界 47(3).1993
　　　汪兆铭补遗 / 桶谷秀昭 // 文学界.1993.47;3
1171　汪兆銘傀儡政権下の教育 / 佐藤尚子 // 大分大学教育学部研究紀要 16(2).1994
　　　汪兆铭傀儡政权下的教育 / 佐藤尚子 // 大分大学教育学部研究纪要.1994.16;2
1172　汪精衛の「刺し違え電報」をめぐって——「一面抵抗・一面交渉」の試練 / 土屋光芳 // 政経論叢 62(2).1994
　　　关于汪精卫的"互刺电报"——对"一面抵抗、一面交涉"的考验 / 土屋光芳 // 政经论丛.1994.62;2
1173　汪精衛の日本観（1904年～1925年）/ 檜山京子 // 神奈川大学大学院言語と文化論集（2）.1995
　　　汪精卫的日本观 1904年~1925年 / 桧山京子 // 神奈川大学大学院语言与文化论集.1995.2
1174　汪精衛の民主政治論についての一考察 / 土屋光芳 // 政経論叢 63(1).1995
　　　关于汪精卫民主政治论的考察 / 土屋光芳 // 政经论丛.1995.63;1

1175 汪精衞の日中関係のイメージ——友好か、敵対か?／土屋光芳／／政経論叢 64(3).1996
汪精卫对中日关系的认识——友好还是敌对?／土屋光芳／／政经论丛.1996.64:3
1176 阿片をめぐる日本と汪兆銘政権の「相剋」／小林元裕／／年報·日本現代史 (3).1997
围绕鸦片的日本与汪兆铭政权的"相克"关系／小林元裕／／年报·日本现代史.1997.3
1177 汪精衞南京政府下の東亜聯盟運動と新国民運動(1—2)／柴田哲雄／／政治経済史学 (通号 371—372).1997
汪精卫南京政府的东亚联盟运动与新国民运动(1—2)／柴田哲雄／／政治经济史学.1997.371—372
1178 尾崎秀実の汪兆銘工作観——昭和十四年~十六年中国情勢観をめぐって／田中悦子／／日本歴史 (通号 592).1997
尾崎秀实的汪兆铭策动观——围绕昭和十四年~十六年中国形势观／田中悦子／／日本历史.1997.592
1179 日中戦争後期における日本と汪精衞政府の「謀和」工作／伊藤信之、石源華／／軍事史学 33(2—3)(130).1997
日中战争后期日本与汪精卫政府的"谋和"交涉／伊藤信之、石源华／／军事史学.1997.33:2—3(130)
1180 汪精衞の「約法」論——「党治」から「法治」へ／土屋光芳／／政経論叢 65(5).1997
汪精卫的"约法"论——从"党治"到"法治"／土屋光芳／／政经论丛.1997.65:5
1181 辛亥革命前後における汪精衞の国家観についての一考察／土屋光芳／／政経論叢 66(1).1997
对辛亥革命前后汪精卫国家观的考察／土屋光芳／／政经论丛.1997.66:4
1182 汪精衞南京政府下の青年運動——中国青少年団の成立と展開／柴田哲雄／／社会システム研究 (通号 1).1998
汪精卫南京政府的青年运动——中国青少年团的成立与发展／柴田哲雄／／社会系统研究.1998.1
1183 汪兆銘とは何だったか／桶谷秀昭、保阪正康／／諸君!:日本を元気にするオピニオン雑誌 30(9).1998
汪兆铭是怎样的人／桶谷秀昭、保阪正康／／诸位!:振兴日本的意见杂志.1998.30:9
1184 汪精衞南京政府の学校教育政策／柴田哲雄／／社会システム研究 (通号 2).1999
汪精卫南京政府的学校教育政策／柴田哲雄／／社会系统研究.1999.2
1185 「南京事件」から六十余年後の現地戦跡旅行と汪兆銘の跪像／松村正義／／東亜 (通号 380).1999
"南京大屠杀"发生 60 余年后的当地战迹旅行与汪兆铭的跪像／松村正义／／东亚.1999.380
1186 汪精衞の世界平和実現のための理念(「人類共存主義」)について——日本「軍国主義」批判の論拠／土屋光芳／／明治大学社会科学研究所紀要 37(2)(50).1999
关于汪精卫实现世界和平的理念("人类共存主义")——批判日本"军国主义"的论据／土屋光芳／／明治大学社会科学研究所纪要.1999.37:2(50)
1187 消えた汪兆銘／上坂冬子／／中央公論 114(6).1999
消失的汪兆铭／上坂冬子／／中央公论.1999.114:6
1188 汪兆銘(精衞)／外務省東亜局／／新国民政府人名鑑.第 33 頁
汪兆铭(精卫)／外务省东亚局／／新国民政府人名鉴.第 33 页
1189 オウセイエイ 汪精衞(兆銘)／樋口正徳／／最新中国要人傳.第 20 頁
汪精卫(兆铭)／樋口正德／／最新中国要人传.第 20 页
1190 汪精衞氏を繞りて／高木陸郎／／日華交友録.第 176 頁
围绕汪精卫／高木陆郎／／日华交友录.第 176 页
1191 汪精衞／高木陸郎／／私と中国.第 174 頁
汪精卫／高木陆郎／／我与中国.第 174 页
1192 汪兆銘の悲劇／益井康一／／裁かれる汪政権:中国漢奸裁判秘録.第 1 頁
汪兆铭的悲剧／益井康一／／被审判的汪政权:中国汉奸审判秘录.第 1 页

沈士远
1193 チンシエン 沈士遠 ／ 樋口正徳 ／／ 最新中国要人傳. 第 136 頁

沈士远 ／ 樋口正德 ／／ 最新中国要人传. 第 136 页

沈钧儒
1194 チンキンジュ 沈鈞儒（衡山）／ 樋口正徳 ／／ 最新中国要人傳. 第 134 頁

沈钧儒（衡山）／ 樋口正德 ／／ 最新中国要人传. 第 134 页

沈鸿烈
1195 チンコウレツ 沈鴻烈（成章）／ 樋口正徳 ／／ 最新中国要人傳. 第 136 頁

沈鸿烈（成章）／ 樋口正德 ／／ 最新中国要人传. 第 136 页

沈敦和
1196 沈敦和 ／ 中国実業雑誌社 ／／ 他山百家言（下卷 1）. 第 32 頁

沈敦和 ／ 中国实业杂志社 ／／ 他山百家言（下卷 1）. 第 32 页

沈嗣良
1197 チンシリョウ 沈嗣良 ／ 樋口正徳 ／／ 最新中国要人傳. 第 136 頁

沈嗣良 ／ 樋口正德 ／／ 最新中国要人传. 第 136 页

沈觐鼎
1198 チンキンテイ 沈覲鼎（瀹新）／ 樋口正徳 ／／ 最新中国要人傳. 第 135 頁

沈觐鼎（沧新）／ 樋口正德 ／／ 最新中国要人传. 第 135 页

宋子文
1199 宋子文辭職と内外への波動 ／ 横田實 ／／ 国際評論 2(12). 1933

宋子文辞职及其对内外的影响 ／ 横田实 ／／ 国际评论. 1933.2:12

1200 宋子文とライヒマン ／ 山田光 ／／ 政界往来 4(9). 1933

宋子文与赖克曼 ／ 山田光 ／／ 政界往来. 1933.4:9

1201 宋子文借欵小論 ／ 山芙峰 ／／ 日本及日本人（8月15日號）(279). 1933

宋子文借款小论 ／ 山芙峰 ／／ 日本及日本人. 1933.8(279)

1202 日中關係の轉向と中國經濟會議の展望——宋子文一派とその實勢力 ／ 梨本祐淳 ／／ 實業の日本 36(18). 1933

中日关系的转向与中国经济会议展望——宋子文一派与其实际势力 ／ 梨本祐淳 ／／ 实业之日本. 1933.36:18

1203 宋子文を語る ／ 松本鎗吉 ／／ 国際評論 3(7). 1934

谈宋子文 ／ 松本枪吉 ／／ 国际评论. 1934.3:7

1204 宋子文論 ／ 竹内夏積 ／／ 文芸春秋 15(2). 1937

论宋子文 ／ 竹内夏积 ／／ 文艺春秋. 1937.15:2

1205 宋子文重慶歸着 ／ 内閣情報局 ／／ 国際月報（11月號）(23). 1942

宋子文返回重庆 ／ 内阁情报局 ／／ 国际月报. 1942.11(23)

1206 宋子文訪米英の意圖言明 ／ 内閣情報局 ／／ 国際月報（12月號）(24). 1942

宋子文言明访美、英的意图 ／ 内阁情报局 ／／ 国际月报. 1942.12(24)

1207 宋子文中國銀行董事長辭任 ／ 内閣情報局 ／／ 国際月報 (25). 1943

宋子文辞任中国银行董事长 ／ 内阁情报局 ／／ 国际月报. 1943.25

1208 宋子文對重慶飛行機供給を力說 ／ 内閣情報局 ／／ 国際月報 (27). 1943

宋子文极力主张向重庆提供飞机 ／ 内阁情报局 ／／ 国际月报. 1943.27

1209 宋子文訪英意圖發表 ／ 内閣情報局 ／／ 国際月報 (28). 1943

宋子文说明访英意图 ／ 内阁情报局 ／／ 国际月报. 1943.28

1210 宋子文訪加 ／ 内閣情報局 ／／ 国際月報 (29). 1943

宋子文访加 ／ 内阁情报局 ／／ 国际月报. 1943.29

1211　訪米中の宋子文奔走 / 内閣情報局 // 国際月報（30）.1943
　　　宋子文访美中四处奔走 / 内阁情报局 // 国际月报.1943.30
1212　宋子文訪英 / 内閣情報局 // 国際月報（32）.1943
　　　宋子文访英 / 内阁情报局 // 国际月报.1943.32
1213　宋子文の對英交渉経過 / 内閣情報局 // 国際月報（33）.1943
　　　宋子文对英交涉的经过 / 内阁情报局 // 国际月报.1943.33
1214　宋子文再渡米 / 内閣情報局 // 国際月報（33）.1943
　　　宋子文再次渡美 / 内阁情报局 // 国际月报.1943.33
1215　宋子文ケベック會談に参加 / 内閣情報局 // 国際月報（33）.1943
　　　宋子文参加魁北克会议 / 内阁情报局 // 国际月报.1943.33
1216　運命の人・宋子文——世界の窓 -2- / 重光葵 // 人物往来 1(5).1952
　　　命运之子宋子文——世界之窗（其二）/ 重光葵 // 人物往来.1952.1;5
1217　宋子文 / 沢村幸夫 // 上海人物印象記 第2集.第69頁
　　　宋子文 / 泽村幸夫 // 上海人物印象记 第2集.第69页
1218　ソウシブン　宋子文 / 樋口正徳 // 最新中国要人傳.第102頁
　　　宋子文 / 樋口正德 // 最新中国要人传.第102页

宋子良

1219　ソウシリョウ　宋子良 / 樋口正徳 // 最新中国要人傳.第103頁
　　　宋子良 / 樋口正德 // 最新中国要人传.第103页

宋庆龄

1220　ソウケイレイ　宋慶齢 / 樋口正徳 // 最新中国要人傳.第101頁
　　　宋庆龄 / 樋口正德 // 最新中国要人传.第101页

宋美龄

1221　ソウビレイ　宋美齢 / 樋口正徳 // 最新中国要人傳.第103頁
　　　宋美龄 / 樋口正德 // 最新中国要人传.第103页

宋教仁

1222　宋教仁暗殺事件ニ關スル命令 / 外務省政務局 // 中国時報（14）.1913
　　　关于宋教仁暗杀事件的命令 / 外务省政务局 // 中国时报.1913.14
1223　宋教仁最後ノ電文 / 外務省政務局 // 中国時報（14）.1913
　　　宋教仁最后的电报 / 外务省政务局 // 中国时报.1913.14
1224　宋教仁狙撃せらろ / 研究社、英語青年社 // 英語青年 29(1)(404).1913
　　　宋教仁遇刺 / 研究社、英语青年社 // 英语青年.1913.29;1(404)
1225　宋教仁暗殺事件の意味するもの——民初政争の一断面 / 渡辺竜策 // 中京大学論叢 教養篇（通号 3）.1962
　　　宋教仁暗杀事件意味着什么——民国初期政治斗争的一个侧面 / 渡边龙策 // 中京大学论丛（教养篇）.1962.3
1226　武昌起義と宋教仁(1—2) / 片倉芳和 // 史叢（通号 15—16）.1972
　　　武昌起义与宋教仁(1—2) / 片仓芳和 // 史丛.1972.15—16
1227　南京臨時政府とその時代——宋教仁・胡漢民論争を中心にして / 中村義 // 東京学芸大学紀要 第3部門 社会科学（通号 24）.1972
　　　南京临时政府及其时代——以宋教仁、胡汉民论战为中心 / 中村义 // 东京学艺大学纪要 第3部门 社会科学.1972.24
1228　辛亥革命と孫文・宋教仁——中国革命同盟会の解体過程 / 久保田文次 // 歴史学研究（通号 408）.1974
　　　辛亥革命与孙文、宋教仁——中国革命同盟会的解体过程 / 久保田文次 // 历史学研究.1974.408

1229　宋教仁研究ノート -1- / 樋泉克夫 // 多摩芸術学園紀要（通号 6）.1980
　　　宋教仁研究笔记 之一 / 樋泉克夫 // 多摩艺术学园纪要.1980.6
1230　宋教仁と「間島」問題――「愛国」的革命運動の軌跡 / 松本英紀 // 立命館文學（通号 418―421）.1980
　　　宋教仁与"间岛"问题――"爱国"的革命运动的轨迹 / 松本英纪 // 立命馆文学.1980.418―421
1231　中華民国臨時約法の成立と宋教仁 / 松本英紀 // 立命館史学（2）.1981
　　　《中华民国临时约法》的成立与宋教仁 / 松本英纪 // 立命馆史学.1981.2
1232　宋教仁「我之歴史」について / 樋泉克夫 // 和光大学人文学部紀要（通号 16）.1981
　　　关于宋教仁《我之历史》/ 樋泉克夫 // 和光大学人文学部纪要.1981.16
1233　宋教仁暗殺事件について / 片倉芳和 // 史叢（通号 27）.1981
　　　关于宋教仁遇刺事件 / 片仓芳和 // 史丛.1981.27
1234　最後の北一輝 -3- 宋教仁との再会 / 松本健一 // 現代の眼 24(1).1983
　　　最后的北一辉 其三：与宋教仁重逢 / 松本健一 // 现代之眼.1983.24;1
1235　革命家と国境紛争――宋教仁「致李・胡二星使書」をめぐって / 松本英紀 // 立命館史学（8）.1987
　　　革命家与国境纠纷――围绕宋教仁《致李、胡二星使书》/ 松本英纪 // 立命馆史学.1987.8
1236　中国近代人物評価の再検討――宋教仁シンポジウムに参加して / 松本英紀 // 創文（281）.1987
　　　中国近代人物评价的再研究――参加宋教仁研讨会 / 松本英纪 // 创文.1987.281
1237　政論家としての宋教仁 / 白石徹 // 史滴（10）.1989
　　　作为政论家的宋教仁 / 白石彻 // 史滴.1989.10
1238　宋教仁にみる伝統と近代――《日記》を中心に / 狭間直樹 // 東方学報（通号 62）.1990
　　　从宋教仁所见传统与近代――以《日记》为中心 / 狭间直树 // 东方学报.1990.62
1239　宋教仁の「革命」論 / 田中比呂志 // 歴史学研究（通号 609）.1990
　　　宋教仁的"革命"论 / 田中比吕志 // 历史学研究.1990.609
1240　天も痛哭する蒼き鮮血――いま甦える中国辛亥革命の渦中に非命した「宋教仁」の行業 / 森達生 // 日本及日本人（通号 1599）.1990
　　　天亦哭碧血――在中国辛亥革命漩涡中横死的"宋教仁"的行迹之今日回顾 / 森达生 // 日本及日本人.1990.1599
1241　民国元年の政治と宋教仁 / 田中比呂志 // 歴史学研究（通号 615）.1991
　　　民国元年的政治与宋教仁 / 田中比吕志 // 历史学研究.1991.615
1242　宋教仁の日本生活 / 田中比呂志 // 月刊しにか 3(11)(32).1992
　　　宋教仁的日本生活 / 田中比吕志 // 中国学月刊.1992.3;11(32)
1243　宋教仁――アジアで最初の共和国憲法を作った人 / 松本英紀 // 月刊しにか 6(3)(60).1995
　　　宋教仁――在亚洲第一个制定共和国宪法的人 / 松本英纪 // 中国学月刊.1995.6;3(60)
1244　宋教仁の経済思想 / 片倉芳和 // 日本大学経済学部経済科学研究所紀要（通号 21）.1996
　　　宋教仁的经济思想 / 片仓芳和 // 日本大学经济学部经济科学研究所纪要.1996.21
1245　宋教仁論――我は第十姓子孫のいち個人なり（1―2）/ 松本英紀 // 立命館文學（通号 551―561）.1997―1999
　　　论宋教仁――我是第十姓子孙中的一人（1―2）/ 松本英纪 // 立命馆文学.1997―1999.551―561
1246　革命児中の文士宋教仁 / 覆面浪人（増本義敏）// 現代中国四百余州風雲児.第 155 頁
　　　革命家中的文士宋教仁 / 覆面浪人（增本义敏）// 现代中国四百余州风云儿.第 155 页

宋霭龄

1247　ソウアイレイ　宋霭齢 / 樋口正徳 // 最新中国要人傳.第 101 頁
　　　宋霭龄 / 樋口正德 // 最新中国要人传.第 101 页

良弼

1248　純忠至誠の良弼――主張 / 政教社 // 日本及日本人（7月號）(362).1938

　　　　純忠至誠的良弼——主張 / 政教社 // 日本及日本人. 1938.7(362)
1249　清国武官中の手腕家良弼 / 覆面浪人(増本義敏) // 現代中国四百余州風雲児. 第 93 頁
　　　　清朝武官中的能力者良弼 / 覆面浪人(増本义敏) // 现代中国四百余州风云儿. 第 93 页

补英达赖
1250　ボインダライ 補英達賴 / 樋口正徳 // 最新中国要人傳. 第 188 頁
　　　　补英达赖 / 樋口正德 // 最新中国要人传. 第 188 页

〔ㄓ〕

张　勋
1251　吾人の想像せる張勳 / 東京パック社 // 東京パック 7(34). 1911
　　　　我们所想象的张勋 / 东京 Puck 社 // 东京 Puck. 1911.7:34
1252　嗚呼張勳 / 東京パック社 // 東京パック 9(29). 1913
　　　　呜呼张勋 / 东京 Puck 社 // 东京 Puck. 1913.9:29
1253　張勳謝罪 / 英語青年社 // 英語青年 30(2)(417). 1913
　　　　张勋谢罪 / 英语青年社 // 英语青年. 1913.30:2(417)
1254　張勳ニ對スル近評 / 外務省政務局 // 中国時報 (19). 1913
　　　　张勋近评 / 外务省政务局 // 中国时报. 1913.19
1255　張勳がフヽン / 楽天社 // 楽天パック 3(3). 1914
　　　　张勋允诺 / 乐天社 // 乐天 Puck 1914.3:3
1256　張勳復辟 / 日本歴史地理学会 // 歴史地理 30(2)(215). 1917
　　　　张勋复辟 / 日本历史地理学会 // 历史地理. 1917.30:2(215)
1257　黎總統日本公使館に入る——張勳政權放棄 / 英語青年社 // 英語青年 37(8)(507). 1917
　　　　黎总统进入日本公使馆——张勋放弃政权 / 英语青年社 // 英语青年. 1917.37:8(507)
1258　張勳和蘭公使館に逃る 清室の上諭 / 英語青年社 // 英語青年 37(9)(508). 1917
　　　　张勋逃入荷兰公使馆 清室上谕 / 英语青年社 // 英语青年. 1917.37:9(508)
1259　張勳の啖呵振 / 東方時論社 // 東方時論 3(4). 1918
　　　　张勋的凌厉言词 / 东方时论社 // 东方时论. 1918.3:4
1260　張勳軍閥の研究(一—三) / 高城博昭 // 呉工業高等専門学校研究報告 1(1). 1965—1966；3(1). 1967
　　　　张勋军阀的研究(一—三) / 高城博昭 // 吴工业高等专门学校研究报告. 1965—1966.1(1)；1967.3(1)
1261　張勳復辟と日本側の接触 / 臼井勝美 // 歴史教育 14(1). 1966
　　　　张勋复辟及其与日方的接触 / 臼井胜美 // 历史教育. 1966.14:1
1262　「張勳の復辟」における寺内内閣と段祺瑞及び張勳との秘密交渉の内幕の検証 / 葉千栄 // 学苑 (通号 631). 1992
　　　　"张勋复辟"中寺内内阁与段祺瑞、张勋间秘密交涉内幕考 / 叶千荣 // 学苑. 1992.631
1263　張　勳 / 中国実業雑誌社 // 他山百家言(下卷 1). 第 49 頁
　　　　张　勋 / 中国实业杂志社 // 他山百家言(下卷 1). 第 49 页
1264　張勳の復辟事變 / 風間阜 // 近世中華民国史. 第 75 頁
　　　　张勋的复辟事件 / 风间阜 // 近世中华民国史. 第 75 页
1265　段祺瑞の張勳討伐と對獨宣戰 / 風間阜 // 近世中華民国史. 第 78 頁
　　　　段祺瑞对张勋的讨伐与向德国宣战 / 风间阜 // 近世中华民国史. 第 78 页

张　继
1266　國民黨右翼張繼の失脚 / 守田有秋 // 事業之日本 6(5). 1927
　　　　国民党右翼张继下台 / 守田有秋 // 事业之日本. 1927.6:5

1267　張繼氏の筆蹟／海外社∥海外 1(4).1927
　　　张继的笔迹／海外社∥海外.1927.1:6(4)
1268　國民政府答禮使節張繼／萬古刀庵主∥海外 6(30).1929
　　　国民政府答礼使节张继／万古刀庵主∥海外.1929.6:10(30)
1269　革命兒中の過激家張継／覆面浪人（増本義敏）∥現代中國四百余州風雲兒.第 159 頁
　　　革命者中的激进人士张继／覆面浪人（增本义敏）∥现代中国四百余州风云儿.第 159 页
1270　チョウケイ 張繼(溥泉)／樋口正德∥最新中國要人傳.第 124 頁
　　　张继(溥泉)／樋口正德∥最新中国要人传.第 124 页

张 彪

1271　張彪旗下の滿兵／東陽堂∥風俗畫報(426).1911
　　　张彪旗下的满军／东阳堂∥风俗画报.1911.426
1272　清国陸軍の新人物張彪／覆面浪人（増本義敏）∥現代中國四百余州風雲兒.第 102 頁
　　　清朝陆军的新人物张彪／覆面浪人（增本义敏）∥现代中国四百余州风云儿.第 102 页

张 群

1273　張群の時局談／外務省情報部∥国際月報(23).1939
　　　张群的时局论／外务省情报部∥国际月报.1939.23
1274　蔣"總統"の懐刀 張群／時事通信社∥世界週報 29(42)(1433).1948
　　　蒋"总统"的亲信 张群／时事通信社∥世界周报.1948.29:42(1433)
1275　張群は実現するか／時事通信社∥時事通信(2008).1952
　　　张群能否成功／时事通信社∥时事通信.1952.2008
1276　張群氏東商で要望／東京商工会議所∥東商(64).1952
　　　张群在东商提出要求／东京商工会议所∥东商.1952.64
1277　張群特使の失敗／新潮社∥週刊新潮 2(50)(97).1957
　　　张群特使的失败／新潮社∥周刊新潮.1957.2:50(97)
1278　張群将軍の面影／沖豊治∥経済人 12(9)(132).1958
　　　对张群将军的印象／冲丰治∥经济人.1958.12:9(132)
1279　川越・張群会談の舞台裏(1—2)／島田俊彦∥アジア研究 10(1、3).1963
　　　川越、张群会谈的幕后(1—2)／岛田俊彦∥亚洲研究.1963.10:1、3
1280　張群氏の来日が投げた波紋／政界往来社∥政界往来(29)(7).1963
　　　张群访日带来的影响／政界往来社∥政界往来.1963.29(7)
1281　張群先生歓迎の辞／千葉三郎∥弘道 72(749).1963
　　　欢迎张群老师之辞／千叶三郎∥弘道.1963.72:749
1282　失敗した張群の訪日／台湾青年(30).1963
　　　张群访日失败／台湾青年.1963.30
1283　張群の大隈候との会見談／時子山常三郎∥早稲田大学史記要 1(2).1966
　　　谈张群与大隈侯爵的会见／时子山常三郎∥早稻田大学史纪要.1966.1:2
1284　千鈞の重みを一髪にかけて 張群・賀屋両元老の交友／マスコミ総合研究所∥アジアレポート 14(169).1985
　　　千钧一发:张群、贺屋两位元老的交情／新闻媒体综合研究所∥亚洲报告.1985.14:169
1285　張群先生の回想 前事を忘れず 後事の師となす 失望はすれど 絶望はせず／マスコミ総合研究所編∥アジアレポート 14(179).1986
　　　回忆张群先生 前事之不忘 后事之师也 失望但不绝望／新闻媒体综合研究所∥亚洲报告.1986.14:179
1286　排日テロ事件と川越・張群会談／永橋弘价∥国士舘大学政経論叢(1)(67).1989
　　　排日恐怖事件和川越、张群会谈／永桥弘价∥国士馆大学政经论丛.1989.1(67)

1287　張　群 ／ 沢村幸夫 ∥ 上海人物印象記 第 1 集. 第 22 頁
　　　张　群 ／ 泽村幸夫 ∥ 上海人物印象记 第 1 集. 第 22 页
1288　チョウグン 張群(岳軍) ／ 樋口正徳 ∥ 最新中國要人傳. 第 122 頁
　　　张群(岳军) ／ 樋口正德 ∥ 最新中国要人传. 第 122 页

张　韬
1289　張　韜(孔修) ／ 外務省東亜局 ∥ 新国民政府人名鑑. 第 8 頁
　　　张　韬(孔修) ／ 外务省东亚局 ∥ 新国民政府人名鉴. 第 8 页

张一鹏
1290　張一鵬 ／ 大鹿卓 ∥ 梅花一両枝. 第 22 頁
　　　张一鹏 ／ 大鹿卓 ∥ 梅花一两枝. 第 22 页

张元济
1291　張元濟氏の來京 ／ 斯文会 ∥ 斯文 10(12). 1928
　　　张元济来京 ／ 斯文会 ∥ 斯文. 1928. 10：12
1292　張元濟氏の歡迎會 ／ 斯文会 ∥ 斯文 11(1). 1929
　　　张元济欢迎会 ／ 斯文会 ∥ 斯文. 1929. 11：1
1293　張元濟討論會・張原鎮・張元濟図書館 ／ 利波雄一 ∥ 野草 (42). 1988
　　　张元济讨论会・武原镇・张元济图书馆 ／ 利波雄一 ∥ 野草. 1988. 42
1294　張元濟 ／ 沢村幸夫 ∥ 上海人物印象記 第 1 集. 第 16 頁
　　　张元济 ／ 泽村幸夫 ∥ 上海人物印象记 第 1 集. 第 16 页

张仁蠡
1295　チョウジンレイ　張仁蠡 ／ 樋口正徳 ∥ 最新中國要人傳. 第 129 頁
　　　张仁蠡 ／ 樋口正德 ∥ 最新中国要人传. 第 129 页

张厉生
1296　チョウレイセイ　張厲生 ／ 樋口正徳 ∥ 最新中國要人傳. 第 132 頁
　　　张厉生 ／ 樋口正德 ∥ 最新中国要人传. 第 132 页

张东荪
1297　チョウトウソン　張東蓀 ／ 樋口正徳 ∥ 最新中國要人傳. 第 129 頁
　　　张东荪 ／ 樋口正德 ∥ 最新中国要人传. 第 129 页

张永福
1298　張永福(叔耐) ／ 外務省東亜局編 ∥ 新国民政府人名鑑. 第 7 頁
　　　张永福(叔耐) ／ 外务省东亚局编 ∥ 新国民政府人名鉴. 第 7 页
1299　チョウエイフク　張永福 ／ 樋口正徳 ∥ 最新中國要人傳. 第 118 頁
　　　张永福 ／ 樋口正德 ∥ 最新中国要人传. 第 118 页

张发奎
1300　チョウハツケイ 張發奎(向華) ／ 樋口正徳 ∥ 最新中國要人傳. 第 131 頁
　　　张发奎(向华) ／ 樋口正德 ∥ 最新中国要人传. 第 131 页

张竹平
1301　張竹平 ／ 沢村幸夫 ∥ 上海人物印象記 第 2 集. 第 43 頁
　　　张竹平 ／ 泽村幸夫 ∥ 上海人物印象记 第 2 集. 第 43 页

张志谭
1302　張志譚の誠意と友情 ／ 高木陸郎 ∥ 日華交友録. 第 41 頁
　　　张志谭的诚意与友情 ／ 高木陆郎 ∥ 日华交友录. 第 41 页
1303　張志譚 ／ 高木陸郎 ∥ 私と中國. 第 121 頁
　　　张志谭 ／ 高木陆郎 ∥ 我与中国. 第 121 页

张作霖
1304　怪傑張作霖 ／ 園田一亀 ∥ 東京：中華堂. 1922. 399 頁

怪杰张作霖 / 园田一龟 // 东京：中华堂. 1922. 399 页

1305　奉天派の新人旧人：張作霖を中心として / 園田一亀 // 奉天：奉天新聞社. 1923. 141 頁
　　　奉天派的新人旧人：以张作霖为中心 / 园田一龟 // 奉天：奉天新闻社. 1923. 141 页

1306　張作霖爆殺：昭和天皇の統帥 / 大江志乃夫 // 東京：中央公論社. 1989. 190 頁
　　　炸死张作霖：昭和天皇的统帅 / 大江志乃夫 // 东京：中央公论社. 1989. 190 页

1307　その夜の張作霖 / 倉田清 // 秋田魁新報. 1925. 12. 12
　　　那一夜的张作霖 / 仓田清 // 秋田魁新报. 1925. 12. 12

1308　張作霖歿後の滿洲の覇權は誰が握るか——混亂の中國は何處に落付くか?? / 米田實 // 実業 12 (7). 1928
　　　张作霖逝后谁将执掌满洲霸权？——混乱中国将安何处？ / 米田实 // 实业. 1928. 12：7

1309　口繪 中国統一の夢破れし張作霖 / 実業之日本社、大日本実業学会 // 実業の日本 31 (12). 1928
　　　卷头画：统一中国之梦破碎后的张作霖 / 实业之日本社、大日本实业学会 // 实业日本. 1928. 31：12

1310　張作霖沒後の日滿中關係 / 小村俊三郎 // 実業の日本 31 (13). 1928
　　　张作霖去世后的日满中关系 / 小村俊三郎 // 实业日本. 1928. 31：13

1311　張作霖爆死事件——滿洲外交秘錄 / 森島守人 // 世界文化 4 (1). 1949
　　　张作霖炸死事件——满洲外交秘录 / 森岛守人 // 世界文化. 1949. 4：1

1312　張作霖爆死の前後 / 町野武馬 // 中央公論 64 (9). 1949
　　　炸死张作霖前后 / 町野武马 // 中央公论. 1949. 64：9

1313　日本外交の回想 (1)：張作霖・楊宇霆の暗殺 / 森島守人 // 世界（通号 45). 1949
　　　日本外交回顾之一：暗杀张作霖、杨宇霆 / 森岛守人 // 世界. 1949. 45

1314　張作霖の死 / 斎藤良衛 // 会津短期大学学報（通号 5). 1955
　　　张作霖之死 / 斋藤良卫 // 会津短期大学学报. 1955. 5

1315　特別読物・張作霖爆死事件の眞相 / 時事通信社 // 時事通信 (2988). 1955
　　　特别读物・张作霖炸死事件真相 / 时事通信社 // 时事通信 1955. 2988

1316　張作霖爆殺の全貌 / 永松浅造 // 丸 11 (1)(123). 1958
　　　炸死张作霖事件的全貌 / 永松浅造 // 丸. 1958. 11：1 (123)

1317　張作霖爆殺事件の真相 -1- / 井星英 // 藝林 31 (1). 1982
　　　炸死张作霖事件真相 之一 / 井星英 // 艺林. 1982. 31：1

1318　張作霖爆殺の真相と鳩山一郎の嘘 / 粟屋憲太郎 // 中央公論. 97 (9). 1982
　　　炸死张作霖的真相与鸠山一郎的谎言 / 粟屋宪太郎 // 中央公论. 1982. 97：9

1319　これが張作霖の死体？現場一番乗りの商の社マン撮影の秘録写真公開！ / 永井康雄 // サンデー毎日 63 (4)(3451). 1984
　　　这就是张作霖的尸体？公开最先抵达现场的商社职员所拍秘密记录照片！ / 永井康雄 // 日刊周日 (Sunday). 1984. 63：4 (3451)

1320　私の読んだ本——昭和天皇の戦争責任 張作霖爆殺 / 大江志乃夫 // 時事解説 (9792). 1989
　　　我读过的书——昭和天皇的战争责任 炸死张作霖 / 大江志乃夫 // 时事解说. 1989. 9792

1321　私の読んだ本——張作霖を悼む伝記 / 白雲莊主人 // 時事解説 (9858). 1990
　　　我读过的书——追悼张作霖传记 / 白云庄主人 // 时事解说. 1990. 9858

1322　2つの「日記」が解いた張作霖爆殺事件の謎 / 佐藤元英 // 中央公論 105 (11). 1990
　　　两篇日记解开炸死张作霖事件之迷 / 佐藤元英 // 中央公论. 1990. 105：11

1323　「保境安民」期における張作霖地域權力の地域統合策 / 松重充浩 // 史学研究（通号 186). 1990
　　　"保境安民"时期张作霖地方权力的地方统合政策 / 松重充浩 // 史学研究. 1990. (通号 186)

1324　牧野伸顕日記<抄>——張作霖爆殺事件と昭和天皇（未公開史料）/ 牧野伸顕 // 中央公論 105 (8). 1990
　　　牧野伸显日记<抄>——炸死张作霖事件与昭和天皇（未公开史料）/ 牧野伸显 // 中央公论. 1990.

105:8

1325 張作霖爆殺事件現場の線路(歴史手帖) / 原田勝正 // 日本歴史 (通号 521). 1991
张作霖炸死事件现场的铁路(历史杂记) / 原田胜正 // 日本历史. 1991. 521

1326 東北軍閥政権史の研究：張作霖・張学良の対外抵抗と対内統一の軌跡 / 水野明 // 東北大学博士論文. 1991
东北军阀政权史研究：张作霖、张学良的对外抵抗与对内统一的过程 / 水野明 // 东北大学博士论文. 1991

1327 張作霖政権成立の背景 / 澁谷由里 // アジア経済 38(5). 1997
张作霖政权成立的背景 / 涩谷由里 // 亚洲经济. 1997. 38；5

1328 清末の奉天における軍隊・警察と辛亥革命：張作霖政権成立の背景(第三十五回史学研究大会) / 澁谷由里 // 史艸 (38). 1997
清末奉天的军队、警察与辛亥革命：张作霖政权成立的背景(第三十五回史学研究大会) / 涩谷由里 // 史草. 1997. 38

1329 張作霖政権の研究——「奉天文治派」からみた歴史的意義を中心に / 澁谷由里 // 京都大学博士論文. 1998
张作霖政权研究——以从"奉天文治派"所见的历史意义为中心 / 涩谷由里 // 京都大学博士论文. 1998

1330 怪傑張作霖 / 池田愛泥 // 銀鈴. 第 53 頁
怪杰张作霖 / 池田爱泥 // 银铃. 第 53 页

1331 張作霖 / 清水安三 // 中国当代新人物：旧人と新人. 第 20 頁
张作霖 / 清水安三 // 中国当代新人物：旧人与新人. 第 20 页

1332 與張作霖書 / 今関天彭 // 清代及現代の中国文学界. 第 97 頁
与张作霖书 / 今关天彭 // 清代及现代的中国文学界. 第 97 页

1333 討郭直後の張作霖 / 後藤英男 // 民国十四年度に於ける奉天派入関小史. 第 55 頁
讨郭之后的张作霖 / 后藤英男 // 民国十四年度奉天派入关小史. 第 55 页

1334 張作霖の昨今 / 鈴木一馬 // 最近中国事情研究. 第 3 頁
张作霖近况 / 铃木一马 // 中国近况研究. 第 3 页

1335 張作霖の死と新人の擡頭 / 東京開成館編輯所 // 満洲国紀要. 第 35 頁
张作霖之死与后起之秀 / 东京开成馆编辑所 // "满洲国"纪要. 第 35 页

1336 張作霖父子の場合 / 小林一三 // 戦後はどうなるか. 第 42 頁
张作霖父子其时 / 小林一三 // 战后将如何. 第 42 页

1337 張作霖及徐總統に面接して其人物打診 / 蜷川新 // 満洲の今と昔：随筆. 第 44 頁
面见并试探张作霖及徐总统 / 蜷川新 // 满洲今昔：随笔. 第 44 页

1338 張作霖父子と田中義一大將 / 朝日新聞社法廷記者団 // 東京裁判 第 1 輯. 第 133 頁
张作霖父子与田中义一大将 / 朝日新闻社法庭记者团 // 东京审判 第 1 辑. 第 133 页

1339 張作霖の妨害 / 藤原銀次郎、石山賢吉 // 思い出の人々. 第 150 頁
张作霖的阻碍 / 藤原银次郎、石山贤吉 // 记忆中的人们. 第 150 页

1340 張作霖の爆死と六感 / 上田正二郎 // あの頃その頃. 第 148 頁
张作霖被炸死与第六感 / 上田正二郎 // 此时彼时. 第 148 页

1341 張作霖時代 / 鈴江言一 // 中国解放闘争史. 第 207 頁
张作霖时代 / 铃江言一 // 中国解放斗争史. 第 207 页

1342 張作霖爆死事件 / 橘川学 // 嵐と闘ふ哲将荒木. 第 83 頁
炸死张作霖事件 / 橘川学 // 与风雪搏斗的哲将荒木. 第 83 页

1343 張作霖爆殺事件 / 小山弘健, 浅田光輝 // 日本帝国主義史 第 2 巻(日本帝国主義の発展). 第 136 頁

炸死张作霖事件 / 小山弘健, 浅田光辉 // 日本帝国主义史 第 2 卷（日本帝国主义的发展）. 第 136 页

1344　田中内閣と張作霖事件 / 鈴木貫太郎伝記編纂委員会 // 鈴木貫太郎伝. 第 101 頁
　　　田中内阁与张作霖事件 / 铃木贯太郎传记编纂委员会 // 铃木贯太郎传. 第 101 页

1345　前奏としての張作霖爆殺事件 / 河野恒吉 // 国史の最黒点 前編. 第 116 頁
　　　炸死张作霖事件的前奏 / 河野恒吉 // 国史的最大污点 前编. 第 116 页

1346　張作霖爆殺事件 大音響とともに吹きとんだ専用列車 / 日本近代史研究会編 // 図説国民の歴史：近代日本の百年 第 14（大陸制覇のプログラム）. 第 62 頁
　　　炸死张作霖事件 伴随巨响化作瓦砾的专列 / 日本近代史研究会编 // 图说国民历史：近代日本一百年 第 14（大陆称霸计划）. 第 62 页

1347　張作霖の爆死事件—「大阪朝日新聞」/ 山本文雄編 // 号外大事件集成. 第 64 頁
　　　炸死张作霖事件（选自《大阪朝日新闻》）/ 山本文雄编 // 号外大事件集成. 第 64 页

张伯苓

1348　チョウハクレイ 張伯苓（壽春）/ 樋口正徳 // 最新中国要人傳. 第 130 頁
　　　张伯苓（寿春）/ 樋口正德 // 最新中国要人传. 第 130 页

张君劢

1349　チョウカシン 張嘉森（君勵）/ 樋口正徳 // 最新中国要人傳. 第 119 頁
　　　张嘉森（君劢）/ 樋口正德 // 最新中国要人传. 第 119 页

张英华

1350　張英華案 / 外務省東亜局 // 中国財政整理諸案摘要. 第 15 頁
　　　张英华案 / 外务省东亚局 // 中国财政整理诸案摘要. 第 15 页

1351　張英華（月笙）/ 外務省東亜局 // 新国民政府人名鑑. 第 6 頁
　　　张英华（月笙）/ 外务省东亚局 // 新国民政府人名鉴. 第 6 页

1352　チョウエイクワ 張英華 / 樋口正徳 // 最新中国要人傳. 第 118 頁
　　　张英华 / 樋口正德 // 最新中国要人传. 第 118 页

张国焘

1353　チョウコクトウ 張國燾（特立）/ 樋口正徳 // 最新中国要人傳. 第 126 頁
　　　张国焘（特立）/ 樋口正德 // 最新中国要人传. 第 126 页

张季鸾

1354　チョウシショウ 張熾章（季鸞）/ 樋口正徳 // 最新中国要人傳. 第 126 頁
　　　张炽章（季鸾）/ 樋口正德 // 最新中国要人传. 第 126 页

张学良

1355　張学良 / 大石隆基 // 東京：松誠堂書店. 1931. 85 頁
　　　张学良 / 大石隆基 // 东京：松诚堂书店. 1931. 85 页

1356　張学良と中国：西安事変立役者の運命 / 松本一男 // 東京：サイマル出版会. 1990. 258 頁
　　　张学良与中国：西安事变男主角的命运 / 松本一男 // 东京：Simul 出版会. 1990. 258 页

1357　張学良の昭和史最後の証言 / 臼井勝美 // 東京：角川書店. 1991. 288 頁
　　　张学良的昭和史最后证言 / 臼井胜美 // 东京：角川书店. 1991. 288 页

1358　張学良はなぜ西安事変に走ったか：東アジアを揺るがした二週間 / 岸田五郎 // 東京：中央公論社. 1995. 222 頁
　　　张学良为何发动西安事变：动摇东亚的两星期 / 岸田五郎 // 东京：中央公论社. 1995. 222 页

1359　張学良：日中の覇権と「満洲」/ 西村成雄 // 東京：岩波書店. 1996. 275 頁
　　　张学良：日中霸权与"满洲" / 西村成雄 // 东京：岩波书店. 1996. 275 页

1360　張學良南北妥協通電 / 日中問題研究會 // 日中 1（10月特輯號）(5). 1928
　　　张学良通电南北妥协 / 日中问题研究会 // 日中 1928. 1：10(5)

1361　張學良氏を訪ふの記 / 大川周明 // 月刊日本 (44). 1928
　　　访张学良氏记 / 大川周明 // 日本月刊. 1928.44
1362　張學良 / 日中問題研究會 // 日中 1(6). 1928
　　　张学良 / 日中问题研究会 // 日中. 1928.1:6
1363　張學良氏に與ふ / 船橋半山樓 // 新天地 8(8). 1928
　　　与张学良先生 / 船桥半山楼 // 新天地. 1928.8:8
1364　極度の神經衰弱に陥れる東三省と張學良 / 船橋半山樓 // 新天地 9(3). 1929
　　　罹患极度神经衰弱的东三省与张学良 / 船桥半山楼 // 新天地. 1929.9:3
1365　張學良を中心に外交秘事・對策を語る座談會 / 邦文社 // 邦文外国雑誌 2(1). 1932
　　　以张学良为中心的外交秘事、对策座谈会 / 日文社 // 日文外国杂志. 1932.2:1
1366　張學良重慶に現る / 内閣情報局 // 国際月報 (11). 1941
　　　张学良现身重庆 / 内阁情报局 // 国际月报. 1941.11
1367　西安事變・第一報——張學良によつて監禁せられた蒋介石！その第一報は世界各國をかけめぐつた！ / 松本重治 // 文芸春秋 33(20). 1955
　　　西安事变第一报——被张学良监禁的蒋介石！第一报在全世界不胫而走！ / 松本重治 // 文艺春秋. 1955.33:20
1368　"張学良の軌跡——西安事変50周年に" / 長野広生 // 世界 (通号 495). 1986
　　　张学良的轨迹——于西安事变50周年之际 / 长野广生 // 世界. 1986.495
1369　東北軍閥政権の研究：張作霖・張学良の対外抵抗と対内統一の軌跡 / 水野明 // 東京：国書刊行会. 1994. 422頁；東北大学博士論文. 1991
　　　东北军阀政权研究：张作霖、张学良的对外抵抗与对内统一轨迹 / 水野明 // 东京：国书刊行会. 1994. 422页；东北大学博士论文. 1991
1370　西安事件の原因に関する一考察——張学良の思想を中心として / 永橋弘价 // 国士舘大学政経論叢 (通号 80). 1992
　　　关于西安事变原因的一则考察——以张学良的思想为中心 / 永桥弘价 // 国士馆大学政经论丛. 1992.(通号 80)
1371　土のにおい、歴史のかおり(6回)幻の英雄・張学良 / 井上隆史 // 先見経済 38(6)(450). 1993
　　　泥土之味、历史之香(第6回)梦幻英雄・张学良 / 井上隆史 // 先见经济. 1993.38:6(450)
1372　テレビの張学良 / 鶴見俊輔 // 外交フォーラム 11(1)(114). 1998
　　　电视上的张学良 / 鹤见俊辅 // 外交论坛. 1998.11:1(114)
1373　張学良会見記 / 吉野直也 // 動向 (11)(1584). 1998
　　　张学良会见记 / 吉野直也 // 动向. 1998.11(1584)
1374　張學良氏 / 鈴木一馬 // 最近の中国事情. 第63頁
　　　张学良氏 / 铃木一马 // 中国近况. 第63页
1375　張學良 / 桜井忠温 // 戦はこれからだ. 第166頁
　　　张学良 / 樱井忠温 // 战争即将打响. 第166页
1376　張學良クーデターの原因 / 中村常三 // 中国はどうなる？：急迫せる日・ソ・中の関係. 第13頁
　　　张学良政变之原因 / 中村常三 // 中国将如何？日、苏、中关系告急. 第13页
1377　風聲鶴涙に驚く張學良 / 西条欣吾 // 満鮮の瞥見. 第26頁
　　　杯弓蛇影的张学良 / 西条欣吾 // 满鲜略见. 第26页
1378　張學良の失脚 / 長野朗 // 現代中国全集 第3巻（国民革命全史）. 第202頁
　　　张学良下野 / 长野朗 // 现代中国全集 第3卷（国民革命全史）. 第202页
1379　張學良歸る / 波多野乾一 // 現代中国の政治と人物. 第97頁
　　　张学良归来 / 波多野乾一 // 现代中国的政治与人物. 第97页
1380　張學良 / 吉岡文六 // 現代中国人物論. 第129頁

　　　　　张学良／吉冈文六∥现代中国人物论.第129页
1381　チョウガクリョウ　張學良(漢卿)／樋口正徳∥最新中国要人傳.第119頁
　　　　　张学良(汉卿)／樋口正德∥最新中国要人传.第119页
1382　張学良と東洋豪傑／水田文雄∥出世せざるサラリーマン.第137頁
　　　　　张学良与东洋豪杰／水田文雄∥出头无望的工薪族.第137页
1383　裏をかいた張学良／山口重次∥消えた帝国満州.東京：毎日新聞社.1967.第39頁
　　　　　出其不意的张学良／山口重次∥消失的"满洲帝国".第39页

张治中
1384　チョウヂチュウ　張治中(文白)／樋口正徳∥最新中国要人傳.第127頁
　　　　　张治中(文白)／樋口正德∥最新中国要人传.第127页

张绍曾
1385　張紹曾氏／鈴木一馬∥最近の中国事情.第69頁
　　　　　张绍曾／铃木一马∥中国近况.第69页

张荫梧
1386　チョウインゴ　張蔭梧(桐軒)／樋口正徳∥最新中国要人傳.第117頁
　　　　　张荫梧(桐轩)／樋口正德∥最新中国要人传.第117页

张闻天
1387　チョウブンテン　張聞天(洛甫)／樋口正徳∥最新中国要人傳.第131頁
　　　　　张闻天(洛甫)／樋口正德∥最新中国要人传.第131页

张资平
1388　張資平の五高時代について——張資平と日本 -1-／松岡純子∥熊本大学教養部紀要 外国語・外国文学編(通号 28).1993
　　　　　关于张资平的五高时代——张资平与日本 之一／松冈纯子∥熊本大学教养部纪要 外语・外国文学编.1993.28
1389　日中戦争下の張資平(南京・上海)——「和平運動」への参加過程／森美千代∥野草（56）.1995
　　　　　日中战争期间的张资平(南京、上海)——参加"和平运动"的过程／森美千代∥野草.1995.56
1390　張資平の長男 張續祖さんを訪ねて——1998年1月31日～2月1日 於：熊本県天草郡／森美千代∥野草（63）.1999
　　　　　访问张资平之长子张续祖——1998年1月31日～2月1日 於：熊本县天草郡／森美千代∥野草.1999.63
1391　張資平／沢村幸夫∥上海人物印象記 第1集.第41頁
　　　　　张资平／泽村幸夫∥上海人物印象记 第1集.第41页
1392　チョウシヘイ　張資平／樋口正徳∥最新中国要人傳.第127頁
　　　　　张资平／樋口正德∥最新中国要人传.第127页

张维翰
1393　チョウイカン　張維翰(蘊鷗)／樋口正徳∥最新中国要人傳.第117頁
　　　　　张维翰(蕴鸥)／樋口正德∥最新中国要人传.第117页

张道藩
1394　チョウドウハン　張道藩／樋口正徳∥最新中国要人傳.第130頁
　　　　　张道藩／樋口正德∥最新中国要人传.第130页

张静江
1395　チョウジンケツ　張人傑(靜江)／樋口正徳∥最新中国要人傳.第128頁
　　　　　张人杰(静江)／樋口正德∥最新中国要人传.第128页

张嘉璈
1396　中国経済破綻への道程——張公権をめぐって／駒澤大学大学院経済学研究科院生会論集委員

会 // 駒澤大学大学院経済学研究（20）.1990
通往中国经济破产之路——以张公权为中心 / 驹泽大学大学院经济学研究科院生会论集委员会 // 驹泽大学大学院经济学研究.1990.20

1397 中国銀行の近代化と張公権 / 駒澤大学大学院経済学研究科院生会論集委員会 // 駒澤大学大学院経済学研究（20）.1990
中国银行的近代化与张公权 / 驹泽大学大学院经济学研究科院生会论集委员会 // 驹泽大学大学院经济学研究.1990.20

1398 張公権と中国銀行則例改正——日本人学者堀江帰一の提言を中心に / 田畠真弓 // 駒澤大学大学院経済学研究（22）.1992
张公权与中国银行则例改正——以日本学者堀江归一的建议为中心 / 田畠真弓 // 驹泽大学大学院经济学研究.1992.22

1399 張公權 / 沢村幸夫 // 上海人物印象記 第 2 集. 第 26 頁
张公权 / 泽村幸夫 // 上海人物印象记 第 2 集. 第 26 页

1400 チョウカゴウ 張嘉璈（公權）/ 樋口正徳 // 最新中国要人傳. 第 118 頁
张嘉璈（公权）/ 樋口正德 // 最新中国要人传. 第 118 页

张耀曾

1401 日本を知る友 張耀曾 / 浜野末太郎 // 現代中国人物批判. 第 53 頁
知晓日本的友人张耀曾 / 浜野末太郎 // 现代中国人物批判. 第 53 页

阿勒坦鄂齐尔

1402 アラタンオチル 阿勒坦鄂齊爾 / 樋口正徳 // 最新中国要人傳. 第 1 頁
阿勒坦鄂齐尔 / 樋口正德 // 最新中国要人传. 第 1 页

阿勒唐瓦齐尔

1403 アラタンワチル 阿勒唐瓦齊爾 / 樋口正徳 // 最新中国要人傳. 第 1 頁
阿勒唐瓦齐尔 / 樋口正德 // 最新中国要人传. 第 1 页

陈 介

1404 チンカイ 陳介（蔗青）/ 樋口正徳 // 最新中国要人傳. 第 137 頁
陈介（蔗青）/ 樋口正德 // 最新中国要人传. 第 137 页

陈 仪

1405 チンギ 陳儀（公俠）/ 樋口正徳 // 最新中国要人傳. 第 138 頁
陈仪（公侠）/ 樋口正德 // 最新中国要人传. 第 138 页

陈 诚

1406 陳誠の豪語 / 国際パンフレット通信部 // 国際パンフレット通信（1137）.1938
陈诚的豪语 / 国际活页文选（Pamphlet）通信部 // 国际活页文选（Pamphlet）通信.1938.1137

1407 陳誠論 / 岩村三千夫 // 大陸（10 月號）.1938
论陈诚 / 岩村三千夫 // 大陆.1938.10

1408 漢口防衛司令・陳誠 / 吉岡文六 // 文芸春秋 16(14).1938
汉口防卫司令陈诚 / 吉冈文六 // 文艺春秋.1938.16:14

1409 陳誠の施政報告 / 東亜事情調査会 // 中国半月報（25）.1950
陈诚的施政报告 / 东亚情况调查会 // 中国半月报.1950.25

1410 陳誠内閣総辞職す 政学太子両系の対立（解説）/ 新聞月鑑社 // 新聞月鑑 5(59).1953
陈诚内阁集体辞职 政治学太子两系的对立（解说）/ 新闻月鉴社 // 新闻月鉴.1953.5:59

1411 陳　誠 / 台湾青年（9）.1961
陈　诚 / 台湾青年.1961.9

1412 蔣経国 陳誠実権なし / 台湾青年（10）.1961
蒋经国 陈诚无实权 / 台湾青年.1961.10

1413　陳誠氏訪米の意味 / 朝日新聞社 // 朝日ジャーナル 3(33)(127).1961
　　　陈诚先生访美的意义 / 朝日新闻社 // 朝日期刊.1961.3；33(127)

1414　蔣経国と陳誠の争い / 台湾青年 (35).1963
　　　蒋经国与陈诚之争 / 台湾青年.1963.35

1415　陳誠か、蒋経国かは国際情勢できまる / 台湾青年 (26).1963
　　　陈诚与蒋经国何方得胜取决于国际情势 / 台湾青年.1963.26

1416　陳誠の死 / 台湾青年 (52).1965
　　　陈诚之死 / 台湾青年.1965.52

1417　陳　誠 / 吉岡文六 // 現代中国人物論.第 100 頁
　　　陈　诚 / 吉冈文六 // 现代中国人物论.第 100 页

1418　チンセイ 陳誠(辭修) / 樋口正徳 // 最新中国要人傳.第 143 頁
　　　陈诚(辞修) / 樋口正德 // 最新中国要人传.第 143 页

陈　群

1419　陳　群 / 山本実彦 // 大陸縦断.第 85 頁
　　　陈　群 / 山本实彦 // 大陆纵断.第 85 页

1420　陳　群 / 外務省東亜局 // 新国民政府人名鑑.第 10 頁
　　　陈　群 / 外务省东亚局 // 新国民政府人名鉴.第 10 页

1421　陳羣氏と語る / 野依秀市 // 南北中国現地要人を敲く.第 70 頁
　　　与陈群先生谈话 / 野依秀市 // 咨访南北中国本地要人.70 页

1422　チングン　陳群 / 樋口正徳 // 最新中国要人傳.第 139 頁
　　　陈　群 / 樋口正德 // 最新中国要人传.第 139 页

陈之硕

1423　陳之碩 / 外務省東亜局 // 新国民政府人名鑑.第 14 頁
　　　陈之硕 / 外务省东亚局 // 新国民政府人名鉴.第 14 页

1424　チンシセキ　陳之碩 / 樋口正徳 // 最新中国要人傳.第 141 頁
　　　陈之硕 / 樋口正德 // 最新中国要人传.第 141 页

陈天华

1425　陳天華の政治思想 / 里井彦七郎 // 東洋史研究 17(3).1958
　　　陈天华的政治思想 / 里井彦七郎 // 东洋史研究.1958.17；3

1426　陳天華「獅子吼」まくら / 島田虔次 // みすず 6(8)(63).1964
　　　陈天华《狮子吼》引言 / 岛田虔次 // 美篤.1964.6；8(63)

1427　陳天華と楊育麟 / 武藤明子 // 寧楽史苑 (通号 14).1966
　　　陈天华与杨育麟 / 武藤明子 // 宁乐史苑.1966.14

1428　陳天華の革命論の展開 / 中村哲夫 // 待兼山論叢 (通号 2).1968
　　　陈天华革命论的展开 / 中村哲夫 // 待兼山论丛.1968.2

1429　魯迅との隔り——魯迅と陳天華 / 上野昂志 // 新日本文学 31(3).1976
　　　与鲁迅的隔阂——鲁迅与陈天华 / 上野昂志 // 新日本文学.1976.31；3

1430　『自尽の思想』(一)：陳天華の場合 / 大塚博久 // 山口大学教育学部研究論叢 (通号 27).1977
　　　《自尽の思想》(一)：以陈天华为例 / 大冢博久 // 山口大学教育学部研究论丛.1977.27

1431　陳天華論 -1- 陳天華思想の起点 / 阿部賢一 // 政治経済史学 (1)(210).1984
　　　论陈天华之一：陈天华思想的起点 / 阿部贤一 // 政治经济史学.1984.1(210)

陈友仁

1432　國民政府の花形——陳友仁 / ジャパン・タイムス社邦文パンフレット通信部編 // 邦文パンフレット通信 (113).1927
　　　国民政府的红人——陈友仁 / 日文活页文选(Pamphlet)通信部编 // 日文活页文选(Pamphlet)通

信. 1927. 113

1433　ボロヂンと陳友仁 / 日中問題研究會 // 日中 1(2). 1928
　　　鲍罗廷与陈友仁 / 日中问题研究会 // 日中. 1928. 1:2

1434　陳友仁氏の來朝 / 大日社 // 大日 (13). 1931
　　　陈友仁先生访日 / 大日社 // 大日. 1931. 13

1435　廣東政府外交部長陳友仁氏日中提携力說 / 文明協会 // 日本と世界 (21). 1931
　　　广东政府外交部长陈友仁先生极力主张中日提携 / 文明协会 // 日本与世界. 1931. ;21

1436　南方政府立役者 陳友仁 / 浜野末太郎 // 現代中国人物批判. 第60頁
　　　南方政府核心人物陈友仁 / 浜野末太郎 // 现代中国人物批判. 第60页

1437　チンユウジン　陳友仁 / 樋口正徳 // 最新中國要人傳. 第152頁
　　　陈友仁 / 樋口正徳 // 最新中国要人传. 第152页

陈中孚

1438　チンチュウフ 陳中孚(奇曾) / 樋口正徳 // 最新中國要人傳. 第148頁
　　　陈中孚(奇曾) / 樋口正徳 // 最新中国要人传. 第148页

陈公博

1439　日中終戰史話:南京国民政府主席陳公博の日本亡命 / 小川哲雄 // 東京:原書房. 1985. 292
　　　日中战争结束史话:南京国民政府主席陈公博逃亡日本 / 小川哲雄 // 东京:原书房. 1985. 292

1440　陳公博氏とその著作 / 大塚令三 // 書香:満鉄大連図書館報 (19). 1930
　　　陈公博及其著作 / 大塚令三 // 书香:满铁大连图书馆报. 1930. 19

1441　陳公博の生涯——その思想における発展と転換 / 石源華 // 中国研究月報 (通号 532). 1992
　　　陈公博的一生——其思想的发展与转变 / 石源华 // 中国研究月报. 1992. 532

1442　南京国民政府 主席代理陳公博の最期 / 秋田書店 // 歴史と旅 26(15)(410). 1999
　　　南京国民政府 代理主席陈公博临终 / 秋田书店 // 历史与旅途. 1999. 26:15(410)

1443　陳公博と譚平山の問答 / 村田孜郎 // 中国の左翼戦線. 第82頁
　　　陈公博与谭平山问答 / 村田孜郎 // 中国的左翼战线. 第82页

1444　陳公博 / 外務省東亜局 // 新国民政府人名鑑. 第9頁
　　　陈公博 / 外务省东亚局 // 新国民政府人名鉴. 第9页

1445　陳公博裁判 / 益井康一 // 裁かれる汪政権:中国漢奸裁判秘録. 第21頁
　　　审判陈公博 / 益井康一 // 受审判的汪政权:中国汉奸审判秘录. 第21页

1446　陳公博主席の亡命 / 住本利男 // 占領秘録 下. 第13頁
　　　陈公博主席逃亡 / 住本利男 // 占领秘录 下. 第13页

1447　陳公博小伝 / 犬養健 // 揚子江は今も流れている. 第371頁
　　　陈公博小传 / 犬养健 // 长江今犹在. 第371页

1448　チンコウハク　陳公博 / 樋口正徳 // 最新中國要人傳. 第139頁
　　　陈公博 / 樋口正徳 // 最新中国要人传. 第139页

陈玉铭

1449　チンギョクメイ　陳玉銘 / 樋口正徳 // 最新中國要人傳. 第138頁
　　　陈玉铭 / 樋口正徳 // 最新中国要人传. 第138页

陈布雷

1450　チンフライ 陳布雷(畏壘) / 樋口正徳 // 最新中國要人傳. 第151頁
　　　陈布雷(畏垒) / 樋口正徳 // 最新中国要人传. 第151页

陈立夫

1451　チンリッフ 陳立夫(名祖燕) / 樋口正徳 // 最新中國要人傳. 第154頁
　　　陈立夫(名祖燕) / 樋口正徳 // 最新中国要人传. 第154页

陈光甫

1452　チンコウホ　陳光甫 / 樋口正徳 // 最新中國要人傳. 第140頁

陈光甫 / 樋口正徳 // 最新中国要人传. 第 140 页

陈孚木
1453　チンフボク　陳孚木 / 樋口正德 // 最新中国要人傳. 第 152 頁
　　　陈孚木 / 樋口正德 // 最新中国要人传. 第 152 页

陈其采
1454　チンキサイ　陳其采(靄士) / 樋口正德 // 最新中国要人傳. 第 138 頁
　　　陈其采(靄士) / 樋口正德 // 最新中国要人传. 第 138 页

陈果夫
1455　チンカフ　陳果夫(名祖燾) / 樋口正德 // 最新中国要人傳. 第 137 頁
　　　陈果夫(名祖焘) / 樋口正德 // 最新中国要人传. 第 137 页

陈昌祖
1456　チンショウソ　陳昌祖 / 樋口正德 // 最新中国要人傳. 第 142 頁
　　　陈昌祖 / 樋口正德 // 最新中国要人传. 第 142 页

陈绍宽
1457　チンショウカン　陳紹寬(厚甫) / 樋口正德 // 最新中国要人傳. 第 143 頁
　　　陈绍宽(厚甫) / 樋口正德 // 最新中国要人传. 第 143 页

陈春圃
1458　陳春圃 / 外務省東亜局 // 新国民政府人名鑑. 第 13 頁
　　　陈春圃 / 外务省东亚局 // 新国民政府人名鉴. 第 13 页

陈树人
1459　チンジュジン　陳樹人 / 樋口正德 // 最新中国要人傳. 第 141 頁
　　　陈树人 / 樋口正德 // 最新中国要人传. 第 141 页

陈独秀
1460　陳独秀 / 横山宏章 // 東京：朝日新聞社. 1983. 267 頁
　　　陈独秀 / 横山宏章 // 东京：朝日新闻社. 1983. 267 页
1461　國民革命の監視者——陳獨秀 / ジャパン・タイムス社邦文パンフレット通信部編 // 邦文パンフレット通信（113）. 1927
　　　国民革命的监视者——陈独秀 / 日本时代(Japan Times)社日文活页文选(Pamphlet)通信部编 // 日文活页文选(Pamphlet)通信. 1927. 113
1462　五・四時代の陳独秀の思想 / 新島淳良 // 思想（2）(380). 1956
　　　五四运动时期陈独秀的思想 / 新岛淳良 // 思想. 1956. 2(380)
1463　京漢鉄道罷業と陳独秀 / 石川忠雄 // 法学研究 31(12). 1958
　　　京汉铁路罢工运动与陈独秀 / 石川忠雄 // 法学研究. 1958. 31：12
1464　陳独秀の思想 / 前田浩子 // 寧楽史苑（12）. 1963
　　　陈独秀的思想 / 前田浩子 // 宁乐史苑. 1963. 12
1465　陳独秀主義を論ず / 池上貞一, 蔡和森 // 愛知大学国際問題研究所紀要（6）(39). 1966
　　　论陈独秀主义 / 池上贞一, 蔡和森 // 爱知大学国际问题研究所纪要. 1966. 6(39)
1466　陳独秀略伝 / 斎藤道彦 // 中国文学研究（通号 4）. 1966
　　　陈独秀略传 / 斎藤道彦 // 中国文学研究. 1966. 4
1467　中国近代文学の誕生と魯迅・胡適・陳独秀 / 相浦杲 // 野草（1）. 1970
　　　中国近代文学的诞生与鲁迅、胡适、陈独秀 / 相浦杲 // 野草. 1970. 1
1468　新文化運動における陳独秀の儒教批判 / 松本英紀 // 立命館文學（通号 299）. 1970
　　　新文化运动中陈独秀对儒教的批判 / 松本英纪 // 立命馆文学. 1970. 299
1469　李大釗と陳独秀 / 上野惠司 // 朝日アジアレビュー 3(1). 1972
　　　李大钊与陈独秀 / 上野惠司 // 朝日亚洲评论(Asia Review). 1972. 3：1

1470 　啓蒙的知識人・陳独秀 / 河田悌一 // 経済理論（通号 133）. 1973
　　　　启蒙知识分子陈独秀 / 河田悌一 // 经济理论. 1973. 133
1471 　中国におけるマルクス主義の受容:陳独秀の場合 / 横山宏章 // 一橋研究（29）. 1975
　　　　中国吸收马克思主义:陈独秀的情况 / 横山宏章 // 一桥研究. 1975. 29
1472 　敗北の構造:陳独秀と統一戦線 / 横山宏章 // 一橋研究（30）. 1975
　　　　失败的构造:陈独秀与统一战线 / 横山宏章 // 一桥研究. 1975. 30
1473 　陳独秀の虚像と実像——陳独秀論における実証と方法 / 古厩忠夫 // 歴史評論（通号 329）. 1977
　　　　陈独秀的虚像与实像——关于陈独秀研究的实证与方法 / 古厩忠夫 // 历史评论. 1977. 329
1474 　自由と統合をめぐる区声白・陳独秀論争——コミュニズム・アナーキズム論争の一断片 / 宇野重昭 // 成蹊法学（通号 11）. 1977
　　　　区声白・陈独秀围绕自由与统制的论战——共产主义无政府主义论战的一个片段 / 宇野重昭 // 成蹊法学. 1977. 11
1475 　国民革命期における陳独秀の中国「資本主義」像 / 森弘一 // 史学研究（通号 141）. 1978
　　　　国民革命时期陈独秀的中国"资本主义"形象 / 森弘一 // 史学研究. 1978. 141
1476 　「五四」新文化運動と陳独秀——中国近代文学の思想的基盤についての考察 / 中屋敷宏 // 文経論叢 15(1). 1980
　　　　"五四"新文化运动与陈独秀——关于中国近代文学的思想根基的考察 / 中屋敷宏 // 文经论丛. 1980. 15:1
1477 　陳独秀の評価をめぐって——中国における共産党史研究の新動向 / 横川次郎 // 中国研究月報（通号 408）. 1982
　　　　关于陈独秀的评价——中国的共产党史研究的新动向 / 横川次郎 // 中国研究月报. 1982. 408
1478 　「トロツキスト」魯迅とトロツキー・陳独秀 / 青谷政明 // 中国研究月報（通号 408）. 1982
　　　　"托洛茨基主义者"鲁迅与托洛茨基・陈独秀 / 青谷政明 // 中国研究月报. 1982. 408
1479 　中国共産党史のいくつかの断面について / 森田享 // 中国研究月報（通号 408）. 1982
　　　　关于中国共产党的几个侧面 / 森田享 // 中国研究月报. 1982. 408
1480 　大革命失敗後の陳独秀 / 李淑、田中哲哉 // 中国研究月報（通号 408）. 1982
　　　　大革命失败后的陈独秀 / 李淑、田中哲哉 // 中国研究月报. 1982. 408
1481 　党籍剥奪後の陳独秀をどうみるか / 張巨浩、小粥章司 // 中国研究月報（通号 408）. 1982
　　　　怎样评价被开除党籍后的陈独秀 / 张巨浩、小粥章司 // 中国研究月报. 1982. 408
1482 　陳独秀とトロツキストの関係について / 王易琳、青木政明 // 中国研究月報（通号 408）. 1982
　　　　论陈独秀与托洛茨基主义者的关系 / 王易琳、青木政明 // 中国研究月报. 1982. 408
1483 　陳独秀と別れるに至った周作人——一九二二年非基督教運動の中での衝突を中心に / 尾崎文昭 // 日本中国学会報（通号 35）. 1983
　　　　与陈独秀分道扬镳的周作人——以 1922 年非基督教运动中的冲突为中心 / 尾崎文昭 // 日本中国学会报. 1983. 35
1484 　話の広場「自主独立」と陳独秀、堺利彦 / 藤井満洲男 // アジア時報 14(6)(158). 1983
　　　　故事广场 "自主独立"与陈独秀、堺利彦 / 藤井满洲男 // 亚洲时报. 1983. 14:6(158)
1485 　辛亥革命以前の陳独秀——『安徽俗話報』を中心にして / 里見信也 // 仏教大学大学院研究紀要（15）. 1987
　　　　辛亥革命以前的陈独秀——以《安徽俗话报》为中心 / 里见信也 // 佛教大学大学院研究纪要. 1987. 15
1486 　陳独秀在広州（1920~21 年）/ 村田雄二郎 // 中国研究月報（通号 496）. 1989
　　　　陈独秀在广州（1920~21 年）/ 村田雄二郎 // 中国研究月报. 1989. 496
1487 　陳独秀と「2 回革命論」の形成 / 江田憲治 // 東方学報（通号 62）. 1990
　　　　陈独秀与"二次革命论"的形成 / 江田宪治 // 东方学报. 1990. 62

1488 新文化運動と「孔教」——康有為と陳独秀の論争について / 董士偉、高柳信夫 // 中国：社会と文化（7）.1992
　　　新文化运动与"孔教"——关于康有为与陈独秀的论战 / 董士伟、高柳信夫 // 中国：社会与文化.1992.7
1489 陳独秀裁判と訓政体制 / 鐙屋一 // 現代中国（67）.1993
　　　审判陈独秀与训政体制 / 鐙屋一 // 现代中国.1993.67
1490 新文化運動期における陳独秀の「群衆心理」論 / 蝦名良亮 // 中国研究月報（通号546）.1993
　　　新文化运动时期陈独秀的"大众心理"论 / 虾名良亮 // 中国研究月报.1993.546
1491 国民会議の構想ならびに運動と陳独秀主義——1923年から1926年までの推移に焦点を合わせながら / 坂野良吉 // 名古屋大学東洋史研究報告（通号18）.1994
　　　全国代表大会的构思以及运动与陈独秀主义——以1923年至1926年的推移为中心 / 坂野良吉 // 名古屋大学东洋史研究报告.1994.18
1492 陳独秀の思想的出発——康党から共党へ / 有田和夫 // 東洋大学中国哲学文学科紀要 48（3）.1995
　　　陈独秀思想的起点——从康党到共党 / 有田和夫 // 东洋大学中国哲学文学科纪要.1995.48；3
1493 近代中国の思索者たち（7）陳独秀——「民主」と「科学」を求めて / 高柳信夫 // 月刊しにか 7（10）（79）.1996
　　　近代中国的思索者们（7）陈独秀——寻求"民主"与"科学" / 高柳信夫 // 中国学月刊.1996.7：10（79）
1494 西郷隆盛と陳独秀——詩文からみた幕末と清末の志士 / 横山宏章 // 明治学院論叢（通号589）.1997
　　　西乡隆盛与陈独秀——从诗文看幕末与清末的志士 / 横山宏章 // 明治学院论丛.1997.589
1495 陳独秀の宗教論——明治期の哲学研究と中国の近代化をめぐって / 生方眞純 // 哲学論集（通号26）.1997
　　　陈独秀的宗教观——围绕明治期的哲学研究与中国近代化 / 生方真纯 // 哲学论集.1997.26
1496 陳獨秀 / 清水安三 // 中国当代新人物：旧人と新人.第201頁
　　　陈独秀 / 清水安三 // 中国当代新人物：旧人与新人.第201页
1497 共產派の巨頭 陳獨秀 / 浜野末太郎 // 現代中国人物批判.第62頁
　　　共产派巨头 陈独秀 / 浜野末太郎 // 现代中国人物批判.第62页
1498 チンドクシュウ 陳独秀（仲甫）/ 樋口正徳 // 最新中国要人傳.第148頁
　　　陈独秀（仲甫）/ 樋口正德 // 最新中国要人传.第148页

陈济成

1499 陳濟成 / 外務省東亜局 // 新国民政府人名鑑.第11頁
　　　陈济成 / 外务省东亚局 // 新国民政府人名鉴.第11页

陈济棠

1500 チンサイドウ 陳濟棠（伯南）/ 樋口正徳 // 最新中国要人傳.第141頁
　　　陈济棠（伯南）/ 樋口正德 // 最新中国要人传.第141页

陈冠民

1501 陳冠民 / 中国実業雑誌社 // 他山百家言（下卷1）.第62頁
　　　陈冠民 / 中国实业杂志社 // 他山百家言（下卷1）.第62页

陈调元

1502 チンチョウゲン 陳調元（雪軒）/ 樋口正徳 // 最新中国要人傳.第148頁
　　　陈调元（雪轩）/ 樋口正德 // 最新中国要人传.第148页

陈铭枢

1503 チンメイスウ 陳銘樞（眞如）/ 樋口正徳 // 最新中国要人傳.第152頁

陈铭枢(真如) ／ 樋口正徳 ／／ 最新中国要人传. 第 152 页

陈望道
1504 陳望道と言語・文字改革運動 ／ 浜田ゆみ ／／ 一橋論叢 112(3). 1994
陈望道和语言文字改革运动 ／ 浜田由美 ／／ 一桥论丛. 1994. 112：3
1505 陳望道訳『共産党宣言』(1920 年)の翻訳底本について ／ 賀婷 ／／ マルクス・エンゲルス・マルクス主義研究.(通号 49).2008
陈望道译《共产党宣言》(1920)的翻译底本 ／ 贺婷 ／／ 马克思・恩格斯・马克思主义研究. 2008. 49
1506 陳望道の婚姻論 ／ 杉本史子 ／／ 立命館文學.(615).2010
陈望道的婚姻观 ／ 杉本史子 ／／ 立命馆文学. 2010. 615

陈寅恪
1507 陳寅恪簡介 付「支愍度学説考」(抄訳) ／ 丘山新 ／／ 東方 (1). 1985
陈寅恪简介(附"支愍度学说考"抄译) ／ 丘山新 ／／ 东方. 1985. 1
1508 紀念陳寅恪教授国際学術討論会 ／ 福井文雅、池田温 ／／ 東方学 (通号 77). 1989
纪念陈寅恪教授国际学术讨论会 ／ 福井文雅、池田温 ／／ 东方学. 1989. 77

陈维远
1509 陳維遠 ／ 外務省東亜局 ／／ 新国民政府人名鑑. 第 8 頁
陈维远 ／ 外务省东亚局 ／／ 新国民政府人名鉴. 第 8 页
1510 チンイエン 陳維遠 ／ 樋口正徳 ／／ 最新中国要人傳. 第 136 頁
陈维远 ／ 樋口正徳 ／／ 最新中国要人传. 第 136 页

陈廉仲
1511 チンレンチュウ 陳廉仲 ／ 樋口正徳 ／／ 最新中国要人傳. 第 154 頁
陈廉仲 ／ 樋口正徳 ／／ 最新中国要人传. 第 154 页

陈溥贤
1512 言論界の雄 陳溥賢 ／ 浜野末太郎 ／／ 現代中国人物批判. 第 77 頁
言论界的强者 陈溥贤 ／ 浜野末太郎 ／／ 现代中国人物批判. 第 77 页

陈璧君
1513 汪精衞氏夫人陳璧君女史に會ふの記 ／ 矢田鈴江 ／／ 婦人倶楽部 21(5). 1940
与汪精卫夫人陈璧君女士会面记 ／ 矢田铃江 ／／ 妇女俱乐部. 1940. 21：5
1514 陳璧君 ／ 外務省東亜局 ／／ 新国民政府人名鑑. 第 12 頁
陈璧君 ／ 外务省东亚局 ／／ 新国民政府人名鉴. 第 12 页
1515 汪精衞と陳璧君 ／ 津田元徳 ／／ 中国事変秘史. 第 131 頁
汪精卫与陈碧君 ／ 津田元徳 ／／ 日中战争秘史. 第 131 页
1516 政治家陳璧君 ／ 緒方昇 ／／ 中国採訪. 第 119 頁
政客陈璧君 ／ 绪方升 ／／ 中国采访. 第 119 页
1517 陳璧君裁判 ／ 益井康一 ／／ 裁かれる汪政権：中国漢奸裁判秘録. 第 52 頁
审判陈璧君 ／ 益井康一 ／／ 受审判的汪政权：中国汉奸审判秘录. 第 52 页
1518 陳璧君女士小伝 ／ 犬養健 ／／ 揚子江は今も流れている. 第 367 頁
陈璧君女士小传 ／ 犬养健 ／／ 长江今犹在. 第 367 页

邵力子
1519 ショウリキシ 邵力子(仲輝) ／ 樋口正徳 ／／ 最新中国要人傳. 第 79 頁
邵力子(仲辉) ／ 樋口正徳 ／／ 最新中国要人传. 第 79 页

八　　画

〔一〕

茅 盾

1520　ボウジュン 茅盾(沈雁冰) / 樋口正徳 // 最新中国要人傳. 第 190 頁
　　　茅盾(沈雁冰) / 樋口正徳 // 最新中国要人传. 第 190 页

林 彪

1521　林彪の作戰 / 寺尾五郎 // 東京:德間書店. 1967. 229 頁
　　　林彪的作战 / 寺尾五郎 // 东京:德间书店. 1967. 229 页
1522　林彪時代:毛沢東の後継者・林彪の人と思想 / 新井寶雄 // 東京:アジア評論社. 1970. 238 頁
　　　林彪时代:毛泽东的继承人林彪 其人与思想 / 新井宝雄 // 东京:亚洲评论社. 1970. 238 页
1523　七億の林彪:中国第二革命 / 高田富佐雄 // 東京:新人物往来社. 1971. 390 頁
　　　七亿人的林彪:中国第二革命 / 高田富佐雄 // 东京:新人物往来社. 1971. 390 页
1524　中国の政治と林彪事件 / 武内香里、森沢幸 // 東京:日中出版. 1975. 254 頁
　　　中国政治与林彪事件 / 武内香里、森泽幸 // 东京:日中出版. 1975. 254 页
1525　後継者林彪の転落 / 柴田穂 // 東京:サンケイ新聞社. 1979. 286 頁
　　　继承人林彪的垮台 / 柴田穂 // 东京:产经新闻社. 1979. 286 页
1526　ドキュメント 林彪・江青裁判 / 戶張東夫 // 東京:日中出版. 1981. 189 頁
　　　林彪、江青审判 / 户张东夫 // 东京:日中出版. 1981. 189 页
1527　林彪・その思想と戦略 / 松野谷夫 // 朝日ジャーナル 11(19). 1969
　　　林彪:其思想与战略 / 松野谷夫 // 朝日期刊. 1969. 11:19
1528　林彪・その人と思想 / 新井寶雄 // エコノミスト 47(18). 1969
　　　林彪:其人与思想 / 新井宝雄 // 经济学人(Economist). 1969. 47:18
1529　林彪の政治報告 / 星野芳樹 // コリア評論 (通号 101). 1969
　　　林彪的政治报告 / 星野芳树 // 朝鲜评论. 1969. 101
1530　林彪の死とそのナゾ / 中嶋嶺雄 // 世界週報 53(35). 1972
　　　林彪之死及其谜团 / 中岛岭雄 // 世界周报. 1972. 53:35
1531　林彪事件の真相(ドキュメント) / 竹内実 // 中央公論 88(2). 1973
　　　林彪事件的真相(史料档案) / 竹内实 // 中央公论. 1973. 88:2
1532　中国の現状分析とその問題点——林彪以後の研究ノートより / 針生誠吉 // 東京都立大学法学会雑誌 13(2). 1973
　　　中国现状分析及其问题点——从林彪以后的研究笔记来看 / 针生诚吉 // 东京都立大学法学会杂志. 1973. 13:2
1533　林彪事件再説 / 姫田光義 // 經濟學論纂 35(4). 1994
　　　再谈林彪事件 / 姬田光义 // 经济学论纂. 1994. 35:4
1534　林　彪 / 外務省東亞局 // 新国民政府人名鑑. 第 49 頁・
　　　林　彪 / 外务省东亚局 // 新国民政府人名鉴. 第 49 页・
1535　リンヒョウ 林彪 / 樋口正徳 // 最新中国要人傳. 第 220 頁
　　　林　彪 / 樋口正徳 // 最新中国要人传. 第 220 页

林 森

1536　米國式紳士 林　森 / 浜野末太郎 // 現代中国人物批判. 第 42 頁
　　　美国式绅士 林　森 / 浜野末太郎 // 现代中国人物批判. 第 42 页

1537　林森と云ふ人／西田耕一講述∥最近の中国. 第 19 頁
　　　林森这个人／西田耕一讲述∥最近的中国. 第 19 页
1538　國民政府の主席林森／村田士郎∥混迷中国の全貌. 第 169 頁
　　　国民政府的主席林森／村田士郎∥混沌中国的全貌. 第 169 页
1539　林森歸る迄國民政府主席空位／関税研究所∥新東亜と三大原則. 第 28 頁
　　　林森回归前的国民政府主席空缺／关税研究所∥新东亚与三大原则. 第 28 页
1540　リンシン 林森(子超)／樋口正德∥最新中国要人傳. 第 218 頁
　　　林森(子超)／樋口正德∥最新中国要人传. 第 218 页

林汝珩

1541　リンジョコウ 林汝珩／樋口正德∥最新中国要人傳. 第 217 頁
　　　林汝珩／樋口正德∥最新中国要人传. 第 217 页

林柏生

1542　林柏生氏と語る／武藤富男∥藝文:満洲文化綜合雜誌 1(8). 1942
　　　与林柏生谈话／武藤富男∥艺文:满洲文化综合杂志. 1942.1:8
1543　青年組織訓練計畫大綱決定——林柏生宣傳部長渡日／内閣情報局∥国際月報（10 月號）(22). 1942
　　　青年组织训练计划大纲决定——林柏生宣传部长访日／内阁情报局∥国际月报. 1942.10(22)
1544　林柏生中華民國新國民運動促進委員會祕書長歡迎晚餐會に於ける谷外務大臣挨拶／内閣情報局∥国際月報（11 月號）(23). 1942
　　　谷外务大臣于中华民国新国民运动促进委员会秘书长林伯生欢迎晚会上的致辞／内阁情报局∥国际月报. 1942.11(23)
1545　日華和平の希ひ深し——林柏生氏一行自由學園訪問／婦人之友社∥婦人之友 36(12). 1942
　　　衷心盼望中日和平——林柏生一行访问自由学院／妇女之友社∥妇女之友. 1942.36:12
1546　林柏生／外務省東亜局∥新国民政府人名鑑. 第 50 頁
　　　林柏生／外务省东亚局∥新国民政府人名鉴. 第 50 页
1547　リンハクセイ 林柏生／樋口正德∥最新中国要人傳. 第 220 頁
　　　林柏生／樋口正德∥最新中国要人传. 第 220 页
1548　林柏生裁判／益井康一∥裁かれる汪政権:中国漢奸裁判秘録. 第 71 頁
　　　审判林伯生／益井康一∥被审判的汪政权:中国汉奸审判秘录. 第 71 页

林沁旺都特

1549　リンシンワンドート 林沁旺都特／樋口正德∥最新中国要人傳. 第 219 頁
　　　林沁旺都特／樋口正德∥最新中国要人传. 第 219 页

林语堂

1550　リンゴドウ 林語堂／樋口正德∥最新中国要人傳. 第 217 頁
　　　林语堂／樋口正德∥最新中国要人传. 第 217 页

林祖涵

1551　リンソカン 林祖涵(伯渠)／樋口正德∥最新中国要人傳. 第 219 頁
　　　林祖涵(伯渠)／樋口正德∥最新中国要人传. 第 219 页

松津旺楚克

1552　ソンジンワンチュク 松津旺楚克／樋口正德∥最新中国要人傳. 第 80 頁
　　　松津旺楚克／樋口正德∥最新中国要人传. 第 80 页

郁达夫

1553　郁達夫資料:作品目録・参考資料目録及び年譜／伊藤虎丸∥東京:東京大学東洋文化研究所附属東洋学文献センター. 1969. 126 頁
　　　郁达夫资料:作品目录、参考资料目录及年谱／伊藤虎丸∥东京:东京大学东洋文化研究所附属东

洋学文献中心.1969.126 页

1554 郁達夫資料補篇(上、下) / 伊藤虎丸等 // 東京:東京大学東洋文化研究所附属東洋学文献センター.1973—1974
郁达夫资料补篇(上、下) / 伊藤虎丸等 // 东京:东京大学东洋文化研究所附属东洋学文献中心.1973—1974

1555 郁達夫伝:その詩と愛と日本 / 小田嶽夫 // 東京:中央公論社.1975.220 頁
郁达夫传:其诗、其爱与日本 / 小田岳夫 // 东京:中央公论社.1975.220 页

1556 郁達夫:その青春と詩 / 稲葉昭二 // 東京:東方書店.1982.211 頁
郁达夫:其青春与诗 / 稻叶昭二 // 东京:东方书店.1982.211 页

1557 郁達夫:悲劇の時代作家 / 鈴木正夫 // 東京:研文出版.1994.257 頁
郁达夫:悲剧的时代作家 / 铃木正夫 // 东京:研文出版.1994.257 页

1558 スマトラの郁達夫:太平洋戦争と中国作家 / 鈴木正夫 // 東京:東方書店.1995.307 頁
郁达夫在苏门答腊:太平洋战争与中国作家 / 铃木正夫 // 东京:东方书店.1995.307 页

1559 郭沫若と郁達夫 / 小田嶽夫 / 文芸春秋 17(6).1939
郭沫若与郁达夫 / 小田岳夫 // 文艺春秋.1939.17:6

1560 郁達夫のこと / 近藤春雄 // 桃源 (2).1947
关于郁达夫 / 近藤春雄 // 桃源.1947.2

1561 郁達夫その他(随筆) / 金子光晴 // コスモス (7).1947
郁达夫二三事(随笔) / 金子光晴 // COSMOS.1947.7

1562 諦められぬ郁達夫 / 内山完造 // 丸 1(4).1948
无法放弃的郁达夫 / 内山完造 // 丸.1948.1:4

1563 中国作家と日本——郁達夫について / 岡崎俊夫 // 文学 21(9).1953
中国作家与日本——郁达夫相关 / 冈崎俊夫 // 文学.1953.21:9

1564 郁達夫研究資料初稿 / 伊藤虎丸 // 中国文学研究 (通号 1).1961
郁达夫研究资料初稿 / 伊藤虎丸 // 中国文学研究.1961.1

1565「沈淪」論——日本文学との関係より見たる郁達夫の思想・方法について(1—2) / 伊藤虎丸 // 中国文学研究 (通号 1、3).1961、1965
论《沉沦》——从与日本文学的关系看郁达夫的思想、方法(1—2) / 伊藤虎丸 // 中国文学研究.1961、1965.1、3

1566 郁文拾遺(郁達夫在日時作品の紹介再録 含作品目録) / 稲葉昭二 // 龍谷大学論集 (通号 394).1970
郁文拾遗(再录郁达夫在日时作品的介绍与重录 含作品目录) / 稻叶昭二 // 龙谷大学论集.1970.394

1567 魯迅と郁達夫 / 川上久壽 // 小樽商科大学人文研究 (42).1971
鲁迅与郁达夫 / 川上久寿 // 小樽商科大学人文研究.1971.42

1568 八高時代の郁達夫と服部担風 / 稲葉昭二 // 東洋文化:東洋文化振興会々報 (17).1972
八高时代的郁达夫与服部担风 / 稻叶昭二 // 东洋文化:东洋文化振兴会会报.1972.17

1569 郁達夫の小説について / 加藤誠 // 野草 (8).1972
关于郁达夫的小说 / 加藤诚 // 野草.1972.8

1570 郁達夫終焉の地探訪記 / 今西健夫 // 野草 (9).1972
郁达夫临终地探访记 / 今西健夫 // 野草.1972.9

1571 日本における郁曼陀——作家郁達夫の周辺 -1- / 稲葉昭二 // 龍谷大学論集 (通号 399).1972
日本的郁曼陀——作家郁达夫的侧近 之一 / 稻叶昭二 // 龙谷大学论集.1972.399

1572 晩年の郁達夫 / 鈴木正夫 // 野草 (12).1973
晚年的郁达夫 / 铃木正夫 // 野草.1973.12

1573 創造社脱退前後の郁達夫 / 鈴木正夫 // 北海道大学文学部紀要 24(2). 1976
退出创造社前后的郁达夫 / 铃木正夫 // 北海道大学文学部纪要. 1976. 24:2

1574 スマトラの郁達夫 / 小田嶽夫 // 海 10(7)(111). 1978
郁达夫在苏门答腊 / 小田岳夫 // 海. 1978. 10:7(111)

1575 「奔流」「大衆文芸」編集時代の郁達夫——魯迅との交渉を中心に / 鈴木正夫 // 横浜市立大学論叢:人文科学系列 31(2-3). 1980
《奔流》《大众文艺》编辑时代的郁达夫——以与鲁迅的交流为中心 / 铃木正夫 // 横浜市立大学论丛:人文科学系列. 1980. 31:2-3

1576 郭沫若の帰国と郁達夫 / 鈴木正夫 // 野草 (32). 1983
郭沫若回国与郁达夫 / 铃木正夫 // 野草. 1983. 32

1577 魯迅と郁達夫 / 阿部幸夫 // ニューエネルギー (61). 1983
鲁迅与郁达夫 / 阿部幸夫 // 新能源. 1983. 61

1578 武漢における郁達夫:抗日をめぐって / 池上貞子 // 共栄学園短期大学研究紀要 (3). 1987
郁达夫在武汉:关于抗日 / 池上贞子 // 共荣学园短期大学研究纪要. 1987. 3

1579 郁達夫小説語彙札記(Ⅰ、Ⅱ、Ⅳ、Ⅴ) / 上條紀昭 // 中国語研究 (27、28、30、31). 1987、1989
郁达夫小说语汇札记(Ⅰ、Ⅱ、Ⅳ、Ⅴ) / 上条纪昭 // 汉语研究. 1987、1989. (27-28、30-31)

1580 郁達夫の早期作品の本文校訂について(1—4) / 稲葉昭二 // 龍谷紀要 9(2)、10(2)、12(2)、14(1). 1987、1988、1991、1992
关于郁达夫早期作品的原文校订(1—4) / 稻叶昭二 // 龙谷纪要. 1987、1988、1991、1992. 9:2、10:2、12:2、14:1

1581 陳儀についての覚え書——魯迅、許壽裳、郁達夫との関わりにおいて / 鈴木正夫 // 横浜市立大学論叢:人文科学系列 40(2). 1989
关于陈仪的笔记——与鲁迅、许寿裳、郁达夫的关系 / 铃木正夫 // 横浜市立大学论丛:人文科学系列. 1989. 40:2

1582 木々の香りと雨前の茶——杭州と郁達夫と / 阿部幸夫 // ニューエネルギー (89). 1990
草木清香与雨前的茶——与杭州、与郁达夫 / 阿部幸夫 // 新能源. 1990. 89

1583 郁達夫の「文学作品はすべて作家の自叙伝である」について / 鈴木正夫 // 野草 (48). 1991
论郁达夫的"文学作品全部都是作者的自传" / 铃木正夫 // 野草. 1991. 48

1584 郁達夫における社会と芸術:滞日期、帰国前後の文芸観に見られる「反抗」の考察を中心として / 桑島道夫 // 中国中世文学研究 (28). 1995
郁达夫眼中的社会与艺术:以郁达夫旅日时期、回国前后的文艺观中可见的"反抗"的考察为中心 / 桑岛道夫 // 中国中世文学研究. 1995. 28

1585 『スマトラの郁達夫』をめぐって / 鈴木正夫 // 中国学志 (11). 1996
关于《郁达夫在苏门答腊》/ 铃木正夫 // 中国学志. 1996. 11

1586 「スマトラ工作」と「9・20」事件——王任叔、郁達夫はどう関わったか / 鈴木正夫 // 横浜市立大学論叢:人文科学系列 47(3). 1996
"苏门答腊策动"与"九二〇"事件——王任叔、郁达夫如何卷入事件 / 铃木正夫 // 横浜市立大学论丛:人文科学系列. 1996. 47:3

1587 郁達夫のこと / 藤家禮之助 // 季刊文科 (2). 1996
郁达夫其人 / 藤家礼之助 // 文科季刊. 1996. 2

1588 テレビ番組「郁達夫感情旅行」を作って / 牛山純一 // 季刊文科 (2). 1996
制作电视节目《郁达夫情感之旅》/ 牛山纯一 // 文科季刊. 1996. 2

1589 郁達夫と日本 / 小田三月 // 季刊文科 (2). 1996
郁达夫与日本 / 小田三月 // 文科季刊. 1996. 2

1590 達夫と兄曼陀 / 稲葉昭二 // 季刊文科 (4). 1997

达夫与兄曼陀 / 稲叶昭二 // 文科季刊.1997.4

1591 郁達夫・その「告白」のかたち——「沈淪」「蔦蘿行」を中心として / 桑島道夫 // 人文論集:静岡大学人文学部社会科学・言語文化学科研究報告 50(2).1999
郁达夫:其"告白"的形式——以《沉沦》《茑萝行》为中心 / 桑島道夫 // 人文论集:静冈大学人文学部社会科学・语言文化学科研究报告.1999.50:2

1592 郁達夫(ユーターフ)と名古屋——日中友好のかけはし / 江碕公朗 // 郷土文化 54(2)(185).1999
郁达夫与名古屋——中日友好的桥梁 / 江碕公朗 // 乡土文化.1999.54:2(185)

1593 郁達夫 / 沢村幸夫 // 上海人物印象記 第1集.第33頁
郁达夫 / 泽村幸夫 // 上海人物印象记 第1集.第33页

欧大庆

1594 オウタイケイ 歐大慶 / 樋口正徳 // 最新中国要人傳.第25頁
欧大庆 / 樋口正徳 最新中国要人传.第25页

〔丨〕

卓特巴札普

1595 チョトパヂャップ 卓特巴札普(卓王) / 樋口正徳 // 最新中国要人傳.第113頁
卓特巴札普(卓王) / 樋口正徳 // 最新中国要人传.第113页

罗文干

1596 ラブンカン 羅文幹(鈞任) / 樋口正徳 // 最新中国要人傳.第201頁
罗文干(钧任) / 樋口正徳 // 最新中国要人传.第201页

罗君强

1597 羅君強側面論 / え・す生 // 揚子江 7(3)(66).1944
罗君强侧面论 / S生 // 长江.1944.7:3(66)

1598 羅君強 / 外務省東亜局 // 新国民政府人名鑑.第45頁
罗君强 / 外务省东亚局 // 新国民政府人名鉴.第45页

罗炳辉

1599 ラヘイキ 羅炳輝 / 樋口正徳 // 最新中国要人傳.第202頁
罗炳辉 / 樋口正徳 // 最新中国要人传.第202页

〔丿〕

岳开先

1600 ガクカイセン 岳開先 / 樋口正徳 // 最新中国要人傳.第38頁
岳开先 / 樋口正徳 // 最新中国要人传.第38页

金 梁

1601 金 梁 / 中国実業雑誌社 // 他山百家言(下巻1).第34頁
金 梁 / 中国实业杂志社 // 他山百家言(下卷1).第34页

金永昌

1602 キンエイショウ 金永昌(勉卿) / 樋口正徳 // 最新中国要人傳.第44頁
金永昌(勉卿) / 樋口正徳 // 最新中国要人传.第44页

金问泗

1603 キンモンシ 金問泗(純儒) / 樋口正徳 // 最新中国要人傳.第45頁
金问泗(纯儒) / 樋口正徳 // 最新中国要人传.第45页

金馥生

1604 キンフクセイ 金馥生 / 樋口正徳 // 最新中国要人傳.第45頁

金馥生 / 樋口正德 // 最新中国要人传. 第 45 页

周化人

1605 シュウカジン 周化人 / 樋口正德 // 最新中国要人傳. 第 70 頁
周化人 / 樋口正德 // 最新中国要人传. 第 70 页

周文贵

1606 周文貴 / 中国实業雜誌社 // 他山百家言（下卷 1）. 第 37 頁
周文贵 / 中国实业杂志社 // 他山百家言（下卷 1）. 第 37 页

周作人

1607 北京苦住庵記:日中戰争時代の周作人 / 木山英雄 // 東京:筑摩書房. 1978. 320 頁
北京苦住庵记:日中战争时代的周作人 / 木山英雄 // 东京:筑摩书房. 1978. 320 页

1608 周作人氏に於ける歴史意識 / 伊地智善継 // 中国語學 1948（11）.
论周作人的历史意识 / 伊地智善继 // 汉语学. 1948.11

1609 周作人による狂言の中国訳について / 今村与志雄 // 文学 24（7）.1956
论周作人对《狂言》的汉译 / 今村与志雄 // 文学. 1956. 24:7

1610 周作人と童話 / 伊藤敬一 // 人文学報（首都大学東京人文科学研究科）（通号 42）. 1964
周作人与童话 / 伊藤敬一 // 首都大学东京人文科学研究科人文学报. 1964. 42

1611 周作人から核実験まで——特集・転機にたつ日本の選択 / 竹内好 // 世界（通号 229）. 1965
从周作人到核试验——专刊·面临转机的日本的选择 / 竹内好 // 世界. 1965. 229

1612 初期の周作人についてのノート（1—2）/ 飯倉照平 // 神戸大学文学会研究（通号 38、40）. 1966、1967
关于早期周作人的笔记（1—2）/ 饭仓照平 // 神户大学文学会研究. 1966、1967. 38、40

1613 武者小路実篤と魯迅・周作人の交流 / 杉森正弥 // 語学文学（通号 7）. 1969
武者小路实笃与鲁迅、周作人的交流 / 杉森正弥 // 语言学文学. 1969.7

1614 周作人の日本文化論について / 細谷草子 // 集刊東洋学（通号 29）. 1973
关于周作人的日本文化论 / 细谷草子 // 东洋学集刊. 1973. 29

1615 周作人淪陷顛末（1—11）/ 木山英雄 // 思想（通号 619—623. 626—629. 631—632）. 1976—1977
周作人沦陷始末（1—11）/ 木山英雄 // 思想. 1976—1977. 619—623. 626—629. 631—632

1616 「新しき村」への道——周作人の足跡をたどって / 飯塚朗 // 関西大学東西学術研究所紀要（通号 9）. 1977
通往"新村"的道路——追寻周作人的足迹 / 饭塚朗 // 关西大学东西学术研究所纪要. 1977. 9

1617 聖人と漢奸——魯迅・周作人兄弟 / 益井康一 // 諸君!:日本を元気にするオピニオン雑誌 9（8）. 1977
圣人与汉奸——鲁迅、周作人兄弟 / 益井康一 // 诸位!:振兴日本的意见杂志. 1977. 9:8

1618 周作人の残した小説創作の軌跡とその意義——「社会小説 江村夜話」の問題を中心として / 村田俊裕 // 日本中国学会報（通号 29）. 1977
周作人留下的小说创作轨迹与其意义——以社会小说《江村夜话》的问题为中心 / 村田俊裕 // 日本中国学会报. 1977. 29

1619 周作人の古事記観——「漢訳古事記神代巻引言」より / 福田俊昭 // 大東文化大学漢学会誌（通号 17）. 1978
周作人的古事记观——以《汉译古事记神代卷引言》为考察对象 / 福田俊昭 // 大东文化大学汉学会志. 1978. 17

1620 魯迅・周作人における「ネーション」と文学——「河南」雑誌掲載論文の比較研究 / 藤井省三 // 東方学（通号 62）. 1981
鲁迅、周作人的"nation"与文学——《河南》杂志刊载论文的比较研究 / 藤井省三 // 东方学. 1981. 62

1621 周作人と日本の中古文学 / 福田俊昭 // 大東文化大学漢学会誌（通号 20）.1981
周作人与日本的中古文学 / 福田俊昭 // 大东文化大学汉学会志.1981.20

1622 正岡子規と魯迅、周作人 / 木山英雄 // 言語文化（通号 20）.1983
正冈子规与鲁迅、周作人 / 木山英雄 // 语言文化.1983.20

1623 陳独秀と別れるに至った周作人——一九二二年非基督教運動の中での衝突を中心に / 尾崎文昭 // 日本中国学会報（通号 35）.1983
与陈独秀分道扬镳的周作人——以1922年非基督教运动中的冲突为中心 / 尾崎文昭 // 日本中国学会报.1983.35

1624 周作人詩話（1—5）/ 松岡俊裕 // 人文科学論集（信州大学人文学部）（通号 21、24、26、31、33）.1987、1990、1992、1997、1999
周作人诗话（1—5）/ 松冈俊裕 // 信州大学人文学部人文科学论集.1987、1990、1992、1997、1999.（通号 21、24、26、31、33）

1625 松枝茂夫氏を囲んで——紹興、魯迅そして周作人 / 飯倉照平、木山英雄 // 文学 55(8).1987
围绕松枝茂夫——绍兴、鲁迅以及周作人 / 饭仓照平、木山英雄 // 文学.1987.55:8

1626 周作人に関する新史料問題（上、下）/ 木山英雄 // 文学 55(8-9).1987
关于周作人的新史料问题（上、下）/ 木山英雄 // 文学.1987.55:8-9

1627 五四退潮期の文学状況 -1- 周作人の新村提唱とその波紋（上、下）/ 尾崎文昭 // 明治大学教養論集（通号 207，237）.1988、1991
五四退潮期的文学状况 之一：周作人的新村提倡与其影响（上、下）/ 尾崎文昭 // 明治大学教养论集.1988、1991.207，237

1628 文学研究会の成立と周作人 / 倉橋幸彦 // 関西大学中国文学会紀要（通号 10）.1989
文学研究会的成立与周作人 / 仓桥幸彦 // 关西大学中国文学会纪要.1989.10

1629 五四時期の周作人の文学観——W.ブレイク、L.トルストイの受容を中心に / 小川利康 // 日本中国学会報（通号 42）.1990
五四时期周作人的文学观——以接受威廉·布莱克、列夫·尼古拉耶维奇·托尔斯泰的影响为中心 / 小川利康 // 日本中国学会报.1990.42

1630 「親日文学」について——周作人と八雲 / 岩佐壯四郎 // 日本文学 40(7).1991
关于《亲日文学》——周作人与八云 / 岩佐壮四郎 // 日本文学.1991.40:7

1631 冰心の日本への紹介 -1- 周作人の紹介 / 萩野修二 // 関西大学中国文学会紀要（通号 13）.1992
冰心对日本的介绍 之一：周作人的介绍 / 萩野修二 // 关西大学中国文学会纪要.1992.13

1632 日本における周作人研究 / 伊藤徳也 // 中国:社会と文化（通号 8）.1993
日本关于周作人的研究 / 伊藤德也 // 中国:社会与文化.1993.8

1633 周作人にとっての武者小路實篤：トルストイをめぐる差異 / 宮川尚子 // 日本文学（80）.1993
周作人眼中的武者小路实笃：托尔斯泰观的差异 / 宫川尚子 // 日本文学.1993:80

1634 周作人の周恩来宛書簡、訳ならびに解題 / 木山英雄 // 中国研究月報 48(8).1994
周作人致周恩来的书信以及提要 / 木山英雄 // 中国研究月报.1994.48:8

1635 民族主義ふたたび——周作人の排日と「溥儀出宮」事件 / 伊藤徳也 // 東洋文化（通号 74）.1994
民族主义的再现——周作人的排日与"溥仪出宫"事件 / 伊藤德也 // 东洋文化.1994.74

1636 江紹原と周作人（1、2）/ 小川利康 // 大東文化大学紀要 人文科学（通号 33—34）.1995—1996
江绍原与周作人（1、2）/ 小川利康 // 大东文化大学纪要（人文科学）.1995—1996.33—34

1637 周作人留日期文学論の材源について / 根岸宗一郎 // 中国研究月報 50(9)（通号 583）.1996
关于周作人留日期间的文学论的材料源 / 根岸宗一郎 // 中国研究月报.1996.50:9 583

1638 周作人におけるハント、テーヌの受容と文学観の形成 / 根岸宗一郎 // 日本中国学会報（通号 49）.1997
周作人受汉特、丹纳的影响与文学观的形成 / 根岸宗一郎 // 日本中国学会报.1997.49

1639 「礼部文件」における江紹原のスタイル――フレーザー、周作人の影響から / 小川利康 // 文化論集（通号 11）. 1997
"礼部文件"的江绍原风格――从弗雷泽、周作人的影响分析 / 小川利康 // 文化论集. 1997. 11

1640 魯迅、周作人の対日観と文学 / 山田敬三 // 未名（通号 15）. 1997
鲁迅、周作人的对日态度与文学 / 山田敬三 // 未名. 1997. 15

1641 周作人『孤児記』の周縁――ヴィクトル・ユゴーの受容を巡る魯迅との関係より / 工藤貴正 // 学大国文（通号 40）. 1997
周作人《孤儿记》的周围――对受维克多・雨果的影响及与鲁迅的关系 / 工藤贵正 // 学大国文. 1997. 40

1642 周作人の作品におけるリアリズムの特色について / 宮島敦子 // 一橋論叢 122（2）（通号 706）. 1999
论周作人作品的现实主义特色 / 宫岛敦子 // 一桥论丛. 1999. 122：2 706

1643 1930 年代の周作人――「五十自壽詩」を中心として / 柿本裕子 // 桜美林国際学論集：マジス（通号 4）. 1999
1930 年代的周作人――以《五十自寿诗》为中心 / 柿本裕子 // 樱美林国际学论集：Magis. 1999. 4

1644 シュウサクジン 周作人（豈明）/ 樋口正徳 // 最新中国要人傳. 第 72 頁
周作人（岂明）/ 樋口正德 // 最新中国要人传. 第 72 页

1645 周作人試論 / 樋口進 // 中国学論集：目加田誠博士還暦記念. 第 353 頁
试论周作人 / 樋口进 // 中国学论集：目加田诚博士花甲纪念. 第 353 页

周作民

1646 シュウサクミン 周作民 / 樋口正徳 // 最新中国要人傳. 第 73 頁
周作民 / 樋口正德 // 最新中国要人传. 第 73 页

周佛海

1647 關於組織中央政府――周佛海 / 小田信秀 // 中国及中国語 2（3）. 1940
关于组织中央政府――周佛海 / 小田信秀 // 中国及汉语. 1940. 2：3

1648 周佛海氏に中国全面和平を聽く / 大日本興亜同盟 // 興亜 3（9）. 1942
向周佛海氏咨询中国全面和平 / 大日本兴亚同盟 // 兴亚. 1942. 3：9

1649 何故に中央政府を組織するか（周佛海）昭和十四年十二月九日（上海）/ 中国派遣軍総司令部 // 日中新関係の根本理念 第 2 篇. 第 41 頁
为何组织中央政府（周佛海）昭和十四年十二月九日（上海）/ 中国派遣军总司令部 // 日中新关系的根本理念 第 2 篇. 第 41 页

1650 和平運動の發展と方途（周佛海）昭和十五年一月二日（上海）/ 中国派遣軍総司令部 // 日中新関係の根本理念 第 2 篇. 第 111 頁
和平运动的发展及途径（周佛海）昭和十五年一月二日（上海）/ 中国派遣军总司令部 // 日中新关系的根本理念 第 2 篇. 第 111 页

1651 周佛海の三民主義の理論的體系 / 浅野利三郎 // 三民主義思想発達史. 第 86 頁
周佛海的三民主义理论体系 / 浅野利三郎 // 三民主义思想发展史. 第 86 页

1652 周佛海氏の論文を讀んで / 中山優 // 中国論と随筆. 第 291 頁
读周佛海的论文 / 中山优 // 中国论与随笔. 第 291 页

1653 シュウフッカイ 周佛海 / 樋口正徳 // 最新中国要人傳. 第 74 頁
周佛海 / 樋口正德 // 最新中国要人传. 第 74 页

1654 周佛海裁判 / 益井康一 // 裁かれる汪政権：中国漢奸裁判秘録. 第 154 頁
审判周佛海 / 益井康一 // 受审判的汪政权：中国汉奸审判秘录. 第 154 页

1655 周佛海工作 / 衛藤瀋吉 // 東アジア政治史研究. 第 282 頁
策动周佛海 / 卫藤沈吉 // 东亚政治史研究. 第 282 页

周启刚

1656 シュウケイゴウ 周啓剛(覚庸) / 樋口正徳 // 最新中国要人傳. 第 71 頁
周启刚(觉庸) / 樋口正德 // 最新中国要人传. 第 71 页

周迪平

1657 シュウテキヘイ 周迪平 / 樋口正徳 // 最新中国要人傳. 第 74 頁
周迪平 / 樋口正德 // 最新中国要人传. 第 74 页

周建人

1658 周建人 / 沢村幸夫 // 上海人物印象記 第 2 集. 第 8 頁
周建人 / 泽村幸夫 // 上海人物印象记 第 2 集. 第 8 页

周炳琳

1659 シュウヘイリン 周炳琳(枚蓀) / 樋口正徳 // 最新中国要人傳. 第 75 頁
周炳琳(枚荪) / 樋口正德 // 最新中国要人传. 第 75 页

周恩来

1660 中国の指導者:周恩来とその時代 / 松野谷夫 // 東京:同友社. 1961. 330 頁
中国领导者:周恩来与他的时代 / 松野谷夫 // 东京:同友社. 1961. 330 页

1661 周恩来 / 梨本祐平 // 東京:勁草書房. 1967. 355 頁
周恩来 / 梨本祐平 // 东京:劲草书房. 1967. 355 页

1662 周恩来の基本:その対話にみる思想と戦略 / 田英夫 // 東京:東京美術. 1971. 335 頁
初步了解周恩来:其对话中的思想与战略 / 田英夫 // 东京:东京美术. 1971. 335 页

1663 周恩来の時代 / 柴田穂 // 東京:中央公論社. 1971. 268 頁
周恩来时代 / 柴田穂 // 东京:中央公论社. 1971. 268 页

1664 周恩来とのかかわりあい / 苗剣秋 // 東京:内外ニュース. 1972. 48 頁
与周恩来的交集 / 苗剑秋 // 东京:内外新闻. 1972. 48 页

1665 周恩来と毛沢東:周恩来試論 / 鳥居民 // 東京:草思社. 1975. 348 頁
周恩来与毛泽东:试论周恩来 / 鸟居民 // 东京:草思社. 1975. 348 页

1666 周恩来なき中国の潮流 / 加藤栄治 // 東京:日中出版. 1976. 232 頁
周恩来逝后的中国潮流 / 加藤荣治 // 东京:日中出版. 1976. 232 页

1667 周恩来の中国 / 半沢貫 // 東京:こぶし書房. 1976. 220 頁
周恩来的中国 / 半泽贯 // 东京:拳书房. 1976. 220 页

1668 革命児周恩来の実践 / 新井寶雄 // 東京:潮出版社. 1979. 262 頁
革命者周恩来的实践 / 新井宝雄 // 东京:潮出版社. 1979. 262 页

1669 指導力の秘密:周恩来の実践 / 新井寶雄 // 東京:潮出版社. 1979. 240 頁
领导力的秘密:周恩来的实践 / 新井宝雄 // 东京:潮出版社. 1979. 240 页

1670 遥かなる周恩来 / 松野谷夫 // 東京:朝日新聞社. 1981. 369 頁
遥远的周恩来 / 松野谷夫 // 东京:朝日新闻社. 1981. 369 页

1671 パリの周恩来:中国革命家の西欧体験 / 小倉和夫 // 東京:中央公論社. 1992. 199 頁
周恩来在巴黎:中国革命家的西欧行 / 小仓和夫 // 东京:中央公论社. 1992. 199 页

1672 周恩来の決断:日中国交正常化はこうして実現した / NHK 取材班 // 東京:日本放送出版協会. 1993. 213 頁
周恩来的决断:实现日中邦交正常化之路 / NHK 采访组 // 东京:日本放送出版协会. 1993. 213 页

1673 中共と周恩来氏 / 苗剣秋 // 読売評論 1(2). 1949
中共与周恩来 / 苗剑秋 // 读卖评论. 1949. 1:2

1674 周恩来声明の経済的要因 / 土井章 // エコノミスト 31(15). 1953
周恩来声明的经济因素 / 土井章 // 经济学人(Economist). 1953. 31:15

1675 アジア外交の立役者周恩来 / 赤松克麿 // 経済往来 6(9). 1954

亚洲外交的主角周恩来 / 赤松克麿 // 经济往来. 1954. 6：9
1676 秘録・周恩来 / 波多野乾一 // 文芸春秋 32(13). 1954
秘录・周恩来 / 波多野乾一 // 文艺春秋. 1954. 32：13
1677 周恩来の人と外交 / 苗劍秋 // 世界週報 35(25). 1954
周恩来其人与外交 / 苗剑秋 // 世界周报. 1954. 35：25
1678 周恩来外交演説の意義 / 中国研究所 // アジア経済旬報（通号 262）. 1955
周恩来外交演说的意义 / 中国研究所 // 亚洲经济旬报. 1955. 262
1679 周恩来アジア歴訪の反響 / 中国研究所 // アジア経済旬報（通号 316）. 1957
周恩来遍访亚洲之反响 / 中国研究所 // 亚洲经济旬报. 1957. 316
1680 国共合作の底流——周恩来発言に微妙な含み / 立花丈平 // 世界週報 45(8). 1964
国共合作的暗流——周恩来发言背后的微妙含义 / 立花丈平 // 世界周报. 1964. 45：8
1681 周恩来体制の試練 / 柴田穂 // 自由 15(5). 1973
周恩来体制的考验 / 柴田穂 // 自由. 1973. 15：5
1682 周恩来外交の展開 / 宇佐美滋 // 自由 15(11). 1973
周恩来外交的开展 / 宇佐美滋 // 自由. 1973. 15：11
1683 私の見た周恩来 / 吉田実 // 朝日アジアレビュー 7(1). 1976
我眼中的周恩来 / 吉田实 // 朝日亚洲评论(Asia Review). 1976. 7：1
1684 周恩来——その生と死と死後 / 松野谷夫 // 朝日アジアレビュー 7(1). 1976
周恩来——之一生及其逝后 / 松野谷夫 // 朝日亚洲评论(Asia Review). 1976. 7：1
1685 周恩来以後の中ソ関係 / 中嶋嶺雄 // アジアクォータリー 8(2). 1976
后周恩来时代的中苏关系 / 中岛岭雄 // 亚洲季刊(Asia Quarterly). 1976. 8：2
1686 周恩来総理の想い出 / 佐々木更三 // 月刊社会党（通号 231）. 1976
追忆周恩来总理 / 佐佐木更三 // 社会党月刊. 1976. 231
1687 周恩来——中国の政治的傑作 / 守屋洋 // 現代の眼 17(7). 1976
周恩来——一部中国政治的杰作 / 守屋洋 // 现代之眼. 1976. 17：7
1688 周恩来と天津 / 池上正治 // 中国研究月報（通号 410）. 1982
周恩来与天津 / 池上正治 // 中国研究月报. 1982. 410
1689 周恩来——五四時期との関連性において / 渡辺真理 // 史論（通号 39）. 1986
周恩来——论其与五四时期的关联性 / 渡边真理 // 史论. 1986. 39
1690 シュウオンライ 周恩來(少山) / 樋口正徳 // 最新中国要人傳. 第 69 頁
周恩来(少山) / 樋口正德 // 最新中国要人传. 第 69 页
1691 周恩来と劉少奇 / 吉田東祐 // 中国革命の百八人：毛沢東とスターリンの対決. 第 18 頁
周恩来与刘少奇 / 吉田东祐 // 中国革命的一百零八将：毛泽东与斯大林的交锋. 第 18 页

周家彦

1692 シュウカゲン 周家彦 / 樋口正徳 // 最新中国要人傳. 第 71 頁
周家彦 / 樋口正德 // 最新中国要人传. 第 71 页

周隆庠

1693 周隆庠 / 外務省東亜局 // 新国民政府人名鑑. 第 62 頁
周隆庠 / 外务省东亚局 // 新国民政府人名鉴. 第 62 页
1694 シュウリュウショウ 周隆庠 / 樋口正徳 // 最新中国要人傳. 第 75 頁
周隆庠 / 樋口正德 // 最新中国要人传. 第 75 页

周震麟

1695 シュウシンリン(道腴) / 樋口正徳 // 最新中国要人傳. 第 74 頁
周震麟(道腴) / 樋口正德 // 最新中国要人传. 第 74 页

周鲤生

1696 シュウコウセイ周鯉生(名覽) / 樋口正徳 // 最新中国要人傳. 第 72 頁

周鲠生（名览）／樋口正德∥最新中国要人传.第72页

〔、〕

郑大章
1697　テイダイショウ　鄭大章／樋口正德∥最新中国要人傳.第158頁
　　　郑大章／樋口正德∥最新中国要人传.第158页

郑贞文
1698　鄭貞文／沢村幸夫∥上海人物印象記 第2集.第47頁
　　　郑贞文／泽村幸夫∥上海人物印象记 第2集.第47页
1699　テイテイブン　鄭貞文（心南）／樋口正德∥最新中国要人傳.第158頁
　　　郑贞文（心南）／樋口正德∥最新中国要人传.第158页

郑毓秀
1700　テイイクシュウ　鄭毓秀／樋口正德∥最新中国要人傳.第158頁
　　　郑毓秀／樋口正德∥最新中国要人传.第158页

居　正
1701　居正…鍾明志／沢村幸夫∥上海人物印象記 第1集.第12頁
　　　居正、钟明志／泽村幸夫∥上海人物印象记 第1集.第12页
1702　キョセイ居正（覺生）／樋口正德∥最新中国要人傳.第40頁
　　　居正（觉生）／樋口正德∥最新中国要人传.第40页

九　画

〔一〕

项　英

1703　項　英／吉岡文六∥現代中国人物論.第163頁
　　　　项　英／吉冈文六∥现代中国人物论.第163页
1704　コウエイ項英(德龍)／樋口正德∥最新中国要人傳.第61頁
　　　　项英(德龙)／樋口正德∥最新中国要人传.第61页
1705　惨たる項英軍の過去／草野文男∥抗日中国相剋の現勢.第99頁
　　　　悲惨的项英军的过去／草野文男∥抗日中国相斗的现势.第99页

赵　琪

1706　趙　琪／外務省東亜局∥新国民政府人名鑑.第3頁
　　　　赵　琪／外务省东亚局∥新国民政府人名鉴.第3页
1707　チョウキ　趙祺／樋口正德∥最新中国要人傳.第132頁
　　　　赵　祺／樋口正德∥最新中国要人传.第132页

赵正平

1708　趙正平／外務省東亜局∥新国民政府人名鑑.第4頁
　　　　赵正平／外务省东亚局∥新国民政府人名鉴.第4页
1709　チョウセイヘイ　趙正平(厚生)／樋口正德∥最新中国要人傳.第133頁
　　　　赵正平(厚生)／樋口正德∥最新中国要人传.第133页

赵丕廉

1710　チョウヒレン　趙丕廉(芷青)／樋口正德∥最新中国要人傳.第133頁
　　　　赵丕廉(芷青)／樋口正德∥最新中国要人传.第133页

赵尔巽

1711　新任東三省總督趙爾巽／中野天心∥大東　第4年(6).1911
　　　　新任东三省总督赵尔巽／中野天心∥大东.1911.4(6)
1712　盛京將軍趙爾巽と日本との関係(上、中、下)／河村一夫∥政治経済史学.(通号218,221,226).
　　　　1984—1985
　　　　盛京将军赵尔巽与日本的关系(上、中、下)／河村一夫∥政治经济学史.1984—1985.218,221,226
1713　満人種中の憂国家趙爾巽／覆面浪人(増本義敏)∥現代中国四百余州風雲児.第59頁
　　　　满人中的忧国之士赵尔巽／覆面浪人(増本义敏)∥现代中国四百余州风云儿.第59页

赵如珩

1714　チョウジョコウ　趙如珩／樋口正德∥最新中国要人傳.第133頁
　　　　赵如珩／樋口正德∥最新中国要人传.第133页

赵叔雍

1715　趙叔雍／外務省東亜局∥新国民政府人名鑑.第4頁
　　　　赵叔雍／外务省东亚局∥新国民政府人名鉴.第4页
1716　チョウシュクヨウ　趙叔雍／樋口正德∥最新中国要人傳.第133頁
　　　　赵叔雍／樋口正德∥最新中国要人传.第133页

赵毓松

1717　迎春花:趙毓松の中国革命回顧録／古沢敏雄∥東京:明德出版社.1978.257頁
　　　　迎春花:赵毓松的中国革命回顾录／古泽敏雄∥东京:明德出版社.1978.257页

1718 趙毓松 / 外務省東亜局 // 新国民政府人名鑑. 第 3 頁
趙毓松 / 外务省东亚局 // 新国民政府人名鉴. 第 3 页

1719 チョウイクショウ 趙毓松 / 樋口正徳 // 最新中国要人傳. 第 132 頁
赵毓松 / 樋口正德 // 最新中国要人传. 第 132 页

赵戴文

1720 チョウタイブン 趙戴文(次龍) / 樋口正徳 // 最新中国要人傳. 第 133 頁
赵戴文(次龙{陇}) / 樋口正德 // 最新中国要人传. 第 133 页

胡 适

1721 中国新文学運動史:政治と文学の交点・胡適から魯迅へ / 尾坂徳司 // 東京:法政大学出版局. 1957. 314 頁
中国新文学运动史:政治与文学的交点・从胡适到鲁迅 / 尾坂德司 // 东京:法政大学出版局. 1957. 314 页

1722 胡適氏の寒山拾得攷に就きて / 三松荘一 // 日本及日本人 (145). 1928
关于胡适的寒山、拾得考 / 三松庄一 // 日本及日本人. 1928. 145

1723 胡適の中国文學論 / 橋川時雄 // 日本及日本人 (272). 1933
胡适的中国文学论 / 桥川时雄 // 日本及日本人. 1933. 272

1724 胡適氏の敬告於日本國民を讀みて / 金崎賢 // 大亜細亜 4(1). 1936
读胡适的敬告于日本国民 / 金崎贤 // 大亚细亚. 1936. 4:1

1725 國語文法研究法——胡適 / 金子二郎 // 中国及中国語 3(11). 1941
国语语法研究法——胡适 / 金子二郎 // 中国及汉语. 1941. 3:11

1726 胡適大使の自嘲 / 海外之日本社 // 海外之日本 15(1). 1941
胡适大使自嘲 / 海外之日本社 // 海外之日本. 1941. 15:1

1727 胡適先生 / 鈴木大拙 // 文芸春秋 26(7). 1948
胡适先生 / 铃木大拙 // 文艺春秋. 1948. 26:7

1728 中国のルネッサンス——胡適を中心とする文学革命 / 井貫軍二 // 教育時報 (通号 1). 1952
中国的文艺复兴——以胡适为中心的文学革命 / 井贯军二 // 教育时报. 1952. 1

1729 胡適博士の思想的立場 / 矢島鈞次 // 読書春秋 4(2). 1953
胡适博士的思想立场 / 矢岛钧次 // 读书春秋. 1953. 4:2

1730 胡適の説いた所の詞の音起源論 / 大塚繁樹 // 中国語学 1956(53). 1956
胡适所提倡的词音起源论 / 大塚繁树 // 汉语学. 1956. 1956:53

1731 禅仏教の問題——胡適と鈴木大拙との対論をめぐって / 藤吉慈海 // 仏教文化研究 (通号 6, 7). 1958
禅佛教的问题——围绕胡适与铃木大拙的辩论 / 藤吉慈海 // 佛教文化研究. 1958. 6,7

1732 胡適の死 / 目加田誠 // 文芸春秋 40(5). 1962
胡适之死 / 目加田诚 // 文艺春秋. 1962. 40:5

1733 胡適之博士の手紙 / 柳田聖山 // 禪學研究 (通号 53). 1963
胡适之博士信函 / 柳田圣山 // 禅学研究. 1963. 53

1734 初期の新詩:胡適と朱自清 / 横山永三 // 山口大學文學會志 15(1). 1964
早期新诗:胡适与朱自清 / 横山永三 // 山口大学文学会志. 1964. 15:1

1735 胡適と新文化運動 / 山口栄 // 岡山史学 (通号 24). 1971
胡适与新文化运动 / 山口荣 // 冈山史学. 1971. 24

1736 胡適氏の談話レコーディング / 本誌資料室 // 問題と研究:アジア太平洋研究専門誌 2(7). 1973
胡适的谈话录音 / 本志资料室 // 问题与研究:亚太研究专刊. 1973. 2:7

1737 胡適の禅宗史研究 / 八木信佳 // 禅文化研究所紀要 (通号 6). 1974
胡适的禅宗史研究 / 八木信佳 // 禅文化研究所纪要. 1974. 6

1738 胡適博士と中国初期禅宗史の研究 / 柳田聖山 // 問題と研究:アジア太平洋研究専門誌 4 (5). 1975
胡适博士与中国初期禅宗史研究 / 柳田圣山 // 问题与研究:亚太研究专刊. 1975. 4:5
1739 忘れ得ぬ人 中国近代化の父 胡適 / 林語堂 // リーダーズダイジェスト 30(4). 1975
无法忘却的人:中国近代化之父 胡适 / 林语堂 // 读者文摘. 1975. 30:4
1740 胡適は「老残遊記」をどう読んだか / 樽本照雄 // 大阪経大論集 (通号 120). 1977
胡适如何读《老残游记》/ 樽本照雄 // 大阪经大论集. 1977. 120
1741 北京の芥川竜之介——胡適、魯迅とのかかわり / 飯倉照平 // 文学 49(7). 1981
芥川龙之介在北京——与胡适、鲁迅的来往 / 饭仓照平 // 文学. 1981. 49:7
1742 新文化運動における張厚載と胡適——旧劇改良論争を中心に / 宮尾正樹 // 日本中国学会報 (通号 38). 1986
新文化运动中的张厚载与胡适——以旧剧改良争论为中心 / 宫尾正树 // 日本中国学会报. 1986. 38
1743 胡適の教育活動——壬戌学制成立時の状況 / 山口榮 // 帝京史学 (2). 1986
胡适的教育活动——壬戌学制成立时的状况 / 山口荣 // 帝京史学. 1986. 2
1744 芥川竜之介と胡適——北京体験の一側面 / 単援朝 // 言語と文芸 (107). 1991
芥川龙之介与胡适——北京体验的一方面 / 单援朝 // 语言与文艺. 1991. 107
1745 胡適と日本学人 / 河田悌一 // 関西大学中国文学会紀要 (通号 13). 1992
胡适与日本学人 / 河田悌一 // 关西大学中国文学会纪要. 1992. 13
1746 胡適と白話文・国語運動 / 大原信一 // 同志社外国文学研究 (通号 64). 1992
胡适与白话文、国语运动 / 大原信一 // 同志社外国文学研究. 1992. 64
1747 中国文学あれこれ(24)国民党文化政策の展開と胡適 / 阪口直樹 // 季刊中国:研究誌 (33). 1993
中国文学种种(24)国民党文化政策的开展与胡适 / 阪口直树 // 季刊中国:研究志. 1993. 33
1748 胡適とデューイ——五四運動期中国におけるデューイ思想の受容 / 長谷川豊 // 日本デューイ学会紀要 (通号 34). 1993
胡适与杜威——五四运动时期中国对杜威思想的接纳 / 长谷川丰 // 日本杜威学会纪要. 1993. 34
1749 「問題と主義」論争における胡適の立脚点——プラグマティズムと個別問題 / 大森良 // 中国学志 (通号 12). 1994
"问题与主义"论战中胡适的立足点——实用主义与个别问题 / 大森良 // 中国学志. 1994. 12
1750 錢穆と東西文化論争——梁漱溟・胡適論争に対する構えを中心に / 野田善弘 // 東洋古典學研究 (通号 4). 1997
钱穆与东西文化论战——以对梁漱溟、胡适论战的态度为中心 / 野田善弘 // 东洋古典学研究. 1997. 4
1751 胡適の実験主義とその評価 / 宮西英人 // 東洋文化学科報 12. 1997
胡适的实验主义及其评价 / 宫西英人 // 东洋文化学科报. 1997. 12
1752 胡適思想研究:人と思想・学問 / 山口榮 // 岡山大学博士論文. 1997
胡适思想研究:人与思想、学问 / 山口荣 // 冈山大学博士论文. 1997
1753 中国の文体改革:胡適「八不主義」とその展開 / 鈴木義昭 // 早稲田大学日本語研究教育センター紀要 10. 1998
中国的文体改革:胡适"八不主义"及其开展 / 铃木义昭 // 早稻田大学日语研究教育中心纪要. 1998. 10
1754 胡適と水経注研究専家の来往書信 / 山口榮 // 中国水利史研究 (通号 26). 1998
胡适与《水经注》研究专家的往来书信 / 山口荣 // 中国水利史研究. 1998. 26
1755 胡適の教育思想——デューイと胡適 / 山口榮 // 日本デューイ学会紀要 (通号 40). 1999
胡适的教育思想——杜威与胡适 / 山口荣 // 日本杜威学会纪要. 1999. 40
1756 コテキ 胡適(適之) / 樋口正徳 // 最新中国要人傳. 第 47 頁

胡适(适之) / 樋口正德 // 最新中国要人传. 第47页

胡 瑛

1757 胡瑛等ノ袁ニ致セシ電報 / 外務省政務局 // 中国時報 (7). 1912
胡瑛等人致袁世凯的电报 / 外务省政务局 // 中国时报. 1912.7

1758 胡瑛について / 松本英紀 // 立命館東洋史學 (通号 22). 1999
关于胡瑛 / 松本英纪 // 立命馆东洋史学. 1999.22

胡 霖

1759 コリン 胡霖(政之) / 樋口正德 // 最新中国要人傳. 第48頁
胡霖(政之) / 樋口正德 // 最新中国要人传. 第48页

胡文虎

1760 九州水害に一千万円を投げ出した親日華僑実業家胡文虎とはどんな男か / 谷口五郎 // 実業の日本. 1953. 56;18
向九州水灾捐献一千万日元的亲日华侨实业家胡文虎是怎样的人 / 谷口五郎 // 实业之日本. 56(18)1953

1761 コブンコ 胡文虎 / 樋口正德 // 最新中国要人傳. 第48頁
胡文虎 / 樋口正德 // 最新中国要人传. 第48页

胡兰成

1762 現代中国人の文人・胡蘭成の書と書論 / 文化学園文化出版局 // 季刊銀花 (9). 1972
现代中国文人胡兰成的书法与书法论 / 文化学园文化出版局 // 季刊银花. 1972.9

1763 書は王道・胡蘭成書論 / 文化学園文化出版局 // 季刊銀花 (9). 1972
书法为王道:胡兰成书法论 / 文化学园文化出版局 // 季刊银花. 1972.9

1764 近代西欧文明を書で刺す胡蘭成 / 海上雅臣 // 季刊銀花 (9). 1972
以书法来对抗近代西方文明的胡兰成 / 海上雅臣 // 季刊银花. 1972.9

1765 香港映画『レッド・ダスト』のモデルたち——張愛玲と胡蘭成 / 藤井省三 // ユリイカ 23(8)(310). 1991
香港电影《滚滚红尘》的原型——张爱玲与胡兰成 / 藤井省三 // 发现了!(Eureka). 1991. 23;8(310)

1766 胡蘭成 / 外務省東亜局 // 新国民政府人名鑑. 第31頁
胡兰成 / 外务省东亚局 // 新国民政府人名鉴. 第31页

胡汉民

1767 南方政局の低氣壓——胡漢民 / ジャパン・タイムス社邦文パンフレット通信部 // 邦文パンフレット通信 (113). 1927
南方政局的低气压——胡汉民 / 日本时代(Japan Times)社日文活页文选(Pamphlet)通信部 // 日文活页文选(Pamphlet)通信. 1927.113

1768 立法院長胡漢民論 / 日中問題研究會 // 日中 2(1). 1929
论立法院长胡汉民 / 日中问题研究会 // 日中. 1929. 2:1

1769 胡漢民覇權の解剖 / 橘 樸 // 日中 2(2). 1929
胡汉民霸权的解剖 / 橘 朴 // 日中. 1929. 2;2

1770 蔣介石の獨立確立——胡漢民民監禁さる / 文明協会 // 日本と世界 (1). 1931
蒋介石确立独立——胡汉民被监禁 / 文明协会 // 日本与世界. 1931.1

1771 胡漢民氏の監禁 / 大日社 // 大日 (3). 1931
监禁胡汉民 / 大日社 // 大日. 1931.3

1772 蔣政權と胡漢民の死 / 吉岡文六 // 国際評論 5(6). 1936
蒋政权与胡汉民的死 / 吉冈文六 // 国际评论. 1936. 5;6

1773 南京臨時政府とその時代——宋教仁・胡漢民論争を中心にして / 中村義 // 東京学芸大学紀要

第 3 部門 社会科学（通号 24）．1972

南京临时政府及其时代——以宋教仁、胡汉民论争为中心 / 中村义 // 东京学芸大学纪要 第 3 部门 社会科学．1972．24

1774 中国の陸奥宗光胡漢民 / 浜野末太郎 // 現代中国人物批判．第 113 頁

中国的陆奥宗光胡汉民 / 浜野末太郎 // 现代中国人物批判．第 113 页

胡宗南

1775 コソウナン 胡宗南（壽山）/ 樋口正徳 // 最新中国要人傳．第 46 頁

胡宗南（寿山）/ 樋口正徳 // 最新中国要人传．第 46 页

廕 昌

1776 清国陸軍の要材廕昌 / 覆面浪人（増本義敏）// 現代中国四百余州風雲児．第 57 頁

清朝陆军的要人廕昌 / 覆面浪人（増本义敏）// 现代中国四百余州风云儿．第 57 页

1777 陸軍部尚書——廕昌將軍との會談 / 田 昌 // 坂田大佐を偲ぶ．第 159 頁

与陆军部尚书——廕昌将军的会谈 / 田 昌 // 追忆坂田大佐．第 159 页

柏文蔚

1778 柏文蔚氏の述懷 / 水野梅曉 // 中国の変局．第 51 頁

对柏文蔚先生的述怀 / 水野梅晓 // 中国异变．第 51 页

1779 轗軻不遇の人 柏文蔚 / 浜野末太郎 // 現代中国人物批判．第 70 頁

坎坷不遇的人 柏文蔚 / 浜野末太郎 // 现代中国人物批判．第 70 页

1780 ハクブンウツ 柏文蔚（烈武）/ 樋口正徳 // 最新中国要人傳．第 177 頁

柏文蔚（烈武）/ 樋口正徳 // 最新中国要人传．第 177 页

〔J〕

钮永建

1781 チュウエイケン 鈕永建（惕生）/ 樋口正徳 // 最新中国要人傳．第 114 頁

钮永建（惕生）/ 樋口正徳 // 最新中国要人传．第 114 页

香翰屏

1782 コウカンヘイ 香翰屏（墨林）/ 樋口正徳 // 最新中国要人傳．第 58 頁

香翰屏（墨林）/ 樋口正徳 // 最新中国要人传．第 58 页

秋 瑾

1783 秋風秋雨人を愁殺す——秋瑾女士伝 / 武田泰淳 // 東京：筑摩書房．1968．253 頁

秋风秋雨愁煞人——秋瑾女士传 / 武田泰淳 // 东京：筑摩书房．1968．253 页

1784 婦人革命家王秋瑾女士の思い出（1—3）/ 服部繁子 // 中国語雑誌 6(1-3)．1951

妇女革命家王秋瑾女士的回忆（1—3）/ 服部繁子 // 汉语杂志．1951．6：1-3

1785 秋瑾女侠の生涯 / 大島利一 // 寧楽史苑 (4)．1957

秋瑾女侠的生涯 / 大岛利一 // 宁乐史苑．1957．4

1786 清末における婦人解放運動と女侠秋瑾——辛亥革命前夜における「君主立憲」と「民主運動」-下- / 大隅逸郎 // 同志社法学 16(3)．1964

清末妇女解放运动与女侠秋瑾——辛亥革命前夕的"君主立宪"与"民主运动"（下）/ 大隅逸郎 // 同志社法学．1964．16：3

1787 秋瑾女子伝（1—5）/ 武田泰淳 // 展望（100-101,103-105）．1967

秋瑾女士传（1—5）/ 武田泰淳 // 展望．1967．100

1788 吉田松陰と秋瑾女士の間 / 河上徹太郎、武田泰淳 // 文學界 22(8)．1968

吉田松阴与秋瑾女士 / 河上彻太郎、武田泰淳 // 文学界．1968．22：8

1789 心に残った異性像・愛国の佳人・秋瑾 / 奥田泰治 // 学習の友 (337)．1981

印象深刻的异性形象：爱国的佳人秋瑾 / 奥田泰治 // 学习之友．1981．337

1790 秋瑾来日考 / 樽本照雄 // 大阪経大論集 159(2).1984
秋瑾来日考 / 樽本照雄 // 大阪经大论集.1984.159:2

1791 秋瑾故居 / 田中有 // 實踐國文學 (26).1984
秋瑾故居 / 田中有 // 实践国文学.1984.26

1792 音楽史詩から秋瑾 / 阿部幸夫 // ニューエネルギー (69).1985
音乐史诗中的秋瑾 / 阿部幸夫 // 新能源(New Energy).1985.69

1793 日本人の見た秋瑾:秋瑾史実の若干の再検討 / 大里浩秋 // 中国研究月報 (453).1985
日本人眼中的秋瑾:秋瑾相关史实的若干再研究 / 大里浩秋 // 中国研究月报.1985.453

1794 新聞に見る徐錫麟事件、秋瑾事件 / 沢本香子 // 清末小説 (11).1988
新闻中的徐锡麟事件、秋瑾事件 / 泽本香子 // 清末小说.1988.11

1795 秋瑾来日再考 / 樽本照雄 // 清末小説から (13).1989
秋瑾来日再考 / 樽本照雄 // 从清末小说.1989.13

1796 秋瑾という女性——その「革命家」なる虚像 / 柴田巌 // 月刊状況と主体 (158).1989
名为秋瑾的女性——其"革命家"的假象 / 柴田岩 // 状况与主体月刊.1989.158

1797 秋瑾と大通学堂 / 渡辺秀夫 // 季刊中国:研究誌 (23).1990
秋瑾与大通学堂 / 渡边秀夫 // 季刊中国:研究志.1990.23

1798 女性解放思想史講座 留学生・秋瑾 / 前山加奈子 // 季刊女子教育もんだい (通号 53).1992
女性解放思想史讲座 留学生秋瑾 / 前山加奈子 // 女子教育问题季刊.1992.53

1799 秋瑾——時代を先取りした鋭敏な叫び声 / 大里浩秋 // 月刊しにか 6(3)(60).1995
秋瑾——领先时代的敏锐的呐喊声 / 大里浩秋 // 中国学月刊.1995.6:3(60)

1800 秋瑾 日本との出逢い(3) / 中西進 // 淡交 50(3)(606).1996
秋瑾 邂逅日本(3) / 中西进 // 淡交.1996.50:3(606)

1801 中国人日本留学生と女・烈士秋瑾 / 小竹昭人 // 国際金融 (通号 1003).1998
中国留日学生与女烈士秋瑾 / 小竹昭人 // 国际金融.1998.1003

1802 花月の僑郷楽しみ知るべし——秋瑾の出国留学と中日友好 / 晨朵 // 中国研究月報 52(12)(通号 610).1998
花月侨乡乐可知——秋瑾的出国留学与中日友好 / 晨朵 // 中国研究月报.1998.52:12(610)

1803 秋瑾——清末の女性革命家 / 小松原伴子 // 月刊しにか 10(12)(通号 117).1999
秋瑾——清末的女革命家 / 小松原伴子 // 中国学月刊.1999.10:12(117)

1804 下田歌子と秋瑾のこと / 檜山久雄 // 社会評論 25(3)(通号 118).1999
下田歌子与秋瑾 / 桧山久雄 // 社会评论.1999.25:3(118)

段祺瑞

1805 段祺瑞と馮国璋 / 鵜崎鷺城 // 現代の歴史を造る人々.第 231 頁
段祺瑞与冯国璋 / 鹈崎鹭城 // 创造现代历史的人们.第 231 页

1806 武人段祺瑞 / 河瀬蘇北 // 現代之人物観:無遠慮に申上候.第 391 頁
武夫段祺瑞 / 河濑苏北 // 现代之人物观:秉笔直书.第 391 页

1807 張勳の復辟と段祺瑞の復活 / 加藤勘十 // 寺内内閣と対中外交.第 75 頁
张勋的复辟与段祺瑞的复活 / 加藤勘十 // 寺内内阁与对华外交.第 75 页

1808 馮國璋と段祺瑞の確執 / 西川喜一 // 中国経済綜攬 第 1 卷.第 82 頁
冯国璋与段祺瑞的争执 / 西川喜一 // 中国经济综览 第 1 卷.第 82 页

1809 宋の張邦昌・段祺瑞不人氣の原因 / 西本白川 // 現代中国史の考察.第 217 頁
宋人张邦昌与段祺瑞不受欢迎的原因 / 西本白川 // 现代中国的历史考察.第 217 页

1810 段祺瑞の蹶起 / 清水国治 // 満州駐屯守備兵の思ひ出.第 495 頁
段祺瑞的崛起 / 清水国治 // 满洲驻屯守军回忆录.第 495 页

1811 段祺瑞を中心として / 亜細亜学生会 // 黎明の中国.第 313 頁

以段祺瑞为中心 / 亚细亚学生会 // 黎明的中国. 第 313 页

1812 　段祺瑞 / 村田孜郎 // 中国の左翼戦線. 第 265 頁
段祺瑞 / 村田孜郎 // 中国的左翼战线. 第 265 页

1813 　段祺瑞の南方壓迫 / 吉野作造 // 時事問題講座 第 7: 対中問題. 第 143 頁
段祺瑞对南方的压制 / 吉野作造 // 时事问题讲座 7: 对华问题. 第 143 页

1814 　段祺瑞時代 / 船田中 // 東亜明朗化のために: 日・中・蘇・英関係の将来. 第 142 頁
段祺瑞时代 / 船田中 // 为了东亚的明朗化: 日・中・苏・英关系的未来. 第 142 页

1815 　中日密教研究會長段祺瑞執政滿中忌供養願文 / 中日密教研究会静岡支部 // 班禅喇嘛法王追悼余光. 第 72 頁
中日密教研究会长段祺瑞执政满中忌供养愿文 / 中日密教研究会静冈支部 // 班禅喇嘛法王追悼余光. 第 72 页

1816 　許世英大使祭段祺瑞執政文 / 中日密教研究会静岡支部 // 班禅喇嘛法王追悼余光. 第 79 頁
许世英大使祭段祺瑞执政文 / 中日密教研究会静冈支部 // 班禅喇嘛法王追悼余光. 第 79 页

1817 　段祺瑞執政滿中忌の光景 / 中日密教研究会静岡支部 // 班禅喇嘛法王追悼余光. 第 80 頁
段祺瑞执政满中忌的情景 / 中日密教研究会静冈支部 // 班禅喇嘛法王追悼余光. 第 80 页

1818 　唐紹儀・段祺瑞・王正廷 / 高木陸郎 // 日華交友録. 第 124 頁
唐绍仪、段祺瑞、王正廷 / 高木陆郎 // 日华交友录. 第 124 页

1819 　段祺瑞 / 高木陸郎 // 私と中国. 第 150 頁
段祺瑞 / 高木陆郎 // 我与中国. 第 150 页

俞飞鹏

1820 　ユヒホウ　俞飛鵬 / 樋口正徳 // 最新中国要人傳. 第 193 頁
俞飞鹏 / 樋口正德 // 最新中国要人传. 第 193 页

俞鸿钧

1821 　ユコウキン　俞鴻鈞 / 樋口正徳 // 最新中国要人傳. 第 193 頁
俞鸿钧 / 樋口正德 // 最新中国要人传. 第 193 页

〔、〕

施肇基

1822 　シチョウキ 施肇基(植之) / 樋口正徳 // 最新中国要人傳. 第 64 頁
施肇基(植之) / 樋口正德 // 最新中国要人传. 第 64 页

〔ㄱ〕

贺　龙

1823 　ガリュウ 賀龍(雲卿) / 樋口正徳 // 最新中国要人傳. 第 35 頁
贺龙(云卿) / 樋口正德 // 最新中国要人传. 第 35 页

贺子珍

1824 　ガシテイ 賀子貞(珍)(降春) / 樋口正徳 // 最新中国要人傳. 第 34 頁
贺子珍(降春) / 樋口正德 // 最新中国要人传. 第 34 页

贺国光

1825 　ガコクコウ 賀國光(元靖) / 樋口正徳 // 最新中国要人傳. 第 34 頁
贺国光(元靖) / 樋口正德 // 最新中国要人传. 第 34 页

贺耀祖

1826 　ガヨウソ 賀耀祖(貴嚴) / 樋口正徳 // 最新中国要人傳. 第 34 頁
贺耀祖(贵严) / 樋口正德 // 最新中国要人传. 第 34 页

姚　震

1827 　姚震氏 / 鈴木一馬 // 最近の中国事情. 第 72 頁

姚　震／铃木一马∥中国近况. 第72页
1828　段の懷刀 姚震／浜野末太郎∥現代中国人物批判. 第89页
　　　段的怀刀 姚震／浜野末太郎∥现代中国人物批判. 第89页
姚作宾
1829　ヨウサクヒン　姚作賓／樋口正徳∥最新中国要人傳. 第195頁
　　　姚作宾／樋口正德∥最新中国要人传. 第195页

十　画

〔一〕

秦　汾

1830　シンフン 秦汾(景陽) / 樋口正德 // 最新中国要人傳. 第 94 頁
　　　秦汾(景阳) / 樋口正德 // 最新中国要人传. 第 94 页

秦邦憲

1831　シンホウケン 秦邦憲(博古) / 樋口正德 // 最新中国要人傳. 第 95 頁
　　　秦邦宪(博古) / 樋口正德 // 最新中国要人传. 第 95 页

1832　博古(秦邦憲) / 吉岡文六 // 現代中国人物論. 第 174 頁
　　　博古(秦邦宪) / 吉冈文六 // 现代中国人物论. 第 174 页

載英夫

1833　載英夫 / 外務省東亞局 // 新国民政府人名鑑. 第 65 頁
　　　载英夫 / 外务省东亚局 // 新国民政府人名鉴. 第 65 页

袁世凱

1834　袁世凱正伝 / 内藤順太郎 // 東京:博文館. 1913. 256 頁
　　　袁世凯正传 / 内藤顺太郎 // 东京:博文馆. 1913. 256 页

1835　怪傑袁世凱 / 関矢充郎 // 東京:實業之日本社. 1913. 410 頁
　　　怪杰袁世凯 / 关矢充郎 // 东京:实业之日本社. 1913. 410 页

1836　陰謀家袁世凱 / 小越平陸 // 東京:健行会. 1913. 74 頁
　　　阴谋家袁世凯 / 小越平陆 // 东京:健行会. 1913. 74 页

1837　中国分割論:附・袁世凱 / 酒巻貞一郎 // 東京:啓成社. 1913. 204 頁
　　　分割中国论:附 袁世凯 / 酒卷贞一郎 // 东京:启成社. 1913. 204 页

1838　伊藤博文・袁世凱:東亞英傑伝 / 白井喬二 // 大阪:宋栄堂. 1943. 278 頁
　　　伊藤博文、袁世凯:东亚英杰传 / 白井乔二 // 大阪:宋荣堂. 1943. 278 页

1839　袁世凱伝 / 佐久間東山 // 東京:現代思潮社. 1985. 317 頁
　　　袁世凯传 / 佐久间东山 // 东京:现代思潮社. 1985. 317 页

1840　孫文と袁世凱:中華統合の夢 / 横山宏章 // 東京:岩波書店. 1996. 234 頁
　　　孙文与袁世凯:一统中华之梦 / 横山宏章 // 东京:岩波书店. 1996. 234 页

1841　袁世凱と日英米 / 兵事雜誌社 // 兵事雜誌 第 8(9). 1903
　　　袁世凯与日、英、美 / 军事杂志社 // 军事杂志. 1903. 8;9

1842　袁世凱の演說と露國新聞 / 兵事雜誌社 // 兵事雜誌 第 8(19). 1903
　　　袁世凯演讲与俄国报 / 军事杂志社 // 军事杂志. 1903. 8;19

1843　袁世凱の調剤 / 東京パック社 // 東京パック 3(26). 1907
　　　袁世凯的配药 / 东京 Puck 社 // 东京 Puck. 1907. 3;26

1844　袁世凱の悪夢 / 小杉未醒 // 笑 3(1). 1909
　　　袁世凯的噩梦 / 小杉未醒 // 笑. 1909. 3;1

1845　逝ける張之洞 退ける袁世凱 / 奉公会 // 奉公 (82). 1909
　　　逝者张之洞 退者袁世凯 / 奉公会 // 奉公. 1909. 82

1846　袁世凱内閣の人物評 / 青柳篤恒 // 経済時報 (12 月號)(108). 1911
　　　袁世凯内阁人物评价 / 青柳笃恒 // 经济时报. 1911. 12(108)

1847　康有爲と袁世凱——十月八日本會の中国研究第一講演會に於て / 青柳篤恒 // 奉公 (106). 1911

　　　　康有为与袁世凯——于十月八日本会中国研究第一报告会上 / 青柳笃恒 // 奉公.1911.106

1848　袁世凱の傳 / 博文館 // 実業倶楽部 1(14).1911
　　　　袁世凯传 / 博文馆 // 实业俱乐部.1911.1:14

1849　袁世凱の出征 / 東京パック社編 // 東京パック 7(32).1911
　　　　袁世凯出征 / 东京 Puck 社编 // 东京 Puck.1911.7:32

1850　袁世凱のだるま落し / 東京パック社 // 東京パック 8(4).1912
　　　　袁世凯的打达摩玩具 / 东京 Puck 社 // 东京 Puck.1912.8:4

1851　袁世凱の幕外六法 / 東京パック社 // 東京パック 8(7).1912
　　　　袁世凯的幕外六法 / 东京 Puck 社 // 东京 Puck.1912.8:7

1852　袁世凱と華盛頓 / 大隈重信 // 実業の日本 15(15).1912
　　　　袁世凯与华盛顿 / 大隈重信 // 实业之日本.1912.15:15

1853　革命と袁世凱 / 菊池良一 // 国家及国家学 1(7).1913
　　　　革命与袁世凯 / 菊池良一 // 国家及国家学.1913.1:7

1854　袁世凱を葬るべし / 経済時報社 // 経済時報（3月號）(111).1912
　　　　应葬袁世凯 / 经济时报社 // 经济时报.1912.3(111)

1855　民國大總統袁世凱 / 劍書樓主人 // 経済時報（1月號）(121).1913
　　　　民国大总统袁世凯 / 剑书楼主人 // 经济时报.1913.1(121)

1856　袁世凱 / 黄雀童子 // 東京パック 9(36).1913
　　　　袁世凯 / 黄雀童子 // 东京 Puck.1913.9:26

1857　機會を捉へた古今の人物を評し山本伯と袁世凱の進退に及ぶ / 大木遠吉 // 実業の日本 16(21).1913
　　　　点评古今乘机人物 有关山本伯爵与袁世凯的进退 / 大木远吉 // 实业之日本.1913.16:21

1858　袁世凱の探偵政略 / 蒼鷹公 // 中国と日本 第2(5).1914
　　　　袁世凯的侦探策略 / 苍鹰公 // 中国与日本.1914.2:5

1859　舞臺上の人物——袁世凱と明石元次郎 / 蘇北學人 // 国家及国家学 3(6).1915
　　　　舞台上的人物——袁世凯与明石元次郎 / 苏北学人 // 国家及国家学.1915.3:6

1860　細心周緻なる袁世凱左右に問ふて / 東京パック社 // 東京パック 11(21).1915
　　　　访问细心周到的袁世凯左右 / 东京 Puck 社 // 东京 Puck.1915.11:21

1861　四百餘州の帝王たらんとした逝ける袁世凱の情的半面 / 天秋生 // 世の中 2(8).1916
　　　　欲为四百余州之帝王 已逝袁世凯情感的侧面 / 天秋生 // 世间.1916.2:8

1862　怪傑袁世凱と其幕僚 / 飛雲殿上人 // 金星 4(2).1916
　　　　怪杰袁世凯及其幕僚 / 飞云殿上人 // 金星.1916.4:2

1863　梟雄袁世凱 / 内田康哉 // 学生 7(7).1916
　　　　枭雄袁世凯 / 内田康哉 // 学生.1916.7:7

1864　明末の袁崇煥と清に代れる袁世凱、兩袁の朝鮮に附與すべき感動如何 / 吉田東伍 // 歴史地理 27(1).1916
　　　　明末袁崇焕与取代清朝的袁世凯 两袁赋予朝鲜之感动如何 / 吉田东伍 // 历史地理.1916.27:1

1865　袁の沒落と我が對中政策め將來 / 根津一 // 欧州戰争実記 (60).1916
　　　　袁世凯没落与我国对华政策的未来 / 根津一 // 欧洲战争实记.1916.60

1866　窮地に陷れる袁世凱 / 城南隱士 // 欧州戰争実記 (60).1916
　　　　身陷绝境的袁世凯 / 城南隐士 // 欧洲战争实记.1916.60

1867　伊藤博文と袁世凱 / 江原素六 // 自由評論 7(2).1919
　　　　伊藤博文与袁世凯 / 江原素六 // 自由评论.1919.7:2

1868　袁世凱の死と中国の將來 / 青柳篤恒 // 欧州戰争実記 (66).1916
　　　　袁世凯之死与中国的未来 / 青柳笃恒 // 欧洲战争实记.1916.66

1869　袁歿後の中國は如何 / 曙町浪人 // 欧州戦争実記 (66). 1916
　　　袁世凯逝后中国将如何 / 曙町浪人 // 欧洲战争实记. 1916. 66
1870　孫と袁世凱 / 小田律、リンバーガ // 日本読書協会会報 (55). 1925
　　　孙与袁世凯 / 小田律、林巴格(Linebarger) // 日本读书协会会报. 1925. 55
1871　袁世凱との會見 / 竹越與三郎 // 文芸春秋 5(5). 1927
　　　与袁世凯的会见 / 竹越与三郎 // 文艺春秋. 1927. 5：5
1872　第二の袁世凱 / 松島宗衞 // 日本及日本人(176). 1929
　　　袁世凯二世 / 松岛宗卫 // 日本及日本人. 1929. 176
1873　李鴻章・袁世凱と風外翁 / 川島浪速、庄子久子 // 大亜細亜 9(8). 1941
　　　李鸿章、袁世凯与风外翁 / 川岛浪速、庄子久子 // 大亚细亚. 1941. 9：8
1874　袁世凱 / 市古宙三 // 歷史教育 2(1). 1954
　　　袁世凯 / 市古宙三 // 历史教育. 1954. 2：1
1875　袁世凱帝制問題と日本の外交 / 曽村保信 // 国際法外交雑誌 56(2). 1957
　　　袁世凯帝制问题与日本外交 / 曽村保信 // 国际法外交杂志. 1957. 56：2
1876　矢は弦を放れた——中国革命の悲願を胸に袁世凱大総統打倒の為揚子江上に軍艦奪取を画策する若き青年将校 / 山中峯太郎 // 文芸春秋 40(3). 1962
　　　离弦之箭——心怀中国革命夙愿、为打倒袁世凯大总统策划于长江上夺取军舰的年轻青年军官 / 山中峰太郎 // 文艺春秋. 1962. 40：3
1877　内藤湖南の袁世凱論 / 池田誠 // 立命館法學 (通号 44). 1962
　　　内藤湖南的袁世凯论 / 池田诚 // 立命馆法学. 1962. 44
1878　袁世凱の総統就任 / 藤岡喜久男 // 東洋學報：東洋文庫和文紀要 48(3). 1966
　　　袁世凯就任总统 / 藤冈喜久男 // 东洋学报：东洋文库日文纪要. 1966. 48：3
1879　清末袁世凱と北洋新政——北洋派の形成をめぐって(明治維新と中国の近代化 特集) / 渡辺惇 // 歷史教育 16(1・2). 1968
　　　清末袁世凯与北洋新政——围绕北洋派的形成(明治维新与中国的近代化 特辑) / 渡边惇 // 历史教育. 1968. 16：1・2
1880　朝鮮時代の袁世凱 / 藤岡喜久男 // 東洋學報：東洋文庫和文紀要 52(4). 1970
　　　朝鲜时代的袁世凯 / 藤冈喜久男 // 东洋学报：东洋文库日文纪要. 1970. 52：4
1881　袁世凱資料リスト(中国近代史の研究<特集>；袁世凱と近代中国) / アジア調査会 // アジアクォータリー 9(4). 1977
　　　袁世凯资料清单：中国近代史研究<特辑>；袁世凯与近代中国 / 亚洲调查会 // 亚洲季刊(Asia Quarterly). 1977. 9：4
1882　ずいそう 南洲の魅力・袁世凱の死 / 越川貞一 // 実業の世界 75(2). 1978
　　　随想 南洲的魅力、袁世凯之死 / 越川贞一 // 实业的世界. 1978. 75：2
1883　袁世凱と壬午・甲申事変 / 藤岡喜久男 // 法学研究 15(1). 1979
　　　袁世凯与壬午、甲申事变 / 藤冈喜久男 // 法学研究. 1979. 15：1
1884　袁世凱の帝制計画と二十一ヶ条要求 / 久保田文次 // 史艸 20. 1979
　　　袁世凯的帝制计划与"二十一条"要求 / 久保田文次 // 史草. 1979. 20
1885　袁世凱の採用試験 / 駒田信二 // 別冊文芸春秋 (150). 1979
　　　袁世凯的任用考试 / 驹田信二 // 文艺春秋副刊. 1979. 150
1886　民国初期、袁世凱政権の経済政策と張謇 / 野沢豊 // 近きに在りて (5). 1984
　　　民国初期袁世凯政权的经济政策与张謇 / 野泽丰 // 在近处. 1984. 5
1887　袁世凱と日本人たち——坂西利八郎を中心として / 山根幸夫 // 社会科学討究 30(3). 1985
　　　袁世凯与日本人们——以坂西利八郎为中心 / 山根幸夫 // 社会科学讨究. 1985. 30：3
1888　袁世凱政権の財政経済政策——周学熙を中心として / 渡辺惇 // 近きに在りて(11). 1987

袁世凯政权的财政经济政策——以周学熙为中心 / 渡边惇 // 在近处. 1987. 11

1889 袁世凯政権の内モンゴル地域支配体制の形成——「蒙藏院」の成立と内モンゴル3特別行政区の設置 / 貴志俊彦 // 史学研究（通号185）. 1989
袁世凯政权中内蒙古地区统治体制的形成——"蒙藏院"的成立与内蒙古3个特别行政区的设置 / 贵志俊彦 // 史学研究. 1989. 185

1890 辛亥革命と日本外交——日本における袁世凱認識との関連において / 野沢豊 // 近きに在りて（20）. 1991
辛亥革命与日本外交——从日本国内对袁世凯之认识所产生的影响看 / 野泽丰 // 在近处. 1991. 20

1891 袁世凱と労乃宣「義和拳教門源流考」/ 森悦子 // 史窓（通号48）. 1991
袁世凯与劳乃宣《义和拳教门源流考》/ 森悦子 // 史窗. 1991. 48

1892 北洋新軍の成立過程とその諸問題——袁世凱の直隷総督在任期を中心に / 桑田耕治 // 兵庫史学研究：会誌（38）. 1992
北洋新军的成立过程极其诸问题——以袁世凯直隶总督在任时期为中心 / 桑田耕治 // 兵库史学研究：会志. 1992. 38

1893 袁世凱政権と周学熙 / 渡辺惇 // 駒沢史学（通号48）. 1995
袁世凯政权与周学熙 / 渡边惇 // 驹泽史学. 1995. 48

1894 津浦鉄道釐金局の廃止と復活——袁世凱政権の経済政策の性格 / 林原文子 // 史林 78(2). 1995
津浦铁路厘金局的废除与复活——袁世凯政权经济政策的特性 / 林原文子 // 史林. 1995. 78:2

1895 袁世凱政権における国家統一の模索と諮詢機関の役割 / 金子肇 // 東洋学報：東洋文庫和文紀要 79(2). 1997
袁世凯政权统一国家的摸索及咨询机构的作用 / 金子肇 // 东洋学报：东洋文库日文纪要. 1997. 79:2

1896 袁世凱政権の善後借款に対する政策——議会をめぐる問題を中心として / 浅野真知 // 近きに在りて（32）. 1997
袁世凯政权对善后借款的政策——以议会问题为中心 / 浅野真知 // 在近处. 1997. 32

1897 近年の日本の袁世凱・袁世凱政権研究 / 堀部圭一 // 広島東洋史学報（3）. 1998
近年日本的袁世凯、袁世凯政权研究 / 堀部圭一 // 广岛东洋史学报. 1998. 3

1898 袁世凱政権の地方財政機構改革 / 金子肇 // 歴史学研究（通号723）. 1999
袁世凯政权的地方财政机构改革 / 金子肇 // 历史学研究. 1999. 723

1899 袁世凱 / 榎本秋村 // 世界名士の癖. 第9頁
袁世凯 / 榎本秋村 // 世界名流的习惯. 第9页

1900 袁世凱の失脚 / 万里閣書房 // 山路愛山選集 第3巻. 第672頁
袁世凯失足 / 万里阁书房 // 山路爱山选集 第3卷. 第672页

1901 袁世凱の正體を看破す / 小笠原長生 // 偉人伝全集 第19巻. 第149頁
识破袁世凯真面目 / 小笠原长生 // 伟人传全集 第19卷. 第149页

1902 袁世凱に會つた記 / 尾崎敬義 // 世界を描く：随筆五十人集. 第457頁
袁世凯会面记 / 尾崎敬义 // 描绘世界：随笔五十人集. 第457页

1903 滿洲問題の概觀及び袁世凱の欺瞞の親日政策 / 黒竜会 // 東亜先覚志士記伝 中巻. 第535頁
满洲问题概观及袁世凯的欺瞒性亲日政策 / 黑龙会 // 东亚先知志士记传 中卷. 第535页

1904 袁世凱時代・國民黨の失墜 / 斎藤剛 // 中国：機構と人物. 第13頁
袁世凯时代・国民党的废弛 / 斎藤刚 // 中国：组织与人物. 第13页

1905 袁世凱政権の経済的基盤——北洋派の企業活動 / 渡辺惇 // 東洋史学論集 第6. 第135頁
袁世凯政权的经济基础——北洋派的企业活动 / 渡边惇 // 东洋史学论集 第6. 第135页

袁履登

1906 エンレイトン 袁禮敦（履登）/ 樋口正徳 // 最新中国要人傳. 第6頁

袁礼敦(履登) / 樋口正德 // 最新中国要人传. 第 6 页

聂云台
1907 ショウキケツ 聶其杰(雲臺) / 樋口正德 // 最新中國要人傳. 第 93 頁
聂其杰(云台) / 樋口正德 // 最新中国要人传. 第 93 页

莫德惠
1908 バクトクケイ 莫德惠(柳沈) / 樋口正德 // 最新中國要人傳. 第 178 頁
莫德惠(柳忱) / 樋口正德 // 最新中国要人传. 第 178 页

贾士毅
1909 カシキ 賈士毅(果伯) / 樋口正德 // 最新中國要人傳. 第 33 頁
贾士毅(果伯) / 樋口正德 // 最新中国要人传. 第 33 页

夏　恭
1910 カキョウ 夏　恭 / 樋口正德 // 最新中國要人傳. 第 32 頁
夏　恭 / 樋口正德 // 最新中国要人传. 第 32 页

夏奇峰
1911 夏奇峰 / 沢村幸夫 // 上海人物印象記 第 2 集. 第 31 頁
夏奇峰 / 泽村幸夫 // 上海人物印象记 第 2 集. 第 31 页
1912 夏奇峯 / 外務省東亞局 // 新国民政府人名鑑. 第 24 頁
夏奇峰 / 外务省东亚局 // 新国民政府人名鉴. 第 24 页
1913 カキホウ 夏奇峯 / 樋口正德 // 最新中國要人傳. 第 32 頁
夏奇峰 / 樋口正德 // 最新中国要人传. 第 32 页

夏肃初
1914 カシユクショ 夏肅初(旭初) / 樋口正德 // 最新中國要人傳. 第 33 頁
夏肃初(旭初) / 樋口正德 // 最新中国要人传. 第 33 页

夏晋麟
1915 カシンリン 夏晋麟(天長) / 樋口正德 // 最新中國要人傳. 第 33 頁
夏晋麟(天长) / 樋口正德 // 最新中国要人传. 第 33 页

顾孟余
1916 コモウヨ 顧孟餘(兆熊) / 樋口正德 // 最新中國要人傳. 第 50 頁
顾孟余(兆熊) / 樋口正德 // 最新中国要人传. 第 50 页

顾忠琛
1917 コチュウシン 顧忠琛 / 樋口正德 // 最新中國要人傳. 第 50 頁
顾忠琛 / 樋口正德 // 最新中国要人传. 第 50 页

顾祝同
1918 コシュクドウ 顧祝同(墨三) / 樋口正德 // 最新中國要人傳. 第 50 頁
顾祝同(墨三) / 樋口正德 // 最新中国要人传. 第 50 页

顾维钧
1919 匪賊討伐・顧維鈞入滿問題・上海停戰交涉——日中 / 政教社 // 日本及日本人 (5 月 1 日號) (248). 1932
匪贼讨伐・顾维钧入满问题・上海停战交涉——日中 / 政教社 // 日本及日本人. 1932.5(248)
1920 馬占山と顧維鈞 / 日本警察新聞社 // 日本警察新聞 (892). 1932
马占山与顾维钧 / 日本警察新闻社 // 日本警察新闻. 1932.892
1921 松岡洋右と顧維鈞 / 大西齋 // 國際評論 2(1). 1933
松冈洋右与顾维钧 / 大西斋 // 国际评论. 1933.2;1
1922 戀の顧維鈞 / 北山半次 // 海外 13(6 月號)(76). 1933
恋之顾维钧 / 北山半次 // 海外. 1933.13;6(76)

1923 中国随一の饒舌外交家顧維鈞とはどんな男か / 楠山義太郎 // 実業の日本 40(23). 1937
中国首屈一指的辩才外交家顾维钧是怎样的人 / 楠山义太郎 // 实业之日本. 1937. 40：23

1924 顧維鈞は却て聯盟の弱點暴露 / 外務省情報部 // 国際月報 (23). 1939
顾维钧反而暴露联盟的弱点 / 外务省情报部 // 国际月报. 1939. 23

1925 顧維鈞提案に反對 / 外務省情報部 // 国際月報 (23). 1939
反对顾维钧提案 / 外务省情报部 // 国际月报. 1939. 23

1926 現代的才子顧維鈞 / 浜野末太郎 // 現代中国人物批判. 第 31 頁
现代的才子顾维钧 / 浜野末太郎 // 现代中国人物批判. 第 31 页

1927 顧維鈞 / 吉岡文六 // 現代中国人物論. 第 117 頁
顾维钧 / 吉冈文六 // 现代中国人物论. 第 117 页

1928 コイキン 顧維鈞(少川) / 樋口正徳 // 最新中国要人傳. 第 48 頁
顾维钧(少川) / 樋口正德 // 最新中国要人传. 第 48 页

顾继武

1929 顧繼武 / 外務省東亜局 // 新国民政府人名鑑. 第 29 頁
顾继武 / 外务省东亚局 // 新国民政府人名鉴. 第 29 页

顾毓琇

1930 コイクセン 顧毓琇 / 樋口正徳 // 最新中国要人傳. 第 49 頁
顾毓琇 / 樋口正德 // 最新中国要人传. 第 49 页

〔丨〕

恩克巴图

1931 オンクパト 恩克巴圖(子榮) / 樋口正徳 // 最新中国要人傳. 第 25 頁
恩克巴图(子荣) / 樋口正德 // 最新中国要人传. 第 25 页

〔丿〕

钱大钧

1932 センタイキン 錢大鈞(慕尹) / 樋口正徳 // 最新中国要人傳. 第 100 頁
钱大钧(慕尹) / 樋口正德 // 最新中国要人传. 第 100 页

钱玄同

1933 錢玄同の漢字廃止論から中国の文字改革を考える——その真意と文字改革の真の目的 / 丁伊勇 // 一橋論叢 113(2). 1995
从钱玄同的废除汉字论思考中国的文字改革——其真意与文字改革的真正目的 / 丁伊勇 // 一桥论丛. 1995. 113：2

钱永铭

1934 センエイメイ 錢永銘(新之) / 樋口正徳 // 最新中国要人傳. 第 100 頁
钱永铭(新之) / 樋口正德 // 最新中国要人传. 第 100 页

钱瘦铁

1935 錢瘦鉄氏のこと / 大鹿卓 // 桃源 (通号 11). 1948
钱瘦铁先生 / 大鹿卓 // 桃源. 1948. 11

1936 名人錢瘦鉄への回顧 / 上田操 // 法曹 (11)(169). 1964
回忆名人钱瘦铁 / 上田操 // 法曹. 1964. 11(169)

1937 錢瘦鉄のことども / 望月武夫 // 法曹 (1)(171). 1965
钱瘦铁二三事 / 望月武夫 // 法曹. 1965. 1(171)

1938 錢瘦鐵…韓秀 / 沢村幸夫 // 上海人物印象記 第 1 集. 第 47 頁
钱瘦铁、韩秀 / 泽村幸夫 // 上海人物印象记 第 1 集. 第 47 页

1939 趙之謙・呉昌碩・王一亭・錢瘦鐵について / 会津八一 // 会津八一書論集. 第 227 頁
关于赵之谦、吴昌硕、王一亭、钱瘦铁 / 会津八一 // 会津八一书论集. 第 227 页

铁 良

1940 鐵良將軍 / 兵事雜誌社 // 兵事雜誌 第 8 年(24). 1903
铁良将军 / 军事杂志社 // 军事杂志. 1903.8;24

1941 清国武官中の策士鉄良 / 覆面浪人(増本義敏) // 現代中国四百余州風雲児. 第 65 頁
清朝武官中的谋士铁良 / 覆面浪人(增本义敏) // 现代中国四百余州风云儿. 第 65 页

特克希卜彦

1942 トクシブイン 特克希卜彦 / 樋口正徳 // 最新中国要人傳. 第 170 頁
特克希卜彦 / 樋口正德 // 最新中国要人传. 第 170 页

徐 良

1943 徐良大使を招待して / 岡野増次郎 // 大亜細亜 10(5). 1942
邀请徐良大使 / 冈野增次郎 // 大亚细亚. 1942.10;5

1944 徐良駐日大使政府委員に任命 / 内閣情報局 // 国際月報 (29). 1943
徐良任驻日大使政府委员 / 内阁情报局 // 国际月报. 1943.29

1945 徐 良 / 外務省東亜局 // 新国民政府人名鑑. 第 22 頁
徐 良 / 外务省东亚局 // 新国民政府人名鉴. 第 22 页

1946 ジョリョウ 徐 良 / 樋口正徳 // 最新中国要人傳. 第 79 頁
徐 良 / 樋口正德 // 最新中国要人传. 第 79 页

徐 謨

1947 ジョモ 徐謨(叔謨) / 樋口正徳 // 最新中国要人傳. 第 78 頁
徐谟(叔谟) / 樋口正德 // 最新中国要人传. 第 78 页

徐 謙

1948 波瀾の製造者――徐謙 / ジャパン・タイムス社邦文パンフレット通信部 // 邦文パンフレット通信 (113). 1927
波澜的制造者――徐谦 / 日本时代(Japan Times)社日文活页文选(Pamphlet)通信部 // 日文活页文选(Pamphlet)通信. 1927.113

1949 ジョケン 徐謙(季龍) / 樋口正徳 // 最新中国要人傳. 第 76 頁
徐谦(季龙) / 樋口正德 // 最新中国要人传. 第 76 页

1950 排英の急先鋒 徐謙 / 浜野末太郎 // 現代中国人物批判. 第 123 頁
排英的急先锋 徐谦 / 浜野末太郎 // 现代中国人物批判. 第 123 页

徐世昌

1951 清國の新内閣大臣――内閣總理大臣慶親王、協理大臣那桐同徐世昌外六大臣 / 海外之日本社 // 海外之日本 1(6). 1911
清国的新内阁大臣――内阁总理大臣庆亲王、协理大臣那桐同徐世昌等六大臣 / 海外之日本社 // 海外之日本. 1911.1;6

1952 徐世昌氏ノ態度 / 外務省政務局 // 外事彙報 (12). 1916
徐世昌的态度 / 外务省政务局 // 外事汇报. 1916.12

1953 徐世昌の立てる舞臺 / 吉野作造 // 東方時論 3(10). 1918
徐世昌所处的舞台 / 吉野作造 // 东方时论. 1918.3;10

1954 徐世昌の當選と妥協 / 老沙場客 // 東方時論 3(10). 1918
徐世昌的当选与妥协 / 老沙场客 // 东方时论. 1918.3;10

1955 山縣公と徐世昌 / 鵜崎鷺城 // 東方時論 3(10). 1918
山县公爵与徐世昌 / 鹈崎鹭城 // 东方时论. 1918.3;10

1956 中華民國大統領徐世昌氏と其幕僚 / 大日本実業学会 // 実業の日本 21(23). 1918

中华民国大总统徐世昌与其幕僚 / 大日本实业学会 // 实业之日本.1918.21:23

1957 シベリア出兵期前後の中国の政治指導——段祺瑞と徐世昌をめぐる北京政局 / 判沢純太 // 国際学論集 4(1)(6).1981

西伯利亚出兵前后的中国政治指导——围绕段祺瑞与徐世昌的北京政局 / 判泽纯太 // 国际学论集.1981.4:1(6)

1958 パリ講和会議における山東主権回収運動と徐世昌政権 / 斉藤晴彦 // 明大アジア史論集(4).1999

巴黎和会期间的收回山东主权运动与徐世昌政权 / 齐藤晴彦 // 明大亚洲史论集.1999.4

1959 清国官海の才物徐世昌 / 覆面浪人(増本義敏) // 現代中国四百余州風雲児.第45頁

清朝官场的才子徐世昌 / 覆面浪人(增本义敏) // 现代中国四百余州风云儿.第45页

徐永昌

1960 ジョエイショウ 徐永昌(次宸) / 樋口正徳 // 最新中国要人傳.第75頁

徐永昌(次宸) / 樋口正德 // 最新中国要人传.第75页

徐向前

1961 ジョコウゼン 徐向前 / 樋口正徳 // 最新中国要人傳.第78頁

徐向前 / 樋口正德 // 最新中国要人传.第78页

徐苏中

1962 徐蘇中(樂群) / 外務省東亜局 // 新国民政府人名鑑.第22頁

徐苏中(乐群) / 外务省东亚局 // 新国民政府人名鉴.第22页

徐海东

1963 ジョカイトウ 徐海東 / 樋口正徳 // 最新中国要人傳.第76頁

徐海东 / 樋口正德 // 最新中国要人传.第76页

徐淑希

1964 ジョシュクキ 徐淑希 / 樋口正徳 // 最新中国要人傳.第78頁

徐淑希 / 樋口正德 // 最新中国要人传.第78页

徐源泉

1965 ジョゲンセン 徐源泉(克威) / 樋口正徳 // 最新中国要人傳.第77頁

徐源泉(克威) / 樋口正德 // 最新中国要人传.第77页

殷 同

1966 殷 同 / 山本実彦 // 大陸縦断.第73頁

殷 同 / 山本实彦 // 大陆纵断.第73页

1967 殷 同(桐聲) / 外務省東亜局 // 新国民政府人名鑑.第21頁

殷 同(桐声) / 外务省东亚局 // 新国民政府人名鉴.第21页

1968 吉田博士・汪時璟・濱田大佐・殷同氏等と語る / 野依秀市 // 南北中国現地要人を敲く.第97頁

与吉田博士・汪时璟・浜田大佐・殷同等人谈话 / 野依秀市 // 咨访南北中国本地要人.97页

1969 臨時政府の殷同氏と語る / 野依秀市 // 南北中国現地要人を敲く.第311頁

与临时政府的殷同先生谈话 / 野依秀市 // 咨访南北中国本地要人.311页

1970 死生を超越せる殷同氏 / 野依秀市 // 南北中国現地要人を敲く.第315頁

超越生死的殷同 / 野依秀市 // 咨访南北中国本地要人.315页

1971 殷同氏の印象 / 湯沢三千男 // 中国に在りて思ふ.第83頁

对殷同的印象 / 汤泽三千男 // 在中国所思.第83页

1972 インドウ 殷同(桐聲) / 樋口正徳 // 最新中国要人傳.第2頁

殷 同(同声) / 樋口正德 // 最新中国要人传.第2页

殷汝耕

1973 北中に暁鐘を撞く殷汝耕と冀東自治:我が大陸政策の方向 / 渡辺剛 // 東京:夕刊帝国新聞社.

1935. 48 頁
在华北敲响晨钟的殷汝耕与"冀东自治":我国大陆政策的方向 / 渡边刚 // 东京:夕刊帝国新闻社. 1935. 48

1974 見よ！天馬空を行く現代の革命児殷汝耕を / 宗南洲 // 東京:日満聯合通信社 1937. 57 頁
看啊！天马行空的现代革命家殷汝耕 / 宗南洲 // 东京:日"满"联合通信社. 1937. 57

1975 インジョコウ 殷汝耕(亦農) / 樋口正徳 // 最新中国要人傳. 第 1 頁
殷汝耕(亦农) / 樋口正德 // 最新中国要人传. 第 1 页

翁文灏

1976 オウブンコウ 翁文灏(詠霓) / 樋口正徳 // 最新中国要人傳. 第 25 頁
翁文灏(咏霓) / 樋口正德 // 最新中国要人传. 第 25 页

翁照垣

1977 オウショウエン 翁照垣 / 樋口正徳 // 最新中国要人傳. 第 24 頁
翁照垣 / 樋口正德 // 最新中国要人传. 第 24 页

〔丶〕

高一涵

1978 コウイチカン 高一涵 / 樋口正徳 // 最新中国要人傳. 第 59 頁
高一涵 / 樋口正德 // 最新中国要人传. 第 59 页

高冠吾

1979 コウカンゴ 高冠吾 / 樋口正徳 // 最新中国要人傳. 第 59 頁
高冠吾 / 樋口正德 // 最新中国要人传. 第 59 页

高宗武

1980 コウソウブ 高宗武 / 樋口正徳 // 最新中国要人傳. 第 59 頁
高宗武 / 樋口正德 // 最新中国要人传. 第 59 页

高凌霨

1981 高凌霨 / 山本実彦 // 中国事変 北中の卷. 第 31 頁
高凌霨 / 山本实彦 // 日中战争 华北卷. 第 31 页

1982 高凌霨のこと / 高木陸郎 // 日華交友録. 第 45 頁
高凌霨 / 高木陆郎 // 日华交友录. 第 45 页

1983 高凌霨 / 高木陸郎 // 私と中国. 第 125 頁
高凌霨 / 高木陆郎 // 我和中国. 第 125 页

郭卫民

1984 カクエイミン 郭衞民 / 樋口正徳 // 最新中国要人傳. 第 35 頁
郭卫民 / 樋口正德 // 最新中国要人传. 第 35 页

郭沫若

1985 カクマツジャク 郭沫若(開貞) / 樋口正徳 // 最新中国要人傳. 第 36 頁
郭沫若(开贞) / 樋口正德 // 最新中国要人传. 第 36 页

郭泰祺

1986 カクタイキ 郭泰祺(復初) / 樋口正徳 // 最新中国要人傳. 第 36 頁
郭泰祺(复初) / 樋口正德 // 最新中国要人传. 第 36 页

郭尔卓尔扎布

1987 ゴルチョルジャップ 郭爾卓爾札布 / 樋口正徳 // 最新中国要人傳. 第 37 頁
郭尔卓尔扎布 / 樋口正德 // 最新中国要人传. 第 37 页

唐生智

1988 トウセイチ 唐生智(孟瀟) / 樋口正徳 // 最新中国要人傳. 第 163 頁

唐生智（孟潇）／ 樋口正徳 // 最新中国要人传. 第 163 页

唐仰杜
1989　トウギョウト　唐仰杜／ 樋口正徳 // 最新中国要人傳. 第 162 頁
　　　唐仰杜／ 樋口正徳 // 最新中国要人传. 第 162 页

唐绍仪
1990　袁總統ヲ非難シ日中親善ヲ說ケル唐紹儀氏ノ談話／ 外務省政務局 // 外事彙報（7）. 1916
　　　唐绍仪的谈话：批判袁总统、倡导日中亲善／ 外务省政务局 // 外事汇报. 1916.7
1991　初代大總統の噂高い 唐紹儀／ 馬耳東風居士 // 北中国 5(8). 1938
　　　唐绍仪有望出任第一任大总统／ 马耳东风居士 // 华北. 1938.5:8
1992　唐紹儀と日本との關係／ 外務省情報部 // 國際月報（19）. 1938
　　　唐绍仪与日本的关系／ 外务省情报部 // 国际月报. 1938.19
1993　唐紹儀の手／ 細井肇 // 中国を觀て. 第 70 頁
　　　唐绍仪的手／ 细井肇 // 观察中国. 第 70 页
1994　中國南方の名士唐紹儀氏との対話／ 大隈重信、相馬由也 // 早稻田清話. 第 42 頁
　　　与中国南方名士唐绍仪的对话／ 大隈重信、相马由也 // 早稻田清话. 第 42 页
1995　唐紹儀氏／ 鈴木一馬 // 最近の中国事情. 第 71 頁
　　　唐绍仪／ 铃木一马 // 中国近况. 第 71 页
1996　唐紹儀の奔走／ 松嶋宗衞 // 清朝末路秘史. 第 140 頁
　　　唐绍仪的斡旋／ 松岛宗卫 // 清朝末路秘史. 第 140 页
1997　盛宣懷と唐紹儀／ 松嶋宗衞 // 清朝末路秘史. 第 211 頁
　　　盛宣怀与唐绍仪／ 松岛宗卫 // 清朝末路秘史. 第 211 页
1998　唐紹儀／ 村田孜郎 // 中國の左翼戰線. 第 251 頁
　　　唐绍仪／ 村田孜郎 // 中国的左翼战线. 第 251 页
1999　二つの失敗 民國の元老唐紹儀氏、章炳麟翁の近情／ 沢村幸夫 // 新聞人の打明け話. 第 161 頁
　　　两个失败：民国元老唐绍仪先生、章炳麟老先生的近况／ 泽村幸夫 // 报界人告白. 第 161 页
2000　唐紹儀／ 沢村幸夫 // 上海人物印象記 第 2 集. 第 34 頁
　　　唐绍仪／ 泽村幸夫 // 上海人物印象记（第 2 集）. 第 34 页
2001　唐紹儀・章炳麟／ 沢村幸夫 // 上海風土記. 第 130 頁
　　　唐绍仪、章炳麟／ 泽村幸夫 // 上海风土记. 第 130 页
2002　唐紹儀・段祺瑞・王正廷／ 高木陸郎 // 日華交友録. 第 124 頁
　　　唐绍仪、段祺瑞、王正廷／ 高木陆郎 // 日华交友录. 第 124 页
2003　唐紹儀との密談／ 鶴見祐輔 // 後藤新平伝 第 6(國務大臣時代 前期 下). 第 151 頁
　　　与唐绍仪密谈／ 鹤见祐辅 // 后藤新平传 第 6(国务大臣时代 前期下). 第 151 页
2004　唐紹儀／ 高木陸郎 // 私と中國. 第 151 頁
　　　唐绍仪／ 高木陆郎 // 我与中国. 第 151 页
2005　唐紹儀殺さる／ 梨本祐平 // 中國のなかの日本人 第 2 部. 第 50 頁
　　　唐绍仪遇刺／ 梨本祐平 // 在中国的日本人 第 2 部. 第 50 页
2006　唐紹儀の訪米問題／ 栗原健 // 対満蒙政策史の一面：日露戦後より大正期にいたる. 第 74 頁
　　　唐绍仪的访美问题／ 栗原健 // 对"满蒙"政策史的一面：从日俄战争后到大正时期. 第 74 页

唐继尧
2007　懊悩せる台湾大学・唐継堯の雲南／ 拓殖通信社 // 東京：拓殖通信社. 1926. 30 頁
　　　懊恼的台湾大学・唐继尧的云南／ 拓殖通信社 // 东京：拓殖通信社. 1926. 30 页
2008　南方の支柱 唐繼堯を中心に／ 雲貴川陝靖國聯軍總司令行營某顧問 // 東方時論 3(10). 1918
　　　南方的支柱 以唐继尧为中心／ 云贵川陕靖国联军总司令行营某顾问 // 东方时论. 1918.3:10
2009　唐繼堯の失脚／ 中村松三郎 // 中華民國第十年史. 第 30 頁

唐继尧下台 / 中村松三郎 // 中华民国第十年史. 第 30 页

凌　霄

2010　　凌　霄 / 外務省東亜局 // 新国民政府人名鑑. 第 53 頁

　　　　凌　霄 / 外务省东亚局 // 新国民政府人名鉴. 第 53 页

2011　　リョウショウ　凌　霄 / 樋口正徳 // 最新中國要人傳. 第 215 頁

　　　　凌　霄 / 樋口正徳 // 最新中国要人传. 第 215 页

诸青来

2012　　諸青來 / 外務省東亜局 // 新国民政府人名鑑. 第 63 頁

　　　　诸青来 / 外务省东亚局 // 新国民政府人名鉴. 第 63 页

2013　　ショセイライ　諸青來 / 樋口正徳 // 最新中國要人傳. 第 75 頁

　　　　诸青来 / 樋口正徳 // 最新中国要人传. 第 75 页

〔ㄊ〕

陶成章

2014　　革命児中の急先鋒陶成章 / 覆面浪人（増本義敏）// 現代中国四百余州風雲児. 第 168 頁

　　　　革命中的急先锋陶成章 / 覆面浪人（增本义敏）// 现代中国四百余州风云儿. 第 168 页

陶行知

2015　　陶行知:新中国教師の父 / 斎藤秋男 // 東京:刀江書院. 1951. 218 頁

　　　　陶行知:新中国教师之父 / 斋藤秋男 // 东京:刀江书院. 1951. 218 页

2016　　評伝陶行知:政治的抒情詩人の生涯 / 斎藤秋男 // 東京:勁草書房. 1968. 299 頁

　　　　评传陶行知:政治抒情诗人的一生 / 斋藤秋男 // 东京:劲草书房. 1968. 299 页

2017　　陶行知生活教育理論の形成 / 斎藤秋男 // 東京:明治図書. 1983. 185 頁

　　　　陶行知生活教育理论的形成 / 斋藤秋男 // 东京:明治图书. 1983. 185 页

2018　　中国近代教育の思想的展開と特質:陶行知「生活教育」思想の研究 / 牧野篤 // 東京:日本図書センター. 1993. 807 頁

　　　　中国近代教育的思想上的展开与特质:陶行知"生活教育"思想的研究 / 牧野笃 // 东京:日本图书中心. 1993. 807 页

2019　　中国人民教育の師・陶行知先生 / 赤津益造 // 教育 4(1). 1950

　　　　中国人民教育之师・陶行知先生 / 赤津益造 // 教育. 1950. 4:1

2020　　陶行知——その人と思想 / 斎藤秋男 // 出版ニュース（通号 249）. 1953

　　　　陶行知——人与思想 / 斋藤秋男 // 出版新闻. 1953. 249

2021　　陶行知 / 斎藤秋男 // 東洋文化（通号 17）. 1954

　　　　陶行知 / 斋藤秋男 // 东洋文化. 1954. 17

2022　　教育史上における人物研究　陶行知 (TaoHsingchih, 1891~1946) / 斎藤秋男 // 教育史研究 (3). 1956

　　　　教育史上的人物研究　陶行知 (TaoHsingchih 1891~1946) / 斋藤秋男 // 教育史研究. 1956. 3

2023　　民族と教育、文化　陶行知のことば / 川合章 // 生活教育 14(1). 1962

　　　　民族与教育、文化　陶行知语录 / 川合章 // 生活教育. 1962. 14:1

2024　　陶行知 / 今村与志雄 // 朝日ジャーナル 10(42)(505). 1968

　　　　陶行知 / 今村与志雄 // 朝日期刊. 1968. 10:42(505)

2025　　陶行知と生活教育思想 / 斎藤秋男 // 教育研究 28(12). 1973

　　　　陶行知与生活教育思想 / 斋藤秋男 // 教育研究. 1973. 28(12)

2026　　陶行知の教育事業と中国共産党——1975 年夏・北京での聴き書きノートから / 斎藤秋男 // 専修史学（通号 8）. 1976

　　　　陶行知的教育事业与中国共产党——摘自 1975 年夏于北京的听写笔记 / 斋藤秋男 // 专修史学.

1976.8

2027 陶行知論争 / 溝口貞彦 // 東京大学教育学部紀要（通号 16）. 1976
陶行知论争 / 沟口贞彦 // 东京大学教育学部纪要. 1976. 16

2028 暁莊実験学校における陶行知生活教育論の形成とその実践の検討 / 世良正浩 // 東京大学教育学部紀要（通号 19）. 1979
小庄实验学校与陶行知的生活教育论的形成与其实践探讨 / 世良正浩 // 东京大学教育学部纪要. 1979. 19

2029 陶行知「工学団」運動に関する共同体論的一考察 / 牧野篤 // 名古屋大學教育學部紀要. 教育学科（通号 30）. 1983
关于陶行知"工学团"运动的共同体论考察 / 牧野笃 // 名古屋大学教育学部纪要. 教育学科 1983. 30

2030 陶行知「工学団」の集団論 / 牧野篤 // 名古屋大學教育學部紀要. 教育学科（通号 32）. 1985
陶行知"工学团"的集体论 / 牧野笃 // 名古屋大学教育学部纪要. 1985. 教育学科 32

2031 陶行知の中国教育史における意義 / 野村かおる //「社会科」学研究 6(15). 1988
陶行知在中国教育史中的意义 / 野村薰 // "社会科"学研究. 1988. 6(15)

2032 陶行知と日本 / 牧野篤 // 中国研究月報 43(11). 1989
陶行知与日本 / 牧野笃 // 中国研究月报. 1989. 43：11

2033 陶行知幼少期の行動と教養 / 牧野篤 // 現代中国（63）. 1989
陶行知幼年、少年时代的行动与教养 / 牧野笃 // 现代中国. 1989. 63

2034 陶行知教育思想の基底——金陵大学時代・王陽明思想の解釈と吸収 / 牧野篤 // 教育学研究 56 (2). 1989
陶行知教育思想的基础——金陵大学时代：王阳明思想的解读与吸收 / 牧野笃 // 教育学研究. 1989. 56：2

2035 国共内戦期における社会大学運動——重慶・政協会議時期の陶行知、李公樸との関連で / 青柳純一 // 中国研究月報（通号 491）. 1989
国共内战时期的社会大学运动——与重庆政协会议时期的陶行知、李公朴的关联 / 青柳纯一 // 中国研究月报. 1989. 491

2036 中国近代思想における平等と自由に関する一考察——陶行知述「平等と自由」の分析を中心として / 世良正浩 // 明治学院論叢（通号 460）. 1990
关于中国近代思想中的平等与自由的考察——以陶行知的"平等与自由"的分析为中心 / 世良正浩 // 明治学院论丛. 1990. 460

2037 陶行知アメリカ留学時代の学習と生活に関する若干の考察 / 牧野篤 // 日本の教育史学：教育史学会紀要（通号 33）. 1990
关于陶行知美国留学期间的学习与生活的若干考察 / 牧野笃 // 日本的教育史学：教育史学会纪要. 1990. 33

2038 陶行知教育思想の評価・批判をめぐって / 専修大学社会科学研究所 // 専修大学社会科学研究所月報（342）. 1991
关于陶行知教育思想的评价与批判 / 专修大学社会科学研究所 // 专修大学社会科学研究所月报. 1991. 342

2039 陶行知の「工学団」運動に関する一考察 / 長谷川豊 // 関西教育学会紀要（16）. 1992
关于陶行知的"工学团"运动的考察 / 长谷川丰 // 关西教育学会纪要. 1992. 16

2040 陶行知「生活教育」思想研究 / 牧野篤 // 名古屋大学博士論文. 1992
陶行知"生活教育"思想研究 / 牧野笃 // 名古屋大学博士论文. 1992

2041 陶行知「重慶・育才学校」とその周辺 / 斎藤秋男 // 日中藝術研究（33）. 1995
陶行知"重庆育才学校"及其相关 / 斎藤秋男 // 日中艺术研究. 1995. 33

2042 「共和国民」の創造——陶行知「平民教育」運動の思想的特徴と行動 / 牧野篤 // 名古屋大學教育學部紀要. 教育学科 43(2). 1996
"共和国民"的创造——陶行知"平民教育"运动的思想特征与行动 / 牧野笃 // 名古屋大学教育学部纪要. 教育学科. 1996. 43:2

2043 「民族」の解放と「大衆」の形成——陶行知「郷村」改造運動期主体形成論の構造と特徴 / 牧野篤 // 名古屋大學教育學部紀要. 教育学科 44(1). 1997
"民族"解放与"大众"的形成——陶行知"农村"改造运动时期主体形成论的构造与特征 / 牧野笃 // 名古屋大学教育学部纪要. 教育学科. 1997. 44:1

2044 日本における生活教育の歴史と現状——陶行知との出会いと日本の生活教育運動の軌跡 / 中野光 // 專修大學社会科学研究所月報 (403). 1997
日本的生活教育的历史与现状——与陶行知的相识和日本生活教育运动的轨迹 / 中野光 // 专修大学社会科学研究所月报. 1997. 403

2045 陶行知・全体像研究へむけて——「人民教育家」と「大衆詩人」との共存と葛藤 / 斎藤秋男 // 專修大學社会科学研究所月報 (403). 1997
对陶行知・整体形象研究——"人民教育家"与"群众诗人"的共存与纠葛 / 斎藤秋男 // 专修大学社会科学研究所月报. 1997. 403

陶克陶

2046 トウコクトウ 陶克陶 / 樋口正徳 // 最新中国要人傳. 第164頁
陶克陶 / 樋口正徳 // 最新中国要人传. 第164页

陶希圣

2047 トウキセイ 陶希聖（彙曾）/ 樋口正徳 // 最新中国要人傳. 第164頁
陶希圣（汇曾）/ 樋口正徳 // 最新中国要人传. 第164页

陶履谦

2048 トウリケン 陶履謙（益生）/ 樋口正徳 // 最新中国要人傳. 第165頁
陶履谦（益生）/ 樋口正徳 // 最新中国要人传. 第165页

十 一 画

〔一〕

黄 兴

2049 孫逸仙と黃興 / 伊藤銀月 // 東京:武蔵屋書店.1911.283 頁
　　 孙逸仙与黄兴 / 伊藤银月 // 东京:武藏屋书店.1911.283 页

2050 情の黃興と孫逸仙 / 粹菩提 // 日曜画報 1(50).1911
　　 重情重义的黄兴与孙逸仙 / 粹菩提 // 周日画报.1911.1;50

2051 大元帥黃興——重厚の人黃興 俊敏の人元洪 / 日本実業新報社編 // 日本実業新報 (138).1912
　　 大元帅黄兴——沉稳者黄兴 机敏者元洪 / 日本实业新报社编 // 日本实业新报.1912.138

2052 黃興と遜文來る / 滄浪 // 時事評論 7(15).1912
　　 黄兴与孙文来访 / 沧浪 // 时事评论.1912.7;15

2053 黃興逝く / 英語青年社 // 英語青年 36(4)(491).1916
　　 黄兴逝世 / 英语青年社 // 英语青年.1916.36;4(491)

2054 黃興追弔會 / 英語青年社 // 英語青年 36(5)(492).1916
　　 黄兴追悼会 / 英语青年社 // 英语青年.1916.36;5(492)

2055 大西鄉と黃興 / 寺尾亨 // 自由評論 7(2).1919
　　 大西乡与黄兴 / 寺尾亨 // 自由评论.1919.7;2

2056 寺尾博士と黃興 / 自由評論社 // 自由評論 7(2).1919
　　 寺尾博士与黄兴 / 自由评论社 // 自由评论.1919.7;2

2057 玄海の亡命客〔黃興〕/ 古田忠德 // 日本歷史 (通号 22).1950
　　 玄海的亡命者〔黄兴〕/ 古田忠德 // 日本历史.1950.22

2058 孫文先生と黃興 / 梅本貞雄 // 政界往來 24(6).1958
　　 孙文先生与黄兴 / 梅本贞雄 // 政界往来.1958.24;6

2059 黃興と宮崎滔天:黃興第一次日本亡命時代を中心に / 上村希美雄 // 海外事情研究 16(2).1989
　　 黄兴与宫崎滔天:以黄兴第一次日本流亡时期为中心 / 上村希美雄 // 海外情况研究.1989.16;2

2060 黃興与中国同盟会的成立 / 中村哲夫 // 神戸学院大学人文学部紀要 (通号 1).1990
　　 黄兴与中国同盟会的成立 / 中村哲夫 // 神户学院大学人文学部纪要.1990.1

2061 黃興——中国の西郷隆盛 / 中村義 // 月刊しにか 6(3)(60).1995
　　 黄兴——中国的西乡隆盛 / 中村义 // 中国学月刊.1995.6;3(60)

2062 革命児中の実行家黃興 / 覆面浪人(増本義敏) // 現代中国四百余州風雲児.第 133 頁
　　 革命者中的实践家黄兴 / 覆面浪人(増本义敏) // 现代中国四百余州风云儿.第 133 页

黄 郛

2063 北中政權の中心・黃郛 / 濱今朝人 // 国際評論 2(10).1933
　　 华北政权的核心・黄郛 / 滨今朝人 // 国际评论.1933.2;10

2064 『親日家黃郛』——時の人 / 清澤洌 // 日曜報知 11(150).1933
　　 《亲日家黄郛》——时代之子 / 清泽洌 // 周日报知.1933.11;150

2065 華北の安危を双肩に邁進する黃郛氏 / 江啓子 // 国際写真新聞 (60).1934
　　 肩负华北的安危迈进的黄郛 / 江启子 // 国际图片新闻.1934.60

2066 親日主義者 黃郛 / 浜野末太郎 // 現代中国人物批判.第 200 頁
　　 亲日主义者 黄郛 / 浜野末太郎 // 现代中国人物批判.第 200 页

黄一欧

2067 革命児中の俊英黃一欧 / 覆面浪人(増本義敏) // 現代中国四百余州風雲児.第 176 頁

革命人士中的俊英黄一欧 / 覆面浪人(増本义敏) // 现代中国四百余州风云儿. 第 176 页

黄乃裳
2068　淡水館邀飲清人黃乃裳賦贈.時中秋前二夕 / 土居通予 // 仙壽山房詩文鈔 卷四. 第 28 頁
　　　淡水馆邀饮清人黄乃裳赋赠.时中秋前二夕 / 土居通予 // 寿仙山房诗文钞 卷四. 第 28 页

黄少谷
2069　司法院長に黄少谷氏 / マスコミ総合研究所編 // アジアレポート 8(107). 1979
　　　黄少谷就任司法院长 / 媒体综合研究所编 // 亚洲报告. 1979. 8: 107

黄白薇
2070　黄白薇 / 沢村幸夫 // 上海人物印象记 第 2 集. 第 38 頁
　　　黄白薇 / 泽村幸夫 // 上海人物印象记 第 2 集. 第 38 页

黄旭初
2071　李、白、夏威、黄旭初 / 山本実彦 // 渦まく中国. 第 197 頁
　　　李、白、夏威、黄旭初 / 山本实彦 // 激荡之中国. 第 197 页
2072　コウキョクショ　黄旭初 / 樋口正德 // 最新中国要人傳. 第 61 頁
　　　黄旭初 / 樋口正德 // 最新中国要人传. 第 61 页

黄远庸
2073　民国初年における黄遠庸の政治言説 / 藤井隆 // 広島修大論集 人文編 38(2). 1998
　　　民国初年黄远庸的政治言论 / 藤井隆 // 广岛修大论集(人文编). 1998. 38: 2

黄季陆
2074　コウキロク　黄季陸 / 樋口正德 // 最新中国要人傳. 第 60 頁
　　　黄季陆 / 樋口正德 // 最新中国要人传. 第 60 页

黄金荣
2075　黄金栄のニセ・タバコ作戦 / 朽木寒三 // 馬賊戦記:小日向白朗と満洲 続. 第 285 頁
　　　黄金荣的假烟作战 / 朽木寒三 // 胡匪战记:小日向白朗与满洲 续. 第 285 页

黄炎培
2076　黄炎培と職業教育運動 / 小林善文 // 東洋史研究 39(4). 1981
　　　黄炎培与职业教育运动 / 小林善文 // 东洋史研究. 1981. 39: 4
2077　コウエンバイ 黄炎培(任之) / 樋口正德 // 最新中国要人傳. 第 60 頁
　　　黄炎培(任之) / 樋口正德 // 最新中国要人传. 第 60 页

黄香谷
2078　黄香谷 / 外務省東亜局 // 新国民政府人名鑑. 第 30 頁
　　　黄香谷 / 外务省东亚局 // 新国民政府人名鉴. 第 30 页

黄敏中
2079　コウビンチュウ　黄敏中 / 樋口正德 // 最新中国要人傳. 第 61 頁
　　　黄敏中 / 樋口正德 // 最新中国要人传. 第 61 页

黄琪翔
2080　コウキショウ　黄琪翔 / 樋口正德 // 最新中国要人傳. 第 60 頁
　　　黄琪翔 / 樋口正德 // 最新中国要人传. 第 60 页

萧 克
2081　ショウコク　蕭克(本名蕭克成) / 樋口正德 // 最新中国要人傳. 第 93 頁
　　　萧克(本名萧克成) / 樋口正德 // 最新中国要人传. 第 93 页

萧吉珊
2082　ショウキチサン　蕭吉珊 / 樋口正德 // 最新中国要人傳. 第 93 頁
　　　萧吉珊 / 樋口正德 // 最新中国要人传. 第 93 页

萧同兹
2083　ショウドウジ　蕭同兹 / 樋口正德 // 最新中国要人傳. 第 93 頁

萧同兹 / 樋口正德 // 最新中国要人传. 第 93 页

萧叔宣

2084　蕭叔宣 / 外務省東亞局 // 新国民政府人名鑑. 第 64 页
　　　萧叔宣 / 外务省东亚局 // 新国民政府人名鉴. 第 64 页

萨镇冰

2085　清国海軍の実力家薩鎮冰 / 覆面浪人（増本義敏） // 現代中国四百余州風雲児. 第 70 页
　　　清朝海军的实力家萨镇冰 / 覆面浪人（增本义敏） // 现代中国四百余州风云儿. 第 70 页

2086　薩鎮冰 / 沢村幸夫 // 上海人物印象記 第 1 集. 第 49 页
　　　萨镇冰 / 泽村幸夫 // 上海人物印象记 第 1 集. 第 49 页

梅思平

2087　梅思平 / 外務省東亞局 // 新国民政府人名鑑. 第 1 页
　　　梅思平 / 外务省东亚局 // 新国民政府人名鉴. 第 1 页

2088　梅思平裁判 / 益井康一 // 裁かれる汪政権：中国漢奸裁判秘録. 第 75 页
　　　审判梅思平 / 益井康一 // 受审判的汪政权：中国汉奸审判秘录. 第 75 页

曹锟

2089　曹　錕・呉佩孚集團の興亡 / 松尾洋二 // 東洋史研究 47（1）. 1988
　　　曹　锟、吴佩孚集团的兴亡 / 松尾洋二 // 东洋史研究. 1988. 47：1

2090　曹　錕 / 清水安三 // 中国当代新人物：旧人と新人. 第 17 页
　　　曹　锟 / 清水安三 // 中国当代新人物：旧人与新人. 第 17 页

2091　曹錕大總統及び憲法發布 / 松井等 // 中国現代史. 第 263 页
　　　曹锟大总统及宪法颁布 / 松井等 // 中国现代史. 第 263 页

2092　保定ニ於ケル曹錕將軍訪問記（民國十二年春） / 鈴木一馬 // 最近の中国事情. 第 49 页
　　　保定曹锟将军访问记（民国十二年春） / 铃木一马 // 中国近况. 第 49 页

2093　曹錕氏 / 鈴木一馬 // 最近の中国事情. 第 54 页
　　　曹　锟 / 铃木一马 // 中国近况. 第 54 页

2094　大總統曹錕と憲法發布 / 亜細亜学生会 // 黎明の中国. 第 97 页
　　　大总统曹锟与宪法颁布 / 亚细亚学生会 // 黎明的中国. 第 97 页

2095　曹錕時代 / 高橋保 // 問題と考察を主眼とせる詳解東洋史. 第 287 页
　　　曹锟时代 / 高桥保 // 以问题与考察为主的详解东洋史. 第 287 页

2096　呉佩孚、曹錕 / 平凡社 // 世界歴史大系 第九卷. 第 272 页
　　　吴佩孚、曹锟 / 平凡社 // 世界历史大系 第九卷. 第 272 页

2097　曹錕の賄選と第二次奉直戰 / 風間阜 // 近世中華民国史. 第 137 页
　　　曹锟贿选与第二次奉直战争 / 风间阜 // 近世中华民国史. 第 137 页

2098　曹錕憲法 / 宮沢俊義 // 聯邦制度概説. 第 160 页
　　　曹锟宪法 / 宫泽俊义 // 联邦制度概述. 第 160 页

2099　曹錕賄選時代の政黨 / 佐藤俊三 // 中国近世政党史. 第 206 页
　　　曹锟贿选时代的政党 / 佐藤俊三 // 中国近世政党史. 第 206 页

2100　大總統曹錕 / 雄山閣出版株式会社 // 東洋史講座 第九卷. 第 437 页
　　　大总统曹锟 / 雄山阁出版株式会社 // 东洋史讲座 第九卷. 第 437 页

2101　段貴瑞と曹錕 / 大亜文化会 // 孫文革命戰史. 第 150 页
　　　段贵瑞与曹锟 / 大亚文化会 // 孙文革命战争史. 第 150 页

2102　呉佩孚と曹錕 / 高木陸郎 // 日華交友録. 第 133 页
　　　吴佩孚与曹锟 / 高木陆郎 // 日华交友录. 第 133 页

2103　曹錕憲法 / 高橋勇治 // 中華民国憲法. 第 88 页
　　　曹锟宪法 / 高桥勇治 // 中华民国宪法. 第 88 页

2104 国会の第二次復活と曹錕憲法の制定 / 石川忠雄 // 中国憲法史. 第 53 頁
国会的二次复活与曹锟宪法的制定 / 石川忠雄 // 中国宪法史. 第 53 页

2105 黎元洪の復職と曹錕 / 能勢岩吉 // 革命闘争四十. 第 185 頁
黎元洪复职与曹锟 / 能势岩吉 // 革命斗争四十. 第 185 页

2106 第一次奉直戰爭から曹錕憲法の制定まで / 及川恒忠 // 中国政治史. 第 62 頁
从第一次奉直战争到曹锟宪法的制定 / 及川恒忠 // 中国政治史. 第 62 页

2107 曹　錕 / 高木陸郎 // 私と中国. 第 161 頁
曹　锟 / 高木陆郎 // 我与中国. 第 161 页

2108 黎元洪駆逐事件及曹錕総統賄選をめぐる政情 / みすず書房 // 現代史資料 第 31. 第 193 頁
黎元洪驱逐事件及曹锟总统贿选相关政情 / 美篶书房 // 现代史资料 第 31. 第 193 页

曹汝霖

2109 曹汝霖 / 鵜崎鷺城 // 奇物凡物. 第 67 頁
曹汝霖 / 鹈崎鹭城 // 奇人凡人. 第 67 页

2110 曹汝霖 / 中国実業雑誌社編 // 他山百家言 (下巻 1). 第 46 頁
曹汝霖 / 中国实业杂志社编 // 他山百家言 (下卷 1). 第 46 页

2111 曹汝霖、陸宗輿兩氏と語る / 水野梅暁 // 中国の変局. 第 136 頁
与曹汝霖、陆宗舆两人对话 / 水野梅晓 // 中国异变. 第 136 页

2112 曹汝霖氏 / 鈴木一馬 // 最近の中国事情. 第 60 頁
曹汝霖 / 铃木一马 // 中国近况. 第 60 页

2113 曹汝霖氏の金本位計畫 / 吉田虎雄 // 中国貨幣研究. 第 248 頁
曹汝霖的金本位计划 / 吉田虎雄 // 中国货币研究. 第 248 页

2114 生え抜きの親日家 臨時政府顧問曹汝霖 / 報知新聞政治部 // 大陸の顔. 第 149 頁
彻头彻尾的亲日者 临时政府顾问曹汝霖 / 报知新闻政治部 // 大陆面貌. 第 149 页

2115 曹汝霖氏より頭山翁へ / 藤本尚則 // 頭山精神. 第 243 頁
从曹汝霖到头山翁 / 藤本尚则 // 头山精神. 第 243 页

2116 ソウジョリン 曹汝霖 (潤田) / 樋口正徳 // 最新中国要人傳. 第 105 頁
曹汝霖 (润田) / 樋口正德 // 最新中国要人传. 第 105 页

2117 曹汝霖氏訪問記 / 実藤恵秀 // 近代日中文化論. 第 194 頁
曹汝霖访问记 / 实藤惠秀 // 近代日中文化论. 第 194 页

2118 曹汝霖特使問題 在中日本人の盲動 / 西原亀三、北村敬直 // 夢の七十余年 : 西原亀三自伝. 第 125 頁
曹汝霖特使问题 在中日本人的妄动 / 西原龟三、北村敬直 // 七十余载如梦 : 西原龟三自传. 第 125 页

曹若山

2119 ソウジャクサン 曹若山 / 樋口正徳 // 最新中国要人傳. 第 104 頁
曹若山 / 樋口正德 // 最新中国要人传. 第 104 页

曹浩森

2120 ソウコウシン 曹浩森 / 樋口正徳 // 最新中国要人傳. 第 104 頁
曹浩森 / 樋口正德 // 最新中国要人传. 第 104 页

盛世才

2121 アレン・S・ホワイティング『盛世才将軍』/ 小田英郎 // 国際政治（15）. 1961
艾伦・S・惠廷《盛世才将军》/ 小田英郎 // 国际政治. 1961. 15

2122 新疆をめぐる中ソ関係——盛世才の時期を中心として / 小田英郎 // 法学研究 34(6). 1961
新疆问题所见中苏关系——以盛世才时期为中心 / 小田英郎 // 法学研究. 1961. 34:6

2123 戰間期新疆の少数民族問題——盛世才時代を中心に / 寺島英明 // 社会文化史学（通号

20). 1983
战时的新疆少数民族问题——以盛世才时代为中心 / 寺岛英明 // 社会文化史学. 1983. 20

2124　ソ聯の傀儡盛世才 / 杉山明 // 激化する日・ソの対勢 一戦遂に避け難きか?. 第 18 頁
苏联傀儡盛世才 / 杉山明 // 日益激化的日苏形势 对战终难免?. 第 18 页

2125　抗戰を叫ぶ盛世才 / 金久保通雄 // 中國の奥地. 第 39 頁
呼吁抗战的盛世才 / 金久保通雄 // 中国的腹地. 第 39 页

2126　蒋介石と盛世才の會見 / 久野豊彦 // 東漸するソ聯. 第 268 頁
蒋介石与盛世才会见 / 久野丰彦 // 东渐之苏联. 第 268 页

2127　新疆省に於ける盛世才の失脚 / 東洋協会 // [東洋協会調査部] 調査資料 第 51 輯 (中国西北ルート概観). 第 3 頁
新疆省盛世才下台 / 东洋协会 // 东洋协会调查部调查资料 第 51 辑 (中国西北路线概观). 第 3 页

盛宣怀

2128　來朝中の清國最大の人物盛宣懷 / 実業之日本社 // 実業の日本 11(22). 1908
清朝访日团的最大人物盛宣怀 / 实业之日本社 // 实业之日本. 1908. 11;22

2129　清國盛宣懷始て唐詩を實驗す / 実業之日本社 // 実業の日本 11(24). 1908
清朝盛宣怀始实验唐诗 / 实业之日本社 // 实业之日本. 1908. 11;24

2130　大隈伯盛宣懷に健康長壽法を説く / 実業之日本社 // 実業の日本 12(2). 1909
大隈伯爵传盛宣怀健康长寿法 / 实业之日本社 // 实业之日本. 1909. 12;2

2131　清國借款と盛宣懷の人物 / 白岩龍平 // 実業倶楽部 1(5). 1911
清朝借款与盛宣怀其人 / 白岩龙平 // 实业俱乐部. 1911. 1;5

2132　アルバート・フォイヤーワーカー氏著「中国の初期工業化——盛宣懷(1844—1916)と官人企業」(1958) / 佐伯有一 // 東洋学報:東洋文庫和文紀要 42(2). 1959
Albert Feuerwerker 著《中国初期工业化——盛宣怀:1844—1916 与官员企业》(1958) / 佐伯有一 // 东洋学报:东洋文库日文纪要. 1959. 42;2

2133　A. フォイヤーワーカー著「中国の初期工業化——盛宣懷(1844—1916)と官僚企業」(1958) / 田中宏 // 一橋論叢 53(1). 1964
Albert Feuerwerker 著《中国的早期工业化——盛宣怀(1844—1916)与官僚企业》(1958) / 田中宏 // 一桥论丛. 1964. 53;1

2134　洋務運動の遺産——盛宣懷の企業経営をめぐって / 沢村健二 // 立正大学文学部論叢 (通号 34). 1969
洋务运动的遗产——盛宣怀的企业经营 / 泽村健二 // 立正大学文学部论丛. 1969. 34

2135　近代中国企業者史研究ノート -2- 盛宣懷(1844—1916) / 中井英基 // 中文研究 (通号 14). 1973
近代中国企业家史研究笔记 其二:盛宣怀(1844—1916) / 中井英基 // 中文研究. 1973. 14

2136　中国通商銀行の設立と香港上海銀行(The Hongkong and Shanghai Bank)——一八九六年、盛宣懷の設立案をめぐって / 浜下武志 // 一橋論叢 84(4). 1980
中国通商银行的设立与香港上海银行(The Hongkong and Shanghai Bank)——围绕一八九六年盛宣怀的设立方案 / 浜下武志 // 一桥论丛. 1980. 84;4

2137　清末中国における「銀行論」と中国通商銀行の設立——一八九七年、盛宣懷の設立案をめぐる批判と修正 / 浜下武志 // 一橋論叢 85(6). 1981
清末中国的"银行论"与中国通商银行的设立——围绕一八九七年盛宣怀设立方案的批评与修正 / 浜下武志 // 一桥论丛. 1981. 85;6

2138　清国財界の泰斗盛宣懷 / 覆面浪人 (増本義敏) // 現代中国四百余州風雲児. 第 51 頁
清朝商界的泰斗盛宣怀 / 覆面浪人 (增本义敏) // 现代中国四百余州风云儿. 第 51 页

2139　盛宣懷 / 加藤正雄 // 最近清国動乱史. 第 107 頁

盛宣怀 / 加藤正雄 // 最近清朝动乱史. 第 107 页

2140 革命の火元、盛宣懷の鐵道國有 / 小谷節夫 // 何人も知らねばならぬ中國の智識. 第 50 頁
革命导火索、盛宣怀的铁路国有 / 小谷节夫 // 不得不知的中国知识. 第 50 页

2141 盛宣懷と唐紹儀 / 松島宗衛 // 清朝末路秘史. 第 211 頁
盛宣怀与唐绍仪 / 松岛宗卫 // 清朝末路秘史. 第 211 页

2142 盛宣懷 / 高木陸郎 // 私と中國. 第 105 頁
盛宣怀 / 高木陆郎 // 我与中国. 第 105 页

2143 清末政治と官僚資本——盛宣懷の役割をめぐって / 中村義 // 東洋史学論集 第 6. 第 21 頁
清末政治与官僚资本——关于盛宣怀的角色 / 中村义 // 东洋史学论集 第 6. 第 21 页

2144 盛宣懷による鐵道建設の獨占 / 波多野善大 // 中国近代工業史の研究. 第 450 頁
盛宣怀独占铁路建设 / 波多野善大 // 中国近代工业史研究. 第 450 页

2145 盛宣懷による鐵道國有政策の遂行 / 波多野善大 // 中国近代工業史の研究. 第 491 頁
盛宣怀执行铁路国有政策 / 波多野善大 // 中国近代工业史研究. 第 491 页

2146 盛宣懷の下における製鐵と鐵道建設の結合 / 波多野善大 // 中国近代工業史の研究. 第 457 頁
盛宣怀主导炼铁与铁路建设的结合 / 波多野善大 // 中国近代工业史研究. 第 457 页

2147 盛宣懷と借款鐵道 / 波多野善大 // 中国近代工業史の研究. 第 466 頁
盛宣怀与借款铁路 / 波多野善大 // 中国近代工业史研究. 第 466 页

〔丶〕

康白情

2148 康白情 / 蒲池歡一 // 中國現代詩人. 第 66 頁
康白情 / 蒲池欢一 // 中国现代诗人. 第 66 页

康有为

2149 康有為の思想運動と民衆 / 原田正己 / 東京:刀水書房. 1983. 335 頁
康有为的思想运动与民众 / 原田正己 / 东京:刀水书房. 1983. 335 页

2150 康有為:ユートピアの開花 / 坂出祥伸 // 東京:集英社. 1985. 269 頁
康有为:乌托邦思想的成果 / 坂出祥伸 // 东京:集英社. 1985. 269 页

2151 康有爲と孫逸仙 / 石川半山 // 燕塵 第 2(5)(17). 1909
康有为与孙逸仙 / 石川半山 // 燕尘. 1909. 2:5(17)

2152 康有爲と孫逸仙 / 石川半山 // 好学雜誌（71）. 1909
康有为与孙逸仙 / 石川半山 // 好学杂志. 1909. 71

2153 康有爲と袁世凱——十月八日本會の中国研究第一講演會に於て / 青柳篤恒 // 奉公（106）. 1911
康有为与袁世凯——于十月八日奉公会中国研究第一讲演会上 / 青柳笃恒 // 奉公. 1911. 106

2154 康有爲日本留學生の先登者と號す / 大日本実業学会 // 實業の日本 14(23). 1911
康有为号称日本留学生的先登者 / 大日本实业学会 // 实业之日本. 1911. 14:23

2155 品川彌次郎と康有爲 / 元田肇 // 文芸春秋 4(7). 1926
品川弥次郎与康有为 / 元田肇 // 文艺春秋. 1926. 4:7

2156 康有爲の死 / 青柳篤恒 // 海外 1(6月號). 1927
康有为之死 / 青柳笃恒 // 海外. 1927. 1:6

2157 康有爲に就て / 八幡關太郎 // 書道 6(5). 1937
关于康有为 / 八幡关太郎 // 书法. 1937. 6:5

2158 康有爲より李提摩太に與ふ書 / 第一公論社 // 公論（1月號）. 1940
康有为致李提摩太书 / 第一公论社 // 公论. 1940. 1

2159 康有爲の歴史哲學 / 神谷正男 // 漢学会雜誌 10(2). 1942
康有为的历史哲学 / 神谷正男 // 汉学会杂志. 1942. 10:2

2160 康有爲の孔子觀 / 実藤惠 // 新中国 2(6)(15).1947
康有为的孔子观 / 实藤惠 // 新中国.1947.2;6(15)

2161 康有爲の演劇改良論 / 中村忠行 // 中国資料 (41—42).1952
康有为的戏剧改良论 / 中村忠行 // 中国资料.1952.41—42

2162 康有為の変法思想 / 佐藤震二 // アカデミア (通号 11).1955
康有为的变法思想 / 佐藤震二 // 学术界(Academia).1955.11

2163 康有為から毛沢東まで / 内藤円治 // 化繊月報 10(4).1957
从康有为到毛泽东 / 内藤圆治 // 化纤月报.1957.10;4

2164 清末公羊学派の形成と康有為学の歴史的意義(7、1,3) / 野村浩一 // 國家學會雑誌 71(7).1957.72(1,3).1958
清末公羊学派的形成与康有为学的历史意义(7、1,3) / 野村浩一 // 国家学会杂志.1957.71;7. 1958.72;1,3

2165 康有為大同説の一考察——古文献に見られる大同の語と康有為の解釈 / 原田正己 // 東洋文学研究 (8).1960
康有为大同说的考察——古文献所见"大同"语汇与康有为的解释 / 原田正己 // 东洋文学研究. 1960.8

2166 康有為の大同思想と人民公社 / 曽村保信 // アジア研究 10(1).1963
康有为的大同思想与人民公社 / 曽村保信 // 亚洲研究.1963.10;1

2167 康有為における大同思想の成立 / 井上源吾 // 人文科学研究報告(長崎大学学芸学部)(通号 13).1964
康有为大同思想的成立 / 井上源吾 // 长崎大学学艺学部人文科学研究报告.1964.13

2168 康有為の日本観 / 斎藤道子 // 学習院史学 2.1965
康有为的日本观 / 斎藤道子 // 学习院史学.1965.2

2169 清末における在日康梁派の政治動静(1)——康有為梁啓超の日本亡命とその後の動静 / 永井算巳 // 人文科学論集(信州大学人文学部)(通号 1).1966
清末在日康梁派的政治动态(1)——康有为、梁启超亡命日本及其后的动态 / 永井算巳 // 信州大学人文学部人文科学论集.1966.1

2170 孫文化以前:康有為の大同思想 / 村田美也子 // 東洋史苑 1.1968
在孙文以前:康有为的大同思想 / 村田美也子 // 东洋史苑.1968.1

2171 康有為の思想——改制について / 別府淳夫 // 倫理学研究 (通号 16).1968
康有为的思想——关于改制 / 別府淳夫 // 伦理学研究.1968.16

2172 碑学派に関する一考察——康有為の書論を中心として / 西林昭一 // 跡見学園国語科紀要 (16).1968
关于碑学派的考察——以康有为的书法论为中心 / 西林昭一 // 迹见学园国语科纪要.1968.16

2173 康有為思想の形成 / 佐藤震二 // 日本中国学会報 (通号 20).1968
康有为思想的形成 / 佐藤震二 // 日本中国学会报.1968.20

2174 康有為の書論 / 西林昭一 // 東洋研究 (通号 19).1969
康有为的书法论 / 西林昭一 // 东洋研究.1969.19.

2175 功利主義と清末知識人の姿勢——康有為と厳復を中心に / 別府淳夫 // 道徳と教育 13(7).1970
功利主义与清末知识人的态度——以康有为与严复为中心 / 別府淳夫 // 道德与教育.1970.13;7

2176 康有為と孔教——その思想史的意義 / 後藤延子 // 日本中国学会報 (通号 25).1973
康有为与孔教——其思想史意义 / 后藤延子 // 日本中国学会报.1973.25

2177 康有為の大同三世説——漢代公羊学説の継承を中心として / 竹内弘行 // 日本中国学会報 (通号 25).1973
康有为大同三世说——以对汉代公羊学说的继承为中心 / 竹内弘行 // 日本中国学会报.1973.25

2178　清末变法派の行动と存在の原理——康有为・谭嗣同について / 小林武 // 日本中国学会报（通号 27）. 1975
　　　清末变法派的行动与存在原理——关于康有为、谭嗣同 / 小林武 // 日本中国学会报. 1975. 27
2179　康有为と会党 / 原田正己 // 早稻田大学大学院文学研究科纪要（21）. 1976
　　　康有为与会党 / 原田正己 // 早稻田大学大学院文学研究科纪要. 1976. 21
2180　中体西用论と康有为学 / 别府淳夫 // 筑波大学哲学・思想学系论集 S50. 1976
　　　中体西用论与康有为学 / 别府淳夫 // 筑波大学哲学・思想学系论集. 1976. S50
2181　康有为と广艺舟双楫（1—2） / 坂出祥伸 // 书论（9—10）. 1976—1977
　　　康有为与广艺舟双楫（1—2） / 坂出祥伸 // 书法论. 1976—1977. 9—10
2182　康有为の犬养毅（木堂）宛书翰：近代日中关系の新史料 / 和田博德 // 史学 49（4）. 1980
　　　康有为致犬养毅（木堂）书翰：近代日中关系新史料 / 和田博德 // 史学. 1980. 49：4
2183　康有为の大同世界像——その存在构造と思想史的意义 / 后藤延子 // 人文科学论集（信州大学人文学部）（通号 15）. 1981
　　　康有为的大同世界景象——其存在构造与思想史意义 / 后藤延子 // 信州大学人文学部人文科学论集. 1981. 15
2184　民国初期の康有为について / 岩井利夫 // 二松学舍大学人文论丛（通号 20）. 1981
　　　关于民国初期的康有为 / 岩井利夫 // 二松学舍大学人文论丛. 1981. 20
2185　康有为初期の思想——「康子内外篇」の考察 / 坂出祥伸 // 关西大学文学论集 32（1）. 1982
　　　康有为的早期思想——《康子内外篇》考察 / 坂出祥伸 // 关西大学文学论集. 1982. 32：1
2186　康有为と日本・东南アジア（早稻田大学创立百周年纪念号） / 原田正己 // 早稻田大学大学院文学研究科纪要（通号 28）. 1982
　　　康有为与日本、东南亚（早稻田大学百年校庆纪念号） / 原田正己 // 早稻田大学大学院文学研究科纪要. 1982. 28
2187　康有为学と荀子（1） / 别府淳夫 // 哲学・思想论集（通号 9）. 1983
　　　康有为学与荀子（1） / 别府淳夫 // 哲学・思想论集. 1983. 9
2188　康有为における进步史观 / 中村聪 // 东洋文化（54）. 1985
　　　康有为的进步史观 / 中村聪 // 东洋文化. 1985. 54
2189　康有为における「元」の思想：西洋近代知识・思想受容の一考察 / 小林宽 // 伦理学（4）. 1986
　　　康有为"元"的思想：对西洋近代知识、思想接受的一个考察 / 小林宽 // 伦理学. 1986. 4
2190　现在までの康有为思想研究と今后の研究展望 / 中村聪 // 东洋文化（60）. 1988
　　　目前的康有为思想研究与今后的研究展望 / 中村聪 // 东洋文化. 1988. 60
2191　康有为の变法に关する一考察 / 清水稔 // 佛教大学研究纪要（通号 74）. 1990
　　　关于康有为变法的一个考察 / 清水稔 // 佛教大学研究纪要. 1990. 74
2192　「万木草堂藏画目」に见られる康有为の绘画美学思想 / 平野和彦 // 群马女子短期大学纪要（17）. 1990
　　　《万木草堂藏画目》所见康有为的绘画美学思想 / 平野和彦 // 群马女子短期大学纪要. 1990. 17
2193　康有为遗墨考证 / 竹内弘行 // 研究报（4）. 1991
　　　康有为遗墨考证 / 竹内弘行 // 研究报. 1991. 4
2194　西太后と康有为 / 坂出祥伸 // 关西大学中国文学会纪要（通号 12）. 1991
　　　西太后与康有为 / 坂出祥伸 // 关西大学中国文学会纪要. 1991. 12
2195　康有为の绘画论 / 平野和彦 // 中国文化（通号 49）. 1991
　　　康有为的绘画论 / 平野和彦 // 中国文化. 1991. 49
2196　横井小楠の思想：康有为の进化论受容と三代盛世观の逆转 / 坂出祥伸 // 季刊日本思想史（37）. 1991
　　　横井小楠的思想：康有为对进化论的接受与三代盛世观的逆转 / 坂出祥伸 // 日本思想史季刊.

1991.37

2197　康有為と「東学」——「日本書目誌」をめぐって / 村田雄二郎 // 外国語科研究紀要 40(5).1992
康有为与"东学"——以《日本书目志》为中心 / 村田雄二郎 // 外国语科研究纪要.1992.40:5

2198　戊戌変法期における康有為の明治維新論 / 坂出祥伸 // 關西大學文學論集 41(4).1992
戊戌变法时期康有为的明治维新论 / 坂出祥伸 // 关西大学文学论集.1992.41:4

2199　康有為の変法思想と春秋学——「春秋董氏学」を中心として / 浜久雄 // 大東文化大学紀要 人文科学（通号 30）.1992
康有为的变法思想与春秋学——以《春秋董氏学》为中心 / 浜久雄 // 大东文化大学纪要（人文科学）.1992.30

2200　華夷観念と帝国主義の間の康有為——戊戌変法の完整指標をめぐって（上、下） / 細野浩二 // 早稲田大学大学院文学研究科紀要 哲学・史学編（通号 38—39）.1992—1993
华夷观念与帝国主义之间的康有为——以戊戌变法的完整指标为中心（上、下） / 细野浩二 // 早稻田大学大学院文学研究科纪要（哲学・史学编）.1992—1993.38—39

2201　康有為における経済政策論 / 中村聡 // 日本中国学会報（通号 45）.1993
康有为的经济政策论 / 中村聡 // 日本中国学会报.1993.45

2202　康有為の社会思想——インド流寓時期の康有為の思想 / 浜田直也 // 歴史学研究（通号 647）.1993
康有为的社会思想——流寓印度时期康有为的思想 / 浜田直也 // 历史学研究.1993.647

2203　「戊戌後康有為梁啓超與維新派国際学術研討会」に参加して / 柴田幹夫 // 東洋史苑（42）.1994
参加"戊戌后康有为梁启超与维新派国际学术研讨会" / 柴田干夫 // 东洋史苑.1994.42

2204　康有為——ユートピア世界を夢みた政治家（特集 近代中国を動かした18人——アヘン戦争から辛亥革命まで） / 坂出祥伸 // 月刊しにか 6(3).1995
康有为——梦想乌托邦世界的政治家（特集 影响近代中国的18人——从鸦片战争到辛亥革命） / 坂出祥伸 // 中国学月刊.1995.6:3

2205　鄭孝胥と康有為 / 平野和彦 // 群馬女子短期大学紀要（22）.1995
郑孝胥与康有为 / 平野和彦 // 群马女子短期大学纪要.1995.22

2206　康有為と李炳憲における「家」 / 小林寛 // 家庭教育研究（通号 1）.1996
康有为与李炳宪的"家" / 小林宽 // 家庭教育研究.1996.1

2207　康有為「理想郷」：大同の世を未来に描いた男 / 竹内弘行 // 月刊しにか 7(6).1996
康有为的"乌托邦"：以大同之世为远景的人 / 竹内弘行 // 中国学月刊.1996.7:6

2208　進歩の理念についての一考察——漱石・チャアダーエフ・康有為を軸として比較文明論の視角から / 三宅正樹 // 日本及日本人（通号 1622）.1996
关于进步理念的一个考察——以漱石、恰达耶夫、康有为为轴的文化比较论的视角 / 三宅正树 // 日本及日本人.1996.1622

2209　変法運動と康有為 / 深沢秀男 // Artes liberales（通号 61）.1997
变法运动与康有为 / 深泽秀男 // Artes liberales.1997.61

2210　近代中国における宇宙論のとらえ方——康有為におけるその思想的考察 / 中村聡 // 東洋研究（通号 125）.1997
如何把握近代中国的宇宙论——康有为的思想性考察 / 中村聡 // 东洋研究.1997.125

2211　康有為と清末留日政策 / 柴田幹夫 // 東アジア：歴史と文化（通号 8）.1999
康有为与清末留日政策 / 柴田干夫 // 东亚：历史与文化.1999.8

2212　康有為梁啓超放逐ニ関スル件 / 間瀬文彦 // 議会と外交.第62頁
关于驱逐康有为、梁启超一事 / 间濑文彦 // 议会与外交.第62页

2213　康有為 / 加藤正雄 // 最近清国動乱史.1911.第105頁
康有为 / 加藤正雄 // 最近清朝动乱史.第105页

2214　康有爲の清朝復辟論 / 竹内克巳、相田忠一 // 中国政黨結社史. 第 50 頁
　　　康有为的清朝复辟论 / 竹内克巳、相田忠一 // 中国政党结社史. 第 50 页
2215　康有爲に与ふ(中久喜信周) / 野畑江村 // 筆洗：美文選集. 第 153 頁
　　　致康有为(中久喜信周) / 野畑江村 // 笔洗：美文选集. 第 153 页
2216　康有爲 / 清水安三 // 中国当代新人物：旧人と新人. 第 121 頁
　　　康有为 / 清水安三 // 中国当代新人物：旧人与新人. 第 121 页
2217　康有爲(南海) / 今関天彭 // 近代中国の学芸. 第 174 頁
　　　康有为(南海) / 今关天彭 // 近代中国的学问艺术. 第 174 页
2218　康有爲の大進言 / 和泉誠一 // 満洲国皇帝陛下. 第 139 頁
　　　康有为的大进言 / 和泉诚一 // "满洲国皇帝陛下". 第 139 页
2219　康有爲と戊戌政變 / 佐野袈裟美 // 中国近代百年史 下卷. 第 252 頁
　　　康有为与戊戌政变 / 佐野袈裟美 // 中国近代百年史 下卷. 第 252 页
2220　康有爲のユートピア思想 / 藤原定 // 近代中国思想. 第 78 頁
　　　康有为的乌托邦思想 / 藤原定 // 近代中国思想. 第 78 页
2221　孫文と康有爲 / 米内山庸夫 // 中国の現実と理想 第 332 頁
　　　孙文与康有为 / 米内山庸夫 // 中国的现实与理想. 第 332 页
2222　木堂と康有爲 / 長與善郎 // 東洋芸術の諸相. 第 18 頁
　　　木堂(犬养毅)与康有为 / 长与善郎 // 东洋艺术诸相. 第 18 页
2223　翁同龢と康有爲 / 矢野仁一 // 清朝末史研究. 第 11 頁
　　　翁同龢与康有为 / 矢野仁一 // 晚清史研究. 第 11 页
2224　康有爲(一八五八—一九二七) / 山口一郎 // 中国の思想家：宇野哲人博士米壽記念論集 下卷. 第 738 頁
　　　康有为(1858—1927) / 山口一郎 // 中国的思想家：宇野哲人博士八十八岁寿诞纪念论文集 下卷. 第 738 页
2225　康有爲學の歴史的意義 / 野村浩一 // 近代中国の政治と思想. 第 93 頁
　　　康有为学术的历史意义 / 野村浩一 // 近代中国政治与思想. 第 93 页

康克清

2226　康克清：その戦いの歴史から / 田村祥子 // アジア經濟旬報 1977/11/11
　　　康克清：其战斗的历史 / 田村祥子 // 亚洲经济旬报 1977. 11. 11
2227　コウコクセイ　康克清 / 樋口正徳 // 最新中国要人傳. 第 59 頁
　　　康克清 / 樋口正徳 // 最新中国要人传. 第 59 页

鹿钟麟

2228　ロクショウリン　鹿鍾麟(瑞伯) / 樋口正徳 // 最新中国要人傳. 第 222 頁
　　　鹿钟麟(瑞伯) / 樋口正徳 // 最新中国要人传. 第 222 页

章乃器

2229　満州の近況——章乃器氏の報告から / 新井寶雄 // 世界の動き 4(15). 1949
　　　满洲近况——摘自章乃器的报告 / 新井宝雄 // 世界动态. 1949. 4：15
2230　1950 年代における章乃器の言論活動とその挫折——「百花斉放・百家争鳴」から「反右派鬪争」へ / 水羽信男 // 史学研究（通号 190）. 1990
　　　1950 年代章乃器的言论活动及其挫折——从"百花齐放、百家争鸣"到"反右派斗争" / 水羽信男 // 史学研究. 1990. 190
2231　現代中国における「愛国」と「民主」——章乃器の軌跡を中心として / 水羽信男 // 現代中国 (65). 1991
　　　当代中国的"爱国"与"民主"——以章乃器的轨迹为中心 / 水羽信男 // 现代中国. 1991. 65
2232　章乃器年譜(初稿)——中国の「愛国」と「民主」との間に / 水羽信男 // 広島大学文学部紀要

(51).1992

章乃器年谱(初稿)——在中国的"爱国"与"民主"之间 / 水羽信男 // 广岛大学文学部纪要. 1992.51

2233　抗日戦争と中国の民主主義——章乃器の民衆動員論を素材として(特集 日中戦争60年) / 水羽信男 // 歴史評論(通号569).1997

抗日战争与中国的民主主义——以章乃器的群众动员论为素材(特辑 日中战争60年) / 水羽信男 // 历史评论.1997.569

2234　魯迅氏 章乃器氏等各要人と語る / 山崎靖純 // 排日の中国を視る:中国は何処へ行く.第20頁

对话鲁迅、章乃器等各要员 / 山崎靖纯 // 观排日之中国:中国何处去.第20页

2235　抗日戰線の巨頭章乃器と語る / 原勝 // 中国の性格.第35頁

对话抗日战线巨头章乃器 / 原胜 // 中国的性格.第35页

2236　章乃器 / 松本忠雄 // 次に中国を支配するもの.第192頁

章乃器 / 松本忠雄 // 此后左右中国的人.第192页

2237　ショウダイキ 章乃器 / 樋口正徳 // 最新中国要人傳.第82頁

章乃器 / 樋口正德 // 最新中国要人传.第82页

2238　章乃器の感懐 / 波多野乾一 // 中国共産党史:資料集成 第6巻.第5頁

章乃器的感怀 / 波多野乾一 // 中国共产党史:资料集成 第6卷.第5页

2239　一九三〇年代における章乃器の思想とその政治的立場 / 平野正 // 西南学院大学文理論集 18(1).1977

一九三〇年代章乃器的思想及其政治立场 / 平野正 // 新安学院大学文理论集(1977年).第87页

章士钊

2240　章炳麟・章士釗・魯迅:辛亥の死と生と / 高田淳 // 東京:竜溪書舎.1974.339頁

章炳麟、章士钊、鲁迅:辛亥的死与生 / 高田淳 // 东京:龙溪书舍.1974.339页

2241　民国初期における章士釗の政治論 / 鐙屋一 // 現代中国(60).1986

民国初期章士钊的政治论 / 镫屋一 // 现代中国.1986.60

2242　章士釗の厳復評 / 有田和夫 // 東洋大学中国哲学文学科紀要 49(4).1996

章士钊对严复的评价 / 有田和夫 // 东洋大学中国哲学文学科纪要.1996.49:4

2243　一九四九年北平和平交渉における章士釗 / 鐙屋一 // 東洋史研究 55(3).1996

一九四九年北平和平交涉中的章士钊 / 镫屋一 // 东洋史研究.1996.55:3

2244　章士釗研究 / 鐙屋一 // 筑波大学博士論文.1998

章士钊研究 / 镫屋一 // 筑波大学博士论文.1998

2245　言論操觚界の花形維新政府司法院長章士釗 / 報知新聞政治部 // 大陸の顔.第142頁

舆论界名人维新政府司法院长章士钊 / 报知新闻政治部 // 大陆面貌.第142页

2246　ショウシセウ 章士釗(行嚴) / 樋口正徳 // 最新中国要人傳.第81頁

章士钊(行严) / 樋口正德 // 最新中国要人传.第81页

章太炎

2247　章炳麟・章士釗・魯迅:辛亥の死と生と / 高田淳 // 東京:竜溪書舎.1974.339頁

章炳麟、章士钊、鲁迅:辛亥的死与生 / 高田淳 // 东京:龙溪书舍.1974.339页

2248　辛亥革命と章炳麟の斉物哲学 / 高田淳 // 東京:研文出版.1984.380頁

辛亥革命与章炳麟的齐物哲学 / 高田淳 // 东京:研文出版.1984.380页

2249　章炳麟の文集を讀む / 本田成之 // 東亜研究 6(8).1916

读章炳麟文集 / 本田成之 // 东亚研究.1916.6;8

2250　章炳麟轉注假借說 / 樋口銅牛 // 文字(1).1919

章炳麟转注假借说 / 樋口铜牛 // 文字.1919.1

2251　章炳麟の民族思想(上、中、下) / 小野川秀美 // 東洋史研究 13(1、3).1954.14(3).1955

章炳麟的民族思想(上、中、下) / 小野川秀美 // 东洋史研究. 1954. 13：1・3. 1955. 14：3

2252 章炳麟と日本人 / 中山久四郎 // 斯文 (通号 22). 1958
章炳麟与日本人 / 中山久四郎 // 斯文. 1958. 22

2253 章炳麟について：中国伝統学術と革命(上、下) / 坂元ひろ子、島田虔次 // 思想 (通号 407—408). 1958
关于章炳麟：中国传统学术与革命(上、下) / 坂元广子、岛田虔次 // 思想. 1958. 407—408

2254 章太炎の思想：「無」の立場について / 伊東昭雄 // 一橋論叢 44(6). 1960
章太炎的思想：关于"无"的立场 / 伊东昭雄 // 一桥论丛. 1960. 44：6

2255 章太炎の革命思想と辛亥革命——代議制批判を中心に / 伊東昭雄 // 現代中国 (37). 1962
章太炎的革命思想与辛亥革命——以批判代议制为中心 / 伊东昭雄 // 现代中国. 1962. 37

2256 章炳麟における革命思想の形成——戊戌変法から辛亥革命へ / 近藤邦康 // 東洋文化研究所紀要 (通号 28). 1962
章炳麟革命思想的形成——从戊戌变法到辛亥革命 / 近藤邦康 // 东洋文化研究所纪要. 1962. 28

2257 章炳麟の代議制論について / 藤谷博 // 阪大法学 (49). 1964
关于章炳麟的代议制理论 / 藤谷博 // 阪大法学. 1964. 49

2258 魯迅の思想形成をめぐって——章炳麟との関係を中心に / 伊東昭雄 // 日本大学文理学部研究報 (通号 14). 1965
关于鲁迅的思想形成——以与章炳麟的关系为中心 / 伊东昭雄 // 日本大学文理学部研究报. 1965. 14

2259 章炳麟の喪服論 / 橋本高勝 // 待兼山論叢 (通号 1). 1967
章炳麟的丧服论 / 桥本高胜 // 待兼山论丛. 1967. 1

2260 章炳麟の儒行論 / 橋本高勝 // 日本中国学会報 (通号 20). 1968
章炳麟的儒行论 / 桥本高胜 // 日本中国学会报. 1968. 20

2261 戊戌・庚子前後の章炳麟の思想——「革政」から「革命」へ / 高田淳 // 東洋文化研究所紀要 (通号 50). 1970
戊戌、庚子前后的章炳麟思想——从"革政"到"革命" / 高田淳 // 东洋文化研究所纪要. 1970. 50

2262 章炳麟の「国学」について(R 7104)：近代中国国語教育史研究ノート / 南本義一 // 福岡女子短大紀要 (4). 1971
关于章炳麟的"国学"(R.7104)：现代中国国语教育史研究笔记 / 南本义一 // 福冈女子短大纪要. 1971. 4

2263 師道について——章炳麟と魯迅(中国の思想——革命と伝統) / 高田淳 // 理想 (通号 464). 1972
关于师道——章炳麟与鲁迅(中国的思想——革命与传统) / 高田淳 // 理想. 1972. 464

2264 章炳麟の「革命道徳論」を読んで：章炳麟研究に関するノート / 佐藤広金 // 学習院史学 (10). 1973
读章炳麟的"革命道德论"：章炳麟研究笔记 / 佐藤广金 // 学习院史学. 1973. 10

2265 辛亥後の章炳麟 / 高田淳 // 東洋文化研究所紀要 (通号 60). 1973
辛亥后的章炳麟 / 高田淳 // 东洋文化研究所纪要. 1973. 60

2266 東洋史談話会発表要旨 章炳麟の印度論 / 大八木章文 // 史朋 (1). 1974
东洋史谈话会发表摘要 章炳麟的印度论 / 大八木章文 // 史朋. 1974. 1

2267 いまの中国の章炳麟論 / 高田淳 // 学習院大学東洋文化研究所 調査研究報告 (4). 1978
当今中国的章炳麟论 / 高田淳 // 学习院大学东洋文化研究所 调查研究报告. 1978. 4

2268 『革命軍』の革命観と章炳麟 / 南本義一 // 福岡女子短大紀要 15. 1978
《革命军》的革命观与章炳麟 / 南本义一 // 福冈女子短大纪要. 1978. 15

2269 章炳麟の「革命道徳説」について / 南本義一 // 哲学 (通号 30). 1978
关于章炳麟的"革命道德说" / 南本义一 // 哲学. 1978. 30

2270 最近の中国における章炳麟研究の動向 / 久保田文次 // 歴史評論（通号 342）.1978
最近中国的章炳麟研究的动向 / 久保田文次 // 历史评论.1978.342

2271 「依自不依他」の思想——章炳麟の宗教観（友枝竜太郎教授御退官記念特集）/ 海老谷尚典 // 哲学（通号 31）.1979
"依自不依他"思想——章炳麟的宗教观（友枝龙太郎教授退休纪念特辑 / 海老谷尚典 // 哲学.1979.31

2272 中国における最近の章炳麟研究の動向 / 大八木章文 // 史朋（12）.1980
最近中国章炳麟研究动向 / 大八木章文 // 史朋.1980.12

2273 章炳麟について——方法としての言語 / 小林武 // 京都産業大学論集．人文科学系列（通号 10）.1982
关于章炳麟——作为方法的语言 / 小林武 // 京都产业大学论集．人文科学系列.1982.10

2274 章炳麟の「斉物」の哲学 / 高田淳 // 調査研究報告（14）.1982
章炳麟的"齐物"哲学 / 高田淳 // 调查研究报告.1982.14

2275 章炳麟における種族革命と無政府主義 / 海老谷尚典 // 哲学（通号 34）.1982
章炳麟的种族革命与无政府主义 / 海老谷尚典 // 哲学.1982.34

2276 「台湾日日新報」所載章炳麟論文について / 阿川修三 // 中国文化（通号 40）.1982
关于《台湾日日新报》所载章炳麟论文 / 阿川修三 // 中国文化.1982.40

2277 人物と思想史の研究：章炳麟・孫文・康有為をめぐって / 河田悌一 // 東亜（185）.1982
人物及思想史研究：以章炳麟・孙文・康有为为中心 / 河田悌一 // 东亚.1982.185

2278 章炳麟における種族主義の形成——戊戌以後、蘇報案にかけての理論 / 海老谷尚典 // 東洋文化（51）.1983
章炳麟种族主义的形成——戊戌至苏报案期间的理论 / 海老谷尚典 // 东洋文化.1983.51

2279 章太炎における学術と革命——「哀」から「寂寞」まで / 原島春雄 // 思想（通号 708）.1983
章太炎的学术与革命——从"哀"到"寂寞" / 原島春雄 // 思想.1983.708

2280 一日本人の眼から見た章炳麟の思想 / 近藤邦康 // 社會科學研究：東京大学社会科学研究所紀要 35（5）.1984
一个日本人眼中的章炳麟思想 / 近藤邦康 // 社会科学研究：东京大学社会科学研究所纪要.1984.35：5

2281 章炳麟の廖平評価をめぐって / 有田和夫 // 東方学（通号 71）.1986
围绕章炳麟的廖平评论 / 有田和夫 // 东方学.1986.71

2282 章炳麟の個の思想と唯識仏教——中国近代における万物一体論の行方 / 坂元ひろ子 // 思想（通号 747）.1986
章炳麟的个体思想与唯识佛教——中国现代万物一体论的去向 / 坂元广子 // 思想.1986.747

2283 章太炎に対する魯迅と芥川龍之介の評価：章太炎は「退いて静かな学者」になったのか / 河田悌一 // 中国研究集刊（4）.1987
鲁迅及芥川龙之介对章太炎的评价：章太炎"退居成为与世无争的学者"了吗 / 河田悌一 // 中国研究集刊.1987.4

2284 文人革命家「章柄麟シンポ」に参加して / 河田悌一 // 孫文研究会報（7）.1987
参加文人革命家"章炳麟研讨会" / 河田悌一 // 孙文研究会报.1987.7

2285 章炳麟と日本 / 近藤邦康 // 現代中国（61）.1987
章炳麟与日本 / 近藤邦康 // 现代中国.1987.61

2286 近代中国のアナキズム批判：章炳麟と朱謙之をめぐって / 坂井洋史 // 一橋論叢 101（3）.1989
现代中国的无政府主义批判：围绕章炳麟与朱谦之 / 坂井洋史 // 一桥论丛.1989.101：3

2287 章炳麟と明治の「アジア主義」 / 狹間直樹、松本健一 // 知識（通号 105）.1990
章炳麟与明治的"亚洲主义" / 狭间直树、松本健一 // 知识.1990.105

2288　章炳麟の経学に関する思想史的考察——春秋学を中心として／末岡宏／／日本中国学会報（通号 43）.1991
　　　关于章炳麟经学的思想史方面的考察——以春秋学为中心／末冈宏／／日本中国学会报.1991.42
2289　章炳麟の歴史叙述をめぐって／小林武／／東方学（通号 82）.1991
　　　围绕章炳麟的历史叙述／小林武／／东方学.1991.82
2290　清末民初古音学の大成——王念孫・江有誥・章炳麟について／岡本勲／／中京大学文学部紀要 27(1).1992
　　　关于清末民初古音学之大成——王念孙、江有诰、章炳麟／冈本勋／／中京大学文学部纪要.1992.27:1
2291　清末の任俠 -4- 章炳麟における「我」の意識／小林武／／京都産業大学論集.人文科学系列（通号 21）.1994
　　　清末的任侠 其四:章炳麟的"我"的意识／小林武／／京都产业大学论集.人文科学系列.1994.21
2292　アヘン戦争から辛亥革命まで 章炳麟——学問ある革命家／河田悌一／／月刊しにか 6(3).1995
　　　从鸦片战争到辛亥革命 章炳麟——有学问的革命家／河田悌一／／中国学月刊.1995.6:3
2293　近代中国の思索者たち(5)章炳麟——「国学」・文化の対抗と常民世界への眼差し／小林武／／月刊しにか 7(8).1996
　　　现代中国的思索者们(5)章炳麟——"国学"、文化对抗与对普通民众的观点／小林武／／中国学月刊.1996.7:8
2294　章太炎の故居／小林武／／あふひ:aoi:京都産業大学日本文化研究所報 4.1998
　　　章太炎故居／小林武／／葵:京都产业大学日本文化研究所报.1998.4
2295　革命児中の碩儒章炳麟／覆面浪人(増本義敏)／／現代中国四百余州風雲児.第 150 頁
　　　革命者中的硕儒章炳麟／覆面浪人(增本义敏)／／现代中国四百余州风云儿.第 150 页
2296　章炳麟と彼れ／五門兵衛／／大愚三宅雪嶺.第 86 頁
　　　章炳麟与他／五斗兵卫／／大愚三宅雪岭.第 86 页
2297　章炳麟…胡適／沢村幸夫／／上海人物印象記 第 1 集.第 1 頁
　　　章炳麟、胡适／泽村幸夫／／上海人物印象记 第 1 集.第 1 页
2298　二つの失敗 民國の元老唐紹儀氏、章炳麟翁の近情／沢村幸夫／／新聞人の打明け話.第 161 頁
　　　两次失败:民国元老唐绍仪先生、章炳麟老先生的近况／泽村幸夫／／报界人告白.第 161 页
2299　章炳麟氏／芥川竜之介／／中国游記.第 42 頁
　　　章炳麟／芥川龙之介／／中国游记.第 42 页
2300　革命名家の眞蹟錄:孫文、黃興、宋教仁、陳少伯、胡漢民、章炳麟、陳其美、其他／萱野長知／／中華民國革命秘笈.第 25 頁
　　　革命名士真迹录:孙文、黄兴、宋教仁、陈少伯、胡汉民、章炳麟、陈其美及其他／萱野长知／／中华民国革命秘笈.第 25 页
2301　章太炎の「國故論衡」／石浜純太郎／／中国学論攷.第 249 頁
　　　章太炎的《国故论衡》／石浜纯太郎／／中国学论考.第 249 页
2302　章炳麟の思想／福井康順／／現代中国思想.第 70 頁
　　　章炳麟的思想／福井康顺／／当代中国思想.第 70 页
2303　沈子培と章炳麟／今関天彭／／中国文化入門.第 57 頁
　　　沈子培与章炳麟／今关天彭／／中国文化入门.第 57 页
2304　章炳麟の活動／北山康夫／／近代における中国と日本.第 112 頁
　　　章炳麟的活动／北山康夫／／近代中国和日本.第 112 页
2305　章炳麟について／島田虔次／／中国革命の先駆者たち.第 167 頁
　　　关于章炳麟／岛田虔次／／中国革命的先驱者们.第 167 页
2306　章炳麟と孫文／東京大学文学部中国文学研究室／／近代中国の思想と文学.第 41 頁

章炳麟与孙文 / 东京大学文学部中国文学研究室 // 近代中国的思想与文学. 第 41 页

章伯钧

2307　章伯鈞の告白 / 日本共産党中央機関紙編集委員会 // 世界政治資料 (26). 1957
　　　章伯钧的告白 / 日本共产党中央机关报编辑委员会 // 世界政治资料. 1957. 26

2308　章伯鈞の招集した第一次緊急会議 / 日本共産党中央機関紙編集委員会 // 世界政治資料 (26). 1957
　　　章伯钧召集的第一次紧急会议 / 日本共产党中央机关报编辑委员会 // 世界政治资料. 1957. 26

2309　章伯鈞ら三閣僚免職 / ラヂオプレス(RP)通信社 // RPニュース (2319). 1958
　　　章伯钧等三阁僚被免职 / Radio Press(RP)通信社 // RP 新闻. 1958. 2319

章宗祥

2310　中国共和國全權公使章宗祥閣下答辭 / 鉄道院 // 日中聯絡運輸記念. 第 53 頁
　　　中国共和国全权公使章宗祥阁下答辞 / 铁道院 // 日中联络运输纪念. 第 53 页

2311　章宗祥氏 / 鈴木一馬 // 最近の中國事情. 第 61 頁
　　　章宗祥 / 铃木一马 // 中国近况. 第 61 页

商　震

2312　ショウシン 商震(啓予) / 樋口正徳 // 最新中國要人傳. 第 80 頁
　　　商震(启予) / 樋口正德 // 最新中国要人传. 第 80 页

阎海文

2313　敵飛行士閻海文 / 木村毅 // 上海通信. 第 84 頁
　　　敌方飞行员阎海文 / 木村毅 // 上海通信. 第 84 页

阎锡山

2314　山西督軍閻錫山氏の治績——中国通信 / 北斗老星 // 斯民 17(1). 1922
　　　山西督军阎锡山的政绩——中国通信 / 北斗老星 // 斯民. 1922. 17：1

2315　山西に輝く星閻錫山訪問記 / 園田次郎 // 海外 2(9 月號). 1927
　　　山西之星——阎锡山访问记 / 园田次郎 // 海外. 1927. 2：9

2316　模範省長——閻錫山 / タイムス出版社国際パンフレット通信部 // 国際パンフレット通信 (205). 1928
　　　模范省长——阎锡山 / 时代(Times)出版社国际活页文选(Pamphlet)通信部 // 国际活页文选(Pamphlet)通信. 1928. 205

2317　閻錫山と時局 / 日中問題研究會 // 日中 3(2). 1930
　　　阎锡山与时局 / 日中问题研究会 // 日中. 1930. 3：2

2318　蔣介石と閻錫山との通電戰 / 高木陸郎 // 実業の日本 33(6). 1930
　　　蒋介石与阎锡山的通电战 / 高木陆郎 // 实业之日本. 1930. 33：6

2319　北中の二將領 韓復榘と閻錫山 / 後信夫 // 東方之国 第 11 年(11). 1937
　　　华北二将——韩复榘与阎锡山 / 后信夫 // 东方之国. 1937. 11：11

2320　太原に閻錫山と會見の回顧 / 脇水鐵五郎 // 文芸春秋 15(16). 1937
　　　回顾与阎锡山的太原会见 / 胁水铁五郎 // 文艺春秋. 1937. 15：16

2321　1930 年代における閻錫山政権の財政政策 / 内田知行 // アジア経済 25(7). 1984
　　　1930 年代阎锡山政权的财政政策 / 内田知行 // 亚洲经济. 1984. 25：7

2322　閻錫山政権と 1930 年代山西省における経済変動 / 内田知行 // 現代中国 (58). 1984
　　　阎锡山政权与 1930 年代山西省经济变动 / 内田知行 // 现代中国. 1984. 58

2323　閻錫山政権の財政整理事業——一九三〇年代中国における軍閥地方割拠についての一考察 / 内田知行 // 一橋論叢 91(6). 1984
　　　阎锡山政权的财政整顿事业——一九三〇年代中国军阀地方割据的一个考察 / 内田知行 // 一桥论丛. 1984. 91：6

2324　1930 年代閻錫山政権の対外貿易政策 ／ 内田知行 ／／ 中国研究月報（通号 548）.1993
　　　1930 年代阎锡山政权的对外贸易政策 ／ 内田知行 ／／ 中国研究月报.1993.548
2325　山西督軍閻錫山 ／ 鶴見祐輔 ／／ 偶像破壊期の中国. 第 62 頁
　　　山西督军阎锡山 ／ 鹤见祐辅 ／／ 偶像破碎期的中国. 第 62 页
2326　閻錫山氏 ／ 鈴木一馬 ／／ 最近の中国事情. 第 56 頁
　　　阎锡山氏 ／ 铃木一马 ／／ 中国近况. 第 56 页
2327　閻錫山論 ／ 中国事情研究会 ／／ 最近中国六軍閥論. 第 14 頁
　　　论阎锡山 ／ 中国情况研究会 ／／ 近期中国六军阀论. 第 14 页
2328　馮玉祥と閻錫山の兩機會主義者 ／ 高山謙介 ／／ 武漢乎南京乎. 第 196 頁
　　　两个机会主义者冯玉祥与阎锡山 ／ 高山谦介 ／／ 武汉乎南京乎. 第 196 页
2329　閻錫山督軍 ／ 鶴見祐輔 ／／ 壇上・紙上・街上の人. 第 432 頁
　　　阎锡山督军 ／ 鹤见祐辅 ／／ 坛上・纸上・街上之人. 第 432 页
2330　山西省太原に閻錫山督辦の風韻に接す ／ 後藤朝太郎 ／／ 中国遊記. 第 559 頁
　　　于山西太原领略阎锡山督办之风韵 ／ 后藤朝太郎 ／／ 中国游记. 第 599 页
2331　山西督軍閻錫山氏の治績 ／ 長岡隆一郎 ／／ 世界の動き. 第 117 頁
　　　山西督军阎锡山的政绩 ／ 长冈隆一郎 ／／ 世界动态. 第 117 页
2332　閻錫山と馮玉祥 ／ 佈施勝治 ／／ 中国国民革命と馮玉祥. 第 319 頁
　　　阎锡山与冯玉祥 ／ 布施胜治 ／／ 中国国民革命与冯玉祥. 第 319 页
2333　閻錫山と馮玉祥 ／ 大阪商工会議所 ／／ 多端なる中国：一九三一年の現状 第 1 輯. 第 30 頁
　　　阎锡山与冯玉祥 ／ 大阪商工会议所 ／／ 复杂的中国：一九三一年现状 第 1 辑. 第 30 页
2334　閻錫山電復 雲崗石刻無恙 ／ 文求堂編輯局 ／／ 現代中国趣味文選. 第 12 頁
　　　阎锡山回电 云冈石刻无恙 ／ 文求堂编辑局 ／／ 现代中国趣味文选. 第 12 页
2335　山西の王者閻錫山と遊星傅作義 ／ 小林知治 ／／ 北中人物群像：冀察冀東両政権の正体. 第 19 頁
　　　山西的王者阎锡山与行星傅作义 ／ 小林知治 ／／ 华北人物群像：冀察冀东两政权真容. 第 19 页
2336　閻錫山 ／ 上村文三 ／／ 中国軍閥勢力関係：結局中国は何うなる?. 第 38 頁
　　　阎锡山 ／ 上村文三 ／／ 中国军阀势力关系：中国将往何处去?. 第 38 页
2337　閻錫山氏の日中經濟提携論 ／ 姫野徳一 ／／ 北中の政情. 第 175 頁
　　　阎锡山的日中经济协作论 ／ 姫野德一 ／／ 华北政情. 第 175 页
2338　韓復榘、閻錫山、李宗仁、白崇禧 ／ 天沖鄉廟 ／／ 中国を動かす人々：蔣権力の中心人物は誰々か. 第 27 頁
　　　韩复榘、阎锡山、李宗仁、白崇禧 ／ 天冲乡庙 ／／ 撼动中国的人们：蒋政权的中心人物是谁. 第 27 页
2339　閻錫山、韓復榘は如何なる立場にあるか ／ 佐古文男 ／／ 断崖に立つ中国：中国の今後はどうなるか. 第 23 頁
　　　阎锡山、韩复榘立场如何 ／ 佐古文男 ／／ 悬崖边的中国：中国今后将如何. 第 23 页
2340　山西の名督軍閻錫山 ／ 村田士郎 ／／ 混迷中国の全貌. 第 79 頁
　　　山西名督军阎锡山 ／ 村田士郎 ／／ 混沌中国的全貌. 第 79 页
2341　閻錫山 ／ 竹内夏積 ／／ 中国の全貌. 第 143 頁
　　　阎锡山 ／ 竹内夏积 ／／ 中国全貌. 第 143 页
2342　三地方軍閥の残存勢力・白崇禧・閻錫山・韓復榘 ／ 田中直吉 ／／ 国際政治から見た日中の抗争. 第 80 頁
　　　三地军阀的残存实力：白崇禧、阎锡山、韩复榘 ／ 田中直吉 ／／ 国际政治所见日中抗争. 第 80 页
2343　閻錫山と省政建設十年計畫 ／ 水野勝邦 ／／ 中国事変前の山西省一斑. 第 11 頁
　　　阎锡山与省政建设十年计划 ／ 水野胜邦 ／／ 管窥日中战争前的山西省. 第 11 页
2344　閻錫山の土地政策 ／ 田辺勝正 ／／ 土地制度研究. 第 300 頁
　　　阎锡山的土地政策 ／ 田边胜正 ／／ 土地制度研究. 第 300 页

2345　閻錫山とモンロー主義／稲村青圃／／中国蒙古行脚漫談. 第130頁
　　　阎锡山和门罗主义／稲村青圃／／中国蒙古行脚漫谈. 第130页
2346　閻錫山奥地へ逃走／読売新聞社編集局／／中国事変実記 第8輯. 第202頁
　　　阎锡山逃往内地／读卖新闻社编集局／／日中战争纪实 第8辑. 第202页
2347　閻錫山／長岡隆一郎／／官僚二十五年. 第234頁
　　　阎锡山／长冈隆一郎／／官僚二十五年. 第234页
2348　太原と閻錫山將軍の仁政／湯沢三千男／／中国に在りて思ふ. 第154頁
　　　太原与阎锡山将军的仁政／汤泽三千男／／在中国所思. 第154页
2349　エンシャクザン 閻錫山（百川）／樋口正徳／／最新中国要人傳. 第6頁
　　　阎锡山（百川）／樋口正徳／／最新中国要人传. 第6页
2350　閻錫山餘聞／小川忠慿／／いくさの山河. 第3頁
　　　阎锡山余闻／小川忠慿／／战时山河. 第3页
2351　閻錫山と山西／楢崎観一／／大陸行路. 第103頁
　　　阎锡山与山西／楢崎观一／／大陆行路. 第103页
2352　閻錫山工作／丸山静雄／／失われたる記録：対華・南方政略秘史. 第170頁
　　　策动阎锡山／丸山静雄／／失落的记录：对华・南方政略秘史. 第170页
2353　閻錫山工作／今井武夫／／昭和の謀略. 第168頁
　　　策动阎锡山／今井武夫／／昭和的谋略. 第168页

梁士诒

2354　熊内閣倒壊後ノ梁士詒／外務省政務局／／中国時報（25）. 1914
　　　熊内阁倒台后的梁士诒／外务省政务局／／中国时报. 1914. 25
2355　中国幣制改革をめぐっての阪谷芳郎・梁士詒会談について／河村一夫／／政治経済史学（通号157）. 1979
　　　围绕中国币制改革的阪谷芳郎、梁士诒会谈相关／河村一夫／／政治经济史学. 1979. 157
2356　梁士詒氏を訪ふ／水野梅暁／／中国の変局. 第137頁
　　　访梁士诒／水野梅晓／／中国异变. 第137页
2357　中華民國前財政總長梁士詒氏歡迎會／大阪商業会議所／／大阪商業会議所事務報告 大正7年. 第54頁
　　　中华民国前财政总长梁士诒欢迎会／大阪商业会议所／／大阪商业会议所事务报告 大正7年. 第54页
2358　山公と梁士詒／高橋義雄／／山公遺烈. 第154頁
　　　山县公爵与梁士诒／高桥义雄／／山公遗烈. 第154页
2359　梁士詒氏／鈴木一馬／／最近の中国事情. 第58頁
　　　梁士诒／铃木一马／／中国近况. 第58页
2360　財神梁士詒／浜野末太郎／／現代中国人物批判. 第160頁
　　　财神梁士诒／浜野末太郎／／现代中国人物批判. 第160页
2361　梁士詒、葉慕綽の日本亡命／鈴木一馬述、国防協会編纂部／／往時を偲びて呉佩孚氏を語る. 第16頁
　　　梁士诒、叶慕绰的日本逃亡／铃木一马述、国防协会编纂部／／忆往日话聊吴佩孚. 第16页

梁启超

2362　西洋近代思想受容と明治日本 共同研究／狭間直樹／／東京：みすず書房. 1999. 421頁
　　　对西方近代思想的接受与明治日本 共同研究／狭间直树／／东京：美笃书房. 1999. 421页
2363　梁啓超の道教觀／山内晋卿／／六条学報（216）. 1919
　　　梁启超的道教观／山内晋卿／／六条学报. 1919. 216
2364　梁啓超の文体／中村忠行／／中国語學 1948(15). 1948

梁启超的文体 / 中村忠行 // 汉语学. 1948：15

2365 清朝末期における梁啓超の政治思想——その形成過程を中心として / 佐藤震二 // アカデミア (通号 3). 1952
清末梁启超的政治思想——以其形成过程为中心 / 佐藤震二 // 学术界 (Academia). 1952.3

2366 中国近代教育の先駆者梁啓超の教育思想とその活動：戊戌変法期を中心として / 阿部洋 // 日本教育学会大會研究発表要項 (16). 1957
中国近代教育先驱者梁启超的教育思想及其活动：以戊戌变法期为中心 / 阿部洋 // 日本教育学会大会研究发表要点. 1957.16

2367 清末における国民教育観の成立：梁啓超「新民説」をめぐって / 阿部洋 // 日本教育学会大會研究発表要項 (18). 1958
清末国民教育观的成立：围绕梁启超《新民说》/ 阿部洋 // 日本教育学会大会研究发表要点. 1958.18

2368 梁啓超の教育思想とその活動 / 阿部洋 // 九州大学教育学部紀要. 教育学部門 (通号 6). 1959
梁启超的教育思想及其活动 / 阿部洋 // 九州大学教育学部纪要. 教育学部门. 1959.6

2369 梁啓超の歴史観——過渡期における思想の問題として / 上田仲雄 // 岩手史学研究 (通号 32). 1960
梁启超的历史观——作为过渡时期的思想问题 / 上田仲雄 // 岩手史学研究. 1960.32

2370 梁啓超の新民説について / 木原勝治 // 立命館文學 (通号 180). 1960
关于梁启超的新民说 / 木原胜治 // 立命馆文学. 1960.180

2371 小説界革命と梁啓超——清末小説研究 -5- / 中野美代子 // 北海道大学外国語・外国文学研究 (通号 9). 1962
小说界革命与梁启超——清末小说研究 其五 / 中野美代子 // 北海道大学外语・外国文学研究. 1962.9

2372 清末における在日康梁派の政治動静 (1)——康有為梁啓超の日本亡命とその後の動静 / 永井算巳 // 人文科学論集 (信州大学人文学部) (通号 1). 1966
清末在日康梁派的政治动向 (1)——康有为梁启超的日本逃亡与其后动向 / 永井算巳 // 信州大学人文学部人文科学论集. 1966.1

2373 梁啓超の日本亡命について / 増田渉 // 東京中国学報 (通号 13). 1967
关于梁启超的日本逃亡 / 増田渉 // 东京中国学报. 1967.13

2374 アジアの近代化と慶応義塾——ベトナムの東京義塾・中国の梁啓超その他について / 和田博徳 // 慶応義塾大学商学部日吉論文集 (通号 創立十周年記念). 1967
亚洲的近代化与庆应义塾——关于越南的东京义塾、中国的梁启超及其他 / 和田博徳 // 庆应义塾大学商学部日吉论文集. 1967. (通号 创立十周年纪念)

2375 梁啓超における「文学」/ 佐藤一郎 // 藝文研究 (通号 27). 1969
梁启超的"文学" / 佐藤一郎 // 艺文研究. 1969.27

2376 脱出への苦悩——梁啓超とその時代 (共同研究・社会と人間——近代における知識人の苦悩) / 横山英 // 広島大学文学部紀要 31(2). 1972
逃脱的苦恼——梁启超及其时代 (共同研究・社会与人类——近代知识分子的苦恼) / 横山英 // 广岛大学文学部纪要. 1972. 31：2

2377 梁啓超の政治思想——日本亡命から革命派との論戦まで / 坂出祥伸 // 關西大學文學論集 23-24 (1). 1973-1974
梁启超的政治思想——从日本逃亡到与革命派的论战 / 坂出祥伸 // 关西大学文学论集. 1973-1974. 23-24：1

2378 梁啓超および「佳人之奇遇」/ 大村益夫 // 人文論集 (早稲田大学法学会) (通号 11). 1974
梁启超及《佳人之奇遇》/ 大村益夫 // 早稻田大学法学会人文论集. 1974.11

2379　梁啓超の教育論 / 大竹鑑 // 大谷学報 54（2）.1974
　　　梁启超的教育论 / 大竹鉴 // 大谷学报.1974.54：2
2380　梁啓超の国家構想（歴史における「近代国家」論——その構想と史的前提［シンポジウム］）/ 楠瀬正明 // 史学研究（通号 121—122）.1974
　　　梁启超的国家构想（历史上的"近代国家"论——其构想与历史前提［学术研讨会］）/ 楠瀬正明 // 史学研究.1974.121—122
2381　梁啓超と史界革命——「新史学」の背景をめぐって / 竹内弘行 // 日本中国学会報（通号 28）.1976
　　　梁启超与史界革命——围绕《新史学》的背景 / 竹内弘行 // 日本中国学会报.1976.28
2382　梁啓超の立憲政策論 / 横山英 // 広島大学文学部紀要 35.1976
　　　梁启超的立宪政策论 / 横山英 // 广岛大学文学部纪要.1976.35
2383　梁啓超の国家論の特質——群概念の分析を通して / 楠瀬正明 // 史学研究（通号 132）.1976
　　　梁启超国家论的特质——通过对群概念的分析 / 楠瀬正明 // 史学研究.1976.132
2384　梁啓超の《文学評論》について——一九二〇年代を中心に（北海道教育大学語学文学会五周年記念号）/ 宮内保 // 語学文学（通号 15）.1977
　　　关于梁启超的《文学评论》——以一九二〇年代为中心（北海道教育大学语学文学会十五周年纪念号）/ 宫内保 // 语言学文学.1977.15
2385　梁啓超著述編年初稿（1—2）/ 坂出祥伸 // 關西大學文學論集 27-28（4）.1978-1979,1982
　　　梁启超著述编年初稿（1—2）/ 坂出祥伸 // 关西大学文学论集.1978-1979.27-28：4
2386　丁巳復辟事件と梁啓超 / 永井算巳 // 人文科学論集（信州大学人文学部）（通号 13）.1979
　　　丁巳复辟事件与梁启超 / 永井算巳 // 信州大学人文学部人文科学论集.1979.13
2387　梁啓超と反袁運動について / 川上哲正 // 学習院史学（15）.1979
　　　关于梁启超与反袁运动 / 川上哲正 // 学习院史学.1979.15
2388　清末における立憲構想——梁啓超を中心として（近代アジアにおける国民統合構想［シンポジウム］）/ 楠瀬正明 // 史学研究（通号 143）.1979
　　　清末的立宪构想——以梁启超为中心（近代亚洲的国民统一构想［研讨会］）/ 楠瀬正明 // 史学研究.1979.143
2389　清末における梁啓超の近代国家論（三田村博士古稀記念東洋史論叢）/ 木原勝治 // 立命館文學（通号 418~421）.1980
　　　清末梁启超的近代国家论（三田村博士古稀纪念东洋史论丛）/ 木原胜治 // 立命馆文学.1980.418~421
2390　丁巳復辟事件と梁啓超 -3- / 永井算巳 // 人文科学論集（信州大学人文学部）（通号 16）.1982
　　　丁巳复辟事件与梁启超 其三 / 永井算巳 // 信州大学人文学部人文科学论集.1982.16
2391　梁啓超における西洋と伝統 / 別府淳夫 // 倫理学（2）.1984
　　　梁启超眼中的西洋与传统 / 别府淳夫 // 伦理学.1984.2
2392　梁啓超における啓蒙思想の理念：その形成と問題 / 佐藤一樹 // 中国文化：研究と教育：漢文学会会報 43.1985
　　　梁启超的启蒙思想理念：其形成与问题 / 佐藤一树 // 中国文化：研究与教育：汉文学会会报.1985.43
2393　梁啓超における桐城派 / 佐藤一郎 // 史學 56（3）.1986
　　　梁启超的桐城派 / 佐藤一郎 // 史学.1986.56：3
2394　梁啓超の現存する詩歌について / 許勢常安 // 専修商学論集（通号 49）.1990
　　　梁启超现存的诗歌 / 许势常安 // 专修商学论集.1990.49
2395　厳復と梁啓超——その啓蒙観の比較 / 佐藤一樹 // 二松学舎大学論集（通号 34）.1991
　　　严复与梁启超——其启蒙观之比较 / 佐藤一树 // 二松学舍大学论集.1991.34

2396 梁啓超の新文体と德富蘇峰 -1- ／ 大原信一 ∥ 東洋研究（通号 97）.1991
梁启超的新文体与德富苏峰 之一 ／ 大原信一 ∥ 东洋研究.1991.97

2397 中国近代史資料叢刊「戊戌変法」掲載の梁啓超執筆新史料について ／ 河村一夫 ∥ 政治経済史学（通号 315）.1992
《中国近代史资料丛刊·戊戌变法》所载梁启超执笔新史料 ／ 河村一夫 ∥ 政治经济史学.1992.315

2398 「過渡時代論」に見る梁啓超の「過渡」観 ／ 若杉邦子 ∥ 中国文学論集（通号 22）.1993
《过渡时代论》所见梁启超的"过渡"观 ／ 若衫邦子 ∥ 中国文学论集.1993.22

2399 辛亥革命後の梁啓超の思想——士人主導の運動から「国民運動」へ ／ 有田和夫 ∥ 東京外国語大学論集（通号 47）.1993
辛亥革命后的梁启超思想——从士人主导的运动到"国民运动" ／ 有田和夫 ∥ 东京外国语大学论集.1993.47

2400 「戊戌後康有為梁啓超與維新派国際学術研討会」に参加して ／ 柴田幹夫 ∥ 東洋史苑（42）.1994
参加"戊戌后康有为、梁启超与维新派国际学术研讨会" ／ 柴田干夫 ∥ 东洋史苑.1994.42

2401 梁啓超と日本語 ／ 大原信一 ∥ 東洋研究（通号 114）.1994
梁启超与日语 ／ 大原信一 ∥ 东洋研究.1994.114

2402 中華民国初期の梁啓超と第1国会 ／ 楠瀬正明 ∥ 史学研究（通号 206）.1994
中华民国初期的梁启超与第一届国会 ／ 楠濑正明 ∥ 史学研究.1994.206

2403 近代中国の思索者たち -4- 梁啓超——「史界革命」と明治の歴史学 ／ 手代木有児 ∥ 月刊しにか 7(7).1996
近代中国的思索者们 其四：梁启超——"史界革命"与明治的历史学 ／ 手代木有儿 ∥ 中国学月刊.1996.7：7

2404 梁啓超にとってのルネッサンス ／ 末岡宏 ∥ 中国思想史研究（通号 19）.1996
文艺复兴之于梁启超 ／ 末冈宏 ∥ 中国思想史研究.1996.19

2405 梁啓超と社会進化論 ／ 佐藤慎一 ∥ 法学 59(6).1996
梁启超与社会进化论 ／ 佐藤慎一 ∥ 法学.1996.59：6

2406 梁啓超と呉錦堂を結ぶもの ／ 中村哲夫 ∥ 神戸学院大学人文学部人文学部紀要（通号 15）.1997
连接梁启超与吴锦堂之物 ／ 中村哲夫 ∥ 神户学院大学人文学部纪要.1997.15

2407 梁啓超「群治」の読まれ方——附：中日英用例比較、関連論文一覧 ／ 樽本照雄 ∥ 大阪経大論集 48(3).1997
梁启超"群治"的不同解读——附中日英用例比较、相关论文一览 ／ 樽本照雄 ∥ 大阪经大论集.1997.48：3

2408 梁啓超と彼の文学作品覚え書 ／ 森川登美江 ∥ 大分大学経済論集 49(3—4).1997
梁启超及其文学作品纪要 ／ 森川登美江 ∥ 大分大学经济论集.1997.49：3—4

2409 梁啓超における「自由」と「国家」——加藤弘之との比較において ／ 小松原伴子 ∥ 学習院大学文学部研究年報（通号 44）.1997
梁启超的"自由"与"国家"——与加藤弘之的比较 ／ 小松原伴子 ∥ 学习院大学文学部研究年报.1997.44

2410 「異邦」のなかの文学者たち(1)梁啓超——日本亡命と新中国の構想 ／ 清水賢一郎 ∥ 月刊しにか 9(4).1998
身处"异邦"的文学家们(1)梁启超——逃亡日本与新中国的构想 ／ 清水贤一郎 ∥ 中国学月刊.1998.9：4

2411 梁啓超と功利主義——加藤弘之『道徳法律進化の理』に関連して ／ 佐藤豊 ∥ 中国：社会と文化（通号 13）.1998
梁启超与功利主义——关于加藤弘之《道德法律进化原理》 ／ 佐藤丰 ∥ 中国：社会与文化.1998.13

2412 梁啓超の対日認識——日本亡命から日露戦争まで ／ 三浦滋子 ∥ 史論 51.1998

　　　　　梁启超的对日认识——从逃亡日本到日俄战争 / 三浦滋子 // 史论.1998.51
2413　変法運動と梁啓超 / 深澤秀男 // 岩手史学研究（81）.1998
　　　　　变法运动与梁启超 / 深泽秀男 // 岩手史学研究.1998.81
2414　梁啓超の絵画論 / 平野和彦 // 中国近現代文化研究（通号 2）.1999
　　　　　梁启超的绘画论 / 平野和彦 // 中国近现代文化研究.1999.2
2415　梁啓超の変法論と三世説 / 藤井隆 // 広島修大論集 人文編 40(1)（通号 75）.1999
　　　　　梁启超的变法论与三世说 / 藤井隆 // 广岛修大论集（人文编）.1999.40:1(75)
2416　梁啓超 / 清水安三 // 中国当代新人物：旧人と新人.第131頁
　　　　　梁启超 / 清水安三 // 中国当代新人物：旧人与新人.第131页
2417　リアン・チーチャオ（梁啓超）の孔子批判 / 実藤恵秀 // 新中国の儒教批判.第61頁
　　　　　梁启超的孔子批判 / 实藤惠秀 // 新中国的儒教批判.第61页
2418　梁啓超の大同思想 / 板野長八 // 東洋史論叢：和田博士還暦記念.第69頁
　　　　　梁启超的大同思想 / 板野长八 // 东洋史论丛：和田博士花甲纪念.第69页
2419　梁啓超について / 増田渉 // 人文研究：大阪市立大学大学院文学研究科紀要 6(6).1955
　　　　　关于梁启超 / 增田涉 // 人文研究：大阪市立大学大学院文学研究科纪要 6(6).1955
2420　梁啓超と譚嗣同 / 福井康順 // 現代中国思想.第36頁
　　　　　梁启超与谭嗣同 / 福井康顺 // 现代中国思想.第36页
2421　梁啓超 / 佐藤震二 // 中国の思想家：宇野哲人博士米壽記念論集 下巻.第791頁
　　　　　梁启超 / 佐藤震二 // 中国的思想家：宇野哲人博士八十八岁寿诞纪念论文集 下卷.第791页
2422　梁啓超 / 青木正児等 // 漢詩大系 第22.第379頁
　　　　　梁启超 / 青木正儿等 // 汉诗大系 第22.第379页
2423　梁啓超について / 増田渉 // 中国文学史研究：「文学革命」と前夜の人々.第142頁
　　　　　关于梁启超 / 增田涉 // 中国文学史研究："文学革命"及其前夜的人们.第142页
2424　梁啓超の『西学書目表』/ 増田渉 // 中国文学史研究：「文学革命」と前夜の人々.第367頁
　　　　　梁启超的《西学书目表》/ 增田涉 // 中国文学史研究："文学革命"及其前夜的人们.第367页

梁实秋

2425　梁実秋と人文主義 / 小島久代 // お茶の水女子大学中国文学会報 1.1982
　　　　　梁实秋与人文主义 / 小岛久代 // 御茶水女子大学中国文学会报.1982.1
2426　「抗戦無関論」における梁実秋 / 稲本朗 // 人文学報（首都大学東京人文科学研究科）（通号 253）.1994
　　　　　"与抗战无关论"中的梁实秋 / 稻本朗 // 首都大学东京人文科学研究科人文学报.1994.253
2427　梁実秋の懐郷作品について / 朏黒あかね // 慶応義塾大学修士論文.1999
　　　　　梁实秋的思乡作品 / 朏黑茜 // 庆应义塾大学硕士论文.1999

梁思永

2428　梁思永・高去尋「侯家荘第2本1001号大墓（中国考古報告集之三）」/ 量博満 // 上智史学（通号 9）.1964
　　　　　梁思永、高去寻《侯家庄第2本1001号大墓（中国考古报告集之三）》/ 量博满 // 上智史学.1964.9

梁鸿志

2429　大隈會長、梁鴻志氏と會見 / 文明協会 // 日本と世界（146）.1938
　　　　　大隈会长与梁鸿志会见 / 文明协会 // 日本与世界.1938.146
2430　梁鴻志氏は語る / 改造社 // 大陸（新年號）.1939
　　　　　梁鸿志的讲述 / 改造社 // 大陆.1939(新年号)
2431　梁鴻志大人の生涯 / 向山寛夫 // 中央経済 19(4).1970
　　　　　梁鸿志大人的一生 / 向山宽夫 // 中央经济.1970.19:4(213)
2432　梁鴻志 / 山本実彦 // 渦まく中国.第241頁

梁鸿志 / 山本实彦 // 激荡之中国. 第 241 页

2433 王克敏氏一行及梁鴻志氏一行ト懇談ノ件 / 日本經濟聯盟會 // 報告書 第 17 囘. 第 5 頁
与王克敏一行及梁鸿志一行恳谈 / 日本经济联盟会 // 报告书 第 17 回. 第 5 页

2434 王克敏・梁鴻志の共同聲明 / 内閣情報部 // 中國新中央政府成立の経緯. 第 105 頁
王克敏、梁鸿志共同声明 / 内阁情报部 // 中国新中央政府成立之始末. 第 105 页

2435 梁鴻志氏と語る / 野依秀市 // 南北中國現地要人を敲く. 第 282 頁
对谈梁鸿志 / 野依秀市 // 咨访南北中国本地要人. 第 282 页

2436 リョウコウシ 梁鴻志（衆異） / 樋口正德 // 最新中國要人傳. 第 215 頁
梁鸿志（众异） / 樋口正德 // 最新中国要人传. 第 215 页

2437 梁鴻志裁判 / 益井康一 // 裁かれる汪政權：中國漢奸裁判秘録. 第 79 頁
审判梁鸿志 / 益井康一 // 受审判的汪政权：中国汉奸审判秘录. 第 79 页

梁鼎芬

2438 梁鼎芬 / 河井荃廬 // 中國墨蹟大成 第 11 卷. 第 219 頁
梁鼎芬 / 河井荃庐 // 中国墨迹大成 第 11 卷. 第 219 页

梁寒操

2439 梁寒操宣傳部長に任命さる / 內閣情報局 // 國際月報（35）.1943
梁寒操被任命为宣传部长 / 内阁情报局 // 国际月报.1943.35

2440 リョウカンソウ 梁寒操（均默） / 樋口正德 // 最新中國要人傳. 第 215 頁
梁寒操（均默） / 樋口正德 // 最新中国要人传. 第 215 页

梁漱溟

2441 梁漱溟の孔子觀 / 東洋哲学発行所 // 東洋哲学 31(12).1924
梁漱溟的孔子观 / 东洋哲学发行所 // 东洋哲学.1924.31：12

2442 梁漱溟の思想——「東西文化及其哲學」について / 木村英一 // 東亞人文学報 3(3).1944
梁漱溟的思想——关于《东西文化及其哲学》 / 木村英一 // 东亚人文学报.1944.3：3

2443 梁漱溟の思想とその政治活動の本質（1920 年代末～1940 年代末） / 平野正 // 西南学院大学文理論集 26(1).1985
梁漱溟的思想及其政治活动的本质（1920 年代末～1940 年代末） / 平野正 // 西南学院大学文理论集.1985.26：1

2444 梁漱溟と郷村建設運動——山東省鄒平県における実践を中心として / 新保敦子 // 日本の教育史学：教育史学会紀要（通号 28）.1985
梁漱溟与乡村建设运动——以山东省邹平县的实践为中心 / 新保敦子 // 日本的教育史学：教育史学会纪要.1985.28

2445 延安の梁漱溟 / 古厩忠夫 // 近きに在りて（14）.1988
延安的梁漱溟 / 古厩忠夫 // 在近处.1988.14

2446 民國期における梁漱溟思想の位置づけ——「現代新儒家」規定を越えて / 坂元ひろ子 // 中国：社会と文化（5）.1990
民国时期梁漱溟思想的定位——超越"现代新儒家"规定 / 坂元广子 // 中国：社会与文化.1990.5

2447 梁漱溟の宗教観 / 樋口勝 // 東洋哲学研究所紀要（12）.1996
梁漱溟的宗教观 / 樋口胜 // 东洋哲学研究所纪要.1996.12

2448 梁漱溟の社会実践 / 樋口勝 // 創価大学比較文化研究（通号 14）.1996
梁漱溟的社会实践 / 樋口胜 // 创价大学比较文化研究.1996.14

2449 錢穆と東西文化論争——梁漱溟・胡適論争に対する構えを中心に / 野田善弘 // 東洋古典學研究（通号 4）.1997
钱穆与东西文化论战——以对梁漱溟・胡适论战的态度为中心 / 野田善弘 // 东洋古典学研究.1997.4

2450 梁漱溟の文化論 / 樋口勝 // 創価大学外国語学科紀要（通号 7）. 1997
梁漱溟的文化论 / 樋口胜 // 创价大学外国语学科纪要. 1997.7
2451 梁漱溟の『東西文化及び其の哲学』についての試論 / 中村俊也 // 日本文化研究:筑波大学大学院博士課程日本文化研究学際カリキュラム紀要 8. 1997
试论梁漱溟《东西文化及其哲学》/ 中村俊也 // 日本文化研究:筑波大学大学院博士课程日本文化研究跨学科课程纪要. 1997.8
2452 近代中国の思索者たち(10)梁漱溟——ラディカルな文化ナショナリスト / 砂山幸雄 // 月刊しにか 8(1). 1997
近代中国的思索者们 其十:梁漱溟——激进的文化民族主义者 / 砂山幸雄 // 中国学月刊. 1997.8:1
2453 梁漱溟に見る人生の意義と価値 / 樋口勝 // 創価大学比較文化研究（通号 15）. 1997
梁漱溟所见的人生的意义与价值 / 樋口胜 // 创价大学比较文化研究. 1997.15
2454 梁漱溟の中国再生構想:新たな仁愛共同体への模索 / 中尾友則 // 岡山大学博士論文. 1997
梁漱溟的中国再造构想:新仁爱共同体的摸索 / 中尾友則 // 冈山大学博士论文. 1997
2455 郷村建設運動における梁漱溟の道 / 小林善文 // 史林 81(2). 1998
乡村建设运动中梁漱溟的道路 / 小林善文 // 史林. 1998.81:2
2456 梁漱溟における「個人」の問題——『東西文化及其哲学』を中心に- / 土屋昌明 // 富士フェニックス論叢 6. 1998
梁漱溟的"个人"问题——以《东西文化及其哲学》为中心 / 土屋昌明 // 富士 Phoenix 论丛. 1998.6
2457 梁漱溟の「郷村建設」思想をめぐって / 駒井正一 // 金沢大学文学部論集 史学・考古学・地理学篇（通号 19）. 1999
论梁漱溟的"乡村建设"思想 / 驹井正一 // 金泽大学文学部论集（史学・考古学・地理学篇）. 1999.19
2458 家稷農乗学と農村建設理論——江渡狄嶺と梁漱溟 / 木村博 // 比較思想研究（通号 26）. 1999
家稷农乘学与农村建设理论——江渡狄岭与梁漱溟 / 木村博 // 比较思想研究. 1999.26
2459 梁漱溟 / 山本実彦 // 中国. 第 307 頁
梁漱溟 / 山本实彦 // 中国. 第 307 页
2460 リョウソウメイ 梁漱溟(焕鼎) / 樋口正徳 // 最新中国要人傳. 第 216 頁
梁漱溟(焕鼎) / 樋口正德 // 最新中国要人传. 第 216 页

十二画

〔一〕

博尔济吉特・瑞澄

2461　清国大官中の謙潔児瑞澂／覆面浪人（増本義敏）／／現代中国四百余州風雲児. 第 95 頁
　　　清朝大官中的谦洁者瑞澄／覆面浪人（増本义敏）／／现代中国四百余州风云儿. 第 95 页

彭　湃

2462　一インテリ革命家の生涯：彭湃と広東農民運動／横山英／／社会科研究（9）.1961
　　　一位知识分子革命家的一生：彭湃与广东农民运动／横山英／／社会学研究.1961.9

2463　彭湃と農民革命運動／山本秀夫／／アジア経済 9(12).1968
　　　彭湃与农民革命运动／山本秀夫／／亚洲经济.1968.9：12

2464　日本留学・中国人彭湃の生と死（共同研究「アジア人の日本留学史」の一部）／斎藤秋男／／専修人文論集（通号 21）.1978
　　　日本留学・中国人彭湃的生与死（共同研究"亚洲人的日本留学史"之部分）／斎藤秋男／／专修人文论集.1978.21

2465　彭湃——中国人日本留学生の一典型／斎藤秋男／／国立教育研究所紀要（通号 94）.1978
　　　彭湃——中国人日本留学生的典型／斎藤秋男／／国立教育研究所纪要.1978.94

2466　早稲田大学建設者同盟の歴史——大正期のヴ・ナロード運動（1. 早稲田大学留学生・彭湃と「建設者同盟」）／斎藤秋男／／専修商学論集（通号 35）.1983
　　　早稲田大学建设者同盟的历史——大正时代的民众运动（之一 早稲田大学留学生彭湃与"建设者同盟"）／斎藤秋男／／专修商学论集.1983.35

2467　中国における農民運動の一考察（1—2）／藤原康晴／／大阪産業大学論集 人文科学編（通号 54, 57）.1983,1985
　　　中国农民运动考察（1—2）／藤原康晴／／大阪产业大学论集（人文科学编）.1983,1985.54,57

2468　彭湃と農民革命（1—2）／古島和雄／／東洋研究（通号 71,76）.1984—1985
　　　彭湃与农民革命（1—2）／古島和雄／／东洋研究.1984—1985.71,76

2469　北伐と彭湃／衛藤瀋吉／／東アジア政治史研究. 第 101 頁
　　　北伐与彭湃／卫藤沈吉／／东亚政治史研究. 第 101 页

彭东原

2470　ホウトウゲン　彭東原／樋口正徳／／最新中国要人傳. 第 189 頁
　　　彭东原／樋口正德／／最新中国要人传. 第 189 页

彭学沛

2471　ホウガクハイ　彭學沛（浩涂）／樋口正徳／／最新中国要人傳. 第 188 頁
　　　彭学沛（浩涂）／樋口正德／／最新中国要人传. 第 188 页

彭德怀

2472　彭德懐の印象／四方歸一／／日本読書協会会報 18(215).1938
　　　彭德怀印象／四方归一／／日本读书协会会报.1938.18：215

2473　百団大戦について：『彭德懐自述』より（特集：百団大戦をいかに評価するか）／田中哲哉／／中国研究月報（423）.1983
　　　关于百团大战：引《彭德怀自述》（特集・如何评价百团大战）／田中哲哉／／中国研究月报.1983.423

2474　彭德懐——軍の近代化にいち早く取り組んだ智将（特集 人物でたどる中国の50年——建国から

改革開放まで)／宇佐美曉／／月刊しにか 10(11)（通号 116).1999

彭德怀——率先进行军队现代化的智将（特集 从人物看中国 50 年——从建国到改革开放）／宇佐美晓／／中国学月刊.1999.10:11(116)

2475　ホウトクカイ　彭德懷／樋口正徳／／最新中国要人傳.第 189 頁

彭德怀／樋口正德／／最新中国要人传.第 189 页

2476　彭德懷將軍／遠藤三郎等／／元軍人の見た中共：新中国の政治・経済・文化・思想の実態.第 210 頁

彭德怀将军／远藤三郎等／／原军人所见中共：新中国的政治・经济・文化・思想实态.第 210 页

2477　彭德懷と羅瑞卿／江頭數馬／／北京を追われて.第 49 頁

彭德怀与罗瑞卿／江头数马／／被赶出北京.第 49 页

董　康

2478　董康先生講演會／日華學會學報部／／日華學報（1 月號)(44).1933

董康先生演讲会／日华学会学报部／／日华学报.1933.1(44)

2479　董康氏の講演／京都大学人文科学研究所／／東方学報 (5).1934

董康的演讲／京都大学人文科学研究所／／东方学报.1934.5

2480　中国法学の老大家 董康翁の追懐／今関天彭／／研修 (8)(122).1958

追怀中国法学的老权威 董康翁／今关天彭／／研修.1958.8;122

2481　清代の秋審について——董康氏『清秋審条例』の紹介／島善高／／名城大学教職課程部紀要 (23).1990

关于清朝的秋审——董康《清秋审条例》的介绍／岛善高／／名城大学教职课程部纪要.1990.23

2482　親日の湯爾和と董康／小林知治／／新中国の中心人物は誰々か.第 12 頁

亲日的汤尔和与董康／小林知治／／新中国的中心人物是谁.第 12 页

2483　董　康／吉岡文六／／現代中国人物論.第 187 頁

董　康／吉冈文六／／现代中国人物论.第 187 页

2484　大學の慈父 臨時政府司法部總長 董康／報知新聞政治部／／大陸の顔.第 198 頁

大学的慈父：临时政府司法部总长董康／报知新闻政治部／／大陆面貌.第 198 页

2485　董　康／外務省東亜局編／／新国民政府人名鑑.第 68 頁

董　康／外务省东亚局编／／新国民政府人名鉴.第 68 页

2486　トウコウ　董康（授經）／樋口正徳／／最新中国要人傳.第 168 頁

董康（授经）／樋口正德／／最新中国要人传.第 168 页

董必武

2487　中共代表董必武憤然退席——國民參政會中共の反省要求／内閣情報局／／國際月報 (34).1943

中共代表董必武愤然退场——国民参政会中共的反省要求／内阁情报局／／国际月报.1943.34

2488　中共政府二年間の業績——董必武副首相演說／共同通信社出版部／／世界資料 5(12).1951

中共政府两年业绩——董必武副总理演讲／共同通信社出版部／／世界资料.1951.5;12

2489　董必武主席の平野義太郎への談話：1963 年 3 月 13 日北京にて／中国研究所編／／アジア經濟旬報 (537).1963

董必武主席对平野义太郎的讲话：1963 年 3 月 13 日于北京／中国研究所编／／亚洲经济旬报.1963.537

2490　トウヒツブ　董必武／樋口正徳／／最新中国要人傳.第 169 頁

董必武／樋口正德／／最新中国要人传.第 169 页

2491　中共の副首相董必武／石垣綾子／／病めるアメリカ.第 4 頁

中共副总理董必武／石垣绫子／／病态美国.第 4 页

董作宾

2492　殷代の暦法——董作賓氏の論文について／藪内清／／東方学報（通号 21).1952

殷代历法——关于董作宾的论文 / 薮内清 // 东方学报. 1952. 21

2493 二人の中国古代史研究者——郭沫若と董作賓 / 上原淳道 // 歴史学研究（通号 169）. 1954
两位中国古代史研究者——郭沫若与董作宾 / 上原淳道 // 历史学研究. 1954. 169

2494 董作賓の講演 / 内山雨海 // 書の話. 第 72 頁
董作宾的演讲 / 内山雨海 // 书的故事. 第 72 页

董显光

2495 トウケンコウ　董顯光 / 樋口正徳 // 最新中国要人傳. 第 167 頁
董显光 / 樋口正德 // 最新中国要人传. 第 167 页

2496 『原敬日記』最後のメモ——原敬・董顕光会談 / 栗原健 // 対満蒙政策史の一面：日露戦後より大正期にいたる. 第 225 頁
《原敬日记》最后的笔记——原敬、董显光会谈 / 栗原健 // 对"满蒙"政策史的一面：从日俄战争后到大正时期. 第 225 页

蒋介石

2497 中国革命の総帥蒋介石 / 日刊中国事情社 // 東京：日刊中国事情社. 1927. 13 頁
中国革命的总帅蒋介石 / 中国情况日刊社 // 东京：日刊中国情况社. 1927. 13 页

2498 蒋介石氏に告ぐ / 伊東阪二 // 東京：新東洋社. 1934. 33 頁
告蒋介石 / 伊东阪二 // 东京：新东洋社. 1934. 33 页

2499 日中衝突必然論：蒋介石の独裁政権を暴露す / 三島康夫 // 東京：今日の問題社. 1935. 46 頁
日中冲突必然论：揭露蒋介石的独裁政权 / 三岛康夫 // 东京：今日之问题社. 1935. 46 页

2500 蒋介石政権の行方と迫れる日英戦争：幣制改革の裏に躍る英国の陰謀 / 天冲郷廟 // 東京：今日の問題社. 1935. 45 頁
蒋介石政权的走向与迫近的日英战争：币制改革背后的英国阴谋 / 天冲乡庙 // 东京：今日之问题社. 1935. 45 页

2501 蒋介石 / 石丸藤太 // 東京：春秋社. 1936. 386 頁
蒋介石 / 石丸藤太 // 东京：春秋社. 1936. 386 页

2502 蒋介石と現代中国 / 吉岡文六 // 東京：東白堂書房. 1936. 250 頁
蒋介石与现代中国 / 吉冈文六 // 东京：东白堂书房. 1936. 250 页

2503 日本と蒋介石政権行悩みの南京交渉 / 松本忠雄 // 東京：今日の問題社. 1936. 51 頁
日本与蒋介石政权胶着的南京交涉 / 松本忠雄 // 东京：今日之问题社. 1936. 51 页

2504 独裁三人男：その後のヒットラー・蒋介石・ムッソリーニ / 片山隆 // 東京：森田書房. 1936. 56 頁
独裁三男人：其后的希特勒、蒋介石、墨索里尼 / 片山隆 // 东京：森田书房. 1936. 56 页

2505 張学良と蒋介石 / 藤川京介 // 東京：森田書房. 1936. 47 頁
张学良与蒋介石 / 藤川京介 // 东京：森田书房. 1936. 47 页

2506 スターリンと蒋介石：世界の二大巨人 彼等は何を目論んで居る / 赤木洋三 // 東京：城西出版社. 1936. 38 頁
斯大林与蒋介石：世界两大巨人 他们有何企图 / 赤木洋三 // 东京：城西出版社. 1936. 38 页

2507 蒋介石氏を繞ぐる中国政局 / 吉岡文六 // 東京：東亜同文会研究編纂部. 1936. 41 頁
以蒋介石为中心的中国政局 / 吉冈文六 // 东京：东亚同文会研究编纂部. 1936. 41 页

2508 蒋介石と白崇禧 / 本多芳次郎 // 東京：森田書房. 1937. 35 頁
蒋介石与白崇禧 / 本多芳次郎 // 东京：森田书房. 1937. 35 页

2509 ユダヤの陰謀に踊る蒋介石 / 大野慎 // 東京パンフレット社. 1937. 37 頁
与犹太阴谋共舞的蒋介石 / 大野慎 // 东京活页文选（Pamphlet）社. 1937. 37 页

2510 蒋介石の動向と抗日秘密結社を曝く / 清河政雄 // 東京：教材社. 1937. 38 頁
曝光蒋介石的动向与抗日秘密结社 / 清河政雄 // 东京：教材社. 1937. 38 页

2511 東洋平和の攪乱者蔣介石を葬れ:北中事変の真相 / 長尾高義述 // 東京:日通社.1937.28頁
将搅乱东洋和平的蒋介石埋葬:华北事变的真相 / 长尾高义述 // 东京:日通社.1937.28页

2512 蔣介石政権内部に対立する諸勢力 / 開南倶楽部 // 東京:開南倶楽部.1937.36頁
蒋介石政权内部的对立的诸势力 / 开南俱乐部 // 东京:开南俱乐部.1937.36页

2513 中国は日本と何処まで戦ふつもりか:微妙なる英・米・ソの動きと事変に約された蔣介石の運命 / 池村新一郎 // 東京:大文字書院.1937.38頁
中国欲与日本作战到什么程度:英美苏微妙动向与事变约束下蒋介石的命运 / 池村新一郎 // 东京:大文字书院.1937.38页

2514 蔣介石政権は今後どう抗戦するか / 山科潜 // 東京:昭和書房.1938.39頁
蒋介石政权今后如何抗战 / 山科潜 // 东京:昭和书房.1938.39页

2515 武漢三鎮を失った蔣介石の末路 / 石田霞山 // 東京:國策研究社.1938.35頁
丧失武汉三镇的蒋介石的末路 / 石田霞山 // 东京:国策研究社.1938.35页

2516 蔣介石を狙ふ女 / 我妻大陸 // 東京:紫文閣.1939.326頁
瞄准蒋介石的女人 / 我妻大陆 // 东京:紫文阁.1939.326页

2517 蔣介石は何處へ行く!! / 山川直夫 // 東京:東京情報社.1940.31頁
蒋介石去往何处!! / 山川直夫 // 东京:东京情报社.1940.31页

2518 苦悶の蔣介石 / 白須賀六郎 // 東京:宮越太陽堂書房.1940.181頁
苦闷的蒋介石 / 白须贺六郎 // 东京:宫越太阳堂书房.1940.181页

2519 刺客に襲はれ蔣介石国外へ亡命す / 武田倉穹 / 青森:人生道場.1940.16頁
蒋介石遇刺亡命国外 / 武田仓穹 / 青森:人生道场.1940.16页

2520 汪権政の成立:蔣介石はいつ迄戦ふ / 城北散史 // 東京:東京情報社.1940.31頁
"汪政权"的成立:蒋介石战到何时 / 城北散史 // 东京:东京情报社.1940.31页

2521 蔣介石と毛沢東 / 渡辺茂雄 // 東京:講談社.1949.239頁
蒋介石与毛泽东 / 渡边茂雄 // 东京:讲谈社.1949.239页

2522 革命の炎の中で:蔣介石から毛沢東へ 在華二十五年の回顧 / 乗石繁太郎 // 東京:昭和通信社.1953.143頁
于革命烈火中:从蒋介石到毛泽东——在华二十五年回顾 / 乘石繁太郎 // 东京:昭和通信社.1953.143页

2523 李承晩・蔣介石 / 中川信夫 // 京都:三一書房.1960.236頁
李承晚、蒋介石 / 中川信夫 // 京都:三一书房.1960.236页

2524 台湾と蔣介石:二・二八民変を中心に / 楊逸舟 // 東京:三一書房.1970.262頁
台湾与蒋介石:以二二八民变为中心 / 杨逸舟 // 东京:三一书房.1970.262页

2525 敵か友か:中国と日本の問題検討 / 蔣介石口述;西内雅 // 東京:国民新聞社.1972.101頁
是敌是友:中国与日本问题研究 / 蒋介石口述;西内雅 // 东京:国民新闻社.1972.101页

2526 蔣介石画伝 / 秦孝儀等編 // 東京:ケイザイ春秋社.1974.176頁
蒋介石画传 / 秦孝仪等编 // 东京:经济春秋社.1974.176页

2527 蔣介石の歴史:ミスターチャンと呼ばれた男 / 松本暁美 // 東京:参玄社.1975.319頁
蒋介石的历史:被称作"蒋先生"的男人 / 松本晓美 // 东京:参玄社.1975.319页

2528 蔣介石の歿後:ポスト・ベトナム / 西内雅編 // 東京:おりじん書房.1975.297頁
蒋介石逝后:后越战 / 西内雅编 // 东京:Origin书房.1975.

2529 蔣介石秘録(1—15) / サンケイ新聞社 // 東京:サンケイ出版.1975—1977
蒋介石秘录(1—15) / 产经新闻社 // 东京:产经出版.1975—1977

2530 蔣介石:その偉大なる生涯 / 池口恵観 // 東京:論稿社.1976.215頁
蒋介石:伟大的一生 / 池口惠观 // 东京:论稿社.1976.215页

2531 運命の選択:そのとき吉田茂・マッカーサー・蔣介石は / 塩沢実信 // 広池学園出版部.1983.

285 頁
命运的选择:吉田茂・麦克阿瑟・蒋介石在那一刻 / 盐泽实信 // 广池学园出版部. 1983. 285 页

2532 蔣介石百年誕辰紀念 / 彫刻の森美術館 // 箱根:彫刻の森美術館. 1986
蒋介石百年诞辰纪念 / 雕刻之森美术馆 // 箱根:雕刻之森美术馆. 1986

2533 宇垣一成宰相であれば第二次世界大戦は起こらなかった:宇垣一成将軍と蔣介石将軍 / 池見猛 // 東京:池見学園出版部. 1992. 205 頁
若是宇垣一成首相在任,则第二次世界大战不会爆发:宇垣一成将军与蒋介石将军 / 池见猛 // 东京:池见学园出版部. 1992. 205 页

2534 「繆斌工作」成ラズ:蔣介石、大戦終結への秘策とその史実 / 横山銕三 // 東京:展転社. 1992. 254 頁
"缪斌交涉"失败:蒋介石终结大战的秘策及其史实 / 横山铁三 // 东京:辗转社. 1992. 254 页

2535 蔣介石と毛沢東:世界戦争のなかの革命 / 野村浩一 // 東京:岩波書店. 1997. 4187 頁
蒋介石与毛泽东:世界战争之中的革命 / 野村浩一 // 东京:岩波书店. 1997. 4187 页

2536 蔣介石 / 保阪正康 // 東京:文芸春秋. 1999. 286 頁
蒋介石 / 保阪正康 // 东京:文艺春秋. 1999. 286 页

2537 以徳報怨:写真集「蔣介石先生の遺徳を偲ぶ」 / 蔣介石先生の遺徳を顕彰する会 // 蔣介石先生の遺徳を顕彰する会. 1986. 104 頁
以德报怨:摄影集《追思蒋介石先生遗德》 / 蒋介石先生遗德彰显会 // 蒋介石先生遗德彰显会. 1986. 104 页

2538 蔣介石下野の後に来るもの / 宮崎世竜 // 新星 2(6). 1949
蒋介石下野之后的状况 / 宫崎世龙 // 新星. 1949. 2:6

2539 蔣介石は何を「誤算」したか——中国革命滞の理論 / 岩村三千夫 // 時論 4(4). 1949
蒋介石"误算"了什么——中国革命停滞的理论 / 岩村三千夫 // 时论. 1949. 4:4

2540 蔣介石論 / 宮崎竜介 // 再建評論 (通号 1). 1949
蒋介石论 / 宫崎龙介 // 再建评论. 1949. 1

2541 四川に走つた蔣介石 / 加藤通夫 // 世界の動き 4(21). 1949
奔走四川的蒋介石 / 加藤通夫 // 世界动态. 1949. 4:21

2542 毛沢東と蔣介石 / 鹿地亘 // 評論 (通号 31). 1949
毛泽东与蒋介石 / 鹿地亘 // 评论. 1949. 31

2543 小型蔣介石論 / 大園賴茂 // 東邦経済 11(6). 1950
小型蒋介石论 / 大园赖茂 // 东邦经济. 1950. 11:6

2544 蔣介石とその幕僚 / 清水一郎 // 人物往来 1(10). 1952
蒋介石及其幕僚 / 清水一郎 // 人物往来. 1952. 1:10

2545 蔣介石の軍事指南番 / 根本博 // 文芸春秋 30(12). 1952
蒋介石的军事参谋 / 根本博 // 文艺春秋. 1952. 30:12

2546 蔣介石を相手とす / 山浦貫一 // 東洋経済新報 (通号 2509). 1952
视蒋介石为对手 / 山浦贯一 // 东洋经济新报. 1952. 2509

2547 蔣介石の仏心 / 大野伴睦 // 大世界 10(11). 1955
蒋介石的佛心 / 大野伴睦 // 大世界. 1955. 10:11

2548 蔣介石に招かれて / 大野伴睦 // 経済時代 20(10). 1955
受蒋介石接见 / 大野伴睦 // 经济时代. 1955. 20:10

2549 「中国のなかのソ連」——蔣介石回顧録を読んで / 矢部貞治 // 海外事情 5(9). 1957
《苏俄在中国》——读《蒋介石回忆录》 / 矢部贞治 // 海外情况. 1957. 5:9

2550 蔣介石氏への公開状 / 高木健夫 // 中央公論 78(8). 1963
给蒋介石的公开信 / 高木健夫 // 中央公论. 1963. 78:8

2551　中華民国訓政時期約法の制定と蔣介石 ／ 石川忠雄 ／／ 法学研究 37(7).1964
　　　　中华民国训政时期约法的制定与蒋介石 ／ 石川忠雄 ／／ 法学研究.1964.37：7
2552　毛沢東と蔣介石 ／ 新井寶雄 ／／ 潮（通号73）.1966
　　　　毛泽东与蒋介石 ／ 新井宝雄 ／／ 潮.1966.73
2553　性格を変えた「吉田書簡」——蔣発言の真意をさぐる（付蔣介石発言「吉田書簡廃棄は条約破棄に等しい」） ／ 志村規矩夫 ／／ 世界週報 49(28).1968
　　　　变质的《吉田书简》——探求蒋发言的真意（附蒋介石发言"废弃吉田书简无异于废弃'中日合约'"） ／ 志村规矩夫 ／／ 世界周报.1968.49：28
2554　中国国民党第2回全国代表大会をめぐる汪精衛路線と蔣介石路線 ／ 山田辰雄 ／／ 法学研究 42(12).1969
　　　　中国国民党第二次全国代表大会的汪精卫路线与蒋介石路线 ／ 山田辰雄 ／／ 法学研究.1969.42：12
2555　蔣介石大いに語る——敵は毛沢東ただ一人——アジア軍事同盟,日本の参加の必要はない（インタビュー） ／ 蔣介石、御手洗辰雄 ／／ 世界週報 50(13).1969年
　　　　蒋介石豪言：敌人仅毛泽东一人——日本无必要参加亚洲军事同盟（采访） ／ 蒋介石、御手洗辰雄 ／／ 世界周报.1969.50：13
2556　蔣介石と毛沢東の政策 ／ 藤井高美 ／／ 愛媛法学：愛媛大学法文学部論集（通号2）.1970
　　　　蒋介石与毛泽东的政策 ／ 藤井高美 ／／ 爱媛法学：爱媛大学法文学部论集.1970.2
2557　蔣介石をすくった日本将校団（特集：戦争と運命） ／ 小笠原清 ／／ 文芸春秋 49(10).1971
　　　　拯救蒋介石的日本将校团（特集：战争与命运） ／ 小笠原清 ／／ 文艺春秋.1971.49：10
2558　蔣介石は北京を訪問する ／ 石長志 ／／ 潮（通号145）.1971
　　　　蒋介石访问北京 ／ 石长志 ／／ 潮.1971.145
2559　戴季陶主義の一考察——蔣介石政権成立の思想的前提 ／ 小杉修二 ／／ 歴史評論（通号279）.1973
　　　　戴季陶主义的一则考察——蒋介石政权成立的思想前提 ／ 小杉修二 ／／ 历史评论.1973.279
2560　蔣介石政権成立の諸前提（アジアにおける封建制と民主主義革命——歴史科学協議会第7回大会・総会報告［大会特集］） ／ 小杉修二 ／／ 歴史評論（通号284）.1973
　　　　蒋介石政权成立的诸前提（亚洲封建制与民主主义革命——历史科学协议会第7回大会总会报告［大会特集］） ／ 小杉修二 ／／ 历史评论.1973.284
2561　「蔣介石政権成立の諸前提」討論要旨 ／ 安井三吉 ／／ 歴史評論（通号284）.1973
　　　　《蒋介石政权成立的诸前提》讨论要点 ／ 安井三吉 ／／ 历史评论.1973.284
2562　名実ともに蔣経国時代が到来——蔣介石後の台湾の動向 ／ 志村規矩夫 ／／ 世界週報 56(17).1975
　　　　名副其实的蒋经国时代到来——蒋介石之后的台湾动向 ／ 志村规矩夫 ／／ 世界周报.1975.56：17
2563　蔣介石事選——反動政権に新聞が奉仕する方法（新聞の読み方テレビの見方＜特別企画＞） ／ 本多勝一 ／／ 潮（通号192）.1975
　　　　蒋介石选举——报纸服务于反动政权的方法（解读报纸、电视之方法＜特别企画＞） ／ 本多胜一 ／／ 潮.1975.192
2564　ひとつの時代を画す蔣介石の死（時の動き） ／ 島津弥吉 ／／ 同盟（通号202）.1975
　　　　标志着一个时代终结的蒋介石之死（时代动向） ／ 岛津弥吉 ／／ 同盟.1975.202
2565　悲劇の英雄——蔣介石、波らんの生涯 ／ 蔵居良造 ／／ 月刊自由民主（通号232）.1975
　　　　悲剧英雄——蒋介石波澜的一生 ／ 藏居良造 ／／ 自由民主月刊.1975.232
2566　蔣介石の死と「三民主義」 ／ 小林文男 ／／ 世界（通号355）.1975
　　　　蒋介石之死与"三民主义" ／ 小林文男 ／／ 世界.1975.355
2567　広田弘毅の対華政策と蔣介石——自護体外交の限界性（「1930年代の日本外交」——四人の外相を中心として） ／ 宇野重昭 ／／ 国際政治（通号56）.1976
　　　　广田弘毅的对华政策与蒋介石——保守外交的局限性（"1930年代的日本外交"——以四位外相为中心） ／ 宇野重昭 ／／ 国际政治.1976.56

2568 蒋介石の2次4中全会における決定の陥穽——満州事変直前の中国政局 -1- ／ 判沢純太 ／／ 政治経済史学（通号212）.1984
蒋介石二次四中全会决定的陷阱——"满洲事变"前夕的中国政局 之一 ／ 判泽纯太 ／／ 政治经济史学.1984.212

2569 第2次世界大戦の結末はついたか -8- 大戦における4巨人の政戦略指導 -4- 蒋介石 ／ 松谷誠 ／／ 国防 34(9).1985
第二次世界大战已收场了吗 8：大战中4巨人的政治战略指导 其四：蒋介石 ／ 松谷诚 ／／ 国防.1985.34：9

2570 広東国民政府における政治抗争と蒋介石の抬頭 ／ 北村稔 ／／ 史林 68(6).1985
广东国民政府的政治抗争与蒋介石的崛起 ／ 北村稔 ／／ 史林.1985.68：6

2571 蒋介石と日本人 ／ 貴船八郎 ／／ 自由 28(6).1986
蒋介石与日本人 ／ 贵船八郎 ／／ 自由.1986.28：6

2572 日中戦争と国民政府——「7・7事変」前後の蒋介石 ／ 宇野重昭 ／／ 社会科学ジャーナル 25(2).1987
日中战争与国民政府——"七七事变"前后的蒋介石 ／ 宇野重昭 ／／ 社会科学期刊.1987.25：2

2573 弔問外交の研究——蒋介石の死去と日本の対応 ／ 池井優 ／／ 法学研究 61(5).1988
吊唁外交研究——蒋介石逝世与日本的应对 ／ 池井优 ／／ 法学研究.1988.61：5

2574 蒋介石と上海交易所——株式仲買人時代について ／ 横山宏章 ／／ 中国研究月報（通号527）.1992
蒋介石与上海交易所——关于股票中间人的时代 ／ 横山宏章 ／／ 中国研究月报.1992.527

2575 蒋介石政権における近代化政策とドイツ極東政策(1、2) ／ 小野田摂子 ／／ 政治経済史学（通号344—345）.1995
蒋介石政权的现代化政策与德国远东政策(1，2) ／ 小野田摄子 ／／ 政治经济史学.1995.344—345

2576 蒋介石政権とドイツ和平調停(1) 1937年10月～1938年1月 ／ 小野田摂子 ／／ 政治経済史学（通号354）.1995
蒋介石政权与德国和平调停(1) 1937年10月～1938年1月 ／ 小野田摄子 ／／ 政治经济史学.1995.354

2577 鄧拓の雑文「蒋介石と明の英宗」(1946年)をめぐって ／ 日原きよみ ／／ 中国研究月報（通号566）.1995
关于邓拓的杂文《蒋介石与明英宗》(1946年) ／ 日原清美 ／／ 中国研究月报.1995.566

2578 蒋介石の「反共化」構造と「4・12クーデター」／ 家近亮子 ／／ 津田塾大学紀要（通号28）.1996
蒋介石的"反共化"结构与"4・12政变" ／ 家近亮子 ／／ 津田塾大学纪要.1996.28

2579 南京国民政府統治の制度化とイデオロギーの形骸化——蒋介石の独裁統治確立と安内攘外の政策過程(1931—1937) ／ 樹中毅 ／／ 法学政治学論究：法律・政治・社会（通号31）.1996
南京国民政府统治的制度化与意识形态的形式化——蒋介石的独裁统治确立与安内攘外政策的形成运用(1931—1937) ／ 树中毅 ／／ 法学政治学论究：法律・政治・社会.1996.31

2580 「安内攘外」策と蒋介石の危機意識 ／ 横山宏章 ／／ 明治学院論叢（通号573）.1996
"安内攘外"政策与蒋介石的危机意识 ／ 横山宏章 ／／ 明治学院论丛.1996.573

2581 蒋介石政権における近代化政策とドイツ和平調停 ／ 小野田摂子 ／／ 明治大学博士論文.1996年
蒋介石政权的现代化政策与德国和平调停 ／ 小野田摄子 ／／ 明治大学博士论文.1996年

2582 蒋介石の郷里 ／ 鈴木正夫 ／／ 史（通号94）.1997
蒋介石的乡里 ／ 铃木正夫 ／／ 史.1997.94

2583 蒋介石の告示について ／ 長谷川太郎 ／／ 史（通号94）.1997
关于蒋介石的告示 ／ 长谷川太郎 ／／ 史.1997.94

2584 『現代アジアの肖像2 蒋介石と毛沢東——世界戦争のなかの革命』野村浩一著——蒋介石の権力形成を通してみた20世紀中国の政治文化 ／ 砂山幸雄 ／／ 東方（通号199）.1997

《现代亚洲的肖像 2 蒋介石与毛泽东——世界战争之中的革命》野村浩一著——从蒋介石的权力形成看 20 世纪中国政治文化(书评) / 砂山幸雄 // 东方. 1997. 199

2585　蒋介石の外交戦略と日本——「安内攘外」から「以徳報怨」まで(特集 日中関係史をめぐる諸問題[その2・蒋介石とその時代]) / 家近亮子 // 近きに在りて(通号 33). 1998
蒋介石的外交战略与日本——从"安内攘外"到"以德报怨"(特集 日中关系史的诸问题[其二・蒋介石及其时代]) / 家近亮子 // 在近处. 1998. 33

2586　孫文没後の党内権力継承と「左派」蒋介石の台頭 / 樹中毅 // 法学政治学論究:法律・政治・社会(通号 36). 1998
孙文逝后党内权力继承与"左派"蒋介石的崛起 / 树中毅 // 法学政治学论究:法律・政治・社会. 1998. 36

2587　蒋介石の権力の浸透と新生活運動——1934 年を中心に / 段瑞聡 // 法学政治学論究:法律・政治・社会(通号 38). 1998
蒋介石权力的渗透与新生活运动——以 1934 年为中心 / 段瑞聡 // 法学政治学论究:法律・政治・社会. . 1998. 38

2588　毛沢東と蒋介石——日中戦争と第 2 次国共合作(20 世紀の歴史のなかの人物) / 鈴木忠明 // 歴史地理教育(通号 576). 1998
毛泽东与蒋介石——日中战争与第二次国共合作(20 世纪历史中的人物) / 铃木忠明 // 历史地理教育. 1998. 576

2589　ケネディ家より呪われた「蒋介石一族」の悲劇 / 保阪正康 // 新潮 18(9)(通号 209). 1999
肯尼迪家族诅咒下的"蒋介石一族"的悲剧 / 保阪正康 // 新潮. 1999. 18;9(209)

2590　敗戦日本と蒋介石——「以徳報怨」の意味するもの / 鈴木正夫 // 史(通号 99). 1999
战败的日本与蒋介石——"以德报怨"的意义 / 铃木正夫 // 史. 1999. 99

2591　ショウカイセキ(蒋介石[名中正]) / 樋口正徳 // 最新中国要人傳. 第 83 頁
蒋介石 / 樋口正德 // 最新中国要人传. 第 83 页

蒋方震

2592　蒋方震 / 沢村幸夫 // 上海人物印象記 第 1 集. 第 44 頁
蒋方震 / 泽村幸夫 // 上海人物印象记(第 1 集). 第 44 页

2593　蒋方震の武漢放棄論 / タイムス出版社国際パンフレット通信部 // 国際パンフレット通信 1938(1137).
蒋方震的放弃武汉论 / 时代(Times)出版社国际活页文选(Pamphlet)通信部 // 国际活页文选(Pamphlet)通信 1938. 1137.

蒋廷黻

2594　専門家政治と民衆の包摂:蒋廷黻を中心に / 湯本国穂 // 千葉大学法学論集. 1994
专家政治与民众的统合:以蒋廷黻为中心 / 汤本国穗 // 千叶大学法学论集. 1994

2595　蒋廷黻の政治・社会構想——1930 年代前半を中心に / 湯本国穂 // 千葉大学法学論集. 1996
蒋廷黻的政治、社会构想——以 1930 年代前半为中心 / 汤本国穗 // 千叶大学法学论集. 1996

2596　ショウテイフツ 蒋廷黻(綬章) / 樋口正徳 // 最新中国要人傳. 第 91 頁
蒋廷黻(绥章) / 樋口正德 // 最新中国要人传. 第 91 页

蒋作宾

2597　ショウサクヒン 蒋作賓(雨岩) / 樋口正徳 // 最新中国要人傳. 第 90 頁
蒋作宾(雨岩) / 樋口正德 // 最新中国要人传. 第 90 页

蒋伯诚

2598　ショウハクセイ 蒋伯誠 / 樋口正徳 // 最新中国要人傳. 第 92 頁
蒋伯诚 / 樋口正德 // 最新中国要人传. 第 92 页

蒋经国

2599　蒋経国時代の台湾 / 若菜正義 // 東村山:教育社. 1978. 169 頁

　　　　　蒋经国时代的台湾／若菜正义／／东村山：教育社.1978.169 页
2600　人間蒋経国：台湾地区奇蹟の発展の原動力／「人間蒋経国」編纂委員会／／世界日報社.1981 年.
　　　　269 頁
　　　　　蒋经国其人：台湾地区发展奇迹的原动力／《蒋经国其人》编纂委员会／／世界日报社.1981 年.
　　　　269 页
2601　ねらわれている蒋経国／新潮社／／週刊新潮 1(26)(26).1956
　　　　　被盯上的蒋经国／新潮社／／周刊新潮.1956.1；26(26)
2602　ニュースメーカー 蒋経国／朝日新聞社／／朝日ジャーナル 3(35)(129).1961
　　　　　新闻焦点 蒋经国／朝日新闻社／／朝日期刊.1961.3；35(129)
2603　蒋経国のワシントン訪問／国際事情研究会／／国際事情 (517).1963
　　　　　蒋经国"访问"华盛顿／国际情况研究会／／国际情况.1963.517
2604　蒋経国の謎／村上薫／／現代の眼 5(4).1964
　　　　　蒋经国之谜／村上薫／／现代之眼.1964.5：4
2605　蒋経国ラインさらに強まる――厳家淦誕生の舞台裏／志村規矩夫／／世界週報 47(15).1966
　　　　　进一步强化蒋经国路线――严家淦诞生的内幕／志村规矩夫／／世界周报.1966.47；15
2606　安定成長の台湾経済――蒋経国路線の地固め進む／安本宜雄／／世界週報 47(16).1966
　　　　　安定成长的台湾经济――蒋经国路线稳步推进／安本宜雄／／世界周报.1966.47；16
2607　来日する蒋経国をめぐる神話――台湾"総統"世襲の運命に生きる若き指導者の素顔／遠藤新／／
　　　　潮（通号 90).1967
　　　　　"访日"蒋经国之神话――身于世袭台湾"总统"之命运的年轻领导者真容／远藤新／／潮.1967.90
2608　蒋経国氏来日の波紋／時事通信社／／時事通信 (6628).1967
　　　　　蒋经国"访日"影响／时事通信社／／时事通信.1967.6628
2609　蒋経国時代への布石――若返り目立つ十全大会（時の歩み）／／世界週報.1969.50(17)
　　　　　为蒋经国时代部署――朝气生辉的十全大会（时代的步伐）／／世界周报.1969.50；17
2610　蒋経国時代への序曲――「国府の行政院」改組／志村規矩夫／／世界週報 50(28).1969
　　　　　蒋经国时代的序曲――"国府行政院"改组／志村规矩夫／／世界周报.1969.50；28
2611　動きはじめた蒋経国体制／伊藤斉／／朝日アジアレビュー 1(1).1970
　　　　　开始运转的蒋经国体制／伊藤齐／／朝日亚洲评论(Asia Review).1970.1；1
2612　台湾、蒋経国時代へ（アジアの動き）／伊藤斉／／朝日アジアレビュー 6(2).1975
　　　　　台湾进入蒋经国时代（亚洲动态）／伊藤齐／／朝日亚洲评论(Asia Review).1975.6；2
2613　蒋経国の台湾／若菜正義／／自由 17(7).1975
　　　　　蒋经国的台湾／若菜正义／／自由.1975.17；7
2614　名実ともに蒋経国時代が到来――蒋介石後の台湾の動向／志村規矩夫／／世界週報 56(17).1975
　　　　　名至实归的蒋经国时代到来――蒋介石后的台湾动向／志村规矩夫／／世界周报.1975.56；17
2615　蒋経国「行政院長」と日本／小竹即一／／政経人 23(5).1976
　　　　　蒋经国"行政院长"与日本／小竹即一／／政经人.1976.23；5
2616　蒋経国体制における論理と現実／佐竹隆／／朝日アジアレビュー 9(3).1978
　　　　　蒋经国体制的理论与现实／佐竹隆／／朝日亚洲评论.1978.9；3
2617　蒋経国政権の崩壊寸前レポート／宗像隆幸／／寶石 7(4).1979
　　　　　"蒋经国政权"崩溃边缘的报告／宗像隆幸／／宝石.1979.7；4
2618　前途厳しい台湾の蒋経国体制――経済発展の追求で生存を図る／佐竹隆／／エコノミスト 57
　　　　(7).1979
　　　　　前途堪忧的台湾蒋经国体制――以经济发展谋生存／佐竹隆／／经济学人(Economist).1979.
　　　　57；7
2619　誰が蒋経国の後継者となるか／伍凌湖／／アジア時報 13(11)(151).1982

谁将是蒋经国的后继者 / 伍凌湖 // 亚洲时报. 1982. 13：11(151)

2620 早くもポスト蒋経国に動き出す——現地に見る最新の台湾政経事情 / 信太謙三 // 世界週報 63(19). 1982
后蒋经国时代已在酝酿——当地所见最新台湾政经情况 / 信太谦三 // 世界周报. 1982. 63：19

2621 台湾——孫行政院長が最有力か——蒋経国の健康悪化と後継者問題 / 上田正弘 // 世界週報 63(46). 1982
台湾——孙"行政院长"或最具希望——蒋经国健康恶化及继承人问题 / 上田正弘 // 世界周报. 1982. 63：46

2622 蒋経国主席貿易政策について自由化推進を指示 / 流協会総務部 // 交流：台湾情報誌 1(275). 1985
蒋经国"主席"指示推进贸易政策自由化 / 流协会总务部 // 交流：台湾情报志. 1985. 1：275

2623 毎日新聞の「スクープ」「蒋経国から鄧小平への手紙」はどこへ消えた? / 文芸春秋 // 週刊文春 28(34)(1402). 1986
《每日新闻》的"独家新闻""蒋经国致邓小平的信"去哪儿了? / 文艺春秋 // 周刊文春. 1986. 28：34(1402)

2624 アジア・ウォッチング：出かかった本音・蒋経国書簡 / 経済往来社 // 経済往来 38(10). 1986
亚洲观察：吐露心声 蒋经国书信 / 经济往来社 // 经济往来. 1986. 38：10

2625 ポスト蒋経国が囁かれ始めた台湾 / 増田卓二 // 政界往来 52(11). 1986
后蒋经国时代开始萌动的台湾 / 增田卓二 // 政界往来. 1986. 52：11

2626 常に陣頭指揮の人、蒋経国——気遣われる健康状態(プロフィル'86) / 伊達宗義 // 世界週報 67(8). 1986
常于前线指挥的蒋经国——备受关注的健康状况(人物介绍'86) / 伊达宗义 // 世界周报. 1986. 67：8

2627 台湾のジレンマとその未来——「ポスト蒋経国時代へ」一歩前進 / 辻田堅次郎 // 世界週報 67(18). 1986
台湾的窘境及其未来——向"后蒋经国时代"前进一步 / 辻田坚次郎 // 世界周报. 1986. 67：18

2628 蒋経国の逝去を悼んで / 小谷豪冶郎 // 経済復興 2(1478). 1988
悼蒋经国 / 小谷豪冶郎 // 经济复兴. 1988. 2：1478

2629 蒋経国の後継者(台湾) / アジア社会問題研究所 // アジアと日本 3(170). 1988
蒋经国的后继者(台湾) / 亚洲社会问题研究所 // 亚洲与日本. 1988. 3：170

2630 台湾レポート——蒋経国死去後の新生台湾 軍部の介入を排除し李政権発足 / 市川雍雄 // 動向(4)(1478). 1988
台湾报告——蒋经国去世后的新生台湾 "李登辉政权"排除军部的介入而出发 / 市川雍雄 // 动向. 1988. 4：1478

2631 民主化の矢先、蒋経国死去 / 財界通信社 // 月刊公論 21(3). 1988
民主化的先锋蒋经国去世 / 商界通信社 // 公论月刊. 1988. 21：3

2632 蒋経国の逝去に思う / 桑原壽二 // 月刊カレント 25(2)(523). 1988
由蒋经国逝去所想 / 桑原寿二 // 潮流(Current)月刊. 1988. 25：2(523)

2633 蒋経国後の台湾経済の課題——問われる自由化への対応 / 田中壽雄 // 貿易と関税 36(5)(422). 1988
蒋经国之后台湾经济的课题——如何应对自由化 / 田中寿雄 // 贸易与关税. 1988. 36：5(422)

2634 蒋経国の死で台湾は変わるか / 中嶋嶺雄 // 文芸春秋 66(3). 1988
蒋经国之死是否改变台湾 / 中岛岭雄 // 文艺春秋. 1988. 66：3

2635 ポスト蒋経国台湾の政情を読む / 若林正丈 // 中央公論 103(3). 1988
解读后蒋经国时代的台湾政情 / 若林正丈 // 中央公论. 1988. 103：3

2636　ワールド・トピックス——蒋経国の時勢眼 / 辻田堅次郎 // 外交 6(2)(32).1990
　　　国际话题——蒋经国的时势眼光 / 辻田堅次郎 // 外交.1990.6:2(32)
2637　蔣經國小論——蔣經國が憲政改革を指示した経緯 / 伊原吉之助 // 帝塚山大学教養学部紀要 (46).1996
　　　蒋经国小论——蒋经国指示"宪政"改革之始末 / 伊原吉之助 // 帝塚山大学教养学部纪要.1996.46
2638　台湾政治における蒋経国の「『本土化』政策」試論——「省籍矛盾」の緩和と解消を中心として (1972~1991) / 林泉忠 // アジア研究 44(3).1998
　　　试论台湾政治中的蒋经国"'本土化'政策"——以"省籍矛盾"的缓和与化解为中心(1972—1991) / 林泉忠 // 亚洲研究.1998.44:3
2639　部下が語る蒋経国と江西省新贛南建設——元贛県県政府幹部劉景星氏訪問記録 / 山本真 // 中国研究月報 53(8)(通号 618).1999
　　　部下讲述蒋经国与江西省新赣南建设——原赣县县政府干部刘景星访问记录 / 山本真 // 中国研究月报.1999.53:8(618)
2640　ショウケイコク(蔣經國) / 樋口正德 // 最新中国要人傳.第89頁
　　　蒋经国 / 樋口正德 // 最新中国要人传.第89页

蒋梦麟

2641　中国近代教育における蒋夢麟の教育思想の検討 / 彭淑媛 // 日本教育学会大會研究発表要項 48.1989
　　　中国近代教育中蒋梦麟教育思想的探讨 / 彭淑媛 // 日本教育学会大会研究发表要点.1989.48
2642　ショウムリン 蔣夢麟(兆賢) / 樋口正德 // 最新中国要人傳.第92頁
　　　蒋梦麟(兆贤) / 樋口正德 // 最新中国要人传.第92页

蒋鼎文

2643　ショウテイブン 蒋鼎文(銘三) / 樋口正德 // 最新中国要人傳.第91頁
　　　蒋鼎文(铭三) / 樋口正德 // 最新中国要人传.第91页

植子卿

2644　ショクシキョウ　植子卿 / 樋口正德 // 最新中国要人傳.第94頁
　　　植子卿 / 樋口正德 // 最新中国要人传.第94页

韩世昌

2645　名伶韓世昌と崑曲 / 松井嘯波 // 斯文 10(12).1928
　　　名伶韩世昌与昆曲 / 松井啸波 // 斯文.1928.10:12
2646　崑曲の名優韓世昌の來演 / 斯文会 // 斯文 10(12).1928
　　　昆曲名伶韩世昌前来演出 / 斯文会 // 斯文.1928.10:12
2647　崑曲劇と韓世昌 / 青木正兒 // 江南春.第141頁
　　　昆曲戏剧与韩世昌 / 青木正儿 // 江南春.第141页

韩复榘

2648　北中の二將領(韓復榘と閻錫山) / 後信夫 // 東方之国 第11年(11).1937
　　　华北二将韩复榘与阎锡山 / 后信夫 // 东方之国 第11年.1937.11
2649　韓復榘の南下に關する談話 / 外務省情報部 // 国際月報 (2).1937
　　　关于韩复榘南下的谈话 / 外务省情报部 // 国际月报.1937.2
2650　馮戰の口火を切つた韓復榘 / 榛原茂樹 // 中国展望:一九二九年中国年史.第92頁
　　　打响冯战第一炮的韩复榘 / 榛原茂树 // 中国展望:一九二九年中国年史.第92页
2651　猛將韓復榘 / 小林知治 // 北中に躍る人々.第13頁
　　　猛将韩复榘 / 小林知治 // 活跃在华北的人们.第13页
2652　蒋政權に降れる韓復榘 / 小林知治 // 北中人物群像:冀察冀東両政権の正体.第13頁
　　　投靠蒋政权的韩复榘 / 小林知治 // 华北人物群像:冀察冀东两政权真容.第13页

2653 韓復榘 / 上村文三 // 中国軍閥勢力関係:結局中国は何うなる?. 第 36 頁
韩复榘 / 上村文三 // 中国军阀势力关系:中国将往何处去?. 第 36 页

2654 韓復榘、閻錫山、李宗仁、白崇禧 / 天沖郷廟 // 中国を動かす人々:蒋権力の中心人物は誰々か. 第 27 頁
韩复榘、阎锡山、李宗仁、白崇禧 / 天冲乡庙 // 撼动中国的人们:蒋政权的中心人物是谁. 第 27 页

2655 閻錫山、韓復榘は如何なる立場にあるか / 佐古文男 // 断崖に立つ中国:中国の今後はどうなるか. 第 23 頁
阎锡山、韩复榘立场如何 / 佐古文男 // 悬崖边的中国:中国今后将如何. 第 23 页

2656 山東の怪物韓復榘 / 村田士郎 // 混迷中国の全貌. 第 88 頁
山东怪物韩复榘 / 村田士郎 // 混沌中国的全貌. 第 88 页

2657 山東の韓復榘 / 村田孜郎 // 北中の解剖. 第 28 頁
山东的韩复榘 / 村田孜郎 // 华北解剖. 第 28 页

2658 韓復榘 / 山本実彦 // 中国事変 北中の巻. 第 173 頁
韩复榘 / 山本实彦 // 日中战争・华北卷. 第 173 页

2659 韓復榘 / 竹内夏積等 // 中国の全貌. 第 141 頁
韩复榘 / 竹内夏积等 // 中国全貌. 第 141 页

2660 韓復榘 / 松本忠雄等 // 次に中国を支配するもの. 第 105 頁
韩复榘 / 松本忠雄等 // 此后左右中国的人. 第 105 页

2661 地方軍閥の残存勢力 白崇禧・閻錫山・韓復榘 / 田中直吉 // 国際政治から見た日中の抗争. 第 80 頁
地方军阀的残存势力 白崇禧、阎锡山、韩复榘 / 田中直吉 // 国际政治所见日中抗争. 第 80 页

2662 哀れ韓復榘が最後 / 真鍋儀十 // 追撃千里:漢口攻略陣全線慰問記. 第 24 頁
可叹韩复榘已逝 / 真锅仪十 // 追击千里:汉口进攻部队全线慰问记. 第 24 页

2663 韓復榘 / 名取巍一 // 大陸点描槍騎兵. 第 138 頁
韩复榘 / 名取巍一 // 大陆点彩枪骑兵. 第 138 页

2664 韓復榘訣別の辭 / 松村秀逸 // 日本の進路. 第 35 頁
韩复榘的诀别之辞 / 松村秀逸 // 日本的去向. 第 35 页

2665 韓復榘 / 白須賀六郎 // 苦悶の蒋介石. 第 73 頁
韩复榘 / 白须贺六郎 // 苦闷的蒋介石. 第 73 页

2666 韓復榘最後の頑張 / 松田利通 // 征野二年. 第 7 頁
韩复榘最后的努力 / 松田利通 // 征野二年. 第 7 页

2667 韓復榘と語る / 目崎憲司 // 中国の経済建設:事前と事後. 第 224 頁
对话韩复榘 / 目崎宪司 // 中国的经济建设:事前与事后. 第 224 页

2668 韓復榘死す! / 梨本祐平 // 中国のなかの日本人 第 1 部. 第 261 頁
韩复榘离世! / 梨本祐平 // 在中国的日本人 第 1 部. 第 261 页

辜鴻銘

2669 辜鴻銘講演集 / 大東文化協会 // 東京:大東文化協会. 1925. 122 頁
辜鸿铭演讲集 / 大东文化协会 // 东京:大东文化协会. 1925. 122 页

2670 辜鴻銘論集 / 薩摩雄次 // 東京:皇国青年教育協会. 1941. 250 頁
辜鸿铭论集 / 萨摩雄次 // 东京:皇国青年教育协会. 1941. 250 页

2671 辜鴻銘氏と東洋思想 / 聲社 // 声 (586). 1924
辜鸿铭与东洋思想 / 声社 // 声. 1924. 586

2672 辜鴻銘翁の『日本の將來』/ 山縣五十雄 // 英語青年 52(9). 1925
辜鸿铭老先生的《日本的将来》/ 山县五十雄 // 英语青年. 1925. 52;9

2673 辜鴻銘博士に寄す / 岡田播陽 // 日本及日本人 (2月1日號)(66). 1925

寄语辜鸿铭博士 / 冈田播阳 // 日本及日本人. 1925. 2:66

2674 辜鴻銘氏の自由教育主義 / 國學院大學總合企画部 // 國學院雜誌 32(2). 1926
辜鸿铭的自由教育主义 / 国学院大学综合企画部 // 国学院杂志. 1926. 32:2

2675 鴻儒辜鴻銘を憶ふ / 魚返善雄 // 思想と文学 6(2). 1940
追忆鸿儒辜鸿铭 / 鱼返善雄 // 思想与文学 1940. 6:2.

2676 辜鴻銘の日本觀 / 文明協会 // 日本と世界 (199). 1943
辜鸿铭的日本观 / 文明协会 // 日本与世界. 1943. 199

2677 辜鴻銘 / 清水安三 // 中国当代新人物:旧人と新人. 第 95 頁
辜鸿铭 / 清水安三 // 中国当代新人物:旧人与新人. 第 95 页

2678 辜鴻銘氏宛所見 / 佐佐木正綱 // 自覚 第 1 卷. 第 36 頁
给辜鸿铭的意见 / 佐佐木正纲 // 自觉 第 1 卷. 第 36 页

2679 辜鴻銘とラッセルに就て / 中山優 // 対中政策の本流:日本・東洋及今日の世紀. 第 368 頁
关于辜鸿铭与罗素 / 中山优 // 对中政策的主流:日本、东洋及今日世纪. 第 368 页

2680 辜鴻銘先生 / 芥川竜之介 // 中国游記. 第 204 頁
辜鸿铭老师 / 芥川龙之介 // 中国游记. 第 204 页

2681 中国現代の哲人辜鴻銘 / 高須芳次郎 // 東洋思想を語る. 第 533 頁
中国现代哲人辜鸿铭 / 高须芳次郎 // 讲述东洋思想. 第 533 页

2682 柴大人と辜鴻銘 / 高木健夫 // 生きている文化史:日中交流の昔と今. 第 203 頁
柴大人与辜鸿铭 / 高木健夫 // 鲜活的文化史:日中交流之今昔. 第 203 页

2683 辜鴻銘 / 吉川幸次郎 // 吉川幸次郎全集 第 16 卷（清・現代篇）. 第 272 頁
辜鸿铭 / 吉川幸次郎 // 吉川幸次郎全集 第 16 卷（清・现代篇）. 第 272 页

覃 振

2684 タンシン 覃振(理鳴) / 樋口正德 // 最新中国要人傳. 第 114 頁
覃振(理鸣) / 樋口正德 // 最新中国要人传. 第 114 页

雄诺尔敦都布

2685 シュンノールトントブ 雄諾爾敦都布 / 樋口正德 // 最新中国要人傳. 第 193 頁
雄诺尔敦都布 / 樋口正德 // 最新中国要人传. 第 193 页

〔丿〕

程 潜

2686 テイセン 程潜(頌雲) / 樋口正德 // 最新中国要人傳. 第 156 頁
程潜(颂云) / 樋口正德 // 最新中国要人传. 第 156 页

程天放

2687 テイテンホウ 程天放 / 樋口正德 // 最新中国要人傳. 第 157 頁
程天放 / 樋口正德 // 最新中国要人传. 第 157 页

程沧波

2688 テイソウハ 程滄波(中行) / 樋口正德 // 最新中国要人傳. 第 157 頁
程沧波(中行) / 樋口正德 // 最新中国要人传. 第 157 页

程砚秋

2689 程硯秋氏死去 / ラヂオプレス(RP)通信社 // RPニュース (2351). 1958
程砚秋逝世 / Radio Press(RP)通信社 // RP 新闻. 1958. 2351

2690 北京第一人氣俳優 程硯秋會見記 / 安藤德器 // 満中雑記. 第 114 頁
北京第一人气演员 程砚秋会见记 / 安藤德器 // "满"中杂记. 第 114 页

2691 程硯秋の演技 / 一戸務 // 現代中国の文化と芸術. 第 47 頁
程砚秋的演技 / 一户务 // 现代中国的文化与艺术. 第 47 页

2692 程硯秋を聽く / 西川友武 // 工芸廠:満中工芸視察余録. 第 115 頁
听程砚秋 / 西川友武 // 工艺厂:"满"中工艺视察余录. 第 115 页

2693 程硯秋 / 大芝孝 // 中国語と中国文化. 第 159 頁
程砚秋 / 大芝孝 // 汉语与中国文化. 第 159 页

傅 雷

2694 傅雷——「ジャン・クリストフ」と中国知識人 / 榎本泰子 // 比較文学（通号 35）. 1992
傅雷——《约翰・克里斯朵夫》与中国知识分子 / 榎本泰子 // 比较文学. 1992.35

2695 「傅雷家書」——父が息子に語る音楽 / 榎本泰子 // 比較文學研究（通号 62）. 1992
《傅雷家书》——父亲向儿子谈音乐 / 榎本泰子 // 比较文学研究. 1992.62

傅式说

2696 フシキセツ 傅式説 / 樋口正徳 // 最新中国要人傳. 第 186 頁
傅式说 / 樋口正德 // 最新中国要人传. 第 186 页

傅作义

2697 フサクギ 傅作義（宜生）/ 樋口正徳 // 最新中国要人傳. 第 186 頁
傅作义（宜生）/ 樋口正德 // 最新中国要人传. 第 186 页

傅抱石

2698 傅抱石筆・江南の春雨 / 青木正児等 // 漢詩大系 第 20. 第 161 頁
傅抱石笔・江南春雨 / 青木正儿等 // 汉诗大系 第 20. 第 161 页

傅斯年

2699 現代中国名家著作目錄（五）:傅斯年 / 三國谷宏 // 東洋史研究 2(5). 1937
现代中国名家著作目录（五）:傅斯年 / 三国谷宏 // 东洋史研究. 1937.2:5

2700 傅斯年の古代史研究について / 上原淳道 // 古代学 1(2). 1952
关于傅斯年的古代史研究 / 上原淳道 // 古代学. 1952.1:2

2701 傅斯年宛書簡 / 平凡社 // 中国現代文学選集 第 2（魯迅集）. 第 33 頁
致傅斯年的信 / 平凡社 // 中国现代文学选集 第 2（鲁迅集）. 第 33 页

傅筱庵

2702 フソウヨウ 傅宗耀（筱菴）/ 樋口正徳 // 最新中国要人傳. 第 186 頁
傅宗耀（筱庵）/ 樋口正德 // 最新中国要人传. 第 186 页

焦 莹

2703 ショウエイ 焦瑩（斐瞻）/ 樋口正徳 // 最新中国要人傳. 第 83 頁
焦莹（斐瞻）/ 樋口正德 // 最新中国要人传. 第 83 页

焦达峰

2704 辛亥革命前の湖南における革命運動——共進会と焦達峯 / 清水稔 // 歴史の理論と教育 (38). 1976
辛亥革命前湖南的革命运动——共进会与焦达峰 / 清水稔 // 历史的理论与教育. 1976.38

焦易堂

2705 ショウエキドウ 焦易堂（希孟）/ 樋口正徳 // 最新中国要人傳. 第 83 頁
焦易堂（希孟）/ 樋口正德 // 最新中国要人传. 第 83 页

鲁 迅

2706 魯迅研究 / 坂本徳松等 // 東京:八雲書店. 1948. 263 頁
鲁迅研究 / 坂本德松等 // 东京:八云书店. 1948. 263 页

2707 魯迅雜記 / 竹内好 // 東京:世界評論社. 1949. 237 頁
鲁迅杂记 / 竹内好 // 东京:世界评论社. 1949. 237 页

2708 魯迅入門 / 竹内好 // 東京:東洋書館. 1953. 239 頁
鲁迅入门 / 竹内好 // 东京:东洋书馆. 1953. 239 页

2709	魯迅伝 / 小田嶽夫 // 東京:乾元社. 1953. 251 頁	

鲁迅传 / 小田岳夫 // 东京:乾元社. 1953. 251 页

2710 中国新文学運動史:政治と文学の交点・胡適から魯迅へ / 尾坂德司 // 東京:法政大学出版局. 1957. 314 頁

中国新文学运动史:政治与文学的交点・从胡适到鲁迅 / 尾坂德司 // 东京:法政大学出版局. 1957. 314 页

2711 魯迅との対話 / 尾崎秀樹 // 東京:南北社. 1962. 284 頁

与鲁迅的对话 / 尾崎秀树 // 东京:南北社. 1962. 284 页

2712 魯迅研究 / 川上久壽 // 東京:くろしお出版. 1962. 292 頁

鲁迅研究 / 川上久寿 // 东京:黑潮出版. 1962. 292 页

2713 魯迅伝:その思想と遍歴 / 山田野理夫 // 東京:潮文社. 1964. 198 頁

鲁迅传:其思想与经历 / 山田野理夫 // 东京:潮文社. 1964. 198 页

2714 魯迅・藤野先生・仙台 / 半沢正二郎 // 仙台魯迅会. 1966. 84 頁

鲁迅・藤野先生・仙台 / 半泽正二郎 // 仙台鲁迅会. 1966. 84 页

2715 魯迅の言葉 / 近代文学研究会 // 東京:芳賀書店. 1966. 243 頁

鲁迅的语录 / 近代文学研究会 // 东京:芳贺书店. 1966. 243 页

2716 魯迅:新しい世界の文豪 / 山田野理夫 // 東京:岩崎書店. 1966. 202 頁

鲁迅:新世界的文豪 / 山田野理夫 // 东京:岩崎书店. 1966. 202 页

2717 魯迅と伝統 / 今村与志雄 // 東京:勁草書房. 1967. 541 頁

鲁迅与传统 / 今村与志雄 // 东京:劲草书房. 1967. 541 页

2718 魯迅のこころ:少年少女におくる伝記 / 新村徹 // 東京:理論社. 1970. 204 頁

鲁迅之心:给少男少女的传记 / 新村彻 // 东京:理论社. 1970. 204 页

2719 はじめ地上に道はない:魯迅 / 霜川遠志 // 東京:フレーベル館. 1972. 250 頁

地上本没有路:鲁迅 / 霜川远志 // 东京:福禄贝尔(Fr・bel)馆. 1972. 250 页

2720 戯曲・魯迅伝:五部作 / 霜川遠志 // 東京:而立書房. 1977. 388 頁

戏曲・鲁迅传:五部作 / 霜川远志 // 东京:而立书房. 1977. 388 页

2721 仙台における魯迅の記録 / 仙台における魯迅の記録を調べる会 // 東京:平凡社. 1978. 433 頁

仙台所存鲁迅的史料 / 仙台鲁迅记录调查会 // 东京:平凡社. 1978. 433 页

2722 魯迅雑記 続 / 竹内好 // 東京:勁草書房. 1978. 289 頁

鲁迅杂记 续 / 竹内好 // 东京:劲草书房. 1978. 289 页

2723 魯迅・増田渉師弟答問集 / 伊藤漱平、中島利郎 // 東京:汲古書院. 1986. 254 頁

鲁迅・増田涉师徒问答集 / 伊藤漱平、中岛利郎 // 东京:汲古书院. 1986. 254 页

2724 孔乙己・風波:表音・注釈魯迅作品選 / 上野惠司 // 東京:白帝社. 1990. 70 頁

孔乙己・风波:标音注释鲁迅作品选 / 上野惠司 // 东京:白帝社. 1990. 70 页

2725 魯迅と日本:魯迅生誕110周年仙台記念祭展示会図録 / 魯迅生誕110周年記念祭実行委員会 // 仙台:魯迅生誕110周年記念祭実行委員会. 1991. 138 頁

鲁迅与日本:鲁迅诞辰110周年仙台纪念祭展示会图录 / 鲁迅诞生110周年纪念祭实行委员会 // 仙台:鲁迅诞生110周年纪念祭实行委员会. 1991. 138 页

2726 魯迅と同時代人 / 魯迅論集編集委員会 // 東京:汲古書院. 1992. 256 頁

鲁迅与同时代人 / 鲁迅论集编集委员会 // 东京:汲古书院. 1992. 256 页

2727 魯迅:めざめて人はどこへ行くか / 四方田犬彦 // 東京:ブロンズ新社. 1992. 189 頁

鲁迅:醒来的人往何处去 / 四方田犬彦 // 东京:青铜新社. 1992. 189 页

2728 魯迅研究の現在 / 魯迅論集編集委員会 // 東京:汲古書院. 1992. 322 頁

当前的鲁迅研究 / 鲁迅论集编集委员会 // 东京:汲古书院. 1992. 322 页

2729 中国現代小説を讀む——周樹人(魯迅)のこと / 伊藤貴麿 // 書物展望 2(1). 1932

读中国现代小说——周树人(鲁迅) / 伊藤貴麿 // 书籍展望.1932.2:1

2730 臨終の魯迅先生 / 内山完造 // 文芸春秋 14(12).1936
临终的鲁迅先生 / 内山完造 // 文艺春秋.1936.14:12

2731 魯迅の死と世論 / 内山完造 // 雲の柱 16(1).1937
鲁迅之死与舆论 / 内山完造 // 云柱.1937.16:1

2732 飄泊の魯迅 / 小田嶽夫 // 文芸春秋 16(11).1938
漂泊的鲁迅 / 小田岳夫 // 文艺春秋.1938.16:11

2733 魯迅に逢ひし頃 / 高良富子 // 大陸 4(2).1941
与鲁迅相逢时 / 高良富子 // 大陆.1941.4:2

2734 魯迅の人間性 / 小田嶽夫 // 桃源 (1).1946
鲁迅的人性 / 小田岳夫 // 桃源.1946.1

2735 魯迅と毛澤東 / 竹内好 // 新日本文学 1(9).1947
鲁迅与毛泽东 / 竹内好 // 新日本文学.1947.1:9

2736 魯迅先生十年忌 / 菊岡久利 // 鱒 (1).1947
鲁迅先生十年忌 / 菊冈久利 // 鳟.1947.1

2737 魯迅と日本文學 / 竹内好 // 世界評論 3(6).1948
鲁迅与日本文学 / 竹内好 // 世界评论.1948.3:6

2738 魯迅先生記念日から歸國へ / 内山完造 // 日本未来派 (9).1948
从鲁迅先生纪念日到回国 / 内山完造 // 日本未来派.1948.9

2739 魯迅精神の繼承 / 猪俣庄八 // 明日 (11).1948
鲁迅精神的继承 / 猪俣庄八 // 明日.1948.11

2740 魯迅論 / 柴田錬三郎 // 三田文学 22(1).1948
鲁迅论 / 柴田炼三郎 // 三田文学.1948.22:1

2741 魯迅と日本語 / 帝国書院 // 中国語雑誌 4(1).1949
鲁迅与日语 / 帝国书院 // 汉语杂志.1949.4:1

2742 魯迅追憶 / 辛島驍 // 桃源 4(3).1949
追忆鲁迅 / 辛岛骁 // 桃源.1949.4:3

2743 人間魯迅 / 内山完造 // 桃源 4(3).1949
鲁迅其人 / 内山完造 // 桃源.1949.4:3

2744 魯迅と將無同 / 小島醉雨 // 桃源 4(3).1949
鲁迅与将无同 / 小岛醉雨 // 桃源.1949.4:3

2745 魯迅斷章 / 佐々木基一 // 思潮 4(5).1949
鲁迅断章 / 佐佐木基一 // 思潮.1949.4:5

2746 魯迅先生を偲ぶ / 内山完造 // 新日本文学 4(11).1949
忆鲁迅先生 / 内山完造 // 新日本文学.1949.4:11

2747 魯迅から學ぶもの / 佐藤春夫 // 新日本文学 4(11).1949
从鲁迅那里学到的东西 / 佐藤春夫 // 新日本文学.1949.4:11

2748 魯迅先生の日に / 中野重治 // 新日本文学 4(11).1949
有生之日的鲁迅先生 / 中野重治 // 新日本文学.1949.4:11

2749 魯迅のロマンティシズム / 武田泰淳 // 思潮 4(5).1950
鲁迅的浪漫主义 / 武田泰淳 // 思潮.1950.4:5

2750 魯迅の文章について / 奥野信太郎 // 思潮 4(5).1951
关于鲁迅的文章 / 奥野信太郎 // 思潮.1951.4:5

2751 魯迅の再評價をめぐつて / 竹内好 // 新日本文学 7(7).1952
关于鲁迅再评价 / 竹内好 // 新日本文学.1952.7:7

2752　魯迅少年記 / 柴田錬三郎 // 随筆 (8). 1952
　　　鲁迅少年记 / 柴田炼三郎 // 随笔. 1952.8
2753　魯迅の月 / 立野芳夫 // 新日本文学 7(10) 1952
　　　鲁迅之月 / 立野芳夫 // 新日本文学. 1952.7:10
2754　魯迅を語る / 増田渉 // 亜東資料 (54). 1952
　　　谈鲁迅 / 増田渉 // 亚东资料. 1952.54
2755　抗日統一戦線結成過程の魯迅 / 松本昭 // 現代中国 (23). 1953
　　　抗日统一战线形成过程中的鲁迅 / 松本昭 // 现代中国. 1953.23
2756　革命詩人殷夫と魯迅 / 宇田禮 // 北斗 1(1). 1954
　　　革命诗人殷夫与鲁迅 / 宇田礼 // 北斗. 1954.1:1
2757　近藤先生と魯迅 / 由井龍三 // 文学研究 2(5). 1954
　　　近藤先生与鲁迅 / 由井龙三 // 文学研究. 1954.2:5
2758　魯迅と古書 / 新島淳良 // 現代中国 (29). 1954
　　　鲁迅与古书 / 新岛淳良 // 现代中国. 1954.29
2759　魯迅と日本医学 / 奥寺恵吉 // 綜合臨牀 4(5). 1955
　　　鲁迅与日本医学 / 奥寺恵吉 // 综合临床. 1955.4:5
2760　魯迅と苑愛農についてのノート / 今村与志雄 // 北斗 1(3). 1955
　　　关于鲁迅与范爱农的研究笔记 / 今村与志雄 // 北斗. 1955.1:3
2761　魯迅をめぐる対話 / おがわあつお // 北斗 1(6). 1955
　　　围绕鲁迅的对话 / 小川敦生 // 北斗. 1955.1:6
2762　魯迅と語文運動 / 伊地智善継 // 中国語 (5). 1955
　　　鲁迅与语文运动 / 伊地智善继 // 汉语. 1955.5
2763　新中国を作った人びと「魯迅」/ 新島淳良 // 中国語 (5). 1955
　　　缔造新中国的人们：鲁迅 / 新岛淳良 // 汉语. 1955.5
2764　若き日の魯迅 読書に関連して / 今村与志雄 // 中国語 (5). 1955
　　　青年时代的鲁迅 关于读书 / 今村与志雄 // 汉语. 1955.5
2765　日本における魯迅 / 丸山昇 // 中国語 (5). 1955
　　　日本的鲁迅 / 丸山升 // 汉语. 1955.5
2766　魯迅回顧 20 年 / 内山完造 // 中国語 (5). 1955
　　　鲁迅回顾 20 年 / 内山完造 // 汉语. 1955.5
2767　魯迅作品に関する感想文応募原稿発表 / 佐藤利行、成定崇嶺 // 中国語 (5). 1955
　　　鲁迅作品读后感征文原稿发布 / 佐藤利行、成定崇岭 // 汉语. 1955.5
2768　中国のうた 魯迅先生輓歌 / 村松一弥 // 中国語 (5). 1955
　　　中国之歌 鲁迅先生挽歌 / 村松一弥 // 汉语. 1955.5
2769　魯迅の文体 / 高橋君平 // 神戸大学文学会研究 (7). 1955
　　　鲁迅的文体 / 高桥君平 // 神户大学文学会研究. 1955.7
2770　魯迅故宅記 / 奥野信太郎 // 三田文学 45(10). 1955
　　　鲁迅故居记 / 奥野信太郎 // 三田文学. 1955.45:10
2771　「黒い男」と魯迅 / 立間祥介 // 北斗 2(5). 1956
　　　"黑色的人"与鲁迅 / 立间祥介 // 北斗. 1956.2:5
2772　魯迅試論「絶望」の認識構造 / 田川純三 // 形象 (4). 1956
　　　鲁迅试论"绝望"的认识构造 / 田川纯三 // 形象. 1956.4
2773　魯迅に見せたかった信貴山縁起 / 福本和夫 // 三彩 (77). 1956
　　　想给鲁迅看的《信贵山缘起》/ 福本和夫 // 三彩. 1956.77
2774　魯迅と「進化論」/ 新島淳良 // 新日本文学 11(10). 1956

　　　　魯迅与《进化论》/ 新島淳良 // 新日本文学. 1956. 11：10

2775　魯迅とその弟子たち / 竹内実 // 新日本文学 11(10). 1956
　　　　鲁迅及其弟子们 / 竹内实 // 新日本文学. 1956. 11：10

2776　魯迅の思想と文學——近代理解への手がかりとして / 竹内好 // 學鐙 53(12). 1956
　　　　鲁迅的思想与文学——作为理解近代的线索 / 竹内好 // 学镫. 1956. 53：12

2777　魯迅伝覚書：日本留学時代を中心として / 猪俣庄八 // 北海道大学文学部紀要（通号 6). 1957
　　　　《鲁迅传》备忘录：以日本留学时代为中心 / 猪俣庄八 // 北海道大学文学部纪要. 1957. 6

2778　魯迅の小説における知識人 / 尾上兼英 // 東京中国学報（4). 1958
　　　　鲁迅小说中的知识分子 / 尾上兼英 // 东京中国学报. 1958. 4

2779　魯迅「狂人日記」について / 高田昭二 // 東京中国学報（5). 1959
　　　　关于鲁迅的《狂人日记》/ 高田昭二 // 东京中国学报. 1959. 5

2780　魯迅雑文の発想の諸形式——「野草」をめぐる精神分析的一考察 / 中野美代子 // 現代中国（34). 1959
　　　　鲁迅杂文构思诸形式——对《野草》的精神分析式考察 / 中野美代子 // 现代中国. 1959. 34

2781　「同伴者作家」と魯迅 / 丸山昇 // 現代中国（37). 1962
　　　　"同伴者作家"与鲁迅 / 丸山升 // 现代中国. 1962. 37

2782　魯迅の墓と住居 / 宮川寅雄 // 現代の眼 4(3). 1963
　　　　鲁迅之墓与住所 / 宫川寅雄 // 现代之眼. 1963. 4：3

2783　瞿秋白の文学運動——魯迅から毛沢東へ / 秋吉久紀夫 // 詩人会議 2(12). 1964
　　　　瞿秋白的文学运动——从鲁迅到毛泽东 / 秋吉久纪夫 // 诗人会议. 1964. 2：12

2784　「和光学園三十年史」と魯迅 / 村上宗吉 // 生活教育 17(2). 1965
　　　　《和光学园三十年史》与鲁迅 / 村上宗吉 // 生活教育. 1965. 17：2

2785　魯迅の思想とその作品について / 竹平之正 // 信濃教育（940). 1965
　　　　关于鲁迅的思想及其作品 / 竹平之正 // 信浓教育. 1965. 940

2786　魯迅と日本版画 / 小野忠重 // 文化評論（57). 1966
　　　　鲁迅与日本版画 / 小野忠重 // 文化评论. 1966. 57

2787　日本における魯迅の遺跡 / 山田野理夫 // 學鐙 63(10). 1966
　　　　日本的鲁迅遗迹 / 山田野理夫 // 学镫. 1966. 63：10

2788　文豪魯迅と内山完造 / 岩崎太郎 // 経済往来 20(6). 1968
　　　　文豪鲁迅与内山完造 / 岩崎太郎 // 经济往来. 1968. 20：6

2789　左翼作家聯盟と魯迅 / 檜山久雄 // 新日本文学 24(2). 1969
　　　　左翼作家联盟与鲁迅 / 桧山久雄 // 新日本文学. 1969. 24：2

2790　魯迅 革命時代の文学 / 檜山久雄 // 新日本文学 24(7). 1969
　　　　鲁迅 革命时代的文学 / 桧山久雄 // 新日本文学. 1969. 24：7

2791　日本における魯迅 / 山田野理夫 // 朝日アジアレビュー 1(2). 1970
　　　　鲁迅在日本 / 山田野理夫 // 朝日亚洲评论（Asia Review). 1970. 1：2

2792　魯迅の故郷 / 山田野理夫 // 望星 1(6). 1970
　　　　鲁迅的故乡 / 山田野理夫 // 望星. 1970. 1：6

2793　中国近代文学の誕生と魯迅・胡適・陳独秀 / 相浦杲 // 野草（1). 1970
　　　　中国近代文学的诞生与鲁迅、胡适、陈独秀 / 相浦杲 // 野草. 1970. 1

2794　魯迅の古典研究 / 小川環樹 // 野草（1). 1970
　　　　鲁迅的古典研究 / 小川环树 // 野草. 1970. 1

2795　魯迅の留学時代 / 山田敬三 // 野草（1). 1970
　　　　鲁迅的留学时代 / 山田敬三 // 野草. 1970. 1

2796　魯迅とのふれあい / 角野充武 // 野草（1). 1970

与鲁迅的接触／角野充武／／野草.1970.1

2797 矛盾から見た魯迅／菅原正義、是永駿／／野草（1）.1970
从矛盾的观点看鲁迅／菅原正义、是永骏／／野草.1970.1

2798 魯迅と仙台の下宿／柘植秀臣／／朝日アジアレビュー 2(1).1971
鲁迅与仙台的住所／柘植秀臣／／朝日亚洲评论(Asia Review).1971.2:1

2799 魯迅の「拿来主義」／安藤陽子／／朝日アジアレビュー 2(2).1971
鲁迅的"拿来主义"／安藤阳子／／朝日亚洲评论(Asia Review).1971.2:1

2800 魯迅における『狂人日記』の位置／牧戸和宏／／野草（5）.1971
鲁迅《狂人日记》的位置／牧户和宏／／野草.1971.5

2801 魯迅の書簡／中川俊／／野草（5）.1971
鲁迅的书简／中川俊／／野草.1971.5

2802 魯迅と私たち／新村徹／／野草（5）.1971
鲁迅与我们／新村彻／／野草.1971.5

2803 魯迅のなかの嵆康／林田慎之助／／野草（9）.1972
鲁迅之中的嵇康／林田慎之助／／野草.1972.9

2804 魯迅と光復会の革命家群像／吉田富夫／／現代の眼 13(6).1972
鲁迅与光复会的革命家群像／吉田富夫／／现代之眼.1972.13:6

2805 魯迅のステッキと本歌取りについて／清水昭三／／作家（284）.1972
鲁迅的拐杖与引典／清水昭三／／作家.1972.284

2806 魯迅の文学表現／谷行博／／野草（13）.1973
鲁迅的文学表达／谷行博／／野草.1973.13

2807 中学生は魯迅をどのように読みとっているか／角野蓉子／／野草（13）.1973
初中生如何理解鲁迅／角野蓉子／／野草.1973.13

2808 中国民俗学：魯迅と周作人と柳田国男と／今村与志雄／／現代思想 3(4).1975
中国民俗学：鲁迅、周作人和柳田国男／今村与志雄／／现代思想.1975.3:4

2809 魯迅の手紙と山上正義／丸山昇／／月刊世界政経 4(10).1975
鲁迅的书信与山上正义／丸山升／／世界政经月刊.1975.4:10

2810 「批林批孔」運動と魯迅／安藤彦太郎／／新日本文学 30(12) 1975
"批林批孔"运动与鲁迅／安藤彦太郎／／新日本文学.1975.30:12

2811 魯迅の「起死」について／駒田信二／／中国文学研究（2）.1976
关于鲁迅的《起死》／驹田信二／／中国文学研究.1976.2

2812 境界の上の魯迅——日本留学の軌跡を追って／細野浩二／／朝日アジアレビュー 7(4).1976
分界线上的鲁迅——追溯日本留学轨迹／细野浩二／／朝日亚洲评论(Asia Review).1976.7:4

2813 魯迅そして社会教育／横山宏／／月刊社会教育 20(13).1976
鲁迅和社会教育／横山宏／／社会教育月刊.1976.20:13

2814 魯迅と「白樺派」の作家たち／山田敬三／／文学論輯（23）.1976
鲁迅与"白桦派"作家们／山田敬三／／文学论辑.1976.23

2815 魯迅との隔り——魯迅と陳天華／上野昂志／／新日本文学 31(3).1976
与鲁迅的分歧——鲁迅与陈天华／上野昂志／／新日本文学.1976.31:3

2816 マルクス主義の魯迅的受容／檜山久雄／／第三文明（190）.1976
对马克思主义的鲁迅式接受／桧山久雄／／第三文明.1976.190

2817 魯迅の「鑄劍」について／駒田信二／／中国文学研究（3）.1977
关于鲁迅的《铸剑》／驹田信二／／中国文学研究.1977.3

2818 魯迅との距離／細谷草子／／野草（19）.1977
与鲁迅的距离／细谷草子／／野草.1977.19

2819 魯迅の抵抗と竹内『魯迅』／ 檜山久雄 ／／ 第三文明（195）.1977
鲁迅的抵抗与竹内《鲁迅》／ 桧山久雄 ／／ 第三文明.1977.195

2820 魯迅におけるペテーフィ——絶望之為虚妄，正与希望相同 ／ 今村与志雄 ／／ 展望（220）.1977
鲁迅的裴多菲——"绝望之为虚妄，正与希望相同" ／ 今村与志雄 ／／ 展望.1977.220

2821 郭沫若と魯迅の詩 ／ 今村与志雄 ／／ 第三文明（211）.1978
郭沫若与鲁迅的诗 ／ 今村与志雄 ／／ 第三文明.1978.211

2822 栃木の魯迅 ／ 立松和平 ／／ 早稲田文学（第8次）.1978
栃木的鲁迅 ／ 立松和平 ／／ 早稻田文学.1978.8

2823 魯迅のなかの日本人 ／ 岡田英弘 ／／ 中央公論 94（7）.1979
鲁迅之中的日本人 ／ 冈田英弘 ／／ 中央公论.1979.94；7

2824 魯迅作『孔乙己』を読む——読解から作文へ ／ 深川賢郎 ／／ 国語教育研究（26）.1980
读鲁迅著《孔乙己》——从阅读理解到作文 ／ 深川贤郎 ／／ 国语教育研究.1980.26

2825 滞日中の魯迅の孫 ／ 文芸春秋 ／／ 週刊文春 23（41）.1980
在日的鲁迅之孙 ／ 文艺春秋 ／／ 周刊文春.1980.23；41

2826 魯迅の狂詩 ／ 石川忠久 ／／ 中央公論 96（13）.1981
鲁迅的狂诗 ／ 石川忠久 ／／ 中央公论.1981.96；13

2827 魯迅生誕百年に思う ／ 今村与志雄 ／／ 第三文明（241）.1981
于鲁迅百年诞辰之际的思考 ／ 今村与志雄 ／／ 第三文明.1981.241

2828 魯迅研究の現在 ／ 檜山久雄 ／／ 第三文明（245）.1981
当前鲁迅研究 ／ 桧山久雄 ／／ 第三文明.1981.245

2829 清末革命運動と周樹人 ／ 牧角悦子 ／／ 中国文学論集（通号 11）.1982
清末革命运动与周树人 ／ 牧角悦子 ／／ 中国文学论集.1982.11

2830 「故郷」の風景——魯迅「希望」の論理の展開をめぐって ／ 藤井省三 ／／ 中哲文学会報（7）.1982
《故乡》的风景——鲁迅"希望"理论的开展 ／ 藤井省三 ／／ 中哲文学会报.1982.7

2831 欧陽山と魯迅 ／ 阪口直樹 ／／ 野草（29）.1982
欧阳山与鲁迅 ／ 阪口直树 ／／ 野草.1982.29

2832 周樹人（魯迅）と中国の近代教育：郷約による正風俗を中心として ／ 世良正浩 ／／ 日本教育学会大會研究発表要項 41.1982
周树人（鲁迅）与中国近代教育：以基于乡约的风俗匡正为中心 ／ 世良正浩 ／／ 日本教育学会大会研究发表要点.1982.41

2833 太宰治と魯迅——「惜別」を中心として ／ 千葉正昭 ／／ 国文学：解釈と鑑賞 48（9）.1983
太宰治与鲁迅——以《惜别》为中心 ／ 千叶正昭 ／／ 国文学：解释与鉴赏.1983.48；9

2834 正岡子規と魯迅、周作人 ／ 木山英雄 ／／ 言語文化（20）.1983
正冈子规与鲁迅、周作人 ／ 木山英雄 ／／ 语言文化.1983.20

2835 日本における魯迅研究序説（1—2）／ 木内尚子 ／／ 日本大学文理学部（三島）研究年報（32—33）.1984
日本鲁迅研究绪论（1—2）／ 木内尚子 ／／ 日本大学文理学部三岛研究年报.1984—1985.32—33

2836 「故郷」（魯迅）の問題点 ／ 佐々木浩 ／／ 富山大学国語教育（10）.1985
鲁迅《故乡》的问题点 ／ 佐佐木浩 ／／ 富山大学国语教育.1985.10

2837 魯迅と瞿秋白 ／ 長堀祐造 ／／ 中国文学研究（13）.1987
鲁迅与瞿秋白 ／ 长堀祐造 ／／ 中国文学研究.1987.13

2838 魯迅雑感 ／ 刺賀信雄 ／／ 公正取引（2）.1988
鲁迅杂感 ／ 刺贺信雄 ／／ 公正交易.1988.2

2839 漱石と魯迅——その留学体験の明暗 ／ 平川祐弘 ／／ 国際交流 12（2）.1988
漱石与鲁迅——其留学体验的明暗 ／ 平川祐弘 ／／ 国际交流.1988.12；2

2840 「故郷」(魯迅作)を中心に / 九里徹 // 千葉教育 (360). 1988
以鲁迅作《故乡》为中心 / 九里彻 // 千叶教育. 1988. 360

2841 茅盾の「魯迅論」について / 小川恒男 // 四国女子大学紀要 9(2). 1990
关于茅盾的《鲁迅论》/ 小川恒男 // 四国女子大学纪要. 1990. 9：2

2842 魯迅と厨川白村 / 藤田昌志 // 中国学志 (5). 1990
鲁迅与厨川白村 / 藤田昌志 // 中国学志. 1990. 5

2843 魯迅論——魯迅の歩んだ道 / 坂本由美 // 筑紫国文 (13). 1990
论鲁迅——鲁迅所走的道路 / 坂本由美 // 筑紫国文. 1990. 13

2844 ある日の魯迅故居 そして始末記 / 高橋春雄 // 文学と教育 20. 1990
某日的鲁迅故居及始末记 / 高桥春雄 // 文学与教育. 1990. 20

2845 魯迅と日本 / 丸山昇 // 月刊しにか 2(9). 1991
鲁迅与日本 / 丸山升 // 中国学月刊. 1991. 2：9

2846 上海の魯迅——一九二九年一月二十六日 / 春名徹 // 月刊しにか 2(9). 1991
上海的鲁迅——一九二九年一月二十六日 / 春名彻 // 中国学月刊. 1991. 2：9

2847 魯迅と芥川竜之介——「さまよえるユダヤ人」伝説をめぐって / 藤井省三 // 月刊しにか 2(9). 1991
鲁迅与芥川龙之介——以《浪迹天涯的犹太人》的传说为中心 / 藤井省三 // 中国学月刊. 1991. 2：9

2848 魯迅と日本「阿Q正伝」第一章の意味 / 阿部兼也 // 月刊しにか 2(9). 1991
鲁迅与日本 《阿Q正传》第一章的意义 / 阿部兼也 // 中国学月刊. 1991. 2：9

2849 魯迅における群衆のイメージ / 四方田犬彦 // 月刊しにか 2(9). 1991
鲁迅的群众刻画 / 四方田犬彦 // 中国学月刊. 1991. 2：9

2850 魯迅の医師たち / 泉彪之助 // 月刊しにか 2(9). 1991
鲁迅的医生们 / 泉彪之助 // 中国学月刊. 1991. 2：9

2851 魯迅「鋳剣」——「黒色人」への一考察 / 稲本朗 // 奈良教育大学国文：研究と教育 (14). 1991
鲁迅《铸剑》——对"黑色人"的一则考察 / 稻本朗 // 奈良教育大学国文：研究与教育. 1991. 14

2852 漱石の下宿と魯迅の下宿 / 平川祐弘 // 文芸春秋 69(2). 1991
漱石的住所与鲁迅的住所 / 平川祐弘 // 文艺春秋. 1991. 69：2

2853 魯迅と日本人 / 井上ひさし / すばる 14(1). 1992
鲁迅与日本人 / 井上久 // 昴. 1992. 14：1

2854 試論塩谷温著「中国文学概論講話」与周樹人著「中国小説史略」之関係 / 植田渥雄 // 櫻美林大學中國文學論叢 (通号 17). 1992
试论盐谷温著《中国文学概论讲话》与周树人著《中国小说史略》之关系 / 植田渥雄 // 樱美林大学中国文学论丛. 1992. 17

2855 周樹人がいっぱい / 樽本照雄 // 清末小説 (17). 1994
好多周树人 / 樽本照雄 // 清末小说. 1994. 17

2856 魯迅の提唱した「科学小説」その後 / 岩上治 // 東洋大学中国哲学文学科紀要 47(2). 1994
鲁迅提倡"科学小说"之后 / 岩上治 // 东洋大学中国哲学文学科纪要. 1994. 47：2

2857 周樹人の選択：「幻灯事件」前後（アジアのなかの日本）/ 吉田富夫 // 佛教大学総合研究所紀要 1995(1). 1995
周树人的选择："幻灯事件"前后（亚洲之中的日本）/ 吉田富夫 // 佛教大学总合研究所纪要. 1995. 1995：1

2858 魯迅医学筆記について / 泉彪之助 // 日本医史学雑誌 41(2). 1995
关于鲁迅医学笔记 / 泉彪之助 // 日本医疗史学杂志. 1995. 41：2

2859 来楚生の魯迅詩篆隷冊 / 小西憲一 // 香川大学国文研究 (20). 1995
来楚生所书篆、隶体鲁迅诗册 / 小西宪一 // 香川大学国文研究. 1995. 20

2860 魯迅「故郷」・「教える」ことの差別 / 千田洋幸 // 文学と教育 34. 1997

鲁迅《故乡》:"教"的区别 / 千田洋幸 // 文学与教育. 1997. 34
2861　鲁迅(周樹人) / 真下信一 // 人生に関する七十二章. 第 80 頁
　　　鲁迅(周树人) / 真下信一 // 关于人生的七十二章. 第 80 页
2862　紹興周樹人「呂超墓誌跋」読後——隋国号攷 / 戸川芳郎 // 近代中国の思想と文学. 第 547 頁
　　　绍兴周树人《吕超墓志跋》读后——隋国号考 / 户川芳郎 // 近代中国思想与文学. 第 547 页

〔丶〕

曾　琦
2863　ソウキ 曾琦(慕韓) / 樋口正徳 // 最新中国要人傳. 第 106 頁
　　　曾琦(慕韩) / 樋口正徳 // 最新中国要人传. 第 106 页

曾扩情
2864　ソウカクジョウ 曾擴情 / 樋口正徳 // 最新中国要人傳. 第 106 頁
　　　曾扩情 / 樋口正徳 // 最新中国要人传. 第 106 页

曾养甫
2865　ソウヨウホ 曾養甫 / 樋口正徳 // 最新中国要人傳. 第 106 頁
　　　曾养甫 / 樋口正徳 // 最新中国要人传. 第 106 页

温世珍
2866　オンセイチン 溫世珍(佩珊) / 樋口正徳 // 最新中国要人傳. 第 26 頁
　　　温世珍(佩珊) / 樋口正徳 // 最新中国要人传. 第 26 页

温宗尧
2867　親日救國の大旆 維新政府立法院長 溫宗堯 / 報知新聞政治部 // 大陸の顔. 第 72 頁
　　　亲日救国大旆 维新政府立法院长 温宗尧 / 报知新闻政治部 // 大陆面貌. 第 72 页
2868　溫宗堯 / 山本実彦 // 渦まく中国. 第 256 頁
　　　温宗尧 / 山本实彦 // 激荡之中国. 第 256 页
2869　溫宗堯 / 外務省東亜局編 // 新国民政府人名鑑. 第 43 頁
　　　温宗尧 / 外务省东亚局编 // 新国民政府人名鉴. 第 43 页
2870　オンソウギョウ 溫宗堯(欽甫) / 樋口正徳 // 最新中国要人傳. 第 26 頁
　　　温宗尧(钦甫) / 樋口正徳 // 最新中国要人传. 第 26 页

游国恩
2871　游国恩教授的剪影 / 波多野太郎 // アジア経済旬報 (555). 1963
　　　游国恩教授的剪影 / 波多野太郎 // 亚洲经济旬报. 1963. 555

富双英
2872　フソウエイ 富双英 / 樋口正徳 // 最新中国要人傳. 第 185 頁
　　　富双英 / 樋口正徳 // 最新中国要人传. 第 185 页

谢英伯
2873　勞働運動の首領 謝英伯 / 浜野末太郎 // 現代中国人物批判. 第 98 頁
　　　劳工运动的首领 谢英伯 / 浜野末太郎 // 现代中国人物批判. 第 98 页

谢冠生
2874　シャカンセイ 謝冠生(壽昌) / 樋口正徳 // 最新中国要人傳. 第 65 頁
　　　谢冠生(寿昌) / 樋口正徳 // 最新中国要人传. 第 65 页

十　三　画

〔一〕

蒲　风

2875　蒲風の「明信片詩」を契機として——1930 年代の日中文学運動の交流 / 秋吉久紀夫 // 文学論輯（通号 31）. 1985
以蒲风的《明信片诗》为契机——1930 年代日中文学运动的交流 / 秋吉久纪夫 // 文学论辑. 1985.31

2876　蒲風の諷刺詩——1930 年代の日中文学運動の交流 / 秋吉久紀夫 // 文学論輯（通号 32）. 1986
蒲风的讽刺诗——1930 年代日中文学运动的交流 / 秋吉久纪夫 // 文学论辑. 1986.32

熙　洽

2877　熙洽論 / 今村俊三 // 東京：日中問題研究会. 1932. 64 頁
论熙洽 / 今村俊三 // 东京：日中问题研究会. 1932. 64 页

2878　絶縁狀を敲付けて起つた熙洽 / 真鍋儀十 // 満洲は微笑む：漫遊綺談. 第 153 頁
甩出决裂书的熙洽 / 真锅仪十 // 满洲在微笑：漫游趣谈. 第 153 页

2879　熙洽と郭恩霖 / 鹿山鶯村 // 明け行く満蒙の透視. 第 309 頁
熙洽与郭恩霖 / 鹿山莺村 // 透视黎明之满蒙. 第 309 页

2880　熙　洽 / 朝日新聞社編 // 朝日年鑑 昭和 8 年（附録 満洲國大觀）. 第 12 頁
熙　洽 / 朝日新闻社编 // 朝日年鉴 昭和 8 年（附录"满洲国"大观）. 第 12 页

2881　その覇氣その膽力…滿洲國宮内府大臣熙洽 / 報知新聞政治部 // 大陸の顔. 第 100 頁
其霸气与胆量："满洲国宫内府大臣"熙洽 / 报知新闻政治部 // 大陆面貌. 第 100 页

2882　熙　洽 / 永松浅造 // 満洲建国誌：十週年記念. 第 128 頁
熙　洽 / 永松浅造 // "满洲"建国志：十周年纪念. 第 128 页

2883　熙　洽 / 栗原新水 // 伸びる満洲：建国十年誌. 第 279 頁
熙　洽 / 栗原新水 // 成长的"满洲"：建国十年志. 第 279 页

雷　震

2884　雷震釈放とその背景 / 鳥居民 // 朝日アジアレビュー 1(4). 1970
释放雷震及其背景 / 鸟居民 // 朝日亚洲评论(Asia Review). 1970.1:4

2885　雷震の自由回復を聞いて / 曽四郎 // 台湾青年（119）. 1970
听闻雷震恢复自由 / 曾四郎 // 台湾青年. 1970.119

2886　「自由中国」誌と胡適・雷震 / 近藤俊清 // 台湾の命運. 第 13 頁
《自由中国》杂志与胡适、雷震 / 近藤俊清 // 台湾的命运. 第 13 页

2887　雷震事件の真相を究明する / 吉村暁、加藤芳男 // 自由中国の表情. 第 118 頁
探究雷震事件的真相 / 吉村晓、加藤芳男 // 自由中国的表情. 第 118 页

雷石榆

2888　雷石榆氏のこと / 木島始 // 文芸 21(2). 1982
关于雷石榆 / 木岛始 // 文芸. 1982.21:2

2889　雷石榆氏を迎えた蕾 / 木島始 // 群像 41(7). 1986
迎接雷石榆的花蕾 / 木岛始 // 群像. 1986.41:7

2890　日中砂漠下の二人の詩人——小熊秀雄と雷石榆 / 田中益三 // 野草（通号 64）. 1999
中日沙漠中的两位诗人——小熊秀雄与雷石榆 / 田中益三 // 野草. 1999.（通号 64）

雷寿荣

2891　ライジュエイ 雷壽榮（伯康）/ 樋口正徳 // 最新中国要人傳. 第 202 頁

雷寿荣(伯康) / 樋口正徳 // 最新中国要人传. 第 202 页

〔丨〕

虞洽卿

2892　五四運動の研究(第 2 函 5):虞洽卿について / 陳来幸 // 京都:同朋舎出版. 1983. 127 頁
　　　五四运动研究(第 2 函 5):关于虞洽卿 / 陈来幸 // 京都:同朋舎出版. 1983. 127 页
2893　グワトク 虞和徳(洽卿) / 樋口正徳 // 最新中国要人傳. 第 45 頁
　　　虞和德(洽卿) / 樋口正徳 // 最新中国要人传. 第 45 页

〔丿〕

鲍文樾

2894　ホウブンエツ 鮑文樾 / 樋口正徳 // 最新中国要人傳. 第 189 頁
　　　鲍文樾 / 樋口正徳 // 最新中国要人传. 第 189 页

〔丶〕

溥　仪

2895　貴妃は毒殺されたか:皇帝溥儀と関東軍参謀吉岡の謎 / 入江曜子 // 東京:新潮社. 1998. 430 頁
　　　贵妃是被毒杀的吗:"皇帝"溥仪与关东军参谋吉冈之谜 / 入江曜子 // 东京:新潮社. 1998. 430 页
2896　鉢植の小菊と溥儀氏 / 松枝保二 // 政界往来 5(2). 1934
　　　盆栽小菊与溥仪 / 松枝保二 // 政界往来. 1934. 5:2
2897　中国で見た人間革命——愛親覚羅・溥儀氏と会って / 山田清三郎 // 文化評論 (通号 52). 1966
　　　于中国目睹的人之革命——会见爱新觉罗・溥仪 / 山田清三郎 // 文化评论. 1966. 52
2898　溥儀式の生涯に想う / 山田清三郎 // 政界往来 34(1). 1968
　　　有感于溥仪氏的一生 / 山田清三郎 // 政界往来. 1968. 34:1
2899　人民服を着た皇帝・溥儀の晩年 / 沈酔、矢吹晋 // 中央公論 96(10). 1981
　　　身穿平民服的"皇帝"・溥仪的晚年 / 沈酔、矢吹晋 // 中央公论. 1981. 96:10
2900　二つの溥儀イメージ / 小此木啓吾 // あけぼの 5(9). 1988
　　　对溥仪的两种印象 / 小此木启吾 // 曙. 1988. 5:9
2901　「ラストエンペラー」は反日映画か？——溥儀 西洋の目・東洋の目(AJライブ・シンポジウム) / 小中陽太郎 / Asahi journal 30(5). 1988
　　　《末代皇帝》是反日电影吗？——溥仪 西洋之眼・东洋之眼(AJ 现场・研讨会) / 小中阳太郎 // Asahi journal(朝日期刊). 1988. 30:5
2902　アンダーライン 愛新覚羅溥儀著『わが半生』より / 西清子 // 悠 6(9). 1989
　　　下划线:摘自爱新觉罗溥仪著《我的前半生》 / 西清子 // 悠. 1989. 6:9
2903　清朝廃帝溥儀擁立問顧 / 橋本正博 // 花園史学 (14). 1993
　　　清朝废帝溥仪拥立问题 / 桥本正博 // 花园史学. 1993. 14
2904　民族主義ふたたび——周作人の排日と「溥儀出宮」事件 / 伊藤徳也 // 東洋文化 (通号 74). 1994
　　　民族主义的再现——周作人的排日与"溥仪出宫"事件 / 伊藤德也 // 东洋文化. 1994. 74
2905　20 世紀日記抄——ラスト・エンペラーの悲劇:溥儀 / 山室信一 // This is 読売 6(4). 1995
　　　20 世纪日记抄——末代皇帝的悲剧:溥仪 / 山室信一 // This is 读卖. 1995. 6:4
2906　宣統帝溥儀 末代皇帝の数奇な生涯 / 佐藤仁史 // 歴史と旅 25(2). 1998
　　　宣统帝溥仪 末代皇帝的坎坷人生 / 佐藤仁史 // 历史与旅途. 1998. 25:2
2907　愛新覚羅溥儀——満州国とラストエンペラー(20 世紀の歴史のなかの人物) / 石出法太 // 歴史地理教育 (通号 576). 1998
　　　爱新觉罗溥仪——"满洲国"与末代皇帝(20 世纪历史人物) / 石出法太 // 历史地理教育. 1998. 576

溥侗

2908　溥儀氏の声 / 吉川幸次郎 // 吉川幸次郎全集 第 16 巻. 第 605 頁
　　　溥仪之声 / 吉川幸次郎 // 吉川幸次郎全集(第 16 卷). 第 605 页

溥侗

2909　清國貴賓溥侗殿下當店御台臨の光景 / 三越呉服店 // みつこしタイムス 8(5). 1910
　　　清朝贵宾溥侗殿下莅临我店时的景象 / 三越吴服店 // 三越时代(Times). 1910.8;5

2910　溥侗(西園) / 外務省東亜局 // 新国民政府人名鑑. 第 15 頁
　　　溥侗(西园) / 外务省东亚局 // 新国民政府人名鉴. 第 15 页

溥儒

2911　フジュ 溥儒(心畲) / 樋口正徳 // 最新中国要人傳. 第 187 頁
　　　溥儒(心畲) / 樋口正德 // 最新中国要人传. 第 187 页

褚民谊

2912　汪兆銘の容體に關する褚民誼の發表内容 / 外務省情報部 // 国際月報 (4). 1937
　　　褚民谊关于汪兆铭病情的声明的内容 / 外务省情报部 // 国际月报. 1937.4

2913　南京政府の大立物褚民誼氏に就て / 日本医事新報社 // 日本医事新報 (921). 1940
　　　关于南京政府巨头褚民谊 / 日本医务新报社 // 日本医务新报. 1940.921

2914　答禮使に褚民誼氏内定す / 日本医事新報社 // 日本医事新報 (922). 1940
　　　答礼使内定褚民谊 / 日本医务新报社 // 日本医务新报. 1940.922

2915　褚民誼大使の大原研究室見學随行記 / 日本医事新報社 // 日本医事新報 (997). 1941
　　　褚民谊大使的大原研究室参观随行记 / 日本医务新报社 // 日本医务新报. 1941.997

2916　褚民誼外交部長談 / 内閣情報局 // 国際月報 (9 月號)(21). 1942
　　　外交部长褚民谊之谈 / 内阁情报局 // 国际月报. 1942.9(21)

2917　外交部長褚民誼博士と民族體質問題を語る / 森茂樹 // 体質学雑誌 12(1). 1943
　　　与外交部长褚民谊博士畅谈民族体质问题 / 森茂树 // 体质学杂志. 1943.12;1

2918　褚民誼氏よりの書狀内容 / 東亜経済懇談会 // 社団法人東亜経済懇談会 会務報告 第 1 回. 第 10 頁
　　　来自褚民谊的书信内容 / 东亚经济恳谈会 // 社团法人东亚经济恳谈会 会务报告 第 1 回. 第 10 页

2919　チョミンギ 褚民誼(重行) / 樋口正徳 // 最新中国要人傳. 第 115 頁
　　　褚民谊(重行) / 樋口正德 // 最新中国要人传. 第 115 页

2920　褚民誼裁判 / 益井康一 // 裁かれる汪政権:中国漢奸裁判秘録. 第 42 頁
　　　审判褚民谊 / 益井康一 // 受审判的汪政权:中国汉奸审判秘录. 第 42 页

2921　褚民誼との交遊と中国問題 / 日本温泉気候学会、真鍋先生伝記編纂会 // 真鍋嘉一郎. 第 225 頁
　　　同褚民谊的交往与中国问题 / 日本温泉气候学会、真锅先生传记编纂会 // 真锅嘉一郎. 第 225 页

2922　褚民誼 / 高西直樹 // 長崎を訪れた人々 昭和篇. 第 508 頁、第 514 頁
　　　褚民谊 / 高西直树 // 到访长崎的人们 昭和篇. 第 508 页、第 514 页

十 四 画

〔一〕

蔡 培

2923 蔡培(子平) / 外務省東亜局 // 新国民政府人名鑑. 第 54 頁
蔡培(子平) / 外务省东亚局 // 新国民政府人名鉴. 第 54 页

2924 サイバイ 蔡培(子平) / 樋口正徳 // 最新中国要人傳. 第 64 頁
蔡培(子平) / 樋口正德 // 最新中国要人传. 第 64 页

蔡 锷

2925 第三革命の第一人蔡鍔 / 斷水樓 // 国家及国家学 4(2). 1916
第三革命的第一人蔡锷 / 断水楼 // 国家及国家学. 1916.4:2

2926 護国運動における蔡鍔の役割について / 鎌田和宏 // 史潮 (通号 30). 1992
关于护国运动中蔡锷的作用 / 镰田和宏 // 史潮. 1992.30

2927 蔡鍔と名妓筱鳳仙 / 松永安左衛門 // 中国我観:対中新策・中国小遊. 第 70 頁
蔡锷与名妓小凤仙 / 松永安左卫门 // 中国我观:对华新策・中国小游. 第 70 页

2928 蔡鍔と鳳仙(中国革命史劇) / 楢崎観一 // 満洲・中国・朝鮮:新聞記者三〇年回顧録. 第 501 頁
蔡锷与凤仙(中国革命史剧) / 楢崎观一 // "满洲"・中国・朝鲜:新闻记者三十年回忆录. 第 501 页

蔡元培

2929 北京大学元総長蔡元培:憂国の教育家の生涯 / 中目威博 // 東京:里文出版. 1998 年. 373 頁
北京大学原校长蔡元培:忧国教育家的一生 / 中目威博 // 东京:里文出版. 1998 年. 373 页

2930 中国の学生運動——五四運動と蔡元培 / 竹内好 // 世界 (通号 62). 1951
中国的学生运动——五四运动与蔡元培 / 竹内好 // 世界. 1951.62

2931 蔡元培との三十日 / 上原専禄 // 世界 (通号 68). 1951；現代随想全集 第 25 巻(小倉金之助、大塚金之助、上原専禄集). 第 301 頁
与蔡元培共处的三十天 / 上原专禄 // 世界. 1951.68；现代随想全集 第 25 卷(小仓金之助、大塚金之助、上原专录集). 第 301 页

2932 蔡元培の生涯とその評価について——蔡尚思著「蔡元培学術思想伝記」おぼえがき / 安藤彦太郎 // 中国研究 (通号 16). 1952
关于蔡元培的生涯及其评价——蔡尚思著《蔡元培学术思想传记》笔记 / 安藤彦太郎 // 中国研究. 1952.16

2933 清末社会に於ける蔡元培の教育実践と其精神 / 増田史郎亮 // 九州大学教育学部紀要. 教育学部門 (通号 3). 1955
清末社会的蔡元培的教育实践及其精神 / 增田史郎亮 // 九州大学教育学部纪要. 教育学部门. 1955.3

2934 蔡元培の「教育独立議」に就いて / 増田史郎亮 // 日本教育学会大會研究発表要項 13. 1953
关于蔡元培的《教育独立议》/ 增田史郎亮 // 日本教育学会大会研究发表要点 1953. 13

2935 新中国を作った人々(蔡元培・宋慶齢) / 安藤彦太郎 // 中国語 (17). 1956
缔造新中国的人们(蔡元培、宋庆龄) / 安藤彦太郎 // 汉语. 1956.17

2936 北京大学近代化に果した蔡元培の役割 -1- / 増田史郎亮 // 長崎大学学芸学部教育科学研究報告 (通号 3). 1957
蔡元培对完成北京大学现代化的作用之一 / 增田史郎亮 // 长崎大学学艺学部教育科学研究报告.

1957.3

2937 蔡元培の大学論——北京大学の改革を中心に / 後藤延子 // 人文科学論集(信州大学人文学部)(通号 12). 1978
蔡元培的大学论——以北京大学的改革为中心 / 后藤延子 // 信州大学人文学部人文科学论集. 1978.12

2938 蔡元培の哲学——民国的人間像の行動原理 / 後藤延子 // 人文科学論集(信州大学人文学部)(通号 13). 1979
蔡元培的哲学——民国人物形象的行动原理 / 后藤延子 // 信州大学人文学部人文科学论集. 1979.13

2939 蔡元培の「美育」論 / 大竹鑑 // 大谷学報 58(4). 1979
蔡元培的"美育"论 / 大竹鉴 // 大谷学报. 1979.58:4

2940 北大校長になる以前の蔡元培 / 山根幸夫 // 歴史と地理 (315). 1981
成为北大校长以前的蔡元培 / 山根幸夫 // 历史与地理. 1981.315

2941 北京大学と軍閥——蔡元培の改革とそれをめぐる闘争 / 小林善文 // 史林 66(3). 1983
北京大学与军阀——蔡元培的改革以及围绕改革的斗争 / 小林善文 // 史林. 1983.66;3

2942 蔡元培の辞職をめぐって / 道坂昭廣 // 人文論叢:三重大学人文学部文化学科研究紀要 7. 1984
关于蔡元培的辞职 / 道坂昭广 // 人文论丛:三重大学人文学部文化学科研究纪要. 1984.7

2943 五四時期の蔡元培 / 吉川栄一 // 中哲文学会報 (通号 9). 1984
五四时期的蔡元培 / 吉川荣一 // 中哲文学会报. 1984.9

2944 蔡元培研究序説 -1- / 増田史郎亮 // 長崎大学教育学部教育科学研究報告 (通号 31). 1984
蔡元培研究序说 之一 / 増田史郎亮 // 长崎大学教育学部教育科学研究报告 1984.31

2945 蔡元培の女性観 / 石田米子 // 岡山大学文学部紀要 (通号 13). 1990
蔡元培的女性观 / 石田米子 // 冈山大学文学部纪要. 1990.13

2946 蔡元培と中国民権保障同盟——中国民権保障同盟をめぐる人々(その2) / 吉川栄一 // 熊本大学文学部論叢 (通号 59). 1998
蔡元培与中国民权保障同盟——中国民权保障同盟的相关人士(其二) / 吉川荣一 // 熊本大学文学部论丛. 1998.59

2947 蔡元培と中国における新教育 / 山中芳和、汪輝 // 岡山大学教育学部研究集録 (通号 108). 1998
蔡元培与中国新教育 / 山中芳和、汪辉 // 冈山大学教育学部研究集录. 1998.108

2948 蔡元培と宗教 序章・第 1 章 / 後藤延子 // 人文科学論集(信州大学人文学部)(通号 33). 1999
蔡元培与宗教 序章、第 1 章 / 后藤延子 // 信州大学人文学部人文科学论集. 1999.33

2949 中目威博著『北京大学元総長・蔡元培・憂国の教育家の生涯』 / 石川啓二 // アジア教育史研究. (通号 8). 1999
中目威博著《北京大学原校长蔡元培:忧国教育家的生涯》 / 石川启二 // 亚洲教育史研究. 1999.8

2950 蔡元培 / 清水安三 // 中国当代新人物:旧人と新人. 第 283 頁
蔡元培 / 清水安三 // 中国当代新人物:旧人与新人. 第 283 页

2951 蔡元培 / 沢村幸夫 // 上海人物印象記 第 1 集. 1930 年. 第 8 頁
蔡元培 / 泽村幸夫 // 上海人物印象记(第 1 集). 1930 年. 第 8 页

2952 蔡元培 / 大村興道 // 中国の思想家:宇野哲人博士米壽記念論集 下巻. 第 775 頁
蔡元培 / 大村兴道 // 中国的思想家:宇野哲人博士八十八岁寿诞纪念论文集 下卷. 第 775 页

2953 学生運動—五・四運動と蔡元培 / 竹内好 // 現代中国論. 第 75 頁
学生运动——五四运动与蔡元培 / 竹内好 // 现代中国论. 第 75 页

2954 蔡元培について / 増田渉 // 中国文学史研究:「文学革命」と前夜の人々. 第 292 頁
关于蔡元培 / 增田涉 // 中国文学史研究:"文学革命"及其前夜的人们. 第 292 页

蔡廷锴

2955 サイテイカイ 蔡廷鍇(賢初) / 樋口正徳 // 最新中国要人傳. 第 63 頁

蔡廷锴（贤初）／樋口正徳／／最新中国要人传.第63页

〔丶〕

廖平

2956 廖平の學／小島祐馬／／芸文 8(5).1917
廖平之学／小岛祐马／／艺文.1917.8:5

2957 章炳麟の廖平評価をめぐって／有田和夫／／東方学（1）.1986
章炳麟的廖平评价相关／有田和夫／／东方学.1986.1

2958 六變せる廖平の學說／小島祐馬／／中国の社会思想.第297頁
历经六变的廖平学说／小岛祐马／／中国的社会思想.第297页

廖仲恺

2959 廖仲愷／日中問題研究會／／日中 1(2).1928
廖仲恺／日中问题研究会／／日中.1928.1:2

2960 廖仲愷・夢醒・承志父子のこと／犬養健／／新文明 10(10).1960
廖仲恺・梦醒・承志父子相关／犬养健／／新文明.1960.10:10

2961 廖仲愷とその時代(1)／北村稔／／ふびと（44）.1989
廖仲恺及其时代(1)／北村稔／／史.1989.44

2962 建党百年を迎えた中国国民党 廖仲愷について／北村稔／／問題と研究：アジア太平洋研究専門誌 24(1).1994
迎来建党百年的中国国民党 关于廖仲恺／北村稔／／问题与研究：亚太研究专刊.1994.24:1

2963 廖仲愷の暗殺者／波多野乾一／／現代中国の政治と人物.第473頁
廖仲恺的暗杀者／波多野乾一／／现代中国的政治与人物.第473页

廖承志

2964 中国は核武装しない——廖承志氏は語る／林克也／／世界（通号 169）.1960
中国不进行核武装——廖承志发言／林克也／／世界.1960.169

2965 平和と民族独立について：世界平和評議会における廖承志氏の演説／中国研究所／／アジア經濟旬報（492）.1962
关于和平与民族独立：世界和平评议会上廖承志的演讲／中国研究所／／亚洲经济旬报.1962.492

2966 廖承志あいさつ／日本共産党中央機関紙編集委員会／／世界政治資料（251）.1966
廖承志致辞／日本共产党中央机关报编辑委员会／／世界政治资料.1966.251

2967 廖承志君のこと／浅見一男／／アジア經濟旬報（551）.1963
廖承志君相关／浅见一男／／亚洲经济旬报.1963.551

2968 知日家・廖承志の信念と行動／米沢秀夫／／日本 9(3).1966
日本通廖承志的信念与行动／米泽秀夫／／日本.1966.9:3

2969 第2回高崎・廖承志貿易使節団に参加して／鈴木不二男／／貿易クレームと仲裁 10(12).1963
参加第2届高崎・廖承志贸易使节团／铃木不二男／／贸易申诉与仲裁.1963.10:12

2970 廖承志事務所東京駐在連絡事務所および中華人民共和国の日本駐在記者の声明 1967年9月14／中国研究所／／アジア經濟旬報（695）.1967
廖承志办事处驻东京联络办事处及中华人民共和国驻日记者的声明 1967年9月14日／中国研究所／／亚洲经济旬报.1967.695

2971 騒ぎはこうして起きた——廖承志事務所事件の真相／木屋隆安／／世界週報 48(39).1967
骚乱始末——廖承志办事处事件真相／木屋隆安／／世界周报.1967.48:39

2972 何香凝、その95年の生涯：廖仲愷、廖承志、そして人民と共に／古島琴子／／アジア經濟旬報（881）.1972
何香凝,其95年的人生：与廖仲恺、廖承志,及人民同在／古岛琴子／／亚洲经济旬报.1972.881

2973 中日友好協会会長・廖承志——正常化の道開く知日派(人物フラッシュ)(「日中復交」を検証する 特集) / 毎日新聞社 // エコノミスト 50(42).1972
中日友好协会会长廖承志——开拓正常化之路的日本通(人物一瞥)(检验"中日复交"特集) / 每日新闻社 // 经济学人(Economist).1972.50:42
2974 廖承志訪日団のねらい / 政策研究フォーラム // 改革者 6月(159).1973
廖承志访日团的目的 / 政策研究论坛 // 改革者.1973.6(159)
2975 廖承志訪日の残したもの——対ソ関係から日本抱き込みへ / 高木桂蔵 // 動向(7).1973
廖承志访日的遗留物——从对苏关系到拉拢日本 / 高木桂藏 // 动向.1973.7
2976 日共、廖承志に嚙みつく / 政策研究フォーラム // 改革者 7月(160).1973
日共反击廖承志 / 政策研究论坛 // 改革者.1973.7(160)
2977 廖承志訪日団の足跡(日本の潮) / 岩波書店 // 世界(通号 332).1973
廖承志访日团的足迹(日本之潮) / 岩波书店 // 世界.1973.332
2978 廖承志代表団の対日工作 / 北原健夫 // 軍事研究 8(7).1973
廖承志代表团的对日交涉 / 北原健夫 // 军事研究.1973.8:7
2979 廖承志訪日団の隠された「使命」 / 堀元夫 // 財界展望 17(5).1973
廖承志访日团的秘密"使命" / 堀元夫 // 商界展望.1973.17:5
2980 「日共の欺瞞性を剝ぐ」という廖承志の来日 / 扶桑社 // 週刊サンケイ 22(15).1973
"揭露日共欺骗性"的廖承志访日 / 扶桑社 // 产经周刊.1973.22:15
2981 廖承志氏は何をしに来たか / 東海林了 // 文芸春秋 51(10).1973
廖承志所来为何 / 东海林了 // 文艺春秋.1973.51:10
2982 日本列島を駆けめぐった廖承志「友好長征隊」 / 高田富佐雄 // 新評 20(7).1973
奔走于日本列岛的廖承志"友好长征队" / 高田富佐雄 // 新评.1973.20:7
2983 中国廖承志代表団 55 人の多彩な顔ぶれ / 毎日新聞社 // サンデー毎日 52(18).1973
中国廖承志代表团 55 人的多彩阵容 / 每日新闻社 // 日刊周日(Sunday).1973.52:18
2984 廖承志中日友好協会会長の青年訪中団に対する談話 / 中国研究所 // アジア經濟旬報(931).1974
廖承志中日友好协会会长对青年访中团的谈话 / 中国研究所 // 亚洲经济旬报.1974.931
2985 台湾省人民「2・28」蜂起 27 周年を記念北京各界と在京台湾省出身者が座談会:「2・28」座談会における廖承志中央委員の演説 / 中国研究所 // アジア經濟旬報(932).1974
台湾省人民"2・28"暴动 27 周年纪念 北京各界及在京台湾省人士的座谈会:"2・28"座谈会上廖承志中央委员的演讲 / 中国研究所 // 亚洲经济旬报.1974.932
2986 なぜか廖承志に名ざされた林房雄氏 / 文芸春秋 // 週刊文春 16(4).1974
不知何故被廖承志点名的林房雄 / 文艺春秋 // 周刊文春.1974.16:4
2987 台湾省人民「二・二八」蜂起 28 周年記念座談会における廖承志氏のあいさつ / 中国研究所 // アジア經濟旬報(966).1975
台湾省人民"二二八"暴动 28 周年纪念座谈会上廖承志的致辞 / 中国研究所 // 亚洲经济旬报.1975.966
2988 廖承志先生からの祝詩:中国研究所第 27 回総会の日に / 伊藤武雄 // アジア經濟旬報(1082).1978
来自廖承志先生的祝诗:中国研究所第 27 次总会之日上 / 伊藤武雄 // 亚洲经济旬报.1978.1082
2989 廖承志さんを偲ぶ / 勝間田清一 // 月刊社会党(327).1983
追忆廖承志先生 / 胜间田清一 // 社会党月刊.1983.327
2990 廖承志・王曉雲両先生を悼む(特集 中国の司法事情) / 斎藤秋男 // 中国研究月報(424).1983
悼廖承志、王晓云两先生(特集 中国的司法状况) / 斋藤秋男 // 中国研究月报.1983.424
2991 廖承志氏を悼む / 別當新八郎 // 農林水産省広報 14(7).1983

悼廖承志 ／ 別当新八郎 ／／ 农林水产省广报. 1983. 14；7

2992 広東時代の廖承志氏 ／ 小川平四郎 ／／ アジア時報 15(6). 1984
广东时代的廖承志 ／ 小川平四郎 ／／ 亚洲时报. 1984. 15；6

2993 ヒューマン・アルバム 廖承志 ／ 中江克己 ／／ 潮（464）. 1997
人物・相册 廖承志 ／ 中江克己 ／／ 潮. 1997. 464

2994 リョウショウシ(廖承志) ／ 樋口正徳 ／／ 最新中国要人傳. 第 216 頁
廖承志 ／ 樋口正德 ／／ 最新中国要人传. 第 216 页

2995 学友廖承志、劉思慕との再会 ／ 草野心平 ／／ わが青春の記. 第 53 頁
与学友廖承志、刘思慕的重逢 ／ 草野心平 ／／ 我的青春记. 第 53 页

端　方

2996 直督端方は何故に革職せられたる乎 ／ 石山福治 ／／ 奉公（83）. 1909
直督端方为何被免职 ／ 石山福治 ／／ 奉公. 1909. 83

2997 「熱中」の人——端方伝(1—7) ／ 浅原達郎 ／／ 泉屋博古館紀要（4、6—11）. 1987、1990—1995
"热衷"的人——端方传(1—7) ／ 浅原达郎 ／／ 泉屋博古馆纪要. 1987—1990—1995；4、6—11

2998 清国政界の名望家端方 ／ 覆面浪人（増本義敏） ／／ 現代中国四百余州風雲児. 第 67 頁
清朝政界的有名望之人端方 ／ 覆面浪人（増本义敏） ／／ 现代中国四百余州风云儿. 第 67 页

赛金花

2999 「国防文学」の 1 側面——夏衍作「賽金花」の場合 ／ 藤本幸三 ／／ 文学 44(4). 1976
"国防文学"的一个侧面——以夏衍作《赛金花》为例 ／ 藤本幸三 ／／ 文学. 1976. 44；4

3000 国防戯劇『賽金花』の評価をめぐって ／ 小山三郎 ／／ 教養論叢 108. 1998
围绕国防戏剧《赛金花》的评价 ／ 小山三郎 ／／ 教养论丛. 1998. 108

谭人凤

3001 譚人鳳軍資金の奇話 ／ 能勢岩吉 ／／ 革命闘争四十年. 第 231 頁
谭人凤军资金奇谈 ／ 能势岩吉 ／／ 革命斗争四十年. 第 231 页

谭平山

3002 共產黨の代表者——譚平山 ／ ジャパン・タイムス社邦文パンフレット通信部 ／／ 邦文パンフレット通信（113）. 1927
共产党代表——谭平山 ／ 日文活页文选（Pamphlet）通信部 ／／ 日文活页文选（Pamphlet）通信. 1927. 113

3003 人民監察工作：政務院人民監察委員会主任譚平山の報告（新中国建設の三ヵ年 上）／ 中国研究所 ／／ 中国資料月報（56）. 1952
人民监察工作：政务院人民监察委员会主任谭平山的报告（新中国建设的三年・上）／ 中国研究所 ／／ 中国资料月报. 1952. 56

3004 陳公博と譚平山の問答 ／ 村田孜郎 ／／ 中国の左翼戦線. 第 82 頁
陈公博与谭平山的问答 ／ 村田孜郎 ／／ 中国的左翼战线. 第 82 页

3005 譚平山の除名と第三黨運動 ／ 大塚令三 ／／ 中国共產黨史 上卷. 第 749 頁
谭平山的除名与第三党运动 ／ 大塚令三 ／／ 中国共产党史 上卷. 第 749 页

谭延闿

3006 黨中の重鎮——譚延闓 ／ ジャパン・タイムス社邦文パンフレット通信部 ／／ 邦文パンフレット通信（113）. 1927
党中重镇——谭延闿 ／ 日文活页文选（Pamphlet）通信部 ／／ 日文活页文选（Pamphlet）通信. 1927. 113

3007 譚延闓氏を訪ふ ／ 水野梅曉 ／／ 中国の変局. 第 79 頁
访谭延闿 ／ 水野梅晓 ／／ 中国异变. 第 79 页

谭浩明

3008 前督軍殺さる・広西軍譚浩明氏 ／ 明治大正昭和新聞研究会 ／／ 新聞集成大正編年史 大正 14 年度

版（上ノ下）. 第 74 頁
前督军被杀・广西军谭浩明 / 明治大正昭和报纸研究会 // 报纸集成大正编年史 大正 14 年度版（上之下）. 第 74 页

谭震林

3009 中共の農業総合発展計画——譚震林副総理の・農業発展要綱・報告 / 内外情勢調査会 // 国際情勢資料特集（585）. 1960
中共的农业综合发展计划——谭震林副总理的"农业发展纲要"报告 / 内外形势调查会 // 国际形势资料特集. 1960. 585

3010 訪中団・譚震林全人代副委員長会談（七月六日）/ 民社党本部教宣局 // 革新（通号 110）. 1979
访中团・谭震林全国人大代表副委员长会谈（七月六日）/ 民社党本部教宣局 // 革新. 1979. 110

〔ㄱ〕

熊十力

3011 近代中国における法相唯識思想研究:熊十力初期唯識哲学について / 陳継東 // 東京:富士ゼロックス小林節太郎記念基金. 1994. 20 頁
近代中国法相唯识思想研究:关于熊十力早期唯识哲学 / 陈继东 // 东京:富士 Xerox 小林节太郎纪念基金. 1994. 20 页

3012 熊十力思想研究:関於内聖外王 / 服部元彦 // 京都外国語大学研究論叢（通号 21）. 1981
熊十力思想研究:关于内圣外王 / 服部元彦 // 京都外国语大学研究论丛. 1981. 21

3013 熊十力「新唯識論」哲学の形成——20 世紀前半の中国哲学思想世界を通して / 坂元ひろ子 // 東洋文化研究所紀要（通号 104）. 1987
熊十力"新唯识论"哲学的形成——通过 20 世纪前半期中国哲学思想世界 / 坂元广子 // 东洋文化研究所纪要. 1987. 104

3014 新儒家哲学について——熊十力の哲学 / 島田虔次 // 京都大学人文科学研究所共同研究報告（通号 12）. 1987
关于新儒家哲学——熊十力的哲学 / 岛田虔次 // 京都大学人文科学研究所共同研究报告. 1987. 12

3015 最近の中国における熊十力哲学の研究——陳来「熊十力哲学の体用論」/ 服部元彦 // 京都外国語大学研究論叢（通号 29）. 1987
最近的中国熊十力哲学研究——陈来《熊十力哲学的体用论》/ 服部元彦 // 京都外国语大学研究论丛. 1987. 29

3016 〈批評・紹介〉五四運動の研究第四函（島田虔次著「(12) 新儒家哲學について:熊十力の哲學」/竹内弘行著「(14) 後期康有爲論:亡命・辛亥・復辟・五四」）/ 坂元ひろ子 // 東洋史研究 48 (1). 1989
《批评・介绍》五四运动研究第四函（岛田虔次著《(12) 关于新儒家哲学:熊十力的哲学》/竹内弘行著《(14) 康有为后期思想:逃亡、辛亥、复辟、五四》）/ 坂元广子 // 东洋史研究. 1989. 48；1

3017 熊十力の学問観——『論張江陵』を中心に / 吉田千奈美 // 中国哲学（通号 26）. 1997
熊十力的学问观——以《论张江陵》为中心 / 吉田千奈美 // 中国哲学. 1997. 26

熊式辉

3018 熊式輝をワシントンに派遣 / 内閣情報局 // 国際月報（16）. 1942
熊式辉派往华盛顿 / 内阁情报局 // 国际月报. 1942. 16

3019 遣米軍事使節熊式輝一行訪英 / 内閣情報局 // 国際月報（27）. 1943
遣美军事使节熊式辉一行访英 / 内阁情报局 // 国际月报. 1943. 27

3020 熊式輝對米英不滿吐露 / 内閣情報局 // 国際月報（27）. 1943
熊式辉吐露对美、英不满 / 内阁情报局 // 国际月报. 1943. 27

3021 熊式輝一行動靜 / 内閣情報局 // 国際月報（28）. 1943

　　　　熊式辉一行动静 / 内阁情报局 // 国际月报.1943.28

3022　满州司令官に熊式辉 / 明治大正昭和新闻研究会 // 新闻集成昭和编年史 昭和20年版5.第23頁
　　　　熊式辉任"满洲"司令官 / 明治大正昭和报纸研究会 // 报纸集成昭和编年史 昭和20年版5.第23页

3023　ユウシキキ 熊式辉（天翼）/ 樋口正徳 // 最新中国要人傳.第194頁
　　　　熊式辉（天翼）/ 樋口正德 // 最新中国要人传.第194页

熊克武

3024　廖仲凱、許崇智、熊克武事件 / 佐藤俊三 // 中国近世政党史.第273頁
　　　　廖仲恺、许崇智、熊克武事件 / 佐藤俊三 // 中国近世政党史.第273页

熊佛西

3025　人民世纪の主編熊佛西氏を訪れる / 星野芳樹 // 上海露地裏の人々.第207頁
　　　　访《人民世纪》主编熊佛西 / 星野芳树 // 上海弄堂里的人们.第207页

熊希龄

3026　新國務總理熊希齡（中国人物評傳一）/ 山崎瞻 // 中国と日本 第1年（1）.1913
　　　　新国务总理熊希龄（中国人物评传一）/ 山崎瞻 // 中国与日本.1913.1

3027　熊希齡ノ南北調停ニ關スル電文 / 外務省政務局 // 中国時報（16）.1913
　　　　熊希龄关于南北调停的电文 / 外务省政务局 // 中国时报.1913.16

3028　熊希齡氏ノ軍民分治論（大正七年一月九日附報告）/ 外務省政務局 // 外事彙報（2）.1914
　　　　熊希龄的军民分治论（大正七年一月九日附报告）/ 外务省政务局 // 外事汇报.1914.2

3029　熊希齡氏聯邦意見（大正七年一月二十九日附報告）/ 外務省政務局 // 外事彙報（2）.1914
　　　　熊希龄联邦意见（大正七年一月二十九日附报告）/ 外务省政务局 // 外事汇报.1914.2

3030　熊希齡ノ米國心醉 / 外務省政務局 // 中国時報（25）.1914
　　　　熊希龄醉心美国 / 外务省政务局 // 中国时报.1914.25

3031　石油礦ト熊希齡 / 外務省政務局 // 中国時報（25）.1914
　　　　石油矿与熊希龄 / 外务省政务局 // 中国时报.1914.25

缪 斌

3032　繆斌工作 / 田村眞作 // 東京：三栄出版社.1953.241頁
　　　　缪斌交涉 / 田村真作 // 东京：三荣出版社.1953.241页

3033　「繆斌工作」成ラズ：蒋介石、大戦終結への秘策とその史実 / 横山銕三 // 東京：展転社.1992.254頁
　　　　"缪斌交涉"失败：蒋介石、大战终结的密谋及其史实 / 横山铁三 // 东京：辗转社.1992.254页

3034　新民會繆斌の新民史觀 / 森本壽平 // 事業之日本 18（7）.1939
　　　　新民会缪斌的新民史观 / 森本寿平 // 事业之日本.1939.18：7

3035　我等の意見——繆斌氏への公開狀 / 任弘道 // 東亜聯盟 3（1）.1941
　　　　我等的意见——给缪斌的公开信 / 任弘道 // 东亚联盟.1941.3：1

3036　繆斌和平工作 / 多田久雄 // 週刊読売 14（3）.1955
　　　　缪斌和平交涉 / 多田久雄 // 读卖周刊.1955.14：3

3037　天皇も反対した繆斌和平工作（日本終戦史）/ 読売新聞社 // 週刊読売 21（9）.1962
　　　　天皇亦曾反对缪斌和平交涉（日本终战史）/ 读卖新闻社 // 读卖周刊.1962.21：9

3038　君知るや繆斌の前身 / 横山銕三 // 史（60）.1986
　　　　缪斌前身知否 / 横山铁三 // 史.1986.60

3039　繆斌の名誉回復 / 横山銕三 // 史（61）.1986
　　　　恢复缪斌名誉 / 横山铁三 // 史.1986.61

3040　繆斌の思想 / 横山銕三 // 史（62）.1986
　　　　缪斌的思想 / 横山铁三 // 史.1986.62

3041　繆斌と重光葵 / 横山銕三 // 史 (63). 1987
　　　繆斌与重光葵 / 横山铁三 // 史. 1987. 63
3042　重光葵と繆斌の間 / 横山銕三 // 史 (68). 1988
　　　重光葵与繆斌之间 / 横山铁三 // 史. 1988. 68
3043　繆斌（みょうひん）事件——ある終戦工作 / 渡辺行男 // 中央公論 103(9). 1988
　　　繆斌事件——某终战交涉 / 渡边行男 // 中央公论. 1988. 103：9
3044　「繆斌事件」の舞台裏 / 横山銕三 // 史 (70). 1989
　　　"繆斌事件"的内幕 / 横山铁三 // 史. 1989. 70
3045　戦後特集——対日和平工作の繆斌は蔣介石の"正式使者"だ / 行政通信社 // 政財界ジャーナル 24(9). 1991
　　　战后特集——对日和平交涉的缪斌是蒋介石的"正式使者" / 行政通信社 // 政商界期刊. 1991. 24：9
3046　東亜聯盟と繆斌工作(1—2) / 野村乙二朗 // 政治経済史学 (通号 309—310). 1992
　　　东亚联盟与繆斌交涉(1—2) / 野村乙二朗 // 政治经济史学. 1992. 309—310
3047　繆斌の顕彰碑 / 横山銕三 // 史 (81). 1993
　　　繆斌的表彰碑 / 横山铁三 // 史. 1993. 81
3048　繆斌の路線 / 塩田喬 // 史 (82). 1993
　　　繆斌的路线 / 盐田乔 // 史. 1993. 82
3049　繆斌(上)——日本の命運を左右した男 / 塩田喬 // 動向 (12)(1565). 1996
　　　繆斌(上)——左右日本命运的男人 / 盐田乔 // 动向. 1996. 12(1565)
3050　繆斌との會見 / 宇垣一成 // 軍部と政治及外交. 第 100 頁
　　　会见缪斌 / 宇垣一成 // 军部与政治及外交. 第 100 页
3051　ビョウヒン 繆斌(丕成) / 樋口正徳 // 最新中国要人傳. 第 185 頁
　　　繆斌(丕成) / 樋口正徳 // 最新中国要人传. 第 185 页
3052　磯内閣の總辭職と繆斌事件 / 児玉誉士夫 // われ敗れたり. 第 224 頁
　　　矶内阁集体辞职与缪斌事件 / 儿玉誉士夫 // 我方已败. 第 224 页
3053　繆斌工作 / 丸山静雄 // 失われたる記録：対華・南方政略秘史. 第 211 頁
　　　缪斌交涉 / 丸山静雄 // 失落的记录：对华南方政略秘史. 第 211 页
3054　繆斌さん / 田村眞作 // 愚かなる戦争. 第 79 頁
　　　缪斌先生 / 田村真作 // 愚蠢的战争. 第 79 页
3055　繆斌工作とその他の對華和平工作 / 外務省 // 終戦史録 上. 第 214 頁
　　　缪斌交涉及其他对华和平交涉 / 外务省 // 终战史录 上. 第 214 页
3056　期待の繆斌工作もならず / 東久邇稔彦 // やんちゃ孤独. 第 181 頁
　　　期望的缪斌交涉未成 / 东久迩稔彦 // 任性的孤独. 第 181 页
3057　隠れた終戦の一挿話——繆斌「和平」交渉うらおもて / 野村正男 // 昭和史の断面. 第 112 頁
　　　隐秘的终战插话——缪斌"和平"交涉内外 / 野村正男 // 昭和史的侧面. 第 112 页
3058　繆斌工作に一歩ふみきる / 東久邇稔彦 // 一皇族の戦争日記. 第 172 頁
　　　缪斌交涉迈出第一步 / 东久迩稔彦 // 一位皇族的战争日记. 第 172 页
3059　繆斌と重慶工作(1—4) / 高宮太平 // 人間緒方竹虎. 第 188 頁
　　　缪斌与重庆交涉(1—4) / 高宫太平 // 绪方竹虎其人. 第 188 页
3060　繆斌による和平工作 / 緒方竹虎 // 一軍人の生涯. 第 124 頁
　　　缪斌的和平交涉 / 绪方竹虎 // 一位军人的一生. 第 124 页
3061　小磯内閣の命取り繆斌工作——重慶・東京「直通路線」の企て / 林茂等 // 日本終戦史 中巻（まぼろしの和平工作）. 第 36 頁
　　　小矶内阁致命的缪斌交涉——重庆与东京"直通线路"的企图 / 林茂等 // 日本终战史 中卷（虚幻

的议和交涉). 第36页

3062　其の一:繆斌工作 / 今井武夫 // 中国事変の回想. 第194頁
　　　之一:缪斌交涉 / 今井武夫 // 回忆日中战争. 第194页

3063　宇垣大将と繆斌中国に対する和平工作のあがき / 前芝確三、奈良本辰也 // 体験的昭和史. 第280頁
　　　宇垣大将与缪斌 对中国和平交涉的挣扎 / 前芝确三、奈良本辰也 // 亲历昭和史. 第280页

3064　繆斌工作 / 西島有厚 // 原爆はなぜ投下されたか:日本降伏をめぐる戦略と外交. 第186頁
　　　缪斌交涉 / 西岛有厚 // 原子弹为何被投下:围绕日本投降的战略与外交. 第186页

3065　繆斌工作 / 衛藤瀋吉 // 東アジア政治史研究. 第289頁
　　　缪斌交涉 / 卫藤沈吉 // 东亚政治史研究. 第289页

3066　繆斌事件の真相 / 明治大正昭和新聞研究会 // 新聞集成昭和編年史 昭和20年版6. 第209頁
　　　缪斌事件的真相 / 明治大正昭和报纸研究会 // 报纸集成昭和编年史 昭和20年版6. 第209页

3067　繆斌に死刑の宣告・中国 / 明治大正昭和新聞研究会 // 新聞集成昭和編年史 昭和21年版2. 第538頁
　　　宣判缪斌死刑・中国 / 明治大正昭和报纸研究会 // 报纸集成昭和编年史 昭和21年版2. 第538页

3068　陳公博、繆斌死刑確定・南京 / 明治大正昭和新聞研究会 // 新聞集成昭和編年史 昭和21年版3. 第277頁
　　　陈公博、缪斌确定死刑・南京 / 明治大正昭和报纸研究会 // 报纸集成昭和编年史 昭和21年版3. 第277页

3069　繆斌の死刑執行 / 明治大正昭和新聞研究会 // 新聞集成昭和編年史 昭和21年版3. 第361頁
　　　缪斌执行死刑 / 明治大正昭和报纸研究会 // 报纸集成昭和编年史 昭和21年版3. 第361页

十 五 画

〔J〕

黎元洪

3070　黎元洪／加藤正雄／／大阪：三浦楷義.1911年
　　　黎元洪／加藤正雄／／大阪：三浦楷义.1911年

3071　大総統黎元洪：中国革命史／内藤順太郎／／東京：議会春秋社.1917.248頁
　　　大总统黎元洪：中国革命史／内藤顺太郎／／东京：议会春秋社.1917.248页

3072　清國革命軍の首領黎元洪／寺島徳八郎／／奉公（106）.1911
　　　清朝革命军首领黎元洪／寺岛德八郎／／奉公.1911.106

3073　黎元洪ヨリ袁宛テノ電報／外務省政務局／／中国時報（7）.1912
　　　黎元洪给袁的电报／外务省政务局／／中国时报.1912.7

3074　黎元洪の人物／月旦子／／経済時報（10月號）（118）.1912
　　　黎元洪之人物／月旦子／／经济时报.1912.10（118）

3075　黎元洪入京後ノ大政協議／外務省政務局／／中国時報（23）.1914
　　　黎元洪入京后的大政协议／外务省政务局／／中国时报.1914.23

3076　黎元洪大總統就任後ニ於ケル香港漢字新聞／外事彙報（7）.1916年
　　　黎元洪大总统就任后的香港汉字报／外事汇报.1916.7

3077　黎元洪氏／大日本実業学会／／実業の日本 19(14).1916
　　　黎元洪／大日本实业学会／／实业之日本.1916.19:14

3078　怪傑袁世凱氏と新總統黎元洪氏／大日本実業学会／／実業の日本 19(14).1916
　　　怪杰袁世凯与新总统黎元洪／大日本实业学会／／实业之日本.1916.19:14

3079　黎元洪を擁す／鈴木一馬／／中国の現状に就て昭和2年.1927年.
　　　拥护黎元洪／铃木一马／／关于中国现状昭和2年.1927年.

3080　黎元洪氏逝く／日中問題研究會／／日中 1(2).1928年
　　　黎元洪去世／日中问题研究会／／日中.1928.1:2

3081　黎元洪——辛亥革命期の指導者をめぐって／中村義／／歴史学研究（通号258）.1961
　　　黎元洪——关于辛亥革命时期的指导者／中村义／／历史学研究.1961.258

3082　清国将官中の戦術家黎元洪／覆面浪人（増本義敏）／／現代中国四百余州風雲児.第194頁
　　　清朝将官中的战术家黎元洪／覆面浪人（增本义敏）／／现代中国四百余州风云儿.第194页

3083　黎元洪／加藤正雄／／最近清国動乱史.第103頁
　　　黎元洪／加藤正雄／／最近清朝动乱史.第103页

3084　袁世凱致書黎元洪議和／関口精一／／革命始末：鼇頭訓点中国時文.第35頁
　　　袁世凯致书黎元洪议和／关口精一／／革命始末：鳌头训点中国时文.第35页

3085　大總統黎元洪／内藤民治／／世界実観 第12巻（中国・暹羅）.第6頁
　　　大总统黎元洪／内藤民治／／世界实观 第12卷（中国・暹罗）.第6页

3086　大總統黎元洪／河瀬蘇北／現代之人物観：無遠慮に申上候.第389頁
　　　大总统黎元洪／河濑苏北／现代之人物观:秉笔直书.第389页

3087　祭文・黎元洪／陸軍士官学校／／漢文教程：陸軍士官学校予科用 時文之部.第78頁
　　　祭文・黎元洪／陆军士官学校／／汉文教程:陆军士官学校预科用 时文之部.第78页

3088　黎元洪の復位／南満洲鉄道株式会社庶務部調査課／／満鉄調査資料（第15編）.第205頁
　　　黎元洪复位／南满洲铁路有限公司庶务部调查课／／满铁调查资料（第15编）.第205页

3089	黎元洪 / 清水安三 // 中国当代新人物:旧人と新人. 第 12 頁	
	黎元洪 / 清水安三 // 中国当代新人物:旧人与新人. 第 12 页	
3090	軍閥の大傀儡黎元洪 / 浜野末太郎 // 現代中国人物批判. 第 213 頁	
	军阀大傀儡黎元洪 / 浜野末太郎 // 现代中国人物批判. 第 213 页	
3091	黎元洪再就任當時の民國狀態 / 更谷南室 // 理想の東洋歷史:趣味と研究・学習の参考. 第 443 頁	
	黎元洪再就任当时的民国状态 / 更谷南室 // 理想的东洋史:兴趣与研究・学习参考. 第 443 页	
3092	黎元洪時代 / 高橋保 // 問題と考察を主眼とせる詳解東洋史. 第 278 頁	
	黎元洪时代 / 高桥保 // 以问题与考察为主的详解东洋史. 第 278 页	
3093	黎元洪再任時代の形勢 / 高橋保 // 問題と考察を主眼とせる詳解東洋史. 第 285 頁	
	黎元洪再任时代的形势 / 高桥保 // 以问题与考察为主的详解东洋史. 第 285 页	
3094	黎元洪 / 平凡社 // 世界歷史大系 第九巻. 第 242 頁	
	黎元洪 / 平凡社 // 世界历史大系 第九卷. 第 242 页	
3095	善隣の親日論と黎元洪氏の獅子吼 / 山本顧弥太 // 綿業三十年. 第 86 頁	
	善邻之亲日论与黎元洪的狮子吼 / 山本顾弥太 // 绵业三十年. 第 86 页	
3096	徐總統の天津落と黎元洪氏の晋京 / 鈴木一馬 // 往時を偲びて呉佩孚氏を語る. 1939 年	
	徐总统逃往天津与黎元洪晋京 / 铃木一马 // 追忆往昔话聊吴佩孚. 1939 年	
3097	大總統黎元洪 / 雄山閣出版株式会社 // 東洋史講座 第九卷. 第 436 頁	
	大总统黎元洪 / 雄山阁出版株式会社 // 东洋史讲座 第九卷. 第 436 页	
3098	黎元洪と劉景熙 / 高木陸郎 // 日華交友錄. 第 47 頁	
	黎元洪与刘景熙 / 高木陆郎 // 日华交友录. 第 47 页	
3099	黎元洪の復職と曹錕 / 聯合出版社大亜文化会 // 孫文革命戰史. 第 176 頁	
	黎元洪的复职与曹锟 / 联合出版社大亚文化会 // 孙文革命战争史. 第 176 页	
3100	黎元洪の復職と曹錕 / 能勢岩吉 // 革命闘爭四十年. 第 185 頁	
	黎元洪的复职与曹锟 / 能势岩吉 // 革命斗争四十年. 第 185 页	
3101	跣足で逃げた黎元洪 / 高木健夫 // 中国風雲錄. 第 54 頁	
	赤足逃跑的黎元洪 / 高木健夫 // 中国风云录. 第 54 页	
3102	黎元洪 / 高木陸郎 // 私と中国. 第 127 頁	
	黎元洪 / 高木陆郎 // 我与中国. 第 127 页	
3103	黎元洪と段祺瑞 / 冷夢庵(高木富五郎) // 我が生涯. 第 130 頁	
	黎元洪与段祺瑞 / 冷梦庵(高木富五郎) // 我的一生. 第 130 页	
3104	黎元洪駆逐事件及曹錕総統賄選をめぐる政情 / みすず書房 // 現代史資料 第 31. 第 193 頁	
	黎元洪驱逐事件及曹锟总统贿选相关政情 / 美篶书房 // 现代史资料 第 31. 第 193 页	
3105	黎元洪の人物 / 宮崎滔天;西田勝 // 中国革命軍談. 第 100 頁	
	黎元洪之人物 / 宫崎滔天;西田胜 // 中国革命军谈. 第 100 页	
3106	黎元洪暗殺せらる・中国政客 / 明治大正昭和新聞研究会 // 新聞集成大正編年史 大正 2 年度版. 1969 年	
	黎元洪被暗杀・中国政客 / 明治大正昭和报纸研究会 // 报纸集成大正编年史 大正 2 年度版. 1969 年	
3107	近の中国大總統黎元洪氏・写真 / 明治大正昭和新聞研究会 // 新聞集成大正編年史 大正 5 年度版中. 第 113 頁	
	最近的中国大总统黎元洪・照片 / 明治大正昭和报纸研究会 // 报纸集成大正编年史 大正 5 年度版中. 第 113 页	
3108	黎元洪氏總統承諾・中国 / 明治大正昭和新聞研究会 // 新聞集成大正編年史 大正 5 年度版中. 第 345 頁	
	黎元洪总统承诺・中国 / 明治大正昭和报纸研究会 // 报纸集成大正编年史 大正 5 年度版中. 第

345 页

3109 謹厳素朴な新総統黎元洪氏 / 明治大正昭和新聞研究会 // 新聞集成大正編年史 大正 5 年度版中. 第 346 頁
严谨朴素的新总统黎元洪 / 明治大正昭和报纸研究会 // 报纸集成大正编年史 大正 5 年度版中. 第 346 页

3110 黎元洪就任条件・中国 / 明治大正昭和新聞研究会 // 新聞集成大正編年史 大正 5 年度版中. 第 385 頁
黎元洪就任条件・中国 / 明治大正昭和报纸研究会 // 报纸集成大正编年史 大正 5 年度版中. 第 385 页

3111 黎元洪氏復職・社説 / 明治大正昭和新聞研究会 // 新聞集成大正編年史 大正 5 年度版中. 第 440 頁
黎元洪复职・社论 / 明治大正昭和报纸研究会 // 报纸集成大正编年史 大正 5 年度版中. 第 440 页

3112 黎元洪 / 高西直樹 // 長崎を訪れた人々 大正篇. 第 234 頁
黎元洪 / 高西直树 // 到访长崎的人们 大正篇. 第 234 页

3113 副総統黎元洪ノ開礦熱 / 外務省通商局 // 通商彙纂 第 174 卷（明治 45 年第 29 号—第 36 号）. 1996 年
副总统黎元洪的开矿热 / 外务省通商局 // 通商汇纂. 1996（明治 45 年）第 174：29—36

黎锦熙

3114 黎錦熙氏、周有光氏の著書を基とせる・中国語文法詳解 / 香坂順一 // 東京：タイムス出版社. 1941 年
以黎锦熙、周有光的著作为基础：汉语语法详解 / 香坂顺一 // 东京：时代（Times）出版社. 1941 年

3115 黎錦熙 國語運動史略（及び續篇）/ 小田信秀 // 中国及中国語 3(8,11-12),4(3-4,6-8). 1941-1942
黎锦熙《国语运动史纲》（本篇、续篇）/ 小田信秀 // 中国及汉语. 1941-1942. 3：8,11-12,4：3-4,6-8

3116 黎錦熙文法について / 大阪外語中国研究会 // 中国及中国語 4(2). 1942
关于黎锦熙语法 / 大阪外语中国研究会编 // 中国及汉语. 1942. 4：2

3117 黎錦熙小傳（承前）/ 小田信秀 // 中国及中国語 4(12). 1942
黎锦熙小传（承前）/ 小田信秀 // 中国及汉语. 1942. 4：12

3118 黎錦熙「新著国語文法」/ 鳥井克之 // 關西大學文學論集 42(3). 1993
黎锦熙《新著国语文法》/ 鸟井克之 // 关西大学文学论集. 1993. 42：3

3119 錢玄同と黎錦熙 / 倉石武四郎 // 市河博士還暦祝賀論文集 第 1 輯. 1946 年
钱玄同与黎锦熙 / 仓石武四郎 // 市河博士花甲祝贺论文集 第 1 辑. 1946 年

3120 黎錦熙 / 伊地智善継 // 中国語と中国文化（1965 年）第 202 頁
黎锦熙 / 伊地智善继 // 汉语与中国文化（1965 年）第 202 页

德穆楚克栋鲁普

3121 トクオウ ドムチュクドンロップ（德穆楚克棟魯普）/ 樋口正徳 // 最新中国要人傳. 第 170 頁
德王（德穆楚克栋鲁普）/ 樋口正德 // 最新中国要人传. 第 170 页

〔一〕

樊仲云

3122 樊仲雲 / 外務省東亜局 // 新国民政府人名鑑. 第 19 頁
樊仲云 / 外务省东亚局 // 新国民政府人名鉴. 第 19 页

3123 ハンチウウン 樊仲雲 / 樋口正徳 // 最新中国要人傳. 第 179 頁
樊仲云 / 樋口正德 // 最新中国要人传. 第 179 页

樊增祥

3124 樊增祥一派 / 今関天彭 // 近代中国の学芸. 第 159 頁

　　　　樊增祥一派 ／ 今关天彭 // 近代中国的学问艺术. 第 159 页
3125　樊增祥 ／ 青木正児等 // 漢詩大系 第 22. 第 367 頁
　　　　樊增祥 ／ 青木正儿等 // 汉诗大系 第 22. 第 367 页

〔丶〕

颜惠庆

3126　東西の首相（加藤男と顔惠慶） ／ 日本之關門社 // 日本乃関門 7（7 月號）（84）.1922
　　　　东西首相（加藤男与颜惠庆） ／ 日本之难关社 // 日本之难关. 1922.7；7(84)

3127　『顔惠慶』——時の人 ／ 清澤洌 // 日曜報知 11(139).1933
　　　　"颜惠庆"——时代之子 ／ 清泽洌 // 周日报知. 1933.11；139

3128　中国代表顔惠慶の哀願演說 ／ 畑桃作 // 国策を守れ：聯盟のカラクリと松岡の奮闘.1933 年
　　　　中国代表颜惠庆的求恳演说 ／ 畑桃作 // 紧守国策：联盟的机制与松冈的奋斗.1933 年

3129　ガンケイケイ 顔惠慶(駿人) ／ 樋口正徳 // 最新中国要人傳. 第 39 頁
　　　　颜惠庆(骏人) ／ 樋口正德 // 最新中国要人传. 第 39 页

3130　顔惠慶の知日 ／ 高木陸郎 // 日華交友録. 第 95 頁
　　　　颜惠庆的知日 ／ 高木陆郎 // 日华交友录. 第 95 页

3131　顔惠慶 ／ 高木陸郎 // 私と中. 第 138 頁
　　　　颜惠庆 ／ 高木陆郎 // 我与中国. 第 138 页

3132　保障だけでも満足・顔惠慶談・中国治外法権撤廃問題 ／ 明治大正昭和新聞研究会 // 新聞集成大正編年史 大正 14 年度版中. 第 41 頁
　　　　有保障即满足・颜惠庆谈・中国治外法权撤销问题 ／ 明治大正昭和报纸研究会 // 报纸集成大正编年史 大正 14 年度版中. 第 41 页

3133　中国が九箇国に照会した関税会議拡張・顔惠慶談 ／ 明治大正昭和新聞研究会 // 新聞集成大正編年史 大正 14 年度版中. 第 340 頁
　　　　中国照会九国的关税会议扩张：颜惠庆谈 ／ 明治大正昭和报纸研究会 // 报纸集成大正编年史 大正 14 年度版中. 第 340 页

3134　関税会議中国側代表顔触・顔惠慶他 ／ 明治大正昭和新聞研究会 // 新聞集成大正編年史 大正 14 年度版中. 第 607 頁
　　　　关税会议中方代表成员名单：颜惠庆等 ／ 明治大正昭和报纸研究会 // 报纸集成大正编年史 大正 14 年度版中. 第 607 页

3135　駐英中国公使顔惠慶氏に決定 ／ 明治大正昭和新聞研究会 // 新聞集成大正編年史 大正 14 年度版中. 第 864 頁
　　　　颜惠庆任驻英中国公使 ／ 明治大正昭和报纸研究会 // 报纸集成大正编年史 大正 14 年度版中. 第 864 页

3136　顔惠慶が満州国承認を主張 ／ 明治大正昭和新聞研究会 // 新聞集成昭和編年史 昭和 15 年度版 2. 第 97 頁
　　　　颜惠庆主张承认"满洲国" ／ 明治大正昭和报纸研究会 // 报纸集成昭和编年史 昭和 15 年度版 2. 第 97 页

3137　顔惠慶駐米大使か ／ 明治大正昭和新聞研究会 // 新聞集成昭和編年史 昭和 15 年度版 3. 第 199 頁
　　　　颜惠庆或任驻美大使 ／ 明治大正昭和报纸研究会 // 报纸集成昭和编年史 昭和 15 年度版 3. 第 199 页

潘 复

3138　潘復氏国務総理に・張作霖大元帥令で ／ 明治大正昭和新聞研究会 // 新聞集成昭和編年史 昭和 2 年度版 2. 第 832 頁
　　　　潘复担任国务总理・据张作霖大元帅令 ／ 明治大正昭和报纸研究会 // 报纸集成昭和编年史 昭和 2

年度版 2. 第 832 页

潘云超
3139　ハンウンチョウ　潘雲超／樋口正徳／／最新中国要人傳. 第 180 頁
　　　潘云超／樋口正徳／／最新中国要人传. 第 180 页

潘公展
3140　ハンコウテン　潘公展／樋口正徳／／最新中国要人傳. 第 180 頁
　　　潘公展／樋口正徳／／最新中国要人传. 第 180 页

潘汉年
3141　胡風、潘漢年氏を逮捕／財団法人日本外政学会／／ニュースレター（日本外政学会）（49）. 1955
　　　逮捕胡风、潘汉年／財団法人日本外政学会／／日本外政学会会刊（News Letter）. 1955. 49
3142　漢詩の国の漢詩煉獄篇（7）冤獄連環記——揚帆：附潘漢年／木山英雄／／文学 10(4). 1999
　　　汉诗之国的汉诗炼狱篇（7）冤狱连环记——扬帆：附潘汉年／木山英雄／／文学. 1999. 10：4
3143　ハンカンネン　潘漢年／樋口正徳／／最新中国要人傳. 第 180 頁
　　　潘汉年／樋口正徳／／最新中国要人传. 第 180 页

潘芸阁
3144　ハンウンカク　潘芸閣／樋口正徳／／最新中国要人傳. 第 180 頁
　　　潘芸阁／樋口正徳／／最新中国要人传. 第 180 页

潘毓桂
3145　潘毓桂（燕生）／外務省東亜局／／新国民政府人名鑑. 第 2 頁
　　　潘毓桂（燕生）／外务省东亚局／／新国民政府人名鉴. 第 2 页
3146　ハンイクケイ 潘毓桂（燕生）／樋口正徳／／最新中国要人傳. 第 179 頁
　　　潘毓桂（燕生）／樋口正徳／／最新中国要人传. 第 179 页

十六画

〔一〕

薛　岳

3147　セツガク 薛岳(伯陵) / 樋口正徳 // 最新中国要人傳. 第 99 頁
　　　薛岳(伯陵) / 樋口正德 // 最新中国要人传. 第 99 页

〔丨〕

冀朝鼎

3148　冀朝鼎博士 / 米沢秀夫 // アジア經濟旬報 (544). 1963
　　　冀朝鼎博士 / 米泽秀夫 // 亚洲经济旬报. 1963.544

3149　冀朝鼎先生の思い出:附東京追悼会 / 平野義太郎 // アジア經濟旬報 (548). 1963
　　　回忆冀朝鼎先生:附东京追悼会 / 平野义太郎 // 亚洲经济旬报. 1963.548

〔丿〕

穆木天

3150　2つの資料――胡風帰国の日時および穆木天の転向 / 千野拓政 // 法政大学教養部紀要 (通号 70). 1989
　　　两份资料――胡风回国时日与穆木天的转向 / 千野拓政 // 法政大学教养部纪要. 1989.70

3151　穆木天の卒論 / 丸山昇 // 月刊しにか 3(9)(30). 1992
　　　穆木天的毕业论文 / 丸山升 // 中国学月刊. 1992.3;9(30)

穆时英

3152　穆時英氏のこと / 谷川徹三 // 知性 3(8). 1940
　　　关于穆时英 / 谷川彻三 // 知性. 1940.3;8

3153　「第三種人」論争の問題点――穆時英を中心に / 谷行博 // 野草 (29). 1982
　　　"第三种人"论争的问题焦点――以穆时英为中心 / 谷行博 // 野草. 1982.29

3154　すべてがなくなった――穆時英の「記憶」 / 鈴木將久 // 中国哲学研究 (通号 9). 1995
　　　烟消云散――穆时英的"记忆" / 铃木将久 // 中国哲学研究. 1995.9

3155　穆時英「中国一九三一」 / 高橋俊 // 饕餮 (通号 7). 1999
　　　穆时英《中国一九三一》 / 高桥俊 // 饕餮. 1999.7

3156　中国三十年代文学における新感覚派小説手法の受容――穆時英の『共同墓地』をめぐって / 李征 // 筑波大学文学研究論集. 1994 年. 第 236—218 頁
　　　中国三十年代文学对新感觉派小说手法的接受――围绕穆时英的《共同墓地》/ 李征 // 筑波大学文学研究论集. 1994 年. 第 236—218 页

穆藕初

3157　ボクショウゲツ 穆藕初(湘玥) / 樋口正徳 // 最新中国要人傳. 第 190 頁
　　　穆藕初(湘玥) / 樋口正德 // 最新中国要人传. 第 190 页

十七画

〔一〕

戴英夫

3158　タイエイフ　戴英夫 / 樋口正德 // 最新中国要人傳. 第 111 頁
　　　戴英夫 / 樋口正德 // 最新中国要人传. 第 111 页

戴季陶

3159　戴季陶主義の一考察——蒋介石政権成立の思想的前提 / 小杉修二 // 歴史評論（通号 279）. 1973
　　　对戴季陶主义的一则考察——蒋介石政权成立的思想前提 / 小杉修二 // 历史评论. 1973. 279

3160　五四運動状況における戴季陶——「時代」の方向と中国の進む道 / 湯本国穂 // 千葉大学教養部研究報告 B（通号 19）. 1986
　　　五四运动中的戴季陶——"时代"的方向与中国的前进之路 / 汤本国穗 // 千叶大学教养部研究报告 B. 1986. 19

3161　五・四時期における戴季陶の政治主張に関する一考察 / 望月敏弘 // 嘉悦女子短期大学研究論集 29（2）. 1986
　　　关于五四时期戴季陶的政治主张的一则考察 / 望月敏弘 // 嘉悦女子短期大学研究论集. 1986. 29：2

3162　戴季陶の国民革命論の構造の分析 / 白永瑞、青柳純一 // 孫文研究会報（11）. 1990
　　　戴季陶的国民革命论的结构性分析 / 白永瑞、青柳纯一 // 孙文研究会报. 1990. 11

3163　戴季陶の「孫文主義」解釈を繞って / 関口勝 // 亜細亜大学教養部紀要（通号 52）. 1995
　　　论戴季陶的"孙文主义"的解释 / 关口胜 // 亚细亚大学教养部纪要. 1995. 52

3164　戴季陶と日本 / 俞慰剛 // 東瀛求索（通号 8）. 1996
　　　戴季陶与日本 / 俞慰刚 // 东瀛求索. 1996. 8

3165　戴季陶逸事 / 関口勝 // 亜細亜大学教養部紀要（通号 56）. 1997
　　　戴季陶逸事 / 关口胜 // 亚细亚大学教养部纪要. 1997. 56

3166　国民革命時期における戴季陶の対外観について / 嵯峨隆 // 近きに在りて（通号 33）. 1998
　　　关于国民革命时期戴季陶的对外观 / 嵯峨隆 // 在近处. 1998. 33

3167　辛亥期における戴季陶の日本認識(1909～1912 年) / 張玉萍 // 中国研究月報 52（12）（通号 610）. 1998
　　　辛亥时期戴季陶对日本的认识(1909～1912 年) / 张玉萍 // 中国研究月报. 1998. 52：12（610）

3168　抗日戦争期における戴季陶の日本観について / 俞慰剛 // 東瀛求索（通号 10）. 1999
　　　关于抗日战争时期戴季陶的日本观 / 俞慰刚 // 东瀛求索. 1999. 10

3169　タイデンケン　戴傳賢（季陶）/ 樋口正德 // 最新中国要人傳. 第 111 頁
　　　戴传贤（季陶）/ 樋口正德 // 最新中国要人传. 第 111 页

〔丿〕

魏邦平

3170　日中の混血兒：魏邦平 / 浜野末太郎 // 現代中国人物批判. 第 203 頁
　　　中日的混血儿：魏邦平 / 浜野末太郎 // 现代中国人物批判. 第 203 页

魏道明

3171　ギドウメイ　魏道明（伯聰）/ 樋口正德 // 最新中国要人傳. 第 40 頁
　　　魏道明（伯聪）/ 樋口正德 // 最新中国要人传. 第 40 页

十八画及以上

〔丨〕

瞿秋白

3172 瞿秋白の最後 / 日本外事協会 // 国際評論 4(10).1935
临终的瞿秋白 / 日本外事协会 // 国际评论.1935.4:10

3173 新中国を作った人々(6)瞿秋白 / 新島淳良 // 中国語 (15).1956
缔造新中国的人们其六 瞿秋白 / 新岛淳良 // 汉语.1956.15

3174 瞿秋白の文学運動——魯迅から毛沢東へ / 秋吉久紀夫 // 詩人会議 2(12).1964
瞿秋白的文学运动——从鲁迅到毛泽东 / 秋吉久纪夫 // 诗人会议.1964.2:12

3175 1932年瞿秋白と茅盾との間にかわされた文芸大衆化に関する論争について——現代中国文学史への一つの試み / 高田昭二 // 岡山大学法文学部学術紀要（通号 21).1965
中国现代文学史试论：关于1932年瞿秋白与茅盾的文艺大众化论争 / 高田昭二 // 冈山大学法文学部学术纪要.1965.21

3176 北京で見た瞿秋白批判 / 新島淳良 // 東洋文化（通号 44).1968
北京亲历批判瞿秋白 / 新岛淳良 // 东洋文化.1968.44

3177 瞿秋白批判について——魯迅逝去32周年に思う / 立間祥介 // 文學界 22(12).1968
关于批判瞿秋白——鲁迅逝世32周年之际有感 / 立间祥介 // 文学界.1968.22:12

3178 瞿秋白の知識人観 / 植田渥雄 // 駒澤大學外国語部論集（通号 1).1972
瞿秋白的知识分子观 / 植田渥雄 // 驹泽大学外国语部论集.1972.1

3179 「文芸大衆化論争」と瞿秋白の位置 / 阪口直樹 // 野草 (8).1972
"文艺大众化论争"与瞿秋白的定位 / 阪口直树 // 野草.1972.8

3180 瞿秋白と左連——「第三次文学革命」と「文芸大衆化」に関する主張を中心として / 前田利昭 // 東洋文化（通号 52).1972
瞿秋白与"左联"——以"第三次文学革命"与"文艺大众化"相关主张为中心 / 前田利昭 // 东洋文化.1972.52

3181 ソ連における瞿秋白(1—2) / 川上久壽 // 小樽商科大学人文研究（通号 52).1976；大東文化大学紀要 人文科学（通号 19).1981
瞿秋白在苏联(1—2) / 川上久寿 // 小樽商科大学人文研究.1976.(通号 52)；大东文化大学纪要 (人文科学).1981.19

3182 「魯迅雑感選集序言」の理論的前提——左連前期における瞿秋白文芸理論の位置(1930年代中国文学研究 -2-) / 丸尾常喜 // 東洋文化（通号 56).1976
《鲁迅杂感选集序言》的理论前提——"左联"前期瞿秋白文艺理论的地位(1930年代中国文学研究之二) / 丸尾常喜 // 东洋文化.1976年.56

3183 魯迅・瞿秋白・茅盾 / 松井博光 // ユリイカ 8(4).1976
鲁迅・瞿秋白・茅盾 / 松井博光 // 发现了!（Eureka).1976.8:4

3184 瞿秋白における文学と言語の問題 / 三木直大 // 人文学報（首都大学東京人文科学研究科）（通号 140).1980
瞿秋白论文学及语言问题 / 三木直大 // 首都大学东京人文科学研究科人文学报.1980.140

3185 現代文学史における瞿秋白 / 斎藤敏康 // 野草 (27).1981
瞿秋白在现代文学史中的地位 / 斎藤敏康 // 野草.1981.27

3186 国民革命期瞿秋白の中国革命論 / 森弘一 // 日本福祉大学研究紀要（通号 55).1983

国民革命时期瞿秋白的中国革命论 / 森弘一 // 日本福祉大学研究纪要. 1983. 55

3187 早期の瞿秋白——「餓郷紀程」小論 / 松浦恒雄 // 人文研究:大阪市立大学大学院文学研究科紀要 36(3). 1984

早期的瞿秋白——《饿乡纪程》小论 / 松浦恒雄 // 人文研究:大阪市立大学大学院文学研究科纪要. 1984. 36:3

3188 瞿秋白と初期左聯 / 浅野純一 // 中国文學報 36. 1985

瞿秋白与初期"左联" / 浅野纯一 // 中国文学报. 1985. 36

3189 魯迅におけるトロッキー観の転回試論——魯迅と瞿秋白 / 長堀祐造 // 中国文学研究（通号 13）. 1987

试论鲁迅的托洛茨基观的转变——鲁迅与瞿秋白 / 长堀祐造 // 中国文学研究. 1987. 13

3190 瞿秋白の言語改革論 / 大原信一 // 東洋研究（通号 106）. 1993

瞿秋白的语言改革论 / 大原信一 // 东洋研究. 1993. 106

3191 上海大学時期の瞿秋白について(上、中、下) / 陳正醍 // 人文学科論集(茨城大学人文学部). 通号 26—28. 1993—1995

在上海就读大学时的瞿秋白(上、中、下) / 陈正醍 // 茨城大学人文学部人文学科论集. 1993—1995. 26—28

3192 瞿秋白言語理論小考——コミュニケーション論の視角から / 鈴木將久 // 中国:社会と文化（通号 11）. 1996

瞿秋白语言理论小考——从传播论的视角分析 / 铃木将久 // 中国:社会与文化. 1996. 11

附录一

参考文献一览表

甲、专　著

本一览表共收录日文专著230余种，为方便检索，现分为三部分予以编排。第一部分首字为日文假名，以假名先后排序，第二部分书名首字为日文汉字，内含日文假名的，以笔画为序编排，第三部分书名首字为日文汉字，但不含日文假名，亦以笔画为序编排。

（一）

アジアの世紀は本当か：ポスト鄧小平をズバリ読む！／中嶋嶺雄、深田祐介／／東京：PHP研究所1995年197頁

ゲリラ：毛沢東戦略は世界を動かす／岡本隆三／／東京：講談社1965年238頁

スエン・ヘディンの馬仲英の逃亡／春日俊吉／／東京：ベースボール・マガジン社1965年251頁

スターリン・毛沢東・ネール／猪木正道等／／東京：要書房1951年223頁

スターリンと蒋介石：世界の二大巨人 彼等は何を目論んで居る／赤木洋三／／東京：城西出版社1936年38頁

スマトラの郁達夫：太平洋戦争と中国作家／鈴木正夫／／東京：東方書店1995年307頁

チトー主義 毛沢東主義／世界民主研究所／／東京：世界民主出版部1958年197頁

〔トウ〕小平：文化革命・林彪事件・天安門事件・四人組逮捕／石原栄次／／神戸：大陸研究社1977年210頁

ドキュメント 林彪・江青裁判／戸張東夫／／東京：日中出版1981年189頁

ドゴール・毛沢東・河本大作：世界の根性三人男／木村武雄／／東京：講談社1972年255頁

はじめ地上に道はない：魯迅／霜川遠志／／東京：フレーベル館1972年250頁

パリの周恩来：中国革命家の西欧体験／小倉和夫／／東京：中央公論社1992年199頁

フルシチョフと毛沢東／土居明夫／／東京：時事通信社1961年213頁

フルシチョフと毛沢東／安東仁兵衛等／／東京：合同出版社1963年238頁

ポスト鄧小平「中国」を読む／中嶋嶺雄等／／東京：プレジデント社1995年283頁

ポスト鄧小平体制の中国／藤本昭／／東京：日本貿易振興会1995年286頁

ポスト鄧小平——改革と開放の行方／矢吹晋／／東京：蒼蒼社1988年248頁

マオの肖像：毛沢東切手で読み解く現代中国／内藤陽介／／東京：雄山閣出版1999年207頁

マルクスにいどむ毛沢東：ソ連再評価と中国批判／堀健三／／東京：弘文堂新社1967年371頁

ユダヤの陰謀に踊る蒋介石／大野慎／／東京パンフレット社1937年37頁

レーニンのロシアと孫文の中国／布施勝治／／北京：燕塵社1927年546頁

（二）

二　画

丁玲と夏衍（第四／第六／第八）／阿部幸夫、高畠穣（高畠穣次）／／日野：辺鼓社1982, 1986, 1989, 1991年

七億の林彪:中国第二革命 / 高田富佐雄 // 東京:新人物往来社 1971 年 390 頁

人われを漢奸と呼ぶ——汪兆銘伝 / 杉森久英 // 東京:文芸春秋 1998 年 414 頁

人民の大地:新釈毛沢東の生涯 / 玖村芳男 // 東京:露満堂 1996 年 255 頁

人間蔣経国:奇蹟の発展の原動力 /「人間蔣経国」纂委員会 // 東京:世界日報社 1981 年 269 頁

三　画

万里の長城から毛沢東まで:目で見る中国 2000 年史 / 文芸春秋 // 東京:文芸春秋 1973 年 192 頁

四　画

天安門炎上す:毛沢東革命の内幕 / 大森実 // 東京:潮出版社 1966 年 327 頁

天皇と鄧小平の握手:実録・日中交渉秘史 / 永野信利 // 東京:行政問題研究所出版局 1983 年 348 頁

五四運動の研究(第 2 函 5):虞洽卿について / 陳来幸 // 京都:同朋舎出版 1983 年 127 頁

中国は日本と何処まで戦ふつもりか:微妙なる英・米・ソの動きと事変に約された蔣介石の運命 / 池村新一郎 // 東京:大文字書院 1937 年 38 頁

中国革命と孫文主義 / 武田熙 // 関西:千倉書房 1933 年 442 頁

中国革命の総帥蔣介石 / 日刊中国事情社 // 東京:日刊中国事情社 1927 年 13 頁

太田元次軍医の汪兆銘看護日志抄:汪兆銘客死抄から抜粋 / 太田元次 // 名古屋:大洋堂 1988 年 113 頁

日中衝突必然論:蔣介石の独裁政権を暴露す / 三島康夫 // 東京:今日の問題社 1935 年 46 頁

日中友好秘録 君ヨ革命ノ兵ヲ挙ゲヨ——革命の父・孫文に生涯した一日本人 / 車田譲治 // 東京:六興出版 1979 年 436 頁

日中終戦史話:南京国民政府主席陳公博の日本亡命 / 小川哲雄 // 東京:原書房 1985 年

日本と蔣介石政権行悩みの南京交渉 / 松本忠雄 // 東京:今日の問題社 1936 年 51 頁

中国:鄧小平の近代化戦略 / 浜勝彦 // 東京:アジア経済研究所 1995 年 300 頁

中国が知りたい!:ポスト鄧小平の最新情報からヤオハン大成功の秘密まで / 葉千栄 // 東京:ベストセラーズ 1994 年 236 頁

中国のニューリーダー:ポスト鄧小平の新政治人脈 / 本沢二郎、有沢志郎 // 東京:騒々堂出版 1995 年 255 頁

中国の政治と林彪事件 / 武内香里、森沢幸 // 東京:日中出版 1975 年 254 頁

中国の政治社会:ポスト鄧小平を探る / 小島朋之 // 東京:芦書房 1986 年 381 頁

中国の指導者:周恩来とその時代 / 松野谷夫 // 東京:同友社 1961 年 330 頁

中国の混迷:鄧小平と毛沢東路線 / 紺野純一 // 東京:新日本出版社 1979 年 241 頁

中国の新しい選択:ポスト鄧小平 / 桑原壽二等 // 武蔵野:亜細亜大学アジア研究所 1987 年 221 頁

中国の選択:鄧小平外交と「四つの近代化」/ 那須賢一 // 東京:大月書店 1981 年 252 頁

中国はこうなる!:鄧小平なきあとの危険な大国の深層 / 中嶋嶺雄 // 東京:講談社 1995 年 206 頁

中国はどこへ:ポスト鄧小平を読む / 大沢昇 // 東京:三一書房 1988 年 294 頁

中国ビジネス大国への挑戦:鄧小平のシナリオ / 杉江弘充 // 東京:学陽書房 1994 年 248 頁

中国人の論理学:諸子百家から毛沢東まで / 加地伸行 // 東京:中央公論社 1977 年 198 頁

中国伝統社会と毛沢東革命:東亜文化研究所研究成果報告 / 東亜学院東亜文化研究所 // 東京:東亜学院(霞山会内)1968 年 248 頁

中国近代化を演出する男・鄧小平 / 柴田穂 // 東京:山手書房 1978 年 308 頁

中国近代教育の思想的展開と特質:陶行知「生活教育」思想の研究 / 牧野篤 // 東京:日本図書センター 1993 年 807 頁

中国社会主義の戦略形成:1953—1958 / 徳田教之 // 東京:アジア経済研究会 1976 年 193 頁

中国改革最前線:鄧小平政治のゆくえ / 天児慧 // 東京:岩波書店 1988 年 214 頁

中国政治と大衆路線:大衆運動と毛沢東、中央および地方の政治動態 / 小島朋之 // 東京:慶応通信 1985

年 375 頁
中国政治論集:王安石から毛沢東まで / 宮崎市定 // 東京:中央公論社 1990 年 584 頁
中国革命と毛沢東思想:中国革命史の再検討 / 中西功 // 東京:青木書店 1969 年 354 頁
中国革命の百八人:毛沢東とスターリンの対決 / 吉田東祐 // 東京:元々社 1956 年 215 頁
中国新文学運動史:政治と文学の交点・胡適から魯迅へ / 尾坂徳司 // 東京:法政大学出版局 1957 年 314 頁
中華帝国病と毛沢東の遺言 / 太田清哲 // 諏訪:鳥影社 1997 年 193 頁
毛沢東、鄧小平そして江沢民 / 渡辺利夫 // 東京:東洋経済新報社 1999 年 329 頁
毛沢東:その詩と人生 / 武田泰淳、竹内実 // 東京:文芸春秋新社 1965 年 465 頁
毛沢東:不世出の巨星(人物現代史 9) / 大森実 // 東京:講談社 1979 年 394 頁
毛沢東:新しい中国の英雄 / 林華城 // 東京:民主評論社 1949 年 170 頁
毛沢東:新中国建設の人 / 新島淳良 // 東京:あかね書房 1972 年 196 頁
毛沢東その詩と人生 / 武田泰淳、竹内実 // 東京:文芸春秋 1975 年 490 頁
毛沢東とその軍隊 / 島村喬 // 東京:仙石出版社 1972 年 302 頁
毛沢東とその時代 / NHK 取材班 // 東京:恒文社 1996 年 255 頁
毛沢東と中国の紅星(毛沢東:中共を担ふ人々) / 波多野乾一 // 東京:帝国書院 1946 年 182 頁,東京:福地書店 1949 年 179 頁
毛沢東と中国共産党 / 竹内実 // 東京:中央公論社 1972 年 262 頁
毛沢東と中国思想 / 桑原壽二 // 東京:時事問題研究所 1969 年 412 頁
毛沢東と周恩来 / 柴田穂 // 東京:浪曼 1974 年 284 頁
毛沢東と周恩来 / 矢吹晋 // 東京:講談社 1991 年 238 頁
毛沢東と現代中国:社会主義経済建設の課題 / 河地重造 // 京都:ミネルヴァ書房 1972 年 243 頁
毛沢東と鄧小平 / 渡辺利夫、小島朋之 // 東京:NTT 出版 1994 年 357 頁
毛沢東なきあとの中国:現状とその分析 / 浅野雄三 // 東京:中国事情研究会 1978 年 78 頁
毛沢東における人間学 / 鹿島宗二郎 // 東京:経済往来社 1965 年 311 頁
毛沢東ノート / 竹内実 // 東京:新泉社 1978 年 358 頁
毛沢東の人間語録 どん底にいても勇気が湧く本 / 田宏祥 // 東京:主婦と生活社 1971 年 270 頁
毛沢東の中国をどう見るか / 猪俣敬太郎 // 東京:興論社 1966 年 70 頁
毛沢東の正体 / 桑山静逸 // 東京:政界公論社 1970 年 424 頁
毛沢東の生涯:八億の民を動かす魅力の源泉 / 竹内実 // 東京:光文社 1972 年 247 頁
毛沢東の外交:中国と第三世界 / 喜田昭治郎 // 京都:法律文化社 1992 年 266 頁
毛沢東の青春:革命家の誕生 / 高木健夫 // 東京:講談社 1967 年 413 頁
毛沢東の国:現代中国の基礎知識 / アジア経済出版会 // 東京:アジア経済研究所 1967 年 200 頁
毛沢東の政治 / 各務寮一 // 東京:三一書房 1966 年 238 頁
毛沢東の思想 / 新島淳良 // 東京:勁草書房 1968 年 472 頁
毛沢東の時代:現代中国をどう理解するか / 新井寳雄 // 東京:潮出版社 1966 年 216 頁
毛沢東の経済思想と管理革命 / 上妻隆栄 // 山口:山口大学東亜経済学会 1967 年 81 頁
毛沢東の焦慮と孤独 / 村松暎 // 東京:中央公論社 1967 年 224 頁
毛沢東の新民主主義:その理論的並に実践的展開 / 神戸大学経済経営研究所 // 神戸:神戸大学経済経営研究所アジア経済専門委員会 1951 年 53 頁
毛沢東の旗:中国共産党物語 / 藤田福乎 // 京都:蘭書房 1949 年 279 頁
毛沢東をめぐる英雄 / 森健 // 東京:中央書籍 1949 年 112 頁
毛沢東入門:人間の魅力と信念の研究! / 岡本隆三 // 東京:日本文芸社 1974 年 238 頁
毛沢東五つの戦争:中国現代史論 / 鳥居民 // 東京:草思社 1970 年 347 頁
毛沢東主義:理論と実践の歴史的検討 / 三浦つとむ // 東京:勁草書房 1976 年 338 頁

毛沢東主義の形成：1935年—1945年／徳田教之／／東京：慶応通信1971年120頁
毛沢東主義の政治力学／徳田教之／／東京：慶応通信1977年372頁
毛沢東同志の青少年時代／蕭三述／／瀋陽：民主新聞社1952年109頁
毛沢東思想と中国の社会主義：中共革命の再検討／現代アジア社会思想研究会／／東京：現代アジア出版会1967年297頁
毛沢東思想と現代の課題：対談／梅本克己、遠坂良一／／東京：三一書房1972年232頁
毛沢東思想と現代修正主義／松村一人／／東京：東方書店1968年206頁
毛沢東思想と路線闘争：批林批孔の大衆運動の展開を中心に／福本和夫／／東京：三一書房1974年276頁
毛沢東思想における経済建設の論理／上妻隆栄／／山口：山口大学東亜経済学会1968年96頁
毛沢東思想の系図：マルクス主義の後退と堕落／三浦つとむ／／東京：至誠堂1966年188頁
毛沢東思想の呪縛：中国共産党思想史の断面／高橋亨／／東京：振学出版1990年242頁
毛沢東思想の原点／福本和大／／東京：三一書房1973年290頁
毛沢東思想の歴史的背景／高橋亨／／浦和：曉書房1976年235頁
毛沢東時代の中国／毛里和子／／東京：日本国際問題研究所1990年329頁
毛沢東最後の挑戦：未完の中国革命／桑原壽二等／／東京：ダイヤモンドタイムス社1976年341頁
毛沢東評伝：その鮮烈なる個性・生涯・詩／西河毅／／東京：わせだ書房1976年310頁
毛沢東語録入門：あなたの会社を救う革命的経営戦略／三鬼陽之助／／東京：サンケイ新聞出版局1972年229頁
文化と革命：毛沢東時代の中国／野村浩一／／東京：三一書房1977年244頁
文化大革命と毛沢東思想／高橋勇治、米沢秀夫／／東京：日中出版1973年316頁
以眞報怨：写真集「蔣介石先生の遺徳を偲ぶ」／蔣介石先生の遺徳を顕彰する会／／東京：水泽印刷株式会社1986年104頁
幻の惑星 馬占山：満洲建国の記録／松井仁夫／／堺：大湊書房1977年177頁

五　画

世界の三人を語る：ド・ゴール 毛沢東 スハルト／木村武雄述／／東京：土屋書店1968年350頁
北中に暁鐘を撞く殷汝耕と冀東自治：我が大陸政策の方向／渡辺剛／／東京：夕刊帝国新聞社1935年48頁
北京大学元総長蔡元培：憂国の教育家の生涯／中目威博／／東京：里文出版1998年373頁
北京会談：華国鋒・鄧小平両首脳と語る 全記録／矢次一夫、森輝明／／東京：三天書房1980年215頁
北京苦住庵記：日中戦争時代の周作人／木山英雄／／東京：筑摩書房1978年320頁
北京迷走：鄧小平・胡耀邦・趙紫陽の軌跡／田所竹彦／／東京：亜紀書房1989年224頁
仙台における魯迅の記録／仙台における魯迅の記録を調べる会／／東京：平凡社1978年433頁
市民革命の理論：マルクスから毛沢東へ／堀江英一／／東京：有斐閣1957年261頁
民族の英雄：毛沢東／坂井徳三／／東京：伊藤書店1949年185頁
弁証法の発展：毛沢東の「矛盾論」を中心として／松村一人／／東京：岩波書店1955年200頁
台湾と蔣介石：二・二八民変を中心に／楊逸舟／／東京：三一書房1970年262頁

六　画

共産主義の系譜：マルクスから毛沢東まで／猪木正道／／東京：角川書店1970年412頁
共産主義戦争論：マルクス・レーニン・スターリン・毛沢東の戦争観の分析／佐野学／／東京：青山書院1951年284頁
竹馬の友へ：小笠原誉至夫宛書簡 自由民権・御進講 孫文関係新資料／南方熊楠／／東京：八坂書房1993年142頁

江沢民の中国:内側から見た「ポスト鄧小平」時代 / 朱建栄 // 東京:中央公論社 1994 年 223 頁
宇垣一成宰相であれば第二次世界大戦は起こらなかった。:宇垣一成将軍と蒋介石将軍 / 池見猛 // 東京:池見学園出版部 1992 年 205 頁

七　画

貝塚茂樹著作集(第 10 巻 孫文と毛沢東) / 貝塚茂樹 // 東京:中央公論社 1978 年 486 頁
見よ! 天馬空を行く現代の革命児殷汝耕を / 宗南洲 // 東京:日満聯合通信社 1937 年 57 頁
呉佩孚・汪兆銘和平運動の底流と新動向 / 木村富士雄 // 東京:協同書房 1939 年 32 頁
岐路に立つ中国:どうなる鄧小平以後 / 小島朋之 // 東京:芦書房 1990 年 422 頁
我は苦難の道を行く:汪兆銘の眞実(上、下巻) / 上坂冬子 // 東京:講談社 1999 年 311 頁
私の毛沢東 / 新島淳良 // 東京:野草社 1979 年 238 頁
私の毛沢東主義「万歳」/ 中岡哲郎 // 東京:筑摩書房 1983 年 223 頁
私の見た中国大陸五十年:汪兆銘から鄧小平まで / 小山武夫 // 東京:行政問題研究所出版局 1986 年 284 頁
近代中国における法相唯識思想研究:熊十力初期唯識哲学について / 陳継東 // 東京:富士ゼロックス小林節太郎記念基金 1994 年 20 頁
迎春花:趙毓松の中国革命回顧録 / 古沢敏雄 // 東京:明徳出版社 1978 年 257 頁
辛亥革命と章炳麟の斉物哲学 / 高田淳 // 東京:東京大学出版会 1976 年 380 頁
汪兆銘と新中国 / 田中香苗、村上剛共 // 東京:日本青年外交協会出版部 1940 年 306 頁
汪兆銘の爆弾声明と蒋政権の内幕を曝く / 畑中耕 // 東京:亜細亜出版社 1939 年 34 頁
汪兆銘を語る / 青年書房 // 東京:青年書房 1939 年 202 頁
汪兆銘を語る / 井東憲 // 東京:東亜振興会 1939 年 16 頁
汪兆銘名古屋に死す / 小野稔 // 東京:東京ジャーナルセンター 1998 年 273 頁
汪兆銘運動の展開 税制改革・増税の現段階 最近のドイツ雑感 / 加田哲二等 // 東京:東洋經濟出版部 1939 年 71 頁
汪兆銘遺書の謎 / 関岡渉 // 名古屋:メディアアーカイブ出版 1999 年 265 頁
汪精衛に與ふ / 福岡醇祐 // 東京:亜洲青年聯盟出版部 1940 年 248 頁
汪権政の成立:蒋介石はいつ迄戦ふ / 城北散史 // 東京:東京情報社 1940 年 31 頁

八　画

奉天派の新人旧人:張作霖を中心として / 園田一亀 // 奉天:奉天新聞社 1923 年 141 頁
武漢三鎮を失った蒋介石の末路 / 石田霞山 // 東京:國策研究社 1938 年 35 頁
青年に語る日本の方向:二宮尊徳と毛沢東に学ぶ新しい進路 / 森信三 // 東京:文理書院 1958 年 262 頁
長征:毛沢東の歩いた道 / 野町和嘉 // 東京:講談社 1995 年 238 頁
苦悶の蒋介石 / 白須賀六郎 // 東京:宮越太陽堂書房 1940 年 181 頁
林彪の作戦 / 寺尾五郎 // 東京:德間書店 1967 年 229 頁
林彪時代:毛沢東の後継者・林彪の人と思想 / 新井寳雄 // 東京:アジア評論社 1970 年 238 頁
東洋平和の攪乱者蒋介石を葬れ:北中事変の眞相 / 長尾高義述 // 東京:日通社 1937 年 28 頁
刺客に襲はれ蒋介石国外へ亡命す / 武田倉穹 // 青森:人生道場 1940 年 16 頁
郁達夫:その青春と詩 / 稲葉昭二 // 東京:東方書店 1982 年 211 頁
郁達夫:悲劇の時代作家 / 鈴木正夫 // 東京:研文出版 1994 年 257 頁
郁達夫伝:その詩と愛と日本 / 小田岳夫 // 東京:中央公論社 1975 年 220 頁
郁達夫資料:作品目録・参考資料目録及び年譜 / 伊藤虎丸 // 東京:東京大学東洋文化研究所附属東洋学文献センター 1969 年 126 頁
国父孫文と梅屋庄吉:中国に捧げたある日本人の生涯 / 車田譲治、国方千勢子述 // 東京:六興出版 1975

年 436 頁
和平は売国か:ある汪兆銘伝／山中徳雄／／東京:不二出版 1990 年 198 頁
和平を語る:汪兆銘訪問記／室伏高信／／東京:青年書房 1939 年 339 頁
周恩来とのかかわりあい／苗劍秋／／東京:内外ニュース 1972 年 48 頁
周恩来と毛沢東:周恩来試論／鳥居民／／東京:草思社 1975 年 348 頁
周恩来なき中国の潮流／加藤栄治／／東京:日中出版 1976 年 232 頁
周恩来の中国／半沢貫／／東京:こぶし書房 1976 年 220 頁
周恩来の決断:日中国交正常化はこうして実現した／NHK 取材班／／東京:日本放送出版協会 1993 年 213 頁
周恩来の時代／柴田穂／／東京:中央公論社 1971 年 268 頁
周恩来の基本:その対話にみる思想と戦略／田英夫／／東京:東京美術 1971 年 335 頁
匋印北川蝠亭とその交友:会津八一・伊達南海・呉昌碩・王一亭／北川蝠亭／／大阪:泰山書道院 1987 年 24 頁

九　画

指導力の秘密:周恩来の実践／新井寶雄／／東京:潮出版社 1979 年 240 頁
革命いまだ成らず——孫文伝／安藤彦大郎／／東京:国土社 1981 年 285 頁
革命の炎の中で:蒋介石から毛沢東へ——在華二十五年の回顧／乗石繁太郎／／東京:昭和通信社 1953 年 143 頁
革命の思想:マルクスから毛沢東へ／菅沼正久／／東京:塙書房 1971 年 238 頁
革命児周恩来の実践／新井寶雄／／東京:潮出版社 1979 年 262 頁
革命前夜:孫文をめぐる人々／萱野長雄等／／東京:松沢書店 1958 年 277 頁
革命浪人:滔天と孫文／三好徹／／東京:中央公論社 1979 年 305 頁
革命家毛沢東:革命は終焉らず／宇野重昭／／東京:清水書院 1971 年 251 頁
茫茫の記——宮崎滔天と孫文／立野信紙／／東京:東都書房 1966 年 362 頁
秋風秋雨人を愁殺す——秋瑾女士伝／武田泰淳／／東京:筑摩書房 1968 年 253 頁
後継者林彪の転落／柴田穂／／東京:サンケイ新聞社 1979 年 286 頁
独裁三人男:その後のヒットラー・蒋介石・ムッソリーニ／片山隆／／東京:森田書房 1936 年 56 頁
差し向かいの毛沢東:中共首脳部の肚を叩く／土居明夫／／東京:新紀元社 1957 年 267 頁
紅軍創建期の毛沢東と周恩来:立三路線論考／アジア政経学会／／東京:アジア政経学会 1978 年 190 頁

十　画

馬占山將軍伝:東洋のナポレオン／立花丈平／／東京:徳間書店 1990 年 238 頁
華国鋒 vs 鄧小平 対立の軌跡／戸張東夫／／東京:新泉社 1981 年 257 頁
眞実の中国:鄧小平なき中国と日本／新井信介、超予測研究会／／東京:総合法令出版 1995 年 289 頁
連続革命と毛沢東思想／菅沼正久／／東京:三一書房 1969 年 216 頁
夏衍と丁玲(また／第五／第七)／阿部幸夫、高畠穣(高畠穣次)／／日野:辺鼓社 1982、1984、1987、1990 年
孫子と毛沢東:中国的思考の秘密／神子侃、水野史朗／／東京:北望社 1970 年 232 頁
孫中山の革命と政治指導／横山宏章／／東京:研文出版 1983 年 413 頁
孫中山先生の十年祭に際して／日本文化聯盟／／東京:日本文化研究所出版部 1935 年 30 頁
孫文(人類の知的遺産 63)／堀川哲男／／東京:講談社 1983 年 367 頁
孫文:中国革新の父／小田岳夫／／東京:偕成社 1953 年 314 頁
孫文:革命いまだ成らず(歴史の人間像)／野沢豊／／東京:誠文堂新光社 1962 年 280 頁
孫文から毛沢東へ:中国現代史の流れ／岩村三千夫／／東京:弘文堂 1949 年 60 頁

孫文から李登輝へ:日華八十年の軌跡 / 宇野精一 // 東京:早稲田出版 1992 年 368 頁
孫文から尾崎秀実へ / 中村新太郎 // 東京:日中出版 1975 年 317 頁
孫文とアジア:1990 年 8 月国際学術討論会報告集 / 孫文研究会 // 東京:汲古書院 1993 年 328 頁
孫文との誓約により穏田の神様中国四億民衆に告ぐ / 帝国軍事協会 // 東京:東京朝野新聞出版部 1937 年 22 頁
孫文と日本 / 沼野誠介 // 東京:キャロム 1993 年 230 頁
孫文と日本 / 貝塚茂樹 // 東京:講談社 1967 年 201 頁
孫文と中国の革命運動 / 堀川哲男 // 東京:清水書院 1984 年 234 頁
孫文と中国革命 / 野沢豊 // 東京:岩波書店 1966 年 216 頁
孫文と中国革命——孫文とその革命運動の史的研究 / 池田誠 // 京都:法律文化社 1983 年 480 頁
孫文と毛沢東:私の中国観 / 井貫軍二 // 大阪:教育タイムス社 1950 年 70 頁
孫文と毛沢東の遺産(研文選書 51) / 藤井昇三、横山宏章 // 東京:研文出版 1992 年 350 頁
孫文と袁世凱:中華統合の夢 / 横山宏章 // 東京:岩波書店 1996 年 234 頁
孫文の中国現代化構想 / 満鉄上海事務室 // 上海:満鉄上海事務室 1942 年
孫文の生涯と国民革命 / 河野密 // 東京:日本放送出版協会 1940 年 192 頁
孫文の革命運動と日本 / 俞辛焞 // 東京:六興出版 1989 年 388 頁
孫文の研究——とくに民族主義理論の発展を中心として / 藤井昇三 // 東京:勁草書房 1966 年 293 頁
孫文の経済学説試論 / 中村哲夫 // 京都:法律文化社 1999 年 156 頁
孫文の経済思想 / 出口勇藏 // 京都:高桐書院 1946 年 159 頁
孫文の提唱せる三民主義の梗概 / 水野梅曉 // 東京:東亜研究会 1927 年 15 頁
孫文以後の中国と日本 / 林正幸 // 兵庫県:木蘭書院 1929 年 206 頁
孫文先生と日本関係画史 中華民国各界記念国父百年誕辰籌備委員会 / 学術論纂委員会 // 東京:中華民国国父孫文先生百年誕辰記念会 1965 年 60 頁
孫文思想の研究 / 石井壽夫 // 東京:目黒書店 1943 年 318 頁
孫文移霊祭の記 / 近藤達児 // 東京:近藤達児 1929 年 191 頁
孫逸仙と黄興 / 伊藤銀月 // 東京:武屋藏書店 1911 年 283 頁
陶行知:新中国教師の父 / 斎藤秋男 // 東京:刀江書院 1951 年 218 頁
陶行知生活教育理論の形成 / 斎藤秋男 // 東京:明治図書 1983 年 185 頁

十一画

現代中国と孫文思想 / 安藤彦太郎等 // 東京:講談社 1967 年 286 頁
現代中国の歴史(1949~1985):毛沢東時代から鄧小平時代へ / 宇野重昭 // 東京:有斐閣 1986 年 460 頁
現代中国政治と毛沢東 / 池上貞一 // 京都:法律文化社 1991 年 378 頁
康有為:ユートピアの開花 / 坂出祥伸 // 東京:集英社 1985 年 269 頁
康有為の思想運動と民衆 / 原田正己 // 東京:刀水書房 1983 年 335 頁
章炳麟・章士釗・魯迅:辛亥の死と生と / 高田淳 // 東京:竜渓書舎 1974 年 339 頁
梁啓超 西洋近代思想受容と明治日本 共同研究 / 狭間直樹 // 東京:みすず書房 1999 年 421 頁
張作霖爆殺:昭和天皇の統帥 / 大江志乃夫 // 東京:中央公論社 1989 年 190 頁
張学良:日中の覇権と「満洲」/ 西村成雄 // 東京:岩波書店 1996 年 275 頁
張学良と中国:西安事変立役者の運命 / 松本一男 // 東京:サイマル出版会 1990 年 258 頁
張学良と蒋介石 / 藤川京介 // 東京:森田書房 1936 年 47 頁
張学良の昭和史最後の証言 / 臼井勝美 // 東京:角川書店 1991 年 288 頁
張学良はなぜ西安事変に走ったか:東アジアを揺るがした二週間 / 岸田五郎 // 東京:中央公論社 1995 年 222 頁
強化を急ぐスターリン独裁政権・ロンドンに於ける孫科のインタヴユー / 国際思想研究所 // 東京:

国際思想研究所 1938 年 25 頁

十二画

揺れる中国:鄧小平のジレンマ / 青木周三 // 東京:人と文化社 1992 年 215 頁
蒋介石:その偉大なる生涯 / 池口恵観 // 東京:論稿社 1976 年 215 頁
蒋介石百年誕辰紀念 / 雕刻之森美术館 // 箱根:雕刻之森美术館 1986 年
蒋介石と毛沢東 / 渡辺茂雄 // 東京:大日本雄弁会講談社 1949 年 239 頁
蒋介石と毛沢東:世界戦争のなかの革命 / 野村浩一 // 東京:岩波書店 1997 年 418 頁
蒋介石と白崇禧 / 本多芳次郎 // 東京:森田書房 1937 年 35 頁
蒋介石と現代中国 / 吉岡文六 // 東京:東白堂書房 1936 年 250 頁
蒋介石の中国史:ミスターチャンと呼ばれた男 / 松本暁美 // 東京:参玄社 1975 年 319 頁
蒋介石の歿後:ポスト・ベトナム / 西内雅 // 東京:おりじん書房 1975 年 297 頁
蒋介石の動向と抗日秘密結社を曝く / 清河政雄 // 東京:教材社 1937 年 38 頁
蒋介石は何處へ行く!! / 山川直夫 // 東京:東京情報社 1940 年 31 頁
蒋介石を狙ふ女 / 我妻大陸 // 東京:紫文閣 1939 年 326 頁
蒋介石氏に告ぐ / 伊東阪二 // 東京:新東洋社 1934 年 33 頁
蒋介石氏を繞ぐる中国政局 / 吉岡文六 // 東京:東亜同文会研究編纂部 1936 年 41 頁
蒋介石政権の行方と迫れる日英戦争:幣制改革の裏に躍る英国の陰謀 / 天沖郷廟 // 東京:今日の問題社 1935 年 45 頁
蒋介石政権は今後どう抗戦するか / 山科潜 // 東京:昭和書房 1938 年 39 頁
蒋介石政権内部に対立する諸勢力 / 開南倶楽部 // 東京:開南倶楽部 1937 年 36 頁
蒋経国時代の台湾 / 若菜正義 // 東村山:教育社 1978 年 169 頁
貴妃は毒殺されたか:皇帝溥儀と関東軍参謀吉岡の謎 / 入江曜子 // 東京:新潮社 1998 年 430 頁
評伝陶行知:政治的抒情詩人の生涯 / 斎藤秋男 // 東京:勁草書房 1968 年 299 頁
運命の選択:そのとき吉田茂・マッカーサー・蒋介石は / 塩沢実信 // 千葉県:広池学園出版部 1983 年 285 頁

十三画

魂にふれる漢詩:漱石から毛沢東まで / 羅発輝 // 東京:朝日ソノラマ 1975 年 236 頁
農業集団化政策決定までの政治過程(1949~55 年):国家形成期の毛沢東 / 浅沼かおり // 東京:アジア政経学会 1994 年 145 頁
遥かなる周恩来 / 松野谷夫 // 東京:朝日新聞社 1981 年 369 頁
解放戦段階における毛沢東の戦略戦術 / 家田重蔵 // 東京:防衛研修所 1962 年 38 頁
解放闘争と毛沢東思想 / 坂本徳松等 // 東京:亜東社 1967 年 230 頁
新中国の建設と汪精衛 / 松山悦三 // 東京:人生社 1940 年 220 頁
新中国のお父さま汪精衛先生 / 大林重信 // 東京:健文社 1941 年 183 頁
新中国の大指導者汪精衛 / 山中峯太郎 // 東京:潮文閣 1942 年 326 頁
新中国史:北京原人から毛沢東まで / 吉田東祐 // 東京:洋々社 1954 年 370 頁
新政権遂に成るか 大立物汪兆銘 / 畑中耕 // 東京:亜細亜出版社 1939 年 57 頁

十四画

歴史としての鄧小平時代 / 天児慧 // 東京:東方書店 1992 年 235 頁
歴史のなかの毛沢東 / 新島淳良 // 東京:野草社 1982 年 198 頁
歴史の中の毛沢東:その遺産と再生(シンポジウム) / 竹内実等 // 東京:蒼蒼社 1986 年 170 頁
関東大震災と王希天事件:もうひとつの虐殺秘史 / 田原洋 // 東京:三一書房

1982 年 227 頁

鄧小平:「富強中国」への模索 / 天児慧 // 東京:岩波書店 1996 年 229 頁

鄧小平と中国の権力構造 党・行政・軍を完全掌握した / 柴田穂 // 東村山:教育社 1983 年 190 頁

鄧小平と中国近代化 / 伊藤正 // 東村山:教育社 1979 年 167 頁

鄧小平なき中国経済 / 矢吹晋 // 東京:蒼蒼社 1995 年 276 頁

鄧小平のいない中国 / 小島朋之 // 東京:日本経済新聞社 1995 年 256 頁

鄧小平のペレストロイカ / 木場康治 // 東京:新都心文化センター 1989 年 253 頁

鄧小平の中国 / 半沢貫 // 東京:こぶし書房 1984 年 297 頁

鄧小平の中国:所感 50 題 / 嶋倉民生 // 東京:近代文芸社 1996 年 133 頁

鄧小平の軍事改革 / 平松茂雄 // 東京:勁草書房 1989 年 266 頁

鄧小平の戦略:China watching 1982 / 戸張東夫 // 東京:霞山会 1983 年 187 頁

鄧小平の遺言:野望果てることなし / 落合信彦 // 東京:小学館 1994 年 286 頁

鄧小平伝:不屈の革命家 / 和田武司、田中信一 // 東京:德間書店 1977 年 245 頁

鄧小平時代の中国経済 / 浜勝彦 // 東京:亜紀書房 1987 年 285 頁

鄧小平新時代　ドキュメント時間との闘い / 浅川健次 // 東京:有斐閣 1983 年 234 頁

鄧中夏とその時代:中国共産党第一世代の青春 その生と死の記録・全年譜 / 木村郁二郎 // 東京:木村郁二郎 1994 年 856 頁

十五画以上

権力の継承:レーニン / スターリン / 毛沢東 / ホー・チ・ミン / チトー / 小倉和夫 // 東京:日本国際問題研究所 1985 年 195 頁

醇なる日本人:孫文革命と山田良政・純三郎 / 結束博治 // 東京:プレジデント社 1992 年 331 頁

震災下の中国人虐殺:中国人労働者と王希天はなぜ殺されたか / 仁木ふみ子 // 東京:青木書店 1993 年 266 頁

黎錦熙氏、周有光氏の著書を基とせる・中国語文法詳解 / 香坂順一 // 東京:タイムス出版社 1941 年

魯迅:めざめて人はどこへ行くか / 四方田犬彦 // 東京:ブロンズ新社 1992 年 189 頁

魯迅:新しい世界の文豪 / 山田野理夫 // 東京:岩崎書店 1966 年 202 頁

魯迅との対話 / 尾崎秀樹 // 東京:南北社 1962 年 284 頁

魯迅と日本:魯迅生誕 110 周年仙台記念祭展示会図録 / 魯迅生誕 110 周年記念祭実行委員会 // 仙台:魯迅生誕 110 周年記念祭実行委員会 1991 年 138 頁

魯迅と同時代人 / 魯迅論集集委員会 // 東京:汲古書院 1992 年 256 頁

魯迅と伝統 / 今村与志雄 // 東京:勁草書房 1967 年 541 頁

魯迅のこころ:少年少女におくる伝記 / 新村徹 // 東京:理論社 1970 年 204 頁

魯迅の言葉 / 近代文学研究会 // 東京:芳賀書店 1966 年 243 頁

魯迅伝:その思想と遍歴 / 山田野理夫 // 東京:潮文社 1964 年 198 頁

魯迅研究の現在 / 魯迅論集集委員会 // 東京:汲古書院 1992 年 322 頁

誰も書かなかった毛沢東:「赤い巨星」の謎の部分 / 鈴木明 // 東京:サンケイ出版 1977 年 237 頁

敵か友か:中国と日本の問題検討 / 蒋介石口述,西内雅解題 // 東京:国民新聞社 1972 年 101 頁

懊悩せる台湾大学・唐継尭の雲南 / 拓殖通信社 // 東京:拓殖通信社 1926 年 30 頁

《繆斌工作》成ラズ:蒋介石、大戦終結への秘策とその史実 / 横山銕三 // 東京:展転社 1992 年 254 頁

（三）

二　画

丁玲入門 / 尾坂徳司 // 東京:青木書店 1953 年 151 頁

人間毛沢東 / 米田祐太郎 // 東京:高風館 1953 年 262 頁
人間毛沢東 / 福本和夫 // 東京:日本出版協同 1953 年 254 頁
人間汪兆銘 / 松山悦 // 東京:人生社 1940 年 197 頁

三　画

三十三年之夢 / 白浪庵滔天(宮崎寅蔵) // 東京:国光書房 1902 年 278 頁
大総統黎元洪:中国革命史 / 内藤順太郎 // 東京:議会春秋社 1917 年 248 頁
小村壽太郎・汪精衛:東亜英傑伝 / 白井喬二 // 大阪:宋栄堂 1943 年 277 頁

四　画

王明著作目録 / 田中仁 // 東京:汲古書院 1996 年 228 頁
毛沢東 / 岩村三千夫 // 東京:日本書房 1959 年 318 頁
毛沢東 / 小野信爾 // 東京:人物往来社 1967 年 300 頁
毛沢東 / 宇野重昭 // 東京:清水書院 1970 年 213 頁
毛沢東 / 白木茂 // 東京:潮出版社 1971 年 93 頁
毛沢東 / 木村武雄 // 東京:土屋書店 1978 年 133 頁
毛沢東 / 小田実 // 東京:岩波書店 1984 年 375 頁
毛沢東 / 竹内実 // 東京:岩波書店 1989 年 208 頁
毛沢東世界戦略 / 市川宗明 // 東京:原書房 1967 年 254 頁
毛沢東伝 / 松本鎗吉 // 東京:高山書院 1946 年 156 頁
毛沢東伝 / 新中国研究会 // 東京:北窓書房 1949 年 240 頁
毛沢東伝 / 貝塚茂樹 // 東京:岩波書店 1956 年 206 頁
毛沢東研究 / 柳田謙十郎 // 東京:日中出版 1977 年 246 頁
毛沢東研究序説 / 今堀誠二 // 東京:勁草書房 1966 年 301 頁
毛沢東秘録(上、中、下) / 産経新聞「毛沢東秘録」取材班 // 東京:産経新聞ニュースサービス 1999—
　2001 年
毛沢東著作年表 / 京都大学人文科学研究所 // 京都:京都大学人文科学研究所 1981 年
毛泽东其人 / 福本和夫 // 东京:日本出版協同 1953 年 254 頁
毛澤東思想研究(通巻 1—7) /// 東京:毛澤東思想研究会 1966—1973 年
孔乙己・風波:表音・注釈魯迅作品選 / 上野恵司注 // 東京:白帝社 1990 年 70 頁

五　画

正伝鄧小平 / 高木桂蔵 // 東京:秀英書房 1978 年 301 頁

六　画

伊藤博文・袁世凱:東亜英傑伝 / 白井喬二 // 大阪:宋栄堂 1943 年 278 頁

七　画

李承晩・蒋介石 / 中川信夫 // 京都:三一書房 1960 年 236 頁
汪兆銘 / 森田正夫 // 東京:興亜文化協会 1939 年 482 頁
汪兆銘叙伝 / 沢田謙 // 東京:春秋社 1939 年 267 頁
汪兆銘客死 / 小野稔 // 東京:東京ジャーナルセンター 1990 年 165 頁
汪精衛小史 / 公益書社 // 広州:全経閣書局 1912 年 23 頁
汪精衛伝 / 松山悦三 // 東京:人生社 1940 年 197 頁
汪精衛伝 / 沢田謙 // 東京:春秋社 1940 年 272 頁

初期毛沢東研究 / 中屋敷宏 // 東京：蒼蒼社 1998 年 427 頁

八　画

郁達夫資料補篇(上、下) / 伊藤虎丸等 // 東京：東京大学東洋文化研究所附属東洋学文献センター 1973—1974 年
周恩来 / 梨本祐平 // 東京：勁草書房 1967 年 355 頁
怪傑袁世凱 / 関矢充郎 // 东京：実業之日本社 1913 年 410 頁
怪傑張作霖 / 園田一亀 // 東京：中華堂 1922 年 399 頁

十　画

袁世凱：正伝 / 内藤順太郎 // 东京：博文館 1913 年 256 頁
袁世凱伝 / 佐久間東山 // 東京：現代思潮社 1985 年 317 頁
記念孫中山先生 / 留日華僑記念孫中山先生誕辰一百周年等備委員會 // 東京：編者出版 1966 年 37 頁
陳独秀 / 横山宏章 // 東京：朝日新聞社 1983 年 267 頁
孫中山先生逝世十年祭記念講演 / 日本文化聯盟 // 東京：日本文化研究所出版部 1935 年 22 頁
孫中山先生逝世十年祭記録 / 日本文化聯盟 // 東京：日本文化研究所出版部 1935 年 88 頁
孫中山研究日中国際学術討論会報告集 / 孫文研究会 // 京都：法律文化社 1986 年 272 頁
孫中山記念館展示準備資料・文献目録 / 孫文研究会集 // 神戸：神戸華僑歴史博物館・孫文研究会 1984 年 64 頁
孫　文 / 高橋勇治 // 東京：日本評論社 1934 年 228 頁
孫　文 / 小野則秋 // 京都：大雅堂 1948 年 257 頁
孫文(東洋思想叢書 第 17) / 横山英、中山義弘共 // 東京：清水書院 1968 年 197 頁
孫文・毛沢東 / 小野川秀美 // 東京：中央公論社 1969 年 574 頁
孫文伝 / 王枢之 // 東京：改造社 1931 年 438 頁
孫文伝 / 鈴江言一 // 東京：岩波書店 1950 年 569 頁
孫文革命戰史 / 大東亜文化会 // 東京：聯合出版社 1943 年 246 頁
孫逸仙 / エス・エリ・チフビンスキー // 東京：刀江書院 1966 年 92 頁
陰謀家袁世凱 / 小越平陸 // 東京：健行会 1913 年 74 頁

十一画

張学良 / 大石隆基述 // 東京：松誠堂書店 1931 年 85 頁

十二画

蒋介石 / 石丸藤太 // 東京：春秋社 1936 年 386 頁
蒋介石 / 保阪正康 // 東京：文芸春秋 1999 年 286 頁
蒋介石秘録(1—15) / サンケイ新聞社 // 東京：サンケイ出版 1975—1977 年
蒋介石画伝 / 秦孝儀等 // 東京：ケイザイ春秋社 1974 年 176 頁
辜鴻銘論集 / 薩摩雄次 // 東京：皇国青年教育協会 1941 年 250 頁
辜鴻銘講演集 / 大東文化協会 // 東京：大東文化協会 1925 年 122 頁

十四画

熙洽論 / 今村俊三 // 東京：日中問題研究会 1932 年 64 頁
鄧小平 / 湯浅誠 // 東京：日本文芸社 1978 年 260 頁
鄧小平 / 矢吹晋 // 東京：講談社 1993 年 246 頁

十五画以上

戯曲・魯迅伝:五部作／霜川遠志／／東京:而立書房1977年388頁
黎元洪／加藤正雄／／大阪:三浦楢義1911年
魯迅・増田渉師弟答問集／伊藤漱平、中島利郎／／東京:汲古書院1986年254頁
魯迅・藤野先生・仙台／半沢正二郎／／関西:仙台魯迅会1966年84頁
魯迅入門／竹内好／／東京:東洋書館1953年239頁
魯迅伝／小田岳夫／／東京:乾元社1953年251頁
魯迅研究／川上久壽／／東京:くろしお出版1962年292頁
魯迅研究／坂本徳松等／／東京:八雲書店1948年263頁
魯迅雑記／竹内好／／東京:世界評論社1949年237頁
魯迅雑記続／竹内好／／東京:勁草書房1978年289頁
繆斌工作／田村眞作／／東京:三栄出版社1953年241頁

乙、报　　刊

　　本报刊一览表共收录日文报刊600余种,为方便检索,现分为三部分编排。第一部分以刊名首字为日文假名,以假名先后为序编排,如"あけぼの(曙)",第二部分系刊名首字为日文汉字,内含日文假名的,以笔画为序编排,如"東アジア:歴史と文化(东亚:历史与文化)",第三部分刊名首字为日文汉字,但不含日文假名,亦以笔画为序编排,如"日本読書協会会報(日本读书协会会报)"。

（一）

あけぼの(曙)
あふひ:aoi:京都産業大学日本文化研究所報(葵:京都产业大学日本文化研究所报)
アカツキ(暁)
アカデミア(学术界 Academia)
アジアクォータリー(亚洲季刊 Asia Quarterly)
アジアと日本(亚洲与日本)
アジアレポート(亚洲报告)
アジア文化学科報(亚洲文化学科报)
アジア研究(亚洲研究)
アジア時報(亚洲时报)
アジア教育史研究(亚洲教育史研究)
アジア経済(亚洲经济)
アジア経済旬報(亚洲经济旬报)
イスラム(伊斯兰)
エカフェ通信(ECAFE通信)
エコノミスト(经济学人 Economist)
お茶の水女子大学中国文学会報(御茶水女子大学中国文学会报)
カレント・ヒストリー(当代史 Current History)
コスモス(COSMOS)
コリア評論(朝鲜评论)
サンデー毎日(日刊周日 Sunday)
じゅん刊世界と日本(世界与日本旬刊)
すばる(昴)
ソヴェト時報(苏维埃时报)
ニューエネルギー(新能源 New Energy)
ニュースレター(会刊 News Letter)
ふびと(史人)
ふらんす(法兰西)
ホーム・ライフ(家庭生活 Home Life)
まこと(诚)
みすず(美篶)
みつこしタイムス(三越时代 Times)
ユリイカ(发现了！Eureka)
リーダーズダイジェスト(读者文摘)

（二）

三　画

子供のテキスト:ラヂオ(童言童语:广播)

四　画

中国と日本(中国与日本)
日本デューイ学会紀要(日本杜威学会纪要)

日本と世界(日本与世界)

日本の教育史学:教育史学会紀要(日本的教育史学:教育史学会纪要)

日本文化研究:筑波大学大学院博士課程日本文化研究学際カリキュラム紀要(日本文化研究:筑波大学大学院博士课程日本文化研究跨学科课程纪要)

中国:社会と文化(中国:社会与文化)

中国語と中国文化(汉语与中国文化)

月刊カレント(潮流(Current)月刊)

月刊しにか(中国学月刊)

月刊ロシヤ(俄国月刊)

月刊状況と主体(状况与主体月刊)

文学と教育(文学与教育)

五 画

世の中(世间)

世界の動き(世界动态)

世界政治:論評と資料(世界政治:评论与资料)

外交フォーラム(外交论坛)

出版ニュース(出版新闻)

六 画

邦文パンフレット通信(日文活页文选(Pamphlet)通信)

早稲田大学日本語研究教育センター紀要(早稲田大学日语研究教育中心纪要)

同盟グラフ(同盟画报)

七 画

近きに在りて(在近处)

言語と文芸(语言与文艺)

社会システム研究(社会系统研究)

社会科学ジャーナル(社会科学期刊)

八 画

東アジア:歴史と文化(东亚:历史与文化)

東亜の光(东亚之光)

東京パック(东京 Puck)

奈良教育大学国文:研究と教育(奈良教育大学国文:研究与教育)

国文学:解釈と鑑賞(国文学:解释与鉴赏)

国会ニュース(国会新闻)

国策を守れ:聯盟のカラクリと松岡の奮闘(紧守国策:联盟的机制与松冈的奋斗)

国勢グラフ(国势图表)

国際パンフレット通信(国际活页文选 Pamphlet 通信)

明大アジア史論集(明大亚洲史论集)

季刊女子教育もんだい(女子教育问题季刊)

学習の友(学习之友)

実業の日本(实业之日本)

実業の世界(实业的世界)

九 画

政財界ジャーナル(政商界期刊(Journal))

政経フォーラム(政经论坛)

思想と文学(思想与文学)

神奈川大学大学院言語と文化論集(神奈川大学大学院语言与文化论集)

十 画

桜美林国際学論集:マジス(樱美林国际学论集:Magis)

師と友(师与友)

書菀(書[エン])(书菀)

十一画

現代の理論(现代理论)

現代の眼(现代之眼)

問題と研究:アジア太平洋研究専門誌(问题与研究:亚太研究专刊)

週刊サンケイ(产经周刊)

清末小説から(从清末小说)

情報メモ(情报备忘录)

経済マガジン(经济杂志)

十二画

朝日アジアレビュー(朝日亚洲评论(Asia Review))

朝日ジャーナル(朝日期刊)

雲の柱(云柱)

貿易クレームと仲裁(贸易申诉与仲裁)

富士フェニックス論叢(富士 Phoenix 论丛)

十三画以上

楽天パック(乐天 Puck)

歴史と地理(历史与地理)

歴史と旅(历史与旅途)

歴史の理論と教育(历史的理论与教育)

諸君!:日本を元気にするオピニオン雑(诸位!:振兴日本的意见杂志)

(三)

一 画

一橋研究(一桥研究)
一橋論叢(一桥论丛)

二 画

二松学舎大学人文論叢(二松学舎大学人文论丛)
二松学舎大学論集(二松学舎大学论集)
人文学科論集(人文学科论集)
人文学報(人文学报)
人文研究:大阪市立大学大学院文学研究科紀要(人文研究:大阪市立大学大学院文学研究科纪要)
人文科学研究報告(人文科学研究报告)
人文科学論集(人文科学论集)
人文論究(人文论究)
人文論集(人文论集)
人文論集:静岡大学人文学部社会学科・言語文化学科研究報告(人文论集:静冈大学人文学部社会学科・语言文化学科研究报告)
人文論叢:三重大学人文学部文化学科研究紀要(人文论丛:三重大学人文学部文化学科研究纪要)
人民文学(人民文学)
人物往来(人物往来)
九州大学教育学部紀要(九州大学教育学部纪要)
九州中国学会報(九州中国学会报)

三 画

三田文学(三田文学)
三彩(三彩)
工業評論(工业评论)
大日(大日)
大分大学教育学部研究紀要(大分大学教育学部研究纪要)
大分大学経済論集(大分大学经典论集)
大世界(大世界)
大阪外国語大学学報(大阪外国语大学学报)
大阪学芸大学紀要(大阪学艺大学纪要)
大阪産業大学論集(大阪产业大学论集)
大阪経大論集(大阪经大论集)

大亜細亜(大亚细亚)
大谷学報(大谷学报)
大東(大东)
大東文化大学紀要(大东文化大学纪要)
大東文化大学漢学会志(大东文化大学汉学会志)
大陸(大陆)
大陸問題(大陆问题)
上智史学(上智史学)
小学三年生(小学三年生)
小学五年生(小学五年生)
小樽商科大学人文研究(小樽商科大学人文研究)
山口大学教育学部研究論叢(山口大学教育学部研究论丛)
山口大学文学會志(山口大学文学会志)
千葉大学法学論集(千叶大学法学论集)
千葉大学教養部研究報告(千叶大学教养部研究报告)
千葉教育(千叶教育)
丸(丸)
女性線(女性线)

四 画

中国及中国語(中国及汉语)
中国学(中国学)
中国時報(中国时报)
中研経済旬報(中研经济旬报)
歴史地理教育(历史地理教育)
比較文学(比较文学)
比較文学研究(比较文学研究)
比較思想研究(比较思想研究)
少年倶楽部(少年俱乐部)
少年倶樂部(少年俱乐部)
日中(日中)
日中藝術研究(日中艺术研究)
日本(日本)
日本乃関門(日本之难关)
日本大学文理学部(三島)研究年報(日本大学文理学部三岛研究年报)
日本大学文理学部研究報(日本大学文理学部研究报)
日本大学経済学部経済科学研究所紀要(日本大学经济学部经济科学研究所纪要)
日本及日本人(日本与日本人)
日本中国学会報(日本中国学会报)
日本文学(日本文学)

日本未来派(日本未来派)
日本医史学雑誌(日本医疗史学杂志)
日本医事新報(日本医务新报)
日本医師会雑誌(日本医师会杂志)
日本実業新報(日本实业新报)
日本教育学会大會研究発表要項(日本教育学会大会研究发表要点)
日本福祉大学研究紀要(日本福祉大学研究纪要)
日本歴史(日本历史)
日本読書協会会報(日本读书协会会报)
日本警察新聞(日本警察新闻)
日華学報(日华学报)
日曜画報(周日画报)
日曜報知(周日报知)
中文研究(中文研究)
中央公論(中央公论)
中央経済(中央经济)
中外財界(中外商界)
中国女性史研究(中国女性史研究)
中国中世文学研究(中国中世文学研究)
中国水利史研究(中国水利史研究)
中国公論(中国公论)
中国文化(中国文化)
中国文学研究(中国文学研究)
中国文学論集(中国文学论集)
中国半月報(中国半月报)
中国近現代文化研究(中国近现代文化研究)
中国学志(中国学志)
中国研究(中国研究)
中国研究月報(中国研究月报)
中国研究所所報(中国研究所所报)
中国研究集刊(中国研究集刊)
中国思想史研究(中国思想史研究)
中国哲学(中国哲学)
中国哲学研究(中国哲学研究)
中国哲学論集(中国哲学论集)
中国資料(中国资料)
中国資料月報(中国资料月报)
中国語(汉语)
中国語学(中国语学)(汉语学)
中国語研究(汉语研究)
中国語雑誌(汉语杂志)
中京大学文学部紀要(中京大学文学部纪要)
中京大学論叢(中京大学论丛)
中哲文学会報(中哲文学会报)

中国文学報(中国文学报)
化繊月報(化纤月报)
仏教大学大学院研究紀要(佛教大学大学院研究纪要)
仏教大学研究紀要(佛教大学研究纪要)
仏教文化研究(佛教文化研究)
公正取引(公正交易)
公民講座(公民讲座)
公明(公明)
公論(公论)
月刊日本(日本月刊)
月刊公論(公论月刊)
月刊世界政経(世界政经月刊)
月刊百科(百科月刊)
月刊自由民主(自由民主月刊)
月刊社会党(社会党月刊)
月刊社会教育(社会教育月刊)
六条学報(六条学报)
文化評論(文化评论)
文化論集(文化论集)
文字(文字)
文芸(文艺)
文芸春秋(文艺春秋)
文学(文学)
文学研究(文学研究)
文学評論(文学评论)
文学論輯(文学论辑)
文経論叢(文经论丛)
文学界(文学界)

五　画

世界(世界)
世界文化(世界文化)
世界政治資料(世界政治资料)
世界通信(世界通信)
世界週報(世界周报)
世界評論(世界评论)
世界資料(世界资料)
古代学(古代学)
北中国(华北)
北斗(北斗)
北海道大学文学部紀要(北海道大学文学部纪要)
北海道大学外国語・外国文学研究(北海道大学外国语・外国文学研究)
史(史)

史艸(史草)
史朋(史朋)
史学(史学)
史学研究(史学研究)
史学雑志(史学杂志)
史窓(史窗)
史滴(史滴)
史論(史论)
史潮(史潮)
史叢(史丛)
四国女子大学紀要(四国女子大学纪要)
四国学院大学論集(四国学院大学论集)
生活教育(生活教育)
外交(外交)
外交時報(外交时报)
外事彙報(外事汇报)
外国語科研究紀要(外国语科研究纪要)
広島大学文学部紀要(广岛大学文学部纪要)
広島東洋史学報(广岛东洋史学报)
広島修大論集(广岛修大论集)
立正大学文学部論叢(立正大学文学部论丛)
立命館文学(立命馆文学)
立命館史学(立命馆史学)
立命館東洋史学(立命馆东洋史学)
立命館法学(立命馆法学)
写眞週報(写真周报)
民鐘(民钟)
弘道(弘道)
台湾青年(台湾青年)

六 画

邦文外国雑志(日文外国杂志)
動向(动向)
考古学雑志(考古学杂志)
共栄学園短期大学研究紀要(共荣学园短期大学研究纪要)
再建評論(再建评论)
西南学院大学文理論集(西南学院大学文理论集)
成蹊法学(成蹊法学)
早稲田大学大学院文学研究科紀要(早稻田大学大学院文学研究科纪要)
早稲田大学史記要(早稻田大学史记要)
早稲田文学(早稻田文学)
早稲田政治経済学雑志(早稻田政治经济学杂志)
同志社外国文学研究(同志社外国文学研究)
同志社法学(同志社法学)
同盟(同盟)
同盟世界週報(同盟世界周报)
同盟旬報(同盟旬报)
年報・日本現代史(年报・日本现代史)
先見経済(先见经济)
伝記(传记)
自由(自由)
自由評論(自由评论)
会津短期大学学報(会津短期大学学报)
名古屋大学人文科学研究(名古屋大学人文科学研究)
名古屋大学東洋史研究報告(名古屋大学东洋史研究报告)
名古屋大学教育学部紀要(名古屋大学教育学部纪要)
名城大学教職課程部紀要(名城大学教职课程部纪要)
多摩芸術学園紀要(多摩艺术学园纪要)
阪大法学(阪大法学)
防衛大学校紀要(国防大学纪要)
好学雑志(好学杂志)

七 画

形象(形象)
声(声)
芸文(艺文)
芸備医事(艺备医务)
花園大学研究紀要(花园大学研究纪要)
花園史学(花园史学)
亜東資料(亚东资料)
亜細亜大学教養部紀要(亚细亚大学教养部纪要)
別冊文藝春秋(文艺春秋副刊)
呉工業高等専門学校研究報告(吴工业高等专门学校研究报告)
図書(图书)
兵事雑志(军事杂志)
兵庫史学研究:会志(兵库史学研究:会志)
体質学雑志(体质学杂志)
作家(作家)
佛教大学総合研究所紀要(佛教大学综合研究所纪要)
近代中国研究彙報(近代中国研究汇报)
近代文学(近代文学)
言語文化(语言文化)

言語文化部紀要(语言文化部纪要)
社会及国家(社会及国家)
社会文化史学(社会文化史学)
社会主義(社会主义)
社会科学討究(社会科学研讨)
「社会科」学研究("社会科"学研究)
社会科研究(社会学研究)
社会評論(社会评论)
社會科学研究:東京大学社会科学研究所紀要(社会科学研究:东京大学社会科学研究所纪要)
改革者(改革者)

八　画

奉公(奉公)
長崎大学学芸学部教育科学研究報告(长崎大学人文科学学部教育科学研究报告)
長崎大学教育学部教育科学研究報告(长崎大学教育学部教育科学研究报告)
英語中学(英语中学)
英語青年(英语青年)
東方(东方)
東方之国(东方之国)
東方学(东方学)
東方学報(东方学报)
東方時論(东方时论)
東邦協会々報(东邦协会会报)
東邦経済(东邦经济)
東亜(东亚)
東亜人文学報(东亚人文学报)
東亜政情(东亚政情)
東亜研究(东亚研究)
東亜聯盟(东亚联盟)
東京大学教育学部紀要(东大学教育学纪要)
東京中国学報(东京中国学报)
東京外国語大学論集(东京外国语大学论集)
東京学芸大学紀要(东京学艺大学纪要)
東京都立大学法学会雑誌(东京都立大学法学会杂志)
東洋大学中国哲学文学科紀要(东洋大学中国哲学文学科纪要)
東洋文化(东洋文化)
東洋文化:東洋文化振興会々報(东洋文化:东洋文化振兴会会报)
東洋文化学科年報(东洋文化学科年报)
東洋文化学科報(东洋文化学科报)

東洋文化研究所紀要(东洋文化研究所纪要)
東洋文学研究(东洋文学研究)
東洋文庫書報(东洋文库书报)
東洋古典学研究(东洋古典学研究)
東洋史苑(东洋史苑)
東洋史研究(东洋史研究)
東洋学報:東洋文庫和文紀要(东洋学报:东洋文库日文纪要)
東洋研究(东洋研究)
東洋音楽研究(东洋音乐研究)
東洋哲学(东洋哲学)
東洋哲学研究所紀要(东洋哲学研究所纪要)
東洋経済新報(东洋经济新报)
東洋貿易研究(东洋贸易研究)
東商(东商)
東瀛求索(东瀛求索)
事業之日本(事业之日本)
協和:満鐵社員會機關志(协和:满铁员工会机关志)
欧州戦争実記(欧洲战争实记)
国士舘大学政経論叢(国士馆大学政经论丛)
国立教育研究所紀要(国立教育研究所纪要)
国防(国防)
国画(国画)
国家及国家学(国家及国家学)
国際月報(国际月报)
国際写眞新聞(国际图片新闻)
国際交流(国际交流)
国際事情(国际情况)
国際金融(国际金融)
国際法外交雑誌(国际法外交杂志)
国際学論集(国际学论集)
国際政治(国际政治)
国際情勢資料特集(国际形势资料特集)
国際評論(国际评论)
国語教育研究(国语教育研究)
明日(明日)
明治大学社会科学研究所紀要(明治大学社会科学研究所纪要)
明治大学教養論集(明治大学教养论集)
明治学院論叢(明治学院论丛)
明星大学研究紀要(明星大学研究纪要)
岩手史学研究(岩手史学研究)
岡山大学文学部紀要(冈山大学文学部纪要)
岡山大学法文学部学術紀要(冈山大学法文学部学

术纪要)
岡山大学教育学部研究集録(冈山大学教育学部研究集录)
岡山史学(冈山史学)
知性(知性)
知識(知识)
和光大学人文学部紀要(和光大学人文学部纪要)
季刊日本思想史(日本思想史季刊)
季刊中国:研究志(季刊中国:研究志)
季刊文科(文科季刊)
季刊銀花(季刊银花)
金沢大学文学部論集(金泽大学文学部论集)
金星(金星)
肥料(肥料)
京都大学人文科学研究所共同研究報告(京都大学人文科学研究所共同研究报告)
京都外国語大学研究論叢(京都外国语大学研究论丛)
京都産業大学論集(京都产业大学论集)
法学(法学)
法学政治学論究:法律・政治・社会(法学政治学论究:法律・政治・社会)
法学研究(法学研究)
法政大学教養部紀要(法政大学教养部纪要)
法曹(法曹)
学大国文(学大国文)
学生(学生)
学苑(学苑)
学習院大学文学部研究年報(学习院大学文学部研究年报)
学習院大学東洋文化研究所 調査研究報告(学习院大学东洋文化研究所 调查研究报告)
学習院史学(学习院史学)
実業(实业)
実業倶楽部(实业俱乐部)
寶石(宝石)

九 画

政治経済史学(政治经济史学)
政界(政界)
政界往来(政界往来)
政界春秋(政界春秋)
政経人(政经人)
政経論叢(政经论丛)
革新(革新)

南方文化(南方文化)
相撲と野球(相扑与棒球)
専修人文論集(专修人文论集)
専修大学社会科学研究所月報(专修大学社会科学研究所月报)
専修史学(专修史学)
専修商学論集(专修商学论集)
研究報(研究报)
研修(研修)
昭和詩文(昭和诗文)
思想(思想)
思想国防(思想国防)
思潮(思潮)
香川大学国文研究(香川大学国文研究)
秋田魁新報(秋田魁新报)
科学主義工業(科学主义工业)
信州大学文理学部紀要(信州大学文理学部纪要)
信濃教育(信浓教育)
泉屋博古館紀要(泉屋博古馆纪要)
待兼山論叢(待兼山论丛)
風俗画報(风俗画报)
音楽現代(音乐现代)
帝京史学(帝京史学)
帝塚山大学教養学部紀要(帝塚山大学教养学部纪要)
染織之流行(染织之流行)
津田塾大学紀要(津田塾大学纪要)
軍事史学(军事史学)
軍事研究(军事研究)
祖国(祖国)
神戸大学文学会研究(神户大学文学会研究)
神戸学院大学人文学部紀要(神户学院大学人文学部纪要)
柔道(柔道)

十 画

哲学(哲学)
哲学・思想論集(哲学・思想论集)
哲学論集(哲学论集)
桃源(桃源)
原理日本(原理日本)
時局情報(时局情报)
時局雑誌(时局杂志)
時事通信(时事通信)
時事評論(时事评论)

時事解説(时事解说)
時論(时论)
財界展望(商界展望)
笑(笑)
倫理学(伦理学)
倫理学研究(伦理学研究)
航空事情(航空状况)
海(海)
海外(海外)
海外之日本(海外之日本)
海外事情(海外情况)
海外事情研究(海外情况研究)
家庭教育研究(家庭教育研究)
書物展望(书籍展望)
書香:満鉄大連図書館報(书香:满铁大连图书馆报)
書斎(书斋)
書道(书法)
書論(书法论)
展望(展望)
陸戦研究(陆战研究)
孫文研究会報(孙文研究会报)
郷土文化(乡土文化)

十一画

現代中国(现代中国)
現代医学(现代医学)
現代思想(现代思想)
理想(理想)
埼玉大学紀要(埼玉大学纪要)
教育(教育)
教育史研究(教育史研究)
教育学研究(教育学研究)
教育研究(教育研究)
教育時報(教育时报)
教養諸学研究(教养诸学研究)
教養論叢(教养论丛)
野草(野草)
國家学會雑志(国家学会杂志)
國学院雑志(国学院杂志)
悠(悠)
週刊日本経済(日本经济周刊)
週刊文春(周刊文春)
週刊寶石(宝石周刊)
週刊新潮(周刊新潮)

週刊読売(读卖周刊)
週報(周报)
鹿児島経大論集(鹿儿岛经大论集)
商店界(商店界)
望星(望星)
清末小説(清末小说)
淡交(淡交)
随筆(随笔)
婦人之友(妇女之友)
婦人倶楽部(妇女俱乐部)
婦女界(妇女界)
経済人(经济人)
経済市場(经济市场)
経済往来(经济往来)
経済学論纂(经济学论纂)
経済時代(经济时代)
経済時報(经济时报)
経済理論(经济理论)
経済復興(经济复兴)
経済論壇(经济论坛)

十二画

揚子江(长江)
斯文(斯文)
斯民(斯民)
雄鶏通信(雄鸡通信)
悲劇喜劇(悲剧喜剧)
開拓者(开拓者)
筑波大学文学研究論集(筑波大学文学研究论集)
筑波大学地域研究(筑波大学地域研究)
筑波大学哲学・思想学系論集(筑波大学哲学・思想学系论集)
筑紫国文(筑紫国文)
集刊東洋学(东洋学集刊)
創文(创文)
創価大学比較文化研究(创价大学比较文化研究)
創価大学外国語学科紀要(创价大学外国语学科纪要)
貿易と関税(贸易与关税)
評人(评人)
評論(评论)
道徳と教育(道德与教育)
満航(满航)
滋賀大学教育学部紀要(滋贺大学教育学部纪要)
富山大学国語教育(富山大学国语教育)

禅文化研究所紀要(禅文化研究所纪要)

十三画

蒙古(蒙古)
跡見学園国語科紀要(迹见学园国语科纪要)
農林水産省広報(农林水产省广报)
鈴鹿国際大学紀要(铃鹿国际大学纪要)
愛知大学国際問題研究所紀要(爱知大学国际问题研究所纪要)
愛知学院大学文学部紀要(爱知学院大学文学部纪要)
愛知教育大学研究報告(爱知教育大学研究报告)
愛媛法学:愛媛大学法文学部論集(爱媛法学:爱媛大学法文学部论集)
詩人会議(诗人会议)
詩林(诗林)
新天地(新天地)
新日本文学(新日本文学)
新中国(新中国)
新文明(新文明)
新星(新星)
新評(新评)
新聞月鑑(新闻月鉴)
新潮(新潮)
戦友(战友)
福岡大学経済学論叢(福冈大学经济学论丛)
福岡女子短大紀要(福冈女子短大纪要)
福岡学芸大学紀要(福冈学艺大学纪要)
群馬女子短期大学紀要(群马女子短期大学纪要)
群像(群像)
經國(经国)

十四画

嘉悦女子短期大学研究論集(嘉悦女子短期大学研究论集)
歴史地理(历史地理)
歴史地理教育(历史地理教育)
歴史学研究(历史学研究)
歴史教育(历史教育)
歴史評論(历史评论)
関西大学中国文学会紀要(关西大学中国文学会纪要)
関西大学東西学術研究所紀要(关西大学东西学术研究所纪要)
関西医事(关西医事)
関西教育学会紀要(关西教育学会纪要)
読売評論(读卖评论)
読書春秋(读书春秋)
語学文学(语言学文学)
漢文学会会報(汉文学会会报)
漢学会雑誌(汉学会杂志)
演劇総合研究(话剧综合研究)
寧楽史苑(宁乐史苑)
實踐國文学(实践国文学)
隣人之友改卷(邻居之友改卷)
熊本大学文学部論叢(熊本大学文学部论丛)
熊本大学教養部紀要(熊本大学教养部纪要)
熊本商大論集(熊本商大论集)
総合歴史教育(综合历史教育)
綜合臨牀(综合临床)

十五画

駒沢史学(驹泽史学)
駒澤大学大学院経済学研究(驹泽大学大学院经济学研究)
駒澤大学外国語部論集(驹泽大学外语部论集)
横浜市立大学論叢(横滨市立大学论丛)
慶応義塾大学商学部日吉論文集(庆应义塾大学商学部日吉论文集)
潮(潮)
寫眞文化(摄影文化)

十六画以上

燕塵(燕尘)
興亜(兴亚)
学鐙(学镫)
龍谷大学論集(龙谷大学论集)
龍谷紀要(龙谷纪要)
禅学研究(禅学研究)
講演通信(演讲通信)
翼賛政治(翼赞政治)
藝文:満洲文化綜合雑誌(艺文:满洲文化综合杂志)
藝文研究(艺文研究)
藝林(艺林)
關西大学文学論集(关西大学文学论集)
櫻美林大学中国文学論叢(樱美林大学中国文学论丛)
饕餮(饕餮)
罐詰時報(罐头时报)

鱒(鳟)

丙、学位论文单位
（按首字笔画排序）

立命館大学(立命馆大学) 　　　　　京都大学(京都大学)
名古屋大学(名古屋大学) 　　　　　学習院大学(学习院大学)
東北大学(东北大学) 　　　　　　　神戸大学(神户大学)
東京大学(东京大学) 　　　　　　　神戸学院大学(神户学院大学)
東京芸術大学(东京艺术大学) 　　　筑波大学(筑波大学)
明治大学(明治大学) 　　　　　　　慶応義塾大学(庆应义塾大学)
岡山大学(冈山大学)

丁、论文集

本一览表共收录日文论文集350余种，为方便检索，现分为三部分予以编排。第一部分书名首字为日文假名，以假名先后排序，第二部分书名首字为日文汉字，内含日文假名的，以笔画为序编排，第三部分书名首字为日文汉字，但不含日文假名，亦以笔画为序编排。

（一）

アジアを跨ぐ / 副島次郎 // 東京：言海書房 1935 年 408 頁
あの頃その頃 / 上田正二郎 // 東京：東京書店 1952 年 235 頁
いくさの山河 / 小川忠懇 // 東京：好文館書店 1942 年 477 頁
またしても王正廷の頑張り / 島屋政一 // 大阪：大阪出版社 1931 年
やんちゃ孤独 / 東久邇稔彦 // 東京：読売新聞社 1955 年 198 頁
わが青春の記 / 草野心平 // 東京：オリオン社 1965 年 246 頁
われ敗れたり / 児玉誉士夫 // 東京：協友社 1949 年 303 頁

（二）

一 画

一皇族の戦争日記 / 東久邇稔彦 // 東京：日本週報社 1957 年 247 頁
一軍人の生涯 / 緒方竹虎 // 東京：文芸春秋新社 1955 年 277 頁

二 画

人生に関する七十二章 / 眞下信一 // 京都：三一書房 1957 年 155 頁
人間の教師(東洋編) / 古川哲史 // 大阪：大阪教育図書 1958 年 264 頁

三 画

大陸の顔 / 報知新聞政治部 // 東京：東海出版社 1938 年 253 頁
上海露地裏の人々 / 星野芳樹 // 東京：世界社 1947 年 218 頁
山室軍平：人道の戦士 / 山室武甫 // 東京：玉川大学出版部 1965 年 289 頁

四　画

天山嶺を行く日本人 / 稲垣史生 // 東京:協栄出版社 1944 年 393 頁
元軍人の見た中共:新中国の政治・経済・文化・思想の実態 / 遠藤三郎等 // 東京:文理書院 1956 年 221 頁
中国:機構と人物 / 斎藤剛 // 東京:太陽閣 1937 年 360 頁
中国に在りて思ふ / 湯沢三千男 // 東京:創元社 1940 年 208 頁
中国の左翼戦線 / 村田孜郎 // 東京:万里閣書房 1930 年 328 頁
中国の全貌 / 竹内夏積等 // 東京:信正社 1937 年 285 頁
中国の抗日記録:日中の不幸 / 姫野徳一 // 東京:日中問題研究会 1936 年 147 頁
中国の国内闘争:共産党と国民党の相剋 / 佐藤俊三 // 東京:大阪屋号書店 1941 年 401 頁
中国の性格 / 原勝 東京:泰山房 1937 年 214 頁
中国の変局 / 水野梅暁 // 東京:東方通信社調査部 1921 年 277 頁
中国の現実と理想 / 米内山庸夫 // 東京:今日の問題社 1942 年 407 頁
中国の経済建設:事前と事後 / 目崎憲司 // 東京:有斐閣 1941 年 287 頁
中国の奥地 / 金久保通雄 // 東京:興亜書房 1942 年 339 頁
中国を動かす人々:蒋権力の中心人物は誰々か / 天沖郷廟 // 東京:今日の問題社 1937 年 42 頁
中国を観て / 細井肇 // 東京:成蹊堂 1919 年 260 頁
中国分割論:附・袁世凱 / 酒巻貞一郎 // 東京:啓成社 1913 年 204 頁
中国辺区の研究 / 草野文男 // 東京:国民社 1944 年 257 頁
中国共産軍の現勢 / 深田悠蔵 // 東京:改造社 1939 年 410 頁
中国当代新人物:旧人と新人 / 清水安三 // 東京:大阪屋号書店 1924 年 298 頁
中国事変(北中の巻) / 山本実彦 // 東京:改造社 1937 年 334 頁
中国事変の回想 / 今井武夫 // 東京:みすず書房 1964 年 385 頁
中国事変前の山西省一斑 / 水野勝邦 // 東京:水野勝邦 1938 年 39 頁
中国国民革命と馮玉祥 / 布施勝治 // 東京:大阪屋号書店 1929 年 500 頁
中国軍閥勢力関係:結局中国は何うなる? / 上村文三 // 東京:教材社 1936 年 43 頁
中国新中央政府成立の経緯 / 内閣情報部 // 東京:内閣情報部 1940 年 126 頁
中国新聞排日ぶり:膺懲暴日・抗日宣伝 / 大泉忠敬 // 東京:先進社 1931 年 193 頁
中国幣制研究:米国の銀政策に関聯して / 飯島幡司 // 西宮:飯島幡司 1936 年 396 頁
中国劇と其名優 / 波多野乾一 // 東京:新作社 1925 年 292 頁
中国論と随筆 / 中山優 // 東京:刀江書院 1940 年 365 頁
日中新関係の根本理念(第 2 篇) / 中国派遣軍総司令部 // 出版地不明:中国派遣軍総司令部報道部 1940 年 426 頁
日本の進路 / 松村秀逸 // 東京:大日本雄弁会講談社 1939 年 324 頁
日本帝国主義史(第 2 巻 日本帝国主義の発展) / 小山弘健、浅田光輝 // 東京:青木書店 1958 年 283 頁
日本終戦史(中巻 まぼろしの和平工作) / 林茂等 // 東京:読売新聞社 1962 年 250 頁
中国と六十年 / 波多博 // 鎌倉:波多博 1965 年 168 頁
中国のなかの日本人(第 1、2 部) / 梨本祐平 // 東京:平凡社 1958 年 269 頁、308 頁
中国の各種紀念日の沿革概説 / 湯浅正一 // 東京:帝国地方行政学会 1941 年 74 頁
中国の社会思想 / 小島祐馬 // 東京:筑摩書房 1967 年 454 頁
中国の思想家:宇野哲人博士米壽記念論集 下巻 / 東京大学文学部中国哲学研究室 // 東京:勁草書房 1963 年
中国の音楽 / 村松一弥 // 東京:勁草書房 1965 年 283 頁
中国文学史研究:「文学革命」と前夜の人々 / 増田渉 // 東京:岩波書店 1967 年 428 頁
中国近代工業史の研究 / 波多野善大 // 京都:東洋史研究会(京都大学文学部内)1961 年 556 頁

中国近現代史論集:菊池貴晴先生追悼論集 / 辛亥革命研究会 // 東京:汲古書院 1985 年 606 頁
中国社会に於ける指導層:中国耆老紳士の研究 / 根岸佶 // 東京:平和書房 1947 年 278 頁
中国革命の百八人:毛沢東とスターリンの対決 / 吉田東祐 // 東京:元々社 1956 年 215 頁
中国革命の先駆者たち / 島田虔次 // 東京:筑摩書房 1965 年 278 頁
中国現代史と張鳴君 / 玉江恒平 // 東京:鳴々社 1939 年 358 頁
中国語と中国文化 / 中国語学研究会関西支部 // 東京:光生館 1965 年 202 頁
毛沢東:新しい中国の指導者 / 岩村三千夫 // 東京:岩崎書店 1958 年 195 頁
毛沢東と中国の紅星 / 波多野乾一 // 東京:帝国書院 1946 年 182 頁
今日の話題 / 朝日新聞社 // 大阪:朝日新聞社 1935 年 205 頁

五　画

世界の動き / 長岡隆一郎 // 東京:日本評論社 1928 年 170 頁
世界を描く:随筆五十人集 / 尾崎敬義 // 東京:立命館出版部 1935 年 563 頁
世界を動かす人々 / 朝日新聞社東京本社欧米部 // 東京:思索社 1948 年 319 頁
世界名士の癖 / 榎本秋村 / 東京:実業之日本社 1916 年 234 頁
世界歴史人物なぜなぜ事典 21(洪秀全・孫文 / 袁世凱・溥儀:中国の近代) / 木村尚三郎 // 東京:ぎょうせい 1992 年 199 頁
北中に躍る人々 / 小林知治 // 東京:政道社 1935 年 47 頁
北中の建設情勢其他に就て:要旨 / 湯沢三千男 // 東京:日本外交協會 1939 年 48 頁
北中の政情 / 姫野徳一 // 東京:日中問題研究会 1936 年 189 頁
北中の解剖 / 村田孜郎 // 東京:六人社 1937 年 155 頁
北中人物群像:冀察冀東両政権の正体 / 小林知治 // 東京:政道社 1936 年 45 頁
北中事変志 銃後の護り / 久志本喜代士 // 東京:渋谷印刷社出版部 1937 年 381 頁
北中問題早わかり:実地踏査を語る / 岡野竜一 // 東京:日本講演通信社 1935 年 31 頁
北京を追われて / 江頭数馬 // 東京:毎日新聞社 1967 年 190 頁
生きている文化史:日中交流の昔と今 / 高木健夫 // 東京:内田老鶴圃 1961 年 313 頁
失われたる記録:対華・南方政略秘史 / 丸山静雄 // 東京:後楽書房 1950 年 314 頁
民国十四年度に於ける奉天派入関小史 / 後藤英男 // 大連:南満洲鉄道庶務部調査課 1926 年 59 頁
民族の弁 / 織田万 // 東京:文芸春秋社 1940 年 297 頁
出世せざるサラリーマン / 水田文雄 // 東京:学風書院 1953 年 284 頁
辺疆問題の一断面 / 佐久間卓次郎 // 東京:東亜研究会 1934 年 27 頁
台湾の命運 / 近藤俊清 // 東京:みすず書房 1961 年 238 頁

六　画

寺内内閣と対中外交 / 加藤勘十 // 東京:加藤勘十 1918 年 114 頁
共栄圏の北と南:論文と随筆 / 平貞蔵 // 東京:三友社 1941 年 313 頁
西北ルート:内蒙秘話 / 林司朗 // 東京:郁文社 1943 年 307 頁
西蔵に関する中印協定 / 外務省アジア局 // 東京:外務省アジア局第二課 1954 年 29 頁
百家争鳴:中共知識人の声 / 小竹文夫 // 東京:弘文堂 1958 年 220 頁
自由中国の表情 / 吉村暁,加藤芳男 // 東京:有信堂 1961 年 186 頁
多端なる中国:一九三一年の現状(第 1 輯) / 大阪商工会議所 // 大阪:大阪商工会議所 1932 年
次に中国を支配するもの / 松本忠雄 // 東京:高山書院 1937 年 211 頁

七　画

坂田大佐を偲ぶ / 田　昌 // 東京:民族文化研究所 1940 年 217 頁

抗日中国相剋の現勢／草野文男／／東京：人文閣 1942 年 367 頁
抗戦中国と列強／原　勝／／東京：改造社 1937 年 299 頁
図説国民の歴史：近代日本の百年（第 14 大陸制覇のプログラム）／日本近代史研究会／／東京：国文社 1964 年 111 頁
私と中国／高木陸郎／／東京：高木翁喜壽祝賀会 1956 年 217 頁
何人も知らねばならぬ中国の智識／小谷節夫／／東京：隆文館 1922 年 213 頁
伸びる満洲：建国十年志／栗原新水／／東京：新紘社 1944 年 296 頁
近代における中国と日本／北山康夫／／京都：法律文化社 1958 年 249 頁
近代中国の学芸／今関天彭／／東京：民友社 1931 年 594 頁
近代日本とアジア：文化の交流と摩擦／平野健一郎／／東京：東京大学出版会 1984 年 288 頁
近代中国の社会と経済／仁井田陞／／東京：刀江書院 1951 年 350 頁
近代中国の政治と思想／野村浩一／／東京：筑摩書房 1964 年 253 頁
近代中国の思想と文学／東京大学文学部中国文学研究室／／東京：大安 1967 年 628 頁
対中政策の本流：日本・東洋及今日の世紀／中山優／／東京：育生社 1937 年 426 頁
対満蒙政策史の一面：日露戦後より大正期にいたる／栗原健／／東京：原書房 1966 年 378 頁
辛亥革命の研究／小野川秀美、島田虔次／／東京：筑摩書房 1978 年 450 頁

八　画

長崎を訪れた人々 大正篇／高西直樹／／福岡：葦書房 1989 年 351 頁
長崎を訪れた人々 昭和篇／高西直樹／／福岡：葦書房 1995 年 595 頁
苦悶の蒋介石／白須賀六郎／／東京：宮越太陽堂書房 1940 年 181 頁
東アジア政治史研究／衛藤瀋吉／／東京：東京大学出版会 1968 年 354 頁
東亜全局の動揺：我が国是と日中露の関係・満蒙の現状／松岡洋右／／東京：先進社 1931 年 149 頁
東亜明朗化のために：日・中・蘇・英関係の将来／船田中／／東京：日本青年教育会 1938 年 342 頁
東洋芸術の諸相／長与善郎／／東京：矢貴書店 1944 年 455 頁
東洋思想を語る／高須芳次郎／／東京：井田書店 1943 年 596 頁
"東洋協会調査部]"調査資料（第 51 輯 中国西北ルート概觀）／東洋協会／／東京：東洋協会 1943 年 32 頁
東漸するソ聯／久野豊彦／／東京：愛之事業社 1942 年 287 頁
国史の最黒点（前編）／河野恒吉／／東京：時事通信社 1963 年
国民政府の戦時金融対策／東京銀行集会所調査課／／東京：東京銀行集会所 1939 年 142 頁
国際政治から見た日中の抗争／田中直吉／／京都：立命館出版部 1937 年 258 頁
国際戦を呼ぶ爆弾中国／東京日日新聞社／／東京：東京日日新聞社大阪毎日新聞社 1935 年 173 頁
明け行く満蒙の透視／鹿山鶯村／／東京：岡村書店 1932 年 414 頁
往時を偲びて呉佩孚氏を語る／鈴木一馬 述，国防協会纂部／／東京：国防協会 1939 年 42 頁

九　画

南北中国現地要人を敲く／野依秀市／／東京：秀文閣書房 1940 年 357 頁
昭和の謀略／今井武夫／／東京：原書房 1967 年 283 頁
昭和史の断面／野村正男／／東京：平凡社 1956 年 250 頁
思い出の人々／藤原銀次郎、石山賢吉／／東京：ダイヤモンド社 1950 年 329 頁
思想の冒険：社会と変化の新しいパラダイム／鶴見和子、市井三郎／／東京：筑摩書房 1974 年 428 頁
秋山定輔は語る／村松梢風／／東京：大日本雄弁会講談社 1938 年 410 頁
風雅集：中国文学の研究と雑感／目加田誠／／東京：惇信堂 1947 年 289 頁
軍部と政治及外交／宇垣一成 述／／東京：内外法政研究會 1940 年 101 頁

十 画

馬賊戦記:小日向白朗と満洲続 / 朽木寒三 // 東京:番町書房 1966 年 317 頁
原爆はなぜ投下されたか:日本降伏をめぐる戦略と外交 / 西島有厚 // 東京:青木書店 1968 年 349 頁
病めるアメリカ / 石垣綾子 // 東京:東洋経済新報社 1953 年 220 頁
消えた帝国満州 / 山口重次 // 東京:毎日新聞社 1967 年 254 頁
書とその風土 / 中西慶爾 // 東京:木耳社 1968 年 309 頁
書の話 / 内山雨海 // 東京:寶文館 1958 年 268 頁

十一画

現代アジアの肖像(5) / 若林正丈 // 東京:岩波書店 1997 年 259 頁
現代の中国:党・軍・政府 / 吉田実 // 東京:中央公論社 1967 年 247 頁
現代の歴史を造る人々 / 鵜崎鷺城 // 東京:実業之日本社 1916 年 270 頁
現代之人物観:無遠慮に申上候 / 河瀬蘇北 // 東京:二松堂書店 1917 年 400 頁
現代中国の文化と芸術 / 一戸務 // 東京:松山房 1939 年 301 頁
現代中国の政治と人物 / 波多野乾一 // 東京:改造社 1937 年 562 頁
現代中国と世界:その政治的展開:石川忠雄教授還暦記念論文集 / 石川忠雄教授還暦記念論文集集委員
    会 // 東京:石川忠雄教授還暦記念論文集編集委員会 1982 年 1017 頁
現代中国の革命認識:中ソ論争への接近 / 新島淳良 // 東京:御茶の水書房 1964 年 242 頁
現代中国の諸問題 / 石川忠雄 // 東京:慶応通信 1967 年 341 頁
理想の東洋歴史:趣味と研究・学習の参考 / 更谷南室 // 大阪:日本出版社 1928 年 474 頁
排日の中国を視る:中国は何処へ行く / 山崎靖純 // 東京:今日の問題社 1936 年 55 頁
問題と考察を主眼とせる詳解東洋史 / 高橋保 // 東京:崇文堂出版部 1 1929 年 300 頁
動乱の毛沢東 / 鹿島宗二郎 // 東京:至誠堂 1967 年 273 頁
偶像破壊期の中国 / 鶴見祐輔 // 東京:鉄道時報局 1923 年 271 頁
断崖に立つ中国:中国の今後はどうなるか / 佐古文男 // 東京:今日の問題社 1937 年 34 頁
清代及現代の中国文学界 / 今関天彭 // 北京:今関研究室 1926 年 186 頁
混迷中国の全貌 / 村田士郎 // 東京:軍事出版社 1937 年 170 頁
渦まく中国 / 山本実彦 // 東京:改造社 1939 年 392 頁

十二画

揚子江は今も流れている / 犬養健 // 東京:文芸春秋新社 1960 年 398 頁
裁かれる汪政権:中国漢奸裁判秘録 / 益井康一 // 東京:植村書店 1948 年 236 頁
最近ニ於ケル中国紅軍概観 / 外務省東亜局 // 東京:外務省東亜局第二課 1937 年 78 頁
最近の中国 / 西田耕一 講述 // 大阪:大阪図書 1934 年 34 頁
最近の中国事情 / 鈴木一馬 // 大阪:大阪実業協会出版部 1925 年 118 頁
最新中国要人傳 / 樋口正徳 // 東京:朝日新聞社 1941 年 225 頁
嵐と闘ふ哲将荒木 / 橘川学 // 東京:荒木貞夫将軍伝記編纂刊行会 1955 年 572 頁
満州駐屯守備兵の思ひ出 / 清水国治 // 大連:遼東新報出版部 1924 年 597 頁
満洲の今と昔:随筆 / 蜷川新 // 東京:産業組合実務研究会 1940 年 181 頁
満洲は微笑む:漫遊綺談 / 眞鍋儀十 // 東京:中和書院 1932 年 206 頁
満洲事変の眞相 / 大正写真工芸所 // 和歌山:大正写真工芸所 1931 年
満鮮の瞥見 / 西条欣吾 // 坂出町(香川県):西条欣吾 1937 年 63 頁

十三画

夢の七十余年：西原亀三自伝／西原亀三，北村敬直／／東京：平凡社 1965 年 288 頁
愚かなる戦争／田村眞作／／大阪：創元社 1950 年 256 頁
解放後の文学論争資料：中国近代文学を理解するための試論／秋吉久紀夫、樋口進／／北九州：中国文学評論社 1964 年 61 頁
新中国の経済制度／宮下忠雄／／神戸：神戸大学研究双書刊行会 1964 年 300 頁
新中国の儒教批判／実藤恵秀／／東京：実業之日本社 1948 年 180 頁
新中国物語：中国革命のエネルギー／大塚有章／／京都：三一書房 1957 年 203 頁
新東亜と三大原則／関税研究所／／精道村（兵庫県）：関税研究所 1940 年 78 頁
新聞人の打明け話／沢村幸夫／／東京：一元社 1931 年 216 頁
新聞記者の旅／岡島松次郎／／大阪：大阪朝報社出版部 1925 年 426 頁
戦はこれからだ／桜井忠温／／東京：新潮社 1931 年 337 頁
戦後はどうなるか／小林一三／／東京：青年書房 1938 年 284 頁

十五画以上

黎明の中国／亜細亜学生会／／東京：亜細亜学生会 1925 年 429 頁
壇上・紙上・街上の人／鶴見祐輔／／東京：大日本雄弁会講談社 1927 年 530 頁
興亡の中国を凝視めて／山本実彦／／東京：改造社 1938 年 406 頁
激化する日・ソの対勢 ―戦遂に避け難きか？／杉山明／／東京：交通展望社 1937 年 34 頁
講座近代アジア思想史（第 1 巻 中国篇）／西順蔵等／／東京：弘文堂 1960 年 374 頁
議会と外交／間瀬文彦／／東京：五車楼 1910 年 276 頁

（三）

二 画

人民公社／福島裕／／東京：勁草書房 1967 年 314 頁
人間詩話／吉川幸次郎／／東京：岩波書店 1957 年 202 頁
人間緒方竹虎／高宮太平／／東京：四季社 1958 年 353 頁

三 画

三民主義思想発達史／浅野利三郎／／東京：現代社 1940 年 101 頁
土地制度研究／田辺勝正／／東京：松山房 1938 年 480 頁
工芸廠：満中工芸視察余録／西川友武／／東京：中川書房 1942 年 212 頁
大阪商業会議所事務報告（大正 7 年）／大阪商業会議所／／大阪：大阪商業会議所 1922 年
大陸行路／楢崎観一／／東京：大阪屋号書店 1943 年 325 頁
大陸点描槍騎兵／名取嶢一／／東京：民眼協会 1938 年 170 頁
大陸縦断／山本実彦／／東京：改造社 1938 年 322 頁
大愚三宅雪嶺／五斗兵衛／／東京：武芸社 1916 年 324 頁
上海人物印象記（第 1、2 集）／沢村幸夫／／東京：東亜研究会 1930 年 58 頁、1931 年 73 頁
上海風土記／沢村幸夫／／上海：上海日報社 1931 年 145 頁
上海通信／木村毅／／東京：改造社 1937 年 353 頁
小葉田淳教授退官記念 国史論集／小葉田淳教授退官記念事業会／／京都：小葉田淳教授退官記念事業会 1970 年
山公遺烈／高橋義雄／／東京：慶文堂書店 1925 年 304 頁

山路愛山選集(第3卷) / 万里閣書房 // 東京:万里閣書房 1928 年
亡命十六年 / 野坂参三 // 東京:時事通信社 1946 年 86 頁

四　画

天馬行空 / 塩谷温 // 東京:日本加除出版 1956 年 378 頁
中国 / 山本実彦 // 東京:改造社 1936 年 429 頁
中国上古史 / 内藤虎次郎 // 東京:弘文堂書房 1944 年 344 頁
中国共産党史 上卷 / 大塚令三 // 東京:生活社 1940 年 220 頁
中国我観:対中新策・中国小遊 / 松永安左衛門 // 東京:実業之日本社 1919 年 142 頁
中国近世政党史 / 佐藤俊三 // 東京:大阪屋号書店 1940 年 416 頁
中国近代百年史(下卷) / 佐野袈裟美 // 東京:白揚社 1940 年
中国事変実記(第6、8輯) / 読売新聞社 // 東京:非凡閣 1938 年 292 頁、306 頁
中国事変実記 / 読売新聞社 // 東京:非凡閣 1938 年
中国事変秘史 / 津田元徳 // 大連:大阪屋号書店 1941 年 312 頁
中国事変関係公表集(第一號) / 外務省情報部 // 東京:外務省情報部 1937 年
中国学論攷 / 石浜純太郎 // 大阪:全国書房 1943 年 271 頁
中国政黨結社史 / 竹内克巳、相田忠一 // 漢口:崇文閣 1918 年 430 頁
中国革命軍談 / 宮崎滔天、西田勝 // 東京:法政大学出版局 1967 年 249 頁
中国財政整理諸案摘要 / 外務省亜細亜局 // 東京:外務省亜細亜局 1925 年 234 頁
中国展望:一九二九年中国年史 / 榛原茂樹 // 東京:東亜研究会 1930 年 143 頁
中国陸軍改造論 / 佐々木到一 // 東京:行地社出版部 1927 年 223 頁
中国現代史 / 松井等 // 東京:明善堂 1924 年 315 頁
中国採訪 / 緒方昇 // 東京:東京日日新聞社 1941 年 298 頁
中国貨幣研究 / 吉田虎雄 // 山口:山口高等商業学校東亜研究会 1933 年 304 頁
中国経済綜攬(第1卷) / 西川喜一 // 上海:上海経済日報社出版部 1922 年 600 頁
中国遊記 / 後藤朝太郎 // 東京:春陽堂 1927 年 846 頁
中国蒙古行脚漫談 / 稲村青圃 // 千里村(大阪府):更生社出版部 1938 年 502 頁
中国暦法起原考 / 飯島忠夫 // 東京:岡書院 1930 年 608 頁
中国墨蹟大成 / 河井荃廬 // 東京:興文社 1938 年
日中聯絡運輸記念 / 鉄道院 // 東京:鐵道院 1917 年 100 頁
日華交友録 / 高木陸郎 // 東京:救護会出版部 1943 年 236 頁
中国人民革命史論 / 矢野仁一 // 東京:三島海雲 1966 年 293 頁
中国人的日本観 / 魚返善雄 // 東京:目黒書店 1943 年 135 頁
中国文化入門 / 今関天彭 // 東京:元々社 1955 年 213 頁
中国共産党史:資料集成(第6卷) / 波多野乾一 // 東京:時事通信社 1961 年 766 頁
中国法制史研究(第2 土地法・取引法) / 仁井田陞 // 東京:東京大学東洋文化研究所 1960 年 850 頁
中国学論集:目加田誠博士還暦記念 / 目加田誠博士還暦記念論文集刊行会 // 東京:大安 1964 年 485 頁
中国政治史 / 及川恒忠 // 東京:慶応通信 1955 年 196 頁
中国風雲録 / 高木健夫 // 東京:鱒書房 1955 年 234 頁
中国現代文学選集(第2 魯迅集) / 平凡社 // 東京:平凡社 1963 年 433 頁
中国現代詩人 / 蒲池歓一 // 東京:元々社 1955 年 174 頁
中国解放闘争史 / 鈴江言一 // 東京:石崎書店 1953 年 579 頁
中国憲法史 / 石川忠雄 // 東京:慶応通信 1952 年 229 頁
中華民国第十年史 / 中村松三郎 // 大連:南満洲鉄道社長室調査課 1922 年 480 頁
中華民国革命秘笈 / 萱野長知 // 東京:帝国地方行政学会 1940 年 431 頁

中野正剛対露中論策集 ／ 中野正剛 ／／ 東京：我観社 1926 年 214 頁
中嶋敏先生古稀記念論集（下巻）／ 中嶋敏先生古稀記念事業会 ／／ 東京：汲古書院 1981 年 901 頁
毛沢東伝 ／ 新中国研究会 ／／ 東京：北窓書房 1949 年 240 頁

五　画

世界実観（第 12 巻 中国・暹羅）／ 内藤民治 ／／ 東京：日本風俗図絵刊行会 1916 年 154 頁
世界偉人伝（第 6 巻）／ 世界偉人伝刊行会 ／／ 藤沢：池田書店 1952 年 285 頁
世界歴史大系（第九巻）／ 平凡社 ／／ 東京：平凡社 1934 年
古生物学（4）／ 藤岡一男 ／／ 東京：朝倉書店 1978 年 456 頁
占領秘録（下）／ 住本利男 ／／ 東京：毎日新聞社 1952 年 184 頁
号外大事件集成 ／ 山本文雄 ／／ 東京：現代ジャーナル社 1967 年 221 頁
田村博士頌壽東洋史論叢 ／ 田村実造 ／／ 京都：田村博士退官記念事業会 1968 年 716 頁
仙壽山房詩文鈔（巻四）／ 上居通予 ／／ 東京：浜田活三 1916 年
他山百家言（下巻 1）／ 中国実業雑志社 ／／ 東京：中国実業雑志社 1917 年
市河博士還暦祝賀論文集（第 1 輯）／ 市河博士還暦記念会 ／／ 東京：研究社 1946 年 161 頁

六　画

吉川幸次郎全集（第 16 巻 清・現代篇）／ 吉川幸次郎 ／／ 東京：筑摩書房 1974 年 659 頁
早稲田清話 ／ 大隈重信、相馬由也 ／／ 東京：冬夏社 1922 年 520 頁
回教徒 ／ 笠間杲雄 ／／ 東京：岩波書店 1939 年 204 頁
竹内好評論集 ／ 竹内好 ／／ 東京：筑摩書房 1966 年 432 頁
自覚（第 1 巻）／ 佐々木正綱 ／／ 淀橋町（東京府）：佐々木正綱 1929 年 200 頁
伊藤痴遊全集（第 8 巻）／ 伊藤痴遊 ／／ 東京：平凡社 1931 年 680 頁
会津八一書論集 ／ 会津八一 ／／ 東京：二玄社 1967 年 297 頁
江南春 ／ 青木正児 ／／ 東京：弘文堂書房 1941 年 366 頁

七　画

体験的昭和史 ／ 前芝確三、奈良本辰也 ／／ 京都：雄渾社 1968 年 364 頁
佐野学著作集（第 4 巻）／ 佐野学 ／／ 東京：佐野学著作集刊行会 1958 年 997 頁
佐藤慎一郎選集 ／ 佐藤慎一郎 ／／ 東京：佐藤慎一郎選集刊行会 1994 年 312 頁
近世中華民国史 ／ 風間阜 ／／ 東京：叢文閣 1939 年 369 頁
近代中国思想 ／ 藤原定 ／／ 東京：中央公論社 1941 年 113 頁
近代日中文化論 ／ 実藤恵秀 ／／ 東京：大東出版社 1941 年 269 頁
社団法人東亜経済懇談会会務報告（第 1 回）／ 東亜経済懇談会 ／／ 東京：東亜経済懇談会 1940 年 77 頁

八　画

武漢乎南京乎 ／ 高山謙介 ／／ 東京：行地社出版部 1927 年 242 頁
東亜先覚志士記伝（中巻）／ 黒竜会 ／／ 東京：黒竜会出版部 1935 年
東京裁判（第 1 輯）／ 朝日新聞社法廷記者団 ／／ 東京：ニュース社 1948 年 306 頁
東洋史学論集（第 6）／ 東京教育大学文学部東洋史学研究室 ／／ 東京：教育書籍 1960 年 225 頁
東洋史論叢：和田博士還暦記念 ／ 和田博士還暦記念東洋史論叢集委員会 ／／ 東京：大日本雄弁会講談社 1951 年 922 頁
東洋史講座（第九巻）／ 雄山閣出版株式会社 ／／ 東京：雄山閣 1941 年
奇物凡物 ／ 鵜崎鷺城 ／／ 東京：隆文館図書 1915 年 281 頁
明治日中文化交渉 ／ 実藤恵秀 ／／ 東京：光風館 1943 年 394 頁

征野二年 / 松田利通 // 東京:潮文閣 1940 年 274 頁
金朝史研究 / 外山軍治 // 京都:東洋史研究会 1964 年 679 頁
斉白石 / 松崎鶴雄 // 東京:求竜堂 1967 年 214 頁
官僚二十五年 / 長岡隆一郎 // 東京:中央公論社 1939 年 371 頁

九 画

革命始末:鼇頭訓点中国時文 / 関口精一 // 東京:早稲田大学出版部 1912 年 137 頁
革命闘争四十年 / 能勢岩吉 // 東京:労務行政研究所 1954 年 289 頁
秋野老師中国祖蹟参拝紀行 / 高橋竹迷 // 東京:中央仏教社 1926 年 225 頁
追撃千里:漢口攻略陣全線慰問記 / 眞鍋儀十 // 東京:眞鍋儀十 1938 年 42 頁
後藤新平伝(第 6 国務大臣時代 前期 下) / 鶴見祐輔 // 東京:太平洋協会出版部 1944 年 355 頁
風物記:随筆 / 蔵原伸二郎 // 東京:ぐろりあ・そさえて1940 年 434 頁
柔父随筆 / 松崎鶴雄 // 東京:座右寶刊行会 1943 年 341 頁

十 画

班禅喇嘛法王追悼余光 / 中日密教研究会静岡支部 // 静岡:中日密教研究会静岡支部 1938 年 102 頁
眞鍋嘉一郎 / 眞鍋先生伝記纂会 // 東京:日本温泉気候学会 1950 年 252 頁
時事問題講座(第 7) / 吉野作造 // 東京:日本評論社 1930 年 154 頁
宮崎滔天全集(第 1 巻) / 宮崎滔天 // 東京:平凡社 1971 年 625 頁
孫中山研究日中国際学術討論会報告集 / 孫文研究会 // 京都:法律文化社 1986 年 272 頁
孫文革命戦史 / 大亜文化会 // 東京:聯合出版社 1943 年 246 頁
陰謀家袁世凱 / 小越平陸 // 東京:健行会 1913 年 74 頁
陶片:清美庵随筆集 / 大河内正敏 // 東京:鉄塔書院 1933 年 309 頁

十一画

現代中国人物批判 / 浜野末太郎 // 東京:世界出版社 1927 年 217 頁
現代中国人物論 / 吉岡文六 // 東京:時潮社 1938 年 209 頁
現代中国史的考察 / 西本白川 // 上海:春申社 1922 年 73 頁
現代中国四百余州風雲児 / 覆面浪人(増本義敏) // 東京:成功雑誌社 1911 年 194 頁
現代中国全集(第 3 巻 国民革命全史) / 長野朗 // 東京:坂上書院 1937 年 390 頁
現代中国趣味文選 / 文求堂輯局 // 東京:文求堂書店 1934 年 160 頁
現代中国政治経済論 / 土井章 // 東京:大東文化大学東洋研究所 1967 年 217 頁
現代中国思想 / 福井康順 // 東京:早稲田大学出版部 1955 年 222 頁
現代中国論 / 竹内好 // 東京:勁草書房 1964 年 235 頁
現代史資料(第 31) / みすず書房 // 東京:みすず書房 1966 年 796 頁
梅花一両枝 / 大鹿卓 // 東京:洗心書林 1948 年 197 頁
偉人伝全集(第 19 巻) / 小笠原長生 // 東京:改造社 1931 年 502 頁
旋風二十年:解禁昭和裏面史(上) / 森正蔵 // 東京:鱒書房 1946 年
清朝末史研究 / 矢野仁一 // 大阪:大和書院 1944 年 342 頁
清朝末路秘史 / 松島宗衛 // 長崎村 (東京府):大星社 1925 年 271 頁
終戦史録(上) / 外務省 // 東京:新聞月鑑社 1952 年

十二画

報告書(第 17 回) / 日本經濟聯盟會 // 東京:日本經濟聯盟會 1939 年 20 頁
朝日年鑑 昭和 8 年(附録 満洲國大觀) / 朝日新聞社 // 大阪:朝日新聞社 1933 年

森恪(下) / 山浦貫一 // 東京:高山書院 1943 年
最近中国六軍閥論 / 中国事情研究会 // 大阪:中国事情研究会 1927 年 15 頁
最近中国事情研究 / 鈴木一馬 // 大阪:中国事情研究会 1927 年 24 頁
最近清国動乱史 / 加藤正雄 // 大阪:三浦楷義 1911 年 117 頁
最新中国要人傳 / 樋口正徳 // 大阪:朝日新聞社 1941 年 225 頁
最新対華経済資料(第 3 輯) / 姫野徳一 // 東京:日中同題研究会 1937 年 247 頁
筆洗:美文選集 / 野畑江村 // 東京:崇文堂 1919 年 343 頁
満中雑記 / 安藤徳器 // 東京:白揚社 1939 年 192 頁
満洲・中国・朝鮮:新聞記者三〇年回顧録 / 楢崎観一 // 東京:大阪屋号書店 1934 年 540 頁
満洲処分 / 加藤政之助 // 東京:実業之日本社 1905 年 189 頁
満洲国皇帝陛下 / 和泉誠一 // 東京:二松堂書店 1935 年 175 頁
満洲国紀要 / 東京開成館輯所 // 東京:東京開成館 1932 年 271 頁
満洲建国志:十週年記念 / 永松浅造 // 東京:学友館 1942 年 308 頁
満鉄調査資料(第 15 編) / 南満洲鉄道株式会社庶務部調査課 // 大連:南満洲鉄道庶務部調査課 1923 年 392 頁
滞中漫録 / 吉野圭三 // 東京:吉野圭三 1932 年 141 頁

十三画

雷峰塔:随筆集 / 吉川幸次郎 // 東京:筑摩書房 1956 年 239 頁
鈴木貫太郎伝 / 鈴木貫太郎伝記纂委員会 // 東京:鈴木貫太郎伝記編纂委員会 1960 年 606 頁
新中国資料集成(第 5 巻) / 日本国際問題研究所中国部会 // 東京:日本国際問題研究所 1971 年 738 頁
新国民政府人名鑑 / 外務省東亜局 // 東京:外務省東亜局 1940 年 75 頁
新聞集成大正編年史(第 2、8、39、40 巻) / 明治大正昭和新聞研究会 // 東京:明治大正昭和新聞研究会 1978—1987 年
新聞集成昭和編年史(第 2、33、34、58、59、61、62 巻) / 明治大正昭和新聞研究会 // 東京:新聞資料出版 1983—1998 年
新疆調書 / 外務省調査部 // 東京:外務省調査部第三課 1935 年 130 頁

十四画

徳光好文奮闘録:国際銀公司創設秘志 / 野口正章 // 東京:野口正章 1934 年 202 頁
銀鈴 / 池田愛泥 // 飯田町(長野県):信濃時事新聞社 1920 年 238 頁
漢文教程:陸軍士官学校予科用 時文之部 / 陸軍士官学校 // 東京:陸軍士官学校 1921 年
漢詩大系(第 20、22) / 青木正児等 // 東京:集英社 1965 年 350 頁、1967 年 390 頁
漢籍國字解全書:先哲遺著追補(第 18 巻) / 早稲田大学出版部 // 東京:早稲田大学出版部 1927 年 503 頁
綿業三十年 / 山本顧弥太 // 大阪:山本顧弥太商店 1935 年 204 頁

十五画以上

墨場必携明詩選 / 林田芳園 // 東京:二玄社 1997 年 503 頁
論集近代中国研究 / 市古教授退官記念論叢集委員会 // 東京:山川出版社 1981 年 633 頁
論叢 / 国際情勢研究会 // 東京:国際情勢研究会 1961 年 358 頁
橘樸著作集(第 1、3 巻) / 橘　樸 // 東京:勁草書房 1966 年 742 頁、781 頁
頭山精神 / 藤本尚則 // 東京:大日本頭山精神会 1939 年 354 頁
聯邦制度概説 / 宮沢俊義 // 東京:中華民国法制研究会 1939 年 227 頁
講座中国近現代史(第 3 巻 辛亥革命) / 野沢豊、田中正俊 // 東京:東京大学出版会 1978 年 288 頁
爆破行秘史 / 大島与吉 // 大連:満鉄社員会 1941 年 512 頁
鶴見祐輔人物論選集 / 鶴見祐輔 // 東京:ダイヤモンド社 1968 年 336 頁

附录二

作者索引

一、个人部分

一 画

一戶務　2691

二 画

八幡關太郎　2157
九里徹　2840

三 画

三木直大　3184
三宅正樹　2208
三好徹　0750
三松莊一　1772
三國谷宏　2699
三鬼陽之助　0373
三島康夫　2499
土井章　0628,1674
土岐直彦　0171
土居明夫　0328,0333,0620
土居通予　2068
土屋計左右　0155
工藤貴正　1641
下村關路　1124
大八木章文　2266,2272
大山茂　0996
大川周明　1361
大木遠吉　1857
大石隆基　1355
大西齋　1121,1921
大竹鑑　2379,2939
大村興道　2952
大里浩秋　1793,1799
大沢昇　0456
大河内正敏　0159
大泉忠敬　0178
大庭鐵太郎　1116
大原信一　1746,2396,2401,3190
大島利一　1785
大島清　0259
大島興吉　0553
大野三德　0815
大野慎　2509
大森実　0396
大塚有章　0584
大塚博久　1430
大塚繁樹　1730
大園賴茂　2543
大藏公望　1076
萬古刀庵主　1268
上田仲雄　2369
上田操　1936
上村文三　2336,2653
上妻隆栄　0349,0353
上原專禄　2931
上條紀昭　1579
上野昂志　1429,2815
上野惠司　1469,2724
小山三郎　3000
小山弘健　1343
小山武夫　0451,1025
小川忠慝　2350
小川恒男　2841
小川哲雄　1439
小川敦生　2761
小川環樹　2794
小中陽太郎　2901
小田英郎　2121,2122
小田実　0400
小田律　1870
小田嶽夫　0734,1555,1559,1574,2709,2732,2734
小西憲一　2859
小此木啓吾　2900

小竹文夫　0627
小竹昭人　1801
小池曼洞　0669,1111,1112,1129
小村俊三郎　1310
小杉修二　2559,2560,3159
小谷節夫　2140
小谷豪冶郎　2628
小林元裕　1176
小林文男　2566
小林善文　2076,2455,2941
小林幹夫　0119
小林寬　2189
小島久代　2425
小島朋之　0402,0425,0452,0461,0477
小島祐馬　2956,2958
小島醉雨　2744
小倉正恒　1145
小倉和夫　0401,1671
小野川秀美　0746,2251
小野田摂子　2575,2576,2581
小野則秋　0730
小野信爾　0192,0343
小笠原長生　1901
小越平陸　0277,1836
小粥章司　1481
山口一郎　0781,2224
山口栄　1735,1743,1752,1754,1755
山中芳和　2947
山中峯太郎　1876
山中德雄　1027
山内良一　0118
山本文雄　1347
山本秀夫　0778,0784,2463
山本実彦　0202,0560,0564,0575,0914,1048,
　1122,1419,1966,1981,2071,2432,2459,2658,
　2868
山本顧弥太　3095
山田辰雄　1151,2554
山芙峰　1201
山根幸夫　1887,2940
山浦貫一　0183,2546
山崎元幹　0077
山崎靖純　2234
山縣五十雄　2672
千葉三郎　1281

千葉正昭　2833
川上久壽　0135,1567,2712,3181
川上哲正　2387
川合章　2023
川島弘三　0569
川島浪速　1873
丸山松幸　0688
丸山昇　0020,2765,2781,2809,2845,3151
丸尾常喜　3182
久志本喜代士　0610
久保田博子　0803
久野豊彦　2126

四　画

王易琳　1482
王樞之　0719
井上隆史　1371
井上源吾　2167
井東憲　1012
井星英　1317
井貫軍二　0316,0733,1728
井關正夫　1081
天児慧　0458,0462,0479
天沖鄉廟　2338
天野夏山　1137
木山英雄　1607,1615,1622,1625,1626,1634,
　2834,3142
木内尚子　2835
木村武雄　0352,0371,0391
木村英一　2442
木村郁二郎　0484
木村博　2458
木村毅　1110,2313
木原勝治　2370,2389
木島始　2888,2889
木場康治　0460
五門兵衛　2296
太田元次　1026
太田宇之助　1077,1095
太田清哲　0418
犬養健　1146,1447,1518,2960
戶川芳郎　2862
戶田紗織　0104
戶部良一　0500
戶張東夫　0447,1526

日下部新吉　1068
中山久四郎　0492,2252
中山義弘　0745
中山優　1652,2679
中井英基　2135
中目威博　2929
中西進　1800
中西慶爾　0257
中江克己　2993
中村松三郎　2009
中村常三　1376
中村康　0207
中村義　1227,1773,2061,2143,3081
中村聡　2188,2190,2201,2210
中里松二　1049
中尾友則　2454
中岡哲郎　0399
中保與作　1064,1127
中屋敷宏　0420,1476
中島利郎　2723
中嶋嶺雄　0469,0470,0472,1530,1685,2634
中野正剛　0770
中野光　2044
内山雨海　2494
内山鶉　0828
内田昌夫　0855
内田知行　2321,2322,2323,2324
内田康哉　1863
内藤円治　2163
内藤虎次郎　0249
内藤陽介　0423
内藤順太郎　1834,3071
水田文雄　1382
水羽信男　2230,2231,2232,2233
水野史朗　0360
水野明　1326,1369
水野梅暁　0608,0715,0874,1778,2111,2356,3007
水野勝邦　2343
手代木有児　2403
牛山純一　1588
毛里和子　0406
仁井田陞　0783
仁木文子　0222
片倉芳和　1226,1233,1244
今井武夫　2353,3062

今西健夫　1570
今堀誠二　0339
今関天彭　0279,0280,1332,2217,2303,2480,3124
月旦子　3074
方万里　0113
火海漁郎（宮崎寅蔵）　0794

五　画

玉江恒平　0534
末永繁松　0191
末岡宏　2288,2404
古田忠徳　2057
古沢敏雄　1717
古島和雄　2468
古島琴子　0977,2972
古厩忠夫　2445
本多勝一　2563
本沢二郎　0473
辻田堅次郎　2627,2636
石山福治　2996
石山賢吉　1339
石川半山　2151,2152
石川忠久　2826
石川啓二　2949
石田霞山　2515
石出法太　2907
石長志　2558
石垣綾子　0568,2491
石島紀之　0995
石浜純太郎　2301
石源華　1179,1441
平貞蔵　0777
平野和彦　2192,2195,2205,2414
平野義太郎　0975,3149
北山半次　1922
北山康夫　2304
北川蝠亭　0152
北村敬直　2118
北岡正子　0019,0686
北原健夫　2978
目加田誠　0250,1732
目崎憲司　2667
田　昌　1777
田川純三　0009,0012,2772
田中比呂志　1239,1241,1242

田中仁　0133,0136,0137
田中正明　1154
田中直吉　2342,2661
田中忠夫　1073
田中香苗　1114
田中信一　0439,0949
田中益三　2890
田中悦子　1178
田中壽雄　2633
田中潔　0014
田仲一成　0255
田村眞作　3032,3054
田英夫　1662
田原洋　0221
田邊勝正　2344
由井龍三　2757
四方田犬彦　2727,2849
四方歸一　2472
生方眞純　1495
矢田鈴江　1107,1513
矢吹晋　0409,0457,0463,0471,2899
矢島鈞次　1729
矢部貞治　2549
矢野征記　1142
矢野恒太　0565
丘山新　1507
白井喬二　1024,1838
白木茂　0363
白石徹　1237
白永瑞　3162
白岩龍平　2131
白浪庵滔天（宮崎寅藏）　0712
白雲莊主人　1321
白須賀六郎　2518,2665
外山軍治　0254
市古宙三　1874
広野行雄　0283
立花丈平　0060,1680
立野芳夫　2753
立野信紙　0741
立間祥介　2771,3177
半沢正二郎　2714
半沢貫　0450,1667
永井啓夫　0829
永畑恭典　0234

永野信利　0446
永橋弘价　1286,1370
出口勇藏　0729
加田哲二　1017,1083
加地伸行　0389
加登川幸太郎　0958
加藤正雄　2139,2213,3070,3083
加藤芳男　2887
加藤栄治　1666
加藤通夫　2541
加藤勘十　1807
加藤誠　1569

六　画

寺広映雄　0921
寺尾五郎　1521
寺尾亨　2055
寺島英明　2123
寺島德八郎　3072
寺崎祐義　0114
吉川栄一　2943,2946
吉田千奈美　3017
吉田東伍　1864
吉田東祐　0145,0324,0326,0583,0626,1691
吉田実　1683
吉田富夫　0284,2804,2857
吉村曉　2887
吉岡文六　0141,0168,0213,0294,0520,0524,
　　0539,0542,0576,0611,0657,0673,0710,0775,
　　0866,0967,1047,1380,1408,1417,1703,1772,
　　1832,1927,2483,2502,2507
老沙場客　1954
西川友武　2692
西川喜一　0550,1808
西内雅　2525,2528
西田耕一　1537
西林昭一　2172,2174
西原亀三　2118
西島有厚　3064
西清子　2902
西槇偉　0126,0129,0130,0849,0850
成定崇嶺　2767
早坂四郎　0074
朱建栄　0426,0465
竹之内安巳　0976

竹内好　0005,0789,1611,2707,2708,2722,2735,
　　　2737,2751,2776,2930,2953
竹内実　0015,0017,0336,0369,0374,0379,0392,
　　　0403,0405,1531,2775
竹内夏積　1204,2341,2659
竹内義一　1118
竹平之正　2785
竹村則行　0237,0240
竹越與三郎　1871
伍凌湖　2619
臼井勝美　0081,1261,1357
伊地智善継　1608,2762,3120
伊東阪二　2498
伊東昭雄　0650,1163,2254,2255,2258
伊原宇三郎　0496
伊原沢周　0246,1161,1165
伊達宗義　2626
伊藤正　0443
伊藤武雄　2988
伊藤虎丸　1553,1554,1564,1565
伊藤信之　1179
伊藤敬一　1610
伊藤貴麿　2729
伊藤銀月　0713,2049
伊藤齊　2611,2612
伊藤漱平　2723
伊藤徳也　1632,1635,2904
伊藤癡遊　0774
向山寬夫　2431
各務寮一　0340
名取嵓一　2663
多田久雄　3036
米内山庸夫　0153,2221
米田實　1308
米沢秀夫　2968,3148
江田憲治　1487
江原素六　1867
江啓士　0681
江啓子　2065
江碕公朗　1592
江頭敷馬　2477
池上正治　1688
池上貞一　0410,1465
池上貞子　1578
池口恵観　2530

池井優　2573
池田愛泥　1330
池田誠　0755,1877
池田誠一　0790
池村新一郎　2513
池見猛　2533
宇田禮　2756
宇佐美滋　1682
宇佐美曉　2474
宇佐晴男　1058
宇垣一成　3050
宇野重昭　0357,0364,0404,0453,0797,1474,
　　　2567,2572
安東仁兵衛　0335
安藤正純　1102
安藤彦太郎　0744,0752,2810,2932,2935
安藤陽子　2799
安藤德器　2690
那須賢一　0445
阪口直樹　1747,2831,3179
坂本德松　0344,0779,2706

七　画

坂井德三　0314
坂元ひろ子　2253,2282,2446,3013,3016
坂本德松　0344,0779,2706
志村規矩夫　2553,2562,2605,2610,2614
芥川竜之介　2299,2680
村上薫　2604
村井順　0948
村田士郎　0181,0503,1538,2340,2656
村田孜郎　1051,1059,1088,1115,1443,1812,
　　　1998,2657,3004
村田俊裕　1618
村田雄二郎　2197
村松一弥　0052,2768
村松梢風　0776
杉浦一雄　1105
杉森久英　1030
李征　3156
車田讓治　0747,0751
更谷南室　3091
児玉譽士夫　3052
児島道子　0807
児島襄　0080

貝塚茂樹　0327,0743,0749
里井彥七郎　1425
里見信也　1485
町野武馬　1312
別府淳夫　2171,2175,2180,2187,2391
別當新八郎　2991
我妻大陸　2516
利波雄一　1293
佐久間東山　1839
佐久間卓次郎　0087
佐竹隆　2616,2618
佐佐木正綱　2678
佐佐木更三　1686
佐佐木到一　0589,0590
佐佐木浩　2836
佐佐木基一　2745
佐佐木盛雄　1126
佐伯有一　2132
佐野袈裟美　2219
佐野学　0318,0782
佐藤一郎　2375,2393
佐藤一樹　2392,2395
佐藤元英　1322
佐藤広金　2264
佐藤安之助　0031
佐藤利行　2767
佐藤伸雄　0199
佐藤春夫　2747
佐藤慎一郎　0810
佐藤禮　0894
佈施勝治　0714,2332
住本利男　1446
近藤達児　0717
谷口満　0235
谷川徹三　3152
角野蓉子　2807
冷夢庵(高木富五郎)　3103
辛島驍　2742
判沢純太　1156,1957,2568
汪輝　2947
沖豊治　1278
沈醉　2899
沢本香子　1794
沢田耿二　1066
沢田謙　1013,1022

沢村幸夫　0053,0157,0176,0197,0288,0301,
　　0528,0530,0533,0645,0646,0819,0822,0870,
　　0895,0991,1217,1287,1294,1301,1391,1399,
　　1593,1658,1698,1701,1911,1938,1999,2000,
　　2001,2070,2086,2297,2298,2592,2951
沢村健二　2134
尾坂德司　0001,1721,2710
尾保住人　0291
尾崎秀実　1052,1053
尾崎秀樹　2711
尾崎敬義　1902
阿川修三　2276
阿部幸夫　0002,0003,1577,1582,1792
阿部賢一　1431

八　画

武内香里　1524
武田泰淳　0336,0379,1783,1787,1788,2749
武田倉穹　2519
武藤辰男　1090
武藤富男　1542
青木正兒　2422,2647,2698,3125
青木政明　1482
青柳純一　2035,3102
青木文夫　1096
青柳篤恒　1846,1847,1868,2153,2156
長谷川太郎　2583
長谷川豊　1748,2039
長尾高義　2511
長尾景義　0151
長岡忠一　0825
長岡隆一郎　2331,2347
長堀祐造　2837,3189
長野広生　1368
長野朗　0812,1378
長與善郎　2222
若杉雄三郎　1105
若衫邦子　2398
若菜正義　2599,2613
苗劍秋　1664,1673,1677
林茂　3061
林正幸　0716
林司朗　0092
林克也　2964
林泉忠　2638

林華城　0312
林道生　0300
林語堂　1739
板野長八　2418
松山悦　1023
松井武男　0230
松井等　2091
松井嘯波　2645
松本英紀　1230,1231,1235,1236,1243,1245,
　　1468,1758
松本忠雄　0140,0505,1075,1078,2236,2503,2660
松本健一　0572,1234,2287
松本暁美　2527
松田利通　2666
松永安左衛門　0821,2927
松村正義　1185
松谷誠　2569
松枝茂　0039
松枝保二　2896
松岡俊裕　1624
松岡洋右　0177
松岡純子　1388
松崎鶴雄　0195,0248,0281,0282
松嶋宗衛　0701,1872,1996,1997,2141
東久邇稔彦　3056,3058
東海林了　2981
刺賀信雄　2838
国方千勢子　0747
岸田五郎　0138,1358
岸陽子　0239
岩上治　2856
岩井利夫　2184
岩村三千夫　0315,0332,0585,0731,1407,2539
岩佐壯四郎　1630
岩城俊次　1091
岩崎太郎　2788
岩崎榮　0205
岡本理治　1106
岡本隆三　0338,0378
岡本勲　2290
岡田茂　0964
岡田英弘　2823
岡田播陽　2673
岡島松次郎　0188
岡部錠介　1067

岡野増次郎　0203,1943
岡野竜一　0211
岡崎俊夫　0008,0618,1563
牧戸和宏　2800
牧野伸顕　1324
牧野篤　2018,2029,2030,2032,2033,2034,2037,
　　2040,2042
和田武司　0439
和田博徳　2182
和泉誠一　2218
金子二郎　1725
金子光晴　1561
金子肇　1895,1898
金崎賢　1724
服部燁峯　0154
服部繁子　1784
浅川健次　0448
浅見一男　2967
浅原達郎　2997
浅野利三郎　1651
浅野純一　3188
河上純一　1093
河上徹太郎　1788
河井荃廬　0045,2438
河田悌一　1470,1745,2277,2283,2284,2292
河村一夫　1712,2355,2397
河野密　0724
河瀬蘇北　0549,1806,3086
沼野誠介　0764
波多野太郎　2871
波多野乾一　0201,0303,0307,0580,1054,1379,
　　1676,2238,2963
波多博　0823
実藤恵　2160
実藤恵秀　0102,2117,2417

九　画

春日俊吉　0084
春名徹　2846
城北散史　2520
城南隠士　1866
草野文男　0579,1705
荒木見悟　0306
荒木修　0785
南方熊楠　0765

南本義一　2262,2268,2269
柘植秀臣　2798
柳田聖山　1733,1738
柳田謙十郎　0386
柿本裕子　1643
砂山幸雄　2452,2584
是永駿　2797
星野芳樹　1529,3025
香坂順一　3114
秋山洋子　0026
秋吉久紀夫　0434,2783,2875,2876,3174
重光葵　1216
段瑞聰　2587
保阪正康　1183,2536,2589
信太謙三　2620
泉紘彦　0615
泉彪之助　2850,2858
後信夫　2319,2648
後藤延子　0236,2176,2183,2937,2938,2948
後藤英男　1333
後藤朝太郎　2330
後藤馨　0978
俞辛焞　0759
俞慰剛　3164,3168
風間阜　1264,1265,2097
前田浩子　1464
前芝確三　3063
畑中耕　1016,1019
畑桃作　3128
津田元徳　1515
単援朝　1744
室伏高信　1018,1089
神子侃　0360
神戸輝夫　0922
神谷正男　2159
姫田光義　1533
姫野徳一　0180,0915,2337
飛雲殿上人　1862
柔父會　0229

十　画

秦孝儀　2526
馬耳東風居士　1991
眞下信一　2861
眞鍋儀十　0212,2662,2878

莊子久子　1873
桜井忠溫　1375
根岸佶　0196
根岸宗一郎　1637,1638
根津一　1865
栗原健　2006,2496
栗原新水　2883
原　勝　0004,0504,2235
原田正己　2149,2165,2179,2186
原田勝正　1325
原島春雄　2279
柴田岩　1796
柴田幹夫　2203,2211,2400
柴田穗　0377,0440,0449,1525,1663,1681
柴田錬三郎　2740,2752
時子山常三郎　1283
乘石繁太郎　0323,2522
島田政雄　0007
島田俊彦　0946,1279
島田虔次　0811,1426,2253,2305,3014
島村喬　0368
島津弥吉　2564
島屋政一　0175
島倉民生　0478
島善高　2481
畠山清行　0078
針生誠吉　1532
倉石武四郎　0149,3119
倉田清　1307
倉橋幸彦　1628
脇水鐵五郎　2320
狹間直樹　1238,2287,2362
高山次郎　1036
高山謙介　2328
高木桂藏　0441,2975
高木健夫　0346,0586,2550,2682,3101
高木陸郎　0184,0186,0641,0642,0780,0820,0885,0886,0917,0918,0969,0970,1069,1190,1191,1302,1303,1818,1819,1982,1983,2002,2004,2102,2107,2142,2318,3098,3102,3130,3131
高田久彦　0293
高田昭二　2779,3175
高西直樹　2922,3112
高柳信夫　1488,1493

高畠穣　0002,0003,0010,0021
高宮太平　3059
高須芳次郎　2681
高橋久志　1157,1162
高橋竹迷　0156
高橋亨　0383,0408
高橋君平　2769
高橋春雄　2844
高橋保　0551,2095,3092,3093
高橋俊　3155
高橋勇治　0728,2103
高橋義雄　2358
高橋磧一　0908
益井康一　0042,0218,0297,0837,1192,1445,
　　1517,1548,1617,1654,2088,2437,2920
益満重雌　1079
酒巻貞一郎　1837
海上雅臣　1764
浜田由美　1504
浜田直也　2202
浜勝彦　0455,0474
渋谷由里　1327,1328,1329
家田重蔵　0334
家近亮子　2578,2585
宮下忠雄　0483
宮川寅雄　2782
宮内保　0233,2384
宮西英人　1751
宮沢俊義　2098
宮尾正樹　1742
宮島敦子　1642
宮崎世龍　2538
宮崎市定　0407
宮崎竜介　2540
宮崎滔天　0794,0795,3105
陳中立　0115
陳正醍　3191
陳來幸　2892
陳繼東　3011
能勢岩吉　2105,3001,3100
桑田耕治　1892
桑田透一　0927
桑原壽二　0355,0381,0454,0953,2632
桑島道夫　1584,1591

十一画

堀川哲男　0753,0757
堀江英一　0329
堀部圭一　1897
堀黎美　0022
菊池良一　1853
菊岡久利　2736
菅沼正久　0366,0482
菅原正義　2797
菅野一郎　0624
菅野正　0800
梅本克己　0370
梅本貞雄　2058
桶谷秀昭　1170,1183
副島次郎　0108
晨朵　1802
黒屋敬子　0922
野田善弘　1750,2449
野村浩一　0388,0419,2164,2225,2535
野村鮎子　0194
野町和嘉　0415
野沢俊敬　0023,0024
野沢豊　0736,0742,1886,1890
野依秀市　0270,1003,1421,1968,1969,1970,2435
野畑江村　2215
野満四郎　0563
梨本祐淳　1202
笠間杲雄　0089
笠置山勝一　1138
鳥井克之　3118
鳥居民　0359,1665,2884
船田中　1814
船橋半山樓　1363,1364
魚返善雄　0131,1100,2675
猪木正道　0317,0361
猪野喜三郎　1130
許勢常安　2394
斎藤良衛　1314
斎藤秋男　0999,2015,2016,2017,2020,2021,
　　2022,2025,2026,2041,2045,2464,2465,2466,
　　2990
斎藤剛　1904
鹿山鶯村　2879
鹿子島和子　0588

鹿島宗二郎　0337
曽四郎　0861,2885
清水一郎　2544
清水国治　1810
清水昭三　2805
清水賢一郎　2410
清水秀夫　0668
清沢洌　2064,3127
深川賢郎　2824
深田祐介　0472
深沢秀男　2209
梁川剛一　0066
張巨浩　1481
張玉萍　3167
隆木宏司　0127
細井和彦　0489
細井肇　1993
細谷草子　1614,2818
細野浩二　2200,2812

十二画

越川貞一　1882
越沢明　0117
堤茂樹　0651
彭沢周　0200,0793
彭淑媛　2641
黃雀童子　1856
葉千栄　0467,1262
萩野修二　1631
董士偉　1488
落合信彦　0468
萱野長知　2300
萱野長雄　0735
森健　0310
森川登美江　2408
森正藏　0185
森本壽平　3034
森田正夫　1014
森田享　1479
森弘一　1475,3186
森沢幸　1524
森茂樹　2917
森美千代　1389,1390
森島守人　1311,1313
森達生　1240

粟屋憲太郎　1318
量博満　2428
間瀨文彦　2212
貴志俊彦　1889
貴船八郎　2571
嵯峨隆　3166
御手洗辰雄　2555
須川照一　0238
飯島忠夫　0247
飯島幡司　0502
飯倉照平　1612,1625,1741
飯塚朗　1616
勝沼精藏　1143
勝間田清一　2989
善隣協會　1094
道坂昭広　2942
曽村保信　1875,2166
湯本国穂　0035,0285,2594,2595,3160
湯沢三千男　0214,0215,0216,0268,1971,2348
湯浅正一　0591
湯浅誠　0442
渡辺利夫　0413,0422,0464,0480
渡辺竜策　0079,0907,1225
渡辺惇　1879,1888,1893,1905
渡邊行男　3043
渡邊秀夫　1797
渡邊茂雄　0311,2521
渡邊眞理　1689
渡邊剛　1973
富岡羊一　1125
賀婷　1505
結束博治　0761

十三画

遠坂良一　0370
遠藤三郎　2476
遠藤新　2607
塩田喬　3048,3049
塩沢実信　2531
蒼鷹公　1858
蒲池歓一　2148
蔭山達弥　0124,0848
楠山義太郎　1923
楠瀬正明　1155,2380,2383,2388,2402
楊逸舟　2524

楊曉文　0128
楢崎觀一　2351,2928
園田一龜　1304,1305
園田天籟　1097
園田次郎　2315
豊原兼一　0571
奥平卓　0013
奥田泰治　1789
奥寺惠吉　2759
奥野信太郎　0006,2750,2770
鈴木一馬　0174,0189,0555,0602,0609,0875,
　　1334,1374,1385,1827,1995,2092,2093,2112,
　　2311,2326,2359,2361,3079,3096
鈴木大拙　1727
鈴木不二男　2969
鈴木正夫　0432,0433,0687,1557,1558,1572,
　　1573,1575,1576,1581,1583,1585,1586,2582,
　　2590
鈴木明　0390
鈴木忠明　2588
鈴木將久　3154,3192
鈴木靖　0244
鈴木義昭　1753
鈴江言一　0732,1341
新井信介　0475
新井寶雄　0341,0570,1522,1528,1668,1669,
　　2229,2552
新村徹　2718,2802
新城新藏　0227
新島淳良　0146,0350,0372,0395,0398,1462,
　　2758,2763,2774,3173,3176
溝口貞彦　2027
滄浪　2052
福井康順　2302,2420
福本和夫　0322,0375,2773
福岡醇祐　1020
福島裕　0438

十四画

藏居良造　2565
藏原伸二郎　0647
蔡子民　0101
蔡和森　1465
蔣介石　2525,2555
榛原茂樹　2650

榎本泰子　2694,2695
樋口正徳　0029,0037,0038,0041,0043,0044,
　　0046,0049,0050,0051,0055,0059,0083,0090,
　　0096,0098,0100,0109,0111,0120,0122,0143,
　　0148,0163,0164,0182,0187,0190,0217,0220,
　　0225,0267,0271,0273,0274,0286,0289,0296,
　　0298,0299,0302,0304,0305,0428,0429,0430,
　　0435,0436,0485,0486,0487,0491,0507,0508,
　　0509,0510,0511,0512,0513,0514,0515,0518,
　　0521,0525,0529,0532,0535,0536,0543,0544,
　　0545,0554,0556,0562,0577,0592,0593,0594,
　　0595,0596,0597,0606,0607,0613,0614,0629,
　　0630,0631,0632,0635,0636,0643,0644,0648,
　　0655,0656,0660,0674,0675,0676,0678,0679,
　　0685,0689,0691,0692,0696,0697,0711,0817,
　　0824,0827,0830,0831,0832,0833,0836,0840,
　　0842,0843,0845,0846,0867,0868,0869,0871,
　　0873,0876,0884,0887,0888,0889,0891,0892,
　　0896,0897,0899,0900,0902,0905,0906,0910,
　　0911,0912,0913,0916,0924,0925,0926,0933,
　　0934,0935,0936,0937,0968,0973,0980,0982,
　　0983,0984,0985,0986,0987,0988,0989,0990,
　　0992,0993,1000,1004,1007,1008,1009,1189,
　　1193,1194,1195,1197,1198,1218,1219,1220,
　　1221,1247,1250,1270,1288,1295,1296,1297,
　　1299,1300,1348,1349,1352,1353,1354,1381,
　　1384,1386,1387,1392,1393,1394,1395,1400,
　　1402,1403,1404,1405,1418,1422,1424,1437,
　　1438,1448,1449,1450,1451,1452,1453,1454,
　　1455,1456,1457,1459,1498,1500,1502,1503,
　　1510,1511,1519,1520,1535,1540,1541,1547,
　　1549,1550,1551,1552,1594,1595,1596,1599,
　　1600,1602,1603,1604,1605,1644,1646,1653,
　　1656,1657,1659,1690,1692,1694,1695,1696,
　　1697,1699,1700,1702,1704,1707,1709,1710,
　　1714,1716,1719,1720,1756,1759,1761,1775,
　　1780,1781,1782,1820,1821,1822,1823,1824,
　　1825,1826,1829,1830,1831,1906,1907,1908,
　　1909,1910,1913,1914,1915,1916,1917,1918,
　　1928,1930,1931,1932,1934,1942,1946,1947,
　　1949,1960,1961,1963,1964,1965,1972,1975,
　　1976,1977,1978,1979,1980,1984,1985,1986,
　　1987,1988,1989,2011,2013,2046,2047,2048,
　　2072,2074,2077,2079,2080,2081,2082,2083,
　　2116,2119,2120,2227,2228,2237,2246,2312,

2349,2436,2440,2460,2470,2471,2475,2486,
2490,2495,2591,2596,2597,2598,2640,2642,
2643,2644,2684,2685,2686,2687,2688,2696,
2697,2702,2703,2705,2863,2864,2865,2866,
2870,2872,2874,2891,2893,2894,2911,2919,
2924,2955,2994,3023,3051,3121,3123,3129,
3139,3140,3143,3144,3146,3147,3157,3158,
3169,3171

樋口進　0434,1645
樋口勝　2447,2448,2450,2453
樋口銅牛　2250
樋泉克夫　0095
関口勝　3163,3165
関口精一　0547,3084
関岡渉　1032
蜷川新　1337
稲本朗　2426,2851
稲村青圃　2345
稲垣史生　0093
稲葉昭二　1556,1566,1568,1571,1580,1590
德田教之　0365,0385,0387,0623
錢　鷗　0245
齊藤晴彦　1958
緒方竹虎　3060
緒方昇　1516

十五画

駒井正一　2457
駒井和愛　0057,0058
駒田信二　1885,2811,2817
増田史郎亮　2933,2934,2936,2944
増田卓二　2625
増田渉　0231,0256,2373,2419,2423,2424,2754,
　2954
影佐禎昭　1144
蝦名良亮　1490
德岡仁　0573
衛藤沈吉　1655,2469,3065
劉　薇　0104,0105
諏訪一幸　0625

十六画

蕭　三　0320
薩摩雄次　1140,2670
樹中毅　2579,2586

横山永三　1734
横山宏　2813
横山宏章　0412,0708,0754,0762,1460,1471,1472
横山英　1494,1840,2574,2580
横山鋏三　2534,3033,3038—3042,3044,3047
横田豊　0172
横田實　0206,1050,1199
橋川時雄　0226,1092,1723
橋本正博　2903
橋本高勝　2259,2260
樽本照雄　1740,1790,1795,2407,2855
橘　樸　0786—0788,1035,1769
橘川学　1342
橘善守　1060
劍書樓主人　1855

十七画

檜山久雄　1804,2789,2790,2816,2819,2828
檜山京子　1173
霜川遠志　2719,2720
齋藤敏康　3185
齋藤隆而　1074
齋藤道子　2168
齋藤道彦　1466
濱今朝人　2063

十八画

藪内清　0034,2492
藤川京介　2505
藤井昇三　0412,0740,0762,0767,0796,0798,
　0801,0806,0808
藤井省三　1620,1765,2830,2847
藤井隆　2073,2415
藤井満洲男　1484
藤本尚則　2115
藤本昭　0476
藤田昌志　2842
藤田義郎　0956,0963
藤沢秀雄　0223
藤岡一男　0036
藤岡喜久男　1878,1880,1883
藤原銀次郎　1339
藤家禮之助　1587
藤墳啓太郎　0947
覆面作家　1153

覆面浪人（増本義敏）　0276,0290,0552,0601,
　　0640,0663,0700,0768,0923,0931,1246,1249,
　　1269,1272,1713,1776,1941,1959,2014,2062,
　　2067,2085,2138,2295,2461,2998,3082
鎌田和宏　2926
鵜崎鷺城　0548,1805,1955,2109
織田万　0266
斷水樓　2925

十九画以上

蘇北学人　1859

關矢充郎　1835
羅発輝　0380
鏡新太郎　0066
鐙屋一　1489,2241,2243,2244
鐵雨　0929
鶴見俊輔　1372
鶴見祐輔　0173,0263,0792,2003,2325,2329
灘尾弘吉　0961,0966
麟駕園主人　1148
鹽谷溫　0251,0275
鷺城学人　0170

二、机构部分

三画

三越呉服店　2909
工業評論社　1109
大日本実業学會　1309,1956,2154,3077,3078
大日本興亜同盟　1648
大日社　1434,1771
大正寫眞工芸所　0169
大阪外語中国研究會　3116
大阪市産業部東亜課　1080
大阪商工會議所　2333
大阪商業會議所　2357
大亜文化會　2101,3099
大東文化協會　2669
大東亜文化會　0726
大陸問題研究所　0016
万里閣書房　1900
小学館　0067

四画

中国派遣軍総司令部　1649,1650
中国問題研究所　0210,1056,1057
日中問題研究會　0287,0813,0974,1360,1362,
　　1433,1768,2317,2877,2959,3080
日文社　0068,1365
日本之關門社　3126
日本文化聯盟　0720,0721,0722
日本外事協會　1040—1042,1045,3172
日本共產黨中央機關報輯委員會　2307,2308,2966
日本缶詰協會　0076
日本近代史研究會　1346

日本実業新報社　2051
日本経済新報社　1150
日本経済聯盟會　2433
日本溫泉気候学會　2921
日本演講通信社　1098
日本歴史地理学會　1256
日本醫史学會　0672
日本醫事新報社　0664,0665,2913—2915
日本醫師會　0670
日華学會　0033
日華学會学報部　2478
中央経済評論社　0703,1070,1072,1104
中外商業新報社　0682
中国実業雑志社　0162,0258,0516,0637,0898,
　　0919,1196,1263,1501,1601,1606,2110
中国研究所　0191,1678,1679,2489,2965,2970,
　　2984,2985,2987,3033
中国情況日刊社　2497
中国事情研究會　2327
内外形勢調査會　3009
内閣情報局　0134,0209,0497,0498,0499,0519,
　　0557,0558,0559,0649,0704,0834,0939,0940,
　　0941,1120,1139,1205,1206,1207,1208,1209,
　　1210,1211,1212,1213,1214,1215,1366,1543,
　　1944,2439,2487,2916,3018,3019,3020,3021
内閣情報部　2434
公益書社　1010
文化学園文化出版局　1762,1763
文芸春秋社　0204,0376,1136,1159,2623,2825,
　　2986
文求堂編輯局　2334

文明協會　0061,0071,0166,1435,1770,2429,2676

五　画

世界民主研究所　0330
平凡社　0865,0883,2096,2701,3094
白水社　0065
外務省東亜局　0040,0054,0147,0269,0295,0517,
　0561,0605,0612,0634,0638,0654,0659,0677,
　0690,0826,0835,0841,0844,0872,0901,0932,
　0972,0981,1002,1005,1006,1188,1289,1298,
　1350,1351,1420,1423,1444,1458,1499,1509,
　1514,1534,1546,1598,1693,1706,1708,1715,
　1718,1766,1833,1912,1929,1945,1962,1967,
　2010,2012,2078,2084,2087,2485,2869,2910,
　2923,3122,3145
外務省政務局　0598,0599,0600,0639,0661,0680,
　0693,0694,0879,0880,0881,0893,0930,1222,
　1223,1254,1757,1952,1990,2354,3027,3028,
　3029,3030,3031,3073,3075
外務省通商局　3113
外務省情報部　0208,0260,0261,0262,0265,0495,
　0540,0541,0683,0852,0853,0854,1044,1046,
　1273,1924,1925,1992,2649,2912
外務省調査部　0088
外務省　3055
外語学院出版部　0123
市古教授退休紀念論叢集委員會　0805
民社黨本部教宣局　3010

六　画

共同通信社出版部　2488
早稲田大学出版部　0278
同盟通信社　0493,1117,1119,1141
毎日新聞社　1062,1063,2973,2983
自由評論社　2056
行政通信社　3045

七　画

扶桑社　0960,2980
芸備醫学會　0666
近代文学研究會　2715
改造社　0604,0633,2430

八　画

奉公會　1845

青年書房　1011
長子江社　0167,1061
亜細亜学生會　1811,2094
英語中学社　0698
英語青年社　0161,1253,1257,1258,2053,2054,
　1224
東方時論社　1259
東亜事情調査會　1409
東亜経済懇談會　2918
東亜学院東亜文化研究所　0354
東京大学文学部中国文学研究室　2306
東京日日新聞社　0179,0501,0531
東京商工會議所　1276
東京開成館編輯所　1335
東京銀行集會所調査課　0506
東洋協會　2127
東洋哲学発行所　2441
東陽堂　1271
国防協會纂部　2361
国際文化協會　0856
国際思想研究所　0702
国際事情研究會　2603
国際情勢研究會　0121
国学院大学綜合企畫部　2674
明治大正昭和新聞研究會　3008,3022,3066,3067,
　3069,3106—3111,3132—3138
岩波書店　0617,0622,0859,2977
京都大学人文科学研究所　0397,2479
実業之日本社　1309,2128,2129,2130

九　画

政界往來社　1103,1280
政界春秋社　0959
政教社　0062,0063,0431,1133,1248,1919
政経社　0950
南満洲鉄道株式會社庶務部調査課　3088
専修大学社會科学研究所　2038
秋田書店　1442
帝国書院　2741
兵事雜誌社　1841,1842,1940
神戸大学経済経営研究所　0319

十　画

眞鍋先生伝記編纂會　2921
時事通信社　0103,0481,0522,0523,0567,0705,

0706,0863,0942,0943,0944,1274,1275,1315,
　2608
財団法人日本外政学會　3141
航空會　0075
留日華僑記念孫中山先生誕辰一百周年等備委員
　會　0739
海外之日本社　1951,1726
海外社　0030,1267
流協會総務部　2622
陸軍士官学校　3087
孫文研究會　0756,0758,0763

十一画

現代亜洲社會思想研究會　0347
現代評論社　0862
黒竜會　1903
第一公論社　2158
產經新聞"毛沢東秘録"取材組　0421
商界通信社　2631
情報局　0292
婦人之友社　1134,1545
経国社　1132
経済往來社　2624
経済時報社　0877,1854

十二画

超預測研究會　0475
揚子江社、南北社　0167
博文館　1848
報知新聞政治部　0658,2114,2245,2484,2867,
　2881
斯文會　1291,1292,2646

朝日新聞社　0048,0582,0864,1338,1413,2602,
　2880
雄山閣出版株式會社　2100,3097
開南倶楽部　2512
善行會　1101
満洲国外交部総務司計畫科　0085
満鐵上海事務室輯　0725

十三画

鈴木貫太郎傳記纂委員會　1344
新天地社　1082
新中国研究會　0309,0144
新聞月鑑社　0707,1410
新潮社　0621,0945,1277,2601

十四画

関西醫事社　0667
関税研究所　1539
読売新聞社　0578,2346,3037

十五画以上

駒沢大学大学院経済学研究科院生會論集委員會
　1396,1397
樂天社　1255
魯迅生誕110周年記念祭実行委員會　2725
魯迅論集編集委員會　2726,2728
学苑社　0165
学術論纂委員會主　0737
聲社　2671
講道館　1135
鐵道院　2310

三、日文假名作者

（一）个　人

三浦つとむ（三浦滋子）　0384
井上ひさし　2853
日原きよみ　2577
胧黒あかね　2427
浅沼かおり　0414
野村かおる　2031

（二）机构部分

アジア社会問題研究所（亚洲社会问题研究所）
　2629
アジア政経学会（亚洲政经学会）　0394
アジア経済出版会（亚洲经济出版会）　0348
アジア調査会（亚洲调查会）　1881
イスラム文化教会（伊斯兰文化教会）　0086
エコノミスト（《经济学人（Economist）》杂志）
　0437,

サンケイ新聞社（产经新闻社） 2529
ジャパン・タイムス社邦文パンフレット通信部（日本时代（Japan Times）社日文活页文选（Pamphlet）通信部） 0064,0070,0488,0538,0851,0938,0938,1038,1131,1461,1767,1948,2316,2593,3002,3006
ジャパン・タイムス社（日本时代（Japan Times）社） 1033,1034,
マスコミ総合研究所（大众传媒综合研究所） 0952,0955,0957,0962,0965,1284,1285,2069
みすず書房（美篶书房） 2108,3104
ラヂオプレス（RP）通信社（Radio Press（RP）通信社） 0106,2309,2689
仙台における魯迅の記録を調べる会（仙台鲁迅记录调会） 2721
政策研究フォーラム（政策研究一） 2974,2976
彫刻の森美術館（雕刻森林美术馆） 2532

（三）其 他

NHK 取材班（NHK 采访组） 0416,1672
OKB 浪人（OKB 浪人） 0878

英文卷

本卷编委会

主　编：吴景平
副主编：于翠艳
编　委：于翠艳　李　旻　李春博
　　　　吴景平　姜义华　傅德华

目　录

凡例	1047
笔画索引	1049
正文	1066
附录一　参考文献一览表	1337
附录二　作者索引	1349

凡　　例

一、本卷所收人物范围,以复旦大学历史系资料室编纂的《20世纪中国人物传记资料索引》(以下简称《世纪人物索引》)为依据,凡活动于1900年至1999年并有传记资料的人物(包括仍健在者),一律收录。

二、本卷收录传主约2 400人、人物传记篇目3 780余条。这些资料取材于1900年至1999年在英语国家(主要是美国)出版的专著、论文集、报刊,包括部分硕士、博士学位论文。内容包括传记、年谱、回忆录、日记、讣闻、悼词等,除重点选录传主的生平事略外,还适当收录了有关人物思想论述等方面的资料。凡由中文译成英文的资料、辞典类工具书,以及评论传主本人的作品、演讲,一般不予收录。但已有中译本的英文传记资料,则予以收录。

三、所收传主以卒于1900年以后为限(含1900年),按传主的姓氏笔画为序排列,与《世纪人物索引》保持一致。各传主的资料,以专著、报纸、期刊、论文集顺序分类编排;专著、报刊文章以及论文集中所收录的篇目,均以出版和发表时间为序。论文集只标页码。所收硕士、博士学位论文作为期刊论文置于发表年份之末。极少数实在检索不到卷或期的,为保存资料,予以保留。

四、篇名与作者之间用单斜线,作者与篇名出处之间用双斜线,如未载作者,篇名与出处之间仅保留单斜线。

五、本卷所收人物以通行称谓作为传主,其传记文献附下;对于少数知名人物以字号显世的,虽未在篇目文献中出现,也附于传主后。主要有以下几种情况:

1. 凡原文中同时出现原名、别名、字号或笔名的,将通行称谓列为传主,原名、字号和笔名等作为参见条。所列参见条依笔画为序排列,并将字号置于括号内。《中国名人录》中英文没有显示字号,但其中大多带有中文姓名及字号的,统一将后者置于括号内。如:Gen. Chiang Kuang-nai 蒋光鼐(字憬然)。

2. 英文原稿中将传主的中文名字写错的,本卷予以更正。

3. 英文原稿中部分冠以夫姓的,都统一列在本姓中,夫姓加括号。但刘王立明除外,她为了纪念丈夫刘湛恩,始终使用刘王的复姓。

六、本卷所收篇目作者的英文格式,有如下几种:

1. 外国人统一为名在前,姓在后,部分有中间名的,同一个人可能有的用全名,有的用字母代替,本书都尊重原书,按照原书录入。

2. 外国人有中文名的,统一用中文名。

3. 中国人统一为姓在前,名在后。姓名翻译无法确定的,在姓名后加"(音)",表示音译。姓前有英文名的,能确认中文名则按中文名翻译,不能翻译成中国人名的,则按外国人名处理。

七、本卷收录的人物传记资料,用英文与中文两种文字表述,即先英文,后中文。英文译成中文时,按中文的著录习惯。有三个以上作者的,只著录第一作者,并在第一作者后加"等"字表示,如"默尔·高曼等"。

八、本卷收录的海外影印出版的文献资料,在著录时其流水码则用括号置于原始码后,以便于查检。

九、本卷后附有参考文献一览表、作者索引,以供读者查检。

十、《中国名人录》(Who's Who in China)因1925、1933、1936、1940年各版本的编辑不同,本卷统一用《密勒氏评论报》(The China Weekly Review)。原刊将中国人物姓名(包括别名、字号及通行称谓等)搞错的地方,则予以纠正。

十一、本卷所著录之文献条目,均以顺序编号。本卷序号单独排列。

本项目工作组
2017年8月初稿
2019年1月9日修改
2021年12月11日第三次修改

笔画索引

二画

〔一〕

丁　玲 ……… 1066
丁　超 ……… 1067
丁　锦 ……… 1067
丁士源 ……… 1067
丁文江 ……… 1067
丁立夫　见
　丁超五 ……… 1068
丁问槎　见
　丁士源 ……… 1067
丁纪徐 ……… 1067
丁佛言 ……… 1068
丁荣阶　见
　丁贵堂 ……… 1068
丁贵堂 ……… 1068
丁衍庸 ……… 1068
丁淑静 ……… 1068
丁惟汾 ……… 1068
丁超五 ……… 1068
丁鼎丞　见
　丁惟汾 ……… 1068
丁慕韩　见
　丁　锦 ……… 1067
丁懋英 ……… 1068
丁燮林 ……… 1068

〔丁〕

刁成章　见
　刁作谦 ……… 1068
刁作谦 ……… 1068
刁信德 ……… 1069
刁培然 ……… 1069
刁敏谦 ……… 1069
刁德仁　见
　刁敏谦 ……… 1069

三画

〔一〕

三　多 ……… 1070
于　斌 ……… 1070
于　荣　见

恩克巴图 … 1258
于右任 ……… 1070
于孝侯　见
　于学忠 ……… 1070
于志昂　见
　于宝轩 ……… 1070
于伯循　见
　于右任 ……… 1070
于学忠 ……… 1070
于宝轩 ……… 1070
于焌吉 ……… 1070
于谦六　见
　于焌吉 ……… 1070
万　舞 ……… 1070
万元甫　见
　万兆芝 ……… 1071
万兆芝 ……… 1071
万寿山　见
　万福麟 ……… 1071
万品一　见
　万殿尊 ……… 1071
万福麟 ……… 1071
万殿尊 ……… 1071
万熙春　见
　万　舞 ……… 1070

〔丶〕

门致中 ……… 1071

〔丁〕

卫　渤 ……… 1071
卫立煌 ……… 1071
卫挺生 ……… 1071
卫俊如　见
　卫立煌 ……… 1071
卫琛甫　见
　卫挺生 ……… 1071
卫聪涛　见
　卫　渤 ……… 1071
马良　见
　马相伯 ……… 1072
马和　见
　马君武 ……… 1072
马素 ……… 1071

马　麟 ……… 1071
马子香　见
　马步芳 ……… 1072
马小进 ……… 1071
马云亭　见
　马福祥 ……… 1073
马少云　见
　马鸿逵 ……… 1073
马心仪 ……… 1072
马玉山 ……… 1072
马占山 ……… 1072
马夷初　见
　马叙伦 ……… 1073
马仲英 ……… 1072
马步芳 ……… 1072
马步青 ……… 1072
马秀芳　见
　马占山 ……… 1072
马伯良 ……… 1072
马伯援 ……… 1072
马君武 ……… 1072
马相伯 ……… 1072
马星樵　见
　马超俊 ……… 1073
马勋臣　见
　马麟 ……… 1071
马叙伦 ……… 1073
马退之　见
　马小进 ……… 1071
马绘斋　见
　马素 ……… 1071
马凌甫 ……… 1073
马鸿逵 ……… 1073
马寅初 ……… 1073
马超俊 ……… 1073
马福祥 ……… 1073

四画

〔一〕

丰子恺 ……… 1074
王　尧 ……… 1074
王　光 ……… 1074
王　助 ……… 1074
王　坦 ……… 1074

王　明 ……… 1074
王　勋 ……… 1074
王　载 ……… 1074
王　健 ……… 1074
王　赓 ……… 1074
王　祺 ……… 1075
王　韬 ……… 1075
王　震 ……… 1075
王　骧 ……… 1075
王一亭　见
　王　震 ……… 1075
王一堂　见
　王揖唐 ……… 1082
王又平　见
　王敬久 ……… 1082
王士珍 ……… 1075
王之瑞　见
　王云五 ……… 1075
王之翰 ……… 1075
王子玕　见
　王光宇 ……… 1077
王子文　见
　王正黼 ……… 1076
王子明　见
　王廷桢 ……… 1077
王子春　见
　王占元 ……… 1077
王子健　见
　王有龄 ……… 1077
王子惠 ……… 1075
王天培 ……… 1075
王云五 ……… 1075
王艺圃　见
　王漱芳 ……… 1083
王太蕤　见
　王用宾 ……… 1077
王历人　见
　王　载 ……… 1074
王友兰 ……… 1075
王少荃　见
　王劭廉 ……… 1078
王少焕 ……… 1075
王化清　见
　王治平 ……… 1080
王文成 ……… 1075

王文豹 ……… 1076
王文蔚 ……… 1076
王以哲 ……… 1076
王正廷 ……… 1076
王正轩　见
　王思义 ……… 1081
王正序 ……… 1076
王正黼 ……… 1076
王世杰 ……… 1076
王世征 ……… 1076
王世静 ……… 1076
王石荪　见
　王景岐 ……… 1082
王占元 ……… 1077
王用宾 ……… 1077
王永江 ……… 1077
王芗侯　见
　王文蔚 ……… 1076
王幼山　见
　王家襄 ……… 1082
王幼甫　见
　王汝勤 ……… 1077
王汝勤 ……… 1077
王有兰 ……… 1077
王有龄 ……… 1077
王光宇 ……… 1077
王回波　见
　王卓然 ……… 1078
王廷桢 ……… 1077
王延松 ……… 1077
王仲甫　见
　王鸣皋 ……… 1079
王兆熙　见
　王景春 ……… 1082
王庆明 ……… 1077
王汝勤 ……… 1077
王抚五　见
　王星拱 ……… 1081
王孝先　见
　王曾善 ……… 1082
王孝伯　见
　王承斌 ……… 1080
王孝英 ……… 1077
王孝贲　见
　王晓籁 ……… 1081
王克敏 ……… 1077

王佐臣 见	王树人 见	王 韬 …… 1075	车庆云 …… 1084	方本仁 …… 1094
王宠佑 …… 1080	王家桢 …… 1082	王揖唐 …… 1082	戈公振 …… 1084	〔一〕
王伯元 见	王树常 …… 1081	王植之 见	〔丨〕	巴 金 …… 1095
王怀忠 …… 1078	王树翰 …… 1081	王天培 …… 1075	贝祖诒 …… 1085	巴文峻 …… 1095
王伯秋 …… 1078	王迺斌 …… 1081	王鼎方 见	贝淞荪 见	巴玉藻 …… 1096
王伯群 …… 1078	王星拱 …… 1081	王以哲 …… 1076	贝祖诒 …… 1085	巴维葱 见
王伯龄 …… 1078	王思义 …… 1081	王景岐 …… 1082	〔丿〕	巴文峻 …… 1095
王伯衡 见	王顺存 …… 1081	王景春 …… 1082	牛惠生 …… 1085	巴蕴华 见
王国钧 …… 1079	王禹朋 见	王叔鲁 见	牛惠珍 …… 1085	巴玉藻 …… 1096
王怀乐 …… 1078	王 助 …… 1074	王克敏 …… 1077	毛泽东 …… 1085	邓小平 …… 1089
王怀庆 …… 1078	王亮畴 见	王曾善 …… 1082	仇亦山 见	邓中夏 …… 1097
王怀忠 …… 1078	王宠惠 …… 1080	王瑞闿 …… 1083	仇 鳌 …… 1093	邓汉祥 …… 1097
王怀琛 …… 1078	王庭五 见	王聘卿 见	乌卓然 见	邓仲知 见
王启常 …… 1078	王树常 …… 1081	王士珍 …… 1075	乌挺生 …… 1093	邓哲熙 …… 1098
王陆一 …… 1078	王痖菌 见	王槐青 见	乌泽声 …… 1093	邓寿荃 …… 1097
王劭廉 …… 1078	王缵绪 …… 1083	王治昌 …… 1080	乌挺生 …… 1093	邓芝园 见
王茂如 见	王阁臣 见	王锡昌 …… 1083	乌谪生 见	邓萃英 …… 1098
王伯龄 …… 1078	王 勋 …… 1074	王靖国 …… 1083	乌泽声 …… 1093	邓泽民 见
王松堂 见	王养治 见	王蔼颂 …… 1083	〔丶〕	邓春膏 …… 1098
王恩溥 …… 1082	王 坦 …… 1074	王毓芝 …… 1083	卞月庭 见	邓宗瀛 …… 1097
王述勤 见	王祖祥 …… 1081	王漱芳 …… 1083	卞荫昌 …… 1094	邓孟硕 见
王继曾 …… 1082	王莪荪 见	王德芬 …… 1083	卞白眉 见	邓家彦 …… 1098
王卓然 …… 1078	王世征 …… 1076	王德林 …… 1083	卞寿孙 …… 1094	邓春膏 …… 1098
王国华 …… 1079	王晋生 见	王澂莹 …… 1083	卞寿孙 …… 1094	邓彦华 …… 1098
王国钧 …… 1079	王 健 …… 1074	王镜清 …… 1083	卞荫昌 …… 1094	邓哲熙 …… 1098
王国维 …… 1079	王格就 …… 1081	王儒堂 见	文 群 …… 1094	邓家彦 …… 1098
王迪孟 见	王晓籁 …… 1081	王正廷 …… 1076	文廷式 …… 1094	邓晋康 见
王有兰 …… 1077	王恩甫 见	王懋宣 见	文诏云 见	邓锡侯 …… 1098
王固磐 …… 1079	王迺斌 …… 1081	王怀庆 …… 1078	文 群 …… 1094	邓兢生 见
王鸣皋 …… 1079	王恩溥 …… 1082	王缵绪 …… 1083	文鸿恩 …… 1094	邓演存 …… 1098
王岫庐 见	王竞之 见	王懿荣 …… 1083	六 桥 见	邓萃英 …… 1098
王云五 …… 1075	王金职 …… 1080	韦 悫 …… 1084	三 多 …… 1070	邓惜华 …… 1098
王季玉 …… 1079	王家桢 …… 1082	韦以黻 …… 1084	方子卫 …… 1094	邓植仪 …… 1098
王金职 …… 1080	王家襄 …… 1082	韦卓民 …… 1084	方子樵 见	邓铸雄 见
王法勤 …… 1080	王继曾 …… 1082	韦荣骆 …… 1084	方觉慧 …… 1095	邓彦华 …… 1098
王泯源 见	王理堂 见	韦宪章 …… 1084	方本仁 …… 1094	邓锡侯 …… 1098
王永江 …… 1077	王顺存 …… 1081	韦捧丹 见	方志敏 …… 1094	邓演达 …… 1098
王治心 …… 1080	王雪艇 见	韦 悫 …… 1084	方君璧 …… 1095	孔令侃 …… 1099
王治平 …… 1080	王世杰 …… 1076	韦敬周 见	方叔平 见	孔刚父 见
王治昌 …… 1080	王淮君 见	韦宪章 …… 1084	方振武 …… 1095	孔令侃 …… 1099
王泽溥 …… 1080	王 祺 …… 1075	云吉农 见	方其道 …… 1095	孔庆宗 …… 1099
王宠佑 …… 1080	王惜才 见	云端旺楚克	方显廷 …… 1095	孔希伯 见
王宠惠 …… 1080	王澂莹 …… 1083	…… 1084	方觉慧 …… 1095	孔昭炎
王承斌 …… 1080	王维宙 见	云照坤 …… 1084	方振武 …… 1095	孔宪铿 …… 1099
王孟迪 见	王树翰 …… 1081	云端旺楚克 …… 1084	方积蕃 …… 1095	孔祥熙 …… 1099
王有兰 …… 1077	王绥卿 见	太虚法师 …… 1084	方椒伯 见	孔祥鹅 …… 1099
王孟群 见	王 赓 …… 1074	车庆云 …… 1084	方积蕃 …… 1095	孔庸之 见
王荫泰 …… 1081	王颉荀 见	车显承 …… 1084	方耀廷 见	孔祥熙 …… 1099
王绍荃 见	王瑞闿 …… 1083	车湛清 见		孔祥榕 …… 1099
王文豹 …… 1076	王敬久 …… 1082	车显承 …… 1084		
王荫泰 …… 1081	王敬三 见	车瑞峰 见		

英 文 卷

四画

孔赐安 见
　孔祥鹅 …… 1099
孔照炎 …… 1099
水钧韶 …… 1099
水梦庚 见
　水钧韶 …… 1099

五画

〔一〕

甘乃光 …… 1100
甘介侯 …… 1100
甘自明 见
　甘乃光 …… 1100
甘典夔 见
　甘绩铺 …… 1100
甘尚仁 …… 1100
甘绩铺 …… 1100
艾世光 …… 1100
古应芬 …… 1100
古湘芹 见
　古应芬 …… 1100
厉汝熊 …… 1100
厉树雄 见
　厉汝熊 …… 1100
厉德寅 …… 1100
石 瑛 …… 1100
石友三 …… 1101
石友儒 见
　石志泉 …… 1101
石汉章 见
　石友三 …… 1101
石志泉 …… 1101
石美玉 …… 1101
石敬亭 …… 1101
石毓灵 …… 1101
石蘅青 见
　石 瑛 …… 1100
龙 云 …… 1101
龙志舟 见
　龙 云 …… 1101

〔丨〕

卢 前 见
　卢翼野 …… 1102
卢 靖 …… 1101
卢子嘉 见
　卢永祥 …… 1101
卢木斋 见
　卢 靖 …… 1101
卢永祥 …… 1101

卢兴原 …… 1101
卢作孚 …… 1101
卢学溥 …… 1102
卢春芳 …… 1102
卢彦孙 …… 1102
卢涧泉 见
　卢学溥 …… 1102
卢景贵 …… 1102
卢锡荣 …… 1102
卢鹤绂 …… 1102
卢翼野 …… 1102
叶 挺 …… 1102
叶 蓉 …… 1102
叶 篷 …… 1102
叶小凤 见
　叶楚伧 …… 1103
叶元龙 …… 1102
叶圣陶 …… 1103
叶肖鹤 见
　叶可梁 …… 1103
叶希夷 见
　叶 挺 …… 1102
叶叔衡 见
　叶景莘 …… 1103
叶星海 见
　叶炳奎 …… 1103
叶可梁 …… 1103
叶兰泉 …… 1103
叶炳奎 …… 1103
叶恭绰 …… 1103
叶鸿绩 …… 1103
叶琢堂 …… 1103
叶景莘 …… 1103
叶楚伧 …… 1103
叶誉虎 见
　叶恭绰 …… 1103
叶慕橘 ……
叶鸿绩 …… 1103
叶镜元 见
　叶 蓉 …… 1102
申凤章 见
　申作霖 …… 1104
申作霖 …… 1104
田子琮 见
　田应璜 …… 1104
田云青 见
　田炯锦 …… 1104
田应璜 …… 1104
田炯锦 …… 1104
田颂尧 …… 1104
史 良 …… 1104

史译宣 …… 1104
史悠明 …… 1104
史敬一 见
　史靖寰 …… 1104
史靖寰 …… 1104
史量才 …… 1104
史靖寰 …… 1104
史霭士 见
　史悠明 …… 1104

〔丿〕

丘汉平 …… 1104
丘逢甲 …… 1104
白云梯 …… 1104
白巨川 见
　白云梯 …… 1104
白经天 见
　白鹏飞 …… 1105
白健生 见
　白崇禧 …… 1105
白崇禧 …… 1105
白鹏飞 …… 1105
包天笑 …… 1105

〔丶〕

邝光林 …… 1105
邝孙谋 …… 1105
邝伯和 见
　邝煦堃 …… 1105
邝煦堃 …… 1105
邝孙谋 …… 1105
邝富灼 …… 1105
邝煦堃 …… 1105
邝耀坤 …… 1105
邝耀西 见
　邝富灼 …… 1105
宁向南 …… 1106
冯子材 见
　冯千里 ……
冯庆桂 …… 1107
冯友兰 …… 1106
冯玉祥 …… 1106
冯平山 …… 1107
冯占海 …… 1107
冯司直 …… 1107
冯有真 …… 1107
冯仲文 见
　冯熙运 …… 1107
冯庆桂 …… 1107
冯寿山 见
　冯占海 …… 1107
冯运青 见

冯鹏翥 …… 1107
冯振邦 见
　冯司直 …… 1107
冯焕章 见
　冯玉祥 …… 1106
冯鹏翥 …… 1107
冯熙运 …… 1107

〔一〕

皮锡瑞 …… 1107
边守靖 …… 1108
边洁清 见
　边守靖 …… 1108

六画

〔一〕

吉鸿昌 …… 1109
老 舍 …… 1109
权 量 …… 1110
权谨堂 见
　权 量 …… 1110
成玉堂 …… 1110
过之翰 …… 1110
过觐宸 见
　过之翰 …… 1110

〔丨〕

光绪皇帝 见
　载 湉 …… 1110
吕 光 …… 1110
吕 咸 …… 1110
吕子勤 …… 1110
吕天民 见
　吕志伊 …… 1110
吕志伊 …… 1110
吕汉群 见
　吕 超 …… 1110
吕全恩 ……
吕 光 …… 1110
吕志伊 …… 1110
吕苾筹 …… 1111
吕岳泉 …… 1111
吕绍虞 …… 1111
吕荣寰 …… 1111
吕著青 见
　吕 咸 …… 1110
吕维东 见
　吕荣寰 …… 1111
吕蘧苏 见
　吕苾筹 …… 1111

〔丿〕

朱 朴 …… 1111
朱 深 …… 1111
朱 祺 …… 1111
朱 德 …… 1111
朱一民 见
　朱绍良 …… 1113
朱子桥 见
　朱庆澜 …… 1112
朱开敏 …… 1112
朱友渔 …… 1112
朱少屏 …… 1112
朱长恩 …… 1112
朱公亮 见
　朱世明 …… 1112
朱凤千 见
　朱鹤翔 …… 1115
朱文黼 …… 1112
朱世全 …… 1112
朱世明 …… 1112
朱朴之 见
　朱 朴 …… 1111
朱有济 …… 1112
朱自清 …… 1112
朱兆莘 …… 1112
朱庆澜 …… 1112
朱体仁 见
　朱庭祺 …… 1113
朱作舟 见
　朱有济 …… 1112
朱希祖 …… 1113
朱沅芷 …… 1113
朱完初 见
　朱世全 …… 1112
朱启钤 …… 1113
朱君毅 …… 1113
朱季箴 见
　朱 祺 …… 1111
朱佩珍 见
　朱葆三 …… 1114
朱学范 …… 1113
朱绍良 …… 1113
朱经农 …… 1113
朱庭祺 …… 1113
朱宥沧 见
　朱懋澄 …… 1115
朱退愚 见
　朱葆元 …… 1114
朱益之 见
　朱培德 …… 1114

朱家骅 …… 1114	华罗庚 …… 1116	刘瑞恒 …… 1125	刘灵华 见	刘师舜 …… 1121
朱培德 …… 1114	向警予 …… 1116	刘云舫 …… 1119	刘仁航 …… 1120	刘敬宜 …… 1125
朱彬元 …… 1114	全希伯 见	刘少奇 …… 1086	刘坤一 …… 1123	刘敬舆 见
朱遏先 见	全绍清 …… 1117	刘仁航 …… 1120	刘纯一 …… 1123	刘 哲 …… 1119
朱希祖 …… 1113	全希德 见	刘凤岐 …… 1120	刘郁芬 …… 1123	刘景山 …… 1125
朱得森 …… 1114	全绍文 …… 1117	刘文岛 …… 1120	刘卓吾 见	刘鲁男 …… 1125
朱绶光 …… 1114	全绍文 …… 1117	刘文辉 …… 1121	刘克俊 …… 1122	刘湛恩 …… 1125
朱博泉 …… 1114	全绍清 …… 1117	刘允丞 见	刘尚清 …… 1123	刘瑞恒 …… 1125
朱博渊 见	邬志坚 …… 1117	刘守中 …… 1122	刘鸣梧 见	刘楚湘 …… 1125
朱 深 …… 1111		刘书藩 …… 1121	刘凤岐 …… 1120	刘锡三 见
朱斯芾 …… 1114	〔丶〕	刘世芳 …… 1121	刘季陶 见	刘 晋 …… 1119
朱葆三 …… 1114	庄仲文 见	刘仙洲 …… 1121	刘大钧 …… 1119	刘锦文 …… 1125
朱葆元 …… 1114	庄智焕 …… 1117	刘兰江 见	刘采亮 …… 1123	刘镇华 …… 1125
朱鼎青 见	庄崧甫 …… 1117	刘郁芬 …… 1123	刘泽荣 …… 1123	刘鲤门 见
朱兆莘 …… 1112	庄景仲 见	刘式训 …… 1121	刘治洲 …… 1123	刘恩格 …… 1124
朱斌魁 见	庄崧甫 …… 1117	刘存厚 …… 1121	刘定五 见	刘镜人 …… 1125
朱君毅 …… 1113	庄智焕 …… 1117	刘师尚 见	刘治洲 …… 1123	刘积之 见
朱锡纶 见	齐白石 …… 1117	刘耀扬 …… 1126	刘建绪 …… 1123	刘存厚 …… 1121
朱长恩 …… 1112	齐如山 …… 1118	刘师培 …… 1121	刘孟扬 …… 1123	刘燧昌 …… 1126
朱骝先 见	齐抚万 见	刘师舜 …… 1121	刘经扶 见	刘穗九 见
朱家骅 …… 1114	齐燮元 …… 1118	刘刚吾 见	刘 峙 …… 1118	刘华瑞 …… 1122
朱榜生 见	齐性一 见	刘燧昌 …… 1126	刘荀声 见	刘翼飞 …… 1126
朱斯芾 …… 1114	齐真如 …… 1118	刘守中 …… 1122	刘式训 …… 1121	刘骥行 …… 1126
朱霁青 …… 1115	齐真如 …… 1118	刘廷芳 …… 1122	刘胡兰 …… 1124	刘耀扬 …… 1126
朱鹤翔 …… 1115	齐清心 …… 1118	刘竹君 见	刘树纪 …… 1124	刘王立明 …… 1126
朱履龢 …… 1115	齐照岩 见	刘景山 …… 1125	刘树塇 …… 1124	关 炯 …… 1126
朱懋澄 …… 1115	齐耀珊 …… 1118	刘仲缵 见	刘贻燕 …… 1124	关文清 …… 1126
朱耀廷 …… 1115	齐震岩 见	刘含章 …… 1123	刘剑侯 见	关吉玉 …… 1126
乔晋梁 …… 1115	齐耀琳 …… 1118	刘华瑞 …… 1122	刘书藩 …… 1121	关果尘 见
伍梯云 见	齐燮元 …… 1118	刘自乾 见	刘冠雄 …… 1124	关海清 …… 1126
伍朝枢 …… 1116	齐耀琳 …… 1118	刘文辉 …… 1121	刘振华 见	关炯之 见
伍廷芳 …… 1115	齐耀珊 …… 1118	刘行骥 …… 1122	刘仙洲 …… 1121	关 炯 …… 1126
伍廷扬 …… 1115	刘 兴 …… 1118	刘兆铭 见	刘恩格 …… 1124	关海清 …… 1126
伍守恭 …… 1115	刘 拓 …… 1118	刘纪文 …… 1122	刘铁夫 见	关颖人 见
伍连德 …… 1115	刘 峙 …… 1118	刘汝明 …… 1122	刘 兴 …… 1118	关赓麟 …… 1126
伍伯胜 …… 1116	刘 炤 …… 1118	刘纪文 …… 1122	刘资颖 见	关赓麟 …… 1126
伍朝枢 …… 1116	刘 哲 …… 1119	刘志陆 …… 1122	刘冠雄 …… 1124	关麟征 …… 1126
伍福琨 …… 1116	刘 晋 …… 1119	刘芦隐 …… 1122	刘海泉 见	米春霖 …… 1126
伍澄宇 …… 1116	刘 通 …… 1119	刘克俊 …… 1122	刘尚清 …… 1123	米瑞风 见
任传榜 …… 1116	刘 湘 …… 1119	刘甫澄 见	刘海粟 …… 1124	米春霖 …… 1126
任叔永 见	刘 鹗 …… 1119	刘 湘 …… 1119	刘梦泽 见	冰 心 …… 1126
任鸿隽 …… 1116	刘一飞 见	刘吴卓生 见	刘楚湘 …… 1125	江 青 …… 1127
任家丰 …… 1116	刘翼飞 …… 1126	吴卓生 …… 1166	刘雪亚 …… 1125	江 庸 …… 1128
任鸿隽 …… 1116	刘士熙 见	刘体志 …… 1123	刘镇华 …… 1125	江一平 …… 1128
任援道 …… 1116	刘镜人 …… 1125	刘伯瀛 见	刘曼卿 …… 1124	江子因 见
任筱珊 见	刘大钧 …… 1119	刘 通 …… 1119	刘崇杰 …… 1124	江洪杰 …… 1128
任传榜 …… 1116	刘子亮 见	刘含章 …… 1123	刘逸博 见	江天铎 …… 1128
任陈衡哲 见	刘汝明 …… 1122	刘尘苏 见	刘 炤 …… 1118	江文治 见
陈衡哲 …… 1211	刘子楷 见	刘文岛 …… 1120	刘鸿生 …… 1124	江顺德 …… 1128
伦允襄 …… 1116	刘崇杰 …… 1124	刘泛弛 见	刘维炽 …… 1125	江元虎 …… 1128
华秀升 …… 1116	刘月如 见	刘 拓 …… 1118	刘琴五 见	江华本 …… 1128

英 文 卷

江宇澄 见	许建屏 …… 1130	孙启濂 …… 1141	孙 震 …… 1132	严智开 …… 1145
江朝宗 …… 1128	许贯三 …… 1130	孙廷华 …… 1140	孙燕翼 见	严智怡 …… 1145
江顺德 …… 1128	许显时 …… 1130	孙传芳 …… 1141	孙绳武 …… 1142	严智钟 …… 1145
江恒源 …… 1128	许秋帆 见	孙仲英 …… 1141		严慈约 见
江洪杰 …… 1128	许 沅 …… 1129	孙多钰 …… 1141	七 画	严智怡 …… 1145
江竞庵 见	许俊人 见	孙馨远 见		严慕光 见
江天铎 …… 1128	许世英 …… 1129	孙传芳 …… 1141	〔一〕	严济慈 …… 1144
江翊云 见	许剑青 见	孙连仲 …… 1141	寿勉成 …… 1143	严毅人 见
江 庸 …… 1128	许人俊 …… 1129	孙伯文 …… 1141	寿振黄 …… 1143	严训忠 …… 1144
江朝宗 …… 1128	许冠群 见	孙伯兰 见	寿景伟 …… 1143	严鹤龄 …… 1145
汤玉麟 …… 1129	许 超 …… 1129	孙洪伊 …… 1141	寿毅成 见	严履琴 见
汤尔和 …… 1129	许彦藩 见	孙奂仑 …… 1141	寿景伟 …… 1143	严鹤龄 …… 1145
汤吉禾 …… 1129	许建屏 …… 1130	孙启濂 …… 1141	麦佐衡 …… 1143	劳之常 …… 1145
汤良礼 …… 1129	许晓初 …… 1130	孙诒让 …… 1141	麦孟尹 见	劳念祖 …… 1145
汤阁臣 见	许家栻 …… 1130	孙宝琦 …… 1141	麦佐衡 …… 1143	劳儆安 …… 1145
汤玉麟 …… 1129	许崇清 …… 1130	孙春苔 见	麦庭森 …… 1143	苏 梅 见
汤恩伯 …… 1129	许崇智 …… 1131	孙福熙 …… 1142	麦健曾 …… 1143	苏雪林 …… 1146
安迪生 …… 1129	许崇灏 …… 1131	孙药痴 见	麦锦泉 见	苏上达 …… 1145
安厚斋 见	许景澄 …… 1131	孙奂仑 …… 1141	麦庭森 …… 1143	苏甲荣 …… 1145
安迪生 …… 1129	许瑞鋆 …… 1131	孙树人 见	贡乐亭 见	苏体仁 …… 1145
祁大鹏 …… 1129	许锡清 …… 1131	孙伯文 …… 1141	贡桑诺尔布	苏炳文 …… 1145
许 沅 …… 1129	许福晌 …… 1131	孙思永 …… 1141	…… 1143	苏雪林 …… 1146
许 超 …… 1129	许静仁 见	孙贵定 …… 1141	贡觉寿丞 见	苏曼殊 …… 1146
许人俊 …… 1129	许世英 …… 1129	孙洪伊 …… 1141	贡觉仲尼 …… 1143	苏象乾 见
许士慎 见	许肇堆 …… 1131	孙祖昌 …… 1141	贡觉仲尼 …… 1143	苏体仁 …… 1145
许肇堆 …… 1131		孙桐岗 …… 1142	贡桑诺尔布 …… 1143	苏绿漪 见
许公武 见	〔乛〕	孙哲生 见	志 锐 …… 1143	苏雪林 …… 1146
许崇灏 …… 1131	那彦图 …… 1131	孙 科 …… 1132	严 庄 …… 1143	苏锡文 …… 1146
许公遂 见	那钜甫 见	孙润宇 …… 1142	严 重 …… 1144	苏演成 见
许瑞鋆 …… 1131	那彦图 …… 1131	孙家蕭 …… 1142	严 复 …… 1144	苏甲荣 …… 1145
许凤藻 …… 1129	阮晓繁 …… 1131	孙梅堂 …… 1142	严立三 见	苏瀚章 见
许心武 …… 1129	牟 琳 …… 1131	孙笙舞 见	严 重 …… 1144	苏炳文 …… 1145
许世英 …… 1129	牟贡三 见	孙祖昌 …… 1141	严训忠 …… 1144	克兴额 …… 1146
许仕廉 …… 1130	牟 琳 …… 1131	孙逸仙 见	严佐兴 见	克指南 见
许兰洲 …… 1130	纪 华 …… 1132	孙中山 …… 1092	严继光 …… 1144	克兴额 …… 1146
许汉卿 见	纪仲石 见	孙章甫 见	严伯銮 见	杜 纯 …… 1146
许福晌 …… 1131	纪 华 …… 1132	孙多钰 …… 1141	严家驹 …… 1144	杜 镛 见
许芝田 见	孙 文 见	孙绳武 …… 1142	严季聪 见	杜月笙 …… 1146
许兰洲 …… 1130	孙中山 …… 1092	孙景西 见	严智开 …… 1145	杜子远 见
许成谋 见	孙 科 …… 1132	孙元方 …… 1132	严孟繁 见	杜 纯 …… 1146
许显时 …… 1130	孙 震 …… 1132	孙瑞芹 …… 1142	严家炽 …… 1144	杜月笙 …… 1146
许志澄 见	孙义慈 …… 1132	孙福熙 …… 1142	严济慈 …… 1144	杜竹宣 …… 1147
许崇清 …… 1130	孙子文 见	孙魁元 见	严砺平 …… 1144	杜运枢 …… 1147
许克祥 …… 1130	孙凤藻 …… 1140	孙殿英 …… 1142	严家驹 …… 1144	杜锡珪 …… 1147
许伯龙 见	孙子涵 见	孙慎修 见	严家炽 …… 1144	杜慎丞 见
许家栻 …… 1130	孙润宇 …… 1142	孙思永 …… 1141	严继光 …… 1144	杜锡珪 …… 1147
许伯翔 见	孙元方 …… 1132	孙殿英 …… 1142	严康侯 …… 1144	李 协 见
许凤藻 …… 1129	孙元良 …… 1132	孙慕韩 见	劳敬修 见	李仪祉 …… 1151
许孝雏 见	孙中山 …… 1092	孙宝琦 …… 1141	劳念祖 …… 1145	李 达 …… 1147
许晓初 …… 1130	孙凤藻 …… 1140	孙德桢 …… 1142	严敬斋 见	李 芳 …… 1147
许念曾 …… 1130	孙吉臣 见	孙德操 见	严 庄 …… 1143	李 杜 …… 1147

李 垣	1147	李汉元	1151	李鼎新	1159	李祖虞	1155	李 铭	1148
李 济	1147	李廷安	1151	李绍昌	1154	李盛铎	1157	李耀邦	1160
李 骏	1148	李廷栋	1152	李绍庚	1154	李清茂	1157	李麟玉	1160
李 铭	1148	李伟侯	见	李荚根	见	李鸿章	1157	杨 枝	见
李 蒸	1148	李国杰	1153	李能梗	1156	李维庆	1158	杨梅南	1162
李 鹤	1148	李延年	1152	李荣芳	1154	李博仁	1159	杨 杰	1160
李士伟	1148	李仲公	1152	李树春	1154	李尊仙	见	杨 虎	1160
李大钊	1148	李仲揆	见	李显章	见	李修梅	1155	杨 晟	1160
李小渊	见	李四光	1150	李 骏	1148	李葆葵	1159	杨 铨	见
李书城	1150	李仲瑜	见	李思浩	1154	李敬斋	1159	杨杏佛	1161
李天禄	1149	李祝怀	1155	李品仙	1154	李敬斋	1159	杨 森	1160
李元信	1149	李任潮	见	李岣山	1155	李 鹤	1148	杨 鹏	1160
李云亭	见	李济深	1155	李秋君	1155	李植初	见	杨 廉	1160
李 蒸	1148	李华镇	见	李顺卿	1155	李 杜	1147	杨子惠	见
李木斋	见	李渭霖	1159	李修梅	1155	李斐君	见	杨 森	1160
李盛铎	1157	李兆民	1152	李炳麟	见	李国筠	1153	杨少川	见
李中道	1149	李亦榆	1152	李国钦	1153	李鼎新	1159	杨 晟	1160
李中襄	1149	李守信	1152	李济之	见	李景林	1159	杨予戒	见
李文范	见	李芳岑	见	李 济	1147	李渭霖	1159	杨汝梅	1161
李君培		李景林	1159	李济深	1155	李谦六	见	杨以德	1161
李文浩	1150	李步青	1152	李宣龚	1155	李 垣	1147	杨四穆	见
李书田	1150	李时霖	1152	李炳瑞	1133	李登同	见	杨 廉	1160
李书华	1150	李伯芝	见	李祖虞	1155	李福林	1159	杨永泰	1161
李书城	1150	李士伟	1148	李祝怀	1155	李登辉	1159	杨永清	1161
李正卿	见	李伯豪	见	李耕砚	见	李干臣	见	杨朴园	见
李维庆	1158	李汉魂	1151	李书田	1150	李顺卿	1155	杨宣诚	1162
李世甲	1150	李应林	1152	李荫轩	见	李路德	见	杨光洭	1161
李石曾	1150	李宏锟	1152	李树春	1154	李兆民	1152	杨华日	1161
李平衡	1150	李拔可	见	李振南	1155	李锦沛	1159	杨华燕	1161
李帅广	见	李宣龚	1155	李桐华	1156	李锦纶	1159	杨兆庚	1161
李明扬	1153	李择一	1152	李根固	1156	李腾飞	见	杨汝梅	1161
李四光	1150	李茂之	1153	李根源	1156	李登辉	1159	杨廷溥	1161
李仪祉	1151	李范一	1153	李烈钧	1156	李廉方	见	杨杏佛	1161
李立三	1151	李雨生	见	李晓东	见	李步青	1152	杨沧白	见
李玄伯	见	李权时	1151	李鸣钟	1153	李煜堂	1159	杨庶堪	1163
李宗桐	1154	李尚仁	1153	李健南	1156	李煜瀛	见	杨叔翔	见
李兰舟	见	李国杰	1153	李涤镜	见	李石曾	1150	杨 鹏	1160
李家鏊	1156	李国钦	1153	李迪俊	1153	李福田	见	杨虎城	1161
李汉元	1151	李国筠	1153	李渊如	见	李天禄	1149	杨国枢	1162
李汉珍	1151	李明扬	1153	李文浩	1150	李福林	1159	杨畅卿	见
李汉铎	1151	李明炎	1153	李润章	见	李静波	1160	杨永泰	1161
李汉魂	1151	李明瑞	1153	李书华	1150	李嘉燮	见	杨念祖	1162
李圣五	1151	李迪俊	1153	李家鏊	1156	李调生	1156	杨承训	1162
李吉甫	见	李鸣钟	1153	李容兆	1156	李德邻	见	杨树庄	1162
李延年	1152	李凯涛	见	李调生	1156	李宗仁	1154	杨星如	见
李权时	1151	李世甲	1150	李能梗	1156	李德燏	1160	杨爱源	1162
李协邦	见	李治泰	1153	李培天	1156	李鹤龄	见	杨亮功	1162
李容兆	1156	李宗仁	1154	李培恩	1156	李品仙	1154	杨津生	1162
李协和	见	李宗桐	1154	李培基	1156	李赞候	见	杨宣诚	1162
李烈钧	1156	李建勋	1154	李梦庚	1157	李思浩	1154	杨耿光	见
李西林	见	李承梅	见	李萝驸	见	李馥荪	见	杨 杰	1160

杨爱源	1162	吴有训	1165	吴宗濂	1167	邱毅吾 见	何成浚	1172
杨豹灵	1162	吴达铨 见		吴莲伯 见		邱昌渭 1170	何淬廉 见	
杨润之 见		吴鼎昌	1169	吴景濂	1169	何 东 1170	何 廉	1171
杨国枢	1162	吴任之 见		吴铁城	1168	何 杰 1171	何敬之 见	
杨家骧	1162	吴 健	1164	吴颂皋	1168	何 健 1171	何应钦	1172
杨梅南	1162	吴华甫	1165	吴涤愆 见		何 廉 1171	何瑞章	1173
杨啸天 见		吴汝纶	1165	吴瀚涛	1170	何 鑽 1171	何韵珊 见	
杨 虎	1160	吴纫礼	1165	吴陶民 见		何丰林 1171	何佩瑢	1172
杨崇瑞	1162	吴秀峰	1165	吴 宪 1164		何少焕 1171	何德奎	1173
杨庶堪	1163	吴沃尧	1165	吴培均	1168	何中流 见	余上沅	1173
杨敬林 见		吴启鼎	1165	吴维德	1168	何德奎 1173	余之芹	1173
杨以德	1161	吴卓生	1166	吴敬安	1168	何凤山 1171	余井塘	1173
杨惠庆 见		吴雨公 见		吴敬轩 见		何玉芳 1171	余天休	1173
杨永清	1161	吴福桢	1170	吴 康 1164		何世桢 1171	余日章	1173
杨鼎臣 见		吴尚鹰	1166	吴敬恒 见		何北衡 1171	余汉谋	1173
杨增新	1163	吴国桢	1166	吴稚晖	1169	何仙槎 见	余应望	1174
杨斌甫 见		吴昌硕	1117	吴惠和	1168	何思源 1172	余青松	1174
杨慕时	1163	吴忠信	1166	吴鼎昌	1169	何成浚 1172	余英杰	1174
杨锡珍	1163	吴鸣鸾 见		吴景超	1169	何次衡 见	余绍宋	1174
杨福爵	1163	吴惠和	1168	吴景濂	1169	何瑞章 1173	余俊祥	1174
杨筱棠 见		吴凯声	1166	吴翔甫 见		何芸樵 见	余剑秋 见	
杨念祖	1162	吴秉常 见		吴培均	1168	何 健 1171	余籍传	1174
杨韵笙 见		吴大钧	1164	吴曾愈	1169	何应钦 1172	余恺湛	1174
杨家骧	1162	吴佩之 见		吴湖帆	1169	何其巩 1172	余晋龢	1174
杨慕时	1163	吴纫礼	1165	吴勤训	1169	何其伟 见	余越园 见	
杨肇勋	1163	吴佩孚	1166	吴雷川	1169	何杰才 1172	余绍宋	1174
杨增新	1163	吴佩潢	1167	吴稚晖	1169	何茂如 见	余戟门 见	
杨翰西	1163	吴念中	1167	吴福桢	1170	何丰林 1171	余荣昌	1174
杨衢云	1137	吴泽湘	1167	吴碧严	1170	何杰才 1172	余鲁卿 见	
		吴宗慈	1167	吴蒿林 见		何秉璋 见	余之芹	1173
〔l〕		吴宗濂	1167	吴宗慈	1167	何玉芳 1171	余荣昌	1174
		吴承斋 见		吴葛宸	1170	何佩瑢 1172	余楠秋	1174
吴 山	1163	吴佩潢	1167	吴毓麟	1170	何孟吾 见	余籍传	1174
吴 宪	1164	吴绍曾	1167	吴舆权 见		何浩若 1173	谷九峰 见	
吴 晗	1164	吴经畬	1167	吴俊升	1168	何孟绰 见	谷钟秀	1175
吴 健	1164	吴勤训	1169	吴蕴初	1170	何 杰 1171	谷正伦	1174
吴一飞 见		吴经熊	1167	吴蕴斋 见		何柏丞 见	谷正纲	1175
吴尚鹰	1166	吴荣熙	1167	吴在章	1165	何炳松 1172	谷正鼎	1175
吴子玉 见		吴南如	1167	吴德生 见		何柱国 1172	谷纪常 见	
吴佩孚	1166	吴省三 见		吴经熊	1167	何挺然 1172	谷正伦	1174
吴大澄	1165	吴绍曾	1167	吴鹤龄	1170	何思源 1172	谷钟秀	1175
吴开先	1165	吴思豫	1168	吴醒亚	1170	何叙甫 见	邹 容	1175
吴少山	1165	吴贻芳	1168	吴镜潭 见		何 遂 1171	邹 琳	1175
吴世绷 见		吴秋舫 见		吴炳湘	1168	何炳松 1172	邹 鲁	1175
吴笈孙	1168	吴毓麟	1170	吴瀚涛	1170	何炳贤 1173	邹允中 见	
吴立凡 见		吴笈孙	1168	吴耀宗	1170	何浩若 1173	邹昌炽	1176
吴思豫	1168	吴俊升	1168	岑云阶 见		何晓生 见	邹玉林 见	
吴礼卿 见		吴炳文 见		岑春煊	1170	何 东 1170	邹 琳	1175
吴忠信	1166	吴南如	1167	岑春煊	1170	何恩毅 见	邹安众	1175
吴芑汀 见		吴炳湘	1168			何世桢 1171	邹安源	1175
吴启鼎	1165	吴挹清 见		〔J〕		何雪竹 见	邹作华	1175
吴在章	1165			邱昌渭	1170			

邹尚友 ……… 1175	沈觐鼎 …… 1181	宋希尚 …… 1183	张子恒 见	张志潭 …… 1189
邹昌炽 ……… 1176	沈弗斋 见	宋则久 见	张福来 …… 1197	张远卿 见
邹秉文 ……… 1176	沈 履 …… 1179	宋寿恒 …… 1183	张子姜 见	张鉴文 …… 1196
邹郑叔 见	沈昆三 见	宋庆龄 …… 1137	张之江 …… 1187	张运隆 见
邹安众 ……… 1175	沈承式 …… 1180	宋如海 …… 1182	张子璇 …… 1187	张敬修 …… 1195
邹海滨 见	沈宝昌 …… 1179	宋寿恒 …… 1183	张天休 …… 1188	张孝若 …… 1189
邹 鲁 …… 1175	沈宝善 …… 1179	宋希尚 …… 1183	张元济 …… 1188	张志良 …… 1189
邹韬奋 ……… 1176	沈宗翰 …… 1180	宋其芳 …… 1183	张少杨 见	张志潭 …… 1189
	沈定一 …… 1180	宋国宾 …… 1183	张为炯 …… 1188	张我华 …… 1189
〔丶〕	沈承式 …… 1180	宋明轩 见	张仁农 见	张作相 …… 1189
辛树帜 ……… 1176	沈荔芗 见	宋哲元 …… 1184	张景芬 …… 1195	张作霖 …… 1189
应 时 ……… 1176	沈越声 …… 1180	宋忠廷 …… 1183	张公权 见	张伯初 见
应尚德 ……… 1176	沈砚斋 见	宋诚之 见	张嘉璈 …… 1197	张宗元 …… 1193
汪 丰 ……… 1176	沈瑞麟 …… 1181	宋忠廷 …… 1183	张公挚 见	张伯苓 …… 1190
汪大燮 ……… 1176	沈奎侯 见	宋春舫 …… 1183	张 谦 …… 1185	张希骞 …… 1190
汪云甫 见	沈祖伟 …… 1180	宋美龄 …… 1183	张月笙 见	张怀九 见
汪清沦 …… 1177	沈钧儒 …… 1180	宋哲元 …… 1184	张英华 …… 1191	张知本 …… 1191
汪平仲 见	沈祖同 …… 1180	宋致长 见	张凤亭 …… 1188	张怀芝 …… 1190
汪 丰 …… 1176	沈祖伟 …… 1180	宋发祥 …… 1182	张文白 见	张沅长 …… 1190
汪幼农 见	沈能毅 …… 1180	宋教仁 …… 1184	张治中 …… 1192	张怡祖 见
汪庆辰 …… 1177	沈铭三 见	宋德初 见	张为炯 …… 1188	张孝若 …… 1189
汪有龄 ……… 1176	沈维新 …… 1180	宋其芳 …… 1183	张正学 …… 1188	张君劢 …… 1067
汪兆铭 见	沈鸿烈 …… 1180	宋霭龄 …… 1184	张东荪 …… 1188	张君嵩 …… 1191
汪精卫 …… 1166	沈惟泰 …… 1180		张仙涛 见	张承樞 …… 1191
汪庆辰 …… 1177	沈维新 …… 1180	〔┐〕	张海鹏 …… 1194	张英华 …… 1191
汪守珍 …… 1177	沈越声 …… 1180	张 励 …… 1185	张汉卿 见	张雨亭 见
汪宇健 见	沈雁冰 见	张 弧 …… 1185	张学良 …… 1192	张作霖 …… 1189
汪有龄 …… 1176	茅 盾 …… 1213	张 钫 …… 1185	张发奎 …… 1188	张国忱 …… 1191
汪时中 …… 1177	沈瑞麟 …… 1181	张 钺 …… 1185	张幼山 见	张国焘 …… 1191
汪伯唐 见	沈韫石 见	张 继 …… 1185	张洪烈 …… 1194	张国淦 …… 1191
汪大燮 …… 1176	沈宝昌 …… 1179	张 铭 …… 1185	张亚馨 见	张国辉 …… 1191
汪祖泽 …… 1177	沈楚纽 见	张 谦 …… 1185	张膺方 …… 1197	张忠道 …… 1191
汪通甫 见	沈宝善 …… 1179	张 誉 …… 1185	张西卿 见	张咏霓 见
汪祖泽 …… 1177	沈嗣良 …… 1181	张 謇 …… 1185	张学铭 …… 1193	张寿镛 …… 1189
汪清沦 …… 1177	沈鹏飞 …… 1181	张 群 …… 1186	张竹坪 …… 1188	张知本 …… 1191
汪精卫 …… 1166	沈觐鼎 …… 1181	张 襄 …… 1186	张仲仁 …… 1188	张佩纶 …… 1192
沙占魁 见	沈德燮 …… 1181	张一麐 …… 1186	张一麐 …… 1186	张季直 见
沙克都尔扎布	沈穆涵 见	张人杰 见	张仲述 见	张 謇 …… 1185
……… 1178	沈 琪 …… 1179	张静江 …… 1197	张彭春 …… 1195	张岳军 见
沙克都尔扎布	沈麟玉 …… 1181	张九如 …… 1186	张仲昌 见	张 群 …… 1186
……… 1178	宋 庆 …… 1181	张乃燕 …… 1186	张 襄 …… 1186	张岱衫 见
沈 昌 …… 1179	宋小濂 …… 1181	张大千 …… 1068	张仲鲁 见	张 弧 …… 1185
沈 琪 …… 1179	宋子文 …… 1181	张大田 …… 1187	张广舆 …… 1187	张泽垚 …… 1192
沈 履 …… 1179	宋子良 …… 1181	张广建 …… 1187	张华辅 …… 1188	张治中 …… 1192
沈士远 …… 1179	宋天才 …… 1181	张广舆 …… 1187	张自忠 …… 1188	张学良 …… 1192
沈从文 …… 1109	宋友梅 见	张之江 …… 1187	张似旭 …… 1189	张学铭 …… 1193
沈百先 …… 1179	宋小濂 …… 1181	张之洞 …… 1187	张寿春 见	张宗元 …… 1193
沈孝祥 …… 1179	宋文郁 …… 1182	张子仁 见	张伯苓 …… 1190	张宗昌 …… 1193
沈克非 …… 1179	宋汉章 …… 1182	张绍堂 …… 1193	张寿龄 …… 1189	张定璠 …… 1193
沈体兰 …… 1179	宋发祥 …… 1182	张子志 见	张寿镛 …… 1189	张绍堂 …… 1193
沈沧新 见	宋达庵 见	张怀芝 …… 1190	张远伯 见	张绍曾 …… 1193

七画 笔画索引

张春桥 ……… 1193	张鼎丞 见	陆 锦 ……… 1198	陈长乐 ……… 1201	陈秀峰 见
张苫忱 见	张 铭 ……… 1185	陆干卿 见	陈长蘅 ……… 1201	陈光远 ……… 1203
张自忠 ……… 1188	张景文 见	陆荣廷 ……… 1198	陈介卿 见	陈伯屏 见
张荫桓 ……… 1193	张福运 ……… 1196	陆子欣 见	陈其寿 ……… 1205	陈宗城 ……… 1206
张相文 ……… 1193	张景芬 ……… 1195	陆征祥 ……… 1198	陈公洽 见	陈伯生 见
张星烺 ……… 1193	张景惠 ……… 1195	陆达权 见	陈 仪 ……… 1199	陈树藩 ……… 1206
张勋臣 见	张鲁泉 ……… 1196	陆守经 ……… 1198	陈公博 ……… 1201	陈伯达 ……… 1088
张敬尧 ……… 1195	张庚年 ……… 1196	陆仲良 见	陈文渊 ……… 1202	陈伯南 见
张勋伯 见	张道行 ……… 1196	陆朝宗 ……… 1198	陈文麟 ……… 1202	陈济棠 ……… 1209
张广建 ……… 1187	张道藩 ……… 1196	陆守经 ……… 1198	陈世光 ……… 1202	陈伯修 见
张修敬 ……… 1194	张弼德 ……… 1196	陆志韦 ……… 1198	陈世第 ……… 1202	陈长蘅 ……… 1201
张信培 ……… 1194	张湘生 见	陆芷亭 见	陈可忠 ……… 1202	陈希曾 ……… 1205
张叙五 见	张泽尧 ……… 1192	陆荣钱 ……… 1198	陈丕士 ……… 1202	陈祀邦 ……… 1205
张景惠 ……… 1195	张绅伯 ……… 1196	陆冶伦 见	陈石珍 ……… 1202	陈君衍 见
张亮丞 见	张蓬生 见	陆梅僧 ……… 1198	陈布雷 ……… 1202	陈之硕 ……… 1201
张星烺 ……… 1193	张承槲 ……… 1191	陆征祥 ……… 1198	陈立夫 ……… 1203	陈纯方 见
张洪烈 ……… 1194	张鉴文 ……… 1196	陆宗舆 ……… 1198	陈立廷 ……… 1203	陈 锐 ……… 1200
张昶云 见	张暄初 见	陆荣廷 ……… 1198	陈汉明 ……… 1203	陈其寿 ……… 1205
张煜全 ……… 1196	张载扬 ……… 1194	陆荣钱 ……… 1198	陈礼江 ……… 1203	陈其采 ……… 1205
张退庵 见	张锡元 ……… 1196	陆伯鸿 见	陈训泳 ……… 1203	陈其保 ……… 1205
张 謇 ……… 1185	张筱松 见	陆费逵 ……… 1198	陈永汉 ……… 1203	陈果夫 ……… 1205
张屏之 ……… 1194	张寿龄 ……… 1189	陆润生 见	陈权东 ……… 1203	陈国梁 ……… 1205
张载扬 ……… 1194	张歆海 ……… 1196	陆宗舆 ……… 1198	陈地球 见	陈念中 ……… 1205
张凌高 ……… 1194	张煜全 ……… 1196	陆费逵 ……… 1198	陈延炯 ……… 1204	陈泮藻 ……… 1205
张资平 ……… 1194	张溥泉 见	陆梅僧 ……… 1198	陈百年 见	陈宝泉 ……… 1206
张竞生 ……… 1194	张 继 ……… 1185	陆朝宗 ……… 1198	陈大齐 ……… 1201	陈宗城 ……… 1206
张效敏 ……… 1194	张福运 ……… 1196	陆绣山 见	陈光远 ……… 1203	陈诗秋 见
张海鹏 ……… 1194	张福来 ……… 1197	陆 锦 ……… 1198	陈光甫 ……… 1203	陈德征 ……… 1211
张浚生 ……… 1194	张福良 ……… 1197	陈 云 ……… 1198	陈则民 ……… 1204	陈绍宽 ……… 1206
张祥麟 ……… 1194	张静江 ……… 1197	陈 介 ……… 1199	陈延炯 ……… 1204	陈贯一 见
张菊生 见	张嘉森 见	陈 仪 ……… 1199	陈仲甫 见	陈道源 ……… 1210
张元济 ……… 1188	张君劢 ……… 1067	陈 达 ……… 1199	陈独秀 ……… 1149	陈春圃 ……… 1206
张乾若 见	张嘉璈 ……… 1197	陈 行 ……… 1199	陈任先 见	陈荣捷 ……… 1206
张国淦 ……… 1191	张蔚西 见	陈 定 ……… 1199	陈 箓 ……… 1200	陈茹玄 ……… 1206
张梓铭 见	张相文 ……… 1193	陈 诚 ……… 1199	陈兆瑞 ……… 1204	陈树人 ……… 1206
张天休 ……… 1188	张蝦民 见	陈 垣 ……… 1200	陈凤之 见	陈树南 ……… 1206
张辅忱 见	张锡元 ……… 1196	陈 洪 ……… 1200	陈懋解 ……… 1212	陈树藩 ……… 1206
张作相 ……… 1189	张德与 ……… 1197	陈 锐 ……… 1200	陈次溥 ……… 1204	陈畏垒 见
张啸林 ……… 1195	张慰生 见	陈 策 ……… 1200	陈守庸 见	陈布雷 ……… 1202
张梁任 ……… 1195	张华辅 ……… 1188	陈 焯 ……… 1200	陈权东 ……… 1203	陈钟声 ……… 1206
张维城 ……… 1195	张慰慈 ……… 1197	陈 群 ……… 1200	陈抚辰 ……… 1204	陈重远 见
张维翰 ……… 1195	张履鳌 ……… 1197	陈 箓 ……… 1200	陈芷汀 见	陈焕章 ……… 1210
张彭春 ……… 1195	张默君 ……… 1197	陈 毅 ……… 1200	陈之麟 ……… 1201	陈剑如 ……… 1206
张敬尧 ……… 1195	张膺方 ……… 1197	陈大齐 ……… 1201	陈芳斋 见	陈剑修 ……… 1206
张敬修 ……… 1195	张翼之 见	陈之硕 ……… 1201	陈杜衡 ……… 1204	陈独秀 ……… 1149
张敬舆 见	张 励 ……… 1185	陈之麟 ……… 1201	陈克圾 ……… 1204	陈炳章 ……… 1208
张绍曾 ……… 1193	张翼枢 ……… 1197	陈子振 见	陈克恢 ……… 1204	陈炯明 ……… 1135
张惠长 ……… 1195	张骥英 ……… 1198	陈克恢 ……… 1204	陈杜衡 ……… 1204	陈济棠 ……… 1209
张雅泉 见	张耀翔 ……… 1198	陈天华 ……… 1201	陈时利 ……… 1204	陈觉生 ……… 1209
张大田 ……… 1187	张籥云 见	陈友仁 ……… 1201	陈季良 ……… 1204	陈顾远 ……… 1209
张斐然 ……… 1195	张骥英 ……… 1198	陈中孚 ……… 1201	陈体诚 ……… 1204	陈祖恭 见

陈果夫 ……… 1205	陈辞修 见	**八 画**	林美英 ……… 1218	罗 昌 ……… 1221
陈振先 ……… 1209	陈 诚 ……… 1199	〔一〕	林济青 ……… 1218	罗文干 ……… 1221
陈真如 见	陈稚鹤 见		林语堂 ……… 1218	罗文锦 ……… 1221
陈铭枢 ……… 1210	陈世第 ……… 1202	苗郃宝 见	林振彬 ……… 1219	罗为垣 ……… 1221
陈铎士 见	陈筹硕 见	苗培成 ……… 1213	林桐实 ……… 1219	罗仪元 见
陈振先 ……… 1209	陈 策 ……… 1200	苗培成 ……… 1213	林健民 见	罗忠诒 ……… 1222
陈秩三 见	陈筱庄 见	范文照 ……… 1213	林 劲 ……… 1215	罗吉仲 见
陈维城 ……… 1210	陈宝泉 ……… 1206	范予遂 ……… 1213	林泂庐 见	罗桑坚赞 ……… 1223
陈隽人 ……… 1209	陈廉仲 ……… 1211	范汉生 ……… 1213	林成秀 ……… 1217	罗有节 ……… 1222
陈健庵 见	陈廉伯 ……… 1211	范源濂 ……… 1213	林梅生 见	罗运炎 ……… 1222
陈 行 ……… 1199	陈肇英 ……… 1211	范静生 见	林超南 ……… 1219	罗芹三 见
陈竞存 见	陈新周 见	范源廉	林逸民 ……… 1219	罗泮辉 ……… 1222
陈炯明 ……… 1135	陈祀邦 ……… 1205	茅 盾 ……… 1213	林敦民 见	罗听余 ……… 1222
陈家栋 ……… 1209	陈静清 见	茅以升 ……… 1214	林桐实 ……… 1219	罗忠诒 ……… 1222
陈调元 ……… 1209	陈 定 ……… 1199	茅咏薰 见	林康侯 ……… 1219	罗泮辉 ……… 1222
陈通夫 见	陈蔗青 见	茅祖权 ……… 1214	林超南 ……… 1219	罗钧任 见
陈 达 ……… 1199	陈 介 ……… 1199	茅祖权 ……… 1214	林紫垣 ……… 1219	罗文干 ……… 1221
陈继承 ……… 1209	陈霆锐 ……… 1211	茅唐臣 见	林景润 ……… 1219	罗家伦 ……… 1222
陈梓屏 见	陈衡哲 ……… 1211	茅以升 ……… 1214	林椿贤 ……… 1219	罗家衡 ……… 1222
陈泮藻 ……… 1205	陈鹤琴 ……… 1211	林 劲 ……… 1215	林福元 ……… 1219	罗象平 见
陈硕卿 见	陈震东 见	林 实 ……… 1215	林嘉东 ……… 1220	罗家衡 ……… 1222
陈维屏 ……… 1210	陈世光 ……… 1202	林 彪 ……… 1215	林霄冲 见	罗鸿年 ……… 1222
陈雪喧（轩）见	陈释秋 见	林 森 ……… 1138	林鹏侠 ……… 1219	罗隆基 ……… 1222
陈调元 ……… 1209	陈其保 ……… 1205	林 翔 ……… 1216	林颜树 见	罗雁峰 见
陈雪佳 见	陈德征 ……… 1211	林 叠 ……… 1217	林绍楠 ……… 1218	罗鸿年 ……… 1222
陈兆瑞 ……… 1204	陈澜生 见	林 襄 ……… 1217	林镜虎 ……… 1220	罗敦伟 ……… 1223
陈铭枢 ……… 1210	陈锦涛 ……… 1211	林子超 见	林翼中 ……… 1220	罗耀东 见
陈铭阁 ……… 1210	陈懋解 ……… 1212	林 森 ……… 1138	杭立武 ……… 1220	罗运炎 ……… 1222
陈逸民 见	陈璧君 ……… 1212	林云陔 ……… 1217	柳亚子 ……… 1220	罗桑坚赞 ……… 1223
陈礼江 ……… 1203	陈耀垣 ……… 1212	林友松 ……… 1217	郁文 见	
陈焕章 ……… 1210	陈霨士 见	林长民 ……… 1217	郁达夫 ……… 1220	〔丿〕
陈清文 ……… 1210	陈其采 ……… 1205	林风眠 ……… 1217	郁达夫 ……… 1220	季手文 ……… 1223
陈鸿璧 ……… 1210	邵力子 ……… 1212	林文庆 ……… 1217	欧阳驹 ……… 1220	竺可桢 ……… 1223
陈维屏 ……… 1210	邵元冲 ……… 1212	林允方 ……… 1217		竺藕舫 见
陈雄夫 见	邵仲辉 见	林玉经 ……… 1217	〔丨〕	竺可桢 ……… 1223
陈肇英 ……… 1211	邵力子 ……… 1212	林可胜 ……… 1217	卓雨亭 见	秉 志 ……… 1223
陈辉德 见	邵次公 见	林石泉 见	卓慈沛 ……… 1221	金 煜 ……… 1223
陈光甫 ……… 1203	邵瑞彭 ……… 1212	林柏生 ……… 1218	卓康成 ……… 1221	金邦正 ……… 1223
陈晴皋 见	邵承彦 见	林东海 见	卓慈沛 ……… 1221	金巩伯 见
陈顾远 ……… 1209	邵鸿基 ……… 1212	林椿贤 ……… 1219	易坎人 见	金绍城 ……… 1224
陈景初 见	邵振青 见	林成秀 ……… 1217	郭沫若 ……… 1269	金廷荪 ……… 1223
陈照春 ……… 1210	邵飘萍 ……… 1212	林同济 ……… 1217	易宗夔 ……… 1221	金仲文 ……… 1223
陈筑山 ……… 1210	邵鸿基 ……… 1212	林芳伯 ……… 1218	易培基 ……… 1221	金仲藩 见
陈道培 见	邵瑞彭 ……… 1212	林吟秋 见	易蔚儒 见	金邦正 ……… 1223
陈训泳 ……… 1203	邵飘萍 ……… 1212	林振彬 ……… 1219	易宗夔 ……… 1221	金问泗 ……… 1223
陈道源 ……… 1210	邵翼如 见	林伯渠 ……… 1218	罗 昌 ……… 1221	金纯孺 见
陈湘涛 ……… 1210	邵元冲 ……… 1212	林宗孟 见	罗 篁 ……… 1221	金问泗 ……… 1223
陈裕光 ……… 1210	邵爽秋 ……… 1212	林长民 ……… 1217	罗 霖 ……… 1221	金叔初 见
陈照春 ……… 1210		林绍楠 ……… 1218	罗天爵 ……… 1221	金绍基 ……… 1224
陈锡恩 ……… 1211		林柏生 ……… 1218	罗长肇 ……… 1221	金宝善 ……… 1224
陈锦涛 ……… 1211			罗文仲 见	金宗城 ……… 1224

金绍城 …… 1224	周佩箴 …… 1227	郑晓云 见	赵士北 …… 1234	郝子华 …… 1237
金绍基 …… 1224	周泽春 …… 1227	郑 烈 …… 1231	赵子声 见	郝更生 …… 1237
金绍曾 …… 1224	周学章 …… 1227	郑盛祖新 见	赵玉珂 …… 1235	郝尚彬 见
金树人 …… 1224	周学熙 …… 1227	盛祖新 …… 1286	赵元任 …… 1234	郝子华 …… 1237
金益庭 见	周树人 见	郑辅华 见	赵友琴 见	荣 禄 …… 1237
金绍曾 …… 1224	鲁 迅 …… 1311	郑 华 …… 1231	赵守钰 …… 1235	荣宗敬 …… 1237
金晚潮 见	周树模 …… 1227	郑章成 …… 1232	赵月潭 见	胡 风 …… 1237
金仲文 …… 1223	周星棠 …… 1227	郑毓秀 …… 1232	赵国材 …… 1235	胡 适 …… 1090
金楚珍 见	周信芳 …… 1227	郑韶觉 见	赵文锐 …… 1235	胡 筠 …… 1239
金宝善 …… 1224	周济世 …… 1227	郑洪年 …… 1232	赵玉珂 …… 1235	胡 蝶 …… 1239
周 仁 …… 1224	周觉庸 见	郑肇经 …… 1232	赵世杰 …… 1235	胡 霖 …… 1239
周 珽 …… 1224	周启刚 …… 1226	冼星海 …… 1232	赵丕廉 …… 1235	胡子泽 见
周工为 见	周祖琛 …… 1227	宝广林 …… 1232	赵尔巽 …… 1235	胡世泽 …… 1240
周龙光 …… 1224	周恩来 …… 1086	郎静山 …… 1232	赵兰坪 …… 1235	胡天石 …… 1239
周大文 …… 1224	周骏彦 …… 1230	诚质怡 …… 1233	赵亚城 见	胡长清 见
周子竞 见	周象贤 …… 1230	诚敬一 见	赵 镇 …… 1234	胡次威 …… 1241
周 仁 …… 1224	周寄梅 见	诚静怡 …… 1233	赵庆华 …… 1235	胡任夫 见
周少庆 见	周诒春 …… 1227	诚静怡 …… 1233	赵次陇 见	胡贻谷 …… 1241
周抡元 …… 1225	周淑安 …… 1230	〔フ〕	赵戴文 …… 1236	胡公强 …… 1240
周少朴 见	周越然 …… 1230	〔フ〕	赵次珊 见	胡文甫 见
周树模 …… 1227	周雍能 …… 1230	居 正 …… 1233	赵尔巽 …… 1235	胡诒谷 …… 1241
周书昌 见	周德培 …… 1230	居觉生 见	赵兰屏 见	胡文虎 …… 1240
周永年 …… 1225	周鲠生 …… 1230	居 正 …… 1233	赵连芳 …… 1235	胡世泽 …… 1240
周玉卿 见	周澄郁 …… 1230	屈文六 见	赵守钰 …… 1235	胡石明 见
周启廉 …… 1226	周醒南 …… 1231	屈映光 …… 1233	赵芷青 见	胡秋原 …… 1241
周龙光 …… 1224	〔丶〕	屈映光 …… 1233	赵丕廉 …… 1235	胡汉民 …… 1240
周由廑 …… 1225	〔丶〕	孟广澎 …… 1233	赵连芳 …… 1235	胡朴安 …… 1240
周永年 …… 1225	庞更陈 见	孟典愿 见	赵述庭 见	胡光麃 …… 1241
周亚卫 …… 1225	庞炳勋 …… 1231	孟昭侗 …… 1233	赵迺传 …… 1235	胡次威 …… 1241
周至柔 …… 1225	庞炳勋 …… 1231	孟昭侗 …… 1233	赵国材 …… 1235	胡祁泰 …… 1241
周先觉 …… 1225	郑 华 …… 1231	孟宪承 …… 1233	赵佩琴 见	胡观生 见
周廷旭 …… 1225	郑 莱 …… 1231	孟恩远 …… 1233	赵懋华 …… 1237	胡恩光 …… 1242
周仲千 …… 1225	郑 烈 …… 1231	孟剑涛 见	赵炎午 见	胡诒谷 …… 1241
周仲良 …… 1225	郑天锡 …… 1231	孟广澎 …… 1233	赵恒惕 …… 1235	胡若山 …… 1241
周企虞 见	郑文良 …… 1231	孟曙村 见	赵迺传 …… 1235	胡若愚 …… 1241
周象贤 …… 1230	郑文楷 …… 1231	孟恩远 …… 1233	赵恒惕 …… 1235	胡咏德 …… 1241
周守一 …… 1225	郑心南 见	九 画	赵宣堂 见	胡征若 见
周抡元 …… 1225	郑贞文 …… 1231	九 画	赵德三 …… 1236	胡鸿猷 …… 1242
周孝庵 …… 1225	郑式庭 见	〔一〕	赵晋卿 见	胡学源 …… 1241
周秀文 …… 1225	郑文楷 …… 1231	〔一〕	赵锡恩 …… 1236	胡宗铎 …… 1241
周作人 …… 1225	郑宗海 …… 1232	项 骧 …… 1234	赵梅伯 …… 1236	胡孟嘉 见
周作民 …… 1226	郑贞文 …… 1231	项仲雍 …… 1234	赵敏恒 …… 1236	胡祖同 …… 1242
周伯敏 …… 1226	郑观应 …… 1137	项松茂 …… 1234	赵紫阳 …… 1097	胡经甫 …… 1241
周佛海 …… 1226	郑孝胥 …… 1232	项微尘 见	赵紫宸 …… 1236	胡政之 见
周启刚 …… 1226	郑苏戡 见	项 骧 …… 1234	赵曾珏 …… 1236	胡 霖 …… 1239
周启廉 …… 1226	郑孝胥 …… 1232	赵 杰 …… 1234	赵锡恩 …… 1236	胡贻谷 …… 1241
周诒春 …… 1227	郑莆庭 见	赵 侗 …… 1234	赵德三 …… 1236	胡适之 见
周枕琴 见	郑天锡 …… 1231	赵 偶 …… 1234	赵燧山 见	胡 适 …… 1090
周骏彦 …… 1230	郑宗海 …… 1232	赵 深 …… 1234	赵庆华 …… 1235	胡秋原 …… 1241
周迪斐 见	郑洪年 …… 1232	赵 琪 …… 1234	赵戴文 …… 1236	胡修身 …… 1241
周 珽 …… 1224	郑桂林 …… 1232	赵 镇 …… 1234	赵懋华 …… 1237	胡宣明 …… 1241

胡祖同 …… 1242	钟荫棠 …… 1243	〔丶〕	祝砚溪 见	班禅十世 见
胡恩光 …… 1242	钟蕙生 见		祝惺元 …… 1248	班禅额尔德尼·确
胡笔江 见	钟世铭 …… 1243	施乐衡 见	祝惺元 …… 1248	吉坚赞 …… 1251
胡 筠 …… 1239	钟紫垣 见	施骥生 …… 1247	祝慎之 …… 1248	班禅额尔德尼·确吉
胡祥麟 见	钟文耀 …… 1243	施君翼 见	〔乛〕	坚玛
胡天石 …… 1239	钮元伯 见	施赞元 …… 1247	贺元靖 见	班禅额尔德尼·确吉
胡继贤 …… 1242	钮传善 …… 1244	施绍常 …… 1246	贺国光 …… 1249	坚赞 …… 1251
胡检汝 见	钮永建 …… 1243	施省之 见	贺国光 …… 1249	袁 远 …… 1251
胡嘉诏 …… 1242	钮传善 …… 1244	施肇曾 …… 1246	贺贵严 见	袁 良 …… 1251
胡鄂公 …… 1242	钮惕生 见	施植之 见	贺耀祖 …… 1249	袁 昶 …… 1251
胡庶华 …… 1242	钮永建 …… 1243	施肇基 …… 1246	贺耀祖 …… 1249	袁文钦 见
胡鸿基 …… 1242	郜子举 …… 1244	施肇基 …… 1246	柔 石 …… 1249	袁 良 …… 1251
胡鸿猷 …… 1242	香翰屏 …… 1244	施肇曾 …… 1246	结泽热振呼图克图	袁世凯 …… 1251
胡博渊 …… 1242	秋 瑾 …… 1244	施肇夔 …… 1247	…… 1249	袁礼敦 见
胡道维 …… 1242	段正元 …… 1244	施德潜 见	骆传华 …… 1249	袁履登 …… 1254
胡韫玉 见	段书贻 见	施肇夔 …… 1247	骆仲英 见	袁同礼 …… 1253
胡朴安 …… 1240	段锡朋 …… 1245	施赞元 …… 1247	骆美奂 …… 1249	袁观澜 见
胡蜀潜 见	段芝泉 见	施骥生 …… 1247	骆美奂 …… 1249	袁希涛 …… 1254
胡光麃 …… 1241	段祺瑞 …… 1244	闻一多 …… 1247	费云皋 见	袁克文 …… 1253
胡新三 见	段观海 见	闻亦尊 见	费起鹤 …… 1099	袁伯樵 …… 1254
胡鄂公 …… 1242	段茂澜 …… 1244	闻钧天 …… 1247	费孝通 …… 1249	袁近初 见
胡嘉诏 …… 1242	段茂澜 …… 1244	闻钧天 …… 1247	费起鹤 …… 1099	袁 远 …… 1251
胡周淑安 见	段祺瑞 …… 1244	姜登选 …… 1247	姚 铉 …… 1250	袁希涛 …… 1254
周淑安 …… 1230	段锡朋 …… 1245	娄学熙 …… 1247	姚永励 …… 1250	袁祖铭 …… 1254
荫 昌 …… 1242	保君健 …… 1245	娄鲁青 见	姚幼枝 见	袁履登 …… 1254
荫午楼 见	侯家源 …… 1245	娄裕焘 …… 1247	姚国桢 …… 1250	袁豹岑 见
荫 昌 …… 1242	俞 彦 …… 1245	娄裕焘 …… 1247	姚叔高 见	袁克文 …… 1253
茹志鹃 …… 1242	俞 樾 …… 1245	洪 业 …… 1247	姚永励 …… 1250	袁鼎卿 见
查良钊 …… 1242	俞人凤 …… 1245	洪 绅 …… 1248	姚国桢 …… 1250	袁祖铭 …… 1254
查勉仲 见	俞子夷 …… 1245	洪 逵 …… 1248	姚泽生 …… 1250	耿伯钊 …… 1254
查良钊 …… 1242	俞子英 见	洪书行 见	姚定尘 …… 1250	聂 耳 …… 1254
柏文蔚 …… 1243	俞 彦 …… 1245	洪 绅 …… 1248	姚景庭 见	聂云台 …… 1254
柏烈武 见	俞飞鹏 …… 1245	洪兰友 …… 1248	姚 铉 …… 1250	聂其杰 见
柏文蔚 …… 1243	俞同奎 …… 1245	洪芰舲 见	姚慕莲 …… 1250	聂云台 …… 1254
柳克述 …… 1243	俞庆棠 …… 1245	洪 逵 …… 1248		聂宪藩 …… 1254
柳剑霞 见	俞佐廷 …… 1246	洪陆东 …… 1248	十　画	聂宗羲 …… 1254
柳克述 …… 1243	俞应望 …… 1246	洪渊源 …… 1248		聂维城 见
〔丨〕	俞济时 …… 1246	洪维国 …… 1248	〔一〕	聂宪藩 …… 1254
	俞鸿钧 …… 1246	洪敬民 见		聂榕卿 见
贵 福 …… 1243	俞奠苏 见	洪维国 …… 1248	秦 汾 …… 1251	聂宗羲 …… 1254
哈云裳 见	俞应望 …… 1246	洪煨莲 见	秦绍文 见	聂曾纪芬 见
哈汉章 …… 1243	俞魑梧 见	洪 业 …… 1247	秦德纯 …… 1251	曾纪芬 …… 1315
哈汉章 …… 1243	俞人凤 …… 1245	祝大椿 …… 1248	秦祖泽 见	莫德惠 …… 1254
〔丿〕	俞樵峰 见	祝世康 …… 1248	秦润卿 …… 1251	桂中枢 …… 1255
	俞飞鹏 …… 1245	祝兰舫 见	秦润卿 …… 1251	桂质廷 …… 1255
钟 锷 …… 1243	郗励勤 见	祝大椿 …… 1248	秦景阳 见	桂质伯 …… 1255
钟文耀 …… 1243	郗朝俊 …… 1246	祝尧人 见	秦 汾 …… 1251	桂崇基 …… 1255
钟世铭 …… 1243	郗朝俊 …… 1246	祝世康 …… 1248	秦德纯 …… 1251	格桑时如 见
钟召菱 见	饶伯舆 见	祝荇南 见	班禅九世 见	格桑泽仁 …… 1255
钟荫棠 …… 1243	饶孟任 …… 1246	祝绍周 …… 1248	班禅额尔德尼·确	格桑泽仁 …… 1255
钟荣光 …… 1243	饶孟任 …… 1246	祝绍周 …… 1248	吉尼玛 …… 1251	贾士毅 …… 1255

贾文焕 见		徐 谭 …… 1261	徐海东 …… 1263	高纪毅 …… 1266
贾桂林 …… 1255	〔丨〕	徐又铮 见	徐海帆 见	高秉坊 …… 1266
贾果伯 见	柴志明 …… 1258	徐树铮 …… 1263	徐廷瑚 …… 1262	高泽畬 见
贾士毅 …… 1255	柴春霖 …… 1258	徐元诰 …… 1261	徐容光 见	高凌霨 …… 1267
贾桂林 …… 1255	晏阳初 …… 1258	徐月祥 见	徐恩元 …… 1263	高宗武 …… 1267
夏 鹏 …… 1255	恩克巴图 …… 1258	徐庭瑶 …… 1263	徐菊人 见	高定庵 见
夏天长 见	〔丿〕	徐玉书 见	徐世昌 …… 1261	高恩洪 …… 1267
夏晋麟 …… 1256	钱 泰 …… 1258	徐永祚 …… 1262	徐乾麟 见	高春如 见
夏斗寅 …… 1255	钱 穆 …… 1259	徐世昌 …… 1261	徐 懋 …… 1261	高秉坊 …… 1266
夏光宇 见	钱大钧 …… 1259	徐世章 …… 1261	徐梦岩 见	高柄中 …… 1267
夏昌炽 …… 1256	钱天任 …… 1259	徐可亭 见	徐傅霖 …… 1264	高显鉴 …… 1267
夏诒霆 …… 1255	钱天鹤 …… 1259	徐 堪 …… 1261	徐逸民 …… 1263	高冠吾 …… 1267
夏灵炳 见	钱文选 …… 1259	徐东藩 …… 1261	徐望孚 …… 1264	高祖川 …… 1267
夏斗寅 …… 1255	钱永铭 …… 1259	徐永昌 …… 1262	徐眷丞 见	高桂滋 …… 1267
夏奇峰 …… 1255	钱向忱 见	徐圣禅 见	徐式昌 …… 1262	高恩洪 …… 1267
夏昌炽 …… 1256	钱崇垲 …… 1260	徐 柽 …… 1260	徐鸿宾 …… 1264	高峻峰 见
夏挺斋 见	钱安涛 见	徐式昌 …… 1262	徐淑希 …… 1137	高祖川 …… 1267
夏诒霆 …… 1255	钱天鹤 …… 1259	徐廷瑚 …… 1262	徐寄庼 …… 1264	高凌百 …… 1267
夏彦藻 见	钱阶平 见	徐仲年 …… 1262	徐维震 …… 1264	高凌霨 …… 1267
夏琴西 …… 1256	钱伯涵 见	徐仲齐 …… 1262	徐悲鸿 …… 1264	高培五 见
夏晋麟 …… 1256	钱沛猷 …… 1259	徐军陶 见	徐傅霖 …… 1264	高桂滋 …… 1267
夏琴西 …… 1256	钱昌照 …… 1259	徐佩璜 …… 1262	徐善祥 …… 1264	高惜冰 …… 1267
夏敬观 …… 1256	钱沛猷 …… 1259	徐旭瀛 见	徐瑞甫 见	高敬廷 见
夏牛惠珍 见	钱宗泽 …… 1260	徐维震 …… 1264	徐世章 …… 1261	高大方 …… 1266
牛惠珍 …… 1085	钱保和 …… 1260	徐次辰 见	徐新六 …… 1265	高曙青 见
顾 澄 …… 1256	钱钟书 …… 1260	徐永昌 …… 1262	徐源泉 …… 1265	高 鲁 …… 1266
顾子仁 …… 1256	钱崇垲 …… 1260	徐寿城 见	徐祖善 …… 1263	郭 乐 …… 1267
顾子用 见	钱新之 见	徐东藩 …… 1261	殷 同 …… 1265	郭 标 …… 1267
顾在埏 …… 1256	钱永铭 …… 1259	徐志摩 …… 1262	殷汝耕 …… 1265	郭 顺 …… 1267
顾少川 见	钱慕尹 见	徐克成 见	殷桐声 见	郭 腾 …… 1268
顾维钧 …… 1257	钱大钧 …… 1259	徐源泉 …… 1265	殷 同 …… 1265	郭乃全 …… 1268
顾心一 见	钱慕霖 见	徐佛苏 …… 1262	奚玉书 …… 1265	郭开贞 见
顾惟精 …… 1257	钱宗泽 …… 1260	徐狄善 …… 1262	奚亚夫 …… 1265	郭沫若 …… 1269
顾在埏 …… 1256	倪幼丹 见	徐青甫 …… 1262	翁文灏 …… 1265	郭天如 …… 1268
顾季高 见	倪道杰 …… 1260	徐季龙 见	翁同龢 …… 1265	郭云观 …… 1268
顾翊群 …… 1257	倪萍生 见	徐 谦 …… 1261	翁咏霓 见	郭云衢 见
顾孟余 …… 1256	倪渭清 …… 1260	徐佩璜 …… 1262	翁文灏 …… 1265	郭云观 …… 1268
顾树森 …… 1256	倪道杰 …… 1260	徐泽之 见	翁照垣 …… 1266	郭心崧 …… 1268
顾养吾 见	倪道烺 …… 1260	徐 泽 …… 1260	〔丶〕	郭布罗·婉容 见
顾 澄 …… 1256	倪渭清 …… 1260	徐宝谦 …… 1263		婉 容 …… 1295
顾祝同 …… 1256	徐 泽 …… 1260	徐柏圆 …… 1263	高 岗 …… 1266	郭有守 …… 1268
顾荫亭 见	徐 柽 …… 1260	徐树铮 …… 1263	高 鲁 …… 1266	郭则沄 …… 1268
顾树森 …… 1256	徐 堪 …… 1261	徐庭瑶 …… 1263	高一涵 …… 1266	郭则济 …… 1268
顾翊群 …… 1257	徐 巽 见	徐冠南 见	高大方 …… 1266	郭仲岳 见
顾惟精 …… 1257	徐 谭 …… 1261	徐 棠 …… 1261	高云昆 …… 1266	郭心崧 …… 1268
顾维钧 …… 1257	徐 棠 …… 1261	徐祖善 …… 1263	高汉吾 见	郭任远 …… 1268
顾颉刚 …… 1257	徐 漠 …… 1261	徐诵明 …… 1263	高柄中 …… 1267	郭亦屏 见
顾惠兰 …… 1258	徐 谦 …… 1261	徐振飞 见	高廷梓 …… 1266	郭劭众 …… 1268
顾墨三 见	徐 懋 …… 1261	徐恩元 …… 1263	高次章 见	郭杜衍 见
顾祝同 …… 1256	徐 懋 …… 1261	徐特立 …… 1218	高云昆 …… 1266	郭沫若 …… 1269
				郭伯良 见

郭承恩 …… 1269	唐健飞 …… 1272	…… 1290	黄赞熙 …… 1280	萨少铭 见
郭劭众 …… 1268	唐烛甫 见		黄清溪 见	萨福均 …… 1281
郭青原 见	唐德煌 …… 1272	**十一画**	黄金涛 …… 1278	萨桐孙 见
郭则济 …… 1268	唐海安 …… 1272	〔一〕	黄敬余 …… 1279	萨福懋 …… 1282
郭秉文 …… 1269	唐悦良 …… 1272		黄朝琴 …… 1279	萨鼎铭 见
郭沫若 …… 1269	唐继尧 …… 1140	黄 兴 …… 1135	黄瑞朝 …… 1279	萨镇冰 …… 1282
郭承恩 …… 1269	唐雪樵 见	黄 郛 …… 1276	黄楚九 …… 1279	萨福均 …… 1281
郭春涛 …… 1269	唐德炘 …… 1272	黄 琬 …… 1276	黄楼梧 见	萨福懋 …… 1282
郭威白 …… 1269	唐蕖赓 见	黄 福 …… 1276	黄凤翔 …… 1277	萨镇冰 …… 1282
郭复初 见	唐继尧 …… 1140	黄 镇 …… 1276	黄锦镛 见	梅兰芳 …… 1227
郭泰祺 …… 1270	唐聚五 …… 1272	黄一欧 …… 1276	黄金荣 …… 1278	梅华铨 …… 1283
郭阆畴 见	唐德炘 …… 1272	黄士衡 …… 1276	黄靖海 …… 1279	梅汝璈 …… 1283
郭云观 …… 1268	唐德煌 …… 1272	黄大伟 …… 1276	黄嘉惠 …… 1279	梅其驹 …… 1283
郭泰桢 …… 1270	凌 冰 …… 1272	黄子方 …… 1276	黄慕松 …… 1279	梅英福 …… 1283
郭泰祺 …… 1270	凌作铭 见	黄子诚 见	黄磋玖 见	梅思平 …… 1283
郭啸麓 见	凌鸿勋 …… 1272	黄荣良 …… 1278	黄楚九 …… 1279	梅贻琳 …… 1283
郭则沄 …… 1268	凌其峻 …… 1272	黄开文 …… 1277	黄肇基 …… 1279	梅贻宝 …… 1283
郭崇熙 …… 1270	凌济东 见	黄天鹏 …… 1277	黄镇磐 …… 1279	梅贻琦 …… 1283
郭鸿声 见	凌 冰 …… 1272	黄凤翔 …… 1277	黄遵宪 …… 1279	梅景周 …… 1283
郭秉文 …… 1269	凌鸿勋 …… 1272	黄右昌 …… 1277	黄赞熙 …… 1280	梅畹华 见
郭景鸢 …… 1270	凌道扬 …… 1273	黄汉梁 …… 1277	黄膺白 见	梅兰芳 …… 1227
郭福绵 …… 1270	容 闳 …… 1273	黄延凯 …… 1277	黄 郛 …… 1276	曹 禺 …… 1284
郭德华 …… 1270	诸文绮 …… 1273	黄任之 见	黄馥亭 …… 1280	曹 锳 …… 1284
郭彝民 …… 1270	诸昌年 …… 1273	黄炎培 …… 1278	黄曝寰 …… 1280	曹 锟 …… 1284
席雨孙 见	诺那呼图克图 ……	黄旭初 …… 1277	萧 红 …… 1280	曹子振 见
席裕昌 …… 1270	…… 1273	黄宇平 …… 1277	萧 瑜 …… 1085	曹 锳 …… 1284
席裕昌 …… 1270		黄安礼 …… 1277	萧友梅 …… 1280	曹云祥 …… 1284
席鸣九 见	〔丆〕	黄芸苏 …… 1277	萧公权 …… 1280	曹中直 见
席德炯 …… 1270	陶 樾 …… 1273	黄伯度 …… 1277	萧永熙 …… 1281	曹仲植 …… 1284
席德炯 …… 1270	陶行知 …… 1273	黄伯樵 …… 1277	萧吉珊 …… 1281	曹仲珊 见
唐 炯 …… 1270	陶希圣 …… 1274	黄果卿 见	萧次修 见	曹 锟 …… 1284
唐 萱 …… 1270	陶冷渔 见	黄曝寰 …… 1280	萧永熙 …… 1281	曹仲植 …… 1284
唐少川 见	陶 樾 …… 1273	黄季宽 见	萧佛成 …… 1281	曹庆五 见
唐绍仪 …… 1271	陶冶公 …… 1274	黄绍竑 …… 1278	萧屋泉 见	曹云祥 …… 1284
唐文恺 …… 1271	陶尚铭 …… 1274	黄金荣 …… 1278	萧俊贤 …… 1281	曹汝霖 …… 1284
唐生智 …… 1271	陶昌善 …… 1274	黄金涛 …… 1278	萧仙阁 见	曹伯闻 …… 1285
唐在礼 …… 1271	陶知行 见	黄炎培 …… 1278	萧振瀛 …… 1281	曹炎申 …… 1285
唐有壬 …… 1271	陶行知 …… 1273	黄孟圭 见	萧俊贤 …… 1281	曹延生 见
唐寿民 …… 1271	陶孟和 见	黄 琬 …… 1276	萧珩珊 见	曹云祥 …… 1284
唐旺旺 …… 1271	陶履恭 …… 1275	黄绍竑 …… 1278	萧耀南 …… 1281	曹经沅 …… 1285
唐伯原 见	陶益生 见	黄绍箕 …… 1278	萧振瀛 …… 1281	曹树铭 …… 1285
唐文恺 …… 1271	陶履谦 …… 1275	黄荣良 …… 1278	萧恩承 …… 1281	曹浩森 …… 1285
唐宝书 见	陶菊畦 见	黄复生 …… 1278	萧铁桥 见	曹润田 见
唐宗麟 见	陶景潜 …… 1274	黄修伯 …… 1278	萧佛成 …… 1281	曹汝霖 …… 1284
唐宝书 …… 1271	陶景潜 …… 1274	黄首民 …… 1278	萧家驹 …… 1281	曹晨涛 …… 1285
唐孟潇 见	陶善敏 …… 1274	黄宣平 …… 1278	萧继荣 …… 1281	曹新吾 见
唐生智 …… 1271	陶慰孙 …… 1274	黄宪昭 …… 1279	萧慈祥 见	曹树铭 …… 1285
唐绍仪 …… 1271	陶履恭 …… 1275	黄耕三 见	萧佛成 …… 1281	曹缵蕤 见
唐保谦 …… 1271	陶履谦 …… 1275	黄敬余 …… 1279	萧燕生 见	曹经沅 …… 1285
唐挚夫 见	桑结札布 见	黄振东 …… 1279	萧家驹 …… 1281	龚安庆 …… 1285
唐在礼 …… 1271	章嘉呼图克图	黄翊昌 见	萧耀南 …… 1281	龚德柏 …… 1285

盛 成 …… 1285	商启予 见	**十二画**	蒋经国 …… 1302	程天放 …… 1308
盛 昱 …… 1285	商 震 …… 1290		蒋复璁 …… 1079	程远帆 …… 1308
盛世才 …… 1285	阎百川 见	〔一〕	蒋宾臣 见	程仲渔 见
盛泽承 见	阎锡山 …… 1290	彭 贤 …… 1296	蒋雁行 …… 1307	程 克 …… 1308
盛恩颐 …… 1286	阎宝航 …… 1290	彭 真 …… 1296	蒋培华 …… 1306	程时烽 …… 1308
盛绍章 …… 1286	阎锡山 …… 1290	彭 湃 …… 1296	蒋彬信 见	程其保 …… 1309
盛宣怀 …… 1286	梁 龙 …… 1290	彭东原 …… 1296	蒋尊祎	程修龄 …… 1309
盛祖新 …… 1286	梁 斌 …… 1291	彭学沛 …… 1296	蒋梦麟 …… 1134	程砚秋 …… 1309
盛恩颐 …… 1286	梁又铭 …… 1291	彭相亭 见	蒋铭三 见	程桐庐 见
	梁士诒 …… 1291	彭 贤 …… 1296	蒋鼎文 …… 1307	程时烽 …… 1308
〔丨〕	梁士纯 …… 1291	彭树仁 …… 1296	蒋雁行 …… 1307	程振钧 …… 1309
常宗会 …… 1286	梁上栋 …… 1291	彭浩徐 见	蒋鼎文 …… 1307	程莲士 见
崔士杰 …… 1286	梁小初 见	彭学沛 …… 1296	蒋锄欧 …… 1307	程锡庚 …… 1309
崔守恂 …… 1286	梁长树 …… 1291	彭照贤 …… 1297	蒋尊祎 …… 1307	程颂云 见
崔廷献 …… 1286	梁云松 见	彭德怀 …… 1266	蒋憬然 见	程 潜 …… 1308
崔唯吾 …… 1286	梁 龙 …… 1290	葛祖妒 …… 1297	蒋光鼐 …… 1304	程海峰 …… 1309
崇 绮 …… 1287	梁长树 …… 1291	葛敬恩 …… 1297	蒋慰堂 见	程锡庚 …… 1309
	梁宇皋 …… 1291	葛湛侯 见	蒋复璁 …… 1079	傅 铜 …… 1309
〔丶〕	梁如浩 …… 1291	葛敬恩 …… 1297	蒋履福 …… 1307	傅 智 …… 1309
康 成 …… 1287	梁佐勋 …… 1291	葛慈荪 见	韩 安 …… 1307	傅汝霖 …… 1309
康有为 …… 1139	梁启超 …… 1136	葛祖妒 …… 1297	韩玉麟 …… 1307	傅作义 …… 1309
康兆民 …… 1288	梁社乾 …… 1282	董 俞 …… 1297	韩竹平 见	傅沉叔 见
康更甡 见	梁君默 见	董 康 …… 1297	韩 安 …… 1307	傅增湘 …… 1311
康有为 …… 1139	梁寒操 …… 1293	董大酉 …… 1298	韩向方 见	傅沐波 见
鹿钟麟 …… 1288	梁卓如 见	董必武 …… 1218	韩复榘 …… 1307	傅汝霖 …… 1309
鹿瑞伯 见	梁启超 …… 1136	董时进 …… 1298	韩复榘 …… 1307	傅良佐 …… 1310
鹿钟麟 …… 1288	梁宝瑢 …… 1293	董显光 …… 1261	韩寅阶 见	傅若愚 见
章 益 …… 1289	梁孟亭 见	董修甲 …… 1298	韩麟生 …… 1307	傅 智 …… 1309
章士钊 …… 1289	梁如浩 …… 1291	董冠贤 …… 1298	韩德勤 …… 1307	傅尚霖 …… 1310
章元善 …… 1289	梁绍文 …… 1293	董绶金 见	韩麟生 …… 1307	傅迪黎 见
章太炎 …… 1289	梁烈亚 …… 1293	董 康 …… 1297	辜仁发 …… 1307	傅尚霖 …… 1310
章仲和 见	梁焕鼎 见	董鼎三 见	覃 振 …… 1307	傅秉常 …… 1310
章宗祥 …… 1289	梁漱溟 …… 1149	董修甲 …… 1298	覃理鸣 见	傅佩青 见
章伯初 见	梁鸿志 …… 1293	蒋丁玲 见	覃 振 …… 1307	傅 铜 …… 1309
章宗元 …… 1289	梁寒操 …… 1293	丁 玲 …… 1066	粟 威 …… 1308	傅宗耀 见
章行严 见	梁韶敏 见	蒋中正 见	粟松村 见	傅筱庵 …… 1310
章士钊 …… 1289	梁绍文 …… 1293	蒋介石 …… 1091	粟 威 …… 1308	傅宜生 见
章宗元 …… 1289	梁漱溟 …… 1149	蒋介石 …… 1091		傅作义 …… 1309
章宗祥 …… 1289	梁鋆立 …… 1294	蒋百里 …… 1304	〔丨〕	傅孟真 见
章彦训 见	梁澜勋 …… 1294	蒋光鼐 …… 1304	景太昭 见	傅斯年 …… 1310
章元善 …… 1289	梁燕孙 见	蒋廷黻 …… 1304	景耀月 …… 1308	傅品圭 见
章炳麟 见	梁士诒 …… 1291	蒋兆贤 见	景耀月 …… 1308	傅瑞鑫 …… 1310
章太炎 …… 1289	湛湛溪 …… 1294	蒋梦麟 …… 1134		傅清节 见
章济武 见		蒋坚忍 …… 1305	〔丿〕	傅良佐 …… 1310
章辑五 …… 1290	〔乛〕	蒋伯诚 …… 1305	嵇 镜 …… 1308	傅鸿钧 …… 1310
章棒丹 见	屠开征 …… 1295	蒋作宾 …… 1305	程 克 …… 1308	傅斯年 …… 1310
章 益 …… 1289	屠鼎孚 见	蒋诉心 见	程 潜 …… 1308	傅瑞鑫 …… 1310
章辑五 …… 1290	屠慰曾 …… 1295	蒋锄欧 …… 1307	程万里 见	傅筱庵 …… 1310
章嘉呼图克图	屠慰曾 …… 1295	蒋雨岩 见	程远帆 …… 1308	傅增湘 …… 1311
…… 1290	婉 容 …… 1295	蒋作宾 …… 1305	程天斗 …… 1308	傅镛庭 见
商 震 …… 1290			程天固 …… 1308	傅鸿钧 …… 1310

焦希孟 见	温应星 ……… 1316	蓝季北 见	褚重行 见	〔、〕
焦易堂 …… 1311	温佩珊 见	蓝建枢 …… 1319	褚民谊 …… 1322	廖世承 ……… 1326
焦易堂 ……… 1311	温世珍 …… 1316	蓝建枢 ……… 1319	**十四画**	廖仲恺 ……… 1326
储安平 ……… 1311	温宗尧 ……… 1316	蓝象亨 ……… 1319		廖仲雅 见
舒双全 ……… 1311	温钦甫 见	蓝德尊 见	〔一〕	廖颂扬 …… 1326
鲁 迅 ……… 1311	温宗尧 …… 1316	蓝象亨 …… 1319	蔡 正 ……… 1323	廖茂如 见
鲁际清 见	温锡洪 ……… 1316	楼光来 ……… 1319	蔡 洪 ……… 1323	廖世承 …… 1326
鲁穆庭 …… 1314	温静庵 见	楼佩兰 见	蔡 培 ……… 1323	廖颂扬 ……… 1326
鲁咏安 见	温寿泉 …… 1316	楼桐孙	蔡 雄 ……… 1323	廖承志 ……… 1326
鲁涤平 …… 1314	温毓庆 ……… 1316	楼桐荪 ……… 1319	蔡子平 见	端 方 ……… 1326
鲁效祖 ……… 1314	谢 持 ……… 1316	赖 琏 ……… 1319	蔡 培 …… 1323	赛金花 ……… 1326
鲁涤平 ……… 1314	谢 健 ……… 1316	雷 殷 ……… 1319	蔡子民 见	谭平山 ……… 1326
鲁绳伯 见	谢元甫 ……… 1317	雷 震 ……… 1319	蔡元培 …… 1306	谭延闿 ……… 1326
鲁效祖 …… 1314	谢六逸 ……… 1317	雷孝敏 ……… 1319	蔡元培 ……… 1306	谭仲逵 见
鲁穆庭 ……… 1314	谢介石 ……… 1317	雷伯伦 见	蔡无忌 ……… 1324	谭熙鸿 …… 1327
	谢玉铭 ……… 1317	雷海宗 …… 1320	蔡公时 ……… 1324	谭启秀 ……… 1326
〔、〕	谢永森 ……… 1317	雷沛鸿 ……… 1319	蔡汉瞻 见	谭绍华 ……… 1327
童用九 见	谢冰莹 ……… 1317	雷宝华 ……… 1320	蔡咸章 …… 1325	谭祖庵 见
童德乾 …… 1314	谢寿昌 见	雷海宗 ……… 1320	蔡成勋 ……… 1324	谭延闿 …… 1326
童德乾 ……… 1314	谢冠生 …… 1317	雷宾南 见	蔡光勋 ……… 1324	谭熙鸿 ……… 1327
曾广勷 ……… 1314	谢寿康 ……… 1300	雷沛鸿 …… 1319	蔡廷干 ……… 1325	谭震林 ……… 1201
曾云沛 见	谢扶雅 ……… 1317		蔡廷锴 ……… 1325	谭毅公 ……… 1327
曾毓隽 …… 1316	谢保樵 ……… 1317	〔丨〕	蔡汝栋 ……… 1325	
曾友豪 ……… 1314	谢孟博 见	虞和德 见	蔡邵乡 见	〔フ〕
曾扩情 ……… 1314	谢恩隆 …… 1318	虞洽卿 …… 1320	蔡光勋 …… 1324	熊 斌 ……… 1327
曾仲鸣 ……… 1315	谢冠生 ……… 1317	虞洽卿 ……… 1320	蔡劲军 ……… 1325	熊十力 ……… 1327
曾仰丰 ……… 1315	谢振叔 见	路 翎 ……… 1320	蔡虎臣 见	熊天翼 见
曾纪芬 ……… 1315	谢维麟 …… 1318		蔡成勋 …… 1324	熊式辉 …… 1327
曾伯良 ……… 1315	谢晋元 ……… 1317	〔丿〕	蔡贤初 见	熊少豪 ……… 1327
曾诒经 ……… 1315	谢恩隆 ……… 1318	锡 良 ……… 1320	蔡廷锴 …… 1325	熊式辉 ……… 1327
曾治一 见	谢颂羔 ……… 1318	鲍丙辰 ……… 1321	蔡咸章 ……… 1325	熊仲韬 ……… 1328
曾广勷 …… 1314	谢章铤 ……… 1318	鲍讷荣 ……… 1321	蔡郭景鸾 见	熊克武 ……… 1328
曾浩如 见	谢维麟 ……… 1318	鲍观澄 ……… 1321	郭景鸾 …… 1270	熊希龄 ……… 1328
曾宝荪 …… 1315	谢植甫 见	鲍国昌 ……… 1321	蔡竞平 见	熊纯如 见
曾宝荪 ……… 1315	谢永森 …… 1317	鲍明钤 ……… 1321	蔡 正 …… 1323	熊育锡 …… 1328
曾宗鉴 ……… 1315	谢铸陈 见	鲍贵卿 ……… 1321	蔡增基 ……… 1325	熊秉三 见
曾昭抡 ……… 1315	谢 健 …… 1316	鲍冠春 见	蔡耀堂 见	熊希龄 …… 1328
曾养甫 ……… 1315	谢瀛洲 ……… 1318	鲍观澄 …… 1321	蔡廷干 …… 1325	熊育锡 ……… 1328
曾虚白 ……… 1316		鲍哲庆 ……… 1321	熙 洽 ……… 1325	熊经略 见
曾景南 见	**十三画**	鲍霆九 见	熙恪民 见	熊仲韬 …… 1328
曾仰丰 …… 1315		鲍贵卿 …… 1321	熙 洽 …… 1325	熊炳琦 ……… 1328
曾稌龛 见	〔一〕		臧凤九 见	熊哲明 见
曾诒经 …… 1315	靳云鹏 ……… 1319	〔、〕	臧式毅 …… 1325	熊 斌 …… 1327
曾毓隽 ……… 1316	靳云鹗 ……… 1319	廉 隅 ……… 1321	臧式毅 ……… 1325	熊润丞 见
曾镕圃 见	靳荐青 见	廉励清 见	臧启芳 ……… 1325	熊炳琦 …… 1328
曾宗鉴 …… 1315	靳云鹗 …… 1319	廉 隅 …… 1321	臧香轩 见	熊崇志 ……… 1328
温支英 见	靳翼卿 见	慈禧太后 …… 1321	臧启芳 …… 1325	熊锦帆 见
温世霖 …… 1316	靳云鹏 …… 1319	溥 仪 ……… 1322		熊克武 …… 1328
温世珍 ……… 1316	蓝公武 ……… 1319	溥浩然 见	〔丨〕	翟兆麟 ……… 1328
温世霖 ……… 1316	蓝志光 见	溥 仪 …… 1322	斐文中	翟农山 见
温寿泉 ……… 1316	蓝公武 …… 1319	褚民谊 ……… 1322		

英　文　卷　　　　　十四画—十八画　笔画索引　1065

秉志 …… 1223
翟秉志　见
　秉志 …… 1223
翟瑞符　见
　翟兆麟 …… 1328
缪斌 …… 1328
缪尔绰 …… 1328
缪仲渔　见
　缪尔绰 …… 1328
缪恩钊 …… 1328

十五画

〔丿〕

黎元洪 …… 1329
黎宋卿　见
　黎元洪 …… 1329
黎照寰 …… 1329
黎曜生　见
　黎照寰 …… 1329
德穆楚克栋鲁普
樊光 …… 1329
樊正康 …… 1329
樊虚心　见
　樊象离 …… 1330
樊震初　见

樊光 …… 1329
滕白也　见
　滕圭 …… 1330

〔丶〕

颜克卿　见
　颜福庆 …… 1330
颜季余　见
　颜德庆 …… 1330
颜骏人　见
　颜惠庆 …… 1330
颜惠庆 …… 1330
颜福庆 …… 1330
颜德庆 …… 1330
翦伯赞 …… 1330
潘复 …… 1330
潘仁良　见
　潘明星 …… 1331
潘公展 …… 1331
潘公弼 …… 1331
潘丹庭　见
　潘矩楹 …… 1331
潘光迥 …… 1331
潘作楫 …… 1331
潘序伦 …… 1331
潘明星 …… 1331

潘备庵　见
　潘承福 …… 1331
潘学安　见
　潘龆安 …… 1331
潘承福 …… 1331
潘钟文 …… 1331
潘矩楹 …… 1331
潘毓书　见
　潘钟文 …… 1331
潘毓桂 …… 1331
潘澄波　见
　潘作楫 …… 1331
潘龆安 …… 1331
潘馨航　见
　潘复 …… 1330

十六画

〔一〕

薛岳 …… 1332
薛子良　见
　薛笃弼 …… 1332
薛子珩 …… 1332
薛松坪　见
　薛子珩 …… 1332
薛笃弼 …… 1332

霍六丁 …… 1332
霍宝树 …… 1332

〔丿〕

穆文焕 …… 1332
穆湘玥　见
　穆藕初 …… 1332
穆藕初 …… 1332

十七画

〔一〕

戴笠 …… 1333
戴超 …… 1333
戴戟 …… 1333
戴民权 …… 1333
戴成祥 …… 1333
戴传贤　见
　戴季陶 …… 1333
戴孝悃　见
　戴戟 …… 1333
戴志骞　见
　戴超 …… 1333
戴明辅 …… 1333
戴季陶 …… 1333
戴秉衡 …… 1334

戴恩赛 …… 1334
戴葆鎏 …… 1334
戴愧生 …… 1334
戴端甫　见
　戴民权 …… 1333
檀仁梅 …… 1334
檀自新 …… 1334
檀静华　见
　檀自新 …… 1334

〔丿〕

魏怀 …… 1334
魏易 …… 1335
魏冲叔　见
　魏易 …… 1335
魏伯聪　见
　魏道明 …… 1232
魏国平 …… 1335
魏道明 …… 1232
魏敷滋 …… 1335

十八画

〔丨〕

瞿秋白 …… 1208

二　画

〔一〕

丁　玲

0001　Ting Ling：Purged Feminist / Akiyama Yōko // Tokyo：Femintern Press. 1974
　　　丁玲：被肃清的女权主义者 / 秋山洋子 // 东京：女权主义出版社. 1974 年

0002　Ting Ling：Her Life and Her Work / Chang Jun-mei // Taipei：Institute of International Relations, National Chengchi University. 1978
　　　丁玲的生活和创作 / 章君梅 // 台北：台湾政治大学国际关系研究中心. 1978 年

0003　The Ting-Ling / Otto Maenchen-Helfen // Harvard Journal of Asiatic Studies. 4：1. 1939
　　　丁　玲 / 奥托·曼辰-海尔芬 // 哈佛亚洲研究. 1939. 4：1

0004　Two Modern Chinese Women：Ping Hsin and Ting Ling（Ph. D. Thesis）/ Colena M. Anderson // Claremont Graduate University. 1954
　　　两位近代中国女性：冰心和丁玲（博士论文）/ 柯丽娜·M. 安德森 // 克莱蒙特研究大学. 1954

0005　Ting-ling / Reginald Reynolds // New Statesman. 55：1401. 1958
　　　丁　玲 / 雷金纳德·雷诺兹 // 新政治家与国家. 1958. 55：1401

0006　Ting Ling, Her Early Life and Works（M. A. Thesis）/ Stephen H. Berman // Harvard University. 1966
　　　丁玲的早期生活和作品（硕士论文）/ 史蒂芬·H. 贝尔曼 // 哈佛大学. 1966

0007　Ting Ling's Early Years：Her Life and Literature through 1942（Ph. D. Thesis）/ Gary Bjorge // University of Wisconsin-Madison. 1977
　　　1942 年以前丁玲的生活和文学作品（博士论文）/ 加里·布乔治 // 威斯康星大学，麦迪逊分校. 1977

0008　Ting Ling and the Politics of Literature（M. A. Thesis）/ Carol Smart // University of Southern California. 1978
　　　丁玲与文学背后的政治（硕士论文）/ 卡罗尔·斯玛特 // 南加州大学. 1978

0009　Ding Ling's Reappearance on the Literary Stage / Feng Xiaxiong // Chinese Literature. 1. 1980
　　　丁玲的文学复出 / 冯夏熊 // 中国文学. 1980. 1

0010　Profile Ding Ling / John Beyer // Index on Censorship. 9：1. 1980
　　　丁玲档案 / 约翰·拜尔 // 查禁目录. 1980. 9：1

0011　The Changing Roles of Women in the People's Republic of China, 1949-1967：With a Case Study of Ting Ling（Ph. D. Thesis）/ Kathleen Semergieff // St. John's University. 1981
　　　1949—1967 年新中国女性角色的转变：以丁玲为个案（博士论文）/ 凯瑟琳·塞梅基夫 // 圣约翰大学. 1981

0012　In Memory of Ding Ling：Her Life and Her Books / Duanmu Hongliang // Chinese Literature. Spring 1987
　　　纪念丁玲：她的生活和著作 / 端木蕻良 // 中国文学. 1987 春季

0013　The Vanguards of the Women's Liberation Movement-Lu Yin, Bingxin, and Ding Ling / Liu Nienling // Chinese Studies in History. 23：2. 1989
　　　妇女解放运动先锋：庐隐、冰心和丁玲 / 刘年玲 // 中国历史研究. 1989. 23：2

0014　Chiang Ting-ling, Miss / H. G. W. Woodhead, H. T. M. Bell // The China Year Book. 1939（27），p. 169（p. 193）
　　　蒋丁玲女士（丁玲）/ H. G. W. 伍德海、H. T. M. 贝尔 // 中华年鉴. 1939 年第 27 册，第 169 页（第 193 页）

0015　Miss Ting Ling（Chiang）/ The China Weekly Review // Who's Who in China. 1940,p. 44
　　　丁　玲／密勒氏评论报 // 中国名人录.1940 年,第 44 页

0016　Love, Death, and Radicalism：Ting Ling / Robert S. Elegant // China's Red Masters：Political Biographies of the Chinese Communist Leaders. p145
　　　丁玲：爱情、死亡和激进主义／罗伯特·S.爱丽格特 // 中国的红色大师：中国共产党领导人政治传记.第 145 页

0017　The Changing Relationship between Literature and Life：Aspects of Writer's Role in Ding Ling / Feuerwerker Yi-tsi Mei // Modern Chinese Literature in the May Fourth Era. p. 281
　　　文学与人生的关系变幻：丁玲作家身份的某些方面／梅仪慈 // 五四时代的中国现代文学.第 281 页

丁　超

0018　Gen. Ting Chao / The China Weekly Review // Who's Who in China. 1933,p. 101;1936,p. 229
　　　丁　超／密勒氏评论报 // 中国名人录.1933 年,第 101 页;1936 年,第 229 页

丁　锦

0019　General M. K. Tinn（Ting Chin）/ The China Weekly Review // Who's Who in China. 1925,p. 718;1936, p. 229
　　　丁锦(字慕韩)／密勒氏评论报 // 中国名人录.1925 年,第 718 页;1936 年,第 229 页

丁士源

0020　General S. Y. W. Ting（Ting Shih-yuan）/ The China Weekly Review // Who's Who in China. 1925, p. 720;1933,p. 133;1936,p. 229
　　　丁士源(字问槎)／密勒氏评论报 // 中国名人录.1925 年,第 720 页;1933 年,第 133 页;1936 年,第 229 页

丁文江

0021　Ting Wen-chiang：Science and China's New Culture / Charlotte Davis Furth // Cambridge：Harvard University Press. 1970
　　　丁文江：科学与中国新文化／费侠莉 // 坎布里奇：哈佛大学出版社.1970 年

0022　In Memoriam：Ven-Kiang Ting（1887-1936）/ Peking Natural History Bulletin. 16：. 1948
　　　悼念丁文江(1887—1936)／北平博物杂志.1948.16：

0023　Ting Wen-chiang：An Intellectual under the Chinese Republic（Ph. D. Thesis）/ Charlotte Davis Furth // Stanford University. 1966
　　　丁文江：一位中华民国的知识分子(博士论文)／费侠莉 // 斯坦福大学.1966

0024　Academia Sinica：Dr. V. K. Ting's appiontment as secretary-general / China Journal Editorial Dept. // The China Journal. 20：4. 1934
　　　中央研究院丁文江任总干事／本刊编辑部 // 中国杂志.1934.20：4

0025　Ting, Dr. Wen-chiang / Arthurde Carle Sowerby / The China Journal. 24：1. 1936
　　　丁文江讣告／苏柯仁 // 中国杂志.1936.24：1

0026　Scientism during the May Fourth Period：The Chinese Misconceptions of Science as Reflected in the Debate between Ting Wen-chiang and Chang Chün-mai / Lo Jiu-jung // Asian Culture Quarterly. 15：3. 1987
　　　五四时期的科学主义：从丁文江和张君劢论战看中国人对科学的误解／罗久蓉 // 亚洲文化季刊.1987.15：3

0027　Dr. V. K. Ting（Ting Wen-chiang）（deceased）/ The China Weekly Review // Who's Who in China. 1936,p. 230
　　　丁文江／密勒氏评论报 // 中国名人录.1936 年,第 230 页

丁纪徐

0028　Col. Ting Chi-hsu（Ding Ki-tsu）/ The China Weekly Review // Who's Who in China. 1940,p. 44

丁纪徐 / 密勒氏评论报 // 中国名人录.1940年,第44页

丁佛言
0029　Ting Fu-yen / John Calvin Ferguson // The China Journal. 14:2. 1931
丁佛言 / 福开森 // 中国杂志.1931.14:2

丁贵堂
0030　Ting Kuei-tang / The China Weekly Review // Who's Who in China. 1936, p. 229
丁贵堂 / 密勒氏评论报 // 中国名人录.1936年,第229页

0031　Ting Kuei-t'ang(Yung-chieh) / H. G. W. Woodhead, H. T. M. Bell // The China Year Book. 1939(27), p. 201(p. 225)
丁贵堂(字荣阶) / H. G. W. 伍德海、H. T. M. 贝尔 // 中华年鉴.1939年第27册,第201页(第225页)

丁衍庸
0032　Three Contemporary Chinese Painters: Chang Da-chien, Ting Yin-yung, Ch'eng Shih-fa / T. C. Lai // Seattle: University of Washington Press. 1975
三位中国当代画家:张大千、丁衍庸、程十发 / 赖恬昌 // 西雅图:华盛顿大学出版社.1975年

丁淑静
0033　Miss Ting Shu-ching / The China Weekly Review // Who's Who in China. 1936, p. 229
丁淑静 / 密勒氏评论报 // 中国名人录.1936年,第229页

丁惟汾
0034　Ting Wei-feng / The China Weekly Review // Who's Who in China. 1933, p. 102; 1936, p. 230
丁惟汾(字鼎丞) / 密勒氏评论报 // 中国名人录.1933年,第102页;1936年,第230页

0035　Ting Wei-fen(Ting-ch'en) / H. G. W. Woodhead, H. T. M. Bell // The China Year Book. 1939(27), p. 201(p. 225)
丁惟汾(字鼎丞) / H. G. W. 伍德海、H. T. M. 贝尔 // 中华年鉴.1939年第27册,第201页(第225页)

丁超五
0036　Theodore C. Ting (Ting Chao-wu) / The China Weekly Review // Who's Who in China. 1936, p. 229
丁超五 / 密勒氏评论报 // 中国名人录.1936年,第229页

0037　Ting Ch'ao-wu(Li-fu) / H. G. W. Woodhead, H. T. M. Bell // The China Year Book. 1939(27), p. 201(p. 225)
丁超五(字立夫) / H. G. W. 伍德海、H. T. M. 贝尔 // 中华年鉴.1939年第27册,第201页(第225页)

丁懋英
0038　Me-lung Ting (Ting Mo-yin) / The China Weekly Review // Who's Who in China. 1936, p. 300
丁懋英 / 密勒氏评论报 // 中国名人录.1936年,第300页

丁燮林
0039　Ting Hsueh-lin / The China Weekly Review // Who's Who in China. 1936, p. 296
丁燮林 / 密勒氏评论报 // 中国名人录.1936年,第296页

〔刁〕

刁作谦
0040　Dr. Philip K. C. Tyau (Tiao Tso-ch'ien) / The China Weekly Review // Who's Who in China. 1925, p. 714; 1936, p. 228
刁作谦(字成章) / 密勒氏评论报 // 中国名人录.1925年,第714页;1936年,第228页

0041　Tiao Tso-ch'ien(Ch'eng-chang) / H. G. W. Woodhead, H. T. M. Bell // The China Year Book. 1939(27),

p. 200(p. 224)

刁作谦(字成章) / H. G. W. 伍德海、H. T. M. 贝尔 // 中华年鉴. 1939 年第 27 册, 第 200 页(第 224 页)

刁信德

0042　Edward Sintak Tyau (Tiao Hsin-the) / The China Weekly Review // Who's Who in China. 1936, p. 296

刁信德 / 密勒氏评论报 // 中国名人录. 1936 年, 第 296 页

0043　Tiao Hsin-teh / H. G. W. Woodhead, H. T. M. Bell // The China Year Book. 1939(27), p. 200(p. 224)

刁信德 / H. G. W. 伍德海、H. T. M. 贝尔 // 中华年鉴. 1939 年第 27 册, 第 200 页(第 224 页)

刁培然

0044　Tiao Pei-yen / The China Weekly Review // Who's Who in China. 1940, p. 43

刁培然 / 密勒氏评论报 // 中国名人录. 1940 年, 第 43 页

刁敏谦

0045　Dr. T. Z. Tyau (Tiao Min-ch'ien) / The China Weekly Review // Who's Who in China. 1925, p. 712; 1936, p. 228

刁敏谦(字德仁) / 密勒氏评论报 // 中国名人录. 1925 年, 第 712 页; 1936 年, 第 228 页

0046　Tiao Min-ch'ien (Teh-jen) / H. G. W. Woodhead, H. T. M. Bell // The China Year Book. 1939(27), p. 200(p. 224)

刁敏谦(字德仁) / H. G. W. 伍德海、H. T. M. 贝尔 // 中华年鉴. 1939 年第 27 册, 第 200 页(第 224 页)

三　画

〔一〕

三　多

0047　Mr. San To / The China Weekly Review // Who's Who in China. 1925, p. 646
　　　三多(字六桥) / 密勒氏评论报 // 中国名人录.1925年,第646页

于　斌

0048　Yu Pin / H. G. W. Woodhead, H. T. M. Bell // The China Year Book. 1939(27), p. 212(p. 236)
　　　于　斌 / H. G. W. 伍德海、H. T. M. 贝尔 // 中华年鉴.1939年第27册,第212页(第236页)

0049　The Rt. Rd. Paul Yupin (Yu Pin) / The China Weekly Review // Who's Who in China. 1940, p. 55
　　　于　斌 / 密勒氏评论报 // 中国名人录.1940年,第55页

于右任

0050　Yu Yu-jen / The China Weekly Review // Who's Who in China. 1933, p. 128;1936, p. 285;1940, p. 67
　　　于右任(字伯循) / 密勒氏评论报 // 中国名人录.1933年,第128页;1936年,第285页;1940年,第67页

0051　Yu Yu-jen(Po-hsün) / H. G. W. Woodhead, H. T. M. Bell // The China Year Book. 1939(27), p. 212(p. 236)
　　　于右任(字伯循) / H. G. W. 伍德海、H. T. M. 贝尔 // 中华年鉴.1939年第27册,第212页(第236页)

于学忠

0052　Yu Hsueh-chung / The China Weekly Review // Who's Who in China. 1933, p. 126;1936, p. 282;1940, p. 55
　　　于学忠(字孝侯) / 密勒氏评论报 // 中国名人录.1933年,第126页;1936年,第282页;1940年,第55页

0053　Yu Hsueh-chung(Hsiao-hou) / H. G. W. Woodhead, H. T. M. Bell // The China Year Book. 1939(27), p. 211(p. 235)
　　　于学忠(字孝侯) / H. G. W. 伍德海、H. T. M. 贝尔 // 中华年鉴.1939年第27册,第211页(第235页)

于宝轩

0054　Mr. Yu Pao-hsien / The China Weekly Review // Who's Who in China. 1925, p. 950;1936, p. 283
　　　于宝轩(字志昂) / 密勒氏评论报 // 中国名人录.1925年,第950页;1936年,第283页

于焌吉

0055　Yu Chuen-chi (James T. C. Yu) / The China Weekly Review // Who's Who in China. 1933, p. 125;1936, p. 284
　　　于焌吉(字谦六) / 密勒氏评论报 // 中国名人录.1933年,第125页;1936年,第284页

0056　Yu Chun-chi(Ch'ien-liu) / H. G. W. Woodhead, H. T. M. Bell // The China Year Book. 1939(27), p. 211(p. 235)
　　　于焌吉(字谦六) / H. G. W. 伍德海、H. T. M. 贝尔 // 中华年鉴.1939年第27册,第211页(第235页)

万　舞

0057　Wan Wu / The China Weekly Review // Who's Who in China. 1933, p. 108;1936, p. 240
　　　万舞(字熙春) / 密勒氏评论报 // 中国名人录.1933年,第108页;1936年,第240页

万兆芝

0058　Mr. George Wan（Wan Chao-chih）/ The China Weekly Review // Who's Who in China. 1925, p. 767; 1936, p. 240

万兆芝（字元甫）/ 密勒氏评论报 // 中国名人录. 1925 年，第 767 页；1936 年，第 240 页

万福麟

0059　Wan Fu-ling / The China Weekly Review // Who's Who in China. 1933, p. 107; 1936, p. 240

万福麟（字寿山）/ 密勒氏评论报 // 中国名人录. 1933 年，第 107 页；1936 年，第 240 页

万殿尊

0060　Wan Tien-tseng / The China Weekly Review // Who's Who in China. 1933, p. 107; 1936, p. 240

万殿尊（字品一）/ 密勒氏评论报 // 中国名人录. 1933 年，第 107 页；1936 年，第 240 页

〔丶〕

门致中

0061　Meng Chih-chung / The China Weekly Review // Who's Who in China. 1936, p. 294

门致中 / 密勒氏评论报 // 中国名人录. 1936 年，第 294 页

0062　Men Chih-chung / H. G. W. Woodhead, H. T. M. Bell // The China Year Book. 1939（27），p. 193（p. 217）

门致中 / H. G. W. 伍德海、H. T. M. 贝尔 // 中华年鉴. 1939 年第 27 册，第 193 页（第 217 页）

〔フ〕

卫　渤

0063　Mr. Tyndall Wei（Wei P'o）/ The China Weekly Review // Who's Who in China. 1925, p. 850; 1936, p. 256

卫渤（字聪涛）/ 密勒氏评论报 // 中国名人录. 1925 年，第 850 页；1936 年，第 256 页

卫立煌

0064　Gen. Wei Li-huang / The China Weekly Review // Who's Who in China. 1940, p. 49

卫立煌（字俊如）/ 密勒氏评论报 // 中国名人录. 1940 年，第 49 页

卫挺生

0065　Tingsheng Shengfu Wei（Wei Ting-sheng）/ The China Weekly Review // Who's Who in China. 1933, p. 116; 1936, p. 257

卫挺生（字琛甫）/ 密勒氏评论报 // 中国名人录. 1933 年，第 116 页；1936 年，第 257 页

0066　Wei T'ing-sheng（Shen-fu）/ H. G. W. Woodhead, H. T. M. Bell // The China Year Book. 1939（27），p. 206（p. 230）

卫挺生（字琛甫）/ H. G. W. 伍德海、H. T. M. 贝尔 // 中华年鉴. 1939 年第 27 册，第 206 页（第 230 页）

马　素

0067　Mr. Ma Soo / The China Weekly Review // Who's Who in China. 1925, p. 591; 1936, p. 186

马素（字绘斋）/ 密勒氏评论报 // 中国名人录. 1925 年，第 591 页；1936 年，第 186 页

马　麟

0068　Gen. Ma Lin / The China Weekly Review // Who's Who in China. 1936, p. 185

马麟（字勋臣）/ 密勒氏评论报 // 中国名人录. 1936 年，第 185 页

0069　Ma Lin（Hsün-ch'en）/ H. G. W. Woodhead, H. T. M. Bell // The China Year Book. 1939（27），p. 192（p. 216）

马麟（字勋臣）/ H. G. W. 伍德海、H. T. M. 贝尔 // 中华年鉴. 1939 年第 27 册，第 192 页（第 216 页）

马小进

0070　Mr. Ma Hsiao-chin / The China Weekly Review // Who's Who in China. 1925, p. 589; 1936, p. 184

马小进(字退之) / 密勒氏评论报 // 中国名人录.1925年,第589页;1936年,第184页

马心仪
0071　Miss Roberts M. Ma（Ma Hsin-yi）/ The China Weekly Review // Who's Who in China. 1936,p. 185
马心仪女士 / 密勒氏评论报 // 中国名人录.1936年,第185页

0072　Ma Hsin-yi,Miss / H. G. W. Woodhead, H. T. M. Bell // The China Year Book. 1939(27),p. 192(p. 216)
马心仪女士 / H. G. W. 伍德海、H. T. M. 贝尔 // 中华年鉴.1939年第27册,第192页(第216页)

马玉山
0073　Mr. M. Y. San（Ma Yu-san）/ The China Weekly Review // Who's Who in China. 1925,p. 595
马玉山(字玉山) / 密勒氏评论报 // 中国名人录.1925年,第595页

马占山
0074　Ma Chan-shan / The China Weekly Review // Who's Who in China. 1933,p. 78;1936,p. 183;1940,p. 34
马占山(字秀芳) / 密勒氏评论报 // 中国名人录.1933年,第78页;1936年,第183页;1940年,第34页

0075　Ma Chan-shan（Hsiu-feng）/ H. G. W. Woodhead, H. T. M. Bell // The China Year Book. 1939(27),p. 192(p. 216)
马占山(字秀芳) / H. G. W. 伍德海、H. T. M. 贝尔 // 中华年鉴.1939年第27册,第192页(第216页)

马仲英
0076　Gen. Ma Chung-ying / The China Weekly Review // Who's Who in China. 1936,p. 184
马仲英 / 密勒氏评论报 // 中国名人录.1936年,第184页

马步芳
0077　Ma Bu-fang in Chinghai Province, 1931-1949（Ph. D. Thesis）/ Merrill Ruth Hunsberger // Temple University. 1978
马步芳在青海,1931—1949(博士论文) / 默利尔·鲁斯·亨斯博格 // 天普大学.1978

0078　Gen. Ma Pu-fang / The China Weekly Review // Who's Who in China. 1940,p. 35
马步芳(字子香) / 密勒氏评论报 // 中国名人录.1940年,第35页

马步青
0079　Gen. Ma Pu-ching / The China Weekly Review // Who's Who in China. 1940,p. 35
马步青 / 密勒氏评论报 // 中国名人录.1940年,第35页

马伯良
0080　Pellian T. Mar（Ma Pai-liang）/ The China Weekly Review // Who's Who in China. 1936,p. 185
马伯良 / 密勒氏评论报 // 中国名人录.1936年,第185页

马伯援
0081　P. Y. Ma（Ma Pai-yuan）/ The China Weekly Review // Who's Who in China. 1936,p. 185
马伯援 / 密勒氏评论报 // 中国名人录.1936年,第185页

马君武
0082　Ma Chun-wu / The China Weekly Review // Who's Who in China. 1925,p. 587;1936,p. 183
马和(字君武) / 密勒氏评论报 // 中国名人录.1925年,第587页;1936年,第183页

0083　Ma Ho（Chün-wu）/ H. G. W. Woodhead, H. T. M. Bell // The China Year Book. 1939(27),p. 192(p. 216)
马和(字君武) / H. G. W. 伍德海、H. T. M. 贝尔 // 中华年鉴.1939年第27册,第192页(第216页)

马相伯
0084　Ma Xiangbo and the Mind of Modern China, 1840-1939 / Ruth Hayhoe, Lu Yongling // Armonk：M. E. Sharpe. 1996.

马相伯与中国近代思想,1840—1939 / 许美德、卢永玲(音) // 阿蒙克:M. E. 夏普出版社. 1996 年

0085 Ma Hsiang-pai,Mr. / China Journal Editorial Dept. // The China Journal. 32:2. 1940
马相伯 / 本刊编辑部 // 中国杂志. 1940. 32:2

0086 Ma Hsiang-Pai / The China Weekly Review // Who's Who in China. 1936,p. 184;1940,p. 75
马良(字相伯) / 密勒氏评论报 // 中国名人录. 1936 年,第 184 页;1940 年,第 75 页

0087 Ma Liang(Hsiang-po) / H. G. W. Woodhead,H. T. M. Bell // The China Year Book. 1939(27),p. 192(p. 216)
马良(字相伯) / H. G. W. 伍德海、H. T. M. 贝尔 // 中华年鉴. 1939 年第 27 册,第 192 页(第 216 页)

马叙伦

0088 Ma Ju-lun (Ma Shu-lun) / The China Weekly Review // Who's Who in China. 1936,p. 186
马叙伦(字夷初) / 密勒氏评论报 // 中国名人录. 1936 年,第 186 页

马凌甫

0089 Ma Lin-fu / The China Weekly Review // Who's Who in China. 1936,p. 185
马凌甫 / 密勒氏评论报 // 中国名人录. 1936 年,第 185 页

马鸿逵

0090 Chinese Muslim Militarist:Ma Hongkui in Ningxia,1933-1949 (Ph. D. Thesis) / John Themis Topping // University of Michigan. 1973
中国穆斯林军阀:马鸿逵在宁夏,1933—1949(博士论文) / 约翰·泰美斯·托平 // 密歇根大学. 1973

0091 Ma Hung-kuei / The China Weekly Review // Who's Who in China. 1933,p. 79;1936,p. 184
马鸿逵(字少云) / 密勒氏评论报 // 中国名人录. 1933 年,第 79 页;1936 年,第 184 页

0092 Ma Hung-k'uei(Shao-yün) / H. G. W. Woodhead,H. T. M. Bell // The China Year Book. 1939(27),p. 192(p. 216)
马鸿逵(字少云) / H. G. W. 伍德海、H. T. M. 贝尔 // 中华年鉴. 1939 年第 27 册,第 192 页(第 216 页)

马寅初

0093 The Case of Mr. Ma Yin-chu / Stephan Schattmann // The Listener. 63:1625. 1960
马寅初先生的情况 / 斯蒂芬·斯坎特曼 // 听众. 1960. 63:1625

0094 The Intellectual and Public Life of Ma Yin-ch'u / Ronald Hsia // The China Quarterly. 6. 1961
马寅初的知识和公共生活 / 罗纳德·夏 // 中国季刊. 1961. 6

0095 Dr. Ma Yin-ch'u / The China Weekly Review // Who's Who in China. 1925,p. 593
马寅初 / 密勒氏评论报 // 中国名人录. 1925 年,第 593 页

0096 Ma Yin-ch'u / H. G. W. Woodhead,H. T. M. Bell // The China Year Book. 1939(27),p. 192(p. 216)
马寅初 / H. G. W. 伍德海、H. T. M. 贝尔 // 中华年鉴. 1939 年第 27 册,第 192 页(第 216 页)

马超俊

0097 Ma Chao-chun / The China Weekly Review // Who's Who in China. 1931p. 79;1933,p. 79;1936,p. 183
马超俊(字星樵) / 密勒氏评论报 // 中国名人录. 1933 年,第 79 页;1936 年,第 183 页

0098 Ma Ch'ao-chun(Hsin-ch'iao) / H. G. W. Woodhead,H. T. M. Bell // The China Year Book. 1939(27),p. 192(p. 216)
马超俊(字星樵) / H. G. W. 伍德海、H. T. M. 贝尔 // 中华年鉴. 1939 年第 27 册,第 192 页(第 216 页)

马福祥

0099 General Ma Fu-hsiang / The China Weekly Review // Who's Who in China. 1925,p. 586;1936,p. 184
马福祥(字云亭) / 密勒氏评论报 // 中国名人录. 1925 年,第 586 页;1936 年,第 184 页

四　画

〔一〕

丰子恺

0100　The Cartoonist Feng Zikai: Social Realism with a Buddhist Face / Christoph Harbsmeier // New York: Columbia University Press. 1984
漫画家丰子恺：具有佛教色彩的社会现实主义者 / 何莫邪 // 纽约：哥伦比亚大学出版社. 1984 年

0101　An Artist and His Epithet: Notes on Feng Zikai and the Manhua / Geremie Barmé // Papers on Far Eastern History. 39:. 1989
一位画家和他的绰号：丰子恺及其漫画释义 / 白杰明 // 远东历史论文集. 1989. 39:

王　尧

0102　Wang Yao / The China Weekly Review // Who's Who in China. 1933, p. 113; 1936, p. 253
王　尧 / 密勒氏评论报 // 中国名人录. 1933 年, 第 113 页; 1936 年, 第 253 页

王　光

0103　Wong Kwong (Wang Kuang) / The China Weekly Review // Who's Who in China. 1936, p. 250
王　光 / 密勒氏评论报 // 中国名人录. 1936 年, 第 250 页

王　助

0104　Wang Tsoo (Wang Chu) / The China Weekly Review // Who's Who in China. 1936, p. 246
王助(字禹朋) / 密勒氏评论报 // 中国名人录. 1936 年, 第 246 页

王　坦

0105　General Wang T'an / The China Weekly Review // Who's Who in China. 1925, p. 830; 1936, p. 252
王坦(字养治) / 密勒氏评论报 // 中国名人录. 1925 年, 第 830 页; 1936 年, 第 252 页

王　明

0106　The Formation of the Maoist Leadership: From the Return of Wang Ming to the Seventh Party Congress / Frederick C. Teiwes // London: Contemporary China Institute, School of Oriental and African Studies, University of London. 1994
毛派领导的形成：从王明回国到中共七大 / 弗雷德里克·C. 泰伟斯 // 伦敦：伦敦大学亚非学院当代中国研究所. 1994 年

0107　Wang Ming's Vision: 1930-1935 (M. A. Thesis) / Kristina A. Schultz // Harvard University. 1989
王明的理想：1930—1935(硕士论文) / 克里斯蒂娜·A. 舒尔茨 // 哈佛大学. 1989

王　勋

0108　Mr. Wong Kok-shan (Wang Hsun) / The China Weekly Review // Who's Who in China. 1925, p. 806; 1936, p. 248
王勋(字阁臣) / 密勒氏评论报 // 中国名人录. 1925 年, 第 806 页; 1936 年, 第 248 页

王　载

0109　Leland Wang (Wang Li-jen) / The China Weekly Review // Who's Who in China. 1940, p. 48
王载(字历人) / 密勒氏评论报 // 中国名人录. 1940 年, 第 48 页

王　健

0110　Mr. John Wong (Wang Chien) / The China Weekly Review // Who's Who in China. 1925, p. 787; 1936, p. 243
王健(字晋生) / 密勒氏评论报 // 中国名人录. 1925 年, 第 787 页; 1936 年, 第 243 页

王　赓

0111　Colonel Wang Ken (Wang Keng) / The China Weekly Review // Who's Who in China. 1925, p. 815; 1936,

p. 250

王赓(字绶卿) / 密勒氏评论报 // 中国名人录.1925年,第815页;1936年,第250页

王 祺
0112　Wang Chi / The China Weekly Review // Who's Who in China. 1936, p. 242

王祺(字淮君) / 密勒氏评论报 // 中国名人录.1936年,第242页

王 韬
0113　Wang Tao / The China Weekly Review // Who's Who in China. 1936, p. 252

王韬(字敬三) / 密勒氏评论报 // 中国名人录.1936年,第252页

王 震
0114　Wang Chen (Wang I-ting) / The China Weekly Review // Who's Who in China. 1936, p. 249

王震(字一亭) / 密勒氏评论报 // 中国名人录.1936年,第249页

王 骧
0115　Wang Hsiang / H. G. W. Woodhead, H. T. M. Bell // The China Year Book. 1939(27), p. 204(p. 228)

王　骧 / H. G. W. 伍德海、H. T. M. 贝尔 // 中华年鉴.1939年第27册,第204页(第228页)

王士珍
0116　Marshal Wang Shih-chen / The China Weekly Review // Who's Who in China. 1925, p. 824

王士珍(字聘卿) / 密勒氏评论报 // 中国名人录.1925年,第824页

王之翰
0117　Wang Chih-han / The China Weekly Review // Who's Who in China. 1936, p. 243

王之翰 / 密勒氏评论报 // 中国名人录.1936年,第243页

王子惠
0118　Wang Tzu-hui / The China Weekly Review // Who's Who in China. 1940, p. 79

王子惠 / 密勒氏评论报 // 中国名人录.1940年,第79页

王天培
0119　General Wang Tien-p'ei / The China Weekly Review // Who's Who in China. 1925, p. 832

王天培(字植之) / 密勒氏评论报 // 中国名人录.1925年,第832页

王云五
0120　Wong Y. W. / China Journal Editorial Dept. // The China Journal. 33:6. 1940

王云五 / 本刊编辑部 // 中国杂志.1940.33:6

0121　Y. W. Wong (Wang Yun-wu) / The China Weekly Review // Who's Who in China. 1936, p. 254

王云五(字岫庐) / 密勒氏评论报 // 中国名人录.1936年,第254页

0122　Wang Yun-wu(Chih-jui or Yu-lu) / H. G. W. Woodhead, H. T. M. Bell // The China Year Book. 1939(27), p. 206(p. 230)

王云五(字之瑞、岫庐) / H. G. W. 伍德海、H. T. M. 贝尔 // 中华年鉴.1939年第27册,第206页(第230页)

王友兰
0123　Wang Yu-lan / The China Weekly Review // Who's Who in China. 1936, p. 254

王友兰(字迪孟) / 密勒氏评论报 // 中国名人录.1936年,第265页

王少焕
0124　Mr. Jack Ho (Wang Shao-huan) / The China Weekly Review // Who's Who in China. 1925, p. 821

王少焕 / 密勒氏评论报 // 中国名人录.1925年,第821页

王文成
0125　Wang Wen-ch'eng / H. G. W. Woodhead, H. T. M. Bell // The China Year Book. 1939(27), p. 205(p. 229)

王文成 / H. G. W. 伍德海、H. T. M. 贝尔 // 中华年鉴.1939年第27册,第205页(第229页)

王文豹

0126　Mr. Wang Wen-Pao / The China Weekly Review // Who's Who in China. 1925, p. 836;1936, p. 253

　　王文豹(字绍荃) / 密勒氏评论报 // 中国名人录. 1925 年,第 836 页;1936 年,第 253 页

王文蔚

0127　Mr. Homer W. W. Wong (Wang Wen-wei) / The China Weekly Review // Who's Who in China. 1925, p. 838;1936, p. 253

　　王文蔚(字芗侯) / 密勒氏评论报 // 中国名人录. 1925 年,第 838 页;1936 年,第 253 页

王以哲

0128　Wang Yi-chih / The China Weekly Review // Who's Who in China. 1933, p. 114;1936, p. 248

　　王以哲(字鼎方) / 密勒氏评论报 // 中国名人录. 1933 年,第 114 页;1936 年,第 248 页

王正廷

0129　Dr. C. T. Wang (Wang Cheng-t'ing) / The China Weekly Review // Who's Who in China. 1925, p. 778;1936, p. 241;1940, p. 65

　　王正廷(字儒堂) / 密勒氏评论报 // 中国名人录. 1925 年,第 778 页;1936 年,第 241 页;1940 年,第 65 页

0130　Wang Cheng-t'ing(Ju-t'ang) / H. G. W. Woodhead, H. T. M. Bell // The China Year Book. 1939(27), p. 203(p. 227)

　　王正廷(字儒堂) / H. G. W. 伍德海、H. T. M. 贝尔 // 中华年鉴. 1939 年第 27 册,第 203 页(第 227 页)

王正序

0131　C. H. Wang (Wang Cheng-hsu) / The China Weekly Review // Who's Who in China. 1936, p. 296

　　王正序 / 密勒氏评论报 // 中国名人录. 1936 年,第 296 页

0132　Wang Cheng-hsu / H. G. W. Woodhead, H. T. M. Bell // The China Year Book. 1939(27), p. 203(p. 227)

　　王正序 / H. G. W. 伍德海、H. T. M. 贝尔 // 中华年鉴. 1939 年第 27 册,第 203 页(第 227 页)

王正黼

0133　Mr. Cheng-fu Wang (Wang Cheng-fu) / The China Weekly Review // Who's Who in China. 1925, p. 773;1936, p. 241

　　王正黼(字子文) / 密勒氏评论报 // 中国名人录. 1925 年,第 773 页;1936 年,第 241 页

王世杰

0134　Wang Shih-chieh / The China Weekly Review // Who's Who in China. 1933, p. 112;1936, p. 251;1940, p. 66

　　王世杰 / 密勒氏评论报 // 中国名人录. 1933 年,第 112 页;1936 年,第 251 页;1940 年,第 66 页

0135　Wang Shih-chien(Hsuch-t'ing) / H. G. W. Woodhead, H. T. M. Bell // The China Year Book. 1939(27), p. 205(p. 229)

　　王世杰(字雪艇) / H. G. W. 伍德海、H. T. M. 贝尔 // 中华年鉴. 1939 年第 27 册,第 205 页(第 229 页)

王世征

0136　Mr. S. C. Wang (Wang Shih-cheng) / The China Weekly Review // Who's Who in China. 1925, p. 826;1936, p. 251

　　王世征(字莪荪) / 密勒氏评论报 // 中国名人录. 1925 年,第 826 页;1936 年,第 251 页

王世静

0137　Lucy C. Wang (Wang Shih-ching) / The China Weekly Review // Who's Who in China. 1936, p. 251

　　王世静 / 密勒氏评论报 // 中国名人录. 1936 年,第 251 页

0138　Wang Shih-chin, Miss / H. G. W. Woodhead, H. T. M. Bell // The China Year Book. 1939(27), p. 205(p. 229)

王世静女士 / H. G. W. 伍德海、H. T. M. 贝尔 // 中华年鉴. 1939 年第 27 册, 第 205 页（第 229 页）

王占元

0139　Marshal Wang Chan-yuan / The China Weekly Review // Who's Who in China. 1925, p. 769; 1936, p. 241
王占元（字子春）/ 密勒氏评论报 // 中国名人录. 1925 年, 第 769 页; 1936 年, 第 241 页

王用宾

0140　Wang Yung-Ping / The China Weekly Review // Who's Who in China. 1933, p. 114; 1936, p. 254
王用宾（字太蕤）/ 密勒氏评论报 // 中国名人录. 1933 年, 第 114 页; 1936 年, 第 154 页

0141　Wang Yung-ping (T'ai-sheng) / H. G. W. Woodhead, H. T. M. Bell // The China Year Book. 1939(27), p. 206(p. 230)
王用宾（字太蕤）/ H. G. W. 伍德海、H. T. M. 贝尔 // 中华年鉴. 1939 年第 27 册, 第 206 页（第 230 页）

王永江

0142　Mr. Wang Yung-chiang / The China Weekly Review // Who's Who in China. 1925, p. 846; 1936, p. 254
王永江（字泯源）/ 密勒氏评论报 // 中国名人录. 1925 年, 第 846 页; 1936 年, 第 254 页

王有兰

0143　Mr. Wang Yu-lan / The China Weekly Review // Who's Who in China. 1925, p. 842
王有兰（字孟迪）/ 密勒氏评论报 // 中国名人录. 1925 年, 第 842 页

王有龄

0144　Wang Yu-lin / The China Weekly Review // Who's Who in China. 1936, p. 254
王有龄（字子健）/ 密勒氏评论报 // 中国名人录. 1936 年, 第 254 页

王光宇

0145　Dr. Wang Kwong-yu (Wang Kuang-yu) / The China Weekly Review // Who's Who in China. 1940, p. 48
王光宇（字子玕）/ 密勒氏评论报 // 中国名人录. 1940 年, 第 48 页

王廷桢

0146　General Wang T'ing-chen / The China Weekly Review // Who's Who in China. 1925, p. 834; 1936, p. 253
王廷桢（字子明）/ 密勒氏评论报 // 中国名人录. 1925 年, 第 834 页; 1936 年, 第 253 页

王延松

0147　Wang Yen-sung / The China Weekly Review // Who's Who in China. 1933, p. 114; 1936, p. 253
王延松 / 密勒氏评论报 // 中国名人录. 1933 年, 第 114 页; 1936 年, 第 253 页

0148　Wang Yen-sung / H. G. W. Woodhead, H. T. M. Bell // The China Year Book. 1939(27), p. 205(p. 229)
王延松 / H. G. W. 伍德海、H. T. M. 贝尔 // 中华年鉴. 1939 年第 27 册, 第 205 页（第 229 页）

王庆明

0149　Soldier of Misfortune / Wang Ching-ming // Hong Kong: China Viewpoints. 1958
不幸的军人 / 王庆明 // 香港: 中国观点. 1958 年

王汝勤

0150　General Wang Ju-ch'in / The China Weekly Review // Who's Who in China. 1925, p. 811; 1936, p. 249
王汝勤（字幼甫）/ 密勒氏评论报 // 中国名人录. 1925 年, 第 811 页; 1936 年, 第 249 页

王孝英

0151　Wang Hsiao-ying / H. G. W. Woodhead, H. T. M. Bell // The China Year Book. 1939(27), p. 204(p. 228)
王孝英 / H. G. W. 伍德海、H. T. M. 贝尔 // 中华年鉴. 1939 年第 27 册, 第 204 页（第 228 页）

王克敏

0152　Mr. Wang K'e-ming / The China Weekly Review // Who's Who in China. 1925, p. 813; 1936, p. 249; 1940, p. 78
王克敏（字叔鲁）/ 密勒氏评论报 // 中国名人录. 1925 年, 第 813 页; 1936 年, 第 249 页; 1940 年, 第

78 页

0153 Wang K'eh-min(Shu-lu) / H. G. W. Woodhead, H. T. M. Bell // The China Year Book. 1939(27), p. 204(p. 228)

王克敏(字叔鲁) / H. G. W. 伍德海、H. T. M. 贝尔 // 中华年鉴. 1939 年第 27 册, 第 204 页(第 228 页)

王伯秋

0154 P. C. Wong (Wang Po-chiu) / The China Weekly Review // Who's Who in China. 1936, p. 250

王伯秋 / 密勒氏评论报 // 中国名人录. 1936 年, 第 250 页

王伯群

0155 Wang Po-ch'un / H. G. W. Woodhead, H. T. M. Bell // The China Year Book. 1939(27), p. 205(p. 229)

王伯群 / H. G. W. 伍德海、H. T. M. 贝尔 // 中华年鉴. 1939 年第 27 册, 第 205 页(第 229 页)

王伯龄

0156 Wang Po-ling / The China Weekly Review // Who's Who in China. 1936, p. 251

王伯龄 / 密勒氏评论报 // 中国名人录. 1936 年, 第 251 页

0157 Wang Po-ling(Mou-ju) / H. G. W. Woodhead, H. T. M. Bell // The China Year Book. 1939(27), p. 205(p. 229)

王伯龄(字茂如) / H. G. W. 伍德海、H. T. M. 贝尔 // 中华年鉴. 1939 年第 27 册, 第 205 页(第 229 页)

王怀乐

0158 Ross Wai Wong (Wang Huai-loh) / The China Weekly Review // Who's Who in China. 1940, p. 48

王怀乐 / 密勒氏评论报 // 中国名人录. 1940 年, 第 48 页

王怀庆

0159 Marshal Wang Huai-ch'ing / The China Weekly Review // Who's Who in China. 1925, p. 807;1936, p. 248

王怀庆(字懋宣) / 密勒氏评论报 // 中国名人录. 1925 年, 第 807 页;1936 年, 第 248 页

王怀忠

0160 Wang Huai-chung(Po-yuan) / H. G. W. Woodhead, H. T. M. Bell // The China Year Book. 1939(27), p. 204(p. 228)

王怀忠(字伯元) / H. G. W. 伍德海、H. T. M. 贝尔 // 中华年鉴. 1939 年第 27 册, 第 204 页(第 228 页)

王怀琛

0161 Wang Huai-sheng (Wang Wai-tseng) / The China Weekly Review // Who's Who in China. 1933, p. 111;1936, p. 248

王怀琛 / 密勒氏评论报 // 中国名人录. 1933 年, 第 111 页;1936 年, 第 248 页

王启常

0162 Mr. C. Z. Waung (Wang Ch'i-ch'ang) / The China Weekly Review // Who's Who in China. 1925, p. 781;1936, p. 242

王启常(字启常) / 密勒氏评论报 // 中国名人录. 1925 年, 第 781 页;1936 年, 第 242 页

王陆一

0163 Wang Lu-i / H. G. W. Woodhead, H. T. M. Bell // The China Year Book. 1939(27), p. 205(p. 229)

王陆一 / H. G. W. 伍德海、H. T. M. 贝尔 // 中华年鉴. 1939 年第 27 册, 第 205 页(第 229 页)

王劭廉

0164 Mr. Wang Shoh-lian (Wang Shao-lien) / The China Weekly Review // Who's Who in China. 1925, p. 822;1936, p. 251

王劭廉(字少荃) / 密勒氏评论报 // 中国名人录. 1925 年, 第 822 页;1936 年, 第 251 页

王卓然

0165 Wang Cho-jan / The China Weekly Review // Who's Who in China. 1936, p. 296

王卓然(字回波) / 密勒氏评论报 // 中国名人录.1936年,第296页

0166　Wang Cho-jan(Chün-po) / H. G. W. Woodhead, H. T. M. Bell // The China Year Book. 1939(27), p. 204 (p. 228)

王卓然(字回波) / H. G. W. 伍德海、H. T. M. 贝尔 // 中华年鉴.1939年第27册,第204页(第228页)

王国华

0167　Wang Kuo-hua / The China Weekly Review // Who's Who in China. 1940, p. 48

王国华 / 密勒氏评论报 // 中国名人录.1940年,第48页

王国钧

0168　Mr. K. P. Wang (Wang Kuo-chun) / The China Weekly Review // Who's Who in China. 1925, p. 817; 1936, p. 250

王国钧(字伯衡) / 密勒氏评论报 // 中国名人录.1925年,第817页;1936年,第250页

王国维

0169　Wang Kuo-wei: An Intellectual Biography / Joey Bonner // Cambridge: Harvard University Press. 1986

王国维:一部学术传记 / 乔伊·波纳 // 坎布里奇:哈佛大学出版社.1986年

0170　The Late Professor Wang Kuo-wei / John Calvin Ferguson // The China Journal. 7:2. 1927

已故王国维教授 / 福开森 // 中国杂志.1927.7:2

0171　Wang Kuo-wei (1877-1927): His Life and His Scholarship (Ph. D. Thesis) / Chester Chen-I Wang // The University of Chicago. 1962

王国维(1877—1927)的一生及其学术(博士论文) / 王西艾 // 芝加哥大学.1962

0172　Wang Kuo-wei's Quest for Consolation (Ph. D. Thesis) / Joey Bonner // Harvard University. 1980

王国维的自我慰藉(博士论文) / 乔伊·波纳 // 哈佛大学.1980

0173　Conservatism in a Constructive form: The case of Wang Kuo-wei(1877-1927) / Tu Ching-I // Monumenta Serica: Journal of Oriental Studies. 28:. 1969

改革外表下的保守主义:以王国维(1877—1927)为例 / 涂经诒 // 华裔学志:东方研究杂志.1969.28:

0174　Wang Kuo-wei: A Portrait on the Occasion of the 50th Anniversary of His demise / Chiang Fu-Tsung // Asian Culture Quarterly. 6:3. 1978

王国维画传:为逝世50周年纪念而作 / 蒋复璁 // 亚洲文化季刊.1978.6:3

0175　Wang Kuo-wei and Lu Hsün: The Early Years / Benjamin Elman // Monumenta Serica: Journal of Oriental Studies. 34:. 1979

王国维和鲁迅的早年生涯 / 本杰明·艾尔曼 // 华裔学志:东方研究杂志.1979.34:

0176　Wang Guowei's Response to the Republican Revolution / Chou Min-chih // Chinese Studies in History. 23:1. 1989

辛亥革命后的王国维 / 周明之 // 中国历史研究.1989.23:1

王固磐

0177　Wang Ku-pan / The China Weekly Review // Who's Who in China. 1936, p. 296

王固磐 / 密勒氏评论报 // 中国名人录.1936年,第296页

0178　Wang Ku-p'an / H. G. W. Woodhead, H. T. M. Bell // The China Year Book. 1939(27), p. 204(p. 228)

王固磐 / H. G. W. 伍德海、H. T. M. 贝尔 // 中华年鉴.1939年第27册,第204页(第228页)

王鸣皋

0179　Zoong-fu Wong (Wang Chung-fu) / The China Weekly Review // Who's Who in China. 1936, p. 246

王鸣皋(号仲甫) / 密勒氏评论报 // 中国名人录.1936年,第246页

王季玉

0180　Miss Chi-nyok Wang (Wang Chi-yueh) / The China Weekly Review // Who's Who in China. 1936, p. 242

王季玉 / 密勒氏评论报 // 中国名人录. 1936 年, 第 242 页

王金职
0181　Jick G. Wong (Wang Chin-chih) / The China Weekly Review // Who's Who in China. 1936, p. 244

王金职(字竞之) / 密勒氏评论报 // 中国名人录. 1936 年, 第 244 页

王法勤
0182　Wang Fa-ch'in / H. G. W. Woodhead, H. T. M. Bell // The China Year Book. 1939(27), p. 204(p. 228)

王法勤 / H. G. W. 伍德海、H. T. M. 贝尔 // 中华年鉴. 1939 年第 27 册, 第 204 页(第 228 页)

0183　Wang Fa-chin / The China Weekly Review // Who's Who in China. 1940, p. 47

王法勤 / 密勒氏评论报 // 中国名人录. 1940 年, 第 47 页

王治心
0184　Wang Chih-hsin (Wang Chih-sing) / The China Weekly Review // Who's Who in China. 1933, p. 108; 1936, p. 244

王治心 / 密勒氏评论报 // 中国名人录. 1933 年, 第 108 页; 1936 年, 第 244 页

王治平
0185　Dr. C. P. Wang (Wang Chih-p'ing) / The China Weekly Review // Who's Who in China. 1925, p. 791; 1936, p. 244

王治平(字化清) / 密勒氏评论报 // 中国名人录. 1925 年, 第 791 页; 1936 年, 第 244 页

0186　Wang Chih-p'ing(Hua-ch'ing) / H. G. W. Woodhead, H. T. M. Bell // The China Year Book. 1939(27), p. 203(p. 227)

王治平(字化清) / H. G. W. 伍德海、H. T. M. 贝尔 // 中华年鉴. 1939 年第 27 册, 第 203 页(第 227 页)

王治昌
0187　Mr. Wang Ch'ih-ch'ang / The China Weekly Review // Who's Who in China. 1925, p. 789; 1936, p. 243

王治昌(字槐青) / 密勒氏评论报 // 中国名人录. 1925 年, 第 789 页; 1936 年, 第 243 页

王泽溥
0188　Wang Tseh-p'u / H. G. W. Woodhead, H. T. M. Bell // The China Year Book. 1939(27), p. 205(p. 229)

王泽溥 / H. G. W. 伍德海、H. T. M. 贝尔 // 中华年鉴. 1939 年第 27 册, 第 205 页(第 229 页)

王宠佑
0189　Mr. C. Y. Wang (Wang Ch'ung-yu) / The China Weekly Review // Who's Who in China. 1925, p. 802; 1936, p. 247

王宠佑(字佐臣) / 密勒氏评论报 // 中国名人录. 1925 年, 第 802 页; 1936 年, 第 247 页

王宠惠
0190　Wang Chung-hui, Dr. / Takaiwa. K. // The China Journal. 31:5. 1939

王宠惠 / 高岩 K. // 中国杂志. 1939. 31:5

0191　Dr. Wang Chung-hui / The China Weekly Review // Who's Who in China. 1925, p. 800; 1936, p. 246; 1940, p. 47

王宠惠(字亮畴) / 密勒氏评论报 // 中国名人录. 1925 年, 第 800 页; 1936 年, 第 246 页; 1940 年, 第 47 页

0192　Wang Ch'ung-hui(Liang-ch'ou) / H. G. W. Woodhead, H. T. M. Bell // The China Year Book. 1939(27), p. 204(p. 228)

王宠惠(字亮畴) / H. G. W. 伍德海、H. T. M. 贝尔 // 中华年鉴. 1939 年第 27 册, 第 204 页(第 228 页)

王承斌
0193　Marshal Wang Ch'eng-pin / The China Weekly Review // Who's Who in China. 1925, p. 775; 1936, p. 241

王承斌(字孝伯) / 密勒氏评论报 // 中国名人录. 1925 年, 第 775 页; 1936 年, 第 241 页

王荫泰

0194　Wang Yin-tai / The China Weekly Review // Who's Who in China. 1936, p. 253;1940, p. 79
　　　王荫泰(字孟群) / 密勒氏评论报 // 中国名人录. 1936 年,第 253 页;1940 年,第 79 页

0195　Wang Yin-T'ai(Meng-ch'un) / H. G. W. Woodhead, H. T. M. Bell // The China Year Book. 1939(27), p. 205(p. 229)
　　　王荫泰(字孟群) / H. G. W. 伍德海、H. T. M. 贝尔 // 中华年鉴. 1939 年第 27 册,第 205 页(第 229 页)

王树常

0196　Wang Shu-chang / The China Weekly Review // Who's Who in China. 1936, p. 252
　　　王树常(字庭五) / 密勒氏评论报 // 中国名人录. 1936 年,第 252 页

0197　Wang Shu-ch'ang(T'ing-wu) / H. G. W. Woodhead, H. T. M. Bell // The China Year Book. 1939(27), p. 205(p. 229)
　　　王树常(字庭五) / H. G. W. 伍德海、H. T. M. 贝尔 // 中华年鉴. 1939 年第 27 册,第 205 页(第 229 页)

王树翰

0198　Wang Shu-han(Wei-yü) / H. G. W. Woodhead, H. T. M. Bell // The China Year Book. 1939(27), p. 205(p. 229)
　　　王树翰(字维宙) / H. G. W. 伍德海、H. T. M. 贝尔 // 中华年鉴. 1939 年第 27 册,第 205 页(第 229 页)

王迺斌

0199　Mr. Wang Nai-pin / The China Weekly Review // Who's Who in China. 1925, p. 819;1936, p. 250
　　　王迺斌(字恩甫) / 密勒氏评论报 // 中国名人录. 1925 年,第 819 页;1936 年,第 250 页

王星拱

0200　Wang Sing-kung (Wang Hsin-kung) / The China Weekly Review // Who's Who in China. 1936, p. 248
　　　王星拱(字抚五) / 密勒氏评论报 // 中国名人录. 1936 年,第 248 页

0201　Wang Hsin-kung(Fu-wu) / H. G. W. Woodhead, H. T. M. Bell // The China Year Book. 1939(27), p. 204(p. 228)
　　　王星拱(字抚五) / H. G. W. 伍德海、H. T. M. 贝尔 // 中华年鉴. 1939 年第 27 册,第 204 页(第 228 页)

王思义

0202　Wang Shih-yi / The China Weekly Review // Who's Who in China. 1933, p. 112;1936, p. 252
　　　王思义(字正轩) / 密勒氏评论报 // 中国名人录. 1933 年,第 112 页;1936 年,第 252 页

王顺存

0203　Wang Shun Tsung (Wang Shun-cheng) / The China Weekly Review // Who's Who in China. 1936, p. 252
　　　王顺存(字理堂) / 密勒氏评论报 // 中国名人录. 1936 年,第 252 页

王祖祥

0204　T. Hsiang Wang (Wang Tsu-hsiang) / The China Weekly Review // Who's Who in China. 1940, p. 49
　　　王祖祥 / 密勒氏评论报 // 中国名人录. 1940 年,第 49 页

王格就

0205　Ong Kek-tjioe (Wang Keh-chiu) / The China Weekly Review // Who's Who in China. 1936, p. 249
　　　王格就 / 密勒氏评论报 // 中国名人录. 1936 年,第 249 页

王晓籁

0206　Wang Hsiao-lai / The China Weekly Review // Who's Who in China. 1936, p. 248
　　　王孝赉(字晓籁) / 密勒氏评论报 // 中国名人录. 1936 年,第 248 页

0207　Wang Hsiao-lai(Hsiao-lai) / H. G. W. Woodhead, H. T. M. Bell // The China Year Book. 1939(27),

p. 204(p. 228)

王孝贲(字晓籁) / H. G. W. 伍德海、H. T. M. 贝尔 // 中华年鉴. 1939 年第 27 册,第 204 页(第 228 页)

王恩溥

0208　Mr. Wong Soong-dong (Wang En-p'u) / The China Weekly Review // Who's Who in China. 1925, p. 804

王恩溥(字松堂) / 密勒氏评论报 // 中国名人录. 1925 年,第 804 页

王家桢

0209　C. C. Wang (Wang Chia-cheng) / The China Weekly Review // Who's Who in China. 1936, p. 243

王家桢(字树人) / 密勒氏评论报 // 中国名人录. 1936 年,第 243 页

王家襄

0210　Mr. Wang Chia-hsiang / The China Weekly Review // Who's Who in China. 1925, p. 785;1936, p. 243

王家襄(字幼山) / 密勒氏评论报 // 中国名人录. 1925 年,第 785 页;1936 年,第 243 页

王继曾

0211　Mr. Ouang Ki-tseng (Wang Chi-tseng) / The China Weekly Review // Who's Who in China. 1925, p. 783;1936, p. 242

王继曾(字述勤) / 密勒氏评论报 // 中国名人录. 1925 年,第 783 页;1936 年,第 242 页

王敬久

0212　Wang Chin-chiu / The China Weekly Review // Who's Who in China. 1933, p. 109;1936, p. 244

王敬久(字又平) / 密勒氏评论报 // 中国名人录. 1933 年,第 109 页;1936 年,第 244 页

王揖唐

0213　General Wang I-t'ang / The China Weekly Review // Who's Who in China. 1925, p. 809;1936, p. 249;1940, p. 78

王揖唐(字一堂) / 密勒氏评论报 // 中国名人录. 1925 年,第 809 页;1936 年,第 249 页;1940 年,第 78 页

0214　Wang I-t'ang(I-t'ang) / H. G. W. Woodhead, H. T. M. Bell // The China Year Book. 1939(27), p. 204 (p. 228)

王揖唐(字一堂) / H. G. W. 伍德海、H. T. M. 贝尔 // 中华年鉴. 1939 年第 27 册,第 204 页(第 228 页)

王景岐

0215　Mr. Wang King-ky (Wang Ching-ch'i) / The China Weekly Review // Who's Who in China. 1925, p. 795;1936, p. 245

王景岐(字石荪) / 密勒氏评论报 // 中国名人录. 1925 年,第 795 页;1936 年,第 245 页

0216　Wang Ching-ch'i(Shih-sun) / H. G. W. Woodhead, H. T. M. Bell // The China Year Book. 1939(27), p. 203(p. 227)

王景岐(字石荪) / H. G. W. 伍德海、H. T. M. 贝尔 // 中华年鉴. 1939 年第 27 册,第 203 页(第 227 页)

王景春

0217　Dr. C. C. Wang (Wang Ching-ch'un) / The China Weekly Review // Who's Who in China. 1925, p. 797;1936, p. 245

王景春(字兆熙) / 密勒氏评论报 // 中国名人录. 1925 年,第 797 页;1936 年,第 245 页

0218　Wang Ching-ch'un(Chao-hsi) / H. G. W. Woodhead, H. T. M. Bell // The China Year Book. 1939(27), p. 204(p. 228)

王景春(字兆熙) / H. G. W. 伍德海、H. T. M. 贝尔 // 中华年鉴. 1939 年第 27 册,第 204 页(第 228 页)

王曾善

0219　Wang Tseng-shan(Hsiao-hsien) / H. G. W. Woodhead, H. T. M. Bell // The China Year Book. 1939(27),

p. 205(p. 229)

王曾善（字孝先）/ H. G. W. 伍德海、H. T. M. 贝尔 // 中华年鉴. 1939 年第 27 册, 第 205 页（第 229 页）

王瑞闿
0220 Wang Sui-kai / The China Weekly Review // Who's Who in China. 1940, p. 79

王瑞闿（字颉荀）/ 密勒氏评论报 // 中国名人录. 1940 年, 第 79 页

王锡昌
0221 Hsi C. Wang（Wang Hsi-chang）/ The China Weekly Review // Who's Who in China. 1936, p. 247

王锡昌 / 密勒氏评论报 // 中国名人录. 1936 年, 第 247 页

王靖国
0222 General Wang Ching-kuo / The China Weekly Review // Who's Who in China. 1940, p. 47

王靖国 / 密勒氏评论报 // 中国名人录. 1940 年, 第 47 页

王蔼颂
0223 A. S. Wong（Wang Ai-sung）/ The China Weekly Review // Who's Who in China. 1936, p. 241

王蔼颂 / 密勒氏评论报 // 中国名人录. 1936 年, 第 241 页

王毓芝
0224 Mr. Wang Yu-chih / The China Weekly Review // Who's Who in China. 1925, p. 840; 1936, p. 254

王毓芝（字兰亭）/ 密勒氏评论报 // 中国名人录. 1925 年, 第 840 页; 1936 年, 第 254 页

王漱芳
0225 Wang Su-fang / The China Weekly Review // Who's Who in China. 1940, p. 49

王漱芳（字艺圃）/ 密勒氏评论报 // 中国名人录. 1940 年, 第 49 页

0226 Wang Shu-fang（Yi-p'u）/ H. G. W. Woodhead, H. T. M. Bell // The China Year Book. 1939(27), p. 205（p. 229）

王漱芳（字艺圃）/ H. G. W. 伍德海、H. T. M. 贝尔 // 中华年鉴. 1939 年第 27 册, 第 205 页（第 229 页）

王德芬
0227 Wang Teh-fung / The China Weekly Review // Who's Who in China. 1936, p. 252

王德芬 / 密勒氏评论报 // 中国名人录. 1936 年, 第 252 页

王德林
0228 Wang Teh-ling / The China Weekly Review // Who's Who in China. 1933, p. 112; 1936, p. 253

王德林 / 密勒氏评论报 // 中国名人录. 1933 年, 第 112 页; 1936 年, 第 253 页

0229 Wang Teh-lin / H. G. W. Woodhead, H. T. M. Bell // The China Year Book. 1939(27), p. 205(p. 229)

王德林 / H. G. W. 伍德海、H. T. M. 贝尔 // 中华年鉴. 1939 年第 27 册, 第 205 页（第 229 页）

王澂莹
0230 Wang Tseng-yin / The China Weekly Review // Who's Who in China. 1936, p. 296

王澂莹（字惜才）/ 密勒氏评论报 // 中国名人录. 1936 年, 第 296 页

王镜清
0231 Wang Chin-ching / The China Weekly Review // Who's Who in China. 1936, p. 244

王镜清 / 密勒氏评论报 // 中国名人录. 1936 年, 第 244 页

王缵绪
0232 General Wang Tsan-su / The China Weekly Review // Who's Who in China. 1940, p. 49

王缵绪（字庢菌）/ 密勒氏评论报 // 中国名人录. 1940 年, 第 49 页

王懿荣
0233 Wang I-jung / Arthur W. Hummel // Eminent Chinese of the Ch'ing Period (1644-1912). p. 826

王懿荣 / 亚瑟·W. 赫梅尔 // 清代名人传略（1644—1912）. 第 826 页

韦 悫

0234　Sidney K. Wei (Wei Chueh) / The China Weekly Review // Who's Who in China. 1936, p. 255
　　　韦　悫 / 密勒氏评论报 // 中国名人录. 1936 年,第 255 页

0235　Wei Chi'ue(P'eng-tan) / H. G. W. Woodhead, H. T. M. Bell // The China Year Book. 1939(27), p. 206(p. 230)
　　　韦悫(字捧丹) / H. G. W. 伍德海、H. T. M. 贝尔 // 中华年鉴. 1939 年第 27 册,第 206 页(第 230 页)

韦以黻

0236　Wei I-fu / H. G. W. Woodhead, H. T. M. Bell // The China Year Book. 1939(27), p. 206(p. 230)
　　　韦以黻 / H. G. W. 伍德海、H. T. M. 贝尔 // 中华年鉴. 1939 年第 27 册,第 206 页(第 230 页)

韦卓民

0237　Francis Cho-min Wei (Wei Cho-min) / The China Weekly Review // Who's Who in China. 1936, p. 255
　　　韦卓民 / 密勒氏评论报 // 中国名人录. 1936 年,第 255 页

0238　Wei Cho-ming / H. G. W. Woodhead, H. T. M. Bell // The China Year Book. 1939(27), p. 206(p. 230)
　　　韦卓明(民) / H. G. W. 伍德海、H. T. M. 贝尔 // 中华年鉴. 1939 年第 27 册,第 206 页(第 230 页)

韦荣骆

0239　W. Lock Wei (Wei Yung-loh) / The China Weekly Review // Who's Who in China. 1936, p. 257
　　　韦荣骆 / 密勒氏评论报 // 中国名人录. 1936 年,第 257 页

韦宪章

0240　Lott H. T. Wei (Wi Hsien-chang) / The China Weekly Review // Who's Who in China. 1936, p. 256
　　　韦宪章(字敬周) / 密勒氏评论报 // 中国名人录. 1936 年,第 256 页

云照坤

0241　Yun Chao-kun / The China Weekly Review // Who's Who in China. 1940, p. 55
　　　云照坤 / 密勒氏评论报 // 中国名人录. 1940 年,第 55 页

云端旺楚克

0242　Prince Yun (Yun-Tuan-Wang-Chu-Keh) / The China Weekly Review // Who's Who in China. 1936, p. 297
　　　云端旺楚克(字吉农) / 密勒氏评论报 // 中国名人录. 1936 年,第 297 页

太虚法师

0243　Monk Tai Hsu (Tai Hsu Fa Shi) / The China Weekly Review // Who's Who in China. 1933, p. 95; 1936, p. 218
　　　太虚法师 / 密勒氏评论报 // 中国名人录. 1933 年,第 95 页;1936 年,第 218 页

0244　T'ai Hsu, Monk / H. G. W. Woodhead, H. T. M. Bell // The China Year Book. 1939(27), p. 198(p. 222)
　　　太虚法师 / H. G. W. 伍德海、H. T. M. 贝尔 // 中华年鉴. 1939 年第 27 册,第 198 页(第 222 页)

车庆云

0245　General Che Ch'ing-yun / The China Weekly Review // Who's Who in China. 1925, p. 96; 1936, p. 23
　　　车庆云(字瑞峰) / 密勒氏评论报 // 中国名人录. 1925 年,第 96 页;1936 年,第 23 页

车显承

0246　Mr. Che Hin-Shing (Ch's Hsien-Ch'eng) / The China Weekly Review // Who's Who in China. 1925, p. 98
　　　车显承(字湛清) / 密勒氏评论报 // 中国名人录. 1925 年,第 98 页

戈公振

0247　Kungchen Koo (Ko Kung-chen) / The China Weekly Review // Who's Who in China. 1936, p. 123
　　　戈公振 / 密勒氏评论报 // 中国名人录. 1936 年,第 123 页

〔 I 〕

贝祖诒

0248 Tsuyee Pei (Pei Tsu-yi) / The China Weekly Review // Who's Who in China. 1936, p. 198
贝祖诒(字淞荪) / 密勒氏评论报 // 中国名人录. 1936 年,第 198 页

0249 Pei Tsu-yi(Sung-sun) / H. G. W. Woodhead, H. T. M. Bell / The China Year Book. 1939(27), p. 194 (p. 218)
贝祖诒(字淞荪) / H. G. W. 伍德海、H. T. M. 贝尔 // 中华年鉴. 1939 年第 27 册,第 194 页(第 218 页)

〔 J 〕

牛惠生

0250 Dr. Way-Sung New (Niu Hui-sheng) / The China Weekly Review // Who's Who in China. 1925, p. 619; 1936, p. 192
牛惠生 / 密勒氏评论报 // 中国名人录. 1925 年,第 619 页;1936 年,第 192 页

牛惠珍

0251 Mrs. C. L. Hsia (Liu Hui-tseng) / The China Weekly Review // Who's Who in China. 1936, p. 85
(夏)牛惠珍女士 / 密勒氏评论报 // 中国名人录. 1936 年,第 85 页

毛泽东

0252 Red Star Over China / Edgar Snow // V. Gollancz Ltd.. 1937
西行漫记 / 埃德加·斯诺 // V. 格兰兹有限公司. 1937 年

0253 Mao Tse-tung, Ruler of Red China / Robert Payne // New York: Weybright and Talley. 1950
毛泽东:红色中国的统治者 / 罗伯特·佩恩 // 纽约:韦布莱特和塔利出版社. 1950 年

0254 Southward Mao: Will Communism Spread to Eastern Regions? / Keshav Balkrishna Vaidya // Bombay: Popular Book Depot. 1950
毛泽东南进:共产主义会向东部地区扩张吗? / 凯沙夫·巴克里斯纳·维迪雅 // 孟买:流行书店. 1950 年

0255 Chinese Communism and the Rise of Mao / Benjamin I. Schwartz // Cambridge: Harvard University Press. 1951
中国的共产主义和毛泽东的崛起 / 本杰明·I. 史华慈 // 坎布里奇:哈佛大学出版社. 1951 年

0256 A Decade under Mao Tse-tung / William Theodore de Bary // Hong Kong: Green Pagoda Press. 1959
毛泽东治理下的十年 / 狄百瑞 // 香港:绿塔出版社. 1959 年

0257 Mao Tse-tung and I were Beggars / Siao Yu // Syracuse: Syracuse University Press. 1959
我和毛泽东的一段曲折经历 / 萧 瑜 // 雪城:雪城大学出版社. 1959 年

0258 The Literary World of Mao Tse-tung / Howard Lyon Boorman // Oxfordshire: International Study Group on Chinese Communist Literature. 1962
毛泽东的文学世界 / 包华德 // 牛津郡:中国共产主义文学国际研究组. 1962 年

0259 Political Heretics, from Plato to Mao Tse-tung. / Max Nomad // Ann Arbor: University of Michigan Press. 1963
政治异教徒:从柏拉图到毛泽东 / 马克思·诺玛特 // 安娜堡:密歇根大学出版社. 1963 年

0260 The Communism of Mao Tse-tung / Arthur Cohen // Chicago: University of Chicago Press. 1964
毛泽东的共产主义 / 亚瑟·科恩 // 芝加哥:芝加哥大学出版社. 1964 年

0261 Chinese Communist Party Leadership and the Succession to Mao Tse-tung: An Appraisal of Tensions / John Wilson Lewis // Washington, D. C.: Bureau of Intelligence and Research, U. S. Department of State. 1964

中国共产党的领导和毛泽东的继承者：紧张局势评估 / 约翰·威尔逊·刘易斯 // 华盛顿：美国国务院情报与研究局. 1964 年

0262　Mao Tse-tung：The Lacquered Image / Howard Lyon Boorman // Bombay：Manaktalas. 1965
美化的毛泽东 / 包华德 // 孟买：玛纳卡特拉斯出版社. 1965 年

0263　Chinese Political Thought：Mao Tse-tung and Liu Shao-chi. / Chen Yung-Ping // The Hague：Martinus Nijhoff. 1966
中国政治思想：毛泽东与刘少奇 / 陈永平（音）// 海牙：马蒂努斯·奈霍夫出版社. 1966 年

0264　Mao Tse-tung in Opposition，1927-1935 / John E. Rue // Stanford：Stanford University Press. 1966
在野的毛泽东，1927—1935 年 / 约翰·E. 鲁 // 斯坦福：斯坦福大学出版社. 1966

0265　Mao Tse-tung / Stuart R. Schram // New York：Simon and Schuster；Harmondsworth：Penguin. 1966
毛泽东传 / 斯图尔特·R. 施拉姆 // 纽约：西蒙与舒斯特出版社；哈蒙兹沃思：企鹅出版社. 1966 年

0266　Mao and the Chinese Revolution / Jerome Ch'en // New York：Oxford University Press. 1967
毛泽东与中国革命 / 陈志让 // 纽约：牛津大学出版社. 1967 年

0267　The Academy：Five Centuries of Grandeur and Misery, from the Carracci to Mao Tse-tung / Thomas B. Hess,John Ashbery // New York：Macmillan. 1967
学院派：五个世纪的伟大与痛苦，从卡拉奇到毛泽东 / 托马斯·B. 海斯、约翰·阿什贝利 // 纽约：麦克米兰. 1967 年

0268　Whither China：Comments on the Economic Policy of Mao Tse-tung / Fyodor Dmitriev // Moscow：Novosti Press Agency Publishing House. 1967
中国走向何方：毛泽东经济政策评价 / 费奥多·迪米特里耶夫 // 莫斯科：诺沃斯蒂出版社. 1967 年

0269　Defeat in the East：The Mark of Mao Tse-tung on War. / Michael Elliott-Bateman // London and New York：Oxford University Press. 1967
东方的挫败：毛泽东战争印记 / 迈克尔·埃利奥特-贝特曼 // 伦敦、纽约：牛津大学出版社. 1967 年

0270　China：Mao's Last Leap / Emily MacFarquhar // London：Economist Newspapers. 1968
中国：毛泽东的最后一跃 / 艾米莉·麦克法夸尔 // 伦敦：经济学人报纸有限公司. 1968 年

0271　Maoist Theories of Policy-making and Organization / Harry Harding // Santa Monica：Rand Corporation. 1969
关于政策制定和组织的毛派理论 / 哈里·哈丁 // 圣莫妮卡：兰德公司. 1969 年

0272　Mao Tse-tung and the Chinese Communist Revolution / Elizabeth Mauchline Roberts // New York：Roy Publishers. 1970
毛泽东和中国共产主义革命 / 伊丽莎白·莫赫琳·罗伯茨 // 纽约：罗伊出版社. 1970 年

0273　Chou En-Lai：A Statement of His Political "Style"，with Comparisons with Mao Tse-tung and Lin Piao / Thomas W. Robinson // Santa Monica：Rand Corpration. 1970
周恩来：与毛泽东、林彪的政治风格比较 / 托马斯·W. 罗宾逊 // 圣莫妮卡：兰德公司. 1970 年

0274　Chinese Thought from Confucius to Mao Tsê-tung / Herrlee Glessner Creel // Chicago：University of Chicago Press. 1971
中国思想：从孔子到毛泽东 / 顾立雅 // 芝加哥：芝加哥大学出版社. 1971 年

0275　From Marx to Mao Tse-tung：A Study in Revolutionary Dialectics / George Thomson // London：China Policy Study Group. 1971
从马克思到毛泽东：革命辩证法研究 / 乔治·汤姆逊 // 伦敦：中国政策研究组. 1971 年

0276　Mao's Revolution and the Chinese Political Culture / Richard H. Slomon // Berkeley：University of California Press. 1971

毛泽东的革命和中国政治文化 / 理查德·H. 索罗门 // 伯克利：加利福尼亚大学出版社. 1971 年

0277　The Adventures of Mao on the Long March / Frederic Tuten // New York：Citadel Press. 1971
毛泽东的长征历险记 / 弗雷德里克·图顿 // 纽约：城堡出版社. 1971 年

0278　Mao's Great Revolution / Robert S. Elegant // New York：World Pub. Co. ；London：Weidenfeld and Nicolson, 1971
毛泽东的大革命 / 罗伯特·S. 爱丽格特 // 纽约：世界出版公司；伦敦：韦登菲尔德和尼科尔森出版社. 1971 年

0279　Mao Tse-tung / Jules Archer // New York：Hawthorne Books. 1972
毛泽东 / 朱尔斯·阿切尔 // 纽约：霍桑书局. 1972 年

0280　Chinese Strategic Thinking under Mao Tse-tung / W. A. C. Adie // Canberra：Australian National University Press. 1972
毛泽东领导下的中国战略思维 / W. A. C. 艾迪 // 堪培拉：澳大利亚国立大学出版社. 1972 年

0281　Mao Tse-tung and Lin Piao：Post-revolutionary Writings / Fan Kuang-huan / New York：Anchor Books. 1972
毛泽东与林彪：后革命时期作品 / 范广焕（音）// 纽约：安佳书局. 1972 年

0282　Mao's Way / Edward E. Rice // Berkeley：University of California Press. 1972.
毛泽东的道路 / 爱德华·E. 赖斯 // 伯克利：加利福尼亚大学出版社. 1972 年

0283　Mao and China：From Revolution to Revolution / Stanley Karnow // New York：Viking Press. 1973.
毛泽东与中国：从革命到革命 / 斯坦利·卡诺 // 纽约：维京出版社. 1973 年

0284　Mao Tse-tung and Gandhi：Perspectives on Social Transformation / Jayantanuja Bandyopadhyaya // Bombay：Allied Publishers. 1973
毛泽东与甘地：从社会变迁的视角 / 嘉扬塔纽嘉·班迪奥帕迪亚雅 // 孟买：联合出版社. 1973 年

0285　History and Will：Philosophical of Mao Tse-tung's Thought / Frederic Wakeman // Berkeley：University of California Press. 1973
历史与意志：毛泽东思想的哲学透视 / 魏斐德 // 伯克利：加利福尼亚大学出版社. 1973 年

0286　Mao's Long March：An Epic of Human Courage / I. G. Edmonds // Philadelphia：Macrae Smith Co. . 1973
毛泽东的长征：人类大无畏精神的史诗 / I. G. 埃德蒙兹 // 费城：麦克雷·史密斯出版公司. 1973 年

0287　Mao Tse-tung and Education：His Thought and Teachings / John N. Hawkins // Hamden：Shoe String Press. 1974
毛泽东与教育：他的思想与学说 / 约翰·N. 霍金斯 // 哈姆登：鞋带出版社. 1974 年

0288　Mao / Ninian Smart // Glasgow：Fontana/Collins. 1974
毛泽东 / 尼尼安·斯玛特 // 格拉斯哥：丰塔纳/科林斯出版社. 1974 年

0289　Mao Tse-tung / Jack Gray // Valley Forge：Judson Press. 1974
毛泽东 / 杰克·格雷 // 福吉谷：贾德森出版社. 1974 年

0290　Mao Tse-tung： A Critical Biography / Stephen Uhalley // New York：New Viewpoints. 1975
毛泽东：一部批判性传记 / 史蒂芬·乌哈利 // 纽约：新观点. 1975 年

0291　Prelude to Revolution：Mao, the Party and the Peasant Question, 1962-1966 / Richard Baum // New York：Columbia University Press. 1975
革命序曲：毛泽东、共产党和农民问题,1962—1966 / 理查德·鲍姆 // 纽约：哥伦比亚大学出版社. 1975 年

0292　Mao Tse-tung's Perception of the Soviet Union as Communicated in the Mao Tse-tung Ssu-hsiang Wan Sui / Kenneth Lieberthal // Santa Monica：Rand Corporation. 1976
"毛泽东思想万岁"中传达的毛泽东对苏联的看法 / 李侃如 // 圣莫妮卡：兰德公司. 1976 年

0293 Mao Tse-tung: A Political Portrait / O. Vladimirov, V. Ryazantsev // Moscow: Progress Publishers. 1976
毛泽东政治肖像 / O. 弗拉基米罗夫、V. 梁赞采夫 // 莫斯科：进步出版社. 1976 年

0294 Mao Tse-tung: The Man in the Leader / Lucian W. Pye // New York: Basic Books. 1976
作为领袖的毛泽东 / 白鲁恂 // 纽约：基础图书出版社. 1976 年

0295 Mao Tse-tung and China / Charles P. Fitzgerald // New York: Holmes and Meier. 1976
毛泽东与中国 / 查尔斯·P. 菲茨杰拉德 // 纽约：福尔摩斯和梅尔出版社. 1976 年

0296 Radical Change through Communication in Mao's China / Godwin C. Chu // Honolulu: University Press of Hawaii. 1977
毛泽东时代中国在交流中的巨变 / 戈德温·C. 朱 // 火奴鲁鲁：夏威夷大学出版社. 1977 年

0297 Love and Struggle in Mao's Thought / Raymond Leslie Whitehead // Maryknoll: Orbis Books. 1977
毛泽东思想中的爱与斗争 / 雷蒙德·莱斯利·怀海特 // 玛利诺：奥比斯书屋. 1977

0298 Mao Tse-tung and the Chinese People / Roger Howard // New York: Monthly Review Press. 1977
毛泽东和中国人民 / 罗杰·霍华德 // 纽约：每月评论出版社. 1977 年

0299 Chairman Mao and the Communist Party / Andrew D. Onatc // Chicago: Nelson-Hall. 1979
毛主席与共产党 / 安德鲁·D. 欧耐特 // 芝加哥：纳尔逊-霍尔出版社. 1979 年

0300 Mao / Peter Carter // New York: New American Library. 1980
毛泽东传 / 皮特·卡特 // 纽约：新美国图书馆出版社. 1980 年

0301 To Embrace the Moon: An Illustrated Biography of Mao Zedong / Ed Hammond // Berkeley: Lancaster Miller Publishers; Asian Humanities Press. 1980
拥抱月亮：毛泽东插图传记 / 艾德·哈蒙德 // 伯克利：兰开斯特·米勒出版社；亚洲人文出版社. 1980 年

0302 Mao for Beginners / Rius (Eduardo Humberto del Rio Garcia) // New York: Pantheon Books. 1980
初识毛泽东 / 艾德瓦尔多·加西亚 // 纽约：众神图书公司. 1980 年

0303 The Emergence of Maoism: Mao Tse-tung, Ch'en Po-ta, and the Search for Chinese Theory, 1935-1945 / Raymond F. Wylie // Stanford: Stanford University Press. 1980.
毛主义的崛起：毛泽东、陈伯达及其对中国理论的探索（1935-1945）/ 雷蒙德·F. 怀利 // 斯坦福：斯坦福大学出版社. 1980 年

0304 Mao: A Biography / Ross Terrill // New York: Harper Colophon Books. 1981
毛泽东传 / 罗斯·特里尔 // 纽约：哈珀·柯洛丰出版社. 1981 年

0305 Sino-Soviet Relations since Mao: The Chairman's Legacy / C. G. Jacobsen // New York: Praeger. 1981
毛以来的中苏关系：主席的遗产 / C. G. 雅各布森 // 纽约：普雷格出版社. 1981 年

0306 The Foundations of Mao Zedong's Political Thought, 1917-1935 / Brantly Womack // Honolulu: University Press of Hawaii. 1982
毛泽东政治思想基础（1917—1935）/ 布兰德利·沃马克 // 火奴鲁鲁：夏威夷大学出版社. 1982 年

0307 Mao and the Workers: The Hunan Labor Movement, 1920-1923 / Lynda Shaffer // Armonk: M. E. Sharpe. 1982
毛泽东与工人们：1920 年至 1923 年的湖南劳工运动 / 琳达·谢弗 // 阿蒙克：M. E. 夏普出版社. 1982 年

0308 Mao Tse-tung: The Man and the Myth / Eric Chou // New York: Stein and Day. 1982
毛泽东：其人及神话 / 埃里克·周 // 纽约：斯坦和戴出版社. 1982 年

0309 The Long March under Chairman Mao / Don Lawson // New York: Ty Crowell Co. 1983
毛主席指挥下的长征 / 都·劳森 // 纽约：克罗威尔出版公司. 1983 年

0310 China under Mao Zedong / Jack Dunster // Minneapolis: Lerner Pub. 1983
毛泽东治理下的中国 / 杰克·敦斯特 // 明尼阿波利斯：伦纳出版社. 1983 年

0311 Mao Zedong: A Preliminary Reassessment / Stuart R. Schram // Hong Kong: Chinese University Press;

New York: St. Martin's Press. 1983

毛泽东：初步的重新评价 / 斯图尔特·R.施拉姆 // 香港：香港中文大学出版社；纽约：圣马丁出版社. 1983 年

0312 The Political Economy of Reform in Post-Mao China / Elizabeth J. Perry, Christine Wong // Cambridge: Harvard University Press. 1985

毛以后中国改革的政治经济学 / 裴宜理、黄佩华 // 坎布里奇：哈佛大学出版社. 1985

0313 The Political Thought of Teng Hsiao-p'ing and the Tradition of Marxism Leninism Maoism / Robert S. Thompson // Issues & Studies: A Social Science Quarterly on China, Taiwan, and East Asian Affairs. 21: 11. 1985

邓小平政治思想与马列主义、毛泽东思想的传统 / 罗伯特·S.汤普森 // 问题与研究：中国·台湾和东亚事务社会科学季刊. 1985. 21：11

0314 Mao's China and After / Maurice J. Meisner // New York: The Free Press. 1986

毛泽东时代及其后的中国 / 莫里斯·J.迈斯纳 // 纽约：自由出版社. 1986 年

0315 Mao Zedong / Bernard Garfinkel, Hedda Garza // New York: Chelsea House Pub. 1987

毛泽东传 / 伯纳德·加芬克尔、海达·加尔撒 // 纽约：切尔西出版社. 1987 年

0316 Mao Tze-tung and His China / Chang Kuo-sin // Hong Kong: Heinemann. 1978

毛泽东与他的中国 / 张国新（音） // 香港：海涅曼出版社. 1978 年

0317 The Thought of Mao Tse-tung / Stuart R. Schram // New York: Cambridge University Press. 1989

毛泽东思想 / 斯图尔特·R.施拉姆 // 纽约：剑桥大学出版社. 1989 年

0318 Mao Zedong and the Communist Policies, 1927-1978 / B. E. Shinde // Bombay: Popular Prakashan. 1991

毛泽东与中共方针（1927—1978） / B. E. 辛德 // 孟买：大众出版社. 1991 年

0319 The Genesis of Chinese Communist Foreign Policy: Mao Zedong Takes Command, 1935-1949 / Michael H. Hunt // Washington, D. C. : Woodrow Wilson International Center for Scholars. 1991

中共外交政策的开端：毛泽东起决定作用，1935—1949 / 迈克尔·H.亨特 // 华盛顿：伍德罗·威尔逊国际学者中心. 1991 年

0320 A Comparison of the Educational Ideas and Practices of John Dewey and Mao Zedong in China: Is School Society or Society School? / Xu Di // San Francisco: Mellen Research University Press. 1992

学校即社会还是社会即学校？杜威与毛泽东在中国教育理念与实践方面的比较 / 许迪（音） // 旧金山：梅隆研究大学出版社. 1992 年

0321 Mao Zedong's Art of War / Liu Jikun // Hong Kong: Hai Feng Publishing Co. . 1993

毛泽东兵法 / 刘济坤 // 香港：海峰出版公司. 1993 年

0322 Education East and West: The Influence of Mao Zedong and John Dewey / Niu Xiaodong // San Francisco: International Scholars Publications. 1994

论毛泽东与约翰·杜威对东西方教育的启示 / 牛晓东（音） // 旧金山：国际学者出版社. 1994 年

0323 Bolshevising China: From Lenin to Stalin to Mao, 1921-1944 / Gregor Benton // Leeds: Department of East Asian Studies, University of Leeds. 1994

布尔什维克在中国：列宁、斯大林与毛泽东（1921—1944） / 班国瑞 // 利兹：利兹大学东亚研究系. 1994 年

0324 Mao Zedong: Reassessing His Life and Legacy / Merle Goldman, et. al. // Washington, D. C. : Woodrow Wilson International Center for Scholars. 1994

毛泽东传：对其一生与影响力的重新审视 / 默尔·高曼等 // 华盛顿：伍德罗·威尔逊国际学者中心. 1994 年

0325 The Private life of Chairman Mao: The Memoirs of Mao's Personal Physician / Li Zhisui // New York: Random House. 1994.

毛主席的私生活：毛泽东私人医生回忆录 / 李志绥 // 纽约：兰登书屋. 1994 年

0326　Mao Zedong / Delia Davin // Stroud：Sutton. 1997
　　　毛泽东 / 迪莉娅·达文 // 斯特劳德：萨顿出版社. 1997 年

0327　Mao Zedong's World View：From Youth to Yanan / Xin Jianfei // Lanham：University Press of America. 1998
　　　毛泽东的世界观：从青年到延安时期 / 忻剑飞 // 拉纳姆：美洲大学出版社. 1998 年

0328　Children's Literature in China：From Lu Xun to Mao Zedong / Mary Farquhar // Armonk：M. E. Sharpe. 1999
　　　中国儿童文学：从鲁迅到毛泽东 / 玛丽·法夸尔 // 阿蒙克：M. E. 夏普出版社. 1999 年

0329　Mao Zedong / Jonathan Spence // New York：Lipper/Viking. 1999
　　　毛泽东 / 史景迁 // 纽约：里谱/维京. 1999 年

0330　A World's Eye View from a Yenan Cave：An Interview with Mao Tze-tung / Anna Strong // Amerasia. 11：4. 1947
　　　从延安窑洞看世界：毛泽东访谈 / 安娜·斯特朗 // 亚美. 1947. 11：4

0331　The Thought of Mao Tse-tung / Anna Strong // Amerasia. 11：6. 1947
　　　毛泽东思想 / 安娜·斯特朗 // 亚美. 1947. 11：6

0332　Makers of Modern China：VII. Mao Tse-tung：Red Star / Norman Palmer // Current History. 15：90. 1949
　　　现代中国的缔造者(七)：红星毛泽东 / 诺曼·帕尔默 // 当代历史. 1949. 15：90

0333　Mao Tse-tung / Dorothy Woodman // New Statesman and Nation. 37：932. 1949
　　　毛泽东 / 多萝西·伍德曼 // 新政治家与国家. 1949. 37：932

0334　Mao Tse-tung / Robert Payne // Far Eastern Survey. 20：4. 1951
　　　毛泽东 / 罗伯特·佩恩 // 远东观察. 1951. 20：4

0335　My Former Student, Mao Tse-tung / Hu Shih // The Freeman. 1：20. 1951
　　　我以前的学生毛泽东 / 胡　适 // 自由民报. 1951. 1：20

0336　A Peep into Mao's "Hermit China" / Amar Lahiri // United Asia. 3：5. 1951
　　　窥探毛泽东的"隐士中国" / 阿马尔·拉希里 // 联合亚洲. 1951. 3：5

0337　The Deification of Mao Tse-tung / O. M. Green // Fortnightly. 172：. 1952
　　　毛泽东的神化 / O. M. 格林 // 双周刊. 1952. 172：

0338　The Rise of Mao Tse-tung / Robert C. North // The Far Eastern Quarterly. 11：2. 1952
　　　毛泽东的崛起 / 罗伯特·C. 诺斯 // 远东研究季刊. 1952. 11：2

0339　With Mao Tse-tung and Chu Teh / Hsu Sung-lin // People's China. 13. 1953
　　　与毛泽东和朱德在一起 / 许宋林(音) // 人民中国. 1953. 13

0340　Mao Tse-tung and Confucianism（Ph. D. Thesis）/ Victor Shen-yu Dai // University of Pennsylvania. 1953
　　　毛泽东和儒学(博士论文) / 戴申宇(音) // 宾夕法尼亚大学. 1953

0341　Mao and the Succession / Robert C. North // The New Republic. 136：19. 1957
　　　毛泽东和他的继任者 / 罗伯特·C. 诺斯 // 新共和. 1957. 136：19

0342　Mao Tse-tung's Communist Ideology on Revolution and War（Ph. D. Thesis）/ Vincent Chen // Yale University. 1957
　　　毛泽东关于革命和战争的共产主义思想(博士论文) / 陈文星 // 耶鲁大学. 1957

0343　Mao as a Poet / Stuart Reynolds Schram // Problems of Communism. 13：5. 1964
　　　诗人毛泽东 / 斯图尔特·雷诺兹·施拉姆 // 共产主义问题. 1964. 13：5

0344　Mao Tse-tung at Seventy：An American Dilemma / Howard Lyon Boorman // Virginia Quarterly Review. 40：2. 1964
　　　七旬时的毛泽东：美国的困境 / 包华德 // 弗吉尼亚评论季刊. 1964. 40：2

0345　The Theory of Revolution in Mao Tse-tung（Ph. D. Thesis）/ Mostafa Rejai // University of California, Los Angeles. 1964

毛泽东革命理论（博士论文）／穆斯塔法·雷嘉／／加利福尼亚大学,洛杉矶分校.1964

0346　Mao Tse-tung / Borkenau Franz // Twentieth Century. 152：. 1965
毛泽东／伯克纳·弗朗茨／／二十世纪.1965.152：

0347　Mao Tse-tung's Revolutionary Strategy and Peking's International Behavior / Tsou Tang, Morton H. Halperin // American Political Science Review. 59：1. 1965
毛泽东的革命策略和北京的国际行为／皱谠、莫顿·H.霍尔珀林／／美国政治科学评论.1965.59：1

0348　Mao Tse-tung and Secret Societies / Stuart R. Schram // The China Quarterly. 27. 1966
毛泽东和秘密社团／斯图尔特·R.施拉姆／／中国季刊.1966.27

0349　Mao Tse-tung as Historian / Howard L. Boorman // The China Quarterly. 28. 1966
作为历史学者的毛泽东／包华德／／中国季刊.1966.28

0350　What is Maoism The Man and His Policies / Arthur Allen Cohen // Problems of Communism. 15：5. 1966
何谓毛泽东主义？其人和其政（政策）／亚瑟·艾伦·科恩／／共产主义问题.1966.15：5

0351　Mao's Cultural Revolution：Origin and Development / Philip Bridgham // The China Quarterly. 29. 1967
毛的"文化大革命"：起源和发展／伯雷汉／／中国季刊.1967.29

0352　Mao Tse-tung / J. Macdonald // New Society. 11. 1968
毛泽东／J.麦克唐纳／／新社会.1968.11

0353　The Dilemma of Mao Tse-tung / Ito Kikuzo, Shibata Minoru // The China Quarterly. 35. 1968
毛泽东的困境／伊藤菊藏、柴田实／／中国季刊.1968.35

0354　The "Face" of Mao Tse-tung / William E. Carr // World Affairs. 131：3. 1968
毛泽东的"面子"／威廉·E.卡尔／／世界事务.1968.131：3

0355　Mao, Maoism and Mao-ology：A Review Article / René Goldman // Pacific Affairs. 41：4. 1968
关于毛泽东、毛泽东主义和毛学的评论／雷奈·高曼／／太平洋事务.1968.41：4

0356　Dominant Political Leadership and Political Integration in a Trasitional Society：China, Chiang Kai-shek, and Mao Tse-tung, 1935-1949 (Ph. D. Thesis) / David Sprague Gibbons // Princeton University. 1968
转型社会中的主导性政治领导和政治整合：中国、蒋介石和毛泽东,1935—1949（博士论文）／大卫·斯普雷格·吉本斯／／普林斯顿大学.1968

0357　From Lenin to Mao Tse-tung / George Thomson // Monthly Review. 21：11. 1969
从列宁到毛泽东／乔治·汤姆逊／／每月评论.1969.21：11

0358　The Apotheosis of Chairman Mao：Dynamics of the Hero Cult in the Chinese System, 1949-1967 (Ph. D. Thesis) / James T. Myers // George Washington University. 1969
神化毛主席：中国体制下英雄崇拜的动力,1949—1967（博士论文）／詹姆斯·T.迈尔斯／／乔治·华盛顿大学.1969

0359　The Cult of Mao Tse-tung (Ph. D. Thesis) / Robert W. Rinden // Colorado University. 1969
毛泽东崇拜（博士论文）／罗伯特·W.林登／／科罗拉多大学.1969

0360　Yenan Rectification Movement：Mao Tse-tung's Big Push toward Charismatic Leadership during 1941-1942 / Noriyuki Tokuda // The Developing Economies. 9：1. 1971
延安整风运动：毛泽东走向神坛的重拳,1941—1942／德田教之／／发展中经济.1971.9：1

0361　Mao Tse-tung and Liu Shao-Ch'i, 1939-1969 / Stuart R. Schram // Asian Survey. 12：4. 1972
毛泽东与刘少奇：1939—1969／斯图尔特·R.施拉姆／／亚洲综览.1972.12：4

0362　Mao Tse-tung and the Hunan Labor Movement (Ph. D. Thesis) / Lynda Norene Shaffer // Columbia University. 1974
毛泽东与湖南劳工运动（博士论文）／琳达·诺琳·谢弗／／哥伦比亚大学.1974

0363　Mao Tse-tung's Revolutionary Identity (A. B. Thesis, Honors) / Thomas Glinn Sharp // Harvard University. 1974

毛泽东的革命身份(优秀学士论文) / 托马斯·格林·夏普 // 哈佛大学. 1974

0364 Mao Tse-tung and Education / Colin Mackerras // Pacific Affairs. 48：1. 1975
毛泽东与教育 / 马克林 // 太平洋事务. 1975. 48：1

0365 Mao Tse-tung and the Middle Peasants, 1925-1928 / Philip Chung-chih Huang // Modern China. 1：3. 1975
毛泽东和中农，1925—1928 / 黄宗智 // 近代中国. 1975. 1：3

0366 Mao Tse-tung: The Long March / Berry Thomas // CrossCurrents. 25：1. 1975
毛泽东：长征 / 贝瑞·托马斯 // 逆流. 1975. 25：1

0367 Mao Tse-tung and the Hunan Self-government Movement, 1920: An Introduction and Five Translations / Angus W. McDonald, Jr. // The China Quarterly. 68. 1976
毛泽东和湖南自治运动，1920：情况介绍与五篇译文 / 小安格斯·W. 麦克唐纳 // 中国季刊. 1976. 68

0368 Mao Tse-tung's Leadership Style / Lucian W. Pye // Political Science Quarterly. 91：2. 1976
毛泽东的领导风格 / 白鲁恂 // 政治科学季刊. 1976. 91：2

0369 The Concept of the State: Sun Yat-sen and Mao Tse-tung / Robert E. Bedeski // The China Quarterly. 70. 1977
孙中山和毛泽东的国家观 / 罗伯特·E·贝德斯基 // 中国季刊. 1977. 70

0370 Mao and Liu in the 1947 Land Reform: Allies or Disputants? / Tanaka Kyoko // The China Quarterly. 75. 1978
1947年土改中的毛泽东与刘少奇：盟友还是争论者？ / 田中恭子 // 中国季刊. 1978. 75

0371 Mao Ze-dong and the October 1922 Changsha Construction Workers' Strike / Lynda Shaffer // Modern China. 4：4. 1978
毛泽东与1922年10月长沙建筑工人罢工 / 琳达·谢弗 // 近代中国. 1978. 4：4

0372 Mao Tse-tung, Ch'en Po-ta and the "Sinification of Marxism," 1936-38 / Raymond F. Wylie // The China Quarterly. 79. 1979
毛泽东、陈伯达和"马克思主义中国化"，1936—1938 / 雷蒙德·F. 怀利 // 中国季刊. 1979. 79

0373 Mao, Lin Biao and the Fifth Encirclement Campaign / Hu Chi-hsi // The China Quarterly. 82. 1980
毛泽东、林彪与第五次围剿 / 胡志希(音) // 中国季刊. 1980. 82

0374 Revolution and Foreign Relations in the Thought of Mao Zedong (Ph. D. Thesis) / Robert George Lee // Brown University. 1980.
毛泽东思想中的革命与国际关系(博士论文) / 罗伯特·乔治·李 // 布朗大学. 1980

0375 Mao Zedong: The Dialectic of Vision and Reality (Ph. D. Thesis) / Pamela Grant // University of East Anglia. 1980
毛泽东：虚实辩证法(博士论文) / 帕梅拉·格兰特 // 东安格利亚大学. 1980

0376 The Evolution of a Young Revolutionary: Mao Zedong in 1919-1921 / Robert A. Scalapino // The Journal of Asian Studies. 42：1. 1982
一个青年革命者的发展：1919—1921年间的毛泽东 / 施乐伯 // 亚洲研究杂志. 1982. 42：1

0377 Mao Zedong, Zhou Enlai and the Bureaucracy (Ph. D. Thesis) / Choi Eui-chul // University of Illinois, Urbana-Champaign. 1982.
毛泽东、周恩来与官僚政治(博士论文) / 崔义哲(音) // 伊利诺伊大学，厄巴纳-香槟分校. 1982

0378 Mao of 1937 versus Mao of 1976 / Huang Kai-loo // Journal of China Study. 2：2. 1985
1937年的毛泽东对1976年的毛泽东 / 黄开禄 // 中国研究杂志. 1985. 2：2

0379 The Ethical Dimensions of Mao Zedong Thought: An Exposition and Critique in the Light of Paul Tillich's Understanding of Human Nature (Ph. D. Thesis) / Symond Kock Chik Kim // Lutheran School of Theology at Chicago. 1985.

毛泽东思想的伦理学思考：基于保罗·蒂里希对人性理解的阐释与批判（博士论文）／西蒙德·科克·奇克·基姆 // 芝加哥路德神学院. 1985

0380 The Zunyi Conference as One Step in Mao's Rise to Power：A Survey of Historical Studies of Chinese Communist Party / Benjamin Yang // The China Quarterly. 106. 1986
毛泽东权力崛起之路上的遵义会议：对中国共产党历史研究的考察／杨炳章 // 中国季刊. 1986. 106

0381 China's Modernization of Mao / William A. Joseph // Current History. 85：512. 1986
毛的中国现代化／威廉·A. 约瑟夫 // 当代历史. 1986. 85：512

0382 From Revolution to Politics：The Long March and the Rise of Mao（Ph. D. Thesis）/ Yang Bingzhang // Harvard University. 1987
从革命到政治：长征与毛泽东的崛起（博士论文）／杨炳章 // 哈佛大学. 1987

0383 The Influence of Mao Tse-Tung on Contemporary Chinese Education. / Timothy J. Bergen Jr. // Journal of Research and Development in Education. 24：1. 1990
毛泽东对中国当代教育的影响／小蒂莫西·J. 伯根 // 教育研究与发展杂志. 1990. 24：1

0384 Mao Zedong and the Paradox of Power（Ph. D. Thesis）/ Gregory F. Delaurier // Cornell University. 1990
毛泽东与权力悖论（博士论文）／格雷戈里·F. 德劳瑞尔 // 康奈尔大学. 1990

0385 The Loyalty of Zhu De to Mao Zedong：Why the Party was Able to Command the Gun in Revolutionary China（A. B. Thesis）/ J. Robert Kincaid // Harvard University. 1992
朱德忠于毛泽东：解析中共在中国革命中的绝对领导力（学士论文）／J. 罗伯特·金凯德 // 哈佛大学. 1992

0386 Mao Zedong's Traditionalism（Ph. D. Thesis）/ Cui Caimu // The University of Tennessee. 1997
毛泽东的传统主义（博士论文）／崔采牧（音）// 田纳西大学. 1997

0387 Mao Tse-tung / H. G. W. Woodhead, H. T. M. Bell // The China Year Book. 1939（27），p. 192（p. 216）
毛泽东／H. G. W. 伍德海、H. T. M. 贝尔 // 中华年鉴. 1939 年第 27 册, 第 192 页（第 216 页）

0388 Mao Tseh-tung / The China Weekly Review // Who's Who in China. 1940, p. 35
毛泽东／密勒氏评论报 // 中国名人录. 1940 年, 第 35 页

0389 "When Whirlwinds of Rebellion Shake the World"：Mao Tse-tung / Robert S. Elegant // China's Red Masters：Political Biographies of the Chinese Communist Leaders. p. 228
当革命的飓风撼动世界：毛泽东／罗伯特·S. 爱丽格特 // 中国的红色大师：中国共产党领导人政治传记. 第 228 页

0390 The Early Life of Mao Tse-tung / Edgar Snow // Revolutionary Leaders of Modern China. p. 395
毛泽东的早期生活／埃德加·斯诺 // 近代中国革命领导人物. 第 395 页

仇鳌

0391 Ch'ou Ao（Yi-shan）/ H. G. W. Woodhead, H. T. M. Bell // The China Year Book. 1939（27），p. 170（p. 194）
仇鳌（字亦山）／H. G. W. 伍德海、H. T. M. 贝尔 // 中华年鉴. 1939 年第 27 册, 第 170 页（第 194 页）

乌泽声

0392 Mr. Wu Tse-sheng / The China Weekly Review // Who's Who in China. 1925, p. 885；1936, p. 266
乌泽声（字谪生）／密勒氏评论报 // 中国名人录. 1925 年, 第 885 页；1936 年, 第 266 页

乌挺生

0393 Wu Cho-jan（Wu Ting-sun）（deceased）/ The China Weekly Review // Who's Who in China. 1925, p. 869；1936, p. 265
乌卓然（字挺生）（已故）／密勒氏评论报 // 中国名人录. 1925 年, 第 869 页；1936 年, 第 265 页

[丶]

卞寿孙

0394　Mr. Bien Zue Sunp（pien Shou-sun）/ The China Weekly Review // Who's Who in China. 1925, p. 636; 1936, p. 1
　　　卞寿孙（字白眉）/ 密勒氏评论报 // 中国名人录. 1925 年, 第 636 页; 1936 年, 第 1 页

0395　Pien Shou-sun（Pai-mei）/ H. G. W. Woodhead, H. T. M. Bell // The China Year Book. 1939(27), p. 195（p. 219）
　　　卞寿孙（字白眉）/ H. G. W. 伍德海、H. T. M. 贝尔 // 中华年鉴. 1939 年第 27 册, 第 195 页（第 219 页）

卞荫昌

0396　Mr. Pien Yin-Ch'ang / The China Weekly Review // Who's Who in China. 1925, p. 638; 1936, p. 199
　　　卞荫昌（字月庭）/ 密勒氏评论报 // 中国名人录. 1925 年, 第 638 页; 1936 年, 第 199 页

文　群

0397　Mr. Wen Chun / The China Weekly Review // Who's Who in China. 1925, p. 852; 1936, p. 257
　　　文群（字诏云）/ 密勒氏评论报 // 中国名人录. 1925 年, 第 852 页; 1936 年, 第 257 页

0398　Wen Ch'un（Yi-yun）/ H. G. W. Woodhead, H. T. M. Bell // The China Year Book. 1939(27), p. 206（p. 230）
　　　文群（字诏云）/ H. G. W. 伍德海、H. T. M. 贝尔 // 中华年鉴. 1939 年第 27 册, 第 206 页（第 230 页）

文廷式

0399　Wen T'ing-shih / Arthur W. Hummel // Eminent Chinese of the Ch'ing Period (1644-1912). p. 855
　　　文廷式 / 亚瑟·W. 赫梅尔 // 清代名人传略(1644—1912). 第 855 页

文鸿恩

0400　Wen Hung-en / The China Weekly Review // Who's Who in China. 1933, p. 116; 1936, p. 257
　　　文鸿恩 / 密勒氏评论报 // 中国名人录. 1933 年, 第 116 页; 1936 年, 第 257 页

方子卫

0401　George T. V. Fong（Fang Tsi-wei）/ The China Weekly Review // Who's Who in China. 1936, p. 72
　　　方子卫 / 密勒氏评论报 // 中国名人录. 1936 年, 第 72 页

方本仁

0402　Fang Pen-jen / The China Weekly Review // Who's Who in China. 1936, p. 73
　　　方本仁 / 密勒氏评论报 // 中国名人录. 1936 年, 第 73 页

0403　Fang Pen-jen（Yao-t'ing）/ H. G. W. Woodhead, H. T. M. Bell // The China Year Book. 1939(27), p. 174（p. 198）
　　　方本仁（字耀廷）/ H. G. W. 伍德海、H. T. M. 贝尔 // 中华年鉴. 1939 年第 27 册, 第 174 页（第 198 页）

方志敏

0404　Peasant Society and Marxist Intellectuals in China: Fang Zhimin and the Origin of a Revolutionary Movement in the Xinjiang Region / Kamal Sheel // Princeton: Princeton University Press. 1989
　　　乡民社会与中国的马克思主义知识分子: 方志敏和信江地区革命运动的起源 / 卡默·西尔 // 普林斯顿: 普林斯顿大学出版社. 1989 年

0405　Lu Hsun and Fang Chih-min / Ko Hao // Chinese Literature. 9. 1972
　　　鲁迅和方志敏 / 顾　浩（音）// 中国文学. 1972. 9

0406　Fang Zhimin, Jingdezhen and the Northeast Jiangxi Soviet / Michael Dillon // Modern Asian Studies. 26:3. 1992
　　　方志敏、景德镇和赣东北苏维埃 / 迈克尔·迪隆 // 现代亚洲研究. 1992. 26:3

方君璧

0407 Fang Chun-pi, Miss / H. G. W. Woodhead, H. T. M. Bell // The China Year Book. 1939(27), p. 174(p. 198)

方君璧女士 / H. G. W. 伍德海、H. T. M. 贝尔 // 中华年鉴. 1939 年第 27 册,第 174 页(第 198 页)

方其道

0408 Fang Chi-tao(Fong Ge-doing) / The China Weekly Review // Who's Who in China. 1933, p. 32; 1936, p. 72

方其道 / 密勒氏评论报 // 中国名人录. 1933 年,第 32 页;1936 年,第 72 页

方显廷

0409 Reminiscences of a Chinese Economist at 70 / H. D. Fong // Singapore: South Seas Society. 1975

方显廷回忆录:一位中国经济学家的七十自述 / 方显廷 // 新加坡:南洋学会. 1975 年

方觉慧

0410 Fang Chueh-hui(Tzu-ch'iao) / H. G. W. Woodhead, H. T. M. Bell // The China Year Book. 1939(27), p. 174(p. 198)

方觉慧(字子樵) / H. G. W. 伍德海、H. T. M. 贝尔 // 中华年鉴. 1939 年第 27 册,第 174 页(第 198 页)

方振武

0411 Fang Cheng-wu / The China Weekly Review // Who's Who in China. 1936, p. 72

方振武(字叔平) / 密勒氏评论报 // 中国名人录. 1936 年,第 72 页

方积蕃

0412 Mr. Fan Chiu-pah (Fang Chi-fan) / The China Weekly Review // Who's Who in China. 1925, p. 253; 1936, p. 72

方积蕃(字椒伯) / 密勒氏评论报 // 中国名人录. 1925 年,第 253 页;1936 年,第 72 页

0413 Fang Chi-fan(Chiao-po) / H. G. W. Woodhead, H. T. M. Bell // The China Year Book. 1939(27), p. 174(p. 198)

方积蕃(字椒伯) / H. G. W. 伍德海、H. T. M. 贝尔 // 中华年鉴. 1939 年第 27 册,第 174 页(第 198 页)

〔㇆〕

巴金

0414 Pa Chin and his writings: Chinese youth between the two revolutions / Olga Lang // Cambridge: Harvard University Press. 1967.

巴金和他的作品:两次革命之间的中国青年 / 奥尔加·朗 // 坎布里奇:哈佛大学出版社. 1967 年

0415 Pa Chin / Nathan K. Mao   Boston: Twayne Publishers. 1978

巴　金 / 茅国权　波士顿:传文出版社. 1978 年

0416 Writer Pa Chin and His Time: Chinese Youth of the Transitional Period (Ph. D. Thesis) / Olga Lang // Columbia University. 1962

作家巴金和他的时代:转型期的中国青年(博士论文) / 奥尔加·朗 // 哥伦比亚大学. 1962

0417 Pa Chin the Novelist / Chen Tan-Chen // Chinese Literature. 6. 1963

小说家巴金 / 陈丹晨 // 中国文学. 1963. 6

巴文峻

0418 Bar Wen-chiun (Pa Wen-chiun) / The China Weekly Review // Who's Who in China. 1933, p. 82; 1936, p. 194

巴文峻(字维菘) / 密勒氏评论报 // 中国名人录. 1933 年,第 82 页;1936 年,第 194 页

巴玉藻

0419　Barr Yu-tsao (Pa Yu-tsao) / The China Weekly Review // Who's Who in China. 1936, p. 194
　　　巴玉藻(字蕴华) / 密勒氏评论报 // 中国名人录. 1936年, 第194页

邓小平

0420　Teng Hsiao-ping: A Political Biography / Chi Hsin // Hong Kong: Cosmos Books. 1978
　　　邓小平政治评传 / 齐　辛 // 香港: 天地图书. 1978年

0421　Zhou Enlai and Deng Xiaoping in the Chinese Leadership Succession Crisis / David W. Chang // Lanham: University Press of America. 1984
　　　中国领导继任危机中的周恩来与邓小平 / 张大卫 // 拉纳姆: 美洲大学出版社. 1984年

0422　Deng Xiaoping: The Marxist Road to the Forbidden City / Lee Chinghua // Princeton: Kingston Press. 1985
　　　邓小平: 通往紫禁城的马克思主义道路 / 李静华 // 普林斯顿: 金士顿出版社. 1985年

0423　Deng Xiaoping / Wendy Lubetkin // New York: Chelsea House. 1988
　　　邓小平 / 温迪·莱伯金 // 纽约: 切尔西书屋. 1988年

0424　Deng Xiaoping / David S. G. Goodman // London: Cardinal. 1990
　　　邓小平 / 大卫·S. G. 古德曼 // 伦敦: 红衣主教出版社. 1990年

0425　Deng Xiaoping and the Making of Modern China / Richard Evans // London: Hamish Hamilton, 1993
　　　邓小平传(邓小平与现代中国的炼成) / 理查德·伊文思 // 伦敦: 哈米什·汉密尔顿出版社. 1993年

0426　Deng Xiaoping and the Chinese Revolution: A Political Biography / David S. G. Goodman // London and New York: Routledge. 1994
　　　邓小平政治评传(邓小平与中国革命) / 大卫·S. G. 古德曼 // 伦敦、纽约: 劳特利奇出版社. 1994年

0427　Deng Xiaoping: Portrait of A Chinese Statesman / David Shambaugh // Oxford: Clarendon Press; New York: Oxford University Press. 1995
　　　邓小平: 一位中国政治家的肖像 / 沈大伟 // 牛津: 牛津大学出版部印刷所; 纽约: 牛津大学出版社. 1995年

0428　Deng Xiaoping's Great Transformation and the Economic Future of China / Steven N. S. Cheung // Los Angeles: Center for International Relations, University of California. 1997
　　　邓小平的伟大变革与中国经济的未来 / 张五常 // 洛杉矶: 加利福尼亚大学国际关系中心. 1997年

0429　Deng: A Political Biography / Benjamin Yang // Armonk: M. E. Sharpe. 1998
　　　邓小平政治评传 / 杨炳章 // 阿蒙克: M. E. 夏普出版社. 1998年

0430　Teng Hsiao-p'ing: A Political Profile / Howard Lyon Boorman // The China Quarterly. 21. 1965
　　　邓小平的政治侧写 / 包华德 // 中国季刊. 1965. 21

0431　The Second Rise and Fall of Teng Hsiao-p'ing / Edward E. Rice // The China Quarterly. 67. 1976
　　　邓小平的第二次起落 / 爱德华·E·赖斯 // 中国季刊. 1976. 67

0432　Teng Hsiao-p'ing and Peking's Current Political Crisis: A Structural Interpretation / Richard Claude Thornton // East Asian Affairs. 12: 7. 1976
　　　邓小平和北京目前的政治危机: 一种结构性解读 / 理查德·克劳德·桑顿 // 东亚事务. 1976. 12: 7

0433　The Rise and Fall of Teng Hsiao-p'ing / John F. Copper // Asian Affairs. 4: 3. 1977
　　　邓小平的起起落落 / 康培庄 // 亚洲事务. 1977. 4: 3

0434　Teng Hsiao-p'ing's Political Biography (Ph. D. Thesis) / Lee Ching-hua // New York University. 1984
　　　邓小平政治评传(博士论文) / 李静华 // 纽约大学. 1984

0435　The Political Thought of Teng Hsiao-p'ing and the Tradition of Marxism Leninism Maoism / Robert S. Thompson // Issues & Studies: A Social Science Quarterly on China, Taiwan, and East Asian Affairs. 21:

11. 1985

邓小平政治思想与马列主义、毛泽东思想的传统 / 罗伯特·S.汤普森 // 问题与研究：中国·台湾和东亚事务社会科学季刊. 1985. 21：11

0436　Recentralization, Decentralization, and Rationalization: Deng Xiaoping's Bifurcated Educational Policy / Stanley Rosen // Modern China. 11：3. 1985

重新集权、权利下放与合理化：邓小平的双轨教育政策 / 斯坦利·罗森 // 近代中国. 1985. 11：3

0437　Differing Visions of China's Post-Mao Economy: The Ideas of Chen Yun, Deng Xiaoping, and Zhao Ziyang / David Bachman // Asian Survey. 26：3. 1986

毛以后中国经济的不同愿景：陈云、邓小平和赵紫阳的思想 / 大卫·巴克曼 // 亚洲综览. 1986. 26：3

0438　The Limits of Cultural Reform in Deng Xiaoping's China / Perry Link // Modern China. 13：2. 1987

邓小平时期中国文化改革的限制 / 林培瑞 // 近代中国. 1987. 13：2

0439　Chinese Policy toward the United States under Deng Xiaoping, 1979-1988 (Ph. D. Thesis) / Chiu Kun-shuan // George Washington University. 1990

邓小平领导下的中国对美政策，1979—1988（博士论文） / 邱坤玄 // 乔治·华盛顿大学. 1990

0440　Deng Xiaoping and His Political Thoughts: Ambiguities, Contradictions, and Possible Explanations (1978-1987) (A. B. Thesis) / Jennifer M. Choo // Harvard University. 1990

邓小平及其政治思想：模糊、矛盾和可能的解释（1978—1987）（学士论文） / 詹妮弗·M.周 // 哈佛大学. 1990

0441　Deng Xiaoping / Glen Jennings // Melbourne Journal of Politics. 20：. 1991

邓小平 / 格伦·詹宁斯 // 墨尔本政治杂志. 1991. 20：

0442　Deng Xiaoping / Gerald Segal, David Bonavia // International Affairs. 67：1. 1991

邓小平 / 杰拉尔德·西格尔、大卫·博纳维亚 // 国际事务. 1991. 67：1

0443　Deng Xiaoping / Donald Zagoria // Foreign Affairs. 73：2. 1994

邓小平 / 唐纳德·扎戈里亚 // 外交事务. 1994. 73：2

邓中夏

0444　Marxist Intellectuals and the Chinese Labor Movement: A Study of Deng Zhongxia (1894-1933) / Daniel Y. K. Kwan // Seattle: University of Washington Press. 1997

马克思主义知识分子与中国工人运动：邓中夏（1894—1933）研究 / 丹尼尔·Y·K·关 // 西雅图：华盛顿大学出版社. 1997 年

0445　Deng Zhongxia: A Leading Figure in the Chinese Workers' Movement / T. Akatova // Far Eastern Affairs. 4. 1982

邓中夏：中国工人运动的领袖人物 / T.阿卡托娃 // 远东事务. 1982. 4

0446　Deng Zhongxia and the Shenggang General Strike 1925-1926 (Ph. D. Thesis) / Daniel Yat Kau Kwan // University of London. 1985

邓中夏与省港大罢工 1925—1926（博士论文） / 丹尼尔·Y.K.关 // 伦敦大学. 1985

邓汉祥

0447　Teng Han-hsiang (Teng Ming-cha) / The China Weekly Review // Who's Who in China. 1936, p. 226

邓汉祥（号鸣阶） / 密勒氏评论报 // 中国名人录. 1936 年，第 226 页

邓寿荃

0448　Teng Shou-chuan / The China Weekly Review // Who's Who in China. 1936, p. 227

邓寿荃 / 密勒氏评论报 // 中国名人录. 1936 年，第 227 页

邓宗瀛

0449　Tsoong Inug Dunn (Teng Tsung-yin) / The China Weekly Review // Who's Who in China. 1936, p. 227

邓宗瀛（号中莹） / 密勒氏评论报 // 中国名人录. 1936 年，第 227 页

邓春膏

0450　Chun-kuo Teng (Teng Chun-kao) / The China Weekly Review // Who's Who in China. 1940, p. 43
邓春膏(字泽民) / 密勒氏评论报 // 中国名人录. 1940 年, 第 43 页

邓彦华

0451　Teng Yen-hua / The China Weekly Review // Who's Who in China. 1936, p. 227
邓彦华(字铸雄) / 密勒氏评论报 // 中国名人录. 1936 年, 第 227 页

邓哲熙

0452　Teng Cheh-hsi(Chung-chi) / H. G. W. Woodhead, H. T. M. Bell // The China Year Book. 1939(27), p. 200(p. 224)
邓哲熙(字仲知) / H. G. W. 伍德海、H. T. M. 贝尔 // 中华年鉴. 1939 年第 27 册, 第 200 页(第 224 页)

邓家彦

0453　Teng Chia-yien(Meng-shih) / H. G. W. Woodhead, H. T. M. Bell // The China Year Book. 1939(27), p. 200(p. 224)
邓家彦(字孟硕) / H. G. W. 伍德海、H. T. M. 贝尔 // 中华年鉴. 1939 年第 27 册, 第 200 页(第 224 页)

邓萃英

0454　Teng Tsui-yin / The China Weekly Review // Who's Who in China. 1936, p. 227
邓萃英(字芝园) / 密勒氏评论报 // 中国名人录. 1936 年, 第 227 页

邓惜华

0455　A Chinese Testament：The Autobiography of Tan Shih-hua / S. Tretiakov, Tan Shih-hua // New York：Simon and Schuster. 1934
一个中国人的遗嘱：邓惜华自传 / 邓惜华口述, S. 特列基亚科夫整理 // 纽约：西蒙和舒斯特出版社. 1931 年

邓植仪

0456　Teng Chih-i / The China Weekly Review // Who's Who in China. 1936, p. 226
邓植仪 / 密勒氏评论报 // 中国名人录. 1936 年, 第 226 页

邓锡侯

0457　General Teng Hsi-hou / The China Weekly Review // Who's Who in China. 1925, p. 710；1936, p. 226；1940, p. 43
邓锡侯(字晋康) / 密勒氏评论报 // 中国名人录. 1925 年, 第 710 页；1936 年, 第 226 页；1940 年, 第 43 页

0458　Teng His-hou(Tsin-k'ang) / H. G. W. Woodhead, H. T. M. Bell // The China Year Book. 1939(27), p. 200(p. 224)
邓锡侯(字晋康) / H. G. W. 伍德海、H. T. M. 贝尔 // 中华年鉴. 1939 年第 27 册, 第 200 页(第 224 页)

邓演存

0459　Teng Yen-chuan (Teng Yen-chen) / The China Weekly Review // Who's Who in China. 1936, p. 227
邓演存(字兢生) / 密勒氏评论报 // 中国名人录. 1936 年, 第 227 页

邓演达

0460　Left Wing Radicalism in the Kuomintang：Teng Yen-ta and the Genesis of the Third Party Movement in China, 1924-1931 (Ph. D. Thesis) / John Kenneth Olenik // Cornell University. 1973
国民党中的左翼激进主义：邓演达与中国第三党运动的开端, 1924—1931(博士论文) / 约翰·肯尼斯·奥勒尼克 // 康奈尔大学. 1973

0461　Deng Yanda, the "Third Party", and the Third Road in China / Mi Hedu // Chinese Studies in History.

23:2. 1989
邓演达、第三党与中国的第三条道路 / 米鹤都 // 中国历史研究. 1989. 23:2

0462 Teng Yen-ta / The China Weekly Review // Who's Who in China. 1936, p. 228
邓演达 / 密勒氏评论报 // 中国名人录. 1936 年,第 228 页

孔令侃

0463 Kung Ling-kai / The China Weekly Review // Who's Who in China. 1940, p. 26
孔令侃(字刚父) / 密勒氏评论报 // 中国名人录. 1940 年,第 26 页

孔庆宗

0464 Kong Chin-tsong (Kung Chin-tsung) / The China Weekly Review // Who's Who in China. 1940, p. 25
孔庆宗 / 密勒氏评论报 // 中国名人录. 1940 年,第 25 页

孔宪铿

0465 Kung Hsien-chien / The China Weekly Review // Who's Who in China. 1940, p. 74
孔宪铿 / 密勒氏评论报 // 中国名人录. 1940 年,第 74 页

孔祥熙

0466 Two Heroes of Cathay: An Autobiography and a Sketch / Luella Miner // New York, Chicago et al: Fleming H. Revell Company. 1903
外国人眼中的中国人:费起鹤及孔祥熙(两个中国豪杰:费起鹤与孔祥熙) / 麦美德 // 纽约、芝加哥等:弗莱明·H. 雷维尔公司. 1903 年

0467 Kung Decorated for Famine Relief Work / China Journal Editorial Dept. // The China Journal. 25:6. 1936
孔祥熙因饥荒救济物资发放工作受表彰 / 本刊编辑部 // 中国杂志. 1936. 25:6

0468 Kung, Dr. H. H. / Takaiwa, K. // The China Journal. 30:2. 1939
孔祥熙 / 高岩 K. // 中国杂志. 1939. 30:2

0469 Mr. H. H. Kung (K'ung Hsang-hsi) / The China Weekly Review // Who's Who in China. 1925, p. 430; 1933, p. 59; 1936, p. 128; 1940, p. 25
孔祥熙(字庸之) / 密勒氏评论报 // 中国名人录. 1925 年,第 430 页; 1933 年,第 59 页; 1936 年,第 128 页; 1940 年,第 25 页

0470 K'ung Hsiang-hsi(Yung-chih) / H. G. W. Woodhead, H. T. M. Bell // The China Year Book. 1939(27), p. 183(p. 207)
孔祥熙(字庸之) / H. G. W. 伍德海、H. T. M. 贝尔 // 中华年鉴. 1939 年第 27 册,第 183 页(第 207 页)

孔祥鹅

0471 H. O. Kung (Kung Hsiang-O) / The China Weekly Review // Who's Who in China. 1940, p. 26
孔赐安(原名祥鹅) / 密勒氏评论报 // 中国名人录. 1940 年,第 26 页

孔祥榕

0472 Shiang-yung Kung (Kung Hsiang-yung) / The China Weekly Review // Who's Who in China. 1936, p. 129
孔祥榕 / 密勒氏评论报 // 中国名人录. 1936 年,第 129 页

0473 K'ung Hsiang-yung / H. G. W. Woodhead, H. T. M. Bell // The China Year Book. 1939(27), p. 183 (p. 207)
孔祥榕 / H. G. W. 伍德海、H. T. M. 贝尔 // 中华年鉴. 1939 年第 27 册,第 183 页(第 207 页)

孔照炎

0474 Kung Chao-yen / The China Weekly Review // Who's Who in China. 1936, p. 128
孔照炎(字希伯) / 密勒氏评论报 // 中国名人录. 1936 年,第 128 页

水钧韶

0475 Mr. C. S. Shui (Shiu Chun-shao) / The China Weekly Review // Who's Who in China. 1925, p. 672
水钧韶 / 密勒氏评论报 // 中国名人录. 1925 年,第 672 页

五　画

〔一〕

甘乃光

0476　Kan Nai-kuang / The China Weekly Review // Who's Who in China. 1936, p. 119
　　　甘乃光 / 密勒氏评论报 // 中国名人录. 1936 年, 第 119 页

0477　Kan Nai-kuang(Tzu-ming) / H. G. W. Woodhead, H. T. M. Bell // The China Year Book. 1939(27), p. 182(p. 206)
　　　甘乃光(字自明) / H. G. W. 伍德海、H. T. M. 贝尔 // 中华年鉴. 1939 年第 27 册, 第 182 页(第 206 页)

甘介侯

0478　Kan Chieh-hou / The China Weekly Review // Who's Who in China. 1936, p. 118
　　　甘介侯 / 密勒氏评论报 // 中国名人录. 1936 年, 第 118 页

甘尚仁

0479　Kan Shang-jen / The China Weekly Review // Who's Who in China. 1936, p. 291
　　　甘尚仁 / 密勒氏评论报 // 中国名人录. 1936 年, 第 291 页

甘绩镛

0480　Kan Chi-yunn / The China Weekly Review // Who's Who in China. 1936, p. 291
　　　甘绩镛 / 密勒氏评论报 // 中国名人录. 1936 年, 第 291 页

0481　Kan Chi-yung(Tien-k'uei) / H. G. W. Woodhead, H. T. M. Bell // The China Year Book. 1939(27), p. 182(p. 206)
　　　甘绩镛(字典夔) / H. G. W. 伍德海、H. T. M. 贝尔 // 中华年鉴. 1939 年第 27 册, 第 182 页(第 206 页)

艾世光

0482　J. Shih-kuang Ngaig (Ai Shih-kuan) / The China Weekly Review // Who's Who in China. 1940, p. 3
　　　艾世光 / 密勒氏评论报 // 中国名人录. 1940 年, 第 3 页

古应芬

0483　Ku Ying-fen / The China Weekly Review // Who's Who in China. 1936, p. 125
　　　古应芬(字湘芹) / 密勒氏评论报 // 中国名人录. 1936 年, 第 125 页

厉汝熊

0484　Mr. James Hsiong Lee (Li Ju-hsiung) / The China Weekly Review // Who's Who in China. 1925, p. 461; 1936, p. 141
　　　厉汝熊(字树雄) / 密勒氏评论报 // 中国名人录. 1925 年, 第 461 页; 1936 年, 第 141 页

厉德寅

0485　Tehyin Li (Li Teh-yin) / The China Weekly Review // Who's Who in China. 1936, p. 147
　　　厉德寅 / 密勒氏评论报 // 中国名人录. 1936 年, 第 147 页

石瑛

0486　Shih Yin / The China Weekly Review // Who's Who in China. 1936, p. 207
　　　石瑛(字蘅青) / 密勒氏评论报 // 中国名人录. 1936 年, 第 207 页

0487　Shih Ying(Heng-ts'ing) / H. G. W. Woodhead, H. T. M. Bell // The China Year Book. 1939(27), p. 196 (p. 220)
　　　石瑛(字蘅青) / H. G. W. 伍德海、H. T. M. 贝尔 // 中华年鉴. 1939 年第 27 册, 第 196 页(第

220页)

石友三
0488　Shih Yu-shan / The China Weekly Review // Who's Who in China. 1933, p. 87; 1936, p. 208; 1940, p. 39
　　　石友三(字汉章) / 密勒氏评论报 // 中国名人录. 1933年, 第87页; 1936年, 第208页; 1940年, 第39页

石志泉
0489　Shih Chi-chuan / The China Weekly Review // Who's Who in China. 1933, p. 87; 1936, p. 206
　　　石志泉(字友儒) / 密勒氏评论报 // 中国名人录. 1933年, 第87页; 1936年, 第206页

石美玉
0490　Miss Mary Stone (Shih Mei-yueh) / The China Weekly Review // Who's Who in China. 1936, p. 207
　　　石美玉女士 / 密勒氏评论报 // 中国名人录. 1936年, 第207页

0491　Shih Mei-yu, Miss / H. G. W. Woodhead, H. T. M. Bell // The China Year Book. 1939(27), p. 196 (p. 220)
　　　石美玉女士 / H. G. W. 伍德海、H. T. M. 贝尔 // 中华年鉴. 1939年第27册, 第196页(第220页)

石敬亭
0492　Gen. Shih Ching-ting / The China Weekly Review // Who's Who in China. 1940, p. 39
　　　石敬亭 / 密勒氏评论报 // 中国名人录. 1940年, 第39页

石毓灵
0493　Shih Yu-lin / The China Weekly Review // Who's Who in China. 1936, p. 208
　　　石毓灵 / 密勒氏评论报 // 中国名人录. 1936年, 第208页

龙云
0494　Lung Yun / The China Weekly Review // Who's Who in China. 1936, p. 183; 1940, p. 34
　　　龙云(字志舟) / 密勒氏评论报 // 中国名人录. 1936年, 第183页; 1940年, 第34页

0495　Lung Yun(Chih-chou) / H. G. W. Woodhead, H. T. M. Bell // The China Year Book. 1939(27), p. 192 (p. 216)
　　　龙云(字志舟) / H. G. W. 伍德海、H. T. M. 贝尔 // 中华年鉴. 1939年第27册, 第192页(第216页)

〔l〕

卢　靖
0496　Lu Ch'ing(Mu-chai) / H. G. W. Woodhead, H. T. M. Bell // The China Year Book. 1939(27), p. 191 (p. 215)
　　　卢靖(字木斋) / H. G. W. 伍德海、H. T. M. 贝尔 // 中华年鉴. 1939年第27册, 第191页(第215页)

卢永祥
0497　General Lu Yung-hsiang / The China Weekly Review // Who's Who in China. 1925, p. 581; 1936, p. 182
　　　卢永祥(字子嘉) / 密勒氏评论报 // 中国名人录. 1925年, 第581页; 1936年, 第182页

卢兴原
0498　Mr. Hing-yun Loo (Lu Hsing-yuan) / The China Weekly Review // Who's Who in China. 1925, p. 569; 1936, p. 180
　　　卢兴原 / 密勒氏评论报 // 中国名人录. 1925年, 第569页; 1936年, 第180页

卢作孚
0499　Lu Negotiates for Chengtu-Chungking Railway / China Journal Editorial Dept. // The China Journal. 24:6. 1936

卢作孚为成渝线奔走 / 本刊编辑部 // 中国杂志. 1936. 24:6
0500 Lu Tso-fu and His Yangtze Fleet / T. H. Sun // Asia and the Americas. 44:6. 1944
卢作孚和他的长江船队 / 孙恩山 // 亚洲与美洲. 1944. 44:6
0501 Lu Tso-fu / The China Weekly Review // Who's Who in China. 1936, p. 294
卢作孚 / 密勒氏评论报 // 中国名人录. 1936 年,第 294 页
0502 Lu Tso-fu / H. G. W. Woodhead, H. T. M. Bell // The China Year Book. 1939(27), p. 192(p. 216)
卢作孚 / H. G. W. 伍德海、H. T. M. 贝尔 // 中华年鉴. 1939 年第 27 册,第 192 页(第 216 页)

卢学溥

0503 Mr. Lu Hsueh-p'u / The China Weekly Review // Who's Who in China. 1925, p. 570;1936, p. 180
卢学溥(字涧泉) / 密勒氏评论报 // 中国名人录. 1925 年,第 570 页;1936 年,第 180 页

卢春芳

0504 C. F. Leo (Lu Chun-fang) / The China Weekly Review // Who's Who in China. 1936, p. 179
卢春芳 / 密勒氏评论报 // 中国名人录. 1936 年,第 179 页

卢彦孙

0505 Lu Yen-sun / The China Weekly Review // Who's Who in China. 1936, p. 182
卢彦孙 / 密勒氏评论报 // 中国名人录. 1936 年,第 182 页

卢景贵

0506 Ching-kui Lu (Lu Ching-kui) / The China Weekly Review // Who's Who in China. 1936, p. 178
卢景贵 / 密勒氏评论报 // 中国名人录. 1936 年,第 178 页

卢锡荣

0507 Lu Hsi-yung / The China Weekly Review // Who's Who in China. 1936, p. 179
卢锡荣 / 密勒氏评论报 // 中国名人录. 1936 年,第 179 页

卢鹤绂

0508 Hoff Lu, the Father of Nuclear Energy in China / W. Lee Shimmin // Katy:Saint Michael's Press. 1998.
卢鹤绂:中国核能之父 / 西敏里 // 凯迪:圣米迦勒出版社. 1998 年

卢翼野

0509 Lu Chi-yeh / The China Weekly Review // Who's Who in China. 1936, p. 178
卢前(字翼野) / 密勒氏评论报 // 中国名人录. 1936 年,第 178 页

叶 挺

0510 Yeh Ting — Outstanding Proletarian Military Leader / Peking Review. 20:49. 1977
叶挺——杰出的无产阶级军事领袖 / 北京周报. 1977. 20:49
0511 Ye Ting, Organiser of a Revolutionary Army / M. Yuryev // Far Eastern Affairs. 4. 1979
叶挺:革命军队的组织者 / M. 尤里耶夫 // 远东事务. 1979. 4
0512 Gen. Yeh Ting / The China Weekly Review // Who's Who in China. 1940, p. 67
叶挺(字希夷) / 密勒氏评论报 // 中国名人录. 1940 年,第 67 页

叶 蓉

0513 Yeh Yung / The China Weekly Review // Who's Who in China. 1936, p. 276
叶蓉(字镜元) / 密勒氏评论报 // 中国名人录. 1936 年,第 276 页

叶 篷

0514 Gen. Yeh Peng / The China Weekly Review // Who's Who in China. 1940, p. 80
叶 篷 / 密勒氏评论报 // 中国名人录. 1940 年,第 80 页

叶元龙

0515 Yeh Yuan-lung / The China Weekly Review // Who's Who in China. 1933, p. 124;1936, p. 276
叶元龙 / 密勒氏评论报 // 中国名人录. 1933 年,第 124 页;1936 年,第 276 页
0516 Yeh Yuan-lung / H. G. W. Woodhead, H. T. M. Bell // The China Year Book. 1939(27), p. 210(p. 234)

叶元龙 / H. G. W. 伍德海、H. T. M. 贝尔 // 中华年鉴. 1939 年第 27 册，第 210 页（第 234 页）

叶圣陶

0517　Yeh Sheng-tao: His Life and Literary Works, 1984-1963 (Ph. D. Thesis) / Paula S. Johnson Harrel // Columbia University. 1964

叶圣陶生平及其文学作品，1984—1963（博士论文）/ 波拉·S. 约翰逊·哈勒尔 // 哥伦比亚大学. 1964

叶可梁

0518　Mr. Yih Ko-liang (Yeh K'e-liang) / The China Weekly Review // Who's Who in China. 1925, p. 924; 1936, p. 275

叶可梁（字肖鹤）/ 密勒氏评论报 // 中国名人录. 1925 年，第 924 页；1936 年，第 275 页

叶兰泉

0519　Ip Lan Chuen (Yeh Lan-chuan) / The China Weekly Review // Who's Who in China. 1936, p. 275

叶兰泉 / 密勒氏评论报 // 中国名人录. 1936 年，第 275 页

叶炳奎

0520　Mr. P. K. Yesinghay (Yeh Ping-kuei) / The China Weekly Review // Who's Who in China. 1925, p. 926; 1936, p. 276

叶炳奎（字星海）/ 密勒氏评论报 // 中国名人录. 1925 年，第 926 页；1936 年，第 276 页

叶恭绰

0521　Yeh Kung-cho (Yeh Kung-ch'ao) / The China Weekly Review // Who's Who in China. 1925, p. 922; 1936, p. 275

叶恭绰（字誉虎）/ 密勒氏评论报 // 中国名人录. 1925 年，第 922 页；1936 年，第 275 页

0522　Yeh Kung-cho (Yü-hu) / H. G. W. Woodhead, H. T. M. Bell // The China Year Book. 1939(27), p. 210 (p. 234)

叶恭绰（字誉虎）/ H. G. W. 伍德海、H. T. M. 贝尔 // 中华年鉴. 1939 年第 27 册，第 210 页（第 234 页）

叶鸿绩

0523　Mr. H. T. Yeh (Yeh Hung-chi) / The China Weekly Review // Who's Who in China. 1925, p. 920; 1936, p. 275

叶鸿绩（字慕橘）/ 密勒氏评论报 // 中国名人录. 1925 年，第 920 页；1936 年，第 275 页

叶琢堂

0524　Yih Churtong (Yeh Cho-tang) / The China Weekly Review // Who's Who in China. 1936, p. 297

叶琢堂 / 密勒氏评论报 // 中国名人录. 1936 年，第 297 页

0525　Yeh Cho-t'ang / H. G. W. Woodhead, H. T. M. Bell // The China Year Book. 1939(27), p. 209 (p. 233)

叶琢堂 / H. G. W. 伍德海、H. T. M. 贝尔 // 中华年鉴. 1939 年第 27 册，第 209 页（第 233 页）

叶景莘

0526　Mr. T. H. Yeh (Yeh Ching-hsin) / The China Weekly Review // Who's Who in China. 1925, p. 918; 1936, p. 274

叶景莘（字叔衡）/ 密勒氏评论报 // 中国名人录. 1925 年，第 918 页；1936 年，第 274 页

叶楚伧

0527　Yeh Chu-tsang / The China Weekly Review // Who's Who in China. 1933, p. 124; 1936, p. 275; 1940, p. 67

叶楚伧 / 密勒氏评论报 // 中国名人录. 1933 年，第 124 页；1936 年，第 275 页；1940 年，第 67 页

0528　Yeh Ch'u-ts'ang (Hsiao-feng) / H. G. W. Woodhead, H. T. M. Bell // The China Year Book. 1939(27), p. 209 (p. 233)

叶楚伧（字小凤）/ H. G. W. 伍德海、H. T. M. 贝尔 // 中华年鉴. 1939 年第 27 册，第 209 页（第 233 页）

申作霖
0529　Shen Tso-ling / The China Weekly Review // Who's Who in China. 1933, p. 86; 1936, p. 204
　　　申作霖(字凤章) / 密勒氏评论报 // 中国名人录. 1933年,第86页;1936年,第204页

田应璜
0530　Mr. T'ien Ying-huang / The China Weekly Review // Who's Who in China. 1925, p. 716; 1936, p. 228
　　　田应璜(字子琮) / 密勒氏评论报 // 中国名人录. 1925年,第716页;1936年,第228页

田炯锦
0531　Tien Chung-chin / The China Weekly Review // Who's Who in China. 1940, p. 43
　　　田炯锦 / 密勒氏评论报 // 中国名人录. 1940年,第43页

0532　T'ien Chun-chin (Yün-ch'ing) / H. G. W. Woodhead, H. T. M. Bell // The China Year Book. 1939(27), p. 200(p. 224)
　　　田炯锦(字云青) / H. G. W. 伍德海、H. T. M. 贝尔 // 中华年鉴. 1939年第27册,第201页(第225页)

田颂尧
0533　Gen. Tien Sung-yao / The China Weekly Review // Who's Who in China. 1940, p. 43
　　　田颂尧 / 密勒氏评论报 // 中国名人录. 1940年,第43页

史　良
0534　The China Democratic League and Chairman Shih Liang / Yu Zhuoyun // Issues & Studies: A Social Science Quarterly on China, Taiwan, and East Asian Affairs. 20:5. 1984
　　　中国民主同盟与史良主席 / 于倬云(音) // 问题与研究:中国·台湾和东亚事务社会科学季刊. 1984. 20:5

史译宣
0535　Mr. I. Hsuan Si (Sheh I-hsuan) / The China Weekly Review // Who's Who in China. 1925, p. 666; 1936, p. 207
　　　史译宣 / 密勒氏评论报 // 中国名人录. 1925年,第666页;1936年,第207页

史悠明
0536　Mr. Iuming Suez (Shih Yu-ming) / The China Weekly Review // Who's Who in China. 1925, p. 670; 1936, p. 208
　　　史悠明(字蔼士) / 密勒氏评论报 // 中国名人录. 1925年,第670页;1936年,第208页

史量才
0537　Sze Liang-zai / The China Weekly Review // Who's Who in China. 1936, p. 207
　　　史量才 / 密勒氏评论报 // 中国名人录. 1936年,第207页

史靖寰
0538　Shih Ching-huan / The China Weekly Review // Who's Who in China. 1936, p. 206
　　　史靖寰(字敬一) / 密勒氏评论报 // 中国名人录. 1936年,第206页

〔J〕

丘汉平
0539　Dr. Henry H. P. Chiu (Chiu Han-ping) / The China Weekly Review // Who's Who in China. 1940, p. 14
　　　丘汉平 / 密勒氏评论报 // 中国名人录. 1940年,第14页

丘逢甲
0540　Ch'iu Feng-chia / Arthur W. Hummel // Eminent Chinese of the Ch'ing Period (1644-1912). p. 171
　　　丘逢甲 / 亚瑟·W. 赫梅尔 // 清代名人传略(1644—1912). 第171页

白云梯
0541　Pai Yun-ti / The China Weekly Review // Who's Who in China. 1936, p. 194

白云梯(字巨川) / 密勒氏评论报 // 中国名人录. 1936年,第194页

0542 Pai Yun-t'i(Chü-ch'uan) / H. G. W. Woodhead, H. T. M. Bell // The China Year Book. 1939(27), p. 194 (p. 218)

白云梯(字巨川) / H. G. W. 伍德海、H. T. M. 贝尔 // 中华年鉴. 1939年第27册,第194页(第218页)

白崇禧

0543 Bei Tsung-hsi (Pai Tsung-hsi) / The China Weekly Review // Who's Who in China. 1936, p. 194;1940, p. 36

白崇禧 / 密勒氏评论报 // 中国名人录. 1936年,第194页;1940年,第36页

0544 Pai Ch'ung-his(Chien-sheng) / H. G. W. Woodhead, H. T. M. Bell // The China Year Book. 1939(27), p. 194(p. 218)

白崇禧(字健生) / H. G. W. 伍德海、H. T. M. 贝尔 // 中华年鉴. 1939年第27册,第194页(第218页)

白鹏飞

0545 Peh Pong-fee (Pei Peng-fei) / The China Weekly Review // Who's Who in China. 1936, p. 198

白鹏飞(字经天) / 密勒氏评论报 // 中国名人录. 1936年,第198页

0546 Pai P'eng-fei(Ching-t'ien) / H. G. W. Woodhead, H. T. M. Bell // The China Year Book. 1939(27), p. 194(p. 218)

白鹏飞(字经天) / H. G. W. 伍德海、H. T. M. 贝尔 // 中华年鉴. 1939年第27册,第194页(第218页)

包天笑

0547 An Interview with Pao T'ien-hsiao / Perry Link // Renditions. 17-18:. 1982

同包天笑的一次会见 / 林培瑞 // 译丛. 1982. 17-18:

〔丶〕

邝光林

0548 K. L. Kwong (Kuang Kuan-ling) / The China Weekly Review // Who's Who in China. 1933, p. 59;1936, p. 126

邝光林 / 密勒氏评论报 // 中国名人录. 1933年,第59页;1936年,第126页

邝孙谋

0549 Mr. K. Y. Kwong (K'uang Sun-mou) / The China Weekly Review // Who's Who in China. 1925, p. 428; 1936, p. 126

邝孙谋(字星池) / 密勒氏评论报 // 中国名人录. 1925年,第428页;1936年,第126页

邝富灼

0550 Fong Foo-sec, Dr. / China Journal Editorial Dept. // The China Journal. 32:5. 1940

邝富灼 / 本刊编辑部 // 中国杂志. 1940. 32:5

0551 Dr. Fong Foo Sec (Kuang Fu-shao) / The China Weekly Review // Who's Who in China. 1925, p. 424; 1936, p. 126

邝富灼(字耀西) / 密勒氏评论报 // 中国名人录. 1925年,第424页;1936年,第126页

邝煦堃

0552 Mr. H. K. Kwong (Kuang Hsu-kun) / The China Weekly Review // Who's Who in China. 1925, p. 426; 1936, p. 126

邝煦堃(字伯和) / 密勒氏评论报 // 中国名人录. 1925年,第426页;1936年,第126页

邝耀坤

0553 Edward Y. K. Kwong (Kuang Yao-kun) / The China Weekly Review // Who's Who in China. 1936, p. 127

邝耀坤 / 密勒氏评论报 // 中国名人录. 1936 年, 第 127 页

宁向南

0554　Ning Hsiang-nan / The China Weekly Review // Who's Who in China. 1936, p. 192
宁向南 / 密勒氏评论报 // 中国名人录. 1936 年, 第 192 页

冯子材

0555　Feng Tzu-ts'ai / Arthur W. Hummel // Eminent Chinese of the Ch'ing Period (1644-1912). p. 244
冯子材 / 亚瑟·W. 赫梅尔 // 清代名人传略(1644—1912). 第 244 页

冯友兰

0556　Feng Youlan, Jiang Qing, and the "Twenty-five Poems on History" / Russell McLeod // Berkeley: Center for Chinese Studies, Institute of East Asian Studies, University of California. 1983
冯友兰、江青及"史上 25 首诗" / 拉塞尔·麦克劳德 // 伯克利: 加利福尼亚大学, 东亚研究所, 中国研究中心. 1983 年

0557　Fung Yu-lan: A Biographical Profile / Robert H. G. Lee // The China Quarterly. 14. 1963
冯友兰: 传记档案 / 罗伯特·H.G. 李 // 中国季刊. 1963. 14

0558　The Intellectual Conversion of Fung Yu-lan: From Confucianism to Communism / Cyrus Lee // Chinese Culture. 9:2. 1968
冯友兰的思想转变: 从儒家到共产主义 / 李绍昆 // 中国文化. 1968. 9:2

0559　Fung Yu-lan and the Chinese Philosophical Heritage / Ignatius Jih-hsin Tsao // Chinese Culture. 9:4. 1968
冯友兰和中国哲学遗产问题 / 曹吉星 // 中国文化. 1968. 9:4

0560　The Idea of Chinese Tradition: Fung Yu-lan, 1939-1949 (Ph. D. Thesis) / Michel C. Masson // Harvard University. 1977
中国传统的概念: 冯友兰, 1939—1949(博士论文) / 米歇尔·C. 梅森 // 哈佛大学. 1977

0561　Feng Youlan and the Vienna Circle (A Synopsis) / Wang Shouchang // Journal of Chinese Philosophy. 21: 3-4. 1994
冯友兰和维也纳学派(概要) / 王守常 // 中国哲学期刊. 1994. 21: 3-4

0562　Professor Fung Yu-lan, Ph. D. / The China Weekly Review // Who's Who in China. 1925, p. 270; 1936, p. 74
冯友兰 / 密勒氏评论报 // 中国名人录. 1925 年, 第 270 页; 1936 年, 第 74 页

0563　Feng Yu-lan / H. G. W. Woodhead, H. T. M. Bell // The China Year Book. 1939(27), p. 174(p. 198)
冯友兰 / H.G.W. 伍德海、H.T.M. 贝尔 // 中华年鉴. 1939 年第 27 册, 第 174 页(第 198 页)

冯玉祥

0564　A Chinese Christian General: Feng Yu Hsiang / Jonathan Goforth // Chefoo: J. McMullan. 1919
一位中国基督教将军: 冯玉祥 / 吉约翰 // 烟台: 仁德洋行. 1919 年

0565　Marshal Feng: The Man and His Work / Marcus Cheng // Shanghai: Kelly & Walsh. 1926
冯玉祥元帅其人其事 / 陈崇桂 // 上海: 别发洋行. 1926 年

0566　Chinese Warlord: The Career of Feng Yü-Hsiang / James E. Sheridan // Stanford: Stanford University Press. 1966
中国军阀: 冯玉祥的职业生涯 / 詹姆斯·E. 谢里丹 // 斯坦福: 斯坦福大学出版社. 1966 年

0567　The Early Career of Feng Yü-hsiang (Ph. D. Thesis) / James E. Sheridan // University of California, Berkeley. 1961
冯玉祥的早期生涯(博士论文) / 詹姆斯·E. 谢里丹 // 加利福尼亚大学, 伯克利分校. 1961

0568　Feng Yu-hsiang No Vandal / Arthurde Carle Sowerby // The China Journal. 13:1. 1930
冯玉祥没有恣意劫掠故宫珍宝 / 苏柯仁 // 中国杂志. 1930. 13:1

0569　Feng Yu-hsiang, General / Takaiwa. K // The China Journal. 31:4. 1939
冯玉祥 / 高岩 K. // 中国杂志. 1939. 31:4

0570　Britain Warlordism in China: Relations with Feng Yü-hsiang, 1921-1928 / Richard Stremski // Journal of Oriental Studies. 16:1. 1973
　　1921—1928年间英国与冯玉祥的关系 / 理查德·史特赖姆斯基 // 东方文化. 1973. 16:1

0571　China's National Unity in the 1920s: Feng Yuxiang's Relations with the Kuomintang / Larry N. Shyu // Chinese Studies in History. 23:2. 1989-1990
　　二十世纪二十年代的中华民族团结：冯玉祥与国民党的关系 / 徐乃力 // 中国历史研究. 1989—1990. 23:2

0572　Gen. Feng Yu-hsiang / The China Weekly Review // Who's Who in China. . 1925, p. 259; 1933, p. 33; 1936, p. 74; 1940, p. 59
　　冯玉祥（字焕章）/ 密勒氏评论报 // 中国名人录. 1925年，第259页；1933年，第33页；1936年，第74页；1940年，第59页

0573　Feng Yu-hsiang(Huan-chang) / H. G. W. Woodhead, H. T. M. Bell // The China Year Book. 1939(27), p. 174(p. 198)
　　冯玉祥（字焕章）/ H. G. W. 伍德海、H. T. M. 贝尔 // 中华年鉴. 1939年第27册，第174页（第198页）

冯平山

0574　Fung Ping Shan (Feng Ping-shan) / The China Weekly Review // Who's Who in China. 1936, p. 73
　　冯平山 / 密勒氏评论报 // 中国名人录. 1936年，第73页

冯占海

0575　Gen. Feng Chan-hai / The China Weekly Review // Who's Who in China. 1933, p. 33; 1936, p. 73
　　冯占海 / 密勒氏评论报 // 中国名人录. 1933年，第33页；1936年，第73页

0576　Feng Chan-hai(Shou-shan) / H. G. W. Woodhead, H. T. M. Bell // The China Year Book. 1939(27), p. 174(p. 198)
　　冯占海（字寿山）/ H. G. W. 伍德海、H. T. M. 贝尔 // 中华年鉴. 1939年第27册，第174页（第198页）

冯司直

0577　Feng Shih-chih / The China Weekly Review // Who's Who in China. 1936, p. 74
　　冯司直（字振邦）/ 密勒氏评论报 // 中国名人录. 1936年，第74页

冯有真

0578　Feng Yu-chen / The China Weekly Review // Who's Who in China. 1940, p. 16
　　冯有真 / 密勒氏评论报 // 中国名人录. 1940年，第16页

冯庆桂

0579　H. K. Fung (Feng Ching-kuei) / The China Weekly Review // Who's Who in China. 1936, p. 73
　　冯庆桂（字千里）/ 密勒氏评论报 // 中国名人录. 1936年，第73页

冯鹏翥

0580　Gen. Feng Peng-chu (Feng Yun-ching) / The China Weekly Review // Who's Who in China. 1936, p. 75
　　冯鹏翥（字运青）/ 密勒氏评论报 // 中国名人录. 1936年，第75页

冯熙运

0581　Dr. Feng Hsi-yun / The China Weekly Review // Who's Who in China. 1925, p. 257; 1936, p. 73
　　冯熙运（字仲文）/ 密勒氏评论报 // 中国名人录. 1925年，第257页；1936年，第73页

〔¬〕

皮锡瑞

0582　P'i Hsi-jui / Arthur W. Hummel // Eminent Chinese of the Ch'ing Period (1644-1912). p. 625
　　皮锡瑞 / 亚瑟·W. 赫梅尔 // 清代名人传略(1644—1912). 第625页

边守靖

0583　Pien Shou-ching / The China Weekly Review // Who's Who in China. 1925, p. 634;1936, p. 199
　　　边守靖(字洁清) / 密勒氏评论报 // 中国名人录. 1925 年, 第 634 页;1936 年, 第 199 页

0584　Pien Shou-ch'ing(Chi-ch'ing) / H. G. W. Woodhead, H. T. M. Bell // The China Year Book. 1939(27), p. 195(p. 219)
　　　边守靖(字洁清) / H. G. W. 伍德海、H. T. M. 贝尔 // 中华年鉴. 1939 年第 27 册, 第 195 页(第 219 页)

六　　画

〔一〕

吉鸿昌

0585　Chi Hung-chang：Unbending Hero in Resisting Japanese Aggression / Hu Hung-hsia // China Reconstructs. 2：11. 1971
　　　吉鸿昌：一位不屈的抗日英雄 / 胡鸿霞 // 中国建设. 1971. 2：11

老　舍

0586　The Evolution of a Modern Chinese Writer：An Analysis of Lao She's Fiction with Biographical and Bibliographical Apppendices / Zbigniew Slupski // Prague：Oriental Institute. 1966
　　　一位现代中国作家的历程：老舍小说分析，附传记和书目 / 史罗甫 // 布拉格：东方研究所. 1966 年

0587　Lao She and the Chinese Revolution / Ranbir Vohra // Cambridge：Harvard University Asia Center. 1974
　　　老舍与中国革命 / 兰比尔·沃勒 // 坎布里奇：哈佛大学亚洲研究中心. 1974 年

0588　Two Writers and the Cultural Revolution：Lao She and Chen Jo-hsi / George Kao // Hong Kong：Chinese University Press；Seattle：Distributed by University of Washington Press. 1980
　　　两位作家与"文化大革命"：老舍和陈若曦 / 高克毅 // 香港：香港中文大学出版社；西雅图：华盛顿大学出版社. 1980 年

0589　Fictional Realism in Twentieth-century China：Mao Dun, Lao She, Shen Congwen / David Der-wei Wang // New York：Columbia University Press. 1992
　　　20 世纪中国的虚构写实：茅盾、老舍和沈从文 / 王德威 // 纽约：哥伦比亚大学出版社. 1992 年

0590　Lao She：The Humourist in His Humour / Cyril Birch // The China Quarterly. 8. 1961
　　　老舍：自我幽默的幽默作家 / 西里尔·伯奇 // 中国季刊. 1961. 8

0591　The Chinese World of Lao She：Dealing with Lao She's Life and Fiction up to 1937（Ph. D. Thesis）/ Ranbir Vohra // Harvard University. 1970
　　　老舍的中文世界：1937 年以前老舍的生活与作品（博士论文）/ 兰比尔·沃勒 // 哈佛大学. 1970

0592　Lao She：An Intellectual's Role and Dilemma in Modern China（Ph. D. Thesis）/ Prudence Sui-ning Chou // University of California, Berkeley. 1976
　　　老舍：中国现代知识分子的角色和困境（博士论文）/ 周绥宁（音）// 加利福尼亚大学, 伯克利分校. 1976

0593　Death and the Novel：On Lao She's "Suicide" / Paul Bady // Renditions. 10. 1978
　　　死亡与小说：论老舍的"自杀" / 保罗·巴迪 // 译丛. 1978. 10

0594　Charles Dickens and Lao She：A Study of Literary Influence and Parallels（Ph. D. Thesis）/ Leung Yiu-nam // University of Illinois, Urbana-Champaign. 1987
　　　查尔斯·狄更斯与老舍：文学影响与平行研究（博士论文）/ 梁耀南 // 伊利诺大学, 厄巴纳-香槟分校. 1987

0595　The Last Days of Lao She / Shu Yi // Far Eastern Affairs. 1. 1988
　　　老舍的最后日子 / 舒乙 // 远东事务. 1988. 1

0596　Lao She and the Philosophy of Food / Leung Yiu-nam // Asian Culture Quarterly. 21：4. 1993
　　　老舍和饮食哲学 / 梁耀南 // 亚洲文化季刊. 1993. 21：4

0597　The Contribution of Lao She to the Three-self Principle and the Protestant Churches of China / Britt Towery // Missiology. 22：1. 1994
　　　论老舍对"三自"原则和中国基督教会的贡献 / 陶普义 // 传教学. 1994. 22：1

权　量

0598　Mr. Ch'uan Liang / The China Weekly Review // Who's Who in China. 1925, p. 243; 1936, p. 69
　　　权量（字谨堂）/ 密勒氏评论报 // 中国名人录. 1925 年，第 243 页；1936 年，第 69 页

成玉堂

0599　Ch'eng Yu-tang / H. G. W. Woodhead, H. T. M. Bell // The China Year Book. 1939(27), p. 168(p. 192)
　　　成玉堂 / H. G. W. 伍德海、H. T. M. 贝尔 // 中华年鉴. 1939 年第 27 册，第 168 页（第 192 页）

过之翰

0600　Ko Tse-han (Ko Chih-han) / The China Weekly Review // Who's Who in China. 1936, p. 123
　　　过之翰（字觐宸）/ 密勒氏评论报 // 中国名人录. 1936 年，第 123 页

〔丨〕

光绪帝

0601　The Emperor Kuang Hsu's Reform Decrees, 1898 / Guangxu // Shanghai : North China Herald Office. 1900
　　　1898 年光绪皇帝改革法令 / 光绪皇帝 // 上海：北华捷报馆. 1900

0602　Son of Heaven [Biography of the Kuang-hsü Emperor] / Der Ling // New York: D. Appleton-Century. 1935
　　　天子：光绪帝传 / 德龄 // 纽约：D. 阿普莱顿世纪公司. 1935 年

0603　The Hundred Days of Emperor Kuang Hsu (China) (M. A. Thesis) / Harold Goldstein // The University of Chicago. 1936
　　　光绪皇帝的百日（硕士论文）/ 哈罗德·哥德斯坦 // 芝加哥大学. 1936

0604　Tsai T'ien / Arthur W. Hummel // Eminent Chinese of the Ch'ing Period (1644-1912). p. 731
　　　载　湉 / 亚瑟·W. 赫梅尔 // 清代名人传略（1644—1912）. 第 731 页

吕　光

0605　Dr. Andrew Lee (Lu Kuang) / The China Weekly Review // Who's Who in China. 1933, p. 78; 1936, p. 180
　　　吕光（字全恩）/ 密勒氏评论报 // 中国名人录. 1933 年，第 78 页；1936 年，第 180 页

吕　咸

0606　Lu Hsien / The China Weekly Review // Who's Who in China. 1936, p. 179
　　　吕咸（号著青）/ 密勒氏评论报 // 中国名人录. 1936 年，第 179 页

0607　Lü Hsien (Chu-ch'ing) / H. G. W. Woodhead, H. T. M. Bell // The China Year Book. 1939(27), p. 192 (p. 216)
　　　吕咸（字著青）/ H. G. W. 伍德海、H. T. M. 贝尔 // 中华年鉴. 1939 年第 27 册，第 192 页（第 216 页）

吕　超

0608　Lü Ch'ao (Han-chün) / H. G. W. Woodhead, H. T. M. Bell // The China Year Book. 1939(27), p. 191 (p. 215)
　　　吕超（字汉群）/ H. G. W. 伍德海、H. T. M. 贝尔 // 中华年鉴. 1939 年第 27 册，第 191 页（第 215 页）

吕子勤

0609　Tzechin Lu (Lu Tzu-chin) / The China Weekly Review // Who's Who in China. 1936, p. 181
　　　吕子勤 / 密勒氏评论报 // 中国名人录. 1936 年，第 181 页

吕志伊

0610　Mr. Lu Chih-i / The China Weekly Review // Who's Who in China. 1925, p. 565; 1936, p. 178
　　　吕志伊（字天民）/ 密勒氏评论报 // 中国名人录. 1925 年，第 565 页；1936 年，第 178 页

吕苾筹

0611　Lu Pi-chou / The China Weekly Review // Who's Who in China. 1936, p. 181
　　　吕苾筹(字蓬荪) / 密勒氏评论报 // 中国名人录. 1936年, 第181页

吕岳泉

0612　Lu Yoh-chuan / The China Weekly Review // Who's Who in China. 1936, p. 182
　　　吕岳泉 / 密勒氏评论报 // 中国名人录. 1936年, 第182页

吕绍虞

0613　Lu Shao-yu / The China Weekly Review // Who's Who in China. 1940, p. 34
　　　吕绍虞 / 密勒氏评论报 // 中国名人录. 1940年, 第34页

吕荣寰

0614　Lu Yung-ting / The China Weekly Review // Who's Who in China. 1936, p. 182
　　　吕荣寰(字维东) / 密勒氏评论报 // 中国名人录. 1936年, 第182页

〔J〕

朱朴

0615　P. Tsu (Chu Pu) / The China Weekly Review // Who's Who in China. 1936, p. 65
　　　朱朴(字朴之) / 密勒氏评论报 // 中国名人录. 1936年, 第65页

朱深

0616　Mr. Chu Shen / The China Weekly Review // Who's Who in China. 1925, p. 231; 1936, p. 66; 1940, p. 72
　　　朱深(字博渊) / 密勒氏评论报 // 中国名人录. 1925年, 第231页; 1936年, 第66页; 1940年, 第72页

朱祺

0617　Mr. Chu Ch'i / The China Weekly Review // Who's Who in China. 1925, p. 219; 1936, p. 62;
　　　朱祺(字季箴) / 密勒氏评论报 // 中国名人录. 1925年, 第219页; 1936年, 第62页

朱德

0618　The Great Road: The Life and Times of Chu Teh / Agnes Smedley // New York: Monthly Review Press. 1956
　　　朱德传(伟大之路：朱德的生平和时代) / 艾格尼丝·史沫特莱 // 纽约：每月评论出版社. 1956年

0619　Zhu De (Chu Teh) / Shum Kui-kwong // St. Lucia and New York: University of Queensland Press. 1982
　　　朱　德 / 沈桂光(音) // 圣卢西亚和纽约：昆士兰大学出版社. 1982年

0620　Makers of Modern China: VIII. Chu Teh and Chou En-lai / Norman Palmer // Current History. 16: 92. 1949
　　　现代中国的组织者(八)：朱德与周恩来 / 诺曼·帕尔默 // 当代历史. 1949. 16; 92

0621　With Mao Tse-tung and Chu Teh / Hsu Sung-lin // People's China. 13. 1953
　　　与毛泽东和朱德在一起 / 许宋林(音) // 人民中国. 1953. 13

0622　Chu Teh / David Hawkes // New Statesman. 5. 1958
　　　朱　德 / 大卫·霍克斯 // 新政治家. 1958. 5

0623　Zhu De: The Early Days of a Commander / I Pozhilov // Far Eastern Affairs. 1. 1987
　　　早期的朱德司令 / I. 鲍之罗 // 远东事务. 1987. 1

0624　The Loyalty of Zhu De to Mao Zedong: Why the Party was Able to Command the Gun in Revolutionary China (A. B. Thesis) / J. Robert Kincaid // Harvard University, 1992
　　　朱德忠于毛泽东：解析中共在中国革命中的绝对领导力(学士论文) / J. 罗伯特·金凯德 // 哈佛大学. 1992

0625　Chu The / H. G. W. Woodhead, H. T. M. Bell // The China Year Book. 1939(27), p. 173(p. 197)
　　　朱　德 / H. G. W. 伍德海、H. T. M. 贝尔 // 中华年鉴. 1939年第27册, 第173页(第197页)

0626 Gen. Chu The / The China Weekly Review // Who's Who in China. 1940, p. 15
朱德将军 / 密勒氏评论报 // 中国名人录. 1940 年, 第 15 页

0627 Technicians, Generals / Robert S. Elegant // China's Red Masters: Political Biographies of the Chinese Communist Leaders. p. 66
专家、将军 / 罗伯特·S. 爱丽格特 // 中国的红色大师: 中国共产党领导人政治传记. 第 66 页

朱开敏

0628 Chu K'ai-min / H. G. W. Woodhead, H. T. M. Bell // The China Year Book. 1939(27), p. 172(p. 196)
朱开敏 / H. G. W. 伍德海、H. T. M. 贝尔 // 中华年鉴. 1939 年第 27 册, 第 172 页(第 196 页)

朱友渔

0629 Dr. Y. Y. Tsu (Chu Yu-yu) / The China Weekly Review // Who's Who in China. 1925, p. 239; 1936, p. 68
朱友渔 / 密勒氏评论报 // 中国名人录. 1925 年, 第 239 页; 1936 年, 第 68 页

0630 Chu Yu-yu / H. G. W. Woodhead, H. T. M. Bell // The China Year Book. 1939(27), p. 173(p. 197)
朱友渔 / H. G. W. 伍德海、H. T. M. 贝尔 // 中华年鉴. 1939 年第 27 册, 第 173 页(第 197 页)

朱少屏

0631 P. K. Chu (Chu Shao-ping) / The China Weekly Review // Who's Who in China. 1933, p. 129; 1936, p. 66
朱少屏 / 密勒氏评论报 // 中国名人录. 1933 年, 第 129 页; 1936 年, 第 66 页

0632 Chu Shao-p'ing / H. G. W. Woodhead, H. T. M. Bell // The China Year Book. 1939(27), p. 173(p. 197)
朱少屏 / H. G. W. 伍德海、H. T. M. 贝尔 // 中华年鉴. 1939 年第 27 册, 第 173 页(第 197 页)

朱长恩

0633 Chu Chang-en / The China Weekly Review // Who's Who in China. 1936, p. 61
朱长恩(字锡纶) / 密勒氏评论报 // 中国名人录. 1936 年, 第 61 页

朱文黼

0634 Venfour F. Tchou (Chu Wen-fu) / The China Weekly Review // Who's Who in China. 1936, p. 68
朱文黼 / 密勒氏评论报 // 中国名人录. 1936 年, 第 68 页

朱世全

0635 Tchou Che-tsien (Chu Shih-chuan) / The China Weekly Review // Who's Who in China. 1936, p. 67
朱世全(字完初) / 密勒氏评论报 // 中国名人录. 1936 年, 第 67 页

朱世明

0636 Gen. Shih-ming / The China Weekly Review // Who's Who in China. 1940, p. 15
朱世明(字公亮) / 密勒氏评论报 // 中国名人录. 1940 年, 第 15 页

朱有济

0637 Mr. Chu Yu-chi / The China Weekly Review // Who's Who in China. 1925, p. 237; 1936, p. 68
朱有济(字作舟) / 密勒氏评论报 // 中国名人录. 1925 年, 第 237 页; 1936 年, 第 68 页

朱自清

0638 Chu Tse-ching, Poet and Prose Writer / Sheng Shun // Chinese Literature. 1. 1958
朱自清: 诗人与散文家 / 盛 舜(音) // 中国文学. 1958. 1

朱兆莘

0639 Mr. Chu Shao-hsin / The China Weekly Review // Who's Who in China. 1925, p. 229; 1936, p. 61
朱兆莘(字鼎青) / 密勒氏评论报 // 中国名人录. 1925 年, 第 229 页; 1936 年, 第 61 页

朱庆澜

0640 Gen. Chu Ching-lan / The China Weekly Review // Who's Who in China. 1933, p. 30; 1936, p. 62
朱庆澜(字子桥) / 密勒氏评论报 // 中国名人录. 1933 年, 第 30 页; 1936 年, 第 62 页

0641 Chu Ch'ing-lan(Tzu-ch'iao) / H. G. W. Woodhead, H. T. M. Bell // The China Year Book. 1939(27),

p. 172(p. 196)

朱庆澜(字子桥) / H. G. W. 伍德海、H. T. M. 贝尔 // 中华年鉴. 1939 年第 27 册,第 172 页(第 196 页)

朱希祖

0642 Chu Hsi-tsu / The China Weekly Review // Who's Who in China. 1936, p. 63

朱希祖 / 密勒氏评论报 // 中国名人录. 1936 年,第 63 页

0643 Chu His-tsu(T'i-hsien) / H. G. W. Woodhead, H. T. M. Bell // The China Year Book. 1939(27), p. 172 (p. 196)

朱希祖(字遏先) / H. G. W. 伍德海、H. T. M. 贝尔 // 中华年鉴. 1939 年第 27 册,第 172 页(第 196 页)

朱沅芷

0644 Chu Yun-gee(Chu Yuan-chi) / China Journal Editorial Dept. // The China Journal. 33;3. 1940

朱沅芷 / 本刊编辑部 // 中国杂志. 1940. 33;3

0645 Chu Yun-gee (Chu Yuan-chi) / The China Weekly Review // Who's Who in China. 1936, p. 68

朱沅芷 / 密勒氏评论报 // 中国名人录. 1936 年,第 68 页

0646 Chu Yuan-chih / H. G. W. Woodhead, H. T. M. Bell // The China Year Book. 1939(27), p. 173(p. 197)

朱沅芷 / H. G. W. 伍德海、H. T. M. 贝尔 // 中华年鉴. 1939 年第 27 册,第 173 页(第 197 页)

朱启钤

0647 Chu Chi-chin / The China Weekly Review // Who's Who in China. 1925, p. 217;1936, p. 62

朱启钤 / 密勒氏评论报 // 中国名人录. 1925 年,第 217 页;1936 年,第 62 页

朱君毅

0648 Jennings P. Chu (Chu Chun-yi) / The China Weekly Review // Who's Who in China. 1925, p. 227;1936, p. 63

朱君毅 / 密勒氏评论报 // 中国名人录. 1925 年,第 227 页;1936 年,第 63 页

0649 Chu Chun-yi / H. G. W. Woodhead, H. T. M. Bell // The China Year Book. 1939(27), p. 172(p. 196)

朱君毅 / H. G. W. 伍德海、H. T. M. 贝尔 // 中华年鉴. 1939 年第 27 册,第 172 页(第 196 页)

朱学范

0650 H. F. Chu (Chu Hsueh-fan) / The China Weekly Review // Who's Who in China. 1940, p. 15

朱学范 / 密勒氏评论报 // 中国名人录. 1940 年,第 15 页

朱绍良

0651 Gen. Chu Shao-liang / The China Weekly Review // Who's Who in China. 1933, p. 31;1936, p. 66;1940, p. 58

朱绍良(字一民) / 密勒氏评论报 // 中国名人录. 1933 年,第 31 页;1936 年,第 66 页;1940 年,第 58 页

0652 Chu Shao-liang(I-min) / H. G. W. Woodhead, H. T. M. Bell // The China Year Book. 1939(27), p. 173 (p. 197)

朱绍良(字一民) / H. G. W. 伍德海、H. T. M. 贝尔 // 中华年鉴. 1939 年第 27 册,第 173 页(第 197 页)

朱经农

0653 King Chu (Chu Ching-lung) / The China Weekly Review // Who's Who in China. 1936, p. 63

朱经农 / 密勒氏评论报 // 中国名人录. 1936 年,第 63 页

0654 Chu Ching-nung / H. G. W. Woodhead, H. T. M. Bell // The China Year Book. 1939(27), p. 172(p. 196)

朱经农 / H. G. W. 伍德海、H. T. M. 贝尔 // 中华年鉴. 1939 年第 27 册,第 172 页(第 196 页)

朱庭祺

0655 T. C. Chu (Chu Ting-chi) / The China Weekly Review // Who's Who in China. 1936, p. 67

朱庭祺 / 密勒氏评论报 // 中国名人录.1936年,第67页

0656　Chu T'ing-ch'i(T'i-jen) / H. G. W. Woodhead, H. T. M. Bell // The China Year Book. 1939(27), p. 173 (p. 197)

朱庭祺(字体仁) / H. G. W. 伍德海、H. T. M. 贝尔 // 中华年鉴.1939年第27册,第173页(第197页)

朱家骅

0657　Dr. Chu Chia-hua / The China Weekly Review // Who's Who in China. 1933, p. 29; 1936, p. 62; 1940, p. 58

朱家骅(字骝先) / 密勒氏评论报 // 中国名人录.1933年,第29页;1936年,第62页;1940年,第58页

0658　Chu Chia-hua(Liu-hsien) / H. G. W. Woodhead, H. T. M. Bell // The China Year Book. 1939(27), p. 172 (p. 196)

朱家骅(字骝先) / H. G. W. 伍德海、H. T. M. 贝尔 // 中华年鉴.1939年第27册,第172页(第196页)

朱培德

0659　Chu Pei-teh / The China Weekly Review // Who's Who in China. 1936, p. 64

朱培德(字益之) / 密勒氏评论报 // 中国名人录.1936年,第64页

朱彬元

0660　Bin-yuan Chu (Chu Ping-yuan) / The China Weekly Review // Who's Who in China. 1925, p. 215; 1936, p. 65

朱彬元 / 密勒氏评论报 // 中国名人录.1925年,第215页;1936年,第65页

朱得森

0661　Chu Teh-shen / The China Weekly Review // Who's Who in China. 1936, p. 67

朱得森 / 密勒氏评论报 // 中国名人录.1936年,第67页

朱绶光

0662　Chu Shou-kuang / The China Weekly Review // Who's Who in China. 1936, p. 67

朱绶光 / 密勒氏评论报 // 中国名人录.1936年,第67页

朱博泉

0663　Percy Chu (Chu Po-chuan) / The China Weekly Review // Who's Who in China. 1936, p. 65

朱博泉 / 密勒氏评论报 // 中国名人录.1936年,第65页

0664　Chu Po-ch'uan / H. G. W. Woodhead, H. T. M. Bell // The China Year Book. 1939(27), p. 172(p. 196)

朱博泉 / H. G. W. 伍德海、H. T. M. 贝尔 // 中华年鉴.1939年第27册,第172页(第196页)

朱斯芾

0665　Mr. Ponson C. Chu (Chu Szu-fei) / The China Weekly Review // Who's Who in China. 1925, p. 235; 1936, p. 65

朱斯芾(字榜生) / 密勒氏评论报 // 中国名人录.1925年,第235页;1936年,第65页

朱葆三

0666　Mr. Chu Pao-San / The China Weekly Review // Who's Who in China. 1925, p. 225

朱佩珍(字葆三) / 密勒氏评论报 // 中国名人录.1925年,第225页

朱葆元

0667　P. N. Tsu (Chu Pao-yuan) / The China Weekly Review // Who's Who in China. 1936, p. 64

朱葆元 / 密勒氏评论报 // 中国名人录.1936年,第64页

0668　Chu Pao-yuan(T'ui-yü) / H. G. W. Woodhead, H. T. M. Bell // The China Year Book. 1939(27), p. 172 (p. 196)

朱葆元(字退愚) / H. G. W. 伍德海、H. T. M. 贝尔 // 中华年鉴.1939年第27册,第172页(第

196页)

朱霁青

0669　Chu Chi-ch'ing / H. G. W. Woodhead, H. T. M. Bell // The China Year Book. 1939(27), p. 172(p. 196)
朱霁青 / H. G. W. 伍德海、H. T. M. 贝尔 // 中华年鉴.1939年第27册,第172页(第196页)

朱鹤翔

0670　Louis Ngao-siang Tchou(Chu Hao-hsiang) / The China Weekly Review // Who's Who in China. 1936, p. 63
朱鹤翔 / 密勒氏评论报 // 中国名人录.1936年,第63页

0671　Chu Huo-hsiang(Feng-ch'ien) / H. G. W. Woodhead, H. T. M. Bell // The China Year Book. 1939(27), p. 172(p. 196)
朱鹤翔(字凤千) / H. G. W. 伍德海、H. T. M. 贝尔 // 中华年鉴.1939年第27册,第172页(第196页)

朱履龢

0672　Chu Lu-ho / The China Weekly Review // Who's Who in China. 1936, p. 64;1940, p. 72
朱履龢 / 密勒氏评论报 // 中国名人录.1936年,第64页;1940年,第72页

朱懋澄

0673　M. Thomas Tchou(Chu Mo-cheng) / The China Weekly Review // Who's Who in China. 1936, p. 64
朱懋澄 / 密勒氏评论报 // 中国名人录.1936年,第64页

0674　Chu Yu-ts'ang(Mou-ch'eng) / H. G. W. Woodhead, H. T. M. Bell // The China Year Book. 1939(27), p. 173(p. 197)
朱宥沧(字懋澄) / H. G. W. 伍德海、H. T. M. 贝尔 // 中华年鉴.1939年第27册,第173页(第197页)

朱耀廷

0675　Chu Yao-ting / The China Weekly Review // Who's Who in China. 1936, p. 68
朱耀廷 / 密勒氏评论报 // 中国名人录.1936年,第68页

乔晋梁

0676　Gene L. Chiao(Chiao Chin-liang) / The China Weekly Review // Who's Who in China. 1940, p. 14
乔晋梁(字辅三) / 密勒氏评论报 // 中国名人录.1940年,第14页

伍廷芳

0677　Wu Tingfang(1842-1922): Reform and Modernization in Modern Chinese History / Linda Pomerantz-Zhang // Hong Kong: Hong Kong University Press, 1992
伍廷芳:中国近代史上的改革与现代化 / 琳达·波梅兰茨·张 // 香港:香港大学出版社.1992年

0678　China in Transition: The Role of Wu T'ing-fang(1842—1922)(Ph. D. Thesis) / Linda Pomerantz Shin // University of California, Los Angeles. 1970
变革中的中国:伍廷芳(1842—1922)所扮演的角色(博士论文) / 琳达·波梅兰茨·辛 // 加利福尼亚大学,洛杉矶分校.1970

伍廷扬

0679　Wu Ting-yang / The China Weekly Review // Who's Who in China. 1936, p. 265
伍廷扬 / 密勒氏评论报 // 中国名人录.1936年,第265页

伍守恭

0680　Sarkon K. Ou(Wu Shou-kung) / The China Weekly Review // Who's Who in China. 1936, p. 264
伍守恭 / 密勒氏评论报 // 中国名人录.1936年,第264页

伍连德

0681　Wu Lien-teh(Hsin-lien) / H. G. W. Woodhead, H. T. M. Bell // The China Year Book. 1939(27), p. 208(p. 232)

伍连德(字星联) / H. G. W. 伍德海、H. T. M. 贝尔 // 中华年鉴. 1939 年第 27 册, 第 208 页(第 232 页)

伍伯胜

0682　Wu Po-sheng / H. G. W. Woodhead, H. T. M. Bell // The China Year Book. 1939(27), p. 208(p. 232)
　　伍伯胜 / H. G. W. 伍德海、H. T. M. 贝尔 // 中华年鉴. 1939 年第 27 册, 第 208 页(第 232 页)

伍朝枢

0683　Dr. C. C. Wu(Wu Ch'ao-shu) / The China Weekly Review // Who's Who in China. 1925, p. 861; 1936, p. 258
　　伍朝枢(字梯云) / 密勒氏评论报 // 中国名人录. 1925 年, 第 861 页; 1936 年, 第 258 页

伍福焜

0684　Fu-Kun Wu(Wu Fu-kun) / The China Weekly Review // Who's Who in China. 1940, p. 50
　　伍福焜 / 密勒氏评论报 // 中国名人录. 1940 年, 第 50 页

伍澄宇

0685　Wu Ping-yet(Wu Cheng-yu) / The China Weekly Review // Who's Who in China. 1936, p. 258
　　伍澄宇 / 密勒氏评论报 // 中国名人录. 1936 年, 第 258 页

任传榜

0686　Mr. C. P. Yin(Jen Chuan-pang) / The China Weekly Review // Who's Who in China. 1925, p. 400; 1936, p. 118
　　任传榜(字筱珊) / 密勒氏评论报 // 中国名人录. 1925 年, 第 400 页; 1936 年, 第 118 页

任家丰

0687　Jen Kia Fong(Jen Chia-fong) / The China Weekly Review // Who's Who in China. 1936, p. 118
　　任家丰 / 密勒氏评论报 // 中国名人录. 1936 年, 第 118 页

任鸿隽

0688　Zen Hung-chiun(Jen Huang-chiun) / The China Weekly Review // Who's Who in China. 1936, p. 118
　　任鸿隽(字叔永) / 密勒氏评论报 // 中国名人录. 1936 年, 第 118 页

0689　Jen Hung-chue(Shu-yung) / H. G. W. Woodhead, H. T. M. Bell // The China Year Book. 1939(27), p. 182(p. 206)
　　任鸿隽(字叔永) / H. G. W. 伍德海、H. T. M. 贝尔 // 中华年鉴. 1939 年第 27 册, 第 182 页(第 206 页)

任援道

0690　Jen Yuan-tao / The China Weekly Review // Who's Who in China. 1940, p. 73
　　任援道 / 密勒氏评论报 // 中国名人录. 1940 年, 第 73 页

伦允襄

0691　Mr. Lun Wan-sheung(Lun Yun-hsiang) / The China Weekly Review // Who's Who in China. 1925, p. 584; 1936, p. 182
　　伦允襄 / 密勒氏评论报 // 中国名人录. 1925 年, 第 584 页; 1936 年, 第 182 页

华秀升

0692　Hua Hsiu-sheng / The China Weekly Review // Who's Who in China. 1940, p. 21
　　华秀升 / 密勒氏评论报 // 中国名人录. 1940 年, 第 21 页

华罗庚

0693　Professor, Hua Loo-keng-Outstanding Mathematician / Yao Fang-ying // People's China. 24. 1953
　　杰出的数学家华罗庚教授 / 姚芳英(音) // 人民中国. 1953. 24

向警予

0694　Comrade Hsiang Ching-yu, Beloved Teacher and Friend: On the 35th Anniversary of Her Martyrdom / Wang Yi-chih // Chinese Women. 2. 1963

深爱的老师和朋友——向警予同志殉难35周年祭 / 王毅芷 // 中国女性. 1963. 2

0695　Woman Revolutionary：Xiang Jingyu / Andrea Mcelderry // The China Quarterly. 105. 1986
女性革命：向警予 / 安德莉亚·麦克尔德里 // 中国季刊. 1986. 105

0696　History and Chinese Values：Xiang Jingyu as Role Model / Andrea Mcelderry // Journal of Third World Studies. 4：2. 1987
历史与中国价值：以向警予为楷模 / 安德莉亚·麦克尔德里 // 第三世界研究杂志. 1987. 4：2

全绍文

0697　Shaowen James Chuan（Chuan Shao-wen） / The China Weekly Review // Who's Who in China. 1936, p. 69
全绍文（字希德） / 密勒氏评论报 // 中国名人录. 1936 年, 第 69 页

全绍清

0698　Dr. Ch'uan S. H. Chuan（Ch'uan Shao Ching） / The China Weekly Review // Who's Who in China. 1925, p. 245；1936, p. 69
全绍清（字希伯） / 密勒氏评论报 // 中国名人录. 1925 年, 第 245 页；1936 年, 第 69 页

邬志坚

0699　Ts-chien Wu（Wu Chih-chien） / The China Weekly Review // Who's Who in China. 1936, p. 259
邬志坚 / 密勒氏评论报 // 中国名人录. 1936 年, 第 259 页

〔丶〕

庄崧甫

0700　Chuang Sung-fu / The China Weekly Review // Who's Who in China. 1936, p. 70
庄崧甫（字景仲） / 密勒氏评论报 // 中国名人录. 1936 年, 第 70 页

庄智焕

0701　Joonvin T. Chwang（Chuang Chih-huan） / The China Weekly Review // Who's Who in China. 1936, p. 70
庄智焕（字仲文） / 密勒氏评论报 // 中国名人录. 1936 年, 第 70 页

齐白石

0702　Ch'i Pai Shih / T. C. Lai // Kowloon：Swindon Book Co.. 1973
齐白石 / 赖恬昌 // 九龙：斯维顿书局. 1973 年

0703　Chinese Aesthetics and Ch'i Pai-shih / Catherine Yi-yu Cho Woo // Hongkong：Joint Pub. Co.. 1986
中国美学与齐白石 / 卓以玉 // 香港：香港三联书店. 1986 年

0704　Chi Pai-shih：Distinguished People's Artist / Wu Tsu-kuang // People's China. 3. 1953
齐白石：杰出的人民艺术家 / 吴祖光 // 人民中国. 1953. 3

0705　Ch'i Pai-Shih and His Art / Wang Chao-wen // People's China. 22. 1957
齐白石及其艺术 / 王超文 // 人民中国. 1957. 22

0706　Chi Pai-shih, a Great Artist / Tang Chi // Chinese Literature. 1. 1958
伟大的画家齐白石 / 唐　志（音） // 中国文学. 1958. 1

0707　An Investigation of the Discriminators of Chinese Aesthetics as Seen in the Life and Works of Ch'i Pai-shih（1864-1957）, and Its Implications for Teaching Chinese Art（Educat. D. Thesis） / Catherine Yi-yu Cho Woo // University of San Francisco. 1981
从齐白石（1864—1957）的生平与作品看中国美学的鉴别标准, 及其对中国艺术教育的启示（教育学博士论文） / 卓以玉 // 旧金山大学. 1981

0708　A Comparative Study of Wu Ch'ang-shou and Ch'i Pai-shih / Chang Pe-chin // Asian Culture Quarterly. 9：1. 1981
吴昌硕与齐白石的比较研究 / 张伯谨 // 亚洲文化季刊. 1981. 9：1

0709　Qi Baishi's Late Transformation：Surveys His Development as a Painter / Ye Qianyu // Chinese Literature. Spring. 1985

齐白石晚期风格转变：对其画家发展历程的调查 / 叶浅予 // 中国文学. 1985. 春季

0710　Recollections of Qi Baishi: A Fond Portrait of the Great Artist / Ai Qing // Chinese Literature. Spring. 1985
忆齐白石：一位伟大的绘画大师 / 艾　青 // 中国文学. 1985. 春季

0711　The Significance of Ch'i Pai-shih's Art(M. A. Thesis) / Chu I-hsien // Michigan State University. 1988
齐白石艺术的重要性(硕士论文) / 朱一贤(音) // 密歇根州立大学. 1988

齐如山

0712　Ch'i Ju-shan and the Chinese Opera / Ch'ang Ch'i-yun // Chinese Culture. 1:1. 1957
齐如山和中国戏曲 / 张其昀 // 中国文化. 1957. 1:1

齐真如

0713　Chi Chen-ju / The China Weekly Review // Who's Who in China. 1933, p. 17; 1936, p. 42
齐真如(字性一) / 密勒氏评论报 // 中国名人录. 1933 年, 第 17 页; 1936 年, 第 42 页

齐清心

0714　Chi Ching-hsin / The China Weekly Review // Who's Who in China. 1940, p. 12
齐清心 / 密勒氏评论报 // 中国名人录. 1940 年, 第 12 页

齐燮元

0715　General Ch'i Hsieh-yuan / The China Weekly Review // Who's Who in China. 1925, p. 157; 1936, p. 42; 1940, p. 70
齐燮元(字抚万) / 密勒氏评论报 // 中国名人录. 1925 年, 第 157 页; 1936 年, 第 42 页; 1940 年, 第 70 页

0716　Ch'I Hsien-yuan(Fu-wan) / H. G. W. Woodhead, H. T. M. Bell // The China Year Book. 1939(27), p. 168(p. 192)
齐燮元(字抚万) / H. G. W. 伍德海、H. T. M. 贝尔 // 中华年鉴. 1939 年第 27 册, 第 168 页(第 192 页)

齐耀琳

0717　Mr. Ch'i Yao-lin / The China Weekly Review // Who's Who in China. 1925, p. 160; 1936, p. 43
齐耀琳(字震岩) / 密勒氏评论报 // 中国名人录. 1925 年, 第 160 页; 1936 年, 第 43 页

齐耀珊

0718　Mr. Ch'i Yao-shan / The China Weekly Review // Who's Who in China. 1925, p. 162; 1936, p. 43
齐耀珊(字照岩) / 密勒氏评论报 // 中国名人录. 1925 年, 第 162 页; 1936 年, 第 43 页

刘　兴

0719　Gen. Liu Hsin / The China Weekly Review // Who's Who in China. 1940, p. 32
刘兴(字铁夫) / 密勒氏评论报 // 中国名人录. 1940 年, 第 32 页

刘　拓

0720　T. Liu (Liu Toh) / The China Weekly Review // Who's Who in China. 1933, p. 75; 1936, p. 172
刘拓(字泛弛) / 密勒氏评论报 // 中国名人录. 1933 年, 第 75 页; 1936 年, 第 172 页

刘　峙

0721　Gen. Liu Shih / The China Weekly Review // Who's Who in China. 1936, p. 169
刘　峙 / 密勒氏评论报 // 中国名人录. 1936 年, 第 169 页

0722　Liu Shih(Ching-fu) / H. G. W. Woodhead, H. T. M. Bell // The China Year Book. 1939(27), p. 190 (p. 214)
刘峙(字经扶) / H. G. W. 伍德海、H. T. M. 贝尔 // 中华年鉴. 1939 年第 27 册, 第 190 页(第 214 页)

刘　炤

0723　General Liu Chao / The China Weekly Review // Who's Who in China. 1925, p. 521; 1936, p. 162
刘炤(字逸博) / 密勒氏评论报 // 中国名人录. 1925 年, 第 521 页; 1936 年, 第 162 页

刘 哲

0724 Liu Chih / The China Weekly Review // Who's Who in China. 1936, p. 164
刘 哲 / 密勒氏评论报 // 中国名人录. 1936 年, 第 164 页

0725 Liu Cheh (Ching-yü) / H. G. W. Woodhead, H. T. M. Bell // The China Year Book. 1939 (27), p. 189 (p. 213)
刘哲(字敬舆) / H. G. W. 伍德海、H. T. M. 贝尔 // 中华年鉴. 1939 年第 27 册, 第 189 页 (第 213 页)

刘 晋

0726 Mr. Liu Chin (Hsisan C. Liu) / The China Weekly Review // Who's Who in China. 1925, p. 529; 1936, p. 164
刘晋(字锡三) / 密勒氏评论报 // 中国名人录. 1925 年, 第 529 页; 1936 年, 第 164 页

刘 通

0727 Liu Tung / The China Weekly Review // Who's Who in China. 1936, p. 293
刘通(字伯瀛) / 密勒氏评论报 // 中国名人录. 1936 年, 第 293 页

刘 湘

0728 General Liu Hsiang / The China Weekly Review // Who's Who in China. 1925, p. 541; 1936, p. 166
刘湘(字甫澄) / 密勒氏评论报 // 中国名人录. 1925 年, 第 541 页; 1936 年, 第 166 页

刘 鹗

0729 Liu E 1857-1909 / Twentieth-Century Literary Criticism. 15:. 1984
刘鹗(1857—1909) / 二十世纪文学批评. 1984. 15:

0730 Liu E in the Fang-shih Tradition / Timothy C. Wong // Journal of the American Oriental Society. 112: 2. 1992
方士传统中的刘鹗 / 黄宗泰 // 美国东方学会会刊. 1992. 112:2

0731 Liu E / Arthur W. Hummel // Eminent Chinese of the Ch'ing Period (1644-1912). p. 516
刘 鹗 / 亚瑟·W. 赫梅尔 // 清代名人传略(1644—1912). 第 516 页

刘大钧

0732 Mr. Dakuin K. Lieu (Liu Ta-chun) / The China Weekly Review // Who's Who in China. 1925, p. 550; 1936, p. 170
刘大钧(字季陶) / 密勒氏评论报 // 中国名人录. 1925 年, 第 550 页; 1936 年, 第 170 页

0733 Liu Ta-chun (Chi-t'ao) / H. G. W. Woodhead, H. T. M. Bell // The China Year Book. 1939 (27), p. 190 (p. 214)
刘大钧(字季陶) / H. G. W. 伍德海、H. T. M. 贝尔 // 中华年鉴. 1939 年第 27 册, 第 190 页 (第 214 页)

刘云舫

0734 Lieu Yun-fang (Liu Yun Fang) / The China Weekly Review // Who's Who in China. 1940, p. 33
刘云舫 / 密勒氏评论报 // 中国名人录. 1940 年, 第 33 页

刘少奇

0735 Chinese Political Thought: Mao Tse-tung and Liu Shao-chi / Chen Yung-ping // The Hague: Martinus Nijhoff. 1966
中国政治思潮:毛泽东和刘少奇 / 陈永平(音) // 海牙:马蒂努斯·奈霍夫出版社. 1966 年

0736 Liu Shao-Ch'i and "People's War": A Report on the Creation of Base Areas in 1938 / Henry G. Schwarz. // Lawrence: Center for East Asian Studies, University of Kansas. 1969
刘少奇与"人民战争":1938 年根据地创建报告 / 亨利·G. 施瓦茨 // 劳伦斯:堪萨斯大学东亚研究中心. 1969 年

0737 Liu Shao-chi: Mao's First Heir-apparent / Li Tien-min / Taipei: Institute of International Relations. 1975

刘少奇：毛泽东的第一继位者 / 李天民 // 台北：国际关系学院 1975 年

0738 The Career and Writings of Liu Shao-ch'i（Ph. D. Thesis）/ Rhoda S. Weidenbaum // Columbia University. 1950
刘少奇的职业生涯和作品（博士论文）/ 罗达·S.韦登鲍姆 // 哥伦比亚大学. 1950

0739 Liu Shao-ch'i: Symbol of Opposition / Communist Affairs. 5:4. 1967
刘少奇：反对派的代表 / 共产党事务. 1967. 5:4

0740 Liu Shao-ch'i: A Political Biography（Ph. D. Thesis）/ Thomas E. O'Keefe // St. John's University. 1968
刘少奇的政治传记（博士论文）/ 托马斯·E.奥基夫 // 圣约翰大学. 1968

0741 Liu Shao-ch'i and the Chinese Cultural Revolution（Ph. D. Thesis）/ Lowell Dittmer // The University of Chicago. 1971
刘少奇和中国"文化大革命"（博士论文）/ 罗德明 // 芝加哥大学. 1971

0742 An Analysis of the 1965-68 Attacks on Liu Shao-chi's Early Career / Peter P. C. Cheng // Issues and Studies. 7:12. 1971
关于1965—1968年间刘少奇遭遇非难的分析 / 陈炳杞 // 问题与研究. 1971. 7:12

0743 Mao Tse-tung and Liu Shao-Ch'i, 1939-1969 / Stuart R. Schram // Asian Survey. 12:4. 1972
毛泽东与刘少奇：1939—1969 / 斯图尔特·R.施拉姆 // 亚洲综览. 1972. 12:4

0744 Mao and Liu in the 1947 Land Reform: Allies or Disputants? / Tanaka Kyoko // The China Quarterly. 75. 1978
1947年土改中的毛泽东与刘少奇：盟友还是争论者？ / 田中恭子 // 中国季刊. 1978. 75

0745 Liu Shao-Ch'i and Stalin / Asian Affairs. 7:4. 1980
刘少奇与斯大林 / 亚洲事务. 1980. 7:4

0746 Comrade Liu Shaoqi in 1925, 1927 and 1929 / Beijing Review. 23:13. 1980
1925年、1927年和1929年的刘少奇同志 / 北京周报. 1980. 23:13

0747 Death and Transfiguration: Liu Shaoqi's Rehabilitation and Contemporary Chinese Politics / Lowell Dittmer // The Journal of Asian Studies. 40:3. 1981
死亡与美化：刘少奇平反与当代中国政治 / 罗德明 // 亚洲研究杂志. 1981. 40:3

0748 Liu Shaoqi's Contributions to Mao Zedong Thought / Shi Zhongquan // Beijing Revie. 25:16. 1982
刘少奇对毛泽东思想的贡献 / 史忠全 // 北京评论报. 1982. 25:16

0749 A Snapshot-underexposed: Liu Shao-ch'i / Robert S. Elegant // China's Red Masters: Political Biographies of the Chinese Communist Leaders. p. 162
刘少奇鲜为人知的一面 / 罗伯特·S.爱丽格特 // 中国的红色大师：中国共产党领导人政治传记. 第162页

0750 Liu Shao-ch'i: The Man and the Iceberg / Howard Lyon Boorman // Revolutionary Leaders of Modern China. p. 535
冷若冰霜的刘少奇 / 包华德 // 近代中国革命领导人物. 第535页

刘仁航

0751 Liu Yen-hong（Liu Jen-hang）/ The China Weekly Review // Who's Who in China. 1936, p. 167
刘仁航（字灵华）/ 密勒氏评论报 // 中国名人录. 1936年,第167页

刘凤岐

0752 Gen. Lin Feng-chi / The China Weekly Review // Who's Who in China. 1933, p. 74; 1936, p. 165
刘凤岐（字鸣梧）/ 密勒氏评论报 // 中国名人录. 1933年,第74页；1936年,第165页

刘文岛

0753 Liu Wen-tao / The China Weekly Review // Who's Who in China. 1936, p. 173
刘文岛（字尘苏）/ 密勒氏评论报 // 中国名人录. 1936年,第173页

0754 Liu Wen-tao（Ch'en-su）/ H. G. W. Woodhead, H. T. M. Bell // The China Year Book. 1939(27), p. 190

(p. 214)

刘文岛(字尘苏) / H. G. W. 伍德海、H. T. M. 贝尔 // 中华年鉴. 1939 年第 27 册, 第 190 页(第 214 页)

刘文辉

0755　Liu Wen-hui / The China Weekly Review // Who's Who in China. 1936, p. 173；1940, p. 61
　　　刘文辉(字自乾) / 密勒氏评论报 // 中国名人录. 1936 年, 第 173 页；1940 年, 第 61 页

0756　Liu Wen-hui(Tzu-ch'ien) / H. G. W. Woodhead, H. T. M. Bell // The China Year Book. 1939(27), p. 190 (p. 214)
　　　刘文辉(字自乾) / H. G. W. 伍德海、H. T. M. 贝尔 // 中华年鉴. 1939 年第 27 册, 第 190 页(第 214 页)

刘书藩

0757　Liu Shu-fan / The China Weekly Review // Who's Who in China. 1936, p. 170
　　　刘书藩(字剑侯) / 密勒氏评论报 // 中国名人录. 1936 年, 第 170 页

刘世芳

0758　S. Francis Liu (Liu Shih-fang) / The China Weekly Review // Who's Who in China. 1936, p. 169
　　　刘世芳 / 密勒氏评论报 // 中国名人录. 1936 年, 第 169 页

刘仙洲

0759　Mr. Liu Chen-hua / The China Weekly Review // Who's Who in China. 1925, p. 525；1936, p. 163
　　　刘振华(字仙洲) / 密勒氏评论报 // 中国名人录. 1925 年, 第 525 页；1936 年, 第 163 页

刘式训

0760　Mr. Liu Shih-hsun / The China Weekly Review // Who's Who in China. 1925, p. 546；1936, p. 169
　　　刘式训(字芛笙、荀声) / 密勒氏评论报 // 中国名人录. 1925 年, 第 546 页；1936 年, 第 169 页

刘存厚

0761　General Liu Tsun-hou / The China Weekly Review // Who's Who in China. 1925, p. 554；1936, p. 163
　　　刘存厚(字积之) / 密勒氏评论报 // 中国名人录. 1925 年, 第 554 页；1936 年, 第 163 页

刘师培

0762　The Life and Thought of Liu Shih-p'ei (M. A. Thesis) / Hsu Hsi-ling // Texas Tech University. 1980
　　　刘师培的生活和思想(硕士论文) / 许西玲 // 德克萨斯理工大学. 1980

0763　Liu Shih-p'ei (1884-1919) and His Literary Theories (M. A. Thesis) / Chen Yan // The University of Hong Kong. 1986
　　　刘师培(1884—1919)及其文学理论(硕士论文) / 陈　燕 // 香港大学. 1986

0764　Did Someone Say "Rights" Liu Shipei's Concept of Quanli / Stephen C. Angle // Philosophy East and West. 48：4. 1998
　　　刘师培的"权利"观念 / 安靖如 // 东西方哲学. 1998. 48：4

0765　Nation, People, Anarchy：Liu Shih-p'ei and the Crisis of Order in Modern China (Ph. D. Thesis) / Yang Fang-yen // University of Wisconsin-Madison. 1999
　　　国家、民众、无政府状态：刘师培与现代中国的秩序危机(博士论文) / 杨芳燕 // 威斯康星大学-麦迪逊分校. 1999

0766　Liu Shih-p'ei and National Essence / Martin Bernal // The Limit of Change：Essays on Conservative Alternatives in Republican China. p. 90
　　　刘师培与国粹派 / 马丁·贝尔纳 // 变革的限度：关于中华民国时期的保守抉择的论文集. 第 90 页

刘师舜

0767　Liu Shih-shun / The China Weekly Review // Who's Who in China. 1936, p. 170
　　　刘师舜(字琴五) / 密勒氏评论报 // 中国名人录. 1936 年, 第 170 页

0768　Liu Shih-shun (Ch'in-wu) / H. G. W. Woodhead, H. T. M. Bell // The China Year Book. 1939(27), p. 190

(p. 214)

刘师舜(字琴五) / H. G. W. 伍德海、H. T. M. 贝尔 // 中华年鉴. 1939 年第 27 册, 第 190 页(第 214 页)

刘守中

0769　Liu Shou-chung(Yun-ch'en) / H. G. W. Woodhead, H. T. M. Bell // The China Year Book. 1939(27), p. 190(p. 214)

刘守中(字允丞) / H. G. W. 伍德海、H. T. M. 贝尔 // 中华年鉴. 1939 年第 27 册, 第 190 页(第 214 页)

刘廷芳

0770　Dr. Timothy Ting-fang Lew (Liu T'ing-fang) / The China Weekly Review // Who's Who in China. 1925, p. 552;1936, p. 171

刘廷芳 / 密勒氏评论报 // 中国名人录. 1925 年, 第 552 页;1936 年, 第 171 页

0771　Liu T'ing-fang / H. G. W. Woodhead, H. T. M. Bell // The China Year Book. 1939(27), p. 190(p. 214)

刘廷芳 / H. G. W. 伍德海、H. T. M. 贝尔 // 中华年鉴. 1939 年第 27 册, 第 190 页(第 214 页)

刘华瑞

0772　Liu Hua-jui / The China Weekly Review // Who's Who in China. 1936, p. 167

刘华瑞(字穗九) / 密勒氏评论报 // 中国名人录. 1936 年, 第 167 页

刘行骥

0773　Liu Hsing-chi / The China Weekly Review // Who's Who in China. 1936, p. 166

刘行骥 / 密勒氏评论报 // 中国名人录. 1936 年, 第 166 页

0774　Liu Hsing-chi / H. G. W. Woodhead, H. T. M. Bell // The China Year Book. 1939(27), p. 189(p. 213)

刘行骥 / H. G. W. 伍德海、H. T. M. 贝尔 // 中华年鉴. 1939 年第 27 册, 第 189 页(第 213 页)

刘汝明

0775　Liu Ju-ming(Tzu-liang) / H. G. W. Woodhead, H. T. M. Bell // The China Year Book. 1939(27), p. 189(p. 213)

刘汝明(字子亮) / H. G. W. 伍德海、H. T. M. 贝尔 // 中华年鉴. 1939 年第 27 册, 第 189 页(第 213 页)

0776　Gen. Liu Ju-ming / The China Weekly Review // Who's Who in China. 1940, p. 32

刘汝明 / 密勒氏评论报 // 中国名人录. 1940 年, 第 32 页

刘纪文

0777　Liu Chi-wen / The China Weekly Review // Who's Who in China. 1936, p. 163

刘纪文(字兆铭) / 密勒氏评论报 // 中国名人录. 1936 年, 第 163 页

0778　Liu Chi-wen(Chao-ming) / H. G. W. Woodhead, H. T. M. Bell // The China Year Book. 1939(27), p. 189(p. 213)

刘纪文(字兆铭) / H. G. W. 伍德海、H. T. M. 贝尔 // 中华年鉴. 1939 年第 27 册, 第 189 页(第 213 页)

刘志陆

0779　Liu Chih-lu / The China Weekly Review // Who's Who in China. 1936, p. 164

刘志陆 / 密勒氏评论报 // 中国名人录. 1936 年, 第 164 页

刘芦隐

0780　Liu Lu-yin / The China Weekly Review // Who's Who in China. 1936, p. 168

刘芦隐 / 密勒氏评论报 // 中国名人录. 1936 年, 第 168 页

0781　Liu Lu-yin / H. G. W. Woodhead, H. T. M. Bell // The China Year Book. 1939(27), p. 190(p. 214)

刘芦隐 / H. G. W. 伍德海、H. T. M. 贝尔 // 中华年鉴. 1939 年第 27 册, 第 190 页(第 214 页)

刘克俊

0782　Keetsin Liu (Liu Keh-chun) / The China Weekly Review // Who's Who in China. 1936, p. 293

刘克俊(字卓吾) / 密勒氏评论报 // 中国名人录.1936年,第293页

刘体志
0783 Tai-chi Lau (Liu Ti-chih) / The China Weekly Review // Who's Who in China. 1936,p. 171
刘体志 / 密勒氏评论报 // 中国名人录.1936年,第171页

刘含章
0784 Liu Han-chang / The China Weekly Review // Who's Who in China. 1936,p. 293
刘含章(字仲缵) / 密勒氏评论报 // 中国名人录.1936年,第293页

刘坤一
0785 The Part Played by Liu K'ün-i in the Boxer Incident (M. A. Thesis) / Olivia Oi Kwan Ho // University of Sydney. 1966
刘坤一在义和团运动中扮演的角色(硕士论文) / 何爱群 // 悉尼大学.1966
0786 The Life and Thought of Liu K'un-I (Ph. D. Thesis) / Wong Yuk Tong // The University of Hong Kong. 1979
刘坤一研究(博士论文) / 王玉棠(音) // 香港大学.1979
0787 Liu K'un-i / Arthur W. Hummel // Eminent Chinese of the Ch'ing Period (1644-1912). p. 523
刘坤一 / 亚瑟·W.赫梅尔 // 清代名人传略(1644—1912).第523页

刘纯一
0788 Liu Shun-i, Miss / H. G. W. Woodhead, H. T. M. Bell // The China Year Book. 1939(27),p. 190(p. 214)
刘纯一女士 / H. G. W. 伍德海、H. T. M. 贝尔 // 中华年鉴.1939年第27册,第190页(第214页)

刘郁芬
0789 Liu Yueh-feng / The China Weekly Review // Who's Who in China. 1936,p. 173
刘郁芬(字兰江) / 密勒氏评论报 // 中国名人录.1936年,第173页

刘尚清
0790 Liu Shang-ching / The China Weekly Review // Who's Who in China. 1936,p. 169
刘尚清 / 密勒氏评论报 // 中国名人录.1936年,第169页
0791 Liu Shang-ch'ing(Hai-ch'uan) / H. G. W. Woodhead, H. T. M. Bell // The China Year Book. 1939(27), p. 190(p. 214)
刘尚清(字海泉) / H. G. W. 伍德海、H. T. M. 贝尔 // 中华年鉴.1939年第27册,第190页(第214页)

刘采亮
0792 Liu Tsai-liang / The China Weekly Review // Who's Who in China. 1936,p. 172
刘采亮(字孔昭) / 密勒氏评论报 // 中国名人录.1936年,第172页

刘泽荣
0793 Liu Tse-jung (Liu Tse-yung) / The China Weekly Review // Who's Who in China. 1936,p. 172
刘泽荣 / 密勒氏评论报 // 中国名人录.1936年,第172页

刘治洲
0794 Mr. Liu Chih-chou / The China Weekly Review // Who's Who in China. 1925,p. 527;1936,p. 164
刘治洲(字定五) / 密勒氏评论报 // 中国名人录.1925年,第527页;1936年,第164页

刘建绪
0795 General Liu Chien-su / The China Weekly Review // Who's Who in China. 1940,p. 32
刘建绪 / 密勒氏评论报 // 中国名人录.1940年,第32页

刘孟扬
0796 Liu Meng-yang / The China Weekly Review // Who's Who in China. 1936,p. 168
刘孟扬 / 密勒氏评论报 // 中国名人录.1936年,第168页

刘胡兰

0797　Liu Hu-lan / Chang Chung-chih // People's China. 13. 1952
　　　刘胡兰 / 张钟之(音) // 人民中国. 1952. 13

0798　Liu Hu-lan / Yang Yang // Chinese Literature. 6. 1965
　　　刘胡兰 / 杨　洋(音) // 中国文学. 1965. 6

0799　Liu Hu-lan / Tsin Ching // Chinese Literature. 2. 1972
　　　刘胡兰 / 辛　清(音) // 中国文学. 1972. 2

刘树纪

0800　S. T. Liu (Liu Shu-chi) / The China Weekly Review // Who's Who in China. 1936, p. 170
　　　刘树纪 / 密勒氏评论报 // 中国名人录. 1936 年, 第 170 页

刘树埔

0801　Mr. Shu-yung Liu (Liu Shu-yung) / The China Weekly Review // Who's Who in China. 1925, p. 548; 1936, p. 170
　　　刘树埔(字树埔) / 密勒氏评论报 // 中国名人录. 1925 年, 第 548 页; 1936 年, 第 170 页

刘贻燕

0802　Liu Yee-yung (Liu Yi-yen) / The China Weekly Review // Who's Who in China. 1936, p. 294
　　　刘贻燕 / 密勒氏评论报 // 中国名人录. 1936 年, 第 294 页

0803　Liu Yi-yen / H. G. W. Woodhead, H. T. M. Bell // The China Year Book. 1939(27), p. 191(p. 215)
　　　刘贻燕 / H. G. W. 伍德海、H. T. M. 贝尔 // 中华年鉴. 1939 年第 27 册, 第 191 页(第 215 页)

刘冠雄

0804　Admiral Liu Kuan-hsiung / The China Weekly Review // Who's Who in China. 1925, p. 543; 1936, p. 168
　　　刘冠雄(字资颖) / 密勒氏评论报 // 中国名人录. 1925 年, 第 543 页; 1936 年, 第 168 页

刘恩格

0805　Liu En-ke / The China Weekly Review // Who's Who in China. 1925, p. 539; 1936, p. 165
　　　刘恩格(字鲤门) / 密勒氏评论报 // 中国名人录. 1925 年, 第 539 页; 1936 年, 第 165 页

刘海粟

0806　Liu Hai-sou / China Journal Editorial Dept. // The China Journal. 33:2. 1940
　　　刘海粟 / 本刊编辑部 // 中国杂志. 1940. 33:2

0807　Liu Hai-sou / The China Weekly Review // Who's Who in China. 1933, p. 74; 1936, p. 166
　　　刘海粟 / 密勒氏评论报 // 中国名人录. 1933 年, 第 74 页; 1936 年, 第 166 页

0808　Liu Hai-su / H. G. W. Woodhead, H. T. M. Bell // The China Year Book. 1939(27), p. 189(p. 213)
　　　刘海粟 / H. G. W. 伍德海、H. T. M. 贝尔 // 中华年鉴. 1939 年第 27 册, 第 189 页(第 213 页)

刘曼卿

0809　Miss Liu Man-ching / The China Weekly Review // Who's Who in China. 1936, p. 168
　　　刘曼卿 / 密勒氏评论报 // 中国名人录. 1936 年, 第 168 页

刘崇杰

0810　Mr. Liu Chung-chieh / The China Weekly Review // Who's Who in China. 1925, p. 537; 1936, p. 165
　　　刘崇杰(字子楷) / 密勒氏评论报 // 中国名人录. 1925 年, 第 537 页; 1936 年, 第 165 页

0811　Liu Ch'ung-chieh (Tzu-k'ai) / H. G. W. Woodhead, H. T. M. Bell // The China Year Book. 1939(27), p. 189(p. 213)
　　　刘崇杰(字子楷) / H. G. W. 伍德海、H. T. M. 贝尔 // 中华年鉴. 1939 年第 27 册, 第 189 页(第 213 页)

刘鸿生

0812　The Structure of Chinese Business in Republican China: The Case of Liu Hongsheng and His Enterprises, 1920-1937 (Ph. D. Thesis) / Chan Kai Yiu // University of Oxford. 1997

民国时期的中国商业结构：以刘鸿生及其实业为例,1920—1937(博士论文) / 陈启尧(音) // 牛津大学.1997

0813　O. S. Lieu (Liu Hung-sheng) / The China Weekly Review // Who's Who in China. 1936, p. 167
　　　刘鸿生 / 密勒氏评论报 // 中国名人录.1936 年,第 167 页

0814　Liu Hung-sheng / H. G. W. Woodhead, H. T. M. Bell // The China Year Book. 1939(27), p. 189(p. 213)
　　　刘鸿生 / H. G. W. 伍德海、H. T. M. 贝尔 // 中华年鉴.1939 年第 27 册,第 189 页(第 213 页)

刘维炽

0815　Liu Wei-tse / The China Weekly Review // Who's Who in China. 1936, p. 172
　　　刘维炽 / 密勒氏评论报 // 中国名人录.1936 年,第 172 页

0816　Liu Wei-chih / H. G. W. Woodhead, H. T. M. Bell // The China Year Book. 1939(27), p. 190(p. 214)
　　　刘维炽 / H. G. W. 伍德海、H. T. M. 贝尔 // 中华年鉴.1939 年第 27 册,第 190 页(第 214 页)

刘敬宜

0817　Liu Chin-yi / The China Weekly Review // Who's Who in China. 1933, p. 73；1936, p. 164
　　　刘敬宜 / 密勒氏评论报 // 中国名人录.1933 年,第 73 页；1936 年,第 164 页

刘景山

0818　C. S. Liu (Liu Ching-shan) / The China Weekly Review // Who's Who in China. 1925, p. 533；1936, p. 165
　　　刘景山(字竹君) / 密勒氏评论报 // 中国名人录.1925 年,第 533 页；1936 年,第 165 页

刘鲁男

0819　Mr. L. N. Lau (Liu Lu-nan) / The China Weekly Review // Who's Who in China. 1925, p. 545；1936, p. 168
　　　刘鲁男 / 密勒氏评论报 // 中国名人录.1925 年,第 545 页；1936 年,第 168 页

刘湛恩

0820　Herman Chan-en Liu (Liu Chan-en) / The China Weekly Review // Who's Who in China. 1936, p. 162
　　　刘湛恩 / 密勒氏评论报 // 中国名人录.1936 年,第 162 页

刘瑞恒

0821　J. Heng Liu (Liu Jui-heng) / The China Weekly Review // Who's Who in China. 1936, p. 167
　　　刘瑞恒 / 密勒氏评论报 // 中国名人录.1936 年,第 167 页

0822　Liu Jui-heng(Yueh-ju) / H. G. W. Woodhead, H. T. M. Bell // The China Year Book. 1939(27), p. 190(p. 214)
　　　刘瑞恒(字月如) / H. G. W. 伍德海、H. T. M. 贝尔 // 中华年鉴.1939 年第 27 册,第 190 页(第 214 页)

刘楚湘

0823　Mr. Liu Ch'u-hsiang / The China Weekly Review // Who's Who in China. 1925, p. 536；1936, p. 165
　　　刘楚湘(字梦泽) / 密勒氏评论报 // 中国名人录.1925 年,第 536 页；1936 年,第 165 页

刘锦文

0824　Liu Chin-wen / H. G. W. Woodhead, H. T. M. Bell // The China Year Book. 1939(27), p. 189(p. 213)
　　　刘锦文 / H. G. W. 伍德海、H. T. M. 贝尔 // 中华年鉴.1939 年第 27 册,第 189 页(第 213 页)

刘镇华

0825　General Liu Chen-hua / The China Weekly Review // Who's Who in China. 1925, p. 523；1936, p. 163
　　　刘镇华(字雪亚) / 密勒氏评论报 // 中国名人录.1925 年,第 523 页；1936 年,第 163 页

0826　Liu Chen-hua(Hsueh-ya) / H. G. W. Woodhead, H. T. M. Bell // The China Year Book. 1939(27), p. 189(p. 213)
　　　刘镇华(字雪亚) / H. G. W. 伍德海、H. T. M. 贝尔 // 中华年鉴.1939 年第 27 册,第 189 页(第 213 页)

刘镜人

0827　Mr. Liu Ching-jen / The China Weekly Review // Who's Who in China. 1925, p. 531；1936, p. 165

刘镜人(字士熙) / 密勒氏评论报 // 中国名人录. 1925 年, 第 531 页; 1936 年, 第 165 页

刘燧昌

0828　Liu Sui-chang / The China Weekly Review // Who's Who in China. 1936, p. 293

刘燧昌(字刚吾) / 密勒氏评论报 // 中国名人录. 1936 年, 第 293 页

刘翼飞

0829　Liu I-fei / The China Weekly Review // Who's Who in China. 1936, p. 167

刘翼飞(字一飞) / 密勒氏评论报 // 中国名人录. 1936 年, 第 167 页

刘骥行

0830　Frank Chi-hsing Liu (Liu Chi-hsin) / The China Weekly Review // Who's Who in China. 1936, p. 163

刘骥行 / 密勒氏评论报 // 中国名人录. 1936 年, 第 163 页

刘耀扬

0831　Liu Yao-yang / The China Weekly Review // Who's Who in China. 1933, p. 75; 1936, p. 173

刘耀扬(字师尚) / 密勒氏评论报 // 中国名人录. 1933 年, 第 75 页; 1936 年, 第 173 页

刘王立明

0832　Mrs. Liu Chan-en / The China Weekly Review // Who's Who in China. 1936, p. 162

刘王立明(刘湛恩夫人) / 密勒氏评论报 // 中国名人录. 1936 年, 第 162 页

0833　Wang Li-ming, Miss / H. G. W. Woodhead, H. T. M. Bell // The China Year Book. 1939 (27), p. 204 (p. 228)

王立明(刘王立明)女士 / H. G. W. 伍德海、H. T. M. 贝尔 // 中华年鉴. 1939 年第 27 册, 第 204 页 (第 228 页)

关　炯

0834　Mr. Kuan Chun (Kuan Chiung) / The China Weekly Review // Who's Who in China. 1925, p. 418; 1936, p. 125

关炯(字炯之) / 密勒氏评论报 // 中国名人录. 1925 年, 第 418 页; 1936 年, 第 125 页

关文清

0835　Moon Kwan (Kwan Wen-ching) / The China Weekly Review // Who's Who in China. 1936, p. 292

关文清 / 密勒氏评论报 // 中国名人录. 1936 年, 第 292 页

关吉玉

0836　Kwan Ge-yu (Kwan Chi-yu) / The China Weekly Review // Who's Who in China. 1940, p. 27

关吉玉 / 密勒氏评论报 // 中国名人录. 1940 年, 第 27 页

关海清

0837　Mr. H. C. Kuan (Kuan Hai-Ch'ing) / The China Weekly Review // Who's Who in China. 1925, p. 420; 1936, p. 125

关海清(字果尘) / 密勒氏评论报 // 中国名人录. 1925 年, 第 420 页; 1936 年, 第 125 页

关赓麟

0838　Mr. Kuan Keng-lin / The China Weekly Review // Who's Who in China. 1925, p. 422; 1936, p. 125

关赓麟(字颖人) / 密勒氏评论报 // 中国名人录. 1925 年, 第 422 页; 1936 年, 第 125 页

关麟征

0839　Gen. Kwan Lin-tseng / The China Weekly Review // Who's Who in China. 1940, p. 60

关麟征 / 密勒氏评论报 // 中国名人录. 1940 年, 第 60 页

米春霖

0840　Mi Chun-lin / The China Weekly Review // Who's Who in China. 1936, p. 190

米春霖(字瑞风) / 密勒氏评论报 // 中国名人录. 1936 年, 第 190 页

冰　心

0841　Two Modern Chinese Women: Ping Hsin and Ting Ling (Ph. D. Thesis) / Colena M. Anderson //

Claremont Graduate University. 1954
两位近代中国女性：冰心和丁玲（博士论文）/ 柯丽娜·M. 安德森 // 克莱蒙特研究大学. 1954

0842 The Vanguards of the Women's Liberation Movement-Lu Yin, Bingxin, and Ding Ling / Liu Nienling // Chinese Studies in History. 23：2. 1989
妇女解放运动先锋：庐隐、冰心和丁玲 / 刘年玲 // 中国历史研究. 1989. 23：2

0843 Miss Hsieh Wan-ying / The China Weekly Review // Who's Who in China. 1936, p. 89
谢婉莹（冰心）女士 / 密勒氏评论报 // 中国名人录. 1936 年, 第 89 页

0844 Hsieh Wan-ying, Miss / H. G. W. Woodhead, H. T. M. Bell // The China Year Book. 1939(27), p. 178 (p. 202)
谢婉莹女士（笔名冰心）/ H. G. W. 伍德海、H. T. M. 贝尔 // 中华年鉴. 1939 年第 27 册, 第 178 页（第 202 页）

江 青

0845 Madame Mao：A Profile of Chiang Ch'ing / Arthur Clyde Miller // Hong Kong：Union Research Institute. 1968
毛夫人：江青传略 / 亚瑟·克莱德·米勒 // 香港：联合研究学院. 1968 年

0846 Comrade Chiang Ch'ing / Roxane Witke // Boston：Little, Brown. 1977
江青同志 / 露克珊·维特克 // 波士顿：利托·布朗. 1977 年

0847 Feng Youlan, Jiang Qing, and the "Twenty-five Poems on History" / Russell McLeod // Berkeley：Center for Chinese Studies, Institute of East Asian Studies, University of California. 1983
冯友兰、江青及"史上 25 首诗"/ 拉塞尔·麦克劳德 // 伯克利：加利福尼亚大学, 东亚研究所, 中国研究中心. 1983 年

0848 The White-boned Demon：A Biography of Madame Mao Zedong / Ross Terrill // New York：William Morrow. 1984
白骨精：毛夫人传 / 罗斯·特里尔 // 纽约：威廉·莫罗. 1984 年

0849 Mao's Wife — Chiang Ch'ing / Chu Hao-Jan // The China Quarterly. 31. 1967
毛泽东的妻子——江青 / 朱浩然（音）// 中国季刊. 1967. 31

0850 Chiang Ching：World's Most Powerful Woman / Fred Sparks // Human Events. 31：51. 1971
江青：世界上最有权势的女人 / 弗雷德·斯巴克斯 // 世事. 1971. 31：51

0851 Chiang Ching and Empress Lu / Hsu Hsun // Peking Review. 19：52. 1976; Chinese Studies in History. 11：2. 1977
江青和吕皇后 / 徐 勋（音）// 北京周报. 1976. 19：52; 中国历史研究. 1977-78. 11：2

0852 Chiang Ching's Changes / Tom Bower // The Listener. 97：2506. 1977
江青的改变 / 汤姆·鲍尔 // 听众. 1977. 97：2506

0853 Chiang Ch'ing and Her "Foreign Sister" / Feng Fei // Chinese Studies in History. 12：1. 1978
江青和她的"外国姐姐"/ 冯 飞 // 中国历史研究. 1978. 12：1

0854 Comrade Chiang Ch'ing / Simon Leys // Quadrant. 22：5. 1978
江青同志 / 西蒙·雷斯 // 象限仪. 1978. 22：5

0855 Chiang Ch'ing's 180-degree Turn / Hsiang Yü // Chinese Studies in History. 12：1. 1978
江青的 180 度大转弯 / 向 郁（音）// 中国历史研究. 1978. 12：1

0856 The Rise and Fall of Comrade Chiang Ch'ing / Hsieh Chen-Ping // Asian Affairs. 5：3. 1978
江青同志沉浮录 / 谢振平（音）// 亚洲事务. 1978. 5：3

0857 Shattering Chiang Ch'ing's Dream of Becoming Emperor / Shih Yen // Chinese Studies in History. 12：2. 1978-1979
粉碎江青成为帝王的梦想 / 施 彦（音）// 中国历史研究. 1978-1979. 12：2

0858 Chiang Ch'ing's Wolfish Ambition in Publicizing "Matriarchal Society" / Ku Yen // Chinese Studies in

History. 12:3. 1979

江青鼓吹"母系社会"的贪婪野心 / 顾　彦(音) // 中国历史研究. 1979. 12:3

0859　Chiang Ch'ing cannot Shirk Responsibility for Her Crime in Sabotaging the Revolution in Literature and Art / Lu Ching-wen // Chinese Studies in History. 12:3. 1979

江青难逃破坏"文化大革命"的罪责 / 陆清文(音) // 中国历史研究. 1979. 12:3

0860　Comrade Dowager Chiang Ch'ing / Lillian Craig Harris // Asian Affairs. 9:3. 1982

未亡人江青 / 莉莲·克雷格·哈里斯 // 亚洲事务. 1982. 9:3

0861　Women in Chinese Politics: Jiang Qing and Ci Xi and Their Quest for Power (A. B. Thesis) / Deborah Jane Seligsohn // Harvard University. 1984

中国政坛女人：江青和慈禧及其权力欲望(学士论文) / 沈岱波 // 哈佛大学. 1984

江　庸

0862　Mr. Chian Yung / The China Weekly Review // Who's Who in China. 1925, p. 180; 1936, p. 48

江庸(字翊云) / 密勒氏评论报 // 中国名人录. 1925 年, 第 180 页; 1936 年, 第 48 页

江一平

0863　Eugene Ye-bing Kiang (Kiang I-ping) / The China Weekly Review // Who's Who in China. 1936, p. 122

江一平 / 密勒氏评论报 // 中国名人录. 1936 年, 第 122 页

0864　Chiang L-p'ing / H. G. W. Woodhead, H. T. M. Bell // The China Year Book. 1939(27), p. 168(p. 192)

江一平 / H. G. W. 伍德海、H. T. M. 贝尔 // 中华年鉴. 1939 年第 27 册, 第 168 页(第 192 页)

江天铎

0865　Mr. Chiang T'ien-to / The China Weekly Review // Who's Who in China. 1925, p. 172; 1936, p. 46

江天铎(字竞庵) / 密勒氏评论报 // 中国名人录. 1925 年, 第 172 页; 1936 年, 第 46 页

江亢虎

0866　Dr. Kiang Kang-hu (Chiang Kang-hu) / The China Weekly Review // Who's Who in China. 1925, p. 166; 1936, p. 45; 1940, p. 71

江亢虎(字亢虎) / 密勒氏评论报 // 中国名人录. 1925 年, 第 166 页; 1936 年, 第 45 页; 1940 年, 第 71 页

0867　Chiang K'ang-hu / H. G. W. Woodhead, H. T. M. Bell // The China Year Book. 1939(27), p. 168(p. 192)

江亢虎 / H. G. W. 伍德海、H. T. M. 贝尔 // 中华年鉴. 1939 年第 27 册, 第 168 页(第 192 页)

江华本

0868　H. P. Kiang (Chiang Hua-Pen) / The China Weekly Review // Who's Who in China. 1933, p. 19; 1936, p. 45

江华本 / 密勒氏评论报 // 中国名人录. 1933 年, 第 19 页; 1936 年, 第 45 页

江顺德

0869　Dr. S. T. Kong (Chiang Shun-te) / The China Weekly Review // Who's Who in China. 1925, p. 170; 1936, p. 46

江顺德(字文治) / 密勒氏评论报 // 中国名人录. 1925 年, 第 170 页; 1936 年, 第 46 页

江恒源

0870　Chiang Heng-yuan / H. G. W. Woodhead, H. T. M. Bell // The China Year Book. 1939(27), p. 168(p. 192)

江恒源 / H. G. W. 伍德海、H. T. M. 贝尔 // 中华年鉴. 1939 年第 27 册, 第 168 页(第 192 页)

江洪杰

0871　Chiang Hung-geh (Chiang Hung-chih) / The China Weekly Review // Who's Who in China. 1936, p. 45; 1940, p. 71

江洪杰(字子因) / 密勒氏评论报 // 中国名人录. 1936 年, 第 45 页; 1940 年, 第 71 页

江朝宗

0872　General Chiang Ch'ao-tsung / The China Weekly Review // Who's Who in China. 1925, p. 164; 1940, p. 71

江朝宗(字宇澄) / 密勒氏评论报 // 中国名人录.1925 年,第 164 页;1940 年,第 71 页

汤玉麟
0873　Gen. Tang Yu-ling / The China Weekly Review // Who's Who in China. 1933,p. 100;1936,p. 224
　　　汤玉麟(字阁臣) / 密勒氏评论报 // 中国名人录.1933 年,第 100 页;1936 年,第 224 页

汤尔和
0874　Dr. Tang Er-ho / The China Weekly Review // Who's Who in China. 1933,p. 98;1936,p. 222;1940,p. 77
　　　汤尔和 / 密勒氏评论报 // 中国名人录.1933 年,第 98 页;1936 年,第 222 页;1940 年,第 77 页

汤吉禾
0875　Edgar C. Tang (Tang Chi-ho) / The China Weekly Review // Who's Who in China. 1936,p. 221
　　　汤吉禾 / 密勒氏评论报 // 中国名人录.1936 年,第 221 页

汤良礼
0876　Tang Leang-li (Tang Liang-li) / The China Weekly Review // Who's Who in China. 1933,p. 99;1936, p. 222
　　　汤良礼 / 密勒氏评论报 // 中国名人录.1933 年,第 99 页;1936 年,第 222 页

0877　T'ang Liang-li / H. G. W. Woodhead, H. T. M. Bell // The China Year Book. 1939(27),p. 199(p. 223)
　　　汤良礼 / H.G.W. 伍德海、H.T.M. 贝尔 // 中华年鉴.1939 年第 27 册,第 199 页(第 223 页)

汤恩伯
0878　Gen. Tang En-po / The China Weekly Review // Who's Who in China. 1940,p. 64
　　　汤恩伯 / 密勒氏评论报 // 中国名人录.1940 年,第 64 页

安迪生
0879　Mr. An Ti-sheng / The China Weekly Review // Who's Who in China. 1925,p. 1;1936,p. 1
　　　安迪生(字厚斋) / 密勒氏评论报 // 中国名人录.1925 年,第 1 页;1936 年,第 1 页

祁大鹏
0880　Chi Ta-peng / The China Weekly Review // Who's Who in China. 1936,p. 43
　　　祁大鹏 / 密勒氏评论报 // 中国名人录.1936 年,第 43 页

许沅
0881　Mr. G. F. Hsu (Hsu yuan) / The China Weekly Review // Who's Who in China. 1925,p. 359;1936, p. 101
　　　许沅(字秋帆) / 密勒氏评论报 // 中国名人录.1925 年,第 359 页;1936 年,第 101 页

许超
0882　Hsu Chao (Hsu Kwan-chun) / The China Weekly Review // Who's Who in China. 1940,p. 19
　　　许超(字冠群) / 密勒氏评论报 // 中国名人录.1940 年,第 19 页

许人俊
0883　Mr. Hsu Jen Tsing (Hsu Jen-chun) / The China Weekly Review // Who's Who in China. 1925,p. 334; 1936,p. 95
　　　许人俊(字剑青) / 密勒氏评论报 // 中国名人录.1925 年,第 334 页;1936 年,第 95 页

许凤藻
0884　Hsu Feng-tsao / The China Weekly Review // Who's Who in China. 1936,p. 93
　　　许凤藻(字伯翔) / 密勒氏评论报 // 中国名人录.1936 年,第 93 页

许心武
0885　S. Wu Hsu (Hsu Hsin-wu) / The China Weekly Review // Who's Who in China. 1933,p. 46;1936,p. 94
　　　许心武 / 密勒氏评论报 // 中国名人录.1933 年,第 46 页;1936 年,第 94 页

许世英
0886　Mr. Hsu Shie-ying / The China Weekly Review // Who's Who in China. 1925,p. 346;1936,p. 99
　　　许世英(字俊人、静仁) / 密勒氏评论报 // 中国名人录.1925 年,第 346 页;1936 年,第 99 页

0887　Hsu Shih-ying(Chin-yen) / H. G. W. Woodhead, H. T. M. Bell // The China Year Book. 1939(27), p. 179 (p. 203)

许世英(字静仁) / H. G. W. 伍德海、H. T. M. 贝尔 // 中华年鉴. 1939 年第 27 册, 第 179 页（第 203 页）

许仕廉

0888　Leonard. S. Hsu (Hsu Shih-lien) / The China Weekly Review // Who's Who in China. 1936, p. 98

许仕廉 / 密勒氏评论报 // 中国名人录. 1936 年, 第 98 页

0889　Hsu Shih-lien / H. G. W. Woodhead, H. T. M. Bell // The China Year Book. 1939(27), p. 179(p. 203)

许仕廉 / H. G. W. 伍德海、H. T. M. 贝尔 // 中华年鉴. 1939 年第 27 册, 第 179 页（第 203 页）

许兰洲

0890　General Hsu Lan-chou / The China Weekly Review // Who's Who in China. 1925, p. 336; 1936, p. 96

许兰洲(字芝田) / 密勒氏评论报 // 中国名人录. 1925 年, 第 336 页; 1936 年, 第 96 页

许克祥

0891　Hsu Ke-hsiang / The China Weekly Review // Who's Who in China. 1936, p. 95

许克祥 / 密勒氏评论报 // 中国名人录. 1936 年, 第 95 页

许念曾

0892　Hsu Nien-tseng / The China Weekly Review // Who's Who in China. 1940, p. 19

许念曾 / 密勒氏评论报 // 中国名人录. 1940 年, 第 19 页

许建屏

0893　Mr. Jabin Hsu (Hsu Chien-Ping) / The China Weekly Review // Who's Who in China. 1925, p. 321; 1936, p. 92

许建屏 / 密勒氏评论报 // 中国名人录. 1925 年, 第 321 页; 1936 年, 第 92 页

0894　Hsu Chien-p'ing(Yien-fan) / H. G. W. Woodhead, H. T. M. Bell // The China Year Book. 1939(27), p. 178(p. 202)

许建屏(字彦藩) / H. G. W. 伍德海、H. T. M. 贝尔 // 中华年鉴. 1939 年第 27 册, 第 178 页（第 202 页）

许贯三

0895　Hsu Kuan-san (Hsu Kuan-shan) / The China Weekly Review // Who's Who in China. 1936, p. 95

许贯三 / 密勒氏评论报 // 中国名人录. 1936 年, 第 95 页

许显时

0896　Hsu Hsien-shih / The China Weekly Review // Who's Who in China. 1936, p. 94

许显时(字成谋) / 密勒氏评论报 // 中国名人录. 1936 年, 第 94 页

许晓初

0897　Hsu Hsiao-ch'u(Hsiao-ch'u) / H. G. W. Woodhead, H. T. M. Bell // The China Year Book. 1939(27), p. 179(p. 203)

许晓初(字孝雏) / H. G. W. 伍德海、H. T. M. 贝尔 // 中华年鉴. 1939 年第 27 册, 第 179 页（第 203 页）

0898　Hsu Hsiao-chu / The China Weekly Review // Who's Who in China. 1940, p. 18

许晓初 / 密勒氏评论报 // 中国名人录. 1940 年, 第 18 页

许家栻

0899　Hsu Kyia-shuh (Hsu Chia-shih) / The China Weekly Review // Who's Who in China. 1933, p. 44; 1936, p. 91

许家栻(字伯龙) / 密勒氏评论报 // 中国名人录. 1933 年, 第 44 页; 1936 年, 第 91 页

许崇清

0900　Hsu Ch'ung-ch'ing(Chih-ch'eng) / H. G. W. Woodhead, H. T. M. Bell // The China Year Book. 1939

(27),p. 178(p. 202)

许崇清(字志澄) / H. G. W. 伍德海、H. T. M. 贝尔 // 中华年鉴. 1939 年第 27 册,第 178 页(第 202 页)

许崇智

0901　Hsu Chung-chi / The China Weekly Review // Who's Who in China. 1936,p. 93
　　　许崇智 / 密勒氏评论报 // 中国名人录. 1936 年,第 93 页

0902　Hsu Ch'ung-chih / H. G. W. Woodhead, H. T. M. Bell // The China Year Book. 1939(27),p. 178(p. 202)
　　　许崇智 / H. G. W. 伍德海、H. T. M. 贝尔 // 中华年鉴. 1939 年第 27 册,第 178 页(第 202 页)

许崇灏

0903　Hsu Chun-hao / The China Weekly Review // Who's Who in China. 1933,p. 45;1936,p. 93
　　　许崇灏(字公武) / 密勒氏评论报 // 中国名人录. 1933 年,第 45 页;1936 年,第 93 页

0904　Hsu Ch'ung-hao(Kung-wu) / H. G. W. Woodhead, H. T. M. Bell // The China Year Book. 1939(27),p. 179(p. 203)
　　　许崇灏(字公武) / H. G. W. 伍德海、H. T. M. 贝尔 // 中华年鉴. 1939 年第 27 册,第 179 页(第 203 页)

许景澄

0905　Hsu Ching-ch'eng / Arthur W. Hummel // Eminent Chinese of the Ch'ing Period (1644-1912). p. 312
　　　许景澄 / 亚瑟·W. 赫梅尔 // 清代名人传略(1644—1912). 第 312 页

许瑞鋆

0906　Jui-chun Hsu (Hsu Jui-chun) / The China Weekly Review // Who's Who in China. 1933,p. 46;1936,p. 95
　　　许瑞鋆(字公遂) / 密勒氏评论报 // 中国名人录. 1933 年,第 46 页;1936 年,第 95 页

许锡清

0907　Hsu Hsi-ching / The China Weekly Review // Who's Who in China. 1936,p. 94
　　　许锡清 / 密勒氏评论报 // 中国名人录. 1936 年,第 94 页

许福昞

0908　Hsu Fu-ping / The China Weekly Review // Who's Who in China. 1936,p. 290
　　　许福昞(字汉卿) / 密勒氏评论报 // 中国名人录. 1936 年,第 290 页

许肇堆

0909　Co Tui (Hsu Chao-tui) / The China Weekly Review // Who's Who in China. 1940,p. 17
　　　许肇堆(字士慎) / 密勒氏评论报 // 中国名人录. 1940 年,第 17 页

〔ㄋ〕

那彦图

0910　Na Yien-tu / The China Weekly Review // Who's Who in China. 1936,p. 294
　　　那彦图(字钜甫) / 密勒氏评论报 // 中国名人录. 1936 年,第 294 页

0911　Na Yien-t'u(Chü-fu) / H. G. W. Woodhead, H. T. M. Bell // The China Year Book. 1939(27),p. 193(p. 217)
　　　那彦图(字钜甫) / H. G. W. 伍德海、H. T. M. 贝尔 // 中华年鉴. 1939 年第 27 册,第 193 页(第 217 页)

阮晓繁

0912　Mr. Hew Fan Un (Yuan Hsiao-fan) / The China Weekly Review // Who's Who in China. 1925,p. 959;1936,p. 285
　　　阮晓繁 / 密勒氏评论报 // 中国名人录. 1925 年,第 959 页;1936 年,第 285 页

牟　琳

0913　Mr. Mou Lin / The China Weekly Review // Who's Who in China. 1925,p. 608;1936,p. 191

牟琳(字贡三) / 密勒氏评论报 // 中国名人录.1925年,第608页;1936年,第191页

纪 华

0914　Chi Hua / The China Weekly Review // Who's Who in China. 1936, p. 42
　　　纪华(字仲石) / 密勒氏评论报 // 中国名人录.1936年,第42页

孙 科

0915　Sun Fo, Dr. / Paul Kranz // The China Journal. 30:5. 1939
　　　孙　科 / 安保罗 // 中国杂志.1939. 30:5

0916　Dr. Sun Yat-sen and Dr. Sun Fo / Dorothy Woodman // New Statesman and Nation. 28:712. 1944
　　　孙中山与孙科 / 多萝西·伍德曼 // 新政治家与国家.1944. 28:712

0917　Sun Fo: Asian Portraits V / Vanya Oakes // Asia and the Americas. 46:2. 1946
　　　孙科:亚洲肖像(五) / 万亚·奥克斯 // 亚洲与美洲.1946. 46:2

0918　Sun Fo / Hsia Lei-ting // China Digest. 2:3. 1947
　　　孙　科 / 夏雷霆(音) // 中国文摘.1947. 2:3

0919　A Study of a Faltering Democrat: The Life of Sun Fo, 1891-1949 (Ph. D. Thesis) / Lai Jeh-hang // University of Illinois, Urbana-Champaign. 1976
　　　一位犹豫的民主主义者:孙科生平,1891—1949(博士论文) / 赖泽涵 // 伊利诺伊大学,厄巴纳-香槟分校.1976

0920　Sun Fo (Sun Ke) / The China Weekly Review // Who's Who in China. 1925, p. 682;1933, p. 89;1936, p. 210;1940, p. 40
　　　孙科(字哲生) / 密勒氏评论报 // 中国名人录.1925年,第682页;1933年,第89页;1936年,第210页;1940年,第40页

0921　Sun K'e(Cheh-sheng) / H. G. W. Woodhead, H. T. M. Bell // The China Year Book. 1939(27), p. 197 (p. 221)
　　　孙科(字哲生) / H. G. W. 伍德海、H. T. M. 贝尔 // 中华年鉴.1939年第27册,第197页(第221页)

孙 震

0922　Gen. Sun Cheng / The China Weekly Review // Who's Who in China. 1940, p. 40
　　　孙震(字德操) / 密勒氏评论报 // 中国名人录.1940年,第40页

孙义慈

0923　Sun Yi-tzu / The China Weekly Review // Who's Who in China. 1940, p. 41
　　　孙义慈 / 密勒氏评论报 // 中国名人录.1940年,第41页

孙元方

0924　Mr. Y. Ralph Sun (Sun Yuan-fang) / The China Weekly Review // Who's Who in China. 1925, p. 690;1936, p. 214
　　　孙元方(字景西) / 密勒氏评论报 // 中国名人录.1925年,第690页;1936年,第214页

0925　Sun Yuan-fang(Ching-his / H. G. W. Woodhead, H. T. M. Bell // The China Year Book. 1939(27), p. 197 (p. 221)
　　　孙元方(字景西) / H. G. W. 伍德海、H. T. M. 贝尔 // 中华年鉴.1939年第27册,第197页(第221页)

孙元良

0926　Gen. Swen Yuan-liang (Sun Yuan-liang) / The China Weekly Review // Who's Who in China. 1933, p. 90;1936, p. 214;1940, p. 41
　　　孙元良 / 密勒氏评论报 // 中国名人录.1933年,第90页;1936年,第214页;1940年,第41页

0927　Sun Yuan-liang / H. G. W. Woodhead, H. T. M. Bell // The China Year Book. 1939(27), p. 197(p. 221)
　　　孙元良 / H. G. W. 伍德海、H. T. M. 贝尔 // 中华年鉴.1939年第27册,第197页(第221页)

孙中山

0928 Sun Yat-sen and the Awakening of China / James Cantlie, C. Sheridan Jones // London: Jarrold & sons; New York: Revell. 1912
孙中山与中国的觉醒 / 詹姆斯·康德黎、C.谢里丹·琼斯 // 伦敦：贾罗德父子公司；纽约：雷维尔公司. 1912 年

0929 Dr. Sun Yat-sen, His Life and Achievements / Hsün ch'uan-pu // Shanghai: Shanghai Mercury. 1925
孙逸仙博士的生平及其成就 / 孙川浦（音）// 上海：上海文汇. 1925 年

0930 Sun Yat-sen and the Chinese Republic / Paul Myron Wentworth Linebarger // New York and London: Century. 1925
孙逸仙传记（孙逸仙与中华民国）/ 林百克 // 纽约、伦敦：世纪出版社. 1925 年

0931 Dr. Sun Yat-sen's Life and Principles / Edward Bing-Shuey Lee // Peiping: Leader Press. 1931
孙逸仙博士的人生和原则 / 李炳瑞 // 北平：领袖出版社. 1931 年

0932 Sun Yat-sen, Liberator of China / Henry Bond Restarick // New Haven: Yale University Press; London: Oxford University Press. 1931
孙中山：中国的解放者 / 亨利·波鲁·雷斯塔里克 // 纽黑文：耶鲁大学出版社；伦敦：牛津大学出版社. 1931 年

0933 Sun Yat-sen versus Communism: New Evidence Establishing China's Right to the Support of Democratic Nations / Maurice William // Baltimore: The Williams and Wilkins Company. 1932
孙逸仙与共产主义：支持中国政权构建民主国家的新证据 / 莫里斯·威廉 // 巴尔的摩：威廉姆斯和威尔金斯公司. 1932 年

0934 Sun Yat-Sen, His Life and Its Meaning: A Critical Biography / Lyon Sharman // New York: John Day. 1934
孙中山评传：其生平及意义 / 莱昂·沙尔曼 // 纽约：庄台公司. 1934 年

0935 The Political Doctrines of Sun Yat-sen: An Exposition of the San Min Chu I / Paul Myron Anthony Linebarger // Baltimore: The Johns Hopkins Press. 1937
孙中山的政治教义：对其三民主义的阐述 / 林白乐 // 巴尔的摩：约翰·霍普金出版社. 1937 年

0936 The Strange Apotheosis of Sun Yat-sen / Saggitarius (pseud) // London: Heath Cranton. 1939
对孙中山的奇怪膜拜 / 人马座（伪）// 伦敦：希斯·克兰顿. 1939 年

0937 Building China's Republic: Epic of Vision — Valour — Victory / George Harold Burchett, Winston Harold Burchett // Melbourne: Australia-China Cooperation Association. 1943
构筑中国的共和政体：一首理想、勇气和胜利的史诗 / 乔治·哈罗德·伯切特、温斯顿·哈罗德·伯切特 // 墨尔本：澳中联合协会. 1943 年

0938 Stranger Vigour: A Biography of Sun Yat-sen / Bernard Martin // London: William Heinemann. 1944
抖擞异乡人：孙中山传 / 伯纳德·马丁 // 伦敦：威廉·海涅曼出版社. 1944 年

0939 Sun Yat-sen / Nina Brown Baker // New York: Vanguard Press. 1946
孙逸仙 / 妮娜·布朗·贝克 // 纽约：先锋出版社. 1946 年

0940 Sun Yat-sen: A Portrait / Stephen Chen, Robert Payne // New York: John Day Company. 1946
孙逸仙画传 / 史蒂芬·陈、罗伯特·佩恩 // 纽约：庄台公司. 1946 年

0941 Sun Yat-sen, the Soul of Modern China / Maurice William // China Monthly. 8:. 1947
孙逸仙：近代中国之魂 / 莫里斯·威廉 // 中国月刊. 1947. 8：

0942 Maurice William and Sun Yat-sen / Maurice Zolotow // London: Robert Hale Ltd. 1948
莫里斯·威廉与孙中山 / 莫里斯·佐罗陀 // 伦敦：罗伯特·黑尔有限公司. 1948 年

0943 Sun Yat-sen / Stanislao Lokuang // Brescia: La Scuoloa. 1950
孙逸仙 / 罗光 // 布雷西亚：学校出版社. 1950 年

0944 The Man Who Changed China: The Story of Sun Yat-sen / Pearl Buck // New York: Random House. 1953

改变中国的人：孙逸仙的故事 / 赛珍珠 // 纽约：兰登书屋. 1953 年

0945 Sun Yat-sen on International Cooperation：On International Development of China / Chiang Monlin // Taipei：China Culture Publishing Foundation. 1953
孙逸仙论国际合作：中国的国际发展 / 蒋梦麟 // 台北：文化出版基金会. 1953 年

0946 Memoirs of A Chinese Revolutionary：A Programme of National Reconstruction for China / Sun Yat-sen // London：Hutchinson. 1927；Taipei：China Cultural Service. 1953
一个中国革命者的回忆录：中华民族重建 / 孙逸仙 // 伦敦：哈钦森. 1927 年；台北：中国文化服务. 1953 年

0947 The Japanese and Sun Yat-sen / Marius B. Jansen // Cambridge：Harvard University Press. 1954；London：Oxford University Press. 1955
日本人与孙中山 / 马里厄斯·B. 詹森 // 坎布里奇：哈佛大学出版社. 1954 年；伦敦：牛津大学出版社. 1955 年

0948 Sun Yat-sen and the Origins of the Chinese Revolution / Harold Z. Schiffrin // Los Angeles：University of California Press. 1968
孙中山与中国革命起源 / 哈罗德·Z. 史扶邻 // 洛杉矶：加利福尼亚大学出版社. 1968 年

0949 Sun Yat-sen / Robert Bruce // London：Oxford University Press. 1969
孙中山 / 罗伯特·布鲁斯 // 伦敦：牛津大学出版社. 1969 年

0950 Sun Yat-sen：China's Great Champion / Arnulf K. Esterer, Louise A. Esterer // New York：J. Messner. 1970
孙中山：中国的伟大战士 / 阿努尔夫·K. 埃斯特尔、路易丝·A. 埃斯特尔 // 纽约：J. 梅斯纳公司. 1970 年

0951 A Study on Sun Yat-sen's Anti-imperialism / Ku Hung-ting // Singapore：Institute of Humanities and Social Sciences, College of Graduate Studies, Nanyang University. 1976
孙中山反帝国主义研究 / 辜鸿廷 // 新加坡：南洋大学研究生院人文与社会科学院. 1976 年

0952 Sun Yat-sen：Frustrated Patriot / Clarence Martin Wilbur // New York：Columbia University Press. 1976
孙中山：壮志未酬的爱国者 / 韦慕庭 // 纽约：哥伦比亚大学出版社. 1976 年

0953 Henry George and Sun Yat-sen：Application and Evolution of Their Land Use Doctrine / Richard W. Lindholm, Sein Lin // Cambridge：Lincoln Institute of Land Policy. 1977
孙中山与亨利·乔治：二人土地政策的实施和演变 / 理查德·W. 林霍尔姆、林森 // 坎布里奇：林肯土地政策研究院. 1977 年

0954 Sun Yat-sen and the French, 1900-1908 / Jeffrey G. Barlow // Berkeley：Center for Chinese Studies, Institute of East Asian Studies, University of California. 1979
孙中山与法国人，1900—1908 / 杰弗里·G. 巴洛 // 伯克利：加利福尼亚大学，东亚研究所，中国研究中心. 1979 年

0955 Sun Yat-sen：Reluctant Revolutionary / Harold Z. Schiffrin // Boston：Little Brown. 1980
孙中山：勉为其难的革命家 / 哈罗德·Z. 史扶邻 // 波士顿：小布朗出版社. 1980 年

0956 Sun Yat-sen / Richard Rigby // St. Lucia：University of Queensland Press；Hemel Hempstead：Prentice-Hall International. 1980
孙中山 / 理查德·里格比 // 圣卢西亚：昆士兰大学出版社；赫默尔·亨普斯特德：普伦蒂斯·霍尔国际出版公司. 1980 年

0957 Ideology and Development：Sun Yat-sen and the Economic History of Taiwan / A. James Gregor, et. al. // Berkeley：Center for Chinese Studies, Institute of East Asian Studies, University of California. 1981
意识形态和发展：孙中山与台湾经济史 / A. 詹姆斯·格雷戈尔等 // 伯克利：加利福尼亚大学，东亚研究所，中国研究中心. 1981 年

0958 Essays on Sun Yat-sen and the Economic Development of Taiwan / A. James Gregor, Maria Hsia Chang //

Baltimore: School of Law, University of Maryland. 1983

孙中山与台湾经济发展论文集 / A. 詹姆斯·格雷戈尔、张霞 // 巴尔的摩：马里兰大学法学院. 1983 年

0959　Homer Lea, Sun Yat-sen and the Chinese Revolution / Eugene Anschel // New York: Praeger Publishers Inc. 1985

荷马李、孙中山和中国革命 / 尤金·安斯切尔 // 纽约：普雷格出版社. 1985 年

0960　The Origins of an Heroic Image: Sun Yat-Sen in London, 1896-1897 / John Y. Wong // New York: Oxford University Press. 1986

英雄形象的起源：孙中山在伦敦，1896—1897 年 / 黄宇和 // 纽约：牛津大学出版社. 1986 年

0961　Sun Yatsen: His International Ideas and International Connections, with Special Emphasis on Their Relevance Today / J. Y. Wong // New South Wales: Wild Peony. 1987

从当下相关性视角解读孙中山的国际理念和国际交往 / 黄宇和 // 新南威尔士：野牡丹出版社. 1987 年

0962　Sun Yat-sen's Doctrine in the Modern World / Cheng Chu-yuan // Boulder: Westview Press. 1989

现代世界中的孙中山主义 / 郑竹园 // 博尔德：西景出版社. 1989 年

0963　All under Heaven: Sun Yat-sen and His Revolutionary Thought / Chang Hsu-hsin, Leonard H. D. Gordon // Stanford: Hoover Institution Press. 1991

天下为公：孙中山及其革命思想 / 张绪心、高理宁 // 斯坦福：胡佛研究所出版社. 1991 年

0964　Sun Yat-sen in Hawaii: Activities and Supporters / Yansheng Ma Lum, Raymond Mun Kong Lum // Honolulu: Hawaii Chinese History Center. 1999

孙中山在夏威夷：活动与支持者 / 马兖生、林文光 // 火奴鲁鲁：夏威夷中国史研究中心. 1999 年

0965　Sun Yat-sen, 1913-1921 / Gardner Harding // China Review. 1:3. 1921

孙中山，1913—1921 / 加纳德·哈丁 // 中国评论. 1921. 1:3

0966　Sun Yat-sen and Chinese Unity / John Griggs // Current History(New York). 17:1. 1922

孙中山与中华统一 / 约翰·格里格斯 // 当代历史(纽约). 1922. 17:1

0967　The Real Difference between Sun Yat-sen and Chen Chiung-ming / Wong Hin // Weekly Review. 21:12. 1922

孙中山与陈炯明的根本差异 / 黄　兴(音) // 每周评论. 1922. 21:12

0968　Sun Yat-sen's Life and Work / Che Tang // The Labour Monthly. 7:5. 1925

孙中山的生平与事业 / 车　唐(音) // 劳动月刊. 1925. 7:5

0969　The Political Thought of Dr. Sun Yat-sen (Ph. D. Thesis) / Pan Zung-kung // Columbia University. 1928

孙逸仙博士的政治思想(博士论文) / 潘宗功 // 哥伦比亚大学. 1928

0970　The Political and Economic Theories of Sun Yat-sen (Ph. D. Thesis) / Li Ti-tsun // University of Wisconsin-Madison. 1929

孙逸仙的政治和经济理论(博士论文) / 李迪尊 // 威斯康星大学，麦迪逊分校. 1929

0971　Political Philosophy of Sun Yat-sen (Ph. D. Thesis) / Alfred Chih Tai Li // New York University. 1931

孙中山的政治哲学(博士论文) / 李志泰(音) // 纽约大学. 1931

0972　Sun Yat-sen and Maurice William / James Thomson Shotwell // Political Science Quarterly. 47:1. 1932

孙中山与莫里斯·威廉 / 詹姆斯·汤姆逊·肖特维尔 // 政治科学季刊. 1932. 47:1

0973　Sun Yat-sen: A Product of His Times and the Creator of a New Social Movement (M. A. Thesis) / Chen Renbing // University of Southern California. 1933

孙中山：时代的产物和新社会运动的缔造者(硕士论文) / 陈仁炳 // 南加州大学. 1933

0974　Influence of the Canton-Moscow Entente upon Sun Yat-sen's Political Philosophy (Ph. D. Thesis) / Tsui Shu-chin // Harvard University. 1934

苏俄及共产国际对孙逸仙政治哲学的影响(博士论文) / 崔书琴 // 哈佛大学. 1934

0975 Sun Yat-sen's Principle of Livelihood with Its Application to Chinese Economic Problems (Ph. D. Thesis) / Huang Pang-chen // New York University. 1935
孙中山的民生原则及其在中国经济问题中的应用(博士论文) / 黄邦振(音) // 纽约大学. 1935

0976 In memory of Dr. Sun Yat-sen / China Journal Editorial Dept. // The China Journal. 24:3. 1936
纪念孙中山 / 本刊编辑部 // 中国杂志. 1936. 24:3

0977 In Commemoration of Sun Yat-sen anniversary / China Journal Editorial Dept. // The China Journal. 24:4. 1936
纪念孙中山忌日 / 本刊编辑部 // 中国杂志. 1936. 24:4

0978 Social Thought of Sun Yat-sen. / Emory Bogardus // Sociology and Social Research. 22:. 1937
孙中山的社会思想 / 埃默里·鲍加德斯 // 社会学与社会研究. 1937. 22:

0979 The Social, Economic, and Political Philosophy of Dr. Sun Yat-sen / William C. Weaver // Historian. 1:2. 1939
孙中山的社会、经济和政治哲学 / 威廉·C. 韦弗 // 历史学家. 1939. 1:2

0980 Sun Yat Sen in Denver / Hazel Arnold // Colorado Magazine. 19:5. 1942
孙中山在丹佛 / 黑兹尔·阿诺德 // 科罗拉多杂志. 1942. 19:5

0981 Dr. Sun Yat-sen and Dr. Sun Fo / Dorothy Woodman // New Statesman and Nation. 28:712. 1944
孙中山与孙科博士 / 多萝西·伍德曼 // 新政治家与国家. 1944. 28:712

0982 Sun Yat-sen / Roy Hillbrook // Current History (pre-1986). 11:62. 1946
孙中山 / 罗伊·希尔布鲁克 // 当代历史(1986以前). 1946. 11:62

0983 The Land and Industrial Policies of Dr. Sun Yat-sen: Their Development and Application in Modern China / R. A. Quinlan // University of Southern California. 1947
孙中山博士土地与产业政策在近代中国的发展与运用 / R. A. 奎兰 // 南加州大学. 1947

0984 Makers of Modern China: III. Father of the Republic: Sun Yat-sen / Norman Palmer // Current History. 15:86. 1948
现代中国的缔造者(三):国父孙中山 / 诺曼·帕尔默 // 当代历史. 1948. 15:86

0985 Makers of Modern China: IV. Sun Yat-sen: Canonized Symbol / Norman Palmer // Current History. 15:87. 1948
现代中国的缔造者(四):被神化的孙中山 / 诺曼·帕尔默 // 当代历史. 1948. 15:87

0986 A Study of the Development of Sun Yat-sen's Philosophical Ideas (Ph. D. Thesis) / Chu Chi-hsien // Columbia University. 1950
孙逸仙哲学思想发展研究(博士论文) / 朱基贤(音) // 哥伦比亚大学. 1950

0987 Educational Ideas of Dr. Sun Yat-sen (Ph. D. Thesis) / Wang Tung-chi // Washington University, St. Louis. 1952
孙逸仙博士的教育思想(博士论文) / 王东奇(音) // 华盛顿大学,圣路易斯分校. 1952

0988 Sun Yat-sen's Early Land Policy: The Origin and Meaning of "Equalizaion of Land Rights" / Harold Z. Schiffrin // The Journal of Asian Studies. 16:4. 1957
孙逸仙的早期土地政策:"平均地权"的起源及其含义 / 哈罗德·Z. 史扶邻 // 亚洲研究杂志. 1957. 16:4

0989 Early Socialist Currents in the Chinese Revolutionary Movement: Sun Yat-sen versus Liang Ch'i-chao / Robert A. Scalapino, Harold Schiffrin // The Journal of Asian Studies. 18:3. 1958
中国革命运动中的早期社会主义思潮:孙中山与梁启超 / 施乐伯、哈罗德·史扶邻 // 亚洲研究杂志. 1958. 18:3

0990 The Sino-Soviet Tentente Policy of Sun Yat-sen, 1923-1925 (Ph. D. Thesis) / Gottfried Karl Kindermann // The University of Chicago. 1959
孙中山的中苏友好政策,1923—1925年(博士论文) / 戈特弗里德·卡尔·金德曼 // 芝加哥大

学. 1959

0991　Sun Yat-sen and the 1911 Revolution: Organization and Ideology in the Growth of Chinese Nationalism (Ph. D. Thesis) / Harold Z. Schiffrin // Hebrew University. 1960
孙中山与辛亥革命：中国民主主义发展过程中的组织架构与意识形态（博士论文）/ 哈罗德·Z. 史扶邻 // 希伯来大学. 1960

0992　Sun Yat-sen, Yang Ch'ü-yün, and the Early Revolutionary Movement in China / Hsüeh Chün-tu // The Journal of Asian Studies. 19:3. 1960
孙逸仙、杨衢云和中国早期革命运动 / 薛君度 // 亚洲研究杂志. 1960. 19:3

0993　Two Doctors: Jose Rizal and Sun Yat-sen / Wang Teh-chao // Chinese Culture. 4:1. 1962
弃医从政：扶西·黎刹和孙中山 / 王德昭 // 中国文化. 1962. 4:1

0994　The Economic Ideas of Sun Yat-sen / Lin Jingmin // University of Kansas. 1963
孙中山的经济思想 / 林敬民（音）// 堪萨斯大学. 1963

0995　Sun Yat-sen, Man of the Ages / Winifred Wei // Free China Review. 14:1. 1964
时代人物孙中山 / 温妮费德·巍 // 自由中国评论. 1964. 14:1

0996　Control of the Kuomintang after Sun Yat-sen's Death / James R. Shirley // The Journal of Asian Studies. 25:1. 1965
孙中山逝世后国民党的管理 / 詹姆斯·R. 雪莉 // 亚洲研究杂志. 1965. 25:1

0997　Dr. Sun Yat-sen's Political Philosophy / T. Chang // Free China Review. 15:4. 1965
孙逸仙博士的政治哲学 / 自由中国评论. 1965. 15:1

0998　Dr. Sun Yat-sen and Japan / Chao Chia-Chun // Free China Review. 16:1. 1966
孙中山与日本 / 赵家准（音）// 自由中国评论. 1966. 16:1

0999　Sun Yat-sen: Resolute and Persistent Revolutionary / Soong Ching Ling // Peking Review. 9:47. 1966
孙中山：坚定不移的革命者 / 宋庆龄 // 北京周报. 1966. 9:47

1000　Sun Yat-sen: His Leadership and His Political Thought / Hsu Shuhsi // Chinese Culture. 7:3. 1966
孙中山的领导力与政治观 / 徐淑希（音）// 中国文化. 1966. 7:3

1001　The Sources and Development of Sun Yat-sen's Nationalistic Ideology as Expressed in His San Min Chu I (Ph. D. Thesis) / Chong Key-ray // Claremont Graduate University. 1967
从"三民主义"看孙逸仙民族主义思想的起源和发展（博士论文）/ 郑麒来 // 克莱蒙特研究大学. 1967

1002　Sun Yat-sen and the May-4th-Movement / Josef Fass // Archiv Orientáalníi. 36:. 1968
孙中山和五四运动 / 约瑟夫·法斯 // 东方档案. 1968. 36:

1003　Sun Yat-Sen and Chinese History / Stephen Uhalley // Journal of the Hong Kong Branch of the Royal Asiatic Society. 8. 1968
孙中山与中国历史 / 史蒂芬·乌哈利 // 皇家亚洲学会香港分会杂志. 1968. 8

1004　Sun Yat-sen and Chiang Kai-shek: The Story of a Great Friendship / John Wu // Chinese Culture. 9:3. 1968
孙中山与蒋介石：一段伟大的友谊故事 / 吴程远 // 中国文化. 1968. 9:3

1005　Sun Yat-sen on Land Utilization / Lien Chan // Agricultural History. 42:4. 1968
孙中山论土地利用 / 连 战 // 农业史. 1968. 42:4

1006　Cheng Kuan-ying (1841-1920): A Source of Sun Yat-sen's Nationalist Ideology / Chong Key Ray // The Journal of Asian Studies. 28:2. 1969
郑观应(1841—1920)：孙中山民族主义思想的来源？ / 郑麟来 // 亚洲研究杂志. 1969. 28:2

1007　Sun Yat-Sen in Japan / John Wu // Chinese Culture. 10:3. 1969
孙中山在日本 / 吴程远 // 中国文化. 1969. 10:3

1008　Sun Yat-sen: The Later Years / Yang Ming-Cheh // Free China Review. 21:12. 1971

晚年的孙中山 / 杨明哲(音) // 自由中国评论. 1971. 21:12

1009 A Study of Sun Yat-sen's Contacts with the United States Prior to 1922 (Ph. D. Thesis) / Thomas William Ganschow // Indiana University-Bloomington. 1971

1922年前孙中山与美国的交往研究(博士论文) / 托马斯·威廉·甘斯周 // 印第安纳大学,布卢明顿分校. 1971

1010 The French Connection that Failed: France and Sun Yat-sen, 1900-1908 / J. Kim Munholland // The Journal of Asian Studies. 32:1. 1972

联法策略的失败:法国与孙中山 1900—1908 / J. 金·穆赫兰 // 亚洲研究杂志. 1972. 32:1

1011 Sun Yat-sen and the Japanese: 1914-1916 / Albert A. Altman, Harold Z. Schiffrin // Modern Asian Studies. 6:4. 1972

孙中山与日本人:1914—1916 / 艾伯特·A. 奥尔特曼、哈罗德·Z. 史扶邻 // 现代亚洲研究. 1972. 6:4

1012 Sun Yat-sen / M. A. Shampoo, R. A. Kyle // The Journal of the American Medical Association. 225:5. 1973

孙中山 / M. A. 山博、R. A. 凯尔 // 美国医学会杂志. 1973. 225:5

1013 Sun Yat-sen and Henry George / Lin Sein // American Journal of Economics and Sociology. 33:2. 1974

孙中山与亨利·乔治 / 林 森 // 美国经济与社会学杂志. 1974. 33:2

1014 Problems of Starting a Revolutionary Base: Sun Yat-sen and the Canton, 1923 / C. Martin Wilbur // "中央"研究院近代史研究所集刊. 1974. 4

建立革命基地的困难:孙中山与1923年的广州 / 韦慕庭 // "中央"研究院近代史研究所集刊. 1974. 4

1015 The Formation of Sun Yat-sen's Political Theory, 1894-1905 / Karl Li // Chinese Culture. 16:4. 1975

孙中山政治理论的形成,1894—1905 / 卡尔·李 // 中国文化. 1975. 16:4

1016 Dr. Sun Yat-sen's Efforts to Modernize China, 1894-1925 (Ph. D. Thesis) / Margaret H. C. Huang // Georgetown University. 1976

孙中山博士推进中国现代化的努力,1894—1925(博士论文) / 玛格丽特·H. C. 黄 // 乔治敦大学. 1976

1017 The Concept of the State: Sun Yat-sen and Mao Tse-tung / Robert E. Bedeski // The China Quarterly. 70. 1977

孙中山和毛泽东的国家观 / 罗伯特·E. 贝德斯基 // 中国季刊. 1977. 70

1018 The State Department and Sun Yat-sen: American Policy and the Revolutionary Disintegration of China, 1920—1924 / Brain T. George // Pacific Historical Review. 46:3. 1977

国务院与孙逸仙:美国的政策和中国革命的瓦解,1920—1924 / 布莱恩·T. 乔治 // 太平洋历史评论. 1977. 46:3

1019 American Missionaries, Sun Yat-sen, and the Chinese Revolution / Michael V. Metallo // Pacific Historical Review. 47:2. 1978

美国传教士、孙中山与中国革命 / 迈克尔·V. 米塔罗 // 太平洋历史评论. 1978. 47:2

1020 Jacob Gould Schurman, Sun Yat-sen and the Canton Customs Crisis / Richard C. DeAngelis // "中央"研究院近代史研究所集刊. 1979. 8

雅各布·古尔德·舒尔曼、孙中山与广州关余事件 / 理查德·C. 迪安杰利斯 // "中央"研究院近代史研究所集刊. 1979. 8

1021 The Impact of the May Fourth Movement on the Revolution Thought of Dr. Sun Yat-sen / 王德昭 // 香港中文大学学报. 1979. 5:1

五四运动对孙中山革命思想的影响 / 王德昭 // 香港中文大学学报. 1979. 5:1

1022 An Alternative to Kuomintang-Communist Collaboration: Sun Yat-sen and Hong Kong, January-June 1923 /

F. Gilbert Chan // Modern Asian Studies. 13:1. 1979
国共合作的替代：1923年上半年孙中山在香港 / 陈福霖 // 现代亚洲研究. 1979. 13:1

1023 Wang Yang-ming and the Ideology of Sun Yat-sen / James Gregor // The Review of Politics. 42:3. 1980
王阳明和孙中山意识形态 / 詹姆斯·格雷戈尔 // 政治评论. 1980. 42:3

1024 Revolutionary Leadership in Transition: Sun Yat-sen and His Comrades, 1905-1925 / F. Gilbert Chan // Asian Profile. 8:1. 1980
论孙中山及其同仁在变革期间的革命领导力,1905—1925 / 陈福霖 // 亚洲简介. 1980. 8:1

1025 In Commemoration of Dr. Sun Yat-sen: November 12, 1956 / Mao Zedong // Beijing Review. 24:42. 1981
纪念孙中山先生(1956年11月12日) / 毛泽东 // 北京周报. 1981. 24:42

1026 A Study of Sun Yat-sen's Propaganda Activities and Techniques in the United States during China's Revolutionary Period (1894-1911)(M. A. Thesis) / Chao Nang-yuung // University of North Texas. 1981
中国革命时期孙中山在美宣传活动和方法研究(1894—1911)(硕士论文) / 赵囊勇(音) // 北德克萨斯大学. 1981

1027 Confucianism and the Political Thought of Sun Yat-sen / A. James Gregor // Philosophy East and West. 31:1. 1981
儒家主义与孙中山的政治思想 / A.詹姆斯·格雷戈尔 // 东西方哲学. 1981. 31:1

1028 From Medicine to President (Sun Yat-Sen) / W. R. Dodds // The Practitioner. 225:. 1981
从医学到总统(孙中山) / W. R. 多兹 // 从业者报. 1981. 225:

1029 Confucius and Sun Yat-sen / Chen Pin // Free China Review. 31:9. 1981
孔子与孙中山 / 陈平 // 自由中国评论. 1981. 31:9

1030 Dr. Sun Yat-sen's Principle of Livelihood and American Progressivism / Chang Chung-tung // Chinese Studies in History. 15:3. 1982
中山先生的民生主义与美国进步主义 / 张忠栋 // 中国历史研究. 1982. 15:3

1031 Sun Yat-sen, Citizen of the World / Kenneth N. Grigg // Asian Culture Quarterly. 10:1. 1982
世界公民孙中山 / 肯尼斯·N.格里格 // 亚洲文化季刊. 1982. 10:1

1032 Marxism, Sun Yat-sen, and the Concept of "Imperialism" / James Gregor, Maria Hsia Chang // Pacific Affairs. 55:1. 1982
马克思主义、孙中山与"帝国主义"概念 / 詹姆斯·格雷戈尔、张霞 // 太平洋事务. 1982. 55:1

1033 Sun Yat-sen and Henry George: A Reassessment / Herbert Rosenthal // American Studies (Taiwan). 13:3. 1983
重估孙中山和亨利·乔治的关系 / 赫伯特·罗森塔尔 // 美国研究(台湾). 1983. 13:3

1034 A Comparative Study of Dr. Sun Yat-sen's and Montesquieu's Theory of Separation of Powers (Ph. D. Thesis) / Liu Yeou-hwa // Claremont Graduate University. 1983
中山先生与孟德斯鸠分权理论之比较(博士论文) / 刘友华(音) // 克莱蒙特研究大学. 1983

1035 Sun Yat-sen: Founder and Symbol of China's Revolutionary Nation-building / C. Martin Wilbur // The China Quarterly. 96. 1983
孙中山：中华民国的缔造者和代表人物 / 韦慕庭 // 中国季刊. 1983. 96

1036 Sun Yat-sen, Dependency Theory, and the Economic History of Taiwan / A. James Gregor, Maria Chang // Journal of Northeast Asian Studies. 3:4. 1984
孙中山、依附理论和台湾经济史 / A.詹姆斯·格雷戈尔、张霞 // 东北亚研究. 1984. 3:4

1037 Three Visionaries in Exile: Yung Wing, K'ang Yu-wei and Sun Yat-sen, 1894-1911 / J. Y. Wong // Journal of Asian History. 20:1. 1986
三位流放中的理想者：容闳、康有为和孙中山,1984—1911 / 黄宇和 // 亚洲历史杂志. 1986. 21

1038 Socialism with Chinese Characteristics: Sun Yat-sen and the International Development of China / Michael Godley // The Australian Journal of Chinese Affairs. 18. 1987

有中国特色的社会主义：孙中山与中国的国际化发展 / 迈克尔·戈德利 // 澳大利亚中国事务杂志. 1987. 18

1039 The Legacy of Sun Yat-sen's Railway Plans / Richard Louis Edmonds // The China Quarterly. 111. 1987
孙中山铁路计划的遗产 / 理查德·路易斯·埃德蒙兹 // 中国季刊. 1987. 111

1040 Financing Revolution: Sun Yat-sen and the Overthrow of the Ch'ing Dynasty / Allen Damon // The Hawaiian Journal of History. 25:. 1991
经济革命：孙中山与清朝的瓦解 / 艾伦·达蒙 // 夏威夷历史杂志. 1991. 25:

1041 Sun Yat-sen: An American Citizen / Thomas W. Ganschow // Chinese Studies in History. 25:3. 1992
具有美国国籍身份的孙中山 / 托马斯·W. 甘斯周 // 中国历史研究. 1992. 25:3

1042 Sun Yat-sen: A Failed Nationalist Revolutionary? / Lee Gong-way // Chinese Culture. 33:1. 1992
孙中山：一位失败的国民革命者？ / 李恭尉 // 中国文化. 1992. 33:1

1043 Tang Jiyao and Sun Yat-sen: Reform, Revolution and the Struggle for Southern China (Ph. D. Thesis) / Craig Moran // University of Michigan. 1992
唐继尧与孙中山：华南的改革、革命与抗争（博士论文）/ 克雷格·莫兰 // 密歇根大学. 1992

1044 Henry George, Sun Yat-sen and China: More than Land Policy was Involved / Paul B. Trescott // American Journal of Economics and Sociology. 53:3. 1994
亨利·乔治、孙中山与中国：超越土地政策的关联 / 保罗·B. 特雷斯科特 // 美国经济与社会学杂志. 1994. 53:3

1045 Sun Yat-sen: 1866-1925 / Zhang Lanxin // Prospects. 24:3-4. 1994
孙中山, 1866—1925 / 张蓝心（音）// 展望. 1994. 24:3-4

1046 The Political Thought of Sun Yat-sen: Its Development and Impact (Ph. D. Thesis) / Audrey Cynthia Wells // University of London, London School of Economics and Political Science. 1994
孙中山政治思想的发展和影响（博士论文）/ 奥德丽·辛西娅·威尔斯 // 伦敦大学, 伦敦政治经济学院. 1994

1047 Sun Yat-sen (1866-1925), a Man to Cure Patients and the Nation — His Early Years and Medical Career / Ma Kan-wen // Journal of Medical Biography. 4:3. 1996
孙中山（1866—1925）早年的从医生涯：从医人到医国 / 马堪温 // 医学传记. 1996. 4:3

1048 Sun Yat-sen: Surgeon and Revolutionary / Raymond C. Doberneck // Surgery. 122:1. 1997
孙中山：医生与革命者 / 雷蒙德·C. 杜波奈克 // 医外科. 1997. 122:1

1049 Sun Yat-sen / Eduard B. Vermeer // China Review International. 4:1. 1997
孙中山 / 爱德华·B·维梅尔 // 中国评论（海外版）. 1997. 4:1

1050 Sun Yat-sen and Women's Transformation / Li Yu-ning // Chinese Studies in History. 21:4. 1988
孙中山与女性变革 / 李又宁 // 中国历史研究. 1988. 21:4

1051 A Cosmic Sun: An Astronomical, Spatial and Multidimensional Portrait of a Chinese Revolutionary / McArthur Gunter // Asian Culture Quarterly. 27:2. 1999
孙中山：一位中国革命家的多维肖像 / 麦克阿瑟·甘特 // 亚洲文化季刊. 1999. 27:2

1052 Sun Yat-sen / Diana Lary // The American Historical Review. 104:3. 1999
孙中山 / 戴安娜·拉里 // 美国历史评论. 1999. 104:3

1053 Sun Yat-sen / David Strand // The Journal of Asian Studies. 58:3. 1999
孙中山 / 大卫·斯特兰德 // 亚洲研究杂志. 1999. 58:3

孙凤藻

1054 Mr. Sun Feng-tsao / The China Weekly Review // Who's Who in China. 1925, p. 676; 1936, p. 210
孙凤藻（字子文）/ 密勒氏评论报 // 中国名人录. 1925 年, 第 676 页; 1936 年, 第 210 页

孙廷华

1055 Tinghua H. Sun (Sun Ting-hua) / The China Weekly Review // Who's Who in China. 1940, p. 41

孙廷华 / 密勒氏评论报 // 中国名人录.1940 年,第 41 页

孙传芳

1056　Sun Chuan-fang / The China Weekly Review // Who's Who in China. 1936, p. 210

孙传芳(字馨远) / 密勒氏评论报 // 中国名人录.1936 年,第 210 页

孙仲英

1057　C. Y. Sun (Sun Chung-ying) / The China Weekly Review // Who's Who in China. 1936, p. 210

孙仲英 / 密勒氏评论报 // 中国名人录.1936 年,第 210 页

孙多钰

1058　Mr. Tao-yu C. Sun (Sun To-yu) / The China Weekly Review // Who's Who in China. 1925, p. 686; 1936, p. 212

孙多钰(字章甫) / 密勒氏评论报 // 中国名人录.1925 年,第 686 页;1936 年,第 212 页

1059　Sun To-yu(Chang-fu) / H. G. W. Woodhead, H. T. M. Bell // The China Year Book. 1939(27), p. 197 (p. 221)

孙多钰(字章甫) / H. G. W. 伍德海、H. T. M. 贝尔 // 中华年鉴.1939 年第 27 册,第 197 页(第 221 页)

孙连仲

1060　Gen. Sun Lien-chung / The China Weekly Review // Who's Who in China. 1940, p. 63

孙连仲 / 密勒氏评论报 // 中国名人录.1940 年,第 63 页

孙伯文

1061　Sun Pai-wen / The China Weekly Review // Who's Who in China. 1936, p. 211

孙伯文(字树人) / 密勒氏评论报 // 中国名人录.1936 年,第 211 页

孙奂仑

1062　Sun Huan-lun / The China Weekly Review // Who's Who in China. 1936, p. 295

孙奂仑(字药痴) / 密勒氏评论报 // 中国名人录.1936 年,第 295 页

孙启濂

1063　Mr. C. L. Sun (Sun Ch'i-lien) / The China Weekly Review // Who's Who in China. 1925, p. 674; 1936, p. 209

孙启濂(字吉臣) / 密勒氏评论报 // 中国名人录.1925 年,第 674 页;1936 年,第 209 页

孙诒让

1064　Sun I-jang / Arthur W. Hummel // Eminent Chinese of the Ch'ing Period (1644-1912). p. 677

孙诒让 / 亚瑟·W. 赫梅尔 // 清代名人传略(1644—1912).第 677 页

孙宝琦

1065　Mr. Sun Pao-ch'i / The China Weekly Review // Who's Who in China. 1925, p. 684; 1936, p. 211

孙宝琦(字慕韩) / 密勒氏评论报 // 中国名人录.1925 年,第 684 页;1936 年,第 211 页

孙思永

1066　Sun Si-yung (Sun Shi-yung) / The China Weekly Review // Who's Who in China. 1936, p. 211

孙思永(字慎修) / 密勒氏评论报 // 中国名人录.1936 年,第 211 页

孙贵定

1067　Sun Kuei-ting / H. G. W. Woodhead, H. T. M. Bell // The China Year Book. 1939(27), p. 197(p. 221)

孙贵定 / H. G. W. 伍德海、H. T. M. 贝尔 // 中华年鉴.1939 年第 27 册,第 197 页(第 221 页)

孙洪伊

1068　Mr. Sun Hung-i / The China Weekly Review // Who's Who in China. 1925, p. 678; 1936, p. 210

孙洪伊(字伯兰) / 密勒氏评论报 // 中国名人录.1925 年,第 678 页;1936 年,第 210 页

孙祖昌

1069　Mr. Sun Tso-chang (Sun Tsu-ch'ang) / The China Weekly Review // Who's Who in China. 1925, p. 688;

1936,p. 212

孙祖昌(字笙舞) / 密勒氏评论报 // 中国名人录.1925年,第688页;1936年,第212页

孙桐岗
1070 Sun T'ung-kang / H. G. W. Woodhead, H. T. M. Bell // The China Year Book. 1939(27),p. 197(p. 221)

孙桐岗 / H. G. W. 伍德海、H. T. M. 贝尔 // 中华年鉴.1939年第27册,第197页(第221页)

孙润宇
1071 Mr. Sun Jun-yu / The China Weekly Review // Who's Who in China. 1925,p. 680;1936,p. 210

孙润宇(字子涵) / 密勒氏评论报 // 中国名人录.1925年,第680页;1936年,第210页

孙家鼐
1072 Sun Chia-nai / Arthur W. Hummel // Eminent Chinese of the Ch'ing Period (1644-1912). p. 673

孙家鼐 / 亚瑟・W. 赫梅尔 // 清代名人传略(1644-1912). 第673页

孙梅堂
1073 Sun May-dong (Sun Mei-tang) / The China Weekly Review // Who's Who in China. 1936,p. 211

孙梅堂 / 密勒氏评论报 // 中国名人录.1936年,第211页

孙绳武
1074 Sun Sheng-wu / The China Weekly Review // Who's Who in China. 1936,p. 295

孙绳武(字燕翼) / 密勒氏评论报 // 中国名人录.1936年,第295页

孙瑞芹
1075 J. C. Sun (Sun Jui-chin) / The China Weekly Review // Who's Who in China. 1936,p. 210

孙瑞芹 / 密勒氏评论报 // 中国名人录.1936年,第210页

孙福熙
1076 Sun Fu-hsi(Ch'un-t'ai) / H. G. W. Woodhead, H. T. M. Bell // The China Year Book. 1939(27),p. 197(p. 221)

孙福熙(字春苔) / H. G. W. 伍德海、H. T. M. 贝尔 // 中华年鉴.1939年第27册,第197页(第221页)

孙殿英
1077 Gen. Sun Tien-ying / The China Weekly Review // Who's Who in China. 1936,p. 212

孙魁元(字殿英) / 密勒氏评论报 // 中国名人录.1936年,第212页

孙德桢
1078 Bishop Sun Teh-tseng / The China Weekly Review // Who's Who in China. 1933,p. 90;1936,p. 212

孙德桢 / 密勒氏评论报 // 中国名人录.1933年,第90页;1936年,第212页

1079 Sun Teh-chen / H. G. W. Woodhead, H. T. M. Bell // The China Year Book. 1939(27),p. 197(p. 221)

孙德桢 / H. G. W. 伍德海、H. T. M. 贝尔 // 中华年鉴.1939年第27册,第197页(第221页)

七　　画

〔一〕

寿勉成

1080　Miachen S. Shaw（Shou Mien-chen）/ The China Weekly Review // Who's Who in China. 1940,p. 40
　　　寿勉成 / 密勒氏评论报 // 中国名人录. 1940 年,第 40 页

寿振黄

1081　Tsen-hwang Shaw（Shou Cheng-huang）/ The China Weekly Review // Who's Who in China. 1940,p. 39
　　　寿振黄 / 密勒氏评论报 // 中国名人录. 1940 年,第 39 页

寿景伟

1082　Kinn-wei Shaw（Shou Ching-wei）/ The China Weekly Review // Who's Who in China. 1936,p. 295;1940,p. 40
　　　寿景伟(字毅成) / 密勒氏评论报 // 中国名人录. 1936 年,第 295 页;1940 年,第 40 页

1083　Shou Ching-wei(Yi-ch'eng) / H. G. W. Woodhead, H. T. M. Bell // The China Year Book. 1939(27), p. 196(p. 220)
　　　寿景伟(字毅成) / H. G. W. 伍德海、H. T. M. 贝尔 // 中华年鉴. 1939 年第 27 册,第 196 页(第 220 页)

麦佐衡

1084　Mr. T. H. Mai（Mai Tso-heng）/ The China Weekly Review // Who's Who in China. 1925,p. 597;1936,p. 186
　　　麦佐衡(字孟尹) / 密勒氏评论报 // 中国名人录. 1925 年,第 597 页;1936 年,第 186 页

麦庭森

1085　Dr. Mak Ting Sum（Mai Ting-sheng）/ The China Weekly Review // Who's Who in China. 1940,p. 35
　　　麦庭森(字锦泉) / 密勒氏评论报 // 中国名人录. 1940 年,第 35 页

麦健曾

1086　Mai Chien-tseng / The China Weekly Review // Who's Who in China. 1940,p. 35
　　　麦健曾 / 密勒氏评论报 // 中国名人录. 1940 年,第 35 页

贡觉仲尼

1087　Kung-Chiao-Chung-Ni / The China Weekly Review // Who's Who in China. 1936,p. 292
　　　贡觉仲尼(字寿丞) / 密勒氏评论报 // 中国名人录. 1936 年,第 292 页

贡桑诺尔布

1088　Prince Khalachin（Kung Sang No Erh Pu）/ The China Weekly Review // Who's Who in China. 1925,p. 432;1936,p. 122
　　　贡桑诺尔布(字乐亭) / 密勒氏评论报 // 中国名人录. 1925 年,第 432 页;1936 年,第 122 页

志　锐

1089　Chih Jui / Arthur W. Hummel // Eminent Chinese of the Ch'ing Period (1644-1912). p. 158
　　　志　锐 / 亚瑟·W. 赫梅尔 // 清代名人传略(1644—1912). 第 158 页

严　庄

1090　Yen Chuang(Ching-chai) / H. G. W. Woodhead, H. T. M. Bell // The China Year Book. 1939(27),p. 210 (p. 234)
　　　严庄(字敬斋) / H. G. W. 伍德海、H. T. M. 贝尔 // 中华年鉴. 1939 年第 27 册,第 210 页(第 234 页)

严 重

1091　Yen Chung / The China Weekly Review // Who's Who in China. 1936, p. 277
　　　严重(字立三) / 密勒氏评论报 // 中国名人录. 1936年, 第277页

严 复

1092　In Search of Wealth and Power: Yen Fu and the West / Benjamin Isadore Schwartz // Cambridge: Belknap Press of Harvard University Press. 1964
　　　寻求富强：严复与西方 / 本杰明·伊萨多·史华慈 // 坎布里奇：哈佛大学贝尔纳普出版社. 1964年

1093　China Encounters Western Ideas (1895-1905): A Rhetorical Analysis of Yan Fu, Tan Sitong, Liang Qichao (Ph. D. Thesis) / Xiao Xiaosui // Ohio State University. 1992
　　　西学东渐(1895—1905)：严复、谭嗣同和梁启超研究(博士论文) / 肖小穗 // 俄亥俄州立大学. 1992

1094　The Social and Political Thought of Yen Fu (Ph. D. Thesis) / Li Qiang // University of London, University College London. 1993
　　　严复的社会和政治思想(博士论文) / 李 强 // 伦敦大学, 伦敦大学学院. 1993

1095　Yen Fu and the Liberal Thought in Early Modern China / Chao Shih-wei // Chinese Culture. 36:2. 1995
　　　严复和近代中国早期的自由主义思想 / 赵世玮 // 中国文化. 1995. 36:2

1096　The Principle of Utility and the Principle of Righteousness: Yen Fu and Utilitarianism in Modern China / Li Qiang // Utilitas. 8:1. 1996
　　　效用原则和正义原则：严复和近代中国的功利主义 / 李 强 // 功利研究. 1996. 8:1

1097　Yen Fu and Liang Ch'i-ch'ao as Advocates of New Fiction / C. T. Hsia // Chinese Approaches to Literature from Confucius to Liang Ch'i-ch'ao. p. 221
　　　新小说的倡导者严复和梁启超 / 夏志清 // 从孔子到梁启超的中国文学方法. 第221页

严训忠

1098　Yen Hsun-chung / The China Weekly Review // Who's Who in China. 1940, p. 54
　　　严训忠(字毅人) / 密勒氏评论报 // 中国名人录. 1940年, 第54页

严济慈

1099　Dr. Ny Tsi-ze (Yen Chi-tzu) / The China Weekly Review // Who's Who in China. 1940, p. 54
　　　严济慈(字慕光) / 密勒氏评论报 // 中国名人录. 1940年, 第54页

1100　Yen Chi-tz'u (Mu-kuang) / H. G. W. Woodhead, H. T. M. Bell // The China Year Book. 1939(27), p. 210 (p. 234)
　　　严济慈(字慕光) / H. G. W. 伍德海、H. T. M. 贝尔 // 中华年鉴. 1939年第27册, 第210页(第234页)

严砺平

1101　Leeping San Yen (Yen Li-ping) / The China Weekly Review // Who's Who in China. 1936, p. 279
　　　严砺平 / 密勒氏评论报 // 中国名人录. 1936年, 第279页

严家驹

1102　C. C. Yen (Yen Chia-chu) / The China Weekly Review // Who's Who in China. 1936, p. 276
　　　严家驹(字伯鋆) / 密勒氏评论报 // 中国名人录. 1936年, 第276页

严家炽

1103　Yen Chia-chih / The China Weekly Review // Who's Who in China. 1940, p. 80
　　　严家炽(字孟繁) / 密勒氏评论报 // 中国名人录. 1940年, 第80页

严继光

1104　Yen Chi-kuang / The China Weekly Review // Who's Who in China. 1936, p. 276
　　　严继光(字佐兴) / 密勒氏评论报 // 中国名人录. 1936年, 第276页

严康侯

1105　William K. H. Yen (Yen Kang-hou) / The China Weekly Review // Who's Who in China. 1936, p. 279

严康侯 / 密勒氏评论报 // 中国名人录.1936年,第 279 页

严智开
1106 Richard C. Yen(Yen Chi-kai) / The China Weekly Review // Who's Who in China. 1933,p. 123;1936, p. 276

严智开(字季聪) / 密勒氏评论报 // 中国名人录.1933年,第 123 页;1936年,第 276 页

严智怡
1107 Mr. Yen Chih-i / The China Weekly Review // Who's Who in China. 1925,p. 928;1936,p. 277

严智怡(字慈约) / 密勒氏评论报 // 中国名人录.1925年,第 928 页;1936年,第 277 页

严智钟
1108 L. C. Yen(Yen Chih-chung) / The China Weekly Review // Who's Who in China. 1936,p. 277

严智钟 / 密勒氏评论报 // 中国名人录.1936年,第 277 页

严鹤龄
1109 Dr. Hawkling L. Yen(Yen Hao-ling) / The China Weekly Review // Who's Who in China. 1925,p. 930; 1936,p. 278

严鹤龄(字履琴) / 密勒氏评论报 // 中国名人录.1925年,第 930 页;1936年,第 278 页

劳之常
1110 Lao Chih-chang / The China Weekly Review // Who's Who in China. 1936,p. 134

劳之常 / 密勒氏评论报 // 中国名人录.1936年,第 134 页

劳念祖
1111 Mr. Lo King Kee(Lao Nien-tsu) / The China Weekly Review // Who's Who in China. 1925,p. 448;1936, p. 134

劳念祖(字敬修) / 密勒氏评论报 // 中国名人录.1925年,第 448 页;1936年,第 134 页

1112 Lao Nien-tsu(Ching-hsiu) / H. G. W. Woodhead, H. T. M. Bell // The China Year Book. 1939(27), p. 184(p. 208)

劳念祖(字敬修) / H. G. W. 伍德海、H. T. M. 贝尔 // 中华年鉴.1939年第 27 册,第 184 页(第 208 页)

劳儆安
1113 Mr. Ginarn Lao(Lao Ching-an) / The China Weekly Review // Who's Who in China. 1925,p. 446;1936, p. 134

劳儆安 / 密勒氏评论报 // 中国名人录.1925年,第 446 页;1936年,第 134 页

苏上达
1114 Sherman Soo(Su Shang-tai) / The China Weekly Review // Who's Who in China. 1936,p. 209

苏上达 / 密勒氏评论报 // 中国名人录.1936年,第 209 页

苏甲荣
1115 Soo Chia-yung(Su Chia-yung) / The China Weekly Review // Who's Who in China. 1936,p. 208

苏甲荣(字演成) / 密勒氏评论报 // 中国名人录.1936年,第 208 页

苏体仁
1116 Soo Ti-jen(Su Ti-jen) / The China Weekly Review // Who's Who in China. 1936,p. 209;1940,p. 76

苏体仁(字象乾) / 密勒氏评论报 // 中国名人录.1936年,第 209 页;1940年,第 76 页

苏炳文
1117 Gen. Su Ping-wen / The China Weekly Review // Who's Who in China. 1933,p. 88;1936,p. 209

苏炳文 / 密勒氏评论报 // 中国名人录.1933年,第 88 页;1936年,第 209 页

1118 Su Ping-wen(Han-chang) / H. G. W. Woodhead, H. T. M. Bell // The China Year Book. 1939(27),p. 197 (p. 221)

苏炳文(字瀚章) / H. G. W. 伍德海、H. T. M. 贝尔 // 中华年鉴.1939年第 27 册,第 197 页(第

221页)

苏雪林

1119　Su Hsueh-lin (Lu-yi) / The China Weekly Review // Who's Who in China. 1936, p. 295
苏雪林(字绿漪) / 密勒氏评论报 // 中国名人录. 1936年,第295页

1120　Su Hsueh-lin, Miss / H. G. W. Woodhead, H. T. M. Bell // The China Year Book. 1939(27), p. 197 (p. 221)
苏雪林女士(原名梅,笔名绿漪) / H. G. W. 伍德海、H. T. M. 贝尔 // 中华年鉴. 1939年第27册,第197页(第221页)

苏曼殊

1121　Su Man-shu(1884-1918): A Sino-Japanese Genius / Henry McAleavy // London: China Society. 1960
苏曼殊(1884—1918):一位中日双语天才 / 亨利·麦克里维 // 伦敦:中国协会. 1960年

1122　Su Man-shu / Liu Wuji // New York: Twayne. 1972
苏曼殊传 / 柳无忌 // 纽约:传文出版社. 1972年

1123　Su Man-shu and Lord George Byron: Their Original Poetry Compared / Chu Chi-yü // Tamkang Review. 13:4. 1983
苏曼殊与拜伦爵士:二者原创诗比较 / 朱志宇(音) // 淡江评论. 1983. 13:4

1124　Su Man-shu, Poet-Monk of Genius / C. Y. Hsu // Asian Culture Quarterly. 17:4. 1989
天才诗僧苏曼殊 / 徐中约 // 亚洲文化季刊. 1989. 17:4

苏锡文

1125　Soo Hsi-wen / The China Weekly Review // Who's Who in China. 1940, p. 76
苏锡文 / 密勒氏评论报 // 中国名人录. 1940年,第76页

克兴额

1126　K'e-Hsin-o / The China Weekly Review // Who's Who in China. 1936, p. 291
克兴额(字指南) / 密勒氏评论报 // 中国名人录. 1936年,第291页

1127　K'eh Hsing-o(Chih-nan) / H. G. W. Woodhead, H. T. M. Bell // The China Year Book. 1939(27), p. 182 (p. 206)
克兴额(字指南) / H. G. W. 伍德海、H. T. M. 贝尔 // 中华年鉴. 1939年第27册,第182页(第206页)

杜　纯

1128　Mr. Tu Ch'un / The China Weekly Review // Who's Who in China. 1925, p. 751;1936, p. 237
杜纯(字子远) / 密勒氏评论报 // 中国名人录. 1925年,第751页;1936年,第237页

杜月笙

1129　Tu Yueh-sheng, 1888-1951: A Tentative Political Biography / Y. C. Wang // The Journal of Asian Studies. 26:3. 1967
杜月笙(1888—1951):政治传记初探 / 汪一驹 // 亚洲研究杂志. 1967. 26:3

1130　Tu Yüeh-sheng and Labour Control in Shanghai: The Case of the French Tramways Union, 1928-32 / Brian Martin // Papers on Far Eastern History. 32:. 1985
杜月笙和上海劳工控制:以法国电车工会为例,1928—1932年 / 布莱恩·马丁 // 远东历史论文集. 1985. 32:

1131　The Green Gang in Shanghai, 1920-1937: The Rise of Du Yuesheng (Ph. D. Thesis) / Brian Gerard Martin // Australian National University. 1991
1920—1937年间的上海青帮:杜月笙的崛起(博士论文) / 布莱恩·杰拉德·马丁 // 澳大利亚国立大学. 1991

1132　The Green Gang and the Guomindang State: Du Yuesheng and the Politics of Shanghai, 1927—37 / Brian G. Martin // The Journal of Asian Studies. 54:1. 1995

青帮与国民党政权:杜月笙和上海政治,1927—1937 年 / 布莱恩·G. 马丁 // 亚洲研究杂志. 1995. 54:1

1133 Dou Yu Seng (Tu Yueh-sheng) / The China Weekly Review // Who's Who in China. 1933,p. 105;1936,p. 238
杜镛(字月笙) / 密勒氏评论报 // 中国名人录. 1933 年,第 105 页;1936 年,第 238 页

1134 Tu Yung(Yueh-sheng) / H. G. W. Woodhead, H. T. M. Bell // The China Year Book. 1939(27),p. 202(p. 226)
杜镛(字月笙) / H. G. W. 伍德海、H. T. M. 贝尔 // 中华年鉴. 1939 年第 27 册,第 202 页(第 226 页)

杜竹宣

1135 Mr. Tu Cho-hsuan (Tu Tso-hsuan) / The China Weekly Review // Who's Who in China. 1925,p. 755;1936,p. 237
杜竹宣 / 密勒氏评论报 // 中国名人录. 1925 年,第 755 页;1936 年,第 237 页

杜运枢

1136 Tu Yun-chu / The China Weekly Review // Who's Who in China. 1933,p. 106;1936,p. 238
杜运枢 / 密勒氏评论报 // 中国名人录. 1933 年,第 106 页;1936 年,第 238 页

杜锡珪

1137 Admiral Tu Hsi-kuei / The China Weekly Review // Who's Who in China. 1925,p. 753;1936,p. 237
杜锡珪(字慎丞) / 密勒氏评论报 // 中国名人录. 1925 年,第 753 页;1936 年,第 237 页

李 达

1138 Li Da and Marxist Philosophy in China / Nick Knight // Boulder: Westview Press. 1996
李达与中国的马克思主义哲学 / 尼克·奈特 // 博尔德:西景出版社. 1996 年

李 芳

1139 Li Fang / The China Weekly Review // Who's Who in China. 1936,p. 139
李 芳 / 密勒氏评论报 // 中国名人录. 1936 年,第 139 页

李 杜

1140 Gen. Li Tu / The China Weekly Review // Who's Who in China. 1933,p. 68;1936,p. 150
李 杜 / 密勒氏评论报 // 中国名人录. 1933 年,第 68 页;1936 年,第 150 页

1141 Li Tu(Chih-Ch'u) / H. G. W. Woodhead, H. T. M. Bell // The China Year Book. 1939(27),p. 187(p. 211)
李杜(字植初) / H. G. W. 伍德海、H. T. M. 贝尔 // 中华年鉴. 1939 年第 27 册,第 187 页(第 211 页)

李 垣

1142 Li Yuan / The China Weekly Review // Who's Who in China. 1936,p. 151
李垣(字谦六) / 密勒氏评论报 // 中国名人录. 1936 年,第 151 页

李 济

1143 The Adventures of Li Chi; A Modern Chinese Legend / Humphrey Evans // New York: Dutton. 1967.
一部现代中国传奇:李济的冒险经历 / 汉弗莱·埃文斯 / 纽约:达顿. 1967 年

1144 Li Chi (1896-1979) / Hsü Cho-Yun, Chang Kwang-Chih // Journal of Asian Studies. 40:1. 1980
李济(1896—1979) / 许倬云、张光直 // 亚洲研究杂志. 1980. 40:1

1145 Li Chi / The China Weekly Review // Who's Who in China. 1936,p. 292
李济(字济之) / 密勒氏评论报 // 中国名人录. 1936 年,第 292 页

1146 Li Chi(Chi-chih) / H. G. W. Woodhead, H. T. M. Bell // The China Year Book. 1939(27),p. 185(p. 209)
李济(字济之) / H. G. W. 伍德海、H. T. M. 贝尔 // 中华年鉴. 1939 年第 27 册,第 185 页(第

209 页)

李 骏

1147　Li Tchuin(Li Tsuin) / The China Weekly Review // Who's Who in China. 1936, p. 149
　　　李骏(字显章) / 密勒氏评论报 // 中国名人录. 1936 年, 第 149 页

1148　Li Chun(Hsien-chang) / H. G. W. Woodhead, H. T. M. Bell // The China Year Book. 1939(27), p. 185 (p. 209)
　　　李骏(字显章) / H. G. W. 伍德海、H. T. M. 贝尔 // 中华年鉴. 1939 年第 27 册, 第 185 页(第 209 页)

李 铭

1149　Mr. Li Ming / The China Weekly Review // Who's Who in China. 1925, p. 473;1936, p. 142
　　　李铭(字馥荪) / 密勒氏评论报 // 中国名人录. 1925 年, 第 473 页;1936 年, 第 142 页

1150　Li Ming(Fu-sun) / H. G. W. Woodhead, H. T. M. Bell // The China Year Book. 1939(27), p. 185 (p. 209)
　　　李铭(字馥荪) / H. G. W. 伍德海、H. T. M. 贝尔 // 中华年鉴. 1939 年第 27 册, 第 185 页(第 209 页)

李 蒸

1151　Yuntin Cheng Li(Li Cheng) / The China Weekly Review // Who's Who in China. 1936, p. 292;1940, p. 27
　　　李蒸(字云亭) / 密勒氏评论报 // 中国名人录. 1936 年, 第 292 页;1940 年, 第 27 页

1152　Li Cheng(Yun-t'ing) / H. G. W. Woodhead, H. T. M. Bell // The China Year Book. 1939(27), p. 185 (p. 209)
　　　李蒸(字云亭) / H. G. W. 伍德海、H. T. M. 贝尔 // 中华年鉴. 1939 年第 27 册, 第 185 页(第 209 页)

李 鹤

1153　Mr. G. H. Li(Li Hao) / The China Weekly Review // Who's Who in China. 1925, p. 458;1936, p. 140
　　　李鹤(字敬斋) / 密勒氏评论报 // 中国名人录. 1925 年, 第 458 页;1936 年, 第 140 页

李士伟

1154　Mr. Li Shih-wei / The China Weekly Review // Who's Who in China. 1925, p. 477
　　　李士伟(字伯芝) / 密勒氏评论报 // 中国名人录. 1925 年, 第 477 页

李大钊

1155　Li Ta-chao and the Impact of Marxism on Modern Chinese Thinking / Huang Sung-k'ang // The Hague: Mouton. 1965
　　　李大钊与马克思主义对现代中国思想的影响 / 黄松康 // 海牙:穆顿出版社. 1965 年

1156　Li Ta-chao, a Founder of the Chinese Communist Party / Liu Nung-chao // People's China. 13. 1957
　　　李大钊:中国共产党创始人之一 / 刘弄潮 // 人民中国. 1957. 13

1157　Li Ta-chao — Staunch Revolutionary / Chia Chih // Peking Review. 5;27. 1962
　　　李大钊:坚定的革命家 / 贾 智(音) // 北京评论报. 1962. 5;27

1158　Li Ta-chao and the Origins of Chinese Marxism(Ph. D. Thesis) / Maurice J. Meisner // The University of Chicago. 1962
　　　李大钊和中国马克思主义的起源(博士论文) / 莫里斯·J. 迈斯纳 // 芝加哥大学. 1962

1159　Li Ta-chao and the Chinese Communist Treatment of the Materialist Conception of History / Meisner Maurice // The China Quarterly. 24. 1965
　　　李大钊与中共的唯物史观 / 马思乐 // 中国季刊. 1965. 24

1160　Key Intellectual Issues Arising from the May Fourth Movement in China: With Particular Reference to Hu Shih, Li Ta-chao, and Liang Sou-ming(Th. D. Thesis) / Peter King Hung Lee // Boston University School of Theology. 1974

五四运动引发的关键智识议题：胡适、李大钊与梁漱溟（博士论文）/ 李景雄 // 波士顿大学，神学学校. 1974

1161 Li Ta-chao, China's First Propagandist of Marxism-Leninism and Proletarian Internationalism / V. Krivitsv, V. Krasnova // Far Eastern Affair. 3. 1977

李大钊：在中国传播马列主义与国际共产主义的第一人 / V. 克里维特斯基、V. 克拉诺娃 // 远东事务. 1977. 3

1162 Li Dazhao of Leting / Rewi Alley // Eastern Horizon. 19：12. 1980

乐亭县出了一个李大钊 / 路易·艾黎 // 东方地平线. 1980. 19：12

1163 The October Revolution and Li Dazhao / H. T. Senin // Far Eastern Affairs. 1. 1988

李大钊与十月革命 / H. T. 赛宁 // 远东事务. 1988. 1

1164 Li Dazhaco Centenary / N. Senin // Far Eastern Affairs. 5. 1989

李大钊百年纪念 / N. 赛宁 // 远东事务. 1989. 5

1165 Li Dazhao and Sino-Soviet Relations / Xu Wanming // Far Eastern Affairs. 6. 1989；Far Eastern Affairs. 1. 1990

李大钊与中苏关系 / 徐万民 // 远东事务. 1989. 6，1990. 1

1166 The Discourse of Chinese Marxism：A Case Study of the Thought of Chen Duxiu and Li Dazhao before the Turn of 1920 (M. A. Thesis) / Alex Woshun Chan // Michigan State University. 1991

中国马克思主义论：1920年转变以前的陈独秀和李大钊思想个案研究（硕士论文）/ 陈和顺 // 密歇根州立大学. 1991

1167 Li Ta-chao and theIntellectual Prerequisites for the Maoist Strategy of Revolution / Maurice J. Meisner // Revolutionary Leaders of Modern China. p. 367

李大钊和毛派革命策略的思想先决条件 / 莫里斯·J. 迈斯纳 // 近代中国革命领导人物. 1971. 第367页

李天禄

1168 Dr. Li T'ien-lu / The China Weekly Review // Who's Who in China. 1925，p. 486；1936，p. 148

李天禄（字福田）/ 密勒氏评论报 // 中国名人录. 1925年，第486页；1936年，第148页

1169 Li T'ien-lu(Fu-t'ien) / H. G. W. Woodhead, H. T. M. Bell // The China Year Book. 1939(27), p. 186 (p. 210)

李天禄（字福田）/ H. G. W. 伍德海、H. T. M. 贝尔 // 中华年鉴. 1939年第27册，第186页（第210页）

李元信

1170 Mr. William Yinson Lee（Li Yuan-hsin）/ The China Weekly Review // Who's Who in China. 1925, p. 491；1936，p. 151

李元信 / 密勒氏评论报 // 中国名人录. 1925年，第491页；1936年，第151页

李中道

1171 Herbert Chung-tao Lee（Li Chung-tao）/ The China Weekly Review // Who's Who in China. 1936，p. 138

李中道 / 密勒氏评论报 // 中国名人录. 1936年，第138页

李中襄

1172 Li Chung-hsiang / The China Weekly Review // Who's Who in China. 1936，p. 299

李中襄 / 密勒氏评论报 // 中国名人录. 1936年，第299页

李文范

1173 Li Wen-fan(Chün-p'ei) / H. G. W. Woodhead, H. T. M. Bell // The China Year Book. 1939(27), p. 187 (p. 211)

李文范（字君培）/ H. G. W. 伍德海、H. T. M. 贝尔 // 中华年鉴. 1939年第27册，第187页（第

211 页)

李文浩

1174　Li Wen-hao / The China Weekly Review // Who's Who in China. 1936, p. 150

　　李文浩(字渊如) / 密勒氏评论报 // 中国名人录. 1936 年, 第 150 页

李书田

1175　Li Shu-tien / The China Weekly Review // Who's Who in China. 1936, p. 292

　　李书田(字耕砚) / 密勒氏评论报 // 中国名人录. 1936 年, 第 292 页

1176　Li Shu-t'ien(Keng-yien) / H. G. W. Woodhead, H. T. M. Bell // The China Year Book. 1939(27), p. 186 (p. 210)

　　李书田(字耕砚) / H. G. W. 伍德海、H. T. M. 贝尔 // 中华年鉴. 1939 年第 27 册, 第 186 页(第 210 页)

李书华

1177　Li Shou-houa (Li Shu-hua) / The China Weekly Review // Who's Who in China. 1936, p. 146

　　李书华(字润章) / 密勒氏评论报 // 中国名人录. 1936 年, 第 146 页

1178　Li Shu-hua(Jun-chang) / H. G. W. Woodhead, H. T. M. Bell // The China Year Book. 1939(27), p. 186 (p. 210)

　　李书华(字润章) / H. G. W. 伍德海、H. T. M. 贝尔 // 中华年鉴. 1939 年第 27 册, 第 186 页(第 210 页)

李书城

1179　General Li Shu-cheng / The China Weekly Review // Who's Who in China. 1925, p. 479; 1936, p. 146

　　李书城(字小渊) / 密勒氏评论报 // 中国名人录. 1925 年, 第 479 页; 1936 年, 第 146 页

李世甲

1180　Admiral S. K. Lee (Li Shih-cha) / The China Weekly Review // Who's Who in China. 1933, p. 66; 1936, p. 145

　　李世甲(字凯涛) / 密勒氏评论报 // 中国名人录. 1933 年, 第 66 页; 1936 年, 第 145 页

1181　Li Shih-chia(K'ai-t'ao) / H. G. W. Woodhead, H. T. M. Bell // The China Year Book. 1939(27), p. 186 (p. 210)

　　李世甲(字凯涛) / H. G. W. 伍德海、H. T. M. 贝尔 // 中华年鉴. 1939 年第 27 册, 第 186 页(第 210 页)

李石曾

1182　Li Shih-tseng / The China Weekly Review // Who's Who in China. 1936, p. 146

　　李石曾 / 密勒氏评论报 // 中国名人录. 1936 年, 第 146 页

1183　Li Yu-ying(Shih-tseng) / H. G. W. Woodhead, H. T. M. Bell // The China Year Book. 1939(27), p. 187 (p. 211)

　　李煜瀛(字石曾) / H. G. W. 伍德海、H. T. M. 贝尔 // 中华年鉴. 1939 年第 27 册, 第 187 页(第 211 页)

李平衡

1184　Li Pin-heng / The China Weekly Review // Who's Who in China. 1936, p. 144

　　李平衡 / 密勒氏评论报 // 中国名人录. 1936 年, 第 144 页

1185　Li P'ing-heng / H. G. W. Woodhead, H. T. M. Bell // The China Year Book. 1939(27), p. 185 (p. 209)

　　李平衡 / H. G. W. 伍德海、H. T. M. 贝尔 // 中华年鉴. 1939 年第 27 册, 第 185 页(第 209 页)

李四光

1186　J. S. Lee (Li Ssu-kuang) / The China Weekly Review // Who's Who in China. 1936, p. 293

　　李四光(字仲揆) / 密勒氏评论报 // 中国名人录. 1936 年, 第 293 页

1187　Li Ssu-kuang(Chung-k'uai) / H. G. W. Woodhead, H. T. M. Bell // The China Year Book. 1939(27),

p. 186(p. 210)

李四光(原名仲揆) / H. G. W. 伍德海、H. T. M. 贝尔 // 中华年鉴.1939年第27册,第186页(第210页)

李仪祉

1188 Li Hsieh / The China Weekly Review // Who's Who in China. 1936, p. 140

李协(字仪祉) / 密勒氏评论报 // 中国名人录.1936年,第140页

李立三

1189 Li Li-san and the Chinese Communist Dialectic / Loraine Howe // Eugene: Asian Studies Committee, University of Oregon. 1977

李立三与中共辩证法 / 洛兰·豪 // 尤金市: 俄勒冈大学亚洲研究协会.1977年

1190 The Li Li-san Line and the CCP in 1930(Ⅰ),(Ⅱ) / James P. Harrison // The China Quarterly. 14. 1963; 15. 1963

李立三路线与1930年的中国共产党(1—2) / 詹姆斯·P. 哈里森 // 中国季刊.1963. 14-15

1191 The Li Li-san Line and the C. C. P. in 1930 / Richard Thornton // The China Quarterly. 18. 1964

李立三路线与1930年的中国共产党 / 理查德·桑顿 // 中国季刊.1964. 18

1192 The Li Li-san Line and the CCP in 1930 / James P. Harrison // The China Quarterly. 24. 1965

李立三路线与1930年的中国共产党 / 詹姆斯·P. 哈里森 // 中国季刊.1965. 24

1193 Complexity and Reasonablity: Reassessment of Li Lisan Adventure / Benjamin Yang // The Australian Journal of Chinese Affairs. 21. 1989

复杂性与合理性: 重新认识李立三的冒进 / 杨炳章 // 澳大利亚中国事务杂志.1989. 21

李汉元

1194 Samuel Han-yuan Li (Li Han-yuan) / The China Weekly Review // Who's Who in China. 1936, p. 139

李汉元(字西林) / 密勒氏评论报 // 中国名人录.1936年,第139页

李汉珍

1195 Li Han-tseng / The China Weekly Review // Who's Who in China. 1940, p. 28

李汉珍 / 密勒氏评论报 // 中国名人录.1940年,第28页

李汉铎

1196 Handel Lee (Li Han-ta) / The China Weekly Review // Who's Who in China. 1933, p. 64; 1936, p. 139

李汉铎 / 密勒氏评论报 // 中国名人录.1933年,第64页;1936年,第139页

1197 Li Han-toh / H. G. W. Woodhead, H. T. M. Bell // The China Year Book. 1939(27), p. 185(p. 209)

李汉铎 / H. G. W. 伍德海、H. T. M. 贝尔 // 中华年鉴.1939年第27册,第185页(第209页)

李汉魂

1198 Gen. Li Han-huen / The China Weekly Review // Who's Who in China. 1940, p. 28

李汉魂(字伯豪) / 密勒氏评论报 // 中国名人录.1940年,第28页

李圣五

1199 Li Sheng-wu / The China Weekly Review // Who's Who in China. 1936, p. 145

李圣五 / 密勒氏评论报 // 中国名人录.1936年,第145页

李权时

1200 Mr. Li Chuan-shih (Li Ch'uan-shih) / The China Weekly Review // Who's Who in China. 1925, p. 456; 1936, p. 138

李权时(字雨生) / 密勒氏评论报 // 中国名人录.1925年,第456页;1936年,第138页

李廷安

1201 Dr. Ting-an Li (Li Ting-an) / The China Weekly Review // Who's Who in China. 1933, p. 67; 1936, p. 148

李廷安 / 密勒氏评论报 // 中国名人录.1933年,第67页;1936年,第148页

1202 Li T'ing-an / H. G. W. Woodhead, H. T. M. Bell // The China Year Book. 1939(27), p. 186(p. 210)
　　李廷安 / H. G. W. 伍德海、H. T. M. 贝尔 // 中华年鉴. 1939 年第 27 册, 第 186 页(第 210 页)

李廷栋

1203 Dr. T. D. Lee (Li Ting-tung) / The China Weekly Review // Who's Who in China. 1936, p. 148
　　李廷栋 / 密勒氏评论报 // 中国名人录. 1936 年, 第 148 页

李延年

1204 Gen. Li Yen-lien / The China Weekly Review // Who's Who in China. 1933, p. 68; 1936, p. 150
　　李延年(字吉甫) / 密勒氏评论报 // 中国名人录. 1933 年, 第 68 页; 1936 年, 第 150 页

1205 Li Yen-nien(Chi-fu) / H. G. W. Woodhead, H. T. M. Bell // The China Year Book. 1939(27), p. 187 (p. 211)
　　李延年(字吉甫) / H. G. W. 伍德海、H. T. M. 贝尔 // 中华年鉴. 1939 年第 27 册, 第 187 页(第 211 页)

李仲公

1206 Li Chung-kung / The China Weekly Review // Who's Who in China. 1936, p. 138
　　李仲公 / 密勒氏评论报 // 中国名人录. 1936 年, 第 138 页

1207 Li Chung-kung / H. G. W. Woodhead, H. T. M. Bell // The China Year Book. 1939(27), p. 185(p. 209)
　　李仲公 / H. G. W. 伍德海、H. T. M. 贝尔 // 中华年鉴. 1939 年第 27 册, 第 185 页(第 209 页)

李兆民

1208 Luther C. S. Li (Li Chao-min) / The China Weekly Review // Who's Who in China. 1933, p. 63; 1936, p. 135
　　李兆民(字路德) / 密勒氏评论报 // 中国名人录. 1933 年, 第 63 页; 1936 年, 第 135 页

李亦榆

1209 Y. Y. Lee (Li Yi-yu) / The China Weekly Review // Who's Who in China. 1936, p. 151
　　李亦榆 / 密勒氏评论报 // 中国名人录. 1936 年, 第 151 页

李守信

1210 Gen. Li Shou-hsin / The China Weekly Review // Who's Who in China. 1940, p. 75
　　李守信 / 密勒氏评论报 // 中国名人录. 1940 年, 第 75 页

李步青

1211 Li Pu-ching / The China Weekly Review // Who's Who in China. 1933, p. 65; 1936, p. 144
　　李步青(字廉方) / 密勒氏评论报 // 中国名人录. 1933 年, 第 65 页; 1936 年, 第 144 页

李时霖

1212 H. S. Henry Lisling (Li Shih-ling) / The China Weekly Review // Who's Who in China. 1940, p. 29
　　李时霖 / 密勒氏评论报 // 中国名人录. 1940 年, 第 29 页

李应林

1213 President of Lingnan University (YingLin-Li) retiring / China Journal Editorial Dept. // The China Journal. 23:4. 1938
　　岭南大学校长李应林退休 / 本刊编辑部 // 中国杂志. 1938. 23:4

1214 Li Ying-lin / The China Weekly Review // Who's Who in China. 1936, p. 151
　　李应林 / 密勒氏评论报 // 中国名人录. 1936 年, 第 151 页

李宏锟

1215 Li Hung-kun / The China Weekly Review // Who's Who in China. 1940, p. 29
　　李宏锟(号剑鸣) / 密勒氏评论报 // 中国名人录. 1940 年, 第 29 页

李择一

1216 Li Tse-I / The China Weekly Review // Who's Who in China. 1936, p. 293
　　李择一 / 密勒氏评论报 // 中国名人录. 1936 年, 第 293 页

李茂之

1217 Mr. Li Mau-chi(Li Mao-chih) / The China Weekly Review // Who's Who in China. 1925, p. 471; 1936, p. 142

李茂之 / 密勒氏评论报 // 中国名人录.1925年,第471页;1936年,第142页

李范一

1218 Li Fan-yi / The China Weekly Review // Who's Who in China. 1936, p. 139

李范一 / 密勒氏评论报 // 中国名人录.1936年,第139页

李尚仁

1219 Li Shan-jen / The China Weekly Review // Who's Who in China. 1936, p. 144

李尚仁 / 密勒氏评论报 // 中国名人录.1936年,第144页

李国杰

1220 Marquis W. H. Li(Li Kuo-chich) / The China Weekly Review // Who's Who in China. 1925, p. 465; 1936, p. 140

李国杰(字伟侯) / 密勒氏评论报 // 中国名人录.1925年,第465页;1936年,第140页

李国钦

1221 Mr. K. C. Li(Li Kuo-ching) / The China Weekly Review // Who's Who in China. 1925, p. 467; 1936, p. 141

李国钦(字炳麟) / 密勒氏评论报 // 中国名人录.1925年,第467页;1936年,第141页

李国筠

1222 Mr. Li Kuo-yun / The China Weekly Review // Who's Who in China. 1925, p. 469; 1936, p. 141

李国筠(字斐君) / 密勒氏评论报 // 中国名人录.1925年,第469页;1936年,第141页

李明扬

1223 Gen. Li Ming-yang / The China Weekly Review // Who's Who in China. 1933, p. 64; 1936, p. 142

李明扬(字帅广) / 密勒氏评论报 // 中国名人录.1933年,第64页;1936年,第142页

李明炎

1224 Li Ming-yen / The China Weekly Review // Who's Who in China. 1936, p. 142

李明炎 / 密勒氏评论报 // 中国名人录.1936年,第142页

李明瑞

1225 The Troubled Life and After-life of a Guangxi Communist: Some Notes on Li Mingrui and the Communist Movement in Guangxi Province before 1949 / Graham Hutchings // The China Quarterly. 104. 1985

一位广西共产主义者的生前身后事:李明瑞和1949年以前的广西共产主义运动 / 格拉汉姆·哈钦斯 // 中国季刊.1985.104

李迪俊

1226 Dr. Li Ti-tsun(Li Ti-chun) / The China Weekly Review // Who's Who in China. 1933, p. 66; 1936, p. 148

李迪俊(字涤镜) / 密勒氏评论报 // 中国名人录.1933年,第66页;1936年,第148页

1227 Li Ti-chun(Ti-ching) / H. G. W. Woodhead, H. T. M. Bell // The China Year Book. 1939(27), p. 186 (p. 210)

李迪俊(字涤镜) / H. G. W. 伍德海、H. T. M. 贝尔 // 中华年鉴.1939年第27册,第186页(第210页)

李鸣钟

1228 Li Ming-chun / The China Weekly Review // Who's Who in China. 1936, p. 142

李鸣钟(字晓东) / 密勒氏评论报 // 中国名人录.1936年,第142页

李治泰

1229 Alfred C. T. Li(Li Chi-tai) / The China Weekly Review // Who's Who in China. 1940, p. 28

李治泰 / 密勒氏评论报 // 中国名人录.1940年,第28页

李宗仁

1230　The Memoirs of Li Tsung-jen / Te-kong Tong, Li Tsung-jen // Boulder：Westview Press. 1979
　　李宗仁回忆录 / 唐德刚、李宗仁 // 博尔德：西景出版社. 1979 年

1231　Vice President Li Tsung-jen, a Liberal / China Digest. 4：6. 1948
　　副总统李宗仁，一位自由主义者？/ 中国文摘. 1948. 4：6

1232　Li Tsung Jen：A Shameless Traitor / Free China Review. 5：6. 1955
　　李宗仁：无耻的叛国者 / 自由中国评论. 1955. 5：6

1233　Li Tsung-jen and the Demise of China's "Third Force" / Robert E. Bedeski // Asian Survey. 5：12. 1965
　　李宗仁和中国"第三势力"的垮台 / 罗伯特·E. 贝德斯基 // 亚洲综览. 1965. 5：12

1234　Li Tsung-jen / The China Weekly Review // Who's Who in China. 1936, p. 149；1940, p. 29
　　李宗仁(字德邻) / 密勒氏评论报 // 中国名人录. 1936 年, 第 149 页；1940 年, 第 29 页

1235　Li Tsung-jen(The-lin) / H. G. W. Woodhead, H. T. M. Bell // The China Year Book. 1939(27), p. 187 (p. 211)
　　李宗仁(字德邻) / H. G. W. 伍德海、H. T. M. 贝尔 // 中华年鉴. 1939 年第 27 册, 第 187 页(第 211 页)

李宗桐

1236　Li Tsung-tung / The China Weekly Review // Who's Who in China. 1936, p. 149
　　李宗桐(字玄伯) / 密勒氏评论报 // 中国名人录. 1936 年, 第 149 页

李建勋

1237　Li Chien-hsun appointed president of Peiping Normal College, Dr. / China Journal Editorial Dept. // The China Journal. 16：6. 1932
　　李建勋就任北京高等师范学院校长 / 本刊编辑部 // 中国杂志. 1932. 16：6

李绍昌

1238　Shao-chang Lee (Li Shao-chang) / The China Weekly Review // Who's Who in China. 1936, p. 292
　　李绍昌 / 密勒氏评论报 // 中国名人录. 1936 年, 第 292 页

1239　Li Shao-ch'ang / H. G. W. Woodhead, H. T. M. Bell // The China Year Book. 1939(27), p. 186 (p. 210)
　　李绍昌 / H. G. W. 伍德海、H. T. M. 贝尔 // 中华年鉴. 1939 年第 27 册, 第 186 页(第 210 页)

李绍庚

1240　Li Shao-gen / The China Weekly Review // Who's Who in China. 1936, p. 145
　　李绍庚 / 密勒氏评论报 // 中国名人录. 1936 年, 第 145 页

李荣芳

1241　Li Yung-fang / The China Weekly Review // Who's Who in China. 1933, p. 69；1936, p. 152
　　李荣芳 / 密勒氏评论报 // 中国名人录. 1933 年, 第 69 页；1936 年, 第 152 页

1242　Li Yung-Fang / H. G. W. Woodhead, H. T. M. Bell // The China Year Book. 1939(27), p. 187(p. 211)
　　李荣芳 / H. G. W. 伍德海、H. T. M. 贝尔 // 中华年鉴. 1939 年第 27 册, 第 187 页(第 211 页)

李树春

1243　Li Shu-ch'un(Yin-hsien) / H. G. W. Woodhead, H. T. M. Bell // The China Year Book. 1939(27), p. 186 (p. 210)
　　李树春(字荫轩) / H. G. W. 伍德海、H. T. M. 贝尔 // 中华年鉴. 1939 年第 27 册, 第 186 页(第 210 页)

李思浩

1244　Mr. Li Shih-hou (Li Szu-hao) / The China Weekly Review // Who's Who in China. 1925, p. 482；1936, p. 145
　　李思浩(字赞侯) / 密勒氏评论报 // 中国名人录. 1925 年, 第 482 页；1936 年, 第 145 页

李品仙

1245　Gen. Li Ping-hsien / The China Weekly Review // Who's Who in China. 1936, p. 144；1940, p. 61

李品仙(字鹤龄) / 密勒氏评论报 // 中国名人录.1936年,第144页;1940年,第61页

1246 Li P'ing-sien(He-ling) / H. G. W. Woodhead, H. T. M. Bell // The China Year Book. 1939(27), p. 186 (p. 210)

李品仙(字鹤龄) / H. G. W. 伍德海、H. T. M. 贝尔 // 中华年鉴.1939年第27册,第186页(第210页)

李峙山

1247 Miss Li Shi-shan / The China Weekly Review // Who's Who in China. 1933, p. 65;1936, p. 145

李峙山 / 密勒氏评论报 // 中国名人录.1933年,第65页;1936年,第145页

李秋君

1248 Miss Li Chiu-chun / The China Weekly Review // Who's Who in China. 1936, p. 138

李秋君 / 密勒氏评论报 // 中国名人录.1936年,第138页

李顺卿

1249 Dr. Shun-Ching Lee / The China Weekly Review // Who's Who in China. 1925, p. 481;1936, p. 146

李顺卿(字干臣) / 密勒氏评论报 // 中国名人录.1925年,第481页;1936年,第146页

李修梅

1250 Mr. Li Su-mai (Li Hsiu-mei) / The China Weekly Review // Who's Who in China. 1925, p. 460;1936, p. 146

李修梅(字萼仙) / 密勒氏评论报 // 中国名人录.1925年,第460页;1936年,第146页

李济深

1251 Li Chai-sum (Li Chi-shen) / The China Weekly Review // Who's Who in China. 1936, p. 136

李济深(字任潮) / 密勒氏评论报 // 中国名人录.1936年,第136页

1252 Li Chi-shen(Jen-chao) / H. G. W. Woodhead, H. T. M. Bell // The China Year Book. 1939(27), p. 185 (p. 209)

李济深(字任潮) / H. G. W. 伍德海、H. T. M. 贝尔 // 中华年鉴.1939年第27册,第185页(第209页)

李宣龚

1253 Li Hsuan-kung (Li Pah-ko) / The China Weekly Review // Who's Who in China. 1940, p. 29

李宣龚(字拔可) / 密勒氏评论报 // 中国名人录.1940年,第29页

李炳瑞

1254 Li Ping-jui / H. G. W. Woodhead, H. T. M. Bell // The China Year Book. 1939(27), p. 186(p. 210)

李炳瑞 / H. G. W. 伍德海、H. T. M. 贝尔 // 中华年鉴.1939年第27册,第186页(第210页)

李祖虞

1255 Lee Tso-yu (Li Tsu-yu) / The China Weekly Review // Who's Who in China. 1936, p. 149

李祖虞(字梦驺) / 密勒氏评论报 // 中国名人录.1936年,第149页

1256 Li Tsu-yu(Meng-tsou) / H. G. W. Woodhead, H. T. M. Bell // The China Year Book. 1939(27), p. 186 (p. 210)

李祖虞(字梦驺) / H. G. W. 伍德海、H. T. M. 贝尔 // 中华年鉴.1939年第27册,第186页(第210页)

李祝怀

1257 Li Tsu-hwai (Li Chu-huai) / The China Weekly Review // Who's Who in China. 1940, p. 28

李祝怀(字仲瑜) / 密勒氏评论报 // 中国名人录.1940年,第28页

李振南

1258 Li Chen-nan / The China Weekly Review // Who's Who in China. 1936, p. 136

李振南 / 密勒氏评论报 // 中国名人录.1936年,第136页

1259 Li Chen-nan / H. G. W. Woodhead, H. T. M. Bell // The China Year Book. 1939(27), p. 185(p. 209)

李振南 / H. G. W. 伍德海、H. T. M. 贝尔 // 中华年鉴. 1939年第27册, 第185页(第209页)

李桐华
1260 Li Tung-wha (Li Tung-hua) / The China Weekly Review // Who's Who in China. 1936, p. 150
李桐华 / 密勒氏评论报 // 中国名人录. 1936年, 第150页

李根固
1261 Gen. Li Ken-ku / The China Weekly Review // Who's Who in China. 1940, p. 29
李根固 / 密勒氏评论报 // 中国名人录. 1940年, 第29页

李根源
1262 General Li Keng-yuan / The China Weekly Review // Who's Who in China. 1925, p. 463; 1936, p. 140
李根源(字印泉) / 密勒氏评论报 // 中国名人录. 1925年, 第463页; 1936年, 第140页

李烈钧
1263 Li Lieh-chun / The China Weekly Review // Who's Who in China. 1936, p. 141
李烈钧(字协和) / 密勒氏评论报 // 中国名人录. 1936年, 第141页

1264 Li Lieh-chun(Hsieh-ho) / H. G. W. Woodhead, H. T. M. Bell // The China Year Book. 1939(27), p. 185 (p. 209)
李烈钧(字协和) / H. G. W. 伍德海、H. T. M. 贝尔 // 中华年鉴. 1939年第27册, 第185页(第209页)

李健南
1265 Li Chien-nan / The China Weekly Review // Who's Who in China. 1940, p. 74
李健南 / 密勒氏评论报 // 中国名人录. 1940年, 第74页

李家鏊
1266 Mr. Li Chiao-ao / The China Weekly Review // Who's Who in China. 1925, p. 452
李家鏊(字兰洲) / 密勒氏评论报 // 中国名人录. 1925年, 第452页

李容兆
1267 Rev. Matthew Li (Li Yung-chao) / The China Weekly Review // Who's Who in China. 1936, p. 293
李容兆(字协邦) / 密勒氏评论报 // 中国名人录. 1936年, 第293页

1268 Li Yung-chao(Hsieh-pang) / H. G. W. Woodhead, H. T. M. Bell // The China Year Book. 1939(27), p. 187(p. 211)
李容兆(字协邦) / H. G. W. 伍德海、H. T. M. 贝尔 // 中华年鉴. 1939年第27册, 第187页(第211页)

李调生
1269 Li Tiao-sheng / The China Weekly Review // Who's Who in China. 1933, p. 67; 1936, p. 148
李调生(字嘉燮) / 密勒氏评论报 // 中国名人录. 1933年, 第67页; 1936年, 第148页

李能梗
1270 Lee Neng-kung (Li Neng-keng) / The China Weekly Review // Who's Who in China. 1936, p. 143
李能梗(字荚根) / 密勒氏评论报 // 中国名人录. 1936年, 第143页

李培天
1271 P. T. Lee (Li Pei-tien) / The China Weekly Review // Who's Who in China. 1933, p. 64; 1936, p. 143
李培天 / 密勒氏评论报 // 中国名人录. 1933年, 第64页; 1936年, 第143页

李培恩
1272 Baen E. Lee (Li Pei-en) / The China Weekly Review // Who's Who in China. 1936, p. 143
李培恩 / 密勒氏评论报 // 中国名人录. 1936年, 第143页

李培基
1273 Li Pei-chi / The China Weekly Review // Who's Who in China. 1936, p. 143
李培基 / 密勒氏评论报 // 中国名人录. 1936年, 第143页

李梦庚

1274 Li Meng-keng / H. G. W. Woodhead, H. T. M. Bell // The China Year Book. 1939(27), p. 185(p. 209)
李梦庚 / H. G. W. 伍德海、H. T. M. 贝尔 // 中华年鉴. 1939 年第 27 册, 第 185 页(第 209 页)

李盛铎

1275 Mr. Li Sheng-to / The China Weekly Review // Who's Who in China. 1925, p. 475;1936, p. 145
李盛铎(字木斋) / 密勒氏评论报 // 中国名人录. 1925 年, 第 475 页;1936 年, 第 145 页

李清茂

1276 Dr. T. M. Li (Li Ch'ing-mao) / The China Weekly Review // Who's Who in China. 1925, p. 454;1936, p. 137
李清茂(字必魁) / 密勒氏评论报 // 中国名人录. 1925 年, 第 454 页;1936 年, 第 137 页

李鸿章

1277 Li Hung Chang:His Life and Times / Archibald Little // London:Cassell Co. . 1903.
李鸿章的生平与时代 / 阿绮波德·立德 // 伦敦:卡塞尔公司. 1903 年

1278 Memoirs of the Viceroy Li Hung Chang / William Francis Mannix // London:Constable. 1913
李鸿章回忆录 / 威廉·弗朗西斯·曼尼克思 // 伦敦:康斯特布尔. 1913 年

1279 Li Hung-chang / J. O. P. Bland // London:Constable & Co. . 1917;New York:Henry Holt. 1917
李鸿章传 / J. O. P. 布兰德 // 伦敦:康斯特布尔公司. 1917 年;纽约:亨利·豪特公司. 1917 年

1280 Li Hung-chang and the Huai Army:A Study in Nineteenth-century Chinese Regionalism / Stanley Spector // Seattle:University of Washington Press. 1964
李鸿章和淮军:19 世纪的中国地方主义研究 / 斯坦利·斯佩克特 // 西雅图:华盛顿大学出版社. 1964 年

1281 Li Hung-chang and Modern Enterprise:Government Policy and Merchant Investment in the China Merchants' Company / Lai Chi-kong // Davis:Institute of Governmental Affairs, University of California, Davis. 1989
李鸿章与近代企业:国家政策与轮船招商局中的商人投资 / 黎志刚 // 戴维斯:加利福尼亚大学, 戴维斯分校政务研究院. 1989 年

1282 Li Hung-chang and China's Early Modernization / Samuel C. Chu, Liu Kwang-ching // Armonk:M. E. Sharpe. 1994
李鸿章评传:中国近代化的起始 / 朱昌崚、刘广京 // 阿蒙克:M. E. 夏普出版社. 1994 年

1283 Li Hung Chang — Statesman or Impostor? / Boulger Demetrius // Fortnightly Review. 70:. 1901
李鸿章:政治家还是骗子? / 包罗杰·迪米特里厄斯 // 半月评论报. 1901. 70:

1284 Li Hung Chang:A Character Sketch / Gilbert Reid // Forum. 32:. 1901
李鸿章:人物速写 / 李佳白 // 论坛. 1901. 32:

1285 Sketch of Li Hung Chang's Career / The Outlook. 8:. 1901
李鸿章的职业生涯 / 瞭望. 1901. 8:

1286 Li Hung Chang / Alexander Michie // Eclectic Magazine of Foreign Literature (1901-1907). 138:3. 1902
李鸿章 / 亚历山大·米基 // 外国文学折衷主义杂志(1901-1907). 1902. 138:3

1287 Li Hung Chang / Richard Gleason Greene // The Cyclopedic Review of Current History (1897-1901). 11:11. 1902
李鸿章 / 理查德·格里森·格林 // 当代历史的百科评论(1897—1901). 1902. 11:11

1288 Interview with Li Hung Chang and General Gordon / James Angell // The Chinese Students' Monthly (1909-1929). 9:6. 1914
李鸿章和戈登将军访谈录 / 詹姆斯·安吉尔 // 留美学生月报(1909—1929). 1914. 9:6

1289 Li Hung Chang / E. Parker // Asiatic Review. 13:37. 1918
李鸿章 / E. 帕克 // 亚洲评论. 1918. 13:37

1290 Li Hung-chang and Chinese Foreign Policies, 1870-1885 (Ph. D. Thesis) / Ludwig Albert // University of California, Berkeley. 1936
李鸿章与中国外交政策,1870—1885年(博士论文) / 路德维格·艾伯特 // 加利福尼亚大学,伯克利分校. 1936

1291 A Study of the Foreign Policies of Li-Hung-chang (Ph. D. Thesis) / P. E. Quimby // University of Southern California. 1940
李鸿章外交政策研究(博士论文) / P. E. 昆比 // 南加州大学. 1940

1292 Friends, Guests, and Colleagues: A Study of the Mu-fu System in the Late Ch'ing Period (Ph. D. Thesis) / Kenneth E. Folsom // University of California, Berkeley. 1964
(李鸿章的)朋友、宾客和同志:晚清幕僚政治研究(博士论文) / 肯尼斯·E. 福尔索姆 // 加利福尼亚大学,伯克利分校. 1964

1293 The Confucian as Patriot and Pragmatist: Li Hung-chang's Formative Years, 1823-1866 / Liu Kwang-ching // Harvard Journal of Asiatic Studies. 30:1. 1970
一个爱国的实用主义者儒生:李鸿章的炼成岁月,1823—1866 / 刘广京 // 哈佛亚洲研究. 1970. 30:1

1294 Industrial Metamorphosis in the Self-strengthening Movement: Li Hung-chang and the Kiangnan Shipbuilding Program / Thomas Larew Kennedy // Journal of the Institute of Chinese Studies of the Chinese University of Hong Kong. 9:. 1971
自强运动中的工业化演变:李鸿章和江南造船计划 / 托马斯·拉鲁·肯尼迪 // 香港中文大学中国文化研究所学报. 1971. 9:

1295 Li Hung-chang and the Boxer Uprising / Chan Lau Kit-ching // Monumenta Serica: Journal of Oriental Studies. 32:. 1976
李鸿章与义和团运动 / 陈刘洁贞 // 华裔学志:东方研究杂志. 1976. 32:

1296 Li Hung-chang's Mission to America, 1896 / Gerald Eggert // The Midwest Quarterly. 18:3. 1977
1896年李鸿章出使美国 / 杰拉尔德·艾格特 // 中西部季刊. 1977. 18:3

1297 Li Hung-chang and the Signing of the Sino-Japanese Treaty, 1871 / Kim Key-hiuk // The Journal of Asian Studies. 42:4. 1983
李鸿章与1871年中日条约的签订 / 金基赫 // 亚洲研究杂志. 1983. 42:4

1298 Li Hung-chang and Shen Pao-chen: The Politics of Modernization / David P. T. Pong // Chinese Studies in History. 24:1. 1990-1991
李鸿章和沈葆桢:现代化政治 / 庞百腾 // 中国历史研究. 1990-1991. 24:1

1299 Conclusion Li Hung-chang: An Assessment / Samuel C. Chu // Chinese Studies in History. 25:1. 1991
评价李鸿章 / 朱昌崚 // 中国历史研究. 1991. 25:1

1300 Li Hung-chang and the Liu-ch'iu (Ryukyu) Controversy, 1871-1881 / Edwin Pak-wah Leung // Chinese Studies in History. 24:4. 1991
李鸿章与琉球之争,1871—1881 / 梁伯华 // 中国历史研究. 1991. 24:4

1301 Li Hung-chang and the Peiyang Navy / Wang Chia-chien // Chinese Studies in History. 25:1. 1991
李鸿章与北洋舰队 / 王家俭 // 中国历史研究. 1991. 25:1

1302 Li Hung-chang's Suzerain Policy toward Korea, 1882-1894 / Lin Ming-te // Chinese Studies in History. 24:4. 1991
李鸿章对朝鲜的宗主国政策,1882—1894 / 林明德 // 中国历史研究. 1991. 24:4

1303 Li Hung-chang and Modern Enterprise: The China Merchants' Company, 1872-1885 / Lai Chi-kong // Chinese Studies in History. 25:1. 1991
李鸿章与近代企业:轮船招商局,1872—1885年 / 黎志刚 // 中国历史研究. 1991. 25:1

李维庆

1304 Mr. Lee Tsung-ching (Li Wei-ch'ing) / The China Weekly Review // Who's Who in China. 1925, p. 489;

1936, p. 136

李维庆(字正卿) / 密勒氏评论报 // 中国名人录. 1925 年, 第 489 页; 1936 年, 第 136 页

李博仁

1305　Li Po-jen / The China Weekly Review // Who's Who in China. 1936, p. 292

李博仁 / 密勒氏评论报 // 中国名人录. 1936 年, 第 292 页

李葆葵

1306　Li Po-kwai (Li Po-kuei) / The China Weekly Review // Who's Who in China. 1936, p. 144

李葆葵 / 密勒氏评论报 // 中国名人录. 1936 年, 第 144 页

李敬斋

1307　Li Ching-tsai / The China Weekly Review // Who's Who in China. 1936, p. 137

李敬斋 / 密勒氏评论报 // 中国名人录. 1936 年, 第 137 页

李鼎新

1308　Admiral Li Ting-hsin / The China Weekly Review // Who's Who in China. 1925, p. 487; 1936, p. 148

李鼎新(字承梅) / 密勒氏评论报 // 中国名人录. 1925 年, 第 487 页; 1936 年, 第 148 页

李景林

1309　Li Ching-lin / The China Weekly Review // Who's Who in China. 1936, p. 136

李景林(字芳岑) / 密勒氏评论报 // 中国名人录. 1936 年, 第 136 页

李渭霖

1310　Dr. William Wah-chun Lee (Li Wei-lin) / The China Weekly Review // Who's Who in China. 1936, p. 299; 1940, p. 30

李渭霖(字华镇) / 密勒氏评论报 // 中国名人录. 1936 年, 第 299 页; 1940 年, 第 30 页

李登辉

1311　Dr. T. H. Lee (Li Teng-hui) / The China Weekly Review // Who's Who in China. 1925, p. 484; 1936, p. 147

李登辉(字腾飞) / 密勒氏评论报 // 中国名人录. 1925 年, 第 484 页; 1936 年, 第 147 页

1312　Li Teng-hui(T'eng-fei) / H. G. W. Woodhead, H. T. M. Bell // The China Year Book. 1939(27), p. 186 (p. 210)

李登辉(字腾飞) / H. G. W. 伍德海、H. T. M. 贝尔 // 中华年鉴. 1939 年第 27 册, 第 186 页(第 210 页)

李锦沛

1313　Lee, Poy G. / China Journal Editorial Dept. // The China Journal. 34:3. 1941

李锦沛 / 本刊编辑部 // 中国杂志. 1941. 34:3

1314　Poy G. Lee. R. A. (Li Ching-pei) / The China Weekly Review // Who's Who in China. 1936, p. 137

李锦沛 / 密勒氏评论报 // 中国名人录. 1936 年, 第 137 页

李锦纶

1315　Frank W. Chinglun Lee (Li Ching-lun) / The China Weekly Review // Who's Who in China. 1936, p. 136

李锦纶 / 密勒氏评论报 // 中国名人录. 1936 年, 第 136 页

1316　Li Ching-lun / H. G. W. Woodhead, H. T. M. Bell // The China Year Book. 1939(27), p. 185 (p. 209)

李锦纶 / H. G. W. 伍德海、H. T. M. 贝尔 // 中华年鉴. 1939 年第 27 册, 第 185 页(第 209 页)

李煜堂

1317　Li Yuk-tong (Li Yu-tang) / The China Weekly Review // Who's Who in China. 1936, p. 151

李煜堂 / 密勒氏评论报 // 中国名人录. 1936 年, 第 151 页

李福林

1318　Li Fu-lin / The China Weekly Review // Who's Who in China. 1936, p. 139

李福林(字登同) / 密勒氏评论报 // 中国名人录. 1936 年, 第 139 页

李静波
1319　Li Ching-po / The China Weekly Review // Who's Who in China. 1936, p. 137
　　　李静波 / 密勒氏评论报 // 中国名人录. 1936 年, 第 137 页

李德燏
1320　Lee Tuh-yuan (Li Teh-yueh) / The China Weekly Review // Who's Who in China. 1936, p. 147
　　　李德燏 / 密勒氏评论报 // 中国名人录. 1936 年, 第 147 页

李耀邦
1321　John Yiubong Lee (Li Yao-pang) / The China Weekly Review // Who's Who in China. 1936, p. 150
　　　李耀邦 / 密勒氏评论报 // 中国名人录. 1936 年, 第 150 页

李麟玉
1322　Li Lin-yu / The China Weekly Review // Who's Who in China. 1940, p. 29
　　　李麟玉 / 密勒氏评论报 // 中国名人录. 1940 年, 第 29 页

杨 杰
1323　Gen. Yang Chieh / The China Weekly Review // Who's Who in China. 1933, p. 119; 1936, p. 268; 1940, p. 52
　　　杨杰(字耿光) / 密勒氏评论报 // 中国名人录. 1933 年, 第 119 页; 1936 年, 第 268 页; 1940 年, 第 52 页
1324　Yang Chien (Keng-kuang) / H. G. W. Woodhead, H. T. M. Bell // The China Year Book. 1939 (27), p. 209 (p. 233)
　　　杨杰(字耿光) / H. G. W. 伍德海、H. T. M. 贝尔 // 中华年鉴. 1939 年第 27 册, 第 209 页 (第 233 页)

杨 虎
1325　Gen. Yang Hu (Yang Hsiao-tien) / The China Weekly Review // Who's Who in China. 1933, p. 121; 1936, p. 270
　　　杨虎(字啸天) / 密勒氏评论报 // 中国名人录. 1933 年, 第 121 页; 1936 年, 第 270 页
1326　Yang Hu (Hsiao-t'ien) / H. G. W. Woodhead, H. T. M. Bell // The China Year Book. 1939 (27), p. 209 (p. 233)
　　　杨虎(字啸天) / H. G. W. 伍德海、H. T. M. 贝尔 // 中华年鉴. 1939 年第 27 册, 第 209 页 (第 233 页)

杨 晟
1327　Mr. Yang Tcheng (Yang Sheng) / The China Weekly Review // Who's Who in China. 1925, p. 910; 1936, p. 268
　　　杨晟(字少川) / 密勒氏评论报 // 中国名人录. 1925 年, 第 910 页; 1936 年, 第 268 页

杨 森
1328　General Yang Shen / The China Weekly Review // Who's Who in China. 1925, p. 906; 1936, p. 273
　　　杨 森 / 密勒氏评论报 // 中国名人录. 1925 年, 第 906 页; 1936 年, 第 273 页
1329　Yang Sen (Tzu-hui) / H. G. W. Woodhead, H. T. M. Bell // The China Year Book. 1939 (27), p. 209 (p. 233)
　　　杨森(字子惠) / H. G. W. 伍德海、H. T. M. 贝尔 // 中华年鉴. 1939 年第 27 册, 第 209 页 (第 233 页)

杨 鹏
1330　Yang Pang / The China Weekly Review // Who's Who in China. 1940, p. 53
　　　杨鹏(字叔翔) / 密勒氏评论报 // 中国名人录. 1940 年, 第 53 页

杨 廉
1331　Yang-lien / The China Weekly Review // Who's Who in China. 1936, p. 271

杨廉(字四穆) / 密勒氏评论报 // 中国名人录. 1936年, 第271页

1332 Yang Lien(Ssu-mo) / H. G. W. Woodhead, H. T. M. Bell // The China Year Book. 1939(27), p. 209 (p. 233)

杨廉(字四穆) / H. G. W. 伍德海、H. T. M. 贝尔 // 中华年鉴. 1939年第27册, 第209页(第233页)

杨以德

1333 General Yang I-te / The China Weekly Review // Who's Who in China. 1925, p. 897; 1936, p. 270

杨以德(字敬林) / 密勒氏评论报 // 中国名人录. 1925年, 第897页; 1936年, 第270页

杨永泰

1334 Mr. Yang Yung-tai / The China Weekly Review // Who's Who in China. 1925, p. 914; 1936, p. 273

杨永泰(字畅卿) / 密勒氏评论报 // 中国名人录. 1925年, 第914页; 1936年, 第273页

杨永清

1335 Y. C. Yang (Yang Yung-ching) / The China Weekly Review // Who's Who in China. 1936, p. 273

杨永清 / 密勒氏评论报 // 中国名人录. 1936年, 第273页

1336 Yang Yung-ch'ing(Hui-ch'ing) / H. G. W. Woodhead, H. T. M. Bell // The China Year Book. 1939(27), p. 209(p. 233)

杨永清(字惠庆) / H. G. W. 伍德海、H. T. M. 贝尔 // 中华年鉴. 1939年第27册, 第209页(第233页)

杨光泩

1337 C. Kuangson Young (Yang Kuang-sheng) / The China Weekly Review // Who's Who in China. 1936, p. 270; 1940, p. 53

杨光泩 / 密勒氏评论报 // 中国名人录. 1936年, 第270页; 1940年, 第53页

1338 Yang Kuang-sheng / H. G. W. Woodhead, H. T. M. Bell // The China Year Book. 1939(27), p. 209 (p. 233)

杨光泩 / H. G. W. 伍德海、H. T. M. 贝尔 // 中华年鉴. 1939年第27册, 第209页(第233页)

杨华日

1339 Wah-Yat Yeung (Yang Hua-jih) / The China Weekly Review // Who's Who in China. 1940, p. 52

杨华日 / 密勒氏评论报 // 中国名人录. 1940年, 第52页

杨华燕

1340 In Young (Yang Hua-yen) / The China Weekly Review // Who's Who in China. 1936, p. 270

杨华燕 / 密勒氏评论报 // 中国名人录. 1936年, 第270页

杨兆庚

1341 Yang Chao-keng / The China Weekly Review // Who's Who in China. 1936, p. 268

杨兆庚 / 密勒氏评论报 // 中国名人录. 1936年, 第268页

杨汝梅

1342 Mr. Yang Ju-mei / The China Weekly Review // Who's Who in China. 1925, p. 899; 1936, p. 272

杨汝梅(字予成) / 密勒氏评论报 // 中国名人录. 1925年, 第899页; 1936年, 第272页

杨廷溥

1343 Maj.-Gen. T. P. Young (Yang Ting-pu) / The China Weekly Review // Who's Who in China. 1936, p. 273

杨廷溥 / 密勒氏评论报 // 中国名人录. 1936年, 第273页

杨杏佛

1344 Yang Chuan / The China Weekly Review // Who's Who in China. 1933, p. 120; 1936, p. 269

杨铨(字杏佛) / 密勒氏评论报 // 中国名人录. 1933年, 第120页; 1936年, 第269页

杨虎城

1345 Yang Hu-chen / The China Weekly Review // Who's Who in China. 1936, p. 270

杨虎城 / 密勒氏评论报 // 中国名人录. 1936 年, 第 270 页

1346　Yang Hu-ch'eng / H. G. W. Woodhead, H. T. M. Bell // The China Year Book. 1939(27), p. 209(p. 233)
杨虎城 / H. G. W. 伍德海、H. T. M. 贝尔 // 中华年鉴. 1939 年第 27 册, 第 209 页(第 233 页)

杨国枢
1347　Mr. Yang Koh Shu / The China Weekly Review // Who's Who in China. 1925, p. 901; 1936, p. 271
杨国枢(字润之) / 密勒氏评论报 // 中国名人录. 1925 年, 第 901 页; 1936 年, 第 271 页

杨念祖
1348　N. T. Yang (Yang Hsiao-tang) / The China Weekly Review // Who's Who in China. 1933, p. 120; 1936, p. 269
杨念祖(字筱棠) / 密勒氏评论报 // 中国名人录. 1933 年, 第 120 页; 1936 年, 第 269 页

杨承训
1349　C. H. Young (Yang Cheng-hsung) / The China Weekly Review // Who's Who in China. 1936, p. 268
杨承训 / 密勒氏评论报 // 中国名人录. 1936 年, 第 268 页

杨树庄
1350　Yang Shu-chwang (Yang Shu-chuang) / The China Weekly Review // Who's Who in China. 1936, p. 273
杨树庄 / 密勒氏评论报 // 中国名人录. 1936 年, 第 273 页

杨亮功
1351　Yang Liang-kung / The China Weekly Review // Who's Who in China. 1933, p. 121; 1936, p. 271
杨亮功 / 密勒氏评论报 // 中国名人录. 1933 年, 第 121 页; 1936 年, 第 271 页

杨津生
1352　Andrew S. Young (Yang Chin-sheng) / The China Weekly Review // Who's Who in China. 1933, p. 119; 1936, p. 269
杨津生 / 密勒氏评论报 // 中国名人录. 1933 年, 第 119 页; 1936 年, 第 269 页

杨宣诚
1353　Mr. Yang Hsiun-chen (Yang Hsuan-ch'eng) / The China Weekly Review // Who's Who in China. 1925, p. 895; 1936, p. 270
杨宣诚(字朴园) / 密勒氏评论报 // 中国名人录. 1925 年, 第 895 页; 1936 年, 第 270 页

杨爱源
1354　Yang Ai-yuan / The China Weekly Review // Who's Who in China. 1936, p. 267
杨爱源(字星如) / 密勒氏评论报 // 中国名人录. 1936 年, 第 267 页

杨豹灵
1355　Mr. Yang Pao-ling / The China Weekly Review // Who's Who in China. 1925, p. 903; 1936, p. 272
杨豹灵(字豹灵) / 密勒氏评论报 // 中国名人录. 1925 年, 第 903 页; 1936 年, 第 272 页

杨家骧
1356　Mr. Yang Chia-hsiang / The China Weekly Review // Who's Who in China. 1925, p. 891; 1936, p. 268
杨家骧(字韵笙) / 密勒氏评论报 // 中国名人录. 1925 年, 第 891 页; 1936 年, 第 268 页

杨梅南
1357　Mr. Yang Moi-nan (Yang Mei-nan) / The China Weekly Review // Who's Who in China. 1925, p. 893; 1936, p. 272
杨枝(字梅南) / 密勒氏评论报 // 中国名人录. 1925 年, 第 893 页; 1936 年, 第 272 页

杨崇瑞
1358　Marion Yang (Yang Chung-jui) / The China Weekly Review // Who's Who in China. 1936, p. 269
杨崇瑞 / 密勒氏评论报 // 中国名人录. 1936 年, 第 269 页

1359　Yang Ch'ung-jui, Miss / H. G. W. Woodhead, H. T. M. Bell // The China Year Book. 1939(27), p. 209 (p. 233)

杨崇瑞女士 / H. G. W. 伍德海、H. T. M. 贝尔 // 中华年鉴. 1939 年第 27 册,第 209 页(第 233 页)

杨庶堪

1360　Yang Shu-k'an(Ts'ang-pai) / H. G. W. Woodhead, H. T. M. Bell // The China Year Book. 1939(27), p. 209(p. 233)

杨庶堪(字沧白) / H. G. W. 伍德海、H. T. M. 贝尔 // 中华年鉴. 1939 年第 27 册,第 209 页(第 233 页)

杨锡珍

1361　Miss Grace Yang (Yang Hsi-chang) / The China Weekly Review // Who's Who in China. 1936, p. 269

杨锡珍女士 / 密勒氏评论报 // 中国名人录. 1936 年,第 269 页

1362　Yang Hsi-chen, Miss / H. G. W. Woodhead, H. T. M. Bell // The China Year Book. 1939(27), p. 209 (p. 233)

杨锡珍女士 / H. G. W. 伍德海、H. T. M. 贝尔 // 中华年鉴. 1939 年第 27 册,第 209 页(第 233 页)

杨福爵

1363　Yang Fu-chiao / H. G. W. Woodhead, H. T. M. Bell // The China Year Book. 1939(27), p. 209(p. 233)

杨福爵 / H. G. W. 伍德海、H. T. M. 贝尔 // 中华年鉴. 1939 年第 27 册,第 209 页(第 233 页)

杨慕时

1364　Yang Mo-shih / The China Weekly Review // Who's Who in China. 1940, p. 53

杨慕时(字斌甫) / 密勒氏评论报 // 中国名人录. 1940 年,第 53 页

杨德森

1365　Yang Teh-sen / H. G. W. Woodhead, H. T. M. Bell // The China Year Book. 1939(27), p. 209(p. 233)

杨德森 / H. G. W. 伍德海、H. T. M. 贝尔 // 中华年鉴. 1939 年第 27 册,第 209 页(第 233 页)

杨肇勋

1366　T. F. Yang Sao-yun (Yang Chao-hsun) / The China Weekly Review // Who's Who in China. 1933, p. 118; 1936, p. 267

杨肇勋 / 密勒氏评论报 // 中国名人录. 1933 年,第 118 页;1936 年,第 267 页

杨增新

1367　The Governorship of Yang Zengxin in Xinjiang, 1912-1928 (M. A. Thesis) / Yu Sau Ping // Hong Kong University. 1988

杨增新在新疆的统治,1912—1928(硕士论文) / 于修平(音) // 香港大学. 1988

1368　General Yang Tseng-hsin / The China Weekly Review // Who's Who in China. 1925, p. 912

杨增新(字鼎臣) / 密勒氏评论报 // 中国名人录. 1925 年,第 912 页

杨翰西

1369　Mr. Yang Shou-mai (Yang Han-his) / The China Weekly Review // Who's Who in China. 1925, p. 908; 1936, p. 269

杨翰西 / 密勒氏评论报 // 中国名人录. 1925 年,第 908 页;1936 年,第 269 页

杨衢云

1370　Sun Yat-sen, Yang Ch'ü-yün, and the Early Revolutionary Movement in China / Hsüeh Chün-tu // The Journal of Asian Studies. 19:3. 1960

孙中山、杨衢云和中国早期革命运动 / 薛君度 // 亚洲研究杂志. 1960. 19:3

〔 | 〕

吴　山

1371　Mr. Wu San (Wu Shan) / The China Weekly Review // Who's Who in China. 1925, p. 883;1936, p. 264

吴山(字吴山) / 密勒氏评论报 // 中国名人录. 1925 年, 第 883 页; 1936 年, 第 264 页

吴 宪

1372 Dr. Hsien Wu / Emmett B. Carmichael // Nature. 185; 4716. 1960
吴宪博士 / 埃米特·B. 卡迈克尔 // 自然. 1960. 185; 4716

1373 Hsien Wu (1893-1959): A Biographical Sketch / C. Bishop // Clinical chemistry. 28; 2. 1982
吴宪传略(1893—1959) / C. 比舍普 // 临床化学. 1982. 28; 2

1374 Hsien Wu and the First Theory of Protein Denaturation (1931) / John T. Edsall // Advances in Protein Chemistry. 46; . 1995
吴宪与第一个蛋白质变性理论(1931) / 约翰·T. 埃兹尔 // 蛋白质化学研究进展. 1995. 46;

1375 Wu Hsien / The China Weekly Review // Who's Who in China. 1936, p. 261
吴宪(字陶民) / 密勒氏评论报 // 中国名人录. 1936 年, 第 261 页

1376 Wu Hsien (T'ao min) / H. G. W. Woodhead, H. T. M. Bell // The China Year Book. 1939 (27), p. 207 (p. 231)
吴宪(字陶民) / H. G. W. 伍德海、H. T. M. 贝尔 // 中华年鉴. 1939 年第 27 册, 第 207 页(第 231 页)

吴 晗

1377 Wu Han: Attacking the Present through the Past / James Reeve Pusey // Cambridge: Harvard University Asia Center. 1969
吴晗: 借古讽今 / 浦嘉珉 // 坎布里奇: 哈佛大学亚洲研究中心. 1969 年

1378 Hu Shih and Wu Han / Shih Shao-pin // Chinese Studies in History. 3; 1. 1969
胡适与吴晗 / 石少斌(音) // 中国历史研究. 1969. 3; 1

1379 A Learned, Able, Spirited Historian — In Memory of Comrade Wu Han / Zheng Tianting, Edward Farmer // Ming Studies. 11; 1. 1980
一位博学能干、朝气蓬勃的历史学家——纪念吴晗同志 / 郑天挺、范德 // 明史研究. 1980. 11; 1

1380 Wu Han, the Cultural Revolution, and the Biography of Zhu Yuanzhang: An Introduction / Tom Fisher // Ming Studies. 11; 1. 1980
吴晗、"文化大革命"与朱元璋传记 / 汤姆·费舍尔 // 明史研究. 1980. 11; 1

1381 Intellectual Activism in China during the 1940s: Wu Han in the United Front and the Democratic League / Mary Gale Masur // The China Quarterly. 133. 1993
二十世纪四十年代的中国知识分子运动: 统一战线和民盟中的吴晗 / 玛丽·戈尔·马苏尔 // 中国季刊. 1993. 133

1382 A Man of His Times: Wu Han, the Historian (Ph. D. Thesis) / Mary Gale Masur // The University of Chicago. 1993
时代之子: 历史学家吴晗(博士论文) / 玛丽·戈尔·马苏尔 // 芝加哥大学. 1993

吴 健

1383 Zung Tse Kien Woo (Wu Chien) / The China Weekly Review // Who's Who in China. 1936, p. 259
吴健(字任之) / 密勒氏评论报 // 中国名人录. 1936 年, 第 259 页

吴 康

1384 Wu K'ang (Ching-hsien) / H. G. W. Woodhead, H. T. M. Bell // The China Year Book. 1939 (27), p. 207 (p. 231)
吴康(字敬轩) / H. G. W. 伍德海、H. T. M. 贝尔 // 中华年鉴. 1939 年第 27 册, 第 207 页(第 231 页)

吴大钧

1385 Wu Ta-chun (Ping-ch'ang) / H. G. W. Woodhead, H. T. M. Bell // The China Year Book. 1939 (27), p. 208 (p. 232)

吴大钧(字秉常) / H. G. W. 伍德海、H. T. M. 贝尔 // 中华年鉴.1939 年第 27 册,第 208 页(第 232 页)

吴大澂

1386　Wu Ta-ch'eng / Arthur W. Hummel // Eminent Chinese of the Ch'ing Period (1644-1912). p. 880
吴大澂 / 亚瑟·W. 赫梅尔 // 清代名人传略(1644—1912). 第 880 页

吴开先

1387　Wu Kai-hsien / The China Weekly Review // Who's Who in China. 1936, p. 296
吴开先 / 密勒氏评论报 // 中国名人录.1936 年,第 296 页

吴少山

1388　Johnson Wu (Wu Shao-shan) / The China Weekly Review // Who's Who in China. 1936, p. 264
吴少山 / 密勒氏评论报 // 中国名人录.1936 年,第 264 页

吴在章

1389　Wu Wen-chai / The China Weekly Review // Who's Who in China. 1936, p. 297
吴在章(字蕴斋) / 密勒氏评论报 // 中国名人录.1936 年,第 297 页

1390　Wu Tsai-chang(Wen-chai) / H. G. W. Woodhead, H. T. M. Bell // The China Year Book. 1939(27), p. 208(p. 232)
吴在章(字蕴斋) / H. G. W. 伍德海、H. T. M. 贝尔 // 中华年鉴.1939 年第 27 册,第 208 页(第 232 页)

吴有训

1391　Wu Yu-hsun / H. G. W. Woodhead, H. T. M. Bell // The China Year Book. 1939(27), p. 208(p. 232)
吴有训 / H. G. W. 伍德海、H. T. M. 贝尔 // 中华年鉴.1939 年第 27 册,第 208 页(第 232 页)

吴华甫

1392　William Hua-fuh Woo (Wu Hua-fu) / The China Weekly Review // Who's Who in China. 1940, p. 51
吴华甫 / 密勒氏评论报 // 中国名人录.1940 年,第 51 页

吴汝纶

1393　Wu Ju-lun / Arthur W. Hummel // Eminent Chinese of the Ch'ing Period (1644-1912). p. 870
吴汝纶 / 亚瑟·W. 赫梅尔 // 清代名人传略(1644—1912). 第 870 页

吴纫礼

1394　Admiral Y. L. Woo (Wu Jen-li) / The China Weekly Review // Who's Who in China. 1925, p. 873;1936, p. 262
吴纫礼(字佩之) / 密勒氏评论报 // 中国名人录.1925 年,第 873 页;1936 年,第 262 页

吴秀峰

1395　Wou Shao-fong (Wu Hsiu-feng) / The China Weekly Review // Who's Who in China. 1936, p. 262
吴秀峰 / 密勒氏评论报 // 中国名人录.1936 年,第 262 页

1396　Wu Hsiu-feng / H. G. W. Woodhead, H. T. M. Bell // The China Year Book. 1939(27), p. 207(p. 231)
吴秀峰 / H. G. W. 伍德海、H. T. M. 贝尔 // 中华年鉴.1939 年第 27 册,第 207 页(第 231 页)

吴沃尧

1397　Wu Wo-yao (1866-1910): A Writer of Fiction of the Late Ch'ing Period (Ph. D. Thesis) / Michael Wai-mai Lau // Harvard University. 1969
吴沃尧(1866—1910):晚清小说家(博士论文) / 刘唯迈 // 哈佛大学.1969

吴启鼎

1398　C. T. Woo (Wu Chi-ting) / The China Weekly Review // Who's Who in China. 1936, p. 259
吴启鼎 / 密勒氏评论报 // 中国名人录.1936 年,第 259 页

1399　Wu Ch'i-ting(Ch'i-ting) / H. G. W. Woodhead, H. T. M. Bell // The China Year Book. 1939(27), p. 207 (p. 231)

吴启鼎(字苍汀) / H. G. W. 伍德海、H. T. M. 贝尔 // 中华年鉴. 1939 年第 27 册, 第 207 页 (p. 231)

吴卓生

1400 Yoehngoo Tsoh-sang Katherine Lew (Mrs Liu Ting-fang) / The China Weekly Review // Who's Who in China. 1936, p. 172

(刘)吴卓生(刘廷芳夫人) / 密勒氏评论报 // 中国名人录. 1936 年, 第 172 页

吴尚鹰

1401 Wu Shang-yin / The China Weekly Review // Who's Who in China. 1940, p. 52

吴尚鹰(字一飞) / 密勒氏评论报 // 中国名人录. 1940 年, 第 52 页

吴国桢

1402 Kuo-cheng Wu (Wu Kuo-cheng) / The China Weekly Review // Who's Who in China. 1936, p. 262

吴国桢 / 密勒氏评论报 // 中国名人录. 1936 年, 第 262 页

1403 Wu Kuo-chen / H. G. W. Woodhead, H. T. M. Bell // The China Year Book. 1939(27), p. 207(p. 231)

吴国桢 / H. G. W. 伍德海、H. T. M. 贝尔 // 中华年鉴. 1939 年第 27 册, 第 207 页(第 231 页)

吴昌硕

1404 A Comparative Study of Wu Ch'ang-shou and Ch'i Pai-shih / Chang Pe-chin // Asian Culture Quarterly. 9:1. 1981

吴昌硕与齐白石的比较研究 / 张伯谨 // 亚洲文化季刊. 1981. 9:1

吴忠信

1405 Gen. Wu Chung-hsin / The China Weekly Review // Who's Who in China. 1933, p. 117; 1936, p. 261

吴忠信(字礼卿) / 密勒氏评论报 // 中国名人录. 1933 年, 第 117 页; 1936 年, 第 261 页

1406 Wu Chung-hsin(Li-ch'ing) / H. G. W. Woodhead, H. T. M. Bell // The China Year Book. 1939(27), p. 207(p. 231)

吴忠信(字礼卿) / H. G. W. 伍德海、H. T. M. 贝尔 // 中华年鉴. 1939 年第 27 册, 第 207 页(第 231 页)

吴凯声

1407 Woo Kai-sheng (Wu Kai-sheng) / The China Weekly Review // Who's Who in China. 1936, p. 262

吴凯声 / 密勒氏评论报 // 中国名人录. 1936 年, 第 262 页

1408 Wu K'ai-sheng / H. G. W. Woodhead, H. T. M. Bell // The China Year Book. 1939(27), p. 207(p. 231)

吴凯声 / H. G. W. 伍德海、H. T. M. 贝尔 // 中华年鉴. 1939 年第 27 册, 第 207 页(第 231 页)

吴佩孚

1409 Wu Pei-fu, Marshal / Herman H. Barger // The China Journal. 30:3. 1939

吴佩孚元帅 / 巴杰 // 中国杂志. 1939. 30:3

1410 Militarism in Modern China: The Career of Wu P'ei-Fu, 1916-1939 / Odoric Y. K. Wou // Folkestone: Dawson. 1978

近代中国的黩武主义: 吴佩孚的生涯, 1916—1939 年 / 吴应铣 // 福克斯顿: 道森. 1978 年

1411 Wu Pei-fu's Personality / Upton Close // The Outlook (1893-1924). 132:15. 1922

吴佩孚的人格 / 侯雅信 // 瞭望(1893—1924). 1922. 132:15

1412 Wu Pei-fu, a Chinese with One Idea / Upton Close // The Outlook (1893-1924). 132:6. 1922

吴佩孚: 有着坚定信念的中国人 / 侯雅信 // 瞭望(1893—1924). 1922. 132:6

1413 General Wu Pei-fu's War Lord Days / Edwin Haward // Great Britain and the East. 51:1435. 1938

吴佩孚将军的军阀生活 / 爱德文·哈华德 // 大不列颠与东方. 1938. 51:1435

1414 Activities of Wu Pei-fu and Wang Ching-wei / Hotsumi Ozaki // Contemporary Japan. 8:2. 1939

吴佩孚和汪精卫的活动 / 尾崎秀实 // 当代日本. 1939. 8:2

1415 Wu P'ei-fu: A Case Study of a Chinese Warlord (Ph. D. Thesis) / Richard Soter // Harvard

University. 1959

吴佩孚：中国军阀个案研究（博士论文）／理查德·索特∥哈佛大学.1959

1416 Militarism in Modern China as Exemplified in the Career of Wu P'ei-fu, 1916-1928（Ph. D. Thesis）／ Odoric Ying-kwong Wou ∥ Columbia University. 1970

近代中国的黩武主义——以1916—1928年吴佩孚的生涯为例（博士论文）／吴应铳∥哥伦比亚大学.1970

1417 The Britain's Attitude towards Warlord Wu P'ei-fu, 1917-1927 ／周良彦∥政治学报.1976.5

英国对军阀吴佩孚的态度,1917—1927／周良彦∥政治学报.1976.5

1418 Wu Pei-fu / The China Weekly Review ∥ Who's Who in China. 1925, p. 876; 1936, p. 263; 1940, p. 51

吴佩孚（字子玉）／密勒氏评论报∥中国名人录.1925年,第876页;1936年,第263页;1940年,第51页

1419 Wu P'ei-fu(Tzu-yü) / H. G. W. Woodhead, H. T. M. Bell ∥ The China Year Book. 1939(27), p. 208 (p. 232)

吴佩孚（字子玉）／H. G. W. 伍德海、H. T. M. 贝尔∥中华年鉴.1939年第27册,第208页（第232页）

吴佩潢

1420 Mr. Chen-chai P. Woo (Wu P'ei-huang) / The China Weekly Review ∥ Who's Who in China. 1925, p. 879; 1936, p. 263

吴佩潢（字承斋）／密勒氏评论报∥中国名人录.1925年,第879页;1936年,第263页

吴念中

1421 Wu Nien-chung / The China Weekly Review ∥ Who's Who in China. 1940, p. 80

吴念中／密勒氏评论报∥中国名人录.1940年,第80页

吴泽湘

1422 Chaucer H. Wu (Wu Chai-hsiang) / The China Weekly Review ∥ Who's Who in China. 1936, p. 258

吴泽湘／密勒氏评论报∥中国名人录.1936年,第258页

吴宗慈

1423 Mr. Wu Tsung-tzu / The China Weekly Review ∥ Who's Who in China. 1925, p. 887; 1936, p. 267

吴宗慈（字蔼林）／密勒氏评论报∥中国名人录.1925年,第887页;1936年,第267页

吴宗濂

1424 Wu Tsung-lien / The China Weekly Review ∥ Who's Who in China. 1936, p. 266

吴宗濂（字挹清）／密勒氏评论报∥中国名人录.1936年,第266页

吴绍曾

1425 Dr. Shao-tseng Wu / The China Weekly Review ∥ Who's Who in China. 1936, p. 264

吴绍曾（字省三）／密勒氏评论报∥中国名人录.1936年,第264页

吴经熊

1426 Dr. John C. H. Wu / The China Weekly Review ∥ Who's Who in China. 1925, p. 865; 1936, p. 260

吴经熊（字德生）／密勒氏评论报∥中国名人录.1925年,第865页;1936年,第260页

1427 Wu Ching-hsiung / H. G. W. Woodhead, H. T. M. Bell ∥ The China Year Book. 1939(27), p. 207 (p. 231)

吴经熊／H. G. W. 伍德海、H. T. M. 贝尔∥中华年鉴.1939年第27册,第207页（第231页）

吴荣熙

1428 Dr. Wu Yung-hsi / The China Weekly Review ∥ Who's Who in China. 1940, p. 52

吴荣熙／密勒氏评论报∥中国名人录.1940年,第52页

吴南如

1429 Wu Nan-ju(Ping-wen) / H. G. W. Woodhead, H. T. M. Bell ∥ The China Year Book. 1939(27), p. 208

(p.232)

吴南如(字炳文) / H. G. W. 伍德海、H. T. M. 贝尔 // 中华年鉴.1939年第27册,第208页(第232页)

吴思豫

1430　Gen. Wu Shih-yu / The China Weekly Review // Who's Who in China. 1940, p. 52
　　　吴思豫(字立凡) / 密勒氏评论报 // 中国名人录.1940年,第52页

吴贻芳

1431　Miss Wu Yi-fang / The China Weekly Review // Who's Who in China. 1936, p. 267
　　　吴贻芳女士 / 密勒氏评论报 // 中国名人录.1936年,第267页

1432　Wu Yi-fang, Miss / H. G. W. Woodhead, H. T. M. Bell // The China Year Book. 1939(27), p. 208 (p.232)
　　　吴贻芳女士 / H. G. W. 伍德海、H. T. M. 贝尔 // 中华年鉴.1939年第27册,第208页(第232页)

吴笃孙

1433　Mr. Wu Chi-sun / The China Weekly Review // Who's Who in China. 1925, p. 863; 1936, p. 259
　　　吴笃孙(字世绁) / 密勒氏评论报 // 中国名人录.1925年,第863页;1936年,第259页

吴俊升

1434　General Wu Chun-sheng / The China Weekly Review // Who's Who in China. 1925, p. 871
　　　吴俊升(字舆权) / 密勒氏评论报 // 中国名人录.1925年,第871页

吴炳湘

1435　General Wu Ping-hsiang / The China Weekly Review // Who's Who in China. 1925, p. 881; 1936, p. 264
　　　吴炳湘(字镜潭) / 密勒氏评论报 // 中国名人录.1925年,第881页;1936年,第264页

吴铁城

1436　Mayor Wu Te-chen of Greater Shanghai / Arthurde Carle Sowerby // The China Journal. 22:5. 1935
　　　上海市市长吴铁城 / 苏柯仁 // 中国杂志.1935.22:5

1437　Wu Te-chen, General / China Journal Editorial Dept. // The China Journal. 32:1. 1940
　　　吴铁城 / 本刊编辑部 // 中国杂志.1940.32:1

1438　Gen. Wu Te-chen / The China Weekly Review // Who's Who in China. 1936, p. 265; 1940, p. 66
　　　吴铁城 / 密勒氏评论报 // 中国名人录.1936年,第265页;1940年,第66页

1439　Wu T'ien-ch'eng / H. G. W. Woodhead, H. T. M. Bell // The China Year Book. 1939(27), p. 208 (p.232)
　　　吴铁城 / H. G. W. 伍德海、H. T. M. 贝尔 // 中华年鉴.1939年第27册,第208页(第232页)

吴颂皋

1440　Wu Sung-kao / H. G. W. Woodhead, H. T. M. Bell // The China Year Book. 1939(27), p. 208 (p.232)
　　　吴颂皋 / H. G. W. 伍德海、H. T. M. 贝尔 // 中华年鉴.1939年第27册,第208页(第232页)

吴培均

1441　Wu Pei-chun / The China Weekly Review // Who's Who in China. 1940, p. 51
　　　吴培均(字翔甫) / 密勒氏评论报 // 中国名人录.1940年,第51页

吴维德

1442　Andrew V. Wu (Wu Wei-teh) / The China Weekly Review // Who's Who in China. 1936, p. 267
　　　吴维德 / 密勒氏评论报 // 中国名人录.1936年,第267页

吴敬安

1443　Wu Chin-an / The China Weekly Review // Who's Who in China. 1933, p. 117; 1936, p. 259
　　　吴敬安 / 密勒氏评论报 // 中国名人录.1933年,第117页;1936年,第259页

吴惠和

1444　Wu Wai-ho / The China Weekly Review // Who's Who in China. 1936, p. 266

吴惠和(字鸣鸾) / 密勒氏评论报 // 中国名人录.1936年,第266页

吴鼎昌

1445　Wu Ding-chang（Wu Ting-chang）/ The China Weekly Review // Who's Who in China. 1933, p. 118; 1936, p. 265; 1940, p. 66

吴鼎昌(字达铨) / 密勒氏评论报 // 中国名人录.1933年,第118页;1936年,第265页;1940年,第66页

1446　Wu Ting-ch'ang(Ta-ch'uan) / H. G. W. Woodhead, H. T. M. Bell // The China Year Book. 1939(27), p. 208(p. 232)

吴鼎昌(字达铨) / H. G. W. 伍德海、H. T. M. 贝尔 // 中华年鉴.1939年第27册,第208页(第232页)

吴景超

1447　Wu Ching-chao / The China Weekly Review // Who's Who in China. 1940, p. 50

吴景超 / 密勒氏评论报 // 中国名人录.1940年,第50页

吴景濂

1448　Mr. Wu Ching-lien / The China Weekly Review // Who's Who in China. 1925, p. 867; 1936, p. 261

吴景濂(字莲伯) / 密勒氏评论报 // 中国名人录.1925年,第867页;1936年,第261页

吴曾愈

1449　Wu Tseng-yu / The China Weekly Review // Who's Who in China. 1936, p. 266

吴曾愈 / 密勒氏评论报 // 中国名人录.1936年,第266页

吴湖帆

1450　Wu Hu-fan / China Journal Editorial Dept. // The China Journal. 34:6. 1941

吴湖帆 / 本刊编辑部 // 中国杂志.1941. 34:6

吴勤训

1451　Ou Tsin-shuing (Wu Chin-hsuen) / The China Weekly Review // Who's Who in China. 1936, p. 260

吴勤训(字经畬) / 密勒氏评论报 // 中国名人录.1936年,第260页

吴雷川

1452　Wu Lei-chuan / The China Weekly Review // Who's Who in China. 1936, p. 262

吴雷川 / 密勒氏评论报 // 中国名人录.1936年,第262页

1453　Wu Lei-ch'uan / H. G. W. Woodhead, H. T. M. Bell // The China Year Book. 1939(27), p. 207(p. 231)

吴雷川 / H. G. W. 伍德海、H. T. M. 贝尔 // 中华年鉴.1939年第27册,第207页(第231页)

吴稚晖

1454　Scientism in Chinese Thought, 1900-1930: Study of Doctrinal Impact as Revealed by Wu Chih-hui, Ch'en Tu-hsiu, Hu Shih and as Seen in the Debate of 1923 (Ph. D. Thesis) / Danny Wynn-ye Kwok // Yale University. 1959

中国现代思想中的唯科学主义,1900—1930:吴稚晖、陈独秀和胡适1923年辩论的学术影响研究(博士论文) / 郭颖颐 // 耶鲁大学.1959

1455　The Intellectual Development of Wu Zhihui: A Reflection of Society and Politics in late Qing and Republican China (Ph. D. Thesis) / Paul Gilmore Clifford // University of London. 1978

吴稚晖的思想发展:晚清和民国时期社会与政治的写照(博士论文) / 保罗·吉尔摩·克利福德 // 伦敦大学.1978

1456　Wu Chih-hui (Wu Ching-hen) / The China Weekly Review // Who's Who in China. 1936, p. 260

吴敬恒(字稚晖) / 密勒氏评论报 // 中国名人录.1936年,第260页

1457　Wu Ching-heng(Chih-hui) / H. G. W. Woodhead, H. T. M. Bell // The China Year Book. 1939(27), p. 207(第231页)

吴敬恒(字稚晖) / H. G. W. 伍德海、H. T. M. 贝尔 // 中华年鉴.1939年第27册,第207页

(p. 231)

吴福桢

1458　Woo Fo-ching（Wu Fu-tseng）/ The China Weekly Review // Who's Who in China. 1940, p. 51
　　　吴福桢（字雨公）/ 密勒氏评论报 // 中国名人录. 1940 年, 第 51 页

吴碧严

1459　Wu Pi-yen / The China Weekly Review // Who's Who in China. 1936, p. 263
　　　吴碧严 / 密勒氏评论报 // 中国名人录. 1936 年, 第 263 页

吴蔼宸

1460　Aitchen K. Wu（Wu Ai-chen）/ The China Weekly Review // Who's Who in China. 1940, p. 50
　　　吴蔼宸 / 密勒氏评论报 // 中国名人录. 1940 年, 第 50 页

吴毓麟

1461　Admiral Y. L. Woo（Wu Yu-lin）/ The China Weekly Review // Who's Who in China. 1925, p. 889; 1936, p. 267
　　　吴毓麟（字秋舫）/ 密勒氏评论报 // 中国名人录. 1925 年, 第 889 页; 1936 年, 第 267 页

吴蕴初

1462　Wu Yun-chu / China Journal Editorial Dept. // The China Journal. 34:5. 1941
　　　吴蕴初 / 本刊编辑部 // 中国杂志. 1941. 34:5

1463　Wu Yun-chu / The China Weekly Review // Who's Who in China. 1936, p. 297
　　　吴蕴初 / 密勒氏评论报 // 中国名人录. 1936 年, 第 297 页

1464　Wu Yun-ch'u / H. G. W. Woodhead, H. T. M. Bell // The China Year Book. 1939(27), p. 208(p. 232)
　　　吴蕴初 / H. G. W. 伍德海、H. T. M. 贝尔 // 中华年鉴. 1939 年第 27 册, 第 208 页（第 232 页）

吴鹤龄

1465　Wu Hao-ling / The China Weekly Review // Who's Who in China. 1936, p. 261
　　　吴鹤龄 / 密勒氏评论报 // 中国名人录. 1936 年, 第 261 页

吴醒亚

1466　Wu Hsing-ya / The China Weekly Review // Who's Who in China. 1936, p. 261
　　　吴醒亚 / 密勒氏评论报 // 中国名人录. 1936 年, 第 261 页

1467　Wu Sing-ya / H. G. W. Woodhead, H. T. M. Bell // The China Year Book. 1939(27), p. 208(p. 232)
　　　吴醒亚 / H. G. W. 伍德海、H. T. M. 贝尔 // 中华年鉴. 1939 年第 27 册, 第 208 页（第 232 页）

吴瀚涛

1468　Wu Herbert Han-tao / The China Weekly Review // Who's Who in China. 1940, p. 51
　　　吴瀚涛（字涤愆）/ 密勒氏评论报 // 中国名人录. 1940 年, 第 51 页

吴耀宗

1469　Y. T. Wu（Wu Yao-tsung）/ The China Weekly Review // Who's Who in China. 1936, p. 267
　　　吴耀宗 / 密勒氏评论报 // 中国名人录. 1936 年, 第 267 页

岑春煊

1470　General Ts'en Ch'un-hsuan / The China Weekly Review // Who's Who in China. 1925, p. 743; 1936, p. 234
　　　岑春煊（字云阶）/ 密勒氏评论报 // 中国名人录. 1925 年, 第 743 页; 1936 年, 第 234 页

〔J〕

邱昌渭

1471　Chiu Chang-wei / The China Weekly Review // Who's Who in China. 1940, p. 14
　　　邱昌渭（字毅吾）/ 密勒氏评论报 // 中国名人录. 1940 年, 第 14 页

何　东

1472　Sir Robert Hotung（Ho Tung）/ The China Weekly Review // Who's Who in China. 1925, p. 287; 1936, p.

83

何东(字晓生) / 密勒氏评论报 // 中国名人录.1925年,第287页;1936年,第83页

何 杰
1473　Mr. Ho Chieh / The China Weekly Review // Who's Who in China. 1925,p. 277;1936,p. 79

何杰(字孟绰) / 密勒氏评论报 // 中国名人录.1925年,第277页;1936年,第79页

何 健
1474　Gen. Ho Chien / The China Weekly Review // Who's Who in China. 1936,p. 80

何健(字芸樵) / 密勒氏评论报 // 中国名人录.1936年,第80页

1475　Ho Chien(Yün-ch'iao) / H. G. W. Woodhead, H. T. M. Bell // The China Year Book. 1939(27),p. 175 (p. 199)

何健(字芸樵) / H. G. W.伍德海、H. T. M.贝尔 // 中华年鉴.1939年第27册,第175页(第199页)

何 遂
1476　Ho Sui(Hsü-fu) / H. G. W. Woodhead, H. T. M. Bell // The China Year Book. 1939(27),p. 176(p. 200)

何遂(字叙甫) / H. G. W.伍德海、H. T. M.贝尔 // 中华年鉴.1939年第27册,第176页(第200页)

何 廉
1477　Franklin Lien Ho (Ho Lien) / The China Weekly Review // Who's Who in China. 1936,p. 81

何　廉 / 密勒氏评论报 // 中国名人录.1936年,第81页

1478　Ho Lien(Chün-lien) / H. G. W. Woodhead, H. T. M. Bell // The China Year Book. 1939(27),p. 175 (p. 199)

何廉(字淬廉) / H. G. W.伍德海、H. T. M.贝尔 // 中华年鉴.1939年第27册,第175页(第199页)

何 镵
1479　Ho Chan / The China Weekly Review // Who's Who in China. 1940,p. 73

何　镵 / 密勒氏评论报 // 中国名人录.1940年,第73页

何丰林
1480　General Ho Feng-lin / The China Weekly Review // Who's Who in China. 1925,p. 281;1936,p. 80

何丰林(字茂如) / 密勒氏评论报 // 中国名人录.1925年,第281页;1936年,第80页

何少焕
1481　Jack Ho (Ho Shao-huan) / The China Weekly Review // Who's Who in China. 1936,p. 82

何少焕 / 密勒氏评论报 // 中国名人录.1936年,第82页

何凤山
1482　Dr. Feng-shan Ho (Ho Feng-shan) / The China Weekly Review // Who's Who in China. 1933,p. 38; 1936,p. 80

何凤山 / 密勒氏评论报 // 中国名人录.1933年,第38页;1936年,第80页

何玉芳
1483　Ho Yu-fang / The China Weekly Review // Who's Who in China. 1936,p. 84

何玉芳(字秉璋) / 密勒氏评论报 // 中国名人录.1936年,第84页

何世桢
1484　Ho Shih-chen / The China Weekly Review // Who's Who in China. 1936,p. 82

何世桢(字恩毅) / 密勒氏评论报 // 中国名人录.1936年,第82页

1485　Ho Shih-chen / H. G. W. Woodhead, H. T. M. Bell // The China Year Book. 1939(27),p. 176(p. 200)

何世桢 / H. G. W.伍德海、H. T. M.贝尔 // 中华年鉴.1939年第27册,第176页(第200页)

何北衡
1486　Ho Pei-heng / The China Weekly Review // Who's Who in China. 1940,p. 16

何北衡 / 密勒氏评论报 // 中国名人录.1940年,第16页

何成浚
1487　Ho Cheng-chun / The China Weekly Review // Who's Who in China.1936,p.79
何成浚(字雪竹) / 密勒氏评论报 // 中国名人录.1936年,第79页

1488　Ho Ch'eng-chun(Hsueh-chu) / H. G. W. Woodhead, H. T. M. Bell // The China Year Book.1939(27),p.175(p.199)
何成浚(字雪竹) / H. G. W. 伍德海、H. T. M. 贝尔 // 中华年鉴.1939年第27册,第175页(第199页)

何应钦
1489　Gen. Ho Ying-chin / The China Weekly Review // Who's Who in China.1933,p.41;1936,p.83
何应钦(字敬之) / 密勒氏评论报 // 中国名人录.1933年,第41页;1936年,第83页

1490　Ho Ying-ch'in(Ching-chih) / H. G. W. Woodhead, H. T. M. Bell // The China Year Book.1939(27),p.176(p.200)
何应钦(字敬之) / H. G. W. 伍德海、H. T. M. 贝尔 // 中华年鉴.1939年第27册,第176页(第200页)

何其巩
1491　Ho Chi-kung / The China Weekly Review // Who's Who in China.1936,p.79
何其巩 / 密勒氏评论报 // 中国名人录.1936年,第79页

何杰才
1492　Mr. G. Zay Wood (Ho Chieh-ts'ai) / The China Weekly Review // Who's Who in China.1925,p.279;1936,p.79
何杰才(字其伟) / 密勒氏评论报 // 中国名人录.1925年,第279页;1936年,第79页

何佩瑢
1493　Mr. Ho P'ei-jung / The China Weekly Review // Who's Who in China.1925,p.285;1936,p.81;1940,p.73
何佩瑢(字韵珊) / 密勒氏评论报 // 中国名人录.1925年,第285页;1936年,第81页;1940年,第73页

何柱国
1494　Maj-Gen. Ho Chu-kuo / The China Weekly Review // Who's Who in China.1933,p.37;1936,p.80
何柱国 / 密勒氏评论报 // 中国名人录.1933年,第37页;1936年,第80页

1495　Ho Chu-kuo / H. G. W. Woodhead, H. T. M. Bell // The China Year Book.1939(27),p.175(p.199)
何柱国 / H. G. W. 伍德海、H. T. M. 贝尔 // 中华年鉴.1939年第27册,第175页(第199页)

何挺然
1496　Ho T'ing-jan) / H. G. W. Woodhead, H. T. M. Bell // The China Year Book.1939(27),p.176(p.200)
何挺然 / H. G. W. 伍德海、H. T. M. 贝尔 // 中华年鉴.1939年第27册,第176页(第200页)

何思源
1497　Ho Shih-yuan / The China Weekly Review // Who's Who in China.1936,p.82
何思源(字仙槎) / 密勒氏评论报 // 中国名人录.1936年,第82页

1498　Ho Ssu-yuan(Hsien-ch'a) / H. G. W. Woodhead, H. T. M. Bell // The China Year Book.1939(27),p.176(p.200)
何思源(字仙槎) / H. G. W. 伍德海、H. T. M. 贝尔 // 中华年鉴.1939年第27册,第176页(第200页)

何炳松
1499　Ho Ping-sung / The China Weekly Review // Who's Who in China.1933,p.39;1936,p.81
何炳松 / 密勒氏评论报 // 中国名人录.1933年,第39页;1936年,第81页

1500　Ho Ping-sung(Po-ch'eng) / H. G. W. Woodhead, H. T. M. Bell // The China Year Book. 1939(27), p. 176(p. 200)
　　　何炳松(字柏丞) / H. G. W. 伍德海、H. T. M. 贝尔 // 中华年鉴. 1939年第27册, 第176页(第200页)

何炳贤

1501　Ho Ping-yin (Ho Ping-hsien) / The China Weekly Review // Who's Who in China. 1933, p. 38; 1936, p. 81
　　　何炳贤 / 密勒氏评论报 // 中国名人录. 1933年, 第38页; 1936年, 第81页

何浩若

1502　Ho Hao-jo(Meng-wu) / H. G. W. Woodhead, H. T. M. Bell // The China Year Book. 1939(27), p. 175(p. 199)
　　　何浩若(字孟吾) / H. G. W. 伍德海、H. T. M. 贝尔 // 中华年鉴. 1939年第27册, 第175页(第199页)

何瑞章

1503　Mr. J. C. Ho (Ho Jui-chang) / The China Weekly Review // Who's Who in China. 1925, p. 283; 1936, p. 80
　　　何瑞章(字次衡) / 密勒氏评论报 // 中国名人录. 1925年, 第283页; 1936年, 第80页

何德奎

1504　Ho Teh-kuei / The China Weekly Review // Who's Who in China. 1933, p. 40; 1936, p. 82
　　　何德奎 / 密勒氏评论报 // 中国名人录. 1933年, 第40页; 1936年, 第82页

1505　Ho The-e'uei(Chung-liu) / H. G. W. Woodhead, H. T. M. Bell // The China Year Book. 1939(27), p. 176(p. 200)
　　　何德奎(字中流) / H. G. W. 伍德海、H. T. M. 贝尔 // 中华年鉴. 1939年第27册, 第176页(第200页)

余上沅

1506　Yui Shang-yuen (Yu Shang-yuen) / The China Weekly Review // Who's Who in China. 1940, p. 55
　　　余上沅 / 密勒氏评论报 // 中国名人录. 1940年, 第55页

余之芹

1507　L. C. Yu (Yu Chih-chin) / The China Weekly Review // Who's Who in China. 1925, p. 942; 1936, p. 281
　　　余之芹(字鲁卿) / 密勒氏评论报 // 中国名人录. 1925年, 第942页; 1936年, 第281页

余井塘

1508　Yu Ching-tang / The China Weekly Review // Who's Who in China. 1936, p. 297
　　　余井塘 / 密勒氏评论报 // 中国名人录. 1936年, 第297页

1509　Yu Ching-t'ang / H. G. W. Woodhead, H. T. M. Bell // The China Year Book. 1939(27), p. 211(p. 235)
　　　余井塘 / H. G. W. 伍德海、H. T. M. 贝尔 // 中华年鉴. 1939年第27册, 第211页(第235页)

余天休

1510　Yu Tien-hugh (Yu Tien-hsiu) / The China Weekly Review // Who's Who in China. 1936, p. 283
　　　余天休 / 密勒氏评论报 // 中国名人录. 1936年, 第283页

余日章

1511　Dr. David Z. T. Yui (Yu Jih-chang) / The China Weekly Review // Who's Who in China. 1925, p. 946; 1936, p. 282
　　　余日章(字日章) / 密勒氏评论报 // 中国名人录. 1925年, 第946页; 1936年, 第282页

余汉谋

1512　Yu Han-mou / H. G. W. Woodhead, H. T. M. Bell // The China Year Book. 1939(27), p. 211(p. 235)

余汉谋 / H. G. W. 伍德海、H. T. M. 贝尔 // 中华年鉴. 1939年第27册,第211页(第235页)

1513　Gen. Yu Han-mou / The China Weekly Review // Who's Who in China. 1940,p. 67
余汉谋 / 密勒氏评论报 // 中国名人录. 1940年,第67页

余应望

1514　Mr. Yu Ying-vong（Yu Ying-wang）/ The China Weekly Review // Who's Who in China. 1925,p. 956
余应望 / 密勒氏评论报 // 中国名人录. 1925年,第956页

余青松

1515　Yu Ching-sung / The China Weekly Review // Who's Who in China. 1936,p. 297
余青松 / 密勒氏评论报 // 中国名人录. 1936年,第297页

1516　Yu Ch'ing-sung / H. G. W. Woodhead, H. T. M. Bell // The China Year Book. 1939(27),p. 211(p. 235)
余青松 / H. G. W. 伍德海、H. T. M. 贝尔 // 中华年鉴. 1939年第27册,第211页(第235页)

余英杰

1517　Yin C. Fisher Yu（Yu Yin-chieh）/ The China Weekly Review // Who's Who in China. 1940,p. 67
余英杰 / 密勒氏评论报 // 中国名人录. 1940年,第67页

余绍宋

1518　Mr. Yu Shao-sung / The China Weekly Review // Who's Who in China. 1925,p. 952;1936,p. 283
余绍宋(字越园) / 密勒氏评论报 // 中国名人录. 1925年,第952页;1936年,第283页

余俊祥

1519　le Tjoen-siang（Yu Chun-hsiang）/ The China Weekly Review // Who's Who in China. 1936,p. 281
余俊祥 / 密勒氏评论报 // 中国名人录. 1936年,第281页

余恺湛

1520　Kai-chan Yu（Yu Kai-chan）/ The China Weekly Review // Who's Who in China. 1933,p. 126;1936, p. 283
余恺湛 / 密勒氏评论报 // 中国名人录. 1933年,第126页;1936年,第283页

余晋龢

1521　Yu Chin-ho / The China Weekly Review // Who's Who in China. 1940,p. 80
余晋龢 / 密勒氏评论报 // 中国名人录. 1940年,第80页

余棨昌

1522　Mr. Yu Ch'i-ch'ang / The China Weekly Review // Who's Who in China. 1925,p. 940;1936,p. 281
余棨昌(字戟门) / 密勒氏评论报 // 中国名人录. 1925年,第940页;1936年,第281页

余楠秋

1523　Mr. C. C. Yu（Yu Nan-chiu）/ The China Weekly Review // Who's Who in China. 1925,p. 948;1936, p. 283
余楠秋 / 密勒氏评论报 // 中国名人录. 1925年,第948页;1936年,第283页

1524　Yu Nan-ch'iu / H. G. W. Woodhead, H. T. M. Bell // The China Year Book. 1939(27),p. 211(p. 235)
余楠秋 / H. G. W. 伍德海、H. T. M. 贝尔 // 中华年鉴. 1939年第27册,第211页(第235页)

余籍传

1525　Yu Chi-chuan / The China Weekly Review // Who's Who in China. 1936,p. 281
余籍传(字剑秋) / 密勒氏评论报 // 中国名人录. 1936年,第281页

1526　Yu Chi-ch'uan / H. G. W. Woodhead, H. T. M. Bell // The China Year Book. 1939(27),p. 211(p. 235)
余籍传(字剑秋) / H. G. W. 伍德海、H. T. M. 贝尔 // 中华年鉴. 1939年第27册,第211页(第235页)

谷正伦

1527　Ku Cheng-lun / The China Weekly Review // Who's Who in China. 1936,p. 291
谷正伦(字纪常) / 密勒氏评论报 // 中国名人录. 1936年,第291页

1528　Ku Cheng-lun(Chi-ch'ang) / H. G. W. Woodhead, H. T. M. Bell // The China Year Book. 1939(27), p. 182(p. 206)
　　　谷正伦(字纪常) / H. G. W. 伍德海、H. T. M. 贝尔 // 中华年鉴. 1939 年第 27 册, 第 182 页(第 206 页)

谷正纲

1529　Ku Cheng-kang / The China Weekly Review // Who's Who in China. 1936, p. 291
　　　谷正纲 / 密勒氏评论报 // 中国名人录. 1936 年, 第 291 页

谷正鼎

1530　Ko Cheng-ting / The China Weekly Review // Who's Who in China. 1936, p. 123
　　　谷正鼎 / 密勒氏评论报 // 中国名人录. 1936 年, 第 123 页

谷钟秀

1531　Mr. Ku Chung-hsin / The China Weekly Review // Who's Who in China. 1925, p. 412; 1936, p. 130
　　　谷钟秀(字九峰) / 密勒氏评论报 // 中国名人录. 1925 年, 第 412 页; 1936 年, 第 130 页

邹　容

1532　Tsou Jung / Arthur W. Hummel // Eminent Chinese of the Ch'ing Period (1644-1912). p. 769
　　　邹　容 / 亚瑟·W. 赫梅尔 // 清代名人传略(1644—1912). 第 769 页

1533　The Life and Writings of Tsou Jung / Hsüeh Chün-tu, Geraldine R. Schiff // Revolutionary Leaders of Modern China. p. 153
　　　邹容生平及其作品 / 薛君度、杰拉尔丁·R. 希夫 // 近代中国革命领导人物. 第 153 页

邹　琳

1534　Chou Ling / The China Weekly Review // Who's Who in China. 1936, p. 57
　　　邹　琳 / 密勒氏评论报 // 中国名人录. 1936 年, 第 57 页

1535　Tsou Lin(Yü-lin) / H. G. W. Woodhead, H. T. M. Bell // The China Year Book. 1939(27), p. 202 (p. 226)
　　　邹琳(字玉林) / H. G. W. 伍德海、H. T. M. 贝尔 // 中华年鉴. 1939 年第 27 册, 第 202 页(第 226 页)

邹　鲁

1536　Chou Lu / The China Weekly Review // Who's Who in China. 1933, p. 25; 1936, p. 57
　　　邹鲁(字海滨) / 密勒氏评论报 // 中国名人录. 1933 年, 第 25 页; 1936 年, 第 57 页

1537　Tsou Lu / H. G. W. Woodhead, H. T. M. Bell // The China Year Book. 1939(27), p. 202(p. 226)
　　　邹鲁(字海滨) / H. G. W. 伍德海、H. T. M. 贝尔 // 中华年鉴. 1939 年第 27 册, 第 202 页(第 226 页)

邹安众

1538　Tsou An-chung / The China Weekly Review // Who's Who in China. 1936, p. 236
　　　邹安众(字郑叔) / 密勒氏评论报 // 中国名人录. 1936 年, 第 236 页

邹安源

1539　Tsou An-yuan / The China Weekly Review // Who's Who in China. 1933, p. 105; 1936, p. 236
　　　邹安源 / 密勒氏评论报 // 中国名人录. 1933 年, 第 105 页; 1936 年, 第 236 页

邹作华

1540　Tsow Tso-hua (Chou Tso-hua) / The China Weekly Review // Who's Who in China. 1933, p. 27; 1936, p. 59
　　　邹作华 / 密勒氏评论报 // 中国名人录. 1933 年, 第 27 页; 1936 年, 第 59 页

邹尚友

1541　Tsou Shang-yu / The China Weekly Review // Who's Who in China. 1940, p. 46
　　　邹尚友 / 密勒氏评论报 // 中国名人录. 1940 年, 第 46 页

邹昌炽

1542　Yunchung Carl Tseo (Chou Yun-chung) / The China Weekly Review // Who's Who in China. 1933, p. 27; 1936, p. 61

邹昌炽(字允中) / 密勒氏评论报 // 中国名人录. 1933年，第27页；1936年，第61页

邹秉文

1543　Mr. Tsou Ping-wen / The China Weekly Review // Who's Who in China. 1925, p. 749; 1936, p. 58

邹秉文 / 密勒氏评论报 // 中国名人录. 1925年，第749页；1936年，第58页

1544　Tsou Ping-wen / H. G. W. Woodhead, H. T. M. Bell // The China Year Book. 1939(27), p. 202(p. 226)

邹秉文 / H. G. W. 伍德海、H. T. M. 贝尔 // 中华年鉴. 1939年第27册，第202页(第226页)

邹韬奋

1545　Tsou Tao-fen and the National Salvation Association / Nicole Hirabayashi // New York: Columbia University press. 1958

邹韬奋与全国各界救国联合会 / 妮可·平林 // 纽约：哥伦比亚大学出版社. 1958年

1546　Tsou T'ao-fen: The Sheng-huo Years, 1925-1933 (Ph. D. Thesis) / Margo Speisman Gewurtz // Cornell University. 1972

邹韬奋的"生活"岁月, 1925—1933(博士论文) / 玛高·斯派斯曼·格维尔茨 // 康奈尔大学. 1972

1547　Chiang Kai-shek and the Anti-Japanese Movement in China: Zou Tao-fen and the National Salvation Association, 1931-1937 / Parks M. Coble, Jr. // The Journal of Asian Studies. 44:2. 1985

蒋介石和中国抗日运动：邹韬奋和全国各界救国联合会, 1931—1937 / 小帕克斯·M. 科布尔 // 亚洲研究杂志. 1985. 44:2

〔丶〕

辛树帜

1548　Hsin Shu-chih / H. G. W. Woodhead, H. T. M. Bell // The China Year Book. 1939(27), p. 178(p. 202)

辛树帜 / H. G. W. 伍德海、H. T. M. 贝尔 // 中华年鉴. 1939年第27册，第178页(第202页)

应　时

1549　Yin Shih / The China Weekly Review // Who's Who in China. 1933, p. 124; 1936, p. 281

应　时 / 密勒氏评论报 // 中国名人录. 1933年，第124页；1936年，第281页

应尚德

1550　Z. T. Ing (Ying Shang-the) / The China Weekly Review // Who's Who in China. 1936, p. 280

应尚德 / 密勒氏评论报 // 中国名人录. 1936年，第280页

1551　Ying Shang-teh / H. G. W. Woodhead, H. T. M. Bell // The China Year Book. 1939(27), p. 210(p. 234)

应尚德 / H. G. W. 伍德海、H. T. M. 贝尔 // 中华年鉴. 1939年第27册，第210页(第234页)

汪　丰

1552　Wang Feng / The China Weekly Review // Who's Who in China. 1936, p. 247

汪丰(字平仲) / 密勒氏评论报 // 中国名人录. 1936年，第247页

汪大燮

1553　Mr. Wang Ta-hsieh / The China Weekly Review // Who's Who in China. 1925, p. 828

汪大燮(字伯唐) / 密勒氏评论报 // 中国名人录. 1925年，第828页

汪有龄

1554　Mr. Wang Yu-lin / The China Weekly Review // Who's Who in China. 1925, p. 844

汪有龄(字子健) / 密勒氏评论报 // 中国名人录. 1925年，第844页

1555　Wang Yu-Ling(Tzu-chien) / H. G. W. Woodhead, H. T. M. Bell // The China Year Book. 1939(27), p. 206(p. 230)

汪有龄(字子健) / H. G. W. 伍德海、H. T. M. 贝尔 // 中华年鉴. 1939年第27册，第206页(第

230页)

汪庆辰

1556　General Wang Ching-ch'en / The China Weekly Review // Who's Who in China. 1925, p. 793; 1936, p. 245
汪庆辰(字幼农) / 密勒氏评论报 // 中国名人录. 1925年, 第793页; 1936年, 第245页

汪守珍

1557　Wang Shou-tseng / The China Weekly Review // Who's Who in China. 1940, p. 48
汪守珍 / 密勒氏评论报 // 中国名人录. 1940年, 第48页

汪时中

1558　Wang Shih-chung / The China Weekly Review // Who's Who in China. 1936, p. 252
汪时中 / 密勒氏评论报 // 中国名人录. 1936年, 第252页

汪祖泽

1559　Wang Tsu-chia (Wang Tung-fu) / The China Weekly Review // Who's Who in China. 1940, p. 49
汪祖泽(字通甫) / 密勒氏评论报 // 中国名人录. 1940年, 第49页

汪清沦

1560　Quang Tsin-lon (Wang Chin-luen) / The China Weekly Review // Who's Who in China. 1933, p. 109; 1936, p. 245
汪清沦(字云甫) / 密勒氏评论报 // 中国名人录. 1933年, 第109页; 1936年, 第245页

汪精卫

1561　Wang Ching-wei: A Political Biography / T'ang Leang-li // Peiping: China United Press. 1931
汪精卫的政治传记 / 汤良礼 // 北平: 中国联合出版社. 1931年

1562　Wang Ching Wei: Puppet or Patriot? / Don Bate // Chicago: R. F. Seymour. 1941
汪精卫: 傀儡还是爱国者? / 堂·贝特 // 芝加哥: R. F. 西摩. 1941年

1563　The Peace Conspiracy: Wang Ching-wei and the China War, 1937-1941 / Gerald E. Bunker // Cambridge: Harvard University Press. 1972
和平阴谋: 汪精卫与中日战争, 1937—1941年 / 杰拉尔德·E·邦克 // 坎布里奇: 哈佛大学出版社. 1972年

1564　China and Japan at War 1937-1945: The Politics of Collaboration / John Hunter Boyle // Stanford: Stanford University Press. 1972
中日战争时期的通敌内幕: 1937—1945 / 约翰·亨特·博伊尔 // 斯坦福: 斯坦福大学出版社. 1972年

1565　Slogans, Symbols, and Legitimacy: The case of Wang Jingwei's Nanjing Regime / Andrew Cheung // Bloomington: Publication Sponsored by East Asian Studies Center, Indiana University. 1995
口号、标志与合法性: 以汪精卫的南京政权为例 / 安德鲁·张 // 布卢明顿: 印第安纳大学东亚研究中心出版. 1995年

1566　Some Reflections on Wartime Collaboration in China: Wang Jingwei and His Group in Hanoi / Dongyoun Hwang // Durham: Asian/Pacific Studies Institute, Duke University. 1998
对国共合作的一些反思: 汪精卫及其在河内的部队 / 黄东勇(音) // 达勒姆: 杜克大学亚太研究所. 1998年

1567　Activities of Wu Pei-fu and Wang Ching-wei / Hotsumi Ozaki // Contemporary Japan. 8: 2. 1939
吴佩孚和汪精卫的活动 / 尾崎秀实 // 当代日本. 1939. 8: 2

1568　Political Conflict in the Kuomingtang: The Career of Wang Ching-wei to 1932 (Ph. D. Thesis) / James R. Shirley // University of California, Berkeley. 1962
国民党内的政治冲突: 1932年以前汪精卫的职业生涯(博士论文) / 詹姆斯·R. 雪莱 // 加利福尼亚大学, 伯克利分校. 1962

1569　Wang Ching-wei: China's Romantic Radical / Howard L. Boorman // Political Science Quarterly. 79:

4. 1964

汪精卫：中国的理想激进派 / 包华德 // 政治科学季刊. 1964. 79：4

1570 Wang Ching-wei：Aspects of His Thought and Life Leading to His Final Break with Chiang Kai-shek（A. B. Thesis）/ Orville Hickok Schell // Harvard University. 1964

汪精卫：导致其与蒋介石决裂的思想和生活（学士论文）/ 奥维尔·希科克·谢尔 // 哈佛大学. 1964

1571 The Road to Sino-Japanese Collaboration：The Background to the Defection of Wang Ching-wei / John Hunter Boyle // Monumenta Nipponica. 25：3-4. 1970

中日联合之路：汪精卫叛变的背景分析 / 约翰·亨特·博伊尔 // 日本纪念文集. 1970. 25：3-4

1572 A Political Tragedy：The Story of Wang Ching-wei's Peace Movement（Ph. D. Thesis）/ Edward G. Bunker // Harvard University. 1970

一出政治悲剧：汪精卫的"和平运动"（博士论文）/ 爱德华·G. 邦克 // 哈佛大学. 1970

1573 The Role of Wang Ching-wei during the Sino-Japanese War（Ph. D. Thesis）/ Pao Chia-lin // Indiana University. 1971

汪精卫在中日战争中的作用（博士论文）/ 鲍家麟 // 印第安纳大学. 1971

1574 Wang Ching-wei and Chinese Collaboration / Lin Han-sheng // Peace and Change. 1：1. 1972

汪精卫与国共合作 / 林汉生 // 和平与转变. 1972. 1：1

1575 Wang Ching-wei and the Fall of the Chinese Republic，1905-1935（Ph. D. Thesis）/ Akira Odani // Brown University. 1975

汪精卫与国民政府的垮台，1905—1935（博士论文）/ 小谷晶（音）// 布朗大学. 1975

1576 Shifts in Wang Ching-wei's Japan Policy during the KMT Factional Struggle of 1931-1932 / Donald A. Jordan // Asian Profile. 12. 1984

1931—1932 年国民党党内派系斗争期间汪精卫对日政策的转变 / 唐纳德·A. 乔丹 // 亚洲简介. 1984. 12

1577 Wang Jingwei, the Nanjing Government and the Problem of Collaboration（Ph. D. Thesis）/ Dongyoun Hwang // Duke University. 1999

汪精卫、南京政府与合作问题（博士论文）/ 黄东勇（音）// 杜克大学. 1999

1578 Mr. Henri Waung（Wang Chao-ming）/ The China Weekly Review // Who's Who in China. 1925, p. 771；1933, p. 110；1940, p. 77；1936, p. 246

汪兆铭（字精卫）/ 密勒氏评论报 // 中国名人录. 1925 年，第 771 页；1933 年，第 110 页；1936 年，第 246 页；1940 年，第 77 页

1579 Wang Chao-ming（Ching-wei）/ H. G. W. Woodhead, H. T. M. Bell // The China Year Book. 1939（27）, p. 203（p. 227）

汪兆铭（字精卫）/ H. G. W. 伍德海、H. T. M. 贝尔 // 中华年鉴. 1939 年第 27 册，第 203 页（第 227 页）

1580 Wang Ching-wei：A political Profile / Howard Lyon Boorman // Revolutionary Leaders of Modern China. p. 295

汪精卫的政治侧写 / 包华德 // 近代中国革命领导人物. 第 295 页

沙克都尔扎布

1581 Sha-Keh-Tu-Eru-Cha-Pu / The China Weekly Review // Who's Who in China. 1936, p. 295；1940, p. 37

沙克都尔扎布（字占魁）/ 密勒氏评论报 // 中国名人录. 1936 年，第 295 页；1940 年，第 37 页

1582 Sha-K'eh-tu-erh-cha-pu（Chan-k'uei）/ H. G. W. Woodhead, H. T. M. Bell // The China Year Book. 1939（27）, p. 195（p. 219）

沙克都林札布（字占魁）/ H. G. W. 伍德海、H. T. M. 贝尔 // 中华年鉴. 1939 年第 27 册，第 195 页（第 219 页）

沈 昌

1583 Shen Chang / The China Weekly Review // Who's Who in China. 1936, p. 201
沈　昌 / 密勒氏评论报 // 中国名人录. 1936 年, 第 201 页

1584 Shen Ch'ang / H. G. W. Woodhead, H. T. M. Bell // The China Year Book. 1939(27), p. 195(p. 219)
沈　昌 / H. G. W. 伍德海、H. T. M. 贝尔 // 中华年鉴. 1939 年第 27 册, 第 195 页(第 219 页)

沈 琪

1585 Mr. M. H. Shen (Shen Ch'i) / The China Weekly Review // Who's Who in China. 1925, p. 651; 1936, p. 202
沈琪(字穆涵) / 密勒氏评论报 // 中国名人录. 1925 年, 第 651 页; 1936 年, 第 202 页

沈 履

1586 Leo Shen (Shen Lu) / The China Weekly Review // Who's Who in China. 1936, p. 203
沈履(字茀斋) / 密勒氏评论报 // 中国名人录. 1936 年, 第 203 页

沈士远

1587 Shen Shi-yuan / The China Weekly Review // Who's Who in China. 1936, p. 204
沈士远 / 密勒氏评论报 // 中国名人录. 1936 年, 第 204 页

沈从文

1588 Fictional Realism in Twentieth-century China: Mao Dun, Lao She, Shen Congwen / David Der-wei Wang // New York: Columbia University Press. 1992
20 世纪中国的虚构写实: 茅盾、老舍和沈从文 / 王德威 // 纽约: 哥伦比亚大学出版社. 1992 年

1589 The Life and Works of Shên Ts'ung-wên (Ph. D. Thesis) / Anthony Prince // University of Sydney. 1968
沈从文的生平和作品(博士论文) / 安东尼·普林斯 // 悉尼大学. 1968

沈书玉

1590 Shen-Shu-yu / H. G. W. Woodhead, H. T. M. Bell // The China Year Book. 1939(27), p. 196(p. 220)
沈书玉 / H. G. W. 伍德海、H. T. M. 贝尔 // 中华年鉴. 1939 年第 27 册, 第 196 页(第 220 页)

沈百先

1591 Bazin D. Z. Shen (Shen Pai-hsien) / The China Weekly Review // Who's Who in China. 1936, p. 295
沈百先 / 密勒氏评论报 // 中国名人录. 1936 年, 第 295 页

1592 Shen Pai-hsien / H. G. W. Woodhead, H. T. M. Bell // The China Year Book. 1939(27), p. 196(p. 220)
沈百先 / H. G. W. 伍德海、H. T. M. 贝尔 // 中华年鉴. 1939 年第 27 册, 第 196 页(第 220 页)

沈有乾

1593 Shen Yu-ch'ien / H. G. W. Woodhead, H. T. M. Bell // The China Year Book. 1939(27), p. 196(p. 220)
沈有乾 / H. G. W. 伍德海、H. T. M. 贝尔 // 中华年鉴. 1939 年第 27 册, 第 196 页(第 220 页)

沈孝祥

1594 Harrison S. Shen (Shen Hsiao-hsiang) / The China Weekly Review // Who's Who in China. 1936, p. 202
沈孝祥 / 密勒氏评论报 // 中国名人录. 1936 年, 第 202 页

沈克非

1595 James Kofei Shen (Shen Ke-fei) / The China Weekly Review // Who's Who in China. 1940, p. 37
沈克非 / 密勒氏评论报 // 中国名人录. 1940 年, 第 37 页

沈体兰

1596 T. L. Shen (Shen Ti-lan) / The China Weekly Review // Who's Who in China. 1940, p. 38
沈体兰 / 密勒氏评论报 // 中国名人录. 1940 年, 第 38 页

沈宝昌

1597 Mr. Shen Pao-ch'ang / The China Weekly Review // Who's Who in China. 1925, p. 655; 1936, p. 203
沈宝昌(字韫石) / 密勒氏评论报 // 中国名人录. 1925 年, 第 655 页; 1936 年, 第 203 页

沈宝善

1598 Mr. T. C. Shen (Shen Pao-shen) / The China Weekly Review // Who's Who in China. 1925, p. 657;

1936, p. 203

沈宝善(字楚纽) / 密勒氏评论报 // 中国名人录.1925 年,第 657 页;1936 年,第 203 页

沈宗翰

1599　Autobiography of a Chinese Farmers' Servant / T. H. Shen // Taipei: Linking Pub. Co. 1981.

一个中国农民公务员的自传 / 沈宗翰 // 台北:联经出版.1981 年

1600　Shen Tsung-han / The China Weekly Review // Who's Who in China. 1936, p. 204

沈宗翰 / 密勒氏评论报 // 中国名人录.1936 年,第 204 页

1601　Shen Tsung-han / H. G. W. Woodhead, H. T. M. Bell // The China Year Book. 1939(27), p. 196(p. 220)

沈宗翰 / H. G. W. 伍德海、H. T. M. 贝尔 // 中华年鉴.1939 年第 27 册,第 196 页(第 220 页)

沈定一

1602　Blood Road: The Mystery of Shen Dingyi in Revolutionary China / R. Keith Schoppa // Berkeley: University of California Press. 1995

血路:革命中国中的沈定一(玄庐)传奇 / 萧邦奇 // 伯克利:加利福尼亚大学出版社.1995 年

沈承式

1603　Mr. Shen Cheng-shih / The China Weekly Review // Who's Who in China. 1925, p. 650;1936, p. 202

沈承式(字昆三) / 密勒氏评论报 // 中国名人录.1925 年,第 650 页;1936 年,第 202 页

沈钧儒

1604　Shen Chun-lu / The China Weekly Review // Who's Who in China. 1936, p. 202

沈钧儒 / 密勒氏评论报 // 中国名人录.1936 年,第 202 页

1605　Shen Chun-ju / H. G. W. Woodhead, H. T. M. Bell // The China Year Book. 1939(27), p. 195(p. 219)

沈钧儒 / H. G. W. 伍德海、H. T. M. 贝尔 // 中华年鉴.1939 年第 27 册,第 195 页(第 219 页)

沈祖同

1606　Tsouton Shen(Shen Tsu-tung) / The China Weekly Review // Who's Who in China. 1940, p. 38

沈祖同 / 密勒氏评论报 // 中国名人录.1940 年,第 38 页

沈祖伟

1607　Mr. Shen Tsu-way(Shen Tsu-wei) / The China Weekly Review // Who's Who in China. 1925, p. 659; 1936, p. 204

沈祖伟(字奎侯) / 密勒氏评论报 // 中国名人录.1925 年,第 659 页;1936 年,第 204 页

沈能毅

1608　Sheng Neng-yi / The China Weekly Review // Who's Who in China. 1940, p. 76

沈能毅 / 密勒氏评论报 // 中国名人录.1940 年,第 76 页

沈鸿烈

1609　Admiral Sheng Hung-lie / The China Weekly Review // Who's Who in China. 1933, p. 87;1936, p. 203; 1940, p. 62

沈鸿烈 / 密勒氏评论报 // 中国名人录.1933 年,第 87 页;1936 年,第 203 页;1940 年,第 62 页

1610　Shen Hung-lieh / H. G. W. Woodhead, H. T. M. Bell // The China Year Book. 1939(27), p. 196(p. 220)

沈鸿烈 / H. G. W. 伍德海、H. T. M. 贝尔 // 中华年鉴.1939 年第 27 册,第 196 页(第 220 页)

沈惟泰

1611　Victor W. T. Shen(Shen Wei-tai) / The China Weekly Review // Who's Who in China. 1940, p. 38

沈惟泰 / 密勒氏评论报 // 中国名人录.1940 年,第 38 页

沈维新

1612　Samuel V. S. Shen(Shen Wei-hsin) / The China Weekly Review // Who's Who in China. 1936, p. 205

沈维新(字铭三) / 密勒氏评论报 // 中国名人录.1936 年,第 205 页

沈越声

1613　Lisiang Y. Sun(Shen Yueh-sheng) / The China Weekly Review // Who's Who in China. 1936, p. 205

沈越声(字荔芗) / 密勒氏评论报 // 中国名人录.1936年,第205页

沈瑞麟

1614　Mr. Shen Jui-lin / The China Weekly Review // Who's Who in China. 1925, p. 653;1936, p. 203
沈瑞麟(字砚斋) / 密勒氏评论报 // 中国名人录.1925年,第653页;1936年,第203页

沈嗣良

1615　Wm Z. L. Sung (Shen Shi-liang) / The China Weekly Review // Who's Who in China. 1936, p. 203
沈嗣良 / 密勒氏评论报 // 中国名人录.1936年,第203页

1616　Shen Tz'u-liang / H. G. W. Woodhead, H. T. M. Bell // The China Year Book. 1939(27), p. 196(p. 220)
沈嗣良 / H. G. W. 伍德海、H. T. M. 贝尔 // 中华年鉴.1939年第27册,第196页(第220页)

沈鹏飞

1617　Shen P'eng-fei / H. G. W. Woodhead, H. T. M. Bell // The China Year Book. 1939(27), p. 196(p. 220)
沈鹏飞 / H. G. W. 伍德海、H. T. M. 贝尔 // 中华年鉴.1939年第27册,第196页(第220页)

沈觐鼎

1618　Yorkson C. T. Shen (Shen Chin-ting) / The China Weekly Review // Who's Who in China. 1936, p. 202
沈觐鼎(字沧新) / 密勒氏评论报 // 中国名人录.1936年,第202页

1619　Shen Chin-ting(Yueh-hsin) / H. G. W. Woodhead, H. T. M. Bell // The China Year Book. 1939(27), p. 195(p. 219)
沈觐鼎(字沧新) / H. G. W. 伍德海、H. T. M. 贝尔 // 中华年鉴.1939年第27册,第195页(第219页)

沈德燮

1620　Shen Teh-hsueh / The China Weekly Review // Who's Who in China. 1936, p. 204
沈德燮 / 密勒氏评论报 // 中国名人录.1936年,第204页

沈麟玉

1621　Shen Lin-yu / The China Weekly Review // Who's Who in China. 1940, p. 63
沈麟玉 / 密勒氏评论报 // 中国名人录.1940年,第63页

宋　庆

1622　Sung Ch'ing / Arthur W. Hummel // Eminent Chinese of the Ch'ing Period (1644-1912). p. 686
宋　庆 / 亚瑟·W. 赫梅尔 // 清代名人传略(1644—1912).第686页

宋小濂

1623　General Sung Hsiao-lien / The China Weekly Review // Who's Who in China. 1925, p. 698
宋小濂(字友梅) / 密勒氏评论报 // 中国名人录.1925年,第698页

宋子文

1624　Soong, Dr. T. V / Takaiwa. K. // The China Journal. 30:6. 1939
宋子文 / 高岩K. // 中国杂志.1939.30:6

1625　T. V. Soong (Sung Tse-wen) / The China Weekly Review // Who's Who in China. 1933, p. 93;1936, p. 216;1940, p. 42
宋子文 / 密勒氏评论报 // 中国名人录.1933年,第93页;1936年,第216页;1940年,第42页

1626　Sung Tzu-wen / H. G. W. Woodhead, H. T. M. Bell // The China Year Book. 1939(27), p. 198(p. 222)
宋子文 / H. G. W. 伍德海、H. T. M. 贝尔 // 中华年鉴.1939年第27册,第198页(第222页)

宋子良

1627　T. L. Soong (Sung Tzu-liang) / The China Weekly Review // Who's Who in China. 1936, p. 295
宋子良 / 密勒氏评论报 // 中国名人录.1936年,第295页

1628　Sung Tzu-liang / H. G. W. Woodhead, H. T. M. Bell // The China Year Book. 1939(27), p. 198(p. 222)
宋子良 / H. G. W. 伍德海、H. T. M. 贝尔 // 中华年鉴.1939年第27册,第198页(第222页)

宋天才

1629　Sung Tien-tsai / The China Weekly Review // Who's Who in China. 1933, p. 92;1936, p. 216

宋天才 / 密勒氏评论报 // 中国名人录. 1933 年, 第 92 页; 1936 年, 第 216 页

宋文郁

1630 Sung Wen-yuh / The China Weekly Review // Who's Who in China. 1936, p. 217
宋文郁 / 密勒氏评论报 // 中国名人录. 1936 年, 第 217 页

宋汉章

1631 Mr. Sung Han-chang / The China Weekly Review // Who's Who in China. 1925, p. 696; 1936, p. 215
宋汉章 / 密勒氏评论报 // 中国名人录. 1925 年, 第 696 页; 1936 年, 第 215 页

1632 Sung Han-chang / H. G. W. Woodhead, H. T. M. Bell // The China Year Book. 1939(27), p. 198(p. 222)
宋汉章 / H. G. W. 伍德海、H. T. M. 贝尔 // 中华年鉴. 1939 年第 27 册, 第 198 页(第 222 页)

宋发祥

1633 Mr. Far-san T. Sung (Sung Fa-hsiang) / The China Weekly Review // Who's Who in China. 1925, p. 694; 1936, p. 215
宋发祥(字致长) / 密勒氏评论报 // 中国名人录. 1925 年, 第 694 页; 1936 年, 第 215 页

1634 Sung Fah-hsiang(Chih-ch'ang) / H. G. W. Woodhead, H. T. M. Bell // The China Year Book. 1939(27), p. 198(p. 222)
宋发祥(字致长) / H. G. W. 伍德海、H. T. M. 贝尔 // 中华年鉴. 1939 年第 27 册, 第 198 页(第 222 页)

宋庆龄

1635 Three Sisters: The Story of the Soong Family of China / Cornelia Spencer // New York: John Day. 1939
三姐妹: 中国宋氏家族的故事 / 科妮莉亚·斯宾塞 // 纽约: 庄台公司. 1939 年

1636 The Soong Sisters / Emily Hahn // New York: Doubleday, Doran & Co., Inc. 1941
宋氏姐妹 / 项美丽 // 纽约: 道布尔迪和多兰出版公司. 1941 年

1637 Sun Yat-sen, Madame / Takaiwa. K // The China Journal. 31:1. 1939
宋庆龄 / 高岩 K. // 中国杂志. 1939. 31:1

1638 Madame Sun Yat-sen / Asia and the Americas. 44:5. 1944
孙中山夫人 / 亚洲与美洲. 1944. 44:5

1639 Soong Ching-ling: A Political Profile(M. A. Thesis) / Mung Kwok-Choi // University of Alberta. 1973
宋庆龄: 政治档案(硕士论文) / 孟国才(音) // 阿尔伯塔大学. 1973

1640 Lu Xun and Soong Ching Ling / Li Helin // Chinese Literature. 11. 1981
鲁迅与宋庆龄 / 李何林 // 中国文学. 1981. 11

1641 Soong Ching Ling and Lu Xun / Zhou Jianren // Beijing Review. 24:24. 1981
宋庆龄与鲁迅 / 周建人 // 北京周报. 1981. 24:24

1642 Song Qingling, Chinese Prominent Public Figure / R. Mirovitskaya // Far Eastern Affairs. 4. 1986
宋庆龄: 中国知名人物 / R. 梅洛维杰卡亚 // 远东事务. 1986. 4

1643 Soong Ching-ling: Greatest Woman of the Century / Chen Quiping // Beijing Review. 36:10. 1993
宋庆龄: 本世纪最伟大的女性 / 陈秋平 // 北京周报. 1993. 36:10

1644 Mme. Sun Yat-sen (Sun Soong Ching-ling) / The China Weekly Review // Who's Who in China. 1936, p. 213; 1940, p. 63
孙宋庆龄 / 密勒氏评论报 // 中国名人录. 1936 年, 第 213 页; 1940 年, 第 63 页

1645 Sung Ch'ing-ling, Miss / H. G. W. Woodhead, H. T. M. Bell // The China Year Book. 1939(27), p. 198 (p. 222)
宋庆龄女士 / H. G. W. 伍德海、H. T. M. 贝尔 // 中华年鉴. 1939 年第 27 册, 第 198 页(第 222 页)

宋如海

1646 Paul R. Sung (Sung Ju-hai) / The China Weekly Review // Who's Who in China. 1936, p. 216

宋如海 / 密勒氏评论报 // 中国名人录.1936年,第216页

宋寿恒

1647 Mr. Sung Tso-chiu (Sung Shu-heng) / The China Weekly Review // Who's Who in China. 1925, p. 700; 1936, p. 216

宋寿恒(字则久) / 密勒氏评论报 // 中国名人录.1925年,第700页;1936年,第216页

宋希尚

1648 H. S. Sung (Sung Hsi-shang) / The China Weekly Review // Who's Who in China. 1936, p. 215

宋希尚(字达庵) / 密勒氏评论报 // 中国名人录.1936年,第215页

宋其芳

1649 Soong Tet-cho (Sung Chi-fang) / The China Weekly Review // Who's Who in China. 1936, p. 214

宋其芳(字德初) / 密勒氏评论报 // 中国名人录.1936年,第214页

宋国宾

1650 Dr. Song Kouo-Ping (Sung Kuo-Pin) / The China Weekly Review // Who's Who in China. 1933, p. 92; 1936, p. 216

宋国宾 / 密勒氏评论报 // 中国名人录.1933年,第92页;1936年,第216页

宋忠廷

1651 C. T. Sung (Sung Chung-ting) / The China Weekly Review // Who's Who in China. 1933, p. 91; 1936, p. 215

宋忠廷(字诚之) / 密勒氏评论报 // 中国名人录.1933年,第91页;1936年,第215页

宋春舫

1652 Mr. Soong Tsung-faung (Sung Ch'un fang) / The China Weekly Review // Who's Who in China. 1925, p. 692; 1936, p. 215

宋春舫(字春舫) / 密勒氏评论报 // 中国名人录.1925年,第692页;1936年,第215页

宋美龄

1653 Three Sisters: The Story of the Soong Family of China / Cornelia Spencer // New York: John Day. 1939

三姐妹:中国宋氏家族的故事 / 科妮莉亚·斯宾塞 // 纽约:庄台公司.1939年

1654 Wings over China: (Generalissimo and Madame Chiang Kai-shek) / Basil Joseph Mathews // London: Edinburgh House Press. 1943

中国之翼(蒋委员长夫妇) / 巴塞尔·约瑟夫·马修斯 // 伦敦:爱丁堡出版社.1943年

1655 Rising China: A Brief History of China and A Biographical Sketch of Generalissimo and Madame Chiang Kai-shek / William Frank Burbidge // London: J. Crowther Ltd. 1943

中国崛起:中国简史及蒋委员长夫妇传略 / 威廉·弗兰克·伯比奇 // 伦敦:J.克劳瑟有限公司.1943年

1656 Generalissimo and Madame Chiang Kai-shek, Christian Liberators of China / Basil William Miller // Grand Rapids: Zondervan Publishing House. 1943

蒋委员长夫妇:中国基督徒的解放者 / 巴塞尔·威廉·米勒 // 大急流市:宗德文出版社.1943年

1657 Madame Chiang Kai Shek (a biographical memoir) / Jagat S. Bright // Lahore: The Hero Publications. 1943

蒋介石夫人(传记体回忆录) / 杰加特·S.布赖特 // 拉合尔:英雄出版社.1943年

1658 The Soong Sisters / Emily Hahn // New York: Doubleday, Doran & Co., Inc. 1941

宋氏姐妹 / 项美丽 // 纽约:道布尔迪和多兰出版公司.1941年

1659 Mayling Soong Chiang / Hellen Rose Hull // New York: Coward-McCann. 1943

蒋宋美龄 / 海伦·罗斯·赫尔 // 纽约:考沃德-麦肯公司.1943年

1660 The First Lady of China: The Historic Wartime Visit of Mme. Chiang Kai-shek to the United States in 1943 / Thomas J. Watson // New York: International Business Machines Corporation. 1943

中国第一夫人：1943 年战时蒋介石夫人历史性访美 / 托马斯·J. 沃森 // 纽约：国际商用机器公司. 1943 年

1661 Mme. Chiang Kai-shek and Her Two Worlds：1908-1949（Ph. D. Thesis）/ Song Yuwu // The University of Alabama. 1999
蒋介石夫人和她的两个世界：1908—1949（博士论文）/ 宋玉武 // 阿拉巴马大学. 1999

1662 The China Mystique：Mayling Soong Chiang, Pearl S. Buck and Anna May Wong in the American Imagination（Ph. D. Thesis）/ Karen J Leong // University of California, Berkeley. 1999
中国传奇：美国人印象中的宋美龄、赛珍珠、黄柳霜（博士论文）/ 凯伦·J. 梁 // 加利福尼亚大学，伯克利分校. 1999

1663 Madame Chiang Kai-shek（Soong Mei-ling）/ The China Weekly Review // Who's Who in China. 1936, p. 44；1940, p. 13
蒋夫人（宋美龄女士）/ 密勒氏评论报 // 中国名人录. 1936 年，第 44 页；1940 年，第 13 页

1664 Sung Mei-ling, Miss / H. G. W. Woodhead, H. T. M. Bell // The China Year Book. 1939（27），p. 198（p. 222）
宋美龄女士 / H. G. W. 伍德海、H. T. M. 贝尔 // 中华年鉴. 1939 年第 27 册，第 198 页（第 222 页）

宋哲元

1665 Gen. Sung Chih-yuan / The China Weekly Review // Who's Who in China. 1933, p. 91；1936, p. 215；1940, p. 41
宋哲元（字明轩）/ 密勒氏评论报 // 中国名人录. 1933 年，第 91 页；1936 年，第 215 页；1940 年，第 41 页

1666 Sung Cheh-yuan（Ming-hsien）/ H. G. W. Woodhead, H. T. M. Bell // The China Year Book. 1939（27），p. 197（p. 221）
宋哲元（字明轩）/ H. G. W. 伍德海、H. T. M. 贝尔 // 中华年鉴. 1939 年第 27 册，第 197 页（第 221 页）

宋教仁

1667 Struggle for Democracy：Sung Chiao-jen and the 1911 Chinese Revolution / K. S. Liew // Berkeley：University of California Press. 1971
献身民主：宋教仁和中国辛亥革命 / 刘某某 // 伯克利：加利福尼亚大学出版社. 1971 年

1668 Sung Chiao-jen（1882-1913），A Study of His Revolutionary and Political Career（Ph. D. Thesis）/ Liew Kit Siong // National Library of Australia. 1967
关于宋教仁（1882—1913）的革命政治生涯研究（博士论文）/ 刘凯松 // 澳大利亚国家图书馆. 1967

1669 Sung Chiao-jen, Confucianism and Revolution / Don Price / Ch'ing-shih Wen-t'i. 3；7. 1977
宋教仁、儒家思想与革命 / 唐·普莱斯 // 清史问题. 1977. 3；7

1670 A Chinese democrat：The life of Sung Chiao-jen / Hsüeh Chün-tu // Revolutionary Leaders of Modern China. p. 248
中国民主人士——宋教仁的一生 / 薛君度 // 近代中国革命领导人物. 第 248 页

宋霭龄

1671 Three Sisters：The Story of the Soong Family of China / Cornelia Spencer // New York：John Day. 1939
三姐妹：中国宋氏家族的故事 / 科妮莉亚·斯宾塞 // 纽约：庄台公司. 1939 年

1672 The Soong Sisters / Emily Hahn // New York：Doubleday, Doran & Co., Inc. . 1941
宋氏姐妹 / 项美丽 // 纽约：道布尔迪和多兰出版公司. 1941 年

1673 Madame H. H. Kung（Kung Soong Eling）/ The China Weekly Review // Who's Who in China. 1936, p. 129
孔宋霭龄女士 / 密勒氏评论报 // 中国名人录. 1936 年，第 129 页

1674 Sung Ai-ling, Miss / H. G. W. Woodhead, H. T. M. Bell // The China Year Book. 1939(27), p. 197 (p. 221)
宋蔼(霭)龄女士 / H. G. W. 伍德海、H. T. M. 贝尔 // 中华年鉴. 1939 年第 27 册,第 197 页(第 221 页)

〔㇆〕

张 励
1675 Gen. Chang Lai / The China Weekly Review // Who's Who in China. 1933, p. 4;1936, p. 11
张励(字翼之) / 密勒氏评论报 // 中国名人录. 1933 年,第 4 页. 1936 年,第 11 页

张 弧
1676 Mr. Chang Hu / The China Weekly Review // Who's Who in China. 1925, p. 39;1936, p. 9
张弧(字岱衫) / 密勒氏评论报 // 中国名人录. 1925 年,第 39 页;1936 年,第 9 页

张 钫
1677 Chang Fang / The China Weekly Review // Who's Who in China. 1936, p. 6
张　钫 / 密勒氏评论报 // 中国名人录. 1936 年,第 6 页

张 钺
1678 Chang Yueh / The China Weekly Review // Who's Who in China. 1940, p. 6
张　钺 / 密勒氏评论报 // 中国名人录. 1940 年,第 6 页

张 继
1679 Chang Ki (Chang Chi) / The China Weekly Review // Who's Who in China. 1936, p. 2
张　继 / 密勒氏评论报 // 中国名人录. 1936 年,第 2 页
1680 Chang Chi(P'u-ch'uan) / H. G. W. Woodhead, H. T. M. Bell // The China Year Book. 1939(27), p. 160 (p. 184)
张继(字溥泉) / H. G. W. 伍德海、H. T. M. 贝尔 // 中华年鉴. 1939 年第 27 册,第 160 页(第 184 页)

张 铭
1681 Chang Ming / The China Weekly Review // Who's Who in China. 1933, p. 5;1936, p. 12
张铭(字鼎丞) / 密勒氏评论报 // 中国名人录. 1933 年,第 5 页;1936 年,第 12 页

张 谦
1682 Henry K. Chang (Chang Chien) / The China Weekly Review // Who's Who in China. 1936, p. 3
张　谦 / 密勒氏评论报 // 中国名人录. 1936 年,第 3 页
1683 Chang Ch'ien(Kung-hui) / H. G. W. Woodhead, H. T. M. Bell // The China Year Book. 1939(27), p. 160 (p. 184)
张谦(字公揥) / H. G. W. 伍德海、H. T. M. 贝尔 // 中华年鉴. 1939 年第 27 册,第 160 页(第 184 页)

张 訾
1684 Mr. Chang Ch'a / The China Weekly Review // Who's Who in China. 1925, p. 7;1936, p. 1
张訾(字退庵) / 密勒氏评论报 // 中国名人录. 1925 年,第 7 页;1936 年,第 1 页

张 謇
1685 Reformer in Modern China, Chang Chien 1853-1926 / Samuel Chu // New York：Columbia University Press. 1965
近代中国的维新人物：张謇(1853—1926) / 朱昌峻 // 纽约：哥伦比亚大学出版社. 1965 年
1686 Chang Chien / Frederick Sites // Asia. 18:7. 1918
张　謇 / 弗雷德里克·赛茨 // 亚洲. 1918. 18:7
1687 Chang Chien, Pioneer Industrialist, Educator and Conservationist of Modern China (1853-1926) (Ph. D.

Thesis) / Samuel C. Chu // Columbia University. 1958

张謇：近代中国的先驱工业家、教育家和环保主义者(1853—1926)(博士论文) / 朱昌峻 // 哥伦比亚大学. 1958

1688 Chang Chien (1853-1926): Political Thought and Action (Ph. D. Thesis) / Sun Shunzhi // University of New South Wales. 1990

张謇(1853—1926)：政治思想与行动(博士论文) / 孙顺智(音) // 新南威尔士大学. 1990

1689 Mr. Chang Chien / The China Weekly Review // Who's Who in China. 1925, p. 15

张謇(字季直) / 密勒氏评论报 // 中国名人录. 1925 年, 第 15 页

张　群

1690 Chang Chun / The China Weekly Review // Who's Who in China. 1936, p. 5

张群(字岳军) / 密勒氏评论报 // 中国名人录. 1936 年, 第 5 页

1691 Chang Ch'un(Yueh-chün) / H. G. W. Woodhead, H. T. M. Bell // The China Year Book. 1939(27), p. 160(p. 184)

张群(字岳军) / H. G. W. 伍德海、H. T. M. 贝尔 // 中华年鉴. 1939 年第 27 册, 第 160 页(第 184 页)

张　襄

1692 Gen. Chang Hsiang / The China Weekly Review // Who's Who in China. 1933, p. 3

张襄(字仲昌) / 密勒氏评论报 // 中国名人录. 1933 年, 第 3 页

张一麐

1693 Mr. Chang I-lin / The China Weekly Review // Who's Who in China. 1925, p. 45; 1936, p. 10

张一麐(字仲仁) / 密勒氏评论报 // 中国名人录. 1925 年, 第 45 页; 1936 年, 第 10 页

张九如

1694 Chang Chiu-ju / The China Weekly Review // Who's Who in China. 1940, p. 3

张九如 / 密勒氏评论报 // 中国名人录. 1940 年, 第 3 页

张乃燕

1695 Chang Nai-yen / The China Weekly Review // Who's Who in China. 1936, p. 12

张乃燕 / 密勒氏评论报 // 中国名人录. 1936 年, 第 12 页

张大千

1696 Three Contemporary Chinese Painters: Chang Da-chien, Ting Yin-yung, Ch'eng Shih-fa / T. C. Lai // Seattle: University of Washington Press. 1975

三位中国当代画家：张大千、丁衍庸、程十发 / 赖恬昌 // 西雅图：华盛顿大学出版社. 1975 年

1697 Master of Tradition: The Art of Chang Ta-ch'ien / Richard E. Strassberg // Pasadena, California: Pacific Asia Museum. 1983

传统大师：张大千的艺术 / 石听泉 // 加利福尼亚帕萨迪纳：亚太博物馆. 1983 年

1698 Zhang Daqian and His Landscape Painting: Eclectric Versatility on Paper / Bao Limin // Chinese Literature. 4. 1989

张大千和他的山水画：纸上的大千世界 / 包立民 // 中国文学. 1989. 4

1699 The Paintings of Zhang Daqian(Chang Dai-chien): Unity of Tradition and Modernity / Kao Mayching // Arts of Asia. 24; 3. 1994

张大千绘画：传统与现代的融合 / 高美庆 // 亚洲艺术. 1994. 24; 3

1700 Zhang Daqian: Richest Poor Man / Anonymous // Beijing Review. 38; 9. 1995

张大千：最富有的穷人 / 匿　名 // 北京周报. 1995. 38; 9

1701 A Long Journey to Nirvana: Chang Dai-chien's Life and Painting / Liu Yang // TAASA Review: Journal of the Asian Arts Society of Australia. 7; 3. 1998

涅槃之旅：张大千的生活和绘画 / 柳　扬(音) // 澳大利亚亚洲艺术学会学报. 1998. 7; 3

张大田

1702　Chang Ta-tien / The China Weekly Review // Who's Who in China. 1936, p. 298
张大田(字雅泉) / 密勒氏评论报 // 中国名人录. 1936 年, 第 298 页

张广建

1703　General Chang Kuang-chien / The China Weekly Review // Who's Who in China. 1925, p. 47; 1936, p. 10
张广建(字勋伯) / 密勒氏评论报 // 中国名人录. 1925 年, 第 47 页; 1936 年, 第 10 页

张广舆

1704　Chang Kuang-yu / The China Weekly Review // Who's Who in China. 1933, p. 4; 1936, p. 10
张广舆(字仲鲁) / 密勒氏评论报 // 中国名人录. 1933 年, 第 4 页; 1936 年, 第 10 页

张之江

1705　Chang Chih-kiang / The China Weekly Review // Who's Who in China. 1936, p. 4
张之江 / 密勒氏评论报 // 中国名人录. 1936 年, 第 4 页

1706　Chang Chih-chiang (Tzu-chiang) / H. G. W. Woodhead, H. T. M. Bell // The China Year Book. 1939 (27), p. 160 (p. 184)
张之江(字子姜) / H. G. W. 伍德海、H. T. M. 贝尔 // 中华年鉴. 1939 年第 27 册, 第 160 页(第 184 页)

张之洞

1707　Chang Chih-tung and Educational Reform in China / William Ayers // Cambridge: Harvard University Press. 1971
张之洞与中国教育改革 / 威廉·艾尔斯 // 坎布里奇: 哈佛大学出版社. 1971 年

1708　China Enters the Twentieth Century: Chang Chih-tung and the Issues of a New Age, 1895-1909 / Daniel Bays // Ann Arbor: University of Michigan Press. 1978
中国进入 20 世纪: 张之洞与新时代的议题, 1895—1909 / 裴士丹 // 安娜堡: 密歇根大学出版社. 1978 年

1709　The Public Career of Chang Chih-tung, 1837-1909 / Meribeth Elliott Cameron // Pacific Historical Review. 7:3. 1938
张之洞的公共事业, 1837—1909 / 梅里贝斯·艾略特·卡梅伦 // 太平洋历史评论. 1938. 7:3

1710　The Nature of Provincial Political Authority in Late Ch'ing Times: Chang Chih-tung in Canton, 1884-1889 / Daniel Henry Bays // Modern Asian Studies. 4:4. 1970
晚清地方政权的特点: 张之洞在广州, 1884—1889 / 裴士丹 // 现代亚洲研究. 1970. 4:4

1711　Chang Chi-tung and the Politics of Reform in China, 1895-1905 (Ph. D. Thesis) / Daniel Henry Bays // University of Michigan. 1971
张之洞和中国的政治改革, 1895—1905(博士论文) / 裴士丹 // 密歇根大学. 1971

1712　Chang Chih-tung and the Struggle for Strategic Industrialization: The Establishment of the Hanyang Arsenal, 1884-1895 / Thomas L. Kennedy // Harvard Journal of Asiatic Studies. 33:1. 1973
张之洞和他的实业救国战略: 汉阳兵工厂的创办, 1884—1895 / 托马斯·L. 肯尼迪 // 哈佛亚洲研究. 1973. 33:1

1713　The Making of the Last Confucian Statesman: Chang Chih-tung and the Ch'ing Restoration, 1863-1881 (Ph. D. Thesis) / Gong Zhongwu // Harvard University. 1981
最后一位儒学政治家: 张之洞与清朝复辟, 1863—1881(博士论文) / 龚忠武 // 哈佛大学. 1981

1714　Chang Chih-tung / Arthur W. Hummel // Eminent Chinese of the Ch'ing Period (1644-1912). p. 27
张之洞 / 亚瑟·W. 赫梅尔 // 清代名人传略(1644—1912). 第 27 页

张子璇

1715　De Senn Chang (Chang Chi-hsuan) / The China Weekly Review // Who's Who in China. 1940, p. 3
张子璇 / 密勒氏评论报 // 中国名人录. 1940 年, 第 3 页

张天休

1716　Chang Tien-hsiu / The China Weekly Review // Who's Who in China. 1936, p. 15
张天休(字梓铭) / 密勒氏评论报 // 中国名人录. 1936 年, 第 15 页

张元济

1717　Chang Chu-Sheng (Chang Yuan-chi) / The China Weekly Review // Who's Who in China. 1940, p. 4
张元济(字菊生) / 密勒氏评论报 // 中国名人录. 1940 年, 第 4 页

张凤亭

1718　Chang Fang-ting / The China Weekly Review // Who's Who in China. 1936, p. 6
张凤亭 / 密勒氏评论报 // 中国名人录. 1936 年, 第 6 页

张为炯

1719　Chang Wei-chiung / The China Weekly Review // Who's Who in China. 1940, p. 6
张为炯(字少扬) / 密勒氏评论报 // 中国名人录. 1940 年, 第 6 页

张正学

1720　C. H. Chang (Chang Chang-hsueh) / The China Weekly Review // Who's Who in China. 1936, p. 2
张正学 / 密勒氏评论报 // 中国名人录. 1936 年, 第 2 页

张东荪

1721　Chang Tung-sheng / The China Weekly Review // Who's Who in China. 1933, p. 6; 1936, p. 16
张东荪 / 密勒氏评论报 // 中国名人录. 1933 年, 第 6 页; 1936 年, 第 16 页

1722　Chang Tung-sun / H. G. W. Woodhead, H. T. M. Bell // The China Year Book. 1939(27), p. 162(p. 186)
张东荪 / H. G. W. 伍德海、H. T. M. 贝尔 // 中华年鉴. 1939 年第 27 册, 第 162 页(第 186 页)

张发奎

1723　The Reminiciences of General Chang Fa-k'uei as Told to Julie Lien-ying How / Chang Fa-k'uei // MS. The Chinese Oral History Project of the East Asian Institute, Columbia University
张发奎将军对夏连荫讲述的回忆 / 张发奎 // 手写本, 哥伦比亚大学东亚研究所中国口述史项目

1724　Chang Fah-kwai (Chang Fa-kwei) / The China Weekly Review // Who's Who in China. 1936, p. 6; 1940, p. 4
张发奎 / 密勒氏评论报 // 中国名人录. 1936 年, 第 6 页; 1940 年, 第 4 页

1725　Chang Fa-k'uei / H. G. W. Woodhead, H. T. M. Bell // The China Year Book. 1939(27), p. 161(p. 185)
张发奎 / H. G. W. 伍德海、H. T. M. 贝尔 // 中华年鉴. 1939 年第 27 册, 第 161 页(第 185 页)

张竹坪

1726　T. B. Chang (Chang Chu-pin) / The China Weekly Review // Who's Who in China. 1936, p. 5
张竹坪 / 密勒氏评论报 // 中国名人录. 1936 年, 第 5 页

张华辅

1727　Chang Hua-fu / The China Weekly Review // Who's Who in China. 1936, p. 9
张华辅(字慰生) / 密勒氏评论报 // 中国名人录. 1936 年, 第 9 页

张自忠

1728　China's New Remembering of World War II: The Case of Zhang Zizhong / Athur Waldron // Modern Asian Studies. 30:4. 1996
中国二战新解: 以张自忠为例 / 阿瑟·沃尔德伦 // 现代亚洲研究. 1996. 30:4

1729　General C'ang Chih-chung / The China Weekly Review // Who's Who in China. 1936, p. 289; 1940, p. 6
张自忠(字荩忱) / 密勒氏评论报 // 中国名人录. 1936 年, 第 289 页; 1940 年, 第 6 页

1730　Chang Tzu-chung(Chin-ch'en) / H. G. W. Woodhead, H. T. M. Bell // The China Year Book. 1939(27), p. 162(p. 186)
张自忠(字荩忱) / H. G. W. 伍德海、H. T. M. 贝尔 // 中华年鉴. 1939 年第 27 册, 第 162 页(第 186 页)

张似旭

1731　Chang Shih-hsueh / H. G. W. Woodhead, H. T. M. Bell // The China Year Book. 1939(27), p. 162 (p. 186)
　　　张似旭 / H. G. W. 伍德海、H. T. M. 贝尔 // 中华年鉴. 1939 年第 27 册,第 162 页(第 186 页)

1732　Chang Shih-hsueh (Samuel H. Chang) / The China Weekly Review // Who's Who in China. 1940, p. 5
　　　张似旭 / 密勒氏评论报 // 中国名人录. 1940 年,第 5 页

张寿龄

1733　Mr. Chang Shou-ling / The China Weekly Review // Who's Who in China. 1925, p. 59; 1936, p. 14
　　　张寿龄(字筱松) / 密勒氏评论报 // 中国名人录. 1925 年,第 59 页;1936 年,第 14 页

张寿镛

1734　Chang Shou-yung(Yung-ni) / H. G. W. Woodhead, H. T. M. Bell // The China Year Book. 1939(27), p. 162(p. 186)
　　　张寿镛(字咏霓) / H. G. W. 伍德海、H. T. M. 贝尔 // 中华年鉴. 1939 年第 27 册,第 162 页(第 186 页)

张孝若

1735　Mr. Chang Chien, Junior / The China Weekly Review // Who's Who in China. 1925, p. 35; 1936, p. 8
　　　张孝若(字诒祖) / 密勒氏评论报 // 中国名人录. 1925 年,第 35 页;1936 年,第 8 页

张志良

1736　Chang Tze-liang (Chang Chih-liang) / The China Weekly Review // Who's Who in China. 1936, p. 4
　　　张志良 / 密勒氏评论报 // 中国名人录. 1936 年,第 4 页

张志潭

1737　Mr. Chang Ch'ih-t'an / The China Weekly Review // Who's Who in China. 1925, p. 18; 1936, p. 4
　　　张志潭(字远伯) / 密勒氏评论报 // 中国名人录. 1925 年,第 18 页;1936 年,第 4 页

张我华

1738　Chang Ngo-hua (Chang O-hua) / The China Weekly Review // Who's Who in China. 1936, p. 13
　　　张我华 / 密勒氏评论报 // 中国名人录. 1936 年,第 13 页

张作相

1739　General Chang Tso-hsiang / The China Weekly Review // Who's Who in China. 1925, p. 63; 1936, p. 16
　　　张作相(字辅忱) / 密勒氏评论报 // 中国名人录. 1925 年,第 63 页;1936 年,第 16 页

张作霖

1740　Chang Tso-lin in Northeast China, 1911-1928: China, Japan and the Manchurian Idea / Gavan McCormack // Stanford: Stanford University Press. 1977
　　　张作霖在中国东北,1911—1928 年:中国、日本和满洲的打算 / 加文·麦考马克 // 斯坦福:斯坦福大学出版社. 1977 年

1741　Chang-tso-lin / S. Norris // National Review. 84. 1924
　　　张作霖 / S. 诺利斯 // 国家评论. 1924. 84

1742　In the Realm of Chang Tso-lin / G. Huldschiner // The Living Age (1897-1941). 327:4242. 1925
　　　张作霖的王国 / G·海德施奈尔 // 生活时代(1897—1941). 1925. 327:4242

1743　Chang Tso-lin's Hold on Peking / Harold Quigley // Current History (New York). 27:3. 1927
　　　张作霖统治北京 / 哈罗德·圭格利 // 当代历史(纽约). 1927. 27:3

1744　Chang Tso-lin / G. Allenby // The Spectator. 140. 1928
　　　张作霖 / G. 艾伦比 // 观察者. 1928. 140

1745　The Assassination of Chang Tso-lin / Pauls S. Dull // The Far Eastern Quarterly. 11:4. 1952
　　　暗杀张作霖 / 保尔斯·S. 达尔 // 远东研究季刊. 1952. 11:4

1746　The Hara Caninet and Chang Tso-lin, 1920-1921 / Jonh W. Young // Monumenta Nipponica. 27:2. 1972

原敬内阁与张作霖,1920—1921 / 约翰·W. 杨 // 日本纪念文集. 1972. 27:2

1747 Manchuria under Chang Tso-lin（Ph. D. Thesis）/ Ronald Stanley Suleski // University of Michigan. 1974
张作霖统治下的满洲（博士论文）/ 薛龙 // 密歇根大学. 1974

1748 Chang Tso-lin, the Mukden Military Clique, and Japan, 1920-1928: The Development and Inter-relationships of Chinese Militarism and Japanese Imperialism in Northeast China.（Ph. D. Thesis）/ Gavan McCormack // University of London, School of Oriental and African Studies. 1975
张作霖、奉系军阀与日本,1920—1928:东北地区的中国军国主义和日本帝国主义的发展与相互关系（博士论文）/ 加文·麦考马克 // 伦敦大学,亚非学院. 1975

1749 Militarist Power in Early Republican China: The Case of Chang Tso-lin（Ph. D. Thesis）/ Masaaki Seki // University of Washington. 1982
民国早期的军事政权:张作霖（博士论文）/ 关正昭 // 华盛顿大学. 1982

1750 Britain and the Raid on the Soviet Embassy by Chang Tso-lin, 1927 / Tang Chi-hua // 兴大文史学报. 1992. 22
英国与张作霖突袭苏联大使馆,1927 / 唐启华 // 兴大文史学报. 1992. 22

1751 Britain and Warlordism in China: Relations with Chang Tso-lin, 1926-1928 / Tang Chi-hu // 兴大历史学报. 1992. 2
英国与中国军阀势力:与张作霖的关系,1926—1928 / 唐启华 // 兴大文史学报. 1992. 22

1752 General Chang Tso-lin / The China Weekly Review // Who's Who in China. 1925, p. 65；1936, p. 16
张作霖（字雨亭）/ 密勒氏评论报 // 中国名人录. 1925 年,第 65 页；1936 年,第 16 页

张伯苓

1753 There is another China: Essays and Articles for Chang Poling of Nankai / John Lossing Buck // New York: King's Crown Press. 1948
另一个中国:关于南开张伯苓的论文集 / 约翰·洛辛·巴克 // 纽约:国王的皇冠出版社. 1948 年

1754 Dr. Chang Po-ling（Chang Pai-ling）/ The China Weekly Review // Who's Who in China. 1925, p. 55；1936, p. 14
张伯苓 / 密勒氏评论报 // 中国名人录. 1925 年,第 55 页；1936 年,第 14 页

1755 Chang Shou-ch'un（Po-ling）/ H. G. W. Woodhead, H. T. M. Bell // The China Year Book. 1939（27）, p. 162（p. 186）
张寿春（字伯苓）/ H. G. W. 伍德海、H. T. M. 贝尔 // 中华年鉴. 1939 年第 27 册,第 162 页（第 186 页）

张希骞

1756 Gen. Chan His-chien / The China Weekly Review // Who's Who in China. 1936, p. 7
张希骞 / 密勒氏评论报 // 中国名人录. 1936 年,第 7 页

张怀芝

1757 General Chang Huai-chih / The China Weekly Review // Who's Who in China. 1925, p. 41；1936, p. 10
张怀芝（字子志）/ 密勒氏评论报 // 中国名人录. 1925 年,第 41 页；1936 年,第 10 页

张沅长

1758 Chang Yuan-ch'ang / H. G. W. Woodhead, H. T. M. Bell // The China Year Book. 1939（27）, p. 162（p. 186）
张沅长 / H. G. W. 伍德海、H. T. M. 贝尔 // 中华年鉴. 1939 年第 27 册,第 162 页（第 186 页）

张君劢

1759 Syncretism in Defense of Confucianism: An Intellectual and Political Biography of the Early Years of Chang Chun-mai, 1887-1923（Ph. D. Thesis）/ Roger Bailey Jeans // George Washington University. 1974.
保卫儒学中的融合主义:早年张君劢的智识和政治传记,1887—1923（博士论文）/ 罗杰·贝利·吉恩斯 // 乔治·华盛顿大学. 1974

1760 Chang Chun-mai: A Moral Conservative in an Immoral Age (M. A. Thesis) / Paul Draper // University of British Columbia. 1985
张君劢:不道德年代中的道德卫道士(硕士论文) / 保罗·德拉佩 // 英属哥伦比亚大学. 1985

1761 Scientism during the May Fourth Period: The Chinese Misconceptions of Science as Reflected in the Debate between Ting Wen-chiang and Chang Chün-mai / Lo Jiu-jung // Asian Culture Quarterly. 15:3. 1987
五四时期的科学主义:从丁文江和张君劢论战看中国人对科学的误解 / 罗久蓉 // 亚洲文化季刊. 1987. 15:3

1762 The Defeat of Traditional Misrepresentation in the Debate of 1923: Science and the Philosophy of Life in the Thought of Chang Chun-mai (A. B. Thesis) / Grace Yen Shen // Harvard University. 1995
1923年科玄论战中传统误读的失败:张君劢思想中的科学与人生观(学士论文) / 沈 岩(音) // 哈佛大学. 1995

1763 A Political Biography of Zhang Junmai, 1887-1949 (Ph. D. Thesis) / Kent McLean Peterson // Princeton University. 1999
张君劢政治传记,1887—1949(博士论文) / 肯特·麦克莱恩·彼得森 // 普林斯顿大学. 1999

1764 Dr. Carson Chang (Chang Chia-shen) / The China Weekly Review // Who's Who in China. 1925, p. 13; 1936, p. 3
张君劢(字嘉森) / 密勒氏评论报 // 中国名人录. 1925年,第13页;1936年,第3页

张君嵩
1765 Lt. -Gen. Chang Chun-sung / The China Weekly Review // Who's Who in China. 1933, p. 2; 1936, p. 6
张君嵩 / 密勒氏评论报 // 中国名人录. 1933年,第2页. 1936年,第6页

张承槱
1766 Chang Ch'eng-yu (P'eng-sheng) / H. G. W. Woodhead, H. T. M. Bell // The China Year Book. 1939(27), p. 160(p. 184)
张承槱(字蓬生) / H. G. W. 伍德海、H. T. M. 贝尔 // 中华年鉴. 1939年第27册,第160页(第184页)

张英华
1767 Mr. Chang Ying-hua / The China Weekly Review // Who's Who in China. 1925, p. 76; 1936, p. 17
张英华(字月笙) / 密勒氏评论报 // 中国名人录. 1925年,第76页;1936年,第17页

张国忱
1768 Chang Kuo-cheng / The China Weekly Review // Who's Who in China. 1936, p. 11
张国忱 / 密勒氏评论报 // 中国名人录. 1936年,第11页

张国焘
1769 Chang Kuo-t'ao and the Chinese Communist movement / Hsüeh Chün-tu // Revolutionary Leaders of Modern China. p. 422
张国焘和中国共产运动 / 薛君度 // 近代中国革命领导人物. 第422页

张国淦
1770 Mr. Chang Kuo-kan / The China Weekly Review // Who's Who in China. 1925, p. 49; 1936, p. 11
张国淦(字乾若) / 密勒氏评论报 // 中国名人录. 1925年,第49页;1936年,第11页

张国辉
1771 C. K. Cavour Chang (Chang Kuo-hui) / The China Weekly Review // Who's Who in China. 1936, p. 11
张国辉 / 密勒氏评论报 // 中国名人录. 1936年,第11页

张忠道
1772 Chang Chung-tao / The China Weekly Review // Who's Who in China. 1940, p. 4
张忠道 / 密勒氏评论报 // 中国名人录. 1940年,第4页

张知本
1773 Chang Chih-pen / The China Weekly Review // Who's Who in China. 1936, p. 4

张知本(字怀九) / 密勒氏评论报 // 中国名人录. 1936 年, 第 4 页

1774 Chang Chih-pen(Huai-chiu) / H. G. W. Woodhead, H. T. M. Bell // The China Year Book. 1939(27), p. 160(p. 184).
张知本(字怀九) / H. G. W. 伍德海、H. T. M. 贝尔 // 中华年鉴. 1939 年第 27 册, 第 160 页(第 184 页)

张佩纶

1775 Chang P'ei-lun / Arthur W. Hummel // Eminent Chinese of the Ch'ing Period (1644-1912). p. 48
张佩纶 / 亚瑟·W. 赫梅尔 // 清代名人传略(1644—1912). 第 48 页

张泽垚

1776 C. Y. Chang (Chang Chih-yao) / The China Weekly Review // Who's Who in China. 1936, p. 4
张泽垚(字湘生) / 密勒氏评论报 // 中国名人录. 1936 年, 第 4 页

1777 Chang Tseh-yao(Hsiang-sheng) / H. G. W. Woodhead, H. T. M. Bell // The China Year Book. 1939(27), p. 162(p. 186).
张泽垚(字湘生) / H. G. W. 伍德海、H. T. M. 贝尔 // 中华年鉴. 1939 年第 27 册, 第 162 页(第 186 页)

张治中

1778 A Biography of My Father General Chang Chih-Chung / Zhang Suchu // Weatherhead Center for International Affairs, Harvard University. 1984.
父亲张治中传记 / 张素初 // 哈佛大学韦瑟国际事务中心. 1984 年

1779 An Oasis for Peace: Zhang Zhizhong's Policy in Xinjiang, 1945 – 1947 / Davidd Wang // Central Asian Survey. 15:3-4. 1996
和平绿洲: 张治中 1945—1947 年在新疆的政策 / 王大卫 // 中亚综览. 1996. 15:3-4

1780 Gen. Chang Chih-chung / The China Weekly Review // Who's Who in China. 1933, p. 1; 1936, p. 2; 1940, p. 3
张治中(字文白) / 密勒氏评论报 // 中国名人录. 1933 年, 第 1 页. 1936 年, 第 2 页. 1940 年, 第 3 页

1781 Chang Chih-chung(Wen-pai) / H. G. W. Woodhead, H. T. M. Bell // The China Year Book. 1939(27), p. 160(p. 184).
张治中(字文白) / H. G. W. 伍德海、H. T. M. 贝尔 // 中华年鉴. 1939 年第 27 册, 第 160 页(第 184 页)

张学良

1782 Chang Hsüeh-liang and the Japanese / Akira Iriye // The Journal of Asian studies. 20:1. 1960
张学良和日本人 / 入江昭 // 亚洲研究杂志. 1960. 20:1

1783 Young Marshall Chang Hsüeh-liang and Manchuria: 1928-1931 / Wang Chi // Georgetown University, 1969
青年将领张学良和满洲: 1928—1931 / 王 冀(音) // 乔治敦大学, 1969

1784 A Study of Chang Hsueh-liang's Role in Modern Chinese History (Ph. D. Thesis) / Susan Fu Tsu // New York University. 1980
张学良在中国近代史中的作用研究(博士论文) / 祖 芙(音) // 纽约大学. 1980

1785 Chang Hsiao-liang (Chang Hsueh-liang) / The China Weekly Review // Who's Who in China. 1925, p. 37; 1936, p. 8; 1940, p. 5
张学良(字汉卿) / 密勒氏评论报 // 中国名人录. 1925 年, 第 37 页; 1936 年, 第 8 页. 1940 年, 第 5 页

1786 Chang Hsueh-liang(Han-ch'ing) / H. G. W. Woodhead, H. T. M. Bell // The China Year Book. 1939(27), p. 161(p. 185).
张学良(字汉卿) / H. G. W. 伍德海、H. T. M. 贝尔 // 中华年鉴. 1939 年第 27 册, 第 161 页(第 185 页)

张学铭

1787 Chang Hsuah-ming / The China Weekly Review // Who's Who in China. 1936, p. 289
张学铭(字西卿) / 密勒氏评论报 // 中国名人录. 1936 年, 第 289 页

张宗元

1788 Chang Tsung-yuan / The China Weekly Review // Who's Who in China. 1936, p. 16
张宗元(字伯初) / 密勒氏评论报 // 中国名人录. 1936 年, 第 16 页

张宗昌

1789 General Chang Chung-chang / The China Weekly Review // Who's Who in China. 1925, p. 249; 1936, p. 16
张宗昌 / 密勒氏评论报 // 中国名人录. 1925 年, 第 249 页; 1936 年, 第 16 页

张定璠

1790 Chang Tin-fan / The China Weekly Review // Who's Who in China. 1936, p. 15
张定璠 / 密勒氏评论报 // 中国名人录. 1936 年, 第 15 页

张绍堂

1791 Chang Shao-tang / The China Weekly Review // Who's Who in China. 1936, p. 14
张绍堂(字子仁) / 密勒氏评论报 // 中国名人录. 1936 年, 第 14 页

张绍曾

1792 General Chang Shao-tseng / The China Weekly Review // Who's Who in China. 1925, p. 57
张绍曾(字敬舆) / 密勒氏评论报 // 中国名人录. 1925 年, 第 57 页

张春桥

1793 Chang Ch'un-ch'iao and Shanghai's January Revolution / Andrew George Walder // Ann Arbor: Center for Chinese Studies, University of Michigan. 1978
张春桥和上海一月风暴 / 魏昂德 // 安娜堡: 密歇根大学中国研究中心. 1978 年

张荫桓

1794 Chang Yin-huan and Sino-American Relations (1886-1889) / Lee Gong-way // Chinese Culture. 33: 3. 1992
张荫桓和中美关系(1886—1889) / 李恭尉 // 中国文化. 1992. 33:3

1795 Chang Yin-huan's "San-chou Jih-chi" and His Diplomatic Experiences in America / Lee Gong-way // Chinese Culture. 34: 4. 1993
张荫桓的《三洲日记》及其在美国的外交经历 / 李恭尉 // 中国文化. 1993. 34:4

1796 Chang Yin-huan: A Neglected Diplomat and Reformer in Late Nineteenth-century China (Ph. D. Thesis) / Lee Gong-way // Indiana University. 1994.
张荫桓: 被忽视的 19 世纪晚期中国外交家和改革者(博士论文) / 李恭尉 // 印第安纳大学. 1994

1797 War and Peace: Chang Yin-huan and the Sino-Japanese War (1894-1898) / Lee Gong-way // Chinese Culture. 36: 2. 1995
战争与和平: 张荫桓和中日战争(1894—1898) / 李恭尉 // 中国文化. 1995. 36:2

1798 Chang Yin-huan / Arthur W. Hummel // Eminent Chinese of the Ch'ing Period (1644-1912). p. 60
张荫桓 / 亚瑟·W. 赫梅尔 // 清代名人传略(1644—1912). 第 60 页

张相文

1799 Mr. Chang Hsiang-wen / The China Weekly Review // Who's Who in China. 1925, p. 33; 1936, p. 8
张相文(字蔚西) / 密勒氏评论报 // 中国名人录. 1925 年, 第 33 页; 1936 年, 第 8 页

张星烺

1800 Chang Hsing-lang / The China Weekly Review // Who's Who in China. 1936, p. 9
张星琅(烺) / 密勒氏评论报 // 中国名人录. 1936 年, 第 9 页

1801 Chang Hsin-lang (Liang-ch'en) / H. G. W. Woodhead, H. T. M. Bell // The China Year Book. 1939(27), p. 161(p. 185)

张星烺(字亮丞) / H. G. W. 伍德海、H. T. M. 贝尔 // 中华年鉴. 1939 年第 27 册, 第 161 页(第 185 页)

张修敬

1802　Gen. Chang Hsiu-chin / The China Weekly Review // Who's Who in China. 1936, p. 289
　　　张修敬 / 密勒氏评论报 // 中国名人录. 1936 年, 第 289 页

张信培

1803　Chang Sing-bea (Chang Hsin-pei) / The China Weekly Review // Who's Who in China. 1936, p. 9
　　　张信培 / 密勒氏评论报 // 中国名人录. 1936 年, 第 9 页

张洪烈

1804　Mr. H. L. Chang (Chang Huang-lien) / The China Weekly Review // Who's Who in China. 1925, p. 43; 1936, p. 10
　　　张洪烈(字幼山) / 密勒氏评论报 // 中国名人录. 1925 年, 第 43 页; 1936 年, 第 10 页

张屏之

1805　Bintze T. Chang (Chang Ping Chih) / The China Weekly Review // Who's Who in China. 1936, p. 14
　　　张屏之 / 密勒氏评论报 // 中国名人录. 1936 年, 第 14 页

张载扬

1806　General Chang Tsai-yang / The China Weekly Review // Who's Who in China. 1925, p. 61; 1936, p. 15
　　　张载扬(字暄初) / 密勒氏评论报 // 中国名人录. 1925 年, 第 61 页; 1936 年, 第 15 页

张凌高

1807　Lincoln Dsang Lin-gao (Chang Ling-kao) / The China Weekly Review // Who's Who in China. 1940, p. 5
　　　张凌高 / 密勒氏评论报 // 中国名人录. 1940 年, 第 5 页

张资平

1808　Chang Chi-Ping / The China Weekly Review // Who's Who in China. 1933, p. 1; 1936, p. 2
　　　张资平 / 密勒氏评论报 // 中国名人录. 1933 年, 第 1 页; 1936 年, 第 2 页

1809　Chang Tzu-p'ing / H. G. W. Woodhead, H. T. M. Bell / The China Year Book. 1939(27), p. 162 (p. 186)
　　　张资平 / H. G. W. 伍德海、H. T. M. 贝尔 // 中华年鉴. 1939 年第 27 册, 第 162 页(第 186 页)

张竞生

1810　Sexual Modernism in China: Zhang Jingsheng and 1920s Urban Culture (Ph. D. Thesis) / Charles Leland Leary // Cornell University. 1994
　　　中国的性现代主义: 张竞生与 20 世 20 年代的城市文化(博士论文) / 查尔斯·利兰·利里 // 康奈尔大学. 1994

张效敏

1811　Chang Appointed on Gentral University Faculty, Dr. Sherman / China Journal Editorial Dept. // The China Journal. 16:1. 1932
　　　张效敏博士受聘国立中央大学 / 本刊编辑部 // 中国杂志. 1932. 16:1

张海鹏

1812　Chang Hai-peng / The China Weekly Review // Who's Who in China. 1933, p. 130
　　　张海鹏(字仙涛) / 密勒氏评论报 // 中国名人录. 1933 年, 第 130 页

张浚生

1813　Chang Chiung-sun / The China Weekly Review // Who's Who in China. 1933, p. 2; 1936, p. 5
　　　张浚生 / 密勒氏评论报 // 中国名人录. 1933 年, 第 2 页; 1936 年, 第 5 页

张祥麟

1814　Mr. Ziangling Chang (Chang Hsiang-lin) / The China Weekly Review // Who's Who in China. 1925, p. 31; 1936, p. 7
　　　张祥麟(字祥麟) / 密勒氏评论报 // 中国名人录. 1925 年, 第 31 页; 1936 年, 第 7 页

张啸林
1815　Chang Hsiao-ling / The China Weekly Review // Who's Who in China. 1933, p. 3;1936, p. 8
　　　张啸林 / 密勒氏评论报 // 中国名人录. 1933 年,第 3 页;1936 年,第 8 页
1816　Chang Hsiao-lin / H. G. W. Woodhead, H. T. M. Bell // The China Year Book. 1939(27), p. 161(p. 185)
　　　张啸林 / H. G. W. 伍德海、H. T. M. 贝尔 // 中华年鉴. 1939 年第 27 册,第 161 页(第 185 页)

张梁任
1817　Dr. Chang Liang-yen (Chang Liang-ren) / The China Weekly Review // Who's Who in China. 1936, p. 12
　　　张梁任 / 密勒氏评论报 // 中国名人录. 1936 年,第 12 页
1818　Chang Liang-jen / H. G. W. Woodhead, H. T. M. Bell // The China Year Book. 1939(27), p. 161(p. 185)
　　　张梁任 / H. G. W. 伍德海、H. T. M. 贝尔 // 中华年鉴. 1939 年第 27 册,第 161 页(第 185 页)

张维城
1819　Chang Vee-chen (Chang Wei-chen) / The China Weekly Review // Who's Who in China. 1936, p. 16
　　　张维城 / 密勒氏评论报 // 中国名人录. 1936 年,第 16 页

张维翰
1820　Chang Wei-han / The China Weekly Review // Who's Who in China. 1936, p. 17
　　　张维翰 / 密勒氏评论报 // 中国名人录. 1936 年,第 17 页

张彭春
1821　Chang Peng-chun / The China Weekly Review // Who's Who in China. 1936, p. 13
　　　张彭春(字仲述) / 密勒氏评论报 // 中国名人录. 1936 年,第 13 页
1822　Chang P'eng-ch'un / H. G. W. Woodhead, H. T. M. Bell // The China Year Book. 1939(27), p. 161(p. 185)
　　　张彭春 / H. G. W. 伍德海、H. T. M. 贝尔 // 中华年鉴. 1939 年第 27 册,第 161 页(第 185 页)

张敬尧
1823　General Chang Ching-yao / The China Weekly Review // Who's Who in China. 1925, p. 23;1936, p. 5
　　　张敬尧(字勋臣) / 密勒氏评论报 // 中国名人录. 1925 年,第 23 页;1936 年,第 5 页

张敬修
1824　Chang Ching-hsiu (Yün-lung) / H. G. W. Woodhead, H. T. M. Bell // The China Year Book. 1939(27), p. 160(p. 184)
　　　张敬修(字运隆) / H. G. W. 伍德海、H. T. M. 贝尔 // 中华年鉴. 1939 年第 27 册,第 160 页(第 184 页)

张惠长
1825　Chang Wai-jung (Chang Hui-chang) / The China Weekly Review // Who's Who in China. 1936, p. 10
　　　张惠长 / 密勒氏评论报 // 中国名人录. 1936 年,第 10 页
1826　Chang Hui-ch'ang / H. G. W. Woodhead, H. T. M. Bell // The China Year Book. 1939(27), p. 161(p. 185)
　　　张惠长 / H. G. W. 伍德海、H. T. M. 贝尔 // 中华年鉴. 1939 年第 27 册,第 161 页(第 185 页)

张斐然
1827　Chang Fei-jan (Chang Pei-jan) / The China Weekly Review // Who's Who in China. 1936, p. 13
　　　张斐然 / 密勒氏评论报 // 中国名人录. 1936 年,第 13 页

张景芬
1828　Mr. Chang Kin-fan (Chang Ching-fan) / The China Weekly Review // Who's Who in China. 1925, p. 20;1936, p. 4
　　　张景芬(字仁农) / 密勒氏评论报 // 中国名人录. 1925 年,第 20 页;1936 年,第 4 页

张景惠
1829　General Chang Ching-hui / The China Weekly Review // Who's Who in China. 1925, p. 21;1933, p. 130;

1936, p. 4

张景惠(字叙五) / 密勒氏评论报 // 中国名人录. 1925 年, 第 21 页; 1933 年, 第 130 页; 1936 年, 第 4 页

张鲁泉

1830　Mr. Chang Lu-Ch'uan / The China Weekly Review // Who's Who in China. 1925, p. 53; 1936, p. 12

张鲁泉(字鲁泉) / 密勒氏评论报 // 中国名人录. 1925 年, 第 53 页; 1936 年, 第 12 页

张赓年

1831　Chang Keng-lien / The China Weekly Review // Who's Who in China. 1936, p. 10

张赓年 / 密勒氏评论报 // 中国名人录. 1936 年, 第 10 页

张道行

1832　Chang Tao-hsing / The China Weekly Review // Who's Who in China. 1940, p. 5

张道行 / 密勒氏评论报 // 中国名人录. 1940 年, 第 5 页

张道藩

1833　Chang Tao-fan / The China Weekly Review //

张道藩 / 密勒氏评论报 // 中国名人录. 1933 年, 第 5 页; 1936 年, 第 14 页

1834　Chang Tao-fan / H. G. W. Woodhead, H. T. M. Bell // The China Year Book. 1939(27), p. 162(p. 186)

张道藩 / H. G. W. 伍德海、H. T. M. 贝尔 // 中华年鉴. 1939 年第 27 册, 第 162 页(第 186 页)

张弼德

1835　Chang Pi-the / H. G. W. Woodhead, H. T. M. Bell // The China Year Book. 1939(27), p. 161(p. 185)

张弼德 / H. G. W. 伍德海、H. T. M. 贝尔 // 中华年鉴. 1939 年第 27 册, 第 161 页(第 185 页)

张绸伯

1836　K. P. Chang (Chang Chiung-pal) / The China Weekly Review // Who's Who in China. 1936, p. 5

张绸伯 / 密勒氏评论报 // 中国名人录. 1936 年, 第 5 页

张鉴文

1837　Mr. Tsang Chan-vung (Chang Chien-wen) / The China Weekly Review // Who's Who in China. 1925, p. 17; 1936, p. 2

张鉴文(字远卿) / 密勒氏评论报 // 中国名人录. 1925 年, 第 17 页; 1936 年, 第 2 页

张锡元

1838　General Chang Hsi-yuan / The China Weekly Review // Who's Who in China. 1925, p. 29; 1936, p. 7

张锡元(字嘏民) / 密勒氏评论报 // 中国名人录. 1925 年, 第 29 页; 1936 年, 第 7 页

张歆海

1839　H. H. Chang (Chang Hsin-hai) / The China Weekly Review // Who's Who in China. 1936, p. 8

张歆海 / 密勒氏评论报 // 中国名人录. 1936 年, 第 8 页

1840　Chang Hsin-hai / H. G. W. Woodhead, H. T. M. Bell // The China Year Book. 1939(27), p. 161(p. 185)

张歆海 / H. G. W. 伍德海、H. T. M. 贝尔 // 中华年鉴. 1939 年第 27 册, 第 161 页(第 185 页)

张煜全

1841　Dr. Y. C. Chang (Chang Yu-Ch'uan) / The China Weekly Review // Who's Who in China. 1925, p. 78; 1936, p. 17

张煜全(字昶云) / 密勒氏评论报 // 中国名人录. 1925 年, 第 78 页; 1936 年, 第 17 页

张福运

1842　Mr. Chang Fu-Yun / The China Weekly Review // Who's Who in China. 1925, p. 27; 1936, p. 7

张福运(字景文) / 密勒氏评论报 // 中国名人录. 1925 年, 第 27 页; 1936 年, 第 7 页

1843　Chang Fu-yun(Ching-wen) / H. G. W. Woodhead, H. T. M. Bell // The China Year Book. 1939(27), p. 161(p. 185)

张福运(字景文) / H. G. W. 伍德海、H. T. M. 贝尔 // 中华年鉴. 1939 年第 27 册, 第 161 页(第

185 页)

张福来

1844 General Chang Fu-lai / The China Weekly Review // Who's Who in China. 1925, p. 25
张福来(字子恒) / 密勒氏评论报 // 中国名人录. 1925 年,第 25 页

张福良

1845 Chang Fu-liang / The China Weekly Review // Who's Who in China. 1936, p. 7
张福良 / 密勒氏评论报 // 中国名人录. 1936 年,第 7 页

张静江

1846 Chang Ching-Kiang / The China Weekly Review // Who's Who in China. 1936, p. 4
张静江(名人杰) / 密勒氏评论报 // 中国名人录. 1936 年,第 4 页

1847 Chang Jen-chien(Chin-chiang) / H. G. W. Woodhead, H. T. M. Bell // The China Year Book. 1939(27), p. 161(p. 185)
张人杰(字静江) / H. G. W. 伍德海、H. T. M. 贝尔 // 中华年鉴. 1939 年第 27 册,第 161 页(第 185 页)

张嘉璈

1848 Chang Kia-ngau / China Journal Editorial Dept. // The China Journal. 32;6. 1940
张嘉璈 / 本刊编辑部 // 中国杂志. 1940. 32;6

1849 Mr. Chang Kia-ngau (Chang Chia-ao) / The China Weekly Review // Who's Who in China. 1925, p. 11; 1936, p. 3
张嘉璈(字公权) / 密勒氏评论报 // 中国名人录. 1925 年,第 11 页;1936 年,第 3 页

1850 Chang Chia-ao(Kung-ch'uan) / H. G. W. Woodhead, H. T. M. Bell // The China Year Book. 1939(27), p. 160(p. 184)
张嘉璈(字公权) / H. G. W. 伍德海、H. T. M. 贝尔 // 中华年鉴. 1939 年第 27 册,第 160 页(第 184 页)

张德与

1851 Chang Tuh-yui (Chang Teh-yu) / The China Weekly Review // Who's Who in China. 1936, p. 15
张德与 / 密勒氏评论报 // 中国名人录. 1936 年,第 15 页

张慰慈

1852 Dr. Chang Wei-tze / The China Weekly Review // Who's Who in China. 1940, p. 56
张慰慈 / 密勒氏评论报 // 中国名人录. 1940 年,第 56 页

张履鳌

1853 Dr. L. N. Chang (Chang Li-ao) / The China Weekly Review // Who's Who in China. 1925, p. 51; 1936, p. 11
张履鳌 / 密勒氏评论报 // 中国名人录. 1925 年,第 51 页;1936 年,第 11 页

张默君

1854 Chang Mo-chun / The China Weekly Review // Who's Who in China. 1936, p. 12
张默君 / 密勒氏评论报 // 中国名人录. 1936 年,第 12 页

1855 Chang Mo-chun / H. G. W. Woodhead, H. T. M. Bell // The China Year Book. 1939(27), p. 161(p. 185)
张默君 / H. G. W. 伍德海、H. T. M. 贝尔 // 中华年鉴. 1939 年第 27 册,第 161 页(第 185 页)

张膺方

1856 General Chang Ying-fang / The China Weekly Review // Who's Who in China. 1925, p. 74; 1936, p. 17
张膺方(字亚馨) / 密勒氏评论报 // 中国名人录. 1925 年,第 74 页;1936 年,第 17 页

张翼枢

1857 Chang Yi-ch'u / H. G. W. Woodhead, H. T. M. Bell // The China Year Book. 1939(27), p. 162(p. 186)
张翼枢 / H. G. W. 伍德海、H. T. M. 贝尔 // 中华年鉴. 1939 年第 27 册,第 162 页(第 186 页)

张骥英

1858　Mr. Chang Nieh-yun（Chang Chi-ying）/ The China Weekly Review // Who's Who in China. 1925, p. 9; 1936, p. 13
　　　张骥英(字簫云) / 密勒氏评论报 // 中国名人录. 1925 年, 第 9 页; 1936 年, 第 13 页

张耀翔

1859　Mr. Chang Yao-chiang（Chang Yao-hsiang）/ The China Weekly Review // Who's Who in China. 1925, p. 72; 1936, p. 17
　　　张耀翔(字耀翔) / 密勒氏评论报 // 中国名人录. 1925 年, 第 72 页; 1936 年, 第 17 页

陆　锦

1860　General Lu Chin / The China Weekly Review // Who's Who in China. 1925, p. 567; 1936, p. 178
　　　陆锦(字绣山) / 密勒氏评论报 // 中国名人录. 1925 年, 第 567 页; 1936 年, 第 178 页

陆守经

1861　Mr. Tachuen S. K. Loh（Lu Shou-ching）/ The China Weekly Review // Who's Who in China. 1925, p. 577; 1936, p. 181
　　　陆守经(字达权) / 密勒氏评论报 // 中国名人录. 1925 年, 第 577 页; 1936 年, 第 181 页

陆志韦

1862　C. W. Luh（Lu Chih-wei）/ The China Weekly Review // Who's Who in China. 1936, p. 294
　　　陆志韦 / 密勒氏评论报 // 中国名人录. 1936 年, 第 294 页

1863　Lu Chih-wei / H. G. W. Woodhead, H. T. M. Bell // The China Year Book. 1939(27), p. 191(p. 215)
　　　陆志韦 / H. G. W. 伍德海、H. T. M. 贝尔 // 中华年鉴. 1939 年第 27 册, 第 191 页(第 215 页)

陆征祥

1864　Mr. Lu Cheng-hsiang / The China Weekly Review // Who's Who in China. 1925, p. 563; 1936, p. 178
　　　陆征祥(字子欣) / 密勒氏评论报 // 中国名人录. 1925 年, 第 563 页; 1936 年, 第 178 页

陆宗舆

1865　Mr. Lu Tsung-yu / The China Weekly Review // Who's Who in China. 1925, p. 579; 1936, p. 181
　　　陆宗舆(字润生) / 密勒氏评论报 // 中国名人录. 1925 年, 第 579 页; 1936 年, 第 181 页

陆荣廷

1866　General Lu Yung-ting / The China Weekly Review // Who's Who in China. 1925, p. 574; 1936, p. 182
　　　陆荣廷(字干卿) / 密勒氏评论报 // 中国名人录. 1925 年, 第 574 页; 1936 年, 第 182 页

陆荣钱

1867　Colonel Lu Jung-chien / The China Weekly Review // Who's Who in China. 1925, p. 572; 1936, p. 182
　　　陆荣钱(字芷亭) / 密勒氏评论报 // 中国名人录. 1925 年, 第 572 页; 1936 年, 第 182 页

陆费逵

1868　Lofei Kwei（Lufei Kuel）/ The China Weekly Review // Who's Who in China. 1936, p. 182
　　　陆费逵(字伯鸿) / 密勒氏评论报 // 中国名人录. 1936 年, 第 182 页

陆梅僧

1869　Y. Lewis Mason（Lu Mei-seng）/ The China Weekly Review // Who's Who in China. 1940, p. 34
　　　陆梅僧(字冶伦) / 密勒氏评论报 // 中国名人录. 1940 年, 第 34 页

陆朝宗

1870　Mr. Loh Zau-tsoong（Lu Ch'ao-tsung）/ The China Weekly Review // Who's Who in China. 1925, p. 562; 1936, p. 178
　　　陆朝宗(字仲良) / 密勒氏评论报 // 中国名人录. 1925 年, 第 562 页; 1936 年, 第 178 页

陈　云

1871　Chen Yun and the Chinese Political System / David M. Bachman // Berkeley: Center for Chinese Studies, Institute of East Asian Studies, University of California. 1985

陈云与中国政治体系 / 大卫·M.巴克曼 // 伯克利：加利福尼亚大学,东亚研究学所,中国研究中心.1985年

1872　Chen Yun's Role after the Cultural Revolution / Zhang Eping, Lem Kim // Asian Affairs: An American Review. 12:1. 1985
"文革"后陈云的角色 / 张鄂平(音)、莱姆·基姆 // 亚洲事务：美国评论.1985.12:1

1873　Differing Visions of China's Post-Mao Economy: The Ideas of Chen Yun, Deng Xiaoping, and Zhao Ziyang / David Bachman // Asian Survey. 26:3. 1986
毛以后中国经济的不同愿景：陈云、邓小平和赵紫阳的思想 / 大卫·巴克曼 // 亚洲综览.1986.26:3

陈 介

1874　Chen Chieh / The China Weekly Review // Who's Who in China. 1925, p.106; 1936, p.25; 1940, p.9
陈介(字蔗青) / 密勒氏评论报 // 中国名人录.1925年,第106页；1936年,第25页；1940年,第9页

1875　Ch'en Chieh(Cheh-ch'ing) / H. G. W. Woodhead, H. T. M. Bell // The China Year Book. 1939(27), p.164(p.188)
陈介(字蔗青) / H.G.W.伍德海、H.T.M.贝尔 // 中华年鉴.1939年第27册,第164页(第188页)

陈 仪

1876　Gen. Chen Yi / The China Weekly Review // Who's Who in China. 1936, p.37; 1940, p.56
陈仪(字公洽) / 密勒氏评论报 // 中国名人录.1936年,第37页；1940年,第56页

1877　Ch'en Yi(Kung-hsia) / H. G. W. Woodhead, H. T. M. Bell // The China Year Book. 1939(27), p.166(p.190)
陈仪(字公洽) / H.G.W.伍德海、H.T.M.贝尔 // 中华年鉴.1939年第27册,第166页(第190页)

陈 达

1878　Dr. Chen Ta (Ch'en Ta) / The China Weekly Review // Who's Who in China. 1925, p.137; 1936, p.34
陈达(字通夫) / 密勒氏评论报 // 中国名人录.1925年,第137页；1936年,第34页

1879　Ch'en Ta(T'ung-fu) / H. G. W. Woodhead, H. T. M. Bell // The China Year Book. 1939(27), p.165(p.189)
陈达(字通夫) / H.G.W.伍德海、H.T.M.贝尔 // 中华年鉴.1939年第27册,第165页(第189页)

陈 行

1880　Jian H. Chen (Chen Hsing) / The China Weekly Review // Who's Who in China. 1936, p.27
陈行(字健庵) / 密勒氏评论报 // 中国名人录.1936年,第27页

1881　Ch'en Hsing(Chien-an) / H. G. W. Woodhead, H. T. M. Bell // The China Year Book. 1939(27), p.164(p.188)
陈行(字健庵) / H.G.W.伍德海、H.T.M.贝尔 // 中华年鉴.1939年第27册,第164页(第188页)

陈 定

1882　Chen Ting / The China Weekly Review // Who's Who in China. 1936, p.34
陈定(字静清) / 密勒氏评论报 // 中国名人录.1936年,第34页

陈 诚

1883　Problems of Centralization: The Case of Ch'en Ch'eng and the Kuomintang / Donald G. Gillin // The Journal of Asian Studies. 29:4. 1970
集权问题：陈诚与国民党个案研究 / 唐纳德·G.基林 // 亚洲研究杂志.1970.29:4

1884 Gen. Chen Cheng / The China Weekly Review // Who's Who in China. 1933, p. 8；1936, p. 23；1940, p. 8
陈　诚 / 密勒氏评论报 // 中国名人录. 1933 年, 第 8 页；1936 年, 第 23 页；1940 年, 第 8 页

1885 Ch'en Ch'eng(Ts'u-siu) / H. G. W. Woodhead, H. T. M. Bell // The China Year Book. 1939(27), p. 163（p. 187）
陈诚(字辞修) / H. G. W. 伍德海、H. T. M. 贝尔 // 中华年鉴. 1939 年第 27 册, 第 163 页（第 187 页）

陈　垣
1886 Ch'en Yuan / H. G. W. Woodhead, H. T. M. Bell // The China Year Book. 1939(27), p. 167 (p. 191)
陈　垣 / H. G. W. 伍德海、H. T. M. 贝尔 // 中华年鉴. 1939 年第 27 册, 第 167 页（第 191 页）

陈　洪
1887 Ch'en Hung / H. G. W. Woodhead, H. T. M. Bell // The China Year Book. 1939(27), p. 164 (p. 188)
陈　洪 / H. G. W. 伍德海、H. T. M. 贝尔 // 中华年鉴. 1939 年第 27 册, 第 164 页（第 188 页）

陈　锐
1888 R. Chin (Chen Jui) / The China Weekly Review // Who's Who in China. 1936, p. 28
陈锐(字纯方) / 密勒氏评论报 // 中国名人录. 1936 年, 第 28 页

陈　策
1889 Admiral Chan Chak (Chen Tseh) / The China Weekly Review // Who's Who in China. 1936, p. 35
陈　策 / 密勒氏评论报 // 中国名人录. 1936 年, 第 35 页

1890 Ch'en Ts'eh(Ch'ou-shih) / H. G. W. Woodhead, H. T. M. Bell // The China Year Book. 1939(27), p. 166（p. 190）
陈策(字筹硕) / H. G. W. 伍德海、H. T. M. 贝尔 // 中华年鉴. 1939 年第 27 册, 第 166 页（第 190 页）

陈　焯
1891 Lt.-Gen. Chen Tsoa (Chen Cho) / The China Weekly Review // Who's Who in China. 1933, p. 10；1936, p. 26
陈　焯 / 密勒氏评论报 // 中国名人录. 1933 年, 第 10 页；1936 年, 第 26 页

陈　群
1892 Chen Chun / The China Weekly Review // Who's Who in China. 1940, p. 69
陈　群 / 密勒氏评论报 // 中国名人录. 1940 年, 第 69 页

陈　箓
1893 Mr. Tcheng-loh (Ch'en Lu) / The China Weekly Review // Who's Who in China. 1925, p. 125；1936, p. 30；1940, p. 69
陈箓(字任先) / 密勒氏评论报 // 中国名人录. 1925 年, 第 125 页；1936 年, 第 30 页；1940 年, 第 69 页

1894 Ch'en Lu(Jen-hsien) / H. G. W. Woodhead, H. T. M. Bell // The China Year Book. 1939(27), p. 165（p. 189）
陈箓(字任先) / H. G. W. 伍德海、H. T. M. 贝尔 // 中华年鉴. 1939 年第 27 册, 第 165 页（第 189 页）

陈　毅
1895 Mao's Generals：Chen Yi and the New Fourth Army / Xiang Lanxin // Lanham：University Press of America. 1998
毛泽东的将军们：陈毅与新四军 / 相蓝欣 // 拉纳姆：美洲大学出版社. 1998 年

1896 Chinese Foreign Affairs during the Cultural Revolution：With a Case Study of Ch'en Yi (M. A. Thesis) / Lani Mar // University of Southern California. 1970
"文革"时的中国外交：陈毅个案研究(硕士论文) / 拉尼·马尔 // 南加州大学. 1970

1897 A Man Open and Aboveboard, A Revolutionary All His Lifen — In Memory of Comrade Chen Yi / Tan Chen-lin, Su Yu // Peking Review. 20:34. 1977
一个革命者磊落的一生——纪念战友陈毅 / 谭震林、粟裕 // 北京周报. 1977. 20:34

陈大齐

1898 Ch'en Ta-ch'i(Pai-nien) / H. G. W. Woodhead, H. T. M. Bell // The China Year Book. 1939(27), p. 166 (p. 190)
陈大齐(字百年) / H. G. W. 伍德海、H. T. M. 贝尔 // 中华年鉴. 1939年第27册, 第166页(第190页)

陈之硕

1899 Ch'en Chih-shih(Chün-yien) / H. G. W. Woodhead, H. T. M. Bell // The China Year Book. 1939(27), p. 164(p. 188)
陈之硕(字君衍) / H. G. W. 伍德海、H. T. M. 贝尔 // 中华年鉴. 1939年第27册, 第164页(第188页)

陈之麟

1900 Mr. T. L. Chen (Ch'en Chih-lin) / The China Weekly Review // Who's Who in China. 1925, p. 108; 1936, p. 25
陈之麟(字芷汀) / 密勒氏评论报 // 中国名人录. 1925年, 第108页; 1936年, 第25页

陈天华

1901 Ch'en T'ien-hua (1875-1905): A Chinese Nationalist / Ernest P. Young // Papers on China. 13:. 1959
中国的民族主义者陈天华(1875—1905) / 欧内斯特·P. 杨 // 中国论文集. 1959. 13:

1902 Problems of a Late Ch'ing Revolutionary: Ch'en T'ien-hua / Ernest Paddock Young // Revolutionary Leaders of Modern China. p. 210
关于晚清革命者——陈天华的一些问题 / 欧内斯特·帕多克·杨 // 近代中国革命领导人物. 第210页

陈友仁

1903 Mr. Eugene Chen (Chen Yu-jen) / The China Weekly Review // Who's Who in China. 1925, p. 145; 1936, p. 36
陈友仁 / 密勒氏评论报 // 中国名人录. 1925年, 第145页; 1936年, 第36页

1904 Ch'en Yu-jen / H. G. W. Woodhead, H. T. M. Bell // The China Year Book. 1939(27), p. 166(p. 190)
陈友仁 / H. G. W. 伍德海、H. T. M. 贝尔 // 中华年鉴. 1939年第27册, 第166页(第190页)

陈中孚

1905 Chen Chung-fu / The China Weekly Review // Who's Who in China. 1936, p. 298
陈中孚 / 密勒氏评论报 // 中国名人录. 1936年, 第298页

1906 Ch'en Chung-fu / H. G. W. Woodhead, H. T. M. Bell // The China Year Book. 1939(27), p. 164(p. 188)
陈中孚 / H. G. W. 伍德海、H. T. M. 贝尔 // 中华年鉴. 1939年第27册, 第164页(第188页)

陈长乐

1907 Chen Chang-lok (Chen Chang-loh) / The China Weekly Review // Who's Who in China. 1936, p. 23
陈长乐 / 密勒氏评论报 // 中国名人录. 1936年, 第23页

陈长蘅

1908 Ch'en Ch'ang-heng(Po-hsiu) / H. G. W. Woodhead, H. T. M. Bell // The China Year Book. 1939(27), p. 163(p. 187)
陈长蘅(字伯修) / H. G. W. 伍德海、H. T. M. 贝尔 // 中华年鉴. 1939年第27册, 第163页(第187页)

陈公博

1909 Chiang Kai-shek, Ch'en Kung-po and the Comunists, 1925-1926 / Lee Ngok, Waung Sui-king // Asian

Thought and Society. 3:7. 1978
蒋介石、陈公博与共产党,1925—1926 / 李锷、汪瑞炯 // 亚洲思潮与社会. 1978. 3:7

1910 Ch'en Kung-po: A Marxist-oriented Kuomintang Theoretician / So Wai Chor // Papers on Far Eastern History. 36:. 1987
陈公博:一位具有马克思主义倾向的国民党理论家 / 苏维初 // 远东历史论文集. 1987. 36:

1911 Chen Gongbo (1892-1946) and Chinese National Salvation (Ph. D. Thesis) / Chen Jianyue // University of Toledo. 1999
陈公博(1892—1946)与中华民族救亡(博士论文) / 陈建岳(音) // 托雷多大学. 1999

1912 The Variegated Career of Ch'en Kung-po / Clarence Martin Wilbur // Revolutionary Leaders of Modern China. p. 455
陈公博多变的职业生涯 / 韦慕庭 // 近代中国革命领导人物. 第 455 页

1913 Chen Kung-Po / The China Weekly Review // Who's Who in China. 1933, p. 12;1936, p. 29;1940, p. 70
陈公博 / 密勒氏评论报 // 中国名人录. 1933 年,第 12 页;1936 年,第 29 页;1940 年,第 70 页

1914 Ch'en Kung-po / H. G. W. Woodhead, H. T. M. Bell // The China Year Book. 1939(27), p. 165(p. 189)
陈公博 / H. G. W. 伍德海、H. T. M. 贝尔 // 中华年鉴. 1939 年第 27 册,第 165 页(第 189 页)

陈文渊

1915 William Y. Chen (Chen Wen-yuan) / The China Weekly Review // Who's Who in China. 1933, p. 15; 1936, p. 36
陈文渊 / 密勒氏评论报 // 中国名人录. 1933 年,第 15 页;1936 年,第 36 页

1916 Ch'en Wen-yuan / H. G. W. Woodhead, H. T. M. Bell // The China Year Book. 1939(27), p. 166(p. 190)
陈文渊 / H. G. W. 伍德海、H. T. M. 贝尔 // 中华年鉴. 1939 年第 27 册,第 166 页(第 190 页)

陈文麟

1917 Chen Wen-ling / The China Weekly Review // Who's Who in China. 1936, p. 36
陈文麟 / 密勒氏评论报 // 中国名人录. 1936 年,第 36 页

1918 Ch'en Wen-lin / H. G. W. Woodhead, H. T. M. Bell // The China Year Book. 1939(27), p. 166(p. 190)
陈文麟 / H. G. W. 伍德海、H. T. M. 贝尔 // 中华年鉴. 1939 年第 27 册,第 166 页(第 190 页)

陈世光

1919 Mr. S. K. Chen (Ch'en Shih-kuang) / The China Weekly Review // Who's Who in China. 1925, p. 129; 1936, p. 32
陈世光(字震东) / 密勒氏评论报 // 中国名人录. 1925 年,第 129 页;1936 年,第 32 页

陈世第

1920 Chen Shih-ti / The China Weekly Review // Who's Who in China. 1933, p. 14;1936, p. 33
陈世第(字稚鹤) / 密勒氏评论报 // 中国名人录. 1933 年,第 14 页;1936 年,第 33 页

陈可忠

1921 Chen Ko-chung / The China Weekly Review // Who's Who in China. 1940, p. 9
陈可忠 / 密勒氏评论报 // 中国名人录. 1940 年,第 9 页

陈丕士

1922 Percy Chen (Chen Pei-shi) / The China Weekly Review // Who's Who in China. 1936, p. 31
陈丕士 / 密勒氏评论报 // 中国名人录. 1936 年,第 31 页

陈石珍

1923 Chen Shih-cheng / The China Weekly Review // Who's Who in China. 1936, p. 32
陈石珍 / 密勒氏评论报 // 中国名人录. 1936 年,第 32 页

1924 Ch'en Shih-chen / H. G. W. Woodhead, H. T. M. Bell // The China Year Book. 1939(27), p. 165(p. 189)
陈石珍 / H. G. W. 伍德海、H. T. M. 贝尔 // 中华年鉴. 1939 年第 27 册,第 165 页(第 189 页)

陈布雷

1925 Chen Pu-lai / The China Weekly Review // Who's Who in China. 1933, p. 14;1936, p. 32

陈布雷(字畏垒) / 密勒氏评论报 // 中国名人录.1933年,第14页;1936年,第32页

1926　Ch'en Pu-lei(Wei-lei) / H. G. W. Woodhead, H. T. M. Bell // The China Year Book. 1939(27), p. 165 (p. 189)

陈布雷(字畏垒) / H. G. W. 伍德海、H. T. M. 贝尔 // 中华年鉴.1939年第27册,第165页(第189页)

陈立夫

1927　The Storm Clouds Clear over China: The Memoir of Ch'en Li-fu, 1900-1993 / Chang Hsu-Hsin, Ramon Hawley Myers // Stanford: Hoover Institution Press. 1994

拨云见日:陈立夫回忆录,1900—1993 / 张树兴、马若孟 // 斯坦福:胡佛研究所出版社.1994年

1928　An inside View of Kuomintang: Chen Li-fu, 1926-1949 (Ph. D. Thesis) / Charles Roy Kitts // St. John's University. 1978

内部视角下的国民党:陈立夫,1926—1949(博士论文) / 查尔斯·罗伊·基茨 // 圣约翰大学.1978

1929　Chen Li-fu / The China Weekly Review // Who's Who in China. 1936, p. 29; 1940, p. 56

陈立夫 / 密勒氏评论报 // 中国名人录.1936年,第29页;1940年,第56页

1930　Ch'en Li-fu / H. G. W. Woodhead, H. T. M. Bell // The China Year Book. 1939(27), p. 165(p. 189)

陈立夫 / H. G. W.伍德海、H. T. M.贝尔 // 中华年鉴.1939年第27册,第165页(第189页)

陈立廷

1931　L. T. Chen (Chen Li-ting) / The China Weekly Review // Who's Who in China. 1936, p. 30

陈立廷 / 密勒氏评论报 // 中国名人录.1936年,第30页

陈汉明

1932　Chen Walter Hanming / The China Weekly Review // Who's Who in China. 1940, p. 56

陈汉明 / 密勒氏评论报 // 中国名人录.1940年,第56页

陈礼江

1933　Chen Li-kiang (Chen Li-chiang) / The China Weekly Review // Who's Who in China. 1933, p. 13; 1936, p. 29

陈礼江(字逸民) / 密勒氏评论报 // 中国名人录.1933年,第13页;1936年,第29页

陈训泳

1934　Ch'en Hsun-yung / H. G. W. Woodhead, H. T. M. Bell // The China Year Book. 1939(27), p. 164 (p. 188)

陈训泳 / H. G. W. 伍德海、H. T. M. 贝尔 // 中华年鉴.1939年第27册,第164页(第188页)

1935　Vice-Admiral Chen Hsun-yung / The China Weekly Review // Who's Who in China. 1940, p. 10

陈训泳(字道培) / 密勒氏评论报 // 中国名人录.1940年,第10页

陈永汉

1936　John Wing Hon Chun (Chen Yung-han) / The China Weekly Review // Who's Who in China. 1936, p. 37

陈永汉 / 密勒氏评论报 // 中国名人录.1936年,第37页

陈权东

1937　Chen Chuan-tung / The China Weekly Review // Who's Who in China. 1936, p. 26

陈权东(字守庸) / 密勒氏评论报 // 中国名人录.1936年,第26页

陈光远

1938　General Ch'en Kuang-yuan / The China Weekly Review // Who's Who in China. 1925, p. 119; 1936, p. 29

陈光远(字秀峰) / 密勒氏评论报 // 中国名人录.1925年,第119页;1936年,第29页

陈光甫

1939　Ch'en Hsun-the(Kuang-fu) / H. G. W. Woodhead, H. T. M. Bell // The China Year Book. 1939(27), p. 164(p. 188)

陈辉德(字光甫) / H. G. W. 伍德海、H. T. M. 贝尔 // 中华年鉴.1939年第27册,第164页(第

188 页)

1940　K. P. Chen（Chen Kuan-fu）/ The China Weekly Review // Who's Who in China. 1936, p. 29;1940, p. 10
陈辉德(字光甫)／ 密勒氏评论报 // 中国名人录.1936年,第29页;1940年,第10页

陈则民
1941　Chen Tse-min / The China Weekly Review // Who's Who in China. 1940, p. 70
陈则民 ／ 密勒氏评论报 // 中国名人录.1940年,第70页

陈延炯
1942　Chen Yen-chiung / The China Weekly Review // Who's Who in China. 1936, p. 36
陈延炯 ／ 密勒氏评论报 // 中国名人录.1936年,第36页

1943　Ch'en Yen-chun(Ti-ch'iu) / H. G. W. Woodhead, H. T. M. Bell // The China Year Book. 1939(27), p. 166(p. 190)
陈延炯(字地球)／ H. G. W. 伍德海、H. T. M. 贝尔 // 中华年鉴.1939年第27册,第166页(第190页)

陈兆瑞
1944　Mr. Chun Shut-kai（Ch'en Chao-jui）/ The China Weekly Review // Who's Who in China. 1925, p. 102;1936, p. 23
陈兆瑞(字雪佳)／ 密勒氏评论报 // 中国名人录.1925年,第102页;1936年,第23页

陈次溥
1945　Chen Tzu-pu / The China Weekly Review // Who's Who in China. 1940, p. 10
陈次溥 ／ 密勒氏评论报 // 中国名人录.1940年,第10页

陈抚辰
1946　Chen Foo-chun（Chen Fu-cheng）/ The China Weekly Review // Who's Who in China. 1936, p. 27
陈抚辰 ／ 密勒氏评论报 // 中国名人录.1936年,第27页

陈克恢
1947　Ch'en K'eh-kui / H. G. W. Woodhead, H. T. M. Bell // The China Year Book. 1939(27), p. 164(p. 188)
陈克恢 ／ H. G. W. 伍德海、H. T. M. 贝尔 // 中华年鉴.1939年第27册,第164页(第188页)

陈克恢
1948　Ko-Kuei Chen（Chen K'e-hui）/ The China Weekly Review // Who's Who in China. 1936, p. 289
陈克恢(字子振)／ 密勒氏评论报 // 中国名人录.1936年,第289页

陈杜衡
1949　Admiral Chen Tso-heng / The China Weekly Review // Who's Who in China. 1925, p. 141;1936, p. 35
陈杜衡(字芳斋)／ 密勒氏评论报 // 中国名人录.1925年,第141页;1936年,第35页

陈时利
1950　Mr. Ch'en Shih-li / The China Weekly Review // Who's Who in China. 1925, p. 131;1936, p. 33
陈时利(字剑秋)／ 密勒氏评论报 // 中国名人录.1925年,第131页;1936年,第33页

陈季良
1951　Ch'en Chi-liang / H. G. W. Woodhead, H. T. M. Bell // The China Year Book. 1939(27), p. 163(p. 187)
陈季良 ／ H. G. W. 伍德海、H. T. M. 贝尔 // 中华年鉴.1939年第27册,第163页(第187页)

陈体诚
1952　Ch'en T'i-Ch'eng / H. G. W. Woodhead, H. T. M. Bell // The China Year Book. 1939(27), p. 166(p. 190)
陈体诚 ／ H. G. W. 伍德海、H. T. M. 贝尔 // 中华年鉴.1939年第27册,第166页(第190页)

陈伯达
1953　The Emergence of Maoism: Mao Tse-tung, Ch'en Po-ta, and the Search for Chinese Theory, 1935-1945 / Raymond F. Wylie // Stanford: Stanford University Press. 1980.
毛主义的崛起:毛泽东、陈伯达及其对中国理论的探索(1935—1945)／ 雷蒙德·F. 怀利 // 斯坦福:

斯坦福大学出版社. 1980 年

1954　Mao Tse-tung, Ch'en po-ta, and the Conscious Creation of "Mao Tse-tung's thought" in the Chinese Communist Party, 1935-1945 (Ph. D Thesis) / R. F. Wylie // University of London. 1976
　　　毛泽东、陈伯达和中共"毛泽东思想"的诞生, 1935—1945（博士论文）/ R. F. 怀利 // 伦敦大学. 1976

1955　Mao Tse-tung, Ch'en Po-ta and the "Sinification of Marxism," 1936-38 / Raymond F. Wylie // The China Quarterly. 79. 1979
　　　毛泽东、陈伯达和"马克思主义中国化", 1936—1938 / 雷蒙德·F. 怀利 // 中国季刊. 1979. 79

陈希曾

1956　Chen His-tseng / The China Weekly Review // Who's Who in China. 1936, p. 27
　　　陈希曾 / 密勒氏评论报 // 中国名人录. 1936 年, 第 27 页

陈祀邦

1957　Dr. S. P. Chen (Chen Szu-Pang) / The China Weekly Review // Who's Who in China. 1925, p. 135; 1936, p. 32
　　　陈祀邦（字新周）/ 密勒氏评论报 // 中国名人录. 1925 年, 第 135 页; 1936 年, 第 32 页

陈其寿

1958　Mr. Ch'en Ch'i-shou / The China Weekly Review // Who's Who in China. 1925, p. 104; 1936, p. 24
　　　陈其寿（字介卿）/ 密勒氏评论报 // 中国名人录. 1925 年, 第 104 页; 1936 年, 第 24 页

陈其采

1959　Chen Chi-tsai / The China Weekly Review // Who's Who in China. 1933, p. 9; 1936, p. 24
　　　陈其采（字霭士）/ 密勒氏评论报 // 中国名人录. 1933 年, 第 9 页; 1936 年, 第 24 页

1960　Ch'en Ch'i-ts'ai (Ai-shih) / H. G. W. Woodhead, H. T. M. Bell // The China Year Book. 1939 (27), p. 164 (p. 188)
　　　陈其采（字霭士）/ H. G. W. 伍德海、H. T. M. 贝尔 // 中华年鉴. 1939 年第 27 册, 第 164 页（第 188 页）

陈其保

1961　Mr. Chi-Pao Cheng (Ch'eng Ch'i-Pao) / The China Weekly Review // Who's Who in China. 1925, p. 147; 1936, p. 24
　　　陈其保（字穉秋）/ 密勒氏评论报 // 中国名人录. 1925 年, 第 147 页; 1936 年, 第 24 页

陈果夫

1962　Chen Kou-fu / The China Weekly Review // Who's Who in China. 1936, p. 28
　　　陈果夫（字祖焘）/ 密勒氏评论报 // 中国名人录. 1936 年, 第 28 页

1963　Ch'en Kuo-fu (Tsu-t'ao) / H. G. W. Woodhead, H. T. M. Bell // The China Year Book. 1939 (27), p. 165 (p. 189)
　　　陈果夫（字祖焘）/ H. G. W. 伍德海、H. T. M. 贝尔 // 中华年鉴. 1939 年第 27 册, 第 165 页（第 189 页）

陈国梁

1964　Chen Kuo-liang / The China Weekly Review // Who's Who in China. 1940, p. 10
　　　陈国梁 / 密勒氏评论报 // 中国名人录. 1940 年, 第 10 页

陈念中

1965　Chen Nien-tsung (Chen Nien-chung) / The China Weekly Review // Who's Who in China. 1933, p. 13; 1936, p. 31
　　　陈念中 / 密勒氏评论报 // 中国名人录. 1933 年, 第 13 页; 1936 年, 第 31 页

陈泮藻

1966　Peitsao Tcheng (Chen Pen-tsao) / The China Weekly Review // Who's Who in China. 1936, p. 30

陈泮藻(字梓屏) / 密勒氏评论报 // 中国名人录. 1936 年, 第 30 页

陈宝泉
1967 Chen Pao-chuan / The China Weekly Review // Who's Who in China. 1936, p. 31
陈宝泉(字筱庄) / 密勒氏评论报 // 中国名人录. 1936 年, 第 31 页

陈宗城
1968 Chan Chung-sing (Chen Tsung-chen) / The China Weekly Review // Who's Who in China. 1936, p. 35
陈宗城 / 密勒氏评论报 // 中国名人录. 1936 年, 第 35 页
1969 Ch'en Tsung-ch'eng(Po-p'ing) / H. G. W. Woodhead, H. T. M. Bell // The China Year Book. 1939(27), p. 166(p. 190)
陈宗城(字伯屏) / H. G. W. 伍德海、H. T. M. 贝尔 // 中华年鉴. 1939 年第 27 册, 第 166 页(第 190 页)

陈绍宽
1970 Admiral Chen Shao-kwan / The China Weekly Review // Who's Who in China. 1936, p. 32
陈绍宽 / 密勒氏评论报 // 中国名人录. 1936 年, 第 32 页
1971 Ch'en Shao-k'uan / H. G. W. Woodhead, H. T. M. Bell // The China Year Book. 1939(27), p. 165(p. 189)
陈绍宽 / H. G. W. 伍德海、H. T. M. 贝尔 // 中华年鉴. 1939 年第 27 册, 第 165 页(第 189 页)

陈春圃
1972 Chen Chun-pu / The China Weekly Review // Who's Who in China. 1940, p. 69
陈春圃 / 密勒氏评论报 // 中国名人录. 1940 年, 第 69 页

陈荣捷
1973 W. T. Chan (Chen Yung-chieh) / The China Weekly Review // Who's Who in China. 1940, p. 10
陈荣捷 / 密勒氏评论报 // 中国名人录. 1940 年, 第 10 页

陈茹玄
1974 Ye-young Chan (Chen Ju-hsuan) / The China Weekly Review // Who's Who in China. 1933, p. 12; 1936, p. 28
陈茹玄 / 密勒氏评论报 // 中国名人录. 1933 年, 第 12 页; 1936 年, 第 28 页

陈树人
1975 Chen Shu-jen / The China Weekly Review // Who's Who in China. 1933, p. 15; 1936, p. 33
陈树人 / 密勒氏评论报 // 中国名人录. 1933 年, 第 15 页; 1936 年, 第 33 页
1976 Ch'en Shu-jen / H. G. W. Woodhead, H. T. M. Bell // The China Year Book. 1939(27), p. 165(p. 189)
陈树人 / H. G. W. 伍德海、H. T. M. 贝尔 // 中华年鉴. 1939 年第 27 册, 第 165 页(第 189 页)

陈树南
1977 Dr. Chen Su-lan (Chen Shu-nan) / The China Weekly Review // Who's Who in China. 1936, p. 33
陈树南 / 密勒氏评论报 // 中国名人录. 1936 年, 第 33 页

陈树藩
1978 General Chen Shu-fan / The China Weekly Review // Who's Who in China. 1925, p. 133
陈树藩(字伯生) / 密勒氏评论报 // 中国名人录. 1925 年, 第 133 页

陈钟声
1979 Dr. Chen Chung-sheng / The China Weekly Review // Who's Who in China. 1933, p. 11; 1936, p. 26
陈钟声 / 密勒氏评论报 // 中国名人录. 1933 年, 第 11 页; 1936 年, 第 26 页

陈剑如
1980 Ch'en Chien-ju / H. G. W. Woodhead, H. T. M. Bell // The China Year Book. 1939(27), p. 164(p. 188)
陈剑如 / H. G. W. 伍德海、H. T. M. 贝尔 // 中华年鉴. 1939 年第 27 册, 第 164 页(第 188 页)

陈剑修
1981 Chen Chien-hsiu / The China Weekly Review // Who's Who in China. 1936, p. 25

陈剑修 / 密勒氏评论报 // 中国名人录. 1936 年, 第 25 页

1982 Ch'en Chien-hsiu / H. G. W. Woodhead, H. T. M. Bell // The China Year Book. 1939（27）, p. 164（p. 188）

陈剑修 / H. G. W. 伍德海、H. T. M. 贝尔 // 中华年鉴. 1939 年第 27 册, 第 164 页（第 188 页）

陈独秀

1983 Ch'en Tu-Hsiu（1879-1942）and the Chinese Communist Movement / Thomas C. T. Kuo // South Orange: Seton Hall University Press. 1975

陈独秀（1879—1942）与中国共产主义运动 / 郭成棠 // 南桔城: 西顿·霍尔大学出版社. 1975 年

1984 Ch'en Tu-hsiu, in Quest of Chinese Liberalism / Chang Pao-min // Singapore: Institute of Humanities and Social Sciences, College of Graduate Studies, Nanyang University, 1977

陈独秀对中国自由主义的探求 / 张保民 // 新加坡: 南洋大学研究生院人文与社会科学院. 1977 年

1985 Chen Du-xiu: Founder of the Chinese Communist Party / Lee Feigon // Princeton: Princeton University Press. 1983

陈独秀: 中国共产党的创始人 / 李苇甘 // 普林斯顿: 普林斯顿大学出版社. 1983 年

1986 The Development of Ch'en Tu-hsiu's Thought, 1915-1938（M. A. thesis）/ Julie Lien-ying How // Columbia University. 1949

陈独秀思想的发展（1915—1938）（硕士论文）/ 夏连荫 // 哥伦比亚大学. 1949

1987 Ch'ên Tu-hsiu and the Acceptance of the Modern West / Benjamin I. Schwartz // Journal of the History of Ideas. 12:1. 1951

陈独秀及其对近代西方的接受 / 本杰明·I. 史华慈 // 思想史杂志. 1951. 12:1

1988 Scientism in Chinese Thought, 1900-1930: Study of Doctrinal Impact as Revealed by Wu Chih-hui, Ch'en Tu-hsiu, Hu Shih and as Seen in the Debate of 1923（Ph. D. Thesis）/ Danny Wynn-ye Kwok // Yale University. 1959

中国现代思想中的唯科学主义, 1900—1930: 吴稚晖、陈独秀和胡适 1923 年辩论的学术影响研究（博士论文）/ 郭颖颐 // 耶鲁大学. 1959

1989 The Political Thought of Ch'en Tu-hsiu（Ph. D. Thesis）/ Chih Yu-ju // Indiana University. 1965

陈独秀的政治思想（博士论文）/ 迟玉如（音）// 印第安纳大学. 1965

1990 Ch'en Tu-hsiu（1879-1942）and the Chinese Communist Movement（Ph. D. Thesis）/ Thomas C. T. Kuo // University of Pittsburgh. 1969

陈独秀（1879—1942）和中国共产主义运动（博士论文）/ 郭成棠 // 匹兹堡大学. 1969

1991 The Chinese Trotskyist Movement and Ch'en Tu-hsiu: Culture, Revolution, and Polity（Ph. D. Thesis）/ Richard Clark Kagan // University of Pennsylvania. 1969

陈独秀与中国托洛茨基主义运动: 文化、革命和政体（博士论文）/ 理查德·克拉克·卡根 // 宾夕法尼亚大学. 1969

1992 Ch'en Tu-hsiu: His Career and Political Ideas / Chih Yü-ju // Revolutionary Leaders of Modern China. p. 335

陈独秀的政治生涯与思想 / 迟玉如（音）// 近代中国革命领导人物. 第 335 页

1993 Ch'en Tu-hsiu's Unfinished Autobiography / Richard C. Kagan // The China Quarterly. 501972

陈独秀的未完自传 / 理查德·C. 卡根 // 中国季刊. 1972. 50

1994 Ch'en Tu-hsiu and the Foundations of the Chinese Revolution（Ph. D. Thesis）/ Lee N. Feigon // University of Wisconsin — Madison. 1977

陈独秀与中国革命的基础（博士论文）/ 李苇甘 // 威斯康星大学, 麦迪逊分校. 1977

1995 Ch'en Tu-hsiu, 1879-1942, and the Origins of the Chinese Revolution（M. A. Thesis）/ Lam Ping-ting // University of Windsor. 1979

陈独秀（1879—1942）与中国革命的起源（硕士论文）/ 林娉婷（音）// 温莎大学. 1979

1996　May Fourth Discussions of Woman Question：Hu Shih, Chen Tu-hsiu and Lu Hsun（M. A. Thesis）/ Chiristine Chan // University of Wisconsin-Madison. 1980
　　　五四期间对女性问题的讨论：胡适、陈独秀和鲁迅（硕士论文）/ 克里斯汀·陈 // 威斯康星大学，麦迪逊分校. 1980

1997　The Fatherless Child：Chen Duxiu, 1879-1942（Ph. D. Thesis）/ Kevin Frederick Fountain // Brown University. 1981
　　　没有父亲的孩子：陈独秀，1879—1942（博士论文）/ 凯文·弗雷德里克·方丹 // 布朗大学. 1981

1998　Chen Duxiu and the Trotskyites / Wang Yilin // Chinese Law and Government. 17：1. 1984
　　　陈独秀与托派 / 王译林（音）// 中国法律与政府. 1984. 17：1

1999　Chen Duxiu during the Great Revolution / Chen Shanxue // Chinese Law & Government. 17：1. 1984
　　　大革命中的陈独秀 / 陈善学（音）// 中国法律与政府. 17：1. 1984

2000　Several Problems in the Evaluation of Chen Duxiu / Tang Baoyi // Chinese Law and Government. 17：1. 1984
　　　关于陈独秀评价的几个问题 / 唐保一（音）// 中国法律与政府. 1984. 17：1

2001　Chen Duxiu and Leon Trotsky：New Light on Their Relationship / Peter Kuhfus // The China Quarterly. 102. 1985
　　　陈独秀与托洛茨基：两人关系新解 / 彼得·库福斯 // 中国季刊. 1985. 102

2002　The Discourse of Chinese Marxism：A Case Study of the Thought of Chen Duxiu and Li Dazhao before the Turn of 1920（M. A. Thesis）/ Alex Woshun Chan // Michigan State University. 1991
　　　中国马克思主义论：1920年转变以前的陈独秀和李大钊思想个案研究（硕士论文）/ 陈和顺 // 密歇根州立大学. 1991

2003　Ch'en Tu-hsiu and the Chinese Intellectual Revolution，1915-1919 / Thomas C. Kuo // Chinese Studies in History. 25：3. 1992
　　　陈独秀与中国知识分子革命，1915—1919 / 郭成棠 // 中国历史研究. 1992. 25：3

2004　Ch'en Tu-hsiu（1879-1942）and Hu Shih（1891-1962）/ Thomas C. Kuo // Chinese Studies in History. 31：1. 1997
　　　陈独秀（1879—1942）与胡适（1891—1962）/ 郭成棠 // 中国历史研究. 1997. 31：1

2005　Chen Tu-hsiu / The China Weekly Review // Who's Who in China. 1936，p. 35
　　　陈独秀 / 密勒氏评论报 // 中国名人录. 1936年，第35页

2006　Ch'en Tu-hsiu（Chung-fu）/ H. G. W. Woodhead, H. T. M. Bell // The China Year Book. 1939（27），p. 166（p. 190）
　　　陈独秀（字仲甫）/ H. G. W. 伍德海、H. T. M. 贝尔 // 中华年鉴. 1939年第27册，第166页（第190页）

2007　A Villain and a Hero：Ch'en Tu-hsiu and Ch'u Ch'iu-pai / Robert S. Elegant // China's Red Masters：Political Biographies of the Chinese Communist Leaders. p. 27
　　　恶棍与英雄：陈独秀和瞿秋白 / 罗伯特·S. 爱丽格特 // 中国的红色大师：中国共产党领导人政治传记. 第27页

陈炳章

2008　P. T. Chen（Chen Ping-tsang）/ The China Weekly Review // Who's Who in China. 1936，p. 289
　　　陈炳章 / 密勒氏评论报 // 中国名人录. 1936年，第289页

陈炯明

2009　Chen Jiongming and the Federalist Movement：Regional Leadership and Nation Building in Early Republican China / Leslie H. Dingyan Chen // Ann Arbor：Center for Chinese Studies, University of Michigan. 1999
　　　陈炯明与联省自治：早期共和制下的区域自治与国家建设 / 陈定炎 // 安娜堡：密歇根大学中国研

究中心.1999年

2010　Governor Chen Chiung-ming and a United China / An American Journalist // China Review. 1:4. 1921
（广东省）省长陈炯明与联合自治 / 一位美国记者 // 中国评论.1921.1:4

2011　The Real Difference between Sun Yat-sen and Chen Chiung-ming / Wong Hin // Weekly Review. 21:12. 1922
孙中山与陈炯明的根本差异 / 黄兴（音）// 每周评论.1922.21:12

2012　The Ideas and Ideals of a Warlord: Ch'en Chiung-ming, 1878-1933 / Winston Hsieh // Papers on China. 16:. 1962
一个军阀的思想和理想：陈炯明（1878—1933）/ 谢文孙 // 中国论文集.1962.16：

2013　General Ch'en Chiung-ming / The China Weekly Review // Who's Who in China. 1925, p. 112;1936, p. 26
陈炯明（字竞存）/ 密勒氏评论报 // 中国名人录.1925年，第112页;1936年，第26页

陈济棠

2014　Gen. Chen Chi-tang / The China Weekly Review // Who's Who in China. 1933, p. 9;1936, p. 24
陈济棠（字伯南）/ 密勒氏评论报 // 中国名人录.1933年，第9页;1936年，第24页

2015　Ch'en Chi-tang(Po-nan) / H. G. W. Woodhead, H. T. M. Bell // The China Year Book. 1939(27), p. 163(p. 187)
陈济棠（字伯南）/ H. G. W. 伍德海、H. T. M. 贝尔 // 中华年鉴.1939年第27册，第163页（第187页）

陈觉生

2016　Chen Chueh-sheng / The China Weekly Review // Who's Who in China. 1936, p. 298
陈觉生 / 密勒氏评论报 // 中国名人录.1936年，第298页

陈顾远

2017　Ch'en Ku-yung(Ch'in-kao) / H. G. W. Woodhead, H. T. M. Bell // The China Year Book. 1939(27), p. 165(p. 189)
陈顾远（字晴皋）/ H. G. W. 伍德海、H. T. M. 贝尔 // 中华年鉴.1939年第27册，第165页（第189页）

陈振先

2018　Chen Chin-sien（Chen Cheng-hsien）/ The China Weekly Review // Who's Who in China. 1933, p. 8;1936, p. 23
陈振先（字铎士）/ 密勒氏评论报 // 中国名人录.1933年，第8页;1936年，第23页

陈隽人

2019　Mr. Chunjen Constant Chen (Ch'en Chun-jen) / The China Weekly Review // Who's Who in China. 1925, p. 115;1936, p. 26
陈隽人 / 密勒氏评论报 // 中国名人录.1925年，第115页;1936年，第26页

陈家栋

2020　Chen Chia-tung / The China Weekly Review // Who's Who in China. 1936, p. 25
陈家栋 / 密勒氏评论报 // 中国名人录.1936年，第25页

陈调元

2021　Chen Tiao-yuan / The China Weekly Review // Who's Who in China. 1936, p. 34
陈调元（字雪喧）/ 密勒氏评论报 // 中国名人录.1936年，第34页

2022　Ch'en T'iao-yuan (Hsueh-hsuan) / H. G. W. Woodhead, H. T. M. Bell // The China Year Book. 1939(27), p. 166(p. 190)
陈调元（字雪喧）/ H. G. W. 伍德海、H. T. M. 贝尔 // 中华年鉴.1939年第27册，第166页（第190页）

陈继承

2023　Gen. Chen Chi-cheng / The China Weekly Review // Who's Who in China. 1940, p. 8

陈继承 / 密勒氏评论报 // 中国名人录. 1940 年, 第 8 页

陈铭枢

2024　Chen Ming-shu / The China Weekly Review // Who's Who in China. 1936, p. 30

陈铭枢(字真如) / 密勒氏评论报 // 中国名人录. 1936 年, 第 30 页

2025　Ch'en Ming-shu(Chen-ju) / H. G. W. Woodhead, H. T. M. Bell // The China Year Book. 1939(27), p. 165(p. 189)

陈铭枢(字真如) / H. G. W. 伍德海、H. T. M. 贝尔 // 中华年鉴. 1939 年第 27 册, 第 165 页(第 189 页)

陈铭阁

2026　Chen Ming-ke / The China Weekly Review // Who's Who in China. 1936, p. 298

陈铭阁 / 密勒氏评论报 // 中国名人录. 1936 年, 第 298 页

陈焕章

2027　Dr. Ch'en Huan-chang / The China Weekly Review // Who's Who in China. 1925, p. 117; 1936, p. 28

陈焕章(字重远) / 密勒氏评论报 // 中国名人录. 1925 年, 第 117 页; 1936 年, 第 28 页

陈清文

2028　Chen Ching-wen / The China Weekly Review // Who's Who in China. 1940, p. 9

陈清文 / 密勒氏评论报 // 中国名人录. 1940 年, 第 9 页

陈鸿璧

2029　Miss Grace Chun (Chen Huang-pi) / The China Weekly Review // Who's Who in China. 1936, p. 28

陈鸿璧 / 密勒氏评论报 // 中国名人录. 1936 年, 第 28 页

陈维城

2030　Ch'en Wei-ch'eng(Chih-san) / H. G. W. Woodhead, H. T. M. Bell // The China Year Book. 1939(27), p. 166(p. 190)

陈维城(字秩三) / H. G. W. 伍德海、H. T. M. 贝尔 // 中华年鉴. 1939 年第 27 册, 第 166 页(第 190 页)

陈维屏

2031　Dr. Wei Ping Chen (Ch'en Wei-Ping) / The China Weekly Review // Who's Who in China. 1925, p. 143; 1936, p. 35

陈维屏(字硕卿) / 密勒氏评论报 // 中国名人录. 1925 年, 第 143 页; 1936 年, 第 35 页

陈筑山

2032　Chen Chu-shan / The China Weekly Review // Who's Who in China. 1940, p. 9

陈筑山 / 密勒氏评论报 // 中国名人录. 1940 年, 第 9 页

陈道源

2033　Chen Tao-yuan / The China Weekly Review // Who's Who in China. 1936, p. 34

陈道源(字贯一) / 密勒氏评论报 // 中国名人录. 1936 年, 第 34 页

陈湘涛

2034　C. Chen (Chen Hsiang-tao) / The China Weekly Review // Who's Who in China. 1940, p. 9

陈湘涛 / 密勒氏评论报 // 中国名人录. 1940 年, 第 9 页

陈裕光

2035　Chen Yu-gwan (Chen Yu-kuang) / The China Weekly Review // Who's Who in China. 1936, p. 37

陈裕光 / 密勒氏评论报 // 中国名人录. 1936 年, 第 37 页

2036　Ch'en Yu-kuang / H. G. W. Woodhead, H. T. M. Bell // The China Year Book. 1939(27), p. 166(p. 190)

陈裕光 / H. G. W. 伍德海、H. T. M. 贝尔 // 中华年鉴. 1939 年第 27 册, 第 166 页(第 190 页)

陈照春

2037　General Chen Tsao-chung (Ch'en Chao-ch'un) / The China Weekly Review // Who's Who in China. 1925,

p. 100;1936,p. 23

陈照春(字景初) / 密勒氏评论报 // 中国名人录. 1925 年,第 100 页;1936 年,第 23 页

陈锡恩

2038 Theodore His-en Chen (Chen Hsi-en) / The China Weekly Review // Who's Who in China. 1933,p. 11;1936,p. 27

陈锡恩 / 密勒氏评论报 // 中国名人录. 1933 年,第 11 页;1936 年,第 27 页

陈锦涛

2039 Dr. Ch'en Chin-t'ao / The China Weekly Review // Who's Who in China. 1925,p. 110;1936,p. 25;1940,p. 69

陈锦涛(字澜生) / 密勒氏评论报 // 中国名人录. 1925 年,第 110 页;1936 年,第 25 页;1940 年,第 69 页

2040 Ch'en Chin-t'ao(Lan-sheng) / H. G. W. Woodhead, H. T. M. Bell // The China Year Book. 1939(27),p. 164(p. 188)

陈锦涛(字澜生) / H. G. W. 伍德海、H. T. M. 贝尔 // 中华年鉴. 1939 年第 27 册,第 164 页(第 188 页)

陈廉仲

2041 Mr. Chan Lim Chung (Chen Lien-chung) / The China Weekly Review // Who's Who in China. 1925,p. 121;1936,p. 30

陈廉仲 / 密勒氏评论报 // 中国名人录. 1925 年,第 121 页;1936 年,第 30 页

陈廉伯

2042 Mr. Chan Lim Pak (Ch'en Lien-Pai) / The China Weekly Review // Who's Who in China. 1925,p. 123;1936,p. 30

陈廉伯 / 密勒氏评论报 // 中国名人录. 1925 年,第 123 页;1936 年,第 30 页

陈肇英

2043 Ch'en Chao-ying(Hsiung-fu) / H. G. W. Woodhead, H. T. M. Bell // The China Year Book. 1939(27),p. 163(p. 187)

陈肇英(字雄夫) / H. G. W. 伍德海、H. T. M. 贝尔 // 中华年鉴. 1939 年第 27 册,第 163 页(第 187 页)

陈霆锐

2044 Dr. Chen Ding-sai (Ch'en T'ing-jui) / The China Weekly Review // Who's Who in China. 1925,p. 139;1936,p. 35

陈霆锐 / 密勒氏评论报 // 中国名人录. 1925 年,第 139 页;1936 年,第 35 页

陈衡哲

2045 Sophia H. Chen (Mrs. Jen Hun-chiun) / The China Weekly Review // Who's Who in China. 1936,p. 118

(任)陈衡哲(任鸿隽夫人) / 密勒氏评论报 // 中国名人录. 1936 年,第 118 页

2046 Ch'en Heng-cheh,Miss / H. G. W. Woodhead, H. T. M. Bell // The China Year Book. 1939(27),p. 164(p. 188)

陈衡哲女士 / H. G. W. 伍德海、H. T. M. 贝尔 // 中华年鉴. 1939 年第 27 册,第 164 页(第 188 页)

陈鹤琴

2047 Ch'en Huo-ch'in / H. G. W. Woodhead, H. T. M. Bell // The China Year Book. 1939(27),p. 164(p. 188)

陈鹤琴 / H. G. W. 伍德海、H. T. M. 贝尔 // 中华年鉴. 1939 年第 27 册,第 164 页(第 188 页)

陈德征

2048 Chen The-cheng / The China Weekly Review // Who's Who in China. 1936,p. 35

陈德征(字诗秋) / 密勒氏评论报 // 中国名人录. 1936 年,第 35 页

陈懋解

2049　Mr. M. K. Chen（Ch'en Mou-chieh）/ The China Weekly Review // Who's Who in China. 1925, p. 127; 1936, p. 31

陈懋解（字夙之）/ 密勒氏评论报 // 中国名人录.1925年,第127页;1936年,第31页

陈璧君

2050　Chen Pi-chun / The China Weekly Review // Who's Who in China. 1936, p. 32

陈璧君 / 密勒氏评论报 // 中国名人录.1936年,第32页

2051　Ch'en Pi-chun, Miss / H. G. W. Woodhead, H. T. M. Bell // The China Year Book. 1939(27), p. 165(p. 189)

陈璧君女士 / H. G. W. 伍德海、H. T. M. 贝尔 // 中华年鉴.1939年第27册,第165页(第189页)

陈耀垣

2052　Ch'en Yao-yuan / H. G. W. Woodhead, H. T. M. Bell // The China Year Book. 1939(27), p. 166(p. 190)

陈耀垣 / H. G. W. 伍德海、H. T. M. 贝尔 // 中华年鉴.1939年第27册,第166页(第190页)

邵力子

2053　Shao Li-tsi / The China Weekly Review // Who's Who in China. 1936, p. 200

邵力子 / 密勒氏评论报 // 中国名人录.1936年,第200页

2054　Shao Li-tzu(Chung-hui) / H. G. W. Woodhead, H. T. M. Bell // The China Year Book. 1939(27), p. 195(p. 219)

邵力子(字仲辉) / H. G. W. 伍德海、H. T. M. 贝尔 // 中华年鉴.1939年第27册,第195页(第219页)

邵元冲

2055　Shao Yuan-chung / The China Weekly Review // Who's Who in China. 1936, p. 201

邵元冲(字翼如) / 密勒氏评论报 // 中国名人录.1936年,第201页

邵鸿基

2056　Shao Hung-chi / The China Weekly Review // Who's Who in China. 1936, p. 200

邵鸿基(字承彦) / 密勒氏评论报 // 中国名人录.1936年,第200页

邵瑞彭

2057　S. P. Shou (Shao Shui-peng) / The China Weekly Review // Who's Who in China. 1936, p. 201

邵瑞彭(字次公) / 密勒氏评论报 // 中国名人录.1936年,第201页

邵飘萍

2058　Mr. Shao Chen-ching / The China Weekly Review // Who's Who in China. 1925, p. 648

邵振青(字飘萍) / 密勒氏评论报 // 中国名人录.1925年,第648页

邰爽秋

2059　Dr. Tai Shwang-chou (Tai Shuang-chiu) / The China Weekly Review // Who's Who in China. 1936, p. 219

邰爽秋 / 密勒氏评论报 // 中国名人录.1936年,第219页

八　画

〔一〕

苗培成

2060　Miao Pei-cheng / The China Weekly Review // Who's Who in China. 1936, p. 294
　　　苗培成（字郚宝）/ 密勒氏评论报 // 中国名人录. 1936 年, 第 294 页

2061　Miao P'ei-ch'eng（Kao-pao）/ H. G. W. Woodhead, H. T. M. Bell // The China Year Book. 1939(27), p. 193(p. 217)
　　　苗培成（字郚宝）/ H. G. W. 伍德海、H. T. M. 贝尔 // 中华年鉴. 1939 年第 27 册, 第 193 页（第 217 页）

范文照

2062　Robert Fan（Fan Wen-chao）/ The China Weekly Review // Who's Who in China. 1936, p. 71
　　　范文照 / 密勒氏评论报 // 中国名人录. 1936 年, 第 71 页

2063　Fan Wen-chao / H. G. W. Woodhead, H. T. M. Bell // The China Year Book. 1939(27), p. 174(p. 198)
　　　范文照 / H. G. W. 伍德海、H. T. M. 贝尔 // 中华年鉴. 1939 年第 27 册, 第 174 页（第 198 页）

范予遂

2064　Fan Yu-sui / H. G. W. Woodhead, H. T. M. Bell // The China Year Book. 1939(27), p. 174(p. 198)
　　　范予遂 / H. G. W. 伍德海、H. T. M. 贝尔 // 中华年鉴. 1939 年第 27 册, 第 174 页（第 198 页）

范汉生

2065　Fang Han-sun（Fan Han-sheng）/ The China Weekly Review // Who's Who in China. 1940, p. 72
　　　范汉生 / 密勒氏评论报 // 中国名人录. 1940 年, 第 72 页

范源濂

2066　Mr. Fan Yuan-lien / The China Weekly Review // Who's Who in China. 1925, p. 251
　　　范源濂（字静生）/ 密勒氏评论报 // 中国名人录. 1925 年, 第 251 页

茅　盾

2067　Mao Tun and Modern Chinese Literary Criticism / Marián Gálik // Wiesbaden: Franz Steiner. 1969
　　　茅盾与中国现代文学批评 / 玛丽安·加利克 // 威斯巴顿：弗兰兹·斯坦纳. 1969 年

2068　Realism and Allegory in the Early Fiction of Mao Tun / Chen Yu-shih // Bloomington: Indiana University Press. 1986
　　　茅盾早期小说中的现实主义寓言 / 陈幼石 // 布卢明顿：印第安纳大学出版社. 1986 年

2069　Fictional Realism in Twentieth-century China: Mao Dun, Lao She, Shen Congwen / David Der-wei Wang // New York: Columbia University Press. 1992
　　　20 世纪中国的虚构写实：茅盾、老舍和沈从文 / 王德威 // 纽约：哥伦比亚大学出版社. 1992 年

2070　The Development of Mao Dun's Ideas of Literature（M. A. thesis）/ Joan Jacobs Feldman // Columbia University. 1950
　　　茅盾文学思想的发展（硕士论文）/ 琼·雅各布斯·费尔德曼 // 哥伦比亚大学. 1950

2071　Mao Tun: The Critic（Part I-II）/ Shi Youzhong // The China Quarterly. 19. 1964; 20. 1964
　　　评论家茅盾（1—2）/ 施友忠 // 中国季刊. 1964. 19-20

2072　Mao Tun and Modern Chinese Literary Criticism / Roxane Witke // The China Quarterly. 44. 1970
　　　茅盾和近代中国文学批评 / 罗克珊·维特克 // 中国季刊. 1970. 44

2073　An Interview with Mao Tun / Suzanne Bernard // Chinese Literature. 2. 1979
　　　采访茅盾 / 苏珊娜·伯纳德 // 中国文学. 1979. 2

2074 Mao Dun, Master Craftsman of Modern Chinese Literature: A Survey of the Great Writer's Life and Influence / Fan Jun // Chinese Literature. 12. 1986
茅盾,中国近代文学巨匠:伟大作家的生活与影响概述 / 范 军(音) // 中国文学. 1986. 12

2075 Mao Tun and Naturalism: A Case of "Misreading" in Modern Chinese Literary Criticism / David Der-Wei Wang // Monumenta Serica: Journal of Oriental Studies. 37:. 1986
茅盾与自然主义:中国现代文学批评中的"误读" / 王德威 // 华裔学志:东方研究杂志. 1986. 37:1

2076 The Problematics of Modern Chinese Realism: Mao Dun and His Contemporaries(1919-1937)(May-Fourth)(Ph. D. Thesis) / Chingkiu Stephen Chan // University of California, San Diego. 1986
近代中国现实主义的问题:茅盾和他的同辈(1919—1937)(五四时期)(博士论文) / 陈清侨 // 加利福尼亚大学,圣地亚哥分校. 1986

2077 Mao Tun and the Literature of Small Nations and Oppressed Peoples(M. A. Thesis) / Hilary Chung // Durham University. 1987
茅盾与小国及受压迫人民的文学(硕士论文) / 希拉里·钟 // 杜伦大学. 1987

2078 Mao Tun the Translator / Susan Wilf Chen // Harvard Journal of Asiatic Studies. 48:1. 1988
翻译家茅盾 / 苏珊·维尔福·陈 // 哈佛亚洲研究. 1988. 48:1

2079 Hermeneutics and the Implied May Fourth Reader: A Study of Hu Shih, Lu Xun and Mao Dun(Ph. D. Thesis) / Chen Mao // State University of New York, Stony Brook. 1992
诠释学与隐含的五四读者:胡适、鲁迅和茅盾研究(博士论文) / 陈 茂(音) // 纽约州立大学,石溪分校. 1992

2080 A Theoretical Approach to Naturalism and the Modern Chinese Novel: Mao Tun as Critic and Novelist / Gloria Shen // Tamkang Review. 25:2. 1994
自然主义和中国近代小说的理论路径:作为批评家和小说家的茅盾 / 沈弘光 // 淡江评论. 1994. 25:2

2081 Mao Dun: A Great Man of Modern Chinese Literature / Song Baozhen // Chinese Literature. 1. 1996
茅盾:近代中国文学的杰出人物 / 宋宝珍 // 中国文学. 1996. 1

2082 Shen Yien-ping / The China Weekly Review // Who's Who in China. 1936, p. 295
沈雁冰(笔名茅盾) / 密勒氏评论报 // 中国名人录. 1936 年,第 295 页

2083 Shen Yien-ping(Mao-t'un) / H. G. W. Woodhead, H. T. M. Bell // The China Year Book. 1939(27), p. 196(p. 220)
沈雁冰(笔名茅盾) / H. G. W. 伍德海、H. T. M. 贝尔 // 中华年鉴. 1939 年第 27 册,第 196 页(第 220 页)

茅以升

2084 Dr. Thomson Eason Mao(Mao I-eheng) / The China Weekly Review // Who's Who in China. 1925, p. 598;1936, p. 187
茅以升(字唐臣) / 密勒氏评论报 // 中国名人录. 1925 年,第 598 页;1936 年,第 187 页

2085 Mao I-sheng(T'ang-ch'en) / H. G. W. Woodhead, H. T. M. Bell // The China Year Book. 1939(27), p. 193(p. 217)
茅以升(字唐臣) / H. G. W. 伍德海、H. T. M. 贝尔 // 中华年鉴. 1939 年第 27 册,第 193 页(第 217 页)

茅祖权

2086 Mao Tsu-chuan / The China Weekly Review // Who's Who in China. 1936, p. 294
茅祖权(字咏薰) / 密勒氏评论报 // 中国名人录. 1936 年,第 294 页

2087 Mao Tsu-Ch'uan(Yung-hsün) / H. G. W. Woodhead, H. T. M. Bell // The China Year Book. 1939(27), p. 193(p. 217)
茅祖权(字咏薰) / H. G. W. 伍德海、H. T. M. 贝尔 // 中华年鉴. 1939 年第 27 册,第 193 页(第

217页）

林 劲

2088　Col. Lin Chin / The China Weekly Review // Who's Who in China. 1933, p. 71; 1936, p. 156
　　　林劲（字健民）/ 密勒氏评论报 // 中国名人录.1933年,第71页;1936年,第156页

林 实

2089　Lin Shih / The China Weekly Review // Who's Who in China. 1936, p. 158
　　　林　实 / 密勒氏评论报 // 中国名人录.1936年,第158页

林 彪

2090　The Current and the Past of Lin Piao / Liu Yuen-sun // Santa Monica: Rand Corporation. 1967
　　　林彪的过去与现在 / 刘原深 // 圣莫妮卡:兰德公司.1967年

2091　A Politico-military Biography of Lin Piao (Part I, 1907-1949) / Thomas W. Robinson // Santa Monica: Rand Corpration. 1971
　　　林彪政治军事传记（上册,1907—1949）/ 托马斯·W.罗宾逊 // 圣莫妮卡:兰德公司.1971年

2092　Lin Piao as an Elite Type / Thomas W. Robinson // Santa Monica: Rand Corpration. 1971
　　　作为精英典型的林彪 / 托马斯·W.罗宾逊 // 圣莫妮卡:兰德公司.1971年

2093　Mao Tse-tung and Lin Piao: Post-revolutionary Writings / Fan Kuang-huan // New York: Anchor Books. 1972
　　　毛泽东与林彪:后革命时期作品 / 范广焕（音）// 纽约:安佳书局.1972年

2094　Lin Piao: A Chinese Military Politician / Thomas Webster Robinson // New York: Praeger. 1972
　　　中国军事政治家林彪 / 托马斯·韦伯斯特·罗宾逊 // 纽约:普雷格出版社.1972年

2095　The Lin Piao Affair / An Tai Sung // Philadelphia: Foreign Policy Research Institute in association with Lexington Books, Lexington, Mass. 1974
　　　林彪事件 / 安在颂（音）// 费城:麻塞诸塞州列克星敦书局外交政策研究院.1974年

2096　The Lin Piao Affair: Power Politics and Military Coup / Michael Y. M. Kau // New York: International Arts and Sciences Press. 1975
　　　林彪事件:强权政治与军事政变 / 迈克尔·Y.M.高 // 纽约:国际艺术与科学出版社.1975年

2097　The Tragedy of Lin Biao: Riding the Tiger during the Cultural Revolution, 1966-1971 / Frederick C. Teiwes, Warren Sun // London: Hurst. 1996
　　　林彪的悲剧:"文革"期间为虎作伥,1966—1971 / 弗雷德里克·C.泰伟斯、孙万国 // 伦敦:赫斯特.1996年

2098　The Culture of Power: The Lin Biao Incident in the Cultural Revolution / Qiu Jin // Stanford: Stanford University Press. 1999
　　　权力文化:"文革"中的林彪事件 / 邱　瑾（音）// 斯坦福:斯坦福大学出版社.1999年

2099　Lin Piao: Mao's Man / Lee Mong-ping // Communist Affairs. 4:6. 1966
　　　毛泽东爱将林彪 / 李孟平（音）// 共产主义事务.1966.4:6

2100　The Increasing Power of Lin Piao and the Party-Soldiers 1959 – 1966 / Ralph L. Powell // The China Quarterly. 34. 1968
　　　林彪及其党羽势力日益强大,1959—1966 / 拉尔夫·L.鲍威尔 // 中国季刊.1968.34

2101　Lin Piao's Foreign Policy / G. P. Deshpande // Economic and Political Weekly. 4:23. 1969
　　　林彪的外交政策 / G.P.德什潘德 // 经济与政治周刊.1969.4:23

2102　Lin Piao: Portrait of a Militant / Robert Rigg // Army. 19:5. 1969
　　　林彪:一名斗士的写照 / 罗伯特·里格 // 军事.1969.19:5

2103　From the Jaws of Defeat: Lin Piao and the 4th Field Army in Manchuria (Ph. D. Thesis) / Carroll Robbins Wetzel // George Washington University. 1972
　　　虎口余生:林彪与东北第四野战军（博士论文）/ 卡罗尔·罗宾斯·韦策尔 // 乔治·华盛顿大

学. 1972

2104 Criticizing Lin Piao: Theory of Productive Forces — Its Counter-Revolutionary Essence / Cheng Li // Peking Review. 16:48. 1973
对林彪的批判:生产力原理——其反革命本质 / 程 力 // 北京评论报. 1973. 16:48

2105 The Fall of Lin Piao / Philip Bridgham // The China Quarterly. 55. 1973
林彪的倒台 / 伯雷汉 // 中国季刊. 1973. 55

2106 Who Killed Lin Piao? / Charles Murphy // National Review. 25:23. 1973
谁杀死了林彪? / 查尔斯·莫菲 // 国家评论. 1973. 25:23

2107 The Bankruptcy of Lin Piao's Counter-Revolutionary Tactics / Fan Yu // Peking Review. 17:42. 1974
林彪反革命计划的破产 / 范 宇(音) // 北京评论报. 1974. 17:42

2108 The Errors of Lin Piao / William Shawcross // New Statesman. 87:2246. 1974
林彪所犯的错误 / 威廉·肖克罗斯 // 新政治家. 1974. 87:2246

2109 Civil-military Relations in China: Lin Piao and the PLA, 1959-1966 (Ph. D. Thesis) / Tao Longsheng // Cornell University. 1976
中国军民关系:林彪与中国人民解放军,1959—1966(博士论文) / 陶龙生 // 康奈尔大学. 1976

2110 The Dilemma of Leadership: The Role of the Leading Comrades in the Criticize Lin Piao-Confucius Campaign, People's Republic of China 1974 (A. B. Thesis) / Hoffmann W. John // Harvard University. 1977
领导困境:领导层在中国1974年批林批孔运动中的角色(学士论文) / 霍夫曼·W. 约翰 // 哈佛大学. 1977

2111 Mao, Lin Biao and the Fifth Encirclement Campaign / Hu Chi-hsi // The China Quarterly. 82. 1980
毛泽东、林彪与第五次围剿 / 胡志希(音) // 中国季刊. 1980. 82

2112 Lin Piao as Will and Representation / Guy Lardreau // Chicago Review. 32:3. 1981
林彪的意志和表象 / 盖·拉德洛 // 芝加哥评论报. 1981. 32:3

2113 The Last Days of Lin Biao / Victor Vlasov // Far Eastern Affairs. 6. 1990
林彪最后的日子 / 维克特·维拉索 // 远东事务. 1990. 6

2114 Lin Piao / H. G. W. Woodhead, H. T. M. Bell // The China Year Book. 1939(27), p. 188(p. 212)
林 彪 / H. G. W. 伍德海、H. T. M. 贝尔 // 中华年鉴. 1939年第27册, 第188页(第212页)

2115 Gen. Lin Piao / The China Weekly Review // Who's Who in China. 1940, p. 31
林 彪 / 密勒氏评论报 // 中国名人录. 1940年, 第31页

2116 Technicians, Generals (continued) / Robert S. Elegant // China's Red Masters: Political Biographies of the Chinese Communist Leaders. p. 95
专家、将军(续) / 罗伯特·S·爱丽格特 // 中国的红色大师:中国共产党领导人政治传记. 第95页

林 森

2117 Lin Sen / China Journal Editorial Dept. // The China Journal. 33:5. 1940
林 森 / 本刊编辑部 // 中国杂志. 1940. 33:5

2118 Lin-Shen (Lin Sen) / The China Weekly Review // Who's Who in China. 1936, p. 158; 1940, p. 61
林森(字子超) / 密勒氏评论报 // 中国名人录. 1936年, 第158页; 1940年, 第61页

2119 Lin Sen(Tzu-ch'ao) / H. G. W. Woodhead, H. T. M. Bell // The China Year Book. 1939(27), p. 188 (p. 212)
林森(字子超) / H. G. W. 伍德海、H. T. M. 贝尔 // 中华年鉴. 1939年第27册, 第188页(第212页)

林 翔

2120 Lin Hsiang / The China Weekly Review // Who's Who in China. 1936, p. 157

林　翔 / 密勒氏评论报 // 中国名人录. 1936 年, 第 157 页

林　叠

2121　Dr. Kalfred Dip Lum (Lin Tieh) / The China Weekly Review // Who's Who in China. 1933, p. 72; 1936, p. 158
　　　林　叠 / 密勒氏评论报 // 中国名人录. 1933 年, 第 72 页; 1936 年, 第 158 页

林　襄

2122　Lin Hsiang / The China Weekly Review // Who's Who in China. 1936, p. 157
　　　林　襄 / 密勒氏评论报 // 中国名人录. 1936 年, 第 157 页

林云陔

2123　Lin Yun-kai / The China Weekly Review // Who's Who in China. 1936, p. 293
　　　林云陔 / 密勒氏评论报 // 中国名人录. 1936 年, 第 293 页

2124　Lin Yun-K'ai / H. G. W. Woodhead, H. T. M. Bell // The China Year Book. 1939(27), p. 189(p. 213)
　　　林云陔 / H. G. W. 伍德海、H. T. M. 贝尔 / 中华年鉴. 1939 年第 27 册, 第 189 页(第 213 页)

林友松

2125　Lin Yu-sung / The China Weekly Review // Who's Who in China. 1936, p. 300
　　　林友松 / 密勒氏评论报 // 中国名人录. 1936 年, 第 300 页

林长民

2126　Mr. Lin Chang-ming / The China Weekly Review // Who's Who in China. 1925, p. 508
　　　林长民(字宗孟) / 密勒氏评论报 // 中国名人录. 1925 年, 第 508 页

林风眠

2127　Lin Feng mien / The China Weekly Review // Who's Who in China. 1936, p. 293
　　　林风眠 / 密勒氏评论报 // 中国名人录. 1936 年, 第 293 页

2128　Lin Feng-mien / H. G. W. Woodhead, H. T. M. Bell // The China Year Book. 1939(27), p. 188(p. 212)
　　　林风眠 / H. G. W. 伍德海、H. T. M. 贝尔 / 中华年鉴. 1939 年第 27 册, 第 188 页(第 212 页)

林文庆

2129　Lim Boon-keng (Lin Wen-ching) / The China Weekly Review // Who's Who in China. 1936, p. 159
　　　林文庆 / 密勒氏评论报 // 中国名人录. 1936 年, 第 159 页

林允方

2130　Mr. V. Fong Lam (Lin Yun-fang) / The China Weekly Review // Who's Who in China. 1925, p. 513; 1936, p. 160
　　　林允方 / 密勒氏评论报 // 中国名人录. 1925 年, 第 513 页; 1936 年, 第 160 页

林玉经

2131　Lim Glok-keng (Lin Yu-chin) / The China Weekly Review // Who's Who in China. 1936, p. 160
　　　林玉经 / 密勒氏评论报 // 中国名人录. 1936 年, 第 160 页

林可胜

2132　Robert Kho-seng Lim (Lin Ke-sheng) / The China Weekly Review // Who's Who in China. 1936, p. 157
　　　林可胜 / 密勒氏评论报 // 中国名人录. 1936 年, 第 157 页

林东海

2133　Jefferson D. H. Lamb (Lin Tung-hai) / The China Weekly Review // Who's Who in China. 1933, p. 73; 1936, p. 159
　　　林东海(字椿贤) / 密勒氏评论报 // 中国名人录. 1933 年, 第 73 页; 1936 年, 第 159 页

林成秀

2134　Lin Cheng-shiu / The China Weekly Review // Who's Who in China. 1936, p. 156
　　　林成秀(字泹庐) / 密勒氏评论报 // 中国名人录. 1936 年, 第 156 页

林同济

2135　T. C. Lin (Lin Tung-chi) / The China Weekly Review // Who's Who in China. 1940, p. 32

林同济 / 密勒氏评论报 // 中国名人录. 1940 年, 第 32 页

林芳伯
2136　Wilfred Ling (Ling Fang-po) / The China Weekly Review // Who's Who in China. 1936, p. 156
　　　林芳伯 / 密勒氏评论报 // 中国名人录. 1936 年, 第 156 页

林伯渠
2137　Lin Boqu, an Outstanding Chinese Revolutionary / M. Yuriev // Far Eastern Affairs. 2. 1983
　　　杰出的中国革命家林伯渠 / M. 尤里耶夫 // 远东事务. 1983. 2
2138　Lin Boqu-Eminent Chinese Party and Public Figure / Yu Galenovich // Far Eastern Affairs. 4. 1986
　　　杰出的党和公众人物林伯渠 / 尤·卡列诺维奇 // 远东事务. 1986. 4
2139　Three Old Men, Three Revolutions: Hsü T'e-li, Lin Tsu-han, Tung Pi-wu / Robert S. Elegant // China's Red Masters: Political Biographies of the Chinese Communist Leaders. p. 120
　　　三位老人, 三场革命: 徐特立、林祖涵、董必武 / 罗伯特·S. 爱丽格特 // 中国的红色大师: 中国共产党领导人政治传记. 第 120 页

林绍楠
2140　Lin Shao-nan / The China Weekly Review // Who's Who in China. 1933, p. 71; 1936, p. 158
　　　林绍楠(字颜树) / 密勒氏评论报 // 中国名人录. 1933 年, 第 71 页; 1936 年, 第 158 页

林柏生
2141　Lin Pai-sheng / The China Weekly Review // Who's Who in China. 1936, p. 293; 1940, p. 75
　　　林柏生(字石泉) / 密勒氏评论报 // 中国名人录. 1936 年, 第 293 页; 1940 年, 第 75 页

林美英
2142　Dr. Nillie Lam (Lin Mei-ying) / The China Weekly Review // Who's Who in China. 1940, p. 31
　　　林美英 / 密勒氏评论报 // 中国名人录. 1940 年, 第 31 页

林济青
2143　T. I. Linn (Lin Chi-ching) / The China Weekly Review // Who's Who in China. 1936, p. 293
　　　林济青 / 密勒氏评论报 // 中国名人录. 1936 年, 第 293 页
2144　Lin Chi-ch'ing / H. G. W. Woodhead, H. T. M. Bell // The China Year Book. 1939(27), p. 188(p. 212)
　　　林济青 / H. G. W. 伍德海、H. T. M. 贝尔 // 中华年鉴. 1939 年第 27 册, 第 188 页(第 212 页)

林语堂
2145　Lin Yu-tang, Dr. / Takaiwa, K. // The China Journal. 30:3. 1939
　　　林语堂 / 高岩 K. // 中国杂志. 1939. 30:3
2146　Lin Yutang, Critic and Interpreter. / Chan Wing-tsit // English Journal. 36:1. 1947
　　　林语堂: 批评家与翻译家 / 陈荣捷 // 英语杂志. 1947. 36:1
2147　Lin Yutang / Baldoon Dhingra // The Aryan Path. 25:2. 1954
　　　林语堂 / 鲍顿·丁格拉 // 雅利安路径. 1954. 25:2
2148　Lin Yutang / Arthur James Anderson // Bulletin of Bibliography and Magazine Notes. 30:2. 1973
　　　林语堂 / 阿瑟·詹姆斯·安德森 // 书目与杂志注释. 1973. 30:2
2149　The Life and Times of Lin Yutang (Ph. D. Thesis) / Diran John Sohigian // Columbia University. 1991
　　　林语堂的生平与时代(博士论文) / 迪兰·约翰·索西根 // 哥伦比亚大学. 1991
2150　Lin Yutang: Negotiating Modernity between East and West (Ph. D. Thesis) / Qian Jun // University of California, Berkeley. 1996
　　　林语堂: 协调东西方的现代性(博士论文) / 钱　俊(音) // 加利福尼亚大学, 伯克利分校. 1996
2151　Lin Yutang and the Genre of Cultural Utopia / A. Owen Aldridge // Asian Culture Quarterly. 26:2. 1998
　　　林语堂与文化乌托邦 / A. 欧文·奥尔德里奇 // 亚洲文化季刊. 1998. 26:2
2152　Irving Babbitt and Lin Yutang / A. Owen Aldridge // Modern Age. 41:4. 1999
　　　欧文·白璧德与林语堂 / A. 欧文·奥尔德里奇 // 摩登时代. 1999. 41:4

2153　Dr. Lin Yutang / The China Weekly Review // Who's Who in China. 1936,p. 160;1940,p. 61
　　　林语堂 / 密勒氏评论报 // 中国名人录. 1936 年,第 160 页;1940 年,第 61 页

2154　Lin Yu-T'ang / H. G. W. Woodhead, H. T. M. Bell // The China Year Book. 1939(27),p. 189(p. 213)
　　　林语堂 / H. G. W. 伍德海、H. T. M. 贝尔 // 中华年鉴. 1939 年第 27 册,第 189 页(第 213 页)

林振彬

2155　C. P. Ling (Ling Cheng-ping) / The China Weekly Review // Who's Who in China. 1936,p. 161
　　　林振彬(字吟秋) / 密勒氏评论报 // 中国名人录. 1936 年,第 161 页

林桐实

2156　Lynn Tong-sih (Lin Tung-shih) / The China Weekly Review // Who's Who in China. 1936,p. 159
　　　林桐实 / 密勒氏评论报 // 中国名人录. 1936 年,第 159 页

2157　Lin T'ung-shih(Tun-min) / H. G. W. Woodhead, H. T. M. Bell // The China Year Book. 1939(27),p. 189(p. 213)
　　　林桐实(字敦民) / H. G. W. 伍德海、H. T. M. 贝尔 // 中华年鉴. 1939 年第 27 册,第 189 页(第 213 页)

林逸民

2158　Y. M. Lin (Lin I-ming) / The China Weekly Review // Who's Who in China. 1936,p. 157
　　　林逸民 / 密勒氏评论报 // 中国名人录. 1936 年,第 157 页

林康侯

2159　Ling Kang-hou (Lin Kang-hou) / The China Weekly Review // Who's Who in China. 1936,p. 157
　　　林康侯 / 密勒氏评论报 // 中国名人录. 1936 年,第 157 页

2160　Lin K'ang-hou / H. G. W. Woodhead, H. T. M. Bell // The China Year Book. 1939(27),p. 188(p. 212)
　　　林康侯 / H. G. W. 伍德海、H. T. M. 贝尔 // 中华年鉴. 1939 年第 27 册,第 188 页(第 212 页)

林超南

2161　Lin Chao-nan / The China Weekly Review // Who's Who in China. 1936,p. 155
　　　林超南(字梅生) / 密勒氏评论报 // 中国名人录. 1936 年,第 155 页

林紫垣

2162　Lam Chi Hoon (Lin Tsi-yuan) / The China Weekly Review // Who's Who in China. 1936,p. 158
　　　林紫垣 / 密勒氏评论报 // 中国名人录. 1936 年,第 158 页

林景润

2163　Ching-jun Lin (Lin Ching-jen) / The China Weekly Review // Who's Who in China. 1936,p. 156
　　　林景润 / 密勒氏评论报 // 中国名人录. 1936 年,第 156 页

2164　Lin Ching-yun / H. G. W. Woodhead, H. T. M. Bell // The China Year Book. 1939(27),p. 188(p. 212)
　　　林景润 / H. G. W. 伍德海、H. T. M. 贝尔 // 中华年鉴. 1939 年第 27 册,第 188 页(第 212 页)

林椿贤

2165　Lin Ch'un-hsien(Tung-hai) / H. G. W. Woodhead, H. T. M. Bell // The China Year Book. 1939(27),p. 188(p. 212)
　　　林椿贤(字东海) / H. G. W. 伍德海、H. T. M. 贝尔 // 中华年鉴. 1939 年第 27 册,第 188 页(第 212 页)

林鹏侠

2166　Lin P'eng-hsia(Hsiao-ch'ung) / H. G. W. Woodhead, H. T. M. Bell // The China Year Book. 1939(27),p. 188(p. 212)
　　　林鹏侠(字霄冲) / H. G. W. 伍德海、H. T. M. 贝尔 // 中华年鉴. 1939 年第 27 册,第 188 页(第 212 页)

林福元

2167　Arthur F. Lym (Lin Fu-yuan) / The China Weekly Review // Who's Who in China. 1925,p. 511;1936,

p. 157

林福元 / 密勒氏评论报 // 中国名人录.1925 年,第 511 页;1936 年,第 157 页

林嘉东

2168　Liem Kha-tong (Lin Chia-tung) / The China Weekly Review // Who's Who in China. 1936,p. 156
　　　林嘉东 / 密勒氏评论报 // 中国名人录.1936 年,第 156 页

林镜虎

2169　Lim Keng-hor (Lin Ching-hu) / The China Weekly Review // Who's Who in China. 1940,p. 31
　　　林镜虎 / 密勒氏评论报 // 中国名人录.1940 年,第 31 页

林翼中

2170　Lin Yi-chung / The China Weekly Review // Who's Who in China. 1936,p. 160
　　　林翼中 / 密勒氏评论报 // 中国名人录.1936 年,第 160 页

2171　Lin Yi-chung / H. G. W. Woodhead, H. T. M. Bell // The China Year Book. 1939(27) ,p. 189(p. 213)
　　　林翼中 / H. G. W.伍德海、H. T. M.贝尔 // 中华年鉴.1939 年第 27 册,第 189 页(第 213 页)

杭立武

2172　Han Li-wu / The China Weekly Review // Who's Who in China. 1933,p. 37;1936,p. 78
　　　杭立武 / 密勒氏评论报 // 中国名人录.1933 年,第 37 页;1936 年,第 78 页

2173　Hang Li-wu / H. G. W. Woodhead, H. T. M. Bell // The China Year Book. 1939(27) ,p. 175(p. 199)
　　　杭立武 / H. G. W.伍德海、H. T. M.贝尔 // 中华年鉴.1939 年第 27 册,第 175 页(第 199 页)

柳亚子

2174　Liu Ya-tzu / H. G. W. Woodhead, H. T. M. Bell // The China Year Book. 1939(27) ,p. 190(p. 214)
　　　柳亚子 / H. G. W.伍德海、H. T. M.贝尔 // 中华年鉴.1939 年第 27 册,第 190 页(第 214 页)

郁达夫

2175　Yü Ta-fu: Specific Traits of Literary Creation / Anna Doleželová // New York: Paragon. 1971
　　　郁达夫:文学创作的特性 / 安娜·多列扎洛娃 // 纽约:佳作书局.1971 年

2176　The Enigma of Yü Ta-fu's Death / Gary Melyan // Monumenta Serica: Journal of Oriental Studies. 29:. 1970
　　　郁达夫遇害之谜 / 加里·梅尔扬 // 华裔学志:东方研究杂志.1970. 29:

2177　Yu Ta-fu (1896-1945): The Alienated Artist in Modern Chinese Literature (Ph. D. Thesis) / Randall Oliver Chang // The Claremont Graduate University. 1974
　　　郁达夫(1896—1945):近代中国文学史上与世疏离的艺术家(博士论文) / 兰德尔·奥利弗·张 // 克莱蒙特研究大学. 1974

2178　The Short Stories of Yü Ta-fu: Life through Art (Ph. D. Thesis) / Michael Egan // University of Toronto. 1979
　　　郁达夫的短篇小说:透过艺术看生活(博士论文) / 迈克尔·伊根 // 多伦多大学.1979

2179　Yü Dafu and the Transition to Modern Chinese Literature / Michael Egan // Modern Chinese Literature in the May Fourth Era. p. 309
　　　郁达夫及其向中国现代文学的转变 / 迈克尔·伊根 // 五四时代的中国现代文学.第 309 页

2180　Yue Daff (Yu Ta-fu) / The China Weekly Review // Who's Who in China. 1936,p. 297
　　　郁达夫(字文) / 密勒氏评论报 // 中国名人录.1936 年,第 297 页

2181　Yu Ta-fu(Wen) / H. G. W. Woodhead, H. T. M. Bell // The China Year Book. 1939(27) ,p. 212(p. 236)
　　　郁达夫(字文) / H. G. W. 伍德海、H. T. M. 贝尔 // 中华年鉴.1939 年第 27 册,第 212 页(第 236 页)

欧阳驹

2182　Auyang Kui (Oung Chu) / The China Weekly Review // Who's Who in China. 1936,p. 193
　　　欧阳驹 / 密勒氏评论报 // 中国名人录.1936 年,第 193 页

2183 OuYang chü / H. G. W. Woodhead, H. T. M. Bell // The China Year Book. 1939(27), p. 194(p. 218)
欧阳驹 / H. G. W. 伍德海、H. T. M. 贝尔 // 中华年鉴. 1939 年第 27 册,第 194 页(第 218 页)

〔 l 〕

卓康成
2184 H. S. Chuck (Cho Kang-cheng) / The China Weekly Review // Who's Who in China. 1936,p. 54
卓康成 / 密勒氏评论报 // 中国名人录. 1936 年,第 54 页

卓慈沛
2185 Cho Tzu-Pei / The China Weekly Review // Who's Who in China. 1933,p. 23;1936,p. 54
卓慈沛(字雨亭) / 密勒氏评论报 // 中国名人录. 1933 年,第 23 页;1936 年,第 54 页

易宗夔
2186 Mr. I Tsung-k'uei / The China Weekly Review // Who's Who in China. 1925,p. 396;1936,p. 117
易宗夔(字蔚儒) / 密勒氏评论报 // 中国名人录. 1925 年,第 396 页;1936 年,第 117 页

易培基
2187 I Pei-chi / The China Weekly Review // Who's Who in China. 1936,p. 117
易培基 / 密勒氏评论报 // 中国名人录. 1936 年,第 117 页

罗　昌
2188 Mr. Lo Chong (Lo Ch'ang) / The China Weekly Review // Who's Who in China. 1925, p. 556;1936, p. 173
罗昌(字文仲) / 密勒氏评论报 // 中国名人录. 1925 年,第 556 页;1936 年,第 173 页

罗　篁
2189 Huang Lo (Lo Huang) / The China Weekly Review // Who's Who in China. 1936,p. 175
罗　篁 / 密勒氏评论报 // 中国名人录. 1936 年,第 175 页

罗　霖
2190 Lo Lin / The China Weekly Review // Who's Who in China. 1933,p. 76;1936,p. 175
罗　霖 / 密勒氏评论报 // 中国名人录. 1933 年,第 76 页;1936 年,第 175 页

罗天爵
2191 Lo Tian-cheok (Lo Tien-chia) / The China Weekly Review // Who's Who in China. 1936,p. 176
罗天爵 / 密勒氏评论报 // 中国名人录. 1936 年,第 176 页

罗长肇
2192 Lo Cheung Shiu (Lo Chang-chao) / The China Weekly Review // Who's Who in China. 1936,p. 174
罗长肇 / 密勒氏评论报 // 中国名人录. 1936 年,第 174 页

罗文干
2193 Dr. Lo Wen-kan / The China Weekly Review // Who's Who in China. 1933,p. 77;1936,p. 177
罗文干(字钧任) / 密勒氏评论报 // 中国名人录. 1933 年,第 77 页;1936 年,第 177 页

2194 Lo Wen-kan(Chün-jen) / H. G. W. Woodhead, H. T. M. Bell // The China Year Book. 1939(27), p. 191 (p. 215)
罗文干(字钧任) / H. G. W. 伍德海、H. T. M. 贝尔 // 中华年鉴. 1939 年第 27 册,第 191 页(第 215 页)

罗文锦
2195 M. K. Lo (Lo Wen-ching) / The China Weekly Review // Who's Who in China. 1936,p. 176
罗文锦 / 密勒氏评论报 // 中国名人录. 1936 年,第 176 页

罗为垣
2196 We Wang Loo (Loo Wei-yuan) / The China Weekly Review // Who's Who in China. 1936,p. 176
罗为垣 / 密勒氏评论报 // 中国名人录. 1936 年,第 176 页

罗有节

2197　Yau Tsit Law（Lo Yu-chih）/ The China Weekly Review // Who's Who in China. 1936, p. 294
　　　罗有节 / 密勒氏评论报 // 中国名人录. 1936 年, 第 294 页

2198　Lo Yu-chieh / H. G. W. Woodhead, H. T. M. Bell // The China Year Book. 1939(27), p. 191(p. 215)
　　　罗有节 / H. G. W. 伍德海、H. T. M. 贝尔 // 中华年鉴. 1939 年第 27 册, 第 191 页(第 215 页)

罗运炎

2199　Dr. R. Y. Lo（Lo Yun-yen）/ The China Weekly Review // Who's Who in China. 1925, p. 558; 1936, p. 175
　　　罗运炎(字耀东) / 密勒氏评论报 // 中国名人录. 1925 年, 第 558 页; 1936 年, 第 175 页

2200　Lo Yun-yen(Yao-tung) / H. G. W. Woodhead, H. T. M. Bell // The China Year Book. 1939(27), p. 191(p. 215)
　　　罗运炎(字耀东) / H. G. W. 伍德海、H. T. M. 贝尔 // 中华年鉴. 1939 年第 27 册, 第 191 页(第 215 页)

罗听余

2201　Lo Ting Yu / The China Weekly Review // Who's Who in China. 1936, p. 176
　　　罗听余 / 密勒氏评论报 // 中国名人录. 1936 年, 第 176 页

罗忠诒

2202　Lo Tsung-yee（Lo Chung-yi）/ The China Weekly Review // Who's Who in China. 1933, p. 76; 1936, p. 174
　　　罗忠诒 / 密勒氏评论报 // 中国名人录. 1933 年, 第 76 页; 1936 年, 第 174 页

2203　Lo Chung-yi(Yi-yuan) / H. G. W. Woodhead, H. T. M. Bell // The China Year Book. 1939(27), p. 191(p. 215)
　　　罗忠诒(字仪元) / H. G. W. 伍德海、H. T. M. 贝尔 // 中华年鉴. 1939 年第 27 册, 第 191 页(第 215 页)

罗泮辉

2204　Dr. Pan H. Lo / The China Weekly Review // Who's Who in China. 1925, p. 971; 1936, p. 175
　　　罗泮辉(字芹三) / 密勒氏评论报 // 中国名人录. 1925 年, 第 971 页; 1936 年, 第 175 页

罗家伦

2205　Central University appointments / China Journal Editorial Dept. // The China Journal. 17:4. 1932
　　　罗家伦就任中央大学校长 / 本刊编辑部 // 中国杂志. 1932. 17:4

2206　Chia-Luen Lo（Lo Chia-luen）/ The China Weekly Review // Who's Who in China. 1936, p. 174
　　　罗家伦 / 密勒氏评论报 // 中国名人录. 1936 年, 第 174 页

2207　Lo Chia-lun / H. G. W. Woodhead, H. T. M. Bell // The China Year Book. 1939(27), p. 191(p. 215)
　　　罗家伦 / H. G. W. 伍德海、H. T. M. 贝尔 // 中华年鉴. 1939 年第 27 册, 第 191 页(第 215 页)

罗家衡

2208　Lo Chia-heng / The China Weekly Review // Who's Who in China. 1936, p. 174
　　　罗家衡(字象平) / 密勒氏评论报 // 中国名人录. 1936 年, 第 174 页

罗鸿年

2209　Lo Hung-nien / The China Weekly Review // Who's Who in China. 1936, p. 294
　　　罗鸿年(字雁峰) / 密勒氏评论报 // 中国名人录. 1936 年, 第 294 页

罗隆基

2210　Luo Longji and Chinese Liberalism, 1928-32 / Terry Narramore // Papers on Far Eastern History. 32:1985
　　　罗隆基和中国自由主义, 1928-32 / 特里·那拉莫尔 // 远东历史论文集. 1985:

2211　Luo Longji, Hu Shi and the Human Rights Issue in China (1929-1931) / Edmund S. K. Fung // 郭廷以先生九秩诞辰纪念论文集(下册). 第 353 页

罗隆基、胡适和中国人权问题(1929—1931) / 冯兆基 // 郭廷以先生九秩诞辰纪念论文集(下册). 第 353 页

罗敦伟

2212　Lo Den-way (Lo Ten-wei) / The China Weekly Review // Who's Who in China. 1936, p. 300
　　　罗敦伟 / 密勒氏评论报 // 中国名人录. 1936 年, 第 300 页

罗桑坚赞

2213　Lo-Sang-Chien-Tsan / The China Weekly Review // Who's Who in China. 1936, p. 294
　　　罗桑坚赞(字吉仲) / 密勒氏评论报 // 中国名人录. 1936 年, 第 294 页

〔J〕

季手文

2214　Chi Shou-wen / The China Weekly Review // Who's Who in China. 1936, p. 42
　　　季手文 / 密勒氏评论报 // 中国名人录. 1936 年, 第 42 页

竺可桢

2215　Mr. Co Ching Chu (Chu K'e-Chen) / The China Weekly Review // Who's Who in China. 1925, p. 223; 1936, p. 63
　　　竺可桢 / 密勒氏评论报 // 中国名人录. 1925 年, 第 223 页; 1936 年, 第 63 页

2216　Chu K'e-chen(Ou-fang) / H. G. W. Woodhead, H. T. M. Bell // The China Year Book. 1939(27), p. 172 (p. 196)
　　　竺可桢(字藕舫) / H. G. W. 伍德海、H. T. M. 贝尔 // 中华年鉴. 1939 年第 27 册, 第 172 页(第 196 页)

秉志

2217　Ping Chih(Nung-shan) / H. G. W. Woodhead, H. T. M. Bell // The China Year Book. 1939(27), p. 195 (p. 219)
　　　秉志(字农山) / H. G. W. 伍德海、H. T. M. 贝尔 // 中华年鉴. 1939 年第 27 册, 第 195 页(第 219 页)

2218　Chi Ping (Ping Chih) / The China Weekly Review // Who's Who in China. 1936, p. 199
　　　秉志(字农山) / 密勒氏评论报 // 中国名人录. 1936 年, 第 199 页

金 煜

2219　Chin Yao / The China Weekly Review // Who's Who in China. 1936, p. 53
　　　金　煜 / 密勒氏评论报 // 中国名人录. 1936 年, 第 53 页

金邦正

2220　Mr. P. C. King (Chin Pang-cheng) / The China Weekly Review // Who's Who in China. 1925, p. 192; 1936, p. 51
　　　金邦正(字仲藩) / 密勒氏评论报 // 中国名人录. 1925 年, 第 192 页; 1936 年, 第 51 页

金廷荪

2221　Chin Ting-sheng / The China Weekly Review // Who's Who in China. 1933, p. 22; 1936, p. 52
　　　金廷荪 / 密勒氏评论报 // 中国名人录. 1933 年, 第 22 页; 1936 年, 第 52 页

金仲文

2222　Dr. Kiusic Kimm (Chin Chun-wen) / The China Weekly Review // Who's Who in China. 1933, p. 21; 1936, p. 51
　　　金仲文(字晚潮) / 密勒氏评论报 // 中国名人录. 1933 年, 第 21 页; 1936 年, 第 51 页

金问泗

2223　Wunsz King (Chin Wen-shi) / The China Weekly Review // Who's Who in China. 1936, p. 53
　　　金问泗(字纯孺) / 密勒氏评论报 // 中国名人录. 1936 年, 第 53 页

2224 Chin Wen-ssu(Shun-ju) / H. G. W. Woodhead, H. T. M. Bell // The China Year Book. 1939(27), p. 170 (p. 194)

金问泗(字纯孺) / H. G. W. 伍德海、H. T. M. 贝尔 // 中华年鉴. 1939 年第 27 册, 第 170 页(第 194 页)

金廷荪

2225 Chin T'ing-sun / H. G. W. Woodhead, H. T. M. Bell // The China Year Book. 1939(27), p. 170(p. 194)

金廷荪 / H. G. W. 伍德海、H. T. M. 贝尔 // 中华年鉴. 1939 年第 27 册, 第 170 页(第 194 页)

金宝善

2226 P. Z. King (Chin Pao-shan) / The China Weekly Review // Who's Who in China. 1936, p. 52

金宝善 / 密勒氏评论报 // 中国名人录. 1936 年, 第 52 页

2227 Chin Pao-shan(Ch'u-chen) / H. G. W. Woodhead, H. T. M. Bell // The China Year Book. 1939(27), p. 170(p. 194)

金宝善(字楚珍) / H. G. W. 伍德海、H. T. M. 贝尔 // 中华年鉴. 1939 年第 27 册, 第 170 页(第 194 页)

金宗城

2228 Chin Tsung-ch'eng / H. G. W. Woodhead, H. T. M. Bell // The China Year Book. 1939(27), p. 170 (p. 194)

金宗城 / H. G. W. 伍德海、H. T. M. 贝尔 // 中华年鉴. 1939 年第 27 册, 第 170 页(第 194 页)

金绍城

2229 Mr. Kungpah King (Chin Shao-ch'eng) / The China Weekly Review // Who's Who in China. 1925, p. 194

金绍城(字巩伯) / 密勒氏评论报 // 中国名人录. 1925 年, 第 194 页

金绍基

2230 Mr. Sho-tsu G King (Chin Shao-chi) / The China Weekly Review // Who's Who in China. 1925, p. 196; 1936, p. 52

金绍基(字叔初) / 密勒氏评论报 // 中国名人录. 1925 年, 第 196 页; 1936 年, 第 52 页

金绍曾

2231 General Chin Shao-tseng / The China Weekly Review // Who's Who in China. 1925, p. 198; 1936, p. 52

金绍曾(字益庭) / 密勒氏评论报 // 中国名人录. 1925 年, 第 198 页; 1936 年, 第 52 页

金树人

2232 Chin Shu-jen / The China Weekly Review // Who's Who in China. 1933, p. 22; 1936, p. 52

金树人 / 密勒氏评论报 // 中国名人录. 1933 年, 第 22 页; 1936 年, 第 52 页

周 仁

2233 Chou Jen / The China Weekly Review // Who's Who in China. 1936, p. 57

周仁(字子竞) / 密勒氏评论报 // 中国名人录. 1936 年, 第 57 页

2234 Chou Jen(Tzu-ching) / H. G. W. Woodhead, H. T. M. Bell // The China Year Book. 1939(27), p. 171 (p. 195)

周仁(字子竞) / H. G. W. 伍德海、H. T. M. 贝尔 // 中华年鉴. 1939 年第 27 册, 第 171 页(第 195 页)

周 琁

2235 Diphew T. Chow (Chow Chin) / The China Weekly Review // Who's Who in China. 1936, p. 55

周琁(字迪斐) / 密勒氏评论报 // 中国名人录. 1936 年, 第 55 页

周大文

2236 Chou Ta-wen / The China Weekly Review // Who's Who in China. 1933, p. 27; 1936, p. 59

周大文 / 密勒氏评论报 // 中国名人录. 1933 年, 第 27 页; 1936 年, 第 59 页

周龙光

2237 Chou Lung-kuang / The China Weekly Review // Who's Who in China. 1933, p. 26; 1936, p. 58

周龙光(字工为) / 密勒氏评论报 // 中国名人录. 1933 年,第 26 页;1936 年,第 58 页

周由崖
2238 T. T. Eugene Tseu (Chou Yu-chin) / The China Weekly Review // Who's Who in China. 1936, p. 60
周由崖 / 密勒氏评论报 // 中国名人录. 1936 年,第 60 页

周永年
2239 Chou Yung-nien / The China Weekly Review // Who's Who in China. 1936, p. 61
周永年(字书昌) / 密勒氏评论报 // 中国名人录. 1936 年,第 61 页

周亚卫
2240 Chou Ya-wei / The China Weekly Review // Who's Who in China. 1936, p. 60
周亚卫 / 密勒氏评论报 // 中国名人录. 1936 年,第 60 页

周至柔
2241 Chow Chih-jou (Chou Chih-jou) / The China Weekly Review // Who's Who in China. 1936, p. 54;1940, p. 57
周至柔 / 密勒氏评论报 // 中国名人录. 1936 年,第 54 页;1940 年,第 57 页

2242 Chou Chih — jou / H. G. W. Woodhead, H. T. M. Bell // The China Year Book. 1939(27), p. 170 (p. 194)
周至柔 / H. G. W. 伍德海、H. T. M. 贝尔 // 中华年鉴. 1939 年第 27 册,第 170 页(第 194 页)

周先觉
2243 Chow Sien-kwok (Chou Hsien-cho) / The China Weekly Review // Who's Who in China. 1936, p. 56
周先觉 / 密勒氏评论报 // 中国名人录. 1936 年,第 56 页

周廷旭
2244 Teng-hiok Chiu (Chou Ting-hsu) / The China Weekly Review // Who's Who in China. 1936, p. 59
周廷旭 / 密勒氏评论报 // 中国名人录. 1936 年,第 59 页

周仲千
2245 Morgan Chou (Chou Chung-chien) / The China Weekly Review // Who's Who in China. 1936, p. 55
周仲千 / 密勒氏评论报 // 中国名人录. 1936 年,第 55 页

周仲良
2246 Chou Chung-liang / The China Weekly Review // Who's Who in China. 1936, p. 55
周仲良 / 密勒氏评论报 // 中国名人录. 1936 年,第 55 页

周守一
2247 S. Y. Jowe (Chou Shou-yi) / The China Weekly Review // Who's Who in China. 1936, p. 58
周守一 / 密勒氏评论报 // 中国名人录. 1936 年,第 58 页

周抡元
2248 Mr. L. Y. Chow (Chou Lun-yuan) / The China Weekly Review // Who's Who in China. 1925, p. 206; 1936, p. 58
周抡元(字少庆) / 密勒氏评论报 // 中国名人录. 1925 年,第 206 页;1936 年,第 58 页

周孝庵
2249 Chou Hsiao-an / The China Weekly Review // Who's Who in China. 1936, p. 56
周孝庵 / 密勒氏评论报 // 中国名人录. 1936 年,第 56 页

周秀文
2250 Chow Hsiu-wen (Chou Hsiu-wen) / The China Weekly Review // Who's Who in China. 1940, p. 15
周秀文 / 密勒氏评论报 // 中国名人录. 1940 年,第 15 页

周作人
2251 Chou Tso-jen and Cultivating One's Garden / D. Pollard // Asia Major. 11:2. 1965
周作人与园艺 / D. 波拉德 // 亚洲专刊. 1965. 11:2

2252 Chou Tso-jên, Modern China's Pioneer of the Essay (Ph. D. Thesis) / Ernst Wolff // University of Washington. 1966
周作人,近代中国散文先驱(博士论文) / 厄恩斯特·沃尔夫 // 华盛顿大学. 1966

2253 The Literary Values of Chou Tso-jên and Their Place in the Chinese Tradition (Ph. D. Thesis) / David E. Pollard // University of London. 1970
周作人的文学价值观及其在中国传统中的地位(博士论文) / 大卫·E. 波拉德 // 伦敦大学. 1970

2254 Chou Tso-jen: A Serene Radical in the New Culture Movement (Ph. D. Thesis) / William Chow // University of Wisconsin — Madison. 1990
周作人:新文化运动中一个冷静的激进派(博士论文) / 威廉·周 // 威斯康星大学,麦迪逊分校. 1990

2255 Zhou Zuoren and Japan (Ph. D. Thesis) / Nancy Elizabeth Chapman // Princeton University. 1990
周作人与日本(博士论文) / 南希·伊丽莎白·查普曼 // 普林斯顿大学. 1990

2256 Zhou Zuoren (1885-1967) and an Alternative Chinese Response to Modernity (Ph. D. Thesis) / Susan Framji Daruvala // The University of Chicago. 1993
周作人(1885—1967)和对中国现代性的另一种响应(博士论文) / 苏文瑜 // 芝加哥大学. 1993

2257 The Politics of Aestheticization: Zhou Zuoren and the Crisis of the Chinese New Culture (1927-1937) (Ph. D. Thesis) / Zhang Xudong // Duke University. 1995
审美化的政治:周作人与中国新文化的危机(1927—1937)(博士论文) / 张旭东 // 杜克大学. 1995

2258 Chou Tso-jen / The China Weekly Review // Who's Who in China. 1936,p. 60
周作人 / 密勒氏评论报 // 中国名人录. 1936 年,第 60 页

2259 Chou Tso-jen / H. G. W. Woodhead, H. T. M. Bell // The China Year Book. 1939(27),p. 171(p. 195)
周作人 / H. G. W. 伍德海、H. T. M. 贝尔 // 中华年鉴. 1939 年第 27 册,第 171 页(第 195 页)

周作民

2260 Mr. Chow Tso-ming / The China Weekly Review // Who's Who in China. 1925,p. 213;1936,p. 60
周作民 / 密勒氏评论报 // 中国名人录. 1925 年,第 213 页;1936 年,第 60 页

2261 Chou Tso-min / H. G. W. Woodhead, H. T. M. Bell // The China Year Book. 1939(27),p. 171(p. 195)
周作民 / H. G. W. 伍德海、H. T. M. 贝尔 // 中华年鉴. 1939 年第 27 册,第 171 页(第 195 页)

周伯敏

2262 Chou Po-min / The China Weekly Review // Who's Who in China. 1940,p. 57
周伯敏 / 密勒氏评论报 // 中国名人录. 1940 年,第 57 页

周佛海

2263 Chou Fu-hai / The China Weekly Review // Who's Who in China. 1933,p. 23;1936,p. 55;1940,p. 71
周佛海 / 密勒氏评论报 // 中国名人录. 1933 年,第 23 页;1936 年,第 55 页;1940 年,第 71 页

2264 Chou Fu-hai / H. G. W. Woodhead, H. T. M. Bell // The China Year Book. 1939(27),p. 171(p. 195)
周佛海 / H. G. W. 伍德海、H. T. M. 贝尔 // 中华年鉴. 1939 年第 27 册,第 171 页(第 195 页)

周启刚

2265 Chow Chi-kang (Chou Chi-kang) / The China Weekly Review // Who's Who in China. 1936,p. 54
周启刚 / 密勒氏评论报 // 中国名人录. 1936 年,第 54 页

2266 Chou Ch'i-kang(Chueh-yung) / H. G. W. Woodhead, H. T. M. Bell // The China Year Book. 1939(27),p. 170(p. 194)
周启刚(字觉庸) / H. G. W. 伍德海、H. T. M. 贝尔 // 中华年鉴. 1939 年第 27 册,第 170 页(第 194 页)

周启廉

2267 Dr. Tsur Chi-lien (Chow Chi-lien) / The China Weekly Review // Who's Who in China. 1925,p. 204;1936,p. 54

周启廉(字玉卿) / 密勒氏评论报 // 中国名人录.1925年,第204页;1936年,第54页

周诒春

2268　Y. T. Tsur（Chou I-chun）/ The China Weekly Review // Who's Who in China. 1936, p. 57

周诒春(字寄梅) / 密勒氏评论报 // 中国名人录.1936年,第57页

2269　Chou Yi-ch'un(Chi-mei) / H. G. W. Woodhead, H. T. M. Bell // The China Year Book. 1939(27), p. 171 (p. 195)

周诒春(字寄梅) / H. G. W. 伍德海、H. T. M. 贝尔 // 中华年鉴.1939年第27册,第171页(第195页)

周佩箴

2270　Mr. Chow Pei-Chen / The China Weekly Review // Who's Who in China. 1925, p. 207; 1936, p. 58

周佩箴 / 密勒氏评论报 // 中国名人录.1925年,第207页;1936年,第58页

周泽春

2271　Chou Tse-chun / The China Weekly Review // Who's Who in China. 1936, p. 59

周泽春 / 密勒氏评论报 // 中国名人录.1936年,第59页

周学章

2272　Henry H. C. Chou（Chou Hsueh-chang）/ The China Weekly Review // Who's Who in China. 1936, p. 56

周学章 / 密勒氏评论报 // 中国名人录.1936年,第56页

2273　Chou Hsuen-chang / H. G. W. Woodhead, H. T. M. Bell // The China Year Book. 1939(27), p. 171 (p. 195)

周学章 / H. G. W. 伍德海、H. T. M. 贝尔 // 中华年鉴.1939年第27册,第171页(第195页)

周学熙

2274　Bureaucratic Capital and Chou Hsüeh-hsi in Late Ch'ing China / Wellington Kam-kong Chan // Modern Asian Studies. 11:3. 1977

周学熙与晚清中国的官僚资本 / 陈锦江 // 现代亚洲研究.1977. 11:3

周树模

2275　Mr. Chou Shu-mu / The China Weekly Review // Who's Who in China. 1925, p. 211

周树模(字少朴) / 密勒氏评论报 // 中国名人录.1925年,第211页

周星棠

2276　Chou Hsing-tang / The China Weekly Review // Who's Who in China. 1936, p. 56

周星棠 / 密勒氏评论报 // 中国名人录.1936年,第56页

2277　Chou Hsin-t'ang / H. G. W. Woodhead, H. T. M. Bell // The China Year Book. 1939(27), p. 171 (p. 195)

周星棠 / H. G. W. 伍德海、H. T. M. 贝尔 // 中华年鉴.1939年第27册,第171页(第195页)

周信芳

2278　Mei Lan-fang and Chou Hsin-fang / Ma Shao-Po // Chinese Literature. 3. 1955

梅兰芳与周信芳 / 马少波 // 中国文学.1955. 3

周济世

2279　Chou Chi-shih / H. G. W. Woodhead, H. T. M. Bell // The China Year Book. 1939(27), p. 170 (p. 194)

周济世 / H. G. W. 伍德海、H. T. M. 贝尔 // 中华年鉴.1939年第27册,第170页(第194页)

周祖琛

2280　Chow Tsu-chen（Chou Tsu-shen）/ The China Weekly Review // Who's Who in China. 1936, p. 60

周祖琛 / 密勒氏评论报 // 中国名人录.1936年,第60页

周恩来

2281　The Way of Chou En-lai / Damodar LinkBaliga // Mangalore: Navanidhi Karyalaya. 1963

周恩来之道 / 达摩达尔·林克巴里伽 // 芒格洛尔:纳维尼迪·卡亚拉亚.1963年

2282　On the Trail of Chou En-lai in Africa / Robert A. Scalapino // Santa Monica: Rand Corporation. 1964

周恩来出访非洲 / 施乐伯 // 圣莫尼卡：兰德公司. 1964 年

2283　Chou En-lai / Li Tien-min // Taipei：Institute of International Relations，Republic of China. 1970

周恩来传 / 李天民 // 台北：政治大学国际关系研究中心. 1970 年

2284　Chou En-Lai：A Statement of His Political "Style"，with Comparisons with Mao Tse-tung and Lin Piao / Thomas W. Robinson // Santa Monica：Rand Corporation. 1970

周恩来：与毛泽东、林彪的政治风格比较 / 托马斯·W. 罗宾逊 // 圣莫尼卡：兰德公司. 1970 年

2285　Chou En-lai / Jules Archer // New York：Hawthorn Books. 1973

周恩来传 / 朱尔斯·阿切尔 // 纽约：霍桑书局. 1973 年

2286　Chou En-lai and the Chinese Revolution / Debbie Davison // Los Angeles：US-China Peoples Friendship Association. 1977

周恩来与中国革命 / 黛比·戴维森 // 洛杉矶：美中人民友好协会. 1977 年

2287　Chou：An Informal Biography of China's Legendary Chou En-lai / John McCook Roots // New York：Doubleday. 1978

中国传奇人物周恩来——非官方传记 / 约翰·麦库克·鲁兹 // 纽约：道布尔迪. 1978 年

2288　Chinese Foreign Policy：The Chou En-lai Era / R. S. Chavan // New Delhi：Sterling. 1979

中国外交政策：周恩来时代 / R. S. 查文 // 新德里：斯特林公司. 1979 年

2289　Coming of Grace：An Illustrated Biography of Chou Enlai / Ed Hammond // California：Lancaster Miller Publishers；Asian Humanities Press. 1980

未来恩泽：周恩来插图传记 / 艾德·哈蒙德 // 加州：兰开斯特·米勒出版社；亚洲人文出版社. 1980 年

2290　Chou En-Lai / Dick Wilson // New York：Viking Adult. 1984

周恩来传 / 迪克·威尔逊 // 纽约：维京出版社. 1984 年

2291　Chou，the Story of Zhou Enlai，1898-1976 / Dick Wilson // London：Hutchinson. 1984

周恩来（1898—1976）的故事 / 迪克·威尔逊 // 伦敦：哈钦森. 1984 年

2292　Zhou Enlai and Deng Xiaoping in the Chinese Leadership Succession Crisis / David W. Chang // Lanham：University Press of America. 1984

中流砥柱，各有千秋：周恩来与邓小平 / 张大卫 // 拉纳姆：美洲大学出版社. 1984 年

2293　The Diplomacy of Zhou Enlai / Ronald C. Keith // Basingstoke：Macmillan. 1989；New York：St. Martin's Press. 1989

周恩来的外交策略 / 罗纳德·C. 基思 // 贝辛斯托克：麦克米伦. 1989 年；纽约：圣·马丁出版社. 1989 年

2294　Zhou Enlai：The Early Years / Lee Chae-jin // Stanford：Stanford University Press. 1994

早期的周恩来 / 李在金（音）// 斯坦福：斯坦福大学出版社. 1994 年

2295　Zhou Enlai and the Foundations of Chinese Foreign Policy / Shao Kuo-kang // New York：St. Martin's Press. 1996

周恩来与中国外交政策的基础 / 邵国康 // 纽约：圣·马丁出版社. 1996 年

2296　Makers of Modern China：VIII. Chu Teh and Chou En-lai / Norman Palmer // Current History. 16：92. 1949

现代中国的缔造者（八）：朱德与周恩来 / 诺曼·帕尔默 // 当代历史. 1949. 16：92

2297　Chou En-lai：Communist Premier / Patrick O'Connor // Studies：An Irish Quarterly Review. 39：154. 1950

周恩来：共产主义总理 / 帕特里克·奥康纳 // 研究：爱尔兰季刊评论. 1950. 39：154

2298　Chou En-lai on Safari / W. A. C. Adie // The China Quarterly. 18. 1964

出访中的周恩来 / W. A. C. 艾迪 // 中国季刊. 1964. 18

2299　Chou En-lai：An Uncertain Future for Politics of Survival / Ranjit Chaudhuri // China Report. 6：1. 1970

周恩来：政治生存的不确定性未来 / 兰吉特·乔杜里 // 中国报道. 1970. 6：1

2300 Chou En-lai's Political Style: Comparisons with Mao Tse-tung and Lin Piao / Thomas W. Robinson // Asian Survey. 10:12. 1970
周恩来的政治风格：与毛泽东、林彪的比较 / 托马斯·W. 罗宾逊 // 亚洲综览. 1970. 10:12

2301 Chou En-lai / Hsu Kai-yu // Revolutionary Leaders of Modern China. p. 517
周恩来 / 许芥昱 // 近代中国革命领导人物. 第 517 页

2302 The Era of Chou En-lai / Minoru Shibata // Chinese Law & Government. 4:1. 1971
周恩来时代 / 柴田实 // 中国法律与政府. 1971. 4:1

2303 Chou En-lai-Henry Kissinger Talks / David H. Klein // Peace & Change. 1:1. 1972
周恩来与亨利·基辛格的谈话 / 大卫·H. 克莱因 // 和平与改变. 1972. 1:1

2304 Chou En-lai's African Safari / G. Deshpande // China Report. 11:5. 1975
周恩来的非洲之行 / G. 德什潘德 // 中国报道. 1975. 11:5

2305 China after Chou En-lai / Lucian Pye // Current History. 71:419. 1976
周恩来之后的中国 / 白鲁恂 // 当代历史. 1976. 71:419

2306 Chou En-lai: A Study of Political Leadership Behavior (Ph. D. Thesis) / Lincoln Ying-tso Mui // University of Notre Dame. 1977
周恩来：政治领导行为研究（博士论文）/ 梅英佐（音）// 圣母大学. 1977

2307 Peking's Foreign Economic Policy since Chou En-lai / Kent Morrison // China Report. 13:3. 1977
周恩来以来的北京对外经济政策 / 肯特·莫里森 // 中国报道. 1977. 13:3

2308 Chou En-lai's Diplomatic Approach to Non-Aligend States in Asia: 1953-60 / Shao Kuo-kang // China Quarterly. 78. 1979
周恩来对亚洲非结盟国家的外交方法：1953—1960 / 邵国康 // 中国季刊. 1979. 78

2309 Chou En-lai and the Biographic Study of Chinese Communism / Thomas W. Robinson // The China Quarterly. 79. 1979
周恩来和中国共产主义的传记性研究 / 托马斯·W. 罗宾逊 // 中国季刊. 1979. 79

2310 Chou En-lai, the Religious Affairs Bureau and Chinese State Catholic policy, 1949-1962 / Eric O. Hanson // Asian Profile. 7:4. 1979
周恩来、宗教事务局和中国官方天主教政策, 1949—1962 / 埃里克·O. 汉森 // 亚洲简介. 1979. 7:4

2311 Special Section: Chou En-lai / Henry Kissinger // Time. 114:14. 1979
专题：周恩来 / 亨利·基辛格 // 时代. 1979. 114:14

2312 Chou En-lai: Creative Revolutionary (Ph. D. Thesis) / Rhoda Sussman Weidenbaum // University of Connecticut. 1981
周恩来：开创性的革命者（博士论文）/ 罗达·苏思曼·韦登鲍姆 // 康涅狄格大学. 1981

2313 Chou En-lai, a Life Style Analysis Based on Adlerian Psychological Theory (Ph. D. Thesis) / Donald Fisher // United States International University. 1981
基于阿德勒心理学理论的周恩来生活方式分析（博士论文）/ 唐纳德·费舍尔 // 美国国际大学. 1981

2314 Mao Zedong, Zhou Enlai and the Bureaucracy (Ph. D. Thesis) / Choi Eui-chul // University of Illinois, Urbana-Champaign. 1982.
毛泽东、周恩来与官僚政治（博士论文）/ 崔义哲（音）// 伊利诺伊大学, 厄巴纳-香槟分校. 1982

2315 Chou En-lai: Master in the Art of Political Survival / Parris Chang // Journal of Northeast Asian Studies. 4:2. 1985
周恩来：熟谙政治生存艺术 / 张旭成 // 东北亚研究杂志. 1985. 4:2

2316 Zhou Enlai Perceived: An Assessment of His Diplomacy at the Geneva Conference of 1954 (M. A. Thesis) / Wang Li // University of Montana. 1994
感知周恩来：对其 1954 年日内瓦会议外交的评估（硕士论文）/ 王　黎 // 蒙大拿大学. 1994

2317 One-on-one with Chou En-lai / Hoffer Kaback // Directors and Boards. 21:4. 1997
与周恩来面对面 / 霍弗·卡班克 // 董事会. 1997. 21:4

2318 Chou En-lai / H. G. W. Woodhead, H. T. M. Bell // The China Year Book. 1939(27), p. 170(p. 194)
周恩来 / H. G. W. 伍德海、H. T. M. 贝尔 // 中华年鉴. 1939 年第 27 册, 第 170 页(第 194 页)

2319 Chou En-lai / The China Weekly Review // Who's Who in China. 1940, p. 14
周恩来 / 密勒氏评论报 // 中国名人录. 1940 年, 第 14 页

2320 The Elastic Bolshevik: Chou En-lai / Robert S. Elegant // China's Red Masters: Political Biographies of the Chinese Communist Leaders. p. 198
能伸能屈的共产党人: 周恩来 / 罗伯特·S. 爱丽格特 // 中国的红色大师: 中国共产党领导人政治传记. 第 198 页

周骏彦

2321 Chow Chun-yen (Chou Chun-yen) / The China Weekly Review // Who's Who in China. 1936, p. 55
周骏彦(字枕琴) / 密勒氏评论报 // 中国名人录. 1936 年, 第 55 页

2322 Chou Chun-yien(Chen-ch'in) / H. G. W. Woodhead, H. T. M. Bell // The China Year Book. 1939(27), p. 170(p. 194)
周骏彦(字枕琴) / H. G. W. 伍德海、H. T. M. 贝尔 // 中华年鉴. 1939 年第 27 册, 第 170 页(第 194 页)

周象贤

2323 Chou Hsiang-hsien / The China Weekly Review // Who's Who in China. 1933, p. 24; 1936, p. 56
周象贤(字企虞) / 密勒氏评论报 // 中国名人录. 1933 年, 第 24 页; 1936 年, 第 56 页

2324 Chou Hsiang-hsien / H. G. W. Woodhead, H. T. M. Bell // The China Year Book. 1939(27), p. 171(p. 195)
周象贤 / H. G. W. 伍德海、H. T. M. 贝尔 // 中华年鉴. 1939 年第 27 册, 第 171 页(第 195 页)

周淑安

2325 Mrs. S. M. Woo (Woo-chiu Siokan) / The China Weekly Review // Who's Who in China. 1936, p. 103
(胡)周淑安夫人 / 密勒氏评论报 // 中国名人录. 1936 年, 第 103 页

周越然

2326 Tseu Yih-zan (Chou Yueh-Jan) / The China Weekly Review // Who's Who in China. 1936, p. 60
周越然 / 密勒氏评论报 // 中国名人录. 1936 年, 第 60 页

2327 Chou Yueh-jan / H. G. W. Woodhead, H. T. M. Bell // The China Year Book. 1939(27), p. 171(p. 195)
周越然 / H. G. W. 伍德海、H. T. M. 贝尔 // 中华年鉴. 1939 年第 27 册, 第 171 页(第 195 页)

周雍能

2328 Chou Yung-nung / The China Weekly Review // Who's Who in China. 1936, p. 61
周雍能 / 密勒氏评论报 // 中国名人录. 1936 年, 第 61 页

周德培

2329 Mr. Peter S. Jowe (Chou Pei-te) / The China Weekly Review // Who's Who in China. 1925, p. 209
周德培 / 密勒氏评论报 // 中国名人录. 1925 年, 第 209 页

周鲠生

2330 S. R. Vhow (Chou Ken-sheng) / The China Weekly Review // Who's Who in China. 1933, p. 25; 1936, p. 57
周鲠生 / 密勒氏评论报 // 中国名人录. 1933 年, 第 25 页; 1936 年, 第 57 页

2331 Chou Keng-Sheng / H. G. W. Woodhead, H. T. M. Bell // The China Year Book. 1939(27), p. 171(p. 195)
周鲠生 / H. G. W. 伍德海、H. T. M. 贝尔 // 中华年鉴. 1939 年第 27 册, 第 171 页(第 195 页)

周澄郁

2332 Chou Ch'eng-yu / H. G. W. Woodhead, H. T. M. Bell // The China Year Book. 1939(27), p. 170

(p. 194)

周澄郁 / H. G. W. 伍德海、H. T. M. 贝尔 // 中华年鉴. 1939 年第 27 册, 第 170 页(第 194 页)

周醒南

2333　Chow Sing-nan (Chou Hsin-nan) / The China Weekly Review // Who's Who in China. 1933, p. 24; 1936, p. 56

周醒南 / 密勒氏评论报 // 中国名人录. 1933 年, 第 24 页; 1936 年, 第 56 页

〔丶〕

庞炳勋

2334　Pang Ping-hsun / The China Weekly Review // Who's Who in China. 1936, p. 300

庞炳勋(字更陈) / 密勒氏评论报 // 中国名人录. 1936 年, 第 300 页

郑　华

2335　Cheng Hua(Fu-hua) / H. G. W. Woodhead, H. T. M. Bell // The China Year Book. 1939(27), p. 167 (p. 191)

郑华(字辅华) / H. G. W. 伍德海、H. T. M. 贝尔 // 中华年鉴. 1939 年第 27 册, 第 167 页(第 191 页)

郑　莱

2336　Cheng Lai / H. G. W. Woodhead, H. T. M. Bell // The China Year Book. 1939(27), p. 167(p. 191)

郑　莱 / H. G. W. 伍德海、H. T. M. 贝尔 // 中华年鉴. 1939 年第 27 册, 第 167 页(第 191 页)

郑　烈

2337　Cheng Lieh / The China Weekly Review // Who's Who in China. 1936, p. 39

郑烈(字晓云) / 密勒氏评论报 // 中国名人录. 1936 年, 第 39 页

2338　Cheng Lieh(Hsiso-yüu) / H. G. W. Woodhead, H. T. M. Bell // The China Year Book. 1939(27), p. 167 (p. 191)

郑烈(字晓云) / H. G. W. 伍德海、H. T. M. 贝尔 // 中华年鉴. 1939 年第 27 册, 第 167 页(第 191 页)

郑天锡

2339　Dr. F. T. Cheng (Ch'eng T'ien-hsi) / The China Weekly Review // Who's Who in China. 1925, p. 151; 1936, p. 40

郑天锡(字茀庭) / 密勒氏评论报 // 中国名人录. 1925 年, 第 151 页; 1936 年, 第 40 页

2340　Cheng T'ien-his(Fu-t'ing) / H. G. W. Woodhead, H. T. M. Bell // The China Year Book. 1939(27), p. 167(p. 191)

郑天锡(字茀庭) / H. G. W. 伍德海、H. T. M. 贝尔 // 中华年鉴. 1939 年第 27 册, 第 167 页(第 191 页)

郑文良

2341　The Boen-liang (Cheng Wen-liang) / The China Weekly Review // Who's Who in China. 1936, p. 41

郑文良 / 密勒氏评论报 // 中国名人录. 1936 年, 第 41 页

郑文楷

2342　Cheng Wen-chia / The China Weekly Review // Who's Who in China. 1936, p. 41

郑文楷(字式庭) / 密勒氏评论报 // 中国名人录. 1936 年, 第 41 页

郑贞文

2343　Cheng Tseng-wen / The China Weekly Review // Who's Who in China. 1940, p. 11

郑贞文(字心南) / 密勒氏评论报 // 中国名人录. 1940 年, 第 11 页

郑观应

2344　Cheng Kuan-ying (1841-1920): A Source of Sun Yat-sen's Nationalist Ideology? / Chong Key Ray // The

Journal of Asian Studies. 28:2. 1969

郑观应(1841—1920):孙中山民族主义思想的来源?/ 郑麟来 // 亚洲研究杂志. 1969. 28:2

2345　Cheng Kuan-ying: The Comprador as Reformer / Hao Yen-p'ing // The Journal of Asian Studies. 29:1. 1969

郑观应:作为改革者的买办 / 郝延平 // 亚洲研究杂志. 1969. 29:1

2346　Cheng Kuan-ying: A Case Study of Merchant Partipation in the Chinese Self-strengthening Movement(1878-1884)(Ph. D. Thesis)/ Wu Chang-chuan // Columbia University. 1974

郑观应:商人参与自强运动的个案研究(博士论文)/ 吴长川(音)// 哥伦比亚大学. 1974

郑孝胥

2347　Cheng Hsiao-hsu / The China Weekly Review // Who's Who in China. 1931, p. 131

郑孝胥(字苏戡)/ 密勒氏评论报 // 中国名人录. 1931年,第131页

郑宗海

2348　Cheng Tsung-hai / H. G. W. Woodhead, H. T. M. Bell // The China Year Book. 1939(27), p. 168(p. 192)

郑宗海 / H. G. W. 伍德海、H. T. M. 贝尔 // 中华年鉴. 1939年第27册,第168页(第192页)

郑洪年

2349　Cheng Hung-nien / The China Weekly Review // Who's Who in China. 1936, p. 39

郑洪年(字韶觉)/ 密勒氏评论报 // 中国名人录. 1936年,第39页

2350　Cheng Hung-nien(Shao-chiue)/ H. G. W. Woodhead, H. T. M. Bell // The China Year Book. 1939(27), p. 167(p. 191)

郑洪年(字韶觉)/ H. G. W. 伍德海、H. T. M. 贝尔 // 中华年鉴. 1939年第27册,第167页(第191页)

郑桂林

2351　Gen. Cheng Kwei-lin / The China Weekly Review // Who's Who in China. 1933, p. 16; 1936, p. 39

郑桂林 / 密勒氏评论报 // 中国名人录. 1933年,第16页;1936年,第39页

郑章成

2352　C. C. Chen(Cheng Chang-chen)/ The China Weekly Review // Who's Who in China. 1936, p. 37

郑章成 / 密勒氏评论报 // 中国名人录. 1936年,第37页

郑毓秀

2353　A Girl from China(Soumay Tcheng)/ John Van Vorst // New York: Frederick A. Stokes Company. 1926

中国女孩郑毓秀 / 约翰·范·沃斯特 // 纽约:弗雷德里克·A. 斯托克斯公司. 1926年

2354　My Revolutionary Years: The Autobiography of Madame Wei Tao Ming / Zheng Yuxiu // New York: Charles Scribner's Sons. 1943

我的革命岁月——魏道明夫人自传 / 郑毓秀 // 纽约:查尔斯·斯克里布纳父子出版公司. 1943年

2355　Miss Soumay Tcheng(Cheng Yu-hsiu)/ The China Weekly Review // Who's Who in China. 1936, p. 41

郑毓秀 / 密勒氏评论报 // 中国名人录. 1936年,第41页

郑肇经

2356　C. C. Cheng(Cheng Chao-chin)/ The China Weekly Review // Who's Who in China. 1940, p. 11

郑肇经 / 密勒氏评论报 // 中国名人录. 1940年,第11页

冼星海

2357　Hsien Hsing-hai the Composer / Ma Ko // Chinese Literature. 12. 1965

作曲家冼星海 / 马 可(音)// 中国文学. 1965. 12

宝广林

2358　Pao Kuang-ling / The China Weekly Review // Who's Who in China. 1933, p. 85; 1936, p. 197

宝广林 / 密勒氏评论报 // 中国名人录. 1933年,第85页;1936年,第197页

郎静山

2359　Long Chin-san / China Journal Editorial Dept. // The China Journal. 34:4. 1941

郎静山 / 本刊编辑部 // 中国杂志.1941.34：

诚质怡

2360 Andrew C. Y. Cheng (Cheng Chih-yi) / The China Weekly Review // Who's Who in China. 1933,p. 16; 1936,p. 38
诚质怡 / 密勒氏评论报 // 中国名人录.1933年,第16页;1936年,第38页

2361 Ch'eng Chih-yi / H. G. W. Woodhead, H. T. M. Bell // The China Year Book. 1939(27),p. 167(p. 191)
诚质怡 / H. G. W.伍德海、H. T. M.贝尔 // 中华年鉴.1939年第27册,第167页(第191页)

诚静怡

2362 Dr. Ch'eng Ching-i / The China Weekly Review // Who's Who in China. 1925,p. 153
诚静怡(字敬一) / 密勒氏评论报 // 中国名人录.1925年,第153页

2363 Ch'eng Chin-yi / H. G. W. Woodhead, H. T. M. Bell // The China Year Book. 1939(27),p. 167(p. 191)
诚静怡 / H. G. W.伍德海、H. T. M.贝尔 // 中华年鉴.1939年第27册,第167页(第191页)

〔丩〕

居 正

2364 Chu Cheng / The China Weekly Review // Who's Who in China. 1933,p. 28;1936,p. 61;1940,p. 58
居正(字觉生) / 密勒氏评论报 // 中国名人录.1933年,第28页;1936年,第61页;1940年,第58页

2365 Chu cheng(Chueh-sheng) / H. G. W. Woodhead, H. T. M. Bell // The China Year Book. 1939(27), p. 171(p. 195)
居正(字觉生) / H. G. W.伍德海、H. T. M.贝尔 // 中华年鉴.1939年第27册,第171页(第195页)

屈映光

2366 Mr. Chu Yung-kuang / The China Weekly Review // Who's Who in China. 1925,p. 241;1936,p. 69
屈映光(字文六) / 密勒氏评论报 // 中国名人录.1925年,第241页;1936年,第69页

孟广澎

2367 Meng Kwang-peng / The China Weekly Review // Who's Who in China. 1940,p. 36
孟广澎(字剑涛) / 密勒氏评论报 // 中国名人录.1940年,第36页

孟昭侗

2368 Meng Chao-tung / The China Weekly Review // Who's Who in China. 1936,p. 190
孟昭侗(字典愿) / 密勒氏评论报 // 中国名人录.1936年,第190页

孟宪承

2369 Meng Hsien-Cheng / The China Weekly Review // Who's Who in China. 1933,p. 80;1936,p. 190
孟宪承 / 密勒氏评论报 // 中国名人录.1933年,第80页;1936年,第190页

2370 Meng Hsien-ch'eng / H. G. W. Woodhead, H. T. M. Bell // The China Year Book. 1939(27), p. 193 (p. 217)
孟宪承 / H. G. W.伍德海、H. T. M.贝尔 // 中华年鉴.1939年第27册,第193页(第217页)

孟恩远

2371 General Meng En-yuan / The China Weekly Review // Who's Who in China. 1925,p. 604
孟恩远(字曙村) / 密勒氏评论报 // 中国名人录.1925年,第604页

九　画

〔一〕

项 骧

2372　Mr. Hsiang Hsiang（Witson H. Shan）/ The China Weekly Review // Who's Who in China. 1925, p. 299; 1936, p. 86

项骧(字微尘) / 密勒氏评论报 // 中国名人录. 1925 年, 第 299 页; 1936 年, 第 86 页

项仲雍

2373　Jean Y. Z. Horn（Hsiang Chung-yung）/ The China Weekly Review // Who's Who in China. 1936, p. 86

项仲雍 / 密勒氏评论报 // 中国名人录. 1936 年, 第 86 页

2374　Hsiang Chuan-yung / H. G. W. Woodhead, H. T. M. Bell // The China Year Book. 1939(27), p. 177 (p. 201)

项仲雍 / H. G. W. 伍德海、H. T. M. 贝尔 // 中华年鉴. 1939 年第 27 册, 第 177 页(第 201 页)

项松茂

2375　Hoong Soong-mow（Hsiang Sung-mo）/ The China Weekly Review // Who's Who in China. 1936, p. 87

项松茂 / 密勒氏评论报 // 中国名人录. 1936 年, 第 87 页

赵 杰

2376　Chao Chieh / The China Weekly Review // Who's Who in China. 1936, p. 18

赵　杰 / 密勒氏评论报 // 中国名人录. 1936 年, 第 18 页

赵 侗

2377　Gen. Chao Tung / The China Weekly Review // Who's Who in China. 1940, p. 8

赵　侗 / 密勒氏评论报 // 中国名人录. 1940 年, 第 8 页

赵 偳

2378　Chao Ti / The China Weekly Review // Who's Who in China. 1933, p. 7; 1936, p. 21

赵　偳 / 密勒氏评论报 // 中国名人录. 1933 年, 第 7 页; 1936 年, 第 21 页

赵 深

2379　Shen Chao（Chao Sheng）/ The China Weekly Review // Who's Who in China. 1936, p. 21

赵　深 / 密勒氏评论报 // 中国名人录. 1936 年, 第 21 页

赵 琪

2380　J. C. Chao Chi（Chao Chi）/ The China Weekly Review // Who's Who in China. 1936, p. 18; 1940, p. 69

赵　琪 / 密勒氏评论报 // 中国名人录. 1936 年, 第 18 页; 1940 年, 第 69 页

赵 镇

2381　Chao Cheng / The China Weekly Review // Who's Who in China. 1940, p. 7

赵镇(字亚城) / 密勒氏评论报 // 中国名人录. 1940 年, 第 7 页

赵士北

2382　Chao Shih-pei / The China Weekly Review // Who's Who in China. 1936, p. 21

赵士北 / 密勒氏评论报 // 中国名人录. 1936 年, 第 21 页

赵元任

2383　Y. R. Chao（Chao Yuan-ren）/ The China Weekly Review // Who's Who in China. 1936, p. 22

赵元任 / 密勒氏评论报 // 中国名人录. 1936 年, 第 22 页

2384　Chao Yuan-jen / H. G. W. Woodhead, H. T. M. Bell // The China Year Book. 1939(27), p. 163(p. 187)

赵元任 / H. G. W. 伍德海、H. T. M. 贝尔 // 中华年鉴. 1939 年第 27 册, 第 163 页(第 187 页)

赵文锐

2385 Chao Wen-jui / The China Weekly Review // Who's Who in China. 1936, p. 22
赵文锐 / 密勒氏评论报 // 中国名人录. 1936 年, 第 22 页

赵玉珂

2386 General Chao Yuk'e / The China Weekly Review // Who's Who in China. 1925, p. 94; 1936, p. 22
赵玉珂(字子声) / 密勒氏评论报 // 中国名人录. 1925 年, 第 94 页; 1936 年, 第 22 页

赵世杰

2387 Chao Shih-chieh / The China Weekly Review // Who's Who in China. 1940, p. 7
赵世杰(号子英) / 密勒氏评论报 // 中国名人录. 1940 年, 第 7 页

赵丕廉

2388 Chao Pi-lien / The China Weekly Review // Who's Who in China. 1936, p. 20
赵丕廉(字芷青) / 密勒氏评论报 // 中国名人录. 1936 年, 第 20 页

2389 Chao P'ei-ling(Chih-ch'ing) / H. G. W. Woodhead, H. T. M. Bell // The China Year Book. 1939(27), p. 163(p. 187)
赵丕廉(字芷青) / H. G. W. 伍德海、H. T. M. 贝尔 // 中华年鉴. 1939 年第 27 册, 第 163 页(第 187 页)

赵尔巽

2390 General Chao Erh-sun / The China Weekly Review // Who's Who in China. 1925, p. 84
赵尔巽(字次珊) / 密勒氏评论报 // 中国名人录. 1925 年, 第 84 页

赵兰坪

2391 Chao Lan-ping / The China Weekly Review // Who's Who in China. 1940, p. 7
赵兰坪 / 密勒氏评论报 // 中国名人录. 1940 年, 第 7 页

赵庆华

2392 Mr. Chao Ch'ing-hua / The China Weekly Review // Who's Who in China. 1925, p. 82; 1936, p. 18
赵庆华(字燧山) / 密勒氏评论报 // 中国名人录. 1925 年, 第 82 页; 1936 年, 第 18 页

2393 Chao Ch'ing-hua / H. G. W. Woodhead, H. T. M. Bell // The China Year Book. 1939(27), p. 162(p. 186)
赵庆华 / H. G. W. 伍德海、H. T. M. 贝尔 // 中华年鉴. 1939 年第 27 册, 第 162 页(第 186 页)

赵守钰

2394 Chao Yu-chin / The China Weekly Review // Who's Who in China. 1936, p. 22
赵守钰(字友琴) / 密勒氏评论报 // 中国名人录. 1936 年, 第 22 页

赵连芳

2395 Dr. Chao Lien-fang / The China Weekly Review // Who's Who in China. 1936, p. 19
赵连芳(字兰屏) / 密勒氏评论报 // 中国名人录. 1936 年, 第 19 页

赵国材

2396 Mr. G. T. Chao (Chao Kuo-t'sai) / The China Weekly Review // Who's Who in China. 1925, p. 90; 1936, p. 19
赵国材(字月潭) / 密勒氏评论报 // 中国名人录. 1925 年, 第 90 页; 1936 年, 第 19 页

赵迺传

2397 Chao Nai-ch'uan(Shu-t'ing) / H. G. W. Woodhead, H. T. M. Bell // The China Year Book. 1939(27), p. 163(p. 187)
赵迺传(字述庭) / H. G. W. 伍德海、H. T. M. 贝尔 // 中华年鉴. 1939 年第 27 册, 第 163 页(第 187 页)

2398 Chao Nai-chuan / The China Weekly Review // Who's Who in China. 1936, p. 20
赵迺传 / 密勒氏评论报 // 中国名人录. 1936 年, 第 20 页

赵恒惕

2399 General Chao Heng-t'i / The China Weekly Review // Who's Who in China. 1925, p. 86; 1936, p. 18

赵恒惕(字炎午、夷午) / 密勒氏评论报 // 中国名人录. 1925 年, 第 86 页; 1936 年, 第 18 页

赵梅伯

2400　Former Chinese Instructor Wins Honours / China Journal Editorial Dept. // The China Journal. 17:4. 1932
赵梅伯获得比利时皇家音乐学院年度比赛奖项 / 本刊编辑部 // 中国杂志. 1932. 17:4

2401　Edward M. P. Chao (Chao Mei-pa) / The China Weekly Review // Who's Who in China. 1936, p. 20
赵梅伯 / 密勒氏评论报 // 中国名人录. 1936 年, 第 20 页

2402　Chao Mei-po / H. G. W. Woodhead, H. T. M. Bell // The China Year Book. 1939(27), p. 163(p. 187)
赵梅伯 / H. G. W. 伍德海、H. T. M. 贝尔 // 中华年鉴. 1939 年第 27 册, 第 163 页(第 187 页)

赵敏恒

2403　Thomas Ming-heng Chao (Chao Ming-heng) / The China Weekly Review // Who's Who in China. 1936, p. 20
赵敏恒 / 密勒氏评论报 // 中国名人录. 1936 年, 第 20 页

2404　Chao Min-heng / H. G. W. Woodhead, H. T. M. Bell // The China Year Book. 1939(27), p. 163(p. 187)
赵敏恒 / H. G. W. 伍德海、H. T. M. 贝尔 // 中华年鉴. 1939 年第 27 册, 第 163 页(第 187 页)

赵紫阳

2405　Differing Visions of China's Post-Mao Economy: The Ideas of Chen Yun, Deng Xiaoping, and Zhao Ziyang / David Bachman // Asian Survey. 26:3. 1986
毛以后中国经济的不同愿景: 陈云、邓小平和赵紫阳的思想 / 大卫·巴克曼 // 亚洲综览. 1986. 26:3

赵紫宸

2406　T. C. Chao (Chao Tsi-cheng) / The China Weekly Review // Who's Who in China. 1936, p. 22
赵紫宸 / 密勒氏评论报 // 中国名人录. 1936 年, 第 22 页

2407　Chao Tzu-ch'eng / H. G. W. Woodhead, H. T. M. Bell // The China Year Book. 1939(27), p. 163(p. 187)
赵紫宸 / H. G. W. 伍德海、H. T. M. 贝尔 // 中华年鉴. 1939 年第 27 册, 第 163 页(第 187 页)

赵曾珏

2408　T. C. Tsao (Chao Cheng-yu) / The China Weekly Review // Who's Who in China. 1940, p. 7
赵曾珏 / 密勒氏评论报 // 中国名人录. 1940 年, 第 7 页

赵锡恩

2409　Mr. S. U. Zau (Chao Hsi-en) / The China Weekly Review // Who's Who in China. 1925, p. 88; 1936, p. 19
赵锡恩(字晋卿) / 密勒氏评论报 // 中国名人录. 1925 年, 第 88 页; 1936 年, 第 19 页

2410　Chao His-en (Chin-ch'ing) / H. G. W. Woodhead, H. T. M. Bell // The China Year Book. 1939(27), p. 162(p. 186)
赵锡恩(字晋卿) / H. G. W. 伍德海、H. T. M. 贝尔 // 中华年鉴. 1939 年第 27 册, 第 162 页(第 186 页)

赵德三

2411　Mr. H. T. Chao (Chao Te-sen) / The China Weekly Review // Who's Who in China. 1925, p. 92; 1936, p. 19
赵德三(字宣堂) / 密勒氏评论报 // 中国名人录. 1925 年, 第 92 页; 1936 年, 第 19 页

赵戴文

2412　Chao Tai-wen / The China Weekly Review // Who's Who in China. 1936, p. 21
赵戴文(字次陇) / 密勒氏评论报 // 中国名人录. 1936 年, 第 21 页

2413　Chao Tai-wen (Tz'u-lung) / H. G. W. Woodhead, H. T. M. Bell // The China Year Book. 1939(27), p. 163(p. 187)
赵戴文(字次陇) / H. G. W. 伍德海、H. T. M. 贝尔 // 中华年鉴. 1939 年第 27 册, 第 163 页(第

187 页)

赵懋华

2414 Chao Mou-hua, Miss (P'ei-ch'in) / H. G. W. Woodhead, H. T. M. Bell // The China Year Book. 1939(27), p. 163(p. 187)
赵懋华女士(字佩琴) / H. G. W. 伍德海、H. T. M. 贝尔 // 中华年鉴. 1939 年第 27 册, 第 163 页(第 187 页)

郝子华

2415 He Tsi-hua (Hao Tsi-hua) / The China Weekly Review // Who's Who in China. 1936, p. 78
郝子华(字尚彬) / 密勒氏评论报 // 中国名人录. 1936 年, 第 78 页

郝更生

2416 Hoh Keng-sheng / H. G. W. Woodhead, H. T. M. Bell // The China Year Book. 1939(27), p. 176(p. 200)
郝更生 / H. G. W. 伍德海、H. T. M. 贝尔 // 中华年鉴. 1939 年第 27 册, 第 176 页(第 200 页)

荣禄

2417 Jung Lu / Arthur W. Hummel // Eminent Chinese of the Ch'ing Period (1644-1912). p. 405
荣　　禄 / 亚瑟·W. 赫梅尔 // 清代名人传略(1644—1912). 第 405 页

荣宗敬

2418 T. K. Yung(Yung Tsung-ching) / The China Weekly Review // Who's Who in China. 1936, p. 287
荣宗敬 / 密勒氏评论报 // 中国名人录. 1936 年, 第 287 页

胡风

2419 The Problematic of Self in Modern Chinese Literature: Hu Feng and Lu Ling / Kirk A. Denton // Stanford: Stanford University Press. 1998.
现代中国文学中的"自我"问题: 胡风与路翎 / 邓腾克 // 斯坦福: 斯坦福大学出版社. 1998 年

2420 Hu Feng's Conflict with the Communist Literary Authorities / Merle R. Goldman // The China Quarterly. 12. 1962
胡风与共产主义文学权威们的冲突 / 默尔·R. 高曼 // 中国季刊. 1962. 12

胡适

2421 Hu Shih and the Chinese Renaissance: Liberalism in the Chinese Revolution, 1917-1937 / Jerome B. Grieder // Cambridge: Harvard University Press. 1970
胡适与中国的文艺复兴: 中国革命中的自由主义, 1917—1937 / 杰罗姆·B. 格里德 // 坎布里奇: 哈佛大学出版社. 1970 年

2422 Hu Shih and Intellectual Choice in Modern China / Chou Min-chih // Ann Arbor: University of Michigan Press. 1984
胡适与中国现代知识分子的选择 / 周明之 // 安娜堡: 密歇根大学出版社. 1984 年

2423 Two Self-portraits: Liang Chi-chao and Hu Shih / Li Yu-ning // Bronxville, New York: Outer Sky Press. 1992
梁启超与胡适的自画像 / 李又宁 // 纽约布朗士区: 天外天出版社. 1992 年

2424 Hu Shih, Dr. / Gideon Nye Jr. // The China Journal. 30: 1. 1939
胡适博士 / 小吉迪恩·奈 // 中国杂志. 1939. 30: 1

2425 Hu Shih and Chinese Philosophy / Chan Wing-tsit // Philosophy East and West. 1956. 6: 1
胡适与中国哲学 / 陈荣捷 // 东西哲学. 1956. 6: 1

2426 Scientism in Chinese Thought, 1900-1930: Study of Doctrinal Impact as Revealed by Wu Chih-hui, Ch'en Tu-hsiu, Hu Shih and as Seen in the Debate of 1923 (Ph. D. Thesis) / Danny Wynn-ye Kwok // Yale University. 1959
中国现代思想中的唯科学主义, 1900—1930: 吴稚晖、陈独秀和胡适 1923 年辩论的学术影响研究(博士论文) / 郭颖颐 // 耶鲁大学. 1959

2427 The Study of Hu Shih's Thought (Ph. D. Thesis) / Fan Kuang-huan // New York University. 1963
胡适思想研究(博士论文) / 范广焕(音) // 纽约大学. 1963

2428 Hu Shih and Liberalism: A Chapter in the Intellectual Modernization of China, 1917-1930 (Ph. D. Thesis) / Jerome B. Grieder // Harvard University. 1963
胡适与自由主义:中国知识分子现代化的一个篇章,1917—1930(博士论文) / 杰罗姆·B. 格里德 // 哈佛大学. 1963

2429 Hu Shih (1891-1962): A Sketch of His Life and His Role in the Intellectual and Political Dialogue of Modern China (Ph. D. Thesis) / Irene Eber // Claremont Graduate University. 1966
胡适(1891—1962)的人生传略及其在近代中国知识分子和政治家对话中所扮演的角色(博士论文) / 艾琳·埃伯 // 克莱蒙研究大学. 1966

2430 Hu Shih and Chinese History: The Problem of "Cheng-li Kuo-ku" / Irene Eber // Monumenta Serica: Journal of Oriental Studies. 27:1. 1968
胡适和中国史:"整理国故"的问题 / 艾琳·埃伯 // 华裔学志:东方研究杂志. 1968. 27:1

2431 Hu Shih and Wu Han / Shih Shao-pin // Chinese Studies in History. 3:1. 1969
胡适与吴晗 / 石少斌(音) // 中国历史研究. 1969. 3:1

2432 Hu Shih and the Controversy on Chinese Culture and Western Civilization / Irene Eber // Asian Study at Hawaii. 4. 1970
胡适和中国文化与西方文明的论争 / 艾琳·埃伯 // 夏威夷亚洲研究. 1970. 4

2433 Key Intellectual Issues Arising from the May Fourth Movement in China: With Particular Reference to Hu Shih, Li Ta-chao, and Liang Sou-ming (Th. D. Thesis) / Peter King Hung Lee // Boston University School of Theology. 1974
五四运动引发的关键智识议题:胡适、李大钊与梁漱溟(博士论文) / 李景雄 // 波士顿大学,神学学校. 1974

2434 Science and Value in May Fourth China: The Case of Hu Shih (Ph. D. Thesis) / Chou Min-chih // University of Michigan. 1974
五四运动中的科学和价值:胡适个案研究(博士论文) / 周明之 // 密歇根大学. 1974

2435 Hu Shih's Philosophy of Man as Influenced by John Dewey's Instrumentalism (Ph. D. Thesis) / Lee Oei // Foedham University. 1974
杜威工具主义对胡适人类哲学的影响(博士论文) / 李 欧(音) // 福特汉姆大学. 1974

2436 A Study of Hu Shih's Rhetorical Discourses on the Chinese Literary Revolution, 1915-1920 (Ph. D. Thesis) / We Shulun // Bowling Green State University. 1979
胡适修辞手法对中国文学改革的影响,1915—1920(博士论文) / 魏书仑(音) // 博林格林州立大学. 1979

2437 May Fourth Discussions of Woman Question: Hu Shih, Chen Tu-hsiu and Lu Hsun (M. A. Thesis) / Chiristine Chan // University of Wisconsin-Madison. 1980
五四期间对女性问题的讨论:胡适、陈独秀和鲁迅(硕士论文) / 克里斯汀·陈 // 威斯康星大学,麦迪逊分校. 1980

2438 American Liberalism and Hu Shih / Daniel Yu-tang Lew // Sino-American Relation. 8:1. 1982
美国自由主义与胡适 / 刘毓棠 // 中美关系. 1982. 8:1

2439 Hu Shih and His Deweyan Reconstruction of Chinese History (Ph. D. Thesis) / Li Moying // Boston University. 1990
胡适及其杜威式的中国史重建(博士论文) / 李墨英(音) // 波士顿大学. 1990

2440 Hu Shih and Liang Chi-ch'ao: Affinity and Tension between Intellectuals of Two Generations / Chang Peng-yuan // Chinese Studies in History. 26:4. 1992
胡适与梁启超:两代学人之间从亲密到疏离的微妙关系 / 张朋园 // 中国历史研究. 1992. 26:4

2441 Hermeneutics and the Implied May Fourth Reader: A Study of Hu Shih, Lu Xun and Mao Dun (Ph. D. Thesis) / Chen Mao // State University of New York, Stony Brook. 1992
诠释学和隐含的五四读者：胡适、鲁迅与茅盾研究（博士论文）/ 陈　茂（音）// 纽约州立大学,斯托尼布鲁克分校. 1992

2442 Hu Shih, Pragmatism and the Chinese Tradition (Ph. D. Thesis) / Yang Chen-te // University of Wisconsin-Madison. 1993
胡适的实用主义与中国传统思想 / 杨贞德 // 威斯康星大学,麦迪逊分校. 1993

2443 Feminism and China's New "Nora": Ibsen, Hu Shi, and Lu Xun / Chien Ying-ying // The Comparatist. 19:1. 1995
女性主义与中国的新"娜拉"：易卜生、胡适与鲁迅 / 钱莹莹（音）// 比较文学学者. 1995. 19:1

2444 Hu Shih as Ambassador to the United States: 1938-1942 / Jiu-hwa Lo Upshur // Sino-American Relations. 22:4. 1996
驻美大使胡适, 1938—1942 / 秋花·罗·厄普舍 // 中美关系. 1996. 22:4

2445 Ch'en Tu-hsiu (1879-1942) and Hu Shih (1891-1962) / Thomas C. Kuo // Chinese Studies in History. 31:1. 1997
陈独秀（1879—1942）与胡适（1891—1962）/ 郭成棠 // 中国历史研究. 1997. 31:1

2446 Luo Longji, Hu Shi and the Human Rights Issue in China (1929-1931) / Edmund S. K. Fung // 郭廷以先生九秩诞辰纪念论文集下册. p. 353
罗隆基、胡适与中国人权问题（1929—1931）/ 冯兆基 // 郭廷以先生九秩诞辰纪念论文集下册. 第353页

2447 Dr. Hu Shih / The China Weekly Review // Who's Who in China. 1925, p. 373；1936, p. 106；1940, p. 20
胡适（字适之）/ 密勒氏评论报 // 中国名人录. 1925年,第373页；1936年,第106页；1940年,第20页

2448 Hu Shih(Shih-chih) / H. G. W. Woodhead, H. T. M. Bell // The China Year Book. 1939(27), p. 180 (p. 204)
胡适（字适之）/ H. G. W. 伍德海、H. T. M. 贝尔 // 中华年鉴. 1939年第27册,第180页（第204页）

胡　筠

2449 Hu Yun / The China Weekly Review // Who's Who in China. 1925, p. 375；1936, p. 109
胡筠（字笔江）/ 密勒氏评论报 // 中国名人录. 1925年,第375页；1936年,第109页

胡　蝶

2450 Miss Butterfly Wu(Hu Tieh) / The China Weekly Review // Who's Who in China. 1936, p. 299
胡蝶女士 / 密勒氏评论报 // 中国名人录. 1936年,第299页

2451 Hu Tieh, Miss / H. G. W. Woodhead, H. T. M. Bell // The China Year Book. 1939(27), p. 181(p. 205)
胡蝶女士 / H. G. W. 伍德海、H. T. M. 贝尔 // 中华年鉴. 1939年第27册,第181页（第205页）

胡　霖

2452 Hu Lin / The China Weekly Review // Who's Who in China. 1925, p. 371；1936, p. 105
胡霖（字政之）/ 密勒氏评论报 // 中国名人录. 1925年,第371页；1936年,第105页

2453 Hu lin(Cheng-chih) / H. G. W. Woodhead, H. T. M. Bell // The China Year Book. 1939(27), p. 180 (p. 204)
胡霖（字政之）/ H. G. W. 伍德海、H. T. M. 贝尔 // 中华年鉴. 1939年第27册,第180页（第204页）

胡天石

2454 Dr. Tienshe Hu (Hu Hsiang-lin) / The China Weekly Review // Who's Who in China. 1940, p. 20

胡天石(字祥麟) / 密勒氏评论报 // 中国名人录. 1940 年,第 20 页

胡公强

2455 Hu Kung-hsiang / The China Weekly Review // Who's Who in China. 1936, p. 105
胡公强 / 密勒氏评论报 // 中国名人录. 1936 年,第 105 页

胡文虎

2456 Aw Boon-haw / China Journal Editorial Dept. // The China Journal. 32:3. 1940
胡文虎 / 本刊编辑部 // 中国杂志. 1940. 32:3

2457 Aw Boon-haw (Hu Wen-hu) / The China Weekly Review // Who's Who in China. 1936, p. 108
胡文虎 / 密勒氏评论报 // 中国名人录. 1936 年,第 108 页

2458 Ho Wen-hu / H. G. W. Woodhead, H. T. M. Bell // The China Year Book. 1939(27), p. 181(p. 205)
胡文虎 / H. G. W. 伍德海、H. T. M. 贝尔 // 中华年鉴. 1939 年第 27 册,第 181 页(第 205 页)

胡世泽

2459 Hoo, Victor / Paul Kranz // The China Journal. 31:2. 1939
胡世泽 / 安保罗 // 中国杂志. 1939. 31:2

2460 Victor Hoo Chi-tsai (Hu Shih-tsi) / The China Weekly Review // Who's Who in China. 1936, p. 107
胡世泽(字子泽) / 密勒氏评论报 // 中国名人录. 1936 年,第 107 页

2461 Hu Shih-tseh(Tzu-tseh) / H. G. W. Woodhead, H. T. M. Bell // The China Year Book. 1939(27), p. 181(p. 205)
胡世泽(字子泽) / H. G. W. 伍德海、H. T. M. 贝尔 // 中华年鉴. 1939 年第 27 册,第 181 页(第 205 页)

胡汉民

2462 Hu Han-Min's Ideas on Women's Rights and his Achievements / Chiang Yung-ching // Chinese Studies in History. 10:4. 1977
胡汉民的女权思想及其成就 / 蒋永清(音) // 中国历史研究. 1977. 10:4

2463 Hu Han-min: A Political Profile(1879—1936) (Ph. D. Thesis) / William Tze-fu Chu // St. John's University. 1978
胡汉民的政治侧写(博士论文) / 朱泽甫 // 圣约翰大学. 1978

2464 Socialism, Marxism and Communism in the Thought of Hu Han-min (Ph. D. Thesis) / D. P. Barrett // University of London, School of Oriental and African Studies. 1978
胡汉民思想中的社会主义、马克思主义和共产主义(博士论文) / D. P. 巴雷特 // 伦敦大学东方及非洲研究学院. 1978

2465 Hu Han-min: A Scholar-Revolutionary in Contemporary China / Lau Yee Cheung // University of California, Santa Barbara. 1986
胡汉民:现代中国的学者型革命家(博士论文) / 刘义章 // 加利福尼亚大学,圣塔芭芭拉分校. 1986

2466 Mr. Hu Han-ming / The China Weekly Review // Who's Who in China. 1925, p. 364;1936, p. 102
胡汉民(字汉民) / 密勒氏评论报 // 中国名人录. 1925 年,第 364 页;1936 年,第 102 页

2467 Hu Han-min: His Career and Thought / Melville Talbot Kennedy, Jr. // Revolutionary Leaders of Modern China. p. 271
胡汉民的职业生涯和思想 / 小梅尔维尔·塔尔博特·肯尼迪 // 近代中国革命领导人物. 第 271 页

胡朴安

2468 Hu Po-an / The China Weekly Review // Who's Who in China. 1936, p. 106
胡朴安 / 密勒氏评论报 // 中国名人录. 1936 年,第 106 页

2469 Hu Wen-yu(P'u-an) / H. G. W. Woodhead, H. T. M. Bell // The China Year Book. 1939(27), p. 181(p. 205)
胡韫玉(字朴安) / H. G. W. 伍德海、H. T. M. 贝尔 // 中华年鉴. 1939 年第 27 册,第 181 页(第

205 页)

胡光麃

2470 K. P. Hu(Hu Kuang-piao) / The China Weekly Review // Who's Who in China. 1936, p. 105
胡光麃(字蜀潜) / 密勒氏评论报 // 中国名人录. 1936 年, 第 105 页

胡次威

2471 Hu Tzu-wei / The China Weekly Review // Who's Who in China. 1940, p. 21
胡次威(字长清) / 密勒氏评论报 // 中国名人录. 1940 年, 1940 年) 第 21 页

胡礽泰

2472 Z. T. Wu(Hu Chi-tai) / The China Weekly Review // Who's Who in China. 1940, p. 73
胡礽泰(字伯平) / 密勒氏评论报 // 中国名人录. 1940 年, 第 73 页

胡诒谷

2473 Mr. Hu I-ku(Wenfu Yiko Hu) / The China Weekly Review // Who's Who in China. 1925, p. 369; 1936, p. 104
胡诒谷(字文甫) / 密勒氏评论报 // 中国名人录. 1925 年, 第 369 页; 1936 年, 第 104 页

胡若山

2474 Bishop. Joseph(Hou Hu Je-shan) / The China Weekly Review // Who's Who in China. 1933, p. 49; 1936, p. 104
胡若山 / 密勒氏评论报 // 中国名人录. 1933 年, 第 49 页; 1936 年, 第 104 页

2475 Hu Jo-shan / H. G. W. Woodhead, H. T. M. Bell // The China Year Book. 1939(27), p. 180(p. 204)
胡若山 / H. G. W. 伍德海、H. T. M. 贝尔 // 中华年鉴. 1939 年第 27 册, 第 180 页(第 204 页)

胡若愚

2476 Hu Jo-yu / The China Weekly Review // Who's Who in China. 1936, p. 105
胡若愚 / 密勒氏评论报 // 中国名人录. 1936 年, 第 105 页

胡咏德

2477 Hu Yung-teh / The China Weekly Review // Who's Who in China. 1936, p. 109
胡咏德 / 密勒氏评论报 // 中国名人录. 1936 年, 第 109 页

胡学源

2478 S. Y. Livingston Hu(Hu Hsueh-yuan) / The China Weekly Review // Who's Who in China. 1936, p. 103
胡学源 / 密勒氏评论报 // 中国名人录. 1936 年, 第 103 页

胡宗铎

2479 Hu Tsung-ta / The China Weekly Review // Who's Who in China. 1936, p. 108
胡宗铎 / 密勒氏评论报 // 中国名人录. 1936 年, 第 108 页

胡经甫

2480 Chenfu F. Wu(Hu Chen-fu) / The China Weekly Review // Who's Who in China. 1936, p. 102
胡经甫 / 密勒氏评论报 // 中国名人录. 1936 年, 第 102 页

胡贻谷

2481 Hu Yi-kuo(Y. K. Woo) / The China Weekly Review // Who's Who in China. 1933, p. 51; 1936, p. 108
胡贻谷(字任夫) / 密勒氏评论报 // 中国名人录. 1933 年, 第 51 页; 1936 年, 第 108 页

胡秋原

2482 Hu Chiu-yuan / The China Weekly Review // Who's Who in China. 1936, p. 102
胡秋原(字石明) / 密勒氏评论报 // 中国名人录. 1936 年, 第 102 页

胡修身

2483 Hu Hsiu-shen / H. G. W. Woodhead, H. T. M. Bell // The China Year Book. 1939(27), p. 180(p. 204)
胡修身 / H. G. W. 伍德海、H. T. M. 贝尔 // 中华年鉴. 1939 年第 27 册, 第 180 页(第 204 页)

胡宣明

2484 S. M. Woo(Hu Hsuan-ming) / The China Weekly Review // Who's Who in China. 1936, p. 103

胡宣明 / 密勒氏评论报 // 中国名人录. 1936 年, 第 103 页

胡祖同
2485　T. D. Woo（Hu Meng-chia）/ The China Weekly Review // Who's Who in China. 1933, p. 50; 1936, p. 105
胡祖同（字孟嘉）/ 密勒氏评论报 // 中国名人录. 1933 年, 第 50 页; 1936 年, 第 105 页

胡恩光
2486　General Hu En-kuang / The China Weekly Review // Who's Who in China. 1925, p. 363; 1936, p. 102
胡恩光（字观生）/ 密勒氏评论报 // 中国名人录. 1925 年, 第 363 页; 1936 年, 第 102 页

胡继贤
2487　Wu Kai-yin（Hu Chi-hsien）/ The China Weekly Review // Who's Who in China. 1940, p. 20
胡继贤 / 密勒氏评论报 // 中国名人录. 1940 年, 第 20 页

胡鄂公
2488　Mr. Hu Ao-kung / The China Weekly Review // Who's Who in China. 1925, p. 361; 1936, p. 102
胡鄂公（字新三）/ 密勒氏评论报 // 中国名人录. 1925 年, 第 361 页; 1936 年, 第 102 页

胡庶华
2489　Schuhua Hu（Hu Shu-hua）/ The China Weekly Review // Who's Who in China. 1933, p. 50; 1936, p. 107
胡庶华 / 密勒氏评论报 // 中国名人录. 1933 年, 第 50 页; 1936 年, 第 107 页

2490　Hu Shu-hua / H. G. W. Woodhead, H. T. M. Bell // The China Year Book. 1939(27), p. 181(p. 205)
胡庶华 / H. G. W. 伍德海、H. T. M. 贝尔 // 中华年鉴. 1939 年第 27 册, 第 181 页（第 205 页）

胡鸿基
2491　Hu Hon-ki（Hu Hung-chi）/ The China Weekly Review // Who's Who in China. 1936, p. 104
胡鸿基 / 密勒氏评论报 // 中国名人录. 1936 年, 第 104 页

胡鸿猷
2492　Mr. H. Y. Hu（Hu Hung yu）/ The China Weekly Review // Who's Who in China. 1925, p. 367; 1936, p. 104
胡鸿猷（字征若）/ 密勒氏评论报 // 中国名人录. 1925 年, 第 367 页; 1936 年, 第 104 页

胡博渊
2493　P. Y. Hu（Hu Po-yuan）/ The China Weekly Review // Who's Who in China. 1936, p. 106
胡博渊 / 密勒氏评论报 // 中国名人录. 1936 年, 第 106 页

胡道维
2494　T. W. Hu（Hu Tao-wei）/ The China Weekly Review // Who's Who in China. 1936, p. 108
胡道维 / 密勒氏评论报 // 中国名人录. 1936 年, 第 108 页

胡嘉诏
2495　Hu Chia-shao / The China Weekly Review // Who's Who in China. 1936, p. 299
胡嘉诏（字检汝）/ 密勒氏评论报 // 中国名人录. 1936 年, 第 299 页

2496　Hu Chia-shao（Chien-ju）/ H. G. W. Woodhead, H. T. M. Bell // The China Year Book. 1939(27), p. 180(p. 204)
胡嘉诏（字检汝）/ H. G. W. 伍德海、H. T. M. 贝尔 // 中华年鉴. 1939 年第 27 册, 第 180 页（第 204 页）

荫昌
2497　Marshal Yin Chang / The China Weekly Review // Who's Who in China. 1925, p. 938; 1936, p. 280
荫昌（字午楼）/ 密勒氏评论报 // 中国名人录. 1925 年, 第 938 页; 1936 年, 第 280 页

茹志鹃
2498　A Woman Writer of Distinction（Ju Chih-chuan）/ Fang Wen-jen // Chinese Literature. 7. 1963
杰出的女作家：茹志鹃 / 方文珍（音）// 中国文学. 1963. 7

查良钊
2499　Mr. Cha Liang-Chao（Ch'a Liang-chao）/ The China Weekly Review // Who's Who in China. 1925, p. 3;

1936,p. 1

查良钊(字勉仲) / 密勒氏评论报 // 中国名人录. 1925 年,第 3 页,1936 年,第 1 页

柏文蔚

2500　Pai Wen-wei / The China Weekly Review // Who's Who in China. 1936,p. 194

柏文蔚(字烈武) / 密勒氏评论报 // 中国名人录. 1936 年,第 194 页

2501　Po Wen-wei(Lieh-wu) / H. G. W. Woodhead, H. T. M. Bell // The China Year Book. 1939(27),p. 195 (p. 219)

柏文蔚(字烈武) / H. G. W. 伍德海、H. T. M. 贝尔 // 中华年鉴. 1939 年第 27 册,第 195 页(第 219 页)

柳克述

2502　Liu Keh-shu / The China Weekly Review // Who's Who in China. 1940,p. 33

柳克述(字剑霞) / 密勒氏评论报 // 中国名人录. 1940 年,第 33 页

〔丨〕

贵　福

2503　Kuei Fu / The China Weekly Review // Who's Who in China. 1936,p. 128

贵　福 / 密勒氏评论报 // 中国名人录. 1936 年,第 128 页

哈汉章

2504　General Ha Han-chang / The China Weekly Review // Who's Who in China. 1925,p. 272;1936,p. 77

哈汉章(字云裳) / 密勒氏评论报 // 中国名人录. 1925 年,第 272 页;1936 年,第 77 页

〔丿〕

钟　锷

2505　Chung Ao / The China Weekly Review // Who's Who in China. 1933,p. 32;1936,p. 70

钟　锷 / 密勒氏评论报 // 中国名人录. 1933 年,第 32 页;1936 年,第 70 页

2506　Chung Ao / H. G. W. Woodhead, H. T. M. Bell // The China Year Book. 1939(27),p. 173(p. 197)

钟　锷 / H. G. W. 伍德海、H. T. M. 贝尔 // 中华年鉴. 1939 年第 27 册,第 173 页(第 197 页)

钟文耀

2507　Chung Mun-yew (Chung Wen-yao) / The China Weekly Review // Who's Who in China. 1936,p. 71

钟文耀(字紫垣) / 密勒氏评论报 // 中国名人录. 1936 年,第 71 页

钟世铭

2508　Dr. Chung Shih-ming / The China Weekly Review // Who's Who in China. 1925,p. 247;1936,p. 70

钟世铭(字蕙生) / 密勒氏评论报 // 中国名人录. 1925 年,第 247 页;1936 年,第 70 页

钟荣光

2509　Chung Wing-kwong (Chung Yung-kuang) / The China Weekly Review // Who's Who in China. 1936,p. 71

钟荣光 / 密勒氏评论报 // 中国名人录. 1936 年,第 71 页

2510　Chung Yung-kuang / H. G. W. Woodhead, H. T. M. Bell // The China Year Book. 1939(27),p. 173 (p. 197)

钟荣光 / H. G. W. 伍德海、H. T. M. 贝尔 // 中华年鉴. 1939 年第 27 册,第 173 页(第 197 页)

钟荫棠

2511　Chung Yin-tang / The China Weekly Review // Who's Who in China. 1936,p. 71

钟荫棠(字召芰) / 密勒氏评论报 // 中国名人录. 1936 年,第 71 页

钮永建

2512　Niu Yung-chien / The China Weekly Review // Who's Who in China. 1936,p. 193

钮永建(字惕生) / 密勒氏评论报 // 中国名人录. 1936 年,第 193 页

2513 Niu Yung-chien(T'i-sheng) / H. G. W. Woodhead, H. T. M. Bell // The China Year Book. 1939(27), p. 193(p. 217)
钮永建(字惕生) / H. G. W. 伍德海、H. T. M. 贝尔 // 中华年鉴. 1939 年第 27 册, 第 193 页(第 217 页)

钮传善

2514 Ma. Niu Chuan-shan / The China Weekly Review // Who's Who in China. 1925, p. 617;1936, p. 192
钮传善(字元伯) / 密勒氏评论报 // 中国名人录. 1925 年, 第 617 页;1936 年, 第 192 页

郜子举

2515 Kao Tsi-chu / The China Weekly Review // Who's Who in China. 1933, p. 56;1936, p. 121
郜子举 / 密勒氏评论报 // 中国名人录. 1933 年, 第 56 页;1936 年, 第 121 页

香翰屏

2516 Hsiang Han-p'ing / H. G. W. Woodhead, H. T. M. Bell // The China Year Book. 1939(27), p. 177(p. 201)
香翰屏 / H. G. W. 伍德海、H. T. M. 贝尔 // 中华年鉴. 1939 年第 27 册, 第 177 页(第 201 页)

秋　瑾

2517 The Life of Ch'iu Chin / Lionel Giles // T'oung Pao. 14:2. 1913
秋瑾的一生 / 翟林奈 // 通报. 1913. 14:2

2518 About Madame Chiu Chin the First Woman to Give Her Life for the Chinese Revolution of 1911 / Carl Glick, Hong Sheng-hwa // China Monthly. 8. 1947
秋瑾——第一位把自己的生命献给 1911 年中国革命的女性 / 卡尔·格利克、洪胜华 // 中国月刊. 1947. 8

2519 Qiu Jin, Poet and Revolutionary Martyr / Yang Minru // Chinese Literature. 7. 1982
秋瑾: 诗人与革命烈士 / 杨敏如(音) // 中国文学. 1982. 7

2520 Critiques of Ch'iu Chin: A Radical Feminist and National Revolutionary (1875-1907) / Lee Gong-way // Chinese Culture. 32:2. 1991
秋瑾(1875—1907)评论: 一个激进的女权主义者和国民革命者 / 李恭尉 // 中国文化. 1991. 32:2

2521 Ch'iu Chin's Revolutionary Career / Chia-lin Pao Tao // Chinese Studies in History. 25:4. 1992
秋瑾的革命生涯 / 陶鲍家麟 // 中国历史研究. 1992. 25:4

2522 Ch'iu Chin, Revolutionary Martyr / C. Y. Hsu // Asian Culture Quarterly. 22:2. 1994
革命烈士秋瑾 / 徐中约 // 亚洲文化季刊. 1994. 22:2

2523 Female Role Models: Fictional and Actual Heroines of the Late Chinese Empire with Reference to Meng Lijun and Qiu Jin (Ph. D. Thesis) / Sabine Hieronymus // Christian-Albrechts Universitaet zu Kiel. 1999
女性楷模: 中华帝国末期虚构与现实的女英雄, 孟丽君与秋瑾(博士论文) / 萨宾·希罗尼穆斯 // 基尔大学. 1999

2524 Ch'iu Chin / Arthur W. Hummel // Eminent Chinese of the Ch'ing Period (1644-1912). p. 169
秋　瑾 / 亚瑟·W. 赫梅尔 // 清代名人传略(1644—1912). 第 169 页

段正元

2525 Tuan Cheng-yuan / H. G. W. Woodhead, H. T. M. Bell // The China Year Book. 1939(27), p. 203(p. 227)
段正元 / H. G. W. 伍德海、H. T. M. 贝尔 // 中华年鉴. 1939 年第 27 册, 第 203 页(第 227 页)

段茂澜

2526 Tuan Mao-lan / The China Weekly Review // Who's Who in China. 1940, p. 46
段茂澜(字观海) / 密勒氏评论报 // 中国名人录. 1940 年, 第 46 页

段祺瑞

2527 Tuan Ch'i-jui, 1912-1918: A Case Study of the Military Influence on the Chinese Political Development

(Ph. D. Thesis) / Shao Hsi-ping // University of Pennsylvania. 1976

段祺瑞,1912—1918:中国政治发展中的军事影响之个案研究(博士论文)/ 邵希平(音)// 宾夕法尼亚大学.1976

2528 Marshal Tuan Chi-jui / The China Weekly Review // Who's Who in China. 1925, p. 759;1936, p. 238

段祺瑞(字芝泉)/ 密勒氏评论报 // 中国名人录.1925年,第759页;1936年,第238页

段锡朋

2529 Tuan Hsi-peng / The China Weekly Review // Who's Who in China. 1936, p. 296

段锡朋 / 密勒氏评论报 // 中国名人录.1936年,第296页

2530 Tuan Hsi-p'eng(Shu-yi) / H. G. W. Woodhead, H. T. M. Bell // The China Year Book. 1939(27), p. 203 (p. 227)

段锡朋(字书诒)/ H. G. W. 伍德海、H. T. M. 贝尔 // 中华年鉴.1939年第27册,第203页(第227页)

保君健

2531 Pao Chun-jien / The China Weekly Review // Who's Who in China. 1940, p. 36

保君健 / 密勒氏评论报 // 中国名人录.1940年,第36页

侯家源

2532 Hou Chia-yuan / The China Weekly Review // Who's Who in China. 1933, p. 41;1936, p. 84

侯家源 / 密勒氏评论报 // 中国名人录.1933年,第41页;1936年,第84页

俞 彦

2533 Yu Tzse-ying(Yu Tsi-ying) / The China Weekly Review // Who's Who in China. 1933, p. 127;1936, p. 284

俞彦(字子英)/ 密勒氏评论报 // 中国名人录.1933年,第127页;1936年,第284页

俞 樾

2534 Yu Yueh / Arthur W. Hummel // Eminent Chinese of the Ch'ing Period (1644-1912). p. 944

俞 樾 / 亚瑟·W. 赫梅尔 // 清代名人传略(1644—1912).第944页

俞人凤

2535 Mr. Yu Jen-feng / The China Weekly Review // Who's Who in China. 1925, p. 944;1936, p. 282

俞人凤(字魃梧)/ 密勒氏评论报 // 中国名人录.1925年,第944页;1936年,第282页

俞子夷

2536 Yu Tzu-yi / H. G. W. Woodhead, H. T. M. Bell // The China Year Book. 1939(27), p. 212(p. 236)

俞子夷 / H. G. W. 伍德海、H. T. M. 贝尔 // 中华年鉴.1939年第27册,第212页(第236页)

俞飞鹏

2537 Yu Fei-pang / The China Weekly Review // Who's Who in China. 1936, p. 282

俞飞鹏 / 密勒氏评论报 // 中国名人录.1936年,第282页

2538 Yu Fei-peng(Ch'iao-feng) / H. G. W. Woodhead, H. T. M. Bell // The China Year Book. 1939(27), p. 211(p. 235)

俞飞鹏(字樵峰)/ H. G. W. 伍德海、H. T. M. 贝尔 // 中华年鉴.1939年第27册,第211页(第235页)

俞同奎

2539 T. K. Yu (Yu Tung-kuei) / The China Weekly Review // Who's Who in China. 1936, p. 284

俞同奎 / 密勒氏评论报 // 中国名人录.1936年,第284页

俞庆棠

2540 Yu Ch'ing-t'ang, Miss / H. G. W. Woodhead, H. T. M. Bell // The China Year Book. 1939(27), p. 211 (p. 235)

俞庆棠 / H. G. W. 伍德海、H. T. M. 贝尔 // 中华年鉴.1939年第27册,第211页(第235页)

俞佐廷

2541　Yue Tsu-ting（Yu Tso-ting）/ The China Weekly Review // Who's Who in China. 1936, p. 284
俞佐廷 / 密勒氏评论报 // 中国名人录. 1936 年, 第 284 页

2542　Yu Tso-t'ing / H. G. W. Woodhead, H. T. M. Bell // The China Year Book. 1939(27), p. 212(p. 236)
俞佐廷 / H. G. W. 伍德海、H. T. M. 贝尔 // 中华年鉴. 1939 年第 27 册, 第 212 页(第 236 页)

俞应望

2543　Yu Ying-vong（Yu Ying-wang）/ The China Weekly Review // Who's Who in China. 1936, p. 285
俞应望(字奠荪) / 密勒氏评论报 // 中国名人录. 1936 年, 第 285 页

俞济时

2544　Gen. Yu Chi-shih / The China Weekly Review // Who's Who in China. 1933, p. 125; 1936, p. 281
俞济时 / 密勒氏评论报 // 中国名人录. 1933 年, 第 125 页; 1936 年, 第 281 页

2545　Yu Chi-shih / H. G. W. Woodhead, H. T. M. Bell // The China Year Book. 1939(27), p. 211(p. 235)
俞济时 / H. G. W. 伍德海、H. T. M. 贝尔 // 中华年鉴. 1939 年第 27 册, 第 211 页(第 235 页)

俞鸿钧

2546　O. K. Yui（Yu Hung-chiung）/ The China Weekly Review // Who's Who in China. 1933, p. 126; 1936, p. 282
俞鸿钧 / 密勒氏评论报 // 中国名人录. 1933 年, 第 126 页; 1936 年, 第 282 页

2547　Yu Hung-chun / H. G. W. Woodhead, H. T. M. Bell // The China Year Book. 1939(27), p. 211(p. 235)
俞鸿钧 / H. G. W. 伍德海、H. T. M. 贝尔 // 中华年鉴. 1939 年第 27 册, 第 211 页(第 235 页)

郗朝俊

2548　His Ch'ao-chun(Li-ch'in) / H. G. W. Woodhead, H. T. M. Bell // The China Year Book. 1939(27), p. 176(p. 200)
郗朝俊(字励勤) / H. G. W. 伍德海、H. T. M. 贝尔 // 中华年鉴. 1939 年第 27 册, 第 176 页(第 200 页)

饶孟任

2549　Dr. Loe Men Len（Jao Meng-jen）/ The China Weekly Review // Who's Who in China. 1925, p. 398; 1936, p. 117
饶孟任(字伯舆) / 密勒氏评论报 // 中国名人录. 1925 年, 第 398 页; 1936 年, 第 117 页

〔丶〕

施绍常

2550　Shih Shao-chang / The China Weekly Review // Who's Who in China. 1936, p. 207
施绍常 / 密勒氏评论报 // 中国名人录. 1936 年, 第 207 页

施肇基

2551　Mr. Alfred Sao-ke Sze（Shih Chao-chi）/ The China Weekly Review // Who's Who in China. 1925, p. 662; 1936, p. 205; 1940, p. 38
施肇基(字植之) / 密勒氏评论报 // 中国名人录. 1925 年, 第 662 页; 1936 年, 第 205 页; 1940 年, 第 38 页

2552　Shih Chao-chi(Chih-chih) / H. G. W. Woodhead, H. T. M. Bell // The China Year Book. 1939(27), p. 196(p. 220)
施肇基(字植之) / H. G. W. 伍德海、H. T. M. 贝尔 // 中华年鉴. 1939 年第 27 册, 第 196 页(第 220 页)

施肇曾

2553　Mr. Sze Sao-tseng（Shih Chao-tseng）/ The China Weekly Review // Who's Who in China. 1925, p. 664; 1936, p. 206

施肇曾(字省之) / 密勒氏评论报 // 中国名人录.1925年,第664页;1936年,第206页

施肇夔
2554　C. K. Sze (Shih Chao-kuei) / The China Weekly Review // Who's Who in China. 1936, p. 206
施肇夔(字德潜) / 密勒氏评论报 // 中国名人录.1936年,第206页

施赞元
2555　Mr. Tsannyuen Philip Sze (Shih Tsan-yuan) / The China Weekly Review // Who's Who in China. 1925, p. 668;1936,p. 207
施赞元(字君翼) / 密勒氏评论报 // 中国名人录.1925年,第668页;1936年,第207页

施骥生
2556　Shih Chi-sheng / The China Weekly Review // Who's Who in China. 1936, p. 300
施骥生(字乐衡) / 密勒氏评论报 // 中国名人录.1936年,第300页

闻一多
2557　The Life and Poetry of Wen I-to / Hsu Kai-yu // Cambridge：Harvard-Yenching Institute. 1958
闻一多其人其诗 / 许芥昱 // 坎布里奇：哈佛燕京学社.1958年

2558　Wen I-to / Hsu Kai-yu // Boston：Twayne Publishers. 1980
闻一多传 / 许芥昱 // 波士顿：传文出版社.1980年

2559　The Life and Poetry of Wen I-to. / Hsu Kai-yu // Harvard Journal of Asiatic Studies. 21：. 1958
闻一多的生平与诗歌 / 许芥昱 // 亚洲哈佛研究.1958.21：

2560　The Intellectual Biography of a Modern Chinese Poet：Wen I-to (1899-1946) (Ph. D. Thesis) / Hsu Kai-yu // Stanford University. 1959
一位中国当代诗人的思想传记:闻一多(1899—1946)(博士论文) / 许芥昱 // 斯坦福大学.1959

2561　About Wen I-to / Liang Shih-ch'iu // Chinese Education & Society. 3：2. 1970
关于闻一多 / 梁实秋 // 中国教育与社会.1970.3：2

2562　Wen I-to：Ideology and Identity in the Genesis of the Chinese Intelligentsia (Ph. D. Thesis) / Joseph George Garver // University of Pittsburgh. 1980
闻一多：中国知识分子起源中的意识形态与身份认同(博士论文) / 约瑟夫·乔治·加弗 // 匹兹堡大学.1980

2563　The Myth Studies of Wen I-to：A Question of Methodology / Joseph Allen // Tamkang Review. 13：2. 1982
闻一多的神话研究：方法论问题 / 约瑟夫·艾伦 // 淡江评论.1982.13：2

闻钧天
2564　Wen Chun-tien / The China Weekly Review // Who's Who in China. 1940, p. 50
闻钧天(字亦尊) / 密勒氏评论报 // 中国名人录.1940年,第50页

姜登选
2565　General Chiang Teng-sien / The China Weekly Review // Who's Who in China. 1925, p. 969
姜登选 / 密勒氏评论报 // 中国名人录.1925年,第969页

娄学熙
2566　Herbert H. Lou (Lou Hsueh-his) / The China Weekly Review // Who's Who in China. 1936, p. 177
娄学熙(字穆清) / 密勒氏评论报 // 中国名人录.1936年,第177页

娄裕焘
2567　Mr. Y. T. Lou (Lou Yu-tao) / The China Weekly Review // Who's Who in China. 1925, p. 560;1936, p. 177
娄裕焘(字鲁青) / 密勒氏评论报 // 中国名人录.1925年,第560页;1936年,第177页

洪　业
2568　Mr. William Hung (Hung Yeh) / The China Weekly Review // Who's Who in China. 1925, p. 394;1936, p. 117

洪业(字煨莲) / 密勒氏评论报 // 中国名人录.1925 年,第 394 页;1936 年,第 117 页

2569 Hung Yeh(Wei-lien) / H. G. W. Woodhead, H. T. M. Bell // The China Year Book. 1939(27),p. 182 (p. 206)

洪业(字煨莲) / H. G. W. 伍德海、H. T. M. 贝尔 // 中华年鉴. 1939 年第 27 册,第 182 页(第 206 页)

洪 绅

2570 David Shen Hung (Hung Sheng) / The China Weekly Review // Who's Who in China. 1936,p. 116

洪绅(字书行) / 密勒氏评论报 // 中国名人录. 1936 年,第 116 页

洪 逵

2571 Huang K'uei(Wen-ling) / H. G. W. Woodhead, H. T. M. Bell // The China Year Book. 1939(27),p. 181 (p. 205)

洪逵(字芰舲) / H. G. W. 伍德海、H. T. M. 贝尔 // 中华年鉴. 1939 年第 27 册,第 181 页(第 205 页)

洪兰友

2572 Hung Lan-yu / The China Weekly Review // Who's Who in China. 1940,p. 23

洪兰友 / 密勒氏评论报 // 中国名人录. 1940 年,第 23 页

洪陆东

2573 Hung Lu-tung / The China Weekly Review // Who's Who in China. 1936,p. 291

洪陆东 / 密勒氏评论报 // 中国名人录. 1936 年,第 291 页

2574 Hung Lu-tung / H. G. W. Woodhead, H. T. M. Bell // The China Year Book. 1939(27),p. 182(p. 206)

洪陆东 / H. G. W. 伍德海、H. T. M. 贝尔 // 中华年鉴. 1939 年第 27 册,第 182 页(第 206 页)

洪渊源

2575 Ang Jan Goan (Hung Yuen-yuan) / The China Weekly Review // Who's Who in China. 1936,p. 117

洪渊源 / 密勒氏评论报 // 中国名人录. 1936 年,第 117 页

洪维国

2576 Hung Wei-kuo / The China Weekly Review // Who's Who in China. 1936,p. 116

洪维国(字敬民) / 密勒氏评论报 // 中国名人录. 1936 年,第 116 页

祝大椿

2577 Mr. Chu Ta-ch'un (Chai Laifong) / The China Weekly Review // Who's Who in China. 1925,p. 233

祝大椿(字兰舫) / 密勒氏评论报 // 中国名人录. 1925 年,第 233 页

祝世康

2578 S. K. Sheldon Tso (Chu Shih-kang) / The China Weekly Review // Who's Who in China. 1936,p. 67

祝世康(字尧人) / 密勒氏评论报 // 中国名人录. 1936 年,第 67 页

祝绍周

2579 Gen. Tsoh Shao-chou (Chu Shao-chou) / The China Weekly Review // Who's Who in China. 1933,p. 30; 1936,p. 66

祝绍周(字芾南) / 密勒氏评论报 // 中国名人录. 1933 年,第 30 页;1936 年,第 66 页

祝惺元

2580 Mr. Chu Hsing-yuan / The China Weekly Review // Who's Who in China. 1925,p. 221

祝惺元(字砚溪) / 密勒氏评论报 // 中国名人录. 1925 年,第 221 页

祝慎之

2581 Dr. Ernest Tso (Chu Sheng-chih) / The China Weekly Review // Who's Who in China. 1933,p. 31;1936, p. 66

祝慎之 / 密勒氏评论报 // 中国名人录. 1933 年,第 31 页;1936 年,第 66 页

〔㇐〕

贺国光

2582　Gen. Ho Kuo-kuang / The China Weekly Review // Who's Who in China. 1933, p. 38;1936, p. 81
贺国光(字元靖) / 密勒氏评论报 // 中国名人录. 1933 年,第 38 页;1936 年,第 81 页

2583　Ho Kuo-Kuang(Yuan-ch'ing) / H. G. W. Woodhead, H. T. M. Bell // The China Year Book. 1939(27), p. 175(p. 199)
贺国光(字元靖) / H. G. W. 伍德海、H. T. M. 贝尔 // 中华年鉴. 1939 年第 27 册,第 175 页(第 199 页)

贺耀祖

2584　Gen. Ho Yao-tsu / The China Weekly Review // Who's Who in China. 1933, p. 40;1936, p. 83
贺耀祖 / 密勒氏评论报 // 中国名人录. 1933 年,第 40 页;1936 年,第 83 页

2585　Ho Yao-tsu(Kuei-yen) / H. G. W. Woodhead, H. T. M. Bell // The China Year Book. 1939(27), p. 176(p. 200)
贺耀祖(字贵严) / H. G. W. 伍德海、H. T. M. 贝尔 // 中华年鉴. 1939 年第 27 册,第 176 页(第 200 页)

柔石

2586　A Short Biography of Jou Shih / Cheng Tsung // Chinese Literature. 6. 1963
柔石简传 / 郑　宗(音) // 中国文学. 1963.6

结泽热振呼图克图

2587　Chi-Tseh-Je-Cheng-Hu-Tu-Keh-Tu / The China Weekly Review // Who's Who in China. 1936, p. 43
结泽热振呼图克图 / 密勒氏评论报 // 中国名人录. 1936 年,第 43 页

2588　Chieh-Tseh-jh-chen-hu-t'u-k'eh-t'u / H. G. W. Woodhead, H. T. M. Bell // The China Year Book. 1939(27), p. 169(p. 193)
结泽热振呼图克图 / H. G. W. 伍德海、H. T. M. 贝尔 // 中华年鉴. 1939 年第 27 册,第 169 页(第 193 页)

骆传华

2589　Lo Ch'uan-hua / H. G. W. Woodhead, H. T. M. Bell // The China Year Book. 1939(27), p. 191(p. 215)
骆传华 / H. G. W. 伍德海、H. T. M. 贝尔 // 中华年鉴. 1939 年第 27 册,第 191 页(第 215 页)

2590　Lowe Chuan-hua (Lo Chuan-hua) / The China Weekly Review // Who's Who in China. 1940, p. 33
骆传华 / 密勒氏评论报 // 中国名人录. 1940 年,第页

骆美奂

2591　Loh Mei-hwang / The China Weekly Review // Who's Who in China. 1940, p. 33
骆美奂(字仲英) / 密勒氏评论报 // 中国名人录. 1940 年,第 33 页

费孝通

2592　Fei Xiaotong and Sociology in Revolutionary China / R. David Arkush // Cambridge：Council on East Asian Studies, Harvard University. 1981
费孝通与革命中国的社会学 / R. 大卫·阿库什 // 坎布里奇：哈佛大学东亚研究委员会. 1981 年

费起鹤

2593　Two Heroes of Cathay, an Autobiography and a Sketch / Luella Miner // New York, Chicago et al：Fleming H. Revell company. 1903
外国人眼中的中国人：费起鹤及孔祥熙(两个中国豪杰：费起鹤与孔祥熙) / 麦美德 // 纽约、芝加哥等·弗莱明·H. 雷维尔出版公司. 1903 年

2594　Mr. Fei Ch'i-hao / The China Weekly Review // Who's Who in China. 1925, p. 255;1936, p. 73
费起鹤(字云皋) / 密勒氏评论报 // 中国名人录. 1925 年,第 255 页;1936 年,第 73 页

姚 铋

2595 Yao Hung / The China Weekly Review // Who's Who in China. 1933, p. 122;1936, p. 274
      姚铋(字景庭)／密勒氏评论报 // 中国名人录.1933年,第122页;1936年,第274页

姚永励

2596 Yao Yung-li / The China Weekly Review // Who's Who in China. 1936, p. 274
      姚永励(字叔高)／密勒氏评论报 // 中国名人录.1936年,第274页

姚国桢

2597 Mr. Yao Kuo-chen / The China Weekly Review // Who's Who in China. 1925, p. 916;1936, p. 274
      姚国桢(字幼枝)／密勒氏评论报 // 中国名人录.1925年,第916页;1936年,第274页

姚泽生

2598 Yao Tsu-sung (Yao Tse-shen) / The China Weekly Review // Who's Who in China. 1936, p. 297
      姚泽生／密勒氏评论报 // 中国名人录.1936年,第297页

姚定尘

2599 Dr. Yao Ting-chen / The China Weekly Review // Who's Who in China. 1940, p. 54
      姚定尘／密勒氏评论报 // 中国名人录.1940年,第54页

姚慕莲

2600 Yao Mo-lien / The China Weekly Review // Who's Who in China. 1936, p. 274
      姚慕莲／密勒氏评论报 // 中国名人录.1936年,第274页

十　画

〔一〕

秦　汾

2601　Mr. F. Ch'in (Ch'in Fen) / The China Weekly Review // Who's Who in China. 1925, p. 190; 1936, p. 51
　　　秦汾(字景阳) / 密勒氏评论报 // 中国名人录. 1925 年,第 190 页;1936 年,第 51 页

2602　Ch'in Fen(Chin-yang) / H. G. W. Woodhead, H. T. M. Bell // The China Year Book. 1939(27), p. 170 (p. 194)
　　　秦汾(字景阳) / H. G. W. 伍德海、H. T. M. 贝尔 // 中华年鉴. 1939 年第 27 册,第 170 页(第 194 页)

秦润卿

2603　Zing Zung-ching (Chin Jun-ching) / The China Weekly Review // Who's Who in China. 1936, p. 51
　　　秦润卿(字祖泽) / 密勒氏评论报 // 中国名人录. 1936 年,第 51 页

2604　Ch'in Yun-Ch'ing(Tsu-tseh) / H. G. W. Woodhead, H. T. M. Bell // The China Year Book. 1939(27), p. 170(p. 194)
　　　秦润卿(字祖泽) / H. G. W. 伍德海、H. T. M. 贝尔 // 中华年鉴. 1939 年第 27 册,第 170 页(第 194 页)

秦德纯

2605　Chin Teh-hsun / The China Weekly Review // Who's Who in China. 1936, p. 52
　　　秦德纯(字绍文) / 密勒氏评论报 // 中国名人录. 1936 年,第 52 页

班禅额尔德尼·确吉尼玛

2606　Panchen Lama / The China Weekly Review // Who's Who in China. 1936, p. 194
　　　班禅喇嘛 / 密勒氏评论报 // 中国名人录. 1936 年,第 194 页

班禅额尔德尼·确吉坚赞

2607　The Panchen Lama, 1939-1989 / Frederick Hyde-Chambers // The Middle Way. 64:2. 1989
　　　班禅喇嘛,1939—1989 / 弗雷德里克·海德-钱伯斯 // 中间路线. 1989. 64:2

袁　远

2608　Mr. J. Jientsu Yuan (Yuan Yuan) / The China Weekly Review // Who's Who in China. 1925, p. 965; 1936, p. 287
　　　袁远(字近初) / 密勒氏评论报 // 中国名人录. 1925 年,第 965 页;1936 年,第 287 页

袁　良

2609　Yuan Liang / The China Weekly Review // Who's Who in China. 1936, p. 286
　　　袁良(字文钦) / 密勒氏评论报 // 中国名人录. 1936 年,第 286 页

袁　昶

2610　Yuan Ch'ang / Arthur W. Hummel // Eminent Chinese of the Ch'ing Period (1644-1912). p. 945
　　　袁　昶 / 亚瑟·W. 赫梅尔 // 清代名人传略(1644—1912). 第 945 页

袁世凯

2611　Yuan Shih-K'ai, 1859-1916 / Jerome Ch'en // Stanford: Stanford University Press. 1961
　　　袁世凯,1859—1916 年 / 陈志让 // 斯坦福:斯坦福大学出版社. 1961 年

2612　The Presidency of Yuan Shih-K'ai: Liberalism and Dictatorship in Early Republican China / Ernest Paddock Young // Ann Arbor: University of Michigan Press. 1977
　　　袁世凯:早期共和的自由与专制 / 欧内斯特·帕多克·杨 // 安娜堡:密歇根大学出版社. 1977 年

2613 Anglo-Chinese Diplomacy 1906-1920 in the Careers of Sir John Jordan and Yuän Shih-k'ai / Chan Lau Kit-ching // Hong Kong: Hong Kong University Press. 1978
朱尔典爵士和袁世凯在任期1906—1920年间的中英两国外交 / 陈刘洁贞 // 香港：香港大学出版社. 1978年

2614 Power and Politics in Late Imperial China: Yuan Shih-k'ai in Beijing and Tianjin, 1901-1908 / Stephen R. MacKinnon // Berkeley: University of California Press. 1980
晚清时期的权力与政治：袁世凯在北京和天津，1901—1908 / 史蒂芬·R. 麦金农 // 伯克利：加利福尼亚大学出版社. 1980年

2615 The Fall of Yuan Shih-Kai / Lancelot Lawton // Fortnightly Review. 86:519. 1910
袁世凯倒台 / 兰斯洛特·劳顿 // 半月评论报. 1910. 86:519

2616 An Acquaintance with Yuan Shi Kai / Horace N. Allen // The North American Review. 196:1. 1912
认识袁世凯 / 贺瑞斯·N. 艾伦 // 北美评论报. 1912. 196:1

2617 The Chinese Republic and Yüan Shih-k'ai / Stephen Harding // The Dublin Review. 153:306. 1913
中华民国与袁世凯 / 史蒂芬·哈丁 // 都柏林评论. 1913. 153:306

2618 Yuan Shi-k'ai, Dictator / J. Bland // National Review. 63:. 1914
独裁者袁世凯 / J. 布兰德 // 国家评论. 1914. 63:

2619 Yuan Shi-kai, the Terrible / Frederick Moore // Century Illustrated Monthly Magazine. 91:. 1915
令人生畏的袁世凯 / 弗雷德里克·摩尔 // 世纪画报月刊. 1915. 91:

2620 Yuan Shih-K'ai and the Throne of China / Frederick Moore // The World's Work. 31:4. 1916
袁世凯与中国的王座 / 弗雷德里克·摩尔 // 世界著作. 1916. 31:4

2621 The Late Yuan Shih-K'ai / Gilbert Reid // The Journal of Race Development. 7:1. 1916
晚期的袁世凯 / 李佳白 // 种族发展杂志. 1916. 7:1

2622 The Statesmanship of Yuan Shi Kai / William Elliot Griffis // The North American Review. 204:728. 1916
袁世凯的政治风范 / 威廉·艾略特·格里菲斯 // 北美评论报. 1916. 204:728

2623 The Rise and Fall of Yuan Shih-kai / Paul Samuel Reinsch // Asia. 21:12. 1921
袁世凯浮沉记 / 芮恩施 // 亚洲. 1921. 21:12

2624 Explaining Yuan Shih-k'ai / C. Remer // The Weekly Review of the Far East. 18:6. 1921
解读袁世凯 / C. 雷默 // 远东评论周刊. 1921. 18:6

2625 Yuan Shih-K'ai and the Coup D'état of 1898 in China / Kenneth Ch'en // Pacific Historical Review. 6:2. 1937
袁世凯与中国1898年政变 / 陈观胜 // 太平洋历史评论. 1937. 6:2

2626 Makers of Modern China: II. The Strong Man: Yuan Shih-kai / Norman Palmer // Current History. 15:85. 1948
现代中国的缔造者(二)：强人袁世凯 / 诺曼·帕尔默 // 当代历史. 1948. 15:85

2627 Yuan Shih-K'ai as an Official under the Manchus (M. A. Thesis) / Arthur Hummel // The University of Chicago. 1949
清朝为官时期的袁世凯(硕士论文) / 亚瑟·赫梅尔 // 芝加哥大学. 1949

2628 Yuan Shih-k'ai and the Japanese / Yim Kwan-ha // The Journal of Asian Studies. 24:1. 1964
袁世凯与日本人 / 任宽夏(音) // 亚洲研究杂志. 1964. 24:1

2629 Politics in the Early Republic: Liang Ch'i-ch'ao and the Yuan Shih-k'ai Presidency (Ph. D. Thesis) / Ernest Paddock Young // Harvard University. 1965
共和制早期的政治：梁启超和袁世凯的统治(博士论文) / 欧内斯特·帕多克·杨 // 哈佛大学. 1965

2630 Politics of the Yuan Shih-k'ai Presidency (Ph. D. Thesis) / Ernest P. Young // Harvard University. 1965
袁世凯总统时期的政治(博士论文) / 欧内斯特·P·杨 // 哈佛大学. 1965

2631 The Role of Yuan Shih-K'ai in Korea, 1885-1894 (Ph. D. Thesis) / George Yuan // Yonsei

University. 1967

袁世凯对朝鲜的影响,1885—1894(博士论文) / 乔治·袁 // 延世大学. 1967

2632 Sir John Jordan and the Affairs of China, 1906-1916, with Special Reference to the 1911 Revolution and Yuan Shih-k'ai (Ph. D. Thesis) / Lau Kit-ching // University of London. 1968

1906—1916年间的朱尔典爵士与中国事务——辛亥革命和袁世凯(博士论文) / 刘洁贞 // 伦敦大学. 1968

2633 Great Britain, Japan and the Fall of Yuan Shih-K'ai, 1915-1916 / Peter Lowe // The Historical Journal. 13:4. 1970

大英帝国、日本以及袁世凯的没落,1915—1916 / 彼得·洛 // 历史杂志. 1970. 13:4

2634 Yüan Shih-k'ai in Tientsin and Peking: The Sources and Structure of His Power, 1901-1908 (Ph. D. Thesis) / Stephen Robert MacKinnon // University of California, Davis. 1971

袁世凯在天津与北京:权力的来源和结构,1901—1908(博士论文) / 史蒂芬·罗伯特·麦金农 // 加利福尼亚大学,戴维斯分校. 1971

2635 The Peiyang Army, Yuan Shih-kai, and the Origins of Modern Chinese Warlordism / Stephen R. MacKinnon // The Journal of Asian Studies. 32:2. 1973

北洋军、袁世凯与近代中国军阀割据的起因 / 史蒂芬·R.麦金农 // 亚洲研究杂志. 1973. 32:2

2636 Yuan Shih-k'ai's Barbarian Diplomacy / Anthony Chan // Asian Profile. 5:1. 1977

袁世凯的野蛮外交 / 安东尼·陈 // 亚洲简介. 1977. 5:1

2637 Foreign Policy of Yuan Shih-k'ai with Special Emphasis on Tibet, 1912-1916 (Ph. D. Thesis) / Kalvane Werake // University of Washington. 1980

袁世凯的外交政策,着重1912—1916年间的西藏问题(博士论文) / 凯文·沃拉克 // 华盛顿大学. 1980

2638 Yuan Shih-k'ai and the 1911 Revolution / Lin Ming-te // Chinese Studies in History. 9:3-4. 1981

袁世凯与辛亥革命 / 林明德 // 中国历史研究. 1981. 9:3-4

2639 A Study of Japan's Anti-Yuan Policy, 1915-1916 / 林明德 // 台湾师范大学历史学报. 1981. 9

日本反袁世凯政策研究,1915—1916 / 林明德 // 台湾师范大学历史学报. 1981. 9

2640 Republic to Monarchy: The Impact of the Twenty-one Demands Crisis on Yuan Shih-k'ai (Ph. D. Thesis) / Oris Dewayne // Arizona State University. 1982

共和制到君主制:"二十一条"对袁世凯的影响(博士论文) / 奥瑞斯·德维恩 // 亚利桑那州立大学. 1982

2641 Yüan Shih-k'ai's Residency and the Korean Enlightenment Movement (1885-94) / Lew Young Ick // The Journal of Korean Studies. 5:1. 1984

袁世凯的驻军与朝鲜启蒙运动(1885—1894) / 柳永益 // 朝鲜研究杂志. 1984. 5:1

2642 The Tomb of Yuan Shih-k'ai: The Man Who Would be Emperor / Barry Till // Arts of Asia. 19:6. 1989

袁世凯的坟墓:曾有望称帝 / 巴里·特尔 // 亚洲艺术. 1989. 19:6

2643 Yuan Shih-k'ai's Rise to the Presidency / Ernest P. Young // China in Revolution: The First Phase, 1900-1913. p. 419

袁世凯升上总统宝座 / 欧内斯特·P.杨 // 中国革命:第一阶段,1900-1913. 第419页

袁同礼

2644 Yuan Tung-li / The China Weekly Review // Who's Who in China. 1936, p. 286

袁同礼 / 密勒氏评论报 // 中国名人录. 1936年,第286页

2645 Yuan T'ung-li / H. G. W. Woodhead, H. T. M. Bell // The China Year Book. 1939(27), p. 212(p. 236)

袁同礼 / H. G. W. 伍德海、H. T. M. 贝尔 // 中华年鉴. 1939年第27册,第212页(第236页)

袁克文

2646 Yuan Keh-wen / The China Weekly Review // Who's Who in China. 1936, p. 285

袁克文(字豹岑) / 密勒氏评论报 // 中国名人录. 1936 年,第 285 页

袁伯樵

2647 P. T. Yuen (Yuan Pei-chiao) / The China Weekly Review // Who's Who in China. 1933, p. 129;1936, p. 286

袁伯樵 / 密勒氏评论报 // 中国名人录. 1933 年,第 129 页;1936 年,第 286 页

袁希涛

2648 Mr. Yuan Hsi-t'ao / The China Weekly Review // Who's Who in China. 1925, p. 957

袁希涛(字观澜) / 密勒氏评论报 // 中国名人录. 1925 年,第 957 页

袁祖铭

2649 General Yuan Tsu-ming / The China Weekly Review // Who's Who in China. 1925, p. 963;1936, p. 286

袁祖铭(字鼎卿) / 密勒氏评论报 // 中国名人录. 1925 年,第 963 页;1936 年,第 286 页

袁履登

2650 Mr. L. T. Yuan (Yuan Li-tun) / The China Weekly Review // Who's Who in China. 1925, p. 961;1936, p. 285

袁礼敦(字履登) / 密勒氏评论报 // 中国名人录. 1925 年,第 961 页;1936 年,第 285 页

2651 Yuan Li-tun(Lu-teng) / H. G. W. Woodhead, H. T. M. Bell // The China Year Book. 1939(27), p. 212 (p. 236)

袁礼敦(字履登) / H. G. W. 伍德海、H. T. M. 贝尔 // 中华年鉴. 1939 年第 27 册,第 212 页(第 236 页)

耿伯钊

2652 Keng Po-chao / The China Weekly Review // Who's Who in China. 1936, p. 122

耿伯钊 / 密勒氏评论报 // 中国名人录. 1936 年,第 122 页

聂 耳

2653 Nieh Erh — People's Composer / Chih Ilsu // People's China. 2:2. 1950

聂耳:人民作曲家 / 齐一苏(音) // 人民中国. 1950. 2:2

2654 The Composer Nieh Erh / Tien Han // Chinese Literature. 11. 1959

作曲家聂耳 / 田汉 // 中国文学. 1959. 11

聂云台

2655 Mr. C. C. Nieh (Nieh Ch'i-chieh) / The China Weekly Review // Who's Who in China. 1925, p. 612; 1936, p. 191

聂其杰(字云台) / 密勒氏评论报 // 中国名人录. 1925 年,第 612 页;1936 年,第 191 页

2656 Nieh Ch'i-chieh(Yün-t'ai) / H. G. W. Woodhead, H. T. M. Bell // The China Year Book. 1939(27), p. 193(p. 217)

聂其杰(字云台) / H. G. W. 伍德海、H. T. M. 贝尔 // 中华年鉴. 1939 年第 27 册,第 193 页(第 217 页)

聂宪藩

2657 General Nieh Hsien-fan / The China Weekly Review // Who's Who in China. 1925, p. 614;1936, p. 192

聂宪藩(字维城) / 密勒氏评论报 // 中国名人录. 1925 年,第 614 页;1936 年,第 192 页

聂宗羲

2658 Mr. Nieh Chung-hsi (Nieh Tsung-hsi) / The China Weekly Review // Who's Who in China. 1925, p. 616; 1936, p. 192

聂宗羲(字榕卿) / 密勒氏评论报 // 中国名人录. 1925 年,第 616 页;1936 年,第 192 页

莫德惠

2659 Mo Ten-hui / The China Weekly Review // Who's Who in China. 1936, p. 191

莫德惠 / 密勒氏评论报 // 中国名人录. 1936 年,第 191 页

桂中枢

2660　Kwei Chung-shu (Kuei Chuan-shu) / The China Weekly Review // Who's Who in China. 1936, p. 127
　　　桂中枢 / 密勒氏评论报 // 中国名人录. 1936 年, 第 127 页

2661　Kuei Chung-ch'u / H. G. W. Woodhead, H. T. M. Bell // The China Year Book. 1939(27), p. 183(p. 207)
　　　桂中枢 / H. G. W. 伍德海、H. T. M. 贝尔 // 中华年鉴. 1939 年第 27 册, 第 183 页(第 207 页)

桂质廷

2662　Paul Kwei (Kuei Chih-ting) / The China Weekly Review // Who's Who in China. 1936, p. 127
　　　桂质廷 / 密勒氏评论报 // 中国名人录. 1936 年, 第 127 页

桂质伯

2663　C. B. Kwei / The China Weekly Review // Who's Who in China. 1936, p. 127
　　　桂质伯 / 密勒氏评论报 // 中国名人录. 1936 年, 第 127 页

桂崇基

2664　Chung-gi Kwei (Kuei Chung-chi) / The China Weekly Review // Who's Who in China. 1936, p. 127
　　　桂崇基 / 密勒氏评论报 // 中国名人录. 1936 年, 第 127 页

格桑泽仁

2665　Ke-Sang-Tseh-Jen / The China Weekly Review // Who's Who in China. 1936, p. 291
　　　格桑泽仁(字时如) / 密勒氏评论报 // 中国名人录. 1936 年, 第 291 页

贾士毅

2666　Chia Shih-yi / The China Weekly Review // Who's Who in China. 1936, p. 43
　　　贾士毅(字果伯) / 密勒氏评论报 // 中国名人录. 1936 年, 第 43 页

2667　Chia Shih-yi(Kuo-po) / H. G. W. Woodhead, H. T. M. Bell // The China Year Book. 1939(27), p. 168(p. 192)
　　　贾士毅(字果伯) / H. G. W. 伍德海、H. T. M. 贝尔 // 中华年鉴. 1939 年第 27 册, 第 168 页(第 192 页)

贾桂林

2668　Chia Kuei-Ling (Chia Wen-huan) / The China Weekly Review // Who's Who in China. 1936, p. 43
　　　贾桂林(字文焕) / 密勒氏评论报 // 中国名人录. 1936 年, 第 43 页

夏　鹏

2669　Bang How (Hsia Peng) / The China Weekly Review // Who's Who in China. 1936, p. 86
　　　夏　鹏 / 密勒氏评论报 // 中国名人录. 1936 年, 第 86 页

2670　Hsia P'eng / H. G. W. Woodhead, H. T. M. Bell // The China Year Book. 1939(27), p. 177(p. 201)
　　　夏　鹏 / H. G. W. 伍德海、H. T. M. 贝尔 // 中华年鉴. 1939 年第 27 册, 第 177 页(第 201 页)

夏斗寅

2671　Hsia Tou-yin / The China Weekly Review // Who's Who in China. 1936, p. 86
　　　夏斗寅 / 密勒氏评论报 // 中国名人录. 1936 年, 第 86 页

2672　Xsia Tou-yin(Ling-ping) / H. G. W. Woodhead, H. T. M. Bell // The China Year Book. 1939(27), p. 177(p. 201)
　　　夏斗寅(字灵炳) / H. G. W. 伍德海、H. T. M. 贝尔 // 中华年鉴. 1939 年第 27 册, 第 177 页(第 201 页)

夏诒霆

2673　Mr. Hsia Yi-Ting (Hisa I-t'ing) / The China Weekly Review // Who's Who in China. 1925, p. 297; 1936, p. 85
　　　夏诒霆(字挺斋) / 密勒氏评论报 // 中国名人录. 1925 年, 第 297 页; 1936 年, 第 85 页

夏奇峰

2674　Hsia Chi-feng / The China Weekly Review // Who's Who in China. 1936, p. 84; 1940, p. 73

夏奇峰 / 密勒氏评论报 // 中国名人录.1936年,第84页;1940年,第73页

夏昌炽

2675　Mr. C. T. Hsia (Hsia Ch'ang-chih) / The China Weekly Review // Who's Who in China. 1925, p. 290; 1936, p. 86

夏昌炽(字光宇) / 密勒氏评论报 // 中国名人录.1925年,第290页;1936年,第86页

夏晋麟

2676　Dr. Hsia Ching-lin / The China Weekly Review // Who's Who in China. 1925, p. 295; 1936, p. 85

夏晋麟(字天长) / 密勒氏评论报 // 中国名人录.1925年,第295页;1936年,第85页

2677　Hsia Chin-lin / H. G. W. Woodhead, H. T. M. Bell // The China Year Book. 1939(27), p. 176(p. 200)

夏晋麟 / H. G. W. 伍德海、H. T. M. 贝尔 // 中华年鉴.1939年第27册,第176页(第200页)

夏琴西

2678　Mr. Hsia Ch'in-hsi / The China Weekly Review // Who's Who in China. 1925, p. 292; 1936, p. 85

夏琴西(字彦藻) / 密勒氏评论报 // 中国名人录.1925年,第292页;1936年,第85页

夏敬观

2679　Mr. Hsia Ching-kuan / The China Weekly Review // Who's Who in China. 1925, p. 294; 1936, p. 85

夏敬观 / 密勒氏评论报 // 中国名人录.1925年,第294页;1936年,第85页

顾　澄

2680　Ku Cheng / The China Weekly Review // Who's Who in China. 1940, p. 74

顾澄(字养吾) / 密勒氏评论报 // 中国名人录.1940年,第74页

顾子仁

2681　T. Z. Koo (Ku Tzu-jen) / The China Weekly Review // Who's Who in China. 1936, p. 291

顾子仁 / 密勒氏评论报 // 中国名人录.1936年,第291页

2682　Ku Tzu-jen / H. G. W. Woodhead, H. T. M. Bell // The China Year Book. 1939(27), p. 183(p. 207)

顾子仁 / H. G. W. 伍德海、H. T. M. 贝尔 // 中华年鉴.1939年第27册,第183页(第207页)

顾在埏

2683　Ku Cha-yen / The China Weekly Review // Who's Who in China. 1933, p. 57; 1936, p. 124

顾在埏(字子用) / 密勒氏评论报 // 中国名人录.1933年,第57页;1936年,第124页

顾孟余

2684　Ku Meng-yu / The China Weekly Review // Who's Who in China. 1933, p. 58; 1936, p. 124

顾孟余 / 密勒氏评论报 // 中国名人录.1933年,第58页;1936年,第124页

2685　Ku Meng-Yu / H. G. W. Woodhead, H. T. M. Bell // The China Year Book. 1939(27), p. 183(p. 207)

顾孟余 / H. G. W. 伍德海、H. T. M. 贝尔 // 中华年鉴.1939年第27册,第183页(第207页)

顾树森

2686　Ku Shu-sen(Yin-t'ing) / H. G. W. Woodhead, H. T. M. Bell // The China Year Book. 1939(27), p. 183(p. 207)

顾树森(字荫亭) / H. G. W. 伍德海、H. T. M. 贝尔 // 中华年鉴.1939年第27册,第183页(第207页)

顾祝同

2687　Gen. Ku Chu-tung / The China Weekly Review // Who's Who in China. 1933, p. 58; 1936, p. 124; 1940, p. 24

顾祝同(字墨三) / 密勒氏评论报 // 中国名人录.1933年,第58页;1936年,第124页;1940年,第24页

2688　Ku Chu-T'ung(Mo-san) / H. G. W. Woodhead, H. T. M. Bell // The China Year Book. 1939(27), p. 183(p. 207)

顾祝同(字墨三) / H. G. W. 伍德海、H. T. M. 贝尔 // 中华年鉴.1939年第27册,第183页(第

顾翊群

2689 Koo Yee-chun (Ku Yi-chun) / The China Weekly Review // Who's Who in China. 1940, p. 24
顾翊群(字季高) / 密勒氏评论报 // 中国名人录. 1940 年, 第 24 页

顾惟精

2690 Vi-tsing Koo (Ku Wei-ching) / The China Weekly Review // Who's Who in China. 1925, p. 414; 1936, p. 124
顾惟精(字心一) / 密勒氏评论报 // 中国名人录. 1925 年, 第 414 页; 1936 年, 第 124 页

顾维钧

2691 My Story / V. K. Wellington Koo // Iceland: Eric Baker Design Associates. 1980
我的故事 / 顾维钧 // 冰岛: 埃里克·贝克设计协会. 1980 年

2692 Koo, Dr. V. K. Wellington / Takaiwa. K. // The China Journal. 30:4. 1939
顾维钧 / 高岩 K. // 中国杂志. 1939. 30:4

2693 V. K. Wellington Koo: A Study of the Diplomat and Diplomacy of Warlord China during His Early Career, 1919-1924 (Ph. D. Thesis) / Chu Pao-chin // University of Pennsylvania. 1970
顾维钧:早期民国军阀时代的外交家与外交研究,1919—1924(博士论文) / 朱葆瑨 // 宾夕法尼亚大学. 1970

2694 V. K. Wellington Koo and China's Wartime Diplomacy / William L. Tung // New York: Center for Asian Studies, St. John's University. 1977
顾维钧与战时中国外交 / 董霖 // 纽约:圣约翰大学亚洲研究中心. 1977 年

2695 Nationalism, Imperialism and Sino-American Relations: V. K. Wellington Koo and China's Quest for International Autonomy and Power, 1912-1949 (Ph. D. Thesis) / Stephen Gregory Craft // University of Illinois at Urbana-Champaign. 1997
民族主义、帝国主义和中美关系:顾维钧和中国对国际自治与权力的追求,1912—1949(博士论文) / 史蒂芬·格雷戈里·卡夫特 // 伊利诺伊大学,厄巴纳-香槟分校. 1997

2696 Dr. Vi-kyuin Wellington Koo (Ku Wei-chun) / The China Weekly Review // Who's Who in China. 1925, p. 416; 1936, p. 125; 1940, p. 24
顾维钧(字少川) / 密勒氏评论报 // 中国名人录. 1925 年, 第 416 页; 1936 年, 第 125 页; 1940 年, 第 24 页

2697 Ku Wei-chun (Shao-ch'uan) / H. G. W. Woodhead, H. T. M. Bell // The China Year Book. 1939(27), p. 183(p. 207)
顾维钧(字少川) / H. G. W. 伍德海、H. T. M. 贝尔 // 中华年鉴. 1939 年第 27 册, 第 183 页(第 207 页)

顾颉刚

2698 Ku Chieh-Kang and China's New History: Nationalism and the Quest for Alternative Traditions / Laurence A. Schneider // Berkeley: University of California Press. 1971
顾颉刚与中国新史学:民族主义和对另类传统的寻求 / 劳伦斯·A. 施耐德 // 伯克利:加利福尼亚大学出版社. 1971 年

2699 Reorganizing the Nation's Past: Ku Chieh-kang and China's New History (Ph. D. Thesis) / Laurence A. Schneider // University of California, Berkeley. 1968
重建民族史:顾颉刚和中国新史学(博士论文) / 劳伦斯·A. 施耐德 // 加利福尼亚大学,伯克利分校. 1968

2700 From Textual Criticism to Social Criticism: The Historiography of Ku Chieh-kang / Laurence A. Schneider // The Journal of Asian Studies. 28:4. 1969
从文本批评到社会批评:顾颉刚的史学 / 劳伦斯·A. 施耐德 // 亚洲研究杂志. 1969. 28:4

2701　Ku Chieh-kang / The China Weekly Review // Who's Who in China. 1936, p. 291

　　　顾颉刚 / 密勒氏评论报 // 中国名人录. 1936 年, 第 291 页

2702　Ku Chi-kang / H. G. W. Woodhead, H. T. M. Bell // The China Year Book. 1939(27), p. 183(p. 207)

　　　顾颉刚 / H. G. W. 伍德海、H. T. M. 贝尔 // 中华年鉴. 1939 年第 27 册, 第 183 页 (第 207 页)

顾蕙兰

2703　Hui-lan Koo, Madame Wellington Koo: An Autobiography / Hui-Lan Koo, Mary Van Rensselaer Thayer // New York: Dial Press. 1943

　　　顾蕙兰自传 / 顾蕙兰口述、玛丽·塞耶整理 // 纽约: 戴尔出版社. 1943 年

〔I〕

柴志明

2704　Tse-ming Tsai (Tsai Tse-ming) / The China Weekly Review // Who's Who in China. 1936, p. 232

　　　柴志明 / 密勒氏评论报 // 中国名人录. 1936 年, 第 232 页

柴春霖

2705　Tsai Chung-ling / The China Weekly Review // Who's Who in China. 1940, p. 44

　　　柴春霖 / 密勒氏评论报 // 中国名人录. 1940 年, 第 44 页

晏阳初

2706　To the People: James Yen and Village China / Charles W. Hayford // New York: Columbia University Press. 1990

　　　走进人民: 晏阳初与乡村中国 / 查尔斯·W. 海佛德 // 纽约: 哥伦比亚大学出版社. 1990 年

2707　Tell the People: Talks with James Yen about the Mass Education Movement / Pearl Buck // Asia and the Americas. 45: 1. 1945

　　　告诉人民: 与晏阳初对谈平民教育运动 / 赛珍珠 // 亚洲与美洲. 1945. 45: 1

2708　Rural Reconstruction in China: Y. C. James Yen and the Mass Education Movement (Ph. D. Thesis) / James W. Hayes // Harvard University. 1973

　　　中国乡村建设: 晏阳初与平民教育运动(博士论文) / 詹姆斯·W. 海斯 // 哈佛大学. 1973

2709　Education for Change: The People-centered Theory of James Yen (Ph. D. Thesis) / Lam Pui Kiu // The University of Texas, Austin. 1993

　　　教育变革: 晏阳初的人民中心论(博士论文) / 林培侨(音) // 德克萨斯大学, 奥斯汀分校. 1993

2710　James Y. C. Yen (Yen Yang-chu) / The China Weekly Review // Who's Who in China. 1936, p. 280

　　　晏阳初 / 密勒氏评论报 // 中国名人录. 1936 年, 第 280 页

2711　Yen Yang-ch'u / H. G. W. Woodhead, H. T. M. Bell // The China Year Book. 1939(27), p. 210(p. 234)

　　　晏阳初 / H. G. W. 伍德海、H. T. M. 贝尔 // 中华年鉴. 1939 年第 27 册, 第 210 页 (第 234 页)

恩克巴图

2712　En-Ke-Pa-Tu / The China Weekly Review // Who's Who in China. 1936, p. 290

　　　恩克巴图 / 密勒氏评论报 // 中国名人录. 1936 年, 第 290 页

2713　En-ke-pa-t'u(Tzu-yung) / H. G. W. Woodhead, H. T. M. Bell // The China Year Book. 1939(27), p. 174 (p. 198)

　　　恩克巴图(原名于荣) / H. G. W. 伍德海、H. T. M. 贝尔 // 中华年鉴. 1939 年第 27 册, 第 174 页 (第 198 页)

〔J〕

钱　泰

2714　Dr. Tsien Tai (Ch'ien T'ai) / The China Weekly Review // Who's Who in China. 1925, p. 186; 1936, p. 49

2715　Ch'ien T'ai(Chieh-p'ing) / H. G. W. Woodhead, H. T. M. Bell // The China Year Book. 1939(27), p. 169 (p. 193)
钱泰(字阶平) / H. G. W. 伍德海、H. T. M. 贝尔 // 中华年鉴. 1939年第27册, 第169页(第193页)

钱　穆

2716　Qian Mu and the World of Seven Mansions / Jerry Dennerline // New Haven: Yale University Press. 1988
钱穆与七房桥世界 / 邓尔麟 // 纽黑文: 耶鲁大学出版社. 1988年

钱大钧

2717　Chien Ta-chun / The China Weekly Review // Who's Who in China. 1936, p. 49
钱大钧(字慕尹) / 密勒氏评论报 // 中国名人录. 1936年, 第49页

2718　Ch'ien Ta-chun(Mu-yin) / H. G. W. Woodhead, H. T. M. Bell // The China Year Book. 1939(27), p. 169 (p. 193)
钱大钧(字慕尹) / H. G. W. 伍德海、H. T. M. 贝尔 // 中华年鉴. 1939年第27册, 第169页(第193页)

钱天任

2719　Frank T. Z. Chien (Chien Tien-jen) / The China Weekly Review // Who's Who in China. 1933, p. 20; 1936, p. 50
钱天任 / 密勒氏评论报 // 中国名人录. 1933年, 第20页; 1936年, 第50页

钱天鹤

2720　Chien Tien-hao / The China Weekly Review // Who's Who in China. 1936, p. 50
钱天鹤(字安涛) / 密勒氏评论报 // 中国名人录. 1936年, 第50页

2721　Ch'ien T'ien-huo(An-t'ao) / H. G. W. Woodhead, H. T. M. Bell // The China Year Book. 1939(27), p. 169 (p. 193)
钱天鹤(字安涛) / H. G. W. 伍德海、H. T. M. 贝尔 // 中华年鉴. 1939年第27册, 第169页(第193页)

钱文选

2722　W. H. Ch'ien (Ch'ien Wen-hsuan) / The China Weekly Review // Who's Who in China. 1936, p. 50
钱文选 / 密勒氏评论报 // 中国名人录. 1936年, 第50页

钱永铭

2723　Mr. M. Y. Ch'ien (Ch'ien Yung-ming) / The China Weekly Review // Who's Who in China. 1925, p. 188; 1936, p. 50
钱永铭(字新之) / 密勒氏评论报 // 中国名人录. 1925年, 第188页; 1936年, 第50页

2724　Ch'ien Yung-ming(Hsin-chih) / H. G. W. Woodhead, H. T. M. Bell // The China Year Book. 1939(27), p. 169 (p. 193)
钱永铭(字新之) / H. G. W. 伍德海、H. T. M. 贝尔 // 中华年鉴. 1939年第27册, 第169页(第193页)

钱昌照

2725　Chien Chang-chao / The China Weekly Review // Who's Who in China. 1933, p. 20; 1936, p. 48
钱昌照 / 密勒氏评论报 // 中国名人录. 1933年, 第20页; 1936年, 第48页

2726　Ch'ien Ch'ang-chao(I-li) / H. G. W. Woodhead, H. T. M. Bell // The China Year Book. 1939(27), p. 169 (p. 193)
钱昌照(字乙藜) / H. G. W. 伍德海、H. T. M. 贝尔 // 中华年鉴. 1939年第27册, 第169页(第193页)

钱沛猷

2727　Mr. Pei-Yu Ch'ien / The China Weekly Review // Who's Who in China. 1925, p. 184; 1936, p. 49

钱沛猷(字伯涵) / 密勒氏评论报 // 中国名人录.1925年,第184页;1936年,第49页

2728　Ch'ien P'ei-yu(Po-han) / H. G. W. Woodhead, H. T. M. Bell // The China Year Book. 1939(27), p. 169 (p. 193)
钱沛猷(字伯涵) / H. G. W. 伍德海、H. T. M. 贝尔 // 中华年鉴.1939年第27册,第169页(第193页)

钱宗泽

2729　Chien Chung-tse / The China Weekly Review // Who's Who in China. 1933, p. 20;1936, p. 48
钱宗泽(字慕霖) / 密勒氏评论报 // 中国名人录.1933年,第20页;1936年,第48页

2730　Ch'ien Tsung-tseh(Mu-lin) / H. G. W. Woodhead, H. T. M. Bell // The China Year Book. 1939(27), p. 169(p. 193)
钱宗泽(字慕霖) / H. G. W. 伍德海、H. T. M. 贝尔 // 中华年鉴.1939年第27册,第169页(第193页)

钱保和

2731　Chien pao-ho / The China Weekly Review // Who's Who in China. 1936, p. 48
钱保和 / 密勒氏评论报 // 中国名人录.1936年,第48页

钱钟书

2732　Qian Zhongshu / Theodore Huters // Boston:Twayne Publishers. 1982
钱钟书 / 胡志德 // 波士顿:传文出版社.1982年

2733　Traditional Innovation:Qian Zhong-shu and Modern Chinese Letters (Ph. D. Thesis) / Theodore Huters // Stanford University. 1977
传统的创新:钱钟书与现代中国文字(博士论文) / 胡志德 // 斯坦福大学.1977

2734　Qian Zhongshu:1910-1998 / Lionello Lanciotti // East and West. 48;3/4. 1998
钱钟书(1910—1998) / 利奥内洛·兰乔蒂 // 东方与西方.1998.48:3/4

2735　In Search of Qian Zhongshu / Theodore Huters // Modern Chinese Literature and Culture. 11;1. 1999
追寻钱钟书 / 胡志德 // 中国现代文学与文化.1999.11:1

2736　Qian Zhongshu — A Life (1912-1998) / Kerry Brown // PN Review. 26;2. 1999
钱钟书的一生(1912—1998) / 凯利·布朗 // 文学评论.1999.26:2

钱崇垲

2737　Mr. Ch'ien Ch'ung-kai / The China Weekly Review // Who's Who in China. 1925, p. 182;1936, p. 48
钱崇垲(字向忱) / 密勒氏评论报 // 中国名人录.1925年,第182页;1936年,第48页

倪道杰

2738　Li Tao-chi / The China Weekly Review // Who's Who in China. 1936, p. 147
倪道杰(字幼丹) / 密勒氏评论报 // 中国名人录.1936年,第147页

倪道烺

2739　Ni Tao-lang / The China Weekly Review // Who's Who in China. 1940, p. 76
倪道烺 / 密勒氏评论报 // 中国名人录.1940年,第76页

倪渭清

2740　Nei Wei-ching / The China Weekly Review // Who's Who in China. 1940, p. 62
倪渭清(字萍生) / 密勒氏评论报 // 中国名人录.1940年,第62页

徐泽

2741　Dr. Oscar T. Hsu (Hsu Tzu) / The China Weekly Review // Who's Who in China. 1940, p. 19
徐泽(字泽之) / 密勒氏评论报 // 中国名人录.1940年,第19页

徐桴

2742　Hsu Fu(Sheng-shan) / H. G. W. Woodhead, H. T. M. Bell // The China Year Book. 1939(27), p. 179 (p. 203)

徐桴(字圣禅) / H. G. W. 伍德海、H. T. M. 贝尔 // 中华年鉴. 1939 年第 27 册,第 179 页(第 203 页)

徐 堪

2743 Hsu K'an(K'e-t'ing) / H. G. W. Woodhead, H. T. M. Bell // The China Year Book. 1939(27),p. 179(p. 203)
徐堪(字可亭) / H. G. W. 伍德海、H. T. M. 贝尔 // 中华年鉴. 1939 年第 27 册,第 179 页(第 203 页)

徐 棠

2744 Mr. Hsu Kwan-nan / The China Weekly Review // Who's Who in China. 1925,p. 351;1936,p. 95
徐棠(字冠南) / 密勒氏评论报 // 中国名人录. 1925 年,第 351 页;1936 年,第 95 页

徐 谟

2745 Hsu Mo / The China Weekly Review // Who's Who in China. 1933,p. 47;1936,p. 96
徐 谟 / 密勒氏评论报 // 中国名人录. 1933 年,第 47 页;1936 年,第 96 页

2746 Hsu Mo / H. G. W. Woodhead, H. T. M. Bell // The China Year Book. 1939(27),p. 179(p. 203)
徐 谟 / H. G. W. 伍德海、H. T. M. 贝尔 // 中华年鉴. 1939 年第 27 册,第 179 页(第 203 页)

徐 谦

2747 Mr. George Hsu(Hsu Ch'ien) / The China Weekly Review // Who's Who in China. 1925,p. 318;1936,p. 92
徐谦(字季龙) / 密勒氏评论报 // 中国名人录. 1925 年,第 318 页;1936 年,第 92 页

徐 懋

2748 Mr. C. L. Zeen(Hsu Mon) / The China Weekly Review // Who's Who in China. 1925,p. 338;1936,p. 96
徐懋(字乾麟) / 密勒氏评论报 // 中国名人录. 1925 年,第 338 页;1936 年,第 96 页

徐 谭

2749 Charles S. Y. Shu Tze(Hsu Chih) / The China Weekly Review // Who's Who in China. 1925,p. 323;1936,p. 92
徐谭(字巽言) / 密勒氏评论报 // 中国名人录. 1925 年,第 323 页;1936 年,第 92 页

徐元诰

2750 Hsu Yuan-kao / The China Weekly Review // Who's Who in China. 1936,p. 290
徐元诰 / 密勒氏评论报 // 中国名人录. 1936 年,第 290 页

徐世昌

2751 President Hsu Shih-chang on the Pacific Conference / Tong Hollington // Weekly Review of the Far East. 17:21. 1921
太平洋会议上的徐世昌总统 / 董显光 // 远东每周评论. 1921. 17:21

2752 The Mandarin President:Xu Shichang and the Militarization of Chinese Politics(Ph. D. Thesis) / Livingston T. Merchant // Brown University. 1983
民国大总统徐世昌和中国政治军事化(博士论文) / 利文斯顿·T. 默尔钱特 // 布朗大学. 1983

2753 Mr. Hsu Shih-ch'ang / The China Weekly Review // Who's Who in China. 1925,p. 343;1936,p. 98
徐世昌(字菊人) / 密勒氏评论报 // 中国名人录. 1925 年,第 343 页;1936 年,第 98 页

徐世章

2754 Mr. Hsu Shih-chang(Hsu Shih-chang) / The China Weekly Review // Who's Who in China. 1925,p. 340;1936,p. 99
徐世章(字瑞甫) / 密勒氏评论报 // 中国名人录. 1925 年,第 340 页;1936 年,第 99 页

徐东藩

2755 Hsu Tung-fan / The China Weekly Review // Who's Who in China. 1925,p. 355;1936,p. 100
徐东藩(字寿城) / 密勒氏评论报 // 中国名人录. 1925 年,第 355 页;1936 年,第 100 页

徐永昌

2756　Gen. Hsu Yung-chang / The China Weekly Review // Who's Who in China. 1933, p. 49;1936, p. 101

徐永昌(字次辰) / 密勒氏评论报 // 中国名人录. 1933 年,第 49 页;1936 年,第 101 页

2757　Hsu Yung-ch'ang / H. G. W. Woodhead, H. T. M. Bell // The China Year Book. 1939(27), p. 180 (p. 204)

徐永昌 / H. G. W. 伍德海、H. T. M. 贝尔 // 中华年鉴. 1939 年第 27 册,第 180 页(第 204 页)

徐永祚

2758　Hsu Yung-Tso(Yü-shu) / H. G. W. Woodhead, H. T. M. Bell // The China Year Book. 1939(27), p. 180 (p. 204)

徐永祚(字玉书) / H. G. W. 伍德海、H. T. M. 贝尔 // 中华年鉴. 1939 年第 27 册,第 180 页(第 204 页)

徐式昌

2759　Hsu Shih-chang / The China Weekly Review // Who's Who in China. 1936, p. 98

徐式昌(字眷丞) / 密勒氏评论报 // 中国名人录. 1936 年,第 98 页

徐廷瑚

2760　Hsu Ting-hu / The China Weekly Review // Who's Who in China. 1936, p. 99

徐廷瑚(字海帆) / 密勒氏评论报 // 中国名人录. 1936 年,第 99 页

2761　Hsu T'ing-hu(Hai-fan) / H. G. W. Woodhead, H. T. M. Bell // The China Year Book. 1939(27), p. 180 (p. 204)

徐廷瑚(字海帆) / H. G. W. 伍德海、H. T. M. 贝尔 // 中华年鉴. 1939 年第 27 册,第 180 页(第 204 页)

徐仲年

2762　Dr. Sung-nien Hsu (Hsu Chung-nien) / The China Weekly Review // Who's Who in China. 1933, p. 46; 1936, p. 93

徐仲年 / 密勒氏评论报 // 中国名人录. 1933 年,第 46 页;1936 年,第 93 页

2763　Xu Chung-nien / H. G. W. Woodhead, H. T. M. Bell // The China Year Book. 1939(27), p. 179(p. 203)

徐仲年 / H. G. W. 伍德海、H. T. M. 贝尔 // 中华年鉴. 1939 年第 27 册,第 179 页(第 203 页)

徐仲齐

2764　Schu Zung-tchy (Hsu Chung-chi) / The China Weekly Review // Who's Who in China. 1940, p. 18

徐仲齐 / 密勒氏评论报 // 中国名人录. 1940 年,第 18 页

徐志摩

2765　English and Chinese Metres in Hsu Chih-mo / Cyril Birch // Asia Major. 8:2. 1961

徐志摩诗中的英、中韵律 / 西里尔·伯奇 // 亚洲专刊. 1961. 8:2

2766　Hsu Tse-mou (Hsu Chih-mo) / The China Weekly Review // Who's Who in China. 1936, p. 93

徐志摩 / 密勒氏评论报 // 中国名人录. 1936 年,第 93 页

徐佛苏

2767　Mr. Hsu Fo-su / The China Weekly Review // Who's Who in China. 1925, p. 327;1936, p. 94

徐佛苏 / 密勒氏评论报 // 中国名人录. 1925 年,第 327 页;1936 年,第 94 页

徐狄善

2768　Hsu Ti-shan / H. G. W. Woodhead, H. T. M. Bell // The China Year Book. 1939(27), p. 180(p. 204)

徐狄善 / H. G. W. 伍德海、H. T. M. 贝尔 // 中华年鉴. 1939 年第 27 册,第 180 页(第 204 页)

徐青甫

2769　Hsu Ching-fu / The China Weekly Review // Who's Who in China. 1940, p. 18

徐青甫 / 密勒氏评论报 // 中国名人录. 1940 年,第 18 页

徐佩璜

2770　Paul H. Hsu (Hsu Pei-huang) / The China Weekly Review // Who's Who in China. 1933, p. 47;1936,

p. 96

徐佩璜 / 密勒氏评论报 // 中国名人录.1933年,第47页;1936年,第96页

2771　Hsu P'ei-huang(Chün-t'ao) / H. G. W. Woodhead, H. T. M. Bell // The China Year Book. 1939(27), p. 179(p. 203)

徐佩璜(字军陶) / H. G. W. 伍德海、H. T. M. 贝尔 // 中华年鉴.1939年第27册,第179页(第203页)

徐宝谦

2772　P. C. Hsu (Hsu Pao-chien) / The China Weekly Review // Who's Who in China. 1936,p. 96

徐宝谦 / 密勒氏评论报 // 中国名人录.1936年,第96页

徐柏圆

2773　Pei-yuan Hsu (Hsu Pei-yuan) / The China Weekly Review // Who's Who in China. 1936,p. 97

徐柏圆 / 密勒氏评论报 // 中国名人录.1936年,第97页

徐树铮

2774　General Hsu Seu-Cheng / The China Weekly Review // Who's Who in China. 1925,p. 348

徐树铮(字又铮) / 密勒氏评论报 // 中国名人录.1925年,第348页

徐庭瑶

2775　Gen. Hsu Ting-yao / The China Weekly Review // Who's Who in China. 1936,p. 100

徐庭瑶(号月祥) / 密勒氏评论报 // 中国名人录.1936年,第100页

2776　Hsu T'ing-yao(Yueh-hsiang) / H. G. W. Woodhead, H. T. M. Bell // The China Year Book. 1939(27), p. 180(p. 204)

徐庭瑶(字月祥) / H. G. W. 伍德海、H. T. M. 贝尔 // 中华年鉴.1939年第27册,第180页(第204页)

徐祖善

2777　Lieut. Commander T. S. Chu (Hsu Tsu-Shan) / The China Weekly Review // Who's Who in China. 1925, p. 353;1936,p. 100

徐祖善(字燕谋) / 密勒氏评论报 // 中国名人录.1925年,第353页;1936年,第100页

徐诵明

2778　Hsu Sung-ming / H. G. W. Woodhead, H. T. M. Bell // The China Year Book. 1939(27), p. 180(p. 204)

徐诵明 / H. G. W. 伍德海、H. T. M. 贝尔 // 中华年鉴.1939年第27册,第180页(第204页)

徐恩元

2779　Mr. Hsu Un-yuen / The China Weekly Review // Who's Who in China. 1925,p. 325

徐恩元(字容光) / 密勒氏评论报 // 中国名人录.1925年,第325页

徐特立

2780　Three Old Men,Three Revolutions：Hsü T'e-li, Lin Tsu-han, Tung Pi-wu / Robert S. Elegant // China's Red Masters：Political Biographies of the Chinese Communist Leaders. p. 120

三位老人,三场革命：徐特立、林祖涵、董必武 / 罗伯特·S. 爱丽格特 // 中国的红色大师：中国共产党领导人政治传记. 第120页

徐海东

2781　Xu Hai-tung / H. G. W. Woodhead, H. T. M. Bell // The China Year Book. 1939(27),p. 179(p. 203)

徐海东 / H. G. W. 伍德海、H. T. M. 贝尔 // 中华年鉴.1939年第27册,第179页(第203页)

徐逸民

2782　W. Imin Hsu / The China Weekly Review // Who's Who in China. 1936,p. 94

徐逸民 / 密勒氏评论报 // 中国名人录.1936年,第94页

2783　Hsu I'min / H. G. W. Woodhead, H. T. M. Bell // The China Year Book. 1939(27),p. 179(p. 203)

徐逸民 / H. G. W. 伍德海、H. T. M. 贝尔 // 中华年鉴.1939年第27册,第179页(第203页)

徐望孚

2784 Hsu Wang-fu / The China Weekly Review // Who's Who in China. 1940, p. 19
徐望孚 / 密勒氏评论报 // 中国名人录. 1940 年, 第 19 页

徐鸿宾

2785 Hsu Hung-ping / The China Weekly Review // Who's Who in China. 1940, p. 18
徐鸿宾 / 密勒氏评论报 // 中国名人录. 1940 年, 第 18 页

徐淑希

2786 Shuhsi Hsu (Hsu Shu-hsi) / The China Weekly Review // Who's Who in China. 1936, p. 99
徐淑希 / 密勒氏评论报 // 中国名人录. 1936 年, 第 99 页

2787 Hsu Shu-his / H. G. W. Woodhead, H. T. M. Bell // The China Year Book. 1939(27), p. 180(p. 204)
徐淑希 / H. G. W. 伍德海、H. T. M. 贝尔 // 中华年鉴. 1939 年第 27 册, 第 180 页(第 204 页)

徐寄庼

2788 C. M. Shu (Hsu Chi-chin) / The China Weekly Review // Who's Who in China. 1936, p. 91
徐寄庼 / 密勒氏评论报 // 中国名人录. 1936 年, 第 91 页

2789 Hsu Chi-ch'in / H. G. W. Woodhead, H. T. M. Bell // The China Year Book. 1939(27), p. 178(p. 202)
徐寄庼 / H. G. W. 伍德海、H. T. M. 贝尔 // 中华年鉴. 1939 年第 27 册, 第 178 页(第 202 页)

徐维震

2790 Dr. Showin Wetzen Hsu (Hsu Wei-chen) / The China Weekly Review // Who's Who in China. 1925, p. 357; 1936, p. 100
徐维震(字旭瀛) / 密勒氏评论报 // 中国名人录. 1925 年, 第 357 页; 1936 年, 第 100 页

2791 Hsu Wei-chen(Hsü-ying) / H. G. W. Woodhead, H. T. M. Bell // The China Year Book. 1939(27), p. 180 (p. 204)
徐维震(字旭瀛) / H. G. W. 伍德海、H. T. M. 贝尔 // 中华年鉴. 1939 年第 27 册, 第 180 页(第 204 页)

徐悲鸿

2792 The Art of Xu Beihong, 1895-1953 / Barry Till // Victoria: Art Gallery of Greater Victoria. 1987
徐悲鸿(1895—1953)的艺术 / 巴里·特尔 // 维多利亚: 大维多利亚区美术馆. 1987 年

2793 Chinese Artist Acclaimed abroad / Stuart Lillico // The China Journal. 21: 3. 1934
中国画家徐悲鸿在海外得到认可 / 斯图尔特·利利科 // 中国杂志. 1934. 21: 3

2794 Pages from Xu Beihong's Life / Liao Jingwen // Far Eastern Affairs. 2. 1985
徐悲鸿的生命篇章 / 廖静文 // 远东事务. 1985. 2

2795 Xu Beihong and His Promotion of Western Painting in Early Twentieth Century China(M. A. Thesis) / Man-ni Judy Liu // University of Southern California. 1991
徐悲鸿及其在 20 世纪初中国对西方绘画的推广(硕士论文) / 刘曼妮 // 南加州大学. 1991

2796 Ju Peon (Hsu Pei-hung) / The China Weekly Review // Who's Who in China. 1936, p. 97
徐悲鸿 / 密勒氏评论报 // 中国名人录. 1936 年, 第 97 页

2797 Hsu Pei-hung / H. G. W. Woodhead, H. T. M. Bell // The China Year Book. 1939(27), p. 179(p. 203)
徐悲鸿 / H. G. W. 伍德海、H. T. M. 贝尔 // 中华年鉴. 1939 年第 27 册, 第 179 页(第 203 页)

徐傅霖

2798 Mr. Hsu Fu-lin / The China Weekly Review // Who's Who in China. 1925, p. 330; 1936, p. 94
徐傅霖(字梦岩) / 密勒氏评论报 // 中国名人录. 1925 年, 第 330 页; 1936 年, 第 94 页

徐善祥

2799 Zai-ziang Zee (Hsu Shan-hsiang) / The China Weekly Review // Who's Who in China. 1933, p. 48; 1936, p. 97
徐善祥 / 密勒氏评论报 // 中国名人录. 1933 年, 第 48 页; 1936 年, 第 97 页

2800 Hsu Shan-hsiang / H. G. W. Woodhead, H. T. M. Bell // The China Year Book. 1939(27),p. 179(p. 203)
徐善祥 / H. G. W. 伍德海、H. T. M. 贝尔 // 中华年鉴.1939 年第 27 册,第 179 页(第 203 页)

徐新六
2801 Hsu Sing-loh(Obituary) / Hubert Freyn // The China Journal. 29:3. 1938
徐新六(讣告) / 范海璧 // 中国杂志.1938.29:3

2802 Mr. Singloh Hsu (Hsu Hsin-liu) / The China Weekly Review // Who's Who in China. 1925,p. 332;1936, p. 94
徐新六(字振飞) / 密勒氏评论报 // 中国名人录.1925 年,第 332 页;1936 年,第 94 页

徐源泉
2803 Hsu Yuan-chuan / The China Weekly Review // Who's Who in China. 1936,p. 290
徐源泉(字克成) / 密勒氏评论报 // 中国名人录.1936 年,第 290 页

殷 同
2804 Yin Yung / The China Weekly Review // Who's Who in China. 1936,p. 280
殷同(字桐声) / 密勒氏评论报 // 中国名人录.1936 年,第 280 页

殷汝耕
2805 Yin Ju-keng / The China Weekly Review // Who's Who in China. 1936,p. 297
殷汝耕 / 密勒氏评论报 // 中国名人录.1936 年,第 297 页

奚玉书
2806 Hsi Yu-shu / H. G. W. Woodhead, H. T. M. Bell // The China Year Book. 1939(27),p. 176(p. 200)
奚玉书 / H. G. W. 伍德海、H. T. M. 贝尔 // 中华年鉴.1939 年第 27 册,第 176 页(第 200 页)

2807 Yulin Hsi (Hsi Yu-shu) / The China Weekly Review // Who's Who in China. 1940,p. 16
奚玉书 / 密勒氏评论报 // 中国名人录.1940 年,第 16 页

奚亚夫
2808 Afman S. C. Hsi (Hsi Ya-fu) / The China Weekly Review // Who's Who in China. 1936,p. 84
奚亚夫 / 密勒氏评论报 // 中国名人录.1936 年,第 84 页

翁文灏
2809 New Minister of Education / China Journal Editorial Dept. // The China Journal. 18:1. 1933
民国教育部新任部长翁文灏 / 本刊编辑部 // 中国杂志.1933.18:1

2810 Technocracy and Politics in Nationalist China:Weng Wen-hao and the National Resources Commission, 1932-1949 / William C. Kirby // 中国历史学会史学集刊. 1985. 17
民族主义中国的政治与专家治国论:翁文灏和国家资源委员会,1932—1949 / 威廉·C. 柯比 // 中国历史学会史学集刊. 1985. 17

2811 Oung Wen-hao(Weng Wen-hao) / The China Weekly Review // Who's Who in China. 1936,p. 295;1940, p. 54
翁文灏(字咏霓) / 密勒氏评论报 // 中国名人录.1936 年,第 295 页;1940 年,第 54 页

2812 Weng Wen-hao(Yung-i) / H. G. W. Woodhead, H. T. M. Bell // The China Year Book. 1939(27),p. 207 (p. 231)
翁文灏(字咏霓) / H. G. W. 伍德海、H. T. M. 贝尔 // 中华年鉴.1939 年第 27 册,第 207 页(第 231 页)

翁同龢
2813 Weng T'ung-ho and the "One Hundred Days of Reform" / Ho Ping-ti // The Far Eastern Quarterly. 10:2. 1951
翁同龢与"百日维新" / 何炳棣 // 远东研究季刊.1951.10:2.

2814 Weng T'ung-ho / Arthur W. Hummel // Eminent Chinese of the Ch'ing Period (1644-1912). p. 860
翁同龢 / 亚瑟·W. 赫梅尔 // 清代名人传略(1644—1912).第 860 页

翁照垣

2815　Gen. Oung Chao-yuan / The China Weekly Review // Who's Who in China. 1933, p. 82；1936, p. 193
翁照垣 / 密勒氏评论报 // 中国名人录. 1933 年, 第 82 页；1936 年, 第 193 页

2816　Weng Chao-yuan / H. G. W. Woodhead, H. T. M. Bell // The China Year Book. 1939(27), p. 207(p. 231)
翁照垣 / H. G. W. 伍德海、H. T. M. 贝尔 // 中华年鉴. 1939 年第 27 册, 第 207 页 (第 231 页)

〔丶〕

高　岗

2817　Kao Kang and Private Enterprise in China / Far Eastern Economic Review. 13：6. 1952
高岗与中国民营企业 / 远东经济评论. 1952. 13：6

2818　Manchuria and Kao Kang / Far Eastern Economic Review. 12：25. 1952
满洲里与高岗 / 远东经济评论. 1952. 12：25

2819　The Purges of Kao Kang and P'eng Te-huai：Mao Tse-tung's Key Role in 1950s Intra-elite CCP Politics (A. B. Thesis) / Randal Reginald Chin // Harvard University. 1988
高岗和彭德怀的罢黜：毛泽东在 20 世纪 50 年代中国共产党党内精英政治活动中的重要地位 (学士论文) / 兰德尔·雷金纳德·金 // 哈佛大学. 1988

高　鲁

2820　Mr. Kao Lu / The China Weekly Review // Who's Who in China. 1925, p. 408；1936, p. 121
高鲁 (字曙青) / 密勒氏评论报 // 中国名人录. 1925 年, 第 408 页；1936 年, 第 121 页

2821　Kao Lu (Shu-ch'ing) / H. G. W. Woodhead, H. T. M. Bell // The China Year Book. 1939(27), p. 182 (p. 206)
高鲁 (字曙青) / H. G. W. 伍德海、H. T. M. 贝尔 // 中华年鉴. 1939 年第 27 册, 第 182 页 (第 206 页)

高一涵

2822　Kao Yi-han / The China Weekly Review // Who's Who in China. 1936, p. 122
高一涵 / 密勒氏评论报 // 中国名人录. 1936 年, 第 122 页

2823　Kao I-han / H. G. W. Woodhead, H. T. M. Bell // The China Year Book. 1939(27), p. 182 (p. 206)
高一涵 / H. G. W. 伍德海、H. T. M. 贝尔 // 中华年鉴. 1939 年第 27 册, 第 182 页 (第 206 页)

高大方

2824　Dr. Ko Tai-hong (Kao Ta-fang) / The China Weekly Review // Who's Who in China. 1925, p. 410；1936, p. 121
高大方 (字敬廷) / 密勒氏评论报 // 中国名人录. 1925 年, 第 410 页；1936 年, 第 121 页

高云昆

2825　Kao Yun-kun / The China Weekly Review // Who's Who in China. 1936, p. 122
高云昆 (字次章) / 密勒氏评论报 // 中国名人录. 1936 年, 第 122 页

高廷梓

2826　Ting-tsz Ko (Kao Ting-tzu) / The China Weekly Review // Who's Who in China. 1933, p. 55；1936, p. 121
高廷梓 / 密勒氏评论报 // 中国名人录. 1933 年, 第 55 页；1936 年, 第 121 页

2827　Kao T'ing-tzu / H. G. W. Woodhead, H. T. M. Bell // The China Year Book. 1939(27), p. 182 (p. 206)
高廷梓 / H. G. W. 伍德海、H. T. M. 贝尔 // 中华年鉴. 1939 年第 27 册, 第 182 页 (第 206 页)

高纪毅

2828　Kao Chi-yi / The China Weekly Review // Who's Who in China. 1936, p. 119
高纪毅 / 密勒氏评论报 // 中国名人录. 1936 年, 第 119 页

高秉坊

2829　Kao Pin-fang / The China Weekly Review // Who's Who in China. 1940, p. 23

高秉坊(字春如) / 密勒氏评论报 // 中国名人录.1940 年,第 23 页

高宗武
2830　Kao Tsung-wu / The China Weekly Review // Who's Who in China. 1940, p. 74
　　高宗武 / 密勒氏评论报 // 中国名人录.1940 年,第 74 页

高柄中
2831　Kao Ping-chung / The China Weekly Review // Who's Who in China. 1936, p. 121
　　高柄中(字汉吾) / 密勒氏评论报 // 中国名人录.1936 年,第 121 页

高显鉴
2832　Kao Hsien-chan / The China Weekly Review // Who's Who in China. 1940, p. 23
　　高显鉴 / 密勒氏评论报 // 中国名人录.1940 年,第 23 页

高冠吾
2833　Kao Kuan-wu / The China Weekly Review // Who's Who in China. 1940, p. 74
　　高冠吾 / 密勒氏评论报 // 中国名人录.1940 年,第 74 页

高祖川
2834　Dr. Marcelo Nubla (Kao Tsu-chuen) / The China Weekly Review // Who's Who in China. 1933, p. 57; 1936, p. 122
　　高祖川(字峻峰) / 密勒氏评论报 // 中国名人录.1933 年,第 57 页;1936 年,第 122 页

高桂滋
2835　Gen. Kao Kwei-tze / The China Weekly Review // Who's Who in China. 1936, p. 120
　　高桂滋(字培五) / 密勒氏评论报 // 中国名人录.1936 年,第 120 页

高恩洪
2836　Mr. Kao En-hung / The China Weekly Review // Who's Who in China. 1925, p. 404; 1936, p. 120
　　高恩洪(字定庵) / 密勒氏评论报 // 中国名人录.1925 年,第 404 页;1936 年,第 120 页

高凌百
2837　Kao Ling-pai / The China Weekly Review // Who's Who in China. 1940, p. 23
　　高凌百 / 密勒氏评论报 // 中国名人录.1940 年,第 23 页

高凌霨
2838　Mr. Kao Lin-wei / The China Weekly Review // Who's Who in China. 1925, p. 406; 1936, p. 120; 1940, p. 74
　　高凌霨(字泽畬) / 密勒氏评论报 // 中国名人录.1925 年,第 406 页;1936 年,第 120 页;1940 年,第 74 页

高惜冰
2839　Gilbert C. Kao (Kao Hsi-ping) / The China Weekly Review // Who's Who in China. 1936, p. 120
　　高惜冰 / 密勒氏评论报 // 中国名人录.1936 年,第 120 页

郭　乐
2840　Kwok Loh (Kuo Loh) / The China Weekly Review // Who's Who in China. 1936, p. 131
　　郭　乐 / 密勒氏评论报 // 中国名人录.1936 年,第 131 页

郭　标
2841　Kwok Bew (Kuo Piao) / The China Weekly Review // Who's Who in China. 1936, p. 131
　　郭　标 / 密勒氏评论报 // 中国名人录.1936 年,第 131 页

郭　顺
2842　William Gockson (Kuo Shun) / The China Weekly Review // Who's Who in China. 1936, p. 292
　　郭　顺 / 密勒氏评论报 // 中国名人录.1936 年,第 292 页
2843　Kuo Shun / H. G. W. Woodhead, H. T. M. Bell // The China Year Book. 1939(27), p. 184(p. 208)
　　郭　顺 / H. G. W. 伍德海、H. T. M. 贝尔 // 中华年鉴.1939 年第 27 册,第 184 页(第 208 页)

郭　腾

2844　James T. Kuo（Kuo Teng）/ The China Weekly Review // Who's Who in China. 1933, p. 61;1936, p. 132
　　　郭　腾 / 密勒氏评论报 // 中国名人录. 1933 年, 第 61 页;1936 年, 第 132 页

郭乃全

2845　Dr. Thomas N. call（Kuo Nai-chuan）/ The China Weekly Review // Who's Who in China. 1940, p. 26
　　　郭乃全 / 密勒氏评论报 // 中国名人录. 1940 年, 第 26 页

郭天如

2846　Kwok Thin-yu（Kuo Tien-ju）/ The China Weekly Review // Who's Who in China. 1936, p. 132
　　　郭天如 / 密勒氏评论报 // 中国名人录. 1936 年, 第 132 页

郭云观

2847　Mr. Y. K. Kuo（Kuo Yun-kuan）/ The China Weekly Review // Who's Who in China. 1925, p. 440;1936, p. 133
　　　郭云观（字闵畴）/ 密勒氏评论报 // 中国名人录. 1925 年, 第 440 页;1936 年, 第 133 页

2848　Kuo Yun-kuan（Min-ch'ou）/ H. G. W. Woodhead, H. T. M. Bell // The China Year Book. 1939（27）, p. 184（p. 208）
　　　郭云观（原名闵畴）/ H. G. W. 伍德海、H. T. M. 贝尔 // 中华年鉴. 1939 年第 27 册, 第 184 页（第 208 页）

郭心崧

2849　Kuo Hsin-sung / The China Weekly Review // Who's Who in China. 1936, p. 130
　　　郭心崧（字仲岳）/ 密勒氏评论报 // 中国名人录. 1936 年, 第 130 页

2850　Kuo Hsin-sung（Chung-yueh）/ H. G. W. Woodhead, H. T. M. Bell // The China Year Book. 1939（27）, p. 183（p. 207）
　　　郭心崧（字仲岳）/ H. G. W. 伍德海、H. T. M. 贝尔 // 中华年鉴. 1939 年第 27 册, 第 183 页（第 207 页）

郭有守

2851　Kuo Yu-shou / The China Weekly Review // Who's Who in China. 1940, p. 27
　　　郭有守 / 密勒氏评论报 // 中国名人录. 1940 年, 第 27 页

郭则沄

2852　Mr. Kuo Tse-yun / The China Weekly Review // Who's Who in China. 1925, p. 438;1936, p. 133
　　　郭则沄（字啸麓）/ 密勒氏评论报 // 中国名人录. 1925 年, 第 438 页;1936 年, 第 133 页

郭则济

2853　T. C. Kuoh（Kuo Tse-chi）/ The China Weekly Review // Who's Who in China. 1936, p. 133
　　　郭则济（字青原）/ 密勒氏评论报 // 中国名人录. 1936 年, 第 133 页

郭任远

2854　In Memoriam：Zing-Yang Kuo 1898-1970 / J. Kantor // The Psychological Record. 21：1. 1971
　　　悼念郭任远（1898—1970）/ J. 坎特 // 心理记录. 1971. 21：1

2855　Zing-Yang Kuo：Radical Scientific Philosopher and Innovative Experimentalist（1898-1970）/ Gilbert Gottlieb // Journal of Comparative and Physiological Psychology. 80：1. 1972
　　　郭任远（1898—1970）：激进的科学哲学家和创新的实验主义者 / 吉尔伯特·戈特利布 // 比较与生理心理学杂志. 1972. 80：1

2856　Zing-yang Kuo（Kuo Jen-yuen）/ The China Weekly Review // Who's Who in China. 1936, p. 130
　　　郭任远 / 密勒氏评论报 // 中国名人录. 1936 年, 第 130 页

郭劭众

2857　Kuo Shao-Tsung / The China Weekly Review // Who's Who in China. 1936, p. 131
　　　郭劭众（字亦屏）/ 密勒氏评论报 // 中国名人录. 1936 年, 第 131 页

郭秉文

2858　Dr. P. W. Kuo (Kuo Ping-wen) / The China Weekly Review // Who's Who in China. 1925, p. 434; 1936, p. 131

　　郭秉文(字鸿声) / 密勒氏评论报 // 中国名人录. 1925 年, 第 434 页; 1936 年, 第 131 页

2859　Kuo Ping-wen(Hung-sheng) / H. G. W. Woodhead, H. T. M. Bell // The China Year Book. 1939(27), p. 184(p. 208)

　　郭秉文(字鸿声) / H. G. W. 伍德海、H. T. M. 贝尔 // 中华年鉴. 1939 年第 27 册, 第 184 页(第 208 页)

郭沫若

2860　Kuo Mo-jo: The Early Years / David Tod Roy // Cambridge: Harvard University Press. 1971

　　早年郭沫若 / 大卫·托德·罗伊 // 坎布里奇: 哈佛大学出版社. 1971 年

2861　Confucius to Shelley to Marx: Kuo Mo-jo / Robert S. Elegant // China's Red Masters: Political Biographies of the Chinese Communist Leaders. p. 180

　　从孔子到雪莱, 再到马克思: 郭沫若 / 罗伯特·S. 爱丽格特 // 中国的红色大师: 中国共产党领导人政治传记. 第 180 页

2862　Kuo Mo-jo / S. Gerasimov // Soviet Literature. 4. 1952

　　郭沫若 / S. 格拉西莫夫 // 苏维埃文学. 1952. 4

2863　Kuo Mo-jo and the Romantic Aesthetics: 1918-1925 / William R. Schultz // Journal of Oriental Literature. 6: 2. 1955

　　郭沫若与浪漫主义美学: 1918—1925 / 威廉·R. 舒尔茨 // 东方文学杂志. 1955. 6; 2

2864　Kuo Mo-jo: The Literary Profile of a Modern Revolutionary, 1924 to 1949 (Ph. D. Thesis) / Emily Woo Yuan // University of Pennsylvania. 1979

　　郭沫若: 一个现代革命的文学人物, 1924—1949(博士论文) / 袁　宇(音) // 宾夕法尼亚大学. 1979

2865　Towards a Confucian/Marxist Solution: Guo Moruo's Intellectual Development to 1926 (Ph. D. Thesis) / Chen Xiaoming // Ohio State University. 1995

　　走向儒学与马克思主义: 1926 年以前郭沫若的智识发展(博士论文) / 陈晓明(音) // 俄亥俄州立大学. 1995

2866　Kuo Mo-jo / The China Weekly Review // Who's Who in China. 1936, p. 131

　　郭沫若 / 密勒氏评论报 // 中国名人录. 1936 年, 第 131 页

2867　Kuo Mo-jo/K'ai-chen/Tu-vien/I-k'an-jen / H. G. W. Woodhead, H. T. M. Bell // The China Year Book. 1939(27), p. 184(p. 208)

　　郭沫若(原名开贞, 笔名杜衎、易坎人) / H. G. W. 伍德海、H. T. M. 贝尔 // 中华年鉴. 1939 年第 27 册, 第 184 页(第 208 页)

郭承恩

2868　Z. U. Kwauk (Kuo Chen-en) / The China Weekly Review // Who's Who in China. 1933, p. 60; 1936, p. 129

　　郭承恩(字伯良) / 密勒氏评论报 // 中国名人录. 1933 年, 第 60 页; 1936 年, 第 129 页

郭春涛

2869　Kuo Ch'un-T'ao / H. G. W. Woodhead, H. T. M. Bell // The China Year Book. 1939(27), p. 183(p. 207)

　　郭春涛 / H. G. W. 伍德海、H. T. M. 贝尔 // 中华年鉴. 1939 年第 27 册, 第 183 页(第 207 页)

郭威白

2870　Kuo Wei-pai / The China Weekly Review // Who's Who in China. 1936, p. 133

　　郭威白 / 密勒氏评论报 // 中国名人录. 1936 年, 第 133 页

2871　Kuo Wei-pai / H. G. W. Woodhead, H. T. M. Bell // The China Year Book. 1939(27), p. 184(p. 208)

　　郭威白 / H. G. W. 伍德海、H. T. M. 贝尔 // 中华年鉴. 1939 年第 27 册, 第 184 页(第 208 页)

郭泰桢

2872　Quo Tai-tsing（Kuo Tai-tseng）/ The China Weekly Review // Who's Who in China. 1936, p. 132
郭泰桢 / 密勒氏评论报 // 中国名人录. 1936 年, 第 132 页

2873　Kuo T'ai-chen / H. G. W. Woodhead, H. T. M. Bell // The China Year Book. 1939(27), p. 184(p. 208)
郭泰桢 / H. G. W. 伍德海、H. T. M. 贝尔 // 中华年鉴. 1939 年第 27 册, 第 184 页(第 208 页)

郭泰祺

2874　Quo Tai-chi / Paul Kranz // The China Journal. 31:3. 1939
郭泰祺 / 安保罗 // 中国杂志. 1939. 31:3

2875　Quo Tai-chi（Kuo Tai-chi）/ The China Weekly Review // Who's Who in China. 1925, p. 436; 1936, p. 131; 1940, p. 26
郭泰祺 / 密勒氏评论报 // 中国名人录. 1925 年, 第 436 页; 1936 年, 第 131 页; 1940 年, 第 26 页

2876　Kuo T'ai-ch'i(Fu-ch'u) / H. G. W. Woodhead, H. T. M. Bell // The China Year Book. 1939(27), p. 184(p. 208)
郭泰祺(字复初) / H. G. W. 伍德海、H. T. M. 贝尔 // 中华年鉴. 1939 年第 27 册, 第 184 页(第 208 页)

郭崇熙

2877　Kwo Chung-hsi(Kuo Chung-hsi) / The China Weekly Review // Who's Who in China. 1936, p. 130
郭崇熙 / 密勒氏评论报 // 中国名人录. 1936 年, 第 130 页

郭景鸾

2878　Mme. Tsai Kung-shi / The China Weekly Review // Who's Who in China. 1936, p. 231
(蔡)郭景鸾 / 密勒氏评论报 // 中国名人录. 1936 年, 第 231 页

郭福绵

2879　Kuo Fu-mien / The China Weekly Review // Who's Who in China. 1936, p. 130
郭福绵 / 密勒氏评论报 // 中国名人录. 1936 年, 第 130 页

郭德华

2880　T. W. Kwok（Kuo Teh-hua）/ The China Weekly Review // Who's Who in China. 1936, p. 132
郭德华 / 密勒氏评论报 // 中国名人录. 1936 年, 第 132 页

2881　Kuo Teh-hua / H. G. W. Woodhead, H. T. M. Bell // The China Year Book. 1939(27), p. 184(p. 208)
郭德华 / H. G. W. 伍德海、H. T. M. 贝尔 // 中华年鉴. 1939 年第 27 册, 第 184 页(第 208 页)

郭彝民

2882　Kwo Yee-ming（Kuo Yi-ming）/ The China Weekly Review // Who's Who in China. 1936, p. 133
郭彝民 / 密勒氏评论报 // 中国名人录. 1936 年, 第 133 页

席裕昌

2883　Hsi Yu-chang / The China Weekly Review // Who's Who in China. 1936, p. 84
席裕昌(字雨孙) / 密勒氏评论报 // 中国名人录. 1936 年, 第 84 页

席德炯

2884　Hsi Teh-chun(Ming-chiu) / H. G. W. Woodhead, H. T. M. Bell // The China Year Book. 1939(27), p. 176(p. 200)
席德炯(字鸣九) / H. G. W. 伍德海、H. T. M. 贝尔 // 中华年鉴. 1939 年第 27 册, 第 176 页(第 200 页)

唐　炯

2885　T'ang Chiung / Arthur W. Hummel // Eminent Chinese of the Ch'ing Period（1644-1912). p. 707
唐　炯 / 亚瑟·W. 赫梅尔 // 清代名人传略(1644—1912). 第 707 页

唐　萱

2886　Tang Hsuan / The China Weekly Review // Who's Who in China. 1936, p. 222

唐　萱 / 密勒氏评论报 // 中国名人录.1936年,第222页

唐文恺

2887　T'ang Wen-k'ai(Po-yuan) / H. G. W. Woodhead, H. T. M. Bell // The China Year Book. 1939(27),p.199(p.223)

唐文恺(字伯原) / H. G. W. 伍德海、H. T. M. 贝尔 // 中华年鉴.1939年第27册,第199页(第223页)

唐生智

2888　Tang Sheng-chi / The China Weekly Review // Who's Who in China. 1936,p.223

唐生智(字孟潇) / 密勒氏评论报 // 中国名人录.1936年,第223页

2889　T'ang Sheng-chih(Meng-hsiao) / H. G. W. Woodhead, H. T. M. Bell // The China Year Book. 1939(27), p.199(p.223)

唐生智(字孟潇) / H. G. W. 伍德海、H. T. M. 贝尔 // 中华年鉴.1939年第27册,第199页(第223页)

唐在礼

2890　General T'ang Tsai-li / The China Weekly Review // Who's Who in China. 1925,p.708;1936,p.224

唐在礼(字挚夫) / 密勒氏评论报 // 中国名人录.1925年,第708页;1936年,第224页

唐有壬

2891　Tang Yu-jen (deceased) / The China Weekly Review // Who's Who in China. 1936,p.224

唐有壬 / 密勒氏评论报 // 中国名人录.1936年,第224页

唐寿民

2892　Tang Shou-min / The China Weekly Review // Who's Who in China. 1936,p.224

唐寿民 / 密勒氏评论报 // 中国名人录.1936年,第224页

2893　T'ang Shou-min / H. G. W. Woodhead, H. T. M. Bell // The China Year Book. 1939(27),p.199(p.223)

唐寿民 / H. G. W. 伍德海、H. T. M. 贝尔 // 中华年鉴.1939年第27册,第199页(第223页)

唐旺旺

2894　T'ang Wang-wang / China Journal Editorial Dept. // The China Journal. 16:2. 1932

唐旺旺 / 本刊编辑部 // 中国杂志.1932.16:2

唐宝书

2895　Tong Pao-shu (Tang Pao-shu) / The China Weekly Review // Who's Who in China. 1936,p.223

唐宝书 / 密勒氏评论报 // 中国名人录.1936年,第223页

2896　T'ang Pao-shu(Tsung-lin) / H. G. W. Woodhead, H. T. M. Bell // The China Year Book. 1939(27), p.199(p.223)

唐宝书(字宗麟) / H. G. W. 伍德海、H. T. M. 贝尔 // 中华年鉴.1939年第27册,第199页(第223页)

唐绍仪

2897　Theodore Roosevelt's Far Eastern Policy and the T'ang Shao-yi Mission (Ph. D. Thesis) / Gloria E. Blazsik // Georgetown University. 1969

西奥多·罗斯福的远东政策和唐绍仪访美(博士论文) / 格洛莉娅·E. 布莱斯克 // 乔治敦大学.1969

2898　Mr. Tang Shao-yi (T'ang Shao-i) / The China Weekly Review // Who's Who in China. 1925,p.706;1936, p.223

唐绍仪(字少川) / 密勒氏评论报 // 中国名人录.1925年,第706页;1936年,第223页

唐保谦

2899　Tang Pao-chien / The China Weekly Review // Who's Who in China. 1936,p.222

唐保谦 / 密勒氏评论报 // 中国名人录.1936年,第222页

唐健飞

2900　Tang Chien-fei / The China Weekly Review // Who's Who in China. 1936,p. 221
　　　唐健飞 / 密勒氏评论报 // 中国名人录. 1936 年,第 221 页

2901　T'ang Chien-fei / H. G. W. Woodhead, H. T. M. Bell // The China Year Book. 1939(27),p. 199(p. 223)
　　　唐健飞 / H. G. W. 伍德海、H. T. M. 贝尔 // 中华年鉴. 1939 年第 27 册,第 199 页(第 223 页)

唐海安

2902　H. O. Tong (Tang Hai-an) / The China Weekly Review // Who's Who in China. 1933,p. 98;1936,p. 222
　　　唐海安 / 密勒氏评论报 // 中国名人录. 1933 年,第 98 页;1936 年,第 222 页

2903　T'ang Hai-an / H. G. W. Woodhead, H. T. M. Bell // The China Year Book. 1939(27),p. 199(p. 223)
　　　唐海安 / H. G. W. 伍德海、H. T. M. 贝尔 // 中华年鉴. 1939 年第 27 册,第 199 页(第 223 页)

唐悦良

2904　Y. L. Tong (Tang Yueh-liang) / The China Weekly Review // Who's Who in China. 1936,p. 225
　　　唐悦良 / 密勒氏评论报 // 中国名人录. 1936 年,第 225 页

唐继尧

2905　Tang Jiyao and Sun Yat-sen: Reform, Revolution and the Struggle for Southern China (Ph. D. Thesis) / Craig Moran // University of Michigan. 1992
　　　唐继尧与孙中山:华南的改革、革命与抗争(博士论文) / 克雷格·莫兰 // 密歇根大学. 1992

2906　General T'ang Chi-yao / The China Weekly Review // Who's Who in China. 1925,p. 704
　　　唐继尧(字蓂赓) / 密勒氏评论报 // 中国名人录. 1925 年,第 704 页

唐聚五

2907　Gen. Tang Chu-wu / The China Weekly Review // Who's Who in China. 1933,p. 97;1936,p. 221
　　　唐聚五 / 密勒氏评论报 // 中国名人录. 1933 年,第 97 页;1936 年,第 221 页

2908　T'ang Ch'u-wu / H. G. W. Woodhead, H. T. M. Bell // The China Year Book. 1939(27),p. 199(p. 223)
　　　唐聚五 / H. G. W. 伍德海、H. T. M. 贝尔 // 中华年鉴. 1939 年第 27 册,第 199 页(第 223 页)

唐德炘

2909　T'ang Teh-hsin(Hsueh-ch'iao) / H. G. W. Woodhead, H. T. M. Bell // The China Year Book. 1939(27),p. 199(p. 223)
　　　唐德炘(字雪樵) / H. G. W. 伍德海、H. T. M. 贝尔 // 中华年鉴. 1939 年第 27 册,第 199 页(第 223 页)

唐德煌

2910　Col. Tang Teh-huang / The China Weekly Review // Who's Who in China. 1933,p. 99;1936,p. 224
　　　唐德煌(字烛甫) / 密勒氏评论报 // 中国名人录. 1933 年,第 99 页;1936 年,第 224 页

凌　冰

2911　Dr. Ling Ping / The China Weekly Review // Who's Who in China. 1925,p. 517;1936,p. 161
　　　凌冰(字济东) / 密勒氏评论报 // 中国名人录. 1925 年,第 517 页;1936 年,第 161 页

2912　Lin Ping(Chi-tung) / H. G. W. Woodhead, H. T. M. Bell // The China Year Book. 1939(27),p. 188(p. 212)
　　　凌冰(字济东) / H. G. W. 伍德海、H. T. M. 贝尔 // 中华年鉴. 1939 年第 27 册,第 188 页(第 212 页)

凌其峻

2913　Mr. Chi-chun Lin (Ling Ch'i-chun) / The China Weekly Review // Who's Who in China. 1925,p. 515;1936,p. 161
　　　凌其峻 / 密勒氏评论报 // 中国名人录. 1925 年,第 515 页;1936 年,第 161 页

凌鸿勋

2914　H. H. Ling (Ling Hung-hsun) / The China Weekly Review // Who's Who in China. 1936,p. 161

凌鸿勋 / 密勒氏评论报 // 中国名人录.1936年,第161页

2915　Lin Hung-hsun(Tso-ming) / H. G. W. Woodhead, H. T. M. Bell // The China Year Book. 1939(27), p.188(p.212)

凌鸿勋(字作铭) / H. G. W. 伍德海、H. T. M. 贝尔 // 中华年鉴.1939年第27册,第188页(第212页)

凌道扬

2916　Mr. D. Y. Lin (Ling Tao-yang) / The China Weekly Review // Who's Who in China. 1925,p.519;1936,p.162

凌道扬 / 密勒氏评论报 // 中国名人录.1925年,第519页;1936年,第162页

2917　Lin Tao-yang / H. G. W. Woodhead, H. T. M. Bell // The China Year Book. 1939(27),p.188(p.212)

凌道扬 / H. G. W. 伍德海、H. T. M. 贝尔 // 中华年鉴.1939年第27册,第188页(第212页)

容　闳

2918　My Life in China and America / Yung Wing // New York：Henry Holt and Company. 1909

我在中国和美国的生活 / 容　闳 // 纽约：亨利·霍尔特出版公司.1909年

2919　Yung Wing in America / Edmund Worthy // Pacific Historical Review. 34：3. 1965

容闳在美国 / 埃德蒙·沃西 // 太平洋历史评论.1965.34：3

2920　Yung Wing and the Americanization Of China / Bill Lee // Amerasia Journal. 1：1. 1971

容闳与中国的"美国化" / 李亮畴 // 亚美杂志.1971.1：1

2921　Three Visionaries in Exile：Yung Wing, K'ang Yu-wei and Sun Yat-sen, 1894-1911 / J. Y. Wong // Journal of Asian History. 20：1. 1986

三位流放中的理想者：容闳、康有为和孙中山,1984—1911 / 黄宇和 // 亚洲历史杂志.1986.20：1

2922　The First Chinese College Graduate in America：Yung Wing and His Educational Experiences / Leung Pak-wah // Asian Profile. 16：5. 1988

中国近代史上首位留学美国的学生：容闳及其教育经历 / 梁伯华 // 亚洲简介.1988.16：5

2923　Yung Wing, 1828-1912：A Critical Portrait (Ph. D. Thesis) / Peter Pei-De Wan // Harvard University. 1997

容闳(1828—1912)：批判的描述(博士论文) / 佩　湾 // 哈佛大学.1997

诸文绮

2924　Chu Wen-ch'i / H. G. W. Woodhead, H. T. M. Bell // The China Year Book. 1939(27),p.173(p.197)

诸文绮 / H. G. W. 伍德海、H. T. M. 贝尔 // 中华年鉴.1939年第27册,第173页(第197页)

诸昌年

2925　Chu Ch'ang-nien / H. G. W. Woodhead, H. T. M. Bell // The China Year Book. 1939(27),p.171(p.195)

诸昌年 / H. G. W. 伍德海、H. T. M. 贝尔 // 中华年鉴.1939年第27册,第171页(第195页)

诺那呼图克图

2926　No-Na-Hu-Tu-Keh-Tu / The China Weekly Review // Who's Who in China. 1933,p.81;1936,p.193

诺那呼图克图 / 密勒氏评论报 // 中国名人录.1933年,第81页;1936年,第193页

[ㄊ]

陶　樾

2927　Tao Yueh / The China Weekly Review // Who's Who in China. 1936,p.226

陶樾(字冷渔) / 密勒氏评论报 // 中国名人录.1936年,第226页

陶行知

2928　Tao Hsing-chih and Chinese Education (Ph. D. Thesis) / Chu Don-chean // Columbia University. 1953

陶行知和中国教育(博士论文) / 朱宕潜 // 哥伦比亚大学.1953

2929　T'ao Hsing-chih, 1892-1946：Nationalism and Individualism in a Chinese Educational Reformer (A. B.

Thesis) / Debbie Goldman // Harvard University. 1973

陶行知(1892—1946):一个中国教育改革者身上的民族主义和个人主义(学士论文) / 黛比·高曼 // 哈佛大学. 1973

2930 Tao Xingzhi, 1891-1946: His Educational Theory and Practice (M. A. Thesis) / Cheng Pui-wan // McGill University. 1982

陶行知 1891—1946 年间的教育理念与实践(硕士论文) / 郑佩芸 // 麦吉尔大学. 1982

2931 The Unity of Action and Knowledge: Tao Xingzhi and Educational Reform in China, 1911-1930 (A. B. Thesis) / Gregory J. Radke // Harvard University. 1989

知行合一:陶行知与中国教育改革,1911—1930(学士论文) / 格雷戈里·J. 拉德克 // 哈佛大学. 1989

2932 National Salvation through Education: Tao Xingzhi's Educational Radicalism (Ph. D. Thesis) / Yao Yusheng // University of Minnesota. 1999

教育救国:陶行知的教育激进主义(博士论文) / 姚渝生 // 明尼苏达大学. 1999

2933 Tao Xingzhi: Progressive Educator in Republican China / Hubert O. Brown // Biography. 13:1. 1990

陶行知:民国时期的教育改革家 / 休伯特·O. 布朗 // 传记. 1990. 13:1

2934 Tao Xingzhi and His Two Visits to India / Lin Chengjie / China Report. 31:2. 1995

陶行知的两次印度之行 / 林承节 // 中国报道. 1995. 31:2

2935 W. T. Tao (Tao Chih-hsing) / The China Weekly Review // Who's Who in China. 1936, p. 295

陶知行(行知) / 密勒氏评论报 // 中国名人录. 1936 年,第 295 页

2936 T'ao Chih-hsing(Hsing-chih) / H. G. W. Woodhead, H. T. M. Bell // The China Year Book. 1939(27), p. 199(p. 223)

陶知行(字行知) / H. G. W. 伍德海、H. T. M. 贝尔 // 中华年鉴. 1939 年第 27 册,第 199 页(第 223 页)

陶希圣

2937 Tao Hsi-sheng / The China Weekly Review // Who's Who in China. 1940, p. 77

陶希圣 / 密勒氏评论报 // 中国名人录. 1940 年,第 77 页

陶冶公

2938 Tao Yeh-kung / The China Weekly Review // Who's Who in China. 1936, p. 226

陶冶公 / 密勒氏评论报 // 中国名人录. 1936 年,第 226 页

陶尚铭

2939 Tao Shang-ming / The China Weekly Review // Who's Who in China. 1936, p. 296

陶尚铭 / 密勒氏评论报 // 中国名人录. 1936 年,第 296 页

陶昌善

2940 Chang-shan Tau (Tao Chang-shan) / The China Weekly Review // Who's Who in China. 1940, p. 42

陶昌善(号俊人) / 密勒氏评论报 // 中国名人录. 1940 年,第 42 页

陶景潜

2941 Tao Ching-chien / The China Weekly Review // Who's Who in China. 1936, p. 225

陶景潜(字菊畦) / 密勒氏评论报 // 中国名人录. 1936 年,第 225 页

陶善敏

2942 Dr. S. M. Tao (Tao Shan-ming) / The China Weekly Review // Who's Who in China. 1933, p. 101; 1936, p. 225

陶善敏 / 密勒氏评论报 // 中国名人录. 1933 年,第 101 页;1936 年,第 225 页

2943 T'ao Shan-min / H. G. W. Woodhead, H. T. M. Bell // The China Year Book. 1939(27), p. 200(p. 224)

陶善敏 / H. G. W. 伍德海、H. T. M. 贝尔 // 中华年鉴. 1939 年第 27 册,第 200 页(第 224 页)

陶慰孙

2944 Miss Tao Wei-sung / The China Weekly Review // Who's Who in China. 1936, p. 296

陶慰孙女士 / 密勒氏评论报 // 中国名人录.1936年,第296页
2945 T'ao Wei-sun, Miss / H. G. W. Woodhead, H. T. M. Bell // The China Year Book. 1939(27), p. 200 (p. 224)
陶慰孙女士 / H. G. W. 伍德海、H. T. M. 贝尔 // 中华年鉴.1939年第27册,第200页(第224页)

陶履恭
2946 L. K. Tao (Tao Lu-kung) / The China Weekly Review // Who's Who in China. 1936, p. 296
陶履恭(字孟和) / 密勒氏评论报 // 中国名人录.1936年,第296页
2947 T'ao Lu-kung(Meng-he) / H. G. W. Woodhead, H. T. M. Bell // The China Year Book. 1939(27), p. 199 (p. 223)
陶履恭(字孟和) / H. G. W. 伍德海、H. T. M. 贝尔 // 中华年鉴.1939年第27册,第199页(第223页)

陶履谦
2948 Yeesheng L. C. Tao (Tao Lu-chien) / The China Weekly Review // Who's Who in China. 1936, p. 225
陶履谦(字益生) / 密勒氏评论报 // 中国名人录.1936年,第225页
2949 T'ao Lu-ch'ien(Yi-sheng) / H. G. W. Woodhead, H. T. M. Bell // The China Year Book. 1939(27), p. 199 (p. 223)
陶履谦(字益生) / H. G. W. 伍德海、H. T. M. 贝尔 // 中华年鉴.1939年第27册,第199页(第223页)

十 一 画

〔一〕

黄 兴

2950　Huang Hsing and the Chinese Revolution / Hsüeh Chün-tu // Stanford：Stanford University Press. 1961
　　　黄兴与中国革命 / 薛君度 // 斯坦福：斯坦福大学出版社. 1961 年

2951　The Life and Political Thought of Huang Hsing / Hsüeh Chün-tu // Chinese Culture. 7：3. 1966
　　　黄兴生平及政治思想 / 薛君度 // 中国文化. 1966. 7：3

2952　The Life and Political Thought of Huang Hsing：Co-founder of Republic of China / Hsüeh Chün-tu // The Australian Journal of Politics and History. 13：1. 1967
　　　黄兴生平及其政治思想：中华民国的共同缔造者 / 薛君度 // 澳洲政治和历史杂志. 1967. 13：1

2953　An Essay on Huang Hsing, with a Commentary on the Revolution of 1911 / Hsüeh Chün-tu // Chinese Studies in History. 16：3. 1983
　　　关于黄兴,兼评辛亥革命 / 薛君度 // 中国历史研究. 1983. 16：3

黄 郛

2954　General Huang Fu / The China Weekly Review // Who's Who in China. 1925, p. 379；1933, p. 52；1936, p. 111
　　　黄郛(字膺白) / 密勒氏评论报 // 中国名人录. 1925 年, 第 379 页；1933 年, 第 52 页；1936 年, 第 111 页

黄 琬

2955　Huang Wan / The China Weekly Review // Who's Who in China. 1936, p. 115
　　　黄琬(字孟圭) / 密勒氏评论报 // 中国名人录. 1936 年, 第 115 页

黄 福

2956　Mr. Charles Ahfook Wong (Huang Fu) / The China Weekly Review // Who's Who in China. 1925, p. 377；1936, p. 111
　　　黄　福 / 密勒氏评论报 // 中国名人录. 1925 年, 第 377 页；1936 年, 第 111 页

黄 镇

2957　Huang Chen's Assignment to the U. S. and Its Significance / Chang Wei-yah // Asian Outlook. 8：7. 1979
　　　黄镇赴美任职及其意义 / 张伟亚 // 亚洲瞭望. 1979. 8：7

黄一欧

2958　Huang I-ou / The China Weekly Review // Who's Who in China. 1936, p. 291
　　　黄一欧 / 密勒氏评论报 // 中国名人录. 1936 年, 第 291 页

黄士衡

2959　Huang Shih-heng / The China Weekly Review // Who's Who in China. 1936, p. 114
　　　黄士衡 / 密勒氏评论报 // 中国名人录. 1936 年, 第 114 页

黄大伟

2960　Gen. Huang Ta-wei / The China Weekly Review // Who's Who in China. 1940, p. 73
　　　黄大伟 / 密勒氏评论报 // 中国名人录. 1940 年, 第 73 页

黄子方

2961　Tsefang F. Huang (Huang Tse-fang) / The China Weekly Review // Who's Who in China. 1936, p. 115
　　　黄子方 / 密勒氏评论报 // 中国名人录. 1936 年, 第 115 页

2962　Huang Tzu-fang / H. G. W. Woodhead, H. T. M. Bell // The China Year Book. 1939(27), p. 181(p. 205)

黄子方 / H. G. W. 伍德海、H. T. M. 贝尔 // 中华年鉴. 1939年第27册,第181页(第205页)

黄开文

2963　Mr. Huang K'ai-wen (Wong Kai-wen) / The China Weekly Review // Who's Who in China. 1925, p. 388; 1936, p. 113

　　　黄开文 / 密勒氏评论报 // 中国名人录. 1925年,第388页;1936年,第113页

黄天鹏

2964　Huang Tien-peng / The China Weekly Review // Who's Who in China. 1940, p. 22

　　　黄天鹏 / 密勒氏评论报 // 中国名人录. 1940年,第22页

黄凤翔

2965　Huang Feng-hsiang / The China Weekly Review // Who's Who in China. 1936, p. 111

　　　黄凤翔(字楼梧) / 密勒氏评论报 // 中国名人录. 1936年,第111页

黄右昌

2966　Huang Yu-chang / The China Weekly Review // Who's Who in China. 1936, p. 291

　　　黄右昌 / 密勒氏评论报 // 中国名人录. 1936年,第291页

黄汉梁

2967　Dr. Han-Liang Huang (Huang Han-liang) / The China Weekly Review // Who's Who in China. 1925, p. 382; 1936, p. 112

　　　黄汉梁 / 密勒氏评论报 // 中国名人录. 1925年,第382页;1936年,第112页

黄延凯

2968　Huang Yen-kai / The China Weekly Review // Who's Who in China. 1940, p. 22

　　　黄延凯 / 密勒氏评论报 // 中国名人录. 1940年,第22页

黄旭初

2969　Gen. Huang Hsu-chu / The China Weekly Review // Who's Who in China. 1936, p. 112; 1940, p. 60

　　　黄旭初 / 密勒氏评论报 // 中国名人录. 1936年,第112页;1940年,第60页

2970　Huang Hsu-ch'u / H. G. W. Woodhead, H. T. M. Bell // The China Year Book. 1939(27), p. 181(p. 205)

　　　黄旭初 / H. G. W. 伍德海、H. T. M. 贝尔 // 中华年鉴. 1939年第27册,第181页(第205页)

黄宇平

2971　Yu-ping Y. K. Wong (Huang Yu-ping) / The China Weekly Review // Who's Who in China. 1936, p. 116

　　　黄宇平 / 密勒氏评论报 // 中国名人录. 1936年,第116页

黄安礼

2972　Miss Anna Huang An-li / The China Weekly Review // Who's Who in China. 1940, p. 21

　　　黄安礼女士 / 密勒氏评论报 // 中国名人录. 1940年,第21页

黄芸苏

2973　Yuen-su Wong (Huang Yun-su) / The China Weekly Review // Who's Who in China. 1936, p. 115

　　　黄芸苏 / 密勒氏评论报 // 中国名人录. 1936年,第115页

2974　Huang Yun-su / H. G. W. Woodhead, H. T. M. Bell // The China Year Book. 1939(27), p. 181(p. 205)

　　　黄芸苏 / H. G. W. 伍德海、H. T. M. 贝尔 // 中华年鉴. 1939年第27册,第181页(第205页)

黄伯度

2975　Huang Pei-tu / The China Weekly Review // Who's Who in China. 1940, p. 22

　　　黄伯度 / 密勒氏评论报 // 中国名人录. 1940年,第22页

黄伯樵

2976　Huang Pe-tsiau (Huang Pei-chiao) / The China Weekly Review // Who's Who in China. 1933, p. 54; 1936, p. 113

　　　黄伯樵 / 密勒氏评论报 // 中国名人录. 1933年,第54页;1936年,第113页

2977　Huang Po-ch'iao / H. G. W. Woodhead, H. T. M. Bell // The China Year Book. 1939(27), p. 181(p. 205)

黄伯樵 / H. G. W. 伍德海、H. T. M. 贝尔 // 中华年鉴. 1939 年第 27 册, 第 181 页 (第 205 页)

黄金荣

2978 Huang Chin-yung / The China Weekly Review // Who's Who in China. 1936, p. 290
黄锦镛(字金荣) / 密勒氏评论报 // 中国名人录. 1936 年, 第 290 页

2979 Huang Chin-yung (Chin-yung) / H. G. W. Woodhead, H. T. M. Bell // The China Year Book. 1939(27), p. 181 (p. 205)
黄锦镛(字金荣) / H. G. W. 伍德海、H. T. M. 贝尔 // 中华年鉴. 1939 年第 27 册, 第 181 页 (第 205 页)

黄金涛

2980 Huang Chin-tao / The China Weekly Review // Who's Who in China. 1933, p. 51; 1936, p. 110
黄金涛(字清溪) / 密勒氏评论报 // 中国名人录. 1933 年, 第 51 页; 1936 年, 第 110 页

黄炎培

2981 Mr. Huang Yen-Pe'i / The China Weekly Review // Who's Who in China. 1925, p. 392; 1936, p. 115
黄炎培(字任之) / 密勒氏评论报 // 中国名人录. 1925 年, 第 392 页; 1936 年, 第 115 页

2982 Huang Yen-p'ei (Jen-chih) / H. G. W. Woodhead, H. T. M. Bell // The China Year Book. 1939(27), p. 181 (p. 205)
黄炎培(字任之) / H. G. W. 伍德海、H. T. M. 贝尔 // 中华年鉴. 1939 年第 27 册, 第 181 页 (第 205 页)

黄绍竑

2983 Gen. Huang Shao-hsiung / The China Weekly Review // Who's Who in China. 1933, p. 55; 1936, p. 114; 1940, p. 60
黄绍竑(字季宽) / 密勒氏评论报 // 中国名人录. 1933 年, 第 55 页; 1936 年, 第 114 页; 1940 年, 第 60 页

2984 Huang Shao-hsiung (Chi-k'uan) / H. G. W. Woodhead, H. T. M. Bell // The China Year Book. 1939(27), p. 181 (p. 205)
黄绍竑(字季宽) / H. G. W. 伍德海、H. T. M. 贝尔 // 中华年鉴. 1939 年第 27 册, 第 181 页 (第 205 页)

黄绍箕

2985 Huang Shao-chi / Arthur W. Hummel // Eminent Chinese of the Ch'ing Period (1644-1912). p. 343
黄绍箕 / 亚瑟·W. 赫梅尔 // 清代名人传略 (1644—1912). 第 343 页

黄荣良

2986 Mr. Hwang Yung-liang (Hung Jung-liang) / The China Weekly Review // Who's Who in China. 1925, p. 386; 1936, p. 116
黄荣良(字子诚) / 密勒氏评论报 // 中国名人录. 1925 年, 第 386 页; 1936 年, 第 116 页

黄复生

2987 Huang Fu-sheng / The China Weekly Review // Who's Who in China. 1936, p. 290
黄复生 / 密勒氏评论报 // 中国名人录. 1936 年, 第 290 页

黄修伯

2988 Spears H. P. Hwang (Hwang Hsiu-pai) / The China Weekly Review // Who's Who in China. 1936, p. 112
黄修伯 / 密勒氏评论报 // 中国名人录. 1936 年, 第 112 页

黄首民

2989 Wong Shu-min (Huang Shou-min) / The China Weekly Review // Who's Who in China. 1936, p. 114
黄首民 / 密勒氏评论报 // 中国名人录. 1936 年, 第 114 页

黄宣平

2990 Wilfred Sien-bing Wong (Huang Hsuan-ping) / The China Weekly Review // Who's Who in China. 1940,

p. 21
黄宣平 / 密勒氏评论报 // 中国名人录.1940年,第21页

黄宪昭
2991　Mr. Hin Wong (Huang Hsien-chao) / The China Weekly Review // Who's Who in China. 1925, p. 384; 1936, p. 112
黄宪昭 / 密勒氏评论报 // 中国名人录.1925年,第384页;1936年,第112页

黄振东
2992　William C. T. Hwang (Huang Cheng-tung) / The China Weekly Review // Who's Who in China. 1936, p. 109
黄振东 / 密勒氏评论报 // 中国名人录.1936年,第109页

黄敬余
2993　Huang Ching-yu / The China Weekly Review // Who's Who in China. 1936, p. 110
黄敬余(字耕三) / 密勒氏评论报 // 中国名人录.1936年,第110页

黄朝琴
2994　Huang Chao-chin / The China Weekly Review // Who's Who in China. 1936, p. 109
黄朝琴 / 密勒氏评论报 // 中国名人录.1936年,第109页

黄瑞朝
2995　Wee Swee-teow (Huang Jui-tsao) / The China Weekly Review // Who's Who in China. 1936, p. 113
黄瑞朝 / 密勒氏评论报 // 中国名人录.1936年,第113页

黄楚九
2996　Huang Chu-chiu / The China Weekly Review // Who's Who in China. 1936, p. 110
黄楚九(字磋玖) / 密勒氏评论报 // 中国名人录.1936年,第110页

黄靖海
2997　Huang Ching-hai / The China Weekly Review // Who's Who in China. 1936, p. 110
黄靖海 / 密勒氏评论报 // 中国名人录.1936年,第110页

黄嘉惠
2998　Garfield Huang (Huang Chia-hui) / The China Weekly Review // Who's Who in China. 1936, p. 110
黄嘉惠 / 密勒氏评论报 // 中国名人录.1936年,第110页

黄慕松
2999　General Huang Mu-sung / The China Weekly Review // Who's Who in China. 1933, p. 53; 1936, p. 113
黄慕松 / 密勒氏评论报 // 中国名人录.1933年,第53页;1936年,第113页

黄肇基
3000　Shiu-kei Wong (Huang Chao-chi) / The China Weekly Review // Who's Who in China. 1936, p. 109
黄肇基 / 密勒氏评论报 // 中国名人录.1936年,第109页

黄镇磐
3001　Huang Chen-pan / The China Weekly Review // Who's Who in China. 1936, p. 290
黄镇磐(字黼馨) / 密勒氏评论报 // 中国名人录.1936年,第290页

黄遵宪
3002　Reform in China: Huang Tsun-Hsien and the Japanese Model / Noriko Kamachi // Cambridge: Council on East Asian Studies, Harvard University. 1981
中国的改革:黄遵宪与日本模式 / 蒲池典子 // 坎布里奇:哈佛大学东亚研究委员会.1981年

3003　Huang Tsun-hsien, 1848-1905: His Response to Meiji Japan and the West (Ph. D. Thesis) / Noriko Kamachi // Harvard University. 1973
黄遵宪(1848—1905)对明治日本和西方的回应(博士论文) / 蒲池典子 // 哈佛大学.1973

3004　Huang Tsun-hsien's Interpretation of Meiji Japan's Economic Development: An Early Stage of China's

Intellectual Response to Modern Japan（M. A. Thesis）／ Lee Ching-man ／／ The University of British Columbia. 1975

黄遵宪对明治日本经济发展的解释：早期中国学者对近代日本的回应（硕士论文）／李庆满（音）／／英属哥伦比亚大学. 1975

3005 American Influences on Chinese Reform Thought：Huang Tsun-hsien in California，1882-1885 ／ Noriko Kamachi ／／ Pacific Historical Review. 47：2. 1978

美国对中国改革思想的影响：黄遵宪在加州，1882—1885 ／ 蒲池典子 ／／ 太平洋历史评论. 1978. 47：2

3006 "This Culture of Ours" and Huang Zunxian's Literary Experiences in Japan（1877-82）／ Richard Lynn ／／ Chinese Literature：Essays，Articles，Reviews. 19：. 1997

"我们的文化"与黄遵宪在日本的文学经历（1877—1882）／林理彰／／中国文学：论文·文章·评论. 1997. 19：

3007 Huang Tsun-hsien ／ Arthur W. Hummel ／／ Eminent Chinese of the Ch'ing Period（1644-1912）. p. 350

黄遵宪／亚瑟·W. 赫梅尔／／清代名人传略（1644—1912）. 第350页

黄赞熙

3008 Mr. Y. C. Whang.（Huang Tsau-hsi）／ The China Weekly Review ／／ Who's Who in China. 1925，p. 390；1936，p. 114

黄赞熙（字翊昌）／密勒氏评论报／／中国名人录. 1925年，第390页；1936年，第114页

黄馥亭

3009 Harvey F. D. Huang（Huang Fu-ting）／ The China Weekly Review ／／ Who's Who in China. 1936，p. 111

黄馥亭／密勒氏评论报／／中国名人录. 1936年，第111页

黄曝寰

3010 William P. H. Hwang（Huang Pao-kuan）／ The China Weekly Review ／／ Who's Who in China. 1933，p. 54；1936，p. 113

黄曝寰（字果卿）／密勒氏评论报／／中国名人录. 1933年，第54页；1936年，第113页

萧 红

3011 Hsiao Hung ／ Howard Goldblatt ／／ Boston：Twayne Publishers. 1976

萧 红／葛浩文／／波士顿：传文出版社. 1976年

3012 Woman Writer Hsiao Hung ／ China Digest. 1：11. 1947

女作家萧红／中国文摘. 1947. 1：11

3013 A Literary Biography of Hsiao Hung, 1911-1942（Ph. D. Thesis）／ Howard C. Goldblatt ／／ Indiana University. 1974

萧红（1911—1942）文学传记（博士论文）／葛浩文／／印第安纳大学. 1974

3014 Hsiao Hung's Wheel of Birth and Death ／ Friedrich A. Bischoff ／／ Chinese Literature：Essays，Articles，Reviews. 2：2. 1980

萧红的生死轮回／弗里德里希·A. 比绍夫／／中国文学：论文·文章·评论. 1980. 2：2

萧 瑜

3015 Mao Tse-tung and I were Beggars ／ Siao Yu ／／ Syracuse：Syracuse University Press. 1959

我和毛泽东的一段曲折经历／萧 瑜／／雪城：雪城大学出版社. 1959年

萧友梅

3016 Hsiao Yu-mei ／ The China Weekly Review ／／ Who's Who in China. 1940，p. 17

萧友梅／密勒氏评论报／／中国名人录. 1940年，第17页

3017 Hsiao Yu-mei ／ H. G. W. Woodhead, H. T. M. Bell ／／ The China Year Book. 1939（27），p. 177（p. 201）

萧友梅／H. G. W. 伍德海，H. T. M. 贝尔／／中华年鉴. 1939年第27册，第177页（第201页）

萧公权

3018 Hsiao Kung-ch'uan ／ H. G. W. Woodhead, H. T. M. Bell ／／ The China Year Book. 1939（27），p. 177

(p. 201)

萧公权 / H. G. W. 伍德海、H. T. M. 贝尔 // 中华年鉴. 1939 年第 27 册, 第 177 页(第 201 页)

萧永熙

3019　Mr. Hsiao Yung-hsi / The China Weekly Review // Who's Who in China. 1925, p. 302; 1936, p. 87

萧永熙(字次修) / 密勒氏评论报 // 中国名人录. 1925 年, 第 302 页; 1936 年, 第 87 页

萧吉珊

3020　Hsiao Chi-san / H. G. W. Woodhead, H. T. M. Bell // The China Year Book. 1939(27), p. 177(p. 201)

萧吉珊 / H. G. W. 伍德海、H. T. M. 贝尔 // 中华年鉴. 1939 年第 27 册, 第 177 页(第 201 页)

萧佛成

3021　Siew Fat-seng (Hsiao Fu-cheng) / The China Weekly Review // Who's Who in China. 1936, p. 87

萧佛成(字慈祥, 又字铁桥) / 密勒氏评论报 // 中国名人录. 1936 年, 第 87 页

3022　Xiao Fu-ch'eng(T'ieh-ch'iao) / H. G. W. Woodhead, H. T. M. Bell // The China Year Book. 1939(27), p. 177(p. 201)

萧佛成(字铁桥) / H. G. W. 伍德海、H. T. M. 贝尔 // 中华年鉴. 1939 年第 27 册, 第 177 页(第 201 页)

萧俊贤

3023　Hsiao Chun-hsien(Hsiao Wu-chuan) / The China Weekly Review // Who's Who in China. 1940, p. 17

萧俊贤(字厔泉) / 密勒氏评论报 // 中国名人录. 1940 年, 第 17 页

萧振瀛

3024　General Hsiao Cheng-ying / The China Weekly Review // Who's Who in China. 1936, p. 298

萧振瀛(字仙阁) / 密勒氏评论报 // 中国名人录. 1936 年, 第 298 页

3025　Hsiao Cheng-ying(Hsien-ke) / H. G. W. Woodhead, H. T. M. Bell // The China Year Book. 1939(27), p. 177(p. 201)

萧振瀛(字仙阁) / H. G. W. 伍德海、H. T. M. 贝尔 // 中华年鉴. 1939 年第 27 册, 第 177 页(第 201 页)

萧恩承

3026　Hsiao En-ch'eng / H. G. W. Woodhead, H. T. M. Bell // The China Year Book. 1939(27), p. 177(p. 201)

萧恩承 / H. G. W. 伍德海、H. T. M. 贝尔 // 中华年鉴. 1939 年第 27 册, 第 177 页(第 201 页)

萧家驹

3027　Gen. Hsiao Chia-chu / The China Weekly Review // Who's Who in China. 1940, p. 16

萧家驹(字燕生) / 密勒氏评论报 // 中国名人录. 1940 年, 第 16 页

萧继荣

3028　Hsiao Chi-yung / The China Weekly Review // Who's Who in China. 1936, p. 87

萧继荣 / 密勒氏评论报 // 中国名人录. 1936 年, 第 87 页

3029　Hsiao Chi-yung / H. G. W. Woodhead, H. T. M. Bell // The China Year Book. 1939(27), p. 177(p. 201)

萧继荣 / H. G. W. 伍德海、H. T. M. 贝尔 // 中华年鉴. 1939 年第 27 册, 第 177 页(第 201 页)

萧耀南

3030　General Hsiao Yao-nan / The China Weekly Review // Who's Who in China. 1925, p. 301

萧耀南(字珩珊) / 密勒氏评论报 // 中国名人录. 1925 年, 第 301 页

萨福均

3031　Fuchuen Kenneth Sah (Sah Fu-chun) / The China Weekly Review // Who's Who in China. 1925, p. 642; 1936, p. 200

萨福均(字少铭) / 密勒氏评论报 // 中国名人录. 1925 年, 第 642 页; 1936 年, 第 200 页

3032　Sah Fu-chun(Shao-ming) / H. G. W. Woodhead, H. T. M. Bell // The China Year Book. 1939(27), p. 195(p. 219)

萨福均(字少铭) / H. G. W. 伍德海、H. T. M. 贝尔 // 中华年鉴. 1939 年第 27 册, 第 195 页(第 219 页)

萨福懋

3033　Mr. Sah Fu-moh (Sah Fu-mou) / The China Weekly Review // Who's Who in China. 1925, p. 644; 1936, p. 200

萨福懋(字桐孙) / 密勒氏评论报 // 中国名人录. 1925 年, 第 644 页; 1936 年, 第 200 页

萨镇冰

3034　Sah Chen-ping / The China Weekly Review // Who's Who in China. 1936, p. 199

萨镇冰(字鼎铭) / 密勒氏评论报 // 中国名人录. 1936 年, 第 199 页

梅兰芳

3035　Mei Lan-fang: Chinese Drama / Ernest K. Moy // New York: Auspices China Institute in America. 1929

梅兰芳与中国戏剧 / 欧内斯特·K. 莫伊 // 纽约: 华美协进社. 1929 年

3036　Mei Lan-fang: Foremost Actor of China / Liang Shekan // Shanghai: The Commercial Press. 1929

梅兰芳: 中国顶级演员 / 梁社乾 // 上海: 商务印书馆. 1929 年

3037　Mei Lan-fang: Leader of the Pear Garden / Adolphe Scott // Hong Kong: Hong Kong University Press. 1959

梨园领袖——梅兰芳 / 阿道夫·斯科特 // 香港: 香港大学出版社. 1959 年

3038　Mei Lan-fang: The Life and Times of a Peking Actor / A. C. Scott // Hong Kong: Hong Kong University Press. 1971

梅兰芳: 一位京剧演员的生平和时代 / A. C. 斯科特 // 香港: 香港大学出版社. 1971 年

3039　Mei Lan Fang: China's Foremost Actor / Achilles // The Living Age (1897-1941). 321:4169. 1924

梅兰芳: 中国顶级演员 / 阿奇里斯 // 生活时代(1897—1941). 1924. 321:4169

3040　Mei Lan-fang in the Role of Yang Kuei-fei / Huang, Shu-chi-ung // The China Journal. 6:4. 1927

梅兰芳扮演杨贵妃 / 伍连德夫人黄淑琼 // 中国杂志. 1927. 6:4

3041　Mei Lan-fang / Leung George Kin // The China Journal. 12:1. 1930

梅兰芳 / 梁社乾 // 中国杂志. 1930. 12:1

3042　Mei Lan-fang in America / Edward Carter // Pacific Affairs. 3:9. 1930

梅兰芳在美国 / 爱德华·卡特 // 太平洋事务. 1930. 3:9

3043　Mei Lan-fang / Stark Young // The New Republic. 62:796. 1930

梅兰芳 / 斯塔克·杨 // 新共和. 1930. 62:796

3044　Mei Lan-fang / Stella Benson // The English Review. 53:. 1931

梅兰芳 / 斯特拉·本森 // 英语文摘. 1931. 53:

3045　Mei Lan-fang and the Chinese Theatre / S. Eisenstein // International Literature. 5. 1935

梅兰芳与中国剧院 / S. 爱森斯坦 // 国际文学. 1935. 5

3046　Mei Lan-fang, Dr. / China Journal Editorial Dept. // The China Journal. 31:6. 1939

梅兰芳 / 本刊编辑部 // 中国杂志. 1939. 31:6

3047　Mei Lan-fang / Paul Myers // Dramatics. 18:2. 1946

梅兰芳 / 保罗·迈尔斯 // 戏剧. 1946. 18:2

3048　Mei Lan-fang: China's Great Classical Actor / Wu Tsu-kuang // People's China. 18. 1953

梅兰芳: 中国杰出的经典演员 / 吴祖光 // 人民中国. 1953. 18

3049　Mei Lan-fang and Chou Hsin-fang / Ma Shao-Po // Chinese Literature. 3. 1955

梅兰芳与周信芳 / 马少波 // 中国文学. 1955. 3

3050　My New Opera / Mei Lan-fang // Chinese Literature. 10. 1959

我的新剧作 / 梅兰芳 // 中国文学. 1959. 10

3051　My Life on the Stage / Mei Lan-fang // Chinese Literature. 11. 1961

我的舞台生涯 / 梅兰芳 // 中国文学. 1961. 11

3052 A Great Artist of Our Times (on Mei Lang-fang) / Chang Keng // Chinese Literature. 11. 1962
我们时代的伟大艺术家(梅兰芳) / 张 庚 // 中国文学. 1962. 11

3053 Mei Lan-fang / Yen Yung // Peking Review. 5:33. 1962
梅兰芳 / 严 勇(音) // 北京周报. 1962. 5:33

3054 Mei Lan-fang / The China Weekly Review // Who's Who in China. 1936, p. 189
梅兰芳(字畹华) / 密勒氏评论报 // 中国名人录. 1936年, 第189页

3055 Mei Lan-fang(Wan-hua) / H. G. W. Woodhead, H. T. M. Bell // The China Year Book. 1939(27), p. 193 (p. 217)
梅兰芳(字畹华) / H. G. W. 伍德海、H. T. M. 贝尔 // 中华年鉴. 1939年第27册, 第193页(第217页)

梅华铨

3056 Dr. H. C. Mei (Mei Hua-chuen) / The China Weekly Review // Who's Who in China. 1936, p. 187
梅华铨 / 密勒氏评论报 // 中国名人录. 1936年, 第187页

梅汝璈

3057 Mei Ju-ao / The China Weekly Review // Who's Who in China. 1936, p. 188
梅汝璈 / 密勒氏评论报 // 中国名人录. 1936年, 第188页

3058 Mei Ju-ao / H. G. W. Woodhead, H. T. M. Bell // The China Year Book. 1939(27), p. 193(p. 217)
梅汝璈 / H. G. W. 伍德海、H. T. M. 贝尔 // 中华年鉴. 1939年第27册, 第193页(第217页)

梅其驹

3059 E. K. Moy (Mei Chi-chu) / The China Weekly Review // Who's Who in China. 1936, p. 187
梅其驹 / 密勒氏评论报 // 中国名人录. 1936年, 第187页

梅英福

3060 Mr. Howard S. Moy (Mei Ying-fu) / The China Weekly Review // Who's Who in China. 1925, p. 602; 1936, p. 189
梅英福 / 密勒氏评论报 // 中国名人录. 1925年, 第602页; 1936年, 第189页

梅思平

3061 Mei Shi-ping / The China Weekly Review // Who's Who in China. 1936, p. 189; 1940, p. 75
梅思平 / 密勒氏评论报 // 中国名人录. 1936年, 第189页; 1940年, 第75页

梅贻宝

3062 Mei Yi-pao / The China Weekly Review // Who's Who in China. 1936, p. 294
梅贻宝 / 密勒氏评论报 // 中国名人录. 1936年, 第294页

梅贻琳

3063 Y. L. Mei (Mei Yi-lin) / The China Weekly Review // Who's Who in China. 1936, p. 189
梅贻琳 / 密勒氏评论报 // 中国名人录. 1936年, 第189页

3064 Mei Yi-lin / H. G. W. Woodhead, H. T. M. Bell // The China Year Book. 1939(27), p. 193(p. 217)
梅贻琳 / H. G. W. 伍德海、H. T. M. 贝尔 // 中华年鉴. 1939年第27册, 第193页(第217页)

梅贻琦

3065 New President for Tsinghua University / China Journal Editorial Dept. // The China Journal. 15:5. 1931
清华大学新任校长梅贻琦 / 本刊编辑部 // 中国杂志. 1931. 15:5

3066 Mei Yi-chi / The China Weekly Review // Who's Who in China. 1936, p. 189
梅贻琦 / 密勒氏评论报 // 中国名人录. 1936年, 第189页

3067 Mei Yi-ch'i / H. G. W. Woodhead, H. T. M. Bell // The China Year Book. 1939(27), p. 193(p. 217)
梅贻琦 / H. G. W. 伍德海、H. T. M. 贝尔 // 中华年鉴. 1939年第27册, 第193页(第217页)

梅景周

3068 Mui King-chau (Mei Ching-chou) / The China Weekly Review // Who's Who in China. 1933, p. 80; 1936,

p. 187

梅景周 / 密勒氏评论报 // 中国名人录. 1933 年, 第 80 页; 1936 年, 第 187 页

3069 Mei Ching-chou / H. G. W. Woodhead, H. T. M. Bell // The China Year Book. 1939(27), p. 193(p. 217)
梅景周 / H. G. W. 伍德海、H. T. M. 贝尔 // 中华年鉴. 1939 年第 27 册, 第 193 页（第 217 页）

曹 禺

3070 The Trilogy of Ts'ao Yu and Western Drama / David Y. Chen // Bloomington: Asia and the Humanities. 1959
曹禺三部曲和西方戏剧 / 陈 颖 // 布卢明顿：亚洲与人文. 1959 年

3071 Ts'ao Yü: The Reluctant Disciple of Chekhov and O'Neil, a Study in Literary Influence / Joseph Siu-ming Lau // Hong Kong: Hong Kong University Press. 1970
曹禺：契诃夫和奥尼尔的不情愿的追随者, 文学影响研究 / 刘绍铭 // 香港：香港大学出版社. 1970 年

3072 Ts'ao Yü / John Y. H. Hu // New York: Twayne Publishers. 1972
曹 禺 / 胡耀恒 // 纽约：传文出版社. 1972 年

3073 A Comparison of the Dramatic Work of Cao Yu and J. M. Synge / Wang Aixue // Lewiston: Edwin Mellen Press. 1999.
曹禺与辛格戏剧作品比较研究 / 王爱学 // 路易斯顿：埃德温・梅林出版社. 1999 年

3074 Ts'ao Yü: Playwright of Discontent and Disillusionment (Ph. D. Thesis) / John Yaw-herng Hu // Indiana University. 1969
曹禺：不满和幻灭的剧作家（博士论文）/ 胡耀恒 // 印第安纳大学. 1969

3075 Clifford Odets and Ts'ao Yu: American and Chinese Dramatists of Social Protest (Ph. D. Theis) / William Ching-chi Chen // University of Minnesota. 1981
克利福德・奥德茨与曹禺：与社会抗争的美国和中国戏剧作家（博士论文）/ 陈庆智（音）// 明尼苏达大学. 1981

3076 The Playwright Tsao Yu / Yang Yu // Chinese Literature. 11. 1963
剧作家曹禺 / 杨 宇（音）// 中国文学. 1963. 11

3077 Ts'ao Yu: Dramatist in Communist China / Walter Meserve // Comparative Drama. 2:2. 1968
曹禺：共产主义中国的剧作家 / 沃尔特・莫瑟夫 // 比较戏剧. 1968. 2:2

3078 Ts'ao Yü: An Evaluation of His Dramatic Works / John Hu // Tamkang Review. 1:2. 1970
曹禺戏剧作品评价 / 胡耀恒 // 淡江评论. 1970. 1:2

曹 锳

3079 General Ts'ao Ying / The China Weekly Review // Who's Who in China. 1925, p. 739
曹锳（字子振）/ 密勒氏评论报 // 中国名人录. 1925 年, 第 739 页

曹 锟

3080 Marshal Tsao Kun / The China Weekly Review // Who's Who in China. 1925, p. 736; 1936, p. 233
曹锟（字仲珊）/ 密勒氏评论报 // 中国名人录. 1925 年, 第 736 页; 1936 年, 第 233 页

曹云祥

3081 Mr. Y. S. Tsao (Ts'ao Yun-hsiang) / The China Weekly Review // Who's Who in China. 1925, p. 741; 1936, p. 234
曹云祥（字延生、庆五）/ 密勒氏评论报 // 中国名人录. 1925 年, 第 741 页; 1936 年, 第 234 页

曹仲植

3082 Tsao Chung-chih / The China Weekly Review // Who's Who in China. 1940, p. 45
曹仲植（字中直）/ 密勒氏评论报 // 中国名人录. 1940 年, 第 45 页

曹汝霖

3083 Bureaucratic Capitalists in Operation: Ts'ao Ju-lin and His New Communications Clique, 1916-1919 /

Madeleine Chi // The Journal of Asian Studies. 34;3. 1975
官僚资本家在位：曹汝霖和他的新交通系,1916—1919 / 戚世皓 // 亚洲研究杂志. 1975. 34;3

3084　Mr. Tsao Ju-lin / The China Weekly Review // Who's Who in China. 1925, p. 734;1936, p. 233
曹汝霖(字润田) / 密勒氏评论报 // 中国名人录.1925 年,第 734 页;1936 年,第 233 页

曹伯闻

3085　Ts'ao Po-wen / H. G. W. Woodhead, H. T. M. Bell // The China Year Book. 1939(27), p. 201(p. 225)
曹伯闻 / H. G. W. 伍德海、H. T. M. 贝尔 // 中华年鉴.1939 年第 27 册,第 201 页(第 225 页)

曹炎申

3086　Ts'ao Yen-shen / H. G. W. Woodhead, H. T. M. Bell // The China Year Book. 1939(27), p. 201(p. 225)
曹炎申 / H. G. W. 伍德海、H. T. M. 贝尔 // 中华年鉴.1939 年第 27 册,第 201 页(第 225 页)

曹经沅

3087　Ts'ao Ching-yuan(Hsiang-heng) / H. G. W. Woodhead, H. T. M. Bell // The China Year Book. 1939(27), p. 201(p. 225)
曹经沅(字缵蘅) / H. G. W. 伍德海、H. T. M. 贝尔 // 中华年鉴.1939 年第 27 册,第 201 页(第 225 页)

3088　Tsao Chin-yuan / The China Weekly Review // Who's Who in China. 1940, p. 45
曹经沅 / 密勒氏评论报 // 中国名人录.1940 年,第 45 页

曹树铭

3089　Hsin-woo Chao (Tsao Hsin-wu) / The China Weekly Review // Who's Who in China. 1936, p. 233
曹树铭(字新吾) / 密勒氏评论报 // 中国名人录.1936 年,第 233 页

曹浩森

3090　Ts'ao Hao-sen / H. G. W. Woodhead, H. T. M. Bell // The China Year Book. 1939(27), p. 201(p. 225)
曹浩森 / H. G. W. 伍德海、H. T. M. 贝尔 // 中华年鉴.1939 年第 27 册,第 201 页(第 225 页)

曹晨涛

3091　Z. D. Zau (Tsao Chen-tao) / The China Weekly Review // Who's Who in China. 1933, p. 104;1936, p. 233
曹晨涛 / 密勒氏评论报 // 中国名人录.1933 年,第 104 页;1936 年,第 233 页

龚安庆

3092　Kung An-ching / The China Weekly Review // Who's Who in China. 1936, p. 292
龚安庆 / 密勒氏评论报 // 中国名人录.1936 年,第 292 页

3093　Kung An-ch'ing / H. G. W. Woodhead, H. T. M. Bell // The China Year Book. 1939(27), p. 183(p. 207)
龚安庆 / H. G. W. 伍德海、H. T. M. 贝尔 // 中华年鉴.1939 年第 27 册,第 183 页(第 207 页)

龚德柏

3094　Kung Teh-pai / The China Weekly Review // Who's Who in China. 1936, p. 129
龚德柏 / 密勒氏评论报 // 中国名人录.1936 年,第 129 页

盛　成

3095　Sheng Cheng / The China Weekly Review // Who's Who in China. 1936, p. 205
盛　成 / 密勒氏评论报 // 中国名人录.1936 年,第 205 页

盛　昱

3096　Sheng Yu / Arthur W. Hummel // Eminent Chinese of the Ch'ing Period (1644-1912). p. 648
盛　昱 / 亚瑟·W. 赫梅尔 // 清代名人传略(1644—1912).第 648 页

盛世才

3097　Sinkiang under Sheng Shih-ts'ai, 1933-1944 (M. A. Thesis) / Fook-lam Gilbert Chan // Hong Kong University. 1965
盛世才统治下的新疆,1933—1944(硕士论文) / 陈福霖 // 香港大学.1965

3098 The Road to Power: Sheng Shih-ts'ai's Early Years in Sinkiang, 1930-1934 / Fook-lam Gilbert Chan // Journal of Oriental Studies. 7:2. 1969
权力之路:盛世才在新疆的早期岁月,1930—1934 / 陈福霖 // 东方文化. 1969. 7:2

3099 Gen. Sheng Shih-tsai / The China Weekly Review // Who's Who in China. 1940, p. 63
盛世才 / 密勒氏评论报 // 中国名人录. 1940 年,第 63 页

盛绍章

3100 Shao-chang Shing (Sheng Shao-chang) / The China Weekly Review // Who's Who in China. 1940, p. 38
盛绍章 / 密勒氏评论报 // 中国名人录. 1940 年,第 38 页

盛宣怀

3101 China's Early Industrialization, Sheng Hsuan-huai (1844-1916) and Mandarin Enterprise / Albert Feuerwerker // Cambridge: Harvard University Press. 1958
中国的早期工业化:盛宣怀(1844—1916)与官办企业 / 费维恺 // 坎布里奇:哈佛大学出版社. 1958 年

3102 Sheng Hsuan Huai and His Railway Projects / The Economist. 73:3557. 1911
盛宣怀与他的铁路项目 / 经济学人. 1991. 73:3557

3103 Industrial Enterprise in Late Ch'ing China: Sheng Hsüan-huai (1844-1916) and the Kuan-tu Shang-pan System (Ph. D. Thesis) / Albert Feuerwerker // Harvard University. 1957
晚清的中国实业:盛宣怀(1844—1916)和官督商办体制(博士论文) / 费维恺 // 哈佛大学. 1957

盛祖新

3104 Mrs. C. C. Chen (Mrs. Cheng Chang-chen) / The China Weekly Review // Who's Who in China. 1936, p. 37
(郑)盛祖新(郑章成夫人) / 密勒氏评论报 // 中国名人录. 1936 年,第 37 页

盛振为

3105 Sheng Cheng-wei / H. G. W. Woodhead, H. T. M. Bell // The China Year Book. 1939(27), p. 196(p. 220)
盛振为 / H. G. W. 伍德海、H. T. M. 贝尔 // 中华年鉴. 1939 年第 27 册,第 196 页(第 220 页)

盛恩颐

3106 Mr. En Yee Edward Sheng (Sheng En-i) / The China Weekly Review // Who's Who in China. 1925, p. 661; 1936, p. 205
盛恩颐(字泽承) / 密勒氏评论报 // 中国名人录. 1925 年,第 661 页;1936 年,第 205 页

〔丨〕

常宗会

3107 Tchiang Tsong-hole (Chang Tsung-hul) / The China Weekly Review // Who's Who in China. 1936, p. 16
常宗会 / 密勒氏评论报 // 中国名人录. 1936 年,第 16 页

崔士杰

3108 Tsui Shih-chieh / The China Weekly Review // Who's Who in China. 1936, p. 237
崔士杰 / 密勒氏评论报 // 中国名人录. 1936 年,第 237 页

崔守恂

3109 Ts'ui Shou-hsun / H. G. W. Woodhead, H. T. M. Bell // The China Year Book. 1939(27), p. 202(p. 226)
崔守恂 / H. G. W. 伍德海、H. T. M. 贝尔 // 中华年鉴. 1939 年第 27 册,第 202 页(第 226 页)

崔廷献

3110 Tsui Ting-hsien / The China Weekly Review // Who's Who in China. 1936, p. 237
崔廷献 / 密勒氏评论报 // 中国名人录. 1936 年,第 237 页

崔唯吾

3111 Tsui Wei-wu / The China Weekly Review // Who's Who in China. 1940, p. 46

崔唯吾 / 密勒氏评论报 // 中国名人录.1940年,第46页

崇绮

3112 Ch'ung Ch'i / Arthur W. Hummel // Eminent Chinese of the Ch'ing Period (1644-1912). p. 208
   崇　绮 / 亚瑟·W.赫梅尔 // 清代名人传略(1644—1912).第208页

〔丶〕

康成

3113 Dr. Ida Kahn (Kang Chen) / The China Weekly Review // Who's Who in China. 1936, p. 119
   康　成 / 密勒氏评论报 // 中国名人录.1936年,第119页

康有为

3114 The Philosophical Thought of K'ang Yu-wei: An Attempt at a New Synthesis / Hsiao Kung-ch'üan // Seattle: Far Eastern and Russian Institute, University of Washington. 1962
   康有为的哲学思想:新综合下的尝试 / 萧公权 // 西雅图:华盛顿大学远东和俄罗斯研究所. 1962年

3115 K'ang Yu-Wei: A Biography and A Symposium / Lo Jung-pang // Tucson: University of Arizona Press. 1967
   康有为传记和论丛 / 罗荣邦 // 图森:亚利桑那大学出版社.1967年

3116 A Modern China and A New World: K'ang Yu-Wei, Reformer and Utopian, 1858-1927 / Hsiao Kung-ch'üan // Seattle: University of Washington Press. 1975
   近代中国和新世界——改革家和空想家康有为,1858—1927 / 萧公权 // 西雅图:华盛顿大学出版社.1975年

3117 Kang Yu-wei: Scholar and Reformer / China Journal Editorial Dept. // The China Journal. 6:5. 1927
   康有为:学者和改良者 / 本刊编辑部 // 中国杂志.1927.6:5

3118 K'ang Yu-wei: Historical Critic and Social Philosopher, 1858-1927 / William Frederick Hummel // Pacific Historical Review. 4:4. 1935
   史论家与社会哲人:康有为,1858—1927 / 威廉·弗雷德里克·休梅尔 // 太平洋历史评论.1935. 4:4

3119 Makers of Modern China: I. The Reformer: Kang Yu-wei / Norman Palmer // Current History. 15: 84. 1948
   现代中国的缔造者(一):改革者康有为 / 诺曼·帕尔默 // 当代历史.1948.15:84

3120 Ta-t'ung Shu: The One-World Philosophy of K'ang Yu-wei (Ph. D. Thesis) / Laurence G. Thompson // Claremont Graduate University. 1954
   《大同书》:康有为的"天下大同"哲学(博士论文) / 劳伦斯·G.汤普森 // 克莱蒙研究大学.1954

3121 K'ang Yu-wei and Confucianism / Hsiao Kung-chüan // Monumenta Serica: Journal of Oriental Studies. 18:. 1959
   康有为与儒教 / 萧公权 // 华裔学志:东方研究杂志.1959.18:

3122 The Political Theories of K'ang Liang School and Their Application to the Reform Movement in China, 1895-1911 (Ph. D. Thesis) / Joe Chou Huang // Southern Illinois University, Carbondale. 1963
   康梁学派的政治理论及其在中国改革运动中的应用,1895—1911(博士论文) / 黄　胄 // 南伊利诺伊大学,卡本代尔分校.1963

3123 The Case for Constitutional Monarchy: K'ang Yu-wei's Plan for the Democratization of China / Hsiao Kung-ch'üan // Monumenta Serica: Journal of Oriental Studies. 24:. 1965
   康有为曾想通过君主立宪制来实现中国民主化 / 萧公权 // 华裔学志:东方研究杂志.1965.24:

3124 The Political Philosophy of K'ang Yu-wei: A Sociological Study of Religious Syncretism (Ph. D. Thesis) / Winston Ping Fan // Michigan State University. 1966

康有为的政治哲学：宗教融合的社会学研究（博士论文）／范　平（音）∥密歇根州立大学.1966

3125　Economic Modernization: K'ang Yu-wei's Ideas in Historical Perspective / Hsiao Kung-ch'üan // Monumenta Serica: Journal of Oriental Studies. 28:. 1968
经济现代化：从历史视角看康有为的思想／萧公权∥华裔学志：东方研究杂志.1968.28：

3126　In and Out of Utopia: K'ang Yu-wei's Social Thought / Hsiao Kung-ch'üan // Chung-chi Journal. 6:1. 1967;7:2. 1968
康有为的社会思想与乌托邦的异同／萧公权∥崇基学报.1967.6:1;1968.7:2

3127　The Political Thought of K'ang Yu-wei: A Study of Its Origin and Its Influence (Ph. D. Thesis) / Wingerg Chai // New York University. 1968
康有为政治思想的起源和影响研究（博士论文）／翟文伯∥纽约大学.1968

3128　The Early Life and Thought of K'ang Yu-wei, 1858-1895 (Ph. D. Thesis) / Richard C. Howard // Columbia University. 1972
康有为的早期生活和思想,1858—1895（博士论文）／理查德·C.霍华德∥哥伦比亚大学.1972

3129　Religious Evolution in Premodern Asia: A Comparative Study of K'ang Yu-wei and Vivekananda (Ph. D. Thesis) / Krishna Prakash Gupta // Harvard University. 1976
前现代亚洲的宗教改革：康有为和维韦卡南达比较研究（博士论文）／克里希纳·普拉卡什·古普塔∥哈佛大学.1976

3130　K'ang Yu-wei's Iconoclasm: Interpretation and Translation of His Earliest Writings, 1884-87 (Ph. D. Thesis) / Li Sanbao // University of California, Davis. 1978
康有为对传统观念的攻击：其早期著作的解释和翻译,1884—1887年（博士论文）／李三宝∥加利福尼亚大学,戴维斯分校.1978

3131　Three Visionaries in Exile: Yung Wing, K'ang Yu-wei and Sun Yat-sen, 1894-1911 / J. Y. Wong // Journal of Asian History. 20:1. 1986
三位流放中的理想者：容闳、康有为和孙中山,1984—1911／黄宇和∥亚洲历史杂志.1986.20:1

3132　The New versus the Old Text Controversy: K'ang Yu-wei and Chang Ping-lin in the Twilight of Confucian Classical Learning / Warren Sun // Papers on Far Eastern History. 42:. 1990
今古文经之争：儒家经典没落时代的康有为与章炳麟／孙万国∥远东历史论集.1990.42：

3133　Universalistic and Pluralistic Views of Human Culture: K'ang Yu-wei and Chang Ping-lin / Wong Young-tsu // Papers on Far Eastern History. 41:. 1990
人类文化的共性与多元性：康有为与章炳麟／汪荣祖∥远东历史论集.1990.41：

3134　Revisionism Reconsidered: K'ang Yu-wei and the Reform Movement of 1898 / Wong Young-tsu // The Journal of Asian Studie. 51:3. 1992
修正主义的再思考：康有为和戊戌变法／汪荣祖∥亚洲研究杂志.1992.51:3

3135　Mr. K'ang Yu-wei / The China Weekly Review // Who's Who in China. 1925, p. 402
康有为(字更牲)／密勒氏评论报∥中国名人录.1925年,第402页

3136　Kang Yu-wei (deceased) / The China Weekly Review // Who's Who in China. 1936, p. 119
康有为／密勒氏评论报∥中国名人录.1936年,第119页

康兆民

3137　Gen. Kang Chao-min / The China Weekly Review // Who's Who in China. 1936, p. 119
康兆民／密勒氏评论报∥中国名人录.1936年,第119页

鹿钟麟

3138　Lu Chung-lin / The China Weekly Review // Who's Who in China. 1936, p. 179;1940, p. 62
鹿钟麟(字瑞伯)／密勒氏评论报∥中国名人录.1936年,第179页;1940年,第62页

3139　Lu Chung-lin(Jui-po) / H. G. W. Woodhead, H. T. M. Bell // The China Year Book. 1939(27), p. 191 (p. 215)

鹿钟麟(字瑞伯) / H. G. W. 伍德海、H. T. M. 贝尔 // 中华年鉴. 1939 年第 27 册, 第 191 页(第 215 页)

章 益

3140　Y. Y. Tsang (Tsang Yih) / The China Weekly Review // Who's Who in China. 1940, p. 45
　　　章益(字棒丹) / 密勒氏评论报 // 中国名人录. 1940 年, 第 45 页

章士钊

3141　Mr. S. C. Chang / The China Weekly Review // Who's Who in China. 1925, p. 967; 1936, p. 14
　　　章士钊 / 密勒氏评论报 // 中国名人录. 1925 年, 第 967 页; 1936 年, 第 14 页

3142　Chang Shih-chao(Hsing-yen) / H. G. W. Woodhead, H. T. M. Bell // The China Year Book. 1939(27), p. 162(p. 186)
　　　章士钊(字行严) / H. G. W. 伍德海、H. T. M. 贝尔 // 中华年鉴. 1939 年第 27 册, 第 162 页(第 186 页)

章元善

3143　Mr. Yuan-shan Djang (Chang Yuan-shan) / The China Weekly Review // Who's Who in China. 1925, p. 80; 1936, p. 18
　　　章元善(字彦训) / 密勒氏评论报 // 中国名人录. 1925 年, 第 80 页; 1936 年, 第 18 页

3144　Chang Yuan-shan(Yen-hsün) / H. G. W. Woodhead, H. T. M. Bell // The China Year Book. 1939(27), p. 162(p. 186)
　　　章元善(字彦训) / H. G. W. 伍德海、H. T. M. 贝尔 // 中华年鉴. 1939 年第 27 册, 第 162 页(第 186 页)

章太炎

3145　Search for Modern Nationalism: Zhang Binglin and Revolutionary China, 1869-1936 / Wong Young-tsu // Hong Kong: Oxford University Press. 1989
　　　追求近代民族主义: 章炳麟与革命中国(1869—1936) / 汪荣祖 // 香港: 牛津大学出版社. 1989 年

3146　Chinese Nationalism in the Late Qing Dynasty: Zhang Binglin as an Anti-Manchu Propagandist / Kauko Laitinen // London: Curzon Press. 1990
　　　晚清时期的中国民族主义: "反满"主义者章炳麟 / 高 歌 // 伦敦: 柯曾出版社. 1990 年

3147　Race and Class in Chinese Historiography: Divergent Interpretations of Zhang Bing-lin and Anti-Manchuism in the 1911 Revolution / Joshua A. Fogel // Modern China. 3:3. 1977
　　　中国历史学家笔下的种族与阶级: 章炳麟的相异阐释与辛亥革命的反满主义 / 约书亚·A. 傅佛果 // 近代中国. 1977. 3:3

3148　Chang Ping-lin and His Political Thought / Warren Sun // Papers on Far Eastern History. 32:. 1985
　　　章炳麟及其政治思想 / 孙万国 // 远东历史论文集. 1985. 32:

3149　Universalistic and Pluralistic Views of Human Culture: K'ang Yu-wei and Chang Ping-lin / Wong Young-tsu // Papers on Far Eastern History. 41:. 1990
　　　人类文化的共性与多元性: 康有为与章炳麟 / 汪荣祖 // 远东历史论文集. 1990. 41:

3150　Chang Ping-lin(1869-1936): A Political Radical and Cultural Conservative (Ph. D. Thesis) / Lee Jer-shiarn // University of Arizona. 1990
　　　章炳麟(1869—1936): 政治激进派与文化保守派(博士论文) / 李哲贤 // 亚利桑那大学. 1990

3151　Chang Tai-yen / The China Weekly Review // Who's Who in China. 1936, p. 14
　　　章炳麟(字太炎) / 密勒氏评论报 // 中国名人录. 1936 年, 第 14 页

章宗元

3152　Mr. Chang Tsung-yuan / The China Weekly Review // Who's Who in China. 1925, p. 70
　　　章宗元(字伯初) / 密勒氏评论报 // 中国名人录. 1925 年, 第 70 页

章宗祥

3153　Mr. Chang Tsung-hsiang / The China Weekly Review // Who's Who in China. 1925, p. 68; 1936, p. 16

章宗祥(字仲和) / 密勒氏评论报 // 中国名人录.1925年,第68页;1936年,第16页

章辑五

3154 Jee-woo Tsang (Tsang Chi-wu) / The China Weekly Review // Who's Who in China. 1940, p. 44

章辑五(字济武) / 密勒氏评论报 // 中国名人录.1940年,第44页

章嘉呼图克图

3155 Chang-Chia hu-t'u-e'eh-t'u(Sang-chieh-cha-pu) / H. G. W. Woodhead, H. T. M. Bell // The China Year Book. 1939(27), p. 160(p. 184)

章嘉呼图克图(原名桑结札布) / H. G. W. 伍德海、H. T. M. 贝尔 // 中华年鉴.1939年第27册,第160页(第184页)

商 震

3156 Gen. Shang Cheng / The China Weekly Review // Who's Who in China. 1936, p. 200

商震(字启予) / 密勒氏评论报 // 中国名人录.1936年,第200页

3157 Shang Chen(Ch'i-yü) / H. G. W. Woodhead, H. T. M. Bell // The China Year Book. 1939(27), p. 195(p. 219)

商震(字启予) / H. G. W. 伍德海、H. T. M. 贝尔 // 中华年鉴.1939年第27册,第195页(第219页)

阎宝航

3158 Yen Pao-hang / The China Weekly Review // Who's Who in China. 1933, p. 123;1936, p. 279

阎宝航 / 密勒氏评论报 // 中国名人录.1933年,第123页;1936年,第279页

3159 Yen Pao-hang / H. G. W. Woodhead, H. T. M. Bell // The China Year Book. 1939(27), p. 210(p. 234)

阎宝航 / H. G. W. 伍德海、H. T. M. 贝尔 // 中华年鉴.1939年第27册,第210页(第234页)

阎锡山

3160 Warlord: Yen Hsi-shan in Shansi Province, 1911-1949 / Donald George Gillin // Princeton: Princeton University Press. 1967

山西军阀阎锡山,1911—1949 / 唐纳德·乔治·基林 // 普林斯顿:普林斯顿大学出版社.1967年

3161 Tradition and Revolution in Modern China: Yen Hsi-shan in Shansi Province, 1911-1930 (Ph. D. Thesis) / Donald George Gillin // Stanford University. 1959

近代中国的传统与改革:阎锡山在山西,1911—1930(博士论文) / 唐纳德·乔治·基林 // 斯坦福大学.1959

3162 Portrait of a Wardlord: Yen Hsi-shan in Shansi Province, 1911-1930 / Donald G. Gillin // The Journal of Asian Studies. 19:3. 1960

军阀写照:阎锡山在山西,1911—1930 / 唐纳德·G.基林 // 亚洲研究杂志.1960.19:3

3163 Gen. Yen Hsi-shan / The China Weekly Review // Who's Who in China. 1925, p. 932;1936, p. 278;1940, p. 68

阎锡山(字百川) / 密勒氏评论报 // 中国名人录.1925年,第932页;1936年,第278页;1940年,第68页

3164 Yen Hsi-shan(Pai-ch'uan) / H. G. W. Woodhead, H. T. M. Bell // The China Year Book. 1939(27), p. 210(p. 234)

阎锡山(字百川) / H. G. W. 伍德海、H. T. M. 贝尔 // 中华年鉴.1939年第27册,第210页(第234页)

梁 龙

3165 Lone Liang (Liang Lung) / The China Weekly Review // Who's Who in China. 1936, p. 153

梁龙(字云松) / 密勒氏评论报 // 中国名人录.1936年,第153页

3166 Liang Yun-sung(Lung) / H. G. W. Woodhead, H. T. M. Bell // The China Year Book. 1939(27), p. 188(p. 212)

梁云松(原名龙) / H. G. W. 伍德海、H. T. M. 贝尔 // 中华年鉴. 1939年第27册, 第188页(第212页)

梁 斌

3167　How Liang Pin Came to Write "Keep the Red Flag Flying" / Fang Ming // Chinese Literature. 7. 1960
梁斌怎样写就了《红旗谱》/ 方　明 // 中国文学. 1960. 7

梁又铭

3168　Liang Yiu-ming (Liang Yu-ming) / The China Weekly Review // Who's Who in China. 1940, p. 30
梁又铭 / 密勒氏评论报 // 中国名人录. 1940年, 第30页

梁士诒

3169　Liang Shih-i and the Communications Clique / Stephen R. MacKinnon // The Journal of Asian Studies. 29: 3. 1970
梁士诒与交通系 / 史蒂芬·R. 麦金农 // 亚洲研究杂志. 1970. 29; 3

3170　Mr. Liang Shih-i / The China Weekly Review // Who's Who in China. 1925, p. 503; 1936, p. 153
梁士诒(字燕孙) / 密勒氏评论报 // 中国名人录. 1925年, 第503页; 1936年, 第153页

梁士纯

3171　Hubert S. Liang (Liang Shih-chun) / The China Weekly Review // Who's Who in China. 1936, p. 153
梁士纯 / 密勒氏评论报 // 中国名人录. 1936年, 第153页

梁上栋

3172　Gen. Liang Shang-tung / The China Weekly Review // Who's Who in China. 1940, p. 30
梁上栋 / 密勒氏评论报 // 中国名人录. 1940年, 第30页

梁长树

3173　Siuchoh Leung (Liang Shao-chu) / The China Weekly Review // Who's Who in China. 1933, p. 70; 1936, p. 154
梁长树(字小初) / 密勒氏评论报 // 中国名人录. 1933年, 第70页; 1936年, 第154页

3174　Liang Ch'ang-shu(Hsiao-ch'u) / H. G. W. Woodhead, H. T. M. Bell // The China Year Book. 1939(27), p. 187(p. 211)
梁长树(字小初) / H. G. W. 伍德海、H. T. M. 贝尔 // 中华年鉴. 1939年第27册, 第187页(第211页)

梁宇皋

3175　Yew-koh Leong (Liang Yu-kao) / The China Weekly Review // Who's Who in China. 1936, p. 293
梁宇皋 / 密勒氏评论报 // 中国名人录. 1936年, 第293页

3176　Liang Yu-kao / H. G. W. Woodhead, H. T. M. Bell // The China Year Book. 1939(27), p. 187(p. 211)
梁宇皋 / H. G. W. 伍德海、H. T. M. 贝尔 // 中华年鉴. 1939年第27册, 第187页(第211页)

梁如浩

3177　Mr. Liang Hu-hao (M. T. Liang) / The China Weekly Review // Who's Who in China. 1925, p. 500; 1936, p. 152
梁如浩(字孟亭) / 密勒氏评论报 // 中国名人录. 1925年, 第500页; 1936年, 第152页

梁佐勋

3178　Col. Liang Tso-hsun / The China Weekly Review // Who's Who in China. 1933, p. 71; 1936, p. 154
梁佐勋 / 密勒氏评论报 // 中国名人录. 1933年, 第71页; 1936年, 第154页

梁启超

3179　Liang Ch'i-ch'ao and the Mind of Modern China / Joseph Richmond Levensong // Cambridge: Harvard University Press. 1953
梁启超与中国近代思想 / 约瑟夫·里士满·勒文森 // 坎布里奇: 哈佛大学出版社. 1953年

3180　Liang Ch'i-Chao and Intellectual Transition in China, 1890-1907 / Chang Hao // Cambridge: Harvard

University Press. 1971

梁启超与中国知识分子的转型，1890—1907 / 张　灏 // 坎布里奇：哈佛大学出版社. 1971 年

3181　Liang Ch'i-chao and Modern Chinese Liberalism / Philip Chung-chih Huang // Seattle：University of Washington Press. 1972

梁启超和近代中国的自由主义 / 黄宗智 // 西雅图：华盛顿大学出版社. 1972 年

3182　Two Self-portraits：Liang Chi-chao and Hu Shih / Li Yu-ning // Bronxville, New York：Outer Sky Press. 1992

梁启超与胡适的自画像 / 李又宁 // 纽约布朗士区：天外天出版社. 1992 年

3183　Global Space and the Nationalist Discourse of Modernity：The Historical Thinking of Liang Qichao / Tang Xiaobing // Stanford：Stanford University Press. 1996

全球空间与现代性的民族主义论述：梁启超历史思想论 / 唐小兵 // 斯坦福：斯坦福大学出版社. 1996 年

3184　Crisis of the Mind in Modern China：The Life and Writings of Liang Ch'i-ch'ao, Down to the Fall of the Empire（Ph. D. Thesis）/ Joseph Richmond Levensong // Harvard University. 1949

近代中国的思想危机：清朝败落前梁启超的生活和作品（博士论文）/ 约瑟夫·里士满·勒文森 // 哈佛大学. 1949

3185　The breakdown of Confucianism：Liang Ch'i-ch'ao before exile, 1873-1898 / Joseph Richmond Levensong // Journal of the History of Ideas. 11：4. 1950

儒教的崩溃：流亡前的梁启超，1873—1898 / 约瑟夫·里士满·勒文森 // 思想史杂志. 1950. 11：4

3186　Liang Ch'i-ch'ao and His Times（Ph. D. Thesis）/ James Cheng-yee Shen // University of Missouri. 1954

梁启超和他的时代（博士论文）/ 沈成怡 // 密苏里大学. 1954

3187　The Political Theories of K'ang Liang School and Their Application to the Reform Movement in China, 1895-1911（Ph. D. Thesis）/ Joe Chou Huang // Southern Illinois University, Carbondale. 1963

康梁学派的政治理论及其在中国改革运动中的应用，1895—1911（博士论文）/ 黄　胄 // 南伊利诺伊大学，卡本代尔分校. 1963

3188　Politics in the Early Republic：Liang Ch'i-ch'ao and the Yuan Shih-k'ai Presidency（Ph. D. Thesis）/ Ernest Paddock Young // Harvard University. 1965

共和制早期的政治：梁启超和袁世凯的统治（博士论文）/ 欧内斯特·帕多克·杨 // 哈佛大学. 1965

3189　Liang Ch'i-ch'ao and the Conflict of Confucian and Constitutional Politics（Ph. D. Thesis）/ Frank F. Wong // University of Wisconsin. 1965

梁启超、儒学与宪政之争（博士论文）/ 弗兰克·F. 黄 // 威斯康星大学. 1965

3190　A Confucian Liberal：Liang Ch'i-ch'ao in Action and Thought（Ph. D. Thesis）/ Philip Chung-chih Huang // University of Washington. 1966

儒家自由主义者：梁启超的行为和思想（博士论文）/ 黄宗智 // 华盛顿大学. 1966

3191　Liang Ch'i-ch'ao：A Political Study（Ph. D. Thesis）/ Chuang Chen-kuan // University of Alberta. 1970

关于梁启超的政治研究（博士论文）/ 庄振观（音）// 阿尔伯塔大学. 1970

3192　Liang Ch'i-ch'ao and Ahad Ha'am：Cultural Nationalism, a Response to a Changing World（A. B. Thesis）/ Charles Kupchan // Harvard University. 1981

梁启超与阿哈德·阿姆：文化民族主义应对世事变迁（学士论文）/ 查尔斯·库普乾 // 哈佛大学. 1981

3193　Liang Ch'i-Ch'ao and the Media：A Historical Retrospection / Liu Mei-ching // International Communication Gazette. 31：1. 1983

梁启超与媒体：历史回顾 / 刘美清（音）// 国际传播学学报. 1983. 31：1

3194　China Encounters Western Ideas（1895-1905）：A Rhetorical Analysis of Yan Fu, Tan Sitong, Liang

Qichao (Ph. D. Thesis) / Xiao Xiaosui // Ohio State University. 1992

西学东渐(1895—1905)：严复、谭嗣同和梁启超研究(博士论文) / 肖小穗 // 俄亥俄州立大学. 1992

3195　Hu Shih and Liang Chi-ch'ao: Affinity and Tension between Intellectuals of Two Generations / Chang Peng-yuan // Chinese Studies in History. 26:4. 1992

胡适与梁启超：两代学人之间从亲密到疏离的微妙关系 / 张朋园 // 中国历史研究. 1992. 26:4

3196　Liang Ch'i-ch'ao and the Chinese Constitutional Movement / Chuang Chen-kuan // Chinese Studies in History. 25:4. 1992

梁启超与中国宪政运动 / 庄振观(音) // 中国历史研究. 1992. 25:4

3197　Japanese Modernization and the Emergence of New Fiction in Early Twentieth Century China: A Study of Liang Qichao / Hiroko Willcock // Modern Asian Studies. 29:4. 1995

日本现代化与二十世纪早期中国新科幻小说的兴起：梁启超研究 / 希洛克·威尔科克 // 现代亚洲研究. 1995. 29:4

3198　Mr. Liang Chi-ch'ao (Liang Hu-hao) / The China Weekly Review // Who's Who in China. 1925, p. 497; 1936, p. 152

梁启超(字卓如) / 密勒氏评论报 // 中国名人录. 1925年，第497页；1936年，第152页

3199　Yen Fu and Liang Ch'i-ch'ao as Advocates of New Fiction / C. T. Hsia // Chinese Approaches to Literature from Confucius to Liang Ch'i-ch'ao. p. 221

新小说的倡导者严复和梁启超 / 夏志清 // 从孔子到梁启超的中国文学方法. 第221页

梁社乾

3200　Leung, George Kin / China Journal Editorial Dept. // The China Journal. 34:1. 1941

梁社乾 / 本刊编辑部 // 中国杂志. 1941. 34:1

3201　George Kin Leung (Liang Shi-chien) / The China Weekly Review // Who's Who in China. 1936, p. 153

梁社乾 / 密勒氏评论报 // 中国名人录. 1936年，第153页

梁宝瑢

3202　P. K. Liang (Liang Pao-chien) / The China Weekly Review // Who's Who in China. 1936, p. 293

梁宝瑢 / 密勒氏评论报 // 中国名人录. 1936年，第293页

梁绍文

3203　Liang Shiao-wen / The China Weekly Review // Who's Who in China. 1940, p. 30

梁绍文(字韶敏) / 密勒氏评论报 // 中国名人录. 1940年，第30页

梁烈亚

3204　Liang Lei-ya (Liang Lieh-ya) / The China Weekly Review // Who's Who in China. 1936, p. 153

梁烈亚 / 密勒氏评论报 // 中国名人录. 1936年，第153页

梁鸿志

3205　Liang Hung-chih / H. G. W. Woodhead, H. T. M. Bell // The China Year Book. 1939(27), p. 187(p. 211)

梁鸿志 / H. G. W. 伍德海、H. T. M. 贝尔 // 中华年鉴. 1939年第27册，第187页(第211页)

3206　Liang Hung-chih / The China Weekly Review // Who's Who in China. 1940, p. 75

梁鸿志 / 密勒氏评论报 // 中国名人录. 1940年，第75页

梁寒操

3207　Liang Han-chao / The China Weekly Review // Who's Who in China. 1933, p. 70; 1936, p. 152

梁寒操(字君默) / 密勒氏评论报 // 中国名人录. 1933年，第70页；1936年，第152页

3208　Liang Han-ts'ao (Chün-mo) / H. G. W. Woodhead, H. T. M. Bell // The China Year Book. 1939(27), p. 187(p. 211)

梁寒操(字君默) / H. G. W. 伍德海、H. T. M. 贝尔 // 中华年鉴. 1939年第27册，第187页(第211页)

梁漱溟

3209　The Last Confucian: Liang Shu-ming and the Chinese Dilemma of Modernity / Guy S. Alitto // Berkeley:

University of California Press. 1979

最后的儒家:梁漱溟与中国现代性的困境 / 艾　恺 // 伯克利:加利福尼亚大学出版社. 1979 年

3210 Liang Shu-ming and the Rural Reconstruction Movement / Lyman P. Van Slyke // The Journal of Asian Studies. 18:4. 1959

梁漱溟和乡村建设运动 / 范力沛 // 亚洲研究杂志. 1959. 18:4

3211 Liang Shu-ming and Chinese Communism / Chi Wen-shun // The China Quarterly. 41:. 1970

梁漱溟和中国的共产主义 / 纪文勋 // 中国季刊. 1970. 41:

3212 Key Intellectual Issues Arising from the May Fourth Movement in China: With Particular Reference to Hu Shih, Li Ta-chao, and Liang Shu-ming (Ph. D. Thesis) / Peter King Hung Lee // Boston University School of Theology. 1974

五四运动引发的关键智识议题:胡适、李大钊与梁漱溟(博士论文) / 李景雄 // 波士顿大学,神学学校. 1974

3213 Chinese Cultural Conservatism and Rural Reconstruction: A Biography of Liang Shu-ming (Ph. D. Thesis) / Guy Salvatore Alitto // Harvard University. 1975

中国文化保守主义与乡村建设:梁漱溟传(博士论文) / 艾　恺 // 哈佛大学. 1975

3214 Modernization and Its Discontents: The Cultures Controversy and Liang Shu-ming / Guy Alitto // Asian Profile. 7:3. 1979

现代化及其不满:文化论战和梁漱溟 / 艾　恺 // 亚洲简介. 1979. 7:3

3215 Confucianist or Buddhist? An Interview with Liang Shuming / Wang Zongyu // Contemporary Chinese Thought. 20:2. 1988

儒学者还是佛学者? 采访梁漱溟 / 王宗昱 // 当代中国思想. 1988. 20:2

3216 Adult Education and Liang Shu-ming's Rural Reconstruction (Ph. D. Thesis) / Lin Huei-ching // Northern Illinois University. 1989

成人教育与梁漱溟的乡村建设 / 林惠菁 // 北伊利诺伊大学. 1989

3217 Liang Shuming and the Idea of Democracy in Modern China / Hung-Yok Ip // Modern China. 17:4. 1991

梁漱溟和近代中国的民主理念 / 黄友克(音) // 近代中国. 1991. 17:4

3218 Liang Shuming and Henri Bergson on Intuition: Cultural Context and the Evolution of Terms / An Yanming // Philosophy East and West. 47:3. 1997

梁漱溟与亨利·柏格森的直觉论:文化语境和术语演变 / 安延明 // 东西方哲学. 1997. 47:3

3219 Liang Shu-ming / The China Weekly Review // Who's Who in China. 1936, p. 154

梁漱溟 / 密勒氏评论报 // 中国名人录. 1936 年,第 154 页

3220 Liang Shu-min(Huan-ting) / H. G. W. Woodhead, H. T. M. Bell // The China Year Book. 1939(27), p. 187(p. 211)

梁漱溟(字焕鼎) / H. G. W. 伍德海、H. T. M. 贝尔 // 中华年鉴. 1939 年第 27 册,第 187 页(第 211 页)

梁銎立

3221 Liang Yuen-li / The China Weekly Review // Who's Who in China. 1936, p. 154

梁銎立 / 密勒氏评论报 // 中国名人录. 1936 年,第 154 页

3222 Liang Yuen-li / H. G. W. Woodhead, H. T. M. Bell // The China Year Book. 1939(27), p. 188(p. 212)

梁銎立 / H. G. W. 伍德海、H. T. M. 贝尔 // 中华年鉴. 1939 年第 27 册,第 188 页(第 212 页)

梁澜勋

3223 Mr. Liang Lang-hsun / The China Weekly Review // Who's Who in China. 1925, p. 502;1936, p. 153

梁澜勋 / 密勒氏评论报 // 中国名人录. 1925 年,第 502 页;1936 年,第 153 页

谌湛溪

3224 Shen Chan-chi / The China Weekly Review // Who's Who in China. 1936, p. 295

谌湛溪 / 密勒氏评论报 // 中国名人录. 1936 年,第 295 页

[ㄱ]

屠开征

3225　J. N. Doo (Tu Kai-tseng) / The China Weekly Review // Who's Who in China. 1940, p. 46
　　　屠开征 / 密勒氏评论报 // 中国名人录. 1940 年,第 46 页

屠慰曾

3226　Mr. T. W. Tu (T'u Wei-Tseng) / The China Weekly Review // Who's Who in China. 1925, p. 757;1936, p. 237
　　　屠慰曾(字鼎孚) / 密勒氏评论报 // 中国名人录. 1925 年,第 757 页;1936 年,第 237 页

婉　容

3227　The Last Empress / Daniele Varè // New York：Sun Dial Press. 1936
　　　末代皇后 / 达尼埃尔·维拉 // 纽约：日晷出版社. 1936 年

3228　The Last of the Empresses and the Passing from the Old China to the New / Daniele Varè // London：John Murray. 1936
　　　末代皇后和中国的新旧交替 / 达尼埃尔·维拉 // 伦敦：约翰·默里出版社. 1936 年

十 二 画

〔一〕

彭 贤

3229 Pang Hsien / The China Weekly Review // Who's Who in China. 1936, p. 197

彭贤(字相亭) / 密勒氏评论报 // 中国名人录. 1936 年, 第 197 页

彭 真

3230 From Leninist Discipline to Socialist Legalism: Peng Zhen on Law and Policital Activity in the PRC / Pitman B. Potter // Hong Kong: Hong Kong Institute of Asia-Pacific Studies, The Chinese University of Hong Kong. 1995

从列宁主义原则到社会主义法制: 彭真论中国的法律和政治实践 / 皮特曼·B. 波特 // 香港: 香港中文大学香港亚太研究所. 1995 年

3231 Curbing the Party: Peng Zhen and Chinese Legal Culture / Pitman B. Potter // Problems of Post-Communism. 45:3. 1998

政党制约: 彭真和中国的法制文化 / 皮特曼·B. 波特 // 后共产主义问题. 1998. 45:3

彭 湃

3232 P'eng P'ai and the Hai-lu-feng Soviet / Fernando Galbiati // Stanford: Stanford University Press. 1985

彭湃与海陆丰苏维埃 / 费尔南多·加尔比亚蒂 // 斯坦福: 斯坦福大学出版社. 1985 年

3233 Peng Pai: From Landlord to Revolutionary / Pang Yong-Pil // Modern China. 1:3. 1975

彭湃: 从地主到革命者 / 庞永弼(音) // 近代中国. 1975. 1:3

3234 Peng Pai and the Origins of Rural Revolution under Warlordism in the 1920s: Haifeng County, Guangdong Province (Ph. D. Thesis) / Pang Yong-pil // University of California, Los Angeles. 1981

彭湃与二十世纪二十年代军阀主义笼罩下的农村革命起源: 广东省海丰县(博士论文) / 庞永弼(音) // 加利福尼亚大学, 洛杉矶分校. 1981

3235 P'eng P'ai, the Leader of the First Soviet: Hai-lu-feng, Kwangtung, China(1989-1929) (Ph. D. Thesis) / Fernando Galbiati // University of Oxford. 1981

第一个苏维埃领袖彭湃: 中国广东海陆丰(1896—1929)(博士论文) / 费尔南多·加尔比亚蒂 // 牛津大学. 1981

彭东原

3236 Peng Tung-yuan / The China Weekly Review // Who's Who in China. 1940, p. 76

彭东原 / 密勒氏评论报 // 中国名人录. 1940 年, 第 76 页

彭学沛

3237 Peng Shopay (Peng Hsueh-Pei) / The China Weekly Review // Who's Who in China. 1933, p. 85; 1936, p. 198

彭学沛(字浩徐) / 密勒氏评论报 // 中国名人录. 1933 年, 第 85 页; 1936 年, 第 198 页

3238 P'eng Hsueh-p'ei(Hao-hsü) / H. G. W. Woodhead, H. T. M. Bell // The China Year Book. 1939(27), p. 194(p. 218)

彭学沛(字浩徐) / H. G. W. 伍德海、H. T. M. 贝尔 // 中华年鉴. 1939 年第 27 册, 第 194 页(第 218 页)

彭树仁

3239 David S. R. Penn (Peng Shu-jen) / The China Weekly Review // Who's Who in China. 1933, p. 85; 1936, p. 199

彭树仁 / 密勒氏评论报 // 中国名人录. 1933 年, 第 85 页; 1936 年, 第 199 页

彭照贤

3240　Peng Chao-hsien / The China Weekly Review // Who's Who in China. 1940, p. 37

　　　彭照贤 / 密勒氏评论报 // 中国名人录. 1940 年, 第 37 页

彭德怀

3241　P'eng Te-huai: The Man and the Image / Jürgen Domes // Stanford: Stanford University Press. 1985

　　　彭德怀: 人与神 / 杜　勉 // 斯坦斯: 斯坦福大学出版社. 1985 年

3242　Peng Dehuai and Mao Zedong / Frederick Teiwes // The Australian Journal of Chinese Affairs. 16. 1986

　　　彭德怀与毛泽东 / 弗雷德里克·泰伟斯 // 澳大利亚中国事务杂志. 1986. 16

3243　Peng Dehuai: Pages from Reminiscences: Confessions of a Chinese General / Viktor Usov // Far Eastern Affairs. 1. 1988

　　　彭德怀回忆录选段: 一个中国将军的自白 / 维克托·尤索夫 // 远东事务. 1988. 1

3244　The Purges of Kao Kang and P'eng Te-huai: Mao Tse-tung's Key Role in 1950s Intra-elite CCP Politics (A. B. Thesis) / Randal Reginald Chin // Harvard University. 1988

　　　高岗和彭德怀的罢黜: 毛泽东在 20 世纪 50 年代中国共产党党内精英层政治中的重要地位(学士论文) / 兰德尔·雷金纳德·金 // 哈佛大学. 1988

3245　P'eng Teh-huai / H. G. W. Woodhead, H. T. M. Bell // The China Year Book. 1939(27), p. 194(p. 218)

　　　彭德怀 / H. G. W. 伍德海、H. T. M. 贝尔 // 中华年鉴. 1939 年第 27 册, 第 194 页(第 218 页)

3246　Peng Teh-huai / The China Weekly Review // Who's Who in China. 1940, p. 37

　　　彭德怀 / 密勒氏评论报 // 中国名人录. 1940 年, 第 37 页

3247　Technicians, Generals / Robert S. Elegant // China's Red Masters: Political Biographies of the Chinese Communist Leaders. p. 66

　　　专家、将军 / 罗伯特·S. 爱丽格特 // 中国的红色大师: 中国共产党领导人政治传记. 第 66 页

葛祖炉

3248　Robert Tschou-kwong Kah (Ko Tsu-kuang) / The China Weekly Review // Who's Who in China. 1936, p. 123

　　　葛祖炉(字慈荪) / 密勒氏评论报 // 中国名人录. 1936 年, 第 123 页

3249　Keh Tsu-k'uang (Tz'u-sun) / H. G. W. Woodhead, H. T. M. Bell // The China Year Book. 1939(27), p. 182(p. 206)

　　　葛祖炉(字慈荪) / H. G. W. 伍德海、H. T. M. 贝尔 // 中华年鉴. 1939 年第 27 册, 第 182 页(第 206 页)

葛敬恩

3250　Gen. Ko Ching-en / The China Weekly Review // Who's Who in China. 1933, p. 57; 1936, p. 123

　　　葛敬恩(字湛侯) / 密勒氏评论报 // 中国名人录. 1933 年, 第 57 页; 1936 年, 第 123 页

3251　Keh Ching-en (Chan-hou) / H. G. W. Woodhead, H. T. M. Bell // The China Year Book. 1939(27), p. 182(p. 206)

　　　葛敬恩(字湛侯) / H. G. W. 伍德海、H. T. M. 贝尔 // 中华年鉴. 1939 年第 27 册, 第 182 页(第 206 页)

董俞

3252　Toong Yui (Tung Yu) / The China Weekly Review // Who's Who in China. 1936, p. 240

　　　董俞 / 密勒氏评论报 // 中国名人录. 1936 年, 第 240 页

董康

3253　Mr. Tung K'ang / The China Weekly Review // Who's Who in China. 1925, p. 765; 1936, p. 239; 1940, p. 77

董康(字绶金) / 密勒氏评论报 // 中国名人录. 1925 年, 第 765 页; 1936 年, 第 239 页; 1940 年, 第 77 页

3254　Tung K'ang(Shou-chin) / H. G. W. Woodhead, H. T. M. Bell // The China Year Book. 1939(27), p. 203 (p. 227)

董康(字绶金) / H. G. W. 伍德海、H. T. M. 贝尔 // 中华年鉴. 1939 年第 27 册, 第 203 页(第 227 页)

董大酉

3255　Dayu Doon (Tung Ta-yu) / The China Weekly Review // Who's Who in China. 1933, p. 106; 1936, p. 239

董大酉 / 密勒氏评论报 // 中国名人录. 1933 年, 第 106 页; 1936 年, 第 239 页

3256　Tung Ta-yu / H. G. W. Woodhead, H. T. M. Bell // The China Year Book. 1939(27), p. 203(p. 227)

董大酉 / H. G. W. 伍德海、H. T. M. 贝尔 // 中华年鉴. 1939 年第 27 册, 第 203 页(第 227 页)

董必武

3257　Tung Pi-wu: A Political Profile / Howard Lyon Boorman // The China Quarterly. 19. 1964

董必武的政治侧写 / 包华德 // 中国季刊. 1964. 19

3258　Three Old Men, Three Revolutions: Hsü T'e-li, Lin Tsu-han, Tung Pi-wu / Robert S. Elegant // China's Red Masters: Political Biographies of the Chinese Communist Leaders. p. 120

三位老人, 三场革命: 徐特立、林祖涵、董必武 / 罗伯特·S. 爱丽格特 // 中国的红色大师: 中国共产党领导人政治传记. 第 120 页

董时进

3259　Tung Shih-tsin / The China Weekly Review // Who's Who in China. 1940, p. 47

董时进 / 密勒氏评论报 // 中国名人录. 1940 年, 第 47 页

董显光

3260　Mr. Hollington K. Tong (Tung Hsien-kuang) / The China Weekly Review // Who's Who in China. 1925, p. 763; 1936, p. 238; 1940, p. 65

董显光 / 密勒氏评论报 // 中国名人录. 1925 年, 第 763 页; 1936 年, 第 238 页; 1940 年, 第 65 页

3261　Tung Hsien-kuang / H. G. W. Woodhead, H. T. M. Bell // The China Year Book. 1939(27), p. 203 (p. 227)

董显光 / H. G. W. 伍德海、H. T. M. 贝尔 // 中华年鉴. 1939 年第 27 册, 第 203 页(第 227 页)

董修甲

3262　Tingshan H. C. Tung (Tung Hsiu-chia) / The China Weekly Review // Who's Who in China. 1936, p. 239

董修甲(字鼎三) / 密勒氏评论报 // 中国名人录. 1936 年, 第 239 页

董冠贤

3263　Tung Kuan-hsien / The China Weekly Review // Who's Who in China. 1940, p. 46

董冠贤 / 密勒氏评论报 // 中国名人录. 1940 年, 第 46 页

蒋介石

3264　Chiang Kai-shek Surrenders North China / Foreign Policy Association // New York: Foreign Policy Association. 1935

蒋介石放弃华北 / 外交政策协会 // 纽约: 外交政策协会. 1935 年

3265　Chiang Kai-shek, Soldier and Statesman / Hollington Kong Tong // London: Hurst and Blackett Publishers. 1938

军人和政治家蒋介石 / 董显光 // 伦敦: 赫斯特和布莱克特出版社. 1938 年

3266　Strong Man of China: The Story of Chiang Kai-shek / Robert Berkov // Boston: Houghton Mifflin. 1938

中国强人: 蒋介石传奇 / 罗伯特·贝尔科夫 // 波士顿: 霍顿·米夫林出版公司. 1938 年

3267　Chiang Kai-shek: Marshal of China / Sven Anders Hedin // New York: The John Day Company. 1940

蒋介石: 中国大元帅 / 斯文·安德斯·赫定 // 纽约: 庄台公司. 1940 年

3268　The China of Chiang K'ai-shek: A Political Study / Paul Myron Anthony Linebarger // Boston: World Peace Foundation. 1941
蒋介石统治下的中国：一个政治视角 / 林白乐 // 波士顿：世界和平基金会. 1941 年

3269　Our Ally China, the Story of A Great People and Its Man of Destiny, Chiang Kai-shek / Frank Owen // London: W. H. Allen. 1942
我们的友邦中国：蒋介石及其同胞 / 弗兰克·欧文 // 伦敦：W. H. 艾伦. 1942 年

3270　The Chiangs of China / Elmer Talmage Clark // New York: Abingdon-Cokesbury Press. 1943
中国蒋氏家族 / 埃尔默·塔尔梅奇·克拉克 // 纽约：阿宾登-库克斯布里出版社. 1943 年

3271　Wings over China: (Generalissimo and Madame Chiang Kai-shek) / Basil Joseph Mathews // London: Edinburgh House Press. 1943
中国之翼（蒋委员长夫妇）/ 巴塞尔·约瑟夫·马修斯 // 伦敦：爱丁堡出版社. 1943 年

3272　The Big Four: Churchill, Roosevelt, Stalin and Chiang Kai-shek / Vernon Bartlett, et. al. // London: Practical Press. 1943
四巨头：丘吉尔、罗斯福、斯大林和蒋介石 / 弗农·巴特利特等 // 伦敦：实践出版社. 1943 年

3273　Rising China: A Brief History of China and A Biographical Sketch of Generalissimo and Madame Chiang Kai-shek / William Frank Burbidge // London: J. Crowther Ltd. 1943
中国崛起：中国简史及蒋委员长夫妇传略 / 威廉·弗兰克·伯比奇 // 伦敦：J·克劳瑟有限公司. 1943 年

3274　Generalissimo and Madame Chiang Kai-shek, Christian Liberators of China / Basil William Miller // Grand Rapids: Zondervan Publishing House. 1943
蒋委员长夫妇：中国基督徒的解放者 / 巴塞尔·威廉·米勒 // 大急流市：宗德文出版社. 1943 年

3275　The Generalissimo Chiang Kai-shek / Philip Paneth // London: J. Bale and Staples Ltd. 1943
蒋介石委员长 / 菲利普·帕内思 // 伦敦：J. 贝尔和斯特普尔斯有限公司. 1943 年

3276　Four Modern Statesmen, Winston Churchill, Franklin D. Roosevelt, Joseph Stalin, Chiang Kai-shek / Ernest Edwin Reynolds // London: Oxford University Press. 1944
当代四巨头：温斯顿·丘吉尔、富兰克林·D. 罗斯福、约瑟夫·斯大林和蒋介石 / 欧内斯特·埃德温·雷诺兹 // 伦敦：牛津大学出版社. 1944 年

3277　Chiang Kai-shek, Asia's Man of Destiny / Chang Hsin-hai // New York: Doubleday, Doran and Co., Inc. 1944
蒋介石：亚洲的主宰者 / 张歆海 // 纽约：道布尔迪和多兰公司. 1944 年

3278　Chiang Kai-shek Carries on / Philip Paneth // London: Alliance Press. 1944
蒋介石的事业 / 菲利普·帕内思 // 伦敦：联盟出版社司. 1944 年

3279　The Picturesque and Adventurous Career of Chiang Kai-shek: A Convincing Portrait of the Man and His Period in Chinese History / Joseph McCabe // Girard: Haldeman-Julius Publications. 1944
蒋介石跌宕起伏的传奇人生：蒋介石在中国历史上的真实写照 / 约瑟夫·麦凯布 // 吉拉德：海德曼-朱利叶斯出版社. 1944 年

3280　The Life of Chiang Kai-shek / Hsiung Shih-I // Shanghai: World Book Co. 1948; London: Peter Davies. 1948
蒋介石的生平 / 熊式一 // 上海：世界书局. 1948 年；伦敦：皮特·达维斯. 1948 年

3281　The King's Men in China: Robert Morrison, Griffith John, Chiang Kai-shek / John Mars // Wellingtong: Reed. 1948
中国的上帝之子：马礼逊、杨格非和蒋介石 / 约翰·玛斯 // 威灵顿：里德出版社. 1948 年

3282　Chronology of "President" Chiang Kai-shek / Chen Bu-lei // Taipei: China Cultural Service. 1954
蒋介石"总统"年谱 / 陈布雷 // 台北：中国文化服务. 1954 年

3283　"President" Chiang Kai-shek: His Childhood and Youth / Hsieh Sou-k'ang // Taipei: China Cultural

Service. 1954

蒋介石"总统"的童年和青年时代 / 谢寿康 // 台北：中国文化服务. 1954 年

3284　Abridged Biography of "President" Chiang / Hollington Kong Tong // Taipei：China Cultural Service. 1954

蒋介石"总统"传略 / 董显光 // 台北：中国文化服务. 1954 年

3285　Chiang Kai-shek：An Unauthorized Biography / Emily Hahn // New York：Doubleday. 1955

蒋介石：一份未经授权的传记 / 项美丽 // 纽约：道布尔迪书业公司. 1955 年

3286　Chiang Kai-shek / Cornelia Spencer // New York：John Day Company. 1968

蒋介石 / 科妮莉亚·斯宾塞 // 纽约：庄台公司. 1968 年

3287　Chiang Kai-shek / Richard Curtis // New York：Hawthorn Books. 1969

蒋介石 / 理查德·柯蒂斯 // 纽约：霍桑书局. 1969 年

3288　Chiang Kai-shek / Robert Payne // New York：Weybright and Talley. 1969

蒋介石 / 罗伯特·佩恩 // 纽约：韦布莱特和塔利出版社. 1969 年

3289　The Early Chiang Kai-shek：A Study of His Personality and Politics，1887-1924 / Pichon Pei Yung Loh // New York：Columbia University Press. 1969

早年蒋介石（1887—1924），他的性格与政治 / 陆培涌 // 纽约：哥伦比亚大学出版社. 1969 年

3290　Chiang Kai-shek / Sven Anders Hedin // New York：Da Capo Press. 1975

蒋介石 / 斯文·安德斯·赫定 // 纽约：达卡普出版社. 1975 年

3291　The Man Who Lost China：The First Full Biography of Chiang Kai-shek / Brian Crozier // New York：Scribner. 1976

失去中国的人：第一部蒋介石全传 / 布莱恩·克洛泽 // 纽约：斯克里布纳出版社. 1976 年

3292　Chiang Kai-shek Close-up / Edward K. Chook // Oakland：United California University Press. 1977

蒋介石传 / 爱德华·K. 楚克 // 奥克兰：美国加利福尼亚大学出版社. 1977 年

3293　How Generalissimo Chiang Kai-shek Won the Eight Year Sino-Japanese War，1937-1945 / Jiang Weiguo // Taipei：Li Ming Culture Enterprise Co. . 1979

蒋介石如何赢得八年抗战的胜利，1937—1945 / 蒋纬国 // 台北：黎明文化公司. 1979 年

3294　Duel for the Middle Kingdom：The Struggle between Chiang Kai-shek and Mao Tse-tung for Control of China / William Morwood // New York：Everest House. 1980

谁主沉浮：蒋介石与毛泽东在中国的夺权之战 / 威廉·莫伍德 // 纽约：珠峰大厦出版社. 1980 年

3295　Jiang Jie-shi，1887-1975 / John Stradbroke Gregory // New York：Unievrsity of Queensland Press. 1982

蒋介石，1887—1975 / 约翰·斯特拉布罗克·格雷戈里 // 纽约：昆士兰大学出版社. 1982 年

3296　The Turning Point：Roosevelt, Stalin, Churchill and Chiang Kai-shek，1943 — The Moscow, Cairo and Teheran Conferences / Keith Sainsbury // London andNew York：Oxford University Press. 1985

转折年代：1943 年的罗斯福、斯大林、丘吉尔和蒋介石——莫斯科会议、开罗会议、德兰黑会议 / 基思·索尔兹伯里 // 伦敦、纽约：牛津大学出版社. 1985 年

3297　Chiang Kai-shek / Sean Dolan // New York：Chelsea House. 1988

蒋介石 / 希恩·多兰 // 纽约：切尔西出版社. 1988 年

3298　China Memoirs：Chiang Kai-shek and the War against Japan / Owen Lattimore // Tokyo：University of Tokyo Press. 1990

中国回忆录：蒋介石与抗日战争 / 欧文·拉铁摩尔 // 东京：东京大学出版社. 1990 年

3299　Chiang Kai-shek and the Northern Expedition / Chen Tsong-yao // New York：New York University Press. 1992

蒋介石与北伐战争 / 陈宗耀（音）// 纽约：纽约大学出版社. 1992 年

3300　Chiang Kai-shek's Secret Past：The Memoir of His Second Wife, Ch'en Chieh-ju / Lloyd E. Eastman, Ch'en Chieh-ju // Boulder：Westview Press. 1993

蒋介石轶事：第二任妻子陈洁如回忆录 / 易劳逸、陈洁如 // 波尔德：西景出版社.1993 年

3301　Chiang Kai-shek's Military Genius / R. Barrett // Great Britain and the East. 49：1387. 1937
蒋介石的军事天赋 / R. 巴莱特 // 大不列颠与东方. 1937. 49：1387

3302　Chiang Kai-shek and the Chinese Revolution, 1921-1928（A. B. Thesis）/ William I. Popper // Harvard University. 1937
蒋介石与中国大革命, 1921—1928（学士论文）/ 威廉·I. 波普尔 // 哈佛大学. 1937

3303　Chiang Kai-shek and His China — Ⅰ,Ⅱ / Francis Rose // Empire Review and Magazine. 7. 1942；9. 1942
蒋介石与他的中国（一）（二）/ 弗朗西斯·罗斯 // 帝国评论与杂志. 1942. 7；1942. 9

3304　Chiang Kai-shek / Geogre Moorad // American Mercury. 64：. 1947
蒋介石 / 乔治·穆拉德 // 美国信使. 1947. 64：

3305　Makers of Modern China：V. The Generalissimo：Chiang Kai-shek / Norman Palmer // Current History. 15：88. 1948
现代中国的缔造者（五）：委员长蒋介石 / 诺曼·帕尔默 // 当代历史. 1948. 15：88

3306　Makers of Modern China：Ⅵ. Chiang Kai-shek：Immovable Stone / Norman Palmer // Current History. 15：89. 1949
现代中国的缔造者（六）：脸谱化的蒋介石 / 诺曼·帕尔默 // 当代历史. 1949. 15：89

3307　Corruption and Chiang Kai-shek / Michael Straight // The New Republic. 125：15. 1951
论蒋介石与腐败之风 / 迈克尔·斯特雷特 // 新共和. 1951. 125：15

3308　Is Chiang Ready to Fight? / Alfred Kay // The Pacific Spectator. 6：1. 1952
蒋介石准备好开战了吗？/ 阿尔弗雷德·凯 // 太平洋观察家. 1952. 6：1

3309　The Unknown Chiang Kai-shek / Harold Varney // The American Mercury. 9：. 1953
不为人知的蒋介石 / 哈罗德·瓦尼 // 美国信使. 1953. 9：

3310　Chiang Kai-shek on the Shelf / Colin Jackson // The New Republic. 133：23. 1955
被架空的蒋介石 / 科林·杰克逊 // 新共和. 1955. 133：23

3311　Chiang Kai-shek's Waterloo：The Battle of Hwai-hai / Edmund O. Clubb // Pacific Historical Review. 25：4. 1956
蒋介石的"滑铁卢"：论淮海战役 / 埃蒙德·O. 克拉布 // 太平洋历史评论. 1956. 25：4

3312　Quemoy Imbroglio：Chiang Kai-shek and the United States / Tsou Tang // The Western Political Quarterly. 12：4. 1959
金门纠葛：蒋介石与美国 / 邹　谠 // 西方政治季刊. 1959. 12：4

3313　The Essence of the Philosophy of Action："President" Chiang Kai-shek's Experiences of Revolution / Chang Chi-yun // Chinese Culture. 3：2. 1960
行动哲学的本质：蒋介石"总统"的革命经历 / 张其昀 // 中国文化. 1960. 3：2

3314　Chiang Kai-shek：His Approach to Politics（A. B. Thesis）/ Lynn David Poole // Harvard University. 1960
蒋介石的政治之路（学士论文）/ 林恩·大卫·普尔 // 哈佛大学. 1960

3315　Wang Ching-wei：Aspects of His Thought and Life Leading to His Final Break with Chiang Kai-shek（A. B. Thesis）/ Orville Hickok Schell // Harvard University. 1964
汪精卫：导致其与蒋介石决裂的思想和生活（学士论文）/ 奥维尔·希科克·谢尔 // 哈佛大学. 1964

3316　The United States and Chiang Kai-shek：The Formulation of American Policy toward China and the Development of American Attitude toward Chiang Kai-shek. 1927-1937（Ph. D. Thesis）? / Bezalel Porten // Columbia University. 1964
美国和蒋介石：美国对华政策的形成和对蒋态度的发展（1927—1937）（博士论文）/ 比撒列·波滕 // 哥伦比亚大学. 1964

3317　The Politics of Chiang Kai-shek: A Reappraisal / Pichon P. Y. Loh // The Journal of Asian Studies. 25: 3. 1966
蒋介石的政治观再探 / 陆培涌 // 亚洲研究杂志. 1966. 25: 3

3318　The Kuomintang and the Rise of Chiang Kai-shek, 1920-1924 (Ph. D. Thesis) / Walter E. Gourlay // Harvard University. 1967
国民党和蒋介石的崛起,1920—1924(博士论文) / 沃尔特·E. 古尔利 // 哈佛大学. 1967

3319　Sun Yat-sen and Chiang Kai-shek: The Story of a Great Friendship / John Wu // Chinese Culture. 9: 3. 1968
孙中山与蒋介石：一段伟大的友谊故事 / 吴程远 // 中国文化. 1968. 9: 3

3320　Chiang Kai-shek's March Twenties Coup d'etat of 1926 / Wu Tien-wei // The Journal of Asian Studies. 27: 3. 1968
蒋介石与1926年的中山舰事件 / 吴天威 // 亚洲研究杂志. 1968. 27: 3

3321　Dominant Political Leadership and Political Integration in a Trasitional Society: China, Chiang Kai-shek, and Mao Tse-tung, 1935-1949 (Ph. D. Thesis) / David Sprague Gibbons // Princeton University. 1968
转型社会中的主导性政治领导和政治整合：中国、蒋介石和毛泽东,1935—1949(博士论文) / 大卫·斯普雷格·吉本斯 // 普林斯顿大学. 1968

3322　German Military Advisers and Chiang Kai-shek, 1927-1938 (Ph. D. Thesis) / Jerry Bernard Seps // University of California, Berkeley. 1972
蒋介石与德国军事顾问,1927—1938(博士论文) / 杰瑞·伯纳德·赛普斯 // 加利福尼亚大学,伯克利分校. 1972

3323　Chiang Kai-Shek: a Study in Political Personality / Robert W. Sellen // Il Politico. 39: 3. 1974
蒋介石的政治人格研究 / 罗伯特·塞伦 // 政治报. 1974. 39: 3

3324　The Politics of Opposition in Republican China: Chiang K'ai-shek and the Extraordinary Conference of 1931 (M. A. Thesis) / Robert Jenks // The University of British Columbia. 1974
国民时期的的反对势力：蒋介石与1931年的特别会议(硕士论文) / 罗伯特·詹克斯 // 英属哥伦比亚大学. 1974

3325　Chiang Kai-shek: A Big Confucianist Who Brings Disaster upon the Country and the People / Author Unknown // People's Republic of China Magazines. 281: . 1975
蒋介石——一个给国家和人民带来灾难的儒学大家 / 作者未知 // 中华人民共和国杂志. 1975. 281:

3326　"President" Chiang Kai-shek and Modern China / Tong Hollington K. // Sino-Amercian Relations. 1: 2. 1975
蒋介石"总统"与现代中国 / 董显光 // 中美关系,1975. 1: 2

3327　Chiang Kai-Shek and Fu Manchu / Johannes Eff // National Review. 27: 3. 1975
蒋介石与傅满洲 / 约翰尼斯·艾弗 // 国家评论. 1975. 27: 3

3328　Chiang Kai-shek: Defender of Freedom / A. Wedemeyer // Chinese Culture. 16: 2. 1975
蒋介石：自由的捍卫者 / 魏德迈 // 中国文化. 1975. 16: 2

3329　Chiang Kai-shek: In Memoriam / Eisaku Sato // Asian Culture Quarterly. 3: 2. 1975
蒋介石之纪念 / 佐藤荣作 // 亚洲文化季刊. 1975. 3: 2

3330　Chiang Kai-shek (Ph. D. Thesis) / M. Marcia Mozzochi // Southern Connecticut State University. 1976
蒋介石(博士论文) / M·玛西亚·莫周奇 // 南康涅狄格州立大学. 1976

3331　Father and Son — a Story of Filial Love [Chiang Kai-shek and Chiang Ching-kuo] / Yang Ming-che // Free China Review. 28: 5. 1978
父与子——一个关于孝道的故事【蒋介石与蒋经国】 / 杨明哲(音) // 自由中国评论. 1978. 28: 5

3332　Chiang Kai-shek, Ch'en Kung-po and the Comunists, 1925-1926 / Lee Ngok, Waung Sui-king // Asian Thought and Society. 3: 7. 1978
蒋介石、陈公博和共产党,1925—1926 / 李锷、汪瑞炯 // 亚洲思潮与社会. 1978. 3: 7

3333 Pre-communist State-building in Modern China: The Political Thought of Chiang Kai-shek / Robert E. Bedeski // Asian Perspective. 4:2. 1980
近代中国的前共产主义时期国家建设:论蒋介石的政治思想 / 罗伯特·E.贝德斯基 // 亚洲观察. 1980.4:2

3334 Chiang Kai-shek's Legacy of Faith / Yang Ming-che // Free China Review. 30:4. 1980
蒋介石的信仰遗产 / 杨明哲 // 自由中国评论. 1980.30:4

3335 "President" Chiang Kai-shek as a Lover of Nature / John Wu // Chinese Culture. 21:2. 1980
热爱自然的蒋介石"总统" / 吴程远 // 中国文化. 1980.21:2

3336 Chiang Kai-shek's Relations with German Adviser 1928-1935 / Fu Pao-jen, Martin // The German Advisor Group in China: Military, Economic, and Political Issues in Sino-German Reltions, 1927-1938. 1981. p.160-174
蒋介石1928—1935年间与德国顾问的关系 / 付宝珍(音)、马丁 // 中国1927—1938年间的德国顾问们:军事、经济和中德关系中的政治问题. 1981年,第160-174页

3337 Chiang Kai-shek: the meaning of a life / Pin Chen // Free China Review. 31:11. 1981
蒋介石:人生的意义 / 平 陈(音) // 自由中国评论. 1981.31:11

3338 Who Lost China Chiang Kai-shek Testifies / Lloyd Eastman // The China Quarterly. 88. 1981
谁丢失了中国? 蒋介石的证言 / 易劳逸 // 中国季刊. 1981.88

3339 Chiang Kai-shek and the Anti-Japanese Movement in China: Zou Tao-fen and the National Salvation Association, 1931-1937 / Parks M. Coble // The Journal of Asian Studies. 44:2. 1985
蒋介石和中国抗日运动:邹韬奋和全国各界救国联合会,1931-1937 / 帕克斯·M.科布尔 // 亚洲研究杂志. 1985.44:2

3340 Chiang Kai-shek's Central Army, 1924-1938 (Ph. D. Thesis) / Michael Gibson // George Washington University. 1985
蒋介石的中央军,1924—1928(博士论文) / 迈克尔·吉布森 // 乔治·华盛顿大学. 1985

3341 "President" Chiang Kai-shek: His Faith and His Work / Walter H. Judd // Asian Outlook. 21:10. 1986
蒋介石"总统":他的信仰与工作 / 周以德 // 亚洲瞭望. 1986.21:10

3342 The Omitted Image of Chiang Kai-shek / Anthony Kubek // Asian Outlook. 11. 1986
被忽略的蒋介石形象 / 安东尼·库比克 // 亚洲瞭望. 1986.11

3343 Chiang Kai-shek and World Peace / Chang Teh-kuang // Journal of Chinese Studies. 3:2. 1986
蒋介石与世界和平 / 张德光 // 中国研究杂志. 1986.3:2

3344 The Centennial Birthday Anniversary of "the Late President" Chiang Kai-shek / Chen William // Asian Outlook. 21:11. 1986
"先总统"蒋介石诞辰100周年 / 陈威廉 // 亚洲瞭望. 1986.21:11

3345 Chiang Kai-shek's Role in World History / Gottfried Karl Kindermann // Asian Culture. 14:4. 1986
蒋介石在世界历史舞台上的地位 / 戈特弗里德·卡尔·金德曼 // 亚洲文化. 1986.14:4

3346 Chiang Kai-shek's Visit to the Soviet Union and His Observations / Wang Yu-chun // Chinese Studies in History. 21:1. 1987
蒋介石访问苏联与观察 / 王宇纯(音) // 中国历史研究. 1987.21:1

3347 Chiang Kai-shek's Visit to India and the Indian Independence / Wu Chen-tsai // Chinese Studies in History. 21:1. 1987
蒋介石印度访问与印度独立 / 吴振才(音) // 中国历史研究. 1987.21:1

3348 Chiang Kai-shek's Quest for Soviet Eentry into the Sino-Japanese War / John W. Garver // Political Science Quarterly. 102:2. 1987
蒋介石请求苏联介入中日战争 / 约翰·W.加弗 // 政治科学季刊. 1987.102:2

3349 Chiang Kai-shek and the Anti-Yuan Movement / Li Shou-kung // Chinese Studies in History. 21:1. 1987

蒋介石与讨袁运动 / 李守恭（音）// 中国历史研究. 1987. 21：1

3350 Chiang Kai-Shek's Fundamental Guideline for China's War Efforts during the Sino-Japanese War：Resist to the Last and Fight to the Bitter End. / Chiang Yung-ching // Chinese Studies in History. 21：3. 1988
蒋介石在抗日战争时期为中国的战争所作的基本方针：抵抗到最后,斗争到底 / 蒋永清（音）// 中国历史研究. 1988. 21：3

3351 The Image of Chiang Kai-shek in the West / Guy Salvatore Alitto // Chu Hai Journal. 16：. 1988
西方人眼中的蒋介石 / 艾　恺 // 珠海杂志. 1988. 16：

3352 Chiang Kai-shek and the Promotion of the Chinese Cultural Renaissance Movement / Wang Shou-nan // Chinese Studies in History. 21：2. 1987-1988
蒋介石与中华文化复兴运动的推行 / 王寿南 // 中国历史研究. 1987—1988. 21：2

3353 Taiwan under Chiang Kai-shek's Era：1945-1976 / Peter Cheng // Asian Profile. 16：4. 1988
蒋介石时代的台湾：1945—1976 / 彼得·郑 // 亚洲简介. 1988. 16：4

3354 The Dictator's Heir / V. Vorontsov // Far Eastern Affairs. 1. 1989
独裁者的继承人 / V. 沃龙佐夫 // 远东事务. 1989. 1

3355 Chiang Kai-shek and the Institutionalized Defense Research and Education / Sung Shee // Chinese Culture. 32：1. 1991
蒋介石与国防研究和教育的体制化 / 宋　晞 // 中国文化. 1991. 32：1

3356 The Origins of the "Wang-Chiang Copperation" in 1931 / So Wai-chor // Modern Asian Studies. 25：1. 1991
1931年"蒋汪合作"的起源 / 苏维初 // 现代亚洲研究. 1991. 25：1

3357 Chiang Kai-shek / Theodore H. White // Theodore H. White At Large：The Best of His Magazine Writing, 1939-1986. 1992. p. 33-43
蒋介石 / 白修德 // 专访白修德：他 1939—1986 年杂志文章之最. 1992 年, 第 33—43 页

3358 Chiang Kai-shek and the Reorganisation of China's Countryside / Alexander Pisarev // Far Eastern Affairs. 2. 1996
蒋介石与中国乡村改革 / 亚历山大·皮萨列夫 // 远东事务. 1996. 2

3359 Chiang Kai-shek and the New Gui Clique — Partners and Rivals：The Role of the New Gui Clique in Modern Chinese History（Ph. D. Thesis）/ Song Yingxian // University of Leeds. 1996
蒋介石与新桂系——合作伙伴与竞争对手：新桂系在中国近代史上的地位（博士论文）/ 宋迎宪 // 利兹大学. 1996

3360 Gen. Chiang Kai-shek（Chiang Chieh-shih）/ The China Weekly Review // Who's Who in China. 1933, p. 17；1936, p. 43；1940, p. 12
蒋介石（字中正）/ 密勒氏评论报 // 中国名人录. 1933 年, 第 17 页；1936 年, 第 43 页；1940 年, 第 12 页

3361 Chiang Chung-cheng（Chieh-shih）/ H. G. W. Woodhead, H. T. M. Bell // The China Year Book. 1939（27）, p. 168（p. 192）
蒋中正（原名介石）/ H. G. W. 伍德海、H. T. M. 贝尔 // 中华年鉴. 1939 年第 27 册, 第 168 页（第 192 页）

蒋百里

3362 General Chiang Po-li / Tung, S. P. // The China Journal. 30：2. 1939
蒋百里将军 / 董某某 // 中国杂志. 1939. 30：2

蒋光鼐

3363 Gen. Chiang Kuang-nai / The China Weekly Review // Who's Who in China. 1933, p. 19；1936, p. 45
蒋光鼐（字憬然）/ 密勒氏评论报 // 中国名人录. 1933 年, 第 19 页；1936 年, 第 45 页

蒋廷黻

3364 Tsiang T'ing-fu：Between Two worlds, 1895-1935（Ph. D. Thesis）/ Charles Ronald Lilley // University of

Maryland. 1979

蒋廷黻：介于两个世界之间，1895—1935（博士论文） / 查尔斯·罗纳德·里利 // 马里兰大学. 1979

3365 T. F. Tsiang (Chiang Ting-fu) / The China Weekly Review // Who's Who in China. 1936, p. 47; 1940, p. 13

蒋廷黻 / 密勒氏评论报 // 中国名人录. 1936 年, 第 47 页; 1940 年, 第 13 页

3366 Chiang T'ing-fu / H. G. W. Woodhead, H. T. M. Bell // The China Year Book. 1939(27), p. 169 (p. 193)

蒋廷黻 / H. G. W. 伍德海、H. T. M. 贝尔 // 中华年鉴. 1939 年第 27 册, 第 169 页（第 193 页）

蒋坚忍

3367 Chiang Chien-jen / The China Weekly Review // Who's Who in China. 1936, p. 44

蒋坚忍 / 密勒氏评论报 // 中国名人录. 1936 年, 第 44 页

蒋伯诚

3368 Chiang Po-ch'eng / H. G. W. Woodhead, H. T. M. Bell // The China Year Book. 1939 (27), p. 169 (p. 193)

蒋伯诚 / H. G. W. 伍德海、H. T. M. 贝尔 // 中华年鉴. 1939 年第 27 册, 第 169 页（第 193 页）

蒋作宾

3369 General Chiang Tso-Pin / The China Weekly Review // Who's Who in China. 1925, p. 176; 1936, p. 47

蒋作宾（字雨岩） / 密勒氏评论报 // 中国名人录. 1925 年, 第 176 页; 1936 年, 第 47 页

3370 Chiang Tso-pin (Yü-yen) / H. G. W. Woodhead, H. T. M. Bell // The China Year Book. 1939(27), p. 169 (p. 193)

蒋作宾（字雨岩） / H. G. W. 伍德海、H. T. M. 贝尔 // 中华年鉴. 1939 年第 27 册, 第 169 页（第 193 页）

蒋经国

3371 Chiang Ching-kuo Remembered: The Man and His Political Legacy / Ray S. Cline // Washington, D. C.: United States Global Strategy Council. 1989.

怀念蒋经国：其人和他的政治遗产 / 雷·S. 克莱因 // 华盛顿：美国全球战略委员会. 1989 年

3372 "President" Chiang-Ching-Kuo and Taiwan's Transition to Democracy: Taiwan Studies Workshop / Philip Newell // Cambridge: Fairbank Center for East Asian Research, Harvard University. 1994

蒋经国"总统"和台湾走向民主：台湾研讨会 / 菲利普·纽维尔 // 坎布里奇：哈佛大学费正清东亚研究中心. 1994 年

3373 Chiang Ching-kuo and Taiwan: A Profile / Tillman Durdin // Orbis. 18: 4. 1975

蒋经国和台湾：概述 / 蒂尔曼·德丁 // 环球. 1975. 18: 4

3374 Mr. Chiang Ching-kuo — A Brief Profile / Ts'ai Ch'ing-yuan // Free China Review. 28: 4. 1978

蒋经国先生简介 / 蔡清源（音） // 自由中国评论. 1978. 28: 4

3375 Chiang Ching-Kuo's Legacy for China and the U. S. / Roger Brooks, Richard Fisher // Human Events. 48: 6. 1988

蒋经国留给中国和美国的遗产 / 罗杰·布鲁克斯、理查德·费舍尔 // 世事. 1988. 48: 6

3376 Taiwan after Chiang Ching-kuo / Selig S. Harrison // Foreign Affairs. 66: 4. 1988

蒋经国之后的台湾 / 塞利格·S. 哈里森 // 外交事务. 1988. 66: 4

3377 Chiang Ching-kuo in Historical Perspective / Chu Yungdah // The American Asian Review. 12: 1. 1994

历史视角下的蒋经国 / 朱永德 // 美国亚洲评论. 1994. 12: 1

3378 The Political Legacy of Chiang Ching-kuo / Ray Cline // The American Asian Review. 12: 1. 1994

蒋经国的政治遗产 / 雷·克莱因 // 美国亚洲评论. 1994. 12: 1

3379 Chiang Ching-kuo's Role in the ROC-PRC Reconciliation / Walter Clemens, Zhan Jun // The American Asian Review. 12: 1. 1994

蒋经国与两岸和解 / 沃尔特·克莱门斯、詹军（音） // 美国亚洲评论. 1994. 12: 1

3380　Chiang Ching-kuo's Economic Philosophy and Taiwan's Economic Development / Wou Wei // The American Asian Review. 12:1. 1994
蒋经国的经济思想与台湾经济发展 / 吴　伟（音）// 美国亚洲评论. 1994. 12:1

3381　Taiwan's Economic Development under Chiang Ching-kuo / Cheng Chu-yuan // The American Asian Review. 12:1. 1994
蒋经国领导下的台湾经济发展 / 郑竹园 // 美国亚洲评论. 1994. 12:1

3382　Taiwan's Social and Cultural Developments under Chiang Ching-kuo, 1965-1988 / Li Wen // The American Asian Review. 12:1. 1994
蒋经国领导下的台湾社会和文化发展，1965—1988 / 李　文（音）// 美国亚洲评论. 1994. 12:1

3383　Social Consequences of Taiwan's Economic Development and Political Liberalization: Chiang Ching-kuo's Legacy / Cal Clark // The American Asian Review. 12:1. 1994
台湾经济发展和政治自由化的社会影响：蒋经国的遗产 / 卡尔·克拉克 // 美国亚洲评论. 1994. 12:1

3384　Peace, Prosperity and Equity: The Growth of the Taiwanese Society under Chiang Ching-kuo / Tsai Wen-hui // The American Asian Review. 12:1. 1994
和平、繁荣与平等：蒋经国领导下的台湾社会发展 / 蔡文辉 // 美国亚洲评论. 1994. 12:1

3385　An Assessment of the Personality and Style of Leadership of Chiang Ching-kuo / Liu Shia-ling // The American Asian Review. 12:1. 1994
蒋经国的领导个性和风格评估 / 刘遐玲 // 美国亚洲评论. 1994. 12:1

3386　Taiwan as a Model of Economic Growth and Development: The Contributions of Chiang Ching-kuo / Jan Prybyla // The American Asian Review. 12:1. 1994
台湾作为经济增长和发展的典型：蒋经国的贡献 / 简·普赖拜尔 // 美国亚洲评论. 1994. 12:1

3387　Taiwan's Political Development under Chiang Ching-kuo in the 1970s and 1980s / Murray Rubinstein // The American Asian Review. 12:1. 1994
二十世纪七八十年代蒋经国领导下的台湾政治发展 / 穆雷·鲁宾斯坦 // 美国亚洲评论. 1994. 12:1

3388　Maj-Gen. Chiang Ching-kuo / The China Weekly Review // Who's Who in China. 1940, p. 56
蒋经国 / 密勒氏评论报 // 中国名人录. 1940 年，第 56 页

蒋复璁

3389　Chiang Fu-tsung (Chiang Wei-tang) / The China Weekly Review // Who's Who in China. 1936, p. 290
蒋复璁（字慰堂）/ 密勒氏评论报 // 中国名人录. 1936 年，第 290 页

蒋培华

3390　Paul H. C. Clong (Chiang Pei-hua) / The China Weekly Review // Who's Who in China. 1936, p. 46
蒋培华 / 密勒氏评论报 // 中国名人录. 1936 年，第 46 页

蒋梦麟

3391　Tides from the West: A Chinese Autobiography / Chiang Monlin // New Haven: Yale University Press. 1947
西潮：蒋梦麟回忆录 / 蒋梦麟 // 纽黑文：耶鲁大学出版社. 1947 年

3392　Ts'ai Yuan-p'ei and Chiang Meng-lin during the May Fourth Period / Eugene Lubot // Journal of Asian and African Studies. 7:3-4. 1972
五四时期的蔡元培和蒋梦麟 / 尤金·卢博特 // 亚非研究杂志. 1972. 7:3-4

3393　Monlin Chiang (Chiang Meng-lin) / The China Weekly Review // Who's Who in China. 1925, p. 168; 1936, p. 46
蒋梦麟（字兆贤）/ 密勒氏评论报 // 中国名人录. 1925 年，第 168 页；1936 年，第 46 页

3394　Chiang Meng-lin (Chao-hsien) / H. G. W. Woodhead, H. T. M. Bell // The China Year Book. 1939 (27), p. 168 (p. 192)

蒋梦麟(字兆贤)／H. G. W. 伍德海、H. T. M. 贝尔∥中华年鉴.1939年第27册,第168页(第192页)

蒋雁行

3395　General Chiang Yen-hsing ／ The China Weekly Review ∥ Who's Who in China. 1925,p. 178;1936,p. 48
蒋雁行(字宾臣)／密勒氏评论报∥中国名人录.1925年,第178页;1936年,第48页

蒋鼎文

3396　Chiang Ting-wen ／ The China Weekly Review ∥ Who's Who in China. 1936,p. 47;1940,p. 57
蒋鼎文(字铭三)／密勒氏评论报∥中国名人录.1936年,第47页;1940年,第57页

3397　Chiang Ting-wen ／ H. G. W. Woodhead, H. T. M. Bell ∥ The China Year Book. 1939(27),p. 169(p. 193)
蒋鼎文／H. G. W. 伍德海、H. T. M. 贝尔∥中华年鉴.1939年第27册,第169页(第193页)

蒋锄欧

3398　Gen. Chiang Chu-ou ／ The China Weekly Review ∥ Who's Who in China. 1940,p. 13
蒋锄欧(字诉心)／密勒氏评论报∥中国名人录.1940年,第13页

蒋尊祎

3399　Mr. Tsiang Tseng-yi (Chiang Tseng-i) ／ The China Weekly Review ∥ Who's Who in China. 1925,p. 174;1936,p. 47
蒋尊祎(字彬信)／密勒氏评论报∥中国名人录.1925年,第174页;1936年,第47页

蒋履福

3400　Tsiang Lu Foo (Chiang Lu-fu) ／ The China Weekly Review ∥ Who's Who in China. 1936,p. 45
蒋履福／密勒氏评论报∥中国名人录.1936年,第45页

韩　安

3401　Mr. Nang Han (Han An) ／ The China Weekly Review ∥ Who's Who in China. 1925,p. 273;1936,p. 77
韩安(字竹平)／密勒氏评论报∥中国名人录.1925年,第273页;1936年,第77页

韩玉麟

3402　Dr. N. L. Han (Han Yu-lin) ／ The China Weekly Review ∥ Who's Who in China. 1925,p. 275;1936,p. 78
韩玉麟／密勒氏评论报∥中国名人录.1925年,第275页;1936年,第78页

韩复榘

3403　Gen. Han Fu-chu ／ The China Weekly Review ∥ Who's Who in China. 1933,p. 36;1936,p. 78
韩复榘(字向方)／密勒氏评论报∥中国名人录.1933年,第36页;1936年,第78页

韩德勤

3404　Gen. Han Teh-chin ／ The China Weekly Review ∥ Who's Who in China. 1940,p. 59
韩德勤／密勒氏评论报∥中国名人录.1940年,第59页

韩麟生

3405　Han Lin-sung ／ The China Weekly Review ∥ Who's Who in China. 1936,p. 78
韩麟生(字寅阶)／密勒氏评论报∥中国名人录.1936年,第78页

辜仁发

3406　Ku Jen-fa ／ The China Weekly Review ∥ Who's Who in China. 1936,p. 124
辜仁发／密勒氏评论报∥中国名人录.1936年,第124页

覃　振

3407　Tan Cheng ／ The China Weekly Review ∥ Who's Who in China. 1933,p. 97;1936,p. 219
覃振(字理鸣)／密勒氏评论报∥中国名人录.1933年,第97页;1936年,第219页

3408　T'an Chen(Li-min) ／ H. G. W. Woodhead, H. T. M. Bell ∥ The China Year Book. 1939(27),p. 198 (p. 222)
覃振(字理鸣)／H. G. W. 伍德海、H. T. M. 贝尔∥中华年鉴.1939年第27册,第198页(第

222 页)

粟 威

3409 Lieh Wei / The China Weekly Review // Who's Who in China. 1936, p. 155
粟威(字松邨) / 密勒氏评论报 // 中国名人录. 1936 年, 第 155 页

〔丨〕

景耀月

3410 Mr. Ching Yao-yueh / The China Weekly Review // Who's Who in China. 1925, p. 202; 1936, p. 53
景耀月(字太昭) / 密勒氏评论报 // 中国名人录. 1925 年, 第 202 页; 1936 年, 第 53 页

〔丿〕

嵇 镜

3411 K. Kes (Chi Chin) / The China Weekly Review // Who's Who in China. 1936, p. 42
嵇 镜 / 密勒氏评论报 // 中国名人录. 1936 年, 第 42 页

程 克

3412 General Ch'eng K'e / The China Weekly Review // Who's Who in China. 1925, p. 149; 1936, p. 39
程克(字仲渔) / 密勒氏评论报 // 中国名人录. 1925 年, 第 149 页; 1936 年, 第 39 页

程 潜

3413 Cheng Chien / The China Weekly Review // Who's Who in China. 1936, p. 38; 1940, p. 11
程 潜 / 密勒氏评论报 // 中国名人录. 1936 年, 第 38 页; 1940 年, 第 11 页

3414 Ch'eng Ch'ien / H. G. W. Woodhead, H. T. M. Bell // The China Year Book. 1939(27), p. 167(p. 191)
程潜(字颂云) / H. G. W. 伍德海、H. T. M. 贝尔 // 中华年鉴. 1939 年第 27 册, 第 167 页(第 191 页)

程天斗

3415 Mr. T. T. Cheng (Ch'eng T'ien-tou) / The China Weekly Review // Who's Who in China. 1925, p. 155; 1936, p. 41
程天斗 / 密勒氏评论报 // 中国名人录. 1925 年, 第 155 页; 1936 年, 第 41 页

程天固

3416 T. K. Ching (Cheng Tien-ku) / The China Weekly Review // Who's Who in China. 1936, p. 40
程天固 / 密勒氏评论报 // 中国名人录. 1936 年, 第 40 页

程天放

3417 Cheng Tien-fang / The China Weekly Review // Who's Who in China. 1936, p. 40
程天放 / 密勒氏评论报 // 中国名人录. 1936 年, 第 40 页

3418 Ch'eng T'ien-fang / H. G. W. Woodhead, H. T. M. Bell // The China Year Book. 1939(27), p. 167(p. 191)
程天放 / H. G. W. 伍德海、H. T. M. 贝尔 // 中华年鉴. 1939 年第 27 册, 第 167 页(第 191 页)

程远帆

3419 Ch'eng Yuen-fan(Wan-li) / H. G. W. Woodhead, H. T. M. Bell // The China Year Book. 1939(27), p. 168(p. 192)
程远帆(字万里) / H. G. W. 伍德海、H. T. M. 贝尔 // 中华年鉴. 1939 年第 27 册, 第 168 页(第 192 页)

程时煃

3420 Cheng Shih-kuei / The China Weekly Review // Who's Who in China. 1936, p. 40
程时煃 / 密勒氏评论报 // 中国名人录. 1936 年, 第 40 页

3421 Ch'eng Shih-k'uei(T'ung-lu) / H. G. W. Woodhead, H. T. M. Bell // The China Year Book. 1939(27),

p. 167(p. 191)

程时煃(字桐庐) / H. G. W. 伍德海、H. T. M. 贝尔 // 中华年鉴.1939年第27册,第167页(第191页)

程其保

3422　Ch'eng Ch'I-pao / H. G. W. Woodhead, H. T. M. Bell // The China Year Book. 1939(27),p. 167(p. 191)

程其保 / H. G. W. 伍德海、H. T. M. 贝尔 // 中华年鉴.1939年第27册,第167页(第191页)

程修龄

3423　Miss Cecilia S. L. Zung (Miss Cheng Hsiu-ling) / The China Weekly Review // Who's Who in China. 1940,p. 11

程修龄 / 密勒氏评论报 // 中国名人录.1940年,第11页

程砚秋

3424　Ch'eng Yen-ch'iu / H. G. W. Woodhead, H. T. M. Bell // The China Year Book. 1939(27),p. 168(p. 192)

程砚秋 / H. G. W. 伍德海、H. T. M. 贝尔 // 中华年鉴.1939年第27册,第168页(第192页)

程振钧

3425　Cheng Cheng-chun / The China Weekly Review // Who's Who in China. 1936,p. 38

程振钧 / 密勒氏评论报 // 中国名人录.1936年,第38页

程海峰

3426　Cheng Hai-fong / The China Weekly Review // Who's Who in China. 1940,p. 11

程海峰 / 密勒氏评论报 // 中国名人录.1940年,第11页

程锡庚

3427　S. G. Cheng (Cheng Hsi-keng) / The China Weekly Review // Who's Who in China. 1936,p. 39;1940,p. 70

程锡庚(字莲士) / 密勒氏评论报 // 中国名人录.1936年,第39页;1940年,第70页

3428　Ch'eng His-keng / H. G. W. Woodhead, H. T. M. Bell // The China Year Book. 1939(27),p. 167(p. 191)

程锡庚(字莲士) / H. G. W. 伍德海、H. T. M. 贝尔 // 中华年鉴.1939年第27册,第167页(第191页)

傅　铜

3429　Fu Tung / The China Weekly Review // Who's Who in China. 1933,p. 36;1936,p. 77

傅铜(字佩青) / 密勒氏评论报 // 中国名人录.1933年,第36页;1936年,第77页

3430　Fu T'ung / H. G. W. Woodhead, H. T. M. Bell // The China Year Book. 1939(27),p. 175(p. 199)

傅　铜 / H. G. W. 伍德海、H. T. M. 贝尔 // 中华年鉴.1939年第27册,第175页(第199页)

傅　智

3431　Daniel C. Fu (Fu Jo-yu) / The China Weekly Review // Who's Who in China. 1936,p. 77

傅智(字若愚) / 密勒氏评论报 // 中国名人录.1936年,第77页

傅汝霖

3432　Fu Ju-lin(Mu-po) / H. G. W. Woodhead, H. T. M. Bell // The China Year Book. 1939(27),p. 175(p. 199)

傅汝霖(字沐波) / H. G. W. 伍德海、H. T. M. 贝尔 // 中华年鉴.1939年第27册,第175页(第199页)

傅作义

3433　Gen. Fu Tso-yi / The China Weekly Review // Who's Who in China. 1933,p. 35;1936,p. 76;1940,p. 59

傅作义(字宜生) / 密勒氏评论报 // 中国名人录.1933年,第35页;1936年,第76页;1940年,第59页

3434　Fu Tso-yi(I-sheng) / H. G. W. Woodhead, H. T. M. Bell // The China Year Book. 1939(27),p. 175(p. 199)

傅作义(字宜生) / H. G. W. 伍德海、H. T. M. 贝尔 // 中华年鉴. 1939 年第 27 册, 第 175 页(第 199 页)

傅良佐

3435　General Fu Liang-tso / The China Weekly Review // Who's Who in China. 1925, p. 264
傅良佐(字清节) / 密勒氏评论报 // 中国名人录. 1925 年, 第 264 页

傅尚霖

3436　Shang Ling Fu (Fu Shang-ling) / The China Weekly Review // Who's Who in China. 1933, p. 34; 1936, p. 76
傅尚霖 / 密勒氏评论报 // 中国名人录. 1933 年, 第 34 页; 1936 年, 第 76 页

3437　Fu Shang-lin(Ti-li) / H. G. W. Woodhead, H. T. M. Bell // The China Year Book. 1939(27), p. 175 (p. 199)
傅尚霖(字迪黎) / H. G. W. 伍德海、H. T. M. 贝尔 // 中华年鉴. 1939 年第 27 册, 第 175 页(第 199 页)

傅秉常

3438　Foo Ping-sheung (Fu Ping-chang) / The China Weekly Review // Who's Who in China. 1936, p. 75
傅秉常 / 密勒氏评论报 // 中国名人录. 1936 年, 第 75 页

3439　Fu Ping-ch'ang / H. G. W. Woodhead, H. T. M. Bell // The China Year Book. 1939(27), p. 175(p. 199)
傅秉常 / H. G. W. 伍德海、H. T. M. 贝尔 // 中华年鉴. 1939 年第 27 册, 第 175 页(第 199 页)

傅鸿钧

3440　Mr. Fu Hung-chun / The China Weekly Review // Who's Who in China. 1925, p. 600; 1936, p. 75
傅鸿钧(字镛庭) / 密勒氏评论报 // 中国名人录. 1925 年, 第 600 页; 1936 年, 第 75 页

傅斯年

3441　Essays and Papers in Memory of Late President Fu Ssu-nien, National Taiwan University / Essays and Papers in Memory of Fu Ssu-nien Editorial Committee, National Taiwan University // Taipei: National Taiwan University. 1952
已故台湾大学校长傅斯年纪念论文集 / 傅故校长斯年先生纪念论文编辑委员会, 台湾大学 // 台北: 台湾大学. 1952 年

3442　The Historian, His Readers, and the Passage of Time: The Fu Ssu-nien Memorial Lectures 1996 / Denis Crispin Twitchett // Taipei: Institute of History and Philology, Academia Sinica. 1997.
历史学家、读者与时间的流逝: 1996 年傅斯年纪念演讲 / 杜希德 // 台北: "中央"研究院历史语言研究所. 1997 年

3443　Fu Ssu-nien: An Intellectual Biography (Ph. D. Thesis) / Wang Fan-sen // Princeton University. 1993
傅斯年: 一个知识分子的传记(博士论文) / 王汎森 // 普林斯顿大学. 1993

3444　Fu Ssu-nien / The China Weekly Review // Who's Who in China. 1933, p. 35; 1936, p. 76
傅斯年(字孟真) / 密勒氏评论报 // 中国名人录. 1933 年, 第 35 页; 1936 年, 第 76 页

3445　Fu Ssu-nien(Meng-chen) / H. G. W. Woodhead, H. T. M. Bell // The China Year Book. 1939(27), p. 175 (p. 199)
傅斯年(字孟真) / H. G. W. 伍德海、H. T. M. 贝尔 // 中华年鉴. 1939 年第 27 册, 第 175 页(第 199 页)

傅瑞鑫

3446　J. Pinkuet Fu (Fu Jui-hsing) / The China Weekly Review // Who's Who in China. 1925, p. 262; 1936, p. 75
傅瑞鑫(字品圭) / 密勒氏评论报 // 中国名人录. 1925 年, 第 262 页; 1936 年, 第 75 页

傅筱庵

3447　Mr. Fu Siao-en (Fu Tsung-yao) / The China Weekly Review // Who's Who in China. 1925, p. 268; 1936,

p. 77；1940，p. 72

傅宗耀（字筱庵）／密勒氏评论报∥中国名人录. 1925 年，第 268 页；1936 年，第 77 页；1940 年，第 72 页

3448　Feng Tsung-yao(Hsiao-an) / H. G. W. Woodhead, H. T. M. Bell // The China Year Book. 1939(27), p. 174(p. 198)

傅宗耀（字筱庵）／H. G. W. 伍德海、H. T. M. 贝尔∥中华年鉴. 1939 年第 27 册，第 174 页（第 198 页）

傅增湘

3449　Mr. Fu Tseng-hsiang / The China Weekly Review // Who's Who in China. 1925, p. 266；1936, p. 76

傅增湘（字沅叔）／密勒氏评论报∥中国名人录. 1925 年，第 266 页；1936 年，第 76 页

焦易堂

3450　Chiao I-tang / The China Weekly Review // Who's Who in China. 1936, p. 22

焦易堂（字希孟）／密勒氏评论报∥中国名人录. 1936 年，第 22 页

3451　Chiao I-t'ang / H. G. W. Woodhead, H. T. M. Bell // The China Year Book. 1939(27), p. 169(p. 193)

焦易堂／H. G. W. 伍德海、H. T. M. 贝尔∥中华年鉴. 1939 年第 27 册，第 169 页（第 193 页）

储安平

3452　The Fate of Liberalism in Revolutionary China：Chu Anping and His Circle, 1946-1950 / Wong Yong-tsu // Modern China. 19：4. 1993

中国革命时期的自由主义命运：储安平和他的圈子，1946-1950／汪荣祖∥近代中国. 1993. 19：4

舒双全

3453　Shu Shuang-chuan / The China Weekly Review // Who's Who in China. 1936, p. 208

舒双全／密勒氏评论报∥中国名人录. 1936 年，第 208 页

鲁迅

3454　Lu Hsün and the New Culture Movement of Modern China / Huang Sung-k'ang // Amsterdam：Djambatan. 1957

鲁迅和近代中国的新文化运动／黄松康∥阿姆斯特丹：Djambatan 出版社. 1957 年

3455　Lu Hsun's Vision of Reality / William A. Lyell // Berkeley：University of California Press. 1976

鲁迅的现实观／威廉·A. 莱尔∥伯克利：加利福尼亚大学出版社. 1976 年

3456　The Social Thought of Lu Hsun, 1881-1936：A Mirror of the Intellectual Current of Modern China / Pearl Hsia Chen // New York：Vantage Press. 1976

鲁迅（1881—1936）的社会思想：现代中国知识分子思潮的一面镜子／陈　侠（音）∥纽约：万蒂奇出版社. 1976 年

3457　Lu Hsün and His Predecessors / Vladimir Ivanovich Semanov // White Plains：M. E. Sharpe. 1980

鲁迅和他的先辈们／弗拉迪米尔·伊万诺维奇·塞蒙诺夫∥白原市：M. E. 夏普出版社. 1980 年

3458　Lu Xun：A Chinese Writer for All Times / Ruth F. Weiss // Beijing：New World Press. 1985

文豪鲁迅／魏璐诗∥北京：新世界出版社. 1985 年

3459　Voices from the Iron House：A Study of Lu Xun / Leo Ou-fan Lee // Bloomington：Indiana University Press. 1987

铁屋中的呐喊：鲁迅研究／李欧梵∥布卢明顿：印第安纳大学出版社. 1987 年

3460　Lu Xun as a Translator：Lu Xun's Translation and Introduction of Literature and Literary Theory, 1903-1936 / Lundberg Lennart // Stockholm：Orientaliska Studier, Stockholm University. 1989

作为译者的鲁迅：鲁迅的翻译及其对文学和文学理论的介绍，1903—1936／罗德保∥斯德哥尔摩：德哥尔摩大学东方学研究. 1989 年

3461　The Lyrical Lu Xun：A Study of His Classical-style Verse / Jon Eugene von Kowallis // Honolulu：University of Hawai'i Press. 1995

诗人鲁迅：鲁迅旧体诗研究 / 寇志明 // 火奴鲁鲁：夏威夷大学出版社. 1995 年

3462　Lu Xun and Evolution / James Reeve Pusey // Albany：State University of New York Press. 1998
鲁迅与进化论 / 浦嘉珉 // 奥尔巴尼：纽约州立大学出版社. 1998 年

3463　Children's Literature in China：From Lu Xun to Mao Zedong / Mary Farquhar // Armonk：M. E. Sharpe. 1999
中国的儿童文学：从鲁迅到毛泽东 / 玛丽·法夸尔 // 阿蒙克：M. E. 夏普出版社. 1999 年

3464　Lu Hsun：His Life and Thought / Feng Hsueh-feng // Chinese Literature. 2. 1952
鲁迅的生活与思想 / 冯雪峰 // 中国文学. 1952. 2

3465　Lu Hsün：The Creative Years (Ph. D. Thesis) / William R. Schultz // University of Washington. 1955
鲁迅的创作生涯（博士论文） / 威廉·R. 舒尔茨 // 华盛顿大学. 1955

3466　Lu Hsun and the Communist Party / Harriet C. Mills // The China Quarterly. 4. 1960
鲁迅与共产党 / 哈里特·C. 米尔斯 // 中国季刊. 1960. 4

3467　Lu Hsun and Chu Chiu-pai / Hsu Kuang-ping // Chinese Literature. 9. 1961
鲁迅和瞿秋白 / 许广平 // 中国文学. 1961. 9

3468　Lu Hsün, 1927-1936：The Years on the Left (Ph. D. Thesis) / Harriet C. Mills // Columbia University. 1963
鲁迅的左翼岁月，1927—1936（博士论文） / 哈里特·C. 米尔斯 // 哥伦比亚大学. 1963

3469　From a New Life to Oblivion：An Analysis of Lu Hsun's Intellectual Development and Personal Crisis between 1918 and 1927 (A. B. Thesis) / Jonathan Schell // Harvard University. 1965
从新生活到遗忘：1918—1927 年间鲁迅的思想发展和个人危机分析（学士论文） / 乔纳森·谢尔 // 哈佛大学. 1965

3470　Lu Hsun's "Huai-chiu"：A Precursor of Modern Chinese Literature / Jaroslav Průšek // Harvard Journal of Asiatic Studies. 29：1. 1969
鲁迅的"怀旧"：中国现代文学的先驱 / 雅罗斯拉夫·普鲁舍克 // 哈佛亚洲研究. 1969. 29：1

3471　Soviet Criticism of Lu Hsün (1881-1936) (Ph. D. Thesis) / Charles J. Alber // Indiana University. 1971
鲁迅（1881—1936）对苏联的批评（博士论文） / 查尔斯·J. 艾勃 // 印第安纳大学. 1971

3472　Lu Hsun and Fang Chih-min / Ko Hao // Chinese Literature. 9. 1972
鲁迅和方志敏 / 顾　浩（音） // 中国文学. 1972. 9

3473　Lu Hsün and the Chinese Woodcut Movement，1929-1936 (Ph. D. Thesis) / Shirley Hsiao-ling Sun // Stanford University. 1974
鲁迅与中国新兴木刻版画运动，1929—1936（博士论文） / 孙晓玲 // 斯坦福大学. 1974

3474　Lu Xun through the Eyes of Qu Qiu-Bai：New Perspectives on Chinese Marxist Literary Polemics of the 1930s / Paul G. Pickowicz // Modern China. 2：3. 1976
瞿秋白眼中的鲁迅：20 世纪 30 年代马克思主义文化中国化的新视角 / 毕克伟 // 近代中国. 1976. 2：3

3475　Literature on the Eve of Revolution：Reflection on Lun Xun's Leftist Years，1927-1936 / Leo Ou-fan Lee // Modern China. 2：3. 1976
革命前夕的文学：对鲁迅左翼时期的看法，1927—1936 年 / 李欧梵 // 近代中国. 1976. 2：3

3476　The Standard Interpretation of Lu Xun：Its Sources and Development (A. B. Thesis) / Liam McSorley. // Harvard University. 1977
鲁迅的标准解读：渊源与发展（学士论文） / 麦克索利·利亚姆 // 哈佛大学. 1977

3477　Wang Kuo-wei and Lu Hsün：The Early Years / Benjamin Elman // Monumenta Serica：Journal of Oriental Studies. 34：. 1979
王国维和鲁迅的早年生涯 / 本杰明·艾尔曼 // 华裔学志：东方研究杂志. 1979. 34：

3478　May Fourth Discussions of Woman Question：Hu Shih, Chen Tu-hsiu and Lu Hsun (M. A. Thesis) /

Chiristine Chan // University of Wisconsin-Madison. 1980

五四期间对女性问题的讨论：胡适、陈独秀和鲁迅（硕士论文）／克里斯汀·陈 // 威斯康星大学，麦迪逊分校. 1980

3479　Reminiscences of Lu Xun / Agnes Smedley // Chinese Literature. 10. 1980

回忆鲁迅先生／艾格尼丝·史沫特莱 // 中国文学. 1980. 10

3480　How Lu Xun Became a Marxist: Conversations with Yuan Liangjun / Vera Schwarcz // Critical Asian Studies. 13:3. 1981

鲁迅如何成为一个马克思主义者：与袁良骏的会谈／维拉·施瓦茨 // 批判亚洲研究. 1981. 13:3

3481　Lu Xun and Foreign Literature / Wang Yao // Chinese Literature. 9. 1980

鲁迅与外国文学／王　瑶 // 中国文学. 1980. 9

3482　Lu Xun and Soong Ching Ling / Li Helin // Chinese Literature. 11. 1981

鲁迅与宋庆龄／李何林 // 中国文学. 1981. 11

3483　Lu Xun — Great Writer, Thinker and Revolutionary / Yan Chunde // Beijing Review. 24:39. 1981

鲁迅——伟大的作家、思想家和革命家／阎纯德 // 北京周报. 1981. 24:39

3484　Lu Xun and Classical Studies / Liu Ts'un-yan // Papers on Far Eastern History. 26:. 1982

鲁迅与古典文学研究／柳存仁 // 远东历史论文集. 1982. 26:

3485　Lu Xun and Contemporary Chinese Literature / John Chinnery // The China Quarterly. 91. 1982

鲁迅与中国当代文学／约翰·钦纳里 // 中国季刊. 1982. 91

3486　Lu Xun: The Arch Dissenter / S. Murthy // China Report. 18:2-3. 1982

反对者鲁迅／S. 摩西 // 中国报道. 1982. 18:2-3

3487　Lu Xun's Foreign Inspirations / Ravni Thakur // China Report. 18:2-3. 1982

鲁迅所受的西方思想的影响／谈玉妮 // 中国报道. 1982. 18:2-3

3488　Lu Xun: Nihilist or Marxist? / H. K. Gupta // China Report. 18:2-3. 1982

鲁迅：虚无主义者或马克思主义者？／H. K. 古普塔 // 中国报道. 1982. 18:2-3

3489　Lu Xun and Japan / Mahua Rawat // China Report. 18:2. 1982

鲁迅与日本／马华·拉瓦特 // 中国报道. 1982. 18:2

3490　The Political Use of Lu Xun / Merle Goldman // The China Quarterly. 91. 1982

对鲁迅的政治利用／梅尔·高曼 // 中国季刊. 1982. 91

3491　Lu Xun's Last Days and After / W. J. F. Jenner // The China Quarterly. 91. 1982

鲁迅生前与身后／W. J. F. 詹纳 // 中国季刊. 1982. 91

3492　Lu Xun: China's Revolutionary/Filial Son (M. A. Thesis) / Barbara S. Rothenburger // Harvard University. 1983

鲁迅：中国的革新者/孝子（硕士论文）／芭芭拉·S. 罗森博格 // 哈佛大学. 1983

3493　Lu Hsun and James Joyce (M. A. Thesis) / L Fen // University College Dublin. 1987

鲁迅与詹姆斯·乔伊斯（硕士论文）／冯某某 // 都柏林大学. 1987

3494　Lu Xun: Individual Talent and Revolution / Margery Sabin // Raritan. 9:1. 1989

鲁迅：才华与革命／玛格丽·赛宾 // 拉里坦. 1989. 9:1

3495　Hermeneutics and the Implied May Fourth Reader: A Study of Hu Shih, Lu Xun and Mao Dun (Ph. D. Thesis) / Chen Mao // State University of New York, Stony Brook. 1992

诠释学和隐含的五四读者：胡适、鲁迅与茅盾研究（博士论文）／陈　茂（音）// 纽约州立大学，斯托尼布鲁克分校. 1992

3496　Peace Profile: Lu Xun(1881-1936) / Michael True // Peace Review. 6:2. 1994

鲁迅（1881—1936）／迈克尔·杜鲁 // 和平评论. 1994. 6:2

3497　Lu Xun, Leon Trotsky, and the Chinese Trotskyists / Gregor Benton // East Asian History. 7:. 1994

鲁迅、列夫·托洛茨基与中国的托洛茨基主义者们／班国瑞 // 东亚历史. 1994. 7:

3498 Feminism and China's New "Nora": Ibsen, Hu Shi, and Lu Xun / Chien Ying-ying // The Comparatist. 19:1. 1995
女性主义与中国的新"娜拉":易卜生、胡适与鲁迅 / 钱莹莹(音) // 比较文学学者. 1995. 19:1

3499 Interpreting Lu Xun / Jon Kowallis // Chinese Literature: Essays, Articles, Reviews. 18:12. 1996
解读鲁迅 / 寇志明 // 中国文学:论文·文章·评论. 1996. 18:12

3500 Family: The Ties that Bind Ba Jin and Lu Xun in May Fourth Intellectual Discourse (A. B. Thesis) / Sue W. Perng // Harvard University. 1998
家庭:五四思想中连接巴金和鲁迅的纽带(学士论文) / 彭苏文(音) // 哈佛大学. 1998

3501 Chou Shu-jen / The China Weekly Review // Who's Who in China. 1936, p. 59
周树人(别署鲁迅) / 密勒氏评论报 // 中国名人录. 1936 年, 第 59 页

3502 Lu Xun: The Impact of Russian Literature / Douwe W. Fokkema // Modern Chinese Literature in the May Fourth Era. p. 89
鲁迅:俄国文学的影响 / 杜威·W. 佛克马 // 五四时代的中国现代文学. 第 89 页

3503 Genesis of a Writer: Notes on Lun Xun's Educational Experience, 1881-1909 / Leo Ou-fan Lee // Modern Chinese Literature in the May Fourth Era. p. 161
一个作家的诞生:关于鲁迅求学经历的笔记,1881—1909 / 李欧梵 // 五四时代的中国现代文学. 第 161 页

3504 Lu Xun: Literature and Revolution — From Mara to Marx / Harriet Mills // Modern Chines Literature in the May Fourth Era. p. 189
鲁迅:文学与革命——从马拉到马克思 / 哈里特·米尔斯 // 五四时代的中国现代文学. 第 189 页

鲁效祖

3505 Lu Hsiao-tsu / The China Weekly Review // Who's Who in China. 1936, p. 294
鲁效祖(字绳伯) / 密勒氏评论报 // 中国名人录. 1936 年, 第 294 页

鲁涤平

3506 Lu Ti-ping / The China Weekly Review // Who's Who in China. 1936, p. 181
鲁涤平(字咏安) / 密勒氏评论报 // 中国名人录. 1936 年, 第 181 页

鲁穆庭

3507 Lu Mu-ting / The China Weekly Review // Who's Who in China. 1936, p. 180
鲁穆庭(字际清) / 密勒氏评论报 // 中国名人录. 1936 年, 第 180 页

〔丶〕

童德乾

3508 Dekien Toung (Tung Te-chien) / The China Weekly Review // Who's Who in China. 1936, p. 239
童德乾(字用九) / 密勒氏评论报 // 中国名人录. 1936 年, 第 239 页

曾广勷

3509 Tseng Kuang-hsiang / The China Weekly Review // Who's Who in China. 1936, p. 235
曾广勷(字治一) / 密勒氏评论报 // 中国名人录. 1936 年, 第 235 页

曾友豪

3510 Tseng Yu-hao / H. G. W. Woodhead, H. T. M. Bell // The China Year Book. 1939(27), p. 202(p. 226)
曾友豪 / H. G. W. 伍德海、H. T. M. 贝尔 // 中华年鉴. 1939 年第 27 册, 第 202 页(第 226 页)

3511 Tseng Yu-hao / The China Weekly Review // Who's Who in China. 1940, p. 45
曾友豪 / 密勒氏评论报 // 中国名人录. 1940 年, 第 45 页

曾扩情

3512 Tseng Kuang-chin / The China Weekly Review // Who's Who in China. 1936, p. 296
曾扩情 / 密勒氏评论报 // 中国名人录. 1936 年, 第 296 页

曾仲鸣

3513 Tsang Chung-ming / The China Weekly Review // Who's Who in China. 1936, p. 234
曾仲鸣 / 密勒氏评论报 // 中国名人录. 1936 年,第 234 页

3514 Tseng Chung-ming / H. G. W. Woodhead, H. T. M. Bell // The China Year Book. 1939(27), p. 202 (p. 226)
曾仲鸣 / H. G. W. 伍德海、H. T. M. 贝尔 // 中华年鉴. 1939 年第 27 册,第 202 页(第 226 页)

曾仰丰

3515 Tseng Yang-feng / The China Weekly Review // Who's Who in China. 1936, p. 235
曾仰丰(字景南) / 密勒氏评论报 // 中国名人录. 1936 年,第 235 页

3516 Tseng Yang-feng(Ching-nan) / H. G. W. Woodhead, H. T. M. Bell // The China Year Book. 1939(27), p. 202(p. 226)
曾仰丰(字景南) / H. G. W. 伍德海、H. T. M. 贝尔 // 中华年鉴. 1939 年第 27 册,第 202 页(第 226 页)

曾纪芬

3517 Testimony of a Confucian Woman: The Autobiography of Mrs. Nie Zeng Jifen, 1852-1942 / Tseng Chi-fen // Athens, Georgia: The University of Georgia Press. 1993
一个儒学女人的证词:(聂)曾纪芬(1852—1942)女士自传 / 曾纪芬 / 乔治亚雅典:乔治亚大学出版社. 1993 年

曾伯良

3518 Dr. Tseng Po-liang / The China Weekly Review // Who's Who in China. 1940, p. 45
曾伯良 / 密勒氏评论报 // 中国名人录. 1940 年,第 45 页

曾诒经

3519 Tseng Yee-king (Tseng I-ching) / The China Weekly Review // Who's Who in China. 1936, p. 235
曾诒经(字稔畬) / 密勒氏评论报 // 中国名人录. 1936 年,第 235 页

曾宝荪

3520 Miss Tseng Pao-swen (Tseng Pao-sun) / The China Weekly Review // Who's Who in China. 1936, p. 235
曾宝荪女士(字浩如) / 密勒氏评论报 // 中国名人录. 1936 年,第 235 页

3521 Tseng Pao-sun(Hao-ju), Miss / H. G. W. Woodhead, H. T. M. Bell // The China Year Book. 1939(27), p. 202(p. 226)
曾宝荪女士(字浩如) / H. G. W. 伍德海、H. T. M. 贝尔 // 中华年鉴. 1939 年第 27 册,第 202 页(第 226 页)

曾宗鉴

3522 Mr. T. K. Tseng (Tseng Tsung-chien) / The China Weekly Review // Who's Who in China. 1925, p. 745; 1936, p. 235
曾宗鉴(字镕圃) / 密勒氏评论报 // 中国名人录. 1925 年,第 745 页;1936 年,第 235 页

3523 Tseng Tsung-chien(Yung-p'u) / H. G. W. Woodhead, H. T. M. Bell // The China Year Book. 1939(27), p. 202(p. 226)
曾宗鉴(字镕圃) / H. G. W. 伍德海、H. T. M. 贝尔 // 中华年鉴. 1939 年第 27 册,第 202 页(第 226 页)

曾昭抡

3524 Tseng Chao-lun / The China Weekly Review // Who's Who in China. 1936, p. 234; 1933, p. 104
曾昭抡 / 密勒氏评论报 // 中国名人录. 1936 年,第 234 页;1933 年,第 104 页

曾养甫

3525 Tseng Yang-fu / The China Weekly Review // Who's Who in China. 1936, p. 236
曾养甫 / 密勒氏评论报 // 中国名人录. 1936 年,第 236 页

3526　Tseng Yang-fu / H. G. W. Woodhead, H. T. M. Bell // The China Year Book. 1939(27),p. 202(p. 226)
　　　曾养甫 / H. G. W. 伍德海、H. T. M. 贝尔 // 中华年鉴. 1939 年第 27 册,第 202 页(第 226 页)

曾虚白

3527　Tseng Hsu-pai / H. G. W. Woodhead, H. T. M. Bell // The China Year Book. 1939(27),p. 202(p. 226)
　　　曾虚白 / H. G. W. 伍德海、H. T. M. 贝尔 // 中华年鉴. 1939 年第 27 册,第 202 页(第 226 页)

曾毓隽

3528　Mr. Tseng Yu-tsun / The China Weekly Review // Who's Who in China. 1925,p. 747;1936,p. 236
　　　曾毓隽(字云沛) / 密勒氏评论报 // 中国名人录. 1925 年,第 747 页;1936 年,第 236 页

温世珍

3529　S. T. Wen (Wen Shih-tseng) / The China Weekly Review // Who's Who in China. 1936,p. 257;1940,p. 79
　　　温世珍(字佩珊) / 密勒氏评论报 // 中国名人录. 1936 年,第 257 页;1940 年,第 79 页

温世霖

3530　Mr. Wen Shih-lin / The China Weekly Review // Who's Who in China. 1925,p. 856;1936,p. 257
　　　温世霖(字支英) / 密勒氏评论报 // 中国名人录. 1925 年,第 856 页;1936 年,第 257 页

温寿泉

3531　Wen Shou-chuan / The China Weekly Review // Who's Who in China. 1936,p. 257
　　　温寿泉(字静庵) / 密勒氏评论报 // 中国名人录. 1936 年,第 257 页

温应星

3532　Wen Ying-hsing / The China Weekly Review // Who's Who in China. 1936,p. 258
　　　温应星 / 密勒氏评论报 // 中国名人录. 1936 年,第 258 页

温宗尧

3533　Mr. Wen Tsung-yao / The China Weekly Review // Who's Who in China. 1925,p. 859;1936,p. 258;1940,p. 79
　　　温宗尧(字钦甫) / 密勒氏评论报 // 中国名人录. 1925 年,第 859 页;1936 年,第 258 页;1940 年,第 79 页

3534　Wen Tsung-yao(Ch'in-fu) / H. G. W. Woodhead, H. T. M. Bell // The China Year Book. 1939(27),p. 206(p. 230)
　　　温宗尧(字钦甫) / H. G. W. 伍德海、H. T. M. 贝尔 // 中华年鉴. 1939 年第 27 册,第 206 页(第 230 页)

温锡洪

3535　Flight-Lt. Wen Hsi-hung (J. Wan Shi-hung) / The China Weekly Review // Who's Who in China. 1940,p. 49
　　　温锡洪 / 密勒氏评论报 // 中国名人录. 1940 年,第 49 页

温毓庆

3536　Wen Yu-ching / The China Weekly Review // Who's Who in China. 1936,p. 258
　　　温毓庆 / 密勒氏评论报 // 中国名人录. 1936 年,第 258 页

3537　Wen Yu-ch'ing / H. G. W. Woodhead, H. T. M. Bell // The China Year Book. 1939(27),p. 206(p. 230)
　　　温毓庆 / H. G. W. 伍德海、H. T. M. 贝尔 // 中华年鉴. 1939 年第 27 册,第 206 页(第 230 页)

谢　持

3538　Hsien Ch'ih / H. G. W. Woodhead, H. T. M. Bell // The China Year Book. 1939(27),p. 177(p. 201)
　　　谢　持 / H. G. W. 伍德海、H. T. M. 贝尔 // 中华年鉴. 1939 年第 27 册,第 177 页(第 201 页)

谢　健

3539　Hsien Chien(Chu-ch'en) / H. G. W. Woodhead, H. T. M. Bell // The China Year Book. 1939(27),p. 177(p. 201)

谢健(字铸陈) / H. G. W. 伍德海、H. T. M. 贝尔 // 中华年鉴. 1939 年第 27 册,第 177 页(第 201 页)

3540　Hsieh Chien / The China Weekly Review // Who's Who in China. 1940,p. 17
谢健(字铸陈) / 密勒氏评论报 // 中国名人录. 1940 年,第 17 页

谢元甫

3541　Hsieh Yuan-fu / H. G. W. Woodhead, H. T. M. Bell // The China Year Book. 1939(27),p. 178(p. 202)
谢元甫 / H. G. W. 伍德海、H. T. M. 贝尔 // 中华年鉴. 1939 年第 27 册,第 178 页(第 202 页)

谢六逸

3542　Hsien Lu-i / H. G. W. Woodhead, H. T. M. Bell // The China Year Book. 1939(27),p. 177(p. 201)
谢六逸 / H. G. W. 伍德海、H. T. M. 贝尔 // 中华年鉴. 1939 年第 27 册,第 177 页(第 201 页)

谢介石

3543　Hsieh Chieh-shih / The China Weekly Review // Who's Who in China. 1931,p. 132
谢介石 / 密勒氏评论报 // 中国名人录. 1931 年,第 132 页

谢玉铭

3544　Y. M. Hsieh (Hsieh Yu-ming) / The China Weekly Review // Who's Who in China. 1936,p. 89
谢玉铭 / 密勒氏评论报 // 中国名人录. 1936 年,第 89 页

谢永森

3545　Mr. Y. S. Ziar (Hsieh Yung-shen) / The China Weekly Review // Who's Who in China. 1925,p. 309;1936,p. 89
谢永森(字植甫) / 密勒氏评论报 // 中国名人录. 1925 年,第 309 页;1936 年,第 89 页

谢冰莹

3546　My Life as a Writer / Hsieh Ping-ying // Chinese Studies in History. 14:1. 1980
我的作家生涯 / 谢冰莹 // 中国历史研究. 1980. 14:1

谢寿康

3547　Cheou-kang Sie (Hsieh Shou-kang) / The China Weekly Review // Who's Who in China. 1936,p. 88
谢寿康 / 密勒氏评论报 // 中国名人录. 1936 年,第 88 页

3548　Hsieh Shou-K'ang / H. G. W. Woodhead, H. T. M. Bell // The China Year Book. 1939(27), p. 178 (p. 202)
谢寿康 / H. G. W. 伍德海、H. T. M. 贝尔 // 中华年鉴. 1939 年第 27 册,第 178 页(第 202 页)

谢扶雅

3549　Nai-zing Zia (Hsieh Fu-ya) / The China Weekly Review // Who's Who in China. 1933,p. 42;1936,p. 88
谢扶雅 / 密勒氏评论报 // 中国名人录. 1933 年,第 42 页;1936 年,第 88 页

谢保樵

3550　P. C. Hsieh Pao-chao / The China Weekly Review // Who's Who in China. 1933,p. 42;1936,p. 88
谢保樵 / 密勒氏评论报 // 中国名人录. 1933 年,第 42 页;1936 年,第 88 页

3551　Hsieh Pao-ch'iao / H. G. W. Woodhead, H. T. M. Bell // The China Year Book. 1939(27),p. 178(p. 202)
谢保樵 / H. G. W. 伍德海、H. T. M. 贝尔 // 中华年鉴. 1939 年第 27 册,第 178 页(第 202 页)

谢冠生

3552　Sie Kuan-sheng (Hsieh Kuan-sheng) / The China Weekly Review // Who's Who in China. 1936,p. 88
谢冠生(原名寿昌) / 密勒氏评论报 // 中国名人录. 1936 年,第 88 页

3553　Hsieh Shou-Ch'ang(Kuan-sheng) / H. G. W. Woodhead, H. T. M. Bell // The China Year Book. 1939(27),p. 178(p. 202)
谢寿昌(字冠生) / H. G. W. 伍德海、H. T. M. 贝尔 // 中华年鉴. 1939 年第 27 册,第 178 页(第 202 页)

谢晋元

3554　Col. Hsieh Chin-yuan / The China Weekly Review // Who's Who in China. 1940,p. 60

谢晋元 / 密勒氏评论报 // 中国名人录.1940年,第60页

谢恩隆

3555　Mr. Hsieh En-lung / The China Weekly Review // Who's Who in China.1925,p.305;1936,p.87
　　　谢恩隆(字孟博) / 密勒氏评论报 // 中国名人录.1925年,第305页;1936年,第87页

谢颂羔

3556　Z. K. Zia (Hsieh Sung-kao) / The China Weekly Review // Who's Who in China.1933,p.43;1936,p.89
　　　谢颂羔 / 密勒氏评论报 // 中国名人录.1933年,第43页;1936年,第89页

3557　Hsieh Sung-kao / H. G. W. Woodhead,H. T. M. Bell // The China Year Book.1939(27),p.178(p.202)
　　　谢颂羔 / H. G. W. 伍德海、H. T. M. 贝尔 // 中华年鉴.1939年第27册,第178页(第202页)

谢章铤

3558　Hsieh Chang-t'ing / Arthur W. Hummel // Eminent Chinese of the Ch'ing Period (1644-1912).p.305
　　　谢章铤 / 亚瑟·W. 赫梅尔 // 清代名人传略(1644—1912).第305页

谢维麟

3559　Hsieh Wei-lin / The China Weekly Review // Who's Who in China.1940,p.17
　　　谢维麟(字振叔) / 密勒氏评论报 // 中国名人录.1940年,第17页

谢瀛洲

3560　Hsieh Ying-chou / The China Weekly Review // Who's Who in China.1936,p.89
　　　谢瀛洲 / 密勒氏评论报 // 中国名人录.1936年,第89页

十 三 画

〔一〕

靳云鹏

3561　General Chin Yun-Peng / The China Weekly Review // Who's Who in China. 1925, p. 200;1936, p. 53
　　靳云鹏(字翼卿) / 密勒氏评论报 // 中国名人录. 1925 年,第 200 页;1936 年,第 53 页

靳云鹗

3562　Chin Yun-ao / The China Weekly Review // Who's Who in China. 1936, p. 53
　　靳云鹗(字荐青) / 密勒氏评论报 // 中国名人录. 1936 年,第 53 页

蓝公武

3563　Mr. Lan Kung-wu / The China Weekly Review // Who's Who in China. 1925, p. 444;1936, p. 134
　　蓝公武(字志光) / 密勒氏评论报 // 中国名人录. 1925 年,第 444 页;1936 年,第 134 页

蓝建枢

3564　Admiral K. K. Lang (Lan Chien-shin) / The China Weekly Review // Who's Who in China. 1925, p. 442
　　蓝福枢(字季北) / 密勒氏评论报 // 中国名人录. 1925 年,第 442 页

蓝象亨

3565　Lan Hsiang-heng / The China Weekly Review // Who's Who in China. 1933, p. 62
　　蓝象亨(字德尊) / 密勒氏评论报 // 中国名人录. 1933 年,第 62 页

楼光来

3566　Low Kwang-lai / The China Weekly Review // Who's Who in China. 1936, p. 177
　　楼光来 / 密勒氏评论报 // 中国名人录. 1936 年,第 177 页

楼桐荪

3567　Lau Tong-sun (Lou tung-sun) / The China Weekly Review // Who's Who in China. 1936, p. 177
　　楼桐荪(字佩兰) / 密勒氏评论报 // 中国名人录. 1936 年,第 177 页

3568　Lou T'ung-sun(P'ei-lan) / H. G. W. Woodhead, H. T. M. Bell // The China Year Book. 1939(27), p. 191 (p. 215)
　　楼桐荪(字佩兰) / H. G. W. 伍德海、H. T. M. 贝尔 // 中华年鉴. 1939 年第 27 册,第 191 页(第 215 页)

赖　琏

3569　Lai Lien / The China Weekly Review // Who's Who in China. 1933, p. 61;1936, p. 134
　　赖　琏 / 密勒氏评论报 // 中国名人录. 1933 年,第 61 页;1936 年,第 134 页

雷　殷

3570　Lei Yin / The China Weekly Review // Who's Who in China. 1933, p. 62;1936, p. 135
　　雷　殷 / 密勒氏评论报 // 中国名人录. 1933 年,第 62 页;1936 年,第 135 页

雷　震

3571　Lei Cheng / The China Weekly Review // Who's Who in China. 1936, p. 134
　　雷　震 / 密勒氏评论报 // 中国名人录. 1936 年,第 134 页

雷孝敏

3572　Hsiao-min Shuli Lay (Lei Hsiao-min) / The China Weekly Review // Who's Who in China. 1940, p. 27
　　雷孝敏 / 密勒氏评论报 // 中国名人录. 1940 年,第 27 页

雷沛鸿

3573　Binnan P. Louis (Lei Pei-hung) / The China Weekly Review // Who's Who in China. 1936, p. 135

雷沛鸿(字宾南) / 密勒氏评论报 // 中国名人录. 1936 年, 第 135 页

3574　Lei P'ei-hung(Ping-nan) / H. G. W. Woodhead, H. T. M. Bell // The China Year Book. 1939(27), p. 184(p. 208)

雷沛鸿(字宾南) / H. G. W. 伍德海、H. T. M. 贝尔 // 中华年鉴. 1939 年第 27 册, 第 184 页(第 208 页)

雷宝华

3575　Powers A. Lay (Lei Pao-hua) / The China Weekly Review // Who's Who in China. 1940, p. 27

雷宝华 / 密勒氏评论报 // 中国名人录. 1940 年, 第 27 页

雷海宗

3576　The Neo-Traditional Period (ca. 800-1900) in Chinese History: A Note in Memory of the Late Professor Lei Hai-Tsung / James T. C. Liu // The Journal of Asian Studies. 24:1. 1964

中国历史上的新传统时期(800—1900 年前后): 纪念已故的雷海宗教授 / 刘子健 // 亚洲研究杂志. 1964. 24:1

3577　Lei Hai-tsung / The China Weekly Review // Who's Who in China. 1936, p. 292

雷海宗(字伯伦) / 密勒氏评论报 // 中国名人录. 1936 年, 第 292 页

3578　Lei Hai-tsung(Po-lun) / H. G. W. Woodhead, H. T. M. Bell // The China Year Book. 1939(27), p. 184(p. 208)

雷海宗(字伯伦) / H. G. W. 伍德海、H. T. M. 贝尔 // 中华年鉴. 1939 年第 27 册, 第 184 页(第 208 页)

〔丨〕

虞洽卿

3579　Yu Ya-ching, Mr. / China Journal Editorial Dept. // The China Journal. 32:4. 1940

虞洽卿 / 本刊编辑部 // 中国杂志. 1940. 32:4

3580　Mr. Yu Ya-ching / The China Weekly Review // Who's Who in China. 1925, p. 954; 1936, p. 285

虞洽卿(字和德) / 密勒氏评论报 // 中国名人录. 1925 年, 第 954 页; 1936 年, 第 285 页

3581　Yu Hsia-ch'ing(Ho-teh) / H. G. W. Woodhead, H. T. M. Bell // The China Year Book. 1939(27), p. 211(p. 235)

虞洽卿(字和德) / H. G. W. 伍德海、H. T. M. 贝尔 // 中华年鉴. 1939 年第 27 册, 第 211 页(第 235 页)

路　翎

3582　The Problematic of Self in Modern Chinese Literature: Hu Feng and Lu Ling / Kirk A. Denton // Stanford: Stanford University Press. 1998.

现代中国文学中的"自我"问题: 胡风与路翎 / 邓腾克 // 斯坦福: 斯坦福大学出版社. 1998 年

3583　Individualism and Realism: Lu Ling and Modern European Fiction (Ph. D. Thesis) / Liu Kang // University of Wisconsin-Madison. 1989

个人主义和现实主义: 路翎与欧洲现代小说(博士论文) / 刘　康(音) // 威斯康星大学, 麦迪逊分校. 1989

〔丿〕

锡　良

3584　Hsi-liang and the Chinese National Revolution / Roger V. Des Forges // New Haven: Yale University Press. 1973

锡良和中国的民族革命 / 戴福士 // 纽黑文: 耶鲁大学出版社. 1973 年

3585　Hsi-liang: A Portrait of a Late Ching Patriot (Ph. D. Thesis) / Roger Des Forges // Yale University. 1971

锡良：一位晚清爱国者（博士论文）/ 戴福士 // 耶鲁大学.1971

鲍丙辰
3586　Colonel P. C. Pao（Pao Ping-ch'en）/ The China Weekly Review // Who's Who in China.1925,p.632；1936,p.198

鲍丙辰 / 密勒氏评论报 // 中国名人录.1925年,第632页；1936年,第198页

鲍讷荣
3587　No-yung Park（Pao No-yung）/ The China Weekly Review // Who's Who in China.1936,p.198

鲍讷荣 / 密勒氏评论报 // 中国名人录.1936年,第198页

鲍观澄
3588　Pao Kuan-chen / The China Weekly Review // Who's Who in China.1931,p.132

鲍观澄（字冠春）/ 密勒氏评论报 // 中国名人录.1931年,第132页

鲍国昌
3589　K. C. Pao（Pao Kuo-chang）/ The China Weekly Review // Who's Who in China.1940,p.37

鲍国昌 / 密勒氏评论报 // 中国名人录.1940年,第37页

鲍明钤
3590　Mingchien Joshua Bau（Pao Ming Chien）/ The China Weekly Review // Who's Who in China.1936,p.197

鲍明钤 / 密勒氏评论报 // 中国名人录.1936年,第197页

鲍贵卿
3591　General Pao Kuei-ch'ing / The China Weekly Review // Who's Who in China.1925,p.630；1936,p.197

鲍贵卿（字霆九）/ 密勒氏评论报 // 中国名人录.1925年,第630页；1936年,第197页

鲍哲庆
3592　Bau Tsih-ching（Pao Chi-ching）/ The China Weekly Review // Who's Who in China.1933,p.84；1936,p.197

鲍哲庆 / 密勒氏评论报 // 中国名人录.1933年,第84页；1936年,第197页

〔丶〕

廉隅
3593　Lien Yu / The China Weekly Review // Who's Who in China.1940,p.75

廉隅（字励清）/ 密勒氏评论报 // 中国名人录.1940年,第75页

慈禧太后
3594　China under the Empress Dowager: Being the History and the Life and Times of Tzu Hsi / John Otway Percy Bland, Edmund Backhouse // Philadelphia: J. B. Lippincott Company.1910

太后治下的中国：慈禧时代 / 约翰·奥特韦·珀西·濮兰德,埃德蒙·贝克豪斯 // 费城：J. B.利平科特出版公司.1910年

3595　Venerable Ancestor: The Life and Times of Tz'u Hsi, 1835-1908, Empress of China / Harry Hussey // New York: Doubleday.1949

老祖宗：慈禧太后的一生及其时代,1835—1908 / 哈里·赫西 // 纽约：道布尔迪书业公司.1949年

3596　The Dragon Empress: The Life and Times of Tz'u-hsi, Empress Dowager of China, 1835-1908 / Marina Warner // New York: Macmillan.1972

龙皇后：慈禧太后的生平与时代,1835—1908 / 玛丽娜·沃纳 // 纽约：麦克米兰出版社.1972年

3597　Tzu-Hsi, Empress Dowager of China / Peking // National Review.43:.1904

慈禧：中国的太后 / 北京 // 国家评论.1904.43：

3598　The Much Maligned Empress Dowager: A Revisionist Study of the Empress Dowager Tz'u-hsi in the Period 1898-1900（Ph. D. Thesis）/ Chung Sue Fawn // University of California, Berkeley.1975

饱受非议的太后：慈禧的修正主义研究(1898—1900)(博士论文) / 张素芳 // 加利福尼亚大学,伯克利分校. 1975

3599 Tz'u-hsi's Ascendancy to Power and Her Fantasies / Wong Young-tsu // Asian Profile. 4:4. 1976
慈禧对权力的支配和她的幻想 / 汪荣祖 // 亚洲简介. 1976. 4:4

3600 The Much Maligned Empress Dowager: A Revisionist Study of the Empress Dowager Tz'u-hsi (1835 – 1908) / Chung Sue Fawn // Modern Asian Studies. 13:2. 1979
饱受非议的太后：慈禧的修正主义研究(1835—1908) / 张素芳 // 现代亚洲研究. 1979. 13:2

3601 Women in Chinese Politics: Jiang Qing and Ci Xi and Their Quest for Power (A. B. Thesis) / Deborah Jane Seligsohn // Harvard University. 1984
中国政坛女人：江青和慈禧及其权力欲望(学士论文) / 沈岱波 // 哈佛大学. 1984

3602 Hsiao-ch'in Hsien Huang-hou (nee Yehe Nala) / Arthur W. Hummel // Eminent Chinese of the Ch'ing Period (1644-1912). p. 295
孝钦显皇后(叶赫那拉) / 亚瑟·W. 赫梅尔 // 清代名人传略(1644—1912). 第 295 页

溥　仪

3603 The Last Manchu: The Autobiography of Henry Pu Yi, Last Empire of China / Pu Yi, edited by Paul Kramer // New York: G. P. Putnam's Sons. 1967
最后的满洲：末代皇帝溥仪自传 / 溥仪著、保罗·克雷默编 // 纽约：G. P. 普特南父子出版公司. 1967 年

3604 The Last Emperor / Edward Behr // London: Macdonald. 1987
末代皇帝 / 爱德华·贝尔 // 伦敦：麦克唐纳出版公司. 1987 年

3605 China's Last Emperor as an Ordinary Citizen / Wang Qingxiang // Beijing : China Reconstructs。1986
作为普通公民的中国末代皇帝 / 王庆祥 // 北京：中国建设. 1986 年

3606 The Puppet Emperor: The Life of Pu Yi, Last Emperor of China / Brian Power // New York: Universe Books. 1988
傀儡皇帝：中国末代皇帝溥仪的一生 / 布莱恩·鲍尔 // 纽约：宇宙图书. 1988 年

3607 Mr. Pu-Yi / Bernard Partridge // Punch. 186:. 1934
溥仪先生 / 伯纳德·帕特里奇 // 笨拙. 1934. 186：

3608 Hostage to Fortune, Footnote to History: Aisin-Gioro Pu Yi (Ph. D. Thesis) / Janet C.. Moyer // Boston University. 1997
命运的傀儡,历史的脚注：爱新觉罗·溥仪(博士论文) / 珍妮·C. 莫耶 // 波士顿大学. 1997

3609 Henry Pu Yi (Pu Hao-yen or Ai Hsin Chueh Lo Pu Yi in Manchurian) / The China Weekly Review // Who's Who in China. 1933,p. 133
溥仪(字浩然) / 密勒氏评论报 // 中国名人录. 1933 年,第 133 页

3610 P'u Yi / H. G. W. Woodhead, H. T. M. Bell // The China Year Book. 1939(27),p. 195(p. 219)
溥　仪 / H. G. W. 伍德海、H. T. M. 贝尔 // 中华年鉴. 1939 年第 27 册,第 195 页(第 219 页)

褚民谊

3611 Chu Min-yi / The China Weekly Review // Who's Who in China. 1936,p. 64;1940,p. 72
褚民谊 / 密勒氏评论报 // 中国名人录. 1936 年,第 64 页;1940 年,第 72 页

3612 Ch'u Min-yi(Chung-heng) / H. G. W. Woodhead, H. T. M. Bell // The China Year Book. 1939(27), p. 172(p. 196)
褚民谊(字重行) / H. G. W. 伍德海、H. T. M. 贝尔 // 中华年鉴. 1939 年第 27 册,第 172 页(第 196 页)

十 四 画

〔一〕

蔡 正

3613 Mr. T. Chinpin Tsai (Ts'ai Cheng) / The China Weekly Review // Who's Who in China. 1925, p. 722; 1936, p. 230
蔡正(字竞平) / 密勒氏评论报 // 中国名人录. 1925 年,第 722 页;1936 年,第 230 页

蔡 洪

3614 Tsai Hung / The China Weekly Review // Who's Who in China. 1936, p. 231
蔡 洪 / 密勒氏评论报 // 中国名人录. 1936 年,第 231 页

蔡 培

3615 Tsai Pei / The China Weekly Review // Who's Who in China. 1936, p. 231
蔡培(字子平) / 密勒氏评论报 // 中国名人录. 1936 年,第 231 页

蔡 雄

3616 Hsiung Tsai (Tsai Hsiung) / The China Weekly Review // Who's Who in China. 1936, p. 230
蔡 雄 / 密勒氏评论报 // 中国名人录. 1936 年,第 230 页

蔡元培

3617 Ts'ai Yüan-p'ei, Educator of Modern China / William J. Duiker // University Park and London: The Pennsylvania State University Press. 1977
中国近代教育家蔡元培 / 威廉·J. 杜伊克尔 // 帕克校区、伦敦:宾夕法尼亚州立大学出版社. 1977 年

3618 The Life and Work of Ts'ai Yuan-p'ei (Ph. D. Thesis) / Tai Chin-hsieo // Harvard University. 1952
蔡元培生平和著作(博士论文) / 戴金学(音) // 哈佛大学. 1952

3619 Dr. Tsai Yuan-pei's Contribution to Ethnology / Ho Lien-kwei // Bulletin of the Institute of Ethnology, Academia Sinica. 16. 1963
蔡元培博士对民族学的贡献 / 何联奎 // "中央"研究院民族学研究所集刊. 1963. 16

3620 Ts'ai Yüan-p'ei (1868-1940) and His Contribution to Modern Education in China (Ph. D. Thesis) / Png Poh-seng // Australian National University. 1964
蔡元培(1868—1940)及其对中国近代教育的贡献(博士论文) / 方宝成(音) // 澳大利亚国立大学. 1964

3621 Ts'ai Yuan-p'ei and the Intellectual Revolution in Modern China (Ph. D. Thesis) / William J. Duiker // Georgetown University. 1968
蔡元培和近代中国的知识分子革命(博士论文) / 威廉·J. 杜伊克尔 // 乔治敦大学. 1968

3622 The National University of Peking under the Chancellorship of Ts'ai Yuan-pei, 1917-1926 / Ping Poh-seng // New Society Scholarly Journal. 3. 1969
蔡元培领导下的国立北京大学(1917—1926) / 方宝成(音) // 新社学报. 1969. 3

3623 Ts'ai Yuan-pei from Confucian Scholar to Chancellor of Peking University, 1893-1923 / Eugene Lubot // Asian Forum. 2:3. 1970
从儒学家到北京大学校长,蔡元培 1893—1923 / 尤金·卢博特 // 亚洲论坛. 1970. 2:3

3624 Ts'ai Yuan-p'ei from Confucian Scholar to Chancellor of Peking University, 1868-1923: The Evolution of a Patient Reformer (Ph. D. Thesis) / Eugene Lubot // Ohio State University. 1970
蔡元培——从儒学家到北京大学校长,1868—1923:一位耐心改革者的演变(博士论文) / 尤金·卢

博特 // 俄亥俄州立大学. 1970

3625 T'sai Yuan-p'ei and the Confucian Heritage / William J. Duiker // Modern Asian Studies. 5：3. 1971
蔡元培与儒家传统 / 威廉·J. 杜伊克尔 // 现代亚洲研究. 1971. 5：3

3626 T'sai Yuan-p'ei and the May Fourth Incident：One Liberal's Attitude toward Student Activism / Eugene S. Lubot // Chinese Culture Quarterly. 13：2. 1972
蔡元培与五四运动：一位自由主义者对学生运动的看法 / 尤金·S. 卢博特 // 九州学林. 1972. 13：2

3627 The Aesthetics Philosophy of T'sai Yuan-p'ei / William J. Duiker // Philosophy East and West. 22：4. 1972
蔡元培的美学思想 / 威廉·J. 杜伊克尔 // 东西方哲学. 1972. 22：4

3628 Ts'ai Yuan-p'ei and Chiang Meng-lin during the May Fourth Period / Eugene Lubot // Journal of Asian and African Studies. 7：3-4. 1972
五四时期的蔡元培和蒋梦麟 / 尤金·卢博特 // 亚非研究杂志. 1972. 7：3-4

3629 Ts'ai Yuan-P'ei, 1868-1923（Ph. D. Thesis）/ Douglas Gordon Spelman // Harvard University. 1973
蔡元培，1868—1923（博士论文）/ 道格拉斯·戈登·斯佩尔曼 // 哈佛大学. 1973

3630 The Humanist Vision：Ts'ai Yuan-p'ei and Educational Reform in Republican China / William J. Duiker // Journal of the Institute of Chinese Studies of the Chinese University of Hong Kong. 7：2. 1974
人文主义理想：蔡元培与民国时期的教育改革 / 威廉·J. 杜伊克尔 // 香港中文大学中国文化研究所学报. 1974. 7：2

3631 The Educational Philosophy of Ts'ai Yuan-p'ei：Chancellor of Peking University（Ph. D. Thesis）/ Ts'ai Yu-Hsin // University of Kansas. 1988
北京大学校长蔡元培的教育哲学（博士论文）/ 蔡钰鑫 // 堪萨斯大学. 1988

3632 Cai Yuanpei, Democratic Freedom Fighter / Nina Borevskaya // Far Eastern Affairs. 4. 1990
自由民主斗士蔡元培 / 尼娜·波勒维斯卡娅 // 远东事务. 1990. 4

3633 Profiles of Educators：Cai Yuanpei（1868-1940）/ Zhang Lizhong // Prospects. 20：1. 1990
教育家生平：蔡元培（1868—1940）/ 张立中 // 展望. 1990. 20：1

3634 Cai Yuanpei：1868-1940 / Zhang Lizhong // Prospects. 23：1-2. 1993
蔡元培，1868—1940 / 张立中 // 展望. 1993. 23：1-2

3635 Tsai Yuan-pei / The China Weekly Review // Who's Who in China. 1925, p. 732；1936, p. 232
蔡元培（字子民）/ 密勒氏评论报 // 中国名人录. 1925 年，第 732 页；1936 年，第 232 页

3636 Ts'ai Yuan-p'ei（Chieh-min）/ H. G. W. Woodhead, H. T. M. Bell // The China Year Book. 1939（27），p. 201（p. 225）
蔡元培（字子民）/ H. G. W. 伍德海、H. T. M. 贝尔 // 中华年鉴. 1939 年第 27 册，第 201 页（第 225 页）

蔡无忌

3637 V. Tsai（Tsai Wu Chi）/ The China Weekly Review // Who's Who in China. 1936, p. 232
蔡无忌 / 密勒氏评论报 // 中国名人录. 1936 年，第 232 页

3638 Ts'ai Wu-chi / H. G. W. Woodhead, H. T. M. Bell // The China Year Book. 1939（27），p. 201（p. 225）
蔡无忌 / H. G. W. 伍德海、H. T. M. 贝尔 // 中华年鉴. 1939 年第 27 册，第 201 页（第 225 页）

蔡公时

3639 Tsai Kung-shi / The China Weekly Review // Who's Who in China. 1936, p. 231
蔡公时 / 密勒氏评论报 // 中国名人录. 1936 年，第 231 页

蔡成勋

3640 General Ts'ai Ch'eng-hsun / The China Weekly Review // Who's Who in China. 1925, p. 724；1936, p. 230
蔡成勋（字虎臣）/ 密勒氏评论报 // 中国名人录. 1925 年，第 724 页；1936 年，第 230 页

蔡光勤

3641 Mr. Char Kwang-ki（Ts'ai Kuang-i）/ The China Weekly Review // Who's Who in China. 1925, p. 726；

1936, p. 231

蔡光勋(字邵乡) / 密勒氏评论报 // 中国名人录.1925年,第726页;1936年,第231页

蔡廷干

3642　Admiral Tsai Ting-kan (Ts'ai T'ing-kan) / The China Weekly Review // Who's Who in China. 1925, p. 728;1936, p. 232

蔡廷干(字耀堂) / 密勒氏评论报 // 中国名人录.1925年,第728页;1936年,第232页

蔡廷锴

3643　Gen. Tsai Ting-kai / The China Weekly Review // Who's Who in China. 1933, p. 103;1936, p. 231;1940, p. 64

蔡廷锴(字贤初) / 密勒氏评论报 // 中国名人录.1933年,第103页;1936年,第231页;1940年,第64页

3644　Ts'ai T'ing-k'ai(Hsien-ch'u) / H. G. W. Woodhead, H. T. M. Bell // The China Year Book. 1939(27), p. 201(p. 225)

蔡廷锴(字贤初) / H. G. W. 伍德海、H. T. M. 贝尔 // 中华年鉴.1939年第27册,第201页(第225页)

蔡汝栋

3645　Tsai Ju Tung / The China Weekly Review // Who's Who in China. 1936, p. 231

蔡汝栋 / 密勒氏评论报 // 中国名人录.1936年,第231页

蔡劲军

3646　Tsai Ching-chun / The China Weekly Review // Who's Who in China. 1936, p. 296

蔡劲军 / 密勒氏评论报 // 中国名人录.1936年,第296页

3647　Ts'ai Ching-chun / H. G. W. Woodhead, H. T. M. Bell // The China Year Book. 1939(27), p. 201(p. 225)

蔡劲军 / H. G. W. 伍德海、H. T. M. 贝尔 // 中华年鉴.1939年第27册,第201页(第225页)

蔡咸章

3648　Hanchan H. C. Tsai (Tsai Hsien-chang) / The China Weekly Review // Who's Who in China. 1933, p. 102;1936, p. 230

蔡咸章(字汉瞻) / 密勒氏评论报 // 中国名人录.1933年,第102页;1936年,第230页

蔡增基

3649　Mr. Jun-ke Choy (Ts'ai Tseng-chi) / The China Weekly Review // Who's Who in China. 1925, p. 730; 1936, p. 232

蔡增基 / 密勒氏评论报 // 中国名人录.1925年,第730页;1936年,第232页

3650　Ts'ai Tseng-chi / H. G. W. Woodhead, H. T. M. Bell // The China Year Book. 1939(27), p. 201(p. 225)

蔡增基 / H. G. W. 伍德海、H. T. M. 贝尔 // 中华年鉴.1939年第27册,第201页(第225页)

熙洽

3651　Hsi Hsia / The China Weekly Review // Who's Who in China. 1933, p. 131

熙洽(字恪民) / 密勒氏评论报 // 中国名人录.1933年,第131页

臧式毅

3652　Tsang Shih-yi / The China Weekly Review // Who's Who in China. 1933, p. 134

臧式毅(字凤九) / 密勒氏评论报 // 中国名人录.1933年,第134页

臧启芳

3653　Chang Chi-fang / The China Weekly Review // Who's Who in China. 1936, p. 3

臧启芳(字哲轩) / 密勒氏评论报 // 中国名人录.1936年,第3页

裴文中

3654　W. C. Pei (Pei Wen-chung) / The China Weekly Review // Who's Who in China. 1936, p. 295

裴文中 / 密勒氏评论报 // 中国名人录.1936年,第295页

3655　P'ei Wen-chung / H. G. W. Woodhead, H. T. M. Bell // The China Year Book. 1939(27), p. 194(p. 218)

裴文中 / H.G.W.伍德海、H.T.M.贝尔 // 中华年鉴.1939年第27册,第194页(第218页)

〔丶〕

廖世承

3656 Dr. Sze-chen Liao (Liao Shih-ch'ang) / The China Weekly Review // Who's Who in China. 1925, p. 506; 1936, p. 155
廖世承(字茂如) / 密勒氏评论报 // 中国名人录.1925年,第506页;1936年,第155页

3657 liao Shih-ch'eng / H.G.W. Woodhead, H.T.M. Bell // The China Year Book. 1939(27), p. 188(p. 212)
廖世承 / H.G.W.伍德海、H.T.M.贝尔 // 中华年鉴.1939年第27册,第188页(第212页)

廖仲恺

3658 A Draft Biography of Liao Chung-k'ai / Wilbert Ng // Harvard University. 1956
廖仲恺简传 / 威尔伯特·吴 // 哈佛大学.1956

3659 Sun Yat-sen's New Policy in 1924: The Role of Liao Chung-K'ai (Ph. D. Thesis) / Jonathan C. M. Wang // St. John's University. 1974
1924年的孙中山新政策:廖仲恺的角色(博士论文) / 乔纳森·C.M.王 // 圣约翰大学.1974

3660 A Chinese Revolutionary: The Career of Liao Chung-k'ai, 1878-1925 (Ph. D. Thesis) / Fook-lam Gilbert Chan // Columbia University. 1975
一个中国革命者:廖仲恺的事业,1878—1925(博士论文) / 陈福霖 // 哥伦比亚大学.1975

3661 Liao Zhongkai and He Xiangning Commemorated / Beijing Review. 25:36. 1982
纪念廖仲恺、何香凝 / 北京周报.1982.25:36

廖颂扬

3662 Jonyor C. Liao (Liao Sung-yang) / The China Weekly Review // Who's Who in China. 1940, p. 31
廖颂扬(字仲雅) / 密勒氏评论报 // 中国名人录.1940年,第31页

廖承志

3663 China's Relations with Japan, 1945-1983: The Role of Liao Chengzhi / Kurt Werner Radtke // Manchester: Manchester University Press; New York: St. Martin's Press. 1990
廖承志与中日关系,1945—1983 / 库特·沃纳·瑞克 // 曼彻斯特:曼彻斯特大学出版社;纽约:圣马丁出版社.1990年

端　方

3664 Tuan Fang / Arthur W. Hummel // Eminent Chinese of the Ch'ing Period (1644-1912). p. 780
端　方 / 亚瑟·W.赫梅尔 // 清代名人传略(1644—1912).第780页

赛金花

3665 That Chinese Woman: The Life of Sai-Chin-Hua, 1874-1936 / Drunken Whiskers // New York: Crowell. 1959
中国女人赛金花,1874—1936 / 德兰肯·惠斯克 // 纽约:克罗韦尔出版公司.1959年

3666 Sai-chin-hua: The fortunes of a Chinese Singing Girl / Henry McAleavy // History Today. 7:3. 1957
赛金花:一位中国歌女的命运 / 亨利·麦克里维 // 今日历史.1957.7:3

谭平山

3667 Tan Ping-shan / The China Weekly Review // Who's Who in China. 1936, p. 221
谭平山 / 密勒氏评论报 // 中国名人录.1936年,第221页

谭延闿

3668 General T'an Yen-k'ai / The China Weekly Review // Who's Who in China. 1925, p. 702; 1936, p. 221
谭延闿(字祖庵) / 密勒氏评论报 // 中国名人录.1925年,第702页;1936年,第221页

谭启秀

3669 Gen. Tan Chi-hsiu / The China Weekly Review // Who's Who in China. 1936, p. 220

谭启秀 / 密勒氏评论报 // 中国名人录.1936年,第220页

谭绍华

3670 S. H. Tan (Tan Shao-hua) / The China Weekly Review // Who's Who in China. 1936, p. 295
谭绍华 / 密勒氏评论报 // 中国名人录.1936年,第295页

3671 T'an Shao-hua / H. G. W. Woodhead, H. T. M. Bell // The China Year Book. 1939(27), p. 199(p. 223)
谭绍华 / H. G. W. 伍德海、H. T. M. 贝尔 // 中华年鉴.1939年第27册,第199页(第223页)

谭熙鸿

3672 S. H. Taine (Tan Hsi-hung) / The China Weekly Review // Who's Who in China. 1936, p. 295;1940, p. 42
谭熙鸿(字仲逵) / 密勒氏评论报 // 中国名人录.1936年,第295页;1940年,第42页

3673 T'an His-hung(Chung-k'uei) / H. G. W. Woodhead, H. T. M. Bell // The China Year Book. 1939(27), p. 198(p. 222)
谭熙鸿(字仲逵) / H. G. W. 伍德海、H. T. M. 贝尔 // 中华年鉴.1939年第27册,第198页(第222页)

谭震林

3674 Report of Tan Chen-lin on Agricultural Development / Tan Chen-lin // Far Eastern Economic Review. 28:15. 1960
谭震林谈农业发展 / 谭震林 // 远东经济评论.1960.28:15

谭毅公

3675 Tan Yi-kung / The China Weekly Review // Who's Who in China. 1933, p. 97;1936, p. 221
谭毅公 / 密勒氏评论报 // 中国名人录.1933年,第97页;1936年,第221页

〔㇆〕

熊 斌

3676 Hsiung Ping / The China Weekly Review // Who's Who in China. 1936, p. 90
熊 斌 / 密勒氏评论报 // 中国名人录.1936年,第90页

3677 Hsiung Pin(Cheh-ming) / H. G. W. Woodhead, H. T. M. Bell // The China Year Book. 1939(27), p. 178 (p. 202)
熊斌(字哲明) / H. G. W. 伍德海、H. T. M. 贝尔 // 中华年鉴.1939年第27册,第178页(第202页)

熊十力

3678 Xiong Shili and His Critique of Yogācāra Buddhism (Ph. D. Thesis) / Edward F. Connelly // Canberra: Australian National University. 1978
熊十力及其对佛教唯识论的批判(博士论文) / 爱德华·F. 康纳利 // 澳大利亚国立大学.1978

3679 The Contemporary Neo-Confucian Rehabilitation: Xiong Shili and His Moral Metaphysics (Ph. D. Thesis) / Chak Chi-shing // University of California, Berkeley. 1990
当代新儒学的复兴:熊十力及其道德形上学(博士论文) / 翟志成 // 加利福尼亚大学,伯克利分校.1990

熊少豪

3680 Mr. S. P. Hung (Hsiung Hsiao-hao) / The China Weekly Review // Who's Who in China. 1925, p. 316;1936, p. 91
熊少豪 / 密勒氏评论报 // 中国名人录.1925年,第316页;1936年,第91页

熊式辉

3681 Hsiung Shih-hui / The China Weekly Review // Who's Who in China. 1936, p. 91
熊式辉 / 密勒氏评论报 // 中国名人录.1936年,第91页

3682 Hsiung Shih-hui(T'ien-yi) / H. G. W. Woodhead, H. T. M. Bell // The China Year Book. 1939(27),

p. 178(p. 202)

熊式辉(字天翼) / H. G. W. 伍德海、H. T. M. 贝尔 // 中华年鉴. 1939 年第 27 册, 第 178 页(第 202 页)

熊仲韬

3683　Hsiung Chung-tao / The China Weekly Review // Who's Who in China. 1936, p. 90

熊仲韬(字经略) / 密勒氏评论报 // 中国名人录. 1936 年, 第 90 页

熊克武

3684　Hsiung K'e-wu(Ching-fan) / H. G. W. Woodhead, H. T. M. Bell // The China Year Book. 1939(27), p. 178(p. 202)

熊克武(字锦帆) / H. G. W. 伍德海、H. T. M. 贝尔 // 中华年鉴. 1939 年第 27 册, 第 178 页(第 202 页)

熊希龄

3685　Mr. Hsiung Hsi-ling / The China Weekly Review // Who's Who in China. 1925, p. 311;1936, p. 90

熊希龄(字秉三) / 密勒氏评论报 // 中国名人录. 1925 年, 第 311 页;1936 年, 第 90 页

熊育锡

3686　Hsiung Yu-yang / The China Weekly Review // Who's Who in China. 1936, p. 91

熊育锡(字纯如) / 密勒氏评论报 // 中国名人录. 1936 年, 第 91 页

熊炳琦

3687　General Hsiung Ping-ch'i / The China Weekly Review // Who's Who in China. 1925, p. 314;1936, p. 91

熊炳琦(字润丞) / 密勒氏评论报 // 中国名人录. 1925 年, 第 314 页;1936 年, 第 91 页

熊崇志

3688　Samuel Sung Young(Hsiung Chung-chih) / The China Weekly Review // Who's Who in China. 1933, p. 44;1936, p. 90

熊崇志 / 密勒氏评论报 // 中国名人录. 1933 年, 第 44 页;1936 年, 第 90 页

3689　Hsiung Ch'ung-chih / H. G. W. Woodhead, H. T. M. Bell // The China Year Book. 1939(27), p. 178(p. 202)

熊崇志 / H. G. W. 伍德海、H. T. M. 贝尔 // 中华年鉴. 1939 年第 27 册, 第 178 页(第 202 页)

翟兆麟

3690　Chai Chao-lin / The China Weekly Review // Who's Who in China. 1925, p. 5;1936, p. 1

翟兆麟(字瑞符) / 密勒氏评论报 // 中国名人录. 1925 年, 第 5 页;1936 年, 第 1 页

翟俊千

3691　Chan Tsun-ch'ien / H. G. W. Woodhead, H. T. M. Bell // The China Year Book. 1939(27), p. 160(p. 184)

翟俊千 / H. G. W. 伍德海、H. T. M. 贝尔 // 中华年鉴. 1939 年第 27 册, 第 160 页(第 184 页)

〔㇀〕

缪　斌

3692　Miao Ping / The China Weekly Review // Who's Who in China. 1936, p. 191;1940, p. 75

缪　斌 / 密勒氏评论报 // 中国名人录. 1936 年, 第 191 页;1940 年, 第 75 页

缪尔绰

3693　Mr. Miu Er-ch'ao / The China Weekly Review // Who's Who in China. 1925, p. 606;1936, p. 190

缪尔绰(字仲渔) / 密勒氏评论报 // 中国名人录. 1925 年, 第 606 页;1936 年, 第 190 页

缪恩钊

3694　E. C. Miao(Miao En-chao) / The China Weekly Review // Who's Who in China. 1933, p. 81;1936, p. 190

缪恩钊 / 密勒氏评论报 // 中国名人录. 1933 年, 第 81 页;1936 年, 第 190 页

十 五 画

〔丿〕

黎元洪

3695　The Life of Li Yuan-hung / Edward S. G. Li // Tientsin：Tientsin Press. 1925
　　　黎元洪的一生 / 黎绍基 // 天津：天津出版社. 1925 年

3696　Li Yüan-hung and the Revolution of 1911 / Edmund Fung // Monumenta Serica：Journal of Oriental Studies. 31：1974
　　　黎元洪与辛亥革命 / 冯兆基 // 华裔学志：东方研究杂志. 1974. 31：

3697　Li Yuan-hung / The China Weekly Review // Who's Who in China. 1936，p. 152
　　　黎元洪（字宋卿）/ 密勒氏评论报 // 中国名人录. 1936 年，第 152 页

黎照寰

3698　New president of Chiao-tung Unibersity installed / China Journal Editorial Dept. // The China Journal. 13：6. 1930
　　　交通大学新任校长黎照寰 / 本刊编辑部 // 中国杂志. 1930. 13：6

3699　Ly Juwan Usang（Li Chao-kuan）/ China Journal Editorial Dept. // The China Journal. 33：4. 1940
　　　黎照寰 / 本刊编辑部 // 中国杂志. 1940. 33：4

3700　Mr. Juwan Usang Ly（Li Chao-huan）/ The China Weekly Review // Who's Who in China. 1925，p. 450；1936，p. 135
　　　黎照寰（字曜生）/ 密勒氏评论报 // 中国名人录. 1925 年，第 450 页；1936 年，第 135 页

3701　Li Chao-huan（Yao-sheng）/ H. G. W. Woodhead, H. T. M. Bell // The China Year Book. 1939（27），p. 185（p. 209）
　　　黎照寰（字曜生）/ H. G. W. 伍德海、H. T. M. 贝尔 // 中华年鉴. 1939 年第 27 册，第 185 页（第 209 页）

德穆楚克栋鲁布

3702　Prince The（Tan-Mu-Chu-Keh-Tung-Lu-Pu）/ The China Weekly Review // Who's Who in China. 1936，p. 296；1940，p. 77
　　　德穆楚克栋鲁布 / 密勒氏评论报 // 中国名人录. 1936 年，第 296 页；1940 年，第 77 页

3703　Teh-mu-ch'u-k'eh-tung-lu-pu / H. G. W. Woodhead, H. T. M. Bell // The China Year Book. 1939（27），p. 200（p. 224）
　　　德穆楚克栋鲁布 / H. G. W. 伍德海、H. T. M. 贝尔 // 中华年鉴. 1939 年第 27 册，第 200 页（第 224 页）

樊　光

3704　Fan Kwang（Fan Kuang）/ The China Weekly Review // Who's Who in China. 1936，p. 71
　　　樊光（字震初）/ 密勒氏评论报 // 中国名人录. 1936 年，第 71 页

樊正康

3705　Van Tsing-kong（Fan Cheng-kong）/ The China Weekly Review // Who's Who in China. 1940，p. 59
　　　樊正康 / 密勒氏评论报 // 中国名人录. 1940 年，第 59 页

樊恒安

3706　F'an Heng-an / H. G. W. Woodhead, H. T. M. Bell // The China Year Book. 1939（27），p. 174（p. 198）
　　　樊恒安 / H. G. W. 伍德海、H. T. M. 贝尔 // 中华年鉴. 1939 年第 27 册，第 174 页（第 198 页）

樊涌泉

3707　Farmer artist, A / Arthurde Carle Sowerby // The China Journal. 18：3. 1933

农民艺人樊涌泉 / 苏柯仁 // 中国杂志. 1933. 18:3

樊象离

3708　Fan Hsiang-li(Hsü-hsin) / H. G. W. Woodhead, H. T. M. Bell // The China Year Book. 1939(27), p. 174 (p. 198)
樊象离(字虚心) / H. G. W. 伍德海、H. T. M. 贝尔 // 中华年鉴. 1939 年第 27 册, 第 174 页(第 198 页)

滕　圭

3709　T'eng Kuei(Po-yeh) / H. G. W. Woodhead, H. T. M. Bell // The China Year Book. 1939(27), p. 200 (p. 224)
滕圭(字白也) / H. G. W. 伍德海、H. T. M. 贝尔 // 中华年鉴. 1939 年第 27 册, 第 200 页(第 224 页)

〔丶〕

颜任光

3710　Yen Jen-kuang / H. G. W. Woodhead, H. T. M. Bell // The China Year Book. 1939(27), p. 210(p. 234)
颜任光 / H. G. W. 伍德海、H. T. M. 贝尔 // 中华年鉴. 1939 年第 27 册, 第 210 页(第 234 页)

颜惠庆

3711　Dr. W. W. Yen (Yen Hui Ch'ing) / The China Weekly Review // Who's Who in China. 1925, p. 934; 1936, p. 278; 1940, p. 54
颜惠庆(字骏人) / 密勒氏评论报 // 中国名人录. 1925 年, 第 934 页; 1936 年, 第 278 页; 1940 年, 第 54 页

3712　Yen Hui-ch'ing(Chün-jen) / H. G. W. Woodhead, H. T. M. Bell // The China Year Book. 1939(27), p. 210(p. 234)
颜惠庆(字骏人) / H. G. W. 伍德海、H. T. M. 贝尔 // 中华年鉴. 1939 年第 27 册, 第 210 页(第 234 页)

颜福庆

3713　F. C. Yen(Yen Fu-ching) / The China Weekly Review // Who's Who in China. 1936, p. 277
颜福庆 / 密勒氏评论报 // 中国名人录. 1936 年, 第 277 页

3714　Yen Fu-ch'ing(K'e-ch'ing) / H. G. W. Woodhead, H. T. M. Bell // The China Year Book. 1939(27), p. 210(p. 234)
颜福庆(字克卿) / H. G. W. 伍德海、H. T. M. 贝尔 // 中华年鉴. 1939 年第 27 册, 第 210 页(第 234 页)

颜德庆

3715　Dr. Yen Te-ching / The China Weekly Review // Who's Who in China. 1925, p. 936; 1936, p. 280
颜德庆(字季余) / 密勒氏评论报 // 中国名人录. 1925 年, 第 936 页; 1936 年, 第 280 页

3716　Yen Teh-ch'ing(Chi-vü) / H. G. W. Woodhead, H. T. M. Bell // The China Year Book. 1939(27), p. 210 (p. 234)
颜德庆(字季余) / H. G. W. 伍德海、H. T. M. 贝尔 // 中华年鉴. 1939 年第 27 册, 第 210 页(第 234 页)

翦伯赞

3717　Bureaucracy, Historiography, and Ideology in Communist China: The Case of Chien Po-tsan, 1949-1958 (M. A. Thesis) / Clifford Galloway Edmunds, Jr. // The University of Chicago. 1968
共产中国的官僚主义、史学和意识形态:以翦伯赞为例,1949—1958(硕士论文) / 小克利福德·加洛韦·埃德蒙兹 // 芝加哥大学. 1968

潘　复

3718　Mr. P'an Fu (P'an Fu) / The China Weekly Review // Who's Who in China. 1925, p. 625; 1936, p. 195

潘复(字馨航) / 密勒氏评论报 // 中国名人录.1925年,第625页;1936年,第195页

潘公展

3719　Y. Y. Phen (Pan Kung-chan) / The China Weekly Review // Who's Who in China. 1933, p. 83; 1936, p. 196

潘公展 / 密勒氏评论报 // 中国名人录.1933年,第83页;1936年,第196页

3720　P'an Kung-chan / H. G. W. Woodhead, H. T. M. Bell // The China Year Book. 1939(27), p. 194(p. 218)

潘公展 / H. G. W. 伍德海、H. T. M. 贝尔 // 中华年鉴.1939年第27册,第194页(第218页)

潘公弼

3721　Pan Kung-pi / The China Weekly Review // Who's Who in China. 1936, p. 196

潘公弼 / 密勒氏评论报 // 中国名人录.1936年,第196页

3722　P'an Kung-pi / H. G. W. Woodhead, H. T. M. Bell // The China Year Book. 1939(27), p. 194(p. 218)

潘公弼 / H. G. W. 伍德海、H. T. M. 贝尔 // 中华年鉴.1939年第27册,第194页(第218页)

潘光迥

3723　P'an Kuang-chun / H. G. W. Woodhead, H. T. M. Bell // The China Year Book. 1939(27), p. 194(p. 218)

潘光迥 / H. G. W. 伍德海、H. T. M. 贝尔 // 中华年鉴.1939年第27册,第194页(第218页)

潘作楫

3724　Mr. Pan Ching-Po (P'en Tso-chi) / The China Weekly Review // Who's Who in China. 1925, p. 629; 1936, p. 195

潘作楫(字澄波) / 密勒氏评论报 // 中国名人录.1925年,第629页;1936年,第195页

潘序伦

3725　Shu-lun Pan (Pan Shu-lun) / The China Weekly Review // Who's Who in China. 1936, p. 196

潘序伦 / 密勒氏评论报 // 中国名人录.1936年,第196页

3726　P'an Shu-lun / H. G. W. Woodhead, H. T. M. Bell // The China Year Book. 1939(27), p. 194(p. 218)

潘序伦 / H. G. W. 伍德海、H. T. M. 贝尔 // 中华年鉴.1939年第27册,第194页(第218页)

潘明星

3727　Pan Ming-hsin (Phoon Ming-sing) / The China Weekly Review // Who's Who in China. 1933, p. 84; 1936, p. 196

潘明星(字仁良) / 密勒氏评论报 // 中国名人录.1933年,第84页;1936年,第196页

潘承福

3728　C. F. Pan (Pan Cheng-fu) / The China Weekly Review // Who's Who in China. 1936, p. 195

潘承福(字备庵) / 密勒氏评论报 // 中国名人录.1936年,第195页

潘钟文

3729　Mr. Chung-Wen Pan (P'an Chung-wen) / The China Weekly Review // Who's Who in China. 1925, p. 623; 1936, p. 195

潘钟文(字毓书) / 密勒氏评论报 // 中国名人录.1925年,第623页;1936年,第195页

潘矩楹

3730　General P'an Chu-ying / The China Weekly Review // Who's Who in China. 1925, p. 621; 1936, p. 195

潘矩楹(字丹庭) / 密勒氏评论报 // 中国名人录.1925年,第621页;1936年,第195页

潘毓桂

3731　Pan Yu-kuei / The China Weekly Review // Who's Who in China. 1940, p. 76

潘毓桂 / 密勒氏评论报 // 中国名人录.1940年,第76页

潘鳃安

3732　Mr. H. A. Pan (P'an Hsieh-an) / The China Weekly Review // Who's Who in China. 1925, p. 627; 1936, p. 195

潘鳃安(字学安) / 密勒氏评论报 // 中国名人录.1925年,第627页;1936年,第195页

十 六 画

〔一〕

薛 岳

3733　General Hsueh Yueh / The China Weekly Review // Who's Who in China. 1940, p. 19
　　　薛岳(号伯陵)／密勒氏评论报 // 中国名人录.1940年,第19页

薛子珩

3734　General Hsieh Chih-heng / The China Weekly Review // Who's Who in China. 1925, p. 304;1936, p. 101
　　　薛子珩(字松坪)／密勒氏评论报 // 中国名人录.1925年,第304页;1936年,第101页

薛笃弼

3735　Mr. Hsieh Tu-pi / The China Weekly Review // Who's Who in China. 1925, p. 307;1936, p. 101
　　　薛笃弼(字子良)／密勒氏评论报 // 中国名人录.1925年,第307页;1936年,第101页

3736　Hsueh Tu-pi(Tzu-liang) / H. G. W. Woodhead, H. T. M. Bell // The China Year Book. 1939(27), p. 180 (p. 204)
　　　薛笃弼(字子良)／H. G. W. 伍德海、H. T. M. 贝尔 // 中华年鉴.1939年第27册,第180页(第204页)

霍六丁

3737　Huo Lu-ting / The China Weekly Review // Who's Who in China. 1936, p. 291
　　　霍六丁／密勒氏评论报 // 中国名人录.1936年,第291页

霍宝树

3738　Huo Pao-shu / The China Weekly Review // Who's Who in China. 1936, p. 291
　　　霍宝树／密勒氏评论报 // 中国名人录.1936年,第291页

〔丿〕

穆文焕

3739　Mo Wen-huang(Mai Wen-huan) / The China Weekly Review // Who's Who in China. 1936, p. 187
　　　穆文焕／密勒氏评论报 // 中国名人录.1936年,第187页

穆藕初

3740　Mr. H. Y. Moh(Mu Hsiang-yueh) / The China Weekly Review // Who's Who in China. 1925, p. 610; 1936, p. 191
　　　穆湘玥(字藕初)／密勒氏评论报 // 中国名人录.1925年,第610页;1936年,第191页

3741　Mu Hsiang-yueh(Ou-ch'u) / H. G. W. Woodhead, H. T. M. Bell // The China Year Book. 1939(27), p. 193(p. 217)
　　　穆湘玥(字藕初)／H. G. W. 伍德海、H. T. M. 贝尔 // 中华年鉴.1939年第27册,第193页(第217页)

十 七 画

〔一〕

戴 笠

3742 Dai Li and the Liu Geqing Affair: Heroism in the Chinese Secret Service during the War of Resistance / Yeh Wen-hsin // The Journal of Asian Studies. 48:3. 1989
戴笠和刘戈青事件:抗战时期中国情报工作中的英雄主义 / 叶文心 // 亚洲研究杂志. 1989. 48:3

3743 Dai Li and the Nationalist Military Secret Service, 1927-1946 (M. A. Thesis) / Chia Soon Joo // University of Alberta. 1990
戴笠与国民党军统,1927—1946(硕士论文) / 贾舜珠(音) // 阿尔伯塔大学. 1990

戴 超

3744 Tai Tse-chien (Tai Chi-chien) / The China Weekly Review // Who's Who in China. 1936, p. 217
戴超(字志骞) / 密勒氏评论报 // 中国名人录. 1936 年, 第 217 页

戴 戟

3745 Gen. Tai Chih / The China Weekly Review // Who's Who in China. 1933, p. 94;1936, p. 217
戴戟(字孝悃) / 密勒氏评论报 // 中国名人录. 1933 年,第 94 页;1936 年,第 217 页

3746 Tai Chi(Hsiao-k'un) / H. G. W. Woodhead, H. T. M. Bell // The China Year Book. 1939(27), p. 198 (p. 222)
戴戟(字孝悃) / H. G. W. 伍德海、H. T. M. 贝尔 // 中华年鉴. 1939 年第 27 册,第 198 页(第 222 页)

戴民权

3747 Tai Min-chuan / The China Weekly Review // Who's Who in China. 1933, p. 96;1936, p. 219
戴民权(字端甫) / 密勒氏评论报 // 中国名人录. 1933 年,第 96 页;1936 年,第 219 页

戴成祥

3748 Tai Chen-hsiang / The China Weekly Review // Who's Who in China. 1936, p. 217
戴成祥 / 密勒氏评论报 // 中国名人录. 1936 年,第 217 页

戴明辅

3749 Tai Ming-fou (Tai Ming-fu) / The China Weekly Review // Who's Who in China. 1936, p. 219
戴明辅 / 密勒氏评论报 // 中国名人录. 1936 年,第 219 页

戴季陶

3750 The Tzu-yu Tang and Tai Chi t'ao, 1912 – 1913 / Martin Bernal // Modern Asian Studies. 1:2. 1967
自由党与戴季陶,1912—1913 / 马丁·贝尔纳 // 现代亚洲研究. 1967. 1:2

3751 The Thought of Tai Chi-t'ao, 1912-1928 (Ph. D. Thesis) / William G. Saywell // University of Toronto. 1969
戴季陶的思想,1912—1928(博士论文) / 威廉·G. 塞韦尔 // 多伦多大学. 1969

3752 Modernization without Modernity: Tai Chi-t'ao, a Conservative Nationalist / W. G. Saywell // Journal of Asian and African Studies. 5:4. 1970
没有现代性的现代化:戴季陶,一个保守的民族主义者 / W. G. 塞维尔 // 亚非研究杂志. 1970. 5:4

3753 An Intellectual Biography of Tai Chi-t'ao from 1891 to 1928 (Ph. D. Thesis) / Herman William Mast // University of Illinois, Urbana-Champaign. 1970
戴季陶思想传记:1891—1928(博士论文) / 赫尔曼·威廉·马斯特 // 伊利诺伊大学,厄巴纳-香槟

分校. 1970

3754 Tai Chi-t'ao, Sunism and Marxism during the May Fourth Movement in Shanghai / Herman Mast // Modern Asian Studies. 5:3. 1971
上海五四运动期间的戴季陶、中心论和马克思主义 / 赫尔曼·马斯特 // 现代亚洲研究. 1971. 5:3

3755 Revolution Out of Tradition: The Political Ideology of Tai Chi-t'ao / Herman Mast, William Saywell // The Journal of Asian Studies. 34:1. 1974
出自传统的革命：戴季陶的政治思想 / 赫尔曼·马斯特、威廉·塞维尔 // 亚洲研究杂志. 1974. 34:1

3756 From Liberal to Nationalist: Tai Chi-t'ao's Pursuit of a New World Order (Ph. D. Thesis) / Lee Chiu-chun // The University of Chicago. 1993
从自由主义到民族主义：戴季陶对世界新秩序的追求（博士论文）/ 李朝津 // 芝加哥大学. 1993

3757 Tai Chi-tao (Tai Chuan-hsien) / The China Weekly Review // Who's Who in China. 1933, p. 93; 1936, p. 218; 1940, p. 64
戴传贤（字季陶）/ 密勒氏评论报 // 中国名人录. 1933 年, 第 93 页; 1936 年, 第 218 页; 1940 年, 第 64 页

3758 Tai Ch'uan-hsien (Chi-t'ao) / H. G. W. Woodhead, H. T. M. Bell // The China Year Book. 1939(27), p. 198 (p. 222)
戴传贤（字季陶）/ H. G. W. 伍德海、H. T. M. 贝尔 // 中华年鉴. 1939 年第 27 册, 第 198 页（第 222 页）

戴秉衡

3759 Bingham Dai (Tai Ping-heng) / The China Weekly Review // Who's Who in China. 1933, p. 96; 1936, p. 219
戴秉衡 / 密勒氏评论报 // 中国名人录. 1933 年, 第 96 页; 1936 年, 第 219 页

戴恩赛

3760 Tai En-sai / The China Weekly Review // Who's Who in China. 1936, p. 218
戴恩赛 / 密勒氏评论报 // 中国名人录. 1936 年, 第 218 页

3761 Tai En-sai / H. G. W. Woodhead, H. T. M. Bell // The China Year Book. 1939(27), p. 198 (p. 222)
戴恩赛 / H. G. W. 伍德海、H. T. M. 贝尔 // 中华年鉴. 1939 年第 27 册, 第 198 页（第 222 页）

戴葆鎏

3762 Dr. Dai Poeliu (Tai Pao-liu) / The China Weekly Review // Who's Who in China. 1940, p. 42
戴葆鎏 / 密勒氏评论报 // 中国名人录. 1940 年, 第 42 页

戴愧生

3763 Tai Huai Sheng / The China Weekly Review // Who's Who in China. 1936, p. 219
戴愧生 / 密勒氏评论报 // 中国名人录. 1936 年, 第 219 页

檀仁梅

3764 Tan Jen-mei / The China Weekly Review // Who's Who in China. 1936, p. 221
檀仁梅 / 密勒氏评论报 // 中国名人录. 1936 年, 第 221 页

檀自新

3765 Gen. Tan Tze-sin (Tan Chi-hsin) / The China Weekly Review // Who's Who in China. 1936, p. 220
檀自新（字静华）/ 密勒氏评论报 // 中国名人录. 1936 年, 第 220 页

〔J〕

魏　怀

3766 Wei Huai / H. G. W. Woodhead, H. T. M. Bell // The China Year Book. 1939(27), p. 206 (p. 230)
魏　怀 / H. G. W. 伍德海、H. T. M. 贝尔 // 中华年鉴. 1939 年第 27 册, 第 206 页（第 230 页）

魏 易

3767　Mr. T. S. Wei (Wei I) / The China Weekly Review // Who's Who in China. 1925, p. 848; 1936, p. 256
　　　魏易(字冲叔) / 密勒氏评论报 // 中国名人录. 1925 年,第 848 页;1936 年,第 256 页

魏国平

3768　Wei Kuo-ping / The China Weekly Review // Who's Who in China. 1936, p. 256
　　　魏国平 / 密勒氏评论报 // 中国名人录. 1936 年,第 256 页

魏道明

3769　Wei Tao-ming / The China Weekly Review // Who's Who in China. 1936, p. 256
　　　魏道明(字伯聪) / 密勒氏评论报 // 中国名人录. 1936 年,第 256 页

3770　Wei Tao-ming(Po-ts'ung) / H. G. W. Woodhead, H. T. M. Bell // The China Year Book. 1939(27), p. 206 (p. 230)
　　　魏道明(字伯聪) / H. G. W. 伍德海、H. T. M. 贝尔 // 中华年鉴. 1939 年第 27 册,第 206 页(第 230 页)

魏敷滋

3771　Wei Fu-chih / The China Weekly Review // Who's Who in China. 1933, p. 115; 1936, p. 255
　　　魏敷滋 / 密勒氏评论报 // 中国名人录. 1933 年,第 115 页;1936 年,第 255 页

十八画及以上

〔丨〕

瞿秋白

3772 Marxist literary thought in China：the influence of Ch'ü Ch'iu-pai / Paul Pickowicz // Berkeley：University of California Press. 1981
马克思主义文艺思想在中国：瞿秋白的影响 / 毕克伟 // 伯克利：加利福尼亚大学出版社. 1981 年

3773 Chu Chiu-pai：Revolutionary and Man of Letters / Wen Chi-che // People's China. 13. 1955
瞿秋白：革命者和文人 / 闻启哲（音）// 人民中国. 1955. 13

3774 Lu Hsun and Chu Chiu-pai / Hsu Kuang-ping // Chinese Literature. 9. 1961
鲁迅和瞿秋白 / 许广平 // 中国文学. 1961. 9

3775 A Biography of Ch'ü Ch'iu-pai：From Youth to Party Leadership（1899-1928）（Ph. D. Thesis）/ Bernadette Yu-ning Li // Columbia University. 1967
瞿秋白传记：从青年到党的领袖（1899—1928）（博士论文）/ 李又宁 // 哥伦比亚大学. 1967

3776 Ch'ü Ch'iu-pai's Journey to Russia, 1920-1922 / Li Yu-Ning, Michael Gasster // Monumenta Serica：Journal of Oriental Studies. 29：. 1970
瞿秋白的俄国之旅，1920—1922 / 李又宁、迈克尔·加斯特 // 华裔学志：东方研究杂志. 1970. 29：

3777 Ch'u Ch'iu-pai and the Origins of Marxist Literary Criticism in China（Ph. D. Thesis）/ Paul Gene Pickowicz // The University of Wisconsin — Madison. 1973
瞿秋白与中国马克思主义文学批评的起源（博士论文）/ 毕克伟 // 威斯康辛麦迪逊大学. 1973

3778 Intellectuals and the Masses：The Case of Qu Qiubai（Ph. D. Thesis）/ Kung Chi-keung // University of Wisconsin-Madison. 1973
知识分子与群众：瞿秋白个案（博士论文）/ 龚志强 // 威斯康星大学，麦迪逊分校. 1973

3779 The Dilemma of Determinism：Qu Qiubai and the Origins of Marxist Philosophy in China / Nick Knight // China Information. 13：4. 1999
宿命论的困境：瞿秋白和中国马克思主义哲学的起源 / 尼克·奈特 // 中国信息. 13：4. 1999

3780 A Villain and a Hero：Ch'en Tu-hsiu and Ch'u Ch'iu-pai / Robert S. Elegant // China's Red Masters：Political Biographies of the Chinese Communist Leaders. p. 27
恶棍与英雄：陈独秀和瞿秋白 / 罗伯特·S. 爱丽格特 // 中国的红色大师：中国共产党领导人政治传记. 第 27 页

3781 Ch'ü Ch'iu-pai's Autobiographical Writings：The Making and Destruction of a "Tender-hearted" Communist? / T. A. Hsia // The China Quarterly. 25. 1966；Revolutionary Leaders of Modern China. p. 471
关于瞿秋白的自传式描述：一个"软心肠"共产党员的形成与毁灭？/ 夏济安 // 中国季刊. 1966. 25；近代中国革命领导人物. 第 471 页

附录一

参考文献一览表

甲、专　著

A

A Chinese Testament: The Autobiography of Tan Shih-hua / S. Tretiakov, Tan Shih-hua // New York: Simon and Schuster. 1934

A Comparison of the Dramatic Work of Cao Yu and J. M. Synge / Wang Aixue // Lewiston: Edwin Mellen Press. 1999

A Comparison of the Educational Ideas and Practices of John Dewey and Mao Zedong in China: Is School Society or Society School? / Xu Di // San Francisco: Mellen Research University Press. 1992

A Decade under Mao Tse-tung / William Theodore de Bary // Hong Kong: Green Pagoda Press. 1959

All under Heaven: Sun Yat-sen and His Revolutionary Thought / Chang Hsu-hsin, Leonard H. D. Gordon // Stanford: Hoover Institution Press. 1991

Anglo-Chinese Diplomacy in the Careers of Sir John Jordan and Yuän Shih-k'ai / Chan Lau Kit-ching // Hong Kong: Hong Kong University Press. 1978

C

Chairman Mao and the Communist Party / Andrew D. Onate // Chicago: Nelson-Hall. 1979

Chang Chih-tung and Educational Reform in China / William Ayers // Cambridge: Harvard University Press. 1971

Chang Tso-lin in Northeast China, 1911-1928: China, Japan and the Manchurian Idea / Gavan McCormack // Stanford: Stanford University Press. 1977

Chen Du-xiu: Founder of the Chinese Communist Party / Lee Feigon // Princeton: Princeton University Press. 1983

Ch'en Tu-Hsiu (1879-1942) and the Chinese Communist Movement / Thomas C. T. Kuo // South Orange: Seton Hall University Press. 1975

Chiang Kai-shek / Robert Payne // New York: Weybright and Talley. 1969

Chiang Kai-shek and the Northern Expedition / Chen Tsong-yao // New York: New York University Press. 1992

Chiang Kai-shek Carries on / Philip Paneth // London: Alliance Press. 1944

Chiang Kai-shek Close-up / Edward K. Chook // Oakland: United California University Press. 1977

Chiang Kai-shek, Marshall of China / Sven Anders Hedin // New York: Da Capo Press. 1975

Chiang Kai-shek, Soldier and Statesman / Hollington Kong Tong // London: Hurst and Blackett Publishers. 1938

Chiang Kai-shek's Secret Past: The Memoir of His Second Wife, Ch'en Chieh-ju / Lloyd E. Eastman, Ch'en Chieh-ju // Boulder: Westview Press. 1993

China and Japan at War 1937-1945: The Politics of Collaboration / John Hunter Boyle // Stanford: Stanford University Press. 1972

China Memoirs: Chiang Kai-shek and the War against Japan / Owen Lattimore // Tokyo: University of Tokyo Press. 1990

China under Mao Zedong / Jack Dunster // Minneapolis: Lerner Pub. 1983

China's Relations with Japan, 1945-1983: The Role of Liao Chengzhi / Kurt Werner Radtke // Manchester: Manchester University Press; New York: St. Martin's Press. 1990

Chinese Communism and the Rise of Mao / Benjamin I. Schwartz // Cambridge: Harvard University Press. 1951

Chinese Nationalism in the Late Qing Dynasty: Zhang Binglin as an Anti-Manchu Propagandist / Kauko Laitinen // London: Curzon Press. 1990

Chinese Political Thought: Mao Tse-tung and Liu Shao-chi / Chen Yung-ping // The Hague: Martinus Nijhoff. 1966

Chinese Strategic Thinking under Mao Tse-tung / W. A. C. Adie // Canberra: Australian National University Press. 1972

Chinese Thought from Confucius to Mao Tsê-tung / Herrlee Glessner Creel // Chicago: University of Chicago Press. 1971

Chinese Warlord: The Career of Feng Yü-Hsiang / James E. Sheridan // Stanford: Stanford University Press. 1966

Chou En-Lai / Dick Wilson // New York: Viking Adult. 1984

Coming of Grace: An Illustrated Biography of Chou Enlai / Ed Hammond // California: Lancaster Miller Publishers; Asian Humanities Press. 1980

D

Defeat in the East: The Mark of Mao Tse-tung on War / Michael Elliott-Bateman // London and New York: Oxford University Press. 1967

Deng Xiaoping and the Chinese Revolution: A Political Biography / David S. G. Goodman // London and New York: Routledge. 1994

Deng Xiaoping and the Making of Modern China / Richard Evans // London: Hamish Hamilton. 1993

Deng Xiaoping / David S. G. Goodman // London: Cardinal. 1990

Deng Xiaoping: Portrait of A Chinese Statesman / David Shambaugh // Oxford: Clarendon Press; New York: Oxford University Press. 1995

Deng Xiaoping: The Marxist Road to the Forbidden City / Lee Chinghua // Princeton: Kingston Press. 1985

Dr. Sun Yat-sen's Life and Principles / Edward Bing-Shuey Lee // Peiping: Leader Press. 1931

Duel for the Middle Kingdom: The Struggle between Chiang Kai-shek and Mao Tse-tung for Control of China / William Morwood // New York: Everest House. 1980

E

Education East and West: The Influence of Mao Zedong and John Dewey / Niu Xiaodong // San Francisco: International Scholars Publications. 1994

F

Fictional Realism in Twentieth-century China: Mao Dun, Lao She, Shen Congwen / David Der-wei Wang // New York: Columbia University Press. 1992

Four Modern Statesmen, Winston Churchill, Franklin D. Roosevelt, Joseph Stalin, Chiang Kai-shek / Ernest Edwin Reynolds // London: Oxford University Press. 1944

G

Generalissimo and Madame Chiang Kai-shek, Christian Liberators of China / Basil William Miller // Grand Rapids: Zondervan Publishing House. 1943

Global Space and the Nationalist Discourse of Modernity: The Historical Thinking of Liang Qichao / Tang Xiaobing // Stanford: Stanford University Press. 1996

H

Hoff Lu, the Father of Nuclear Energy in China / W. Lee Shimmin // Katy: Saint Michael's Press. 1998.

Homer Lea, Sun Yat-sen and the Chinese Revolution / Eugene Anschel // New York: Praeger Publishers Inc. 1985

Hsiao Hung / Howard Goldblatt // Boston: Twayne Publishers. 1976

Hsi-liang and the Chinese National Revolution / Roger V. Des Forges // New Haven: Yale University Press. 1973

Huang Hsing and the Chinese Revolution / Hsüeh Chün-tu // Stanford: Stanford University Press. 1961

Hui-lan Koo, Madame Wellington Koo: An Autobiography / Koo Hui-Lan, Mary Van Rensselaer Thayer // New York: Dial Press. 1943

I

In Search of Wealth and Power: Yen Fu and the West / Benjamin Isadore Schwartz // Cambridge: Belknap Press of Harvard University Press. 1964

J

Jiang Jie-shi, 1887-1975 / John Stradbroke Gregory // New York: Unievrsity of Queensland Press. 1982

K

K'ang Yu-Wei: A Biography and A Symposium / Lo Jung-pang // Tucson: University of Arizona Press. 1967

Kuo Mo-jo: The Early Years / David Tod Roy // Cambridge: Harvard University Press. 1971

L

Li Da and Marxist Philosophy in China / Nick Knight // Boulder: Westview Press. 1996

Li Hung-chang and the Huai Army: A Study in Nineteenth-century Chinese Regionalism / Stanley Spector // Seattle: University of Washington Press. 1964

Li Ta-chao and the Impact of Marxism on Modern Chinese Thinking / Huang Sung-k'ang // The Hague: Mouton. 1965

Liang Ch'i-ch'ao and the Mind of Modern China / Joseph Richmond Levensong // Cambridge: Harvard University Press. 1953

Liang Ch'i-Ch'ao and Intellectual Transition in China, 1890-1907 / Chang Hao // Cambridge: Harvard University Press. 1971

Lu Hsün and His Predecessors / Vladimir Ivanovich Semanov // White Plains: M. E. Sharpe. 1980

Lu Hsün and the New Culture Movement of Modern China / Huang Sung-k'ang // Amsterdam: Djambatan. 1957

Lu Xun and Evolution / James Reeve Pusey // Albany: State University of New York Press. 1998

Lu Xun: A Chinese Writer for All Times / Ruth F. Weiss // Beijing: New World Press. 1985

M

Madame Chiang Kai Shek (a biographical memoir) / Jagat S. Bright // Lahore: The Hero Publications. 1943

Mao / Ninian Smart // Glasgow: Fontana / Collins. 1974

Mao / Peter Carter // New York: New American Library. 1980

Mao and China: From Revolution to Revolution / Stanley Karnow // New York : Viking Press. 1973.

Mao and the Chinese Revolution / Jerome Ch'en // New York: Oxford University Press. 1967

Mao and the Workers: The Hunan Labor Movement, 1920-1923 / Lynda Shaffer // Armonk: M. E. Sharpe. 1982

Mao Tse-tung / Jack Gray // Valley Forge: Judson Press. 1974

Mao Tse-tung / Stuart R. Schram // New York: Simon and Schuster; Harmondsworth: Penguin. 1966
Mao Tse-tung and China / Charles P. Fitzgerald // New York: Holmes and Meier. 1976
Mao Tse-tung and Education: His Thought and Teachings / John N. Hawkins // Hamden: Shoe String Press. 1974
Mao Tse-tung and Gandhi: Perspectives on Social Transformation / Jayantanuja Bandyopadhyaya // Bombay: Allied Publishers. 1973
Mao Tse-tung and I were Beggars / Siao Yu // Syracuse: Syracuse University Press. 1959
Mao Tse-tung and the Chinese Communist Revolution / Elizabeth Mauchline Roberts // New York: Roy Publishers. 1970
Mao Tse-tung and the Chinese People / Roger Howard // New York: Monthly Review Press. 1977
Mao Tse-tung in Opposition, 1927-1935 / John E. Rue // Stanford: Stanford University Press. 1966
Mao Tse-tung, Ruler of Red China / Robert Payne // New York: Weybright and Talley. 1950
Mao Tse-tung: A Political Portrait / O. Vladimirov, V. Ryazantsev // Moscow: Progress Publishers. 1976
Mao Tse-tung: The Man and the Myth / Eric Chou // New York: Stein and Day. 1982
Mao Tse-tung: The Man in the Leader / Lucian W. Pye // New York: Basic Books. 1976
Mao Tze-tung and His China / Chang Kuo-sin // Hong Kong: Heinemann. 1978
Mao Zedong / Delia Davin // Stroud: Sutton. 1997
Mao Zedong / Bernard Garfinkel, Hedda Garza // New York: Chelsea House Pub. 1987
Mao Zedong and the Communist Policies, 1927-1978 / B. E. Shinde // Bombay: Popular Prakashan. 1991
Mao Zedong: A Preliminary Reassessment / Stuart R. Schram // Hong Kong: Chinese University Press; New York: St. Martin's Press. 1983
Mao Zedong's World View: From Youth to Yanan / Xin Jianfei // Lanham: University Press of America. 1998
Mao: A Biography / Ross Terrill // New York: Harper Colophon Books. 1981
Mao's China and After / Maurice J. Meisner // New York: The Free Press. 1986
Mao's Generals: Chen Yi and the New Fourth Army / Xiang Lanxin // Lanham: University Press of America. 1998
Mao's Great Revolution / Robert S. Elegant // New York: World Pub. Co.; London: Weidenfeld and Nicolson. 1971
Mao's Way / Edward E. Rice // Berkeley : University of California Press. 1972.
Mei Lan-fang: Leader of the Pear Garden / Adolphe Scott // Hong Kong: Hong Kong University Press. 1959
Mei Lan-fang: The Life and Times of a Peking Actor / A. C. Scott // Hong Kong: Hong Kong University Press. 1971

P

Pa Chin / Nathan K. Mao Boston: Twayne Publishers. 1978
Pa Chin and his writings: Chinese youth between the two revolutions / Olga Lang // Cambridge: Harvard University Press. 1967.
Peasant Society and Marxist Intellectuals in China: Fang Zhimin and the Origin of a Revolutionary Movement in the Xinjiang Region / Kamal Sheel // Princeton: Princeton University Press. 1989
P'eng P'ai and the Hai-lu-feng Soviet / Fernando Galbiati // Stanford: Stanford University Press. 1985
Prelude to Revolution: Mao, the Party and the Peasant Question, 1962-1966 / Richard Baum // New York: Columbia University Press. 1975

Q

Qian Mu and the World of Seven Mansions / Jerry Dennerline // New Haven: Yale University Press. 1988
Qian Zhongshu / Theodore Huters // Boston: Twayne Publishers. 1982

R

Realism and Allegory in the Early Fiction of Mao Tun / Chen Yu-shih // Bloomington: Indiana University Press. 1986

Reformer in Modern China, Chang Chien, 1853-1926 / Samuel Chu // New York: Columbia University Press. 1965

S

Search for Modern Nationalism: Zhang Binglin and Revolutionary China, 1869-1936 / Wong Young-tsu // Hong Kong: Oxford University Press. 1989

Su Man-shu / Liu Wuji // New York: Twayne. 1972

Sun Yat-sen / Richard Rigby // St. Lucia: University of Queensland Press; Hemel Hempstead: Prentice-Hall International. 1980

Sun Yat-sen / Nina Brown Baker // New York: Vanguard Press. 1946

Sun Yat-sen / Stanislao Lokuang // Brescia: La Scuoloa. 1950

Sun Yat-sen and the Chinese Republic / Paul Myron Wentworth Linebarger // New York and London: Century. 1925

Sun Yat-sen and the Origins of the Chinese Revolution / Harold Z. Schiffrin // Los Angeles: University of California Press. 1968

Sun Yat-sen, Liberator of China / Henry Bond Restarick // New Haven: Yale University Press; London: Oxford University Press. 1931

Sun Yatsen: His International Ideas and International Connections, with Special Emphasis on Their Relevance Today / J. Y. Wong // New South Wales: Wild Peony. 1987

Sun Yat-sen: Reluctant Revolutionary / Harold Z. Schiffrin // Boston: Little Brown. 1980

Sun Yat-sen: Frustrated Patriot / Clarence Martin Wilbur // NewYork: Columbia University Press. 1976

Sun Yat-sen's Doctrine in the Modern World / Cheng Chu-yuan // Boulder: Westview Press. 1989

T

Testimony of a Confucian Woman: The Autobiography of Mrs. Nie Zeng Jifen, 1852-1942 / Tseng Chi-fen // Athens, Georgia: The University of Georgia Press. 1993

The Academy: Five Centuries of Grandeur and Misery, from the Carracci to Mao Tse-tung / Thomas B. Hess, John Ashbery // New York: Macmillan. 1967

The Adventures of Mao on the Long March / Frederic Tuten // New York: Citadel Press. 1971

The Big Four: Churchill, Roosevelt, Stalin and Chiang Kai-shek / Vernon Bartlett, Emil Ludwig, et. al. // London: Practical Press. 1943

The Cartoonist Feng Zikai: Social Realism with a Buddhist Face / Christoph Harbsmeier // New York: Columbia University Press. 1984

The Chiangs of China / Elmer Talmage Clark // NewYork: Abingdon-Cokesbury Press. 1943

The Communism of Mao Tse-tung / Arthur Cohen // Chicago: University of Chicago Press. 1964

The Culture of Power: The Lin Biao Incident in the Cultural Revolution / Qiu Jin // Stanford: Stanford University Press. 1999

The Diplomacy of Zhou Enlai / Ronald C. Keith // Basingstoke: Macmillan. 1989; New York: St. Martin's Press. 1989

The Dragon Empress: The Life and Times of Tz'u-hsi, Empress Dowager of China, 1835-1908 / Marina Warner // New York: Macmillan. 1972

The Early Chiang Kai-shek: A Study of His Personality and Politics, 1887-1924 / Pichon Pei Yung Loh // New York: Columbia University Press. 1969

The Emergence of Maoism: Mao Tse-tung, Ch'en Po-ta, and the Search for Chinese Theory, 1935-1945 / Raymond F. Wylie // Stanford: Stanford University Press. 1980.

The Great Road: The Life and Times of Chu Teh / Agnes Smedley // New York: Monthly Review Press. 1956

The Japanese and Sun Yat-sen / Marius B. Jansen // Cambridge: Harvard University Press. 1954; London: Oxford University Press. 1955

The King's Men in China: Robert Morrison, Griffith John, Chiang Kai-shek / John Mars // Wellingtong: Reed. 1948

The Last Empress / Daniele Vare // New York: Sun Dial Press. 1936

The Last of the Empresses and the Passing from the Old China to the New / Daniele Vare // London: John Murray. 1936

The Life of Li Yuan-hung / Edward S. G. Li // Tientsin: Tientsin Press. 1925

The Lin Piao Affair: Power Politics and Military Coup / Michael Y. M. Kau // New York: International Arts and Sciences Press. 1975

The Lyrical Lu Xun: A Study of His Classical-style Verse / Jon Eugene von Kowallis // Honolulu: University of Hawai'i Press. 1995

The Man Who Lost China: The First Full Biography of Chiang Kai-shek / Brian Crozier // New York: Scribner. 1976

The Memoirs of Li Tsung-jen / Te-kong Tong, Li Tsung-jen // Boulder: Westview Press. 1979

The Origins of an Heroic Image: Sun Yat-Sen in London, 1896-1897 / John Y. Wong // New York: Oxford University Press. 1986

The Peace Conspiracy: Wang Ching-wei and the China War, 1937-1941 / Gerald E. Bunker // Cambridge: Harvard University Press. 1972

The Picturesque and Adventurous Career of Chiang Kai-shek: A Convincing Portrait of the Man and His Period in Chinese History / Joseph McCabe // Girard: Haldeman-Julius Publications. 1944

The Political Doctrines of Sun Yat-sen: An Exposition of the San Min Chu I / Paul Myron Anthony Linebarger // Baltimore: The Johns Hopkins Press. 1937

The Political Economy of Reform in Post-Mao China / Elizabeth J. Perry, Christine Wong // Cambridge: Harvard University Press. 1985

The Presidency of Yuan Shih-K'ai: Liberalism and Dictatorship in Early Republican China / Ernest Paddock Young // Ann Arbor: University of Michigan Press. 1977

The Problematic of Self in Modern Chinese Literature: Hu Feng and Lu Ling / Kirk A. Denton // Stanford: Stanford University Press. 1998.

The Republic of China under Chiang Kai-shek: Taiwan Today / F. A. Lumley // London: Barrie & Jenkins. 1976

The Social Thought of Lu Hsun, 1881-1936: A Mirror of the Intellectual Current of Modern China / Pearl Hsia Chen // New York: Vantage Press. 1976

The Storm Clouds Clear over China: The Memoir of Ch'en Li-fu, 1900-1993 / Chang Hsu-Hsin, Ramon Hawley Myers // Stanford: Hoover Institution Press. 1994

The Thought of Mao Tse-tung / Stuart R. Schram // New York: Cambridge University Press. 1989

The Turning Point: Roosevelt, Stalin, Churchill and Chiang Kai-shek, 1943 - The Moscow, Cairo and Teheran Conferences / Keith Sainsbury // London and New York: Oxford University Press. 1985

There is another China: Essays and Articles for Chang Poling of Nankai / John Lossing Buck // New York: King's Crown Press. 1948

Tides from the West: A Chinese Autobiography / Chiang Monlin // New Haven: Yale University Press. 1947

Ting Ling: Purged Feminist / Akiyama Yōko // Tokyo: Femintern Press. 1974

Ting Wen-chiang: Science and China's New Culture / Charlotte Davis Furth // Cambridge: Harvard University Press. 1970

To Embrace the Moon: An Illustrated Biography of Mao Zedong / Ed Hammond // Berkeley: Lancaster Miller Publishers; Asian Humanities Press. 1980

To the People: James Yen and Village China / Charles W. Hayford // New York: Columbia University Press. 1990

Ts'ai Yüan-p'ei, Educator of Modern China / William J. Duiker // University Park and London: The Pennsylvania State University Press. 1977

Ts'ao Yü / John Y. H. Hu // New York: Twayne. 1972

Ts'ao Yü, The Reluctant Disciple of Chekhov and O'Neil: a Study in Literary Influence / Joseph Siu-ming Lau // Hong Kong: Hong Kong University Press. 1970

Tsou Tao-fen and the National Salvation Association / Nicole Hirabayashi // New York: Columbia University press. 1958

Two Self-portraits: Liang Ch'i-ch'ao and Hu Shih / Li Yu-ning // Bronxville, New York: Outer Sky Press. 1992

Two Writers and the Cultural Revolution: Lao She and Chen Jo-hsi / George Kao // Hong Kong: Chinese University Press; Seattle: Distributed by University of Washington Press. 1980

V

Voices from the Iron House: A Study of Lu Xun / Leo Ou-fan Lee // Bloomington: Indiana University Press. 1987

W

Wang Ching-wei: A Political Biography / T'ang Leang-li // Peiping: China United Press. 1931

Wang Kuo-wei: An Intellectual Biography / Joey Bonner // Cambridge: Harvard University Press. 1986

Warlord: Yen Hsi-shan in Shansi Province, 1911-1949 / Donald George Gillin // Princeton: Princeton University Press. 1967

Wen I-to / Hsu Kai-yu // Boston: Twayne Publishers. 1980

Whither China?: Comments on the Economic Policy of Mao Tse-tung / Fyodor Dmitriev // Moscow: Novosti Press Agency Publishing House. 1967

Wings over China: (Generalissimo and Madame Chiang Kai-shek) / Basil Joseph Mathews // London: Edinburgh House Press. 1943

Y

Yuan Shih-K'ai, 1859-1916 / Jerome Ch'en // Stanford: Stanford University Press. 1961

Z

Zhou Enlai and Deng Xiaoping in the Chinese Leadership Succession Crisis / David W. Chang // Lanham: University Press of America. 1984

Zhou Enlai and the Foundations of Chinese Foreign Policy / Shao Kuo-kang // New York: St. Martin's Press. 1996

Zhou Enlai: The Early Years / Lee Chae-jin // Stanford: Stanford University Press. 1994

Zhu De (Chu Teh) / Shum Kui-kwong // St. Lucia and New York: University of Queensland Press. 1982

乙、期　刊

A

Advances in Protein Chemistry. （蛋白质化学研究进展）
Agricultural History. （农业史）
Amerasia. （亚美）
American Journal of Economics and Sociology. （美国经济与社会学杂志）
American Mercury. （美国信使）
American Political Science Review. （美国政治科学评论）
American Studies (Taiwan). （美国研究·台湾）
Archiv Orientálnli. （东方档案）
Army. （军事）
Arts of Asia. （亚洲艺术）
Asia and the Americas. （亚洲与美洲）
Asia Major. （亚洲专刊）
Asia. （亚洲）
Asian Affairs：An American Review. （亚洲事务：美国评论）
Asian Culture Quarterly. （亚洲文化季刊）
Asian Culture. （亚洲文化）
Asian Forum. （亚洲论坛）
Asian Outlook. （亚洲瞭望）
Asian Perspective. （亚洲观察）
Asian Profile. （亚洲简介）
Asian Survey. （亚洲综览）

B

Beijing Review. （北京周报）
Bulletin of Bibliography and Magazine Notes. （书目与杂志注释）
Bulletin of the Institute of Ethnology, Academia Sinica. （"中央"研究院民族学研究所集刊）

C

Chicago Review. （芝加哥评论报）
China Digest. （中国文摘）
China Information. （中国信息）
China Monthly. （中国月刊）
China Reconstructs. （中国建设）
China Report. （中国报道）
China Review International. （中国评论·海外版）
Chinese Culture. （中国文化）
Chinese Education & Society. （中国教育与社会）
Chinese Law & Government. （中国法律与政府）
Chinese Literature. （中国文学）
Chinese Literature：Essays, Articles, Reviews. （中国文学：论文.文章.评论）
Chinese Studies in History. （中国历史研究）
Chinese Women. （中国女性）
Ch'ing-shih Wen-t'i. （清史问题）
Chu Hai Journal. （珠海杂志）
Clinical chemistry. （临床化学）
Comparative Drama. （比较戏剧）
Contemporary Chinese Thought. （当代中国思想）
Contemporary Japan. （当代日本）
Cross Currents. （逆流）
Current History. （当代历史）

D

Directors and Boards. （董事会）
Dramatics. （戏剧）

E

East and West. （东方与西方）
East Asian Affairs. （东亚事务）
East Asian History. （东亚历史）
Eastern Horizon. （东方地平线）
Empire Review and Magazine. （帝国评论与杂志）

F

Far Eastern Affairs. （远东事务）
Far Eastern Economic Review. （远东经济评论）
Far Eastern Survey. （远东观察）
Foreign Affairs. （外交事务）
Fortnightly Review. （半月评论报）
Fortnightly. （双周刊）

G

Great Britain and the East. （大不列颠与东方）

H

Harvard Journal of Asiatic Studies. （哈佛亚洲研究）

History Today.（今日历史）
Human Events.（世事）

I

Il Politico.（政治报）
Index on Censorship.（查禁目录）
International Communication Gazette.（国际传播学学报）
Issues & Studies：A Social Science Quarterly on China, Taiwan, and East Asian Affairs.（问题与研究：中国·台湾和东亚事务社会科学季刊）

J

Journal of Asian and African Studies.（亚非研究杂志）
Journal of Asian History.（亚洲历史杂志）
Journal of China Study.（中国研究杂志）
Journal of Chinese Philosophy.（中国哲学期刊）
Journal of Comparative and Physiological Psychology.（比较与生理心理学杂志）
Journal of Medical Biography（医学传记）
Journal of Northeast Asian Studies.（东北亚研究杂志）
Journal of Oriental Literature.（东方文学杂志）
Journal of Oriental Studies.（东方文化）
Journal of Research and Development in Education.（教育研究与发展杂志）
Journal of the American Oriental Society.（美国东方学会会刊）
Journal of the History of Ideas.（思想史杂志）
Journal of the Hong Kong Branch of the Royal Asiatic Society.（皇家亚洲学会香港分会杂志）

M

Ming Studies.（明史研究）
Missiology.（传教学）
Modern Age.（摩登时代）
Modern China.（近代中国）
Modern Chinese Literature and Culture.（中国现代文学与文化.）
Monthly Review.（每月评论）
Monumenta Nipponica.（日本纪念文集）
Monumenta Serica：Journal of Oriental Studies.（华裔学志：东方研究杂志）

N

National Library of Australia.（澳大利亚国家图书馆）
National Review.（国家评论）
Nature.（自然）
New Society Scholarly Journal.（新社学报）
New Society.（新社会）
New Statesman.（新政治家）
New York University.（纽约大学）

O

Orbis.（环球）

P

Pacific Affairs.（太平洋事务）
Pacific Historical Review.（太平洋历史评论）
Peace & Change.（和平与改变）
Peace Review.（和平评论）
Peking Natural History Bulletin.（北平博物杂志）
Peking Review.（北京评论报）
People's Republic of China Magazines.（中华人民共和国杂志）
Philosophy East and West.（东西哲学）
PN Review.（文学评论）
Policy Review.（政策评论）
Political Science Quarterly.（政治科学季刊）
Problems of Communism.（共产主义问题）
Prospects.（展望）
Punch.（笨拙）

Q

Quadrant.（象限仪）

R

Raritan.（拉里坦）
Renditions.（译丛）

S

Studies：An Irish Quarterly Review.（研究：爱尔兰季刊评论）
Surgery.（医外科）

T

TAASA Review：Journal of the Asian Arts Society of

Australia.（澳大利亚亚洲艺术学会学报）
Tamkang Review.（淡江评论）
The American Asian Review.（美国亚洲评论）
The American Historical Review.（美国历史评论）
The Aryan Path.（雅利安路径）
The Australian Journal of Chinese Affairs.（澳大利亚中国事务杂志）
The Australian Journal of Politics and History.（澳洲政治和历史杂志）
The China Journal.（中国杂志）
The China Quarterly.（中国季刊）
The Chinese Students' Monthly (1909-1929).（留美学生月报(1909—1929)）
The Comparatist.（比较文学学者）
The Developing Economies.（发展中经济）
The Dublin Review.（都柏林评论）
The English Review.（英语文摘）
The Far Eastern Quarterly.（远东研究季刊）
The Freeman.（自由民报）
The Hawaiian Journal of History.（夏威夷历史杂志）
The Historical Journal.（历史杂志）
The Journal of Asian Studies.（亚洲研究杂志）
The Journal of Korean Studies.（朝鲜研究杂志）
The Journal of Race Development.（种族发展杂志）
The Labour Monthly.（劳动月刊）
The Listener.（听众）
The Living Age (1897-1941).（生活时代(1897—1941)）
The Middle Way.（中间路线）
The Midwest Quarterly.（中西部季刊）
The New Republic.（新共和）
The North American Review.（北美评论报）
The Outlook (1893-1924).（瞭望(1893—1924).）
The Practitioner.（从业者报）
The Psychological Record.（心理记录）
The Review of Politics.（政治评论）
The Spectator.（观察者）
The University of Chicago.（芝加哥大学）
The Weekly Review of the Far East.（远东评论周刊）
The World's Work.（世界著作）
Time.（时代）
T'oung Pao.（通报）
Twentieth Century.（二十世纪）
Twentieth-Century Literary Criticism.（二十世纪文学批评）

U

United Asia.（联合亚洲）
University of British Columbia.（英属哥伦比亚大学）
University of Hawaii at Manoa.（夏威夷大学,孟诺雅分校）
University of London.（伦敦大学）
Utilitas.（功利研究）

V

Virginia Quarterly Review.（弗吉尼亚评论季刊）

W

Weekly Review of the Far East.（远东每周评论）
World Affairs.（世界事务）

丙、学位论文单位

A

Arizona State University.（亚利桑那立大学）
Australian National University.（澳大利亚国立大学）

B

Boston University.（波士顿大学）
Bowling Green State University.（博林格林州立大学）
Brown University.（布朗大学）

C

Christian-Albrechts Universitaet zu Kiel.（基尔大学）
Claremont Graduate University.（克莱蒙特研究大学）
Colorado University.（科罗拉多大学）
Columbia University.（哥伦比亚大学）
Cornell University.（康奈尔大学）

D

Duke University.（杜克大学）

Durham University.（杜伦大学）

F

Foedham University.（福特汉姆大学）

G

George Washington University.（乔治·华盛顿大学）
Georgetown University.（乔治敦大学）

H

Harvard University.（哈佛大学）

L

Lutheran School of Theology at Chicago.（芝加哥路德神学院）

M

McGill University.（麦吉尔大学）
Michigan State University.（密歇根州立大学）

N

New York University.（纽约大学）
Northern Illinois University.（北伊利诺伊大学）

O

Ohio State University.（俄亥俄州立大学）

P

Princeton University.（普林斯顿大学）

S

Southern Connecticut State University.（南康涅狄格州立大学）
Southern Illinois University, Carbondale.（南伊利诺伊大学,卡本代尔分校）
St. John's University.（圣约翰大学）
Stanford University.（斯坦福大学）
State University of New York, Stony Brook.（纽约州立大学,石溪分校）

T

Temple University.（天普大学）
Texas Tech University.（德克萨斯理工大学）
The University of Alabama.（阿拉巴马大学）
The University of British Columbia.（英属哥伦比亚大学）
The University of Chicago.（芝加哥大学）
The University of Hong Kong.（香港大学）
The University of Tennessee.（田纳西大学）
The University of Texas, Austin.（德克萨斯大学,奥斯汀分校）

U

United States International University.（美国国际大学）
University College Dublin.（都柏林大学）
University of Alberta.（阿尔伯塔大学）
University of Arizona.（亚利桑那大学）
University of California, Berkeley.（加利福尼亚大学,伯克利分校）
University of California, Los Angeles.（加利福尼亚大学,洛杉矶分校）
University of California, San Diego.（加利福尼亚大学,圣地亚哥分校）
University of California, Santa Barbara.（加利福尼亚大学,圣塔芭芭拉分校）
University of Connecticut.（康涅狄格大学）
University of East Anglia.（东安格利亚大学）
University of Illinois at Urbana-Champaign.（伊利诺伊大学,厄巴纳-香槟分校）
University of Kansas.（堪萨斯大学）
University of Leeds.（利兹大学）
University of London, School of Oriental and African Studies.（伦敦大学,亚非学院）
University of London.（伦敦大学）
University of Maryland.（马里兰大学）
University of Michigan.（密歇根大学）
University of Minnesota.（明尼苏达大学）
University of Missouri.（密苏里大学）
University of Montana.（蒙大拿大学）
University of New South Wales.（新南威尔士大学）
University of North Texas.（北德克萨斯大学）
University of Notre Dame.（圣母大学）
University of Oxford.（牛津大学）
University of Pennsylvania.（宾夕法尼亚大学）
University of Pittsburgh.（匹兹堡大学）
University of San Francisco.（旧金山大学）
University of Southern California.（南加州大学）
University of Sydney.（悉尼大学）
University of Toledo.（托雷多大学）

University of Toronto. （多伦多大学）
University of Washington. （华盛顿大学）
University of Windsor. （温莎大学）
University of Wisconsin-Madison. （威斯康星大学，麦迪逊分校）
University of Wisconsin. （威斯康星大学）

V

V. Gollancz Ltd. （V.格兰兹有限公司）

Y

Yale University. （耶鲁大学）
Yonsei University. （延世大学）

丁、论 文 集

C

China in Revolution：The First Phase，1900-1913 / Mary C. Wright ed. // New Haven：Yale University Press. 1968.

China's Red Masters：Political Biographies of the Chinese Communist Leaders / Robert S. Elegant ed. // New York：Twayne Publishers. 1951.

Chinese Approaches to Literature from Confucius to Liang Ch'i-ch'ao / Adele Rickett ed. // Princeton：Princeton University Press. 1978.

E

Eminent Chinese of the Ch'ing Period (1644-1912) // Arthur W. Hummel ed. // Washington：United states government Printing.

M

Modern Chinese Literature in the May Fourth Era / Merle Goldman ed. // Cambridge：Harvard University Press. 1977.

R

Revolutionary Leaders of Modern China / Chün-tu Hsüeh ed. // New York：Oxford University Press. 1971.

T

The China Yearbook. 1939(27) / H. G. W. Woodhead, H. T. M. Bell // The North-China Daily News & Herald, LD.

The German Advisor Group in China：Military, Economic, and Political Issues in Sino-German Relations, 1927-1938. Bernd Martin, ed., Düsseldorf：Droste, 1981.

The Limit of Change：Essays on Conservative Alternatives in Republican China / Charlotte Furth ed. // Cambridge：Harvard University Press. 1976.

Theodore H. White At Large：The Best of His Magazine Writing, 1939-1986 / Edward T. Thompson ed. // New York：Pantheon, 1992.

W

Who's Who in China / The China Weekly Review // The China Weekly Review 1925, 1933, 1936, 1940.

附录二

作者索引

一、个 人

A

A. C. Scott.（A. C. 斯科特） 3038
A. James Gregor.（A. 詹姆斯·格雷戈尔） 0957,
　0958,1023,1027,1032,1036
A. Owen Aldridge.（A. 欧文·奥尔德里奇）
　2151,2152
A. Wedemeyer.（魏德迈） 3328
Achilles.（阿奇里斯） 3039
Adolphe Scott.（阿道夫·斯科特） 3037
Agnes Smedley.（艾格尼丝·史沫特莱）
　0618,3479
Ai Qing.（艾青） 0710
Akira Iriye.（入江 昭） 1782
Akira Odani.（小谷晶［音］） 1575
Akiyama Yōko.（秋山洋子） 00001
Albert A. Altman.（艾伯特·A. 奥尔特曼） 1011
Albert Feuerwerker.（费维恺） 3101,3103
Alex Woshun Chan.（陈和顺） 1166,2002
Alexander Michie.（亚历山大·米基） 1286
Alexander Pisarev.（亚历山大·皮萨列夫） 3358
Alfred Chih Tai Li.（李志泰［音］） 0971
Alfred Kay.（阿尔弗雷德·凯） 3308
Allen Damon.（艾伦·达蒙） 1040
Amar Lahiri.（阿马尔·拉希里） 0336
An American Journalist.（一位美国记者） 2010
An' Tai Sung.（安在颂） 2095
An' Yanming.（安延明） 3218
Andrea Mcelderry.（安德莉亚·麦克尔德里）
　0695,0696
Andrew Cheung.（安德鲁·张） 1565

Andrew D. Onatc.（安德鲁·D. 欧耐特） 0299
Andrew George Walder.（魏昂德） 1793
Angus W. McDonald, Jr.（小安格斯·W. 麦克
　唐纳） 0367
Anna Doleželová.（安娜·多列扎洛娃） 2175
Anna Strong.（安娜·斯特朗） 0330,0331
Anonymous.（匿 名） 1700
Anthony Chan.（安东尼·陈） 2636
Anthony Kubek.（安东尼·库比克） 3342
Anthony Prince.（安东尼·普林斯） 1589
Archibald Little.（阿绮波德·立德） 1277
Arnulf K. Esterer.（阿努尔夫·K. 埃斯特尔）
　0950
Arthur Allen Cohen.（亚瑟·艾伦·科恩） 0350
Arthur Clyde Miller.（亚瑟·克莱德·米勒） 0845
Arthur Cohen.（亚瑟·科恩） 0260
Arthur Hummel.（亚瑟·赫梅尔） 2627
Arthur James Anderson.（阿瑟·詹姆斯·安德森）
　2148
Arthur W. Hummel.（亚瑟·W·赫梅尔） 0233,
　0399,0540,0555,0582,0604,0731,0787,0905,
　1064,1072,1089,1386,1393,1532,1622,1714,
　1775,1798,2417,2524,2534,2610,2814,2885,
　2985,3007,3096,3112,3558,3602,3664
Arthurde Carle Sowerby.（苏柯仁） 0025,0568,
　1436,3707
Athur Waldron.（阿瑟·沃尔德伦） 1728
Audrey Cynthia Wells.（奥德丽·辛西娅·威尔斯）
　1046
Author Unknown.（作者未知） 3325

B

B. E. Shinde.（B. E. 辛德） 0318

Baldoon Dhingra.（鲍顿·丁格拉） 2147

Bao Limin.（包立民） 1698

Barbara S. Rothenburger.（芭芭拉·S. 罗森博格） 3492

Barry Till.（巴里·特尔） 2642,2792

Basil Joseph Mathews.（巴塞尔·约瑟夫·马修斯） 1654,3271

Basil William Miller.（巴塞尔·威廉·米勒） 1656,3274

Benjamin Elman.（本杰明·艾尔曼） 0175,3477

Benjamin I. Schwartz.（本杰明·I. 史华慈） 0255,1987

Benjamin Isadore Schwartz.（本杰明·伊萨多·史华慈） 1092

Benjamin Yang.（杨炳章） 0380,0429,1193

Bernard Garfinkel.（伯纳德·加芬克尔） 0315

Bernard Martin.（伯纳德·马丁） 0938

Bernard Partridge.（伯纳德·帕特里奇） 3607

Berry Thomas.（贝瑞·托马斯） 0366

Bezalel Porten.（比撒列·波滕） 3316

Bill Lee.（李亮畴） 2920

Borkenau Franz.（伯克纳·弗朗茨） 0346

Boulger Demetrius.（包罗杰·迪米特里厄斯） 1283

Brain T. George.（布莱恩·T. 乔治） 1018

Brantly Womack.（布兰德利·沃马克） 0306

Brian Crozier.（布莱恩·克洛泽） 3291

Brian G. Martin.（布莱恩·G. 马丁） 1132

Brian Gerard Martin.（布莱恩·杰拉德·马丁） 1131

Brian Martin.（布莱恩·马丁） 1130

Brian Power.（布莱恩·鲍尔） 3606

Britt Towery.（陶普义） 0597

C

C. BishopC.（C. 比舍普） 1373

C. G. Jacobsen.（C. G. 雅各布森） 0305

C. Martin Wilbur.（韦慕庭） 1014,1035

C. Remer.（C. 雷默） 2624

C. Sheridan Jones（C. 谢尔丹·琼斯） 0928

C. T. Hsia.（夏志清） 1097,3199

C. Y. Hsu.（徐中约） 1124,2522

Cal Clark.（卡尔·克拉克） 3383

Carl Glick.（卡尔·格利克） 2518

Carol Smart.（卡罗尔·斯玛特） 0008

Carroll Robbins Wetzel.（卡罗尔·罗宾斯·韦策尔） 2103

Catherine Yi-yu Cho Woo.（卓以玉） 0703,0707

Chak Chi-shing.（翟志成） 3679

Chan Kai Yiu.（陈启尧［音］） 0812

Chan Lau Kit-ching.（陈刘洁贞） 1295,2613

Chan Wing-tsit.（陈荣捷） 2146,2425

Chang Chung-chih.（张钟之［音］） 0797

Chang Chung-tung.（张忠栋） 1030

Chang Fa-k'uei.（张发奎） 1723

Chang Hao.（张灏） 3180

Chang Hsin-hai.（张歆海） 3277

Chang Hsu-Hsin.（张树兴） 1927

Chang Jun-mei.（章君梅） 0002

Chang Keng.（张庚） 3052

Chang Kuo-sin.（张国新［音］） 0316

Chang Kwang-Chih.（张光直） 1144

Chang Pao-min.（张保民） 1984

Chang Pe-chin.（张伯谨） 0708,1404

Chang Peng-yuan.（张朋园） 2440,3195

Chang Teh-kuang.（张德光） 3343

Chang Wei-yah.（张伟亚） 2957

Chao Chia-Chun.（赵家准［音］） 0998

Chao Nang-yung.（赵囊勇［音］） 1026

Chao Shih-wei.（赵世玮） 1095

Charles J. Alber.（查尔斯·J. 艾勃） 3471

Charles Kupchan.（查尔斯·库普乾） 3192

Charles Leland Leary.（查尔斯·利兰·利里） 1810

Charles Murphy.（查尔斯·莫菲） 2106

Charles P. Fitzgerald.（查尔斯·P. 菲茨杰拉德）　0295

Charles Ronald Lilley.（查尔斯·罗纳德·里利）　3364

Charles Roy Kitts.（查尔斯·罗伊·基茨）　1928

Charles W. Hayford.（查尔斯·W. 海佛德）　2706

Charlotte Davis Furth.（费侠莉）　0021,0023

Che Tang.（车唐[音]）　0968

Chen Bu-lei.（陈布雷）　3282

Chen Jianyue.（陈建岳[音]）　1911

Chen Mao.（陈茂[音]）　2079,2441,3495

Chen Pin.（陈 平）　1029

Chen Quiping.（陈秋平）　1643

Chen Renbing.（陈仁炳）　0973

Chen Shanxue.（陈善学[音]）　1999

Chen Tan-Chen.（陈丹晨）　0417

Chen Tsong-yao.（陈宗耀[音]）　3299

Chen William.（陈威廉）　3344

Chen Xiaoming.（陈晓明[音]）　2865

Chen Yan.（陈燕）　0763

Chen Yung-Ping.（陈永平[音]）　0263,0735

Chen Yu-shih.（陈幼石）　2068

Ch'en Chieh-ju.（陈洁如）　3300

Cheng Chu-yuan.（郑竹园）　0962,3381

Cheng Li.（程力）　2104

Cheng Pui-wan.（郑佩芸）　2930

Cheng Tsung.（郑宗[音]）　2586

Chester Chen-I Wang.（王西艾）　0171

Chi Hsin.（齐 辛）　0420

Chi Wen-shun.（纪文勋）　3211

Chia Chih.（贾 智[音]）　1157

Chia Soon Joo.（贾舜珠[音]）　3743

Chia-lin Pao Tao.（陶鲍家麟）　2521

Chiang Fu-Tsung.（蒋复璁）　0174

Chiang Monlin.（蒋梦麟）　0945,3391

Chiang Yung-ching.（蒋永清[音]）　2462,3350

Chien Ying-ying.（钱莹莹[音]）　2443,3498

Chih Ilsu.（齐一苏[音]）　2653

Chih Yu-ju.（迟玉如[音]）　1989

Chingkiu Stephen Chan.（陈清侨）　2076

Chiristine Chan.（克里斯汀·陈）　1996,2437,3478

Chiu Kun-shuan.（邱坤玄）　0439

Choi Eui-chul.（崔义哲[音]）　0377,2314

Chong Key Ray.（郑麟来）　1006,2344

Chou Min-chih.（周明之）　0176,2422,2434

Christoph Harbsmeier.（何莫邪）　0100

Christine Wong.（黄佩华）　0312

Chu Chi-hsien.（朱基贤[音]）　0986

Chu Chi-yü.（朱志宇[音]）　1123

Chu Don-chean.（朱宕潜）　2928

Chu Hao-Jan.（朱浩然[音]）　0849

Chu Pao-chin.（朱葆瑨）　2693

Chu Yungdah.（朱永德）　3377

Chuang Chen-kuan.（庄振观[音]）　3191,3196

Chung Sue Fawn.（张素芳）　3598,3600

Clarence Martin Wilbur.（韦慕庭）　0952,1912

Clifford Galloway Edmunds, Jr.（小克利福德·加洛韦·埃德蒙兹）　3717

Colena M. Anderson.（柯丽娜·M. 安德森）　0004,0841

Colin Jackson.（科林·杰克逊）　3310

Colin Mackerras.（马克林）　0364

Cornelia Spencer.（科妮莉亚·斯宾塞）　1635,1653,1671,3286

Craig Moran.（克雷格·莫兰）　1043,2905

Cui Caimu.（崔采牧[音]）　0386

Cyril Birch.（西里尔·伯奇）　0590,2765

Cyrus Lee.（李绍昆）　0558

D

D. Pollard.（D. 波拉德）　2251

D. P. Barrett.（D. P. 巴雷特）　2464

Damodar LinkBaliga.（达摩达尔·林克巴里伽）　2281

Daniel Bays（裴士丹）　1708

Daniel Henry Bays.（裴士丹）　1710,1711

Daniel Y. K. Kwan.（关一秋[音]）　0444

Daniel Yat Kau Kwan.（丹尼尔·Y. K. 关） 0446
Daniel Yu-tang Lew.（刘毓棠） 2438
Daniele Vare.（达尼埃尔·维拉） 3227,3228
Danny Wynn-ye Kwok.（郭颖颐） 1454,1988,2426
David Bachman.（大卫·巴克曼） 0437,1873,2405
David Bonavia.（大卫·博纳维亚） 0442
David Der-wei Wang.（王德威） 0589,1588,2069,2075
David E. Pollard.（大卫·E. 波拉德） 2253
David H. Klein.（大卫·H. 克莱因） 2303
David Hawkes.（大卫·霍克斯） 0622
David M. Bachman.（大卫·M. 巴克曼） 1871
David P. T. Pong.（庞百腾） 1298
David S. G. Goodman.（大卫·S. G. 古德曼） 0424,0426
David Shambaugh.（沈大伟） 0427
David Sprague Gibbons.（大卫·斯普雷格·吉本斯） 0356,3321
David Strand.（大卫·斯特兰德） 1053
David Tod Roy.（大卫·托德·罗伊） 2860
David W. Chang.（张大卫） 0421,2292
David Y. Chen.（陈颖） 3070
Davidd Wang.（王大卫） 1779
Debbie Davison.（黛比·戴维森） 2286
Debbie Goldman.（黛比·高曼） 2929
Deborah Jane Seligsohn.（沈岱波） 0861,3601
Delia Davin.（迪莉娅·达文） 0326
Denis Crispin Twitchett.（杜希德） 3442
Der Ling.（德龄） 0602
Diana Lary.（戴安娜·拉里） 1052
Diran John Sohigian.（迪兰·约翰·索西根） 2149
Don Bate.（堂·贝特） 1562
Don Lawson.（都·劳森） 0309
Don Price.（唐·普莱斯） 1669
Donald A. Jordan.（唐纳德·A. 乔丹） 1576
Donald Fisher.（唐纳德·费舍尔） 2313
Donald G. Gillin.（唐纳德·G. 基林） 1883,3162
Donald George Gillin.（唐纳德·乔治·基林） 3160
Donald Zagoria.（唐纳德·扎戈里亚） 0443
Dongyoun Hwang.（黄东勇[音]） 1566,1577
Dorothy Woodman.（多萝西·伍德曼） 0333,0916,0981
Douglas Gordon Spelman.（道格拉斯·戈登·斯佩尔曼） 3629
Douwe W. Fokkema.（杜威·W. 佛克马） 3502
Drunken Whiskers.（德兰肯·惠斯克） 3665
Duanmu Hongliang.（端木蕻良） 0012

E

E. Parker.（E. 帕克） 1289
Ed Hammond.（艾德·哈蒙德） 0301,2289
Edgar Snow.（埃德加·斯诺） 0252,0390
Edmund Backhouse.（埃德蒙·贝克豪斯） 3594
Edmund Fung.（冯兆基） 3696
Edmund O. Clubb.（埃蒙德·O. 克拉布） 3311
Edmund Worthy.（埃德蒙·沃西） 2919
Eduard B. Vermeer.（爱德华·B. 维梅尔） 1049
Edward Behr.（爱德华·贝尔） 3604
Edward Bing-Shuey Lee.（李炳瑞） 0931
Edward Carter.（爱德华·卡特） 3042
Edward E. Rice.（爱德华·E. 赖斯） 0282,0431
Edward F. Connelly.（爱德华·F. 康纳利） 3678
Edward Farmer.（范德） 1379
Edward G. Bunker.（爱德华·G. 邦克） 1572
Edward K. Chook.（爱德华·K. 楚克） 3292
Edward S. G. Li.（黎绍基） 3695
Edwin Haward.（爱德文·哈华德） 1413
Edwin Pak-wah Leung.（梁伯华） 1300
Eisaku Sato.（佐藤荣作） 3329
Elizabeth J. Perry.（裴宜理、黄佩华） 0312
Elizabeth Mauchline Roberts.（伊丽莎白·莫赫琳·罗伯茨） 0272
Elmer Talmage Clark.（埃尔默·塔尔梅奇·克拉克） 3270
Emily Hahn.（项美丽） 1636,1658,1672,3285
Emily MacFarquhar.（艾米莉·麦克法夸尔） 0270

Emily Woo Yuan.（袁　宇[音]）　2864
Emmett B. Carmichael.（埃米特·B.卡迈克尔）　1372
Emory Bogardus.（埃默里·鲍加德斯）　0978
Eric Chou.（埃里克·周）　0308
Eric O. Hanson.（埃里克·O.汉森）　2310
Ernest Edwin Reynolds.（欧内斯特·埃德温·雷诺兹）　3276
Ernest K. Moy.（欧内斯特·K.莫伊）　3035
Ernest P. Young.（欧内斯特·P.杨）　1901,2630,2643
Ernest Paddock Young.（欧内斯特·帕多克·杨）　1902,2612,2629,3188
Ernst Wolff.（厄恩斯特·沃尔夫）　2252
Eugene Anschel.（尤金·安斯切尔）　0959
Eugene Lubot（尤金·卢博特）　3392,3623,3628
Eugene S. Lubot.（尤金·S.卢博特）　3626

F

F. Gilbert Chan.（陈福霖）　1022,1024
Fan Jun.（范军[音]）　2074
Fan Kuang-huan.（范广焕[音]）　0281,2093,2427
Fan Yu.（范宇[音]）　2107
Fang Ming.（方　明）　3167
Fang Wen-jen.（方文珍[音]）　2498
Feng Fei.（冯　飞）　0853
Feng Hsueh-feng.（冯雪峰）　3464
Feng Xiaxiong.（冯夏熊）　0009
Fernando Galbiati.（费尔南多·加尔比亚蒂）　3232,3235
Feuerwerker Yi-tsi Mei.（梅仪慈）　0017
Fook-lam Gilbert Chan.（陈福霖）　3097,3098,3660
Francis Rose.（弗朗西斯·罗斯）　3303
Frank F. Wong.（弗兰克·F.黄）　3189
Frank Owen.（弗兰克·欧文）　3269
Fred Sparks.（弗雷德·斯巴克斯）　0850
Frederic Tuten.（弗雷德里克·图顿）　0277
Frederic Wakeman.（魏斐德）　0285
Frederick C. Teiwes.（弗雷德里克·C.泰伟斯）　2097
Frederick Hyde-Chambers.（弗雷德里克·海德-钱伯斯）　2607
Frederick Moore.（弗雷德里克·摩尔）　2619,2620
Frederick Sites.（弗雷德里克·赛茨）　1686
Friedrich A. Bischoff.（弗里德里希·A.比绍夫）　3014
Fu Pao-jen.（付宝珍）　3336
Fyodor Dmitriev.（费奥多·迪米特里耶夫）　0268

G

G. Allenby.（G.艾伦比）　1744
G. Deshpande.（G.德什潘德）　2304
G. Huldschiner.（G.海德施奈尔）　1742
G. P. Deshpande.（G. P.德什潘德）　2101
Gardner Harding.（加纳德·哈丁）　0965
Gary Bjorge.（加里·布乔治）　0007
Gary Melyan.（加里·梅尔扬）　2176
Gavan McCormack.（加文·麦考马克）　1748
Geogre Moorad.（乔治·穆拉德）　3304
George Harold Burchett.（乔治·哈罗德·伯切特）　0937
George Kao.（高克毅）　0588
George Thomson.（乔治·汤姆逊）　0275,0357
George Yuan.（乔治·袁）　2631
Gerald E. Bunker.（杰拉尔德·E·邦克）　1563
Gerald Eggert.（杰拉尔德·艾格特）　1296
Gerald Segal.（杰拉尔德·西格尔）　0442
Geraldine R. Schiff.（杰拉尔丁·R.希夫）　1533
Geremie Barmé.（白杰明）　0101
Gideon Nye Jr.（小吉迪恩·奈）　2424
Gilbert Gottlieb.（吉尔伯特·戈特利布）　2855
Gilbert Reid.（李佳白）　1284,2621
Glen Jennings.（格伦·詹宁斯）　0441
Gloria E. Blazsik.（格洛莉娅·E.布莱斯克）　2897
Gloria Shen.（沈弘光）　2080
Godwin C. Chu.（戈德温·C.朱）　0296
Gong Zhongwu.（龚忠武）　1713

Gottfried Karl Kindermann. （戈特弗里德·卡尔·金德曼） 0990,3345

Grace Yen Shen. （沈岩［音］） 1762

Graham Hutchings. （格拉汉姆·哈钦斯） 1225

Gregor Benton. （班国瑞） 0323,3497

Gregory F. Delaurier. （格雷戈里·F. 德劳瑞尔） 0384

Gregory J. Radke. （格雷戈里·J. 拉德克） 2931

Guangxu. （光绪皇帝） 0601

Guy Alitto. （艾 恺） 3214

Guy Lardreau. （盖·拉德洛） 2112

Guy Salvatore Alitto. （艾 恺） 3351

H

H. D. Fong. （方显廷） 0409

H. G. W. Woodhead（H. G. W. 伍德海） 0014, 0031,0035,0037,0041,0043,0046,0048,0051, 0053,0056,0062,0066,0069,0072,0075,0083, 0087,0092,0096,0098,0115,0122,0125,0130, 0132,0135,0138,0141,0148,0151,0153,0155, 0157,0160,0163,0166,0178,0182,0186,0188, 0192,0195,0197,0198,0201,0207,0214,0216, 0218,0219,0226,0229,0235,0236,0238,0244, 0249,0387,0391,0398,0403,0407,0410,0413, 0452,0453,0458,0470,0473,0477,0481,0487, 0491,0495,0496,0502,0516,0522,0525,0528, 0532,0542,0544,0546,0563,0573,0576,0584, 0599,0607,0608,0625,0628,0630,0632,0641, 0643,0646,0649,0652,0654,0656,0658,0664, 0668,0669,0671,0674,0681,0682,0689,0716, 0722,0725,0733,0754,0756,0768,0769,0771, 0774,0775,0778,0781,0788,0791,0803,0808, 0811,0814,0816,0822,0824,0826,0833,0844, 0864,0867,0870,0877,0887,0889,0894,0897, 0900,0902,0904,0911,0921,0925,0927,1059, 1067,1070,1076,1079,1083,1090,1100,1112, 1118,1127,1134,1141,1146,1148,1150,1152, 1169,1173,1176,1178,1181,1183,1185,1187, 1197,1202,1205,1207,1227,1235,1239,1242, 1245,1246,1252,1254,1256,1259,1264,1268, 1274,1312,1316,1324,1326,1329,1332,1336, 1338,1346,1359,1360,1362,1363,1365,1376, 1384,1385,1390,1391,1396,1399,1403,1406, 1408,1419,1427,1429,1432,1439,1440,1446, 1453,1457,1464,1467,1475,1476,1478,1485, 1488,1490,1495,1496,1498,1500,1502,1505, 1509,1512,1516,1524,1526,1528,1535,1537, 1544,1548,1551

H. T. M. Bell（H. T. M. 贝尔） 0014,0031,0035, 0037,0041,0043,0046,0048,0051,0053,0056, 0062,0066,0069,0072,0075,0083,0087,0092, 0096,0098,0115,0122,0125,0130,0132,0135, 0138,0141,0148,0151,0153,0155,0157,0160, 0163,0166,0178,0182,0186,0188,0192,0195, 0197,0198,0201,0207,0214,0216,0218,0219, 0226,0229,0235,0236,0238,0244,0249,0387, 0391,0398,0403,0407,0410,0413,0452,0453, 0458,0470,0473,0477,0481,0487,0491,0495, 0496,0502,0516,0522,0525,0528,0532,0542, 0544,0546,0563,0573,0576,0584,0599,0607, 0608,0625,0628,0630,0632,0641,0643,0646, 0649,0652,0654,0656,0658,0664,0668,0669, 0671,0674,0681,0682,0689,0716,0722,0725, 0733,0754,0756,0768,0769,0771,0774,0775, 0778,0781,0788,0791,0803,0808,0811,0814, 0816,0822,0824,0826,0833,0844,0864,0867, 0870,0877,0887,0889,0894,0897,0900,0902, 0904,0911,0921,0925,0927,1059,1067,1070, 1076,1079,1083,1090,1100,1112,1118,1127, 1134,1141,1146,1148,1150,1152,1169,1173, 1176,1178,1181,1183,1185,1187,1197,1202, 1205,1207,1227,1235,1239,1242,1245,1246, 1252,1254,1256,1259,1264,1268,1274,1312, 1316,1324,1326,1329,1332,1336,1338,1346, 1359,1360,1362,1363,1365,1376,1384,1385, 1390,1391,1396,1399,1403,1406,1408,1419, 1427,1429,1432,1439,1440,1446,1453,1457, 1464,1467,1475,1476,1478,1485,1488,1490,

1495,1496,1498,1500,1502,1505,1509,1512,1516,1524,1526,1528,1535,1537,1544,1548,1551

H. K. Gupta.（H. K. 古普塔） 3488

H. T. Senin.（H. T. 赛宁） 1163

Hao Yen-p'ing.（郝延平） 2345

Harold Goldstein.（哈罗德·哥德斯坦） 0603

Harold Quigley.（哈罗德·圭格利） 1743

Harold Schiffrin.（哈罗德·史扶邻） 0989

Harold Varney.（哈罗德·瓦尼） 3309

Harold Z. Schiffrin.（哈罗德·Z. 史扶邻） 0948,0955,0988,0991

Harriet C. Mills.（哈里特·C. 米尔斯） 3466,3468

Harriet Mills.（哈里特·米尔斯） 3504

Harry Harding.（哈里·哈丁） 0271

Harry Hussey.（哈里·赫西） 3595

Hazel Arnold.（黑兹尔·阿诺德） 0980

Hedda Garza.（海达·加尔撒） 0315

Hellen Rose Hull.（海伦·罗斯·赫尔） 1659

Henry Bond Restarick.（亨利·波鲁·雷斯塔里克） 0932

Henry G. Schwarz.（亨利·G. 施瓦茨） 0736

Henry Kissinger.（亨利·基辛格） 2311

Henry McAleavy.（亨利·麦克里维） 1121,3666

Herbert Rosenthal.（赫伯特·罗森塔尔） 1033

Herman H. Barger.（巴杰） 1409

Herman Mast.（赫尔曼·马斯特） 3754,3755

Herman William Mast.（赫尔曼·威廉·马斯特） 3753

Herrlee Glessner Creel.（顾立雅） 0274

Hilary Chung.（希拉里·钟） 2077

Hiroko Willcock.（希洛克·威尔科克） 3197

Ho Lien-kwei.（何联奎） 3619

Ho Ping-ti.（何炳棣） 2813

Hoffer Kaback.（霍弗·卡班克） 2317

Hoffmann W. John.（霍夫曼·W. 约翰） 2110

John Ashbery（约翰·阿什贝利） 0267

Hollington Kong Tong.（董显光） 3265,3284,3326

Hong Sheng-hwa.（洪胜华） 2518

Horace N. Allen.（贺瑞斯·N. 艾伦） 2616

Hotsumi Ozaki.（尾崎秀实） 1414,1567

Howard C. Goldblatt.（葛浩文） 3013

Howard Goldblatt.（葛浩文） 3011

Howard Lyon Boorman（包华德） 0258,0262,0344,3257

Howard L. Boorman.（包华德） 0349,1569

Hsia Lei-ting.（夏雷霆[音]） 0918

Hsiang Yü.（向 郁[音]） 0855

Hsiao Kung-ch'üan.（萧公权） 3114

Hsieh Chen-Ping.（谢振平[音]） 0856

Hsieh Ping-ying.（谢冰莹） 3546

Hsieh Sou-k'ang.（谢寿康） 3283

Hsiung Shih-I.（熊式一） 3280

Hsü Cho-Yun.（许倬云） 1144

Hsu Hsi-ling.（许西玲） 0762

Hsu Hsun.（徐 勋[音]） 0851

Hsu Kai-yu.（许芥昱） 2301,2557,2558,2559,2560

Hsu Kuang-ping.（许广平） 3467,3774

Hsu Shuhsi.（徐淑希[音]） 1000

Hsu Sung- lin.（许宋林[音]） 0339,0621

Hsüeh Chün-tu.（薛君度） 0992,1370,1533,1670,1769,2950,2951—2953

Hsün ch'uan-pu.（孙川浦[音]） 0929

Hu Chi-his.（胡志希[音]） 0373,2111

Hu Hung-hsia.（胡鸿霞） 0585

Hu Shih.（胡 适） 0335

Huang Kai-loo.（黄开禄） 0378

Huang Pang-chen.（黄邦振[音]） 0975

Huang Sung-k'ang.（黄松康） 1155,3454

Huang, Shu-chi-ung.（伍连德夫人黄淑琼） 3040

Hubert Freyn.（范海璧） 2801

Hubert O. Brown.（休伯特·O. 布朗） 2933

Humphrey Evans.（汉弗莱·埃文斯） 1143

Hung-Yok Ip.（黄友克[音]） 3217

I

I Pozhilov.（I. 鲍之罗） 0623
I. G. Edmonds.（I. G. 埃德蒙兹） 0286
Ignatius Jih-hsin Tsao.（曹吉星） 0559
Irene Eber.（艾琳·埃伯） 2429,2430,2432
Ito Kikuzo.（伊藤菊藏） 0353

J

J. Bland.（J. 布兰德） 2618
J. Kantor.（J. 坎特） 2854
J. Kim Munholland.（J. 金·穆赫兰） 1010
J. Macdonald.（J. 麦克唐纳） 0352
J. Robert Kincaid.（J. 罗伯特·金凯德） 0385,0624
J. O. P. Bland.（J. O. P. 布兰德） 1279
J. Y. Wong.（黄宇和） 0961,1037,2921,3131
John Y. Wong（黄宇和） 0960
Jack Dunster.（杰克·敦斯特） 0310
Jack Gray.（杰克·格雷） 0289
Jagat S. Bright.（杰加特·S. 布赖特） 1657
James Angell.（詹姆斯·安吉尔） 1288
James Cantlie.（詹姆斯·康德黎） 0928
James Cheng-yee Shen.（沈成怡） 3186
James E. Sheridan.（詹姆斯·E. 谢里丹） 0566,0567
James Gregor.（詹姆斯·格雷戈尔） 1023,1032
James P. Harrison.（詹姆斯·P. 哈里森） 1190,1192
James R. Shirley.（詹姆斯·R. 雪莉） 0996,1568
James Reeve Pusey.（浦嘉珉） 1377,3462
James T. C. Liu.（刘子健） 3576
James T. Myers.（詹姆斯·T. 迈尔斯） 0358
James Thomson Shotwell.（詹姆斯·汤姆逊·肖特维尔） 0972
James W. Hayes.（詹姆斯·W. 海斯） 2708
Jan Prybyla.（简·普赖拜尔） 3386
Janet C. Moyer.（珍妮·C. 莫耶） 3608
Jayantanuja Bandyopadhyaya.（嘉扬塔纽嘉·班迪奥帕迪亚雅） 0284
Jeffrey G. Barlow.（杰弗里·G. 巴洛） 0954
Jennifer M. Choo.（詹妮弗·M. 周） 0440
Jerome B. Grieder.（杰罗姆·B. 格里德） 2421
Jerome Ch'en.（陈志让） 0266,2611
Jerry Bernard Seps.（杰瑞·伯纳德·赛普斯） 3322
Jerry Dennerline.（邓尔麟） 2716
Jiang Weiguo.（蒋纬国） 3293
Jiu-hwa Lo Upshur.（秋花·罗·厄普舍） 2444
Joan Jacobs Feldman.（琼·雅各布斯·费尔德曼） 2070
Joe Chou Huang.（黄胄） 3122,3187
Joey Bonner.（乔伊·波纳） 0169,0172
Johannes Eff.（约翰尼斯·艾弗） 3327
John Beyer.（约翰·拜尔） 0010
John Calvin Ferguson.（福开森） 0029,0170
John Chinnery.（约翰·钦纳里） 3485
John E. Rue.（约翰·E. 鲁） 0264
John F. Copper.（康培庄） 0433
John Griggs.（约翰·格里格斯） 0966
John Hunter Boyle.（约翰·亨特·博伊尔） 1564,1571
John Hu.（胡耀恒） 3078
John Kenneth Olenik.（约翰·肯尼斯·奥勒尼克） 0460
John Lossing Buck.（约翰·洛辛·巴克） 1753
John Mars.（约翰·玛斯） 3281
John McCook Roots.（约翰·麦库克·鲁兹） 2287
John N. Hawkins.（约翰·N. 霍金斯） 0287
John Otway Percy Bland.（约翰·奥特韦·珀西·濮兰德） 3594
John Stradbroke Gregory.（约翰·斯特拉布罗克·格雷戈里） 3295
John T. Edsall.（约翰·T. 埃兹尔） 1374
John Themis Topping.（约翰·泰美斯·托平） 0090
John Van Vorst.（约翰·范·沃斯特） 2353
John W. Garver.（约翰·W. 加弗） 3348

John Wilson Lewis.（约翰·威尔逊·刘易斯） 0261

John Wu.（吴程远） 1004,1007,3319,3335

John Y. Wong.（黄宇和） 0960

John Y. H. Hu.（胡耀恒） 3072

John Yaw-herng Hu.（胡耀恒） 3074

Jon Eugene von Kowallis.（寇志明） 3461

Jon Kowallis.（寇志明） 3499

Jonathan C. M. Wang.（乔纳森·C. M. 王） 3659

Jonathan Goforth.（古约翰） 0564

Jonathan Schell.（乔纳森·谢尔） 3469

Jonathan Spence.（史景迁） 0329

Jonh W. Young.（约翰·W. 杨） 1746

Josef Fass.（约瑟夫·法斯） 1002

Joseph Allen.（约瑟夫·艾伦） 2563

Joseph George Garver.（约瑟夫·乔治·加弗） 2562

Joseph McCabe.（约瑟夫·麦凯布） 3279

Joseph Richmond Levensong.（约瑟夫·里士满·勒文森） 3179,3184,3185

Joseph Siu-ming Lau.（刘绍铭） 3071

Joshua A. Fogel.（傅佛果） 3147

Jules Archer.（朱尔斯·阿切尔） 0279,2285

Julie Lien-ying How.（夏连荫） 1986

Jürgen Domes.（杜 勉） 3241

K

K. S. Liew.（刘某某） 1667

Kalvane Werake.（凯文·沃拉克） 2637

Kamal Sheel.（卡默·西尔） 0404

Kao Mayching.（高美庆） 1699

Karen J Leong.（凯伦·J. 梁） 1662

Karl Li.（卡尔·李） 1015

Kathleen Semergieff.（凯瑟琳·塞梅基夫） 0011

Kauko Laitinen.（高 歌） 3146

Keith Sainsbury.（基思·索尔兹伯里） 3296

Kenneth Ch'en.（陈观胜） 2625

Kenneth E. Folsom.（肯尼斯·E. 福尔索姆） 1292

Kenneth Lieberthal.（李侃如） 0292

Kenneth N. Grigg.（肯尼斯·N. 格里格） 1031

Kent McLean Peterson.（肯特·麦克莱恩·彼得森） 1763

Kent Morrison.（肯特·莫里森） 2307

Kerry Brown.（凯利·布朗） 2736

Keshav Balkrishna Vaidya.（凯沙夫·巴克里斯纳·维迪雅） 0254

Kevin Frederick Fountain.（凯文·弗雷德里克·方丹） 1997

Kim Key-hiuk.（金基赫） 1297

Kirk A. Denton.（邓腾克） 2419,3582

Ko Hao.（顾 浩[音]） 0405,3472

Koo Hui-Lan.（顾蕙兰） 2703

Krishna Prakash Gupta.（克里希纳·普拉卡什·古普塔） 3129

Kristina A. Schultz.（克里斯蒂娜·A. 舒尔茨） 0107

Ku Hung-ting.（辜鸿廷） 0951

Ku Yen.（顾 彦[音]） 0858

Kurt Werner Radtke.（库特·沃纳·瑞克） 3663

L

L Fen.（冯某某） 3493

Lai Chi-kong.（黎志刚） 1281,1303

Lai Jeh-hang.（赖泽涵） 0919

Lam Ping-ting.（林娉婷[音]） 1995

Lam Pui Kiu.（林培侨[音]） 2709

Lan Kitching.（刘洁贞） 2632

Lancelot Lawton.（兰斯洛特·劳顿） 2615

Lani Mar.（拉尼·马尔） 1896

Larry N. Shyu.（徐乃力） 0571

Lau Yee Cheung.（刘义章） 2465

Laurence A. Schneider.（劳伦斯·A. 施耐德） 2698—2700

Laurence G. Thompson.（劳伦斯·G. 汤普森） 3120

Lee Chae-jin.（李在金[音]） 2294

Lee Ching-hua.（李静华） 0434

Lee Ching-man.（李庆满[音]） 3004

Lee Chiu-chun.（李朝津） 3756
Lee Gong-way.（李恭尉） 1042,1794,1795,1796,
　　1797,2520
Lee Jer-shiarn.（李哲贤） 3150
Lee Mong-ping.（李孟平［音］） 2099
Lee Feigon（李蒂甘） 1985
Lee N. Feigon.（李苇甘） 1994
Lee Ngok.（李锷） 1909,3332
Lee Oei.（李欧［音］） 2435
Lem Kim（莱姆·基姆） 1872
Leo Ou-fan Lee.（李欧梵） 3459,3475,3503
Leonard H. D. Gordon.（高理宁） 0936
Leslie H. Dingyan Chen.（陈定炎） 2009
Leung George Kin.（梁社乾） 3041
Leung Pak-wah.（梁伯华） 2922
Leung Yiu-nam.（梁耀南） 0594,0596
Lew Young Ick.（柳永益） 2641
Li Helin.（李何林） 1640,3482
Li Moying.（李墨英［音］） 2439
Li Qiang.（李　强） 1094,1096
Li Sanbao.（李三宝） 3130
Li Shou-kung.（李守恭［音］） 3349
Li Tien-min.（李天民） 0737,2283
Li Ti-tsun.（李迪尊） 0970
Li Tsung-jen（李宗仁） 1230
Li Wen.（李　文［音］） 3382
Li Zhisui.（李志绥） 0325
Liam McSorley.（麦克索利·利亚姆） 3476
Liang Shekan.（梁社乾） 3036
Liang Shih-ch'iu.（梁实秋） 2561
Liao Jingwen.（廖静文） 2794
Lien Chan.（连　战） 1005
Liew Kit Siong.（刘凯松） 1668
Lillian Craig Harris.（莉莲·克雷格·哈里斯）
　　0860
Lin Chengjie.（林承节） 2934
Lin Han-sheng.（林汉生） 1574
Lin Huei-ching.（林惠菁） 3216
Lin Jingmin.（林敬民［音］） 0994

Lin Ming-te.（林明德） 1302,2638
Lin Sein.（林　森） 1013
Lincoln Ying-tso Mui.（梅英佐［音］） 2306
Linda Pomerantz Shin（琳达·波梅兰茨·辛）
　　0678
Linda Pomerantz-Zhang.（琳达·波梅兰茨·张）
　　0677
Lionel Giles.（翟林奈） 2517
Lionello Lanciotti.（利奥内洛·兰乔蒂） 2734
Liu Jikun.（刘济坤） 0321
Liu Kang.（刘　康［音］） 3583
Liu Kwang-ching.（刘广京） 1282,1283
Liu Mei-ching.（刘美清［音］） 3193
Liu Nienling.（刘年玲） 0013,0842
Liu Nung-chao.（刘弄潮） 1156
Liu Shia-ling.（刘遐玲） 3385
Liu Ts'un-yan.（柳存仁） 3484
Liu Wuji.（柳无忌） 1122
Liu Yang.（柳扬［音］） 1701
Liu Yeou-hwa.（刘友华［音］） 1034
Liu Yuen-sun.（刘原深） 2090
Livingston T. Merchant.（利文斯顿·T. 默尔钱特）
　　2752
Lloyd E. Eastman.（易劳逸） 3300
Lloyd Eastman.（易劳逸） 3338
Lo Jiu-jung.（罗久蓉） 0026,1761
Lo Jung-pang.（罗荣邦） 3115
Loraine Howe.（洛兰·豪） 1189
Louise A. Esterer.（路易丝·A. 埃斯特尔） 0950
Lowell Dittmer.（罗德明） 0741
Lu Ching-wen.（陆清文［音］） 0859
Lucian Pye（白鲁恂） 2305
Lucian W. Pye.（白鲁恂） 0294,0368
Ludwig Albert.（路德维格·艾伯特） 1290
Luella Miner.（麦美德） 0466,2593
Lundberg Lennart.（罗德保） 3460
Lyman P. Van Slyke.（范力沛） 3210
Lynda Norene Shaffer.（琳达·诺琳·谢弗） 0362
Lynda Shaffer.（琳达·谢弗） 0307,0371

Lynn David Poole.（林恩·大卫·普尔） 3314

Lyon Sharman.（莱昂·沙尔曼） 0934

M

M. Marcia Mozzochi.（M.玛西亚·莫周奇） 3330

M. Yuriev.（M.尤里耶夫） 2137

M. A. Shampoo.（M.A.山博） 1012

M. Yuryev.（M.尤里耶夫） 0511

Ma Kan-wen.（马堪温） 1047

Ma Ko.（马可[音]） 2357

Ma Shao-Po.（马少波） 2278,3049

Madeleine Chi.（戚世皓） 3083

Mahua Rawat.（马华·拉瓦特） 3489

Man-ni Judy Liu.（刘曼妮） 2795

Mao Zedong.（毛泽东） 1025

Marcus Ch'eng.（陈崇桂） 0565

Margaret H. C. Huang.（玛格丽特·H.C.黄） 1016

Margery Sabin.（玛格丽·赛宾） 3494

Margo Speisman Gewurtz.（玛高·斯派斯曼·格维尔茨） 1546

Maria Hsia Chang.（张霞） 0958,1032,1036

Marián Gálik.（玛丽安·加利克） 2067

Marina Warner.（玛丽娜·沃纳） 3596

Marius B. Jansen.（马里厄斯·B.詹森） 0947

Martin Bernal.（马丁·贝尔纳） 0766,3750

Mary Farquhar.（玛丽·法夸尔） 0328,3463

Mary Gale Masur.（玛丽·戈尔·马苏尔） 1381,1382

Mary Van Rensselaer Thayer（玛丽·塞耶） 2703

Masaaki Seki.（关正昭） 1749

Maurice J. Meisner.（莫里斯·J.迈斯纳） 0314,1158,1167

Maurice William.（莫里斯·威廉） 0933,0941

Maurice Zolotow.（莫里斯·佐罗陀） 0942

Max Nomad.（马克思·诺玛特） 0259

McArthur Gunter.（麦克阿瑟·甘特） 1051

Mei Lan-fang.（梅兰芳） 3050,3051

Meisner Maurice.（马思乐） 1159

Melville Talbot Kennedy, Jr.（小梅尔维尔·塔尔博特·肯尼迪） 2467

Meribeth Elliott Cameron.（梅里贝斯·艾略特·卡梅伦） 1709

Merle R. Goldman.（默尔·R.高曼） 2420

Merrill Ruth Hunsberger.（默利尔·鲁斯·亨斯博格） 0077

Mi Hedu.（米鹤都） 0461

Michael Dillon.（迈克尔·迪隆） 0406

Michael Egan.（迈尔·伊根） 2178,2179

Michael Elliott-Bateman.（迈克尔·埃利奥特-贝特曼） 0269

Michael Gibson.（迈克尔·吉布森） 3340

Michael Godley.（迈克尔·戈德利） 1038

Michael H. Hunt.（迈克尔·H.亨特） 0319

Michael Straight.（迈克尔·斯特雷特） 3307

Michael True.（迈克尔·杜鲁） 3496

Michael V. Metallo.（迈克尔·V.米塔罗） 1019

Michael Wai-mai Lau.（刘唯迈） 1397

Michael Y. M. Kau.（迈克尔·Y.M.高） 2096

Michel C. Masson.（米歇尔·C.梅森） 0560

Minoru Shibata.（柴田实） 2302

Morton H. Halperin.（莫顿·H.霍尔珀林） 0347

Mostafa Rejai.（穆斯塔法·雷嘉） 0345

Mung Kwok-Choi.（孟国才[音]） 1639

Murray Rubinstein.（穆雷·鲁宾斯坦） 3387

N

N. Senin.（N.赛宁） 1164

Nancy Elizabeth Chapman.（南希·伊丽莎白·查普曼） 2255

Nathan K. Mao.（茅国权） 0415

Nick Knight.（尼克·奈特） 1138,3779

Nicole Hirabayashi.（妮可·平林） 1545

Nina Borevskaya.（尼娜·波勒维斯卡娅） 3632

Nina Brown Baker.（妮娜·布朗·贝克） 0939

Ninian Smart.（尼尼安·斯玛特） 0288

Niu Xiaodong.（牛晓东[音]） 0322

Noriko Kamachi.（蒲池典子） 3002,3003,3005

Noriyuki Tokuda. （德田教之） 0360

Norman Palmer. （诺曼·帕尔默） 0332,0620, 0984,0985,2296,2626,3119,3305,3306

O

O. Vladimirov. （O. 弗拉基米罗夫） 0293

O. M. Green. （O. M. 格林） 0337

Odoric Y. K. Wou. （吴应铫） 1410

Odoric Ying-kwong Wou（吴应铫） 1416

Olga Lang. （奥尔加·朗） 0414,0416

Olivia Oi Kwan Ho. （何爱群） 0785

Oris Dewayne. （奥瑞斯·德维恩） 2640

Orville Hickok Schell. （奥维尔·希科克·谢尔） 1570,3315

Otto Maenchen-Helfen. （奥托·曼辰-海尔芬） 0003

Owen Lattimore. （欧文·拉铁摩尔） 3298

P

P. E. Quimby. （P. E. 昆比） 1291

Pamela Grant. （帕梅拉·格兰特） 0375

Pan Zung-kung. （潘宗功） 0969

Pang Yong-Pil. （庞永弼[音]） 3233

Pao Chia-lin. （鲍家麟） 1573

Parks M. Coble. （帕克斯·M. 科布尔） 3339

Parks M. Coble, Jr. （小帕克斯·M. 科布尔） 1547

Parris Chang. （张旭成） 2315

Patrick O'Connor. （帕特里克·奥康纳） 2297

Paul B. Trescott. （保罗·B. 特雷斯科特） 1044

Paul Bady. （保罗·巴迪） 0593

Paul Draper. （保罗·德拉佩） 1760

Paul G. Pickowicz. （毕克伟） 3474

Paul Gene Pickowicz（毕克伟） 3777

Paul Gilmore Clifford. （保罗·吉尔摩·克利福德） 1455

Paul Kramer. （保罗·克雷默） 3603

Paul Kranz. （安保罗） 0915,2459,2874

Paul Myers. （保罗·迈尔斯） 3047

Paul Myron Anthony Linebarger. （林白乐） 0935,3268

Paul Pickowicz. （毕克伟） 3772

Paul Samuel Reinsch. （芮恩施） 2623

Paula S. Johnson Harrel. （波拉·S. 约翰逊·哈勒尔） 0517

Pauls S. Dull. （保尔斯·S. 达尔） 1745

Pearl Buck. （赛珍珠） 0944,2707

Pearl Hsia Chen. （陈 侠[音]） 3456

Perry Link. （林培瑞） 0438,0547

Peter Carter. （皮特·卡特） 0300

Peter Cheng. （彼得·郑） 3353

Peter King Hung Lee. （李景雄） 1160,2433,3212

Peter Kuhfus. （彼得·库福斯） 2001

Peter Lowe. （彼得·洛） 2633

Peter P. C. Cheng. （陈炳杞） 0742

Peter Pei-De Wan. （佩 湾） 2923

Philip Bridgham. （伯雷汉） 0351,2105

Philip Chung-chih Huang. （黄宗智） 0365,3181

Philip Newell. （菲利普·纽维尔） 3372

Philip Paneth. （菲利普·帕内思） 3275,3278

Pichon P. Y. Loh. （陆培涌） 3317

Pichon Pei Yung Loh. （陆培涌） 3289

Pin Chen. （平 陈[音]） 3337

Ping Poh-seng. （方宝成[音]） 3622

Pitman B. Potter. （皮特曼·B. 波特） 3230,3231

Png Poh-seng. （方宝成[音]） 3620

Prudence Sui-ning Chou. （周绥宁[音]） 0592

Pu Yi. （溥仪著） 3603

Q

Qian Jun. （钱 俊[音]） 2150

R. Barrett. （R. 巴莱特） 3301

R. David Arkush. （R. 大卫·阿库什） 2592

R. Keith Schoppa. （萧邦奇） 1602

R. Mirovitskaya. （R. 梅洛维杰卡亚） 1642

R. A. Kyle（R. A. 凯尔） 1012

R. A. Quinlan. （R. A. 奎兰） 0983

R. F. Wylie. （R. F. 怀利） 1954

R. S. Chavan.（R. S. 查文） 2288
Ralph L. Powell.（拉尔夫·L. 鲍威尔） 2100
Ramon Hawley Myers.（马若孟） 1927
Ranbir Vohra.（兰比尔·沃勒） 0587, 0591
Randal Reginald Chin.（兰德尔·雷金纳德·金） 2819, 3244
Randall Oliver Chang.（兰德尔·奥利弗·张） 2177
Ranjit Chaudhuri.（兰吉特·乔杜里） 2299
Ravni Thakur.（谈玉妮） 3487
Ray Cline.（雷·克莱因） 3378
Ray S. Cline.（雷·S. 克莱因） 3371
Raymond C. Doberneck.（雷蒙德·C. 杜波奈克） 1048
Raymond F. Wylie.（雷蒙德·F. 怀利） 0303, 0372, 1953, 1955
Raymond Leslie Whitehead.（雷蒙德·莱斯利·怀海特） 0297
Raymond Mun Kong Lum.（林文光） 0964
Reginald Reynolds.（雷金纳德·雷诺兹） 0005
René Goldman.（雷奈·高曼） 0355
Rewi Alley.（路易·艾黎） 1162
Rhoda S. Weidenbaum.（罗达·S. 韦登鲍姆） 0738
Rhoda Sussman Weidenbaum.（罗达·苏思曼·韦登鲍姆） 2312
Richard Baum.（理查德·鲍姆） 0291
Richard C. DeAngelis.（理查德·C. 迪安杰利斯） 1020
Richard C. Howard.（理查德·C. 霍华德） 3128
Richard C. Kagan.（理查德·C. 卡根） 1993
Richard Clark Kagan.（理查德·克拉克·卡根） 1991
Richard Claude Thornton.（理查德·克劳德·桑顿） 0432
Richard Curtis.（理查德·柯蒂斯） 3287
Richard E. Strassberg.（石听泉） 1697
Richard Evans.（理查德·伊文思） 0425
Richard Fisher（理查德·费舍尔） 3375
Richard Gleason Greene.（理查德·格里森·格林） 1287
Richard H. Slomon.（理查德·H. 索罗门） 0276
Richard Louis Edmonds.（理查德·路易斯·埃德蒙兹） 1039
Richard Lynn.（林理彰） 3006
Richard Rigby.（理查德·里格比） 0956
Richard Soter.（理查德·索特） 1415
Richard Stremski.（理查德·史特赖姆斯基） 0570
Richard Thornton.（理查德·桑顿） 1191
Richard W. Lindholm.（理查德·W. 林霍尔姆） 0953
Rius（Eduardo Humberto del Rio Garcia）.（艾德瓦尔多·加西亚） 0302
Robert A. Scalapino.（施乐伯） 0376, 0989, 2282
Robert Berkov.（罗伯特·贝尔科夫） 3266
Robert Bruce.（罗伯特·布鲁斯） 0949
Robert C. North.（罗伯特·C. 诺斯） 0338, 0341
Robert E. Bedeski.（罗伯特·E. 贝德斯基） 0369, 1017, 1233, 3333
Robert George Lee.（罗伯特·乔治·李） 0374
Robert H. G. Lee.（罗伯特·H. G. 李） 0557
Robert Jenks.（罗伯特·詹克斯） 3324
Robert Payne.（罗伯特·佩恩） 0253, 0334, 0940, 3288
Robert Rigg.（罗伯特·里格） 2102
Robert S. Elegant.（罗伯特·S. 爱丽格特） 0016, 0278, 0389, 0627, 0749, 2007, 2116, 2139, 2320, 2780, 2861, 3247, 3258, 3780
Robert S. Thompson.（罗伯特·S. 汤普森） 0313, 0435
Robert W. Rinden.（罗伯特·W. 林登） 0359
Robert W. Sellen.（罗伯特·塞伦） 3323
Roger Brooks.（罗杰·布鲁克斯） 3375
Roger Des Forges.（戴福士） 3585
Roger Howard.（罗杰·霍华德） 0298
Roger V. Des Forges.（戴福士） 3584
Ronald C. Keith.（罗纳德·C. 基思） 2293
Ronald Hsia.（罗纳德·夏） 0094

Ronald Stanley Suleski.（薛龙） 1747

Ross Terrill.（罗斯·特里尔） 0304,0848

Roxane Witke.（露克珊·维特克） 0846,2072

Roy Hillbrook.（罗伊·希尔布鲁克） 0982

Russell McLeod.（拉塞尔·麦克劳德） 0556,0847

Ruth F. Weiss.（魏璐诗） 3458

Ruth Hayhoe.（许美德） 0084

S

S. Eisenstein.（S.爱森斯坦） 3045

S. Gerasimov.（S.格拉西莫夫） 2862

S. Murthy.（S.摩西） 3486

S. Norris.（S.诺利斯） 1741

S. Tretiakov.（邓惜华） 0455

Sabine Hieronymus.（萨宾·希罗尼穆斯） 2523

Saggitarius（pseud）.（人马座（伪）） 0926

Samuel C. Chu.（朱昌峻） 1282,1299,1687

Sean Dolan.（希恩·多兰） 3297

Selig S. Harrison.（塞利格·S.哈里森） 3376

Shao Hsi-ping.（邵希平[音]） 2527

Shao Kuo-kang.（邵国康） 2295,2308

Sheng Shun.（盛舜[音]） 0638

Shi Youzhong.（施友忠） 2071

Shi Zhongquan.（史忠全） 0748

Shibata Minoru.（柴田实） 2302

Shih Shao-pin.（石少斌[音]） 1378,2431

Shih Yen.（施 彦[音]） 0857

Shirley Hsiao-ling Sun.（孙晓玲） 3473

Shu Yi.（舒乙） 0595

Shum Kui-kwong.（沈桂光[音]） 0619

Siao Yu.（萧 瑜） 0257,3015

Simon Leys.（西蒙·雷斯） 0854

So Wai Chor.（苏维初） 1910

Song Baozhen.（宋宝珍） 2081

Song Yingxian.（宋迎宪） 3359

Song Yuwu.（宋玉武） 1661

Soong Ching Ling.（宋庆龄） 0999

Stanislao Lokuang.（罗光） 0943

Stanley Karnow.（斯坦利·卡诺） 0283

Stanley Rosen.（斯坦利·罗森） 0436

Stanley Spector.（斯坦利·斯佩克特） 1280

Stark Young.（斯塔克·杨） 3043

Stella Benson.（斯特拉·本森） 3044

Stephan Schattmann.（斯蒂芬·斯坎特曼） 0093

Stephen C. Angle.（安靖如） 0764

Stephen Chen.（史蒂芬·陈） 0940

Stephen Gregory Craft.（史蒂芬·格雷戈里·卡夫特） 2695

Stephen H. Berman.（史蒂芬·H.贝尔曼） 0006

Stephen Harding.（史蒂芬·哈丁） 2617

Stephen R. Mackinnon（史蒂芬·R.麦金农） 2614,2635,3169

Stephen Robert MacKinnon.（史蒂芬·罗伯特·麦金农） 2634

Stephen Uhalley.（史蒂芬·乌哈利） 0290,1003

Steven N. S. Cheung.（张五常） 0428

Stuart Lillico.（斯图尔特·利利科） 2793

Stuart Reynolds Schram.（斯图尔特·雷诺兹·施拉姆） 0343

Sue W. Perng.（彭苏文[音]） 3500

Sun Shunzhi.（孙顺智[音]） 1688

Sun Yat-sen.（孙逸仙） 0946

Sung Shee.（宋 晞） 3355

Susan Framji Daruvala.（苏文瑜） 2256

Susan Fu Tsu.（祖芙[音]） 1784

Susan Wilf Chen.（苏珊·维尔福·陈） 2078

Suzanne Bernard.（苏珊娜·伯纳德） 2073

Sven Anders Hedin.（斯文·安德斯·赫定） 3267,3290

Symond Kock Chik Kim.（西蒙德·科克·奇克·基姆） 0379

T

T. Akatova.（T.阿卡托娃） 0445

T. H. Sun.（孙恩山） 0500

T. C. Lai.（赖恬昌） 0702

T. H. Shen.（沈宗瀚） 1599

Tai Chin-hsieo.（戴金学[音]） 3618

Takaiwa, K. (高岩 K.) 0190,0468,0869,1624, 1637,2145,2692
Tan Chen-lin. (谭震林) 1897,3674
Tanaka Kyoko. (田中恭子) 0370,0744
Tang Baoyi. (唐保一[音]) 2000
Tang Chi-hua. (唐启华) 1750
Tang Chi. (唐志[音]) 0706,1751
T'ang Leang-li. (汤良礼) 1561
Tang Xiaobing. (唐小兵) 3183
Tao Longsheng. (陶龙生) 2109
Te-kong Tong. (唐德刚) 1230
Terry Narramore. (特里·那拉莫尔) 2210
Theodore H. White. (白修德) 3357
Theodore Huters. (胡志德) 2732,2733,2735
Thomas B. Hess. (托马斯·B. 海斯) 0267
Thomas C. T. Kuo. (郭成棠) 1983
Thomas E. O'Keefe. (托马斯·E. 奥基夫) 0740
Thomas Glinn Sharp. (托马斯·格林·夏普) 0363
Thomas J. Watson. (托马斯·J. 沃森) 1660
Thomas L. Kennedy. (托马斯·L. 肯尼迪) 1712
Thomas Larew Kennedy. (托马斯·拉鲁·肯尼迪) 1294
Thomas W. Ganschow. (托马斯·W. 甘斯周) 1041
Thomas W. Robinson (托马斯·W. 罗宾逊) 0273,2091,2092,2284,2300,2309
Thomas Webster Robinson. (托马斯·韦伯斯特·罗宾逊) 0273,2091,2092,2094,2284,2300,2309
Thomas William Ganschow. (托马斯·威廉·甘斯周) 1009
Tien Han. (田汉) 2654
Tillman Durdin. (蒂尔曼·德丁) 3373
Timothy C. Wong. (黄宗泰) 0730
Timothy J. Bergen Jr. (小蒂莫西·J. 伯根) 0383
Tom Bower. (汤姆·鲍尔) 0852
Tom Fisher. (汤姆·费舍尔) 1380
Tong Hollington Kong. (董显光) 2751,3265, 3284,3326

Ts'ai Ch'ing-yuan. (蔡清源[音]) 3374
Tsai Wen-hui. (蔡文辉) 3384
Ts'ai Yu-Hsin. (蔡钰鑫) 3631
Tseng Chi-fen. (曾纪芬) 3517
Tsin Ching. (辛清[音]) 0799
Tsou Tang. (邹谠) 0347,3312
Tsui Shu-chin. (崔书琴) 0974
Tu Ching-I. (涂经诒) 0173
Tung, S. P. (董某某) 3362

U

Upton Close. (侯雅信) 1411,1412

V

V. Krivitsv, V. Krasnova. (V. 克里维特斯基、V. 克拉诺娃) 1161
V. Ryazantsev. (V. 梁赞采夫) 0293
V. Vorontsov. (V. 沃龙佐夫) 3354
V. K. Wellington Koo. (顾维钧) 2691
Vanya Oakes. (万亚·奥克斯) 0917
Vera Schwarcz. (维拉·施瓦茨) 3480
Vernon Bartlett. (弗农·巴特利特等) 3272
Victor Shen-yu Dai. (戴申宇[音]) 0340
Victor Vlasov. (维克特·维拉索) 2113
Viktor Usov. (维克托·尤索夫) 3243
Vincent Chen. (陈文星) 0342
Vladimir Ivanovich Semanov. (弗拉迪米尔·伊万诺维奇·塞蒙诺夫) 3457

W

W. Lee Shimmin. (西敏里) 0508
W. A. C. Adie. (W. A. C. 艾迪) 0280,2298
W. G. Saywell. (W. G. 塞维尔) 3752
W. J. F. Jenner. (W. J. F. 詹纳) 3491
W. R. Dodds. (W. R. 多兹) 1028
Walter Clemens. (沃尔特·克莱门斯) 3379
Walter E. Gourlay. (沃尔特·E. 古尔利) 3318
Walter H. Judd. (周以德) 3341
Walter Meserve. (沃尔特·莫瑟夫) 3077

Wang Aixue.（王爱学） 3073
Wang Chao-wen.（王超文） 0705
Wang Chi.（王　冀［音］） 1783
Wang Chia-chien.（王家俭） 1301
Wang Ching-ming.（王庆明） 0149
Wang Fan-shen.（王汎森） 3443
Wang Li.（王　黎） 2316
Wang Qingxiang.（王庆祥） 3605
Wang Shouchang.（王守常） 0561
Wang Shou-nan.（王寿南） 3352
Wang Teh-chao.（王德昭） 0993
Wang Tung-chi.（王东奇［音］） 0987
Wang Yao.（王　瑶） 3481
Wang Yi-chih.（王毅芷） 0694
Wang Yilin.（王译林［音］） 1998
Wang Yu-chun.（王宇纯［音］） 3346
Wang Zongyu.（王宗昱） 3215
Warren Sun.（孙万国） 2097,3132,3148
Waung Sui-king.（汪瑞炯） 1909,3332
We Shulun.（魏书仑［音］） 2436
Wellington Kam-kong Chan.（陈锦江） 2274
Wendy Lubetkin.（温迪·莱伯金） 0423
Wilbert Ng.（威尔伯特·吴） 3658
William A. Joseph.（威廉·A. 约瑟夫） 0381
William A. Lyell.（威廉·A. 莱尔） 3455
William Ayers.（威廉·艾尔斯） 1707
William C. Kirby.（威廉·C. 柯比） 2810
William C. Weaver.（威廉·C. 韦弗） 0979
William Ching-chi Chen.（陈庆智［音］） 3075
William Chow.（威廉·周） 2254
William E. Carr.（威廉·E. 卡尔） 0354
William Elliot Griffis.（威廉·艾略特·格里菲斯） 2622
William Francis Mannix.（威廉·弗朗西斯·曼尼克思） 1278
William Frank Burbidge.（威廉·弗兰克·伯比奇） 1655,3273
William Frederick Hummel.（威廉·弗雷德里克·休梅尔） 3118
William G. Saywell.（威廉·G. 塞韦尔） 3751
William I. Popper.（威廉·I. 波普尔） 3302
William J. Duiker.（威廉·J. 杜伊克尔） 3617,3621,3625,3627,3630
William L. Tung.（董　霖） 2694
William Morwood.（威廉·莫伍德） 3294
William R. Schultz.（威廉·R. 舒尔茨） 2863,3465
William Saywell.（威廉·塞维尔） 3755
William Shawcross.（威廉·肖克罗斯） 2108
William Theodore de Bary.（狄百瑞） 0256
William Tze-fu Chu.（朱泽甫） 2463
Wingerg Chai.（翟文伯） 3127
Winifred Wei.（温妮费德·巍） 0995
Winston Harold Burchett.（温斯顿·哈罗德·伯切特） 0937
Winston Hsieh.（谢文孙） 2012
Winston Ping Fan.（范　平［音］） 3124
Wong Hin.（黄　兴［音］） 0967,2011
Wong Young-tsu.（汪荣祖） 3133,3134,3145,3149,3452,3599
Wong Yuk Tong.（王玉棠） 0786
Wou Wei.（吴　伟［音］） 3380
Wu Chang-chuan.（吴长川） 2346
Wu Chen-tsai.（吴振才［音］） 3347
Wu Tien-wei.（吴天威） 3320
Wu Tsu-kuang.（吴祖光） 0704,3048

X

Xiang Lanxin.（相蓝欣） 1895
Xiao Xiaosui.（肖小穗） 1093,3194
Xin Jianfei.（忻剑飞） 0327
Xu Di.（许　迪［音］） 0320
Xu Wanmin.（徐万民） 1165

Y

Y. C. Wang.（汪一驹） 1129
Yan Chunde.（阎纯德） 3483
Yang Bingzhang.（杨炳章） 0382

Yang Chen-te.（杨贞德） 2442
Yang Fang-yen.（杨芳燕） 0765
Yang Ming-che.（杨明哲[音]） 3331,3334
Yang Ming-Cheh（杨明哲[音]） 1008
Yang Minru.（杨敏如[音]） 2519
Yang Yang.（杨 洋[音]） 0798
Yang Yu.（杨 宇[音]） 3076
Yansheng Ma Lum.（马充生） 0964
Yao Fang-ying.（姚芳英[音]） 0693
Yao Yusheng.（姚渝生） 2932
Ye Qianyu.（叶浅予） 0709
Yeh Wen-hsin.（叶文心） 3742
Yen Yung.（严勇[音]） 3053
Yim Kwan-ha.（任宽夏[音]） 2628
Yu Galenovich.（尤·卡列诺维奇） 2138

Yu Sau Ping.（于修平[音]） 1367
Yu Zhuoyun.（于倬云[音]） 0534
Yung Wing.（容 闳） 2918

Z

Zbigniew Slupski.（史罗甫） 0586
Zhan Jun.（詹军[音]） 3379
Zhang Eping.（张鄂平[音]） 1872
Zhang Lanxin.（张蓝心[音]） 1045
Zhang Lizhong.（张立中） 3633,3634
Zhang Suchu.（张素初） 1778
Zhang Xudong.（张旭东） 2257
Zheng Tianting.（郑天挺） 1379
Zheng Yuxiu.（郑毓秀） 2354
Zhou Jianren.（周建人） 1641

二、团　体

China Journal Editorial Dept.（本刊编辑部） 0024, 0085,0120,0467,0499,0550,0644,0806,0976, 0977,1213,1237,1313,1437,1450,1462,1811, 1848,2117,2205,2359,2400,2456,2809,2894, 3046,3065,3117,3200,3579,3698,3699

Essays and Papers in Memory of Fu Ssu-nien Editorial Committee, National Taiwan University.（傅故校长斯年先生纪念论文编辑委员会，台湾大学） 3441

Foreign Policy Association.（外交政策协会） 3264

The China Weekly Review.（密勒氏评论报） 0015, 0018—0020,0027,0028,0030,0033,0034,0036, 0038—0040,0042,0044,0045,0047,0049,0050, 0052,0054,0055,0057—0061,0063—0065,0067, 0068,0070,0071,0073,0074,0076,0078—0082, 0086,0088,0089,0091,0095,0097,0099,0102—0105,0108—0114,0116—0119,0121,0123,0124, 0126—0129,0131,0133,0134,0136,0137,0139, 0140,0142—0147,0150,0152,0154,0156,0158, 0159,0161,0162,0164,0165,0167,0168,0177, 0179—0181,0183—0185,0187,0189,0191,0193, 0194,0196,0199,0200,0202—0206,0208—0213, 0215,0217,0220—0225,0227,0228,0230—0234, 0237,0239—0243,0245—0248,0250,0251,0388, 0392—0394,0396,0397,0400—0402,0408,0411, 0412,0418,0419,0447—0451,0454,0456,0457, 0459,0462—0465,0469,0471,0472,0474—0476, 0478—0480,0482—0486,0488—0490,0492—0494,0497,0498,0501,0503—0507,0509,0512—0515,0518—0521,0523,0524,0526,0527,0529, 0531,0533,0535—0539,0541,0543,0545,0548, 0549,0551—0554,0562,0572,0574,0575,0577, 0581,0583,0598,0600,0605,0606,0609—0617, 0626,0629,0631,0633—0637,0639,0640,0642, 0645,0647,0648,0650,0651,0653,0655,0657, 0659—0663,0665—0667,0670,0672,0673,0675, 0676,0679,0680,0683—0688,0690—0692, 0697—0701,0713—0715,0717—0721,0723, 0724,0726—0728,0732,0734,0751—0753,0755, 0757—0761,0767,0770,0772,0773,0776,0777, 0779,0780,0782—0784,0789,0790,0792—0796, 0800—0802,0804,0805,0807,0809,0810,0813,

0815，0817—0821，0823，0825，0827—0832，
0834—0840，0843，0862，0863，0865，0866，0868，
0869，0871—0876，0878—0886，0888，0890—
0893，0895，0896，0898，0899，0901，0903，0906—
0910，0912—0914，0920，0922—0924，0926，1054，
1055，1058，1060—1063，1065，1066，1068，1069，
1071，1073—1075，1077，1078，1080—1082，
1084—1088，1091，1098，1099，1101—1111，
1133—1117，1119，1125，1128，1133，1135—1137，
1139，1140，1142，1145，1147，1149，1151，1153，
1154，1168，1170—1172，1174，1175，1177，1179，
1180，1182，1184，1186，1188，1194—1196，1198—
1201，1203，1204，1206，1208—1212，1214—1224，
1226，1228，1229，1234，1236，1238，1240，1241，
1244，1245，1247—1251，1253，1255，1257，1258，
1260—1267，1269—1273，1275，1276，1304—
1311，1314，1315，1317—1323，1325，1327，1328，
1330，1331，1333—1335，1337，1339—1345，1347，
1348—1358，1361，1364，1366，1368，1369，1371，
1375，1383，1387—1389，1392，1394，1395，1398，
1400—1402，1405，1407，1418，1420—1426，1428，
1430，1431，1433—1435，1438，1441—1445，
1447—1449，1451，1452，1456，1458—1461，1463，
1465，1466，1468—1474，1477，1479—1484，1486，
1487，1489，1491—1494，1497，1499，1501，1503，
1504，1506—1508，1510，1511，1513—1515，
1517—1523，1525，1527，1529—1531，1534，1536，
1538—1543，1549，1550，1552—1554，1556—
1560，1578，1581，1583，1585—1587，1591，1594—
1598，1600，1603，1604，1606—1609，1611—1615，
1618，1620，1621，1623，1625，1627，1629，1630，
1631，1633，1644，1646—1652，1663，1665，1673，
1675—1679，1681，1682，1684，1689，1690，1692—
1695，1702—1705，1715—1721，1724，1726，1727，
1729，1732，1733，1735—1739，1752，1754，1756，
1757，1764，1765，1767，1768，1770—1773，1776，
1780，1785，1787—1792，1799，1800，1802—1808，
1812—1815，1817，1819—1821，1823，1825，
1827—1833，1836—1839，1841，1842，1844—

1846，1849，1851—1854，1856，1858—1862，
1864—1870，1874，1876，1878，1880，1882，1884，
1888，1889，1891—1893，1900，1903，1905，1907，
1913，1915，1917，1919—1923，1925，1929，1931—
1933，1935—1938，1940—1942，1944—1946，
1948—1950，1956—1959，1961，1962，1964—
1968，1970，1972—1975，1977—1979，1981，2005，
2008，2013，2014，2016，2018—2021，2023，2024，
2026—2029，2031—2035，2037—2039，2041，
2042，2044，2045，2048—2050，2053，2055—2060，
2062，2065，2066，2082，2084，2086，2088，2089，
2115，2118，2120—2123，2125—2127，2129—
2136，2140—2143，2153，2155，2156，2158，2159，
2161—2163，2167—2170，2172，2180，2182，
2184—2193，2195—2197，2199，2201，2202，2204，
2206，2208，2209，2212—2215，2218—2223，2226，
2229，2233，2235—2241，2243—2250，2258，
2260，2262，2263，2265，2267，2268，2270—2272，
2275，2276，2280，2319，2321，2323，2325，2326，
2328—2330，2333，2334，2337，2339，2341—2343，
2347，2349，2351，2352，2355，2356，2358，2360，
2362，2364，2366—2369，2371—2373，2375—
2383，2385—2388，2390—2392，2394—2396，
2398，2399，2401，2403，2406，2408，2409，2411，
2412，2415，2418，2447，2449，2450，2452，2454，
2455，2457，2460，2466，2468，2470—2474，2476—
2482，2484，2489，2491—2495，2497，2499，2500，
2502—2505，2507—2509，2511，2512，2514，2515，
2526，2528，2529，2531—2533，2535，2537，2539，
2541，2543，2544，2546，2549—2551，2553—2556，
2564—2568，2570，2572，2573，2575—2582，2584，
2587，2590，2591，2594—2601，2603，2605，2606，
2608，2609，2644，2646—2650，2652，2655，2657—
2660，2662—2666，2668，2669，2671，2673—2676，
2678—2681，2683，2684，2687，2689，2690，2696，
2701，2704，2705，2710，2712，2714，2717，2719，
2720，2722，2723，2725，2727，2729，2731，2737—
2741，2744，2745，2747—2750，2753—2756，2759，
2760，2762，2764，2766，2767，2769，2770，2772—

2775, 2777, 2779, 2782, 2784—2786, 2788, 2790, 2796, 2798, 2799, 2802—2805, 2807, 2808, 2811, 2815, 2820, 2822, 2824—2826, 2828—2842, 2844—2847, 2849, 2851—2853, 2856—2858, 2866, 2868, 2870, 2872, 2875, 2877—2880, 2882, 2883, 2886, 2888, 2890—2892, 2895, 2898—2900, 2902, 2904, 2906, 2907, 2910, 2911, 2913, 2914, 2916, 2926, 2927, 2935, 2937—2942, 2944, 2946, 2948, 2954—2956, 2958—2961, 2963—2973, 2975, 2976, 2978, 2980, 2981, 2983, 2986—3001, 3008—3010, 3016, 3019, 3021, 3023, 3024, 3027, 3028, 3030, 3031, 3033, 3034, 3054, 3056, 3057, 3059, 3060—3063, 3066, 3068, 3079—3082, 3084, 3088, 3089, 3091, 3092, 3094, 3095, 3099, 3100, 3104, 3106, 3108—3111, 3113, 3135—3138, 3140, 3141, 3143, 3151—3154, 3156, 3158, 3163, 3165, 3168, 3170—3173, 3175, 3177, 3178, 3198, 3201—3204, 3206, 3207, 3219, 3221, 3223—3226, 3229, 3236, 3237, 3239, 3240, 3246, 3248, 3250, 3252, 3253, 3255, 3259, 3260, 3262, 3263, 3340—3346, 3360, 3363, 3365, 3367, 3369, 3388—3390, 3393, 3395, 3396, 3398, 3399—3346, 3407, 3409—3413, 3415—3417, 3420, 3423, 3425—3427, 3429, 3431, 3433, 3435, 3436, 3438, 3440, 3444, 3446, 3447, 3449, 3450, 3453, 3501, 3505—3509, 3511—3513, 3515, 3518—3520, 3522, 3524, 3525, 3528—3533, 3535, 3536, 3540, 3543—3545, 3547, 3549, 3550, 3552, 3554—3556, 3559—3567, 3569—3573, 3575, 3577, 3580, 3586—3593, 3609, 3611, 3613—3616, 3635, 3637, 3639—3643, 3645, 3646, 3648, 3649, 3651—3654, 3656, 3662, 3667—3670, 3672, 3675, 3676, 3680, 3681, 3683, 3685—3688, 3690, 3692—3694, 3697, 3700, 3702, 3704, 3705, 3711, 3713, 3715, 3718, 3719, 3721, 3724, 3725, 3727—3735, 3737—3740, 3744, 3745, 3747—3749, 3757, 3759, 3760, 3762—3765, 3767—3769, 3771

俄文卷

本卷编委会

主　编：金重远　刘军梅

副主编：杨心宇　＊丹　娘（Татьяна Виноградова）

编　委：＊尤丽娅（Юлия Мыльникова）
　　　　＊丹　娘（Татьяна Виноградова）
　　　　＊白若思（Ростислав Берёзкин）　刘军梅
　　　　李　旻　杨心宇　金重远　姜义华　傅德华

（以上姓氏带"＊"者表示为俄罗斯学者）

目 录

凡例	1375
笔画索引	1377
正文	1383
附录一 参考文献一览表	1566
附录二 作者索引	1583

凡 例

一、本卷所收人物的范围,以复旦大学历史系资料室编纂的《20世纪中国人物传记资料索引》(以下简称《世纪人物索引》)为依据,凡活动于1900年至1999年并有传记资料的人物(包括仍健在者),一律收录。

二、本卷共收录传主约1 100余人、传记资料2 300余条。这些资料取材于1900年至1999年在俄罗斯(含原苏联)出版的俄文专著、论文集、报刊、年鉴、索引、百科全书、资料集,包括部分硕士、博士学位论文等。少数俄文专著中章节已收录的,均予以保留。内容包括传记、年谱、回忆录、日记、讣闻、悼词等,除重点选录传主的生平事略外,还适当收录了有关论述人物思想活动等方面的资料。凡由中文译成俄文的资料、辞典类工具书,以及评价传主本人的作品、演讲等,不予收录。

三、所收传主以卒于1900年以后为限(含1900年),按传主的姓氏笔画为序排列,与《世纪人物索引》保持一致。各传主的资料,以专著、报纸、期刊、论文集顺序分类编排;专著、报刊文章以及论文集中所收录的篇目,均以出版和发表时间为序。论文集只标页码。所收硕士、博士学位论文作为期刊论文置于发表年份之末。

四、篇名与作者之间用单斜线,作者与篇名出处之间用双斜线,如未载作者,篇名与出处之间仅保留单斜线。

五、俄译名的著录方式,一律尊重原刊。

六、凡传主有其他别名或字号的,酌列参见条;对于少数知名人物若有常见的字号,虽未在篇目文献资料中出现,也酌列参见条。所列参见条,亦依笔画为序排列。主要有以下几种情况:

1. 凡篇目中一个人同时出现两个名字,以常用名作为传主,字号、笔名等作为参见条,以备查考。如:茅盾(沈雁冰)、鲁迅(周树人)、阿英(钱杏村)、夏衍(沈瑞先)等。

2. 译者将俄文中未出现的传主姓名,随意用篇目中与姓名有关的词作为传主,则予以纠正。如《女游击队员:一朵金花》,译者将"金花"作为传主,经考证实为"成本华"。

3. 俄文将传主的名字写错,则予以改正。如:将"张道藩"写成"张道潘"、"彭真"写成"彭陈"等。

七、本卷所收录的人物传记资料,有三个以上作者的,只著录第一作者,并在第一作者后加"等"字表示,如"Е. М. 茹科夫等"。

八、本卷后附有参考文献一览表、作者索引,以供读者查检。

九、本卷所著录之文献条目,均以顺序编号。本卷序号单独排列。

项目工作组

2017 年 8 月初稿

2019 年 1 月 9 日修改

2021 年 12 月 11 日第三次修改

笔 画 索 引

二 画

〔一〕

丁 乔 ……… 1382
丁 洪 ……… 1382
丁 玲 ……… 1382
丁 毅 ……… 1383
丁凤英 ……… 1383
丁伟志 ……… 1383
丁关根 ……… 1383

〔丨〕

卜万苍 ……… 1383

〔乛〕

刁敏谦 ……… 1383

三 画

〔一〕

干学伟 ……… 1384
于 村 ……… 1384
于 林 ……… 1384
于 洋 ……… 1384
于 玲 ……… 1384
于 敏 ……… 1384
于 蓝 ……… 1384
于右任 ……… 1384
于纯绵 ……… 1384
于彦夫 ……… 1384
于是之 ……… 1384
万 里 ……… 1384
万家宝 见
　　曹 禺 ……… 1526

〔丨〕

上官云珠 ……… 1385
上官五 ……… 1385

〔丿〕

川 超 见
　　傅超武 ……… 1542

〔乛〕

小 范
马 特 ……… 1385
马 烽 ……… 1385
马 薇 ……… 1385
马 骥 ……… 1385
马凡陀 见
　　袁水拍 ……… 1390
马占山 ……… 1385
马仲扬 ……… 1385
马仲英 ……… 1385
马兆骏 ……… 1386
马吉星 ……… 1386
马师曾 ……… 1386
马学士 ……… 1386
马建忠 ……… 1386
马思聪 ……… 1386
马逸夫 ……… 1386
马鸿逵 ……… 1386
马寅初 ……… 1386

四 画

〔一〕

王 引 ……… 1387
王 兵 ……… 1387
王 苹 ……… 1387
王 明 ……… 1387
王 恺 ……… 1387
王 莹 ……… 1387
王 琪 ……… 1387
王 蓓 ……… 1388
王 蒙 ……… 1388
王 滨 ……… 1388
王 震 ……… 1388
王 毅 ……… 1388
王人美 ……… 1388
王人路 ……… 1388
王子高 ……… 1388
王子野 ……… 1388
王元龙 ……… 1388
王少舫 ……… 1388
王公浦 ……… 1388
王丹凤 ……… 1388

王文娟 ……… 1388
王文彬 ……… 1388
王方名 ……… 1389
王为一 ……… 1389
王心刚 ……… 1389
王心斋 ……… 1389
王玉珍 ……… 1389
王玉胡 ……… 1389
王世杰 ……… 1389
王龙基 ……… 1389
王汉伦 ……… 1389
王礼锡 ……… 1389
王幼平 ……… 1389
王亚平 ……… 1389
王观堂 见
　　王国维 ……… 1390
王旭璧 ……… 1390
王次龙 ……… 1390
王孝忠 ……… 1390
王孝和 ……… 1390
王志刚 ……… 1390
王志莘 ……… 1390
王苏娅 ……… 1390
王希坚 ……… 1390
王若飞 ……… 1390
王若水 ……… 1390
王国维 ……… 1390
王征信 ……… 1391
王剑三 见
　　王统照 ……… 1391
王实味 ……… 1391
王秋颖 ……… 1391
王俊益 ……… 1391
王首道 ……… 1391
王洪文 ……… 1391
王统照 ……… 1391
王桂林 ……… 1392
王恩茂 ……… 1392
王积业 ……… 1392
王润身 ……… 1392
王家乙 ……… 1392
王彩云 ……… 1392
王鲁彦 ……… 1392
王瑞麟 ……… 1392
王献斋 ……… 1392

王静安 见
　　王国维 ……… 1390
王震之 ……… 1392
王稼祥 ……… 1392
王德成 ……… 1392
王毅智 ……… 1392
天 然 见
　　吴天宏 ……… 1462
韦国清 ……… 1392
韦素园 ……… 1392
车 毅 ……… 1393
戈宝权 ……… 1393
太虚法师 ……… 1393

〔丨〕

中叔皇 ……… 1393

〔丿〕

毛泽东 ……… 1387
乌兰夫 ……… 1399

〔丶〕

方 化 ……… 1399
方 辉 ……… 1399
方 毅 ……… 1399
方志敏 ……… 1399
方沛霖 ……… 1400

〔乛〕

尹 达 ……… 1400
巴 金 ……… 1400
邓 拓 ……… 1400
邓 野 ……… 1400
邓 楠 ……… 1401
邓小平 ……… 1394
邓子恢 ……… 1402
邓中夏 ……… 1403
邓初民 ……… 1403
邓颖超 ……… 1403
邓演达 ……… 1403
孔 芮 ……… 1404
孔 厥 ……… 1404
孔祥熙 ……… 1404
水 华 ……… 1404

五 画

〔一〕

甘乃光 ……… 1405
艾 芜 ……… 1405
艾 青 ……… 1405
艾 霞 ……… 1405
艾明之 ……… 1406
艾思奇 ……… 1406
艾恒武 ……… 1406
古 元 ……… 1406
石 羽 ……… 1406
石 挥 ……… 1406

〔丨〕

卢 敏 ……… 1406
卢德铭 ……… 1406
叶 子 ……… 1406
叶 元 ……… 1406
叶 明 ……… 1406
叶 挺 ……… 1407
叶 紫 ……… 1407
叶 楠 ……… 1407
叶丁易 ……… 1407
叶以群 ……… 1407
叶圣陶 ……… 1407
叶季壮 ……… 1398
叶剑英 ……… 1408
叶祥云 ……… 1408
叶楚伧 ……… 1408
田 丹 ……… 1408
田 方 ……… 1408
田 汉 ……… 1408
田 华 ……… 1409
田 间 ……… 1409
田 烈 ……… 1409
田 琛 ……… 1409
田纪云 ……… 1409
田念萱 ……… 1410
田桂英 ……… 1410
史 元 ……… 1410
史 琳 ……… 1410
史 超 ……… 1410
史文炽 ……… 1410

史东山	1410	光绪	见	〔丶〕		江俊	1428	严复	1449
史连兴	1410	载湉	1508			江天骥	1428	严恭	1449
史淑桂	1410	曲云	1417	齐衡	1422	江亢虎	1428	严几道	见
〔丿〕		吕班	1417	齐白石	1423	江泽民	1429	严复	1449
		吕恩	1417	齐桂荣	1424	汤杰	1429	严又陵	见
丘东平	1410	吕继	1418	刘江	1424	汤涛	1429	严复	1449
白刃	1410	吕骥	1418	刘非	1424	汤一介	1429	严培明	1449
白杨	1410	吕玉堃	1418	刘欣	1424	汤化达	1429	严寄洲	1449
白沉	1411	吕振羽	1418	刘复	1426	汤晓丹	1429	严凤英	1450
白朗	1411	吕瑞英	1418	刘犁	1424	汤道耕	见	严珊珊	1450
白穆	1411	刚毅	1418	刘琼	1424	艾芜	1405	苏里	1450
白璐	1411	〔丿〕		刘湘	1424	安吉斯	1429	苏绘	1450
白玉霜	1411			刘频	1424	许立	1429	苏毅	1450
白崇禧	1411	朱启	1418	刘鹗	1424	许珂	1429	苏玄瑛	见
印质明	1411	朱琳	1418	刘耀	见	许峰	1429	苏曼殊	1450
包其三	1411	朱湘	1418	尹达	1400	许地山	1429	苏兆征	1450
〔丶〕		朱德	1418	刘大白	1424	许启贤	1430	苏剑峰	1450
		朱丹西	1419	刘少奇	1424	许幸之	1430	苏炳文	1450
冯至	1411	朱文顺	1419	刘仁静	1425	许金声	1430	苏振华	1450
冯定	1411	朱石麟	1419	刘白羽	1425	许钦文	1430	苏曼殊	1450
冯笑	1411	朱龙广	1419	刘半农	见	许德珩	1430	杜印	1451
冯喆	1411	朱执信	1419	刘复	1426	〔¬〕		杜丽	1451
冯铿	1412	朱光潜	1420	刘永才	1426			杜宣	1451
冯友兰	1412	朱自清	1420	刘永福	1426	寻淮洲	1430	杜谈	1451
冯玉祥	1412	朱伯昆	1420	刘仲伦	1426	阮玲玉	1430	杜云之	1451
冯光辉	1413	朱歧祥	1420	刘志丹	1426	阳华	1430	杜月笙	1451
冯光辉	1413	朱孤雁	1420	刘秀杰	1426	阳翰笙	1430	杜凤霞	1451
冯雪峰	1413	朱经农	1420	刘伯承	1426	羽山	1430	杜国庠	1451
冯景源	1414	朱春雨	1420	刘沛然	1426	红线女	1430	杜炳如	1451
冯德英	1414	朱秋浪	1420	刘坤一	1426	纪登奎	1430	杜鹏程	1451
冯毅夫	1414	朱家骅	1420	刘尚娴	1426	孙文	见	杜德夫	1451
〔¬〕		朱培德	1420	刘国权	1426	孙中山	1421	李达	1451
		朱谦之	1420	刘秉章	1427	孙羽	1431	李军	1452
司马英才	1414	朱镕基	1420	刘泽荣	1427	孙科	1431	李杜	1452
司徒慧敏	1414	乔石	1421	刘相如	1427	孙敏	1431	李言	1452
台静农	1414	乔羽	1421	刘铁云	见	孙谦	1431	李纬	1452
六 画		伍廷芳	1421	刘鹗	1424	孙瑜	1431	李林	1452
		仲星火	1421	刘莲池	1427	孙穆	1431	李昂	1452
〔一〕		任吉悌	1421	刘淑琪	1427	孙文秀	1431	李季	1452
		任旭东	1421	刘靖斋	见	孙中山	1421	李娜(1)	1453
邢野	1415	任继愈	1421	刘大白	1424	孙永平	1447	李娜(2)	1453
邢吉田	1415	任彭年	1421	刘增庆	1427	孙师毅	1447	李准	1453
吉鸿昌	1415	任弼时	1390	刘儒林	1427	孙冶方	1447	李祥	1453
老舍	1415	华岗	1422	关锋	1427	孙定国	1448	李萌	1453
朴忠志	1417	华纯	1422	关世南	1427	孙祚民	1448	李琪	1453
西戎	1417	华君武	1422	关向应	1427	孙道临	1448	李斌	1453
成荫	1417	华国锋	1422	关梦觉	1427	孙静贞	1448	李鹏	1453
成本华	1417	华罗庚	1422	关麟征	1427	七 画		李大钊	1453
〔丨〕		伊琳	1422	冰心	1427			李天济	1455
		向忠发	1422	江丰	1428	〔一〕		李壬林	1455
师伟	1417	向警予	1422	江青	1428	芮杏文	1449	李长华	1455

李仁堂 …… 1455	杨　杰 …… 1460	吴昌硕 …… 1423	沈钧儒 …… 1468	张明山 …… 1474
李文华 …… 1455	杨　沫 …… 1460	吴佩孚 …… 1463	沈雁冰　见	张岱年 …… 1474
李可染 …… 1456	杨　威 …… 1460	吴学谦 …… 1464	茅　盾 …… 1485	张学良 …… 1475
李四光 …… 1456	杨　勇 …… 1460	吴组缃 …… 1464	沈端先　见	张宝茹 …… 1475
李立三 …… 1456	杨　晨 …… 1460	吴祖光 …… 1464	夏　衍 …… 1510	张春桥 …… 1391
李亚林 …… 1456	杨　慧 …… 1460	吴溉之 …… 1464	沈默君 …… 1468	张树藩 …… 1475
李百万 …… 1456	杨小仲 …… 1460	吴蒙秉 …… 1464	宋　平 …… 1468	张㛃莹　见
李先念 …… 1456	杨广元 …… 1460	吴稚晖 …… 1464	宋之的 …… 1469	萧　红 …… 1524
李伟森 …… 1412	杨在葆 …… 1460	吴蔚云 …… 1464	宋子文 …… 1469	张闻天 …… 1475
李仲林 …… 1456	杨成武 …… 1460	岑　范 …… 1465	宋长江 …… 1469	张恒寿 …… 1475
李仲揆　见	杨汝岱 …… 1460		宋庆龄 …… 1469	张勇手 …… 1476
李四光 …… 1456	杨兴顺 …… 1461	〔丿〕	宋美龄 …… 1469	张桂兰 …… 1476
李兆麟 …… 1456	杨丽坤 …… 1461	何长工 …… 1465	宋教仁 …… 1469	张积慧 …… 1476
李志远 …… 1456	杨秀璋 …… 1461	何成浚 …… 1465		张海默 …… 1476
李苹甘　见	杨启天 …… 1461	何应钦 …… 1465	〔乛〕	张琴秋 …… 1476
巴　金 …… 1400	杨尚昆 …… 1461	何其芳 …… 1465	迟　雨　见	张继权 …… 1476
李丽华 …… 1457	杨柳青 …… 1461	何非光 …… 1465	沈默君 …… 1468	张骏祥 …… 1476
李来中 …… 1457	杨贵发 …… 1461	佟玉兰 …… 1465	张　云 …… 1470	张鸿鑫 …… 1476
李伯钊 …… 1457	杨振宁 …… 1461	余世诚 …… 1465	张　平 …… 1470	张斯麟 …… 1476
李怀霜 …… 1457	杨润身 …… 1461	余秋里 …… 1465	张　伐 …… 1470	张敬安 …… 1476
李范五 …… 1457	杨得志 …… 1461	余鹤林　见	张　良 …… 1470	张鼎丞 …… 1476
李雨农 …… 1457	杨惟义 …… 1461	叶　紫 …… 1407	张　客 …… 1470	张瑞芳 …… 1476
李金发 …… 1457	杨朝熙　见	希　依 …… 1465	张　圆 …… 1470	张筠英 …… 1477
李学宽 …… 1457	沙　汀 …… 1467	谷　牧 …… 1465	张　乾 …… 1470	张新实 …… 1477
李宝城 …… 1457	杨雅琴 …… 1461	谷　峪 …… 1466	张　铮 …… 1470	张新珠 …… 1477
李宝嘉 …… 1457	杨靖宇 …… 1461	邹　容 …… 1466	张　瑛 …… 1470	张静江 …… 1477
李宗仁 …… 1457	杨衢云 …… 1461	邹家华 …… 1466	张　辉 …… 1470	张嘉璈 …… 1477
李宗道 …… 1457		邹敬芳 …… 1466	张　群 …… 1470	张德成 …… 1477
李玲君 …… 1458	〔丨〕	邹韬奋 …… 1466	张　澜 …… 1470	陆九渊 …… 1477
李研吾 …… 1458	里　坡 …… 1462		张　骞 …… 1471	陆丽珠 …… 1477
李保罗 …… 1458	吴　天 …… 1462	〔丶〕	张　翼 …… 1471	陆柱国 …… 1477
李洪辛 …… 1458	吴　江 …… 1462	应云卫 …… 1466	张才千 …… 1471	陆皓东 …… 1477
李烈钧 …… 1421	吴　坚 …… 1462	汪　泽 …… 1466	张之洞 …… 1426	阿　英 …… 1477
李恩杰 …… 1458	吴　茵 …… 1462	汪　漪 …… 1466	张子良 …… 1471	陈　云 …… 1478
李铁映 …… 1458	吴　雪 …… 1462	汪东兴 …… 1466	张天翼 …… 1471	陈　戈 …… 1478
李萍倩 …… 1458	吴　晗 …… 1462	汪兆铭　见	张云逸 …… 1471	陈　达 …… 1478
李雪红 …… 1458	吴　德 …… 1462	汪精卫 …… 1467	张太雷 …… 1441	陈　述 …… 1478
李鸿章 …… 1426	吴天宏 …… 1462	汪奠基 …… 1467	张世英 …… 1472	陈　明 …… 1478
李维汉 …… 1459	吴文俊 …… 1422	汪精卫 …… 1467	张石川 …… 1472	陈　诚 …… 1478
李雄飞 …… 1459	吴玉章 …… 1446	沙　汀 …… 1467	张东荪 …… 1472	陈　琦 …… 1478
李紫平 …… 1459	吴示卿 …… 1463	沙　鸥 …… 1468	张立德 …… 1472	陈　浮 …… 1478
李景波 …… 1459	吴本立 …… 1463	沙　莉 …… 1468	张发奎 …… 1473	陈　赓 …… 1478
李富春 …… 1398	吴印咸 …… 1463	沙　蒙 …… 1468	张西堂 …… 1473	陈　强 …… 1478
李登辉 …… 1459	吴永刚 …… 1463	沈　扬 …… 1468	张仲朋 …… 1473	陈　颖 …… 1478
李福连 …… 1459	吴因循 …… 1463	沈　浮 …… 1468	张兆斌 …… 1473	陈　毅 …… 1478
李瑞环 …… 1459	吴传启 …… 1463	沈　寂 …… 1468	张庆芬 …… 1473	陈天华 …… 1479
李锡铭 …… 1459	吴自立 …… 1463	沈乃熙　见	张如心 …… 1473	陈天国 …… 1479
李静纯 …… 1459	吴克清 …… 1463	夏　衍 …… 1510	张作霖 …… 1412	陈云裳 …… 1479
李德生 …… 1459	吴伯泽 …… 1463	沈西苓 …… 1468	张伯苓 …… 1474	陈友仁 …… 1479
李默然 …… 1460	吴沃尧 …… 1463	沈西蒙 …… 1468	张君劢 …… 1472	陈少白 …… 1443
杨　广 …… 1460	吴国英 …… 1463	沈志远 …… 1468	张国焘 …… 1390	陈少敏 …… 1479

陈方千 …… 1479	林 扬 …… 1486	金韬颖 …… 1491	赵 明 …… 1497	施 超 …… 1504
陈正薇 …… 1479	林 农 …… 1486	金擎宇 …… 1491	赵 忠 …… 1497	闻一多 …… 1504
陈白尘 …… 1479	林 杉 …… 1487	周 扬 …… 1491	赵 联 …… 1497	姜 明 …… 1504
陈立夫 …… 1479	林 谷 …… 1487	周 峰 …… 1491	赵 寰 …… 1498	姜则善 …… 1505
陈立中 …… 1480	林 纾 …… 1487	周 渊 …… 1491	赵一明 …… 1498	洪 波 …… 1505
陈西禾 …… 1480	林 金 …… 1487	周 浩 …… 1491	赵万德 …… 1498	洪 虹 …… 1505
陈光廷 …… 1480	林 彬 …… 1487	周 璇 …… 1491	赵子岳 …… 1498	洪 深 …… 1505
陈传熙 …… 1480	林 彪 …… 1487	周士第 …… 1492	赵平复 见	洪灵菲 …… 1505
陈寿芝 …… 1480	林 森 …… 1488	周凤山 …… 1492	柔 石 …… 1506	恽代英 …… 1505
陈伯达 …… 1396	林 静 …… 1488	周文彬 …… 1492	赵抒音 …… 1498	宣景琳 …… 1505
陈希平 …… 1480	林聿时 …… 1488	周立波 …… 1382	赵树理 …… 1498	祖农·哈迪尔 ……
陈怀皑 …… 1480	林伯渠 …… 1459	周全平 …… 1489	赵紫阳 …… 1498	…… 1505
陈其昌 …… 1480	林语堂 …… 1488	周如言 …… 1492	草 明 …… 1498	祝希娟 …… 1505
陈卓愉 …… 1480	林清山 …… 1488	周作人 …… 1492	胡 风 …… 1498	祝瑞开 …… 1505
陈波儿 …… 1481	林琴南 见	周佛海 …… 1440	胡 可 …… 1499	
陈绍宽 …… 1481	林 纾 …… 1487	周树人 见	胡 苏 …… 1499	〔丶〕
陈荒煤 …… 1481	林楚楚 …… 1488	鲁 迅 …… 1543	胡 林 …… 1499	贺 龙 …… 1506
陈独秀 …… 1440	郁达夫 …… 1488	周建平 …… 1449	胡 朋 …… 1499	贺 麟 …… 1506
陈炯明 …… 1421	欧阳山 …… 1489	周信芳 …… 1492	胡 适 …… 1499	贺绿汀 …… 1506
陈济棠 …… 1482	欧阳予倩 …… 1489	周起应 见	胡 萍 …… 1500	柔 石 …… 1506
陈娟娟 …… 1482	欧阳本义 见	周 扬 …… 1491	胡 绳 …… 1500	费 启 …… 1507
陈昌浩 …… 1476	阳翰笙 …… 1430	周恩来 …… 1395	胡 瑞 …… 1500	费 穆 …… 1507
陈绍禹 见	欧阳红樱 …… 1489		胡 蝶 …… 1500	费孝通 …… 1507
王 明 …… 1387	欧阳儒秋 …… 1489	〔丶〕	胡也频 …… 1412	姚 克 …… 1507
陈铭枢 …… 1482		庞学勤 …… 1494	胡石言 …… 1501	姚文元 …… 1391
陈望道 …… 1483	〔丨〕	郑 昕 …… 1494	胡汉民 …… 1467	姚向黎 …… 1507
陈博生 …… 1483	罗 军 …… 1489	郑 洪 …… 1494	胡乔木 …… 1491	姚依林 …… 1507
陈铿然 …… 1483	罗 朋 …… 1489	郑 容 …… 1494	胡自和 …… 1502	
陈登科 …… 1452	罗 静 …… 1489	郑小秋 …… 1494	胡启立 …… 1502	十 画
陈锡联 …… 1483	罗尔纲 …… 1489	郑正秋 …… 1494	胡庶华 …… 1502	
陈鲤庭 …… 1483	罗叔蕴 见	郑观应 …… 1495	胡博安 …… 1502	〔一〕
陈潭秋 …… 1483	罗振玉 …… 1490	郑伯奇 …… 1495	胡锡奎 …… 1502	秦 怡 …… 1508
陈燕燕 …… 1483	罗国梁 …… 1489	郑位三 …… 1495	胡耀邦 …… 1502	秦邦宪 见
邵 鹏 …… 1483	罗荣桓 …… 1490	郑君里 …… 1495	南 薇 …… 1502	博 古 …… 1534
邵力子 …… 1483	罗振玉 …… 1490	郑振铎 …… 1495	柯 灵 …… 1502	秦基伟 …… 1508
邵元冲 …… 1484	罗家伦 …… 1490	郑鹧鸪 …… 1495	柯仲平 …… 1503	载 湉 …… 1508
邵式平 …… 1484	罗常培 …… 1490	冼 群 …… 1495	查瑞龙 …… 1503	袁 岳 …… 1508
邵荃麟 …… 1484	罗盛教 …… 1490	冼星海 …… 1495	柳 青 …… 1503	袁 霞 …… 1508
	罗隆基 …… 1490			袁之远 …… 1508
八 画	罗瑞卿 …… 1490	〔乛〕	〔丿〕	袁水拍 …… 1390
		居 正 …… 1496	钟 雷 …… 1503	袁文舒 …… 1508
〔一〕	〔丿〕	孟 波 …… 1496	钟惦棐 …… 1503	袁世凯 …… 1464
武兆堤 …… 1485	季 业 …… 1490		秋 瑾 …… 1503	袁丛美 …… 1509
英 茵 …… 1485	季 康 …… 1490	九 画	段祺瑞 …… 1503	袁牧之 …… 1509
范文澜 …… 1485	岳 枫 …… 1490		侯外庐 …… 1504	袁美云 …… 1509
范丽达 …… 1485	金 山 …… 1490	〔一〕	侯敏泽 …… 1504	袁雪芬 …… 1509
范雪朋 …… 1485	金 迪 …… 1490	项 英 …… 1497	俞平伯 …… 1504	袁慰亭 见
范瑞娟 …… 1485	金 焰 …… 1491	项 堃 …… 1497	俞仲英 …… 1504	袁世凯 …… 1464
茅 盾 …… 1485	金 默 …… 1491	赵 丹 …… 1497		耿 匡 见
林 艺 …… 1486	金乃华 …… 1491	赵 东 …… 1497	〔丶〕	耿济之 …… 1510
林 兰 …… 1486	金岳霖 …… 1412	赵 青 …… 1497	施 伦 …… 1504	耿 飚 …… 1509

耿济之 ……… 1510	殷绣岑 ……… 1515	**十一画**	常香玉 ……… 1528	蒋丁玲 见
聂耳 ……… 1510	翁文灏 ……… 1515	〔一〕	崔嵬 ……… 1528	丁玲 ……… 1382
聂荣臻 ……… 1510	翁同龢 ……… 1515	黄华 ……… 1522	崔家骏 ……… 1528	蒋广慈 ……… 1536
贾霁 ……… 1510	〔丶〕	黄兴 ……… 1522	崔超明 ……… 1528	蒋天流 ……… 1536
贾平西 ……… 1449	高正 ……… 1516	黄沙 ……… 1522	〔丿〕	蒋中正 见
夏天 ……… 1510	高平 ……… 1516	黄孜 ……… 1523	敏泽 见	蒋介石 ……… 1427
夏衍 ……… 1510	高岗 ……… 1516	黄凯 ……… 1523	侯敏泽 ……… 1504	蒋介石 ……… 1427
夏佩珍 ……… 1511	高荞 ……… 1516	黄音 ……… 1523	〔丶〕	蒋方良 ……… 1539
顾也鲁 ……… 1511	高博 ……… 1516	黄晨 ……… 1523	康泰 ……… 1528	蒋光赤 见
顾兰君 ……… 1511	高玉宝 ……… 1452	黄公略 ……… 1523	康濯 ……… 1528	蒋光慈 ……… 1539
顾而已 ……… 1511	高占非 ……… 1516	黄佐临 ……… 1523	康有为 ……… 1528	蒋光慈 ……… 1539
顾宝璋 ……… 1511	高伟锦 ……… 1516	黄伯寿 ……… 1523	康克清 ……… 1529	蒋光鼐 ……… 1540
顾梦鹤 ……… 1511	高保成 ……… 1517	黄炎培 ……… 1523	章乃器 ……… 1529	蒋冰之 见
顾梅君 ……… 1511	高赞非 ……… 1517	黄宗英 ……… 1523	章太炎 ……… 1529	丁玲 ……… 1382
顾维钧 ……… 1401	郭小川 ……… 1517	黄绍芬 ……… 1523	章志直 ……… 1530	蒋伟静 ……… 1540
顾颉刚 ……… 1511	郭艺文 ……… 1517	黄继光 ……… 1523	章学诚 ……… 1530	蒋兆和 ……… 1540
〔丨〕	郭允泰 ……… 1517	黄滨虹 ……… 1523	章宗祥 ……… 1530	蒋作宾 ……… 1540
晓范 见	郭兰英 ……… 1517	黄遵宪 ……… 1523	章炳麟 见	蒋君超 ……… 1540
范国栋 ……… 1485	郭松龄 ……… 1517	萧三 ……… 1524	章太炎 ……… 1529	蒋玮文 见
恩和森 ……… 1511	郭沫若 ……… 1382	萧军 ……… 1524	阎明复 ……… 1531	丁玲 ……… 1382
〔丿〕	郭绳武 ……… 1519	萧红 ……… 1524	阎锡山 ……… 1531	蒋经国 ……… 1536
钱将 ……… 1512	唐纳 ……… 1519	萧克 ……… 1524	阎增和 ……… 1531	蒋海澄 见
钱穆 ……… 1512	唐钺 ……… 1519	萧英 ……… 1525	梁信 ……… 1531	艾青 ……… 1405
钱千里 ……… 1512	唐琳 ……… 1519	萧也牧 ……… 1525	梁音 ……… 1531	落华生 见
钱杏村 见	唐才常 ……… 1519	萧爱梅 见	梁玉儒 ……… 1531	许地山 ……… 1429
阿英 ……… 1477	唐生智 ……… 1519	萧三 ……… 1524	梁志鹏 ……… 1531	韩非 ……… 1541
钱其琛 ……… 1512	唐若青 ……… 1520	萧楚女 ……… 1525	梁启超 ……… 1441	韩涛 ……… 1541
铁良 ……… 1512	唐绍仪 ……… 1421	梅白 ……… 1525	梁思永 ……… 1533	韩少功 ……… 1541
徐进 ……… 1512	唐继尧 ……… 1421	梅阡 ……… 1525	梁漱溟 ……… 1500	韩兰根 ……… 1541
徐韬 ……… 1512	唐槐秋 ……… 1520	梅熹 ……… 1525		韩国栋 ……… 1541
徐玉兰 ……… 1512	凌子风 ……… 1520	梅少珊 ……… 1525	**十二画**	韩佳辰 ……… 1541
徐世余 ……… 1512	浦克 ……… 1520	梅兰芳 ……… 1525	〔一〕	韩起祥 ……… 1495
徐白莽 见	海默 见	曹欣 ……… 1526	博古 ……… 1534	辜鸿铭 ……… 1542
殷夫 ……… 1515	张海默 ……… 1476	曹禺 ……… 1526	彭飞 ……… 1534	粟裕 ……… 1542
徐光耀 ……… 1512	容闳 ……… 1520	曹锟 ……… 1526	彭冲 ……… 1534	〔丿〕
徐仲年 ……… 1512	谈瑛 ……… 1520	曹樱 ……… 1526	彭真 ……… 1534	嵇文甫 ……… 1542
徐向前 ……… 1512	〔乛〕	曹银娣 ……… 1526	彭湃 ……… 1534	程之 ……… 1542
徐肖冰 ……… 1513	陶金 ……… 1520	曹联亚 见	彭永辉 ……… 1535	程莫 ……… 1542
徐志摩 ……… 1513	陶铸 ……… 1521	曹靖华 ……… 1495	彭荆风 ……… 1535	程子华 ……… 1542
徐怀忠 ……… 1513	陶玉玲 ……… 1521	曹靖华 ……… 1495	彭德怀 ……… 1535	程纪华 ……… 1542
徐林格 ……… 1513	陶成章 ……… 1521	曹福田 ……… 1527	葛鑫 ……… 1536	程步高 ……… 1542
徐国腾 ……… 1513	陶行知 ……… 1521	曹增银 ……… 1527	董健 ……… 1536	傅冬 ……… 1542
徐昌霖 ……… 1513	陶希圣 ……… 1521	盛世才 ……… 1527	董存瑞 ……… 1536	傅作义 ……… 1542
徐莘园 ……… 1513	陶德麟 ……… 1521	盛宣怀 ……… 1527	董兆琪 ……… 1536	傅超武 ……… 1542
徐海东 ……… 1513	桑夫 ……… 1521	龚玉贝 ……… 1527	董金棠 ……… 1536	傅斯年 ……… 1543
徐悲鸿 ……… 1513	桑弧 ……… 1521	龚稼农 ……… 1527	董显光 ……… 1536	舒适 ……… 1543
徐懋庸 ……… 1515		〔丨〕	董晓华 ……… 1536	舒庆春 见
殷夫 ……… 1515		常乐 ……… 1527	董辅礽 ……… 1536	老舍 ……… 1415
殷旭 ……… 1515				舒舍予 见
				老舍 ……… 1415

舒绣文 …… 1543	谢缵泰 …… 1462	**十四画**	谭 政 …… 1556	潘梓年 …… 1559
鲁 迅 …… 1543			谭平山 …… 1404	
鲁 韧 …… 1549	**十三画**	〔一〕	谭尧中 …… 1556	**十六画**
鲁 非 …… 1549	〔一〕	蔡 畅 …… 1554	谭志远 …… 1557	〔一〕
鲁 思 …… 1549	蓝 马 …… 1552	蔡 锷 …… 1554	谭震林 …… 1557	薛博勤 …… 1560
鲁 煤 …… 1549	蓝苹 见	蔡子民 见	谭鑫培 …… 1557	
〔丶〕	江 青 …… 1428	蔡元培 …… 1554	〔㇆〕	〔丿〕
童天鉴 见	蓝天业 …… 1552	蔡元元 …… 1554	熊十力 …… 1557	穆时英 …… 1560
田 间 …… 1409	蒲 风 …… 1552	蔡元培 …… 1554	翟 强 …… 1557	
童恩正 …… 1549	雷 加 …… 1552	蔡廷锴 …… 1554	缪荃孙 …… 1557	**十七画**
普 善 …… 1549	雷 锋 …… 1552	蔡尚思 …… 1555		〔一〕
曾 朴 …… 1549	雷 纳 …… 1552	蔡和森 …… 1555	**十五画**	戴 浩 …… 1561
曾迎春 …… 1449	雷蒙纳 …… 1552	蔡楚生 …… 1555	〔丿〕	戴季陶 …… 1438
曾秀福 …… 1549	〔丨〕	臧克家 …… 1416	黎 铿 …… 1558	戴洪启 …… 1556
曾孟朴 见	虞洽卿 …… 1552	〔丨〕	黎元洪 …… 1464	戴望舒 …… 1562
曾 朴 …… 1549	路 明 …… 1552	裴文中 …… 1555	黎民伟 …… 1558	〔丿〕
温家宝 …… 1549	〔丿〕	〔丶〕	黎灼灼 …… 1558	魏 巍 …… 1562
温锡莹 …… 1549	鲍 方 …… 1552	廖 肃 …… 1555	黎莉莉 …… 1558	魏明经 …… 1562
裕 禄 …… 1550	鲍敬言 …… 1552	廖文毅 …… 1555	滕代远 …… 1558	
谢 芳 …… 1550	〔丶〕	廖有梁 …… 1555	〔丶〕	**十八画以上**
谢 持 …… 1550	慈禧太后 …… 1508	廖仲恺 …… 1555	颜一烟 …… 1558	〔丨〕
谢 晋 …… 1550	溥 仪 …… 1553	廖季平 …… 1556	颜惠庆 …… 1558	瞿 霜 见
谢 冕 …… 1550		廖沫沙 …… 1556	翦伯赞 …… 1559	瞿秋白 …… 1390
谢 添 …… 1550		廖盖隆 …… 1556	潘天寿 …… 1559	瞿白音 …… 1563
谢云卿 …… 1550		端 方 …… 1556	潘天秀 …… 1559	瞿秋白 …… 1390
谢冰心 见		赛福鼎·艾则孜	潘云山 …… 1559	
冰 心 …… 1427		…… 1556		
谢俊峰 …… 1550				
谢铁骊 …… 1550				

二　　画

〔一〕

丁 乔

0001　Дин Цзяо / Торопцев С. А. // Очерк истории китайского кино. 1896—1966. С. 128
　　　丁　乔 / С. А. 托洛普采夫 // 中国电影史概览(1896—1966). 第 128 页

丁 洪

0002　Дин Хун / Торопцев С. А. // Очерк истории китайского кино. 1896—1966. С. 192. 215. 221
　　　丁　洪 / С. А. 托洛普采夫 // 中国电影史概览(1896—1966). 第 192、215、221 页

丁 玲

0003　Писательница китайской революции [Дин Лин] / Рудман В. Хофу // Юный пролетарий. 1936. № 18
　　　中国革命女作家(丁玲) / В. 鲁德曼·霍夫 // 少无产者. 1936. 18

0004　Тин Лин [=Дин Лин]. Биографическая справка / Интернациональная литература. 1937. № 11. С. 135.（Рубрика Антифашистские писатели мира）.
　　　丁玲简历 / 共产国际文学. 1937. 11（"世界反法西斯作家"专栏）

0005　Встреча с китайской писательницей Дин Лин / Московский большевик. 1949. 17 ноября
　　　采访中国女作家丁玲 / 莫斯科布尔什维克报. 1949. 11. 17

0006　Встреча с китайской писательницей Дин Лин в редакции журнала «Знамя» / Литературная газета. 1949. 23 ноября
　　　在《旗帜》杂志编辑部采访中国女作家丁玲 / 文学报. 1949. 11. 23

0007　В свободном Китае [Лу Синь, Го Мо-жл, Дин Лин, Мао Дунь] / Фадеев А. // Правда. 1949. 5 декабря
　　　在自由的中国：鲁迅、郭沫若、丁玲、茅盾 / А. 法捷耶夫 // 真理报. 1949. 12. 5

0008　О присуждении Сталинских премий за выдающиеся работы в области науки, изобретательства, литературы и искусства за 1951 г. [Дин Лин за роман «Солнце над рекой Сангань»] / Правда.; Известия. 1952. 15 марта
　　　1951 年为科技、发明、文艺杰出工作者颁发斯大林奖金（《丁玲的太阳照在桑干河上》小说获斯大林文艺奖金）/《真理报》《消息报》. 1952. 3. 15

0009　Дин Лин / Петров В. // Литературная газета. 1952. 1 апреля
　　　丁　玲 / В. 彼得罗夫 // 文学报. 1952. 4. 1

0010　Писательница Нового Китая [Дин Лин] / Крестьянка. 1952. № 8
　　　新中国的女作家(丁玲) / 农妇. 1952. 8

0011　Сталинские премии китайским писателям [Дин Лин, Чжоу Ли-бо, Хэ Цзин-чжи, Дин Ни] / Народный Китай. 1952. № 9/10
　　　中国作家获了斯大林文学奖金(丁玲、周立波、贺敬之、丁毅) / 人民中国. 1952. 9—10

0012　Судьба писателя [Дин Лин] / Шнейдер М. Е. // Литературная газета. 1979. 4 июля. № 27
　　　作家的命运(丁玲) / М. Е. 舍涅德尔 // 文学报. 1979. 7. 4. (27)

0013　Памяти Дин Лин / ПДВ 1986 №2
　　　纪念丁玲 / 远东问题. 1986. 2

0014　Дин Лин (Цзян Дин-лин) / Ефимов Г. В. // Китай. История. экономика. культура. героическая борьба за национальную независимость. Политические и общественные деятели Китая. С. 450

丁玲（蒋丁玲）/ Г. В. 叶菲莫夫 // 中国：历史、经济、文化，为民族独立而英勇奋斗（中国政治和社会人物篇）. 第 450 页

0015　Дин Лин / Буров В. Г. // Современная китайская философия. 1980. C. 274
　　　丁　玲 / В. Г. 布洛夫 // 当代中国哲学（1980）. 第 274 页

0016　[Дин Лин] / Эйдлин Л. З. // О китайской литературе наших дней. C. 127
　　　丁　玲 / Л. З. 爱德林 // 当代中国文学. 第 127 页

0017　Дин Лин / Шнейдер М. Е. // Большая советская энциклопедия. 3-е изд. Т. 8. C. 280
　　　丁　玲 / М. Е. 舍涅德尔 // 苏联大百科全书（第三版）. 第 8 卷. 第 280 页

0018　Дин Лин (Цзян Бин-чжи, Цзян-Вэй-вэнь) / Петров В. В. // Краткая Литературная Энциклопедия. 1962—1978. Т. 9. C. 276-277
　　　丁玲（蒋冰之，蒋玮）/ В. В. 彼得罗夫 // 简明文学百科全书（1962—1978）. 第 9 卷. 第 276 页

丁　毅

0019　Сталинские премии китайским писателям [Дин Лин, Чжоу Ли-бо, Хэ Цзин-чжи, Дин Ни] / Народный Китай. 1952. № 9/10
　　　获得斯大林文学奖的中国作家：丁玲、周立波、贺敬之、丁毅 / 人民中国. 1952. 9—10

丁凤英

0020　Дин Фэнъин / Буров В. Г. // Современная китайская философия. 1980. C. 280
　　　丁凤英 / В. Г. 布洛夫 // 当代中国哲学. 第 280 页

丁伟志

0021　Дин Вэйчжи / Буров В. Г. // Современная китайская философия. 1980. C. 106
　　　丁伟志 / В. Г. 布洛夫 // 当代中国哲学. 第 106 页

丁关根

0022　Дин Гуаньгэнь / Персоналии // Персоналии 40 лет КНР. C. 487
　　　丁关根 / 名人录编委会 // 中华人民共和国四十年名人录. 第 487 页

〔丨〕

卜万苍

0023　Бу Вань-цан / Торопцев С. А. // Очерк истории китайского кино. 1896—1966. C. 11. 18. 20. 29. 48. 209. 211. 213
　　　卜万苍 / С. А. 托洛普采夫 // 中国电影史概览（1896—1966）. 第 11、18、20、29、48、209、211、213 页

〔乛〕

刁敏谦

0024　Дяо Минь-цянь / Ефимов Г. В. // Китай. История. экономика. культура. героическая борьба за национальную независимость. Политические и общественные деятели Китая. C. 450
　　　刁敏谦 / Г. В. 叶菲莫夫 // 中国：历史、经济、文化，为民族独立而英勇奋斗（中国政治和社会人物篇）. 第 450 页

三　　画

〔一〕

干学伟

0025　Гань Сюэ-вэй / Торопцев С. А. // Очерк истории китайского кино. 1896—1966. С. 201. 214. 218
　　　干学伟 / С. А. 托洛普采夫 // 中国电影史概览（1896—1966）．第 201、214、218 页

于　村

0026　Юй Цунь / Торопцев С. А. // Очерк истории китайского кино. 1896—1966. С. 214
　　　于　村 / С. А. 托洛普采夫 // 中国电影史概览（1896—1966）．第 214 页

于　林

0027　Юй Линь / Торопцев С. А. // Очерк истории китайского кино. 1896—1966. С. 215
　　　于　林 / С. А. 托洛普采夫 // 中国电影史概览（1896—1966）．第 215 页

于　洋

0028　Юй Ян / Торопцев С. А. // Очерк истории китайского кино. 1896—1966. С. 213. 215. 219
　　　于　洋 / С. А. 托洛普采夫 // 中国电影史概览（1896—1966）．第 213、215、219 页

于　玲

0029　Юй Лин / Торопцев С. А. // Очерк истории китайского кино. 1896—1966. С. 67. 219
　　　于　玲 / С. А. 托洛普采夫 // 中国电影史概览（1896—1966）．第 67、219 页

于　敏

0030　Юй Минь / Торопцев С. А. // Очерк истории китайского кино. 1896—1966. С. 60. 74. 213. 215
　　　于　敏 / С. А. 托洛普采夫 // 中国电影史概览（1896—1966）．第 60、74、213、215 页

于　蓝

0031　Юй Лань / Торопцев С. А. // Очерк истории китайского кино. 1896—1966. С. 55. 171. 187. 214. 218. 221
　　　于　蓝 / С. А. 托洛普采夫 // 中国电影史概览（1896—1966）．第 55、171、187、214、218、221 页

于右任

0032　Юй Ю-жэнь / Ефимов Г. В. // Китай. История. экономика. культура. героическая борьба за национальную независимость. Политические и общественные деятели Китая. С. 457
　　　于右任 / Г. В. 叶菲莫夫 // 中国：历史、经济、文化，为民族独立而英勇奋斗（中国政治和社会人物篇）．第 457 页

于纯绵

0033　Юй Чунь-мянь / Торопцев С. А. // Очерк истории китайского кино. 1896—1966. С. 221
　　　于纯绵 / С. А. 托洛普采夫 // 中国电影史概览（1896—1966）．第 221 页

于彦夫

0034　Юй Янь-фу / Торопцев С. А. // Очерк истории китайского кино. 1896—1966. С. 199. 216. 221
　　　于彦夫 / С. А. 托洛普采夫 // 中国电影史概览（1896—1966）．第 199、216、221 页

于是之

0035　Юй Ши-чжи / Торопцев С. А. // Очерк истории китайского кино. 1896—1966. С. 215
　　　于是之 / С. А. 托洛普采夫 // 中国电影史概览（1896—1966）．第 215 页

万　里

0036　Вань Ли / Персоналии // Персоналии Персоналии 40 лет КНР. С. 486
　　　万　里 / 名人录编委会 // 中华人民共和国四十年名人录．第 486 页

0037 Вань Ли / Персоналия: Китайская Народная Республика в 1990 году. Политика. Экономика. Идеология. С. 227

万　里 / 1990 中华人民共和国名人录：政治、经济、意识形态. 第 277 页

〔丨〕

上官云珠

0038 Шангуань Юньчжу / Торопцев С. А. // Очерк истории китайского кино. 1896—1966. С. 55. 172. 187. 212. 212-213. 216. 219. 221

上官云珠 / С. А. 托洛普采夫 // 中国电影史概览（1896—1966）. 第 55、172、187、212、212、216、219、221 页

上官五

0039 Шангуань У / Торопцев С. А. // Очерк истории китайского кино. 1896—1966. С. 210

上官五 / С. А. 托洛普采夫 // 中国电影史概览（1896—1966）. 第 210 页

〔¬〕

马　特

0040 Ма Тэ / Буров В. Г. // Современная китайская философия. С. 89. 181

马　特 / В. Г. 布洛夫 // 当代中国哲学. 第 89、181 页

马　烽

0041 В труде и в бою [Ма Фын, Вэй Вэй, Ба Цзинь] / Журба П. // Литературная газета. 15. 2. 1955

在劳动与战斗中（马烽、魏巍、巴金）/ П. 汝尔巴 // 文学报. 1955. 2. 15

0042 Ма Фэн / Торопцев С. А. // Очерк истории китайского кино. 1896—1966. С. 59. 153. 214-215. 219

马　烽 / С. А. 托洛普采夫 // 中国电影史概览（1896—1966）. 第 59. 153、214—215、219 页

0043 [Ма Фэн] / Эйдлин Л. З. // XIV научная конференция ОСоветская Историческая энциклопедия. 1961—1976

马　烽 / Л. З. 爱德林 // 苏联历史百科全书（1961—1976）. 第 290 页

0044 Ма Фын / Рифтин Б. Л. // Краткая Литературная Энциклопедия. 1962—1978. Т. 4 С. 692

马　烽 / Б. Л. 李福清 // 简明文学百科全书（1962—1978）. 第 4 卷. 第 692 页

马　薇

0045 Ма Вэй / Торопцев С. А. // Очерк истории китайского кино. 1896—1966. С. 218

马　薇 / С. А. 托洛普采夫 // 中国电影史概览（1896—1966）. 第 218 页

马　骥

0046 Ма Цзи / Торопцев С. А. // Очерк истории китайского кино. 1896—1966. С. 219

马　骥 / С. А. 托洛普采夫 // 中国电影史概览（1896—1966）. 第 219 页

马占山

0047 Ма Чжань-шань / Ефимов Г. В. // Китай. История. экономика. культура. героическая борьба за национальную независимость. Политические и общественные деятели Китая. С. 451

马占山 / Г. В. 叶菲莫夫 // 中国：历史、经济、文化，为民族独立而英勇奋斗（中国政治和社会人物篇）. 第 451 页

马仲扬

0048 Ма Чжунъян / Буров В. Г. // Современная китайская философия. С. 106

马仲扬 / В. Г. 布洛夫 // 当代中国哲学. 第 106 页

马仲英

0049 К оценке деятельности Ма Чжунъина / Хакимбаев А. А. // XIV научная конференция Общество и государство в Китае. Тезисы и доклады. Ч. 3. 1980. С. 114

有关马仲英活动的评价 / А. А. 哈金姆巴耶夫 // 中国社会与国家第十四次学术研讨会提要与报告（1983）. 第三册. 第 114 页

马兆骏

0050　Ма Чжао-цзюнь / Ефимов Г. В. // Китай. История. экономика. культура. героическая борьба за национальную независимость. Политические и общественные деятели Китая. С. 451

马兆骏 / Г. В. 叶菲莫夫 // 中国：历史、经济、文化，为民族独立而英勇奋斗（中国政治和社会人物篇）. 第 451 页

马吉星

0051　Ма Цзе-син / Торопцев С. А. // Очерк истории китайского кино. 1896—1966. С. 219

马吉星 / С. А. 托洛普采夫 // 中国电影史概览（1896—1966）. 第 219 页

马师曾

0052　Ма Ши-цзэн / Торопцев С. А. // Очерк истории китайского кино. 1896—1966. С. 220

马师曾 / С. А. 托洛普采夫 // 中国电影史概览（1896—1966）. 第 220 页

马学士

0053　Ма Сюэ-ши / Торопцев С. А. // Очерк истории китайского кино. 1896—1966. С. 221

马学士 / С. А. 托洛普采夫 // 中国电影史概览（1896—1966）. 第 221 页

马建忠

0054　Ма Цзянь-Чжун / Тихвинский С. Л. // Советская Историческая энциклопедия. 1961—1976. Т. 9. С. 202

马建忠 / С. Л. 齐赫文斯基 // 苏联历史百科全书（1961—1976）. 第 9 卷. 第 202 页

马思聪

0055　Жизнь в музыке. (Композитор, дирижер и скрипач Ма Сы-цунь) / Федоренко Н. Т. // Наш современник. 1957. Книга 2. С. 320

在音乐里生活（作曲家、指挥家与小提琴家马思聪）/ Н. Т. 费多连科（费德林）// 我们的现时代人（1957）. 第 2 册. 第 320 页

马逸夫

0056　Ма Ифу / Ломанов А. В. // Китайская философия. С. 210

马逸夫 / А. В. 罗曼诺夫 // 中国哲学（1896—1966）. 第 210 页

马鸿逵

0057　Ма Хун-куй / Ефимов Г. В. // Китай. История. экономика. культура. героическая борьба за национальную независимость. Политические и общественные деятели Китая. С. 451

马鸿逵 / Г. В. 叶菲莫夫 // 中国：历史、经济、文化，为民族独立而英勇奋斗（中国政治和社会人物篇）. 第 451 页

马寅初

0058　Ма Иньчу и интерпретация его 《Новой теории народонаселения》 в КНР / Дикарёв А. Д. // XIII научная конференция 《Общество и государство в Китае》. Тезисы и доклады. Ч. 3. 1982. С. 231

马寅初与其中国"新人口论"的解释 / А. Д. 吉卡廖夫 // 中国社会与国家第十三次学术研讨会提要与报告（1982）. 第三册. 第 231 页

0059　Ма Иньчу / Буров В. Г. // Современная китайская философия. 1980. С. 89. 199. 280

马寅初 / В. Г. 布洛夫 // 当代中国哲学. 第 89、199、280 页

四　画

〔一〕

王 引

0060　Ван Инь / Торопцев С. А. // Очерк истории китайского кино. 1896—1966. С. 210
　　　王　引／С. А. 托洛普采夫／／中国电影史概览（1896—1966）．第 210 页

王 兵

0061　Ван Бин / Торопцев С. А. // Очерк истории китайского кино. 1896—1966. С. 136
　　　王　兵／С. А. 托洛普采夫／／中国电影史概览（1896—1966）．第 136 页

王 苹

0062　Ван Пин / Торопцев С. А. // Очерк истории китайского кино. 1896—1966. С. 138. 168. 217. 220
　　　王　苹／С. А. 托洛普采夫／／中国电影史概览（1896—1966）．第 138、168、217、220 页

王 明

0063　Библиография работ Ван Мина / Киреев А. П. // ПДВ 1975 №4
　　　王明著作书目／А. П. 吉列耶夫／／远东问题．1975．4

0064　Коммунист-интернационалист: К 75-летию со дня рождения Ван Мина / Яроцкий Б., Барков Г. // Красная звезда. 1979. 18 апреля
　　　国际共产主义者：纪念王明诞生 75 周年／Б. 雅洛茨基，Г. 巴尔科夫／／红星．1979．4．18

0065　Поэт, патриот, коммунист [Ван Мин] / Маркова С. // Советская культура. 1979. 4 дек. № 97
　　　诗人、爱国主义者、共产党员（王明）／С. 马尔科娃／／苏联文化．1979．12．4．（97）

0066　Роль Ван Мина в разработке и осуществлении тактики КПК в 1930-е годы / Сотникова И. Н. // Информационный бюллетень № 11
　　　王明在 1930 年制定和实施党的策略方面的作用／И. Н. 索特尼科娃／／情报通讯．1991．11

0067　Становление и развитие новой 4-й армии в Центральном Китае (1938—январь 1941 г.) [Е Тин, Сян Ин, Мао Цзэдун, Ван Мин + таблица : Командиры дивизий] / Голубева О. В. // Вопросы истории Китая. С. 50
　　　新四军在中国中部的形成与发展（1938—1941）：叶挺、项英、毛泽东、王明及其领导人／О. В. 高鲁毕娃／／中国历史问题．第 50 页

0068　Ван Мин (Чэнь Шао-юй) / Ефимов Г. В. // Китай. История. экономика. культура. героическая борьба за национальную независимость. Политические и общественные деятели Китая. С. 449
　　　王明（陈绍禹）／Г. В. 叶菲莫夫／／中国：历史、经济、文化，为民族独立而英勇奋斗（中国政治和社会人物篇）．第 449 页

0069　Ван Мин (Чэнь Шао-юй) / Большая советская энциклопедия. 3-е изд. Т. 4. С. 291
　　　王明（陈绍禹）／苏联大百科全书（第三版）．第 4 卷．第 291 页

王 恺

0070　Ван Кай / Торопцев С. А. // Очерк истории китайского кино. 1896—1966. С. 218
　　　王　恺／С. А. 托洛普采夫／／中国电影史概览（1896—1966）．第 218 页

王 莹

0071　Ван Ин / Торопцев С. А. // Очерк истории китайского кино. 1896—1966. С. 209
　　　王　莹／С. А. 托洛普采夫／／中国电影史概览（1896—1966）．第 209 页

王 琪

0072　Ван Ци / Торопцев С. А. // Очерк истории китайского кино. 1896—1966. С. 211

王　琪 / С. А.托洛普采夫 // 中国电影史概览(1896—1966). 第 211 页

王　蓓
0073　Ван Бэй / Торопцев С. А. // Очерк истории китайского кино. 1896—1966. С. 217. 221
　　　王　蓓 / С. А. 托洛普采夫 // 中国电影史概览(1896—1966). 第 217、221 页

王　蒙
0074　Ван Мэн：творческие поиски и находки / Торопцев С. А. // ПДВ 1984 №2.
　　　王蒙：写作的探索与发现 / С. А. 托鲁普措夫 // 远东问题. 1984. 2

王　滨
0075　Ван Бинь / Торопцев С. А. // Очерк истории китайского кино. 1896—1966. С. 213. 214. 218
　　　王　滨 / С. А. 托洛普采夫 // 中国电影史概览(1896—1966). 第 213、214、218 页

王　震
0076　Ван Чжэнь / Юрьев М. Ф. // Красная Армия Китая. С. 185
　　　王　震 / М. Ф. 尤里耶夫 // 中国红军. 第 185 页

王　毅
0077　Ван И / Буров В. Г. // Современная китайская философия. 1980. С. 158
　　　王　毅 / В. Г. 布洛夫 // 当代中国哲学. 第 158 页

王人美
0078　Ван Жэнь-мэй / Торопцев С. А. // Очерк истории китайского кино. 1896—1966. С. 30. 44. 187. 210. 213. 216. 218
　　　王人美 / С. А. 托洛普采夫 // 中国电影史概览(1896—1966). 第 30、44、187、210、213、216、218 页

王人路
0079　Ван Жэнь-лу / Торопцев С. А. // Очерк истории китайского кино. 1896—1966. С. 212
　　　王人路 / С. А. 托洛普采夫 // 中国电影史概览(1896—1966). 第 212 页

王子高
0080　Ван Цзыгао / Буров В. Г. // Современная китайская философия. 1980. С. 181
　　　王子高 / В. Г. 布洛夫 // 当代中国哲学. 第 181 页

王子野
0081　Ван Цзые / Буров В. Г. // Современная китайская философия. 1980. С. 196-197. 260
　　　王子野 / В. Г. 布洛夫 // 当代中国哲学. 第 196—197、260 页

王元龙
0082　Ван Юань-лун / Торопцев С. А. // Очерк истории китайского кино. 1896—1966. С. 11. 213
　　　王元龙 / С. А. 托洛普采夫 // 中国电影史概览(1896—1966). 第 11、213 页

王少舫
0083　Ван Шао-фан / Торопцев С. А. // Очерк истории китайского кино. 1896—1966. С. 216
　　　王少舫 / С. А. 托洛普采夫 // 中国电影史概览(1896—1966). 第 216 页

王公浦
0084　Гун Пу / Торопцев С. А. // Очерк истории китайского кино. 1896—1966. С. 219
　　　(王)公浦 / С. А. 托洛普采夫 // 中国电影史概览(1896—1966). 第 219 页

王丹凤
0085　Ван Дань-фэн / Торопцев С. А. // Очерк истории китайского кино. 1896—1966. С. 60. 216
　　　王丹凤 / С. А. 托洛普采夫 // 中国电影史概览(1896—1966). 第 60、216—218 页

王文娟
0086　Ван Вэнь-цзюань / Торопцев С. А. // Очерк истории китайского кино. 1896—1966. С. 211
　　　王文娟 / С. А. 托洛普采夫 // 中国电影史概览(1896—1966). 第 211 页

王文彬
0087　［Ван Вэнь-бинь］/ Эйдлин Л. З. // О китайской литературе наших дней. С. 176

王文彬 / Л. З. 爱德林 // 当代中国文学. 第 176 页

王方名
0088　Ван Фанмин / Буров В. Г. // Современная китайская философия. 1980. С. 156
王方名 / В. Г. 布洛夫 // 当代中国哲学. 第 156 页

王为一
0089　Ван Вэй-и / Торопцев С. А. // Очерк истории китайского кино. 1896—1966. С. 34. 44. 189. 211. 213
王为一 / С. А. 托洛普采夫 // 中国电影史概览(1896—1966). 第 34、44、189、211、213 页

王心刚
0090　Ван Синь-ган / Торопцев С. А. // Очерк истории китайского кино. 1896—1966. С. 219. 221
王心刚 / С. А. 托洛普采夫 // 中国电影史概览(1896—1966). 第 219、221 页

王心斋
0091　Ван Синьчжай / Буров В. Г. // Современная китайская философия. 1980. С. 175
王心斋 / В. Г. 布洛夫 // 当代中国哲学. 第 175 页

王玉珍
0092　Ван Юй-чжэнь / Торопцев С. А. // Очерк истории китайского кино. 1896—1966. С. 220
王玉珍 / С. А. 托洛普采夫 // 中国电影史概览(1896—1966). 第 220 页

王玉胡
0093　Ван Юй-ху / Торопцев С. А. // Очерк истории китайского кино. 1896—1966. С. 216
王玉胡 / С. А. 托洛普采夫 // 中国电影史概览(1896—1966). 第 216 页

王世杰
0094　Ван Ши-цзе / Ефимов Г. В. // Китай. История. экономика. культура. героическая борьба за национальную независимость. Политические и общественные деятели Китая. С. 449
王世杰 / Г. В. 叶菲莫夫 // 中国:历史、经济、文化,为民族独立而英勇奋斗(中国政治和社会人物篇). 第 449 页

王龙基
0095　Ван Лун-цзи / Торопцев С. А. // Очерк истории китайского кино. 1896—1966. С. 213
王龙基 / С. А. 托洛普采夫 // 中国电影史概览(1896—1966). 第 213 页

王汉伦
0096　Ван Хань-лунь / Торопцев С. А. // Очерк истории китайского кино. 1896—1966. С. 12. 208
王汉伦 / С. А. 托洛普采夫 // 中国电影史概览(1896—1966). 第 12、208 页

王礼锡
0097　Ван Лиси / Буров В. Г. // Современная китайская философия. 1980. С. 272
王礼锡 / В. Г. 布洛夫 // 当代中国哲学. 第 272 页

王幼平
0098　Верительные грамоты вручены (Ван Ю-пин-посол КНР в СССР) / Известия. 1977. 8 сентября (московский вечерний выпуск)
中华人民共和国驻苏大使王幼平接受任命书 / 消息报. 1977.8 (莫斯科晚刊)

0099　Чрезвычайный и Полномочный Посол КНР в СССР Ван Ю-пин [Биографическая справка] / Известия. 1977. 8 сентября (московский вечерний выпуск)
特任中华人民共和国驻苏大使王幼平简历 / 消息报. 1977.8 (莫斯科晚刊)

王亚平
0100　Ван Я-пин [Краткая биографическая справка] / Поэты нового Китая. 1953. С. 319
王亚平(简历) / 新中国诗人(1953). 第 319 页

0101　Ван Я-Пин / редколлегия // Краткая Литературная Энциклопедия. 1962—1978. Т. 1. С. 857

王亚平 / 编委会 // 简明文学百科全书(1962—1978). 第 1 卷. 857 页

王旭璧

0102　Ван Сюйби / Буров В. Г. // Современная китайская философия. 1980. С. 236
　　　王旭璧 / В. Г. 布洛夫 // 当代中国哲学. 第 236 页

王次龙

0103　Ван Цы-лун / Торопцев С. А. // Очерк истории китайского кино. 1896—1966. С. 221
　　　王次龙 / С. А. 托洛普采夫 // 中国电影史概览(1896—1966). 第 221 页

王孝忠

0104　Ван Сяо-чжун / Торопцев С. А. // Очерк истории китайского кино. 1896—1966. С. 217. 222
　　　王孝忠 / С. А. 托洛普采夫 // 中国电影史概览(1896—1966). 第 217、222 页

王孝和

0105　Письма, написанные кровью [о коммунисте Ван Сяо-хэ, казнённом гоминдановцами в 1948 г.] / Кожевников Савва // Смена. 1957. №4
　　　血写的书信(1948 年被国民党杀害的共产党人王孝和) / 萨瓦. 科惹夫尼科夫 // 接班人. 1957. 4

王志刚

0106　Ван Чжи-ган / Торопцев С. А. // Очерк истории китайского кино. 1896—1966. С. 222
　　　王志刚 / С. А. 托洛普采夫 // 中国电影史概览(1896—1966). 第 222 页

王志莘

0107　Ван Чжи-синь / Ефимов Г. В. // Китай. История. экономика. культура. героическая борьба за национальную независимость. Политические и общественные деятели Китая. С. 449
　　　王志莘 / Г. В. 叶菲莫夫 // 中国：历史、经济、文化, 为民族独立而英勇奋斗(中国政治和社会人物篇). 第 449 页

王苏娅

0108　Ван Су-я / Торопцев С. А. // Очерк истории китайского кино. 1896—1966. С. 219
　　　王苏娅 / С. А. 托洛普采夫 // 中国电影史概览(1896—1966). 第 219 页

王希坚

0109　Китайская поэзия наших дней [Лао Жун, Юань Шуй-по, Ай Цин, Тянь Цзянь, Ван Си-цзянь, Ли Цзи, Юань Чжан Цзин, Ли Бин, Лю И-тин] / Петров В. В. // Звезда. 1951. № 6
　　　当代中国诗作：袁水拍、艾青、田间、王希坚、李季等 / В. В. 彼得罗夫 // 星. 1951. 6. 1

0110　Ван Си-цзянь. [Краткая биографическая справка] / Поэты нового Китая. 1953. С. 322
　　　王希坚(简历) / 新中国诗人(1953). 第 322 页

王若飞

0111　Участие международного коммунистического движения в разработке военной политики КПК (20-30 годы) [Цюй Цюбо, Чжан Готао, Ван Жофэй, Жэнь Биши, Мао Цзэдун] / Юрьев М. Ф. // Вопросы истории Китая. С. 4
　　　参与共产国际 1920—1930 年制定中共军事政策：瞿秋白、张国焘、王若飞、任弼时、毛泽东等 / М. Ф. 尤里耶夫 // 中国历史问题. 第 4 页

0112　Ван Жо-Фэй / редколлегия // Советская Историческая энциклопедия. 1961—1976. Т. 2. С. 956
　　　王若飞 / 编委会 // 苏联历史百科全书(1961—1976). 第 2 卷. 第 956 页

王若水

0113　Ван Жошуй / Буров В. Г. // Современная китайская философия. 1980. С. 181-182. 199. 216
　　　王若水 / В. Г. 布洛夫 // 当代中国哲学. 第 181、199、216 页

王国维

0114　Ван Говэй и исследование китайской классической драмы / Меньшиков Л. Н. // III научная конференция 《Общество и государство в Китае》. Тезисы и доклады. Ч. 2. 1972. С. 349

王国维与中国传统戏曲研究 / Л. Н. 孟什科夫 // 中国社会与国家第三次学术研讨会提要与报告（1972）. 第二册. 第349页

0115　Ван Го-Вэй（Ван Цзинь-ань）/ Васильев Л. С. // Большая советская энциклопедия. 3-е изд. Т. 4. С. 285
　　　王国维（王静安）/ Л. С. 瓦西里耶 // 苏联大百科全书（第三版）. 第4卷. 第285页

0116　Ван Го-Вэй / Васильев Л. С. // Советская Историческая энциклопедия. 1961—1976. Т. 2. С. 950
　　　王国维 / Л. С. 瓦西里耶夫 // 苏联历史百科全书（1961—1976）. 第2卷. 第950页

0117　Ван Го-Вэй（Ван Гуань-тан, Ван Цзинь-ань）/ редколлегия // Краткая Литературная Энциклопедия. 1962—1978. Т. 1. С. 852
　　　王国维（王观堂、王静安）/ 编委会 // 简明文学百科全书（1962—1978）. 第1卷. 第852页

王征信

0118　Ван Чжэн-синь / Торопцев С. А. // Очерк истории китайского кино. 1896—1966. С. 209
　　　王征信 / С. А. 托洛普采夫 // 中国电影史概览（1896—1966）. 第209页

王实味

0119　[Ван Ши-вэй, Чжоу Ян] / Эйдлин Л. З. // О китайской литературе наших дней. С. 204
　　　王实味、周扬 / Л. З. 爱德林 // 当代中国文学. 第204页

王秋颖

0120　Ван Цю-ин / Торопцев С. А. // Очерк истории китайского кино. 1896—1966. С. 220
　　　王秋颖 / С. А. 托洛普采夫 // 中国电影史概览（1896—1966）. 第220页

王俊益

0121　Ван Цзюнь-и / Торопцев С. А. // Очерк истории китайского кино. 1896—1966. С. 222
　　　王俊益 / С. А. 托洛普采夫 // 中国电影史概览（1896—1966）. 第222页

王首道

0122　Ван Шоу-дао / Юрьев М. Ф. // Красная Армия Китая. С. 185
　　　王首道 / М. Ф. 尤里耶夫 // 中国红军. 第185页

王洪文

0123　Борьба против《группы четырех》в Китае. Сообщение ТАСС / Правда. 1977. 26 февраля
　　　中国粉碎"四人帮"的斗争，苏联塔斯社公告 / 真理报. 1977. 2. 26

0124　О следствии по делу《группы четырех》/ Правда. 1977. 29 апреля
　　　"四人帮"案件的调查 / 真理报. 1977. 4. 29

0125　Внутренний документ № 24（о документе ? Доказательства преступлений антипартийной клики Ван Хун-вэня, Чжан Чунь-цяо, Цзян Цин, Яо Вэнь-юаня）/ Крымов Б. // Литературная газета. 1977. 28 декабря
　　　第24号内部文件：王洪文、张春桥、江青和姚文元反党集团罪行的证据 / Б. 克雷莫夫 // 文学报. 1977. 12. 28

0126　Суд над《бандой четырех》и группой Линь Бяо / Егоров К. А. // Персоналия：Китайская Народная Республика в 1980 году. Политика. Экономика. Идеология. С. 22
　　　审判"四人帮"与林彪集团 / К. А. 叶果洛夫 // 1980中华人民共和国名人录：政治、经济、意识形态. 第22页

王统照

0127　Ван Тун-Чжао（Ван Цзянь-сань）/ Большая советская энциклопедия. 3-е изд. Т. 4. 1971. С. 293
　　　王统照（王剑三）/ 苏联大百科全书（1971）. 第三版. 第4卷. 第293页

0128　Ван Тун-Чжао（Ван Цзянь-сань）/ редколлегия // Краткая Литературная Энциклопедия. 1962—1978. Т. 1. С. 854
　　　王统照（王剑三）/ 编委会 // 简明文学百科全书（1962—1978）. 第1卷. 第854页

王桂林

0129　Ван Гуй-линь / Торопцев С. А. // Очерк истории китайского кино. 1896—1966. С. 209
　　　王桂林 / С. А. 托洛普采夫 // 中国电影史概览(1896—1966). 第209页

王恩茂

0130　Ван Эньмао / Буров В. Г. // Современная китайская философия. 1980. С. 21
　　　王恩茂 / В. Г. 布洛夫 // 当代中国哲学. 第21页

王积业

0131　Ван Цзие о реформе в Китае / ПДВ 1986 №2
　　　王积业谈中国的改革 / 远东问题. 1986.2

王润身

0132　Ван Жунь-шэнь / Торопцев С. А. // Очерк истории китайского кино. 1896—1966. С. 219
　　　王润身 / С. А. 托洛普采夫 // 中国电影史概览(1896—1966). 第219页

王家乙

0133　Ван Цзя-и / Торопцев С. А. // Очерк истории китайского кино. 1896—1966. С. 213. 215. 219
　　　王家乙 / С. А. 托洛普采夫 // 中国电影史概览(1896—1966). 第213、215、219页

王彩云

0134　Ван Цай-юнь / Торопцев С. А. // Очерк истории китайского кино. 1896—1966. С. 208
　　　王彩云 / С. А. 托洛普采夫 // 中国电影史概览(1896—1966). 第208页

王鲁彦

0135　Ван Лу-Янь / редколлегия // Краткая Литературная Энциклопедия. 1962—1978. Т. 1. С. 854
　　　王鲁彦 / 编委会 // 简明文学百科全书(1962—1978). 第1卷. 第854页

王瑞麟

0136　Ван Жуй-линь / Торопцев С. А. // Очерк истории китайского кино. 1896—1966. С. 209
　　　王瑞麟 / С. А. 托洛普采夫 // 中国电影史概览(1896—1966). 第209页

王献斋

0137　Ван Сянь-чжай / Торопцев С. А. // Очерк истории китайского кино. 1896—1966. С. 208
　　　王献斋 / С. А. 托洛普采夫 // 中国电影史概览(1896—1966). 第208页

王震之

0138　Ван Чжэнь-чжи / Торопцев С. А. // Очерк истории китайского кино. 1896—1966. 212
　　　王震之 / С. А. 托洛普采夫 // 中国电影史概览(1896—1966). 第212页

王稼祥

0139　Ван Цзя-сян / Юрьев М. Ф. // Красная Армия Китая. С. 185
　　　王稼祥 / М. Ф. 尤里耶夫 // 中国红军. 第185页

王德成

0140　Ван Дэ-чэн / Торопцев С. А. // Очерк истории китайского кино. 1896—1966. С. 50
　　　王德成 / С. А. 托洛普采夫 // 中国电影史概览(1896—1966). 第50页

王毅智

0141　Ван И-чжи / Торопцев С. А. // Очерк истории китайского кино. 1896—1966. С. 216
　　　王毅智 / С. А. 托洛普采夫 // 中国电影史概览(1896—1966). 第216页

韦国清

0142　Вэй Го-цин / Персоналия : Китайская Народная Республика в 1976 году: Политика. Экономика. Идеология. С. 339
　　　韦国清 / 1976中华人民共和国名人录:政治、经济、意识形态. 第339页

韦素园

0143　Вэй Су-Юань / Петров В. В. // Краткая Литературная Энциклопедия. 1962—1978. Т. 9. С. 214

韦素园 / В. В. 彼得罗夫 // 简明文学百科全书（1962—1978）. 第 9 卷. 第 214 页

车 毅

0144　Чэ И / Торопцев С. А. // Очерк истории китайского кино. 1896—1966. С. 220
　　　车　毅 / С. А. 托洛普采夫 // 中国电影史概览（1896—1966）. 第 220 页

戈宝权

0145　Китайский писатель Гэ Бао-цюань в Литве / Советская Литва. 1955. 28 мая
　　　中国作家戈宝权在立陶宛 / 苏维埃立陶宛. 1955.5.28

0146　Наши гости : Гэ Баоцюань, Гао Ман / Вержховская Г., Чугунова А. // Иностранная литература. 1984. № 3
　　　我们的客人：戈宝权与高莽 / Г. 维尔日霍夫斯佳娅，А. 丘古诺娃 // 外国文学. 1984.3

0147　Гэ Бао-цюань / Большая советская энциклопедия. 3-е изд. Т. 7. С. 472
　　　戈宝权 / 苏联大百科全书（第三版）. 第 7 卷. 第 472 页

0148　Го Бао-Цзюнь / Киселев С. В. // Советская Историческая энциклопедия. 1961—1976. Т. 4. С. 476
　　　戈宝权 / С. В 吉谢列夫 // 苏联历史百科全书（1961—1976）. 第 4 卷. 第 476 页

0149　Гэ Бао-Цюань / редколлегия // Краткая Литературная Энциклопедия. 1962—1978. Т. 2. С. 469
　　　戈宝权 / 编委会 // 简明文学百科全书（1962—1978）. 第 2 卷. 第 469 页

太虚法师

0150　Тай Сюй-распространитель буддизма на Западе / Горбунова С. А. // XXV научная конференция 《Общество и государство в Китае》. Тезисы и доклады. 1994. С. 68
　　　太虚——佛教在西方传播者 / С. А. 戈尔布诺娃 // 中国社会与国家第二十五次学术研讨会提要与报告（1994）. 第 68 页

〔丨〕

中叔皇

0151　Чжун Шу-хуан / Торопцев С. А. // Очерк истории китайского кино. 1896—1966. С. 213. 217. 221
　　　中叔皇 / С. А. 托洛普采夫 // 中国电影史概览（1896—1966）. 第 213、217、221 页

〔丿〕

毛泽东

0152　Мао Цзе-дун. Биографический очерк. / М. : Госполитиздат. 1939. 103 с.
　　　毛泽东传略 / 莫斯科：国家政治书籍出版社. 1939. 103 页

0153　Мао против Хрущёва : краткая история китайско-советского конфликта : пер. с англ. / Флойд, Дэвид // М.: Прогресс. 1964. 191 с.
　　　毛泽东反对赫鲁晓夫：中苏对抗简史（译自英语）/ 弗洛伊德. 戴维德 // 莫斯科：进步出版社. 1964. 191 页

0154　Маоизм или марксизм / Бурлацкий, Ф. М. // М.: Политиздат. 1967. С. 248
　　　毛主义或马克思主义 / Ф. М. 布尔拉茨基 // 莫斯科：政治出版社. 1967. 248 页

0155　Страницы политической биографии Мао Цзе-дуна / Владимиров О. Е., Рязанцев В. // М. . Политиздат. 1969. 80 с. 1973. 2-е доп. изд. 112 с. 3е изд. 1975. 112 с.
　　　毛泽东政治生涯选编 / О. Е. 弗拉基米尔、В. 梁赞采夫 // 莫斯科：政治出版社. 1969. 80 页；1973. 二版增订版. 112 页；1975 三次增订版. 112 页

0156　Материалы к политической биографии Мао Цзедуна / Титов А. С. // М. : Наука. 1969
　　　毛泽东政治传记资料 / А. С. 季托夫 // 莫斯科：科学出版社. 1969

0157　Экономические 《теории》 маоизма / Корбаш Э. // М. : Политиздат. 1971. 184 с.

毛主义的"经济"理论 / Э. 科尔巴什 // 莫斯科：政治出版社.1971.184 页

0158　Маоизм и рабочий класс Китая / Гельбрас В. Г. // М. ：Профиздат. 1972. С. 60
毛主义与中国工人阶级 / В. Г. 盖利布拉斯 // 莫斯科：工会出版社.1972.60 页

0159　Маоизм вчера и сегодня. Заметки о политике маоистов после XI съезда КПК / Ильин М. А. // М. ：Знание. 1977. 64 с.
毛泽东主义的昨天和今天：对中共十一大以后毛主义者政策的评论 / М. А. 伊林 // 莫斯科：知识出版社.1977 年.64 页

0160　Идейно-политическая сущность маоизма / Отв. ред. М. И. Сладковский // М.：Наука. 1977. 443 с.
毛主义的思想政治本质 / М. И. 斯拉德科夫斯基责任编辑 // 莫斯科：科学出版社.1977.443 页

0161　Краткая теория и практика маоизма. Реф. сборник / Отв. ред. Я. М. Бергер, В. Намёткевич // М.：МИСОН. 1977（Международная информационная система по общественным наукам）292 с.
毛主义的理论纲要与实践论文集 / Я. М. 贝尔格尔责任编辑，В. 那缅特科维奇 // 莫斯科：国际社会科学信息系统.1977.292 页

0162　Проблемы развивающихся стран и маоистская дипломатия в ООН / Артемьев П. А. // М. ：Наука. 1978. 224 с.
发展中国家问题与毛主义者在联合国的外交 / П. А. 阿尔捷米耶夫 // 莫斯科：科学出版社.1978 年.224 页

0163　Маоизм：военная теория и практика / Под. ред. Д. А. Волкогонова // М.：Воениздат. 1978. 222с
毛主义的军事理论与实践 / Д. А. 沃尔科格诺夫主编 // 莫斯科：国防军事出版社.1978.222 页

0164　Маоизм и мировое революционное движение / Поспелов Б. В. // М.：Наука. 1979. 198 с.
毛主义与世界革命运动 / Б. В. 波斯别洛夫 // 莫斯科：科学出版社.1979.198 页

0165　Из истории советско-китайских отношений в 50-х годах ：(К дискуссии в КНР о Мао Цзэдуне) / Борисов О. Б. // М. ：Международные отношения. 1981. С. 144
50 年代苏中关系历史（中国对毛泽东的讨论）/ О. Б. 波利索夫 // 莫斯科：莫斯科国际关系出版社.1981.144 页

0166　К 50-летию образования Китайской Народной Республики ：(Под знаменем марксизма-ленинизма，идей Мао Цзэдуна и теории Дэн Сяопина) / Барышев, А. П. // М.：[Б. и.]. 1999. 61 с.
庆祝中华人民共和国成立五十周年：高举马列主义、毛泽东思想和邓小平理论的旗帜 / А. П. 巴雷舍夫 // 莫斯科：自编自印.1999.61 页

0167　Мао Цзе-дун. Очерк (из серии《Люди советского Китая》) / Молодая гвардия. 1936. № 6
毛泽东传略（苏维埃中国的人物系列）/ 青年近卫军.1936.6

0168　На родине Мао Цзе-дуна. Путевые заметки. / Федоренко Н. Т. // Новое время. 1951. № 37
在毛泽东的故乡（游记）/ Н. Т. 费多连科（费德林）// 新时代.1951.37

0169　Солдат и вождь. Китайская легенда [о Мао Цзе-дуне] / Можаев Б. // Казахстан. 1952. № 2
战士与领袖：关于毛泽东的中国故事 / Б. 莫扎耶夫 // 哈萨克斯坦.1952.2

0170　Рассказы о Мао Цзэ-дуне / Богданов Н. В. // Октябрь. 1952. № 6
有关毛泽东的故事 / Н. В. 波格丹诺夫 // 十月.1952.6

0171　Как и зачем себя《редактировал》Мао / Гарушянц Ю. М. // Литературная газета 1967. 22 ноября
毛泽东怎样和为什么要评价自己 / Ю. М. 加鲁什扬茨 // 文学报.1967.11.22

0172　Всемирная история в кривом зеркале маоизма / Жуков Е. М. и др. // Коммунист. 1972. № 16
毛主义者哈哈镜中的世界史 / Е. М. 茹科夫等 // 共产党人.1972.16

0173　У истоков маоизма. // Глунин В. // Мировая и междунар. отношения. 1976. № 1

毛主义的源头（评《中国回忆录》）／ B. 格卢宁 // 世界经济与国际关系. 1976. 1

0174 Китай после Мао Цзэ-дуна ／（круглый стол）// ПДВ 1977 №4
毛泽东以后的中国 ／（圆桌会议）// 远东问题. 1977. 4

0175 Китай：курсом маоизма ／ Семенов Ю. // Международная жизнь. 1977. № 6
中国：毛主义的方针 ／ Ю. 谢缅诺夫 // 国际生活. 1977. 6

0176 Маоизм в современных условиях КНР ／ Лазарев В. И. // Вопросы истории КПСС. 1977. № 7
在当代中国条件下的毛泽东主义 ／ В.И. 拉扎列夫 // 苏共历史问题. 1977. 7

0177 Идейно-политическое содержание маоистского термина《современный ревизионизм》／ Асланов Р. М. // Роль политикоидеологических кампаний в общественной жизни КНР. М.：ИДВ АН СССР. 1978.（Информационный бюллетень № 7）
毛主义中"当代修正主义"这一术语的思想政治含义 ／ Р.М. 阿斯拉诺夫 // 政治思想运动在中国社会生活中的作用. 苏联科学院远东研究所通讯. 1978. 7

0178 Кампания《критики》《четырех》и вопрос об《идеях》Мао Цзэдуна ／ Булкин А. П. // Роль политикоидеологических кампаний в общественной жизни КНР. 1978.（Информационный бюллетень № 7
"批评四人帮"运动与毛泽东的"思想"问题 ／ А.П. 布尔金 // 政治思想运动在中国社会生活中的作用. 苏联科学院远东研究所通讯. 1978. 7

0179 Маоизм без Мао Цзе-дуна ／ Фролкин С. // Медицинская газета. 1978. 14 июля
没有毛泽东的毛主义 ／ С. 傅洛尔金 // 医学报. 1978. 7. 14

0180 《Классовая логика》маоистов ／ Гончаров В. // Правда. 1978. 7 февраля. С. 5
毛主义者的"阶级逻辑" ／ В. 恭察洛夫 // 真理报. 1978. 2. 7

0181 《Две смерти Мао Цзэ-дуна》／ Зайцев В. // Московский комсомолец. 1978. 8 апреля
毛泽东的两次死亡 ／ В. 扎伊采 // 莫斯科共青团报. 1978. 4. 8

0182 О военной идеологии маоизма ／ Прибора А. // Знаменосец. 1978. № 9
论毛泽东的军事思想 ／ А. 普立勃拉 // 旗手. 1978. 9

0183 Маоизм и марксистская философия ／ Буров В. Г. // Информационный бюллетень ／ Проблемная комиссия представителей академий наук социалистических стран. Прага. 1979. № 3
毛主义与马克思主义哲学 ／ В.Г. 布洛夫 // 社会主义国家科学院代表项目组通讯. 1979. 3

0184 К вопросу о маоистской теории《народной войны》／ Мосько Г. // Военноисторический журнал. 1979. № 3
毛主义的"人民战争"理论问题 ／ Г. 莫西科 // 军事历史杂志. 1979. 3

0185 Маоизм и судьбы социализма в Китае ／ Феоктистов В. Ф. // Проблемы Дальнего Востока. 1979. № 3
毛主义与社会主义在中国的命运 ／ В.Ф. 费克季斯特夫 // 远东问题. 1979. 3

0186 Маоистской концепция《новой демократии》-праворевизионистская версия《национального》социализма ／ Смирнов Д. А. // Проблемы Дальнего Востока. 1979. № 4
毛泽东"新民主主义"概念是"国家社会主义"右倾修正主义新说法 ／ Д.А. 斯米尔诺夫 // 远东问题. 1979. 4

0187 Хань Суинь-апологет маоизма и китайского национализма ／ Коваль М. В. // ПДВ 1982 №1
韩素音-毛主义与中国民族主义的辩护者 ／ М.В. 科瓦里 // 远东问题. 1982. 1

0188 Сталин и Мао：беседы в Москве ／ Федоренко Н. Т. // ПДВ 1989 №1
斯大林与毛泽东：在莫斯科的会谈 ／ Н.Т. 费多连科（费德林）// 远东问题. 1989. 1

0189 Московские переговоры И. В. Сталина с Чжоу Эньлаем в 1953 г. и Н. С. Хрущева с Мао Цзэдуном в 1954 г. ／ Коваль К. И. // Новая и новейшая история. 1989. № 5
莫斯科会谈, 1953 年斯大林与周恩来, 1954 年赫鲁晓夫与毛泽东 ／ К.И. 科瓦利 // 近现代史.

1989. 5

0190 Диалог Сталина с Мао Цзэдуном / Ковалёв И. В. // ПДВ 1991 № 6.
斯大林与毛泽东的对话 / И. В. 科瓦列夫 // 远东问题. 1991. 6

0191 Как академик П. Ф. Юдин редактировал Мао Цзэдуна / Федоренко Н. Т. // Проблемы Дальнего Востока. 1992. № 6
尤金院士怎样评价毛泽东 / Н. Т. 费多连科(费德林) // 远东问题. 1992. 6

0192 Сталин и Мао слушали нас / Сидихменов В. // Новое время. 1993. №2
斯大林与毛泽东听从了我们 / В. 西狄赫缅诺夫 // 新时代. 1993. 2

0193 Тысяча двадцать пятое предупреждение Мао Цзедуна / Усов В. // Новое время. 1993. № 50
毛泽东的第1025警告 / В. 乌索夫 // 新时代. 1993. 50

0194 Переписка И. В. Сталина с Мао Цзэдуном в январе 1949 г. / Тихвинский С. Л. // Новая и новейшая история. 1994. № 4/5
1949年1月斯大林与毛泽东的通信 / С. Л. 齐赫文斯基 // 近现代史. 1994. 4—5

0195 Мао Цзедун о китайской политике Коминтерна и Сталина. Запись беседы П. Ф. Юдина с Мао Цзедуном / Публикация А. Григорьева и Т. Зазерской // Проблемы Дальнего Востока. 1994. № 5
毛泽东谈共产国际与斯大林的对华政策:尤金与毛泽东谈话记录 / А. 格里格里耶娃和Т. 扎泽尔斯柯伊 // 远东问题. 1994. 5

0196 Секретная миссия А. И. Микояна в Китай (январь-февраль 1949 г.) [Мао Цзедун-ТВ] / Ледовский А. М. // Проблемы Дальнего Востока. 1995. № 2
А. И. 米高扬赴中国的秘密使命(1949年1至2月)一书中的毛泽东 / А. М. 列多夫斯基 // 远东问题. 1995. 2.

0197 Дом памяти Мао и память народа / Горбачёв Б. // Азия и Африка сегодня 1995 №2
毛泽东纪念堂与人民的纪念 / Б. 戈尔巴乔夫 // 今日亚非. 1995. 2

0198 Беседы с Мао Цзэдуном на пути в Москву. Декабрь 1949 г. / Федоренко Н. Т. // Новая и новейшая история. 1996. № 6
1949年12月去莫斯科途中与毛泽东的谈话 / Н. Т. 费多连科(费德林) // 近现代史. 1996. 6

0199 Взаимоотношения между И. В. Сталиным и Мао Цзэдуном глазами очевидца / Рахманин О. Б. //《Новая и новейшая история》. 1998. № 1
旁观者眼中的斯大林和毛泽东的相互关系 / О. Б. 拉赫玛宁 // 近现代史. 1998. 1

0200 Культура и маоизм / Вахтин Б. Б. // VII научная конференцияОбщество и государство в Китае. Тезисы и доклады. Ч. 3. С. 580
文化与毛主义 / Б. Б. 瓦赫京 // 中国社会与国家第七次学术研讨会提要与报告(第三册). 第580页

0201 Бюрократический капитал Гоминьдана в концепциях Мао Цзэдуна и Чэнь Бода / Непомнин О. Е. // XXV научная конференция Общество и государство в Китае. Тезисы и доклады. С. 252
毛泽东与陈伯达观念中的国民党官僚资本 / О. Е. 涅波姆宁 // 中国社会与国家第二十五次学术研讨会提要与报告. 第252页

0202 Проблемы маоизма в советской историографии (1963—1972) / Пащенко Н. И. // IV научная конференция《Общество и государство в Китае》. Тезисы и доклады. Ч. 2. С. 320
苏联历史学研究中的毛主义问题(1963—1972) / Н. И. 巴先科 // 中国社会与国家第四次学术研讨会提要与报告(第二册). 第320页

0203 《Августовское》совещание КПК в Ниньду состоялось не в августе, а в сентябре 1932 г. [Чжу Дэ, Мао Цзэдун-ТВ] / Пожилов И. Е. // XXIII научная конференция Общество и государство в Китае. Тезисы и доклады. Ч. 2. 1991. С. 136
宁都中共会议是1932年9月而不是8月举行的——兼论朱德、毛泽东 / И. Е. 波日洛夫 // 中国社会与国家第二十三次学术研讨会提要与报告(第二册). 第136页

0204 О формировании маоистской ценностно-нормативной системы в 60 гг. / Синицкий Г. С. // VI научная конференция Общество и государство в Китае. Тезисы и доклады. Ч. 3. С. 500
论六十年代毛主义价值规范体系的形成／Г.С.西尼茨基／／中国社会与国家第六次学术研讨会提要与报告（第三册）．第 500 页

0205 《Они были первыми》 / Тихвинский С. Л. // Китай: История в лицах и событиях. С. 140
"他们是排头兵"／С.Л.齐赫文斯基／／中国历史人物与事件．第 140 页

0206 Мао Цзедун / Персоналии // Персоналии 40 лет КНР. 1989. С. 494
毛泽东／名人录编委会／／中华人民共和国四十年名人录．第 494 页

0207 Участие международного коммунистического движения в разработке военной политики КПК (20-30 годы) [Цюй Цюбо, Чжан Готао, Ван Жофэй, Жэнь Биши, Мао Цзэдун] / Юрьев М. Ф. // Вопросы истории Китая. С. 4
参与共产国际 1920—1930 年制定中共军事政策：瞿秋白、张国焘、王若飞、任弼时、毛泽东／М.Ф.尤里耶夫／／中国历史问题．第 4 页

0208 Некоторые вопросы оценки социально-экономической ситуации в китайской деревне в решениях VI съезда КПК[Мао Цзэдун, Цюй Цюбо] / Григорьев А. М. // Вопросы истории Китая. 1981. С. 20
中共第六次代表大会关于中国农村社会经济状况的若干评价：毛泽东、瞿秋白／А.М.格里高里耶夫／／中国历史问题．第 20 页

0209 Становление и развитие новой 4-й армии в Центральном Китае (1938—январь 1941 г.) [Е Тин, Сян Ин, Мао Цзэдун, Ван Мин + таблица: Командиры дивизий] / Голубева О. В. // Вопросы истории Китая. С. 50
1938—1941 年新四路军在华中根据地的形成与发展：叶挺、项英、毛泽东、王明及各师领导人／О.В.高鲁毕娃／／中国历史问题．第 50 页

0210 Мао Цзэ-дун / Юрьев М. Ф. // Красная Армия Китая. С. 188
毛泽东／М.Ф.尤里耶夫／／中国红军．第 188 页

0211 Мао Цзэ-дун / Ефимов Г. В. // Китай. История. экономика. культура. героическая борьба за национальную независимость. Политические и общественные деятели Китая. Политические и общественные деятели Китая. С. 451
毛泽东／Г.В.叶菲莫夫／／中国：历史、经济、文化，为民族独立而英勇斗争（中国政治和社会人物篇）．第 451 页

0212 Философское кредо маоизма / Сенин Н. Г. // Критика теоретических основ маоизма. С. 129
毛主义的哲学信念／Н.Г.谢宁／／毛主义理论基础批判．第 129 页

0213 Об идейных истоках маоизма / Иванов К. В. // Критика теоретических основ маоизма. С. 161
论毛主义的思想／К.В.伊万诺夫／／毛主义理论基础批判．第 161 页

0214 Что стоит за маоистской 《теорией трех миров》 / Опасный курс. вып. 9. Китай после Мао Цзэдуна. С. 78
毛主义"三个世界理论"意味着什么／危险的方针（第九辑）．第 78 页

0215 Маоизм в оценке современных 《левых》 / Кюзаджян Л. С. // Современный Китай в зарубежных исследованиях. Гл. 3. С. 83
当代"左派"如何评价毛泽东主义／Л.С.仇扎章／／当代中国的国外研究第 3 章．第 83 页

0216 Маоизм в китайском обществе: социопсихологический анализ / Кюзаджян Л. С. // Современный Китай в зарубежных исследованиях. Гл. 4. С. 98
毛主义在中国社会：社会心理分析／Л.С.仇扎章／／当代中国的国外研究第 4 章．第 98 页

0217 Маоизм с позиций либерализма / Кюзаджян Л. С. // Современный Китай в зарубежных исследованиях. Гл. 2. С. 46

从自由主义立场看毛主义 / Л. С. 仇扎章 // 当代中国的国外研究第 2 章. 第 46 页

0218　Национализм в идеологии маоизма / Делюсин Л. П., Кюзаджян Л. С. // Современный национализм и общественное развитие стран Востока. С. 116
毛主义思想中的民族主义 / Л. П. 杰柳辛, Л. С. 仇扎章 // 当代民族主义与东方国家的社会发展. 第 116 页

0219　Мао Цзэдун / Буров В. Г. // Современная китайская философия. 1980. С. 3. 8. 11. 71. 85. 91. 98. 104. 108. 153. 167. 171. 189. 194. 203. 210. 214. 218. 221. 223. 228. 233. 235. 238. 243. 249. 266. 272. 281. 284
毛泽东 / В. Г. 布洛夫 // 当代中国哲学(1980). 第 3、8、11、71、85、91、98、104、108、153、167、171、189、194、203、210、214、218、221、223、228、233、235、238、243、249、266、272、281、284 页

0220　Политика КПК в области науки и культуры. Маоизм и интеллигенция / Буров В. Г. // Современная китайская философия. 1980. С. 24
中共的科学文化政策, 毛主义与知识分子 / В. Г. 布洛夫 // 当代中国哲学. 第 24 页

0221　Маоистская философия / Буров В. Г. // Современная китайская философия. 1980. С. 109
毛主义哲学 / В. Г. 布洛夫 // 当代中国哲学. 第 109 页

0222　Пропаганда маоистской философии / Буров В. Г. // Современная китайская философия. 1980. С. 140
毛主义哲学的宣传 / В. Г. 布洛夫 // 当代中国哲学. 第 140 页

0223　Об отношении современного китайского руководства к 《наследию》 Мао Цзэдуна / Крэмпа И. // Маоизм без Мао. С. 217
当代中国领导人对毛泽东"遗产"的态度 / И. 科赖姆帕 // 毛之后的毛主义. 第 217 页

0224　Маоистская 《концепция трех миров》 и внешнеполитическая стратегия Пекина / Кручинин А. // Маоизм без Мао. 1979. С. 188
毛主义"三个世界的概念"与北京对外政策战略 / А. 库鲁启宁 // 毛之后的毛主义. 第 188 页

0225　Мао Цзэ-дун / Елизаров В. И. // Большая советская энциклопедия. 3е изд. Т. 15. С. 351
毛泽东 / В. И. 叶里扎罗夫 // 苏联大百科全书(第三版). 第 15 卷. 第 351 页

0226　Мао Цзэ-Дун / редколлегия // Советская Историческая энциклопедия. 1961. . Т. 9. С. 63
毛泽东 / 编委会 // 苏联历史百科全书(1961). 第 9 卷, 第 63 页

0227　Приезд в Москву правительственной делегации КНР. Советско-китайские переговоры [Мао Цзэ-дун, Чжоу Энь-лай, Ли Фу-чунь, Е Цзи-чжуан] / Сладковский М. И. // Сладковский М. И. История торговоэкономических отношений СССР с Китаем (1971—1974). . С. 193
苏中谈判中毛泽东、周恩来、李富春、叶季壮: 中国政府代表团抵达莫斯科 / М. И. 斯拉德科夫斯基 // 苏中经济贸易关系史(1971—1974). 第 193 页

0228　К вопросу о стратегии и тактике китайской революции в маоистской концепции 《новой демократии》/ Смирнов Д. А. // Информационный бюллетень ИДВ АН СССР. М. 1979. № 14. Вопросы экономики. истории и идеологии КитаяС. 212
毛主义"新民主主义"概念中中国革命的战略与策略问题 / Д. А. 斯米尔诺夫 // 苏联科学院远东研究所的通讯. 1979. 14; 中国经济、历史与意识形态的问题. 第 212 页

0229　Китай после Мао / Сладковский М. И. // Третья научная конференция по проблемам истории Китая в новейшее время : тезисы докладов. Ч. 1. с. 1
毛以后的中国 / М. И. 斯拉德科夫斯基 // 第三届中国现代历史问题学术研讨会报告摘要(第一册). 第 1 页

0230　Маоистский пересмотр линии VIII съезда КПК в 1957 году-переломный момент в истории КПК и КНР / Ященко Г. Н. // Третья научная конференция по проблемам истории Китая в новейшее время : тезисы докладов. Ч. 1. с. 162

1957 年毛泽东对中共"八大"方针的重新审视是中国共产党与中华人民共和国历史的转折点／Г. Н. 亚先科 // 第三届中国现代历史问题学术研讨会报告摘要（第一册）. 第 162 页

0231　О некоторых аспектах социально-психологического воздействия в маоистской пропаганде / Бойчев А. // Третья научная конференция по проблемам истории Китая в новейшее время : тезисы докладов. Ч. 2. С. 181

论毛主义宣传的社会心理影响的若干问题／А．波伊切夫 // 第三届中国现代历史问题学术研讨会报告摘要（第二册）. 第 181 页

乌兰夫

0232　За что Пекин хвалят в Каире（визит в АРЕ зам. Председателя ЦК ВСНП У ляньфу）/ Кулик С. // Правда. 1978. 19 ноября

开罗为何称赞北京：人民代表大会常务委员会副委员长乌兰夫访问埃及／С．库利克 // 真理报. 1978. 11. 19

0233　Уланьфу / Персоналия : Китайская Народная Республика в 1976 году : Политика. Экономика. Идеология. С. 341

乌兰夫／1976 中华人民共和国名人录：政治、经济、意识形态. 第 341 页

〔丶〕

方 化

0234　Фан Хуа / Торопцев С. А. // Очерк истории китайского кино. 1896—1966. С. 215-216

方　化／С. А. 托罗普采夫 // 中国电影史概览（1896—1966）. 第 215 页

方 辉

0235　Фан Хуэй / Торопцев С. А. // Очерк истории китайского кино. 1896—1966. 1979. С. 218

方　辉／С. А. 托罗普采夫 // 中国电影史概览（1896—1966）. 第 218 页

方 毅

0236　Фан И / Персоналия : Китайская Народная Республика в 1976 году : Политика. Экономика. Идеология. С. 325

方　毅／1976 中华人民共和国名人录：政治、经济、意识形态. 第 325 页

方志敏

0237　Завещание товарища Фан Чжи-мина перед казнью（написано в тюрьме）/ Коммунистический Интернационал. 1935. №33/34

方志敏就义前的遗嘱／共产国际. 1935. 33—34

0238　Фан Чжи-мин-герой китайского народа / Хамадан А. М. // Коммунистический интернационал. 1935. №33-34.

中国人民的英雄方志敏／А. М. 哈马丹 // 共产国际. 1935. 33—34

0239　Мужественный большевик-национальный герой Китая Фан Чжи-мин / Ван Мин // Коммунистический Интернационал. 1936. №2

英勇的布尔什维克：中华民族的英雄方志敏／王　明 // 共产国际. 1936. 2

0240　Письмо к товарищам. / Фан Чжи-мин // Коммунистический интернационал. 1936. №2

在狱中致全体同志书／方志敏 // 共产国际. 1936. 2

0241　Герои китайского народа. Товарищ Фан Чжи-мин / Лян Пу // Национально-колониальные проблемы. 1937. №1

中国人民的英雄方志敏／梁浦（音）// 民族和殖民地问题. 1937. 1

0242　Боевая жизнь. К 20-летию со дня гибели выдающегося революционера Фан Чжи-миня. / Лин Хэ // Народный Китай. 1956. №21.

战斗的一生：纪念杰出的革命家方志敏逝世二十周年 / 林　河 // 人民中国. 1956. 21

0243　Завещание Фан Чжиминя / Титов А. С. // ПДВ 1981 №1.
方志敏的遗嘱 / А. С. 季托夫 // 远东问题. 1981. 1

0244　Фан Чжи-минь / Юрьев М. Ф. // Красная Армия Китая. С. 191
方志敏 / М. Ф. 尤里耶夫 // 中国红军. 第 191 页

0245　Фан Чжи-Минь / Большая советская энциклопедия. 3-е изд. Т. 27. С. 204
方志敏 / 苏联大百科全书（第三版）. 第 27 卷. 第 204 页

0246　Фан Чжи-Минь / редколлегия // Советская Историческая энциклопедия. 1961—1976. Т. 14. С. 955
方志敏 / 编委会 // 苏联历史百科全书(1961—1976). 第 14 卷. 第 955 页

方沛霖

0247　Фан Пэй-линь / Торопцев С. А. Очерк истории китайского кино. 1896—1966. 1979. С. 211
方沛霖 / С. А. 托罗普采夫 // 中国电影史概览(1896—1966). 第 211 页

〔ㄱ〕

尹　达

0248　Инь Да（Лю Яо）/ редколлегия // Советская Историческая энциклопедия. 1961—1976. Т. 6. с. 167
尹达(刘燿) / 编委会 // 苏联历史百科全书(1961—1976). 第 6 卷. 第 167 页

巴　金

0249　Китайская литература на пути к социалистическому реализму［Ба Цзинь］/ Петров В. // Звезда. 1954. № 10
中国文学前进在社会主义现实主义发展道路上：巴金 / В. 彼得罗夫 // 星. 1954. 10

0250　В труде и в бою（Ма Фын, Вэй Вэй, Ба Цзинь）/ Журба П. // Литературная газета. 1955. 15 февраля
在劳动与战斗中：马烽、魏巍、巴金 / П. 茹尔巴 // 文学报. 1955. 2. 15

0251　Книга о Ба Цзине / Потаенко В. К. Снигирцев А. Н. // ПДВ 1978 №4.
关于巴金的书 / В. К. 波塔延科、А. Н. 斯尼基尔采夫 // 远东问题. 1978. 4

0252　Ба Цзинь: писатель-патриот / Желоховцев А. Н. // ПДВ 1983 №4.
爱国作家巴金 / А. Н. 热洛霍夫采夫 // 远东问题. 1983. 4

0253　Ба Цзинь и《культурная революция》/ Делюсин Л. П. // XXVII научная конференция《Общество и государство в Китае》. Тезисы и доклады. 1996. С. 147
巴金与"文化大革命" / Л. П. 杰柳辛 // 中国社会与国家第二十七次学术研讨会提要与报告(1996). 第 147 页

0254　Ба Цзинь（Ли Фэй-гань-настоящее имя）/ Большая советская энциклопедия. 3-е изд. Т. 3. С. 57
巴金(李芾甘) / 苏联大百科全书（第三版）. 第 3 卷. 第 57 页

邓　拓

0255　Дело Дэн То: реабилитация или присвоение авторитета? / Желоховцев А. Н. // ПДВ 1980 №1
邓拓的事业：为其平反与恢复名誉 / А. Н. 热洛霍夫采夫 // 远东问题. 1980. 1

0256　Посмертная судьба Дэн То / Желоховцев А. Н. // ПДВ 1984 №3
邓拓死后的命运 / А. Н. 热洛霍夫采夫 // 远东问题. 1984. 3

0257　Дэн То и другие / Бовин А. Е., Делюсин Л. П. // Политический кризис в Китае. С. 16
邓拓与其他人 / А. Е. 波翁、Л. П. 杰柳辛 // 中国政治危机. 第 16 页

0258　Дэн То / Буров В. Г. // Современная китайская философия. 1980. С. 33
邓　拓 / В. Г. 布洛夫 // 当代中国哲学(1980). 第 33 页

邓　野

0259　Китайский историк Дэн Е о взглядах и деятельности Гу Вэйцзюня / Каткова З. Д. // XXIX научная конференция 《Общество и государство в Китае》. Тезисы и доклады. 1999. С. 316

中国历史学家邓野论顾维钧的观点与活动 / З. Д. 卡特科娃 // 中国社会与国家第二十九次学术研讨会提要与报告(1999). 第316页

邓 楠

0260　Дэн Нань / Торопцев С. А. // Очерк истории китайского кино. 1896—1966. С. 218. 221

邓　楠 / С. А. 托洛普采夫 // 中国电影史概览(1896—1966). 第218、221页

邓小平

0261　Экономическая политика Китая в эпоху Дэн Сяопина. / Портяков В. Я. // М. : Восточная литература. 1998. 248 с.

邓小平时代的中国经济政策 / 波尔佳科夫 // 莫斯科：东方文学. 1998. 248页

0262　К 50-летию образования Китайской Народной Республики : (Под знаменем марксизма-ленинизма, идей Мао Цзэдуна и теории Дэн Сяопина) / Барышев, А. П. // М. : [Б. и.]. 1999. 61 с.

庆祝中华人民共和国成立五十周年：高举马列主义、毛泽东思想和邓小平理论的旗帜 / А. П. 巴雷舍夫 // 莫斯科.(出版社不详)1999. 61页

0263　《Откровения》 Дэн Сяо-пина / Правда. 1977. 23 октября

邓小平的"坦白" / 真理报. 1977. 10. 23

0264　Открытое письмо Дэн Сяопину [Информация ТАСС] / Правда. 1979. 29 января

致邓小平的公开信(苏联塔斯社的报道) / 真理报 1979. 1. 29

0265　По поводу интервью Дэн Сяопина (журналу《тайм》) / Петров А. // Правда. 1979. 1 февраля

《时代》杂志采访邓小平 / А. 彼特洛夫 // 真理报. 1979. 2. 1

0266　Оборотная сторона 《мягкой》 позиции Китая: к чему стремится Дэн Сяопин. Реф. ст. по материалам из японской печати / Масленников Л. А. // Общественные науки за рубежом. РЖ/ АН СССР. ИНИОН. Сер. 9. Востоковедение и африканистика. 1979. № 3.

中国"软"立场的背后：邓小平追求什么,日本期刊资料的总结 / Л. А. 马斯连尼科夫 // 国外社会科学. 苏联科学院情报所. 第9辑. 东方学与非洲学. 1979. 3

0267　Дэн Сяопин / Яковлев М. // Азия и Африка сегодня. 1989. №1

邓小平 / М. 雅科夫列夫 // 今日亚非. 1989. 1

0268　40 лет КНР: некоторые итоги, проблемы, перспективы [о Дэн Сяопине] / Разов С. // Коммунист. 1989. № 14

中华人民共和国四十年：一些结论、问题与前途(论邓小平) / С. 拉佐夫 // 共产党人. 1989. 14

0269　Реформа политической системы в Китае: замыслы и проблемы [о Дэн Сяопине] / Сергеев С. // Партийная жизнь. 1989. №19

中国政治体制改革：设想与问题（论邓小平） / С. 谢尔盖耶夫 // 党的生活. 1989. 19

0270　Суть перемен [о Дэн Сяопине] / Бажанов Е. // Новое время. 1990. №16

变化的性质：论邓小平 / Е. 巴扎诺夫 // 新时代. 1990. 16

0271　Китай: второе десятилетие реформ [о Дэн Сяопине] / Бажанов Е. // Коммунист. 1991. № 6

中国改革的第二个十年(论邓小平) / Е. 巴扎诺夫 // 共产党人. 1991. 6

0272　Открытая политика Китая: опыт для нас [о Дэн Сяопине] / Потапов М. // Мировая экономика и международные отношения. 1993. № 1

中国的开放政策：给我们提供经验(论邓小平) / М. 波塔波夫 // 世界经济与国际关系. 1993. 1号

0273　Дэн Сяопин и политика реформ в Китае / Портяков В. Я. // Проблемы Дальнего Востока. 1994. № 6

邓小平与中国的改革政策 / В. Я. 波尔佳科夫 // 远东问题. 1994. 6

0274　Дэн Сяопин-революционер маоист, реформатор / Делюсин Л. П. // Азия и Африка сегодня 1994

No 8-9

邓小平——革命者、毛主义者、改革者 / Л. П. 杰柳辛 // 今日亚非. 1994. 8—9

0275　Китай после Дэна / Бергер Я. М. // Проблемы Дальнего Востока. 1995. № 2
邓以后的中国 / Я. М. 别尔格尔 // 远东问题. 1995. 2

0276　КНР после Дэн Сяопина: проблемы экономического развития / Гельбрас В. Г. // Восток 1995 №6
邓小平以后的中国:经济发展问题 / В. Г. 盖利布拉斯 // 东方. 1995. 6

0277　Китай после Дэн Сяопина / Смит Дж. // За рубежом. 1995. № 7
邓小平以后的中国 / 泽·斯密特 // 在国外. 1995. 7

0278　Кот, умевший ловить мышей: о Дэн Сяопине / Усов В. // Новое время. 1995. № 11
会抓老鼠的猫:论邓小平 / В. 乌索夫 // 新时代. 1995. 11

0279　Кот, умевший ловить мышей. Политический портрет Дэн Сяопина. / Усов В. Н. // Новое время. 1995. № 11
会抓老鼠的猫:邓小平的政治肖像 / В. Н. 乌索夫 // 新时代. 1995. 11

0280　《Неважно, какого цвета кошка…》: на 93-м г. жизни скончался патриарх китайских реформ Дэн Сяопин / Овчинников В. // Российская газета. 1997. 21 февраля
"不管黑猫白猫……"中国改革的祖创始人邓小平去世了,享寿93岁 / В. 奥夫契尼科夫 // 俄罗斯报. 1997. 2. 21

0281　Дело и эра Дэн Сяопина / Титаренко М. Григорьев А. // ПДВ 1997 №2
邓小平的事业与纪元 / М. 季塔连科, А. 格里高里耶夫 // 远东问题. 1997. 2.

0282　《Не важно, какого цвета кошка, лишь бы она ловила мышей》: Дэн Сяопин : маленький человек, изменивший лицо миллиардного Китая / Охотников С. // Новое время. 1997. № 8
"不管黑猫白猫抓住耗子就是好猫":邓小平:一个改变十亿人口的中国面貌的小个子 / С. 奥霍特尼科夫 // 新时代. 1997. 8

0283　Конец эпохи Дэн: история жизни Дэн Сяопина / Арсланов Г., Томилин В. // Эхо планеты. 1997. № 10
邓时代的结束:邓小平生涯 / Г. 阿尔斯拉诺夫, В. 托米林 // 地球回音. 1997. 10

0284　Дэн указал Китаю путь / Платковский А. // Известия. 1997. № 34
邓给中国指路 / А. 普拉特科夫斯基 // 消息报. 1997. 34

0285　Отставка патриарха [о Дэн Сяопине] / Савенков Ю., Скосырев В. // Известия. 1997. № 34
祖师卸任:论邓小平 / Ю. 萨文科夫, В. 斯克瑟尔夫 // 消息报. 1997. 34

0286　Был ли Дэн Сяопин умнее Михаила Горбачёва? / Карпов М. // Азия и Африка сегодня. 1999. № 10
邓小平比米哈伊尔·戈尔巴乔夫聪明吗? / М. 卡尔波夫 // 今日亚非. 1999. 10

0287　Дэн Сяопин / Персоналии. По состоянию на 1 января 1978 г. С. 299-300 Китайская Народная Республика. Политика. Экономика. Идеология. 1977. 325 с.
邓小平 / 人物. 第299页;中国:政策、经济、意识形态(1977年). 第325页

0288　Дэн Сяопин / Персоналии // Персоналии 40 лет КНР. 1989. С. 487
邓小平 / 名人录编委会 // 中华人民共和国四十年名人录. 第487页

0289　Дэн Сяо-пин / Юрьев М. Ф. // Красная Армия Китая. С. 185
邓小平 / М. Ф. 尤里耶夫 // 中国红军. 第185页

0290　Дэн Сяопин / Буров В. Г. // Современная китайская философия. 1980. С. 238
邓小平 / В. Г. 布洛夫 // 当代中国哲学. 1980. 第238页

邓子恢

0291　Дэн Цзы-хуэй / Юрьев М. Ф. // Юрьев М. Ф. Красная Армия Китая. С. 185
邓子恢 / М. Ф. 尤里耶夫 // 中国红军. 第185页

邓中夏

0292　Памяти товарища Дэн Чжун-ся / Акатова Т. Н. // ПДВ 1972 № 4
　　　纪念邓中夏同志 / Т. Н. 阿卡托娃 // 远东问题. 1972. 4

0293　Дэн Чжунся-видный деятель китайского рабочего движения / Акатова Т. Н. // ПДВ 1982 № 3
　　　邓中夏——中国工人运动的著名人物 / Т. Н. 阿卡托娃 // 远东问题. 1982. 3

0294　Новые публикации в КНР о видном деятеле китайского рабочего движения Дэн Чжунся (1897—1933) / Семёнов А. В. // XVII научная конференция 《Общество и государство в Китае》. Тезисы и доклады. Ч. 3. 1986. С. 50
　　　著名中国工人运动活动家邓中夏(1897—1933)研究的新成果 / А. В. 谢苗诺夫 // 中国社会与国家第十七次学术研讨会提要与报告(1986). 第三册. 第 50 页

0295　Дэн Чжунся о крестьянском вопросе в Китае / Сенотрусов А. И. // XVIII научная конференция 《Общество и государство в Китае》. Тезисы и доклады. Ч. 3. 1987. С. 94
　　　邓中夏论中国农民问题 / А. И. 谢诺图鲁索夫 // 中国社会与国家第十八次学术研讨会提要与报告(1987). 第三册. 第 94 页

0296　Дэн Чжунся о характере китайской революции 1925—1927 гг. / Сенотрусов А. И. // XIX научная конференция 《Общество и государство в Китае》. Тезисы и доклады. Ч. 3. 1988. С. 94
　　　邓中夏论 1925 至 1927 年中国革命的性质 / А. И. 谢诺图鲁索夫 // 中国社会与国家第十九次学术研讨会提要与报告(1988). 第三册. 第 94 页

0297　Дэн Чжун-ся / Юрьев М. Ф. // Красная Армия Китая. С. 186
　　　邓中夏 / М. Ф. 尤里耶夫 // 中国红军. 第 186 页

0298　Дэн Чжун-Ся / Гарушянц Ю. М. // Советская Историческая энциклопедия. 1961—1976. Т. 5. С. 428
　　　邓中夏 / Ю. М. 加鲁什扬茨 // 苏联历史百科全书(1961—1976). 第 5 卷. 第 428 页

邓初民

0299　Дэн Чумин / Буров В. Г. // Современная китайская философия. 1980. С. 167
　　　邓初民 / В. Г. 布洛夫 // 当代中国哲学(1980). 第 167 页

邓颖超

0300　Герои и героини великого перехода / Западный поход китайской Красной Армии. С. 63
　　　长征英雄 / 中国红军西行记. 第 63 页

0301　Дэн Инчао / Персоналии // Персоналии 40 лет КНР. 1989. С. 487
　　　邓颖超 / 名人录编委会 // 中华人民共和国四十年名人录. 第 487 页

0302　Новое руководство / Бурлацкий Ф. М. // Мао Цзэдун и его наследники. С. 75
　　　新任领导班子 / Ф. М. 布尔拉茨基 // 毛泽东及其后继者. 第 75 页

0303　История малых политических партий в Китае, 1928—1949 гг. / Иванов. П. М. // М.: Институт Дальнего Востока РАН. 1999. дисс. док. ист. наук. с. 195
　　　中国民主政党发展史(1928—1949) / П. М. 伊万诺夫 // 莫斯科:远东研究所历史学博士论文. 1999 年. 第 195 页

邓演达

0304　Дэн Яньда и его проект 《третьего пути》 / Делюсин Л. П. // XVI научная конференция 《Общество и государство в Китае》. Тезисы и доклады. Ч. 3. 1985. С. 145
　　　邓演达及其"第三条道路"方案 / Л. П. 杰柳辛 // 中国社会与国家第十六次学术研讨会提要与报告(1984). 第三册. 第 145 页

0305　Почему казнили Дэн Яньда? / Иванов П. М. // XXI научная конференция 《Общество и государство в Китае》. Тезисы и доклады. Ч. 3. 1990. С. 133
　　　邓演达为什么被处决? / П. М. 伊万诺夫 // 中国社会与国家第二十一次学术研讨会提要与报告

(1990). 第三册. 第 133 页

0306 Малые политические партии и группировки в Китае 1927—1937 гг. ［Дэн Яньда-ТВ.］/ Иванов П. М. // XXIII научная конференция 《Общество и государство в Китае》. Тезисы и доклады. Ч. 2. 1991. С. 139

中国 1927 至 1937 年小的政党与团体（邓演达）/ П. М. 伊万诺夫 // 中国社会与国家第二十三次学术研讨会提要与报告(1991). 第二册. 第 139 页

0307 История 《Третьей партии》（Драматическая мифология）［Тан Пиншань，Дэн Яньда-ТВ.］/ Иванов П. М. // XXV научная конференция 《Общество и государство в Китае》. Тезисы и доклады. 1993. С. 128

"第三党"的代表人物谭平山与邓演达 / П. М. 伊万诺夫 // 中国社会与国家第二十五次学术研讨会提要与报告(1993). 第二册. 第 128 页

孔 芮

0308 Кун Инь / Торопцев С. А. // Очерк истории китайского кино. 1896—1966. С. 220

孔　芮 / С. А. 托罗普采夫 // 中国电影史概览(1896—1966). 第 220 页

孔 厥

0309 Кун Цзюэ / Торопцев С. А. // Очерк истории китайского кино. 1896—1966. 219

孔　厥 / С. А. 托罗普采夫 // 中国电影史概览(1896—1966). 第 219 页

孔祥熙

0310 Кун Сян-си / Ефимов Г. В. // Китай. История. экономика. культура. героическая борьба за национальную независимость. Политические и общественные деятели Китая. С. 450

孔祥熙 / Г. В. 叶菲莫夫 // 中国：历史、经济、文化, 为民族独立而英勇奋斗(中国政治和社会人物篇). 第 450 页

水 华

0311 Шуй Хуа / Торопцев С. А. // Очерк истории китайского кино. 1896—1966. С. 50. 55. 59. 112. 120. 150. 167. 187. 214. 218. 221

水　华 / С. А. 托洛普采夫 // 中国电影史概览(1896—1966). 第 50、55、59、112、120、150、167、187、214、218、221 页

五　画

〔一〕

甘乃光

0312　Гань Най-гуан / Ефимов Г. В. // Китай. История. экономика. культура. героическая борьба за национальную независимость.　Политические и общественные деятели Китая. С. 449
　　甘乃光 / Г. В. 叶菲莫夫 // 中国：历史、经济、文化，为民族独立而英勇奋斗（中国政治和社会人物篇）. 第 449 页

艾　芜

0313　Ай У（Тан Дао-гэн）/ Наш друг Китай. Словарь-справочник. 1959. С. 385
　　艾芜（汤道耕）/ 我们的朋友-中国. 第 385 页

0314　Ай У（Тан Дао-гэн）/ Сорокин В. Ф. // Большая советская энциклопедия. 3-е изд. Т. 1. 1970. С. 309
　　艾芜（汤道耕）/ В. Ф. 索罗金 // 苏联大百科全书（第三版）. 第 1 卷. 第 309 页

0315　Ай У（Тан Дао-гэн）/ Сорокин В. Ф. // Краткая Литературная Энциклопедия. 1962—1978. Т. 1. С113
　　艾芜（汤道耕）/ В. Ф. 索罗金 // 简明文学百科全书（1962—1978）. 第 1 卷. 第 113 页

艾　青

0316　Ай Цин / Петров В. В. // М.: Гослитиздат 1954. с. 116
　　艾　青 / В. В. 彼得罗夫 // 莫斯科：国家文艺书籍出版社. 1954. 116 页

0317　Китайская поэзия наших дней [Лао Жун, Юань Шуй-по, Ай Цин, Тянь Цзянь, Ван Си-цзянь, Ли Цзи, Юань Чжан Цзин, Ли Бин, Лю И-тин] / Петров В. В. // Звезда. 1951. № 6
　　当代中国诗作（我们时代的中国诗歌）（袁水拍、艾青、田间、王希坚、李季等）/ В. В. 彼得罗夫 // 星. 1951. 6

0318　Поэт мира и свободы [об Ай Цине] / Лисица Б. // Вечерний Ленинград. 1952. 23 июля
　　和平与自由的诗人（论艾青）/ Б. 李希扎 // 列宁格勒晚报. 1952. 7. 23

0319　В. В. Маяковский и современная китайская поэзия [Го Мо-жо, Тянь Цзянь, Ай Цин, Ша Оу, Юань Шуй-по] / Петров В. В. // Звезда. 1952. № 4
　　В. В. 马雅可夫斯基与中国现代诗人郭沫若、田间、艾青、沙鸥、袁水拍等 / В. В. 彼得罗夫 // 星. 1952. 4

0320　Ай Цин: жизнь и время / Федоренко Н. Т. // ПДВ 1984 №4
　　艾青：生平与时代 / Н. Т. 费多连科（费德林）// 远东问题. 1984. 4

0321　Ай Цин（Цзян Хай-чэн）/ Черкасский Л. Е. // Большая советская энциклопедия. 3-е изд. Т. 1. 1970. С. 309
　　艾青（蒋海澄）/ Л. Е. 奇尔卡斯基 // 苏联大百科全书（第三版）. 第 1 卷. 第 309 页

0322　Ай Цин / Астафьев Г. В. // Интервенция США в Китае и ее поражение　1945—1949. 1957. С429
　　艾　青 / Г. В. 阿斯塔菲耶夫 // 美国干涉中国及其破产. 第 429 页

0323　Ай Цин（Цзян Хай-чэн）/ Петров В. В. // Краткая Литературная Энциклопедия. 1962—1978. Т. 9. С. 43
　　艾青（蒋海澄）/ В. В. 彼得罗夫 // 简明文学百科全书（1962—1978）. 第 43 页

艾　霞

0324　Ай Ся / Торопцев С. А. // Очерк истории китайского кино. 1896—1966. 1979. С. 209

艾　霞 / С. А.托洛普采夫 // 中国电影史概览(1896—1966). 第 209 页

艾明之

0325　Ай Мин-чжи / Торопцев С. А. // Очерк истории китайского кино. 1896—1966. 1979. С. 60. 119. 215. 219

艾明之 / С. А. 托洛普采夫 // 中国电影史概览(1896—1966). 第 60、119、215、219 页

艾思奇

0326　Ай Сыци / Буров В. Г. // Современная китайская философия. 1980. С. 71. 87. 102. 104. 141. 146. 181. 183. 199. 215. 240. 251. 268. 272. 274

艾思奇 / В. Г. 布洛夫 // 当代中国哲学. 第 71、87、102、104、141、146、181、183、199、215、240、251、268、272、274 页

艾恒武

0327　Ай Хэньу / Буров В. Г. // Современная китайская философия. 1980. С. 256

艾恒武 / В. Г. 布洛夫 // 当代中国哲学. 第 256 页

古　元

0328　Гу Юань-художник нового Китая. / Кривцов В. // Искусство. 1956. №6

古元——新中国的画家(新中国画家古元) / В. 克里夫佐夫 // 美术(艺术). 1956. 6

0329　Гу Юань / Червова Н. // Большая советская энциклопедия. 3-е изд. Т. 7. 1972. С. 471

古　元 / Н. 切尔沃娃 // 苏联大百科全书(第三版). 第 7 卷. 第 471 页

石　羽

0330　Ши Юй / Торопцев С. А. // Очерк истории китайского кино. 1896—1966. 1979. С. 212. 218

石　羽 / С. А. 托洛普采夫 // 中国电影史概览(1896—1966). 第 212、218 页

石　挥

0331　Ши Хуэй / Торопцев С. А. // Очерк истории китайского кино. 1896—1966. 1979. С. 55. 60. 74. 79. 81. 212

石　挥 / С. А. 托洛普采夫 // 中国电影史概览(1896—1966). 第 55、60、74、79、81、212 页

〔l〕

卢　敏

0332　Лу Минь / Торопцев С. А. // Очерк истории китайского кино (1896—1966). С. 212. 214

卢　敏 / С. А. 托罗普采夫 // 中国电影史概览(1896—1966). 第 212、214 页

卢德铭

0333　Лу Дэ-минь / Юрьев М. Ф. // Красная Армия Китая. С. 188

卢德铭 / М. Ф. 尤里耶夫 // 中国红军. 第 188 页

叶　子

0334　Е Цзы / Торопцев С. А. // Очерк истории китайского кино (1896—1966). С. 215

叶　子 / С. А. 托罗普采夫 // 中国电影史概览(1896—1966). 第 215 页

叶　元

0335　Е Юань / Торопцев С. А. // Очерк истории китайского кино (1896—1966). С. 218

叶　元 / С. А. 托罗普采夫 // 中国电影史概览(1896—1966). 第 218 页

叶　明

0336　Е Мин / Торопцев С. А. // Очерк истории китайского кино (1896—1966). С. 46. 120. 187. 212. 216. 218

叶　明 / С. А. 托罗普采夫 // 中国电影史概览(1896—1966). 第 46、120、187、212、216、218 页

0337　Е Мин / Торопцев С. А. // Очерк истории китайского кино (1896—1966). С. 211

叶　明 / С. А. 托罗普采夫 // 中国电影史概览(1896—1966). 第 211 页

叶 挺

0338 Е Тин / Юрьев М. Ф. // Красная Армия Китая. С. 186
叶　挺 / М. Ф. 尤里耶夫 // 中国红军. 第 186 页

0339 Строитель революционной армии Е Тин / Юрьев М. Ф. // ПДВ 1979 №3.
叶挺——革命军队的缔造者 / М. Ф. 尤里耶夫 // 远东问题. 1979. 3

0340 Становление и развитие новой 4-й армии в Центральном Китае（1938—январь 1941 г.）［Е Тин, Сян Ин, Мао Цзэдун, Ван Мин + таблица：Командиры дивизий］/ Голубева О. В. // Вопросы истории Китая. С. 50
新四路军在华中的形成与发展（1938—1941 年）：叶挺、项英、毛泽东、王明等 / О. В. 高鲁毕娃 // 中国历史问题. 第 50 页

0341 Е Тин / Ефимов Г. В. // Китай. История. экономика. культура. героическая борьба за национальную независимость. Политические и общественные деятели Китая. С. 450
叶　挺 / Г. В. 叶菲莫夫 // 中国：历史、经济、文化, 为民族独立而英勇奋斗（中国政治和社会人物篇）. 第 450 页

0342 Воспоминания о Е Тине / Тесленко Е. В. // На китайской земле. Воспоминания советских добровольцев. 1925—1945. С. 117
回忆叶挺 / Е. В. 捷斯连科 // 在中国的大地上：苏联志愿者回忆录（1925—1945）. 第 117 页

0343 Е Тин / Большая советская энциклопедия. 3-е изд. Т. 9. С. 107
叶　挺 / 苏联大百科全书（第三版）. 第 9 卷. 第 107 页

0344 Е Тин / редколлегия // Советская Историческая энциклопедия. 1961—1976. Т. 5. С. 515
叶　挺 / 编委会 // 苏联历史百科全书（1961—1976）. 第 5 卷. 第 515 页

叶 紫

0345 Е Цзы（Юй Хэ-линь）/ Петров В. В. // Краткая Литературная Энциклопедия. 1962—1978. Т. 9. С. 297
叶紫（余鹤林）/ В. В. 彼得罗夫 // 简明文学百科全书（1962—1978）. 第 9 卷. 第 297 页

叶 楠

0346 Е Нань / Торопцев С. А. // Очерк истории китайского кино（1896—1966）. С. 220
叶　楠 / С. А. 托罗普采夫 // 中国电影史概览（1896—1966）. 第 220 页

叶丁易

0347 Е Дин-и［Некролог］/ Литературная газета；Вечерняя Москва. 1954. 1 июля
叶丁易（讣文）/ 文学报、莫斯科晚报. 1954. 7. 1

叶以群

0348 Е И-цюнь / Торопцев С. А. // Очерк истории китайского кино. С. 77, 166, 220
叶以群 / С. А. 托罗普采夫 // 中国电影简史（1896—1966）. 第 77、166、220 页

叶圣陶

0349 Юбилей писателя［90 лет Е Шэнтао］/ Советская культура. 1984. 18 августа
纪念叶圣陶诞辰九十周年 / 苏联文化. 1984. 8. 18

0350 Мао Дунь；Лао Шэ；Е Шэн-тао / Цыбина Е. А. // Литература Востока в новейшее время（1917—1945）. С. 426
茅盾、老舍、叶圣陶 / Е. А. 茨比娜 // 当代东方文学（1917—1945）. 第 426 页

0351 Некоторые особенности сказок Е Шэнтао / Лебедева Н. А. // Теоретические проблемы изучения литератур Дальнего Востока. Тезисы 11 научной конференции. 1984. Ч. 1. С. 121
论叶圣陶童话的特点 / Н. А. 列别杰娃 // 远东文学研究的理论问题：第十一届学术研讨会的论文摘要（1984）. 第一册. 第 121

0352 Е Шэн-Тао（Е Шао-цзюнь）/ Петров В. В. // Краткая Литературная Энциклопедия. 1962—1978.

Т. 9. С. 298

叶圣陶(叶绍钧) / В. В. 彼得罗夫 // 简明文学百科全书(1962—1978). 第 9 卷. 第 298 页

叶季壮

0353 Приезд в Москву правительственной делегации КНР. Советско-китайские переговоры [Мао Цзэ-дун, Чжоу Энь-лай, Ли Фу-чунь, Е Цзи-чжуан] / Сладковский М. И. // История торгово-экономических отношений СССР с Китаем (1917—1974). С. 193

苏中谈判中的毛泽东、周恩来、李富春、叶季壮:中国政府代表团访问莫斯科 / М. И. 斯拉德科夫斯基 // 苏中经济贸易关系史(1917—1974). 第 193 页

叶剑英

0354 Председателю Постоянного комитета ВСНП КНР Е Цзянь-ину (Приветственная телеграмма Председателя президиума Верховного Совета СССР Л. И. Брежнева в связи с избранием Е Цзянь-ина на должность Председателя Постоянного комитета ВСНП КНР) / Правда. 1978. 11 марта

苏联最高苏维埃主席团主席列. 伊. 勃列日涅夫致中华人名共和国全国人大常委会委员长叶剑英的电报:祝贺叶剑英当选为全国人民代表大会常委会委员长 / 真理报. 1978. 3. 11

0355 Е Цзяньин / Персоналии // Персоналии 40 лет КНР. С. 489

叶剑英 / 名人录编委会 // 中华人民共和国四十年名人录. 第 489 页

0356 Е Цзянь-ин / Юрьев М. Ф. // Красная Армия Китая. С. 186

叶剑英 / М. Ф. 尤里耶夫 // 中国红军. 第 186 页

0357 Е Цзянь-ин / Персоналия : Китайская Народная Республика в 1976 году: Политика. Экономика. Идеология. С. 335

叶剑英 / 1976 中华人民共和国名人录:政治、经济、意识形态. 第 335 页

0358 Е Цзянь-Ин / Елизаров В. И. // Большая советская энциклопедия. 3-е изд. Т. 30. С. 591

叶剑英 / В. И. 叶里扎罗夫 // 苏联大百科全书(第三版). 第 30 卷. 第 591 页

叶祥云

0359 Е Сян-юнь / Торопцев С. А. // Очерк истории китайского кино (1896—1966). С. 216

叶祥云 / С. А. 托罗普采夫 // 中国电影史概览(1896—1966). 第 216 页

叶楚伧

0360 Е Чу-цан / Ефимов Г. В. // Китай. История. экономика. культура. героическая борьба за национальную независимость. Политические и общественные деятели Китая. С. 450

叶楚伧 / Г. В. 叶菲莫夫 // 中国:历史、经济、文化,为民族独立而英勇奋斗(中国政治和社会人物篇). 第 450 页

田 丹

0361 Тянь Дань / Торопцев С. А. // Очерк истории китайского кино (1896—1966). С. 215

田丹 / С. А. 托罗普采夫 // 中国电影史概览(1896—1966). 第 215 页

田 方

0362 Тянь Фан / Торопцев С. А. // Очерк истории китайского кино (1896—1966). С. 37. 50. 55. 218. 221

田方 / С. А. 托罗普采夫 // 中国电影史概览(1896—1966). 第 37、50、55、218、221 页

田 汉

0363 Тянь Хань и драматургия Китая двадцатого века / Никольская Л. А. // М. : Изд-во МГУ. 1980. 215 с.

田汉与 20 世纪中国戏剧 / Л. А. 尼科利斯卡娅 // 莫斯科:莫斯科大学出版社. 1980. 215 页

0364 Тянь Хань: портрет на фоне эпохи / Аджимамудова В. С. // М. : Наука. (Писатели и мыслители Востока). 1993. 239 с.

田汉:时代肖像 / А. С. 阿德日马穆多娃 // 莫斯科:科学出版社(东方的作家与思想家). 1993.

239 页

0365 Замечательный китайский патриот［Тянь Хань］/ Шнейдер М. // Литературная газета. 1979. 26 сент.
中国伟大爱国主义者——田汉 / М.施奈德 // 文学报. 1979. 9. 26

0366 Тянь Хань-《совестливое дитя Китая》（К 90-летию со дня рождения）/ Аджимамудова В. С. // ПДВ 1988 №3
田汉——中国的良心（纪念田汉诞辰90周年）/ В.С.阿德日玛穆多娃 // 远东问题. 1988. 3

0367 Тянь Хань / Торопцев С. А. // Очерк истории китайского кино（1896—1966）. С. 13. 17. 25. 30. 32. 34. 42. 50. 55. 119. 209. 212. 218. 220
田　汉 / С.А.托罗普采夫 // 中国电影史概览（1896—1966）. 第 13、17、25、30、32、34、42、50、55、119、209、212、218、220 页

0368 Тянь Хань / Ефимов Г. В. // Китай. История. экономика. культура. героическая борьба за национальную независимость. Политические и общественные деятели Китая. С. 454
田　汉 / Г.В.叶菲莫夫 // 中国:历史、经济、文化,为民族独立而英勇奋斗（中国政治和社会人物篇）. 第 454 页

0369 Тянь Хань / Большая советская энциклопедия. 3-е изд. Т. 25. С. 428
田　汉 / 苏联大百科全书(第三版). 第 25 卷. 第 428 页

0370 Влияние Великой Октябрьской социалистической революции на Тянь Ханя / Никольская Л. А. // Теоретические проблемы изучения литератур Дальнего Востока. Тезисы и доклады 8 научной конференции. 1978. Ч. 2. с. 250
十月革命对田汉的影响 / Л. А. 尼科利斯卡娅 // 远东文学理论问题研究第八届学术研讨会摘要(1978). 第二册. 第 250 页

0371 Тянь Хань / Антиповский А. А. А. / Краткая Литературная Энциклопедия. 1962—1978. Т. 7. С. 713
田　汉 / А. 安季波夫斯基 // 简明文学百科全书(1962—1978). 第 7 卷. 第 713 页

田 华

0372 Тянь Хуа / Торопцев С. А. // Очерк истории китайского кино（1896—1966）. С. 55. 60. 93. 113. 135. 214. 217
田　华 / С.А.托罗普采夫 // 中国电影史概览（1896—1966）. 第 55、60、93、113、135、214、217 页

田 间

0373 Тянь Цзянь（Коротко об авторах）/ Интернациональная литература. 1942. № 7
田间(作家简介) / 共产国际文学. 1942. 7

0374 Тянь Цзянь / Большая советская энциклопедия. 3-е изд. Т. 25. С. 428
田　间 / 苏联大百科全书(第三版). 第 25 卷. 第 428 页

0375 Тянь Цзянь（Тун Тянь-цзянь）/ Лисевич И. С. // Краткая Литературная Энциклопедия（1962—1978）. Т. 7. С. 714
田间(童天鉴) / И.С.利谢维奇 // 简明文学百科全书(1962—1978) 第 7 册. 714 页

田 烈

0376 Тянь Ле / Торопцев С. А. // Очерк истории китайского кино(1896—1966). С. 218. 220
田　烈 / С.А.托罗普采夫 // 中国电影史概览(1896—1966). 第 218、220 页

田 琛

0377 Тянь Чэнь / Торопцев С. А. // Очерк истории китайского кино(1896—1966). С. 212
田　琛 / С.А.托罗普采夫 // 中国电影史概览(1896—1966). 第 212 页

田纪云

0378 Тянь Цзиюнь / Персоналии// Персоналии 40 лет КНР. С. 498

田纪云 / 名人录编委会 // 中华人民共和国四十年名人录. 第 498 页

田念萱

0379　Тянь Нянь-сюань / Торопцев С. А. // Очерк истории китайского кино(1896—1966). С. 219
　　　田念萱 / С. А. 托罗普采夫 // 中国电影史概览(1896—1966). 第 219 页

田桂英

0380　Девушка Тянь Гуй-ин. ［О первой женщине-машинисте в Китае.］/ Кривцов　В. // Звезда. 1951. №6.
　　　中国首位女性火车司机——田桂英 / В. 克里夫佐夫 // 星. 1951.6

史　元

0381　Ши Юань / Торопцев С. А. // Очерк истории китайского кино(1896—1966). С. 220
　　　史　元 / С. А. 托罗普采夫 // 中国电影史概览(1896—1966). 第 220 页

史　琳

0382　Ши Линь / Торопцев С. А. // Очерк истории китайского кино(1896—1966). С. 216
　　　史　琳 / С. А. 托罗普采夫 // 中国电影史概览(1896—1966). 第 216 页

史　超

0383　Ши Чао (сценарист) / Торопцев С. А. // Очерк истории китайского кино(1896—1966). С. 187. 216
　　　史　超 / С. А. 托罗普采夫 // 中国电影史概览(1896—1966). 第 187、216 页

史文炽

0384　Ши Вэнь-чжи / Торопцев С. А. // Очерк истории китайского кино(1896—1966). С. 220
　　　史文炽 / С. А. 托罗普采夫 // 中国电影史概览(1896—1966). 第 220 页

史东山

0385　Ши Дун-шань / Торопцев С. А. // Очерк истории китайского кино(1896—1966). С. 10. 18. 33. 42. 50. 60. 69. 70. 211. 214
　　　史东山 / С. А. 托罗普采夫 // 中国电影史概览(1896—1966). 第 10、18、33、42、50、60、69、70、211、214 页

史连兴

0386　Ши Лянь-син / Торопцев С. А. // Очерк истории китайского кино(1896—1966). С. 95. 214
　　　史连兴 / С. А. 托罗普采夫 // 中国电影史概览(1896—1966). 第 95、214 页

史淑桂

0387　Ши Шу-гуй / Торопцев С. А. // Очерк истории китайского кино(1896—1966). С. 221
　　　史淑桂 / С. А. 托罗普采夫 // 中国电影史概览(1896—1966). 第 221 页

〔J〕

丘东平

0388　Памяти Дун Пина / Позднеева Л. Д. // Интернациональная литература. 1942. № 7
　　　东平回忆录 / Л. Д. 波兹涅耶娃 // 共产国际文学. 1942.7

0389　Дун Пин (Цю Дун-пин) / Семаков В. И. // Краткая Литературная Энциклопедия (1962—1978). Т. 2 С. 819
　　　丘东平 / В. И. 谢马科夫 // 简明文学百科全书(1962—1978). 第 2 卷. 第 819 页

白　刃

0390　Бай Жэнь / Торопцев С. А. // Очерк истории китайского кино(1896—1966). С. 221
　　　白　刃 / С. А. 托罗普采夫 // 中国电影史概览(1896—1966). 第 221 页

白　杨

0391　Бай Ян / Торопцев С. А. // Очерк истории китайского кино(1896—1966). С. 33. 44. 50. 55.

60、69、72、73、105、172、211、212、216、218.

白　杨 / С. А. 托罗普采夫 // 中国电影史概览(1896—1966). 第 33、44、50、55、60、69、72、73、105、172、211、212、216、218 页

白沉

0392　Бай Шэнь / Торопцев С. А. // Очерк истории китайского кино(1896—1966). С. 81

白　沉 / С. А. 托罗普采夫 // 中国电影史概览(1896—1966). 第 81 页

白朗

0393　Крестьянское восстание в Китае под руководством Бай Лана(1912—1914гг.) / Белов Е. А. // Вопросы истории. 1960. №2

白朗领导的中国农民起义(1912—1924) / Е. А. 别洛夫 // 历史问题. 1960. 2

白穆

0394　Бай Му / Торопцев С. А. // Очерк истории китайского кино(1896—1966). С. 218. 220

白　穆 / С. А. 托罗普采夫 // 中国电影史概览(1896—1966). 第 218、220 页

白璐

0395　Бай Лу / Торопцев С. А. // Очерк истории китайского кино(1896—1966). С. 210

白　璐 / С. А. 托罗普采夫 // 中国电影史概览(1896—1966). 第 210 页

白玉霜

0396　Бай Юй-сян / Торопцев С. А. // Очерк истории китайского кино(1896—1966). С. 210

白玉霜 / С. А. 托罗普采夫 // 中国电影史概览(1896—1966). 第 210 页

白崇禧

0397　Бай Чун-си / Ефимов Г. В. // Китай. История. экономика. культура. героическая борьба за национальную независимость. Политические и общественные деятели Китая. С. 449

白崇禧 / Г. В. 叶菲莫夫 // 中国:历史、经济、文化,为民族独立而英勇奋斗(中国政治和社会人物篇). 第 449 页

印质明

0398　Инь Чжи-мин / Торопцев С. А. // Очерк истории китайского кино(1896—1966). С. 221

印质明 / С. А. 托罗普采夫 // 中国电影史概览(1896—1966). 第 221 页

包其三

0399　Пау Ти-сан-воин революции / Дунаевский А. // Литературная газета. 25 февраля 1958 г.

革命军人——包其三 / А. В. 杜纳耶夫斯基 // 文学报. 1958. 2. 25

〔丶〕

冯至

0400　Фэн Чжи / Черкасский Л. Е. // Краткая Литературная Энциклопедия. 1962—1978. Т. 9. С. 765

冯　至 / Л. Е. 切尔卡斯基 // 简明文学百科全书(1962—1978). 第 9 卷. 第 765 页

冯定

0401　Фэн Дин / Буров В. Г. // Современная китайская философия. М. : Наука. ГРВЛ. С. 71. 89. 94. 105. 146. 150. 199. 236. 240. 250. 252. 269. 280

冯　定 / В. Г. 布洛夫 // 当代中国哲学. 第 71、89、94、105、146、150、199、236、240、250、252、269、280 页

冯笑

0402　Фэн Сяо / Торопцев С. А. // Очерк истории китайского кино(1896—1966). С. 221

冯　笑 / С. А. 托罗普采夫 // 中国电影史概览(1896—1966). 第 221 页

冯喆

0403　Фэн Чжэ / Торопцев С. А. // Очерк истории китайского кино(1896—1966). С. 213

冯　喆 / С. А. 托罗普采夫 // 中国电影史概览(1896—1966). 第 213 页

冯　铿

0404　Против белого террора в Китае. Воззвание Лиги левых писателей Китая против белого террора Гоминьдана и империалистов.［О казни писателей Ли Вэй-сэня, Жоу Ши, Инь Фу, Ху Е-пиня, Фын Кэн］/ Литература мировой революции. 1933. № 11/12
反对国民党和帝国主义者的中国左翼作家联盟领军人物:死难的作者胡也频、冯铿、柔石、李伟森、殷夫 / 世界革命文学. 1933. 11—12

0405　Памяти павших. (1931—1937).［О китайских писателях Ху Е-пине, Фын Кэн, Жоу Ши, Ли Вэй-сэне, Инь Фу.］/ Рудман В. // Резец. 1937. №6
纪念 1931—1937 年英勇就义的中国作家:胡也频、冯铿、柔石、李伟森、殷夫 / В. 鲁德曼 // 刀锋. 1937. 6

冯友兰

0406　Современное конфуцианство: философия Фэн Юланя. / Ломанов, А. В. // М. . Вост. лит. 1996. 245 стр.
现代新儒学:冯友兰的哲学 / А. В. 罗曼诺夫 // 莫斯科:东方文学出版社. 1996. 245 页

0407　Фэн Юлань и современная китайская философия / Кобзев А. И. // Восток 1998 №4
冯友兰与当代中国哲学 / А. И. 科布泽夫 // 东方. 1998. 4

0408　Онтологический аргумент и постконфуцианская метафизика Фэн Юланя / Курапова В. Е., Ломанов А. В. // XXIV научная конференция 《Общество и государство в Китае》. Тезисы и доклады. Ч. 2. 1993. С. 84
冯友兰的本体论与后儒家形而上学 / В. Е. 库拉波娃、А. В. 罗曼诺夫 // 中国社会与国家第二十四次学术研讨会提要与报告(1993). 第二册. 第 84 页

0409　Воспоминания Фэн Юланя о Цзинь Юэлине / Ломанов А. В. // XXII научная конференция 《Общество и государство в Китае》. Тезисы и доклады. Ч. 2. 1991. С. 170
冯友兰忆金岳霖 / А. В. 罗曼诺夫 // 中国社会与国家第二十二次学术研讨会提要与报告(1991). 第二册. 第 170 页

0410　《Новое рассуждение о делах》 Фэн Юланя-взгляд философа на проблемы Китая / Ломанов А. В. // XXIII научная конференция 《Общество и государство в Китае》. Тезисы и доклады. Ч. 2. 1992. С. 146
冯友兰的新事论:哲学家有关中国问题的看法 / А. В. 罗马诺夫 // 中国社会与国家第二十三次学术研讨会提要与报告. 第二册. 1992. 第 146 页

0411　Фэн Юлань и проблема классификации современной китайской философии / Кобзев А. И. // IV Всероссийская конференция 《Философия Восточно-Азиатского региона и современная цивилизация》. 1998. с. 26
冯友兰与当代中国哲学的分类问题 / А. И. 科布泽夫 // 东亚哲学与当代文明第四次全俄会议(1998). 第 26 页

0412　Фэн Юлань / Буров В. Г. // Современная китайская философия. С. 39. 41. 47. 57. 62. 73. 78. 80. 89. 151. 155. 161. 167. 171. 174. 177. 185. 192. 199. 219. 223. 229. 241. 262. 270. 273. 278. 283
冯友兰 / В. Г. 布洛夫 // 当代中国哲学. 第 39、41、47、57、62、73、78、80、89、151、155、161、167、171、174、177、185、192、199、219、223、229、241、262、270、273、278、283 页

冯玉祥

0413　Чжан Цзо-лин и Фын Юй-сян / Лебеденко А. Г. // Звезда. 1926. № 5
张作霖与冯玉祥 / А. Г. 列别坚科 // 星星. 1926. 5

0414　Новые материалы о Китайской комиссии Политбюро ЦК РКП (б)［поставка вооружения армии

Фэн Юйсяна-ТВ] / Публикация подготовлена А. М. Григорьевым и К. В. Шевелевым // Проблемы Дальнего Востока. 1994. № 2

俄共中央政治局有关中国委员会的新资料（冯玉祥军队武器的供应）/ А. М. 格里高里耶夫，К. В. 舍维列夫 // 远东问题. 1994. 2

0415 К истории взаимо-отношений советского правительства с генералом Фэн Юйсяном и другими китайскими милитаристами / Каретина Г. С. // XXVII научная конференция 《Общество и государство в Китае》. Тезисы и доклады. 1996. С. 208

论苏维埃政府与冯玉祥将军及其他中国军阀的关系 / Г. С. 卡列提娜 // 中国社会与国家第二十七次学术研讨会提要与报告（1996）. 第 208 页

0416 Маршал Фэн Юйсян глазами россиянина / Хохлов А. Н. // XXIV научная конференция 《Общество и государство в Китае》. Тезисы и доклады. Ч. 2. 1993. С. 52

俄罗斯眼中的冯玉祥大帅 / А. Н. 霍赫洛夫 // 中国社会与国家第二十四次学术研讨会提要与报告（1993）. 第二册. 第 52 页

0417 Переговоры Фэн Юйсяна в Москве и его вступление в Гоминьдан（неизвестные страницы биографии китайского военного лидера）/ Хохлов А. Н. // XXVI научная конференция 《Общество и государство в Китае》. Тезисы и доклады. 1995. С. 99

冯玉祥在莫斯科的谈判及其加入国民党——这位中国军事领袖不为人知的传记片段 / А. Н. 霍赫洛夫 // 中国社会与国家第二十六次学术研讨会提要与报告（1995）. 第 99 页

0418 Фэн Юй-сян / Ефимов Г. В. // Китай. История. экономика. культура. героическая борьба за национальную независимость. Политические и общественные деятели Китая. С. 454

冯玉祥 / Г. В. 叶菲莫夫 // 中国：历史、经济、文化，为民族独立而英勇奋斗（中国政治和社会人物篇）. 第 454 页

0419 Маршал Фэн Юйсян: христианин или конфуцианец? / Хохлов А. Н. // Китай и мир. Актуальные проблемы изучения экономики. политики. истории и культуры Китая（1991）. С. 148

冯玉祥元帅：基督教徒还是儒教徒？ / А. Н. 霍赫洛夫 // 中国与世界：中国经济学、政治学、文化学、历史学研究的实际问题（1991）. 第 148 页

0420 Фын Юй-Сян / Елизаров В. И. // Большая советская энциклопедия. 3-е изд. Т. 28. С. 152

冯玉祥 / В. И. 叶里扎罗夫 // 苏联大百科全书（第三版）. 第 28 卷. 第 152 页

0421 Фын Юй-Сян / Ефимов Г. В. // Советская Историческая энциклопедия（1961—1976）. Т. 15. С. 471

冯玉祥 / Г. В. 叶菲莫夫 // 苏联历史百科全书（1961—1976）. 第 15 卷. 第 471 页

冯四知

0422 Фэн Сы-чжи / Торопцев С. А. // Очерк истории китайского кино（1896—1966）. С. 30. 214. 218

冯四知 / С. А. 托罗普采夫 // 中国电影史概览（1896—1966）. 第 30、214、218 页

冯光辉

0423 Фэн Гуан-хуэй / Торопцев С. А. // Очерк истории китайского кино（1896—1966）. С. 218

冯光辉 / С. А. 托罗普采夫 // 中国电影史概览（1896—1966）. 第 218 页

冯雪峰

0424 Книга о великом китайском писателе-революционере（О книге Фын Сюэ-фына 《Воспоминания о Лу Сине》. Пекин. 1952（на китайском языке））/ Гатов А. Г. // Новый мир. 1953. № 12

冯雪峰忆鲁迅（北京，1952）/ А. Г. 伽托夫 // 新世界. 1953. 12

0425 Фэн Сюэ-фэн / Торопцев С. А. // Очерк истории китайского кино（1896—1966）. С. 105. 138. 214

冯雪峰 / С. А. 托罗普采夫 // 中国电影史概览（1896—1966）. 第 105、138、214 页

0426 Фэн Сюэ-Фэн（Хуа Ши）/ Петров В. В. // Краткая Литературная Энциклопедия. 1962—1978. Т.

9. С. 764

冯雪峰(画室) / В. В. 彼得罗夫 // 简明文学百科全书(1962—1978). 第 9 卷. 第 764 页

冯景源

0427　Фэн Цзинъюань / Буров В. Г. // Современная китайская философия. С. 220. 281

冯景源 / В. Г. 布洛夫 // 当代中国哲学. 第 220、281 页

冯德英

0428　Фэн Дэ-ин / Торопцев С. А. // Очерк истории китайского кино(1896—1966). С. 222

冯德英 / С. А. 托罗普采夫 // 中国电影史概览(1896—1966). 第 222 页

冯毅夫

0429　Фэн И-фу / Торопцев С. А. // Очерк истории китайского кино(1896—1966). С. 221

冯毅夫 / С. А. 托罗普采夫 // 中国电影史概览(1896—1966). 第 221 页

〔丁〕

司马英才

0430　Сыма Ин-цай / Торопцев С. А. // Очерк истории китайского кино(1896—1966). С. 212

司马英才 / С. А. 托罗普采夫 // 中国电影史概览(1896—1966). 第 212 页

司徒慧敏

0431　Сыту Хуэй-минь / Торопцев С. А. // Очерк истории китайского кино(1896—1966). С. 16. 30. 34. 50. 55. 210

司徒慧敏 / С. А. 托罗普采夫 // 中国电影史概览(1896—1966). 第 16、30、34、50、55、210 页

台静农

0432　Тай Цзин-нун и его рассказы / Литература мировой революции. 1931. № 7

台静农及其短篇小说 / 世界革命文学. 1931. 7

六　画

〔一〕

邢　野

0433　Син Е / Торопцев С. А. // Очерк истории китайского кино（1896—1966）. С. 216
　　　邢　野 / С. А.托罗普采夫 // 中国电影史概览（1896—1966）. 第 216 页

邢吉田

0434　Син Цзи-тянь / Торопцев С. А. // Очерк истории китайского кино（1896—1966）. С. 217
　　　邢吉田 / С. А. 托罗普采夫 // 中国电影史概览（1896—1966）. 第 217 页

吉鸿昌

0435　Герои китайского народа. Товарищ Цзи Хун-чан / Кун Юань // Национально-колониальные проблемы. 1937. №1
　　　中国人民的英雄吉鸿昌 / 孔原 // 民族殖民地问题. 1937. 1

老　舍

0436　Новейшая китайская литература как отражение борьбы демократических и реакционных сил. ［Упоминаются писатели Лу Синь, Го Мо-жо, Мао Дунь, Цао Юй, Яо Сюе-инь, Ба Цзинь, Лао Шэ и др.］ / Фишман О. // Вестник ЛГУ. 1948. №8
　　　鲁迅、郭沫若、茅盾、曹禺、姚雪垠、老舍、巴金等作家论中国当代文学中民主派与反动派的斗争 / O. 费史曼 // 列宁格勒大学学报. 1948. 8

0437　Великое в малом. Беседа с писателем Лао Шэ / Кожин А., Делюсин Л. // Правда. 1953. 28 ноября
　　　以小见大：与作家老舍的对话 / A. 科任、Л. 杰柳辛 // 真理报. 1953. 11. 28

0438　О творчестве Лао Шэ. / Федоренко Н. Т // Советское Востоковедение. 1955. № 5
　　　论老舍的创作 / H. T. 费多连科（费德林）// 苏联东方学. 1955. 5

0439　Встречи с китайскими писателями ［Лао Шэ］/ Федоренко Н.Т. // Новый мир. 1955. № 8
　　　中国作家采访录（老舍）/ H. T. 费多连科（费德林）// 新世界. 1955. 8

0440　Свобода и писатель ［о Лао Шэ］/ Народный Китай. 1957. № 1
　　　老舍：自由与作家 / 人民中国. 1957. 1

0441　Памяти Лао Шэ / Правда. 1978. 13 июня
　　　怀念老舍先生 / 真理报. 1978. 6. 13

0442　Кто убил Лао Шэ / Сахов А. // Литературная газета. 1978. 14 июня
　　　谁害死了老舍 / A. 萨赫夫 // 文学报. 1978. 6. 14

0443　Трагические судьбы : Китай сегодня（Лао Шэ）/ Андреев И. // Литературная газета. 1978. 15 ноября
　　　今日中国老舍的悲惨命运 / И. 安德烈耶夫 // 文学报. 1978. 11. 15

0444　Памяти друга. К 80-летию со дня рождения Лао Шэ. / Шнейдер М. Е. // Иностранная литература. 1979. № 2
　　　怀念我的朋友：纪念老舍先生八十诞辰 / M. E. 施奈德 // 外国文学. 1979. 2

0445　Судьба творческого наследия Лао Шэ / Желоховцев А. Н. // ПДВ 1979 №2
　　　老舍创作遗产的命运 / A. H. 热洛霍夫采夫 // 远东问题. 1979. 2

0446　Фольклор в творчестве Лао Шэ / Спешнев Н. А. // ПДВ 1983 № 1
　　　老舍的民间创作 / H. A. 斯别什涅夫（司格林）// 远东问题. 1983. 1

0447　Вспоминая Лао Шэ / Ба Цзинь, Цзан Кэцзя // ПДВ 1986 №3
　　　忆老舍 / 巴金、臧克家 // 远东问题. 1986. 3

0448　Последние дни Лао Шэ / Шу И // ПДВ 1987 №6
　　　老舍最后的日子 / 舒乙 // 远东问题. 1987. 6

0449　Разящее копьё Лао Шэ / Сун Юнъи // ПДВ 1989 №1
　　　老舍的笔名 / 宋永毅 // 远东问题. 1989. 1

0450　Классик новой китайской литературы в России (К 100-летию со дня рождения Лао Шэ) / Сорокин В. // ПДВ 1999 №4
　　　新中国经典文学作家在俄罗斯：纪念老舍先生 100 周年诞辰 / В. 索罗金 // 远东问题. 1999. 4

0451　Драматургия Лао Шэ / Семанов В. И. // Писатели стран народной демократии. Вып. 4. С. 5
　　　老舍的戏剧创作 / В. И. 谢马诺夫 // 人民民主国家的作家(1960). 第四辑. 第 5 页

0452　Слово о Лао Шэ. / Шнейдер М. Е. // Осень в горах. Восточный альманах. вып. 7. 1979. С. 89
　　　谈老舍 / М. Е. 施奈德 // 山之秋：东方文学集成(1979). 第七册. 第 89 页

0453　Литературно-эстетические взгляды Лао Шэ / Абдрахманова З. Ю. // XVI научная конференция 《Общество и государство в Китае》. Тезисы и доклады. Ч. 3. 1985. С. 200
　　　老舍的文学审美观 / З. Ю. 阿布德拉赫马诺娃 // 中国社会与国家第十六次学术研讨会提要与报告 (1985). 第三册. 第 200 页

0454　Исторические пьесы Лао Шэ / Абдрахманова З. Ю. // XVII научная конференция 《Общество и государство в Китае》. Тезисы и доклады. Ч. 3. 1986. С. 148
　　　老舍的历史剧 / З. Ю. 阿布德拉赫马诺娃 // 中国社会与国家第十七次学术研讨会提要与报告 (1986). 第三册. 第 148 页

0455　Лао Шэ и лига левых писателей / Антиповский А. А. // X научная конференция 《Общество и государство в Китае》. Тезисы и доклады. Ч. 3. 1979. С. 94
　　　老舍与左翼作家联盟 / А. А. 安提波夫斯基 // 中国社会与国家第十次学术研讨会提要与报告 (1979). 第三册. 第 94 页

0456　Влияние национально-освободительной войны 1937—1945 гг. в Китае на мировоззрение и творчество ? Лао Шэ / Болотина О. П. // VII научная конференция 《Общество и государство в Китае》. Тезисы и доклады. Ч. 2. 1976. С. 420
　　　中国民族解放战争(1937—1945)对老舍世界观及其创作的影响 / О. П. 鲍洛京娜 // 中国社会与国家第七次学术研讨会提要与报告(1976). 第二册. 第 420 页

0457　Лао Шэ и 《Всекитайская ассоциация работников литературы и искусства по отпору врагу》. / Болотина О. П. // VIII научная конференция 《Общество и государство в Китае》. Тезисы и доклады. Ч. 3. 1977. С. 164
　　　老舍与中华全国文艺界抗敌协会 / О. П. 鲍洛京娜 // 中国社会与国家第八次学术研讨会提要与报告(1977). 第三册. 第 164 页

0458　Лао Шэ. [Краткая биографическая справка.] / Китайские рассказы. С. 148
　　　老舍生平简介 / 中国小说. 第 148 页

0459　Лао Шэ / Федоренко Н. Т. // Китайская литература. Очерки по истории китайской литературы. с. 557
　　　老舍 / Н. Т. 费多连科(费德林) // 中国文学：中国文学史概览. 第 557 页

0460　Изображение иностранцев в романах Лао Шэ. / Семанов В. И. // Проблемы восточной филологии. С. 175
　　　老舍小说中的外国人形象 / В. И. 谢马诺夫 // 东方语文学问题. 第 175 页

0461　Мао Дунь；Лао Шэ；Е Шэн-тао / Цыбина Е. А. // Литература Востока в новейшее время (1917—1945). Учебник для студентов филологических специальностей университетов. С. 426

茅盾・老舍・叶圣陶 / Е. А. 茨比娜 // 当代东方文学・语文学专业教材(1917—1945). 第 426 页

0462　Лао Шэ (настоящее имя Шу Шэюи, второе имя Шу Цин-чунь) / Антиповский А. А. // Большая советская энциклопедия. 3-е изд. Т. 14. С. 159

老舍(字舍予,原名舒庆春) / А. А. 安提波夫斯基 // 苏联大百科全书(第三版). 第 14 卷. 第 159 页

0463　Лао Шэ и реформа традиционного китайского театра / Абдрахманова З. Ю. // Теоретические проблемы изучения литератур Дальнего Востока. Тезисы 12 научной конференции. Часть 1. 1986. С. 3

老舍与中国传统戏剧的改革 / З. Ю. 阿布德拉赫马诺娃 // 远东文学理论问题研究第十二届学术研讨会论文摘要(1986). 第一册. 第 3 页

0464　Лао Шэ о сатире и юморе / Семанов В. И. // Теоретические проблемы изучения литератур Дальнего Востока. С. 199

老舍论讽刺与幽默 / В. И. 谢马诺夫 // 远东文学研究理论问题. 第 199 页

0465　Лао Шэ и проблемы массовой литературы в Китае / Болотина О. П. // Тезисы конференции аспирантов и молодых сотрудников. Языкознание. литературоведение и текстология. 1977. С. 125

老舍与中国大众文学问题 / О. П. 鲍洛京娜 // 语言学・文艺学・文献学:研究生及青年学者研讨会论文摘要(1977). 第 125 页

0466　Лао Шэ (Шу Шэ-юй, Шу Цин-чунь) / Антиповский А. А. // Краткая Литературная Энциклопедия(1962—1978). Т. 4. С. 30

老舍(舒舍予,舒庆春) / А. А. 安提波夫斯基 // 简明文学百科全书(1962—1978). 第 4 卷. 第 30 页

朴忠志

0467　Депутат Пу Чжун-чжи / Овчинников В. // Новое время. 1954. №6

人大代表朴忠志 / В. 奥夫钦尼科夫 // 新时代. 1954. 6

西　戎

0468　Си Жун / Торопцев С. А. // Очерк истории китайского кино. С. 214

西　戎 / С. А. 托罗普采夫 // 中国电影史概览(1896—1966). 第 214 页

成　荫

0469　Чэн Инь / Торопцев С. А. // Очерк истории китайского кино. С. 50. 55. 60. 100. 214. 218

成　荫 / С. А. 托罗普采夫 // 中国电影史概览(1896—1966). 第 50、55、60、100、214、218 页

成本华

0470　Золотой цветок (О Женщине-партизанке) / Голубцов Б. // Интернациональный маяк. 1939. №13-14

女游击队员:一朵金花 / Б. 戈卢布佐夫 // 国际灯塔. 1939. 13—14

〔丨〕

师　伟

0471　Ши Вэй / Торопцев С. А. // Очерк истории китайского кино. С. 217

师　伟 / С. А. 托罗普采夫 // 中国电影史概览(1896—1966). 第 217 页

曲　云

0472　Цюй Юнь / Торопцев С. А. // Очерк истории китайского кино. С. 222

曲　云 / С. А. 托罗普采夫 // 中国电影史概览(1896—1966). 第 222 页

吕　班

0473　Люй Бань / Торопцев С. А. // Очерк истории китайского кино. С. 50. 55. 59. 60. 69. 211. 213

吕　班 / С. А. 托罗普采夫 // 中国电影史概览(1896—1966). 第 50、55、59、60、69、211、213 页

吕　恩

0474　Люй Энь / Торопцев С. А. // Очерк истории китайского кино. С. 212

吕　　恩　/ С. А. Торопцев // 中国电影史概览（1896—1966）. 第 212 页

吕　继

0475　Люй Цзи / Торопцев С. А. // Очерк истории китайского кино. С. 210
吕　　继　/ С. А. 托罗普采夫 // 中国电影史概览（1896—1966）. 第 210 页

吕　骥

0476　Люй Цзи / Большая советская энциклопедия. 3-е изд. Т. 15. С. 110
吕　　骥　/ 苏联大百科全书（第三版）. 第 15 卷. 第 110 页

吕玉堃

0477　Люй Юй-кунь / Торопцев С. А. // Очерк истории китайского кино. С. 213
吕玉堃　/ С. А. 托罗普采夫 // 中国电影史概览（1896—1966）. 第 213 页

吕振羽

0478　Люй Чжэньюй / Буров В. Г. // Современная китайская философия. С. 71. 74. 146. 150. 219. 272. 281
吕振羽　/ В. Г. 布洛夫 // 当代中国哲学. 第 71、74、146、150、219-220、272、281 页

吕瑞英

0479　Люй Жуй-ин / Торопцев С. А. // Очерк истории китайского кино. С. 221
吕瑞英　/ С. А. 托罗普采夫 // 中国电影史概览（1896—1966）. 第 221 页

刚　毅

0480　Миссия Ган И / Калюжная Н. М. // Восстание ихэтуаней (1896—1901). С. 192
刚毅的使命　/ Н. М. 卡留日娜娅 // 义和团起义（1896—1901）. 第 192 页

〔J〕

朱　启

0481　Чжу Ци / Торопцев С. А. // Очерк истории китайского кино. С. 222
朱　　启　/ С. А. 托罗普采夫 // 中国电影史概览（1896—1966）. 第 222 页

朱　琳

0482　Чжу Линь / Торопцев С. А. // Очерк истории китайского кино. С. 213
朱　　琳　/ С. А. 托罗普采夫 // 中国电影史概览（1896—1966）. 第 213 页

朱　湘

0483　Чжу Сян / Черкасский Л. Е. // Краткая Литературная Энциклопедия. Т. 9. С. 784
朱　　湘　/ Л. Е. 切尔卡斯基 // 简明文学百科全书（1962—1978）. 第 9 卷. 784 页

朱　德

0484　Командарм Чжу Дэ / Коммунистический Интернационал. 1935. № 33/34
红军总司令朱德 / 共产国际. 1935. 33-34

0485　Чжу Дэ-герой китайского народа / Сюн Н. // Интернационая молодежь. 1937. №12
中国人民的英雄——朱德 / Н. 熊 // 青年国际. 1937. 12

0486　Чжу Дэ / Ю Лин // Коммунистический Интернационал. 1939. №6
朱　　德　/ 尤　林 // 共产国际. 1939. 6

0487　К 90-летию со дня рождения Чжу Дэ / Титов А. С　Арунов В. В. // ПДВ 1976 №4
纪念朱德诞辰 90 周年 / А. С. 季托夫、В. В. 阿鲁诺夫 // 远东问题. 1976. 4

0488　Полководец Чжу Дэ и маоистские фальсификации / Михайлов А., Федоров В. // Военно-исторический журнал. 1978. № 12
统帅朱德与假冒的毛主义 / А. 米哈伊洛夫、В. 费德洛夫 // 军事历史杂志. 1978. 12

0489　Полководец Чжу Дэ: ранний период деятельности / Пожилов И. Е. // ПДВ 1986 №4
朱德统帅的早期活动 / И. Е. 波日洛夫 // 远东问题. 1986. 4

0490　Чжу Дэ / Юрьев М. Ф. // Китай: История в лицах и событиях. С. 61
　　　朱　　德 / М. Ф. 尤里耶夫 // 中国历史人物与事件. 第 61 页

0491　О деятельности Чжу Дэ после Наньчанского восстания（1927 г.）/ Пожилов И. Е. // XIX научная конференция《Общество и государство в Китае》. Тезисы и доклады. Ч. 3. 1988. С. 109
　　　1927 南昌起义后朱德征战记 / И. Е. 波日洛夫 // 中国社会与国家第十九次学术研讨会提要与报告（1988）第三册. 第 109 页

0492　《Августовское》совещание КПК в Нинду состоялось не в августе, а в сентябре 1932 г. ［Чжу Дэ, Мао Цзэдун-ТВ］/ Пожилов И. Е. // XXIII научная конференция《Общество и государство в Китае》. Тезисы и доклады. Ч. 2. 1991. С. 136
　　　中共宁都会议（1932 年 9 月）/ И. Е. 波日洛夫 // 中国社会与国家第二十三次学术研讨会提要与报告（1991）. 第二册. 第 136 页

0493　Чжу Дэ: китайская революция и Советский Союз / Юрьев М. Ф. // XX научная конференция《Общество и государство в Китае》. Тезисы и доклады. Ч. 2. 1989. С. 88
　　　朱德：苏联与中国革命 / М. Ф. 尤里耶夫 // 中国社会与国家第二十次学术研讨会提要与报告（1989）. 第二册. 第 88 页

0494　Чжу Дэ. Биографический очерк. / Китайский народ победит !. С. 46
　　　朱德传 / 中国人民必胜 !. 第 46 页

0495　Чжу Дэ / Персоналии // Персоналии 40 лет КНР. С. 505
　　　朱　　德 / 名人录编委会 // 中华人民共和国四十年名人录. 第 505 页

0496　Чжу Дэ / Юрьев М. Ф. // Красная Армия Китая. С. 193
　　　朱　　德 / М. Ф. 尤里耶夫 // 中国红军. 第 193 页

0497　Чжу Дэ / Ефимов Г. В. // Китай. История. экономика. культура. героическая борьба за национальную независимость. Политические и общественные деятели Китая. С. 456
　　　朱　　德 / Г. В. 叶菲莫夫 // 中国：历史、经济、文化，为民族独立而英勇奋斗（中国政治和社会人物篇）. 第 456 页

0498　Чжу Дэ / Елизаров В. И. // Большая советская энциклопедия. 3-е изд. Т. 29. С. 184
　　　朱　　德 / В. И. 叶里扎罗夫 // 苏联大百科全书（第三版）. 第 29 卷. 第 184 页

0499　Чжу Дэ / Елизаров В. И. // Советская Историческая энциклопедия. Т. 16. С. 21
　　　朱　　德 / В. И. 叶里扎罗夫 // 苏联历史百科全书（1961—1976）. 第 16 卷. 第 21 页

朱丹西

0500　Чжу Дань-си / Торопцев С. А. // Очерк истории китайского кино. С. 216
　　　朱丹西 / С. А. 托罗普采夫 // 中国电影史概览（1896—1966）. 第 216 页

朱文顺

0501　Чжу Вэнь-шунь / Торопцев С. А. // Очерк истории китайского кино. С. 212
　　　朱文顺 / С. А. 托罗普采夫 // 中国电影史概览（1896—1966）. 第 212 页

朱石麟

0502　Чжу Ши-линь / Торопцев С. А. // Очерк истории китайского кино. С. 209. 213. 220
　　　朱石麟 / С. А. 托罗普采夫 // 中国电影史概览（1896—1966）. 第 209、213、220 页

朱龙广

0503　Чжу Лун-гуан / Торопцев С. А. // Очерк истории китайского кино. С. 222
　　　朱龙广 / С. А. 托罗普采夫 // 中国电影史概览（1896—1966）. 第 222 页

朱执信

0504　Чжу Чжисинь и марксизм / Стабурова Е. Ю. // IV научная конференция《Общество и государство в Китае》. Тезисы и доклады. Ч. 3. 1973. С. 449
　　　朱执信与马克思主义 / Е. Ю. 斯塔布洛娃 // 中国社会与国家第四次学术研讨会提要与报告

(1973). 第三册. 第 449 页

朱光潜
0505　Чжу Гуаньцянь / Буров В. Г. // Современная китайская философия. С. 185. 279
　　　朱光潜 / В. Г. 布洛夫 // 当代中国哲学. 第 185、279 页

朱自清
0506　Чжу Цзы-Цин /. Шульга Э. И // Краткая Литературная Энциклопедия. Т. 9. С. 784
　　　朱自清 / Э. И. 舒利加 // 简明文学百科全书(1962—1978). 第 9 卷. 第 784 页

朱伯昆
0507　Чжу Бокунь / Буров В. Г. // Современная китайская философия. С. 168. 277
　　　朱伯昆 / В. Г. 布洛夫 // 当代中国哲学. 第 168、277 页

朱歧祥
0508　Чжу Цисянь / Буров В. Г. // Современная китайская философия. С. 155. 280
　　　朱歧祥 / В. Г. 布洛夫 // 当代中国哲学. 第 155、280 页

朱孤雁
0509　Чжу Гу-янь / Торопцев С. А. // Очерк истории китайского кино. С. 209
　　　朱孤雁 / С. А. 托罗普采夫 // 中国电影史概览(1896—1966). 第 209 页

朱经农
0510　Чжу Цзин-нун / Ефимов Г. В. // Китай. История. экономика. культура. героическая борьба за национальную независимость. Политические и общественные деятели Китая. С. 456
　　　朱经农 / Г. В. 叶菲莫夫 // 中国:历史、经济、文化,为民族独立而英勇奋斗(中国政治和社会人物篇). 第 456 页

朱春雨
0511　Европейская живопись в освещении современного китайского писателя［Чжу Чуньюй-ТВ］/ Карымов Т. В. // Теоретические проблемы изучения литератур Дальнего Востока. Тезисы 12 научной конференции. Часть 1. С. 186
　　　当代中国作家对西方绘画的阐释:朱春雨 / Т. В. 卡勒莫夫 // 远东文学理论问题研究第十二届学术研讨会论文摘要(1986). 第一册. 第 186 页

朱秋浪
0512　Чжу Цю-лан / Торопцев С. А. // Очерк истории китайского кино. С. 209
　　　朱秋浪 / С. А. 托罗普采夫 // 中国电影史概览(1896—1966). 第 209 页

朱家骅
0513　Чжу Цзя-хуа / Ефимов Г. В. // Китай. История. экономика. культура. героическая борьба за национальную независимость. Политические и общественные деятели Китая. С. 456
　　　朱家骅 / Г. В. 叶菲莫夫 // 中国:历史、经济、文化,为民族独立而英勇奋斗(中国政治和社会人物篇). 第 456 页

朱培德
0514　Чжу Пэй-дэ / Ефимов Г. В. // Китай. История. экономика. культура. героическая борьба за национальную независимость. Политические и общественные деятели Китая. С. 456
　　　朱培德 / Г. В. 叶菲莫夫 // 中国:历史、经济、文化,为民族独立而英勇奋斗(中国政治和社会人物篇). 第 456 页

朱谦之
0515　Чжу Цяньчжи / Буров В. Г. // Современная китайская философия. С. 169
　　　朱谦之 / В. Г. 布洛夫 // 当代中国哲学. 第 169 页

朱镕基
0516　Премьер Госсовета Чжу Жунцзи / Савенков Ю. // Азия и Африка сегодня 1999 №10

国务院总理朱镕基 / Ю. Савченков // 今日亚非. 1999. 10

0517　Чжу Жунцзи / Катерина // Персоналия: Китайская Народная Республика в 1991 году. Политика. Экономика. Идеология. С. 253

朱镕基 / 卡捷琳娜 // 1991 中华人民共和国名人录：政治、经济、意识形态. 第 253 页

乔　石

0518　Цяо Ши / Персоналия: Китайская Народная Республика в 1991 году. Политика. Экономика. Идеология. С. 252

乔　石 / 1991 中华人民共和国名人录：政治、经济、意识形态. 第 252 页

0519　Цяо Ши / Персоналии // Персоналии 40 лет КНР. М.: Наука. ГРВЛ. 1989. С. 502

乔　石 / 名人录编委会 // 中华人民共和国四十年名人录. 第 502 页

乔　羽

0520　Цяо Юй / Торопцев С. А. // Очерк истории китайского кино. 1896—1966. С. 221

乔　羽 / С. А. 托罗普采夫 // 中国电影史概览（1896—1966）. 第 221 页

伍廷芳

0521　Образование кантонского военного правительства и новые факторы во взаимоотношениях Севера и Юга. [Сунь Ят-сен, Тан Шао-и, Чэнь Цзюнь-мин, У Дин-фан, Ли Лэ-цзюнь, Чан Сюй-лянь, Тан Цзи-яо]. / Кноуль Г. // Вестник Народного комиссариата иностранных дел. 1921. №1-2

广州军政府的形成与南北对峙中的代表人物：孙中山、唐绍仪、陈炯明、伍廷芳、李烈钧、唐继尧等 / Г. 克诺乌利 // 外交人民委员部通讯. 1921. 1-2

仲星火

0522　Чжун Син-хо / Торопцев С. А. // Очерк истории китайского кино. 1896—1966. С. 219

仲星火 / С. А. 托罗普采夫 // 中国电影史概览（1896—1966）. 第 219 页

任吉悌

0523　Жэнь Цзити / Буров В. Г. // Современная китайская философия. 1980. С. 174

任吉悌 / В. Г. 布洛夫 // 当代中国哲学（1980）. 第 174 页

任旭东

0524　Жэнь Сюй-дун / Торопцев С. А. // Очерк истории китайского кино. 1896—1966. С. 222

任旭东 / С. А. 托罗普采夫 // 中国电影史概览（1896—1966）. 第 222 页

任继愈

0525　Жэнь Цзиюй / Буров В. Г. // Современная китайская философия. 1980. С. 39. 151. 153. 181. 219. 224. 240. 262. 276

任继愈 / В. Г. 布洛夫 // 当代中国哲学（1980）. 第 39、151、153、181、219、224、240、262、276 页

任彭年

0526　Жэнь Пэн-нян / Торопцев С. А. // Очерк истории китайского кино. 1896—1966. С. 208

任彭年 / С. А. 托罗普采夫 // 中国电影史概览（1896—1966）. 第 208 页

任弼时

0527　Участие международного коммунистического движения в разработке военной политики КПК (20-30 годы) [Цюй Цюбо, Чжан Готао, Ван Жофэй, Жэнь Биши, Мао Цзэдун] / Юрьев М. Ф. // Вопросы истории Китая. С. 4

1920—1930 年间参加共产国际运动制定中共军事政策的代表人物：瞿秋白、张国焘、王若飞、任弼时、毛泽东等 / М. Ф. 尤里耶夫 // 中国历史问题. 第 4 页

0528　Жэнь Би-ши / Юрьев М. Ф. // Красная Армия Китая. С. 186

任弼时 / М. Ф. 尤里耶夫 // 中国红军. 第 186 页

0529　Жэнь Би-Ши / редколлегия // Советская Историческая энциклопедия. 1961—1976. Т. 5. С. 570

任弼时 / 编委会 // 苏联历史百科全书（1961—1976）. 第 5 卷. 第 570 页

华 岗

0530　Хуа Ган / Буров В. Г. // Современная китайская философия. 1980. С. 89. 98
　　　华　岗 / В. Г. 布洛夫 // 当代中国哲学(1980). 第 89、98 页

华 纯

0531　Хуа Чунь / Торопцев С. А. // Очерк истории китайского кино. 1896—1966. С. 212. 222
　　　华　纯 / С. А. 托罗普采夫 // 中国电影史概览(1896—1966). 第 212、222 页

华君武

0532　[Хуа Цзюнь-у] / Эйдлин Л. З. // О китайской литературе наших дней. 1955. С. 221
　　　华君武 / Л. З. 艾德林 // 当代中国文学. 第 221 页

华国锋

0533　Хуа Го-фэн / Персоналия : Китайская Народная Республика в 1976 году: Политика. Экономика. Идеология. С. 334
　　　华国锋 / 1976 中华人民共和国名人录:政治、经济、意识形态. 第 334 页

0534　Хуа Гофэн / Персоналии // Персоналии 40 лет КНР. 1989. С. 500
　　　华国锋 / 名人录编委会 // 中华人民共和国四十年名人录. 第 500 页

0535　Хуа Го-Фэн / Большая советская энциклопедия. 3-е изд. Т. 28. 1978. С. 408
　　　华国锋 / 苏联大百科全书(第三版). 第 28 卷. 第 408 页

华罗庚

0536　Выдающийся китайский ученый Хуа Ло-гэн. [Об ученом-математике.] / Яо Фан-ин // Народный Китай. 1953. №22
　　　中国著名数学家家华罗庚 / 姚芳英(音) // 人民中国. 1953. 22

0537　Лауреаты научных премий. [Цянь Сюэ-сэнь, Хуа Ло-гэн, У Вэнь-цзюнь.] / Чжан Жуй-нянь // Народный Китай. 1957. №11
　　　中国首届科学奖获得者:钱学森,华罗庚,吴文俊 / 张瑞年 // 人民中国. 1957. 11

伊 琳

0538　И Линь / Торопцев С. А. // Очерк истории китайского кино. 1896—1966. С. 50. 215
　　　伊　琳 / С. А. 托罗普采夫 // 中国电影史概览(1896—1966). 第 50、215 页

向忠发

0539　Памяти товарища Сян Чжун-фа / Проблемы Китая. 1931. №6/7. С. I-IV.. Красный Интернационал профсоюзов. 1931. №14;Интернациональный маяк. 1931. №20/21
　　　纪念向忠发同志 / 中国问题. 1931. 14;国际灯塔. 1931. 20-21

0540　Долой белый террор в Китае [Памяти Сян Чжун-фа. Биографические данные]. / Лю Сян // Международное рабочее движение. 1931. №20
　　　打倒中国的白色恐怖:纪念向忠发生平资料 / 刘　香 // 国际工人运动. 1931. 20

0541　Памяти товарища Сян Чжун-фа [Генеральный секретарь КПК, погибший от рук гоминдановских палачей.] / Хуан Пин // Коммунистический интернационал. 1936. №2
　　　纪念向忠发同志:被国民党刽子手处死的中共中央总书记向忠发 / 黄平 // 共产国际. 1936. 2

向警予

0542　Герои китайского народа. Товарищ Сян Цзин-юй / Национально-колониальные проблемы. 1937. №1
　　　向警予同志——中国人民的英雄 / 李明 // 民族殖民地问题. 1937. 1

〔丶〕

齐 衡

0543　Ци Хэн / Торопцев С. А. // Очерк истории китайского кино(1896—1966). С. 213. 216

齐　　衡 / С. А. 托罗普采夫 // 中国电影史概览（1896—1966）. 第 213、216 页

齐白石

0544　Ци Бай-ши / Николаева Н. С. // М. : Изогиз. 1958
　　　齐白石 / Н. С. 尼古拉耶娃 // 莫斯科：国家造型艺术出版社（世界艺术大师）. 1958

0545　Ци Байши / Завадская Е. В. // М. Искусство. 1982. 287 с.
　　　齐白石 / Е. В. 扎娃茨加娅 // 艺术出版社. 1982. 287 页

0546　Выдающийся китайский художник Ци Бай-ши / Ван Чао-вэнь // Народный Китай. 1953. №3
　　　中国杰出画家齐白石 / 王朝文 // 人民中国. 1953. 3

0547　Народный художник Китая. ［Ци Бай-ши.］ / Климашин В. // Огонек. 1953. №52
　　　中国的人民画家齐白石 / В. 克里马申 // 星火. 1953. 52

0548　Удивительный талант. ［О Ци Бай-ши.］ / Сяо Эми // Огонек. 1954. №39
　　　奇才齐白石 / 肖爱米 // 星火. 1954. 39

0549　Народный художник Китая. ［Ци Бай-ши］. / Иностранная Литература. 1956. №1
　　　中国的人民画家齐白石 / 外国文学. 1956. 1

0550　О живописи Ци Бай-ши. / Лю Цюнь. // Народный Китай. 1956. №22
　　　论齐白石的绘画 / 刘　群 // 人民中国. 1956. 22

0551　Жизнь, прошедшая в упорном труде. К кончине художника Ци Бай-ши. / Цай Жо-хун. // Дружба. 1967. №3
　　　坚持不懈的人生：怀念齐白石 / 蔡若虹 // 友谊. 1967. 3

0552　Выдающийся мастер《гохуа》［о Ци Байши］ / За рубежом. 1984. № 6
　　　杰出的国画大师齐白石 / 在国外. 1984. 6

0553　О выставке произведений Ци Байши в Государственном музее народов Востока / Рачеева Р. // Художник. 1984. 8
　　　国立东方博物馆的齐白石画展 / Р. 拉切耶娃 // 艺术家. 1984. 8

0554　Драгоценное наследие Ци Байши［к 120-летию со дня рождения］ / Иностранная литература. 1984. № 10
　　　齐白石的珍贵遗产：纪念齐白石诞辰一百二十周年 / 外国文学. 1984. 10

0555　Ци Байши / Кузьменко Л. И. // Художник. 1987. № 9
　　　齐白石 / Л. И. 库兹缅科 // 艺术家. 1987. 9

0556　Бабочка Бредбери и цикада Ци Байши / Завадская Е. В. // IX научная конференция《Общество и государство в Китае》. Тезисы и доклады. Ч. 3. 1978. С. 163
　　　布莱伯利的蝴蝶与齐白石的蝉 / Е. В. 扎娃茨加娅 // 中国社会与国家第九次学术研讨会提要与报告（1978）. 第三册. 第 163 页

0557　У Чан-ши. Хуан Бинь-хуа. Ци Бай-ши. / С. Н. Соколова // Мастера искусств об искусстве: Избранные отрывки из писем. дневников. речей и трактатов. В 7 т. Т. 5. Кн. 2. Искусство конца XIX-начала XX в. М. : Искусство. Китай. 1969. С. 485-515
　　　吴昌硕·黄炳华·齐白石 / С. Н. 索科洛娃 // 艺术大师的信件、日记、演讲和论文选段. 第五卷第二册. 19 世纪末-20 世纪初的艺术. 第 485 页

0558　Человек-мера всех вещей. О живописи хуаняо（цветы и птицы）Ци Байши / Завадская Е. В. // Проблема человека в традиционных китайских учениях. 1983. С. 112
　　　人为万物之灵长：论齐白石的花鸟画 / Е. В. 扎娃茨加娅 // 中国传统学说中的人的问题（1983）. 第 112 页

0559　Ци Бай-Ши / Виноградова Н. А. // Большая советская энциклопедия. 3-е изд. Т. 28. 1978. С. 549
　　　齐白石 / Н. А. 维诺古拉朵娃 // 苏联大百科全书（第三版）. 第 28 册. 第 549 页

齐桂荣

0560　Ци Гуй-жун / Торопцев С. А. // Очерк истории китайского кино(1896—1966). С. 221
　　　齐桂荣 / С. А. 托罗普采夫 // 中国电影史概览(1896—1966). 第 221 页

刘江

0561　Лю Цзян / Торопцев С. А. // Очерк истории китайского кино. 1896—1966. С. 222
　　　刘　江 / С. А. 托罗普采夫 // 中国电影史概览(1896—1966). 第 222 页

刘非

0562　Лю Фэй / Торопцев С. А. // Очерк истории китайского кино. 1896—1966. С. 220
　　　刘　非 / С. А. 托罗普采夫 // 中国电影史概览(1896—1966). 第 220 页

刘欣

0563　Лю Синь / Торопцев С. А. // Очерк истории китайского кино(1896—1966). С. 214
　　　刘　欣 / С. А. 托罗普采夫 // 中国电影史概览(1896—1966). 第 214 页

刘犁

0564　Лю Ли / Торопцев С. А. // Очерк истории китайского кино(1896—1966). С. 212
　　　刘　犁 / С. А. 托罗普采夫 // 中国电影史概览(1896—1966). 第 212 页

刘琼

0565　Лю Цюн / Торопцев С. А. // Очерк истории китайского кино(1896—1966). С. 210. 213. 216
　　　刘　琼 / С. А. 托罗普采夫 // 中国电影史概览(1896—1966). 第 210、213、216 页

刘湘

0566　Лю Сян (1890—1938) / Ефимов Г. В. // Китай. История. экономика. культура. героическая борьба за национальную независимость.　Политические и общественные деятели Китая. С. 451
　　　刘　湘(1890—1938) / Г. В. 叶菲莫夫 // 中国:历史、经济、文化,为民族独立而英勇奋斗(中国政治和社会人物篇). 第 451 页

刘频

0567　Лю Пинь / Торопцев С. А. // Очерк истории китайского кино(1896—1966). С. 214
　　　刘　频 / С. А. 托罗普采夫 // 中国电影史概览(1896—1966). 第 214 页

刘鹗

0568　Лю Э, Лю Те-юнь / Большая советская энциклопедия. 3-е изд. Т. 15. С. 97
　　　刘　鹗(刘铁云) / 苏联大百科全书(第三版). 第 15 卷. 第 97 页

0569　Лю Э (Лю Те-юнь) / Семанов В. И. // Краткая Литературная Энциклопедия(1962—1978). Т. 4 С. 480
　　　刘　鹗(刘铁云) / В. И. 谢马诺夫 // 简明文学百科全书(1962—1978). 第 4 卷. 第 480 页

刘大白

0570　Лю Да-Бай / Черкасский Л. Е. // Краткая Литературная Энциклопедия. 1962—1978. Т. 9. С. 496
　　　刘大白 / Л. Е. 切尔卡斯基 // 简明文学百科全书(1962—1978). 第 9 卷. 第 496 页

刘少奇

0571　Лю Шаоци (1898—1969). / Усов В. Н., Титов А. С. // Вопросы истории. 1989. № 8
　　　刘少奇(1898—1969) / В. Н. 乌索夫、А. С. 季托夫 // 历史问题. 1989. 8

0572　О жизни детей Председателя КНР Лю Шаоци в СССР и об их дальнейшей судьбе / Усов В. // Проблемы Дальнего Востока. 1998. № 4, V научная сессия по историографии и источниковедения истории Китая. 1998. С. 88
　　　中国主席刘少奇的子女在苏联的生活及他们后来的命运 / В. 乌索夫 // 远东问题. 1998. 4, 中国历史学与文献学第五次学术会议(1998). 第 88 页

0573　К 100-летию со дня рождения Лю Шаоци / Галенович Ю. // ПДВ 1998 №6
　　　纪念刘少奇诞辰 100 周年 / Ю. 加连诺维奇 // 远东问题. 1998. 6

0574 Гибель Лю Шаоци // Рос. акад. наук. Ин-т Дал. Востока / Галенович Ю. М. // Лидеры Китая XX века. С. 142

刘少奇之死 / Ю. М. 加列诺维奇 // 20 世纪中国的领导人. 第 142 页

0575 Лю Шаоци / Титов А. С. // Китай: История в лицах и событиях. . С. 105

刘少奇 / А. С. 季托夫 // 中国历史人物及事件. 第 105 页

0576 Страница биографии Лю Шаоци: Маньчжурия, июнь 1929-март 1930 гг. / Гарушянц Ю. М. // XIII научная конференция 《Общество и государство в Китае》. Тезисы и доклады. Ч. 3. 1982. С. 212

刘少奇传记(满洲里，1929 年 6 月—1930 年 3 月) / Ю. М. 加鲁什扬茨 // 中国社会与国家第十三次学术研讨会提要与报告(1982). 第三册. 第 212 页

0577 Лю Шаоци: начало жизненного и революционного пути / Гарушянц Ю. М. // XIV научная конференция 《Общество и государство в Китае》. Тезисы и доклады. Ч. 3. 1983. С. 222

刘少奇革命生涯的开端 / Ю. М. 加鲁什扬茨 // 中国社会与国家第十四次学术研讨会提要与报告(1983). 第三册. 第 222 页

0578 Лю Шаоци в революции 1925—1927 гг. / Гарушянц Ю. М. // XV научная конференция 《Общество и государство в Китае》. Тезисы и доклады. Ч. 3. 1984. С. 212

1925—1927 大革命中的刘少奇 / Ю. М. 加鲁什扬茨 // 中国社会与国家第十五次学术研讨会提要与报告(1984). 第三册. 第 212 页

0579 Лю Шаоци / Персоналии// Персоналии 40 лет КНР. С. 492

刘少奇 / 名人录编委会 // 中华人民共和国四十年名人录. 第 492 页

0580 Лю Шао-ци / Юрьев М. Ф. // Красная Армия Китая. С. 188

刘少奇 / М. Ф. 尤里耶夫 // 中国红军. 第 188 页

0581 Лю Шаоци / Буров В. Г. // Современная китайская философия. . С. 11. 38. 104. 227. 238. 262. 275. 282

刘少奇 / В. Г. 布洛夫 // 当代中国哲学. 第 11、38、104、227、238、262、275、282 页

0582 Лю Шао Ци / Большая советская энциклопедия. 3-е изд. Т. 15. 《Советское энциклопедия》. 1974. С. 128

刘少奇 / 苏联大百科全书(1974)(第三版). 第 15 卷. 第 128 页

0583 Лю Шао-Ци / редколлегия // Советская Историческая энциклопедия. 1961—1976. Т. 8. С. 863

刘少奇 / 编委会 // 苏联历史百科全书(1961—1976). 第 8 卷. 第 863 页

刘仁静

0584 Судьба китайского троцкиста [запись воспоминаний Лю Жэньцзина] / Проблемы Дальнего Востока. 1998. № 3-4

刘仁静回忆录——中国托洛茨基主义者的命运(上、下) / 远东问题. 1998. 3-4

刘白羽

0585 Лю Бай-юй / Торопцев С. А. // Очерк истории китайского кино. 1896—1966. С. 214

刘白羽 / С. А. 托罗普采夫 // 中国电影史概览(1896—1966). 第 214 页

0586 Лю Байюй / Буров В. Г. // Современная китайская философия. 1980. С. 192

刘白羽 / В. Г. 布洛夫 // 当代中国哲学(1980). 第 192 页

0587 [Лю Бай-юй] / Эйдлин Л. З. // О китайской литературе наших дней. 1955. С. 282

刘白羽 / Л. З. 艾德林 // 当代中国文学. 第 282 页

0588 Лю Бай-Юй / Большая советская энциклопедия. 3-е изд. Т. 15. 《Советское энциклопедия》. 1974. С. 98

刘白羽 / 苏联大百科全书(第三版). 第 15 卷. 第 98 页

0589 Лю Бай-Юй / Рифтин Б. Л. // Краткая Литературная Энциклопедия. 1962—1978. Т. 4 С. 474

刘白羽 / Б. Л. Рифтин // 简明文学百科全书(1962—1978).第 4 卷.第 474 页

刘半农

0590 Лю Фу (Лю Бань-нун) / Черкасский Л. Е. // Краткая Литературная Энциклопедия. 1962—1978. Т. 9. С. 496

刘半农(刘　复) / Л. Е. 切尔卡斯基 // 简明文学百科全书(1962—1978).第 9 卷.第 496 页

刘永才

0591 Лю Юн-цай / Торопцев С. А. // Очерк истории китайского кино. 1896—1966. С. 215

刘永才 / С. А. 托罗普采夫 // 中国电影史概览(1896—1966).第 215 页

刘永福

0592 Лю Юн-Фу / Илюшечкин В. П. // Советская Историческая энциклопедия. 1961—1976. Т. 8. С. 864

刘永福 / В. П. 伊留舍奇金 // 苏联历史百科全书(1961—1976).第 8 卷.第 864 页

刘仲伦

0593 Лю Чжун-лунь / Торопцев С. А. // Очерк истории китайского кино. 1896—1966. С. 208

刘仲伦 / С. А. 托罗普采夫 // 中国电影史概览(1896—1966).第 208 页

刘志丹

0594 Лю Чжи-дань / Юрьев М. Ф. // Красная Армия Китая. С. 188

刘志丹 / М. Ф. 尤里耶夫 // 中国红军.第 188 页

0595 Лю Чжи-Дань / Большая советская энциклопедия. 3-е изд. Т. 15. 《Советское энциклопедия》. 1974. С. 127

刘志丹 / 苏联大百科全书(第三版).第 15 卷.第 127 页

刘秀杰

0596 Лю Сю-цзе / Торопцев С. А. // Очерк истории китайского кино. 1896—1966. С. 222

刘秀杰 / С. А. 托罗普采夫 // 中国电影史概览(1896—1966).第 222 页

刘伯承

0597 Лю Бочэн-выдающийся военачальник и государственный деятель Китая / Титов А. С., Арунов В. В. // ПДВ. 1987. №2

中国杰出的军事家与国务活动家刘伯承 / А. С. 季托夫、В. В. 阿鲁诺夫 // 远东问题.1987.2

0598 Лю Бо-чэн / Юрьев М. Ф. // Красная Армия Китая. С. 188

刘伯承 / М. Ф. 尤里耶夫 // 中国红军.第 188 页

0599 Лю Бо-чэн / Ефимов Г. В. // Китай. История. экономика. культура. героическая борьба за национальную независимость. Политические и общественные деятели Китая. С. 450

刘伯承 / Г. В. 叶菲莫夫 // 中国:历史、经济、文化,为民族独立而英勇奋斗(中国政治和社会人物篇).第 450 页

刘沛然

0600 Лю Пэй-жань / Торопцев С. А. // Очерк истории китайского кино(1896—1966). С. 219

刘沛然 / С. А. 托罗普采夫 // 中国电影史概览(1896—1966).第 219 页

刘坤一

0601 Деятельность наместников Ли Хун-чжана, Чжан Чжи-дуна, Лю Кунь-и / Калюжная Н. М. // Восстание ихэтуаней (1896—1901). С. 278

总督李鸿章、张之洞、刘坤一的活动 / Н. М. 卡留日娜娅 // 义和团起义(1896—1901).第 278 页

刘尚娴

0602 Лю Шан-сянь / Торопцев С. А. // Очерк истории китайского кино(1896—1966). С. 221

刘尚娴 / С. А. 托罗普采夫 // 中国电影史概览(1896—1966).第 221 页

刘国权

0603 Лю Го-цюань / Торопцев С. А. // Очерк истории китайского кино(1896—1966). С. 222

刘国权 / С. А. 托罗普采夫 // 中国电影史概览(1896—1966). 第 222 页

刘秉章

0604　Лю Бин-чжан / Торопцев С. А. // Очерк истории китайского кино(1896—1966). С. 217
刘秉章 / С. А. 托罗普采夫 // 中国电影史概览(1896—1966). 第 217 页

刘泽荣

0605　Воспоминания Лю Цзэжуна о В. И. Ленине / Шевелев К. В. // ПДВ 1980 №2
刘泽荣忆列宁 / К. В. 舍维列夫 // 远东问题. 1980. 2

刘相如

0606　[Ду Инь, Лю Сян-жу, Ху Линь] / Эйдлин Л. З. // О китайской литературе наших дней. С. 295
杜印·刘相如·胡林 / Л. З. 爱德林 // 当代中国文学. 第 295 页

刘莲池

0607　Лю Лянь-чи / Торопцев С. А. // Очерк истории китайского кино(1896—1966). С. 216
刘莲池 / С. А. 托罗普采夫 // 中国电影史概览(1896—1966). 第 216 页

刘淑琪

0608　Лю Шу-ци / Торопцев С. А. // Очерк истории китайского кино(1896—1966). С. 220
刘淑琪 / С. А. 托罗普采夫 // 中国电影史概览(1896—1966). 第 220 页

刘增庆

0609　Лю Цзэн-цин / Торопцев С. А. // Очерк истории китайского кино(1896—1966). С. 219
刘增庆 / С. А. 托罗普采夫 // 中国电影史概览(1896—1966). 第 219 页

刘儒林

0610　Восстание в Ниду / Слабнова В. // Всюду красные знамена. (Воспоминания и очерки о второй гражданской революционной войне). С. 52
宁都起义 / В. 斯拉布诺娃 // 红旗飘飘——第二次国内革命战争回忆录. 第 52 页

关　锋

0611　Гуань Фэн / Буров В. Г. // Современная китайская философия. С. 106. 146. 187. 199. 219. 228. 231. 251. 279. 281
关　锋 / В. Г. 布洛夫 // 当代中国哲学. 第 106、146、187、199、219、228、231、251、279、281 页

关世南

0612　Гуань Ши-нань / Торопцев С. А. // Очерк истории китайского кино(1896—1966). С. 218
关世南 / С. А. 托罗普采夫 // 中国电影史概览(1896—1966). 第 218 页

关向应

0613　Гуань Сян-ин / Юрьев М. Ф. // Красная Армия Китая. С. 185
关向应 / М. Ф. 尤里耶夫 // 中国红军. 第 185 页

关梦觉

0614　Гуань Мэнцзюэ / Буров В. Г. // Современная китайская философия. С. 12
关梦觉 / В. Г. 布洛夫 // 当代中国哲学. 第 12 页

关麟征

0615　Школа Хуанпу (Вампу) в истории Китая после 1927 г. [Чан Кайши, Гуань Линвэй (Гуань Линьчжэн), Чжан Яомин, др.-ТВ] / Пожилов И. Е., Юркевич А. Г. // Проблемы Дальнего Востока. 1998. № 4
1927 年后的黄埔军校代表人物：蒋介石、关麟征、张耀明等 / И. Е. 波日洛夫、А. Г. 尤尔凯维奇 // 远东问题. 1998. 4

冰　心

0616　О формировании мировоззрения писательницы Се Бинсинь / Захарова Н. В. // XIV научная конференция《Общество и государство в Китае》. Тезисы и доклады. 1983. Ч. 3 С. 161

论女作家谢冰心世界观的形成 / Н. В. 扎哈洛娃 // 中国社会与国家第十四次学术研讨会提要与报告(1983). 第三册. 第 161 页

0617　Эссеистика Се Бинсинь / Захарова Н. В. // Теоретические проблемы изучения литератур Дальнего Востока. Тезисы 12 научной конференции. Часть 1. 1986. С. 143
谢冰心的散文 / Н. В. 扎哈洛娃 // 东方文学的理论问题：第十二届学术研讨会论文摘要. 第一册. 第 143 页

0618　Се Бин-Синь / Сорокин В. Ф. // Краткая Литературная Энциклопедия. 1962—1978. С. 711
谢冰心 / В. Ф. 索罗金 // 简明文学百科全书(1962—1978). 第 711 页

江　丰

0619　Цзян Фэн / Буров В. Г. // Современная китайская философия. С. 236
江　丰 / В. Г. 布洛夫 // 当代中国哲学. 第 236 页

江　青

0620　Борьба против 《группы четырех》 в Китае. Сообщение ТАСС / Правда. 1977. 26 февраля
中国反对"四人帮"：王洪文、张春桥、江青、姚文元的斗争 / 真理报. 1977. 2. 26

0621　О следствии по делу 《группы четырех》 / Правда. 1977. 29 апреля
有关"四人帮"案件的调查 / 真理报. 1977. 4. 29

0622　Зарубежная печать о политических связях Цзян Цин / За рубежом. 1977. № 12
国外刊物谈江青的政治关系 / 在国外. 1977. 12

0623　Цзян Цин-несостоявшаяся 《императрица》 / Бурлацкий Ф. // Литературное обозрение. 1978. № 10-11
江青：未登基的"女皇"(1-2) / Ф. 布尔拉茨基 // 文学评论. 1978. 10—11

0624　Из жизни 《красной императрицы》 / Лэ Синь // ПДВ 1989 №4-5
"红色皇后"的生涯(1-2) / 乐欣 // 远东问题. 1989. 4-5

0625　Суд над 《бандой четырех》 и группой Линь Бяо / Егоров К. А. // Китайская Народная Республика в 1980 г.：Политика. экономика. идеология. С. 22
审判"四人帮"与林彪集团 / К. А. 叶果洛夫 // 二十世纪八十年代的中华人民共和国：政治·经济·意识形态. 第 22 页

0626　Лань Пин (Цзян Цин) / Торопцев С. А. // Очерк истории китайского кино(1896—1966). С. 210
蓝苹(江青) / С. А. 托罗普采夫 // 中国电影史概览(1896—1966). 第 210 页

0627　Устранение 《банды четырёх》 и новая кампания 《критики》 и чисток / Гудошников Л. М. // Китай после 《Культурной революции》(Политическая система, внутриполитическое положение). С. 309
打倒"四人帮"与新的"批判"和拨乱反正 / Л. М. 古多什尼科夫等 // "文革"后的中国：政治体制及国内局势. 第 309 页

江　俊

0628　Цзян Цзюнь / Торопцев С. А. // Очерк истории китайского кино(1896—1966). С. 214
江　俊 / С. А. 托罗普采夫 // 中国电影史概览(1896—1966). 第 214 页

江天骥

0629　Цзян Тяньцзи / Буров В. Г. // Современная китайская философия. С. 181
江天骥 / В. Г. 布洛夫 // 当代中国哲学. 第 181 页

江亢虎

0630　Из истории развития социалистических идей в Китае в 1913—1915 гг. (анархисты-Сунь Ятсен-Цзян Канху) / Стабурова Е. Ю. // V научная конференция 《Общество и государство в Китае》. Тезисы и доклады. Ч. 2. 1974. С. 275
1913 至 1915 年中国社会主义思想的发展(无政府主义者——孙中山——江亢虎) / Е. Ю. 斯塔布洛

娃 // 中国社会与国家第五次学术研讨会提要与报告(1974). 第二册. 第 275 页

江泽民

0631　Председатель Цзян Цзэминь / Савенков Ю. // Азия и Африка сегодня 1999 №10
　　　江泽民主席 / Ю. 萨翁科夫 // 今日亚非. 1999. 10

0632　Цзян Цзэминь / Персоналии // Персоналии 40 лет КНР. 1989. С. 501
　　　江泽民 / 名人录编委会 // 中华人民共和国四十年名人录. 第 501 页

汤　杰

0633　Тан Цзе / Торопцев С. А. // Очерк истории китайского кино(1896—1966). С. 209
　　　汤　杰 / С. А. 托罗普采夫 // 中国电影史概览(1896—1966). 第 209 页

汤　涛

0634　Тан Тао / Торопцев С. А. // Очерк истории китайского кино(1896—1966). С. 166. 220
　　　汤　涛 / С. А. 托罗普采夫 // 中国电影史概览(1896—1966). 第 166、220 页

汤一介

0635　Тан Ицзе / Буров В. Г. // Современная китайская философия. С. 151. 219. 223. 281
　　　汤一介 / В. Г. 布洛夫 // 当代中国哲学. 第 151、219、223、281 页

汤化达

0636　Тан Хуа-да / Торопцев С. А. // Очерк истории китайского кино(1896—1966). С. 214
　　　汤化达 / С. А. 托罗普采夫 // 中国电影史概览(1896—1966). 第 214 页

汤晓丹

0637　Тан Сяо-дань / Торопцев С. А. // Очерк истории китайского кино(1896—1966). С. 38. 59. 212. 214. 217. 220
　　　汤晓丹 / С. А. 托罗普采夫 // 中国电影史概览(1896—1966). 第 38、59、212、214、217、220 页

安吉斯

0638　Ань Цзи-сы / Торопцев С. А. // Очерк истории китайского кино(1896—1966). С. 221
　　　安吉斯 / С. А. 托罗普采夫 // 中国电影史概览(1896—1966). 第 221 页

许　立

0639　Сюй Ли / Торопцев С. А. // Очерк истории китайского кино(1896—1966). С. 213
　　　许　立 / С. А. 托罗普采夫 // 中国电影史概览(1896—1966). 第 213 页

许　珂

0640　Сюй Кэ / Торопцев С. А. // Очерк истории китайского кино(1896—1966). С. 201. 215
　　　许　珂 / С. А. 托罗普采夫 // 中国电影史概览(1896—1966). 第 201、215 页

许　峰

0641　Сюй Фэн / Торопцев С. А. // Очерк истории китайского кино(1896—1966). С. 220
　　　许　峰 / С. А. 托罗普采夫 // 中国电影史概览(1896—1966). 第 220 页

许地山

0642　《Недоставленные письма》 Сюй Дишаня / Никольская Л. А. // XV научная конференция 《Общество и государство в Китае》. Тезисы и доклады. Ч. 3. 1984. С. 184
　　　许地山未送达的书信 / Л. А. 尼科里斯加娅 // 中国社会与国家第十五次学术研讨会提要与报告(1984). 第三册. 第 184 页

0643　Сюй Дишань: основные этапы жизни и творчества / Никольская Л. А. // XVII научная конференция 《Общество и государство в Китае》. Тезисы и доклады. Ч. 3. 1986. С. 98
　　　许地山生活与写作的主要阶段 / Л. А. 尼科里斯加娅 // 中国社会与国家第十七次学术研讨会提要与报告(1986). 第三册. 第 98 页

0644　Сюй Ди-Шань / Большая советская энциклопедия. 3-е изд. Т. 25. 1976. С. 151
　　　许地山 / 苏联大百科全书(第三版). 第 25 卷. 第 151 页

0645　Сюй Ди-Шань（Ло Хуа-шэн）/ Антиповский А. А. // Краткая Литературная Энциклопедия. 1962—1978. Т. 7. С. 311
　　　许地山(落华生) / А. А. 安提波夫斯基 // 简明文学百科全书(1962—1978). 第 7 卷. 第 311 页

许启贤

0646　Сюй Цисянь / Буров В. Г. // Современная китайская философия. С. 232. 236
　　　许启贤 / В. Г. 布洛夫 // 当代中国哲学. 第 232、236 页

许幸之

0647　Сюй Син-чжи / Торопцев С. А. // Очерк истории китайского кино(1896—1966). С. 210
　　　许幸之 / С. А. 托罗普采夫 // 中国电影史概览(1896—1966). 第 210 页

许金声

0648　Сюй Цзиньшэн / Буров В. Г. // Современная китайская философия. С. 257
　　　许金声 / В. Г. 布洛夫 // 当代中国哲学. 第 257 页

许钦文

0649　Сюй Цинь-Вэнь / Петров В. В. // Краткая Литературная Энциклопедия. 1962—1978. Т. 9. С. 719
　　　许钦文 / В. В. 彼得罗夫 // 简明文学百科全书(1962—1978). 第 9 卷. 第 719 页

许德珩

0650　Сюй Дэхэн / Буров В. Г. // Современная китайская философия. С. 71. 74
　　　许德珩 / В. Г. 布洛夫 // 当代中国哲学. 第 71、74 页

〔㇆〕

寻淮洲

0651　Сюнь Хуай-чжоу / Юрьев М. Ф. // Красная Армия Китая. С. 190
　　　寻淮洲 / М. Ф. 尤里耶夫 // 中国红军. 第 190 页

阮玲玉

0652　Юань Лин-юй / Торопцев С. А. // Очерк истории китайского кино(1896—1966). С. 205. 209
　　　阮玲玉 / С. А. 托罗普采夫 // 中国电影史概览(1896—1966). 第 205、209 页

阳　华

0653　Ян Хуа / Торопцев С. А. // Очерк истории китайского кино(1896—1966). С. 212. 219
　　　阳　华 / С. А. 托罗普采夫 // 中国电影史概览(1896—1966). 第 212、219 页

阳翰笙

0654　Ян Хань-шэн / Торопцев С. А. // Очерк истории китайского кино(1896—1966). С. 17. 23. 32. 42. 50. 55. 183. 209. 213. 221
　　　阳翰笙 / С. А. 托罗普采夫 // 中国电影史概览(1896—1966). 第 17、23、32、42、50、55、183、209、213、221 页

0655　Ян Хань-Шэн（Оуян Цзи-сю）/ Петров В. В. // Краткая Литературная Энциклопедия. 1962—1978. Т. 8. С. 1095
　　　阳翰笙(欧阳本义) / В. В. 彼得罗夫 // 简明文学百科全书(1962—1978). 第 8 卷. 第 1095 页

羽　山

0656　Юй Шань / Торопцев С. А. // Очерк истории китайского кино(1896—1966). С. 188. 216
　　　羽　山 / С. А. 托罗普采夫 // 中国电影史概览(1896—1966). 第 188、216 页

红线女

0657　Хун Сянь-нюй / Торопцев С. А. // Очерк истории китайского кино(1896—1966). С. 55. 220
　　　红线女 / С. А. 托罗普采夫 // 中国电影史概览(1896—1966). 第 55、220 页

纪登奎

0658　Цзи Дэн-куй / Персоналия : Китайская Народная Республика в 1976 году: Политика. Экономика.

Идеология. С. 336

纪登奎 / 1976 中华人民共和国名人录：政治、经济、意识形态. 第 336 页

孙 羽

0659　Сунь Юй（актер）/ Торопцев С. А. // Очерк истории китайского кино（1896—1966）. С. 214
孙　羽 / С. А. 托罗普采夫 // 中国电影史概览（1896—1966）. 第 214 页

孙 科

0660　Сунь Фо（Сунь Ко）/ Ефимов Г. В. // Китай. История. экономика. культура. героическая борьба за национальную независимость. Политические и общественные деятели Китая. С. 452
孙　科 / Г. В. 叶菲莫夫 // 中国：历史、经济、文化，为民族独立而英勇奋斗（中国政治和社会人物篇）. 第 452 页

孙 敏

0661　Сунь Минь / Торопцев С. А. // Очерк истории китайского кино（1896—1966）. С. 209
孙　敏 / С. А. 托罗普采夫 // 中国电影史概览（1896—1966）. 第 209 页

孙 谦

0662　Сунь Цянь / Торопцев С. А. // Очерк истории китайского кино（1896—1966）. С. 60. 74. 96. 206. 214. 218
孙　谦 / С. А. 托罗普采夫 // 中国电影史概览（1896—1966）. 第 60、74、96、206、214、218 页

孙 瑜

0663　Сунь Юй（режиссер）（Сунь Чэн-юй）/ Торопцев С. А. // Очерк истории китайского кино（1896—1966）. С. 13. 18. 27. 33-34. 36. 50. 55. 66. 72. 74. 103. 112. 143. 209. 214. 217
孙　瑜 / С. А. 托罗普采夫 // 中国电影史概览（1896—1966）. 第 13、18、27、33、36、50、55、66、72、74、103、112、143、209、214、217 页

0664　［Сунь Юй］/ Эйдлин Л. З. // О китайской литературе наших дней. С. 218
孙　瑜 / Л. З. 爱德林 // 今日中国文学. 第 218 页

孙 穆

0665　Сунь Му / Торопцев С. А. // Очерк истории китайского кино（1896—1966）. С. 216
孙　穆 / С. А. 托罗普采夫 // 中国电影史概览（1896—1966）. 第 216 页

孙文秀

0666　Сун Вень-сю отдает долг. ［О Герое труда, прокатчике Тяньцзиньского завода.］/ Кожевников В. // Огонек. 1954. №24
天津轧钢厂劳模事迹：孙文秀还债 / В. 科热夫尼科夫 // 星火. 1954. 24

孙中山

0667　суньятсенизм и китайская революция. / Антонов К. // М.：Изд-во комакадемии. 1931. 135 с.
孙文主义和中国革命 / К. 安东诺夫 // 莫斯科：共产主义出版社. 1931. 135 页

0668　Сунь Ят-сен-великий китайский революционер-демократ / Сенин Н. Г. // М.：Знание. 1956. с. 40
伟大的中国民主主义革命家孙中山 / Н. Г. 谢宁 // 莫斯科：知识出版社. 1956. 40 页

0669　Общественно-политические и философские взгляды Сунь Ят-сена. / Сенин Н. Г. // М.：Изд-во АН СССР. 1956. 216 с.
孙中山的社会政治和哲学观点 / Н. Г. 谢宁 // 莫斯科. 苏联科学院出版社. 1956. 216 页

0670　Сунь Ят-сен и вопросы солидарности народов в борьбе с колониализмом / Тихвинский С. Л. // Москва：［б. и.］, 1963. -10 с.；20 см. -（Доклады Делегации СССР/ XXVI Междунар. конгресс востоковедов；2）.
孙中山与反殖民主义斗争中的民众团结问题 / С. Л. 齐赫文斯基 // 莫斯科：国际东方学家国会. 1963

0671　Сунь Ят-сен / Ермашев И. И. // М. : Мол. гвардия. 1964. с. 318

孙中山 / И. И. Ёлрмашев // 莫斯科：青年近卫军出版社. 1964. 318 页

0672 Сунь Ят-сен Внешнеполитическиевоззрения и практика / Тихвинский С. Л. // М. : Международные отношенья. 1964. с. 355
孙中山（对外政策的观点与实践）/ С. Л. 齐赫文斯基 // 莫斯科：莫斯科国际关系出版社. 1964. 355 页

0673 Сунь Ят-сен 1866—1966 К Столетию со дня рождения Сборник статей, воспоминаний и материалов / Тихвинский С. Л. // М. : Наука. 1966. с. 413
孙中山诞辰100周年（1866—1966）纪念集（论文、回忆录与文献资料）/ С. Л. 齐赫文斯基 // 莫斯科：科学出版社. 1966. 413 页

0674 Сунь Ят-сен-друг Советского Союза К 100 летию со дня рождения / Тихвинский С. Л. // М. : Международныеотношенья. 1966. с. 79
孙中山——苏联的友人，诞辰100周年纪念 / С. Л. 齐赫文斯基 // 莫斯科：莫斯科国际关系出版社. 1966. 79 页

0675 Воспоминания о Сунь Ят-сене / Хэ Сян-нин // М. : Прогресс. 1966. с. 114
回忆孙中山 / 何香凝 // 莫斯科：进步出版社. 1966. 114 页

0676 Сунь Ят-сен / Глаголева И. К. // Наука. М., Наука,. 1966. 121 с.
孙中山 / И. К. 格拉戈列娃 // 莫斯科：科学出版社. 1966. 121 页

0677 Буржуазная революция в Китаеи Сунь Ят-сен 1911—1913 Г. Факты и проблемы / Ефимов Г. В. // М. : Наука. 1974. с. 315
中国资产阶级革命与孙中山（1911—1913年）——事实与问题 / Г. В. 叶菲莫夫 // 莫斯科：科学出版社. 1974. 315 页

0678 Обобщающий трут по истории первой Китайской революции (Рецензия) революция в Китае и Сунь Ят-сен / Березный Л. А. // М.: Наука. 1974
关于中国第一次革命史的总结性著作（评中国资产阶级革命与孙中山）/ Л. А. 别列兹内依 // 莫斯科：科学出版社. 1974

0679 Синьхайская революция и Сунь Ят-сен (Рецензия) революция в Китае и Сунь Ят-сен / Тихвинский С. Л. // М.: Наука. 1974
辛亥革命和孙中山（评中国革命与孙中山）/ С. Л. 齐赫文斯基 // 莫斯科：科学出版社. 1974

0680 Рецензия революция в Китае и Сунь Ят-сен факты и Проблемы / Ковалев Е. Ф. // М.: Наука. 1974
评中国资产阶级革命与孙中山事实与问题 / Е. ф. 科瓦勒夫 // 莫斯科：科学出版社. 1974

0681 Отец республики Повесть о Сунь Ят-сене / Матвеева Г. С. // М. : Политиздат. 1975. с. 398
国父孙中山的故事 / Г. С. 马特维耶娃 // 莫斯科：政治出版社. 1975 年. 398 页

0682 Сунь Ят-сен Октябрь 1896 Две недели из жизни китайского революционера Документальная повесть / Никифоров В. Н. // М. : Наука. 1978. с. 60
孙中山——中国革命家的两个星期（纪实故事）（1896年10月）/ В. Н. 尼基福罗夫 // 莫斯科：科学出版社. 1978. 60 页

0683 Сунь Ятсен его дело и учение в оценке некоторых современников (1925—1926гг) / Кузьмин И. Д. // М.: Наука1979. С. 34-43
现代人对孙中山及其事业和学说的评价（1925—1926年）/ И. Д. 库兹明 // 莫斯科：科学出版社. 1979. 34 页

0684 Первые китайскиереволюциореры / Никифоров В. Н. // М. : Наука. 1980. с. 253.
最早的中国革命家 / В. Н. 尼基福罗夫 // 莫斯科：科学出版社. 1980. 253 页

0685 Сунь Ят-сен Поиск пути 1914—1922. / Ефимов Г. В. // М. : Наука. 1981. с. 237
孙中山对道路的探索（1914—1922）/ Г. В. 叶菲莫夫 // 莫斯科：科学出版社. 1981. 237 页

0686 Завещание китайского революционера. Сунь Ятсен: жизнь, борьба и эволюция политических взглядов? / Тихвинский С. Л. // М.: Политиздат. 1986. с. 222

一位中国革命家的遗嘱:孙中山的生平、奋斗与政治观点的演变 / С. Л. 齐赫文斯基 // 莫斯科:政治出版社. 1986. 222 页

0687 Сунь Ятсен и советники из Советского Союза в 1923—1924гг / Картунова А. И. // М. : Наука. 1987. 189 с.

孙中山和 1923—1924 年的苏联顾问 / А. И. 卡尔图诺娃 // 莫斯科:科学出版社 1987. 189 页

0688 Сунь Ят-сен. 1866—1986. К 120-летию со дня рождения. Сборник статей, воспоминаний, документов и материалов / М., Наука. 1987. 319 с.

纪念孙中山(1866—1986)诞辰 120 周年论文集(回忆录、文献与资料) / 莫斯科:科学出版社. 1987. 319 页

0689 Телеграмма Лиге Наций / Сунь Ят-сен // Исвестия. 1924. 28 Сентября

致国际联盟电 / 孙中山 // 消息报. 1924. 9. 28

0690 Обращение Сунь Ят-сена к ЦИК СССР. 11 марта 1925 Г. / Сунь Ят-сен // Исвестия. 14 марта1925 Г

孙中山致苏联中央执行委员会书(1925 年 3 月 11 日) / 孙中山 // 消息报. 1925. 3. 14

0691 Послание Советскому Союзу / Сунь Ят-сен // Исвестия. 1925. 14. марта

致苏联咨文 / 孙中山 // 消息报. 1925. 3. 14

0692 Мои встречи с Сунь Ят-сеном / Войтинский. Г. Н // Правда1925 15 марта

我与孙中山的会见 / Г. Н. 维经斯基 // 真理报. 1925. 3. 15

0693 В Университете трудящихся им. Сун-Ят-Сена / Правда. 11 марта 1926 г.

在孙中山劳动大学 / 真理报. 1926. 3. 11

0694 Десятилетие со дня смерти Сунь Ят-сена / Хамадан Ал. // Правда1935. 5 марта

纪念孙中山逝世十周年 / Ал. 哈马丹 // 真理报 1935. 3. 5

0695 Великий сын китайского народа / И. Курдюков // Правда. 1956. 11 ноября

中国人民的伟大儿子 / 库尔久科夫 // 真理报. 1956. 11. 11

0696 Великий сын китайского народа К 90 летию со дня рождения Сунь Ят-сена / Известия 1956 11ноября

中国人民的伟大儿子(纪念孙中山诞辰 90 周年) / 消息报 1956. 11. 11

0697 Великий китайский революционер демократ К 90 летию со дня рождения Сунь Ят-сена / Иванов Е. // Труд 1956 11 ноября

伟大的中国民主主义革命家(纪念孙中山诞辰 90 周年) / Е. 伊万诺夫 // 劳动报 1956. 11. 11

0698 Великий буревестник китайской революци К летию со дня рождения Сунь Ят-сена / Корявин Л. // Комсом правда 1956 11 ноября

伟大的中国革命先驱者(纪念孙中山诞辰 90 周年) / Л. 科里亚温 // 共青团 真理报 1956. 11. 11.

0699 Великий сын китайского народа К 90 летию со дня рождения Сунь Ят-сена / Капица М. С. // Культура 1956 13 ноября

中国人民的伟大儿子(纪念孙中山诞辰 90 周年) / М. С. 贾丕才 // 文化报 1956. 11. 13

0700 Великий борец за дружбу между советскии и китайским народами / Капица М. С. // Правда. 1964. 7 июля

苏中人民友好的伟大战士((评):孙中山) / М. С. 贾丕才 // 真理报. 1964. 7. 7

0701 Выдающийся революционер демократ К 50 летию со дня смерти Сунь Ят-сена / Тихвинский С. Л. // Известия. 1975. 3 ноября

杰出的民主主义革命家(逝世 50 周年纪念) / С. Л. 齐赫文斯基 // 消息报 1975. 11. 3

0702 Выдающийся революционер-демократ. / Титаренко М. // Правда. 1986. 12 ноября

杰出的民主主义革命家 / М. 季塔连科 // 真理报. 1986. 11. 12

0703　Вождь китайской революции / Бюллетень литературы и жизнь 1911. № 4
　　　中国革命的领袖 / 文化和生活通讯. 1911. 4

0704　Письмо Сунь Ят-сену / Кришнаварма С. // Современник 1912. №10
　　　致孙中山的信 / С. 克里什娜瓦尔玛 // 现代人. 1912. 10

0705　История моей жизни. Воспомина-ния СУнь Ят-сен / Сунь Ят-сен // Природа и люди. 1912. № 22
　　　我的生平(孙中山回忆录) / 孙中山 // 自然与人类. 1912. 22

0706　Доктор Сунь И-сянь в Японии / Хабаровск // Китай и Япония. 1913 №128
　　　孙逸仙博士在日本 / 哈巴罗夫斯克 // 中国与日本. 1913. 128

0707　Собрание для чествования доктора Суня / Хабаровск // Китай и Япония. 1913 №129
　　　欢迎孙中山的会议 / 哈巴罗夫斯克 // 中国与日本. 1913. 129

0708　Сунь И-сянь и граф Ямамото / Хабаровск // Китай и Япония 1913 №130
　　　孙逸仙与山本伯爵 / 哈巴罗夫斯克 // 中国与日本. 1913. 130

0709　Отношение Японии к г Сунь И-сяню Прибытие Хуан Сина в Японию / Хабаровск // Китай и Япония. 1913 №153
　　　黄兴抵日后日本对孙逸仙的态度 / 哈巴罗夫斯克 // 中国与日本. 1913. 153

0710　Коммунистический университет трудящихся Востока / Жизнь национальностей. 1921. 26 января
　　　共产主义东方劳动大学 / 民族生活. 1921. 1. 26

0711　Образование кантонского военного правительства и новые факторы во взаимоотношениях Севера и Юга. [Сунь Ят-сен, Тан Шао-и, Чэнь Цзюнь-мин, У Дин-фан, Ли Лэ-цзюнь, Чан Сюй-лянь, Тан Цзи-яо]. Кноуль Г. // Вестник Народного комиссариата иностранных дел. 1921. №1-2
　　　广州军政府的形成与南北交往的新因素：孙中山、唐绍仪、陈炯明、伍廷芳、李烈钧、唐继尧等 / Г. 克诺乌利 // 外交人民委员部通讯. 1921. 1-2

0712　Телеграмма Сунь Ят-сена по поводу смерти В. И. Ленина / Сунь Ят-сен // Междунар. летопись. 1924. № 1
　　　孙中山关于列宁逝世的电文 / 孙中山 // 国际日志. 1924. 1

0713　Положение на юге Китая и правительство Сунь Ят-сена / Войтинский Г. Н. // Ком Интернационал 1924. №7
　　　中国南方的局势和孙中山的政府 / Г. Н. 维经斯基 // 共产国际. 1924. 7

0714　Воскресший Сунь Ят-сен / Всемирная панорама 1924. № 15
　　　恢复健康的孙中山 / 世界全景. 1924. 15

0715　Докдор Сунь Ят-сен (Биогр. очерк) / Энгельфельд В. В. // Вест Маньчжурии. 1925. № 1-2
　　　孙中山博士 / В. В. 恩格尔费里德 // 西满洲里. 1925. 1-2

0716　М П Сунь Ят-сен Некролог / Новый Восток. 1925. №1
　　　纪念孙中山(悼文) / 新东方. 1925. 1

0717　Вождь пробуждающегося Китая / Виленский-Сибиряков В. // Звезда. 1925. № 2
　　　觉醒之中国的领袖 / В. 威伦斯基-西比里亚科夫 // 星. 1925. 2

0718　Сунь Ят-сен-отецкитайской революции / Виленский-Сибиряков В. // молодой большевик. 1925. № 2
　　　孙中山——中国革命之父 / В. 威伦斯基-西比里亚科夫 // 青年布尔什维克. 1925. 2

0719　Сунь Ят-сен / Ходоров А. Е. // Междунар. жизнь. 1925. № 2
　　　孙中山 / А. Е. 霍多罗夫 // 国际生活. 1925. 2

0720　Мудрец кантонских вод У одра Сунь Ят-сена / Гронский Г. // 30 дней 1925 № 2
　　　广东水域的智者——在孙中山的病榻旁 / Г. 格隆斯基 // 30 天. 1925. 2

0721　Сунь Ят-сен -вождь китайской революции / Ходоров А. Е. // молодой большевик. 1925. № 3
　　　孙中山——中国革命领袖 / А. Е. 霍多罗夫 // 青布尔什维克. 1925. 3

0722　Сунь Ят-сен и китайский пролетариат / Виленский Сибиряко-в В // Красный интернационал профсоюзов1925. №4
孙中山和中国的无产阶级 / B. 威伦斯基-西伯利卡夫 // 红色共产国际工会. 1925. 4

0723　Сунь Ят-сен-олицетворение национально-революционного движения / Мусин // Молодая гвардия. 1925. № 5
孙中山—民族革命运动的化身 / 穆辛 // 青年近卫军. 1925. 5

0724　Сунь Ят-сен и освободительноедвижение в китае / Войтинский Г. Н. // Большевик. 1925. № 5-6
孙中山和中国的解放运动 / Г. Н. 维经斯基 // 布尔什维克. 1925. 5-6

0725　Смерть вождя китайской революции / Путь МОПР 1925 №6
中国革命领袖之死 / 国际士兵救援组织之路. 1925. 6

0726　[Рецензия]. на книге: Виленский-Сибиряков В. Сунь Ят-сен-отецкитайской революции / Ивин А. // Красная новь. 1924. кн. 5; Печать и революции. . 1924. кн. 6; Большевик. 1924. № 12-13; Коммунистический университет на дому. 1925. № 3; Новый Восток. 1925. № 8
评中国革命之父孙中山 / A. 伊文 // 红土地. 1924. 5

0727　Смерть Сунь Ят-сена / Сунь Ят-сен // Восточная студия. 1925. № 17-20
孙中山逝世 / 孙中山 // 东方画报. 1925. 17-20

0728　Памяти Сунь Ят-сена / Внешняя торговля1925 №23
纪念孙中山（悼文）/ 对外贸易 1925. 23

0729　Рец. на кн.: Сунь Ятсен. Записки китайского революционера. / Гальперин С. // Вестник труда. 1926. №3
孙中山：评中国革命家的札记 / C. 加里佩林 // 劳动报. 1926. 3

0730　китайская революция1911 / красный архив. 1926. т. 5(18).
1911 年的中国革命 / 红色档案 1926. 5；18

0731　Сунь Ят-сен и его значение в китайской революции / Раскольников Ф. // Мировое хозяйство и мировая политика. 1927. № 2-3
孙中山及其在中国革命中的意义 / Ф. 拉斯科里尼科夫 // 世界经济与政治. 1927. 2-3

0732　суньятсенизм и китайская революция. / Антонов К. В. // Революция права. 1929. № 6
孙文主义和中国革命 / К. В. 安东诺夫 // 革命真理. 1929. 6

0733　рецензия на кн. Политическая доктрина сунь ят-сена. / Ер-в М. Н. // Вестник Маньчжурии. 1929. № 6
评孙中山的政治学说 / M. H. 叶尔绍夫 // 满洲公报. 1929. 6

0734　Национализацияземли в учении ят-сена. / Айзенштадт А. А. // Проблемы Китая. 1930. № 4-5
孙中山学说中的土地国有化 / A. A. 艾森施塔特 // 中国问题. 1930. 4-5

0735　К вопросу о классоовой сущности суньятсенизма. / Кара——Мурза Г. // Проблемы Китая. 1931. № 6-7
论孙文主义的阶级性质问题 / Г. 卡拉-穆尔扎 // 中国问题. 1931. 6-7

0736　Сунь Ят-сен в борьбе за независимый китай / Ефимов Г. В. // Ист. журнал. 1937. № 1
为中国独立而斗争的孙中山 / Г. В. 叶菲莫夫 // 东方杂志. 1937. 1

0737　Великая Октябрьская социалистическая революция и Сунь Ятсен / Ефимов Г. В. // Историк марксист1937 №5-6
伟大十月社会主义革命和孙中山 / Г. В. 叶菲莫夫 // 马克思主义历史学家. 1937. 5-6

0738　Сунь Ят-сен и Гоминданов скаяпария / Брандт Я. // Возрождение Азии. 1937. с. 84
孙中山与国民党 / Я. 布兰德 // 亚洲复兴 1937

0739　Сунь Ят-сен в борьбе за независимость китая / Ефимов Г. В. // Канд. дисс. 1938
为争取中国独立而斗争的孙中山 / Г. В. 叶菲莫夫 // 副博士学位论文. 1938

0740 Сунь Ят-сен К 15 летию со дня смерти / Штейнберг Е. // Интернациональная литература. 1940. №3-4
孙中山（逝世15周年纪念）/ Е. 施泰因伯格 // 共产国际文学 1940. 3-4

0741 Великий китайский демократ К 15-летию со дня смерти Сунь Ят-сена / Дубинский. А // Сталинец1940 № 3
伟大的中国革命民主主义者（纪念孙中山逝世十五周年）/ А. 杜宾斯基 // 拖拉机. 1940. 3

0742 Три принципа сунь ят-сена. / Большевик. 1940. № 10
孙中山的三民主义 / 布尔什维克. 1940. 10

0743 Принцип народного благоденствия в учении доктора сунь ят-сена. / Зильберг Д. Н. // М. 1944. Канд. дисс.
孙中山先生学说中的民生主义 / Д. Н. 济利贝格 // 莫斯科. 副博士学位论文. 1944

0744 Прицип национализма Сунь Ят-сена и его внешняя политика / Тихвинский С. Л. // АН СССР1945 Канд дисс
孙中山的民族主义原则与对外政策 / С. Л. 齐赫文斯基 // 苏联科学院副博士学位论文 1945

0745 Письмо сунь Ят-сена Народному комиссару по иностраннымделам РСФСР Г. В. Чичерину / Сунь Ят-сен // Большевик. 1950. № 19
致俄罗斯苏维埃社会主义共和国外交人民委员 Г. В. 齐切林的信 / 孙中山 // 布尔什维克. 1950. 19

0746 Неопубликованный документ Сунь Ят-сена / Сунь Ят-сен // Большевик. 1950. № 19
未发表的孙中山文件 / 孙中山 // 布尔什维克. 1950. 19.

0747 Советский Союз великий друг китайского народа / Ефимов Г. В. // Вопросы экономики1951 № 3
苏联——中国人民的伟大朋友 / Г. В. 叶菲莫夫 // 经济问题. 1951. 3

0748 Общественно-политические взгляды Сунь Ят-сена. / Сенин Н. Г. // М.: Ин-т философии Акад. наук СССР. 1953. Автореф. дисс. канд. филол. наук.
孙中山的社会政治观点 / Н. Г 谢宁 // 莫斯科：苏联科学院语言研究所语文学副博士论文摘要. 1953

0749 Великий китайскийреволюционер-демократ / Сенин Н. Г. // Вопросы философии. 1955. № 2
伟大的中国民主主义革命家 / Н. Г. 谢宁 // 哲学问题. 1955. 2

0750 Неопубликованный документ Сунь Ят-сена / Сунь Ят-сен // Междунар. жизнь. 1955. № 10
未发表的孙中山文件 / 孙中山 // 国际生活. 1955. 10.

0751 Письмо Сунь Ят-сена Народному комиссару по иностранным делам СССР Г. В. Чичерину / Сунь Ят-сен // Междунар. жизнь. 1955. № 10
孙中山致苏联外交人员委员 Г. В. 齐切林的信 / 孙中山 // 国际生活. 1955. 10

0752 Письма Н. К. Судзиловскому 8 ноября и 26 ноября1906 года / Сунь Ят-сен // Вопросы истории. 1956. № 12
致 Н. К. 苏济洛夫斯基的信（1906年1月8日和26日）/ 孙中山 // 历史问题. 1956. 12

0753 На родине Сунь Ят-сена / Огонек. 1956. № 51
在孙中山的祖国 / 星火. 1956. 51

0754 90 лет со дня рождения Сунь Ят-сена Сессия в Иституте китаеведения / Вестник АН СССР 1957 № 1(Памятные даты)
纪念孙中山诞辰90周年（中国学研究所会议）/ 苏联科学院院刊 1957. 1（纪念日）

0755 Научная сессия в Институте китаеведения в честь летия со дня рождения Сунь Ят-сена / Леонтьев В. П. // Советское востоковедение. 1957 №1
中国学研究所纪念孙中山诞辰90周年科学讨论会 / В. П. 列昂季耶夫 // 苏联东方学. 1957. 1

0756 Две встречи с Сунь Ят-сеном / Матвеев-Бодрый. Н. Н // Дальний восток №3
两次会见孙中山 / Н. Н. 马特维耶夫-鲍德雷 // 远东. 1957. 3

0757 Письма Л. Карахану от 16 сент., 17 сент. 1923 и 9 июня 1924 Г. / Сунь Ят-сен // Международная жизнь. 1957. № 11

致 Л. 加拉罕的信（1923 年 9 月 16 日、17 日和 1924 年 6 月 9 日）／孙中山／／国际生活. 1957. 11

0758 Из Дипломатической переписки с Сунь Ят-сеном ／ Сунь Ят-сен ／／ Междунар. жизнь. 1957. № 11

与孙中山往来的外交通信／孙中山／／国际生活. 1957. 11.

0759 Приветсивие Сунь Ят-сена Октябрьской революции и его первые предложения о союзе с Советской Россией ／ Лю ли кай ／／ Реферат сб 1957 №23

孙中山欢迎十月革命与他联合苏联的最初建议／刘丽凯／／文摘汇编. 1957. 23

0760 Великий китайской революционер——демократ Сунь Ят-сен. ／ Смолина Реф. Г. Я. ／／ Реферат. сб. 1957. № 23

伟大的中国民主主义革命家孙中山／Г. Я. 斯莫林娜／／文摘汇编. 1957. 23

0761 Новвые документы о революции1911—1913 годов в Китае ／ Петраш В. В. ／／ Проблемы востоковедения 1959 № 1

有关中国 1911—1913 年革命的新文献／В. В. 彼得拉什／／东方学问题. 1959. 1

0762 Внешняя политика Сунь Ят-сена в освещении американской историографии ／ Тихвинский С. Л. ／／ Вопросы истории1961. №11

美国史学研究对孙中山对外政策的阐述／С. Л. 齐赫文斯基／／历史问题. 1961. 11

0763 Сунь Ят-сен о《предупреждении》капитализма в Китае（К постановке проблемы）／ Ковалёв Е. Ф. ／／ НАА 1963 №2

孙中山论"预防"中国资本主义问题／Е. Ф. 科瓦列夫／／亚非人民. 1963. 2

0764 Сунь Ят-сен о предупреждении капитализма в Китае. ／ Ковалев Е. Ф. ／／ Нороды Азии и Африки. 1963. №2

孙中山关于中国资本主义的警示／Е. Ф. 科瓦列夫／／亚非人民. 1963. 2

0765 Об отношении Сунь Ят-сена к Советской России гг ／ Тихвинский С. Л. ／／ Вопросы истории 1963. № 12

论孙中山对苏维埃俄罗斯的态度／С. Л. 齐赫文斯基／／历史问题. 1963. 12

0766 Революционное наследие Сунь Ят-сена. ／ Юрьев М. ／／ Новый мир. 1964. № 8

孙中山的革命遗产／М. 尤里耶夫／／新世界. 1964. 8

0767 [Рецензия] на книге: Тихвинский С. Л. Сунь Ят-сен ／ Монина А. ／／ Азия и Африка сегодня. 1964. № 11

评孙中山／А. 莫妮娜／／今日亚非. 1964. 11

0768 Выдающийся революционер-демократ ／ Дубинский А. ／／ Коммунист. 1964. № 17

杰出的民主主义革命家孙中山／А. 杜宾斯基／／共产党人. 1964. 17

0769 Забытое завещание. ／ Владимиров В. ／／ Огонек. 1964. № 31

被忘却的遗嘱／В. 弗拉基米罗夫／／星火. 1964. 31

0770 Сунь Ят-сен в воспоминаниях и письмах ／ Вяткин Р. В. ／／ Народы Азии и Африки. 1966. №6

回忆录和书信中的孙中山／Р. В. 维亚特金／／亚非人民. 1966. 6

0771 Великий сын Китая（К 100-летию со дня рождения Сунь Ят-Сена）／ редколлегия ／／ Азия и Африка сегодня 1966 №10

中国伟大的儿子（纪念孙中山诞生 100 周年）／编委会／／今日亚非. 1966. 10

0772 Сунь Ят-сен ／ Топалова Ю. ／／ Знания-народу. 1966. № 10

孙中山／Ю. 托帕罗娃／／人民知识. 1966. 10

0773 Великий сын Китая К 100 летию со дня рождения Сунь Ят-сена ／ Азия и Африка сегодна 1966 №10

中国伟大的儿子（纪念孙中山诞辰 100 周年）／今日亚非. 1966. 10

0774 Сунь Ят-сен друг советского народа ／ Картунова А. И. ／／ Вопросы истории КПСС. 1966 №10

苏联人民的朋友——孙中山 / А. И. Картунова // 苏共历史问题. 1966. 10

0775 100 лет со дня рождения Сунь Ят-сена (Вестник АН СССР1966 № 12) / Сессии в Институте народов Азии АН СССР Москва10-11 нояб 1966
纪念孙中山诞辰100周年（苏联科学院院刊）/ 苏联科学院亚洲民族研究所学术会议学术论文. 1966.10—11

0776 Сунь Ят-сен 1866—1925 / Гарушянц Ю. М. // Вопросы истории. 1966. № 11
孙中山（1866—1925）/ Ю. М. 加鲁什扬茨 // 历史问题. 1966. 11

0777 Сунь Ят-сен К 100-летию со дня рождения / Клепиков В. // Народное образование 1966 № 11
孙中山（诞辰100周年纪念）/ В. 克列皮科夫 // 国民教育. 1966. 11

0778 Сунь Ят-сен борец мыслитель друг Советского Союза К сто летию со дня рождения / Сенин Н. Г. // Вопросы философии1966 №11
孙中山——战士、思想家、苏联人民的朋友（诞生100周年纪念）/ Н. Г. 谢宁 // 哲学问题 1966. 11

0779 Великий китайский революционер демократ К 100 летию со дня рождения Сунь Ят-сена / Силин А. // Коммунист Молдавии Кишинев 1966 №11
伟大的中国民主主义革命家孙中山诞辰100周年纪念 / А. 西宁 // 摩尔达维亚基什涅夫共产党人. 1966. 11

0780 Великий китайской революционер——демократ. / Захаров В. З. // Советская педагогика. 1966. №11
伟大的中国民主主义革命家 / В. З. 扎哈罗夫 // 苏联教育学. 1966. 11

0781 Великий сын китайского народа К сто летию со дня рождения Сунь Ят-сена / Кюзаджян Л. // Агитатор 1966 № 20
中国人民杰出的儿子（纪念孙中山诞辰100周年）/ Л. 仇扎章 // 宣传员 1966. 20

0782 Сунь Ят-сен Великий китайский революционер / Делюсин Л. П. // Новое время 1966 №44. К 100 летию со дня рождения
伟大的中国革命家孙中山（诞生100周年纪念）/ Л. П. 杰柳辛 // 新时代（纪念孙中山诞辰100周）. 1966. 44

0783 Наш большой друг / Капица М. // За рубежом 1966№46 с11К 100 летию со дня рождения
我们的挚友 / М. 贾丕才 // 在国外（纪念孙中山诞辰100周）. 1966. 46

0784 К оценке взглядов Сунь Ят-сена. / Меликсетов А. В. // Народы Азии и Африки. 1969. №5
对孙中山观点的评价 / А. В. 梅利克谢托夫 // 亚非人民. 1969. 5

0785 Сунь Ятсен первый президент Китайской республики. (К 60 летию свержения монархии и утверждения Ресбулики в Китае) / Тихвинский С. Л. // Проблемы Дальнего Востока. 1972. №2
中华民国第一任总统孙中山（纪念中国推翻君主制和建立共和国60周年）/ С. Л. 齐赫文斯基 // 远东问题. 1972. 2

0786 Неизвестное интервью Сунь Ят-сена / ПДВ. 1974. №3
孙中山一次不为人知的谈话 / 远东问题. 1974. 3

0787 Становление принципаМинь шен（народное благоденствие）в программе Сунь Ятсена. / Борох Л. Н. // Народы Азии и Африки. 1975. № 1
孙中山纲领中民生主义原则（人民福利）的形成 / Л. Н. 博罗赫 // 亚非人民. 1975. 1

0788 Синьхайская революция и Сунь Ят-сен / Тихвинский С. Л. // ПДВ 1975 №3
辛亥革命与孙中山 / С. Л. 齐赫文斯基 // 远东问题. 1975. 3

0789 Конфуцианство и эволюция идеологии Гоминьдана: Сунь Ят-сен, Дай Цзи-тао, Чан Кай-ши. / КУЗЬМИН Н. Д. // Л. : ЛГУ и. А. А. Жданова. 1975. Автореф. дисс.. канд. ист. наук.
儒家学说和国民党思想的演化：孙中山、戴季陶、蒋介石 / И. Д. 库兹明 // 列宁格勒：日丹诺夫列宁格勒国立大学历史学副博士学位论文摘要. 1975

0790 Послеоктябрьский период деятельности Сунь Ят-сена в освещении советской историографии / Никифоров В. Н. // Невая и новейшая история. 1978. №5
苏联史学研究有关十月革命后孙中山活动的论述 / В. Н. 尼基福罗夫 // 近现代史. 1978. 5

0791 Сунь Ятсен великий китайский революционер демократ друг советского народа / Проблемы Дальнего Востока. 1985. №2
伟大的中国革命民主主义者,苏联人民的朋友——孙中山 / 远东问题. 1985. 2

0792 К вопросу о политической программе Сунь Ятсена / Мамаева Н. Л. // ПДВ 1986 №1
孙中山的政治纲领问题 / Н. Л. 马马耶娃 // 远东问题. 1986. 1

0793 К вопросу о политической суньят программе сунь Ятсена: Кит. революционер-демократ. (1866—1925). / Мамаева Н. Л. // Проблемы Дальнего Востока. 1986. № 1
论孙中山的政治纲领问题:中国的民主主义革命家(1866—1925) / Н. Л. 马马耶娃 // 远东问题. 1986. 1

0794 Сунь Ятсен-великий китайский революционер-демократ, друг советского союза / Тихвинский С. Л. // К 120-летию со дня рождения. Сборник статей. воспоминаний. документов и материалов. С. 5
孙中山——伟大的中国民主革命家、苏联的朋友 / С. Л. 齐赫文斯基 // 远东问题. 1986. 3;纪念孙中山诞生120周年论文集(论文、回忆录、文件与资料). 第5页

0795 Я хочу идти твоим путем.. Рец. на кн. Сунь Ятсена. Избранные произведения. / Жихарев С. и Янгутов Л. // Байкал. 1986. № 3
"我要走你的道路"((评):孙中山选集) / С. 日哈列夫、Л. 扬古托夫 // 贝加尔湖. 1986. 3

0796 Выдающийся сын китайского народа. К 120-й годовщине со дня рождения Сунь Ятсена / Бородин Б. // Коммунист. 1986. № 15
中国人民杰出的儿子:纪念孙中山诞生120周年 / Б. 鲍罗廷 // 共产党人. 1986. 15

0797 Геркулес Китая О кит революционере и мыслителе Сунь Ятсене К летию со дня рождения / Бородин Б. // Новое время. 1986. № 45
中国的巨擘(论中国的革命家思想家孙中山(1866—1925)纪念孙中山诞辰120周年) / Б. 鲍罗廷 // 新时代. 1986. 45

0798 Из переписки Сунь Ятсена / ПДВ 1987 №1
孙中山通信摘译 / 远东问题. 1987. 1

0799 Международная научная конференция «120-летия со дня рождения Сунь Ятсена» / Арунов В. В. // ПДВ 1987 №1
纪念孙中山诞生120周年国际学术会议 / В. В. 阿鲁诺夫 // 远东问题. 1987. 1

0800 Из переписки Сунь Ят-сена / Сунь Ят-сен // Проблема Дальнего Востока. 1987. № 1
孙中山书信选 / 孙中山 // 远东问题. 1987. 1

0801 Международная научная конференция летие со дня рождения Сунь Ят-сена / Арунов В. В. // Проблемы Дальнего Востока. 1987. №1
纪念孙中山诞辰120周年国际科学讨论会 / В. В. 阿鲁诺夫 // 远东问题. 1987. 1

0802 Сунь Ятсен о социальном прогрессе / Титаренко М. Л. // ПДВ 1987 №2
孙中山谈社会进步 / М. Л. 季塔连科 // 远东问题. 1987. 2

0803 Рец. на кн.:Тихвинский С. Л. Завещание китайского революционера. / Мясников В. С. // Новая и новейшая история. 1987. №3
齐赤赦斯基评中国革命家的遗言 / В. С. 米亚斯尼科夫 // 近现代史. 1987. 3

0804 Новое о Сунь Ятсене и Гоминьдане / Мамаева Н. Л. // ПДВ 1988 №6
有关孙中山与国民党的新资料 / Н. Л. 马马耶娃 // 远东问题. 1988. 6

0805 Коалиция Чжан Цзолина и Сунь Ят-сена / Ходоров А. Е. // Междунар жизнь 1992 № 9

张作霖和孙中山的联盟 / A. E. 霍多罗夫 // 国际生活. 1992. 9

0806 Гоминьдан в национальной революции Китая 20-х годов (Обзор источников и литературы КНР) [Сунь Ят-сен-ТВ] / Мамаева Л. Н. // Проблемы Дальнего Востока. 1994. № 1
二十年代中国民族革命中的国民党（中华人民共和国资料与研究的概述）孙中山 / Л. Н. 马马耶娃 // 远东问题. 1994. 1

0807 Сунь Ятсен и советско-китайские отношения: новые архивные документы / Шевелев К. В. // ПДВ 1996 №6
孙中山与苏中关系：新档案资料 / B. Н. 舍维列夫 // 远东问题. 1996. 6

0808 К 130-летию со дня рождения Сунь Ят-сена / Мамаева Н. // Проблемы Дальнего Востока. 1997. № 1
纪念孙中山诞生 130 周年 / Н. 马马耶娃 // 远东问题. 1997. 1

0809 Единая нация в проектах Сунь Ятсена / Москалёв А. // ПДВ 1997 №3
孙中山计划中的"统一民族" / A. 莫斯卡廖夫 // 远东问题. 1997. 3

0810 Национализм в понимании Сунь Ятсена / Москалёв А. // ПДВ 1999 №2-3
孙中山对民族主义的理解 / A. 莫斯卡廖夫 // 远东问题. 1999. 2-3

0811 Извилистый путь к альянсу: Советская Россия и Сунь Ятсен (1918—1923) / Крюков М. // ПДВ 1999 №2-3
苏俄与孙中山联盟的曲折道路(1918—1923) / М. 库留科夫 // 远东问题. 1999. 2-3

0812 Предыстория Единого фронта в Китае и учредительный съезд КПК [Сунь Ят-сен, Чжоу Фо-хай, Чэнь Ду-сю-ТВ] / Шевелев К. В. // Китай: традиции и современность. Сборник статей. С. 197
第一次国共合作史与中共一大：孙中山、周佛海、陈独秀 / К. В. 舍维列夫 // 中国：传统与现代论文集. 论文集. 第 197 页

0813 Учение Сунь Ятсена о минь цюань. / Гарушянц Ю. М. // XXVI научная конференция Общество и государство в Китае. Тезисы и доклады. Ч. 2. 1995. С. 243
孙中山民权理论 / Ю. М. 加鲁什扬茨 // 中国社会与国家第二十六次学术研讨会提要与报告(1995). 第二册. 第 243 页

0814 Японо-китайские связи в период Синьхайской революции: первая поездка Сунь Ятсена в Японию в 1913 г. / Каткова З. Д., Чудодеев Ю. В. // XXVI научная конференция Общество и государство в Китае. Тезисы и доклады. Ч. 2. 1992. С. 121
辛亥革命时期中日交往：孙中山 1913 年第一次访问日本 / З. Д. 卡特科娃, Ю. В. 丘多杰耶夫 // 中国社会与国家第二十三次学术研讨会提要与报告(1992). 第二册. 1992. 第 121 页

0815 Об основных этапах внутрипартийной борьбы в Гоминьдане (1923—1927 гг.) [Сунь Ятсен-ТВ] / Мамаева Н. Л. // XXVI научная конференция Общество и государство в Китае. Тезисы и доклады. Ч. 2. 1992. С. 129
论国民党党内斗争主要阶段(1923—1927 年)(孙中山——TV) / Н. Л. 马马耶娃 // 中国社会与国家第二十三次学术研讨会提要与报告(1992). 第二册. 1992. 第 129 页

0816 Сунь Ятсен в оценке Цюй Цюбо / Лапин М. А. // XVIII научная конференция 《Общество и государство в Китае》. Тезисы и доклады. Ч. 3. 1987. С. 108
瞿秋白对孙中山的超越 / М. А. 拉平 // 中国社会与国家第十八次学术研讨会提要与报告(1987). 第三册. 第 108 页

0817 Из истории развития социалистических идей в Китае в 1913—1915 гг. (анархисты-Сунь Ятсен-Цзян Канху) / Стабурова Е. Ю. // V научная конференция 《Общество и государство в Китае》. Тезисы и доклады. Ч. 2. 1974. С. 275
有关 1913 至 1915 年中国社会主义思想发展史(无政府主义——孙中山——江亢虎) / Е. Ю. 斯塔布洛娃 // 中国社会与国家第五次学术研讨会提要与报告(1974). 第二册. 第 275 页

0818 К оценке идеологии Сунь Ятсена / Стабурова Е. Ю. // XXIII научная конференция《Общество и государство в Китае》. Тезисы и доклады. Ч. 2. 1992. С. 102
孙中山思想的评价 / Е. Ю. 斯塔布洛娃 // 中国社会与国家第二十三次学术研讨会提要与报告（1992）. 第二册. 第 102 页

0819 Япония в оценке Сунь Ятсена конца 10-х-начала 20-х гг. / Чудодеев А. Ю. // XX научная конференция《Общество и государство в Китае》. Тезисы и доклады. Ч. 2. 1989. С. 279
孙中山 1910 年代末——1920 年代初对日本的评价 / А. Ю. 楚多杰耶夫 // 中国社会与国家第二十次学术研讨会提要与报告（1989）. 第二册. 第 279 页

0820 Традиционные утопии в восприятии Сунь Ятсена / Борох Л. Н. // Китайские социальные утопии. С. 271
孙中山对传统乌托邦的评价 / Л. Н. 博罗赫 // 中国社会的乌托邦. 第 271 页

0821 Кантон. Руководители коммунистов и Социалистического союза молодежи［Сунь Ят-сен，Чэнь Цзюн-мин，Цюй Цю-бо，Чжан Тай-лэй］/ Далин С. А. // Китайские мемуары. 1921—1927. С. 86
广东——共产党与社会主义青年团的领导人：孙中山、陈炯明、瞿秋白、张太雷 / С. А. 达林 // 中国回忆录（1921—1927）. 第 86 页

0822 Первые беседы с Сунь Ят-сеном / Далин С. А. // Китайские мемуары. 1921—1927. С. 105
与孙中山的第一次交谈 / С. А. 达林 // 中国回忆录（1921—1927）. 第 105 页

0823 Сунь Ят-сэн / Ефимов Г. В. // Китай. История. экономика. культура. героическая борьба за национальную независимость. Политические и общественные деятели Китая. С. 452
孙中山 / Г. В. 叶菲莫夫 // 中国：历史、经济、文化，为民族独立而英勇奋斗（中国政治和社会人物篇）. 第 452 页

0824 Сунь Ят-сен-китайский революциинер-демократ друг Советского Союза / Тихвинский С. Л. // Истории Китая и современность. с. 359
中国民族主义革命家，苏联的友人——孙中山 / С. Л. 齐赫文斯基 // 中国历史与现代化. 第 359 页

0825 Внешнеполитические взгляды и деятельность Сунь Ят-сена в 1905—1912 гг / Тихвинский С. Л. // Синьхайская революция в Китае. С. 29
1905—1912 年孙中山对外政策的观点与活动 / С. Л. 齐赫文斯基 // 中国的辛亥革命. 第 236 页

0826 Завещание д-ра Сунь Ят-сена. / Вестник китайского права. сб. 1. (Харбин) 1931. с. 29
孙中山博士遗嘱 / 中国法公报. 哈尔滨论文汇编. 1931. 第 29 页

0827 Ленин и суньятсенизм / Силесто С. / Борьба классов. 1934. № 2. с. 43-56.
列宁和孙文主义 / С. 西列斯托 // 阶级斗争（1934）2. 第 43 页

0828 Об эволюции суньятсенизма в гоминьдановском Китае. / Бергер Я. М. // Китай общество и государство. 1973. с. 279
论国民党中国时期孙文主义的演化 / Я. М. 别尔格尔 // 中国社会与国家（1973）. 第 279 页

0829 Теории прогресса в китайской мысли начала XX в.：(Лян Ци-чао——Сунь Ят-сен.) / Борох Л. Н. // Китай поиски путей социал. развития. с. 9
20 世纪初中国思想的进步理论（梁启超与孙中山） / Л. Н. 博罗赫 // 中国社会发展道路的探索. 第 9 页

0830 Суньятсенизм и социальная программа движения за реорганизацию гоминьдана（1929—1931）/ Занегина Н. Б. // Китай поиски путей социал. развития. с. 190
孙文主义与国民党改组运动的社会纲领（1929—1931）/ Н. Б. 扎涅吉娜 // 中国社会发展道路的探索. 第 190 页

0831 Социально-экономические взгляды Сунь Ят-сена：происхождение, развитие, сущность. / Меликсетов А. В. // Китай государство и общество. 1979. с. 121

孙中山的社会经济观点：起源、发展、实质 / А. В. 梅利克谢托夫 // 中国国家与社会 (1979). 第 121 页

0832 Идеи паназиатизма в учении Сунь Ят-сена о национализме. / Делюсин Л. П. // Китайтрадиции и современность. Сборник статей. 1976. С. 168
孙中山民族主义学说中的"大亚洲主义"思想 / Л. П. 杰柳辛 // 中国传统与当代论文集. 1976. 第 168 页

0833 Традиционные источники социально-экономической програмы Сунь Ят-сена. / Борох Л. Н. // Китай государство и общество. 1977. с. 153
孙中山社会经济纲领的传统渊源 / Л. Н. 博罗赫 // 中国国家与社会 (1977). 第 153 页

0834 Социально-экономические взгляды Сунь Ят-сена (1920-е годы). / Сухарчук Г. Д. // XII научная конференция《Общество и государство в Китае》. Тезисы и доклады. Ч. 2. 1981. С. 129
孙中山的社会经济观点 (1920年) / Г. Д. 苏哈尔丘克 // 中国社会与国家第十二次学术研讨会提要与报告 (1981). 第 129 页

0835 Традиционные утопии в восприятии Сунь Ят-сена. / Борох Л. Н. // Китайские социальные утопии. 1987. с. 271
孙中山对传统乌托邦的超越 / Л. Н. 博罗赫 // 中国社会的乌托邦. 1987. 第 271 页

0836 Сунь Ятсен и его идейное наследство в советской историографии (60-70-е годы) / Ефимов Г. В. // История и историки. 1980. с. 81
苏联史学研究中的孙中山及其思想遗产（六七十年代）/ Г. В. 叶菲莫夫 // 历史与历史学家 (1980). 第 81 页

0837 Сунь Ятсен и проблема создания новой национальной государственности (к постановке вопроса) / Березный Л. А. // Всемирная история и Восток. 1989. с. 132
孙中山与建立新的民族国家问题初探 / Л. А. 别列兹内依 // 世界史和东方. 第 132 页

0838 Сунь Ятсен и доктрина《Республики Пяти национальностей》/ Москалев А. А. // Востоковедение и мировая культура. К 80-летию академика С. Л. Тихвинского. Сборник статей. С. 353
孙中山与"五族共和"学说 / А. А. 莫斯卡廖夫 // 东方学与世界文化：纪念齐赫文斯基院士诞辰八十周年论文集. 第 353 页

0839 Буржуазная историография оборьбе Сунь Ят-сен за национальную независимость Китая / Тихвинский С. Л. // Современнаяисториография стран зарубежногоВостока Вып. 1. 1963
有关孙中山争取中国民族独立斗争的资产阶级史学研究 / С. Л. 齐赫文斯基 // 东方国家现代研究 (1963). 1 卷. 第 138 页

0840 Движение 4 маяи формирование социально-окономической программы Сунь Ят-сена. / Меликсетов А. А. // Доклады. представленные на XX международный синологический конгресс в Праге. 1968. с. 22
"五四"运动与孙中山社会经济纲领的形成 / А. А. 梅利克谢托夫 // 布拉格 20 世纪国际汉学研究大会报告 (1968). 第 22 页

0841 Движение 4 мая 1919 г. и внешнеполитические взляды Сунь Ят-сена. / Тихвинский С. Л. // Доклады. представленные на XX международный синологический конгресс в Праге. 1968. с. 15-21.
1919 年"五四"运动和孙中山的对外政策观点 / С. Л. 齐赫文斯基 // 布拉格 20 世纪国际汉学研究大会报告 (1968). 第 15—21 页

0842 Внешняя политика Сунь Ят-сена в освещении западноевропейской историографии / Тихвинский С. Л. // Проблемы истории национально освободитильного движения в странах Азин. 1963 c26
西欧史学研究对孙中山对外政策的阐述 / С. Л. 齐赫文斯基 // 亚洲国家民族解放运动的历史问题. 1963. 第 26 页

0843 Сунь Ят-сен и СССР / Мировинцкая Р. А. // Советская истории стран Азии и Африки в советской историографии. 1966 с30

孙中山和苏联 / Р. А. 米洛文茨卡娅 // 苏联史学研究：亚非人民历史. 1966. 第 30 页

0844 Сунь Ят-сен. / Ермашев И. И. // Карткие сообщения Ин-та народов Азии. 1964. с. 71.

孙中山 / И. И. 叶尔马舍夫 // 亚洲民族研究所简讯（1964）. 第 71 页

0845 О двух истоках буржуазно-революционного движения в Китае (по воспоминаниям Чэнь Шао-бо). / Никифоров В. Н. // Краткие сообщ. Ин-та народов Азии. выш. 64. 1963. с. 90

论中国资产阶级革命运动的两个源流（根据陈少白的回忆）/ В. Н. 尼基福罗夫 // 亚洲民族研究所简讯（1963）. 第 90 页

0846 революция 1911—13 гг. в Китае и Сунь Ят-сен / Ефимов Г. В. // Учен. зап. Ленинградского государственного педагогического института им. М. Н. Покровского. Ленинград: Исторический факультет，1940. с. 159-182

1911—1913 年的中国革命与孙中山 / Г. В. 叶菲莫夫 // 列宁格勒师范大学学术论丛. 1940. 第 159—182 页

0847 Сунь Ят-сен в борьбе против маньчжурской династин цин / Ефимов Г. В. // Ученые записки ленинградского государственного университета，1940. 95. Серия исторических наук，вып. 15, с. 191-215.

在推翻满清王朝斗争中的孙中山 / Г. В. 叶菲莫夫 // 列宁格勒师范大学学术论丛. 1940. 第 191—215 页

0848 Сунь Ят-сен и временная конституция китайской революци 1912г / Каск Л. И. // "Ученые записки ЛГУ"，№ 255，серия юридических наук，вып. 10，Л. . 1958с. 211-224

孙中山和 1912 年中华民国临时约法 / Л. И. 卡斯克 // 列宁格勒师范大学学术论丛. 1958. 第 211 页

0849 Интерпретация Сунь Ятсеном конфуцианского идеала Датун（Синьхайский период）. / Борох Л. Н. // Сунь Ятсен. 1866—1986. с. 33

辛亥革命时期孙中山对儒家大同学说的阐释 / Л. Н. 博罗赫 // 孙中山（1866—1986）. 第 33 页

0850 великий китайский революционер-демократ Сунь Ят-сен / Ефимов Г. В. // Сунь Ят-сен. 67с

伟大的中国民主主义革命家孙中山 / Г. В. 叶菲莫夫 // 孙中山. 第 67 页

0851 Сунь Ят-сен-первыйпрезидент Китайской Республики / Гарушянц Ю. М. // Сунь Ят-сен. с. 364

中华民国第一任总统——孙中山 / Ю. М. 加鲁什扬茨 // 孙中山. 第 364 页

0852 Несколько зачаний по поводу буржуаной историографии 1963—1965 гг. о Суньо Сунь Ят-сене / Монина А. А. // Сунь Ят-сенНаука. с. 246

1963—1965 年资产阶级史学研究中关于孙中山的若干问题 / А. А. 莫妮娜 // 孙中山. 第 246 页

0853 Сунь Ят-сен-китайский революциинер-демократ друг Советского Союза / Тихвинский С. Л. // Сунь Ят-сенНаука. с. 5

中国民主主义革命家，苏联的友人——孙中山 / С. Л. 齐赫文斯基 // 孙中山. 第 5 页

0854 Сунь Ят-сен и политическая борьба гг вКитае / Белов. Е. А // Сунь Ят-сен. с 125

孙中山与 1911—1913 年中国的政治斗争 / Е. А. 别洛夫 // 孙中山. 第 125 页

0855 Установление сотрудничества между КПК и Сунь Ят-сеном в1921—1924. гг / Панцов А. В и Юрьев М. Ф. // Сунь Ят-сеном. 1866—1986. с129

1921—1924 年中国共产党与孙中山之间合作的建立 / А. В. 潘卓夫、М. Ф. 尤里耶夫 // 孙中山（1866—1986）. 第 129 页

0856 Советник Сунь Ят-сена / Бородина Ф. С. // Сунь Ятсен-сен. 1866—1986. с246

孙中山的顾问 / Ф. С. 博罗季娜 // 孙中山（1866—1986）. 第 246 页

0857 Сунь Ят-сен и русские советники / Картунова А. И. // Сунь Ят-сеном. с170

孙中山与俄国顾问 / А. И. 卡尔图诺娃 // 孙中山. 第 170 页

0858 Последняя поездка Сунь Ят-сена / Крымов А. Г（Тин Шэн）. // Сунь Ятсен-сен. 1866—1986. с249

孙中山最后的行程 / А. Г. 克雷莫夫(郭肇唐) // 孙中山. 1866—1986. 第 249 页

0859 Под знаменами Сунь Ят-сена / Черепанов А. И. // Сунь Ятсен-сен. с310
在孙中山的旗帜下 / А. И. 切列潘诺夫 // 孙中山. 第 310 页

0860 Великий поворот Сунь Ят-сен в1922 г / Далин С. А. // Сунь Ят-сен. 1866—1966. с255
孙中山的伟大转变(1922 年) / С. А. 达林 // 孙中山(1866—1966). 第 255 页

0861 Освободительное движение филиппинского народа и Сунь Ятсен (1899—1900гг) / Кюзаджян Л. С. // Сунь Ят-сен. 1866—1986. с 57
菲律宾人民解放运动与孙中山 / Л. С. 仇扎章 // 孙中山(1866—1986). 第 57 页

0862 Революционные китайские организации на территории ДВР и Сунь Ят-сен / Персиц М. А. // Сунь Ят-сен. 1866—1966 с 357
远东共和国的中国革命组织与孙中山 / М. А. 彼尔西茨 // 孙中山(1866—1986). 第 357 页

0863 Сунь Ятсен и революцонная Россия / Белелюбский. Ф. Б и Чапкевич Е. И. // Сунь Ят-сен1866—1986 Наука 1987 с 111
孙中山和革命的俄罗斯 / Б. Ф. 别列柳布斯基、Е. И. 恰普凯维奇 // 孙中山(1866—1986). 1987. 第 111 页

0864 Советские историки о классовой сущности суньятсенизма. Дискуссия 1930—1931 гг. / Никифоров В. Н. // Сунь Ят-сен. с. 232
苏联史学家论孙文主义的阶级性质(1930—1931 年的争论) / В. Н. 尼基福洛夫 // 孙中山. 第 232 页

0865 Социально-политические взгляды Сунь Ят-сена до революции 1911 г. К истории формирования революционно-демократической идеологии Китая. / Сенин Н. Г. // Сунь Ят-сен. 1866—1986. с. 85
1911 年革命前孙中山的社会政治观点(中国革命民主主义思想形成史) / Н. Г. 谢宁 // 孙中山(1866—1986). 第 85 页

0866 Теории прогресса в китайской мысли начала XX в. (Лян Цичао Сунь Ятсен) / Борох Л. Н. // Китай: поиски путей социального развития. с. 9
20 世纪初中国思想中的进步理论(梁启超、孙中山) / Л. Н. 波洛赫 // 中国社会发展道路的探索. 第 9 页

0867 Сунь Ятсен (Сун Вэнь) / Буров В. Г. // Современная китайская философия. . С. 37. 45. 50. 64. 68. 70. 73. 123. 125. 272
孙中山(孙文) / В. Г. 布洛夫 // 当代中国哲学. 第 37、45、50、64、68、70、73、123、125、272 页

0868 Сунь Ят-сен-отец китайской революции / Виленский-Сибиряков В. // Красная новь. 1924. с. 182
孙中山——中国革命之父 / В. 威伦斯基-西比里亚科夫 // 红土地. 1924. 第 182 页

0869 Интерпретация Сунь Ятсеном конфуцианского идеала Датун (синьхайский период) / Борох Л. Н. // К 120-летию со дня рождения. Сборник статей. воспоминаний. документов и материалов. С. 33
孙中山对儒家"大同"观念的解释:辛亥革命时期 / Л. Н. 波洛赫 // 纪念孙中山诞生 120 周年论文集(论文、回忆录、文件与资料). 第 33 页

0870 Освободительное движение филиппинского народа и Сунь Ятсен / Кюзаджян Л. С. // К 120-летию со дня рождения. Сборник статей. воспоминаний. документов и материалов. С. 57
菲律宾人民解放运动与孙中山 / Л. С. 仇扎章 // 纪念孙中山诞生 120 周年论文集(论文、回忆录、文件与资料). 第 57 页

0871 Некоторые сведения о революционной деятельности Сунь Ятсена в 1907—1909 г. / Ефимов Г. В. // К 120-летию со дня рождения. Сборник статей. воспоминаний. документов и материалов. С. 74

孙中山 1907 至 1909 年革命活动的若干情况 / Г. В. 叶菲莫夫 // 纪念孙中山诞生 120 周年论文集（论文、回忆录、文件与资料）. 第 74 页

0872　Социально-политические взгляды Сунь Ятсена до революции 1911 г. / Сенин Н. Г. // К 120-летию со дня рождения. Сборник статей. воспоминаний. документов и материалов. С. 85
辛亥革命前孙中山的社会政治观 / Н. Г. 谢宁 // 纪念孙中山诞生 120 周年论文集（论文、回忆录、文件与资料）. 第 85 页

0873　Сунь Ятсен и революционная Россия（до 1917 г.） / Белелюбский Ф. Б., Чапкевич Е. И. // К 120-летию со дня рождения. Сборник статей. воспоминаний. документов и материалов. С. 111
孙中山与革命的俄罗斯（1917 年前） / Ф. Б. 别列柳布斯基，Е. И. 察普科维奇 // 纪念孙中山诞生 120 周年论文集（论文、回忆录、文件与资料）. 第 111 页

0874　Установление сотрудничества между КПК и Сунь Ятсеном в 1921—1924 гг. / Панцов А. В., Юрьев М. Ф. // К 120-летию со дня рождения. Сборник статей. воспоминаний. документов и материалов. С. 129
中共与孙中山合作的形成（1921—1924 年） / А. В. 潘佐夫，М. Ф. 尤里耶夫 // 纪念孙中山诞生 120 周年论文集（论文、回忆录、文件与资料）. 第 129 页

0875　Сунь Ятсен и советники из Советского Союза в 1923—1924 гг.（По документам и воспоминаниям） / Картунова А. И. // К 120-летию со дня рождения. Сборник статей. воспоминаний. документов и материалов. С. 172
从文件与回忆录看 1923 至 1924 年的孙中山与苏联顾问 / А. И. 卡尔图诺娃 // 纪念孙中山诞生 120 周年论文集（论文、回忆录、文件与资料）. 第 172 页

0876　Изучение деятельности и взглядов Сунь Ятсена в СССР / Волохова А. А. // К 120-летию со дня рождения. Сборник статей. воспоминаний. документов и материалов. С. 190
苏联对孙中山活动与观点的研究 / А. А. 沃洛霍娃 // 纪念孙中山诞生 120 周年论文集（论文、回忆录、文件与资料）. 第 190 页

0877　Западные историки о деятельности Сунь Ятсен / Тихвинский С. Л., Волохова А. А. // К 120-летию со дня рождения. Сборник статей. воспоминаний. документов и материалов. С. 204
西方历史学家论孙中山的活动 / С. Л 齐赫文斯基，А. А. 沃洛霍娃 // 纪念孙中山诞生 120 周年论文集（论文、回忆录、文件与资料）. 第 204 页

0878　Великий поворот Сунь Ятсена в 1922 г. / Далин С. А. // К 120-летию со дня рождения. Сборник статей. воспоминаний. документов и материалов. С. 219
1922 年孙中山的大转变 / С. А. 达林 // 纪念孙中山诞生 120 周年论文集（论文、回忆录、文件与资料）. 第 219 页

0879　Советник Сунь Ятсена［Михаил Маркович Бородин-ТВ］ / Бородина Ф. С. // К 120-летию со дня рождения. Сборник статей. воспоминаний. документов и материалов. С. 246
孙中山的顾问米哈伊尔. 马尔科维奇. 鲍罗廷 / Ф. С. 鲍罗廷娜 // 纪念孙中山诞生 120 周年论文集（论文、回忆录、文件与资料）. 第 246 页

0880　Последняя поездка Сунь Ятсена / Крымов（Тин Шэн）А. Г. // К 120-летию со дня рождения. Сборник статей. воспоминаний. документов и материалов. С. 249
孙中山最后的行程 / А. Г. 科雷莫夫（郭肇唐） // 纪念孙中山诞生 120 周年论文集（论文、回忆录、文件与资料）. 第 249 页

0881　Под знаменем Сунь Ятсена［воспоминания о встречах автора с Сунь Ятсеном-ТВ］ / Черепанов А. И. // К 120-летию со дня рождения. Сборник статей. воспоминаний. документов и материалов. С. 268
在孙中山的旗帜下：作者与孙中山的见面的回忆 / А. И. 切列潘诺夫 // 纪念孙中山诞生 120 周年论文集（论文、回忆录、文件与资料）. 第 268 页；科学（1966）. 第 310 页

0882　По просьбе Сунь Ятсена / Блюхер В. В. // По военным дорогам отца. С. 141
　　　应孙中山的请求 / В. В. 布留赫尔 // 我父亲战斗的道路. 第 141 页

0883　Сунь Ят-Сен / Тихвинский С. Л. // Большая советская энциклопедия. 3-е изд. Т. 25. 1976.
　　　С. 79
　　　孙中山 / С. Л. 齐赫文斯基 // 苏联大百科全书 (1976). 第三版. 第 25 卷. 第 79 页

0884　Сун　Ят-Сен / Тихвинский С. Л. // Советская Историческая энциклопедия 1961—1976. Т. 13.
　　　С. 960
　　　孙中山 / С. Л. 齐赫文斯基 // 苏联历史百科全书 (1961—1976). 第 13 卷. 第 960 页

0885　Встреча А. А. Иоффе с Сунь Ят-сеном в Шанхае / Сладковский М. И. // История торгово-
　　　экономических отношений СССР с Китаем 1917—1974. С. 50
　　　越飞与孙中山在上海的会谈 / М. И. 斯拉德科夫斯基 // 苏中经济贸易关系史 (1917—1974). 第
　　　50 页

0886　Сунь Ят-сен / В книге:Большая советская энциклопедия. изд. 2-ет. 41. 1956 с. 292
　　　孙中山 / 苏联的大百科全书 (1956). 2 版. 1956. 第 292 页

0887　Революционные демократы-первые коммунисты Китая〔Сунь Ятсен, Ли Дачжао, У Юйчжан,
　　　Цюй Цюбо, ЧжанТайлэй〕/ Юрьев М. Ф. / Революционная демократия и коммунисты Востока.
　　　С. 272
　　　革命民主主义者——中国的第一批共产主义者：孙中山、吴玉章、瞿秋白、张太雷 / М. Ф. 尤里耶
　　　夫 // 革命民派与东方共产主义者. 第 272 页

0888　Взгляды Сунь Ят-сена на экономическое и социальное развитие Китая. / Меликсетов А. В. //
　　　Учен. зап. Моск. ин-та междунар. отношений Проблемы востоковедения. 1972. вып. 2. с. 52
　　　孙中山对中国经济和社会发展的观点 / А. В. 梅利克谢托夫 // 莫斯科国际关系学院东方学问题校
　　　刊. 第 52 页

0889　Сунь Ят-сену октября / Горький М. // Горький М. Собрание сочинений. с 275
　　　致孙中山 (1912 年 10 月 12 日) / М. 高尔基 // 高尔基文集. 1955. 第 275 页

0890　Когда появился принципМинь шен в программе Сунь Ятсена? / Борох Л. Н. // IV научная
　　　конференция《Общество и государство в Китае》. Тезисы и доклады. вып. 2. 1973. С. 192-194
　　　孙中山纲领中的"民生主义"是在何时提出的？ / Л. Н. 博罗赫 // 中国社会与国家第四次学术研讨
　　　会提要与报告. 第二版. 1973. 第 192 页

0891　К оценке промышленного плана Сунь Ят-сена. / Белов Е. А. // IX научная конференция
　　　《Общество и государство в Китае》. Тезисы и доклады. Ч. 3. 1978. С. 17-22
　　　对孙中山"工业计划"的评价 / Е. А. 别洛夫 // 中国社会与国家第九次学术研讨会提要与报告.
　　　(1978) 第三册. 第 17 页

0892　Лекции Сунь Ят-сена о социализме (1912г.) / Делюсин Л. П. // Х научная конференция
　　　Общество и государство в Китае. Тезисы и доклады. Ч. 1. 1979. С. 169-179.
　　　孙中山关于社会主义的演说 (1912 年) / Л. П. 杰柳辛 // 中国社会与国家第十次学术研讨会提要与
　　　报告 (1979). 第一册. 第 169 页

0893　К вопросу о социально-экрномических воззрениях сунь ят-сена. / Сухарчук Г. Д. // VIII научная
　　　конференция　Общество и государство в Китае. Тезисы и доклады. Ч. 3. 1977. С. 23-40
　　　孙中山的社会经济观点问题 / Г. Д. 苏哈尔丘克 // 中国社会与国家第八次学术研讨会提要与报告
　　　(1977). 第三册. 第 23 页

0894　О Трех политических установкахСунь Ятсена. / Мамаева Н. Л. // XII научная конференция
　　　《Общество и государство в Китае》. Тезисы и доклады. Ч. 3. 1980. С. 103-110
　　　论孙中山的三个政治目标 / Н. Л. 马马耶娃 // 中国社会与国家第十二次学术研讨会提要与报告
　　　(1980). 第三册. 第 103 页

0895　Взгляды Сунь Ят-сена на решение и национального вопроса в Китае. / Махмутходжаев М. Х. // XI научная конференция《Общество и государство в Китае》. Тезисы и доклады. Ч. 3. 1980. С. 15-20
　　孙中山对解决中国民族问题的观点 / М. Х. 马赫姆特霍扎耶夫 // 中国社会与国家第十一次学术研讨会提要与报告（1980）. 第三册. 第 15 页

0896　Об одной интерпретации национализма Сунь Ятсена. / Волохова А. А. // XIII научная конференция《Общество и государство в Китае》. Тезисы и доклады. Ч. 3 1982. С. 122-123
　　对孙中山民族主义的一种解释 / А. А. 沃洛霍娃 // 中国社会与国家第十三次学术研讨会提要与报告（1982）第三册. 第 122 页

0897　О политической программе Сунь Ятсена и Гоминьдана в период развертывания революционного движения в Китае. / Мамаева Н. Л. // XVI научная конференция《Общество и государство в Китае》. Тезисы и доклады. Ч. 3. 1985. С. 105-109
　　论中国革命运动开展时期孙中山和国民党的政治纲领 / Н. Л. 马马耶娃 // 中国社会与国家第十六次学术研讨会提要与报告（1985）. 第三册. 第 105 页

0898　Беседа со студентами Университета им. Сун-Ят-Сена / Сталин И. В. // Сочинения. Т. 9. С. 239
　　斯大林与孙中山大学学生的交谈 / И. В. 斯大林 // 斯大林全集（第九卷）. 第 239 页

0899　Сунь Ят-сен / Виленский-Сибиряков В. // Харьков: Издательство Пролетарий. 1925. 47 с.
　　孙中山 / В. 威伦斯基-西比里亚科夫 // 无产者. 1925. 47 页

0900　Памяти Сунь Ят-сена Речь на собрании памяти Сунь Ят-сена / Павлович. М // Сборник《Красный восточник》. С. 33
　　纪念孙中山（在孙中山纪念会上的讲话）/ М. 巴夫洛维奇 // 红色东方. 第 33 页

0901　Памяти китайского революционера / Ходоров А. Е. // Сборник《Красный восточник》. С. 40
　　纪念中国革命家 / А. Е. 霍多罗夫 // 红色东方. 第 40 页

0902　Сунь Ят-сен : Поиск пути（От Чжунхуа геминдан к Чжунго）/ Ефимов Г. В. // Маcква. 1976 Тезисы докл М. 1976
　　孙中山：道路的探索（由中华革命党到中国国民党）/ Г. В. 叶菲莫夫 // 莫斯科. 1976. 论题报告

0903　Первая революционная база на юге Китая под руководством Сунь Ят-сена（1920—1922гг）/ Ефимов Г. В. // Тезисы 1977
　　孙中山领导下的中国南方第一个革命根据地（1920—1922 年）/ Г. В. 叶菲莫夫 // 提纲. 1977

0904　Сунь Ятсен и его японские друзья / Переломов Б. Л. // Научная конференция Общество и государство в Китае. Тезисы и доклады. Том 12. Часть 2. 1981. С. 213-217
　　孙中山和他的日本朋友 / Б. Л. 彼列罗莫夫 // 科学出版社（提纲与报告）. 1981. 第 213 页

0905　Сунь Ятсен и Япония / Каткова З. Д. // Научная конференция Общество и государство в Китае. Тезисы и доклады 1983 XIV, Ч. 2 с. 176-182
　　孙中山和日本 / З. Д. 卡特科娃 // 科学出版社（提纲与报告）. 1983. 第 176 页

孙永平

0906　Сунь Юн-пин / Торопцев С. А. // Очерк истории китайского кино（1896—1966）. С. 215. 219. 221
　　孙永平 / С. А. 托罗普采夫 // 中国电影史概览（1896—1966）. 第 215、219、221 页

孙师毅

0907　Сунь Ши-и / Торопцев С. А. // Очерк истории китайского кино（1896—1966）. С. 210
　　孙师毅 / С. А. 托罗普采夫 // 中国电影史概览（1896—1966）. 第 210 页

孙冶方

0908　Сунь Ефан-видный теоретик экономист / Борох О. Н. // ПДВ 1989 №1
　　著名经济学家孙冶方 / Л. Н. 波洛赫 // 远东问题. 1989. 1

0909 Сунь Ефан / Буров В. Г. // Современная китайская философия. С. 33
孙冶方 / В. Г. 布洛夫 // 当代中国哲学. 第 33 页

孙定国
0910 Сунь Динго / Буров В. Г. // Современная китайская философия. С. 146. 181. 199. 237. 240. 274. 278. 283
孙定国 / В. Г. 布洛夫 // 当代中国哲学. 第 146、181、199、237、240、274、278、283 页

孙祚民
0911 Сунь Цзомин / Буров В. Г. // Современная китайская философия. С. 227. 228
孙祚民 / В. Г. 布洛夫 // 当代中国哲学. 第 227、228 页

孙道临
0912 Сунь Дао-линь / Торопцев С. А. // Очерк истории китайского кино (1896—1966). С. 62. 215. 219. 221
孙道临 / С. А. 托罗普采夫 // 中国电影史概览(1896—1966). 第 62、215、219、221 页

孙静贞
0913 Сунь Цзин-чжэнь / Торопцев С. А. // Очерк истории китайского кино (1896—1966). С. 219
孙静贞 / С. А. 托罗普采夫 // 中国电影史概览(1896—1966). 第 219 页

七　　画

〔一〕

芮杏文

0914　Жуй Синвэнь / Персоналии　// Персоналии 40 лет КНР. 1989. С. 489
　　　芮杏文 / 名人录编委会 // 中华人民共和国四十年名人录. 第 489 页

严　复

0915　Социально-философские воззрения Янь Фу（1854—1921）и их интерпретации в КНР. Автореф. дисс. … к. и. н. / Крушинский, А. А. // М.: Институт Востоковедения РАН. 1983. 16 с.
　　　严复的社会哲学观点及其在中华人民共和国的阐释 / А. А. 克鲁申斯基 // 莫斯科:俄罗斯科学院东方学研究所. 1983. 16 页

0916　Проблема развития в мировоззрении Янь Фу: понятийный аспект / Крушинский А. А. // XII научная конференция《Общество и государство в Китае》. Тезисы и доклады. Ч. 2. 1981. С. 228
　　　严复世界观的形成 / А. А. 克鲁申斯基 // 中国社会与国家第十二次学术研讨会提要与报告(1981). 第二册. 第 228 页

0917　Трактовка личности и творчества Янь Фу в современной китайской историографии / Крушинский А. А. // XIV научная конференция《Общество и государство в Китае》. Тезисы и доклады. Ч. 2. 1983. С. 160
　　　当代中国历史学家对严复及其著作的评价 / А. А. 克鲁申斯基 // 中国社会与国家第十四次学术研讨会提要与报告(1983). 第二册. 第 160 页

0918　Отношение к Западу позднего Янь Фу / Крушинский А. А. // XXIII научная конференция《Общество и государство в Китае》. Тезисы и доклады. Ч. 2. 1992. С. 95
　　　严复晚期对西方的态度 / А. А. 克鲁申斯基 // 中国社会与国家第二十三次学术研讨会提要与报告(1992). 第二册. 第 95 页

0919　Янь Фу / Буров В. Г. // Современная китайская философия. С. 123
　　　严　复 / В. Г. 布洛夫 // 当代中国哲学. 第 123 页

0920　Янь Фу / Большая советская энциклопедия. 3-е изд. Т. 30. С. 516
　　　严　复 / 苏联大百科全书(第三版). 第 30 卷. 第 516 页

0921　Янь Фу（Янь Цзи-дао, Янь Ю-линь）/ Тихвинский С. Л.. Москва // Советская Историческая энциклопедия(1961—1976). Т. 16. С. 902
　　　严复(严几道、严又陵) / С. Л. 齐赫文斯基 // 苏联历史百科全书(1961—1976). 第 16 卷. 第 902 页

0922　Янь Фу / Манухин В. С. // Краткая Литературная Энциклопедия. 1962—1978. Т. 8. С. 1096
　　　严　复 / В. С. 马努兴 // 简明文学百科全书(1962—1978). 第 8 卷. 第 1096 页

严　恭

0923　Янь Гун / Торопцев С. А. // Очерк истории китайского кино(1896—1966). С. 69. 213. 215
　　　严　恭 / С. А. 托罗普采夫 // 中国电影史概览(1896—1966). 第 69、213、215 页

严培明

0924　Мир на свитке（Цзя Пинси, Чжэн Инчун, Чжоу Цзяньпин, Ян Фумин）/ Неглинская М. // Азия и Африка сегодня 1990 №3
　　　画中世界:贾平西、曾迎春、周建平、严培明 / М. 涅格林斯加娅 // 今日亚非. 1990. 3

严寄洲

0925　Янь Цзи-чжоу / Торопцев С. А. // Очерк истории китайского кино(1896—1966). С. 187. 217

严寄洲 / С. А. 托罗普采夫 // 中国电影史概览(1896—1966). 第 187、217 页

严凤英
0926　Янь Фэн-ин / Торопцев С. А. // Очерк истории китайского кино(1896—1966). С. 216

严凤英 / С. А. 托罗普采夫 // 中国电影史概览(1896—1966). 第 216 页

严珊珊
0927　Ян Шань-шань / Торопцев С. А. // Очерк истории китайского кино(1896—1966). С. 8. 208

严珊珊 / С. А. 托罗普采夫 // 中国电影史概览(1896—1966). 第 8、208 页

苏　里
0928　Су Ли / Торопцев С. А. // Очерк истории китайского кино(1896—1966). С. 214. 216. 219

苏　里 / С. А. 托罗普采夫 // 中国电影史概览(1896—1966). 第 214、216、219 页

苏　绘
0929　Су Хуэй / Торопцев С. А. // Очерк истории китайского кино(1896—1966). С. 213

苏绘 / С. А. 托罗普采夫 // 中国电影史概览(1896—1966). 第 213 页

苏　毅
0930　Су И / Торопцев С. А. // Очерк истории китайского кино(1896—1966). С. 51

苏　毅 / С. А. 托罗普采夫 // 中国电影史概览(1896—1966). 第 51 页

苏兆征
0931　Су Чжао-чжэнь-вождь китайских рабочих. ［Памяти Су Чжао-чжэня. Биография. Характеристика］. Сборник статей / Москва. Профинтерна. 1929

中国工人运动的领袖苏兆征的传记及评述 / 莫斯科：工会出版社. 1929

0932　Су Чжаочжэнь-талантливый вождь китайских рабочих / Титов А. С. // ПДВ 1979 №4

中国工人运动的天才领导人苏兆征 / А. С. 季托夫 // 远东问题. 1979. 4

0933　Су Чжаочжэнь-выдающийся деятель китайского рабочего движения / Акатова Т. Н. // ПДВ 1986 №2

中国工人运动的杰出活动家苏兆征 / Т. Н. 阿咖托娃 // 远东问题. 1986. 2

0934　Су Чжао-Чжэн / редколлегия // Советская Историческая энциклопедия (1961—1976). Т. 13. С. 985

苏兆征 / 编委会 // 苏联历史百科全书(1961—1976). 第 13 卷. 第 985 页

苏剑峰
0935　Су Цзянь-фэн / Торопцев С. А. // Очерк истории китайского кино(1896—1966). С. 216

苏剑峰 / С. А. 托罗普采夫 // 中国电影史概览(1896—1966). 第 216 页

苏炳文
0936　Су Бин-вэнь / Ефимов Г. В. // Китай. История. экономика. культура. героическая борьба за национальную независимость. Политические и общественные деятели Китая. С. 452

苏炳文 / Г. В. 叶菲莫夫 // 中国：历史、经济、文化，为民族独立而英勇奋斗(中国政治和社会人物篇). 第 452 页

苏振华
0937　Су Чжэнь-хуа / Персоналия : Китайская Народная Республика в 1976 году: Политика. Экономика. Идеология. С. 339

苏振华 / 1976 中华人民共和国名人录：政治、经济、意识形态. 第 339 页

苏曼殊
0938　Су Мань-Шу / Семанов В. И. // Большая советская энциклопедия. 3-е изд. Т. 25. С. 68

苏曼殊 / В. И. 谢马诺夫 // 苏联大百科全书(第三版). 第 25 卷. 第 68 页

0939　Су Мань-Шу (Су Сюань-ин) / Семанов В. И. // Краткая Литературная Энциклопедия. 1962—1978. Т. 7. С. 258

苏曼殊(苏玄瑛) / В. И. 谢马诺夫 // 简明文学百科全书(1962—1978). 第 7 卷. 第 258 页

杜 印
0940 [Ду Инь, Лю Сян-жу, Ху Линь] / Эйдлин Л. З. // О китайской литературе наших дней. С. 295
杜印、刘相如、胡林 / Л. З. 爱德林 // 当代中国文学. 第 295 页

杜 丽
0941 Ду Ли / Торопцев С. А. // Очерк истории китайского кино(1896—1966). С. 220
杜　丽 / С. А. 托罗普采夫 // 中国电影史概览(1896—1966). 第 220 页

杜 宣
0942 Африканские страсти на шанхайских подмостках : Китай сегодня [о Ду Сюане] / Гайда И. // Литературная газета. 1979. 25 июля
杜宣在上海舞台上的非洲激情：今日中国 / И. 伽毅达 // 文学报. 1979. 06. 25

0943 Ду Сюань / Торопцев С. А. // Очерк истории китайского кино(1896—1966). С. 220
杜　宣 / С. А. 托罗普采夫 // 中国电影史概览(1896—1966). 第 220 页

杜 谈
0944 Ду Тань / Торопцев С. А. // Очерк истории китайского кино(1896—1966). С. 214
杜　谈 / С. А. 托罗普采夫 // 中国电影史概览(1896—1966). 第 214 页

杜云之
0945 Ду Юнь-чжи / Торопцев С. А. // Очерк истории китайского кино. С. 7, 18, 43, 48, 205
杜云之 / С. А. 托罗普采夫 // 中国电影简史(1896—1966). 第 7、18、43、48、205 页

杜月笙
0946 Ду Юэшэн: злодей или герой? / Иванов П. М. // XXII научная конференция《Общество и государство в Китае》. Тезисы и доклады. Ч. 2. 1991. С. 164
杜月笙：帮凶还是英雄？/ П. М. 伊万诺夫 // 中国社会与国家第二十二次学术研讨会提要与报告(1991). 第二册. 第 164 页

杜凤霞
0947 Ду Фэн-ся / Торопцев С. А. // Очерк истории китайского кино(1896—1966). С. 217
杜凤霞 / С. А. 托罗普采夫 // 中国电影史概览(1896—1966). 第 217 页

杜国庠
0948 Ду Госян / Буров В. Г. // Современная китайская философия. С.　71. 79. 151. 219. 240. 273. 281
杜国庠 / В. Г. 布洛夫 // 当代中国哲学. 第 71、79、151、219、240、273、281 页

杜炳如
0949 Ду Бин-жу / Торопцев С. А. // Очерк истории китайского кино(1896—1966). С. 218
杜炳如 / С. А. 托罗普采夫 // 中国电影史概览(1896—1966). 第 218 页

杜鹏程
0950 [Ду Пэн-чэн] / Эйдлин Л. З. // О китайской литературе наших дней. С. 278
杜鹏程 / Л. З. 爱德林 // 当代中国文学. 第 278 页

0951 Ду Пэн-Чэн / редколлегия // Краткая Литературная Энциклопедия(1962—1978). Т. 2. С. 819
杜鹏程 / 编委会 // 简明文学百科全书(1962—1978). 第 2 卷. 第 819 页

杜德夫
0952 Ду Дэ-фу / Торопцев С. А. // Очерк истории китайского кино(1896—1966). С. 214. 216
杜德夫 / С. А. 托罗普采夫 // 中国电影史概览(1896—1966). 第 214、216 页

李 达
0953 Ли Да и распространение марксистских идей в Китае / Буров В. Г. // ПДВ. 1983 №2
李达与马克思主义在中国的传播 / В. Г. 布洛夫 // 远东问题. 1983. 2

0954 Ли Да-пропагандист идей марксизма-ленинизма в Китае / Буров В. Г. // XIV научная конференция 《Общество и государство в Китае》. Тезисы и доклады. Ч. 3. 1983. C. 69

李达——马列主义在中国的宣传者 / В. Г. 布洛夫 // 中国社会与国家第十四次学术研讨会提要与报告（1983）. 第三册. 第 69 页

0955 Ли Да / Буров В. Г. // Современная китайская философия. C. 71. 89. 93. 141. 146. 150. 181. 194. 203. 268. 274. 280

李 达 / В. Г. 布洛夫 // 当代中国哲学. 第 71、89、93、141、146、150、181、194、203、268、274、280 页

李军

0956 Ли Цзюнь / Торопцев С. А. // Очерк истории китайского кино. C. 221

李 军 / С. А. 托罗普采夫 // 中国电影史概览（1896—1966）. 第 221 页

李杜

0957 Ли Ду / Ефимов Г. В. // Китай. История. экономика. культура. героическая борьба за национальную независимость. Политические и общественные деятели Китая. C. 450

李 杜 / Г. В. 叶菲莫夫 // 中国：历史、经济、文化，为民族独立而英勇奋斗（中国政治和社会人物篇）. 第 450 页

李言

0958 Ли Янь / Торопцев С. А. // Очерк истории китайского кино. C. 222

李 言 / С. А. 托罗普采夫 // 中国电影史概览（1896—1966）. 第 222 页

李纬

0959 Ли Вэй / Торопцев С. А. // Очерк истории китайского кино. C. 216

李 纬 / С. А. 托罗普采夫 // 中国电影史概览（1896—1966）. 第 216 页

李林

0960 Ли Линь / Торопцев С. А. // Очерк истории китайского кино. C. 218

李 林 / С. А. 托罗普采夫 // 中国电影史概览（1896—1966）. 第 218 页

李昂

0961 Ли Ан / Торопцев С. А. // Очерк истории китайского кино. C. 222

李 昂 / С. А. 托罗普采夫 // 中国电影史概览（1896—1966）. 第 209 页

李季

0962 Китайская поэзия наших дней [Лао Жун, Юань Шуй-по, Ай Цин, Тянь Цзянь, Ван Си-цзянь, Ли Цзи, Юань Чжан Цзин, Ли Бин, Лю И-тин] / Петров В. В. // Звезда. 1951. № 6

中国现代诗歌：袁水柏、艾青、田间、王希坚、李季、李冰、刘靖裔（刘大白）等 / В. В. 彼得罗夫 // 星. 1951. 6

0963 Молодые писатели Китая [Вэй Вэй, Гао Юй-бао, Канн Чжо, Ли Цзи, Ху Кэ, Чэнь Дэн Кэ] / Тишков А. // Московский комсомолец. 23. 11. 1952

中国青年作家：魏巍、高玉宝、康濯、李季、胡可、陈登科 / А. 季什科夫 // 莫斯科共青团报. 1952. 11. 23

0964 Стихи и песни нового Китая [Ай Цин, Тянь Цзянь, Ли Цзи] / Федоренко Н. Т. // Октябрь. 1953. № 8

新中国诗歌：艾青、田间、李季 / Н. Т. 费多连科（费德林）// 十月. 1953. 8

0965 Ли Цзи (Ли Цзи-чжи) / Ефимов Г. В. // Китай. История. экономика. культура. героическая борьба за национальную независимость. Политические и общественные деятели Китая. C. 450

李 季 / Г. В. 叶菲莫夫 // 中国：历史、经济、文化，为民族独立而英勇奋斗（中国政治和社会人物篇）. 第 456 页

0966 Ли Цзи [Краткая биографическая справка.] / Поэты нового Китая. C. 320.

李季生平简介 / 新中国诗人. 第 320 页

0967　Ли Цзи / Лисевич И. С. // Краткая Литературная Энциклопедия. Т. 4. С. 400
　　　李　季 / И. С. 李谢维奇 // 简明文学百科全书(1962—1978). 第 4 卷. 第 400 页

李　娜(1)

0968　Лина. [Статья ткачихи о ее жизни и о дочери Лине.] / Чжоу Юань-ся // Народный Китай. 1955. №19
　　　纺织女工及其女儿的自传 / 周元霞 // 人民中国. 1955. 19

李　娜(2)

0969　[Ли На] / Эйдлин Л. З. // О китайской литературе наших дней. С. 197
　　　李　娜 / Л. З. 艾德林 // 当代中国文学. 第 197 页

李　准

0970　Ли Чжунь / Торопцев С. А. // Очерк истории китайского кино. С. 142. 217. 219
　　　李　准 / С. А. 托罗普采夫 // 中国电影史概览(1896—1966). 第 142、217、219 页

李　祥

0971　Ли Сян / Торопцев С. А. // Очерк истории китайского кино. С. 218
　　　李　祥 / С. А. 托罗普采夫 // 中国电影史概览(1896—1966). 第 218 页

李　萌

0972　Ли Мэн / Торопцев С. А. // Очерк истории китайского кино. С. 217
　　　李　萌 / С. А. 托罗普采夫 // 中国电影史概览(1896—1966). 第 217 页

李　琪

0973　Ли Ци / Буров В. Г. // Современная китайская философия. С. 140. 144
　　　李　琪 / В. Г. 布洛夫 // 当代中国哲学. 第 140、144 页

李　斌

0974　Ли Бин / Торопцев С. А. // Очерк истории китайского кино. С. 215
　　　李兵(李斌) / С. А. 托罗普采夫 // 中国电影史概览(1896—1966). 第 215 页

李　鹏

0975　Ли Пэн / ПерсоналииКитайская Народная Республика в 1990 году: Политика. экономика. идеология. С. 278
　　　李　鹏 / 1990 年中华人民共和国名人录：政治、经济、意识形态. 第 278 页

0976　Ли Пэн / Персоналии // Персоналии 40 лет КНР. С. 491
　　　李　鹏 / 名人录编委会 // 中华人民共和国四十年名人录. 第 491 页

李大钊

0977　Ли Да-чжао: От революционного демократизма к марксизму-ленинизму / Кривцов В. А., Краснова В. А. // М. : Изд-во "Наука." Глав. ред. восточной лит-ры. 1978. 166 с.
　　　李大钊：从革命民主主义到马克思列宁主义 / В. А. 科利夫佐夫, В. А. 科拉斯诺娃 // 莫斯科：科学出版社. 东方文学主要编辑部. 1978. 166 页

0978　Судьба китайского марксиста: (К 100-летию со дня рождения Ли Дачжао). / Белоусов, Сергей Романович (1957) // М.: Знание. 1988. 62 стр.
　　　中国马克思主义者的命运：纪念李大钊百年诞辰 / С. Р.・别洛乌索夫 // 莫斯科：知识出版社. 1988. 62 页

0979　Глашатай большевизма в Китае: к 80-летию Ли Да-чжао / Гарушянц Ю. М. // Известия. 1968. 4 окт.
　　　在布尔什维主义在中国的代言人：纪念李大钊诞辰八十周年 / Ю. М. 伽鲁尚兹 // 消息报. 1968. 10. 4

0980　Памяти революционера-интернационалиста (Ли Да-чжао) / М. И. Сладковский, Кривцов

В. А. // Правда. 1977. 28 апреля

纪念国际共产主义革命者李大钊 / М. И. 斯拉德科夫斯基,В. А. 科利夫佐夫 // 真理报. 1977. 4. 28

0981　Вечер в Доме дружбы（90 лет со дня рождения Ли Да-чжао）/ Правда. 1978. 14 октября

友谊宫的晚会:纪念李大钊诞辰九十周年 / 真理报. 1978. 10. 14

0982　Славный сын китайского народа : К 95-летию Ли Дачжао / Сенин Н. Г. // Известия. 1984. 28 октября

中国人民光荣的儿子:纪念李大钊诞辰九十五周年 / Н. Г. 谢宁 // 消息报. 1984. 10. 28

0983　Биография Ли Да-чжао / Лю Лун-чао // Народный Китай. 1957. №13

李大钊传记 / Liu Longchao // 人民中国. 1957. 13

0984　Ли Да-Чжао（к восьмидесятилетию со дня рождения）/ Гарушянц Ю. М. // НАА. 1968. №5

李大钊:纪念李大钊诞辰八十周年 / Ю. М. 伽鲁尚兹 // 亚非人民. 1968. 5

0985　Учёный, борец, коммунист（К 80-летию Ли Дачжао）/ Делюсин Л. П. // Азия и Африка сегодня. 1968. № 10

学者、战士、共产党员:纪念李大钊诞辰八十周年 / Л. П. 杰柳辛 // 今日亚非. 1968. 10

0986　Ли Да-чжао-первый пропагандист марксизма-ленинизма и пролетарского интернационализма в Китае（к 50-летию со дня гибели）/ Кривцов В. А. Краснова В. А. // ПДВ. 1977. №2

李大钊——中国最早的马列主义与无产阶级国际主义宣传者 / В. А. 科利夫佐夫、В. А. 科拉斯诺娃 // 远东问题. 1977. 2

0987　Ли Да-чжао об образовании и воспитании народа : К 90-летию со дня рождения / Клепиков В. З. // Советская педагогика. 1978. № 8

李大钊论人民的教育与培养:纪念李大钊诞辰九十周年 / В. З. 科列皮科夫 // 苏联教育学. 1978. 8

0988　Материалы о прибывании Ли Дачжао в СССР / ПДВ. 1985. №1

有关李大钊旅居苏联的资料 / 远东问题. 1985. 1

0989　Октябрьская революция и Ли Дачжао / Сенин Н. Г. // ПДВ. 1987. №6

李大钊与十月革命 / Н. Г. 谢宁 // 远东问题. 1987. 6

0990　К 100-летию Ли Дачжао / Сенин Н. Г. // ПДВ. 1989. №4

纪念李大钊百年诞辰 / Н. Г. 谢宁 // 远东问题. 1989. 4

0991　Борец, мыслитель, гуманист（К 100-летию Ли Дачжао）/ Сенин Н. Г. // ПДВ. 1989. №6

战士、思想家、人道主义者:纪念李大钊百年诞辰 / Н. Г. 谢宁 // 远东问题. 1989. 6

0992　Журнал《Синь цинянь》и борьба с конфуцианской идеологией［Чэнь Ду-сю, Ли Да-чжао, У Юй-ТВ］/ Асланова М. А. // Китай: традиции и современность. Сборник статей. С. 184

《新青年》杂志与同儒家思想斗争的代表人物:陈独秀、李大钊、吴虞等 / М. А. 阿斯拉诺娃 // 中国:传统与现代. 论文集. 第 184 页

0993　Отношение Ли Да-чжао к традициям старого Китая / Фельбер（ГДР）Р. // II научная конференция《Общество и государство в Китае》. Тезисы и доклады. Ч. 2. 1971. С. 259

李大钊对旧中国传统的态度 / Р. 费里毕尔 // 中国社会与国家第二次学术研讨会提要与报告（1971）. 第二册. 第 259 页

0994　Ранний Ли Дачжао（1907—1913 гг.）/ Гарушянц Ю. М. // XXI научная конференция《Общество и государство в Китае》. Тезисы и доклады. Ч. 3. 1990. С. 80

早期的李大钊（1907—1913 年）/ Ю. М. 加鲁什扬茨 // 中国社会与国家第二十一次学术研讨会提要与报告（1990）. 第三册. 第 80 页

0995　Борьба вокруг наследия Ли Дачжао в Китае / Гарушянц Ю. М. // XXI научная конференция《Общество и государство в Китае》. Тезисы и доклады. Ч. 3. 1990. С. 188

围绕李大钊在中国的遗产的争斗 / Ю. М. 加鲁什扬茨 // 中国社会与国家第二十一次学术研讨会提要与报告（1990）. 第三册. 第 188 页

0996 Ли Дачжао в Японии: студент-патриот / Гарушянц Ю. М. // XXII научная конференция 《Общество и государство в Китае》. Тезисы и доклады. Ч. 2. 1991. С. 128
李大钊在日本：学生与爱国主义者／Ю. М. 加鲁什扬茨／／中国社会与国家第二十一次学术研讨会提要与报告（1991）. 第二册. 第 128 页

0997 Ли Дачжао: политолог-публицист / Гарушянц Ю. М. // XXII научная конференция 《Общество и государство в Китае》. Тезисы и доклады. Ч. 2. 1991. С. 139
李大钊：政治学家与政论家／Ю. М. 加鲁什扬茨／／中国社会与国家第二十二次学术研讨会提要与报告（1991）. 第二册. 第 139 页

0998 Пребывание Ли Дачжао в Советском Союзе и создание в СССР Общества 《Руки прочь от Китая》 / Хохлов А. Н. // XXI научная конференция 《Общество и государство в Китае》. Тезисы и доклады. Ч. 3. 1990. С. 156
李大钊旅居苏联并在苏联建立"滚出中国"组织／А. Н. 霍赫洛夫／／中国社会与国家第二十一次学术研讨会提要与报告（1990）. 第三册. 第 156 页

0999 Из истории формирования взглядов Ли Дачжао на классы и диктатуру пролетариата (1918-начало 1920 гг.) / Шевелёв К. В. // III научная конференция 《Общество и государство в Китае》. Тезисы и доклады. Ч. 2. 1972. С. 268
论李大钊无产阶级专政理论的形成（1918—1920）／К. В. 舍维列夫／／中国社会与国家第三次学术研讨会提要与报告（1972）. 第二册. 第 268 页

1000 Ли Да-чжао / Ефимов Г. В. // Китай. История. экономика. культура. героическая борьба за национальную независимость. Политические и общественные деятели Китая. С. 450
李大钊／Г. В. 叶菲莫夫／／中国：历史、经济、文化，为民族独立而英勇奋斗（中国政治和社会人物篇）. 第 450 页

1001 Ли Да-чжао и 《движение 4 мая》 / Афанасьев А. Г. // Движение 《4 мая》. Сборник статей. С. 132
李大钊与"五四运动"／А. Г. 阿法纳谢夫／／五四运动论文集. 第 132 页

1002 Ли Дачжао / Буров В. Г. // Современная китайская философия. С. 37
李大钊／В. Г. 布洛夫／／当代中国哲学. 第 37 页

1003 Ли Да-чжао / Илюшечкин В. П. // Большая советская энциклопедия. 3-е изд. Т. 14. С. 432
李大钊／В. П. 伊留舍奇金／／苏联大百科全书（第三版）. 第 14 卷. 第 432 页

1004 Ли Да-Чжао / Гарушянц. Москва Ю. М. // Советская Историческая энциклопедия (1961—1976). Т. 8. с. 674
李大钊／Ю. М. 加鲁什扬茨／／苏联历史百科全书（1961—1976）. 第 8 卷. 第 674 页

李天济

1005 Ли Тянь-цзи / Торопцев С. А. // Очерк истории китайского кино (1896—1966). С. 219
李天济／С. А. 托罗普采夫／／中国电影史概览（1896—1966）. 第 219 页

李壬林

1006 Ли Жэнь-линь / Торопцев С. А. // Очерк истории китайского кино (1896—1966). С. 216
李壬林／С. А. 托罗普采夫／／中国电影史概览（1896—1966）. 第 216 页

李长华

1007 Ли Чжан-хуа / Торопцев С. А. // Очерк истории китайского кино (1896—1966). С. 214
李长华／С. А. 托罗普采夫／／中国电影史概览（1896—1966）. 第 214 页

李仁堂

1008 Ли Жэнь-тан / Торопцев С. А. // Очерк истории китайского кино (1896—1966). С. 222
李仁堂／С. А. 托罗普采夫／／中国电影史概览（1896—1966）. 第 222 页

李文华

1009 Ли Вэнь-хуа / Торопцев С. А. // Очерк истории китайского кино (1896—1966). С. 221

李文华 / С. А. Торопцев // 中国电影史概览(1896—1966). 第 221 页

李可染

1010　Ли Кэ-жань-современный китайский пейзажист / Муриан И. Ф. // Искусство Востока и античности. С. 137
李可染——当代中国的风景画家 / И. Ф. 穆瑞安 // 东方与古代世界艺术. 第 137 页

1011　Ли Кэ-жань? Большая советская энциклопедия. 3-е изд. Т. 14. С. 441
李可染 / 苏联大百科全书(第三版). 第 14 卷. 第 441 页

李四光

1012　Ли Сы-Гуан, Ли Чжун-куй / Большая советская энциклопедия. 3-е изд. Т. 14. С. 505
李四光(李仲揆) / 苏联大百科全书(第三版). 第 14 卷. 第 505 页

李立三

1013　Ли Ли-сань, Ли Минь-жань / Большая советская энциклопедия. 3-е изд. Т. 14. С. 442
李立三 / 苏联大百科全书(第三版). 第 14 卷. 第 442 页

李亚林

1014　Ли Я-линь / Торопцев С. А. // Очерк истории китайского кино(1896—1966). С. 217. 219
李亚林 / С. А. 托罗普采夫 // 中国电影史概览(1896—1966). 第 217、219 页

李百万

1015　Ли Бай-вань / Торопцев С. А. // Очерк истории китайского кино(1896—1966). С. 213. 218. 220
李百万 / С. А. 托罗普采夫 // 中国电影史概览(1896—1966). 第 213、218、220 页

李先念

1016　Интервью Ли Сянь-няня / Правда. 1977. 20 августа
采访李先念 / 真理报. 1977. 8. 20

1017　Ли Сянь-нянь / Персоналия : Китайская Народная Республика в 1976 году: Политика. Экономика. Идеология. С. 336
李先念 / 1976 中华人民共和国名人录:政治、经济、意识形态. 第 336 页

1018　Ли Сяньнянь / Персоналии // Персоналии 40 лет КНР. 1989. С. 491
李先念 / 名人录编委会 // 中华人民共和国四十年名人录. 第 491 页

李伟森

1019　134. Против белого террора в Китае. Воззвание Лиги левых писателей Китая против белого террора Гоминьдана и империалистов. [О казни писателей Ли Вэй-сэня, Жоу Ши, Инь Фу, Ху Е-пиня, Фын Кэн] / Литература мировой революции. 1933. № 11/12
中国左翼作家联盟的代表人物:胡也频、冯铿、柔石、李伟森、殷夫 / 世界革命文学. 1933. 11—12

1020　Памяти павших. (1931—1937). [О китайских писателях Ху Е-пине, Фын Кэн, Жоу Ши, Ли Вэй-сэне, Инь Фу.] / Рудман В. // Резец. 1937. №6
纪念 1931—1937 年英勇就义的中国作家代表人物:胡也频、冯铿、柔石、李伟森、殷夫 / В. 鲁德曼 // 刀锋. 1937. 6

李仲林

1021　Ли Чжун-линь / Торопцев С. А. // Очерк истории китайского кино. С. 218
李仲林 / С. А. 托罗普采夫 // 中国电影史概览(1896—1966). 第 218 页

李兆麟

1022　Ли Чжао-линь / Юрьев М. Ф. // Красная Армия Китая. С. 187
李兆麟 / М. Ф. 尤里耶夫 // 中国红军. 第 187 页

李志逵

1023　Ли Чжикуй / Буров В. Г. // Современная китайская философия. С. 167
李志逵 / В. Г. 布洛夫 // 当代中国哲学. 第 167 页

李丽华

1024 Ли Ли-хуа / Торопцев С. А. // Очерк истории китайского кино. С. 212

李丽华 / С. А. 托罗普采夫 // 中国电影史概览（1896—1966）. 第 212 页

李来中

1025 Ли Лай-Чжун / Калюжная Н. М. // Советская Историческая энциклопедия. 1961—1976. . Т. 8. С. 682

李来中 / Н. М. 卡留日娜娅 // 苏联历史百科全书（1961—1976）. 第 8 卷. 第 682 页

李伯钊

1026 Великий Октябрь и Китай / Ковалев Е. Ф. // Вопросы истории. 1977. № 11

十月革命与中国 / Е. Ф. 科瓦列夫 // 历史问题. 1977. 11

李怀霜

1027 Партия свободы (Цзыюдан) [Ли Хуайшуан-ТВ] / Стабурова Е. Ю. // XX научная конференция 《Общество и государство в Китае》. Тезисы и доклады. Ч. 2. 1989. С. 67

自由党：李怀霜 / Е. Ю. 斯塔布洛娃 // 中国社会与国家第二十次学术研讨会提要与报告（1989）. 第二册. 第 67 页

李范五

1028 Ли Фаньу / Буров В. Г. // Современная китайская философия. С. 192. 236

李范五 / В. Г. 布洛夫 // 当代中国哲学. 第 192、236 页

李雨农

1029 Ли Юй-нун / Торопцев С. А. // Очерк истории китайского кино. С. 215

李雨农 / С. А. 托罗普采夫 // 中国电影史概览（1896—1966）. 第 215 页

李金发

1030 Ли Цзинь-фа / Торопцев С. А. // Очерк истории китайского кино. С. 209

李金发 / С. А. 托罗普采夫 // 中国电影史概览（1896—1966）. 第 209 页

李学宽

1031 Ли Сюекунь / Буров В. Г. // Современная китайская философия. С. 106

李学宽 / В. Г. 布洛夫 // 当代中国哲学. 第 106 页

李宝城

1032 Ли Бо-чэн / Персоналия : Китайская Народная Республика в 1976 году : Политика. Экономика. Идеология. С. 338

李宝城 / 1976 中华人民共和国名人录：政治、经济、意识形态. 第 338 页

李宝嘉

1033 Ли Бао-Цзя (Ли Бо-юань) / Семанов В. И. // Краткая Литературная Энциклопедия. Т. 4 С. 176

李宝嘉（李伯元）/ В. И. 谢马诺夫 // 简明文学百科全书（1962—1978）. 第 4 卷. 第 176 页

李宗仁

1034 Ли Цзун-жэнь / Ефимов Г. В. // Китай. История. экономика. культура. героическая борьба за национальную независимость. Политические и общественные деятели Китая. С. 450

李宗仁 / Г. В. 叶菲莫夫 // 中国：历史、经济、文化，为民族独立而英勇奋斗（中国政治和社会人物篇）. 第 450 页

1035 Ли Цзун-Жэнь / Большая советская энциклопедия. 3-е изд. Т. 14. С. 574

李宗仁 / 苏联大百科全书（第三版）. 第 14 卷. 第 574 页

1036 《Мирные》 маневры Ли Цзун-жэня / Астафьев Г. В. // Интервенция США в Китае и ее поражение (1945—1949 гг.). С. 547

李宗仁的"和平主张" / Г. В. 阿斯塔菲耶夫 // 美国干涉中国及其破产. 第 547 页

李宗道

1037 Ли Цзун-Дао, Ли / Большая советская энциклопедия. 3-е изд. Т. 14. С. 574

李宗道 / 苏联大百科全书（第三版）. 第 14 卷. 第 574 页

李玲君

1038　Ли Лин-цзюнь / Торопцев С. А. // Очерк истории китайского кино. С. 215

　　李玲君 / С. А. 托罗普采夫 // 中国电影史概览（1896—1966）. 第 215 页

李研吾

1039　Ли Янь-у / Ефимов Г. В. // Китай. История. экономика. культура. героическая борьба за национальную независимость. Политические и общественные деятели Китая. С. 450

　　李研吾 / Г. В. 叶菲莫夫 // 中国：历史、经济、文化，为民族独立而英勇奋斗（中国政治和社会人物篇）. 第 450 页

李保罗

1040　Ли Бао-ло / Торопцев С. А. // Очерк истории китайского кино. С. 213. 219. 221

　　李保罗 / С. А. 托罗普采夫 // 中国电影史概览（1896—1966）. 第 213、219、221 页

李洪辛

1041　Ли Хун-синь / Торопцев С. А. // Очерк истории китайского кино. С. 220

　　李洪辛 / С. А. 托罗普采夫 // 中国电影史概览（1896—1966）. 第 220 页

李烈钧

1042　Образование кантонского военного правительства и новые факторы во взаимоотношениях Севера и Юга. ［Сунь Ят-сен, Тан Шао-и, Чэнь Цзюнь-мин, У Дин-фан, Ли Лэ-цзюнь, Чан Сюй-лянь, Тан Цзи-яо］. / Кнауль Г. // Вестник Народного комиссариата иностранных дел. 1921. №1-2

　　广州护法军政府的形成及南北关系：孙中山、唐绍仪、陈炯明、伍廷芳、李钧烈、常旭良、唐继尧等 / Г. 科诺尔 // 外交人民委员部通讯. 1921. 1-2

1043　Ли Лие-цзюнь-начальник генштаба южного правительства. ［По поводу обращения правительства РСФСР.］ / Кнауль Г. // Вестник Народного комиссариата иностранных дел. 1981. № 1-2

　　广州军政府总参谋长：李钧烈 / Г. 科诺尔 // 外交人民委员部通讯. 1981. 1-2

李恩杰

1044　Ли Энь-цзе / Торопцев С. А. // Очерк истории китайского кино. С. 221

　　李恩杰 / С. А. 托罗普采夫 // 中国电影史概览（1896—1966）. 第 209 页

李铁映

1045　Ли Теин / Персоналии // Персоналии 40 лет КНР. С. 492

　　李铁映 / 名人录编委会 // 中华人民共和国四十年名人录. 第 492 页

李萍倩

1046　Ли Пин-цянь / Торопцев С. А. // Очерк истории китайского кино. С. 18. 211

　　李萍倩 / С. А. 托罗普采夫 // 中国电影史概览（1896—1966）. 第 18、211 页

李雪红

1047　Ли Сюэ-хун / Торопцев С. А. // Очерк истории китайского кино. С. 217

　　李雪红 / С. А. 托罗普采夫 // 中国电影史概览（1896—1966）. 第 217 页

李鸿章

1048　Деятельность наместников Ли Хун-чжана, Чжан Чжи-дуна, Лю Кунь-и / Калюжная Н. М. // Восстание ихэтуаней（1896—1901）. С. 278

　　总督李鸿章、张之洞、刘坤一的履历 / Н. М. 卡留日娜娅 // 义和团起义（1896—1901）. 第 278 页

1049　Ли Хун-Чжан / Большая советская энциклопедия. 3-е изд. Т. 14. С. 572

　　李鸿章 / 苏联大百科全书（第三版）. 第 14 卷. 第 572 页

1050　Ли Хун-Чжан / Ефимов Г. В. / Советская Историческая энциклопедия. 1961—1976. . Т. 8. С. 745

　　李鸿章 / Г. В. 叶菲莫夫 // 苏联历史百科全书（1961—1976）. 第 8 卷. 第 745 页

1051　Ли Хун-чжан в Москве в мае 1896 г. / Хохлов А. Н. // Снесаревские чтения. С. 60

1896 年 5 月李鸿章在莫斯科 / А. Н. 霍赫洛夫 // 斯涅萨列夫读本. 第 60 页

李维汉

1052 Несостоявшиеся участники Народной политической консультативной конференции Китая [Линь Боцюй, Ли Вэйхань-ТВ.] / Иванов П. М. // XXI научная конференция《Общество и государство в Китае》. Тезисы и доклады. Ч. 3. 1990. С. 182

缺席中国人民政治协商会议的代表:林伯渠、李维汉 / П. М. 伊万诺夫 // 中国社会与国家第二十一次学术研讨会提要与报告(1990). 第三册. 第 182 页

李雄飞

1053 Ли Сюн-фэй / Торопцев С. А. // Очерк истории китайского кино. С. 220

李雄飞 / С. А. 托罗普采夫 // 中国电影史概览(1896—1966). 第 220 页

李紫平

1054 Ли Ду-пин (Ли Цзы-пин) / Торопцев С. А. // Очерк истории китайского кино. С. 215

李紫平 / С. А. 托罗普采夫 // 中国电影史概览(1896—1966). 第 215 页

李景波

1055 Ли Цзин-по / Торопцев С. А. // Очерк истории китайского кино. С. 79. 212. 214. 216. 218

李景波 / С. А. 托罗普采夫 // 中国电影史概览(1896—1966). 第 79、212、214、216、218 页

李富春

1056 Приезд в Москву правительственной делегации КНР. Советско-китайские переговоры [Мао Цзэ-дун, Чжоу Энь-лай, Ли Фу-чунь, Е Цзи-чжуан] / Сладковский М. И. // История торгово-экономических отношений СССР с Китаем (1917—1974). С. 193

中苏谈判时期的毛泽东、周恩来、李富春、叶季壮 / М. И. 斯拉德科夫斯基 // 苏中经济贸易关系史(1917—19740). 第 193 页

1057 Ли Фу-чунь / Юрьев М. Ф. // Красная Армия Китая. С. 187

李富春 / М. Ф. 尤里耶夫 // 中国红军. 第 187 页

李登辉

1058 Ли Дэн-хуэй стал первым всенародно избранным президентом Тайваня. Жители острова поддержали прежний курс / Шомов И. // Сегодня. 1996. 26 марта

李登辉成为台湾首位普选"总统" / И. 舍莫夫 // 今日报. 1996. 3. 26

李福连

1059 Такими гордится народ. [Из биографии Героя труда, бывшей партизанки Ли Фу-лен.] / Кожевников В. // Огонек. 1953. №52

人民的骄傲——游击队员李福连 / В. 科热夫尼科夫 // 星火. 1953. 52

李瑞环

1060 Ли Жуйхуань / Персоналии // Персоналии 40 лет КНР. С. 490

李瑞环 / 名人录编委会 // 中华人民共和国四十年名人录. 第 490 页

李锡铭

1061 Ли Симин / Персоналии // Персоналии 40 лет КНР. С. 491

李锡铭 / 名人录编委会 // 中华人民共和国四十年名人录. 第 491 页

李静纯

1062 Ли Цзинчунь / Буров В. Г. // Современная китайская философия. С. 282

李静纯 / В. Г. 布洛夫 // 当代中国哲学. 第 282 页

李德生

1063 Ли Дэ-шэн / Персоналия : Китайская Народная Республика в 1976 году: Политика. Экономика. Идеология. С. 337

李德生 / 1976 中华人民共和国名人录:政治、经济、意识形态. 第 337 页

李默然

1064 Ли Мо-жань / Торопцев С. А. // Очерк истории китайского кино. С. 220
  李默然 / С. А. 托罗普采夫 // 中国电影史概览(1896—1966). 第 220 页

杨 广

1065 Ян Гуан / Торопцев С. А. // Очерк истории китайского кино. С. 219
  杨 广 / С. А. 托罗普采夫 // 中国电影史概览(1896—1966). 第 219 页

杨 杰

1066 Ян Цзе / Ефимов Г. В. // Китай. История. экономика. культура. героическая борьба за национальную независимость. Политические и общественные деятели Китая. С. 457
  杨 杰 / Г. В. 叶菲莫夫 // 中国:历史、经济、文化,为民族独立而英勇奋斗(中国政治和社会人物篇). 第 457 页

杨 沫

1067 Ян Мо / Торопцев С. А. // Очерк истории китайского кино. С. 147. 219
  杨 沫 / С. А. 托罗普采夫 // 中国电影史概览(1896—1966). 第 219 页

杨 威

1068 Ян Вэй / Торопцев С. А. // Очерк истории китайского кино. С. 217
  杨 威 / С. А. 托罗普采夫 // 中国电影史概览(1896—1966). 第 217 页

杨 勇

1069 Китайская военная делегация (во главе с зам. Начальника Генерального штаба НОАК Ян Юном) в Югославии / Правда. 1978. 17 июня
  中国人民解放军副总参谋长杨勇率中国军事友好代表团访问南斯拉夫 / 真理报. 1978.6.17

杨 晨

1070 Ян Чэнь [Краткая биографическая справка] / Поэты нового Китая. С. 318
  杨晨生平简介 / 新中国诗人. 第 318 页

杨 慧

1071 Ян Хуэй / Буров В. Г. // Современная китайская философия. С. 129
  杨 慧 / В. Г. 布洛夫 // 当代中国哲学. 第 129 页

杨小仲

1072 Ян Сяо-чжун / Торопцев С. А. // Очерк истории китайского кино. С. 113. 208
  杨小仲 / С. А. 托罗普采夫 // 中国电影史概览(1896—1966). 第 113、208 页

杨广元

1073 Ян Гуан-юань / Торопцев С. А. // Очерк истории китайского кино. С. 222
  杨广元 / С. А. 托罗普采夫 // 中国电影史概览(1896—1966). 第 222 页

杨在葆

1074 Ян Цзай-бао / Торопцев С. А. // Очерк истории китайского кино. С. 220
  杨在葆 / С. А. 托罗普采夫 // 中国电影史概览(1896—1966). 第 220 页

杨成武

1075 В поисках оружия [визит во Францию-заместитель нач. Ген. Штаба НОАК Ян Чу-у] / Правда. 1977. 26 сентября
  寻找武器:中国人民解放军副总参谋长杨成武访问法国 / 真理报. 1977.9.26

1076 Ян Чэн-у / Юрьев М. Ф. // Красная Армия Китая. С. 194
  杨成武 / М. Ф. 尤里耶夫 // 中国红军. 第 194 页

杨汝岱

1077 Ян Жудай / Персоналии // Персоналии 40 лет КНР. С. 507
  杨汝岱 / 名人录编委会 // 中华人民共和国四十年名人录. 第 507 页

杨兴顺

1078 Памяти Ян Хиншуна / ПДВ. 1990. №2
纪念杨兴顺 / 远东问题. 1990. 2

1079 Ян Хиншун / Буров В. Г. // Современная китайская философия. С. 276
杨兴顺 / В. Г. 布洛夫 // 当代中国哲学. 第 276 页

杨丽坤

1080 Ян Ли-кунь / Торопцев С. А. // Очерк истории китайского кино. С. 219
杨丽坤 / С. А. 托罗普采夫 // 中国电影史概览（1896—1966）. 第 219 页

杨秀璋

1081 Ян Сю-чжан / Торопцев С. А. // Очерк истории китайского кино. С. 217
杨秀璋 / С. А. 托罗普采夫 // 中国电影史概览（1896—1966）. 第 217 页

杨启天

1082 Ян Ци-тянь / Торопцев С. А. // Очерк истории китайского кино. С. 215
杨启天 / С. А. 托罗普采夫 // 中国电影史概览（1896—1966）. 第 215 页

杨尚昆

1083 Ян Шанкунь / Персоналии // Персоналии 40 лет КНР. С. 507
杨尚昆 / 名人录编委会 // 中华人民共和国四十年名人录. 第 507 页

杨柳青

1084 Ян Лю-цин / Торопцев С. А. // Очерк истории китайского кино. С. 214
杨柳青 / С. А. 托罗普采夫 // 中国电影史概览（1896—1966）. 第 214 页

杨贵发

1085 Ян Гуй-фа / Торопцев С. А. // Очерк истории китайского кино. С. 221
杨贵发 / С. А. 托罗普采夫 // 中国电影史概览（1896—1966）. 第 221 页

杨振宁

1086 Ян Чжэнь-Нин / Большая советская энциклопедия. 3-е изд. Т. 30. С. 515
杨振宁 / 苏联大百科全书（第三版）. 第 30 卷. 第 515 页

杨润身

1087 Ян Жунь-шэнь / Торопцев С. А. // Очерк истории китайского кино. С. 214. 217
杨润身 / С. А. 托罗普采夫 // 中国电影史概览（1896—1966）. 第 214、217 页

杨得志

1088 Ян Дэ-чжи / Юрьев М. Ф. // Красная Армия Китая. С. 194
杨得志 / М. Ф. 尤里耶夫 // 中国红军. 第 194 页

杨惟义

1089 История одного энтомолога ［О Ян Вэй-и-директоре сельскохозяйственного института в провинции Цзянси］ / Ли Цзи-янь // Народный Китай. 1956. №9
一位昆虫学家的故事：江西农学院院长杨惟义 / 李吉言 // 人民中国. 1956. 9

杨雅琴

1090 Ян Я-цинь / Торопцев С. А. // Очерк истории китайского кино. С. 222
杨雅琴 / С. А. 托罗普采夫 // 中国电影史概览（1896—1966）. 第 222 页

杨靖宇

1091 Ян Цзин-юй / Юрьев М. Ф. // Красная Армия Китая. С. 194
杨靖宇 / М. Ф. 尤里耶夫 // 中国红军. 第 193 页

杨衢云

1092 Из истории буржуазно-революционного движения в Китае（Группа Ян Цюй-Юня-Се Цзуань-Тая）/ Никифоров В. Н. // НАА. 1963. № 4

中国资产阶级革命史中的杨衢云、谢缵泰与清季革命团体 / В. Н. 尼基福罗夫 // 亚非人民. 1963. 4

1093 Был ли Ян Цюйюнь соглашателем? / Никифоров В. Н. // VIII научная конференция «Общество и государство в Китае». Тезисы и доклады. Ч. 2. 1977. С. 175

杨衢云是妥协分子? / В. Н. 尼基福罗夫 // 中国社会与国家第八次学术研讨会提要与报告(1977). 第二册. 第 175 页

〔 l 〕

里 坡

1094 Ли По / Торопцев С. А. // Очерк истории китайского кино. С. 216. 220

里　坡 / С. А. 托罗普采夫 // 中国电影史概览(1896—1966). 第 216、220 页

吴 天

1095 У Тянь / Торопцев С. А. // Очерк истории китайского кино. С. 167. 213. 218

吴　天 / С. А. 托罗普采夫 // 中国电影史概览(1896—1966). 第 167、213、218 页

吴 江

1096 У Цзян / Буров В. Г. // Современная китайская философия. С. 146

吴　江 / В. Г. 布洛夫 // 当代中国哲学. 第 146 页

吴 坚

1097 У Цзянь / Торопцев С. А. // Очерк истории китайского кино. С. 219

吴　坚 / С. А. 托罗普采夫 // 中国电影史概览(1896—1966). 第 219 页

吴 茵

1098 У Инь / Торопцев С. А. // Очерк истории китайского кино. С. 210. 212. 217

吴　茵 / С. А. 托罗普采夫 // 中国电影史概览(1896—1966). 第 210、212、217 页

吴 雪

1099 У Сюэ / Торопцев С. А. // Очерк истории китайского кино. С. 218

吴　雪 / С. А. 托罗普采夫 // 中国电影史概览(1896—1966). 第 218 页

吴 晗

1100 «Лиши яньцзю» об исторических взглядах и политической позиции У Ханя / Васильев Л. С. // Вопросы истории. 1966. № 10

历史研究:吴晗的历史观及政治立场 / Л. С. 瓦西里耶夫 // 历史问题. 1966. 10

1101 У Хань / Буров В. Г. // Современная китайская философия. С. 33. 232. 260. 282

吴　晗 / В. Г. 布洛夫 // 当代中国哲学. 第 33、232、260、282 页

1102 Ухань / Елизаров В. И. // Советская Историческая энциклопедия. 1961—1976. Т. 14. С. 914

吴　晗 / В. И. 叶利扎罗夫 // 苏联历史百科全书(1961—1976). 第 14 卷. 第 914 页

吴 德

1103 У Дэ / Персоналия : Китайская Народная Республика в 1976 году: Политика. Экономика. Идеология. С. 485

吴　德 / 1976 中华人民共和国名人录:政治、经济、意识形态. 第 485 页

吴天宏

1104 Тянь Жань / Торопцев С. А. // Очерк истории китайского кино. 1896—1966. С. 217

吴天宏(天然) / С. А. 托洛普采夫 // 中国电影史概览(1896—1966). 第 217 页

吴文俊

1105 Лауреаты научных премий. [Цянь Сюэ-сэнь, Хуа Ло-гэн, У Вэнь-цзюнь.] / Чжан Жуй-нянь // Народный Китай. 1957. №11

国家自然科学奖获得者:钱学森,华罗庚,吴文俊 / 张瑞年 // 人民中国. 1957. 11

吴玉章

1106 У Юй-чжан / Юрьев М. Ф. // Красная Армия Китая. С. 191

吴玉章 / М. Ф. 尤里耶夫 // 中国红军. 第 191 页

1107 Революционные демократы-первые коммунисты Китая [Сунь Ятсен, Ли Дачжао, У Юйчжан, Цюй Цюбо, ЧжанТайлэй] / Юрьев М. Ф. // Революционная демократия и коммунисты Востока. С. 272
民主革命先锋：孙中山、吴玉章、瞿秋白、张太雷 / М. Ф. 尤里耶夫 // 革命民主派与东方共产主义者. 第 272 页

吴示卿

1108 У Лицин / Буров В. Г. // Современная китайская философия. С. 71. 73
吴示卿 / В. Г. 布洛夫 // 当代中国哲学. 第 71、73 页

吴本立

1109 У Бэнь-ли / Торопцев С. А. // Очерк истории китайского кино. С. 50. 55
吴本立 / С. А. 托罗普采夫 // 中国电影史概览（1896—1966）. 第 50、55 页

吴印咸

1110 У Инь-сянь / Торопцев С. А. // Очерк истории китайского кино. С. 175
吴印咸 / С. А. 托罗普采夫 // 中国电影史概览（1896—1966）. 第 175 页

吴永刚

1111 У Юн-ган / Торопцев С. А. // Очерк истории китайского кино. С. 55. 79. 210. 216
吴永刚 / С. А. 托罗普采夫 // 中国电影史概览（1896—1966）. 第 55、79、210、216 页

吴因循

1112 У Инь-сюнь / Торопцев С. А. // Очерк истории китайского кино. С. 50. 168. 185
吴因循 / С. А. 托罗普采夫 // 中国电影史概览（1896—1966）. 第 50、168、185 页

吴传启

1113 У Чуаньци / Буров В. Г. // Современная китайская философия. С. 105. 186. 199. 237. 240. 251
吴传启 / В. Г. 布洛夫 // 当代中国哲学. 第 105、186、199、237、240、251 页

吴自立

1114 У Цзы-ли / Торопцев С. А. // Очерк истории китайского кино. С. 220
吴自立 / С. А. 托罗普采夫 // 中国电影史概览（1896—1966）. 第 220 页

吴克清

1115 У Кэ-цинь / Торопцев С. А. // Очерк истории китайского кино. С. 221
吴克清 / С. А. 托罗普采夫 // 中国电影史概览（1896—1966）. 第 221 页

吴伯泽

1116 Миллион юаней от спецагентов [У Боцзе] / Волин С. // Литературная газета. 1979. 28 марта
特工人员的百万嘉赏：吴伯泽 / С. 沃林 // 文学报. 1979. 3. 28

吴沃尧

1117 У Во-Яо / Семанов В. И. // Краткая Литературная Энциклопедия. Т. 7. С. 721
吴沃尧 / В. И. 谢马诺夫 // 简明文学百科全书（1962—1978）. 第 7 卷. 第 721 页

吴国英

1118 У Го-ин / Торопцев С. А. // Очерк истории китайского кино. С. 50
吴国英 / С. А. 托罗普采夫 // 中国电影史概览（1896—1966）. 第 50 页

吴昌硕

1119 Художник У Чаншо: страницы жизни и творчества / Пострелова Т. А. // XVI научная конференция《Общество и государство в Китае》. Тезисы и доклады. Ч. 3. 1983. С. 197
画家吴昌硕：生平与作品 / Т. А. 波斯特列洛娃 // 中国社会与国家第十六次学术研讨会提要与报告（1983）. 第三册. 第 197 页

吴佩孚

1120 У Пэй-фу. (Китайский милитаризм). / Виленский-Сибиряков Вл. // Москва-Ленинград.: ГИЗ.

1925.
中国军阀吴佩孚 / Вл. 威伦斯基-西比里亚科夫 // 莫斯科-列宁格勒：国家出版社. 1925.

1121　Чжан Цзо-лин и У Пей-фу. / Виленский-Сибиряков Вл. // Спутник агитатор. 1925. № 20
张作霖与吴佩孚 / Вл. 威伦斯基-西比里亚科夫 // 宣传员手册. 1925. 20

1122　Генерал У Пэйфу и китайские документы / Каретина Г. С. // XXIX научная конференция《Общество и государство в Китае》. Тезисы и доклады. 1999. С. 129
吴佩孚将军与中国文献 / Г. С. 卡列提娜 // 中国社会与国家第二十九次学术研讨会提要与报告(1999). 第三册. 第 129 页

1123　Бэйянский генералитет: синтез традиционного и современного［Юань Шикай, У Пэйфу, Ли Юаньхун, др. -ТВ］/ Непомнин О. Е. // XXI научная конференция《Общество и государство в Китае》. Тезисы и доклады. Ч. 3. 1990. С. 114
北洋军阀首领：袁世凯、吴佩孚、黎元洪 / О. Е. 涅波姆宁 // 中国社会与国家第二十一次学术研讨会提要与报告(1990). 第三册. 第 114 页

1124　У Пэй-фу / Ефимов Г. В. // Китай. История. экономика. культура. героическая борьба за национальную независимость. Политические и общественные деятели Китая. С. 454
吴佩孚 / Г. В. 叶菲莫夫 // 中国：历史、经济、文化，为民族独立而英勇奋斗（中国政治和社会人物篇）. 第 454 页

1125　У Пэй-Фу / Большая советская энциклопедия. 3-е изд. Т. 27. С. 52
吴佩孚 / 苏联大百科全书（第三版）. 第 27 卷. 第 52 页

1126　У Пэй-Фу / Белов Е. А. // Советская Историческая энциклопедия. 1961—1976. Т. 14. С. 839
吴佩孚 / Е. А. 别洛夫 // 苏联历史百科全书（1961—1976）. 第 14 卷. 839 页

吴学谦

1127　Поездка У Сюецяня［Информация ТАСС-визит в страны Латинской Америки］/ Правда. 1984. 14 августа
吴学谦访问拉美国家 / 真理报. 1984. 8. 14

1128　У Сюэцянь / Персоналии // Персоналии 40 лет КНР. С. 498
吴学谦 / 名人录编委会 // 中华人民共和国四十年名人录. 第 498 页

吴组缃

1129　У Цзу-Сян / Антиповский А. А. // Краткая Литературная Энциклопедия. Т. 7. С. 858
吴组缃 / А. 安季波夫斯基 // 简明文学百科全书（1962—1978）. 第 7 卷. 第 858 页

吴祖光

1130　У Цзу-гуан / Торопцев С. А. // Очерк истории китайского кино. С. 50. 79. 213. 216
吴祖光 / С. А. 托罗普采夫 // 中国电影史概览（1896—1966）. 第 50、79、213、216 页

吴溉之

1131　У Гай-чжи / Юрьев М. Ф. // Красная Армия Китая. С. 191
吴溉之 / М. Ф. 尤里耶夫 // 中国红军. 第 191 页

吴蒙秉

1132　У Мэн-бин / Торопцев С. А. // Очерк истории китайского кино. С. 50
吴蒙秉 / С. А. 托罗普采夫 // 中国电影史概览（1896—1966）. 第 50 页

吴稚晖

1133　У Чжи-хой (У Цзин-хэн) / Ефимов Г. В. // Китай. История. экономика. культура. героическая борьба за национальную независимость. Политические и общественные деятели Китая. С. 454
吴稚晖（吴敬恒）/ Г. В. 叶菲莫夫 // 中国：历史、经济、文化，为民族独立而英勇奋斗（中国政治和社会人物篇）. 第 454 页

吴蔚云

1134　У Шу-юнь / Торопцев С. А. // Очерк истории китайского кино. С. 30. 211

吴蔚云 / С. А. 托罗普采夫 // 中国电影史概览(1896—1966). 第30、211页

岑 范

1135 Цэнь Фань / Торопцев С. А. Очерк истории китайского кино. С. 213. 218. 220

岑 范 / С. А. 托罗普采夫 // 中国电影史概览(1896—1966). 第213、218、220页

〔J〕

何长工

1136 Хэ Чан-гун / Юрьев М. Ф. // Красная Армия Китая. С. 192

何长工 / М. Ф. 尤里耶夫 // 中国红军. 第192页

何成浚

1137 Хо Чэн-сюнь / Ефимов Г. В. // Китай. История. экономика. культура. героическая борьба за национальную независимость. Политические и общественные деятели Китая. С. 454

何成浚 / Г. В. 叶菲莫夫 // 中国：历史、经济、文化，为民族独立而英勇奋斗(中国政治和社会人物篇). 第454页

何应钦

1138 Хэ Ин-цинь / Ефимов Г. В. // Китай. История. экономика. культура. героическая борьба за национальную независимость. Политические и общественные деятели Китая. С. 454

何应钦 / Г. В. 叶菲莫夫 // 中国：历史、经济、文化，为民族独立而英勇奋斗(中国政治和社会人物篇). 第454页

何其芳

1139 Хэ Ци-Фан / Маркова С. Д. // Большая советская энциклопедия. 3-е изд. Т. 28. С. 432

何其芳 / С. Д. 马尔科娃 // 苏联大百科全书(第三版). 第28卷. 第432页

1140 Хэ Ци-Фан / Маркова С. Д. // Краткая Литературная Энциклопедия. Т. 8. С. 361

何其芳 / С. Д. 马尔科娃 // 简明文学百科全书(1962—1978). 第8卷. 第361页

何非光

1141 Хэ Фэй-гуан / Торопцев С. А. // Очерк истории китайского кино. С. 211

何非光 / С. А. 托罗普采夫 // 中国电影史概览(1896—1966). 第211页

佟玉兰

1142 Народный депутат Тун Юй-лань. [Об активистке деревни, депутате Всекитайского собрания народных представителей.] / Ян Ю // Народный Китай. 1954. №23

全国人大代表、农民社会活动家：佟玉兰 / 杨勇 // 人民中国. 1954. 23.

余世诚

1143 Юй Шичэн / Буров В. Г. // Современная китайская философия. С. 216

余世诚 / В. Г. 布洛夫 // 当代中国哲学. 第216页

余秋里

1144 Юй Цюли / Персоналия：Китайская Народная Республика в 1978 году. Политика. Экономика. Идеология. С. 325

余秋里 / 1978 中华人民共和国名人录：政治、经济、意识形态. 第325页

希 侬

1145 Си Нун / Торопцев С. А. // Очерк истории китайского кино. С. 220

希 侬 / С. А. 托罗普采夫 // 中国电影史概览(1896—1966). 第220页

谷 牧

1146 Цена《дружбы》Пекина (заявление зам. премьера Госсовета КНР Гу Му о принадлежности островов Сенкаку Китаю во время его визита в Японию) / Киценко О. // Правда. 1979. 15 сент.

北京友谊的代价：国务院副总理访日时宣布钓鱼岛是中国的固有领土 / О. 基岑科 // 真理报. 1979.

谷 峪

1147 ［Гу Юй］/ Эйдлин Л. З. // О китайской литературе наших дней. С. 289
  谷　峪 / Л. З. 艾德林 // 当代中国文学. 第 289 页

邹 容

1148 Цзоу Жун-пропагандист буржуазных республиканских идей в Китае / Белов Е. А. // VII научная конференция《Общество и государство в Китае》. Тезисы и доклады. Ч. 2. 1976. С. 287
  邹容——中国资产阶级共和国思想的宣传者 / Е. А. 别洛夫 // 中国社会与国家第七次学术研讨会提要与报告(1976). 第二册. 第 287 页

1149 Цзоу Жун / Буров В. Г. // Современная китайская философия. С. 37
  邹　容 / В. Г. 布洛夫 // 当代中国哲学. 第 37 页

1150 Цзоу Жун / Большая советская энциклопедия. 3-е изд. Т. 28. С. 548
  邹　容 / 苏联大百科全书(第三版). 第 28 卷. 第 548 页

1151 Цзоу Жун / Белов Е. А. // Советская Историческая энциклопедия. 1961—1976. Т. 15. С. 767
  邹容——中国资产阶级共和国思想的宣传者 / Е. А. 别洛夫 // 苏联历史百科全书(1961—1976). 第 15 卷. 第 767 页

邹家华

1152 Цзоу Цзяхуа / Персоналия: Китайская Народная Республика в 1991 году. Политика. Экономика. Идеология. С. 252
  邹家华 / 1991 中华人民共和国名人录:政治、经济、意识形态. 第 252 页

邹敬芳

1153 Чжоу Цзинфан / Буров В. Г. // Современная китайская философия. С. 216
  邹敬芳 / В. Г. 布洛夫 // 当代中国哲学. 第 37 页

邹韬奋

1154 Цзоу Таофэнь-поборник китайско-советской дружбы / Белоусов С. Р. // ПДВ. 1980. №1
  邹韬奋——中苏友谊的捍卫者 / Р. С. 别洛乌索夫 // 远东问题. 1980. 1

1155 Советская Россия глазами очевидца: очерки Цзоу Таофэня / Белоусов С. Р. // ПДВ 1986 №4
  目击者眼里的苏维埃俄罗斯:邹韬奋的散文 / С. Р. 别洛乌索夫 // 远东问题. 1986. 4

1156 Цзоу Тао-Фэнь / Шнейдер М. Е. // Краткая Литературная Энциклопедия. Т. 8. С. 397
  邹韬奋 / М. Е. 施奈德 // 简明文学百科全书(1962—1978). 第 8 卷. 第 397 页

〔丶〕

应云卫

1157 Ин Юнь-вэй / Торопцев С. А. // Очерк истории китайского кино. С. 16. 30. 34. 211. 213
  应云卫 / С. А. 托罗普采夫 // 中国电影史概览(1896—1966). 第 16、30、34、211、213 页

汪 泽

1158 Ван Цзэ / Буров В. Г. // Современная китайская философия. С. 235
  汪　泽 / В. Г. 布洛夫 // 当代中国哲学. 第 235 页

汪 漪

1159 Ван И / Торопцев С. А. // Очерк истории китайского кино. С. 217
  汪　漪 / С. А. 托罗普采夫 // 中国电影史概览(1896—1966). 第 217 页

汪东兴

1160 Ван Дун Син / Персоналия: Китайская Народная Республика в 1976 году: Политика. Экономика. Идеология. С. 335
  汪东兴 / 1976 中华人民共和国名人录:政治、经济、意识形态. 第 335 页

汪奠基

1161 Ван Дяньцзы / Буров В. Г. // Современная китайская философия. С. 241
汪奠基 / В. Г. 布洛夫 // 当代中国哲学. 第 241 页

汪精卫

1162 Японские марионетки в Китае. [Ван Цзин-вэй, Пу И.] / Кудрявцев В. // Интернациональный маяк. 1940. №3
日伪政府的傀儡：汪精卫、溥仪 / В. 库德里亚夫采夫 // 国际灯塔. 1940. 3

1163 Идеологические концепции марионеточного правительства Ван Цзинвэя (1939—1943 гг.) / Белогорцев В. Г. // XI научная конференция 《Общество и государство в Китае》. Тезисы и доклады. Ч. 3. 1980. С. 132
汪精卫傀儡政府的思想观念(1939—1945) / В. Г. 别洛戈尔采夫 // 中国社会与国家第十一次学术研讨会提要与报告(1980). 第三册. 第 132 页

1164 Ван Цзинвэй в оценке современной китайской историографии / Каткова З. Д. // XVII научная конференция 《Общество и государство в Китае》. Тезисы и доклады. Ч. 3. 1986. С. 83
中国史学界对汪精卫的评价 / З. Д. 卡特科娃 // 中国社会与国家第十七次学术研讨会提要与报告(1986). 第三册. 第 83 页

1165 О позиции Ван Цзинвэя в период подготовки I съезда Гоминьдана / Семёнов А. В. // X научная конференция 《Общество и государство в Китае》. Тезисы и доклады. Ч. 3. 1979. С. 28
汪精卫在国民党一大筹备时期的立场 / А. В. 谢苗诺夫 // 中国社会与国家第十次学术研讨会提要与报告(1979). 第三册. 第 28 页

1166 Буржуазные историки о политической деятельности Ван Цзинвэя в 1925—1927 гг. / Семёнов А. В. // XII научная конференция 《Общество и государство в Китае》. Тезисы и доклады. Ч. 3. 1981. С. 111
资产阶级历史学家对汪精卫政治活动(1925—1927)的评价 / А. В. 谢苗诺夫 // 中国社会与国家第十二次学术研讨会提要与报告(1981). 第三册. 第 111 页

1167 О борьбе Ван Цзинвэя с Чан Кайши в 1926—1930 гг. / Яковлев И. А. // XV научная конференция 《Общество и государство в Китае》. Тезисы и доклады. Ч. 3. 1984. С. 140
汪精卫与蒋介石的斗争(1926—1930) / И. А. 雅科夫列夫 // 中国社会与国家第十五次学术研讨会提要与报告(1984). 第三册. 第 140 页

1168 О соперничестве Ван Цзинвэя и Ху Ханьминя в 1928—1935 гг. / Яковлев И. А. // XVI научная конференция 《Общество и государство в Китае》. Тезисы и доклады. Ч. 3. 1985. С. 133
汪精卫与胡汉民的角逐(1928—1935) / И. А. 雅科夫列夫 // 中国社会与国家第十六次学术研讨会提要与报告(1985). 第三册. 第 133 页

1169 Политический статус Ван Цзинвэя и Ху Ханьминя в нанкинском Гоминьдане 1928—1935 гг. / Яковлев И. А. // XIX научная конференция 《Общество и государство в Китае》. Тезисы и доклады. Ч. 3. 1988. С. 130
汪精卫与胡汉民在南京国民政府中的政治地位(1928—1935) / И. А. 雅科夫列夫 // 中国社会与国家第十九次学术研讨会提要与报告(1988). 第三册. 第 130 页

1170 Ван Цзин-Вэй (Ван Чжао-мин) / Большая советская энциклопедия. 3-е изд. Т. 4. С. 293
汪精卫(汪兆铭) / 苏联大百科全书(第三版). 第 4 卷. 第 293 页

1171 Ван Цзин-Вэй (Ван Чжао-мин) / Советская Историческая энциклопедия. 1961—1976. Т. 2. С. 962
汪精卫(汪兆铭) / 苏联历史百科全书(1961—1976). 第 2 卷. 第 962 页

沙 汀

1172 Ша Тин (настоящее имя-Ян Тун-фан) / Большая советская энциклопедия. 3-е изд. Т. 29. С. 297
沙汀(原名杨朝熙) / 苏联大百科全书(第三版). 第 29 卷. 第 297 页

1173 Ша Тин (Ян Тун-фан) / Петров В. В. // Краткая Литературная Энциклопедия. Т. 8. С. 601
沙汀（原名杨朝熙）/ В. В. 彼得罗夫 // 简明文学百科全书（1962—1978）. 第 8 卷. 第 601 页

沙 鸥

1174 В. В. Маяковский и современная китайская поэзия [Го Мо-жо, Тянь Цзянь, Ай Цин, Ша Оу, Юань Шуй-по] / Петров В. В. // Звезда. 1952. № 4
В. В. 马雅可夫斯基与中国现代诗歌的代表人物：郭沫若、田间、艾青、沙鸥、袁水拍等 / В. В. 彼得罗夫 // 星. 1952. 4

1175 Ша Оу. [Краткая биографическая справка] / Поэты нового Китая. С. 320
沙鸥生平简介 / 新中国诗人. 第 320 页

沙 莉

1176 Ша Ли / Торопцев С. А. // Очерк истории китайского кино. С. 213. 217. 219
沙 莉 / С. А. 托罗普采夫 // 中国电影史概览（1896—1966）. 第 213、217、219 页

沙 蒙

1177 Ша Мэн / Торопцев С. А. // Очерк истории китайского кино. С. 55. 79. 135. 211. 214. 217
沙 蒙 / С. А. 托罗普采夫 // 中国电影史概览（1896—1966）. 第 55、79、135、211、214、217 页

沈 扬

1178 Шэнь Ян / Торопцев С. А. // Очерк истории китайского кино. С. 213
沈 扬 / С. А. 托罗普采夫 // 中国电影史概览（1896—1966）. 第 213 页

沈 浮

1179 Шэнь Фу / Торопцев С. А. // Очерк истории китайского кино. С. 40. 42. 50. 55. 74. 120. 142. 210. 212. 217. 219
沈 浮 / С. А. 托罗普采夫 // 中国电影史概览（1896—1966）. 第 40、42、50、55、74、120、142、210、212、217、219 页

沈 寂

1180 Шэнь Цзи / Буров В. Г. // Современная китайская философия. С. 209
沈 寂 / В. Г. 布洛夫 // 当代中国哲学. 第 209 页

沈西苓

1181 Шэнь Си-лин / Торопцев С. А. // Очерк истории китайского кино. С. 17. 23. 33. 209. 211. 215
沈西苓 / С. А. 托罗普采夫 // 中国电影史概览（1896—1966）. 第 17、23、33、209、211、215 页

沈西蒙

1182 Шэнь Си-мэн / Торопцев С. А. // Очерк истории китайского кино. С. 214. 221
沈西蒙 / С. А. 托罗普采夫 // 中国电影史概览（1896—1966）. 第 214、221 页

沈志远

1183 Шэнь Чжиюань / Буров В. Г. // Современная китайская философия. С. 71. 74. 88. 274
沈志远 / В. Г. 布洛夫 // 当代中国哲学. 第 71、74、88、274 页

沈钧儒

1184 Шэнь Цзюньжу и его место в политической жизни Китая 20-30-х гг. / Ким В. С. // XVI научная конференция 《Общество и государство в Китае》. Тезисы и доклады. Ч. 3. 1985. С. 173
20 世纪 20 至 30 年代沈钧儒在中国政治生活中的地位 / В. С. 金 // 中国社会与国家第二十六次学术研讨会提要与报告（1995）. 第三册. 第 173 页

沈默君

1185 Чи Юй / Торопцев С. А. // Очерк истории китайского кино. С. 221
迟雨（沈默君）/ С. А. 托罗普采夫 // 中国电影史概览（1896—1966）. 第 221 页

宋 平

1186 Сун Пин / Персоналии // Персоналии 40 лет КНР. С. 496

宋　平 / 名人录编委会 // 中华人民共和国四十年名人录. 第 496 页

宋之的

1187　Сун Чжи-Ди / Сорокин В. Ф. // Краткая Литературная Энциклопедия. Т. 9. С. 717
宋之的 / В. Ф. 索罗金 // 简明文学百科全书(1962—1978). 第 9 卷. 717 页

宋子文

1188　Сун Цзы-вэнь / Ефимов Г. В. // Китай. История. экономика. культура. героическая борьба за национальную независимость. Политические и общественные деятели Китая. С. 452
宋子文 / Г. В. 叶菲莫夫 // 中国:历史、经济、文化,为民族独立而英勇奋斗(中国政治和社会人物篇). 第 452 页

宋长江

1189　Сун Чанцзян / Буров В. Г. // Современная китайская философия. С. 167
宋长江 / В. Г. 布洛夫 // 当代中国哲学. 第 167 页

宋庆龄

1190　Лауреаты Международных Сталинских премий За укрепление мира. [Биографии Го Мо-жо и Сун Цин-лин. / Алексеев А. Г. // Ленинград. Всесоюзное общество по распространению политических и научных знаний. 1954. 42 с.
国际斯大林和平奖得主:郭沫若、宋庆龄 / А. Г. 阿列克谢耶夫 // 列宁格勒:全苏政治科学知识宣传出版社. 1954. 42 页

1191　Великий Сун. / Народный учитель. 1927. № 3
伟大的宋庆龄 / 人民教师. 1927. 3

1192　Сун Цинлин-видный государственный и общественный деятель Китая / Мировицкая Р. А. // ПДВ 1986 №3
宋庆龄:中国著名的国务与社会活动家 / Р. А. 米罗维茨卡娅 // 远东问题. 1986. 3

1193　Сун Цинлин / Персоналии // Персоналии 40 лет КНР. С. 497
宋庆龄 / 名人录编委会 // 中华人民共和国四十年名人录. 第 497 页

1194　Сун Цин-лин / Ефимов Г. В. // Китай. История. экономика. культура. героическая борьба за национальную независимость. Политические и общественные деятели Китая. С. 452
宋庆龄 / Г. В. 叶菲莫夫 // 中国:历史、经济、文化,为民族独立而英勇奋斗(中国政治和社会人物篇). 第 452 页

1195　Сун Цин-Лин / Персоналии // Большая советская энциклопедия. 3-е изд. Т. 25. С. 78
宋庆龄 / 名人录编委会 // 苏联大百科全书(第三版). 第 25 卷. 第 78 页

1196　Сун Цин-Лин / Персоналии // Советская Историческая энциклопедия. 1961—1976. Т. 13. С. 959
宋庆龄 / 名人录编委会 // 苏联历史百科全书(1961—1976). 第 13 卷. 第 959 页

宋美龄

1197　Сун Мэй-лин / Ефимов Г. В. // Китай. История. экономика. культура. героическая борьба за национальную независимость. Политические и общественные деятели Китая. С. 452
宋美龄 / Г. В. 叶菲莫夫 // 中国:历史、经济、文化,为民族独立而英勇奋斗(中国政治和社会人物篇). 第 452 页

宋教仁

1198　Сун Цзяожэнь и Ху Ханьминь о русской революции 1905—1907 гг. / Самойлов Н. А. // XV научная конференция《Общество и государство в Китае》. Тезисы и доклады. Ч. 3. 1984. С. 44
宋教仁、胡汉民论俄国革命(1905—1907) / Н. А. 萨莫伊洛夫 // 中国社会与国家第二十五次学术研讨会提要与报告(1993). 第三册. 第 44 页

1199　Сун Цзяо-Жэнь / Большая советская энциклопедия. 3-е изд. Т. 25. С. 78
宋教仁 / 苏联大百科全书(第三版). 第 25 卷. 第 78 页

1200 Сун Цзяо-Жэнь / Белов Е. А. // Советская Историческая энциклопедия. 1961—1976. Т. 13. С. 958
宋教仁 / Е. А. 别洛夫 // 苏联历史百科全书(1961—1976). 第 13 卷. 第 958 页

〔¬〕

张　云
1201 Чжан Юнь / Торопцев С. А. // Очерк истории китайского кино. С. 214
张　云 / С. А. 托罗普采夫 // 中国电影史概览(1896—1966). 第 214 页

张　平
1202 Чжан Пин / Торопцев С. А. // Очерк истории китайского кино. 1896—1966. С. 60. 88. 214. 218
张　平 / С. А. 托罗普采夫 // 中国电影史概览(1896—1966). 第 60、88、214、218 页

张　伐
1203 Чжан Фа / Торопцев С. А. // Очерк истории китайского кино. 1896—1966. С. 46. 212. 214. 217. 219
张　伐 / С. А. 托罗普采夫 // 中国电影史概览(1896—1966). 第 46、212、214、217、219 页

张　良
1204 Чжан Лян / Торопцев С. А. // Очерк истории китайского кино. 1896—1966. С. 187. 215. 217. 222
张　良 / С. А. 托罗普采夫 // 中国电影史概览(1896—1966). 第 187、215、217、222 页

张　客
1205 Чжан Кэ / Торопцев С. А. // Очерк истории китайского кино. 1896—1966. С. 214
张　客 / С. А. 托罗普采夫 // 中国电影史概览(1896—1966). 第 214 页

张　圆
1206 Чжан Юань / Торопцев С. А. // Очерк истории китайского кино. 1896—1966. С. 217
张　圆 / С. А. 托罗普采夫 // 中国电影史概览(1896—1966). 第 217 页

张　乾
1207 Чжан Цянь / Торопцев С. А. // Очерк истории китайского кино. 1896—1966. С. 215
张　乾 / С. А. 托罗普采夫 // 中国电影史概览(1896—1966). 第 215 页

张　铮
1208 Чжан Чжэн / Торопцев С. А. // Очерк истории китайского кино. 1896—1966. С. 213
张　铮 / С. А. 托罗普采夫 // 中国电影史概览(1896—1966). 第 213 页

张　瑛
1209 Чжан Ин / Торопцев С. А. // Очерк истории китайского кино. 1896—1966. С. 212
张　瑛 / С. А. 托罗普采夫 // 中国电影史概览(1896—1966). 第 212 页

张　辉
1210 Чжан Хуэй / Торопцев С. А. // Очерк истории китайского кино. 1896—1966. С. 216. 218. 221
张　辉 / С. А. 托罗普采夫 // 中国电影史概览(1896—1966). 第 216、218、221 页

张　群
1211 Чжан Цюнь / Ефимов Г. В. // Китай. История. экономика. культура. героическая борьба за национальную независимость. Политические и общественные деятели Китая. С. 456
张　群 / Г. В. 叶菲莫夫 // 中国:历史、经济、文化,为民族独立而英勇奋斗(中国政治和社会人物篇). 第 456 页

张　澜
1212 Господин Чжан Лань-человек эпохи / Иванов П. М. // XXIV научная конференция 《Общество и государство в Китае》. Тезисы и доклады. Ч. 2.　1993. С. 72

时代人物张澜先生 / П. М. 伊万诺夫 // 中国社会与国家第二十四次学术研讨会提要与报告 (1993). 第二册. 第72页

张 謇

1213 Чжан Цзянь / Чудодеев. Москва Ю. В. // Советская Историческая энциклопедия. 1961—1976. . Т. 16. С. 16
张 謇 / Ю. В. 丘多杰耶夫 // 苏联历史百科全书(1961—1976). 第16卷. 第16页

张 翼

1214 Чжан И / Торопцев С. А. // Очерк истории китайского кино. 1896—1966. С. 210. 212. 217. 221
张 翼 / С. А. 托罗普采夫 // 中国电影史概览(1896—1966). 第210、212、217、221页

张才千

1215 Заявка на гегемонию（визит зам. Начальника генерального штаба Чжан Цай-цяня в Японию）/ Правда. 1978. 8 сентября
霸权宣言——中国人民解放军副总参谋长张才千访问日本 / 真理报. 1978. 9. 8

张之洞

1216 Воспоминания о Чжан Чжи-дуне / Бельченко А. // Вестник Азии. 1910. № 3
回忆张之洞 / А. 别利琴科 // 东方晓报(亦名亚细亚通讯). 1910. 3

1217 Концепция исторического развития в конфуцианстве Китая во 2-ой половине XIX-начале XX веков：［Цзэн Го-фань，Чжан Чжи-дун］Автореферат диссертации на соискание ученой степени кандидата философских наук. / Шестакова Т. Г. // Л. : ЛГУ и. А. А. Жданова. 1984. дисс. . канд. филол. наук.
二十世纪初儒家思想中的历史发展观:张之洞 / Т. Г. 舍斯塔科娃 // 列宁格勒:日丹诺夫列宁格勒国立大学语文学副博士论文. 1984

1218 Деятельность наместников Ли Хун-чжана, Чжан Чжи-дуна, Лю Кунь-и / Калюжная Н. М. // Восстание ихэтуаней（1896—1901). С. 278
总督李鸿章、张之洞、刘坤一的履历 / Н. М. 卡留日娜娅 // 义和团起义(1896—1901). 第278页

1219 Чжан Чжи-Дун / Большая советская энциклопедия. 3-е изд. Т. 29. С. 182
张之洞 / 苏联大百科全书(第三版). 第29卷. 第182页

1220 Чжан Чжи-Дун / Белов Е. А. // Советская Историческая энциклопедия. 1961—1976. Т. 16. С. 17
张之洞 / Е. А. 别洛夫 // 苏联历史百科全书(1961—1976). 第16卷. 第17页

张子良

1221 Чжан Цзы-лян / Торопцев С. А. // Очерк истории китайского кино. С. 217
张子良 / С. А. 托罗普采夫 // 中国电影史概览(1896—1966). 第217页

张天翼

1222 Возвращение сатирика（о Чжан Тяньи）/ Захарова Н. // ПДВ. 1990. №1
讽刺作家归来:张天翼 / Н. 扎哈洛娃 // 远东问题. 1990. 1

1223 Чжан Тянь-и.［Краткая биографическая справка.］/ Китайские рассказы. С. 149
张天翼生平简介 / 中国小说. 第149页

1224 Чжан Тянь-Й / Большая советская энциклопедия. 3-е изд. Т. 29. С. 182
张天翼 / 苏联大百科全书(第三版). 第29卷. 第182页

1225 Чжан Тянь-И / Черкасский Л. Е. // Краткая Литературная Энциклопедия. Т. 8. С. 513
张天翼 / Л. Е. 切尔卡斯基 // 简明文学百科全书(1962—1978). 第8卷. 第513页

张云逸

1226 Чжан Юнь-и / Юрьев М. Ф. // Красная Армия Китая. С. 192
张云逸 / М. Ф. 尤里耶夫 // 中国红军. 第192页

张太雷

1227 Герои китайского народа. Товарищ Чжан Тай-лэй / Ли Гуан // Национально-колониальные проблемы. 1937. №1

中国人民的英雄张太雷同志 / 李 广 // 民族殖民问题. 1937. 1

1228 Чжан Тай-лэй-герой китайской революции (к 75-летию со дня рождения и 45-летию со дня гибели) / Ефимов Г. В. // ПДВ. 1973. №3

张太雷——中国革命英雄(纪念张太雷诞辰75周年、逝世45周年) / Г. В. 叶菲莫夫 // 远东问题. 1973. 3

1229 Чжан Тайлэй: из когорты первых (К 90-летию со дня рождения) / Коровяковский П. П. Русанов Н. П. // ПДВ. 1988. №4

张太雷——中国革命大军的一员(纪念张太雷诞辰90周年) / П. П. 科罗维亚科夫斯基, Н. П. 鲁萨诺夫 // 远东问题. 1988. 4

1230 Относительно участия Чжан Тайлэя в работе съезда народов Дальнего Востока (21 января-2 февраля 1922 г.) / Горбунова С. А. // XV научная конференция《Общество и государство в Китае》. Тезисы и доклады. Ч. 3. 1984. С. 90

论张太雷参与远东人民大会(1922.1.21—2.2)的工作 / С. А. 戈尔布诺娃 // 中国社会与国家第十五次学术研讨会提要与报告(1984). 第三册. 第90页

1231 Кантон. Руководители коммунистов и Социалистического союза молодежи [Сунь Ят-сен, Чэнь Цзюн-мин, Цюй Цю-бо, Чжан Тай-лэй] / Далин С. А. // Китайские мемуары. 1921—1927. С. 86

共产党及社会主义青年团的领袖:孙中山、陈炯明、瞿秋白、张太雷 / С. А. 达林 // 中国回忆录(1921—1927). 第86页

1232 Революционные демократы-первые коммунисты Китая [Сунь Ятсен, Ли Дачжао, У Юйчжан, Цюй Цюбо, ЧжанТайлэй] / Юрьев М. Ф. // Революционная демократия и коммунисты Востока. С. 272

中国民主革命先锋:孙中山、吴玉章、瞿秋白、张太雷 / М. Ф. 尤里耶夫 // 革命民主派与东方共产主义者. 第272页

1233 Чжан Тай-Лэй / Большая советская энциклопедия. 3-е изд. Т. 29. С. 182

张太雷 / 苏联大百科全书(第三版). 第29卷. 第182页

1234 Чжан Тай-Лэй / Крымов А. Г. // Советская Историческая энциклопедия. 1961—1976. Т. 16. С. 15

张太雷 / А. Г. 克雷莫夫(郭肇唐) // 苏联历史百科全书(1961—1976). 第16卷. 第15页

张世英

1235 Чжан Шиин / Буров В. Г. // Современная китайская философия. М. : Наука. ГРВЛ. 1980. С. 181

张世英 / В. Г. 布洛夫 // 当代中国哲学(1980). 第.181页

张石川

1236 Чжан Ши-чуань / Торопцев С. А. // Очерк истории китайского кино. 1896—1966. С. 11. 18. 208

张石川 / С. А. 托罗普采夫 // 中国电影史概览(1896—1966). 第11、18、208页

张东荪

1237 Китайские либералы XX века: поиски синтеза культур Востока и Запада [Чжан Цзюньмай, Чжан Дунсунь] / Белоусов С. Р. // Проблемы Дальнего Востока. 1995. № 6

20世纪中国的自由派:张君劢与张东荪对东西方文化融合的追寻 / С. Р. 别洛乌索夫 // 远东问题. 1995. 6

张立德

1238 Чжан Ли-дэ / Торопцев С. А. // Очерк истории китайского кино. 1896—1966. С. 212

张立德 / С. А. 托罗普采夫 // 中国电影史概览(1896—1966). 第212页

张发奎

1239 Чжан Фа-куй / Ефимов Г. В. // Китай. История. экономика. культура. героическая борьба за национальную независимость. Сборник статей под ред. акад. В. М. Алексеева. М.-Л. : Издательство Академии наук СССР. 1940. 534 с. Раздел : Политические и общественные деятели Китая. С. 455
张发奎 / Г. В. 叶菲莫夫 // 中国：历史、经济、文化，为民族独立而英勇奋斗（中国政治和社会人物篇）. 第 455 页

张西堂

1240 Чжан Ситан / Буров В. Г. // Современная китайская философия. М. : Наука. ГРВЛ. 1980. С. 151
张西堂 / В. Г. 布洛夫 // 当代中国哲学（1980）. 第 151 页

张仲朋

1241 Чжан Чжун-мин (Чжан Чжун-пэн) / Торопцев С. А. // Очерк истории китайского кино. 1896—1966. С. 222
张仲朋 / С. А. 托罗普采夫 // 中国电影史概览（1896—1966）. 第 222 页

张兆斌

1242 Чжан Чжао-бинь / Торопцев С. А. // Очерк истории китайского кино. 1896—1966. С. 221
张兆斌 / С. А. 托罗普采夫 // 中国电影史概览（1896—1966）. 第 221 页

张庆芬

1243 Чжан Цин-фэнь / Торопцев С. А. // Очерк истории китайского кино. 1896—1966. С. 218
张庆芬 / С. А. 托罗普采夫 // 中国电影史概览（1896—1966）. 第 218 页

张如心

1244 Чжан Жусинь / Буров В. Г. // Современная китайская философия. 1980. С. 140. 196. 280
张如心 / В. Г. 布洛夫 // 当代中国哲学（1980）. 第 140、196、280 页

张作霖

1245 Чжан Цзо-лин. Маньчжурская проблема. / Виленский-Сибиряков Вл. // Москва-Ленинград. : ГИЗ. 1925. 64 с., ил., карты
张作霖与满洲问题 / Вл. 威伦斯基-西比里亚科夫 // 莫斯科-列宁格勒：国家出版社. 1925. 64 页

1246 Чжан Цзолинь и политическая борьба в Китае в 20-е годы XX в. / Каретина Г. С. // М.: Наука. 1984. 198. 198 с.
张作霖与 20 世纪 20 年代的政治斗争 / Г. С. 卡列提娜 // 莫斯科：科学出版社. 1984. 198 页

1247 Чжан Цзо-лин и У Пей-фу. / Виленский-Сибиряков Вл. // Спутник агитатора для города. 1925. No 20
张作霖与吴佩孚 / Вл. 威伦斯基-西比里亚科夫 // 宣传员手册. 1925. 20

1248 Чжан Цзо-лин и Фын Юй-сян / Лебеденко А. Г. // Звезда. 1926. No 5
张作霖与冯玉祥 / А. Г. 列别坚科 // 星报. 1926. 5

1249 Северный и Южный Китай. [Пять газетных сообщений об отношениях Чжан Цзо-лина к Чан Кай-ши] / Материалы по китайскому вопросу. 1927. No2
中国的北方和南方：张作霖与蒋介石往来的五篇报道 / 中国问题的资料. 1927. 2

1250 Коалиция Чжан Цзолина и Сунь Ят-сена// Ходоров А. Е. // Международная жизнь. 1992. No 9
张作霖与孙中山的联合 / А. Е. 霍多罗夫 // 国际生活. 1992. 9

1251 Борьба за советскую власть на Дальнем Востоке и политика Чжан Цзолиня (1917—1922 гг.) / Каретина Г. С. // VI научная конференция Общество и государство в Китае. Тезисы и доклады. Ч. 2. 1975. С. 287
争取远东苏维埃政权的斗争与张作霖的政策（1917—1922 年）/ Г. С. 卡列提娜 // 中国社会与国家

第六次学术研讨会提要与报告(1975). 第二册. 第 287 页

1252 Об экономической политике Чжан Цзолиня в Маньчжурии / Каретина Г. С. // VIII научная конференция Общество и государство в Китае. Тезисы и доклады. Ч. 3. 1977. С. 140
论张作霖在满洲的经济政策 / Г. С. 卡列提娜 // 中国社会与国家第八次学术研讨会提要与报告 (1977). 第三册. 第 140 页

1253 Как и почему был убит Чжан Цзолинь / Каретина Г. С. // XI научная конференция Общество и государство в Китае. Тезисы и доклады. Ч. 3. 1980. С. 65
张作霖之死 / Г. С. 卡列提娜 // 中国社会与国家第十一次学术研讨会提要与报告(1980). 第三册. 第 65 页

1254 Чжан Цзо-Линь / Большая советская энциклопедия. 3-е изд. Т. 29. Советское энциклопедия. 1978. С. 182
张作霖 / 苏联大百科全书(第三版). 第 29 卷. 第 182 页

1255 Чжан Цзо-Линь / Белов Е. А. // Советская Историческая энциклопедия. 1961—1976. Т. 16. С. 15
张作霖 / Е. А. 别洛夫 // 苏联历史百科全书(1961—1976). 第 16 卷. 第 15 页

张伯苓

1256 Чжан Бо-лин / Ефимов Г. В. // Китай. История. экономика. культура. героическая борьба за национальную независимость. Политические и общественные деятели Китая. С. 455
张伯苓 / Г. В. 叶菲莫夫 // 中国：历史、经济、文化, 为民族独立而英勇奋斗(中国政治和社会人物篇). 第 455 页

张君劢

1257 Китайские либералы XX века: поиски синтеза культур Востока и Запада [Чжан Цзюньмай, Чжан Дунсунь-ТВ] / Белоусов С. Р. // Проблемы Дальнего Востока. 1995. № 6
20 世纪中国的自由派：张君劢与张东荪对东西方文化融合的追寻 / С. Р. 别洛乌索夫 // 远东问题. 1995. 6

张国焘

1258 Подлинное лицо троцкистского бандита, предателя Чжан Го-тао / Ай Мин // Коммунистический Интернационал. 1938. №8
张国焘托洛茨基匪帮的真面目 / 艾明(音) // 共产国际. 1938. 8

1259 Участие международного коммунистического движения в разработке военной политики КПК (20-30 годы) [Цюй Цюбо, Чжан Готао, Ван Жофэй, Жэнь Биши, Мао Цзэдун] / Юрьев М. Ф. // Вопросы истории Китая. 1981. С. 4
1920—1930 年间参与共产国际制定中共军事政策的代表人物：瞿秋白、张国焘、王若飞、任弼时、毛泽东等 / М. Ф. 尤里耶夫 // 中国历史问题. 第 4 页

1260 Чжан Го-Тао / Елизаров В. И. // Советская Историческая энциклопедия. 1961—1976. . Т. 16. С. 13
张国焘 / В. И. 叶里扎罗夫 // 苏联历史百科全书(1961—1976). 第 16 卷. 第 13 页

张明山

1261 Рабочий-изобретатель. [О рабочем Аньшаньского металлургического комбината Чжан Мин-шане.] / Сюй Чи // Народный Китай. 1953. №16
工人发明者张明山 / 徐驰(音) // 人民中国. 1953. 16

1262 Герой труда Чжан Мин-шань / Кожевников В. // Новое время. 1954. №39
劳动英雄张明山 / В. 科热夫尼科夫 // 新时代. 1954. 39

张岱年

1263 Чжан Дайнянь (Юй Тун) / Буров В. Г. // Современная китайская философия. 1980. С. 157. 163. 167. 186-188. 192. 280

张岱年 / В. Г. 布洛夫 // 当代中国哲学(1980). 第. 157、163、167、186、192、280 页

张学良

1264 Чжан Сюэлян: некоторые итоги жизненного пути / Каретина Г. С. // XXVI научная конференция 《Общество и государство в Китае》. Тезисы и доклады. 1995. С. 106
张学良一生的几点总结 / Г. С. 卡列提娜 // 中国社会与国家第二十六次学术研讨会提要与报告(1995). 第 106 页

1265 Чжан Сюе-лян / Ефимов Г. В. // Китай. История. экономика. культура. героическая борьба за национальную независимость. Политические и общественные деятели Китая. С. 455
张学良 / Г. В. 叶菲莫夫 // 中国: 历史、经济、文化, 为民族独立而英勇奋斗(中国政治和社会人物篇). 第 455 页

1266 Чжан Сюэ-Лян / Большая советская энциклопедия. 3-е изд. Т. 29.《Советское энциклопедия》. 1978. С. 182
张学良 / 苏联大百科全书(第三版). 第 29 卷. 第 182 页

1267 Чжан Сюэ-Лян / редколлегия // Советская Историческая энциклопедия. 1961—1976.. Т. 16. С. 14
张学良 / 编委会 // 苏联历史百科全书(1961—1976). 第 16 卷. 第 14 页

张宝茹

1268 Чжан Бао-жу / Торопцев С. А. // Очерк истории китайского кино. 1896—1966. С. 222
张宝茹 / С. А. 托罗普采夫 // 中国电影史概览(1896—1966). 第 222 页

张春桥

1269 Борьба против 《группы четырех》 в Китае. Сообщение ТАСС / Правда. 1977. 26 февраля
中国与"四人帮"的斗争, 塔斯社消息 / 真理报. 1977. 2. 26

1270 О следствии по делу 《группы четырех》 / Правда. 1977. 29 апреля
"四人帮"案件的调查 / 真理报. 1977. 4. 29

1271 Внутренний документ № 24 (о документе ? Доказательства преступлений антипартийной клики Ван Хун-вэня, Чжан Чунь-цяо, Цзян Цин, Яо Вэнь-юаня) / Крымов Б. // Литературная газета. 1977. 28 декабря
第 24 号内部文件: 有关王洪文、张春桥、江青和姚文元反党集团罪恶的证据文件 / Б. 克雷莫夫 // 文学报. 1977. 12. 28. 9

1272 Суд над 《бандой четырех》 и группой Линь Бяо / Егоров К. А. // Персоналия: Китайская Народная Республика в 1980 году. Политика. Экономика. Идеология. С. 22
"四人帮"与林彪集团的审判 / К. А. 叶果洛夫 // 1980 中华人民共和国名人录: 政治、经济、意识形态. 第 22 页

张树藩

1273 Чжан Шу-пань / Торопцев С. А. // Очерк истории китайского кино. 1896—1966. С. 211
张树藩 / С. А. 托罗普采夫 // 中国电影史概览(1896—1966). 第 211 页

张闻天

1274 Чжан Вэнь-Тянь (Ло Фу) / Большая советская энциклопедия. 3-е изд. Т. 29. Советское энциклопедия. 1978. С. 181
张闻天(洛甫) / 苏联大百科全书(第三版). 第 29 卷. 第 181 页

1275 Чжан Вэнь-Тянь / Елизаров В. И. // Советская Историческая энциклопедия. 1961—1976.. Т. 16. С. 13
张闻天 / В. И. 叶里扎罗夫 // 苏联历史百科全书(1961—1976). 第 16 卷. 第 13 页

张恒寿

1276 Чжан Хэншоу / Буров В. Г. // Современная китайская философия. 1980. С. 181
张恒寿 / В. Г. 布洛夫 // 当代中国哲学(1980). 第 181 页

张勇手

1277 Чжан Юн-шоу / Торопцев С. А. // Очерк истории китайского кино. 1896—1966. С. 219
张勇手 / С. А. 托罗普采夫 // 中国电影史概览(1896—1966). 第 219 页

张桂兰

1278 Чжан Гуй-лань / Торопцев С. А. // Очерк истории китайского кино. 1896—1966. С. 217
张桂兰 / С. А. 托罗普采夫 // 中国电影史概览(1896—1966). 第 217

张积慧

1279 Герой-летчик Чжан Цзи-хуэй / Народный Китай. 1952. №13-14
飞行员英雄——张积慧 / 人民中国. 1952. 13—14

张海默

1280 Хай Мо / Торопцев С. А. // Очерк истории китайского кино. 1896—1966. С. 60. 217. 219
海 默 / С. А. 托罗普采夫 // 中国电影史概览(1896—1966). 第 60、217、219 页

张琴秋

1281 О мужестве и славе. (Эпизоды из героики китайской Красной армии): Герои Чэн Чан-хао и Чжан Цин-цю.] / Фред М. // Интернациоая молодежь. 1935. № 8
勇气与荣誉(红军英雄事迹选): 陈昌浩、张琴秋 / М. 弗雷德 // 青年国际. 1935. 8

张继权

1282 Чжан Ди-чжуань (Цзи-цюань) / Торопцев С. А. // Очерк истории китайского кино. 1896—1966. С. 214
张继权 / С. А. 托罗普采夫 // 中国电影史概览(1896—1966). 第 214 页

张骏祥

1283 Чжан Цзюнь-сян / Торопцев С. А. // Очерк истории китайского кино. 1896—1966. С. 41. 50. 55. 60. 74. 99. 113. 134. 206. 212. 214. 220
张骏祥 / С. А. 托罗普采夫 // 中国电影史概览(1896—1966). 第 41、50、55、60、74、99、113、134、206、212、214、220 页

张鸿鑫

1284 Чжан Хун-синь / Торопцев С. А. // Очерк истории китайского кино. 1896—1966. С. 220
张鸿鑫 / С. А. 托罗普采夫 // 中国电影史概览(1896—1966). 第 220 页

张斯麟

1285 Миссия генерала Чжан Сы-линя в Москву (июнь-ноябрь 1920г.) / Казанин М. И. // НАА. 1970. №3
张斯麟将军访问莫斯科(1920 年 7 月—11 月) / 今日亚非. 1970. 3

1286 Была ли миссия Чжан Сылиня в Москву «странным эпизодом» советско-китайских отношений начала 20-х годов? / Крюков М. // ПДВ. 1997. №6；1998. №1
张斯麟访问莫斯科事件(1-2) / М. 库留科夫 // 远东问题. 1997. 6；1998. 1

1287 Миссия генерала Чжан Сы-ляна в Москву / Сладковский М. И. // Сладковский М. И. История торгово-экономических отношений СССР с Китаем (1917—1974). С. 27-30
张斯麟将军访问莫斯科 / М. И. 斯拉德科夫斯基 // 1917—1974 年的苏中经济关系史. 第 27 页

张敬安

1288 Чжан Цзинь-ань / Торопцев С. А. // Очерк истории китайского кино. 1896—1966. С. 220
张敬安 / С. А. 托罗普采夫 // 中国电影史概览(1896—1966). 第 220 页

张鼎丞

1289 Чжан Дин-чэн / Юрьев М. Ф. // Красная Армия Китая. С. 192
张鼎丞 / М. Ф. 尤里耶夫 // 中国红军. 第 192 页

张瑞芳

1290 Чжан Жуй-фан / Торопцев С. А. // Очерк истории китайского кино. 1896—1966. С. 93. 113.

187. 212. 214. 216. 219

张瑞芳 / С. А. 托罗普采夫 // 中国电影史概览（1896—1966）. 第 93、113、187、212、214、216-217、219 页

张筠英

1291 Чжан Цуй-ин / Торопцев С. А. // Очерк истории китайского кино. 1896—1966. С. 212

张筠英 / С. А. 托罗普采夫 // 中国电影史概览（1896—1966）. 第 212 页

张新实

1292 Чжан Синь-ши / Торопцев С. А. // Очерк истории китайского кино. 1896—1966. С. 50

张新实 / С. А. 托罗普采夫 // 中国电影史概览（1896—1966）. 第 50 页

张新珠

1293 Чжан Синь-чжу / Торопцев С. А. // Очерк истории китайского кино. 1896—1966. С. 210

张新珠 / С. А. 托罗普采夫 // 中国电影史概览（1896—1966）. 第 210 页

张静江

1294 Чжан Цзин-цзян / Ефимов Г. В. // Китай. История. экономика. культура. героическая борьба за национальную независимость. Политические и общественные деятели Китая. С. 455

张静江 / Г. В. 叶菲莫夫 // 中国：历史、经济、文化，为民族独立而英勇奋斗（中国政治和社会人物篇）. 第 455 页

张嘉璈

1295 Чжан Цзя-ао / Ефимов Г. В. // Китай. История. экономика. культура. героическая борьба за национальную независимость. Политические и общественные деятели Китая. С. 456

张嘉璈 / Г. В. 叶菲莫夫 // 中国：历史、经济、文化，为民族独立而英勇奋斗（中国政治和社会人物篇）. 第 456 页

张德成

1296 Чжан Дэ-Чэн / Калюжная Н. М. // Советская Историческая энциклопедия. 1961—1976. Т. 16. С. 14

张德成 / Н. М. 卡留日娜娅 // 苏联历史百科全书（1961—1976）. 第 16 卷. 第 14 页

陆九渊

1297 Лу Цзююань（Лу Сяншань）/ Буров В. Г. // Современная китайская философия. 1980. С. 52. 57

陆九渊 / В. Г. 布洛夫 // 当代中国哲学（1980）. 第 52、57 页

陆丽珠

1298 Лу Ли-чжу / Торопцев С. А. // Очерк истории китайского кино. 1896—1966. С. 217

陆丽珠 / С. А. 托罗普采夫 // 中国电影史概览（1896—1966）. 第 217 页

陆柱国

1299 Лу Чжи-го / Торопцев С. А. // Очерк истории китайского кино. 1896—1966. С. 192. 221

陆柱国 / С. А. 托罗普采夫 // 中国电影史概览（1896—1966）. 第 192、221 页

陆皓东

1300 Антиманьчжурские идеи первых китайских буржуазных революционеров：（о《Показаниях Лу Хао-дуна》/ Борох Л. Н. // Маньчжурское владычество в Китае. с. 249

论陆浩东早期资产阶级革命的反清思想 / Л. Н. 博罗赫 // 清王朝在中国的统治. 第 249 页

阿 英

1301 А Ин / Торопцев С. А. // Очерк истории китайского кино. 1896—1966. С. 21. 31. 34. 50

阿　英 / С. А. 托罗普采夫 // 中国电影史概览（1896—1966）. 第 21、31、34、50 页

1302 А Ин（Цянь Син-цунь）/ редколлегия // Краткая Литературная Энциклопедия. 1962—1978. Т. 1. С. 106-107

阿英（钱杏村）/ 编委会 // 简明文学百科全书（1962—1978）. 第一卷. 第 106 页

陈　云

1303　Чэнь Юнь / Персоналия：Китайская Народная Республика в 1991 году. Политика. Экономика. Идеология. С. 251
　　　陈　云 / 1991 中华人民共和国名人录：政治、经济、意识形态. 第 251 页

1304　Чэнь Юнь / Персоналии // Персоналии 40 лет КНР. М.：Наука. ГРВЛ. 1989. С. 505
　　　陈　云 / 名人录编委会 // 中华人民共和国四十年名人录. 第 505 页

1305　Чэнь Юнь / редколлегия // Советская Историческая энциклопедия. 1961—1976. Т. 16. С. 109
　　　陈　云 / 编委会 // 苏联历史百科全书. 第 16 卷. 第 109 页

陈　戈

1306　Чэнь Гэ / Торопцев С. А. // Очерк истории китайского кино. 1896—1966. С. 214
　　　陈　戈 / С. А. 托罗普采夫 // 中国电影史概览(1896—1966). 第 214 页

陈　达

1307　Начало социологии в Китае и Чэнь Да / Дикарёв А. Д. // XVII научная конференция《Общество и государство в Китае》. Тезисы и доклады. Ч. 3　1986. С. 40
　　　陈达与中国社会学的开端 / А. Д. 吉卡廖夫 // 中国社会与国家第十七次学术研讨会提要与报告(1986). 第三册. 第 40 页

陈　述

1308　Чэнь Шу / Торопцев С. А. // Очерк истории китайского кино. 1896—1966. С. 216. 218
　　　陈　述 / С. А. 托罗普采夫 // 中国电影史概览(1896—1966). 第 216、218 页

陈　明

1309　Чэнь Мин / Торопцев С. А. // Очерк истории китайского кино. 1896—1966. С. 215
　　　陈　明 / С. А. 托罗普采夫 // 中国电影史概览(1896—1966). 第 215 页

陈　诚

1310　Чэнь Чэн / Ефимов Г. В. // Китай. История. экономика. культура. героическая борьба за национальную независимость.　Политические и общественные деятели Китая. С. 456
　　　陈　诚 / Г. В. 叶菲莫夫 // 中国：历史、经济、文化, 为民族独立而英勇奋斗(中国政治和社会人物篇). 第 456 页

陈　琦

1311　Чэнь Ци / Торопцев С. А. // Очерк истории китайского кино. 1896—1966. С. 213
　　　陈　琦 / С. А. 托罗普采夫 // 中国电影史概览(1896—1966). 第 213 页

陈　浮

1312　Чэнь Фу / Торопцев С. А. // Очерк истории китайского кино. 1896—1966. С. 115. 120. 218
　　　陈　浮 / С. А. 托罗普采夫 // 中国电影史概览(1896—1966). 第 115、120、218 页

陈　赓

1313　Чэнь Гэн / Юрьев М. Ф. // Красная Армия Китая. С. 193
　　　陈　赓 / М. Ф. 尤里耶夫 // 中国红军. 第 193 页

陈　强

1314　Чэнь Цян / Торопцев С. А. // Очерк истории китайского кино. 1896—1966. С. 168. 213. 219
　　　陈　强 / С. А. 托罗普采夫 // 中国电影史概览(1896—1966). 第 168、213、219 页

陈　颖

1315　Чэнь Ин / Торопцев С. А. // Очерк истории китайского кино. 1896—1966. С. 220
　　　陈　颖 / С. А. 托罗普采夫 // 中国电影史概览(1896—1966). 第 220 页

陈　毅

1316　Чэнь И / Юрьев М. Ф. // Красная Армия Китая. С. 193
　　　陈　毅 / М. Ф. 尤里耶夫 // 中国红军. 第 193 页

1317 Чэнь И / Большая советская энциклопедия. 3-е изд. Т. 29. 《Советское энциклопедия》. 1978. С. 266
陈　毅 / 苏联大百科全书(1978)第三版. 第29卷. 266页

1318 Чэнь И / И. Елизаро В. // Советская Историческая энциклопедия. 1961—1976. Т. 16. С. 106
陈　毅 / В. И. 叶里扎罗夫 // 苏联历史百科全书(1961—1976). 第16卷. 106页

陈天华

1319 Чэнь Тянь-Хуа / Большая советская энциклопедия. 3-е изд. Т. 29. 1978. С. 266
陈天华 / 苏联大百科全书(第三版). 第29卷. 第266页

1320 Чэнь Тянь-Хуа / Белов Е. А. // Советская Историческая энциклопедия. 1961—1976. . Т. 16. С. 107
陈天华 / Е. А. 别洛夫 // 苏联历史百科全书(1961—1976). 第16卷. 第107页

陈天国

1321 Чэнь Тянь-го / Торопцев С. А. // Очерк истории китайского кино. 1896—1966. С. 215
陈天国 / С. А. 托罗普采夫 // 中国电影史概览(1896—1966). 第215页

陈云裳

1322 Чэнь Юнь-шан / Торопцев С. А. // Очерк истории китайского кино. 1896—1966. С. 211
陈云裳 / С. А. 托罗普采夫 // 中国电影史概览(1896—1966). 第211页

陈友仁

1323 Чэнь Ю-жэнь (Евгений Чэнь) / Ефимов Г. В. // Китай. История. экономика. культура. героическая борьба за национальную независимость. Политические и общественные деятели Китая. С. 456
陈友仁 / Г. В. 叶菲莫夫 // 中国:历史、经济、文化,为民族独立而英勇奋斗(中国政治和社会人物篇). 第456页

陈少白

1324 О двух истоках буржуазно-революционного движения в Китае (по воспоминаниям Чэнь Шао-бо). // Никифоров В. Н. // Краткие сообщ. Ин-та народов Азии. 1963. с. 90
陈少白回忆中国资产阶级革命运动的两个源头 / В. Н. 尼基福罗夫 // 亚洲民族研究所简讯(1963). 第90页

陈少敏

1325 Жизненный путь одной китайской женщины. [Жизненный путь Чэнь Шао-минь-члена Народного политического консультативного совета.] / Цао Мин // Новое время. 1951. №10
一个中国女性的人生道路:全国政协委员陈少敏的生平 / 草明 // 新时代. 1951. 10

陈方千

1326 Чэнь Фан-тянь / Торопцев С. А. // Очерк истории китайского кино. 1896—1966. С. 220
陈方千 / С. А. 托罗普采夫 // 中国电影史概览(1896—1966). 第220页

陈正薇

1327 Чэнь Чжэн-вэй / Торопцев С. А. // Очерк истории китайского кино. 1896—1966. С. 213
陈正薇 / С. А. 托罗普采夫 // 中国电影史概览(1896—1966). 第213页

陈白尘

1328 Чэнь Бай-чэнь / Торопцев С. А. // Очерк истории китайского кино. 1896—1966. С. 42. 51. 148. 207. 217. 220
陈白尘 / С. А. 托罗普采夫 // 中国电影史概览(1896—1966). 第42、51、148、207、217、220页

陈立夫

1329 Чэнь Лифу / Буров В. Г. // Современная китайская философия. 1980. С. 62-65. 71. 271
陈立夫 / В. Г. 布洛夫 // 当代中国哲学(1980). 第62-65、71、271页

1330 Движение за 《новую жизнь》. Чэнь Лифу и Чан Кайши / Буров В. Г. // Современная китайская философия. 1980. С. 62-71
新生活运动：陈立夫与蒋介石 / В. Г. 布洛夫 // 当代中国哲学（1980）. 第62—71页

陈立中

1331 Чэнь Ли-чжун / Торопцев С. А. // Очерк истории китайского кино. 1896—1966. С. 219
陈立中 / С. А. 托罗普采夫 // 中国电影史概览（1896—1966）. 第219页

陈西禾

1332 Чэнь Си-хэ / Торопцев С. А. // Очерк истории китайского кино. 1896—1966. С. 188. 216. 219
陈西禾 / С. А. 托罗普采夫 // 中国电影史概览（1896—1966）. 第188、216、219页

陈光廷

1333 Чэнь Гуан-тин / Торопцев С. А. // Очерк истории китайского кино. 1896—1966. С. 216
陈光廷 / С. А. 托罗普采夫 // 中国电影史概览（1896—1966）. 第216页

陈传熙

1334 Искусство человеческого общения (Чэнь Чуаньси) / Завадская Е. // Азия и Африка сегодня 1989 №10
陈传熙论人际交往的艺术 / Е. 扎瓦狄斯加娅 // 今日亚非. 1989. 10

陈寿芝

1335 Чэнь Шоу-чжи / Торопцев С. А. // Очерк истории китайского кино. 1896—1966. С. 208
陈寿芝 / С. А. 托罗普采夫 // 中国电影史概览（1896—1966）. 第208页

陈伯达

1336 Бюрократический капитал Гоминьдана в концепциях Мао Цзэдуна и Чэнь Бода / Непомнин О. Е. // XXV научная конференция 《Общество и государство в Китае》. Тезисы и доклады. С. 252
毛泽东与陈伯达观念中的国民党官僚资本 / О. Е. 涅波姆宁 // 中国社会与国家第二十五次学术研讨会提要与报告. 第252页

1337 《Секретные документы》 и версии ［Линь Бяо, Чэнь Бо-да］ / Китай после 《Культурной революции》 (Политическая система. внутриполитическое положение). С. 69
林彪、陈伯达"秘密文件"和版本 / "文革"后的中国：政治体制及国内局势. 第69页

1338 Чэнь Бода / Буров В. Г. // Современная китайская философия. С. 11
陈伯达 / В. Г. 布洛夫 // 当代中国哲学. 第11页

1339 Чэнь Бо-Да / Елизаров В. И. // Советская Историческая энциклопедия. 1961—1976. . Т. 16. С. 106
陈伯达 / В. И. 叶里扎罗夫 // 苏联历史百科全书（1961—1976）. 第16卷. 第106页

陈希平

1340 Чэнь Гэ-пин (Чэнь Си-пин) / Торопцев С. А. // Очерк истории китайского кино. 1896—1966. С. 218
陈希平 / С. А. 托罗普采夫 // 中国电影史概览（1896—1966）. 第218页

陈怀皑

1341 Чэнь Хуай-ань / Торопцев С. А. // Очерк истории китайского кино. 1896—1966. С. 219
陈怀皑 / С. А. 托罗普采夫 // 中国电影史概览（1896—1966）. 第219页

陈其昌

1342 Чэнь Ци-чан / Торопцев С. А. // Очерк истории китайского кино. 1896—1966. С. 220
陈其昌 / С. А. 托罗普采夫 // 中国电影史概览（1896—1966）. 第220页

陈卓愉

1343 Чэнь Чжо-ю / Торопцев С. А. // Очерк истории китайского кино. С. 75
陈卓愉 / С. А. 托罗普采夫 // 中国电影简史（1896—1966）. 第75页

陈波儿

1344 Чэнь Бо-эр / Торопцев С. А. // Очерк истории китайского кино. 1896—1966. С. 30. 34. 50. 210
陈波儿 / С. А. 托罗普采夫 // 中国电影史概览(1896—1966). 第 30、34、50、210 页

陈绍宽

1345 Чэнь Шао-куань / Ефимов Г. В. // Китай. История. экономика. культура. героическая борьба за национальную независимость. Политические и общественные деятели Китая. С. 456
陈绍宽 / Г. В. 叶菲莫夫 // 中国:历史、经济、文化,为民族独立而英勇奋斗(中国政治和社会人物篇). 第 456 页

陈荒煤

1346 Чэнь Хуан-мэй / Торопцев С. А. // Очерк истории китайского кино. 1896—1966. С. 50. 54. 117-118. 128. 132-134. 138. 171
陈荒煤 / С. А. 托罗普采夫 // 中国电影史概览(1896—1966). 第 50、54、117—118、128、132—134、138、171 页

陈独秀

1347 Журнал 《Синь цзиннянь》 и борьба с конфуцианской идеологией [Чэнь Ду-сю, Ли Да-чжао / Асланова М. А. // Китай: традиции и современность. Сборник статей. С. 184
新青年杂志与儒家思想斗争——陈独秀与李大钊 / М. А. 阿斯拉诺娃 // 中国:传统与现代论文集. 第 184 页

1348 Предыстория Единого фронта в Китае и учредительный съезд КПК [Сунь Ят-сен, Чжоу Фо-хай, Чэнь Ду-сю-ТВ] / Шевелев К. В. // Китай: традиции и современность. Сборник статей. С. 197
第一次国共合作时期与中国共产党的第一次代表大会:孙中山、周佛海、陈独秀 / К. В. 舍维列夫 // 中国:传统与现代论文集. 第 197 页

1349 Чэнь Дусю: от реформаторства к революции / Гарушянц Ю. М. // XVII научная конференция 《Общество и государство в Китае》. Тезисы и доклады. Ч. 3. С. 201
陈独秀:从改良到革命的转变 / Ю. М. 加鲁什扬茨 // 中国社会与国家第十七次学术研讨会提要与报告(1986). 第三册. 第 201 页

1350 Взгляды Чэнь Дусю на проблему объединения Китая / Рыкова С. Л. // VIII научная конференция 《Общество и государство в Китае》. Тезисы и доклады. Ч. 3. 1977. С. 3-13
陈独秀论中国统一的观点 / С. Л. 雷科娃 // 中国社会与国家第八次学术研讨会提要与报告(1977). 第 3 页

1351 Чэнь Дусю в оценке современной китайской историографии / Рыкова С. Л. // XIX научная конференция 《Общество и государство в Китае》. Тезисы и доклады. Ч. 3 1988. С. 195
中国当代历史学中对陈独秀的评价 / С. Л. 雷科娃 // 中国社会与国家第十九次学术研讨会提要与报告(1988). 第三册. 第 195 页

1352 Начало национально-патриотической деятельности Чэнь Дусю / Рыкова С. Л. // XX научная конференция 《Общество и государство в Китае》. Тезисы и доклады. Ч. 2 1989. С. 286
陈独秀爱国主义活动的开端 / С. Л. 雷科娃 // 中国社会与国家第二十次学术研讨会提要与报告(1989). 第二册. 第 286 页

1353 Политические взгляды Чэнь Дусю в период 《Движения 4 мая》 1919 г. / Рыкова С. Л. // XXI научная конференция 《Общество и государство в Китае》. Тезисы и доклады. Ч. 3. 1990. С. 148-155
1919 年五四运动时期陈独秀的政治观点 / С. Л. 雷科娃 // 中国社会与国家第二十一次学术研讨会提要与报告(1990). 第三册. 第 148 页

1354 Чэнь Дусю: работа в 《Аньхуэй сухуа бао》 / Рыкова С. Л. // XXII научная конференция 《Общество и государство в Китае》. Тезисы и доклады. Ч. 2 1991. С. 78

陈独秀在《安徽俗话报》的经历 / С. Л. 雷科娃 // 中国社会与国家第二十二次学术研讨会提要与报告(1991). 第二册. 78 页

1355 Чэнь Дусю и троцкизм в Китае / Рыкова С. Л. // XXIII научная конференция 《Общество и государство в Китае》. Тезисы и доклады. Ч. 2 1992. С. 193

陈独秀与中国的托洛茨基主义 / С. Л. 雷科娃 // 中国社会与国家第二十三次学术研讨会提要与报告(1992). 第二册. 第 193 页

1356 Жизнь сухого оторванного листа в конце осени / Рыкова С. Л. // XXIV научная конференция 《Общество и государство в Китае》. Тезисы и доклады. Ч. 2 1993. С. 69

陈独秀晚年的孤独生活 / С. Л. 雷科娃 // 中国社会与国家第二十四次学术研讨会提要与报告. 第二册 1993. 第 69 页

1357 Как Чэнь Дусю стал сюцаем и не стал цзюйжэнем / Рыкова С. Л. // XXVII научная конференция 《Общество и государство в Китае》. Тезисы и доклады. 1996. С. 111

陈独秀名落孙山的原因 / С. Л. 雷科娃 // 中国社会与国家第二十七次学术研讨会提要与报告(1996). 第 111 页

1358 Чэнь Ду-Сю / Акатова Т. Н. // Советская Историческая энциклопедия. 1961—1976. . Т. 16. С. 106

陈独秀 / Т. Н. 阿卡托娃 // 苏联历史百科全书(1961—1976). 第 16 卷. 第 106 页

陈炯明

1359 Образование кантонского военного правительства и новые факторы во взаимоотношениях Севера и Юга. [Сунь Ят-сен, Тан Шао-и, Чэнь Цзюнь-мин, У Дин-фан, Ли Лэ-цзюнь, Чан Сюй-лянь, Тан Цзи-яо]. / Кноуль Г. // Вестник Народного комиссариата иностранных дел. 1921. №1-2

广州军政府的形成与南北对峙中的代表人物:孙中山、唐绍仪、陈炯明、伍廷芳、李烈钧、张学良、唐继尧等 / Г. 克诺乌利 // 外交人民委员部通讯. 1921. 1-2

1360 Кантон. Руководители коммунистов и Социалистического союза молодежи [Сунь Ят-сен, Чэнь Цзюн-мин, Цюй Цю-бо, Чжан Тай-лэй] / Далин С. А. // Далин С. А. Китайские мемуары. 1921—1927. С. 86

共产党与社会主义青年团的领袖:孙中山、陈炯明、瞿秋白、张太雷 / С. А. 达林 // 中国回忆录(1921—1927). 第 86 页

1361 Чэнь Цзюн-Мин / Белов Е. А. // Советская Историческая энциклопедия. 1961—1976. . Т. 16. С. 107-108

陈炯明 / Е. А. 别洛夫 // 苏联历史百科全书(1961—1976). 第 16 卷. 第 107 页

陈济棠

1362 Чэнь Цзи-тан / Ефимов Г. В. // Китай. История. экономика. культура. героическая борьба за национальную независимость. Политические и общественные деятели Китая. С. 456

陈济棠 / Г. В. 叶菲莫夫 // 中国:历史、经济、文化,为民族独立而英勇奋斗(中国政治和社会人物篇). 第 456 页

陈娟娟

1363 Чэнь Цзюань-цзюань / Торопцев С. А. // Очерк истории китайского кино. 1896—1966. С. 210

陈娟娟 / С. А. 托罗普采夫 // 中国电影史概览(1896—1966). 第 210 页

陈昌浩

1364 О мужестве и славе. (Эпизоды из героики китайской Красной армии): Герои Чэн Чан-хао и Чжан Цин-цю.] / Фред М. // Интернационая молодежь. 1935. №8

勇气与荣誉(红军英雄事迹选):陈昌浩、张琴秋 / М. 弗雷德 // 青年国际. 1935. 8

陈铭枢

1365 Чэнь Мин-шу / Ефимов Г. В. // Китай. История. экономика. культура. героическая борьба за национальную независимость. Политические и общественные деятели Китая. С. 456

陈铭枢 / Г. В. 叶菲莫夫 // 中国：历史、经济、文化，为民族独立而英勇奋斗（中国政治和社会人物篇）. 第 456 页

陈望道

1366　Чэнь Ваньдао / Буров В. Г. // Современная китайская философия. 1980. С. 151
陈望道 / В. Г. 布洛夫 // 当代中国哲学（1980）. 第 151 页

陈博生

1367　Чэнь Бо-шэн / Ефимов Г. В. // Китай. История. экономика. культура. героическая борьба за национальную независимость. Политические и общественные деятели Китая. С. 456
陈博生 / Г. В. 叶菲莫夫 // 中国：历史、经济、文化，为民族独立而英勇奋斗（中国政治和社会人物篇）. 第 456 页

陈铿然

1368　Чэнь Кэн-жань / Торопцев С. А. // Очерк истории китайского кино. 1896—1966. С. 209
陈铿然 / С. А. 托罗普采夫 // 中国电影史概览（1896—1966）. 第 209 页

陈登科

1369　Молодые писатели Китая ［Вэй Вэй, Гао Юй-бао, Канн Чжо, Ли Цзи, Ху Кэ, Чэнь ДэнКэ］/ Тишков А. // Московский комсомолец. 1952. 23 сентября
中国青年作家的代表人物：魏巍、高玉宝、康濯、李季、胡可、陈登科 / А. 季什科夫 // 莫斯科共青团报. 1952. 11. 23

1370　Рождение писателя. ［Биография Чэнь Дэн-кэ.］/ Цао Чу // Народный Китай. 1952. № 7-8
一个作家的诞生：陈登科传 / 曹楚（音） // 人民中国. 1952. 7-8

1371　［Чэнь Дэн-кэ］/ Эйдлин Л. З. // О китайской литературе наших дней. С. 236
陈登科 / Л. З. 艾德林 // 当代中国文学. 第 236 页

陈锡联

1372　Чэнь Си-лянь / Персоналия : Китайская Народная Республика в 1976 году: Политика. Экономика. Идеология. С. 337
陈锡联 / 1976 中华人民共和国名人录：政治、经济、意识形态. 第 337 页

陈鲤庭

1373　Чэнь Ли-тин / Торопцев С. А. // Очерк истории китайского кино. 1896—1966. С. 42. 74. 212. 220
陈鲤庭 / С. А. 托罗普采夫 // 中国电影史概览（1896—1966）. 第 42、74、212、220 页

陈潭秋

1374　Чэнь Тань-Цю / Илюшечкин В. П. // Советская Историческая энциклопедия. 1961—1976. Т. 16. С. 107
陈潭秋 / В. П. 伊留舍奇金 // 苏联历史百科全书（1961—1976）. 第 16 卷. 107 页

陈燕燕

1375　Чэнь Янь-янь / Торопцев С. А. // Очерк истории китайского кино. 1896—1966. С. 209
陈燕燕 / С. А. 托罗普采夫 // 中国电影史概览（1896—1966）. 第 209 页

邵　鹏

1376　Шао Пэн / Торопцев С. А. // Очерк истории китайского кино. 1896—1966. С. 208
邵鹏 / С. А. 托罗普采夫 // 中国电影史概览（1896—1966）. 第 208 页

邵力子

1377　Шао Ли-цзы / Ефимов Г. В. // Китай. История. экономика. культура. героическая борьба за национальную независимость. Политические и общественные деятели Китая. С. 457
邵力子 / Г. В. 叶菲莫夫 // 中国：历史、经济、文化，为民族独立而英勇奋斗（中国政治和社会人物篇）. 第 457 页

邵元冲

1378 Шао Юань-чун / Ефимов Г. В. // Китай. История. экономика. культура. героическая борьба за национальную независимость. Политические и общественные деятели Китая. С. 457

邵元冲 / Г. В. 叶菲莫夫 // 中国：历史、经济、文化，为民族独立而英勇奋斗（中国政治和社会人物篇）. 第 457 页

邵式平

1379 Шао Ши-пин / Юрьев М. Ф. // Красная Армия Китая. С. 193

邵式平 / М. Ф. 尤里耶夫 // 中国红军. 第 193 页

邵荃麟

1380 Шао Цюаньлинь / Буров В. Г. // Современная китайская философия. 1980. С. 33

邵荃麟 / В. Г. 布洛夫 // 当代中国哲学（1980）. 第 33 页

1381 Шао Цюань-Линь / Петров В. В. // Краткая Литературная Энциклопедия. 1962—1978. Т. 8. С. 593

邵荃麟 / В. В. 彼得罗夫 // 简明文学百科全书（1962—1978）. 第 8 卷. 第 593 页

八　画

〔一〕

武兆堤

1382　У Чжао-ти / Торопцев С. А. // Очерк истории китайского кино. 1896—1966. С. 214. 216. 221
　　武兆堤 / С. А. 托罗普采夫 // 中国电影史概览(1896—1966). 第214、216、221 页

英茵

1383　Ин Инь / Торопцев С. А. // Очерк истории китайского кино. 1896—1966. С. 211
　　英茵 / С. А. 托罗普采夫 // 中国电影史概览(1896—1966). 第211 页

范文澜

1384　Фань Вэньлань / Буров В. Г. // Современная китайская философия. 1980. С. 71. 219. 249. 281
　　范文澜 / В. Г. 布洛夫 // 当代中国哲学(1980). 第71、219、249、281 页

1385　Фань Вэнь-Лань / Большая советская энциклопедия. 3-е изд. Т. 27. С. 204
　　范文澜 / 苏联大百科全书(第三版). 第27 卷. 第204 页

1386　Фань Вэнь-Лань / редколлегия // Советская Историческая энциклопедия. 1961—1976. Т. 14. С. 956
　　范文澜 / 编委会 // 苏联历史百科全书(1961—1976). 第14 卷. 第956 页

范丽达

1387　Фарида / Торопцев С. А. // Очерк истории китайского кино. 1896—1966. С. 216
　　范丽达 / С. А. 托罗普采夫 // 中国电影史概览(1896—1966). 第216 页

范国栋

1388　Сяо Фань / Торопцев С. А. // Очерк истории китайского кино. 1896—1966. С. 220
　　晓　范 / С. А. 托洛普采夫 // 中国电影史概览(1896—1966). 第220 页

范雪朋

1389　Фань Сюэ-пэн / Торопцев С. А. // Очерк истории китайского кино. 1896—1966. С. 217. 219
　　范雪朋 / С. А. 托罗普采夫 // 中国电影史概览(1896—1966). 第217、219 页

范瑞娟

1390　Фань Жуй-цзюань / Торопцев С. А. // Очерк истории китайского кино. 1896—1966. С. 48. 213. 215
　　范瑞娟 / С. А. 托罗普采夫 // 中国电影史概览(1896—1966). 第48、213、215 页

茅盾

1391　Очерки современной китайской литературы [Лу Синь, Го Мо-жо, Мао Дунь] / Федоренко Н. Т. // М. : Гослитиздат. 1953. 356 с.
　　中国当代文学概览:鲁迅、郭沫若、茅盾 / Н. Т. 费多连科(费德林) // 莫斯科:国家文学出版社. 1953. 356 页

1392　Мао Дунь / Федоренко Н. Т. // Москва. Знание. 1956. 32 с
　　茅　盾 / Н. Т. 费多连科(费德林) // 莫斯科. 知识出版社. 1956. 32 页

1393　Творческий путь Мао Дуня. / Сорокин В. Ф. // М. . ИВЛ. 1962. 188 с.
　　茅盾的写作生涯 / В. Ф. 索罗金 // 莫斯科:东方文学出版社. 1962. 188 页

1394　В свободном Китае [Лу Синь, Го Мо-жл, Дин Лин, Мао Дунь] / Фадеев А. // Правда. 5. 12. 1949
　　在自由的中国:鲁迅、郭沫若、丁玲、茅盾 / А. 法捷耶夫 // 真理报. 1949. 12. 5

1395 Писатель китайской революции (Мао Дунь-Шэнь Янь-бин). / Рудман В. // Литературный современник. 1936. №5
中国革命作家茅盾 / В. 鲁德曼 // 文学现代人. 1936. 5

1396 Энциклопедия китайской жизни [Мао Дунь] / Рудман В. // Книжные новости. 1937. № 8
中国生活百科全书茅盾 / В. 鲁德曼 // 图书新闻. 1937. 8

1397 Мао Дунь. (О творчестве китайского писателя). / Лисица Б. // Иностранная Литература. 1956. №7
茅盾小传 / Б. 李希扎 // 外国文学. 1937. 11

1398 Мао Дунь. [Биографическая справка.] / Интернациональная литература. 1937. № 11 (Антифашистские писатели мира)
茅盾生平简介 / 共产国际文学. 1937. 11

1399 Встречи с китайскими писателями [Лу Синь, Го Мо-жо, Мао Дунь] / Федоренко Н. Т. // Новый мир. 1954. № 9
中国作家访谈录：鲁迅、郭沫若、茅盾 / Н. Т. 费多连科(费德林) // 新世界. 1954. 9

1400 Проницательный художник. (Мао Дунь). / Плышевский Ю. // Советский Казахстан. 1955. №2
敏锐的艺术家茅盾 / Ю. 普雷舍夫斯基 // 苏维埃哈萨克斯坦. 1955. 2

1401 Мао Дунь. (О встречах с китайским писателем). / Рогов В. В. // Знамя. 1956. №7
与中国作家茅盾的会见 / В. В. 罗戈夫 // 旗帜. 1956. 7

1402 Мао Дунь (Шэнь Янь-бин) / Ефимов Г. В. // Китай. История. экономика. культура. героическая борьба за национальную независимость. Политические и общественные деятели Китая. С. 451
茅盾(沈雁冰) / Г. В. 叶菲莫夫 // 中国：历史、经济、文化，为民族独立而英勇奋斗（中国政治和社会人物篇）. 第 451 页

1403 Встреча с китайскими писателями. Мао Дунь / Рахманин О. Б. // Из китайских блокнотов. О культуре. традициях. обычаях Китая. С. 17
来自中国的笔记：与中国作家茅盾的会见 / О. Б. 拉赫玛宁 // 来自中国的记事簿：中国文化、习俗、风俗. 第 17 页

1404 Мао Дунь. / Большая советская энциклопедия. 2 изд. Т. 26. С. 243
茅盾 / 苏联大百科全书（第二版）. 第 26 卷. 第 243 页

1405 Мао Дунь; Лао Шэ; Е Шэн-тао / Цыбина Е. А. // Литература Востока в новейшее время (1917—1945). С. 426
现代东方文学中的茅盾、老舍、叶圣陶 / Е. А. 茨比娜 // 当代东方文学(1917—1945). 第 426 页

1406 Мао Дунь (Шэнь Янь-бин) / Сорокин В. Ф. // Краткая Литературная Энциклопедия. 1962—1978. Т. 4 С. 595-597
茅盾(沈雁冰) / В. Ф. 索罗金 // 简明文学百科全书(1962—1978). 第 4 卷. 第 595 页

林 艺

1407 Линь И / Торопцев С. А. // Очерк истории китайского кино. 1896—1966. С. 215
林　艺 / С. А. 托罗普采夫 // 中国电影史概览(1896—1966). 第 215 页

林 兰

1408 Линь Лань / Торопцев С. А. // Очерк истории китайского кино. 1896—1966. С. 220
林　兰 / С. А. 托罗普采夫 // 中国电影史概览(1896—1966). 第 220 页

林 扬

1409 Линь Ян / Торопцев С. А. // Очерк истории китайского кино. 1896—1966. С. 217
林　扬 / С. А. 托罗普采夫 // 中国电影史概览(1896—1966). 第 217 页

林 农

1410 Линь Нун / Торопцев С. А. // Очерк истории китайского кино. 1896—1966. С. 135. 217. 220.

221

林 农

林农 / С. А. Торопцев // 中国电影史概览(1896—1966). 第 135、217、220、221 页

林 杉

1411 Линь Шань / Торопцев С. А. // Очерк истории китайского кино. 1896—1966. С. 60. 135. 217
　　　林　杉 / С. А. 托罗普采夫 // 中国电影史概览(1896—1966). 第 60、135、217 页

林 谷

1412 Линь Гу / Торопцев С. А. // Очерк истории китайского кино. 1896—1966. С. 221
　　　林　谷 / С. А. 托罗普采夫 // 中国电影史概览(1896—1966). 第 221 页

林 纾

1413 Линь Шу (Линь Цинь-нань) / Семанов В. И. // Краткая Литературная Энциклопедия. 1962—1978. Т. 4. С. 206
　　　林纾(林琴南) / В. И. 谢马诺夫 // 简明文学百科全书(1962—1978). 第 4 卷. 206 页

林 金

1414 Линь Цзинь / Торопцев С. А. // Очерк истории китайского кино. 1896—1966. С. 217
　　　林　金 / С. А. 托罗普采夫 // 中国电影史概览(1896—1966). 第 217 页

林 彬

1415 Линь Бинь / Торопцев С. А. // Очерк истории китайского кино. 1896—1966. С. 217. 218
　　　林　彬 / С. А. 托罗普采夫 // 中国电影史概览(1896—1966). 第 217、218 页

林 彪

1416 Голову Линь Бяо генерал КГБ привез в Москву / Скосырев В. // Известия. 1994. 17 февраля.
　　　克格勃将军把林彪的头颅送到莫斯科 / В. 斯克瑟列夫 // 消息报. 1994. 2. 17

1417 Биографический очерк комиссара 8-й Народно-революционной армии / Лин Бяо // Интернационал молодёжи. 1940. №2
　　　国民革命军八路军师长的传记 / 林彪 // 青年国际. 1940. 2

1418 Хроника гибели Линь Бяо / Усов В. // ПДВ 1990 №4
　　　林彪死亡的新闻报道 / В. 乌索夫 // 远东问题. 1990. 4

1419 Нераскрытая тайна Линь Бяо. / Усов В. Н. // Новое время. 1995. № 19-20
　　　林彪的不解之谜 / В. Н. 乌索夫 // 新时代. 1995. 19-20

1420 Хроника гибели Линь Бяо / Усов В. Н. // Китай: История в лицах и событиях. С. 167
　　　林彪死亡的新闻报道 / В. Н. 乌索夫 // 中国历史人物与事件. 第 167 页

1421 Суд над «бандой четырех» и группой Линь Бяо / Егоров К. А. // Персоналия: Китайская Народная Республика в 1980 году. Политика. Экономика. Идеология. С. 22
　　　"四人帮"与林彪集团的审判 / К. А. 叶果洛夫 // 1980 中华人民共和国名人录:政治、经济、意识形态. 第 22 页

1422 Линь Бяо / Юрьев М. Ф. // Красная Армия Китая. . С. 187
　　　林　彪 / М. Ф. 尤里耶夫 // 中国红军. 第 187 页

1423 Политические и общественные деятели Китая: Линь Бяо / Ефимов Г. В. // Китай. История. экономика. культура. героическая борьба за национальную независимость. Политические и общественные деятели Китая. С. 450
　　　中国政治和社会人物:林彪 / Г. В. 叶菲莫夫 // 中国:历史、经济、文化,为民族独立而英勇奋斗(中国政治和社会人物篇). 第 450 页

1424 Неофициальные встречи с Линь Бяо, Гао Ганом, Пэн Чжэнем. / Сладковский М. И. // Знакомство с Китаем и китайцами. 381 с.
　　　与林彪、高岗、彭真的非正式会见 / М. И. 斯拉德科夫斯基 // 认识中国和中国人. 第 381 页

1425 Линь Бяо / Буров В. Г. // Современная китайская философия. С. 24. 39. 259. 262

林　彪 / В. Г. Бурлов // 当代中国哲学. 莫斯科: 科学出版社. 1980. 24、39、259、262 页

1426　Линь Бяо / Большая советская энциклопедия. 3-е изд. Т. 14. С. 477
　　　林　彪 / 苏联大百科全书第三版. 第 14 卷. 第 477 页

林　森

1427　Линь Сэнь / Ефимов Г. В. // Китай. История. экономика. культура. героическая борьба за национальную независимость. Политические и общественные деятели Китая. С. 534 с.
　　　林　森 / Г. В. 叶菲莫夫 // 中国: 历史、经济、文化, 为民族独立而英勇奋斗 (中国政治和社会人物篇). 第 534 页

林　静

1428　Линь Цзин / Торопцев С. А. // Очерк истории китайского кино (1896—1966). С. 213
　　　林　静 / С. А. 托罗普采夫 // 中国电影史概览 (1896—1966). 第 213 页

林聿时

1429　Линь Юйши / Буров В. Г. // Современная китайская философия. 1980. С. 220. 228. 231. 218
　　　林聿时 / В. Г. 布洛夫 // 当代中国哲学 (1980). 第.220、228、231、218 页

林伯渠

1430　Выдающийся деятель китайской революции Линь Боцюй / Юрьев М. Ф. // ПДВ. 1983. №1.
　　　中国革命的杰出活动家林伯渠 / М. Ф. 尤里耶夫 // 远东问题. 1983. 1

1431　Воспоминания об отце. К 100-летию со дня рождения Линь Боцюя / Линь Ли // ПДВ. 1986. №2
　　　回忆父亲. 纪念林伯渠诞辰 100 周年. / 林　莉 // 远东问题. 1986. 2

1432　Несостоявшиеся участники Народной политической консультативной конференции Китая ［Линь Боцюй, Ли Вэйхань-ТВ.］/ Иванов П. М. // XXI научная конференция 《Общество и государство в Китае》. Тезисы и доклады. Ч. 3. 1990. С. 182-187
　　　缺席中国人民政治协商会议的代表: 林伯渠、李维汉 / П. М. 伊万诺夫 // 中国社会与国家第二十一次学术研讨会提要与报告 (1990). 第三册. 第 182 页

1433　Линь Боцюй: начало революционной деятельности / Ларин В. В. // XXII научная конференция 《Общество и государство в Китае》. Тезисы и доклады. Ч. 2. 1991. С. 135
　　　林伯渠: 革命事业的开端 / В. В. 拉林 // 中国社会与国家第二十二次学术研讨会提要与报告 (1991). 第二册. 135 页

1434　Линь Бо-цюй (Линь Цзу-хань) / Юрьев М. Ф. // Красная Армия Китая. С. 187
　　　林伯渠 / М. Ф. 尤里耶夫 // 中国红军. 第 187 页

林语堂

1435　Линь Юй-тан / Ефимов Г. В. // Китай. История. экономика. культура. героическая борьба за национальную независимость. Политические и общественные деятели Китая. С. 450
　　　林语堂 / Г. В. 叶菲莫夫 // 中国: 历史、经济、文化, 为民族独立而英勇奋斗 (中国政治和社会人物篇). 第 450 页

林清山

1436　Линь Циншань / Буров В. Г. // Современная китайская философия (1980) С. 101. 246. 275
　　　林清山 / В. Г. 布洛夫 // 当代中国哲学 (1980). 第 101、246、275 页

林楚楚

1437　Линь Чу-чу / Торопцев С. А. // Очерк истории китайского кино (1896—1966). С. 209
　　　林楚楚 / С. А. 托罗普采夫 // 中国电影史概览 (1896—1966). 第 209 页

郁达夫

1438　Юй Дафу и литературное общество 《Творчество》/ Аджимамудова В. С. // М. : Наука. ГРВЛ. 1971. 192 с.
　　　郁达夫与文学社团《创造》/ В. С. 阿泽马穆多娃 // 莫斯科: 科学出版社. 1971. 192 页

1439 О развитии новейшей китайской литературы. （Упоминаются Юй Да-фу, Чжоу Цюань-пин, Го Мо-жо, Лу Синь, Мао Дунь, Тянь Хань.） / Фишман О. Л. // Вестник ЛГУ. 1949. №7
当代中国文学发展的主要人物有：郁达夫、周全平、郭沫若、鲁迅、茅盾、田汉 / О. Л. 菲什曼 // 列宁格勒大学学报. 1949. 7

1440 Юй Да-Фу / Аджимамудова В. С. // Большая советская энциклопедия. 3-е изд. Т. 30. 《Советское энциклопедия》. 1978. С. 397
郁达夫 / В. С. 阿泽马穆多娃 // 苏联大百科全书（第三版）. 第 30 卷. 第 397 页

1441 Юй Да-Фу / Аджимамудова В. С. // Краткая Литературная Энциклопедия. 1962—1978. Т. 8. С. 1010
郁达夫 / В. С. 阿志马木朵娃 // 简明文学百科全书（1962—1978）. 第 8 卷. 第 1010 页

欧阳山

1442 Оуян Шань / Торопцев С. А. // Очерк истории китайского кино（1896—1966）. С. 31
欧阳山 / С. А. 托罗普采夫 // 中国电影史概览（1896—1966）. 第 31 页

1443 Оуян Шань / Большая советская энциклопедия. 3-е изд. Т. 19. С. 26
欧阳山 / 苏联大百科全书（第三版）. 第 19 卷. 第 26 页

1444 Оуян Шань / Сорокин В. Ф. // Краткая Литературная Энциклопедия（1962—1978）. Т. 5. С. 512
欧阳山 / В. Ф. 索罗金 // 简明文学百科全书（1962—1978）. 第 5 卷. 第 512 页

欧阳予倩

1445 Оуян Юй-цянь / Торопцев С. А. // Очерк истории китайского кино（1896—1966）. . С. 29. 33. 44. 55. 210-211. 213
欧阳予倩 / С. А. 托罗普采夫 // 中国电影史概览（1896—1966）. 第 29、33、44、55、210-211、213 页

1446 Оуян Юй-Цянь / Сорокин В. Ф. // Краткая Литературная Энциклопедия. 1962—1978. Т. 5. С. 513
欧阳予倩 / В. Ф. 索罗金 // 简明文学百科全书（1962—1978）. 第 5 卷. 第 513 页

欧阳红樱

1447 Оуян Хун-ин / Торопцев С. А. // Очерк истории китайского кино. С. 193, 212, 221
欧阳红樱 / С. А. 托罗普采夫 // 中国电影简史（1896—1966）. 第 193、212、221 页

欧阳儒秋

1448 Оуян Жу-цю / Торопцев С. А. // Очерк истории китайского кино（1896—1966）. С. 215
欧阳儒秋 / С. А. 托罗普采夫 // 中国电影史概览（1896—1966）. 第 215 页

[丨]

罗 军

1449 Ло Цзюнь / Торопцев С. А. // Очерк истории китайского кино. 1896—1966. С. 212
罗 军 / С. А. 托罗普采夫 // 中国电影史概览（1896—1966）. 第 212 页

罗 朋

1450 Ло Пэн / Торопцев С. А. // Очерк истории китайского кино. 1896—1966. С. 210
罗 朋 / С. А. 托罗普采夫 // 中国电影史概览（1896—1966）. 第 210 页

罗 静

1451 Ло Цзин / Торопцев С. А. // Очерк истории китайского кино. 1896—1966. С. 221
罗 静 / С. А. 托罗普采夫 // 中国电影史概览（1896—1966）. 第 221 页

罗尔纲

1452 Ло Эр-Ган / Вяткин Р. В. // Советская Историческая энциклопедия（1961—1976）. Т. 8. С. 797
罗尔纲 / Р. В. 维亚特金 // 苏联历史百科全书（1961—1976）. 第 8 卷. 第 797 页

罗国梁

1453 Ло Го-лян / Торопцев С. А. // Очерк истории китайского кино. 1896—1966. С. 220

　　　　　　　　　　俄　文　卷

罗国梁 / С. А.托罗普采夫 // 中国电影史概览（1896—1966）．第 220 页

1454　Ло Мин-ю / Торопцев С. А. // Очерк истории китайского кино. 1896—1966. С. 209

罗明佑 / С. А. 托罗普采夫 // 中国电影史概览（1896—1966）．第 209 页

罗荣桓

1455　Ло Жун-хуань / Юрьев М. Ф. // Красная Армия Китая. С. 187-188

罗荣桓 / М. Ф. 尤里耶夫 // 中国红军．第 187—188 页

罗振玉

1456　Ло Чжэнь-Юй, Ло Шу-янь / Крюков М. В. // Советская Историческая энциклопедия（1961—1976). Т. 8. С. 797

罗振玉（罗叔蕴）/ М. В. 库留科夫 // 苏联历史百科全书（1961—1976）．第 8 卷．第 797 页

罗家伦

1457　Ло Цзя-лунь / Ефимов Г. В. // Китай. История. экономика. культура. героическая борьба за национальную независимость.　Политические и общественные деятели Китая. С. 450

罗家伦 / Г. В. 叶菲莫夫 // 中国：历史、经济、文化，为民族独立而英勇奋斗（中国政治和社会人物篇）．第 450 页

罗常培

1458　Выдающийся китайский учёный профессор Ло Чан-пэй / Сердюченко Г. П. // Проблемы востоковедения. 1959. №4.

中国杰出学者罗常培教授 / Г. П. 谢尔久琴科 // 东方学问题．1959.4

罗盛教

1459　Рассказ о подвиге / Чуринов А. // Смена. 1957. №7

光辉功绩 / А. 丘里诺夫 // 接班．1957.7

罗隆基

1460　Ло Лунцзи / Буров В. Г. // Современная китайская философия（1980). С. 18

罗隆基 / В. Г. 布洛夫 // 当代中国哲学（1980）．第 18 页

罗瑞卿

1461　Кончина Ло Жуй-цина　（Информация ТАСС из Пекина）/ Правда. 1978. 1 февраля

罗瑞卿讣告（塔斯社北京报道）/ 真理报．1978.2.1

〔Ｊ〕

季　业

1462　Цзи Е / Торопцев С. А. // Очерк истории китайского кино. 1896—1966. С. 215

季　业 / С. А. 托罗普采夫 // 中国电影史概览（1896—1966）．第 215 页

季　康

1463　Цзи Кан / Торопцев С. А. // Очерк истории китайского кино. 1896—1966. С. 219

季　康 / С. А. 托罗普采夫 // 中国电影史概览（1896—1966）．第 219 页

岳　枫

1464　Ю Фэн / Торопцев С. А. // Очерк истории китайского кино. 1896—1966. С. 210

岳　枫 / С. А. 托罗普采夫 // 中国电影史概览（1896—1966）．第 210 页

金　山

1465　Цзинь Шань / Торопцев С. А. // Очерк истории китайского кино. 1896—1966. С. 33. 41. 147. 211. 217

金　山 / С. А. 托罗普采夫 // 中国电影史概览（1896—1966）．第 33、41、147、211、217 页

金　迪

1466　Цзинь Ди / Торопцев С. А. // Очерк истории китайского кино. 1896—1966. С. 219

金　迪 / С. А.托罗普采夫 // 中国电影史概览(1896—1966).第219页

金　焰

1467　Цзинь Янь / Торопцев С. А. // Очерк истории китайского кино. 1896—1966. C. 18. 20. 55. 209. 215. 217
金　焰 / С. А.托罗普采夫 // 中国电影史概览(1896—1966).18、20、55、209、215、217页

金　默

1468　Цзинь Мо / Торопцев С. А. // Очерк истории китайского кино. 1896—1966. C. 167
金　默 / С. А.托罗普采夫 // 中国电影史概览(1896—1966).第167页

金乃华

1469　Цзинь Най-хуа / Торопцев С. А. // Очерк истории китайского кино. 1896—1966. C. 219
金乃华 / С. А.托罗普采夫 // 中国电影史概览(1896—1966).第219页

金岳霖

1470　Воспоминания Фэн Юланя о Цзинь Юэлине / Ломанов А. В. // XXII научная конференция 《Общество и государство в Китае》. Тезисы и доклады. Ч. 2 1991. C. 170
冯友兰忆金岳霖 / А. В.罗马诺夫 // 中国社会与国家第二十二次学术研讨会提要与报告(1991).第二册.第170页

1471　Цзинь Юэлинь / Буров В. Г. // Современная китайская философия. 1980. C. 89. 191. 183. 277
金岳霖 / В. Г. 布洛夫 // 当代中国哲学(1980)第.89、191、183、277页

金韫颖

1472　Принцесса стала крестьянкой (Цзинь Шумин, сестра Пу И) / Азия и Африка сегодня. 1984 № 2
从御妹到农民：溥仪胞妹金韫颖 / 今日亚非.1984.2

金擎宇

1473　Цзинь Цин-юй / Торопцев С. А. // Очерк истории китайского кино. 1896—1966. C. 209
金擎宇 / С. А.托罗普采夫 // 中国电影史概览(1896—1966).第209页

周扬

1474　Чжоу Ян / Буров В. Г. // Современная китайская философия. C. 33. 131. 192. 270. 274
周　扬 / В. Г. 布洛夫 // 当代中国哲学.第33、131、192、270、274页

1475　Ван Ши-вэй, Чжоу Ян / Эйдлин Л. З. // О китайской литературе наших дней. C. 204
王实味、周扬 / Л. З.艾德林 // 当代中国文学.第204页

1476　Ху Цзяо-му, Чжоу Ян / Эйдлин Л. З. // О китайской литературе наших дней. C. 223
胡乔木、周　扬 / Л. З.艾德林 // 当代中国文学.第223页

1477　Чжоу Ян (Чжоу Ци-ин) / Петров В. В. // Краткая Литературная Энциклопедия. 1962—1978. Т. 8. C. 514
周扬(周起应) / В. В.彼得罗夫 // 简明文学百科全书(1962—1978).第8卷.第514页

周　峰

1478　Чжоу Фэн / Торопцев С. А. // Очерк истории китайского кино. 1896—1966. C. 212
周　峰 / С. А.托罗普采夫 // 中国电影史概览(1896—1966).第212页

周　凋

1479　Чжоу Дяо / Торопцев С. А. // Очерк истории китайского кино. 1896—1966. C. 214
周　凋 / С. А.托罗普采夫 // 中国电影史概览(1896—1966).第214页

周　浩

1480　Чжоу Хао / Торопцев С. А. // Очерк истории китайского кино. 1896—1966. C. 221
周　浩 / С. А.托罗普采夫 // 中国电影史概览(1896—1966).第221页

周　璇

1481　Чжоу Сюань / Торопцев С. А. // Очерк истории китайского кино. 1896—1966. C. 211

周　　璇 / С. А. Торопцев // Китайское электронное кино (1896—1966). 第 211 页

周士第

1482　Чжоу Ши-ди / Юрьев М. Ф. // Красная Армия Китая. С. 192
周士第 / М. Ф. 尤里耶夫 // 中国红军. 第 192 页

周凤山

1483　Чжоу Фэн-шань / Торопцев С. А. // Очерк истории китайского кино. 1896—1966. С. 220
周凤山 / С. А. 托罗普采夫 // 中国电影史概览(1896—1966). 第 220 页

周文彬

1484　Чжоу Вэнь-бинь / Торопцев С. А. // Очерк истории китайского кино. 1896—1966. С. 221
周文彬 / С. А. 托罗普采夫 // 中国电影史概览(1896—1966). 第 221 页

周立波

1485　Сталинские премии китайским писателям (Дин Лин, Чжоу Ли-бо, Хэ Цзин-чжи, Дин Ни) / Народный Китай. 1952. № 9-10
中国作家荣获斯大林文学奖:丁玲、周立波、贺敬之、丁毅 / 人民中国. 1952. 9—10

1486　Патриот, интернационалист : Памяти Чжоу Либо / Сорокин В. // Литературная газета. 1979. 5 декабря
纪念爱国主义者、国际主义者周立波 / В. 索罗金 // 文学报. 1979. 12. 5

1487　Чжоу Ли-бо / Эйдлин Л. З. // О китайской литературе наших дней. С. 144
周立波 / Л. З. 艾德林 // 当代中国文学. 第 144 页

1488　Чжоу Ли-Бо / Большая советская энциклопедия. 3-е изд. Т. 29. С. 183
周立波 / 苏联大百科全书(第三版). 第 29 卷. 第 183 页

1489　Чжоу Ли-Бо / Шнейдер М. Е. // Краткая Литературная Энциклопедия. 1962—1978. Т. 8. С. 514
周立波 / М. Е. 施耐特 // 简明文学百科全书(1962—1978). 第 8 卷. 第 514 页

周全平

1490　О развитии новейшей китайской литературы. (Упоминаются Юй Да-фу, Чжоу Цюань-пин, Го Мо-жо, Лу Синь, Мао Дунь, Тянь Хань.) / Фишман О. Л. // Вестник ЛГУ. 1949. №7
当代中国文学发展的代表人物:郁达夫、周全平、郭沫若、鲁迅、茅盾、田汉 / О. Л. 菲什曼 // 列宁格勒大学学报. 1949. 7

周如言

1491　Чжоу Жу-янь / Торопцев С. А. // Очерк истории китайского кино. 1896—1966. С. 214
周如言 / С. А. 托罗普采夫 // 中国电影史概览(1896—1966). 第 214 页

周作人

1492　Чжоу Цзо-Жэнь / Сорокин В. Ф. // Краткая Литературная Энциклопедия. 1962—1978. Т. 9. С. 783
周作人 / В. Ф. 索罗金 // 简明文学百科全书(1962—1978). 第 9 卷. 第 783 页

周佛海

1493　Предыстория Единого фронта в Китае и учредительный съезд КПК : Сунь Ят-сен, Чжоу Фо-хай, Чэнь Ду-сю / Шевелев К. В. // Китай: традиции и современность. Сборник статей. С. 197
第一次国共合作的代表人物:孙中山、周佛海、陈独秀 / К. В. 舍韦廖夫 // 中国:传统与现代论文集. 第 197 页

周建平

1494　Мир на свитке (Цзя Пинси, Чжэн Инчун, Чжоу Цзяньпин, Ян Фумин) / Неглинская М. // Азия и Африка сегодня 1990 №3
画卷上的世界:贾平西、周建平、严培明 / М. 尼格林斯加娅 // 今日亚非. 1990. 3

周信芳

1495　Артист-патриот Чжоу Синь-фан / Тянь Хань // Народный Китай. 1955. №16

爱国主义表演艺术家周信芳 / 田汉 // 人民中国. 1955. 16

1496　Чжоу Синь-Фан / Большая советская энциклопедия. 3-е изд. Т. 29. С. 183
周信芳 / 苏联大百科全书(第三版). 第29卷. 第183页

周恩来

1497　Путь Китая к объединению и независимости, 1898—1949: По материалам биографии Чжоу Эньлая. / Тихвинский, С. Л. // М. : Вост. лит. 1996
中国争取家统一与独立之路, 1989—1949: 周恩来传记资料 / С. Л. 齐赫文斯基 // 莫斯科. 东方文学出版社. 1996

1498　Исторические портреты. ЧЖОУ ЭНЬЛАЙ / Тихвинский С. Л. // Вопросы истории. 1988. № 6
周恩来的历史形象 / С. Л. 齐赫文斯基 // 历史问题. 1988. 6

1499　Чжоу Эньлай и дипломатия КНР / Волохова А. А. // ПДВ. 1988. №4
周恩来与新中国外交 / А. А. 沃洛霍娃 // 远东问题. 1988. 4

1500　Вспоминая Чжоу Эньлая / Федоренко Н. Т. // ПДВ. 1989. №5
回忆周恩来 / Н. Т. 费多连科(费德林) // 远东问题. 1989. 5

1501　Московские переговоры И. В. Сталина с Чжоу Эньлаем в 1953 г. и Н. С. Хрущева с Мао Цзэдуном в 1954 г. / Коваль К. И. // Новая и новейшая история. 1989. № 5
两次莫斯科谈判: 斯大林与周恩来, 1953年; 赫鲁晓夫与毛泽东, 1954年 / К. И. 科瓦利 // 近现代史. 1989. 5

1502　Визит Н. Хрущева в Пекин / Федоренко Н. Т. // Проблемы Дальнего Востока. № 1. 1990
赫鲁晓夫访问北京 / Н. Т. 费多连科(费德林) // 远东问题. 1990. 1

1503　Переговоры А. Н. Косыгина и Чжоу Эньлая в Пекинском аэропорту (часть 2) / Елизаветин А. // ПДВ. 1993. №1
柯西金与周恩来在北京机场会晤(第二部分) / А. 叶里扎维金 // 远东问题. 1993. 1

1504　Чжоу Эньлай во Франции, 1920—24г. г. / Тихвинский С. // ПДВ. 1993. №6
周恩来在法国: 1920—1924年 / С. Л. 齐赫文斯基 // 远东问题. 1993. 6

1505　О《секретном демарше》Чжоу Эньлая и неофициальных переговорах КПК с американцами в июне 1949 г. / Тихвинский С. Л. // Проблемы Дальнего Востока. 1994. № 2
周恩来的秘密外交及一九四九年六月中美非正式谈判 / С. Л. 齐赫文斯基 // 远东问题. 1994. 2

1506　Стенограммы переговоров И. В. Сталина с Чжоу Эньлаем в августе-сентябре 1952 г. / Ледовский А. М. // Новая и новейшая история. 1997. № 2
一九五二年八至九月斯大林和周恩来的会谈记录 / А. М. 列多夫斯基 // 中国近现代史. 1997. 2

1507　Чжоу Эньлай-первый премьер нового Китая / Белов Е. // Азия и Африка сегодня 1997 №10
开国总理——周恩来 / Е. 毕罗夫 // 今日亚非. 1997. 10

1508　Чжоу Эньлаю посвящается / Тихвинский С. Л. // Вестник РАН. 1998. № 9
纪念周恩来 / С. Л. 齐赫文斯基 // 俄罗斯科学院学报. 1998. 9

1509　К 100-летию со дня рождения Чжоу Эньлая / ПДВ 1998 №2
纪念周恩来诞辰100周年 / 远东问题. 1998. 2

1510　К 100-летию со дня рождения Чжоу Эньлая / Тихвинский С. Л. // Новая и новейшая история. 1998. № 5, Азия и Африка сегодня 1998 №11
纪念周恩来百年诞辰 / С. Л. 齐赫文斯基 // 中国近现代史. 1998. 5, 今日亚非. 1998. 11

1511　Чжоу Эньлай / Тихвинский С. Л. // Китай: История в лицах и событиях. С. 17
周恩来 / С. Л. 齐赫文斯基 // 中国历史人物与事件. 第17页

1512　Чжоу Эньлай / Персоналии // Персоналии 40 лет КНР. С. 503
周恩来 / 名人录编委会 // 中华人民共和国四十年名人录. 第503页

1513　Чжоу Энь-лай / Юрьев М. Ф. // Красная Армия Китая. С. 192

周恩来 / М. Ф. Юрьев // 中国红军. 第 192 页

1514　Чжоу Энь-лай / Ефимов Г. В. // Китай. История. экономика. культура. героическая борьба за национальную независимость.　Политические и общественные деятели Китая. С. 534

周恩来 / Г. В. 叶菲莫夫 // 中国：历史、经济、文化，为民族独立而英勇奋斗（中国政治和社会人物篇）. 第 534 页

1515　Из истории дипломатии КНР: некоторые аспекты наследия Чжоу Эньлая / Волохова, А. А. // Всемирная история и Восток: сб. С. 179

从新中国外交史看周恩来精神遗产的几个方面 / А. А. 沃洛霍娃 // 东方与世界史（论文集）. 第 179 页

1516　Чжоу Энь-Лай / Елизаров В. И. // Большая советская энциклопедия. 3-е изд. Т. 29. С. 184, Советская Историческая энциклопедия. 1961—1976. . Т. 16. С. 20

周恩来 / В. И. 叶里扎罗夫 // 苏联大百科全书（第三版）. 第 29 卷. 第 184 页, 苏联历史百科全书（1961—1976）. 第 16 卷. 第 20 页

1517　Приезд в Москву правительственной делегации КНР. Советско-китайские переговоры（Мао Цзэ-дун, Чжоу Энь-лай, Ли Фу-чунь, Е Цзи-чжуан）/ Сладковский М. И. // Сладковский М. И. История торгово-экономических отношений СССР с Китаем（1917—1974）. С. 193

中国政府代表团访问莫斯科及苏中谈判的代表人物：毛泽东、周恩来、李富春、叶季壮 / М. И. 斯拉德科夫斯基 // 苏中贸易经济关系史（1917—1974）. 第 193 页

1518　Относительно посмертной оценки Чжоу Эньлая в китайской прессе / Гусаров В. Ф. // Четвёртая научная конференция по проблемам истории Китая в новейшее время : тезисы докладов. Ч. 2. С. 168

中国媒体对周恩来身后的评价 / В. Ф. 古萨罗夫 // 第四届中国现代历史问题学术研讨会报告摘要. 第 168 页

〔丶〕

庞学勤

1519　Лун Сюэ-цинь（Пан Сюэ-цинь）/ Торопцев С. А. // Очерк истории китайского кино. 1896—1966. С. 220

庞学勤 / С. А. 托罗普采夫 // 中国电影史概览（1896—1966）. 第 220 页

郑昕

1520　Чжэн Синь / Буров В. Г. // Современная китайская философия. С. 25. 192. 199. 273

郑　昕 / В. Г. 布洛夫 // 当代中国哲学. 第 25、192、199、273 页

郑洪

1521　Чжэн Хун / Торопцев С. А. // Очерк истории китайского кино. 1896—1966. С. 220. 222

郑　洪 / С. А. 托罗普采夫 // 中国电影史概览（1896—1966）. 第 220、222 页

郑容

1522　Чжэн Жун / Торопцев С. А. // Очерк истории китайского кино. 1896—1966. С. 215

郑　容 / С. А. 托罗普采夫 // 中国电影史概览（1896—1966）. 第 215 页

郑小秋

1523　Чжэн Сяо-цю / Торопцев С. А. // Очерк истории китайского кино. 1896—1966. С. 208. 213

郑小秋 / С. А. 托罗普采夫 // 中国电影史概览（1896—1966）. 第 208、213 页

郑正秋

1524　Чжэн Чжэн-цю / Торопцев С. А. // Очерк истории китайского кино. 1896—1966. С. 11. 18. 21. 23. 208

郑正秋 / С. А. 托罗普采夫 // 中国电影史概览（1896—1966）. 第 11、18、21、23、208 页

郑观应

1525　Чжэн Гуаньин: компрадор и политик / Кузес В. С. // XVII научная конференция 《Общество и государство в Китае》. Ч. 2. 1986. С. 146
　　资产阶级买办和政治家：郑观应 / В. С. 库节斯 // 中国社会与国家第十七次学术研讨会提要与报告（1986）．第二册．第 146 页

郑伯奇

1526　Чжэн Бо-Ци / Петров В. В. // Краткая Литературная Энциклопедия. 1962—1978. Т. 9. С. 784
　　郑伯奇 / В. В. 彼得罗夫 // 简明文学百科全书（1962—1978）．第 9 卷．第 784 页

1527　Чжэн Бо-ци / Торопцев С. А. // Очерк истории китайского кино. 1896—1966. С. 21
　　郑伯奇 / С. А. 托罗普采夫 // 中国电影史概览（1896—1966）．第 21 页

郑位三

1528　Чжэн Вэй-сань / Юрьев М. Ф. // Красная Армия Китая. С. 193
　　郑位三 / М. Ф. 尤里耶夫 // 中国红军．第 193 页

郑君里

1529　Чжэн Цзюнь-ли / Торопцев С. А. // Очерк истории китайского кино. 1896—1966. С. 34. 36. 42. 50. 55. 145. 187. 210. 212. 217
　　郑君里 / С. А. 托罗普采夫 // 中国电影史概览（1896—1966）．第 34、36、42、50、55、145、187、210、212、217 页

郑振铎

1530　Вечер в Доме дружбы（80 лет со дня рождения Чжэн Чжэнь-до）/ Правда. 1978. 12 декабря
　　友谊宫晚会：纪念郑振铎诞辰 80 周年 / 真理报．1978．12．12

1531　Встречи с китайскими писателями（Чжэн Чжэнь-до, Хань Ци-сян, Цао Цзин-хуа）/ Федоренко Н. Т. // Новый мир. 1954. № 10
　　中国作家访谈录：郑振铎、韩起祥、曹靖华 / Н. Т. 费多连科（费德林）// 新世界．1954．10

1532　Интеллигент с большой буквы（о Чжэн Чжэньдо）/ Сорокин В. Ф. // ПДВ 1988 №6
　　大写的知识分子郑振铎 / В. Ф. 索罗金 // 远东问题．1988．6

1533　Чжэн Чжэнь-до и наука о китайской литературе（К 70-летию со дня рождения）/ Эйдлин Л. З. // Движение 《4 мая》. Сборник статей. С. 262
　　郑振铎与中国文学研究：纪念郑振铎诞辰 70 周年 / Л. З. 艾德林 // 五四运动论文集．第 262 页

1534　Чжэн Чжэнь-До / Большая советская энциклопедия. 3-е изд. Т. 29. С. 185
　　郑振铎 / 苏联大百科全书（第三版）．第 29 卷．第 185 页

1535　Чжэн Чжэнь-До / Эйдлин Л. З. // Краткая Литературная Энциклопедия. 1962—1978. Т. 8. С. 515
　　郑振铎 / Л. З. 艾德林 // 简明文学百科全书（1962—1978）．第 8 卷．第 515 页

郑鹧鸪

1536　Чжэн Чжэ-гу / Торопцев С. А. // Очерк истории китайского кино. 1896—1966. С. 208
　　郑鹧鸪 / С. А. 托罗普采夫 // 中国电影史概览（1896—1966）第 208 页

冼　群

1537　Си Цюнь / Торопцев С. А. // Очерк истории китайского кино. 1896—1966. С. 215
　　冼　群 / С. А. 托罗普采夫 // 中国电影史概览（1896—1966）．第 215 页

冼星海

1538　Си Син-хай / Шнеерсон Г. // М. : Музгиз. 1956. 48
　　冼星海 / Г. 舍涅尔松 // 莫斯科：音乐国立出版社．1956．48 页

1539　Талантливый китайский композитор.［Си Син-хай, умер в 1944 г.］/ Мурадели В. // Советская музыка. 1949. №6
　　才华横溢的中国作曲家冼星海（一九四四年逝世）/ В. 穆拉德理 // 苏维埃音乐．1949．6

1540 Композиторы народного Китая. (Краткие биографии композиторов: Не Эр, Си Син-хай и других.) / Советская музыка. 1952. №10
中国人民的作曲家聂耳、冼星海等人生平简介 / 苏维埃音乐. 1952. 10

1541 Встречи с Си Син-хаем. (Воспоминания о китайском композиторе.) / Койшибаев М. // Советская музыка. 1957. №12
回忆中国作曲家：与冼星海的几次会面 / M. 科伊史巴耶夫 // 苏维埃音乐. 1957. 12

1542 Си Син-Хай / Желоховцев А. Н. // Большая советская энциклопедия. 3-е изд. Т. 23. С. 462
冼星海 / А. Н. 日洛霍夫采夫 // 苏联大百科全书（第三版）. 第 23 卷. 第 462 页

〔丁〕

居 正

1543 Цзюй Чжэн / Ефимов Г. В. // Китай. История. экономика. культура. героическая борьба за национальную независимость. Политические и общественные деятели Китая. С. 534
居　正 / Г. В. 叶菲莫夫 // 中国：历史、经济、文化，为民族独立而英勇奋斗（中国政治和社会人物篇）. 第 534 页

孟 波

1544 Мэн Бо / Торопцев С. А. // Очерк истории китайского кино. 1896—1966. С. 219
孟　波 / С. А. 托罗普采夫 // 中国电影史概览（1896—1966）. 第 219 页

九　画

〔一〕

项　英

1545　Мужественный сын китайского рабочего класса（к 80-летию со дня рождения Сян Ина）/ Титов А. С. // ПДВ. 1978. №2
英勇的中国工人阶级之子——纪念项英诞辰八十周年 / А. С. 季托夫 // 远东问题. 1978. 2

1546　Становление и развитие новой 4-й армии в Центральном Китае（1938-январь 1941 г.）: Е Тин, Сян Ин, Мао Цзэдун, Ван Мин / Голубева О. В. // Вопросы истории Китая. С. 50
新四军在华中地区形成与发展的代表人物：叶挺、项英、毛泽东、王明等 / О. В. 高鲁毕娃 // 中国历史问题. 第50页

1547　Сян Ин / Юрьев М. Ф. // Красная Армия Китая. С. 190
项　英 / М. Ф. 尤里耶夫 // 中国红军. 第190页

1548　Сян Ин / Ефимов Г. В. // Китай. История. экономика. культура. героическая борьба за национальную независимость. Политические и общественные деятели Китая. С. 534
项　英 / Г. В. 叶菲莫夫 // 中国：历史、经济、文化，为民族独立而英勇奋斗（中国政治和社会人物篇）. 第534页

项　堃

1549　Сян Кунь / Торопцев С. А. // Очерк истории китайского кино. 1896—1966. С. 82. 214. 216. 221
项　堃 / С. А. 托罗普采夫 // 中国电影史概览（1896—1966）. 第82、214、216、221页

赵　丹

1550　Чжао Дань / Торопцев С. А. // Очерк истории китайского кино. 1896—1966. С. 34. 55. 60. 74. 101. 112. 166. 187. 209. 211. 216
赵　丹 / С. А. 托罗普采夫 // 中国电影史概览（1896—1966）. 第34、55、60、74、101、112、166、187、209、211、216页

1551　Чжао Дань / Кино: энциклопедический словарь. С. 487
赵　丹 / 电影百科全书. 第487页

赵　东

1552　Человек, за которым охотятся японцы.（Чжао Дун-китайский партизан.）/ Интернациональный маяк. 1939. №15-16
日军通缉的中国游击队员赵东 / 共产国际灯塔. 1939. 15—16

赵　青

1553　Чжао Цин / Торопцев С. А. // Очерк истории китайского кино. 1896—1966. С. 218
赵　青 / С. А. 托罗普采夫 // 中国电影史概览（1896—1966）. 第218页

赵　明

1554　Чжао Мин / Торопцев С. А. // Очерк истории китайского кино. 1896—1966. С. 213
赵　明 / С. А. 托罗普采夫 // 中国电影史概览（1896—1966）. 第213页

赵　忠

1555　Чжао Чжун / Торопцев С. А. // Очерк истории китайского кино. 1896—1966. С. 218
赵　忠 / С. А. 托罗普采夫 // 中国电影史概览（1896—1966）. 第218页

赵　联

1556　Чжао Лянь / Торопцев С. А. // Очерк истории китайского кино. 1896—1966. С. 219. 221

赵　联 / С. А. Торопцев // 中国电影史概览（1896—1966）. 第 219、221 页

赵　寰

1557　Чжао Хуань / Торопцев С. А. // Очерк истории китайского кино. 1896—1966. С. 215
　　　赵　寰 / С. А. 托罗普采夫 // 中国电影史概览（1896—1966）. 第 215 页

赵一明

1558　Чжао Имин / Буров В. Г. // Современная китайская философия. С. 228
　　　赵一明 / В. Г. 布洛夫 // 当代中国哲学. 第 228 页

赵万德

1559　Чжао Вань-дэ / Торопцев С. А. // Очерк истории китайского кино. 1896—1966. С. 218
　　　赵万德 / С. А. 托罗普采夫 // 中国电影史概览（1896—1966）. 第 218 页

赵子岳

1560　Чжао Цзы-юэ / Торопцев С. А. // Очерк истории китайского кино. 1896—1966. С. 218. 220
　　　赵子岳 / С. А. 托罗普采夫 // 中国电影史概览（1896—1966）. 第 218、220 页

赵抒音

1561　Чжао Юй-инь / Торопцев С. А. // Очерк истории китайского кино. 1896—1966. С. 219
　　　赵抒音 / С. А. 托罗普采夫 // 中国电影史概览（1896—1966）. 第 219 页

赵树理

1562　Певец пятисотмиллионного народа　Чжао Шу-ли / Руа Клод // В защиту мира. 1953. № 28
　　　五亿人民大众的歌颂者赵树理 / 路阿·科列德 // 维护和平. 1953. 28

1563　Несколько слов о себе / Чжао Шу-ли // Народный Китай 1955. № 14
　　　自我简介 / 赵树理 // 人民中国. 1955. 14

1564　Чжао Шу-ли-народный писатель（к 70-летию со дня рождения）/ Антиповский А. А. // ПДВ 1977 №1
　　　人民作家赵树理：纪念赵树理诞辰七十周年 / А. А. 安提波夫斯基 // 远东问题. 1977. 1

1565　Чжао Шу-ли / Федоренко Н. Т. // Китайская литература. Очерки по истории китайской литературы. С. 616
　　　赵树理 / Н. Т. 费多连科（费德林）// 中国文学：中国文学史论文集. 第 616 页

1566　Чжао Шу-ли / Эйдлин Л. З. // О китайской литературе наших дней. С. 112
　　　赵树理 / Л. З. 艾德林 // 当代中国文学. 第 112 页

1567　Чжао Шу-Ли / Большая советская энциклопедия. 3-е изд. Т. 29. С. 183
　　　赵树理 / 苏联大百科全书（第三版）. 第 29 卷. 第 183 页

1568　Чжао Шу-Ли / Шнейдер М. Е. // Краткая Литературная Энциклопедия. 1962—1978. Т. 8. С. 513
　　　赵树理 / М. Е. 施耐特 // 简明文学百科全书（1962—1978）. 第 8 卷. 第 513 页

赵紫阳

1569　Чжао Цзыян / Трубочкин Н. Н. // Персоналия：Китайская Народная Республика в 1980 году. Политика. Экономика. Идеология. С. 222
　　　赵紫阳 / Н. Н. 特鲁博奇金 // 1980 中华人民共和国名人录：政治、经济、意识形态. 第 222 页

1570　Чжао Цзыян / Персоналии // Персоналии 40 лет КНР. С. 502
　　　赵紫阳 / 名人录编委会 // 中华人民共和国四十年名人录. 第 502 页

草　明

1571　Цао Мин / Эйдлин Л. З. // О китайской литературе наших дней. С. 180
　　　草　明 / Л. З. 艾德林 // 当代中国文学. 第 180 页

1572　Цао Мин / Петров В. В. // Краткая Литературная Энциклопедия. 1962—1978. Т. 8. С. 368
　　　草　明 / В. В. 彼得罗夫 // 简明文学百科全书（1962—1978）. 第 8 卷. 第 368 页

胡　风

1573　Ху Фэн и дискуссия в Китае о национальной форме в литературе（конец 30-начало 40-х гг.）/

Франчук Н. В. // VI научная конференция 《Общество и государство в Китае》. Тезисы и доклады. Ч. 2. С. 378

胡风与中国文坛三、四十年代"民族形式"之争 / Н. В. 夫兰丘科 // 中国社会与国家第六次学术研讨会提要与报告(1975). 第二册. 第378页

1574　(Ху Фэн) / Эйдлин Л. З. // О китайской литературе наших дней. С. 226
　　　胡　风 / Л. З. 艾德林 // 当代中国文学. 第226页

1575　Ху Фэн (Чжан Гуан-жэнь) / Волжанин В. // Краткая Литературная Энциклопедия. 1962—1978. Т. 9. С. 780
　　　胡风(张光人) / В. 沃拉扎宁 // 简明文学百科全书(1962—1978). 第9卷. 第780页

胡　可

1576　Молодые писатели Китая (Вэй Вэй, Гао Юй-бао,Канн Чжо, Ли Цзи, Ху Кэ, Чэнь Дэн Кэ) / Тишков А. // Московский комсомолец. 1952. 23 ноября
　　　中国青年作家代表人物：魏巍、高玉宝、康濯、李季、胡可、陈登科 / А. 季什科夫 // 莫斯科青年团报. 1952.11.23

1577　Ху Кэ / Торопцев С. А. // Очерк истории китайского кино. 1896—1966. С. 220
　　　胡　可 / С. А. 托罗普采夫 // 中国电影史概览(1896—1966). 第220页

1578　Ху Кэ / Эйдлин Л. З. // О китайской литературе наших дней. С. 285
　　　胡　可 / Л. З. 艾德林 // 当代中国文学. 第285页

胡　苏

1579　Ху Су / Торопцев С. А. // Очерк истории китайского кино. 1896—1966. С. 134. 218
　　　胡　苏 / С. А. 托罗普采夫 // 中国电影史概览(1896—1966). 第134、218页

胡　林

1580　Ду Инь, Лю Сян-жу, Ху Линь / Эйдлин Л. З. // О китайской литературе наших дней. С. 295
　　　杜印、刘相如、胡林 / Л. З. 艾德林 // 当代中国文学. 第295页

胡　朋

1581　Ху Пэн / Торопцев С. А. // Очерк истории китайского кино. 1896—1966. С. 214. 220
　　　胡　朋 / С. А. 托罗普采夫 // 中国电影史概览(1896—1966). 第214、220页

胡　适

1582　Некоторые оценки идейного наследия Ху Ши в современной китайской буржуазной историографии / Кузьмин И. Д. // IX научная конференция 《Общество и государство в Китае》. Тезисы и доклады. Ч. 2. 1978. С. 217
　　　当代中国资产阶级史学对胡适思想遗产的评价 / И. Д. 库兹明 // 中国社会与国家第九次学术研讨会提要与报告(1978). 第二册. 第217页

1583　Отношение Ху Ши к религии в период учёбы в США (1910—1914 гг.) / Пилдегович П. П. // IX научная конференция 《Общество и государство в Китае》. Тезисы и доклады. Ч. 2. 1978. С. 211
　　　1910至1914年胡适留美期间的宗教观 / П. П. 毕里狄格维奇 // 中国社会与国家第九次学术研讨会提要与报告(1978). 第二册. 第211页

1584　О формировании мировоззрения Ху Ши в период учёбы в США (1910—1915) / Пилдегович П. П. // XII научная конференция 《Общество и государство в Китае》. Тезисы и доклады. Ч. 3. 1981. С. 196
　　　1910至1915年胡适留美期间世界观的形成 / П. П. 毕里狄格维奇 // 中国社会与国家第十二次学术研讨会提要与报告(1981). 第三册. 第196页

1585　Наследие Ху Ши в буржуазной историографии: новые оценки / Пилдегович П. П. // XVIII научная конференция 《Общество и государство в Китае》. Тезисы и доклады. Ч. 3. 1987. С. 33
　　　资产阶级史学家对胡适遗产再评价 / П. П. 毕里狄格维奇 // 中国社会与国家第十八次学术研讨会

提要与报告（1987）．第三册．第 33 页

1586　Ху Ши и《Движение 4 мая》/ Сторчевой Л. В. // XXI научная конференция《Общество и государство в Китае》. Тезисы и доклады. Ч. 1. 1990. С. 202
　　　胡适与五四运动 / Л. В. 斯特罗切维 // 中国社会与国家第二十一次学术研讨会提要与报告（1990）．第一册．第 202 页

1587　Лян Шумин и Ху Ши о культурах Востока и Запада / Цверианишвили А. Г. // XV научная конференция《Общество и государство в Китае》. Тезисы и доклады. Ч. 3. 1984. С. 120
　　　梁漱溟与胡适论东西方文化 / А. Г. 茨维良尼石维理 // 中国社会与国家第十五次学术研讨会提要与报告（1984）．第三册．第 120 页

1588　Категория《жэнь》в трактовке Лян Шумина и Ху Ши / Цверианишвили А. Г. // XVI научная конференция《Общество и государство в Китае》. Тезисы и доклады. Ч. 3. 1995. С. 78
　　　梁漱溟与胡适释"仁" / А. Г. 茨维良尼什维利 // 中国社会与国家第二十六次学术研讨会提要与报告（1995）．第三册．第 78 页

1589　Ху Ши / Ефимов Г. В. // Китай. История. экономика. культура. героическая борьба за национальную независимость. Политические и общественные деятели Китая. С. 534
　　　胡　适 / Г. В. 叶菲莫夫 // 中国：历史、经济、文化，为民族独立而英勇奋斗（中国政治和社会人物篇）．第 534 页．

1590　Ху Ши / Буров В. Г. // Современная китайская философия. С. 26. 41. 62. 70. 73. 178. 181. 185. 192. 270. 272. 278
　　　胡　适 / В. Г. 布洛夫 // 当代中国哲学．第 26、41、62、70、73、178、181、185、192、270、272、278 页

1591　Ху Ши / Эйдлин Л. З. // О китайской литературе наших дней. С. 225
　　　胡　适 / Л. З. 艾德林 // 当代中国文学．第 225 页

1592　Ху Ши / Черкасский Л. Е. // Большая советская энциклопедия. 3-е изд. Т. 28. С. 428
　　　胡　适 / Л. Е. 切尔卡斯基 // 苏联大百科全书（第三版）．第 28 卷．第 428 页

1593　О социальной установке Ху Ши в период формирования его философских воззрений / Гафурова З. Ф. // Тезисы конференции аспирантов и молодых сотрудников. Ч. 1. 1978. С. 195
　　　胡适哲学观点形成过程的社会主张 / З. Ф. 加夫洛娃 // 研究院与研究生青年研讨会提要（1978）．第一册．第 195 页

1594　Ху Ши / Петров В. В. // Краткая Литературная Энциклопедия. 1962—1978. Т. 8. С. 356
　　　胡　适 / В. В. 彼得罗夫 // 简明文学百科全书（1962—1978）．第 8 卷．第 356 页

胡　萍

1595　Ху Пин / Торопцев С. А. // Очерк истории китайского кино. 1896—1966. С. 20. 209. 211
　　　胡　萍 / С. А. 托罗普采夫 // 中国电影史概览（1896—1966）第 20、209、211 页

胡　绳

1596　Ху Шэн / Буров В. Г. // Современная китайская философия. С. 71. 74. 89. 141. 146. 151. 160. 240. 274
　　　胡　绳 / В. Г. 布洛夫 // 当代中国哲学．第 71、74、89、141、146、151、160-、240、274 页

胡　瑞

1597　Ху Жуй / Торопцев С. А. // Очерк истории китайского кино. 1896—1966. С. 209
　　　胡　瑞 / С. А. 托罗普采夫 // 中国电影史概览（1896—1966）．第 209 页

胡　蝶

1598　Ху Де / Торопцев С. А. // Очерк истории китайского кино. 1896—1966. С. 12. 209
　　　胡　蝶 / С. А. 托罗普采夫 // 中国电影史概览（1896—1966）．第 12、209 页

1599　Ху Де（Баттерфляй Ву）/ Ефимов Г. В. // Китай. История. экономика. культура. героическая борьба за национальную независимость. Политические и общественные деятели Китая. С. 534

胡　蝶／Г. В. 叶菲莫夫 ∥ 中国：历史、经济、文化，为民族独立而英勇奋斗. 第 534 页

胡也频

1600　134. Против белого террора в Китае. Воззвание Лиги левых писателей Китая против белого террора Гоминьдана и империалистов. (О казни писателей Ли Вэй-сэня, Жоу Ши, Инь Фу, Ху Е-пиня, Фын Кэн) / Литература мировой революции. 1933. № 11-12

反对中国"白色恐怖"，中国左翼作家联盟呼吁反抗国民党和帝国主义者的白色恐怖，有关作家李伟森、柔石、殷夫、胡也频、冯铿就义／世界革命文学. 1933. 11—12

1601　Памяти павших. (1931—1937). (О китайских писателях Ху Е-пине, Фын Кэн, Жоу Ши, Ли Вэй-сэне, Инь Фу.) / Рудман В. // Резец. 1937. №6

纪念 1931—1937 中国烈士作家：胡也频、冯铿、柔石、李伟森、殷夫／В. 鲁德曼 ∥ 刀锋. 1937. 6

1602　Ху Е-Пинь / Шнейдер М. Е. // Краткая Литературная Энциклопедия. 1962—1978. Т. 8. С. 346

胡也频／М. Е. 施耐特 ∥ 简明文学百科全书（1962—1978）. 第 8 卷. 第 346 页

胡石言

1603　Ши Янь / Торопцев С. А. // Очерк истории китайского кино. 1896—1966. 1979. С. 217

[胡]石言／С. А. 托洛普采夫 ∥ 中国电影史概览（1896—1966）. 第 217 页

胡汉民

1604　Проблема единства трёх народных принципов в трактовке Ху Ханьминя / Делюсин Л. П. // XV научная конференция 《Общество и государство в Китае》. Тезисы и доклады. Ч. 3 С. 3-16

胡汉民对三民主义一体性问题的解释／Л. П. 杰柳辛 ∥ 中国社会与国家第十五次学术研讨会提要与报告. 第三册第 3 页

1605　《Истинный》 национализм Ху Ханьминя (к вопросу о развитии националистической идеологии в Китае в новейшее время) / Русинова Р. Я. // VI научная конференция 《Общество и государство в Китае》. Тезисы и доклады. Ч. 2 С. 342

胡汉民与其"真民族主义"：当代中国民族主义思想发展探析／Р. Я. 鲁西诺娃 ∥ 中国社会与国家第六次学术研讨会提要与报告（1984）. 第二册. 第 342 页

1606　Ху Хань-минь и Дай Цзи-тао / Русинова Р. Я. // VII научная конференция 《Общество и государство в Китае》. Тезисы и доклады. Ч. 2. 1976. С. 409-419

胡汉民与戴季陶／Р. Я. 鲁西诺娃 ∥ 中国社会与国家第七次学术研讨会提要与报告（1976）. 第二册. 第 409 页

1607　Об 《историческом материализме》 Ху Ханьминя / Русинова Р. Я. // VIII научная конференция 《Общество и государство в Китае》. Тезисы и доклады. Ч. 3. С. 41

胡汉民历史唯物主义观／Р. Я. 鲁西诺娃 ∥ 中国社会与国家第八次学术研讨会提要与报告（1977）. 第三册. 第 41 页

1608　Сун Цзяожэнь и Ху Ханьминь о русской революции 1905—1907 гг. / Самойлов Н. А. // XV научная конференция 《Общество и государство в Китае》. Тезисы и доклады. 1984. С. 44

宋教仁与胡汉民论一九零五至一九零七俄国革命／Н. А. 萨莫伊洛夫 ∥ 中国社会与国家第十五次学术研讨会提要与报告（1984）. 第三册. 第 44 页

1609　О соперничестве Ван Цзинвэя и Ху Ханьминя в 1928—1935 гг. / Яковлев И. А. // XVI научная конференция 《Общество и государство в Китае》. Тезисы и доклады. Ч. 3. 1985. С. 133-137

论汪精卫与胡汉民在 1928 至 1935 年的竞争／И. А. 雅科夫列夫 ∥ 中国社会与国家第十六次学术研讨会提要与报告（1985）. 第三册. 第 133 页

1610　Политический статус Ван Цзинвэя и Ху Ханьминя в нанкинском Гоминьдане 1928—1935 гг. / Яковлев И. А. // XIX научная конференция 《Общество и государство в Китае》. Тезисы и доклады. Ч. 3. 1988. С. 130

1928 至 1935 年间汪精卫与胡汉民在南京国民政府中的政治地位 / И. А. 雅科夫列夫 // 中国社会与国家第十九次学术研讨会提要与报告(1988). 第三册. 第 130 页

1611 Ху Хань-минь / Ефимов Г. В. // Китай. История. экономика. культура. героическая борьба за национальную независимость. Политические и общественные деятели Китая. С. 534
胡汉民 / Г. В. 叶菲莫夫 // 中国:历史、经济、文化,为民族独立而英勇奋斗(中国政治和社会人物篇). 第 534 页

1612 Ху Хань-минь и социализм. / Русинова Р. Я. // Китай: поиски путей социального развития. М. 1979. С. 206-223
胡汉民和社会主义 / Р. Я. 鲁西诺娃 // 中国社会发展道路的探索. 莫斯科. 1979. 第 206 页

胡乔木

1613 Ху Цзяо-му, Чжоу Ян / Эйдлин Л. З. // О китайской литературе наших дней. С. 223
胡乔木,周扬 / Л. З. 艾德林 // 当代中国文学. 第 223 页

胡自和

1614 Ху Цзы-хэ / Торопцев С. А. // Очерк истории китайского кино. 1896—1966. С. 222
胡自和 / С. А. 托罗普采夫 // 中国电影史概览(1896—1966). 第 222 页

胡启立

1615 Ху Цили / Персоналии // Персоналии 40 лет КНР. С. 499
胡启立 / 名人录编委会 // 中华人民共和国四十年名人录. 第 499 页

胡庶华

1616 Ху Шу-хуа / Ефимов Г. В. // Китай. История. экономика. культура. героическая борьба за национальную независимость. Политические и общественные деятели Китая. С. 534
胡庶华 / Г. В. 叶菲莫夫 // 中国:历史、经济、文化,为民族独立而英勇奋斗(中国政治和社会人物篇). 第 534 页

胡博安

1617 Цзоу Лу (Чжоу Лу) / Ефимов Г. В. // Китай. История. экономика. культура. героическая борьба за национальную независимость. Политические и общественные деятели Китая. С. 450
胡博安 / Г. В. 叶菲莫夫 // 中国:历史、经济、文化,为民族独立而英勇奋斗(中国政治和社会人物篇). 第 455 页

胡锡奎

1618 Ху Сикуй / Буров В. Г. // Современная китайская философия. С. 146
胡锡奎 / В. Г. 布洛夫 // 当代中国哲学. 第 146 页

胡耀邦

1619 Ху Яобан об экономической политике Китая / Правда. 1984. 22 апреля.
胡耀邦论中国经济政策 / 真理报. 1984. 4. 22

1620 Ху Яобан / Трубочкин Н. Н. // Персоналия: Китайская Народная Республика в 1980 году. Политика. Экономика. Идеология. С. 228
胡耀邦 / Н. Н. 特鲁博奇金 // 1980 中华人民共和国名人录:政治、经济、意识形态. 第 222 页

1621 Ху Яобан / Персоналии // Персоналии 40 лет КНР. С. 500
胡耀邦 / 名人录编委会 // 中华人民共和国四十年名人录. 第 500 页

南薇

1622 Нань Вэй / Торопцев С. А. // Очерк истории китайского кино. 1896—1966. С. 213
南 薇 / С. А. 托罗普采夫 // 中国电影史概览(1896—1966). 第 213 页

柯灵

1623 Кэ Лин / Торопцев С. А. // Очерк истории китайского кино. 1896—1966. С. 46. 55. 212. 214. 216

柯仲平

1624 Кэ Чжун-пин. (Краткая биографическая справка) / Поэты нового Китая. С. 319.
柯仲平简介 / 新中国诗人. 第319页

1625 Кэ Чжун-Пин / Лисевич И. С. // Краткая Литературная Энциклопедия. 1962—1978. Т. 3. С. 946
柯仲平 / И. С. 李谢维奇 // 简明文学百科全书(1962—1978). 第3卷. 第946页

查瑞龙

1626 Ча Жуй-лун / Торопцев С. А. // Очерк истории китайского кино. 1896—1966. С. 209
查瑞龙 / С. А. 托罗普采夫 // 中国电影史概览(1896—1966). 第209页

柳青

1627 Лю Цин / редколлегия // Краткая Литературная Энциклопедия. 1962—1978. Т. 9. С. 497
柳青 / 编委会 // 简明文学百科全书(1962—1978). 第9卷. 第497页

〔J〕

钟雷

1628 Чжун Лэй / Торопцев С. А. // Очерк истории китайского кино. С. 6, 38, 48, 206
钟雷 / С. А. 托罗普采夫 // 中国电影简史(1896—1966). 第6、38、48、206页

钟惦棐

1629 Чжун Дянь-фэй / Торопцев С. А. // Очерк истории китайского кино. С. 55, 68, 77, 87, 95, 97
钟惦棐 / С. А. 托罗普采夫 // 中国电影简史(1896—1966). 第55、68、77、87、95、97页

秋瑾

1630 Цю Цзинь: жизнь и творчество (1875—1907). / Заяц Т. С. // Владивосток: Изд-во Дальневост. ун-та. 1984. 136 с.
秋瑾的生平与创作 / Т. С. 扎雅茨 // 海参崴:远东大学出版社. 1984. 136页

1631 О судьбе китайской поэтессы-революционерки Цю Цзинь (1875—1907) / Заяц Т. С. // Вестник МГУ. 1974. No 1
中国革命女诗人秋瑾的命运 / Т. С. 扎雅茨 // 莫斯科大学学报. 1974. 1

1632 Цю Цзинь: борьба и поэзия / Заяц Т. С. // Азия и Африка сегодня. 1975. No 10
秋瑾的斗争与诗歌 / Т. С. 扎雅茨 // 今日亚非. 1975. 10

1633 К вопросу об источниках биографии китайской поэтессы Цю Цзинь / Заяц Т. С. // Уч. зап. Дальневост. ун-та. -1979. Серия востоковедение, вып. 2. С
中国女诗人秋瑾传记资料考证 / Т. С. 扎雅茨 // 远东大学学报东方学报. 1979. 2

1634 Цю Цзинь / Большая советская энциклопедия. 3-е изд. Т. 28. С. 612
秋瑾 / 苏联大百科全书(第三版). 第28卷. 第612页

1635 Цю Цзинь / Ефимов Г. В. // Советская Историческая энциклопедия. 1961—1976. Т. 15. С. 794
秋瑾 / Г. В. 叶菲莫夫 // 苏联历史百科全书(1961—1976). 第15卷. 第794页

1636 Из жизни китайской поэтессы конца XIX-нач. XX вв. Цю Цзинь / Заяц Т. С. // Тезисы докл. конф. молодых науч. сотрудников и аспирантов. 1973. С. 110
十九世纪末二十世纪初中国女诗人秋瑾生活片段 / Т. С. 扎雅茨 // 研究院与研究生青年研讨会提要(1973). 第110页

1637 Цю Цзинь (Сюань Цин, Цзин-сюн, 《Цзянху нюйся》/ Заяц Т. С. // Краткая Литературная Энциклопедия. 1962—1978. Т. 8. С. 414
秋瑾 / Т. С. 扎亚茨 // 简明文学百科全书(1962—1978). 第8卷. 第414页

段祺瑞

1638 Дуань Ци-Жуй / Большая советская энциклопедия. 3-е изд. Т. 8. С. 516

段祺瑞 / 苏联大百科全书(第三版). 第 8 卷. 第 516 页

1639　Дуань Ци-Жуй / Гарушянц Ю. М. // Советская Историческая энциклопедия. 1961—1976. . Т. 5. С. 390
段祺瑞 / Ю. М. 加鲁什扬茨 // 苏联历史百科全书(1961—1976). 第 5 卷. 第 390 页

侯外庐

1640　Хоу Вайлу / Буров В. Г. // Современная китайская философия. 1980. С. 71. 74. 77. 146. 150. 152. 181. 192. 219. 241. 252. 263. 272. 276
侯外庐 / В. Г. 布洛夫 // 当代中国哲学(1980). 第 71、74、77、146、150、152、181、192、219、241、252、263、272、276 页

1641　Хоу Вай-Лу / Большая советская энциклопедия. 3-е изд. Т. 28. С. 374
侯外庐 / 苏联大百科全书(第三版). 第 28 卷. 第 374 页

侯敏泽

1642　Минь Цзэ / Буров В. Г. // Современная китайская философия. С. 184
敏　泽 / В. Г. 布洛夫 // 当代中国哲学. 第 184 页

俞平伯

1643　Некоторые черты исследовательского метода Юй Пинбо / Франчук Н. В. // IV научная конференция 《Общество и государство в Китае》. Тезисы и доклады. Ч. 2. 1973. С. 255
俞平伯研究方法特征 / Н. В. 弗兰丘克 // 中国社会与国家第四次学术研讨会提要与报告(1973). 第二册. 第 255 页

1644　Юй Пин-Бо (Юй Мин-хэн) / Петров В. В. // Краткая Литературная Энциклопедия. 1962—1978. Т. 9. С. 799
俞平伯(俞铭衡) / В. В. 彼得罗夫 // 简明文学百科全书(1962—1978). 第 9 卷. 第 799 页

俞仲英

1645　Юй Чжун-ин / Торопцев С. А. // Очерк истории китайского кино (1896—1966). С. 212
俞仲英 / С. А. 托罗普采夫 // 中国电影史概览(1896—1966). 第 212 页

〔丶〕

施　伦

1646　Ши Лунь (Коротко об авторах) / Интернациональная литература. 1942. № 7
施伦(简介) / 共产国际文学. 1942. 7

施　超

1647　Ши Чао (актер) / Торопцев С. А. // Очерк истории китайского кино (1896—1966). С. 210
施　超 / С. А. 托罗普采夫 // 中国电影史概览(1896—1966). 第 210 页

闻一多

1648　Вэнь Идо. Жизнь и творчество. / Сухоруков В. Т. // М. ; Наука. 1968. 147 с.
闻一多:生平与创作 / В. Т. 苏霍鲁科夫 // 莫斯科:科学出版社. 1968. 147 页

1649　Юбилей писателя [85 лет Вэнь Идо] / Известия. 1984. 23 ноября
纪念闻一多诞辰 85 周年 / 消息报. 1984. 11. 23

1650　Вэнь И-До / Большая советская энциклопедия. 3-е изд. Т. 5. С. 600
闻一多 / 苏联大百科全书(第三版). 第 5 卷. 第 600 页

1651　Вэнь И-До / редколлегия // Краткая Литературная Энциклопедия(1962—1978). Т. 1. С. 1078
闻一多 / 编委会 // 简明文学百科全书(1962—1978). 第 1 卷. 第 1078 页

姜　明

1652　Цзян Мин / Торопцев С. А. // Очерк истории китайского кино (1896—1966). С. 213
姜　明 / С. А. 托罗普采夫 // 中国电影史概览(1896—1966). 第 213 页

姜则善

1653　Цзян Цэ-шань / Торопцев С. А. // Очерк истории китайского кино（1896—1966）. C. 220
　　　姜则善 / С. А. 托罗普采夫 // 中国电影史概览(1896—1966). 第 220 页

洪　波

1654　Хун По / Торопцев С. А. // Очерк истории китайского кино（1896—1966）. C. 213
　　　洪　波 / С. А. 托罗普采夫 // 中国电影史概览(1896—1966). 第 213 页

洪　虹

1655　Хун Хун / Торопцев С. А. // Очерк истории китайского кино（1896—1966）. C. 211
　　　洪　虹 / С. А. 托罗普采夫 // 中国电影史概览(1896—1966). 第 211 页

洪　深

1656　《Театральная ассоциация》 и Хун Шэнь / Мальцева Е. В. // Материалы по истории и филологии Центральной Азии. Вып. 2. C. 151
　　　洪深与戏剧协会 / Е. В. 马尔采娃 // 中亚语言学和历史资料. 二卷. 第 151 页

1657　Хун Шэнь / Шнейдер М. Е. // Краткая Литературная Энциклопедия.（1962—1978）. Т. 8. C. 349
　　　洪　深 / М. Е. 施奈德 // 简明文学百科全书(1962—1978). 第 8 卷. 第 349 页

1658　Хун Шэнь / Торопцев С. А. // Очерк истории китайского кино（1896—1966）. C. 15. 18. 21. 34. 50. 209
　　　洪　深 / С. А. 托罗普采夫 // 中国电影史概览(1896—1966). 第 15、18、21、34、50、209 页

洪灵菲

1659　Хун Лин-Фэй (Хун Лунь-Сю) / Петров В. В. // Краткая Литературная Энциклопедия. 1962—1978. Т. 8. C. 348
　　　洪灵菲 / В. В. 彼得罗夫 // 简明文学百科全书(1962—1978). 第 8 卷. 第 348 页

恽代英

1660　Юнь Дай-ин / Юрьев М. Ф. // Красная Армия Китая. C. 194
　　　恽代英 / М. Ф. 尤里耶夫 // 中国红军. 第 194 页

1661　Юнь Дай-Ин / Большая советская энциклопедия. 3-е изд. Т. 30. C. 407
　　　恽代英 / 苏联大百科全书(第三版). 第 30 卷. 1978. 第 407 页

1662　Юнь Дай-Ин / редколлегия // Советская Историческая энциклопедия. 1961—1976. . Т. 16. C. 824
　　　恽代英 / 编委会 // 苏联历史百科全书(1961—1976). 第 16 卷. 第 824 页

宣景琳

1663　Сюань Цзин-линь / Торопцев С. А. // Очерк истории китайского кино（1896—1966）. C. 209
　　　宣景琳 / С. А. 托罗普采夫 // 中国电影史概览(1896—1966). 第 209 页

祖农·哈迪尔

1664　Влияние русской и современной многонациональной литературы на творчество Зуннуна Кадыри / Розбакиев С. К. // Теоретические проблемы изучения литератур Дальнего Востока. Тезисы 11 научной конференции. 1984. Ч. 2. C. 163
　　　俄罗斯及当代多民族文学对祖农哈迪尔写作的影响 / С. К. 罗兹巴基耶夫 // 东方文学的理论问题：第十一届学术研讨会摘要(1984). 第二册. 第 163 页

祝希娟

1665　Чжу Си-цзюань / Торопцев С. А. // Очерк истории китайского кино（1896—1966）. C. 167. 219
　　　祝希娟 / С. А. 托罗普采夫 // 中国电影史概览(1896—1966). 第 167、219 页

祝瑞开

1666　Чжу Жуйкай / Буров В. Г. // Современная китайская философия. 1980. C. 227
　　　祝瑞开 / В. Г. 布洛夫 // 当代中国哲学(1980). 第 227 页

[ㄏ]

贺 龙

1667　Хэ Лун / Чудодеев А. Ю. // НАА 1980 №3
　　　贺　龙 / А. Ю. 楚多杰耶夫 // 亚非人民. 1980. 3

1668　Хэ Лун / Юрьев М. Ф. // Красная Армия Китая. С. 191
　　　贺　龙 / М. Ф. 尤里耶夫 // 中国红军. 第191页

1669　О раннем периоде революционной деятельности Хэ Луна / Чудодеев А. Ю. // IX научная конференция 《Общество и государство в Китае》. Тезисы и доклады. Ч. 3. 1978. С. 134
　　　贺龙早期革命经历 / А. Ю. 楚多杰耶夫 // 中国社会与国家第九次学术研讨会提要与报告(1978). 第三册. 第134页

1670　Хо Лун / Ефимов Г. В. // Китай. История. экономика. культура. героическая борьба за национальную независимость. Политические и общественные деятели Китая. С. 454
　　　贺　龙 / Г. В. 叶菲莫夫 // 中国：历史、经济、文化，为民族独立而英勇奋斗（中国政治和社会人物篇）. 第454页

贺 麟

1671　Хэ Линь и современное конфуцианство / Ломанов А. // ПДВ 1999 №5.
　　　贺麟与当代儒学 / А. 洛马诺夫 // 远东问题. 1999. 5

1672　Хэ Линь / Буров В. Г. // Современная китайская философия. 1980. С. 41. 50. 62. 73. 89. 157. 163. 171. 174. 179. 186-188. 192. 199. 223. 270. 274. 278. 281
　　　贺　麟 / В. Г. 布洛夫 // 当代中国哲学(1980). 第41、50-57、62、73、89、157、163、171、174、179、186、192、199、223、270、274、278、281页

贺绿汀

1673　Хэ Лу-тин / Торопцев С. А. // Очерк истории китайского кино (1896—1966). С. 30. 34. 210. 214. 217
　　　贺绿汀 / С. А. 托罗普采夫 // 中国电影史概览(1896—1966). 第30、34、210、214、217页

1674　Сталинские премии китайским писателям [Дин Лин, Чжоу Ли-бо, Хэ Цзин-чжи, Дин Ни] / Народный Китай. 1952. № 9/10
　　　斯大林文学奖金获得者：丁玲、周立波、贺敬之、丁毅 / 人民中国. 1952. 9/10

1675　Хэ Цзин-чжи / Торопцев С. А. // Очерк истории китайского кино (1896—1966). С. 214. 221
　　　贺敬之 / С. А. 托罗普采夫 // 中国电影史概览(1896—1966). 第214、221页

柔 石

1676　134. Против белого террора в Китае. Воззвание Лиги левых писателей Китая против белого террора Гоминьдана и империалистов. [О казни писателей Ли Вэй-сэня, Жоу Ши, Инь Фу, Ху Е-пиня, Фын Кэн] / Литература мировой революции. 1933. № 11-12
　　　反对中国的"白色恐怖"：中国左翼作家李伟森、柔石、殷夫、胡也频、冯铿呼吁反抗国民党和帝国主义者的白色恐怖而被处死 / 世界革命文学. 1933. 11—12

1677　Памяти павших. (1931—1937). [О китайских писателях Ху Е-пине, Фын Кэн, Жоу Ши, Ли Вэй-сэне, Инь Фу.] / Рудман В. // Резец. 1937. №6.
　　　纪念中国烈士作家胡也频、冯铿、柔石、李伟森、殷夫 / В. 卢德曼 // 刀锋. 1937. 6

1678　Жоу Ши (настоящее имя Чжао Пин-фу) / Большая советская энциклопедия. 3-е изд. Т. 9. С. 233
　　　柔石(赵平复) / 苏联大百科全书(第三版). 第9卷. 第233页

1679　Жоу Ши (Чжао Пин-фу) / Рифтин Б. Л. // Краткая Литературная Энциклопедия (1962—1978). Т. 2. С. 951

柔石（赵平复）/ Б. Л. 里夫京 // 简明文学百科全书（1962—1978）. 第 2 卷. 第 951 页

费 启
1680　Фэй Ци / Буров В. Г. // Современная китайская философия. 1980. С. 216
　　　费　启 / В. Г. 布洛夫 // 当代中国哲学（1980）. 第 216 页

费 穆
1681　Фэй Му / Торопцев С. А. // Очерк истории китайского кино（1896—1966）. С. 33. 47. 210. 212
　　　费　穆 / С. А. 托罗普采夫 // 中国电影史概览（1896—1966）. 第 33、47、210、212 页

费孝通
1682　Фэй Сяотун / Буров В. Г. // Современная китайская философия. 1980. С. 268
　　　费孝通 / В. Г. 布洛夫 // 当代中国哲学（1980）. 第 268 页

姚 克
1683　Яо Кэ / Торопцев С. А. // Очерк истории китайского кино（1896—1966）. С. 213
　　　姚　克 / С. А. 托罗普采夫 // 中国电影史概览（1896—1966）. 第 213 页

姚文元
1684　Борьба против《группы четырех》в Китае. / Правда. 1977. 26 февраля
　　　中国反对"四人帮"的斗争 / 真理报. 1977. 2. 26

1685　О следствии по делу《группы четырех》/ Правда. 1977. 29 апреля
　　　有关"四人帮"案件的调查 / 真理报. 1977. 4. 29

1686　Суд над《бандой четырех》и группой Линь Бяо / Егоров К. А. // Китайская Народная Республика в 1980 г.: Политика. экономика. идеология. С. 22
　　　审判"四人帮"与林彪同党 / К. А. 耶戈罗夫 // 1980 年的中华人民共和国：政治、经济、意识形态. 第 22 页

1687　《Банда четырёх》-враг исторической науки / Вяткина　Р. В. // Историческая наука в КНР. Изд. 2-е. переработанное и дополненное. М. Наука ГРВЛ. 1981. С. 331
　　　"四人帮"——历史科学之敌 / Р. В. 维特金娜 // 中国历史（增订本）. 第 331 页

1688　Яо Вэньюань / Буров В. Г. // Современная китайская философия. 1980. С. 237
　　　姚文元 / В. Г. 布洛夫 // 当代中国哲学（1980）. 第 237 页

姚向黎
1689　Яо Сян-ли / Торопцев С. А. // Очерк истории китайского кино（1896—1966）. С. 214
　　　姚向黎 / С. А. 托罗普采夫 // 中国电影史概览（1896—1966）. 第 214 页

姚依林
1690　Яо Илинь / Персоналии　// Персоналии 40 лет КНР. С. 509
　　　姚依林 / 名人录编委会 // 中华人民共和国四十年名人录. 第 509 页

十　画

〔一〕

秦　怡

1691　Цинь И / Торопцев С. А. // Очерк истории китайского кино（1896—1966）. С. 74. 212. 216. 218. 221
　　秦　怡 / С. А. 托罗普采夫 // 中国电影史概览（1896—1966）. 第 74、212、216、218、221 页

秦基伟

1692　Цинь Цзивэй / Персоналии // Персоналии 40 лет КНР. С. 501-502
　　秦基伟 / 名人录编委会 // 中华人民共和国四十年名人录. 第 501-502 页

载　湉

1693　Вдовствующая императрица Цы-Си и император Гуан-Сюй / Брандт Я. Я. // Вестник Азии. 1909. №1
　　慈禧太后与光绪帝 / Я. Я. 布朗特 // 东方晓报（亦名亚细亚通讯）. 1909. 1

1694　Гуансюй / Большая советская энциклопедия. 3-е изд. Т. 7. С. 422
　　光绪帝 / 苏联大百科全书（第三版）. 第 7 卷. 第 422 页

袁　岳

1695　Юань Юэ / Торопцев С. А. // Очерк истории китайского кино（1896—1966）. С. 221
　　袁　岳 / С. А. 托罗普采夫 // 中国电影史概览（1896—1966）. 第 221 页

袁　霞

1696　Юань Ся / Торопцев С. А. // Очерк истории китайского кино（1896—1966）. С. 217. 222
　　袁　霞 / С. А. 托罗普采夫 // 中国电影史概览（1896—1966）. 第 217、222 页

袁之远

1697　Юань Чжи-юань / Торопцев С. А. // Очерк истории китайского кино（1896—1966）. С. 216
　　袁之远 / С. А. 托罗普采夫 // 中国电影史概览（1896—1966）. 第 216 页

袁水拍

1698　Юань Шуй-По（Ма Фань-то）/ С. Д. Маркова // Краткая Литературная Энциклопедия. 1962—1978. Т. 8. С. 1002
　　袁水拍（马凡陀）/ С. Д. 马尔科娃 // 简明文学百科全书（1962—1978）. 第 8 卷. 第 1002 页

袁文舒

1699　Юань Вэнь-шу / Торопцев С. А. // Очерк истории китайского кино（1896—1966）. С. 119. 190
　　袁文舒 / С. А. 托罗普采夫 // 中国电影史概览（1896—1966）. 第 119、190 页

袁世凯

1700　Юань Ши-кай-спаситель Маньчжурской династии. / Вестник иностранной литературы. декабрь. 1911
　　满清王朝的救星——袁世凯 / 外国文学通讯. 1911. 12

1701　Генерал Ли и президент. ［О Ли Юань-хуне и Юань Ши-кае.］/ Китайский благовестник. 1913. №5
　　黎将军与大总统（黎元洪与袁世凯）/ 中国福音报. 1913. 5

1702　Юань Ши-кай, президент Китайской республики / Исторический Вестник. 1915. Октябрь.
　　袁世凯——中华民国大总统 / 历史通报. 1915. 10

1703　Юань Ши-кай, будущий император. / Вестник Азии. 1914. №25-26;　Вестник Азии. 1916. №

38-39

未来君王袁世凯 / 东方晓报(亦名:亚细亚通讯). 1914. 25-26;东方晓报(亦名:亚细亚通讯). 1916. 38-39

1704　Юань Шикай в Корее / Забровская Л. В. // X научная конференция «Общество и государство в Китае». Тезисы и доклады. Ч. 2. 1979. С. 81
袁世凯在朝鲜 / Л. В. 扎布洛夫斯卡娅 // 中国社会与国家第十次学术研讨会提要与报告(1979). 第二册. 第81页

1705　Юань Шикай и США в период Синьхайской революции / Бродский Р. М. // XI научная конференция «Общество и государство в Китае». Тезисы и доклады. Ч. 2. 1980. С. 190
辛亥革命时期的袁世凯与美国 / Р. М. 布罗茨基 // 中国社会与国家第十一次学术研讨会提要与报告(1980). 第二册. 第190页

1706　Бэйянский генералитет: синтез традиционного и современного [Юань Шикай, У Пэйфу, Ли Юаньхун, др. -ТВ] / Непомнин О. Е. // XXI научная конференция «Общество и государство в Китае». Тезисы и доклады. Ч. 3. 1990. С. 114
北洋军阀代表人物:袁世凯、吴佩孚、黎元洪 / О. Е. 涅波姆宁 // 中国社会与国家第二十一次学术研讨会提要与报告(1990). 第三册. 第114页

1707　Создание в Китае Прогрессивной партии (весна 1913 г.)) [Юань Шикай, Лян Цичао-ТВ] / Стабурова Е. Ю. // XXI научная конференция «Общество и государство в Китае». Тезисы и доклады Ч. 3 1990. С. 93
中国进步党的成立(1913年)(袁世凯、梁启超) / Е. Ю. 斯塔布洛娃 // 中国社会与国家第二十一次学术研讨会提要与报告(1990). 第三册. 第93页

1708　Юань Ши-Кай / Белов Е. А. // Большая советская энциклопедия. 3-е изд. Т. 30. С. 331
袁世凯 / Е. А. 别洛夫 // 苏联大百科全书(第三版). 第30卷. 第331页

1709　Юань Ши-Кай, Юань Вэй-тин / Белов Е. А. // Советская Историческая энциклопедия. 1961—1976. . Т. 16. С. 695
袁世凯(袁慰亭) / Е. А. 别洛夫 // 苏联历史百科全书(1961—1976). 第16卷. 695页

袁丛美

1710　Юань Цун-мэй / Торопцев С. А. // Очерк истории китайского кино (1896—1966). С. 37. 210
袁丛美 / С. А. 托罗普采夫 // 中国电影史概览(1896—1966). 第37、210页

袁牧之

1711　Юань Мучжи-актёр, режиссёр, сценарист, драматург / Торопцев С. А. // Азия и Африка сегодня 1979 №3
袁牧之——演员、导演、编剧人、剧作家 / С. 托罗普采夫 // 今日亚非. 1974. 3

1712　Юань Му-чжи / Торопцев С. А. // Очерк истории китайского кино (1896—1966). С. 16. 30. 34. 49. 53. 55. 210
袁牧之 / С. А. 托罗普采夫 // 中国电影史概览(1896—1966). 第16、30、34、49、53、55、210页

袁美云

1713　Юань Мэй-юнь / Торопцев С. А. // Очерк истории китайского кино (1896—1966). С. 210. 213
袁美云 / С. А. 托罗普采夫 // 中国电影史概览(1896—1966). 第210、213页

袁雪芬

1714　Юань Сюэ-фэнь / Торопцев С. А. // Очерк истории китайского кино (1896—1966). С. 48. 213. 215
袁雪芬 / С. А. 托罗普采夫 // 中国电影史概览(1896—1966). 第48、213、215页

耿　飚

1715　Карибский вояж Гэн Бяо (зам. Премьера Госсовета) / Барышев А. // Новое время. 1978. № 34

国务院副总理耿飚的卡里布之行 / А. 巴雷舍夫 // 新时代. 1978. 34

1716 Гэн Бяо / Персоналии. Китайская Народная Республика в 1977 г. Политика. Экономика. Идеология. 325 с

耿　飚 / 1977 中华人民共和国名人录：政治、经济、意识形态. 第 325 页

耿济之

1717 Гэн Цзи-Чжи（Гэн Куан，Мэн Шэн）/ Петров В. В. // Краткая Литературная Энциклопедия. 1962—1978. Т. 9. С. 253

耿济之（耿匡）/ В. В. 彼得罗夫 // 简明文学百科全书（1962—1978）. 第 9 卷. 第 253 页

聂耳

1718 Композиторы народного Китая.［Краткие биографии композиторов：Не Эр, Си Син-хай и других.］/ Советская музыка. 1952. №10

中国人民的作曲家：聂耳、冼星海简传 / 苏维埃音乐. 1952. 10

1719 Не Эр / Торопцев С. А. // Очерк истории китайского кино（1896—1966）. С. 18. 30. 143. 210

聂耳 / С. А. 托罗普采夫 // 中国电影史概览（1896—1966）. 第 18、30、143、210 页

1720 Не Эр / Желоховцев А. Н.　　Большая советская энциклопедия. 3-е изд. Т. 17. С. 553

聂　耳 / А. Н. 热洛霍夫采夫 // 苏联大百科全书（第三版）. 第 17 卷. 第 553 页

聂荣臻

1721 Не Жун-чжэнь / Юрьев М. Ф. // Красная Армия Китая. С. 189

聂荣臻 / М. Ф. 尤里耶夫 // 中国红军. 第 189 页

1722 Не Жун-чжэнь / Персоналия：Китайская Народная Республика в 1976 году：Политика. Экономика. Идеология. С. 340

聂荣臻 / 1976 中华人民共和国名人录：政治、经济、意识形态. 第 340 页

贾霁

1723 Цзя Цзи / Торопцев С. А. // Очерк истории китайского кино（1896—1966）. С. 217

贾　霁 / С. А. 托罗普采夫 // 中国电影史概览（1896—1966）. 第 217 页

贾平西

1724 Мир на свитке（Цзя Пинси, Чжэн Инчун, Чжоу Цзяньпин, Ян Фумин）/ Неглинская М. // Азия и Африка сегодня 1990 №3

画中世界：贾平西、曾迎春、周建平、严培明 / М. 尼格林斯卡娅 // 今日亚非. 1990. 3

夏天

1725 Ся Тянь / Торопцев С. А. // Очерк истории китайского кино（1896—1966）. С. 217

夏　天 / С. А. 托罗普采夫 // 中国电影史概览（1896—1966）. 第 217 页

夏衍

1726 Юбилей китайского писателя［Шэнь Дуань-сян］/ Интернациональная литература. 1940. № 7/8

纪念中国作家夏衍（沈端先）/ 共产国际文学. 1940. 7/8

1727 Ся Янь / Торопцев С. А. // Очерк истории китайского кино（1896—1966）. С. 12. 16. 20. 24. 30. 50. 55. 67. 69. 72. 104. 148. 150. 153. 167. 177. 183. 206. 20. 216. 218

夏　衍 / С. А. 托罗普采夫 // 中国电影史概览（1896—1966）. 第 12、16、20、24、30、50、55、67、69、72、104、148、150、153、167、177、183、206、209、216、218 页

1728 ［Ся Янь］/ Эйдлин Л. З. // О китайской литературе наших дней. С. 296

夏　衍 / Л. З. 艾德林 // 当代中国文学. 第 296 页

1729 Ся Янь / Большая советская энциклопедия. 3-е изд. Т. 25. С. 156

夏　衍 / 苏联大百科全书（第三版）. 第 25 卷. 第 156 页

1730 Ся Янь（Шэнь Дуань-сянь）/ Сорокин В. Ф. // Краткая Литературная Энциклопедия. 1962—1978. Т. 7. С. 319

夏衍(沈乃熙) / В. Ф. Соролкин // 简明文学百科全书(1962—1978). 第 7 卷. 第 319 页

夏佩珍

1731　Ся Пэй-чжэнь / Торопцев С. А. // Очерк истории китайского кино (1896—1966). С. 209
　　　夏佩珍 / С. А. 托罗普采夫 // 中国电影史概览(1896—1966). 第 209 页

顾也鲁

1732　Гу Е-лу / Торопцев С. А. // Очерк истории китайского кино (1896—1966). С. 217. 219
　　　顾也鲁 / С. А. 托罗普采夫 // 中国电影史概览(1896—1966). 第 217、219 页

顾兰君

1733　Гу Лань-цзюнь / Торопцев С. А. // Очерк истории китайского кино (1896—1966). С. 209
　　　顾兰君 / С. А. 托罗普采夫 // 中国电影史概览(1896—1966). 第 209 页

顾而已

1734　Гу Эр-и / Торопцев С. А. // Очерк истории китайского кино (1896—1966). С. 211. 213. 220
　　　顾而已 / С. А. 托罗普采夫 // 中国电影史概览(1896—1966). 第 211、213、220 页

顾宝璋

1735　Гу Бао-чжан / Торопцев С. А. // Очерк истории китайского кино (1896—1966). С. 214
　　　顾宝璋 / С. А. 托罗普采夫 // 中国电影史概览(1896—1966). 第 214 页

顾梦鹤

1736　Гу Мэн-хао / Торопцев С. А. // Очерк истории китайского кино (1896—1966). С. 210
　　　顾梦鹤 / С. А. 托罗普采夫 // 中国电影史概览(1896—1966). 第 210 页

顾梅君

1737　Гу Мэй-цзюнь / Торопцев С. А. // Очерк истории китайского кино (1896—1966). С. 209
　　　顾梅君 / С. А. 托罗普采夫 // 中国电影史概览(1896—1966). 第 209 页

顾维钧

1738　Китайский историк Дэн Е о взглядах и деятельности Гу Вэйцзюня / Каткова З. Д. // XXIX научная конференция 《Общество и государство в Китае》. Тезисы и доклады. 1999. С. 316
　　　中国历史学家邓野论顾维钧的观点与活动 / З. Д. 卡特科娃 // 中国社会与国家第二十九次学术研讨会提要与报告(1999). 第 316 页

1739　Гу Вэй-цзюнь (Веллингтон Ку) / Ефимов Г. В. // Китай. История. экономика. культура. героическая борьба за национальную независимость. Политические и общественные деятели Китая. С. 449
　　　顾维钧 / Г. В. 叶菲莫夫 // 中国:历史、经济、文化,为民族独立而英勇奋斗(中国政治和社会人物篇). 第 449 页

顾颉刚

1740　Парадоксы Гу Цзегана. Американский журнал о китайской историографии 1930-х годов / Березный Л. А // XXIX научная конференция 《Общество и государство в Китае》. Тезисы и доклады. 1999. С. 302
　　　顾颉刚的悖论——美国杂志谈中国三十年代历史学 / Л. А. 别列兹内 // 中国社会与国家第二十九次学术研讨会提要与报告(1999). 第 302 页

1741　Гу Цзеган-исследователь древней истории Китая. / Вяткин Р. В. // XXIV научная конференция 《Общество и государство в Китае》. Тезисы и доклады. Часть I. 1993. С. 155
　　　顾颉刚——中国古代史研究者 / Р. В. 维特金 // 中国社会与国家第二十四次学术研讨会提要与报告(1993). 第一册. 第 155 页

〔囗〕

恩和森

1742　Энь Хэ-сэнь / Торопцев С. А. // Очерк истории китайского кино. 1896—1966. С. 214

恩和森 / С. А. 托罗普采夫 // 中国电影史概览(1896—1966). 第 214 页

〔J〕

钱　将
1743　Цянь Цзян / Торопцев С. А. // Очерк истории китайского кино (1896—1966). С. 221
　　　钱　将 / С. А. 托罗普采夫 // 中国电影史概览(1896—1966). 第 221 页

钱　穆
1744　Цянь Му / Буров В. Г. // Современная китайская философия. 1980. С. 179. 278
　　　钱　穆 / В. Г. 布洛夫 // 当代中国哲学(1980). 第 179、278 页

钱千里
1745　Цянь Цянь-ли / Торопцев С. А. // Очерк истории китайского кино (1896—1966). С. 211. 213
　　　钱千里 / С. А. 托罗普采夫 // 中国电影史概览(1896—1966). 第 211、213 页

钱其琛
1746　Цянь Цичэнь / Персоналия: Китайская Народная Республика в 1990 году. Политика. Экономика. Идеология. С. 281
　　　钱其琛 / 1990 中华人民共和国名人录:政治、经济、意识形态. 第 281 页

铁　良
1747　Китайский военный министр Те Лян и его сподвижники / Вестник Азии. №3. 1910
　　　中国军事部长铁良及其战友 / 东方晓报(亦名:亚细亚通讯). 1910. 3

徐　进
1748　Сюй Цзинь / Торопцев С. А. // Очерк истории китайского кино (1896—1966). С. 215. 220. 221
　　　徐　进 / С. А. 托罗普采夫 // 中国电影史概览(1896—1966). 第 215、220、221 页

徐　韬
1749　Сюй Тао / Торопцев С. А. // Очерк истории китайского кино (1896—1966). С. 44. 213. 217. 219
　　　徐　韬 / С. А. 托罗普采夫 // 中国电影史概览(1896—1966). 第 44、213、217、219 页

徐玉兰
1750　Сюй Юй-лань / Торопцев С. А. // Очерк истории китайского кино (1896—1966). С. 220
　　　徐玉兰 / С. А. 托罗普采夫 // 中国电影史概览(1896—1966). 第 220 页

徐世余
1751　Сюй Ши-ю / Персоналия : Китайская Народная Республика в 1976 году: Политика. Экономика. Идеология. С. 337
　　　徐世余 / 1976 中华人民共和国名人录:政治、经济、意识形态. 第 337 页

徐光耀
1752　Сюй Гуан-хуэй / Торопцев С. А. // Очерк истории китайского кино (1896—1966). С. 221
　　　徐光耀 / С. А. 托罗普采夫 // 中国电影史概览(1896—1966). 第 221 页

徐仲年
1753　Сюй Чжун-нянь / Ефимов Г. В. // Китай. История. экономика. культура. героическая борьба за национальную независимость. Политические и общественные деятели Китая. С. 453
　　　徐仲年 / Г. В. 叶菲莫夫 // 中国:历史、经济、文化,为民族独立而英勇奋斗(中国政治和社会人物篇). 第 453 页

徐向前
1754　Сюй Сян-цянь / Юрьев М. Ф. // Красная Армия Китая. С. 190
　　　徐向前 / М. Ф. 尤里耶夫 // 中国红军. 第 190 页
1755　Сюй Сян-цянь / Персоналия : Китайская Народная Республика в 1976 году: Политика.

Экономика. Идеология. С. 340

徐向前 / 1976 中华人民共和国名人录：政治、经济、意识形态．第 340 页

徐肖冰

1756　Сюй Сяо-бин / Торопцев С. А. // Очерк истории китайского кино. С. 50

徐肖冰 / С. А. 托罗普采夫 // 中国电影简史（1896—1966）．第 50 页

徐志摩

1757　Сюй Чжи-Мо / Лисевич И. С. / Краткая Литературная Энциклопедия. 1962—1978. Т. 7. С. 311

徐志摩 / И. С. 利谢维奇 / 简明文学百科全书（1962—1978）．第 7 卷．311 页

徐怀忠

1758　Сюй Хуай-чжун / Торопцев С. А. // Очерк истории китайского кино（1896—1966）. С. 221

徐怀忠 / С. А. 托罗普采夫 // 中国电影史概览（1896—1966）．第 221 页

徐林格

1759　Сюй Линь-гэ / Торопцев С. А. // Очерк истории китайского кино（1896—1966）. С. 217. 221

徐林格 / С. А. 托罗普采夫 // 中国电影史概览（1896—1966）．第 217、221 页

徐国腾

1760　Сюй Го-тэн / Торопцев С. А. // Очерк истории китайского кино（1896—1966）. С. 222

徐国腾 / С. А. 托罗普采夫 // 中国电影史概览（1896—1966）．第 222 页

徐昌霖

1761　Сюй Чан-линь / Торопцев С. А. // Очерк истории китайского кино（1896—1966）. С. 81. 150. 177. 188. 212. 216

徐昌霖 / С. А. 托罗普采夫 // 中国电影史概览（1896—1966）．第 81、150、177、188、212、216 页

徐莘园

1762　Сюй Синь-юань / Торопцев С. А. // Очерк истории китайского кино（1896—1966）. С. 210. 213

徐莘园 / С. А. 托罗普采夫 // 中国电影史概览（1896—1966）．第 210、213 页

徐海东

1763　Сюй Хай-дун / Юрьев М. Ф. // Красная Армия Китая. С. 190

徐海东 / М. Ф. 尤里耶夫 // 中国红军．第 190 页

1764　Сюй Хай-дун / Ефимов Г. В. // Китай. История. экономика. культура. героическая борьба за национальную независимость. Политические и общественные деятели Китая. С. 453

徐海东 / Г. В. 叶菲莫夫 // 中国：历史、经济、文化，为民族独立而英勇奋斗（中国政治和社会人物篇）．第 453 页

徐悲鸿

1765　Сюй Бэй-хун / Предисловие　О. Глухаревой // М. : Изогиз. 1957. 14 с.

徐悲鸿 / О. 格卢哈列娃的序言 // 莫斯科：国家造型艺术出版社．1957．14 页．

1766　Сюй Бэй-хун / Левина Л. М. // М. : Изобраз. искусство. 1957. 48 с.

徐悲鸿 / Л. М. 列维娜 // 莫斯科：国家造型艺术出版社．1957．48 页

1767　Сюй Бэйхун: Альбом / Виноградова, Надежда Анатольевна // М. : Изобраз. искусство. 1980. 62 стр.

徐悲鸿画册 / 维诺格拉多娃 // 莫斯科：国家造型艺术出版社．1980．62 页

1768　Творчество Сюй Бэйхуна и китайская художественная культура XX в. / Пострелова Т. А.　// М. . Наука.（Серия Культура народов Востока. Материалы и исследования）. 1987. 262 стр.

徐悲鸿的创作与 20 世纪中国的艺术文化 / Т. А. 波斯特列洛娃 // 莫斯科：科学出版社（东方民族文化研究和资料）．1987．262 页

1769　В краю героев.［О Сюй Бэй-хуне（Жу Пэон）.］/ Кожевников В. // Огонек. 1953. № 36

在英雄的土地上：徐悲鸿 / В. 科热夫尼科夫 // 星火．1953．36

1770　Памяти выдающегося художника. ［О Сюй Бэй-хуне.］/ Климашин В. // Огонек. 1953. №40

纪念杰出画家徐悲鸿 / В. 克利马申 // 星火. 1953. 40

1771　Сюй Бэй-хун (1894—1953).［Некролог.］/ Левина Л. // Искусство. 1954. №1

徐悲鸿（1894—1953）讣告 / Л. 列维娜 // 艺术. 1954. 1

1772　Глазами художника.［О Сюй Бэй-хуне.］/ Федоренко Н. Т. // Наш современник. 1956. №4

透过画家徐悲鸿的眼睛看世界 / Н. Т. 费德林 // 我们的现时代人. 1956. 4

1773　Сюй Бэй-хун и социалистическое искусство / Пострелова Т. А. // ПДВ. 1979. №1

徐悲鸿与社会主义艺术 / Т. А. 波斯特列洛娃 // 远东问题. 1979. 1

1774　На московской выставке Сюй Бэйхуна / Кузьменко Л. И. // ПДВ. 1984. №3

徐悲鸿莫斯科画展 / Л. И. 库兹缅科 // 远东问题. 1984. 3

1775　Страницы жизни Сюй Бэйхуна / Ляо Цзинвэнь // ПДВ. 1984. №4, ПДВ. 1985. №1

徐悲鸿生活剪影 / 廖静文 // 远东问题. 1984. 4，1985. 1

1776　《Учителем своим беру природу…?》(Сюй Бэйхун) / Шадрин С. // Азия и Африка сегодня. 1985. № 8

"我以自然为师"（徐悲鸿）/ С. 沙德林 // 今日亚非. 1985. 8

1777　Творческий путь Сюй Бэйхуна / Юркевич А. Г. // ПДВ. 1988. № 2

徐悲鸿的创作之路 / А. Г. 尤尔格维奇 // 远东问题. 1988. 2

1778　Мчащиеся кони Сюй Бэйхуна. К 100-летию художника / Пострелова Т. А. // Проблемы Дальнего Востока. 1995. № 6

徐悲鸿笔下奔驰的骏马，纪念画家诞辰一百周年 / Т. А. 波斯特列洛娃 // 远东问题. 1995. 6

1779　О Сюй Бэйхуне / Пострелова Т. А. // III научная конференция 《Общество и государство в Китае》. Тезисы и доклады. Ч. 2. 1972. С. 361

评徐悲鸿 / Т. А. 波斯特列洛娃 // 中国社会与国家第三次学术研讨会提要与报告（1972）. 第二册. 第 361 页

1780　Источники и литература о Сюй Бэйхуне / Пострелова Т. А. // VII научная конференция 《Общество и государство в Китае》. Тезисы и доклады. Ч. 3. 1976. С. 652

有关徐悲鸿的资料与文献 / Т. А. 波斯特列洛娃 // 中国社会与国家第七次学术研讨会提要与报告（1976）. 第三册. 第 652 页

1781　Сюй Бэйхун в Советском Союзе / Пострелова Т. А. // VIII научная конференция 《Общество и государство в Китае》. Тезисы и доклады. Ч. 3. 1977. С. 173

徐悲鸿在苏联 / Т. А. 波斯特列洛娃 // 中国社会与国家第八次学术研讨会提要与报告（1977）. 第三册. 第 173 页

1782　К характеристике личности и творчества Сюй Бэйхуна / Пострелова Т. А. // XI научная конференция 《Общество и государство в Китае》. Тезисы и доклады. Ч. 3. 1980. С. 146

徐悲鸿性格和创作特点 / Т. А. 波斯特列洛娃 // 中国社会与国家第十一次学术研讨会提要与报告（1980）. 第三册. 第 146 页

1783　Борьба Сюй Бэйхуна за утверждение реалистического метода в изобразительном искусстве Китая (1940-е гг.) / Пострелова Т. А. // XIV научная конференция 《Общество и государство в Китае》. Тезисы и доклады. Ч. 3. С. 172

徐悲鸿为创立中国美术现实主义画派所做的斗争（1940 年代）/ Т. А. 波斯特列洛娃 // 中国社会与国家第十四次学术研讨会提要与报告（1983）. 第三册. 第 172 页

1784　В. М. Алексеев и Сюй Бэй-хун / Пострелова Т. А. // Традиционная культура Китая. С. 176

В. М. 阿列克谢也夫与徐悲鸿 / Т. А. 波斯特列洛娃 // 中国传统文化. 第 176 页

1785　Из переписки Сюй Бэй-хуна с И. Э. Грабарём: (По материалам архива Государственной Третьяковской галереи) / Пострелова Т. А. // Историография и и источниковедение истории стран Азии и Африки. Л. Вып. 6. 1982. С. 101

徐悲鸿和格拉巴利的通信:(来自国家特列季亚科夫画廊的档案)/ Т. А. 波斯特列洛娃 // 亚非史料及历史文献(第六册)第 101 页

1786 Сюй Бэй-Хун / Большая советская энциклопедия. 3-е изд. Т. 25. С. 151

徐悲鸿 / 苏联大百科全书(第三版). 第 25 卷. 第 151 页

徐懋庸

1787 Сюй Маоюн / Буров В. Г. // Современная китайская философия. 1980. С. 189. 279

徐懋庸 / В. Г. 布洛夫 // 当代中国哲学(1980). 第 189、279 页

殷 夫

1788 Инь Фу-певец китайской революции. / Матков Н. Ф. // М.: Изд-во Моск. ун-та. 1962. 94 с.

殷夫——中国革命的歌者 / Н. Ф. 马特科夫 // 莫斯科:莫斯科大学出版社. 1962. 94 页

1789 134. Против белого террора в Китае. Воззвание Лиги левых писателей Китая против белого террора Гоминьдана и империалистов. [О казни писателей Ли Вэй-сэня, Жоу Ши, Инь Фу, Ху Е-пиня, Фын Кэн] / Литература мировой революции. 1933. № 11/12

反对中国的"白色恐怖". 中国左翼作家联盟呼吁反抗国民党和帝国主义者的白色恐怖(有关作家李伟森、柔石、殷夫、胡也频、冯铿被处死的事件) / 世界革命文学. 1933. 11—12

1790 Памяти павших. (1931—1937). [О китайских писателях Ху Е-пине, Фын Кэн, Жоу Ши, Ли Вэй-сэне, Инь Фу.] / Рудман В. // Резец. 1937. №6

纪念中国烈士作家胡也频、冯铿、柔石、李伟森、殷夫 / В. 鲁德曼 // 刀锋. 1937. 6

1791 Инь Фу-поэт и коммунист / Ярославцев Г. // Азия и Африка сегодня. 1969. №6

诗人和共产党员——殷夫 / Г. 雅罗斯拉夫措夫 // 今日亚非. 1969. 6

1792 Инь Фу-представитель новой китайской поэзии / Лисевич И. С. // II научная конференция «Общество и государство в Китае». Тезисы и доклады. Ч. 2. 1971. С. 397

中国现代诗歌代表——殷夫 / И. С. 利谢维奇 // 中国社会与国家第二次学术研讨会提要与报告(1971). 第二册. 第 397 页

1793 Инь Фу (настоящее имя Сюй Бай-ман)? / Большая советская энциклопедия. 3-е изд. Т. 10. С. 361

殷夫(徐白莽) / 苏联大百科全书(第三版). 第 10 卷. 第 361 页

1794 Инь Фу (Сюй Вэнь Сюн) / Рифтин Б. Л. / Краткая Литературная Энциклопедия (1962—1978). Т. 3. С. 156

殷 夫 / Б. Л. 里夫京 // 简明文学百科全书(1962—1978). 第 3 卷. 156 页

殷 旭

1795 Инь Сюй / Торопцев С. А. / Очерк истории китайского кино (1896—1966). С. 210

殷 旭 / С. А. 托罗普采夫 // 中国电影史概览(1896—1966). 第 210 页

殷绣岑

1796 Инь Сю-цэнь / Торопцев С. А. // Очерк истории китайского кино (1896—1966). С. 211. 213

殷绣岑 / С. А. 托罗普采夫 // 中国电影史概览(1896—1966). 第 211、213 页

翁文灏

1797 Вэн Вэнь-хао / Ефимов Г. В. // Китай. История. экономика. культура. героическая борьба за национальную независимость. Политические и общественные деятели Китая. С. 449

翁文灏 / Г. В. 叶菲莫夫 // 中国:历史、经济、文化,为民族独立而英勇奋斗(中国政治和社会人物篇). 第 449 页

翁同龢

1798 Вэн Тун-Хэ / Тихвинский С. Л. // Советская Историческая энциклопедия. 1961—1976. Т. 3. С. 970

翁同龢 / С. Л. 季赫文斯基 // 苏联历史百科全书(1961—1976). 第 3 卷. 第 970 页

〔丶〕

高正

1799 Гао Чжэн / Торопцев С. А. // Очерк истории китайского кино (1896—1966). С. 215. 218. 219
高　正 / С. А. 托罗普采夫 // 中国电影史概览(1896—1966). 第 215、218、219 页

高平

1800 Гао Пин / Торопцев С. А. // Очерк истории китайского кино (1896—1966). С. 215
高　平 / С. А. 托罗普采夫 // 中国电影史概览(1896—1966). 第 215 页

高岗

1801 Неофициальные встречи с Линь Бяо, Гао Ганом, Пэн Чжэнем. / Сладковский М. И. // Знакомство с Китаем и китайцами. М.: Мысль. 1984. 381 с.
与林彪、高岗、彭真的非正式会议 / 斯拉德科夫斯基 // 初识中国及中国人. 莫斯科:思想出版社. 1984. 381 页

1802 К 25-летию гибели Гао Гана / Титов А. С. // ПДВ 1980 №4
纪念高岗逝世 25 周年 / А. С. 蒂多夫 // 远东问题. 1980. 4

高莽

1803 Наши гости : Гэ Баоцюань, Гао Ман / Вержховская Г., Чугунова А. // Иностранная литература. 1984. № 3
我们的来宾:戈宝权与高莽 / Г. 维尔日霍夫斯卡娅,А. 丘古诺娃 // 共产国际文学. 1984. 3

1804 Профессор Гао Ман-Почётный доктор Института Дальнего Востока Ран / ПДВ. 1999. №4
高莽教授——俄罗斯科学院远东研究所荣誉博士 / 远东问题. 1999. 4

高博

1805 Гао Бо / Торопцев С. А. // Очерк истории китайского кино (1896—1966). С. 219
高　博 / С. А. 托罗普采夫 // 中国电影史概览(1896—1966). 第 219 页

高玉宝

1806 Молодые писатели Китая [Вэй Вэй, Гао Юй-бао, Канн Чжо, Ли Цзи, Ху Кэ, Чэнь Дэн Кэ] / Тишков А. // Московский комсомолец. 1952. 23 ноября
中国青年作家:魏巍、高玉宝、康濯、李季、胡可、陈登科 / А. 季什科夫 // 莫斯科共青团报. 1952. 11. 23

1807 Первая повесть　Гао Юй-бао / Литературная газета. 1953. 19 мая
高玉宝处女作 / 文学报. 1953. 5. 19

1808 Писатель-боец [Гао Юй-бао] / Кассис В. // Комсомольская правда. 1955. 14 января
"战士作家"高玉宝 / В. 卡西斯 // 共青团真理报. 1955. 1. 14

1809 Как был написан роман Гао Юй-бао / Литературная газета. 1955. 23 июня
高玉宝的小说写作 / 文学报. 1955. 6. 23

1810 Гао Юй-бао, писатель-боец Народно-освободительной армии / Народный Китай. 1952. № 5
作家、中国人民解放军战士——高玉宝 / 人民中国. 1952. 5

1811 [Гао Юй-бао] / Эйдлин Л. З. // О китайской литературе наших дней. С. 252
高玉宝 / Л. З. 艾德林 // 当代中国文学. 第 252 页

高占非

1812 Гао Чжань-фэй / Торопцев С. А. // Очерк истории китайского кино (1896—1966). С. 211
高占非 / С. А. 托罗普采夫 // 中国电影史概览(1896—1966). 第 211 页

高伟锦

1813 Гао Вэй-цзинь / Торопцев С. А. // Очерк истории китайского кино (1896—1966). С. 50
高伟锦 / С. А. 托罗普采夫 // 中国电影史概览(1896—1966). 第 50 页

高保成

1814 Гао Бао-чэн / Торопцев С. А. // Очерк истории китайского кино（1896—1966）. С. 217. 220

高保成 / С. А. 托罗普采夫 // 中国电影史概览（1896—1966）. 第 217、220 页

高赞非

1815 Гао Цзаньфэй / Буров В. Г. // Современная китайская философия. 1980. С. 225. 281

高赞非 / В. Г. 布洛夫 // 当代中国哲学（1980）. 第 225、281 页

郭小川

1816 Го Сяо-чуань / Торопцев С. А. // Очерк истории китайского кино（1896—1966）. С. 215. 221

郭小川 / С. А. 托罗普采夫 // 中国电影史概览（1896—1966）. 第 215、221 页

郭艺文

1817 Го И-вэнь / Торопцев С. А. // Очерк истории китайского кино（1896—1966）. С. 218

郭艺文 / С. А. 托罗普采夫 // 中国电影史概览（1896—1966）. 第 218 页

郭允泰

1818 Го Юнь-тань（Го Юнь-тай）/ Торопцев С. А. // Очерк истории китайского кино（1896—1966）. С. 215

郭允泰 / С. А. 托罗普采夫 // 中国电影史概览（1896—1966）. 第 215 页

郭兰英

1819 Го Лань-ин / Торопцев С. А. // Очерк истории китайского кино（1896—1966）. С. 219

郭兰英 / С. А. 托罗普采夫 // 中国电影史概览（1896—1966）. 第 219 页

郭松龄

1820 Восстание Го Сун-линя / Каретина Г. С. // VII научная конференция《Общество и государство в Китае》. Тезисы и доклады. Ч. 2. 1976. С. 336

郭松龄起义 / Г. С. 卡列提娜 // 中国社会与国家第七次学术研讨会提要与报告（1976）. 第二册. 第 336 页

郭沫若

1821 Лауреат Международной Сталинской премии мира Го Мо-жо / Федоренко Н. Т. // Москва. Знание. 1952. 32 с.

国际斯大林和平奖得主郭沫若 / Н. Т. 费德林 // 莫斯科：知识出版社. 1954. 32 页.

1822 Очерки современной китайской литературы［Лу Синь, Го Мо-жо, Мао Дунь］/ Федоренко Н. Т. // М. : Гослитиздат. 1953. 356 с.

中国当代文学概览：鲁迅、郭沫若、茅盾 / Н. Т. 费德林 // 莫斯科：国家文学出版社. 1953. 356 页

1823 Драматургия Го Мо-жо в период антияпонской войны（1937—1945）/ Цыбина Е. А // М. : Изд-во Московского университета. 1961. 144 с.

抗日战争时期郭沫若的剧作 / Е. А 茨比娜 // 莫斯科：莫斯科大学出版社. 1961. 144 页

1824 Первая встреча с Гао Ганом / Сладковский М. И. // Знакомство с Китаем и китайцами. М. : Мысль. 1984. 381 с.

与郭沫若的首次会面 / 斯拉德科夫斯基 // 初识中国及中国人. 1984. 莫斯科：思想出版社. 381 页

1825 Китайская литература сегодня. Беседа с китайским писателем Го Мо-жо / Эйдлин Л. // Литературная газета. 1945. 7 июля

今日中国文学：中国作家郭沫若访谈录 / Л. 艾德林 // 文学报. 1945. 7. 7

1826 В свободном Китае［Лу Синь, Го Мо-жл, Дин Лин, Мао Дунь］/ Фадеев А. // Правда. 1949. 5 декабря

在自由的中国：鲁迅、郭沫若、丁玲、茅盾 / А. 法捷耶夫 // 真理报. 通报. 1949. 12. 5

1827 В Комитете по Международным Сталинским премиям《За укрепление мира между народами》. К присуждению Го Мо-жо Международной Сталинской премии《За укрепление мира между народами》. / Правда. ; Известия. 1951. 21 декабря

国际斯大林和平奖巩固各国和平委员会授予郭沫若斯大林国际和平奖 / 真理报、通报. 1951. 12. 21

1828　Го Мо-жо / Герасимов С. // Литературная газета. 1951. 22 декабря

郭沫若 / С. 格拉西莫夫 // 文学报. 1951. 12. 22

1829　Го Мо-жо / Делюсин Л. П. // Правда. 1951. 25декабря

郭沫若 / Л. П. 杰柳辛 // 真理报. 1951. 12. 25.

1830　Го Мо-жо. / Рогов В. Н. // Известия. 1951. 26 декабря

郭沫若 / В. Н. 罗戈夫 // 消息报. 1951. 12. 26.

1831　Го Мо-жо / Владимирова В. // Труд. 1951. 29 декабря

郭沫若 / В. 弗拉基米罗娃 // 劳动报. 1951. 12. 29

1832　Вчера в Кремле. Вручение Международной Сталинской премии 《За укрепление мира между народами》 Президенту Китайской академии Наук Го Мо-жо / Гулиа Г. // Литературная газета. 1952. 10 апреля

克里姆林宫晚会:中国科学院院长郭沫若被授予斯大林国际和平奖 / Г. 古利阿 // 文学报. 1952. 4. 10

1833　Наука служит народу. Беседа с Президентом Китайской академии Наук Го Мо-жо / Делюсин Л. П. // Правда. 1953. 2 марта

科学为人民服务:中国科学院院长郭沫若采访录 / Л. П. 杰柳辛 // 真理报. 1953. 3. 2.

1834　Кончина Го Мо-жо / Правда. 1978. 15 июня

郭沫若逝世 / 真理报. 1978. 6. 15

1835　Почему Го Мо-жо признан 《гордостью нации》? / Валицкий В. // Литературная газета. 1978. 1 ноября

郭沫若缘何成为"民族骄傲" / В. 瓦利茨基 // 文学报. 1978. 11. 1

1836　Го Мо-жо-историк древнего Китая / Вестник древней истории. 1952. №1

郭沫若——中国古代史学家 / 古代史通报. 1952. 1

1837　Го Мо-жо. (К 60-летию со дня рождения). / Петров В. // Звезда. 1952. №11

庆祝郭沫若六十大寿 / В. 彼得罗夫 // 星. 1952. 11

1838　Го Мо-жо. К 60-летию со дня рождения / Петров В. // Звезда. 1952. № 11

郭沫若:纪念作家诞辰60周年 / В. 彼得罗夫 // 星. 1952. 11

1839　Юбилей Го Мо-жо. ［25 лет литературной деятельности.］/ Позднеева Л. // Иностранная Литература. 1942. № 6

纪念郭沫若文学活动二十五周年 / Л. 波兹涅耶娃 // 共产国际文学. 1942. 6

1840　Го Мо-жо-борец за мир / Ян Ю. // Народный Китай. 1952. №1-2

郭沫若——和平战士 / 杨友(音) // 人民中国. 1952. 1-2

1841　Встречи с китайскими писателями ［Лу Синь, Го Мо-жо, Мао Дунь］/ Федоренко Н. Т. // Новый мир. 1954. № 9

中国作家访谈录:鲁迅、郭沫若、茅盾 / Н. Т. 费多连科(费德林) // 新世界. 1954. 9

1842　Общественное значение драматургии Го Мо-жо в период антияпонской войны (1937—1945). / Цыбина Е. А. // Л. : ЛГУ и. А. А. Жданова. 1955. Автореф. дисс. . канд. филол. наук.

郭沫若剧作在抗战期间的社会意义(1937—1945),副博士论文提要 / Е. А. 茨毕娜 // 列宁格勒:日丹诺夫列宁格勒国立大学语文学副博士论文摘要. 1955

1843　Исследования Го Мо-жо о рабстве в древнем Китае / Васильев Л. С. // Советское китаеведение 1958 №2

郭沫若对中国古代奴隶制的研究 / Л. С. 瓦西里耶夫 // 苏联汉学. 1958. 2

1844　Последние исторические пьесы Го Можо / Желоховцев А. Н. // III научная конференция

《Общество и государство в Китае》. Тезисы и доклады. Ч. 2. 1972. С. 437

郭沫若最后的历史剧 / А. Н. 热洛霍夫采夫 // 中国社会与国家第三次学术研讨会提要与报告（1972）. 第二册. 第 437 页

1845　Го Можо о периодизации древней истории Китая / Никифоров В. Н // IV научная конференция 《Общество и государство в Китае》. Тезисы и доклады. Ч. 1. 1973. С. 57

郭沫若论中国古代史分期 / В. Н. 尼基福罗夫 // 中国社会与国家第四次学术研讨会提要与报告（1973）. 第一册. 第 57 页

1846　Го Мо-жо / Ефимов Г. В. // Китай. История. экономика. культура. героическая борьба за национальную независимость. Политические и общественные деятели Китая. С. 449

郭沫若 / Г. В. 叶菲莫夫 // 中国：历史、经济、文化，为民族独立而英勇奋斗（中国政治和社会人物篇）. 第 449 页

1847　Го Мо-жо / Федоренко Н. Т. // Китайская литература. Очерки по истории китайской литературы. с. 515

郭沫若 / Н. Т. 费多连科（费德林）// 中国文学：中国文学史论文集. 第 515 页

1848　Го Можо / Буров В. Г. // Современная китайская философия. 1980. С. 39. 81. 157. 195. 262. 273

郭沫若 / В. Г. 布洛夫 // 当代中国哲学（1980）. 第 39、81、157、195、262、273 页

1849　Го Мо-жо-писатель, ученый, революционер. / Никольская Л., Смирнов В. // Писатели стран народной демократии. вып. 2. С. 142

郭沫若：作家、学者、革命家 / Л. 尼科里斯卡娅, В. 斯米尔诺夫 // 人民民主国家的作家（第 2 辑）第 142 页

1850　Го Мо-Жо / Думан Л. И., Маркова С. Д. // Большая советская энциклопедия. 3-е изд. Т. 7. С. 54

郭沫若 / Л. И. 杜曼, С. Д. 马尔科娃 // 苏联大百科全书（第三版）. 第 7 卷. 第 54 页

1851　Го Мо-жо / Большая Советская энциклопедия. 2. изд. т. 12. С. 30

郭沫若 / 苏联大百科全书（第二版）. 第 12 卷. 第 30 页

1852　Го Мо-Жо (Го Дин-тан) / Маркова С. Д. // Краткая Литературная Энциклопедия (1962—1978). Т. 2. С. 250

郭沫若 / С. Д. 马尔科娃 // 简明文学百科全书（1962—1978）. 第 2 卷. 250 页

郭绳武

1853　Го Шэнъу / Буров В. Г. // Современная китайская философия. 1980. С. 228

郭绳武 / В. Г. 布洛夫 // 当代中国哲学. 第 228 页

唐纳

1854　Тан На / Торопцев С. А. // Очерк истории китайского кино. 1896—1966. С. 27. 31. 210

唐　纳 / С. А. 托罗普采夫 // 中国电影史概览（1896—1966）. 第 27、31、210 页

唐钺

1855　Тан Юэ / Буров В. Г. // Современная китайская философия. С. 181

唐　钺 / В. Г. 布洛夫 // 当代中国哲学. 第 181 页

唐琳

1856　Тан Линь / Торопцев С. А. // Очерк истории китайского кино. 1896—1966. С. 209

唐　琳 / С. А. 托罗普采夫 // 中国电影史概览（1896—1966）. 第 209 页

唐才常

1857　Тан Цай-Чан / Советская Историческая энциклопедия. 1961—1976. Т. 14. С. 114

唐才常 / 苏联历史百科全书（1961—1976）. 第 14 卷. 第 114 页

唐生智

1858　Тан Шэн-чжи / Ефимов Г. В. // Китай. История. экономика. культура. героическая борьба за национальную независимость. Политические и общественные деятели Китая. C. 453

唐生智 / Г. В. 叶菲莫夫 // 中国:历史、经济、文化,为民族独立而英勇奋斗(中国政治和社会人物篇). 第 453 页

唐若青

1859 Тан Жо-цин / Торопцев С. А. // Очерк истории китайского кино. 1896—1966. C. 213

唐若青 / С. А. 托罗普采夫 // 中国电影史概览(1896—1966). 第 213 页

唐绍仪

1860 Образование кантонского военного правительства и новые факторы во взаимоотношениях Севера и Юга. [Сунь Ят-сен, Тан Шао-и, Чэнь Цзюнь-мин, У Дин-фан, Ли Лэ-цзюнь, Чан Сюй-лянь, Тан Цзи-яо]. / Кнауль Г. // Вестник Народного комиссариата иностранных дел. 1921. №1-2

广州护法军政府的形成及南北关系:孙中山、唐绍仪、陈炯明、伍廷芳、李钧烈、常旭良、唐继尧等 / Г. 科诺尔 // 外交人民委员部通讯. 1921. 1-2

唐继尧

1861 Образование кантонского военного правительства и новые факторы во взаимоотношениях Севера и Юга. [Сунь Ят-сен, Тан Шао-и, Чэнь Цзюнь-мин, У Дин-фан, Ли Лэ-цзюнь, Чан Сюй-лянь, Тан Цзи-яо]. / Кнауль Г. // Вестник Народного комиссариата иностранных дел. 1921. №1-2

广州护法军政府的形成及南北关系:孙中山、唐绍仪、陈炯明、伍廷芳、李钧烈、常旭良、唐继尧等 / Г. 科诺尔 // 外交人民委员部通讯. 1921. 1-2

唐槐秋

1862 Тан Гуй-цю / Торопцев С. А. // Очерк истории китайского кино. 1896—1966. C. 209. 212

唐槐秋 / С. А. 托罗普采夫 // 中国电影史概览(1896—1966). 第 209、212 页

凌子风

1863 Ли Цзы-фэн / Торопцев С. А. // Очерк истории китайского кино (1896—1966). C. 213. 217. 219

凌子风 / С. А. 托罗普采夫 // 中国电影史概览(1896—1966). 第 213、217、219 页

浦 克

1864 Пу Кэ / Торопцев С. А. // Очерк истории китайского кино. 1896—1966. C. 60. 127. 212. 214. 216. 220

浦 克 / С. А. 托罗普采夫 // 中国电影史概览(1896—1966). 第 60、127、212、214、216、220 页

容 闳

1865 Предшественники китайской буржуазной интеллигенции Жун Хун и Ван Тао / Белелюбский Ф. Б. // II научная конференция 《Общество и государство в Китае》. Тезисы и доклады. Ч. 1. 1971. C. 211

中国资产阶级知识分子的先驱:容闳、王韬 / Ф. Б. 别列柳布斯基 // 中国社会与国家第二次学术研讨会提要与报告(1971). 第一册. 第 211 页

1866 Жун Хун / Большая советская энциклопедия. 3-е изд. Т. 9. С. 243

容 闳 / 苏联大百科全书(第三版). 第 9 卷. 第 243 页

1867 Жун Хун / Гарушянц Ю. М. // Советская Историческая энциклопедия. 1961—1976. Т. 5. С. 567

容 闳 / Ю. М. 加鲁什扬茨 // 苏联历史百科全书(1961—1976). 第 5 卷. 第 567 页

谈 瑛

1868 Тань Ин / Торопцев С. А. // Очерк истории китайского кино. 1896—1966. C. 210

谈 瑛 / С. А. 托罗普采夫 // 中国电影史概览(1896—1966). 第 210 页

[ㄱ]

陶 金

1869 Тао Цзинь / Торопцев С. А. // Очерк истории китайского кино. 1896—1966. C. 187. 212. 216

陶　　金 / С. А. Торопцев // 中国电影史概览(1896—1966). 第 187、212、216 页

陶　铸

1870　Жертва 《культурной революции》 (Тао Чжу) / Правда. 1977. 23 ноября
"文革"的牺牲品陶铸 / 真理报. 1977. 11. 23

陶玉玲

1871　Тао Юй-лин / Торопцев С. А. // Очерк истории китайского кино. 1896—1966. С. 217. 221
陶玉玲 / С. А. 托罗普采夫 // 中国电影史概览(1896—1966). 第 217、221 页

陶成章

1872　Тао Чэн-Чжан / Белов Е. А. // Советская Историческая энциклопедия. 1961—1976. Т. 14. С. 116
陶成章 / Е. А. 别洛夫 // 苏联历史百科全书(1961—1976). 第 14 卷. 第 116 页

陶行知

1873　Любовью полнится земля (К 100-летию Тао Синчжи) / Боревская Н. // ПДВ. 1991. №5
这世界充满爱——纪念陶行知百年诞辰 / Н. 波列夫斯卡娅 // 远东问题. 1991. 5

陶希圣

1874　Тао Сишэн о характере и эволюции китайского общества / Делюсин Л. П. // XII научная конференция 《Общество и государство в Китае》. Тезисы и доклады. Ч. 3. 1981
陶希圣论中国社会的性质与发展 / Л. П. 杰柳辛 // 中国社会与国家第十二次学术研讨会提要与报告(1981). 第三册

陶德麟

1875　Дэ Линь / Буров В. Г. // Современная китайская философия. С. 213
德　麟 / В. Г. 布洛夫 // 当代中国哲学. 第 213 页

桑　夫

1876　Сан Фу / Торопцев С. А. // Очерк истории китайского кино. 1896—1966. С. 217
桑　夫 / С. А. 托罗普采夫 // 中国电影史概览(1896—1966). 第 217 页

桑　弧

1877　Сан Ху / Торопцев С. А. // Очерк истории китайского кино. 1896—1966. С. 46. 55. 169. 216. 218
桑　弧 / С. А. 托罗普采夫 // 中国电影史概览(1896—1966). 第 46、55、169、216、218 页

十 一 画

〔一〕

黄 华

1878　Под охраной легионеров（о визите министра иностранных дел Хуан Хуа в Заир）/ Георгиев М. // Правда. 1978. 25 мая
　　戒备森严——外交部长黄华访问扎伊尔 / М. 格奥尔吉耶夫 // 真理报. 1978. 5. 25

1879　Пекин против разоружения.（Комментарий по поводу выступления министра иностранных дел Хуан Хуа на спецсессии ГА ООН по разоружению）/ Яковлев М. // Правда. 1978. 2 июня
　　北京反对裁军——评外交部长黄华在联合国裁军问题专门会议上的发言 / М. 雅科夫列夫 // 真理报. 1978. 6. 2

1880　Китайский министр в Иране（министр иностранных дел Хуан Хуа）/ Правда. 1978. 16 июня
　　外交部长黄华访问伊朗 / 真理报. 1978. 6. 16

1881　Опасная игра（о визите министра иностранных дел Хуан Хуа в Иран）/ Аничкин О. // Известия. 1978. 26 июня
　　危险的游戏——外交部长黄华访问伊朗 / О. 阿尼奇金 // 消息报. 1978. 6. 26

1882　На разных языках（о визите министра иностранных дел Хуан Хуа в Турцию）/ Кулик С. // Правда. 1978. 11 июля
　　"南腔北调"——外交部长黄华访问土耳其 / С. 库利克 // 真理报. 1978. 7. 11

1883　Завершение переговоров в Иране（министра иностранных дел Хуан Хуа）/ Правда. 1978. 2 сентября
　　外交部长黄华结束伊朗谈判 / 真理报. 1978. 9. 2

1884　Очередной визитер（о визите министра иностранных дел Хуан Хуа в Лондон）/ Правда. 1978. 11 октября
　　例行访问——外交部长黄华访问英国 / 真理报. 1978. 10. 11

1885　Великобритания-КНР: опасный флирт（о визите министра иностранных дел Хуан Хуа в Лондон）/ Павлов Н. В. // Новое время. 1978. № 49
　　危险的接触——外交部长黄华访英 / В. Н. 巴甫洛夫 // 新时代. 1978. 49

1886　Отповедь подстрекателю（о визите министра иностранных дел Хуан Хуа в Голландию）/ Правда. 1978. 22 июня
　　驳斥挑衅——外交部长访问荷兰 / 真理报. 1978. 6. 22

黄 兴

1887　Отношение Японии к г Сунь И-сяню Прибытие Хуан Сина в Японию // Китай и Япония. 1913 №153
　　黄兴抵日后日本对孙中山的态度 / 中国与日本. 1913. 153

1888　Хуан Син / Большая советская энциклопедия. 3-е изд. Т. 28. С. 409
　　黄　兴 / 苏联大百科全书（第三版）. 第28卷. 第409页

1889　Хуан Син / Белов Е. А. // Советская Историческая энциклопедия. 1961—1976. Т. 15. С. 679
　　黄　兴 / Е. А. 别洛夫 // 苏联历史百科全书（1961—1976）. 第15卷. 第679页

黄 沙

1890　Хуан Ша / Торопцев С. А. // Очерк истории китайского кино. 1896—1966. С. 215
　　黄沙 / С. А. 托罗普采夫 // 中国电影史概览（1896—1966）. 第215页

黄　孜

1891　Хуан Цзы / Торопцев С. А. // Очерк истории китайского кино. 1896—1966. С. 219
　　　黄　孜 / С. А. 托罗普采夫 // 中国电影史概览(1896—1966). 第 219 页

黄　凯

1892　Хуан Кай / Торопцев С. А. // Очерк истории китайского кино. 1896—1966. С. 218
　　　黄　凯 / С. А. 托罗普采夫 // 中国电影史概览(1896—1966). 第 218 页

黄　音

1893　Хуан Инь / Торопцев С. А. // Очерк истории китайского кино. 1896—1966. С. 217
　　　黄　音 / С. А. 托罗普采夫 // 中国电影史概览(1896—1966). 第 217 页

黄　晨

1894　Хуан Чэнь / Торопцев С. А. // Очерк истории китайского кино. 1896—1966. С. 213
　　　黄　晨 / С. А. 托罗普采夫 // 中国电影史概览(1896—1966). 第 213 页

黄公略

1895　Герои китайского народа. Товарищ Хуан Гун-люэ / Ли Гуан // Национально-колониальные проблемы. 1937. №1
　　　中国的人民英雄——黄公略同志 / 李　广 // 民族殖民问题. 1937. 1

1896　Хуан Гун-люэ / Юрьев М. Ф. // Красная Армия Китая. С. 191
　　　黄公略 / М. Ф. 尤里耶夫 // 中国红军. 第 191 页

黄佐临

1897　Хуан Цзо-линь / Торопцев С. А. // Очерк истории китайского кино. 1896—1966. С. 46. 50. 55. 60. 212. 214. 216. 219
　　　黄佐临 / С. А. 托罗普采夫 // 中国电影史概览(1896—1966). 第 46、501、55、60、212、214、216、219 页

黄伯寿

1898　Хуан Бо-шоу / Торопцев С. А. // Очерк истории китайского кино. 1896—1966. С. 218
　　　黄伯寿 / С. А. 托罗普采夫 // 中国电影史概览(1896—1966). 第 218 页

黄炎培

1899　Хуан Яньпэй: страницы политической биографии / Иванов П. М. // XIX научная конференция 《Общество и государство в Китае》. Тезисы и доклады. Ч. 3. 1988. С. 170
　　　黄炎培：政治传记节选 / П. М. 伊万诺夫 // 中国社会与国家第十九次学术研讨会提要与报告(1988). 第三册. 第 170 页

黄宗英

1900　Хуан Цзун-ин / Торопцев С. А. // Очерк истории китайского кино. 1896—1966. С. 212. 216. 219
　　　黄宗英 / С. А. 托罗普采夫 // 中国电影史概览(1896—1966). 第 212、216、219 页

黄绍芬

1901　Хуан Шао-фэнь / Торопцев С. А. // Очерк истории китайского кино. 1896—1966. С. 48. 213. 215
　　　黄绍芬 / С. А. 托罗普采夫 // 中国电影史概览(1896—1966). 第 48、213、215 页

黄继光

1902　Герой Хуан Цзи-гуан-китайский Матросов / Ши Фын и Ван Юй-чжан // Народный Китай. 1953. №1
　　　马特洛索夫式的英雄黄继光 / 石　峰、王玉章 // 人民中国. 1953. 1

黄宾虹

1903　Хуан Бинь-Хун / Большая советская энциклопедия. 3-е изд. Т. 28. С. 409
　　　黄宾虹 / 苏联大百科全书(第三版). 第 28 卷. 第 409 页

黄遵宪

1904　Хуан Цзунь-Сянь / Заяц Т. С. // Большая советская энциклопедия. 3-е изд. Т. 28. С. 410

　　　　黄遵宪 / Т. С. 扎雅茨 // 苏联大百科全书(第三版). 第 28 卷. 第 410 页

1905　Отражение эпохи Мэйдзи в сборнике китайского поэта / Семенов В. И., Шевченко А. И. // Теоретические проблемы изучения литератур Дальнего Востока. Тезисы 11 научной конференции. Ч. 2. С. 181
　　　　中国诗人作品集中的明治印象 / В. И. 谢苗诺夫, А. И. 舍甫琴科 // 远东文学理论问题研究第十一届学术研讨会论文摘要(1984). 第二册. 第 181 页

1906　Хуан Цзуньсянь / Заяц Т. С. // Краткая литературная энциклопедия. Т. 8. С. 397
　　　　黄遵宪 / Т. С. 扎雅茨 // 简明文学百科全书(1962—1978). 第 8 卷. 第 335、397 页

萧 三

1907　Поэт китайского пролетариата. ［О Эми Сяо.］/ Рудман В. // Резец. 1936. №12
　　　　中国的无产阶级诗人:萧爱梅 / В. 鲁德曼 // 刀锋. 1936. 12

1908　Эми Сяо.［Биографическая справка］/ Интернациональная литература. 1937. № 11
　　　　萧爱梅生平简介 / 共产国际文学. 1937. 11

1909　Эми Сяо ［Сяо Сань］. Неизвестная страница из жизни Эми Сяо : ［Письмо А. В. Луначарскому и автобиография］. / Антонова Н. С. // Иностранная литература. 1984. № 4
　　　　萧爱梅(萧三)生活秘闻:致卢那察尔斯基的信函与自传 / Н. С. 安东诺娃 // 外国文学. 1984. 4

1910　Сяо Эми (Сяо Сань) / Ефимов Г. В. // Китай. История. экономика. культура. героическая борьба за национальную независимость. Политические и общественные деятели Китая. С. 453
　　　　萧爱梅(萧三) / Г. В. 叶菲莫夫 // 中国:历史、经济、文化,为民族独立而英勇奋斗(中国政治和社会人物篇). 第 453 页

1911　Сяо Сань (Сяо Ай-мэй, Эми Сяо) / Лисевич И. С. // Краткая Литературная Энциклопедия. Т. 7. С. 318, Большая советская энциклопедия. 3-е изд. Т. 25. С. 155
　　　　萧三(笔名:萧爱梅) / И. С. 李谢维奇 // 简明文学百科全书(1962—1978). 第 7 卷. 第 318 页, 苏联大百科全书(第三版). 第 25 卷. 第 155 页

萧 军

1912　[Сяо Цзюнь] / Эйдлин Л. З. // О китайской литературе наших дней. С. 206
　　　　萧　军 / Л. З. 艾德林 // 当代中国文学. 第 206 页

萧 红

1913　Сяо Хун :《Жизнь, творчество, судьба》/ Лебедева, Н. А. // Владивосток : Дальнаука. 1998. 162 с.
　　　　萧红:生平、创作、命运 / Н. А. 列别杰娃 // 海参崴:远东科学出版社. 1998. 162 页

1914　Из истории современной литературы Северо-Восточного Китая. Сяо Хун (1911—1942 гг.) : жизнь и судьба / Лебедева Н. А. // XXVII научная конференция《Общество и государство в Китае》. Тезисы и доклады. С. 140
　　　　中国现代东北文学史:萧红(1911—1942)的生平与命运 / Н. А. 列别杰娃 // 中国社会与国家第二十七次学术研讨会提要与报告(1996). 第 140 页

1915　Сяо Хун (Чжан Най-ин) / Петров В. В. // Краткая Литературная Энциклопедия. Т. 9. С. 720
　　　　萧红(原名:张廼莹) / В. В. 彼得罗夫 // 简明文学百科全书(1962—1978). 第 9 卷. 第 720 页

萧 克

1916　Сяо Кэ / Юрьев М. Ф. // Красная Армия Китая. С. 190
　　　　萧　克 / М. Ф. 尤里耶夫 // 中国红军. 第 190 页

1917　Сяо Кэ / Ефимов Г. В. // Китай. История. экономика. культура. героическая борьба за национальную независимость. Политические и общественные деятели Китая. С. 453
　　　　萧　克 / Г. В. 叶菲莫夫 // 中国:历史、经济、文化,为民族独立而英勇奋斗(中国政治和社会人物篇). 第 453 页

萧 英

1918 Сяо Ин / Торопцев С. А. // Очерк истории китайского кино. 1896—1966. С. 209
萧 英 / С. А. 托罗普采夫 // 中国电影史概览（1896—1966）. 第 209 页

萧也牧

1919 [Сяо Е-му] / Эйдлин Л. З. // О китайской литературе наших дней. С. 210
萧也牧 / Л. З. 艾德林 // 当代中国文学. 第 210 页

萧楚女

1920 Герои китайского народа. Товарищ Сяо Чу-нюй / Хуань Син // Национально-колониальные проблемы. 1937. №1
中国的人民英雄——萧楚女同志 / 郇兴（音）// 民族殖民问题. 1937. 1

梅 白

1921 Мэй Бай / Торопцев С. А. // Очерк истории китайского кино. 1896—1966. С. 215
梅 白 / С. А. 托罗普采夫 // 中国电影史概览（1896—1966）. 第 215 页

梅 阡

1922 Мэй Цянь / Торопцев С. А. // Очерк истории китайского кино. 1896—1966. С. 212
梅 阡 / С. А. 托罗普采夫 // 中国电影史概览（1896—1966）. 第 212 页

梅 熹

1923 Мэй Си / Торопцев С. А. // Очерк истории китайского кино. 1896—1966. С. 211
梅 熹 / С. А. 托罗普采夫 // 中国电影史概览（1896—1966）. 第 211 页

梅少珊

1924 Мэй Шао-шань / Торопцев С. А. // Очерк истории китайского кино. 1896—1966. С. 220
梅少珊 / С. А. 托罗普采夫 // 中国电影史概览（1896—1966）. 第 220 页

梅兰芳

1925 Мэй Лань-фань / Чарский В. // Красная Новь. 1935. №6
梅兰芳 / В. 恰尔斯基 // 红色处女地. 1935. 6

1926 Китайский классический театр. На спектаклях Мэй Лань-фана. / Васильев Б. А. // Рабочий театр. 1935. №8
中国传统戏剧：梅兰芳 / Б. А. 瓦西里耶夫 // 工人剧场. 1935. 8

1927 Великий актер. [О встречах с китайским актером Мэй Лань-фаном.] / Федоренко Н. Т. // Октябрь. 1956. №9
伟大的表演艺术家：会见中国表演艺术家梅兰芳先生 / Н. Т. 费多连科（费德林）// 十月. 1956. 9

1928 Мэй Лань-фан и《условность》китайского театра / Эйдлин Л. З. //《Театр》. 1960. № 12
梅兰芳和中国戏剧的"程式" / Л. З. 艾德林 // 戏剧. 1960. 12

1929 О великом артисте : К 75-летию Мэй Лань-фана / Эйдлин Л. З. // Театр. 1970. № 10
伟大的演员，75 岁的梅兰芳 / Л. З. 艾德林 // 戏剧. 1970. 10

1930 Живые импульсы искусства: [Стенограмма дискуссии, посвященной гастролям Мэй Ланьфана в СССР в 1935 г.] / Клеберга Л. // Искусство кино. 1992. № 1
艺术的脉动：1935 年梅兰芳苏联巡演纪实 / Л. 克雷伯嘉 // 电影艺术. 1992. 1

1931 Памяти великого артиста ［Мэй Ланьфан-ТВ］ / Сорокин В. Ф. // ПДВ. 1995. № 2
纪念伟大的表演艺术家：梅兰芳 / В. Ф. 索罗金 // 远东问题. 1995. 2

1932 《Чародей Грушевого Сада》в СССР ［Мэй Ланьфан-ТВ］ / Ипатова А. С. // ПДВ. 1995. № 2
"梨园宗师"梅兰芳在苏联 / А. С. 伊帕托娃 // 远东问题. 1995. 2

1933 Мэй Лань-фан / Торопцев С. А. // Очерк истории китайского кино. 1896—1966. С. 9. 47. 208. 213. 216
梅兰芳 / С. А. 托罗普采夫 // 中国电影史概览（1896—1966）. 第 9、47、208、213、216 页

1934　Мэй Лань-фан / Ефимов Г. В. // Китай. История. экономика. культура. героическая борьба за национальную независимость. Политические и общественные деятели Китая. С. 451
　　　梅兰芳 / Г. В. 叶菲莫夫 // 中国:历史、经济、文化,为民族独立而英勇奋斗(中国政治和社会人物篇). 第 451 页

1935　Мэй Лань-фан / Серова С. А. // Большая советская энциклопедия. 3-е изд. Т. 17. С. 165
　　　梅兰芳 / С. А. 谢洛娃 // 苏联大百科全书(第三版). 第 17 卷. 第 165 页

曹　欣

1936　Цао Синь / Торопцев С. А. // Очерк истории китайского кино. 1896—1966. С. 222
　　　曹　欣 / С. А. 托罗普采夫 // 中国电影史概览(1896—1966). 第 222 页

曹　禺

1937　Цао Юй : (очерк творчества) / Никольская Л. А. // М.:МГУ. 1984. С. 183 с.
　　　曹禺创作概览 / А. Л. 尼科利斯卡亚 // 莫斯科:莫斯科国立大学. 1984. 183 页

1938　Новейшая китайская литература как отражение борьбы демократических и реакционных сил. [Упоминаются писатели Лу Синь, Го Мо-жо, Мао Дунь, Цао Юй, Яо Сюе-инь, Ба Цзинь, Лао Шэ и др.] / Фишман О. // Вестник ЛГУ. 1948. №8
　　　中国当代文学中民主与反动势力的斗争:鲁迅、郭沫若、茅盾、曹禺、姚雪垠、老舍、巴金等 / О. 菲什曼 // 列宁格勒大学学报. 1948. 8

1939　Драматургия Цао Юя / Никольская Л. А. // Советское китаеведение 1958 №4
　　　曹禺的剧作 / Л. А. 尼科利斯卡亚 // 苏联汉学研究. 1958. 4

1940　Чеховские традиции и творчество Цао Юя (к вопросу о литературном влиянии) / Белоусов Р. С. // ПДВ 1974 №2
　　　契科夫剧作与曹禺的创作:论文学的影响问题 / Р. С. 别洛乌索夫 // 远东问题. 1974. 2

1941　Цао Юй / Торопцев С. А. // Очерк истории китайского кино. 1896—1966. С. 47. 211. 213
　　　曹　禺 / С. А. 托罗普采夫 // 中国电影史概览(1896—1966). 第 47,211、213 页

1942　Цао Юй (настоящее имя-Вань Цзя-бао) / Никольская Л. А. // Большая советская энциклопедия. 3-е изд. Т. 28. С. 437
　　　曹禺(原名:万家宝) / Л. А. 尼科利斯卡亚 // 苏联大百科全书(第三版). 第 28 卷. 第 437 页

1943　Цао Юй (Вань Цзя-бао) / Никольская Л. А. // Краткая Литературная Энциклопедия. Т. 8. С. 371
　　　曹禺(万家宝) / Л. А. 尼科利斯卡亚 // 简明文学百科全书(1962—1978). 第 8 卷. 第 371 页

曹　锟

1944　Цао Кунь / Советская Историческая энциклопедия. 1961—1976. Т. 15. С. 702
　　　曹　锟 / 苏联历史百科全书(1961—1976). 第 15 卷. 第 702 页

曹　樱

1945　Цао Ин / Торопцев С. А. // Очерк истории китайского кино. 1896—1966. С. 217
　　　曹　樱 / С. А. 托罗普采夫 // 中国电影史概览(1896—1966). 第 217 页

曹银娣

1946　Цао Инь-ди / Торопцев С. А. // Очерк истории китайского кино. 1896—1966. С. 221
　　　曹银娣 / С. А. 托罗普采夫 // 中国电影史概览(1896—1966). 第 221 页

曹靖华

1947　Китайские записи. [Статьи о писателях: Лу Сине, Го Мо-жо, Мао Дуне, Лао Шэ, Чжэн Чжэнь-до, Цао Цзин-хуа и др.] / Федоренко Н. Т. // Москва. Советский писатель. 1956. 536 с.
　　　中国笔记,论中国作家:鲁迅、郭沫若、茅盾、老舍、郑振铎、曹靖华等 / Н. Т. 费多连科(费德林) // 莫斯科:苏联作家出版社出版社. 1956. 536 页

1948　Встречи с китайскими писателями [Чжэн Чжэнь-до, Хань Ци-сян, Цао Цзин-хуа] / Федоренко Н. Т. // Новый мир. 1954. № 10

中国作家访谈录：郑振铎、韩起祥、曹靖华 / H. T. 费多连科（费德林）// 新世界. 1954. 10

1949 Знаменательный юбилей［60-летие педагогической и творческой деятельности Цао Цзинхуа］/ Иностранная литература. 1984. № 1
重要的纪念日：纪念曹靖华教书与写作工作六十周年 / 国外文学. 1984. 1.

1950 Жизнь большая и яркая（Памяти Цао Цзинхуа）/ Ипатова А. С. // ПДВ. 1988. №2
光辉岁月：纪念曹靖华 / А. С. 伊帕托娃 // 远东问题. 1988. 2

1951 Таким был мой отец / Цао Сулин // ПДВ. 1989. №1
我的父亲 / 曹苏玲 // 远东问题. 1989. 1

1952 Цао Цзинхуа в цехе ленинградских китаистов / Баньковская М. В. // Восток. 1992. №2
曹靖华在列宁格勒汉学家协作小组 / М. В. 班科夫斯卡娅 // 东方. 1992. 2

1953 Он《переводил молча, без перерыва》,《не рекламировал себя》. (К 100-летию со дня рождения Цао Цзинхуа) / Ипатова А. // ПДВ. 1997. №4
他沉默寡言、笔耕不缀地翻译，从不自我吹"虚"：纪念曹靖华百年诞辰 / А. 伊帕托娃 // 远东问题. 1997. 4

1954 Цзин-Хуа（псевд. -Цао Линь-я）/ Шнейдер М. Е. // Большая советская энциклопедия. 3-е изд. Т. 28. С. 437
曹靖华（原名曹联亚）/ М. Е. 施奈德 // 苏联大百科全书（第三版）. 第 28 卷. 第 437 页

1955 Цзин-Хуа（Цао Лянь-я）/ Шнейдер М. Е. // Краткая Литературная Энциклопедия. Т. 8. С. 370
曹靖华（曹联亚）/ М. Е. 施奈德 // 简明文学百科全书（1962—1978）. 第 8 卷. 第 370 页

曹福田

1956 Цао Фу-Тянь / Советская Историческая энциклопедия. 1961—1976. Т. 15. С. 702
曹福田 / 苏联历史百科全书（1961—1976）. 第 15 卷. 第 702 页

曹增银

1957 Цао Цзэн-инь / Торопцев С. А. // Очерк истории китайского кино. 1896—1966. С. 220
曹增银 / С. А. 托罗普采夫 // 中国电影史概览（1896—1966）. 第 220 页

盛世才

1958 Шэн Ши-цай / Ефимов Г. В. // Китай. История. экономика. культура. героическая борьба за национальную независимость. Политические и общественные деятели Китая. С. 457
盛世才 / Г. В. 叶菲莫夫 // 中国：历史、经济、文化，为民族独立而英勇奋斗（中国政治和社会人物篇）. 第 457 页

盛宣怀

1959 Шэн Сюань-Хуай / Чудодеев Ю. В. // Советская Историческая энциклопедия. 1961—1976. Т. 16. С. 377
盛宣怀 / Ю. В. 丘多杰耶夫 // 苏联历史百科全书（1961—1976）. 第 16 卷. 第 377 页

龚玉贝

1960 Гун Юй-бэй / Торопцев С. А. // Очерк истории китайского кино. 1896—1966. С. 221
龚玉贝 / С. А. 托罗普采夫 // 中国电影史概览（1896—1966）. 第 221 页

龚稼农

1961 Гун Цзя-нун / Торопцев С. А. // Очерк истории китайского кино. 1896—1966. С. 209. 210
龚稼农 / С. А. 托罗普采夫 // 中国电影史概览（1896—1966）. 第 209、210 页

［丨］

常 乐

1962 Чан Лэ / Торопцев С. А. // Очерк истории китайского кино. 1896—1966. С. 220

常　　乐 / С. А.托罗普采夫 // 中国电影史概览(1896—1966). 第 220 页

常香玉

1963　Артистка-патриотка Чан Сян-юй / Фан Мин // Народный Китай. 1954. №23.
　　　爱国艺人——常香玉 / 方明(音) // 人民中国. 1954. 23

崔　嵬

1964　Цуй Вэй / Торопцев С. А. // Очерк истории китайского кино. 1896—1966. С. 34. 50. 55. 60. 142. 147. 167. 193. 217
　　　崔　嵬 / С. А.托罗普采夫 // 中国电影史概览(1896—1966). 第 34、50、55、60、142、147、167、193、217 页

崔家骏

1965　Цуй Цзя-цзюнь / Торопцев С. А. // Очерк истории китайского кино. 1896—1966. С. 221
　　　崔家骏 / С. А.托罗普采夫 // 中国电影史概览(1896—1966). 第 221 页

崔超明

1966　Цуй Чао-мин / Торопцев С. А. // Очерк истории китайского кино. 1896—1966. С. 46. 213. 217
　　　崔超明 / С. А.托罗普采夫 // 中国电影史概览(1896—1966). 第 46、213、217 页

〔丶〕

康　泰

1967　Кан Тай / Торопцев С. А. // Очерк истории китайского кино. 1896—1966. С. 215. 217. 219
　　　康　泰 / С. А.托罗普采夫 // 中国电影史概览(1896—1966). 第 215、217、219 页

康　濯

1968　Молодые писатели Китая [Вэй Вэй, Гао Юй-бао, Канн Чжо, Ли Цзи, Ху Кэ, Чэнь Дэн Кэ] / Тишков А. // Московский комсомолец. 23. 11. 1952
　　　中国青年作家：魏巍、高玉宝、康濯、李季、胡可、陈登科 / А. 季什科夫 // 莫斯科共青团员. 1952. 11. 23

1969　Кан Чжо / Рифтин Б. Л. // Краткая Литературная Энциклопедия. Т. 3. С. 375
　　　康　濯 / Б. Л. 里夫京 // 简明文学百科全书(1962—1978). 第 3 卷. 第 375 页

康有为

1970　Движение за реформы в Китае в конце XIX века и Кан Ю-вэй / Тихвинский С. Л // М. . Изд-во вост. лит. . 1959. 418 с.
　　　19 世纪末中国的改良运动与康有为 / С. Л. 齐赫文斯基 // 莫斯科：东方文学出版社. 1959. 418 页

1971　Китайский либерализм конца XIX в. (Кан Ю-вэй и эпоха «ста дней») / Кучумов В. Н. // Революционный Восток. 1927. № 1
　　　19 世纪末中国的自由主义：康有为与百日维新 / В. Н. 库丘莫夫 // 东方革命. 1927. 1

1972　Китайский утопист Кан Ю-вэй. (Из истории китайской общественной мысли). / Тихвинский С. Л. // Вопросы философии. 1953. №6
　　　中国的空想主义者：康有为(节选自中国社会思想史) / С. Л. 齐赫文斯基 // 哲学问题. 1953. 6

1973　Борьба за реформы в Китае в конце XIX в. [Кан Ювэй] / Тихвинский Л. С. // Вопросы истории. 1953. № 6
　　　19 世纪末中国的改良运动：康有为 / С. Л. 齐赫文斯基 // 历史问题. 1953. 6

1974　Рецензия на книгу: Тихвинский С. Л. Движение за реформы в Китае в конце XIX века и Кан Ювэй / Кюзаджан Л. С. // Проблемы востоковедения. 1959. № 6
　　　书评：С. Л. 齐赫文斯基，中国 19 世纪末的改良运动与康有为 / Л. С. 仇扎章 // 东方学问题. 1959. 6

1975　Рецензия на книгу: Тихвинский С. Л. Движение за реформы в Китае в конце XIX века и Кан Ювэй / Ефимов Г. В. // Вопросы истории. 1962. № 12

书评：С. Л. 齐赫文斯基, 中国 19 世纪末的改良运动与康有为 / Г. В. 叶菲莫夫 // 历史问题. 1962. 12

1976　Кан Ю-Вэй / Тихвинский С. Л. // Движение за реформы в Китае в конце XIX века. С. 193
康有为 / С. Л. 齐赫文斯基 // 十九世纪末的中国改良运动. 第 193 页

1977　Идеи национализма и китаецентризма в программе буржуазных реформаторов (начало XX в.) ［Кан Ю-вэй, Лян Ци-чао-ТВ］ / Чудодеев Е. В. // Китай: традиции и современность. С. 143
十九世纪初的资产阶级改良派民族主义、中国中心主义思想：康有为、梁启超 / Е. В. 丘多杰耶夫 // 中国：传统与现代. 第 143 页

1978　Универсалистский пацифизм Кан Ювэя / Плешаков К. В. // Пацифизм в истории: идеи и движения мира. С. 149
康有为的大和平主义 / К. В. 普列沙科夫 // 历史上的和平主义：思想与和平运动. 第 149 页

1979　Кан Ювэй / Селлман Дж. Л. // Великие мыслители Востока. С. 154
康有为 / Д. Л. 塞尔曼 // 伟大的东方思想家. 第 154 页

1980　Кан Ювэй / Буров В. Г. // Современная китайская философия. С. 37. 77. 123
康有为 / В. Г. 布洛夫 // 当代中国哲学. 第 37、77、123 页

1981　Кан Ю-вэй / Тихвинский С. Л. // Большая советская энциклопедия. 3-е изд. Т. 11. С. 342, Советская Историческая энциклопедия. 1961—1976. Т. 6. с. 968
康有为 / С. Л. 齐赫文斯基 // 苏联大百科全书（第三版）. 第 11 卷. 第 342 页, 苏联历史百科全书（1961—1976）. 第 6 卷. 第 968 页

康克清

1982　Герои и героини великого перехода / Западный поход китайской Красной Армии. С. 63
长征英雄 / 中国红军西行记. 第 63 页

1983　Кан Кэцин / Панов В. Г. // Ежегодник Большой Советской Энциклопедии. С. 293
康克清 / В. Г. 帕诺夫 // 苏联大百科年鉴. 第 293 页

章乃器

1984　Чжан Найци / Буров В. Г. // Современная китайская философия. С. 18
章乃器 / В. Г. 布洛夫 // 当代中国哲学. 第 18 页

章太炎

1985　Традиция и революция: Чжан Бинлинь (1869—1936)-китайский мыслитель и политический деятель нового времени / Калюжная Н. М. // М.: Институт востоковедения РАН. 1995. 344 с.
传统与变革：章炳麟（1869—1936）——中国近代思想家和政治家 / Н. М. 卡留日娜娅 // 莫斯科：俄罗斯科学院东方学研究所. 1995. 344 页

1986　Социально-политические идеи Чжан Тай-яня в период подготовки Синьхайской революции. / Григорьев А. М // Синьхайская революция в Китае. С. 144
辛亥革命筹备阶段章太炎的社会政治思想 / А. М. 格里戈里耶夫 // 中国的辛亥革命. 第 144 页

1987　《Речь》 Чжан Бинлиня-программа 《возрождения славы》 Китая / Калюжная Н. М. // XV научная конференция 《Общество и государство в Китае》. Тезисы и доклады. Ч. 3. 1984. С. 57
章炳麟的"发言"——"中国复兴"计划 / Н. М. 卡留日娜娅 // 中国社会与国家第十五次学术研讨会提要与报告（1984）. 第三册. 第 57 页

1988　Теория 《профессиональной》 морали Чжан Бинлиня / Калюжная Н. М. // XVI научная конференция 《Общество и государство в Китае》. Тезисы и доклады. Ч. 3. 1985. С. 51
章炳麟的职业伦理理论 / Н. М. 卡留日娜娅 // 中国社会与国家第十六次学术研讨会提要与报告（1985）. 第三册. 第 51 页

1989　Понятие 《революция》 в трактовке Чжан Бинлиня / Калюжная Н. М. // XVII научная конференция 《Общество и государство в Китае》. Тезисы и доклады. Ч. 3. 1986. С. 3-10.

章炳麟对"革命"概念的阐释 / Н. М. 卡留日娜娅 // 中国社会与国家第十七次学术研讨会提要与报告(1986). 第三册. 第 3 页

1990 Влияние учения Шан Яна на социально-политические взгляды Чжан Бинлиня / Калюжная Н. М. // XVIII научная конференция 《Общество и государство в Китае》. Тезисы и доклады. Ч. 3. 1987. С. 46

商鞅变法对章炳麟社会政治观点的影响 / Н. М. 卡留日娜娅 // 中国社会与国家第十八次学术研讨会提要与报告(1987). 第三册. 第 46 页

1991 Чжан Бинлинь о просвещении и образовании 《(первое десятилетие XX 》в.) / Калюжная Н. М. // XIX научная конференция 《Общество и государство в Китае》. Тезисы и доклады. Ч. 3. 1988. С. 45

章炳麟论教育(二十世纪初) / Н. М. 卡留日娜娅 // 中国社会与国家第十九次学术研讨会提要与报告(1988). 第三册. 第 45 页

1992 Критические суждения Чжан Бинлиня о христианстве / Калюжная Н. М. // XXIV научная конференция 《Общество и государство в Китае》. Тезисы и доклады. Ч. 2. 1993. С. 41

章炳麟对基督教的批判 / Н. М. 卡留日娜娅 // 中国社会与国家第二十四次学术研讨会提要与报告(1993). 第二册. 第 41 页

1993 Чжан Бинлинь. Концепция самоубийства / Калюжная Н. М. // XXVI научная конференция 《Общество и государство в Китае》. Тезисы и доклады. 1995. С. 228

章炳麟的自杀概念 / Н. М. 卡留日娜娅 // 中国社会与国家第二十六次学术研讨会提要与报告(1995). 第 228 页

1994 Трактовка Чжан Бинлинем понятия 《общество》 / Калюжная Н. М. // XXVIII научная конференция 《Общество и государство в Китае》. Тезисы и доклады. Ч. 2. 1998. С. 311

章炳麟对"社会"概念的阐释 / Н. М. 卡留日娜娅 // 中国社会与国家第二十八次学术研讨会提要与报告(1998). 第二册. 第 311 页

1995 Идея личности в контексте теории Чжан Бинлиня о 《революционной морали》 / Калюжная Н. М. // Личность в традиционном Китае. С. 63

章炳麟革命伦理理论中的人格思想 / Н. М. 卡留日娜娅 // 中国传统中的人格. 第 63 页

1996 Теория революции Чжан Бинлиня / Н. М. Калюжная // Общественно-политическая мысль в Китае. С. 101

章炳麟的革命理论 / Н. М. 卡留日娜娅 // 中国社会政治思想. 第 101 页

1997 Чжан Тайянь / Буров В. Г. // Современная китайская философия. С. 37. 123

章太炎 / В. Г. 布洛夫 // 当代中国哲学. 第 37、123 页

1998 Чжан Тай-Янь / Большая советская энциклопедия. 3-е изд. Т. 29. С. 182

章太炎 / 苏联大百科全书(第三版). 第 29 卷. 第 182 页

1999 Чжан Тай-Янь, Чжан Бинь-линь / Белов Е. А. // Советская Историческая энциклопедия. 1961—1976. Т. 16. С. 15

章太炎(章炳麟) / Е. А. 别洛夫 // 苏联历史百科全书(1961—1976). 第 16 卷. 第 15 页

章志直

2000 Чжан Чжи-чжи / Торопцев С. А. // Очерк истории китайского кино. 1896—1966. С. 210

章志直 / С. А. 托罗普采夫 // 中国电影史概览(1896—1966). 第 210 页

章学诚

2001 Чжан Сюечэн / Буров В. Г. // Современная китайская философия. С. 79

章学诚 / В. Г. 布洛夫 // 当代中国哲学. 第 79 页

章宗祥

2002 Чжан Цзун-сян / Движение 4 мая 1919 года в Китае. Документы и материалы. С. 193

章宗祥 / 五四运动文件与资料. 第 193 页

阎明复

2003 　Янь Минфу / Персоналии　//　Персоналии 40 лет КНР. С. 508

阎明复 / 名人录编委会 // 中华人民共和国四十年名人录. 第 508 页

阎锡山

2004 　Янь Си-шань / Ефимов Г. В. // Китай. История. экономика. культура. героическая борьба за национальную независимость. Политические и общественные деятели Китая. С. 457

阎锡山 / Г. В. 叶菲莫夫 // 中国:历史、经济、文化,为民族独立而英勇奋斗(中国政治和社会人物篇). 第 457 页

阎增和

2005 　Янь Цзэн-хэ / Торопцев С. А. // Очерк истории китайского кино（1896—1966）..С. 216

阎增和 / С. А. 托罗普采夫 // 中国电影史概览(1896—1966). 第 216 页

梁　信

2006 　Лян Синь / Торопцев С. А. // Очерк истории китайского кино（1896—1966）..С. 151. 219

梁　信 / С. А. 托罗普采夫 // 中国电影史概览(1896—1966). 第 151、219 页

梁　音

2007 　Лян Инь / Торопцев С. А. // Очерк истории китайского кино（1896—1966）..С. 218

梁　音 / С. А. 托罗普采夫 // 中国电影史概览(1896—1966). 第 218 页

梁玉儒

2008 　Лян Юй-жу / Торопцев С. А. // Очерк истории китайского кино（1896—1966）..С. 218

梁玉儒 / С. А. 托罗普采夫 // 中国电影史概览(1896—1966). 第 218 页

梁志鹏

2009 　Лян Чжи-пэн / Торопцев С. А. // Очерк истории китайского кино（1896—1966）..С. 219

梁志鹏 / С. А. 托罗普采夫 // 中国电影史概览(1896—1966). 第 219 页

梁启超

2010 　Идеи национализма и китаецентризма в программе буржуазных реформаторов（начало XX　в.）［Кан Ю-вэй, Лян Ци-чао-ТВ］/ Чудодеев Е. В. // Китай: традиции и современность. С. 143

二十世纪初资本主义改良派康有为、梁启超纲领中的民族主义与中国中心主义思想 / Е. В. 丘多杰耶夫 // 中国:传统与现代. 第 143 页

2011 　Теории прогресса в китайской мысли начала XX в.（Лян Цичао Сунь Ятсен）/ Борох Л. Н. // Китай: поиски путей социального развития. 1979. с. 9

20 世纪初中国思想界的进步理论(梁启超、孙中山) / Л. Н. 博罗赫 // 中国:寻求社会发展之路. 第 9 页

2012 　Лян Цичао / Буров В. Г. // Современная китайская философия. 1980. С. 123. 177

梁启超 / В. Г. 布洛夫 // 当代中国哲学(1980). 第 123、177 页

2013 　Идеи западного либерализма в восприятии Лян Цичао / Борох Л. Н. // Общественно-политическая мысль в Китае（конец XIX-нач. XX в.）. С. 76

梁启超对西方自由主义思想的认知 / Л. Н. 博罗赫 // 中国 19 世纪末至 20 世纪初的社会政治思潮. 莫斯科:科学出版社. 1988. 第 76 页

2014 　Лян Цичао-пропагандист и интерпретатор экономических теорий Запада / Борох Л. Н. // XIII науч. конф.《Общество и государство в Китае》: тез. и докл. Ч. 3. 1982. с. 74

梁启超——西方经济学理论的宣传者、解释者 / Л. Н. 博罗赫 // 中国社会与国家第十三次学术研讨会提要与报告(1982). 第三册. 第 74 页

2015 　Западные и традиционные источники статьи Лян Цичао《Китайский социализм? / Борох Л. Н. // XV науч. конф.《Общество и государство в Китае》: тез. и докл. Ч. 3. 1984. С. 48

梁启超的论文"中国的社会主义"的西方性与传统性渊源 / Л. Н. 博罗赫 // 中国社会与国家第十五次学术研讨会提要与报告(1984). 第三册. 第 48 页

2016　Влияние оппозиции 《государство-народ》 на представления Лян Цичао о политических партиях / Стабурова Е. Ю. // XVIII научная конференция 《Общество и государство в Китае》. Тезисы и доклады Ч. 3. С. 55

"国家——人民"二分的思想对梁启超政党观念的影响 / Е. Ю. 斯塔布罗娃 // 中国社会与国家第十八次学术研讨会提要与报告(1987). 第三册. 第 55 页

2017　Взгляды Лян Цичао на историю человечества (конец XIX-начало XX вв.) / Борох Л. Н. // XXI науч. конф. 《Общество и государство в Китае》: тез. докл. Ч. 3. 1990. с. 72

梁启超的人类历史观(19 世纪末-20 世纪初) / Л. Н. 博罗赫 // 中国社会与国家第二十一次学术研讨会提要与报告(1990). 第三册. 第 72 页

2018　Создание в Китае Прогрессивной партии (весна 1913 г.) [Юань Шикай, Лян Цичао] / Стабурова Е. Ю. // XXI научная конференция 《Общество и государство в Китае》. Тезисы и доклады Ч. 3. 1990. С. 93

中国进步党的成立(1913 年春)(袁世凯、梁启超) / Е. Ю. 斯塔布罗娃 // 中国社会与国家第二十一次学术研讨会提要与报告(1990). 第三册. 第 93 页

2019　Концепция 《Молодого Китая》 (из теоретического наследия Лян Цичао) / Борох Л. Н. // XXII науч. конф. 《Общество и государство в Китае》. Ч. 2. 1991. С. 70

论"青年中国"的构想(梁启超的理论遗产) / Л. Н. 博罗赫 // 中国社会与国家第二十二次学术研讨会提要与报告(1991). 第二册. 第 70 页

2020　《Независимость》 (дули) в понимании Лян Цичао / Борох Л. Н. // XXVIII науч. конф. 《Общество и государство в Китае》. Ч. 2. 1998. С. 301

梁启超对"独立"的理解 / Л. Н. 博罗赫 // 中国社会与国家第二十八次学术研讨会提要与报告(1998). 第二册. 第 301 页

2021　Представления Лян Цичао о свободе: (проблема перевода 《liberty》) / Борох Л. Н. // XIX науч. конф. 《Общество и государство в Китае》: тез. докл. Ч. 3. 1988. С. 37

梁启超的"自由"观:"Liberty"一词的翻译问题 / Л. Н. 博罗赫 // 中国社会与国家第二十九次学术研讨会提要与报告(1998). 第三册. 第 37 页

2022　Взгляды Лян Цичао на Японию / Каткова З. Д. // XXIX научная конференция 《Общество и государство в Китае》. Тезисы и доклады. С. 313

梁启超看日本 / З. Д. 卡特科娃 // 中国社会与国家第二十九次学术研讨会提要与报告(1999). 第 313-315 页

2023　Лян Цичао о принципах построения партии / Борох Л. Н. // XXIX науч. конф. 《Общество и государство в Китае》. 1999. С. 189

梁启超论建党原则 / Л. Н. 博罗赫 // 中国社会与国家第二十九次学术研讨会提要与报告(1999). 第 189 页

2024　Идеи Руссо и китайская мысль начала XX в. (по работе Лян Цичао 《Лусо сюэ ань》) / Борох Л. Н. // Историография и источниковедение истории стран Азии и Африки. Вып. 13. С. 37

卢梭思想与二十世纪初的中国思潮(引自梁启超《卢梭学案》) / Л. Н. 博罗赫 // 亚非史料及历史文献(第十三册) 第 37 页

2025　Личность и история (по материалам философских эссе Лян Цичао) / Борох Л. Н. // Личность в традиционном Китае. С. 205

个人和历史(根据梁启超的哲学论述) / Л. Н. 博罗赫 // 传统中国的个人. 第 205 页

2026　Лян Ци-Чао / Большая советская энциклопедия. 3-е изд. Т. 15. С. 130

梁启超 / 苏联大百科全书(第三版). 第 15 卷. 第 130 页

2027 Лян Ци-Чао / Тихвинский С. Л. . // Советская Историческая энциклопедия. 1961—1976. Т. 8. С. 866

梁启超 / С. Л. 齐赫文斯基 // 苏联历史百科全书(1961—1976). 第 8 卷. 第 866 页

2028 Лян Ци-Чао（Лян Жэнь-гун）/ Семанов В. И. // Краткая Литературная Энциклопедия. 1962—1978. Т. 4 С. 481

梁启超 / В. И. 谢马诺夫 // 简明文学百科全书(1962—1978). 第 4 卷. 第 481 页

梁思永

2029 Лян Сы-Юн / редколлегия // Советская Историческая энциклопедия. 1961—1976. . Т. 8. С. 866

梁思永 / 编委会 // 苏联历史百科全书(1961—1876). 第 8 卷. 第 866 页

梁漱溟

2030 Лян Шумин / Буров В. Г. // Современная китайская философия. 1980. С. 26. 41. 57. 73. 159. 174. 180. 183. 192. 269. 271. 278

梁漱溟 / В. Г. 布洛夫 // 当代中国哲学(1980). 第 26、41、57、73、159、174、180、183、192、269、271、278 页

2031 Лян Шумин и Ху Ши о культурах Востока и Запада / Цверианишвили А. Г. // XV научная конференция《Общество и государство в Китае》. Тезисы и доклады. Ч. 3. 1984. С. 120

梁漱溟和胡适论东西方文化 / А. Г. 茨韦良尼什维利 // 中国社会与国家第十五次学术研讨会提要与报告(1984). 第三册. 第 120 页

2032 Категория《жэнь》в трактовке Лян Шумина и Ху Ши / Цверианишвили А. Г. // XVI научная конференция《Общество и государство в Китае》. Тезисы и доклады. Ч. 3. 1985. С. 78

梁漱溟与胡适对"仁"的解释 / А. Г. 茨韦良尼什维利 // 中国社会与国家第十六次学术研讨会提要与报告(1985). 第三册. 第 78 页

2033 О некоторых аспектах эволюции мировоззрения Лян Шумина / Лукин А. В. // XIX научная конференция《Общество и государство в Китае》. Тезисы и доклады. Ч. 3. 1988. С. 210

从不同角度看梁漱溟世界观的演变 / А. В. 卢金 // 中国社会与国家第十九次学术研讨会提要与报告(1988). 第三册. 第 210 页

2034 Категория《лисин》в философии Лян Шумина / Краснов А. Б. // XXI научная конференция《Общество и государство в Китае》. Тезисы и доклады. Ч. 1. 1990. С. 146

梁漱溟哲学中的"理性"观 / А. Б. 克拉斯诺夫 // 中国社会与国家第二十一次学术研讨会提要与报告(1990). 第一册. 第 146 页

2035 Институт《сян-юэ》в теории《сельского строительства》Лян Шу-мина / Краснов А. Б. // XXIII научная конференция《Общество и государство в Китае》. Тезисы и доклады. Ч. 1. 1992. С. 146

梁漱溟"乡村建设"理论中的"乡约"制度 / А. Б. 克拉斯诺夫 // 中国社会与国家第二十三次学术研讨会提要与报告(1992). 第一册. 第 146 页

2036 Китайская идея Лян Шумина / Делюсин Л. П. // XXIV научная конференция《Общество и государство в Китае》. Тезисы и доклады. Ч. 2. 1993. С. 78

梁漱溟的中国思想 / Л. П. 杰柳辛 // 中国社会与国家二十四次学术研讨会提要与报告(1993). 第二册. 第 78 页

十 二 画

〔一〕

博 古

2037 Жизнь, отданная борьбе за свободу（к 75-летию со дня рождения Бо Гу）/ Панцов А. В. // ПДВ 1982 №4
博古——为自由而奋斗（纪念博古诞辰 75 周年）/ A. B. 潘佐夫 // 远东问题. 1982. 4

2038 Бо Гу（Цинь Бан-сянь）/ Глунин В. И. // Большая советская энциклопедия. 3-е изд. Т. 3. С. 451
博古（秦邦宪）/ В. И. 顾陆宁 // 苏联大百科全书第三版. 第 3 卷. 第 451 页

彭 飞

2039 Пэн Фэй / Торопцев С. А. // Очерк истории китайского кино（1896—1966）.. С. 209
彭　飞 / С. А. 托罗普采夫 // 中国电影史概览（1896—1966）. 第 209 页

彭 冲

2040 Пэн Чун / Персоналия : Китайская Народная Республика в 1976 году: Политика. Экономика. Идеология. 325 с.
彭　冲 / 1976 中华人民共和国名人录：政治、经济、意识形态. 第 325 页

彭 真

2041 Неофициальные встречи с Линь Бяо, Гао Ганом, Пэн Чжэнем. / Сладковский М. И. // Знакомство с Китаем и китайцами. 381 с.
与林彪、高岗、彭真的非正式会谈 / М. И. 斯拉德科夫斯基 // 认识中国和中国人. 第 381 页

2042 Пэн Чжэнь / Персоналии // Персоналии 40 лет КНР. С. 495
彭　真 / 名人录编委会 // 中华人民共和国四十年名人录. 第 495 页

彭 湃

2043 Пэн Бай-герой китайской революции / Малухин А. М. // М. : Мысль. 1975. 141
中国革命英雄彭湃 / А. М. 马卢欣 // 莫斯科: 思想出版社. 1975. 141

2044 Герои китайского народа. Товарищ Пэн Бай / Ван Дэ // Национально-колониальные проблемы. 1937. №1
中国的人民英雄：彭湃同志 / 王　德（音）// 民族殖民问题. 1937. 1

2045 Пэн Бай / Малухин А. М. // НАА 1973 №4
彭　湃 / А. М. 马卢欣 // 亚非人民. 1973. 4

2046 Китайская деревня прежде и теперь（к 80-летию со дня рождения Пэн Бая）/ Малухин А. М. // ПДВ 1976 №3.
中国乡村: 过去与现在（纪念彭湃诞辰 80 周年）/ А. М. 马卢欣 // 远东问题. 1976. 3

2047 Крестьянские союзы периода революции 1925—1927 гг. и традиционные институты Китая / Костяева А. С. // Китай: традиции и современность. С. 210
1925 年至 1927 年的农会与中国传统制度 / А. С. 科斯佳耶娃 // 中国: 传统与现代. 第 210 页

2048 Ранние взгляды Пэн Бая / Костяева А. С. // Китай: Поиски путей социального развития. 1979. С. 156
彭湃的早期观点 / А. С. 科斯佳耶娃 // 中国: 寻求社会发展之路. 1979. 第 156 页

2049 Пын Бай / Юрьев М. Ф. // Красная Армия Китая. С. 189
彭　湃 / М. Ф. 尤里耶夫 // 中国红军. 第 189 页

2050 Пэн Бай / Большая советская энциклопедия. 3-е изд. Т. 21. С. 280
彭　湃 / 苏联大百科全书(第三版). 第 21 卷. 第 280 页

2051 Пэн Бай / Гарушянц Ю. М. // Советская Историческая энциклопедия. 1961—1976. Т. 11. С. 739
彭　湃 / Ю. М. 加鲁什扬茨 // 苏联历史百科全书(1961—1976). 第 11 卷. 第 739 页

彭永辉

2052 Пэн Юн-хуэй / Торопцев С. А. // Очерк истории китайского кино（1896—1966）. . С. 220
彭永辉 / С. А. 托罗普采夫 // 中国电影史概览(1896—1966). 第 220 页

彭荆风

2053 Пэн Цзин-фэн / Торопцев С. А. // Очерк истории китайского кино（1896—1966）. . С. 218
彭荆风 / С. А. 托罗普采夫 // 中国电影史概览(1896—1966). 第 218 页

彭德怀

2054 Пэн Дэ-хуай-герой китайского народа / Сноу Э. // Интернациоиая молодежь. 1938. №5
彭德怀——中国的人民英雄 / 爱德加. 斯诺 // 青年国际. 1938. 5

2055 Вожди и герои китайского народа.　［Чжу Дэ и Пэн Дэ-хуай（Очерки из книги）.］/ Сноу Э. // Спутник агитатора. 1938. №7
中国人民的领袖与英雄：朱德和彭德怀 / 爱德加. 斯诺 // 宣传员手册. 1938. 7

2056 Пэн Дэ-хуай-герой китайской революции / Титов А. С. // ПДВ 1978 №1
彭德怀——中国革命的英雄 / А. С. 季托夫 // 远东问题. 1978. 1

2057 К вопросу о реабилитации героя китайской революции Пэн Дэхуая / Титов А. С. // ПДВ 1980 №2
中国革命英雄彭德怀的平反问题 / А. С. 季托夫 // 远东问题. 1980. 2

2058 Судьба китайского маршала（о Пэн Дэхуай）/ Арунов В. В. // ПДВ 1989 №2
中国元帅的命运(彭德怀) / В. В. 阿鲁诺夫 // 远东问题. 1989. 2

2059 Маршал Пэн Дэхуай. Страницы жизни. К 100-летию со дня рождения. / Усов В. // ПДВ 1998 №5
彭德怀元帅的生活杂记：纪念诞生 100 周年 / В. 乌索夫 // 远东问题. 1998. 5

2060 Его не могли сломить［Пэн Дэхуай］/ Усов В. Н. // Китай: История в лицах и событ + D411: D419иях. С. 242
宁折不屈的彭德怀 / В. Н. 乌索夫 // 中国历史人物与事件. 第 242 页

2061 Ранний период жизни и деятельности Пэн Дэхуая / Ульянов В. Г. // XV научная конференция 《Общество и государство в Китае》. Тезисы и доклады. Ч. 3. 1984. С. 98
彭德怀的早期生活与活动 / В. Г. 乌里扬诺夫 // 中国社会与国家第十五次学术研讨会提要与报告(1984). 第三册. 第 98 页

2062 Роль Пэн Дэхуая в Пинцзянском восстании / Ульянов В. Г. // XVI научная конференция 《Общество и государство в Китае》. Тезисы и доклады. Ч. 3. 1985. С. 110
彭德怀在平江起义中的作用 / В. Г. 乌里扬诺夫 // 中国社会与国家第十六次学术研讨会提要与报告(1985). 第三册. 第 110 页

2063 Пэн Дэхуай и битва 《Ста полков》（1940 г.）/ Ульянов В. Г. // XVII научная конференция 《Общество и государство в Китае》. Тезисы и доклады. Ч. 3. 1986. С. 209
彭德怀与"百团大战"(1940) / В. Г. 乌里扬诺夫 // 中国社会与国家第十七次学术研讨会提要与报告(1986). 第三册. 第 209 页

2064 Пын Дэ-хуай / Юрьев М. Ф. // Красная Армия Китая. С. 189
彭德怀 / М. Ф. 尤里耶夫 // 中国红军. 第 189 页

2065 Раздел: Политические и общественные деятели Китая: Пэн Дэ-хуай / Ефимов Г. В. // Китай. История. экономика. культура. героическая борьба за национальную независимость. Сборник статей под ред. акад. В. М. Алексеева. . С. 451

中国政治和社会人物：彭德怀 / Г. В. 叶菲莫夫 // 中国：历史、经济、文化，为民族独立而英勇斗争. 第451页

2066 Пэн Дэ-Хуай / Елизаров В. И. // Большая советская энциклопедия. 3-е изд. Т. 21.《Советское энциклопедия》. 1975. С. 280
彭德怀 / В. И. 叶里扎罗夫 // 苏联大百科全书（1975）第三版. 第21卷. 第280页

葛 鑫

2067 Гэ Синь / Торопцев С. А. // Очерк истории китайского кино (1896—1966).. С. 221
葛　鑫 / С. А. 托罗普采夫 // 中国电影史概览(1896—1966). 第221页

董 健

2068 Дун Цзянь / Торопцев С. А. // Очерк истории китайского кино (1896—1966).. С. 221
董　健 / С. А. 托罗普采夫 // 中国电影史概览(1896—1966). 第221页

董存瑞

2069 Настоящий солдат. ［О герое Китайской народно-освободительной армии Дун Цунь-жуе.］ / Дин Хун и др. // М. : Воениздат. 1957. 204 с.
真正的军人：解放军英雄董存瑞 / 丁红（音）等 // 莫斯科：国防军事出版社. 1957. 204页

董兆琪

2070 Дун Чжао-ци / Торопцев С. А. // Очерк истории китайского кино (1896—1966).. С. 221
董兆琪 / С. А. 托罗普采夫 // 中国电影史概览(1896—1966). 第221页

董金棠

2071 Дун Цзинь-тан / Торопцев С. А. // Очерк истории китайского кино (1896—1966).. С. 221
董金棠 / С. А. 托罗普采夫 // 中国电影史概览(1896—1966). 第221页

董显光

2072 Дун Синь-гуан / Ефимов Г. В. // Китай. История. экономика. культура. героическая борьба за национальную независимость. Политические и общественные деятели Китая. С. 450
董显光 / Г. В. 叶菲莫夫 // 中国：历史、经济、文化，为民族独立而英勇奋斗（中国政治和社会人物篇）. 第450页

董晓华

2073 Дун Сяо-хуа / Торопцев С. А. // Очерк истории китайского кино (1896—1966).. С. 215
董晓华 / С. А. 托罗普采夫 // 中国电影史概览(1896—1966). 第215页

董辅礽

2074 Встреча с китайским экономистом (Дун Фужэнь) / Цыганов Ю. В. // ПДВ. 1989. № 4
与中国经济学家董辅礽的会面 / Ю. В. 齐冈诺夫 // 远东问题. 1989. 4

蒋广慈

2075 Цзян Гуан-ци / Торопцев С. А. // Очерк истории китайского кино (1896—1966). С. 14. 209
蒋广慈 / С. А. 托罗普采夫 // 中国电影史概览(1896—1966). 第14、209页

蒋天流

2076 Цзян Тянь-лю / Торопцев С. А. // Очерк истории китайского кино (1896—1966). С. 215. 221
蒋天流 / С. А. 托罗普采夫 // 中国电影史概览(1896—1966). 第215、221页

蒋介石

2077 История великого китайца. ［о Чан Кайши-ТВ］ / Дидуров А. А. // М. : Весть. 1999. 326 с.
中国伟人蒋介石的历史 / А. А. 狄杜罗夫 // 莫斯科：新闻出版社. 1999. 326页

2078 Отцы и дети (Чан Кай-ши-Цзян Цзин-го-ТВ) / Правда. 1927. 17 апреля
父与子(蒋介石与蒋经国) / 真理报. 1927.4.17

2079 Отец и сын, приведено письмо Цзяна к отцу-ТВ) / Михаил Кольцов // Правда. 1927. 21 апреля
父与子，蒋经国致父亲的信 / М. 科利措夫 // 真理报. 1927.4.21

2080 Северный и Южный Китай. ［Пять газетных сообщений об отношениях Чжан Цзо-лина к Чан Кай-ши］/ Материалы по китайскому вопросу. 1927. №2
中国的北方与南方（关于张作霖与蒋介石关系的五篇报道）/ 中国问题资料. 1927. 2

2081 Чан Кай-ши на вулкане / Агарков В. / Азия и Африка сегодня 1960 №7（июль）
坐在火山上的蒋介石 / В. 阿加尔科夫 // 今日亚非. 1960. 7

2082 Конфуцианство и эволюция идеологии Гоминьдана: Сунь Ят-сен, Дай Цзи-тао, Чан Кай-ши. / КУЗЬМИН Н. Д. // Л. . 1975. с. Автореф. дисс.... канд. ист. наук.
儒家学说和国民党意识形态的演化：孙中山、戴季陶、蒋介石 / И. Д. 库兹明 // 列宁格勒副博士论文. 1975

2083 Троцкий и Чан Кайши / Бородин Б. // ПДВ. 1990. № 2
托洛茨基与蒋介石 / Б. 鲍罗廷 // 远东问题. 1990. 2

2084 Размышления по поводу《Судьбы китайского Бонапарта》（о Чан Кайши）/ Сухарчук Г. // ПДВ. 1990. № 4
关于"中国波拿巴命运"的思考（论蒋介石）/ Г. 苏哈尔楚科 // 远东问题. 1990. 4

2085 Чан Кайши в СССР / Бородин Б. // Аргументы и факты. 1990. № 12
蒋介石在苏联 / Б. 鲍罗廷 // 论证与事实. 1990. 12

2086 Покусившийся на《императора》. Дружба на подносе с ядом（Чан Кай-ши-Цзян Цзин-го-ТВ）/ Винокуров А. // Новое время. 1994. № 23
"谋害皇帝"：有毒餐盘上的友谊（蒋介石、蒋经国）/ А. 维诺库罗夫 // 新时代. 1994. 23

2087 Переписка Чан Кайши с И. В. Сталиным и К. В. Ворошиловым. 1937—1939гг. / Тихвинский С. Л. // Новая и новейшая история. 1995. № 4
蒋介石与斯大林、伏罗希洛夫的通信（1937—1939）/ С. Л. 齐赫文斯基 // 近现代历史. 1995. 4

2088 Начало заграничного этапа работы. Из воспоминаний Посла СССР в Китае А. С. Панюшкина［Чан Кайши-ТВ］/ Публикация Титова А. С. // Проблемы Дальнего Востока. 1995. № 6
境外工作的初期，苏联驻华大使 А. С. 帕纽时金回忆录（蒋介石——TV）/ А. С. 狄托乌整理出版 // 远东问题. 1995. 6

2089 Чан Кайши и проблемы реконструкции китайской деревни / Писарев А. // ПДВ. 1996. № 2
蒋介石与中国乡村改造问题 / А. 皮萨列夫 // 远东问题. 1996. 2

2090 Чан Кайши и проблемы реконструкции китайской деревни（окончание）/ Писарев А. // ПДВ. 1996. № 3
蒋介石与中国乡村改造的问题（续）/ А. 皮萨列夫 // 远东问题. 1996. 3

2091 Две встречи с генерал иссимусом / Спешнев Н. // Еженедельник Санкт-Петербургского Университета. № 2. 1998
与大元帅的两次见面 / Н. 斯别施涅夫（司格林）/ 圣彼得堡大学周刊. 1998. 2

2092 Школа Хуанпу（Вампу）в истории Китая после 1927 г. ［Чан Кайши, Гуань Линвэй（Гуань Линьчжэн）, Чжан Яомин, др. -ТВ］/ Пожилов И. Е., Юркевич А. Г. // Проблемы Дальнего Востока. 1998. № 4
1927年以后中国历史中的黄埔军校（蒋介石、关麟征、张耀明等——TV）/ И. Е. 波日洛夫、А. Г 优尔凯维奇 // 远东问题. 1998. 4

2093 Взгляды Чан Кайши на экономическое развитие Китая и их место в генезисе националистической экономической доктрины / Меликсетов А. В. // III научная конференция《Общество и государство в Китае》. Тезисы и доклады. Ч. 2. 1972. С. 295
蒋介石对中国经济发展的看法以及其在民族主义经济学说里的地位 / А. В. 缅里科谢托夫 // 中国社会与国家第三次学术研讨会提要与报告. 第二册. 第295页

2094 О концепции Чан Кайши по национальному вопросу / Махмутходжаев М. Х. // IX научная

2095 О борьбе Ван Цзинвэя с Чан Кайши в 1926—1930 гг. / Яковлев И. А. // XV научная конференция 《Общество и государство в Китае》. Тезисы и доклады. Ч. 3. 1984. C. 140

论1926至1930年汪精卫与蒋介石的斗争 / И. А. 雅科夫列夫 // 中国社会与国家第十五次学术研讨会提要与报告. 第三册. 第1984. 140 页

2096 Позиция Чан Кайши по вопросу войны с Японией: капитулянтство или разумная политика? / Каткова З. Д. // XXII научная конференция 《Общество и государство в Китае》. Тезисы и доклады. Ч. 2. 1991. C. 174

蒋介石对抗日战争的立场:投机政策还是理性政策? / З. Д. 卡特科娃 // 中国社会与国家第二十二次学术研讨会提要与报告. 第二册. 第174 页

2097 Правительство Чан Кайши и лидеры провинции Сычуань в период антияпонской войны: противоборство или компромисс? / Козырев В. А. // XXII научная конференция 《Общество и государство в Китае》. Тезисы и доклады. Ч. 2. 1991. C. 185

抗日战争时期蒋介石政府与四川省地方领导人:对峙还是妥协? / В. А. 科兹列夫 // 中国社会与国家第二十二次学术研讨会提要与报告. 第二册. 第185 页

2098 Сталин и Чан Кайши / Гельбрас В. Г. // XXIII научная конференция 《Общество и государство в Китае》. Тезисы и доклады. Ч. 2. 1992. C. 201

斯大林与蒋介石 / В. Г. 盖利布拉斯 // 中国社会与国家第二十三次学术研讨会提要与报告. 第二册. 第201 页

2099 Чан Кайши в китайской литературе гоминьдановского периода / Желоховцев А. Н. // XV научная конференция 《Общество и государство в Китае》. Тезисы и доклады. 1994. C. 209

国民党时期中国文学中的蒋介石 / А. Н. 日洛霍夫采夫 // 中国社会与国家第二十五次学术研讨会提要与报告. 第209 页

2100 Япония в оценках Чан Кайши / Каткова З. Д. // XXVI научная конференция 《Общество и государство в Китае》. Тезисы и доклады. 1995. C. 213

蒋介石对日本的评价 / З. Д. 卡特科娃 // 中国社会与国家第二十六次学术研讨会提要与报告. 第213 页

2101 Начало политической деятельности Чан Кайши (по страницам биографии) / Каткова З. Д. // XXVII научная конференция 《Общество и государство в Китае》. Тезисы и доклады. 1996. C. 98

蒋介石政治生涯的开端:履历摘要 / З. Д. 卡特科娃 // 中国社会与国家第二十七次学术研讨会提要与报告. 第98 页

2102 О христианском мировоззрении Чан Кайши / Иванов П. М. // XXVIII научная конференция 《Общество и государство в Китае》. Тезисы и доклады. Ч. 2. 1998. C. 334

论蒋介石的基督教世界观 / П. М. 伊万诺夫 // 中国社会与国家第二十八次学术研讨会提要与报告. 第二册. 第334 页

2103 В ставке Чан Кай-ши. Совещание в Кулине / Далин С. А. // Далин С. А. Китайские мемуары. 1921—1927. 283

在蒋介石的大本营,库岭会议 / С. А. 达林 // 中国回忆录(1921—1927). 第283 页

2104 Цзян Кай-ши / Ефимов Г. В. // Китай. История. экономика. культура. героическая борьба за национальную независимость. Политические и общественные деятели Китая. C. 455

蒋介石 / Г. В. 叶菲莫夫 // 中国:历史、经济、文化,为民族独立而英勇奋斗(中国政治和社会人物篇). 第455 页

2105 Налет чанкайшистов на генеральное консульство СССР / Сухоруков В. Т. // На китайской земле.

Воспоминания советских добровольцев. 1925—1945. С. 160

蒋介石分子袭击苏联总领事馆 / В. Т. 苏霍鲁科夫 // 在中国的大地上：苏联志愿军回忆录（1925—1945）. 第 160 页

2106 Чан Кайши / Буров В. Г. // Современная китайская философия. 1980. С. 62. 65. 262. 271

蒋介石 / В. Г. 布洛夫 // 当代中国哲学. 1980. 第 62、65、262、271 页

2107 Движение за《новую жизнь》. Чэнь Лифу и Чан Кайши / Буров В. Г. // Современная китайская философия. 1980. С. 62-71

"新生活"运动：陈立夫与蒋介石 / В. Г. 布洛夫 // 当代中国哲学. 第 62 页

2108 Чан Кай-Ши / Елизаров В. И. // Большая советская энциклопедия. 3-е изд. Т. 29. 《Советское энциклопедия》. 1978. С. 18

蒋介石 / В. И. 叶里扎罗夫 // 苏联大百科全书第三版. 第 29 卷. 1978. 第 18 页

2109 Чан Кай-Ши, Цзян Цзе-ши（другое имя-Цзян Джун-чжэн）/ Елизаров В. И. // Советская Историческая энциклопедия. 1961—1976. . Т. 15. С.811

蒋介石（又名蒋中正）/ В. И. 叶里扎罗夫 // 苏联历史百科全书（1961—1976）. 第 15 卷. 第 811 页

2110 Положение в Китае после контрреволюционного переворота Чан Кай-ши / Сладковский М. И. // Сладковский М. И. История торгово-экономических отношений СССР с Китаем 1917—1974. С. 88

蒋介石反革命政变后的中国状况 / М. И. 斯拉德科夫斯基 // 苏中经济贸易关系史（1917—1974）. 第 88 页

2111 Тайное соглашение Чан Кай-ши и Ведемейера / Астафьев Г. В. // Интервенция США в Китае и ее поражение（1945—1949 гг.）. 1957. С. 413

蒋介石与魏德迈（WedeMeyer）的秘密协议 / Г. В. 阿斯塔菲耶夫 // 美国干涉中国及其破产. 第 413 页

2112 Переговоры между США и кликой Чан Кай-ши о помощи в 1947—1948 гг. / Астафьев Г. В. // Интервенция США в Китае и ее поражение（1945—1949 гг.）. 1957. С. 424

1947—1948 年美国跟蒋介石集团有关援助的谈判 / Г. В. 阿斯塔菲耶夫 // 美国干涉中国及其破产. 第 424 页

2113 Общий объем американской помощи клике Чан Кай-ши / Астафьев Г. В. // Интервенция США в Китае и ее поражение（1945—1949 гг.）. 1957. С. 429

美国给蒋介石集团援助的总规模 / Г. В. 阿斯塔菲耶夫 // 美国干涉中国及其破产. 第 429 页

2114 Кабальные соглашения, заключенные кликой Чан Кай-ши с США в 1945—1946 гг. / Астафьев Г. В. // Интервенция США в Китае и ее поражение（1945—1949 гг.）. 1957. С. 439

1945—1946 年间蒋介石政府与美国签订不平等协议 / Г. В. 阿斯塔菲耶夫 // 美国干涉中国及其破产. 第 439 页

2115 Соглашения между кликой Чан Кай-ши и США, заключенные в 1947—1948 гг. / Астафьев Г. В. // Интервенция США в Китае и ее поражение（1945—1949 гг.）. 1957. С. 443

1947—1948 年蒋介石政府与美国签订的不平等协议 / Г. В. 阿斯塔菲耶夫 // 美国干涉中国及其破产. 第 443 页

蒋方良

2116 Одинокая береза в бамбуковой роще. История жизни Фаины Цзян / Ван Мэй-юй // Свободный Китай. 1997. № 5-6

竹林中孤独的白桦树：蒋方良的生活史 / 王梅玉（音）// 自由中国. 1997. 5-6

蒋光慈

2117 Цзян Гуан-Цы（настоящее имя-Цзян Гуан-чи）/ Черкасский Л. Е. // Большая советская энциклопедия. 3-е изд. Т. 28. С. 548

蒋光慈 / Л. Е. Черкасский // 苏联大百科全书(第三版). 第 28 卷. 第 548 页

2118　Цзян Гуан-Цы（Цзян Гуан-чи）/ Лисевич И. С. // Краткая Литературная Энциклопедия. 1962—1978. Т. 8. С. 398
蒋光慈(蒋光赤) / И. С. 利谢维奇 // 简明文学百科全书(1962—1978). 第 8 卷. 第 398 页

蒋光鼐

2119　Цзян Гуан-най / Ефимов Г. В. // Китай. История. экономика. культура. героическая борьба за национальную независимость. Политические и общественные деятели Китая. С. 455
蒋光鼐 / Г. В. 叶菲莫夫 // 中国：历史、经济、文化，为民族独立而英勇奋斗(中国政治和社会人物篇). 第 455 页

蒋伟静

2120　Цзян Вэйцзин / Буров В. Г. // Современная китайская философия. 1980. С. 149
蒋伟静 / В. Г. 布洛夫 // 当代中国哲学(1980). 第 149 页

蒋兆和

2121　Цзян Чжао-хэ / Виноградова Н. А. // М.: Советский художник. 1959. 23 с
蒋兆和 / Н. А. 维诺格拉朵娃 // 莫斯科：苏联艺术家. 1959. 23 页

2122　Цзян Чжао-хэ / Чегодаев А // Творчество. 1957. №6
蒋兆和 / А 切戈达耶夫 // 创作. 1957. 6

2123　Памяти выдающегося китайского художника [Цзян Чжао-хэ, 1904—1986] / Соколов С. Н. // Искусство. 1988. № 2
杰出艺术家回忆录(蒋兆和, 1904—1986) / С. Н. 索科洛夫 // 艺术. 1988. 2

2124　Цзян Чжао-Хэ / Виноградова Н. А. // Большая советская энциклопедия. 3-е изд. Т. 28. С. 549
蒋兆和 / Н. А. 维诺格拉朵娃 // 苏联大百科全书(第三版). 第 28 卷. 第 549 页

蒋作宾

2125　Цзян Цзо-бинь / Ефимов Г. В. // Китай. История. экономика. культура. героическая борьба за национальную независимость. Политические и общественные деятели Китая. С. 455
蒋作宾 / Г. В. 叶菲莫夫 // 中国：历史、经济、文化，为民族独立而英勇奋斗(中国政治和社会人物篇). 第 455 页

蒋君超

2126　Цзян Цзюнь-чао / Торопцев С. А. // Очерк истории китайского кино (1896—1966). С. 209. 217
蒋君超 / С. А. 托罗普采夫 // 中国电影史概览(1896—1966). 第 209、217 页

蒋经国

2127　Отец и сын, приведено письмо Цзяна к отцу-ТВ) / Михаил Кольцов // Правда. 1927. 21 апреля
父与子, 蒋经国致父亲的信 / М. 科利措夫 // 真理报. 1927. 4. 21

2128　Кто он, Николай Елизаров? (о Цзян Цзин-го-ТВ) / Алексеев С., Зайцев В. // Уральский рабочий. 1988. 12 октября
历史的碎片, 叶里扎罗夫是谁?(蒋经国——TV) / С. 阿里克谢耶夫、В. 扎伊采 // 乌拉尔工人. 1988. 10. 12

2129　Страницы истории. Так кто же он, Елизаров? (о Цзян Цзин-го-ТВ) / Агеев С. С., Иглин А. // За тяжелое машиностроение. 1989. 12 января
历史的碎片, 叶里扎罗夫是谁?(蒋经国——TV) / С. 阿格耶夫、А. 伊格林 // 重机器制造业报. 1989. 1. 12

2130　Страницы истории. Так кто же он, Елизаров? (о Цзян Цзин-го-ТВ) / Агеев С., Иглин А. // За тяжелое машиностроение. 1989. 13 января
历史的碎片, 叶里扎罗夫是谁?(蒋经国——TV) / С. 阿格耶夫、А. 伊格林 // 重机器制造业报. 1989. 1. 13

2131　Страницы истории. Так кто же он, Елизаров?（о Цзян Цзин-го-ТВ）/ Агеев С., Иглин А. // За тяжелое машиностроение. 1989. 14 января
　　历史的碎片，叶里扎罗夫是谁？（蒋经国——TV）/ С. 阿格耶夫、А. 伊格林 // 重机器制造业报. 1989. 1. 14

2132　Коля Елизаров-президент Тайваня / Зайцев В. // Вечерний Свердловск. 26. 2. 1990
　　柯立亚·叶里扎罗夫 / В. 扎伊采夫 // 斯维尔德洛夫斯克晚报. 1990. 2. 26

2133　Коля Елизаров-президент Тайваня… / Зайцев В. // Советская молодежь. 1990. 29 сентября
　　蒋经国 / В. 扎伊采夫 // 苏联青年. 1990. 9. 29

2134　Цзян Цзинго-основатель подмосковного колхоза（или эпопея сына Чан Кайши в деревне Жоково）/ Воронцов В. // ПДВ 1991 №2
　　蒋经国——莫斯科郊区集体农庄的创始人（蒋介石儿子在若科沃村的故事）/ В. 沃龙措夫 // 远东问题. 1991. 2

2135　Президент Цзян Цзинго в бытность его Н. В. Елизаровым и после / Ларин А. Г. // Азия и Африка сегодня. 1991. № 8-9
　　蒋经国在其尼古拉·叶里扎罗夫时期及之后的生活 / А. Г. 拉林 // 今日亚非. 1991. 8-9

2136　Покусившийся на《императора》. Дружба на подносе с ядом（Чан Кай-ши-Цзян Цзин-го-ТВ）/ Винокуров А. // Новое время. 1994. № 23
　　"谋害皇帝"：毒盘上的友谊（蒋介石、蒋经国）/ А. 维诺库罗夫 // 新时代. 1994. 23

2137　Цзян Цзинго в России / Ларин А. Г. // Современный Тайвань. Иркутск：Улисс. 1994. С. 127
　　蒋经国在俄罗斯 / А. Г. 拉林 // 当代台湾. 伊尔库茨克：乌里斯. 1994. 第 127 页

韩　非

2138　Хань Фэй / Торопцев С. А. // Очерк истории китайского кино（1896—1966）. . С. 46. 213. 217. 220
　　韩　非 / С. А. 托罗普采夫 // 中国电影史概览（1896—1966）. 第 46、213、217、220 页

韩　涛

2139　Хань Тао / Торопцев С. А. // Очерк истории китайского кино（1896—1966）. . С. 219
　　韩　涛 / С. А. 托罗普采夫 // 中国电影史概览（1896—1966）. 第 219 页

韩少功

2140　О рассказах Хань Шаогуна ［р. 1953 г.］/ Селезнев А. А. // Теоретические проблемы изучения литератур Дальнего Востока. Тезисы 11 научной конференции. 1984. Ч. 2. С. 178
　　论韩少功的小说 / А. А. 谢列兹聂夫 // 东方文学的理论问题：第十一届学术研讨会的论文摘要（1984）. 第二册. 第 178 页

韩兰根

2141　Хань Лань-гэнь / Торопцев С. А. // Очерк истории китайского кино（1896—1966）. . С. 210. 213
　　韩兰根 / С. А. 托罗普采夫 // 中国电影史概览（1896—1966）. 第 210、213 页

韩国栋

2142　Хань Го-лянь / Торопцев С. А. // Очерк истории китайского кино（1896—1966）. . С. 222
　　韩国栋 / С. А. 托罗普采夫 // 中国电影史概览（1896—1966）. 第 222 页

韩佳辰

2143　Хань Цзячэнь / Буров В. Г. // Современная китайская философия. 1980. С. 105. 108. 237
　　韩佳辰 / В. Г. 布洛夫 // 当代中国哲学（1980）. 第 105、108、237 页

韩起祥

2144　Народный рассказчик Хань Ци-сян / Ян Ю // Народный Китай. 1953. № 12
　　人民小说家韩起祥 / 杨　勇 // 人民中国. 1953. 12

2145　Встречи с китайскими писателями ［Чжэн Чжэнь-до, Хань Ци-сян, Цао Цзин-хуа］/ Федоренко

Н. Т. // Новый мир. 1954. № 10

中国作家郑振铎、韩起祥、曹靖华访谈录 / Н. Т. 费多连科(费德林) // 新世界. 1954. 10

辜鸿铭

2146 К анализу взглядов Ку Хун-мина / Соломин Г. С. // Китай: традиции и современность. С. 153

辜鸿铭的观点分析 / Г. С. 索洛明 // 中国:传统与现代. 第153页

2147 Гу Хун-Мин / Желоховцев А. Н. // Краткая Литературная Энциклопедия. 1962—1978. Т. 2. С. 466

辜鸿铭 / А. Н. 热洛霍夫采夫 // 简明文学百科全书(1962—1978). 第2卷. 第466页

粟 裕

2148 Су Юй / Юрьев М. Ф. // Красная Армия Китая. С. 189

粟 裕 / М. Ф. 尤里耶夫 // 中国红军. 第189页

〔J〕

嵇文甫

2149 Цзи Вэньфу / Буров В. Г. // Современная китайская философия. 1980. С. 151

嵇文甫 / В. Г. 布洛夫 // 当代中国哲学(1980). 第151页

程 之

2150 Чэн Чжи / Торопцев С. А. // Очерк истории китайского кино (1896—1966).. С. 220

程 之 / С. А. 托罗普采夫 // 中国电影史概览(1896—1966). 第220页

程 莫

2151 Чэн Мо / Торопцев С. А. // Очерк истории китайского кино (1896—1966).. С. 213

程 莫 / С. А. 托罗普采夫 // 中国电影史概览(1896—1966). 第213页

程子华

2152 Чэн Цзы-хуа / Юрьев М. Ф. // Красная Армия Китая. С. 193

程子华 / М. Ф. 尤里耶夫 // 中国红军. 第193页

程纪华

2153 Чэн Цзи-хуа / Торопцев С. А. // Очерк истории китайского кино (1896—1966). С. 4. 55. 161. 207

程纪华 / С. А. 托罗普采夫 // 中国电影史概览(1896—1966). 第4、55、161、207页

程步高

2154 Чэн Бу-гао / Торопцев С. А. // Очерк истории китайского кино (1896—1966).. С. 18. 22. 33. 209

程步高 / С. А. 托罗普采夫 // 中国电影史概览(1896—1966). 第18、22、33、209页

傅 冬

2155 Из воспоминаний о работе в Китае в 1948—1950 гг. [Фу Цзои, Фу Дун-ТВ] / Титов А. С. // Проблемы Дальнего Востока. 1995. № 3

1948年至1950年在华工作回忆录(傅作义、傅冬——TV) / А. С. 季托夫 // 远东问题. 1995. 3

傅作义

2156 Из воспоминаний о работе в Китае в 1948—1950 гг. [Фу Цзои, Фу Дун-ТВ] / Титов А. С. // Проблемы Дальнего Востока. 1995. № 3

1948年至1950年在华工作回忆录(傅作义、傅冬——TV) / А. С. 季托夫 // 远东问题. 1995. 3

2157 Фу Цзо-и / Ефимов Г. В. // Китай. История. экономика. культура. героическая борьба за национальную независимость. Политические и общественные деятели Китая. С. 454

傅作义 / Г. В. 叶菲莫夫 // 中国:历史、经济、文化,为民族独立而英勇奋斗(中国政治和社会人物篇). 第454页

傅超武

2158 Фу Чао-у / Торопцев С. А. // Очерк истории китайского кино (1896—1966).. С. 217

傅超武 / С. А. Торопцев // 中国电影史概览(1896—1966). 第 217 页

傅斯年

2159　Фу Сы-нянь / Ефимов Г. В. // Китай. История. экономика. культура. героическая борьба за национальную независимость. Политические и общественные деятели Китая. С. 454
　　傅斯年 / Г. В. 叶菲莫夫 // 中国:历史、经济、文化,为民族独立而英勇奋斗(中国政治和社会人物篇). 第 454 页

舒　适

2160　Шу Ши / Торопцев С. А. // Очерк истории китайского кино（1896—1966）.. С. 213. 215. 220
　　舒　适 / С. А. 托罗普采夫 // 中国电影史概览(1896—1966). 第 213、215、220 页

舒绣文

2161　Шу Сю-вэнь / Торопцев С. А. // Очерк истории китайского кино（1896—1966）.. С. 209
　　舒绣文 / С. А. 托罗普采夫 // 中国电影史概览(1896—1966). 第 209 页

鲁　迅

2162　Великий китайский писатель Лу Синь. / Федоренко Н. Т. // М. : Знание. 1953. 32 с.
　　伟大的中国作家鲁迅 / Н. Т. 费多连科(费德林) // 莫斯科:知识出版社. 1953. 32 页

2163　Очерки современной китайской литературы［Лу Синь, Го Мо-жо, Мао Дунь］/ Федоренко Н. Т. // М. : Гослитиздат. 1953. 356 с.
　　谈中国当代文学的代表人物:鲁迅、郭沫若、茅盾 / Н. Т. 费多连科(费德林) // 莫斯科:国家文学出版社. 1953. 356 页

2164　Китайские записи.［Статьи о писателях: Лу Сине, Го Мо-жо, Мао Дуне, Лао Шэ, Чжэн Чжэнь-до, Цао Цзин-хуа и др.］/ Федоренко Н. Т. // М. : Советский писатель. 1956. 536 с.
　　中国笔记,论中国作家:鲁迅、郭沫若、茅盾、老舍、郑振铎、曹靖华等 / Н. 费多连科(费德林) // 莫斯科:苏维埃作家. 1956. 536 页

2165　Лу Синь.（Жизнь замечательных людей）. / Позднеева Л. Д. // М. :Молодая гвардия. 1957. 287 с.
　　鲁迅(名人的生活) / Л. Д. 波兹德涅耶娃 // 莫斯科:青年近卫军出版社. 1957. 287 页.

2166　Лу Синь. Очерк жизни и творчества. / Позднеева, Л. Д. // М.: Молодая гвардия.（Серия《ЖЗЛ》）. 1957. 287 стр.
　　鲁迅生平与创作概述 / Л. Д. 波兹德涅耶娃 // 莫斯科:青年近卫军出版社. 名人生平系列丛书. 1957. 287 页

2167　Формирование мировоззрения Лу Синя.（Ранняя публицистика и сборник《Клич》）/ Сорокин. В. Ф. // М.: ИВЛ. 1958. 195 стр.
　　鲁迅世界观的形成(早期作品与《呐喊》文集) / В. Ф. 索罗金 // 莫斯科:东方文学出版社. 1958. 195 页

2168　Лу Синь. Жизнь и творчество.（1881—1936）. / Позднеева, Л. Д. // М.: Издательство МГУ. 1959. 572 стр.
　　鲁迅的生平与创作概述(1881—1936) / Л. Д. 波兹德涅耶娃 // 莫斯科:莫斯科大学出版社. 1959. 572 页

2169　Лу Синь. Очерк жизни и творчества. / Петров В. В. // М. : Гослитиздат. 1960. 383 стр.
　　鲁迅生平与创作概述 / В.В. 彼得罗夫 // 莫斯科:国家文学出版社 1960. 383 页

2170　Лу Синь и его предшественники / Семанов, В. И. // М.: Наука. 1967. 148 стр.
　　鲁迅与其前辈 / 谢马诺夫 // 莫斯科:科学出版社. 1967. 148 页

2171　Лу Синь. Биобиблиографический указатель. / Глаголева И. К.（сост.）// М. : Книга.（Писатели зарубежных стран）1977. 246 с.
　　鲁迅,生平文献索引 / И. К. 格拉格列娃 // 莫斯科:外国作家丛书出版社. 1977. 246 页

2172	Лу Синь / Лосев В. // Труд. 1936. 21 октября 鲁　迅 / В.罗谢夫 // 劳动报. 1936. 10. 21
2173	Правление Союза советских писателей СССР. Советские писатели глубоко скорбят о смерти известного китайского писателя Лу Синя / Литературная газета. 1936. 27 октября 苏联作协理事会:苏联作家出版社沉痛哀悼中国著名作家鲁迅逝世 / 文学报. 1936. 10. 27
2174	Похороны великого китайского писателя Лу Синя. Письмо из Китая / Литературная газета. 1936. 15 декабря 伟大的中国作家鲁迅葬礼,中国来信 / 文学报. 1936. 12. 15
2175	О Лу Сине [К 13-й годовщине со дня смерти Лу Синя 19 октября 1949 г.] / Фадеев А. // Литературная газета. 1949. 29 октября 论鲁迅:纪念鲁迅先生逝世十三周年 / А.法捷耶夫 // 文学报. 1949. 10. 29.
2176	В свободном Китае [Лу Синь, Го Мо-жл, Дин Лин, Мао Дунь] / Фадеев А. // Правда. 1949. 5 декабря 在自由的中国:鲁迅、郭沫若、丁玲、茅盾 / А.法捷耶夫 // 真理报. 1949. 12. 5
2177	Семидесятилетие со дня рождения Лу Синя / Правда. 1951. 26 сентября 纪念鲁迅诞辰七十周年 / 真理报. 1951. 9. 26
2178	Великий сын китайского народа (Лу Синь). / Эйдлин Л. // Литературная газета. 1951. 18 октября 中国人民的伟大儿子鲁迅 / Л.艾德林 // 文学报. 1951. 10. 18
2179	Лу Синь и советская литература. / Федоренко Н. Т. // Литературная газета. 1951. 18 октября 鲁迅与苏联文学 / Н. Т. 费多连科(费德林) // 文学报. 1951. 10. 18
2180	Великий китайский писатель [К 15-летию со дня смерти Лу Синя] / Проценко Н. // Гудок. 1951. 18 октября 伟大的中国作家鲁迅:纪念鲁迅逝世 15 周年 / Н.波洛曾科 // 汽笛. 1951. 10. 19.
2181	Великий китайский писатель [К 15-летию со дня смерти Лу Синя] / Рогов В. // Известия. 1951. 19 октября 伟大的中国作家鲁迅:纪念鲁迅逝世 15 周年 / В.罗戈夫 // 消息报. 1951. 10. 19.
2182	Великий китайский писатель Лу Синь (к 15-летию со дня смерти) / Владимирова В. // Московская правда. 1951. 19 октября 伟大的中国作家鲁迅:纪念鲁迅逝世 15 周年 / В.弗拉基米罗娃 // 莫斯科真理报. 1951. 10. 19.
2183	Великий китайский писатель. [Лу Синь. К 15-летию со дня смерти] / Овчинников В. // Правда. 1951. 19 октября 伟大的中国作家鲁迅:纪念鲁迅逝世 15 周年 / В.奥夫钦尼科夫 // 真理报. 1951. 10. 19.
2184	Великий писатель китайского народа [Лу Синь] / Сорокин В. // Красная звезда. 1951. 19 октября 伟大的中国作家鲁迅 / В.索罗金 // 红星. 1951. 10. 19.
2185	Классик китайской литературы [Лу Синь] / Сперанский Б., Бострем Ю-фэй // Комсомольская правда. 1951. 19 октября1 中国文学经典作家鲁迅 / Б.司毕朗斯基、波斯特列穆 // 共青团真理报. 1951. 10. 19
2186	Великий писатель китайского народа [Лу Синь] / Рубин В. // Московский комсомолец. 1951. 20 октября 伟大的中国作家鲁迅 / В.鲁宾 // 莫斯科共青团员报. 1951. 10. 20
2187	Вечер памяти Лу Синя / Правда. ; Известия. ; Комсомольская правда. ; Литературная газета ; Московская правда ; Труд. 1951. 20 октября 追思鲁迅晚会 / 真理报;消息报;文学报;莫斯科真理报;劳动报. 1951. 10. 20

2188 Китайский народ чтит память Лу Синя / Правда. 1951. 20 октября
中国人民纪念鲁迅 / 真理报. 1951. 10. 20.

2189 Памяти Лу Синя. / Правда. 1952. 21 октября
纪念鲁迅 / 真理报. 1952. 10. 21

2190 Памяти Лу Синя. / Советская культура. 1953. 20 октября
纪念鲁迅 / 苏联文化. 1953. 10. 20

2191 11 октября умер великий китайский писатель Лу Синь / Интернациональная литература. 1936. № 11
伟大的中国作家鲁迅于十月十一日与世长辞 / 共产国际文学. 1936. 11

2192 Великий китайский писатель. (Лу Синь) Рудман В. // Звезда. 1936. №12
伟大的中国作家鲁迅 / В. 鲁德曼 // 星. 1936. 12

2193 Памяти великого китайского писателя Лу Сюня, (1881—1936) / Иностранная Литература. 1936. №12
纪念伟大中国作家鲁迅(1881—1936) / 外国文学. 1936. 12

2194 Художник китайской революции. (Лу Синь). / Рудман В. // Резец. 1936. №16
中国革命艺术家鲁迅 / В. 鲁德曼 // 刀锋. 1936. 16

2195 Великая скорбь Китая-Описание похорон Лу Синя / Интернациональная литература. 1937. № 1
举国哀悼:记鲁迅葬礼 / 共产国际文学. 1937. 1

2196 Заметки о Лу Сине / На рубеже. 1937. №3
有关鲁迅的笔记 / 外国纪事. 1937. 3

2197 Великий китайский писатель Лу Синь / Литературный критик. 1937. №8
伟大的中国作家鲁迅 / 文学批评. 1937. 8

2198 Лу Синь. (Антифашистские писатели мира). [Биографическая справка.] / Иностранная Литература. 1937. №11
世界反法西斯作家鲁迅生平简介 / 外国文学. 1937. 11

2199 Лу Синь. Биографическая справка / Интернациональная литература. 1937. № 11
鲁迅生平 / 共产国际文学. 1937. 11

2200 Лу Синь / Николаев О. // Книжные новости. 1938. №10
鲁迅 / О. 尼古拉耶夫 // 书刊新闻. 1938. 10

2201 Писатель и борец Лу Синь. / Рудман В. // Сибирские огни. 1939. №2
作家与战士鲁迅 / В. 鲁德曼 // 西伯利亚之光. 1939. 2

2202 Лу Синь и русская литература / Рогов В. // Литературная газета. 1939. 28 августа
鲁迅与俄罗斯文学 / В. 罗戈夫 // 文学报. 1939. 8. 28

2203 Памяти Лу Синя. / Литературная газета. 1939. 26 октября
纪念鲁迅 / 文学报. 1939. 10. 26

2204 Великий писатель китайского народа (Лу Синь). / Штернберг Е. Л. // Интернациональная литература. 1940. № 1
伟大的中国作家鲁迅 / Е. Л. 什特尔恩别尔格 // 共产国际文学. 1940. 1

2205 Лу Синь-великий писатель-революционер Китая / Труды Московского института востоковедения. 1940. Сборник № 2
伟大的中国革命作家鲁迅 / 莫斯科东方学研究所论文集. 1940. 2

2206 Памяти Лу Синя. (Хроника). / Иностранная Литература. 1940. №11-12
纪念鲁迅(新闻报道) / 外国文学. 1940. 11-12

2207 Сборники о М. Горьком и Лу Сине. / Иностранная Литература. 1940. №11-12
论高尔基与鲁迅文集 / 外国文学. 1940. 11—12

| 2208 | Памяти Лу Синя / Интернациональная литература. 1940. № 11/12
纪念鲁迅 / 共产国际文学. 1940. 11-12

| 2209 | Памяти Лу Синя. / Литературная газета. 1946. 16 ноября
纪念鲁迅 / 文学报. 1946. 11. 16

| 2210 | Новейшая китайская литература как отражение борьбы демократических и реакционных сил. ［Упоминаются писатели Лу Синь, Го Мо-жо, Мао Дунь, Цао Юй, Яо Сюе-инь, Ба Цзинь, Лао Шэ и др.］ / Фишман О. // Вестник ЛГУ. 1948. №8
反映作为民主力量的中国现代文坛与反动力量斗争的论战,主要的作家有：鲁迅、郭沫若、茅盾、曹禺、姚雪垠、老舍、巴金等 / О. 菲什曼 // 列宁格勒大学学报. 1948. 8

| 2211 | О развитии новейшей китайской литературы. ［Упоминаются Юй Да-фу, Чжоу Цюань-пин, Го Мо-жо, Лу Синь, Мао Дунь, Тянь Хань.］ / Фишман О. Л. // Вестник ЛГУ. 1949. №7
论现代中国文学发展, 郁达夫、周全平、郭沫若、鲁迅、茅盾、田汉 / О. Л. 菲什曼 // 列宁格勒大学学报. 1949. 7

| 2212 | Лу Синь и его творчество / Народный Китай. 1950. №9
鲁迅与他的创作 / 人民中国. 1950. 9

| 2213 | Лу Синь и советская литература в Китае. ［К 15-летию со дня смерти.］ / Петров Н. // Дальний Восток. 1951. №5
鲁迅与中国的苏联文学：纪念鲁迅逝世十五周年 / Н. 彼得罗夫 // 远东杂志. 1951. 5

| 2214 | Лу Синь и советская литература в Китае. / Петров Н. // Дальний Восток. 1951. № 5
鲁迅与中国的苏联文学 / Н. 彼得罗夫 // 远东杂志. 1951. 5

| 2215 | Великая Октябрьская социалистическая революция и творческий путь китайского писателя Лу Синя / Позднеева Л. Д. // Вестник МГУ. 1951. №7
伟大的十月社会主义革命与中国作家鲁迅的创作之路 / Л. Д. 波兹德涅耶娃 // 莫斯科大学学报. 1951. 7

| 2216 | Великая Октябрьская социалистическая революция и творческий путь китайского писателя Лу Синя / Позднеева Л. Д. // Вестник МГУ. 1951. № 7
鲁迅为争取中国新民主主义文化的斗争 / Л. Д. 波兹德涅耶娃 // 莫斯科大学学报. 1952. 11

| 2217 | Годовщина смерти Лу Синя / Народный Китай. 1952. № 20
纪念鲁迅逝世周年 / 人民中国. 1952. 20

| 2218 | Книга о великом китайском писателе-революционере ［Лу Синь］. / Гатов А. Г. // Новый Мир. 1953. №12
伟大的中国革命家鲁迅 / А. Г. 加托夫 // 新世界. 1953. 12

| 2219 | Книга о великом китайском писателе-революционере (О книге Фын Сюэ-фына 《Воспоминания о Лу Сине》. Пекин. 1952 (на китайском языке)) / Гатов А. Г. // Новый мир. 1953. № 12
伟大的中国革命作家(冯雪峰的《回忆鲁迅》一书)北京, 1952 年 / А. Г. 加托夫 // 新世界. 1953. 12

| 2220 | Творческий путь Лу Синя (1881—1936). / Позднеева Л. Д. // М. : МГУ и. Ломоносова. 1954. Автореф. дисс. . док. филол. наук.
鲁迅(1881—1936)创作之路 / Л. Д. 波兹德涅耶娃 // 莫斯科：莱蒙诺索夫国立莫斯科大学语文学博士论文摘要. 1954

| 2221 | Встречи с китайскими писателями ［Лу Синь, Го Мо-жо, Мао Дунь］ / Федоренко Н. Т. // Новый мир. 1954. № 9
中国作家访谈录：鲁迅、郭沫若、茅盾 / Н. Т. 费多连科(费德林) // 新世界. 1954. 9

| 2222 | Лу Синь. ［Биографические данные］ / В защиту мира. 1954. Февраль. № 34
鲁迅生平资料 / 保卫和平. 1954. 34

| 2223 | Лу Синь-знаменосец новой культурной армии китайского народа. / Чэнь Цю-фань // Народный

Китай. 1956. №18

中国人民新文化大军的旗手鲁迅／陈秋芳（音）∥人民中国. 1956. 18

2224 Две книги о Лу Сине／Семанов В. И. ∥ НАА 1961 №5

关于鲁迅的两本书／В. И. 谢马诺夫∥亚非人民. 1961. 5

2225 Лу Синь жив（К 80-летию со дня рождения）／Григорьева Т. ∥ Азия и Африка сегодня 1961 №9

鲁迅仍然活着（纪念鲁迅诞辰八十周年）／Т. 格里高利耶娃∥今日亚非. 1961. 9

2226 Лу Синь о зарубежной литературе／Семанов В. И. ∥ НАА 1965 №5

鲁迅论外国文学／В. И. 谢马诺夫∥亚非人民. 1965. 5

2227 Лу Синь и догматики／Семанов В. И. ∥ НАА 1968 №2

鲁迅与教条主义者／В. И. 谢马诺夫∥亚非人民. 1968. 2

2228 《Предложения относительно распространения искусств》Лу Синя（К 90-летию со дня рождения Лу Синя）／Червова Н. А. ∥ НАА 1971 №5

鲁迅对"艺术传播的建议"（纪念鲁迅诞辰九十周年）／Н. А. 切尔沃娃∥亚非人民. 1971. 5

2229 Русский писатель В. Ерошенко-друг Лу Синя／Белоусов Р. С. ∥ ПДВ 1975 №2

鲁迅之友俄国作家叶罗申科／Р. С. 别洛乌索夫∥远东问题. 1975. 2

2230 Лу Синь и Цюй Цю-бо／Петров В. В. ∥ ПДВ 1975 №4

鲁迅与瞿秋白／В. В. 彼得罗夫∥远东问题. 1975. 4

2231 На родине Лу Синя（к 40-летию со дня смерти великого китайского писателя）／Рогов В. Н. ∥ ПДВ 1976 №3

在鲁迅的故乡——纪念伟大的中国作家逝世四十周年／В. Н. 罗戈夫∥远东问题. 1976. 3

2232 Лу Синь и Советский Союз.／Петров В. В. ∥ Иностранная литература. 1976. № 10

鲁迅与苏联／В. В. 彼得罗夫∥外国文学. 1976. 10

2233 Беседы о Лу Сине（Из записок 30-х годов）／Рогов В. Н. ∥ ПДВ 1980 №4

关于鲁迅的谈话（摘自三十年代手记）／В. Н. 罗戈夫∥远东问题. 1980. 4

2234 Бессмертие художника（К столетию со дня рождения Лу Синя）／Сорокин В. Ф. ∥ ПДВ 1981 №3

不朽的艺术家：纪念鲁迅百年诞辰／В. Ф. 索罗金∥远东问题. 1981. 3

2235 Великий китайский писатель и его время.（К 100-летию со дня рождения Лу Синя）.／Делюсин Л. П. ∥ Иностранная литература. 1981. № 10

伟大的中国作家及其时代——纪念鲁迅诞辰一百周年／Л. П. 杰柳欣∥外国文学. 1981. 10

2236 Славный сын китайского народа（К 100-летию Лу Синя）／Делюсин Л. П. ∥ Азия и Африка сегодня 1981 №12

中国人民光荣的儿子（纪念鲁迅百年诞辰）／Л. П. 杰柳辛∥今日亚非. 1981. 12

2237 Юбилей Лу Синя в КНР.／Желоховцев А. Н. ∥ Иностранная литература. 1982. № 2

中国的鲁迅百年诞辰／А. Н. 日洛霍夫采夫∥外国文学. 1982. 2

2238 Лу Синь в американской синологии／Желоховцев А. Н. ∥ ПДВ 1982 №3

美国中国学中的鲁迅／А. Н. 日洛霍夫采夫∥远东问题. 1982. 3

2239 Лу Синь（К 100-летию со дня рождения）／Федоренко Н. Т. ∥ НАА 1982 №3

纪念鲁迅百年诞辰／Н. Т. 费多连科（费德林）∥亚非人民. 1982. 3

2240 Лу Синь и борьба за реализм в китайском кино／Торопцев С. А. ∥ ПДВ 1982 №4

鲁迅与中国现实主义电影的斗争／С. А. 托罗普采夫∥远东问题. 1982. 4

2241 За страницами дневников Лу Синя／Белоусов Р. С. ∥ ПДВ 1987 №5

鲁迅日记背后的故事／Р. С. 别洛乌索夫∥远东问题. 1987. 5

2242 Лу Синь-великий писатель-революционер Китая／Труды Московского института востоковедения. Сб. 2. С. 234

中国伟大的革命作家鲁迅／莫斯科东方学研究所论文集（第二册）. 第 234 页

2243 Лу Синь и Советский Союз. / Гэ Бао-цюань // Труды Московского института востоковедения. Сб. 2. С. 238

鲁迅与苏联 / 戈宝权 // 莫斯科东方学研究所论文集(第二册). 第 238 页

2244 Лу Синь (Чжоу Шу-жэнь) / Ефимов Г. В. // Китай. История. экономика. культура. героическая борьба за национальную независимость. Политические и общественные деятели Китая. С. 534 с

鲁迅(周树人) / Г. В. 叶菲莫夫 // 中国:历史、经济、文化,为民族独立而英勇奋斗. 第 534 页

2245 Лу Синь. (Жизненный и творческий путь Лу Синя. Лу Синь-основоположник современной китайской литературы и ее реалистического метода. Лу Синь-революционный художник и публицист. Лу Синь и советская литература. Язык и художественные средства Лу Синя). / Федоренко Н. Т. // Федоренко Н. Т. Очерки современной китайской литературы. С. 38

鲁迅(鲁迅生活与创作;鲁迅之路-中国当代文学与其现实主义写作方法的奠基者;鲁迅——革命作家与散文家;鲁迅与苏联文学;鲁迅的语言与艺术手法) / Н. Т. 费多连科(费德林) // 费多连科(费德林)谈中国当代文学. 第 38 页

2246 Лу Синь / Позднеева Л. Д. // Большая Советская энциклопедия. 2 изд. Т. 25. С. 470

鲁 迅 / Л. Д. 波兹德涅耶娃 // 苏联大百科全书(第二版). 第 25 卷. 第 470 页

2247 Лу Синь-великий писатель современного Китая. / Рогов В. // Писатели стран народной демократии. С. 7

伟大的当代中国作家鲁迅 / В. 罗戈夫 // 人民民主国家的作家. 第 7 页

2248 Лу Синь / Эйдлин Л. З. // О китайской литературе наших дней. С. 70

鲁 迅 / Л. З. 艾德林 // 当代中国文学. 第 70 页

2249 Лу Синь / Федоренко Н. Т. // Китайская литература. с. 457

鲁 迅 / Н. 费多连科(费德林) // 中国文学. 第 457 页

2250 Лу Синь (Чжоу Шу-жэнь) / Семанов В. И. // Краткая Литературная Энциклопедия. 1962—1978. Т. 4 С. 459

鲁 迅(周树人) / В. И. 谢马诺夫 // 简明文学百科全书(1962—1978). 第 4 卷. 第 459 页

2251 Некоторые соображения относительно деятельности Лу Синя как переводчика / Берзинг З. Л. // Теоретические проблемы восточных литератур. С. 227

对鲁迅翻译工作的几点看法 / З. Л. 别尔金格 // 东方文学的理论问题. 第 227 页

2252 Лу Синь против вульгаризаторов / Семанов В. И. // Идеологическая борьба в литературе и эстетике. С. 291

鲁迅抨击庸俗主义者 / В. И. 谢马诺夫 // 文学与美学的意识形态之争. 第 291 页

2253 Лу Синь (настоящее имя-Чжоу Шужэнь) / Семанов В. И. // Большая советская энциклопедия. 3-е изд. Т. 15. С. 73

鲁 迅(原名周树人) / В. И. 谢马诺夫 // 苏联大百科全书(第三版). 第十五册. 第 73 页

2254 Лу Синь в кинематографе / Торопцев С. А. // Проблемы восточной филологии. С. 181

影视作品中的鲁迅 / С. А. 托罗普采夫 // 东方语文学问题. 第 181 页

2255 Лу Синь / Буров В. Г. // Современная китайская философия. 1980. С. 37

鲁 迅 / В. Г. 布洛夫 // 当代中国哲学. 第 37 页

2256 Расширенное заседание, посвященное пятнадцатилетию со дня смерти великого китайского писателя Лу Синя. / Эйдлина и Л. З., Федоренко Н. Т. // Краткие сообщения Института востоковедения Академии наук СССР. IV. С. 73

纪念鲁迅逝世十五周年扩大会议 / Л. З. 艾德林与 Н. 费多连科(费德林),报告 // 苏联科学院东方学研究所简讯(第四册). 第 73 页

2257 Начало творческого пути Лу Синя и сборник рассказов 《Клич》. / Сорокин В. Ф. // Автореферат

диссертации. (Институт Востоковедения Академии Наук СССР. На правах рукописи). 18 с.
鲁迅创作之路的开端及其小说集《呐喊》/ В. Ф. 索罗金 // 苏联科学院东方研究所论文摘要. 第18 页

鲁 韧

2258 Лу Жэнь / Торопцев С. А. Очерк истории китайского кино (1896—1966). . С. 216. 219
鲁 韧 / С. А. 托罗普采夫 // 中国电影史概览(1896—1966). 第 216、219 页

鲁 非

2259 Лу Фэй / Торопцев С. А. // Очерк истории китайского кино (1896—1966). . С. 220
鲁 非 / С. А. 托罗普采夫 // 中国电影史概览(1896—1966). 第 220 页

鲁 思

2260 Лу Сы / Торопцев С. А. Очерк истории китайского кино (1896—1966). . С. 31
鲁 思 / С. А. 托罗普采夫 // 中国电影史概览(1896—1966). 第 31 页

鲁 煤

2261 [Лу Мэй] / Эйдлин Л. З. // О китайской литературе наших дней. С. 189
鲁 煤 / Л. З. 爱德林 // 当代中国文学. 第 189 页

〔、〕

童恩正

2262 Пекин и научная фантастика [Тун Эньчжэн] / Валицкий В. // Иностранная литература. 1979. No 10
北京与科幻(童恩正) / В. 瓦里茨基 // 共产国际文学. 1979. 10

普 善

2263 Интервью Пу Шаня / ПДВ 1989 №1
普善访谈录 / 远东问题. 1989. 1

曾 朴

2264 Старый писатель в новом окружении [о Цзэн Пу] / Семанов В. И. // Литература и культура Китая. С. 267
曾朴:在新环境中的旧式作家 / В. И. 谢马诺夫 // 中国文学与文化. 第 267 页

2265 Цзэн Пу / Семанов В. И. // Большая советская энциклопедия. 3-е изд. Т. 28. С. 548
曾 朴 / В. И. 谢马诺夫 // 苏联大百科全书(第三版). 第 28 卷. 第 548 页

2266 Цзэн Пу / Заяц Т. С. // Краткая литературная энциклопедия. 1962—1978. Т. 8. 1975. Стб. 414.
曾 朴 / Т. С. 扎雅茨 // 简明文学百科全书(1962—1978). 第 414 页

2267 Цзэн Пу (Мэн-пу) / Заяц Т. С. // Краткая Литературная Энциклопедия. 1962—1978. Т. 8. С. 397
曾 朴(曾孟朴) / Т. С. 扎雅茨 // 简明文学百科全书(1962—1978). 第 8 卷. 第 397 页

曾迎春

2268 Мир на свитке (Цзя Пинси, Чжэн Инчун, Чжоу Цзяньпин, Ян Фумин) / Неглинская М. // Азия и Африка сегодня 1990 №3
画中世界:贾平西、曾迎春、周建平、严培明 / М. 尼格林斯卡娅 // 今日亚非. 1990. 3

曾秀福

2269 Памяти Цзэн Сюфу / ПДВ 1988 №2
纪念曾秀福 / 远东问题. 1988. 2

温家宝

2270 Вэнь Цзябао / Персоналии // Персоналии 40 лет КНР. 1989. С. 486
温家宝 / 名人录编委会 // 中华人民共和国四十年名人录. 第 486 页

温锡莹

2271 Вэн Си-ин (Вэнь Си-ин) / Торопцев С. А. // Очерк истории китайского кино. 1896—1966. 1979.

裕 禄

2272　Ихэтуани в Тяньцзине. Позиция наместника Юй Лу / Калюжная Н. М. // Калюжная Н. М. Восстание ихэтуаней（1896—1901）. С. 221

义和团在天津：直隶总督裕禄的立场 / Н. М. 卡留日娜娅 // 义和团起义（1896—1901）. 第 221 页

谢 芳

2273　Се Фан / Торопцев С. А. // Очерк истории китайского кино. 1896—1966. С. 187. 219. 221

谢　芳 / С. А. 托罗普采夫 // 中国电影史概览（1896—1966）. 第 187、219、221 页

谢 持

2274　Се Чи / Ефимов Г. В. // Китай. История. экономика. культура. героическая борьба за национальную независимость. Политические и общественные деятели Китая. С. 534 с.

谢　持 / Г. В. 叶菲莫夫 // 中国：历史、经济、文化，为民族独立而英勇奋斗（中国政治和社会人物篇）. 第 534 页

谢 晋

2275　Се Цзинь как зеркало китайской модернизации / Торопцев С. А. // Азия и Африка сегодня 1999 №10

谢晋是中国现代化的一面镜子 / С. А 托罗普采夫 // 今日亚非. 1999. 10

2276　Се Цзинь / Торопцев С. А. // Очерк истории китайского кино. 1896—1966. С. 120. 150. 167. 187. 213. 216. 218. 221

谢　晋 / С. А. 托罗普采夫 // 中国电影史概览（1896—1966）. 第 120、150、167、187、213、216、218、221 页

谢 冕

2277　Се Мянь. Памятник народной души. Реф. статья / Желоховцев А. В. // Общественные науки за рубежом. сер. 7. С. 145

谢冕：人民灵魂的纪念碑（提要） / А. В. 热洛霍夫采夫 // 外国社会科学（第 7 辑）第 145 页

谢 添

2278　Се Тянь / Кино：энциклопедический словарь. С. 386

谢　添 / 电影百科全书. 第 386 页

2279　Се Тянь / Торопцев С. А. // Очерк истории китайского кино. 1896—1966. 1979. С. 60. 150. 152. 201. 212. 214. 217. 220

谢　添 / С. А. 托罗普采夫 // 中国电影史概览（1896—1966）. 第 60、150、152、201、212、214、217、220 页

谢云卿

2280　Се Юнь-цин / Торопцев С. А. // Очерк истории китайского кино. 1896—1966. С. 209

谢云卿 / С. А. 托罗普采夫 // 中国电影史概览（1896—1966）. 第 209 页

谢俊峰

2281　Се Цзюнь-фэн / Торопцев С. А. // Очерк истории китайского кино. 1896—1966. С. 218

谢俊峰 / С. А. 托罗普采夫 // 中国电影史概览（1896—1966）. 第 218 页

谢铁骊

2282　Се Те-ли / Торопцев С. А. // Очерк истории китайского кино（1896—1966）. С. 120. 168. 218. 220

谢铁骊 / С. А. 托罗普采夫 // 中国电影史概览（1896—1966）. 第 120、168、218、220 页

谢缵泰

2283　Из истории буржуазно-революционного движения в Китае（Группа Ян Цюй-Юня-Се Цзуань-

Тая)/ Никифоров В. Н. // НАА 1963 №4

杨衢云与谢缵泰的"辅仁文社":中国资产阶级革命运动史 / В. Н. 尼基福罗夫 // 亚非人民. 1963. 4

十 三 画

〔一〕

蓝 马

2284 Лань Ма / Торопцев С. А. // Очерк истории китайского кино(1896—1966). C. 43. 60. 146. 212. 218
蓝　马 / С. А. 托罗普采夫 // 中国电影史概览(1896—1966). 第 43、60、146、212、218 页

蓝天业

2285 Лань Тянь-е / Торопцев С. А. // Очерк истории китайского кино(1896—1966). C. 219
蓝天业 / С. А. 托罗普采夫 // 中国电影史概览(1896—1966). 第 219 页

蒲 风

2286 Пу Фэн / Сорокин В. Ф. // Краткая Литературная Энциклопедия. 1962—1978. Т. 6. С. 91
蒲　风 / В. Ф. 索罗金 // 简明文学百科全书(1962—1978). 第 6 卷. 第 91 页

雷 加

2287 Лэй Цзя / Желоховцев А. Н. // Краткая Литературная Энциклопедия(1962—1978). Т. 4 С. 473
雷　加 / А. Н. 热洛霍夫采夫 // 简明文学百科全书(1962—1978). 第 4 卷. 第 473 页

雷 锋

2288 Лэй Фэн / Буров В. Г. // Современная китайская философия. С. 235. 283
雷　锋 / В. Г. 布洛夫 // 当代中国哲学. 第 235、283 页

雷蒙纳

2289 Лэй Мэн-на / Торопцев С. А. // Очерк истории китайского кино(1896—1966). C. 209
雷蒙纳 / С. А. 托罗普采夫 // 中国电影史概览(1896—1966). 第 209 页

〔丨〕

虞洽卿

2290 Юй Сяцин-типичный представитель элиты компрадорской буржуазии в Китае / Кузес В. С. // XXIV научная конференция 《Общество и государство в Китае》. Тезисы и доклады. Ч. 2. 1993. C. 66
虞洽卿:中国买办资产阶级精英的典型代表 / В. С. 库节斯 // 中国社会与国家第二十四次学术研讨会提要与报告(1993). 第二册. 第 66 页

路 明

2291 Лу Мин / Торопцев С. А. // Очерк истории китайского кино(1896—1966). C. 217
路　明 / С. А. 托罗普采夫 // 中国电影史概览(1896—1966). 第 217 页

〔丿〕

鲍 方

2292 Бао Фан / Торопцев С. А. // Очерк истории китайского кино(1896—1966). C. 213
鲍　方 / С. А. 托罗普采夫 // 中国电影史概览(1896—1966). 第 213 页

鲍敬言

2293 Бао Цзинъянь / Буров В. Г. // Современная китайская философия. С. 77
鲍敬言 / В. Г. 布洛夫 // 当代中国哲学. 第 77 页

〔丶〕

慈禧太后

2294　Из жизни императрицы Цыси, 1835—1908. / Семанов В. И. // М.: Наука. 1979. 172 стр.
慈禧太后的生活(1835—1908) / В. И. 谢马诺夫 // 莫斯科:科学出版社. 1979. 172 页

2295　Вдовствующая императрица Цы-Си и император Гуан-Сюй / Брандт Я. Я. // Вестник Азии. 1909. №1
慈禧太后与光绪皇帝 / Я. Я. 布朗特 // 亚细亚时报. 1909. 1

2296　Китайская императрица Цзи Си. / Корсаков В. В. // Вестник Азии. 1909. №1.
中国慈禧太后 / В. В. 科尔萨科夫 // 亚细亚时报. 1909. 1

2297　Воспоминания придворной дамы о китайской императрице Цсу-Ти. / Волна. 1912. № 2.
一个宫女有关慈禧太后的回忆 / 波浪. 1912. 2

2298　《Новая политика》Цы Си и практика обучения за границей (по материалам научной периодики КНР) / Руденко Д. В. // XXVIII научная конференция 《Общество и государство в Китае》. Тезисы и доклады. Ч. 1. 1998. С. 142
慈禧"新政策"与留学实践 / Д. В. 鲁登科 // 中国社会与国家第二十八次学术研讨会提要与报告(1998). 第一册. 第 142 页

溥　仪

2299　Японские марионетки в Китае. [Ван Цзин-вэй, Пу И.] / Кудрявцев В. // Интернациональный маяк. 1940. №3
中国的日本傀儡:汪精卫、溥仪 / В. 库德里亚夫采夫 // 国际灯塔. 1940. 3

2300　Императорская фамилия. [Где и как живут экс-император Пу-и и его родные]. / Китайский благовестник. С. 3. 24
中国皇室:清废帝溥仪与其亲戚的生活状况 / 中国福音. 第 3、24 页

2301　Пу И / Ефимов Г. В. // Китай. История. экономика. культура. героическая борьба за национальную независимость. Политические и общественные деятели Китая. С. 451
溥　仪 / Г. В. 叶菲莫夫 // 中国:历史、经济、文化,为民族独立而英勇奋斗(中国政治和社会人物篇). 第 451 页

2302　Последний император Китая. / Сидоров Н. // Спецслужбы и человеческие судьбы. С. 238
中国末代皇帝 / Н. 西多罗夫 // 情报机关与人类命运. 第 238 页

十 四 画

〔一〕

蔡 畅

2303 Правление в Китае Маньчжурской династии Цин / Тихвинский С. Л. // Вопросы истории. 1966. № 9
　　　满清统治下的中国 / С. Л. 齐赫文斯基 // 历史问题. 1966. 9

2304 Герои и героини великого перехода / Западный поход китайской Красной Армии. С. 63
　　　长征英雄 / 中国红军西行记. 第 63 页

蔡 锷

2305 Цай Э до Синьхайской революции: становление военно-политического лидера / Чудодеев А. Ю. // XXII научная конференция《Общество и государство в Китае》. Тезисы и доклады. Ч. 2. 1991. С. 88
　　　辛亥革命前的蔡锷:军事政治领导的产生 / А. Ю. 楚多杰耶夫 // 中国社会与国家第二十二次学术研讨会提要与报告(1991). 第二册. 第 88 页

2306 Деятельность Цай Э в зеркале современной историографии КНР / Чудодеев А. Ю. // XXIII научная конференция《Общество и государство в Китае》. Тезисы и доклады. Ч. 2. 1992. С. 112
　　　当代中国历史学中有关蔡锷活动的研究 / А. Ю. 楚多杰耶夫 // 中国社会与国家第二十三次学术研讨会提要与报告(1992). 第二册. 第 112 页

2307 Цай Э в период Синьхайской революции / Чудодеев А. Ю. // XXIV научная конференция《Общество и государство в Китае》. Тезисы и доклады. Ч. 2. 1993. С. 46
　　　辛亥革命时期的蔡锷 / А. Ю. 楚多杰耶夫 // 中国社会与国家第二十四次学术研讨会提要与报告(1993). 第二册. 第 46 页

蔡元元

2308 Цай Юань-юань / Торопцев С. А. // Очерк истории китайского кино(1896—1966). С. 215
　　　蔡元元 / С. А. 托罗普采夫 // 中国电影史概览(1896—1966). 第 215 页

蔡元培

2309 Цай Юаньпэй-борец за демократические свободы / Боревская Н. // ПДВ 1990 №4
　　　蔡元培——为民主自由而奋斗的战士 / Н. 波列夫斯加娅 // 远东问题. 1990. 4

2310 Цай Юаньпэй: о китайском педагоге Цай Юаньпэй (1868—1940) / Личжун Ч. // Перспективы: Вопросы образования. 1994. N 1-2
　　　中国教育家蔡元培(1868—1940) / Ч. 理仲 // 前途:教育问题. 1994. 1-2

2311 Цай Юань-пэй / Ефимов Г. В. // Китай. История. экономика. культура. героическая борьба за национальную независимость.　Политические и общественные деятели Китая. С. 454
　　　蔡元培 / Г. В. 叶菲莫夫 // 中国:历史、经济、文化,为民族独立而英勇奋斗(中国政治和社会人物篇). 第 454 页

2312 Цай Юань-Пэй / Большая советская энциклопедия. 3-е изд. Т. 28. С. 435
　　　蔡元培 / 苏联大百科全书(第三版). 第 28 卷. 第 435 页

2313 Цай Юань-Пэй (Цай Цзе-мин) / Крымов А. Г. // Советская Историческая энциклопедия(1961—1976). Т. 15. С. 701
　　　蔡元培(蔡子民) / А. Г. 克里莫夫(郭肇唐) // 苏联历史百科全书(1961—1976). 第 15 卷. 第 701 页

蔡廷锴

2314 Цай Тин-кай / Ефимов Г. В. // Китай. История. экономика. культура. героическая борьба за национальную независимость. Политические и общественные деятели Китая. С. 454

蔡廷锴 / Г. В. 叶菲莫夫 // 中国：历史、经济、文化，为民族独立而英勇奋斗（中国政治和社会人物篇）. 第 454 页

蔡尚思

2315 Цай Шансы / Буров В. Г. // Современная китайская философия. С. 175. 278

蔡尚思 / В. Г. 布洛夫 // 当代中国哲学. 第 175、278 页

蔡和森

2316 Цай Хэ-Сэнь / Большая советская энциклопедия. 3-е изд. Т. 28. С. 435

蔡和森 / 苏联大百科全书（第三版）. 第 28 卷. 第 435 页

2317 Цай Хэ-Сэнь / Крымов А. Г. // Советская Историческая энциклопедия（1961—1976）. Т. 15. С. 700

蔡和森 / А. Г. 克里莫夫（郭肇唐）// 苏联历史百科全书（1961—1976）. 第 15 卷. 第 700 页

蔡楚生

2318 Цай Чу-шэн / Торопцев С. А. // Очерк истории китайского кино（1896—1966）. С. 6. 18. 30. 33. 42. 50. 55. 69. 125. 148. 159. 191. 210

蔡楚生 / С. А. 托罗普采夫 // 中国电影史概览（1896—1966）. 第 6、18、30、33-34、42、50、55、69、125、148、159、191、210 页

2319 Цай Чушэн / Кино: энциклопедический словарь. С. 475

蔡楚生 / 电影百科全书. 第 475 页

臧克家

2320 Цзан Кэ-Цзя / Маркова С. Д. // Большая советская энциклопедия. 3-е изд. Т. 28. С. 547

臧克家 / С. Д. 马尔科娃 // 苏联大百科全书（第三版）. 第 28 卷. 第 547 页

2321 Цзан Кэ-Цзя / Маркова С. Д. // Краткая Литературная Энциклопедия. 1962—1978. Т. 8. С. 394

臧克家 / С. Д. 马尔科娃 // 简明文学百科全书（1962—1978）. 第 8 卷. 第 394 页

〔丨〕

裴文中

2322 Пэй Вэнь-Чжун / Большая советская энциклопедия. 3-е изд. Т. 21. С. 280

裴文中 / 苏联大百科全书（第三版）. 第 21 卷. 第 280 页

2323 Пэй Вэнь-Чжун / редколлегия / Советская Историческая энциклопедия. 1961—1976. Т. 11. С. 737

裴文中 / 编委会 // 苏联历史百科全书（1961—1976）. 第 11 卷. 第 737 页

〔丶〕

廖　肃

2324 Ляо Су-воспитатель / Сноу Эдгард // Интернациональный маяк. 1938. №7

教育家廖肃 / 爱德加. 斯诺 // 国际灯塔. 1938. 7

廖文毅

2325 Роль группировки Ляо Вэнь-и в агрессивных планах США на Тайване / Барышников В. Н. // Краткие сообщения Института Народов Азии. М.. 1963. № 56

台湾廖文毅集团在美国侵略台湾计划中的作用 / В. Н. 巴雷什尼科夫 // 亚洲人民研究所简报. 1963. 56

廖有梁

2326 Ляо Ю-лян / Торопцев С. А. // Очерк истории китайского кино（1896—1966）. С. 217

廖有梁 / С. А. 托罗普采夫 // 中国电影史概览（1896—1966）. 第 217 页

廖仲恺

2327 Ляо Чжункай. Политическая деятельность китайского революционера. / Семенов А. В. // М..

Наука. 1985. 143 c.
廖仲恺：中国革命家的政治活动 / А. В. 谢缅诺夫 // 科学出版社. 1985. 143 页

2328 Ляо Чжункай: Политическая деятельность китайского революционера / Сенин Н. Г. // М. : Наука. Глав. ред. восточной литературы. 1985. С. 141
廖仲恺：中国革命的政治活动 / Н. Г. 谢宁 // 科学出版社. 东方文学总编辑部. 1985. 141 页

2329 100 лет со дня рождения Ляо Чжун-кая / Хохлов А. Н. // Новая и новейшая история. 1978. № 6
纪念廖仲恺百年诞辰 / А. Н. 霍赫洛夫 // 近代史与当代史. 1978. 6

2330 Ляо Чжункай и политическая борьба в гоминьдане в начале 20-х годов XX века. / Семенов А. В. // М. . 1983. c. Автореф. дисс. канд. ист. наук.
廖仲恺与 20 世纪 20 年代初国民党的政治斗争 / А. В. 谢缅诺夫 // 副博士学位论文文摘 1983

2331 Ляо Чжун-Кай / Илюшечкин В. П. // Большая советская энциклопедия. 3-е изд. Т. 15. С. 132
廖仲恺 / В. П. 伊留舍奇金 // 苏联大百科全书（第三版）. 第 15 卷. 第 132 页

2332 Ляо Чжун-Кай / Гарушянц Ю. М. // Советская Историческая энциклопедия（1961—1976）. Т. 8. С. 868
廖仲恺 / Ю. М. 伽鲁尚兹 // 苏联历史百科全书（1961—1976）. 第 8 卷. 第 868 页

廖季平

2333 Цюй Юань: достоверность существования и авторства （Критика гипотез Ху Ши и Ляо Цзипина） / Федоренко Н. Т. // ПДВ 1983 №3
屈原：生活与写作的真实性（批评胡适与廖季平的假说） / Н. Т. 费多连科（费德林） // 远东问题. 1983. 3.

廖沫沙

2334 Ляо Моша / Буров В. Г. // Современная китайская философия. С. 33
廖沫沙 / В. Г. 布洛夫 // 当代中国哲学. 第 33 页

廖盖隆

2335 Ляо Гайлун / Буров В. Г. // Современная китайская философия. С. 21
廖盖隆 / В. Г. 布洛夫 // 当代中国哲学. 第 21 页

端 方

2336 О визите Дуань Фана и Дай Хунцы в Россию в 1906 году / Самойлов Н. А. // XXVIII научная конференция 《Общество и государство в Китае》. Тезисы и доклады. Ч. 2. 1998. С. 250
1906 年端方与戴洪启对俄罗斯的访问 / Н. А. 萨莫伊洛夫 // 中国社会与国家第二十八次学术研讨会提要与报告（1998）. 第二册. 第 250 页

赛福鼎·艾则孜

2337 Чистка продолжается [смещение Сайфуддина с поста 1 секретаря КПК СУАР] / Правда. 1978. 1 февраля
大清洗在继续：赛福鼎辞去新疆维吾尔自治区党委第一书记一职 / 真理报. 1978. 2. 1

谭 政

2338 Тань Чжэн / Юрьев М. Ф. // Красная Армия Китая. С. 190
谭 政 / М. Ф. 尤里耶夫 // 中国红军. 第 190 页

谭平山

2339 История 《Третьей партии》（Драматическая мифология）[Тан Пиншань, Дэн Яньда-ТВ.] / Иванов П. М. // XXV научная конференция 《Общество и государство в Китае》. Тезисы и доклады. Ч. 2. 1994. С. 128
"第三党"的历史（戏剧性的神话）：谭平山、邓演达 / П. М. 伊万诺夫 // 中国社会与国家第二十五次学术研讨会提要与报告（1994）. 第二册. 第 128 页

谭尧中

2340 Тань Сяо-чжун / Торопцев С. А. // Очерк истории китайского кино（1896—1966）. С. 219

谭尧中 / С. А. 托罗普采夫 // 中国电影史概览(1896—1966). 第 219 页

谭志远
2341　Тань Чжи-юань / Торопцев С. А. // Очерк истории китайского кино(1896—1966). С. 209

谭志远 / С. А. 托罗普采夫 // 中国电影史概览(1896—1966). 第 209 页

谭震林
2342　Тань Чжэнь-линь / Персоналия : Китайская Народная Республика в 1976 году: Политика. Экономика. Идеология. С. 341

谭震林 / 1976 中华人民共和国名人录:政治、经济、意识形态. 第 341 页

2343　Тань Чжэнь-линь / Юрьев М. Ф. // Красная Армия Китая. С. 190

谭震林 / М. Ф. 尤里耶夫 // 中国红军. 第 190 页

谭鑫培
2344　Тань Синь-пэй / Торопцев С. А. // Очерк истории китайского кино(1896—1966). С. 7. 208

谭鑫培 / С. А. 托罗普采夫 // 中国电影史概览(1896—1966). 第 7、208 页

〔Ｘ〕

熊十力
2345　Сюн Шили и судьба конфуцианства в КНР / Краснов А. Б. // XXIV научная конференция 《Общество и государство в Китае》. Тезисы и доклады. Ч. 2. 1993. С. 88

熊十力与中国儒家的命运 / А. Б. 克拉斯诺夫 // 中国社会与国家第二十四次学术研讨会提要与报告(1993). 第二册. 第 88 页

翟　强
2346　Чжай Цян / Торопцев С. А. // Очерк истории китайского кино(1896—1966). С. 213-214

翟　强 / С. А. 托罗普采夫 // 中国电影史概览(1896—1966). 第 213-214 页

缪荃孙
2347　Мяо Чухан / Буров В. Г. // Современная китайская философия. С. 11

缪荃孙 / В. Г. 布洛夫 // 当代中国哲学. 第 11 页

十 五 画

〔丿〕

黎 铿

2348 Ли Кэн / Торопцев С. А. // Очерк истории китайского кино (1896—1966). С. 210
  黎 铿 / С. А. 托罗普采夫 // 中国电影史概览(1896—1966). 第 210 页

黎元洪

2349 Генерал Ли и президент. [О Ли Юань-хуне и Юань Ши-кае.] / Китайский благовестник. 1913. №5
  黎元洪与袁世凯 / 中国福音. 1913.5

2350 Бэйянский генералитет: синтез традиционного и современного [Юань Шикай, У Пэйфу, Ли Юаньхун, др. -ТВ] / Непомнин О. Е. // XXI научная конференция «Общество и государство в Китае». Тезисы и доклады. Ч. 3. С. 114
  北洋军阀袁世凯、吴佩孚、黎元洪：传统与现代的结合 / О. Е. 涅波姆宁 // 中国社会与国家第二十一次学术研讨会提要与报告(1990). 第三册. 第 114 页

2351 Ли Юань-Хун / Большая советская энциклопедия. 3-е изд. Т. 14. С. 583
  黎元洪 / 苏联大百科全书(第三版). 第 14 卷. 第 583 页

2352 Ли Юань-Хун / Гарушянц Ю. М. // Советская Историческая энциклопедия (1961—1976). Т. 8. С. 750
  黎元洪 / Ю. М. 伽鲁尚兹 // 苏联历史百科全书(1961—1976). 第 8 卷. 第 750 页

黎民伟

2353 Ли Минь-вэй / Торопцев С. А. // Очерк истории китайского кино (1896—1966). С. 8. 18. 208
  黎民伟 / С. А. 托罗普采夫 // 中国电影史概览(1896—1966). 第 8、18、208 页

黎灼灼

2354 Ли Чжо-чжо / Торопцев С. А. // Очерк истории китайского кино (1896—1966). С. 209
  黎灼灼 / С. А. 托罗普采夫 // 中国电影史概览(1896—1966). 第 209 页

黎莉莉

2355 Ли Ли-ли / Торопцев С. А. // Очерк истории китайского кино (1896—1966). С. 210
  黎莉莉 / С. А. 托罗普采夫 // 中国电影史概览(1896—1966). 第 210 页

滕代远

2356 Тэн Дай-юань / Юрьев М. Ф. // Красная Армия Китая. С. 191
  滕代远 / М. Ф. 尤里耶夫 // 中国红军. 第 191 页

〔丶〕

颜一烟

2357 Янь И-янь / Торопцев С. А. // Очерк истории китайского кино (1896—1966). С. 171. 213
  颜一烟 / С. А. 托罗普采夫 // 中国电影史概览(1896—1966). 第 171、213 页

颜惠庆

2358 Янь Хой-цин (Доктор Янь) / Ефимов Г. В. // Китай. История. экономика. культура. героическая борьба за национальную независимость. Политические и общественные деятели Китая. С. 457
  颜惠庆 / Г. В. 叶菲莫夫 // 中国：历史、经济、文化，为民族独立而英勇奋斗(中国政治和社会人物

篇). 第 457 页

翦伯赞

2359 Об исторических взглядах Цзянь Боцзаня и их критике в КНР / Свистунова Н. П. // Историческая наука в КНР. Изд. 2-е. переработанное и дополненное. С. 291
论翦伯赞的历史观及中国对其的批评 / Н. П. 斯维斯图诺娃 // 中国历史学(增订本). 第 291 页

2360 Цзянь Бо-Цзань / Большая советская энциклопедия. 3-е изд. Т. 28. С. 549
翦伯赞 / 苏联大百科全书(第三版). 第 28 卷. 第 549 页

2361 Цзянь Бо-Цзань / Свистунова Н. П. // Советская Историческая энциклопедия(1961—1976). Т. 15. С. 769
翦伯赞 / Н. П. 斯维斯图诺娃 // 苏联历史百科全书(1961—1976). 第 15 卷. 第 769 页

潘天寿

2362 Пань Тянь-Шоу / Большая советская энциклопедия. 3-е изд. Т. 19. С. 156
潘天寿 / 苏联大百科全书(第三版). 第 19 卷. 第 156 页

潘天秀

2363 Пань Тянь-шоу и традиции живописи гохуа / Виноградова Н. А. // М. : НИИ теории и истории изобразительных искусств Российской Академии художеств. 1993. 134 с.
潘天秀与国画传统 / Н. А. 维诺格拉朵娃 // 俄罗斯艺术科学院美术理论与历史科研所出版社. 1993. 134 页

潘云山

2364 Пань Юнь-шань / Торопцев С. А. // Очерк истории китайского кино(1896—1966). С. 222
潘云山 / С. А. 托罗普采夫 // 中国电影史概览(1896—1966). 第 222 页

潘梓年

2365 Пань Цзынянь / Буров В. Г. // Современная китайская философия. С. 71. 89. 146. 192. 195. 280
潘梓年 / В. Г. 布洛夫 // 当代中国哲学. 第 71、89、146、192、195、280 页

十　六　画

〔一〕

薛博勤

2366　Сюэ Бо-цин / Торопцев С. А. // Очерк истории китайского кино(1896—1966). С. 221
　　　薛博勤 / С. А. 托罗普采夫 // 中国电影史概览(1896—1966). 第 221 页

〔丿〕

穆时英

2367　Му Ши-ин. ［Хроника］/ Интернациональная литература. 1940. № 3/4
　　　穆时英 / 共产国际文学. 1940. 3/4

十 七 画

〔一〕

戴 浩

2368 Дай Хао / Торопцев С. А. // Очерк истории китайского кино (1896—1966). С. 211
戴　浩 / С. А. 托罗普采夫 // 中国电影史概览（1896—1966）. 第 211 页

戴季陶

2369 Идеология правого гоминьдана и конфуцианство: Дай Цзитао / Кузьмин Н. Д. // Вестник Ленингр. ун-та. 1974. № 8
戴季陶：国民党右派思想与儒家学说 / И. Д. 库兹明 // 列宁格勒大学论丛. 1974. 8

2370 Конфуцианство и эволюция идеологии Гоминьдана: Сунь Ят-сен, Дай Цзи-тао, Чан Кай-ши. / Кузьмин Н. Д. // Вестник Ленингр. ун-та. 1975. 19
儒家学说和国民党思想的演化：孙中山、戴季陶、蒋介石 / И. Д. 库兹明 // 列宁格勒大学论丛. 1975. 19

2371 Ху Хань-минь и Дай Цзи-тао / Русинова Р. Я. // VII научная конференция 《Общество и государство в Китае》. Тезисы и доклады. Ч. 2. 1976. С. 409
胡汉民与戴季陶 / Р. Я. 鲁西诺娃 // 中国社会与国家第七次学术研讨会提要与报告（1976）. 第二册. 第 409 页

2372 Дореволюционная и советская Россия в националистической концепции Дай Цзитао / Корсун В. А. // VIII научная конференция 《Общество и государство в Китае》. Тезисы и доклады. Ч. 3. 1977. С. 51
戴季陶民族主义观念中的沙俄与苏俄 / В. А. 科尔松 // 中国社会与国家第八次学术研讨会提要与报告（1977）. 第三册. 第 51 页

2373 Дай Цзитао-《искренний шовинист》/ Корсун В. А. // X научная конференция 《Общество и государство в Китае》. Тезисы и доклады. Ч. 3. 1979. С. 110
戴季陶——诚实的沙文主义者 / В. А. 科尔松 // 中国社会与国家第十次学术研讨会提要与报告（1979）. 第三册. 第 110 页

2374 Взгляды Дай Цзитао на решение национального вопроса в Китае / Махмутходжаев М. Х. // XIV научная конференция 《Общество и государство в Китае》. Тезисы и доклады. Ч. 3. 1983. С. 105
戴季陶论解决中国民族问题 / М. Х. 马赫姆特霍扎耶夫 // 中国社会与国家第十四次学术研讨会提要与报告（1983）. 第三册. 第 105 页

2375 Дай Цзитао о характере японской цивилизации / Каткова З. Д. // XV научная конференция 《Общество и государство в Китае》. Тезисы и доклады. Ч. 3. 1984. С. 156
戴季陶论日本文明的性质 / З. Д. 卡特科娃 // 中国社会与国家第十五次学术研讨会提要与报告（1984）. 第三册. 第 156 页

2376 Идеология китайского национализма в работах Дай Цзитао о Японии / Лукин А. В. // XVII научная конференция 《Общество и государство в Китае》. Тезисы и доклады. Ч. 3. 1986. С. 169
戴季陶有关日本的著作中的中国民族主义思想 / А. В. 鲁金 // 中国社会与国家第十七次学术研讨会提要与报告（1986）. 第三册. 第 169 页

2377 Дай Цзи-тао（Дай Чуань-сянь）/ Ефимов Г. В. // Китай. История. экономика. культура. героическая борьба за национальную независимость. Политические и общественные деятели Китая. С. 449

戴季陶 / Г. В. 叶菲莫夫 // 中国：历史、经济、文化，为民族独立而英勇奋斗（中国政治和社会人物篇）. 第 449 页

2378 Дай Цзи-тао о проблеме 《отставания Китая》 / Корсун В. Я. // Проблемы востоковедения. Историография стран Азии. Сборник научных трудов. С. 3
戴季陶论"中国的落后" / В. Я. 科尔松 // 东方学问题研究：亚洲国家的历史学论文集. 第 3 页

戴洪启

2379 О визите Дуань Фана и Дай Хунцы в Россию в 1906 году / Самойлов Н. А. // XXVIII научная конференция 《Общество и государство в Китае》. Тезисы и доклады. Ч. 2. 1998. С. 250
关于端方与戴洪启 1906 年对俄罗斯的访问 / Н. А. 萨莫宜洛夫 // 中国社会与国家第二十八次学术研讨会提要与报告（1998）. 第二册. 第 250 页

戴望舒

2380 Дай Ван-Шу（Цзян Сы, Дай Мэн-оу）/ Петров В. В. // Краткая Литературная Энциклопедия. 1962—1978. Т. 9. С. 257
戴望舒（江思、戴梦鸥）/ В. В. 彼得罗夫 // 简明文学百科全书（1962—1978）. 第 9 卷. 第 257 页

〔J〕

魏 巍

2381 Молодые писатели Китая [Вэй Вэй, Гао Юй-бао, Канн Чжо, Ли Цзи, Ху Кэ, Чэнь Дэн Кэ] / Тишков А. // Московский комсомолец. 23. 11. 1952
中国的青年作家：魏巍、高玉宝、康濯、李季、胡可、陈登科 / А. 提什科夫 // 莫斯科共青团员. 1952. 11. 23

2382 В труде и в бою [Ма Фын, Вэй Вэй, Ба Цзинь] / Журба П. // Литературная газета. 15. 2. 1955
在劳动与战斗中的马烽、魏巍、巴金 / П. 汝尔巴 // 文学报. 1955. 2. 15

2383 Вэй Вэй / Эйдлин Л. З. // О китайской литературе наших дней. С. 286
魏 巍 / Л. З. 爱德林 // 当代中国文学. 第 286 页

2384 Вэй Вэй [Краткая биографическая справка] / Поэты нового Китая. С. 321
魏巍简介 / 新中国诗人. 第 321 页

2385 Вэй Вэй / редколлегия // Краткая Литературная Энциклопедия（1962—1978）. Т. 1. С. 1077
魏 巍 / 编委会 // 简明文学百科全书（1962—1978）第 1 卷. 第 1077 页

魏明经

2386 Вэй Минцзин / Буров В. Г. // Современная китайская философия. С. 160. 163
魏明经 / В. Г. 布洛夫 // 当代中国哲学. 第 160、163 页

十八画及以上

〔丨〕

瞿白音

2387　Цюй Бай-инь / Торопцев С. А. // Очерк истории китайского кино (1896—1966). С. 34. 50. 55. 162. 173. 188. 219

瞿白音 / С. А. 托罗普采夫 // 中国电影史概览 (1896—1966). 第 34、50、55、162、173、188、219 页

瞿秋白

2388　Творческий путь Цюй Цю-бо / Шнейдер М. Е. // М.: Наука. 1964. 228 с.

瞿秋白的创作生涯 / М. Е. 施耐德 // 莫斯科:科学出版社. 1964. 228 页

2389　Памяти Цюй Цю-бо / Кожин А. // Правда. 20. 6. 1955

纪念瞿秋白 / А. 科任 // 真理报. 1955. 6. 20

2390　Жизнь, отданная борьбе (к 70-летию Цюй Цюбо) / Сладковский М. А., Миронов А. // Правда. 29. 1. 1969

献给战斗的一生:纪念瞿秋白诞辰七十周年 / М. И. 斯拉德科夫斯基;А. 弥洛诺夫 // 真理报. 1969. 1. 29

2391　Памяти Цюй Цю-бо / Правда. 1979. 30 января

纪念瞿秋白 / 真理报. 1979. 1. 30

2392　Памяти товарища Цюй Цю-бо [краткая биография Цюй Цю-бо (Страхова), казнённого чанкайшистами]. / Интернационал молодёжи. 1935. №7

纪念瞿秋白同志 / 共青年国际. 1935. 7

2393　Цюй Цю-бо о Советской России (1921—1922 г. г.) / Шнейдер М. Е. // Советское китаеведение 1958 №1

瞿秋白论苏俄 (1919—1922) / М. Е. 施耐德 // 苏联汉学. 1958. 1

2394　Цюй Цю-бо / Шнейдер М. Е. // Советское китаеведение 1958 №4

瞿秋白 / М. Е. 施耐德 // 苏联汉学. 1958. 4

2395　Книга о нашем друге (рецензия на книгу М. Е. Шнейдера "Творческий путь Цюй Цю-бо", М, Наука, 1964) / Волжанин В. // 《Иностранная литература》 № 5

我们的朋友(书评:М. Е. 施耐德,《瞿秋白的写作生涯》,莫斯科:科学出版社,1964) / В. 沃尔扎宁 // 外国文学. 1964. 5

2396　Цюй Цю-бо (К 70-летию со дня рождения) / Делюсин Л. П. // Азия и Африка сегодня 1969 №1

纪念瞿秋白诞辰七十周年 / Л. П. 杰柳辛 // 今日亚非. 1969. 1

2397　Коммунист-интернационалист Цюй Цю-бо / Ковалёв Е. Ф. // ПДВ. 1974 №2

国际共产主义者瞿秋白 / Е. Ф. 科瓦列夫 // 远东问题. 1974. 2

2398　Памяти Цюй Цю-бо / Теплицкий М. Г. // ПДВ. 1974. №3

纪念瞿秋白 / М. Г. 特普里茨基 // 远东问题. 1974. 3

2399　Пламенный революционер (К 75-летию со дня рождения Цюй Цю-Бо) / Делюсин Л. П. // Азия и Африка сегодня 1974 №4

热情的革命家:纪念瞿秋白诞辰七十五周年 / Л. П. 杰柳辛 // 今日亚非. 1974. 4

2400　Лу Синь и Цюй Цю-бо / Петров В. В. // ПДВ. 1975. №4

鲁迅与瞿秋白 / В. В. 彼得罗夫 // 远东问题. 1975. 4

2401　Цюй Цюбо и китайское алфавитное письмо / Шпринцин А. Г. // ПДВ. 1979. №4

瞿秋白与中国的拼音文字 / А. Г. 什普宁钦 // 远东问题. 1979. 4

2402　50 лет со дня гибели Цюй Цюбо / Шевелев К. В. // ПДВ. 1985. №4
纪念瞿秋白逝世五十周年 / В. Н. 舍维列夫 // 远东问题. 1985. 4

2403　Дважды казнённый (о Цюй Цюбо) / Делюсин Л. П. // ПДВ. 1989. №1
瞿秋白的两次处决 / Л. П. 杰柳辛 // 远东问题. 1989. 1

2404　Цюй Цюбо об особенностях развития капитализма в Китае / Сухарчук Г. Д. // V научная конференция 《Общество и государство в Китае》. Тезисы и доклады. Ч. 2. 1974. С. 311
瞿秋白论中国资本主义发展的特征 / Г. Д. 苏哈尔楚科 // 中国社会与国家第五次学术研讨会提要与报告(1974). 第二册. 第 311 页

2405　Последнее слово Цюй Цюбо / Делюсин Л. П. // VI научная конференция 《Общество и государство в Китае》. Тезисы и доклады. Ч. 2. 1975. С. 353
瞿秋白最后的文字 / Л. П. 杰柳辛 // 中国社会与国家第六次学术研讨会提要与报告(1975). 第二册. 第 353 页

2406　Сунь Ятсен в оценке Цюй Цюбо / Лапин М. А. // XVIII научная конференция 《Общество и государство в Китае》. Тезисы и доклады. Ч. 3. 1987. С. 108
瞿秋白对孙中山的评价 / М. А. 拉平 // 中国社会与国家第十八次学术研讨会提要与报告(1987). 第三册. 第 108 页

2407　Кантон. Руководители коммунистов и Социалистического союза молодежи [Сунь Ят-сен, Чэнь Цзюн-мин, Цюй Цю-бо, Чжан Тай-лэй] / Далин С. А. // Китайские мемуары (1921—1927). С. 86
广州共产党与社会主义青年团的领导:孙中山、陈炯明、瞿秋白、张太雷 / С. А. 达林 // 中国回忆录(1921—1927). 第 86 页

2408　Участие международного коммунистического движения в разработке военной политики КПК (20-30 годы) [Цюй Цюбо, Чжан Готао, Ван Жофэй, Жэнь Биши, Мао Цзэдун] / Юрьев М. Ф. // Вопросы истории Китая. С. 4
共产国际运动参与中共军事政策的制定(1920—1930):关于瞿秋白、张国焘、王若飞、任弼时、毛泽东 / М. Ф. 尤里耶夫 // 中国历史问题. 第 4 页

2409　Некоторые вопросы оценки социально-экономической ситуации в китайской деревне в решениях VI съезда КПК [Мао Цзэдун, Цюй Цюбо] / Григорьев А. М. // Вопросы истории Китая. С. 20
中国共产党第六次全国代表大会对中国农村社会经济状况的评价问题:毛泽东、瞿秋白 / А. М. 格里高里耶夫 // 中国历史问题. 第 20 页

2410　Революционные демократы-первые коммунисты Китая [Сунь Ятсен, Ли Дачжао, У Юйчжан, Цюй Цюбо, ЧжанТайлэй] / Юрьев М. Ф. // Революционная демократия и коммунисты Востока. С. 272
革命民主主义者——中国的第一批共产主义者:孙中山、吴玉章、瞿秋白、张太雷 / М. Ф. 尤里耶夫 // 革命民派与东方共产主义者. 第 272 页

2411　Цюй Цю-Бо (настоящее имя-Цюй Шу-ан) / Крымов А. Г., Шнейдер М. Е. // Большая советская энциклопедия. 3-е изд. Т. 28. С. 610
瞿秋白(原名瞿霜) / А. Г. 克雷莫夫, М. Е. 施耐德 // 苏联大百科全书(第三版). 第 28 卷. 第 610 页

2412　Цюй Цю-Бо, Цюй Вэй-то, Страхов (наст. имя-Цюй Шуан) / Крымов А. Г. // Советская Историческая энциклопедия(1961—1976). Т. 15. С. 791
瞿秋白(原名:瞿霜) / А. Г. 克雷莫夫(郭肇唐) // 苏联历史百科全书(1961—1976). 第 15 卷. 第 791 页

2413　Цюй Цю-Бо / Шнейдер М. Е. // Краткая Литературная Энциклопедия. 1962—1978. Т. 8. С. 412
瞿秋白 / М. Е. 施耐德 // 简明文学百科全书(1962—1978). 第 8 卷. 第 412 页

附录一

参考文献一览表（Литература）

甲、专著（Книги）

А

Ай Цин / Петров В. В. // М. : Гослитиздат. 1954. 116 с.

Б

«Банда четырёх» - враг исторической науки / Вяткин Р. В. // Историческая наука в КНР. Изд. 2-е. переработанное и дополненное. М. : Наука ГРВЛ. 1981. 331 с.

Буржуазная революция в Китае и Сунь Ят-сен 1911—1913 Г. Факты и проблемы / Ефимов Г. В. // М. : Наука. 1974. 315 с.

В

Великий китайский писатель Лу Синь / Федоренко Н. Т. // М. : Знание. 1953. 32 с.

Воспоминания о Сунь Ят-сене / Хэ Сян-нин // М. : Прогресс. 1966. 114 с.

Вэнь Идо. Жизнь и творчество / Сухоруков В. Т. // М. : Наука. 1968. 147 с.

Д

Движение за реформы в Китае в конце XIX века и Кан Ю-вей / Тихвинский С. Л. // М. : Изд-во вост. лит. 1959. 418 с.

Драматургия Го Мо-жо в период антияпонской войны (1937—1945) / Цыбина Е. А. // М. : Изд-во Московского университета. 1961. 144 с.

З

Завещание китайского революционера. Сунь Ятсен: жизнь, борьба и эволюция политических взглядов / Тихвинский С. Л. // М. : Политиздат. 1986. 222 с.

И

Идейно-политическая сущность маоизма / Отв. ред. Сладковский М. И. // М. : Наука. 1977. 443 с.

Из истории советско-китайских отношений в 50-х годах : (К дискуссии в КНР о Мао Цзэдуне) / Борисов О. Б. // М. : Международные отношения. 1981. 144 с.

Из жизни императрицы Цыси, 1835—1908. / Семанов В. И. // М. : Наука. 1979. 172 с.

Инь Фу - певец китайской революции. / Матков Н. Ф. // М. : Изд-во Моск. ун-та. 1962. 94 с.

История великого китайца. [о Чан Кайши- ТВ] / Дидуров А. А. // М. : Весть. 1999. 326 с.

К

Китайские записи. [Статьи о писателях: Лу Сине, Го Мо-жо, Мао Дуне, Лао Шэ, Чжэн Чжэнь-до, Цао Цзин-хуа и др.] / Федоренко Н. Т. // М. : Советский писатель. 1956. 536 с.

Л

Лауреаты Международных Сталинских премий За укрепление мира». [Биографии Го Мо-жо и Сун Цин-лин. / Алексеев А. Г. // Л. : Всесоюзное общество по распространению политических и научных знаний. 1954. 42 с.

Лауреат Международной Сталинской премии мира Го Мо-жо / Федоренко Н. Т. // М. : Знание. 1952. 32 с.

Ли Да-чжао: От революционного демократизма к марксизму-ленинизму / Кривцов В. А. , Краснова В. А. // М. : Изд-во Наука. Глав. ред. восточной лит-ры. 1978. 166 с.

Лу Синь и его предшественники / Семанов В. И. // М. : Наука. 1967. 148 с.

Лу Синь. Биобиблиографический указатель. / Глаголева И. К. (сост.) // М. : Книга (Писатели зарубежных стран). 1977. 246 с.

Лу Синь. (Жизнь замечательных людей) / Позднеева Л. Д. // М. : Молодая гвардия. 1957. 287 с.

Лу Синь. Очерк жизни и творчеств. / Позднеева Л. Д. // М. : Молодая гвардия. (Серия «ЖЗЛ»). 1957. 287 с. ; М. : Издательство МГУ. 1959. 572 с.

Лу Синь. Очерк жизни и творчества. / Петров В. В. // М. : Гослитиздат. 1960. 383 с.

Ляо Чжункай: Политическая деятельность китайского революционера / Сенин Н. Г. // М. : Наука. Глав. ред. восточной литературы. 1985. 141 с.

Ляо Чжункай. Политическая деятельность китайского революционера. / Семенов А. В. // М. : Наука. 1985. 143 с.

М

Мао Цзе-дун. Биографический очерк. // М. : Госполитиздат. 1939. 103 с.

Мао против Хрущёва: краткая история китайско-советского конфликта: пер. с англ. / Флойд Дэвид // М. : Прогресс. 1964. 191 с.

Маоизм или марксизм / Бурлацкий Ф. М. // М. : Политиздат. 1967. 248 с.

Маоизм и рабочий класс Китая / Гельбрас В. Г. // М. : Профиздат. 1972. 60 с.

Маоизм вчера и сегодня. Заметки о политике маоистов после XI съезда КПК / Ильин М. А. // М. : Знание. 1977. 64 с.

Маоизм: военная теория и практика / Под. ред. Волкогонова Д. А. // М. : Воениздат. 1978. 222с.

Маоизм и мировое революционное движение / Поспелов Б. В. // М. : Наука. 1979. 198 с.

Мао Дунь / Федоренко Н. Т. // М. : Знание. 1956. 32 с.

Материалы к политической биографии Мао Цзедуна / Титов А. С. // М. : Наука. 1969

Н

Настоящий солдат. [О герое Китайской народно-освободительной армии Дун Цунь-жуе.] / Дин Хун и др. // М. : Воениздат. 1957. 204 с.

Неофициальные встречи с Линь Бяо, Гао Ганом, Пэн Чжэнем. / Сладковский М. И. // Знакомство с Китаем и китайцами. М. : Мысль. 1984. 381 с.

О

Общественно-политические и философские взгляды Сунь Ят-сена. / Сенин Н. Г. // М. : Изд-во АН СССР. 1956. 216 с.

Обобщающий трут по истории первой Китайской революции (Рецензия) революция в Китае и Сунь Ят-сен / Березный Л. А. // М. : Наука. 1974

Отец республики Повесть о Сунь Ят-сене / Матвеева Г. С. // М. : Политиздат. 1975. 398 с.

Очерки современной китайской литературы [Лу Синь, Го Мо-жо, Мао Дунь] / Федоренко Н. Т. // М. : Гослитиздат. 1953. 356 с.

П

Пань Тянь-шоу и традиции живописи гохуа / Виноградова Н. А. // М. : НИИ теории и истории изобразительных искусств Российской Академии художеств. 1993. 134 с.

Первая встреча с Гао Ганом / Сладковский М. И. // Знакомство с Китаем и китайцами. М. : Мысль. 1984. 381 с.

Первые китайские революционеры / Никифоров В. Н. // М. : Наука. 1980. 253 с.

Проблемы развивающихся стран и маоистская дипломатия в ООН / Артемьев П. А. // М. : Наука. 1978. 224 с.

Путь Китая к объединению и независимости, 1898—1949: По материалам биографии Чжоу Эньлая. / Тихвинский С. Л. // М. : Вост. лит. 1996

Пэн Бай - герой китайской революции / Малухин А. М. // М. : Мысль. 1975. 141 с.

С

Си Син-хай / Шнеерсон Г. // М. : Музгиз. 1956. 48 с.

Синьхайская революция и Сунь Ят-сен (Рецензия) революция в Китае и Сунь Ят-сен / Тихвинский С. Л. // М. : Наука. 1974

Современное конфуцианство: философия Фэн Юланя. / Ломанов А. В. // М. : Вост. лит. 1996. 245 с.

Социально-философские воззрения Янь Фу (1854—1921) и их интерпретации в КНР. Автореф. дисс. ... к. и. н. / Крушинский А. А. // М. : Институт Востоковедения РАН. 1983. 16 с.

Страницы политической биографии Мао Цзе-дуна / Владимиров О. Е., Рязанцев В. // М. : Политиздат. 1969. 80 с. 1973. 2-е доп. изд. 112 с. 3-е изд. 1975. 112 с.

Судьба китайского марксиста: (К 100-летию со дня рождения Ли Дачжао). / Белоусов, Сергей Романович (1957) // М. : Знание. 1988. 62 с.

Сунь Ят-сен / Виленский-Сибиряков В. // Харьков : Издательство Пролетарий. 1925. 47 с.

Сунь Ят-сен / Ермашев И. И. // М. : Мол. гвардия. 1964. 318 с.

Сунь Ят-сен / Глаголева И. К. // М. : Наука. 1966. 121 с.

Сунь Ят-сен — великий китайский революционер-демократ / Сенин Н. Г. // М. : Знание. 1956. 40 с.

Сунь Ят-сен Внешнеполитические воззрения и практика / Тихвинский С. Л. // М. : Международные отношения. 1964. 355 с.

Сунь Ят-сен — друг Советского Союза К 100-летию со дня рождения / Тихвинский С. Л. // М. : Международные отношения. 1966. 79 с.

Сунь Ятсен и советники из Советского Союза в 1923—1924гг / Картунова А. И. // М. : Наука. 1987. 189 с.

Сунь Ят-сен Октябрь 1896 Две недели из жизни китайского революционера Документальная повесть / Никифоров В. Н. // М. : Наука. 1978. 60 с.

Сунь Ят-сен Поиск пути 1914—1922. / Ефимов Г. В. // М. : Наука. 1981. 237 с.

Суньятсенизм и китайская революция. / Антонов К. // М. : Изд-во комакадемии. 1931. 135 с.

Сюй Бэй-хун / Левина Л. М. // М. : Изобраз. искусство. 1957. 48 с.

Сюй Бэйхун: Альбом / Виноградова, Надежда Анатольевна // М. : Изобраз. искусство. 1980. 62 с.

Сяо Хун: Жизнь, творчество, судьба / Лебедева Н. А. // Владивосток : Дальнаука. 1998. 162 с.

Т

Творческий путь Мао Дуня. / Сорокин В. Ф. // М. : ИВЛ. 1962. 188 с.

Творческий путь Цюй Цю-бо / Шнейдер М. Е. // М. : Наука. 1964. 228 с.

Творчество Сюй Бэйхуна и китайская художественная культура XX в. / Пострелова Т. А. // М. : Наука (Серия Культура народов Востока. Материалы и исследования). 1987. 262 с.

Традиция и революция: Чжан Бинлинь (1869—1936) - китайский мыслитель и политический деятель нового времени / Калюжная Н. М. // М. : Институт востоковедения РАН . 1995. 344 с.

Тянь Хань и драматургия Китая двадцатого века / Никольская Л. А. // М. : Изд-во МГУ. 1980. 215 с.

Тянь Хань: портрет на фоне эпохи / Аджимамудова В. С. // М. : Наука (Писатели и мыслители Востока). 1993. 239 с.

Ф

Формирование мировоззрения Лу Синя. (Ранняя публицистика и сборник «Клич») / СорокинВ. Ф. // М. : ИВЛ. 1958. 195 с.

Ц

Цао Юй : (очерк творчества) / Никольская Л. А. // М. : МГУ. 1984. 183 с.

Цзян Чжао-хэ / Виноградова Н. А. // М. : Советский художник. 1959. 23 с.

Ци Байши / Завадская Е. В. // М. : Искусство. 1982. 287 с.

Ци Бай-ши / Николаева Н. С. // М. : Изогиз. 1958

Цю Цзинь: жизнь и творчество (1875—1907). / Заяц Т. С. // Владивосток : Изд-во Дальневост. ун-та. 1984. 136 с.

Ч

Чжан Цзолинь и политическая борьба в Китае в 20-е годы XX в. / Каретина Г. С. // М. : Наука. 1984. 198 с.

Чжан Цзо-лин. Маньчжурская проблема. / Виленский-Сибиряков В. // Москва—Ленинград. : ГИЗ. 1925. 64 с., ил., карты

Э

Экономическая политика Китая в эпоху Дэн Сяопина. / Портяков В. Я. // М. : Восточная литература. 1998. 248 с.

Экономические «теории» маоизма / Корбаш Э. // М. : Политиздат. 1971. 184 с.

Ю

Юй Дафу и литературное общество «Творчество» / Аджимамудова В. С. // М. : Наука. ГРВЛ. 1971. 192 с.

乙、报刊（Газеты и журналы）

一、报纸（Газеты）

В

Вестник иностранной литературы（外国文学通讯）
Вечерний Ленинград（列宁格勒晚报）
Вечерний Свердловск（斯维尔德洛夫斯克晚报）

Г

Гудок（汽笛）

Ж

Жизнь национальностей（民族生活）

З

За тяжелое машиностроение（重机器制造业报）

И

Известия（消息报）
Исторический Вестник（历史通报）

К

Комсомольская правда（共青团真理报）
Красная звезда（红星）
Красный архив（红色档案）

Л

Литературная газета（文学报）
Луч（光明报）

М

Медицинская газета（医学报）
Московский большевик（莫斯科布尔什维克报）
Московский вечерний выпуск（莫斯科晚报）
Московский комсомолец（莫斯科共青团报）

П

Правда（真理报）

Р

Российская газета（俄罗斯报）

С

Сегодня（今日报）
Советская культура（苏联文化）
Советская Литва（苏维埃立陶宛）

Т

Труд（劳动报）

У

Уральский рабочий（乌拉尔工人）

二、期刊（Журналы）

А

Агитатор（宣传员）
Азия и Африка сегодня（今日亚非）
Аргументы и факты（论证与事实）

Б

Байкал（贝加尔湖）
Большевик（布尔什维克）
Борьба классов（阶级斗争）
Бюллстень литературы и жизнь（文化和生活通讯）

В

В защиту мира（维护和平）
Вест Маньчжурии（西满洲里）
Вестник Азии（东方晓报）（亦名亚细亚通讯）
Вестник АН СССР（苏联科学院院刊）
Вестник древней истории（古代史通报）
Вестник ЛГУ（列宁格勒大学学报）
Вестник Ленинградского университета（列宁格勒大学论丛）
Вестник Маньчжурии（满洲公报）
Вестник МГУ（莫斯科大学学报）
Вестник Народного комиссариата иностранных дел（外交人民委员部通讯）
Вестник труда（劳动通报）
Внешняя торговля（对外贸易）
Военноисторический журнал（军事历史杂志）
Волна（波浪）

Вопросы истории(历史问题)
Вопросы истории КПСС(苏共历史问题)
Вопросы философии(哲学问题)
Вопросы экономики(经济问题)
Восток(东方)
Восточная студия(东方画报)
Всемирная панорама(世界全景)

Д

Дальний восток(远东杂志)
Дружба(友谊)

Е

Еженедельник Санкт-Петербургского Университета(圣彼得堡大学周刊)

З

За рубежом(在国外)
Звезда(星)
Знаменосец(旗手)
Знамя(旗帜)
Знания-народу(人民知识)

И

Иностранная литература(外国文学)
Интернационал молодежи(共青年国际)
Интернациональная литература(共产国际文学)
Интернациональный маяк(国际灯塔)
Интернациональная молодежь(青年国际)
Информационный бюллетень(情报通讯)
Информационный бюллетень(Проблемная комиссия представителей академий наук социалистических стран. Прага)(社会主义国家科学院代表项目组通讯)
Искусство(美术)(艺术)
Искусство кино(电影艺术)
Ист. журнал(东方杂志)
Историк-марксист(马克思主义历史学家)

К

Казахстан(哈萨克斯坦)
Кентавр(半人马座)
Китай и Япония(中国与日本)
Китайский благовестник(中国福音)
Книжные новости(图书新闻)

Коммунист(共产党人)
Коммунист Молдавии Кишинев(摩尔达维亚基什涅夫共产党人)
Коммунистический Интернационал(共产国际)
Красная новь(红色处女地)
Красный интернационал профсоюзов(红色共产国际工会)
Краткие сообщения Института Народов Азии(亚洲人民研究所简报)
Крестьянка(农妇)

Л

Литература мировой революции(世界革命文学)
Литературное обозрение(文学评论)
Литературный критик(文学批评)
Литературный современник(文学现代人)

М

Материалы по китайскому вопросу(中国问题资料)
Междунар. летопись(国际日志)
Международная жизнь(国际生活)
Международное рабочее движение(国际工人运动)
Мировая экономика и международные отношения(世界经济与国际关系)
Мировое хозяйство и мировая политика(世界经济与政治)
Молодой большевик(青年布尔什维克)

Н

На рубеже(外国纪事)
Народное образование(国民教育)
Народный Китай(人民中国)
Народный учитель(人民教师)
Народы Азии и Африки(НАА)(亚非人民)
Национально-колониальные проблемы(民族殖民问题)
Наш современник(我们的现时代人)
Новая и новейшая история(近现代史)
Новое время(新时代)
Новый Восток(新东方)
Новый мир(新世界)

О

Общественные науки за рубежом(国外社会科学)

Огонек(星火)
Октябрь(十月)

П

Партийная жизнь(党的生活)
Персоналии(人物)
Перспективы: Вопросы образования
　（前途：教育问题）
Природа и люди(自然与人类)
Проблемы востоковедения（东方学问题）
Проблемы Дальнего Востока（ПДВ）（远东问题）
Проблемы Китая（中国问题）
Проблемы современного Китая（当代中国问题）
Путь МОПР(国际士兵救援组织之路)

Р

Рабочий класс и современный мир(工人阶级与当
　代世界)
Рабочий театр(工人剧场)
Революционный Восток(东方革命)
Революция права(革命真理)
Резец(刀锋)
Реферат. сб(文摘汇编)

С

Свободный Китай(自由中国)

Сибирские огни(西伯利亚之光)
Смена(接班人)
Советская музыка(苏维埃音乐)
Советская педагогика(苏联教育学)
Советский Казахстан(苏维埃哈萨克斯坦)
Советское Востоковедение(苏联东方学)
Советское китаеведение(苏联汉学)
Современник(现代人)
Спутник агитатора(宣传员手册)
Сталинец(拖拉机)

Т

Творчество(创作)
Театр(戏剧)

Х

Художник(艺术家)

Э

Эхо планеты(地球的回音)

Ю

Юный пролетарий(少无产者)

丙、硕博论文单位
（Диссертации）

Л

Л. ：Ленингр. ун-т.（列宁格勒大学）
Л. ：Ленингр. гос. ун-т им. А. А. Жданова（日丹诺夫列宁格勒国立大学）

М

М. ：Ин-т истории АН СССР.（莫斯科苏联科学院历史研究所）
М. ：Ин-т философии АН СССР. филол. наук.（莫斯科苏联科学院语言研究所）
М. ：Ин-т востоковедения АН СССР.（莫斯科苏联科学院东方学研究所）

丁、论文集（Диссертации）

А

Ай У（Тан Дао-гэн）Наш друг Китай. Словарь-справочник / Отв. ред. Шкаренкова Г. // М. ：

Госполитиздат. 1959

Б

Большая Советская Энциклопедия. 2 изд // М. : Большая Советская Энциклопедия. 1956

Большая Советская Энциклопедия. 2 изд. т. 12 // М. : Большая Советская Энциклопедия. 1952

Большая Советская Энциклопедия. 2 изд. т. 25 / Позднеева Л. Д. // М. : Большая Советская Энциклопедия. 1954

Большая Советская Энциклопедия. 2 изд. т. 26 // М. : Большая Советская Энциклопедия. 1954

Большая Советская Энциклопедия. 3 изд. т. 1 / Сорокин В. Ф. // М. : Большая Советская Энциклопедия. 1970

Большая Советская Энциклопедия. 3 изд. т. 3 / Глунин В. И. // М. : Большая Советская Энциклопедия. 1970

Большая Советская Энциклопедия. 3 изд. т. 4 / Васильев Л. С. // М. : Большая Советская Энциклопедия. 1971

Большая Советская Энциклопедия. 3 изд. т. 5 // М. : Большая Советская Энциклопедия. 1971

Большая Советская Энциклопедия. 3 изд. т. 7 / Червова Н. // М. : Большая Советская Энциклопедия. 1972

Большая Советская Энциклопедия. 3 изд. т. 8 // М. : Большая Советская Энциклопедия. 1972

Большая Советская Энциклопедия. 3 изд. т. 9 // М. : Большая Советская Энциклопедия. 1972

Большая Советская Энциклопедия. 3 изд. т. 10 // М. : Большая Советская Энциклопедия. 1972

Большая Советская Энциклопедия. 3 изд. т. 11 / Тихвинский С. Л // М. : Большая Советская Энциклопедия. 1972

Большая Советская Энциклопедия. 3 изд. т. 14 / Антиповский А. А. // М. : Большая Советская Энциклопедия. 1973

Большая Советская Энциклопедия. 3 изд. т. 15 / Семанов В. И. // М. : Большая Советская Энциклопедия. 1974

Большая Советская Энциклопедия. 3 изд. т. 17 / Желоховцев А. Н. // М. : Большая Советская Энциклопедия. 1974

Большая Советская Энциклопедия. 3 изд. т. 19 // М. : Большая Советская Энциклопедия. 1975

Большая Советская Энциклопедия. 3 изд. т. 21 / Елизаров В. И. // М. : Большая Советская Энциклопедия. 1975

Большая Советская Энциклопедия. 3 изд. т. 23 / Желоховцев А. Н. // М. : Большая Советская Энциклопедия. 1975

Большая Советская Энциклопедия. 3 изд. т. 25 / Тихвинский С. Л. // М. : Большая Советская Энциклопедия. 1976

Большая Советская Энциклопедия. 3 изд. т. 27 // М. : Большая Советская Энциклопедия. 1977

Большая Советская Энциклопедия. 3 изд. т. 28 / Черкасский Л. Е. // М. : Большая Советская Энциклопедия. 1978

Большая Советская Энциклопедия. 3 изд. т. 29 / Елизаров В. И. // М. : Большая Советская Энциклопедия. 1978

Большая Советская Энциклопедия. 3 изд. т. 30 / Аджимамудова В. С. // М. : Большая Советская Энциклопедия. 1978

В

Великие мыслители Востока / Селлман Дж. Л. // М. : Крон-пресс. 1998

Вестник китайского права. сб. 1 (Харбин) // СПб. : ФИВ РАН. 1931

Вопросы истории Китая / Юрьев М. Ф. и др. // М. : Издательство МГУ. 1981

Восстание в Нинду / Слабнова В. // Всюду красные знамена. (Воспоминания и очерки о второй гражданской революционной войне). с. 52

Восстание ихэтуаней (1896—1901) / Калюжная Н. М. // М. : Наука. 1977

Востоковедение и мировая культура. К 80-летию академика С. Л. Тихвинского. Сборник статей. / Москалев А. А. // М. : Памятники исторической мысли. 1963

Всемирная история и Восток / Березный Л. А. // М. : Наука. 1989

Всемирная история и Восток. сб. / Волохова А. А. // М. : Наука. 1989

В. М. Алексеев и Сюй Бэй-хун — Традиционая культура Китая / Пострелова Т. А. // М. : Восточная литература. 1983

Г

Герои и героини великого перехода - «Западный поход китайской Красной Армии» // М. : Госполииздат. 1938. с. 63

Горький М. Собрание сочинений / Горький М. // М. : Гослитиздат. 1955

Д

Движение «4 мая». Сборник статей / Афанасьев А. Г. и др. // М. : Наука. 1971

Доклады. Представленные на XX международный синологический конгресс в Праге. 1968 / Меликсетов А. А. // М. : Наука. 1968

Дэн Сяопин // Китайская Народная Республика. Политика. Экономика. Идеология. 1977

З

Знакомство с Китаем и китайцами / Сладковский М. И. // М. : Мысль. 1984

И

Идеологическая борьба в литературе и эстетике / Семанов В. И. // М. : Художественная литература. 1972

Из китайских блокнотов. О культуре. традициях. обычаях Китая / Рахманин О. Б. // М. : Наука. ГРВЛ. 1984

Интервенция США в Китае и ее поражение (1945—1949 гг.) / стафьев Г. В. // М. : Госполитиздат. 1957

Искусство Востока и античности / Муриан И. Ф. // М. : Наука. ГРВЛ. 1977

Истории Китая и совремменость / Тихвинский С. Л. // М. : Наука. 1976

Историография и источниковедение истории стран Азии и Африки. Вып. 6 / Пострелова Т. А. // Л. : Издательство ЛГУ. 1982

Историография и источниковедение истории стран Азии и Африки. Вып. 13 / Борох Л. Н. // Л. : Издательство ЛГУ. 1990

Историческая наука в КНР / Васильев Л. С. // М. : Наука. ГРВЛ. 1971

Историческая наука в КНР. Изд. 2-е. переработанное и дополненное / Свистунова Н. П. // М. : Восточная литература. 1981

История и историки. 1980 / Ефимов Г. В. // М. : Наука. 1980

История торгово-экономических отношений СССР с Китаем (1917—1974) / Сладковский М. И. // М. : Наука. 1977

К

К вопросу об источниках биографии китайской поэтессы Цю Цзинь / Заяц Т. С. // Уч. зап. Дальневост. ун-та. - 1979. Серия востоковедение, вып. 2

К 120-летию со дня рождения. Сборник статей. воспоминаний. документов и материалов / Борох Л. Н. и др. // М. : Наука. 1987

Кан Ю-Вэй / Тихвинский С. Л. // Движение за реформы в Китае в конце XIX века

Кино: энциклопедический словарь // М. : Советская энциклопедия. 1987

Китай государство и общество. 1977 / Борох Л. Н. // М. : Наука. 1977

Китай государство и общество. 1979 / Меликсетов А. В. // М. : Наука. 1979

Китай и мир. Актуальные проблемы изучения экономики. политики. истории и культуры Китая(1991) / Хохлов А. Н. // М. : Институт Дальнего Востока АН СССР

Китай общество и государство. 1973 / Бергер Я. М. // М. : Наука. 1973

Китай поиски путей социал. развития / Борох Л. Н. и др. // М. : Наука. 1979

Китай после «культурной революции» / Л. М. Гудошников и др. // М. : Мысль. 1979

Китай. История. экономика. культура. героическая борьба за национальную независимость / Ефимов Г. В. // Москва—Ленинград. : ГИЗ. 1940

Китай: История в лицах и событиях / Усов В. Н. и др. // М. : Госполитиздат. 1991

Китай: поиски путей социального развития / Борох Л. Н. и др. // М. : Наука. 1976

Китай: традиции и современность. Сборник статей / Соломин Г. С. и др. // М. : Наука. 1976

Китайская литература. Очерки по истории китайской литературы / Федоренко Н. Т. // М. : Гослитиздат. 1956

Китайские мемуары. 1921—1927 / Далин С. А. // М. : Наука. 1975

Китайские рассказы // М. : Гослитиздат. 1944

Китайские социальные утопии / Борох Л. Н. // М. : Наука. 1987

Китайский народ победит! // М. : Госполитиздат. 1938

Китай традиции и современность. Сборник статей / Делюсин Л. П. // М. : Наука. 1976

Красная Армия Китая / Юрьев М. Ф. // М. : Восточная литература. 1958

Краткая Литературная Энциклопедия. 1962—1978. Т. 1 // М. : Советская энциклопедия. 1962

Краткая Литературная Энциклопедия. 1962—1978. Т. 2 / Семаков В. И. // М. : Советская энциклопедия. 1964

Краткая Литературная Энциклопедия. 1962—1978. Т. 3 / Лисевич И. С. // М. : Советская энциклопедия. 1966

Краткая Литературная Энциклопедия. 1962—1978. Т. 4 / Семаков В. И. // М. : Советская энциклопедия. 1967

Краткая Литературная Энциклопедия. 1962—1978. Т. 5 / Сорокин В. Ф. // М. : Советская энциклопедия. 1968

Краткая Литературная Энциклопедия. 1962—1978. Т. 6 / Сорокин В. Ф. // М. : Советская энциклопедия. 1971

Краткая Литературная Энциклопедия. 1962—1978. Т. 7 / Антиповский А. А. и др. // М. : Советская энциклопедия. 1972

Краткая Литературная Энциклопедия. 1962—1978. Т. 8 / Петров В. В. и др. // М. : Советская энциклопедия. 1975

Краткая Литературная Энциклопедия. 1962—1978. Т. 9 / Петров В. В. и др. // М. : Советская энциклопедия. 1978

Краткая теория и практика маоизма. Реф. сборник / Отв. ред. Бергер Я. М., Намёткевич В. // М. : МИСОН. 1977 (Международная информационная система по общественным наукам)

Краткие сообщение Института народов Азии. 1963 / Никифоров В. Н. // М. : Издательство АН СССР. 1963

Краткие сообщение Института народов Азии. 1964 / Ермашев И. И. // М. : Издательство АН СССР. 1964

Краткие сообщения Института востоковедения Академии наук СССР. IV / Эйдлин Л. З. и др. // М. : Издательство АН СССР. 1952

Критика буржуазных и ревизионистских идеологических концепций по вопросам войны и мира / Кондратков Т. Р. // М. : Госполитиздат. 1985

Критика теоретических основ маоизма / Сенин Н. Г. и др. // М. : Восточная литература. 1973

Л

Ли Пэн // ПерсоналииКитайская Народная Республика в 1990 году: Политика. экономика. идеология

Ли Хун-чжан в Москве в мае 1896 г. / Хохлов А. Н. // Снесаревские чтения. с. 60

Литература Востока в новейшее время (1917—1945) / Цыбина Е. А. // М. : Издательство МГУ. 1977

Литература и культура Китая / Семанов В. И. // М. : Наука. 1972

Личность в традиционном Китае / Калюжная Н. М. // М. : Наука. 1992

Личность в традиционном Китае / Борох Л. Н. // М. : Восточная литература. 1992

Лу Синь / Федоренко Н. Т. // Китайская литература. с. 457

М

Маньчжурское владычество в Китае / Борох Л. Н. // М. : Наука. 1966

Маоизм без Мао / Крэмпа И. и др. // М. : Политиздат. 1979

Мастера искусств об искусстве: Избранные отрывки из писем. дневников. речей и трактатов. В 7 т. Т. 5. Кн. 2 / Соколова С. Н. // М. : Искусство. 1969

Материалы 4-й научной конференции по проблемам новейшей истории Китая. посвященной анализу 30-летнего развития КНР (1949—1979 гг.). / Гусаров В. Ф. и др. // М. : Институт Дальнего Востока РАН. 1979

Материалы по истории и филологии Центральной Азии. Вып. 2. / Мальцева Е. В. // Улан-Удэ : Бурятское книжное издательство. 1965

Н

На китайской земле. Воспоминания советских добровольцев. 1925—1945 / Тесленко Е. В. // М. : Наука. 1977

Наш современник. 1957. Книга 2 / Федоренко Н. Т. // М. : Литературная газета. 1982

Национализм в идеологии маоизма / Делюсин Л. П., Кюзаджян Л. С. // Современный национализм и общественное развитие стран Востока. с. 116

Новое руководство / Бурлацкий Ф. М. // Мао Цзэдун и его наследники. с. 75

О

О китайской литературе наших дней / Эйдлин Л. З. // М. : Советский писатель. 1955

Общественно-политическая мысль в Китае / Калюжная Н. М. // М. : Наука. 1988

Общественно-политическая мысль в Китае (конец XIX - нач. XX в.). / Борох Л. Н. // М. : Наука. 1988

Опасный курс. 1979. вып. 9 // М. : Политиздат. 1979

Осень в горах. Восточный альманах. вып. 7 / Шнейдер М. Е. // М. : Художественная литература. 1979

Очерк истории китайского кино. 1896—1966 / Торопцев С. А. // М. : Наука. 1979

П

Памяти китайского революционера / Ходоров А. Е. // Сборник «Красный восточник». с. 40

Пацифизм в истории: идеи и движения мира / Плешаков К. В. // М. : Институт всемирной истории РАН. 1998

Персоналии 40 лет КНР // М. : Наука. 1989

Персоналия : Китайская Народная Республика в 1976 году: Политика. Экономика. Идеология // М. : Наука. 1978

Персоналия: Китайская Народная Республика в 1977 году. Политика. Экономика. Идеология // М. : Наука. 1979

Персоналия: Китайская Народная Республика в 1978 году. Политика. Экономика. Идеология // М. : Наука. 1979

Персоналия: Китайская Народная Республика в 1980 году. Политика. Экономика. Идеология / Егоров К. А. // М. : Наука. 1984

Персоналия: Китайская Народная Республика в 1990 году. Политика. Экономика. Идеология // М. : Наука. 1992

Персоналия: Китайская Народная Республика в 1991 году. Политика. Экономика. Идеология // М. : Наука. 1994

Писатели стран народной демократии / Рогов В. // М. : Гослитиздат. 1955

Писатели стран народной демократии. Вып. 2 / Никольская Л. // М. : Гослитиздат. 1958

Писатели стран народной демократии. Вып. 4 / Семанов В. И. // М. : Гослитиздат. 1960

По военным дорогам отца / Блюхер В. В. // Свердловск : Сред-Урал. кн. Изд-во. 1984

Политический кризис в Китае / Бовин А. Е. и др. // М. : Политиздат. 1968

Поэты нового Китая // М. : Молодая гвардия. 1953

Приезд в Москву правительственной делегации КНР. Советско-китайские переговоры [Мао Цзэ-дун, Чжоу Энь-лай, Ли Фу-чунь, Е Цзи-чжуан] / Сладковский М. И. // Историяторговоэкономических отношений СССР с Китаем (1971—1974). с. 193

Проблема человека в традиционных китайских учениях / Завадская Е. В. // М. : Наука. 1983

Проблемы востоковедения. Историография стран Азии. Сборник научных трудов / Корсун В. Я. // М. : МИМО. 1979

Проблемы восточной филологии / Семанов В. И. // М. : Издательство МГУ. 1979

Проблемы истории национально освободитильного движения в странах Азин / Тихвинский С. Л. // СПб. : Издательство Ленинградского Университета. 1963

Р

Революционная демократия и коммунисты Востока / Юрьев М. Ф. // М. : Наука. 1984

Рецензия революция в Китае и Сунь Ят-сен факты и Проблемы / Ковалев Е. Ф. // М. : Наука. 1974

С

Синьхайская революция в Китае / Тихвинский С. Л. // М. : Наука. 1968

Сладковский М. И. История торгово-экономических отношений СССР с Китаем (1917—1974) / Сладковский М. И. // М. : Наука. 1977

Советская Историческая Энциклопедия. 1961—1976. Т. 2 / Васильев Л. С. // М. : Большая Советская Энциклопедия. 1962

Советская Историческая Энциклопедия. 1961—1976. Т. 3 / Тихвинский С. Л. // М. : Большая Советская Энциклопедия. 1963

Советская Историческая Энциклопедия. 1961—1976. Т. 4 / Киселев С. В. // М. : Большая Советская Энциклопедия. 1963

Советская Историческая Энциклопедия. 1961—1976. Т. 5 / Гарушянц Ю. М. // М. : Большая Советская Энциклопедия. 1964

Советская Историческая Энциклопедия. 1961—1976. Т. 6 // М. : Большая Советская Энциклопедия. 1965

Советская Историческая Энциклопедия. 1961—1976. Т. 8 / Ефимов Г. В. // М. : Большая Советская Энциклопедия. 1965

Советская Историческая Энциклопедия. 1961—1976. Т. 9 / Тихвинский С. Л. // М. : Большая Советская Энциклопедия. 1966

Советская Историческая Энциклопедия. 1961—1976. Т. 11 // М. : Большая Советская Энциклопедия. 1968

Советская Историческая Энциклопедия. 1961—1976. Т. 13 / Тихвинский С. Л. // М. : Большая Советская Энциклопедия. 1971

Советская Историческая Энциклопедия. 1961—1976. Т. 14 // М. : Большая Советская Энциклопедия. 1973

Советская Историческая Энциклопедия. 1961—1976. Т. 15 / Ефимов Г. В. // М. : Большая Советская Энциклопедия. 1974

Советская Историческая Энциклопедия. 1961—1976. Т. 16 / Тихвинский С. Л. // М. : Большая Советская Энциклопедия. 1976

Современная историография стран зарубежного Востока Вып. 1. 1963 / Тихвинский С. Л. // М. : Наука. 1963

Современная китайская философия / Буров В. Г. // М. : Наука. 1980

Современный Китай в зарубежных исследованиях / Кюзаджян Л. С. // М. : Наука. 1979

Современный национализм и общественное развитие стран Востока / Делюсин Л. П. и др. // М. : Наука. 1978

Современный Тайвань / Ларин А. Г. // Иркутск : Улисс. 1994

Социализм и идеологическая борьба: тенденции. формы и методы / Кривцов В. А. // М. : Наука. 1979

Сочинения. Т. 9 / Сталин И. В. // М. : Госполитиздат. 1952

Спецслужбы и человеческие судьбы / Сидоров Н. // М. : Олма-Пресс. 2000

Сунь Ятсен его дело и учение в оценке некоторых современников (1925—1926гг) / Кузьмин И. Д. // М. : Наука. 1979. с. 34-43

Сунь Ятсен и его японские друзья / Переломов Б. Л. // Научная конференция Общество и государство в Китае. Тезисы и доклады. Том 12. Часть 2. 1981. С. 213-217

Сунь Ятсен и Япония / Каткова З. Д. // Научная конференция Общество и государство в Китае. Тезисы и доклады 1983 XIV, Ч. 2 с. 176-182

Сунь Ятсен. 1866—1986 / Борох Л. Н. и др. // М. : Наука. 1987

Сунь Ят-сен / Гарушянц Ю. М. и др. // М. : Наука. 1966

Сунь Ят-сен и СССР / Мировинцкая Р. А. // Советская история стран Азии и Африки в советской историографии. 1966. с. 30

Сунь Ят-сен. 1866—1966 / Далин С. А. // М. : Наука. 1966

Сунь Ят-сен. 1866—1966 К Столетию со дня рождения Сборник статей, воспоминаний и материалов / Тихвинский С. Л. // М. : Наука. 1966. с. 413

Сунь Ят-сен. 1866—1986. К 120-летию со дня рождения. Сборник статей, воспоминаний, документов и материалов // М. : Наука. 1987. с. 319

Т

Тайное соглашение Чан Кай-ши и Ведемейера / Астафьев Г. В. // Интервенция США в Китае и ее поражение (1945—1949 гг.). 1957. с. 413

Тезисы конференции аспирантов и молодых сотрудников. Ч. 1 / Гафурова З. Ф. // М. : ИВ АН СССР. 1978

Тезисы конференции аспирантов и молодых сотрудников. Языкознание. литературоведение и текстология / Болотина О. П. // М. : ИВ АН СССР. 1977

Теоретические проблемы восточных литератур / Берзинг З. Л. // М. : Наука. 1969

Теоретические проблемы изучения литератур Дальнего Востока / Семанов В. И. // М. : Наука. 1977

Теоретические проблемы изучения литератур Дальнего Востока. Тезисы 11 научной конференции. 1984. Ч. 1 / Лебедева Н. А. // М. : Наука. 1984

Теоретические проблемы изучения литератур Дальнего Востока. Тезисы 11 научной конференции. 1984. Ч. 2 / Селезнев А. А. и др. // М. : Наука. 1984

Теоретические проблемы изучения литератур Дальнего Востока. Тезисы 12 научной конференции. Ч. 1 / Абдрахманова З. Ю. и др. // М. : Наука. 1986

Теоретические проблемы изучения литератур Дальнего Востока. Тезисы и доклады 8 научной конференции. 1978. Ч. 1. / Годына В. Г. // М. : Наука. 1978

Теоретические проблемы изучения литератур Дальнего Востока. Тезисы и доклады 8 научной конференции. 1978. Ч. 2 / Никольская Л. А. // М. : Наука. 1978

Традиционная культура Китая / Пострелова Т. А. // М. : Наука. 1983

Третья научная конференция по проблемам истории Китая в новейшее время : тезисы докладов. Ч. 1 / Сладковский М. И. // М. : Институт Дальнего Востока РАН. 1978

Третья научная конференция по проблемам истории Китая в новейшее время : тезисы докладов. Ч. 2 / Бойчев А. // М. : Институт Дальнего Востока РАН. 1978

Труды Московского института востоковедения. Сб. 2 / Гэ Бао-цюань // М. : ИВ АН СССР. 1940

У

Универсалистский пацифизм Кан Ювэя / Плешаков К. В. // Пацифизм в истории: идеи и движения мира. с. 149

ф

Федоренко Н. Т. Очерки современной китайской литературы / Федоренко Н. Т. // М. : Государственное издательство художественной литературы. 1953

会议提要与报告(Тезисы и доклады научной конференции)

II научная конференция «Общество и государство в Китае». Тезисы и доклады. Ч. 1. 1971 / Белелюбский Ф. Б. // М. : Наука. 1971

II научная конференция «Общество и государство в Китае». Тезисы и доклады. Ч. 2. 1971 / Фельбер Р. // М. : Наука. 1971

III научная конференция «Общество и государство в Китае». Тезисы и доклады. Ч. 2. 1972 / Меньшиков Л. Н. // М. : Наука. 1972

IV Всероссийская конференция «Философия Восточно-Азиатского региона и современная цивилизация». 1998 / Кобзев А. И. // М. : Институт Дальнего Востока РАН. 1998

IV научная конференция «Общество и государство в Китае». Тезисы и доклады. 1973 / Сухарчук Г. Д. // М. : Наука. 1973 . вып. 2

IV научная конференция «Общество и государство в Китае». Тезисы и доклады. Ч. 1. 1973 / Никифоров В. Н // М. : Наука. 1973

IV научная конференция «Общество и государство в Китае». Тезисы и доклады. Ч. 2. 1973 / Франчук Н. В. // М. : Наука. 1973

IV научная конференция «Общество и государство в Китае». Тезисы и доклады. Ч. 3. 1973. / Стабурова Е. Ю. // М. : Наука. 1973

V научная конференция «Общество и государство в Китае». Тезисы и доклады. Ч. 2. 1974 / Стабурова Е. Ю. и др. // М. : Наука. 1974

V научная конференция «Общество и государство в Китае». Тезисы и доклады. Ч. 3. 1974 / Синицкий Г. С. // М. : Наука. 1974

V научная сессия по историографии и источниковедения истории Китая. 1998 / Усов В. Н. // Санкт-Петербург: СПбГУ. 1981

VI научная конференция «Общество и государство в Китае». Тезисы и доклады. Ч. 2. 1975 / Франчук Н. В. // М. : Наука. 1975

VI научная конференция «Общество и государство в Китае». Тезисы и доклады. Ч. 2. 1984 / Русинова Р. Я. // М. : Наука. 1984

VI научная конференция «Общество и государство в Китае». Тезисы и доклады. Ч. 3. 1976 / Синицкий Г. С. // М. : Наука. 1976

VII научная конференция «Общество и государство в Китае». Тезисы и доклады. Ч. 2. 1976 / Болотина О. П. // М. : Наука. 1976

VII научная конференция «Общество и государство в Китае». Тезисы и доклады. Ч. 3. 1976 / Пострелова Т. А. // М. : Наука. 1976

VIII научная конференция «Общество и государство в Китае». Тезисы и доклады. Ч. 2. 1977 / Никифоров В. Н. // М. : Наука. 1977

VIII научная конференция «Общество и государство в Китае». Тезисы и доклады. Ч. 3. 1977 / Болотина О. П. // М. : Наука. 1977

IX научная конференция «Общество и государство в Китае». Тезисы и доклады. Ч. 3. 1978 / Завадская Е. В. // М. : Наука. 1978

IX научная конференция «Общество и государство в Китае». Тезисы и доклады. Ч. 2. 1978 / Кузьмин И. Д. и др. // М. : Наука. 1978

X научная конференция «Общество и государство в Китае». Тезисы и доклады. Ч. 1 . 1979 / Делюсин Л. П. // М. : Наука. 1979

X научная конференция «Общество и государство в Китае». Тезисы и доклады. Ч. 2. 1979 / Забровская Л. В. // М. : Наука. 1979

X научная конференция «Общество и государство в Китае». Тезисы и доклады. Ч. 3. 1979 / Семёнов А. В. // М. : Наука. 1979

XI научная конференция «Общество и государство в Китае». Тезисы и доклады. Ч. 2. 1980 / Бродский Р. М. // М. : Наука. 1980

XI научная конференция «Общество и государство в Китае». Тезисы и доклады. Ч. 3. 1980 / Пострелова

Т. А. // М. : Наука. 1980

XII научная конференция «Общество и государство в Китае». Тезисы и доклады. Ч. 2. 1981 / Крушинский А. А. // М. : Наука. 1981

XII научная конференция «Общество и государство в Китае». Тезисы и доклады. Ч. 3. 1981 / Делюсин Л. П. // М. : Наука. 1981

XIII научная конференция «Общество и государство в Китае». Тезисы и доклады. Ч. 3. 1982 / Гарушянц Ю. М. // М. : Наука. 1982

XIV научная конференция «Общество и государство в Китае». Тезисы и доклады. Ч. 2. 1983 / Крушинский А. А. // М. : Наука. 1983

XIV научная конференция «Общество и государство в Китае». Тезисы и доклады. Ч. 3. 1980 / Хакимбаев А. А. // М. : Наука. 1983

XV научная конференция «Общество и государство в Китае». Тезисы и доклады. Ч. 3. 1984 / Гарушянц Ю. М. // М. : Наука. 1984

XV научная конференция «Общество и государство в Китае». Тезисы и доклады. Ч. 3. 1984 / Самойлов Н. А. // М. : Наука. 1993

XVI научная конференция «Общество и государство в Китае». Тезисы и доклады. Ч. 3 . 1995 / Цверианишвили А. Г. // М. : Наука. 1995

XVI научная конференция «Общество и государство в Китае». Тезисы и доклады. Ч. 3. 1985 / Цверианишвили А. Г. // М. : Наука. 1985

XVII научная конференция «Общество и государство в Китае». Тезисы и доклады. Ч. 2. 1986 / Кузес В. С. // М. : Наука. 1986

XVII научная конференция «Общество и государство в Китае». Тезисы и доклады. Ч. 3. 1986 / Семёнов А. В. // М. : Наука. 1986

XVIII научная конференция «Общество и государство в Китае». Тезисы и доклады. Ч. 3. 1987 / Сенотрусов А. И. // М. : Наука. 1987

XIX научная конференция «Общество и государство в Китае». Тезисы и доклады. Ч. 3. 1988 / Сенотрусов А. И. // М. : Наука. 1988

XX научная конференция «Общество и государство в Китае». Тезисы и доклады. Ч. 2. 1989 / Стабурова Е. Ю. // М. : Наука. 1989

XXI научная конференция «Общество и государство в Китае». Тезисы и доклады. Ч. 1. 1990 / Краснов А. Б. // М. : Наука. 1990

XXI научная конференция «Общество и государство в Китае». Тезисы и доклады. Ч. 2. 1990 / Гарушянц Ю. М. и др. // М. : Наука. 1990

XXI научная конференция «Общество и государство в Китае». Тезисы и доклады. Ч. 3. 1990 / Гарушянц Ю. М. // М. : Наука. 1990

XXII научная конференция «Общество и государство в Китае». Тезисы и доклады. Ч. 2. 1991 / Ломанов А. В. // М. : Наука. 1991

XXIII научная конференция «Общество и государство в Китае». Тезисы и доклады. Ч. 1. 1992 / Краснов А. Б. // М. : Наука. 1992

XXIII научная конференция «Общество и государство в Китае». Тезисы и доклады. Ч. 2. 1992 / Крушинский А. А. // М. : Наука. 1992

XXIV научная конференция «Общество и государство в Китае». Тезисы и доклады. Ч. 1. 1993 / Вяткин Р. В. // М. : Наука. 1993

XXIV научная конференция «Общество и государство в Китае». Тезисы и доклады. Ч. 2. 1993 / Курапова В. Е. и др. // М. : Наука. 1993

XXV научная конференция «Общество и государство в Китае». Тезисы и доклады. 1994 / Горбунова С. А. // М. : Наука. 1994

XXV научная конференция «Общество и государство в Китае». Тезисы и доклады. Ч. 2. 1993 / Иванов П. М. // М. : Наука. 1993

XXVI научная конференция «Общество и государство в Китае». Тезисы и доклады. 1995 / Хохлов А. Н. // М. : Наука. 1995

XXVI научная конференция Общество и государство в Китае. Тезисы и доклады. Ч. 2. 1995 / Гарушянц Ю. М. // М. : Наука. 1995

XXVII научная конференция «Общество и государство в Китае». Тезисы и доклады. 1996 / Делюсин Л. П. // М. : Наука. 1996

XXVIII научная конференция «Общество и государство в Китае». Тезисы и доклады. Ч. 1. 1998 / Руденко Д. В. // М. : Наука. 1998

XXVIII научная конференция «Общество и государство в Китае». Тезисы и доклады. Ч. 2. 1998 / Калюжная Н. М. // М. : Наука. 1998

XXIX научная конференция «Общество и государство в Китае». Тезисы и доклады. 1999 / Каткова З. Д. // М. : Наука. 1999

XXIX научная конференция «Общество и государство в Китае». Тезисы и доклады. Ч. 3. 1999 / Каретина Г. С. // М. : Наука. 1999

附录二

作 者 索 引

一、个　人

А

А. В. Гальперин А. В. 加里佩林　0729

Абдрахманова З. Ю. З. Ю. 阿布德拉赫马诺娃　0453,0454,0463

Агарков В. В. 阿加尔科夫　2081

Агеев С. 阿格耶夫　2129—2131

Аджимамудова В. С. В. С. 阿泽马穆多娃　1438,1440

Ай Мин 艾明（音）　1258

Айзенштадт А. А. А. А. 艾森施塔特　0734

Акатова Т. Н. Т. Н. 阿卡托娃　0292,0293,1358

Алексеев А. Г. А. Г. 阿列克谢耶夫　1190

Андреев И. И. 安德烈耶夫　0443

Аничкин О. 阿尼奇金　1881

Антиповский А. А. А. А. 安季波夫斯基　0371,1129

Антонов К. К. 安东诺夫　0667,0732

Антонова Н. С. Н. С. 安东诺娃　1909

Артемьев П. А. П. А. 阿尔捷米耶夫　0162

Арунов В. В. В. В. 阿鲁诺夫　0487,0597,0799,0801,2058

Асланов Р. М. Р. М. 阿斯拉诺夫　0177

Асланова М. А. М. А. 阿斯拉诺娃　0992,1347

Астафьев Г. В. Г. В. 阿斯塔菲耶夫　0322,1036,2111—2115

Афанасьев А. Г. А. Г. 阿法纳谢夫　1001

Б

Ба Цзинь 巴金　0447

Бажанов Е. Е 巴扎诺夫　0270,0271

Баньковская М. В. М. В. 班科夫斯卡娅　1952

Барышев, А. П. А. П. 巴雷舍夫　0166,0262,1715

Барышников В. Н. В. Н. 巴雷什尼科夫　2325

Белелюбский．Ф．Б 别列柳布斯基　0863,0873,1865

Белов Е. А. Е. А. 别洛夫　0393,0854,0891,1126,1148,1151,1200,1220,1255,1320,1361,1708,1709,1872,1889,1999

Белогорцев В. Г. В. Г. 别洛戈尔采夫　1163

Белоусов С. Р. С. Р. 别洛乌索夫　0978,1154,1155,1237,1257,1940,2229,2241

Бельченко А. А. 别利琴科　1216

Бергер Я. М. Я. М. 别尔格尔　0275,0828

Березный Л. АЛ. А. 别列兹内依　0678,0837,1740

Берзинг З. Л. З. Л. 别尔金格　2251

Блюхер В. В. В. В. 布留赫尔　0882

Бовин А. Е. 波翁　0257

Богданов Н. В. Н. В. 波格丹诺夫　0170

Бойчев А. А. 波伊切夫　0231

Болотина О. П. О. П. 鲍洛京娜　0456,0457,0465

Боревская Н. Н. 波列夫斯加娅　2309

Борисов О. Б. О. Б. 波利索夫　0165

Бородин Б. Б. 鲍罗廷　0796,0797,0879,2083,2085

Бородина Ф. С. Ф. С. 博罗季娜　0856

Борох Л. Н. Л. Н. 博罗赫　0787,0820,0829,0833,0835,0849,0890,1300,2011,2013—2015,2017,2019—2025

Брандт Я. Я. Я. Я. 布朗特　1693,2295

Бродский Р. М. Р. М. 布罗茨基　1705

Булкин А. П. А. П. 布尔金　0178

Бурлацкий Ф. М. Ф. М. 布尔拉茨基　0154,0302,0623

Буров В. Г. В. Г. 布洛夫　0015,0020,0021,0040,0048,0059,0077,0080,0081,0088,0091,0097,0102,0113,0130,0183,0219—0222,0258,0290,0299,0326,0327,0401,0412,0427,0478,0505,0507,0508,0515,0523,0525,0530,0581,0586,0611,0614,0619,0629,0635,0646,0648,0650,0867,0909—0911,0919,0948,0953—0955,0973,1002,1023,1028,1031,1062,1071,1079,1096,1101,1108,1113,1143,1149,1153,1158,1161,

1180,1183,1189,1235,1240,1244,1263,1276,
1297,1329,1330,1338,1366,1380,1384,1425,
1429,1436,1460,1471,1474,1520,1558,1590,
1596,1618,1640,1642,1666,1672,1680,1682,
1688,1744,1787,1815,1848,1853,1855,1875,
1980,1984,1997,2001,2012,2030,2106,2107,
2120,2143,2149,2255,2288,2293,2315,2334,
2335,2347,2365,2386

В

В. НамёткевичЯ. М. В. 那缅特科维奇　0161
Валицкий В. В. 瓦里茨基　2262
Ван Дэ 王德(音)　2044
Ван Мин 王明　0063,0064,0065,0066,0067,0068,
　0069,0209,0239,0340,1546
Ван Мэй-юй 王梅玉(音)　2116
Ван Чао-вэнь 王朝文　0546
Васильев Б. А. Б. А. 瓦西里耶夫　1926
Вахтин Б. Б. Б. Б. 瓦赫京　0200
Вержховская Г. 维尔日霍夫斯佳娅　0146,1803
Виленский Сибиряко-в ВВ. 威伦斯基-西伯利卡夫
　0722
Виноградова Н. А. Н. А. 维诺古拉朵娃　0559
Винокуров А. А. 维诺库罗夫　2086,2136
Владимиров О. Е. 弗拉基米尔　0155
Владимирова В. В. 弗拉基米罗娃　1831,2182
Войтинский . Г. НГ. Н. 维经斯基　0692,0713,0724
Волжанин В. В. 沃拉扎宁　1575,2395
Волин С. С. 沃林　1116
Волохова А. А. А. А. 沃洛霍娃　0876,0877,0896,
　1499,1515
Воронцов В. В. 沃龙措夫　2134
Вяткин Р. В. Р. В. 维亚特金　0770,1452

Г

Гайда И. И. 伽毅达　0942
Гальперин С. С. 加里佩林　0729
Гарушянц Ю. М. Ю. М. 加鲁什扬茨　0171,0298,
　0576,0577,0578,0776,0813,0851,0994—0997,
　1004,1349,1639,1867,2051
Гатов А. Г. А. Г. 加托夫　2218,2219
Гафурова З. Ф. З. Ф. 加夫洛娃　1593
Гельбрас В. Г. В. Г. 盖利布拉斯　0158,0276,2098
Георгиев М. М. 格奥尔吉耶夫　1878
Герасимов С. С. 格拉西莫夫　1828

Глаголева И. К. И. К. 格拉戈列娃　0676
Глунин В. В. 格卢宁　0173
Глунин В. И. В. И. 顾陆宁　2038
Голубева О. В. О. В. 高鲁毕娃　0067,0209,0340,
　1546
Голубцов Б. Б. 戈卢布佐夫　0470
Гончаров В. В. 恭察洛夫　0180
Горбачёв Б. Б. 戈尔巴乔夫　0197,0286
Горбунова С. А. С. А. 戈尔布诺娃　0150,1230
Горький М. М. 高尔基　0889,2207
Григорьев А. М. А. М. 格里高里耶夫　0208,0281,
　0414,2409
Григорьева Т. Т. 格里高利耶娃　2225
Гронский Г. Г. 格隆斯基　0720
Гулиа Г. Г. 古利阿　1832
Гусаров В. Ф. В. Ф. 古萨罗夫　1518
Гэ Бао-цюань 戈宝权　2243

Д

Далин С. А. С. А. 达林　0821,0822,0860,0878,
　1231,1360,2103,2407
Делюсин Л. П. А. Е. Л. П. 杰柳辛　0218,0253,
　0257,0274,0304,0437,0782,0832,0892,0985,
　1604,1829,1833,1874,2036,2236,2396,2399,
　2403,2405
Дидуров А. А. А. А. 狄杜罗夫　2077
Дикарёв Л. Д. Л. Д. 吉卡廖夫　0058,1307
Дин Вэйчжи 丁伟志　0021
Дин Хун и др. 丁红(音)等　2069
Дубинский. АА. 杜宾斯基　0741,0768
Думан Л. И. 杜曼　1850
Дунаевский А. А. В. 杜纳耶夫斯基　0399

Е

Егоров К. А. К. А. 叶果洛夫　0126,0227,0625,
　1272,1421
Елизаветин А. А. 叶里扎维金　1503
Елизаро В. И. В. И. 叶里扎罗夫　0225,0358,
　0420,0498,0499,1260,1275,1318,1339,1516,
　2066,2108,2109,2128—2132,2135
Ер-в М. Н. М. Н. 叶尔绍夫　0733
Ермашев И. И. И. И. 叶尔马舍夫　0844
Ефимов Г. В. Г. В. 叶菲莫夫　0014,0024,0032,
　0047,0050,0057,0068,0094,0107,0211,0310,
　0312,0341,0360,0368,0397,0418,0421,0497,

0510,0513,0514,0566,0599,0660,0677,0685,
0736,0737,0739,0747,0823,0836,0846,0847,
0850,0871,0902,0903,0936,0957,0965,1000,
1034,1039,1050,1066,1124,1133,1137,1138,
1188,1194,1197,1211,1228,1239,1256,1265,
1294,1295,1310,1323,1345,1362,1365,1367,
1377,1378,1402,1423,1427,1435,1457,1514,
1543,1548,1589,1599,1611,1616,1617,1635,
1670,1739,1753,1764,1797,1846,1858,1910,
1917,1934,1958,1975,2004,2065,2072,2104,
2119,2125,2157,2159,2244,2274,2301,2311,
2314,2358,2377

Ж

Желоховцев А. Н. А. Н. 热洛霍夫采夫　0252,
0255,0256,0445,1720,1844,2147,2277,2287

Жихарев С. С. 日哈列夫　0795

Жуков Е. М. и др. Е. М. 茹科夫等　0172

Журба П. П. 茹尔巴　0250

З

Забровская Л. В. Л. В. 扎布洛夫斯卡娅　1704

Завадская Е. В. Е. В. 扎娃茨加娅　0545,0556,0558

Завадская Е. Е. 扎瓦狄斯加娅　1334

Зайцев В. С. В. 扎伊采　0181,2128,2132,2133

Занегина Н. Б. Н. Б. 扎涅吉娜　0830

Захаров В. З. В. З. 扎哈罗夫　0780

Захарова Н. В. Н. В. 扎哈洛娃　0616,0617,1222

Заяц Т. С. Т. С. 扎亚茨　1637

Зильберг Д. Н. Д. Н. 济利贝格　0743

И

И. Курдюков 库尔久科夫　0695

Иванов Е. Е. 伊万诺夫　0697

Иванов К. В. К. В. 伊万诺夫　0213

Иванов П. М. П. М. 伊万诺夫　0303,0305—
0307,0697,0946,1052,1212,1432,1899,2102,
2339

Ивин А. А. 伊文　0726

Иглин А. С. А. 伊格林　2129,2131

Ильин М. А. М. А. 伊林　0159

Илюшечкин В. П. В. П. 伊留舍奇金　0592,1003,
1374,2331

Ипатова А. С. А. С. 伊帕托娃　1932,1950,1953

К

Калюжная Н. М. Н. М. 卡留日娜娅　0480,0601,
1025,1048,1218,1296,1985,1987,1988—1996,
2272

Капица М. С. М. С. 贾丕才　0699,0700,0783

Кара-Мурза Г. Г. 卡拉-穆尔扎　0735

Каретина Г. С. Г. С. 卡列提娜　0415,1122,1246,
1251,1252,1253,1264,1820

Карпов М. М. 卡尔波夫　0286

Картунова А. И. А. И. 卡尔图诺娃　0687,0774,
0857,0875

Карымов Т. В. Т. В. 卡勒莫夫　0511

Каск Л. И. Л. И. 卡斯克　0848

Кассис В. В. 卡西斯　1808

Катерина 卡捷琳娜　0517

Каткова З. Д. З. Д. 卡特科娃　0259,0814,0905,
1164,1738,2022,2096,2100,2101,2375

Ким В. С. В. С. 金　1184

Киреев А. П. А. П. 吉列耶夫　0063

Киселев С. В. С. В 吉谢列夫　0148

Киценко О. О. 基岑科　1146

Клеберга Л. Л. 克雷伯嘉　1930

Клепиков В. З. В. З. 科列皮科夫　0987

Климашин В. В. 克里马申　0547

Кноуль Г. Г. 克诺乌利　0521,0711,1359

Кобзев А. И. А. И. 科布泽夫　0407,0411

Ковалёв И. В. И. В. 科瓦列夫　0190,0763,0764,
1026,2397

Коваль К. И. К. И. 科瓦利　0189,1501

Коваль М. В. М. В. 科瓦里　0187

Кожевников Савва 萨瓦.科惹夫尼科夫　0105

Кожевников В. В. 科热夫尼科夫　0666,1059,
1262,1769

Кожин А. А. 科任　0437,2389

Козырев В. А. В. А. 科兹列夫　2097

Койшибаев М. М. 科伊史巴耶夫　1541

Корбаш Э. Э. 科尔巴什　0157

Коровяковский П. П. 科罗维亚科夫斯基　1229

Корсаков В. В. В. В. 科尔萨科夫　2296

Корсун В. А. В. А. 科尔松　2372,2373

Корсун В. Я. В. Я. 科尔松　2378

Корявин Л. Л. 科里亚温　0698

Костяева А. С. А. С. 科斯佳耶娃　2047,2048

Краснов А. Б. А. Б. 克拉斯诺夫　2034,2035,2345

Краснова В. А. В. А. 科拉斯诺娃　0977
Кривцов В. В. 克里夫佐夫　0328,0380
Кришнаварма С. С. 克里什娜瓦尔玛　0704
круглый стол（圆桌会议）　0174
Кручинин А. А. 库鲁启宁　0224
Крушинский А. А. А. А. 克鲁申斯基　0915—0918
Крымов（Тин Шэн）А. Г. А. Г. 科雷莫夫（郭肇唐）　0880
Крымов Б. Б. 克雷莫夫　0125,0858,1234,1271,2411,2412
Крэмпа И. И. 科赖姆帕　0223
Крюков М. В. М. В. 库留科夫　0811,1286,1456
Кудрявцев В. В. 库德里亚夫采夫　1162,2299
Кузес В. С. В. С. 库节斯　1525,2290
Кузьменко Л. И. Л. И. 库兹缅科　0555,1774
Кузьмин И. Д. И. Д. 库兹明　0683,0789,1582,2082,2369,2370
Кулик С. С. 库利克　0232,1882
Кун Юань 孔原　0435
Курапова В. Е. 库拉波娃　0408
Кучумов В. Н. В. Н. 库丘莫夫　1971
Кюзаджян Л. С. Л. С. 仇扎章　0215,0216,0217,0218,0781,0861,0870,1974

Л

Лазарев В. И. В. И. 拉扎列夫　0176
Лапин М. А. М. А. 拉平　0816,2406
Ларин А. Г. А. Г. 拉林　1433,2135,2137
Лебедева Н. А. Н. А. 列别杰娃　0351,1913,1914
Лебеденко А. Г. А. Г. 列别坚科　0413,1248
Левина Л. М. Л. М. 列维娜　1766,1771
Ледовский А. М. А. М. 列多夫斯基　0196,1506
Леонтьев В. П. В. П. 列昂季耶夫　0755
Ли Гуан 李广　1227,1895
Ли Цзи-янь 李吉言　1089
Лин Бяо 林彪　0126,0625,1272,1337,1416,1417,1418,1419,1420,1421,1423,1424,1686,1801,2041
Лин Хэ 林河　0242
Линь Ли 林莉　1431
Лисевич И. С. И. С. 利谢维奇　0375,1757,1792,2118
Лисица Б. Б. 李希扎　0318,1397
Личжун Ч. Ч. 理仲　2310
Ломанов, А. В. А. В. 罗曼诺夫　0056,0406,0408,0409
Лосев В. В. 罗谢夫　2172
Лукин А. В. А. В. 鲁金　2376
Лэ Синь 乐欣　0624
Лю ли кай 刘丽凯　0759
Лю Сян 刘香　0540
Лю Цюнь. 刘群　0550
Лян Пу 梁浦（音）　0241
Ляо Цзинвэнь 廖静文　1775

М

М. И. Сладковский 斯拉德科夫斯基　0160,0229,0353,0885,0980,1056,1287,1424,1517,1801,1824,2041,2110,2390
Малухин А. М. А. М. 马卢欣　2043,2045,2046
Мальцева Е. В. Е. В. 马尔采娃　1656
Мамаева Л. Н. Л. Н. 马马耶娃　0792,0793,0804,0808,0815,0894,0897
Манухин В. С. В. С. 马努兴　0922
Маркова С. Д. С. Д. 马尔科娃　0065,1139,1140,1698,1850,1852,2320,2321
Маркова С. С. 马尔科娃　0065,1139,1140,1698,1850,1852,2320,2321
Масленников Л. А. Л. А. 马斯连尼科夫　0266
Матвеев- Бодрый. Н. НН. Н. 马特维耶夫-鲍德雷　0756
Матвеева Г. С. Г. С. 马特维耶娃　0681
Матков Н. Ф. Н. Ф. 马特科夫　1788
Махмутходжаев М. Х. М. Х. 马赫姆特霍扎耶夫　0895,2094,2374
Меликсетов А. А. А. А. 梅利克谢托夫　0784,0831,0840,0888
Меликсетов А. В. А. В. 缅里科谢托夫　2093
Меньшиков Л. Н. Л. Н. 孟什科夫　0114
Мировицкая Р. А. Р. А. 米罗维茨卡娅　1192
Миронов А. М. И. А. 弥洛诺夫　2390
Михаил Кольцов М. 科利措夫　2079,2127
Михайлов А. 米哈伊洛夫　0488
Можаев Б. Б. 莫扎耶夫　0169
Монина А. А. А. А. 莫妮娜　0767,0852
Москалев А. А. А. А. 莫斯卡廖夫　0809,0810,0838
Мосько Г. Г. 莫西科　0184
Мурадели В. В. 穆拉德理　1539
Муриан И. Ф. И. Ф. 穆瑞安　1010

Мусин 穆辛　0723
Мясников В. С. В. С. 米亚斯尼科夫　0803

Н

Н. М. КалюжнаяН. М. 卡留日娜娅　0480,0601,
　1025,1048,1218,1296,1985,1987—1996,2272
Намeткович В. В. 那缅特科维奇　0161
Неглинская М. М. 涅格林斯加娅　0924
Непомнин О. Е. О. Е. 涅波姆宁　0201,1123,
　1336,1706,2350
Никифоров В. НВ. Н. 尼基福罗夫　0682,0684,
　0790,0845,1092,1093,1324,1845,2283
Николаев О. О. 尼古拉耶夫　2200
Николаева Н. С. Н. С. 尼古拉耶娃　0544
Никольская Л. А. Л. А. 尼科利斯卡娅　0363,
　0370

О

Овчинников В. В. 奥夫钦尼科夫　0467,2183
Охотников С. С. 奥霍特尼科夫　0282

П

Павлов Н. В. В. Н. 巴甫洛夫　1885
Павлович. ММ. 巴夫洛维奇　0900
Панов В. Г. В. Г. 帕诺夫　1983
Панцов А. В. А. В. 潘佐夫　0874,2037
Пащенко Н. И. Н. И. 巴先科　0202
Переломов Б. Л. Б. Л. 彼列罗莫夫　0904
Персиц М. А. М. А. 彼尔西茨　0862
Петраш В. В. В. В. 彼得拉什　0761
Петров А. А. 彼特洛夫　0265
Петров В. В. 彼得罗夫　0009,0018,0109,0143,
　0249,0316,0317,0319,0323,0345,0352,0426,
　0649,0655,0962,1173,1174,1381,1477,1526,
　1572,1594,1644,1659,1717,1837,1838,1915,
　2169,2213,2214,2230,2232,2380,2400
Пилдегович П. П. П. П. 毕里狄格维奇　1583—
　1585
Писарев А. А. 皮萨列夫　2089,2090
Платковский А. А. 普拉特科夫斯基　0284
Плешаков К. В. К. В. 普列沙科夫　1978
Плышевский Ю. Ю. 普雷舍夫斯基　1400
Пожилов И. Е. И. Е. 波日洛夫　0203,0489,0491,
　0492,0615,2092
Позднеева Л. Л. 波兹涅耶娃　0388,1839

Портяков В. Я. 波尔佳科夫　0261,0273
Поспелов Б. В. Б. В. 波斯别洛夫　0164
Пострелова Т. А. Т. А. 波斯特列洛娃　1119,1768,
　1773,1778—1785
Потапов М. М. 波塔波夫　0272
Прибора А. А. 普立勃拉　0182
Проценко Н. Н. 波洛曾科　2180
Публикация А. Григорьева 格里格里耶娃　0195
Публикация подготовлена А. М. Григорьевым 格
　里高利耶夫　0414,2409

Р

Разов С. С. 拉佐夫　0268
Раскольников Ф. Ф. 拉斯科里尼科夫　0731
Рахманин О. Б. О. Б. 拉赫玛宁　0199,1403
Рачеева Р. Р. 拉切耶娃　0553
Рифтин Б. Л. Б. Л. 李福清　0044
Рогов В. Н. В. Н. 罗戈夫　1401,1830,2181,2202,
　2231,2233,2247
Розбакиев С. К. С. К. 罗兹巴基耶夫　1664
Руа Клод 路阿·科罗德　1562
Рубин В. В. 鲁宾　2186
Руденко Д. В. Д. В. 鲁登科　2298
Рудман В. В. 鲁德曼　0003,0405,1020,1395,1396,
　1601,1790,1907,2192,2194,2201
Русанов Н. П. П. Н. П. 鲁萨诺夫　1229
Русинова Р. Я. Р. Я. 鲁西诺娃　1605—1607,1612,
　2371
Рыкова С. Л. С. Л. 雷科娃　1350—1357
Рязанцев В. О. Е. В. 梁赞采夫　0155

С

С. Д. МарковаС. Д. 马尔科娃　0065,1139,1140,
　1698,1850,1852,2320,2321
С. Н. СоколоваС. Н. 索科洛娃　0557
Савенков Ю. Ю. 萨文科夫　0285,0516
Самойлов Н. А. Н. А. 萨莫宜洛夫　2379
Сахов А. А. 萨赫夫　0442
Свистунова Н. П. Н. П. 斯维斯图诺娃　2359,2361
Селезнев А. А. А. А. 谢列兹聂夫　2140
Селлман Дж. Л. Д. Л. 塞尔曼　1979
Семанов В. И. В. И. 谢马诺夫　0451,0460,0464,
　0569,0938,0939,1033,1117,1413,2028,2170,
　2224,2226,2227,2250,2252,2253,2264,2265,
　2294

Семенов Ю. Ю. 谢缅诺夫　0175,2327,2330

Сенин Н. Г. Н. Г. 谢宁　0212,0668,0669,0748,
0749,0778,0865,0872,0982,0989—0991,2328

Сенотрусов А. И. А. И. 谢诺图鲁索夫　0295,0296

Сергеев С. С. 谢尔盖耶夫　0269

Сердюченко Г. П. Г. П. 谢尔久琴科　1458

Серова С. А. С. А. 谢洛娃　1935

Сидихменов В. В. 西狄赫缅诺夫　0192

Сидоров Н. Н. 西多罗夫　2302

Силесто С. С. 西列斯托　0827

Силин А. А. 西宁　0779

Синицкий Г. С. Г. С. 西尼茨基　0204

Скосырев В. В. 斯克瑟列夫　0285,1416

Слабнова В. В. 斯拉布诺娃　0610

Сладковский М. И. М. И. 斯拉德科夫斯基　0160,
0227,0229,0353,0885,0980,1056,1287,1424,
1517,1801,1824,2041,2110,2390

Смирнов В. Л. В. Л. 斯米尔诺夫　0186,0228,1849

Смирнов Д. А. Д. А. 斯米尔诺夫　0186,0228,
1849

Смит Дж. 泽·斯密特　0277

Смолина Реф. Г. Я. Г. Я. 斯莫林娜　0760

Снигирцев А. Н. В. К. А. Н. 斯尼基尔采夫　0251

Сноу Э. 爱德加·斯诺　2054,2055,2324

Соколов С. Н. С. Н. 索科洛夫　2123

Соломин Г. С. Г. С. 索洛明　2146

Сорокин В. Ф. В. Ф. 索罗金　0314,0315,0450,
0618,1187,1393,1406,1444,1446,1486,1492,
1532,1730,1931,2167,2184,2234,2257,2286

Сотникова И. Н. И. Н. 索特尼科娃　0066

Сперанский Б. 司毕朗斯基　2185

Спешнев Н. А. Н. А. 斯别什涅夫（司格林）　0446

Стабурова Е. Ю. Е. Ю. 斯塔布洛娃　0504,0630,
0817,0818,1027,1707

Сталин И. В. И. В. 斯大林　0898

Сторчевой Л. В. Л. В. 斯特罗切维　1586

Сун Юнъи 宋永毅　0449

Сунь Ят-сен 孙中山　0689—0691,0705,0712,
0745,0746,0750—0752,0753,0754,0755,0756,
0757,0758

Сухарчук Г. Д. Г. Д. 苏哈尔楚科　2084,2404

Сухоруков В. Т. В. Т. 苏霍鲁科夫　1648,2105

Сюй Чи 徐驰（音）　1261

Сюн Н. Н. 熊　0485

Сяо Эми 肖爱米　0548

Т

Теплицкий М. Г. М. Г. 特普里茨基　2398

Тесленко Е. В. Е. В. 捷斯连科　0342

Титаренко М. Л. М. Л. 季塔连科　0281,0702,0802

Титов А. С. А. С. 季托夫　0156,0243,0487,
0571,0575,0597,0932,1545,2056,2057,2155,
2156

Тихвинский С. Л. С. Л. 齐赫文斯基　0054,0194,
0205,0670,0672—0674,0679,0686,0701,0744,
0762,0765,0785,0788,0794,0824,0825,0838,
0839,0841,0842,0853,0877,0883,0884,0921,
1497,1498,1504,1505,1508,1510,1511,1970,
1972—1976,1981,2027,2087,2303

Тишков А. А. 季什科夫　0963,1369,1576,1806,
1968

Томилин В. Г. В. Г. 托米林　0283

Топалова Ю. Ю. 托帕罗娃　0772

Торопцев С. А. С. А 托罗普采夫　0234,0235,
0247,0308,0309,0332,0334—0337,0346,0348,
0359,0361,0362,0367,0372,0376,0377,0379,
0381—0396,0398,0402,0403,0422,0423,0425,
0428—0431,0433,0434,0468,0469,0471—0475,
0477,0479,0481,0482,0500—0503,0509,0512,
0520,0522,0524,0526,0531,0538,0543,0560,
0561,0562,0563,0564,0565,0567,0585,0591,
0593,0596,0600,0602—0609,0612,0626,0628,
0633,0634,0636,0637—0641,0647,0652—0654,
0656,0657,0659,0661—0663,0665,0906,0907,
0912,0913,0923,0925—0930,0935,0941,0943—
0945,0947,0949,0952,0956,0958—0961,0970—
0972,0974,1005—1009,1014,1015,1021,1024,
1029,1030,1038,1040,1041,1044,1046,1047,
1053,1054,1055,1064,1065,1067,1068,1072—
1074,1080—1082,1084,1085,1087,1090,1094,
1095,1097,1098,1099,1109,1110,1111,1112,
1114,1115,1118,1130,1132,1134,1135,1141,
1145,1157,1159,1176—1179,1181,1182,1185,
1201—1210,1214,1221,1236,1238,1241—1243,
1268,1273,1277,1278,1280,1282—1284,1288,
1290—1293,1298,1299,1301,1306,1308,1309,
1311,1312,1314,1315,1321,1322,1326,1327,
1328,1331—1333,1335,1340—1344,1346,1363,
1368,1373,1375,1376,1382,1383,1387,1389,
1390,1407—1412,1414,1415,1428,1437,1442,

1445,1447—1451,1453,1454,1462—1469,1473,
1478—1481,1483,1484,1491,1519,1521—1524,
1527,1529,1536,1537,1544,1549,1550,1553—
1561,1577,1579,1581,1595,1597,1598,1614,
1622,1623,1626,1628,1629,1645,1647,1652—
1655,1658,1663,1665,1673,1675,1681,1683,
1689,1691,1695—1697,1699,1710—1714,1719,
1723,1725,1727,1731—1737,1742,1743,1745,
1748—1750,1752,1756,1758—1762,1795,1796,
1799,1800,1805,1812—1819,1854,1856,1859,
1862—1864,1868,1869,1871,1876,1877,1890—
1894,1897,1898,1900,1901,1918,1921—1924,
1933,1936,1941,1945,1946,1957,1960—1967,
2000,2005—2009,2039,2052,2053,2067,2068,
2070,2071,2073,2075,2076,2126,2138,2139,
2141,2142,2150,2151,2153,2154,2158,2160,
2161,2240,2254,2258,2259,2260,2271,2273,
2275,2276,2279—2282,2284,2285,2289,2291,
2292,2308,2318,2326,2340,2341,2344,2346,
2348,2353—2355,2357,2364,2366,2368,2387

Трубочкин Н. Н. Н. Н. 特鲁博奇金 1569,1620

Тянь Хань 田汉 1495

У

Ульянов В. Г. В. Г. 乌里扬诺夫 2061—2063

Усов В. Н. В. Н. 乌索夫 0193,0278,0279,0571,
0572,1418—1420,2059,2060

Ф

Фадеев А. А. 法捷耶夫 0007,1394,1826,2175,
2176

Фан Мин 方明(音) 1963

Фан Чжи-минь 方志敏 0240

Федоренко Н. Т. Н. Т. 费多连科（费德林）
0055,0168,0188,0191,0198,0320,0438,0439,
0459,0964,1391,1392,1399,1500,1502,1531,
1565,1841,1847,1927,1947,1948,2145,2162—
2164,2179,2221,2239,2245,2249,2256,2333

Федоров В. А. В. 费德洛夫 0488

Фельбер（ГДР）Р. Р. 费里毕尔 0993

Феоктистов В. Ф. В. Ф. 费克季斯特夫 0185

Фишман О. Л. О. Л. 菲什曼 1439,1490,1938,
2210,2211

Флойд, Дэвид 弗洛伊德.戴维德 0153

Франчук Н. В. Н. В. 弗兰丘克 1643

Фред М. М. 弗雷德 1281,1364

Фролкин С. С. 傅洛尔金 0179

Х

Хабаровск 哈巴罗夫斯克 0706—0709

Хакимбаев А. А. А. А. 哈金姆巴耶夫 0049

Хамадан А. М. А. М. 哈马丹 0238,0694

Хамадан Ал. Ал. 哈马丹 0238,0694

Ходоров А. Е. А. Е. 霍多罗夫 0719,0721,0805,
0901,1250

Хоф␣В. 霍夫 0003

Хохлов А. Н. А. Н. 霍赫洛夫 0416,0417,0419,
0998,1051,2329

Хуан Пин 黄平 0541

Хуань Син 郇兴(音) 1920

Хэ Сян-нин 何香凝 0675

Ц

Цай Жо-хун. 蔡若虹 0551

Цао Мин 草明 1325

Цао Сулин 曹苏玲 1951

Цао Чу 曹楚(音) 1370

Цверианишвили А. Г. А. Г. 茨韦良尼什维利
2031,2032

Цзан Кэцзя 臧克家 0447

Цыбина Е. А. Е. А. 茨比娜 0350,0461,1405,1823

Цыганов Ю. В. Ю. В. 齐冈诺夫 2074

Ч

Чапкевич Е. И. Ф. Е. И. 察普科维奇 0873

Чарский В. В. 恰尔斯基 1925

Чегодаев АА 切戈达耶夫 2122

Червова Н. А. Н. А. 切尔沃娃 0329,2228

Черепанов А. И. А. И. 切列潘诺夫 0859,0881

Черкасский Л. Е. Л. Е. 切尔卡斯基 0400,0483,
0570,0590,1225,1592,2117

Чжан Жуй-нянь 张瑞年 0537,1105

Чжао Шу-ли 赵树理 1563

Чжоу Юань-ся 周元霞 0968

Чугунова А. Г. А. 丘古诺娃 0146,1803

Чудодеев А. Ю. А. Ю. 楚多杰耶夫 0819,1667,
1669,2305—2307

Чудодеев Е. В. Е. В. 丘多杰耶夫 1977,2010

Чудодеев Ю. В. Ю. В. 丘多杰耶夫 0814,1213,

1959
Чуринов А. А. 丘里诺夫 1459
Чэнь Цю-фань 陈秋芳(音) 2223

Ш

Шадрин С. С. 沙德林 1776
Шевелев К. В. 舍维列夫 0414,0605,0812,0999, 1348,2402
Шевченко А. И. В. И. А. И. 舍甫琴科 1905
Шестакова Т. Г. Т. Г. 舍斯塔科娃 1217
Ши Фын и Ван Юй-чжан 石峰、王玉章 1902
Шнеерсон Г. Г. 舍涅尔松 1538
Шнейдер М. Е. М. Е. 施耐德 2388,2393—2395, 2411,2413
Шомов И. И. 舍莫夫 1058
Шпринцин А. Г. А. Г. 什普宁钦 2401
Штейнберг Е. Е. 施泰因伯格 0740
Штернберг Е. Л. Е. Л. 什特尔恩别尔格 2204
Шу И 舒乙 0448
Шульга Э. И Э. И. 舒利加 0506

Э

Эйдлин Л. З. Л. З. 艾德林 0532,0587,0969,1147, 1371,1475,1476,1487,1533,1535,1566,1571, 1574,1578,1580,1591,1613,1728,1811,1825, 1912,1919,1928,1929,2178,2248,2256

Энгельфельд В. В. В. В. 恩格尔费里德 0715

Ю

Ю Лин 尤林 0486
Юркевич А. Г. А. Г. 尤尔格维奇 1777
Юрьев М. Ф. М. Ф. 尤里耶夫 0076,0111,0122, 0139,0207,0210,0244,0289,0291,0297,0333, 0338,0339,0356,0490,0493,0496,0527,0528, 0580,0594,0598,0613,0651,0766,0855,0874, 1022,1057,1076,1088,1091,1106,1107,1131, 1136,1226,1232,1259,1289,1313,1316,1379, 1422,1430,1434,1455,1482,1513,1528,1547, 1660,1668,1721,1754,1763,1896,1916,2049, 2064,2148,2152,2338,2343,2356,2408

Я

Яковлев И. А. И. А. 雅科夫列夫 1167,1168, 1169,1609,1610,2095
Яковлев М. М. 雅科夫列夫 0267,1879
Ян Ю. 杨友(音) 1840
Ян Ю 杨勇 1142,2144
Янгутов Л. Л. 扬古托夫 0795
Яо Фан-ин 姚芳英(音) 0536
Ярославцев Г. Г. 雅罗斯拉夫措夫 1791
Яроцкий Б. 雅洛茨基 0064
Ященко Г. Н. Г. Н. 亚先科 0230

二、单位及集体

Отв. ред. М. И. СладковскийМ. И. 斯拉德科夫斯基等责任编辑 0160
Персоналии 名人录编委会 0022,0036,0206, 0288,0301,0355,0378,0495,0519,0534,0579, 0632,0914,0976,1018,1045,1060,1061,1077, 1083,1128,1186,1193,1195,1196,1304,1512, 1570,1615,1621,1690,1692,2003,2042,2270
Под. ред. Д. А. ВолкогоноваД. А. 沃尔科格诺夫主编 0163

Предисловие О. ГлухаревойО. 格卢哈列娃的序言 1765
Публикация Титова А. С. А. С. 狄托乌整理出版 2088
Редколлегия 编委会 0101,0112,0117,0128,0135, 0149,0226,0246,0248,0344,0529,0583,0771, 0934,0951,1267,1302,1305,1386,1627,1651, 1662,2029,2323,2385

后　　记

在本书即将付梓之际，正赶上中国改革开放走过四十余年的历程，我们首先要感谢改革开放给我们带来的如此美好的大环境，否则很难想象，在十余年时间内，完成如此浩大的工程。从这个意义上讲，我们是十分幸运的。其次要感谢国家社科基金重大办聘请的北京大学梁柱教授，中央党校郭德宏教授，中央文献研究室廖心文研究员，北京师范大学郑师渠教授和上海社会科学院历史研究所熊月之研究员，还有浙江大学陈红民教授等，他们多次给本项目提供极其重要的指导和建议。

在十余年的时间里，六个子项目负责人金重远、吴景平、金光耀、章清、刘军梅诸位教授和负责制作数据库的复旦大学机算机学院的李旻先生，以及项目工作组的主要成员历史学系资料室于翠艳主任和李春博副研究馆员等，在首席专家姜义华教授和第一子项目负责人傅德华教授的带领下，不忘初心，牢记使命，为保证本项目顺利开展和结项，不辞辛苦搜集中外文资料，校勘文稿，不厌其烦地指导复旦大学文、理、医学科的400余名勤工助学的本科生、硕士生和博士生，几乎放弃所有的双休日和节假日，全身心地投入其中，克服重重困难，最终得以获准结项，真可谓天道酬勤，功夫不负有心人。

本书原设想分为日文、英文、俄文以及中文四卷本出版，以反映百年来海内外有关研究中国人物传记的海量信息，为中外学术界提供一套检索20世纪中国风云人物的工具书，并与我室2010年出版的《20世纪中国人物传记资料索引》（简称《世纪人物索引》）相结合，以填补这一领域的空白，这也是我们这个国家社科基金重大项目的初衷。本书现改为中文卷、日文卷、英文卷、俄文卷结集出版，终于了却我们一大心愿。

中文卷资料的搜集与整理，我们要感谢已逝世的本室两位前辈，即资料室原主任王明根先生和谢耀桦先生，他们生前为我们积累了大量的卡片资料，功不可没。还有本室现已九十二岁高龄的吴瑞武老师，一直心心念念地关心本项目的编纂与出版，尤其让我们感动不已。上海图书馆的樊兆鸣、陈果嘉二位先生常常帮助我们查找复旦图书馆缺藏的资料。台北"中研院"近代史所原所长黄克武研究员和该所郭廷以图书馆馆长林玲君女士，给予本书极大的关心支持与帮助。香港中文大学的梁元生院长和在该校任教的郑会欣研究员、郑洁女士，以及澳门大学图书馆潘华栋馆长给予的多方面厚爱，在此一并致谢。

日文卷和英文卷的相关工作，我们要感谢日本近代中国人物研究资深教授山田辰雄先生、东京大学田岛俊雄先生、神户孙文纪念馆原馆长安井三吉先生和徐小洁女士、日本大东大学鹿锡俊教授，以及复旦大学日本研究中心主任胡令远教授与焦必方先生、历史学系的张翔先生、皇甫秋实女士、徐冲先生与钱静怡女士等。还要感谢广西师范大学出版社的肖承清副编审和河北农业大学的刘嘉璐老师的帮助,日文的翻译任务主要是由他们二人负责完成的。英文文献资料的搜集曾得到美国哈佛燕京图书馆原馆长郑炯文先生、中文部主任马小鹤先生和杨毓琴女士,哥伦比亚大学图书馆东亚图书馆的王成志先生,还有南京大学图书馆原编目部主任陈远焕先生的帮助,以及复旦大学历史学系的刘平与马建标教授、文物与博物馆学系的孔达女士,上海大学的袁蓉女士,上海交通大学的贾钦涵先生等热心的帮助与指导。

俄文卷我们要感谢复旦大学原副校长林尚立教授、经济学院孙琳教授,在本项目确立与俄罗斯合作方面所做的诸多工作。还有外文学院俄语系主任、博士生导师姜宏教授,在本项目急需校勘从俄罗斯科学院搜集来的俄文资料时,她调集本系的五位研究生,用了近一年的课余时间,援助本项目较好地完成了校勘工作,并获得评审专家们的一致好评。俄文的合作项目还得到了俄罗斯科学院亚洲研究部主任丹娘研究员和国立圣彼得堡大学东方学系尤丽娅副教授的关心与支持,翻译工作得到复旦大学文史研究院来自俄罗斯的白若思副研究员的帮助。复旦大学俄罗斯研究中心原副主任杨心宇教授审读了大部分俄文卷的文稿,并帮助修改了部分译文。

在本书出版之际,我们特别感谢上海辞书出版社原社长张晓敏先生(现任中国福利会党组书记、秘书长),若不是他慧眼识珠,《世纪人物索引》一书就出不来,亦不会有现在的国家社科基金重大项目,更何谈有今天的《20世纪中国人物传记文献目录》的问世。此外,要感谢在本书搜集资料、校对清样过程中,完颜绍元、徐力励、邓小娇、郑洁、徐昂、宁汝晟、承红磊、龙向洋、魏大帅、李雪峰、张晓婷、熊永才、戴金伟、李元祥、苗琼洁、褚若千、秦岭、高允允、周晗琪、董扣艳、魏弋凡、夏琳、许永键、卢彩燕、郑安南、武以宁、黄婷、管光林、白家睿、戚建新、刘心悦、范立人、何籽成、郑安南、乔飞、唐五一等老师和同学给予的帮助。

我们谨向所有关心与支持过本项目的同仁和参与过勤工助学的四百余名复旦大学的本科生和研究生,以及美国哈佛燕京图书馆、哥伦比亚大学图书馆、俄罗斯科学院图书馆、国立圣彼得堡大学图书馆、日本东京大学图书馆和东洋文库,还有中国国家图书馆、中国社会科学院近代史所图书馆、南京大学图书馆、浙江省图书馆、上海图书馆、复旦大学图书馆以及其他兄弟院校图书馆的同行,包括兄弟院校编印的历年硕士、博士论文目录与提供的数据库中的文献资料,一并表示衷心的谢忱。

我们还要特别感谢国家社科基金重大办的孙璐女士、复旦大学文科科研处两位原处长杨志刚先生(现任上海博物馆馆长)、陈玉刚先生(现任复旦大学宣传部长)和原副处长葛宏波先生,以及左昌柱、肖卫民二位先生,从项目申报到获得两期滚动资助,直至项目最终得以通过结项,他们自始至终都给予关心与指导。还要感谢历史系党政领导班子所给予本项目的厚爱。本项目要感谢的人实在太多太多,限于篇幅,我们不能一一列举,谨向所有曾经关心和帮助过我们师生、同仁、家人及其亲朋好友们,表示衷心的感谢。在这里我们可以毫不夸张地说，若无上述方方面面给予我们无微不至的关爱，要想完成如此浩大的工程，几乎是不可能的。

特别值得一提的是，本书中文卷部分2000年至2015年部分是我们与台湾"中研院"近史所郭廷以图书馆共同合作完成的。但最终因其所收录内容的时间下限超出项目的收编范围，暂未能与本书同时出版，我们对此深表遗憾。

本书所收文献目录来源于数千种相关资料工具书和百余种数据库，限于字数不可能一一列出，特致谢忱。本书尽管经过层层把关，反反复复修改，因涉及数种语言文字的人物传记资料来源丰富，其中疏漏之处在所难免，祈请读者批评指正。

项目工作组

2019年1月9日初稿

2020年12月12日第2次修改

2021年12月12日第3次修改

图书在版编目(CIP)数据

20世纪中国人物传记文献目录:汉文、日文、英文、俄文/姜义华,傅德华主编.
—上海:复旦大学出版社,2022.8
ISBN 978-7-309-14189-4

Ⅰ.①2… Ⅱ.①姜…②傅… Ⅲ.①人物-传记-专题目录-中国-20世纪-汉、日、英、俄 Ⅳ.①Z88:K820.6

中国版本图书馆CIP数据核字(2019)第036145号

20世纪中国人物传记文献目录
姜义华　傅德华　主编
责任编辑/胡春丽

复旦大学出版社有限公司出版发行
上海市国权路579号　邮编:200433
网址:fupnet@fudanpress.com　http://www.fudanpress.com
门市零售:86-21-65102580　团体订购:86-21-65104505
出版部电话:86-21-65642845
上海盛通时代印刷有限公司

开本787×1092　1/16　印张100　字数3240千
2022年8月第1版
2022年8月第1版第1次印刷

ISBN 978-7-309-14189-4/Z·82
定价:800.00元

如有印装质量问题,请向复旦大学出版社有限公司出版部调换。
版权所有　侵权必究

勘 误 表

日文卷笔画索引

人名	错误	正确	人名	错误	正确	人名	错误	正确
毛泽东	819	829	周恩来	833	905	梁焕鼎	910	950
毛润之	同上	同上	胡汉民	880	911	梁漱溟	同上	同上
邓小平	834	836	柏文蔚	862	912	彭德怀	845	952
弘一法师	820	860	柏烈武	同上	同上	蒋中正	823	954
李叔同	同上	同上	段祺瑞	823	913	蒋介石	同上	同上
李秋君	849	861	袁世凯	828	916	蒋经国	890	959
何应钦	852	865	顾少川	816	920	韩复榘	943	962
何敬之	同上	同上	顾维钧	同上	同上	傅作义	944	965
宋子文	840	879	高宗武	877	924	傅宜生	同上	同上
宋庆龄	857	880	郭开贞	826	同上	廖仲恺	852	979
张作霖	856	884	郭沫若	同上	同上	廖承志	867	同上
张汉卿	886	887	唐绍仪	823	925	谭平山	892	981
张学良	同上	同上	陶行知	869	926	黎元洪	848	986
陈璧君	874	896	盛宣怀	925	933	戴传贤	957	992
郁达夫	836	898	康有为	895	934	戴季陶	同上	同上
周少山	833	905	阎百川	845	943	瞿秋白	969	993
周岂明	894	902	阎锡山	同上	同上			
周作人	同上	同上	梁启超	935	945			

英文卷笔画索引

人名	错误	正确	人名	错误	正确	人名	错误	正确
邓小平	1089	1096	孔希伯	见孔昭炎	见孔昭焱（1099）	孔昭焱	孔照炎	孔昭焱

人名	错误	正确	人名	错误	正确	人名	错误	正确
光绪帝	光绪皇帝见载湉	光绪帝（1110）	林子超	1138	1216	董必武	1218	1298
刘少奇	1086	1119	周恩来	1086	1227	董显光	1261	同上
许汉卿	原空缺	1131	郑观应	1137	1231	蒋中正	1091	同上
孙 文	1092	1133	赵紫阳	1097	1236	蒋介石	同上	同上
孙中山	同上	同上	胡 适	1090	1237	蒋兆贤	1134	1306
孙逸仙	同上	同上	胡适之	同上	同上	蒋经国	1302	1305
李文范	原空缺	1149	费云皋	1099	1249	蒋复璁	1079	1306
李炳瑞	1133	1155	费起鹤	同上	同上	蒋彬信	原空缺	1307
杨衢云	1137	1163	徐特立	1218	1263	蒋梦麟	1134	1306
吴大钧	原空缺	1164	徐淑希	1137	1264	蒋慰堂	1079	1306
吴昌硕	1117	1166	唐继尧	1140	1272	谢寿康	1300	1317
汪兆铭	1166	1177	唐蟇赓	同上	同上	蔡子民	1306	1323
汪精卫	同上	同上	黄 兴	1135	1276	蔡元培	同上	同上
沈从文	1109	1179	萧 瑜	1085	1280	裴文中	原空缺	1326
宋庆龄	1137	1182	梅兰芳	1227	1282	德穆楚克栋鲁普	同上	1329
张大千	1068	1186	梅畹华	同上	同上	樊恒安	同上	同上
张君劢	1067	1190	康有为	1139	1287	樊涌泉	同上	同上
张嘉森	同上	同上	康更甡	同上	同上	樊象离	同上	1330
陈仲甫	1149	1207	梁启超	1136	1291	滕 圭	同上	同上
陈独秀	同上	同上	梁社乾	1282	1293	魏伯聪	1232	1335
陈伯达	1088	1204	梁卓如	1136	1291	魏道明	同上	同上
陈炯明	1135	1208	梁焕鼎	1149	1293	瞿秋白	1208	1336
陈竞存	同上	同上	梁漱溟	同上	同上			
林 森	1138	1216	彭德怀	1266	1297			

俄文卷笔画索引

人名	错误	正确	人名	错误	正确	人名	错误	正确
马凡陀	1390	1509	陈少白	1443	1480	高玉宝	1452	1517
毛泽东	1387	1394	陈伯达	1396	1481	郭沫若	1382	1518
邓小平	1394	1402	陈独秀	1440	1482	唐绍仪	1421	1521
叶季壮	1398	1409	陈炯明	1421	1483	唐继尧	同上	同上
任弼时	1390	1422	陈昌浩	1476	同上	曹联亚	1495	1527
刘 复	1426	见刘半农	陈登科	1452	1484	曹靖华	同上	同上
刘半农	见刘复	1427	林伯渠	1459	1489	梁启超	1441	1532
孙 文	1421	1432	金岳霖	1412	1492	梁漱溟	1500	1534
孙中山	同上	同上	周立波	1382	1493	蒋中正	1427	1537
李伟森	1412	1457	周全平	1489	同上	蒋介石	同上	同上
李烈钧	1421	1459	周佛海	1440	同上	蒋经国	1536	1541
李鸿章	1426	同上	周建平	1449	同上	韩起祥	1495	1542
李富春	1398	1460	周恩来	1395	1494	曾迎春	1449	1550
吴文俊	1422	1463	胡也频	1412	1502	蓝 平	见江青（1428）	1127
吴玉章	1446	同上	胡汉民	1467	同上	慈禧太后	1508	1554
吴昌硕	1423	1464	胡乔木	1491	1503	臧克家	1416	1556
张之洞	1426	1472	姚文元	1391	1508	谭平山	1404	1557
张太雷	1441	同上	袁水拍	1390	1509	黎元洪	1464	1559
张作霖	1412	1474	袁世凯	1464	同上	戴季陶	1438	1562
张君劢	1472	1475	袁慰亭	同上	同上	戴洪启	1556	1563
张国焘	1390	同上	贾平西	1449	1511	瞿 霜	1390	1564
张春桥	1391	1476	顾维钧	1401	1512	瞿秋白	同上	同上

俄文卷卷首索引之页码除勘误表外，查检时均延后一页，敬请读者谅之。